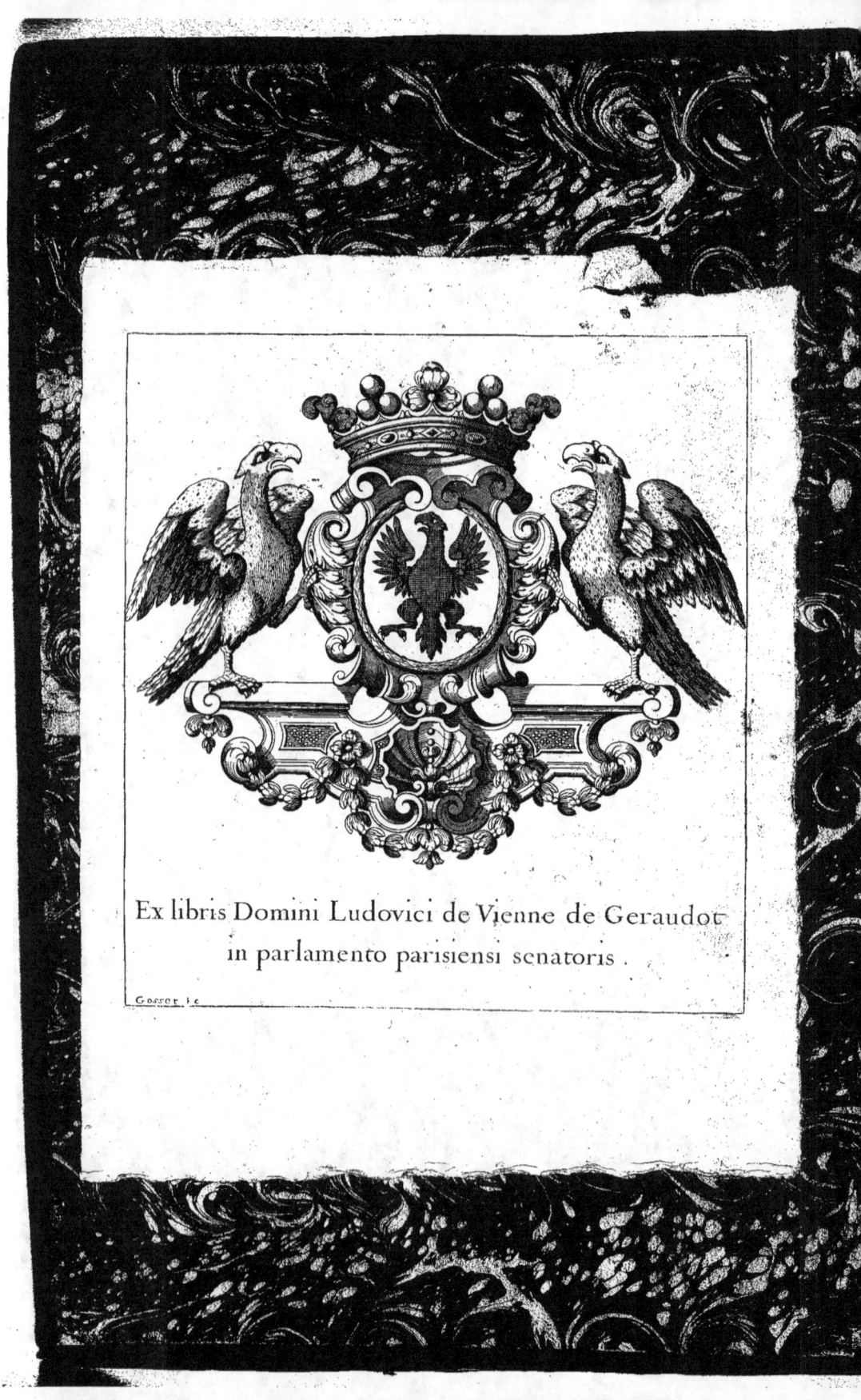

DICTIONNAIRE DES ARRESTS,

OU

JURISPRUDENCE UNIVERSELLE

DES PARLEMENS DE FRANCE,

ET AUTRES TRIBUNAUX.

TOME SECOND.

E—O

DICTIONNAIRE DES ARRESTS,
OU
JURISPRUDENCE UNIVERSELLE
DES PARLEMENS DE FRANCE,
ET AUTRES TRIBUNAUX;

CONTENANT PAR ORDRE ALPHABETIQUE

LES MATIERES BENEFICIALES, CIVILES ET CRIMINELLES:
Les principales maximes du Droit Ecclesiastique, du Droit Romain,
des Coûtumes & des Ordonnances.

TIRÉES DES PLUS CELEBRES CANONISTES, JURISCONSULTES,
& Commentateurs.

FONDÉES SUR L'USAGE ET SUR LES DECISIONS DES COURS:

AVEC

UNE CITATION FIDELE DES ARRETISTES ANCIENS ET MODERNES;
& une indication exacte des Auteurs.

*Par M*ᵉ. PIERRE JACQUES BRILLON, *Avocat au Parlement.*

TOME SECOND.

A PARIS,
Chez MICHEL BRUNET, dans la grand'Salle du Palais, au Mercure Galant.

M. DCC XI.
AVEC APPROBATION ET PRIVILEGE DU ROY.

DICTIONNAIRE
DES ARRESTS
OU
JURISPRUDENCE UNIVERSELLE
DES PARLEMENS DE FRANCE

EAU

E *Aquâ, & Aqua pluviæ arcendæ. D. 39. 3. supple , Actione* ... Des Eaux pluviales, & autres qui peuvent nuire à un champ , comme aussi des servitudes, *Aquæ ducendæ, vel hauriendæ (prise d'eau) vel immittendæ.*

De servitutibus & Aquâ. C.3.34. P.1. 25.... Id est, de Aquâ, & aliis servitutibus. Aqua, hic per eminentiam ponitur. Du droit de prise d'eau: *Aquæ-ductus, Aquæ-haustus.*

De Aquæ-ductu. C. 11. 42. ... C. th. 15. 2... Lex 12. tabb. t. 11. c. 2. & 3... Aqueduc, Canal & Fossé public : des eaux publiques.

De servitutibus prædiorum rusticorum. D. 8. 3.

Ne quid in flumine publico fiat , quo aliter aqua fluat, atque uti priore ætate fluxit. D. 43. 13. .... V. les mots Fleuve & Riviere.

De Aquâ quotidianâ & æstivâ. D. 43. 20. ... Interdit pour être maintenu dans la possession de l'eau.

De Rivis. D. 43. 21. ... Ce Titre ainsi que le précedent regarde encore le droit de prise d'Eau.

De Fonte. D. 43. 22. ... Droit de prendre & puiser l'Eau d'une Fontaine ou d'un Puits.

V. cy-aprés Egoût , & au 3. vol. le mot *Servitude*, au §. Servitude , Eau.

1 Des Eaux , Rivieres & Etangs ; c'est le 16. Titre de la Coûtume de Nivernois, sur quoy voyez Coquille *to.* 2 *p.* 172.

Jure gentium flumina & usus eorum publica sunt; o tiosa sunt , & vetita nova fluminum vectigalia. Conseil 14. de Dumolin , tom. 2. p. 845.

2 *De albergamento aquæ rivi ex fisco. Remedia quibus supplicantibus super usu aquagii , & aquæductus providetur. Aquæ fontium publicarum neque albergari , neque per Principis rescriptum concedi possunt. Remedia quæ competant ratione aquæ-ductus vel hauriendæ, vel pecorum ad aquam appulsus.* Voyez Franc. Marci tom.

Tome II.

1. quest. 559. 560. 561. & 562.

3 Me Scipion *Duperier* , Avocat au Parlement de Provence, *li.* 3. quest. 10 estime que si le Vassal vend la faculté de deriver l'eau du fond de sa terre , la prélation feodale a lieu.

4 Si le voisin qui reçoit dommage par les eaux du voisin en son fond, peut agir ? *Voyez Bouvot, to. 1. part.* 1. verbo, Eaux.

5 De la constitution naturelle de l'eau. *Voyez* Coquille, *Coût. de Nivern. chap.* 8. des Servitudes. Tronçon, *Coût. de Paris, art.* 217. & M. Cujas , *en ses Observations, liv.* 27. *chap.* 24.

6 De la concession d'eau. *Voyez* Mornac, *l. præs.* 6. *C. de servitutibus & aqu*. Celuy à qui appartient l'eau en peut disposer , & laisser couler le surplus pour ses voisins ; de même il luy est défendu *damno viciniæ aquam quæ per fun lum suum decurrit in lacus forsan aut stagna quædam redigere.* Voyez Tronçon, *Coût. de Paris, art.* 215. à la fin. Henrys, *to.* 2. *liv.* 4. quest. 35. où il parle de l'eau d'un moulin , &c. Dans la quest. 75. du même *liv.* 4. il explique *la l. præses* 6. & apporte une distinction avec un Arrêt du 13. Août 1624. *Voyez* cy-aprés le nomb 19.

7 Par Arrêt du Parlement de Toulouse du 29. Août 1513. il a été ordonné que l'eau de la fontaine ou griffoul , tombant pour lors & ayant son cours dans les fossez de la ville du côté de l'Eglise Metropolitaine, sera conduite desdits fossez à la Place publique étant au devant de la porte principale d'icelle Eglise , en lieu propre pour faire un griffoul & fontaine de largeur & grandeur & hauteur convenable pour recevoir ladite eau , à l'usage & service , tant des Chanoines & habituez à ladite Eglise, que des manans & habitans de ladite Cité ; & sera le tout fait & entretenu cy-aprés aux dépens desdits habitans , sans que les Chanoines habituez soient aucunement contribuables & pour cause. La Rocheflavin, *liv.* 2. *lettre F. tit.* 8.

8 Entre Yvon Prevôt & Pierre de Kergault Sieur du

A

lieu, par Arrêt du Parlement de Bretagne du 28. Août 1566. la Cour ordonne que l'intimé pourra réédifier les bieds, & attaches au lieu, & état qu'ils étoient avant la démolition & rupture, payant à l'Appellant pour le submergement & inondation de ses terres adjacentes à la riviere, & dommage qu'il pourroit souffrir à cause des bieds & attaches, telle pension & redevance annuelle qui sera arbitrée par Priseurs Jurez & experimentez, dont les parties conviendront, sans que l'intimé puisse à l'avenir changer ni immuer l'état & forme des bieds & attaches, si ce n'est du consentement & vouloir de l'appellant. *Du Fail, liv. 2. chap. 280.*

9   Les eaux découlantes par les chemins publics appartiennent aux Seigneurs Hauts-Justiciers, pour les alberger ou s'en servir ainsi qu'ils aviseront, sauf l'interêt des particuliers qui ont droit de se servir de partie des eaux, Arrêt du Parlement de Grenoble en faveur du Prince Souverain de Monaco, Duc de Valentinois, contre les Consuls de Chabeul, *Basset, to. 2. l. 3. tit. 7. ch. 1.*

10 Prise d'eau sans titre peut s'acquerir par une possession de vingt ans qui vaut titre. Jugé au même P. de Grenoble le 5. Mars 1666. *Ibid. ch. 7.*

11 Si par transaction passée entre des copartageans, il a été dit que l'eau de la Fontaine seroit commune pour leurs usages, l'un des copartageans ayant acquis une piece voisine, ne peut couper l'eau dans ladite piece au préjudice de l'autre copartageant, sous prétexte que la servitude n'est pas en ladite piece. Arrêt du P. d'Aix du 28. Avril 1662. *Boniface, to. 4. li. 9. tit. 2. ch. 5.*

12 Si la faculté qu'a un possesseur de prendre l'eau dans une écluse pour arroser, ayant cessé long-temps par la ruine de l'écluse, cette faculté est prescrite ou rétablie par la nouvelle construction de l'écluse ? Arrêt du même Parlement du 17. Février 1671. qui ordonne le rétablissement de la faculté. *Ibid. ch. 6.*

13 *Dominus fundi superioris, unde fons egreditur, quod pannos & immundicias lavare in præjudicium inferiorum non debeat.* V. *Franc. Marc. to. 1. quæst. 563.*

14 *Eum in cujus fundo aqua scaturit decurritque in agros vicinos posse adeo coërcere, sibique uni habere quod in viciniam influit, ut dictus quacumque voluerit in sitientes suos agros rivis, irriget primum quod suum est, nec emittere cogatur,* &c. *In liberalitatibus excipitur semper hoc ut ne sciliæt egeat qui liberali manu aliquid porrigit.* Mornac, *l. 6. C. de servitutibus & aquâ.* L'Empereur dit qu'il n'est pas juste que l'eau qui prend sa naissance dans le fond de Titius soit communiquée aux autres lorsque Titius en a besoin. *l. præses C. de servitutibus & aquâ.*

DETOURNER L'EAU.

15 *Rivum instagnare, & aquam alio in aliorum præjudicium divertere nemini licere.* Voyez *Franc. Marc. 10. 1. quæst. 589.*

Aquam à suo alveo seu cursu divertere an sit licitum ? *Ibid. quæst. 597.*

16 On ne peut faire de changement du cours de l'eau, ni la détourner, ni autrement nuire aux droits du public & des particuliers. V. *le 4. tome des Loix Civiles, l. 1. tit. 8. sect. 2. n. 11.*

17 Détourner l'eau pour la construction d'un moulin. V. *la Rochestavin, des Droits Seigneuriaux c. 17. art. 7.*

18 Le proprietaire d'un fond dans lequel sont des fontaines, peut les détourner & les conduire par où bon luy semble. Le voisin qui en reçoit l'incommodité, n'a point d'action pour s'en plaindre. Ainsi jugé au Parlement de Paris. *Basnage, sur le tit. des servitudes.*

19 Celuy qui a une source dans son heritage peut s'en servir pour faire des jets-d'eau & autres choses semblables, quoyque par ce moyen les heritages des voisins ne soient point abbreuvés, ainsi qu'il a été jugé par Arrêt du P. de Paris du 13. Août 1644. rapporté par Henrys, *to. 2. l. 4. quæst. 75.* L'Auteur des observations dit : Il semble que la décision de cet Arrêt soit contraire à celuy rapporté sur la quæst. 35. de ce même livre, par lequel il a été jugé que les proprietaires des heritages sur lesquels passe le canal qui conduit l'eau à un moulin, n'ont pas droit de se servir de l'eau qui passe sur leurs heritages : mais il y a de la difference entre l'eau qui prend sa source dans un heritage, & celle qui ne fait qu'y passer : d'ailleurs dans l'espece du premier Arrêt il s'agit d'un moulin dont la cause est publique. *Mornac sur la loy 6. §. Si initium. ff. de edendo,* soûtient fortement l'opinion contraire à celle d'Henrys ; il cite un Arrêt du 16. Juillet 1605. par lequel il dit que le procedé d'un particulier qui avoit détourné l'eau d'un ruisseau qui passoit sur ses heritages, pour empêcher qu'elle ne coulât dans les heritages de ses voisins, fut condamné. Mais il faut observer que ce ruisseau ne prenoit pas sa source dans les heritages de ce particulier ; ainsi ce n'est pas l'espece de la loy *præses,* ni de l'Arrêt rapporté par Henrys.

20 Le 18. May 1679. il fut fait un Reglement par M. Dugué pour lors Intendant à Lyon, & les Sieurs Dugué, Gayot, Mercier & Baluse, Commissaires nommez par le Roy à cet effet, dans lequel il y a un article conçû en ces termes : *Lorsque dans l'étendue des Justices ou Domaines du Roy il se trouvera des particuliers qui perçoivent les eaux des rivieres & ruisseaux, ou même les eaux de pluye, ou de fontaine, ou autres qui tombent en chemin public, & les conduisent dans leurs heritages pour l'irrigation d'iceux, sans titre ni concession ; ils seront contraints d'en passer reconnoissance à Sa Majesté, sous un cens portant lods & autres droits seigneuriaux, suivant l'usage des lieux, en consequence des Lettres de benevis ou bail à cens, qui leur seront accordées par les Commissaires députez par Sa Majesté ; ce qui aura lieu, soit que l'heritage arrosé dépende immediatement de la censive & directe de Sa Majesté, ou de quelqu'autre.*

21 Si le proprietaire d'un fonds superieur peut couper l'eau dans son fonds pour en priver l'inferieur, l'eau servant pour l'usage public. Arrêt du P. d'Aix du 12. Decembre 1671. qui ordonne, qu'avant dire droit il seroit fait descente sur les lieux pour être fait rapport si l'inferieur peut se servir de l'eau pour sa commodité, ou si elle tombe dans un lieu public. *Boniface, to. 4. liv. 9. tit. 2. ch. 4.*

EAUX, ETANGS.

22 Le Sénéchal de Foulgeres dit que les demandeurs demeureront en la possession du pré & marais dont est cas, sans qu'ils puissent empêcher le défendeur retenir l'eau de son étang à la hauteur de la chaussée dudit étang ; neanmoins que par la retention l'eau eût son reflux & regorgement sur ledit pré & marais, maintient le défendeur en la possession de l'étang & chaussée. Appel. Arrêt du P. de Bretagne du 24. Octobre 1562. qui maintient les demandeurs en possession & saisine du pré & marais, & le défendeur en possession & saisine de l'étang, avec droit de la retention d'eau à la hauteur ancienne de la chaussée & avant bec, ainsi que les parties ont accoûtumé respectivement d'en joüir ; & à cette fin ordonne que le défendeur sera tenu faire mettre, asseoir & entretenir un clou & boucle de fer au bout d'iceluy, entre le dernier rang ancien & le nouveau par luy fait, pour faire la retention d'eau jusqu'à hauteur du clou & boucle seulement, & faire mesurer la hauteur du rang nouvellement mis, pour en être délivré acte & procés verbal aux demandeurs, si mieux n'aime le défendeur démolir & abbattre ce qui a été fait de nouveau à l'avant bec, outre & pardessus l'ancienne hauteur, sans préjudice des droits au petitoire des parties ; & neanmoins pour aucunes causes & considerations ordonné que le défendeur pourra, si bon luy semble, dans trois mois avoir & recouvrer telle quantité du marais & pré qui luy conviendra pour la commodité de l'étang & retention d'eau, selon la hau-

EAU

teur qui est à present, tant à la chaussée qu'avant bec, & tant qu'il s'en trouvera sujet à être noyé & submergé, jusqu'à un journal & demi des prés & marais contentieux, en payant au demandeur la valeur de ce qui en sera pris, selon l'estimation qui en sera faite pardevant l'executeur de l'Arrêt sur ce appellé, & pris l'avis des gens à ce connoissans, de laquelle quantité les intimez seront tenus de faire vente au défendeur, prendre & recevoir le prix de l'estimation, laquelle le defendeur sera tenu de payer huitaine après la liquidation; & au refus d'icelle, recevoir par les intimez demandeurs, il pourra consigner la somme au Greffe de la Cour, & en ce cas, en sera fait adjudication par l'Executeur ainsi que de raison, & de ce qui en sera pris & ordonné du pré pour l'étang y seront mises & assises bornes, & le defendeur tenu y planter & entretenir des saules, aulnes, & autres arbres pour la marque & borne, & tenir étang en tel état & nature, & la retention ordinaire de l'eau d'icelui, que l'eau ne puisse passer les bornes, sur peines de tous dépens, dommages & interêts, & faisant cet achat & recompense pour l'appellant, il ne sera tenu asseoir la borne à l'avant bec, ne demeurera icelui en la chaussée en l'état qu'il est de present, sans dépens. *Du Fail, liv. 2. ch. 171.* Voyez, cy-après, verbo, *Etang.*

EAUX ET FORESTS.

23 Voyez ci-après à la fin du présent titre, l'on en fera un particulier.

EAU, MOULINS.

24 *Aquam è flumine publico navigabili, aut non navigabili, ad usum molendinorum deducere, non nisi cum principis permissione licet.* Voyez *Franc. Marc. tom. 2. quest.* 500. & cy-dessus *le nomb.* 17.

25 En construisant un moulin neuf il n'est permis d'endommager le cours du precedent moulin. Arrêt du 29. Mars 1536. *Le Vest, Arrêt* 10.

26 L'eau du moulin regorgeoit & restagnoit sur un journeau de terre ou pré. Le possesseur s'en plaignit. Arrêt du Parlement de Bretagne du 10. Avril 1556. qui ordonne que le moulin demeurera en l'état qu'il est, à la charge que le proprietaire payera par chacun an 60. liv. de rente. *Du Fail l. 2. chap.* 51.

27 Par Arrêt du même Parlement du 12. Mars 1574. Damoiselle Mathurine Lescauf est condamnée de remettre le cours d'une riviere en son ancien état; elle avoit fait cela pour accommoder un moulin neuf; le Sieur Dalesgay l'empeschoit, parce qu'il avoit un moulin au dessus. *Ibid. Chap.* 474.

28 *Mornac* sur la Loy 6. §. *Si initium, dig. de edendo,* & sur la Loy *Præses. Cod. de servit. & aquâ,* cite un Arrêt du 16. Juillet 1605. qui condamne l'entreprise de celuy qui avoit arrêté par des canaux & viviers l'eau qui passoit par son fonds, au préjudice du voisin. Ce qui doit avoir lieu à plus forte raison lors que l'on est en possession d'un moulin en un temps suffisant pour acquerir prescription; neanmoins ceux qui ont des prez le long de l'eau, peuvent en certains jours saigner la riviere ou le ruisseau. Voyez le nomb. 25.

29 *Henrys tome 2. liv. 4. quest.* 35. rapporte deux Arrêts du Parlement de Paris des 13. Decembre 1608. & 15. Juillet 1656. qui ont jugé que le proprietaire d'un moulin, est reputé proprietaire du canal par où passe l'eau qui fait moudre, ensorte que les proprietaires des heritages sur lesquels passe le canal, ne peuvent prendre l'eau pour arroser leurs prez sans avoir un titre exprés.

30 Sentence de la Ville confirmée au Parlement de Paris du 4. Février 1669. pour l'ouverture des Pertuis, avec injonction aux Meusniers de laisser couler l'eau d'un pertuis à un autre, pour la voiture des marchandises, sans rien prendre. Voyez *les Ordonnances concernant la Jurisdiction de la ville de Paris, imprimées, chez Frederic Leonard en 1676. p.* 164. Voyez cy-après, *Verbo* Moulin.

EAUX RIVIERES.

31 *Aquam ducere & accipere de fluminibus an & quando licitum.* Voyez *Franc. Marc. tom. 1. quest.* 40.

32 *Aqua è flumine publico ad Molendinum, non nisi cum principis auctoritate & sine alterius incommodo deduci potest.* Idem *tom. 2. quest.* 348.

33 Si l'un des habitans peut divertir le cours d'une riviere perpetuelle destinée à certains usages & en diver de l'eau pour la faire entrer en son heritage, contre le gré & consentement du corps des habitans & au préjudice du public. Par Sentence donnée au mois de Decembre 1621. par le Bailli de Châlons, les habitans de Ruilly obtinrent à leurs fins, le particulier appella; mais ensuite il acquiesca. Voyez *Bouvot. tom. 1. part. 3. lett.* 🔴 *Verbo Cours de Riviere.*

34 Ponts & l'eau qui passe dessous peuvent avoir differens maîtres. Arrêt du Parlement de Paris de l'an 1394. par lequel les Religieux de saint Germain des Prez, prétendant qu'ayant haute, moyenne & basse Seigneurie depuis le petit Pont jusques & au-delà du Pont saint Michel, & une lance de largeur de chacun côté, avec droit de pêche & de prendre des oyseaux, les maisons & edifices que le Roy avoit fait bâtir sur le Pont saint Michel leur devoient être adjugées *ex eo,* qu'ils étoient Seigneurs, furent deboutez de leurs demandes; le pont & les maisons qui étoient dessus furent declarés appartenir au Roy comme les ayant fait bâtir. *Papon. l. 6. tit. 10. nom.* 3. Voyez cy-après, les mots, *Fleuves & Rivieres.*

EAUX SERVITUDES.

35 *Servitus aquæ-ductûs pro tempore acquiritur. Bonam fidem & usum in aqua-ductu servitute probare necessum.* Voyez *Franc. Marc. to. 1. quest.* 590.

36 *Prædium inferius debet servitutem aquæ excipienda seperioris, & superius vicissim debet servitutem ejusdem aquæ ducenda, & sic ratione ejusdem aquæ iidem fundi mutuò dominantur & mutuò serviunt.* C. M. §. 1. Glos. 4. n. 59. *fine.*

37 Droit de puisage se demande au Prince ou aux Eschevins des Villes. Voyez *Mornac, lege* 14. §. *publico loco ff. de servitutibus. Aqua potest dividi.* Mornac *l.* 25. *ff. de servitutibus rustic. præd.* Item pour faire un passage sur la riviere. Mornac. *l. ult. ff. de servitutibus rustic. præd.*

38 Servitudes de faire conduire en son pré l'eau, & d'en décharger son pré, sont necessaires & legitimes & s'acquierent sans titre. Papon *liv.* 14. *tit.* 1. *nom.* 9.

39 Arrêt du 3. May 1539. par lequel il fut dit que l'intimé ne seroit tenu de retenir ses eaux tombant en la maison de l'Appellant; parce qu'il étoit prouvé que les deux maisons anciennement n'étoient qu'une. Papon *liv.* 14. *tit.* 1. *nom.* 8.

40 Servitude de faire couler l'eau de son fond par le fond d'autruy. Voyez Papon *liv.* 14. *tit.* 1. où il rapporte un Arrêt du 11. May 1554. qui limite la profondeur du fossé metrail à deux pieds & demi.

41 Arrêt rendu en la Grand Chambre du Parlement de Paris le 7. Septembre 1696. au profit du sieur Amiot d'Albigny, Seigneur de Bully en Lionnois, contre le nommé Ponchon, par lequel il a été jugé que le Proprietaire d'un pré a droit de conduire l'eau necessaire pour l'arroser, & la faire passer sur les heritages de ses voisins sans avoir besoin de titre; c'est une servitude naturelle pour l'etablissement de laquelle les titres ne sont pas necessaires, parce que sans le secours de l'irrigation, les prez seroient steriles, sur tout dans les pays qui sont secs, soit à cause du climat, soit pour raison de la situation. Voyez *Henrys, tome* 2. *liv.* 4. *q.* 35. Voyez cy-après le mot *Servitutes.*

EAUX ET FORESTS.

E Aux & Forêts. *Aquarum & silvarum cura. De fundis & saltibus rei Dominica.* C. 11. 66.

EAU

De oris maritimis. L. N. 56. .... Le droit de pêche dans la mer, appartient au proprietaire du rivage. *Voyez* Pêche.

Quantùm in piscatibus, remora piscatoria inter se disfare debeant. L. N. 57. 102. 103. & 104. De la distance des pêcheries, engins, & filets. *Voyez* Chasse.

1. De la Jurisdiction des Eaux & Forêts. *Voyez* le mot *Competence nom.* 12. *Filleau part.* 2. *tit.* 8. où il est parlé des droits, fonctions & privileges des Officiers qui la composent, confirmez tant par les Edits de Creation, que par les Arrêts du Conseil, & Parlement de Paris. *Voyez Chenu, des Offices de France, tit.* 21. *Fontanon tom.* 2. *liv.* 2. *tit.* 6. p. 251. *tom.* 4. p. 1311. & 1349. *l'Ordonnance du Roy Louis XIV. sur les Eaux & Forêts du* 13. *Août* 1669.

Ordonnances sur le fait des Eaux & Forêts par *Saintyon vol. in fol. Paris* 1610. & par *Durand in oct. Paris* 1614.

Instruction sur les Eaux & Forêts, par *Chaufour,* in oct. *Rouen* 1642.

Reglement du sieur de Proidour Grand Maître des Eaux & Forêts de Languedoc concernant les Forêts de Bigorre, en 1684. *Toulouse* 1685. in 12.

Appel des Eaux & Forêts doit être jugé dans les trois mois. *Voyez* le mot *Appel nom.* 112.

Comittimus des Maîtres des Eaux & Forêts. *Voyez* le mot *Comittimus. nom.* 35.

2. Les Présidiaux ne peuvent connoître des affaires concernant les Eaux & Forêts. *Voyez* l'Edit de leur creation rapporté par *Neron.*

3. Le Grand Maître des Eaux & Forêts publie lettres, par lesquelles il connoîtra, ensemble ses Lieutenans & autres Officiers établis, premierement au Siege de Vannes & depuis és Sieges de Rennes, Nantes, & Quimpercorentin, & ceux qui ont été pourvûs des Offices de Maîtres particuliers, connoîtront de toutes causes, procés, & querelles, dont la connoissance leur est attribuée par les Edits des mois de Juillet & Novembre 1554. Autres Lettres par lesquelles le Roy érige en chef & titre d'Office deux Sergens feodez aux Bois & Forêts qui exploiteront par toutes Cours en Bretagne. La Cour modifie & restraint le pouvoir des Sergens aux Bois & Forêts seulement, par Arrêt du 27. Septembre 1556. *Du Fail, liv.* 2. *chap.* 35.

4. Guillaume & Robert les Oliviers voisins de la Forêt de Liffré, avoient en leurs maisons arbalêtres, rets, & filets, pris d'authorité du Lieutenant des Eaux & Forêts, les instrumens furent confisquez, chacun d'eux condamné à cent sols d'amende. Ils appellent. Par Arrêt du Parlement de Bretagne du 3. Avril 1565. il est dit bien jugé, ordonné que le grand Maître reformateur des Eaux, Bois & Forêts, sera appellé pour être ouy sur le Reglement de son état. *liv.* 1. *chap.* 186.

5. Permis à Messire Guillaume de Rosmadecq Sieur dudit lieu, grand Maître, reformateur des eaux, bois & forêts, asseoir une pierre de marbre au haut de la grande Salle du Palais, pour aller tenir & exercer sa Jurisdiction. Arrêt du Parlement de Bretagne du 12. Septembre 1578. *Idem li.* 3. *ch.* 406.

6. Il étoit question de prez & patis que l'on disoit être apparus de nouveau par alluvion. Le Seigneur avoit fait appeller les detempteurs pardevant le grand Maître & reformateur des eaux & Forêts. Ceux-cy declinoient sous pretexte qu'il ne s'agissoit d'aucune malversation. Arrêt du 17. Decembre 1562. qui les renvoye au Juge ordinaire. *Bibliotheque de Bouchel,* verbo *Alluvion.*

7. Le 20. Juin 1574. en l'Audience, M. le premier Président de Thou dit aux Avocats que les Officiers des eaux & forêts ont Jurisdiction sur les abus & malversations commises és bois, *quando quæstio est cum fisco, sed si quæstio inter privatos,* alors la connoissance en appartient au Juge ordinaire; ce fut en une cause pour le Sieur de Tremilly, contre certain Marchand qu'on prétendoit avoir mesusé contre l'Ordonnance. *Ibid.* verbo, *Eaux & Forêts.*

8. Par Arrêt du 3. Mars 1607. en la Tournelle, défenses aux Officiers des eaux & forêts en la Table de Marbre d'entreprendre d'eux-mêmes les reformations & visitations des forêts, & recherches contre les Officiers, qu'il n'en ait été auparavant déliberé au Siége, & commission expediée par l'Ordonnance des Officiers de la Table de marbre assemblez, au nombre de quatre; & aprés avoir oüy sur ce le Substitut du Procureur general, la Cour déclare dés à present nul, & de nul effet tout ce qui sera fait contre la teneur de cet Arrêt, lequel a ordonné être registré au Siege de la Table de marbre. *Additions à la Bibliotheque de Bouchel,* verbo *Eaux & Forêts.*

9. Officiers des eaux & forêts connoissent de la possession des usagers dans les communs abus & malversations; mais quand il s'agit de la proprieté, la connoissance en appartient aux Juges ordinaires. Arrêt du 13. Février 1629. *Bardet t.* 1. *li.* 3. *ch.* 26. *Voyez* le *nomb.* 7.

10. Arrêt du 10. Février 1629. portant reglement entre les Avocats & Procureurs du Roy des eaux & forêts de Châteauthierry, & interpretant les autres Reglemens précedents. *Filleau* 2. *P. tit.* 6. *chap.* 53.

11. Les Maîtres des eaux & forêts peuvent tenir le Siege au lieu, jours & heures accoûtumées, & és assises & grands jours, y présider, ensemble Audiences, & y prononcer tous Appointemens, Actes judiciaires, Reglemens, Sentences, &c. Reglement du 6. Septembre 1636. *Voyez Henris tome* 2. *liv.* 2. *q.* 14.

12. Reglement entre les Maîtres particuliers des eaux & forêts, & leurs Lieutenans du 27. Février 1660. *De la Guess. tom.* 2. *liv.* 3. *chap.* 8.

13. Reglement des Juges en dernier ressort des eaux & forêts, par lequel les appellans des Sentences des Maîtrises particulieres seront tenus de faire juger leurs appellations dans trois mois, & les Sentences du Siege general dans six mois, sinon les Sentences executées nonobstant les appellations. Arrêt du 3. May 1668. *De la Guess. tom.* 3. *liv.* 2. *chap.* 12.

14. Toutes les difficultez qui regardent cette matiere se trouvent decidées par la nouvelle Ordonnance de 1669. à laquelle on renvoye le Lecteur.

ECCLESIASTIQUE.

Voyez les mots *Clercs, Ordres sacrez, Prêtres,* & ceux qui seront indiquez dans les titres suivans du Droit Civil & Canonique, ayant rapport à cette vaste matiere.

De jure personarum. I. L. 1. 4....

De vitâ & honestate Clericorum. Extr. 3. 1... *Sext.* 3. 1.... *Clem.* 3. 1... *Extr. Co.* 3. 1.

De vitâ & honestate Prælatorum. I. L. 1. 12.

De cohabitatione Clericorum & Mulierum. Extr. 3. 2. *Voyez cy-aprés le nombre* 3.

De Episcopis, & summo Pontifice. I. L. 1. 5. *Voyez Archevêque, Evêque, Pape.*

De Episcopis, & Clericis, & Orphanotrophiis, &c. C. 1. 3... *N.* 123... *C. th.* 16. 2.

De Officio Archi-Diaconi. I. L. 1. 13... L'Archidiacre est le Vicaire de l'Evêque. *Voyez* Archidiacre.

De Officio Archi-Presbyteri. I. L. 1. 14...*Voyez* Archiprêtre.

De Officio Sacristæ. Extr. 1. 16. *Voyez Sacristain.*

De Officio Vicarii. Extr. 1. 28... *S.* 1. 13... *Cl.* 1. 7. *Voyez Vicaire.*

De his qui sunt in Sacris constituti. I. L. 1. 22... *L. N.* 16. *Voyez Ordres sacrez.*

De his qui sunt in minoribus ordinibus constituti. I. L. 1. 23.

Ut qui viginti annorum est, Hypo-Diaconus creari possit. L. N. 75.

Communia tam majorum, quàm minorum Ordinum. I. L. 1. 24.

De temporibus Ordinationum, & qualitate ordinandorum. Extr. 1. 11... S. 1. 9.

De Ordinatione Episcoporum, & Clericorum. N. 137.

De Ordinatis ab Episcopo, qui renuntiavit Episcopatui. Extr. 1. 13.

De Filiis Presbyterorum ordinandis, vel non. D. Gr. dist. 56... Extr. 1. 17. Voyez *Batards.*

De Servis non ordinandis, & eorum manumissione. D. Gr. dist. 54... Extr. 1. 18.

De corpore vitiatis, ordinandis, vel non. D. Gr. dist. 49. & 55... Extr. 1. 20.

De Bigamis, non ordinandis. Extr. 1. 21... S. 1. 12. Voyez *Bigamie.*

De Clerico per saltum promoto. D. Gr. dist. 52... Extr. 5. 29.

De eo qui furtivè ordinem suscepit. Extr. 5. 30.

De Clerico non ordinato, ministrante. Extr. 5. 28.

De Clerico Excommunicato, deposito, vel interdicto, ministrante. Extr. 5. 27. Voyez *Censure, Excommunication, interdit, suspension.*

Qui promoveri non possunt. I. L. 1. 25.

De his quæ dantur pro ordinatione. C. I. 1. Isaaci Comn.

Quomodo oporteat Episcopos & reliquos Clericos ad ordinationem adduci? N. 6. c. 4. 5. 6.

Ne Clericus denuò profanus fiat. L. N. 7.

Ut determinatus sit numerus Clericorum. N. 3... N. 16.

Ne liceat Clericis de minore Ecclesiâ in majorem transire. N. 3. c. 2.

Ut in solâ Ecclesiâ Constantinopolitanâ præbeantur insinuationes à Clericis. N. 56.... Du droit de bien-venuë, ou d'entrée, païé par les Ecclesiastiques.

De Clericis Peregrinantibus. Extr. 2. 29...

De Clericis Peregrinis. Extr. 1. 22.

De Clerico ægrotante, vel debilitato. Extr. 3. 6... S. 3. 5.

De Clericis subrogandis in locum eorum qui recedunt. N. 57.

De depositione, seu degradatione. I. L. 1. 2... N. 42... La déposition se dit du Bénéfice, ou de la Dignité : Et la Dégradation se dit de l'Ordre Ecclésiastique. Voyez au 2. tome les mots *Degradation, Deposition.*

De pænâ Sacerdotis, Diaconi, &c. Si mulieri in matrimonium jungantur. L. N. 79.

De Clericis conjugatis. D. Gr. dist. 28. 31. & 32. Extr. 33... Ch. 3. 2. Voyez *Célibat.*

De pænâ Episcoporum, Sacerdotum & Clericorum, qui se advocationibus, sponsionibus, redempturis, aliisve similibus dedunt. L. N. 86.

De Clericis non residentibus in Ecclesiâ, vel Præbendâ. Extr. 3. 4... S. 3. 3.

De Ecclesiasticorum aleâ ludentium pænâ. L. N. 87. Voyez *Jeu.*

De Clerico percussore. Extr. 5. 25.

De Clerico venatore. Extr. 5. 24... Voyez le mot *Chasse.*

De Clericis pugnantibus in Duello. Extr. 5. 14. Voyez *Duel.*

Ut Clerici apud proprios Episcopos conveniantur, & post hoc, apud Civiles Judices. 83. Voyez cy-après le nomb. 30. & suiv.

De bonis Clericorum, & Monachorum. C. Th. 5. 3. Voyez *Pecule.*

De peculio Clericorum, relictis, & successionibus eorum. I. L. 2. 28... C. 1. 3. Voyez cy-après le nomb. 58. & le mot *Succession.*

1 *In Tholoso Parlam. die 22. mensis Augusti 1453. ad requestam procuratoris Regis injunctum fuit Officiali Tholosano, quatenus publicaret adversus Clericos. Cle. 1. de vitâ & honestâ Clerico. qui Officialis respondit illam alias publicasse, & quod illam rursum publicaret : & hoc fuit eisdem injunctum sub pænâ captionis temporalitatis Archiepiscopi.* Maynard, *liv.* 8. *chap.* 23.

2 Arrêt de Reglement du 22. Mars 1547. entre les Curez & les Prêtres de l'Eglise de Nôtre-Dame d'Orilac par lequel le nombre des Prêtres est reduit ; il est dit que les habits d'Eglise & lieu ne se peuvent resigner *in favorem*, les Prêtres tenus d'expulser de leurs maisons les femmes suspectes. Les presens doivent avoir les distributions manuelles, les absens non. Papon, *liv.* 1. *tit.* 3. *nomb.* 8.

3 Ecclesiastiques ne doivent demeurer avec les femmes, quoique leurs parentes, & d'un âge non suspect. C'est le sujet d'un Traité inseré dans la *Bibliotheque de Bouchel.* verbo *suspicion*, vide, & cy-après le nomb. 26.

4 Arrêt du Parlement de Toulouse du 2. Janvier 1542. qui défend aux Seigneurs de faire Procureurs en leur negoce gens d'Eglise. LaRocheflavin liv. 3. lett. P. tit. 16.

5 Reglement du Parlement de Grenoble du 2. Août 1583. concernant les Ecclesiastiques, droits de l'Eglise, usurpations & unions de Benefices, residence des Beneficiers, distribution des dîmes, réparations des lieux, reforme des Monasteres, Ordonnances de visites provisoirement executoires. Basset to. 1. li. 1. tit. 1. ch. 2.

6 Memoires pour la reformation de l'Etat Ecclesiastique. Voyez Coquille, to. 1. p. 1.

7 Arrêt de Reglement du 24. Novembre 1665. concernant les affaires des Ecclesiastiques & Communautez Religieuses dans l'étenduë du ressort de la Cour des Grands-jours seante à Clermont, Voyez le Recueil des Grands-jours p. 109.

8 Arrêt du 5. Octobre 1665. qui ordonne le rétablissement de la Communauté des Prêtres d'Ardres, & pour proceder à la réformation & réduction d'icelle Communauté si besoin est, a renvoyé les parties pardevant l'Evêque Diocesain, lequel sera tenu en faisant la réduction d'observer l'antiquité de la promotion aux Ordres ; ensemble l'ordre des degrez Ecclesiastiques de la ladite Communauté, à laquelle seront admis les autres Ecclesiastiques selon l'ordre, vacation avenant. Voyez ibid. p. 267.

ECCLESIASTIQUES, AMORTISSEMENT.

9 Des Privileges accordez aux Ecclesiastiques pour les Amortissemens. Voyez les Ordonnances recueillies par Fontanon, to. 4. tit. 32. p. 587. & cy-devant, *Amortissement.*

ECCLESIASTIQUES, ARBITRES,

10 Ecclesiastiques choisis pour Arbitres. Voyez le mot *Arbitres* nomb. 35.

ECCLESIASTIQUES, CHAMPART.

11 Champart appartenant aux Ecclesiastiques ne peut être diminué ni changé par les Vassaux. Arrêt du Parlement de Normandie du 11. Août 1547. Forget, au Traité des choses decimales ch. 8. & Tournet lettre C. n. 5.

ECCLESIASTIQUES, EMPRISONNEMENT.

12 Si la contrainte par corps a lieu contre les Ecclesiastiques. Voyez le mot *Contrainte par corps* nomb. 15. & suiv.

13 Privilege des Prêtres, quant à la contrainte aprés les quatre mois, a lieu quand on a pris les Ordres aprés les quatre mois de la Sentence. Arrêt du 17. Avril 1612. Tournet, lett. P. Arr. 180.

14 Le 18. Novembre 1564. au Parlement de Toulouse, un Prêtre arrêté à la requête du Receveur des exploits ou des amendes, a été élargi de prison en faisant préalable réel & effectuel délaissement de tous ses biens meubles & immeubles, & baillant caution de ne donner empêchement directement ni indirectement à la vente d'iceux. LaRocheflavin, Liv. 6. tit. 4. Arr. 4.

15 Declaration portant défenses d'emprisonner les Ecclesiastiques constituez és Ordres sacrez, pour le payement de leurs dettes, decimes, & subventions. A Paris le 5. Juillet 1576. registré le 9. Août de la

même année. *Ordonnances de Fontanon, tom. 4. p. 509.* Voyez *cy-aprés le nomb. 53 & verbo, Emprisonnement.*

ECCLESIASTIQUES, EXEMPTION.

16 Ecclesiastiques, leurs Exemptions & leurs Privileges. *Voyez les Memoires du Clergé à la table*, au mot *Ecclesiastiques. & cy-après* verbo *Exemption.*

17 Gens d'Eglise ne peuvent être chargez de subsides sans le consentement du Pape. Arrêt pour ceux de saint Thomas de Crespy, & pour un Chanoine de Nevers du 23. Janvier 1563. Les gens d'Eglise ne sont censez compris dans les Lettres Patentes pour leurs deniers en forme d'emprunts, à moins qu'ils ne soient expressément marquez pour l'utilité publique. *Papon*, Li. 5. tit. 11. n. 11.

18 Les Ecclesiastiques ne sont pas exempts de contribuer à la taille pour les fortifications. Arrêts du Parlement de Dijon des 23. Octobre 1570. *Bouvot*, to. 2. verbo, *Taille, quest. 57.*

19 Les Ecclesiastiques ne peuvent être imposez pour somme promise par les habitans de la Ville, pour la réduction à l'obéïssance du Roy. Arrêts du Parlement de Dijon des 17. Decembre 1598. & 11. Janvier 1599. *Ibid. quest. 39.*

20 *Leges Romanæ sacerdotes, ceterosque Ecclesiasticos ab omnibus tributis tam prædiariis, quam patrimonialibus subsidiis exemerunt, L. placet. Cod. de sacros. Eccl. L. 2. Cod. de Episcop. & Cler. can. non minus extra de immunit. Eccles. imo nulla unquam gens fuit tam aliena à pietate quæ temporum atque Ecclesiasticorum vacationem non studiose foverit, concessa sacerdotibus suis religionis intuitu immunitate.* Arrêt du 3. Avril 1573. contre les Consuls de Rabastens pour le Prieur du lieu; & fait la Cour défenses ausdits Consuls de le cotiser pour le fait de la garnison, sinon pour ses biens temporels & roturiers qu'il possedoit audit lieu. *La Rocheflavin, liv. 6. tit. 76. Arr. 1.* Mais lors que les besoins sont pressans les Beneficiers sont cotisez. Arrêt entre le Chapitre de saint Estienne de Toulouse & les Consuls de saint Sulpice, le 17. Janvier 1522. Autre du dernier Mars 1524. portant que le tiers de 24000 livres imposées sur la Ville seroit exigé sur tout le Clergé du Diocese. Arrêt du 6. Septembre 1578. qui condamne un Chanoine de l'Eglise d'Aux, & Prevôt de saint Justin, à payer aux Consuls de ladite Ville la femme à laquelle il auroit été imposé pour la défense de la Ville, & y seroit contraint par saisie du temporel, & autres voyes dûës & raisonnables dans un mois pour tout délay. *Ibid.*

21 *Nulla immunitas ubi de publicâ necessitate agitur. Mornac, l. 7. Cod. de sacrof. Ecclef. &c.* Voyez Anne Robert, *rerum judicat. liv. 2. chap. 3.* où il rapporte un Arrêt du 24. May 1583. contre les Religieux de Saint Victor pour les Proviseurs des chaussées d'Orleans. Voyez M. Dolive, *liv. 1. chap. 18. & M. le Prêtre. 1. Cent. chap. 32.* toutefois par Arrêt du 28. Mars 1600. le Chapitre de Joinville fut déchargé de contribuer à la refection de l'Horloge du College & autres frais de la Ville. M. le Prêtre *eodem loco* à la fin. *Pontanus Coûtume de Blois, art. 17. verbo à rescindendi.* Voyez la *l. 2. C. de immunitate nemini concedendâ, & la l. 4 Cod. de privilegiis domus augustæ. & Mornac sur la Loy 2. Cod. ubi & apud quem cognitio, &c.*

22 Les Ecclesiastiques sont sujets aux contributions qui se font pour l'entrée des Rois. Arrêt de la Cour des Aydes de Paris du 6. Août 1596. au profit des Gouverneurs & Habitans de Troye. *Ayrault plaidoyé 10.* Arrêt contraire du 28. Juin suivant en faveur des Chevaliers de Malthe; mais sans tirer à consequence. *Bibliotheque de Bouchel* verbo *Entrée* Voyez *cy-après* le mot *Entrée.*

23 Les Ecclesiastiques sont exempts de la foy & hommage, par Déclaration du Roy du 24. Decembre 1614. & par Arrêt du Conseil Privé du 27. Juin 1642. rapporté dans les *Memoires du Clergé*, de payer les impositions & deniers levez sur le peuple, sinon pour le regard de leurs biens patrimoniaux. *Charles IX.* 1568. en Juin, Septembre & Decembre & 1571.1572. Henry III. 1585. & non pour le regard des biens de l'Eglise, quoiqu'ils ayent été par elle acquis des roturiers & taillables, par titre entre-vifs ou de derniere volonté. *Guy Pape, quest. 79. & 382. Charles IX. 1560. art. 29. Robert, liv. 2. des choses jugées. chap. 2. sinon au pays de Cadastre. Guy Pape quest. 79. & 382. Charles IX. 1560. Cot. 29. Robert, liv. 2. chap. 2. sinon au pays de Cadastre. Guy Pape quest. 79. Chenu en ses quest. not. Cent. 1. quest. 10. Servin, en ses plaidoiez. tom. 1. plaidoyé 8.* mais Guy Pape change d'opinion & tient le contraire *en sa question* 381.

24 Les Fermiers des Ecclesiastiques ne peuvent être imposez pour le profit qu'ils font sur leurs fermes par deux Arrêts du Conseil d'Estat des 22. Octobre 1650. & du 18. Mars 1666. les Ecclesiastiques furent déclarez exempts de l'imposition du sel, visitation des Officiers, representation de billet, même de prendre dans les greniers plus grande quantité de sel que celle qu'ils voudront. Par Arrêt du Conseil d'Estat du 14. Septembre 1635. ils sont exempts de presenter leurs titres pour joüir du droit de Franc-salé & de peages, en justifiant leur possession depuis 1580. Arrêt du Conseil d'Etat du 22. Decembre 1646. *Borion, tom. 3. p. 55.*

25 Les Ecclesiastiques étoient autrefois tenus à la reparation & entretenement des chemins publics. *Robert, liv. 2. des Ch. jug. chap. 3. Des Ponts publics & Chaussées, Cod. fabr. liv. 1. tit. 3. def. 56. Des murailles de la Ville, Cod. fab. ibid. Gui Pape, qu. 7. & ibid. Ferrerius, & quest. 78. & ibid. Matheus & Ranchin.* Mais par Arrêt du Conseil d'Etat du 13. Janvier 1657, confirmé par la Declaration du 8. Février, ils en ont été declarez exempts. *Borion, tom. 3. p. 63.*

ECCLESIASTIQUES, FORNICATEURS

26 Voyez *cy-dessus le nomb. 3. & au 1. tom.* les mots *Adultere nomb. 115. & suiv. Concubine nomb. 31. & suiv. & cy-après*, verbo , *Fornication.*

ECCLESIASTIQUES, HABITS.

27 Les Ecclesiastiques quoi qu'en temps de guerre ne peuvent prendre l'habit de soldat. V. Tournet lettre E. *Arr. 52.*

28 Clerc pris en habit déguisé qui fait un métier vil, accusé d'assassinat prémedité, perd son privilege. Arrêt de Grenoble du mois d'Août 1457. contre l'Official de Grenoble, rapporté par *Guy Pape en sa quest.* 138.

29 L'article 6. de l'Edit de 1606. fait sur la plainte du Clergé, enjoint aux Parlemens & à tous autres Juges & Officiers de tenir soigneusement la main à l'execution des Jugemens & Ordonnances des Archevêques, Evêques, leurs Officiaux & Chefs d'Ordre, concernans la décence des habits, tant des Ecclesiastiques Seculiers que Reguliers, sans avoir égard aux appellations comme d'abus, qui pourroient être par eux interjettées, nonobstant lesquelles Sa Majesté veut qu'ils puissent être contraints d'y obéïr, même par emprisonnement de leurs personnes. Voyez *l'Ordonnance faite à Châteaubriant, le 27. Juin 1551. & cy-après*, verbo *Habits.*

ECCLESIASTIQUES, JURISDICTION.

30 Du Privilege Ecclesiastique & des matieres personnelles, dont le Juge d'Eglise peut connoître contre les Clercs. Voyez *le Recüeil de Decombes Greffier de l'Officialité de Paris. part. 2. chap. 1. p. 1. & suiv.*

31 Les Juges Laïcs ne pouvoient user de condamnation contre les Prêtres ou personnes Ecclesiastiques pour les sommes ou choses principales, mais bien pour les dépens de l'instance, loyaux coûts, ou dommages & interêts, & pour le payement du principal, déclarent tous & chacuns les biens temporels & fruits desdits Ecclesiastiques

affectez & hypotequez, permettans fur iceux faire execution. *La Rocheflavin*, liv. 6. tit. 56. Art. 4.

32 Ecclefiaftiques de quelque qualité & condition qu'ils foient, font obligez de reconnoître leurs fceaux & fignatures devant le Juge Royal. Arrêt du Parlement de Paris du 7. Mars 1354. *Preuves des Libertez*, tom. 2. ch. 36. n. 14.

33 Il n'eft permis aux Juges Laïcs de proceder extraordinairement contre les Prêtres furpris ou chargez de malverfations, avec femmes impudiques, les Accufez doivent être renvoyez pardevant leurs Evêques, & Prélats à la charge du Cas privilegié. Arrêt du Privé Confeil donné à Amboife le pénultiéme jour d'Avril 1551. qui caffa certain Arrêt contraire rendu du Parlement de Touloufe le 26. Octobre 1549. comme donné par entreprife de Jurifdiction contre les faints Decrets & Privileges Ecclefiaftiques. *Bibliotheque de Bouchel.* verbo *Competence*.

34 Un Prêtre ou Clerc pour les affaires temporelles qu'il a maniées doit répondre pardevant le Juge Laïc & ne fe peut fervir de fon privilege. Jugé au Parlement de Paris, les 6. Août 1566. & 27. Janvier 1581. *Papon*, liv. 1. tit. 5. nomb. 9.

35 Les Ecclefiaftiques ne peuvent être affignez en la Chambre de l'Edit pour une dîme que le Seigneur prétend poffeder comme infeodée. Arrêt du 13. Août. 1659. *De la Gueff.* tom. 2. liv. 2. chap. 39.

36 Declaration du Roy pour les Declarations que les Ecclefiaftiques & gens de main-morte font obligés de fournir à la Chambre des Comptes de tout leur temporel; elle eft du 29. Decembre 1674. enregiftrée à la Chambre des Comptes. *Bibliot. Can.* tom. 1. p. 542.

37 Arrêt du Confeil du 14. Avril 1687. qui a caffé les Arrêts du Parlement de Provence pour avoir pris connoiffance des matieres fpirituelles. *Boniface*, tom. 3. liv. 1. tit. 5. chap. 5. Il s'agiffoit particulierement des *Vifa* fur le refus defquels il faut fe pourvoir aux Superieurs Ecclefiaftiques. *Voyez cy-après lettre I.* verbo *Jurifdiction Ecclefiaftique*.

ECCLESIASTIQUES, OFFICES.

38 Si les Ecclefiaftiques peuvent exercer Offices, & comment ils y font reçus? V. *Cambolas*, liv. 5. c. 30.

39 S'il eft permis aux gens d'Eglife d'exercer un Office de Préfident ou Magiftrat Royal aux Parlemens & dans les Cours feculieres? Voyez *la Bibliotheque de Bouchel* verbo *Préfidens*.

ECCLESIASTIQUES, PRESEANCE.

40 De l'honneur dû aux perfonnes Ecclefiaftiques, de leurs rangs & feances. *Voyez les Memoires du Clergé* tom. 1. part. 1. tit. 1. chap. 8. V. *cy-après au tom. 2. de ce Recueil* le mot *Préfeance*.

40 bis Si les Ecclefiaftiques doivent avoir entrée, feance, & fuffrages en maifon de Ville? Cette difficulté s'étant prefentée au Parlement de Bourgogne, il fut ordonné par Arrêt du 9. Août 1610. qu'on en délibereroit au Confeil. *Bouvot*, tom. 2. verbo *Efcheviens* queft. 15. Voyez au 1. to. de cet Ouvrage le mot *Confeillers* n. 8. & fuiv. cy-après verbo *Offices*, & au 3. vol. Je titre des *Parlemens*.

PROCEZ CRIMINELS DES ECCLESIASTIQUES.

41 Voyez au 1. to les mots *Cas* nomb. 15. & fuiv. *Clerc*, nomb. 62. & fuiv. Le tit. du delit commun & au 3. tom. verbo *Procez criminel*.

Ecclefiaftique decreté, *Voyez* le mot *decret* nombre 14.

Ecclefiaftique pour crime doit être rendu à fon Juge à la charge du cas privilegié. Arrêt du 16. Novembre 1601. M. le Prêtre 1. Cent. chap. 20.

Autre Arrêt du 22. Février 1586. rapporté par *Anne Robert*, rerum judicat. liv. 1. chap. 6. *Voyez l'Ordonnance de Rouffillon* art. 21.

42 Un Ecclefiaftique fe peut foûmettre en s'obligeant pardevant Notaires aux contraintes & corrections des cenfures Ecclefiaftiques, qui font l'excommunication & interdiction des Offices divins. Jugé à Touloufe le 2. Decembre 1603. *Chenu*, 2. Cent. q. 12.

43 Le renvoy ne fe dénie aujourd'huy aux Ecclefiaftiques pour quelque crime que ce foit, finon en deux cas. Le premier pour crime de leze-Majefté. Le fecond, quand le criminel eft faifi en habit autre que le fien, comme s'il eft pris avec armes & en habit feculier, leur privilege & renvoy leur eft dénié & font jugez en l'état auquel ils fe font trouvez. *Voyez M. le Prêtre* 1. Cent. chap. 20. & 3. Centurie chap. 37. *Voyez* le mot *Renvoy*.

44 Recit fait par le Sieur Préfident Faye au Parlement de Tours, des grands inconveniens à luy propofez par M. le Cardinal de Vendôme, en confequence de l'Arrêt donné contre le Chambrier de faint Martin de Tours en cas qu'il fût executé, quoi qu'atteint & convaincu du crime de leze-Majefté, avec plufieurs circonftances alleguées, foûtenuës & débatuës de part & d'autre touchant les formalitez des Procez criminels, requifes & neceffaires, être gardées & obfervées contre les Ecclefiaftiques. M. Servin pour le Procureur General du Roy, a dit que le devoir de fa charge requiert l'execution de l'Arrêt, toutefois fe rapporte à la Cour de voir ce qui fera plus utile, ayant ouï ce qui a été bien & éloquemment dit par M. le Cardinal gravement & à propos répondu par M. le Préfident, ne peut finon fe rapporter à la Cour, & non fe difpenfer de l'Arrêt, furquoy la matiere mife en déliberation, la Cour au mois de Septembre 1589. a arrêté qu'il fera promptement écrit au Roy ce qui s'eft paffé au jugement du procez des confpirateurs de cette Ville, pour fur ce entendre fa volonté, cependant furfeoir l'execution de l'Arrêt donné contre le Tourneur Chambrier de faint Martin; & neanmoins fera ledit Seigneur fupplié de tenir la main à l'execution d'iceluy. *Voyez les Preuves des Libertez*, tome 1. ch. 7. n. 56.

45 Crimes d'adultere & d'homicide commis par un Ecclefiaftique, font de la connoiffance du Juge Seculier, & non du Juge d'Eglife. Arrêt du Parlement d'Aix du 4. Juillet 1673. *Boniface*, to. 3. li. 1. t. 2. ch. 5.

46 Edit du Roy du mois de Février 1678. pour faire executer l'article 22. de l'Edit de Melun, concernant les Procez criminels qui fe font aux Ecclefiaftiques, regiftré au Parlement de Paris le 29. Août 1684. *ibid. ch. 6. & dans tous les Arrêtiftes*.

47 Autre Edit du Roy du mois de Juillet 1684. pour l'explication de l'Edit du mois de Février 1678. fur les procez criminels des Ecclefiaftiques. Sa Majefté ordonne qu'au cas que le Juge Royal à qui appartient la connoiffance du cas privilegié, ne fe tranfporte pas dans le delay de huitaine au Siege de l'Officialité où l'accufé aura été transferé; le procez foit inftruit conjointement avec l'Official par le Lieutenant Criminel, ou en fon abfence ou légitime empêchement, par l'un des Officiers de la Senéchauffée ou Bailliage fuivant l'ordre du tableau dans le Reffort duquel le Siege de l'Officialité eft fitué, fans être aftraint à prendre les Officiers du lieu où le delit a été commis. *ibid. ch. 7*.

48 Arrêt du Confeil Privé du 11. Août 1692. qui a jugé que les Ecclefiaftiques pour le Cas royal & privilegié, ne peuvent être jugez par le Prevôt des Marêchaux, Vice-baillifs & Juges Préfidiaux en dernier reffort; mais feulement à l'ordinaire & à la charge de l'appel. *Journal des Audiences*. tom. 5. liv. 8. chap. 10.

ECCLESIASTIQUES, SAISIES ET EXECUTION.

49 Execution des biens appartenans aux Ecclefiaftiques. *Voyez Tournet*, let. E. chap. 9. le 1. tom. de ce Recueil verbo *Clercs*, nomb. 115. & fuiv. & ci-après le mot *Execution* & au 3. tom. le tit. des *Saifies*.

50 Arrêt du Parlement de Paris du 17. Février 1535. par lequel un Prêtre a été débouté de l'appel par luy

interjetté d'un commandement à luy fait, parce que l'Huissier avoit mis que faute d'y satisfaire il saisiroit son *revenu & temporel*. Le Prêtre disoit que ces termes comprenoient le Spirituel, & qu'il falloit simplement saisir le revenu temporel ; mais ce n'étoit là qu'une mauvaise équivoque. *Papon, liv.* 17. *tit.* 3.

51. Les Ecclesiastiques peuvent être contraints par saisie réelle de leurs immeubles. Arrêt du Parlement de Paris du 4. May 1537. Par les Ordonnances d'Orleans, art. 28. & de Blois art. 57. les personnes constituez és Ordres sacrés peuvent être executées en leurs meubles, sauf ceux destinez au Service divin. Le titre Sacerdotal & les distributions quotidiennes ne peuvent être saisis. *V.* Papon, *liv.* 1. *tit.* 5. *nomb.* 8. & *liv.* 18. *tit.* 5. *nomb.* 14.

52. Condamnation d'alimens ou autre privilegiée ne pouvoient être executées sur les meubles ni les chevaux des Ecclesiastiques. Arrêts des 13. May 1527. & 28. Novembre 1536. *Papon, liv.* 18. *tit.* 5. *n.* 10 & 11.

53. Meubles & bestiaux tant domestiques que des champs appartenans à un Prêtre, ne peuvent être saisis. Arrêt de Paris du dernier Juin 1543. l'execution & contrainte par corps après les quatre mois de l'Ordonnance, n'a pas lieu contre les Ecclesiastiques. Arrêt du Parlement de Paris du 17. Decembre 1577. *Ibid. n.* 9.

54. Par Arrêt du 1. Août 1569. Le Roy Charles IX. seant au Palais avec la Reine sa mere, il fut dit que les Ecclesiastiques ne pourroient être contraints par corps en vertu de l'Ordonnance après les quatre mois. *V. la Bibliotheque de Bouchel verbo Contrainte.*

55. Arrêt du 17. May 1541. qui casse l'emprisonnement d'un Prêtre, & ordonne qu'il sera élargi, sauf au creancier de pouvoir proceder par execution sur ses biens, ou par censures Ecclesiastiques devant le Juge competent, suivant la disposition du Droit. *La Rocheflavin li.* 2. *tit.* 3. Verbo, *Emprisonnement, Arr.* 3.

56. Jugé par Arrêt du 9. Août 1607. que les Clercs & Ecclesiastiques ne peuvent renoncer à leur Privilege porté par l'Ordonnance, de ne pouvoir être condamnez par emprisonnement de leurs personnes pour dettes civiles, si ce n'est quand ils ont usé de fraude & dol pour tromper ceux avec lesquels ils ont contracté *Voyez Filleau,* 4. *part. quest.* 113. *Voyez* cy-dessus *le nomb.* 12. *& suiv.*

57. Les Juges d'Eglise ne peuvent de leur autorité faire emprisonner les personnes Ecclesiastiques, sans implorer l'aide du bras seculier. *Joann. Gall.* en rapporte plusieurs Arrêts aux questions 103. 246. & 276. où il en fait un long discours ; & *M. le Maistre* pareillement au *Traité des appellations comme d'abus, chap.* 5. où neanmoins il marque cette exception que le Juge d'Eglise peut faire emprisonner ceux qui se trouvent dans son Auditoire. C'est pourquoy *Boniface VIII.* au chapitre *Episcopus de offic. ordin. in.* 6. dit, que l'Evêque peut poser son Auditoire par tout où il voudra, pour en consequence y faire ses captures ; ce qui n'est gardé en France, dit le même Auteur, & même *Volateran, li.* 21. dit, que les Ecclesiastiques n'avoient point de prison jusqu'au temps d'Eugene premier.

ECCLESIASTIQUES, SUCCESSIONS.

58. Des successions des Ecclesiastiques. *Voyez Papon, li.* 21. *tit* 8.
Evêque ou Prélat ne peut s'emparer des effets de la succession des Prêtres ou Clercs décedez sans heritiers & executeurs, s'il n'a auparavant fait faire inventaire. Arrêt du Parlement de Paris de l'an 1394. Arrêt semblable avoit été rendu en 1394. contre le Chapitre de Langres, *sede vacante*, pour le Duc de Bourgogne. *Ibid. n.* 1.

59. Le Prélat & Superieur ne peut prétendre aucune chose en l'heredité d'un Prêtre Seculier, lors qu'il y a legitimes heritiers qui la prétendent. Arrêt du Parlement de Paris du 23. Décembre 1568. *Ibid. n.* 7. Imbert, *en son Enchiridion*, & Maynard, *li.* 6. *ch.* 97. *de ses quest.* & cy-après le mot. *Succession.*

ECHANGE.

DE rerum permutatione. D. 19. 4... S. 3. 10... Cl. 3. 5.
De rerum permutatione, & præscriptis verbis. C. 4. 64... D. 19. 5... De l'échange, & de l'action *præscriptis verbis*, que l'on donnoit en consequence des conventions ou contrats sans nom. *Voyez* Action.
De l'échange. *Voyez le Conseil* 30. *de Du Moulin to.* 2. *p.* 897 Despeisses, *to.* 1. *p.* 239. & Bouvot, *to.* 2. verbo *Permutation.*
Dans l'échange, l'un & l'autre est vendeur & acheteur. Les regles de l'échange sont les mêmes que de la vente. *Voyez le* 1. *tom. des Loix civiles li.* 1. *tit.* 3.
Quædam de contractu permutationis non vulgaria. Voyez *Francisci Stephani, Decis.* 57.

1. *De permutatione factâ inter Galliarum Regem Joannem & Carolum ejus filium Delphinum, & Amedæum Sabaudiæ Comitem.* V. *Franc. Marc. tom.* 2. *quæst.* 333.

2. En échange le droit de prélation n'a point lieu. Arrêt du Parlement de Toulouse du 24. May 1572. sauf quand le contrat est frauduleux. *La Rocheflavin, des Droits Seigneuriaux chap.* 13. *Art.* 12.

3. Jugé au Parlement de Toulouse, que bien que la Loy 2. au Code *de Rescind. vendit*, ait lieu dans l'échange, il n'étoit pourtant pas permis de suppléer le juste prix, parce que *rebus sit permutatio non pecunia.* Cambolas, *lib.* 2. *c.* 12. & cy-après *le n.* 15. & *sui.*

ECHANGE DE BIENS D'EGLISE.

4. *De rerum permutatione.* voyez Pinson, au titre *de rebus Ecclesiæ, alienandis, vel non §.* 15. & Tournet, *lettre A. nomb.* 56.
Résolution des échanges qui sont inutiles ou préjudiciables à l'Eglise. *Voyez les Memoires du Clergé to.* 3. *part.* 3. *p.* 519.

5. Les Ecclesiastiques peuvent tenir Patronage sans glebe ou terre, & non les Laïcs. Arrêt du 30. Mars 1604. qui casse un contrat d'échange fait par des Religieux d'un Patronage Ecclesiastique, contre quelques heritages, & le Presenté par le nouvel acquereur du Patronage, fut débouté à la poursuite de celuy qui avoit obtenu du Pape la collation du même Benefice. *Bibliot. Can. to.* 6. *2. p.* 170. *col.* 2.

6. Transaction portant échange de rentes appartenantes à l'Eglise, passée avec Laïc, a été confirmée par Arrêt du Parlement de Toulouse du 7. Avril 165. *Voyez Albert*, verbo *Transaction art.* 1.

7. Arrêt du Parlement d'Aix du 29. Mars 1666. qui a jugé que l'échange des biens d'Eglise étoit sujet aux mêmes formalitez que l'alienation, & ensuite a cassé un semblable échange, faute de solemnitez, après quarante ans. *Boniface to.* 1. *l.* 2 *tit.* 6. *chap.* 3. où il rapporte des Arrêts semblables des 26. Mars 1640. & dernier Février 1667.

8. Les formalitez necessaires pour les alienations de biens Ecclesiastiques, ne le sont point à l'égard des échanges entre deux Eglises. Arrêt du Parlement de Grenoble du premier Septembre 1676. pour le Convent de Premol, contre le Prieur de Vaunaveys, rapporté par Chorier en sa Jurisprudence de Guy Pape *p.* 36. voyez *le* 1. *tom. de ce Recueil p.* 92. *au titre Alienation des biens d'Eglise.*

DROITS D'ECHANGE.

9. Arrêt du Conseil d'Etat du 10. Avril 1683. qui fait défenses à tous Seigneurs, qui n'ont acquis les droits d'échange dans leurs Seigneuries, & à leurs Receveurs & Fermiers, de recevoir aucuns desdits droits, à peine de 3000. livres d'amende, & de restitution du quadruple ; & ordonne qu'à l'avenir les échanges se feront par contrats passez pardevant Notaires, dont il restera minutes. *Voyez le Recueil du Domaine p.* 642.

Declaration

10 Declaration du Roy du 4. Septembre 1696. concernant l'alienation des droits d'échange dûs à Sa Majesté; elle porte, voulons qu'il soit incessamment arrêté en nôtre Conseil des rolles de la Finance à laquelle nous fixerons le prix de l'alienation que nous voulons être faite de nos droits d'échange, dans l'étenduë de chacune des terres, fiefs & seigneuries de nôtre Royaume, dont les Seigneurs ne les ont déja acquis de nous, en consequence de nôtre Declaration du 20. Février 1674. ou de celle du 13. Mars dernier, voulons que pendant l'espace de trois mois, à compter du jour de la signification qui aura été faite desdits Rolles, à personne ou domicile, les Seigneurs de quelque qualité & condition qu'ils soient, puissent par préference acquerir lesdits droits, pour en joüir par eux incommutablement & en pleine proprieté, en nous payant pour cet effet, la finance portée par lesdits rolles, passé lequel temps, pour toutes préfictions & délais, il sera loisible à tous autres de nos sujets, soit nobles ou roturiers d'acquerir lesdits droits, auquel effet l'adjudication en sera faite par les Commissaires par nous deputez pour la vente & alienation de nos domaines, au plus offrant & dernier encherisseur, conformément à nôtre Declaration du 15. Mars dernier pour par les acquereurs posseder lesdits droits à titre de fief mouvant, à cause de nôtre domaine le plus prochain, avec faculté de se dire & qualifier Seigneurs en partie desdites terres, fiefs & Seigneuries dans l'étenduë desquelles ils auront acquis lesdits droits, joüir privativement à tous autres Seigneurs de tous les droits honorifiques des Eglises, dans lesquelles ils nous appartiennent, & dans celles où ils appartiennent à des Seigneurs particuliers, immediatement aprés desdits Seigneurs. Et pour leur donner moyen de percevoir lesdits droits d'échange avec plus de facilité, voulons que lesdits Seigneurs directs soient tenus à leur premiere requisition, de leur éxhiber leurs papiers terriers, & autres pieces justificatives de l'étenduë de leurs directes, même de leur en fournir, s'ils le requierent des copies ou extraits en bonne forme aux frais desdits Acquereurs, à quoy faire ils pourront être contraints par saisies des revenus de leurs terres & fiefs; & en cas de contestation, enjoignons à tous Officiers de nos Cours & autres Juridictions du Royaume d'y tenir exactement la main. *Voyez l'Auteur des Observ. sur Henrys, to. 2. liv. 3. quest. 8.*

ECHANGE, DROITS SEIGNEURIAUX.

11 C'est une maxime certaine en Droit, qu'il est dû lods & ventes de toutes sortes d'alienations; neanmoins il y a plusieurs exceptions, comme és échanges dans lesquels il faut regarder s'il y a de l'argent donné & en ce cas, si l'argent égale la chose permutée, cet échange est considéré comme une vente & les lods sont dûs: & s'il n'égale pas, on n'en paye que la moitié; mais lorsque c'est un pur échange & sans argent rendu entre les permutans, s'il se rencontre que les biens échangez soient mouvans de divers Seigneurs, les entiers lods en sont dûs. Arrêt prononcé aux Fêtes de Pâques 1597. & en Decembre de la même année. *Cambolas, liv. 2. chap. 30. Voyez le même au liv. 4. chap. 23. & suiv.* & le mot *Droits Seigneuriaux.*

ECHANGE FRAUDULEUX.

12 En échange frauduleux il y a droit de retention feodale ou de quints, selon la Coûtume des lieux. Arrêt du 1. Février 1492. *Charondas liv. 3. Rep. 17. Voyez* les mots *Fraude & Retrait feodal.*

ECHANGE, GARENTIE.

13 En 1559. Contrat d'échange entre les parties, par lequel l'Appellant baille un heritage avec les titres de son acquisition, bannies, & appropriement. L'Intimé le prend pour tout garenty, excepté du fait de l'Appellant & de ses freres. L'Intimé met en procez l'Appellant en 1562. à ce qu'il ait à luy garentir l'heritage; l'Appellant dit qu'il n'y est tenu, attendu des clauses du Contrat, l'autre répond que *inter bonos bene agier oportet*, qu'il est troublé par le detempteur de l'heritage, conclud à la garentie; le Juge de Honnebond l'ordonne ainsi. Par Arrêt du Parl. de Bretagne du 6. Août 1565. la Cour dit qu'il est mal jugé, déboute l'Intimé de ses demandes sans préjudice des clauses du Contrat. *Du Fail, liv. 1. chap. 204.*

14 En échange d'heritage contre une rente sur l'Hôtel-de-Ville de Paris, *avec promesse de garentir de tous troubles & empêchemens generalement quelconques, sans avoir promis de fournir & faire valoir*, jugé qu'il y avoit lieu de rentrer en l'heritage en retrocedant la rente. Arrêt du 22. Mars 1597. *Charondas, liv. 9. Rep. 77. Voyez M. le Prêtre és Arrêts de la Cinquiéme, le Vest Arrêt 185. & Mornac. l. 11. de Evictionibus.*

ECHANGE, LEZION.

15 En échange le supplément du prix n'est point reçû non plus qu'en partage, sur tout *quando est enormissima lesio*. *Bouvot, tom. 1. part. 1. verbo Echange & cy-dessus le nomb. 3.*

16 Mineur restitué doit rendre en l'Etat qu'il étoit l'immeuble qu'il a reçu en contr'échange, il se doit imputer de l'avoir deterioré. Arrêt du Parlement de Paris du 23. Mars 1559. *Papon, liv. 16. tit. 1. n. 14.*

17 Dans les échanges la lezion d'outre-moitié n'est point consideréee, parce que c'est l'affection qui en est le prix; cette Jurisprudence est établie en Normandie depuis un tres long-temps. Arrêt de Roüen du 17. Decembre 1575. autre de la Chambre de l'Edit du mois de Juin ou Juillet 1621. autre du 18. Novembre 1625. autre du 4. May 1631. par lequel le Contrat d'échange d'une succession contre un heritage a été déclaré ne tomber dans le cas de la Loy 2. *C. de rescind. vend.* Autre Arrêt du 12. Février 1658. par lequel on a jugé que la clameur n'avoit point lieu aux Contrats d'Echange. *Basnage sur l'art. 171. de la Coûtume de Normandie. Du Moulin, gl. 41. art. 33.* a tenu que *permutatio venditioni aequiparatur, sed non esse locum suppletioni in pecunia*; & c'est aussi la Jurisprudence du Parlement de Toulouse suivant l'Arrêt remarqué par *M. de Cambolas, liv. 2. c. 12.*

18 La Loy 2. *au Cod. de rescind. vend.* a lieu en échange. Arrêt du Parl. d'Aix du 20. Avril 1584. *Permutanti reo electionem concessit justam æstimationem supplendi. Voyez Francisci Stephani. Decis. 61.*

19 Echange d'un fond avec une rente constituée la lezion d'outre-moitié de juste prix y a lieu. Arrêt du 2. Mars 1646. de relevée. *Du Fresne, liv. 4. chap. 34. Voyez Charondas, liv. 9. Rép. 68. & cy-aprés* verbo *Lezion.*

ECHANGE, PARTAGE.

20 Les heritiers partageans peuvent échanger les propres pour la commodité d'un partage ou pour autres raisons de convenance, & tels biens se partagent dans une succession de la même maniere que les biens échangez auroient été partagez. Arrêt du Parlement de Tournay du 12. Janvier 1695. rapporté par *Pinault, tom. 1. Arr. 48. Voyez cy-aprés Partage au 3. vol.*

RENTES ECHANGE'ES.

21 En cas que rente constituée à prix d'argent soit baillée pour heritage; si c'est vray échange, ou vente? *Voyez Coquille, tom. 2. quest. 31.*

22 Un homme donne une maison à luy échûë du côté maternel à un autre qui se charge de payer une rente rachetable au denier douze. Jugé en 1568. que telle rente sera censée de même nature que la maison; car la maison y demeure hipotequée. *Bibliotheque de Bouchel. verbo Rente.*

23 Contrat de vente sous couleur d'échange, ne laisse pas d'être bon; mais si l'acheteur promet racheter la rente qu'il aura donnée en échange, il y

est condamné dans certain temps. Arrêt du 29. Juin 1580. *Papon, liv. 11. tit. 6. nom. 4.*

24 *Henrys, tom. 2. liv. 3. quest.* 31. examine la question de l'échange d'un heritage contre une rente à prix d'argent, il tient que quand le debiteur de la rente donne un heritage en échange, c'est une veritable vente qui produit un droit de lod. Cette question est à present inutile au moyen des Edits & Declarations par lesquels le Roy a établi les lods dans tous les échanges.

ECHANGE, RETRAIT.

25 S'il y a permutation & soulte de 350. livres, le parent peut venir à la retraite en consignant, offrant l'estimation de l'heritage donné en échange. *Voyez Bouvot to. 2.* verbo *Retrait conventionel, quest.* 27.

26 Plaidoyez & Arrêt intervenu au Parlement les octaves de la Nativité de Nôtre-Dame, l'an 1260. au profit du Roy saint Loüis; il fut jugé que l'assignation de 300. livres de rente annuelle & perpetuelle sur le Temple pour le Château de la Ferté-alez en Beauffe, étoit heritage & échange, & qu'il n'y avoit lieu de retrait, n'y ayant point d'argent déboursé en tel échange. *Voyez le Recueil des Plaidoyez & Arrêts notables imprimez en* 1645.

27 Quand l'heritage est acheté pour moitié, & pour l'autre part échangé, le retrayant n'en peut retirer que moitié. Arrêt de 1262. *Papon li.* 11. *tit.* 7. *n.* 15.

28 Si un heritage est en partie vendu, & en partie laissé par échange, il y a lieu au retrait; ainsi jugé pour la Dame Dartigni, contre l'Abbé de Reaumont au Parlement, à la Chandeleur 1265. R. 1. fol. 110. en rendant échange suffisant pour la part échangée. *Biblioth. de Bouchel*, verbo *Retrait*.

29 Retrait lignager n'a lieu en échange fait sans fraude, *voyez Maynard li.* 7. *ch.* 35. Si le lignager prouve que le contrat est frauduleux, l'an & jour ne courra du jour de la Sentence par laquelle la fraude aura été découverte. *Charondas li.* 5. *ch.* 15. *de ses Rep. & li.* 9. *ch.* 57. où il rapporte un Arrêt du premier Décembre 1569. *Voyez Maynard ibid. chap.* 36.

30 Retrait après l'an du contre-échange en la main du premier proprietaire, ne fait ouverture au retrait feodal ou lignager, ni à la demande à fin de payement des quints & requints. *Voyez M. le Prêtre* 4. *Cent. ch.* 88.

31 Arrêt du Parlement de Bretagne du 2. Mars 1577. qui juge que l'heritage reçu par échange prend la même nature, qualité, ligne, & être qu'avoit l'heritage baillé par échange. Il est sujet au retrait lignager, il se partage de même, pourvû que sa qualité intrinseque ou même n'y resiste pas, c'est-à-dire qu'il soit noble comme étoit l'autre. *Hevin sur Frain pag.* 932. *& dans ses Additions pag.* lxxxiv. il rapporte un Arrêt contraire du mois de Juillet 1683.

32 En échange pur & simple d'heritage contre heritage, le retrait n'a point lieu : mais il a été jugé au Parlement de Dijon le 15. Février 1582. qu'il a lieu, si la soute en argent excede la maison que l'on donne conjointement en contre-échange. *Taisand sur la Coût. de Bourg. tit.* 10. *art.* 13, *n.* 3.

33 S'il y a prix en échange, & que le prix donné excede la moitié de la chose donnée, le contrat est-il reputé vente, & est-il sujet au retrait ? *Voyez Bouvot to.* 1. *part.* 2. verbo *Echange*.

34 Quand le lieu n'est désigné, ni le fond sur lequel on doit asseoir la rente baillée en contre-échange, le retrait a lieu de la chose échangée. Arrêt du Parlement de Bretagne du 20. Mars 1602. *Sauvageau sur Du Fail, li.* 3. *chap.* 139.

35 Jugé au Parlement de Paris le 2. Janvier 1611. qu'un retrait lignager a lieu en échange fait d'un heritage retrayable avec des rentes constituées. *Filleau* 4. *part. quest.* 226.

36 Un contrat d'échange est reputé frauduleux, l'acquereur du fief étant demeuré an & jour en possession des rentes par luy baillées en contre-échange, & par ce moyen le Seigneur est recevable au retrait feodal. Arrêt du Parlement de Paris du 21. Février 1685. *Au Journal des Audiences to.* 5. *liv.* 1. *ch.* 13. *voyez cy-après Retrait*.

ECHEVIN.

Echevin. *Scabinus, nomen est barbarum. Consul.*
Les Echevins, en quelques Villes de France, sont comme les Décurions étoient dans les Villes Municipales, où l'on choisissoit un nombre de Citöiens pour l'administration de la ville : on les appelloit *Decuriones, ou Decuriales. Curia, erat ordo Decurionum, seu Senatus municipii, vel Civitatis; & Decuriones, quasi Senatores Municipales.*

Nos Echevins sont aussi comparez aux Officiers nommez, *Defensores Civitatum.*
De Defensoribus Civitatum. C. 1. 55.

Ils peuvent encore être comparez aux Consuls Romains, dont ils ont retenu le nom, *Consules* Voyez *Consul*.
De Consularibus, & Præsidibus. C. Th. 6. 19... *Consularis vir, est qui Consulatum gessit :* Ancien Echevin, Exconful.
Ut negotiari, ædificare, munera accipere, urbis Magistratibus liceat. L. I. 862.

Définition du mot. *Decurion L.* 239. §. 5. *D. de verb. sig.*
De Decurionibus. C. Th. 12. 1.
De Decurionibus, & filiis eorum, qui Decuriones habentur; & quibus modis à fortunâ Curiâ liberentur. C. 10. 31... D. 50. 2... N. 38.
De bonis Decurionum. C. Th. 5. 2.
De prædiis Decurionum sine decreto non alienandis. C. 10. 35... C. Th. 12. 3.
Quando, & quibus quarta pars debetur ex bonis Decurionum ; & de modo distributionis eorum. C. 10. 34...
Quando un Etranger succedoit à un Décurion, la Compagnie (*Curia, vel Curiales*) avoit le quart de la succession.
De hereditatibus Decurionum, Naviculariorum, Cohortalium Militum, & Fabricensium. C. 6. 62... Voyez *Succession*.
De decretis Decurionum super immunitate quibusdam concedendâ. C. 10. 46... D. 50. 9... Voyez *Exemption*.
Si servus aut libertus ad Decurionatum aspiraverit. C. 10. 32.
De præbendo salario. C. 10. 36... C. Th. 12. 2... Défenses aux Décurions de donner des gratifications ou des récompenses, sans une permission du Prince. *Voyez* Deniers publics.
Ne Decurio, aut cohortalis perducatur in jus, sistaturve judicio, citra jussionem Principis, quæ insinuetur Præfectis. N. 151... Voyez Ajournement.
De mortis causâ Donatione Curialium. N. 87.
Abrogatio Legis quâ senatui Prætores, Decurionibus verò Præfectos constituere concedebat. Leon. N. 47.
Abrogatio quarumdam de Curiis & Decurionibus latarum Legum. Leon. N. 46.
Ut Præfectura liberet à dignitate Curiali. N. 70.
Ut non liberentur Curiali fortunâ Judæi, nec Samaritani, aut Hæretici, &c. N. 45... Les Heretiques sont sujets aux charges, sans joüir des Privileges... *Voyez* Heretique.
De decretis ab ordine faciendis. D. 50. 9... Ordonnances des Décurions.
Si Curialis, relictâ civitate, rus habitare maluerit. C. 10. 37... C. Th. 12. 18... Peines contre les Décurions qui alloient demeurer à la campagne.
Echevins, *voyez Lettre* C. verbo *Capitouls*, Fontanon *to.* 1. *li.* 5. *tit.* 5. *p.* 846. *& Filleau part.* 3. *tit.* 7. où il en traite *ex professo, & cy-après* le mot *Edile*.

ECH

Les Echevins sont appellez à Toulouse, Capitouls ; à Bourdeaux, Jurats ; en plusieurs Villes de Guyenne, Consuls ; en Picardie, Gouverneurs ; à Compiegne, Attournez ; à Chauni, Jurez ; à la Rochelle, Pairs. *Chopin en son Traité de la Police Ecclesiastique. liv. 3. tit. 3. nomb. 21.* appelle les Echevins *Ædiles plebis*, le Prévôt des Marchands *Decurionum Præfectus*, & le corps de l'Echevinage *Ædilitium urbis Collegium*. ibid. tit. 5. nomb. 26.

1   Par Arrêt du Parlement de Bourdeaux du 7. Septembre 1536. rapporté par *Boer. Decis. Burdeg. 272.* Il fut jugé pour les habitans de *Villeneuve*, qu'il n'y avoit que les originaires de la Ville qui pussent être leurs Gouverneurs & Echevins, encore que les autres fussent du territoire & du ressort, selon l'opinion d'*Angelus in §. 1. in auth. de defensoribus civitatis.* Il est vray que ceux de Villeneuve s'aidoient d'un special privilege d'Alfonse Comte de Toulouse & de Poitou de l'an 1270. *Bibliotheque de Bouchel*, verbo *Echevins*.

2   Jugé par Arrêt du 26. Janvier 1598. que les Echevins de la ville de Rue ne seroient perpetuez, mais qu'ils seroient electifs : on dit qu'un peu auparavant il y a un pareil Arrêt pour les Echevins de la ville d'*Abbeville*. ibid.

3   Entre M. Guillaume Coustin, Receveur des deniers ordonnez être levez par Lettres du Roy du mois d'Août 1565. pour la reparation & reédification des Ponts de Nantes, qui est double tribut de ce qui avoit coûtume d'être payé, & les Maire, Echevins & Habitans de Nantes, par Arrêt du Parlement de Bretagne du 26. Mars 1566. faisant droit sur les conclusions du Procureur General, défenses aux Maire & Echevins, de prendre le droit à ferme, ni être associez avec les preneurs, ni être leurs cautions ; défenses à ceux qui assisteront aux baux à ferme & qui seront députez pour visiter les reparations & édifications, de prendre aucune chose pour leur vacation. *Du Fail, liv. 1. chap. 207.*

4   Il n'est permis à un Echevin de se qualifier Conseiller du Roy. Arrêt du Parlement de Dijon du 22. Septembre 1605. *Bouvot, tom. 2. verbo Echevin. qu. 6.*

5   Recüeïl des Ordonnances de l'Echevinage de la ville d'Amiens. *Amiens 1653.*

6   Echevins d'Angers. *De Scabinis Andensibus.* Voyez *Mornac l. 4. C. quibus ex causis majores in integrum restituuntur.* Voyez *Peleus, quest. 141.* de leur Noblesse elle ne préjudicie à la Jurisdiction du Prévôt, &c. Voyez *du Fresne, liv. 8. chap. 20.* Voyez *le Journal du Palais 11. part.* in quarto, p. 139. & *le 2. tom.* in folio, où il y a Arrêt du Parlement de Paris du 7. Août 1685. qui maintient les Maire & Eschevins de la ville d'*Angers* dans la possession d'occuper les cinq premieres places du côté gauche du Chœur des Eglises où vont les processions des Rogations & des premiers Dimanches des mois, à l'exception seulement des Eglises de S. Maimbeuf & de Nôtre-Dame de Leviere, où leurs places demeureront réduites aux trois premieres du côté gauche du Chœur.

ECHEVINS, ADMINISTRATION.

7   Un Echevin d'une ville s'obligeant des affaires de sa ville, quoi qu'il soit obligé en son nom, n'en est point tenu, mais ses successeurs Echevins. Arrêt donné le 10. Avril 1564. entre Marin Boucher Marchand demeurant à Châteaudun, Appellant du Bailli de Blois d'une part, & Jean Loyau Intimé d'autre : il est vray qu'il y a un autre Arrêt contraire contre les heritiers de Claude Courtin habitans de Blois ; mais cet Arrêt fut donné corps acquiescement ; toutefois on est à la Cour qui fit acquiescer. *Voyez Loisel, observat. du Droit Civil. pag. 146.*

8   Echevins, & Marguilliers de l'année presente sont bien convenus pour leurs prédecesseurs, sauf leurs recours contre eux. Arrêt du 3. May 1577. con-

ECH   11

tre ceux de Chartre en Berry. Quand les Maire & Echevins sont condamnez en quelque somme, leurs successeurs peuvent être contraints en leurs propres & privez noms, s'ils negligent de faire l'assiete, sauf leur recours contre le corps des habitans. Arrêt du 26. Novembre 1563. *Papon, liv. 18. tit. 5. nomb. 22.*

9   Jugé par Arrêt du Parlement de Dijon du 18. Juin 1601. qu'un Echevin pour une dette de Communauté pendant sa charge, icelle finie, ne peut être executé en son propre & privé nom. *Bouvot, tom. 2. verbo Communauté quest. 13.*

10 Echevins ne sont tenus solidairement, quand leur administration est divisée ; comme par exemple l'un a la garde des papiers, l'autre fait la recette des deniers. Arrêt du même Parlement du 6. Août 1607. *ibid. verbo Echevins, quest. 10.*
Voyez le mot *Administration*.

ELECTION DES ECHEVINS.

11 Arrêt du Parlement de Paris du 26. Avril 1532 qui annule l'élection des Echevins de la Rochelle, parce qu'elle avoit été faite hors le lieu ordinaire. *Rebuffe sur le Concordat au tit. de regiâ ad Prælat. nomin. §. ultimo.*

12 Jugé par Arrêt du 16. Février 1593. que les Echevins ne seroient élus selon l'antiquité, mais seroient élus selon la vertu. Gillot pour le plus ancien Pair alleguoit un statut qui portoit qu'avenant vacation d'un Echevin, le plus ancien Pair sera mis en son lieu. Servin pour le Procureur General remontra que les particuliers ne peuvent pas faire un statut. Il faut qu'il soit approuvé par le Roy & verifié en la Cour. *Bibliotheque de Bouchel verbo, Echevins.*

13 Charges de Ville, comme Maire & Echevins ne durent & ne se perpetuent plus de cinq ans. Jugé pour Chauny, S. Quentin, & Lafere. *Papon, liv. 6. tit. 1. nomb. 1.*

14 Echevin peut être continué durant six ans, quand il ne se trouve gens en état de remplir cette fonction. *Bouvot tom. 2. verbo Echevin, quest. 4. & 14.*

15 Si par Arrêt la forme de l'élection & nomination des Echevins est prescrite, l'on ne peut s'en départir pour suivre les anciens usages. Arrêt du Parlement de Dijon du 11. Juillet 1606. *Ibid. quest. 8.*

16 Aprés la reception des Maire & Echevins, & prestation de serment, l'on n'est pas reçu à appeller de leur reception. Arrêt du 26. Juillet 1611. *Ibid. quest. 10.*

17 L'Election des Echevins faite à autre jour que celuy destiné par le privilege du Prince, a été déclarée nulle. *Ibid. quest. 23.*

18 Si un habitant de la Ville de Dijon n'étant à la taille qu'à quarante sols, & par consequent ne pouvant donner son suffrage aux Elections des Echevins, peut être élu Echevin ; il fut dit par Arrêt du 3. Juillet 1612. qu'on en delibereroit au Conseil. *Ibid. quest. 26.*

19 Declaration portant reglement pour l'élection des Echevins, & autres Officiers de l'Hôtel de Ville de Roüen : à saint Germain en Laye en Juin 1665. registré au Parlement de Roüen le 2. Juillet suivant. Voyez cy-aprés le mot *Election*, nomb. 171. & suivans.

JURISDICTION DES ECHEVINS.

20 Les Lettres Patentes touchant la Mairie, Echevins & Jurats, obtenuës par les habitans de Morlais sont publiées, à la charge qu'ils n'auront Jurisdiction contentieuse, & qu'à leurs assemblées de Ville le Substitut du Procureur general assistera pour l'interêt du Roy. Arrêt du Parlement de Bretagne du 28. Octobre 1562. *Du Fail liv. 2. chap. 181.*

21 Ordonnances concernant la Jurisdiction des Prévôt des Marchands & Echevins de *Paris*, à Paris 1595. autre vol. en 1644. semblables Ordonnances de Louis XIV. en 1676.

B ij

22 Lettres patentes pour la Jurisdiction concedée aux Capitaines, Maire, & Echevins de la Ville d'*Orleans* sur les habitans faisant la garde, du mois de Septembre 1612. registrées le 6. Septembre 1611. *Chenu, liv. des Offices de France chap. 1. tit. 9.* où il rapporte un Arrêt concernant la même chose pour le Prévôt des Marchands & Echevins de la Ville de Paris du 28. Août 1568.

23 Declaration portant attribution de Jurisdiction aux Maires, & Echevins des villes, ou autres faisans pareille fonction pour la connoissance des procez & differends concernant les Manufactures, à saint Germain en Laye en Août 1669.

24 Si un Echevin Marchand plus ancien doit assister au Conseil, & au jugement des procez Civils & Criminels, & en l'absence ou recusation du Maire peut faire prononcer la Sentence à l'exclusion des Avocats? Par Arrêt du Parlement de Dijon, il fut dit que la Cour en delibereroit au Conseil. *Bouvot, tom. 2. verbo Echevins. quest. 9.*

25 Un Echevin étant accusé de crime commis exerçant sa charge, le Co-échevin n'en peut informer. Arrêt du 29. Avril 1617. *ibid. verbo Recusations, quest. 14.*

26 Arrêt de Reglement du 19. Juillet 1628. d'entre les Maire, Jurez & Echevins de la ville de *Chauny*, & les Officiers Royaux dudit lieu. *Filleau. Part. 3. tit. 7. chap. 23.*

27 Les Eschevins de la ville de *Marseille* Juges de Police peuvent condamner les contrevenans à leurs Ordonnances, à la confiscation des Marchandises, & leurs Ordonnances faisant loi de Police ne sont point annales. Arrêt du Parlement d'Aix du 14. Mars 1688. au *Journ. du Palais in folio, tom. 2. p. 720.*

28 Arrêt du Parlement d'Aix du 18. Mars 1688. qui a déclaré que les Echevins & les Consuls comme Juges de Police ont droit de mettre taux aux denrées, & les confisquer en cas de contraventions. *Boniface to. 4. li. 10. tit. 1. ch. 7.*
Voyez cy-aprés le mot *Jurisdiction.*

ECHEVINS, NOBLESSE.

29 Il a plû au Roy par Edit du mois de Novembre 1706. d'accorder la Noblesse aux Echevins de sa bonne Ville de Paris; le commerce ne leur est point interdit, mais ils ne peuvent tenir boutique ouverte. *Voyez cy-aprés Noblesse.*
Les Echevins de Lyon sont Nobles; ils peuvent négocier en gros, sans déroger à leur Noblesse. Edit de Charles VIII. en Decembre 1495. Lettres Patentes de Loüis XIII. du mois de Mars 1638. &c. Les Echevins de Poitiers & de Bourges sont aussi annoblis.

ECHEVINS, PRESEANCE.

30 Un Praticien & Procureur est préferable à un Marchand, en concurrence de suffrage. Ainsi jugé au Parlement de Bourgogne le 2. May 1598. *Bouvot to. 1. verbo Echevins, quest. 7.*

31 Le Vicomte Majeur de la ville de Dijon étant absent, le plus ancien Echevin ne peut avoir les halebardes, ni faire la fonction du Vicomte Majeur, mais on doit proceder à l'élection d'un de leur Corps, & le plus jeune Echevin peut être nommé. Arrêt du Parlement de Bourgogne du 18. Janvier 1608. *Ibid. quest. 11.*

32 La Coûtume que le plus ancien Echevin doit avoir la préseance en la Ville d'Autun, observée au préjudice des Avocats & Officiers du Roy. Arrêt du Parlement de Dijon du 20. Février 1612. *Bouvot Ibid. quest. 22. 25. & 27.*

33 Arrêt du Parlement de Paris du 7. Janvier 1602. qui entre Echevins donne la préseance à un Garde de Scel autrefois cabaretier, sur un Avocat. Ce qui détermina la Cour, fut que celuy-là avoit eu plus de voix. L'Arrêt fixa la préseance aux assemblées de Villes, sans que cela fit préjudice à l'Avocat en autres lieux *Bibliotheque de Bouchel* verbo *Echevins*, où il ajoûte que cela se pratique ainsi en la Ville de Paris. M. Talon preceda M. de Rochefort; celui-ci étoit plus ancien Avocat, mais M. Talon avoit eu plus de voix. *Voyez cy-aprés le nomb. 38.*

34 En matiere de rang & de préseance entre Echevins, l'usage & la Coûtume observée de tout temps dans le païs sert de loy. Arrêt du 29. Novembre 1649. *Du Fresne liv. 5. chap. 48.*

35 En la Ville d'*Auxerre* les Officiers du Roy appellez concurremment avec les Marchands à l'Echevinage précedent les Marchands qui ont plus de voix qu'eux. Arrêt du 6. May 1630. *Du Fresne liv. 2. ch. 61.* Mais si le Marchand est en charge un an devant l'Officier, il ne lui doit point quitter sa place.

36 Dans la même Ville d'*Auxerre* les Echevins premiers élûs, & qui ont été en charge, precedent les derniers reçûs de quelque qualité & condition qu'ils soient. Arrêt du 5. Juin 1631. *Bardet to. 1. li. 4. chap. 31.*

37 Le Prévôt de *Soissons* ou le Procureur du Roy en son absence conservez au droit de preceder & porter la parole pour les Echevins aux entrées des Princes ou Gouverneurs dans la Ville. Arrêt du 7. Decembre 1632. *Du Fresne liv. 2. chap. 119*

38 Le nouvel Echevin dans la Ville de *Montbrison* étant d'une condition plus relevée que l'ancien, doit le preceder en toutes assemblées concernant l'Echevinage, c'est l'usage & la Coûtume du lieu. *Voyez Henrys tom. 2. liv. 2. quest. 32. & liv. 4. quest. 65.*
Cet usage est singulier, dit l'Auteur des Observations, *sur la question 32.* Je ne crois pas qu'il s'observe nulle part ; il y a plusieurs Villes où dans le concours d'une même élection, les Graduez l'emportent ; mais jamais un Marchand qui se trouve en place ne le cede à un Echevin nouveau quoique graduez, ainsi la contestation ne peut arriver qu'entre les deux Echevins élûs ensemble. A Lyon c'est le quartier qui donne le rang ; ceux qui demeurent au-delà de la riviere de Saone, où est bâti l'Hôtel de Ville ont la préseance. Si les deux élûs sont de même quartier, le Gradué l'emporte sur le Marchand, à Paris c'est la pluralité des voix qui donne la primauté. Voyez *cy-dessus le nom. 33.* & *au 3. tome ce Recueil le mot Préseance.*

ECOLASTRE.

1 EColastre ou Maître d'Ecole en l'Eglise Cathedrale de Boulogne. *Voyez Tournet, lettre. S. arr. 14.*

2 Arrêt du Parlement de Paris en Decembre 1659. qui décharge l'Ecolastre du Chapitre de Noyon du soin des Lettres missives & de la sollicitation des procez. Sa fonction fut limitée aux Contrats qui sont sujets au sceau du Chapitre. *Voyez les Plaidoyez de M. Fourcroy,* celuy-là est compris dans le volume des Plaidoyers touchant la cause du Gueux de Vernon.

3 L'Ecolâtrerie de l'Eglise Cathedrale de Verdun n'est point à la nomination du Roy en vertu de l'indult du Pape Clement IX. mais elle est à la Collation du Chapitre de cette Eglise, comme étant un Benefice servitorial. Arrêt du Grand Conseil du 28. May 1694. M. Briçonnet Avocat General avoit conclu au contraire, le Brevetaire se pourvut en cassation de l'Arrêt du Grand Conseil, il fut débouté. *Voyez le Journal du Palais, tom. 2. p. 861.* où est rapporté un même Arrêt de 1674. pour l'Ecolâtrerie de Toul.

4 Dans l'Eglise de Mets l'Aûmonier precede l'Ecolatre. Arrêt du Parlement de Mets du 12. May, 1673. *Journal du Palais in quarto 2. part. pag. 511. & le 1. tom. in folio.*

5 Arrêt du Parlement de Paris du 23. Janvier 1680.

pour les petites Ecoles de Charité, en faveur des Curez de la ville d'*Amiens*, contre l'Ecolaftre de l'Eglife Cathedrale de la même ville. *Journ. des Audiences, tom.* 4. *liv.* 3. *chap.* 4.

ECOLES.

Ecole publique. *Scola. Gymnafium.*
De ftudiis liberalibus urbis Romæ, & Conftantinopolitanæ. C 11. 18... C. Th. 14. 9.
De Incolis, & ubi quis domicilium habere videtur; & his qui, ftudiorum causâ, in alienâ civitate degunt. C. 10. 39... Privilege des Ecoliers. *Voyez let.* S. *verbo Scolarité.*
De Scolaribus. Authent. Friderici. Cod. 4. 13. *Ne filius pro Patre, &c.* Cette Authentique donne plufieurs privileges aux Ecoliers, & à leurs Profeffeurs. *Voyez* Privilege, Profeffeur & Regent.
De Comitibus & Tribunis Scholarum. C. 12. 11... C. Th. 6. 13. *Scholæ, in hoc tit. & aliis titulis Cod. funt corpora five ordines officialium, hoc eft, eorum, qui munere & officio aliquo, quod ad Principis minifterium pertineret, fungebantur. Eas Juftinianus undecim teftatur in l. fi.* C. *de locat. In hoc tit. agitur de Comitibus & Tribunis, five præpofitis Agentium in rebus. Voyez* Agent.
De privilegiis Scholarum. C. 12. 29. *Scholæ, in hoc tit. funt corpora Scholarium, feu militantium in facro Palatio: non ver) Scholafticorum.*
De l'impreffion des Livres, & des Univerfitez & Ecoles. *Voyez les Memoires du Clergé*, tom. 2. partie 1. tit. 2. chap. 20. *& cy-après* verbo Evêque.
Des Ecoles & Académies tenuës par ceux de la R. P.R. & de l'impreffion des Livres des Heretiques, fur les matieres de la Religion. *Voyez les Memoires du Clergé*, tom. 6. part. 9. chap. 9.

1. Ecoles publiques ne peuvent être établies en France ni reformées fans l'autorité & confentement du Roy. *Preuves des libertez*, tom. 2. chap. 37.
2. Arrêt du Parlement de Touloufe du 20. Juillet 1486. entre le Procureur General du Roy & le Syndic de la Ville de Touloufe, qui enjoint aux Docteurs Régens de lire en leurs propres perfonnes, de n'y commettre aucun fubftitut à peine d'être privez de leurs Regences, ni de lire en lieux privez, & que les émolumens feront diftribuez également, fauf que les trois du decret, qui ne pourront prendre que pour deux, avec défenfes de ne prendre argent d'aucun Ecolier. Comme auffi aux Ecoliers de leur porter honneur & reverence fur peine de prifon. *La Rocheflavin*, liv. 5. tit. V. tit. 1. arr. 4.
3. Arrêt du même Parlement du 24. Avril 1539. qui défend de lire l'Ecriture fainte és Ecoles de Grammaire ni lieux privez. *Ibid. Arr.* 15.
4. Les biens des pauvres ne peuvent être deftinez à d'autres ufages. Jugé par Arrêt du Parlement de Paris du 7. Juillet 1579. contre les habitans de Chateau-Thierry, lefquels avoient pris 50. liv. de rente des pauvres pour employer au payement du Precepteur de leur École. Ils furent condamnez de les rendre avec dépens. *Papon li.* 6. tit. 1. n. 14.
5. Ceux de la Religion prétenduë reformée ne peuvent tenir de petites Ecoles, ni apprendre à lire & écrire qu'és lieux où ils ont l'exercice public, qui eft celui du Bailliage. *Voyez les décifions catholiques de Filleau Décifion* 88.
6. Arrêt du Parlement de Touloufe du 22. Février 1610. qui condamne les Habitans & Confuls de Cahors à réparer les Ecoles de Droit, & enjoint aux Profeffeurs de faire exactement les leçons. *Voyez le* 21. *Plaidoyer de Puimiffon.*
7. On vouloit empêcher M. Girard Prêtre en l'Eglife Cathedrale de Senlis de tenir Ecole. Le premier Juge luy en avoit fait défenfes. Arrêt du Parlement de Paris du 30. Janvier 1612. qui met l'appellation & ce dont à été appellé au neant, fans amende & fans dépens; & ayant égard à la qualité de l'appellant Chanoine en l'Eglife Cathedrale, & à la preuve qu'il a prefentement renduë de fon érudition, luy permet de continuer l'inftruction des enfans comme il a cy-devant fait, & aux peres de les luy bailler. M. Servin Avocat general dit qu'és Villes où il y avoit Univerfité la regle fe pouvoit faire. *Bibliotheque de Bouchel*, verbo *Ecolier.*

8. Un Maître d'Ecole peut demander payement de l'inftruction de la jeuneffe, encore qu'il ne faffe apparoir de délibération & réfolution prife par les habitans, ni de convention par écrit. Jugé au Parlement de Bourgogne contre les habitans de Longepierre le 4. Juillet 1619. *Bouvot* tom. 2. verbo *Ecoliers, queft.* 3.
9. Arrêt du Parlement d'Aix du 22. Juin 1675. qui regla les pieces fur le Bureau pour fçavoir fi celuy qui a les Ecoles d'un petit lieu, doit être nourri par la Communauté, les peres des enfans ne le nourriffant pas. *Boniface* to. 3. li. 4. tit. 2. ch. 4. On allegua un Arrêt qui avoit mis hors de Cour fur pareille demande.
10. Arrêt du 22. Octobre 1675. qui rejetta la difpute entre des Maîtres d'Ecoles à lire & à écrire, & à apprendre l'arithmetique dans les petits lieux. *Boniface ibidem chap.* 3.
11. Ecoles des petites Villes mifes à la difpute en préfence des peres de famille. Arrêt du 15. Octobre 1675. *Boniface* tom. 3. li. 4. tit. 2. ch. 2.
12. Arrêt du 18. Juin 1676. qui a permis d'enfeigner en chambre au préjudice des Ecoles publiques. *Ibid. chap.* 1.
13. Des petites Ecoles de la Ville & Banlieuë de Paris. *Voyez le Recueil de Decombes Greffier de l'Officialité de Paris part.* 2. chap. 5. p. 771.
14. Arrêt du Parlement de Paris du 21. May 1647. au profit du Curé de Charonne, portant qu'il pourvoira aux petites Ecoles. *Ibid. Recueil* 2. *chapitre* 5. pag. 807.
15. On a formé la queftion au Parlement de Paris, laquelle a été appointée à l'Audience, après une longue plaidoyrie, pour fçavoir fi le Sieur Chantre de Nôtre-Dame de Paris qui a droit d'inftituer de petites Ecoles, peut leur donner pouvoir d'enfeigner au-delà de la Grammaire? L'Univerfité a prétendu que ces petites Ecoles devoient être bornées aux élemens de la Grammaire qu'il faut fçavoir pour entrer dans les baffes Claffes des Colleges. *Voyez Bibliot. Can.* tom. 1. p. 196. *& fuiv.* où font expliquez tous les moyens des parties.
16. Arrêt du 3. Mars 1651. rendu en faveur des Religieufes de la Croix, contre M. le Chantre, au fujet des petites Ecoles. *V. Decombes part.* 2. *chapitre* 5. pag. 804.
17.
18. Reglement pour les Ecoles; Arrêt du Parlement de Paris du 13. Janvier 1680. Il appartient aux Ecolaftres d'inftituer les Maîtres d'Ecole, & d'exercer Jurifdiction fur les Ecoles. Il n'eft pas neceffaire d'obtenir Lettres d'Ecolaftre pour tenir Ecole de charité. La police des Ecoles n'eft feculiere, mais Ecclefiaftique, les Echevins n'en doivent prendre connoiffance. *Journ. des Aud.* tom. 4. li. 3. ch. 4. la matiere eft amplement & curieufement traitée.
19. Il n'eft permis aux Maîtres d'Ecoles de recevoir des filles en leurs Ecoles. Comme auffi défendu aux Maîtreffes d'Ecoles d'avoir des garçons. *Ibidem.*
20. Les Regens, Precepteurs, Maîtres & Maîtreffes d'Ecoles des petits Villages feront approuvez par les Curez des Paroiffes, ou autres perfonnes Ecclefiaftiques qui ont droit de le faire, & les Archevêques & Evêques, ou leurs Archidiacres dans le cours de leurs vifites, pourront les interroger s'ils le jugent à propos, fur le Catechifme, & ce qu'ils fournent d'enfeignement aux enfans du lieu, & ordonner que l'on en mette d'autres à leurs places s'ils ne font pas fatisfaits de

leur doctrine ou de leurs mœurs, & même en d'autre temps que celuy de leurs visites, lors qu'ils y donneront lieu pour les mêmes causes, *art. 25. de l'Edit concernant la Jurisdiction Ecclesiastique du mois d'Avril 1695.*

21   Celuy qui paye les gages d'un Coûtre ou *Magister* de Village a droit de le commettre. Jugé au Parlement de Tournay pour les Doyen & Chanoines de l'Eglise Collegiale de saint Pierre à l'Ille, qui avoient presenté le Maître d'Ecole de Gulleghem. L'Arrêt rendu le 11. Octobre 1696. suivant la maxime *ejus honos cujus onus*. Voyez M. Pinault to. 1. Ar. 117.

22   Bien que la dette contractée pour alimens soit grandement favorable & privilegiée, toutefois les pedagogues ne sont recevables après l'an à demander la pension de leurs écoliers. Arrêt du 23. May 1612. *Jouet*, verbo *Prescription n. 8.* rendu *in intimo Regis consilio,* pour M. Mathe Conseiller au Parlement.

ECOLIERS.

ECOLIERS, CHANOINES.

23   LEs Ecoliers joüissent des gros fruits de leurs Prebendes. Arrêt du 22. Decembre 1553. pour Etienne Letang. Clement VI. a accordé le même privilege aux Conseillers du Parl. *Voyez Rebuffe sur le Concordat au tit. de Collationibus §. 1.* où il rapporte un Arrêt du 15. Mars 1539. rendu *in intimo Regis consilio.*

24   Chanoines Ecoliers peuvent être payez du gros en faveur de leurs Etudes. Arrêt du 2. Decembre 1576. pour les Chanoines de saint Laurent de Rozay; autre Arrêt du 5. Mars 1577. pour un Chanoine de S. Pierre de Gerberoy, si ce n'est qu'il y ait convention pour moins, ou qu'un autre Clerc en ait le temps de dix ans. Arrêt du 3. Avril 1576. contre un de sainte Menehou. *Bibliot. de Bouchel,* verbo *Chanoine.*

25   Le Parlement de Paris en interpretation de l'article 9. de l'Edit fait à la requête des Etats, fondé sur le titre *De Magistris & ne quid exigatur,* &c. *In Decret. & Clement.* a ordonné le 14. Mars 1566. pour les Echevins d'Amiens, qu'outre les grandes Ecoles il y auroit d'abondant une maison separée, & un Précepteur entretenu du revenu d'une prebende pour l'érudition gratuite des petits enfans & abécédaires, & qu'en attendant la vacance de la premiere Prebende, l'Evêque seroit tenu d'avancer autant que pourroit monter par an le revenu pour cet entretenement. Cela avoit été jugé dès le 4. Août 1564. contre l'Evêque de Beauvais; le 2. Decembre de la même année contre celuy de Soissons, & le 7. Août 1565. contre celui de Senlis; il fut enjoint aux habitans poursuivans elect sortes d'élections de se contenter d'une Prebende de l'Eglise Cathedrale, sans contraindre les Collegiales pour la même chose.

26   L'Evêque & Chapitre ont l'option de conferer la Prebende, ou d'en fournir le revenu. Arrêt du 11. Janvier 1569. contre le Précepteur d'Abbeville. *Papon page 1358.*

27   Les Chanoines ne peuvent préjudicier à la totalité de ce revenu, ni en rien retrancher qu'il ne soit permis à y revenir. Arrêt du 23. May 1571. pour le Précepteur de Chaumont en Bassigny. *Voyez* les articles 2. 5. 23. 34. de l'Edit de Blois. Le 27. Juillet 1585. il a été ordonné que l'élection se feroit d'autre que d'un Religieux Mandiant, quoi que l'Eglise Collegiale de Châtelleraut ne fût que de douze en tout. *Papon ibid.*

28   Les Ecoliers Chanoines étudians joüissent de semblable privilege que les Conseillers des Cours Souveraines, & gagnent les gros fruits pendant le tems d'étude, ainsi que les presens, après qu'ils ont pris possession en personne. Le nombre des Chanoines étudians en Université de chacune Eglise limité, & le temps de leurs études. Les gros fruits peuvent être limitez à certaine somme qui est payée par le Chapitre au lieu du gros. Arrêt du 4. Mars 1614. entre les Chanoines de l'Eglise de saint Cerneuf de Bilhon. *Filleau 1. Part. tit. 1. chap. 31.*

29   L'Ecolier en faveur de ses études gagne les gros fruits d'une Prebende, & non les distributions manuelles encore qu'il n'ait fait son stage. *Voyez M. Loüet & son Commentateur lettr. E. nomb. 6.* où vous trouverez plusieurs Arrêts sur cette matiere qui ne s'accordent pas tous. *Voyez* le mot *Chanoines,* nom. 45. & suiv.

ECOLIERS, DELITS.

30   Le 6. Juillet 1536. un Sergent fut condamné à être pendu, d'autres à être foüettez devant les Etudes, pour avoir meurtri là-devant un Ecolier en faisant quelques Exploits. *La Rocheflavin liv. 5. lett. V. tit. 1. Arr. 10.*

31   Sous le regne de Charles VI. y ayant eu quelque tumulte en une Procession qu'avoient faire les Ecoliers à l'Eglise de sainte Catherine; & le Prévôt de Paris nommé Guillaume de Tignonville, en ayant fait pendre deux, le Roy décerna ses Lettres qui sont encore enregistrées au livre rouge du Châtelet du 10. May 1408. par lesquelles il fut enjoint au Prevôt d'envoyer l'Executeur de la Haute-justice dépendre les corps de ces Ecoliers, les faire mettre en deux coffres sur une charette & les conduire devant l'Eglise de Nôtre-Dame, & là les rendre à l'Evêque de Paris attendu qu'ils étoient Clercs, & qu'à la premiere assemblée de l'Université, il seroit tenu d'aller prier le sieur Evêque & le Recteur de l'Université de ne leur vouloir aucun mal de cette entreprise contre les libertez de l'Eglise, ce qui fut executé comme recite le Seigneur des Ursins & l'Office fut donnée à Messire Pierre des Essarts au lieu dudit Tignonville qui fut déposé. Il est arrivé plusieurs fois que lorsque les Ecoliers ont eu quelque mécontentement, ils ont fait cesser les Leçons & prédications. L'Université a plusieurs fois reclamé les Ecoliers. *Voyez la Bibliotheque Can. tom. 1. p. 261. col. 1.*

32   Arrêt donné au Parlement de Toulouse au mois de May 1540. contre les Ecoliers étudians de Toulouse dont plusieurs furent pris pour avoir mis le feu aux Etudes, en haine de ce qu'une épée avoit été par Arrêt de ladite Cour affichée à la porte desdites Etudes, & un d'iceux executé le même jour que l'Arrêt fut prononcé & ce devant les Etudes, & trois autres trainés en figure par la Ville & brûlez au même lieu & d'autres condamnez en de grosses amendes envers le Roy. *La Rocheflavin, liv. 1. tit. 22. & liv. 5. let. V. tit. 1. arr. 16.*

33   Défenses aux Ecoliers de porter l'épée, armes & bâtons. Arrêt du Parlement de Paris du 20. Août 1554. *V. la Bibliotheque de Bouchel,* verbo *Ecoliers.*

34   Arrêt du Parlement de Toulouse du 30. May 1556. qui défend aux Ecoliers de faire aucunes assemblées. *La Rocheflavin, liv. 2. tit. 2.* verbo *Ecoliers arr. 1.*

35   Un Ecolier mineur ayant abusé de l'argent qu'on luy avoit mis entre les mains a été déchargé non seulement de la condamnation par corps, mais même de la civile. Arrêt du Parlement de Roüen du 28. Janvier 1672. *Journal du Palais* in quarto 3. part. p. 368. *& le 1. tom. in folio & au premier vol. de ce Recueil* verbo *Délit.*

ECOLIER, OBLIGATION.

36   Un Ecolier mineur peut s'obliger & ses heritiers pour sa pension, ses entretiens, les frais, & déboursez ordinaires aux étudians. Jugé au Parlement de Tournay le 16. Février 1699. contre les heritiers du mineur, il s'agissoit du payement de 375. florins 11. patards. *Voyez M. Pinault to. 2. Arr. 256.*

PRIVILEGES DES ECOLIERS.

37   Voyez *la Bibliotheque de Jouet au mot* Ecolier, *le 1. tom. de ce Recueil,* verbo *Conservateur, nomb. 9. & suiv. & cy-après le mot* Scolarité.

ECO ECR

De Privilegiis Scolarium. Per Petrum Rebuffum, & per Adrianum Pulvaum.

38 Déclaration sur les Privileges de l'Université, qui porte que les Ecoliers sont en la protection & sauvegarde du Roy. A Vincennes le dernier Octobre 1340. *Ordonnances recueïllies par Fontanon tome 4. page 942.*

39 Les Ecoliers doivent inserer leur demeure, & quels sont ceux qui joüissent du privilege de Scolarité & Apostolique. *Tournet lett. S. Arr. 13.*

40 *Religiosus studens in Universitate privilegio ne alibi trahatur, gaudet.* Voyez *Franc. Marc. tome 2. quest. 414.*

41 Arrêts de Toulouse des 13. Septembre 1470. 1. Février 1479. 21. Juillet & 14. Août 1486. & 3. Novembre 1502. concernans les Privileges des Ecoliers. *La Rochestavin li. 2.* verbo *Ecoliers, tit. 2.*

42 Arrêt du premier Février 1479. rendu entre le Syndic des Ecoliers & Docteurs de l'Université de Toulouse, qui prescrit la forme de la matricule des Ecoliers, avec inhibitions & défenses ausdits Ecoliers de n'accepter aucunes cessions à peine de 200. livres, si ce n'est au cas de l'Ordonnance. *Idem liv. 5. lett. V. tit. 1. Arr. 3.*

43 Les Ecoliers residens ailleurs qu'és Universitez, ne joüissent des privileges à eux accordez par l'Ordonnance du Roy Loüis XII. en l'an 1513. confirmée par Arrêt de Paris du 5. Février 1542. *Bibliot. Can. to. 1. p. 366. col. 1.*

44 Le 3. Août 1523. Arrêt qui ordonne que tous Juges desquels Ecoliers par vertu de leur Scolarité & Privileges, font faire renvoy à leur Conservateur, oyront l'interêt de l'Ecolier sommairement, & en décideront promptement sans appointer les parties en droit sur le debat du renvoy. *Bibliot. de Bouchel,* verbo *Ecolier.*

45 Le 21. Mars 1523. sur un appel interjetté par une veuve, suivi à la Cour, un enfant agé de 8. à 9. ans juré en l'Université de Paris & étudiant en une petite Ecole de la même ville depuis un an & demi, ainsi que le Maître & le pere de l'enfant present l'affirmoient; l'appellation fut mise au neant, & la matiere renvoyée au Bailli de Paris comme Juge conservateur. *Ibid.*

46 Ecolier se faisant Clerc de Procureur quoiqu'il continue d'étudier perd son privilege de Scolarité. Arrêt du Parlement de Paris du 3. Juillet 1530. *Papon, liv. 5. tit 14. nomb. 3.*

47 Ecolier ne peut se servir de son privilege en chose litigieuse, ni obtenir le renvoy pardevant le Conservateur. Arrêt des Grands jours de Poitiers du 13. Octobre 1531. La chose est réputée litigieuse par le seul ajournement libellé. Arrêt du mois de Juin 1506. *Papon, liv. 12. tit. 2. nomb. 3.*

48 Un Ecolier intervenant doit avant que de demander son renvoy justifier de l'interêt qu'il a en cause ou bien affirmer par serment. Arrêt du 2. Octobre 1534. donné és Grands Jours de Moulins. *Idem. li. 7. tit. 7. nomb. 27.*

49 Ecoliers peuvent être ajournez au domicile de leur pere, quoiqu'ils joüissent du privilege de Scolarité. Arrêt du Parlement de Paris és Grands Jours de Moulins du 19. Septembre. 1534. *Ibid. tit. 4. n. 7.*

50 L'Ordonnance qui veut qu'un Ecolier avant que de pouvoir faire renvoyer une cause commencée entre autres personnes, soit tenu d'exhiber son titre *in beneficialibus* & par serment *in cateris,* s'entend des causes esquelles l'Ecolier intervient *proprio motu* sans être appellé en garentie; s'il est appellé en garentie, & que le Demandeur soûtienne que l'Ecolier n'a interêt dans l'affaire, l'Ecolier est tenu d'affirmer avant que d'être renvoyé au Conservateur. Jugé és Grands Jours de Moulins le 22. Septembre 1540. *Idem. liv. 5. tit. 14. nomb. 8.*

51 Jugé au Parlement de Toulouse le 5. Juillet 1545.

que le privilege de Scolariténe s'étend point aux actions purement reélles. *La Rochestavin, liv. 5. lett. V. tit. 1. arr. 20.*

52 Un jeune enfant joüit du privilege de Scolarité. *Idem nuper prædicatum in filio meo primogenito Carolo ætatis sex annorum & sex mensium, mense Martio 1548. ante Pascha C. M. & Bouchel.* Verbo *Ecolier.*

53 Testimoniales de Scolarité sont nulles, si elles ne contiennent le jour auquel l'Ecolier a été immatriculé. Arrêt du 17. Avril 1548. *Ibid.* verbo *Testimoniales.*

54 Ecoliers ne peuvent demander leur renvoy, & se servir de leur Privilege pour fait public, ni dans un procez où le Procureur du Roy est partie. Arrêts des Grands Jours de Moulins des 6. & 22. Octobre 1550. *Papon li. 5. tit. 14. n. 5.*

55 Exceptions contre le privilege de Scolarité sont jointes au principal. Arrêt des Grands Jours de Moulins du 16. Octobre 1550. *Ibid. n. 7.*

56 Ecoliers ne peuvent se servir du Privilege de Scolarité qu'ils n'ayent étudié six mois. Arrêt du Parlement de Paris du 16. Octobre 1551. Le même Arrêt fait défenses au Recteur de l'Université de plus bailler Testimoniales aux Ecoliers qui n'auroient étudié par l'espace de six mois. *Ibid. n. 4.*

57 Ceux qui regentent, joüissent du privilege de Scolarité, pendant qu'ils regentent, & tant qu'ils demeurent en l'Université, s'ils ont regenté 20. ans; étudiant en Theologie pour 14. ans, en Droit Canon ou Civil pour 7. ans, Grammairiens, Dialecticiens & Phisiciens pour 4. ans. Arrêt de l'an 1552. Les Ecoliers doivent en leurs testimoniales & protections inserer le lieu de leur demeure sur peine de nullité. Arrêt du 20. Mars 1564. *Ibid. nom. 1.*

58 Arrêt du Parlement de Paris du mois de May 1573. portant que le Clerc d'un Conseiller étudiant joüiroit du Privilege de Scolarité. *Ibid. nomb. 3.*

59 L'Ecolier sous prétexte de ses études ne peut demander *d'être reçû par main souveraine en consignant,* ni faire évoquer la cause en la Jurisdiction du Conservateur, parce que le droit de fief dont il s'agit est réel, non sujet au privilege. *Mornac, l. 28. ff. ex quibus causis Majores, &c.*

ECONOMAT.

CE qui concerne les Economats & les devoirs & privileges des Economes sera mis avec les dernieres Declarations sous la lett. O verbo *Oeconome.*

ECOSSOIS.

SI les Ecossois sont capables de tenir Benefice en France, & des alliances entr'eux & les François. Voyez *Filleau, part. 4. quest. 7. & les plaidoyez de M. Servin.* La cause fut appointée par Arrêt du Parlement de Paris du 11. Août 1586. & la recreance ajugée à l'Ecossois.

ECRITURE.

ECRITURES D'AVOCATS.

1 Voyez le mot Avocats, *nomb. 7. & suivant & le 3. tome. de ce Recueil* verbo *Procureurs.*

2 Declaration du Roy du 19. Juin 1691. portant reglement pour les Ecritures qui doivent être faites sur papier & parchemin timbrés.

Autre du 17. Juillet 1693. pour les écritures des Avocats & Procureurs. Elles sont rapportées par *M. Bruneau en son traité des Criées, chap. 11. p. 178. & 185.*

ECRITURE PRIVE'E.

3 Des écritures privées, *Voyez le traité de la Preuve par M. Danty, Avocat au Parlement, chap. 1. & 3. part. 2.*

4 *Ex chirographo filiæ in dotem à patre dato & adjuncto instrumento dotali oritur hipotheca, ac si schedam debitor apud tabellionem agnovisset.* Arrêt du 5. Février

ECR

1614. *Mornac*, *l*. 4. *ff. de pignoribus*, &c.

5 *Scriptura merè privata nullum gradum probationis facit licet antiquissima ; si tamen proferatur ex loco non suspecto, puta ex archivo publico facit aliquod indicium, sed arbitrio judicis*, Mornac , *l*. 7. *C. de probationibus*.

6 Arrêt du Parlement de Paris du 7. Septembre 1613. qui ordonne que pour les verifications d'Ecritures & signatures , pourront à l'avenir être pris & nommez, soit par les Juges ou par les parties , tant les Greffiers , leurs Clercs , Commis , Notaires , Ecrivains & autres personnes capables lesquels avant que de faire leurs rapports & déposer, seront tenuës sous peine d'amende arbitraire & de punition corporelle , de declarer encore qu'ils ne fussent requis, s'ils auront eû auparavant aucune communication des pieces qui leur seront representées & sur icelles donner avis , auquel cas ne seront receus à faire rapports & déposer sur lesdites pieces , & outre , qu'à ceux qui seront nommez, seront montrées separément les pieces dont il sera question , & chacun d'eux tenu rendre separément leur rapport sur icelles succinctement & à l'instant, sans divertir à autre acte ni conferer entr'eux. Défenses à tous ceux qui seront employez aux verifications, d'en faire aucune association, ni d'avoir aucune communauté ni intelligence en quelque façon que ce puisse être , ni de prendre & recevoir des parties directement ou indirectement, aucune chose plus que ce qui leur sera taxé pour leurs salaires , quoiqu'il leur fût offert , & fussent solicitez par les parties ou autres de recevoir , & ce sous peine d'amende & de punition corporelle. *V. la Bibliotheque de Bouchel*, verbo *Escritures*.

7 Ecriture privée en forme de ratification n'a effet d'hypoteque, ni d'une legitime ratification. Arrêt du Parlement de Grenoble du 22. May 1624. *Basset* tom. 2. *li*. 5. *tit*. 2. *ch*. 5.

8 *Comparatio scripturæ signi subjecti quam fidem faciat ? Voyez Stockmans decis.* 138. il dit avoir été jugé le dernier May 1645. *comparationem signi non facere justam probationem*.

RAPPORT DES ECRIVAINS.

9 Du rapport des Maîtres Ecrivains , & s'ils doivent être convenus ou pris d'office , ensemble sur quels actes se doit faire la comparaison de lettres. *Voyez Henrys* tome 1. *liv*. 4. *chap*. 6. *q*. 94.

10 Verification d'Ecritures, *voyez* le Traité de la preuve par M. Danty Avocat au Parlement , *ch*. 5. *part*. 2. & le Traité fait par le Sieur de Bligny , imprimé à Paris en 1708. il se vend chez Guillaume Cavelier Libraire au Palais , & *cy-aprés* le mot *Faux*.

11 Ecrivains enseignans la jeunesse exempts d'être cotisez pour leur industrie. Arrêt de la Cour des Aydes de Montpellier du 21. Juin 1527. *Philippi art*. 192. & *cy-aprés* verbo *Exemption*.

ECRITURE SAINTE.

12 Le 24. Avril 1539. par Arrêt du Parlement de Toulouse il fut défendu de lire la sainte Ecriture dans les Ecoles de Grammaire ni lieux privez. *La Rocheflavin li*. 5. *le.tt. V. tit*. 1. *Arr*. 15.

13 Le parent d'une Demoiselle recherché par une homme âgé , adressa à celui-cy dans la colere & par maniere d'injure , ces termes du Pseaume 37. *Lumbi tui impleti sunt illusionibus*. Arrêt du Parlement d'Aix du 15. Juillet 1675. confirmatif de la Sentence du Lieutenant de Digne qui condamne le parent en 3. livres d'amende, avec défenses d'appliquer de semblables paroles de l'Ecriture-Sainte aux matieres profanes. *Boniface*, tom. 3. *liv*. 5. *tit*. 1. *chap*. 1. *Voyez* le mot *Impieté*.

ECRITURE, TESTAMENT.

14 Testament écrit de la main du Clerc du Notaire present est valable dans la Coûtume d'Orleans, ainsi jugé le 11. Août 1631. *Bardet, tom*. 1. *liv*. 4. *chap*. 44. *Voyez* le mot *Testament*.

ECU

ECUS.

1 ECus d'or sol , & de la valeur de cette monnoye dans les temps differents , *Voyez Basset , tom*. 2. *liv*. 6. *tit*. 9. *chap*. 6.

2 Declaration du Roy Henri II. du 5. Juin 1551. portant que tous Contrats à prix d'argent qui souloient être faits à sols & à livres , seront faits en écus. *Fontanon , tom*. 1. *liv*. 4. *tit*. 6. *p*. 747.

3 Les arrerages d'une rente se doivent payer en mêmes especes d'écus qui avoient cours au temps que les terres ont été baillées en fief & censive ou en autre monnoye de pareille valeur à l'écu au temps que le payement de la rente a été échû, & ne sont receus les emphitheotes & tenanciers de payer en autre monnoye ayant cours la valeur de l'écu au temps du bail qui peut-être n'étoit alors que de trente sols, & depuis a été augmenté au double & presque au triple, ainsi jugé par Arrêt de Toulouse prononcé en Robes rouges la veille de Noël 1571. *Voyez Mainard, liv*. 5. *chap*. 99. & le *liv*. 8. *ch*. 94. La Rocheflavin, des droits Seigneuriaux *chap*. 10. *art*. 4.

4 *Solutio nummorum ejusdem valoris non ejusdem materia*. Arrêt du 23. Janvier 1586. *M. le Prêtre premiere Cent. chap*. 17.

5 Somme donnée par contrat de mariage payée en écus d'or , se doit rapporter entre coheritiers au prix que valoient les écus lors du mariage , & non au temps de la succession échûë. Arrêt du 2. Avril 1588. *M. Louet lettre E. Som*. 2. *M. le Prêtre premiere Cent. c*. 17. rapporte le même Arrêt, & dit qu'en 1510. l'écu ne valant que 36. sols on constitué une rente au denier douze, & on stipule que quand le rachat s'en fera, le débiteur sera tenu de le faire en écus au Soleil mêmes especes qui avoient été données lors de la constitution ; l'écu étant à 65. sols le débiteur veut racheter la rente , le creancier ne veut les recevoir qu'à 36. sols. Sentence pour le creancier , appel. Arrêt le 17. Mars 1605. par lequel il est ordonné que le rachat se fera en écus valans 60. sols : quand l'écu est estimé le rachat ne se doit faire *in specie* , mais quand simplement il est dit que le rachat s'en fera en mêmes especes comme en écus , il le faut faire en écus , mais on estime l'écu à raison de ce qu'il vaut lors du rachat, & non pas à raison de ce qu'il valloit lors de la constitution.

6 Quand il est dit que le rachat d'une rente au denier quinze de deux cens & tant de livres sera rachetée pour neuf cens tant d'écus, qui ne valloient lors du Contrat que 36. sols 9. deniers piece ; le rachat s'en devoit faire en autant d'écus bien qu'ils fussent haussez de prix. Arrêt du 17. Mars 1605. *Peleus, question* 113.

7 La rente constituée en écus d'or , bien qu'il soit dit qu'elle sera rachetable en écus , neanmoins elle se pourra racheter à raison de trois livres ou soixante sols l'écu , qui est l'Ordonnance derniere des écus en livres de l'an 1602. Arrêt du 21. Janvier 1626. *M. Bouguier , lett. R. nomb*. 9. Voyez Anne Robert , *rerum judicat. liv*. 1. *chap*. 16. où vous trouverez plusieurs Arrêts. *Voyez* le Vest , *Arrêt* 18. & *Arrêt* 100. Henris, *tom*. 1. *liv*. 4. *chap*. 6. *quest*. 69. remarque qu'il y a eu des Arrêts contraires , & rapporte un Arrêt du 3. Août 1640. qui a reglé l'écu à trois livres, suivant l'Edit de 1602. *Voyez* Charondas , *liv*. 2. *Réponse* 73. M. Louët , *lett. R. somm*. 8. & M. le Prêtre , *premiere Cent. chap*. 17.

8 *Henrys, tom*. 1. *liv*. 4. *chap*. 6. *quest*. 70. examine si la rente créée en écus d'or & payable en mêmes especes, se doit payer de la même sorte ? Aujourd'huy cette difficulté cesse par la disposition de l'Ordonnance, portant que l'on comptera par livres & non par écus.

9 D'une rente payable en écus d'or, y ayant eu changement d'especes & augmentation de monnoye. *Voyez*

Voyez Cambolas, livre 2. chapitre 25.

10. Rente en écus. *Voyez* le mot *Arrerages, nomb.* 21. *& 22. & le mot Estimation, nomb.* 38.

11. Ecus dûs en matiere & redevance de cens. *Voyez* le mot *Cens, nomb.* 35.

12. Quelques fonds ayant été vendus à faculté de rachat pour le prix de mille francs payez en écus, avec convention expresse en cas de rachat, que le remboursement sera fait en même espece, si le vendeur venant au rachat, est tenu de rembourser en écus, qui se trouvent depuis augmentez ? *Voyez Bouvot, to.* 1. *part.* 2. Verbo *Vente à grace de rachat, quest.* 2.

13. Si le débiteur d'une rente de quarante huit écus en or constituée moyennant six cens écus en or, est tenu de payer en écus d'or, eu égard au temps que se fait le payement ? *ibid* verbo, *Rentes, quest.* 2.

14. En constitution de rente, quand l'écu est estimé, le rachat se doit faire au prix de l'estimation. Autre chose, quand il n'est point estimé. *Papon, tit. des payemens Arr.* 2. *& tit. de restitution de la chose non dûe, Arrêt* 2. Jugé par Arrêt du Parlement de Dijon sans date, rapporté par Bouvot. *to.* 1. *part.* 3. verbo, *Rachat, quest.* 1.

15. Si une constitution de rente créée en écu lors & au temps que l'écu ne valoit, & n'avoit cours qu'à raison de 35. ou 40. sols, venant à acquitter la rente, si on est tenu d'acquitter en écus, ou bien au prix qu'il valloit, ou au temps que la rente fut créée ? *Idem tom.* 2. Verbo, *Monnoye, quest.* 3.

16. Le payement de la rente créée en écus doit être fait à raison de l'écu au temps du payement. Arrêt du Parlement de Dijon du 6. Juillet 1602. *Ibid. quest.* 6.

ECUIER.

ECuier, celui qui enseigne à monter à cheval. Officier de l'Ecurie du Prince. *Equitandi Magister.*
De stratoribus. C. 12. 25..... *C. Th.* 6. 31.... *Stratoribus præerat Tribunus stabuli.*

Ecuyer est aussi un titre de Noblesse, attaché à plusieurs Charges. *Voyez* les mots, *Dignité, Noblesse, Offices.*

1. Suivant & conformément aux articles 256. & 257. des Ordonnances de Blois, il est défendu à peine d'amende arbitraire, à toutes personnes d'usurper faussement le titre de Noble & Ecuyer, & de porter armoiries timbrées. Le Parlement de Toulouse par Arrêt du mois de Septembre 1598. a défendu à un homme qui se disoit Ecuyer & Sieur de quelque sien Moulin de prendre desormais tel titre. *La Rochestavin, des droits Seigneuriaux*, chap. 21. art. 6.

2. Arrêt de la Cour des Aydes du 14. Janvier 1627. pour la qualité d'Ecuyer, au profit du Prévôt de Meaux. *Filleau,* 2. part. tit. 3. chap. 51.

3. Arrêt du Conseil du 12. May 1663. qui permet au Prévôt de la Roche-sur-Yon, de prendre la qualité d'Ecuyer. *Mareschaussée de France.* p. 841.

4. Arrêt du Conseil du 12. Mars 1665. donné en faveur des Prévôts & leurs Lieutenans, portant décharge de la taxe sur eux faite à cause de la qualité d'Ecuyer qu'ils prennent. *Ibidem.* page 863.

5. Arrêt du Conseil donné en faveur des Lieutenans de résidence & autres Officiers pourvûs de Charges de Chevaliers & Lieutenans du Guet, portant décharge de l'amende, pour avoir pris la qualité d'Ecuyer. *ibid.* p. 887.

Voyez cy-après *Noblesse* où il sera parlé des Arrêts, & Declarations rendus contre les Usurpateurs des titres d'*Ecuyer.*

GRAND ECUYER.

6. Aprés que le Roy Charles VIII. eut été enterré à saint Denis, le Grand Ecuyer prétendit que sa representation & ornemens Royaux luy appartenoient. Arrêt du Parlement de Paris du 21. Juillet 1501. qui le déboute. Car cette Pompe est censée un don fait

à l'Eglise. *Bibliotheque de Bouchel*, verbo *Ecuyer.*

EDIFICE.

DE *Ædificiis privatis. C.* 8. 10... *V.* Maison.
De *operibus publicis. C.* 8. 12... *D.* 50. 10... *C. Th.* 15. 1.
De ratiociniis operum publicorum, & de Patribus civitatum. C. 8. 12.
Ut subdialium ambulacrorum structura, decem pedibus à vicinorum ædificiis distent. L. N. 113.... Des promenoirs, & de leur distance des Maisons voisines.
Voyez les mots, *Bâtimens, & Maisons, &* Bouvot, tom. 2. lett. *E* verbo *Edifice.*

EDILE.

LEs Ediles étoient des Officiers Romains, qui avoient l'inspection des Edifices, & des ruës ou chemins : *ab adibus, dicti, & Ædiles nuncupati.*
Il y a de trois sortes d'Ediles: *Plebeii, Curules, Cereales.*
Ædiles plebeii, avoient une espece de Jurisdiction pour la Police, & Voirie.
Ædiles Curules, avoient soin des Edifices sacrez & publics.
Ædiles Cereales, avoient le soin du bled & des grains.
De Ædilibus. Lex 12. *tabb.*
Voyez Police, Voier.
De Ædilitio Edicto, & Redhibitione, & quanti minoris. D. 21. 1.
De Ædilitiis actionibus. C. 4. 58... Ces deux titres contiennent l'Edit des Ediles contre les ventes frauduleuses. *Voyez* Vente.
Voyez supra *Echevins*, les fonctions des Ediles ayant beaucoup de rapport à celles des Echevins, on ne repetera rien icy de ce qui a été dit sur ce titre.

EDIT.

EDITS ET DECLARATIONS.

1. DE *Constitutionibus Principum. D.* 1. 4... *C. Th.* 1. 1. 2. *& 3.*
De Legibus, & Constitutionibus Principum, & Edictis. C. 1. 14.
De Mandatis Principum. C. 1. 15... *N.* 17.
Ut factæ novæ Constitutiones, post insinuationes earum post duos menses valeant. N. 66.
Ut divinæ jussiones subscriptionem habeant gloriosissimi Quæstoris. N. 114... *Quæstorem vocamus*, Chancelier.
Ut divinæ jussiones apud præfectos prætorio insinuentur. N. 152... Enregistrement des Ordonnances.
Ne ex divinis jussionibus à Principe impetratis, sed ex antiquis Legibus lites dirimantur. N. 113.
Voyez cy-après les mots *Enregistrement, Loix, Ordonnance.*

2. De la verification des Edits aux Cours souveraines. *Voyez* Loysel en ses *Observations mêlées.*

3. La Cour ne se contente des Lettres du Roy par lesquelles, il mande qu'on publie les Edits touchant les Epiceries, & ordonne que les originaux seront veus. Arrêt du Parlement de Bretagne du 17. Mars 1556. *Du Fail*, liv. 3. chap. 181.

4. Arrêt du Parlement de Bretagne du 22. Octobre 1563. qui fait défense aux Juges de ce ressort de proceder à la verification d'aucuns Edits & Indults qu'ils n'ayent été verifiez en la Cour. *Idem, liv.* 1. chap. 140.

5. Sur la question de sçavoir si le Roy étant entré en possession de la Lorraine est tenu d'executer un Edit par lequel le Duc de Lorraine avoit accordé la survivance à ses Officiers de Justice ? Par Arrêt du Parlement de Mets du 17. Octobre 1637. il fut ordonné que les parties se pourvoiroient pardevant Sa Majesté. *Voyez* le 20. Plaidoyé de M. Corberon.

6. Le Roy par sa Declaration du 24. Février 1673.

verifiée au Conseil & dans tous les Parlemens du Royaume, fait difference entre les Edits & Declarations, & Lettres Patentes concernans les affaires publiques, & les Lettres Patentes expediées sous le nom & au profit des particuliers. A l'égard des Lettres concernans les affaires publiques, elles doivent être regiftrées purement & fimplement, & défenfes font faites aux Juges de recevoir aucunes oppofitions à leur enregiftrement ; mais quant aux Lettres expediées fous le nom & au profit des particuliers, les oppofitions peuvent être reçûës, & les Juges peuvent ordonner qu'avant que d'y faire droit, elles feront communiquées aux parties.

7   EDIT, CHAMBRE DE L'EDIT.
Voyez les *Memoires du Clergé*, to 6. part. 9. ch. 14.

   EDIT DU CONTROLE.
8   Voyez cy-devant *Controle*.

   EDIT DES PETITES DATES.
9   *Voyez Rebuffe*, 1 part. prax. benef. & la *Bibliot. Canon.* tom. 1. p. 381. *& fuiv.* & le mot Date, nombre 10.

   EDIT DES INSINUATIONS.
9 bis Cet Edit eft encore un des plus importans, il regle la forme & la validité des Actes paffés en matiere Beneficiale. *Voyez cy-après verbo Refignation*.

   EDIT DES MERES,

10 LA difpofition de cet Edit donné à faint Maur au mois de May 1567. par le Roy Charles IX. eft tres-importante, & le motif digne de l'attention que les Rois ont toûjours marquée pour la confervation & le luftre de la Nobleffe Françoife. Le Roy s'explique ainfi. *Pour cette confideration depuis n'a gueres aurions fait des Edits concernans les Reglemens des difpofitions Teftamentaires & fubftitutions fideicommiffaires, qui auroient lieu en certains endroits de nôtre Royaume ; mais à ce que nous avons été depuis peu de temps avertis, nous n'aurions pas encore touché aux points principaux, & qui font les plus neceffaires à la confervation du nom, des armes, & des familles de nôtre Nobleffe : car en nos pays & Duché de Guyenne, Languedoc, Provence, Dauphiné & autres, a été cy-devant pratiqué & obfervée une Loy & conftitution jadis faite par les anciens Empereurs de Rome, par laquelle la mere furvivant à fes enfans leur fuccede, non feulement en leurs meubles & conquêts ; mais aux propres provenus & procedez de la ligne paternelle, privant par ce moyen, & excluant les vrais heritiers defdits biens & patrimoines anciens.*

Laquelle Loy, outre qu'elle eft directement contraire à ce qui eft obfervé dans les autres pays de nôtre Royaume, où toûjours a été obfervé & gardé, que les patrimoines ne remontent, ni ne font ôtez de l'eftoc, tige & fouche, dont ils font derivez ; elle eft caufe d'une infinité de Procez, & qui pis eft, de la perte & deftruction de beaucoup de bonnes maifons, & familles anciennes.

Voulons & nous plaît, que dorefnavant telle obfervance & maniere de fucceder n'ait lieu & ne foit fuivie, ni pratiquée en aucun endroit de nôtre Royaume, & laquelle en tant que befoin feroit, nous avons abrogée & abrogeons par ces prefentes; Voulons & nous plaît, que les meres dorénavant ne fuccedent à leurs enfans, & que les biens defdits enfans provenus du pere & de l'ayeul, dont les collateraux ou autres, de quelqu'endroit, que ce foit du côté paternel, retourneront à ceux à qui ils doivent retourner, fans que lefdites meres y puiffent fucceder.

Et pour ne laiffer lefdites meres ainfi défolées de la perte de leurfdits enfans, fans leur faire quelque avantage pour fe pouvoir entretenir ; Nous avons ordonné & ordonnons, qu'elles fuccederont és meubles & conquêts provenus d'ailleurs que du côté & ligne paternelle ,'aufquelles lefdites meres ne fuccederont, comme deffus eft dit. Et outre ce, Voulons & ordonnons, que pour tout droit de legitime, part & portion dudit heritage, elles joüiront leur vie durant de l'ufufruit de la moitié des biens propres appartenans à leurfdits enfans, avant qu'ils fuffent decedez, *fans que les meres pour l'avenir y puiffent prétendre aucun droit de proprieté.*

*Henry*1, tom. 2. li. 6. queft. 22. parle de l'Edit des 11 meres, il dit que la qualité la plus effentielle aux Loix qui eft la clarté, ne fe rencontre pas en cet Edit qui produit tous les jours un nombre infini. de procez par l'ambiguité des termes aufquels il a été conçû : Tous les bons auteurs ont fait de femblables plaintes, Cujas l'appelle *ambitiofum decretum*. M. le Prêtre dit qu'il fut fait *à l'appetit d'un Grand*. M. Mornac fur la Loy 15. *De inoffic. teft.* dit que M. Choart celebre Avocat de fon temps l'appelloit un Edit bâtard, *Verè fpurium iftud. de matribus Edictum* ; c'eft-à-dire qu'il n'eft pas digne d'être mis au nombre des Loix. L'Auteur du Traité des propres chap. 2. fect. 20. nomb. 4. publie que cet Edit n'a point de fens, & qu'il faut croire que le copifte a oublié ou changé quelque terme, ne pouvant pas croire que le Legiflateur ait fi mal expliqué fon intention de l'Edit des meres. Voyez *Papon* li. 21. tit. 1. n. 25. *& fuiv.* où font propofées quelques difficultez au fujet de cet Edit. M. *le Brun* en fon traité des Succeffions li. 1. ch. 3. fection 8. dit beaucoup de chofes fur cette matiere. Voyez *M. Loüet lettre. M. fommaire* 12.

Cet Edit n'a lieu en païs coûtumier où il y a dif- 12 pofition au contraire. Arrêt du 18. Avril 1576. *M. le Prêtre* 3. *Cent. chap.* 91. Voyez le *Veft. Arrêt* 144. où vous trouverez un Arrêt du 18. Avril 1576. *Voyez Charondas* li. 2. *Rep.* 81. *& li.* 4. *Rep.* 14.

L'Edit des meres n'eft verifié au Parlement de 13 Touloufe. Voyez *Maynard*, li. 6. ch. 60.

Tolofanum ftatutum matrem fucceffione excludens. 14 Statuti hæc funt verba, *fi quis homo vel fæmina, non habens patrem, ab inteftato decedit, omnia bona, meæ & jura mobilia, & immobilia illius Perfonæ defunctæ, remanent & devolvuntur propinquiori in gradu parentelæ, ex parte patris.* Il a même été jugé que la mere ne pouvoit rien prétendre aux biens *quæ fita funt extra territorium Tolofanum*. Voyez la Bibliotheque de Bouchel *verbo* Succeffions.

Edit des meres n'a point de lieu au Duché de 15 Bourgogne. Voyez *Defpringle fur l'art.* 6. *hodiè le* 14. *de la Coûtume de Bourgogne*.

Si la mere en païs de Droit écrit avant la publica- 16 tion de l'Edit en Bourgogne, devoit fucceder fuivant l'Edit, ou felon le Droit écrit ? Arrêt par jugé fans avoir égard à la publication de l'Edit non encore faite en Bourgogne, il fut jugé que la mere avoit fuccedé aux meubles & acquêts provenus d'ailleurs que du côté paternel, & en la moitié de l'ufufruit des biens propres appartenans à fa fille, tous les autres ayans égaux aux coufins germains de la défunte. *Voyez Bouvot* tome 1. part. 3. verbo *Succeffion*, queft. 1.

Edit de la fucceffion des meres à leurs enfans a 17 lieu auffi-bien entre les roturiers qu'entre les Nobles. Arrêt du 7. Février 1573. *Charondas* livre 4. Réponfe 78.

Le Parlement d'Aix qui eft le feul de tous les Par- 18 lemens du Droit écrit qui a reçû cet Edit, a témoigné beaucoup de zele pour le repos de fes Citoyens : dés l'an 1575. il obtint une Declaration interpretative de cet Edit, & dans toutes les occafions qui fe font prefentées, il a rendu des Arrêts en forme de reglement pour l'expliquer.

La Déclaration du Roy du 25. Octobre 1575. in- 19 terprétative de l'Edit des meres, touchant la fucceffion *ab inteftat*, aux biens provenus du côté paternel en faveur des parens paternels, à l'exclufion des maternels plus proches, eft rapportée des *Boniface* rom. 5. li. 1. tit. 21. ch. 1. Deux autres rendus en conformité de cet Edit les 19. Février 1603. & 19. Novembre 1632. font rapportez. *Ibid. aux chapitres* 2. *& 3.*

20. Arrêt notable du 5. Mars 1524. qui ajuge à la mere concourant avec l'ayeule paternelle, pour droit en la succession de son fils, ensuite de l'Edit des meres, tous les meubles, dettes, actions, or & argent, marchandises, deniers & actions mobiliaires obvenuës à sondit fils de la succession de son pere, & le prix provenu de la vente des meubles & marchandises qui est encore en état, ou a été employé au payement de la dot & droits de la mere, & autres dettes passives, ensemble tous fruits, arrerages d'interêts échûs depuis le décez du fils, luy ajugeant encore la moitié des fruits des immeubles des biens de son pere. *Boniface to. 2. li. 1. tit. 17. ch. 1.*

21. *Henrys to. 2. li. 6. quest. 22.* rapporte un Arrêt du Parlement de Paris du 7. Septembre 1644. par lequel la même chose a été jugée; il renvoye à M. Loüet & à son Commentateur sur la lett. M. sommaire 22. où sont Arrêts semblables dés 29. Mars 1631. & 14. Août 1635. qui furent vûs sur le Bureau, lorsque l'Arrêt du 7. Septembre 1644. fut rendu; il semble que ce dernier Arrêt précedé de tant d'autres peut servir de Loy : Cependant la même question s'étant renouvellée, elle a été jugée contre la mere par un Arrêt rendu en la premiere Chambre des Enquêtes, au rapport de M. l'Abbé Laurenchet, le premier Septembre 1702. Il est rapporté par l'*Auteur des Observations* sur cette même question & de Henrys.

22. L'Edit des meres ne regarde qu'elles. Arrêt du Parlement de Paris du 17. Septembre 1582. qui a ajugé les biens venus du côté maternel de feu François Juredieu à Charles Mouchet son frere uterin, à l'exclusion des parens paternels; on disoit pour certain que par l'Edit des meres, elles sont exclues de la succession de leurs enfans, le Senatus-Consulte Tertullien abrogé, & ainsi que les descendans des meres ne pouvoient succeder *in bonis paternis*; mais la Cour ayant oüi la lecture de l'Edit par lequel la mere seule est exclue, a jugé que le frere uterin devoit succeder comme plus proche. *Papon, liv. 21. tit. 1. nomb. 26. & Charondas, liv. 7. Rép. 125.*

23. L'Edit des meres ne se doit entendre que des successions *ab intestat*; les meres peuvent être instituées par leurs enfans qui sont capables de disposer. Arrêt du 22. Janvier 1590. *M. Loüet, let. M sommaire 5.* & son Commentateur; autre Arrêt du 1. Juin 1647. *V. le Prêtre, és Arrêts de la Cinquiéme, & Soefve, tom. 1. Cent. 2. chap. 23.*

24. Par un Arrêt du Parlement de Paris du 12. Juin 1597. au rôle d'Angoumois, jugé que la succession du frere appartenoit non à la sœur uterine, mais à l'ayeule maternelle. *Voyez la Bibliotheque de Bouchel, verbo Succession.*

25. Edit des meres contre les paternels plus éloignez en faveur des ayeuls & autres parens maternels. Arrêt en 1624. *M. Bouguier, lett. E. nomb. 1.* où il y a plusieurs Arrêts. & *lett. S. nomb. 16.* Voyez Brodeau sur *M. Loüet, lett. M. somm. 22. nomb. 9.* où il rapporte un Arrêt du 13. Juillet 1598. *Voyez* M. le Prêtre *és Arrêts de la Cinquiéme*, où il y a Arrêt du 8. Mars 1608.

26. Les meres par l'Edit doivent succeder en tous les meubles, & les avoir en propriété. Arrêt du 5. Février 1600. *Henrys, tom. 1. liv. 6. chap. 2. quest. 7.* Brodeau sur *M. Loüet, lett. M. som. 22. nomb. 9.* Les meubles provenus d'ailleurs que du côté paternel s'ils se peuvent reconnoître, & s'ils sont de consequence, & composent toute la succession du pere ou la plus grande partie. Henrys dit qu'il ne faut point s'arrêter à cette distinction, parce qu'un fils Marchand ayant laissé sa succession en obligations & dettes actives qui provenoient du pere, & n'avoient point souffert de mélange, tel bien fut ajugé à la mere en propriété sans aucune distinction. Arrêt du 7. Septembre 1644. *Henrys, tom. 2. liv. 6. quest. 22.*

Tome II.

27. Tous les meubles appartiennent à la mere en pleine propriété sans distinguer leur origine, c'est le dernier usage : il y a même eu Arrêt en la Cinquiéme Chambre des Enquêtes le Mercredi 6. Mars 1697. au rapport de Monsieur de Lesseville qui a ajugé à Marie Rigault de la ville de Montbrison une somme de 5000. livres léguée à un de ses fils par son mari, pour tout droit de legitime, bien que les parens paternels soûtinssent que la legitime, quoiqu'ainsi leguée avoit deu être payée en corps hereditaires, & qu'ainsi il étoit necessaire de verifier ce qu'il y avoit de mobiliaire dans ce legs. *Voyez le Brun, des Successions, liv. 1. chap. 5. sect. 8. nomb. 18.*

L'Auteur des Observations sur les Arrêts recuëillis par M. Henrys, *tom. 1. liv. 6. chap. 2. quest. 7.* rapporte une consultation de Messieurs Dupré, le Brun, de Riparfond, Braquet, du Cornet, & Vezin, qui décident qu'il ne faut plus s'arrêter à aucune distinction, & que la propriété de tous les meubles sans en considerer l'origine, appartient à la mere.

28. Jugé au Parlement de Paris le 28. Février 1610. qu'en pays de droit écrit, comme est le Maconnois, l'ayeule excluoit les oncles; & que le droit des meres n'est point extensible aux ayeules, quoique la mere fût vivante & qu'elle prît suivant l'Edit tous les meubles en propriété & de l'usufruit de la moitié des immeubles. Cet Arrêt donné en consequence d'autres Arrêts de 1598. & 8. Mars 1608. *Bibliotheque de Bouchel, verbo Paterna.*

29. La mere quoiqu'exclue par l'Edit ayant les droits cedez de l'ayeule maternelle, maintenuë & gardée en la possession & joüissance de tous les biens de sondit fils à l'exclusion des oncles & tantes paternels. Arrêt du 20. Juillet 1620. Brodeau sur *M. Loüet, lett. M som. 22. nomb. 9. fine.*

29 bis. Si l'Edit des meres à lieu contre les Testamens, & si la mere substituée à son fils pupile, ne peut pas prétendre tous les biens de son fils decedé en pupillarité à l'exclusion des parens paternels? *V. Boivot, tom. 1. part. 2. verbo Posthume, quest. 1.*

30. Arrêt du Parlement de Provence du 12. Decembre 1617. qui a jugé que la fille venant à deceder sans enfans, la dot qui luy a été constituée appartient à la mere, laquelle succede au reliquat de son administration. *Boniface, tome 2. liv. 1. tit. 17. ch. 1.*

31. Si l'ayeule paternelle succede aux biens de son petit fils provenans du côté paternel à l'exclusion de l'ayeule maternelle, où si elles doivent succeder également? Arrêt du 25. Octobre 1638. qui renvoye aux Chambres assemblées le Jugement de la question. Boniface, *ibidem chap. 2.* rapporte neanmoins plusieurs Arrêts en faveur des heritiers plus prochains de celuy du côté duquel les biens étoient provenus, mais comme la Cour vouloit faire un reglement certain, elle appointa, & les parties transigerent.

32. Si un pere ayant institué son fils & en cas de décedés sans enfans substituté sa fille, le cas de decedés sans enfans étant arrivé, la mere remariée doit succeder aux meubles en vertu de l'Edit des meres, où la fille substituée succede à tout ? Arrêt du même Parlement de Provence du 21. Juin 1677. confirmatif de la Sentence arbitrale qui a ajugé la succession à la mere, en vertu de l'Edit des meres, & a reservé les meubles en faveur de la fille, jusqu'aprés son decedés. *Idem, tom. 5. liv. 2. tit. 5. chap. 1.*

33. Il resulte d'un Arrêt du Parlement de Dijon du 3. Février 1641. que l'Edit des meres, a lieu en Bresse pour les successions écheües depuis l'Ordonnance de 1629. *Taisand sur la Coût. de Bourg. tit. 7. art. 15.*

34. Arrêt rendu au Rôle de Paris le 27. Février 1680. qui a décidé que les peres ne sont pas compris dans cet Edit. *Le Brun, des Successions, livre 1. chap. 5. sect. 8. nomb. 8.*

35. De l'Edit des meres, & de la maniere de succeder entre les oncles, les ayeuls, & les freres & sœurs,

C ij

& dela prescription de la dot par 10. ans, & si elle est sujette à la legitime. Arrêt du 9. Janvier 1684. De .la Guess. tome 4. livre 7. chap. 1.

36 La mere ne succede au legs d'une somme de deniers leguée par le pere à ses enfans pour leur tenir lieu de legitime. Voyez Henrys, tom. 1. liv. 6. chap. 2. quest. 8.

EDIT DES SECONDES NOCES.

37 DE l'Edit des secondes Nôces. Voyez la Bibliotheque du Droit François par Bouchel verbo Mariage; Ricard des Donations entre-vifs part. 3. chap. 9. sect. 8. Voyez M. le Brun en son Traité des Successions livre. 2. chapitre 6. M. Bechet en a fait un Traité singulier.

38 L'Edit du Roy François II. touchant les secondes Nôces donné à Fontainebleau au mois de Juillet 1560. merite d'être ici rapporté pour mieux entrer dans les décisions qui luy sont propres.

François, &c. A tous présens & à venir, salut. Comme les femmes veuves ayant enfans, soient souvent invitées & sollicitées à nouvelles nôces, & ne connoissans point être recherchées plus pour leurs biens que pour leurs personnes, elles abandonnent leurs biens à leurs nouveaux maris, & sous pretexte & en faveur de mariage, leur font donations immenses, mettant en oubli le devoir de nature envers leurs enfans, de l'amour desquels tant s'en faut qu'elles se dussent éloigner à la mort des peres, que les voyans destituez du secours & aide de leurs peres, elles devroient par tous moyens s'exercer à leur faire le double office de pere & de mere. Desquelles donations, outre les querelles & divisions d'entre les meres & les enfans, s'ensuit la desolation des bonnes familles, & consequemment diminution de la force de l'état public. A quoy les anciens Empereurs zelateurs de la police, repos & tranquillité de leurs sujets, ont voulu pourvoir par plusieurs bonnes Loix & Constitutions sur ce par eux faites; Et nous par la même consideration, & entendans l'infirmité du sexe, avons loüé & approuvé icelles Loix & Constitutions; & en ce faisant avons dit, déclaré, statué & ordonné, disons, declarons, statuons, & ordonnons.

Que femmes veuves ayans enfant ou enfans, de leurs enfans, si elles passent à nouvelles nôces, ne peuvent & ne pourront en quelque façon que ce soit donner de leurs biens, meubles, acquêts, ou acquis par elles d'ailleurs, que leur premier mari, ni moins leurs propres à leurs nouveaux maris, pere, mere, ou enfans desdits maris, ou autres personnes qu'on puisse présumer être par dol ou fraude interposées, plus qu'à l'un de leurs enfans, ou enfans de leurs enfans. Et s'il se trouve division inégale de leurs biens faite entre leurs enfans, ou enfans de leurs enfans, les donations par elles faites à leurs nouveaux maris, seront réduites & mesurées à la raison de celuy des enfans qui en aura le moins.

Et au regard des biens à icelles veuves acquis par dons & liberalitez de leurs défunts maris, elles n'en peuvent & ne pourront faire aucune part à leurs nouveaux maris, ains elles seront tenuës les reserver aux enfans communs d'entr'elles & leurs maris de la liberalité desquels iceux biens leur seront avenus. Le semblable voulons être gardé és biens qui sont venus aux maris par dons & liberalitez de leur défuntes femmes, tellement qu'ils n'en pourront faire don à leurs secondes femmes; mais seront tenus les reserver aux enfans qu'ils ont eus de leurs premieres. Toutefois n'entendons par ce present Edit, bailler ausdites femmes plus de pouvoir & liberté de donner & disposer de leurs biens, qu'il ne leur est loisible par les Coûtumes des pays, ausquelles par ces présentes n'est derogé, en tant qu'elles restraignent plus ou autant la liberté desdites femmes.

Cet Edit dont les termes sont bien moins obscurs 39 que l'Edit des meres, contient deux chefs; le premier prohibe aux femmes d'avantager leur second mary plus que l'un de leurs enfans, ou enfans de leurs enfans; & si la division faite entre les enfans ou petits enfans est inégale, elle sera réduite à raison de celuy des enfans qui en aura le moins. Le second chef est pour les biens & dons provenans de la liberalité des premiers maris dont les veuves ne pourront faire aucune part aux nouveaux maris, mais les veuves seront tenuës de les reserver aux enfans communs d'entr'elles & leurs maris : idem pour les maris se remarians; toutefois n'accorde liberté de donner plus de leurs biens qu'il ne leur est loisible par les Coûtumes des païs ausquelles par ces Presentes n'est dérogé. Voyez l'Ordonnance de Neron, où vous trouverez cet Edit qui est du Roy François II. donné à Fontainebleau en 1560. registré le 5. Août 1560. Voyez M. le Prêtre premiere Cent. chap. 49. où vous trouverez plusieurs Arrêts, & Carondas liv. 3. Rep. 87. liv. 7. Rep. 30. & liv. 11. Réponse 22.

Voyez sous le mot Avantage, plusieurs Décisions 40 & Arrêts qui conviennent à cette matiere.

Quand la Communauté reçoit atteinte en vertu 41 de l'Edit des secondes Nôces. Voyez. M. le Brun, traité de la Communauté l. 3. ch. 2. sect. 5.

Le retranchement ordonné par la Loy Hâc Edic- 42 tali C. de secund. nuptiis, & par la Novelle 22. de Justinien, confirmé par l'Edit du Roy François II. du mois de Juillet 1560. a été jugé avoir lieu en l'augment. Arrêt du 3. Août 1575. & en consequence ordonné que la veuve seroit payée de l'augment à elle dû à raison de ce que montoit la legitime d'un de ses enfans. Arrêt semblable du mois de Septembre 1598. La Rocheflavin liv. 6. tit. 41. Arr. 13. & Cambolas livre 2. chapitre 46. Mainard liv. 3. chap. 27. & au 1. tome de ce Recueil le mot Augment nombre 66. & suiv.

L'Edit des secondes Nôces n'a lieu pour raison des 43 contrats faits avant l'Ordonnance. Arrêt du 14. prononcé le 18. Juillet 1587. M. Loüet lettre N. Sommaire 3.

Contre les avantages faits par des maris à leurs se- 44 condes femmes au préjudice des enfans de leur premier lit, en la Coûtume de Paris, où il est parlé de la computation des biens du pere, &c. pour regler le doüaire, le préciput ou autres avantages, &c. Arrêt du 10. Juillet 1656. Du Fresne li. 8. chap. 44.

La Communauté entre conjoints remariez se trou- 45 vant excessive de la part de celuy des deux qui s'est remarié, est un avantage indirect au profit de l'autre, & ainsi sujet à reduction en faveur des enfans du premier lit; & après la reduction faite, le surplus de la communauté se partage également entre les conjoints survivans. Arrêt du 29. Janvier 1658. Audience, Grand'Chambre, Notables Arrêts des Audiences, Arrêt 11. & Arrêt 21. du 2. Janvier 1659.

Le 2. Avril 1683. intervint un Arrêt notable en sa 45 quatriéme Chambre des Enquêtes du Parlement de bis Paris, au rapport de M. Merault, par lequel il a été jugé en premier lieu que l'article 279. de la Coûtume de Paris, en ce qu'il porte que les veuves ne peuvent en faveur de leurs seconds & subsequens maris, disposer des conquêts faits avec leurs precedens maris, au préjudice des portions dont les enfans des premiers mariages pourroient amender de leur mere, étant plus rigoureux que l'Edit des secondes Nôces, n'a point son execution dans les païs soûmis à d'autres Coûtumes, telle qu'est la Coûtume de Clermont en Beauvoisis, qui ne s'explique point sur ce chapitre. En second lieu, il a été jugé que les enfans du premier lit sont obligez de rapporter ce que leur mere leur a donné avant son second mariage, ou moins prendre dans les partages qu'ils font de sa succession avec son second mary son donataire. *Journal des Audiences tome 4. livre 6. chapitre 9.*

EDIT DES SECONDES NÔCES, AN DU DEUIL.

46 Femme notée par le testament de son mary de quelque sorte de legereté d'esprit, qui avoit à cause de cette legereté disposé de son bien entre ses enfans, s'étant remariée dans l'an du deüil, même dans six mois, n'a pû aliener les meubles dont elle avoit profité de son défunt mary, &c. Arrêt sur la fin de May 1629. *Du Fresne, liv. 2. chap.* 49.

47 En Païs coûtumier les femmes ne sont tenuës d'attendre l'an du deüil pour se remarier; *secùs*, en païs de Droit écrit, *ubi perdunt augmentum dotis* (mais si elles attendent l'an, elles profitent du tiers de la dot de leur mary,) elles sont même privées de la succession des enfans de leur premier mariage. *M. du Vair. Mornac l. 11. §. & si talis. ff. de his qui notantur infamiâ*. En païs coûtumier elles ne sont pas privées de leur doüaire. *Tronçon Coûtume de Paris art.* 254. *fine*. *Ricard des Donations entre-vifs 3. part. ch.* 9. M. le Prêtre 3. *Cent. ch.* 63. Femme remariée trois jours aprés la mort de son mary, est privée de son doüaire, & l'enfant qu'elle a eu dans les neuf mois de l'un & l'autre mariage, déclaré appartenir au second mary. Arrêt du 10. Juin 1664. *De la Guess. tome 2. l. 6. chap.* 32. Voyez le mot Deüil.

EDIT, COMMUNAUTÉ.

48 Les enfans d'un premier mariage ne peuvent pas contraindre leur mere d'accepter la seconde communauté, quoy qu'opulente, ou de faire inventaire, afin de l'interrompre avec les enfans du second lit, parce que les enfans communs du second lit ne sont pas incapables des bienfaits de leur pere ou de leur mere, ayant enfans du premier mariage. Arrêts des 27. Janvier 1618. & 2. Mars 1625. *Ricard des Donations entre-vifs part. 3. chap. 9. Gloss. 2. nomb.* 1225.

49 Un pere qui a des enfans & qui convole en secondes Nôces, peut stipuler que les enfans qui en proviendront n'auront qu'une certaine part en la communauté; les enfans ne s'en peuvent plaindre, si mieux ils n'aiment se tenir à leur legitime. Arrêt du premier Juin 1629. *Du Fresne, liv. 2. chap.* 48. Voyez *Tronçon Coûtume de Paris, art.* 279. in verbo *Enfans*, où il y a quelque chose qui paroît opposé, mais sans Arrêt.

Voyez cy-aprés le nombre 79.

COUTUMES CONTRAIRES A L'EDIT.

50 Si l'Edit des secondes Nôces déroge à la Coûtume contraire? *Voyez Papon li. 21. tit. 2.*

Jugé par Arrêt du 5. Juin 1574. que l'Edit des secondes Nôces a lieu en païs où la Coûtume est contraire, encore qu'elle ait été reformée depuis l'Edit. Cet Edit ne s'entend pas seulement des avantages faits par les femmes à leurs seconds maris par contrat de mariage; mais aussi des donations depuis faites par testament; ce que le second mary doit avoir ne se doit pas regler à la portion que l'un des enfans auroit *ab intestat*, mais à ce qui luy est laissé par le testament de la mere. Les femmes ayant enfans du premier lit, ne peuvent donner à leurs seconds maris, ni autres, les biens qu'elles ont eus de la liberalité de leurs premiers maris, lesquels elles doivent conserver pour les enfans du premier lit. *Filleau 4. part. quest.* 66.

DONS AUX ENFANS COMMUNS.

51 Si lors du Contrat du second mariage il y a six enfans, & lors du decés un seul, la reduction se fait à raison d'un & non de six. Arrêt du 7. Septembre 1684. *M. Louet, lett. N somm.* 2. elle se fait eu égard aux enfans, tant du premier que du second mariage. Voyez *Tronçon Coûtume de Paris, art.* 279. in verbo. au préjudice des portions. Voyez la Novelle 22. & Ricard *des Donations entre-vifs, part. 3. ch.* 9. *Glos.* 4. où il rapporte plusieurs Arrêts.

52 L'Edit des secondes nôces n'a lieu és dons & avantages faits *liberis communibus*. Arrêt du 12. prononcé le 25. Février 1595. rapporté dans le Dictionnaire de M. de la Ville, *nomb.* 4373.

53 Un pere se remariant ne peut faire donation au préjudice des enfans de son premier lit aux enfans à naître du second. Arrêt du Parlement de Paris le 7. Septembre 1673. *Journal du Palais* in quarto, *pag.* 123. & le 1. tom. in folio.

54 Le don fait en pays de Droit écrit par une femme au profit de son second mary, ne peut être d'une plus grande portion que la legitime d'un enfant qui est le tiers *ab intestat*, & que le retranchement des choses données au second mary appartiendra aux enfans du premier lit, préferablement à ceux du second lit; ce dernier chef ne paroît pas juste, si ce n'est que les biens vinssent du don du premier mary. Arrêt rendu au même Parlement le 24. Juillet 1660. *De la Guess. tom. 3. liv.* 11. *chap.* 5.

55 L'Edit des secondes nôces considere les enfans qui sont capables de venir à partage, & non pas les enfans comme les filles qui en sont excluses par la Coûtume, ou par leurs Contrats de mariage; les exheredez justement ne doivent pas aussi être considerez. *Ricard des Donations entre-vifs, part. 3. chap. 9. Gloss. 4. nomb.* 1305. les petits enfans lorsqu'ils succedent par representation font une souche.

56 L'égalité stipulée par le Contrat de mariage en secondes nôces entre les enfans du premier & du second lit, doit être gardée. Arrêt du 2. Septembre 1681. *De la Guess. tom. 4. liv. 8. chap.* 21.

EDIT, DON MUTUEL.

57 Le survivant convolant en secondes nôces, est tenu de faire inventaire & de donner caution, autrement le don mutuel nul, en la Coûtume de Blois, & si le doüaire préfix excede le coûtumier & le préciput, ils sont réduits à la portion d'un des enfans le moins prenant à la succession de son pere, Arrêt du 17. Juin 1681. *De la Guess. tom. 4. liv. 4. chap.* 17. où il rapporte l'Arrêt des Guyots du 2. Septembre 1656. que l'on disoit avoir jugé la question. Voyez Charondas, *liv. 7. Rép.* 206. pour la donation mutuelle, *Voyez* de Montholon, *Arrêt* 42.

58 Une mere ayant trois enfans veut passer à de secondes nôces; par le Contrat de mariage, ou elle donne à son futur époux la quatriéme partie de son bien, ce qui luy donne une portion égale à l'un de ses enfans; au premier cas si les enfans meurent devant leur mere, le nouveau mary n'a que la quatriéme partie des biens; au second cas à la moitié. *Ricard des Donations entre-vifs 3. part. ch. 9. gloss. 4. nombre* 1280. & 1281. avec la Loy *Titius* 83. *de legat. primo*.

59 *Henrys tom. 1. li. 4. ch. 6. quest.* 59. rapporte un Arrêt du Parlement de Paris du 7. Septembre 1645. qui a partagé le retranchement entre la fille du premier lit & les enfans du second lit, mais il s'écrie avec raison contre cet Arrêt. Il faut tenir pour certain que dans le païs de Droit écrit le retranchement appartient aux seuls enfans du premier lit; cela a été jugé par Arrêt solemnel du 24. Juillet 1660. rendu en la seconde Chambre des Enquêtes, aprés pris l'avis des autres Chambres. Cet Arrêt est rapporté dans le second tome du Journal des Audiences, *liv. 3. ch. 31. de l'édition de* 1692.

60 Les Arrêts du Parlement de Toulouse & de Bourdeaux jugent que les enfans du second lit doivent avoir part au retranchement. *Dolive liv. 1. chapitre* 15. Cambolas *liv. 4. chap.* 18. Despeisses *tom. 1. pag.* 331. la Peirere *lett. N. nomb.* 29. Ricard *nomb.* 1299. est aussi de cet avis; cependant suivant les termes de la Novelle & de l'autentique *ad eos solos*, il faut dire que ce retranchement appartient aux seuls enfans du premier lit, c'est l'opinion de la glose sur la Loy

C iij

Hâc Edictali, *verſ. jus verò*, *in verbo Liberorum*, & de M. Cujas ſur le chap. 27. de la Novelle. 22.

61. Dans le cas d'un ſecond mariage, quand il ne reſte point d'enfans du premier lit, les enfans du ſecond ne peuvent point demander le retranchement des avantages exceſſifs faits à leur pere. Suivant le ſentiment même de M. *Ricard* & de M. *le brun* au même endroit, & de M. *Dupleſſis* dans ſon judicieux Commentaire ſur la Coûtume de Paris, au titre des Donations.

62. Il eſt certain ſuivant la Loy *HâcEdictaliverſ.ſin vero* & la Novelle 22. chap. 27. *verſ. & hoc*, que le retranchement doit appartenir aux ſeuls enfans, *inter eos ſolos ex æquo dividitur*, & par conſequent le ſecond mary n'y peut rien prétendre ainſi qu'établit *Henrys* dans ſes queſtions, & dans ſes Œuvres poſthumes, *Boërius deciſ.* 201. *nomb.* 6. & *Fachin* dans ſes Controverſes, *liv.* 3. *chap.* 69. rapporte un grand nombre d'Auteurs qui ſont de cet avis, *Coquille* ſur la Coûtume de Nivernois *au tit. des Donat. art.* 12. *Bechet* des ſecondes nôces, *chap.* 35. *Brodeau* ſur *M. Loüet. lett. N. chap.* 3. *nomb.* 21. & *Ricard*, *des Donations*, *part.* 3. *nomb.* 1319. ſont auſſi de ce ſentiment, cette queſtion s'étant preſentée depuis peu a été jugée en faveur de la fille du premier lit. Par Arrêt rendu en la ſeconde Chambre des Enquêtes au rapport de M. de Fortia le 15. Juillet 1702. Il eſt rapporté avec les Factums par l'*Auteur des Obſervations* ſur Henrys, *loco citato*.

HOMMES COMPRIS DANS L'EDIT.

63. Les hommes ſont compris dans la prohibition de l'Edit. Arrêt du 18. Juillet 1587. *Le Brun des Succeſſions*, *liv.* 2. *chap.* 6. *ſect.* 1. *diſt.* 1. *nom.* 1.

64. L'Edit de François II. des ſecondes nôces du mois de Juillet 1560. a lieu tant pour les donations faites par les femmes à leurs ſeconds maris, que pour celles faites par les maris à leurs ſecondes femmes. Cet Edit n'a effet retroactif aux diſpoſitions faites par les maris ou femmes auparavant. *Voyez Filleau*, 4. *part. queſt.* 64.

65. La prohibition de l'Edit des ſecondes nôces ne regarde pas moins les hommes veufs que les veuves. Arrêt du Parlement de Dijon du 8. Juillet 1677. *Taiſand*, *ſur la Coûtume de Bourgogne*, *tit.* 6. *art.* 1. *nomb.* 7. où il rapporte un autre Arrêt du 12. May 1689. qui a jugé que les droits reverſibles ſont en ſuſpens, tant que la mere remariée eſt vivante ; il ajoûte que le motif de l'Arrêt qui paſſa tout d'une voix, fut qu'en Bourgogne on a toûjours obſervé l'Edit des ſecondes nôces, lequel ſe ſert du mot, *reſerver* ; ainſi la proprieté appartient à la mere qui ſe remarie ; mais elle eſt obligée de la reſerver à celui des enfans du premier lit qui la ſurvit ; cette maxime eſt certaine.

EDIT, LEGITIME.

66. Les meres remariées ont droit de legitime ſur les biens profectifs de leurs enfans du premier lit, conſiſtans au ſeul uſufruit de la portion, & en cas de preterition ou d'exheredation, elles peuvent débattre leurs dernieres diſpoſitions. Arrêt du 28. Juillet 1629. M. *Dolive*, *liv.* 3. *chap.* 7.

67. Quelle eſt la cottité de la legitime appartenante à la mere ſur les biens de ſes enfans. *Voyez* M. *Dolive*, *liv.* 3. *chap.* 9. *& 10. Voyez* Henrys, *tome* 1. *liv.* 6. *chap.* 5. *queſt.* 16. où il dit quand il y a concours de freres, que c'eſt le tiers du tiers. Arrêt du 22. Mars 1633. & *au tom.* 2. *liv.* 6. *queſt.* 12. il dit avoir été jugé ſans dater l'Arrêt, que c'étoit le tiers de la ſucceſſion & non pas le tiers du tiers, mais qu'il ne peut ſans difficulté s'y arrêter.

68. L'avantage fait au ſecond conjoint doit être reglé ſur le pied de la legitime des enfans du premier lit, & non pas par rapport à la donation ou au legs qui a été fait à un des enfans du premier lit ; quand ils ſont moindres que ſa legitime ; cette Juriſprudence

eſt aujourd'huy certaine au Parlement de Paris. *V.* Henrys, *tom.* 1. *liv.* 4. *chap.* 6. *queſt.* 59. Voyez *cy-aprés le nomb.* 83. *& le mot Legitime.*

EDIT DES SECONDES NÔCES, LEGS.

69. Jugé le 24. Juillet 1505. qu'une maratre legataire ne peut avoir aux biens de ſon mary, que la même part qu'il aura laiſſée aux filles de ſon premier mariage. *Bibliotheque de Bouchel*, verbo *Mariage*.

70. Le retranchement du legs immenſe fait par la femme à ſon troiſiéme mary, appartient aux enfans du premier & du ſecond lit. Arrêt du 19. Août 1632. M. *Dolive*, *liv.* 3. *chap.* 15.

71. Une femme qui convole en ſecondes nôces ne peut léguer tous ſes conquêts faits avec ſon premier mary aux enfans de ſon ſecond mariage au préjudice de ceux du premier lit. Arrêt du 18. Juillet 1643. *Du Freſne*, *liv.* 4. *chap.* 8. Elle peut les donner à l'un des enfans de ſon premier lit, ſans que ceux du ſecond s'en puiſſent plaindre ; Arrêt d'Audience du 15. Juillet 1610. *Tronçon*, *Coûtume de Paris*, *art.* 279. *in* verbo *Acquêts*.

LIBERALITEZ DU PREMIER MARI.

72. La Femme qui par ſon ſecond mariage a perdu la proprieté des liberalitez de ſon premier mary, la reprend par le prédeceds de ſes enfans ſans enfans. Arrêt du 1. Mars 1630. M. *Dolive*, *liv.* 3. *chap.* 20. Voyez *Henrys*, *tome* 1. *livre* 5. *chap.* 4. *queſt.* 46.

PEINE DES SECONDES NÔCES.

73. La peine des ſecondes nôces qui prive les mariez de la ſucceſſion *ab inteſtat* de leurs enfans du premier lit, s'étend juſques à la legitime. Arrêt du 28. Mars prononcé le 3. Avril 1628. M. *Dolive*, *livre* 3. *chap.* 4. Comment peuvent être remiſes les peines des ſecondes nôces. *Voyez* M. *Dolive*, *liv.* 3. *chap.* 16. *& 17.* où vous trouverez que le teſtateur le peut, mais il faut que la décharge ſoit expreſſe.

74. De la peine qu'encourent les meres qui ſe marient ſans faire pourvoir de tuteurs à leurs enfans impuberes. *Voyez* M. *Dolive*, *liv.* 3. *chap.* 5. où vous trouverez qu'étant majeures de vingt-cinq ans, ſoit qu'elles ayent convolé en ſecondes nôces ou non, elles ſont par indignité privées de la ſucceſſion legitime de leurs enfans décedans en pupillarité. En pays de Droit écrit les droits ſucceſſifs qui viennent *ab inteſtat* & par le beneſice de la loy, & procedent de pere ou mere, ſont conſervez aux enfans du premier lit, ſuivant l'authentique *ex Teſtamento*, *Cod. de ſecundis nuptiis*. Arrêt du 30. Juillet 1639. Henrys, *tom.* 1. *liv.* 4. *chap.* 4. *queſt.* 14.

75. Les meres qui ſe remarient ſans rendre compte de leur adminiſtration, ne ſont pas pour cela privées de l'uſufruit de l'augment, qui eſt neanmoins une des peines établies contre les femmes qui ſe remarient dans l'an de deüil. Arrêt du 10. Août 1635. M. *Dolive*, *liv.* 3. *chap.* 6.

Voyez *cy-aprés* verbo *Peine*. §. *Peine des ſecondes nôces.*

PRETERITION DES MERES,

76. Les meres preterites peuvent débattre les teſtamens de leurs enfans, encore qu'elles ayent convolé en ſecondes nôces. Arrêt du 20. Mars 1631. M. *Dolive*, *liv.* 3. *chap.* 8.

Voyez *cy-aprés* verbo *Preterition.*

EDIT, PROPRES.

77. L'Edit des ſecondes nôces ne déroge point au remplacement des propres de la femme alienez par le mary, ni aux reparations & meliorations faites par le mary aux heritages de ſa femme. Arrêt du 11. Septembre 1593. *Chenu*, *premiere Centurie*, *queſton* 67.

78. Veuve ſe remariant & donnant à ſon ſecond mary ſuivant l'Edit des ſecondes nôces, la donation eſt valable, & la choſe ainſi donnée eſt propre aux enfans du ſecond lit. *Voyez Charondas*, *livre* 6. *Réponſe* 57.

EDIT, RETRANCHEMENT.

79 Ce retranchement profite seulement aux enfans qui sont habiles à se dire heritiers & non aux exheredez, aux filles exclues par la Coûtume, ni aux filles qui ont renoncé par leur Contrat de mariage. Arrêt du 26. Juin 1597. Ricard des Donations entre-vifs, 3. part. chap. 9. glof. 8. nomb. 1389.

80 Une convention faite par une femme convolant en secondes nôces, ayant des enfans de son premier lit qui par son Contrat de mariage stipule que tous ses meubles, acquêts & propres entreront en communauté, telle convention doit être réduite suivant l'Edit des secondes nôces. Arrêt du 28. Avril 1623. Audience de relevée. Du Fresne, liv. 1. chap. 2. & liv. 7. chap. 28. Voyez M. le Prêtre és Arrêts de la Cinquième & és Arrêts celébres, Charondas, livre 9. Réponse 59. & Henrys, tom. 1. liv. 4. chap. 6. quest. 57.

81 La reduction ou le retranchement vient au profit des enfans du premier & du second lit. Arrêt, Grand-Chambre 1648. dont les Notables Arrêts des Audiences font mention. Arrêt 21. Voyez Henrys, tom. 1. liv. 4. chap. 6. quest. 58. où vous trouverez Arrêt du 7. Septembre 1645. & tom. 2. liv. 4. quest. 76. V. De la Guess. tom. 2. liv. 2. chap. 1. où il y a Arrêt du 2. Janvier 1659.

82 En pays de Droit écrit le retranchement des secondes nôces appartient aux enfans du premier lit seulement, à l'exclusion de ceux du second, suivant l'authentique ad eos solos, inserée au Cod. de secundis nuptiis. Arrêt du 24. Juillet 1660. De la Guess. tom. 2. liv. 3. chap. 31.

83 Ce retranchement ne sert pas à remplir la legitime, parce qu'il est donné aux enfans à titre particulier, & la legitime doit être levée avant le retranchement. Ricard des Donations entre-vifs 3. part. c. 10. Voyez cy-dessus le nomb. 66. & suiv.

84 Les avantages faits à une seconde femme, réduits à la part du moins prenant des enfans du premier lit, & le surplus des avantages adjugez aux enfans dudit premier lit, à l'exclusion du ceux du second. Arrêt du 31. Août 1678. De la Guess. tome. 4. livre 8. chapitre 8.

EDIT, SUBSTITUTION.

85 La substitution pupillaire faite en faveur de la seconde femme, est sujette au retranchement. Arrêt qui n'est point daté. Requête civile contre l'Arrêt ; debouté de la Requête civile le 20. Février 1631. M. Dolive, liv. 3. chap. 14.

EDIT, SUCCESSIONS.

86 L'Edit des secondes Nôces ne parle que des donations & liberalitez, c'est pourquoi il ne doit être étendu aux successions des pere & mere à leurs enfans. Arrêt du 7. Septembre 1603. M. Louet lett. N. somm. 8.

87 Les successions mobiliaires qui écheent pendant la seconde communauté ne tombent pas dans la prohibition de l'Edit des secondes nôces, lequel ne comprend que les dons & les liberalitez. Arrêt du Parlement de Paris du 25. Juin 1703. rapporté par l'Auteur des Observations sur Henrys tom. 1. liv. 4. chap. 6. quest. 58.

88 La femme que le mary a laissée coheritiere, & qui a convolé en secondes nôces contre les défenses de son mary, est privée de sa portion en la succession de son mary, & cette portion doit appartenir aux coheritiers testamentaires. Arrêt du 13. Août 1632. M. Dolive liv. 3. chap. 18.

89 En la Coûtume de Ponthieu où il n'y a qu'un heritier, les biens donnez par la femme à son mary qui se remarie, le seul fils aîné succede à l'avantage fait par la premiere femme du pere commun, à l'exclusion des freres & sœurs, tant du premier que du second lit. Arrêt du 17. Mars 1682. De la Guessiere tom. 4. liv. 5. chap. 9. Voyez M. le Prêtre premiere Cent. chap. 49.

Voyez cy-après le mot Succession.

VEUVE SE REMARIANT.

90 Veuve mineure contractant un second mariage sans le consentement de son pere, tombe en la peine de l'Ordonnance du Roy Henry II. de l'année 1556. Brodeau sur M. Louet, lettre M. somm. 18. nomb. 5. Voyez l'Ordonnance de 1639. Voyez Chenu premiere Cent. quest. 15.

91 Veuve ayant enfans se mariant indignement, & donnant follement en faveur d'un second mariage. Voyez l'Ordonnance de Blois art. 281. avec la Loy 48. §. interdum, ff. de heredibus instituendis.

92 En 1649. la Cour ordonna que la veuve reprendroit ce qu'elle justifieroit avoir apporté dans la communauté de son défunt mary, & les enfans du premier lit reprendroient ce qu'ils justifieroient y avoir été apporté par leur défunt pere ; le surplus de la communauté partagé également entre la veuve & les enfans du premier lit en la maniere accoûtumée, & sur ce qui appartiendroit aux enfans du premier lit, tant de ce qu'ils reprendroient sur ladite communauté, que par partage d'icelle & de tous les autres biens qui avoient appartenu audit défunt, la veuve prendroit une part & portion comme le moins prenant des enfans du premier lit. Ricard des Donations entre-vifs 3. part. ch. 9. glos. 2. n. 1210. Voyez M. le Prêtre és Arrêts de la Cinquiéme, & és Arrêts celebres du Parlement.

93 Veuve ayant enfans convolant en secondes nôces cinq mois après le décez de son mary avec un domestique d'un Grand qu'elle rendoit commun en biens avec elle, outre diverses donations qu'elle luy avoit faites, fut condamnée d'employer en acquisition d'immeubles qu'elle ne pourroit aliener les grands effets mobiliers de sa premiere communauté. Arrêt du 19. Février 1654. où un autre Arrêt du 28. Avril 1623. est énoncé Du Fresne liv. 7. chapitre 32. Si avec son Valet. Voyez Chenu premiere Centurie, quest. 16.

94 Veuve s'étant comportée avec desordre, & ayant épousé celuy que l'on accusoit, étant accouchée six mois après & quelques jours de son second mariage, les heritiers du mary prétendoient la faire priver de son douaire & du don mutuel. Arrêt au contraire du 26. Mars 1680. de relevée. Dictionnaire de M. de la Ville, nomb. 4401. Voyez cy-après le mot Veuve.

EDUCATION.

Voyez les mots Alimens, Enfans, Pere, & Tuteur.

Voyez aussi M. Dolive, Actions forenses 3. partie, Action 5.

1 Puella penes non suspectum educanda. Voyez Franc. Marc. tom. 1. quest. 131.

2 Puella penes quem educari debeat ? Voyez le même Auteur, tom. 2. quest. 591.

3 L'éducation d'un pupile dépend de l'arbitrage du Juge qui doit veiller principalement à la seureté de sa personne ; tantôt elle est donnée à la mere quoique remariée, tantôt au parâtre, tantôt à quelqu'un des parens, vide l. 1. C. ubi pupillus educari debeat l. 1. §. ult. ff. ubi pupillus educari debeat & Cujac. lib. 6. Obs. cap. 29. & Mainard, liv. 6. chap. 5.

4 M. l'Evêque de Valence étant oncle & tuteur de M. le Marquis d'Ambres pupille, Madame la Marquise sa mere fut préferée en l'éducation jusqu'à l'âge de neuf ans, quoyque l'oncle offrit de le nourrir à ses frais, à la charge neanmoins qu'elle n'habiteroit point dans le Château d'Ambres, ce qui fait voir que aliud est tutela, aliud educatio. Albert, verbo Education, art. 4.

5 Si la mere est chargée de nourrir son enfant jusqu'à l'âge de discretion, & de luy faire apprendre un art, l'ayant entretenu aux études & en l'art de Medecine, si elle peut repeter les frais faits après l'âge de qua-

torze ans. *Voyez Bouvot, tome 1. partie 3.* verbo *Mere, quest. 2.*

6 De deux parens qui demandent l'éducation du pupile, celuy-là doit être préféré qui fait la condition meilleure. *Idem, to. 2.* verbo *Tuteurs, quest. 36.*

EDUCATION A L'AYEUL.

7 Si une mere doit être préférée à l'ayeul pour l'éducation de sa fille ? *Voyez le Plaidoyé de M. Pithou en 1582.* il est rapporté dans les opuscules de Loisel *pag. 332.*

8 Arrêt du Parlement de Provence du 19. Février 1644. qui a donné l'éducation d'une fille âgée de 4. ans à l'ayeul paternel à l'exclusion de la mere, parce que la pupille est sous la puissance de l'ayeul. Arrêt semblable du 14. Octobre 1660. *Boniface, tome 1. liv. 4. tit. 2. ch. 1.*

9 Autre Arrêt du même Parlement du 13. Octobre 1644. qui a denié l'éducation de la pupille au bisayeul *ex causâ* ; les causes étoient que le bisayeul étoit fort âgé, & qu'il vouloit marier avec son neveu pauvre la fille qui avoit du bien. *Ibid.*

11 Par Arrêt du 22. Mars 1646. l'éducation a été donnée à la mere à l'exclusion de l'ayeule paternelle, nommée Educatrice par l'ayeul paternel. *Ibidem.*

12 Arrêt du 23. Février 1684. qui a donné l'éducation d'un enfant pupile à l'ayeule maternelle, à l'exclusion de l'ayeul paternel pour des circonstances. *Boniface, tom. 4. liv. 4. tit. 2. chap. 2.*
Dans le fait le pere avoit contesté l'état du fils & la Cour craignoit que l'ayeul ayant la même prévention que son fils, ne fit pas tout ce qui étoit avantageux au petit fils.

13 Arrêt du même Parlement de Provence du 7. Août 1685. qui a donné la tutelle à l'ayeul maternel, & l'éducation à l'oncle paternel. *Idem, tom. 4. liv. 4. tit. 4. chap. 7.* Voyez *Tutelle.*

EDUCATION DES BASTARDS.

Voyez le mot *Batards, nomb. 92. & suiv.*

14 Arrêt du Parlement de Provence du dernier Avril 1667. qui a donné l'éducation de l'enfant bâtard à la mere, à l'exclusion du pere, soupçonné de le maltraiter. *Boniface, tome 2. liv. 3. tit. 7. chap. 4.* Arrêt semblable du 9. Mars 1675. *Ibid. tome 4. liv. 4. tit. 1. chap. 10.*

EDUCATION, MERES IMPUDIQUES.

15 *Voyez* le 90. Plaidoyé de M. de Sainte Marthe, pour une mere à qui on vouloit ôter l'éducation de sa fille sous prétexte d'impudicité.

16 Si une femme de mauvaise vie qui par cette raison a été privée de l'éducation de ses enfans, peut être empêchée de les visiter ? Arrêt du 5. Mars 1648. qui apointe les parties au Conseil, cependant fit défense à M. Roy Conseiller en la Cour, tuteur des enfans de M. Roy Auditeur des Comptes à Dijon de disposer des enfans par mariage ou Religion sans en avertir au préalable la mere & les parens ; cependant M. Roy ne fut point obligé de déclarer le lieu de leur éducation, ainsi l'on peut dire que la mere perdit sa cause. *Soefve, tom. 1. Cent. 2. chap. 70.*

EDUCATION AUX PERES ET MERES REMARIEZ.

17 Jugé qu'une fille mineure seroit selon son intention & volonté nourrie & élevée auprès de la mere, laquelle s'étoit remariée. Arrêt en 1559. *M. Expilly* Arrêt 58.

18 Entre Damoiselle Marguerite du Kansequet, & Noble homme Guillaume Dufau, sieur de Logain, par Arrêt du Parlement de Bretagne du 9. Octobre 1563. il est dit que la mere, qui est l'appellante aura la garde & nourriture de sa fille, & les biens au Tuteur, la mere appellante s'étoit remariée. *Du Fail, liv. 3. chap. 47.*

19 Si l'ayeule la demandoit, elle seroit préférable à la mere remariée & au Tuteur étranger, *Dolive, arr. 14.* & quoyque la mere remariée perde la tutelle par *l'article 487. de la Coûtume* ; toutefois la fille mineure de 12. ans ne doit être ôtée à sa mere, & être sequestrée par les Juges à la requête de quelques parens & du Procureur du Roy. Arrêt de 1639. *Ibidem.*

20 L'éducation des enfans se doit faire en la maison de la mere, encore qu'elle soit remariée. Arrêt du 5. Novembre 1579. és Grands Jours de Poitiers, & par autre Arrêt és Grands-Jours de Clermont du 15. Novembre 1581. Cela n'est pas toûjours observé, car si l'on se défie de la mere, en ce cas l'éducation de ses enfans luy est ôtée. Arrêt du 17. Décembre 1563. *Chenu premiere Cent. quest. 19. Voyez* Anne Robert *rerum judicat. liv. 1. chap. 8. & chap. 9.* touchant la fille illegitime.

21 Le 8. Janvier 1621. il fut jugé au Parlement de Toulouse que le frere consanguin devoit être préféré à la mere remariée pour la nourriture & éducation des enfans du premier lit, suivant la Loy 1. *Cod. ubi pupilli educari debeant.* Cambolas, *livre 4. chapitre 24.*

22 Le 12. Juillet 1643. en la Grand'Chambre de Toulouse sur une Requête Civile contre un Arrêt du Parlement de Bourdeaux, il fut jugé en faveur du sieur de Raynié, que quoyqu'il eût été marié quatre fois, qu'il n'eût rien voulu donner à son fils d'un premier lit pour le sustenter dans une grande maladie, & qu'il n'eût daigné l'aller voir, il seroit préféré pour l'éducation de ce fils à l'ayeule maternelle. Il n'en est pas de même de la mere qui s'est remariée ; car l'ayeule maternelle fut préférée en l'éducation d'un enfant mâle âgé de 13. ans, à la mere de cet enfant, par Arrêt du 13. Juin 1644. *Albert*, verbo *Education, art. 1.*

23 Si la nourriture & l'éducation des enfans d'un premier lit peuvent être ôtées au pere remarié ? Cette question s'est presentée au Parlement de Toulouse le 15. Decembre 1678. M. le Procureur General conclut en faveur du pere. Il intervint partage en l'Audience ; les uns vouloient rendre la fille au pere, les autres ordonner qu'elle seroit mise dans un Convent. Le partage porté à la Chambre du Conseil, il passa à un tiers avis qui fut d'ordonner que la fille seroit renduë au pere, lequel la remettroit dans un Convent de Religieuses, ou chez quelqu'un de ses parens. *V. les Arrêts de M. de Catellan, livre 4. Chap. 27.*

24 Arrêt de la Chambre de l'Edit de Castres du 4. Janvier 1647. par lequel l'éducation d'une fille pupille du premier lit fut baillée à la mere à l'exclusion du frere de la pupille qui la demandoit, sous pretexte que la mere étoit *secundis nuptiis funestata*. Voyez *Boné, Arrêt 98.*

25 Arrêt du Parlement de Provence du 23. Mars 1656. qui a denié à la mere remariée l'éducation de ses Enfans pupiles. Le même Arrêt a denié au substitué l'éducation du pupile. Autre Arrêt du 22. May 1656. qui a denié à la mere remariée l'éducation de sa pupille. *Boniface, tome 1. livre 4. titre 2. chapitre 3.*

EDUCATION, PERES DE LA R. P. R.

26 Un pere & une mere de la Religion prétenduë Réformée ne peuvent demander que leur fille qui s'est retirée de leur maison pour se faire instruire en la Religion Catholique, leur soit renduë. Arrêt du 8. Août 1648. *Soefve to. 1. Cent. 2. ch. 91.*

EDUCATION LAISSE'E PAR TESTAMENT.

27 L'appellante ordonnée tutrice testamentaire par son mary, dit en jugement qu'elle se contente de l'éducation de son mineur ; depuis elle appelle de la garde des biens baillée à l'intimé, disant que la déclaration fut faite incontinent après le jour de l'issuë qu'elle fit au Temple, comme est la coûtume, sans y penser, sans ajournement, sans Juges, hors du territoire ; & elle encore toute émuë & fâchée de la mort,

mort, *conjugis dulcissimi*, le Juge suivant sa déclaration dit qu'elle aura seulement l'éducation & nourriture de son enfant. Sur cet appel il est dit mal jugé, & qu'elle aura tant de la garde de la personne, que des biens. Arrêt du Parlement de Bretagne du 12. Octobre 1570. *Du Fail li.* 1. *chap.* 309.

28 Le 22. Décembre 1641. Bessiere oncle paternel âgé de 70. ans, & qui n'avoit point d'enfans, ayant été baillé pour tuteur par le testament du pere à un pupile, l'avoit quelquefois battu ; le frere de ce pupile prit prétexte de faire informer, comme d'un grand excés, sans qu'il y eût de relation de blessures, demanda la préférence en l'éducation de son frere, disant que la tutelle n'avoit rien de commun, & alleguoit la Loy *Si plures* 3. §. *quamvis ff. de adm. tutor.* où le changement de façon de vivre du tuteur fait changer la disposition du pere : mais sur ce que cet oncle representa qu'il ne l'avoit battu que de la maniere qu'on corrige les enfans qui ne sont pas sages, qu'étant son oncle, & n'ayant point d'enfans il étoit ridicule de présumer qu'il eût de la haine pour ce pupile, ayant même reproché au frere les bienfaits qu'il avoit reçûs de luy, la Cour laissa l'éducation au tuteur, & lors que le pere a dit par qui il vouloit que son fils fût élevé, il faut suivre sa volonté, comme il fut jugé au Parlement de Toulouse en la cause de la Dame de S. Leonnard le 25. Janvier 1627. *Albert*, verbo *Education*, art. 2.

29 La clause du testament d'un pere, qui donne l'éducation de ses enfans à sa femme leur mere, à la charge qu'elle residera, doit être observée. Arrêt du Parlement de Toulouse du 29. Janvier 1629. quoique la mere representât qu'elle y avoit des biens considerables, & que *aliquando praeceptum patris negligitur* en fait d'éducation ; qu'enfin elle n'étoit point substituée, mais leurs tuteurs. Par autre Arrêt du 9. Janvier 1640. on luy donna trois mois pour mener ses enfans aux bains par avis de Medecins, à la charge des les ramener à Carcassonne. *Albert*, verbo *Testament*, art. 31.

30 Arrêt du Parlement de Provence du 11. Avril 1647. qui a donné l'éducation à l'oncle paternel, à l'exclusion de la tante maternelle, à qui la mere du pupile qu'elle avoit fait heritier l'avoit laissée. Le fondement de l'Arrêt fut que l'oncle auroit plus d'affection, & que d'ailleurs il auroit fallu que le pupile eût quitté la patrie pour suivre la tante maternelle. *Boniface tom.* 1. *li.* 4. *tit.* 2. *chap.* 4.

31 Arrêt du 8. Juillet 1673. qui a confirmé l'éducation de la pupille donnée à la sœur nommée par le pere, à l'exclusion de la mere. *Idem tome* 4. *livre* 4. *titre* 2. *chapitre* 1.

32 Jugé au Parl. de Paris le 30. Juillet 1665. qu'un pere par son testament peut disposer de la tutelle & éducation de sa fille unique, au préjudice de la mere survivante, sans coter aucune raison de sa disposition. *Soëfve tom.* 2. *Cent.* 3. *chap.* 54.

EGALITÉ.

1 Egalité, comment doit être observée entre les enfans ? voyez le mot *Avantage*.

Voyez *Henryci progymnasmata*, Arrêt 112. en 1556. pour l'égalité que les peres doivent observer entre leurs enfans. La conduite de ceux qui en poussent dans la Religion pour enrichir les autres, est blâmée ; il est dit que la part de l'heredité qu'ils auroient eüe sera reputée bien vacant acquis & confisqué au Roy, à moins qu'ils n'aiment mieux adopter celuy qui leur sera nommé par sa Majesté.

2 Une mere partageant avec ses enfans, ayant déclaré qu'elle vouloit qu'ils luy succedassent également après son décez, & depuis ayant fait donation à aucun d'eux, la donation a été infirmée par Arrêt. *Papon li.* 20. *titre* 1. *n.* 2. & *Caron au* 2. *li. des Rep. ch.* 54. & *li.* 8. *ch.* 76.

Tome II.

3 Si le pere par son testament substitué seulement les biens de l'un de ses enfans, & s'il laisse libre la part des autres, alors il faut qu'il survive vingt jours pour faire que sa disposition soit valable, parce qu'il y a inégalité. Arrêt de Dijon du 3. Juillet 1606.

4 Il est sans difficulté qu'il faut necessairement que les partages faits par les peres & meres de leurs biens, soient de tous biens, meubles & immeubles, en sorte que s'il restoit quelque chose qui ne fût pas compris dans le partage, ou si le pere ou la mere ne parloit pas de quelques uns de leurs enfans, ou il instituoit les uns & non les autres, quoique l'institution d'heritier ne soit pas necessaire dans le partage, il seroit nul, parce qu'en l'un ou l'autre de ces cas, il y auroit inégalité. Il faut donc partager tous les biens, ne point oublier d'enfans, & les instituer tous, ou n'en instituer aucun ; car la moindre inégalité annulle le partage. Arrêts des 14. Mars 1611. 9. Décembre 1625. & 10. Decembre 1640. *Voyez Taisand sur la Coûtume de Bourgogne*, *t.* 7. *art.* 6. *notes* 5. & 7.

5 Lors que les peres & meres rendent leurs enfans égaux dans le partage de leurs biens, les vingt jours de survie ne sont pas requis pour la validité de leurs dispositions ; & même s'ils avoient institué une personne étrangere avec leurs enfans, ou si n'en ayant qu'un ou plusieurs, ils se font entr'eux donation d'une partie de leurs biens, une telle disposition est valable, ainsi qu'il a été jugé au Parlement de Dijon 24. Janvier 1613. entre Claude & Emiliand Billot appellant, contre Anne Colot intimée. Par l'Arrêt qui intervint, le testament de Pierre Billot, qui n'avoit qu'une fille, & qui avoit legué à sa femme, ses meubles & acquêts, fut confirmé, quoi qu'il n'eût vécu que deux jours après avoir fait son testament ; & même si un pere avoit fait des donations entre-vifs à quelques-uns de ses enfans, il pourroit en donner autant aux autres par son testament, pour observer l'égalité entr'eux ; & quoyqu'il ne survive pas vingt jours, son testament ne laisse pas d'avoir effet à cause de l'égalité qui est conforme à l'esprit de la Coûtume. Arrêt du 15. Novembre 1576. *ibid. n.* 3.

La convention faite par Contrat de mariage par pere & mere, que leurs enfans viendront également à leur succession, & ne pourront avantager leurs enfans, les uns plus que les autres, soit qu'ils y renoncent, & se tiennent à leur don, est valable. Arrêt du 22. May 1605. Cet Arrêt est conforme à la Novelle de Leon XIX. *de pacto paterno ex aequo haeredem futurum*. Tronçon *art.* 302. in verbo *Egalement*.

6 Si l'égalité stipulée à l'égard des enfans empêche le peré d'associer l'un d'eux à sa Communauté. Arrêt du Parlement de Dijon du 19. Novembre 1629. qui ordonne qu'inventaire seroit fait seulement des immeubles pour être partagez également. *Taisand*, sur *la Coutume de Bourgogne*, *tit.* 7. *art.* 5. *nomb.* 3.

7 Lorsque la survie des 20. jours est douteuse, c'est à celui qui combat le partage par le défaut de cette survie, de prouver que le disposant n'a pas survécu les 20. jours requis ; *allegantis est probare*, d'autant plus que naturellement on doit présumer pour la vie jusqu'à ce que la mort soit certaine. Arrêt de Dijon du 19. Novembre 1643. *Taisand. tit.* 7. *art.* 6. *note* 11.

8 Le 3. Février 1667. jugé au Parlement de Dijon que le neveu qui succedoit avec son oncle, rappelloit le petit neveu pour le faire succeder avec son oncle. *ibid. art.* 19 *note* 1.

9 Autre Arrêt dans le cas d'une donation pure & simple du 27. Février 1670. Une petite fille fut condamnée à rapporter des meubles que son ayeule luy avoit donnés manuellement peu de jours avant son décès ; cette ayeule contrevenant en cela à la coûtume, qui veut une survie de vingt jours, lorsqu'il y a quelque inégalité dans les partages. *Voyez Taisand.* ibid.

10 La promesse d'égalité lie les mains au pere & à

D

la mere non seulement à l'égard de l'enfant dans le Contrat de mariage duquel elle est inserée ; mais aussi à l'égard de tous les autres enfans : les petits enfans sont compris sous le nom d'enfans, & on ne peut leur donner plus qu'à leur pere ou mere, y ayant une stipulation de ne pas avantager l'un des enfans plus que l'autre. L'enfant qui est le moins avantagé peut en vertu du Contract de mariage demander le rapport de ce qui a été donné de plus aux autres enfans. L'enfant avantagé n'est pas obligé de rapporter les fruits des choses qui luy ont été données & qu'il a perçûs du vivant du pere ou de la mere qui a donné ces choses ; mais seulement depuis leur mort, suivant le sentiment de M. d'Argentré sur la Coûtume de Bretagne. *art.* 527. *nom.* 6. & les arrerages de doüaire ou des rentes qui ont été données separément, doivent aussi être rapportés avec interêt du jour du deceds, comme tenant lieu en ce cas là de capital & non d'accessoire. Arrêt du Parlement de Dijon du 1. Septembre 1688. qui a jugé toutes ces questions. L'on en poursuivit la cassation; le demandeur fut débouté par Arrêt du Conseil du 12. Juillet 1690. sauf à luy à se pourvoir par les voyes de droit. *Voyez Taisand sur la Coûtume de Bourgogne*, *tit.* 7. *art.* 5. *note* 2. où il ajoûte quoique l'égalité entre les enfans soit favorable, neanmoins si elle n'est pas promise par les peres & meres dans le Contrat de mariage d'un enfant elle est rejettée, en quelque autre acte qu'elle soit stipulée. Arrêt de Dijon du 17. Juillet 1676. par lequel les parties furent mises en même état qu'elles étoient avant la promesse d'égalité. Le motif de l'Arrêt fut que cette sorte de stipulation tient de la convention *de futurâ successione*, & retranche la liberté de tester.

11 La paction que l'on ne pourra avantager l'un de ses enfans plus que l'autre, est valable. Arrêt du Parlement de Dijon du 24. Janvier 1600. elle s'étend au petits enfans. Arrêt du 5. Mars 1603. *Bouvot*, tom. 2. verbo *Mariages*, & quest. 11. 27. 28. 31. & 97.

12 Si la mere pour égaler sa fille avec son fils & pour récompense des frais faits aux études de son fils, peut ordonner par son testament que sa fille prendra 600. livres? Arrêt du Parlement de Dijon du 31. Janvier 1605. qui declare le testament nul, la tutrice n'avoit survecu que 20. jours. *Bouvot*, *tome* 2. verbo *Testament*, quest. 51.

13 Pere & mere en la Coûtume d'*Amiens* peuvent ordonner par testament que tous leurs enfans viendront également à leur succession, sans droit d'ainesse; & en ce cas l'aîné ne le peut prétendre sur un fief qui est acquêt, ainsi jugé au Parlement de Paris le 2. Janvier 1623. *Bardet*, *tom.* 1. *liv.* 1. *chap.* 105.
Le même Arrêt est au Journal des Audiences, *tom.* 1. *liv.* 1. *chap.* 1.

14 Donation entre mari & femme au survivant doit être égale en païs de droit écrit ; la plus grande est reduite à la moindre. Arrêt du 22. Decembre 1618. *Bardet*, *tom.* 1. *l.* 1. *chap.* 50.
Cet Arrêt est aussi le 131. de Montholon.

15 Le pere en mariant un de ses fils, promettant de l'instituer heritier avec les autres enfans mâles; il n'est pas obligé par là d'établir une égalité entr'eux. *Avis d'Henrys*, *tôme* 2. *liv.* 4. *quest.* 39.

16 *Consuetudo Bruxellensis statuens æqualitatem inter liberos servandam in testamentis parentum impedit fideicommissum uni imponi.* Voyez *Stockmans Decis.* 28. Ainsi jugé le 14. Juillet 1645. mais *non extenditur consuetudo ad bona extra territorium Bruxellense sita.*

EGLISE.

Biens & privileges de l'Eglise, & des personnes Ecclesiastiques.

De sacro-sanctis Ecclesiis, & de rebus & privilegiis earum. C. 1. 3.

De rerum (Ecclesiasticarum) divisione, atque illarum administratione. I. L. 2. ti & seqq.
De Sacramentis in genere, & in specie. I. L. 2. 2. & seqq.
De divinis domibus. Tiberii constit.
De Ecclesiasticis constitutionibus. Instit. Lancelot. 1. 3.
De Episcopis, Ecclesiis, & Clericis. C. Th. 16. 2.
De Ecclesiis ædificandis, vel reparandis. Dec. Gr. passim.... Extr. 3. 48... I. L. 2. 18... N. 131. c. 7. & 10... N. 67. c. 1. & 2.
Ut fundatoribus Ecclesiarum facere in eis Clericos non liceat, sed tantum præsentare. N. 57. c. 2... N. 123. cap. 18.
De Ecclesiis, titulis, & privilegiis, aliisque capitulis. N. 131.
De statutis & consuetudinibus contra libertatem Ecclesiæ editis, &c. Const. Frid. 2, tit. 1. vel. 17... Cette constitution contient plusieurs articles concernant l'Eglise.
Ne quid in loco sacro fiat. D. 43. 6... *Id est, Ne quid deformis, vel incommodi.*
De immunitate Ecclesiarum, Cæmeterii, & rerum ad eas pertinentium. Extr. 3. 49... Sext. 3. 23.... Cl. 3. 17... Ex. Co. 3. 13... I. L. 2. 20.
De reditu magnæ Ecclesiæ. C. I. Rom. Argyri. 1.... N. 3. c. 3... C. I. 10. Man. Comn.
De his qui ad Ecclesiam confugiunt, vel ibi exclamant ; & ne quis ab Ecclesiâ extrahatur. C. I. 12... Voyez *Asile.*
De primatu & appellatione Ecclesiæ Romanæ. C. L. Mich. Paleol, 11.
De Ecclesiarum expensis. Novel. Justinian. 6. c. 8.
De his qui in Ecclesiis manumittuntur. C. 1. 13.
De instrumentis omnium Ecclesiarum, ob possessionem immobilium. C. I. Man. Comn. 11.
De possessione Ecclesiarum & venerabilium domorum. C. I. Basil. Porphir. 1.
De oblationibus, & aliis Ecclesiasticis juribus. C. I. Alex. Comn. 10.
De rebus Ecclesiasticis. C. I. Niceph. 3... I. L. lib. 2. teto.
Ne Ecclesiæ prædiis locupletentur. C. I. Niceph. Phoca. 4. & 5.
Ut Ecclesiarum, & Monasteriorum immobilia intacta sint à manu fisci. C. I. 9. & 10. Manuel Comn.
Ecclesiam, fidelitatem non facere. F. 2. 101... Eglise ne fait foi & hommage.
De Raptoribus, Incendiariis, & Violatoribus Ecclesiarum. Extr. 5. 17.
De diversis prædiis urbanis & Rusticis Templorum & Civitatum. C. 11. 69.
De locatione prædiorum civilium, vel fiscalium, seu Templorum. C. 11. 70.
De collatione fundorum fiscalium... vel Templorum. C. 11. 73.
De rebus Ecclesiæ alienandis, vel non. Extr. 3. 13... S. 3. 9... Cl. 3. 4... Ext. Co. 3. 4... I. L. 2. 27.
De Ecclesiasticarum rerum immobilium alienatione, & solutione. N. 46... N. 67. c. 4.
De non alienandis aut permutandis rebus Ecclesiasticis, &c. N. 7.
Ut ecclesia sanctæ Resurrectionis alienare possit ædificia, &c. N. 40.
Ut Terrula, aut Domus, vel vinea, sanctissimæ Ecclesiæ Myseæ, possint alienari, &c. N. 65.
De alienatione, & Emphyteusi, & locatione, & hipothecis, & aliis diversis contractibus rerum sacrarum. N. 120... N. 55. c. 2,... N. 119. c. 10... L. N. 13.
De permutatione rerum immobilium Ecclesiæ cum Ecclesiâ. N. 54. c. 2... *Cum Imperatore.* N. 55. c. 1.
De reditu Ecclesiæ in pios actus, & pauperes, erogandis. N. 3. c. 3.
De Legatis Ecclesiæ, & ad pias causas. Voyez le mot *Legs.* §. *Legs pieux.*

De Ecclesiis constitutis in Africâ. N. 37... Les Eglises d'Afrique sont mises au même rang que les autres.

De præscriptione adversus Ecclesiam. Voyez Prescription. §. Prescription contre l'Eglise.

Ne rei Dominicæ vel Templorum vindicatio temporis exceptione summoveatur. C. 7. 38... Les biens du Prince, & ceux de l'Eglise, sont inalienables & imprescriptibles. *Templorum verbum, hic pro Templis Paganorum.*

Ut etiam Ecclesia Romana centum annorum gaudeat præscriptione. N. 9.

*Constitutio quæ innovat constitutionem quæ præscriptionem centum annorum Venerabilibus locis dederat. N.*111. Prescription de cent ans, réduite à quarante, pour les biens d'Eglise. *N.* 131. *c.* 6.

De possessione Ecclesiarum, & Venerabilium domorum, & de præscriptione quadraginta annorum. C. I. Basil. Porph. l. & 4.

De Officio Principis Christiani in Ecclesiâ. Voyez le Traité fait *per Tho. Campeg. in tract. de auth. Romani Pontificis.*

De Principalitate Ecclesiæ. Voyez le Traité fait *per Hieronymum Rota.*

De autoritate Ecclesiæ. Voyez ce qu'en ont écrit *Antonius Floribellus, Bartholomæus, Joannes Delphius, Isidorus de Isolamis, Raphael Venostus, &c.*

1 *De ædificandis Ecclesiis.* Voyez *Pinson, Cap.* 2. *ad verba cum suo reditu.*

De Ecclesiis publicis. Voyez *Pinson* au titre *de fundatione Ecclesiarum.* §. 2.

Templa & Ecclesiæ à jurisdictione judicis secularis pendent. Du Moulin tom. 2. *p.* 126.

L'Eglise n'est pas exempte de contribuer aux réparations des murs & autres impositions utiles aux villes. *Du Moulin, conseil* 11. *tom.* 2. *p.* 840. *hoc munus non est sordidum.*

2 *Ecclesia ædificata in solo alieno, solo non cedit, sed ille cujus est solum justo pretio vendere tenetur. Franc. Marc. tom.* 1. *quæst.* 534.

3 *Faber existens propè religionem expelli potest. Ibidem. quæst.* 635.

4 *Prælatus Ecclesiæ potest rumpere fores Ecclesiæ quando sibi clauduntur.* Ibidem. *quæst.* 215.

5 Des Eglises simples sont quelquefois érigées en Collegiales. Voyez le premier volume de ce Recueil au mot Collegiale, & *Rebuff. prax. ben. part.* 1. *cap.* 57. ou en Eglises Cathedrales. *Rebuff. ibid. cap.* 55. *de erec. Ecclesiæ in Cathed.*

Et les Cathedrales en Metropolitaines ou Archiepiscopales. *Ibid. cap.* 55. *nomb.* 3.

Mais il n'y a que le Pape qui puisse faire ces sortes d'érections, & il ne les fait point sans le consentement des Rois. *Ibid. nomb.*1. 5. 6. 7. *& ch.* 57. *nomb.* 1. Févret de l'Abus *liv.* 2. *ch.* 2. *art.* 3. 4.

Et lors qu'elles se font, c'est pour l'augmentation du service. *Ibid. ch.* 55. *nomb.* 2.

Pour la necessité & utilité, quand le peuple est en si grand nombre, qu'il faut plusieurs Ministres pour faire le service Divin, & pour administrer les Sacremens. *Ibid. nomb.* 2. 3.

Et quand les biens & revenus de l'Eglise sont suffisans pour les entretenir. *Ibid. nomb.* 3. 4.

Et l'on peut alors établir des Chanoines qui feront corps, & auront droit de Chapitre sous un Chef. *Rebuff. prax. Benef. part.* 1. *ch.* 57. *de erec. in Colleg.*

Les simples Eglises sont aussi quelquefois érigées en Cures, & Eglises Paroissiales. *Ibid. chapitre* 56. *nomb.* 1

Ce qui est au pouvoir de l'Evêque. *Ibid.*

Mais l'Evêque ne peut point faire les érections sans connoissance de cause, comme quand il apert que les Paroissiens ne peuvent facilement se rendre à leur Eglise Paroissiale pour y assister au service Divin, à cause de la distance des lieux & des mauvais chemins *Tome II.*

comme dans les inondations d'eaux, & en temps d'hyver, neiges, pluyes, &c. *Ibid. nomb.* 1. 2.

Et quand par les mêmes raisons les Curez ne peuvent assister leurs Paroissiens dans les necessitez urgentes, ni leur administrer les Sacremens. *Ibid.*

Auquel cas les Paroissiens peuvent demander au Pape une Chapelle de secours, pour y pouvoir entendre le service Divin, & recevoir les Sacremens. *Ibid. chap.* 56. *nomb. dernier.*

Le consentement de l'Evêque & du Curé y sont requis, & le Curé doit être recompensé; cependant comme il s'agit du peril & de la perte des ames, on passe par dessus ces considerations. *Ibid.*

Les Eglises seculieres peuvent encore être érigées en regulieres, & les regulieres en seculieres, par le Pape. *Rebuff. chap.* 55. *nomb.* 8. 9. 10. 11. Févret de l'Abus, *liv.* 2. *chap.* 2. *art.* 9.

Par Arrêt du Parlement de Paris du 14. Février 6 1658. étant au Registre du Parlement que j'ay vû, une Eglise a été érigée en Paroisse, ce requerant une personne de condition.

Par autre Arrêt du même Parlement sans date, rapporté, *ibidem*, une Chapelle a été érigée en Collegiale. *Jovet*, verbo *Eglise, n.* 41.

BIENS D'EGLISE.

Vente & alienation des biens d'Eglise, voyez le mot 6 Alienation, & le mot Biens Ecclesiastiques. bis

Arrerages des rentes dûes à l'Eglise, voyez le mot Arrerages, *nomb.* 57. *& suiv.*

De l'alienation des biens Ecclesiastiques, & de leur recouvrement. Voyez les Memoires du Clergé, *to.*3.*part.* 3. *tit.* 6. *ch.* 1.

Des Domaines, Fiefs & Seigneuries, Cens, Rentes foncieres & constituées, Droits, Chasses, Champarts, & autres droits fonciers & Seigneuriaux, appartenans aux Ecclesiastiques. Voyez les Memoires du Clergé tome 3. *part.* 3. *tit.* 2. *chap.* 1.

Biens Ecclesiastiques ou de la Fabrique ne peuvent être vendus sans Mandement special du Superieur, avec connoissance de cause. Arrêt du Parlement de Dijon du 8. May 1595. Bouvot. *tome* 2. verbo *Vente, quæst.* 6.

EGLISE CATHEDRALE.

Ecclesiâ appellatione, Cathedralis Ecclesia intelligitur: 7 *quæ nomine sancti quo intitulatur, exprimenda non est.* Voyez *Franc. Marc. tom.* 1. *quæst.* 1121.

EGLISE, CONSECRATION.

De consecratione Ecclesiæ. Voyez *Pinson* au titre *De* 8 *fundatione Ecclesiarum.* §. 3.

Ecclesia nondum consecrata an immunitatis privilegio 9 *gaudeat.* Voyez *Franc-Marc, tom.* 1. *quæst.* 1019.

EGLISE, FONDATION.

Des Eglises, constructions, dotations & reparations 10 d'icelles. *Biblioth. Can. tom.* 1. *p.* 556.

De Ecclesiarum fundatione & dote, & de subjectione 11 *earumdem.* Voyez *Pinson cap.* 2. *ad verbum cum suo reditu.*

In quibus rebus, dos consistere possit? Ibid. §. 2.

Quibus dos Ecclesiæ sufficere debeat? Ibid. §. 1. 2. part.

De dote Ecclesiis constituendâ. Voyez *Pinson* au titre *De fundatione Ecclesiarum.* 2. part.

Prælati inferiores Episcopo si Ecclesiam construere vo- 12 *lunt, quod ab alterius Ecclesiæ redditibus eam dotare non liceat.* Voyez *Franc-Marc. tom.* 1. *quæst.* 1013.

Celui qui dote en partie une Eglise n'est que bien- 13 faiteur & non pas patron; mais celuy qui la redote entierement est le vray patron. *Definit. Can. p.* 277.

De la fondation des Eglises & érection des Cha- 14 pelles particulieres, & de la necessité du consentement de l'Evêque. Voyez *M. de Selve* 1. *part. trac. quæst.*6.

Hommages dûs à l'Eglise sont imprescriptibles. *Memoires du Clergé, tome.* 3. *part.*3. *p.* 183.

Princeps quando Castrum dat Ecclesiæ, & quando 15 *superioritatem reservasse censetur.* Voyez *Franc-Marc. tom.* 2. *quæst* 368.

D ij

16 Arrêt du Parlement de Paris de l'an 1384. qui a jugé qu'une Eglise ne se peut dire privilegiée & en sauve-garde du Roy qu'il n'y ait expresse Declaration du Roy, par laquelle elle soit receüe en ladite Sauve-garde & concession des privileges. *Papon. liv.* 1. *tit.* 1. *nom.* 13. Ainsi une Eglise, *eo ipso* qu'elle est de fondation Royale, n'est à la Sauve-garde du Roy.

17 Ce requerant le Procureur General au procés des Bouchers de S. Malo, & le Chapitre, par Arrêt du Parlement de Bretagne du 1. Avril 1561. il est dit que les gens du Chapitre mettront vers la Cour leurs titres & enseignemens, de la fondation de leur Eglise, & l'Arrêt donné par la Reine Anne l'an 1513. & autres Lettres préjudiciables au Roy & au pays, pour iceux vûs être fait droit ainsi que de raison. *Du Fail, liv.* 2. *chap.* 126.

18 La concession faite d'une porte particuliere dans l'Eglise à un particulier par un jardin qu'il a attenant icelle, jugée licite à un bienfaiteur qui n'en abuse pas, le 29. Décembre 1633. *Du Fresne liv.* 2. *chap.* 144. Voyez cy-aprés *Fondation*.

EGLISE DE FORCALQUIER.

19 Si par les Bulles des Papes, l'Eglise de la Ville de Forcalquier est en droit d'être Eglise Concathedrale avec celle de la Ville de Sisteron, & d'avoir un Vicaire general. *Boniface to.* 3. *li.* 5. *tit.* 3. *ch.* 1. rapporte l'Arrêt rendu au Parlement de Grenoble le 30. Mars 1676. qui a jugé l'affirmative.

EGLISE, JURISDICTION.

20 *De potestate absolvendi & dispensandi*, voyez le traité fait *per. Fra. Antonium Melium.*
De potestate ac Jurisdictione Ecclesiastica. Voyez *Luc. li.* 2. *tit.* 1.
De quoy peut & doit connoître le Juge d'Eglise, & de quoy il ne peut ni ne doit connoître? *Voyez Basset to.* 2. *li.* 2. *tit.* 1. *ch.* 1.

21 Arrêt du 8. Novembre 1678. qui a jugé que les excez & irreverences commises contre un Prêtre dans l'Eglise, sont de la connoissance du Juge d'Eglise. *Boniface tom.* 3. *li.* 1. *tit.* 1. *ch.* 1. Voyez cy-aprés lett. I. verbo *Jurisdiction Ecclesiastique.*

EGLISE, LEGS.

22 Des institutions, legs & donations en faveur de l'Eglise, & de la cause pie. *Voyez Maynard, li.* 9. *chap.* 38.
L'Eglise est capable de recevoir des legs, & d'être instituée heritiere. *Tournet, instit. E. ar.* 33. sauf la legitime, *ar.* 34. *Robert. li.* 1. *chap.* 1.
Voyez cy-aprés lett. L. verbo *Legs pieux*

EGLISE LEZE'ES.

23 *Ecclesia in rebus suis minoribus comparatur.* Arrêt de 1598. *Mornac L. ult. Cod. de temporibus in integ. restit. &c.*
Voyez cy-aprés au 3. tome le mot *Restitution.*

EGLISE, LIBERTE'S.

24 Ordonnance touchant les libertez de l'Eglise Gallicane. A Paris le 18. Février 1406. *Ordin. antiq. vol. A. fol.* 213.
Extrait des Registres & Actes publics concernans les libertez de l'Eglise Gallicane, par Pierre Pithou Avocat en Parlement. *Ordonnances de Fontanon, tom.* 4. *p.* 1209. *& tit.* 32. *p.* 587. *Voyez cy-aprés* verbo *Libertez.*

EGLISE D'ORLAC.

25 Arrêt de Reglement en 1547. entre le Curé, Prieurs & Serviteurs de l'Eglise de Nôtre-Dame d'Orlac. *Voyez Filleau, part.* 1. *tit.* 1. *ch.* 14.

EGLISE POLLUE

26 *De pollutione, & reconciliatione Ecclesiarum.* Voyez Pinson au titre *de fundatione Ecclesiarum.* §. 4.

27 *Quomodo contingat alteratio Ecclesiarum in earum substantia, per sectionem, suppressionem & unionem, & quo pacto eadem Ecclesia reducantur in pristinum? Voyez Lotherius de re beneficiaria, li.* 1. *quest.* 28. *& 29.*

28 Qu. Cepio Consul Romain, ayant emporté la ville de Toulouse d'assaut avec l'armée des Romains qu'il conduisoit pour avoir pillé les Temples, fut luy & toute son armée, sans excepter un seul, frappé d'une maladie cruelle, d'où a procedé le proverbe ancien, *Aurum Tholosanum*, pour faire voir le malheur de ceux qui en abusent. *Papon, livre* 24. *titre* 10. *n.*3.

EGLISE, POSSESSION.

29 La possession centenaire ou immemoriale, acquiert une Eglise à une autre Eglise, & un Benefice à un autre Benefice, sans qu'il soit besoin de justifier que l'union en a été faite. On confond les possessions immemoriales & centenaires: cependant quand la possession excederoit la memoire de l'homme, comme l'excede en effet une possession qui approche de prés de cent ans, sans y parvenir tout à fait, s'il est établi par actes que la possession ne va pas tout à fait aux cent ans, si peu qu'il s'en faille, il n'y a pas lieu à la preuve de la possession immemoriale; cette possession est présumée centenaire par l'impossibilité morale (on peut presque dire Physique,) de trouver des témoignages vivans & positifs d'une possession de cent ans. La présomption cesse lors qu'il y a des témoignages écrits qui établissent que la possession a commencé depuis un peu moins d'un siecle; ainsi il n'y a pas lieu d'admettre le témoignage subsidiaire de la possession immemoriale, quoy qu'il y puisse avoir de quoy en fonder, & en établir la preuve: on jugea suivant ces principes en la seconde Chambre des Enquêtes du Parlement de Toulouse, dans la cause de l'Abbé de la Casedieu le 18. Janvier 1668. *M. Catellan li.* 1. *chap.* 67.
Voyez au 3. tome de ce Recüeil le mot *Possession.*

PRIVILEGES DES EGLISES.

30 *De immunitate Ecclesia.* Voyez les traitez faits *per Jo. de Viscis & per Jo. Hiero. Alb. & Du Moulin tom.* 2. *page* 523.
De Privilegiis Eccl. & Ecclesiasticarum personarum. Voyez le traité fait *per Bened. Canofi.*
Des Privileges & anciennes libertez de l'Eglise Gallicane, ensemble des autres immunitez & exemptions depuis octroyées aux Ecclesiastiques, tant pour le fait des amortissemens, qu'autres, charges. *Ordonnances de Fontanon, tome* 4. *tit.* 32. *p.* 587.
Avant que l'Eglise puisse se dire privilegiée dans la Sauvegarde du Roy, il est necessaire qu'il y ait expresse Declaration de Sa Majesté. Arrêt en 1384. rapporté par *Jo. Galli, quest.* 35.
Personnes arrêtées dans les Eglises. *V.* le mot *Azile.*

PUISSANCE DE L'EGLISE.

31 *De potestate Ecclesiastica.* Voyez le traité fait *per Jo. Anto. Delphinum.*
De potestate Ecclesia super Laïcis eorum bonis & è contra. Per Stephanum Auferii in rép. cle. 1. de off. ordinarii.
Edit pour l'enregistrement de la Declaration faite par le Clergé du Royaume, de ses sentimens touchant la puissance Ecclesiastique, à saint Germain en Laye en Mars 1682. registré au Parlement de Paris le 23. du même mois, & au Parlement de Roüen le 30. Avril suivant. *De la Guessiere, tom.* 4. *liv.* 5. *chap.* 10. Voyez cy-aprés verbo *Puissance.*

EGLISE, RANG.

32 Aux Fêtes & jours solemnels, les Officiers doivent avoir seance pendant le Service divin au Chœur de l'Eglise Cathedrale & aux Chaires hautes. Arrêt du Parlement de Paris du 26. Avril 1586. pour les Officiers du Présidial de Troye. L'article 19. de l'Ordonnance d'Henri IV. du mois de Decembre 1606. qui défend à toutes personnes d'occuper les hautes chaires des Eglises, ne s'étend point à eux. Et en effet le 14. Juillet 1611. il a été ordonné par Arrêt du même Parlement qu'aux Fêtes solemnelles aprés les Dignitez de l'Eglise & Chanoines, le Senéchal, Président, Présidial, & Lieutenant General & Criminel de Clermont en Auvergne, auroient seance aux

hautes Chaires du Chœur, deux de chacun côté & en leur absence le Lieutenant Particulier, & les Conseillers selon l'ordre de leur reception jusqu'audit nombre. *Voyez Filleau*, part. 3. tit. 11. chap. 31.

Eglise, ceux de la R. P. R.

33 Les lieux bâtis par les Religionnaires, si proche des Eglises, que le chant Ecclesiastique en est troublé, doivent être démolis. *Voyez les Decisions Catholiques de Filleau*, Decision 28.

34 Les Cours Souveraines de France & autres inferieures se sont toûjours opposées aux entreprises de ceux qui osoient nommer *Eglise* la Religion Prétenduë Réformée. *Voyez, ibidem* page 22. & *suiv.* & cy-aprés lettre R. verbo Religion Prétenduë Réformée.

Eglise, Reforme.

35 Arrêt du Parlement de Paris du 4. Novembre 1424. qui enjoint de garder religieusement les constitutions qui étoient faites pour réformer la corruption & dissolution de l'Eglise. *Papon*, liv. 1. titre 5. nomb. 31.

Eglise, Reparations.

36 *Voyez Du Moulin*, tome 2. p. 523. M. Expilly, *Plaidoyé* 9. où il traite si le forain doit entrer dans la dépense.

37 Contribution pour la construction ou réparation des Eglises. *Voyez* le mot *Batimens*, nombre 20. & *suivant*.

38 Ecclesiastiques tenus des reparations des Eglises ruinées par les guerres civiles. *Tournet*, lettre E. nombre 42.

39 Eglises bâties & réparées du tiers du revenu d'icelles. Arrêt du Parlement de Paris du 13. Mars 1535. *Tournet*, lett. E. Arr. 11. 13. 22.

40 Arrêt du Parlement de Provence du 11. Février 1557. portant commission à un Conseiller de la Cour pour visiter l'Eglise de Roquebrune & pourvoir aux reparations & augmentations du divin Service en icelle. *Preuves des libertez* tom. 2. ch. 35. nomb. 64.

41 La Chambre de l'Edit de Castres par Arrêt du 27. Août 1599. a condamné Messire Jean du Fossé Evêque de Castres, à payer la somme de 1200. écus pour être employées à bâtir & construire une Eglise en ladite ville de Castres, capable pour la celebration du Service divin, & pour recevoir les Catholiques qui y sont, quoique la ruine des Eglises de cet Evêché ne soit avenuë par la faute ou negligence dudit de Fossé; mais par ceux de la prétenduë réformée Religion, qui ont tenu & occupé cette ville 30. ans & plus, & ruiné les Eglises d'icelle. Autre chose seroit des bâtimens du temporel desdits Evêchez. *Filleau*, part. 1. tit. 1. chap. 13.

42 Arrêt du Parlement de Toulouse du 21. Mars 1609. sur le rétablissement des Eglises & logement des Prêtres. *Voyez les preuves des libertez* tom. 1. chap. 18. nombre 20.

43 Arrêt du même Parlement du 21. Février 1620. pour les reparations des Eglises, conservation du domaine des Ecclesiastiques & saisies des fruits des Benefices non competemment desservies. *Idem. tom.* 2. chap. 35 nomb. 89.

44 Reglement pour le rétablissement des Eglises tombées en ruine contre les gros Decimateurs, qui furent condamnez de faire rebâtir le Chœur & cancel de l'Eglise, & les remettre en tel état qu'ils étoient avant leur chûte, à ce employé la moitié des dîmes perçûës depuis le 1. Janvier 1648. jusques au jour du présent Arrêt, selon la valeur des fruits qui sera extraite du Greffe, comme aussi la moitié des dîmes qu'ils percevront cy-aprés jusques audit rétablissement; ne pourront lesdits gros Decimateurs faire des baux des dîmes sans y appeller les Marguilliers, & le Procureur Syndic des habitans; feront travailler dans quinzaine du jour de la signification de l'Arrêt, & rendre les ouvrages parfaits dans six mois, & la quinzaine passée, permis aux habitans d'y mettre des ouvriers, &c. Arrêt du premier Avril 1670. *De la Guess.* tome 3. livre 4. chap. 4.

45 Arrêt du Conseil d'Etat du 16. Décembre 1684. par lequel il est dit qu'en envoyant par les sieurs Archevêques & Evêques, aux Intendans & Commissaires départis dans les Generalitez, copie des procez verbaux, qui auront été faits, ou par leurs Archidiacres ou grands Vicaires par leurs ordres, des Nefs des Eglises, ou des Presbyteres qu'il conviendra construire & réparer dans les Villes, Bourgs, Villages & Paroisses dépendans de leurs Dioceses; il sera par les sieurs Intendans & Commissaires départis, en faisant la visite de leurs Generalitez, nommé des Experts pour proceder à la visite des Nefs des Eglises & Presbyteres contenus aux procez verbaux à eux envoyez, & au devis, & à l'estimation des ouvrages qu'il conviendra faire, en presence des Maires, Echevins & Syndics des lieux, & ensemble faire une assemblée des habitans en la forme portée par la Déclaration du mois d'Avril 1683. pour aviser aux moyens les plus convenables de fournir à la dépense à laquelle montera l'adjudication des ouvrages, pour être le tout remis aux sieurs Intendans & Commissaires départis, & par eux envoyez au Conseil avec leurs avis sur iceux, pour y être pourvû par sa Majesté, ainsi qu'il appartiendra. *Bibliot. Can.* tom. 2. pag. 465.

Eglise Romaine.

De veritate Romanæ Ecclesiæ. Per Fratrem Silvestrum de Prierio Magistrum sacri Palatii. Voyez les mots Pape, Rome. 45 bis.

Respect dû aux Eglises

46 Voyez les *Memoires du Clergé*, tom. 1. part. 1. tit. 2. chap. 2. Arrêt du 22. Janvier 1550. du Parlement de Paris sur les remontrances de Monsieur le Procureur General qui fait défenses à toutes personnes de se promener dans les Eglises pendant le service Divin, à peine de 10. livres d'amende pour la premiere fois, de prison pour la seconde, & de punition exemplaire pour la troisiéme; depuis est intervenuë l'Ordonnance de 1552. art. 40. & des Etats de Blois en 1579. article 37. *Papon*, liv. 1. tit. 1. nomb. 11. & Duluc, liv. 1. tit. 1. chap. 2, & 3.

47 Le 19. Mars 1551. autre Arrêt rendu sur les plaintes des Ecclesiastiques & Marguilliers des Paroisses, qui leur permet au défaut toutefois & en l'absence des Commissaires & Sergens du Châtelet de faire constituer prisonniers les contrevenans par le premier de leurs Bedeaux ou Sergens. *Voyez les preuves des Libertez*, tome 2. chap. 35. nomb. 59. & 60. *Tournet. lettre E.* Arr. 10. 24. 25. 32. & *La Rocheflavin*, liv. 6. tit. 43.

Il convenoit à la pieté du Roy de renouveller ces saintes Ordonnances de ses Predecesseurs, c'est ce qui a été executé par son zele depuis plusieurs années. Il y a un Arrêt du Conseil du 10. Mars 1700. pour l'execution des anciennes Ordonnances.

Eglise ruinée.

48 Jugé au Parlement de Provence le 11. Février 1659. que le sol d'une Eglise ruinée ne peut être vendu ni cultivé. *Boniface*, tom. 1. liv. 2. tit. 15. ch. 3.

49 Le sol d'une Eglise ancienne ne peut être mis en culture. Arrêt du même Parlement du 13. Février 1659. *Idem* tom. 3. li. 5. tit. 16. chap. 3.

Eglise Succursale.

50 Es Eglises Parochiales n'est permis de donner secours & Annexe si ce n'est par l'autorité de l'Evêque; parties appellées devant l'Official. Quand une Eglise succursale est érigée, le Curé de l'Eglise matrice peut contraindre les Paroissiens du secours de se trouver les quatre bonnes Fêtes annuelles, même le jour de la Dedicace en l'Eglise matrice. Ainsi jugé au Parlement de Paris les 23. Janvier 1576. & 14. Mars 1584. *Papon li.* 1. tit. 1. n. 12. & Tournet *lettre E. n.* 20.

D iij

51 Si un Evêque ou son Official peut ériger une Eglise Succursale en Cure, après informations de l'incommodité ou necessité. La cause appointée le 5. Mars 1626. *Du Fresne liv.* 1. *chap.* 92.

Les Seigneurs des dîmes infeodées sont tenus à proportion des dîmes qu'ils perçoivent d'entretenir un Prêtre pour désservir dans une Eglise Succursale, quoy qu'ils fassent un gros au Curé de l'Eglise. Jugé le 6. Mars 1663. Notables Arrêts des Audiences, Arrêt 95. *De la Guess.* tome 2. *liv.* 5. *chap.* 13. rapporte le même Arrêt.

52 Erection de l'Annexe en Cure de l'Eglise Succursale d'Escueïl, le Curé de Chamery payera cent livres, & les deux autres cent livres par le gros Decimateur, dont le regalement sera fait par le Bailly de Vermandois. Arrêt du 29. Décembre 1665. *Ibid. livre* 7. *chapitre* 37.

TRANSLATION DES EGLISES.

53 Il y a la Translation des Eglises d'un lieu en un autre, qui appartient au Pape, laquelle se fait aussi quand la necessité ou l'utilité de l'Eglise le requiert, ou celle du service Divin. *Rebuss. Prat. Ben. pari.* 1. *chap.* 58. *Fevret, traité de l'abus, liv.* 2. *ch.* 2. *art.* 11.

De l'avis & consentement tant de ceux de l'Eglise que l'on veut transferer, que de celle en laquelle on la veut transferer. *Rebuf. ibid. nomb.* 1.

Et non point par autorité propre. *Rebuf. ibid. nomb.* 2. 9. 10.

Il faut encore le consentement du Prince. *Ibid. nomb.* 13. *Fevret de l'abus liv.* 2. *ch.* 2. *art.* 17.

Par cette Translation l'Eglise Cathedrale qui a été transferée, n'est plus Eglise Cathedrale, mais celle dans laquelle elle a été transferée. *Ibid. nomb.* 17. 19.

Et le pourvû de l'Eglise transferée n'est plus ce qu'il y étoit; sinon quand la translation n'est faite simplement que du Siege, ou du lieu. *Ibid. n.* 16.

Neanmoins l'Eglise transferée garde ses privileges réels, & doit avoir des Prêtres pour la désservir, dont le nombre soit proportionnel à ses revenus. *Reb. ibid. nomb.* 18. 19.

La Translation des Eglises se revoque de la même maniere que l'union, quand la cause pour laquelle elle a été faite cesse. *Ibid. nomb.* 14.

Et quand elle est préjudiciable à l'Eglise & à la Religion. *Ibid nomb.* 15.

Voyez cy-après verbo *Translation.*

EGOUT.

Egoût *Stillicidium.* Droit d'Egoût *Cloaca.* *De cloacis Dig. li.* 43. *tit.* 23.

Le droit de cloaque ou d'égoût est une servitude : on peut luy appliquer les maximes & décisions qui seront cy-après établies, sous le mot *Servitudes.*

Arrêts du Parlement de Paris dés 20. Novembre 1574. & 19. Avril 1608. qui ont jugé que le droit d'égoût ne se peut acquerir sans titre ou chose equipolente : ce qui doit être seulement entendu *de simplici stillicidio in areâ, id est quiescente in fundo vicini, sive pendeat supra fundum vicini sive non, sed in illud stillat. Secus de corporato & inedificato visibiliter, vel quiescente supeb fundo vicini. Argum. l. in vendendo* 61. *de contract. empt.* Tel droit est prescriptible & s'acquiert sans titre, parce qu'étant adherant, incorporé au fonds du voisin présumé y avoir consenti, ce n'est pas tant un droit de servitude qu'un droit de propriété, *loci corpus, non jus eundi,* 1. *Loci corpus* 4. *in princip. si servitus vindicetur.* Voyez *Brodeau sur M. Loüet lettre* S. *somm.* 1.

Par Arrêt du 12 Juin 1621. rapporté par *Brodeau, ibid.* jugé que le droit d'égoût ne se purge point par un decret, & qu'on n'est point obligé de s'opposer pour la conservation d'icelui, suivant la disposition de la Loy *Via* 2. §. *Si fundus de servit. præd. rust.* &

autres. Voyez cy-devant le mot *Eau*, & cy-après au 3. volume le titre *des Servitudes.*

EGUILLETIERS

Reglement entre les Merciers & les Eguilletiers, & que la marchandise non loyale ne doit point être brûlée. Arrêt du 9. Avril 1532. *Le Vest, Arrêt* 7.

Autre Arrêt sur le même sujet du 30. May 1533. *Le Vest, Arrêt* 8.

ELARGISSEMENT.

Des Prisonniers & emprisonnemens, elargissemens & restriction d'iceux. Ordonnances de *Fontanon, tom.* 1. *liv.* 3. *tit.* 83. *p.* 700.

Elargissement des prisonniers. Voyez *Bouvot, tom.* 2. verbo *Elargissement,* & cy-après verbo *Emprisonnement.*

1 Elargissement d'un prisonnier chargé ne se peut faire qu'après le recolement & confrontation, la Cour neanmoins peut élargir prisonnier sur un Huissier ou autre personne notable, selon les circonstances. *Papon, liv.* 24. *tit.* 5. *nom.* 4.

2 Le Curé élargi en baillant caution, peut sans attendre le Jugement définitif poursuivre ses dommages & interets contre ses instigateurs. Arrêt du Parlement de Paris du 23. Août 1537. parce que tel elargissement vaut absolution. *ibi dem.*

3 Elargissement ne se doit faire avant le recolement & confrontation. Arrêt du Parlement de Paris du 23 Juin 1565. *Ibidem. tit.* 3. *nomb.* 11.

4 Défenses d'élargir aucun prisonnier sans ouïr la partie. Arrêt du Parlement de Bretagne du 20. Septembre 1555, *Du Fail, liv.* 3. *chap.* 418.

5 Arrêt du Parl. de Paris rendu à la Tournelle le 9. Mars 1596. qui fait defenses à tous Baillifs & autres Juges de proceder à l'élargissement des prisonniers sans ouïr le Procureur du Roy & la partie. *Bibliot. de Bouchel* verbo *Elargissement.*

6 Arrêt du Parl. de Toulouse du 8. Juin 1539. portant inhibition & défense tant au Seneschal de Toulouse qu'autres Seneschaux du Parlement, d'élargir aucun prisonnier sans au préalable deliberation du Conseil. *La Rocheflavin, liv.* 2. *tit.* 1. verbo *Emprisonnement. Arr.* 7.

7 Arrêt du Parlement de Toulouse, du 16. Decembre 1666. qui condamna un Jardinier qu'on avoit obligé de servir de Concierge, à faire amende honorable les plaids tenans, pour avoir laissé évader un prisonnier. *La Rocheflavin, liv.* 2. *tit.* 1. verbo *Emprisonnement. Arr.* 7.

8 Le Juge d'Eglise ne peut ordonner l'élargissement d'un prisonnier détenu pour délit, qu'il n'ait fait signifier la Sentence au Procureur du Roy ; s'il le fait le prevenu pourra être derechef emprisonné pour le cas privilegié. Arrêt du 20. Janvier 1604. rapporté par *Peleus, liv.* 1. *act.* 88. dit avoir été ainsi jugé.

9 *Judex an conveniri possit tanquam litem suam fecerit, relaxato debitore sine justâ causâ cognitione ?* Voyez *Stockmans. Decis.* 144.

10 Par Arrêt du Parlement de Roüen du 5. Decembre 1586. rapporté par Berault *tit. de Jurisdiction art.* 29. de la Coûtume de Normandie *in verbo détenir prisonniers,* a été jugé qu'un Juge ne pouvoit élargir prisonnier en baillant caution, sans appeller la partie ; & le Juge fut condamné en douze écus d'amende, & à rétablir le prisonnier dans un mois, & à faute de ce faire, condamné en son propre & privé nom ; il fut défendu à tous Juges d'user de telle forme d'élargissement.

11 En la petite Audience de la Chambre de l'Edit, le 19. Août 1659. a été jugé qu'après 11. ans 5. mois, sans que pendant ce temps, il y ait eu aucun acte fait en Justice, contre l'Huissier le Blan, qu'il n'étoit point tenu de reintegrer les personnes qu'il

avoit élargis des prisons en 1648. en vertu d'Arrêt de la Cour & Ordonnance verbale de Monsieur le Premier Président, quoy qu'il n'y eût point eû d'Arrêt & que l'Huissier ne rapportât point la preuve de l'Ordonnance verbale. *Voyez Jovet* verbo *prison perpetuelle*, nomb. 4. il dit qu'il étoit present à la prononciation de l'Arrêt.

12 Le prisonnier condamné à souffrir un procez extraordinaire, ne peut être élargi des prisons à caution, avant le procez extraordinaire. Arrêt du Parlement de Provence du 27. Avril 1675. *Boniface*, to. 5. *li.* 3. *tit.* 18. *chap.* 2.

ELECTEURS.

Ainsi sont appellez les Princes d'Alemagne qui ont droit d'élire l'Empereur. Anciennement il n'y en avoit que sept. En 1648. on créa un huitiéme Electorat, avec la Charge de Grand Tresorier de l'Empire, pour rétablir l'Electeur Palatin qui avoit été déposé, sans dépoüiller l'Electeur de Baviere qui avoit été revêtu de son Electorat. En 1692. on en a créé un neuviéme en faveur du Duc d'Hanover de la Maison de Brunsvvik.

Il y a un Edit ou Constitution Imperiale faite par l'Empereur Charles IV. dans la Diete ou Assemblée des Etats, tenuë à Nuremberg au mois de Janvier 1356. appellée la *Bulle d'or*, parce qu'il y a un sceau d'or en forme de bulle, attaché avec des lacs de soye jaune & rouge. D'un côté est representé l'Empereur assis en son thrône, & de l'autre le Capitole de Rome. On la nomme aussi *Caroline* à cause de Charles IV. son auteur. Cette Bulle d'or contient trente chapitres touchant la forme & les ceremonies de l'Election des Empereurs, le nombre, les fonctions, & les droits des Electeurs, & tout ce qui concerne le gouvernement general de l'Empire. *Voyez Heiss*, *Histoire de l'Empire liv.* 2.

Parmi les Electeurs la succession suit l'ordre du sang & de la proximité de la branche, sans que la dignité Electorale ni les terres qui y sont attachées, puissent être divisées par un partage. Ceux qui sont Ecclesiastiques s'établissent par Election ou par Collation, comme les autres Evêques d'Allemagne : il faut remarquer que la dignité Electorale étant seculiere, les Electeurs Ecclesiastiques peuvent assister à l'élection, avant que d'avoir la confirmation du Pape. *Severinus de Monzambaus*, *Etat present de l'Empire d'Allemagne*, *& Memoires des Sçavans*.

Freherus de Electoratu Romani imperii Comitiva Palatino Rheni antiquitùs adnexâ & coharente Heidelb. 1611.

Vischerus de Electione Regis seu Imp. Romanor. Parisiis 1633.

Nicolaus Burgundus *de Electoratu palatino*, vol. in quarto, *Haga com.* 1642.

ELECTIONS.

Pour l'ordre de ce titre qui a rapport aux matieres Canoniques & Profanes, il faut distinguer les Elections qui se font *in beneficialibus*; celles qui se pratiquent *in municipalibus* pour les Capitouls, Consuls, Echevins, & autres Officiers de cette qualité; les Elections qui ont lieu *in fideicommissis*, *substitutionibus & intra haredes*; Et enfin les Elections qui sont des *Jurisdictions* dont les Officiers sont appellez Elûs.

ELECTION ES BENEFICES.

1 *De Electione inst.* Lancel. 1. 16. *Extravag. Comm. Clement.* 1. 3. *Extr.* 1. *Joan.* 1. 1. *Electione & Electi potestate extr.* 1. 6. *in* 6. 1. 6.

2 *De Electione*, voyez les traitez faits *per Mandagotum*, & *per Malaret*. *Ubi de potestate Regiâ.*

3 Des Elections, voyez *hoc verbo* la Bibliotheque du Droit François par *Bouchel*; la Bibliotheque Canonique *tome* 1. *page* 563. & *suiv.* où il est parlé de leur forme & du concordat qui les a abolies, les *Definitions Canoniques*, verbo *Compromissaires & confirmation*, & les *Memoires du Clergé*, tome 2. partie 2. titre 2. où est rapporté ce qui concerne tant les Elections que les Benefices électifs.

4 *De Electionibus sacris* Chopin, *li.* 1. *de sacrâ polit. cap.* 1. Capit. Caroli magni 84. lib. 1. act. ap. 1. 24. 6. 3. 10. 28. *lib.* 1. *Decr. tit.* 6.

De Sacerdotiis que eligendo conferuntur. Chopin, lib. 1. *de sacra polit. cap.* 2.

5 Des Elections, *Voyez* M. De Selve, 2. part. tract. quaest. 22. Rebuffe *sur le Concordat, au titre de regiâ ad pralat. nomin.* §. *Monasterii.* Pinson, au titre de *modis adquirendi beneficii.* §. 1.

6 *Eligere quid ? & quatenus nominationem significat, qualiter hac constituatur ?*

Electio Canonica qua & qualiter dicatur ?

Electio ut Canonica dicatur, respectu eligentium quid potissimum observandum sit ?

Electio qualiter reddatur nulla ex personâ electi, & quando electus urgeatur probare suam habilitatem ? V. Lotherius *de re Beneficiariâ*, li. 2. quaest. 15. 16. 17. & 18.

7 *Quid Electionem Canonicam efficiat ? Voyez* Pinson, au titre de *Canonicis institutionibus conditionibus.* §. 1.

8 *De Electionis derogatione.* V. Rebuffe *sur le Concordat.*

9 *Beneficia alia merò electiva, alia electiva collativa & alia electiva confirmativa.* Voyez Henrys, tome 2. liv. 1. question 29.

10 *Consensus in electionibus, aut aliis actibus capitularibus, an collegialiter, an particulariter prastandus sit.* Voyez Franc. Marc. to. 1. quaest. 1028.

11 *Electio statim atque electio obdormivit in Domino, licet humo datus non sit, fieri potest.* ibidem quaest. 1039.

12 *Licitum non est, ante Pontificis, vel alterius pralati mortem tractare de successore eligendo aut successorem nominare.* Ibidem. quaest. 1097.

13 *Canonici de electione per eos factâ, si in controversiam deducatur, testimonium ferre, si alias haberi non possét, tenentur.* Ibidem quaest. 1167.

14 *Consuetudo ut mors pralati principi denuntietur & eligendi pralatum licentia petatur, valet.* Ibid. quaest. 1182.

15 *Quaritur an in electione licite possit fieri gradus substitutionis, ut primo non acceptante vel non valente, quod eligatur secundus : & sic de similibus, & in effectu dicendum est, quod non in beneficio Ecclesiastico quia talis Electio debet fieri purè & simpliciter.* Ibidem. quaest. 1248.

16 *Electio de Ecclesia reservata, an teneat.* Ibidem quaest. 1316.

17 *Electio quo modo facienda sit, si uniti sint duo Episcopi aut duo monasteria.* ibidem quaest. 1329.

18 *Electio ut communis dicatur per unum nomine totius, & per verba singularis numeri, ut fiat oportet.* Ibidem. quaest. 1343.

19 *Electus ex Electione qua ex consuetudine vim provisionis, habet, jus administrandi consequitur.* Ibidem quaest. 1344.

20 *De Decreto Electionis.* Ibidem. quaest. 1357.

21 *Beneficium quale dicatur verè Electivum.* Ibidem. quaest. 1363.

22 *Electio in quâ intersint Laïci an valeat ? Voyez ibid.* quaest. 1366.

23 *Alienigena in Ecclesia extranea eligi possunt,* ibidem. quaest. 1369.

24 *Electio qualiter in concordiâ vel discordia fieri dicatur.* ibidem. quaest. 1383.

25 *Canonici contempti unam Electionis partem approbare, alteram autem reprobare non possunt.* ibid. quaest. 1389.

26 Anciennement quand un Evêque étoit mort, on ne parloit point de resignation ; mais l'on procédoit à l'élection d'un autre, en pleine & generale Assemblée du Clergé ; il falloit même que le peuple Chrétien ratifiât par son consentement l'élection qui avoit été faite. *Voyez* Robert *lib.* 1. *rerum judicatarum, cap.* 7.

Charondas en ses pandectes, *chap.* 9. Février, traité de l'abus, *liv.* 3. *chap.* 4. *art.* 41. ou bien pour éviter la confusion du peuple, l'élection se faisoit par les voix & suffrages des Prélats de tout le Diocèse. *Robert*, *ibid.* & *l'Histoire des troubles.*

A l'élection succeda la nomination que faisoit le Prélat de son successeur.

Les élections ont été rejettées à cause des abus qui s'y commettoient. *Robert*, *Rebuffe*. & *Févret*, ibidem. *Voyez l'Extrait des matieres Beneficiales de M. Charles Emanuel Borion*, *tom.* 4. *chap.* 5.

27 Les reserves des Papes pour la collation des Benefices, n'ont point été receuës en France au prejudice des élections. Le Concile de Basle avoit retranché toutes ces reserves, en quoi la Pragmatique Sanction de Bourges a transcrit les dispositions de ce Concile. Les Papes se sont efforcez de détruire la Pragmatique, *cap.* 1. *de treuga & pace*, in *Extravag. commun.* Le Pape Jule II. dans le dernier Concile de Latran y reüssit : mais aussi dans le même temps le Concile de Pise luy fut contraire , ce qui forma de grandes dissensions entre les Papes & les Rois ; alors les Rois de France firent des Ordonnances pour soûtenir leur droit, & le Parlement de Paris rendit ses Arrêts conformes. Le Concordat fait entre Leon 10. & François Premier termina tous ses differends. Par ce Concordat le Roy a la nomination de tous les Benefices vraiment electifs , appellés consistoriaux. Le Pape sur la nomination Royale en donne les Bulles , & a des annates , contre lesquelles annates la Pragmatique Sanction s'étoit declarée.

28 L'Ordonnance de Blois , *article* 3. veut que vacation avenant des Abbayes & Monasteres qui sont Chefs d'Ordre, comme Cluny, Citeaux, Prémontré, Grammont, le Val des Ecoliers , saint Antoine de Viennois , la Trinité dite les Mathurins , le Val des choux , & ceux ausquels le droit & privilege d'Election a été conservé , & semblablement aux Abbayes & Monasteres de saint Edme, Pontigni, la Ferté, Clairvaux, & Morimont, appellées les quatre premieres filles de Citeaux, il y soit pourveu par election des Religieux Profez desdits Monasteres, suivant la forme des saints Decrets & constitutions canoniques.

Cette Ordonnance a été confirmée par celle de Louis XIII. de 1629. *art.* 2.

Il faut observer que par le concordat le droit d'élection avoit été reservé aux Eglises & Monasteres qui l'avoient par concession des Papes & qui en feroient la preuve par titres authentiques , & non autrement. Mais par le troisiéme article de l'Ordonnance de Blois on a restraint cette disposition aux Abbayes & Monasteres qui y sont marquez. *Voyez la Bibliotheque Canon. tome* 1. *p.* 579. *& suiv.*

29 Quand par le concordat on a aboli les Elections des Evêchez & des Abbayes , pour marquer précisément la qualité des Benefices dont on abrogeoit les élections , on les appelloit *verè electiva in quibus servatur forma capituli Quia propter*, d'où il s'ensuit que les Benefices ausquels le droit d'élection n'a point été abrogé , ne sont point vraiment ni proprement électifs, ni sujets aux formalitez du Chapitre *Quia propter.* Suivant cette distinction on a confirmé l'élection d'un nommé Moquet , à la dignité de grand Prévôt de l'Eglise Collegiale de Monfaucon en Argonne, par Arrêt du 17. Decembre 1668. *V. le* 3. *tom. du Journal des Audiences* ; *liv.* 2. *chap.* 26.

30 Statuts de l'Eglise Cathedrale de *Clermont*, portant que lorsqu'il vaquera quelque Benefice à la disposition du Chapitre on procedera à l'élection , les Chanoines capitulairement assemblez. Ce statut fut changé par le Chapitre qui mit à la collation de chaque Chanoine en semaine , les Benefices qui viendroient à vaquer pendant ce temps. Par Arrêt du 18. Avril 1562. ce changement fut declaré abusif, la pro-

vision cassée ; & ordonné que le premier statut seroit executé. *Chopin de la Police*, *tit* 1. *depuis le nomb.* 3. *jusqu'au nomb.* 10. où il blâme un semblable statut de plusieurs autres Eglises.

31 Es Benefices dont la nomination ou élection appartient à un Chapitre , Université , Corps ou Communauté , la pluralité des voix prévaut ; les presens ne doivent attendre les absens. Les Electeurs doivent assister en personnes non par Procureurs , ainsi jugé par Arrêt du Parlement de Paris le 7. Mars 1600. *Voyez Forget*, *chap.* 44. & *Tournet*, *lettre E. nom.* 64.

32 Election pour les Prebendes de l'Eglise d'*Agen.* V. *Tournet*, *lettre E nomb.* 62.

33 L'on ne peut proceder valablement à une assemblée de Chapitre pour élire & nommer un Chanoine en la place du dernier titulaire decedé , *ante inhumatum cadaver.*

De trois qui ont droit d'élire , la presence d'un seul ne suffit pas lorsque les deux autres ont raison pour differer l'Assemblée d'un jour.

Un Chanoine pourveu d'une Cure ne perd pas son droit de nommer pendant l'année qu'il a pour opter ; car quoy qu'il ne puisse plus faire siens les fruits des deux Benefices, il peut neanmoins joüir de ce droit comme honorifique. Arrêt du Parlement de Paris du 20. Juillet 1693. *Journal des Audiences tome* 5. *liv.* 9. *chap.* 19.

ELECTION DES ABBEZ ET ABBESSES.

Priores dependentes à Monasterio , *ut Electioni Abbatis adsint*, *vocandi sunt.* Voyez Franc. Marc. *tom.* 1. *quest.* 1305.

De Monialium Electione. Voyez *le même Auteur en sa quest.* 1352.

34

35 Arrêt du Grand Conseil de l'an 1599. par lequel Sœur Françoise de Montagu Religieuse de l'Ordre de saint François, élûë par les Religieuses du Monastere, & confirmée par le General de l'Ordre, a été maintenuë en la possession de l'Abbaye de Levignac du même Ordre, contre Anne de Polastron Religieuse Benedictine qui s'en étoit fait pourvoir par la nomination du Roy. Ainsi il fut jugé que les Monasteres de l'Ordre de saint François ne sont point sujets à la nomination de sa Majesté. *Voyez Placit. semestr. magni consilii* , recueïllis par M. Bouteray Avocat ; où il rapporte les Plaidoyers.

36 En 1613. le Roy admit la resignation faite par François Rabutin du grand Prieuré du Val des Choux, Chef d'Ordre, assis en Bourgogne, en faveur de F. Guy de Rabutin son frere. Sur ce Brevet il obtint Bulles en Cour de Rome ; le Pape en consideration de sa qualité luy confere ce Prieuré, le dispense de l'élection , à la charge que dans six mois il prendra l'habit, & fera Profession aprés l'année de probation ; & jusqu'à ce qu'il ait l'âge legitime on commet le Prieur Claustral, ou le plus ancien Religieux pour exercer la charge. Le 26. Juillet 1614. F. Guy de Rabutin est élû en la charge de grand Prieur par les Soûprieur & Religieux , nonobstant la dispense contenuë dans la Bulle expediée sur le brevet de sa Majesté. Le lendemain il prend possession du consentement des Religieux, qui protestent que l'élection n'ayant précedé les Bulles, ne pourra prejudicier à l'Ordre. Il fait ensuite les actes de Superiorité , & nomme un Procureur General , qui fut confirmé capitulairement. Le Vicaire General qu'il avoit nommé voulut faire quelques réformations en la maison du Saint Lieu ; sise en la Ville de Dijon ; Frere Jean Alips Prieur interjette appel comme d'abus de l'élection & execution des Bulles de Frere Rabutin, de l'institution par luy faite du Vicaire & Procureur General, & de tout ce qui avoit suivi. M. de Xaintonge Avocat General dit qu'il n'y avoit point d'abus, que le Concordat n'étoit point blessé, puis que tout le droit de F. Rabutin émanoit du Brevet que le Roy luy avoit accordé. Quoyque par l'art.

l'art. 3. de l'Ordonnance de Blois il soit dit, que les Chefs d'Ordre seront élûs; le Roy ne s'est pas ôté le pouvoir de déroger à l'Ordonnance. A l'égard de la dispense du Pape il est certain que *super quibuscumque dispensare potest nisi jure divino prohibeantur*; par ce motif il requit que sans s'arrêter aux appels comme d'abus, il fût enjoint à l'appellant & autres Religieux de l'Ordre de reconnoître Frere Guy Rabutin pour Grand Prieur & Chef de l'Ordre, & en cette qualité luy rendre tout le respect & obéïssance; & neanmoins afin de rendre plus valable ce qui sera fait par luy, qu'à sa diligence, attendu qu'il est à present en sa vingt-cinquième année, sera convoqué Chapitre general pour confirmer les institutions par luy données, ou en faire de nouvelles, & aviser aux moyens de rétablir la discipline monastique; & pour éviter à tout désordre, qu'il fut dit qu'avenant vacation de la charge de Grand Prieur, il sera procedé à l'élection de personne capable suivant les saints Decrets, Ordonnances & Statuts de l'Ordre, & qu'à cet effet les Religieux de la maison, & les quatre Filles de l'Ordre y seront appellées, à peine de nullité. Arrêt du Parlement de Dijon du 20. Janvier 1619. conforme à ces conclusions. *Voyez les Plaidoyers de M. de Xaintonge page 467.*

37   Arrêt du Parlement de Paris du 19. Juillet 1612. touchant l'élection d'un Abbé & General de l'Ordre de *Prémontré*. Ordonné qu'en cas de resignation pure & simple, ou vacation par mort, sera procedé à nouvelle élection suivant le statut & la forme ancienne & accoutumée, qui contrevient en cela au statut, *est ineligibilis toto vita sua tempore*. Voyez les *Preuves des Libertez* tome 2. *chapitre 33. n. 35.*

38   Arrêt du Parlement de Paris du 17. May 1613. qui commet deux Conseillers pour assister à l'élection de l'Abbé de Prémontré; défenses à toutes personnes d'empêcher directement ou indirectement la liberté des voix, à peine de 10000. liv. d'amende, & d'être procedé extraordinairement contre eux. *Ibidem nomb. 36.*

39   Vacation avenant de l'Abbaye de *Prémontré*, sera procedé à l'élection d'un Abbé conformément aux statuts de l'Ordre, & forme ancienne, & plusieurs Reglemens pour l'observation des statuts. Arrêt du Parlement de Paris du 8. Juillet 1619. rapporté par le *Gentil en son Recueil* tome 2. *part.2. tit. 2. art. 9.*

40   Sur le different d'entre M. l'Archevêque de Paris & l'Abbesse de *Montmartre*, pour la superiorité du Prieuré de Nôtre-Dame de Grace de la Ville-l'Evêque lez Paris, dépendant de ladite Abbaye, il y a Arrêt contradictoire du Parlement de Paris du 31. Mars 1631. portant que l'élection de la Prieure dudit Prieuré sera faite de trois ans en trois ans par les Religieuses de ce Prieuré capitulairement assemblées en Chapitre, non ailleurs; que l'acte d'élection sera communiqué à l'Abbesse de Montmartre, & l'élection confirmée par ledit Archevêque; l'Arrêt est rapporté par *Gentil en son Recueil* tome 2. *part. 2. titre 2, article 14.*

41   Par Arrêt du 13. Février 1648. jugé que les Religieuses nouvellement Professes de la Congregation de Nôtre-Dame de *Houdan*, Diocese de *Chartres*, ne peuvent avoir voix déliberative, ni assister aux élections des Superieures qu'après trois ans de profession, quoy que par les regles il soit dit que les élections se feront à la pluralité des voix de toutes les Religieuses Professes, sans distinction des anciennes ou des nouvelles. Soëfve tome 1. *Centurie* 2. *chapitre 65.*

42   Les Sœurs Converses ont voix déliberative à l'élection des Abbesses de l'Ordre de saint François. Jugé au Parlement de Paris le 13. Mars 1642. *M. le Prêtre és Arrêts celebres du Parlement*, & Soëfve, *tom. 1. Cent. 1. chap. 53.*

43   Ceux qui ont une fois élû un Superieur General, *Tome II.*

ne peuvent plus combattre son élection, dés qu'elle se trouve faite selon les statuts de l'Ordre. Ayant égard aux conclusions des Gens du Roy, il fut enjoint à l'Abbé de Cîteaux de pourvoir incessamment à un Vicaire de l'étroite Observance, tel qu'il avisera bon être. Jugé à Paris au mois de May 1655. *Des Maisons lettre E. nomb. 4.*

Arrêt du Parl. de Provence du 21. Février 1658. qui a 44 jugé que l'élection des Abbesses ne pourroit être faite pardevant un Superieur qui a été excommunié.

Ce même Arrêt juge que les Religieuses de l'Ordre de saint *François* dans les quatre ans de leur Profession, peuvent assister aux élections.

Il juge encore que cette élection d'Abbesse doit être faite en presence de deux Commissaires de la Cour. *Boniface* tome 1. *li. 2. tit. 31. chap. 4.* il rapporte un Arrêt semblable du 13. Décembre 1661.

ELECTION, ABSENS.

Absentes vocati qui venire non possunt, procuratores 45 *ad eligendum constituere non possunt.* Voyez *Franc. Marc.* tom. 1. *quest.* 1037.

L'absent ne peut donner sa voix par écrit. *Cod. Fab. lib. 1. tit. 3. deff. 39. num. 40.*

L'élection d'un absent ne luy acquiert aucun droit 46 au Benefice avant l'acceptation. *Cod. Fab. de Egl. deff. 19.* Rebuffe *sur le Concord. chap. 11. nomb. 115.* Le même Rebuffe en sa Pratique Beneficiaire, *chap. 15. nombre 47.* a un sentiment contraire, il soutient que la collation faite à un autre avant que l'absent ait déclaré sa volonté, est nulle.

En toutes collations capitulaires doivent être ap- 47 pellez les Chanoines qui peuvent l'être commodément. Toutesfois l'omission de cette formalité n'est cause suffisante de rendre une collation & deliberation nulle de droit, quoique ceux qui ont été delaissez eussent moyen de la faire annuller : car ils ne peuvent que faire assembler le Chapitre, *& de novo conferer*. Autre chose, si les presens avoient conferé à un incapable, car desiors ils sont privez de voix, & les absens peuvent se rassembler & conferer à un autre capable. *Cap. Quia propter ext. de elect.* Arrêt du mois de Février 1534. contre Boisset pour une Prebende d'Angoulesme. Papon, *liv. 1. tit. 3. n. 9. Bibliotheque Canon.* tome 1. *p. 268. col. 2.*

Le Chapitre qui doit faire élection de quelque di- 48 gnité & Office és Eglises, le Chanoine absent ne peut avoir voix en cette élection par Procureur, parce que *electio debet fieri verbo*. Jugé le 7. Mars 1600. *Charondas liv. 13. Rép. 1. Mornac l. 39. ff. de adoptionibus* où il rapporte un Arrêt du 20. Juillet 1617.

Le Doyen disoit qu'il y avoit précipitation, qu'il 49 falloit citer les absens. Quinze Chanoines élisent le nommé Cloquet qui assiste, préside au Chapitre, sans avoir eu la confirmation du Superieur; l'élection déclarée valable à la charge de prendre la confirmation de l'Archevêque de Rheims. Arrêt du 17. Décembre 1668. *De la Guessiere* tome 3. *liv. 2. ch. 26.*

ELECTION, ORDRE S. ANTOINE.

Voyez le mot *Abbaye*, nomb. 19.

On a autrefois prétendu que les Benefices de l'Or- 50 dre de saint Antoine de Viennois dans le Dauphiné qui se donnent aux Religieux par Election, étoient sujets à la nomination du Roy. Il est certain que ces Commanderies sont en la pleine & entiere disposition du General. *Voyez les Definit. Canon. p. 154.*

ELECTIONS DES ARCHEVESQUES.

Election des Prélats ne se peut faire sans le con- 51 sentement du Roy. *Voyez* Tournet, *lett. E. Ar. 58.*

De l'élection & institution des Evêques & Curez 52 de l'avis & consentement des Laïcs. *Voyez les Opuscules de Loysel. p. 25.*

Arrêt du Parlement de Paris du 16. Juillet 1419. au 53 nombre de 57. Juges, par lequel la Cour sur une élection faite de l'Archevêque de Lion, renvoya le different par devant le Pape pour le décider sui-

E

vant les saints Conciles & disposition du droit commun. *Voyez les preuves des Libertez* tom. 1. chap. 15. nomb. 71.

54. *In causâ motâ in Parif. Curiâ inter Dominum Andream d'Epinay Cardinalem Burdegalenf. se dicentem Archiepiscopum Lugduni, alias appellatum ex unâ parte, & Dominum Hugonem de Talaru, se dicentem electum ad Archiepif. prædictam ac decanum & capitulum Ecclesiæ Lugdunenfis adjornatos, & alias appellantes ab executione dictæ querimoniæ die 21. mensis Julii anno Domini 1490. Dictum fuit, quod appellatione prædictâ annullatâ Curia permittebat ac permisit partibus antedictis prosequi confirmationem vel infirmationem electionis prætensæ per dictos de Talaru decanum & capitulum in Archiepiscopum Lugdun. coram Domino nostro Papâ, ut per eum vel ejus commissos cognoscatur, decidatur, determinetur procedatur sicut rationis fuerit secundum sacra Concilia, & dispositionem juris communis, & ideò factum, fuit, quia idem Archiepiscopus. Lugduni non recognoscit superiorem nisi Papam.* Du Moulin fait cette note sur cette derniere parole, & ideo, il dit, hæc additio nihil valet, quia Archiep. Lugdun. non minus subest Regi & curiæ Parlementi, quam Episcopus Aurelianensis, sed vera ratio fuit, quia jure communi & ante concordata, in verâ electione electio non dat jus in re, sed ad rem tantum, & nihilominus jus possessionis adipiscendæ aut administrandi. C. avaritiæ. de Elect. in 6. ideo simplex electus nullo modo potest intentare ullum possessorium, nec esset admissibilis. Ita rectè practicabatur ante concordata & adhuc post illa in causis quæ ex antiquo adhuc pendebant practicari vidi; & hoc nisi contra impetrantem papisticum etiam prætextu resignationis in curiâ, si possessorium intentaretur per capitulum, dicens se turbari in possessione eligendi, vel sede vacante administrandi quia electus posset se adjungere, non tanquam possessor vel quasi, sed tanquam habens interesse.

55. *Item die 3. Martii injunctum fuit per Curiam Archipiscopo Narbonensi aut ejus Vicario, ut procederet ad confirmationem vel infirmationem electionis factæ de personâ Domini Emanuelis electum se dicentis in Episcopum Nemansen. secundum formam Pragmaticæ sanctionis sub pœnâ captionis suæ temporalitatis non obstantibus ex adverso propositis per Dominum Almanum Cardinalem Avenion. Et ordinavit Curia quod præpositus & capitulum haberent provisionem super Ecclesiæ prædictæ fructibus usquè ad summam quadringentarum librarum Turon. pro expensis prosecutionis eorum electionis: de qua expensâ tenerentur reddere computum cui pertineret, pronuntiatum fuit per Dacii præsentibus undecim Consiliariis, & fait tentum Parlamentum usquè ad xxvij. Septembris Tolosâ.*

* Expensis Oldrad. quæst. 27. Calderi. de solu. consil. 2. Geminia. conc. 48. col. fin. conc. 55. Panorm. C. ut præterit. de elect. C. M.

Voyez la Bibliotheque Canonique, to. 1. p. 565. où il traite des Elections des prélatures Ecclesiastiques par le peuple.

56. *Abbati electo in Archiepiscopum, vel Episcopum an liceat consentire electioni de se factæ & acceptare sine licentiâ superioris?* Voyez Franc. Marc. tom 1. quest. 1113.

57. *Abbates aut alii prælati vel Religiosi in Archiepiscoporum vel Episcoporum electionibus vocandi non sunt* Ibidem quæst. 1330.

ELECTION PAR COMPROMIS.

58. *Electio per viam compromissi etiam viris religiosis committi potest.*

In electione compromissoriâ consensus omnium de capitulo requiritur. Ibidem quæst. 1204.

59. Le pouvoir donné aux compromissaires ne peut être révoqué. *Definit. Can.* p. 159. à la fin.

60. Si une élection par la voix du compromis peut être faite, tout le Chapitre n'y consentant pas. *Ibidem* il n'y a point de préjugé.

61. Les Compromissaires peuvent élire l'un d'eux, il en seroit autrement s'il n'y avoit qu'un Compromissaire; cependant le Pape Jean XXII. à qui le sacré College se remit de l'élection d'un Pape, se proclama luy même en disant *ego sum Papa*; cet exemple ne doit pas être tiré à consequence. *Ibidem* p. 160.

62. Si des Compromissaires choisis pour proceder à une élection laissent écouler un long temps sans y proceder, cette negligence emporte une privation de la faculté d'élire, tant contre eux que contre les Chanoines qui les ont choisis. *Ibidem* p. 164.

63. Les Chanoines qui n'ont pas sçû le vice de celuy qui a été élû par les Compromissaires, ne peuvent être privez du droit d'élire.

Les Compromissaires qui ont élû un indigne sciemment, doivent être punis par la perte de leurs revenus durant trois ans.

Les Evêques Compromissaires sont exempts de cette peine, parce que les Evêques ne sont sujets qu'aux peines qui sont expressément mentionnées à leur égard. *Cum de jure nullam sententiam suspensionis incurrat Episcopus, nisi de ipso expressâ mentio habeatur.* Ibidem. p. 165.

ELECTION, CONFIRMATION.

64. Voyez cy-dessus le mot *Confirmation*, & cy-après le nomb. 116.

Quid Electio electo, & quid juris confirmatio conferat confirmato? Voyez Lotherius *de re Beneficiari.* livre 1. quest. 27.

65. *Electus si se ut confirmaretur personaliter præsentare noluit, eligendi potestas ad capitulum devolvitur.* Voyez Franc. Marc. tom. 1. quest 1324.

66. L'Elû doit consentir dans le mois, & se faire confirmer dans trois mois à compter du jour de son élection. *Can. postquam distinct.* 50. cap. 41. & ult. hoc tit. plenius cap. 6. & 16. eodem tit. in 6. mais tous ces delais ne courent que du jour de la vacance du Benefice, & *à die notitiæ*.

67. Avant la confirmation, l'élû qui s'immisce, soit dans le spirituel, soit dans le temporel, par luy même ou par Procureur, sous quelque prétexte que ce puisse être, perd le droit qui luy étoit acquis par l'élection: on excepte les Evêques & les Abbez qui sont hors l'Italie, & lesquels dépendent immediatement du saint Siege, ou doivent obtenir de luy la confirmation. On leur permet à cause de la distance des lieux de se mêler des choses spirituelles ou temporelles avant la confirmation; il en est autrement de la postulation, le postulant ne peut jamais s'immiscer avant la confirmation, *quia electio juris est ordinarii, postulatio jure non nititur, sed ex merâ gratiâ & dispensatione pontificis pendet. Itaque cum in admittendâ postulatione Pontifex jus consecrat potius, quam antea datum confirmet; inconsulto pontifice postulatus non debet administrare.*

68. Par le chapitre *ut quis duas de elect. in 6.* il est décidé que si une même personne avoit deux élections faites en sa faveur pour une même Eglise, il ne peut demander sa confirmation sur ces deux élections, quand même il protesteroit de ne se servir que de celle qui seroit capable de le rendre paisible possesseur; c'est pourquoy il doit choisir celle à laquelle il veut se tenir.

69. La Cour ordonne de l'élection d'un Gardien des Cordeliers & reçoit l'appel comme d'abus interjetté par le Procureur General, de ce que le General des Cordeliers leur avoit fait défenses de recourir aux Juges seculiers. Arrêt du Parlement de Paris du 5. Janvier 1535. Preuves des Libertez tom. 2. chap. 33. nomb. 10.

70. Arrêt du Parlement de Paris du 10. Juin 1542. touchant un trouble qui étoit aux Cordeliers de Paris pour l'élection d'un Gardien, & contenant l'ordre qui sera observé en ladite élection *Ibid.* nomb. 12. Voyez cy-devant le mot *Cordeliers.*

ELECTION, DEVOLUTION.

71. *Eligentes eligendi potestate ratione formæ aut alias privati, devolvitur eligendi potestas ad proximum superiorem,*

Voyez Franc. Marc. tome 1. question 1046.

72 Si les Electeurs negligent d'élire dans le temps qui leur est accordé par les Canons, le droit d'élire est dévolu pour cette fois au Superieur immediat & ainsi par degré jusqu'au souverain Pontife. Voyez Florens part. 1. cap. 4. 44. 60. titulo de electione & electi potestate, & tit. de supplendâ negligentiâ Prælatorum.

DOYENNEZ, ELECTIFS.

73 Il a été jugé au grand Conseil le 10. Janvier 1538. que le Doyenné de l'Eglise Collegiale de saint Emilion ne tomboit point sous la Loi du Concordat, & que l'Election appartenoit au Chapitre. Car la nomination du Roy en vertu du Concordat fait à Boulogne en 1516. ne s'étend que sur les Benefices electifs qui se conferoient auparavant par la voye de l'Election & par la vacance desquels *Ecclesia dicitur viduata pastore*, & lorsque dans l'élection de ces Benefices on observe les formalitez du chapitre, *Quia propter*. Chopin, *de la Police*. liv. 1. tit 1. nomb. 16.

74 Le même Chopin *Ibidem* nomb. 17. forme la question de sçavoir, si le Prieur seculier d'une Eglise Collegiale est à la nomination du Roy, ou à l'election de son Chapitre? Il est d'avis qu'il n'y a que les prélatures regulieres qui soient sujettes à la loy du Concordat, & pour confirmer son sentiment, il rapporte un Arrêt du Grand Conseil du 10. Septembre 1526. il s'agissoit du Prieuré seculier de Pont-Mons au Diocese de Basas en Guienne. Autre chose seroit des Eglises Collegiales de fondation Royale : le Roy y pourvoit non en vertu du Concordat, mais comme Patron & seul collateur.

75 Sur deux appellations comme d'abus, tant de l'élection du Doyenné de l'Eglise Cathedrale de Tours, que de la provision qui en avoit été faite par le Pape *ex causâ permutationis*, où il est traité quelles sont les marques des Benefices purement électifs. Arrêt du mois de Mars 1607. rapporté par M. Le Bret. liv. 4. décision 9.

76 Arrêts des 18. Mars 1617. & 22. Novembre 1622 qui ont jugé contre des pourvûs par le Roy, & contre M. le Procureur general, que les Doyennez des Eglises de Roye & de saint Quentin étoient Beneficés électifs. *Bibliot. Can. to. 1. p. 584.*

77 Doyenné électif confirmatif resigné en Cour de Rome *in favorem*, sauf au chapitre le droit d'élection en cas de vacation par mort ou autrement. Arrêt du 19. Decembre 1630. Bardet tome 1. liv. 3. ch. 133. & Du Fresne li. 2. chap. 84.

78 L'élection d'un Doyen d'une Eglise Collegiale, à condition de résider, par luy acceptée & promise par prise de possession, est obligatoire; de sorte qu'en cas de resignation en faveur, le Chapitre peut proceder à nouvelle élection. Jugé le 7. Janvier 1653. *Du Fresne* liv. 7. chap. 13.

79 Si le Doyenné de l'Eglise de saint Furcy de Peronne est électif confirmatif, suivant le droit commun, ou si le Roy Collateur des Prébendes de ladite Eglise, comme ayant succedé à un Seigneur particulier de Peronne qui l'a fondée, y doit pareillement pourvoir de plein droit? Arrêt du Grand Conseil du 27. Juillet 1675. en faveur du nommé par le Roy. *Bibliot. Can. tom. 1. p. 582. & suiv.*
Voyez cy-après le nomb. 141. & suiv.

ELECTION, EVEQUES.
Voyez cy-dessus le nomb. 51. & suiv.

ELECTION PAR EXCOMMUNIEZ.

80 Voyez cy-dessus le nomb. 44. cy-après le nombre 103. & le mot Excommunication.

81 Lors qu'on dit que l'excommunié même injustement, ne peut assister à l'élection, cela s'entend de l'excommunication majeure & publique. *Lotherius de re Beneficiariâ*, libro 2. quæst. 16. num. 14.

ELECTION, FORMALITEZ.

82 *Dispositio C. Quia propter de elect. ad beneficia minora non se extendit.* V. Franc. Marc. to. 1. quæst. 920.

83 *Missa, præstatio juramenti, & Eucharistiæ receptio, Episcopi, Archiepiscopi, & Abbatis electionem præcedere debent. Ibidem.* quest. 1356.

84 *Dispositio Cap. Quia propter de electionibus locum non habet in Præposito, & Archidiacono.* Ibidem.

85 Si les formalitez prescrites aux élections & dignitez de l'Eglise, par le chapitre *Quia propter ext. de elect. & elect. potest.* doivent être observées, à peine de nullité ; & si la nullité de l'élection présupposée, le Benefice en question étant électif confirmatif, celuy en ayant été appartient à la confirmation, peut y pourvoir *jure devoluto*, avant qu'il y ait un jugement prononcé sur la nullité. Arrêt du 17. . . . . . 1668. qui juge nonobstant les conclusions de M. l'Avocat General Bignon, qui étoient en faveur du pourvû par l'Archevêque non par la raison de la prétenduë nullité de l'élection, mais sur le fondement de l'intrusion, que les formalitez requises par le chapitre *Quia propter de Elect. & elect. potest.* n'étoient point de l'essence de l'élection dont il s'agissoit ; & qu'il suffisoit que celuy qui avoit été élû en la dignité de Prévôt de l'Eglise, eût pour luy la pluralité des suffrages, joint à cela son merite & sa capacité toute notoire. Soëfve to. 2. Cent. 4. chap. 28.

ELECTION, FRAIS.

86 *Electionis fiendâ expensæ necessariæ à Capitulo peti possunt, ubi Prælati bona distincta sunt à bonis capituli.* Voyez Franc. Marc. to. 1. quæst. 101.

87 *Expensæ pro electione faciendâ quæ, & unde sumendæ sint?* Idem. tome. 2. quest. 47.

88 *Expensæ necessariæ pro electione fiendâ capitulo præstandæ sunt de bonis prælaturæ, si bona capituli separata sint à bonis prælaturæ.* Ibidem, quest. 563.

ELECTION, FRERES MINEURS.

89 *De electione Ministri generalis, & provincialium ordinis Fratrum Minorum, & eorum destitutione.* Voyez Franc. Marc. tom. 1. quest. 1358.

90 *De Priori Fratrum Prædicatorum electione.* Voyez Franc. Marc. to. 1. quest. 1360.

ELECTION, D'UN INDIGNE.

91 Ceux qui ont élû sciemment une personne, indigne non seulement sont privez de la puissance d'élire, mais eux-mêmes se sont rendus incapables d'être élûs pendant trois ans. *Cum in cunctis. §. fin. Ext. de elect.*

92 Si les Electeurs Compromissaires élisent un indigne, cette élection ne nuit point aux Electeurs ordinaires qui ont compromis, pourvû qu'ils n'approuvent point dans la suite l'élection ; le droit d'élection alors revient à eux. *cap. 37. de elect. in 6.*

93 *E lectio facta à majori parte de scienter indigno non valet & eligendi potestas ad minorem partem devolvitur.* Voyez Franc. Marc. to. 1. quest. 1035.

94 *Electio si fiat scienter de indigno, jus eligendi ad eos qui non peccaverunt, devolvitur.* Ibidem quest. 1338.

ELECTION PAR INSPIRATION.

95 *De electione per inspirationem Spiritus sancti.* Voyez Franc-Marc. tom. 1. quest. 1320.
Voyez cy-après le nomb. 106.

LIEU D'ELECTION.

96 *Electio Prælati debet fieri in Ecclesiâ Cathedrali. Potest tamen locus mutari, cum causâ legitimâ, ita propter pestem.* Voyez Franc. Marc. tom. 1. quest. 97. dans les questions 106. & suiv. il parle *de Electionibus periculosis & de tempore electionum.*

97 *Electionis locus propter pestem, & legitimam causam mutandus est.* Idem to. 2. quest. 559.

ELECTIONS NULLES.

98 *De malè eligentibus.* Voyez Franc. Marc. tome 1. quæst. 523.

99 Une élection nulle n'imprime point de titre coloré pour pouvoir posseder un Benefice ; de sorte que la confirmation qui seroit faite d'une telle élection, seroit pareillement nulle. Definit. Canoniq. p. 179.

100 *Electio secunda fieri potest primâ quæ notoriè nulla est non cassata.* Voyez *Franc. Marc. to.* 1. *quest.* 782. L'opinion contraire est soûtenuë par le même Auteur en sa *quest.* 1195.

101 *Electio quæ fuit facta non observatâ formâ C. quia propter de electione, nec decreto Pragmatica sanctionis, an nulla habenda sit?* Ibid. quest. 1250.

Electio facta non servatâ formâ an ipso jure nulla sit, & an opus sit sententiâ, Ibid. quest. 1327.

Electio ipso jure nulla est, si forma Cap. Quia propter de electione non servetur. Ibid. quest. 1386.

L'élection faite à *pluribus omisso uno non est nulla, sed tantum annullanda,* s'il s'en plaint & s'oppose ; autrement elle vaut. C'est le sentiment d'*Henrys tom.* 2. *liv.* 1. *quest.* 29.

102 L'on ne peut point proceder à une élection lors qu'il y a une appellation interjettée par des personnes qui en ont le pouvoir. *Definit. Can. p.* 162.

103 Non seulement les Laïques sont exclus de l'élection, tant active que passive ; mais encore les Moines ou Clercs excommuniez, interdits ou suspens. *Voyez cy-dessus le nombre* 81. Une autre observation est que les élections faites contre les privileges des Eglises, ou contre la forme prescrite par la fondation sont nulles. *Biblioth. Can. tom.* 1. *p.* 577.

104 Arrêt du 26. Août 1549. qui a cassé une élection faite d'un Abbé aprés la mort du Roy, sur l'appel comme d'abus interjetté par M. le Procureur General du Grand Conseil. *Papon li.* 5. *tit.* 1. *n.* 2. où il est dit ; toutefois nonobstant la presentation & don du Roy, & avant la prise de possession les Religieux du Val Chrétien ayant élû un Religieux de l'Ordre, le Religieux est demeuré & fut confirmé par le Roy en 1563.

105 Arrêt du Parlement de Paris du 9. Decembre 1572. qui a déclaré abusive l'élection faite du Doyenné de saint Vvast de Soissons, ayant été faite avant qu'il fût declaré vacant par incapacité ou autrement. *Papon, liv.* 2. *tit.* 9. *nomb.* 6. *p.* 1356. tiré de M. Bergeron.

106 Pour un Benefice électif confirmatif, l'élection qui a commencé par inspiration, & qui finit *per scrutinium* est nulle. Jugé le 30. Mars 1632. il s'agissoit du Doyenné de Nôtre-Dame du Val de Provins; la Cour ordonna qu'il seroit procedé à nouvelle élection à laquelle assisteroit le Lieutenant General du Bailliage. *Voyez Bardet, to.* 2. *liv.* 1. *chap.* 10.

107 Arrêt du Parlement de Provence du 21. Février 1658. qui declara abusive l'élection de l'Abbesse du Monastere de sainte Claire d'Aix & autres Officieres faite par le PereGueidan, lequel avoit refusé le suffrage à deux Religieuses qui étoient dans la quatriéme année de leur profession. Il fut ordonné qu'il seroit procedé à nouvelle élection à laquelle assisteroient les Religieuses qui seroient dans la quatriéme année de leur Profession, laquelle élection seroit faite en présence de deux Commissaires de la Cour & de M. le Procureur General & par autre que le pere Gueidan qui avoit été excommunié. *Boniface, tom.* 1. *liv.* 1. *tit.* 2. *nomb.* 12.

108 Des Benefices électifs, & si l'un des Electeurs n'ayant pas été cité, l'élection est nulle quoy qu'il ne s'en plaigne pas? *Voyez Henrys tom.* 2. *liv.* 1. *quest.* 29. où il dit , *adhuc sub judice lis est*, & il étoit d'avis de confirmer l'élection.

ELECTION, PARENS.

109 Arrêt du Parlement de Provence du 5. Juillet 1666. qui ordonne que les Chanoines parens auront voix déliberative aux élections. *Boniface, tome* 1. *liv.* 2. *tit.* 3. *nomb.* 2.

Voyez cy-aprés au 3. *Volume* le mot *Parens.*

ELECTION, PATRONS.

110 Le presenté par le Patron n'est point censé avoir absolument de droit au Benefice, au contraire l'eleu a droit avant la confirmation du Superieur, *habet jus prælatura.* glos. in cap. *Quanto. extra de judiciis.*

111 Les Patrons *presens & non impediti*, peuvent presenter par Procureur ce qui ne se peut faire par ceux qui ont droit d'élire, *cap. Quia propter. §. illud & cap. si quis de Electione in* 6.

La presentation se peut faire *per litteras* & non l'Election *D. cap. si quis.*

ELECTION, PLURALITE' DES VOIX.

112 *Electio à majori parte fieri quando dicatur & quæ sit, & dicatur major pars.* Voyez *Franc. Marc. tom.* 1. *quæst.* 922.

113 *An electio ex votis minoris partis fieri possit?* Voyez Ibidem.

114 *Ecclesia plures si in unum corpus jungantur, ut Episcopum eligant , voces per capita , non per corpora computantur : secus si per se qualibet Ecclesia corpus faciat.* Ibidem. quæst. 1164.

115 *Electio quæ à minore parte facta est , à saniori parte facta respectu majoris an dici possit ?* Ibidem *quæst.* 1193.

116 *Electio facta à minori parte, confirmatione postea facta non validatur.* Ibidem. *quæst.* 1194.

117 *Electio majoris partis consensum habens largè Canonica de jure naturali dicitur, secus de eâ quæ in majori parte facta est.* Ibidem quæst. 1198.

118 *In electionibus æqualibus eodem contextu factis, gratificationi locus est.* Ibidem. *quæst.* 1352.

119 *Minori parti capituli contra majorem partem, quæ actum à jure reprobatum, fecit reclamare seu contra dicere , & protestari licet.* Ibidem *tom.* 2. *quæst.* 570.

120 Quand un acte comme l'élection ou collation se fait solemnellement & en assemblée capitulaire, il faut la plus grande partie des voix & des suffrages par comparaison au tout , & non par rapport aux parties , suivant les chap. *Ecclesia vestra de elect. si cui eligendi & quorumdam* , au même tit. *in* 6.

121 *Quoties plures sunt electi, debet fieri collatio numeri ad numerum, meriti ad meritum ; zeli ad zelum.* cap. *Quia propter ext. de elect.*

ELECTION, POSTULATION.

122 *Electio postulato aut nominato quale jus quæratur ?* V. *Franc. Marc. tom.* 1. *quest.* 946.

123 *Sæcularis dispensatus qui ut prioratui conventuali regimini præsit postulandus, non eligendus est.* Ibidem. *quæst.* 1270.

124 *Religiosus an prius postulandus sit, quam eligendus?* Ibidem. *quæst.* 1381.

ELECTION DES PRIEURS.

125 Le Pape Jean XXII. fit électifs tous les Prieurez de l'Ordre de *Grandmont*, à condition neanmoins que si les Religieux negligeoient de proceder à l'élection d'un Prieur dans un mois, la disposition Prieuré & entiere en appartiendroit à l'Abbé de Grandmont ; les Bulles sont du 17. Novembre 1317. Chopin*, pol. Eccl. liv.* 1. *tit.* 2. *nomb.* 15.

126 C'est au pourvû à justifier que le Prieuré est électif & sujet à la nomination du Roy. Les présomptions sont insuffisantes. Arrêt du Grand Conseil du mois de Septembre 1539. pour le Prieuré de Chantelle. *Voyez Rebuffé*, sur le Concordat au titre *de regià ad prælat. nomin.*

127 Arrêt du Parlement de Paris du 14. Decembre 1611. sur l'élection d'un Prieur des Blancsmanteaux. *Voyez les preuves des Libertez , chap.* 33; *nomb.* 34.

128 Par Arrêt du Parlement de Paris du 5. Février 1598. rendu entre M. le Cardinal de Gondy Abbé de S. Jean des Vignes de Soissons, & les Religieux de la même Abbaye, il a été jugé que l'élection du Prieur & reception des Novices se fera suivant les statuts avec l'avis & consentement de l'Abbé comme Cardinal. Les Religieux disoient que leur Abbé étoit Commendataire non Régulier, qui ne pouvoit assister aux élections du Prieur & reception des Novices qui se font au Chapitre. L'Abbé répondoit que sa qualité d'Evêque de Paris & de Cardinal le rendoit capable & habile pour assister aux élections & receptions , & à tous actes capitulaires , tant au

Chapitre qu'ailleurs. Par cet Arrêt il n'est pas dit avec le consentement de l'Abbé comme Evêque, mais avec le consentement dudit Abbé Commendataire comme Cardinal, d'où l'on peut conclure, que si le sieur Abbé n'eût été qu'Evêque & non Cardinal, son consentement n'eût pas été requis en l'Election du Prieur ni en la reception des Novices. *Biblioth. Can. tom. 3. p. 576. col. 2.*

129 Procez verbal de l'élection d'une Prieure du Monastere Royal de saint Barthelemy d'Aix, faite en 1614. pardevant un Conseiller Commissaire à ce député par la Cour de Parlement d'Aix, en présence du Procureur General, & du Provincial de l'Ordre. *Preuves des Libertez to. 2. ch. 33. n. 38.*

ELECTION, PROVISION DU PAPE.

130 *Beneficia quæ dicantur electiva, ad hoc ut prævencio locum non habeat ?* Voyez *Franc. Marc. tome 2. quest. 90.*

131 Le Pape ne peut point prevenir les électeurs dans la disposition des Benefices vrayement électifs, jugé pour le Doyenné de l'Eglise de saint Marcel lez Paris; par Arrêt du 20. Décembre 1563. prononcé en Robes rouges, pour M. François la Cour appellant comme d'abus contre Jean Savary, pourvû par le Pape. *Papon li. 2. tit. 8. nomb. 6,* Chopin *Traité de la Police Ecclesiastique, li. 1. tit. 2. nomb. 12.* Chopin *ibid. nomb 11.* rapporte un Arrêt du Conseil Privé du 9. Janvier 1539. auquel présidoit M. Poyet Chancelier de France; la raison de cette Jurisprudence est, que la voye de la Collation par prévention, qui est de soy odieuse, & toûjours aveugle, ne doit point prévaloir à l'élection pratiquée depuis la naissance du Christianisme.

132 A l'égard des élections simples la prévention du Pape n'a pas lieu. Il en est autrement des élections Collatives. Arrêt du Parlement de Paris du 3. Février 1569. en faveur d'un resignataire du Doyenné de Chartres, pourvû par le Pape. Ce qui peut avoir été le motif de l'Arrêt est que le Pape n'avoit conferé que sur la resignation du titulaire, laquelle étoit favorable, & ne donnoit pas un droit libre au Pape, aussi Chopin observe que l'Arrêt pour le Prieuré de saint Marcel n'étoit pas dans l'espece d'une résignation; ce même Auteur ajoûte que la question pour le Doyenné purement électif de saint Germain de Lauxerrois à Paris fut appointée dans le cas d'une résignation. L'on distingua quand le Pape pourvoit *per obitum* où il ne peut prevenir les Electeurs; *secus* dans la resignation où le resignataire *habebat liberas ades*, aussi la Cour ordonna que le resignataire joüiroit du Benefice. *Chop. pol. Ecclef. li. 1. tit. 2. n. 2. & suiv.*

133 Les appellations comme d'abus se peuvent interjetter non seulement quand le Pape a pourvû aux Benefices purement électifs; mais aussi quand au fait de l'élection on n'a pas gardé les formes prescrites par la disposition du droit. Chopin, *Ibid. nomb. 15.* rapporte un Arrêt du 9. Décembre 1572. en plaidant du Rôle de Vermandois, il étoit Avocat dans la cause.

134 L'on ne doute point que les Doyennez électifs des Eglises Cathedrales & autres ne puissent être resignez en Cour de Rome. Le droit demeure *penes resignantem* & l'on ne peut aller contre son consentement, *nec alias, nec alio quovis modo* ; il n'en est pas de même en cas de vacance par mort où tout le droit est *penes collatorem*. *Bibliotheque Canonique. tome 1. pag. 585.*

135 Un des droits & libertez de l'Eglise Gallicane, est que le Pape ne peut conferer les premieres dignitez des Eglises Collegiales, esquelles se garde la forme d'élection prescrite par le Concile de Latran.

ELECTION, PUBLICATION.

136 *De publicatione electionis.* Voyez *Franc. Marc. tome 1. quest. 1350.*

137 *Electio antequam publicetur, dicitur mera nominatio, quia jus nullum nominato quæritur. Ibidem quest. 918.*

Nominatione nominato jus quæri non nisi publicatione 138 *electionis potest.* Vide *ibid.*

REFUS, D'ELIRE.

139 Arrêt du mois de Mars 1556. qui maintient un Chanoine élu par la moitié du Chapitre : l'autre moitié n'avoit voulu élire, parce que la Prébende étoit déja conferée *in vim permutationis*. Mais cette permutation paroissoit frauduleuse faite avec uue petite Chapelle, la veille du deceds du Copermutant. *Bibliotheque de Bouchel, verbo Election & cy-après lett. R verbo Refus. §. refus des provisions.*

ELECTION, RESIGNATION.

140 Les Benefices électifs collectifs & confirmatifs peuvent être resignez en Cour de Rome. Arrêt du Parlement de Paris du 5. Février 1571. pour le Doyenné de l'Eglise de Chartres ; autre Arrêt du 8. Mars 1607. pour celuy de l'Eglise de Tours. Même Arrêt pour le Doyenné de l'Eglise de saint Germain de l'Auxerois. *Voyez la note de M. Loüet sur le 6. nombre de la Regle de infirmis par M. Ch. Du Moulin & cy-dessus le nomb. 73. & suiv.*

141 Au Journal des Audiences, *tom. 1. liv. 2. chap. 84.* est rapporté un Arrêt du 19. Décembre 1630. pour le Doyenné de l'Eglise de Bar qui a jugé que ce Doyenné électif confirmatif, avoit pû être resigné en Cour de Rome ; en effet il n'y a que les Benefices consistoriaux & ceux en patronage Laïc, pour qui la prévention du Pape n'a pas lieu. On peut ajoûter les Benefices vacans en regale : neanmoins dans les 4. mois du Patron Laïc, le Pape peut pourvoir aux Benefices du patronage de cette qualité. M. l'Avocat General Talon parla contre l'abus des Elections.

142 Jugé au même Parlement de Paris le 14. Janvier 1631. qu'un Doyenné électif confirmatif, de fondation Royale, peut être resigné pour cause de permutation entre les mains du Roy. *Bardet tome 1. liv. 4. chap. 1.*

143 Les Benefices électifs & collatifs peuvent être resignez, & la resignation peut être admise en Cour de Rome, suivant l'Arrêt du 5. Juin 1658. rapporté par *des Maisons lett. B. nomb. 5.*

144 Jugé au Parlement d'Aix le 6. Février 1673. que la Chanoinie preceptoriale de l'Eglise Cathedrale de Forcalquier a pû être resignée en Cour de Rome, & par consequent qu'elle n'est point purement élective. *Journ. du Palais in quart. part. 3. pag. 415. & le 1. tom. in fol.*

Voyez *cy-après lett. R. verbo Resignation.*

DROIT DU ROY ES ELECTIONS.

145 Voyez *cy-dessus le nomb. 37. & suiv. 51. & 104.*

De la part qu'ont toûjours eüe les Rois de France, & autres à l'élection & nomination des Prélats. *Voyez Bibliot. Can. to. 1. p. 569. & suiv.*

146 *In electione Prælati requiritur Regis consensus, qui si non adsentiat, non confirmatur electio.* Voyez *la Bibliot. de Bouchel, verbo Election.*

147 Lettres patentes par lesquelles le Roy enjoint au Parlement de Provence de parfaire & juger le procez fait à M. Gilbert Genebrade Archevêque d'Aix. Arrêt intervenu le 26. Janvier 1596. par lequel la Cour juge le profit & utilité desdits défauts, a declaré leditArchevêque atteint & convaincu du cas & crime de leze-Majesté & luy imposé pour réparation duquel l'a banni à perpetuité du Royaume de France, luy a fait défenses d'y venir, hanter & frequenter à peine de la hart, tous & chacuns ses biens acquis & confisquez au Roy, neanmoins il ordonne que le livre intitulé *De sacrarum electionum Jure* fourni au procez, sera brûlé par l'Executeur de la haute Justice sur le pilory de la place des Jacobins de la ville d'Aix. Défense à tous Marchands Libraires d'en vendre & exposer, & à toutes personnes d'en avoir & tenir sur peine de punition corporelle. *Preuves des Libertez to. 1. chap. 7. nomb. 59.*

148 Du Moulin sur la regle *de infirmis, nomb. 401. & suiv.*

E iij

parle des Elections, & des Benefices qui, soit en vertu du Concordat, ou des Indults depuis accordez à François I. & Henry II. appartiennent à la nomination du Roy, comme les Prieurez conventuels.

149 En 1550. le Roy Henry II. sur la remontrance du Pape Jules III. declara, qu'il n'entendoit à l'avenir user de son droit de nomination aux Abbayes portant le titre de Chefs d'Ordre, ni aux Monasteres des Religieuses, ni aux dignitez des Eglises Cathedrales & Collegiales conventuelles ; mais qu'elles seroient conferées suivant les formes des élections canoniques. Chopin, de la Police Ecclef. liv. 1. tit. 2. nomb. 15. cela n'est point d'usage à l'égard des Abbayes de Moniales. Un Roy peut à son égard remettre son droit, mais non pas l'éteindre au préjudice des ses successeurs.

Voyez le mot *Abbé* nomb. 2. & suiv.

150 Ce jour le Procureur General du Roy est entré en la Chambre, & a dit qu'il étoit obligé de porter ses plaintes à la Cour d'un Bref mis entre ses mains, suivant les ordres du Roy, de la part des Religieuses établies à Charonne ; par lequel le Pape croyant avoir été informé que Sœur Marie Angelique le Maître s'est intrusé dans ce Monastere sous prétexte d'une nomination faite par le Roy de sa personne en qualité d'Abbesse ; qu'elle y a été introduite avec violence & que l'on en a chassé quelques Religieuses, sa Sainteté casse tout ce qui avoir été fait en faveur de ladite Sœur le Maître par ceux qui lui donnent protection, & tout ce qu'elle peut avoir fait de sa part comme Superieure de ce Monastere, & ordonne que les Religieuses procederont à l'élection de l'une d'entre elles pour Superieure triennale, & que celles qui ont été reléguées y reviendront. Ces Filles s'étant fait traduire ce Bref par deux Notaires du Châtelet & le Vicaire de Charonne, ont procedé sans aucune des formes portées par leurs Constitutions à l'élection de Sœur Catherine Angelique l'Evêque pour Superieure, & le Roy en ayant été informé par un Arrêt de son Conseil d'executer cette prétenduë élection, & ordonné que ce Bref seroit remis entre les mains de luy Procureur General, pour se pourvoir en la Cour ainsi qu'il appartiendroit, sur l'execution des Constitutions canoniques & l'infraction des Libertez de l'Eglise Gallicane. &c.

151 Par Arrêt du 24. Septembre 1680. la Cour a reçû le Procureur General du Roy appellant comme d'abus dudit Bref, luy permet de faire intimer qui bon luy semblera pour proceder sur ledit appel sur lequel les parties auront audience au lendemain de la saint Martin ; cependant fait défenses aux Religieuses de Charonne & à toutes autres personnes d'obéïr au Bref, & de l'executer, & tout ce qui a été fait en consequence ; ordonne que la commission donnée par l'Archevêque de Paris à Sœur Marie Angelique le Maître de Grand-champ, sera executée : enjoint aux Religieuses de Charonne de luy obéïr & de la reconnoître, ensemble les Officieres par elles commises, pour légitime Superieure & Officieres du Monastere sans préjudice à elles de se pourvoir par-devant l'Archevêque de Paris ou par autres voyes de droit ainsi qu'elles verront bon être, que M. Etienne Huet & lesdits Lange & Donc Notaires du Châtelet seront ajournez à comparoître en la Cour pour répondre aux Conclusions que le Procureur General du Roy pourra prendre contre eux ; qu'il sera délivré commission pour faire informer contre ceux qui ont fait venir de Rome le Bref & l'ont porté au Convent ; que le Roy sera informé de la qualité & des dispositions dudit Bref, & supplié d'apporter par son authorité les remedes necessaires pour empêcher les suites d'une entreprise si préjudiciable aux droits de sa Couronne, à la Jurisdiction des Ordinaires & à la liberté de tous ses sujets & que lesdites Religieu-

ses seront tenuës de mettre au Greffe de la Cour dans quinzaine un état des biens, revenus, dettes & charges dudit Monastere, pour ce fait & communiqué au Procureur General être ordonné ce qu'il appartiendra. *Voyez le Journ. des Audiences, to. 4. liv. 3. ch. 23.*

152 Arrêt du même Parl. de Paris du 4. Décembre 1680. qui reçoit le Procureur General du Roy appellant comme d'abus dudit Bref du 15. Octobre dernier, & adherant à ses premieres appellations, le tient pour bien relevé, luy permet de faire intimer qui bon luy semblera sur son appel, sur lequel les parties auront audience ; & cependant fait défenses de l'executer, & à ladite Sœur Catherine Angelique l'Evêque de faire aucunes fonctions de Superieure dans ledit Convent de Charonne, & aux Religieuses, & toutes autres personnes de la reconnoître en cette qualité, luy permet de faire informer pardevant le Conseiller Rapporteur contre ceux qui ont écrit en Cour de Rome, pour y obtenir ledit Bref, & qui l'ont porté audit Monastere ; pour ce fait rapporté & communiqué au Procureur General du Roy, être procedé ainsi qu'il appartiendra. *Ibid. chap. 27.*

153 Sur la remontrance des gens du Roy, qu'ils ont eu avis qu'il se débite en cette Ville de Paris une feüille imprimée à Rome en forme de Bulle de nôtre Saint Pere le Pape, datée du 18. Decembre dernier, au sujet de l'Arrêt du 24. Septembre precedent ; requerant y être informé, eux retirez ; vû ladite feüille imprimée en forme de Bulle ; la matiere mise en la déliberation, par Arrêt du 24. Janvier 1681. la Cour a fait défenses à toutes personnes d'imprimer copies, débiter, lire & retenir ladite feüille imprimée en forme de Bulle. Enjoint à tous ceux qui en ont des exemplaires de les apporter au Greffe de la Cour pour être supprimez, & sera le present Arrêt lû, publié & affiché par tout où besoin sera. *Bibliot. Can. to. 1. p. 797.*

154 C'est une maxime que les Benefices simples électifs ne sont point sujets aux indultaires. *Secus des électifs.* Par exemple, le Doyenné de S. Germain de l'Auxerrois à Paris est électif par le Chapitre, *cum confirmatione superioris* qui est M. l'Archevêque de Paris, & n'est point sujet aux Indults, ni à la nomination du Roy. *Bibliot. Can. to. 1. p. 581.*

Voyez cy-après lettre *N.* verbo *Nomination Royale*, & lettre *R.* le mot *Roy.*

ELECTION PAR SCRUTIN.

155 *Quis modus circa vota in electionibus servandus sit?* Vide Franc. Marc. to. 1. quest. 924.

156 *Electus an in eligentium numero computetur & numerum augeat & perficiat?* Vide ibidem quest. 929.

157 *Vota in electionibus conditionalia esse non debent.* Ibidem, quest. 1154.

158 *Tres scrutatores qui sunt de Collegio deputari debent, si ex scrutinio electio facienda sit. Scrutatorum Officium quale, & quomodo voces recipere debeant, & eorum vota pendere. Scrutatorum voces in scriptis redigendæ sunt, & tabellio & testes intervenire possunt : scrutinii forma : de scrutinii publicatione, collatione & communi electione.* Ibidem. quest. 1199.

159 *Vota qui in scrutinio dedit, scrutinio aperto ea revocare, ut alteri electioni assentiat non potest.* Ibid. quest. 1209.

160 *Unus ex scrutatoribus an eligi possit.* Ibid. quest. 1210.

161 *De scrutinii publicatione, collatione communi electione.* Ibidem. quest. 1203.

162 *Electio facta per scrutinium redactum inscriptis notario attestante actum esse in capitulo duobus testibus præsentibus valet & tenet.* Ibidem. quest. 1215.

ELECTION, SIMONIAQUE.

163 Une Election simoniaque doit être cassée, si pour cela on a remis ou donné quelque chose aux Electeurs, quand même celui qui auroit été élû ignoreroit qu'on eût donné quelque chose, à moins que l'argent qui auroit été donné pour cette élection, n'eût été donné en fraude de la personne

éluë, *nisi hoc factum fuisset in fraudem electi.* Definit. Canon. p. 180. *& M.* Guymier dit que *pecunia data in fraudem electi non nocet electo.*

164 *Dans pecuniam ut in Papam vel Imperatorem eligatur nedum symoniam committit, sed in legem ambitus incidit.* Vide *Franc. Marc. to. 1. quest. 936.*

165 Droit d'élection acheté du Pape par quelques Chapitres & Convents, a été declaré abusif par plusieurs Arrêts du Grand Conseil sur les appels comme d'abus interjettez par M. le Procureur General. *Du Moulin de infirmis.* nomb. 403.
Voyez au 1. to. de ce *Recueil* le mot *Confidence & au 3. vol.* le mot *Simonie.*

ELECTION, SERMENT.

166 Par Arrêt du P. de Paris du 9. May 1662. il a été jugé qu'en cas d'élection qui doit être faite conjointement avec des personnes Ecclesiastiques, & par des Laïcs aprés serment par eux fait, les Electeurs tant Ecclesiastiques que Laïcs doivent prêter le serment pardevant le Juge Laïc. *Soefve,* tome 2. *Centurie* 2. *chapitre* 63.

ELECTION, PAR SORT.

167 *Electiones de jure civili sorte decidi possunt.* Vide *Franc. Marc.* tome 1. quest. 933.
Voyez cy-aprés le nomb. 183. & verbo *Sort.*

TEMPS D'ELECTION.

168 *De tempore ad eligendum vel præsentandum constituto tempus eligendi per capitulum an arctari possit?* Voyez *Franc. Marc. to. 1. quest.* 1025. 1026.

169 *Electionis prorogatio an iis quibus interest notificari debeat?* Ibidem quest. 1226.

170 *Tempus electionis fienda an decurtari possit, & an dies præfigi possit?* Ibidem quest. 1333.

171 *Terminus electionis legitimâ subsistente causâ protrahi & decurtari potest.* Idem to. 2. quest. 569.

ELECTION D'OFFICIERS.

172 Election des Capitouls, voyez le mot *Capitouls* nomb. 1.
Election des Consuls, voyez le mot *Consuls* nomb. 44. & suiv.

173 Le Consul doit tenir le rang & la place que le Seigneur luy donne dans l'élection; jugé au mois d'Octobre 1591. pour un Consul contre un autre qui avoit été receü le premier en charge; ils étoient l'un & l'autre de condition égale. *La Rochflavin* li. 6. tit. 30. *Arr.* 2. Cambolas liv. 1. chap. 28.

174 Où & comment se doit faire l'élection des Echevins ? Voyez le mot *Election*, nomb. 11. & suiv.

175 Reglement du sort pour l'élection des Officiers de Marseille, avec les Ordonnances de police, & les privileges de cette Ville. Imprimé à *Marseille.* 1654.

176 Aux élections des Maîtres Jurez, les suffrages du pere & du fils admis & comptez. Arrêt du Parlement de Dijon du 18. Juin 1612. Bouvot tom. 1. part. 2. verbo *Election.*

177 Il n'est permis de prendre le serment d'un Maire ou Echevin quand il y a appel de son élection. Arrêt du même Parl. du 6. Mars 1617. Voyez *Bouvot to.* 2. verbo *Attentat,* quest. 4.

178 Arrêt du Parlement de Provence du 13. Mars 1643. qui fait reglement sur l'élection consulaire & autres Officiers municipaux, & donne une voix au Viguier, & luy en retranche une des deux qu'il avoit de coûtume. Boniface tome 4. liv. 10. tit. 2. ch. 10.
Autre Arrêt semblable du 25. Juin 1670. Ibidem chap. 11.

179 Arrêt du 13. Mars 1665. qui fait defenses de nommer à deux Charges incompatibles de la communauté, une même personne en une même année. Ibid.

180 Arrêt du 17. May 1672. qui a confirmé une élection de Syndics entre particuliers, même Procureurs, faite sans la présence du Procureur du Roy, sur le fondement qu'il ne s'agissoit que d'affaires particulieres. Idem tom. 3. li. 1. tit. 8. ch. 19.

181 Un Conseiller dans une Maison de Ville ayant été élu par dessus le nombre reglé, l'élection de tous les Conseillers est nulle. Arrêt du 18. Janvier 1674. *Idem to.* 4. li. 10. tit. 2. ch. 1.

182 En l'élection des Consuls & Conseillers, le Lieutenant Particulier Civil doit présider en l'absence du Lieutenant General, & non le Lieutenant Criminel. Arrêt du même Parlement de Provence du 10. Mars 1678. rapporté. *Ibidem.* ch. 3.

183 Arrêt du Conseil d'Etat du 11. Août 1657. qui ordonne que chaque corps de métier nommera trois élûs, qui tireront au sort pour sçavoir celuy qui sera reservé pour proceder à l'élection des Consuls ; à ce sujet *Henrys* tome 2. liv. 4. quest. 65. parle de l'origine des élections par le sort ; il dit des choses tres curieuses.

184 Par Arrêt du Parlement de Normandie du 3. Avril 1675. rendu entre les Bourgeois de Verneüil au sujet de l'élection d'un Maire qu'ils ont droit d'élire, il fut jugé que les voix du pere, du fils, du frere & du neveu, ne seroient comptées que pour une voix. Et par Arrêt du 4. Mars 1664. entre les Maîtres Selliers & les Gardes de ce métier, on cassa une Sentence qui avoit confirmé l'élection de leurs Gardes, & on ordonna qu'il seroit procedé à une nouvelle élection, & que les peres, fils, freres, oncles & neveux ne pourroient être nommez Gardes ensemble. *Basnage, tit. de Jurisdiction* art. 12.

ELECTION EN AMI.

185 **A**dditio nomine alterius. Cette façon de parler est en usage dans quelques Provinces.
Si quis alteri, vel sibi sub alterius nomine, vel aliâ pecuniâ emerit. C. 4. 50. Voyez *Vente.*

ELECTION D'HERITIER.

186 **V**Oyez au 1. tom. de ce *Recueil* le mot *Choix,* nom. 7. & suiv. *Henrys,* tom. 1. liv. 5. quest. 16. & 61. & tom. 2. liv. 5. quest. 12. & cy-aprés les mots *Fideicommis, Heritier, Substitution & Succession.*
Des élections d'heritier contractuelles & testamentaires. Voyez le Traité fait par M. Vulson Conseiller au Parlement de Grenoble, imprimé à Paris chez Charles Osmont, ruë saint Jacques en 1707.

187 Jugé au Parlement de Toulouse que celuy qui a été chargé de rendre une hereditè sous cette condition, s'il decede sans enfans mâles, par laquelle les mâles sont appellez dispositivement, a droit d'élire l'un des mâles pour recueillir l'entiere substitution, conformément aux quest. 184. & 599. de *Guy Pape*, comme aussi il a été jugé *donationem factam favore matrimonii & liberorum masculorum filiæ per matrem non impedire quin mater donataria unum ex his eligere possit.* Voyez *Mainard,* liv. 6. chap. 3.

188 *Henrys* tom. 1. liv. 5. chap. 3. quest. 17. décide que le survivant des pere & mere qui est chargé d'élire un des enfans, ne perd pas cette faculté par son second mariage ; *M. Mainard,* liv. 3. chap. 80. & liv. 6. chap. 3. est de ce même avis, comme aussi *Despeisses,* tom. 1. pag. 319. col. 1. Albert sur *le mot* Election *art.* 1. Ricard *des Donat. part.* 3. chap. 9. glos. 6. nombre 1405. *& Brodeau sur M. Loüet,* let. N. chap. 3. nomb. 14.

189 Un pere avoit quatre enfans mâles, il institua sa femme à la charge de rendre les biens à celuy qui luy plairoit, voulant qu'il fut son heritier universel. La mere decoda sans faire aucun choix, l'aîné demandoit la preference à la succession. Arrêt de Toulouse en 1577. qui admit les quatre freres à partage égal. *Mainard* li. 8. ch. 53. Il y a un même Arrêt au chapitre suivant.

190 L'élection donnée à l'heritier chargé pour choisir le fideicommissaire, & qu'il ne peut charger. Peleus, quest. 69.

40 ELE ELE

191 *Henrys*, tome 1. liv. 5. chap. 2. quest. 20. examine, si celui qui a pouvoir d'élire un des enfans peut varier, & faire une seconde élection ; il estime, que quand l'élection a été faite par un testament, elle peut être changée. neanmoins il conseille de faire un testament clos & secret, afin qu'on ne puisse pas en sçavoir la teneur, & qu'en le supprimant, l'on puisse aussi supprimer l'élection qu'il contient ; mais dans le tome 2. l. v. 5. question 10. où il traite la question plus à fond, il soûtient que quand l'élection est faite par un testament, elle peut être changée, aussi bien que le testament.

192 La Loy *unum ex familiâ*. Explication du §. *rogo l. unum ex familiâ. ff. de leg. 2.* & quand au défaut d'élection un seul de plusieurs se doit prévaloir du fideicommis. *Voyez Henrys tom. 2. liv. 6. quest. 14.*

193 Si la nomination peut être révoquée, quand le fils au profit duquel elle a été faite, se marie sans le consentement de sa mere ? *Voyez Henrys tom. 1. liv. 4. chap. 6. quest. 67.* il en propose trois 1. Si la mere qui a pouvoir de nommer peut varier. 2. Si elle est tenuë d'élire celui que le pere a désigné. 3. Si le fils éleu qui se marie sans le consentement de sa mere avec une personne infame, peut être privé du benefice d'élection faite en sa faveur. L'Auteur remarque que l'Arrêt qu'il rapporte n'a jugé que la derniere question, & qu'il a privé le fils de la nomination faite de sa personne, pour s'être marié à l'insçu de sa mere avec une personne infame. Il traite cette même question plus amplement dans ses plaidoyez. *Plaidoy.* 4.

194 Si la donation faite aux enfans en pactes de mariage tient lieu d'élection, lorsque le pere peut choisir entre ses enfans ? *Voyez Cambolas*, liv. 1. chap. 12.

195 L'élection premiere au fideicommis demeure, si la derniere est faite d'un incapable. Arrêt du Parlement de Toulouse du dernier Mars 1627. *Cambolas*, livre 5. chapitre 36.

196 L'élection en l'augment ne se fait pas par l'institution d'heritier de l'un des enfans. Arrêt du P. de Toulouse du 19. Février. 1631. *Cambolas*, liv. 6. ch. 16.

197 Une femme institué son mari heritier à la charge de rendre à l'un ou à l'autre de ses deux enfans. Il marie la fille & la nomme pour heritiere au moyen de la faculté que la femme luy avoit donnée de choisir. Le mari de la fille meurt sans enfans, la fille se remarie en secondes nôces, le pere révoque la nomination qu'il avoit faite en sa faveur, & nomme le frere ; par Arrêt rendu entre le frere & la sœur le 27. Mars 1631. il a été jugé que le pere avoit pû révoquer. *Idem. liv. 6. chap. 20.*

198 *Voyez Basset* to. 2. *F.* 8. *tit.* 4. *ch.* 1. où il explique la difference de l'élection commise à la liberté indéfinie de l'heritier, avec celle, *si aestimaverit aut justum putaverit, item cum moreretur.* Il parle aussi des élections de personnes certaines *ex incertis aut ex certis*; quand elles peuvent être prématurées : il décide au même droit que la personne élûë prend la chose du testateur, non de celuy qui fait le choix, & que l'élection peut être divisée. Il établit enfin la difference d'une élection *cum moreretur*, & de celle *quandocumque voluisset.* En la premiere on peut varier, *secus* en la seconde. Ainsi jugé au Parlement de Grenoble le 24. Juillet 1657.

199 Arrêt du Parlement de Grenoble du 4. Juillet 1623. qui a jugé 10. Que l'élection & la distribution commise à la volonté d'autruy, ne devoit pas être reglée *arbitrio boni viri*, mais à la seule volonté de l'heritier grevé ; 20. Que l'élection ne tombe en caducité par le predecez de la personne élûë, y ayant des substituez ou conjoints à elle, par le testament de celuy qui avoit commis l'élection ; 30. Que l'élection peut être faite *pro parte*, & qu'en cet endroit *utile per inutile non vitiatur.* Basset *ibidem.*

200 Qui a la faculté d'élire un heritier, a celle de le charger d'un fideicommis, en luy baillant ses biens propres. Jugé à Grenoble le 20. May 1612. *Basset* to. 1. *li.* 5. *tit.* 5. *ch.* 2. *& tom.* 2. *li.* 8. *tit.* 2. *ch.* 5.

201 Un pere ayant droit d'élire à quelques biens l'un de ses enfans, en peut élire plusieurs tant entrevifs que par testament. *Voyez Papon* li. 20. *tit.* 2. *n.* 2. où est rapporté un Arrêt du Parlement de Bourdeaux du 24. Mars 1535. qui reçoit le Seigneur de Gironde en preuve du fait de priorité de l'élection par eux posée, la récreance neanmoins de la succession ajugée par provision en faveur de l'heritiere universelle instituée. *Boyer* quest. 204.

202 Par Arrêt de Toulouse de l'an 1571. le mary ayant convolé en secondes nôces a été privé du droit d'élire un des enfans du premier mariage, & les biens de la donation distribuez également à tous, contre autre préjugé, par lequel le mari se remariant en secondes nôces ne perd le droit d'élection qu'il a, *jure alieno ex voluntate matris*, & contre l'intention de cette mere qui avoit voulu que les biens donnez vinssent à un seul de ses enfans, & non à tous. *Voyez Mainard* liv. 6. chap. 9.

203 Si un mary est chargé par sa femme de rendre certains biens, l'élection faite avant le temps de la mort, peut être changée. Arrêt de Toulouse du 3. Septembre 1586. *quia omne spatium vitae liberum est ad eligendum L. Cu... pater. §. à te filia de leg 2. Voyez Mainard*, liv. 2. chap. 89.

204 Quoy qu'il semble que le pere ou la mere qui ont droit d'élire un de leurs enfans n'ayent que *nudum ministerium.* neanmoins ils peuvent grever celuy qu'ils élisent. Arrêt du Parlement de Toulouse le 17. Janvier 1639. mais celuy qui doit elire ne peut grever à son profit, il ne le peut qu'en faveur des autres éligibles. Arrêts en 1643. & en 1651. *Albert*, verbo *Substitution*, art. 3.

205 L'heritier chargé de rendre aprés son deceds à un d'entre plusieurs, aprés une élection déja faite qui n'est proprement qu'une destination, peut varier & rendre à un autre des éligibles : il a même été jugé au Parlement de Toulouse que la declaration faite par ces heritiers d'être chargé de rendre à un tel, ne l'empêchoit pas de varier, & de rendre à un autre. *Voyez M. de Catellan*, liv. 2. chap. 58.

206 L'heritier chargé de rendre à plusieurs à son choix, peut charger celui à qui il rend de rendre à un autre des éligibles ; il ne fait en cela que remplir plus fidellement son ministere & executer plus religieusement la volonté du testateur, lors qu'il choisit successivement ceux entre qui il a pû partager les biens. Le substitué par le second testateur à celui qui a merité son premier choix est présumé avoir les biens, non de l'heritier chargé de rendre, mais du premier testateur ; ce même heritier passeroit son ministere & son pouvoir, si en nommant quelqu'un de plusieurs il le chargeoit de rendre à un autre non éligible, parce qu'alors de sa propre autorité & par sa volonté seule il le chargeroit de rendre à un autre non éligible. *Ibidem.* chap. 100. où il observe qu'il a même été jugé que l'heritier chargé de rendre à plusieurs ne peut charger celui à qui il rend de rendre aux enfans d'un éligible predecedé, quoy que si dans ce cas il ne s'en tient pas tout à fait aux bornes marquées de la volonté du testateur, il semble ne s'y éloigner gueres.

207 L'institution faite par l'heritier d'un des éligibles est une élection tacite au fideicommis, & cette élection tacite subsiste quoy que l'institution soit répudiée. Il y a un Arrêt du Parlement de Toulouse du 24. Janvier 1651. aprés partage. Le legs même de la chose qu'on est chargé de rendre à un d'entre plusieurs est une restitution & élection tacite suivant l'avis de *Fernand.* Pareillement la donation de la chose qu'on est chargé de rendre à un d'entre plusieurs, faite par l'heritier à un des éligibles est une

élection

élection tacite, ainsi qu'on en est convenu en la premiere des Enquêtes le 17. Decembre 1667. Mais l'institution faite par l'heritier ne vaut par élection lorsque le testateur en défaut d'élection a nommé. Ainsi un pere étant chargé de rendre à un de ses enfans, tel qu'il élira & en défaut d'élection à l'aîné, l'aîné recueillira la substitution, quoy qu'un de ses freres ait été institué par le pere, la vocation expresse du testateur ne peut être emportée que par une nomination expresse de l'heritier, suivant la volonté du défunt. Ainsi décidé par Arrêt de 1635. en la cause de la Demoiselle de Griffier, confirmé en 1646. sur l'opposition d'un tiers. M. Catellan, ibidem, chapitre 59.

208 Jugé au Parlement de Toulouse en Juillet 1666. que l'élection faite par deux heritiers ausquels elle avoit été donnée peut être changée par le survivant aprés le décez de l'autre : même Arrêt le 19. Juillet 1667. on crut que celuy qui est chargé de rendre simplement une heredité n'est obligé de la rendre qu'à son décez, & que s'il anticipe la restitution, c'est une destination qui ne peut nuire à ceux qui se trouveront éligibles au temps du décez. Ce dernier Arrêt a aussi décidé que la faculté d'élire donnée à deux, accroissoit au survivant, ensemble la faculté de varier que tous deux avoient, contre l'avis du Président Faber. Ibid. chap. 70.

209 Le droit de l'élection se perd par le convol en secondes nôces dans l'an du deüil. Arrêt du Parlement de Toulouse du 20. Mars 1668. Arrêt contraire au mois de Janvier 1677. Ce droit d'élection est conservé au deportat & au banni, il semble qu'il n'y ait pas plus de raison d'en priver la femme. Au reste la condition expresse de viduité apposée à l'institution de la femme chargée de rendre, ne fait pas même une exception à la regle qui confirme à la femme remariée le droit d'élection. Arrêt du 8. Juillet 1678. dont la raison fut que cette condition de viduité ne peut priver la femme que de ce qui luy a été donné sous cette condition, laquelle ne tombant ici que sur l'institution, ne peut point être appliquée au droit d'élection. Idem li. 4. ch. 14.

210 Vital Fraissinet Sieur Daspriéres se mariant avec la Demoiselle de Montfaucon, donne la moitié de ses biens à un des enfans qui proviendront de ce mariage, tel qu'il élira, ou en défaut par le faire élection, à tel que sa femme élira ; & en défaut tant par luy que par sa femme de faire cette élection, il veut que cette donation appartienne à l'aîné. Le donateur meurt ab intestat sans faire aucune nomination laissant 3. enfans, Christophe, Jean & Jeanne. Christophe est condamné à mort par défaut, Jean meurt, & la Demoiselle de Montfaucon décede. Procez entre Jeanne de Fraissinet & Christophe son frere, sur l'appel de la Sentence renduë par le Sénéchal, le Procureur General intervient en l'instance, & dit que Christophe condamné à mort ne peut être en jugement, & demande au attendu la confiscation de ses biens, le Roy soit maintenu en la moitié des biens donnez par Vital Fraissinet dans son Contrat de mariage, d'autant qu'en défaut de nomination du pere & de la mere, ce qui étoit arrivé, l'aîné étoit nommé, que Christophe étant l'aîné au temps du décés de son pere, cette donation luy appartenoit, & au Roy par consequent, ses biens ayant été confisquez, & le condamné n'ayant pas purgé la coutumace, quoy que les 5. ans fussent expirez. Au contraire Jeanne Fraissinet prétendoit la donation comme la seule capable & habile au décés de sa mere qui avoit le pouvoir de nommer. Pat Arrêt du Parlement de Toulouse en 1679. le Procureur General fut demis de sa demande, & Jeanne Fraissinet maintenuë aux biens donnez. Idem livre. 2. chapitre 27.

211 L'élection faite d'un des enfans en matiere de fideicommis, l'on ne peut plus changer ni varier, quand

l'élection est faite par acte entre-vifs. Jugé le 20. Avril 1660. Notables Arrêts des Audiences, Arrêt 43. Voyez Henrys tome 1. liv. 5. chap. 3. quest. 20. & tom. 2. liv. 5. quest. 10. où il traite amplement la question.

212 Le pere ayant laissé à la femme pouvoir d'élire pour heritier un de leurs enfans & quelques-uns d'eux étant decedés ainsi mais avec des enfans, si elle peut élire un de ses enfans au préjudice des oncles qui restent ? Voyez Henrys tom. 1. livre 5. chap. 4. quest. 62. Il tient la negative ; mais la question a été jugée contre son avis le 12. Février 1692. L'auteur des Observations demeure attaché à l'opinion d'Henrys.

213 Si le pere qui est chargé d'élire un de ses enfans peut élire un petit fils bonâ mente ? Voyez Boniface, tome 2. liv. 1. tit. 12. chap. 1.

214 Un testateur nommé pour heritier un de ses enfans auquel il laisse le choix & la liberté de nommer pour son heritier tel de ses parens qu'il voudra. Arrêt du Parlement de Provence du 14 Juin 1646. qui a confirmé l'élection faite dans un testament nul. Ibidem. liv. 3. tit. 2. chap. 1.

215 Arrêt du 3. Juin 1662. qui a jugé que la donation des biens sujets à l'élection faite en contrat de mariage est irrevocable, & que l'élection pouvoit être divisée entre ceux qui doivent être élûs. Ibidem. chap. 2.

216 Arrêt du 1. Août 1663. qui a jugé qu'une élection faite à prix d'argent par celuy auquel un testateur avoit donné pouvoir de choisir un heritier de ses biens est nulle, & celui qui l'a faite ne peut plus nommer. La succession fut déferée au plus proche parent. Ibidem. liv. 3. tit. 2. chap. 3.

217 Si l'élû en un heritage par le chargé d'élire, est indigne de l'élection pour avoir sollicité les témoins à déposer en une information, contre la memoire de l'élisant, Arrêt du 28. Juin 1668. qui a débouté de la demande d'indignité. Idem. tom. 5. liv. 2. tit. 20. chapitre 1.

218 Arrêt du même Parlement de Provence du mois de Janvier 1674. qui a jugé que celuy qui est chargé de rendre un heritage à tel de ses enfans qu'il élira peut faire des substitutions à celuy qu'il a élu & ainsi que l'élection est valable. Ibidem. chap. 4.

219 Si le pere dans son testament institué heritier celui de ses enfans qui sera élu par leur mere, la mere décedant sans élire, tous succederont également. Voyez la Peirere, lettre E. nombre 24. où il propose cette espece.

Une femme ayant un fils & une fille, fait son testament par lequel elle donne pouvoir à son mari de nommer tel de ses enfans que bon luy sembleroit, déclarant que deslors elle institué celuy qui sera nommé par son mari. Le mari mariant son fils le nomme pour recueillir l'heredité de sa mere, & renonce à pouvoir varier : neanmoins dans la suite le pere maltraité par le fils l'exherede & révoque la nomination qu'il avoit faite de luy. Aprés la mort du pere la fille conteste ladite nomination, laquelle est soutenuë par les creanciers du fils. Jugé au Parlement de Bourdeaux le dernier Mars 1667. que le pere n'avoit pû varier ; la nomination fut confirmée : sur quoy la Peirere ajoûte, je crois même chose quand même la nomination auroit été faite hors du Contrat de mariage par la regle, qui semel fuit haeres numquam potest definere esse haeres.

220 L'élection se peut faire sans solemnité par quelque acte que ce soit, & ne peut être chargée de fideicommis. argum. L. 7. ff. de assign. libert. id Fernand. de fil. nat. cap. 9. nomb. 3. La Peirere, lettre E. n. 23. dit ; Je crois pourtant que l'acte doit être fait avec la personne élué, ou luy soit signifié, l'option étant mise au nombre des Actes legitimes. L. actus legitimi ff. de regul. Ju. Il observe que quand il s'agit de nomina-

tion d'heritier il n'y a plus de variation, suivant la regle *qui semel fuit hæres non potest desinere esse hæres.* Anne Douessans, femme du sieur de Vignes, fit son testament en l'année 1639. par lequel ayant legué l'usufruit de tous les biens à son mary, elle institué heritier celuy de ses enfans qui seroit par luy nommé; après sa mort elle ne laissa qu'un fils & une fille. Le pere émancipe son fils, & par acte pardevant Notaire & témoins, nomme son fils pour heritier de sa mere avec reservation de l'usufruit. Deux ans après le pere mariant sa fille, luy donne en consequence dudit testament la moitié des biens maternels & revoque la nomination qu'il avoit faite de son fils. Arrêt du Parlement de Bourdeaux du 3. Mars 1665. qui a jugé que le pere n'avoit pû varier & fut la nomination du fils confirmée.

ELECTION, ELUS.

221 Des Elûs & de leurs Jurisdictions. *Voyez les Ordonnances de Fontanon*, tome 2. *liv.* 3. *tit.* 15. *pag.* 897. & *la Bibliotheque du Droit François par Bouchel*, verbo *Election*. Escorbiac *tit.* 11. Chenu *des Offices de France*, *tit.* 23. & 24. & Filleau, *part.* 3. *tit.* 1. où sont recueillis les actes de Reglement, tant du Parlement que de la Cour des Aydes & Conseil privé, concernant leurs fonctions, droits & privileges.

Des Elections generales & particulieres & de leurs Officiers. *Voyez le Recüeil des Edits & Arrêts concernant les Aides*, fait par M. Corbin, tome. 1. *liv.* 7. Au *liv.* 10. il traite du pouvoir & Jurisdiction des Elûs & autres Officiers des Elections. Au quatrième traité du tome 2. il a recueilli tout ce qui concerne les devoirs & Offices des Elûs.

222 Les abus & malversations de quelque petite consequence qu'ils puissent être, quand même il ne s'agiroit que d'un écu, ne se jugent point par les Elûs en dernier ressort ; l'appel en est toûjours recevable en la Cour des Aides. *Memorial alphabetique*, verbo *Elus.*

223 Elûs ne peuvent évoquer ni empêcher cause pendante devant l'Ordinaire. Arrêts des Grands-Jours de Moulins du 11. Octobre 1540. en faveur d'un Gentilhomme, contre un Tavernier qui l'avoit troublé en la possession d'un droit qu'il avoit sur le vin vendu en détail dans l'étendué de sa Seigneurie. *Papon*, *liv.* 7. *tit.* 7. *numb.* 19.

224 Commis des Elûs cassez par Arrêt de la Cour des Aides du 3. Mars 1560. au profit des Elûs ; défenses ausdits Commis d'exercer, sauf aux Elûs en chose qui requerra conseil d'appeller le plus ancien Avocat. *Bibliotheque de Bouchel*, verbo *Commis.*

225 Un Jugement est donné par les Elûs de N... auquel Jugement étoient ces mots ; *donné en l'Election présidiale de N....* Par Arrêt donné à Tours le 27. Août 1592. fut dit à la Requête du Procureur General du Roy, que ce mot de *Présidiale* seroit rayé, défenses aux Elûs & Greffier de l'Election de prendre & mettre aux Actes de l'Election autres qualitez que celles qui leur sont attribuées par les Edits concernant la Jurisdiction des Elûs. *Ibidem.* verbo *Elections.*

226 Les Elûs ne peuvent diviser les Paroisses de leurs Elections, sans Lettres Patentes du Roy. Arrêt de la Cour des Aydes de Paris du 30. May 1565. autre Arrêt du mois de Février 1596. qui fait même défenses à tous Elûs de faire aucun département nouveau & separé sans Lettres Patentes dûment verifiées à la Cour, sur peine de suspension de leurs charges. *Papon*, *liv.* 13. *tit.* 3. *nomb.* 7.

Cet Arrêt de 1596. qui est en forme de Reglement a été confirmé par l'Edit du mois de May 1600. *V. la dix-huitième action de M. le Bret.*

227 Arrêt du mois de Mars 1593. qui fait défenses à tous Officiers de faire aucune poursuite pour le rétablissement de l'Election de la Fleche sur peine de mille écus. *Le Bret*, *action* 4. où il est observé que les exemptions attribuées aux Officiers des Elections furent tellement préjudiciables au Public, qu'elles furent révoquées par Edit du mois de Janvier 1598.

228 Par Arrêt donné en la Grand' Chambre le 9. Janvier 1606. Jugé que l'Office de Président aux Elûs étoit venal, & comme tel pouvoit être saisi & decreté *Bibliotheque de Bouchel*, verbo *Elections.*

229 Arrêt du 20. Juin 1624. portant reglement entre les Elûs & les Procureurs du Roy des Elections. *Filleau*, 2. *P. tit.* 6. *chap.* 73.

230 Arrêt de la Cour des Aydes de Paris du 27. May 1630. par lequel il a été jugé que le Procureur du Roy en l'Election de Thoüars a droit d'assister & avoir voix déliberative au département des tailles, *Ibidem. chap.* 92.

231 Par l'Edit du 22. Septembre 1627. les élûs ont eu attribution du droit de *Committimus* aux Requêtes du Palais à Paris. Par Arrêt du 18. Février 1631. il est dit que les Elûs ne joüissent du droit de *Committimus*, quoy qu'il leur ait été accordé, parce que l'Edit qui leur donne ce droit n'a été verifié. *Memorial alphabetique*, verbo *Elûs* nombre 23. & *du Fresne* li. 2. chapitre 91.

232 Ils ne peuvent enteriner des Lettres de grace. Arrêt du premier Juillet 1651. *Voyez Henrys* tome 2. *liv.* 2. *quest.* 3.

233 Reglemens du Parlement, Aydes & Finances de Dauphiné sur la connoissance & Jurisdiction des Officiers des Elections de ladite Province du 14. Août 1630. *Basset* tome 1. *liv.* 3. *tit.* 2.

234 Par Déclaration du 22. Septembre 1627. il est dit que les Elûs auront rang & seance dans toutes assemblées publiques & particulieres après les Conseillers, Avocats & Procureurs du Roy des Sieges Présidiaux, & qu'en cas de contestation il y seroit pourvû au Conseil. Par Arrêt du Conseil du 14. Avril 1660. il fut ordonné que les Officiers de l'Election d'Amiens précederoient en toutes Assemblées publiques generales & particulieres & Eglises, ceremonies d'icelles, & autres lieux, les Avocats du Bailliage & Siége Présidial, avec défenses de les y troubler, à peine de trois mille livres d'amende, domages & interets. Toutefois par Arrêt du Parlement de Paris du 20. Janvier 1663. a été ordonné que dans toutes les assemblées publiques & particulieres, les Officiers de l'Election d'*Amiens*, & les Avocats qui auroient plaidé 10. ans dans le Bailliage auroient rang & seance selon l'ordre de leur reception & de leurs matricules, à la reserve des Présidens, Lieutenans, Assesseurs, & quatre plus anciens Elûs, lesquels auroient rang & seance avant tous les Avocats.

Par autre Arrêt du Conseil du 11. Avril 1669. intervenu entre les Officiers du Siege de la Barre Ducale du Duché Pairie de *Mayenne*, & les Officiers de l'Election du même lieu, ceux de la Barre Ducale ont été maintenus dans le droit de preceder dans toutes les assemblées, tant en corps qu'en particulier, les Officiers de l'Election, avec défenses ausdits Elûs de les y troubler.

Par autre Arrêt du 17. Décembre 1675. rendu au Conseil entre les Officiers de l'Election de *saint Quentin*, & les Avocats du Siége Royal, a été ordonné conformément à l'Arrêt du Conseil du 14. Avril 1660. & autres Reglemens du Conseil donnez en consequence, que les Elûs précederont les Avocats de saint Quentin en toutes Assemblées & marches publiques & particulieres, soit qu'ils veüillent marcher à côté des Officiers du Bailliage, conformément à la Déclaration du mois de Mars 1633. ou les suivre immediatement; avec défenses aux Avocats de les y troubler sur peine de 1500. liv. d'amende, dépens dommages & interêts ; l'Arrêt déclaré commun avec les Officiers du Grenier à Sel, les Avocats condamnez aux dépens.

Enfin par autre Arrêt du Conseil le 21. Mars 1679. entre les Officiers de l'Election de *Mortagne*, & les Avocats du Bailliage du Perche, & Siége Royal de Mortagne,il a été ordonné que dans toutes les assemblées publiques & particulieres, & dans les ceremonies de l'Eglise, les Elûs precederont les Avocats, & que le corps de l'Election marcheroit immediatement aprés les Officiers du Bailliage, avec défenses de les troubler, & les Avocats condamnez aux dépens *Memorial alphabetique*, verbo *Elûs, nomb.* 21.

235 Par l'article 20. du Reglement de 1688. *in verbo Procedures*; il est dit que les Officiers des Elections & Greniers à Sel ne pourront juger en dernier ressort qu'ils ne soient au nombre de cinq au moins, & s'ils sont en moindre nombre de Juges, ils pourront appeller des Graduez ou Praticiens, & seront tenus dans les Sentences qu'ils rendront de cette qualité, de mettre ces termes *par Jugement en dernier Ressort. Ibidem* verbo *Sentences, n.* 5.

236 Les Elûs ne peuvent faire leurs chevauchées deux années consecutivement en même Paroisse; ils doivent changer tous les ans de département sans pouvoir reprendre les Paroisses qu'ils auront une fois euës en département, qu'ils n'ayent été en toutes celles de leur Election. Arrêt de la Cour des Aydes de Paris du premier Mars 1696. *Journ. des Aud. tom.* 5. *liv.* 12. *ch.* 11.

EMANCIPATION.

De Adoptionibus, & Emancipationibus, & aliis modis quibus potestas solvitur. Digest. lib. 1. *tit.* 7.
De Emancipationibus liberorum. Cod. lib. 8. *tit.* 49.
Lex 12. *tabb. t.* 13. *c.* 3. *Quibus modis jus patria potestatis solvitur. Inst.* 1. 12. . . *Ulp.* 10.
De conjungendis cum Emancipato liberis ejus. D. 37. 8. . . . Ce Titre regarde la succession d'un pere qui a émancipé son fils, & retenu ses petits fils dans sa puissance. *Voyez* Succession.
Si à Parente quis manumissus sit. D. 37. 12. . . . . *Manumissus:* 1. e. *Emancipatus.* Que les ascendans succedent aux enfans qu'ils ont émancipez.
De Emancipatione, & dotis restitutione. Leon. Novel. 25.
Voyez Adoption, âge *nomb.* 37. *& suiv. &* le mot Benefice *nomb.* 1. & le mot *Pere*.

1 *Voyez* hoc verbo *la Bibliotheque du Droit François par Bouchel, l'indice des droits Royaux nouvelle édition, & le Recüeil des Arrêts d'Henrys* édition de 1708. *tom.* 1. *li.* 4. *quest.* 13. où les Observations de M. B. J. Bretonnier sont tres solides, & renferment tout ce qui peut être dit, & se présente frequemment dans les pays de Droit écrit.

2 *De præsumpta emancipatione.* Voyez *Stephani , decision.* 49.
Voyez cy-aprés les *nomb.* 35. *&* 36.

3 Le pere émancipant son fils, & luy restituant les biens de sa femme, qu'il n'étoit tenu de rendre qu'aprés sa mort, n'est censé en cette restitution avoir fraudé ses creanciers. Arrêt du Parlement de Toulouse du 20. Avril 1630. *Cambolas li.* 6. *ch.* 8.

4 Quoy qu'un Curé en servant sa Cure ait demeuré plus de dix ans hors de la maison de son pere, par Arrêt du 27. Avril 1657. il a été jugé qu'il n'étoit pas censé émancipé, parce qu'étant obligé à la résidence & au service de sa Cure, par les Ordonnances Royaux, son pere ne pouvant l'en empêcher, cette tolerance ne peut pas être prise pour un acte de volonté. *Graverol sur la Rochestavin, liv.* 6. *tit.* 44.

5 Par Arrêt du Parl. de Bourdeaux du 14. Août 1671. il a été jugé qu'une emancipation faite par vertu d'une procuration étoit nulle, & de nul effet & valeur. *Voyez la Peirere lett. E. n.* 6.

EMANCIPATION, FRUITS.

6 Si le pere émancipant le fils, émancipe les petits fils, & si le pere à la moitié des fruits émancipant son fils, *in præmium emancipationis*. Boniface *tome* 4. *li.* 5. *titre* 7. *chap.* 1. observe que les questions sont demeurées indécises.

7 Un enfant de trois ans peut être valablement émancipé, & le pere n'a rien sur le bien du fils, quand il ne se reserve rien dans l'émancipation. *Voyez Basset to.* 1. *li.* 2. *tit.* 33. *ch.* 2.

8 Jugé en 1610. au Parlement de Grenoble que le prix de l'émancipation que le pere fait est la moitié de l'usufruit sur les biens du fils de famille, excepté son Pecule castrense. *ibidem ch.* 1.

9 Le pere fait les fruits siens, nonobstant l'émancipation jusqu'au mariage de son fils. Arrêt du Parlement de Dijon du 24. Août 1647. la raison est que le pere qui émancipe son fils, ou pour luy donner, ou pour aller au retrait lignager, fait le profit de ce fils; mais ne se départ pas de la puissance paternelle ni des droits qui luy appartiennent en consequence *Taissand sur la Coûtume de Bourgogne tit.* 6.*art.*7. *n.* 5.

10 Par Arrêts du Parlement de Toulouse du 28. Juin 1664. jugé que Tyranni Avocat pere n'ayant rien reservé dans l'emancipation de son fils,ne pouvoit pas demander la moitié de l'usufruit des biens d'une tante qui avoit institué ce fils, & qui étoit decedée avant l'émancipation,l'entier usufruit desquels biens avoit par consequent appartenu au pere, *jure patria potestatis*. Il est vray que le pere avoit marié ce fils quelque temps aprés son émancipation & dans le Contract du mariage luy avoit donné un Office de Conseiller au Sénéchal, & certains autres biens, sans faire aucune mention de cet usufruit; & même il avoit souffert que pendant trois ou quatre ans ce fils joüit de l'entiere hereditè de cette tante *plenò jure*, & n'avoit fait cette demande de la moitié de l'usufruit qu'aprés s'être broüillé avec ce fils. *Voyez De Catellan , liv.* 4. *chap.* 53.

11 Jugé au même Parlement de Toulouse en 1688. que le pere retient la moitié de l'usufruit, *in præmium emancipationis* quoy qu'il ne l'ait pas reservé. *Ibidem.*

12 Le pere qui a émancipé son fils ne peut prétendre part en l'usufruit des biens adventifs acquis par le fils aprés l'émancipation.
Pour conserver la portion de l'usufruit sur les biens maternels que la Loy luy attribuë, il n'est pas necessaire que la reservation en soit expressément stipulée dans l'acte d'émancipation; au contraire pour l'en priver il faudroit que la renonciation fût expresse. *Duperier , liv.* 3. *quest.* 12.

EMANCIPATION, JUGE.

13 Emancipation doit être faite devant le Juge. Par Arrêt de Toulouse du 11. Decembre 1595. une émancipation faite devant un Notaire & deux témoins a été cassée. Arrêts semblables des 3. Janvier 1604. & 20. Mars 1630. *Voyez Cambolas li.* 2. *ch.* 11.

14 Un pere ayant émancipé son fils devant un Juge Seigneurial qu'il a institué dans une de ses terres, l'émancipation est valable. Arrêt du Parlement d'Aix du 11. Décembre 1687. *au* 2. *tom. du Journal du Palais* in folio *p.* 707.

15 Arrêt du Parlement de Provence du mois de May 1655. qui a déclaré nulle l'émancipation d'un fils faite sans la présence du Magistrat, parce qu'elle est requise pour faire les interrogations tant au pere qu'au fils, & les informer de cette émancipation & du préjudice d'icelle, Cet Arrêt est rapporté par *Boniface en son tom.* 2. *li.* 1. *tit.* 6. *ch.* 1.

16 Quoique l'emancipation ne puisse se faire devant un Notaire, si ce n'est *quoad inchoandam non quoad eam legitimè perficiendam*, néanmoins le 6. Avril 1666. au Parlement de Toulouse une émancipation faite simplement devant un Notaire fut confirmée. Il se peut faire que la Cour eut égard à la fortune du fils, & à ce que le pere avoit souffert qu'il agit comme pere de famille en des affaires importantes.

Voyez Albert lettre E. verbo Emancipation.

17 Par Arrêt du même Parlement de Toulouse au mois d'Août 1677. jugé que l'émancipation faite devant un Notaire étoit bonne ; cette décision est formellement contre les Loix Romaines, & contre plusieurs Arrêts rapportez par M. de *Cambolas li. 2. ch, 11.* mais elle a été confirmée par un Arrêt du 5. Juillet 1696. dans ce cas ; un pere étant dans sa maison émancipa son fils devant un Senéchal de Beziers en présence d'un Notaire & deux témoins, à laquelle émancipation le Magistrat interposa son decret & autorité judiciaire, enjoignant au Notaire d'en retenir acte, ce qui fut fait. *Voyez les Arrêts de M. de Catellan li. 4. chap. 52.*

18 Par disposition de Droit, le fils de famille mineur non émancipé, ne peut ester en jugement sans l'autorité du pere; s'il est majeur, il ne peut alleguer un procez jugé contre luy. Arrêt de Grenoble du 3. Avril 1460. *Bibliotheque de Bouchel*, verbo *Estat.*

LETTRES D'EMANCIPATION.

19 *Voyez* le mot *Age* nomb. 37. & suiv. & le mot *Benefice* nomb. 1.

20 Le Benefice d'âge obtenu du Prince, fait que celuy qui l'a obtenu est reputé majeur, & entre en ses heritages avant que le bail fait par son tuteur soit expiré. Jugé le 3. Juillet 1574. *Charondas, liv. 3. Réponse 14.*

EMANCIPATION, MARIAGE.

21 De l'émancipation par le mariage, *Voyez* le mot *Autorité* nomb. 6. & cy-après verbo *Mariage.*
Voyez La Rochestavin liv. 6. tit. 44.
De filiâ liberatâ per contractum matrimonii à paternâ potestate. Voyez le traité fait Per Rodericum Suares, in Legibus fori.

22 Par Arrêt du 14. Juillet 1597. une fille mariée, quoy qu'elle fût mineure, a été jugée émancipée & son testament confirmé. *Bibliotheque de Bouchel*, verbo *Emancipation.*

23 Le pere present au mariage de son fils qui n'est point émancipé est responsable de la seureté de la dot. Arrêt du Parlement de Grenoble du 23. Février 1638. il en est autrement si le fils est émancipé. *Basset, tom. 1. liv. 4. tit. 5. chap. 5.*

24 De l'émancipation promise par le pere dans le mariage de son fils, si le pere en fait refus, il peut être contraint par l'autorité de la Justice de l'accorder. Arrêt du même Parlement de Grenoble du 29. Mars 1666. par lequel la Cour ordonna que le pere dans trois jours après le commandement qui luy en seroit fait émanciperoit son fils, à faute de quoy il étoit declaré duëment émancipé par la Cour. *Basset, tome 2. liv. 4. tit 12. chap. 5.*

25 Hors de la ville de Toulouse & dans les autres lieux du Ressort du Parlement, il est certain que conformément au Droit Romain le mariage n'émancipe point, si ce n'est que le fils de famille ait habité pendant dix ans séparément de son pere, & de son consentement, & agy pendant ce temps-là comme pere de famille. *L. 1. cod. de pat. pot. L. post mortem 15. ff. de adopt. Nov. Leonis 15.* Il en est de même de la fille ; mais il faut que cette séparation de dix ans ait été une séparation non nécessaire ; ainsi une fille mariée n'est pas émancipée pour avoir demeuré dix ans separée de son pere, & dans la maison de son mari, suivant les Arrêts rapportez par *M. de Cambolas, liv. 1. chap. 27.* & par *M. Dolive, liv. 3. chap. 3.* Le mariage qui oblige la femme de suivre son mary, la separe necessairement de son pere ; mais si devenuë veuve elle demeure ainsi separée de son pere, elle est émancipée, comme il a été jugé le 2. May 1646. après partage. *Voyez M. de Catellan liv. 4. Chap. 51.*

26 Jugé en la Chambre de l'Edit de Castres le 3. Decembre 1650. qu'une émancipation faite d'un fils par Contract de mariage n'étoit suffisante pour mettre le fils hors de la puissance paternelle, & luy donner droit de faire des acquisitions en son propre ; il étoit necessaire qu'elle eût été faite devant le Magistrat. Cependant le Contract avoit été insinué. Le Rapporteur dit en sortant que si dans l'acte d'insinuation l'on eût exprimé *nominatim*, que l'émancipation auroit été insinuée aussi-bien que la donation, il eût passé sans difficulté à faire valoir l'émancipation. *V. Boné, Arr. 93.*

27 De l'émancipation des enfans par le mariage en païs de droit écrit. Arrêt du 3. Septembre 1667. *Soëfve, tome 2. Cent. 4. chap. 4.*

28 L'émancipation faite en contract de mariage sans les formalitez requises est nulle. Ainsi jugé au Parlement de Provence en 1668. *Boniface to. 1. li. 7. tit. 6. ch. 2.*

29 Un pere mariant son fils, l'émancipe dans le contract de mariage en ces termes ; *J'émancipe mon fils & le mets hors de ma puissance, pour gerer & négocier, & faire tous actes d'un homme libre & pere de famille.* Le fils pendant la vie du pere fait une donation à cause de mort à sa femme ; le pere après la mort du fils conteste cette donation, à la femme sur ce qu'elle avoit été faite sans son consentement. Arrêt du Parlement de Bourdeaux du 4. Juin 1646. qui a jugé la donation bonne.
Pareil Arrêt donné le 30. May 1657. ces Arrêts fondez sur la Loy *post mortem ff. de adoptione*, la Peirere *lett. E. n. 6.* dit *Je crois neanmoins que la Loy & les Arrêts n'ont lieu qu'à l'égard du pere, & que l'heritier ab intestat, du fils de famille, ou autre, pourra contester la donation.*
Voyez cy-après verbo *Mariage*. §. *Mariage, Emancipation.*

EMANCIPATION, PAUVRETÉ.

30 Si la pauvreté oblige une fille de sortir de la maison de son pere pour aller ailleurs gagner sa vie en qualité de servante ; cette fille n'est pas émancipée par le laps de 10. ans, parce que c'est une séparation forcée où la necessité la contrainte, & à laquelle le pere a consenti malgré luy. Arrêt du Parlement de Toulouse du 11. Decembre 1648. rapporté par M. de Catellan *liv. 4. chap. 51.*

PRESTRE EMANCIPÉ.

31 Fils de famille ne sort de la puissance paternelle par la Prêtrise, *secus*, s'il est fait Evêque ou Archevêque. *Voyez Papon li. 7. tit.1. n. 14. & suiv.* où il parle de l'émancipation tacite, expresse, & particuliere.

32 Un Curé attaché necessairement à sa Cure, & à la maison du Seigneur, pour laquelle il doit quitter celle de son pere n'est point émancipé par cette séparation pendant l'espace de dix ans. Arrêt du Parlement de Toulouse du 27. Avril 1657. après partage. *M. de Catellan liv. 4. chap. 51.*

EMANCIPÉ RESTITUÉ.

33 Arrêt du Parlement de Provence du 10. May 1686. qui a reçû un fils émancipé à reprendre les biens donnez par son pere, après les avoir répudiez, ainsi l'émancipation ne fut point jugée un obstacle à la restitution. *Boniface, tom. 5. liv. 1. tit. 25. chap. 6.*

34 Le fils non émancipé ne se peut obliger valablement avec son pere pour cause de prêt solidairement. Arrêt du Parlement de Grenoble du 9. Novembre 1625. il en seroit autrement pour cause de société, ainsi qu'il a été jugé les 14. Juillet 1651. & dernier Mars 1654. *Basset, to. 2. liv. 4. tit.12. ch. 61.*
Voyez cy-après les mots *Fils de Famille, mineurs,* & au 3. vol. de ce Recüeil leur institution.

EMANCIPATION TACITE.

Voyez cy-dessus le nomb. 2.

35 Par Arrêt du Parl. de Toulouse du 27. Mars 1580. rendu en la cause de Fregeville & de Bedich, jugé que la fille separée du pere, après 10. ans étoit censée émancipée & pouvoit tester : mais c'étoit peut-être entre des gens de la ville de Toulouse. *Voyez la Rochestavin tit. 54. art. 1. &* Albert verbo *Testament, article 30.*

36 Par la Coûtume de Toulouse tit. 3. *de emancipationibus*, la fille est émancipée par une tacite émancipation, si le pere la marie & luy constituë une dot, & le fils est aussi tacitement émancipé si le pere en le mariant, luy a fait une donation à cause des nôces; *habentur pro emancipatis & testari possunt*, les auteurs tiennent qu'il faut qu'il ait habité quelques jours *seorsim à patre*. Arrêts des 23. May 1664. 13. May 1679. & en Juillet 1688. qui confirment cette maxime. *V. M. Catellan liv. 4. ch.* 51. où il observe que cette Jurisprudence n'a pas lieu à l'égard des filles, le mariage ne les émancipe point, & ne leur permet pas de tester excepté en faveur des enfans & de la cause pie. Il y a neanmoins eu Arrêt au Parlement de Bourdeaux dans une affaire évoquée qui a jugé que l'émancipation avoit lieu; un testament fut confirmé. Le Greffier de Toulouse & Messieurs les gens du Roy donnerent chacun un certificat contraire à l'usage. Les gens du Roy étoient pour la validité du testament en vertu de l'émancipation.

EMANCIPATION, TESTAMENT.

37 Par la Coûtume generale du Royaume, la fille mariée est émancipée par le moyen du mariage. Toutefois ne pourra faire testament. *Brod. Lett. R. nomb.* 54. 1. id. *Loüet & Brod. lett. M. nomb.* 18. 1. id. Argent. art. 410. gl. 1. nomb. 3. *in perpetuum*; vid. Chopin, Paris. lib. 2. tit. 4. nomb. 7. *cont. Vignes* tit. 2. Dans nôtre Ressort dit la Peirere, lettre E. nom. 6. il faut émancipation judiciaire dans les formes de la fille mariée pour pouvoir faire testament, nonobstant la disposition de la Coûtume generale du Royaume.

EMPEREUR.

Nom que les Romains accordoient d'abord à tous les Generaux d'armées & ensuite aux Maîtres de la Republique, mais aujourd'huy reservé au Chef de l'Empire d'Allemagne. Les traitez & ouvrages suivans donneront les éclaircissemens necessaires tant sur les droits que sur ceux de la France, *ubi Rex nomen Imperatoris obtinet.*

De Imperatore. Voyez les traitez faits. *Per Restaurum Castaldium & per Hippol. de Marsiliis Breviter.*

De origine ac differentiâ Principatus Imperialis, Regalis, & antiquitate & Justitia utriusque, & in quo alter alterum excedat, & à quo & quibus causis Reges corrigi & deponi possunt. Voyez le traité fait, *per Rodericum Episcopum Zamorensem.*

De Officio Imperatoris. Voyez ce qui a été écrit, *per Claudium Cotereum.*

De Potestate Papæ & Imperatoris. Voyez le traité fait, *per Antonium Roxellum.*

De virtutibus bonorum Imperatorum. Per Julium Ferretum.

Epitome du Tresor des antiquitez, où les vrayes médailles des Empereurs, traduits de Strada par Louveau. Lyon. 1553.

Auctores varii de Jurisdictione Imperiali, & potestate Ecclesiastica, nec non de juribus Regni & Imperii. Basileæ 1566.

Constitutiones Imperiales, edita à Goldasto, tom. 2. Hanoniæ 1609.

Paurmeisterus à Kochstet, *de Jurisdictione Imperii Romani* Ffurti. 1616.

Arumæus *de Comitiis Romano-Germanici Imperii.* Jenæ 1630.

Repræsentatio Reip. Germanica sive tractatus varii de Imperii Germanii regimine, &c. Noriberga 1657.

Practicarum, observationum, tam ad processum judiciarum, præsertim Imperialis cameræ, quam causarum decisiones pertinentium, libri duo.

De pace publica, & proscriptis, sive Bannitis Imperii, Libri II.

De Pignorationibus, liber singularis.

De manuum injectionibus, sive arrestis Imperii, tractatus, c'est le titre d'un livre fait *per nobilem ac clarissimum J. C. D.* Andream Gaill, *Agrippinatem Cæs. Majest. à Consiliis*; &c. *congesta, & ad utilitatem eorum potissimum, qui in foro versantur, in lucem edita. Editio postrema correctior. Ex ultimâ recognitione Gualteri Gymnici. J. C. Agrippinensis. Prioribus omnibus multò auctior & castigatior.* Amstelodami, excudebat Joannes Stamnius, anno CIƆ. IƆ. CLXIII.

Si de feudo imperii controversia fuerit, an camera sit judex competens. Voyez *Andr. Gaill. lib.* 1. *observat.* 29.

Capitulum Cathedralis Ecclesiæ, an immediate in Camera Imperiali conveniri possit. Ibidem. *Observat.* 30.

Quod narrata supplicationum, fundent Jurisdictionem Cameræ Imp. Ibid. *Observat.* 31.

Quod Jurisdictio Imperialis, Cameræ continentiâ causarum fundetur. Ibidem. *Observat.* 32. & cy-après le mot *Roy.*

Des Justes prétentions du Roy, sur l'Empire par Aubery. Par. 1667.

Monzabanus *de statu Imperii Germanici*, in 12. Verona 1668.

Histoire de l'Empire, par Heiss, 2. vol. in 4. Paris 1684.

Imperator licèt ante insularum adeptionem administret, tamen non nisi consecratus & coronatus Imperatoris nomine gaudet, Voyez *Franc. Marc. tome.* 1. question 261.

De Electione Regis Romanorum ut Imperator fiat. Ibidem quæst. 938.

L'Empereur a un indult appellé *Indultum primarum Precum Imperatoris* qui luy donne droit d'adresser ses premieres prieres aux Chapitres des Eglises Cathedrales & Collegiales, pour pourvoir les personnes par lui recommandées, de la premiere dignité ou Canonicat qui vaquera par mort. Ce droit est tel que celuy du Roy de France nommé *Joyeux avenement,* il en sera parlé *cy-après lettre J.* au mot *Joyeux avenement.* Voyez *Pinson en son Traité des Regales, chap.* 11.

EMPHITEOSE.

Emphithéose. Bail Emphitheotique... *Emphyteusis.* Ἐμφύτευσις *Insitio.* Voyez au 1. tome de ce Recuëil, le mot *Bail*, nomb. 304. & *suiv.*

De Emphyteusi. l. 3. 25. *de locatione.* §. 3.

De Jure Emphyteutico. C. 4. 66.

Si ager vectigalis, id est, Emphyteuticarius petatur. D. 6. 3. . . Ce titre parle d'une espece de revendication qui appartient à celui qui possedoit un fond, non pas comme proprietaire, mais à titre d'Emphiteose, de Précaire, de Bail à longues années, de Bail d'heritage à rente, &c. *V.* Revendication.

De superficiebus. D. 43. 18. . . *Superficies*, au sens de ce Titre, est une espece d'Emphiteose; car *Superficies*, signifie une construction faite sur le fonds d'autrui, dont on a acheté ou loüé seulement la superficie. *Superficiarius*, est une espece d'Emphiteote qui possede la sur-face d'un fond. *Superficies*, s'entend ici des heritages de la ville; & Emphiteose se dit aussi de ceux de la campagne.

De fundis Patrimonialibus, Emphyteuticis, & eorum conductoribus. C. 11. 61. Fonds du Domaine du Prince, pris en Emphiteose.

De mancipiis & Colonis Patrimonialium & Emphyteuticorum fundorum. C. 11. 62.

De collatione fundorum Patrimonialium, & Emphyteuticariorum. C. 11. 64. . . C. th. 11. 19. . . Les Emphiteotes des fonds appartenans au Domaine du Prince, sont exempts des charges extraordinaires.

De locatione prædiorum civilium, vel fiscalium, seu Templorum sive rei privatæ, vel Dominicæ, C. 11. 70. . C. th. 10. 3. . . Du loüage à longues années, & à perpetuité, ou Emphiteose.

De Conductoribus & Procuratoribus, sive actoribus prædiorum fiscalium, & Domus Augusta. C. 11. 71. . . C. th. 10. 4. & 26.

F iij

Quibus ad conductionem prædiorum fiscalium accedere non licet. C. 11. 71. V. Vassal.

De Jure Emphyteutico. Voyez les traitez faits per *Julium Clarum* & *Per Guidonem de Suzarià.*

Corbulus de Jure Emphiteutico. in 8. Colon. 1583.

Rutheri Rulandr, Thesaurus Juris emphiteutici. in 8. Ffurti 1618.

Du contract d'emphiteose. *Voyez Franc. de Claperiis quest. 1. cauf. 15. Despeisses tome 3. page 31. Chorier en sa Jurisprudence de Guy Pape p. 243. Les décisions du Parlement de Dauphiné recueillis par Franc. Marc. tome 1. quest. 253.*

De l'acte qualifié bail emphiteose, & dont les clauses ne paroissent pas être d'emphiteose. *Voyez les Arrêts de M. de Catellan liv. 3. chap. 41.*

Des baux emphiteotiques ; le preneur ne peut détériorer, il peut être expulsé faute de payement, & autres questions décidées par le Droit. *Voyez le 1. tome des Loix Civiles li. 1. tit. 4. section 10.*

1 *Res emphiteuticaria revertens ad dominum defectu hæredis aut jure commissi aut desamparationis redire debet immunis ab omni onere hypotheca. Voyez Francisci Stephani decis. 77.*

2 *Emphiteuta negans se emphiteutam, sua possessionis titulum ostendere non tenetur. Emphiteuta qui fatetur emphiteusim, & negat se habere instrumentum, quod ab emphiteusi incontinenti expelli possit. Voyez Franc. Marc. to. 1. quæst. 606.*

3 *Emphiteusim finitam si dominus directus extraneo concedere vult, proximiores cognati præferri debent etiam intra annum. Idem tom. 2. quest. 105.*

4 Quand au bail emphiteotique, il y a ces mots, *au survivant le tout tenant*, il y a lieu *juri adcrescendi*: celuy qui est de la derniere vie aura tout, & ceux qui sont des vies subsequentes n'y auront rien, quoi qu'ils soient mediatement heritiers des preneurs, ou de leurs enfans ; mais quand ces mots *le tout tenant*, n'y sont pas, & que l'on a mis au bail emphiteotique, à la troisième, ou à la quatrième vie, & au survivant ; ce mot *au survivant, appositum videtur ad definitionem temporis*, & non pas, *ad definitionem & determinationem personarum.* En ce cas tant qu'il y en aura un de la derniere vie survivant, il joüira de sa portion du bail emphiteotique, & ceux qui sont des vies subsequentes, venus de preneurs mediatement joüiront de leurs parts & portions hereditaires du bail emphiteotique tant que celuy de la derniere vie vivra ; ainsi jugé par Arrêt prononcé en Robes rouges. *Bibliotheque de Bouchel, verbo Emphiteose.*

5 Par Arrêt donné à Tours le 4. Mars 1563. jugé que l'emphiteote étoit mal fondé à demander rabais & diminution, pour la non-joüissance à cause des guerres. *Ibidem.*

6 Bail emphiteotique fait au mary & à la femme pour eux & leurs hoirs ; la femme peut joüir solidairement aprés le décez du mary, quoi qu'elle ait renoncé à la communauté. *Papon li. 1. tit. 13. n. 4.* rapporte cet Arrêt qui est cité par *Charondas li. 3. de ses Reponses chap. 59.*

7 Arrêt du Parlement de Toulouse de 1563. & 18. Juillet 1579. qui ont relevé des mineurs des contracts emphiteotiques & baux à nouveaux fiefs par eux faits lors qu'il y avoit lesion d'outre moitié. *Bibliotheque de Bouchel, verbo Mineurs.*

8 Le loüage perpetuel ne peut être empêché par le Seigneur en vertu de la clause apposée en toute reconnoissance prohibitive aux emphiteotes de mettre cens sur cens, parce que ce n'est surcens, mais le prix du loüage, lequel ne diminuë la rente du Seigneur ni le droit de lods, parce que le Seigneur a double lods, l'un quand le fonds se vend, & l'autre lors que la rente retenuë se vend : ce qui n'a lieu és directes du Roy, esquelles par Arrêt de Toulouse du 22. Avril 1556. tels baux à loüage perpetuels sont défendus. Autres Arrêts des mois de Juin & Juillet 1577. ibid.

1578. *La Rocheflavin des Droits Seigneuriaux chapitre 1. art. 19.*

9 Emphiteote ne peut changer la face de la chose au préjudice du Seigneur. Arrêt de l'an 1585. contre un emphiteote des Religieuses de Boulanc, qui fut empêché de convertir un champ à grain en édifice, court, jardins, & clos de vignes ; ce qui a lieu seulement quand l'interêt du Seigneur est notable ; car autrement s'il y avoit commodité du labourage ou necessité de foins, pâturages, vin, bois, granges ou étables, ou la terre étoit maigre & plus propre en vignes ou bois qu'à porter grains ; l'emphiteote bon menager n'en doit ni n'en peut être empêché ; cela même est avantageux au Seigneur par l'amelioration du fond pour les lods & ventes. *Ibidem chap. 11. art. 5.*

10 L'Emphiteote peut bailler les terres qu'il tient en locatairie perpetuelle. Arrêt du Parlement de Toulouse du 22. Avril 1593. *Cambolas li. 1. ch. 42.*

11 Emphiteote ayant bâti une maison, n'étant tenu que d'entretenir, contraint de deguerpir, emporte tout ce qu'il peut du bâtiment. Jugé les 18. Décembre 1597. & 21. Mars 1631. Idem *Cambolas livre 2. chap. 34.*

12 Tout emphiteote doit meliorer, non détériorer le fond qui luy a été donné ; & un marchand de Toulouse a été condamné à rebâtir dans trois mois le bâtiment qu'il avoit démoli, à peine de privation du fond, luy faisant défenses de plus démolir sur même peine. Arrêt du premier Juillet 1601. *La Rocheflavin des Droits Seigneuriaux, chapitre 11. article premier.*

13 Par Arrêt du 4. Juin 1604. jugé que le détempteur à titre d'emphiteose doit exhiber son titre. *Tronçon sur Paris art. 73. Item,* jugé par Arrêt du 29. Novembre 1607. qu'il ne doit ni lods ni ventes. *Ibidem.*

14 Le mot d'*Alienation* comprend le contrat emphiteotique. *L. Alienationis de verb. signf.* le *ch. Nulli Extr. de Ecclef. ædif. vel reparand.* Arrêt du Parlement de Dijon du 26. Juin 1614. *Bouvot tome 2. verbo Alienation, quest. 1.*

15 Si l'emphiteote ayant chargé un fond d'une pension obituaire annuelle & perpetuelle, doit le droit d'indemnité au Seigneur. Les Docteurs ont répondu que ce droit est dû au Seigneur ; la raison qu'ils en rapportent est, que par cette imposition le fond est rendu de moindre valeur ; ce qui par une consequence infaillible diminue le profit des rentes dûes au Seigneur, & qui luy doivent appartenir ; & il ne peut jamais arriver que la rente obituaire serve de remplacement de cette diminution, d'autant qu'étant inalienable, & ainsi hors du commerce des hommes, elle ne peut produire aucun profit au Seigneur ; le Parlement de Toulouse l'a ainsi jugé par Arrêt du 15. May 1628. aprés un partage fait ; & porté de la premiere Chambre à la deuxième des Enquêtes, en interprétation du premier Arrêt rendu sur cette question. *Voyez Dolive dans ses Questions notables li. 2. ch. 14.*

16 Jugé au Parlement d'Aix le 7. Février 1639. que l'emphiteose constituée à prix d'argent, est rachetable. *Boniface tom. 1. li. 3. tit. 4. ch. 5.*

17 L'emphiteote est tenu de bailler son dénombrement à ses frais, *&c. C. M. tit. 1. des Fiefs. §. 8. nomb. 4. circa med.*

18 La chose emphiteotique peut être librement échangée, donnée & venduë : mais si l'emphiteose est Seigneuriale, il faut que le nouveau possesseur prenne investiture du Seigneur, & qu'il luy paye ses droits qui sont la cinquantiéme partie du prix dans le droit commun ; il est certain neanmoins qu'aujourd'huy elle peut prendre sans son consentement. *Voyez Guy Pape quest. 46. Chorier en sa Jurisprudence du même Auteur p. 246.*

EMPHITEOTE, BATIMENS.

19 Bâtimens faits par Emphiteote. *Voyez* le mot *Bâ-*

timens, nomb. 30. & suiv. & cy-après le nombre 61. & suivans.

Par Arrêt du 3. Mars 1597. jugé que le preneur à titre d'emphiteose, qui contre la Loy du contract a fait des bâtimens, ne les peut répeter, le bail fini, per L. 2. Cod. de præd. Loyseau liv. 6. du Déguerpissement chapitre 6. Tronçon sur Paris, article 109.

EMPHITEOSE DE BIENS D'EGLISE.

19 bis Voyez le mot *Alienation de biens d'Eglise*, nomb. 31. & suiv. & le mot *Bail*, nomb. 317. & suiv. & les Memoires du Clergé, tome 3. part. 3. titre 6. chapitre 2. Biblioth. Can. tom. 1. page 57.

20 Baux emphiteotiques faits par l'Eglise sont veritables alienations. Boniface tome 3. li. 6. tit. 11. chap. 1. & cy-dessus le nomb. 14.

21 *De re emphiteuticariâ noviter monasterio per quemdam ex Monachis quæsitâ.* Voyez Franc. Stephani Decis. 10.

22 *Emphiteusis Ecclesiæ si concedatur pro se & uno herede tantum, quod de primo harede intelligendum sit.* Voyez Franc. Marc. tom. 1. quæst. 103.

23 *Nepos ad emphiteusim Ecclesiasticam admittitur virtute contractus: licet neque natus, neque conceptus sit nonobstante patris repudiatione.* Ibidem to. 2. quæst. 104.

24 *Ecclesia emphiteusi finita, ut investitura hæredibus emphiteuta renovetur, compelli potest : nisi emphiteusi culpâ emphiteusis finita sit.* Ibid. quæst. 105.

25 Un Prieur ayant fait irriter une concession emphiteotique, faite sans solemnitez par son predecesseur, à un homme qui avoit bâti en la place baillée, celui-ci fut condamné à rendre la place & les fruits, à la charge d'être remboursé des frais du bâtiment utile & necessaire. Jugé au Parlement de Paris. Papon, liv. 18. tit. 4. nomb. 22.

26 Emphiteote ne peut changer la face de la chose, convertir en terre labourable ce qui est en bois, ni en bois ce qui est en terre. *Bibliotheque de Bouchel*, verbo *Emphiteose*.

27 Lorsqu'on a pris à bail emphiteotique qui ne doit jamais durer plus de 99. ans quelques heritages de l'Eglise, à condition d'y faire des bâtimens pour certaine somme, & que le preneur excede de beaucoup ; il n'est pas recevable luy ni ses successeurs à demander la continuation du bail après son terme expiré, sous prétexte d'avoir fait plus qu'il ne devoit. *Nam superficies cedit solo, sivè sciens, sivè ignorans quis in fundo alieno ædificaverit.* Jugé au Parlement de Paris le 3. Mars 1597. entre les Chapellains de la Chapelle de Passy fondée dans l'Eglise de saint Gervais à Paris & la veuve Saintyon Avocat. Voyez la Bibliotheque Can. tom. 1. p. 151.

28 Bouchel en sa Bibliot. du Droit François verbo *Nullité*, dit, nullité d'un bail emphiteotique ou autre, *contra laicum*, se prescrit par dix ans, *contra Ecclesiam* par 30. ans selon le Chapitre, *pervenit de empt. & vendit. & ibi Panorm.* mais s'il y a lezion & nullité tout ensemble, il faut 40. ans contre l'Eglise pour prescrire, autrement s'il n'y a que 40. ans on adjuge supplement par les Arrêts, ainsi que je l'ay appris de mes Anciens.

29 Les Baux emphiteotiques ne se peuvent jamais rescinder ny retracter par quelque lezion que l'on puisse objecter pour y parvenir, si ce n'est de la part de l'Eglise, qui est beaucoup plus favorable que les particuliers, & qui est toûjours restituée en entier, lorsque la lezion est énorme; neanmoins par plusieurs Arrêts ces sortes de Baux emphiteotiques sont confirmez à la charge du supplement du juste prix, ce qui a été ainsi jugé par Arrêt : & par un autre au contraire ces sortes de Baux ont été cassez & rescindez purement & simplement pour l'omission des formalitez desirées par le Droit Canon. *Desin. du Droit Canon. p. 91.*

30 Si la Coutume est de donner des terres en emphiteose, l'Evêque aura la liberté d'en faire nouveau Bail, à moins qu'elles n'ayent été reünies à la mense Episcopale. Cette reünion se fait par la consolidation du Domaine utile avec le direct. Arrêt du Parlement de Grenoble du 6. Février 1448. rapporté par *Chorier en sa Jurisprudence*, de Guy Pape, p. 39.

31 Ce n'est que dans la premiere Emphyteose où les solemnitez doivent être observées, celle qui sera faite après sans solemnité ne sera pas nulle. Arrêt du Parlement de Grenoble de l'an 1456. pour les Richards contre le Prieur de Mirabel, après qu'ils eurent prouvé que le fond que le Prieur pretendoit leur ôter, avoit été auparavant mis en emphiteose, ils furent maintenus dans leur possession. Voyez Guy Pape, quæst. 46. & 112.

32 Par Arrêt du 19. Janvier 1548. fut cassé un bail emphiteotique fait par une Abbesse de S. Sernin de 29. ans en 29. ans en 1442. sans permission de l'Abbé de cette Abbaye, & sans aucune solemnité ; quoyque cette location perpetuelle, eût été faite presque cent ans avant l'Arrêt de cassation, à la charge que, ou à l'avenir l'Abbesse viendroit à relouer ou inféoder les terres avec les solemnitez requises, les anciens locataires & possesseurs seroient preferez à même prix & condition. *Bibliotheque de Bouchel*, verbo *Reconnoissance*.

33 Des biens d'Eglise donnez à titre d'emphiteose. Voyez Pinson, *De rebus Ecclesiæ alienandis vel non.* §. 11. où il est remarqué que *Emphiteusis licet perpetua restringitur ad tertiam generationem.* Ainsi jugé au Parlement de Paris le 23. Mars 1613. Cet Arrêt est rapporté à *Joan. Canutio in tract. alien. ver. Ecclesiæ.*

34 Les Baux emphiteotiques faits du bien d'Eglise, *pro se & suis liberis, ac liberis suorum liberorum*, sont limitez & restraints à trois lignées, sçavoir aux preneurs, leurs enfans, & enfans de leurs enfans ; la raison de douter est que *appellatione liberorum omnes descendentes in infinitum comprehenduntur. L. liberorum. de verborum signif.* La raison de décider est que s'agissant du bien d'Eglise qui est inalienable & dont le Bail emphiteotique doit finir, il en faut restraindre la joüissance aux preneurs, leurs enfans, & enfans de leurs enfans, *Novelle 7. §. emphiteusim. Vide Covarruviam variarum resolut. lib. 2. cap. 17. nomb. 5.* ainsi jugé au Parlement de Paris le 23. Mars 1613. pour le Convent de saint Sulpice de Bourges. *Bibliot. Can. tom. 1. pag. 151.*

35 Arrêt du 13. May 1622. au profit du Prieur de saint Romain de Châtelleraut, qui declare nul un bail emphiteotique à perpetuité. *Ibidem. pag. 152.*

36 Quoy que l'Ordre des Chevaliers de Saint Jean de Jerusalem soit mixte, c'est-à-dire, Ecclesiastique & Laïc, il a tous les privileges des Ecclesiastiques, & il pretend même que la prescription ne court point contre luy : en effet il a été jugé qu'un Bail emphiteotique fait à perpetuité de certains domaines de l'ordre étoit nul, nonobstant une possession paisible de 175. ans, ce qui a encore été jugé pour le Commandeur du Temple d'Agan au Parlement de Paris le 27. Août 1623. *Ibidem. pag. 151. & la Bibliotheque du Droit François par Bouchel*, verbo *Reversion*.

37 Arrêt du Parlement de Provence du 20. May 1639. qui cassa un nouveau Bail emphiteotique fait par l'Evêque de Frejus d'un fief de l'Evêché, & fit inhibition aux Evêques d'aliener les biens de l'Eglise. Le possesseur fut condamné à la restitution des fruits, déduction faite des reparations. *Boniface, tome. 1. liv. 2. tit. 6. ch. 1.*

38 Autre Arrêt du 19. Janvier 1643. qui a cassé après quatre-vingt ans le Bail en emphiteose fait par le Beneficier à son ayeul sans les formalitez requises. *Ibidem.*

39 Arrêt du même Parlement de Provence du 24. May 1647. qui a cassé un nouveau bail fait cinquante qua-

tre ans, avant la refcifion, enfemble la tranfaction faite quarante-trois ans avant la refcifion. *Ibidem.*

40. Le 9. Juin 1651. autre Arrêt qui caffa le bail en emphiteofe d'un Fief fait par un Evêque, quoy qu'il n'y eût formalité fubfequente, & que le revenu du prix du bail fût plus grand. *Ibidem.*

41. Arrêt du même Parlement de Provence du 16. Juin 1653. qui a déclaré nul un bail en emphiteofe du bien d'Eglife fait fans formalitez, enfemble une tranfaction faite fur la refcifion dudit bail. *Ibidem.*

42. Si dans l'emphiteofe de biens d'Eglife il n'y a eu de traité précedent, ni de procedure fur la neceffité ou l'utilité, l'acte eft nul, quoy que les autres folemnitez s'y rencontrent. Arrêt de Grenoble du 15. Janvier 1650. rapporté par *Chorier en fa Jurifprudence de Guy Pape page 40.*

EMPHITEOSE, CENS.

42 bis. Du cens emphiteotique. *Voyez* le mot Cens, *nombre 36.*

EMPHITEOSE, COMMISE.

43. De la commife encouruë par l'emphiteote, *voyez* le mot *Commife*, *nomb. 10. & fuiv.*

EMPHITEOSE, DEGUERPISSEMENT.

44. Si l'emphiteote peut déguerpir ? *Voyez* le mot *Déguerpiffement*, *nomb. 24. & fuiv.*

EMPHITEOSE, ENFANS.

45. Jugé au Parlement de Paris le 14. Août 1522. que l'emphiteofe ftipulée pour foy & pour fes enfans, ne va jufqu'aux neveux, tellement que le neveu enfant de la fœur ou du frere ne doit joüir avec fon oncle ; celuy-cy a la joüiffance du tout. *Le Veft, Arr.4.*

46. Quand le mary & la femme ont pris à longues années, ou à toûjours, pour eux & leurs enfans quelque heritage, fous le nom des *enfans*, font compris tant ceux de leur mariage que d'autres, s'ils proviennent de l'un des deux contractans, *in altero matrimonio juxta decif. Baldi, auth. qui cum eodem de facrof. Ecclef. & in L. cum viri. de cond. & demonft. uterque enim videtur pofteritati fuæ confulere voluiffe arg. L. 6. cum agntiffimi cod. de fid. maximè fi mens contrahentium declarata fuerit ex actibus fequentibus, fcilicet ex ufu & poffeffione*; comme il a été jugé par Arrêt du mois de Novembre 1531. & 1535. rapporté par *Tournet lett. A. Arrêt 54. & aux Additions de Papon.*

47. Le furvivant de ceux à la vie defquels l'emphiteofe eft accordée n'exclut pas les enfans d'un autre prédecedé, ils en joüiffent pour la part & portion de ce prédecedé, *nec eft jus accrefcendi.* Arrêts des 13. Février 1545. 19. Mars 1547. & 14. Août 1549. *Voyez la Bibliotheque de Bouchel*, verbo *Bail.*

48. Le 18. Avril 1576. jugé que fille mariée eft exclufe, même des emphiteofes, fi elle a renoncé aux fucceffions *dote contenta.* Le Veft *Arrêt 146.*

V. cy-après le n. 59. & fuiv. & le mot *Enfans.*

49. Arrêt du Parlement de Provence du 5. Juin 1683. qui a jugé que les Seigneurs ne peuvent pas prétendre les herbages & ramages des biens emphiteotiques, s'il n'y a réferve dans les baux ou reconnoiffances, & que ces mots *Lods & treizains* aufdits baux n'emportent que le fol lods à raifon d'un fol pour florin, s'il n'y a titre ou poffeffion de l'exiger à raifon de deux fols pour florin. Jugé encore que les reconnoiffances & inveftitures paffées fous plus grande charge que les baux ne portent, font réformées & rétablies. *Boniface tome 4. li. 3. tit. 1. chap. 6.*

Voyez cy-après *Lods.*

EMPHITEOSE, PAYEMENT.

50. *Emphiteota moram purgare poteft etiam ante litis conteftationem.* Voyez *Franc. Marc. tome premier queft. 575.*

51. L'emphiteote qui a difcontinué durant trois ans de payer la rente à laquelle il eft obligé, n'eft néanmoins privé de fa poffeffion que par un jugement ; il a la liberté de purger fa demeure. Arrêt de Grenoble de la veille de Noël 1456. rapporté par *Chorier en fa Jurifprudence de Guy Pape*, *pag. 131.*

52. Un bail emphiteotique autre porte claufe de réfolution au cas de ceffation de payement pendant trois ans; Jugé le 23. Février 1545. que cette claufe avoit lieu contre l'heritier de l'heritier, en forte qu'il ne pouvoit alleguer fon ignorance fur le fait de la ftipulation. *Biblioth. de Bouchel*, verbo *Paction.*

53. L'emphiteote qui a été contraint de payer la rente par indivis pour les autres cotenanciers, a fon recours contre iceux pour leurs cottitez. Arrêt du Parlement de Touloufe des 18. Novembre 1572. & 2. Août 1573. *La Rocheflavin des droits Seigneuriaux chap. 6. art. 17.*

54. Quoy que l'emphiteote ne laboure les terres, il eft tenu payer les droits convenus *in traditione rei.* Arrêt du Parlement de Touloufe du 8. Mars 1587. au profit du Seigneur de Villeneufve, par lequel l'emphiteote qui avoit droit d'agrier n'ayant femé les terres fut condamné à payer ce à quoy le droit pouvoit monter *arbitrio boni viri*; & auparavant en Mars 1567. il y avoit eu prefque femblable Arrêt pour de Moret fieur de Montarval, contre Hugues & Pierre Laures ; la Cour condamna Laures en ces termes, à cultiver & femer les terres de Glufel fujettes à champart comprifes és reconnoiffances, & à payer au Seigneur le quart des bleds excroiffans és terres, fuivant les reconnoiffances, & és années que les terres pourront être cultivées & femées à l'avis & jugement d'experts, defquels les parties conviendront. *Voyez la Bibliotheque de Bouchel*, verbo *Agrier*, ou *Champart p. 98.*

55. Arrêt du Parlement de Provence du 26. Octobre 1645. qui a jugé que le Seigneur s'étant mis en poffeffion du bien emphiteotique par ceffation de payement du cens, l'emphiteote pouvoit purger la demeure. *Boniface tome 2. li. 4. tit. 5. ch. 7.*

56. Permis au Seigneur de fe mettre en poffeffion des biens pour joüir des fruits jufqu'à ce que les emphiteotes ayent fatisfait aux droits. Arrêts du même Parlement de Provence du 16. Mars 1665. lequel condamne encore les emphiteotes à payer au Notaire qui prendra les reconnoiffances fous fols pour la prife, & autant pour l'extrait. *Idem tome 1. li. 3. tit. 3. chap. 3.*

Voyez au 3. vol. de ce Recüeil le mot *Payement.*

57. La rente & la penfion acquife à prix d'argent quoy qu'elle foit ftipulée comme emphiteotique portant lods & ventes, fe prefcrit par 40. ans. Arrêt de Grenoble du 21. Novembre 1680. contre le Chapitre de l'Eglife Cathedrale de Grenoble ; elle eft confiderée comme rente emphiteotique fimple, qui fe perçoit par ce même efpace de temps, ce qui a été déterminé par Arrêt fait les Chambres confultées le 28. Juin 1645. *Voyez Chorier en fa Jurifprudence de Guy Pape*, *pag. 243.*

Voyez cy-après verbo *Prefcription.*

EMPHITEOSE, RENONCIATION.

58. Femme qui renonce à la communauté n'eft exclufe du bail emphiteotique. *Voyez* le mot *Communauté*, *nombre 165.*

59. Par la difpofition de Droit les enfans qui renoncent à la fucceffion du pere ne laiffent pas de joüir du bail emphiteotique pour luy & pour eux. Il y a trois Arrêts contraires du Parlement de Paris des 18. Avril 7. Juillet 1576. & 29. Mars 1608. *Bibliot. de Bouchel*, verbo *Emphiteofe.*

60. La fille d'un Fermier qui auroit renoncé aux biens paternels ne peut demander fa portion au bail emphiteotique, c'eft l'efpece de l'Arrêt cité par le *Veft*, & rapporté cy-deffus au nombre 48. Arrêt du 18. Avril 1576. Cet Arrêt fondé fur l'opinion de Jafon, dans la préface de fon Traité des Fiefs, où il fait cette difference, qu'une fille renonçant à la fucceffion paternelle peut en ce cas être admife à fa

part

EMP   EMP   49

part pour un Bail emphiteotique ; mais lors qu'elle renonce aux biens paternels , par cette sorte de renonciation elle est reputée avoir renoncé à toutes sortes de biens quoyque le mot de maternel n'y soit pas énoncé. *Voyez cy-dessus le nomb.* 48. *les Defin. du Droit Can. p.* 91. & *cy-après le mot Renonciation.*

EMPHITEOTE, REPARATIONS.

61   Voyez cy-dessus le nomb. 19.

Emphiteota qui sua culpa molendina diruî passus est, quod ea instaurare & censûs pensionem solvere teneatur, Voyez *Franc. Marc. tom.* 1. *quest.* 325.

62   Le Commis ayant été declaré , s'il y a des deteriorations dans la chose commise , le feudataire ou l'emphiteote sera condamné à les remettre en bon état ; si au contraire il y a des meliorations & des augmentations , le Seigneur en payera la valeur , pourvû neanmoins que ce ne soit ni le forfait ni le dol du feudataire ou de l'emphiteote qui ait donné cause à l'ouverture du Commis. Que si l'emphiteote est depossedé par sa faute, comme si c'est pour n'avoir pas payé durant trois ans la rente emphiteotique , il n'a rien à prétendre. Le Parlement de Grenoble suit cette opinion. *Voyez Gui Pape , questions* 169. 282. 438.

63   *Emphiteuta repetere non potest , quod in extructionem impensum est , si sciens & prudens adificaverit.* Mornac *Cod. de Sacro-sanctis Ecclesiis ; &c.* authent. *qui rem hujusmodi conductam , &c.*

64   Jugé au Parlement de Paris le 3. Mars 1597. au profit des Chapelains de la Chapelle de Passy fondée en l'Eglise de S. Gervais , que ceux qui ont fait bâtir sur un heritage à eux donné en titre d'emphiteose, ne peuvent à la fin du bail repeter les frais des bâtimens ni les meliorations. Même Arrêt du 21. Août 1599. confirmatif d'une Sentence des Requêtes du Palais au profit du Vicaire de saint Hilaire. *Voyez la Biblitheque de Bouchel* , verbo *Emphiteose.* Mornac , *loco citato supra.* Tournet , *lett. A nomb.* 54. rapporte le même Arrêt de 1597. ensorte que le preneur d'un heritage ruiné , à la charge de bâtir jusqu'à certaine somme , ne peut demander la continuation du Bail ni le remboursement des reparations faites outre ce dont il étoit tenu.

65   *Si res emphyteuticaria in totum perierit liberatur emphyteuta canone ; secûs si in partem , nam eo casu non potest emphyteuta emphyteusi cedere sive déguerpir.* Arrêt du 9. Août 1597. Mornac *l.* 1. *C. de jure emphiteutico.*

EMPHITEOSE, RETRAIT.

66   Si l'heritage est baillé en emphiteose à la charge du retrait conventionnel, *id est* qu'en cas que le preneur ou les siens l'allienent pour le tout ou partie , le bailleur ou les siens le pourront avoir pour le prix dans l'an & jour que la vente sera venüe à leur connoissance , en ce cas , le Bailleur & les siens sont preferez au lignager. Ainsi jugé le 21 Mars 1585. entre M. Nicolas de Menant tant en son nom que comme tuteur , & Jean l'Espinette d'une part , & Edme Coeffart Tresorier pour la Cense de Vauluisan. *Bibliotheque de Bouchel*. verbo *Retrait.*

EMPHITEOSE, SAISIE.

67   Acte de Notorieté donné par M. le Lieutenant Civil le 19. Juillet 1687. portant que la joüissance des Baux emphiteotiques , les douaires , ou autres usufruits à vie , ou à longues années , peuvent être saisis ou vendus comme les immeubles à la Requête des creanciers de ceux qui en joüissent. *Recueil des Act. de Notorieté. p.* 35. *&* 36.

EMPHITEOSE, SEIGNEUR REDOUTABLE.

68   Si l'Emphiteose n'ose ou ne veut aller voir les livres terriers ou de reconnoissance dans la maison du Seigneur , pour crainte , haine , ou inimitié à cause de procez , ou autrement , & non en pur mépris du Seigneur , il a été souvent ordonné que le Seigneur remettra son titre entre les mains ou du Commissaire , ou du Greffier de la Cour , ou d'un Notaire

prochain hors la terre en lieu de libre accés , pour y demeurer trois jours pendant lesquels pourront être vûs par l'Emphiteote , & Extrait pris si veut. Arrêt pour un Emphiteote d'Aussonne le 18. May 1600. autre du 9. Novembre suivant au Parlement de Toulouse. *Bibliotheque de Bouchel* , verbo *Reconnoissance.*

EMPHITHEOSE, PLUSIEURS VIES.

69   Quand les biens ont été donnés en emphiteose à deux ou trois vies, & qu'il arrive qu'il ne reste personne de la derniere vie qu'un Religieux Profés, alors le Seigneur direct ne peut prétendre que le Bail en emphiteose soit fini, sinon aprés la mort naturelle du Religieux , pendant la vie duquel les plus proches parens de ce Religieux peuvent continuer la joüissance du Bail , quoy que de leur chef ils soient hors de la derniere vie. *Voyez Taisand sur la Coûtume de Bourgogne tit.* 7. *art.* 23. *nomb.* 1. où il rapporte un Arrêt du Parlement de Dijon du 5. Août 1647.

EMPIRIQUE.

1   ME. *Barnabé le Vest.* Arrêt 196. en rapporte un du Parlement de Paris du 1. Août 1566. contre deux Empiriques. Il fut ordonné par le même Arrêt que les Medecins , Chirurgiens , & Apoticaires s'assembleroient aux Ecoles de Medecine quatre fois l'an pour aviser des remedes convenables à la santé publique.

2   L'Arrêt rapporté par M. Antoine Robert est contre un nommé Hureau qui n'entendoit rien à la Medecine , se mêloit toutefois de faire l'Empirique & usoit de prieres & mots sacrez avec ses drogues ; Les Docteurs en la Faculté de Medecine de Paris plaiderent contre luy : la Cour par son Arrêt du dernier Février 1577. ordonna qu'Hureau subiroit l'examen des Medecins , & jusques à ce qu'il fût par eux approuvé , défenses à luy de pratiquer la Medecine ni d'ordonner aucune chose aux malades. Semblable Arrêt fut donné contre un Italien Empirique le 16. Mars 1599. & par Arrêt il y a défenses avec commination de peine corporelle. Par autre Arrêt un homme qui se disoit Bachelier en la Faculté de Medecine , mais avoit perdu ses Lettres de degré , vouloit exercer la Medecine ; la Cour premierement ordonna que dans six mois il y feroit apparoître de ses Lettres de degré ; & depuis n'en ayant point fait apparoître, il y eut Arrêt du 10. Juin 1606. par lequel défenses luy sont faites d'exercer la medecine. Il y eut une autre dispute remarquable ; un Bachelier en Medecine demeurant en la même ville de Pont-sainte Maixence s'étoit entremis non seulement d'ordonner, mais même de faire & composer les medicamens. Un Apoticaire demeurant en la même ville s'en étoit plaint & luy avoit fait faire défenses par Sentence du Bailly de Sens ; il en avoit appellé , & disoit qu'en toute la ville de Sens il n'y avoit autre Apoticaire que l'Intimé , & qu'encore que la ville fût petite , neanmoins absent ou malade , ou trop empêché. Il n'y avoit point de mal que l'Appellant Bachelier en Medecine, pour le secours des malades s'entremit de la composition des medicamens. Par Arrêt du 20. Février 1595. là Sentence fut infirmée & les défenses levées. *Additions à la Bibliotheque de Bouchel,* verbo *Empiriques.*

3   Défenses à un Empirique d'exercer la Medecine. Arrêt du Parlement de Dijon du 28. Février 1577. *Bouvot, tom.* 1. *part.* 2. verbo *Empirique.*

Voyez *Apoticaire , Chirurgien , & Medecin.*

EMPLOY.

BIENS DOTAUX.

Voyez les mots *Dot* & *Remploy.*

1   *An conventione factâ pro muliere maritandâ quod certa pecunia uxoranda ponatur in depositum, ut*

Tome II.   G

convertatur in hæreditagium pro ipsâ & hæredibus ipsius matrimonii, & ut si ipsorum hæreditagium : & post moriatur maritus post matrimonium factum absque eo quod pecunia fuerit conversa, nullus ex isto matrimonio procreatis liberis, capienda erit pecunia ante omnia super bonis mariti ad utilitatem uxoris, vel si pecunia erit vivente marito deposita, sit convertenda in hæreditagium pro ipsâ uxore Du Moulin, tom. 2. p. 570.

2. Si la femme ne veut accepter employ fait par son mari de ses deniers dotaux, le plus sûr est que tous deux employent. *Voyez Coquille*, tome 2. question 186.

3. La femme est préférée pour son employ au frere de son mary creancier dudit mary present au Contract de mariage. Arrêt solemnel au mois de Septembre 1584. *Montholon*.

4. Berault cite un Arrêt qui a jugé que lorsque le mary est tenu d'employer en deniers dotaux de sa femme, s'il les employe à retirer un heritage au nom de sa femme, il ne pourra les déduire sur ce qu'il étoit tenu d'employer : mais Godefroy estime que cela n'est pas juste, parce que le mary s'étant obligé de faire ce remploy, & n'étant pas tenu de retirer au nom de sa femme s'il ne luy plaît, il a pû faire un remploy de cette nature ; neanmoins l'Arrêt peut être soutenu par cette raison, que le droit de retrait appartenant à la femme, elle en doit profiter, ce qui n'arriveroit pas si le mary pouvoit déduire tout ce qu'il auroit payé. *Basnage, sur la Coûtume de Normandie art. 495*.

5. Il a été jugé au Parlement de Roüen le 19. Mars 1620. que suivant la clause d'un Contract de mariage par laquelle le mari s'obligeoit d'employer 1000. écus en heritages qui seroient communs, le mary ne l'ayant pas fait, ses heritiers étoient tenus de payer à la femme la moitié de cette somme. *Voyez Basnage sur l'art. 389. de la Coûtume de Normandie*.

6. Un mary promet de faire assiette des deniers dotaux de sa femme. L'assiette fut ensuite demandée au denier quinze. Jugé au Parlement de Bretagne le 13. Avril 1578. qu'elle se feroit au denier vingt. *Du Fail*, liv. 1. chap. 451.

7. Le mary ayant promis faire employ des deniers dotaux de sa femme, s'il se trouvoit des biens acquis pendant le mariage ils sont reputez dotaux. Arrêt du Parlement de Paris du 24. Mars 1578. *Papon* liv. 15. tit. 4. nomb. 1.

8. Quand par un Contract de mariage il y a stipulation d'employer par le mary les deniers dotaux ou partie d'iceux en heritages, *pour sortir nature de propres à la future épouse & aux siens de son côté & ligne*, cette stipulation opere en païs de Droit écrit que les heritiers de la ligne succedent à cette somme à l'exclusion des plus proches. Arrêt prononcé en Robes rouges le 22. Decembre 1600. *Ibidem. tit. 2. nom. 22*. M. Bouguier, lett. S. nomb. 6. Brodeau sur M. Loüet, lett. V. som. 3.

9. La mere succede à son enfant, aux deniers non employez, quoy que le pere eût stipulé par le Contract de mariage qu'ils seroient employez en propre pour luy & les siens. Arrêt solemnel à Noël 1609. *Bibl. de Bouchel verbo Employ*.

10. Quand le mary est chargé de faire l'employ des deniers en heritages, & qu'il ne l'a point fait, tel défaut ne peut préjudicier aux heritiers des anciens, & son dol & fraude ne luy doit profiter. Ainsi jugé au Parlement de Dijon le 26. Juin 1614. *Bouvot*, tom. 1. verbo *Deniers soulte quest*. 1.

11. La somme destinée à un usage peut être employée à un autre de même nature, & la destination, changée. Arrêt du P. d'Aix du 11. Janvier 1674. *Boniface*, tome 4. liv. 6. titre 5. chap. 4.

EMPLOY, MINEUR.

12. Arrêt du Parlement de Provence du 4. Avril 1664. qui a jugé que le Mineur qui emprunte ne doit pas prouver la perte des deniers ; mais le creancier l'employe au profit du Mineur. *Boniface*, tom. 1. li. 4. tit. 6. chap. 1. Il rapporte au même endroit un semblable Arrêt du dernier Juin 1666.
Voyez cy-aprés *Mineur*.

EMPLOY, SUBROGATION.

13. Jugé le 28. Janvier 1678. que celui qui prête ses deniers pour payer un ancien creancier, doit avoir la subrogation des droits & hypoteques de l'ancien creancier qu'il paye, pour succeder à son droit, & prouver l'employ de ses deniers, & que les actes faits à la marge des protocoles des Notaires portant declaration que le debiteur a payé desdits deniers le creancier, ne sont valables, & ne justifient l'employ. *Boniface*, tom. 4. liv. 8. tit. 7. chap. 2.

EMPLOY, SUCCESSION.

14. Somme de deniers donnez à une fille par le Contract de mariage pour être employés par son mari en heritages ou rentes, jugée mobiliaire en la succession de l'enfant, par Arrêt de Paris du 29. Février 1664. *Soëfve*, tom. 2. Cent. 3. chap. 8.
Voyez cy-devant *les nomb. 8. & 10. & cy-aprés les titres de propres & de succession*.

EMPLOY, TUTEUR.

15. Acte de Notorieté donné par M. le Lieutenant Civil le 14. Juin 1689. portant que l'usage, aussi-bien que le droit, ont introduit une maxime tres juste contre les Tuteurs qui sont negligents de rendre compte aux Mineurs, ou de faire l'employ des deniers & revenus pupillaires, ensorte que trois ou six mois aprés qu'un Tuteur a entre les mains une somme de 3. ou 4000. liv. eu égard à la qualité des parties, & à leur revenu, s'il n'en fait pas un bon employ, il doit dans son compte se charger en recepte des interêts & interêts des interêts, qui font un capital au Mineur ; & ce par la presomption de droit que le Tuteur qui n'a pas fait l'employ, ni des diligences convenables & suffisantes pour y parvenir, est présumé se servir des deniers de son Mineur & en avoir profité. *Recueil des Actes de Notorieté. p. 57. & suiv*.

16. Autre Acte de Notorieté donné par M. le Lieutenant Civil le 11. Juillet 1698. que les Tuteurs sont obligez de faire employ des deniers pupillaires, tant de ceux qui aviennent aux Mineurs que de leurs revenus lorsqu'ils excedent la dépense convenable, & lorsqu'il y a une certaine somme qui peut faire capital ; que l'on laisse six mois entre les mains du Tuteur sans produire d'interêts, afin de luy donner un temps convenable d'en faire employ, laquelle somme se regle, eu égard à la qualité, à l'âge & à l'état des biens & des revenus des Mineurs, que les interêts & l'interêt d'interêts sont dûs par le Tuteur & comptez par accumulation jusqu'au jour de la majorité, & non par colomne morte, comme l'on a voulu faire dans quelques arbitrages, & aprés la majorité le debet composé des sommes principales, des interêts & interêts d'interêts comptez par accumulation, fait une somme fixe qui produit des interêts, lesquels interêts n'en produisent plus aprés la majorité, ou aprés le compte rendu & clos, quand le Mineur a été emancipé. *Ibidem. p. 95. & suiv*. V. *Tuteur*.

EMPRISONNEMENT.

Sous ce mot *Voyez Bouvot* tom. 2. & dans ce Recüeil les mots *Arrêt* nom. 4. & suiv. *Bris de prison, Elargissement, Prisonniers*.

De exceptione carceris, conseil 19. de du Moulin to. 2. pag. 869. *carcer species, tortura & gravamen continuum ; etiam in causâ capitali carceratis licere debet sub custodiâ advocatos forum & judices adire instruendæ defensionis causâ*.

Voyez Julius Clarus, li. 5. *Sententiarum quest*. 28. & les Additions qui sont à la fin de l'ouvrage du même Auteur, *ubi tractatur materia capturæ*.

EMPRISONNEMENT POUR CAUSES CIVILES.

3 *Debitor civilis an in domo habitationis vel hospitio capi possit?* Voyez *Franc. Marc. tom.* 1. *quest.* 129. & *tom.* 2. *quest.* 590.

4 *Minor quinque & viginti annis in defectum bonorum in causâ civili etiam latâ sententiâ, an incarcerari possit?* Voyez *Idem to.* 2. *quest.* 242.

5 Femme ne peut être emprisonnée pour dette civile, même en vertu de l'Edit des quatre mois, à peine de dépens, dommages & interêts. Arrêts du Parlement de Grenoble du 4. Février 1460. & du Parlement de Paris du 27. Janvier 1578. *Papon, liv.* 24. *tit.* 3. *n.* 3. & *cy-après les nomb.* 14. 50. & 51.

6 Un Facteur ayant ignominieusement fait prendre prisonniere pour dette, & mener aux hauts murats la Dame de Bailac, étant à Toulouse à la poursuite d'un procez, par Arrêt du Parlement de Toulouse du 9. Mars 1534. elle a été mise en liberté, le Facteur en sa place, & condamné en cent livres. Arrêts semblable du 22. Juin 1540. avec prohibition expresse de faire tels emprisonnemens. *La Rocheflavin, li.* 2. *lett. E. tit.* 11. *Arr.* 1.

7 Arrêt du 2. Avril 1538. qui défend aux Sénéchaux, Viguiers, Juges & Magistrats du ressort de n'user dorénavant, ni souffrir emprisonnemens, ou détention de personne, à la simple requisition des parties, pour dettes civiles, s'il n'y a actes authentiques contenans soûmissions avec rigueurs & contraintes par corps, excepté contre les debiteurs fugitifs, ou étant en évidente suspicion de fuite. Arrêt semblable du 16. Février 1543. *La Rocheflavin li.* 2. *tit.* 1. verbo *Emprisonnement, Arr.* 2.

8 Un creancier doit prendre garde en mettant une Sentence ou Arrêt à execution par corps contre son debiteur, qu'il ne soit lié & conduit ignominieusement en prison d'autre Juge que le sien, autrement doit être condamné ès dommages & interêts. Arrêt du 19. Avril 1550. *Papon livre* 18. *titre* 5. *nombre* 7.

9 Le Scel de la Prévôté de Paris attributif de Jurisdiction ne s'entend point à l'égard des contraintes par corps, & ne peut le debiteur être tiré des prisons de son domicile, pour être mis dans celles du Châtelet. Arrêt du Parlement de Paris du 21. Novembre 1551. qui fait défenses aux Sergens de plus en tels cas transporter les débiteurs hors des lieux où ils les auroient mis prisonniers. *Ibidem n.* 8.

10 Un débiteur en vertu du Scel du Châtelet de Paris, ne peut être constitué prisonnier au Châtelet, s'il n'est trouvé à Paris; mais il doit être arrêté dans les prisons de son ressort. Arrêt du Parlement de Paris du 25. Juin 1552. qui fait défenses à tous Sergens d'en user autrement. *Idem n.* 41.

11 L'Ordonnance de Moulins article 48. touchant les quatre mois a lieu en la personne des Maîtres des Requêtes & Conseillers de la Cour. Arrêt de l'an 1568. Autres des mois d'Avril & du 3. May 1597. *Bibliotheque de Bouchel*, verbo *Emprisonnement*.

12 Emprisonnement précipité pour dette, nul & cassé, sauf au creancier son recours contre le Juge qui avoit permis l'emprisonner. Arrêt du 27. Février 1575. *Basset tom.* 1. *li.* 6. *tit.* 4. *chap.* 3.

13 Un Facteur Marchand de Boulogne prisonnier, retenu à Douvre pour son Maître; le Maître fut condamné par Arrêt du 17. Décembre 1576. à délivrer son Facteur de prison. *Papon li.* 5. *tit.* 3. *n.* 4.

14 Par Arrêt du 23. Décembre 1579. prononcé en Robes rouges, il a été jugé qu'une femme en puissance de mary ne peut être emprisonnée pour dépens, quoy qu'ils proviennent de matiere criminelle, sauf au creancier à se pourvoir sur les biens de la femme. *Le Vest Arrêt.* 165. V. *cy-dessus le nomb.* 5.

15 Arrêt de ne faire constituer prisonnier aucun particulier pour les deniers dûs au Roy par une communauté; prononcé le 25. Septembre 1581. Semblable Arrêt avoit été donné le premier Avril 1577. sur la requête presentée par le Syndic de la Ville de Toulouse, & consentement des Gens du Roy. Il fut ordonné le dernier May 1580. qu'inhibition seroit faite à toutes personnes de constituer ou faire constituer prisonniers pour deniers Royaux, ni autres dettes, aucuns Consuls, Syndics & autres qui seront députez & mandez en la Ville pour le service du Roy, défense commune ou poursuite necessaire concernant l'état ou conservation des Villes & Pays, à peine de mille écus, & de tous dépens, dommages & interêts. *Bibliotheque de Bouchel*, verbo *Emprisonnement*.

16 Les emprisonnemens faits en vertu des appointemens donnez sur simples requêtes cassez avec dépens & amende; défenses à tous Juges de donner tels appointemens à peine de tous dépens, dommages & interêts, suspension de leur état, & d'amende arbitraire. Arrêt de Toulouse du mois d'Août 1581. *Mainard tom.* 1. *li.* 3. *chap.* 35. L'Ordonnance de 1667. qui a abrogé les contraintes par corps a corrigé les abus des creanciers impitoyables.

17 Le 2. Avril 1586. au même Parlement de Toulouse il a été inhibé au Juge Mage de permettre emprisonnement sur requête, ni autres appointemens où le nom ne fût mis par le Greffier de celuy qui avoit donné l'appointement, ou fait mettre, & qu'il en eût fait registre, & que ce ne fût pour la somme de trente livres, & au dessus. *La Rocheflavin liv.* 2. *tit.* 1. verbo *Emprisonnement, Arr.* 6.

18 Arrêt du Parlement de Provence du 9. Avril 1642. qui cassa l'emprisonnement fait d'un Soldat pour dette civile. *Boniface tom.* 5. *li.* 3. *tit.* 1. *ch.* 12.

19 L'on peut emprisonner après les quatre mois; mais il faut un Jugement. Voyez *Mornac l.* 3. *ff. de usuris & fructibus*, &c.

EMPRISONNEZ POUR CRIME.

20 Voyez *cy-dessus les nomb.* 1. & 2. & le mot *Decret*, §. *Decret en procez criminel.*

Malefactores & itinerum grassatores, non solum in privatis ædibus, sed etiam in sacris & publicis per judicem secularem, nisi sint privilegiati, perquiri possunt. Voyez *Franc. Marc. to.* 2. *quest.* 515.

21 *Quibus casibus reus carceri tradendus sit, vel fidejussoribus relaxandus?* Voyez *Julius Clarus li.* 5. *Sentent.* §. *Finali quæst.* 46.

22 Un Larron peut être emprisonné par la partie sans information ni decret du Juge; il faut l'un & l'autre dans les autres cas, autrement il y a dommages & interêts. Arrêt du Parlement de Paris du 8. May 1514. *Papon li.* 14. *tit.* 3. *n.* 2. où il est ajoûté que la Cour par ses Arrêts a reprouvé tous emprisonnemens faits par assistance & en presence de partie.

23 Arrêt du 8. Juin 1559. portant inhibition & défenses, tant au Senéchal de Toulouse qu'autres Senéchaux du Parlement, d'élargir aucun prisonnier sans au préalable délibération du Conseil. *Bibliot. de Bouchel*, verbo *Emprisonnemens*.

24 Bailly, Senéchal, ou autre Juge d'autre ressort peut permettre l'execution d'un Arrêt d'un autre Parlement, pourvû que prise de corps, pourvû que le prisonnier soit laissé dans ses prisons; mais il ne peut le laisser sortir sans congé de son Parlement. Arrêt du Parlement de Paris du 28. Juin 1544. *Papon li.* 7. *tit.* 4. *nomb.* 2.

25 Juge ne peut faire emprisonner un délinquant sans charges precedentes, sans requisitions du Procureur d'Office, sinon en cas de flagrant délit, ou que l'accusé soit inconnu, pauvre, ou que la gravité du délit ne fît appréhender la fuite. Autrement le Juge doit être condamné ès dépens, dommages & interêts de l'emprisonné. Jugé par plusieurs Arrêts sans date. *Idem li.* 24. *tit.* 3. *n.* 5.

26 Le Juge ne peut ordonner emprisonnement aux

perils & fortune de la partie. Arrêt du Parlement de Paris en infirmant une Sentence du Bailliff de Senlis du 16. Janvier 1581. Semblable Arrêt du Parlement de Toulouse de la même année. Ibidem, & Mainard li. 3. chap. 35.

26 bis. De l'emprisonnement sans information. Voyez Guy Pape quest. 299. En fait de crime le Juge ne doit proceder à aucune execution personnelle sans information, ou sans de pressans indices, s'il le fait il n'évitera point d'être condamné aux dépens, si ce n'est que l'on soit surpris in flagranti par les Officiers de Justice, ou que l'on soit vagabond non domicilié.

EMPRISONNEMENT DU DEBITEUR.

27 Voyez le mot Creancier, nomb. 11. & suivans, & cy-dessus les nomb. 3. & suiv.

28 Arrêt du 2. Janvier 1581. qui défend aux Greffiers de délivrer aucune contrainte par corps pour dette civile, si elle n'excede dix écus; & défenses à toutes personnes de les mettre à execution sur les peines y contenuës. La Rocheflavin livre 2. titre 1. verbo Emprisonnement. Art. 4.

29 Si les Seigneurs de la premiere qualité peuvent être emprisonnez pour dette? Voyez le mot Contrainte par corps, nomb. 44. & suiv.

30 Debitor munitus litteris securitatis, autrement appellées Lettres de sûreté de corps, si ex causâ debiti fiscalis apprehensus sit, an lapso interea termino securitatis, possit ab aliis creditoribus in carcere retineri? oüi. Voyez Stockmans decis. 149.

EMPRISONNEMENT, ECCLESIASTIQUES.

31 Voyez le mot Clercs, nomb. 15. & suiv. & le mot Ecclesiastiques, nombre 12. & suiv.

Emprisonnement abusif ou juridique. Voyez verbo Abus, nomb. 77. & suiv.

32 L'Archevêque de Rheims déclaré non recevable à dire qu'il étoit en possession d'appeller devant luy, & constituer prisonnier une personne Laïque quand il luy plairoit. Jo. Gallus, quest. 3.3.

33 Jugé au Parlement de Paris en 1393. en faveur du Seigneur d'Amboise, que l'Evêque de Tours n'avoit pû faire prendre prisonnier aucun Laïc en la Ville d'Amboise. Papon, li. 1. tit. 5. no nb. 26.

34 Clerc pouvoit être emprisonné par le Juge Seculier pour dommages & interêts de violences commises. Arrêt du 23. Décembre 1562. Bibliotheque Can. tome 1. page 253. col. 1.

35 L'Official n'a point de territoire, & ne peut emprisonner, s'il ne trouve en l'Auditoire; il doit pour mettre ses decrets à execution implorer le bras seculier. Arrêt du Parlement de Paris du 12. Mars 1577. Papon, li. 1. tit. 4. nomb. 1.

36 L'Ordonnance de Moulins qui permet d'emprisonner les condamnez aprés quatre mois, n'a lieu contre les Prêtres. Arrêt du Parlement de Dijon du 14. Décembre 1607. Bouvot, tome 2. verbo Pensions, quest. 7.

EMPRISONNEMENT, ECROUE.

37 Arrêt du Parlement de Paris du 10. Juillet 1546. qui enjoint à tous Sergens de faire mention dans leurs exploits par les mains de qui ils ont reçu la commission d'emprisonner, & le nom de celuy qui les a chargés. Papon, li. 6. tit. 7. nomb. 12.

38 Enjoint à tous Sergens sitôt qu'ils auront pris, mis & constitué aucuns en prison & ôtage, de bailler & délivrer aux parties leurs relations portantes & qui porteront à requêtes & par commandement de qui ils y ont procedé, à ce que les prisonniers & parties emprisonnées, puissent sçavoir & entendre à quelle instance ç'a été; & sur peine de 60. livres d'amende. Arrêt du Parlement de Bretagne du 4. Octobre 1553. Du Fail, li. 3. chap. 446.

EMPRISONNEMENT EMPESCHÉ.

39 Pœna quæ debeatur ei qui auxilium, ut delinquens evaderet, præstitit. Voyez Franc. Marc. to. 1. quest. 267.

40 Prisonniers mal détenus se peuvent sauver sans danger, & celuy qui en étoit chargé ne doit aucuns dépens, impunè dimittitur qui iniquè detinetur. Arrêt du Parlement de Paris du dernier Janvier 1390. en faveur de l'Evêque de Morent. Papon, livre 5. titre 3. nombre 3.

41 M. Matthieu Conseiller au Grand Conseil, blâmé d'avoir empêché l'emprisonnement d'un sien prétendu sujet decreté, & taxé de s'être pourvû au Grand Conseil au préjudice des défenses de la Cour. Arrêt du Parlement de Paris du dernier Février 1566. Idem li. 6. tit. 2. nomb. 1.

42 Encore qu'un prisonnier fasse résistance, on ne peut, pour le prendre, le tuer; il s'en faut bien garder. Jugé contre le Prévôt des Maréchaux de Châteaudun, ayant tué le sieur de Montibeuf, quoy que mal-famé, & se défendant d'un couteau; ordonné que son procez luy seroit fait, & mené à la Conciergerie. Arrêt donné en l'Audience de la Tournelle le 15. Février 1578. Bibliotheque de Bouchel, verbo Prise de corps.

43 Un Sergent menoit sans en avoir commission, un valet en prison, le Maître l'empêcha; il fut renvoyé absous. Arrêt du Parlement de Dijon du 5. Février 1611. Bouvot, to. 2. verbo Emprisonnement, quest. 23.

44 Arrêt du Parlement de Provence du 21. Janvier 1645. qui a jugé que la mere qui arrache son fils des mains de l'Officier qui le mene prisonnier, est criminelle, & commet rebellion à Justice; elle fut condamnée en trente livres d'amende. Boniface, tome 1. li. 1. tit. 25. nomb. 5. & to. 2. part. 3. li. 1. tit. 4. ch. 1.

45 Arrêt du même Parlement du 22. May 1665. qui déchargea la femme & la fille de l'emprisonné condamné par contumace qu'elles avoient tiré des mains de l'Officier, qui l'avoit pris pour le mener en prison, & les condamna aux dommages & interêts. Autre Arrêt du 13. Février 1665. qui condamna la mere, la femme & la fille d'un condamné, en amendes pour l'avoir fait évader; elles furent aussi condamnées à le representer. Ibidem chap. 2.

46 C'est un ancien usage dans la Ville de Grenoble confirmé par des Arrêts, que les habitans solvables peuvent tirer leurs amis des mains des Sergens, & de pareils Officiers dans les occasions où il ne s'agit que d'un interêt purement civil: mais il faut qu'ils les representent & les remettent 24. heures aprés, si l'affaire n'a pas été accommodée dans cet intervale; autrement ils sont garands & doivent payer les causes de l'execution aux creanciers contre lesquels ils ne se peuvent servir du beneface de cession. Arrêt du Parlement de Grenoble du 8. Février 1689. rapporté par Chorier en sa Jurisprudence de Guy Pape, p. 343.

Voyez les mots Huissier, Rebellion, & Sergent.

47 Les Sergens doivent mettre dans leurs exploits le nom de celuy qui les requiert d'emprisonner, afin que l'emprisonné ait son recours pour ses dépens, dommages & interêts contre l'instigateur. Arrêt du Parlement de Paris du 10. Juillet 1546. Voyez la Bibliotheque de Bouchel, verbo Huissiers.

EMPRISONNEMENT DES FEMMES.

48 Les femmes ne sont plus emprisonnées pour crime dont la peine n'est pas afflictive au corps. Une femme ayant été contrainte par execution personnelle pour des dépens qui procedoient d'une action d'injure, par Arrêt du Parl. de Grenoble du 15. Décembre 1646. a été déchargée de cette contrainte, & son emprisonnement cassé. Arrêt semblable du 23. Juin 1660. par lequel il a été neanmoins permis au creancier de continuer ses executions sur les biens dotaux au prejudice du mary, parce qu'il étoit son complice. Chorier en sa Jurisprudence de Guy Pape p. 341.

49 Une femme impudique trouvée en flagrant-délit peut être emprisonnée sans information précedente, & sur le bruit commun de son impudicité. Arrêt du Parlement de Provence du 11. Février 1679. Boniface, tome 5. li. 4. tit. 1. chap. 1.

Voyez cy-deſſus les nomb. 5. & 14.

EMPRISONNEMENT JOUR DE FESTE.

50 Execution perſonnelle, ou réelle faite en jour de Fête ou de Dimanche, nulle. Jugé à Grenoble le 7. Decembre 1662. quoyque le pourſuivant prétendît qu'il reſultoit de l'original de l'Exploit, que ce n'é-toit pas un Dimanche; mais la copie le portoit; autre Arrêt du 3. Août 1666. qui caſſe avec dépens, doimmages & interêts un emprisonnement fait le Dimanche des Rameaux en vertu d'un decret du Préſidial de Valence portant permiſſion d'executer à tous jours, lieux & heures. Baſſet, tom. 2. liv. 7. tit. 7. chapitre 5.

51 Acte de Notorieté de M. le Lieutenant Civil, portant qu'il ne doit point être fait d'emprisonnement les Fêtes & Dimanches, & que l'on ne doit arrêter aucunes perſonnes dans leurs maiſons pour dettes civiles ſans ſa permiſſion particuliere. Recueil des Actes de Notorieté, p. 265 & ſuiv.

52 Arrêt du Parlement de Provence du 16. Avril 1663. qui permet d'emprisonner le jour de Dimanche le débiteur ſuſpect de fuite. Boniface tom. 1. liv. 1. titre 17. nomb. 2.

Voyez cy-après verbo Fêté.

EMPRISONNEMENT DES GARDIENS.

53 Défenſes aux Huiſſiers & Sergens, & à tous autres d'emprisonner les Gardiens établis aux ſaiſies des meubles faute de les repreſenter en conſequence du commandement à eux fait, qu'en vertu de Sentence & jugement des Juges, auſquels la connoiſſance en appartient. Jugé le 28. Août 1676. De la Gueſſ. tome 3. liv. 10. chap. 13.

EMPRISONNEMENT INIURIEUX.

54 Debitorem civilem in domo habitationis capere non licet. Voyez Franc. Marc. tom. 2. queſt. 590.

55 Du Lundy poſt Annunciationem Dominicam. Un Sergent Royal ayant été pris priſonnier par les Maire & Jurats de Senlis, le Bailly, au contraire le voulant vendiquer, ces Maire & Jurats, nonobſtant toutes appellations, le condamnerent en une amende honorable, la luy firent executer & mener ſus la figure de femme, laquelle ils luy mettoient à ſus d'avoir tiré de leurs priſons, & jetterent cette figure en un Lac où ils diſoient qu'ils avoient condamné la femme d'être jettée. Au Regiſtre Olim feüillet 170. B. Corbin ſuite de patronage chap. 138.

56 Pineau, Marchand de Nantes, a jugement contre le ſieur de l'Archats, par lequel luy eſt ajugé vingt ſols tournois par chacun jour qu'il a été retenu priſonnier tant pour ſa nourriture que dommages, & interêts de ſa detention, vingt ſols monnoye par chacun jour. Du Fail, liv. 2. chap. 12.

57 Emprisonnement ſe doit faire ſans ſcandale. Un Sergent qui avoit pris un Prêtre venant de chanter tout revêtu, condamné en dix livres vers le Roy & huit livres vers la partie avec dépens, par Arrêt du dernier Decembre 1563. autre Arrêt du 16. Novembre 1580. contre un Sergent pour avoir pris un Curé le lendemain de Noël. Papon, liv. 6. tit. 7. nomb. 5.

58 Sergens faiſant des emprisonnemens mal à propos, ſont reſponſables en leurs noms. Arrêt du 11. Janvier 1600. contre un Sergent. Celuy qui l'avoit chargé de pieces quoy que mineur, condamné à l'indemniſer. Autre Arrêt du 2. Septembre 1615. qui condamne le Sergent à être admoneſté & 6. liv. pariſis d'amende. Autre Arrêt du 13. Juillet 1624. Additions à la Bibliotheque de Bouchel, verbo Sergent.

59 Arrêt du Parlement d'Aix du 15. Octobre 1643. qui a declaré nulles les executions faites en preſence des parties. Boniface, tom. 1. liv. 1. tit. 17. nomb. 4.

60 Un Voleur ayant été pris corps par corps & fait priſonnier par un habitant, l'emprisonnement eſt nul. Arrêt du même Parlement du 28. Juillet 1674. il ne s'agiſſoit pas d'une volerie faite aux champs. Boniface, tom. 5. liv. 3. tit. 8. chap. 2.

61 L'on ne peut une heure après une Sentence de condamnation des Conſuls, en étant porteur faire commandement de payer, & à faute de ce emprisonner; mais il y a 24. heures. Jugé en la Tournelle Civile du Parlement de Paris, le 17. Février 1694. Journ. des Audiences tom. 5. liv. 10. chap. 6.

EMPRISONNEMENT, MINEUR.

62 Un Mineur ne peut être emprisonné pour dette civile, & ajugée par Sentence après les quatre mois. Arrêt du Parlement de Dijon du 31. May 1568. Bouvot, tome 1. part. 3. verbo Pupile, queſt. 3.

EMPRISONNEMENT, RECOMMANDATION.

63 Arrêt du Parlement de Bretagne du 4. Août 1569. ſur la Requête du Geolier de Rennes, il eſt ordonné à tous Huiſſiers ou Sergens recommandant quelques priſonniers ou hôtagiers aux priſons, d'aſſeoir & écrire au papier de l'écroüe d'icelles les recommandations, & declarer par icelles la date des Obligations ou Ordonnances des Juges, en vertu deſquelles ils feront les recommandations, les noms des parties à l'inſtance deſquelles elles ſeront faites, les noms des Procureurs, & domicile de ceux qui recommandent les perſonnes, le tout ſur peine de tous dépens, dommages & interêts des parties en leurs noms propres. Du Fail, liv. 2. chap. 390.

EMPRISONNEMENT, TAXE.

64 Les Exploits d'emprisonnement qui n'ont aucune taxe certaine, peuvent être payez plus largement que les autres Exploits, & les parties en peuvent compoſer avec l'Huiſſier. Arrêt du P. de Provence du 18. Mars. 1679. Boniface, tom. 5. liv. 5. tit. 8. ch. 3.

ENCHERE.

Enchere... Auctio, Adjectio.

De fide & jure haſtæ fiſcalis, & de Adjectionibus. C. 10, 3. C. th. 10. 17. Des Adjudications, Encheres, Subhaſtations.

Voyez Matthæus de auctionibus. vol. in 4. Antuerp. 1680.

Des fermes & Encheres. Voyez cy-deſſus le mot Criées nomb. 17. & ſuiv. Papon, liv. 13. tit. 9.

1 Uſque ad quod tempus poſſit res incariorari? Du Moulin, tome. 2. p. 552.

2 La premiere enchere faite en la Cour doit contenir au long les heritages ſaiſis, le nom du ſaiſiſſant & propriétaire, enſemble les charges & ladite enchere publiée en Jugement, copie baillée au Procureur des ſaiſiſſans & propriétaire, ſi aucun y a, affichée à la Barre, porte du Palais & autres lieux, & publiée & affichée ſur les lieux aux endroits accoûtumez, avec declaration qu'au quarantiéme jour ſera procedé à l'adjudication ſur les lieux, &c. Recüeil des Ordonnances fait par Neron art. 7. des Criées, & art. 8. de l'Arrêt de Reglement.

3 Le délai pour faire enchere courra durant quarante jours du congé d'adjuger, après quoy il n'y aura que huitaine ou quinzaine, laquelle expirée ſera arrêtée l'adjudication; cela s'obſerve diverſement ſelon le ſtile de la Juriſdiction où le decret ſe pourſuit, &c. mais en toutes Juriſdictions les délais de quarantaine & de quinzaine, doivent être obſervez, parce qu'ils ſont de l'Ordonnance de Moulins. art. 49.

4 La ſomme promiſe par une perſonne voulant acheter par decret quelque maiſon ou heritage à un particulier qui prétendoit auſſi encherir, eſt reputée être monopole, & fut adjugée comme faiſant portion du prix principal pour être diſtribuée aux creanciers. Jugé le 26. Novembre 1569. Charondas, livre 4. Réponſe 81. Le Veſt, Arrêt 102.

5 Après la délivrance faite au plus offrant, l'enchere ne peut être reçuë. Arrêt du Parlement de Dijon en Octobre 1580. Bouvot tom. 1. part. 3. verbo Enchere.

ENCHERE, BIENS D'EGLISE.

6 Un Marchand de Toulouſe ayant acquis des Ja-

cobins une Metairie sans solemnité, requerant l'autorisation, & le Syndic des Jacobins y consentant, par jugement du 15 Octobre 1585. il fut dit qu'avant faire droit diffinitivement demeurant pour surdite le prix de l'achapt de la metairie, elle seroit mise & exposée en criées au plus offrant & dernier encherisseur, pour ce fait y être pourvû ainsi qu'il appartiendroit. *La Rocheflavin*, liv. 2. tit. 1. Arr. 44. V. cy-devant Biens d'Eglise.

DERNIER ENCHERISSEUR.

7 En la Cour on ne reçoit jamais enchere aprés la quinzaine franche passée depuis les quarante jours; mais l'on adjuge à celuy qui s'est trouvé dernier encherisseur dedans la quinzaine, Arrêt avec grande connoissance de cause pour le Seigneur de Longueval, contre la Comtesse de Grandpré touchant la Terre & Seigneurie de Ham. *Biblioth. de Bouchel*, verbo *Encherisseurs*.

8 Le 19. Novembre 1510. il fut arrêté que si le dernier Encherisseur se trouve insolvable & ne peut fournir à son enchere, il faut appeller le prochain précedent, & s'il consent d'accepter l'adjudication ou qu'il ne dise causes & raisons valables au contraire il luy faut adjuger l'heritage par decret, & non proceder à nouvelles encheres & decret; il fut trouvé, qu'en l'Arrêt de l'adjudication par decret de la Terre & Seigneurie de la Touche d'Aurigné, le dernier Encherisseur s'étant trouvé non solvable, le precedent requit le decret luy être ajugé. *Ibidem*.

9 Il a été jugé que l'Encherisseur nouveau est tenu faire signifier son enchere au précedent immediat Encherisseur à sa personne ou domicille, ou, à son Procureur; c'est l'Arrêt de la veuve M. Louis Pasquier de Poitiers du 16. Juillet 1546. suivant l'Ordonnance du 18. Février 1492. quant à la derniere enchere, il n'est pas necessaire de la publier; c'est l'Arrêt de Montrichard, pour Dame Bonne Cottereau du 10. Juillet 1539. *& Papon* liv. 18 tit. 6. nomb. 25. où il est observé qu'il suffit de la signifier à son Procureur, & le Greffier doit tenir registre de toutes encheres qui sera communiqué à tous les Procureurs.

10 Les Encherisseurs doivent faire signifier au dernier precedent Encherisseur leurs encheres ou à personnes ou domicile ou à son Procureur, sur peine de nullité. Sentences des Requêtes du Palais à Paris du 14. Août 1585. y ayant une enchere publiée n'est besoin publier son enchere. Arrêt de Paris du 10. Juillet 1539. *La Rocheflavin*, liv. 2. tit. 1. Arr. 34.

11 Si le dernier Encherisseur est insolvable, on ne peut pas s'adresser au précedent. Arrêts du Parlement de Paris du mois de Février 1557. & 18. Avril 1558. *Bibliotheque de Bouchel*, verbo *Enchere*.

12 Le dernier Encherisseur des fruits n'est pas tenu de persister en son enchere, particulierement s'il est arrivé quelque cas fortuit. *Voyez M. le Maître des Criées* chap. 21. & *M. le Prêtre* 4. Cent. ch. 44.

13 Un creancier dernier encherisseur mis en possession, & depuis encherissant sur nouvelles saisies, n'est censé d'avoir abandonné son droit, & y doit être maintenu. Arrêt du Parlement de Grenoble du 19. Février 1618. *Voyez Basset*, tom. 1. liv. 2. tit. 36. chapitre 3.

14 Un dernier Encherisseur n'est obligé de tenir son enchere quand il y a eviction de partie de la chose saisie : *item* quand il y a appel de l'adjudication parce qu'il n'est tenu de garder ses deniers oisifs. Arrêt du même Parlement du 22. Août 1634. *Ibidem. ch. 1*.

15 Un Encherisseur est pleinement liberé par la reception d'une enchere subsequente. Ainsi jugé au Parlement de Bourdeaux le 3. Decembre 1671. *La Peirere let. E nomb. 15.*

ENCHERES E'S FERMES.

16 Un admodiateur à certain prix, l'admodiation finie sur nouveaux proclamas & encheres, n'est préferable. Arrêt du Parlement de Grenoble du mois de Decembre 1605. *Bouvot*, tom. 2. verbo *Criées*, question. 13.

17 Aprés une ferme donnée aux encheres dans un decret, un creancier est recevable d'expulser ce Fermier en offrant plus grande somme. Jugé à Grenoble le 14. Novembre 1635. on considera l'usage du pays de Bourgogne, où il est permis de quartoyer. *Basset*, tom. 2. liv. 7. tit. 8. chap. 6.

FOLLE ENCHERE.

18 Quand un heritage est vendu à la folle enchere, il n'est point dû de treizième, parceque le Seigneur ne peut le demander que quand le possesseur change; on ne peut pas dire que le premier adjudicataire ait été en possession, puisqu'il n'avoit pas consigné. Arrêt du Parl. de Roüen du 27. Juillet 1638. qui ordonne qu'elle seroit distribuée toute entiere au profit des creanciers, parce que ce n'étoit qu'une peine & qu'elle ne faisoit pas partie du prix. *Basnage sur l'art. 171. de la Coûtume de Normandie.*

19 Au decret de la Terre de sainte-Marie, la Dame de Bresoles mit une enchere, qui fut couverte par un homme de neant, lequel n'ayant pû consigner, au lieu de faire proceder à sa folle enchere à une nouvelle adjudication du consentement de la Dame de Bresoles qui avoit mis la derniere, & de tous les creanciers, la terre luy fut ajugée sur le prix de son enchere; ce qui ayant été ordonné, il y eut appel par un particulier qui avoit mis une enchere de 1000. liv. Par Arrêt du Parlement de Roüen la Sentence fut confirmée; ce particulier ayant pris Requête civile contre l'Arrêt, il en fut débouté par autre Arrêt du 18. Juin 1646. *Basnage, sur la Coûtume de Normandie article* 584.

20 Une femme separée ne peut perdre sa dot par une folle enchere ni étre contrainte par corps. Arrêt du Parlement de Roüen du 14. May 1671. *Journal du Palais.*

21 Par Arrêt du même Parlement du 13. Août 1671. entre la Demoiselle de Malmaison veuve du sieur Soquentor, Appellante de Sentence qui la condamnoit & par corps à une folle enchere de 58000. liv. pour la Terre de la Marc, dont elle s'étoit rendüe adjudicataire par Procuration qu'elle avoit passée à Pouchet son oncle, & Brandin creancier revalidé sur la folle enchere, Intimé; Il fut jugé en cassant la Sentence qu'elle n'avoit pû obliger ni sa personne ni sa dot, parce qu'elle étoit alors en la puissance de son mary, quoy qu'elle fût separée de biens d'avec luy; mais elle n'avoit point été autorisée par luy; l'affaire reçut beaucoup de difficulté. Par un Arrêt donné l'année precedente, la femme du Normand Vicomte de Vernon, avoit été condamnée à la folle enchere des Charges de Vicomté de Vernon, & de Receveur des Consignations; la difference que l'on mettoit entre ces deux Arrêts, étoit que Fermel'huis creancier du Normand avoit empêché autant qu'il avoit pû que cette femme ne se rendit adjudicataire; & pour la Demoiselle de Malmaison on reprochoit aux creanciers qu'ils n'avoient pas dû souffrir qu'une femme de cette qualité encherit une terre de si grand prix : d'ailleurs la Demoiselle de Malmaison alleguoit qu'elle avoit été surprise par Pouchet son oncle; que c'étoit luy qui étoit adjudicataire, & que les creanciers en avoient connoissance: on luy objectoit que puisqu'une Marchande publique peut bien s'obliger par corps, à plus forte raison la femme qui contracte en jugement, *ubi omnia præsumuntur solemniter acta*, & quoyque Pouchet eût pris son fait, son obligation envers les creanciers subsistoit toûjours. *Basnage, sur la Coûtume de Normandie art.* 584.

22 Aprés une folle enchere l'adjudicataire doit consigner le quart de son enchere, ou bailler caution. *Basnage Ibidem. art.* 574. rapporte un Arrêt du Parlement de Rouen du 21. May 1677.

23 La folle enchere a seulement lieu és fermes du Roy, pour les autres on revend sur l'enchérisseur à ses risques, perils, & fortune. *M. le Maître, des Criées, chap. 36.*

ENCHERISSEUR, GARAND.

24 On peut revenir contre le précedent enchérisseur, en cas que le dernier manque ; de même que l'on peut débouter le dernier, s'il paroît un enchérisseur non reçu dans le temps de la confirmation. Ainsi jugé par Arrêt de Bourdeaux le 29. Mars 1530. & parce qu'après le temps de la confirmation un autre voulut enchérir, il fut débouté comme trop tard venu, d'où il suit qu'après la caution reçuë, le dernier est reçu, & le premier délivré & quitte, autrement le premier demeure chargé. *Papon, livre 13. tit. 9. nomb. 2.*

25 Par Arrêt du Parlement de Roüen contre le Lieutenant Criminel à Evreux du 28. Juin 1558. il fut dit que le dernier enchérisseur étant fugitif ou absent, & mis en défaut au jour assigné à tenir l'état du decret ; l'enchere ne retourneroit pas à celuy qui avoit encheri, & auquel l'heritage avoit été auparavant adjugé, en vertu des Lettres Royaux sous forme de renchere mise à son particulier profit ; mais que dûe & valable diligence devoit être faite à l'encontre de l'enchérisseur, soit de décreter derechef l'heritage sur son nom ou autrement, ainsi qu'il appartiendra. *Bibliotheque de Bouchel, verbo Lezion.*

26 Procureurs qui enchérissent sont garands de leurs mandataires, & sont contraints en leurs propres & privez noms. *Arrêts du Parlement de Paris des 27. Février 1536. 15. Mars 1551. & 2. Mars 1581. Papon, li. 18. tit. 9. nomb. 13.*

27 Les encheres étant desavoüées on ne retourne point sur le précédent enchérisseur. *Basnage sur la Coutume de Normandie art. 584. Arrêt du Parlement de Roüen du 16. Décembre 1604.*

28 Arrêt du Parlement de Provence du 15. Janvier 1645. qui a jugé que le dernier enchérisseur défaillant, le penultiéme est obligé. *Boniface, tome 2. part. 3. liv. 2. tit. 11.*

ENCHERE, GREFFE, GREFFIERS.

29 Défenses aux Juges & Greffiers de prendre de l'argent pour recevoir les encheres, ni pour la distribution des deniers, que leur taxe. *Ordonnance de Blois, art. 163.*

30 Les Greffiers sont tenus de faire registre des encheres pour être communiquées aux Procureurs. *Arrêt du 2. Juillet 1546. M. le Maître, chapitre 34. des Criées.*

31 Le Greffier de Rennes sera appellé par le Juge qui procedera aux encheres provenantes de l'alienation Ecclesiastique ; les Notaires qui y ont travaillé mettront entre ses mains les registres & minutes des encheres. *Arrêt du Parlement de Bretagne du 10. Avril 1567. Du Fail, liv. 3. chap. 49.*

32 L'enchere se doit faire és Greffes où les criées sont pendantes, & le dernier enchérisseur doit signifier son enchere au Procureur du précédent enchérisseur ; article 8. *de l'Ordonnance des Criées,* excepté l'enchere faite le dernier jour de la quinzaine. *Conference des Ordonnances livre 10. & l'Arrêt de Reglement du 23. Novembre 1598.* C'est l'Arrêt de Montrichard du 10. Juillet 1539. *M. le Maître, des Criées, chap. 31.* & doit consigner les deniers de son enchere, & y être contraint par corps, encore qu'il l'eût acheté pour un autre & déclaré ; Arrêt du 27. Février 1536. huit jours après l'enchere faite, & délivrance du decret, sinon qu'il y eût appel de l'adjudication.

ENCHERES, GENS DE MAIN-MORTE.

33 Arrêt du Parlement de Roüen du 11. Juillet 1566. qui fait défenses aux Juges du ressort de recevoir gens de main-morte à enchérir ou renchérir, & de leur ajuger aucuns heritages sans argent comptant. *Bibliotheque de Bouchel,* verbo *Encheres.*

ENCHERE, LEZION.

34 Une Demoiselle de Bourdeaux veuve, enchérit une terre à douze mille livres ; avant l'adjudication elle se remarie, & promet apporter en dot douze mille livres ; le mary les veut toucher, on ajuge à la femme la terre ; le mary prend Lettres au nom de la femme pour être relevé de l'enchere, fondé sur ce qu'elle étoit mineure lors qu'elle a encheri. Par Arrêt du 6. May 1599. sans avoir égard aux Lettres l'adjudication tiendra. *Bibliotheque de Bouchel,* verbo *Encherisseurs.*

35 On ne peut pas être reçu à réduire la surdite ou enchere, quoy qu'on fasse cette demande avant la mise en possession, parce que *in judicio quasi contrahitur.* C'est un engagement dont on ne peut être relevé par lézion. Arrêt du Parlement de Toulouse du 19. Janvier 1666. il en fut allegué un précédent, rendu en l'assemblée des Chambres après partage, par lequel l'enchérisseur fut débouté d'une pareille demande, & condamné à remettre le prix de sa surdite, quoy qu'il n'eût encheri, que dans les encans ; qu'il desavoüât ses Avocats & Procureurs, & qu'il alleguât une grande lézion. *Voyez M. de Catellan liv. 6. chap. 16.*

Voyez cy-après verbo Lézion.

ENCHERE, MINEUR.

36 Licitation du bien d'un mineur ne peut valoir au préjudice de son coheritier, lequel peut être reçu à enchérir, le jour même, en le faisant signifier à partie. Arrêt du 8. Mars 1565. *Papon livre 18. titre 6. nomb. 14.*

37 Après un decret execute sur les biens d'un pupile, toutes encheres doivent être reçuës. Arrêt du 29. May 1606. *La Rocheflavin, li. 6. tit. 35. Arr. 4.*

ENCHERE, OFFICE.

38 Les enchérisseurs d'Offices demeurent dechargez si-tôt qu'un autre a mis enchere, mais le dernier enchérisseur d'heritages est contraint par corps de payer le prix, & s'il ne consigne l'on réajuge à ses perils & fortune. Par l'usage du Châtelet, les encheres n'obligent point les enchérisseurs, si la chose ne leur est ajugée sur le champ, & non quand l'adjudication est remise : ceux qui sont bien conseillez déclarent qu'ils se désistent de leur enchere à faute d'ajuger, & en demandant acte au Juge. *Tronçon Coûtume de Paris, art. 351.* Quand il y a appel du decret, l'adjudicataire peut se désister de son enchere, n'étant pas tenu d'attendre l'évenement de l'appel ni de garder si long-temps ses deniers. *De Lhommeau en ses Maximes des Saisies & Criées liv. 3. Max. 377.* où il rapporte un Arrêt du 18. Avril 1558.

39 La licitation de l'Office de Conseiller en la Cour de M. du Mouchel, s'étoit faite à la barre de la Salle du Palais : l'Office avoit été ajugé à 35000. liv. seulement ; quinze jours après le Cocq creancier dudit sieur du Mouchel ayant mis une enchere de 5000. liv. M. Charles Boulenger qui avoit poursuivi la licitation, & qui s'en étoit rendu adjudicataire, s'y étant opposé par Arrêt du Parl. de Roüen du 5. Août 1672. il fut dit qu'il seroit fait une proclamation d'abondant sur l'enchere dudit le Cocq. On eut égard que cet Office avoit été ajugé à trop vil prix. Ce que l'on peut faire en ces rencontres, est que quand la lézion énorme est constante, le moindre défaut doit donner ouverture à la cassation de l'adjudication. *Basnage sur la Coutume de Normandie ; article 583.*

OFFICIERS, ENCHERISSEURS.

Voyez le mot Adjudication, nomb. 38. & suiv.

40 Procureurs & Greffiers n'enchériront les Fermes proclamées en leurs barres, sur les peines qui y échéent ; défenses aux Juges des les y recevoir. Arrêt du Parlement de Bretagne du 9. Février suivant l'Edit de 1565. Autre Arrêt du 26. Avril 1610. suivant

l'Ordonnance de Blois, article 122. même ne pourront être cautions. *Du Fail, li. 3. chap. 58.*

41 Fermier des amendes n'est reputé Officier du Roy ou de Haut-Justicier, ainsi il est reçû à encherir aux Fermes. Arrêt des Generaux du 24. Novembre 1565. *Papon li. 13. tit. 2. nomb. 4.*

42 Juge ne peut encherir ce qui est mis en criées devant luy. Arrêt du Parlement de Paris du mois d'Octobre 1583. & du mois de May 1588. *Idem li. 18. tit. 6. nomb. 11.* il peut l'ôter à l'encherisseur par retrait lignager *Voyez Tiraqueau traité du Retrait lignager §. 1. glos. 9. nomb. 267.*

ENCHERE, OPPOSITION.

43 Jugé au Parlement de Paris le 29. Mars 1662. que l'on pouvoit recevoir une opposition à fin de charge après le congé d'adjuger, même après les encheres publiées à la veille d'interposer le decret, suivant & conformément à l'Ordonnance des criées qui a lieu dans la Bretagne, d'où les saisies & criées avoient été évoquées & renvoyées en ce Parlement par Arrêt du Conseil, nonobstant que le Reglement de la Cour de 1598. ordonne que les oppositions à fin de charge soient faites avant le congé d'adjuger, parce que ce Reglement ne se pratique que dans les Jurisdictions de l'enclos du Palais, & non pas au Châtelet, qui suit l'Ordonnance & la Coûtume. *Journal des Audiences tom. 2. li. 4. chap. 56.*

PROCUREUR QUI ENCHERIT.

43 bis. Le Procureur qui encherir doit avoir connoissance de la partie pour qui il fait l'enchere, autrement responsable, & ne doit encherir sans procuration speciale. *Voyez l'Arrêt de verification sur les Criées, Ordonnance de Neron.*

44 Il suffit au Procureur qui a encheri d'exhiber sa procuration, & indiquer la demeure de sa partie, sans qu'il soit tenu de consigner en son nom. Ainsi jugé. *Voyez M. le Prêtre, 4. Cent. chap. 96.*

ENCHERE AU PROFIT PARTICULIER.

L'article 582. de la Coûtume de Normandie porte:

45 *Aprés l'adjudication faite au plus offrant & dernier encherisseur, les creanciers ayans dettes crées auparavant la saisie, pourront, s'ils voyent que bien soit aux prochains plaids, ou à la prochaine assise pour tous délais, encherir à leur profit particulier, & à cette fin coucher leur enchere au Greffe, sans que pour ce faire il soit besoin d'obtenir Lettres en la Chancellerie, desquelles encheres sera fait lecture publiquement ausdits plaids ou assises.* Sur cet article Basnage fait les observations suivantes, & rapporte les Arrêts qui vont être citez.

46 Les encheres au profit particulier donnent ouverture pour pouvoir mettre des encheres aux plaids ou aux assises suivantes; & en explication de cet article on a demandé si lors que l'on a mis quelques encheres sur quelque partie des heritages decretez, & non sur le tout, ces encheres peuvent donner ouverture à rencherir tous les heritages decretez aux prochains plaids, ou aux prochaines assises.

47 Les encheres au profit de particulier ne sont pratiquées qu'en Normandie. Par un ancien Arrêt du 30. Août 1553. il fut ordonné qu'il seroit informé par turbes de la commodité ou incommodité d'icelles; ce qui fut fait, & enfin elles furent approuvées.

48 A la derniere adjudication de la terre de Beaumont, Richard le Galois l'encherit à 120000. livres au profit commun; le sieur de Clais se presenta aussi-tôt, & déclara qu'il prenoit l'enchere du Galois, outre la somme de 30000. livres à son profit particulier, pour tourner à l'aquit de ses dettes: l'adjudication fut faite, du Juge, du Greffier, du sieur de Clais, & du Galois, & renvoyé à l'assise pour tenir état; mais un jour avant l'ouverture de l'état, le Galois fit signifier appel de l'adjudication: l'affaire renvoyée à la Cour, le sieur de Clais déclara que du nombre de son enchere au profit particulier il consentoit que le quart en tournât au profit commun: le Galois soûtenoit que l'on avoit dû recevoir l'enchere du sieur de Clais, & que la terre luy devoit demeurer sur le prix de son enchere. Par Arrêt du Parlement de Roüen du 11. Juillet 1634. la Cour ordonna qu'il seroit procedé à une nouvelle adjudication. *Idem sur l'article 583.*

49 Le creancier avoit mis des encheres à son profit particulier, sur plusieurs pieces de terres qui avoient été encheries séparément; lors de l'adjudication il n'avoit point fait la repartition de son enchere, ni declaré sur qu'il vouloit mettre sur chaque piece de terre en particulier; quelques jours après voulant faire cette repartition, il en fut empêché par les acquereurs pendant qu'ils soûtenoient qu'il avoit dû la faire lors de l'adjudication; autrement il seroit en son pouvoir de les priver de leur droit de retrait à titre de lettre lûë, en appliquant toute son enchere sur les pieces qu'il voudroit retirer. Par Arrêt du Parlement de Roüen du premier Février 1664. il fut dit qu'à faute par luy d'avoir appliqué son enchere lors de l'adjudication, elle seroit distribuée au sol la livre. *Ibidem.*

50 Les heritages de Noël Deshayes ayant été saisis réellement par Moïse Juer, Jean & Michel Deshayes demanderent leur tiers en essence; ce qui ne fut point contredit par le decretant, lequel aussitôt encherit à son profit particulier, & luy ayant été ordonné de faire la repartition de son enchere; il l'appliqua sur tous les heritages decretez; le tiers en essence ayant été délivré aux enfans ils déclarent à Juer adjudicataire, qu'ils retiroient à droit de sang les deux autres tiers, offrant de luy rembourser les deux tiers, tant de l'enchere au profit commun, qu'au profit particulier; Juer demanda le remboursement entier de son enchere au profit particulier, ce que le Vicomte ayant ordonné, la Sentence fut confirmée par des Arbitres. Par Arrêt du Parlement de Roüen du 16. Mars 1666. les Sentences furent cassées, & Deshayes condamné à rembourser seulement les deux tiers des encheres au profit commun & particulier. *Ibidem.*

51 On souffroit en plusieurs Jurisdictions que les adjudicataires fissent la repartition de leurs encheres au profit particulier dans la huitaine, ce qui leur donnoit le moyen de commettre de la fraude, lors qu'ils se voioient menacez de quelque clameur: pour prévenir ces abus on a trouvé à propos de leur ordonner de faire la repartition sur le champ, & dans l'Audience, & quand ils ne le font pas en cette maniere, la repartition se fait au sol la livre. Arrêts du Parlement de Roüen des 13. Juillet 1644. Février 1668. & 18. Decembre 1671.

52 Lors de l'adjudication finale de quelques heritages que l'on decretoit au Havre, Aubin les avoit encheris à la somme de 1050. livres: au même instant il déclara qu'il les encherissoit à son profit particulier de 400. liv. Drias ayant intenté action en retrait lignager, prétendit qu'il n'étoit tenu de rembourser que les 1050. liv. parce qu'après les encheres au profit commun & l'adjudication finale, on n'étoit pas recevable à encherir au profit particulier: il s'aidoit des art. 582. & 583. de la Coût. L'adjudicataire répondoit qu'elle ne défendoit point après l'adjudication au profit commun qui avoit ouvert les encheres au profit particulier, d'encherir à son profit; cette enchere devoit d'autant plus être admise, que les creanciers & le decreté y trouvoient leur avantage; le quart de cette nouvelle enchere tournant à leur profit: le Vicomte & le Bailly avoient condamné Drias à rembourser les 1450. liv. ce qui fut confirmé par Arrêt du Parlement de Roüen du 17. Mars 1671. ordonné qu'il seroit envoyé par les Bailliages pour servir de Reglement. *Ibid. art. 583.*

53 Le premier Juin 1669. la Cour renvoya des parties devant

devant le Vicomte de Roncheville, pour être procedé à une nouvelle adjudication, & une proclamation d'abondant préalablement faite. Dans l'espece de cet Arrêt la vilité du prix étoit si extraordinaire, que le moindre prétexte eût été suffisant pour donner ouverture à de nouvelles encheres ; l'acre de terre n'étoit ajugée qu'à 16. livres & elle valloit 20. livres de rente ; & les encheres des creanciers se montoient à 300. livres l'acre ; de sorte que la cause des creanciers & du decreté étoit très-favorable ; d'ailleurs cet adjudicataire avoit été faire sa répartition en secret en l'absence des creanciers. On jugea le contraire le 23. Mars 1676. *Ibid. art.* 382.

54 Si celuy qui est subrogé en la place d'un adjudicataire ayant encheri à son profit particulier , quoyqu'il n'eût aucuns creanciers sur le décreté , est obligé de consigner l'enchere particuliere au profit commun des creanciers , quoyque le décreté.L'affirmative jugée au P. de Roüen le 30. May 1688. l'Arrêt est en forme de Reglement : car la Cour fit défenses aux Juges de Beaumont de recevoir personne à encherir au profit particulier , qu'il ne soit maître de l'enchere au profit commun, & qu'il ne revienne le quart de l'enchere particuliere au profit commun outre & par dessus la derniere enchere au profit commun. *V. Basnage, ibidem.* & le Recüeil des Arrêts du P. de Normandie étant ensuite de l'esprit de cette Coûtume.

ENCHERES, PUBLICATION.

55 Il suffit de publier la premiere & autres encheres ; l'enchere faite le dernier jour de la quinzaine sans être publiée , n'est pas un moyen de nullité. Arrêt de verification. *Ordonnances de Neron.*

56 Jugé au Parlement de Paris le 10. Juillet 1539. qu'il n'étoit pas necessaire en la Cour de publier la derniere enchere. Cet Arrêt est une interpretation de l'Ordonnance de 1492. *Bibliotéque de Bouchel, verbo Criées.*

57 Jugé par Arrêt du Parlement de Bourgogne du 24. May 1605. que la délivrance est nulle sur l'enchere non publiée. *Bouvot, tom. 2. verbo Criées quest.* 11.

ENCHERES RECEÜES OU REFUSÉES.

58 Les encheres, ne doivent être reçües qu'après les oppositions afin de distraire jugées, & l'Arrêt intervenu sur icelles doit être enregistré. *Conference des Ordonnances liv.* 10. *art.* 7. Voyez l'*Arrêt de verification sur le fait des Criées,* rapporté dans le Recüeil des Ordonnances de Neron.

59 Après la quinzaine franche passée depuis quarante jours, la Cour ne reçoit aucune enchere, mais elle ajuge au dernier encherisseur. *M. le Maître des Criées chap.* 33. *Les Requêtes du Palais* ne l'observent pas.

60 L'on n'est point recevable à encherir après l'adjudication, s'il n'y a dol ou violence. *Basnage sur la Coûtume de Normandie art.* 583.

61 Les encheres sur immeuble crié sont toûjours reçües, à moins que le decret ne soit scellé, cela n'a pas lieu en licitations ; & le dernier encherisseur obtient. Ainsi jugé au Parlement de Paris en 1460. *Papon, liv.* 18. *tit.* 6. *nomb.* 14.

62 Après la Sentence d'Ordre donnée, les oppositions ne sont plus reçües, mais bien les encheres. Arrêt du Parlement de Paris du 10. Mars 1461. *Papon, liv.* 18. *tit.* 6. *nomb.* 11. où il est observé qu'après l'Arrêt de discussion donné sur les criées, nul sans exception des mineurs, & veuves n'est reçu à s'opposer, quoy qu'ils consentissent en ce faisant d'être mis les derniers en ordre.

63 Chacun est reçu à encherir jusqu'à ce que le decret de l'adjudication soit délivré à l'acquereur, selon l'opinion de quelques-uns ; mais la chose étant vendüe à l'ancan & subhastée, l'on n'est pas reçu à l'enchere, si ce n'est en la presence des parties : ainsi décidé par Arrêt du deux Août 1511. *Bibliotheque de Bouchel verbo Enchere.*

Tome II.

64 Opposans ne sont receus à encherir. Arrêt du P. de Paris du 29. Novembre, 1557. Arrêt contraire du mois de Juin 1547. *Papon, liv.* 18. *tit.* 6. *nomb.* 12.

65 Une femme de mauvaise vie, ne doit point être reçüe à encherir le Bail judiciaire d'une maison de ville quoyqu'elle porte son enchere au dessus des autres encherisseurs. Arrêt du Parlement de Paris du 10. Février 1544. contre Marion Dutrou, & quand bien & demeureroit, son incontinence seroit seule une cause suffisante pour l'excuser & faire resoudre le Bail. *Papon, liv.* 22. *tit.* 9. *ar.* 15.

66 Après le decret ajugé, quoyque non délivré, nul ne doit être receu à encherir, quand même il offriroit une somme considerable. Arrêt du 7. Juin 1547. bien que l'enchere fût de 600. liv. & en faveur du fisc. Il y avoir eu semblable Arrêt le 10. Juillet 1539. pour Dame Bonne Cottreau, contre le Seigneur de Bouchage. *Papon liv.* 18. *tit.* 6. *nomb.* 14. & M. le Maître, *chap.* 35. *des Criées.*

67 Il se trouve un Arrêt entre les broüillards de M. le Maître du 17. Decembre 1549. par lequel il fut dit que le Greffier de la Cour seroit oüi, *super modo utendi*, sur le doute qui étoit quand une adjudication par decret est faite, si on est receu à encherir jusques à ce que le decret soit scellé & délivré, le doute ne fut résolu ; mais appointé au Conseil. *Bibliot. de Bouchel, verbo Encherisseurs.*

68 Le 20. May, 1572. fut lû & prononcé l'Arrêt par lequel il fut dit que le jour que l'heritage est ajugé n'est point compris en la quinzaine dans laquelle autres encheres peuvent être reçües ; ordonna que cet Arrêt seroit lû au Châtelet, & dans les autres Bailliages de ce ressort. *Ibidem. verbo Encheres.*

69 Après la délivrance faite sans fraude des biens mis en criées pour les fruits, l'on ne peut encherir. Arrêt du Parlement de Bourgogne du 15. Janvier 1578. *Bouvot, tom.* 2. *verbo Criées quest.* 32.

70 Jugé par Arrêt du Parlement de Bourgogne du 12. Janvier 1579. qu'après la délivrance & numeration de partie des deniers & consing du surplus par autorité du Juge, l'on n'est recevable à encherir jusqu'à la numeration entiere des deniers consignez. *Ibidem. quest.* 2.

71 Un debiteur peut être receu à l'enchere des fruits de ses biens mis en criées, en baillant bonne & suffisante caution. Arrêt du Parlement de Bourgogne du 25. Juin 1596. *Ibidem. quest.* 39.

72 Les surdites après l'expedition du decret ne sont receuës, soit avant ou après l'execution réelle d'iceluy. Arrêt du Parlement de Toulouse du 11. Janvier 1580. *La Rocheflavin, liv.* 2. *tit.* 1. *Arr.* 27.

73 Après une enchere à la poursuite d'un creancier de son consentement, ou en sa presence, il ne peut être receu, même offrant le prix de l'enchere. Arrêt du Parlement de Grenoble du 3. Avril 1634. *Basset, tom.* 1. *liv.* 2. *tit.* 36. *chap.* 3.

74 Nul n'est receu à surencherir après la levée de la Jurisdiction, en laquelle a été faite l'adjudication finale, si elle n'a été faite par dol ou violence ; & la vilité du prix, quand bien il seroit au dessous de la moitié de sa juste valeur, ne peut donner lieu à la sur-enchere. Arrêt du Parlement de Roüen, les Chambres assemblées du 6. Avril 1666. *V. Basnage, tom.* 1. *art.* 146.

75 Jugé au Parlement de Normandie le 7. Juillet 1676. que celuy qui n'est creancier que depuis la saisie peut étendre son enchere sur les heritages saisis avant sa dette. La Cour ordonna qu'il seroit procedé à une nouvelle adjudication ; la vilité de la première rendoit la cause des creanciers & leurs offres très favorables. *Voyez Basnage, sur l'art.* 581. *de cette Coûtume.*

76 Quoyque l'on dise que la prononciation du Juge accomplisse le decret, on reçoit neanmoins les encheres pendant le reste de l'Audience & jusqu'à ce qu'elle soit levée ; & si elles étoient refusées, il y

auroit lieu d'appeller. Arrêt du Parlement de Bretagne du 22. May 1674. de même que dans les appropriemens ou decrets volontaires, les oppositions font receües après la certification, *judice adhuc pro tribunali fedente*. Voyez *Hevin* fur *Frain*. p. 453.

ENCHERE, RETRAIT.

77 Après l'enchere & délivrance de partie de ses biens, le debiteur est recevable dans les quatre mois de l'Ordonnance de la Cour de Dauphiné de l'an 1547. à retenir ou retirer ses fonds délivrez, en payant au creancier le seul prix de l'enchere, & non ce qui luy est encore dû. Jugé à Grenoble le 27. Février 1625. *Baffet* tom. 2. *liv*. 7. *tit*. 8. *chap*. 1. Le contraire avoit été anciennement jugé; mais la derniere Jurisprudence est en faveur des debiteurs.

78 Après la numeration des deniers, & la délivrance faite, l'enchere peut être receüe au préjudice du lignager. Arrêt du P. de Dijon du 5. Decembre 1613. *Bouvot*, tom. 2. verbo *Retrait conventionel*, question 33.

Voyez cy-après *Retrait*.

ENCHERE, TIERCEMENT.

79 Celuy qui veut tiercer une ferme, le doit faire dans trois mois, & peut l'adjudicataire encherir au par-deffus à raison de deux sols pour livre de ce que se monte le tout dans les mêmes trois mois, dans lesquels autre qu'eux n'est receu tant qu'il leur plaira encherir à cette raison de deux sols pour livre: mais iceux paffez, il faut qu'ils doublent s'ils veulent encherir, & autres n'y sont reçûs. Arrêt du Parlement de Grenoble. *Papon*, liv. 13. tit. 9. nomb. 1. & *Guy Pape*, *quest*. 526.

Voyez cy-après le mot *Tiercement*.

ENCHERE, TUTEUR.

80 Enchere faite par un Tuteur, est censée avoir été faite au profit du pupile. Jugé au Parlement de Grenoble le 15. Avril 1666. Le Tuteur avoit encheri en cette qualité. *Baffet*, tom. 2. liv. 7. tit. 8. chap. 2.

81 Un Tuteur ou curateur peut encherir & acheter le bien de son mineur exposé en vente, pourvû que ce soit en public par luy-même & non par personne interposée, sans dol ni fraude; il n'est pas de pire condition qu'un étranger. Arrêt du 31. May 1588. Il peut être adjudicataire des fruits de son mineur à prix raisonnable. Mais si cela se fait par une personne interposée, l'adjudication est nulle, & le Tuteur subrogé condamné à rendre, & restituer les maisons & heritages avec les fruits du jour de l'adjudication, ensemble les titres & papiers dont il se purgera par serment; & rendre compte de l'administration de sa tutelle, &c. Jugé le 18. May 1658. & prononcé le 6. Juin suivant. *Henrys* tom. 2. livre. 4. question 14.

Voyez le mot *Tuteur*.

ENCHERES E's VENTES PUBLIQUES.

82 Si les biens des Communautez & des mineurs sont exposez aux encheres publiques & vendus, l'étrouffe qui en aura été faite, n'empêchera pas qu'une plus forte, même quelques jours après ne soit reçuë. *Guy Pape en sa question* 536. dit l'avoir vû ainsi pratiquer dans l'interêt de la ville de Grenoble.

83 Jugé par Arrêt du Parlement de Bourgogne du 20. Février 1612. que l'on ne peut être recherché du prix de la vente des meubles en plein marché, le Sergent n'ayant mis en ses Exploits de vente *folvit*. *Bouvot*, tom. 2. verbo *Criées* quest. 10.

84 En explication du Reglement fait au Parlement de Roüen, par lequel les encherisseurs après les 3. ans, ne peuvent être poursuivis en vertu des inventaires & venduës de meubles, sinon qu'ils eussent fait cedules ou obligations; l'on a jugé que cela ne doit pas s'entendre de la signature des encherisseurs sur le Registre du Sergent; mais des cedules & obligations faites séparément après la venduë. Arrêts du 31. Janvier 1660. & 21. Mars 1662. *Basnage fur la Coûtume de Normandie* art. 534.

Un encherisseur dans les ventes publiques & judiciaires ne peut pas après l'enchere reçûë donner des explications contraires à l'exposé de la criée ni se deporter de son enchere. Arrêt du Parlement de Tournay du 16. Decembre 1698. rapporté par M. Pinault, tom. 2. Arr. 246.

ENCLOS.

LE Seigneur qui enclôt quelques heritages d'autruy avec les siens, est tenu de payer le triple de l'estimation. Arrêt du Parlement de Paris du 15. Mars 1647. *Du Fresne liv*. 5. chap. 10. & *Soëfve* tom. 2. *Cent*. 2. *ch*. 2. celui-cy date l'Arrêt du 14.

ENFANT.

Quelles personnes sont comprises sous le nom d'Enfans. L. 56. §. 1. D. *de verb. sign*. L. 84. L. 104... L. 122.. 141. 148.. 149.. 201.. 220. *eod. tit*.. N. 117. c. 2.

Qui Filii sint Legitimi ? Extr. 4. 17... Voyez le mot *Bâtard*.

De agnoscendis & alendis Liberis, vel Parentibus, vel Patronis vel libertis. D. 25. 3.

Divortio facto, apud quem liberi morari vel educari debeant ? C. 5. 24... N. 98. c. 2... N. 117. c. 7.

De alendis Liberis, ac parentibus. C. 5. 25.

De Liberis agnoscendis. Paul. 2. 25.

De obsequiis Parentibus & Patronis prestandis. D. 37. 15... C. 6. 6... Du respect & du devoir que les enfans doivent rendre aux parens. Voyez cy-après le nomb. 75. & suiv.

De ingratis Liberis. C. 8. 5. V. *Ingrat*.

De infantibus expositis, liberis & servis; & de his qui sanguinolentos nutriendos acceperunt. C. 8. 52... C. th. 5. 7. & 8. .. N. 153. .. Des Enfans exposez & Enfans trouvez. *Sanguinolentos*. i. e. *recens natos*. Voyez cy-après le nomb. 46. & suiv.

De Infantibus & languidis expositis. Extr. 5. 11. V. cy-après les nombres 98. & 99.

De jure Liberorum. C. 8. ult... C. th. 8. 17.... Ce que les Romains appelloient, *Jus Liberorum*, étoit un privilege qu'un certain nombre d'enfans donnoit aux peres & aux meres de se succeder les uns aux autres. *Jus trium Liberorum*, avoit été établi par la Loy *Papia Poppæa*, & consistoit en de certains privileges. Les Empereurs accordoient souvent *Jus trium Liberorum*. Par ce titre dernier du huitième Livre du Code Justinien, *Jus Liberorum* est accordé à toutes sortes de personnes. V. cy-après le n. 69. & suiv.

De emendatione propinquorum. C. 9. 15... C. th. 9. 13... La correction des Enfans doit être moderée. Voyez cy-après le nomb. 22. & suiv.

De bonis quæ Filiis-familias ex Matrimonio adquiruntur. C. 6. 61... C. Th. 8. 19.

Si tabulæ testamenti nulla extabunt : unde Liberi, D. 38. 6. .. Les enfans succedent *ab intestat*.

Unde Liberi. C. 6. 14. .. *Sic intellige hunc titulum. Pars Edicti, unde Liberi vocantur ad successionem Parentum ab intestato*. Voyez cy-après le nomb. 86. & suiv. & le mot *Succession ab intestat*.

Enfans Voyez *hoc verbo* la Bibliotheque de Jovet.

Si sous le nom d'enfans, les petits enfans, & autres descendans sont compris, *an appellatione liberorum veniant nepotes* ? Voyez *Henrys*, tome 2. liv. 5. quest. 17.

Quand une personne est instituée ou substituée 2 conjointement avec ses enfans, les enfans ne sont appellez qu'après leur pere, *filii non vocantur simul cum patre, sed ordine successivo*. Ibidem quest. 31. & cy-après le nombre 80. & suiv.

His verbis, eorumque liberis ex legitimo matrimonio 3 *natis ac nascituris, etiam futurum matrimonium compræhendi*. Vide Luc. lib. 7. tit. 3. cap. 2.

Quand un pere stipule une reserve, option ou autre condition, *intelligitur sibi & suis hæredibus maxime* 4 *liberis cæveré*. Arrêt du 9. Août 1575. il fut le même jour de l'an 1582. jugé pour le Comte de Chezy, que le rachat stipulé par le pere & pour luy, s'étendoit à son fils. Papon li. 17. tit. 3. nomb. 6.

5 Si en contracts les petits fils sont compris sous le nom d'enfans? Cela peut avoir lieu aux testamens où le mot d'enfans comprend les petits enfans, *in quibus voluntates testantium plenius interpretantur*; *secus*, dans les baux ou contracts où l'on doit suivre les termes dont les contractans se sont servis. Arrêt de la my-Août 1584. *Charondas liv. 7. Réponse 130*.

6 L'article 49. de la Coûtume de Normandie porte *si le mary n'a que des filles mariées, & qu'il soit quitte de leur mariage, il peut disposer de la moitié, & l'autre moitié appartient à sa femme*. Bassage sur cet article dit sous le mot de *filles mariées*, il faut comprendre les enfans sortis de ces filles; de sorte que bien que leurs meres soient mortes, ils sont obstacle à la donation de tous les meubles, si le mariage de leurs meres n'a pas été entierement payé : mais Berault & Godefroy ont mal appliqué à ce sujet l'Arrêt de Sorevast & de saint Pierre Eglise : car Berault a écrit que cet article n'a lieu que quand les filles, étant décedées n'auroient point laissé d'enfans : il n'y a pas d'apparence que ç'ait été le motif de l'Arrêt : pourquoy les enfans auroient-ils plus de privilege que leur mere, & puisque quand elles sont vivantes, si leur pere est quitte de leur mariage, il peut donner la moitié de ses meubles à sa femme, pourquoy seroit-il privé de cette faculté par les enfans de ses filles ? On ne doit point faire de distinction entre les filles mariées & leurs enfans, pourvû que le pere soit quitte de leurs mariages ; mais il est aisé de penetrer dans le veritable motif de l'Arrêt, qui fut que l'ayeul n'avoit pû donner à sa petite fille au préjudice de son petit fils, tous deux enfans de sa fille, que jusqu'à concurrence de la part qui pouvoit appartenir à sa petite fille en sa succession qui étoit le tiers, & pour son mariage avenant s'il eut été payé, ce qui est aussi pourquoy la donation des meubles fut réduite au tiers.

ENFANS, ACCUSATION.

7 Accusation par les enfans contre leurs peres. *Voyez le mot Accusation, nomb. 16*.

Enfans accusez. *Voyez le mot Accusation nomb. 38. & cy-après le nomb. 15. & suiv*.

ENFANS, ACTION EN JUSTICE.

8 Si le pere a interêt dans une affaire intentée par le fils, & qu'il refuse de l'autoriser, il y est contraint *officio judicis*, & où le pere autorise il ne faut point de curateur. Jugé à Grenoble en 1456. & autres années suivantes. Papon li. 7. tit. 1. n. 1.

9 Par la disposition du Droit un fils de famille non emancipé ne peut proceder en Jugement sans l'autorité de son pere *not. Barth. in l. Divus ff. de testam.* neanmoins s'il est majeur, il ne peut faire declarer nulle une procedure qui auroit été faite contre luy. Arrêt du Parlement de Grenoble du 3. Avril 1460. *Ibid. nomb. 2*.

10 Jeanne Leauté avoit été battuë par son pere, à l'occasion du nommé Daniel; de sorte que le Juge des lieux auroit ordonné sur les enquêtes qu'elle seroit sequestrée : Par Arrêt du Parlement de Bretagne du 26. Avril 1559. la Cour mit les parties hors de Cour & de procez ; & neanmoins ordonné que la fille sera renduë au pere, baillant caution de cent livres de la bien traiter, & de la faire traiter par Guillemette Loret sa femme, ausquels la Cour fait défenses de sevir en ladite Jeanne sur peine de cinq cens livres monnoye, & de la prison. *Du Fail li. 2. chap. 93*.

11 Un pere qui étoit appellant de ce que le Juge l'avoit condamné à payer la somme de trois cens livres, & la mettre entre les mains d'un Marchand pour être employée en armes & chevaux, qui seroient baillez au fils, après qu'il se seroit fait enroller au rolle d'un Capitaine Catholique pour aller au service du Roy, suivant le requisitoire du fils; par Arrêt il fut dit mal jugé, bien appellé par le pere; en emendant le Jugement, le fils declaré non-recevable en son action contre le pere; à luy enjoint d'aller demander pardon à son pere de l'offense qu'il luy avoit faite, & ce en presence de quatre des parens; & ordonné que le Juge qui avoit donné le Jugement comparoîstroit en la Cour, sauf aux parties à recouvrer les dépens des poursuites à l'encontre de luy. Arrêt du 25. Juin 1571. *Bibliotheque de Bouchel, verbo Pere*.

12 Enfans ne peuvent agir contre leur pere, & prétendre des dommages & interêts, resultans de l'homicide par luy commis en la personne de leur mere. Arrêt du premier Février 1638. *Bardet tome 2. li. 7. chap. 9*. M. Bignon Avocat General dit que l'homicide ayant donné lieu à un second mariage préjudiciable, il y avoit lieu d'interdire au pere la disposition de ses biens; & neanmoins de débouter la fille. Il rapporta un Arrêt rendu dans cette espece; un jeune homme de la Ville de Senlis ayant fait assigner son pere aux fins de luy fournir habits, armes & équipage de guerre, & le Juge y ayant condamné le pere; la Cour ordonna qu'en pleine Audience le fils demanderoit pardon à son pere, decerna ajournement personnel contre le Juge, & fit défenses de plus prononcer de semblables condamnations à peine d'interdiction de sa Charge, & de punition exemplaire.

ENFANS, ALIMENS.

13 Enfans qui demandent les alimens. *Voyez le mot Alimens, nomb. 38. & cy-après le nomb. 62*.

ENFANS, APPEL.

14 Fils appellant pour le pere. *Voyez le mot Appel, nomb. 114*.

15 Si un mineur peut appeller d'une omologation d'un accord fait des meubles, & contraindre son pere à rendre compte des meubles nonobstant ledit accord; & s'il peut être reçû au serment en plaidant contre son pere ? *Bouvot tome 1. part. 3. verbo Mineur, quest. 3*.

ENFANS, AVANTAGE.

16 Avantages faits aux enfans du premier ou second lit. *Voyez le mot Avantage nomb. 30*.

17 La donation faite en faveur de mariage, & des enfans qui naîtront d'iceluy, est étenduë aux enfans d'un second lit. Ainsi jugé au Parlement de Toulouse le 25. Janvier 1605. *Cambolas li. 3. chap. 49*.

ENFANS, BAIL EMPHITEOTIQUE.

18 Baux faits pour la vie du pere, à enfans, ou enfans des enfans. *Voyez le mot Bail, nombre 238. & suivans*.

19 Si l'emphiteose passe aux enfans? *Voyez le mot Emphiteose, nomb. 45. & suiv*.

20 En Contrat de bail emphiteotique, le mot d'enfant aîné & principal heritier s'entend de l'enfant mâle exclusivement à la femelle. Arrêt du 4. Juin 1576. *Papon li. 17. tit. 2. nomb. 2*.

ENFANS BATARDS.

Voyez le mot Bâtards.

21 *De filiis spuriis nothisque*. Voyez le Traité fait *per Gabrielem Paleotum*.

Enfans de la Concubine. *Voyez le mot Concubine, nomb. 20. & 21*.

ENFANS, CORRECTION.

22 La correction domestique des débauches & vices des enfans, reside au pouvoir des peres. Arrêt du 20. Decembre 1612. *Expilly Arr. 43*.

23 Reglement pour la correction des enfans de famille & des femmes débauchées, pour les renfermer dans l'Hôpital general. Arrêt du 29. Avril 1684. *De la Guesse tome 4. li. 7. chap. 10*.

Voyez au 1. vol. le mot Correction, & cy-après le nomb. 77.

ENFANS, CORVE'ES

24 On ne peut pas demander arrerages de corvées personnelles ; comme elles ne sont dûes regulierement que *ratione loci*, à cause de l'habitation, elles se multiplient comme les familles, celles des enfans qui sortent de la maison de leurs peres ne pouvant s'en dispenser, non plus que celles d'où elles ont tiré leur origine. Arrêts du Parlement de Grenoble des 22. Février 1554. contre les Consuls de Ventavon, & 13. Avril 1608. contre les Consuls de Vcines rapportez par *Chorier en sa Jurisprudence de Guy Pape, p.144. & Basset tome 2. li. 3. tit. 11. chap. 3.*

ENFANS, DELITS.

25 Des délits commis par enfans. *Voyez* le mot *Délit*, *nombre 12. & suivans.*
De delictis puerorum. extra. 5. 23.
Enfans délinquans comment doivent être punis ? *Voyez Papon, li. 24. tit. 10. nomb. 4.*

26 La mere & la fille sont accusées d'avoir recelé un enfant né de la fille, qui l'avoit enterré le disant mort ; il y avoit preuve que la mere luy avoit demandé, *pourquoy ne l'as tu pas mis plus profond*. Le Juge les condamne à la question pour sçavoir *si fuerit animal vivum* : elles appellent, le Juge déclare qu'il a été bien jugé pour la fille, mal pour la mere ; autre appel à Bourdeaux où il fut ordonné que les gens du Roy verroient le procez pour appeller de la derniere Sentence si bon leur sembloit; ce qui fut fait par Arrêt du 30. Octobre 1536. elles furent condamnées à la question, la mere mourut à la Conciergerie, & la fille aprés sa confession fut penduë. *Papon, li. 22. tit. 4. nomb. 2.*

27 Meres ayans recelé leurs enfans doivent être punies comme parricides, à moins qu'il ne soit bien certain qu'ils sont nez morts ; c'est la disposition d'un Edit d'Henri II. du 4. Mars 1559. Arrêt du mois de Decembre 1559. qui prononce la peine de mort contre une fille. *Papon, li. 22. tit. 4. nomb. 3.*

28 *An Pater pro filio teneatur?* On fait cette distinction, si l'enfant est au dessous de douze ans le pere en est tenu, parce qu'il en doit avoir la conduite ; mais s'il est *pubes, aut pubertati proximus*, il n'en est pas tenu : c'est la distinction que M. Brisson Avocat du Roy apporta en une cause, ainsi jugée en 1574. & depuis par plusieurs autres Arrêts. Un jeune enfant condamné en une amende ou réparation pour laquelle il étoit poursuivi, le pere fut interrogé par M. le Président de Verdun, qui fit réponse qu'il ne vouloit point porter la faute de son fils, le sieur Président luy dit *vous êtes un mauvais pere* ; & neanmoins il fut absous par Arrêt. *Voyez la Bibliotheque de Bouchel*, verbo *Pere*.

29 Un jeune enfant qui avoit injurié Michel Chappeau, lequel se plaint pardevant le Juge d'Aubenton, & pour avoir legitime contradicteur fait appeller le pere à l'effet de faire créer un curateur à son fils, & à faute de ce, voir dire qu'il demeurera. Le Juge ordonne que dans huitaine le pere fera créer un curateur à son fils, *alias* demeurera. Appel à la Cour par le pere, M. Faye Avocat du Roy, disoit qu'il suffit que le pere soit tourmenté de voir son fils poursuivi en Justice sans le faire assister ni être spectateur de l'infamie de son fils. Par Arrêt du 22. Decembre 1587. la Cour a absous le pere, sauf à Chappeau à se pourvoir contre le fils, l'appellant, *&c. sans dépens. Ibid.*

30 Un enfant âgé de neuf à dix ans ayant pris une arquebuse & couché le chien, ayant pris feu, tué un enfant fortuitement, *meretur veniam*. Arrêt du Parlement de Dijon du 5. Mars 1619. *Bouvot tome 2. verbo Homicide, quest. 7.*

31 Si le pere est tenu d'avoüer ou desavoüer les fautes commises par ses enfans impuberes. Arrêt du 17. Decembre 1647. qui ordonne qu'à l'avenir le pere seroit tenu de corriger ses enfans des fautes ausquelles

ils se laissoient aller journellement, & les instruire mieux que par le passé ; à peine d'en répondre en son nom. *Soëfve tome 1. Cent. 2, ch. 46.*

32 Un jeune écolier âgé de quinze ans ayant quelque different avec un autre écolier environ de même âge, & dans ce different l'ayant battu & excedé de plusieurs coups, dont il seroit incontinent aprés tombé malade, & ensuite décedé dans les quarante jours, fut condamné au Parlement de Paris le 5. Mars 1661. à aumôner la somme de 120. livres parisis au pain des prisonniers de la Conciergerie du Palais, & en 800. livres de réparation civile envers le pere de l'homicide, & aux dépens du procez. *Soëfve, tome 2. Cent. 2. chap. 38.*

33 Quoy que le pere ne puisse regulierement se dispenser d'entretenir ses enfans, il n'est point obligé de payer pour les tirer de prison, les amandes & les dommages & interets ausquels ils ont été condamnez pour cause procedante de crime. Arrêt de Grenoble du 12. Juin 1687. pour le sieur de Montagu contre son fils, qui s'étoit constitué prisonnier pour l'enterinement de Lettres de graces par luy obtenuës. *Chorier en sa Jurisprudence de Guy Pape p. 251.*

ENFANS, EDUCATION.

34 Education & instruction des enfans d'un pere Catholique, ne doit être laissée à une mere faisant profession d'autre Religion. Arrêt du Parlement de Paris du 27. Janvier 1638. *Bardet, tom. 1. li. 7. chap. 8. Voyez cy-devant* verbo *Education.*

ETAT DES ENFANS.

35 *Filium nuptiis secutis, legitimum factum ; etiam fideicommissi verbis, de filio, ex justo, ac legitimo matrimonio procreando, contineri.* Vide Luc. *lib. 8. tit. 9. c. 1.*

36 La fille & ses parens peuvent être admis à la preuve du fait que l'enfant est d'un tel, pourvû qu'il ne s'agisse point de promesse de mariage, mais seulement des interêts de l'enfant, & qu'il est né des œuvres d'iceluy ; Arrêt du Parlement de Dijon du 27. Juin 1605. *Bouvot, tom. 2.* verbo *Mariage. quest. 36.*

37 Guy Pape, Harsdorfferus raconte dans la 2. Centurie du théâtre des Histoires divertissantes & morales qu'il publia l'an 1653. en langue Alemande, que Jerôme Auguste Montleon, Seigneur de la terre d'Aiguenere dans le Gresivodan, & dans le voisinage de Grenoble, ayant suivi le Cardinal de la Valette, mourut dans l'Alsace. Neanmoins sa femme accoucha quatre ans aprés cette absence, d'un fils qu'elle disoit avoir conçû du commerce qu'elle avoit eu en songe avec luy. Il avoit deux freres Adrien & Charles de Montleon qui disputerent la succession à cet enfant, qui fut en effet déclaré bâtard par le Juge ordinaire des parties ; il y eut appel au Parlement de Grenoble qui aprés le rapport des Sages-femmes & de quelques Medecins de la Faculté de Montpellier, ajugea les biens de ce Gentilhomme au posthume comme à son heritier legitime. L'avis des Medecins & des Sages-femmes fut que l'on devoit attribuer cette grossesse extraordinaire à la force de l'imagination qui fait tant de merveilles dans les femmes par ses impressions toutes puissantes sur les sens. Le sçavant Medecin Jean-Baptiste Lamsuverde parle de cet Arrêt dans son traité de *molis uteri*, & ne le traite pas obligeamment ; mais dit *Chorier en sa Jurisprudence de Guy Pape pag. 199.* il combat ce qui n'a jamais été, & une pure imagination. Premierement ce prétendu posthume auroit été uniquement l'enfant de sa mere, & par quelle raison le Parlement auroit-il pû ni dû luy accorder les biens d'un homme à qui il n'appartenoit point, & du sang duquel il n'étoit pas formé. D'ailleurs il n'y a point de famille de Montleon, ni de terre du nom d'Aiguenere aux environs de Grenoble, ni dans le Gresivodan. Ceux des Sages-femmes & des Medecins sont imaginaires. Cet Arrêt n'est connu de personne dans le Parlement.

ENF ENF

38 Les Coûtumes qui parlent des enfans n'ont lieu és enfans naturels qui sont legitimez par autre moyen que par le subsequent mariage. *Charondas 2. liv. des Répons. chap. 4. & liv. 7. chap. 9.* la legitimation par subsequent mariage n'a lieu s'il n'y a Contrat de mariage par écrit, soit entre Nobles ou Roturiers, Arrêt de Paris du 23. Août 1567. allegué par *Chopin sur les Coûtumes d'Anjou, liv. 1. chap. 41. art. 7. Papon, liv. 21. tit. 3. nomb. 16.*

39 Deux femmes demandent un enfant, toutes deux s'en disent la mere; c'est la cause de Madame de S. Heran. Voyez *Des Maisons, lettre S. nomb. 1. fol. 1.* où vous trouverez l'Arrêt au long du 18. Août 1657. Voyez *Henrys, tom. 2. liv. 6. quest. 18.* qui rapporte le même Arrêt.

40 De l'état des enfans d'un Religieux qui s'étoit marié, avant que d'avoir obtenu un Bref en Cour de Rome, & qui est decedé pendant l'appel: les enfans ont été maintenus & gardez en la jouïssance de tous les biens de leur pere, avec restitution des fruits & dépens; il y avoit des circonstances. Arrêt du Parlement de Paris du 11. Juillet 1658. *De la Guess. tome 2. liv. 1. chap. 53.*

41 Enfans qui ont precedé un mariage tenus cachés pendant la vie des pere ou mere jugés incapables des effets civils, par Arrêt du 27. Janvier 1661. quoyque le mariage soit confirmé. *Soëfve, tome 2. Cent. 2. chap. 31.*

42 Une jeune veuve remariée trois jours aprés la mort de son mary mort subitement, & étant accouchée d'un enfant huit mois & quelques jours aprés son second mariage, on demande auquel du premier & du second cet enfant doit appartenir? Arrêt du 20. Juin 1664. qui a jugé que c'étoit au second mary; elle fut privée de son doüaire, le second mary a été condamné en 64. liv. parisis d'aumône applicable au pain des Prisonniers. *Ibidem. to. 2. Cent. 3. chap. 18.*

43 Enfans reçus à faire preuve par témoins de ce que leur mere étoit enceinte lors de son mariage d'un autre que de son mary, pour exclure un enfant né à cinq mois de mariage, assistez de la declaration de la mere. Arrêt du 12. Juillet 1666. *De la Guess. tom. 2. liv. 8. chap. 14.*

44 Antoine de Salnove, épouse la concubine d'un homme de qualité, dont elle avoit déja eû deux enfans. Salnove en a deux autres pendant son mariage; pour en dérober toute connoissance à sa famille, il les fait baptiser comme enfans de l'homme de qualité. Salnove reconnoît ensuite ces deux enfans pour être les siens. Arrêt du 15. Février 1674. qui juge que la declaration du mary touchant l'état des enfans qu'il prétend être issus de luy ne peut detruire la verité du Registre des Baptêmes dans lequel ils sont qualifiez enfans d'un autre & de sa prétenduë femme. *Soëfve, tom. 2. Cent. 4. chap. 85.*

ENFANT ETOUFFE', NOURRICE.

45 Conrad. *liv. 7. rép. 116.* allegue un Arrêt donné à Toulouse le dernier Février 1566. par lequel une Nourrice pour avoir par sa faute & negligence suffoqué un enfant qui luy avoit été baillé à nourrir, fut condamnée à faire amende honorable au parquet des Capitouls premiers Juges, & devant la maison du pere de l'enfant, & être battuë de verges, depuis la ville de Toulouse où le fait avoit été commis pour 5. ans, défenses à elle de plus prendre charge de nourrir enfant à mamelle.

ENFANS EXPOSEZ.

46 De la nourriture des enfans exposez, & qui en est tenu? *Voyez Filleau, part. 1. tit. 1. chap. 19.*

47 Les enfans mis dans les Hôpitaux aprés avoir été exposez, sont reputez legitimes. *Bibliotheque Canonique tom. 2. p. 192.*

48 *Partum exponens punitur pœna extraordinaria ut est text. cum Gloss. in verbo animadversioni. C. de infam. expos. Senatus tamen in facti contingentia quamdam Palosinam puellam nobilem, quæ ut infamiam vitaret, puerum quem pepererat exponi jusserat, absolvit 16. Decembris 1547.* Voyez *Julius Clarus, li. 5. Sententiarum.*

49 Par Arrêt du Parlement de Paris du 13. Août 1552. il a été ordonné que les Seigneurs hauts Justiciers dans l'étenduë de la ville & Fauxbourgs de Paris contribuëront chacun de quelque somme aux frais necessaires pour l'entretien, subsistance & education des enfans exposez dans l'étenduë de leurs hautes Justices. *Bibliot. Can. tome 1. p. 709.*

50 Une fille ayant eû un enfant d'un Clerc ou Serviteur de la maison, le met de nuit à la porte de la maison d'un voisin; elle fut condamnée au Châtelet par Sentence du Lieutenant Criminel à être foüettée devant la maison des Recommandaresses. Par Arrêt du 24. Octobre 1576. la Sentence confirmée. *Bibliotheque de Bouchel verbo Exposez.*

51 Arrêts des Grands Jours de Poitiers du 15. Septembre 1577. confirmatif d'une Sentence du Senéchal d'Angers par laquelle des Religieuses furent condamnées par provision à nourrir un enfant exposé devant leur porte; il fut dit qu'à la diligence de ces Religieuses l'Evêque, les Abbez, Chapitre & Communautez de la ville seroient appellez, pour eux, & le Procureur General oüis, être ordonné ce que de raison. *Papon, liv. 18. tit. 1. nomb. 45.*

52 Une femme mendiant sa vie, passa par la ville de Chinon où elle accoucha; aprés avoir gardé son enfant quinze jours ou trois semaines, elle passa par une terre où elle le laissa. Une femme le porta à l'Hôtel-Dieu de Chinon, les Gouverneurs prétendirent que les habitans devoient le nourrir. Arrêt du Parlement de Paris du mois de Juillet 1594. ordonne que le haut-Justicier de la terre où il avoit été trouvé seroit appellé, & que cependant les habitans de Chinon fourniroient ce qu'il conviendroit pour la nourriture de cet enfant. Voyez *Filleau, part. 1. tit. 1. ch. 19. Charondas, liv. 9. Rép. 16. Bacquet des droits de Justice ch. 33. nomb. 14.*

Mêmes Arrêts les 23. Juin 1610. & 10. May 1629. rapportez par *Bardet, to. 1. li. 2. ch. 83. & li. 3. ch. 36.* Autre Arrêt semblable du 28. May 1637. rapporté au 2. tome du *Journal des Audiences, liv. 1. chap. 13.* V *Mornac, L. 19. Cod. de Episcopali audientia, &c.*

53 Jugé au Parlement de Paris le dernier Juin 1664. contre le Chapitre de l'Eglise Cathedrale d'Angers que les enfans exposez doivent être nourris & élevez aux frais & à la diligence des Seigneurs hauts Justiciers. Cet Arrêt contient Reglement. *Des Maisons, lett. E. nom. 12. Journ. des Aud. tom. 2. liv. 6. chap. 34. Soëfve, tom. 2. Cent. 3. & chap. 19.*

54 Par Arrêt du Parlement de Paris du 3. May 1667. confirmé par Arrêt du Conseil du 20. Novembre 1668. l'entretenement & subsistance que les hauts-Justiciers étoient obligez de donner aux enfans exposez dans l'étenduë de leur haute-Justice, a été converti en une somme de 15000. livres annuellement, pour être mise és mains de personnes pieuses, qui charitablement en prennent soin. *De la Guessiere, to. 3. liv. 1. chap. 27. Bibliot. Can. tom. 1. p. 709.*

55 Arrêt du Parlement de Provence des 11. & 7. May 1662. & 1666. qui ont jugé que l'enfant exposé en un chemin doit être nourri par les Consuls du lieu du domicile de la mere. *Boniface, tom. 2. liv. 3. tit. 6.*

56 Si les tresors n'ont pas de biens suffisans, les Seigneurs de Fiefs & les Paroissiens doivent fournir la dépense pour la nourriture & entretenement des enfans exposez. Jugé par plusieurs Arrêts du Parlement de Rouen citez par *Berault sur l'article 604. de la Coûtume de Normandie.*

ENFANS DE FRANCE.

57 Des Enfans de France & leurs appanages, & du doüaire des Reines Doüairieres de France. Ordonnance de Fontanon, *tom. 2. liv. 1. tit. 4. p. 24.* Voyez les mots *Dauphin & Roy.*

H iij

ENFANT, GARANTIE.

58 Fils trafiquant pour le pere le peut obliger comme Facteur. Arrêt du Parlement de Paris du 18. Septembre 1576. *Papon, liv. 7. tit. 1. nomb. 1.*

59 Un fils avoit été pensé d'une mauvaise maladie ; le Chirurgien s'adresse au pere, esperant au moins d'être payé de ce que *pietas paterna non effet denegatura*. Arrêt du Parlement de Paris du 7. Juin 1606. qui absout le pere sans dépens. *Bibliotheque de Bouchel*, verbo *Pere* & *cy-aprés au* 3. *vol. le même titre*.

ENFANS MORTS-NEZ.

60 Des enfans morts-nez. *Voyez, le* 1. *tome des Loix Civiles, au Livre Préliminaire, tit.* 2. *sect.* 1. *nomb.* 4.

Le Roy Henri II. défendit en 1556. de refuser la sepulture Chrêtienne aux enfans morts-nez. *Voyez Henrici progymnasmata*. Arrêt 157.

61 *Voyez cy-aprés le nomb.* 89.

ENFANS, NOURRITURE.

62 Parain n'est tenu de la nourriture de son filleul. *Papon, liv.* 18. *tit.* 1. *nomb.* 45. *Chopin de mor. Paris, liv.* 2. *tit.* 7. *nomb.* 19. *Caron, liv.* 9. *chap.* 16. & *Filleau, part* 1. *tit.* 1. *chap.* 10.

63 Provision alimentaire s'ajuge à un enfant reconnu pendant la contestation du mariage de ses pere & mere. Le Juge d'Eglise qui ne connoît que *de fœdere matrimonii an fit matrimonium vel non*, ne pouvoit ajuger telle provision. Arrêt du 22. Février 1582. *Papon, liv.* 18. *tit.* 1. *nomb.* 44.

64 Si les enfans d'un pere insolvable sont tenus de payer ce qui luy a été ou prêté ou vendu , pour le nourrir, habiller, & entretenir ? *Voyez Duperier, liv.* 4. *quest.* 23.

ENFANS MALTRAITTEZ.

65 Quand les enfans sont maltraittez de leur belle-mere , le pere doit leur donner pension & les tirer hors de chez luy. Arrêt du dernier Janvier 1675. qui condamne le Procureur des Gabelles de Rouergue à fournir annuellement à deux de ses enfans chacun 100. liv. & permis à eux de se retirer chez leur oncle qui étoit present à l'Audience, sans que les enfans fussent obligez de prouver le mauvais traittement qu'ils recevoient de leur marâtre. *La Rochefla- vin, liv.* 3. *lett* S. *tit.* 5. & *cy-dessus le nomb.* 10.

ENFANS, OBLIGATION.

66 Obligations par corps des enfans pour leur pere sont nulles. La caution déchargée. *Voyez le mot Contrainte par corps nomb.* 10.

ENFANT POSTHUME.

67 Si un Posthume est tenu pour avoir eû vie par quelque mouvement & palpitation au sortir du ventre de sa mere? V. *Bouvot, tome* 1. *part.* 1. verbo *Posthume*.

68 Un homme par son testament institué son posthume heritier, si sa femme étoit enceinte, que si elle ne l'étoit pas, il la faisoit son heritiere; il arriva qu'aprés sa mort sa femme se trouva enceinte & eut un enfant qui fut baptisé sortant les bras dehors ; on soûtenoit qu'il étoit né mort ; la question fut de sçavoir si elle étoit heritiere ayant été veritablement enceinte , attendu que la condition sembloit avoir défailli. Par Arrêt du 15. Juillet 1622. il fut jugé que ces mots *si elle étoit enceinte*, devoient recevoir cette interpretation , si elle n'avoit des enfans, & celle qui a fait avorter, est censée être décedée sans enfans. *Cambolas, livre* 4. *chap.* 4.

PLUSIEURS ENFANS, PRIVILEGES.

69 Le pere qui a douze enfans est exempt de tailles , quoy qu'aucuns soient morts depuis. Arrêt du Parlement de Dijon du 7. Août 1573. *Bouvot, tom.* 1. *part.* 2. verbo *Tailles*, *quest.* 3. & verbo *Exemt*.

70 Les pere & mere ayant douze enfans procréez en legitime mariage sont exempts de tous subsides & principalement des jets & impôts qui se levent de trois ans en trois ans , pour la solde de cinquante mille hommes sur le Duché de Bourgogne, & ce nonobstant le décés de quelques-uns. *Bouvot, tom.* 2. verbo *Privilege d'exemption, question.* 5.

71 L'exemption de la taille a lieu par le nombre de douze enfans ; mais representation n'a lieu pour faire ce nombre comme en succession : ainsi plusieurs enfans d'une fille décedée ne seroient point comptez. Arrêt du Parlement de Dijon du 13. Mars 1617. rapporté par *M. de Xaintonge, pag* 353.

72 Edit du Roy du mois de Novembre 1666. sur les avantages & privileges qu'il donne à la fecondité des mariages , & à ceux qui se marient à 20. ans , ou qui ont dix ou douze enfans vivans , non Prêtres ni Religieux, soit Gentilshommes ou Roturiers. Par Arrêt du 9. Decembre 1666. de la Cour des Aydes de Paris , les Chambres assemblées, l'Edit a été enregistré sous quelques modifications. *Voyez Boniface, tom.* 1. *liv.* 5. *tit.* 11.

73 Declaration du Roy du 13. Janvier 1683. portant revocation des privileges & exemptions accordez aux peres de famille ayant dix ou douze enfans , par l'Edit du mois de Novembre 1666. V. *le Recueil de Decombes Greffier en l'Officialité de Paris*, 1. *part. chap.* 4. *pag.* 437.

ENFANS, RELIGION P. R.

74 De l'éducation des enfans nouvellement convertis, & de ceux dont le pere est Catholique , ensemble des privileges accordez aux nouveaux Convertis. *Voyez les Memoires du Clergé tome* 6. *part.* 9. *chap.* 10.

ENFANS, RESPECT POUR LES PERES.

75 Arrêt Royal en 1556. qui enjoint à tous les enfans avant que de se retirer pour aller coucher , de se presenter à leurs pere & mere à deux genoux & de leur demander humblement leur benediction & pardon de leurs offenses, enjoint aux peres de les recevoir gracieusement. V. *Henrici progymnasmata*. Arrêt 110.

77 Le Roy Henri II. pour contenir les fils de famille dans l'obeïssance , permit à leurs peres, ayeuls & oncles de les mettre prisonniers , pourvû qu'ils fussent au dessous de l'âge de 25. ans , & pour cause de prodigalité , s'ils étoient majeurs. V. *Henrici progymnasmata*. Arrêt 131. en 1556.

78 Le fils obeïssant à son pere n'est pas censé libre en sa volonté, & n'est pas vrai-semblable que l'on veüille renoncer à son droit sans force ou quelque crainte , *cap. super hoc extra de renum*. Ce fils obeït & ne consent point, parce qu'il n'a pas la liberté de refuser, c'est la raison pour laquelle il a été jugé au Parlement de Paris en Robes rouges le 14. Août 1566. que le respect paternel suffiroit pour faire restituer les enfans. *Bibliot. Can. tom.* 1. *p.* 50. *col.* 2.

Voyez au 1. *vol. de ce Recueil le mot Crainte, nom.* 12. & *cy aprés* verbo *Pere*.

ENFANS ROUGES.

79 Declaration portant union de l'administration de l'Hôpital des Enfans Rouges de la Ville de Paris , à celle de l'Hôpital General de la même Ville, à Saint Germain en Laye le 23. Mars 1680. registré le 12. Avril suivant.

ENFANS, SUBSTITUTION.

Voyez cy-dessus le nomb. 1. & suiv.

80 *An filiorum appellatione nepotes contineantur?* Voyez *Francisci Stephani Decis.* 76.

Les enfans naturels legitimez par mariage , sont compris en la clause du testateur *si sine liberis*. Arrêt à la Pentecoste 1558. *Peleus, quest.* 36.

81 Ce qui a été resolu par la clause *si sine liberis*, les enfans ne sont en la disposition, a lieu, encore que la condition soit conçuë par ablatifs absolus *non extantibus liberis*, contre l'opinion de Bartole & d'autres fondée sur la Loy , *fideicommissa*, §. *cum esset. ff. de Legat.* 3. a été prejugé au Parlement de Toulouse au mois de Février 1574. en un cas où la substitution étoit faite, sous ces mots François *n'y ayant point d'enfans*. Voyez Maynard , *liv.* 5. *chap.* 70.

82 En 1595. Un nommé Perrot fait son testament

laissant sa femme enceinte de six mois, institue le posthume qui est en son ventre heritier universel, & en cas qu'il décede sans enfans luy substitué la mere, sa femme. Le testateur meurt, la femme accouche d'un enfant, que le Curé refusa de bâtiser sous prétexte qu'il avoit le museau d'un singe ou pourceau, & le pied droit fourchu. L'enfant décede le même jour, la mere en vertu de la substitution prend les biens qui tombent aux heritiers de sa ligne après son decez. Un frere du défunt paroît, & dit que l'enfant prétendu étant un monstre n'avoit été capable de succeder ni de transmettre. Arrêt du Parlement de Paris du 23. Juillet 1619. qui déclare la substitution ouverte au profit de la mere. Ainsi la Cour jugea que le part n'étoit pas monstrueux : quand même il l'eût été la substitution étoit toûjours valable, *est secunda institutio* ; mais si la cause eût été jugée seulement par là, la Cour eût autrement prononcé. *Additions à la Bibliotheque de Bouchel*, verbo *Part*.

84   Aux donations & aux substitutions faites en faveur d'enfans, les filles sont comprises avec les mâles. Arrêt du Parlement de Provence du 26. Mars 1637. *Boniface tome. 5. li 2. tit. 12. chap. 4.*

85   Par Arrêt du P. de Paris du 10. Février 1659. jugé que sous le nom d'enfans les petits enfans sont censez appellez à la substitution. *Soefve, tome 2. Cent. 1. chap. 92.*

Voyez les mots *Fideicommis* & *Substitution*.

ENFANT, SUCCESSION.

86   Si l'enfant qui n'est pas à terme, étant né vivant, a pû succeder ? *Voyez le 3. tome des Loix Civiles li. 1. tit. 1. sect. n. 5.* où l'Auteur rapporte les sentimens des Jurisconsultes & les differens préjugez.

87   Si la femme se remarie incontinent après le decez de son mari, & a un enfant au sixiéme mois, il vaut mieux présumer que l'enfant est au second mari. *Voyez Bouvot, tome 1. part. 2. verbo Enfant.*

88   Quel doit être l'enfant, selon la nature, & quel âge il doit avoir à l'effet de pouvoir succeder ? *Voyez le Brun en son traité des Successions li. 1. chap. 4. section 1.* A la section 2. il examine quel il doit être selon la Loy.

Voyez le Plaidoyé 8. de M. Expilly où vous trouverez plusieurs remarques.

89   L'enfant extrait par incision du ventre de la mere, montrant signe de vie, est tenu pour vif. Ainsi jugé en 1535. *Carondas, li. 7. Rep. 96.*

Voyez cy-devant les nomb. 60. 61. & 87.

90   Arrêt du mois de Novembre 1591. qui a jugé que la veuve de M. Daffis Avocat General assassiné par séditions, étant accouchée d'un fils, que les Medecins par leur rapport avoient trouvé avoir quatre mois, & qui étoit mort après avoir été bâtisé, ne pouvoir demander la succession de ce fils. *La Rochesflavin, liv. 3. tit. 9.* parce que tel part n'étoit pas vital, *per L. uxoris abortu C. de posth. hæred. instit.*

91   Enfant né à quatre mois treize jours, ne peut avoir eu vie pour recueillir la succession de sa mere, & la transmettre à son pere quant aux meubles. Arrêt du 17. Avril 1635. *Du Fresne, liv. 3. chap. 10.*

Voyez M. Loüet lettre E. somm. 5. où il y a Arrêt du 2. Decembre 1594. qui a jugé que l'enfant né devant sept mois n'étoit viable. Charondas rapporte un Arrêt contraire, *liv. 7. Rep. 78. & 96. & Des Maisons, lettre N. nomb. 1.*

92   Un enfant que l'on présumoit mort né, ayant jetté des excremens, si cette éjection est un signe de vie ? *Voyez Henrys, tome premier livre 6. chapitre 5. quest. 21.*

93   Enfans pauvres qui ne font poursuite de la mort de leur pere, ne sont indignes de sa succession. Arrêt du 30. Juillet 1630. *Du Fresne liv. 2. chap. 80.*

94   Par Arrêt du Parlement de Paris du 10. May 1655. il a été jugé que dans un naufrage la fille étoit présumée avoir survécu la mere, suivant la Loy 23. *ff. De rebus dub.* conçuë en ces termes, *cum pubere filio mater naufragio periit, cum explorari non possit uter prior extinctus sit, humanius filium diutius vixisse* ; pris dans les Registres du Parlement.

Jugé par Arrêt du Parlement de Roüen du 14. 95 Janvier 1614. rapporté par Berault, article 382. de la Coûtume de Normandie, in verbo *Enfant né vif* : Qu'un enfant n'est reputé né vif, s'il n'est entierement sorti vif du ventre de la mere, suivant la Loy, *Quod creatum*, qui est une des cinquante décisions de Justinien, laquelle sur la question, *si posthumus natus vivus, qui vocem non emiserit, rumpat testamentum*, dit en ces termes, *si vivus perfecté natus est licet illico, postquam in terram cecidit, vel in manus obstetricis, decesserit, nihilominus rumpit testamentum, hoc tantummodo requirendo, si vivus ad orbem totus processit ad nullum declinans monstrum vel prodigium.*

Nati post mortem testatoris admittuntur cum ante 96 natis, quando generatim vocati sunt liberi fratris in testamento patrui. *Voyez Stockmans, decis. 16.* & dit avoir été ainsi jugé le 26. Février 1630.

Un enfant tiré par l'operation cæsarienne du 97 ventre de sa mere, est reputé par le battement de son cœur avoir vêcu à l'effet de succeder à sa mere. Arrêt du Parlement de Tournay du 2. Decembre 1697. rapporté par *M. Pinault tom. 2. Arr. 191.*

Voyez le mot *Succession. §. Succession, Enfans.*

ENFANS TROUVEZ.

Les Maîtres & Gouverneurs du Saint Esprit à Pa- 98 ris ne succederont point aux enfans trouvez, & dont ils ont l'administration, s'ils décedent mineurs de 25. ans. Arrêt du Parlement de Paris de la Veille de Noël 1551. *Papon, li. 21. tit 1. nomb. 6.*

Déclaration portant établissement de l'Hôpital des 99 enfans trouvez de cette Ville de Paris, & union d'iceluy à l'Hôpital general. A Saint Germain en Laye en Juin 1670. registrée le 18. Août suivant.

Voyez cy-après *Hôpital.*

ENFANS DE CHOEUR,

Les enfans de Chœur revêtus des habits Clericaux, 100 & aidans à faire le service précedent tous les Laïcs, de quelque qualité qu'ils soient, même les Seigneurs & Patrons. *Memoires du Clergé to. 1. part. 1. pag. 602. & suiv.*

Si les Semi-Prebendes peuvent être données à d'au- 101 tres qu'à des enfans de Chœurs ? Sur une pareille contestation qui se mût en l'an 1579. entre un pourvû par le Pape d'une Semi-Prebende de l'Eglise Cathedrale du Mans, contre le Chapitre de la même Eglise, qui ne vouloit pas l'admettre, parce qu'il n'avoit pas été leur enfant de Chœur, qui se presentant, la Cour interloqua sur deux chefs principaux ; le premier, pour connoître l'intention des Fondateurs autant qu'on le peut dans ces sortes d'affaires ; & le second, pour examiner & sçavoir si celuy qui se presentoit avoit les qualitez requises par la loy de la fondation de ces sortes de Benefices ; c'est-à-dire être capable du chant de l'Eglise. Par l'Arrêt définitif le pourvû en Cour de Rome d'une Semi-Prebende de l'Eglise du Mans fut maintenu, sur ce qu'il fut trouvé capable de bien servir dans le Chœur par les Chantres de la Sainte Chapelle de Paris qui l'avoient examiné, en consequence de l'Arrêt interlocutoire cy-dessus, & après avoir fait une information telle que le Parlement avoit ordonné, avant que d'ajuger ce Benefice au pourvû par le Pape ; cet Arrêt est important en ce qu'il décide les pretentions des enfans de Chœur, pour avoir des Semi-Prebendes, à l'exclusion de tous les autres qui se pourroient presenter pour en avoir ; de sorte que par cet Arrêt le Parlement a jugé qu'un capable du chant, & des autres fonctions que les Chantres Semi-Prebendez dans l'Eglise peuvent faire, y peut être admis & pourvû par le Pape. *Definit. Canoniq.* page 816.

102. Il ne faut pas confondre les affectations faites par la fondation, & les affectations faites par les Statuts du Chapitre. Les affectations portées dans le titre de la fondation ne peuvent être changées, car la fondation est une loy inviolable qui doit être suivie, & executée, dont le Pape ne peut dispenser ; les Arrêts n'ont jamais donné les Benefices affectez qu'à ceux à qui ils sont dûs & affectez par la fondation. Il est vray que si l'affectation a été faite par le Chapitre, il y a des Arrêts rendus en faveur des Graduez, quand l'affectation se trouve faite posterieurement au Concordat, & quand d'ailleurs les Graduez ont les qualitez requises : mais si l'affectation faite par les Statuts du Chapitre, a été revêtuë des solemnitez necessaires, si elle a été confirmée par des Bulles du Pape, & authorisée par des Lettres patentes du Roy, enregistrées au Parlement, les Arrêts ont toûjours été favorables à ceux à qui les Benefices ont été affectez par le Chapitre ; comme on peut voir en examinant les motifs des Arrêts rapportez par le Commentateur de *M. Loüet, lettre G. n. 4.* & dans la *Police Ecclesiastique de M. René Chopin li. 1. tit. 3. nombre 34. & 5.* où ils sont énoncez fort au long. Pareille chose a été ainsi contestée pour des Semi-Prebendes de l'Eglise Cathédrale d'Angers appellées *Corbellieres*, & les pourvûs des *Corbelliers*, mais le succez n'en fut pas de même, car par l'Arrêt qui intervint le 29. Juin 1575. le Chapitre d'Angers fut non-seulement reçu appellant comme d'abus des provisions accordées à leur préjudice, mais il fut fait défenses de conferer à l'avenir aucunes des Semi-Prebendes à d'autres qu'aux enfans de Chœur de la même Eglise.

Voyez le mot *Benefice, nomb. 4. & suiv.*

ENGAGISTE.

1. DIfference entre l'Engagiste & l'Appanagiste. *Voyez* le mot *Appanage, nomb. 18.*

Toparcha fiduciarius quem vulgò Seigneur Gagier & Pant-heer *dicimus, quid juris habeat ? & ex occasione, in quo sita sit Toparchia seu dominium pagi ?* Voyez Stockmans, *decis. 90.*

2. Lors qu'un heritage releve nûment du Roy par le moyen d'un engagiste, cet engagiste ne peut toucher le droit d'indemnité en deniers, parce que c'est un droit réel attaché au fief de la Couronne, de sa nature rachetable à perpetuité ; en sorte que l'engagiste n'en est point le proprietaire incommutable. Le temperament que l'on prend dans cette occasion pour ménager l'interêt de l'engagiste & du Roy tout ensemble, c'est qu'on ordonne que les deniers destinez pour l'indemnité seront employez dans un fond dont le revenu appartiendra à l'engagiste pendant qu'il sera possesseur du Domaine aliené ; comme il a été jugé contre Monsieur le Duc de Mazarin engagiste d'un Domaine du Roy dans le Nivernois, au profit des Religieuses de ce pays-là. *Biblioth. Can. tome 1. page 42.*

3. L'Engagiste ne peut pas prendre la qualité de Duc, Comte, &c. mais il doit simplement se qualifier Seigneur par engagement ; car le titre demeure toûjours, vers le Roy qui est proprietaire. *Bacquet, li. 3. chap. 20.* rapporte un Arrêt du 5. Juillet par lequel la Cour trouva mauvais que l'acquereur par engagement d'une Haute-Justice, eût fait mettre ses titres & ceintures funebres à la Paroisse. *Voyez la Bibliotheque de Bouchel*, verbo *Appanage.*

4. Le droit d'engagement de certaines choses étant du domaine du Roy peut se saisir & décreter pour les dettes de celuy à qui il est engagé, & la saisie se fait entre les mains du Receveur ordinaire qui en doit compter à la Chambre, lequel, toutes charges de domaines déduites, ce qui se trouvera de bon entre ses mains, demeurera affecté aux creanciers. Jugé le 21 Juillet 1601. M. Bouguier *lettre D. nomb. 7.* où il fait conciliation d'un autre Arrêt du 16. Decembre 600. rapporté par *M. Loüet lettre M. somm. 23. Voyez M. le Prêtre, premiere Centurie chap. 83.*

5. Par Arrêt du Conseil du Roy du 24. Avril 1646. les Officiers Royaux ne peuvent être dépossedez par les engagistes du Domaine. Arrêt du Parlement de Toulouse confirmé le 22. Mars 1649. *Albert*, verbo *Jug.*

6. Arrêt du Conseil d'Etat du Roy du 11. Decembre 1647. qui ordonne que les engagistes des parts & portions du domaine du Roy, sur lesquelles étoient cy-devant assignées les charges locales du Domaine, seront tenus de satisfaire au payement des frais de Justice qui surviendront au courant de chacune année. *Voyez le Recueil du Domaine, pag. 3.*

7. L'engagiste de la Ville de Montbrison a la nomination des Prebendes & Chanoinies de l'Eglise Nôtre-Dame de la Ville de Montbrison. Jugé au Conseil-privé du Roy le 16. Février 1655. Henrys *tome 2. liv. 1. quest. 4.*

8. L'engagiste peut retenir le fond engagé jusqu'au payement des autres sommes qui luy sont dûës au de-là du prix de l'engagement, quoy qu'il ait demeuré plus de trente ans sans demander ces sommes. Arrêt du Parlement de Toulouse du 5. Février 1667. rapporté par *M. de Catellan*, *liv. 7. chap. 9.*

Par Arrêt de Toulouse du 11. Mars 1692. jugé que l'engagiste ne prescrit jamais la proprieté, *non sibi possidet* ; mais si l'engagiste, agissant en proprietaire, vend comme maitre le fond qu'il tient en engagement, & que ce tiers acquereur en joüisse pendant trente ans, il ne pourra plus être troublé par ce premier proprietaire, comme ayant prescrit la proprieté contre luy. La raison est que cet acquereur quoy qu'il ait succedé à l'engagiste, ne luy à pas succedé à titre d'engagement ; il a aussi *suo nomine*, en consequence du contract de vente à luy fait. *Voyez Catellan, liv. 8. chap. 23.*

ENNEMI.

Définition de ce mot. *L. 118. & 234. D. de verbo. sign.*

Des transfuges chez les ennemis, ils sont criminels de leze-Majesté. *Voyez* le mot *Confiscation, nombre 73.*

ENONCIATION.

E *Nuntiativa non probant : seu, ut non aliter credatur instrumento, de altero instrumento facienti mentionem ; quàm si idipsum proferatur. N. 119. c. 3. Voyez Acte.*

ENQUESTE.

DEs enquêtes & examinateurs és Bailliages, Senéchaussées, Prévôtez, & autres Juridictions Royales. *Joly des Offices de France tome 2. li. 3. tit. 16. p. 1319. & aux Additions pag. 1895.*

Traité des enquêtes & témoins de M. Guillaume Jaudin ; il est inseré dans la *Bibliotheque de Bouchel*, verbo *Témoins.*

Enquêtes & dépositions de Témoins. *Voyez* Chaïrondas, *liv. 12. Rép. 6.*

Vieille enquête. *Voyez* Peleus *quest. 47.* Pour les enquêtes, *voyez l'Ordonnance de 1667. tit. 22.*

Enquêteur & Examinateur. Edit de création des Enquêteurs & Examinateurs. Chenu, *tit 16. Offices de France.* Voyez cy-après le nomb. 78. & suiv.

De inquisitione, vide Franc. Marc. *tom. 1. quest. 901.* L'Ordonnance de 1667. tit. 22.

1. *Commissarius cui testium examen ad partes commissum est, alterius partis interrogatoria recipere potest, & super ipsis testes examinare.* Voyez Franc. Marc. *tome 2. quest. 427.*

Commissus

Committitur ad examen testium in alienâ provinciâ scribam accipere potest: & solus responso accepto partem adjunctum dare nolle, procedere potest, Ibid. quest. 598.

Pars contra quam inquiritur secretè, ut intersit receptioni & juramento testium & articulorum aperture vocanda non est, Ibidem quest. 611.

Si le demandeur a proposé son fait, & le défendeur l'ait dénié simplement, sans proposer fait contraire, le Juge en appointant les Parties à informer le demandeur sur son fait, doit par même moyen, dire que le défendeur pourra informer du contraire. Arrêt du P. de Paris le 20. Decembre 1519. Bibliotheque de Bouchel, verbo *Preuves*.

Bien que la consignation préalablement ordonnée empêche la reception de l'enquête de celuy qui demeure chargé de la faire, elle ne peut cependant en empêcher la confection. Arrêt du P. de Toulouse rapporté par Mainard *To. 1. li. 3. ch. 50.*

Arrêt du Parlement de Paris de l'an 1534. servant de Reglement par lequel il est ordonné que les Enquêtes Civiles & les Criminelles des procez civilisez en l'ordinaire, les examens à futur, recollemens non ordonnez *ex officio*, informations, auditions de comptes, qui se feront de Jurisdiction contentieuse, & taxe de dépens en l'absence, empêchement & refus des Lieutenans General & Particulier, & confections d'inventaire hors la ville, appartiennent aux Enquêteurs; mais les Enquêtes criminelles, information *super bonâ famâ*, recollemens Civils ordonnez *ex officio*, audition des comptes amiablement faite, taxe des dépens, inventaires dans la ville, & ceux de dehors la ville, si les parties le requierent, sont aux Juges. Papon, *liv. 9. tit. 1. nom. 8.*

Sur défaut donné en certain lieu pour voir proceder à faire enquête s'il est requis, & est de besoin proceder ailleurs & en autre lieu bien que plus proche & commode avant que de l'ordonner, il faut dere-chef partie soit assignée à ces fins, à peine de nullité de tout ce qui pourroit être fait. Arrêt du mois de Février 1581. La Rocheflavin, *liv. 6. tit. 46. Arr. 3.*

Le Commissaire procedant *in partibus* après une assignation donnée à la partie pour le voir proceder, n'est point tenu de faire derechef assigner ladite partie, ni luy faire signifier les appointemens qu'il donne sur le lieu, soit pour l'adjoint ou autre; même si ladite partie s'est une fois presentée devant ledit Commissaire; si ce n'est que la partie fût dans le même lieu, ou fort proche, que se seroit trop de longueur & de frais aux parties. *Ibid. Arr. 14.*

Arrêt du Parlement de Toulouse du 10. Septembre 1587. qui fait défenses aux Senechaux & autres Juges de commettre dorénavant la confection des Enquêtes és instances principales à leurs Greffiers ou Notaires, ni à autres personnes qu'aux Magistrats & Graduez, & autres de la qualité portée par les Ordonnances. *Idem. liv. 2. lettre E. tit. 4. Arr. 1.*

Par Arrêt donné au Parlement de Toulouse le 29. Avril 1591. il fut dit que l'Extrait d'une enquête, le procez verbal expedié par le Commissaire & Adjoint, l'original de l'Enquête & le procez verbal ayant été perdus ne pouvoient être reçus en la Cour, quoy que la partie eût requis le Commissaire de retenir extrait de l'Enquête, mais que le Demandeur pourroit refaire son enquête dans le mois, & fut l'appointement de reception de l'Extrait cassé. Bibliotheque de Bouchel, verbo *Enquêtes. & cy-après le nomb. 46.*

L'instance étant perimée, l'enquête faite auparavant non encore reçuë, ne peut plus servir & doit être rejettée. Arrêt du 14. Decembre 1598. Cambolas, *liv. 2. chapitre 48.*

Quand dans une Enquête on fait ouïr sur un article plus de dix témoins, on rejette ceux qui ont été ouïs après les dix premiers, Mainard, *liv. 4. chap. 61. & suiv.* quoyque les objets proposez contre les dix témoins ayent été declarés pertinens, suivant l'Arrêt donné le 15. Août 1657. en la seconde Chambre des Enquêtes, après partage porté à la premiere. Rapporteur M. de Chaubart, Contretenant M. De la Porte; & cela à lieu, quoyque même les dix premiers témoins déposent moins bien que les autres. *Voyez* Papon, *tit. des preuves & témoins, art.* 10. Basset, *liv. 6. tit. 8. chap. 4. DD. ad cap. cum causam extr. de testib. & attestatio.* Graverol sur La Rocheflavin, *liv. 6. lett. E tit. 46. Arr. 12. sur la fin.*

On ne peut en terme d'enquête, en matiere civile contraindre à répondre par serment de calomnie sur des faits qui pourroient la diffamer, sur tout lorsqu'ils n'ont point de connexité avec les faits du procez. Jugé au Parl. de Tournay le 8. Juin 1696. *Voyez* M. Pinault, *Arr.* 106.

Lors qu'un Défendeur se prévaut de ses titres, & les employe en son enquête, il les doit produire en bonne forme. Arrêt du Parlement de Tournay, le 26 Juin 1697. *Ibid. Arr.* 164.

On ne doit point refuser sans cause aux parties des Commissaires *ad partes*, pour travailler à leurs enquêtes; on les peut & on les doit refuser pour cause legitime, lorsqu'on juge qu'il importe pour le merite du procez que le Raporteur y travaille. Arrêt du Parlement de Tournay du 25. Juin 1697. qui a débouté une veuve demandant Commissaire *ad partes*, attendu qu'il s'agissoit de son doüaire contre les heritiers de son mary, & de son honneur particulier, quoyque les témoins demeurassent à Gand & Bruxelles. *Ibid. tom. 2. Arr.* 163. où il observe d'autres Arrêts semblables.

ENQUESTE, AJOINT.

Des Ajoints aux Enquêtes. *Voyez* le mot *Ajoint* & Joly *des Offices de France, tom. 2. liv. 3. tit. 18. p. 1351. & aux additions pag. 1898. & suiv.*

Il a été jugé le dernier Juin 1586. qu'un Commissaire de la Cour ne peut faire enquête sans Ajoint, quoyque la commission ne luy enjoigne point d'en prendre; & le Commissaire ayant oüi un témoin qui n'étoit point assigné, toute l'enquête a été declarée nulle; & la Sentence d'un Juge ordinaire donnée sur le rapport dudit Juge en presence du Lieutenant, ayant été reformée par Arrêt, ce Lieutenant ne pouvoit faire l'enquête ordonnée par ledit Arrêt: il est à remarquer que les Avocats n'avoient point opposé ces nullitez, La Rocheflavin, *liv. 6. tit. 46. Arr.* 13.

En l'enquête par turbes, tout peut être fait à la Requête de la partie, sauf la nomination des témoins. Arrêt du mois de Juillet 1602. ce même Arrêt a jugé qu'un Prêtre gradué peut être ajoint, Cambolas, *liv. 3. chap.* 22.

ENQUESTE, COMMISSAIRES.

Des Commissaires à faire enquêtes & interrogatoires, Ordonnances de Fontanon, *tom.* 1. *liv.* 3. *tit.* 12. p. 568. & Joly, *tom.* 1. *liv.* 1. *tit.* 40. *nom.* 304. le mot *Commissaires nomb.* 54. *& suiv.*

ENQUESTE, DELAY.

Delais pour faire preuve. *Voyez* le mot *Delay*, *nomb.* 3. *& suiv.*

Les témoins ayant prêté serment dans le délay d'enquêter, en un jour non ferié, peuvent être ouïs hors du délay & un jour ferié. *Voyez* Guy Pape, *quest.* 124. *& 125.*

Le Juge peut accorder prorogation & delay pour faire enquête, s'il y a eu empêchement legitime. Arrêt de Grenoble 1459. Autre Arrêt du Parlement de Paris du 2. Août 1564. par lequel un appellant de 3. ou 4. delais n'étant que de huitaine ou quinzaine, attendu qu'il n'étoit appellant des premiers préjudiciaux, fut condamné à l'amende & dépens. Papon, *liv. 9. tit. 1. n. 19.*

Si le demandeur a proposé son fait, & le défendeur l'ait simplement dénié sans proposer fait contraire, le Juge en appointant les Parties à informer par le demandeur, doit dire que le défendeur pourra informer au contraire. Arrêt du 20. Decembre 1519. il ne faut pendant le delay de venir défendre donné à une Partie, permettre à l'autre d'informer. Jugé le 6. Février 1564. Ibidem n. 24.

24 Arrêt du Parlement de Paris du 1. Juillet 1519. confirmatif d'une Sentence, laquelle avoit accordé un troisiéme délay pour faire enquête. Ibidem n. 25.

25 Il est pratiqué par toutes les Cours du Royaume, qu'il suffit que les témoins soient produits & jurez dans le delay, quoy qu'après ils soient enquis, & aussi qu'ils soient jurez un jour non ferié ; car tout se rapporte au jour de leur serment ; ainsi jugé par le Présidial de Poitiers le 20. Novembre 1553. Bibliotheque de Bouchel, verbo Preuves.

26 En Bretagne après les delais passez, on fait proceder en enquêtes, & pour les valider on prend Lettres au Sceau, ausquelles les Juges ont égard, s'il y a cause de n'avoir pû faire preuve dans les delais, *semper enim veritati locus relinquendus*, dit la l. *Imperatores de probat*. Et l'Ordonnance de Roussillon article 3. veut que sauf l'appel on soit reçu à faire enquêtes s'il y a eu refus du delay, & qu'on soit appellant du refus. Sauvageau sur du Fail, li. 2. chap. 2.

27 Pierre Martel demandeur appellant en la Cour, est debouté des lettres, par lesquelles il luy est permis faire enquerir certains témoins qui sont venus à revelation au moyen d'un Monitoire ; neanmoins par l'Ordonnance de Roussillon article 3. si le procez est jugé sur forclusion & refus de delay d'informer, la Partie sur Requête est recevable à faire enquête dans un seul delay. Ibidem chap. 183.

28 Après le delay de faire enquête expiré, on peut être reçu à prouver par témoins le seing & l'écriture d'une cedule déniée. Arrêt de Paris du 22. Decembre 1609. Plaidoyers de Corbin chap. 11.

ENQUESTE, FAITS NOUVEAUX.

29 Après que les témoins & enquêtes sont publiées, & que les Parties en ont eu communication, l'une d'icelles n'est recevable, soit par Lettres ou par Requête à proposer faits qui soient les mêmes ou directement contraires aux premiers proposez, & sur lesquels les Parties ont été appointées. Arrêt du Parlement de Grenoble du mois d'Avril 1445. Papon, li. 9. tit. 11. n. 1.

30 Faits divers sont reçus après publication. Par le Procez il y a fait & preuve que la chose dont est question vaut 100. l. si Partie averse veut après les témoins publiez, & les enquêtes vûës, proposer & prouver qu'elle vaut 150. l. elle est recevable ; car tel article n'est contraire, mais seulement divers, & les deux peuvent être. Jugé au Parlement de Grenoble en 1460. Ibidem n. 4.

31 L'on ne reçoit faits nouveaux, soit d'un appellant en cause d'appel, soit en premiere Instance sans Lettres Royaux. Arrêt du 2. May 1521. les Lettres seront aisément enterinées, pourvû que les faits soient pertinens & décisifs, & que ce ne soient les mêmes posez en premiere Instance, ou bien directement contraires à ceux que la Partie averse avoit posez, & où il y a crainte de subornation. Ibidem n. 5. où est ajoûté qu'en cause d'appel, même en requête civile, on est recevable à mettre en avant un fait décisif de la matiere, comme *habes pene te instrumentum quod repræsentare damnatus sum*, ainsi jugé le 6. Mars 1564.

32 Quoique les faits nouveaux articulez soient déclarez recevables, cependant les Contrats ou Jugement ne laissent d'être executoires par provision, en baillant caution. Arrêt du 18. Janvier 1574.

ENQUESTE, GREFFIERS.

33 Arrêt du 9. Août 1560. qui défend à tous Magistrats du Ressort de commettre la confection des Enquêtes aux Greffiers ou leurs substituez, contre les Edits, Ordonnances & Arrêts de la Cour donnez en semblables matieres sur les peines portées par iceux, & d'être tenus des dommages & interêts envers les Parties. La Rocheflavin liv. 6. tit. 46. arr. 11.

34 Arrêt du 10. Septembre 1587. qui fait défenses aux Sénéchaux & autres Juges de commettre dorénavant la confection des Enquêtes & en Instances principales à leurs Greffiers ou Notaires, ni autres personnes qu'aux Magistrats ou Graduez & autres de la qualité portée par les Ordonnances Royaux. Ibidem tit. 25. arr. 1.

35 Arrêt du 9. ou 10. Août 1571. qui défend au Sénéchal de Beaucaire & autres du Ressort, de commettre la confection des Enquêtes aux Greffiers, Notaires de la cause, sur peine de dépens, dommages & interêts des Parties. Reglement de la Rocheflavin chap. 1. arr. 13.

ENQUESTES NULLES.

36 Les anciens Arrêts de Toulouse précedens 1560. avec la declaration de nullité des enquêtes, portent aussi clause expresse de rejection d'icelles ; ce qui depuis n'a été pratiqué, mais est bien sous-entendu, & il a été jugé nommément qu'une enquête cassée seroit déliée du Procez avant qu'il fût mis sur le Bureau ; car quelqu'un des Juges y pouvoit jetter les yeux & en prendre mauvaise impression. V. Maynard liv. 1. chap. 65.

37 Enquête nulle pour avoir été faite à heure non assignée, & pour avoir reçû la production des témoins & serment avant la nomination d'ajoint. V. Bouvot, to. 1. part. 1. verbo Enquête quest. 2.

38 Enquête faite un jour de Fête, n'est valable. Bouvot, to. 1. part. 3. verbo Enquête quest. 1.

39 Après l'ouverture des Enquêtes on peut faire oüir témoins, & poser de nouveaux faits *ad confirmationem instrumenti*, même ordonner recensement des témoins. Arrêts du Parlement de Grenoble des 2. Avril 1626. & 18. Juillet 1660. V. Basset to. 1. li. 2. tit. 15. ch. 2.

40 Enquête annullée par la faute du Commissaire doit être refaite à ses dépens. Arrêts du même Parlement des 28. Avril 1639. & 12 Août 1651. Ibidem ch. 4.

41 Arrêt du Parlement de Provence du 6. Avril 1656. qui a cassé une enquête faite sans appointement de contraires, & sans contestation en cause. Boniface to. 1. l. 1. tit. 36. n. 3.

42 Voyez l'Ordonnance de 1667. titre 22. des Enquêtes. Autre Arrêt du 21. May 1678. qui a jugé que l'enquête déclarée nulle par le défaut du Juge en la formalité, doit être refaite aux dépens du Juge. Idem to. 3. li. 1. tit. 4. ch. 17.

43 Le 19. Octobre 1679. il a été jugé au Parlement de Provence que le Rapporteur d'un Arrêt ayant été commis pour proceder à une preuve, un Juge Royal ne peut la faire, ni être commis sans oüir Partie, & que son Enquête est nulle. Ibidem tit. 5. chap. 14.

44 Si l'Enquête est nulle par la faute de la Partie, les témoins qui y ont été oüis pourront l'être de nouveau dans une seconde, comme le sont les témoins oüis dans une Information annullée, qui sont pourtant recensez. Arrêt du Parlement de Grenoble du 7. Février 1685. les Chambres ayant été consultées. Voyez Chorier en sa Jurisprudence de Guy Pape p. 316.

45 Les nullitez d'une Enquête ne se peuvent reparer, ni rectifier par la repetition des témoins. Jugé au Parlement de Tournay le 19. Février 1695. il s'agissoit d'une Enquête faite en l'absence, & sans avoir appellé la Partie interessée. Pinault to. 1. arr. 54.

ENQUESTE PERDUE.

46 Arrêt du P. de Toulouse du 29. Avril 1591. qui a jugé que l'extrait d'une Enquête & le Procez-verbal expedié par le Commissaire & Adjoint, l'original de l'Enquête & le Procez verbal ayant été perdus, ne pouvoient être reçus en la Cour, quoyque le Commissaire eût été requis de retenir extrait de l'Enquête, mais qu'il pourroit refaire son Enquête dans le mois, l'appointement de reception de l'extrait fut

caffé. *La Rocheflavin li. 2. lettre E. tit. 4. arr. 4.* où il est observé que quand une Enquête se trouve égarée les Juges ordonnent que celuy qui l'a faite la refera *suivant que sa memoire luy dictera*. Jugé par deux Arrets pour une Enquête qui avoit été faite par un Conseiller de Toulouse au sujet de l'assassinat commis en la personne du Procureur du Roy d'Alby, arrivé au mois de Septembre 1651.

47 Enquête perduë par le Procureur pour l'avoir baillée *homini obvio & ignoto*. Le Procureur fut condamné en 25. livres envers la partie, & autant envers le Roy, & permis au Seigneur de faire ouïr témoins. Expilly *Arrêt* 69.

ENQUESTE, PUBLICATION.

48 Des publications d'Enquêtes. *Ordonnances de Fontanon tom. 1. l. 3. tit. 48. p. 619.*

49 De la publication d'enquête. *Voyez Papon liv. 9. tit. 4.* Le défaut de publication rend un procez nul, ainsi jugé par plusieurs Arrêts du Parlement de Paris. On appelle, publication d'Enquête, le rapport d'icelle au Greffe, la communication prise par les Parties, les reproches fournis, ou forclusion d'en fournir, aprés quoy on n'est plus reçû.

50 Les Enquêtes doivent être publiées, & le Juge en ordonne l'ouverture; neanmoins elles ne laisseront pas de valoir si elles ont été ouvertes sans ces preatables; la Sentence à laquelle elles auront donné lieu sera legitime; ce qu'il ne seroit pas au Parlement de Paris; mais celuy de Grenoble, ne s'arrête point aux vaines subtilitez des Praticiens. *Voyez* Guy Pape question 586. *Publicatio testium non est de substantia judicii, & ideo omissio ejus, si à parte petita non sit, non infirmat sententiam*, Matth. C'est sur ce fondement que l'Ordonnance de 1667. en a abrogé l'usage dans l'article 16. du titre 22.

51 Avant que de proceder à la décision du procez, publication d'Enquête devoit être faite. Arrêt du Parlement de Bretagne du 16. Février 1556. *Du Fail, li. 1. chap. 30.*

52 Jugé le 13. Aoust 1560. que publication d'Enquêtes auroit lieu aux Requêtes de l'Hôtel, comme dans les autres Jurisdictions subalternes. *Bibliotheque de Bouchel verbo* Enquêtes.

53 Aprés la publication de l'Enquête, on n'est point reçû à produire nouveaux témoins, crainte de corruption. Arrêt du 16. May 1575. *Papon, li. 9. tit. 1. n. 5.*

54 Arrêt du 8. May 1592. qui ordonne que l'ancien Reglement sera gardé, & suivant iceluy il est défendu aux Procureurs de demander aucune reception d'Enquête, qu'au préalable le procez verbal n'ait été communiqué. *La Rocheflavin li. 2. lettre E. tit. 4. arr. 5.*

55 Aprés qu'une Enquête a été ouverte & publiée, *post didicita testificata*, celuy qui n'a pas enquêté ne peut être reçû à le faire, ni à contredire l'Enquête faite, la combattre par nullitez, reprocher les témoins oüis, ni même à poursuivre le cours d'un monitoire sur les faits, à raison desquels il devoit enquêter, vû que ce seroit *per obliquum & indirectè*, ce qu'il n'eût pas fait par la vôye ordinaire, & au cas que la partie qui n'a pas satisfait dans le temps, recourût au Prince, il n'y auroit lieu à la restitution: Arrêt de Grenoble du 27. Février 1619. il faut observer qu'après une Enquête ouverte & publiée, on peut être reçû à une preuve contraire, s'il y a eu de la précipitation ou quelque nullité. Jugé le 6. Avril 1666. *Basset, to. 2. li. 7. tit. 3.*

56 Le 27. Avril 1651. au Parlement de Toulouse un nommé Crouset, qui contestoit un certain droit de champart contre M. de S. Paul Avocat, & qui étoit appellant d'un appointement du Sénéchal, qui luy avoit dénié la continuation de l'Enquête aprés la reception d'icelle, fut démis de son appel avec dépens, & alleguoit le Chapitre *fraternitatis de testib. & art. credimus novos testes posse recipere super aliis articulis*: si bien que l'Enquête n'étant pas encore publiée, &

n'en ayant pas vû le secret, il semble que Crouset y devoit être reçû, neanmoins il ne le fut pas; mais le 25. Août 1671. aprés deux partages en la premiere & la seconde des Enquêtes en la cause de Damoiselle Foy de la Roque contre la Roque Procureur au Sénéchal, qui avoit capté une institution du pere de cette femme, quoy qu'il ne fût parent qu'au sixiéme degré, le contraire fut jugé sur un fideicommis verbal: car le Sénéchal ayant restraint la preuve du fideicommis aux témoins numeraires du testament, quoyque l'Enquête fût faite & close, cette fille fut receuë à faire ouïr *quoscumque alios testes*. Albert *verbo* Enquête.

57 Aprés qu'une partie a fait recevoir son Enquête, elle ne peut ensuite être reçeuë à la continuer. Arrêt du P. de Toulouse du 24. May 1660. *La Rocheflavin, li. 2. lettre E. tit. 4. arr. 3.*

58 Arrêt du Parlement de Tournay du 18. May 1694. qui a relevé une partie déboutée de faire preuve par témoins, même aprés la publication d'Enquête & signification de celle de sa partie adverse, en jurant, qu'elle n'en a pris aucune connoissance. C'étoit en la Cause d'entre le Baron d'Avelin impetrant de Requête civile contre la Dame Baronne d'Avrincourt & ses enfans opposans. *Pinault, tom. 1. Ar. 28.*

59 Si aprés publication des Enquêtes, une partie remarque que la sienne est nulle par le fait du Commissaire qui l'a tenuë, elle peut demander que les mêmes témoins soient derechef entendus dans les formes sur les mêmes faits. Arrêt du P. de Tournay du 4. May 1699. raporté, *ibidem. to. 2. Arr. 259.*

ENQUESTE, REPROCHES.

60 En une Cause d'entre Madame la Duchesse d'Angoulême, & la Maréchalle de Cossé, le Lieutenant de la basse Marche avoit passé outre à la confection d'une Enquête, nonobstant les causes de recusation contre luy proposées. Par Arrêt l'Enquête fut declarée nulle; & jugé que les témoins oüis ne pouvoient être de nouveau: *Bouchel en sa Bibliotheque verbo* témoins, dit l'avoir appris de M. Loüis Buisson en consultation.

61 Le 13. Juin 1533. il fut deliberé & conclu par Arrêt que les Enquêtes faites *ex officio curia etiam*, sur faits secrets, extraits des Ordonnances de la Cour, seront receuës; & les parties les feront recevoir en icelle Cour; & pourront bailler reproches de témoins, le tout avant que l'on procede au jugement du procez. *Ibidem verbo* Enquêtes.

62 Anciennement il falloit protester de fournir reproches contre les témoins lors de la confection de l'Enquête; autrement l'on n'y étoit plus reçû. Par lettres du Prince, on pouvoit être restitué de ce défaut de protestation; il s'en trouve une du Roy Charles le Bel au profit du Seigneur de Beaujeu, contre le Prieur & Convent de Martigny les Nonnains, en date du 14. Mars 1324. registrée au livre des Arrêts du Parlement commençant à la S. Martin d'Hyver de l'an 1325. au feüillet 240. *recto*, Corbin *suite de patronage chap. 94.*

63 Jugé en la Chambre de l'Edit de Castres le 10. Novembre 1632. qu'une Sentence diffinitive du Sénéchal faisoit présumer la publication des Enquêtes, qu'aprés icelles on ne pouvoit plus proposer d'objets. *Voyez Boné part. 2. Ar. 90.*

64 Arrêt du Parlement de Paris du 5. Août 1560. qui fait défenses aux Sergens de faire dorenavant aucune Enquête. La Commission pour informer en criminel *ad amplificandum* est bonne, adressée à un Sergent, non en civil. *Papon, li. 6. tit. 1. n. 7.* Voyez cy-aprés *au 3. vol.* le mot Sergens.

ENQUESTE, TÉMOINS.

65 La partie doit être assignée pour voir jurer les témoins, & si le jour auquel elle l'aura été, se trouve ferié, leur serment sera pris le lendemain, quoyque

66 L'Ordonnance de ne produire plus de dix témoins sur un fait, se doit entendre de maniere que si deux consorts ont posé mêmes faits, chacun d'eux peut produire dix témoins, ainsi jugé à Paris en 1388. *Papon, liv. 9. tit. 1. n. 19.* où il est observé que cette Ordonnance ne s'entend encore que des choses civiles, & non pour les criminelles: ainsi jugé par plusieurs Arrêts; même en matiere civile on a souvent dérogé à cette Ordonnance, non pas en permettant d'entendre plus de dix témoins, mais en faisant l'examen des témoins surnumeraires.

67 Si dans une Enquête ou Contrat les témoins denient avoir déposé comme il est écrit, & l'Enquêteur ou Notaire soûtiennent au contraire, le doute se doit déterminer par la bonne renommée du Notaire ou Enquêteur, auquel cas on doit s'arrêter à ce qui est écrit; sinon on ajoûte foy aux témoins. Arrêt du Parlement de Grenoble de l'an 1460. *Papon. Ibid. n. 15.*

68 S'il y a nullité en une Enquête, & qu'il faille recoler les témoins, ou qu'il soit ainsi ordonné *ex-causâ*, & qu'interim quelques témoins meurent sans être recolez, leurs dépositions ne valent. Arrêt du 20. Mars 1510. *Bibliotheque de Bouchel, verbo, Preuves.*

69 Quand plusieurs témoins sont oüis en une Enquête, & qu'ils sont forains ou inconnus, on ne peut contraindre la partie qui les a produits, de déclarer leur demeure, & de quelles vacations ils sont pour s'enquerir d'eux, afin de les reprocher. Arrêt du 25. Juin 1550. *Ibidem.* verbo *Reproches.*

70 Les assignations pour être presens à une Enquête, peuvent être données au domicile du Procureur. Arrêt de Toulouse du 28. Juillet 1527. *La Rocheflavin, liv. 2. lettre E. tit 4. Arr. 2.*

71 Par l'Ordonnance on n'est reçû à faire entendre plus de dix témoins sur un même fait. Un Juge ayant ordonné que deux témoins d'abondant seroient oüis, sauf à rejetter deux autres, fut l'appellation & ce mis au neant, en émandant ordonné que la Requête seroit mise au sac pour en ordonner. Arrêt du 21. Novembre 1577. *Papon liv. 9. tit. 1. n. 18.*

72 Par Arrêt du mois de Septembre 1582. donné au rapport de M. Maynard en la seconde des Enquêtes à Toulouse, aprés avoir consulté la Grand Chambre, fut dit qu'un chacun des défendeurs pouvoit faire une Enquête de dix témoins, sauf au demandeur de faire Enquête contre chacun des défendeurs, comme il verroit être à faire. *Maynard, liv. 4. chap. 61.*

73 La maxime de droit portant que, *utile per inutile non vitiatur*, n'a lieu en fait d'Enquête; c'est pourquoi l'Ordonnance de Loüis XII. de l'an 1499. art. 13. ordonne expressément la rejection des témoins oüis outre dix, afin de conserver l'Enquête des dix, qui sans cette Déclaration du Roy eût été nulle; & de fait par Arrêt de Toulouse du 6. Janvier 1683. il fut dit que l'Enquête faite par un Commissaire qui avoit oüi trois témoins, avec adjoint, & les autres sans adjoint, étoit nulle entierement, même à l'égard des dépositions des trois témoins oüis avec adjoint, en reformant un jugement des Requêtes, qui avoient soûtenu la déposition des trois témoins. Voyez *Maynard liv. 4. chap 62.*

74 Celui qui a fait oüir témoins, ne peut retenir l'Enquête pardevers lui, bien qu'il dît qu'il ne s'en voulût servir. Arrêt du Parlement de Grenoble du 14. Février 1621. *Bassét tom. 1.liv. 2. tit. 15. chap. 1.*

75 De nouveaux témoins peuvent être oüis aprés la copie donnée du verbal de l'Enquête, sans avoir été donnée copie de l'Enquête, ny vision prise : Arrêt du P. de Provence du 22. Janvier 1676. *Boniface to. 4. liv. 9. tit. 3. h. 2.* Voyez cy-aprés témoins.

ENQUESTE PAR TURBES.

76 La preuve par turbes se devoit faire par autorité de la Cour, les Juges subalternes ne pouvoient l'ordonner. Arrêt du 8. Juin 1577. *Papon li. 9. tit. 1. n. 20.*

ENQUESTE, EXAMEN A FUTUR.

77 Arrêt du 9. Decembre 1661. qui a cassé l'Enquête d'examen à futur faite aprés contestation en cause. *Boniface to. 1. l. 1. tit. 36. n. 2.* Ces sortes d'Enquêtes, aussi bien que celles par turbes, ont été abrogées par l'Ordonnance de 1667. au titre 13.

ENQUESTEURS.

78 DEs Enquêteurs & Examinateurs. Voyez *Escorbiac tit. 12. Fontanon to. 1. li. 2. tit. 14. p. 445.*

79 Un Enquêteur ne peut faire autre chose que recevoir & oüir les témoins qui luy seront produits sur les faits de la Partie; & si le produisant le requiert, de se transporter sur le lieu contentieux pour le faire voir aux témoins, & la forme d'icelui, il ne s'y doit transporter, & en pareil cas il fut dit mal procedé par un Enquêteur. *Bibliotheque de Bouchel, verbo Preuves.*

80 Examinateurs ne doivent ny ne peuvent proceder par audition de témoins en chose contentieuse, sans prendre Adjoint. Arrêt du P. de Paris du 12. Juin 1487. *Ibidem.*

81 Lors qu'un Enquêteur par inadvertance ou autrement a obmis d'enquerir témoins sur aucuns faits, ou si leur déposition est obscure, le Juge doit ordonner que les témoins seront par luy oüis sur ce qu'il observera secretement *in mente*, quoique les Parties ayent en communication des Enquêtes; ce qui ne doit point être fait sur la requisition d'aucunes des Parties, mais par l'Office du Juge & de son propre mouvement. Arrêt du Parlement de Paris en l'an 1191. le même jugé à Grenoble le 23. Juin 1463. *Papon li. 9. tit. 1. n. 5.*

82 En reglant le different entre le Lieutenant General & Enquêteurs de Tours, il fut dit que l'Enquêteur seroit toutes les enquêtes hors celles que le Juge retiendroit à luy, & qu'il pourroit faire en prenant neanmoins l'Enquêteur pour adjoint. Il fut dit aussi que si les Parties requeroient Commissaire hors de la Province pour entendre témoins, le Juge le doit ordonner. L'Arrêt est du Parlement de Paris du 24. Janvier 1488. Depuis il y a eu des Reglemens derogeans à celui ci. *Ibidem n. 10.*

83 Un Bailly ne doit commettre autre à faire Enquête en son Ressort, que les Officiers de son Siège ou Ressort, à sçavoir les Enquêteurs, s'il y en a, ou autres du Ressort, s'il n'y en a point en son Siège, Arrêt du 12. Février 1494. *Ibidem n. 12.*

84 Les Juges doivent oüir les réponses cathegoriques, *privativè* sur les Enquêteurs, & ne peuvent les Enquêteurs recevoir les réponses cathegoriques que font les Parties sur les faits l'une de l'autre, s'il n'est expressément ordonné, & peuvent être commis à cet effet. Arrêts du mois de Juin 1518. & 26. Septembre 1519. *Ibid n. 3. & 4.*

85 Si la Partie qui veut faire enquête est pauvre, l'Enquêteur ne peut empêcher qu'elle n'ait commission hors du lieu, & où il faudroit que l'Enquêteur montât à cheval & dépensât; jugé par Arrêts des 26. Janvier 1519. Février 1524. & 23. Novembre 1543. *Ibidem n. 7.*

86 Enquêteur ne peut en enquerant faire descente ni vûë de lieu, mais seulement oüir les témoins. Arrêt du Parlement de Paris du 8. Juillet 1527. quoy qu'il ne puisse juger ni appointer, mais doit renvoyer au Juge, il peut dire qu'il passera outre à la confection d'enquête. Arrêt du 23 Juillet 1577. *Ibid. n. 6.*

ENQ

87 Celuy qui fait enquête, Commissaire, ou autre, doit avant toutes choses faire jurer son Adjoint. Arrêt du Parlement de Paris du 4. Mars 1534. Avant de faire Enquête à la requête des Parties on peut faire faire visitation, arpentage, mesurage, appreciation. Même Arrêt du 4. Mars 1534 avant que de proceder à la confection d'enquêtes les faits doivent être accordez par les Parties au Greffe & non par défaut, autrement il y a nullité. Arrêt du 13. Août 1584. On n'est point obligé de nommer les témoins avant leur affirmation & déposition. Arrêt du 12. Février 1571. *Ibidem n. 2.*

88 Le Commissaire Enquêteur peut toûjours en attendant l'Adjoint & en son absence recevoir le serment & declaration des témoins. Jugé par Arrêt toutes les Chambres assemblées du 3. Juin 1535. *Ibidem*, *nomb*. 1. Même chose jugée au Parlement de Toulouse.

89 Avocat plus ancien ne peut en l'absence des Juges faire enquête sans être commis. Arrêt du Parlement de Paris du 15. Decembre 1550. *Ibidem n.* 38.

90 Arrêt du Parlement de Paris du 9. Février 1547. portant défenses aux Enquêteurs & Adjoints d'ouïr témoins en l'absence l'un de l'autre. *Ibidem n.* 11.

91 Les Juges Présidiaux avoient fait défenses à un Enquêteur de proceder au fait des Enquêtes aux procez du cas de l'Edit. Par Arrêt du 22. May 1554. il fut dit mal jugé; les Présidiaux condamnez à soixante livres parisis pour les dommages & interêts de l'Enquêteur. Voyez le Reglement entre les Enquêteurs & les Juges Présidiaux de Tours par Arrêt diffinitif du 17. Septembre ou Decembre 1569. *Bibl. de Bouchel* verbo, *Enquêtes*.

92 Les Juges doivent ouïr les réponses Cathegoriques *pruative* sur les Enquêteurs : ainsi jugé au Parlement de Paris, entre le Lieutenant de Loches & un Enquêteur le 6. Juin 1558. *Ibidem* verbo *Preuves*.

93 Encore qu'un Enquêteur ne puisse enquerir les témoins sans l'Adjoint ; néanmoins en attendant si les parties sont presentes ou appellées à cette fin, il peut en l'absence de l'Adjoint recevoir la production & serment de témoins, ainsi jugé. *Ibidem*.

94 Le 15. May 1535. fut conclu aux Chambres des Enquêtes que les Commissaires à faire Enquêtes pourront recevoir les témoins à faire serment en l'absence de leurs Adjoints, pourvû que les parties y soient presentes ou appellées pour ce voir-faire ; le même fut derechef arrêté en la Grand'Chambre des Enquêtes le 13. Juin 1538. après en avoir communiqué à toutes les Chambres. *Ibidem* verbo, *Enquêtes*.

95 Par Arrêt de Paris du 6. Février 1547. la Cour connoissant par un cas, se presentant hors de l'interêt des Parties qu'un Enquêteur & Adjoint n'enquierent les témoins en l'absence l'un de l'autre, fit défenses sur certaines grandes peines de plus en faire ainsi. *Ibidem* verbo , *Preuves*.

96 Jugé au Parlement de Toulouse le 6. Janvier 1583. qu'une enquête étoit nulle étant commencée par l'Enquêteur, assisté de l'Ajoint, & puis continuée par l'Enquêteur seul. *Papon*, *liv.* 9. *tit.* 1. *n.* 1.

97 Enquêteur Examinateur a la preseance sur les Procureurs du Siege ; mais ne peut à leur exclusion exercer la Justice en l'absence ou recusation des Juges. Arrêt du Parlement de Paris du 8. Août 1634. *Bardet*, *tom*. 2. *tit*. 3. *ch*. 35.

CHAMBRE DES ENQUESTES.

98 Voyez le mot *Parlement*.
99 Conseillers des Enquêtes. *Voyez* le mot *Conseillers*, *nomb*. 32.
100 Président des Enquêtes. Voyez *Du Luc*, *liv*. 4. *tit*. 4. *ch*. 1.
101 Conseillers de la Grand'Chambre des Parlemens, doivent ceder aux Présidens des Enquêtes. *M. Du Luc* rapporte un Arrêt donné au Conseil Privé le 29. May

ENR 69

1423. au profit de M. Brûlard Président aux Enquêtes, par lequel Sa Majesté auroit ordonné que M. Brûlard qui s'étoit démis de sa Commission de Président , & étoit monté en la Grand'Chambre, precederoit en rang & séance, M. Gy, quoyque celui-ci eût été reçu Conseiller dix ans auparavant. Même Arrêt en 1604. pour les Présidens aux Enquêtes du P. de Bretagne. Voyez *Filleau*, *part*. 3. *tit*. 11. *ch*. 38. & 39.

102 Edit portant création d'une cinquiéme Chambre des Enquêtes au Parlement de Paris , *à l'instar des* quatre autres qui y sont déja établies, qui sera composée de deux Présidens , & de tel nombre de Conseillers qui seront tirez des quatre autres Chambres, jusqu'au nombre suffisant pour la remplir : création , & érection de deux Offices de Présidens,&c. Au Château de Boulogne prés Paris en Juillet 1568. Reg. le 19. Août suivant. Joly, *Des Offices de France*, tom. 1. *add*. p. 81.

103 En 1603, il y eut déliberation au Parlement de Paris , portant que les Présidens des Enquêtes ne marcheront qu'au rang des Conseillers & du jour de leur reception en l'Office de Conseiller, d'autant que cette qualité de Président aux Enquêtes n'est qu'une Commission qui ne peut être tenuë que par un Conseiller de la Cour. Voyez *Filleau*, part. 3. tit. 11. ch. 50.

104 Etablissement d'une Seconde Chambre des Enquêtes au Parlement de Roüen, par Edit du mois de Juillet 1680. Autre Arrêt du Conseil du 16. Mars 1682. concernant la discipline des deux Chambres des Enquêtes du même Parlement. Voyez *le Recüeil des Statuts & Ordonnances, imprimé par l'Ordre de M. le Chancelier*, p. 131. & 203.

ENREGISTREMENT.

1 Enregistremens d'Actes importans aux Parlemens. Voyez *la Rocheflavin*, *des Parlemens de France*, *liv*. 13. *ch*. 28. & *le* 1. *titre de l'Ordonnance de* 1667.

2 Quand la Cour dit, publie & omologue un Edit *de expresso mandato Regis*, l'on tient que tel enterinement n'a lieu que du vivant du Roy. Papon, *liv*. 4. *tit*. 6. *n*. 23.

3 Charles VII. dans le temps qu'il n'étoit que Dauphin , envoya querir les Présidens de la Cour, & leur dit qu'ils eussent à effacer la clause *de expresso mandato*, que la Cour avoit fait mettre sur la verification des Privileges octroyez au Comte du Maine, autrement qu'il ne sortiroit point de Paris que cela ne fût fait, & qu'il laisseroit la Commission que le Roy lui avoit donnée. La Cour ordonna que les mots seroient effacez ; mais afin que l'on pût voir ce qui étoit biffé, elle ordonna que le Registre seroit gardé. Il se trouve encore en la sorte qu'il fut ordonné en date du 28. Juillet 1441. *Bibliotheque de Bouchel*, verbo *Loix*.

4 Les Edits & Lettres du Roy étant adressées au Parlement & Chambre des Comptes, il fut dit le 26. Août 1495. que l'on commenceroit l'enregistrement à la Chambre des Comptes. *Papon*, *li*. 4. *tit*. 6. *n*. 11.

5 L'auterité du Parlement n'avoit anciennement point de bornes, elle s'étendoit jusques sur la personne du Chancelier ; & quand en Chancellerie on refusoit des graces, le Parlement recevoit les Requêtes & y faisoit droit. *Ibidem n*. 2.

6 Lorsqu'une chose doit être notifiée, insinuée au Greffe de la Jurisdiction des Parties , cela s'entend de l'ordinaire premiere & immédiate ; & non pas de la superieure Royale. Arrêt sans date du Parlement de Paris rapporté par *Tiraqueau* en son Traité du Retrait *lig*. §. 36. *glo*. 29. Papon, *liv*. 8. *tit*. 18. *n*. 1.

7 Les Juges de Rennes avoient fait mettre sur le repli des Lettres de confirmation des Privileges de Livré, *lecta publicata & registrata*. Par Arrêt du Parlement de Bretagne du 30. Mars 1556. la Cour dit que cela sera rayé dessus le repli, au lieu duquel seront mis , *lecta , publicata , registrata , audito procuratore generali Regis*, défenses aux Juges du Ressort de faire mettre

I iij

tels mots sur le repli, mais au dos des Lettres: leur commande, verifiant Edits, Lettres, Remissions, & autres Lettres Patentes, enjoindre aux Parties icelles presenter à la Cour à la prochaine seance & à certain jour. *V. du Fail, li. 3. chap. 345.*

8. Arrêt du Conseil privé du Roy du 23. Septembre 1563. portant défenses à Messieurs du Parlement de plus opiner ni délibérer sur l'enregistrement des Edits du Roy concernans les affaires d'Etat. Cet Arrêt a été enregistré au Parlement. *Papon, li. 4. tit. 6. n. 2.*

9. A la Cour de Parlement de Paris seulement appartient de verifier & enteriner les Lettres d'érection de Seigneurie, Duché, Comté, Vicomté, Baronnie. Arrêt du 19. Novembre 1564. *Idem, li. 5. tit. 10. n. 2.*

10. Declaration portant reglement pour la forme de l'enregistrement dans les Cours, des Edits, Declarations & Lettres Patentes expediées pour affaires publiques, soit de Justice ou de Finance, émanées de la seule autorité & propre mouvement du Roy sans Partie, en interpretation des articles 2. & 5. du titre premier de l'Ordonnance du mois d'Avril 1667. à Versailles le 24. Janvier 1673. registrée au Parlement, Chambre des Comptes & Cour des Aides de Paris le 23. Mars, & au Parlement de Roüen le 17. Mars de la même année.

ENREGISTREMENT DES BULLES.

11. Voyez le mot *Bulles*, nomb. 25.

ENREGISTREMENT DE CRIE'ES.

12. Les saisies réelles & criées doivent être enregistrées au Greffe de la Jurisdiction où elles sont pendantes, un mois avant le congé d'ajuger. Arrêt en forme de Reglement du 24. Janvier 1674. *Soëfve, tome 2. Cent. 4. chap. 84.*

ENREGISTREMENT, LEGITIMATION.

13. Enregistrement de Lettres de legitimation au Parlement. *Voyez le mot Bâtard, nomb. 140.*

ENREGISTREMENT, REGALE.

14. Le serment de fidelité dû au Roy par les Evêques n'ayant point été enregitré en la Chambre des Comptes de Paris, ce défaut d'enregistrement n'a pû donner ouverture à la Regale dans les Evêchez de Languedoc & de Provence, & faire préjudice à ceux qui étoient en possession de ne point faire l'enregistrement avant la Declaration du Roy du mois d'Avril 1673. qui l'a ordonné. Il y en a plusieurs Arrêts dans *Soëfve tome 2. Cent. 4. ch. 83.*

ENREGISTREMENT DE PROVISIONS.

15. Par deux Arrêts rendus sur les Requêtes de M. le Procureur General de la Cour des Aides de Paris les 9. Août 1681. & 4. Septembre 1692. défenses ont été faites aux Officiers des Elections & Greniers à Sel du Ressort de la Cour, d'enregistrer ou faire registrer en leurs Greffes aucunes Lettres de provision d'Officiers des Maisons Royales & des Princes du Sang, & autres privilegiez, ni de les reconnoître pour tels, qu'en rapportant par eux les Extraits en bonne forme & signés du Greffier en chef de la Cour, de leurs emplois és Etats étant au Greffe d'icelle, à peine de 500 l. d'amende contre chacun des Officiers, qui demeurera encouru à la premiere contravention, & d'interdiction. *Memorial alphabetique, verbo Enregistrement.*

ENREGISTREMENT, SUBSTITUTION.

16. Acte de Notorieté donné par M. le Lieutenant Civil le 1. Juin 1691. qu'il y a un Registre particulier de lui paraphé, sur lequel le Greffier de l'Audience transcrit les Actes portans substitution en leur entier; & outre cela est fait mention sur le plumitif de l'Audience que l'Acte a été publié. *Recueil des Actes de Notor. p. 77. Voyez le mot Substitution.*

ENSAISINEMENT.

1. L'Ensaisinement se doit prouver par écrit, non par témoins. Arrêt du 23. Decembre 1568. en la Coûtume de *Vermandois. Bibliot. de Bouchel, verbo Retrait.*

Rente donnée n'a besoin d'être ensaisinée. *Voyez les notables Arrêts des Audiences, Arrêt* 116.

2. Par Arrêt du P. de Paris du 28. Février 1653. jugé que le Seigneur dont le Vassal fait ensaisiner le Contrat d'acquisition par lui faite à un autre Seigneur, dans la mouvance duquel il croioit l'heritage par lui acquis être situé, ne peut prétendre la commise du fief. *Soëfve, to. 1. Cent. 4. ch. 15.*

3. Arrêt du 15. Janvier qui appointa les Parties au Conseil, pour sçavoir si en la Coûtume de Senlis le tiers detenteur appellé en declaration d'hipotheque, pour une rente constituée, peut opposer le défaut d'ensaisinement du Contrat de constitution, M. l'Avocat General Talon conclut en faveur du Demandeur en declaration d'hipotheque. *Idem tome 1. Cent. 1. chap. 80.*

4. Arrêt du 11. Février 1664. que l'article 111. de la Coûtume de Senlis, qui veut que la donation d'une rente pour être valable, soit ensaisinée, & que le donataire en soit saisi du vivant du donateur, ne se doit entendre que d'une rente fonciere, & non d'une rente constituée. *Ibidem Cent. 3. ch. 3.*

5. Arrêt du 7. Janvier 1671. qui confirme un don mutuel de biens fait dans la Coûtume de Senlis, quoy qu'il n'y ait qu'une simple information & non un ensaisinement. *Voyez ibid. Cent. 4. ch. 56.*

6. Dissertation sur le tenement de cinq ans, &c. où l'on fait voir que les infeodations & les ensaisinemens de rentes doivent être abolis dans les Coûtumes de Senlis, de Valois, & de Clermont, par M. Eusebe de Lauriere, Avocat au Parlement, *in 12. à Paris, chez Jacques Morel 1698.*

ENSEIGNE.

Enseigne. *Titulus. Signum. Insigne.*

Ut nemo privatus Titulos prædiis suis imponat, vel Vela regia suspendat. C. 1. 16. & 15... N. 17. c. 15. N. 164. c. 1... Défense de mettre une Enseigne ou Inscription. *Tituli*, signifient les Brandons ou autres marques qu'on mettoit aux heritages saisis ou hipothequez; *Vela regia*, sont les Armes ou Panonceaux du Prince. Voyez *Panonceaux.*

Ut nemini liceat, sine Judicis auctoritate, signa rebus imponere. C. 1. 17.

De insigniis & armis. Voyez le traité fait per *Bartolum de Saxoferrato*, & le mot *Armes.*

1. Le Roy Henri II. ordonna en 1556. pour la confusion des heretiques, qu'au lieu des Enseignes, chaque proprietaire mettroit sur le portail de sa maison l'Image d'un Saint. *V. Henrici Progymnasmata. Arrêt* 127.

2. Il y avoit contestation entre Guillaume Jolif, l'un des Maîtres faiseurs d'Equerdes de Rennes, & Pierre Baimer aussi Maître Equerdeur, lequel Baimer avoit pour sa marque un Lion rampant: il se plaignoit que Jolif qui devoit avoir en sa marque une Levrette, en avoit fait faire une qui ressembloit à un Lion, lequel déguisement lui préjudicioit beaucoup; concluoit à reformation de la marque de Levrette. Par Arrêt du P. de Bretagne du 12. Septembre 1578. les parties hors de Cour; & neanmoins ordonné que la marque de Levrette seroit reformée, & qu'elle sera gravée couchant les pieds joints, & la queuë baissée. *Du Fail li. 3. chap. 376.*

3. Celui duquel on a pris l'Enseigne *potest uti inter-dicto Arg. L. in §. sed & qui Domini C. de lat. lib. toll.* Jugé pour un Hôtelier de S. Maixant en Poitou, où pendoit pour Enseigne le Cheval blanc. *Bibliotheque de Bouchel, verbo Marque.*

4. Arrêt du P. de Paris du 3. Août 1579. qui ordonne que la marque & enseigne de la Fleur de Lis de Florence ramée entre le fleuron à la difference de celle de France demeurera aux heritiers Jonéty, l'ayant premierement occupée. Ce Jonéty étoit un Libraire de Florence qui étoit venu s'établir en la ville de Lion. *Ibidem.*

5 *Non licet eadem insignia assumere in eodem vico.* Arrêts des 25. Février 1609. & 20. Mars 1612. Mornac *l. 14. ff. de periculo & commodo, &c.*

6 Un Coutelier de Moulins avoit la marque du Cœur; un autre prit la même marque du cœur, & mit une saiette au milieu pour dire le cœur navré; celui-ci disoit qu'ayant acheté une maison où cette marque étoit de tout temps, il avoit pû la prendre & changer la sienne. Arrêt du Parlement de Paris du 10. Février 1610. qui le juge ainsi. *Plaidoyers de Corbin, chap.* 114.

7 Deux Hôteliers ne peuvent avoir dans une même ruë deux Enseignes semblables, Arrêt du même Parlement du 16. Février 1647. Voyez-en les circonstances dans *Soëfve, to.* 1. *Cent.* 1. *ch.*100.

8 Jugé le 12. Août 1648. que deux Marchands de même profession, & demeurans l'un proche l'autre dans une même ruë, ne peuvent avoir chacun une enseigne semblable. *Idem. Cent.* 2. *ch.* 92. Voyez ci-après verbo *Marchand.*

ENTERINEMENT.

Juges de Seigneurs ne peuvent enteriner des Lettres de remission. Arrêts du Parlement de Paris des 7. Decembre 1325. & 11. Juillet 1416. ni Lettres de rescision. Arrêt du Parlement de Paris de l'an 1594. *Bibliotheque de Bouchel,* verbo *Enterinement.* Voyez cy-après *Lettre L.* verbo Lettres de grace & de rescision.

ENTERREMENT.

De Sepulturis. D. Gr. 13. *q.* 1 . . . *Extr.* 3. 28 . . . *S.* 3. D. 2 . . *Cl.* 3. 7 . . *Ex. Co.* 3. 6 . . *I. L.* 2. 4.

De Religiosis, & sumptibus funerum; & ut funus ducere liceat. D. 11. 7 . . *C.* 3. 44 . . *Lex* 12. *tabb.* 1. 12. *c.* 2.

De mortuo inferendo, & sepulchro ædificando. D. 11. 8.

De locis religiosis. I. 2. 1. *de ver. divis.* §. 9.

De Canonica portione. I. L. 2. 25 . . La portion Canonique est une partie de ce qui est donné à l'Eglise par ceux qui meurent & qui se font enterrer ailleurs que dans l'Eglise Paroissiale. Cette partie revient au Curé & à l'Evêque.

Ut Defuncti, seu funera eorum non injurientur à creditoribus. N. 60. : Liberté des Enterremens.

De Officinis, sive tabernis Ecclesiæ Constantinopolitaneos. Nov. Justin. 43. : *Leon. Novel.* 12.

Cette Eglise avoit onze cens Boutiques, dont les loyers & revenus étoient employez aux frais des Enterremens.

Ut cuique, tam intra civitates; quàm extra, mortuos sepelire liceat. L. N. 53.

De Cadaveribus punitorum. D. 48. 24. *ult.* : : De la sepulture des Criminels.

Voyez les mots *Frais funeraires & Sepultures.*

1 Un homme de Lettres du Diocese de Chartres ordonna par son Testament qu'après le Service accoutumé sur la fosse; on chantât le *Te Deum laudamus.* L'Evêque voulut faire punir le Vicaire qui avoit satisfait. Sur l'appel Arrêt du 15. Mars 1551. qui met les Parties hors de Cour, sans amende & sans dépens. Les Chartreux & les Cordeliers chantent ce Cantique sur la fosse du défunt. *Bibliotheque de Bouchel,* verbo *Obseques.*

2 Les corps des decedez seront enterrez en leurs Paroisses, si autrement ils n'en ont disposé par leurs testamens & dernieres volontez. Arrêt du Parlement de Rennes, du 19. Juillet 1628. lequel est conforme à la Clementine *Dudum, de sepulturis,* rapporté dans les Memoires du Clergé, *tome* 1. *part.* 1. *tit.* 2. *chap.* 6. *art.* 7.

ENTERREMENS, CHAPITRES ET CUREZ.

3 Les Comtes de Lyon maintenus en la possession d'assister aux funerailles des particuliers y étant conviez par les parens, & faire le Service dans l'Eglise de saint Paul, l'une des Paroisses de la Ville de Lyon,

sans aucune retribution. Arrêt du 10. Juillet 1657. *Notables Arrêts des Audiences,* Arrêt 7. Le même jugé pour les Moines de l'Abbaye d'Evron le 4. Août 1668. Voyez *Henrys tome* 2. *liv.* 1. *q.* 17. qui rapporte l'Arrêt du 10. Juillet 1657.

4 Reglement entre les Doyen & Chanoines de l'Eglise principale, & le Curé & Prêtres d'une Ville, & quelle doit être leur marche aux Enterremens & Processions publiques. *Ibidem q.* 9.

5 Du rang, ordre & prérogatives d'entre le Corps du Chapitre & les Curez de la Ville aux Enterremens des seculiers, & autres actions publiques. Voyez *Henrys,* tome 1. *liv.* 1. *ch.* 3. *q.* 14. & *tome* 2. *liv.* 1. *q.* 9.

6 Arrêt du Parl. de Toulouse du 5. Mars 1699. qui maintient le Chapitre Curé primitif dans la faculté de faire l'Office aux Enterremens des Morts, toutes les fois qu'ils en seroient priez par les parens du défunt. *Arrêts de M. de Catellan, li.* 1. *ch.* 75.

DROITS POUR ENTERREMENS.

7 Par Arrêt de Reglement donné entre les Marguilliers de S. Germain de l'Auxerrois de la Ville de Paris, défenses furent faites aux Chanoines de rien prendre pour l'ouverture de la terre, à moins qu'il ne fût donné liberalement, auquel cas seroit reçu par les Marguilliers pour employer à l'Oeuvre & Fabrique, & non pour le Curé. *Papon, li.* 1. *tit.* 3. *nomb.* 7.

8 On ne peut rien exiger pour droit d'enterrage, & les Recteurs & Curez ne peuvent designer les sepultures en l'Eglise, sans avis des Tresoriers ou Marguilliers. Arrêt du 13. Janvier 1622. rendu au Parlement de Bretagne. *Frain, page* 782.

9 Défenses à l'Evêque de S. Malo de prendre aucune chose pour les sepultures. Arrêt du P. de Bretagne du 8. Mars 1565. *Du Fail, liv.* 1. *chap.* 187.

10 Arrêt du P. de Bretagne du 13. Octobre 1637. qui faisant droit sur les Requêtes & Conclusions du Procureur General, fait défenses à tous Ecclesiastiques, Recteurs & Curez d'exiger aucune chose pour les sepultures & enterremens, permis au Procureur General d'informer des contraventions: V. les Arrêts qui sont à la suite du Recueil de Du Fail p. 84.

11 Jugé au Parlement de Paris le 17. Février 1653. au profit des Religieuses établies dans l'Hôpital de saint Antoine de Chaumont en Vexin, que le Curé de la Paroisse de Laillery, de l'étenduë de laquelle cet Hôpital est situé, ne pouvoit prétendre le droit d'inhumation d'une personne décedée hors icelle, & qui avoit desiré être inhumée dans l'Hôpital, mais que c'étoit aux Religieux le desservans, après avoir reçu le corps du Curé de la Paroisse en laquelle le deceds étoit arrivé, de faire le reste des funerailles dans l'Eglise de l'Hôpital. Ainsi l'Arrêt de Reglement donné en 1646. entre le Curé de S. Paul & les Minimes de la Place Royale fut déclaré commun avec ce Curé. *Soëfve,* tome 1. *Cent.* 4. *ch.* 12. Voyez cy-après le n. 16.

REFUS D'ENTERRER.

12 S'il y a empêchement mis en l'enterrement d'un lay, il faut se pourvoir pardevant le Juge Royal. Arrêt du Parlement de Bourgogne du 3. Mars 1614. *Bouvot,* tome 2. verbo *Abus* quest. 6.

13 Par Arrêt du Parl. de Paris du 16. Mars 1666. il a été jugé que le proprietaire d'un jardin, dans lequel a été enterré le cadavre d'un homme inconnu, trouvé sur le bord de la Riviere, au refus fait par le Curé du lieu de le vouloir mettre en Terre sainte, ne peut prétendre des dommages & interêts contre les Officiers du même lieu par l'ordre desquels l'enterrement a été fait, sous prétexte que la maison de laquelle dépend ce jardin, est devenuë inhabitable par le retour & apparition des esprits, que l'on voit & entend dans le lieu depuis que ce cadavre y a été mis. *Soëfve,* tom. 2. *Cent.* 3. *chap.* 68.

ENTERREMENS ES MAISONS RELIGIEUSES.

14 *Mendicantibus ut Cadaver humo detur an gregatim*

& processionaliter cum Cruce accedere liceat ? Voyez Franc. Marc. to. 1. quest. 1048.

15. Le Curé de la Paroisse assistant à l'Office d'un enterrement dans l'Eglise des Peres Cordeliers de Riom, le Gardien n'est pas obligé de luy laisser la place la plus honorable. Arrêt du 13. Juillet 1630. Henrys, tom. 2. liv. 1. q. 35.

16. Pour l'enterrement des Seculiers dans les Convents, on a jugé que les Curez ayant conduit le corps dans l'Eglise Paroissiale & de là au Convent, ils ne peuvent entrer dans l'Eglise conventuelle ; ils déposent le corps à la porte qui est reçû par le Superieur des Religieux, ou autre Religieux à ce commis : & après que le Curé ou Vicaire aura certifié que le defunt est mort dans la Communion de l'Eglise, il se retirera avec son Clergé, & sont les cierges & torches qui ont servi au convoy, partagez également, & par moitié entre le Curé & les Religieux. Arrêt entre le Curé de S. Paul, & les Religieux Minimes du Convent de la Place Royale à Paris du 27. Mars 1646. ce même Arrêt en forme de Reglement, porte défenses ausdits Religieux de lever les corps des défunts qui auront élû leur sepulture en leur Eglise, sinon en cas de refus des Curez ou leurs Vicaires, & après sommation dûement faite, le tout sans préjudice aux accords & transactions faites entre aucuns desdits Curez, Religieux & Religieuses, pour raison desdits enterremens, lesquelles seront entretenuës entre eux. Les Curez ayant voulu contrevenir à ce Reglement, & avoir par voye indirecte, ce que directement ils n'avoient pû obtenir, cela a donné lieu à un autre Arrêt rendu en execution du premier Arrêt contre tous les Curez de Paris & tous les Monasteres, qui leur enjoint d'obéir à l'Arrêt du 27. Mars 1646. & défenses d'y contrevenir sous les peines portées par les Ordonnances. Bibliot. Can. to.1. p.370.

17. Arrêt du même Parlement de Paris du 21. Juillet 1648. donné au profit des Cordeliers de Clermont, contre les Abbez, Doyen, Chanoines & Chapitre de Saint Genés de la même ville, portant que le Corps du sieur Daresse Docteur en la Faculté de Paris, enterré dans l'Eglise de Saint Genés, quoy qu'il eût choisi le lieu de sa sepulture par son testament dans l'Eglise des Cordeliers, seroit déterré & porté dans celle des Cordeliers. Ibid. & Henrys to. 1. l. 1. ch. 3. quest. 13. & suivantes, où vous trouverez d'autres Arrêts. Voyez aussi les notables Arrêts des Audiences, Arrêt 7. La Guessiere, tome 2. liv. 1. chap. 20. Des Maisons lettre E. nomb. 14.

18. Arrêt du Parlement de Provence du 19. Avril 1668. qui ordonna que le corps mort devoit être porté premierement à la Paroisse, & après à l'Eglise des Religieux où il a fait choix de sa sepulture. Boniface, to. 3. l. 5. tit. 2. ch. 5.

19. Arrêt du 14. Novembre 1672. qui permet aux Prêtres de la Paroisse de S. Martin de Marseille, d'accompagner les Corps des Paroissiens aux Eglises des Religieux, la Croix levée. Boniface, tom. 3. liv. 5. tit. 2. ch. 3.

20. Arrêt du même Parlement de Provence du 23. Decembre 1672. qui ajugea aux PP. Observantins d'Aix, les flambeaux destinez pour l'ensevelissement, quoyque non portez à leur Eglise. Boniface, tom. 3. liv. 5. tit. 2. ch. 4.

21. Un corps mort ayant été porté dans l'Eglise accompagné des Religieux pour l'ensevelir, ceux-cy le firent transporter dans la maison de la veuve du defunt sur certaines contentions ; là il y eut un soufflet donné par un Religieux à un Penitent blanc. Arrêt du 11. Juin 1675. qui après avoir déclaré legitime la procedure criminelle faite par l'Official, ordonna qu'il seroit informé à la diligence du Procureur General du transport du corps à la maison ; ce transport étant un mépris & une derision à la Religion. Idem, to. 5. l. 3. tit. 1. ch. 18.

22. Les Tourieres & autres domestiques qui ne sont point renfermez dans l'interieur du Monastere, venans à deceder, doivent être inhumez dans l'Eglise Paroissiale. Lorsque les Curez apporteront des corps pour être inhumez dans le Monastere, ils entreront jusques dans la Chapelle du dehors du Monastere, où ils déposeront le corps qui sera reçû par le Chapelain des Religieuses. Arrêt de Reglement du Parlement de Paris le 5. May 1689. au Journal des Aud. tom. 5. liv. 5. ch. 13.

ENTERREMENS DES RELIGIONNAIRES.

23. Voyez les Memoires du Clergé, to. 6. part. 9. chap. 11. Les corps des Religionnaires prétendus reformez, ne doivent être enterrez dans les Eglises & Cimetieres des Catholiques. Voyez Filleau en ses Décisions Catholiques, Décision 30.

24. Il est défendu à ceux de la Religion prétenduë reformée d'enterrer leurs morts és lieux, où anciennement il y avoit eu quelque Chapelle ou quelque Croix. Ibidem. Decision 34.

25. Ceux de la Religion prétenduë reformée ne peuvent faire leurs Enterremens de jour ou avec pompe ; mais seulement de nuit, & ne peuvent exposer leurs morts en public. Ibidem. Decison 37.

26. Les Catholiques qui sont demeurans és logis des Religionnaires, ne doivent après leur mort être enterrez és cimetieres desdits Religionnaires, à peine contre lesdits Religionnaires d'exhumer & transporter les Corps és cimetieres des Catholiques. Ibidem. Décision 40.

27. Ce n'est point au Juge Seculier de donner permission d'enterrer les corps de ceux faisant profession de la R. P. R. dans les Cimetieres des Catholiques : le Sénéchal du Mans ayant donné une semblable permission, les Doyen & Chapitre du Mans en appellerent comme d'abus, & le Parlement de Paris par Arrêt du mois de Janvier 1606. dit mal jugé, bien appellé. Fevret en son Traité de l'Abus, liv. 4. chap. 7. nombre 20.

28. Ceux de la Religion Pretenduë Reformée ne doivent être enterrez és Cimetieres des Catholiques. Arrêt du 26. Février 1625. ny le successeur d'un Fondateur dans le Chœur de l'Eglise. Arrêt du 5. Mars 1625. Du Fresne liv. 1. chap. 40. & 42.

29. Acte de Notorieté donné par M. le Lieutenant Civil le 10. Decembre 1707. portant que depuis que l'exercice de la R. P. R. a été défendu, ceux qui en faisoient profession, ayant eu l'opiniâtreté de ne se pas réunir à l'Eglise Catholique, Apostolique & Romaine, & qui à l'article de la mort, n'ont pas voulu se soûmettre à recevoir les Sacremens de l'Eglise Romaine, n'ont point été enterrez en Terre Sainte ; mais que leurs proches parens ou amis ont pris le soin de les faire enterrer la nuit sans éclat dans des lieux qui auroient été par eux choisis, sans qu'il en ait été dressé aucuns procez verbaux, ni tenu aucun Registre public ni particulier. Recueil des Actes de Notor. p. 229. & 230.

ENTRE'E.

ENTRE'E, ECCLESIASTIQUES.

1. UT in solâ Ecclesiâ Constantinopolitanâ prebeantur insinuationes à Clericis, n. 56. Du droit de bien venuë, ou d'entrée, payé par les Ecclesiastiques.

ENTRE'E, EVESQUES.

2. Privileges des Evêques d'Orleans & de Poitiers, & leur entrée dans leur Diocese. Voyez cy-dessous le mot Evêque nomb. 57.

3. Si le Chapitre peut contraindre son Evêque de payer le droit d'entrée dans son Eglise par la saisie de son revenu ? Voyez le mot Evêque nomb. 115.

ENTRE'E, MARCHANDISES.

4. De l'entrée & descente des Marchandises foraines aux Ports, Villes & Havres, ordonnez pour y payer le droit de Gabelle & Doüanne. Ordonnances

nances de Fontanon, tome 2. liv. 2. tit. 15. p. 502. Ordonnance portant Reglement général sur le fait des Entrées, Aides, & autres Droits. A Fontainebleau en Juin 1680. regiſtrée en la Cour des Aydes le 21. dudit mois.

ENTRE'E DES ROIS.

6 Si les Eccleſiaſtiques ſont ſujets aux Impôts faits pour l'entrée du Roy, ou autre par ſon commandement. V. Le Rat, ſur la Coût. de Poitou, art. 81. & cy-devant le mot Eccleſiaſtique, nomb. 22.

7 Des criminels qui ne joüiſſent de l'entrée des Rois & des Reines. *Voyez* le mot Crime nomb. 15.

8 Par Arrêt du 30. Avril 1610. les accuſez de fauſſe monnoye, aſſaſſinats, incendies, ſortileges, inceſtes, voleries, guets à pens, fauſſetez, empoiſonnemens, & autres crimes énormes, & les priſonniers détenus pour reparations & dettes civiles, ne joüiront de l'entrée du Roy & de la Reine. *M. le Prêtre, Arrêt de toutes les Chambres*, pag. lxxiij.

ENTREMETTEUR.

ENtremetteur. *Proxeneta. Mediator. Interpres. Internuncius.*

De Proxeneticis. D. 50. 14... Des proxénetes ou Entremetteurs, qui donnent leurs ſoins pour faire réüſſir une affaire, un mariage, &c. & du ſalaire qui leur eſt promis. *Proxeneta, eſt Interpres, ſeu Pararius: Proxeneticum, eſt præmium quod proxenetæ debetur.*

De ſponſalibus; & Arrhis ſponſalitiis, & Proxeneticis. C. 5. 1.

De ſuffragio. C. 4. 3... C. *Th.* 2. 29... De ce qui a été promis pour obtenir une dignité; pour les ſuffrages, &c. V. Suffrage.

Ut Mediatores, non niſi de partium conſenſu, teſtimonium ferant. N. 90. c. 8.

Voyez *au premier volume de ce Recueil* le mot Courretier.

Des engagemens des Entremetteurs, & de ceux qui les employent. *Voyez le* 1. tome des Loix Civiles, liv. 1. tit. 17.

Arrêt du Parlement de Paris du 16. Avril 1370. qui ordonne qu'il y aura un nombre fixe de Courretiers, leſquels ſeront reçûs par les Commiſſaires à ce députez, après avoir donné caution & certificateur: cela tit nommément ordonné pour la marchandiſe de draps. *Papon*, liv. 6. tit. 8.

Il y a des Entremetteurs qui ſont ſimplement proxenetes, anciennement appellez *Monnoyeurs*, leſquels ne ſont tenus d'avoir & conſerver Regiſtre des choſes qu'ils vendent ou font vendre. On ne peut pas même exiger leur affirmation. Il en eſt autrement de ceux qui reçoivent argent, ſe payent par leurs mains, & rendent le ſurplus aux Marchands. Comme ils doivent un compte, leur affirmation peut être demandée pour ſçavoir combien ils ont vendu. *Papon loco citato* en rapporte un Arrêt du Parlement de Paris du vingtiéme Mars 1563.

EPAVES.

DEs Epaves & autres choſes qui ſe diſent ſelon le droit des Romains, *In nullius bonis eſſe*. Voyez Coquille, to. 2. p. 131.

Des biens vacans & des Epaves. V. Deſpeiſſes tome 3. p. 134. & les art. du 1. titre de la Coûtume de Nivernois, & Coquille, to. 2. p. 7. & ſuiv. La Rocheflavin, *des Droits Seigneuriaux*, chap. 25. Salvaing, *de l'uſage des fiefs*, chap. 61. Le 4. tome des Loix Civiles, liv. 1. tit. 6. ſection 3.

1 Par Arrêt du Parl. de Touſſaint 1296. un mouton épave fut ajugé au Doyen & Chapitre de S. Amand d'Orleans, comme ayant la Haute-Juſtice. *Bibliotheque de Bouchel*, verbo *Epave*.

2 Les terres vacantes, hermes & incultes à faute

Tome II.

d'heritiers ou legitimes ſucceſſeurs ou poſſeſſeurs, duquel nombre ne ſont point les communes ou paſcages des lieux, appartiennent au Seigneur Haut-Juſticier, lequel les peut donner à nouveau fief & ſans congé; ne peuvent les Conſuls ni autres particuliers les reduire en culture & labourage. Arrêts des années 1554. 21. Mars 1552. & 24. Mars 1526. ce qui avoit été jugé auparavant entre le ſieur de Monfrin & le Grand Prieur de S. Gilles le 4. Juillet 1513. *La Rocheflavin* des Droits Seign. chap. 25. article 3. V. Maſuer tit. des Juges & leur Juriſdiction, Boër. en ſes Déciſ. 352. Bacquet, *au Traité de la Juſtice*. Et au défaut du Seigneur les Conſuls les peuvent prendre après trois proclamations faites au Prône, de les donner à celuy qui ſe preſentera pour les prendre ſous les conditions ordinaires, & peuvent neanmoins les proprietaires les reprendre en rembourſant les reparations, pourvû qu'ils viennent dans trois ans après le contrat de bail paſſé par un Conſul, & non autrement ſuivant l'Arrêt du Conſeil d'Etat du Roy du 16. Août 1668. autoriſée par une Declaration du Roy du 30. du mois de Decembre ſuivant.

3 Si une bague d'or, braſſelet, bourſe trouvée eſt épave, & doit être ajugée au Seigneur, comme choſe égarée & perduë, ou ſi ſous le mot d'*Epave*, ſont ſeulement compriſes les choſes mouvantes, comme cheval, vache, &c? La cauſe jugée en faveur de celui qui avoit trouvé le braſſelet d'or. Arrêt du Parlement de Dijon du 5. Avril 1612. *Bouvot*, to. 2. verbo *Epaves*.

4 Un eſſain d'abeilles s'étant jetté dans le tronc d'un chêne, un Païſan le coupa & le porta en ſa maiſon où il le garda trois jours, après leſquels il en avertit le Procureur d'Office. Le Fermier du lieu où l'eſſain s'étoit arrêté, demande l'amende, à défaut par le Païſan de l'avoir déclaré dans les 24. heures; le Païſan ſe défendoit ſur ce qu'il avoit prévenu, & qu'il ſuffiſoit d'avoir averti le Procureur d'Office avant que le Fermier lui eût demandé l'amende & l'épave. Il fut condamné à la payer, parce que dés que les 24. heures avoient été paſſées, il avoit été vrai de dire que l'amende étoit dûë, & que la demande du Fermier n'avoit pû vouloir garantir, puiſqu'il avoit dû lui remettre l'épave dans le temps preſcrit par la Coûtume. *Taiſand ſur la Coût. de Bourg.* tit. 1. art. 3. rapporte cet Arrêt qui eſt du 4. Mars 1666.

5 Arrêt du Parl. de Toulouſe au mois de Septembre 1677. qui maintient le Baron de Blaignac au droit d'épaves, pour toutes les choſes trouvées dans ſa Terre & dans les Iſlots, quoique dans le fond de la Communauté ou des particuliers. *Voyez les Arrêts de M. de Catellan* liv. 3. ch. 30.

6 Une grande inondation de la riviére de Garonne avoit entraîné beaucoup de bois à brûler, de merrain, & d'autre bois marqué & non marqué; tout ce bois s'étoit arrêté ou avoit été arrêté par des Nautonniers ou autres perſonnes, dans les Iſles & le long de la Terre de Blaignac; le Seigneur prétendoit que tout le bois non marqué lui appartenoit par droit d'épave, offrant de délivrer tout celui qui étoit marqué au Maître de la Marque, à la charge de lui payer les droits de rivage, & frais faits pour la conſervation. Il demandoit auſſi, & c'étoit une autre difficulté, les dommages & interêts que ce bois avoit cauſés, tant aux Iſlots à lui appartenans, y ayant renverſé pluſieurs arbres, qu'aux murailles, parois & terrain de ſon jardin que ce bois avoit renverſé & emporté en partie. Au contraire ces Marchands unis enſemble, reclamoient tout ce bois marqué ou non marqué, & qui n'avoit jamais été mis en ouvrage; ils prétendoient juſtifier ſuffiſamment qu'ils en étoient proprietaires, parce que le débordement de la riviére ayant entraîné tout le bois qu'elle avoit trouvé ſur ſes rivages dans ſon cours depuis ſa ſource, ce bois leur appartenoit, quoique par des marques particu-

K

lieres ils ne peuffent pas montrer à qui il appartenoit en particulier, qu'ils devoient donc être refaifis de ce bois, & qu'ils conviendroient entre eux de la repartition qui devoit en être faite : ils ajoûtoient qu'ils ne pouvoient pas être refponfables du dommage caufé par le débordement de la riviere qui avoit entraîné leur bois. On crut que ces Marchands prouvoient fuffifamment que ce bois leur appartenoit. Il fut rendu. Arrêt au P. de Touloufe le 4. Août 1678. par lequel la Cour ordonna que demeurant la declaration faite par le Syndic des Marchands, qu'ils ne demandoient point les arbres arrachez, ni le bois qui avoit autrefois fervi & avoit été mis en œuvre, ils feroient refaifis de tout le bois à brûler & marain, enfemble de tout l'autre bois qui n'avoit jamais fervi, ni été mis en ouvrage, marqué & non marqué, à la charge de jurer que tout ce bois leur appartenoit, & de payer les droits de rivage & frais faits pour la garde & confervation de ce bois, fuivant la liquidation qui en feroit faite par le Commiffaire qui fera député. On ne condamna point ces Marchands aux dommages & interêts demandez par le Baron de Blaignac. Cet Arrêt eft rapporté par *M. de Catellan liv. 3. chap. 30.*

7 Si l'heritage tenu à cens fe trouve vacant fans proprietaire, viendra-t'il au Seigneur cenfier, ou au Seigneur Jufticier ? à celuy-cy, mais il eft tenu de le vendre dans l'an à une perfonne qui ne foit plus puiffante que le précedent proprietaire, afin que la Seigneurie directe ne foit bleffée dans fes droits. *Coquille, tom. 2. p. 133.*

8 Un meuble qui n'eft point revendiqué eft confideré comme une épave ; & fur ce fondement il appartient au Seigneur Jufticier, & dans les lieux où le Roy l'eft, au Fermier de fon Domaine. Arrêt du Parl. de Paris du 19. Juin 1690. *Journal des Aud. tom. 5. liv. 6. ch. 16.*

EPE'ES.

Voyez cy-deffus verbo Droit, un Reglement pour les Ecoliers de Droit.

, Arrêt du Parlement de Provence du 6. Octobre 1660. qui défend à toutes perfonnes d'entrer avec leurs épées dans la Salle de l'Audience & du Parquet, excepté feulement aux Princes du Sang, Ducs & Pairs, Maréchaux de France, Gouverneur & Lieutenant General de la Province. *Boniface, tom. 3. li. 1. tit. 5. ch. 6.*

E'PICES.

E Pices des Juges. *Sportula.*

Sportulæ funt ea quæ conventus reus dat executoribus litium, Cujas. Mornac.

Sportulæ, font auffi les Epices, & les prefens que l'on donne aux Juges.

De fportulis, & fumptibus in diverfis judiciis faciendis ; & de executoribus Litium. C. 3. 2.

De illicitis fportulis prohibendis. N. 124. c. 3.

Ut fportularum modus fervetur. n. 17. . 3 ..., n. 53. c. 3. §. 2. .. n. 82. c. 7.

V. les mots Dépens & Juge.

Des Epices des Juges, qui font reformateurs par appel. Voyez *Du Luc, liv. 6. tit. 5.* Papon, *liv. 18. tit. 3.* & la Rocheflavin *des Parlemens de France, liv. 2. chap. 22.*

Des falaires & épices pour la vifitation des procez és Jurifdictions inferieures, & autres falaires des Officiers de Juftice. *Ordonnances de Fontanon, tom. 1. liv. 3. tit. 56. p. 626.*

Des falaires & épices pour la vifitation des procez en la Cour, & prononciation des Arrêts. *Ordonnance de Fontanon tom. 1. liv. 3. tit. 18. p. 574. & Joly, tom. 1. liv. 1. tit. 46. p. 310.*

De la recette des épices au Parlement de Paris. *Joly, to. 1. li. 1. tit. 10.* aux additions *pag. 127.*

Voyez le titre 7. de l'Ordonn. du mois d'Août 1669.

Anciennément en France, les Juges ne prénoient aucuns falaires des parties au moins par forme de taxe & contre leur volonté ; car les épices étoient alors un prefent voluntaire, que celuy qui avoit gagné fa caufe faifoit par civilité à fon Juge ou Rapporteur, de quelques dragées, confitures ou autres épiceries ; ce qui eft bien prouvé par trois extraits du Greffe du Parl. de Paris, par lefquels il fe voit comme les épices ont été changées en or. Le 12. May 1369. Sire de Tournon par licence de la Cour bailla vingt francs d'or pour les épices de fon procez jugé, ils furent diftribuées aux deux Rapporteurs. Le 4. Juillet 1371. un Confeiller de la Cour Rapporteur d'un procez, eut aprés le Jugement de chacune des parties dix francs ; & le 17. May 1403. au Confeil fut ordonné que les épices données aux vifiteurs des procez par permiffion de la Cour, ne viendroient en taxe des dépens. Voyez *la Bibl. de Bouchel*, verbo *Epices.*

Anciennement les Epices fe payoient à la volonté des Parties par honnêteté, en dragées & confitures ; mais les malheurs des temps les ont converties en une neceffité, & par Arrêt du 17. May 1402. à été ordonné que les Epices entreroient en taxe. *V. l'Ordonnance de Louis XII. 1499. art. 57.* Papon, *liv. 18. tit. 3. n. 2.*

Des Epices & droits d'icelles, falaires des Juges & des Procureurs des Parties en la taxe des dépens. *V. Filleau, part. 1. tit. 4. ch. 26.* où eft un Reglement du Parlement de Paris du 7. May 1505.

Les Epices des Commiffaires qui ont jugé le Procez des Criées, & les oppofitions & difcuffions d'icelles, fçavoir fi elles viennent en frais des criées. La Cour la remit *arbitrio judicantium.* M. le Maître, *des Criées, chap. 41.*

Le Bailif d'Amboife avoit pris des Epices en fecret d'une Partie. Arrêt du 26. Août 1530. portant défenfes d'en prendre à l'avenir, qu'elles ne foient taxées du Confeil des Affeffeurs, ordonné que celles feront baillées au Greffier, des mains duquel le Bailif les prendra, & écrira au pied de la Sentence la taxe & payement des Epices. *Papon, li. 18. tit. 3. n. 2.*

Arrêté au Parlement de Paris en 1534. que quand un de Meffieurs rapporte un Procez extrait deja par un autre de Meffieurs, les Epices fe partiront par moitié entre la Compagnie & les Rapporteurs, l'autre moitié entre les Rapporteurs. *Bibliot. de Bouchel*, verbo *Epices.*

Epices doivent être au pied du *Dictum.* Arrêt du Parl. de Paris feant à Moulins le dernier Septembre 1550. ce requeroit M. le Procureur General. *Papon, liv. 18. tit. 3. n. 1.*

Arrêt du P. de Bretagne du 8. Octobre 1556. qui fait commandement aux Juges de Rennes de mettre aux pieds de leurs *Dictums* par la main de celui qui préfidera, les Epices qui feront déliberées par les affiftans en l'abfence du Rapporteur, ils ne les prendront par les mains des Parties ; mais le Greffier mettra par qui elles ont été payées ; ils ne délivreront les Sentences en groffes ; fi elles ne font fignées en nombre, fuivant les Edits ; les *Dictums* feront lûs en la prefence des Juges qui auront affifté à l'expedition des Procez. *Du Fail, li. 2. chap. 42.*

Arrêt du 15. Septembre 1568. qui ordonne qu'au bout de chacune expedition qui fe fera à l'avenir en la Chambre des Comptes, fera écrite la fomme prife pour les Epices. *Idem, li. 2. chap. 279.*

Arrêt du même Parlement de Bretagne du 25. Octobre 1570. en forme de Reglement, qui commande aux Juges de Nantes d'écrire leurs Epices fur peine de fufpenfion d'Etat. *Du Fail, liv. 2. chap. 355.*

Juge condamné d'Office par la Cour de rapporter la moitié des Epices par lui prifes comme exceffives. Arrêt du Parlement de Paris du 10. Décembre 1652. *Soefve, to. 1. Cent. 3. ch. 100.*

Il n'appartient pas aux Préfidiaux d'établir un

Receveur de leurs Epices, d'en délivrer des executoires, ni de les faire consigner par avance ; les saisies pour le payement d'icelle injurieuses, les deniers rendus & les Officiers avec leur prétendu Receveur condamnez solidairement aux dépens, dommages & interêts. Arrêt du 3. Juillet 1655. *Du Frêne, liv. 8. chap. 21.*

13 Decret cassé, parce qu'il avoit été fait en la Chambre du Conseil, ordonné que les Epices seroient rendues. *V. le mot* Adjudication *nomb. 7. & 16.*

14 Arrêt du Parlement de Provence du 21. Juin 1665. qui défend aux Lieutenans de Provence de prendre des Epices pour provisions tutelaires. *Boniface, tome 1. liv. 1. tit. 10. n. 19.*

EPICES, DEPENS.

15 *Voyez le mot* Dépens, *nomb. 81. & suivans.*

Si par Arrêt la Partie est condamnée aux dépens de la cause principale simplement, les Epices & le coût de l'Arrêt de la cause d'appel y doivent être compris. Arrêts du Parlement de Paris du 7. May 1384. & 18. Janvier 1545. *Papon, li. 18. tit. 3. n. 5.*

16 Quand l'Arrêt prononce sans dépens, tant en cause principale que d'appel, celui qui leve l'Arrêt peut seulement repeter la moitié des Epices. Arrêt du 16. Juin 1544. *Ibidem n. 7.*

17 Arrêté au P. de Paris le 14. Novembre 1525, que bien que l'appellation soit mise au néant sans amende, s'il y a condamnation de dépens de quelques incidens faits en la cause, en taxant les dépens des incidens, les Epices du procez se taxent *prorata*. *Bibliotheque de Bouchel,* verbo *Epices.*

18 Celui qui a succombé pour une partie, & est absous pour l'autre, doit toutes les Epices, pourvû que celui qui gagne obtienne dépens. Arrêt du 3. Février 1579. il fut ordonné que le Châtelet suivroit le Reglement des Arrêts. *Papon, liv. 18. tit. 3. n. 6.*

EPICES, ELUS.

19 Par Arrêt de la Cour des Aydes de Paris, sur la Requête de M. le Procureur General, du 21. Février 1687. il a été défendu aux Elûs des Elections de son Ressort, de contraindre les Parties du payer les Epices des Instances & Procez, soit avant ou après le Jugement, ni de les recevoir directement des Parties, ni autrement que par les mains de leurs Greffiers. *Memorial alphabetique,* verbo *Epices.*

20 Par l'article 14. de la Declaration du 17. Février 1688. il est dit que les Elûs se taxeroient 15. s. pour chaque Sentence contradictoire & diffinitive qu'ils rendroient à l'Audience, sans qu'en matieres civiles ils puissent en aucuns cas prendre des Epices ; mais par Edit du mois de Novembre 1689. Sa Majesté a dérogé à cet article, & a permis aux Elûs de se taxer des Epices moderées comme avant la declaration. *Ibidem.*

EPICES, EXECUTOIRE.

21 Défenses à tous Juges de décerner executoires pour leurs Epices. Arrêt du Parlement de Paris du 21. Janvier 1565. *Bib. de Bouchel,* verbo *Epices,*

22 Anciennement les Epices ne venoient en taxe, & encore aujourd'hui on ne prend executoire pour Epices, mais elles sont poursuivies par Requête. Arrêt du Parlem. de Paris du 27. Juin 1582. *Papon, liv. 18. tit. 3. n. 8.*

23 Le 10. Février 1596. en la Cour des Aides. Les Présidens & Elûs de Château-Thierry avoient décerné Executoire de deux écus pour les Epices du Procez avant la prononciation de la Sentence, contre un nommé Huet, lequel appel ayant été executé, il fut dit mal jugé, mal executé, les Juges intimez condamnez aux dépens, & ayant faire droit sur les dommages & interêts, ordonné que le Président & le Rapporteur comparoîtront en personne, & jusqu'à ce interdits de leurs Etats. *Bibliotheque de Bouchel,* verbo, *Epices.*

Tome II.

24 Arrêt du Parlement de Paris du 12. Avril 1603. portant défenses au Lieutenant Criminel d'Amboise de délivrer Executoire sous le nom de son Greffier ou autrement pour le payement des Epices, à peine de concussion. Le Lieutenant Criminel & le Juge furent condamnez à rendre au nommé Pinaut ce qu'il avoit payé pour éviter la saisie & vente de ses biens. *Papon, liv. 18. tit. 3. n. 4.*

25 Arrêts du Parlement de Provence des 13. Janvier 1636. & 12. Avril 1647. qui défendent aux Juges subalternes de décerner contrainte pour leurs Epices. *Boniface, to. 1. liv. 1. tit. 1. n. 13.*

26 Le 2. Juin 1642. il a été jugé que la contrainte pour épices obtenuë en la Cour, ne doit être executiée contre celuy qui a perdu sa cause. *Ibidem, nomb. 14.*

27 Arrêt du même Parlement de Provence du 3. Février 1670. qui a cassé une contrainte pour épices taxée par le Lieutenant d'Arles. *Idem, tom. 3. li. 1. tit. 4. ch. 9.*

28 Autre Arrêt en forme de Reglement du 9. Juin 1679. qui a jugé que les Juges subalternes ne peuvent taxer contrainte pour leurs épices. *Ibidem, chap. 8.*

29 Par Arrêt de Toulouse du 12. May 1643. en la premiere des Enquêtes, une Sentence du Sénéchal de Gourdon, fut cassée ; elle ordonnoit que 50. écus d'épices seroient pris sur les fruits saisis en faveur de la Dame Malleville, contre le sieur de Brons de la Reule ; neanmoins la Cour l'ordonne souvent. *Albert,* verbo *Epices, art. 1.*

EPICES FRAIS DE CRIE'ES.

Voyez cy dessus *les nomb. 4. & 13.*

30 Epices en procez de criées, se doivent payer par la partie saisie, contre laquelle les opposans qui les auront avancées doivent avoir executoire. Arrêt du 12. Mars 1551. *Papon, liv. 18. tit. 3. n. 7.*

31 Il se trouve és Registres de la Cour du 18. jour de Novembre 1624. ce qui suit : Sur ce qu'il a été mis en délibération, sçavoir si les Epices des Commissaires, seroient comprises en frais & dépens des criées, ou comment elles se payeroient, a été ordonné par la Cour, que cela sera remis *arbitrio judicantium. V. la Bibliotheque de Bouchel,* verbo *frais du decret,* M. le Maître, *des Criées, ch. 41.*

PAYEMENT DES EPICES.

32 Il a été arrêté le 5. Septembre 1538. en la Grand'-Chambre des Enquêtes, après avoir été aux autres Chambres des Enquêtes, que suivant la délibération faite au mois de Février 1537. toutes les Chambres assemblées, dorénavant, quand l'appellation est mise au néant sans dépens de la cause d'appel, les Epices du Rapporteur se taxeront aussi-bien que l'Arrêt, encore qu'il n'y eût condamnation que de la moitié, ou autre portion de dépens de la Cause principale ; car celuy qui obtient ne sçauroit avoir son Arrêt ny ses frais, sans premierement payer les dépens de l'Arrêt, & les Epices du Rapporteur ; au moyen dequoy il a été trouvé raisonnable d'ajuger à celuy qui obtient l'Arrêt, les Epices du Rapporteur ; il fut ainsi pratiqué le 11. d'Avril 1537. *Bibl. de Bouchel,* verbo, *Epices.*

33 Les Juges ne doivent point attendre à prononcer le dictum que les Epices soient payées; mais ils doivent prononcer devant, & ne doivent être expediez, que les Epices ne soient payées. Arrêt du Parlement de Paris du 5. May 1541. *Papon, liv. 18. tit. 3. nomb. 4.*

EPICES D'ARREST INTERLOCUTOIRE.

34 Après l'Arrêt définitif, celuy qui a payé les épices de l'Arrêt interlocutoire, en peut repeter la moitié. Arrêts des 26. Juin 1587. & 13. Novembre 1596. M. le Prêtre *ès Arrêts de la Cinquième.*

35 Quand par Sentence des Juges inferieurs & par

Arrêt donné fur l'appel, il n'y a aucuns dépens ajugez, même qu'il est ordonné que les Epices de l'Arrêt feront payées par moitié entre les Parties, jugé le 12. Juillet 1614. que celui qui aura avancé les Epices de la Sentence du Juge dont est appel, n'en aura aucune repetition, s'il n'est expressément dit & arrêté lors de l'Arrêt qui interviendra. *Bibliotheque de Bouchel*, verbo *Epices*.

36 Celui qui a la Sentence expediée à son profit, est présumé avoir payé les Epices, encore qu'il n'y ait quittance au bas. Ainsi jugé au Parlement de Bourgogne le 11. Mars 1616. *Bouvot, tome 2. verbo Epices quest. 2.*

37 Arrêt du Parlement de Toulouse du 15. Mars 1625. portant que les Greffiers des Présidiaux, Sénéchaux ne pourront être contraints à la remise du Procez dont il y aura appel, que les Epices ne soient préalablement payées. *V. Escorbiac, tit. 20. ch. 3.*

38 Arrêts du Parlem. de Provence des 5. May 1627. 14. Août 1640. 5. Juin 1642. 29. Novembre 1645. & 5. May 1661. qui ont jugé que les Greffiers des Sieges ne peuvent être contraints d'expedier les Extraits des Sentences, ni de porter les Actes, si les Epices n'ont été payées. *Boniface, tome 1. li. 1. tit. 32. n. 4.*

39 Par Arrêt du même Parlement du 29. May 1643. il a été jugé, que la publication des Sentences ne peut être retardée faute de payement des Epices. *Boniface, to. 1. li. 1. tit. 16. n. 2.*

40 Declaration du Roy du 26. Février 1683. pour abroger l'usage de faire consigner les Epices avant le jugement des Procez. Il est dit, Voulons que les Procez tant civils que criminels pendans en nos Cours & dans les Sieges subalternes soient incessamment rapportez & jugez quand ils seront en état de l'être, nonobstant qu'il n'y ait point été fait de consignation précedente des Epices, dont nous avons abrogé & défendu l'usage, sans préjudice neanmoins des vacations pour les Procez qui seront de Commissaires, dont la consignation continuëra à être faite par avance, ainsi que par le passé, & afin que sous quelque pretexte que ce puisse être on ne puisse contrevenir à ce qui est en cela de nôtre volonté, nous voulons que les Sentences & Arrêts en matiere civile qui seront rendus ensuite de la consignation précedente des Epices soient nuls, soit que la consignation ait été faite par la Partie, en faveur de laquelle l'Arrêt aura été rendu, ou par celle qui aura succombé: que le Rapporteur soit & demeure responsable des dommages & interêts des Parties, & que tant ésdits Procez civils qu'és criminels où il se trouvera avoir été fait une consignation d'Epices avant le Jugement d'iceux, soit qu'elle ait été reçuë par ledit Rapporteur, par son Clerc, ou par le Greffier & Serviteur de la Cour, outre la peine de concussion contre le Rapporteur, il soit procedé extraordinairement contre le Clerc, Greffier & Serviteur: enjoignons à nos Procureurs Generaux & à leurs Substituts d'y tenir la main, de veiller à ce que les Procez, particulierement les criminels, soient promptement jugez, & d'avertir nôtre tres-cher & feal Chancelier des contraventions qui seront faites à ces Presentes pour y être incessamment pourvû. *V. les Edits & Arrets recueillis par l'ordre de M. le Chancelier en 1687.* Cette Declaration a été enregistrée au Parlem. de Roüen le 12. Mars 1683.

EPICES, PROCEZ CRIMINELS.

41 Le Baillif ou Sénéchal de Robe Courte assistant à la vuidange des Procez, ne doivent signer Dictums ni prendre Epices. Arrêt du 5. May 1541. en reglant les Officiers de Sens. *Bibliotheque de Bouchel*, verbo *Baillifs*.

42 Arrêt general de la Cour de Dauphiné du 18. Decembre 1608. lequel a défendu aux Juges de differer l'instruction des Causes criminelles, sous prétexte qu'on ne leur payoit ni leurs Epices, ni leurs procedures; à peine de mille livres d'amende. *Basset, to. 2. li. 9. tit. 12. ch. 2.*

43 L'accusé ne doit que la moitié des Epices de l'Arrêt, qui met les Parties hors de Cour & de Procez, dépens compensez. Arrêt du même Parlement de Grenoble du 12. Août 1658. *Basset, to. 1. liv. 2. tit. 2. chap. 17.*

44 Arrêt du Grand Conseil du 30. Août 1611. qui condamne les Présidiaux de Limoges à rendre la somme de 16. livres par eux prise pour les Epices d'une Sentence de competence, avec défenses d'en prendre en pareil cas. *Maréchaussée de France, page 390.*

45 Arrêt du Parlement du 28. May 1629. portant Reglement entre les Présidiaux, Lieutenans Criminels, & Prévôts des Maréchaux de Poitiers & Châtelleraut. Cet Arrêt défend aux Présidiaux de prendre Epices pour les Jugemens de competence, à peine de concussion. *Ibidem p. 499.*

46 Arrêt du Parlement d'Aix du 29. Mars 1642. qui a ordonné aux Lieutenans & autres Juges de ne point juger les appellations des ajournemens personnels sur le Vû de Pieces, & leur a défendu d'en prendre Epices. *Boniface, to. 1. li. 1. tit. 10. n. 27.*

47 Aux Procez criminels où le Procureur du Roy est seul Partie, les Juges ne peuvent prendre d'Epices. Arrêt du 14. Janvier 1645. *Idem, tome 2. part. 3. liv. 1. tit. 1. ch. 10.*

48 Appellations des procedures criminelles, ne rendent la Sentence sujette à Epices. Arrêt du même Parlement de Provence du 25. Février 1673. *Idem, tome 3. liv. 1. tit. 8. ch. 13.*

49 Arrêt du 30. Mars 1675. qui cassa la Sentence du Lieutenant Criminel de Marseille renduë sur Vû de Pieces en une plainte d'injures verbales, & le condamna à rendre les Epices qu'il avoit prises. *Ibidem chap. 5.*

50 Les Epices qui sont taxées pour le Rapport d'une affaire criminelle, peuvent être repetées par le demandeur en excés solidairement contre chacun des prévenus: mais si l'un des prévenus a payé, il ne peut avoir de recours contre les autres, que pour la portion d'un chacun. Arrêt du Parl. de Toulouse au mois de Novembre 1663. rapporté par *M. de Catellan, liv. 5. chap. 41.*

PROMESSES POUR EPICES.

51 D'une Promesse causée pour Epices au profit du Rapporteur d'un Procez. *V. Bardet, to. 1. li. 3. ch. 61.* qui rapporte un Arrêt du Grand Conseil rendu le 11. Octobre 1629. la Cause ne s'y préjugea point, mais M. Gaulmin Avocat General fut d'avis de renvoyer les Parties au Présidial de Moulins pour y proceder en execution de la Sentence qui avoit jugé la Promesse bonne.

RECEVEUR DES EPICES.

52 Edit du Roy Henri III. en Juillet 1581. contenant creation en chef & titre d'office formé en chacune des Cours de Parlement, Chambres des Comptes, Grand Conseil, Cour des Aydes, & toutes autres Jurisdictions de ce Royaume, d'un Receveur des Epices, & autres deniers consignez, pour les Procez de Commissaires, & Vacations des Juges. *Ordonnances de Fontanon, to. 4. p. 715.* Voyez le mot Receveur.

EPICES NON SAISISSABLES.

53 Epices ne peuvent être saisies. *Voyez la Rocheflavin, des Parlemens de France, liv. 10. ch. 15.*

54 Un Creancier simple d'un Officier de Judicature ne peut faire saisir les deniers appartenans à son debiteur à titre d'Epices, entre les mains du Receveur des Epices, jugé au Parlement de Tournay le 23. Juillet 1699. au profit de M. Pierre Save Avocat du Roy au Bailliage de Tournay contre le Greffier de Mortagne. *V. M. Pinault, tome 2. Arr. 166.*

EPICIERS.

DEs Apoticaires & Epiciers de la Ville de Paris. V. les Ordonnances recueillis par Fontanon, to. 4. tit. 12. p 458.

EPILEPSIE.

SI l'Epilepsie, autrement le mal caduc, est une cause de separation de corps & d'habitation ; La cause a été appointée au Parlement de Paris le 22. May 1663. Journal des Audiences, tome 2. liv. 5. ch.23.

EQUIVALENT.

1. EQuivalent, est un subside qui s'assied comme la Taille, accordé par le peuple au Roy pour éteindre une infinité de petits tributs qu'il convenoit de payer pour menuës danrées & marchandises, & ce à cause des abus & monopoles qui s'y commettoient ; tel droit se reçoit par le Receveur des Tailles. Voyez Despeisses, to. 3. des Tailles tit. 2.
2. Traité du droit de l'Equivalent établi dans le Languedoc par Charles VII. en 1460. par de la Côte Romain. Tolose 1616.
3. Juges de l'Equivalent. Voyez le mot Aides, nomb.3.
4. Voyez ce qui en a été observé par Philippi en ses Arrêts de consequence de la Cour des Aydes de Montpellier, art. 13. Ce droit est dû des fonds de vigne, baillez en payement. Arrêt du 29. Avril 1563.
5. L'Equivalent est dû au lieu de la délivrance de la chose. Ibid. art. 102.

ERECTION.

ERection d'Eglises, Cures, Paroisses, ou de Terres & Seigneuries,

ERECTION D'EGLISES, CURES.

De l'érection des Cures. Voyez le mot Cures n. 7. Des érections des Eglises simples en Cathedrales, Collegiales, & Metropolitaines, & de leur translation. Voyez le Recueil des Matieres Beneficiales, par Borjon, tom. 4. ch. 28. & cy-dessus verbo Eglise.

1. Les Erections en Eglise Cathedrale, ne peuvent être faites que par le Pape C. 1. Ne sede vac. c. quod translationem. gloss. de Offic. est où cela est défendu au Legat.
2. Les Rois ne s'attribuent point d'ériger une Eglise Episcopale ou Archiepiscopale, nisi accedat summi Pontificis consensus. Voyez la Biblioteque Can. to. 1. p. 590.
3. De l'érection d'une Eglise, en Parochiale ou Collegiale. Ibidem p. 591.
4. Erection de Cure dépend absolument de l'autorité & Jurisdiction de l'Evêque Diocesain ; ainsi jugé au Parlement de Paris le 21. May 1632. Bardet, tome 2. li.1. ch. 16. s'il s'agissoit de l'érection d'un Evêché ; de changer l'état d'une Abbaye, d'un Prieuré, de secularizer une maison reguliere, ou d'une seculiere en faire une reguliere, il faudroit recourir au Pape.
5. Erection d'une Eglise en Paroisse, à la charge que le Seigneur du Plessis-Paté la doteroit suivant ses offres, & que les grosses dismes seroient payées au Curé de Saint Pierre de Brequigny, avec une somme de vingt livres pour les menuës dismes. Arrêt du 14. Février 1658. Des Maisons lettre E. nomb. 9.

ERECTION DE TERRES.

6. Erection des Terres en Duchez, Marquisats & Comtez. Voyez le Recueil du Domaine, tit. 12. fol. 52.
7. Les érections des Terres en titre de Duchez & Pairies se font sans distraction du Ressort des Justices Royales. Arrêt du 10. Decembre 1624. par provision, au Rôle de Vermandois. Du Frêne l. 1. ch. 29. Voyez cy-après les mots Fiefs & Seigneuries.

ERREUR.

DE Errore calculi. C. 2. 5. Voyez ci-après le nomb. De Errore Advocatorum, vel libellos, seu preces concipientium. C. 2. 9.... V. Avocat nomb. 62. & 63.

Justo Errore excusari Vasallum qui fidelitatem non fecit. Feud. Consuet. 2. 92.
De Errore in consensu. L. 116. D. de reg. juris.
Erreur de Clerc, ne nuit pas. L. 92. D. de reg. juris.
Erreur de fait & de droit. V. Ignorance.
De l'erreur de fait ou de droit. Voyez le 1. tome des Loix Civiles, li. 1. tit. 18. section 1.

1. Erreur de droit empêche le dol & la fraude : c'est la disposition du paragraphe scire ad sc. ff. de hæredis petit. dans lequel la question étant de sçavoir si une personne étoit excusable de ne pas sçavoir que la chose lui appartient, il est dit que cette disposition pouvoit avoir lieu, non seulement à l'égard du fait, mais aussi à l'égard du droit : par exemple un homme institué dans un Testament qu'il croioit bon, lequel neanmoins étoit inutile, ou bien dans la succession ab intestat, se croiant le premier agnat, quoyqu'il ne fût que le second, tombe-t-il dans la peine de la Loi établie contre ceux qui prennent des hereditez qui ne leur appartiennent pas ? Le Jurisconsulte répond : & non puto hunc esse prædonem qui dolo caret, quamvis in jure erret : l'erreur de droit est préjudiciable & nuisible, quand il ne s'agit que d'acquerir & de gagner ; mais quand il s'agit de s'empêcher de perdre ce que l'on a déja acquis, alors cette erreur de droit ne peut nuire. La distinction est fondée presque sur toutes les Loix du titre du Dig. de juris & facti ignorantia.
2. Erreur dans les Arrêts. Voyez le mot Arrêt nomb. 8. & suiv.
3. Si ce que l'Officier qui n'a point de caractere fait, est valable, & an communis error faciat jus ? Voyez Henrys, to. 1. li. 2. chap. 4. quest. 28.
4. Error communis jus facit. M. le Prêtre 4. Cent. ch. 46. & excusat. Mornac l. 3. ff. ad Senatusconsult. Macedonianum.
5. Subvenire solet ex rescripto Principis iis qui justo errore in respondendo decepti sunt. Arrêt du 21. Mars 1589. Mornac l. 11. §. ex causa ff. de interrogationibus, &c.
6. Error in instrumento commissus probari non potest testibus aut indiciis extrascriptum. V. Stochkmans decis. 119.

ERREUR DE CALCUL.

7. Errore calculi admisso, computa revideri debent, per Viros in arte calculandi expertes, à judice deputatos. Voyez Franc. Marc. to. 1. quest. 441.
8. Quand on a dit que l'action pour reformer les erreurs se prescrit par trente ans, on entend y comprendre toute sorte d'erreurs, même celles de calcul, quoyque l'on dise au Palais qu'elles ne se couvrent point, cela doit s'entendre que l'on peut y revenir plusieurs fois sans avoir besoin de Lettres, rationes sæpe computatas denuo tractari posse, dit la Loy unique au Code, de err. calc. Mais elles demeurent couvertes par l'espace de trente ans, suivant la doctrine de la glose sur la Loy calculi ff. de administ. rer. ad civit. pertin. etiam usque ad 30. annos. Cujas, Mornac, Pacius & Vesembecius sur le tit. de err. calc. sont du même sentiment. Faber dans son Code de præscript. 30. vel 40. ann. le décide en termes exprès, & ipsa erroris calculi allegatio, quæ omnium est favorabilissima, præscribitur spatio 30. annorum.

ERREUR DE COMPTE.

9. Voyez le mot Compte nomb. 9.

ERREUR DE NOM.

10. L'Erreur du nom ne vicie le rescrit, modo de corpore & voluntate constet.
Error factus in signatura potest corrigi in bulla per textum. Boniface, to. 3. li. 6. tit. 3. ch. 2.
11. Quæ sit necessitas exprimendi proprium nomen impetrantis, & quatenus error in proprio nomine gratiam vitiet ? Voyez Lotherius de re beneficiaria, liv. 3. quest. 34.
12. Error in nomine non nocet cum de corpore constat. Mornac, lib. 9. ff. de contrahend. emptione, &c.

13 *Error proprii nominis alterius litigantium, appositus in sententia an per judicem emendari possit.* Voyez *Franc. Marc. to. 1. quest. 546.*

14 *Error testatoris circa nomen & cognomen legatarii non vitiat legatum.* Voyez *Stochmans. decis. 23.*

PROPOSITION D'ERREUR.

Ordinatio super erroribus proponendis. a...... en...... 1331. *ordin. antiq. vol. A. fol.* 4.

15 Voyez *Du Luc, liv. 5. tit. 6.* Fontanon, *tom. 1. liv. 3. tit. 23. p. 581. &* Joly, *tom. 1. liv. 1. tit. 51. p. 317. &* Despeisses, *to. 2. p. 596.* & sous ce titre, *la Bibliotheque du Droit François,* par Bouchel *& la* Rocheflavin, *des Parlemens de France, liv. 13. chap. 83.* elles sont abrogées, par l'Ordonnance du mois d'Avril 1667.

16 En Sentence, l'erreur est un vice suffisant pour faire infirmer la Sentence ; comme si au lieu de condamner aux dépens un défendeur perdant sa cause, on met par erreur le demandeur. Arrêt du Parl. de Paris du 27. Février 1516. par lequel il fut dit avoir été mal jugé par le Prevôt de Paris, ayant par sa Sentence *absous à Cautele* un quidam, au lieu de dire & ordonner qu'il *seroit absous à Cautele.* Ce n'étoit neanmoins qu'une erreur de Clerc, car il n'est personne qui entende que ce soit au Juge Seculier d'excommunier, encore moins d'absoudre. Papon, *liv. 17. tit. 1. n. 3.*

17 Le 9. Janvier 1527. toutes les Chambres assemblées pour une proposition d'erreur, il fut avisé que les fins de non-recevoir se doivent vuider par toutes les Chambres assemblées, & non par la Chambre du Plaidoyé, & la Tournelle seulement. Il faut noter que par la partie adverse, il étoit objecté qu'il y avoit trois ans que l'Arrêt contre lequel étoit proposée erreur, se trouvoit prononcé. *Bibliotheque de Bouchel* verbo , *Proposition d'erreur.*

18 Propositions d'erreur reccuës aprés deux ans & sans bailler caution, pour cause de minorité, fureur & absence necessaire & probable. Arrêt du Parlement de Bourdeaux du 28. Juillet 1528. Pareil Arrêt rendu au Grand Conseil. L'Ordonnance de 1539. a limité le temps à une année, Charles IX. l'a encore réduit à six mois, & sur la difficulté de sçavoir si l'on pouvoit par deux fois proposer erreur, il y a eu appointement au Conseil le 7. Janvier 1577. *Papon, li. 19. tit. 8. n. 5.*

19 Les conclusions de Messieurs les Gens du Roy ne sont pas necessaires, ils n'y ont aucun interêt. Arrêt du 15. Novembre 1607. M. Loüet *lettre E. som. 12.*

ESCLAVE.

Esclave. *Servus. Mancipium.* Voyez le mot Affranchi.

L'usage des Esclaves est aboli en France ; mais les Titres du Droit qui en parlent, sont de quelque utilité, parce que les Moines peuvent être comparez aux Esclaves, pour les effets de la société civile. D'un autre côté, plusieurs de ces titres concernant les Esclaves, peuvent avoir application aux Domestiques & Serviteurs.

Ce qu'on entend par Esclave. *L. 40. §. 1. de verb. sig.*

Les Esclaves ne peuvent s'obliger. *L. 22. D. de reg. juris.*

Ils ne sont comptez pour rien. *L. 32. eod.*

Ils sont morts civilement. *L. 209. eod.*

Ne servi ad dicendum testimonium admittantur. L. N. 49... Les Esclaves ni les Femmes, ne peuvent être témoins dans les Actes. *Voyez* Témoin.

Ne Christianum Mancipium hareticus, vel Judaus, vel Paganus habeat , vel possideat , vel circumcidat. C. 1. 10. C. Th. 16. 7.

De servis qui liberis in matrimonium conjunguntur. L. N. 100.

De servis conjugibus, si alter illorum libertate donetur. L. N. 101.

De servis qui, Tyrannorum tempore, liberas duxerunt uxores. C. J. 1. 15.

De servis & colonis, ab alio detentis. C. 1. 16. Const. Just.

De servis exportandis, vel, si ita Mancipium vanierit, ut manumittatur. D. 18. 7.

Si servus exportandus veneat. C. 4. 55.

Si mancipium ita fuerit alienatum, ut manumittatur, vel contra. C. 4. 57.

Si Mancipium ita vanierit, ne prostituatur. C. 4. 56.

De servo corrupto. D. 11. 3... Contre ceux qui débauchoient & corrompoient les Esclaves d'autrui.

De furtis, & servo corrupto. C. 6. 2... l. 4. 1. de oblig. quæ ex del. §. 8.

De Aleatoribus. D. 11. 5... Contre ceux qui donnoient à joüer aux Esclaves d'autrui.

De fugitivis. D. 11. 4... Des Esclaves fugitifs qui se déroboient à leur Maître.

De servis fugitivis, & libertis mancipiisque civitatum, artificibus, & ad diversa opera deputatis, &c. C. 6. 1... V. Fuite, Ouvrier.

Si familia furtum fecisse dicatur. D. 47. 6... Familia, est cœtus servorum. Urbana & rustica familia. L. 166. D. de verb. sign.

Si servus extraneo se emi mandaverit. C. 4. 36... Affranchissement fait en fraude du veritable Maître... *V.* Affranchi. Vassal.

De servis Reipublicæ, manumittendis. C. 7. 9.

De servo pignori dato, manumisso. C. 7. 8.

De servo qui, ignorante Domino, Clericus, Monachus, vel Episcopus factus est. L. N. 9. 10. & 11.

Servos, post delatam successionem manumissos, in feudum non succedere. F. 2. 106.

Ne, præter crimen majestatis, servus dominum accuset. C. th. 9. 6.

De emendatione servorum. C. 9. 14... C. th. 9. 12.... Le châtiment des Esclaves doit être raisonnable.

De Senatus-consulto Claudiano. C. 7. 24... C. th. 4. 9... l. 3. 15. §. 1... Dicitur Claudianum, ab Imp. Claudio. Tacitus. Ce Senatus-Consulte portoit, que si une femme libre se joignoit à un Esclave, elle devenoit Esclave elle-même, aprés la dénonciation du Maître de l'Esclave ; & lui appartenoit.

De mulieribus quæ se propriis servis junxerunt. C. 9. 11... C. Th. 9. 9.

Declaration de 1685. qui déclare meubles les Esclaves Negres de la Guadeloupe & autres, s'ils ne sont attachez à la terre. *M. le Brun, de la Communauté, liv. 1. chap. 5. n. 11.*

ESPECE.

Espece déroge au Genre. *L. 80. D. de reg. juris.*

ESPECE, CONSIGNATION.

De la consignation faite en especes. *Voyez* le mot *Consignation nomb. 31. & suiv.*

ESPECES, MONNOYE.

Par Arrêt du Parl. de Toulouse du 5. Juillet 1575. jugé que le dépositaire seroit tenu de rendre la somme déposée en mêmes especes & de même valeur qu'elles étoient lors du dépôt. *Mainard, liv. 3. ch. 31. &* La Rocheflavin, *liv. 2. tit. 3. Arr. 3.*

La dot doit être restituée en especes reçuës comme elles valoient lors de la reception & reconnoissance. Arrêt de Toulouse du 22. Mars 1583. *La Rocheflavin liv. 2. tit. 6. Arr. 3.*

Un pere ordonne le rapport par son Testament en la Coûtume d'Amiens de ce qu'il avoit donné à tous ses enfans, le rapport doit être fait en espece & non en moins prenant. Arrêt du 15. Février 1650. *Du Fresne liv. 5. ch. 52.*

Les debiteurs ne peuvent point être tenus de payer les sommes qu'ils ont empruntées en mêmes especes & sur le pied qu'ils les ont reçuës, s'il y a eu de l'augmentation depuis ; mais seulement une pareille somme, comme il a été jugé en faveur des Consuls & Communauté de la Ville d'Orange contre le Syndic de la Chartreuse de Villeneuve lés Avignons, de qui ils avoient emprunté des sommes considerables en Ecus d'or, qui étoient augmentez du double. L'Arrêt est du 27. Mars 1679. *La Rocheflavin, li. 6. tit. 61. Arr. 5.*

6 S'il y a prêt en Especes d'or, avec promesse de rendre en mêmes especes, s'il les faut rendre au prix qu'elles valoient au temps, & lors du prêt, ou bien au prix du temps de la demande ? V. *Bouvot, to. 2.* verbo *Monnoye*, *quest.* 1.

7 Augmentation des Especes. *Voyez* le mot *Augmentation nomb.* 4.

ESPRITS.

Quoi qu'on ne veüille point approfondir de cette matiere par rapport à la Religion, mais uniquement en ce qu'elle peut concerner la Jurisprudence, on ne laissera pas d'indiquer les Ouvrages qui en ont particulierement traité.

Les ruses, finesses & impostures des Esprits malins, par Robert du Triez. *Cambray* 1567. *in* 8.

De l'imposture & tromperie des Diables, Devins, Enchanteurs, Sorciers, Noüeurs d'eguillettes, par Massé. *Par.* 1579.

Des apparitions des Esprits, fantômes, &c. trad. du Lat. de Lavater. *Zurich* 1581. *in* 8.

Thireus de locis infestis ob molestantes dæmoniorum & defunctorum spiritus; cum libello de Terricula mentis nocturnis. *Lugd.* 1599. *in* 8.

Du loyer des spectres, visions & app. d'esprits, *in* 4. *Paris.* 1605.

Histoire de la possession & conversion de la Princesse des Sorciers de Provence, avec un discours des Esprits, par le P. Michaëlis. *Par.* 1613. *in* 8.

Traité de l'apparition des Esprits, par Taillepied. *Par.* 1617. *in* 12.

Histoire de la Vie d'André Bugnot Colonel d'Infanterie, & de son apparition aprés sa mort, par Est. Bugnot. *Orleans* 1665. *in* 12.

Nota. Joindre aux Traitez & Ouvrages qui viennent d'être marquez, ce qui a été dit sous les mots *Demons & Devins*, & ce qui sera observé sous les mots *Exorciser, Magie*, & *Sorciers*.

1 Retour des esprits, *an spiritus redeant ?* Voyez Mornac *l.* 27. §. *si quis timoris ff. locati & conducti.* Voyez les nombres suivans.

2 Si le bail est resolu par le retour des Esprits. *Voyez* le mot *Bail* nomb. 203. & *suiv.*

3 Un locataire se plaignant que la femme de son proprietaire revenoit en esprit pendant la nuit, & demandant la resolution; Arrêt du Parlement de Paris du 6. Mars 1576. qui appointa les Parties au Conseil, & cependant par provision ordonna que le bail tiendroit. Papon *li.* 10. *tit.* 3. *n.* 9. où il est observé que pour semblable raison le Parlement de Paris a fréquemment ordonné la resolution des baux, les Arrêts ne sont point datez. Ce même Arrêt est rapporté par Chopin, dans *les Définit. Can. p.* 90. & dans la *Bibliotheque Can. to.* 2. *p.* 22. où il y a des choses fort curieuses à ce sujet.

4 En mil cinq cens trente trois, les Cordeliers de la ville d'Orleans avoient répandu le bruit que l'ame de Loüise de Mareau, femme du Sieur de Saint Memin Prevôt d'Orleans, étoit revenuë plusieurs fois & les avoit tourmentez, disant qu'elle étoit damnée pour heresie, & pour les plaisirs qu'elle avoit pris en vêtement & gloire mondaine, & quand on prioit pour elle qu'elle étoit plus tourmentée en enfer; que son ame étoit plus damnée que celle de Judas, & qu'elle ne cesseroit de les tourmenter jusqu'à ce que son corps fût mis hors de terre. Le Prevôt d'Orleans se plaignit de ces discours injurieux à la memoire de sa femme : par la Sentence qui intervint, les Religieux autheurs de cette supposition, furent condam-

nez à faire amende honorable; d'autres, à tenir prison, à jeûner au pain & à l'eau, à être foüettez dans la prison sans effusion de sang, & qu'il sera fait une Epitaphe, où il sera écrit que ladite de Mareau est morte chrêtiennement, & qu'il faut prier Dieu pour elle. Sa Majesté ayant nommé des Commissaires, & le Cardinal de Sens Legat en France ayant commis M. Guelin Président aux Enquêtes pour connoître du délit commun, les Religieux furent interrogez, la procedure parfaite : les Religieux aprés avoir été jugez pour le délit commun, furent pour le cas privilegié condamnez à demander pardon à Dieu, au Roy & à Justice, & audit sieur de S. Memin, tenans chacune une torche ardente au poing, nuë tête & nuds pieds, en l'Auditoire Royal d'Orleans, en disant que faussement & contre verité, ils ont dit, publié & fait sçavoir au Roy que l'esprit de ladite De Mareau étoit damné & revenu, & autres paroles non veritables contenuës au Procez. Aussi pour la translation par eux faite du Corps de Nôtre Seigneur de dessus le grand Autel au Chapitre, & cessation du Service Divin, bannis du Royaume. Ce Jugement fut prononcé le 18. Février 1534. aux Accusez qui n'en appellerent. *Voyez la Bibliotheque Can. to.* 2. *p.* 23. & *suivans.*

EST.

De comitatu *Astensi* unito regno Galliæ. Voyez Franc. Marc. to. 2. quest. 247.

Comitatûs *Astensis* superioritas, Senatui Delphinatûs per Galliarum Regem demandata est. *Ibidem* quest. 322.

ESTIMATION.

De *æstimatoriâ actione.* D. 19. 3. . . . Contre celui qui s'est chargé d'une chose pour la vendre à certain prix, comme les Courtiers & les Revendeuses.

De *ædilitio Edicto, & Redhibitione, & quanti minoris.* D. 21. 1. . . Contre les ventes frauduleuses, sur tout des animaux; soit par quelque vice de la chose venduë, (*V.* Redhibition) soit par l'excés du prix : auquel cas, il y a lieu à l'Estimation, & le vendeur rend la moins-valuë. *V.* Lezion. Vente.

De *ædilitiis actionibus.* C. 4. 58.

De *in litem jurando.* D. 12. 3. . . C. 5. 53. Du serment déféré par le Juge au Demandeur, qui affirme la valeur ou l'Estimation de la chose contestée, quand le Défendeur refuse, par dol, de la representer. *Lis, pro re litigiosâ. Jurare in litem, est cum juramento æstimare rem litigiosam.*

De *Hortulanis Constantinop. Civitatis.* N 64. . . Au sujet des Jardiniers; Cette Novelle contient un Reglement pour les estimations qui doivent être faites par autres que ceux du métier. V. *Bornier*, sur l'art. 11. du Titre 21. de l'Ordonnance de 1667.

Voyez cy-aprés le mot Expert.

1 De l'estimation des fruits prêtez, bled, grains, &c. Voyez *Bouvot, tome* 2. verbo *Fruits.*

Estimation du bled. Voyez le mot Bled, nombre 11. & *suivans.*

2 Forme ancienne des estimations par Experts, où est expliquée la maniere d'estimer les biens nobles, & faire une liquidation utile. Voyez *Boniface*, to. 3. liv. 2. tit. 5. ch. 10.

3 Valor rei quomodo probetur ? Voyez Franc. Marc. to. 1. quest. 484.

4 Valor rei de præsenti, probatur per authenticum libri æstimi communitatis. Idem, to. 2. quest. 63.

5 Un homme est condamné à restituer les fruits. Les témoins sont differens, les uns plus, les autres moins; sçavoir si l'on doit suivre le moins, ou bien prendre le milieu ? Charondas, liv. 4. réponse 61. est d'avis qu'il faut suivre le plus grand nombre des témoins, & cite un Arrêt du 23. Juin 1492.

Voyez cy-aprés le nombre 16.

6 Un Juge ne peut commettre Experts pour faire une estimation sans oüir les Parties qui les nommeront ou seront refusans de ce faire, & les Experts estimeront années par années, & singulierement & non en bled, & à un prix plusieurs années, l'une pour l'autre. Arrêt du 16. May 1534. *Papon, liv. 18. tit. 4. nomb. 17.*

7 Experts ne doivent estimer sans auparavant avoir prêté serment, à peine de nullité de toute la procedure. Arrêt du 16. Juillet 1534. *Ibidem n. 18.*

8 L'Ordonnance du Roy Henri III. art. 162. portant que *où il sera besoin de verifier la valeur de quelque chose, les Parties seront tenuës de convenir d'Experts, avec défenses de les appointer contraires,* n'est tellement reçuë à Toulouse, que ladite Cour n'admette sur cela la preuve par témoins, se reservant subsidiairement d'y ajoûter l'estimation des Experts, sans neanmoins accumuler les deux instructives, aprés qu'elle a vû les enquêtes. V. *Maynard, liv. 3. ch. 67.*

9 Le prix d'une chose doit être estimé, selon qu'elle valoit lorsqu'elle a été venduë pour la premiere fois. *Peleus, qu. 130.*

10 Si la graine de ferme n'est payée dans le temps préfix, il en faut faire l'estimation eu égard au temps de la condamnation. Arrêt du Parlement de Dijon du 14. Mars 1559. *Bouvot, tome 1. part. 3. verbo Estimation. V. cy-dessus verbo Bled.*

11 Quand celui qui a obtenu ouverture d'un fideicommis s'accorde avec aucuns des tenanciers, & prend argent d'eux, & poursuit avec d'autres la liquidation du fideicommis, alors les biens tenus par ceux qui ont accordé, doivent être estimez à leur juste prix, & non pas eu égard à l'argent que le fideicommissaire en a reçû. Arrêt du P. de Toulouse en Septembre 1585. *Maynard, livre 3. chap. 11.*

12 Quoiqu'il y ait appointement de contrarietez, & que l'une des Parties requiere que l'autre s'accorde d'Experts pour estimer ces biens vendus suivant l'Ordonnance de Blois article 191. le Juge le doit ordonner, sinon il y auroit lieu à l'appel. Arrêt du Parlement de Bourdeaux du 28. Juin 1593. *Papon, livre 16. tit. 3. n. 15.*

13 Quand il y a plusieurs Seigneurs de l'heritage vendu, on a demandé aux dépens de qui la liquidation du treiziéme doit être faite? Par Arrêt de Roüen du 10. Novembre 1625. jugé que la liquidation doit être faite aux dépens des Seigneurs qui prétendoient l'emporter à la distribution des deniers d'un decret. Du Moulin a tenu qu'elle devoit être faite aux dépens du Seigneur, & M. d'Argentré à communs frais, *C. 2. de laudimiis. Basnage, sur la Cout. de Normandie, art. 171.*

14 L'estimation que l'acquereur peut payer au lieu du tiers en essence, sera faite, eu égard au temps du decés du pere; & au cas que l'acquereur, en ait tenu procez, il sera au choix des enfans de prendre l'estimation, eu égard au temps du decés ou de la condamnation qu'ils auront obtenuë. Arrêté au Parlement de Roüen, les Chambres assemblées le 6. Avril 1666. art. 90. *Basnage, tom. 1.*

15 Quand le detenteur du bien alienié de la femme est tenu d'en payer le juste prix, si la femme est séparée, cette estimation se fait du jour de sa separation. Arrêt du Parlem. de Normandie rapporté par *Berault* sur l'art. 540. de cette Coûtume.

16 En estimation de dommages & interêts quand les Experts ne s'accordent ensemble, le Juge doit nommer un tiers d'Office, & s'ils ne s'accordent, le Juge ne doit suivre ni la haute, ni la moindre estimation; mais il doit prendre le milieu & la médiocre. Voyez *M. Maynard, liv. 4. de ses quest. ch. 60. Papon, li. 18. tit. 4. n. 18. & cy-dessus le nomb. 5.*

17 Arrêt du Parlement de Provence du 2. May 1624. qui enjoint aux Officiers, d'adresser leurs Commissions à tous les Estimateurs, & de n'en choisir aucun, sauf de juger de leur suspicion & recusation. *Boniface, to. 1. li. 1. tit. 30. n. 4.*

ESTIMATION, APPEL.

18 En l'année 1638. le même Parlement de Provence reçut le recours de l'estimation d'un fonds vendu faite par deux amis communs. *Boniface, to. 3. liv. 2. tit. 5. ch. 5.*

19 Arrêt du 29. May 1656. qui a jugé que plusieurs biens ayans été pris à l'estime, le preneur n'est point reçû appellant de l'estime d'un seul. *Idem, tome 2. part. 3. liv. 2. tit. 8. ch. 3.*

20 Autre Arrêt du 23. Janvier 1665. qui a reçû le recours d'une estimation, quoyque les choses ne fussent plus en état. Mais on ordonna que les vieux Experts assisteroient au Rapport pour instruire les nouveaux. *Idem, to. 3. liv. 2. tit. 5. ch. 8.*

21 Le dernier Juin 1666. Arrêt qui a jugé que le recours ou appel à la Cour comme arbitre de droit, peut être reçû aprés trois Rapports conformes, en question de droit, quand l'injustice est notoire. *Idem, to. 2. part. 3. liv. 2. tit. 8. ch. 4.*

22 Arrêt du même Parlement de Provence du 23. Février 1673. qui a jugé que le recours n'est pas reçû de l'estimation d'une proprieté, sans recourir de l'estimation generale des biens en une discussion. *Idem, tome 3. liv. 2. tit. 5.*

ESTIMATION DE DENRE'ES ET GRAINS.

23 Quand la rente est querable, le debiteur de plusieurs années d'arrerages qui n'a point été interpellé peut payer en espece, si mieux il n'aime payer l'estimation commune & l'année courante en espece. Quand le debiteur est tenu porter la rente, s'il n'a payé, & que le prix de la rente est accrû ou diminué, la Loy veut que l'estimation soit payée pour l'espece, & ce à l'estimation commune de chacune année qui est faite en Berri sur le prix des quatre premiers mois de chacun quartier aprés le terme échû. Par exemple si la rente est duë à la Saint Michel, l'on prend l'extrait de la vente du bled au Greffe Royal plus prochain des premiers d'Octobre, Janvier, Avril & Juillet, lesquels assemblez en une somme, le quart d'icelle est le prix commun de l'année. En autres lieux on assemble le prix des douze mois de l'année en une somme, la douziéme partie est le prix commun. Ainsi observé au Grand Conseil. *V. Papon, liv. 13. tit. 2. n. 13. & cy-aprés le nomb. 58. & suivans.*

24 Estimation de denrées ne se doit faire au plus haut prix de l'année, mais au plus commun pendant le cours de l'année. Arrêt du 16. Février 1530. *Idem, li. 18. tit. 4. n. 15.*

25 Lorsque l'on doit *etiam ob moram*, l'estimation du bled au plus haut prix, on ne doit le demander que sur le prix le plus commun. Arrêt du Parlement de Paris du 4. Decembre 1520. *Ibidem n. 16.*

26 Par Arrêt du 5. Avril 1530. le septier bled froment fut estimé autant que deux septiers avoine. *Bibliotheque de Buchel, verbo Estimation.*

27 Par Arrêt du Parl. de Bretagne du 1. Octobre 1558. le Jugement du Sénéchal de Rennes, reformé en ce qu'il condamne à la restitution des fruits de l'estimation au plus haut de l'année. L'estimation fut jugée & reformée au commun prix de l'année. *Du Fail, li. 2. chap. 79.*

28 Pour le payement des arrerages de dixmes, jugé au Parlement de Bretagne le 20. May 1564. que le bled à quelque haut prix qu'il ait été, sera estimé en faisant de six années une commune. *Ibidem ch. 225.*

29 Le Juge avoit condamné l'appellante à payer les grains au plus haut prix qu'ils avoient valu. Arrêt du Parlement de Bretagne du 5. Octobre 156. qui ordonne que l'Intimé sera payé, ayant égard à la commune estimation qu'a valu le bled de six années, pour en faire une année commune, sans y comprendre celle de la cherté. La nouvelle Coûtume en l'article

245. fait de six années une commune en assiette. *Idem, liv.* 1. *chap.* 198.

30. Le Juge avoit ordonné qu'il seroit informé par témoins de la valeur de certains grains. Appel. Arrêt du Parlement de Bretagne du 22. Août 1566. qui dit mal jugé, ordonné qu'il sera fait estimation des choses dont est question, par le Registre du Greffier du plus prochain Juge de Morlais, faisant droit sur les Requêtes du Procureur General, enjoint à tous Juges Royaux de faire faire par gens à ce connoissans, estimation de la valeur de tous les grains qui seront vendus par chacun jour de marché & en faire bons Registres par leurs Greffiers, pour y avoir recours quand besoin sera, suivant les Edits du Roy, & Arrêts de la Cour, lesquels elle enjoint garder; & à cette fin seront envoyez par le Procureur General, si faire ne l'a, le transumptif des Edits & Arrêts à chacun des Sieges. *Ibidem chap.* 231.

31. Estimation de grains se fait, non par témoins, mais par les Registres des Greffes des prochaines Jurisdictions Royales. Arrêt du Parlement de Bretagne du 1. Octobre 1566. *Idem liv.* 3. *chap.* 91.

32. L'appellant prend certains bleds qui avoient été inventoriez, & lesquels il trouve en sa maison : il est mis en Procez quatre ans après pour la restitution, ou bien la plus haute valeur pendant les quatre ans. Le Sénéchal de Rennes condamne l'Appellant par provision de payer les grains en espece s'ils sont en nature, & iceux fournir au lieu où il les a pris, ou de payer la plus haute estimation selon l'Extrait des Registres du Greffe de Jugon; il appelle, suppliant que la Cour évoquant la cause, juge le procez définitivement. La Cour met l'appellation & ce dont a été appellé au néant, évoque le procez principal, y faisant droit, condamne l'Appellant de payer à l'Intimé le nombre de bled à l'estimation commune que les bleds ont été trouvez avoir valu en l'an de la demande faite par l'Intimé, par les Registres des Greffes de Jugon si aucun appréci y est rapporté, sinon au Registre du Greffe de Dinan, & où il ne s'y trouveroit aucun appréci, à l'estimation commune rapportée par les Registres du Greffe de la Cour de Rennes de l'année de la demande, & sans dépens, tant de l'Instance principale que d'appel; & pour cause. Arrêt du Parl. de Bretagne du 5. Octobre 1557. *Ibidem, liv.* 1. *ch.* 71.

33. Un Juge ayant condamné un Fermier pour les grains de l'an 1606. à l'estimation commune, & pour l'an 1607. année derniere de sa ferme à rendre les grains en espece, ou payer au plus haut prix de l'année, son Jugement fut confirmé. Si tels fruits sont dûs pour long-temps, l'estimation s'en doit faire à raison du denier vingt. Pareil Arrêt du 4. Decembre 1607. au P. de Bretagne. *Idem, liv.* 2. *ch.* 79.

34. Arrêt du Parlement de Roüen du 12. Juillet 1603. qui ordonne que l'estimation des grains respectivement prétendus par les Parties, seroit prise sur les appreciations rapportées au Greffe du lieu au temps & termes que les rentes étoient dûës. *Bibliotheque de Bouchel*, verbo *Appreciation*.

35. Le premier Juge avoit condamné le Fermier pour les grains de 1606. année précedente à l'estimation, selon le commun cours des quatre saisons; pour l'année 1607. année derniere, à rendre les grains en espece, ou payer au plus haut prix de l'année : cela fut confirmé par Arrêt du Parlement de Paris le 22. Decembre 1604. *Plaidoyers de Corbin, chap.* 12.

36. Lorsqu'il est question entre Marchands de bleds, de vins, qu'on a promis de payer en certains lieux, si l'obligé n'accomplit point sa promesse, l'estimation se doit faire au plus haut prix que le Marchand eût pû vendre sa marchandise; étant juste d'estimer le gain qu'il pouvoit faire; puisque c'est sa profession de trafiquer pour gagner, *l.* 2. *in fine de eo quod certo loco*. Si l'obligation est censée pour prêt de bleds ou de fruits, en ce cas, quoique la restitution en dût être faite à un jour préfix par l'obligation, neanmoins il ne faut avoir égard qu'au prix qu'elle valoit lors de l'interpellation ou sommation rapportée en Jugement; la raison est que le prêt étant gratuit, l'obligé n'est en retardement que du jour de la demande. Coquille estime qu'il faut payer l'année en espece ou au plus haut prix depuis la demande; & pour les arrerages précedens, il faut prendre l'estimation commune de chacune année, si ce n'est que le creancier en eût formé la demande par chaque année. *Basnage, titre de Jurisdiction art.* 34.

37. Par l'Ordonnance de 1667. tit. 30. art. 8. l'estimation des grains se doit faire par l'Extrait des Registres des gros fruits, qui doivent être tenus dans toutes les Villes ou Bourgs où il y a des Marchez : ces Registres s'appellent à Lyon *Carcabaux*, & en Forêts. *Mercuriales. V. Henrys, tome* 1. *liv.* 4. *ch.* 6. *quest.* 43.

ESTIMATION, ECUS.

Voyez ci-devant Ecus.

38. Jugé à Toulouse le 28. Juillet 1577. qu'une somme de six cens écus donnée par un mari à sa femme en cas de prédeceds lui seroit payée, eu égard à la valeur au temps du Contrat, non au temps du deceds que les écus étoient fort augmentez. *Maynard, livre* 3. *chap.* 30.

39. Claude Dornezan legue à Falçon quatre cens écus; Falçon demande ce legs vingt ans après ; les écus valoient beaucoup plus que lors du Testament : *quæritur à quo tempore fit metienda æstimatio*. Par Arrêt du 2. Septembre 1580. il fut dit que l'estimation & valeur des écus seroit prise eu égard au temps du Testament. *Bibliotheque de Bouchel*, verbo *Legs*.

ESTIMATION D'HERITAGES.

40. Si lors que le supplément de legitime est demandé en argent, l'estimation des biens hereditaires doit être faite eu égard au temps du deceds du pere, ou bien eu égard au temps present ? Le procez fut départi, & passa à l'avis du Rapporteur que l'estimation devoit être faite eu égard au temps du deceds. *Voyez la Bibliotheque de Bouchel*; verbo *Legitime*.

41. Il faloit vendre une metairie pour payer certaines dettes ; le Parlement de Bretagne ordonna au mois d'Octobre 1557. que la vente se feroit à l'estimation du temps present. *Du Fail, liv.* 2. *chap.* 64.

42. Jugé au Parlement de Bretagne le 18. Avril 1562. qu'estimation sera faite des heritages ayant égard au temps qu'ils furent retirez par premesse ; car le retrayant represente l'acquereur & succede à son Contrat, & paye les ventes si elles ne l'ont été : c'est pourquoy l'estimation se prend du jour du retrait par l'argument de l'art. 253. de la Coûtume. *Ibidem, chap.* 156.

43. Arrêt du Parlement de Paris du mois de Juin 1566. qui pour regle des estimations ordonne que chacune piece de terre, pré, vigne, bois, étang, sera estimée, arpentée & mesurée ; & quant aux rentes on estimera les fonds sur lesquels l'assignation est faite. *Papon, liv.* 16. *tit.* 3. *n.* 15. où il observe que l'estimation des fonds doit être faite simplement suivant leur valeur & rapport, & non par rapport à leur agréable situation.

44. Par Arrêt du Parlement de Bretagne du 28. Août 1572. ordonné qu'une veuve auroit récompense des heritages alienez par son mari, eu égard au temps present pour luy en être fait assiette de prochain en prochain sur ses heritages au choix & élection de l'heritier. *Du Fail, liv.* 1. *chap.* 334.

45. Le Juge de Landerneau ordonne que le prisage d'une recompense demandée d'une taxe échangée en l'an 1544. se fera ayant égard au temps que les choses ont valu depuis les neuf années dernieres. Par Arrêt du Parlement de Bretagne du 8. Février 1575. il fut dit mal jugé, & qu'il seroit procédé à nouveau prisage des heritages en question. *Du Fail, livre* 1. *chap.* 397.

Tome II. L

46 Arrêt du 18. Février 1575. qui ordonne que les terres & heritages donnez pour la recompense de ceux appartenans à la femme & alienez par son mari, seront prisez à la raison de ce qu'ils valoient lors & au temps de l'alienation. *Ibid. chap. 405.* il faut ajoûter & du jour du consentement prêté par la femme.

47 Au même Parlement de Bretagne le 23. Octobre 1576. il fut jugé au Procez de la Dame Doüairiere de Chambrieres, Tutrice de ses enfans, contre le sieur du Goût, que le prisage dont étoit question fait, eu égard au temps du Contrat de mariage de l'an 1531. sortiroit effet: & que suivant icelui l'assiette seroit parachevée selon le Contrat de mariage. L'Alloüé de Nantes avoit ordonné que le prisage seroit fait, ayant égard au temps present qui étoit l'an 1575. que la Sentence fut donnée. *Idem, liv. 2. chap. 518.*

48 Le 2. Juillet 1596. plaidant Gillot pour le Sieur de Ramboüillet contre les heritiers du Sieur de Gerzay, jugé que quand il faut faire estimation d'une Terre bien bâtie où il y a Château, il ne faut pas faire priser à part le Château par Maçons & Charpentiers, mais il faut faire estimation du tout ensemble, & on ne considere le Château sinon *in quantum fundus locupletior factus est.* L'appel étoit de ce que pour priser la Terre du Plessis-Bourré en Anjou, l'on avoit fait estimer le Château par le menu, par Maçons, Charpentiers & Couvreurs, & fut dit l'appellation & ce en émendant, que pour faire la prisée les Parties conviendroient de trois Gentilshommes & de trois Bourgeois: ledit sieur Gillot allegua un Arrêt semblable pour la Terre de Montgoguier. *Voyez la Bibliotheque de Bouchet,* verbo *Estimation.*

49 L'estimation des biens ne pouvant être faite sans frais, par Arrêt de Roüen du 14. Mars 1638. il a été ordonné que l'estimation se feroit conjointement aux dépens des freres & des sœurs: mais pour éviter aux grands frais, la Coûtume a prudemment ordonné que cette arbitration se feroit par les parens, dans cette vûë qu'ils rendroient gratuitement cet office à leurs proches: & par cette raison il fut dit qu'encore que cette estimation se fasse avec les acquereurs du frere, on ne doit y appeller que des parens: & par Arrêt du 28. Avril 1667. on cassa une Sentence du Bailly, contenant qu'elle seroit faite par des Experts. *Basnage sur l'art. 262. de la Coûtume de Normandie.*

50 Lors que la sœur est reçuë à partage, il est évalué en deniers pour la part qui lui appartient. Comme la Coûtume ne déclare point sur quel prix on doit faire cette évaluation, si c'est au denier 25. ou au denier 20. elle ne déclare point aussi si cette estimation doit être faite sur la valeur annuelle ou sur la valeur intrinseque. Par Arrêt de Roüen du 21. Août 1664. la Cour ordonna que les Terres Nobles à l'égard des filles ne seroient estimées que sur le pied du denier 20. conformément à un Arrêt précedent donné entre le Sieur Comte de Montgommery & les Damoiselles ses sœurs; la raison est que la portion du fief qui appartiendroit à la sœur ne seroit qu'une roture en sa main, c'est pourquoy elle ne doit être estimée que sur la valeur ordinaire des rotures qui est le denier 20. Il fut encore ordonné par le même Arrêt que l'estimation des fiefs ne seroit faite que sur le pied du revenu, sans estimer les bâtimens & les bois de hautefutaye, ce qui est contraire à l'Arrêt remarqué par Berault & par l'art. 52. du Reglement de l'an 1666. *la liquidation du mariage avenant sera faite sur le pied du revenu des heritages, sans mettre en consideration les bois de haute futaye & les bâtimens, sinon entant qu'ils augmenteront le revenu, & ne seront les Terres Nobles estimées qu'au denier vingt.*

51 Pour l'estimation des heritages, on considere le temps de la donation, dont la réduction est demandée; & pour les autres choses, le temps de la mort du Pere. Arrêt de Roüen du 4. May 1665. *Basnage, sur l'article 255. de la Coûtume de Normandie.*

52 Lorsque les freres demandent, à cause de l'excés, la réduction des immeubles & des meubles que le pere a donnez à sa fille; l'on fait entrer les meubles dans l'estimation. Arrêt de Roüen du 2. Juillet 1680. *Basnage, ibidem.*

53 Les estimations des biens en la confection des cadastres, doivent être faites séparément, & sans confusion des biens des particuliers, non en bloc. Arrêt du Parlement de Provence du 6. Février 1675. *Boniface, tom. 5. li. 6. tit. 6. ch. 2.*

ESTIMATION DE MEUBLES.

54 Plusvalué des meubles inventoriez, estimée à deux sols six deniers pour livre, non compris l'argent monnoyé. Arrêt du 4. May 1566. *Bibliotheque de Bouchel* verbo, *plusvalué.*

ESTIMATION D'OFFICES.

55 Jugé au Parlement de Paris le 14. May 1649. que l'estimation d'un Office sujet à rapport, doit être faite, eu égard au temps de la donation ou resignation d'iceluy faite par le pere à son fils, & non au temps de la succession échuë. *Soëfve, to. 1. Cent. 3. chap. 13.* Même Arrêt au Parl. d'Aix le 23. Juin 1667. rapporté par Boniface, *to. 3. liv. 3. tit. 1. ch. 5.*

ESTIMATION, PARTAGE.

56 Arrêts du Parlement de Provence des 9. Juin 1661. & Juin 1666. qui ont déclaré nul un partage entre coheritiers pour avoir été l'estimation des biens faite en bloc; il fut ordonné qu'elle seroit faite en détail de chacune piece. *Boniface, tom. 2. liv. 1. tit. 13. chapitre 4.*

ESTIMATION DE RENTES.

57 Estimation des arrerages de rente. *Voyez le mot arrerages, nomb. 20. & suiv.*

58 Pour l'estimation des arrerages des rentes, on distingue entre les querables & portables: quant aux querables, de l'exaction desquelles le Seigneur n'a fait aucunes diligences, elles se payent comme elles ont valu au temps de la destinée solution, ou comme elles ont communément valu le long de l'année au choix des tenanciers: mais si les rentes sont portables, ou que le Seigneur ait fait dûë sommation de luy payer les rentes querables, alors l'estimation doit être au plus haut prix qui a eu cours le long de l'année. *Voyez Maynard, liv. 6. ch. 35.*

59 Par Arrêt du 13. Juin 1577. après estimation faite par Experts, sur la valeur de la rente fonciere contentieuse, a été jugé que chaque livre de rente sur Justice, haute, moyenne & basse, valoit 35. l. 17. s. & la somme de 388. liv. de rente contentieuse entre les parties la somme de 12000. liv. tournois, eu égard au temps de la vente. *La Rochestavin, des Droits Seigneuriaux, chap. 10. art. 2.*

60 Cinquante livres de rente promis en mariage seront prisez, ayant égard au temps de la promesse & Contrat de Mariage. Arrêt du Parl. de Bretagne du dernier Octobre 1564. *Du Fail, liv. 2. chap. 232.* Il y a neanmoins Arrêt rapporté par Chopin, *lib. 2. de privil. rust.* que l'Ordonnance de Charles IX. 1565. a lieu pour les rentes baillées en dot.

61 Les uns disant qu'il falloit estimer les rentes Seigneuriales non payées du jour de l'écheance; les autres voulant que le payement en fût fait au plus haut prix de l'année; il fut vû au P. de Roüen le 31. Janvier 1637. un Arrêt qui avoit jugé que c'étoit du jour du terme échû. *Basnage, titre de Jurisdiction, art. 34.* Voyez *cy-après* verbo, *Rentes.*

ESTIMATION DE REPARATIONS.

62 Un homme condamné à payer l'estimation de la moitié d'une muraille dont il vouloit s'aider, prétendoit que l'estimation se devoit rapporter au temps de la construction. Jugé au Parl. de Toulouse, suivant un Arrêt du 15. Mars 1582. qu'elle s'entendoit, eu égard au temps present. *Bibliotheque de Bouchel* verbo *Mur.*

63 Les meliorations ajugées par Arrêt de vuidange

d'un fond, en rendant le fond doivent être estimées en détail, & nullement en gros. Arrêt du Parlement de Grenoble du mois de Novembre 1650. Voyez *Basset*, to. 1. li. 2. tit. 34. ch. 8.

ESTIMATION, *Quanti plurimi.*

64 De l'estimation *quanti plurimi*, & de quel temps doit être prise l'estimation des especes de fruits ? *Cæquille*, to. 2. quest. 206.

65 Le Bouc Recteur de Saulnieres, est debouté d'une Requête tendante à restitution du *quanti plurimi*, & luy sont ajugées les especes, si mieux sa partie ne veut luy payer l'estimation. Arrêt du Parl. de Bretagne du 19. Octobre 1556. *Du Fail*, liv. 2. ch. 38.

ESTIMATION, *de Quanto minoris.*

66 Par Arrêt du 9. Mars 1592. a été liquidé l'interêt & dommage souffert par un acheteur, d'un fonds à luy vendu allodial, qui ne s'étoit pas à trois droits de lots & ventes, compris ceux de l'achat, & au payement des droits Seigneuriaux pendant 60. ans, & amortissement desdits droits au denier 15. *La Rocheflavin*, liv. 1. tit. 8.

ESTOC.

Voyez au premier tome de ce Recüeil lettre C. verbo, *Côté & ligne*, & cy aprés au 3. *Volume* les mots *Propres*, *Succession.*

Dans la Coûtume de Paris ces mots *Estoc & ligne*, *Côté & ligne*, sont sinonimes. *Secus* dans les Coûtumes Soucheres. Voyez-en la difference dans *Renusson*, traité des Propres, chap. 6. section 5.

ET.

ET. Particule conjonctive. L. 29. & L. 53. D. de *verb. sign.*

De la particule *Et* dans les dispositions d'un Testament. *Du Moulin*, to. 2. p. 876.

Et Particulam, non modo conjunctioni, sed interpretationi deservire. Vide Luc. lib. 7. tit. 3. cap. 3.

Voyez cy-aprés *Legs.*

ETABLISSEMENT.

Voyez les mots *Colleges*, *Communautez*, *Monasteres*, *Religieux.*

1 Arrêt du Parlement de Provence du 21. Mars 1652. qui a jugé que l'établissement nouveau des Monasteres ne pouvoit être fait au préjudice des anciens, & que de l'incommodité ou commodité seroit fait rapport par Experts. Ce même Arrêt a jugé que le consentement de l'Evêque est necessaire pour l'établissement d'un nouveau Monastere. *Boniface*, tome 1. liv. 2. tit. 31. ch. 2.

2 Edit du Roy du 31. Mars 1667. pour les formalitez necessaires à l'établissement des Maisons Religieuses & autres Communautez, registré au Parlement d'Aix. *Boniface*, to. 1. liv. 2. tit. 31. ch. 3. Il faut des Lettres Patentes, sans quoy subsiste l'incapacité de recevoir aucuns dons, Par cet Edit les Communautez établies depuis trente ans tenuës de representer leurs Lettres d'établissement ; les Seminaires non compris en cette declaration.

ETANGS.

Des Etangs. Voyez *Salvaing, de l'usage des fiefs*, chap. 63.

De l'eau des Etangs. Voyez le mot *Eau* nomb. 22.

1 La construction des Etangs est libre dans le Dauphiné, pourvû que la chaussée en soit élevée dans le fonds de celui qui l'entreprend. 2. Qu'il apporte plus de bien au public, que de mal au particulier. 3. Que ceux dont les fonds seront inondez en soient dédommagez. Les Religieuses de Salettes ayant commencé leur Etang de la Roche, il leur est permis de l'achever, quoique ses eaües noyassent des fonds chargez d'une rente dûë au Dauphin, en se chargeant de la rente. Arrêt de Grenoble du 7. Novembre 1455. Voyez *Guy Pape*, question 514. & *Chorier*, p. 140.

2 Celui qui veut faire un Etang peut y comprendre le fonds d'autrui en recompensant ; quoique le Seigneur direct ait rente à prendre dessus, en se chargeant de la rente, & en s'en rendant garent, il ne peut être empêché, pourvû qu'il rapporte plus de profit, que ceux à qui appartiennent les fonds, ne souffrent de dommage. Arrêt du Parlement de Paris du 27. Novembre 1460. *Papon*, liv. 6. tit. 10. n. 2. & la *Bibliotheque de Bouchel*, verbo *Bâtimens.*

3 Le Curé ne peut prétendre droit de dîsme sur un Etang nouvellement formé au lieu où il levoit auparavant la dîsme de grains. Jugé par Arrêt du Parlement de Paris du 24. Février 1539. rendu toutes les Chambres assemblées en faveur des Chartreux contre le Curé de Beauteil en Brie. *Idem*, liv. 1. tit. 12. nombre 5.

4 La liberté de faire des Etangs est connuë ; si neanmoins on prétendoit y conduire les eaux pluviales, où celles des rivieres, qui appartiennent aux Seigneurs dans leurs Terres, sans leur consentement, on y seroit mal fondé. Jugé au Parlement de Grenoble pour le Sieur Marquis de Ville possesseur de la Côte Saint André, Terre dépendante du Domaine, que les eaux pluviales appartiennent au Roy Dauphin, & par consequent à ses donataires, nonobstant toute possession, & même immemoriale ; au contraire, quant à celles des rivieres, le Prince de Monaco, Duc de Valentinois, a été maintenu dans la possession de celles de la riviere de Verne, & de celles encore qui passent dans les grands chemins par Arrêt du 8. Juillet 1656. contre les Consuls de Chabeüil. Autre Arrêt du 24. Juillet 1659. par lequel M. de Brissac Conseiller a été pareillement maintenu dans la possession des eaux de même qualité dans toute l'étenduë de sa Terre de Vache. Voyez *Chorier* en sa *Jurisprudence de Guy Pape* p. 141.

ETAT.

Etat des personnes. *Status.*

De statu hominum. D. 1. 5... *Lex* 12. tabb. t. 2.

De jure personarum. Inst. 1. 3. & seqq.

De his qui sui, vel alieni juris sunt. I. 1. 8... D. 1. 5.

De adoptionibus, & emancipationibus, & aliis modis quibus potestas solvitur. D. 1. 7.

De capitis diminutione. I. 1. 16. ... Du changement d'Etat.

De capite minutis. D. 4. 5.

De Carboniano edicto. D. 37. 10... C. 6. 17... P. 4. 2... C. Th. 4. 3. ... Ce Titre est ainsi nommé de Cn. Carbo son Auteur. Dans les questions d'Etat, où l'on conteste à un enfant impubere sa filiation, ou son âge ; cet Edit lui donne la possession & la joüissance des biens pendant l'impuberté.

Ne statu defunctorum, post quinquennium, quæratur. D. 40. 15... C. 7. 21... Aprés cinq ans l'état du défunt ne peut être recherché : ceci regarde la liberté.

Ubi causa status agi debeat? C. 3. 22.

De ordine cognitionum. C. 7. 19. ... Ce Titre ordonne que les questions d'Etat soient vuidées avant toutes choses : *est enim actio præjudicialis.* Vide C. 3. 8. *de ordine judiciorum.*

De liberali causa. D. 40. 12. ... C. 7. 16. ... C. Th. 4. 8. .. P. 5. 1. ... *Liberalis causa*, signifie question de l'état d'une personne, si elle est libre ou Esclave ; ingenuë ou affranchie.

De adsertione tollendâ. C. 7. 17... V. *Liberté.*

De eâ quæ parit undecimo mense post mortem viri. N. 39. c. 2.

De l'état des personnes par la nature, comme legitimes, bâtards, enfans morts nez, avortons qu'une naissance prématurée empêche de vivre, enfans qui ne sont pas nez, posthumes, ceux qui naissent aprés la mort de la mere, hermaphrodites, eunuques incapables de mariage, infenſez, ſourds & muets, imbecilles, monſtres qui n'ayant pas la forme humaine ne peuvent ſucceder, mais font mis au nombre des enfans, pour meriter au pere des privileges & exemptions. Voyez *les Loix Civiles dans leur ordre naturel, to.* 1. *livre préliminaire, titre* 2. *ſection* 1.

De l'état des perſonnes par les Loix Civiles; on les conſidere comme eſclaves, libres, affranchis, peres ou fils de famille, émancipez, maîtres de leurs droits, adultes & impuberes, majeurs, mineurs, prodigues, regnicoles & étrangers, morts civilement, Religieux profés, Eccleſiaſtiques, faiſant Corps de Communautez. *Ibidem, ſect.* 2.

De l'état des perſonnes. V. *les Arrêtez de M. le Premier Préſident de la Moignon recueillis dans Auzanet.*

ETAT DES ENFANS.

Voyez le mot Enfans *nomb.* 35. *& ſuivans.*

1 Proviſion eſt dûë à l'enfant de qui l'état eſt conteſté. Voyez *le* 3. *tome des Loix Civiles liv.* 2. *tit.* 1. *ſection* 2. *n.* 9.

2 La declaration de la mere ne porte point préjudice à l'état de l'enfant. Voyez *le Brun, des Succeſſions, l.* 1. *ch.* 4. *ſection* 2.

Voyez *le mot* Bâtard *nomb.* 49. *& ſuivans.*

3 Si celui qui n'eſt reconnu fils que par proviſion, peut diſputer l'état & ſucceſſion d'autruy. Voyez *Peleus* 9. 67.

4 Dans une Cauſe d'état, toute tranſaction eſt nulle. Arrêt du Parlement de Paris du 30. May 1601. une femme qui avoit épouſé ſon couſin germain fut inquietée par un collateral, prétendant que les enfans étoient nez *ex inceſto coitu*, la femme eut la facilité de tranſiger & de lui abandonner une terre, les lettres de reſciſion priſes par les enfans furent enterinées. *Bibliotheque de Bouchel, verbo Etat.*

5 Quand le mariage n'eſt point conteſté, la queſtion de l'état d'un enfant eſt differée juſqu'au temps de la puberté, ſans que la declaration faite par la mere qu'il n'eſt pas legitime puiſſe lui nuire. Arrêt du P. de Toulouſe du 10. Juillet 1602. mais ſi le mariage eſt conteſté & que l'on ſoûtienne qu'il y ait eu concubinage, en ce cas l'on ne diffère point le Jugement de l'état au temps de la puberté. Arrêt du 16. Mars 1633. *Cambolas, liv.* 3. *ch.* 22.

6 M. Talon portant la parole le 13. Juin 1651. dans une cauſe importante entre Meſſieurs de Vendôme & d'Elbeuf dit, la diſpoſition du droit Romain, qui défend de faire queſtion de l'état d'un défunt cinq ans aprés ſon decés, reçoit diſtinction. Il y a grande difference entre les actions directes, dans leſquelles l'on accuſe, ou bien les actions de partage de ſucceſſion ou de ſubſtitution, dans leſquelles l'on articule pour moyens le défaut de naiſſance ou de legitimation d'un homme qui eſt décedé. Au premier cas il n'eſt jamais permis de revoquer en doute l'état & la condition d'un homme quand il eſt mort, & qu'il n'eſt plus en état de ſe défendre ; mais lors qu'un particulier dans une action qu'il a intentée pour fortifier le Jugement de ſon état, article des moyens qui regardent la naiſſance & la verité de la condition de quelque particulier, & que ces moyens regardent l'état des perſonnes décedées il y a cinq ans, en ce cas l'action n'en eſt pas recevable, parce que l'état des hommes ne doit pas être flotant, douteux, incertain. Le temps qui produit toutes choſes par ſa durée les fait auſſi perir, il eſt le pere des fables & des menſonges qui s'établiſſent inſenſiblement, & s'authoriſent par la ſuite des années : ainſi il y a grande difference entre les queſtions de fait & de droit ; les dernieres produiſent des actions qui ne ſe preſcrivent que par trente & quarante années ; les autres, principalement celles qui concernent l'honneur & la reputation des hommes, periſſent par un moindre temps, la préſomption devant être toûjours pour la liberté, pour l'innocence & pour la juſtification de celui qui eſt défendeur, duquel l'état & la condition eſt conteſtée. Voyez *Henrys, tome* 2. *livre* 4. *queſt.* 28.

7 *De ſtatu prolis extra matrimonium natæ.* Voyez *Stockmans Déciſ.* 66.

8 L'état d'un enfant né pendant le mariage ne peut être legitimement conteſté, ſous prétexte que la mere eſt devenuë enceinte dans le temps que le mari, d'ailleurs âgé de ſoixante ans & plus, étoit abſent. Arrêt du P. de Paris du 26. Janvier 1664. qui reſtituë la ſentence contre la declaration qu'elle même avoit faite qu'elle n'étoit pas enceinte des œuvres de ſon mari. *Soëfve, to.* 2. *Cent.* 2. *chap.* 100.

9 Les 12. May 1665. & 6. Juillet 1666. en l'Audience de la Grande Chambre, il fut jugé que l'état des enfans ne pouvoir plus être conteſté, aprés avoir été approuvé par la famille, & avoir été en poſſeſſion de trente années *Regiſtres du Parlement.*

10 Jugé par Arrêt du 18. Mars 1666. qu'aprés un long eſpace de temps l'état d'un enfant reconnu pour legitime par toute la famille, quoique bâtard, & né d'une conjonction ſacrilege & inceſtueuſe, ne peut pas être valablement conteſté. *Soëfve, to.* 2. *Cent.* 3. *chap.* 69.

11 Queſtion d'état d'un enfant deſavoüé aprés une longue abſence hors de la maiſon de ſes pere & mere, permis aux Parties de faire enquête. Arrêt du 18. May 1677. *De la Gueſſ. tome* 3. *liv.* 11. *ch.* 37. *Voyez Mornac l. ult. Cod. ubi ſtatus agi debeat.*

12 La Religieuſe de Montebenne s'étant pourvûë contre ſa profeſſion, ſi la queſtion de ſon état pouvoit encore être conteſtée aprés ſa mort, & de l'état de ſon mariage, de ſes biens, & de l'état de ſa fille née avant le mariage, & avant les Sentences qui ont reſtitué ſa mere au ſiecle, ſi cette fille a été legitimée par un mariage ſubſequent ? Arrêt du 3. Septembre 1681. & pluſieurs autres rendus auparavant, tant à la Cour qu'au Privé Conſeil. *De la Gueſſiere, tome* 4. *liv.* 4. *chap.* 20. & *livre* 8. *chap.* 27.

13 Jugé au Parlement de Roüen par Arrêt rapporté ſans date par M. le Noble Subſtitut de M. le Procureur General au même Parlement *en ſon Plaidoyé* 11. qu'on n'eſt pas recevable à conteſter l'état des enfans cinquante ans aprés leur naiſſance, quoy qu'ils ne rapportent point l'acte de celebration du mariage de leur pere & de leur mere.

14 Ce n'eſt pas à l'heritier à faire preuve de l'état du défunt de la ſucceſſion duquel il s'agit, c'eſt pourquoy la veuve du défunt fut maintenuë en la joüiſſance des biens contre le donataire du Roy. Arrêt du 31. May 1683. *De la Gueſſ.* tome 4. *liv.* 6. *chap.* 10. & *liv.* 8. *chap.* 31.

15 Une queſtion d'état étant une matiere purement civile, elle ne peut être de la competence d'un Lieutenant Criminel ; cette conteſtation eſt préjudiciable à l'inſtruction d'une Inſtance criminelle, quand la qualité de l'accuſé n'eſt pas certaine, & forme le point déciſif, la ſeule preuve par témoins n'eſt pas ſuffiſante dans les queſtions d'état. Arrêt du P. de Paris du 11. Janvier 1686. V. *le Journal des Audiences, tom.* 5. *liv.* 2. *queſt.* 1.

ETATS DE FRANCE.

16 Etats Generaux de France, appellez *Francorum ordinum Comitia*, par Chopin en ſon Traité, *de Sacr. polit.* lib. 3. tit. 1. n. 13.

Etats de France, de leur autorité. Voyez *Coquille, to.* 2. *queſt.* 5.

17 *Allobrogi ſeu Delphinates, quem procedendi modum teneant in tribus ſtatibus?* Voyez *Franc. Marc. tom.* 2. *queſt.* 715.

18 De quelle qualité doivent être ceux qui ſont reçûs aux Etats de la Maiſon du Roy. *Ordonnances de Fontanon, to.* 3. *tit.* 7. *p.* 62.

ETATS, ASSEMBLÉES DES ETATS.
19 Discours des Etats de France & du Droit que le Duché de Nivernois a en iceux. *Voyez Coquille, tome premier p. 276.*
En fait d'Etats, les Gouvernemens, Bailliages & Sénéchauſſées, ne doivent être en conſideration, encore moins les Préſidiaux. *Ibidem p. 286.*
20 On ne peut appeller au Parlement des deliberations des Etats. *Vide Desp. to. 2. p. 578. & ſuiv.*
21 Lettres Patentes du Roy François premier, qui ordonnent que la convocation des Etats du Païs de Languedoc ſera alternativement tenuë d'an en an és Sénéchauſſées de Toulouſe, Carcaſſonne & Beaucaire, *fol. 19. lib. 4. ordinat.* La Rocheſlavin, *liv. 6. tit. 47. Arr. 1.*
22 Autres Lettres Patentes pour faire reiterer la publication de l'Edit fait par le Roy François I. qui enjoint aux Evêques & Prélats, ou leurs Vicaires, Barons, Comtes ou Vicomtes qui ſont tenus ſe trouver en l'Aſſemblée des Etats du Païs de Languedoc de s'y trouver en perſonne, ou bien en cas d'empêchemens, enjoint auſdits Prélats d'y envoyer leurs Vicaires Generaux & les Temporels gens de probité & experience, *fol. 57. liv. 5. Ordinat.* La Rocheſlavin, *Ibidem Arr. 2.*
23 Declaration du Roy qu'és Aſſemblées des trois Etats de Languedoc, les Evêques ou ceux qui repreſentent tiendront le même rang, ſéance & ordre qu'ils ont accoutumé és Aſſemblées des trois Etats. *lib. 9. ordinat.* La Rocheſlavin, *Ibidem Arr. 3.*
24 Un Conſeiller n'eſt tenu de contribuer aux frais du Député des Etats en une Province, où il a une Terre. Ainſi jugé. *Bibliotheque de Bouchel, verbo Etat.*
25 La Baronnie d'un Prince & Souverain étant en la Souveraineté du Roy de France, ne peut être impoſée pour les frais faits à la convocation des Etats. Arrêt du P. de Dijon du 1. Février 1616. *V. Bouvot, to. 2. verbo Taille queſt. 47.*

ETATS DE BOURGOGNE.
26 De la préſidence & préſeance aux Etats & autres Aſſemblées civiles & politiques de la Province de Bourgogne, entre les Evêques ; l'Evêque d'Autun l'a obtenuë par Arrêt du Conſeil du mois de Mars 1658. *Henrys tome 2. liv. 1. q. 36.*

ETATS DU DAUPHINÉ.
27 Remontrances au Roy ſur le Procez intenté par le Tiers Etat contre la Nobleſſe du Païs de Dauphiné. *Voyez M. Expilly Plaidoyé 31.*

ETATS GENERAUX.
28 De l'Aſſemblée des Etats Generaux & Provinciaux, elle dépend de la ſeule autorité du Roy. *V. M. le Bret, Traité de la Souveraineté, liv. 4. ch. 12.*
28 bis. Pluſieurs Prélats ſont Préſidens nez, aux Etats des Provinces où ſont ſituez leurs Evêchez, comme l'Archevêque de Narbonne aux Etats de Languedoc, & l'Archevêque d'Aix aux Etats de Provence. Ce dernier s'eſt maintenu en ladite qualité de Procureur & Préſident né aux Etats de Provence, par Arrêt du Grand Conſeil du 23. Decembre 1534. rapporté dans les *Memoires du Clergé, to. 2. pag. 257.*

ETAT D'UN PAÏS.
29 Ce que la plus grande partie des Etats d'un païs reforme une Coutume, doit avoir effet de Coutume & loy municipale. *Voyez Charondas, livre 2. réponſe 10.*

ETAT DANS LEQUEL ON EST PRIS.
30 *Is ſtatus ejus videtur in quo aliquis deprehenditur.* M. le Prêtre 3. Cent. chap. 37.

ETATS DES VILLES.
31 Ils ne doivent être continuez entre le pere, & le fils. *Voyez le liv. 10. tit. 40. Cod. de muneribus & honoribus non continuandis inter patrem & filium & de intervallis.* Voyez *Charondas, liv. 2. Réponſe 39.*

LETTRES D'ETAT.
32 Lettres d'Etat n'avoient lieu en cas de nouvelleté & complainte. Arrêt de Paris du 27. Mars 1347. pour les cauſes & matieres criminelles, de proviſion, de police, de criées & autres qui ſont obſervées par les Praticiens, elles ne ſe pouvoient donner que par les Connêtables ou Maréchaux de France, mais par le Roy ſeul. Arrêt du Conſeil du 17. Novembre 1393. elles ne comprennent les Cauſes du Roy, s'il n'eſt dit expreſſément. *Gallus queſt. 105. Bibliotheque de Bouchel, verbo Etat.*
33 Un Procez, qui eſt en état de juger, Lettres d'Etat n'ont point de lieu. *Voyez Du Luc, liv. 11. tit. 4. chap. 14.*
34 Lettres d'Etat n'empêchent point que l'on ne conteſte, & que les Parties ne ſoient appointées en enquête. *Ibid. chap. 15.*
35 Au mois de Janvier 1515. il fut dit que Lettres d'Etat n'auroient lieu en inſtance & proviſion ſur cedules confeſſées, mais l'Appellant eût un delai de trois mois ſur le jour du renvoy. *Bibliotheque de Bouchel, verbo Etat.*
36 Des Lettres d'Etat. *Voyez l'Ordonnance de 1669. titre 5.*
Le 23. Decembre 1702. Declaration du Roy ſervant de nouveau Reglement pour les Lettres d'Etat, enregiſtrée au Parlement le 5. Janvier 1703.
Voyez cy-après Lettres d'Etat.

DERNIER ETAT.
37 *Patronis Laicis differentibus, præſentatio facta per eum qui eſt in quaſi poſſeſſione præſentandi per ultimam præſentationem valet & tenet.* Voyez *Franc. Marc. to. 2. queſt. 581.*
38 Arrêt de Paris du 14. Avril 1651. qui a jugé que le poſſeſſoire d'une Cure en cas de litige entre deux Patrons qui ont chacun preſenté, doit être jugé ſelon le dernier Etat d'icelle, même en la Coûtume de Normandie où la preſcription n'eſt pas conſiderable pour le droit de Patronnage. Le même Arrêt a auſſi jugé qu'une Cure qui eſt en Patronnage laic, étant reſignée en Cour de Rome ſans le conſentement du Patron, vaque par la nullité de la réſignation, & qu'il n'y a point lieu au Regrez pour le Reſignant. *Du Frenſ, to. 1. li. 6. ch. 24.*
C'eſt une maxime reçuë au Grand Conſeil & établie par pluſieurs Arrêts, que le dernier Etat a lieu, même contre le Roy : il y en a des Arrêts celebres, un du 30. Septembre 1642. pour le Prieuré de Cornillon, un autre du 3. Février 1700. pour le Prieuré du Port Dieu en faveur du Sr de la Nogerette contre le Sr Carcavy porteur d'un Brevet du Roy.
Arrêt ſemblable ſur production des Parties le 15. Janvier 1707. en faveur du Sr Marchal pourvû par M. le Prince de Carignan du Doyenné de cette ville contre le Sr de la Pierre, qui avoit pareillement obtenu un Brevet du Roy. Maître Pierre Jacques Brillon Avocat du Sieur Marchal obſerva que les queſtions de dernier Etat dépendent plus du fait que du droit. Il faut examiner ce qui s'eſt paſſé dans la vacance anterieure à celle qui donne lieu à la complainte. Le ſeul fait de la poſſeſſion ſuffit indépendamment de la proprieté.
Les Decretales établiſſent en pluſieurs Chapitres une diſpoſition uniforme.
Dans le Chapitre *Querelam de electione,* il eſt décidé que *ſufficit electo ad obtinendum, docere eligentem fuiſſe in quaſi poſſeſſione tempore electionis, licet non probet quod proprietas juris eligendi ad illum pertineat.* Ainſi le Pape Celeſtin III. dit, *Cùm nobis conſtiterit quod populus in quaſi poſſeſſione præſentandi exiſtebat* ; il impoſe ſilence aux Clercs qui avoient prétendu élire. On diſtingue alors tellement le droit d'avec l'exercice, que la queſtion du fond eſt reſervée, *ſalvâ quæſtione ſuper jure Patronatûs.*
Dans l'eſpece du Chapitre *cum Eccleſia ſutrina de cauſâ poſſeſſionis & proprietatis,* des Eccleſiaſtiques Conventuels, qui prétendoient avoir été appellés aux

dernieres Elections des Evêques de cette Eglise, font casser celle du Prélat, à laquelle ils n'avoient point été presens.

Par le Chapitre *Cùm olim*, au même titre, le Benefice est ajugé à celui qui prouvoit que le Collateur étoit *in possessione conferendi collationis tempore*. Le principe de ces décisions étoit le dernier état, la possession, non la proprieté du droit qui demeure toûjours en suspens & indécise, *reservatâ quæstione proprietatis*.

Le Chapitre *Ex litteris*, le Chapitre *consultationibus*, au titre *de jure Patronatûs*, contiennent une même décision. Par le premier, celui, qui fut presenté *à milite quodam*, fut préferé au nommé par l'Abbesse & les Religieuses. Par l'autre, la presentation de celui *qui credebatur esse Patronus*, obtint un entier effet, quoi qu'ensuite il pût être évincé du droit de Patronnage. *chap.* 15.

Ces principes conduisirent à montrer la possession de M. le Prince de Garignan plus que suffisante pour faire maintenir son pourvû.

ETOLE.

L'Etole est marque de Jurisdiction & d'autorité. Les Chanoines Comtes de Lyon sont en droit de la porter aux enterremens. *Henrys, tome 2. liv. 1. quest.* 27.

Voyez le mot Archidiacres *nomb.* 16. & le mot *Droits honorifiques*.

ETRANGER.

Voyez *au 1. volume le mot* Aubain, Aubaine, Albinus, quasi alibi natus, Bona caduca.

De Peregrinis, & advenis hospitantibus. Constitut. Friderici C. 10.

Etranger. *Voyez* hoc verbo, *la Bibliotheque de Jovet & le Traité d'Aubaine* fait par Me. *Jean Bacquet* Avocat en la Chambre du Tresor. L'extrait des chapitres de ce traité sera ici inseré dans l'ordre alphabetique, & par rapport à la matiere des décisions qui suivent.

1 L'Etranger encore qu'il soit Officier Royal beneficier ou marié en France, & y ait longuement demeuré, est sujet à la Loy d'aubaine. *Bacquet, Traité du droit d'aubaine. part.* 1. *ch.* 11.

2 L'Etranger, Otage, Messager, ou simple passager, est sujet aux droits d'aubaine, & non les Ambassadeurs étant en France, ni celui qui est demeurant hors de France. *Ibid. ch.* 12.

3 Les Etrangers, encore qu'ils soient Docteurs Principaux de Colleges, ou Ecoliers étudians és Universitez de France, sont sujets au droit d'aubaine. *Ibid. chap.* 15.

4 Par les Ordonnances Royaux, l'Etranger ne peut tenir Offices, Benefices, ni Fermes en France. *Ibid. chap.* 15.

5 Des droits qu'a le Roy sur les Etrangers. V. *M. le Bret, traité de la Souveraineté, liv.* 2. *ch.* 11.

6 S'il est absolument necessaire que les Etrangers naturalisez demeurent en France pour y posseder des biens? V. *Soëfve, to.* 1. *Cent.* 3. *ch.* 85.

7 Il a été jugé par plusieurs Arrêts que les biens situez hors le Royaume ne sont d'aucune consideration, ni sujets à discussion. *M. Loüet lettre D. sommaire* 49.

8 Cause appointée au Parlement de Paris le 17. Decembre 1619. pour sçavoir si les habitans de Nolcompont en Barrois doivent être reputez Etrangers? M. Talon Avocat General soûtint l'affirmative. *Voyez Bardet, to.* 1. *liv.* 3. *ch.* 72.

9 Les Etrangers ont la liberté du commerce. Arrêt du 9. Decembre 1631. *Ibidem, li.* 4. *ch.* 46.

10 François domicilié hors du Royaume, ne peut vendre les immeubles qu'il y possede. Ainsi jugé le 27. Mars 1634. *Item, tom.* 2. *liv.* 3. *ch.* 16.

11 Jugé au même Parlement de Paris, le 16. Juillet 1656. en faveur de Madame la Duchesse de Chevreuse, donataire du Roy des biens appartenans au Comte de S. Amour, que les Traitez de neutralité faits entre les Rois de France & les Etats de la Franche-Comté, ayant été seulement verifiez au Parlement de Bourgogne, & en celuy de Dole, ne peuvent pas empêcher que les habitans & originaires de ce païs, venant à porter les armes contre la France, pour le service de l'Espagne, le Roy de France ne dispose ainsi que bon luy semble des biens à eux appartenans dans son Royaume. *Soëfve, to.* 2. *Cent.* 1. *ch.* 40.

12 Edit du Roy, portant défenses aux Sujets de Sa Majesté de s'habituer aux Païs étrangers, du mois d'Août 1669. Cet Edit ne comprend ceux qui sortent de temps en temps du Royaume, pour aller travailler & négocier dans les païs étrangers, pourvû qu'ils n'y transportent point leur domicile, & qu'ils ne s'y établissent par mariage ou autrement. *Boniface, to.* 4. *l.* 9. *tit.* 7. *ch.* 4.

13 S'il est permis de se retirer hors du Royaume de France, & s'établir en païs étranger sans la permission du Roy? *Voyez Bouvot, tom.* 1. *part.* 3. *verbo testateur quest.* 1.

14 Edit portant défenses à tous les Sujets du Roy de sortir du Royaume, pour s'aller établir dans les païs étrangers, & que tous les contracts de vente des immeubles de ceux de la R. P. R. faits par eux avant leur retraite, seront nuls & sujets à la confiscation portée par l'Edit du mois d'Août 1669. à Versailles le 14. Juillet 1682. Reg. au Parlement de Roüen, le 13. dudit mois, & en celuy de Paris, le 12. Août suivant.

15 Declaration, portant que le Roy par sa Declaration du 14. Juillet précedent, n'a point entendu empêcher les donations qui pourroient être faites par les peres, meres, ayeuls, ou ayeules, en faveur de leurs enfans par contract de mariage, pourvû que les mariages soient executez avant leur retraite hors du Royaume: comme aussi qu'il n'a pas entendu empêcher les poursuites, que les Creanciers legitimes pourront faire de la vente de leurs immeubles par decret forcé, en consequence des dettes faites avant la date de la presente Declaration, A Versailles le 7. Septembre 1682. *Registré le* 1. Decembre suivant.

16 Declaration pour la commutation de peine de mort, établie par l'Edit du mois d'Août 1669. contre les François qui passent dans les Païs étrangers, en celle des Galeres. A Versailles le dernier May 1685. *Reg. le* 16. *Juillet suivant*.

ETRANGERS, BENEFICES, RELIGIEUX.
Voyez cy-dessus *le nomb.* 4.

17 Benefices possedez par des Etrangers. *Voyez* le mot *Aubaine, nomb.* 14. *& suiv.* le mot *Benefice, nomb.* 84. *& suiv.* & le mot *Collation, nomb.* 94.

Si les Etrangers peuvent être Evêques en France? *Voyez* le mot *Evêques, nomb.* 118.

18 Les dispenses de tenir par les Etrangers Benefices en France, ne seront plus enregistrées en la Cour. *Voyez Du Luc, li.* 3. *tit.* 2. *ch.* 4.

19 Les Etrangers ne peuvent posseder Benefices en France sans Lettres de naturalité; cependant elles peuvent être obtenuës posterieurement, à moins qu'il ne s'agit de l'interêt d'un tiers qui auroit obtenu le même Benefice *medio tempore*; ainsi jugé au Parl. de Provence. *V. la Bibliot. Can. to.* 2. *p.* 192. *in fine*.

20 Ordonnance contre les Etrangers, tenans Benefices en France, par laquelle il est dit qu'ils apporteront la declaration de leurs Benefices & le revenu d'iceux; ensemble la certification comme ils auront fourni brevet Apostolique, qu'ils sont tenus de bailler par leurs Lettres de naturalité. Ce brevet Apostolique est un rescrit par lequel le Pape accorde & consent, qu'encore que tels Benefices vacassent en

ETR ETR 87

Cour de Rome, il n'y sera pourvû qu'à la nomination du Roy, ou par ceux de son Royaume, ausquels la dispense ou collation en pourra appartenir. *Ibidem*, tom. 1. p. 594.

21. Par Arrêt du Parl. de Paris du 4. May 1515. défenses furent faites de recevoir aucuns Religieux étrangers dans les Convents de Paris. *Voyez les preuves des Libertez*, to. 2. ch. 33. n. 8.

22. On a pousé si loin l'opinion de l'incapacité des Etrangers à l'égard de la possession des Benefices, que par Arrêt du P. de Dijon du 7. Novembre 1599. elle a été étenduë aux habitans du Comté de Bourgogne, quoyque la neutralité fût entiere entr'eux, & ceux du Duché de Bourgogne; ensorte qu'ils ne pouvoient obtenir les Benefices qui avoient coutume d'être deservis dans le Duché, sans Lettres du Prince. Voyez *Pinson*, au titre *de qualitatibus ordinandorum*. §. 3. n. 8. & M. *Deselve*, 3. part. tract. quest. 26.

23. Beneficiers étrangers ne pourront commettre Vicaires, ni autres Officiers qui ne soient du Royaume, à peine de saisie de leur temporel. Edit du mois de Septembre 1554. *Preuves des Libertez*, ch. 30.

24. Arrêt du Conseil du Roy du 3. Juin 1617. par lequel il est défendu à un Religieux François d'user de la Commission de son General Italien. *Ibid*. n. 7.

25. Arrêt du Parlement de Paris du 9. Mars 1619. entre les Religieux de l'Hôpital de la Charité, par lequel il a été jugé que les Etrangers ne peuvent être admis ni élûs aux Charges dans les Monasteres de ce Royaume. *Ibidem* n. 8.

26. Arrêt du P. de Paris du 8. Juillet 1619. par lequel il est jugé qu'un nommé le Page Religieux François de Prémontré demeureroit Prieur au lieu d'un Etranger élû. *Ibidem* n. 9.

27. Arrêt du P. d'Aix du 30. May 1628. qui enjoint au Provincial des Carmes de mettre des Superieurs aux Convens de cet Ordre, qui soient naturels François. V. *les Preuves des Libertez*, to. 2. chap. 30. n. 10. où sont citez des Arrêts des années 1525. 1543. 1557. & 1619. & d'autres Arrêts du Parlement d'Aix des 20. Avril 1627. 3. May & 1. Août 1628.

28. Jugé le 11. Mars 1606. qu'un homme né au bas Navarrois, n'est étranger, & est capable de tenir Benefice en France. *Bibliot. Can.* to. 1. p. 593. à la fin.

29. Un Etranger est incapable de posseder Benefice en France, même quoique son païs soit exempt du droit d'aubaine par les Traitez. *Bardet*, to. 1. l. 3. c. 72. le Roy renonce au droit de succeder, mais il ne renonce pas à celui de s'assurer de la fidelité de ceux à qui il confie l'administration des Benefices de son Royaume.

30. Devolutaire intrus doit être maintenu à l'égard d'un Etranger incapable de tenir Benefice en France. Jugé au P. de Paris le 26. May 1626. *Ibid. li. 2. ch. 84*.

31. Etranger qui tient un Benefice en France, ne peut après un dévolut obtenir Lettres de Naturalité, ni donner sa démission au préjudice du dévolutaire: mais les habitans de Marcheville en Barrois ne sont pas censez Etrangers, quoy qu'ils plaident au Parlement de Simiez en Lorraine. Arrêt du 14. Février 1630. *Ibidem*, ch. 89.

32. Declaration du Roy du mois de Janvier 1681. qui défend aux Collateurs des Benefices, situez dans les païs cedez par les Traitez de Paix de Munster, des Pirenées, Aix la Chapelle & Nimegue, de les conferer à des Etrangers, à peine de saisie de leur temporel & de celui des Benefices dont les Etrangers auront été pourvûs, pour être employé en l'acquit des charges, le surplus en œuvres pies. Défenses de recevoir des Etrangers dans les Monasteres, soit à profession, soit à la superiorité, &c. *Bibliot. Can.* to. 1. p. 144.

33. Les biens d'un Religieux Etranger n'appartiennent point à son Monastere, mais au Roy, qui seul peut accorder des Lettres de naturalité, & mettre dans la condition & dans les droits de ses Sujets, ceux qui sont nez ou qui ont vécu dans la domination des autres Princes. *Chopin*, li. 3. *de sa Police Ecclef.* tit. 1. n. 28.

34. Lettres accordées par le Roy à un Etranger pour posseder Benefices, ont un effet retroactif. V. *Fevret*, li. 3. ch. 1. n. 15. & cy-dessus *Benefice*.

ETRANGER, CAUTION.

Voyez le mot *Caution* nomb. 126.

35. L'Etranger est tenu bailler caution, de payer le jugé, & non l'Originaire de France, & la caution est tenuë de l'amende du fol appel interjetté par l'Etranger. *Bacquet, traité du droit d'aubaine,* part. 1. ch. 16.

36. Jugé par Arrêt du 26. Février 1630. qu'un Genevois est Etranger, & tenu de bailler caution, de payer le Jugé. *Bardet*, tome 1. li. 3. ch. 86.

37. Françoise mariée avec un Anglois qui la emmenée en Angleterre, plaide neanmoins en France sans donner caution, *judicatum, solvi,* & y succede à la charge de ne point aliener les immeubles ou d'en faire le remploi. Arrêt du 8. Août 1630. *Ibid. n.* 118.

38. Etranger doit donner caution, de payer les dépens, même si en Cause principale, mais de celle d'appel, s'il y en a, & quoiqu'il fût Intimé. Arrêt du 19. May 1631. *Bardet*, to. 1. li. 4. chap. 26.

39. Un Etranger plaidant en France pour demander une somme qui lui est duë, n'est tenu de donner caution. *Bouvot*, to. 1. part. 3. verbo *Etranger*.

40. Plaidoyé & Arrêt notable, par lequel une femme demeurante en Savoye a été reçuë à plaider en ce Parlement le lendemain des nouvelles de l'heureuse conquête de la Savoye faite par les justes armes du Roy. V. *M. Servin* p. 516. to. 1.

ETRANGER, CESSION.

Voyez le mot *Cession* nomb. 82. & *suiv*.

41. L'Etranger n'est point reçu parmi nous à faire cession. Arrêt du 5. Avril, & mois de Decembre 1565. ce qui est conforme à l'ancien droit Romain. *Bibliotheque de Bouchel*, verbo *Cession*.

Même Arrêt rendu au Parlement de Bourgogne le 17. Août 1598. *Bouvot*, to. 2. verbo *Cession* quest. 9.

ETRANGER, COMMUNAUTÉ.

42. Communauté conjugale stipulée entre Etrangers. *Voyez* le mot *Communauté* nomb. 134. & 135.

ETRANGERS, CONTRATS.

43. Si les Contrats passez hors du Royaume peuvent être executez en France. *Voyez* le mot *Contrats* nomb. 96. & *suiv*.

44. Un Contrat de rente étant passé au Comté de Bourgogne par un François, qui a promis en faire payement, si l'Edit du Roy touchant le rabais du tiers des cinq années pouvoit avoir lieu contre un Comtois. V. *Bouvot*, tome 2. verbo *Usures*, quest. 10.

45. Acte de Notorieté donné par M. le Lieutenant Civil du Châtelet de Paris le 17. Août 1702. portant qu'un Contrat passé à Paris donne hipotheque sur les biens du debiteur situez en Lorraine; mais que ce Contrat n'y peut être executé sans l'autorité du Duc de Lorraine. *Recueil des Actes de Notor.* p. 154.

ETRANGER, CONTRAINTE PAR CORPS.

46. Un Etranger peut être contraint par corps pour pensions & logemens; & étant prisonnier la recommandation faite de sa personne pour dépens, est valable avant l'Arrêt d'*iterato*; il faut presenter Requête au Lieutenant Civil pour avoir permission de le faire arrêter. Arrêt du 2. Septembre 1684. *De la Guessiere* tome 4. liv. 7. ch. 15.

Voyez le mot *Contrainte par corps* nomb. 64.

ETRANGER, CRIME.

47. Du crime & délit commis par un Etranger. *Voyez* le mot *Condamnez* nomb. 19. *Délit*, n. 40. & le mot *Confiscation* nomb. 41.

48. Si celui qui a commis un crime dans son Royaume, se sauvant dans un autre Royaume, peut y être puni par le Souverain du païs où il s'est retiré ? *Voyez* le mot *Crime* nomb. 14.

49. En matiere criminelle, l'Etranger n'est tenu de

bailler caution, de payer le jugé. Arrêt du 11. Janvier 1612. Bouvot, tome 2. verbo *Fidejussion*, quest. 2.

ETRANGER, DETTES.

50 L'un des debiteurs peut être condamné à payer le tout, si l'autre est Etranger, quoiqu'il n'y ait *sans division*. Arrêt du P. de Paris du 14. Mars 1563. Papon, liv. 10. tit. 4. n. 30. Maynard, liv. 8. chap. 97. *de ses questions*.

ETRANGER, DONATION.

51 L'Etranger ne peut donner pour cause de mort, & que la donation faite pendant sa maladie, encore qu'elle soit conçuë en forme de donation entrevifs est reputée faite pour cause de mort. *Bacquet, traité du droit d'aubaine*, part. 2. ch. 19.

52 Homme & femme Etrangers, conjoints par mariage, peuvent faire don mutuel ensemble, pour joüir par le survivant en usufruit seulement, avec les Arrêts sur ce intervenus. *Ibidem ch. 20*.

53 Sçavoir si l'Etranger par Contrat de mariage peut donner à sa femme survivante tous les biens qu'il aura lors de son décés, encore que la donation soit reciproque, & que la femme soit native de France. *Ibidem chap. 21*.

Voyez cy-après le nomb. 65.

ETRANGER, ETUDE.

54 Etranger étudiant en France ne laisse d'être sujet au droit d'Aubaine. *Voyez le mot* Aubaine *nomb.* 19.

ETRANGER, JURISDICTION.

55 De l'execution d'un Arrêt rendu en un Parlement étranger. *Despeisses*, tome 2. p. 570. & 571.

56 D'un homme assigné en Païs Etranger pour rendre un compte. *Voyez le mot* Competence *nomb.* 19.

57 *Subditi an extra patriam conveniri possint ?* Voyez *Franc. Marc.* to. 2. quest. 360.

58 Jugement donné contre un Etranger absent par un Juge Etranger est nul ; on en peut appeller comme de Juge incompetent. Arrêt du Parlement de Paris du 20. Avril 1564. qui sans avoir égard à la Sentence des Juges de Venise permet au demandeur de poursuivre le debiteur pardevant le Prevôt de Paris, attendu que les deux étoient François. *Papon, liv. 7. tit. 7. nomb. 30*.

59 Les Jugemens donnez en Païs Etranger ne sont point executez en France. Le Sr Comte de Toumel étoit appellant de l'execution d'une Sentence de Turin renduë au sujet du partage d'une succession. Par Arrêt du P. de Paris du 21. May 1585. il fut dit, nullement & incompetemment ordonné & executé, bien appellé, ordonné que pour le regard des biens saisis & situez en ce Royaume, les Intimez se pourvoiront par action, & seront ces mots, *à peine d'amende arbitraire envers son Altesse*, inserez en la Commission octroyée par le Lieutenant General au Bailliage de Bassigny, rayez. *Bibliotheque de Bouchel, verbo Competence*.

Tronçon sur l'article 165. de la Coûtume de Paris date cet Arrêt du 29. May, & en rapporte un semblable du 7. Janvier 1609. où il observe pareillement que les Jugemens en matiere criminelle ne sont executoires en Souveraineté étrangere. La raison est que les effets des Jugemens sont limitez par les bornes de la puissance, & de l'autorité de ceux qui les rendent, ainsi le remarque Balde en la Loy *Extra territorium*. ff. *de Jurisdict. omnium Jud.* & la Loy *cum unus* §. 1. ff. *de bon. auth. Jud. possid. is qui possessor jubetur, eo loci possidere jubetur cujus cura ad jubentem pertinet*.

60 En l'an 1591. le Sieur de Rentigny auroit fait condamner par deux Sentences données à Rome Messire Philippe Dangennes Sieur de Fargis, à lui payer 1091. écus pour les clauses contenuës en sa promesse. Depuis en l'an 1597. ledit sieur de Rentigny presente sa Requête à la Cour contre le sieur de Rambouïllet, Tuteur des enfans dudit sieur de Fargis, à ce qu'il lui soit permis de faire executer les Jugemens souverains donnez à Rome. La Cour par Arrêt du 11. Juillet 1598. ordonne que la promesse mentionnée en la demande sera communiquée au défendeur, pour y répondre ce que bon lui semblera, dans un mois, pour ce fait & rapporté être fait droit ainsi que de raison, dépens reservez. *Bibliotheque de Bouchel, verbo Competence*.

61 Le Prevôt de Paris avoit permis d'executer un Jugement donné à Sedan au profit de Daniel Gommeret, contre Damoiselle Claude Tardif ; en vertu de cette permission, saisie & execution ; appel. Par Arrêt du 14. Juillet 1599. en la Chambre de l'Edit, l'appellation & ce dont est appel, mis au néant, sans dépens de la Cause d'appel, & émendant main-levée est faite à la Demoiselle Tardif, sauf à Gommeret à se pourvoir par action. *Ibidem, verbo Jugemens*.

62 Etranger qui a assassiné un autre Etranger dans leur Païs commun, peut être arrêté en France, & même son procez y être fait & parfait, ou bien l'accusateur peut demander que l'accusé soit renvoyé devant leur Juge naturel ; mais pour cela il faut obtenir Lettres Patentes du Roy ; & les Juges ne peuvent donner un *Pareatis* pour executer le decret du Juge étranger, ni ordonner le renvoi. Jugé au Parlement de Paris le 14. Août 1632. *Bardet, tome 2. liv. 1. ch. 42*.

63 On demande si les Juges de France connoissent d'un crime commis par un Etranger du Royaume hors la Monarchie Françoise contre un autre Etranger ? Arrêt du Parlement d'Aix du 19. Janvier 1672. qui confirme l'Ordonnance du Lieutenant Criminel de Marseille, portant permission d'informer ; en évoquant cassa les procedures, & ordonna que les prisons seroient ouvertes à l'Etranger accusé. *Boniface, tome 3. liv. 1. tit. 1. ch. 1*.

64 Mention faite de l'Arrêt rendu à Paris entre deux Siennois & un Armenien, que les deux Siennois avoient volé. Le fait avec l'Arrêt du 13. Février 1671. qui les condamne aux Galeres pour neuf ans, est rapporté *au Journal du Palais*, ensuite de l'Arrêt du 19. Janvier 1672.

65 Arrêt du Parlement de Provence du 21. Novembre 1641. qui a jugé que le condamné aux Galeres par les Officiers d'une Monarchie étrangere de France peut donner ses biens situez en France. L'Arrêt fondé sur ce que les Magistrats de France n'avoient point été offensez, & que d'une Monarchie à l'autre le Jugement n'est point executoire. *Boniface, tome 2. part. 3. liv. 1. tit. 1. ch. 16*.

66 Par autre Arrêt du mois de May 1646. le Jugement rendu par le Juge d'une Monarchie étrangere contre un François, a été declaré nul. *Idem, to. 1. li. 1. tit. 16. n. 6*.

67 Arrêt du 25. Juin 1672. qui a jugé qu'un François ayant fait des affaires en France pour un Etranger du Royaume, & voulant rendre son compte, peut convenir l'Etranger pardevant les Officiers de France. *Idem, liv. 1. tit. 1. ch. 3*.

68 Jugé le 19. Juin 1673. que l'Evêque Diocesain, Etranger du Royaume, doit mettre un Official Forain *in partibus*. *Idem, to. 3. li. 6. tit. 4. ch. 2*.

69 Par Arrêt du 10. Novembre 1678. le Jugement d'une Monarchie étrangere déclaré executoire en France. *Idem, tome 3. li. 1. tit. 1. ch. 5*.

70 Le 16. Decembre 1686. jugé que l'appellation d'une Sentence donnée par des Juges étrangers du Royaume entre François doit être renvoyée aux Juges superieurs de la Monarchie étrangere, si mieux on n'aime venir par nouvelles actions pardevant les Juges de France. *Ibidem ch. 2*.

71 Arrêt du même Parlement de Provence du 10. Mars 1687. qui a déclaré les Jugemens donnez par les Juges Etrangers de France executoires où lesdites Parties se trouveront, & que les *Pareatis* s'accordent sans connoissance de cause. *Ibidem ch. 4*.

Voyez cy-après *Jurisdiction*.

Au

71 bis. Au Parlement de Toulouse il fut jugé le 30. Avril 1647. qu'un appointement des Officiers d'Avignon, portant Arrêt & condamnation contre le sieur Commandeur de Grignon en faveur du sieur de Montbreton, de 40. pistolles faite en l'année 1617. ne pouvoit être executé en France, quoique le Sénéchal de Cahors eût baillé *Pareatis*, & que l'appointement fût de 1632. signifié au Sieur de Grignon, qui étoit habitant d'Avignon. Par ce même Arrêt il fut défendu aux Sénéchaux d'octroier de semblables *Pareatis* pour l'execution des Sentences des Juges des Princes étrangers ; il n'importeroit de dire que les Citoyens d'Avignon sont censez regnicoles, comme dit *M. Maynard liv.* 8. *chap.* 27. parce que cela s'entend des successions, non de la Jurisdiction. Albert, verbo *Contrats art.* 2.

72 Un Sujet de France ne peut être distrait de sa Jurisdiction naturelle pour plaider dans une étrangere, nonobstant qu'il soit allé s'habituer hors le Royaume. Arrêt du Parlem. de Grenoble du 26. Janvier 1666. V. *Basset*, *to.* 1. *liv.* 2. *tit.* 17. *ch.* 6.

ETRANGER, LEGS.

72 bis. Du legs d'une somme de 4000. livres fait par un Anglois. *Voyez le* 36. *Plaidoyé de M. le Maître*.

73 Arrêt du P. de Paris du 7. Juillet 1598. qui ajuge un legs à un Savoyard de nation non naturalisé, à la charge de bailler caution de ne transporter les deniers hors du Royaume. *Ayrault à la fin de son premier Plaidoyé.*

74 Un Etranger naturalisé François, étant retourné au lieu de sa naissance, y ayant pris femme, eû d'elle des enfans, & exercé des Charges pendant plusieurs années, est incapable d'un legs à lui fait par son frere aussi étranger, mais regnicole. Arrêt du 29. Mars 1640. *Soefve, to.* 1. *Cent.* 1. *ch.* 4.

75 Arrêt du même Parlement de Paris du 2. Mars 1665. qui confirme le legs d'une pension viagere fait par un naturel François à un Etranger ; mais il fut ordonné que le legataire la consommeroit en France. *Ibid. to.* 1. *Cent.* 3. *chap.* 49.

76 Si une fille, Françoise de naissance, ayant quitté la France pour être mariée en païs étranger, où elle est obligée de demeurer, est capable de recueillir un legs universel en France ? Cette question s'est presentée en 1670. dans la Cause de la Demoiselle de Mailly mariée au Grand Chancelier de Lithuanie ; elle soûtenoit valable l'exheredation prononcée contre son frere, & vouloit profiter du legs universel. *Ibid. to.* 2. *Cent.* 4. *ch.* 50.

ETRANGER, LETTRES DE DECLARATION.

77 Forme les Lettres de declaration que les Flamans, Milanois, & ceux du Comté de Bourgogne demeurans en France, ont accoûtumé d'obtenir du Roy. *Bacquet, Traité du droit d'Aubaine part.* 1. *ch.* 10. *Voyez le mot* Declaration *nomb.* 10.

ETRANGER, LETTRES DE NATURALITÉ.

78 Des Lettres de naturalité qui doivent être obtenuës en France par les Etrangers. *Voyez Bacquet en son Traité du droit d'Aubaine, ch.* 22. *& suiv.* & cy-après *lettre* L. *verbo Lettres de naturalité*.

79 Jacques Thomas natif de Clermont en Argonne en Lorraine, voulant s'habituer en France, & craignant que l'on lui objectât ou à ses heritiers qu'il étoit Etranger, prit Lettres de naturalité données par le Roy à Fontainebleau au mois de Mars 1604. Monsieur le Procureur General forma son opposition le 27. Juin suivant à la Chambre des Comptes, empêche la verification, & soûtient que Clermont en Argonne appartient au Roy, que telle verification lui pourroit nuire, & qu'ainsi il falloit obtenir simples Lettres de Declaration du Roy, que cette Ville & Pays lui appartient. *Voyez les Plaidoyers de Corbin chap.* 32.

80 Si un Etranger naturalisé, ayant pris la qualité de Resident en France d'un Prince étranger, a dérogé à ses Lettres de naturalité, ou s'il conserve le privilege

Tome II.

de ses Lettres? *Voyez le Journal du Palais, to.* 2. *p.* 999.

ETRANGER, MARCHANDS.

80 bis. Sçavoir si les biens des Marchands Etrangers venans és Foires, sont sujets au droit d'aubaine, & que les deniers des Marchands fréquentans les Foires de Lyon, n'y sont sujets, avec l'interpretation des privileges octroyez aux Marchands fréquentans les Foires de Lyon, & Arrêts sur ce donnez. *Bacquet, Traité du droit d'Aubaine, part.* 1. *ch.* 14.

ETRANGER, MARIAGE.

81 Arrêt du Parlement de Paris du 26. Mars 1624. qui déclare valable le mariage d'un fils de famille de Paris, fait dans la Lorraine aux formes du Païs. *Boniface, to.* 1. *l.* 5. *tit.* 3. *ch.* 3.

82 Quoiqu'un homme soit aubain & étranger, il peut faire don mutuel à sa femme ; car l'Etranger peut donner *inter vivos*, & passer tous Contrats *quia liber vivit, licet servus moriatur*. Arrêt au profit de la veuve Ludame le BanAllemand le 26. Novembre 1551. le don mutuel confirmé quoiqu'il fût passé en Allemagne. *Bibliotheque de Bouchel*, verbo *Don mutuel*.

83 Etrangers mariez en France ne sont point communs en biens meubles & acquêts sans stipulation, parce que le droit de communauté est purement François, & est appellé *jus consuetudinarium Galliæ*, qui est inconnu aux Etrangers : ainsi les enfans ne peuvent demander continuation de communauté avec le survivant à défaut d'Inventaire. Arrêt du 8. Janvier 1632. qui leur défere le serment *in litem* jusqu'à la somme de 5000. l. *junctâ communi famâ*, & fit defenses à la veuve de vendre son bien ou autrement en disposer, à peine de nullité. *Bardet, to.* 2. *li.* 1. *ch.* 1. & *Du Frêne, liv.* 2. *ch.* 101.

84 Etranger qui s'est marié en France sous une Coûtume qui admet la communauté de meubles & acquêts, & y a établi son domicile, ne peut dire qu'il ignoroit cette Loy de la communauté & ne la point stipulée, ni sous pretexte d'inégalité de biens, en empêcher l'effet qui ne doit pas être restraint à ceux de France. Ainsi jugé le 23. Février 1633. M. l'Avocat General Bignon dit qu'à la verité la Coûtume suppléoit au défaut des stipulations, que d'autre part l'équité combattoit pour un Etranger dont tout le bien consistoit en effets mobiliers qu'il n'eût vraysemblablement voulu faire entrer en communauté, à cause de la grande inégalité de biens. C'est pourquoi il estima qu'il y avoit lieu d'ajuger à la femme une somme de 1200. l. ou telle autre que la Cour trouveroit raisonnable pour le droit de communauté. *Bardet, tome* 2. *liv.* 2. *ch.* 12.

85 Mariage contracté par un François hors de France avec une Etrangere tenu secret, ne peut produire aucuns effets civils, ni pour la femme, ni pour les enfans sur tous les biens situez en France. Arrêt du 28. Mars 1647. *Du Frêne, liv.* 5. *ch.* 12.

Voyez cy-après verbo *Mariage*.

ETRANGER, PRESCRIPTION.

86 Arrêt du P. de Provence du mois de Février 1686. qui a jugé qu'un Etranger du Royaume qui n'a point de domicile en France, est consideré comme absent pour joüir de la prescription de vingt ans en action hypothequaire. *Boniface, tome* 4. *liv.* 9. *tit.* 1. *ch.* 13.

Voyez cy-après verbo *Prescription*.

ETRANGER, RELIGIEUX.

87 Des Etrangers qui se font Religieux en France, ou des Religieux François qui passent & demeurent dans les Païs Etrangers. *Voyez cy-dessus le nomb.* 17. *& suivans.*

ETRANGER, RENTES SUR LA VILLE.

88 Un Etranger décedé à Paris avoit des Rentes sur l'Hôtel de Ville. Un Seigneur obtint du Roy le don de sa succession, la Chambre des Comptes verifia le don, à la charge neanmoins que pour les rentes elles demeureroient éteintes & amorties au profit du Roy, parce que le Roy étant debiteur des rentes, & fait

M

heritier de l'Etranger creancier d'icelles, par cette confusion l'obligation étoit éteinte. M. Talon allegua quelques exemples de deux Etrangers qui avoient eu des rentes sur l'Hôtel de Ville de Paris pour eux & leurs hoirs, bien que non residens en France ; l'un étoit Spinola de Gennes pour une partie de deux cens mille écus ; un autre Florentin de cent mille livres, mais que c'étoit pour une necessité, & à cause qu'ils étoient parties notables pour subvenir au Roy, & après plusieurs Instances les Lettres furent verifiées, à la charge neanmoins que les creanciers desdites rentes seroient tenus de payer indemnité au Roy pour cela. *Voyez les additions à la Bibliotheque de Bouchel, verbo Etrangers.*

89 Arrêt du P. de Paris du 17. Decembre 1616. contre des habitans de *Nuremberg*, prétendans comme heritiers d'un parent mort en France, être payez des rentes par lui acquises sur la Ville : il n'avoit point obtenu Lettres de naturalité. Les rentes *furent ajugées au Roy*. Ainsi prononcé par M. le Président le Jay. On prétendoit, comme le Roy étoit debiteur qu'il auroit été mieux de dire, *les rentes être éteintes au profit du Roy*. Ibidem, *to.* 1. *p.* 30. & Bardet, *tome* 1. *liv.* 1. *ch.* 95.

ETRANGER, SUCCESSION.

90 Sur la capacité ou incapacité des Etrangers à l'effet de succeder, M. Bacquet s'est fort étendu. Les chapitres suivans ont rapport à la matiere.

91 Le Roy seul succede à l'Etranger, privativement à tous les Seigneurs & Hauts-Justiciers du Royaume de France. Bacquet, *Traité du droit d'Aubaine*, partie 4. *chap.* 27.

92 Le Haut-Justicier ne peut succeder à l'Etranger, encore qu'il prétende avoir acquis du Roy, ou prescrit le droit d'Aubaine, comme ce droit étant inalienable & imprescriptible. Ibidem ch. 28.

93 Le Haut-Justicier ne peut s'attribuer la succession de l'Etranger par le moyen de la Coûtume locale. Ibidem ch. 29.

94 Les parens de l'Etranger nez & demeurans hors du Royaume de France, ne lui peuvent succeder és biens étans en France ; les enfans nez & demeurans hors de France ne lui succedent. Ibidem, chap. 30.

95 Les parens de l'Etranger demeurans en France, nez hors du Royaume, ne lui succedent, mêmes les enfans demeurans au Royaume, nez hors icelui, ne peuvent succeder à leur pere Etranger, ni demander droit de legitime en ses biens situez en France. Ibid. chap. 31.

96 Les parens de l'Etranger nez en France, & y demeurans, ne lui succedent aucunement ; toutefois les enfans nez & demeurans en France, succedent entierement à leurs pere & mere Etrangers non naturalisez. Ibidem, ch. 32.

97 La veuve de l'Etranger ne lui succede point ; & le titre *unde vir & uxor*, n'a lieu au Païs coûtumier de France, Ibidem, ch. 33.

98 A qui appartiennent les biens demeurez par le décés de l'Etranger naturalisé, decedé *ab intestat*, sans heritiers regnicoles, ou au Roy par le droit d'Aubaine, ou Haut-Justicier à titre des biens vacans ; avec les Arrêts donnez pour ce regard. Ibidem, chap. 34.

99 Comment le prétendu heritier, donataire ou legataire de l'Etranger, se doit pourvoir pour avoir mainlevée des biens demeurez par le décés de l'Etranger, saisis à la requête du Procureur du Roy. Ibid. ch. 35.

100 Quand le Procureur du Roy fait saisir un heritage, prétendant qu'il a appartenu à un Etranger ou bâtard, le possesseur doit joüir pendant le procez ; comment s'entend la maxime, que le Roy ne plaide point défaisi, & la theorique commune, que *omnia sunt Principis*. Ibid. ch. 36.

101 Le François qui s'est retiré hors du Royaume, & habitué en Païs Etranger, ne peut succeder à ses parens demeurans en France. Ibidem ch. 37.

102 Les enfans conçus & nez hors de France, d'un François qui s'est retiré hors du Royaume, & marié à une Etrangere, ne succedent à leurs parens demeurans en France ; mêmes à leur pere, és biens situez dans le Royaume. Ibidem, ch. 38.

103 Sçavoir si les enfans nez & conçus en France de pere & mere François, habituez en Païs Etranger, peuvent succeder à leur ayeul, ayeule, & autres parens qui étoient nez & residens en France, venans demeurer au Royaume, & se faisans naturaliser par le Roy après le décés de leur ayeul & ayeule, & au tres parens, ou sans obtenir Lettres de naturalité, comme non necessaires, avec l'Arrêt donné pour ce regard, vulgairement appellé l'Arrêt de l'Anglesse. Ibidem, ch. 39.

104 Sçavoir si le Roy succede par droit d'Aubaine au François habitué hors de France, és biens étans dedans le Royaume ; ou si ses parens lui doivent succeder ? Ibidem ch. 40.

105 Factum redigé en Latin, contenant les principaux moyens du procez d'entre Geofroy Cenamy demandeur, & Maître Jean de Longueval, défendeur, auquel sont recitées plusieurs antiquitez & choses notables du droit d'Aubaine ; même si un François s'est habitué hors le Royaume, peut succeder en France, avec l'Arrêt intervenu dans le Procez, Ibid. ch. 41.

106 Les Etrangers ne succedent pas, & qui sont ceux que l'on repute tels. *Voyez le Brun, des successions, liv.* 1. *ch.* 3. *section* 4.

107 Un cousin germain qui est du Royaume exclud la sœur qui est étrangere. *V. Du Luc, li.* 7. *tir.* 1. *ch.* 4.

108 Il est permis à l'Etranger mourant hors de France, de disposer des biens par lui acquis en France à titre onereux, & laisser ses enfans nez en France heritiers, pourvû que la mere ne soit pas Etrangere. Arrêt du P. de Paris du 25. Février 1518. *Bibliotheque de Bouchel,* verbo *Aubaine*.

109 Arrêt du 14. Juin 1554. qu'un François ayant demeuré cinquante ans à Venise, demeuroit encore Sujet du Roy de France ; il fut reçû à la succession de ses proches parens, mais il n'avoit point fait Acte contraire. Les Actes contraires au Sujet, sont le bannissement perpetuel, ou le refus d'obéir à son Prince étant sommé, ou s'il obtient Lettres de naturalité d'un Prince Etranger. Ibidem, verbo *Consentement*.

110 Arrêt du 18. Septembre 1573. séant le Roy Charles IX. qui enregistre les Lettres Patentes, portant que le Roy de Pologne, & ses enfans succederont en France, ainsi que s'ils étoient regnicoles. Ibidem, verbo *Retraite*.

111 Le Roy succede à l'Etranger naturalisé mourant sans heritiers regnicoles. Ainsi jugé. *V. Bacquet, du droit d'Aubaine* ch. 3. Loiseau, *des Seigneuries* ch. 12. *n.* 109. Basnage & les autres Commentateurs, sur l'art. 148. de la Coûtume de Normandie.

112 Un François revenant dans 30. ans en France pour succeder aux biens assis en France, n'est reputé étranger quoyqu'il se fût marié en païs étrange. Arrêt solemnel à Noël 1605. rapporté par Montholon.

113 Arrêt du 23. Decembre 1605, lequel oblige un François qui avoit demeuré long-temps hors du Royaume d'y revenir, & demeurer s'il vouloit y recueillir une succession. Brodeau *sur M. Loüet lettre* S. où il fait mention d'autres Arrêts rendus sous ces deux conditions, l'une de demeurer en France, & pour raison de ce, de donner caution ; l'autre de ne pouvoir aliener les biens immeubles de la succession.

114 Quand un François devient étranger, ses enfans qui l'ont suivi ne sont pas capables de luy succeder en France. Ils font place, non au fisc, mais aux

autres parens plus proches & plus capables. Arrêt du Parlement de Paris du 4. Mars 1613. *Le Bret, liv.* 3. *décision* 7.

115 Arrêt rendu au Parlement de Bretagne en 1613. qui a jugé que des enfans nez en Espagne d'un pere François & d'une mere Espagnole, sont capables étans habituez en France, d'y succeder à leurs parens, quoyque les biens procedent de l'estoc de leur mere. *Frain*, p. 138.

116 Ceux du Duché de *Luxembourg*, succedent en France suivant les Traitez de Paix ; il y a Arrêt pour Jean Macanart, Citoyen d'Ivoy en Luxembourg, Appellant & demandeur en execution contre Magdelaine Monet & Consors, Intimez, du 11. May 1624. sur un appointé au Conseil. *Additions à la Bibliotheque de Bouchel verbo, Etrangers.*

117 Enfans nez d'un François marié en Savoye, succedent aux biens situez en ce Royaume, à la charge neanmoins d'y venir demeurer, & de ne pouvoir les aliener. Arrêt du Parlement de Paris du 26. Juin 1634. *Bardet*, tom. 2. li. 3. ch. 24. & le 22. Plaidoyé de M. le Maître.

118 Les Etrangers en quelque degré d'affinité qu'ils soient, ne peuvent succeder. M. Isaac Basire s'étoit retiré en Angleterre étant encore fort jeune ; il y fit ses études, & devint Chapelain du Roy de la Grand-Bretagne. Pour être capable de posseder des Benefices comme un Anglois naturel, il obtint des Lettres qu'ils appellent de *Denization*, qui n'ont d'autre effet que d'acquerir à l'impetrant le droit de posseder des Benefices ; ensuite il épousa une femme Angloise, de laquelle il eut plusieurs enfans : ces avantages qu'il trouva dans l'Angleterre, luy firent négliger tous les droits qu'il pouvoit esperer en France : quoique son pere fût mort dés l'année 1637. il n'eut aucun dessein de repasser en France pour recüeillir sa succession ; il en abandonna la joüissance à Pierre de Toqueville & à Pierre le François ses beaux freres ; mais en 1647. le malheur du Roy d'Angleterre & le desordre de la fortune l'obligerent à venir demander la succession de son pere, que jusqu'alors il avoit negligée. Sa demande étoit fondée sur un titre favorable, se dire fils de celui dont il demandoit les biens, n'avoir que des sœurs pour Parties ; protester que son silence & son séjour en une Terre étrangere n'avoient jamais alteré cette affection qu'il devoit au lieu de sa naissance, étoient de grandes raisons. Par Arrêt de Roüen du 8. Août 1647. la succession lui fut ajugée, à condition qu'il seroit tenu de demeurer en France, & qu'il ne pourroit la vendre ni engager, on trouva que ces Lettres de denization n'étoient pas de veritables Lettres de naturalité, parce qu'elles n'avoient pas été passées au Parlement d'Angleterre, sans laquelle formalité on ne peut devenir naturel Anglois. Arrêt semblable du 26. Avril 1655. Un François qui revenoit d'Espagne où il avoit demeuré trente années, & où il s'étoit marié, aprés avoir porté les armes contre le Roy, obtint une succession à la charge que les deniers provenans des meubles seroient employez en constitution de rente ou heritages, dont il joüiroit, & qu'il ne pourroit aliener. *V. Basnage*, *art.* 235. *de la Coûtume de Normandie.*

119 Un Etranger peut disposer de ses biens par donation entrevifs, & non par testament. Arrêt de Roüen du 20. Decembre 1667. qui a confirmé une donation entrevifs faite par une Portugaise de tous ses meubles dont elle se défaisit par le même Contrat. Cet Arrêt fut confirmé en la Chambre du Tresor contre des Donataires du Roy. *Idem, sur l'art.* 148. *de la Coûtume de Normandie.*

120 Un François marié & habitué en Païs étranger par quelque long-temps que ce soit, est capable de retourner en France, & y recüeillir les biens qui lui sont échus. Arrêt du 25. Février 1647. *Du Frêne, liv.* 5. *ch.* 8. Voyez *l'Edit du Roy du* 13. *Août* 1669. & Du Frêne, *liv.* 2. *ch.* 81.

121 Si celui qui a abandonné son Païs pour se retirer en Païs ennemi est capable de succeder en France. Arrêt du 18. Mars 1647. qui entherine la Requête civile obtenüe contre les Arrêts rendus en faveur du Donataire du Roy. *Soefve*, *to.* 1. *Cent.* 2. *ch.* 9.

122 Jugé le 29. Juillet 1647. qu'une fille née en Savoye dans le temps qu'elle étoit occupée par les Armées du Roy de France, ne pouvoit prétendre être née Françoise, & recüeillir une succession en France, le Roy ayant quelque temps aprés sa naissance rendu la Savoye au Duc, & cette fille étant toûjours demeurée sous l'obeïssance du Duc de Savoye ; ce qui auroit reçu plus de difficulté, si pendant que le Roy joüissoit de la Savoye, cette fille fût venüe demeurer en France. *Ibidem ch.* 40.

123 Une Françoise ayant demeuré en Savoye pendant un long-temps, si étant mariée, y ayant eu des enfans, obtenu Lettres de naturalité, peut recüeillir une succession en France, apparoissant que ce qu'elle avoit fait, n'avoit point été *perpetua mora causâ*, d'autant plus qu'elle declara en Justice qu'elle renonçoit à ses Lettres de naturalité, & que son intention étoit de demeurer en France. Arrêt du 9. Mars 1648. lequel ordonna qu'elle bailleroit bonne & suffisante caution. *Ibidem, ch.* 72.

124 Les enfans d'un pere ou d'une mere François nez hors du Royaume, ne sont pas reputez Etrangers s'ils viennent aprés demeurer en France. Arrêt en la Chambre de l'Edit de Roüen du 19. Juin 1652. qui ajuge la succession aux enfans, à la charge qu'ils ne pourroient l'aliener pendant deux ans, & qu'ils demeureroient en France. *Basnage, sur l'art.* 148. *de la Coûtume de Normandie.*

125 Les Lettres de Declaration obtenües du Roy par les Flamans venans recüeillir une succession qui leur est échuë en France, n'ont un effet retroactif que de la succession échuë. Jugé le 19. May 1654. *Soefve, to.* 1. *Cent.* 4. *ch.* 67.

126 Jugé par Arrêt du 27. Avril 1655. que les enfans nez en Païs étranger d'un pere François, qui s'y est marié à une femme Etrangere, & qui y a demeuré pendant plusieurs années, peuvent recüeillir une succession en France, échüe au pere avant son decés. On disoit qu'il n'avoit été en Savoye que pour faire fortune, & qu'il avoit toûjours conservé l'esprit de retour. *Ibidem, ch.* 87.

127 Mere originaire de Flandres exclusé de la succession de sa fille aussi originaire dudit lieu, décedée en France, aprés y avoir demeuré plusieurs années. Arrêt du 6. Mars 1656. contre les Conclusions de M. l'Avocat General Bignon ; mais cette mere n'avoit point obtenu de Lettres de Declaration du Roy ; elle n'étoit pas même venüe en France pour demander la succession ; il n'y avoit aucune apparence qu'elle y vint, étant âgée de plus de 75. ans : aussi l'Arrêt porte *sans tirer à consequence. Idem, to.* 2. *Cent.* 1. *ch.* 16.

128 Jugé au Parlement de Provence le 10. Juin 1659. qu'un Marseillois resident à Malthe étoit capable de recüeillir la succession de ses pere & mere, à la charge que dans deux ans il viendroit en propre personne. Cet Arrêt est rapporté dans le *chap.* 1. *tit.* 18. *liv.* 1. *to.* 2. *des Arrêts de Boniface.*

129 Poulain étoit né en Espagne d'un pere François & d'une mere Espagnole ; pendant qu'il poursuivoit un procez contre ses oncles qui le prétendoient incapable de succeder en France, ces mêmes oncles ayant auparavant acquis la part de l'un de leurs freres, quand ce neveu fit les partages il y comprit ce qui leur avoit été vendu, prétendant y avoir part en leur remboursant le prix à proportion de ce qu'il prétendoit. Les oncles se défendoient en vertu de leur Contrat, dont la lecture qui en avoit été faite plusieurs années auparavant les avoit rendus proprie-

Tome II. M ij

taires incommutables ; le Vicomte de Roüen jugea en faveur du neveu, & le Bailli au contraire. Sur l'appel du neveu, par Arrêt du P. de Roüen du 26. Août 1659. la Cour en reformant la Sentence du Bailli ordonna que celle du Vicomte seroit executée. *Basnage sur la Coûtume de Normandie, art. 452.*

130   Il a été jugé par plusieurs Arrêts que les François qui étoient mariez en Païs Etranger, quelque longue qu'eût été la residence qu'ils y avoient faite depuis, pouvoient revenir en France & y recüeillir les successions ausquelles ils avoient droit ; à moins qu'il ne fût prouvé contre eux qu'ils eussent expressément renoncé à leur Patrie, ou porté les armes contre elle. On a jugé la même chose à l'égard des enfans dont les peres s'étoient établis hors du Royaume : mais dans ces deux cas on a obligé ceux à qui les successions avoient été ajugées, de demeurer dans le Royaume, & on leur a interdit l'alienation des biens hereditaires ; & à cette fin on a même ordonné que les meubles du défunt seroient remplacez en rente ou en heritage : ces Jugemens sont contraires à ce qu'enseigne Loüet, *Lettre S. som. 15. Voyez Pesnelle, sur la Coûtume de Normandie, art. 235.*

131   Arrêt du Parlement de Provence du 7. May 1665. qui a déclaré les Francs-Comtois incapables de succeder en France, s'ils ne sont fondez en Lettres de naturalité. *Boniface, to. 2. liv. 1. tit. 18.* il rapporte un Arrêt du Parlement de Paris du 4. Juillet 1654. qui déclare le sieur de Varambon originaire de la Comté de Bourgogne incapable de succeder en France.

ETRANGER, TESTAMENT.

132   L'Etranger ne peut tester des biens étans en France à cinq sols parisis, combien qu'il puisse donner entrevifs, & librement contracter. *Bacquet, Traité du droit d'Aubaine, part. 2. ch. 17.*

133   Le Testament de l'Etranger n'est valable en France, encore qu'il contienne legs pitoyables, & l'autentique *omnes peregrini*, n'y est gardée. *Ibid. ch. 18.*

134   Si les heritiers *ab intestat* d'un François qui s'est fait Citoyen Romain, & a testé au profit d'un Romain, ne peuvent pas, nonobstant le Testament, se faire maintenir à l'exclusion de l'heritier és biens qui sont en France ? *V. Bouvot, to. 1. part. 3. verbo Testateur quest. 1.*

135   Par Arrêt du 6. Juin 1539. prononcé par M. le Chancelier Du Poyet qui presidoit au P. de Paris, il a été jugé qu'un Etranger ne peut point tester, non pas même pour une cause pie, sans le consentement & l'expresse permission du Roy par Lettres Patentes verifiées en la Chambre des Comptes. *Définit. du Droit Can. p. 101.*

136   Chopin, *liv. 3. tit. 1. n. 28. de la Pol. Eccles.* rapporte un Arrêt rendu entre le Procureur du Roy de Poitiers & le Convent des Freres Prêcheurs de la même ville, pour la succession d'un Religieux de leur Ordre natif d'Italie, lequel étant venu demeurer dans ce Convent, acquit beaucoup de bien, sans dire par quelle voye; il fit plusieurs legs au Convent, & laissa le reste aux pauvres. Le Procureur du Roy fait saisir tous les biens de ce Religieux. Il avoit obtenu des Lettres de naturalité ; mais comme elles n'avoient point été enregistrées en la Chambre des Comptes, le Juge de Poitiers ne les considera point ; de sorte que par Sentence il ajugea les biens au Roy, à la charge des legs pieux, lesquels le Procureur du Roy fut condamné d'acquitter ; surquoy ayant interjetté appel, la Cour par son Arrêt ajugea tous les biens au Roy sans obliger son Procureur d'acquitter aucuns legs.

137   Si le Testament fait par un François à Rome suivant les Statuts de Rome est valable ? La cause fut appointée le 29. Janvier 1626. *Du Fréne, li. 1. ch. 81.*

138   Si un naturel François ayant demeuré plus de dix ans en Païs étranger, & y étant décedé peut disposer par Testament des biens qu'il a en France. Arrêt du Parlement de Paris du 19. Février 1660. par lequel il a été ordonné que ses heritiers demeurans en France viendroient à partage des biens par lui délaissez en France suivant la Coûtume des lieux où ils étoient situez, & que ceux qui avoient touché quelque chose en vertu du Testament seroient tenus d'en faire le rapport. Il ne paroissoit pas neanmoins que le défunt se fût retiré à Bruxelles pour y demeurer perpetuellement. *Soëfve, to. 2. Cent. 2. ch. 11.*

139   Arrêt du Parlement de Provence du 21. Décembre 1686. qui a déclaré valable le Testament d'un Anglois naturalisé habitué dans Marseille, fait en faveur d'un Anglois resident en Angleterre. *Boniface, tome 5. liv. 1. tit. 1. chap. 1.*

ETROUSSE.

ETrousse, *id est*, adjudication. Voyez le mot Adjudication.

Henrys, *to. 2. li. 4. quest. 14.* rapporte un Arrêt qui a cassé une étrousse ou adjudication des fruits des biens d'un mineur faite au profit de son Tuteur, qui en avoit fait cession à un particulier ; l'Arrêt le condamna d'en rendre les fruits ; d'où l'Auteur infere que les Tuteurs ne peuvent pas prendre l'étrousse des fruits des biens de leurs mineurs. Je trouve, dit l'Auteur des Observations, que cette consequence est trop forte ; il faut croire que dans l'espece sur laquelle l'Arrêt est intervenu, il y avoit des circonstances de fraude qui ont porté la Cour à déclarer nulle l'adjudication. Car si le mot, *étrousse de fruits*, ne signifie autre chose qu'un bail à loyer fait en Justice, *quo jure*, le Tuteur seroit-il incapable de joüir par lui-même, ou de donner à loyer les biens de son mineur.

ETUDE.

1   Voyez au 1. Volume de ce Recüeil le mot *Droit*, & cy-dessus verbo *Ecoliers*.

CHANOINES ETUDIANS.

Voyez le mot *Chanoine*, nomb. 45. & suiv. & le mot *Ecolier*, nomb. 23. & suivans.

2   Si un Ecolier gagne les gros fruits de son Benefice pendant qu'il étudie ? Les Chanoines convinrent qu'il joüiroit de son revenu pendant trois ans, qu'ils luy accorderent pour achever ses études. Voyez les *Plaidoyers celebres dédiez à M. de Nesmond, p. 171.*

3   Arrêt du Parlement de Toulouse du dernier Décembre 1552. qui ordonne que les Chanoines & Prebendiers pendant le temps de leurs études, gagneront les grosses, comme s'ils y étoient presens. *La Rocheslavin, liv. 6. tit. 48. Arr. 3.*

4   Autre Arrêt du 19. May 1577. qui ordonne qu'un Ecolier joüira des gros fruits de sa Chanoinie & Prébende pendant le temps de son étude, à commencer du jour qu'il a été congedié par le Chapitre pour étudier en l'Université de Toulouse, ou autre, pendant l'espace de 5. ans, & enjoint au Syndic de les luy faire délivrer par les Cellerier & Tresorier dudit Chapitre, à la charge par l'Ecolier d'apporter au Chapitre, de six mois en six mois un Certificat d'étude, sauf au Syndic de poursuivre le recouvrement des fruits, au cas qu'il se mariât, ou qu'il ne voulût être Ecclesiastique. *Ibidem, Arr. 2.*

5   Arrêt du Parl. de Toulouse du 19. Juillet 1577. qui ordonne qu'un jeune Chanoine de l'Eglise Cathedrale de Rieux, sera payé de son gros pendant ses études, en rapportant au Chapitre de six en six mois un Certificat de ses Regens, sauf au Syndic à demander le recouvrement des fruits, si l'étudiant se marioit ou ne vouloit être de la profession Ecclesiastique. *Idem, liv. 3. tit. 12. & Filleau, 1. part. tit. 1. Chapitre 3.*

6   Chanoines étudians actuellement, doivent joüir des gros fruits, par privilege incorporez au corps du droit. *Cap. super specula. extr. de Magist.* encore qu'ils

ETU ETU 93

foient tenus au ſtage ; ainſi qu'il a été jugé pour M. Loiſel , Chanoine en l'Egliſe Cathedrale de Laon, Ecolier étudiant en l'Univerſité de Paris , par Arrêt du 26. May 1583. *Papon , liv.* 1. *tit.* 3. *n.* 11. *Bibliot. Can. to.* 1. *p.* 100. *col.* 2.

7 Au mois de Juillet 1615. le Chapitre de S. Ladre d'Autun, fit une déliberation, portant qu'à l'avenir nul ne ſeroit admis à la perception des fruits de ſa Prebende, s'il n'avoit au moins fait un cours de Philoſophie. Cependant un Chanoine fut reçû, quoiqu'il n'eût étudié en Philoſophie ; ſa reception portoit, *attendu ſon âge de* 25. *ans*,& ſans vouloir enfraindre le Statut du mois de Juillet. Appel comme d'abus par un autre Chanoine. M. de Xaintonge Avocat General obſerva que le Statut pechoit en la forme , car il avoit été fait en l'abſence du Doyen. 2. Que le Chapitre avoit pû diſpenſer, d'autant plus que la Philoſophie n'étoit pas une ſcience requiſe par aucunes Ordonnances ou Conciles. 3. Qu'on ne ſe plaignoit pas même des diſpenſes que le Chapitre avoit déja accordées. Arrêt du Parl. de Dijon du 26. Mars 1618. qui déclare n'y avoir point d'abus dans la reception de ce Chanoine. Cet Arrêt eſt rapporté par *M. de Xaintonge p.* 252.

8 Pendant qu'un Beneficier étudie , le gros de ſon Benefice lui eſt dû , & ſi le revenu du Benefice conſiſtoit ſeulement en diſtributions manuelles, on devroit lui en donner une partie , pour lui aider à s'entretenir aux études. Arrêt du Parl. de Paris du 19. Juillet 1689. *au Journal des Aud. tom.* 5. *liv.* 5. *ch.*26.

ETUDE DU DROIT.

9 Reglement pour le temps d'étude du Droit Canonique & Civil du 8. May 1679. contenant vingt articles, avec une Declaration du Roy ſur l'execution de l'Edit du mois d'Avril 1679. pour le rétabliſſement des Etudes du Droit contenant vingt-trois articles. *De la Gueſſiere , tome* 4. *liv.* 2. *chap.* 5.

FRAIS DES ETUDES.

10 Arrêt de l'an 1598. qui ajuge à un fils une penſion pour faire ſes études ſeulement ſur les biens ſaiſis ſur ſon pere dont il n'avoit que l'uſufruit , le fonds ayant été ſubſtitué au petit-fils. *Cambolas, li.* 2. *ch.*50.

11 *Impenſæ ſtudiorum repeti non poſſunt conſtante matrimonio factâ.* Mornac *l.* 34. *ff. de negotiis geſtis*, comme frais de nôces, frais de Doctorat, ce ſont devoirs de pere & de mere qui viennent d'obligation & non pas de donation. *Voyez Ricard, des Donations entrevifs, part.* 3. *chap.* 8. *ſect.* 11. *n.* 1149. La Loy 61. *ff. de petitione hereditatis,* dit que le pere les peut comprendre & adapter ſur les biens du fils. La *l.* 51. *ff. famil. ercisc.* quand le pere ou la mere ſont decedez la dépenſe fournie par le ſurvivant ſe doit rapporter. *Voyez* Mornac *l. quæ pater filio* 50. *ff. familia ercisſcund.* Voyez *l'art.* 304. *de la Coûtume de Paris.* Berault, *ſur la Coûtume de Normandie,art.* 434. Bacquet, *des Droits de Juſtice, chap.* 15. *n.* 27. Coquille , *queſt.* 168. M. le Prêtre , *Cent.* 1. *ch.* 9.

Voyez cy-aprés , verbo Rapport.

ETUDE, GRADUÉ.

12 Jugé qu'un Gradué ſimple eſt ſuffiſamment qualifié, s'il fait apparoir qu'il ait étudié trente ans competent pour acquerir degré, *etiam poſt adeptionem gradûs*; aux Graduez nommez, cela n'auroit lieu ; mais il ſeroit neceſſaire de faire apparoir du temps d'étude , *ante gradûs adeptionem*, parce que le Concile de Bâle le requiert ainſi : mais *Conventus Eccleſiæ Gallicanæ*, qui a introduit les Graduez ſimples, n'en parle point. *Bibliot. Can.* 10. 1. *p.* 658. *col.* 1.

13 Le temps d'étude doit être achevé au temps d'étude; il ne ſuffiroit que l'on eût étudié le temps requis, lorſque la vacance du Benefice arrive. Arrêt ſans date du Parlement de Paris rapporté par *Papon , liv.* 2. *tit.* 5. *n.* 5.

14 Le temps de cinq ans requis pour l'étude des Graduez nommez ſe peut parfaire après le degré de Ba-

chelier ou autre obtenu. Arrêt du mois de Juin 1545. *Ibid. n.* 1.

15 Quand il demeure établi que le Gradué dans le temps des études certifiées ſervoit une Cure ou un Benefice de Chœur, & qu'on en rapporte des Actes des Régiſtres , ou des pointes , on a égard à ces preuves preferablement aux Certificats d'études. Jugé au P. de Toulouſe en Mars 1684. & le 15. Decembre 1688. pour la Cure de Montargis. *Voyez M. DeCateilan, li.* 1. *ch.* 68. Voyez *cy-apres* verbo *Gradué.*

ETUDE , *Quinquennium.*

16 Reglement pour obliger les Univerſitez de mettre dans le *quinquennium*, & dans les certificats de temps d'étude, le commencement & la fin du temps qu'auront commencé les études. Jugé le 28. May 1663. *De la Guſſiere , tome* 2. *liv.* 5. *chap.* 24.

17 De la certification du temps d'étude. *Voyez* la *Bibl. Can.* 10. 1. *p.* 593.

18 Le 12. Octobre 1558. entre le Syndic du Monaſtere de Lezat, & Fr. Roger de Caſtet , Religieux du Monaſtere,il fut ordonné que ledit de Caſtet joüira de la faculté de prendre & percevoir les fruits de groſſe de ſa Prebende Monachale pour ladite année entierement, & conſecutivement les autres années, juſqu'à avoir accompli le temps de ſes Etudes par cinq ans en Univerſité fameuſe , aux charges & reſervations contenuës en l'Arrêt. *La Rocheflavin , liv.* 6. *tit.* 48. *Arr.* 4.

ETUDES , RELIGIEUX.

19 Arrêt du Parlement de Paris du 19. Avril 1580. qui a condamné un Tuteur & heritier, à payer à un Religieux Jacobin dix écus pour faire ſes études. *Papon , liv.* 1. *tit.* 1. *n.* 3.

20 Les Religieux Profez ne ſuccedent point ; toutefois les parens ſont tenus de leur fournir quelque ſomme de deniers pour entretenir leurs études. Arrêt du 19. Août 1580. Charondas , *liv.* 1. *rép.* 67. Voyez *la Coûtume de Paris , art.* 337.

21 Un Religieux du Monaſtere de Saint Leon , Ordre de Saint Victor de Marſeille , demandant ſa preſence pour la pourſuite de ſes études à Toulouſe, par Arrêt du 12. Août 1603. en a été débouté & renvoyé à ſon Superieur , pour avoir ladite permiſſion d'aller étudier & ladite preſence. Faiſant la Cour difference des Prebendiers , Chanoines & autres Eccleſiaſtiques Seculiers, aux Reguliers leſquels ne peuvent ſortir de leurs Monaſteres ſans la licence de leurs Superieurs , ayant d'ailleurs tous les Ordres de Religieux des exercices des Lettres en pluſieurs de leurs Monaſteres. *La Rocheflavin , liv.* 6. *tit.* 48. *Arr.* 1.

22 Les jeunes Religieux capables de bonnes lettres étant de bonnes mœurs , en cas de refus ou delay de congé fait par leurs Ordinaires ſuperieurs , ſe pourront addreſſer au General de l'Ordre, lequel ayant égard à la capacité & habilité du Suppliant & au nombre requis à faire le Service Divin au Monaſtere, y pourra pourvoir & taxer équitablement , ſelon le revenu, ceux qui ſont tenus de donner alimens & autres entretiens , juſqu'à ce que leſdits Ecoliers ayent parachevé leur cours en Philoſophie & Theologie : ainſi fut ajugé à Frere René Laboureau 150 *l.* ſur les Fermiers de l'Abbaye de Vendôme par an, payables par quartier, qui comprendre en cette ſomme ce qui avoit été accordé audit Laboureau par le Celerier ou Chambrier dudit Monaſtere de Vendôme. Arrêt du Grand Conſeil du 7. Juillet 1605. ce qui eſt conforme à l'article 16. de l'Ordonnance de Blois. *Filleau* , 1. *P. tit.* 1. *ch.* 37.

23 Un Moine étudiant peut contre le conſentement de ſon Prieur clauſtral & la deliberation de tout le Monaſtere, demander la preſence *ratione ſtudiorum.* Un Religieux de l'Abbaye de Peſſan avoit obtenu la preſence pendant cinq ans à cauſe de ſes études qu'il faiſoit à Touloufe. Ayant fait ſa Philoſophie & com-

M iij

mencé sa Théologie, on délibera de le rappeller au Monastere, sous prétexte que la perfection d'un Moine n'étoit pas *docere sed plangere*; il répondoit que bien que le chapitre *super specula de magistris* ne donne que cinq ans, le Concile de Trente y en ajoûte deux. Par Arrêt de Toulouse du 29. Janvier 1658. jugé qu'il seroit encore censé present deux années. *Albert lettre M.* verbo *Moines, art. 3.*

ETUDE D'UN PROCUREUR.

24 Un Juge ne doit permettre de faire recherche dans l'Etude d'un Procureur des pieces qui servent à la conviction de sa Partie. Arrêt du Parlement de Toulouse du 12. Février 1672. *Journal du Palais.* Voyez cy-après verbo *Procureur.*

EU, COMTE' D'EU.

Plaidoyé de Monsieur Galope devant le Roy François I. touchant la Pairie du Comté d'Eu contre les Procureurs des Etats & Echiquier de Normandie. V. *le Recüeil des Plaidoyers notables imprimez en 1645.*

EVASION.

Quoique les Concierges des prisons soient responsables de l'évasion des prisonniers, cela souffre neanmoins quelque limitation. La Cour ayant commis un de ses Huissiers pour en faire les fonctions, parce que celui qui l'étoit en titre se trouvoit en prévarication, & ayant de même commis un Guichetier, un prisonnier accusé de rapt s'évada sans violence. Ce qui donna lieu à un Procez contre ces deux Commissionnaires & à un Arrêt, par lequel le premier fut mis hors de Cour & de Procez; & il fut ordonné que le Guichetier qui s'étoit laissé tromper rétabliroit le prisonnier, auquel le Procez seroit fait & parfait avant aucune adjudication de dommages & interêts à la fille qui l'accusoit. Arrêt de Grenoble du 4. Avril 1675. en la cause de Cholier Concierge, rapporté par *Chorier en sa Jurisprudence de Guy Pape p. 355.*

Voyez *les mots,* Bris de prison, Emprisonnement, Prisonniers.

EVESQUE.

DE *Episcopis, & Summo Pontifice. Institut.* Lanceloti, lib. 1. tit. 5.
De Episcopis & Clericis, &c. C. 1. 3... N. 123. C. th. 16. 2.
De postulatione Prælatorum. D. Gr. Dist. 61. c. 10. 11. & 13.... dist. 63. c. 14... dist. 71. c. 5... Extr. 1. 5... S. 1. 5... Ex. Co. 1. 2.
De Electione & electi potestate. D. Gr. dist. 60. 61. 62. 63... 8. q. 1. & 3... Extr. 1. 6... S. 1. 6... Cl. 1. 3... Extr. Jo. 4... Ext. Co. 1. 3... Inst. L. 1. 6.. V. Nomination.
De translatione Episcopi. D. Gr. 7. q. 1... 21. q. 2... de conscr. dist. 4. c. 107. non licet... Extr. 1. 7... Inst. L. 1. 18. Voyez cy-après le mot Translation.
De auctoritate & usu Palii. D. Gr. dist. 100... 25. q. 2. c. 3... Extr. 1. 8... Extr. Co. 1. 4.... Inst. L. 1. 11.... Du Pallium pour les Patriarches & Archevêques. Voyez cy-après verbo *Pallium.*
De renunciatione. D. Gr. dist. 7. q. 1. & 2... 17. q. 2... 21. q. 2... Extr. 1. 9... S. 1. 7... Cl. 1. 4.
De supplendâ negligentiâ Prælatorum. D. Gr. dist. 84. & 86... 2. q. 7. c. 55. Extr. 1. 10... S. 1. 8... Cl. 1. 5.
De Episcopis & Clericis, & c. C. 1. 3... N. 123... C. th. 16. 2.
De ordinatione Episcoporum & Clericorum. Novel. Justinian. 137.
Ut sine sententiâ Principis Episcopus creetur. C. I. 4. Niceph. Ph.
De ætate, & qualitate, & ordine præficiendorum. Extr. 1. 14... S. 1. 10... Cl. 1. 6.
De Episcopis; qui, quâ ætate, num cælibes, & quibus moribus, & à quibus eligendi & ordinandi. N. 6... N. 123. c. 1.
De residentiâ Episcoporum. N. 6. c. 2... N. 67. cap. 3.
De Privilegiis Archiepiscopi Justinianæ primæ. N. 11. Erection d'un Archevêché en la Ville d'Achrido; dans la Bulgarie, païs natal de Justinien, qu'il appelle, *primam Justinianam.*
Ne morientium Episcoporum diripiantur bona ab exactoribus. Const. Imp. Comn. 7.
Ut de his quæ post Episcopatum acquisierint Episcopi, testari non possint. N. 131. c. 13.
Qui habet legitimos liberos, potest etiam esse Episcopus. Leon. *N. 2.*
Ut Episcopi ad Principem referant, si quid Magistratus deliquerit: & ut Præsidibus suspectis adjungantur. N. 86.
De Metropolitanis revocantibus ad se pertinentes Episcopatus, jure Metropolis aut Archiepiscopatus honoratos. C. I. 1. Isaaci Ang.
Ut tondeantur electorum Pontificum uxores. C. I. 3. Isaaci Ang.
De Episcopatibus detentis à Laicis. C. I. 1. incerti Imp. ult.
De depositione Anthimii, & aliorum Episcoporum. N. 42... Inst. L. 1. 2.
De foro competenti Episcoporum, & c. C. I. Heraclii 3.
De Episcopali audientiâ, & de diversis capitulis quæ ad jus, curamque & reverentiam Pontificalem pertinent. C. 1. 4.
De Episcopali judicio. C. Th. tit. fugitivus.
Officiers de l'Evêque.
De Officio Vicarii. Inst. L. 1. 15. Du Vicaire General de l'Evêque.
De Coadjutore. Inst. L. 1. 16.
De Cor-Episcoporum usu sublato. Inst. L. 1. 17. Les Cor-Evêques étoient des Evêques ambulans & Suffragans, qui faisoient les fonctions Episcopales à la Campagne.
De Officio Archidiaconi. Inst. L. 1. 13... Extr. 1. 23. Voyez Archidiacre.
De Officio Archipresbyteri. Inst. L. 1. 14... Extr. 1. 24. Voyez le mot Archiprêtre.
Antonii Pagani *tractatus de Ordine, Jurisdictione & residentiâ Episcoporum.*
Dominus Sotus *de justitiâ & jure libro 10. de Episcopali dignitate.*
Joannis Bertachini *de Episcopis, lib. 4.*
Jacobus Sirvanca *de dignitate Episcopali.*
Lœlii Jordani *de causis Capitalibus Episcoporum, aliorumque Prælatorum ad Papam deferendis.*
Provinciale omnium Ecclesiarum Cathedralium.
Praxis Episcopalis Zerolæ, Piasecii, *& aliorum.*
Hieronymi Vielmii *elucubratio de Episcopis quos titulares appellant.*
Richardus Hall. *de authoritate Episcopali.*
Steph. d'Aluin *de potest. Episcop. & c.*
De Episcopi dignitate. Voyez le Traité fait *Per Troïlium Maluitium.*
De Episcopis. Voyez le Traité fait *Per Joan. Bertachinum.*
De Episcopis dominium temporale habentibus. Voyez Tho. Campeg. *in tracta. de aucto. Romani Pontificis.*
Tout ce qui regarde la Charge des Evêques se trouve dans *Rebuf. en sa Pratique Beneficiale, part. 1, chap.* forma Vic. Archiep. depuis le nomb. 31. jusqu'au 136.
Des Archevêques, Evêques, & autres personnes Ecclesiastiques, ensemble de ce qui concerne le devoir de leurs Charges. *Ordonnances de Fontan n, to. 4. tit. 1. p. 189. Les Memoires du Clergé, to. 1. part. 1. tit. 1. chap. 1.*
Me. Jean Tournet Avocat en Parlement & au Conseil Privé du Roy a fait un Traité intitulé *Police generale des Archevêchez & Evêchez de tout le monde.*

Ce Traité est fort curieux, il est imprimé à la fin des œuvres de M. René Chopin.

Droits des Evêques, par le Maire, *in 8. 2. vol. Paris. 1677.*

Patronage du Roy sur les Eglises Episcopales de son Royaume. *Tourner, lett. P. Arr. 20.*

1. De l'Ordre des Evêques. Voyez *Lotherius de re beneficiariâ, liv. 1. quest. 9.*

2. *Quam ampla & absoluta sit potestas Summi Pontificis in constitutione nova Sedis Episcopalis per dismembrationem aliarum Diœceseon.* Ibidem quest. 11.

3. *Potestas Episcopi intra suam Diœcesim an contineatur duabus legibus Jurisdictionis & Diœceseos & quanam illa sint?* Ibidem quest. 21.

4. *Nullus ad Episcopalem dignitatem sine sui Diœcesani licentiâ quis transire potest.* Voyez *Franc. Marc. tom. 1. quest. 1115.*

5. *Papa an dividere possit Episcopatum in duos, & facere novum Episcopatum, Episcopo & Principe temporali inconsultis.* Ibidem quest. 1120.

6. *Episcopus electionis aut promotionis tempore Subdiaconus esse debet.* Ibidem quaest. 1214.

7. Le nom d'Evêque ne se peut bailler sans titre, ni d'Archevêque sans district & Province. *Histoire de la Paix, pag. 874.*

8. Boëry a crû que les Evêques de France ne peuvent exercer l'Office de Tresorier, ni celui de Chancelier, *de auth. mag. consf. c. 45.*

9. On n'a reconnu en France dans l'ordre des grandes Prélatures que des Primats *qui præsunt multis Provinciis*, des Archevêques ou Metropolitains, *qui præsunt uni Metropoli, seu Provinciæ*; & des Evêques, *qui præsunt uni Civitati, seu Diœcesi. Anaclet. epist. 2. cap. 4. Greg. 7. lib. 6. Regest. Epist. 35. cap. 35. cap. 1. distinct. 99. Yvo, lib. 4. tit. 3. cap. 3. Panormiæ, aut August. Epitom. Juris Pontif. l. 2. cap. 1. Caroli Mag. capitul. ex collat. Ansfger. lib. 7. cap. 336. Fevret, traité de l'abus, liv. 3. chap. 3. art. 6.*

10. De l'autorité des Rois sur la personne des Evêques, & de la maniere ancienne de proceder contre eux. *Bibliot. Can. to. 1. p. 772. & suiv.*

11. De la nomination que le Roy doit faire aux Prélatures suivant le Concordat. Six mois aprés la vacance des Eglises Cathedrales & Metropolitaines, le Roy doit nommer un personnage grave, Maître ès Arts Licentié, ou Docteur, âgé de 27. ans : si le Sujet nommé n'avoit les qualitez requises, Sa Majesté en nommera un autre trois mois aprés. Les parens du Roy & Religieux mendians ne sont compris dans la rigueur de cette Loy. *Bibliotheque Canon. to. 2. p. 113. col. 1.*

12. Les nommez aux Evêchez seront examinez sur leur doctrine aux saintes Lettres par un Archevêque ou Evêque à ce commis, avec deux Docteurs en Theologie, qui donneront leur certificat. *Henry III. 1579. article 2.*

Se feront pourvoir neuf mois aprés leurs nominations, autrement seront privez & déchus du droit d'icelle. *Ibidem art. 5.*

Sont obligez trois mois aprés leur provision de se faire promouvoir aux Saints Ordres, & consacrer. *Ibidem art. 8.*

Autrement à faute de ce faire, sans autre declaration, seront contraints de rendre les fruits qu'ils auront pris & perçus, pour être employez à œuvres pies. *Ibid.*

Si dans trois autres mois ensuivans, ils ne se sont mis en devoir de ce faire, ils seront entierement privables du droit desdites Eglises sans autre declaration suivant les saints Decrets. *Rebuf. in Prat. Benef. part. 2. chap. de non promot. intra an. num. 25. 26.*

A moins qu'ils n'ayent obtenu prorogation du Pape. *Ibid. part. 3. chap. dernier, n. 58.*

Jusqu'à ce qu'ils ayent leurs provisions du Pape, ils ne doivent s'ingerer en la fonction, ni en la perception des fruits & revenus, autrement ils se rendroient inhabiles. *Ibid. part. 1. chap. forma dimiss. litter. num. 3.*

Les provisions qui depuis leur seroient données par le Pape, ne seroient valables, à moins que mention n'y fût faite, de ce qu'ils se seroient ainsi immiscez. *Ibid.*

13. Le Roy ayant nommé un vieillard à un Evêché au lieu d'un enfant qu'il y avoit nommé, & que le Pape avoit refusé, le Pape le reçut & voulut que le vieillard mourant, l'enfant qui avoit été nommé audit Evêché y eût libre accez. *Bibliot. Can. to. 2. p. 479. col. 1.*

14. Lorsque le Pape veut conferer quelque Evêché à un enfant qui n'en est pas encore capable, il le confere à son Précepteur, à la charge neanmoins que si-tôt qu'il aura atteint l'âge legitime & competent, il pourra de sa propre autorité entrer audit Evêché ; & cette forme s'appelle avec accés, mais on n'use point en France de cette forme, quoyqu'on ait vû autrefois de telles Bulles pour la Bretagne. Voyez *Paris. Consil. 76. vol. 4.*

15. Six cas, par lesquels un Archevêque ou Evêque, peut demander à renoncer à son Archevêché, exprimez par ces deux vers.

Debilis, ignarus, male conscius, irregularis :
Quem mala plebs odit, dans scandala, cedere possit.

Ce fut le Pape Innocent III. qui marqua ces six cas à un Archevêque qui luy demandoit permission de renoncer à son Benefice. Voyez le Chapitre, *nisi cum pridem de renunciatione*, aux Decretales.

16. Un fait destitué de droit, ne fait point d'exemple, factum non jus ; Sigebert Roy de France, de son autorité a autrefois érigé un Evêché à Châteaudun. Si en consequence on conclud que nos Rois ont droit d'ériger des Evêchez de leur autorité, on se trompe ; même le Roy Gontran son Successeur l'abolit tant se faut qu'il voulût se servir de cet exemple. *V. le 17. Plaidoyé de M. Patru, p. 706.*

17. Les Prélats doivent contribuer aux dépenses dont le Roy a besoin pour la guerre. Arrêt du Parlement de Paris, de l'année 1280. contre l'Evêque de Limoges. *Papon, liv. 5. tit. 1. n. 11.*

18. Evêque ayant sa Bulle, ne peut ordonner Clercs avant sa possession ; celuy qu'il auroit ordonné, ne pourroit tenir Benefice. Arrêt du Parlement de Bourdeaux. *Boyer, quest. 171. n. 25. & Papon, liv. 2. tit. 4. n. 5.*

19. Marguilliers d'Eglise, ne doivent être instituez par l'Evêque, & sont gens Laïcs, quoyque la plus grande partie de leur Charge consiste dans les choses sacrées ; ils doivent prêter serment pardevant le Juge laïc. Arrêt du 2. Decembre 1539. contre l'Evêque de Noyon. *Bibliotheque de Bouchel*, verbo *Marguilliers.*

20. Le Parlement n'a jamais approuvé qu'on se servît du Ministere des Sergens, pour prendre ou ajourner à comparoir en personne les Evêques , mais de les envoyer avertir ; ce qui a été jugé le 30. Janvier 1564. pour Monsieur l'Evêque d'Amiens ; cependant permis à sa creanciere de faire saisir toutes ses Terres, & y établir Commissaire, & défenses de troubler le Commissaire en l'exercice de sa Commission, à peine de 10000. liv. *Papon, li. 24. tit. 3. n. 11.*

21. Arrêt du premier Juillet 1599. qui enjoint à tous nommez aux Evêchez, d'obtenir en Cour de Rome Lettres de provision dans six mois, *alias*, qu'ils y seront contraints par saisie du temporel : & toutes provisions faites par les nommez aux Evêchez, auparavant leurs Bulles obtenuës en Cour de Rome, sont declarées nulles. *Bibliot. Can. to. 2. p. 278. col. 1.*

22. Le Roy peut enjoindre aux Evêques de tenir leürs Synodes suivant les Conciles generaux. *Le Bret en la Souveraineté du Roy, ch. 11. li. 1.*

23 Si l'Evêque assistant à l'Office Canonial avec les autres Chanoines de son Eglise, peut prétendre de porter un habit different de celuy des Chanoines? Si les deux Chanoines nommez par le Chapitre pour assister l'Evêque, lorsqu'il Officie pontificalement, sont obligez de porter les deux bords de son pluvial. Et si l'Evêque peut empêcher le Chapitre de publier des Indulgences, fulminer des excommunications, & admettre des Prêtres pour confesser sans la permission ou approbation dudit sieur Evêque. Arrêt du 11. Decembre 1663. qui sur l'appel comme d'abus appointa les Parties au Conseil, & sur le principal en droit ; & cependant jugea par provision, en faveur de l'Evêque de Noyon. Soefue, to. 2. Cent. 2. Chapitre 97.

24 Nota, avant que d'entrer dans le détail des décisions, concernant les droits, privileges & fonctions des Evêques ; celles qui concernent chaque Evêque en particulier vont être rapportées.

EVESQUE D'AGEN.

24 bis. Le 4. Mars 1669. le Roy séant en son Conseil d'Etat, a été fait un Reglement entre M. l'Evêque d'Agen d'une part, & tous les Religieux de son Diocese, Prêtres Seculiers & Reguliers, pour les permissions de prêcher & de confesser. Jovet, verbo *Religieux*, *Religion*, n. 102. *in medio*, & cy-aprés le nomb. 177.

EVESQUE D'ANGERS.

25 Sur l'appel comme d'abus interjetté par les Doyen, Chanoines & Chapitre de l'Eglise d'Angers, de ce qu'aux Lettres à eux adressées de la part de l'Evêque, pour mettre un particulier en possession d'un Canonicat & Prébende en l'Eglise Cathedrale, à laquelle il avoit pourvû, il avoit usé de ce mot, *Mandamus*, dénotant une puissance jurisdictionnelle de laquelle ils étoient affranchis ; le Parlement ordonna qu'à l'avenir l'Evêque n'useroit plus du mot *mandamus*, *tanquam ad subditos* ; mais de celuy de *requirimus*, ou de *Rogamus tanquam ad exemptos* ; ce qui fut jugé sur la circonstance particuliere du fait, que de temps immemorial l'Evêque n'avoit adressé ses *Visa* & mandats de prise de possession que sous la clause *Rogamus*. Ce Parlement s'arrêta à cette possession uniforme. Fevret, *Traité de l'Abus*, liv. 3. chap. 1. nomb. 12.

26 Bien que le Chapitre de l'Eglise Cathedrale du Mans, se prétende exempt de la Jurisdiction Episcopale, il fut neanmoins convenu par un Concordat que l'Evêque useroit du mot *Mandamus*, & non de celuy de *Rogamus* ou *requirimus*. Ce Concordat est rapporté par M. René Chopin, en sa Pol. Ecc. l. 1. tit. 5. n. 8.

EVESQUE D'ANGOULESME.

27 Sur le Procez d'entre M. François Pericard Evêque d'Angoulême & son Chapitre pour la Jurisdiction, Arrêt est intervenu au Parlement de Paris le 4 Septembre 1684. il faut observer trois faits principaux. Le premier qu'il y avoit d'anciens Concordats sur la Jurisdiction Episcopale, entre le Chapitre & quelques Predecesseurs Evêques d'Angoulême, des années 1408. 1530. & 1575. qui affranchissoient le Chapitre de la Jurisdiction Episcopale. Le second que le Chapitre avoit réüni à la Mense quelques Cures. Le troisiéme que M. l'Archevêque de Bourdeaux qui étoit intervenu au Procez, se prétendoit Juge immédiat du Chapitre. Voici ce que prononce l'Arrêt : Nôtre Cour en tant que touche l'appel comme d'abus interjetté de la Sentence renduë par l'Auditeur de l'Archevêque de Bourdeaux à Poitiers le 20 Novembre 1670. dit qu'il a été mal, nullement & abusivement procédé & ordonné ; ayant égard aux Lettres de rescision obtenuës par ledit Pericard, remet les Parties en même état qu'elles étoient avant les Concordats des 19. Mars 1408. 31. Novembre 1530. & 31. Août 1575. & sans s'y arrêter le maintient & garde aux droits de Jurisdiction, Visite, Correction, & Actes en dependans qui lui appartiennent de droit, & en ladite qualité sur les Dignitez, Chanoines & Chapitre, Semiprebendez, Choristes & autres Ecclesiastiques deservans continuellement en ladite Eglise, & sur les Secretaires d'icelle pour raison de leurs fonctions, même en execution des Ordonnances qui pourroient être renduës par ledit Evêque dans le cours des Visites aux cas où il sera necessaire de proceder par les formes de Droit & d'instruire un Procez, le tout en premiere Instance seulement & à la charge de l'appel pardevant ledit Evêque, ou son Official, tant par les Parties si elles jugent à propos de se pouvoir, que par le Promoteur dudit Evêque, s'il veut interjetter appel à *Minima* desdites Sentences, ordonne que l'Official que le Chapitre commettra pour l'exercice de la Jurisdiction sera tenu d'informer & de decreter dans trois jours des délits qui pourroient être commis par les Dignitez, Chanoines, Semiprebendez, & autres Ecclesiastiques dans la ville & fauxbourgs d'Angoulême & dans huitaine pour ceux qui seront commis hors de ladite ville & fauxbourgs, & de juger les Procez dans les délais de l'Ordonnance ; autrement & à faute de ce faire dans ledit temps de trois jours & autres délais expirez, ledit Evêque & son Official pourront informer, instruire & juger les Procez, sans que les accusez puissent ensuite demander leur renvoy, & sans préjudice audit Evêque de proceder contre l'Archidiacre en premiere Instance s'il commet quelque faute dans ses fonctions ; fait défenses au Chapitre & Archidiacre d'exercer aucune autre Jurisdiction, ni d'avoir autre Juge que ledit Official pour les causes & matieres dont ils peuvent connoître, comme ils le maintient & garde le Chapitre en possession de visiter les Cures & Eglises Paroissiales de Maule, Soyaux & autres, dans lesquelles ils auront fait les visites, pendant & depuis les quarante dernieres années, à la charge de rapporter les procez-verbaux de visite au Sr Evêque pour y être pourvû, ainsi qu'il estimera à propos : & avant faire droit sur les appellations comme d'abus interjettées des unions des Cures de Saint Genis, Moulidars. Aunat & Saint Ament de Bonneyres, ordonne que les Appellans rapporteront les Decrets d'union dans six mois, pour ce fait communiqué au Procureur General, y être fait droit ainsi qu'il appartiendra, & à faute de les rapporter dans ledit temps, & icelui passé en vertu du present Arrêt, déclare dés à present les Appellans non recevables en leurs appellations comme d'abus : & sur la demande de l'Archevêque de Bourdeaux, & sur le surplus des Chefs du Chapitre hors de Cours & de Procez condamne le Chapitre aux dépens envers le Sr Evêque, liquidez de son consentement à 1100 l. les dépens d'entre les autres Parties compensez. *Bibliot. Can.* to. 1. p. 621.

EVESQUE D'APT.

28 Arrêt du Parlement de Provence du dernier Juin 1655. qui n'a point d'égard à la rescision obtenuë par l'Evêque d'Apt contre les transactions passées par ses prédecesseurs, avec le Prieur de S. Christophe, pour les droits de son Evêché, consistans en dismes. *Voyez Boniface*, to. 1. li. 2. tit. 22. ch. 1.

Voyez cy-aprés le nomb. 180.

EVESQUE D'AVRANCHES.

29 L'Evêque d'*Avranches* a le droit de visiter l'Eglise Paroissiale du Mont Saint Michel, qui dépend de l'Abbaye du même lieu, & est à la collation de plein droit de l'Abbé, comme aussi de visiter le Monastere, quoy qu'aggrégé à la Congregation de S. Maur, exceptez toutefois les lieux reguliers, la discipline monastique, & les personnes des Religieux, tant qu'ils demeureront en ladite Congregation ; ordonné que le Curé de ladite Paroisse assistera aux Sinodes de l'Evêque, & défend ausdits Religieux de confesser aucuns seculiers, ni de commettre à cet effet sans son approbation. Arrêt du Grand Conseil du

du 3. Février 1648. rapporté dans *les Memoires du Clergé*, to. 1. *tit.* 2. *chap.* 12. *art.* 19.

EVESQUE D'AUTUN.

30 Voyez l'Histoire d'Autun par Munier, Chassanée *in catalogo gloria mundi* 12. *part. considerat.* 60. & dans sa Préface sur la Coûtume du Duché de Bourgogne, il a parlé amplement de l'origine, de l'antiquité & de la Noblesse de la Ville & du Païs d'Autun, de la dignité & des privileges de l'Evêché.

31 De la preseance de M. l'Evêque d'Autun aux Etats de Bourgogne. *Henrys, tome* 2. *liv.* 1. *quest.* 36. les *Memoires du Clergé*, to. 1. *part.* 1. *p.* 378. & Fevret, *traité de l'abus*, li. 2. ch. 7. à la fin, où il est observé que par concession du Pape S. Gregoire, les Evêques d'Autun joüissent du *Pallium*.

32 L'Evêque d'Autun n'a point Jurisdiction sur les Religieux de Citeaux. *Bouvot, tome* 2. verbo *Abbez* question 1.

33 L'Evêque d'Autun & ses Successeurs ont été maintenus en la disposition du Spirituel & Temporel, fruits & collations de l'Archevêché de Lyon pendant la vacance dudit Archevêché, par Arrêt contradictoire du Parlement de Paris du 11. May 1630 rapporté dans les *Memoires du Clergé*, tome 2. *part.* 2. *tit.* 6. article 10.

Et par un autre Arrêt contradictoire du même Parlement du 11. Août 1667. l'Archevêque de Lyon a été maintenu au droit de conferer les Benefices étant à la collation de l'Evêque d'Autun, pendant la vacance du Siege Episcopal d'Autun. *Ibid.* art. 21.

34 Arrêt qui confirme la Jurisdiction de M. l'Evêque d'*Autun* sur l'Abbaye de Saint Andoche d'Autun, & qu'en consequence il a pû commettre un Oeconome pour l'administration des revenus de cette Abbaye, & faire plusieurs autres Actes de Jurisdiction. Jugé à Paris le 8. Avril 1683. *Journal du Palais*.

EVESQUE D'AUXERRE.

34. bis. Voyez cy-après le nombre 164.

EVESQUES DE BEARN.

35 Les Evêques & Abbez de *Bearn* ont entrée au Conseil Souverain de Pau. Par Arrêt du Conseil du 19. Octobre 1610. rapporté dans les *Memoires du Clergé*, to. 1, *tit.* 1. ch. 7. art. 12.

EVESQUE DE BEAUVAIS.

36 Justice temporelle de l'Evêque de *Beauvais* : il a été confirmé dans ce droit par Lettres Patentes du Roy Loüis VII. dit le Jeune de l'an 1151. *Memoires du Clergé*, to. 3. *part.* 3. *p.* 266. & *suiv.*

Ses Officiers maintenus dans le droit de recevoir les consignations. *Ibid.* p. 281.

EVESQUES DE BESANÇON ET LYON.

37 Les Evêques de *Lyon* & *Besançon* doivent avoir des Vicegerans dans le Ressort du Parlement de Bourgogne, à peine de saisie de leur Temporel, de nullité de toutes les procedures, & de tous dépens, dommages & interêts des Parties. Arrêts rendus audit Parlement les 10. Mai 1611. & 16. Septembre 1604. & 22. Janvier 1612. *Bouvot*, to. 2. verbo *Evéques*, quest. 1.

EVESQUE DE BETHLEEM.

38 Si la Chapelle de Nôtre-Dame lés *Bethleem*, prés Clamecy dans le Nivernois, ayant été unie à l'Evêché de Bethleem, qui est *in partibus infidelium*, cette union a pû transferer cet Evêché en France, ou s'il est toûjours demeuré attaché aux Terres infideles.

Si les Ducs de Nevers ont droit de nommer à cet Evêché.

Si un particulier en ayant été pourvû par le Pape sur la resignation du dernier Titulaire, ayant été sacré & pris possession, a pû de son propre mouvement y renoncer par une transaction particuliere sans le consentement du Pape.

Sur ces trois questions, Arrêt du Parlement de Paris du 13. Juin 1673. qui ordonne entr'autres choses, qu'à l'avenir aucun pourvû de l'Evêché de Bethleem, ne pourra joüir des revenus de ladite Chapelle & Maison, s'il n'a été pourvû sur la nomination du Duc de Nevers, avec l'agrément du Roy. *Journal du Palais* in 4. *part.* 3. *p.* 136. & le 1. *tome in folio p.* 398.

EVESQUE DE S. BRIEVE.

39 L'Evêque de *Saint Brieve* & ses Officiers pour la Jurisdiction des Regaires maintenu contre les Juges Royaux en toute la Police, Bureau des pauvres & Jurisdiction sur toutes sortes de personnes. *Memoires du Clergé*, to. 3. *part.* 3. *p.* 301. & *suiv.*

EVESQUE DE CAHORS.

40 Sur une contestation formée entre l'Evêque de Cahors, touchant sa premiere entrée dans la ville capitale de son Diocese, & le Baron de Cessac, qui devoit en qualité de son vassal aller au devant de lui hors de la ville, & l'ayant rencontré dans un certain endroit marqué par les anciens titres, mettre pied à terre, après l'avoir salué tête nuë & sans manteau, la jambe droite & le pied aussi nud, avec une pantoufle, prendre la mulle de l'Evêque par la bride, & en cette posture s'acheminer à l'Eglise Cathedrale, & de là au Palais Episcopal pour le servir à table durant son dîner, après lequel il se retire avec la mulle & le buffet qui lui sont acquis ensuite de ce service, il y eut Arrêt rendu en la premiere Chambre des Enquêtes du Parlement de Toulouse le Jeudi cinquiéme de Juillet 1630. par lequel la Cour sans avoir égard à la prétention du Sieur Evêque, qui non content d'avoir exigé du sieur de Cessac en cette occasion les devoirs accoûtumez, l'avoit encore obligé à quitter son épée & sa ceinture, ce qui ne pouvoit être pris que pour une surcharge injurieuse, mit l'appellation au néant, ordonna que ce dont avoit été appellé, ensemble l'Arrêt de l'an 1604. sortiroient effet ; & avant que donna droit sur le fait de la surcharge prétenduë, ordonna que les Parties seroient plus amplement oüies dans le mois, durant lequel delai le Seigneur Evêque justifieroit de titres ; & la procedure, sur laquelle étoit intervenu l'Arrêt de l'an 1604. seroit remise pour ce fait, être dit droit aux Parties ainsi qu'il appartiendroit. Par cet Arrêt de 1604. le Sieur Evêque avoit été condamné à donner au Sr de Cessac un buffet de vaisselle d'argent doré, ou la valeur, suivant l'estimation qui en seroit faite par Experts, eu égard à la qualité des Parties, à la solemnité de l'acte, & à la magnificence du festin. *Taisand*, *sur la Coûtume de Bourgogne*, *tit.* 3. *art.* 1. *n.* 42.

41 Par les titres de l'Evêché de Cahors le Sr d'Espanel, à raison d'une disme inseodée, est tenu d'heberger l'Evêque de Cahors accompagné de trente chevaux ; le temps n'est point marqué dans ces titres. L'Evêque de Cahors ayant fait assigner le Sr d'Espanel pour voir regler ce temps, & la cause ayant été portée par appel au Parlement de Toulouse, le Sieur d'Espanel expliquoit ces titres & cet hebergement de la reception d'une visite faite en passant & d'une simple collation. Il intervint Arrêt le 16. May 1651. rapporté par *M. de Catellan*, *liv.* 3. *chap.* 34. la Cour ordonna que le Sr d'Espanel recevra l'Evêque de Cahors chez lui accompagné de trente chevaux, & lui fournira & à sa suite deux repas & une couchée. *M. d'Olive* fait mention de ce droit & hebergement au *liv.* 2. *chap.* 5.

42 Comme l'Evêque de *Cahors* tient en pariage le Comté de Cahors. *Memoires du Clergé*, tome 3. *part.* 3. *p.* 255. & *suiv.*

Il est maintenu en la qualité de Comte de Cahors. *Ibidem.*

Les Consuls de Cahors doivent lui prêter le serment à genoux. *Ibid.*

EVESQUE DE CASTRES.

43 L'Evêque de *Castres* maintenu au droit d'aller sous le Poële aux Processions, & d'avoir auprès de sa personne, outre les Ecclesiastiques qui l'assistent, deux domestiques pour porter les choses necessaires à son

service. *Memoires du Clergé, to.* 1. *part.* 1. *p.* 377.

EVESQUE DE CHÂLONS.

44. Jurifdiction de l'Evêque de Châlons. V. *Bouvot, to.* 1. *part* 3. verbo *Evêque.*

45. Des prééminences & prérogatives de M. l'Evêque & Comte de Châlons, Pair de France, tant sur le Spirituel que Temporel de cette ville, singulierement pour convoquer les Assemblées ordinaires en son Palais, & dans son absence par son Grand Vicaire, Bailly ou autres Officiers. *Voyez les reliefs forenses de Rouillard chap.* 11.

46. Arrêt du Parlement de Dijon du 2. Decembre 1623. entre Messire Cyrus de Thiard Evêque de Châlons, appellant comme d'abus de la fulmination & execution des Bulles, par lesquelles les Chanoines de l'Eglise Collegiale de S. Georges se prétendent exempts de sa Jurisdiction, & à avoir la dispense de non resider. Cet Arrêt dit qu'il a été bien appellé, mal, nullement & abusivement fulminé & executé en cette part, casse & annulle tout ce qui a été fait, ordonne que les Chanoines demeureront sujets à la Jurisdiction de l'Evêque, les condamne à l'amende pour l'abus, l'amende neanmoins moderée à cent sols. *Bibliot. Can. tome* 2. *p.* 492.

47. L'Evêque de *Châlons sur Marne* a droit de présider aux Assemblées de Ville & à celles des pauvres. *Memoires du Clergé, to.* 3. *part.* 3. *p.* 387. & de faire faire les Inventaires par son Tabellion privativement aux Notaires Royaux, *Ibid. p.* 319.

La Justice temporelle & les droits de Police lui sont conservez nonobstant l'établissement d'un Présidial en la même Ville. *Ibid, p.* 387. 397. *& suiv.*

48. Les Officiers du Bailliage de l'Evêché de *Châlons sur Saône*, ont été maintenus dans l'exercice de leur Charge pendant la vacance de l'Evêché, au préjudice des Officiers Royaux par deux Arrêts du Parlement de Dijon, rapportez dans les *Memoires du Clergé, to.* 3. *part.* 3 *tit.* 2. *chap.* 3. *art.* 23.

49. L'Evêque de *Châlons sur Saône* fut maintenu en possession de mettre, en officiant pontificalement, une chaire sur le marchepied de l'Autel, & de donner seul la Benediction à trois fois, & défenses faites au Doyen de son Eglise Cathedrale, & à tous autres, de s'attribuer les mêmes droits. Arrêt du Parlement de Dijon du 28. Février 1654. rapporté *Ibidem, tome* 1. *tit.* 1. *chap.* 1. *art.* 10.

50. Les Doyen & Chanoines de l'Eglise de Châlons sur Saône, furent condamnez de se mettre à genoux lorsque l'Evêque donneroit la Benediction. Arrêt du Parlement de Dijon du 2 Février 1655. *Ibid.*

EVESQUE DE CHARTRES.

51. M. l'Evêque de *Chartre* a été maintenu dans sa Jurisdiction sur la Cure de Saint Saturnin, quoy qu'un de ses Prédecesseurs Evêques y eût renoncé par transaction faite avec son Chapitre, parce qu'un Evêque ne peut rien faire au préjudice de ses Successeurs particulierement pour la cession de sa Jurisdiction spirituelle qui est du caractere Episcopal. Arrêt du Parlement de Paris du 24. Mars 1664. *Journal des Aud. to.* 2. *liv.* 6. *chap.* 12.

EVESQUE DE CORNOÜAILLE.

52. Justice temporelle de l'Evêque de *Cornoüaille*, appellée Jurisdiction des Regaires. *Memoires du Clergé, to.* 3. *part.* 3. *p.* 305.

EVESQUE DE FREJUS.

53. Arrêt du Parlement d'Aix du 15. May 1619. qui porte un Reglement provisionnel de l'honneur que le Prévôt de l'Eglise de Fréjus doit rendre à son Evêque; ordonné par provision que lorsque l'Evêque voudra aller celebrer ou assister au Service Divin aux jours & Fêtes solemnels, & autres coûtumes, le Prévôt sera tenu d'aller prendre l'Evêque dans la bassecour de sa Maison Episcopale. & l'accompagner en l'Eglise, & au retour d'icelle jusques dans ladite bassecourt ; sera neanmoins ledit Evêque admonesté de le recevoir & traiter gracieusement comme Prévôt de son Eglise, & enjoint au Prévôt de porter l'honneur, respect & reverence dûs audit Evêque comme à son Prélat, le tout sans préjudice du droit des Parties & attribution d'aucun nouveau droit. *Preuves des Libertez. to.* 2. *ch.* 35. *n.* 87.

EVESQUE DE GRASSE.

54. Arrêt du Parlement d'Aix du 22. Juin 1617. sur les appellations comme d'abus des procedures de l'Archevêque d'Ambrun & de l'Evêque de Grasse contre un nommé Mutonis, Prévôt en l'Eglise Cathedrale. Ordonné que l'Archevêque d'Ambrun commettroit & delegueroit Vicaire *in partibus* pour proceder à la visite des Eglises dépendantes du Prévôt, sauf à l'Evêque de Grasse d'y proceder pour le surplus en ce qui regardera l'administration des Ordres & Sacremens, enjoint au Prévôt d'honorer & respecter l'Evêque de Grasse comme son Prélat, & audit Evêque de vivre en paix & amitié avec ledit Mutonis, & le traiter comme le Prévôt de ladite Eglise. *Ibidem, nombre* 86.

55. Le Vicaire perpetuel de Cabris dépendant du Monastere de Lerins, soy disant exempt de la Jurisdiction de l'Ordinaire, a été condamné par Arrêt du Parlement d'Aix de payer à M. l'Evêque de Grasse, cinquante livres pour les frais de sa visite audit lieu de Cabris, & à cette fin permis audit Sieur Evêque de faire sa visite une fois l'année dans ledit Monastere, & enjoint audit Vicaire de lui fournir, & à ceux de sa suite, les vivres necessaires pendant le temps de sa visite. *Memoires du Clergé, to.* 1. *tit.* 2. *chap.* 12. *article* 25.

56. L'Evêque de *Grasse* attendu sa qualité, fut déchargé de l'assignation personnelle à lui donnée, en vertu de l'Arrêt rendu en la Chambre des Vacations du Parlement d'Aix, & sursis au Decret donné contre ses domestiques, par Arrêt dudit Parlement de Provence du 19. Octobre 1658. rapporté *Ibid. to,* 2.

57. L'Evêque de *Grasse* a été maintenu au droit de visiter les Paroisses dépendantes de l'Abbaye de Saint Honorat de Lerins, de la Congregation de Mont-Cassin, par Arrêt du Parlement d'Aix, du 21. Mars 1623. *Ibidem, to.* 1. *tit.* 2. *ch.* 12. *article* 18.

58. L'assignation donnée à M. l'Evêque de *Grasse*, à la requête de l'Oeconome du Monastere de S Honoré de Lerins, pour comparoir en Cour de Rome, a été déclarée abusive & contre les libertez de l'Eglise Gallicane, par Arrêt du même Parlement du 6. Avril 1660. rendu en execution du précedent, & qui le confirme, avec défenses audit Oeconome de se servir de pareilles citations. *Ibid. to.* 1. *tit.* 2. *chap.* 12. *article* 16.

EVESQUE DE LAON.

59. Par Arrêt en forme de Reglement intervenu au Grand Conseil le 22. Septembre 1663. il a été enjoint aux Religieux de Saint Martin de Laon de prendre la Benediction de M. l'Evêque de Laon, lorsqu'ils voudront prêcher dans leur Maison, & que ledit Sieur Evêque sera present, ou autres Seculiers, & de lui ouvrir les portes de leur Eglise, pour y conferer les Ordres lorsqu'ils seront indiquez par ledit Sieur Evêque, & de se trouver aux Processions solemnelles de ladite ville, ainsi que les autres Religieux. *Jouet*, verbo *Exemption nomb.* 6.

59 bis. Au 4. tome *du Journ. des Audiences liv.* 8. *ch.* 1. il y a un Arrêt en forme de Reglement du 30. May 1672. entre M. l'Evêque de Laon, son Chapitre & Officiers. Comme les dispositions en sont importantes, il est au long rapporté sous le mot *Doyen.*

EVESQUE DE LUÇON.

60. L'Evêque de *Luçon* a Jurisdiction sur son Chapitre, sçavoir sur tous les Chanoines & Ecclesiastiques qui le composent. Arrêt du 29. Janvier 1671 la discipline interieure & correction pour les fautes legeres demeurant au Chapitre auquel l'Evêque pourra

préſider ſi bon lui ſemble. *De la Gueſſiere, tô. 3. l. 5. c. 7.*

EVESQUE DE MAILLEZAIS.

61 Declaration pour l'execution des Bulles du Pape, par leſquelles l'Evêché de Maillezais eſt transferé dans la ville de la Rochelle. A Paris le 20. Mai 1664. regiſtrée le 4. Mai 1665. 10. *Vol. des Ordonn. de Louis XIV. fol.* 309.

EVESQUE DU MANS.

Voyez cy-deſſus le nomb. 26. *& cy-après le nomb.* 182.

62 Arrêt du Parlement de Paris, qui déclare abuſifs les Privileges du Chapitre de l'Egliſe Cathedrale du Mans, touchant l'exemption & Juriſdiction prétenduë par le Chapitre ; & qui maintient M. l'Evêque du Mans & ſes ſucceſſeurs en toute Juriſdiction ſur le Corps & les particuliers du Chapitre, enſemble ſur les quarante Cures qui ſont à la collation du Chapitre, ordonne que les Livres qui regarderont l'Office Divin dans l'Egliſe Cathedrale du Mans, comme le Ceremonial, Rituel & Proceſſionnal ſeront communiquez à l'avenir au Chapitre par ledit Evêque, en la forme qui a été obſervée ci-devant ; que le Secretaire & autres Officiers de l'Evêque prendront en la maniere accoûtumée 5. ſ. des Chanoines pour chaque Lettre des Ordres auſquels ils ſeront promeus ; que les domeſtiques & autres Officiers de l'Evêque ne pourront tenir le Greffe des inſinuations Eccleſiaſtiques ; que ſuivant les Canons, l'Evêque établira un Penitencier en titre dans l'Egliſe du Mans auſſitôt qu'il vaquera une Prebende ; que le Promoteur de l'Evêque ne pourra être Curé ni pourvû d'aucuns Benefices deſirans reſidence hors la ville du Mans ; que ſur les demandes du Chapitre concernant les Decimes, les Parties ſe pourvoiront ainſi & où elles aviſeront bon être, dépens compenſez. *Bibliot. Can. tome* 1. *p.* 622. *& le mot Exemption nomb.* 206.

EVESCHE' DE METS.

63 Nomination du Roy à l'Evêché de Mets en vertu de l'Indult accordé à Sa Majeſté par le Pape. *Memoires du Clergé, to.* 2. *part.* 2. *p.* 286. *& ſuiv.* La ville de Mets reduite ſous l'obéïſſance du Roy & réünie à la Couronne ? *Ibid. p.* 571.

Comment l'Evêque de Mets confere les Benefices de ſon Dioceſe ? *Ibid. p.* 567.

64 Recüeil des Arrêts de la Chambre Royale de Mets pour la réünion des trois Evêchez, en conſequence des Traitez de Munſter, des Pyrenées, & de Nimegue. *Par.* 1681.

65 Recüeil de tous les Traitez modernes conclus entre les Potentats de l'Europe, de tous les Memoires qui ont ſervi à faire la Paix de Nimegue, & des Arrêts de la Chambre Royale de Mets pour la réünion des trois Evêchez. *Par.* 1681.

EVESQUE DE MONTPELLIER.

Secularisation de l'Egliſe de Montpellier. *Memoires du Clergé,* 10. 2. *part.* 2. *p.* 129.

66 L'Evêque de *Montpellier* a pouvoir de donner des Statuts & Reglemens à l'Univerſité de Montpellier, & de la reformer ſi beſoin eſt, par Lettres Patentes du Roy Loüis XIII. du mois d'Août 1613. confirmatives des droits & prérogatives qui lui appartiennent, verifiées au Parlement de Touloufe le 16. Juillet 1615. *Ibidem pag.* 165. *art.* 21.

EVESQUE D'ORLEANS.

67 L'origine du Privilege dont joüiſſent les Evêques d'Orleans de délivrer les criminels qui leur ſont preſentez le jour de leur entrée ſolemnelle en leur ville Epiſcopale, ſe tire communément de ce que l'Hiſtoire de l'Egliſe d'Orleans rapporte touchant S. Agnan un de ſes plus grands & plus ſaints Evêques. Lorſque ce S. voulut faire ſon entrée dans cette ville vers l'année 390. il demanda à Agrippin Gouverneur de la Province, pour les Empereurs Valentinien II. Theodoſe & Arcade, qu'il lui accordât la délivrance de tous les criminels detenus dans les priſons de la ville en faveur de ſon avenement à l'Epiſcopat. Ce Gouverneur ayant eu la dureté de le lui refuſer, il arriva que du toit d'une maiſon une groſſe pierre lui tomba ſur la tête qui le bleſſa à mort : auſſi-tôt il ſe fit porter en ſa maiſon par ſes domeſtiques, il répandit une ſi grande quantité de ſang qu'il ſembloit n'avoir plus de vie. Saint Agnan l'alla viſiter, & par la vertu miraculeuſe du ſigne de la croix qu'il fit ſur la playe, il arrêta le ſang, & le rétablit en même temps dans une parfaite ſanté. Agrippin s'apperçut alors que Dieu l'avoit ainſi puni pour le refus qu'il avoit fait à Saint Agnan, & entrant dans les ſentimens d'une parfaite reconnoiſſance, il lui accorda la délivrance des criminels. C'eſt de là qu'on a jugé & qu'on a toûjours crû que par la conceſſion de ce Gouverneur, & de ceux qui étant en cette place, l'ont continué vraiſemblablement en faveur de S. Proſper, & des autres ſaints Evêques d'Orleans ſucceſſeurs de Saint Agnan, comme auſſi par la conceſſion de nos premiers Rois de France, ce Privilege a toûjours eû ſon effet, & a paſſé ſans interruption à tous les Evêques d'Orleans juſqu'à preſent.

Le privilege que les Evêques d'Orleans ont de délivrer les criminels quand ils font leur premiere entrée dans la ville Epiſcopale, eſt non ſeulement établi ſur une poſſeſſion immemoriale ; mais il eſt auſſi fondé ſur des titres de confirmation par nos Rois de la troiſiéme race, & par leurs Cours de Parlement.

Le Bienheureux Roger le Fort Evêque d'Orleans, ayant été troublé par le Prévôt de cette Ville, ſur la délivrance des criminels au jour de ſon entrée ; il en porta ſa plainte au Parlement de Paris, lequel par Arrêt du mois de Novembre 1322. a enjoint au Prévôt de conduire à la porte les criminels, & de les remettre és mains de l'Evêque, de luy prêter le ſerment qu'il n'a caché aucun des priſonniers, ni qu'il a avancé leur jugement, ſoit en les condamnant, & faiſant executer à mort, ſoit en les renvoyant abſous.

En l'année 1402. le Roy Charles VI. confirma le privilege des Evêques d'Orleans par des Lettres Patentes.

Par Arrêt du Parlement de Bourdeaux du 1. Avril 1521. un nommé Maturin Rance, lequel, après avoir obtenu la grace de Jean Cardinal de Longueville, Evêque d'Orleans, pour un homicide par luy commis, avoit été pris priſonnier & condamné à mort par le Juge de Salignac, dont la Sentence avoit été confirmée par le Sénéchal de Limoge, fut renvoyé abſous, & déclaré avoir bien & dûëment obtenu la remiſſion de ſon crime par les Lettres à luy accordées par l'Evêque.

Henry II. par ſes Lettres Patentes du 4. Mars 1556. confirma ce privilege de délivrer les Criminels.

Autre Arrêt du Conſeil privé du 6. Avril 1670. en faveur du nommé le Gendre accuſé d'homicide, portant qu'il joüira des Lettres par luy obtenuës de l'Evêque d'Orleans du 19. Octobre 1666. ſans qu'il ſoit tenu d'obtenir Lettres de confirmation de Sa Majeſté, & en conſequence a fait inhibition de faire aucunes pourſuites contre le Gendre, pour les faits contenus aux Lettres par luy obtenuës, qu'aux Requêtes de l'Hôtel ſouverainement, & en dernier reſſort à fins civils ſeulement.

Omne bonum ſive à Deo advenit hominibus, ſive ab imperio ſequente Deum, decet eſſe manſurum. Juſtin. *Nov. Conſtit.* 81. *cap.* 2.

Voyez la diſſertation faite en 1707. par le Sieur du Sauſſay, Penitencier de l'Egliſe d'Orleans, elle ſe vend à Paris, chez Pierre Filleau, Grand'-Salle du Palais.

EVESQUE DE PARIS.

Voyez le mot *Archevêque, nomb.* 32. *& ſuiv.*

68 De l'Evêché de Paris, érigé en Archevêché. *Joly des Offices de Franc. to.* 1. *liv.* 1. *tit.* 25. *p.* 261.

69 L'an 660. L'Abbaye de Saint Denys en France, fut exemptée de la sujetion de l'Evêque de Paris. *Faucher*, *l. 5. des Antiqu. Franc. ch.* 43.

70 *An capti Parisiis Clerici sint Episcopo Parisiensi reddendi ipsos requirenti, vel eorum Ordinariis ?*
Per Arrestum Parlamenti Petrus Bernardi de Rupellâ Clericus, non conjugatus, Parisiis suit captus prisionarius authoritate curiæ Parlamenti, & in Castelleto positus ; suitque Episcopo Parisiensi eum requirenti traditus, quamvis peteret eum Episcopus Xanton. cujus erat civis, & de ejus Diœcesi in dictâ Villâ Rupellâ, in quâ fuerat adjornatus ad comparendum personaliter in Parlamento. Sic suit sactum de Abbate de S. Cypriano de Poitiers, & de Religiosis de Savigniaco, qui Parisiis capti fuerunt, & redditi Episcopo Parisiensi. Joan. Galli quest. 216. Sur le mot *Parisiensi*. M. Charles du Molin dit, & benè quia coram Episcopo Parisiensi, præsertim exempti debent petere ad se remitti subditum vel exemptum, nec de hoc discutiendum coram seculari, qui solum agnoscit ; unde cùm præses remisisset Clericum exemptum ad suum exemptorem, suit per arrestum hoc annullatum, & dictum quod remitteretur coram Ordinario, coram quo exemptus requirere posset : *adde infr. qu.* 322. 371. & *quæ dixi sup. eod. qu.* 100.

71 L'Archevêque de Paris, peut non seulement par luy-même, mais encore par ses Grands Vicaires, & autres personnes qu'il commettra, visiter & reformer l'Abbaye de Saint Victor lés Paris, nonobstant & sans préjudice de l'union d'icelle aux Peres de la Congregation des Chanoines Reguliers de Sainte Geneviéve, par Arrêt du Parlement de Paris du 11. Janvier 1620. rapporté *dans les Memoires du Clergé, to.* 1. *tit.* 1. *chap.* 2.

EVESQUE DE POITIERS.

72 L'Evêque de Poitiers en prenant possession de son Evêché, a droit & privilege de nommer en quelques Eglises Collegiales de son Diocese, un Ecclesiastique pour être pourvû de la premiere Prébende vacante. Voyez *M. Loüet*, *lettre P. sommaire* 6.

EVESQUES DE PROVENCE.

73 Les Prélats de *Provence* sont maintenus en la possession d'envoyer les Grands Vicaires aux Etats, & autres Assemblées de ce Païs-là, pour les y representer en leur absence. Arrêt du Conseil d'Etat du 5. Decembre 1635. *Mem. du Clergé, to.* 2. *pag.* 257. *art.* 4.
Voyez cy-aprés le nombre 91.

EVESQUE DU PUY.

74 Une femme du Puy en Vellay ayant été instituée heritiere par son mari, & étant privée de sa succession pour s'être remariée trois mois aprés, sur la question de sçavoir à qui ses biens devoient être ajugez, au Roy ou à l'Evêque du Puy ; il fut ordonné qu'ils seroient ajugez à l'Evêque comme Comte de Vellay, ceux qu'il se trouveroient hors de la ville du Puy & ceux qui se trouveroient dans l'enclos de la ville, parce que le Roy est en pariage avec l'Evêque, la Cour les ajugea partie au Roy *proratâ* du pariage, partie à l'Evêque. Arrêt du dernier Mars 1588. *La Rocheflavin, liv.* 1. *tit.* 37. *Arrêt* 8.

75 L'Evêque du Puy a été maintenu definitivement au droit d'exercer toute Jurisdiction contentieuse sur les Religieux du Monastere de Saint Pierre de la ville du Puy, hors les cas concernans l'observation de la Regle, & la discipline Monastique, comme aussi en la direction entiere des Paroisses dépendantes de ce Monastere, soit pour l'administration des Sacremens, la Prédication, les Processions, le reglement des Confrairies, la publication des Monitoires, l'institution des Vicaires perpetuels sur la presentation du Prieur, & autres droits semblables. Arrêt du Parlement de Toulouse du 8. Février 1624. rapporté és *Memoires du Clergé, to.* 1. *tit.* 2. *chap.* 12. *art.* 36.

EVESQUE DE RENNES.

76 Les Religieux de Sainte Melaine de Rennes aggregez à la Congregation des Monasteres exempts de l'Ordre de S. Benoît en France, sont sujets à la visite de l'Evêque de *Rennes*, tant sur le fait de la discipline Monastique qu'autrement. Par Arrêt contradictoire du Conseil Privé du 21. Juin 1624. rapporté dans les *Mem. du Clergé, to.* 1. *tit.* 2. *ch.* 12. *art.* 24.

77 L'Evêque de Rennes ayant ordonné que les Ifs qui étoient dans les Cimetieres de son Diocese seroient abbatus, à peine d'interdiction & d'excommunication, le Parlement par son Arrêt du 6. Avril 1637. auroit défendu à tous Recteurs ou Curez, ou Marguilliers & autres personnes, d'abbattre ni faire abbattre les ifs des Cimetieres de la Province de Bretagne, lequel Arrêt auroit été cassé par Arrêt du Conseil Privé du 23. Octobre 1637. lequel sans avoir égard aux Arrêts du Parlement de Rennes, & évoquant les appellations comme d'abus interjettées audit Parlement des Ordonnances rendües par l'Evêque de Rennes, ordonne qu'elles seront executées, & sur lesdites appellations les Parties mises hors de Cour. *Ibid. tit.* 2. *ch.* 10. *art.* 19. *& 20.*

EVESQUE DE RHODEZ.

78 M. l'Evêque de *Rhodez* demandant que l'Archidiacre de son Eglise fût obligé de venir prendre de lui l'*Osculum* à genoux, suivant le Ceremonial Romain, lequel n'est pas reçu comme Loy en France, sur tout en ce qu'il porte que les Magistrats iront avec le Chapitre chercher l'Evêque : cet Archidiacre offrit d'aller le prendre suivant la coûtume observée à Rhodez. Comme l'Archidiacre s'étoit fait mettre sous la protection du Roy & de la Cour, l'Archidiacre & le Chapitre demandoient Reglement, & l'Evêque demandoit la cassation de l'Ordonnance de Sauvegarde. Le 12. Juillet 1640. la Cour ne cassa pas la Sauvegarde, mais elle se déclara incompetente pour le surplus, & renvoya devant le Metropolitain, avec dépens, la taxe reservée, enjoignant aux Chanoines de porter honneur & respect à leur Evêque. M. l'Evêque d'Agde sur un pareil accompagnement demandoit Reglement à la Cour, disant que les Ceremonies ayant été reglées par Charlemagne, c'étoit un fait qui dépendoit de la Justice seculiere, & que *leges vadunt quo volunt Reges*, que ce Reglement étoit de sçavoir si le Concile Provincial de Narbonne de 1609. avoit lieu en France, car il recevoit le Ceremonial Romain : nonobstant ces raisons la Cour par Arrêt du 2. May 1645. renvoya devant le Metropolitain. *Albert, Recüeil des Arrêts du P. de Toulouse,* verbo *Evêque art.* 8.

EVESQUE DE SENS.

79 L'Evêque de Sens a droit de lever échelles propres pour les condamnez à la Mitre, & à faire amende honorable dans sa cour & aux environs de sa Maison Archiepiscopale. Arrêt du Parlement de Paris du 14. Août 1574. *Papon, liv.* 1. *tit.* 4. *n.* 7.
Voyez le mot Archevêque *nomb.* 39. *& suiv.*

EVESQUE DE TOUL.

80 Si l'Evêque de Toul joüit de l'Indult à l'effet de pouvoir conferer les Cures de son Diocese dans les mois reservez au Pape ; & si, supposé qu'il joüisse de cet Indult, il l'a pû ceder à son Grand Vicaire.

81 Si le Concordat germanique a lieu dans cet Evêché, ou si au contraire le Concile de Trente y est reçû au moins dans la Lorraine, en ce qui concerne le concours. Voyez *ces questions dans la* 2. *part. du Jour. du Palais, in* 4. *p.* 55. *& suiv. & au* 1. *to. in folio* ; le pourvû par le Pape fut maintenu par Arrêt rendu au Parl. de Mets le 6. Août 1672.

EVESQUE DE VALENCE.

82 Lorsqu'un Evêque se trouve pourvû de deux Evêchez comme l'Evêché de Valence, uni à celuy de Die en Dauphiné, chacun ne laisse pas de conserver sa qualité & son rang particulier. *Definit. Can. p.* 425.

83 L'Evêque de *Valence* doit présider, tant aux élections, & nominations, des deux premieres chaires de droit, qu'aux disputes des autres, & donner les

provisions ; & il en doit ainsi être usé pour les Chaires, Regences de Theologie & de Medecine, par deux Arrêts du Conseil Privé des 26. Juin & 20. Juillet 1635. *Memoires du Clergé, to. 2. p. 165. art. 23.*

Ensuite desdits Arrêts les Professeurs de l'Université de Valence, ont passé transaction avec ledit Sieur Evêque, le 24. Septembre 1641. contenant divers Reglemens que l'on peut voir. *Ibid. art. 15.*

ARCHEVESQUE DE VIENNE.

83 bis. L'Archevêque de *Vienne* a été maintenu au droit de visiter dans l'Eglise de saint Antoine de Viennois, de l'Ordre de Saint Antoine, les fonds Baptismaux & la Chapelle, où la Cure dudit lieu est desservie ; avec ses annexes, & d'y exercer tous actes de Jurisdiction comme dans les autres Cures de son Diocese, privativement à l'Abbé de Saint Antoine General dudit Ordre ; par Arrêt contradictoire du Privé Conseil du 17. Avril 1668. rapporté aux *Mem. du Clergé, to. 1. tit. 2. ch. 12. art. 21.* il y a plusieurs autres Arrêts au même lieu pour même fait.

Voyez le mot Archevêque *nomb. 45. & 46.*

EVESQUES, ACQUISITIONS.

84 *An Episcopus possit acquirere privato nomine ?* Vide Du Moulin, *to. 2. p. 553.*

85 Acquêts faits par Prélats en leurs propres & privez noms, appartiennent à leurs heritiers *ab intestat.* Jugé contre l'Evêque d'Auxerre en l'an 1461. suivant le texte in *l. si Patronus & l. quicumque. C. commun. utr. judic.* Bibliot. Can. *to. 1. p. 32. col. 1. & Papon, li. 21. tit. 8. n. 2.*

86 Les acquêts & la succession mobiliaire des Prélats, sont déferez aux proches parens. *Tournet, lettre S. Arrêt 67.*

87 Les acquisitions faites par un Religieux après avoir été pourvû d'un Evêché, sont au profit de l'Evêché, non du Monastere. *Chopin, Monasticon, lib. 1. tit. 3. art. 5.*

EVESQUES, AGE.

Voyez le mot Age.

88 Les Archevêques & Evêques seront âgez de trente ans. *Charles IX. 1560. art. 1. idem.* Par le Droit Canon. *Rebuf. en sa Prat. Benef. ch. 15. nomb. 37.*

De 27. ans. *Henry III. 1579. art. 2.*

Le Pape en dispense quelquefois. *Dossat. 2. part. pag. 431.*

89 Les Evêques peuvent ès Benefices simples bailler dispense d'âge. *Brodeau sur M. Loüet lettre F. som. 1.*

ATTESTATIONS DE VIES ET MOEURS.

90 Par quel Evêque peuvent être donnez les attestations *de vitâ & moribus?* Arrêt du Parl. de Bourdeaux du 13. Decembre 1614. qui déclare n'y avoir abus dans une semblable attestation donnée par M. l'Evêque de Tulles à un Religieux demeurant en un Monastere de son Diocese, quoiqu'il ne fût point l'Evêque *ratione originis vel beneficii*, on considera qu'il l'étoit *ratione domicilii.* V. les Plaidoyers dediez à M. de Nesmond *p. 586.*

91 Informations de vie & mœurs de ceux qui seront nommez aux Archevêchez, se feront à l'avenir par les Evêques Diocesains des lieux où ils auront fait leur demeure les cinq années precedentes, suivant l'Ordonnance de Blois *art. 1.* Jugé le 21. Decembre 1639. & non point par le Nonce du Pape. *Henrys, tome 1. liv. 1. chap. 3. q. 45.*

EVESQUE, BENEDICTION.

92 Benediction donnée par l'Evêque. *Voyez le mot* Benediction *nomb. 1.*

EVESQUE, CHANOINE.

93 Evêques qui sont Chanoines. *Voyez le mot* Chanoines *nomb. 56. & 57.*

Si l'Evêque a voix en Chapitre ? *Voyez le mot* Chapitre *nomb. 12. & 14.*

Chanoines qui assistent l'Evêque. *Voyez le mot* Chanoines *nomb. 51. & suiv.*

93 bis. Si l'Evêque peut tenir valablement un Canonicat, qu'il possedoit avant sa promotion à l'Episcopat, & si la paisible possession de vingt ans peut empêcher un dévolut ? Non. *Voyez Basset, tom. 1. li. 1. tit. 1. chap. 5.* Ainsi il fut jugé au Parlement de Grenoble le 30. Juillet 1617. que le vice de l'incompatibilité des Benefices requerans residence, bien qu'en diverses Eglises, est pire que celui de simonie & de l'intrusion, puisqu'il ne se peut purger par une paisible & longue possession. 2. Que le promû à l'Episcopat ne peut tenir les precedens Benefices sans une dispense du Pape, qui doit être couchée dans la signature & Bulles de provision en termes formels. 3. Que cette dispense ne peut jamais être presumée.

94 Les Evêques étans Chanoines de leurs Eglises Cathedrales gagnent francs les fruits de leurs Prebendes sans assister aux Heures Canoniales. Jugé au Parlement de Toulouse pour l'Evêque d'Alby le 18. Juillet 1602. L'Arrêt en est rapporté tout au long par *Chenu, tome 1. part. 1. tit. 1. chap. 29.* & par *Fevret en son Traité de l'abus, li. 3. ch. 1.* La raison est que l'Evêché n'est pas annexé au Canonicat ; mais le Canonicat à l'Evêché ; ainsi l'Evêque n'est pas tenu d'être present à l'Office Canonial, qui pourroit interrompre ses fonctions Pastorales bien plus importantes.

EVESQUE, CHAPELLE.

95 Chapelle dûë par les Archevêques & Evêques à leurs Chapitres. *Voyez le mot* Archevêque *nomb. 17. & le mot* Chapelle *nomb. 9. & 10.*

95 bis. Arrêts du Parlement de Provence des 27. Janvier 1631. & 21. Juin 1647. qui ont jugé que les Evêques en leur promotion doivent faire une Chapelle Pontificale dans leur Eglise. Le premier Arrêt avoit condamné l'Evêque de Fréjus à faire une Chapelle de la valeur de 1600. écus : le second rendu sur la plainte du Chapitre qui prétendoit qu'elle valoit moins, interloqua & ordonna l'estimation. *Boniface, to. 1. li. 2. tit. 2. chap. 3.*

EVESQUE, CLOCHES.

96 On ne peut faire aucune fonte de cloches sans le consentement de l'Evêque : Ce Reglement a été fait par Arrêt du Parlement de Paris du 17. Decembre 1646. par lequel il est tres-expressément porté, qu'il sera mis deux lames de cuivre, l'une dans la Sacristie, & l'autre au clocher, sur lesquelles seront gravez le temps de la fonte, le nom du Roy & de l'Evêque, & le contenu audit Arrêt, rapporté dans les *Memoires du Clergé, to. 1. tit. 1. ch. 1. art. 13.*

EVESQUE, COADIUTEUR.

97 Les Archevêques & autres Prélats anciens & malades pourront avoir des Coadjuteurs & Vicaires de qualité requise. *Charles IX. 1560. art. 7. Rebuffe en sa Prat. Benef. part. 2. chap. De reprob. Ben. Viv. Impetr. num. 59. part. 3. chap. 4. nom. 5.* Et le Coadjuteur d'un Evêque doit être Evêque. *Dossat Ep. 96. li. 5.*

Et quand l'Evêque ou Prélat a été pris par les ennemis de la foy, il y a lieu de nommer un Coadjuteur. *Rebuf. en sa Prat. Benef. part. 2. ibid. nom. 60.*

Les Coadjutoreries n'ont point de lieu aux Benefices qui n'ont charges d'ames ; elles sont abusives : ainsi jugé par l'Arrêt notable du Parlement de Paris donné contradictoirement à l'Audience de la Grande Chambre le 25. Février 1642. rapporté dans les *Mem. du Clergé, to. 2. part. 1. tit. 12. art. 6.*

EVESQUE, COLLATION.

98 Droit de conferer les Benefices appartient à l'Evêque. *Voyez le mot* Collation *nomb. 95. & suiv.*

99 La collation de tous les Benefices du Diocese appartient à l'Evêque par droit primitif. *Brodeau sur M. Loüet lettre P. som. 43. cod. fab. des Saint. Egl. def. 35. liv. 1. tit. 3. def. 11. 12.*

Neanmoins la collation est reservée au Pape en certains mois, pendant lesquels l'Ordinaire qui est l'Evêque a les mains liées. *Ibid. defen. 21.*

Elle lui appartient encore, le Siege Episcopal vacant, à la reserve des Benefices, dont la collation appartient à l'Evêque & au Chapitre conjointement. *Cod. fab. des Saint. Eglis. desf. 1. nomb. 1.*

Et dans les autres mois qui ne lui sont pas reservez, il peut prévenir l'Ordinaire par les Concordats , mais il faut que ce soit (tout étant en entier) & lorsque l'Ordinaire n'y a point encore touché. *Loüet lettre P. somm. 43. & ibidem Brodeau.*

De plus la collation lui appartient par dévolut; c'est à dire, quand l'Ordinaire a laissé passer six mois sans avoir conferé le Benefice. *Brodeau, ibidem.*

Et celle des Benefices qui vaquent en Cour de Rome , mais le Pape en doit pourvoir dans le mois, à compter du jour de la vacance , autrement ce temps passé l'Ordinaire peut pourvoir. *Cod. fab. des Saint. Egl. def. 32.*

Il en est aussi de même pour les Benefices vacans aux mois reservez au Pape. *Ibid. def. 33.*

Mais si l'Ordinaire avoit conferé le Benefice dans tels mois , la provision ne vaudroit , quoique le Pape n'eût pourvû dans ce mois-là. *Ibid. dif. 36.*

COMMITTIMUS DES EVESQUES.

100 *Voyez le mot* Committimus *nomb. 37. & suiv.*

101 Les Evêques & Chapitres de Provence ont leurs causes commises en premiere Instance en la Grande Chambre du Parlement d'Aix, tant en demandant qu'en défendant, par Declaration du Roy du 20. Février 1657. *Mem. du Clergé , to. 3. part. 4. ch. 1. art. 29.*

EVESQUES, CONCILE.

102 Le Roy exhorte les Evêques de son Royaume de tenir les Conciles Provinciaux au moins de trois en trois ans, défend à tous ses Juges d'en empêcher la celebration, & même leur enjoint de tenir la main à l'execution de ce qui y aura été ordonné. Declaration du 16. Avril 1640. donnée sur les remontrances de l'Assemblée du Clergé, & verifiée purement & simplement au Parlement de Paris le 26. du même mois, rapportée dans les *Memoires du Clergé, tome 1. tit. 2. ch. 1. art. 20. & cy-dessus le nomb. 22.*

CONSECRATION DES EVESQUES.

103 Evêque consacré, appellé *Inauguratus novus antistes*, par Chopin *de Sacr. Polit. lib. 1. tit. 6. n. 4.*

Droit d'investiture des Evêques & Prélats, *litui & Sacri baculi dandi jus. Ibidem , tit. 7. n. 26.*

De Epis. electo & consecrat. à Schis. Voyez le Traité fait *per Tho. Compeg. in tracta. de aucto. R. P.*

103 bis Quand, comment & par qui la consecration des Evêques doit être faite ? *Castel en ses Matieres Benef. to. 1. p. 526. & suiv.*

Quels effets produit la consecration des Evêques ? *Ibidem.*

104 Il appartient à l'Archevêque de confirmer & consacrer l'Evêque. *Rebuf. en sa Prat. Benef. part. 1. de formâ Vicar. num. 33.*

105 Il faut que la consecration de l'Evêque soit faite par trois Evêques. *Ibid. num. 35.*

Et c'est le Pape Anaclet qui l'an 89. l'ordonna ainsi. *Ut quilibet Episcopus non minus quàm à tribus Episcopis ordinetur , sicut habuit à Sancto Petro. Compil. Chronol. autor. an. Dñi 89. Platin. in Anacleto Anic. & Sylvest.*

106 Les Archevêques ne peuvent consacrer les Evêques qu'ils n'ayent l'usage du Pallium. *Antequam Pallium acceperint , nec nominari Archiepiscopus , nec consecrare Episcopos potest.* Petrus Damian. VII. epist. 4.

Et le Docteur Quaranta ajoûte que *neque convocare Concilium , neque chrisma conficere ,* parce que tous les Docteurs tiennent que *in Pallio confertur omnis plenitudo Officii Pontificalis.*

107 Les Benefices que tenoit l'Evêque avant sa promotion à la dignité d'Evêque ou d'Archevêque, sont vacans aprés les trois mois , dans lesquels il se doit faire consacrer, à moins qu'il n'ait dispensé de les tenir. *Rebuf. en sa Prat. Benef. part. 2. chap. dispens. de non resid. nomb. 77.*

108 *Episcopus nondum consecratus non potest collationem Beneficii anticipare.* Arrêt du 3. Août 1598. Mornac, *L. 4. §. ult. ingressus ff. de Officio Proconsul.*

L'Evêque avant que d'être consacré peut faire *ea 109 quæ sunt Jurisdictionis,* & l'émolument du Seau lui apartient. Arrêt du 19. Juin 1606. au profit de l'Evêque de Luçon, à la charge qu'il se feroit sacrer dans le temps porté par l'Ordonnance. *Le Bret, livre 4. décision. 6.*

EVESQUE DE LA COUR.

Le Grand Aumônier du Roy à le privilege d'offi- 110 cier en tous les Dioceses de France comme Evêque de la Cour, & Chef de la Chapelle Royale , qui est par tout où le Roy entend le Divin Service;& aucun Archevêque ni Evêque de France n'a droit de se plaindre si le Grand Aumônier officie pontificalement devant le Roy , *in alienâ Diœcesi ,* parce qu'il peut cela , *jure suo ,* & par privilege acquis , *longo usu , & consuetudine præscriptâ.* Du Peyrat, des Antiquitez de la Chapelle du Roy.

EVESQUES, CURES.

Les Parlemens ont reconnu par plusieurs Arrêts, 111 que les Evêques ont le droit d'ériger des Cures dans leurs Dioceses, & même d'unir des Benefices à leurs Seminaires. *Voyez les Memoires du Clergé, to. 1. tit. 1.* & entre autres l'Arrêt du dernier Decembre 1666. qui confirme l'union faite par l'Archevêque d'Aix d'un Prieuré de son Diocese à son Seminaire , rapporté. *Ibid.*

Autre Arrêt du Parlement de Bordeaux du 13. May 1669. par lequel la Cour reconnoît le pouvoir qu'ont les Evêques d'ériger des Cures dans leurs Dioceses, rapporté *ibidem.*

Voyez le mot Cures.

EVESQUE , DROITS EPISCOPAUX.

Droits Synodaux prétendus par les Evêques. 112 Voyez *Tournet , lett. V. Arr. 10.*

Placuit ut nullus Episcoporum per suas Diœceses am- 113 *bulans præter honorem Cathedræ suæ id est duos solidos aliud aliquid per Ecclesias tollat ,* &c. *Vide Caus. 10. quest. 3. c. 1. & suiv.* & verbo *Visite* cy-après.

Monasteres exempts des droits Synodaux. Cho- 114 pin, *liv. 2. de la Police Eccles. tit. 7. depuis le n. 10. jusqu'au 18.*

Les Archevêques & Evêques taxeront leurs droits 115 de Visitation moderément , Charles IX. 1560. art. 6.

Le peuvent taxer , & faire payer en argent. *M. Loüet, lettre V. somm. 4. & ibid. Brodeau.*

Ne peuvent prendre aucune chose de la non résidence. *Rebuf.* sur les Concordats *de publ. concu.* verbo *Valeret tamen.*

Ny plus d'un écu pour chaque collation de Benefice , *ibid. num. 51.*

Ny autre chose que leur Cathedratique. *Rebuf. sur les Concordats , ibid. num. 30.*

Ny exiger aucune chose pour leur joyeux avenement. *Ibid. num. 51.*

Ny pour le subside *Charitatis.* Ibid.

Outre le droit de Visite, les Evêques en préten- 116 dent un autre appellé Catedratique ou Synodiatique ; c'est un Droit honorifique qui se paye en argent ; il ne se paye ne France qu'aux Evêques fondez en longue possession. Arrêt du Parlement de Paris du 7. Janvier 1537. qui ordonne que l'Evêque d'Amiens informeroit de sa possession. Papon, *liv. 1. tit. 11. n. 5.* où il observe que quelques Evêques obtiennent des Lettres Patentes , par lesquelles est mandé au Baillif de la Province de juger ce Droit par provision, & qu'on en a ainsi usé au Diocese de Bourges.

En la Cause des Religieuses d'Aulchy, appellantes 117 comme d'abus, & l'Evêque de Châlons intimé, par Arrêt du 8. Mars 1559. la procuration payée en argent à l'Evêque fut jugée abusive , enjoint à l'Evêque de la prendre *in pastu & specie ;* encore que du consentement des Religieuses , elle eût été offerte *in pecunia ,* à l'Evêque. *Bibliotheque de Bouchel ,* verbo *Procuration.*

EVE

118 On plaide contre un Evêque pour quelque droit dépendant de l'Evêché ; l'Evêque décede : que fera-t'on ? l'Oeconome n'est pas partie capable pour soûtenir telle cause ni pareillement les Chanoines ; il faut faire substituer M. le Procureur General, & proceder avec luy comme avec le défunt. Arrêt du 13. Février 1579. *Charondas*, *liv. 7. Rép. 228*.

119 Arrêt du Parlement de Provence du 2. Juin 1642. qui déclare criminel le Secretaire de l'Evêque quand il prend plus qu'il ne luy est dû, il fut enjoint à telles personnes d'exprimer les sommes dans les quittances. *Boniface*, *to. 1, li. 2. tit. 2. chap. 12*.

Voyez lettre D, le mot *Droit*. §. *Droits Episcopaux*.

EVESQUE, ECOLES.

120 La connoissance des petites écoles appartient aux Evêques, étant reservée à l'Evêque Diocesain ou à son Official. Arrêt du Conseil d'Etat du 16. Octobre 1641. portant défenses à la Cour Souveraine de Salins, & au Présidial de la Rochelle d'en connoître, rapporté *dans les Memoires du Clergé*; *to. 2. ch. 20. art. 32*.

Par Arrêt du Conseil d'Etat du 18. Septembre 1665. Il est porté que les Consuls des Paroisses de *Vienne*, *Viviers*, *Valence* & *Dupuy*, présenteront dans huitaine aux Archevêques & Evêques desdits Dioceses, des Maîtres d'Ecoles qui soient capables, qu'à faute d'y satisfaire, lesdits Archevêques & Evêques en établiront dans les lieux, où il en sera besoin, & que lesdits Consuls & Habitans des Paroisses, seront tenus de les payer ; & pour cet effet, permis de lever sur eux jusqu'à 100. ou 120. livres par an. *Ibidem, art. 39*.

Il y a encore deux Arrêts du Conseil d'Etat, en forme de Reglement, l'un du 20. Août 1668. pour le Diocese de *Cahors*, & l'autre du 12. Mars 1669. pour *Autun*, portant que ceux qui voudront tenir des petites écoles, de l'un & de l'autre sexe dans lesdits Dioceses, seront tenus de prendre la permission, & l'approbation par écrit de l'Evêque, & d'observer les Reglemens qu'il leur donnera ; pour cet effet, défenses aux Parlemens de connoître desdites Ordonnances sur ce sujet. *Ibid. art. 36. & 27*.

EVESQUE, ELECTION.

121 Le Pape Boniface III. en l'an 607. voulut que l'Evêque fût élû par le Clergé, & par le peuple conjointement. *Sigeb. Chron. Platin. in ejus Vitâ. Compil. Chron. autor. sub ann. 1190*.

122 Les Archevêques étoient autrefois élûs & nommez par les Evêques, & les Evêques par l'Archevêque & Evêques de la Province, & le Chapitre des Eglises Archiepiscopales ou Episcopales, avec douze Gentilshommes élûs par la Noblesse de la Province & douze Bourgeois élûs en l'Hôtel de la Ville Archiepiscopale ou Episcopale, jusqu'au nombre de trois, pour être choisi & élû l'un d'iceux par le Roy. *Charles IX. 1560. art. 1*.

123 Les élections aux Evêchez, Abbayes & autres Benefices consistoriaux, ont été abolies avec la Pragmatique Sanction, par le Concordat fait entre le Pape Leon X. & François I. en l'an 1516. & à ces élections a succedé la nomination du Roy, comme au droit de confirmation, les Provisions ou Bulles du Pape sur la nomination de Sa Majesté ; neantmoins par le même Concordat le droit d'élection est conservé aux Eglises & Monasteres qui l'avoient par concession des Papes, & qui en feroient la preuve, par Lettres Apostoliques, ou autres titres autentiques, & non autrement ; mais depuis par l'Ordonnance de Blois ce droit a été restraint aux Abbayes qui sont Chef d'Ordre & à quelques autres Monasteres qui sont déclarez par la même Ordonnance. *Memoires du Clergé, to. 2. part. 2. tit. 2*.

124 La Nomination ne se fait plus que par le Roy seul. *Charles IX. 1571. Henry 1579. art. 1*. Et ne doit être faite qu'un mois après la vacation. *Henry III. 1579*.

EVE 103

Voyez le mot *Election* nomb. 51. & suiv.

EVESQUE, ENTRE'E.

125 Si le Chapitre peut contraindre son Evêque de payer le droit d'entrée dans son Eglise par la saisie de son revenu ? M. le Bret Avocat General avoit conclu en faveur du Chapitre de Senlis ; la cause fut apointée, sans prononcer la mainlevée. Arrêt du mois de Mars 1611. *Le Bret, liv. 4. décision 3*.

126 Il est ordonné à tous les Magistrats des villes du Royaume de recevoir avec le Poële, les Archevêques & Evêques aux Entrées qu'ils feroient dans lesdites villes, à peine de desobeïssance & de punition contre les contrevenans, par Arrêt du Conseil d'Etat du 29. Janvier 1651. rapporté dans les *Memoires du Clergé*, *to. 1. tit. 1. chap. 8. art. 28*.

127 Voyez cy-dessus au nomb. 67. les Privileges attribuez à l'Evêque d'Orleans lors de son entrée.

EVESQUE, ETRANGERS.

128 Les Etrangers ne peuvent être Evêques en France. *Charles VII. 1431. Henry III. 1579. art. 4*. Le même se pratique aussi en Espagne. *Dossat lib. 6. p. 128*.

EVESQUES, EXAMEN.

129 Les Evêques sont en droit d'examiner les Graduez nommez qui se presentent à eux pour être pourvus de Benefices. *Ordonnance de Moulins article 75*. Voyez M. *Dolive, liv. 1. chap. 17*.

130 Si le Conseil Provincial d'Artois peut obliger l'Evêque d'admettre un Clerc à un Benefice à charge d'ame sans l'examiner, parce qu'il avoit précedemment donné ce Clerc la permission de prêcher & de confesser ; & si ce Siege peut prononcer contre l'Evêque une contrainte par saisie de son Temporel en cas de refus ? Arrêt du mois de Janvier 1691. qui appointe les Parties. M. de Lamoignon Avocat General se détermina en faveur de l'Evêque. V. *le Journal des Aud. to. 5. li. 7. ch. 2*.

EVESQUE, EXCOMMUNICATION.

131 Evêque excommunié ne peut conferer les Benefices. *Despeisses, to. 3. p. 401*.

132 Les Archevêques & Evêques ne pourront absoudre des Jugemens & Censures dénoncez par un autre Evêque, ou ses Grands Vicaires, s'ils n'ont pouvoir de connoître du bien ou du mal jugé du Jugement. *Memoires du Clergé, to. 2. part. 2. tit. 4. art. 11*.

133 Par Arrêt du Parlement de Paris du 22. Janvier 1571. rendu en interpretation de l'article 18. de l'Edit de 1571. il est déclaré que les Juges Ecclesiastiques peuvent user des Censures Ecclesiastiques, pour l'execution de leurs Sentences. *Idem, tome 2. chap. 16. article 1*.

134 Un Evêque ayant fulminé une excommunication majeure contre un Doyen d'une Eglise Royale de son Diocese, pour n'avoir voulu quitter l'Etole en sa presence, ladite excommunication a été déclarée nulle & abusive, le Doyen maintenu dans le droit de garder son Etole, & ledit Sieur Evêque condamné aux dépens, par Arrêt du Parlement de Paris du 30. Decembre 1669.

EVESQUES, EXEMPTION.

135 Voyez le titre des Archevêques, & cy-après verbo *Exemption*, nomb. 143. & suiv. quels Prélats sont ou ne sont point soumis à telles exemptions.

Autorité des Evêques sur ceux qui se disent exempts de leur Jurisdiction. Voyez les *Memoires du Clergé, tome 1. part. 1. tit. 2. ch. 14*.

136 Droit qu'ont les Evêques de faire les Ordonnances necessaires pour la clôture des Religieuses même exemptes. Voyez le mot Clôture.

137 Exemption du Chapitre de la Cathedrale d'*Angers* de la Jurisdiction de l'Evêque a été confirmée par Arrêt du Parlement de Paris du 15. Juin 1626. *Journ. des Aud. to. 1. liv. 1. chap. 112*. Ce Chapitre est justiciable de l'Archevêque de Tours.

138 Arrêt du P. de Dijon du mois de Decembre 1623. qui déclare le Chapitre de Saint Georges à *Châlons*

soûmis à la Jurisdiction de l'Evêque, avec injonction de la reconnoître en premiere Instance & par appel, les Juges de la Metropolitaine & Primatie de Lyon tels qu'ils seront donnez *in partibus* dans le Ressort de la Province. *V. les Plaidoyers de M. de Xaintonge*, Avocat General du P. de Bourgogne, *pag.* 542.

139 Declaration de l'assemblée du Clergé de France du 1. Septembre 1625. sur les entreprises des Reguliers & autres personnes exemptes, contre l'autorité Episcopale, sous pretexte de leurs exemptions & privileges ; sans y comprendre les Eglises Cathedrales, Collegiales, & leurs dependances, aux droits & privileges desquelles la presente Declaration ne pourra nuire ny préjudicier. *Voyez la Bibliot. Can. tom.* 2. *p.* 422.

140 Les prétendus exempts procederont devant le Diocesain, nonobstant la complainte non fournie le 17. Avril 1516. sur le Plaidoyé fait par un Religieux de l'Ordre de Saint Jean de Jerusalem, appellant comme d'abus de l'Official de *Langres* qui avoit procedé contre lui, quoiqu'il y eût Procez aux Requêtes du Palais, auquel le Grand Prieur de Champagne & le Commandeur de Ramerufes ont prétendu être en possession d'avoir la Jurisdiction & correction de leurs Religieux, & que l'Evêque de Langres & son Official n'avoient aucune Jurisdiction sur eux. M. l'Evêque de Langres prenant le fait & cause de ses Officiers, dit que l'Instance de complainte n'a rien de commun, & que la matiere dont il s'agit est de délits & par faute faite *circa Sacramentum Eucharistiæ*, & qu'il en devoit connoître. Par Arrêt l'Appellant condamné en l'amende, & permis à l'Official de passer outre. *Bibliot. Can. tome* 1. *p.* 605. *col.* 1.

141 Les Evêques ont droit sur les Religieux de l'Ordre de saint Benoît qui prétendent des exemptions. Arrêt du 5. Février 1664. *De la Guess. tom.* 2. *liv.* 6. *chap.* 10.

Voyez cy-après le mot Exemption. §. *Exemption de la Jurisdiction Episcopale.*

EVESQUE, INCOMPATIBILITÉ.

142 Le titre de Curé est incompatible, avec l'Evêché. *Chenu en ses quest. notables Cent.* 1. *q.* 1. *p.* 7.

143 Les Archevêques & Evêques, ne pourront tenir deux Archevêchez ou Evêchez. *Henry III.* 1579. *art.* XI. mais pour l'obtention du second, le premier sera vacant & impetrable, par droit d'incompatibilité, laquelle neanmoins cesse ; tandis que l'un ou l'autre n'est pas possedé paisiblement, & sans controverse. *Loiseau, li.* 1. *des Offic. chap.* 10. *nomb.* 39. 40. *Cod. Fab. des saintes Eglises, def.* 31.

EVESQUES, INFORMATION.

144 Avant que les Lettres de provision soient expediées, l'on envoyera le nom du nommé à l'Evêque Diocesain du lieu, où il aura fait résidence les cinq dernieres années précedentes, ensemble au Chapitre de l'Eglise vacante, pour être par eux respectivement informé de ses vie & mœurs, bonne renommée & conservation Catholique. *Henry III.* 1579. *art.* 1.

145 Les Archevêques & Evêques ne pourront faire aucunes informations, ny donner attestation de vie & mœurs, pour obtention des Benefices, que pour les Benefices qui sont veritablement situez dans l'étendue de leurs Dioceses. Reglement de l'assemblée generale du Clergé de France, tenu à Paris l'an 1635. & 1636. confirmé par Arrêt du Conseil Privé du 16. Mars 1646. rapporté *dans les Memoires du Clergé, to.* 2. *part.* 2. *tit.* 4. *art.* 11.

146 Les informations de vie & mœurs de ceux qui seront à l'avenir nommez par le Roy aux Archevêchez, Evêchez, Abbayes, Prieurez & autres Benefices, seront faites par les Evêques Diocesains des lieux, où ils auront resídé les cinq dernieres années, & non par autres : ainsi ordonné par Arrêt du Parlement de Paris, donné en forme de Reglement, sur la requisition de M. le Procureur General, le 12. Decembre 1639. rapporté *dans les Memoires du Clergé, to.* 2. *part.* 2. *tit.* 7. *art.* 7.

L'information *de vitâ & moribus* des nommez par le Roy aux Prélatures, ne se peut faire par les Nonces sans abus. Fevret, *Traité de l'Abus, liv.* 3. *ch.* 3. *art.* 28.

JURISDICTION DE L'EVESQUE.

147 *Franciscus Vargas & Antonius Paganius de Jurisdictione Episcoporum.*

De Jurisdictione Episcopi. Per Ant. de Pretis.

148 *Lud. à Saravia de Jurisdictione adjunctorum coadjuvantium Episcopum contra præbendarios, suos, criminaliter procedentem.* Cæsaraugustæ. 1524.

149 Du pouvoir & Jurisdiction ordinaire des Evêques. Voyez *les Memoires du Clergé, tom.* 1. *part.* 1. *tit.* 2. *chapitre* 10.

150 Outre que les Evêques ont un ordre de consecration par-dessus les autres Prêtres ; ils ont aussi parfaitement les trois sortes de Jurisdictions ; sçavoir, la penitentielle, même en un degré plus éminent que les Curez, à cause des cas à eux reservez : la volontaire, en ce qu'ils sont fondez de droit commun en la collation de tous les Benefices de leur Diocese : & la contentieuse, en ce qu'ils sont seuls fondez de droit commun en la Jurisdiction ordinaire & primitive par tout leur Diocese. *Loyseau, liv.* 5. *des Offic. ch.* 6. *nomb.* 30.

L'Evêque est le vray Juge, & le premier Officier de la Justice Ecclesiastique ; & il peut évoquer à soy les procez pendans pardevant l'Official, pour les juger luy-même. *Ibid. nom.* 38.

151 Toutefois, encore que pendant la vacance du Siege Episcopal, la Jurisdiction Ecclesiastique de l'Evêque, soit déferée au Chapitre ; elle ne peut pas être exercée par le Corps même du Chapitre ; mais il peut bien deleguer des Juges. *Ibid. nom.* 39.

152 Les Evêques peuvent non seulement pourvoir & instituer, mais aussi recevoir tous les Officiers de leur Justice Ecclesiastique, & ceux de la Jurisdiction temporelle qu'ils ont ; mais pour l'exercice de la Jurisdiction Ecclesiastique, ils doivent pourvoir des personnes Ecclesiastiques, & pour l'exercice de la Jurisdiction temporelle, ils ne peuvent pourvoir que des personnes purement Laïques. *Imbert, li.* 2. *ch.* 3. *n.* 16. *& ibid. Guenois. ibid. n.* 40.

153 Les Prélats ou Recteurs des Eglises, Abbez ou Prieurs conventuels, ne sont punis pour les fautes de leurs Officiers, Moines, Domestiques, & autres qui sont sous eux, sinon en tant que de droit, & Coûtume. *Phil.* 4. 1303.

154 Les Juges d'Eglise, en ce Royaume, sont tenus de garder les formes des Ordonnances, selon lesquelles ils doivent expedier les causes d'icelles, és citations par eux octroyées, afin que les Laïcs citez puissent connoître si la connoissance de la matiere leur appartient; ils ne peuvent proceder au jugement des procez criminels, sans avoir appellé le Procureur du Roy. *Papon de la Jurisdiction temporelle, art.* 1.

155 Il n'appartient qu'à l'Evêque de juger quels livres de la Religion sont bons, quels méchans. *Her. rerum Jud. tit.* 2.

156 L'Evêque seul ne peut rien changer de l'Office, & Service Divin en son Diocese. *Charondas, liv.* 13. *Rép.* 5.

157 Les differens concernans l'ordre du Service Divin, & des Confrairies, doivent être reglez par les Archevêques & Evêques, & non par les Juges Royaux, ny par les Parlemens, ausquels défenses sont faites d'en prendre aucune connoissance ; ainsi jugé, & reglé par plusieurs Arrêts du Conseil Privé & du Conseil d'Etat, rapportez dans les *Memoires du Clergé, to.* 1. *tit.* 2. *ch.* 4. *art.* 18. 19. 20 *& 21.*

Voyez le nomb. 181. *& le mot* Service Divin.

158 En cas de reformation le Parlement contraint l'Evêque bailler pour Vicaires Generaux des Conseillers

159 Les Evêques, dont le Diocese s'étend hors le Ressort du Parlement de leur residence, sont tenus de mettre des Officiaux residens dans le Ressort du Parlement, dans lequel s'étend le Diocese. *Rebuf.* en sa Prat. Benef. part. 1. chap. *de frivol. appell.* §. *si quis* §. *item si Judex*, & sur les Concord. chapitre 11. nomb. 63. 64.

160 Les Archevêques & Evêques ne pourront être contraints de bailler Vicariats que par les Parlemens, pour bonnes causes raisonnables, & ce en matiere criminelle seulement. *Henry III.* 1579. art. 61. & 1580. art. 21. La Rocheflavin, *liv.* 13. *des Parlemens*, chap. 44. art. 28. 29. 30. 31. Imbert, *liv.* 3. chap. 9. art. 22. & 23.

161 Les Metropolitains & Primats sont obligez de donner des Juges *in partibus*, dans le Ressort du Parlement, d'où les appellations des Officiaux sont emises, à quoy ils peuvent être contraints par saisie de leur Temporel; & avant que M. l'Archevêque de Lyon eût constitué un Juge Ecclesiastique *in partibus*, pour les appellations ressortissantes en son Officialité Metropolitaine & Primatiale, des sujets des Provinces de Bourgogne & Bresse, qui sont du Ressort du Parlement de Bourgogne, la Cour sur la simple requête des Parties appellantes ou intimez, en cas d'appel, soit de l'Official ordinaire, ou du Metropolitain, leur donnoit pour Juge, ou un Conseiller Clerc, ou un autre Ecclesiastique du Ressort. Fevret, *traité de l'abus*, *liv.* 4. ch. 2. art. 12.

162 De la Jurisdiction Episcopale sur les Moines. *Voyez* la quest. 559. *de Guy Pape.*

163 *Monasteria habentia curam animarum ratione ipsius populi subsunt Episcopo quoad legem Diœcesanam, & an quoad legem correctionis?* V. Franc. Marc. to. 1. quæst. 391.

164 *Cathedralis Ecclesia si Regularis sit, quæ in capitulum sit potestas Episcopo?* V. Lotherius, *de re Beneficiaria*, liv. 1. quest. 18.

165 *De causâ remissâ ad Episcopalem audientiam de Parlamento.* V. Galli. quæst. 79.

166 *Episcopus privilegium celebrandi cum altari portatili concedere potest.* V. Franc. Marc. to. 1. quæst. 1011.

167 Les Religieuses de l'Abbaye de la Regle Ordre de Saint Benoît sont sous la Jurisdiction de l'Evêque Diocesain. *Mem. du Clergé, to.* 1. *part.* 1. p. 936.

168 L'Evêque est en droit de donner les Ordres *privativè*, contre tous autres, *etiam*, exempts. Jugé par Arrêt du Parl. de Paris de l'an 1393. contre les Religieux, Abbé & Convent de Corbie, nonobstant l'exemption alleguée par l'Abbé. Papon, *liv.* 1. *tit.* 9. nombre 1.

169 En 1480. Maître Jean de Nanterre Procureur General forma Acte d'appel contre la Bulle de la Legation du Cardinal Balluë; l'une des principales plaintes étoit que la venuë du Legat ôtoit aux Evêques l'autorité ordinaire contre les Decrets du Concile de Bâle au titre *de Causis*; & contre le Canon *omnes Basilicæ* du premier Concile d'Orleans, lequel selon la regle des premiers Canons mettoit toutes les Eglises en la puissance des Evêques, dans le Territoire desquels elles sont situées. V. *Bibliot. Canon.* to. 2. p. 6. col. 2.

170 Arrêt du Parlem. de Paris du 18. Février 1482. qui ordonne que l'Evêque de Saintes sera ajourné à comparoir en personne sur peine de bannissement du Royaume, défenses à lui sur peine de cent marcs d'or de celebrer ni faire aucuns Ordres, & de s'immiscer en ce qui appartient à la Dignité Episcopale, & à ses Sujets de lui obéir, jusqu'à ce qu'il se soit fait absoudre des excommuniemens esquels il est, & qu'il en ait certifié la Cour: Cependant ordonné que par maniere de provision, le Chapitre pourra faire exercer la Jurisdiction commune, permis à eux de se pourvoir pardevant nôtre S. Pere le Pape touchant l'administration du spirituel, & sera informé par un des Conseillers de la Cour qui sera commis, sur les crimes, abus & excés dudit Evêque. *Preuves des Libertez*, to. 1. ch. 7. n. 41.

171 Quand il s'agit de correction ou de discipline, les Evêques suffragans ne peuvent être citez que devant la personne même des Archevêques dont ils dépendent, & non devant leurs Officiaux; Du Luc *placitor* lib. 2. cap. 1. *in addit.* en rapporte deux Arrêts, l'un de l'an 1550. l'autre de l'an 1553. rendus au Parl. de Paris sur les appellations comme d'abus emises par les Evêques de Troyes & de Nevers. *Bibliot. Can.* to. 2. p. 143. & Bodin, li. 2. *de sa Republique*, chap. 6.

Voyez le mot Discipline.

172 Les Evêques, en cas d'accusation ne peuvent être jugez que par les Juges Ecclesiastiques, quand même ils seroient accusez de crime de leze Majesté. *Memoires du Clergé*, to. 1. part. 1. p. 68. *& suiv.* & to. 5. part. 8. p. 339. de quelle maniere l'Empereur Constantin s'est expliqué sur le sujet des causes des Evêques, to. 5. part. 8. p. 221. & 371.

Resolutions & autres Actes du Clergé pour empêcher que le procez ne soit fait aux Evêques par Commissaires, *to.* 1. *part.* 1. *p.* 58.

173 La connoissance des crimes commis par les Evêques appartient au Concile Provincial ou Synode, & s'ils sont appellez en Cour de Rome, ils en peuvent appeller comme d'abus. Jugé par Arrêt du Parlement de Paris pour les Evêques de Paris, de Palmiers, de Noyon. En quoy Boniface n'a voulu usurper sur la liberté de l'Eglise Gallicane. C. *decrevimus* 3. qu. 9. Les Papes ont toûjours fait serment de garder ces Decrets pour la franchise de France. Papon, *liv.* 19. tit. 2. n. 7.

174 Jurisdiction de l'Evêque d'Auxerre. Jo. Gal. part. 5. sty. quest. 236. avoir été jugé en 1389. qu'il ressortit au Siege d'Auxerre. Il ne reconnoît la Justice du Comté. Tournet lettre E. nomb. 75.

174 bis. Par Arrêt du Parl. de Rennes du 28. Septembre 1556. Me. Yves Tegal, Chanoine de S. Brieuc, fut declaré non recevable en un appel comme d'abus, par luy interjetté de l'emprisonnement de sa personne, pour insolences commises contre son Evêque. *Le Vest*, Arr. 201.

175 Evêque peut exempter & privilegier un Chanoine de la rigueur des Statuts d'un Chapitre concernant la discipline & reglement d'iceluy. Arrêt du 18. Juin 1587. Charondas liv. 7. Réponse 235.

176 Evêque ne peut rien changer de l'Office & Service Divin observé en son Diocese, sans la deliberation de tout le Clergé synodalement assemblé par l'authorité du Roy, & s'il le fait autrement il y a abus. Arrêt du 27. Février 1603. Idem, li. 13. Rép. 5.

177 Jurisdiction des Archevêques sur les Evêques. *Voyez* le mot Evêques, nomb. 12. *& suivans.*

178 C'est une maxime que l'Archevêque peut bien citer pardevant luy, & assigner les Evêques de la Province, pour leur faire justice & les admonester; mais il ne le peut faire par son Official; lorsqu'il est question d'user d'animadversion contre l'Evêque de la Province, il doit se faire assister des Evêques de la même Province. Deux Arrêts l'un le 1. Janvier 1550. l'autre en 1551. *Luc. li.* 1. *tit.* 5. *Arr.* 1. & Tournet lettre A. n. 130.

179 Les Evêques, leurs Grands Vicaires & Archidiacres se pourront faire representer les Comptes des Hôpitaux dans le cours de leurs visites: ainsi jugé par Arrêt du Parlement de Paris du 15. Avril 1631. rapporté dans les *Memoires du Clergé*, to. 3. part. 3. tit. 4. chap. 1. art. 18.

180 L'Evêque ne peut connoître de la rente sur un fonds établi pour dire des Messes, ny ordonner que les Eglises seront garnies de Croix, de Chandeliers,

Tome II. O

& d'autres ornemens. Le premier Chef fut décidé par un Arrêt de Toulouse du 22. Février 1639. qui nonobstant l'acquiescement de la partie, laquelle n'insista pas afin de non proceder, déclara y avoir abus : le second Chef, est décidé par l'Ordonnance de Blois, article 52. *Albert* verbo *Evêque, art.* 12.

181 L'Evêque dans sa visite peut faire emprisonner un Prêtre sans autre formalité, & sur un scandale notoire; il peut le suspendre sans Information. Arrêts du Parlement de Toulouse des 20. & 22. Mars 1640. de même que la Cour ne souffre pas que les Evêques attentent à la Jurisdiction seculiere, aussi elle ne permet pas que sous ce prétexte les Prêtres scandaleux vivent dans l'impunité. *Albert*, verbo *Official, art.* 10.

182 Les Evêques ne peuvent pas empêcher la quête ni la prédication aux Religieux mendians. *Voyez H.nrys to.* 1. *li.* 1. *ch.* 3. *q.* 46. où vous trouverez un Arrêt du 26. Avril 1646. qui ordonne la quête par provision, avec plusieurs autres differens Arrêts.

Voyez cy-après *le nomb.* 187.

183 Les Evêques, ni leurs Officiers, ne peuvent être troublez en l'exercice de la Jurisdiction spirituelle, & autres fonctions Episcopales, par les Chapitres, sous prétexte de procuration par eux passée pour resigner leurs Evêchez, avant que les resignations ayent été admises par le Pape ; defenses au Parlement de juger au contraire, & les nouveaux pourvûs d'Evêchez, après avoir pris possession, pourront exercer les fonctions spirituelles, avant le serment de fidelité. Arrêt du Conseil d'Etat rendu sur les remontrances du Clergé de France le 26. Avril 1657. *Memoires du Clergé, to.* 1. *tit.* 1. *chap.* 1. *art.* 46.

184 Un Religieux de l'Abbaye de S. Martin de Laon de l'Ordre de Prémontré, ayant appellé tant comme d'abus que comme de Juge incompetent de la procedure faite contre lui par l'Official de Laon, se fondant sur les privileges de son Ordre, fut déclaré non recevable en ses appellations, par Arrêt du Grand Conseil du 22. Septembre 1663. qui enjoint aux Religieux de cette Abbaye, & à tous autres qui voudront prêcher dans leur Eglise, de recevoir la benediction de l'Evêque Diocesain quand il y sera present, lequel pourra la donner aux assistans. Il est encore ordonné par le même Arrêt que lesdits Religieux seront tenus d'ouvrir les portes de leurs Eglises, lorsque l'Evêque y voudra conferer les Ordres, & qu'ils y aura neglaisé, comme aussi de se trouver aux Processions solemnelles qui se feront par le Clergé de la ville de Laon, de même que les autres Religieux. *Ibidem, tit.* 2. *ch.* 14. *art.* 38.

185 Les Evêques en France comme ailleurs peuvent instituer les Fêtes ; mais pour le faire valablement, il faut obtenir des Lettres Patentes du Roy, & qu'elles soient verifiées au Parlement, & ensuite le faire proclamer à son de trompe. *Voyez Des Maisons, lettre F. nomb.* 3.

186 Arrêt du Parlement de Paris du 24. Mars 1664. qui maintient l'Evêque de Chartres en la Jurisdiction Episcopale sur les Ecclesiastiques & Laïcs de la Paroisse de S. Saturnin de la même ville. *Bibliot. Can. to.* 1. *p.* 100.

187 Par Arrêt du Conseil du Roy du 4. Mars 1669. pour M. l'Evêque d'*Agen* contre quelques Reguliers de son Diocese, on a jugé. 1. Que les Evêques ont droit de donner dans leurs Dioceses des approbations pour confesser, ou limitées à un certain temps ou certains cas à des Reguliers. 2. Qu'ils peuvent les revoquer pour des causes secrettes, sans qu'ils soient tenus d'en rendre raison. 3. Que les Reguliers n'ont pas droit de se pourvoir par appel contre les revocations desdites approbations. *Vide l'*Arrêt en forme, il contient les raisons des deux Parties : il est cité dans la *Bibliot. Canon. to.* 1. *p.* 95. &
to. 2. *p.* 458.

188 Arrêt du Parlement de Provence du 1. Decembre 1662. qui a jugé que l'Evêque de Marseille avoit commis abus en permettant l'institution d'une Confrairie. *Boniface, to.* 1. *li.* 2. *tit.* 2. *ch.* 6.

189 Le 15. Janvier 1666. il a été jugé au même Parlement que les Evêques ne peuvent mettre qu'un Greffier en leur Jurisdiction, & que ce Greffier ne peut être pris parmi leurs Domestiques. *Ibid. ch.* 8.

190 Arrêt du 6. Février 1668. qui a jugé que l'Evêque d'Apt avoit pû ordonner des prieres & processions sans conferer avec son Chapitre, mais que seulement il en avertiroit gratieusement. Le même Arrêt juge que l'execution des Bulles & Jubilez doit être faite par l'Evêque. *Ibidem ch.* 10.

191 L'Evêque peut ordonner un augment de Service en visite. Jugé au même Parlement de Provence le 5. Juin 1673. *Idem, to.* 3. *li.* 5. *tit.* 6. *ch.* 5.

192 Par Arrêt rendu le 17. Juin 1686. au Parlement de Paris les privileges de l'Eglise Cathedrale de Saint Julien du *Mans* ont été déclarez abusifs, quoiqu'ils en fussent en possession depuis près de deux cens ans, sçavoir de joüir de la Jurisdiction sur leur Chapitre, tant en corps qu'à l'égard des particuliers, ensemble sur quarante Cures à leur presentation : le tout déclaré appartenir à la Jurisdiction Episcopale. *Bibliot. Can. to.* 2. *p.* 160.

Voyez cy-dessus *le nomb.* 52.

193 Des coûtumes abusives qui se glissent dans l'Eglise, & du pouvoir que les Evêques ont de les retrancher. *Voyez Henrys, to.* 2. *li.* 1. *quest.* 25.

194 Peines contre les Vicaires Generaux, au cas qu'ils entreprennent sur la Jurisdiction des Evêques. *Memoires du Clergé, to.* 2. *part.* 2. *p.* 58. *n.* 15. & 59. *à t.* 8.

EVESQUE, OFFICIER.

195 Les Archevêques peuvent faire porter leurs croix, & officier pontificalement dans toute l'étendüe de leur Province, même dans les lieux exempts; comme aussi les Evêques donner la Benediction & celebrer l'Office Divin dans tous les endroits de leurs Dioceses qui sont exempts de leur Jurisdiction, sans toutefois que lesdits Evêques ni les autres puissent pretendre pour ce sujet d'autres droits ni Jurisdiction dans lesdits lieux exempts. *Constitut. du Pape Clement V. faite & publiée au Concile de Vienne. Deliberation de l'Assemblée generale du Clergé de France tenüe à Paris l'an* 1635.

196 Les Archevêques & Evêques ne pourront faire aucunes fonctions Episcopales hors de l'étendüe de leurs Dioceses, sans la permission de l'Evêque du lieu où se devront faire telles fonctions, ou en son absence de ses Grands Vicaires. *Memoires du Clergé, to.* 2. *part.* 2. *tit.* 4. *art.* 11.

EVESQUE, ORDINATION.

197 Les Evêques ne doivent conferer les Ordres à aucuns de leurs familiers & domestiques, qu'ils n'ayent demeuré trois ans avec eux auparavant, & qu'ils ne soient donnez un Benefice en même temps. *Concile de Trente. sess.* 23. *chap.* 9.

198 Les Prélats ne peuvent conferer les Ordres *in alienâ Diocesi*, sans abus. *Fevret, traité de l'abus, liv.* 3. *chap.* 3. *art.* 18.

199 Les Archevêques & Evêques ne pourront donner les Ordres à ceux qui ne sont pas de leurs Dioceses, sans Lettres de dimissoire, en dûe forme de l'Evêque du lieu, d'où seront ceux qui desireront se faire promouvoir aux Ordres. *Memoires d. Clergé, tom.* 2. *part.* 2. *tit.* 4. *art.* 11.

200 Les Archevêques, Evêques ou leurs Vicaires ou Officiaux, ne prendront rien pour la Collation des Ordres, Tonsure des Clercs, Lettres dimissoires & testimoniales. *Henry III.* 1579. *art.* 20.

201 Les Evêques ne recevront aucun Soûdiacre qu'il n'ait 22. ans, ni de Diacre qu'à 23. *Ibid. art.* 29.

Ni aucun Prêtre qui ne soit âgé de 30. ans. *Charles IX.* 1560. *art.* 12.

Mais par l'Ordonnance d'*Henry III* 1579. *article*

29. Il est porté qu'ils auront vingt-cinq ans. Et seront de probité & litterature convenable, & auront Temporel ou Benefice de valeur de 50. livres par an, dont il sera justifié par le Juge ordinaire du lieu. *Charles IX. 1568. art. 12. Fevret, traité de l'abus, liv. 3. ch. 3. art. 21.*

Autrement lesdits Evêques seront tenus de nourrir à leurs dépens ceux qu'ils auront promûs sans titre, & y seront contraints par saisie de leur Temporel, jusqu'à ce qu'ils soient pourvûs de Benefices competens. *Charles IX. 1566. art. 13. Plaidoyez de Bourdeaux, pag. 21. Robert, des choses jugées, liv. 3. ch. 2.*

EVESQUE, PALLIUM.

202 Evêques qui ont droit de porter le *Pallium*. Voyez le mot *Pallium*.

EVESQUES, PARIAGE.

203 Les Evêques, Chapitres & autres Ecclesiastiques de France, ont fait une association avec le Roy, de leurs Seigneuries & Justices, pour y avoir une protection plus assurée, suivant les termes de l'art. 10. de l'Edit de 1610. laquelle association est appellée pariage.

Par Arrêt du Conseil d'Etat du 10. Août 1641. il est porté que les Ecclesiastiques qui ont droit de pariage en joüiront, & pourront établir des Officiers pour exercer la Justice avec les Officiers du Roy, nonobstant la discontinuation pendant 150. ans, rapporté dans les *Memoires du Clergé, to. 3. part. 3. tit. 3. chap. 2. art. 4.*

L'Evêque du Puy en vertu du pariage a été reçu opposant à la vente, adjudication du Domaine, & Justice de la ville du Puy, & subrogé au droit du Vicomte de Polignac, qui s'en étoit rendu adjudicataire, en le remboursant du prix de l'adjudication, par Arrêt contradictoire du Conseil d'Etat du 9. Mars 1641. *Ibid. art. 5.*

Il y a encore un pareil Arrêt du Conseil d'Etat du 14. Juin 1642. en faveur du Prieur du Pont Saint Esprit. *Ibid. art. 6.*

Par un autre Arrêt contradictoire du Grand Conseil, du 7. Février 1662. donné en faveur dudit Prieur, Coseigneur de la Ville du Pont Saint Esprit, il est porté que le Contrat de pariage fait entre le Roy, l'Abbé de Cluny, & le Prieur de ce Prieuré en l'an 1302. sera executé, & Reglement touchant la maniere de rendre la Justice au lieu. *Ibid. art. 7.*

Il y a plusieurs autres Arrêts en faveur des Evêques pour le même droit, rapportez *Ibid. dans les articles 8. 9. & 10.*

EVESQUES, PARLEMENS.

204 De la reception des Evêques és Offices de Conseillers des Parlemens. *Cambolas, liv. 5. ch. 30.*

205 Procedure extraordinaire faite contre Messire François de Dinteville Evêque d'Auxerre, lequel avoit excedé Thomas Godon: il fut ordonné par le P. de Paris en 1531. que l'Evêque seroit pris au corps, mais pour consideration de sa dignité Episcopale & autres considerations, ordonné que le premier Huissier avant que d'executer l'Arrêt en avertira le Roy, & se conduira en ladite execution selon son bon plaisir & commandement. *Preuves des Libertez, to. 1. chap. 7. n. 47.*

206 Messire Mathieu de Longuejoüe resigne son Office de Maître des Requêtes à son fils, à condition de survivance, ensuite il est fait Evêque de Soissons; le fils meurt. Le pere obtient Lettres du Roy pour exercer la Charge, nonobstant sa promotion à l'Episcopat dont il est dispensé. Ces Lettres enterinées par Arrêt du 14. Janvier 1550. *Corbin, suite de Patronnage, chap. 299.*

207 Quand un Président des Enquêtes est fait Evêque, il doit laisser l'état de Président. *Voyez Du Luc, liv. 4. tit. 4. ch. 3.*

208 Le Parlement connoît de tous les interêts temporels des Evêques. Les Archevêques & les Evêques y *Tome II.*

ont seance immediatement après les Présidens, mais il faut qu'ils s'y presentent en habit Episcopal. Arrêt du Parlement de Grenoble du mois de Mars 1556. *Jurisprudence de Guy Pape par Chorier page 7.*

209 L'Archevêque de Bourdeaux precede les Présidens du Parlement de Bourdeaux hors la seance. Arrêt du Conseil d'Etat du 21. Septembre 1573. rapporté és *Memoires du Clergé, to. 1. tit. 1. ch. 8. art. 19.*

210 Au Parlement de Roüen les Evêques de ce Ressort qui ont été Conseillers en la Cour, ont seance & voix deliberative. Le 5. May 1599. un Archevêque de Tours, qui avoit été onze ans Conseiller au Parlement de Paris, presenta des Lettres à la Cour pour avoir seance & voix deliberative, lesquelles ayant été délivrées, les Chambres assemblées, il eut seance. Quand les Archevêques ou Evêques vont aux Parlemens, on la leur donne aux côtez des Laïques, pour montrer qu'on ne leur baille seance comme aux Ecclesiastiques, mais comme Conseillers du Roy, & non comme Evêques. Le 13. Janvier 1631. M. l'Evêque & Comte de Beauvais, Pair de France, assista à l'Audience, & y eut sa seance & voix deliberative, étant un des six Pairs Ecclesiastiques de France. *Basnage, titre de Jurisdiction, art. 38.*

211 Il y a Reglement entre l'Archevêque & le Parlement de Toulouse, par l'Arrêt du Conseil d'Etat du 4. Janvier 1629. par lequel il est ordonné que le Parlement allant en Corps à l'Eglise Metropolitaine prendra seance en la premiere chaire, joignant celle de l'Archevêque; & aux suivantes, & qu'en toutes autres Assemblées, les Archevêques & Evêques qui s'y trouveront en habit, precederont les Présidens & Conseillers du même Parlement. *Memoires du Clergé, to. 1. tit. 1. chap. 8. art. 20.*

212 L'Archevêque de Toulouse Conseiller né au Parlement, & les Evêques pourvûs d'Offices, ou qui ont droit d'entrer audit Parlement, ne sont tenus de renouveller le serment aux ouvertures dudit Parlement, & que pour l'avenir lorsqu'ils prêteront le serment, ils mettront la main *ad pectus*, sans être obligez de se mettre à genoux. Il a ainsi été reglé par Arrêt du Conseil d'Etat du 10. Février 1639. *Ibidem, chap. 7. art. 12.*

213 Il y a un Arrêt du Conseil d'Etat du 10. Août 1641. portant que les Evêques de Languedoc precederont au Parlement de Toulouse, les Gouverneurs & Lieutenans Generaux pour Sa Majesté, s'ils ne sont Princes du Sang. *Ibidem, chap. 8. art. 18.*

214 Arrêt du Parlement de Provence du 5. Decembre 1639. qui a jugé que les Evêques en qualité d'Evêques ont leurs causes commises pardevant la Cour de Parlement. *Boniface, tome 1. liv. 2. tit. 2. ch. 1.*

EVESQUES *in partibus*.

215 Les Evêques *in partibus* ne doivent point être appellez aux Assemblées particulieres des Evêques de France, ce qui a été résolu dans l'Assemblée generale de l'année 1656. & que l'on feroit à Rome les instances necessaires afin que Sa Sainteté ne leur donnât point de commissions à executer dans ce Royaume, & que lors qu'il sera necessaire de les entendre dans les Assemblées generales & particulieres ; on leur donnera place separée de celle des Evêques de France, mais que ce Reglement n'auroit point lieu pour les Coadjuteurs nommez à des Evêchez de France avec future succession, ni pour les anciens Evêques qui se sont démis de leurs Evêchez. *Bibliot. Canon. tome 1. p. 94.*

216 Evêque *ad partes infidelium*, est censé par la Gradué, & est capable de posseder la Cure d'une ville close. *Voyez Henrys, tome 2. liv. 1. q. 11.*

EVESQUES, PROCESSIONS.

216 bis Un Evêque peut aller après le Poële aux Processions, & avoir auprès de sa personne, outre les Ecclesiastiques qui l'assisteront, deux de ses Domestiques pour porter les choses necessaires à son ser-

O ij

vice. Il a ainsi été jugé par le Roy en son Conseil en faveur de l'Evêque de Castres le dernier Juin 1645. *Memoires du Clergé, tome 1. part. 1. chap. 8. art. 13.*

EVESQUE, DROIT DE PROCURATION.

217 Maître René Chopin, liv. 3. *du Dom.* a traité amplement du droit de procuration, qui étoit la Charge de traiter le Roy & toute sa Cour par l'Evêque dans le Diocese duquel il passoit Ce droit étoit si fort à charge aux Evêques, qu'ils tâchoient de s'en redimer les uns par argent qui étoit affecté aux cuisines des Rois, les autres par permutation de quelques terres.

Voyez cy-après le nombre 283.

RANG DES EVESQUES.

217 bis. Rang & séance des Evêques és Conciles Provinciaux, eu égard au temps de leur promotion, non suivant la dignité ou l'ordre de leurs Eglises. *Tournet lettre E. nomb.* 80.

218 Le rang des Archevêques & Evêques, est selon l'ordre & antiquité de leur consecration. *La Rocheflavin, liv. 7. des Parlemens de France, chap. 18. au commencement.* Fevret, traité de l'abus, liv. 4. chap. 7. *article* 11.

Neanmoins dans les Etats de Blois, en l'an 1576. l'Archevêque d'Ambrun, comme premier en promotion à l'Archiepiscopat, eut la préséance sur celuy de Vienne, encore qu'il fût sacré devant luy, & il fut ainsi jugé par l'Assemblée sur le differend mû entre eux, & fut ainsi arrêté pour l'avenir que *Prior in promotione*, *Prior erit in sessione*, encore qu'il fût *posterior in consecratione*. Memoires du Clergé, *10. 4. part. 3. tit. 3. art.* 29.

219 Les Archevêques & Evêques étant dans leurs Dioceses, doivent preceder en toutes Assemblées generales & particulieres les Gouverneurs qui ne sont Princes du Sang, par Declaration du Roy donnée sur les remontrances du Clergé au mois de Février 1657. rapporté *Ibidem, tome 1. tit. 1. chap. 8. art.* 8.

EVESQUE REBELLE.

220 Ordonné que Fabry Evêque de Vannes ayant contrevenu à l'execution d'un Arrêt, sera ajourné à comparoir en icelle, pour être oüy par sa bouche, & répondre aux Conclusions que le Procureur General & sa Partie voudront prendre & contre luy requerir. Arrêt du P. de Bretagne du 29. Octobre 1568. Du Fail, *liv.* 2. *chap.* 324.

221 Quatre Arrêts rendus au Parl. de Paris en l'année 1569. contre Messire Odet de Colligny, Cardinal de Châtillon, Pair de France, Evêque & Comte de Beauvais, accusé de rebellion, felonie, & crime de leze-majesté divine & humaine au premier chef. *Voyez les Preuves des Libertez, to. 1. ch. 7. n.* 54.

222 Arrêt du Parlement de Provence du 30. Octobre 1591. qui pourvoit à l'administration du Temporel & Spirituel de l'Evêché & Diocese de Cisteron durant la rebellion de l'Evêque. *Ibidem, to. 2. ch. 20. n.* 42.

223 Arrêt du Parl. de Paris du 9. Juillet 1594. qui ordonne que Geoffroy de la Martonnie Evêque d'Amiens sera pris au corps & contre luy procedé comme criminel de leze-Majesté, que les Curez de Sainte Catherine & S. Gilles d'Abbeville seront ajournez à comparoir en personne, & jusqu'à ce qu'ils ayent comparu, leur fait la Cour défenses de monter en chaire; défenses à tous les Ecclesiastiques d'Abbeville d'avoir aucune conference avec l'Evêque, recevoir & obéir à ses Mandemens, à peine d'être punis comme criminels de leze majesté; ordonné qu'à la requête du Procureur General il sera informé des propos scandaleux & seditieux tenus par le Correcteur des Minimes en ses prédications, & que la minute du procez-verbal de l'Assemblée faite par lesdits Curez le 25. May sera apportée pour en ordonner ce que de raison, & sera le present Arrêt executé en vertu de l'Extrait à la diligence du Substitut du Procureur General. *Ibidem, to.* 1. *ch.* 7. *n.* 57.

Arrêt du Parlem. de Paris du 5. Septembre 1598. 224 contre l'Evêque de Senlis, par lequel la Cour pour les cas contenus au Procez l'a condamné & condamne de dire & déclarer en la Grande Chambre d'icelle étant nuë tête & debout en la presence des Gens du Roy, que temerairement & indiscretement comme mal avisé il a dit & proféré qu'il avoit été de la Ligue, & que s'il étoit à recommencer il en seroit encore, & outre qu'il tient le Livre intitulé *Ludovici d'Orleans unius ex confederatis pro Catholicâ fide expostulatio*, plein d'impieté & blasphemes contre l'honneur de Dieu & l'obéïssance duë aux Rois, a ordonné qu'il aumônera cent écus pour le pain des prisonniers de la Conciergerie du Palais, & s'abstiendra d'aller en la Ville de Senlis pour un an, & s'abstiendra pendant ledit temps de prêcher en quelque lieu que ce soit. *Voyez le* 1. *tome des Preuves des Libertez, ch.* 7. *n.* 62.

Arrêt du Conseil d'Etat du 16. Mars 1633. sur le 225 Bref du Pape adressant à quelques Evêques François pour faire le procez à aucuns Evêques accusez de crime de leze-majesté. Le Roy en son Conseil a ordonné & ordonne que Lettres Patentes seront expediées pour l'execution dudit Bref adressant aux Commissaires y dénommez, pour faire & parfaire le procez pour le délit commun, à la charge du cas privilegié, pour raison duquel le procez sera fait & parfait par ceux des Officiers de Sa Majesté, qu'elle commettra à cet effet lors qu'elle le jugera necessaire pour le bien de son service, le tout sans préjudice des droits de sadite Majesté, libertez, franchises & immunitez de son Eglise Gallicane. *Ibidem, n.* 81.

EVESQUE, REGALE.

Il n'y a ouverture de Regale par la translation de 226 l'Evêque, d'un Evêché à un Archevêché jusqu'au jour du serment de fidelité prêté par ledit Archevêque. Ainsi jugé par Arrêt contradictoire du Parlement de Paris du 16. Juillet 1628. pour la translation de l'Evêque d'Angers à l'Archevêché de Lyon. *Memoires du Clergé, tome* 2. *part.* 2. *tit.* 6. *art.* 23.

Voyez le mot *Regale.*

EVESQUE, RELIGIEUX.

On ne peut bâtir aucun nouveau Monastere de 227 Mendians, ou autres, sans la permission de l'Evêque Diocesain, par Constitution de Clement VIII. du 23. Juillet 1663. & par celle d'Urbain VIII. du 28. Août 1624. qui porte revocation de toutes les permissions contraires données par le Saint Siege, rapportées *Ibidem, tome* 2. *chap.* 14. *art.* 12. & 14.

Les Evêques vacqueront soigneusement à remet- 228 tre & entretenir la clôture des Religieuses. Henry III. 1579. *art.* 31.

Les contraindront à se tenir en leurs Monasteres par Censures Ecclesiastiques. *Ibid.*

Les Evêques s'informeront de la volonté des Reli- 229 gieuses, avant qu'elles soient reçuës à la Profession, & s'il y a eu contrainte ou induction, & leur feront entendre la qualité du vœu auquel elles s'obligent. *Ibidem, art.* 28. *Voyez Rebuffe en sa Prat. Benef. part.* 3. *chap.* 10. *n.* 67.

Les Evêques faisans leurs visitations reformeront 230 les Religieux Reguliers selon leur premiere Institution, Fondation ou Regle. Charles IX. 1560. *art.* 20. Henry III. 1579. *art.* 30. & 1580. *art.* 2. *Voyez* Rebuf. sur les Concord. *chap. de reg. ad prel. nomin. verbo Reformatis.*

Plusieurs Archevêques & Evêques ont été choisis 231 dans les Maisons Religieuses. Chopin li. 2. *Monasticon tit.* 2. 3. P. Langius *sub. ann.* 955. Mathieu *Paris. in Henrico III.*

Le Religieux fait Evêque ou Cardinal peut succeder, ou luy être succedé, tant en ce qui est provenu de l'Eglise que d'ailleurs, comme étant lors exempt de la puissance du Monastere & de la rigueur de sa Regle. Loyseau, *liv. des Ordres, chap.* 3. *nomb.* 68.

Loüet, lettre E. somm. 4. Charondas en ses Pandectes, liv. 1. chap. 13. Robert, liv. 4. des choses jugées, ch. 3.

Il en faut excepter ce qu'ils auroient acquis au nom de l'Eglise, ou dépensé pour l'Eglise, ou pour le public. Brodeau sur M. Loüet lettre E. som. 4.

Neanmoins les Religieux faits Evêques ne sont pas dispensez de leur Regle. Rebuf. rép. 14. Chopin 1. Monast. tit. 3.

Mais il n'en est pas de même de celuy qui de Religieux s'est fait Conseiller Clerc. La Rocheflavin, liv. 2. des Parlemens chap. 6.

232 Moine fait Evêque est déchargé de son vœu de Religion, ensorte qu'il peut tester, & que ses parens luy succedent, non le Monastere. Tournet lect. M. Arrêt 62.

233 Un Religieux Profez quoique mendiant étant Evêque, est liberé du vœu de pauvreté, & est remis au nombre des autres Ecclesiastiques, ensorte que ses parens luy succedent & non le Convent où il a fait sa Profession. Jugé pour un Religieux Profez de l'Ordre de Saint Dominique fait Evêque de Châlons. L'Arrêt est du 15. Avril 1585. rapporté par Chenu & par Charond. li. 7. rép. 117.

234 Un Religieux mandiant fait Evêque, ses parens luy succedent, & non le Convent. Arrêt du 15. Avril 1585. Charondas, liv. 7. rép. 127. Voyez M. Loüet & son Commentateur lettre E. somm. 4. Montholon, Arrêt 33. Mais le Religieux fait Evêque ne peut succeder à ses parens. Arrêt du 11. May 1638. Du Frêne, liv. 3. chap. 51. & ce pourvû que les biens acquis par l'Evêque ne soient au nom de l'Eglise ou destinez au public. Pinson en son Traité de peculio Monachorum num. 24. rapporte l'Arrêt du 11. May 1638.

Comme l'Episcopat est le plus grand de tous les Ordres, il efface les paroles du vœu, & rend capables de recevoir & de donner. Arrêt rendu en faveur des heritiers de feu Messire d'Orgis Evêque d'Evreux, qui avoit été long-temps Cordelier, & ensuite promû à l'Episcopat par son merite singulier. Definit. Can. p. 466.

235 Le Moine qui après la Profession, est fait Evêque, n'est pas délivré des trois vœux substantiaux, mais bien de la défense de manger de la chair, de la Jurisdiction de l'Abbé, & des autres ordonnances de sa Religion. Les biens qu'il avoit auparavant demeurent au Monastere, mais ceux qu'il a acquis depuis qu'il est Evêque, appartiennent à son Eglise Episcopale. Il y a divers Arrêts de Paris & Toulouse les uns distribuent les meubles partie à leurs parens s'ils sont pauvres, & partie à la reparation du Monastere; d'autres en ajugent une partie aux pauvres; d'autres ajugent tous leurs biens à leurs plus proches parens, estimans que la dignité Episcopale les a affranchis de la puissance du Monastere, leur a donné la faculté de tester & à leurs parens de leur succeder ab intestat. Voyez Maynard, liv. 9. ch. 25.

236 Monsieur l'Evêque de Riez avoit été Religieux, il prétendoit que sa qualité d'Evêque l'affranchissoit du vœu de pauvreté, & le rehabilitoit à l'effet de pouvoir succeder. Arrêt du P. de Paris du 11. May 1632. qui le deboute de sa demande en partage de la succession du Sieur Dantilly son frere. Definitions Canon. p. 915.

EVESQUE, REPARATIONS.

237 De quibus reparationibus teneantur Episcopi, & eorum executores? Voyez Du Moulin, tom. 2. p. 567.

Voyez le mot Eglise nomb. 36. & suiv. & le mot Reparation.

EVESQUE, RESIDENCE.

238 De Episcoporum residentia. Voyez les Traitez faits Per Hieronymum Gigantem. Per Thom. Compeg. in tractu de auctio R. P. & per Fratrem Turrentem.

239 Les Archevêques & Evêques sont obligez à resider. La Rocheflavin, liv. 2. des Parlemens, ch. 6. art. 3. Charles VII. 1475. Henry II. 1557. François II. 1560.

Henry III. 1578. La Bulle du Pape Pie IV. du 4. Septembre 1560. l'ordonne ainsi, elle est rapportée par le Gentil en son Recüeil, to. 2. part. 2. tit. 14. art. 4.

240 Arrêt du Parlement de Paris du 3. Juin 1530. qui enjoint à l'Evêque de Châlons de donner Lettres de non résidence à ses Chanoines qui seront pourvûs de Cures, & regle la taxe qu'il doit prendre pour les Ordres & Collation. Preuves des Libertez, tome 2. ch. 35. nomb. 50.

241 Le 7. Janvier 1537. Cause appointée au Conseil contre l'Evêque d'Amiens, qui recevoit la sixiéme partie du revenu des Benefices, pour accorder la dispense de resider. Cependant on luy fit défenses par provision de rien prendre, parce que Episcopus non debet recipere nisi Cathedraticum. Rebuffe sur le Concordat tit. de public. concubin. au §. quia vero.

242 Arrêt du Conseil d'Etat qui a cassé un Arrêt du Parlement d'Aix, qui avoit enjoint aux Evêques de la Province de se retirer dans quinzaine dans leurs Dioceses, avec défenses de s'en absenter à peine de saisie de leur temporel. Arrêt du 9. Septembre 1675. De la Guessiere, tome 3. liv. 9. chap. 12.

EVESQUE, RESIGNATION.

244 Les Grands Vicaires & Promoteurs de l'Evêché de Coûtance, que le Chapitre avoit dépossedez sous prétexte de la resignation faite par l'Evêque, furent dechargez de l'assignation à eux donnée au Parlement de Rouen, & les Sentences renduës par les Officiers nommez par ledit Chapitre, déclarées nulles. Arrêt du Conseil Privé du 5 Avril 1659. rapporté és Memoires du Clergé, to. 1. tit. 1. ch. 1. art. 47. Autre Arrêt du Conseil d'Etat pour même fait du 23. Octobre 1663. Ibid. art. 48.

Voyez cy-après au 3. volume le mot Resignation.

EVESQUE, SEMINAIRES.

245 Les Evêques doivent dresser & instituer en leurs Dioceses des Seminaires & Colleges pour l'instruction de la jeunesse. Henry III. 1579. art. 24. Chenu en ses quest. notabl. Cent. 2. q. 18. §. la qualité.

Voyez le mot Seminaires.

EVESQUES, SERMENT.

246 Les Evêques de France tenus de prêter au Roy le serment de fidelité. Joann. Gal. part. de privil. Reg. Tournet lettre E. n. 71.

247 Il fut accordé par le Pape Adrien à Charlemagne & ses Successeurs, que nul ne pourroit être sacré Archevêque ou Evêque, en quelque Province de son obéissance qu'il n'eût été par luy investi. Pasquier, liv. 3. de ses recherches, ch. 4. Coquille, Inst. au droit Fran. to. 2. pag. 94.

248 Les Archevêques & Evêques sont tenus de prêter le serment de fidelité au Roy, avant que d'entrer en l'exercice de leurs Prélatures. Rebuffe sur les Concordats chap. 5. de Reg. ad prael. nom. verbo alias Idoneum. ϒ. ultimo. Fevret, traité de l'abus, liv. 1. chap. 6. article 13.

En propre personne. Servin en ses Plaidoyez. to. 4. Plaid. 9.

Et faire hommage. Ducrot, Stil. du Parlement de Paris, p. 394 où il rapporte la difference qu'il y a de l'un à l'autre, & la forme de les prêter.

249 Par un antien Arrêt du Parlement de Paris du 26. Février 1493. main levée fut donnée à l'Evêque de Chartres du Temporel de son Evêché, quoyqu'il n'eût pas encore fait le serment de fidelité au Roy, attendu qu'il avoit fait ses diligences pour prêter ledit serment. Memoires du Clergé, to. 2. part. 2. tit. 6. art. 32.

250 Les Evêques sont tenus de faire enregistrer leur serment de fidelité en la Chambre des Comptes de Paris. Ainsi jugé par Arrêt du Parlement de Paris, rendu en Audience le 18 Avril 1614. Ibidem, art. 33.

251 Sur le refus fait par la Chambre des Comptes d'enregistrer les Lettres de serment de fidelité prêté par l'Evêque d'Autun, faute d'avoir rendu la foy & hommage, aveu & dénombrement, il fut ordonné

par Arrêt du Conseil Privé du 14. Decembre 1650. que le Procureur General de ladite Chambre envoyeroit dans trois jours au Greffe du Conseil les motifs de refus, & la Regale tenuë pour close. *Ioid. article* 34.

EVESQUE, SUCCESSION.

252 An Episcopus succedat in bonis mobilibus vacantibus Clerici, vel Presbyteri, qui non habet hæredem, vel qui a Baftardus, vel Aubanus? Voyez Jo. Gal. quæft. 190.

253 Si un Evêque peut succeder à un Prêtre mort sans heritiers & *ab inteftat* és meubles delaissez, ou le Seigneur du lieu qui le soûtient son mainmortable? V. *Bouvot, to. 1. verbo Evêque, quest. 2.*

254 Guillaume de Glivieres demande Executoire sur le Comte de Laval, heritier de l'Evêque de Dol, qui luy devoit de l'argent. Le Comte confesse être heritier quant aux immeubles, & que l'Evêque a disposé par son Testament de ses meubles, empêche l'Executoire, qui cependant est délivré sur les biens du Comte, nonobstant ses raisons. Arrêt du P. de Bretagne du 31. Octobre 1555. *Du Fail, liv. 2. chap. 16.*

255 Les Evêques anciennement prétendoient avoir droit & privilege de succeder és biens meubles & immeubles des Prêtres decedez dans leur Diocese. Imbert en son Enchiridion en parle : mais la Loy generale de France est au contraire. *Papon* rapporte un Arrêt notable du 23. Decembre 1568. au titre des Successions Ecclesiastiques. *Biblioth. Can. to. 2. p. 635. col. 1.*

256 Le privilege que les Evêques, Chapitres ou Doyens des Eglises Episcopales ont autrefois prétendu de succeder aux Pasteurs de leurs Dioceses decedez sans rester, est aboli. *Brodeau sur M. Loüet lettre E. som. 4. Imbert liv. 1. des Inst. for. chap. 39. 12. en son Enchiridion, liv. 17. Robert, liv. 4. des choses jugées, chap. 3.*

257 Les Parens d'un Religieux mendiant Evêque lors de sa mort luy succedent en tous ses biens, sans distinction de ce qu'il peut avoir acquis de l'argent qu'il auroit épargné dans son premier état. Jugé pour les heritiers de l'Evêque de Châlons contre les Jacobins de Chartres à la prononciation solemnelle de Pâques du 15. Avril 1585. Le même avoit été jugé auparavant par plusieurs autres Arrêts rapportez par *Charondas au 7. livre des réponses, ch. 127.*

Voyez cy-dessus *le nomb. 253. & suiv.* & cy-après *verbo* Succession.

EVESQUE, TAXE.

258 TAXE DE L'EXPEDITION DES BULLES pour tous les Archevêchez & Evêchez de France, suivant qu'ils sont écrits dans la Chambre Apostolique, exprimée par florins, le florin de Rome valant 5. livres 6. sols 8. d. monnoye de France.

	florins.		
Agde paye 2500.		Beauvais,	4600.
Agen,	2440.	Beziers,	2000.
Aire,	1200.	Bourdeaux *Arch.*	4000.
Aix *Arch.*	2400.	Boulogne,	1500.
Alby *Arch.*	2000.	Bourges *Arch.*	4033.
Alet,	1500.	Brieux,	800.
Ambrun *Arch.*	2400.	Cahors,	1000.
Amiens,	4100.	Cambray *Arch.*	6000.
Angers,	1700.	Carcassonne,	6000.
Angoulême,	1000.	Carpentras,	1500.
Apt,	250.	Castres,	2500.
Aqs,	500.	Cavaillon,	500.
Arles *Arch.*	1008.	Châlons sur Marne,	3000.
Atras,	4200.	Châlon sur Saone,	700.
Auch,	10000.	Chartres,	4000.
Avignon,	1850.	Clermont,	4550.
Avranches,	2500.	Cominges,	4000.
Autun,	4080.	Condom,	2500.
Auxerre,	4400.	Conserans,	1000.
Bayeux,	4400.	Cornoüailles, ou Kimpercorantin,	1000.
Bayonne,	100.		
Bazas,	600.	Coûtances,	2500.
Besançon,		Die, uni à l'Evêché de	
Valence,		Saint Papoul,	2500.
Digne,	400.	Paris *Arch.*	4282.
Dol en Bretagne,	4000.	S. Paul 3. Châteaux,	406.
Elne en Roussillon,	1500.	Perigueux,	2500.
Evreux,	2500.	Poitiers,	2500.
Saint Flours,	900.	S. Pons de Tomieres,	3400.
Frejus,	1400.	Le Puy en Velay,	2650.
Gap,	1400.	Rheims *Arch.*	4000.
Glandeve,	400.	Rennes,	1000.
Grasse,	424.	Rieux,	2500.
Grenoble,	1000.	Riez,	800.
Langres,	9000.	La Rochelle,	2000.
Laon,	4000.	Rodez,	2326.
Lavaur,	2500.	Roüen *Arch.*	12000.
Lectoure,	1600.	Saintes,	2000.
Leon,	800.	Sarlat,	700.
Lescar,	1300.	Seez ou Sais,	3000.
Limoges,	1600.	Senez,	300.
Lizieux,	4000.	Senlis,	1250.
Lodeve,	1060.	Sens *Arch.*	6000.
Lombez,	2500.	Sisteron,	800.
Luçon,	2500.	Soissons,	2400.
Lyon *Arch.*	3000.	Tarbes,	1100.
Maillezais, c'est la Rochelle,		Toul,	2500.
		Tournay,	5000.
Saint Malo,	1000.	Toulon,	400.
Mende,	3500.	Toulouse *Arch.*	5000.
Mans,	2126.	Tours *Arch.*	2500.
Marseille,	700.	Treguier,	460.
Mascon,	1000.	Troyes,	2500.
Meaux,	2000.	Tulles,	1400.
Mets,	6000.	Vabres,	1000.
Mirepoix,	2500.	Vaison,	500.
Montauban,	2500.	Valence,	4500.
Montpellier,	4000.	Vannes,	350.
Nantes,	1500.	Venu,	100.
Narbonne *Arch.*	9000.	Verdun,	4466.
Nevers,	2000.	Vienne *Arch.*	1854.
Nismes,	1200.	Viviers,	4400.
Noyon,	3000.	Usez,	1000.
Oleron,	600.	Xaintes, c'est Saintes.	
Orange,	400.	Archevêchez,	18.
Orleans,	2000.	Evêchez,	109.
Pamiers,	2500.		

EVESQUE TRANSLATION.

259 Bulles de Translations accordées à un Evêque pour un Archevêque. *Voyez* le mot Bulles *nombre 34.*

260 La Translation des Evêques est une cause majeure nommément exprimée dans le corps de Droit, elle appartient au Pape. En France les Evêques ne peuvent passer d'un Siége Episcopal à un autre Evêché que du consentement du Roy, dont il faut toûjours avoir la nomination ; le transferé doit également faire à sa Majesté le ferment de fidelité. *Can. filius 16. q. 7. Rebuffe de Transl.t. Episcop. nomb. 13. Libertés de l'Eglise Gallicane art. 54. Fevret Traité de l'Abus, li. 2. ch. 21 n. 1.*

261 Les Legats dans leur Province ne peuvent point transferer un Evêque d'un Siége à l'autre, unir deux Evêchez, ou les partager & en faire deux, ni eriger un Evêque Suffragant d'un autre, ni ériger en Primatie, à moins qu'il n'y eût un pouvoir special, car c'est un droit qui est reservé & appartient au Souverain Pontife. *Definit. Can. p. 426.*

EVESCHE' VACANT.

262 Par la mort de l'Archevêque ou Evêque, & jusqu'à ce qu'un autre soit pourvû, le Chapitre de l'Eglise Episcopale ou Archiepiscopale, en fait la charge & fonction, & prend les émolumens du sceau des provisions, qui doivent être employez aux charges & frais que l'Evêque ou Archevêque a accoûtumé de faire & supporter, & s'il y a du surplus, il doit être employé en achat de draps de soye, & ornemens d'Eglise, & non à autre usage, dont ledit Chapitre

rendra compte pardevant le Bailly ou son Lieutenant. *Chenu en son premier Recüeil de Reglemens, tit. 1. chapitre 4.*

Il en est de même quand l'Evêque est détenu en captivité par les Payens. *Rebuf. en sa prat. benef. part. 1. ch. 1. de devolut. num. 61. &* en ce même chapitre depuis le nom. 58. jusqu'à la fin, il traite du pouvoir du Chapitre de l'Eglise Episcopale, le Siége vacant.

Et le reste des émolumens, fruits & revenus qui appartiennent au Roy pendant la vacance, seront pris & perçûs par l'Oeconome ou Commissaire à ce établi, sur lesquels les charges restantes à payer seront payées & prélevées. *Chenu, ibid.*

263 Il y a vacation de l'Evêché en France, par la promotion de l'Evêque au Cardinalat. *Loyseau liv. des Ordres chap. 3. nomb. 47.* Chenu *en ses quest. notab. cent. 1. q. 1.*

264 Le crime de leze-Majesté commis par l'Evêque, donne lieu à la vacance de son Evêché. *Robert liv. 3. des choses jugées, chap. 1. & 7.*

265 Si l'on plaide contre un Evêque pour quelques droits dépendans de son Evêché, & qu'il décede, il semble que l'on pourra proceder avec l'Oeconome pendant la vacance; cependant le Parlement de Paris par Arrêt du 13. Février 1579. a ordonné que l'on devoit faire substituer M. le Procureur General, & proceder avec luy comme avec le défunt Evêque, si le successeur prétend que tout n'a été déduit, il sera reçû à écrire & informer de nouveau, si besoin est, à la charge que la partie pourra faire le même, sauf à ordonner en jugeant le procez à quels dépens. *Le Caron, chap. 228. du 7. liv. des Rep. &* Papon, *li. 8. tit. 16. n. 6.*

266 Non seulement les Benefices du promû à l'Episcopat, vacquent par sa consecration; mais même s'il laisse écouler les trois mois qui luy sont donnez pour se faire consacrer; s'il se faisoit consacrer avant les trois mois, les Benefices ne laisseront pas de vacquer du jour de sa consecration, pourvû neanmoins que de ce jour il eût l'administration pleine & entiere de la partie du temporel de son Evêché. *M. Ruzé Traité de la Regale. Privileg. 18. num. 2. & 3.* Il y a une exception à la maxime generale, sçavoir, que l'Evêque eût obtenu de se faire consacrer pendant une année, pendant lequel temps ses autres Benefices ne sont impetrables. Cela est décidé par la glose de la pragmatique-sanction, sur le mot *Consecrari* 1. §. *item insuper de collat.* quoi qu'il n'en fût pas fait mention dans la dispense de la Consecration, par la raison que *Vacatio beneficiorum venit consecutivè ad consecrationem, dispensatio autem ad unum extenditur ad consecutiva.*

267 Anciennement la Sainte Chapelle par la concession des Rois joüissoit des fruits des Evêchez vacans, qui luy avoient été donnez pour entretenir l'illustre Fabrique de son Eglise, & la Musique, & aider à supporter les autres charges. Mais depuis le Roy fit unir la manse Abbatiale de l'Abbaye de saint Nicaise de Reims au Chapitre de la Sainte Chapelle pour subvenir à ces charges; & depuis ce temps, le Roy a toûjours accoûtumé de donner les fruits des Evêchez pendant leur vacance à ceux qu'il luy plaît de dénommer aux Evêchez; autrefois la remise étoit entiere, présentement on en défalque un tiers pour les nouveaux Convertis. *Definit. Can. p. 540.*

268 Quoique pendant la vacance d'un Evêché le Roy par droit de Regale fasse administrer le temporel, le Resignant pourra neanmoins conferer les Benefices vacans qui en dépendent, avant que le resignataire en ait pris possession; à l'instant même que l'Evêché a été conferé, tout le spirituel a été déferé au Pape, dés le temps que le pourvû a reçû ses Provisions il peut conferer, à moins que l'Evêché n'eût vaqué par resignation; car alors le nouveau Prélat, au préjudice du Resignant qui est encore en possession, n'a point de pouvoir jusqu'à ce que luy-même l'ait prise; autre chose si l'Evêché a vaqué par mort. *Bibliot. Can. tome premier page 34. col. 1.*

VICAIRE DE L'EVESQUE.

269 Les Evêques se peuvent établir des Vicaires, & les ôter sans le consentement du Chapitre. *Rebuf. en sa prat. benef. ch. De Vica. Episc. 1. part. num 1.*

270 Arrêt du Parlement de Paris du 17. Mars 1514. qui ordonne que l'Archevêque de Lyon Evêque d'Angers nommera un Vicaire qui residera dans Angers. *Preuves des Libertez, tome 2. chap. 35. n. 38.*

271 Un Evêque élû & pourvû, quoi qu'il n'ait pris possession, peut créer un Vicaire general, *etiam in spiritualibus.* Arrêt du Parlement de Paris de l'an 1551. *Papon, li. 2. tit. 2. n. 5.*

272 Jugé par Arrêt du 2. Avril 1610. que l'Evêque étant en l'Assemblée, ses grands Vicaires n'y peuvent assister ni avoir voix deliberative; l'Arrêt est en faveur de l'Evêque d'Orleans; il fut dit que les deux Députez de Sainte Croix n'auroient qu'une voix, laquelle seroit portée par le premier Député, aprés lequel le Député de saint Aignan qui seroit seul parleroit immediatement. *Voyez Filleau 4. pars. quest. 177. & cy-aprés le mot Vicaire.*

EVESQUE, *Visa.*

273 Ne pourront pour quelque cause que ce soit donner *Visa*, ou provisions sur le refus d'un autre Evêque, ou de son grand Vicaire, si l'ordre établi dans l'Eglise ne leur donne la superiorité ordinaire. *Memoires du Clergé tome 2. part. 2. tit. 4. art. 11.* Voyez le mot *Visa.*

274 Les Evêques ne doivent point refuser le *Visa* aux Prêtres sans une cause legitime & manifeste, lors qu'ils le refusent l'on peut se pourvoir au plus prochain Evêque sans qu'il soit besoin de recourir au Superieur. Ainsi jugé à Toulouse le 11. May 1655. contre M. l'Evêque d'Alby ou son Vicaire general, qui avoit refusé le *Visa* sous prétexte que cet Ecclesiastique n'avoit pû expliquer un chapitre des Actes des Apôtres, quoi qu'il fût Bachelier en Theologie; & que cet Evêque luy-même luy en eût accordé un dans une autre question; le Vicaire general de Castres le luy ayant baillé, le Vicaire general d'Alby appellant comme d'abus, il fut déclaré qu'il n'y en avoit point; & l'appellant condamné en l'amende & aux dépens. *Albert., verbo Evêque, art. 4.*

275 Quand l'Evêque est dans son Diocese, autre que luy ne peut conferer le Benefice, ni accorder le *Visa*, parce que ce sont des actes qui émanent de sa propre personne, & son Vicaire n'a droit d'y pourvoir qu'en cas d'absence hors du Diocese, suivant l'Arrêt donné au Grand Conseil le 16. Avril 1666. en la cause de M. Romicuse, contre M. Fieau, *Graverol sur la Rocheflavin liv. 6. lettre A. tit. 5. Arc. 1.*

VISITE DES EVESQUES.

276 De la Visite des Archevêques, Evêques, Archidiactres, & autres. *Voyez les Memoires du Clergé, tome premier part. 1. tit. 2. chap. 12.*

277 Les Archevêques peuvent faire leur visite dans le Diocese de leurs Suffragans, particulierement en trois cas. Le premier, quand l'Evêque est absent pour les affaires de l'Eglise, ou de l'Etat, s'il est en Ambassade. Le second, quand l'Evêque est malade de longue maladie, ou accablé de vieillesse. Le troisiéme, quand l'Evêque est si negligent qu'il oublie son troupeau, pour lors l'Archevêque doit suppléer au défaut. Et le droit de visite ne se prescrit point. *Ibidem.*

278 Les Evêques visiteront tous les ans les Eglises & Cures de leurs Dioceses, ou tous les deux ans, si les Dioceses sont de trop grande étenduë. *Henry III. 1579. art. 32. Charles IX. 1560. art. 6.*

Et pourvoiront à ce que les Eglises soient fournies

de Livres, Croix, Calices & Ornemens necessaires. *Henry III.*1579. *art.* 52. Et pareillement à la restauration & entretenement des Eglises Paroissiales, & Edifices d'icelles. *Henry III,* 1579. *art.* 52. *Cod. fab. liv.* 7. *tit.* 28. *def.* 24.

279 Les Archevêques & Evêques en faisant leurs visites, s'informeront des entreprises faites sur les Benefices de leurs Dioceses, & en avertiront les Officiers du Roy. *Charles IX.* 1572. *art.* 7.

280 Les Moines & Religieux sont sujets aux Archevêques & Evêques pour regard de la visitation, & punition des crimes, sans qu'ils puissent se prévaloir, ni s'aider d'aucun privilege d'exemption. *Charles IX.* 1560. *art.* 11. *Henry III.* 1579. *art.* 27.

Tels privileges sont exorbitans, & n'ont été accordez qu'avec des modifications. *Servin en ses Plaid. tom.* 2. *Plaid.* 3.

281 Les Archevêques & Evêques ont aussi droit de visitation pour les Fonds Baptismaux, saints Ciboires, Autels & saintes Huilles, & peuvent user des autres droits Parochiaux aux Eglises Parochiales & Collegiales de leur Diocese, quoi qu'exemptes. *Servin en ses Plaidoyez*, Plaid. 11. Fevret, *Traité de l'abus liv.* 3. *chap.* 3. *art.* 23.

282 Tous sont sujets à la visitation des Archevêques & Evêques, même les Reguliers, à défaut de s'être soûmis à quelque Congregation de leur Ordre, à la forme de l'Ordonnance : & les Eglises Curiales dépendantes des Monasteres, sont sujettes à cette visitation de l'Evêque, & un Religieux déservant une Cure, qui vient à delinquer en ce qui est des fonctions Curiales, & administration des Sacremens, est punissable par l'Evêque Diocesain, & non par le Superieur du Monastere. *Fevret, ibid.*

283 Du droit de Visite prétendu par les Archevêques, Evêques & Archidiacres, appellé en Droit Canon *Jus procurationis charitativi subsidii ,* Cathedraticum jugé par plusieurs Arrêts qu'il n'est dû *nisi in pastu & non in pecuniâ certâ taxatâ*, à moins que le Beneficié n'aime mieux payer *certam pecuniam,* ce qui est à son choix. Toutes les fois que les Visiteurs se font taxez en argent, la Cour a jugé qu'il y avoit abus. *Papon, li.* 1. *tit.* 11. *n.* 4. rapporte des Arrêts du dernier Avril 1566. contre l'Evêque de Meaux ; 12. Mars 1583. contre l'Official du Mans, sauf à l'Evêque à se pourvoir suivant les saints Decrets, ainsi qu'il verra être à faire ; dernier May 1593. contre l'Evêque d'Angers, la Cour ordonna la restitution des sommes payées.

284 L'Evêque peut faire sa Visite par toutes les Communautez de son Diocese, s'il n'y a exemption. Arrêt du Parlement du Paris du mois de Janvier 1589. qui en interloquant le Prieur de saint Eloy sur la preuve de l'exemption, ajuge la récréance à l'Evêque de Paris. *Papon li.* 1. *tit.* 11. *n.* 2.

285 L'Evêque ne peut exercer la Jurisdiction contentieuse en sa visite. Jugé par Arrêt du Parlement de Bretagne du mois de Juillet 1607. rapporté par *Frain, page* 20.

286 L'Evêque en faisant sa visite ne peut point convoquer plusieurs Paroisses en un même lieu, & il doit le faire personnellement sur les lieux. Jugé par Arrêt du même Parlement de Bretagne du mois de Juillet 1661. contre l'Evêque de Vannes, rapporté *ibid.*

287 Arrêt du Parlement de Provence du 25. Octobre 1642. qui a ordonné que les Sentences de visite des Evêques doivent être executées de l'autorité du Juge Seculier. *Boniface tom.* 1. *li.* 1. *tit.* 16. *n.* 3.

287 bis Les Cures, Eglises & Chapelles dépendantes de l'Ordre de saint Jean de Jerusalem, sont sujettes à la visitation & Jurisdiction des Ordinaires, en ce qui concerne la correction des abus qui se commettent en l'administration des Sacremens, tant mariages qu'autres, celebration du Service Divin, & résidence, sans préjudice des privileges dudit Ordre en autre chose. *Louis XIII.* 1629. *art.* 5. & par la Bulle du Pape Gregoire XIII. du 25. Novembre 1580. rapportée dans les *Memoires du Clergé,* tome 1. *tit.* 2. *ch.* 14. *art.* 12. Ainsi jugé par Arrêt du 24. Janvier 1620. par lequel conformément à ladite Ordonnance, les Cures dépendantes des Commanderies de l'Ordre de saint Jean de Jerusalem, sont sujettes à la visite des Evêques, & leurs Officiaux & Archidiacres, comme les autres Cures. Ledit Arrêt rapporté au long dans les *Memoires du Clergé ,* tome premier *tit.* 2. *chap.* 12. *art.* 15.

Et par un autre Arrêt du Parlement de Paris du 25. Janvier 1629. il a été jugé que l'Evêque en personne, & non par autre, peut visiter les Cures dépendantes des Commanderies dudit Ordre. Rapporté, *ibid. art.* 16.

288 Les Evêques peuvent visiter toutes les Eglises, Tabernacles, & tous les lieux Reguliers ou Seculiers, exempts ou non exempts de leur Diocese. Arrêt des Grands Jours de Clermont du 30. Octobre, 1665. *Borjon, tom.* 1. *p.* 160.

289 Arrêt du Conseil privé du 17. Avril 1668. qui maintient l'Archevêque de Vienne au droit de visiter l'Eglise de saint Antoine en Viennois, les Fonds Baptismaux, & les Chapelles où la Cure est déservie, ensemble les Annexes, comme aussi d'en exercer tous actes de Jurisdiction, le tout sans préjudice de l'exemption des Abbé & Religieux pour raison de la discipline Reguliere, & de pouvoir administrer à leurs domestiques demeurans dans l'enclos de l'Abbaye les Sacremens, & sans préjudice du devoir Paschal, auquel les domestiques satisferont dans la Cure de saint Antoine ; pourront les Religieux faire bâtir en lieu commode à leurs dépens une Eglise convenable eu égard au nombre des habitans pour servir d'Eglise Paroissiale à la Cure de saint Antoine, où seront transportez les Fonds Baptismaux, après laquelle constitution l'Archevêque ne pourra plus faire aucune visite dans l'Eglise du Monastere. *Basset tom.* 2. *li.* 1. *tit.* 2. *chap.* 5.

290 Declaration du Roy du 15. Décembre 1698. pour executer les Ordonnances des Archevêques & Evêques dans leurs visites, portant, ordonnons que les Ordonnances par lesquelles les Archevêques ou Evêques auroient estimé necessaire d'enjoindre à des Curez & Ecclesiastiques ayant charge d'ame, & dans le cours de leurs visites, & sur les procez verbaux qu'ils auront dressez, de se retirer dans des Seminaires, jusques & pour le temps de trois mois, pour des causes graves, mais qui ne meritent pas une instruction dans les formes de la procedure criminelle, seront executées nonobstant toutes appellations & oppositions quelconques, & sans y préjudicier.

EVESQUE, UNION.

291 Les Evêques ont droit & pouvoir d'exiger & d'unir les Benefices dans leur Diocese par la constitution du Pape Alexandre III. renouvellée par le Concile de Trente. *Sess.* 21. *chap.* 4. *de Reformat.*

Voyez le mot, *Union.*

EVICTION.

Eviction. *Evictio. Rei Vindicatio.*

De Evictionibus, & duplâ stipulatione. D. 21. 2... *C.* 8. 45... *Duplâ stipulatio ,* Le double du prix que le vendeur étoit obligé de rendre à l'acheteur ; & ce double du prix étant stipulé, tenoit lieu de dommages & interêts à l'acheteur évincé.

Creditorem , evictionem pignoris non debere. C. 8. 46.... Le créancier, qui a fait vendre la chose hypotequée, ne doit pas garantir l'Eviction de cette chose.

Ne fiscus , rem quam vendidit , evincat. C. 10. 5. . . . Le fisc ne doit pas rentrer dans les choses qu'il a vendues.

Ubi in rem actio exerceri debeat ? C. 3. 19.... Devant quel

quel Juge il faut se pourvoir pour l'Eviction? Voyez le 1. tome des Loix Civiles li. 1. tit. 2. sect. 10. & au 3. tom. de ce Recueil, verbo Revendication.

Burgundus a fait un Traité particulier de Evictionibus, imprimé in 8. Colon. 1662.

Même Traité de Evictionibus, par Gusman vol. in fol. imprimé à Lyon en 1676.

Des Evictions. Voyez Du Luc liv. 9. tit. 4.

Des Evictions & Garanties. Voyez Papon livre 11. titre 4.

1 Des Evictions, & si la chose étant évincée par restitution en entier ou autrement, les impenses & meliorations peuvent être compensées avec les fruits perçus avant la contestation en cause ? Voyez la Bibliotheque de Bouchel, verbo Eviction, où cette question est amplement traitée.

2 L'éviction est tellement de l'essence & nature de la chose venduë, permutée, cedée, engagée, ou autrement donnée, que quoy qu'elle ne soit reservée ni exprimée, elle est toûjours entenduë. tit. de actionib. empti, quand même il auroit été dit que le vendeur ne seroit tenu d'aucune éviction, & qu'il vend aux perils & fortunes de l'achepteur, neanmoins il est tenu d'éviction du prix par luy reçû, non toutefois de la chose venduë. L. Evicti dict. tit. de actionib. empti. La Rochefavin, li. 6. lettre E. tit. 49. arr. 1.

3 Evictioni locus non est si de eâ nihil cautum est, & tempore cessionis solvendo sit debitor. A Noël 1604. Mornac, l. 5. ff. de hereditate vel actione venditâ.

4 Celuy qui avoit acquis un heritage d'une femme à qui il n'appartenoit point, étant troublé par le proprietaire, le soûtenoit non recevable en son action, vû sa qualité d'heritier présomptif de la personne qui luy avoit vendu ; & il ajoûtoit qu'il demeuroit avec elle, & en communauté de biens. Le proprietaire répondoit que cette qualité d'heritier présomptif ne détruisoit point son droit, étant incertain s'il accepteroit la succession ; la communauté de meubles, & même de tous biens, n'oblige pas personnellement pour les choses qui ne résultent point de la communauté. Par Arrêt du Parlement de Roüen au mois de Janvier 1610. il fut dit à bonne cause l'action du proprietaire. Voyez Basnage, Traité de Jurisdiction article 40.

EVICTION, ADJUDICATAIRE.

5 Le poursuivant n'est tenu de l'éviction soufferte par l'adjudicataire. Voyez le mot Creancier, nombre 72.

6 Adjudicataire par decret évincé ne doit restitution de fruits, & ne perd les réparations faites de bonne foy, quand il n'est évincé qu'à cause des nullitez du decret ; il en est autrement s'il y a dol ou faussété de sa part. Arrêt du 13. Septembre 1543. Papon li. 18. tit. 6. n. 30.

7 Si l'acquereur par decret étant évincé, les creanciers qui ont reçû sont obligez de rapporter. Arrêt du Parlement de Paris du 5. Juillet 1651. qui a appointé les parties au Conseil. Soëfve, tome premier Cent. 3. chap. 82. où il observe que M. Maynard li. 7. chap. 91. de ses Questions rapporte un Arrêt du Parlement de Toulouse, qui a jugé in terminis que les creanciers à la requête desquels l'heritage avoit été vendu, n'étoient tenus d'aucune éviction envers l'acquereur, parce que non est repetitio ab eo qui suum recepit.

EVICTION, CREANCIER.

8 Creancier qui a fait vendre aux encheres, re evictâ en cas d'éviction, n'est tenu de rendre les deniers s'il ne s'y est obligé. Jugé au Parlement de Grenoble le 18. Décembre 1617. Basset, tom. 2. livre 7. titre 8. chap. 5.

8 bis. Le creancier qui subroge un autre en son hypotheque, moyennant le payement de sa dette, est tenu de l'éviction. Arrêt du 15. Juillet 1637. Autre chose est de vendre le gage par la subrogation de son hypotheque, ou de vendre sa dette cessione nominis. M. Dolive, liv. 4. ch. 26.

9 De evictionibus, item re evictâ per restitutionem in integrum aut alio modo, an sumptus cum fructibus perceptis ante litem contestatam possint compensari. Voyez M. Valla, de rebus dubiis tractatu 9.

9 bis. Le creancier qui a reçû payement des mains, & des deniers de l'acquereur son débiteur, & qui a subrogé son hypoteque, ne peut être contraint de rendre les deniers reçûs au cas d'éviction. Arrêt du Parlement de Toulouse des 24. Janvier 1663. & 11. Janvier 1675. dont la décision est fondée sur la Loy Repetitio l. 44. ff. de condit. & sur ce que le creancier qui subroge un tiers à son hypoteque en luy vendant le gage, ne fait pas cet acte jure dominii sed jure creditoris. Voyez M. de Catellan li. 5. chap. 40.

10 Si par l'insolutundation ou collocation faite par le creancier sur les biens du débiteur, la premiere obligation & preference est éteinte, ou si elle revit par l'éviction des biens? Arrêt du Parlement de Provence de l'année 1671. qui a jugé que par l'éviction des biens la premiere obligation revit. Boniface, tome 4. li. 8. tit. 12. chap. 1.

11 Lors qu'un creancier a fait saisir pour son payement un fonds qui est vendu de l'autorité du Juge, & délivré au dernier enchérisseur qui en est demeuré adjudicataire, le prix de l'éviction du fonds ne regarde point le creancier qui a poursuivi la vente, mais le débiteur sur qui elle a été faite. Arrêt du Parlement de Grenoble du 21. May 1687. donné de l'avis des Chambres consultées. Voyez Chorier en sa Jurisprudence de Guy Pape, page 339.

12 Un ancien creancier qui a accepté le délaissement des immeubles de son débiteur pour leur juste valeur, déduction de ses creances, n'en peut être évincé par un posterieur creancier, sinon en offrant par celui-cy de payer la dette pour laquelle les immeubles ont été délaissez. Arrêt du Parlement de Paris du 26. Juillet 1692. Au Journ. des Audiences tome 5. liv. 8. chap. 19.

EVICTION, DONATION.

13 Il est décidé dans les Loix que le donataire n'a point de garantie à prétendre pour l'éviction des choses données, sinon que la garantie ait été nommément stipulée, ou qu'il y ait du dol de la part du donateur. Cette décision est dans la Loy 18. Aristo. §. 3. ff. de donat. & dans la Loy 2. Cod. de evict. Les donations faites au futur époux dans son contrat de mariage, quelque favorables qu'elles soient, & quoy qu'elles soient reçûës pour une cause onéreuse, & pour la supportation des charges du mariage, ne sont pas neanmoins exceptées de cette regle generale, qui comprend même celles qui sont faites par le pere à son fils en le mariant ; Arrêt du Parl. de Toulouse. Il y en a un autre posterieur rapporté par Monsieur de Catellan, liv. 5. chap. 66. qui a aussi jugé que le fils donataire du pere de certaines metairies, ne pouvoit demander de garantie à ses freres pour l'éviction.

Voyez le mot Donation.

EVICTION, ECHANGE.

14 Le 13. Mars 1624. a été jugé au Parlement de Toulouse qu'encore qu'au contrat d'échange il eût été convenu que celuy qui donnoit des terres en contre-échange ne seroit point tenu d'éviction, & que celuy qui les prenoit faisoit cet échange à ses perils & fortunes, neanmoins les terres ayant été évincées, etiam sine facto du copermutant, il pouvoit reprendre ses terres, sauf son recours pour les dommages & intérêts sur celles qu'il avoit données en échange. Cambolas liv. 5. chap. 9.

EVICTION, HERITIER.

15 Nulla evictio in venditione hareditatis. Mornac, loi 2. ff. de hareditate venditâ.

16 Henrys to. 1. li. 4. ch. 6. q. 31. établit que celui qui

est heritier du vendeur pour une portion quoique modique ne peut point évincer l'acquereur contre la disposition de la Loy *Cum à matre* 14 *cod. de rei vindic.* ou en tout cas que cet heritier doit être obligé de retirer l'heritage entier en rendant le prix de l'acquisition, & quelques dommages & interêts. M. du Perier dans ses Quest. *not. li.* 1. *q.* 9 décide que l'heritier ne peut évincer l'acquereur. Cette question est aussi traitée par M. d'Argentré sur l'article 419. de la Coûtume de Bretagne *Glos.* 3.

17. Arrêt du Parlement de Roüen du 28. Avril 1606. qui a jugé que celuy qui transporte son droit dans une succession consistante en meubles & immeubles, encore qu'il ne soit tenu de l'éviction des singulieres Parties, doit neanmoins montrer qu'il avoit quelque droit aux choses par luy transportées & vendües. *Bibliot. Can. to.* 1. *p.* 230. *col.* 2.

18. Si plusieurs coheritiers vendent une maison ou un autre fonds de l'heredité, & ne promettent éviction & garantie que pour leur portion hereditaire chacun, & s'il arrive que la maison soit saisie & décretée pour une dette hereditaire, & que l'acquereur soit obligé de payer le creancier, cet acquereur ne pourra agir pour sa garantie contre chacun des coheritiers, que pour la portion hereditaire, & il ne pourra solidairement demander à chacun l'entiere somme qu'il a payée au creancier, quoiqu'il ait subrogation expresse de luy. Arrêt du P. de Toulouse du 14. Decembre 1662. rapporté par *M. de Catellan, liv. 5. chap.* 41. La raison de douter étoit prise de ce que l'hypotheque du creancier à laquelle l'acquereur est subrogé, est indivisible, *tota in toto & tota in qualibet parte*. La raison de decider est que les coheritiers ne s'étant obligez à la garantie qu'à concurrence de leur portion hereditaire chacun, il est juste qu'ils en soient quittes en payant chacun leur portion des dommages & interêts, & de la garantie.

EVICTION, LEGS.

19. Eviction de la chose leguée, ou d'un bien de la succession. V. *Bouvot, to. 1. part. 3. verbo Eviction.*

20. Si l'éviction est dûë d'une chose leguée particulierement ou en general, & s'il suffit que l'heritier cede la chose telle qu'elle est ? *Voyez Bouvot, tome* 1. *part.* 1. *verbo Legat quest.* 2.

21. Arrêt du Parlement de Provence du 15. Janvier 1668. qui a jugé que l'éviction d'un legs fait à la femme n'est point dûë par l'heritier, quand le Testateur a crû que la chose leguée luy appartenoit. *Boniface, to.* 2. *liv.* 2. *tit.* 1. *ch.* 13.

EVICTION, RENONCIATION.

22. Une renonciation generale faite par l'acheteur d'un fond à toute éviction & garantie, l'exclud de demander des dommages & interêts, & l'utilité acquise par la plus valuë du fonds vendu; mais cette renonciation generale ne l'exclud pas de la repetition du prix, il faut que l'acheteur ait nommément renoncé à la restitution des deniers. C'est ce qui est décidé dans la Loy *Ex empto* §. *qui autem D. de action. Empt.* Cette Loy n'a pas lieu dans la subrogation à une hypoteque & le subrogé ne peut demander la restitution du prix, s'il a renoncé à la garantie, quoiqu'il n'eût pas nommément renoncé à la restitution des deniers. Arrêt du P. de Toulouse du 4. May 1678. *Voyez M. de Catellan, liv. 5. chap.* 22. où il ajoûte, j'avois vû juger le 18. Janvier 1648. que celuy qui avoit reçu de l'acheteur de son debiteur la somme à luy dûë, & l'avoit subrogé en sa place, avec renonciation de la part du subrogé à toute éviction & garantie, étoit neanmoins par cette clause à couvert de la restitution de deniers, lorsque le fond vendu étoit évincé.

EVICTION, REPARATIONS.

23. Celuy qui évince doit le remboursement des impenses & ameliorations, loyaux coûts, frais & arrerages jusqu'au jour de l'éviction. Arrêt du Parlement de Paris du 7. Septembre 1516. *Papon, liv.* 11. *tit.* 4. *nombre* 15.

24. Le possesseur de bonne foy n'est point obligé d'abandonner la chose jusqu'au parfait remboursement des reparations utiles & necessaires à l'adjudicataire évincé par le proprietaire; le prix & profit du denier douze doit être rendu par celuy sur qui la vente a été faite. Arrêt du Parl. de Paris de l'année 1577. *Ibidem.*

25. L'acheteur d'un fonds en est évincé par le veritable proprietaire qui le fait condamner au délaissement, avec restitution des fruits; il peut demander à l'Evinçant, non seulement les reparations, mais aussi l'interêt de ces reparations; il peut aussi demander au vendeur pour sa garantie, non seulement les lods payez, & la plus valuë du fonds pour ses dommages & interêts, mais aussi l'interêt de ces lods & de cette plus valuë depuis l'évincement jusqu'au remboursement. Arrêt du P. de Toulouse du dernier Mars 1677. rapporté par *M. de Catellan, liv. 5. chap. 35.*

EVICTION, RETRAIT.

26. On tient au Palais y avoir été jugé, quand quelqu'un a été évincé par retrait, qu'encore que le retrayant ait joüi quinze & vingt ans dé l'heritage, toutefois celuy qui a été évincé est toûjours recevable à agir *à die detecta fraudis*, suivant la Loy *annus* 4. D. *de requir. vel absent. damn.* &. s'appelle l'Arrêt de Vialart. *Bibliotheque de Bouchel, verbo Retrait.*

27. Si un retrayant lignager étant forcé de retenir une piece acquise d'un Etranger de l'acheteur pour sa commodité, doit être tenu de l'éviction qui pourroit arriver sur la piece acquise de l'Etranger? Arrêt du Parlement de Provence du 6. Juin 1675. qui chargea l'acquereur de l'éviction. *Boniface, to.* 4. *liv.* 9. *tit.* 5. *chap.* 1.

28. Si le peril de l'éviction de la chose vendüe tombe sur le retrayant lignager après l'adjudication du retrait, ou sur l'acquereur. Arrêt du même Parlement du 29. Avril 1679. qui déclara que le peril tombe sur le retrayant. *Ibidem, chap.* 2.

EVICTION, TRANSACTION.

29. *In transactione evictioni locus est, quando ex causa transactionis res traditur: si vero res æstimata sit, id est dimittitur, evictioni locus non est.* Voyez *Franc. Marc. to.* 2. *quest.* 52.

EVICTION, VENTE.

30. Acheteur qui craint d'être évincé. Voyez le mot *Achat, nomb.* 7.

30 bis. L'acheteur refusant de payer le prix de son acquisition dans la crainte d'éviction, peut y être contraint en luy donnant caution pour principal, dépens, dommages & interêts. Arrêt du Parlement de Paris du 20 Novembre 1543. *Papon, liv.* 11. *tit.* 4. *n.* 8.

31. Quoique dans le Contrat de vente on soit convenu qu'en cas d'éviction l'acquereur ne pourra repeter le prix, si le vendeur a sciemment vendu la chose d'autruy, il ne laissera pas d'être contraint à la restitution. Jugé au Parlement de Paris les 5. May 1545. & 27. Novembre 1548. *Ibidem n.* 3.

32. Vendeur qui ne doit garantie, doit necessairement rendre le prix en cas d'éviction. Arrêt du Parlement de Paris du 28. Novembre 1559. *Ibidem n.* 3.

33. L'acheteur évincé d'une partie peut être relevé pour le tout s'il y a du dol de la part du vendeur; ainsi jugé; il s'agissoit d'un bien substitué. Autre Arrêt du 10. Mars 1565. par lequel un acheteur ayant été évincé pour la moitié du total d'une maison par le frere coheritier du vendeur, la resolution du Contrat fut ordonnée, & le vendeur condamné au remboursement entier. *Ibidem n.* 16.

34. Acquereur dernier actionné en éviction & garantie par les premiers, doit être déchargé en délaissant les biens hypotequez. Arrêt du 16. Avril 1586. *La Rocheflavin, liv.* 6. *tit.* 49. *Art.* 3.

35. Un Greffier du Domaine d'Orleans ayant été évincé sans aucun remboursement; par Arrêt du Parle-

ment de Paris du 15. Juin 1585. son vendeur qui en avoit été donataire gratuit, a été condamné à rendre le prix par luy reçû. *Papon*, *liv.* 11. *tit.* 4. *n.* 3.

36 Quand d'une metairie ou quantité de terres ou possessions vendües, une piece de terre est évincée par un tiers, le vendeur doit rendre à l'acquereur l'estimation de la piece estimée, non eu égard à la valeur d'icelle, mais de tout le corps vendu & à proportion du prix total de ladite vente, & ce au dire d'Experts. Arrêt du 15. Janvier 1591. *La Rocheflavin*, *liv.* 6. *tit.* 49. *Arr.* 2.

37 L'acquereur évincé peut se pourvoir contre les creanciers à qui il a payé le prix de son acquisition. Jugé le 10. Septembre 1609. sauf aux creanciers leur recours contre le debiteur. *Cambolas*, *liv.* 3. *chap.* 50.

38 De l'éviction qui compete à l'acquereur, lorsque le fonds luy a été vendu, avec ses charges, que le vendeur connoissoit sans les avoir déclarées à l'acheteur qui les ignoroit, en ce cas sa reticence tient lieu de dol & de fraude, & nonobstant les termes de la convention, n'est point couvert de toute garantie. Arrêt du Parlement de Toulouse du 7. Juillet 1633. *M. Dolive*, *liv.* 4. *chap.* 24.

39 Un acquereur de bonne foy ayant été évincé obtint condamnation de dommages & interêts contre les heritiers du vendeur; ils luy offrirent ensuite de luy rendre le même heritage qu'ils avoient acquis par decret. Arrêt de la Chambre de l'Edit de Castres du 11. May 1619. qui déclare leurs offres valables, & en consequence les décharge des dommages & interêts prétendus par le vendeur. *Voyez les Arrêts de Boné part.* 2. *Arr.* 32. & le Président *Duranti* *in sa question* 14.

40 *Titius* achete de *Cajus* une piece de terre; *Sempronius* un an aprés achete du même *Cajus* une autre piece de terre : dix ans aprés la joüissance paisible de *Sempronius*, *Titius* est évincé de son acquisition par substitution ou autrement il se pourvoit sur l'acquisition de *Sempronius* qui luy oppose l'exception des dix ans en faveur des tiers possesseurs : mais étant repliqué par *Titius* premier acheteur qu'il n'avoit pû agir hypothequairement depuis l'éviction, & que nulle prescription n'avoit pû courir contre luy, suivant la maxime vulgaire *non valenti agere non currit prescriptio*, il fut jugé en faveur de *Titius* au procez de Mages de Montauban, par Arrêt du 27. Septembre 1634. ce qui semble aller contre la question 416. de *Guy Pape* & l'addition nouvelle de *Ferrieres*. Il est vray qu'en l'hypothese de cette question le creancier de la rente y mentionnée, avoit pû agir en declaration d'hypoteque, ce que n'avoit pû *Titius* premier acquereur, qui n'a pû agir que depuis l'éviction. *Voyez Boné Arr.* 66.

41 Arrêt de la Chambre de l'Edit de Castres du 5. Juillet 1637. par lequel un vendeur a été déchargé de la demande en garantie contre luy formée à cause de l'éviction, en indiquant à ses risques, perils & fortune celuy qui luy avoit vendu la piece de terre en question, l'acheteur soûtenoit que son action étoit restrainte à son vendeur, sans qu'il fût obligé à la discussion des biens de l'auteur de son vendeur. Arrêt rapporté par *Boné*, *part.* 2. *p.* 209.

42 Arrêt du Parlement de Provence du 27. Janvier 1643. qui a jugé que l'acheteur évincé sans avoir fait appeller son vendeur, peut demander le prix qu'il en a donné, quand il a donné toutes ses défenses, & que les interêts ne peuvent exceder le double *in emptione*. *Boniface*, *to.* 4. *liv.* 8. *tit.* 2. *ch.* 6.

42 *bis*. L'acheteur évincé ne peut prétendre de dommages & interêts, quand il a sçû que le fond étoit dotal. Arrêt de Grenoble du 4. Juillet 1667. *Basset*, *to.* 2. *liv.* 4. *tit.* 17. *ch.* 2.

43 En fait d'éviction lorsque l'acquereur a été évincé, & que la chose luy a été ôtée par Sentence, & que sur le tout le vendeur a été condamné à la garantie, il suffit à celuy-cy pour se décharger de la garantie

Tome II.

d'offrir à l'acquereur la chose évincée avec les dépens & les dommages & interêts qu'il peut avoir soufferts pendant le temps qu'il a été privé de la chose. Arrêts des 19. Février & du mois d'Août 1671. *L. Emptori ff. de evictio.* Graverol sur la Rocheflavin, *liv.* 6. *tit.* 49. *Arr.* 2.

EUNUQUE.

EUnuque. *Eunuchus*. *Spado*. Voyez Châtré.
De *Eunuchis*. *C.* 4. 42 . . . Ce Titre défend de faire des Eunuques, & d'en faire commerce.
De *pœnâ Eunuchorum*; *si uxores ducant*. *L. N.* 98.
Spado, *quid sit*? *L.* 128. *D. de verb. sign.*

1 Eunuques sont ceux qu'un vice de conformation, soit de naissance ou d'autre cause, rend incapables d'engendrer, & par consequent de contracter mariage. Dans le Droit, ils sont appellez *Spadones*. Voyez le 1. tome des *Loix Civiles au livre preliminaire*, *tit.* 2. *sect.* 1. *n.* 10.

2 Arrêt celebre du Parlement de Paris du 8. Janvier 1665. qui a jugé qu'un Eunuque ne peut se marier, *etiam cum volente*. *Journal des Audiences*, *to.* 1. *liv.* 7. *chap.* 2. Cet Arrêt est aussi rapporté par *Chorier* en sa Jurisprudence de *Guy Pape p.* 221. & par *De Combes* Greffier en l'Officialité de Paris *p.* 677.

EVOCATION.

EVocation. *Litis translatio*, *Evocatio*.
De *reis ab alio loco in alium retrahendis*. *N.* 53. *c.* 1. & 2.
Ne Decurio; *aut Cohortalis perducatur in jus*, *citrâ jussionem Principis*. *N.* 151. . . Lettres d'Evocation.
Des Evocations & interdictions. *Ordonnances de Fontanon*, *to.* 1. *li.* 3. *tit.* 24. *p.* 584. & *Joly*, *to.* 1. *li.* 1. *tit.* 52. *p.* 310.
Des Evocations & renvois qui se font és Siéges Presidiaux & Jurisdictions subalternes. *Ordonnances de Fontanon*, *to.* 1. *li.* 3. *tit.* 36. *p.* 607.
Evocation. Voyez hoc verbo *Bouvot*; *to.* 2. *L'Ordonnance de Moulins art.* 70. avec *l'Ordonnance du mois d'Août* 1669. *titre* 1. *Peleus q.* 139. *Expilly Arrêts* 155. & *Mornac loy* 16. *Cod. de Judiciis*.

1 Instance de Bannalité est une matiere réelle qui ne peut être évoquée. *Voyez le mot Bannalité nomb.* 52.

2 Celuy qui est Intimé, ayant garand, peut évoquer. Arrêt du Parlement de Dijon du mois de Decembre 1596. *Bouvot*, *to.* 1. verbo *Privilegiez. quest.* 8.

3 Dans les causes où le Procureur du Roy est Partie, il n'y a lieu à l'évocation, soit en cause civile ou criminelle, parce qu'en toute concession de privilege, *semper eximitur persona concedentis*. *Ibidem*, *quest.* 16.

4 Les Lettres d'evocation ne peuvent être signifiées à Partie sans permission de la Cour. Arrêt du Parlement de Dijon du 19. May 1604. *Ibidem quest.* 8.

5 Le Juge Royal peut évoquer les causes pendantes pardevant le Juge d'Eglise, si elles sont connexes de celles dont il est saisi. Arrêt du Parlement de Paris du 5. Mars 1530. *Papon*, *li.* 1. *tit.* 5. *n.* 14. il est défendu par l'Ordonnance de Blois d'évoquer, c'est à la Cour seulement ou au Roy par Lettres.

6 Un Demandeur en Requête civile contre un Arrêt donné au Grand Conseil, avoit Lettres pour évoquer & renvoyer l'Instance de Requête civile en la Cour de Parlement à Paris, le Demandeur par défaut contre le Défendeur avoit obtenu Arrêt, par lequel l'Instance de Requête civile étoit retenuë en la Cour; le Défendeur n'empêchoit point la retention, mais étoit prêt de plaider au Parlement : tependant M. le Procureur General se leva, & remontra que l'Arrêt de retention étoit obtenu par défaut, luy non oüy, il dit qu'il n'étoit pas raisonnable que telle évocation eût lieu, & que ce seroit une mauvaise ouverture. Par Arrêt du 14. Juin 1555. il fut dit que la Cour n'en retiendroit point la connoissance. *Bibliotheque de Bouchel*, verbo *Evocation*.

P ij

7 Les Generaux des Monnoyes ne pouvoient évoquer les causes pendantes aux Requêtes. Arrêt du Parlement de Paris du 5. Août 1560. *Papon, liv.* 4. *tit.* 9. *n.* 11.

8 Par Arrêt du P. de Bretagne du 29. Février 1576. ordonné que le Sergent qui avoit fait certaines Lettres d'évocation, sans avoir montré l'original, seroit ajourné à comparoir en personne. *Du Fail, li.* 2. *chap.* 521.

9 Par Edit du mois de Septembre 1683. Sa Majesté dit : Voulons qu'il soit passé outre par nos Cours aux Jugemens des causes & procez pendans en icelles, nonobstant les cedules évocatoires qui seront signifiées, si les évoquans n'ont donné à cet effet leur procuration speciale passée pardevant Notaires, & qu'il en soit usé de même, lorsque les cedules évocatoires seront signifiées quinzaine avant la fin des Parlemens ou des Semestres, à l'égard des Compagnies qui servent par Semestres ; le tout sans attendre que nous y ayons pourvû par Arrêt de nôtre Conseil : & quant aux évocations qui seront demandées sur les parentez des Juges qui auront fait leur fait propre, pourront pareillement nosdites Cours passer outre, à moins qu'il ne leur apparoisse un Arrêt du Conseil, par lequel le fait propre aura été reçû ; donnons pareillement plein pouvoir à nosdites Cours, de condamner les Evoquans qui se désisteront de leur évocation, en l'amende de trois cens livres portée par l'article 3. du titre premier de nôtre Ordonnance de 1669. & aux dépens, à moins que le désistement ne soit causé par le decés ou résignation de quelque Officier de ceux qui auront été cotez dans la cedule évocatoire, & dont l'interêt aura cessé. *V. les Edits & Arrêts recueillis par l'ordre de Monsieur le Chancelier en* 1687. *& le Journal des Audiences, to.* 4. *li.* 6. *ch.* 18.

10 Vû par le Roy étant en son Conseil l'Ordonnance renduë par le Sieur Evêque de Grenoble le 5. Avril dernier, par lequel il auroit ordonné aux Prieure & Religieuses du Monastere de Montfleuri de l'Ordre de S. Dominique, d'observer la clôture reguliere conformément au Concile de Trente & aux Ordonnances Royaux & signification de ladite Ordonnance ausdites Religieuses le 10. dudit mois d'Avril ; appel comme d'abus interjetté par lesdites Religieuses au Parlement de Grenoble de l'Ordonnance dudit Sieur Evêque par Lettres expediées le 12. signification desdites Lettres au Promoteur de l'Evêque de Grenoble, avec assignation pour comparoir audit Parlement dans la quinzaine pour proceder sur ledit appel, & Sa Majesté s'étant fait representer l'évocation accordée audit Sieur Evêque & à ses Officiers domestiques, Officiaux, Promoteurs & Grands Vicaires de tous procez & differens mûs & à mouvoir au Grand Conseil du 3. Septembre 1671. ensemble la Requête desdites Religieuses, contenant les conditions & causes pour lesquelles elles ne peuvent proceder au Grand Conseil ; tout consideré, Sa Majesté étant en son Conseil a évoqué & évoque à soy & à son Conseil l'appellation comme d'abus interjetté par lesdites Prieure & Religieuses de Montfleuri de l'Ordonnance dudit Sieur Evêque de Grenoble, & icelle a renvoyée & renvoye au Parlement de Dijon pour y être fait droit, conformément aux Ordonnances, luy en attribuant toute Cour, Jurisdiction & connoissance, & icelle interdisant aux audit Parlement de Grenoble & audit Grand Conseil, qu'à tous autres Juges, sans préjudice de l'évocation dudit Sieur Evêque de Grenoble, en autre cause. Fait au Conseil d'Etat du Roy, Sa Majesté y étant, tenu le 19. Juin 1684. *Voyez les Edits & Arrêts recueillis par l'ordre de M. le Chancelier en* 1687.

11 Declaration du Roy du 23. Juillet 1701. concernant les évocations ; elle porte : A l'égard de nôtre Grand Conseil, Nous avons jugé, que non seulement il ne convenoit pas de rien changer au renvoy ordonné par l'article 6. du titre des Evocations de nôtre Ordonnance du mois d'Août 1669. des procez qui en sont évoquez à nôtre Parlement de Paris ; mais encore que nous pouvions mettre nôtredit Grand Conseil en concurrence, tant avec le Parlement de Roüen, pour les procez évoquez de celuy de Paris, suivant nôtre Declaration du 14. Août 1684. qu'avec tous nos autres Parlemens, quand le renvoy ne pourra en être fait aux Parlemens plus proches, ni à celuy de Paris. A ces causes, Nous avons ordonné & ordonnons, que dans le cas où il y aura lieu, suivant nôtre Ordonnance du mois d'Août 1669. d'évoquer les procez pendans en nos Parlemens, ou en soit fait au plus prochain dans l'ordre & en la maniere qui ensuit. C'est à sçavoir,
De nôtre Parlement de Paris, à nôtre Grand Conseil, ou à nôtre Parlement de Roüen ;
De nôtre Parlement de Roüen, à celuy de Bretagne ;
De nôtre Parlement de Bretagne, à celuy de Bourdeaux ;
De nôtre Parlement de Bourdeaux, à celuy de Toulouse ;
De nôtre Parl. de Pau, à celuy de Bourdeaux ;
De nôtre Parlement de Toulouse, à ceux de Pau & d'Aix ;
De nôtre Parlement d'Aix, à celuy de Grenoble ;
De nôtre Parlement de Grenoble, à celuy de Dijon ;
De nôtre Parlement de Dijon, à celuy de Mets ;
Et de nôtre Parlement de Mets, à celuy de Paris.
Voulons que l'art. 6. des Evocations de nôtre Ordonnance du mois d'Août 1669. concernant le renvoy à nôtre Parlement de Paris, des procez qui seront évoquez de nôtre Grand Conseil, soit executé, quand les Parlemens plus proches seront valablement exceptez. N'entendons neanmoins par ces Presentes préjudicier aux exceptions particulieres qui pourront être proposées par les Parties contre aucune desdites Cours, & sur lesquelles, si elles sont jugées valables, nous nous reservons d'ordonner dans nôtre Conseil le renvoy à un autre Parlement non suspect, ainsi qu'il appartiendra.

12 Declaration du Roy, concernant le renvoy des procez, donnée à Marly le 14. Août 1701. portant que nul ne puisse à l'avenir demander son renvoy en une autre Chambre ou Semestre du chef de ses propres parens ou alliez, mais seulement du chef de ceux de sa Partie adverse, ou de l'une de ses Parties adverses, s'il y en a plusieurs ; & sera au surplus l'article IX. du titre des Evocations executé.

13 Autre Declaration, donnée à Versailles le 15. Novembre 1703. portant renvoy au Parlement de Besançon des procez évoquez de celuy de Dijon, & au Parlement de Mets des procez évoquez de celuy de Besançon. *Voyez Henrys, to.* 2. *li.* 2. *quest.* 4.

ÉVOCATION, AVOCATS.

14 & 15 Les Avocats ne peuvent par expedient évoquer une Cause pendante pardevant un Lieutenant au Bailliage. Arrêt du mois de Janvier 1618. rendu au Parlement de Bourgogne. *Bouvot, tome* 2. *verbo Acquiesceur, quest.* 3.

ÉVOCATION, BATARDS.

16 Les bâtards ne peuvent servir pour fonder une Evocation par leurs parens ou alliez. Arrêt du Parlement de Grenoble du 17. Decembre 1657. *Basset, to.* 1. *li.* 4. *tit.* 11. *chap.* 1.

ÉVOCATION, CAUSE CRIMINELLE.

17 En cause criminelle évoquée, la retention n'est pas necessaire. Arrêt du Parlement de Grenoble du 6. Novembre 1617. *Ibidem, li.* 2. *tit.* 21. *ch.* 1.

18 Arrêt du 19. Juin 1625. portant défenses aux Lieutenans Criminels d'évoquer les Instances & Procez criminels pendans pardevant les Juges Haut-Justiciers. *Filleau,* 2. *part. tit.* 1. *ch.* 27.

EVOCATION, CHAMBRE DE L'EDIT.

19 Des Evocations en la Chambre de l'Edit. *Voyez les Décisions Catholiques de Filleau*, Décision 106.

20 Un particulier de la Religion Prétendue Réformée, appellant de l'élection d'un Echevin, ne peut évoquer à Grenoble. Arrêt du Parlement de Dijon du 19. Juillet 1604. *Bouvot*, *tome 2. verbo Privileges*, *question 9.*

21 Un Etranger de la Religion Prétendue Réformée, ne peut évoquer. Arrêt du même Parl. de Dijon du 10. Janvier 1607. *Ibidem*, *quest. 10.*

EVOCATION AU CONSEIL DU ROY.

22 L'Evocation au Conseil Privé du Roy n'empêchant pas la continuation des procedures criminelles, n'empêche point par consequent celle des provisions necessaires. Arrêt de Grenoble du 4. Février 1684. pour un Religieux contre son Superieur. V. *Chorier en sa Jurisprudence de Guy Pape p. 81.*

EVOCATION, DECRET.

Voyez le mot *Decret*, nomb. 4.

23 Un opposant ne peut évoquer sur les parentez & alliances un decret. Arrêt du Parlement de Dijon du 28. Janvier 1603. Autre du 24. Février 1600. *seûs* d'un Impetrant. *Bouvot*, *tome 2. verbo Privileges*, *question 7.*

24 En vertu d'une Sentence renduë par le Bailly d'Auxerre, on saisit un heritage, il est mis en criées, les criées certifiées à Auxerre, la Partie ajournée pardevant le Bailly d'Auxerre pour voir interposer le decret au quarantiéme jour ; alors la veuve du Grand Maître Seguier s'oppose pour quelque somme qui luy étoit duë, elle demande que la Cause soit renvoyée aux Requêtes ; la cause est retenuë, & ce qui étoit pendant à Auxerre évoqué ; appel par le poursuivant criées. Par Arrêt du 18. Février 1616. la Cour de grace a mis l'appellation au néant ; ce que j'ay bien voulu remarquer, dit *Bouchel en sa Bibliotheque*, verbo *Evocation* ; parce que cet Arrêt fut trouvé étrange & nouveau.

EVOCATION, PARENS.

25 Arrêt du 10. Decembre 1643. qu'on ne peut évoquer du chef des parens de ceux qui sont d'un Corps, Communauté, ou Chapitre, contre lequel il y a procez. Cet Arrêt rendu en conformité des Lettres Patentes de François I pour le Parlement de Provence. *Boniface*, *tome 1. li. 1. tit. 35. n. 1.*

26 Au Parlement de Dauphiné il faut six parens pour évoquer, & à la réquisition de l'une des parties le Parlement peut juger nonobstant la cedule évocatoire, à la charge de la nullité de l'Arrêt, si les parens sont jugez veritables. Arrêt d'enregistrement d'Edit & Lettres Patentes du 4 Janvier 1659. *Voyez Basset*, *tome 1. li. 2. tit. 22. ch. 2.*

27 Arrêt de Reglement du Conseil d'Etat sur les cedules évocatoires, fondé sur les parentez, & alliances des Officiers des Cours Souveraines, qui ont sollicité, consulté, & fourni les faits du procez du 8. Septembre 1674. *Boniface*, *tome 3. li. 3. tit. 3. ch. 1.*

28 Arrêt du Conseil du 20. Juin 1679. qui déclare nulles les cedules évocatoires fondées sur les parentez des Officiers de la Cour, qu'on prétendra avoir fait leur fait propre des interêts de l'une des parties, si le fait propre n'a été reçû par Arrêt du Conseil. *Voyez les Edits*, *Arrêts recueillis par l'ordre de Monsieur le Chancelier en 1682.*

29 Les contestations qui concernent les Duchez & Pairies ne peuvent être évoquées du Parlement de Paris pour les parentez & alliances, attendu la haute dignité des parties, & que ce Parlement est la Cour des Pairs. Arrêt du Conseil du Roy du 10. Mars 1694. *Au Journal du Palais in folio*, *tome 2. p. 848.*

Voyez le mot *Parent.*

29 bis. La parenté dans un Siége n'est pas un moyen pour faire évoquer le procez, s'il reste un nombre de Juges non récusables, competent pour juger, Arrêt du Parlement de Tournay du 25. May 1697. rapporté par *M. Pinault tom. 1. arr. 158.*

30 Comment se considerent les degrez de parenté requis par l'Ordonnance pour évoquer du Parlement de Paris à un autre. *Voyez les Reliefs Forenses de Rouillard*, *chap. 16.*

EVOCATION, PAUVRES.

30 bis. Des évocations, *voyez la question 440. de Guy Pape dans la 556.* il traite des évocations des causes des pauvres au Parlement de Dauphiné, il leur donne Avocat & Procureur, & interdit celui qui sans cause raisonnable refuse de s'employer pour eux gratuitement.

Voyez le mot *Pauvre.*

EVOCATION, PREVOST.

31 Lettres Patentes du 23. Février 1674. portant évocation & renvoy au Grand Conseil de tous les procez & differends que le Lieutenant General en la Province de Languedoc, sa femme & enfans pourront avoir. *Recüeil de la Maréchaussée de France*, *page 928.*

32 Lettres Patentes du 16. Avril 1675. portant évocation & renvoy au Grand Conseil de tous les procez & differends que le Prévôt General dans la Province & Gouvernement de Guyenne, sa femme, enfans, fermiers & domestiques pourront avoir dans les Parlemens de Toulouse, Bourdeaux, & Pau. *Ibidem*, *page 934.*

EVOCATION DU PRINCIPAL.

33 Les évocations du principal ne peuvent être faites que par les Cours Souveraines. *Despeisses*, *Tome 2. pag. 591. nomb. 6.*

34 Les Baillifs & Juges Royaux ne peuvent évoquer le principal, mais doivent seulement juger l'appel, *an bene vel male judicatum sit.* Arrêt du Parlement de Paris du 23. Février 1608. qui fait défenses au Bailly de Sens de plus évoquer, luy enjoint de garder les Ordonnances. *Plaidoyez de Corbin*, *ch. 108.*

EVOCATION, PROVENCE.

35 Cayer presenté au Roy le 28 Août 1613. par les gens des trois Etats du pays de Provence, pour le Jugement des procez évoquez aux autres Parlemens suivant les Us & Coûtumes dudit païs, il a été accordé. *Voyez Boniface*, *tome 2. part. 3. li. 2. pag. 224.*

36 Lettres Patentes du 14. Juillet 1633. à la requisition des trois Etats de Provence, par lesquelles les procez dudit pays, évoquez & renvoyez à un autre Parlement, doivent être jugez suivant les Loix, Us & Coûtumes du pays de Provence, à peine de nullité ; & que les Juges & Officiers des lieux plus prochains de la demeure des parties, seront commis pour tous les actes & procedures à faire pour l'execution des Arrêts & Jugemens. *Boniface*, *ibidem page 223.*

37 Autres lettres Patentes du 8. Août 1669. portant que les procez évoquez du Parlement de Provence seront jugez suivant les Us & Coûtumes dudit pays, par les Parlemens où ils auront été renvoyez. *Ibidem page 222.*

EVOCATION, REGALE.

38 Le pourvû en Regale étant mal fondé, les autres contendans évoquez d'un autre Parlement que celuy de Paris, ne peuvent demander d'être renvoyez pardevant leurs Juges ordinaires, mais sont tenus à leur égard de conclure à la maintenuë. Jugé à Paris le 5. Mars 1686. *Journal du Palais.*

Voyez le mot *Regale.*

EVOCATION, SEIGNEUR.

39 Arrêt du Parlement de Provence du 3. Février 1657. qui a jugé qu'on ne peut donner cedule évocatoire, ni recuser du chef du Seigneur feodal, qui prend le fait & cause de son procureur jurisdictionnel. *Boniface*, *tome 1. li. 2. tit. 35. n. 2.*

EVOCATION, TUTEUR.

40 Par Arrêt du mois de May 1659. jugé qu'un tuteur ne pouvoit évoquer en vertu de son *Committi-*

mus les causes de son pupille, son privilege étant personnel. Alors fut allegué un Arrêt de la Chambre de l'Edit par le Sieur de Camilly tuteur du Sieur de saint Contest, par lequel il fut jugé qu'un tuteur Catholique ne pouvoit évoquer le procez de son mineur de la Religion Prétenduë Réformée, en la Chambre de l'Edit. Berault à la fin du 2. tome de la Coûtume de Normandie, pag. 104.

EXACTION.

Exaction. *Publica Exactio.*
De Exactionibus C. th. 1. 7.
De Super-Exactionibus. C. 10. 20. . . . C. th. 11. 8.
De Exactoribus tributorum. C. 10. 19. . . C. th. 11. 7. . . V. Taille.
De Executoribus, & Exactoribus. C. 12. 61. . . C. Th. 8. 8.
Tributorum Exactores, si plus quàm debeant, exegerint, quâ poenâ afficiendi sint? L. N. 61.
Voyez les mots *Concussion, Impôt. Partisan.*

1 Arrêt du Parl. de Paris du 18. May 1526. contre les exactions des Officiers de l'Evêque d'Angers. Le scelleur de l'Evêque decreté d'ajournement personnel. *Preuves des Libertez* tom. 2. ch. 35. n. 49.

2 Le Secretaire de l'Evêque d'Apt avoit pris pour le sceau des provisions d'une Chapelle 40. livres, quoi qu'il ne luy fût dû qu'un écu. Arrêt du Parlement de Provence du 2. Juin 1642. qui confirme la procedure extraordinaire faite contre luy. *Boniface, tome 2. part. 3. li. 1. tit. 2. ch. 14.*

3 Arrêt du même P. de Provence du 11. Mars 1667. qui a jugé que la Communauté des habitans des Arcs avoit pû accuser & poursuivre extraordinairement les Fermiers des fours & moulins bannaux pour avoir exigé plus qu'il ne leur étoit taxé. *Ibidem ch. 21.*

EXAMEN.

EXAMEN A FUTUR

1 Voyez le mot *Enquête* nomb. 77. & l'Ordonnance de 1667. tit. 3.

Quoique par l'Ordonnance de 1667. titre 13. l'examen à futur soit abrogé, il faut sçavoir ce qui s'observoit auparavant.

Temoins à futur & valetudinaires examinez avant la contestation doivent être de nouveau examinez, si lors de l'appointement à informer ils sont vivans. Il en est autrement quand l'examen a été fait de l'autorité de la Cour, & doit l'examen être joint au procez comme valable. Jugé à Paris en 1585. cela s'entend en matiere civile seulement. Jugé le 5. Mars 1575. *LeCaron, au li. 4. des Rep. chap. 74.* dit avoir vû observer le contraire. Voyez *Imbert au premier li. des Inst. forens. chap. 43. & Papon, au titre des Preuves de témoins, art. 23.*

2 Le premier Mars 1557. il fut conclu en la Grand'-Chambre des Enquêtes qu'examen à futur pour le demandeur ne se taxe point, quoi qu'il soit reçu pour enquête, & qu'on y ait travaillé depuis le procez commencé ; auquel cas l'examen vient en taxe, etiam, s'il étoit dit qu'il feroit l'examen à ses perils & fortunes, pourvû que l'examen ait été écrit, & qu'il ait servi à la décision du procez. *Bibliotheque de Bouchel,* verbo *Examen.*

3 Examen à futur cassé pour n'être solemnellement fait, & avec les formalitez requises, il ne suffit pas que les témoins oüis soient repetez, ils doivent être oüis de nouveau, sans que leur premiere déposition leur soit communiquée. Arrêt du 30. Décembre 1593. Guillot allegua un pareil Arrêt pour Madame d'Angoulême, contre la Maréchale de Cossé, au procez de la terre de Bailloin. *Ibidem.*

EXAMEN DES APOTICAIRES.

4 Voyez le mot *Apoticaire, n. 2. & suiv.*

EXAMEN DES BENEFICIERS.

5 *De examine ordinandis faciendo.* Voyez le traité fait per *Fratrem Joan. Ferretum.*

6 Examen que doivent subir ceux qui sont pourvûs de Cures. Voyez le mot *Curez,* nomb. 76. & *suiv.*

7 *Præsentatus ab Abbate non est ab Episcopo examinandus* Voyez *Rebuffe* sur le Concordat au titre *de Collationibus,* §. *Præterea.*

8 En matiere de récreance ne doivent les parties être interrogées. Le Sénéchal d'Anjou ayant ordonné qu'une des parties seroit oüie sur ce que l'autre avoit mis en avant qu'elle ne sçavoit pas lire une Décretale, par Arrêt du 11. May 1533. il fut dit qu'il avoit été mal jugé. *Papon, li. 8. tit. 11. n. 4.*

9 Le 14. Mai 1540. au P. de Toulouse a été prescrite la forme de l'examen de ceux qui se veulent faire graduer. *La Rochesluvin, liv. 5. lettre V. tit. 1. art. 17.*

10 Collateurs ne doivent examiner un presenté, mais c'est au Présentateur à nommer que des personnes capables, autrement on faciliteroit les préventions de Cour de Rome. Voyez *Papon, li. 2. tit. 9. n. 6.* où il rapporte un Arrêt du Parlement du Paris du 7. Septembre 1479. qui fait défenses au Chapitre de Chartres d'examiner les Chanoines qui luy seroient présentez par l'Evêque.

11 Un Curé se presente à l'Evêque de Cornoüaille pour être interrogé, suivant sa Bulle de Rome, contenant clause conforme au Concile de Trente, que les Ordinaires doivent juger la capacité du pourvû. L'Evêque l'interroge sur la forme de plaidoyer un possessoire de Benefice, mêle quelque question de Sacrement; enfin il déclare l'appellant incapable; appel. Par Arrêt du Parlement de Bretagne du premier Septembre 1569. est dit mal & abusivement procedé & refusé par l'Evêque, qui est condamné aux dépens, l'appellant renvoyé devant les Députez de l'Evêque de Rennes, pour être procedé à son examen ainsi que de raison. *Du Fail, li. 1. chap. 287.*

11 bis. Les Evêques sont en droit d'examiner les Graduez qui se presentent à eux pour être pourvûs de Benefices. *Ordonnance de Moulins art. 75.* Voyez *Dolive, li. 1. chap. 27.*

12 Le sieur Evêque de Rodez ayant fait dépêcher à un Prêtre son *forma dignum,* pour y avoir obmis *examinato & idoneo reperto ;* par Arrêt du 29. Janvier 1606. il fut jugé qu'il y avoit abus, & l'Evêque condamné en 5. livres d'amende, & la partie aux dépens. *Bibliotheque Can.* tome premier pag. 69. col. 1.

13 Jugé au Parlement de Provence le 13. May 1660. que les Evêques ne peuvent examiner que sur la capacité & confession de foy du pourvû, & non sur la validité des titres ; & qu'ils commettent abus quand ils refusent le *Visa.* Voyez *Boniface* tome premier li. 2. tit. 2. chap. 7.

14 On demande si les Ordinaires peuvent contraindre les Graduez nommez de subir l'examen? *Probus* sur le Paragraphe *Item quod universitatis* tient la négative.

15 Mais l'Ordonnance de Moulins art. 75. permet aux Ordinaires d'examiner les Graduez nonobstant leurs degrez & nominations. Le Chapitre de l'Eglise Cathedrale d'Angoulême ayant appellé comme d'abus de la Collation de M. l'Evêque d'Angoulême faite à un Theologal, que le Chapitre soûtenoit incapable de la Theologale, & n'avoit point été examiné par l'Evêque ; la Cour confirma la Collation de l'Evêque, & maintint le Theologal par Arrêt du 8. Juillet 1690. *Defin. Can. pag.* 548.

16 Ceux qui auront été pourvûs en Cour de Rome de Benefices en la forme appellée *dignum,* seront tenus de se représenter en personne aux Archevêques ou Evêques dans les Dioceses desquels lesdits Benefices sont situez, & en leur absence à leurs Vicaires generaux, pour être examinez en la maniere qu'ils estimeront à propos, & en obtenir les lettres de Visa, dans lesquelles il sera fait mention ducit examen avant que lesdits pourvûs puissent entrer en possession & joüissance desdits Benefices, & ne pourront les Secretaires desdits Prélats prendre que la somme de 3. li-

vres pour lesdites lettres de Visa.

Ceux qui auront obtenu en Cour de Rome des provisions en forme gratieuse d'une Cure, Vicariat perpetuel, ou autre Benefice ayant charge d'ames, ne pourront entrer en possession & jouïssance desdits Benefices qu'après qu'il aura été informé de leurs vie, mœurs, Religion, & avoir subi l'examen devant l'Archevêque ou Evêque Diocesain, ou son Vicaire general en son absence, ou après en avoir obtenu le Visa. Défendons à nos sujets de se pourvoir ailleurs pour ce sujet, & à nos Juges en jugeant le possessoire desdits Benefices d'avoir égard aux titres & capacitez desdits pourvûs, qui ne seroient pas conformes à nôtre presente Ordonnance.

Les Archevêques & Evêques étant hors de leurs Dioceses pourront y renvoyer, s'ils l'estiment necessaire, ceux qui leur demanderont des lettres de Visa, afin d'y être examinez en la maniere accoûtumée.

Les Archevêques & Evêques, ou leurs Vicaires generaux qui refuseront de donner leur Visa, ou institutions Canoniques, seront tenus d'en exprimer les causes dans les actes qu'ils feront délivrer à ceux ausquels ils les auront refusez, articles 2. 3. 4. & 5. de l'Edit concernant la Juridiction Ecclesiastique, du mois d'Avril 1695.

EXAMEN DES EVESQUES.

16 *bis.* Les nommez aux Evêchez seront examinez sur leur doctrine aux saintes Lettres par un Archevêque ou Evêque à ce commis, avec deux Docteurs en Theologie, qui donneront leur certificat. *Henry III. 1579. art. 2.* Se feront pourvoir neuf mois après leurs nominations, autrement seront privez & déchûs du droit d'icelle. *Henry III. 1579. art. 5.*

EXAMEN DES CHIRURGIENS.

17 Voyez le mot *Chirurgiens*, nomb. 14. & suiv.

EXAMEN DES MEDECINS.

18 Il n'est pas loisible aux Medecins des autres Universitez de France de professer & exercer la Medecine à Paris, qu'ils n'ayent souffert les examens ordinaires & accoûtumez en la Faculté de Paris. Arrêt du premier Mars 1644. *Du Fresne, liv. 4. chap. 13.* Voyez cy-après verbo, *Medecins.*

EXAMEN D'OFFICIERS.

19 Des examens que doivent subir les Officiers avant que d'être reçûs. *La Rochflavin des Parlemens liv. 6. chap. 28.*

20 Les Présidens & Conseillers de la Cour sont sujets à l'examen, & de la reception d'iceux. *Joly des Offices de France, tome premier liv. 1. tit. 2. pag. 19. 20. & aux additions pag. v. & lxii.*

21 Déclaration portant que les Procureurs & Avocats Generaux ne seront presens à l'examen des Présidens, Maîtres des Requêtes, Conseillers au Parlement, & autres Officiers mentionnez aux Edits des mois d'Août 1546. & Août 1547. & qu'au contraire lesdits examens seront faits en leur absence. A Saint Germain en Laye en Février 1548. registré le 19. Mars de la même année. *Joly, des Offices de France tome premier page 21. Ordonnances de Fontanon, p. 581. Neron, page 254.*

22 Combien de suffrages doivent concourir & prévaloir dans la reception des Officiers? *Voyez le Reglement de la Rocheflavin, ch. 2. ar. 15.*

23 Le 21. Juillet 1544. il a été ordonné par Arrêt que les Juges Royaux subalternes, & leurs Lieutenans seront examinez en théorique & pratiqué en ce que les Officiers & Senéchaux d'où ils seront ressortissans. *Ibidem chap. 4. arr. 9.*

24 Arrêt du 21. Août 1544. qui ordonne que les Juges inferieurs ressortissans aux Senéchaux, Gouverneurs & Lieutenans seront examinez à leur reception ausdits Offices par lesdits Senéchaux & Gouverneurs. *Ibidem chap. 1. arr. 9.*

25 Le 23. Juin 1587. un Docteur ayant été cy-devant Juge de Commenge, fut reçu Conseiller au Senéchal, sans examen, attendu qu'il avoit été examiné à la reception de ladite judicature en la forme que sont examinez les Conseillers és Siéges présidiaux. *Ibidem arr. 10.*

26 Arrêt du dernier Juin 1572. contenant que suivant l'Edit du Roy de l'an 1564. le Lieutenant du Juge, & n'exerçant pour lors la Lieutenance, seroit tenu de se presenter dans le mois par devant les Senéchal & Conseillers du Senéchal de Toulouse pour être examiné, autrement, & à faute de ce, passé ledit temps, desors démis de son état de Lieutenant. *La Rocheflavin, liv. 6. tit. 56. arr. 18.*

27 Le dernier May 1447. un Conseiller de la Cour fut remis jusqu'à ce qu'il eût suffisamment pratiqué. *Papon li. 6. tit. 2. n. 10.*

28 On ne peut dispenser un Conseiller de la Cour de la rigueur de l'examen accoûtumé : Il faut qu'il soit trouvé capable par les deux tiers des opinans. Cela n'est pas necessaire en l'examen des Juges subalternes que la Grand' Chambre a accoûtumé de renvoyer aux Chambres des Enquêtes ; car il suffit qu'ils soient trouvés capables par la plus grande partie des opinans. *Maynard, li. 1. chap. 77.*

29 Le 8. Février 1556. au Parlement de Bretagne il est dit que M. René Crespin sera seulement examiné ; ne sera informé de ses vie mœurs ; & sera préferé à deux autres concurrens, parce qu'il est fils du Président en la Cour. *Du Fail, li. 3. chap. 362.*

30 Avocat du Roy au Présidial de Roüergue, reçu en un Office de Conseiller sans examen. Arrêt du Parlement de Toulouse du 13. Juin 1605. *Escorbiac tit. 7. chap. 17.*

31 Il s'est presenté une opposition formée à la reception d'un Avocat au Siége de Compiegne par les Avocats du Siége, disant que celuy qui se presentoit étoit incapable, quoi qu'il eût été gradué en une Université de Droit ; mais par Arrêt de la Cour il fut ordonné que l'Avocat seroit reçu nonobstant oppositions ; & l'Arrêt est du 25. Janvier 1610. *Ayrault, plaid. 1. p. 121.*

32 Les Présidens & les Conseillers, les Procureurs Generaux & les Avocats Generaux sont examinez : sur le doute que les derniers dussent l'être, parce qu'ils ne sont pas Juges. Le 6. Mars 1610. il fut arrêté au Parlement de Grenoble qu'ils le seroient, si ce n'est qu'ils ayent possedé des Charges auparavant, comme il a été fait pour M. Vidaud Seigneur de la Tour, ayant exercé la Charge de Procureur du Roy au Présidial de Lyon pendant 20. années, lequel a été reçu à celle d'Avocat General, sans ce préliminaire, & pour le Sieur de Burcin lequel fut de même reçu sans aucun examen en la Charge de Président le 4. Février 1632. après avoir exercé celle de Vicebailly de Graisivaudan durant 17. ans, & attendu, dit l'arrêté, *sa capacité notoire. Voyez Chorier, en sa Jurisprudence de Guy Pape, page 71.*

33 Officiers des Seigneurs Hauts Justiciers, ne sont sujets à l'examen des Baillifs & Senéchaux. Jugé en faveur du Baillif de Monmerville, contre les Officiers d'Etampes qui furent condamnez aux dépens, par Arrêt du Parlement de Paris du 10. Juillet 1618. *Bardet tome 1. li. 1. chap. 35.*

34 Arrêt du Parlement de Paris du 24. Novembre 1634. qui ordonne que les Prévôts & Maires Royaux du Bailliage, & les Conseillers du Siége y poursuivans leur reception, seront examinez en la Chambre du Conseil, en la Compagnie du Siége Présidial, & que la prestation de serment sera faite à l'Audience, soit qu'elle soit tenuë par le Président au Présidial, ou par le Lieutenant General au Bailliage. *Escorbiac, tit. 6. ch. 39.*

35 Des deux tiers de voix necessaires pour être reçû Officier au Parlement. *Voyez les Arrêts de M. de Catellan liv. 9. chap. 9* où il remarque cette espece. M. d'Aldeguier Ayguesvives Avocat depuis 23. ans, étoit pourvû d'un Office de Président aux Requêtes ; il demandoit d'être dispensé de l'examen ; le 18. No-

vembre 1676. il y eut 23. voix de 40. à la dispense, & 17. à renvoyer à une assemblée des Chambres plus nombreuse. Question s'il passoit à la dispense. Jugé que non, car les deux tiers de voix necessaires à la reception, le sont consequemment à l'examen. *Voyez Maynard li. 1. ch. 75.*

Voyez cy-après le mot *Officiers.*

36 Les Procureurs Generaux du Roy ne sont point sujets à l'examen, lors de leurs receptions dans les Compagnies souveraines. Jugé au Conseil d'Etat du Roy pour le sieur Parisot Procureur General à Dijon, le 9. Mars 1682. *Journ. du Palais in quarto part.* 8. p. 215. *& le* 2. *tome in folio.*

EXAMINATEURS.

Des Commissaires Examinateurs des Bailliages, Prévôtez, Vicomtez, & autres Jurisdictions Royales. *Joly des Offices de France, tome* 2. *li.* 3. *tit.* 17. *p.* 1328. *& aux Additions pag.* 1898.

Voyez au mot *Commissaires, nombre* 54. *& suiv.* ce qui concerne les fonctions & droits des Commissaires Examinateurs.

EXCEPTION.

Des exceptions & défenses, repliques, dupliques, &c. *Voyez* cy-après verbo *Procedure civile.*

De exceptionibus. I. 4. 13. *&* 14... *I. L.* 3. 8... *Extr.* 2. 25... *S.* 2. 12... *Cl.* 2. 10.

De exceptionibus, præscriptionibus, & præjudiciis. D. 44. 1... *C.* 8. 36... *I.* 4. 6. §. 13... *Exceptio, hic ponitur pro exceptione nominatâ. Præscriptio verò, pro exceptione innominatâ, seu in factum, vulgò,* fin de non-recevoir. *Præjudicium,* signifie l'action ou question préjudicielle, qui préjuge le fonds de la question principale, & qui doit être examinée auparavant: c'est une exception dilatoire, ou fin de non-proceder, de sorte que ce titre parle, premierement des exceptions & défenses. 2 des fins de non-recevoir. 3. des exceptions dilatoires, & fins de non-proceder.

Le mot d'action ne comprend pas l'exception. *L.* 8. §. 1. *D. de verb. sign.*

Qui a l'action, a l'exception. *L.* 156. §. .1 *D. de reg. iur.*

Effet de l'exception. *L.* 13. *L.* 66. *L.* 112. *D. de reg. juris.*

De exceptione rei venditæ & traditæ. D. 21. 3... Exception contre le vendeur, qui veut reclamer contre la vente par luy faite. *Voyez* Vente.

De exceptione rei judicatæ. D. 44. 2... Exception, par laquelle le défendeur soûtient que la question a déja été jugée entre les parties.

De doli mali, & metûs exceptione. D. 44. 4... *Voyez* les mots Crainte, Dol.

Quarum rerum actio non datur; & de exceptione jurisjurandi. D. 44. 5... Ce titre propose plusieurs exceptions: comme celle du Serment, par lequel le Défendeur a affirmé qu'il ne doit rien; ou que l'obligation contractée a été faite contre la faveur de la liberté, ou bien à cause du Jeu.

De replicationibus. I. 4. 14... *I. L.* 3. 8... Des répliques, dupliques, tripliques, & autres exceptions.

1 *De exceptionibus & quo ordine petantur ? Voyez* le 13. chap. du Stile du Parlement dans du Moulin, *tome* 2. *page* 421. *&* 457. *sur les Notes.*

2 *De exceptionibus peremptoriis. Voyez le traité de M. le Bret sur l'ordre ancien des Jugement, chap.* 92.

De dilatóriis exceptionibus. Voyez M. le Bret, ibidem, chap. 27.

3 Des exceptions dilatoires, & de l'abrogation des vûës & montrées. *Voyez l'Ordonnance de* 1667. *titre* 9.

4 *De exceptionibus quæ legitimè possunt opponi adver-sus illos qui actionem intendunt ex testamento aut aliâ ultimâ voluntate.* Valla *de rebus dubiis, &c. Tractatu* 3.

5 *De quibusdam exceptionibus quæ post rem judicatam admitti possunt, item de quibusdam præjudiciis.* Valla *ibid. &c. tractat.* 16.

6 Un heritier demande un heritage, le particulier montre qu'il l'a acquis du défunt dont il est heritier. Il est débouté de sa demande; mais l'heritier ayant vû que le contract d'acquisition n'étoit pas ensaisiné, intente une nouvelle action en retrait lignager; l'acquereur se veut aider de l'exception de la chose jugée. Charondas dit que l'heritier a obtenu aux fins de son retrait lignager, *liv.* 12. *Rép.* 50.

7 Quand l'exception est aussi prompte que l'action, il n'y peut échoir de provision *Voyez Henrys,* 10. 2. *liv.* 4. *quest.* 68. où il cite Mornac *l. precibus, Cod. de probationibus.* Ce n'est pas la loy *precibus*, mais bien *cum precibus* 18.

8 L'exception de faux n'empêche la provision d'un contract. Arrêt du 22. Novembre 1554. *Expilly Arrêt* 13.

EXCEPTIO NON NUMERATÆ PECUNIÆ.

9 De non numeratâ pecuniâ *Voyez Rebuffe sur l'art.* 73. *de* 1539. *n.* 68. *& Mornac l.* 3. *C. de non numeratâ pecuniâ. Voyez Charondas, liv.* 10. *chap.* 29. *Voyez Henrys, tome* 1. *livre* 4. *chap.* 6. *q.* 62. *& M. Loüet, lettre R. Somm.* 55.

10 Les Coûtumes d'Auvergne *chap.* 18. *nombre* 3. *& Bourbonnois, chapitre* 4. *article* 35. n'admettent point l'exception-des deniers non nombrez *Mornac, l.* 14. *C. de non numeratâ pecuniâ.*

11 *Exceptio non numerata pecuniæ intra biennium,* empêche la garnison ou provision portée par l'Ordonnance. Arrêt du 16. Avril 1583. *Expilly, Arrêt* 8.

12 Exception de pecune non nombrée peut être opposée contre un contract. Jugé au P. de Toulouse le 27. Février 1628. pour un Marchand qui a été reçû à prouver que 350. septiers de bled qu'il avoit reconnus luy avoir été fournis, ne l'avoient point été à cause de certains bâtimens qui furent depuis faits. *Cambolas, li.* 4. *chap.* 50.

13 Si un mary qui a fait quittance dans son contrat de mariage d'une somme plus grande qu'il n'a reçûë, peut opposer l'exception *non numerata pecunia ?* Arrêt du Parlement de Toulouse du 16. Avril 1630. en faveur d'un homme qui s'étoit pourvû dans l'année. Arrêt contraire du 10. Mars 1643 sur la question de sçavoir si celuy qui prétend n'avoir pas reçû, peut obliger l'autre de jurer qu'il a fourni la somme; il a été jugé le 25. Janvier 1656. que le substitué étoit en droit d'exiger ce serment, parce que l'on présume que la constitution a été faite *in eversionem fideicommissi.* Le 16. Mars 1654. il fut ordonné contre un nommé Austric qui avoit donné 500. liv. en contrat de mariage à sa sœur, dont Barie son mary mineur avoit fait quittance, non pas qu'il jureroit comme le Sénéchal l'avoit ordonné sur son offre, mais qu'il prouveroit l'employ des 500. liv. données. *Albert lettre D. art.* 11.

14 *Exceptio non numerata pecunia, proposita adversus epocham, an admittat delationem jurisjurandi ? Voyez Stockmans, Decis.* 126.

15 *Justiniani de exceptione non numeratæ pecuniæ hodie extra usum est. In hac exceptione jusjurandum rectè defertur creditori qui cogitur jurare, vel juramentum referre. Voyez Stockmans, Decis.* 126. il dit avoir été ainsi jugé en Octobre 1654.

16 Jugé que le mineur de 25. ans ne pouvoit pas alléguer l'exception *non numerata pecuniæ,* ni le défaut d'employ à l'égard des sommes qui luy ont été constituées dans son contrat de mariage, dont il avoit posterieurement fait quittance; dans le contrat de mariage le mineur étoit assisté de son pere, il étoit dit que le pere & le fils reconnoîtront les sommes constituées

tituées lors qu'elles seroient payées ; le fils mineur en avoit neanmoins fait quittance ; il ne paroissoit aucun employ, & le mineur soûtenoit que l'argent ne luy avoit point été compté. Nonobstant toutes ces circonstances, on jugea par une décision generale que la restitution du mineur ne pouvoit être alleguée dans ce qui concerne le contrat de Mariage. Arrêt du Parlement de Toulouse, du mois de Juin 1678. à la charge que le beau-pere de jurer avoit veritablement payé. Il est rapporté par *M. de Catellan, liv. 5. chapitre 26.*

17 De l'exception *non numerata pecunia. Voyez les Arr. de M. de Catellan, li. 1. ch. 57.* où il rapporte un Arrêt du Parlement de Toulouse du 18. Juin 1681. où il a jugé qu'aprés les dix ans le débiteur ne peut deferer le serment au creancier. Le motif de l'Arrêt fut que l'exception étant emportée par le laps de dix ans, elle ne peut revivre par la demande du serment sur un fait qui ne fournit plus d'exception. 2°. La belle-mere ayant veritablement compté l'argent, le mary qui le luy avoit laissé reprendre, comme il étoit prétendu, étoit présumée luy en avoir fait un present, contre lequel luy & ses heritiers ne pouvoient venir : il y avoit eu même Arrêt en 1679.

18 Il se juge au Parlement de Toulouse que l'exception *non numerata pecunia* peut être proposée, même aprés deux ans, quoique par le Droit Ecrit ce terme soit précisément marqué dans la Loy *in contractibus Cod. de non num. pec. & aux institutes de lit. oblig.* Mais si le débiteur se plaint dans les deux ans, le creancier est chargé de prouver que l'argent a été compté ; que si c'est aprés les deux ans, le débiteur doit prouver que l'argent n'a pas été compté. Il faut neanmoins absolument proposer cette exception dans les dix ans, parce que c'est le terme fatal prescrit par les Ordonnances pour les actions rescisoires. *Voyez M. de Catellan, ibid.*

19 Un mary dans son contrat de mariage avoit reconnu la somme de 7000. livres par luy auparavant reçuë, disoit l'acte, sans faire mention des especes ; par un acte subsequent il reconnoît cette même somme, qu'il dit avoir auparavant reçuë aux especes qu'il designe. Plus de dix ans aprés il assigne sa femme devant le Senêchal, luy demande son audition cathegorique sur deux faits ; l'un si l'argent avoit été compté ; l'autre si elle n'a point promis qu'elle ne demanderoit rien à son mary sur la convention deux fois reconnuë. Sentence du Senêchal qui ordonne que la femme repondra sur les deux faits ; appel par la femme. Arrêt du Parl. de Toulouse du 2. Juillet 1695. infirmatif de la Sentence, en ce qu'elle ordonnoit que la femme répondroit sur l'argent, & en ce qu'elle confirme l'audition cathegorique ordonnée sur le fait allegué de la promesse de n'en rien demander. Ce dernier fait parut seul admissible aprés les dix ans, & l'on crut la délation du serment ne pouvoir être là-dessus refusée, parce que ce n'étoit point venir contre l'acte ; c'étoit au contraire l'avoüer, & reconnoître bon, que de ne luy opposer que la convention faite de ne pas l'executer. Le fait *non numerata pecunia* ne fut point trouvé recevable quoi qu'il n'y eût point d'acte qui portât numeration d'especes faite devant les témoins de l'acte même. *M. de Catellan, ibidem.*

20 Acte de Notorieté donné par M. le Lieutenant Civil le 21. Avril 1691. portant que dans les Provinces regies par le Droit Coûtumier, l'exception des deniers non nombrez & délivrez en presence des Notaires n'est point reçuë. *Actes de Notorieté, page 73.*

Voyez les mots *Notaire, Payement, & Quittance.*

EXCEZ

Voyez les mots *Blessé, Blessures, & lettre T.* verbo *Mauvais traitemens.*
Tome II.

Excez par un Gendre.

1 Arrêt du Parlement de Mets du premier Décembre 1636. qui condamne un gendre pour avoir jetté son beau-pere par terre d'un coup de poing dans le ventre, dont il avoit reçû une contusion à la tête, en 20. liv. de dommages & intérêts, en dix liv. d'aumône au pain des prisonniers, avec défenses de récidiver à peine de punition corporelle ; & enjoint de luy porter honneur & respect. *Voyez le 8. Plaidoyé de M. Corberon.*

Excez par des Habitans.

2 En excez faits par des Habitans d'une commune à déliberation, ou par tumulte & émotion populaire, comme au son du toxin, ils sont tenus de répondre en corps par Procureur Syndic ; mais si les excez ont été commis autrement, ils ne sont point tenus de répondre en corps. Arrêt du 21. Mars 1583. *Charondas, liv. 3. Rep. 83.*

Excez faits a un Sergent.

3 Défenses sur peine de la vie à tous sujets d'exceder ni outrager aucuns des Magistrats, Officiers, Huissiers ou Sergens, faisans & executans Actes de Justice, &c. *Voyez l'Ordonnance de Blois art.* 190. M. Expilly, *Arrêt* 91. *& l'Ordonnance criminelle, tit.* 16. *art.* 4.

4 Le Seigneur de Pernis en Dauphiné a perdu sa terre par confiscation, pour avoir battu un Sergent dans les fonctions de sa Charge. *Chorier, en sa Jurisprudence de Guy Pape, pag. 283.*

5 La peine de ceux qui frappent & excedent les Sergens, est dans le Royaume la perte de la vie ou du poing, à cause de l'injure faite au Souverain & à Justice, mais elle est arbitraire & même pecuniaire dans le Dauphiné, où l'article 34. de l'Ordonnance de Moulins, ni l'article 190. de celle de Blois, non plus que le premier article de l'Edit d'Amboise de l'an 1572. ne sont point suivis. Arrêt de Grenoble de l'an 1584. qui condamne un Gentilhomme pour avoir battu chez soy un Sergent & son Record, seulement en quelques réparations envers la Justice, & en une amende envers le Roy. Arrêt du 17. Juillet 1578. qui condamne une femme en 10. liv. d'amende seulement pour avoir arraché les cheveux, & voulu donner des coups de coûteaux à un Sergent exerçant sa Charge. Si le Sergent qui a été outragé, & qui s'en est plaint se desiste de sa plainte, ce desistement est une juste fin de non recevoir contre la partie qui l'a employé & qui veut poursuivre la punition de l'excez. Arrêt du même Parlement de Grenoble du 27. Juin 1679. pour le sieur de Gardanne, Conseiller au Présidial de Toulouse. Ces Arrêts sont rapportez par *Chorier, Ibidem, p. 273.*

Excez faits a un Valet.

6 Sur des excez commis par celuy qui avoit battu & fait mordre par des chiens un Valet, dont le Maître prenoit le fait & cause. *Voyez le 7. Plaidoyé de M. de Corberon,* Avocat General au Parlement de Mets.

EXCOMMUNICATION.

Anathema, *Dire execrationes* ; Bulles d'excommunication appellées par Chopin en son Traité de la Police Ecclesiastique, liv. 2. tit. 4. nomb. 2. *Execrationum Diplomata.*
De *Excommunicatione.* Voyez les Traitez faits,
Per Erastum en 1589.
Per Fran. de Plateâ.
Per Nicolaum Plovium.
Per Jacob. de Belvisio.
Et per Anto. Archiepiscopum.
Excommunication. *Voyez* le mot *Censure,* où sont rapportez les Titres du Droit ayant rapport à la matiere. *Tournet, lettre E. art.* 84. *& suiv.* La Bibliotheque Canonique, *to.* 1. *p.* 596. *& suiv.* & les *Définit. Canoniques, p.* 393. sous le mot *Interdit.*

Q

De l'excommunication, & de ceux qui l'ont encouruë. Voyez *M. de Selve*, 3. part. tract. quæst. 4.
De pœna excommunicationis. Voyez *Julius Clarus*, li. 5. sentent. quæst. 77.
Voyez Rebuffe sur le Concordat au tit. *de Excommunicatis non vitandis, & de interdictis non leviter ponendis*.

1 Excommunication ne doit être prononcée sans grande raison. Voyez *des Maisons lettre E*. nombre 16.
Elle ne se doit obtenir pour chose legere. *Forget*, liv. 1. *des personnes & choses Ecclesiast*. ch. 12.

2 Comment & par qui peuvent être décernées les excommunications ensuite des Monitoires pour obliger de venir à revelation? Voyez *les Mem. du Clergé*, tome 1. part. 1. p. 467.
Voyez *Ibidem*, tome 2. part. 1. page 2. article 6. & suiv. p. 77. & 78. *Ibidem*, & le Decret du *Concile de Trente* sur l'excommunication.

3 Decrets de la Pragmatique Sanction, & du Concordat, *de Excommunicatis non vitandis*. Memoires du Clergé, to. 2. part. 2. p. 202. & 218.

4 *Nullus tenetur vitare excommunicatos, aut suspensos, nisi specialiter publicati & denuntiati fuerint, aut notorie constiterit, in sententiam excommunicationis incidisse, per hoc tamen non relevantur in aliquo excommunicati, sed ut timorati conscientii provideatur hoc statuitur.* Rebuffe sur le Concord. *de Excomm. non vitandis*.

5 Charlemagne dans ses Capitulaires fait défenses aux Prélats d'user d'excommunication sans de fortes raisons & causes legitimes.
Le Sieur de Joinville écrit que le Roy Saint Loüis répondant à quelque Prélat qui imploroit son autorité pour maintenir son excommunication, dit, *Je feray volontiers, mais il faut que mes Officiers connoissent si la cause de l'excommunication est legitime.*
Le Roy Charles V. par son Edit de l'an 1369. défend aux Evêques & Officiaux d'excommunier les Villes & Communautez de son Royaume.
Sous le regne de Charles VI. le Parlement de Paris par Arrêt du 10. Septembre 1407. déclara nulle & abusive la Bulle d'excommunication de Benoît XIII. fulminée contre ceux qui s'opposoient aux vacances & annates qu'il vouloit exiger sur le Clergé, & ordonna que les Excommuniez seroient absous & relaxez.
L'Interdit que le Pape Martin V. avoit fulminé contre la Ville de Lyon fut déclaré nul & abusif, par Arrêt de l'an 1422.
Charles VII. par ses Lettres Patentes de l'an 1440. défend aux Cours de Parlement de souffrir être publiées des Censures & Excommunications contre les Pairs & Officiers.
L'Excommunication jettée par le Pape Innocent VIII. contre les habitants de Gand & de Bruxelles, & autres Flamans, à la sollicitation même de leur Comte, fut déclarée nulle par Arrêt du Parlement donné sur l'appel comme d'abus interjetté par M. le Procureur General le 18. May 1488.
Charles IX. par l'Ordonnance d'Orleans art. 18. défend les excommunications, sinon pour crime & scandale public, & affaires de grande importance, & par son Edit de l'an 1571. il restraint les excommunications décernées par les Prélats, & révoque l'ancienne coûtume de proceder par Censures contre les debiteurs condamnez par Jugemens Ecclesiastiques à faute de payer leurs dettes, nonobstant toutes dispositions canoniques au contraire.
Le Parlement a moderé la rigueur des Canons qui permettent d'excommunier la Partie qui s'est laissée tomber en contumace, sans aucun moyen & esperance de pouvoir être absous, qu'en refondant les dépens. Voyez *la Biblot. Car*. to. 1. p. 79. col. 2.

6 Avant que les appels comme d'abus fussent introduits, si les Evêques abusoient de leur pouvoir par des excommunications injustes, leur Temporel étoit saisi de l'autorité des Cours, & eux condamnez à des amendes. Arrêt en l'année 1372. contre l'Archevêque de Roüen, qui avoit excommunié le Baillif & toute sa famille. *Corbin, suite de Patronnage*, ch. 43.

7 L'Excommunication pour être canonique & juste, doit être précedée de trois Monitoires faits avec intervalle competent, suivant la disposition de Droit des chap. *contingit & sacro de sentent. excom.* & pour avoir son effet, il faut qu'elle soit publiquement dénoncée, sans quoy on ne seroit pas tenu d'y avoir égard, comme il est porté au paragraphe *statuit* de la Pragmatique Sanct. *de Excom. non vitandis*.

8 L'Evêque ne peut excommunier ceux qui ne sont point de son Diocese, hors certains cas exceptez, même à l'égard des exempts; par exemple, les Religieux exempts de la Jurisdiction Episcopale ayant prêché dans un Diocese sans l'approbation de l'Evêque, cap. *excommunicamus* §. *qui a vero de hæret*. lors qu'ils refusent d'assister aux Processions publiques indictes par l'Evêque. *Concil. Trident*. sess. 25. cap. 13. *de regularibus*, quand ils entreprennent de confesser & absoudre les Penitens des cas reservez à l'Evêque, sans en avoir la permission. *Concil. Trident*. sess. 14. ch. 7. s'ils sont trouvez délinquans *extra Claustra* sess. 6. cap. 3. *de reformatione*, quand ils sont renvoyez par leurs Superieurs pour desservir des Eglises sujettes aux Ordinaires des lieux, cap. 1. §. *in eos de privileg*. in 6.

9 Les Excommunications pour choses temporelles sont nulles, & l'on n'est pas obligé de les faire lever, elles tombent d'elles mêmes. Voyez *Fevret, traité de l'abus*, li. 1. chap. 6.

10 Par Arrêt du Parlement de Provence du 27. Janvier 1661. il a été dit que le Juge d'Eglise ne pouvoit excommunier que pour cause juste & de consequence, & non pour cause legere; que la Bulle d'absolution d'excommunication *ad cautelam*, n'est point abusive, quoique obtenuë pendant le Procez; & enjoint aux Greffiers des Evêques de publier & enregistrer les Sentences d'excommunication. *Boniface*, tome 1. liv. 1. tit. 2. n. 7.

11 *Episcopus an super irregularitate contractâ, ex eo quod excommunicatus se divinis immiscuit, dispensare possit?* Voyez *Franc. Marc.* to. 2. quæst. 801.

12 *Sententia excommunicationis lata contra tutorem tutorio nomine, finitâ tutelâ non expirat.* Voyez *Ibidem*, quæst. 805. & 815.

13 *De intellectu Canonis, si quis suadente diabolo* xvij. quæst. iiij. *Ibidem*, quæst. 807.

14 *Clericus excommunicatus an gaudere debeat privilegio Cano. si quis suadente* xij. quæst. iiij. & *privilegio Clericati?* Ibidem, quæst. 818.

15 *Sententia excommunicationis an teneat contra minorem?* Ibidem, quæst. 814.

16 *Incarcerati propter excommunicationem incursam (ut prætenditur) propter monitorium generale, an mediante cautione relaxari debeant?* Ibidem, quæst. 860.

17 *Excommunicatus pro crimine pro confesso habetur.* Ibidem, quæst. 862.

18 *Participantes cum excommunicatis majori excommun., minorem excommunicationis sententiam incurrunt.* Ibidem, quæst. 869.

19 *An potestas excommunicandi possit acquiri præscriptione, consuetudine vel ex privilegio per inferiorem prelatum ab Episcopo. Et videretur dicendum q. sic. cum non sit ordinis, sed jurisdictionis. Veruntamen talis potestas excommunicandi non posset competere privatæ personæ, nisi haberet administrationem in Ecclesiâ.* Ibid. quæst. 873.

EXCOMMUNICATION, ABBESSE, RELIGIEUSES.

20 L'Abbesse ne peut ni excommunier ni lever l'excommunication de ses Religieuses, si elles ont commis quelque excés & voye de fait les unes contre les autres; il faut avoir recours au Superieur. Cap. *de*

EXC   EXC   123

Monialibus de sentent. Excomm. mais elle peut les suspendre de l'Office & benefice *Cap. dilecta, de majorit. & obedient.* mais on doit entendre cela avec temperament, *quod cautè intelligendum, non de suspensione Juris, quatenus est Censura Ecclesiastica, quæ mulctat tantum societate, vel emolumento fructuum.* Altessera asceticon. lib. 2. cap. 12.

21   *Moniales quæ propter manuum injectionem excommunicationis sententiam incurrerunt per Episcopum Diœcesanum absolvendæ sunt, etiam si moniales sint exemptæ.* Voyez *Franc. Marc. to. 1. quæst.* 961.

22   Election des Abbesses ne peut être faite pardevant un Superieur excommunié. Voyez le mot *Election, nomb. 44.*

ABSOLUTION DES EXCOMMUNIEZ.
Voyez le mot *Absolution*.

22   *Excommunicatus semper præsumitur excommunicatus, nisi de absolutione doceat.* Voyez *Franc. Marc. to. 2. quæst.* 863.

23   *Per Arrestum anni 1396. fuit condemnatus Episcopus Cænomanensis ad faciendum filium Ponceti dehumari, qui fuerat, ut excommunicatus per Officialem dicti Episcopi, in campis humatus; nec non ad faciendum dictum Poncetum absolvi: quia pendente lite, & post inhibitionem Episcopo & ejus Officiali factam, ne contra ipsum procederent, in contemptum processus pendentis inter Episcopum antedictum, coram Ballivo Cænomanensi, & appellationis in Parlamento pendentis; dictus Poncetus pater fuerat excommunicatus, & ejus filius, ut excommunicatus in campis inhumatus, &c.* Joan. Gall. quæst. 352.

24   Arrêt du 15. Mars 1409. qui condamne l'Archevêque de Rheims sur peine de saisie de son Temporel de faire absoudre un Excommunié pendant le procez. V. *les Preuves des Libertez*, to. 1. ch. 6. n. 5.

25   L'Official d'Avignon, pour raison d'un Benefice litigieux au Parlement de Toulouse, avoit prononcé plusieurs excommunications. La Cour ordonna que quoiqu'il ne fût du Ressort ni Sujet du Roy, il seroit contraint par saisie de son Temporel à lever les excommunications. Pour l'execution de cet Arrêt, Lettres furent expediées le 2. May 1463. par lesquelles les Officiers du Pape demeurans en Avignon, étoient requis de donner faveur & aide à l'execution, avec offre en cas pareil de leur rendre le semblable, & avec excommuniez qu'à faute de ce faire, le droit de marque seroit baillé & exécuté. Papon, li. 5. tit. 3. n. 4.

26   *Ex Ruzæo de Regaliis, privileg.* 26. *non omitto quod in Registris Curiæ Parlamenti reperitur quendam auditorem Rotæ, nomine de Pereriis qui citaverat provisum in Regalia in Curia Romanâ fuisse condemnatum in Tribu, videlicet ad revocandum censuras, & fulminationes authoritate Apostolicâ, tanquam contra legem sacram totius regni factas. Secundo ad delegationem impetrandam certis judicibus in partibus regni, pro absolutione eorum, qui sententia excommunicationis innodati erant. Tertio ad restituendum integrè beneficiorum fructus & interesse, quibus erant privati, proptereà quia juri Regaliæ, & non provisioni Apostolicæ adhæserant & donec omnia complerentur, carceri mancipatus sit; volens Senatus-Consultum Parisiense quod adest clausula, & Papa utatur hoc verbo, revocamus, & cætera inde secuta pro infectis habentes, quod arrestum pronuntiatum est anno 1494. pro præbendâ Tornacensi.*

27   Arrêt du P. de Paris de l'an 1582. contre le Nonce du Pape pour avoir excommunié les Cordeliers de Paris, & iceux absous à la baguette. Le Procureur General reçu appellant comme d'abus, & cependant ordonné que les Cordeliers qui de fait ont été excommuniez par l'Evêque d'Arimini Nonce du Pape, depuis l'appel comme d'abus seront absous à cautele par l'Evêque de Paris. V. *les Preuves des Libertez*, to. 1. ch. 6. n. 18.

28   Arrêt du P. de Paris du 30. Juin 1623. qui déclare
Tome II.

l'excommunication prononcée par l'Evêque d'Angers contre son Grand Vicaire, abusive, & le condamne à retracter son excommunication, & l'en absoudre dans quinzaine, du jour de la signification de l'Arrêt à personne ou domicile, & faire rayer & effacer de ses Registres lesdits Jugemens & Ordonnances, en sorte que rien n'y puisse être lû; & jusqu'à ce qu'il ait executé l'Arrêt, que le revenu de son Temporel sera saisi: & défenses de proceder par telles voyes, au préjudice des Loix fondamentales de ce Royaume & de la Souveraineté du Roy, sur peine en cas de contravention d'être procedé contre lui par la rigueur des Ordonnances. *Bibliot. Can.* to. 1. p. 82.

EXCOMMUNICATION, APPEL COMME D'ABUS.

29   Par Arrêt du 6. Août 1373. il fut ordonné que le Temporel de l'Archevêque de Rouën seroit mis en la main du Roy, & exploité à son profit, jusqu'à ce qu'il ait levé les excommunications. Voyez *les Preuves des Libertez*, to. 1. ch. 5. n. 5.

30   Un Evêque du Mans fut condamné par Arrêt de l'an 1394. à faire déterrer un homme qu'il avoit excommunié au préjudice d'un appel, (qui étoit lors par forme de plainte.) Voyez le nombre 23.

31   Arrêt du 1. Avril 1408. par lequel l'Evêque du Puy est condamné de faire cesser, à peine de saisie de son Temporel, ou tenir en suspens durant le procez toutes les peines d'excommuniemens; & luy défend la Cour la peine de cinq cent marcs d'argent à appliquer au Roy, que durant iceluy il use de telles peines; & quant à ceux qui sont morts aussi excommuniez & enterrez en terre profane, ils seront mis en terre sainte. *Preuves des Libertez*, tome 1. ch. 6. nomb. 4.

32   Les Laïcs en France ne sont point sujets en premiere instance aux Censures du Pape. Arrêt du Parlement de Paris du 15. Mars 1409. par lequel l'Archevêque de Rheims ayant fait excommunier sous une Bulle du Pape un nommé Guillaume Matro par affiches, fut condamné à une amende pecuniaire, & à le faire absoudre à ses dépens, à peine de saisie de son temporel. Par autre Arrêt un Etranger appellant de pareille chose comme d'abus fut déclaré non recevable. Papon, li. 1. tit. 5. n. 11.

33   Papon tit. *de Jurisd. Ecclef. ar.* 9. rapporte un Arrêt de Toulouse du 22. Mars 1457. qui condamne l'Official de Toulouse à revoquer plusieurs excommunications contre les Officiers de la Cour. Maynard, liv. 8. ch. 23. dit qu'il y a erreur, & que l'excommunication étoit contre les Officiers de la Sénéchaussée.

34   Maître Pierre de Cohardy Avocat General du Roy interjetta appel comme d'abus des Bulles du Saint Siege, portant interdiction contre les Sujets du Roy en Flandres, & notamment contre les habitans de Gand & de Bruxelles, pour raison de la foy & hommage que Maximilien d'Autriche prétendoit qui luy étoient dûs, & qu'ils avoient refusé de luy rendre avec beaucoup d'obstination, ce fut en l'an 1488. parce qu'en ces temps les Juges ne souffroient point qu'un Seigneur se vengeât par le glaive de l'excommunication obtenuë le plus souvent du Saint Siege avec importunité. *Definit. Can.* p. 43.

35   Arrêt du P. de Paris du 11. Juillet 1502. rendu à la requête de Frere Loüis Pot, Evêque de Tournay, contre quelques Monitoires & Censures émanées de Cour de Rome; la Cour a ordonné que l'Abbé de S. Amand sera contraint par emprisonnement de sa personne à faire casser, revoquer & annuller à ses dépens lesdites monitions, censures, citations & procedures faites en Cour de Rome, & de ce certifier ladite Cour dans deux mois prochainement venans, & en outre qu'il sera procedé par prise de corps contre les Porteurs, Executeurs & Solliciteurs desdits Brefs, monitions, citations & censures de Cour de Rome, & aussi seront faites défenses à l'Archiduc,

Q ij

ses Conseillers & Officiers de n'obtemperer ausdites monitions, citations & censures, ne permettre de les executer, aussi leur sera fait commandement, qu'ils les empêchent par emprisonnement & autrement, selon les Arrêts de ladite Cour. *Voyez le 1. tome des Preuves des Libertez*, *ch. 9. n. 9.*

36. Arrêt du P. de Paris du 7. Septembre 1503. qui déclare abusives certaines monitions & censures émanées de Cour de Rome, condamne l'impetrant de les faire casser à ses propres coûts, défenses à luy de s'en aider sur peine de cent marcs d'or à appliquer au Roy, & au Chapitre de S. Just de Lyon, d'y obtemperer, à luy enjoint de permettre & souffrir l'appellant assister au Divin Service, & autres actes & droits qui luy appartiennent à cause de sa Prebende. *Ibid. ch. 6. n. 9.*

37. *Ann. 1515. die ult. Julis fuit monitio abusiva declarata, eo quod Officialis post annum monuisset excommunicatum ut absolvere se faceret.* Rebuffe sur le Concordat. *tit. forma mand. apostolici*, au mot *quavis occasione*.

38. Sentence d'excommunication, quoi qu'interlocutoire seulement, est suspenduë par appel. Jugé au Parlement de Paris contre l'Official de Rheims le dernier Janvier 1519. Papon, *li. 18. tit. 7. n. 10.*

39. Lettres Patentes du Roy François I. du 13. Juin 1523. par lesquelles les Religieux Observans de l'Ordre de S. François sont maintenus en la possession des Convens à eux octroyez, la Sentence de l'Archevêque de Bourdeaux portant excommunication contre eux mise au néant, par Arrêt du Grand Conseil du 7. Juillet suivant, luy ajoûté personnellement, & ordonné qu'il cassera & revoquera sa propre Sentence, comme prononcée contre le Concordat qui défend les Interdits generaux. L'Archevêque de Bourdeaux obtemperant à l'Arrêt du Grand Conseil revoqua les Censures. *Voyez les Preuves des Libertez, to. 1. ch. 6. n. 11. & suiv.*

40. Jugé le 7. Janvier 1537. que l'Evêque d'Amiens avoit abusivement procedé *cessando à divinis*, la veille de Noël, à cause des Excommuniez, parce qu'il avoit dû auparavant requerir les Gouverneurs des lieux de les rejetter. *Rebuffe* sur le Concordat *tit. de Interd. non leviter ponendis.*

41. Les incidens ou oppositions qui surviennent à l'execution d'un Mandement fulminatoire sont de la connoissance du Juge seculier. Arrêt du Parlement de Normandie du 16. Janvier 1542. pour un appellant comme d'abus de l'Official de Lisieux. Par Arrêt du 7. Juillet 1536. entre le Cardinal Trivulce Evêque de Bayeux, défenses ont été faites aux Juges Laïcs de décerner Mandemens inhibitoires pour empêcher le cours des Monitoires, autrement qu'en déduisant par les impetrans les causes de leur opposition, afin de sçavoir quelle Jurisdiction seroit competente. *Bibliot. Can. to. 1. p. 596. col. 2.*

42. Par Arrêt du Parl. de Bretagne du 17. Mars 1561. la Cour tient le Procureur General pour bien & düement relevé d'un appel comme d'abus par luy interjetté en l'Audience, de ce que le Procureur de l'Official de Rennes fait citer Barbe Raoul, sur ce que le Curé de sa Paroisse a dit à ce Procureur qu'elle avoit fait ses Pâques au préjudice d'un Monitoire general fulminé, & sur cela ladite Raoul excommuniée, décerne Commission au Procureur General pour appeller l'Evêque de Rennes, à l'effet de proceder à appel; ordonné que les pieces des Parties demeureront au Greffe; commandement à l'Evêque ou son Vicaire de bailler absolution *ad Cautelam* à Raoul. *Du Fail, liv. 3. chap. 25.*

43. L'excommunication faite *Campanis pulsatis* ayant été pratiquée par l'Evêque d'Alby contre ses Chanoines, fut déclarée nulle & abusive. *Ibidem, liv. 1. chap. 108.*

44. Monitoire de François de Lorraine, Evêque de Verdun, portant excommunication contre ceux qui entreprennent sur les bâtimens & droits des Eglises de la Cité de Verdun le 31. Decembre 1626. Sentence renduë le 1. Janvier 1627. par le Lieutenant pour le Roy, qui donne Acte au Procureur du Roy à Verdun, de l'appellation comme d'abus interjetté du Monitoire publié par l'Evêque de Verdun, ordonne que les publications & affiches seront levées & ôtées. Excommunication publiée par l'Evêque de Verdun contre Jean Gillet Lieutenant en la Justice Royale és Ville & Gouvernement de Verdun, pour avoir fait afficher sa Sentence contre son Monitoire à Verdun le 2. Janvier 1627. Jugement rendu par le Président de Mets, par lequel les Actes des prétendus Monitoire, & excommunication de l'Evêque de Verdun, sont déclarez abusifs, scandaleux & remplis d'imposture & faux faits, ordonné qu'ils seront lacerez & brûlez par l'Executeur de la Haute Justice; & pour reparation d'un tel attentat par ledit Evêque de Verdun, il est dit qu'il sera mené sous bonne & sûre garde en la Ville de Paris, & cependant les revenus des Benefices mis sous la main du Roy. *Voyez les Preuves des Libertez, to. 1. ch. 6. n. 19. & suiv.*

45. Arrêt du Parlement de Mets du 13. Février 1627. rendu contre l'Evêque de Verdun, qui révoque & annulle les Actes Monitoires & excommunication signez François de Lorraine comme abusifs, scandaleux, remplis d'imposture, faux faits, préjudiciables à l'autorité du Roy, repos & tranquillité publique, & ordonne que les prétendus Monitoires & Excommunication seront lacerez & brûlez en la place publique de la Ville par l'executeur de la Haute Justice, & que si desdits actes il se trouve quelque chose d'écrit & mis és Registres & Greffe de l'Evêché, il en sera tiré & ôté, & tellement rayé & biffé que l'on n'en puisse paroitre ou être lû à l'avenir; défenses à toutes personnes de retenir aucune copie des actes des prétendus Monitoires & Excommunication, mais leur enjoint de les apporter à la Cour 24. heures après la prononciation de l'Arrêt pour être suprimez; même à tous Curez, Vicaires, & autres Ecclesiastiques de les recevoir, publier, ou souffrir publier sous peine d'être punis comme criminels de leze-Majesté, & pour reparation d'un tel attentat commis par l'Evêque, ordonne qu'il sera mené sous bonne & seure garde en la Bastille pour satisfaire Sa Majesté, & jusqu'à ce le revenu de tous ses Benefices & autres biens mis sous la main du Roy & regis par Commissaire, comme aussi tous les Offices du Temporel de l'Evêché & Comté de Verdun, & autres Benefices, seront exercez sous la main du Roy selon la forme qui sera ordonnée, le Sieur Evêque condamné en cent mille livres d'amende vers le Roy, & ordonné qu'à la diligence du Procureur General du Roy, il sera plus amplement informé contre les complices de cet attentat, pour être procedé extraordinairement contre eux suivant la rigueur des Ordonnances comme perturbateurs du repos public; le Monitoire avoit été publié contre ceux que l'Evêque prétendoit avoir entrepris sur les biens, bâtimens, droits, Jurisdiction, rentes & revenus des Eglises & Monasteres de la ville de Verdun. *Bibliot. Can. to. 1. p. 598.*

46. M. l'Evêque de Pamiers ayant suspendu un Prêtre, parce qu'il logeoit chez un Procureur de la Ville de Foix appellé Rignac, où il enseignoit les enfans à chanter, disant qu'il y avoit des femmes d'un âge suspect; Rignac & sa femme appellerent comme d'abus; le Maire, même le Syndic de la Ville de Foix étoient adherans; la Cour déclara y avoir abus en l'Ordonnance de l'Evêque, neanmoins pour guerir son esprit & par déference à son zele, elle fit dire après l'Arrêt au Prêtre d'en sortir dans deux mois. *Albert*, verbo *Evêque art. 3.*

47. Si un Evêque peut enjoindre à une femme séparée

de retourner avec son mary à peine d'excommunication ? M. l'Evêque de Cahors ayant rendu une telle Ordonnance contre la Dame Delon en faveur du sieur de la Roquette son second mary, elle fut déclarée abusive, il fut ordonné que la Dame Delon demeureroit séparée six mois, pendant lequel temps la Cour la reçut à prouver les mauvais traitemens. Cet Arrêt fut rendu au Parlement de Toulouse le 24. May 1677. *Ibidem*, art. 2.

48 Arrêt du Parlement de Provence, du 23. Juin 1664. par lequel il a été jugé que le Juge d'Eglise commet abus, quand il excommunie un usurier qui a été condamné pour usures par le Juge Laïc. *Boniface*, *to. 1. liv. 1. tit. 2. n. 5.*

49 M. l'Evêque d'Amiens ayant excommunié le Doyen de l'Eglise Collegiale de Saint Florent de Roye, pour n'avoir pas voulu quitter l'Etole devant luy lors de sa visite dans ladite Eglise, par Arrêt du 7. Février 1668. l'excommunication a été déclarée abusive. *Journal du Palais.*

50 Discours sur des raisons & moyens pour lesquels Messieurs du Clergé assemblez en la Ville de Chartres, ont déclaré des Bulles Monitoriales, décernées par Gregoire XIV. contre les Ecclesiastiques, & autres, tant de la Noblesse que du tiers Etat qui sont demeurez en la fidélité du Roy, nulles & injustes, & contre les droits & libertez de l'Eglise Gallicane. *Voyez la Bibliotheque de Bouchel*, verbo *Excommunication.*

51 Discours fait par M. Talon Avocat General au Parlement de Paris le 23. Janvier 1688. au sujet de la Bulle du Pape Innocent XI. du 12. May 1687. concernant les franchises dans la Ville de Rome & de l'Ordonnance du 16. Decembre suivant, renduë en consequence par le Cardinal Vicaire, portant interdiction de l'Eglise de S. Loüis & des Ecclesiastiques qui la desservoient, pour avoir reçu dans ladite Eglise & administré les Sacremens à M. le Marquis de Lavardin Ambassadeur du Roy de France; ensuite est l'Arrêt qui déclare la Bulle & l'Ordonnance abusive.

EXCOMMUNICATION,
POURVEUS DE BENEFICES.

52 Le Chapitre *Postulastis de Clerico excom. minist.* distingue les Benefices obtenus ayant l'excommunication de ceux dont l'Excommunié a été pourvû aprés l'excommunication. Les premiers ne sont point vacans par l'excommunication, à moins qu'elle n'ait été prononcée pour un crime qui opere de droit la vacance du Benefice. *Voyez l'Auteur des Définitions Canoniques not. cxxxix.*

53 *Sententiam Excommunicationis qui per annum passus est, an beneficio privandus sit?* Voyez *Franc. Marc. to. 2. quest. 862.*

54 *De fructibus beneficiorum excommunicatorum.* Ibid. *quest. 884.*

55 L'Excommunié n'est capable de posseder un Benefice, suivant un Arrêt du Parlement de Bourdeaux du 27. Juin 1522. mais on n'est point recevable aprés qu'il est mort d'en alleguer le fait. *Tournet, to. 1. lettre B. Arrêt 51.*

EXCOMMUNICATION, COLLATEUR.

56 Si le Collateur excommunié peut conferer? *Voyez* le mot *Collation nomb. 101. & suivans.*

57 *Excommunicatus qui excommunicationis nullitatem pratendit, appellatione pendente beneficia conferre potest.* Voyez *Franc. Marc. to. 1. quest. 967.*

58 Un Patron Collateur excommunié, ne peut presenter ni conferer un Benefice, parce que l'excommunication le prive du droit qu'il avoit de presenter à l'Evêque; & le Collateur, parce qu'il a fait un Acte de Jurisdiction qu'il ne pouvoit pas. Car un Excommunié est interdit de tous droits spirituels, au nombre desquels on compte le droit de Patronnage. Arrêt rendu en 1534. rapporté par *M. de Longueil*, dans *son Recueil d'Arrêts*, contre un Patron Laïc excommunié, entre Monsieur Loüis Seguier lors Conseiller au Parlement, & François Michel, Parties plaidantes: il y en a encore d'autres rapportez dans *Chopin, en son Traité de la Police Ecclesiastique*, liv. 1. *tit. 4. nombre 21.*

Voyez l'Auteur des Définitions Can. p. 290. & 577.

EXCOMMUNICATION, CHAPITRE.

59 Le Chapitre qui a droit de correction legere sur les Chanoines, n'a aucun droit de les excommunier. Arrêt du Parlement de Dijon du 7. Août 1645. rapporté par *Fevret, en son Traité de l'abus*, liv. 4. ch. 3. *nombre 38.*

EXCOMMUNIÉ, ELECTEUR.

60 Lorsque l'on dit que l'Excommunié même injustement ne peut pas assister à l'Election; cela s'entend de l'excommunication majeure & publique. *Lotherius de re Benef. lib. 2. quast. 19. n. 14.*

EVESQUE EXCOMMUNIÉ.

61 L'Evêque excommunié ne peut pas conferer les Benefices, ni son Vicaire; car le Vicaire ne peut pas avoir plus de droit que celuy dont il est Vicaire.
L'Official de l'Evêque ne les peut pas conferer. *Voyez Despeisses, to. 3. p. 402.*

EXCOMMUNICATION, INJURE.

62 Arrêt du Parlement de Paris du 1. Février 1596. par lequel Jean Flavian Chanoine de Sens fut condamné à demander pardon & à se retracter, pour avoir dit que sa Partie Ecclesiastique étoit excommuniée, à cause qu'elle l'avoit actionné par devant le Juge Royal. *Voyez le 1. tome des Preuves des Libertez, chap. 9. n. 18.*

EXCOMMUNIÉ MARIÉ.

63 *Excommunicatus nuptias contrahere potest.* Voyez *Franc. Marc. to. 2. quest. 726. & 735.*

OFFICIERS EXCOMMUNIEZ.

64 Les Officiers du Roy en ce qui concerne l'exercice de leurs Charges & Offices, ne peuvent être excommuniez. *Voyez les Preuves des Libertez, to. 1. ch. 5.*

65 Lors qu'on dit que les Officiers Royaux ne peuvent être excommuniez en faisant le devoir de leurs Charges, cela se doit entendre des Officiers qui maintiennent les droits du Roy sans usurper ceux de l'Eglise; car si un Juge Royal ou seculier entreprenoit de connoître des choses de la foy ou du Spirituel au préjudice du Juge d'Eglise, les Prélats pourroient défendre à ces Officiers de connoître de semblables matieres à peine d'excommunication. *Bibliot. Can. tome 1. p. 602.*

66 Arrêt du Parlement de Paris du 26. Janvier 1373. contenant les Conclusions du Procureur General, qui soûtient que quand par Censure la Jurisdiction temporelle est troublée, le Roy peut y pourvoir par ses Officiers. *Preuves des Libertez, to. 2. ch. 35. v. 21.*

67 Arrêt de l'an 1399. contre l'Archevêque de Roüen & contre l'Archevêque de Tours, qui avoient excommunié quelques Officiers du Roy. Arrêts des 16. & 26. Février 1410. entre l'Archevêque & l'Archidiacre de Rheims, par lequel il est dit qu'un Pair de France ou Officier ne pouvoient être excommuniez. Par autre Arrêt du 17. Avril 1507. il fut dit qu'en une monition generale les Officiers du Roy n'étoient pas compris, ni même les Greffiers pour les choses qu'ils sçavent comme Officiers. *Ibidem, to. 1. ch. 5. nombre 3.*

68 Les Arrêts donnez és années 1372. & 1399. contre les Archevêques de Roüen & de Tours, pour avoir fulminé des excommunications contre quelques Officiers & quelques Sergens Royaux; de même que l'Arrêt donné pour le même sujet en ladite année 1399. contre l'Official de Rheims, sont rapportez tant par *Jean Ferrault* en son *Traité de Jur. & privileg. Regni Francor. privileg. 6.* que par *Carolus de Grassalio Regal. Franc. lib. 2. Jur. 9. vers. hinc est & secundo.* Et par *Graverol sur la Rochflavin*, liv. 6. tit. 56. *Arrêt 24.*

Q iij

69 Les Officiers du Roy ne peuvent être excommuniez pour ce qui concerne l'exercice & la fonction de leurs Charges, *Libertez de l'Eglise Gallicane*, art. 16. Les Evêques n'ont point droit de correction sur les Officiers Royaux ; & quand ils entreprennent sur la Jurisdiction temporelle, le Roy peut contraindre à reparer & revoquer les entreprises par amende & faisie de leur Temporel, comme il a été jugé par un ancien Arrêt du premier Septembre 1427. rapporté dans le *Commentaire des Libertez de l'Eglise Gallicane* page 85.

70 & 71 L'Archevêque de Toulouse ayant par son Official fait jetter plusieurs excommunications contre les Juge Mage, Avocat & Procureur du Roy, & le Greffier de la Sénéchaussée de Toulouse, pour le refus de rendre un prisonnier Clerc tonsuré, par Arrêt du 22. Décembre 1457. a été condamné à revoquer & retracter tout, & de rendre absous les Officiers, en outre d'effacer entierement de ses papiers & Registres de l'Officialité, leurs noms & surnoms, & faire ensorte qu'à l'avenir on ne les puisse lire, connoitre & sçavoir ce que c'est, & en tant que les feüillets ne se puissent arracher, autrement qu'ils seroient arrachez pour l'abolition de la memoire de tels exploits ; & qu'à ce faire il seroit contraint par saisie de son Temporel. *Papon*, liv. 1. tit. 4. n. 9. *Maynard*, liv. 8. ch. 23. *La Rocheflavin*, livre 6. titre 56. Arr. 34. & la *Bibliotheque Canonique*, tome 1. verbo *Competence* p. 323. col. 1.

72 & 73 Arrêt du Parlement de Toulouse du 9. Septembre 1599. par lequel Jean de Fossé Evêque de Castres, qui avoit excommunié deux Conseillers de la Cour, fut condamné en deux mille écus d'amende envers le Roy, applicable à la réparation du Palais. Ordonné que l'excommunication & absolution, & tout ce qui auroit été écrit ès Registres de l'Archevêché, en seroit tiré & rayé, ensorte que rien ne pût être lû. Défenses à luy d'user de semblables excommunications, à peine de dix mille écus, & autre arbitraire. *Voyez les Preuves des Libertez*, tome premier chapitre 5. nomb. 11.

74 L'Archevêque d'Aix avoit excommunié les Présidens & Conseillers de la Chambre Criminelle du Parlement d'Aix, & autres Officiers, à cause de l'execution faite de M. Jean Imbert, condamné à mort pour sodomie ; & fait défenses à tous Confesseurs de leur administrer les Sacremens. Le Procureur general interjetta appel comme d'abus ; il obtint plusieurs défauts ; l'Archevêque proposa ensuite des recusations ; la Cour ordonna qu'il seroit mis *néant attendu le fait dont s'agit*, tout ce qui avoit été fait déclaré nul, l'Archevêque tenu de revoquer les défenses faites aux Confesseurs. *Voyez les preuves des Libertez*, tome 1. chap. 5. où tout ce qui s'est à cet égard passé en 1601. est rapporté.

75 Arrêt du Parlement de Bourdeaux du 30. Décembre 1606. rendu les Chambres assemblées. La Cour a condamné & condamne le Cardinal de Sourdières en 15000. livres applicable moitié au Roy, moitié aux Hôpitaux & Convent de la presente Ville ; ordonne qu'il sera contraint au payement de ladite somme par execution & vente de ses biens propres, fruits & revenus temporels de ses Benefices, lesquels à ces fins seront saisis sous la main du Roy, & en cas d'afferme d'iceux seront les deniers saisis, & les Fermiers contraints iceux délivrer par les rigueurs contenuës en leurs instrumens d'afferme ; & en outre a interdit ladite Cour l'entrée d'icelle audit Cardinal, & luy inhibe & défend de proferer aucunes paroles injurieuses contre le Roy & son Parlement, icelles coucher ès actes de Justices, ni autrement, à peine d'encourir crime de leze-Majesté, & fait inhibitions tant audit Cardinal Archevêque, qu'à tous autres Evêques & Prélats de ce ressort de faire telles & semblables défenses aux Curez, Prêtres & Religieux, Confesseurs d'absoudre les Présidens, Conseillers, Procureur General, & autres Officiers du Roy qui auront opiné en leurs causes, & autrement exerçans leurs Offices, ni proceder par excommunication contre iceux, à peine de trois mille livres tournois, & autre plus grande somme si le cas y échet ; & neanmoins inhibe à Joret Curé de Puipaulin, & tous autres de prêcher és carrefours, marchez & places publiques contre l'ancienne forme & coûtume, ni faire aucunes assemblées nouvelles & extraordinaires hors les Eglises & lieux ès jours non accoûtumez au déçû des Magistrats, & sans permission du Roy ou de ladite Cour, sous prétexte de Prédication, à peine d'être punis comme infracteurs des Edits du Roy, perturbateurs du commun repos ; & semblablement fait inhibition & défenses conformément à iceux Edits & Ordonnances, à toutes sortes de personnes prêchans en public, de quelque état, condition & qualité qu'ils soient, de tenir aucuns propos tendant à division, mépris & diminution de l'autorité du Roy, ni autrement exciter & émouvoir le peuple, à peine d'être procedé contre les contrevenans, suivant la gravité & exigence des cas ; ordonne ladite Cour qu'inquisition sera continuée des contraventions qui ont été faites cy-devant & qui se feront cy-après à iceux Edits pardevant les Conseillers & Commissaires députez avec les temoins que ledit Procureur General administrera. *Voyez le premier tome des Preuves des Libertez* ch. 5. n. 19.

76 Arrêt du Parlement de Provence du 21. Février 1658. qui a declaré que celuy qui est excommunié, ne pouvoit être Juge ; la procedure fut cassée. *Boniface*, tome 1. li. 1. tit. 1. n. 26.

77 Quand l'excommunication est contre les Libertez de l'Eglise Gallicane, on en interjette appel comme d'abus, ainsi qu'il est arrivé contre Monsieur l'Evêque de Clermont, qui avoit en quelque maniere excommunié le Lieutenant Criminel & le Procureur du Roy de la même Ville, pour avoir procedé extraordinairement contre un Prêtre accusé de quelques crimes, sur ce que l'Official à qui le Prêtre avoit été renvoyé, à la charge du cas privilegié, par une procedure peu reguliere, l'avoit mis hors des prisons sans avoir rien communiqué au même Lieutenant-Criminel comme il est des regles ; de sorte que le Procureur du Roy ayant eu avis de cet élargissement donna sa requête, tendante à ce que le Prêtre fût reintegré dans les prisons ; ce qu'il obtint, & même ce qui fut executé avec un peu trop de violence. Cela obligea M. l'Evêque de Clermont d'envoyer dire à ces Magistrats qu'ils ne devoient pas aller à la Communion dans leur Paroisse au temps de Pâques, qui étoient lors prochaines, à cause de la violence commise en la personne de ce Prêtre qu'ils avoient fait reintegrer dans les prisons, & qu'il falloit avoir recours à l'Ordinaire, que la porte de son Palais Episcopal leur seroit toûjours ouverte, & qu'il les recevroit en bon Pasteur. Mais comme ils n'avoient fait que leur devoir dans leur charge, & qu'ils n'avoient point touché ce Prêtre, ni commandé de le maltraiter, ils interjetterent appel comme d'abus de cette excommunication, lequel étant porté en l'Audience de la Tournelle, M. l'Avocat general Bignon prenant fait & cause du Procureur du Roy, interjetta appel comme d'abus, & fut reçû appellant par l'Arrêt qui intervint le 17. Janvier 1662. il est vray que la cause fut appointée à cause des faits particuliers qui s'y rencontrerent, & sur l'opposition de M. l'Evêque de Clermont, en droit & joint. M. l'Avocat General dit que le Parlement d'Aix avoit autrefois condamné Monsieur le Cardinal de Sourdis Archevêque de la même ville, en une somme de 1000. écus de réparation, s'il ne déclaroit dans le jour par un acte exprès qu'il levoit l'excom-

EXC   EXC   127

munication qu'il avoit prononcée contre un Officier qui avoit fait presque la même chose que celuy de Clermont ; l'Arrêt avec les raisons en sont rapportées dans le Recüeil d'Arrests de 1667. sous le mot *Excommunication* lettre E. *Voyez les defin. Can. page* 288.

PATRONS EXCOMMUNIEZ.

78 Les excommuniez sont exclus du droit de Patronage. *Mémoires du Clergé tome* 2. *part.* 2. *p.* 75. *& cy-dessus le nombre* 56. *& suiv. & cy-aprés verbo Patron.*

EXCOMMUNICATION FAUTE DE PAYEMENT.

79 Arrêt du Parlement de Grenoble du 15. Décembre 1461. qui défend de se servir de rescripts que les creanciers avoient coûtume d'obtenir pour contraindre leurs débiteurs par excommunication, & autres censures Ecclesiastiques. *Jurisprudence de Guy Pape, par Chorier, page* 3. *art.* 3. où il est observé que cet abus n'a pris fin dans le Dauphiné qu'avec le quinziéme siécle.

Quoi qu'il soit plus curieux qu'utile de parler d'un usage aboli, on ne laissera pas d'observer sur quelles raisons, & sur quels principes de décision étoit fondée l'ancienne Jurisprudence.

80 Débiteur ne pouvoit être contraint par excommunication sans auparavant discussion de ses meubles, & sans l'avoir oüi. Arrêt du Parlement de Paris du 18. May 1519. *Papon, l.* 18. *tit.* 7. *n.* 14.

81 Le Juge Laïc qui avoit condamné un Prêtre à une somme ne pouvoit permettre au demandeur de le faire excommunier, mais il devoit seulement luy permettre de s'adresser à l'Official pour avoir les remedes convenables. Arrêt du Parlement de Paris du 30. May 1530. *Ibidem. n.* 1.

82 Clercs non mariez, Prêtres, & autres privilegiez de cette sorte condamnez par Cour seculiere ne pouvoient être contraints par censures Ecclesiastiques, & excommunication, sans permission de la Cour, laquelle ne se devoit donner aprés diligences faites de leur temporel, sans auparavant les appeller & entendre ; si autrement étoit fait, il y avoit abus, car il pouvoit arriver que le Clerc ainsi oüi declarât avoir quelque temporel. Arrêt du premier Juillet 1533. *Ibidem nomb.* 2. *& * 4.

83 Si le Clerc déclaroit qu'il avoit des meubles sans vouloir dire le lieu, le débiteur pouvoit obtenir contre luy excommunication. Arrêt du 6. Février 1534. *Ibidem n.* 6.

84 On ne pouvoit demander congé de se pourvoir contre un débiteur Clerc ou Laïc condamné par excommunication, que discussion ne fût préalablement faite de ses biens. Arrêts du Parlement de Paris dés 7. May 1528. & 3. May 1537. *Ibidem n.* 5. où Papon observe qu'à l'égard du Clerc la discussion étoit plus legere, mais à l'égard d'un Laïc elle devoit être entiere.

85 L'Inquisiteur de la Foy pouvoit faire le procez à celuy qui demeuroit quinze ans dans l'excommunication faute de payer son creancier. Arrêt du Parlement de Paris du 7. May 1538. *Ibidem n.* 15.

86 Arrêt du Parlement de Toulouse du 14. Avril 1540. qui enjoint aux creanciers par toutes voyes prêter consentement, que les excommuniez à leur requête pour dette civile soient absous, sans pour ce exiger aucuns dépens, avec injonction aux Senéchaux faire observer ledit Arrêt, sauf ausdits creanciers pour le payement contraindre les débiteurs par les rigueurs des Cours temporelles. *La Rocheflavin, livre* 6. *titre* 15. *Arr.* 1.

87 Arrêt du 2. Juin 1540. qui enjoint aux Ecclesiastiques d'absoudre ceux qui sont excommuniez pour dette, à peine de saisie de leur temporel. *Ibidem Arr.* 5.

88 Arrêt du 9. Avril 1545. contre l'Archevêque de Bourges, qui avoit excommunié un Abbé pour refus de payer le droit de procuration prétendu par l'Archevêque, l'Abbé fut relaxé *ad cautelam*. Papon, *li.* 19. *tit.* 2. *n.* 5.

89 Prêtre déclarant avoir des immeubles, le Juge pouvoit luy donner délay pour payer, sinon permettre au demandeur de se pourvoir par censures Ecclesiastiques, sans faire discussion des immeubles. Arrêt du 6. Juillet 1545. *Papon, li.* 18. *tit.* 7. *n.* 7.

90 Arrêt du 28. Mars 1546. qui défend d'excommunier les Religieux pour dette civile. *La Rocheflavin, li.* 6. *titre* 50. *Arr.* 2.

91 Arrêt du Parlement de Roüen du 16. Decembre 1547. qui déclare abusif un decret d'excommunication prononcé par l'Official contre un Prêtre faute de payement d'une somme qu'il devoit à un Marchand, le Marchand condamné aux dépens ; l'appel comme d'abus avoit été interjetté par M. le Procureur General. *Bibliotheque Can. tome premier page* 596. *col.* 2.

92 Entre M. Jean Percevaux Chanoine de Leon, & M. Jean de la Truche Doyen de Nantes, intimé. Celui-cy obtint Sentence à Rome contre l'appellant qui l'excommunie, faute de payer les arrerages d'une pension constituée sur un Benefice ; défenses à ses amis jusqu'au nombre de quarante de converser avec luy *sub pœnâ excommunicationis*, mandé au Roy & Princes *autoritate apostolicâ ut per captionem personæ ac bonorum distractionem in hunc insurgant*. Arrêt du Parlement de Bretagne du 4. Septembre 1559. qui déclare telle excommunication abusive, & ordonne que dans trois mois l'intimé apportera absolution de Rome sur peine de saisie de son temporel, & autres peines ordonnées ; & cependant l'appellant pourra prendre absolution *ad cautelam* de l'Evêque de Nantes ou son Vicaire. L'intimé condamné aux dépens de cause d'appel. *Du Fail, li.* 1. *ch.* 108.

93 Arrêt du P. de Bretagne du 12. Février 1554. qui déclare abusive la Commission de l'Official de Rennes, portant contrainte de payer *intra triduum, sub pœnâ excommunicationis ac suspensionis à divinis*. Il en étoit autrement si le Prêtre se soûmettoit par obligation devant Notaires aux contraintes & corrections des Censures Ecclesiastiques. Jugé au Parl. de Toulouse. *V. Chenu quest.* 12. *Cent.* 2. & *Du Fail, liv.* 1. *chapitre* 59.

94 Legallo Curé de Belle-Isle obtient Executoire de la Cour contre Maître Yves Cuzial de deux cent tant de livres ; il luy est permis par Arrêt de proceder contre Cuzial par admonition & Censures Ecclesiastiques, pour défaut de payement de ladite somme. Arrêt du Parlement de Bretagne du 3. Octobre 1555. *Du Fail, liv.* 3. *chap.* 177.

95 Quelquefois on a excommunié les Ecclesiastiques faute de payer leurs dettes, lors que c'est par mauvaise volonté de payer, pour faire perdre le bien de leurs Creanciers ; mais lorsque c'est par impuissance, on n'y doit pas proceder, l'appel comme d'abus qui en seroit interjetté, seroit favorablement reçu. *Chopin, en son Traité de la Police Ecclesiastique, liv.* 2. *tit.* 3. *nomb.* 3. en rapporte un Arrêt du mois de Janvier 1569.

96 L'Article 18. de l'Ordonnance d'Orleans de 1560. du Roy Charles porte, *Ne pourront les Prélats, Gens d'Eglise ou Officiers décerner Monitoires, & user de Censures Ecclesiastiques sinon pour crime & scandale public*. Lorsque le Parlement de Paris verifia cet Article, il y apposa cette clause que les Ecclesiastiques ne pourroient être excommuniez pour argent par eux dû, sauf à leurs Creanciers à proceder par voye d'execution sur les biens meubles & immeubles, ainsi qu'ils verroient être à faire par raison.

97 Les procedures faites devant l'Official de Rennes, qui condamne un Curé à continuer une rente à l'Abbesse de S. Sulpice, & par faute de ce l'excommu-

nie, font déclarées abufives par Arrêt du Parlement de Bretagne du 5. Septembre 1570.

98 L'interdit ou interdiction & fufpenfion à *divinis*, eft auffi fujette à être déclarée abufive, quand il n'y a rebellion, contumace ni defobéïffance manifefte en chofe de confequence & non puniffable d'autre façon. Par cette raifon l'appellation *comme d'abus* d'un Chanoine particulier de Verrieres interdit pour tous fes compagnons, trouvé à Lyon, faute de payement de la portion congruë à quoy le Chapitre étoit condamné à peine d'interdiction, fut mife au néant; les Chanoines condamnez à payer dans un mois, & iceluy paffé permis au Curé proceder par faifie du Temporel. Arrêt du 20. Juillet 1574. on ne peut excommunier faute de payement des dépens. Jugé le 11. Décembre 1569. qu'il y avoit abus. *Papon, p. 1361. tiré des Memoires de M. Bergeron.*

99 Sur l'appel comme d'abus de l'excommunication jettée par l'Official de Noyon contre un Prêtre qui étoit dans l'impoffibilité de fatisfaire fes Creanciers, par Arrêt du mois de Janvier 1569. il fut jugé qu'il avoit été mal, nullement & abufivement prononcé & executé, & fur un autre appel comme d'abus d'une excommunication de l'Evêque de Nevers, il fut jugé que les Cenfures *de re levi*. font abufives; Arrêt du 24. Juillet 1601. conformément aux Edits, & fuivant les difpofitions du Concile de Clermont. *Bibliot. Can. to. 1. p. 79. col. 2.*

100 Un Prêtre ne peut être déclaré fufpens *à divinis* pour une dette civile non payée dans le temps porté par la Sentence de l'Official. Arrêt du Parlement de Paris du 16. Avril 1602. qui déclare abufive une pareille Sentence obtenuë par un Prêtre contre un autre. *Ibidem, p. 596. col. 2.*

101 Si un Evêque ou autre Juge d'Eglife peuvent excommunier un Prêtre faute de payer fes dettes? Cette caufe plaidée entre Maître Vives, creancier de 1400. livres de Maître Paul Navarre Prêtre, que le Metropolitain avoit condamné de payer à peine d'excommunication. Par Arrêt de Touloufe du 5. May 1671. il fut déclaré y avoir abus en l'Ordonnance du Metropolitain. *Albert*, verbo *Evêque*, art. 1.

EXCOMMUNICATION, RELIGIONNAIRES.

102 Les Miniftres & Confiftoire de ceux de la Religion Prétenduë Reformée n'ont aucun pouvoir de fufpendre ou excommunier ceux de leur Religion. *Voyez les Décifions Catholiques de Filleau*, Décifion 117.

103 Ceux de la Religion Prétenduë Reformée ne peuvent ufer de Monitoires ou Cenfures Ecclefiaftiques, & lors qu'ils font Parties requerantes, les cenfures fe doivent fulminer fous le nom du Procureur du Roy. Jugé en la Chambre de l'Edit de Normandie le 28. May 1603. En effet il n'eft pas jufte que ceux qui méprifent les Ordonnances & Ceremonies de l'Eglife Romaine en reçoivent du fecours *Is enim fruftra legis auxilium invocat, qui committit in legem.* Bibliot. Can. to. 1. p. 597. col. 1.

Voyez cy-aprés au 3. volume de ce Recueil le titre *Religion Prétenduë Réformée.*

ROIS EXCOMMUNIEZ.

104 Bulles d'Excommunication du Roy, brûlées. *Voyez* le mot *Bulles* nomb. 22.

Les Rois & Magiftrats fouverains à qni ils communiquent leur pouvoir, ont autorité fur la Police de l'Eglife, & ont fouvent arrêté le cours des Excommunications injuftes.

106 Quelle eft la doctrine de la France concernant l'Excommunication contre le Roy, & fi le Royaume de France peut être mis en interdit? *Voyez les Preuves des Libertez de l'Eglife Gallicane*, to. 2. ch. 4. & 7.

Le Roy ne peut être excommunié ni même fes Officiers & les Prélats de fon Royaume. *Voyez M. le Bret*, en fon *Traité de la Souveraineté*, li. 2. ch. 18. où il cite les Arrêts qui fe trouvent dans les Regiftres du Parlement des années 1388. 1399. & 1509. ainfi le Roy peut défendre qu'aucune monition, fufpenfion ou interdiction foit publiée ni executée. Cela fut propofé dans une Affemblée tenuë à S. Germain en 1583. en prefence du Roy, où l'on fit la lecture & l'examen des privileges accordez par les Papes à nos Rois comme Fils aînez de l'Eglife & Protecteurs du S. Siege.

107 Le Pape Innocent I. qui vivoit au commencement du cinquiéme fiécle, & que l'Eglife revere comme Saint, excommunia l'Empereur Arcadius, pour avoir banni S. Jean Chryfoftome de fon Siege de Conftantinople qu'il tenoit en l'an 398.

Le Roy Jean d'Angleterre fut excommunié par le Pape Innocent III. pour avoir fait mourir le jeune Aratones en Bretagne.

L'Empereur Theodofe fut excommunié par Saint Ambroife Evêque de Milan, en l'an 398. pour avoir fait mourir dans Theffalonique plufieurs hommes, à caufe d'un meurtre commis en la perfonne d'un Tribun en une émotion populaire.

108 Charles VI. environ l'an 1385. empêcha les levées d'argent que les Papes vouloient faire en France, il en chaffa les Receveurs, & défenfes à tous Etrangers d'y tenir Benefice, & fit faifir les fruits de ceux qu'ils tenoient; à quoy les Papes s'étant voulu oppofer, & ayant fait fulminer quelques Cenfures & Excommunications, elles furent negligées, & les porteurs d'icelles rigoureufement châtiez. *In Stil. Parlam. par. 3. tit. 32. §. 1.*

Charles VI. excommunié par le Pape Benoît XIII. fit faire amende honorable aux Porteurs des Bulles, menez dans des tombereaux habillez de tuniques peintes, mitres de papier, avec la Bulle figurée en main, les Armes du Pape renverfées; & le tout de l'avis des Princes, Grands Seigneurs, Prélats, & autres Ecclefiaftiques de fon Royaume & de fon Parlement & Univerfité de Paris, ainfi qu'il paroît par les Actes qui en ont été publiez. *Libell. de Statu Eccl. Gallic. in fchifm.*

109 Les exactions des Papes ont autrefois defolé au grand fcandale de l'Eglife la France & l'Empire. En 1299. le Pape Boniface VIII. envoya l'Evêque de Pamiers en ce Royaume pour faire une dénonciation au Roy d'aller en la Terre-Sainte, le Roy indigné des paroles outrageantes du Prélat, fut contraint de commander qu'on le mit en prifon : le Pape envoya un autre Legat Archidiacre de Narbonne, avec pouvoir d'animer & armer les Sujets contre leur Roy, en leur donnant abfolution du ferment de fidelité. Le Roy fut forcé de renvoyer ce Legat, aprés que fa Bulle eut été brûlée en lieu public, & qu'on luy eut répondu qu'il devoit fçavoir que les Rois de France ne font fujets à perfonne. Enfuite il fut fait dans l'Affemblée des Etats un Edit portant étroites défenfes de tirer argent hors du Royaume pour les affaires de Cour de Rome, & par l'autorité de la Cour les Excommunications furent déclarées abufives. Le même fut jugé és années 1406. 1412. & 1417. *Voyez Bibliot. Can. to. 2. p. 5.*

110 Le Pape ne peut mettre le Royaume de France en interdit, ni excommunier le Roy de France. *Preuves des Libertez*, to. 1. chap. 4. où font rapportées des Lettres du Roy Jean de l'année 1350. par lefquelles il eft dit qu'il n'eft permis d'interdire aucunes terres de fon Domaine. Par Arrêt du Parlement de Paris du 21. May 1408. ceux qui avoient ofé prefenter les Bulles d'excommunication du Roy par le Pape Benoît, furent condamnez à être amenez en deux tombereaux, chacun d'eux vêtus d'une tunique de toille peinte où étoient les armes du Pape renverfées, & expofez fur un échafaut ayant en tête des mitres de papier, & enfuite ramenez dans les prifons du Louvre.

111 L'an 1406. l'Univerfité de Paris fit de grandes plaintes au Parlement fur les levées de deniers que *Petrus de Luna*, autrement Benoît XIII. fiegeant en Avignon,

Avignon, vouloit faire en France, fous prétexte d'annates fruits de Benefices vacans, & autres emolumens fur lefquels intervint Arrêt qui défendit ces fortes d'exactions, ordonné que ceux qui avoient été excommuniez feroient abfous. Quatorze ans après, & en 1418. il fut rendu un autre Arrêt, par lequel il fut refolu qu'il ne feroit point obéi au Pape Martin és annates, referves, préventions, graces, expectatives & autres chofes qu'il vouloit introduire. *Biblior. Can. to. 1. p. 398. col. 2.*

112 La Bulle du Pape Benoît, par laquelle il excommunioit le Roy, les Princes de fon Sang & fa Nobleffe, fut condamnée & déchirée par Arrêt de la Cour du 29. Juillet 1408. *Ibidem, p. 172. col. 2.*

113 Le Roy Loüis XI. pour fe garantir des Cenfures de Pie II. fit interjetter par fon Procureur General un appel de ce Pape au futur Concile. *Ibid. p. 597. col. 1.*

114 Maître Jean Dauvet Procureur General interjetta appel en 1460. des Cenfures comminées par le Pape Pie II. contre le Roy, fes Officiers & Sujets. *Preuves des Libertez, to. 1. ch. 4. n. 9.*

115 Aprés avoir vû par la Cour la réponfe qu'il a plû au Roy faire fur les remontrances à luy envoyées par la Cour fur la publication requife en icelle des Bulles du Pape Paul III. & Lettres dudit Seigneur Roy pour l'érection de l'Univerfité en la Ville de Rheims, la Cour ordonne que les Bulles & Lettres du Roy feront lûes & publiées, & fur le repli fera mis, *lecta, publicata & regiftrata, audito Procuratore Generali Regis*, aux charges, conditions & modifications qui enfuivent; premierement, en ce que par les Bulles le Roy eft abfous quant à l'effet d'icelles, de toutes fentences, excommunications & cenfures qu'il pourroit avoir encourues, l'on n'a pû, ne peut, & ne pourra-t'on in ferer ne conclure le Roy avoir été & être pour le prefent, & à l'avenir aucunement, ni pour quelque caufe que ce foit, fujet aux excommunications & cenfures Apoftoliques, ni préjudiciel, ni déroger aux droits, privileges & preéminences du Roy & du Royaume. *Bibliotheque Can. tome 2. page 340. col. 2.*

116 En l'an 1561. fur la propofition faite en Sorbonne par un Bachelier en Theologie nommé Tanquerel, que fi le Roy fe féparoit de la Religion Catholique, le Pape le pourroit dépofer; par Arrêt il fut dit qu'indifcretement & inconfiderément cette propofition avoit été foûtenuë, que le contraire étoit veritable, & que celuy qui l'avoit propofée s'en dediroit, & fupplieroit fa Majefté de luy pardonner fon offenfe; neanmoins on reprefenta que cette queftion s'agitoit aux Ecoles, *doctrinaliter non juridicè* & non pour la décider & déterminer. *Ibidem page 398. col. 2.*

117 Au mois d'Octobre 1580. le Parlement de Paris donna Arrêt portant commiffion pour informer contre les Evêques, & autres Prélats qui avoient reçû & publié la Bulle de *Cœna Domini*, préjudiciable aux preéminences & libertez des Rois de France. Et par Arrêt du même Parlement feant à Tours, l'excommunication de Gregoire XIV. fulminée contre le Roy Henry *le Grand* fut déclarée nulle, injufte & abufive. *Ibidem page 80.*

118 Dans l'oppofition formée par les Roy de Navarre & Prince de Condé contre l'excommunication du Pape Sixte V. il eft dit, *le Roy eft fauffement accufé, il foûtient que Monfieur Sixte fe difant Pape (fauve fa Sainteté) en a fauffement & malicieufement menti, & que luy même eft heretique, ce qu'il fera prouver en Concile libre & legitimement affemblé, &c.* Cette oppofition fut affichée par les cantons de la Ville de Rome le 6. Novembre 1585. *Bibliotheque de Bouchel*, verbo *Excommunication.*

119 Gregoire XIV. Milanois de nation, fit fulminer à Rome deux Bulles du même jour premier Mars 1591. par l'une defquelles, fuivant celle de Sixte V. il déclaroit fa Majefté excommuniée & privée de fon Royaume: par l'autre il mettoit en interdit les Eccléfiaftiques qui luy rendroient obéïffance; envoya en France un nommé Marcilio Landriano en qualité de Nonce pour les y faire fulminer; & fous ce prétexte jetter la rebellion dans le cœur des François, qui en ce temps étoient fort difpofez à la defobéïffance. Le remede dont on s'étoit toûjours fervi en pareille rencontre ne fut pas omis; le Clergé de France s'étant affemblé à Chartres jugea ces excommunications nulles & contraires aux droits & libertez de l'Eglife Gallicane, & qu'à icelles ne devoit être obéï; les Parlemens fur les appellations comme d'abus des octrois, publications & fulminations defdites Bulles les déclarerent nulles & abufives, & octroyées contre les faints Decrets, Privileges & Libertez de l'Eglife Gallicane, autorité & preéminences du Royaume. Voici l'Arrêt.

Vûes les Lettres Patentes données à Mantes le 4. Juillet, par lefquelles le Roy enjoint à fes Cours de Parlement de proceder contre le Nonce envoyé par le Pape, & ce qui a été par luy executé en ce Royaume, fuivant les Loix & Privileges de l'Eglife Gallicane, & ce que de tout temps a été obfervé en pareil cas, conclufions du Procureur General du Roy, tant par écrit que verbalement prifes au Confeil; ayant interjetté appel comme d'abus des Bulles & Lettres monitoires données à Rome le premier Mars dernier; enfemble de la fulmination & execution d'icelles, & de tout ce qui s'en eft enfuivi: La Cour a ordonné & ordonne que lefdites Lettres feront lûes, publiées & regiftrées, a reçû & reçoit l'appellation comme d'abus interjetté par le Procureur General; dit qu'il a été bien appellé, mal, nullement & abufivement decerné, octroyé & fulminé par le Pape, & Marcilio Landriano fon Nonce; a caffé, revoqué & annullé tout ce qui a été fait & pourroit être fait cy-aprés en vertu & confequence defdites Bulles, comme nulles & abufives contre les faints Decrets, Privileges & Libertez de l'Eglife Gallicane, autoritez & preéminences du Royaume; fait défenfes à tous Archevêques, Evêques, Prélats, Curez, ou leurs Vicaires d'en faire aucunes publications, ni mention en leurs Prônes & Prédications: à tous Marchands, porte-paniers, & autres perfonnes de quelque état, qualité & condition qu'elles foient, d'en faire vente ou diftribution, les repandre parmi le peuple, ni les tenir en leurs maifons, fur peine d'être punis comme criminels de leze Majefté au premier chef, & perturbateurs du repos public; ordonne que les copies defdites Bulles, & Lettres monitoires feront prefentement biffées & lacerées, & la memoire d'icelles éteinte & fupprimée; fera informé par Commiffaires que la Cour deputera contre tous ceux qui ont publié, publieront cy-aprés, ou fe trouveront faifis defdits Monitoires, pour être procedé contre eux comme il appartiendra; & fera Landriano Nonce, quelque part qu'il puiffe être apprehendé fous ce reffort, pris au corps & amené fous bonne & fûre garde en la Conciergerie du Palais pour répondre aux conclufions du Procureur General; à cet effet enjoint à tous Gouverneurs, Lieutenans Generaux, Seigneurs, Gentilshommes, Capitaines, Officiers du Roy, Maires & Echevins des Villes & Bourgs de ce reffort, Prevôts des Maréchaux, & tous autres de fe faifir dudit Nonce, & prêter main forte pour le prendre; & fur les conclufions du Procureur General défenfes à tous fujets de France d'envoyer cy-aprés en Cour de Rome pour impetrer provifions de Benefices, & autres expeditions, fur peine de nullité & de l'amender arbitrairement; fauf aux parties à fe pourvoir pardevers les Ordinaires, le tout jufqu'à ce qu'autrement y foit pourvû; & feront à la diligence du Procureur General les copies & *Vidimus* defdites Lettres, & extrait du prefent Arrêt envoyées par tous les Bailliages de ce reffort, pour y être semblablement lûës & publiées, tant aux jours ordinaires, qu'és jours & lieux de marchez des Villes, Bourgs & Bourgades de ce païs, à son de trompe & cry public, & és prônes des Eglises, & les copies affichées aux portes d'icelles, à ce qu'aucun n'en prétende cause d'ignorance. Fait en Parlement à Flavigny le 29. Juillet 1591.

Il y eut autre Arrêt le 13. Août de la même année 1591. qui ordonna que la Bulle seroit brûlée devant la porte du Palais, & qui déclara Gregoire soy disant Pape XIV. de ce nom, ennemi du Roy, de l'Etat de France, & de la paix de la Chrêtienté ; défenses à toutes personnes d'envoyer à Rome : Acte au Procureur General de l'appel par luy interjetté au futur Concile legitimement assemblé de l'intrusion au saint Siege Apostolique du Cardinal Sfondrat, soy disant Gregoire XIV. *Voyez les preuves des Libertez tome* 1. *chap.* 4. *n.* 28. *& suiv.*

120 Un Evêque de Laon nommé *Hincmarus* fut repris & corrigé par le Synode de l'Eglise de Reims, pour une excommunication par luy fulminée mal à propos ; il fut dit avoir été mal procédé, & sa Sentence infirmée. De ce Decret *Hincmarus* interjette appel qu'il releve en Cour de Rome, où il fait intimer son Metropolitain Archevêque de Reims aussi nommé *Hincmarus*. Sur cette contestation le Clergé general de France s'assemble, & resout que l'on n'auroit égard à cette appellation comme contraire aux saints Canons, droits & privileges de l'Eglise Gallicane ; l'Evêque contraint d'acquiescer à ce jugement. Le Pape alors nommé Adrien second irrité de ce Decret de l'Eglise Gallicane, fit citer pardevant luy tant l'Archevêque de Reims, que les accusateurs de l'Evêque de Laon, à quoy l'Archevêque fit réponse qu'il ne pouvoit sortir du Royaume sans le congé du Roy son Superieur ; cela fut fait l'an 1607. le Clergé de France assemblé à Attigny. *Bibliotheque Can. tome* 1. p. 404. col. 2.

121 Manuel Roy de Portugal ayant été excommunié par le Legat du Pape, parce qu'il avoit ôté à un Evêque le revenu de ses Benefices dont il abusoit, monta aussi-tôt à cheval fort indigné de telle censure, & ayant poursuivi le Legat, il tira l'épée nuë le menaçant de mort s'il ne l'absolvoit, ce qu'ayant obtenu il se retira. *Ibidem page* 196. col. 2.

122 Protestation de M. le Marquis de Lavardin Ambassadeur Extraordinaire de France à Rome, du 27. Decembre 1687. contre l'excommunication prononcée contre luy par le Pape Innocent IX.

Acte d'appel interjetté le 21. Janvier 1688 par M. le Procureur General au Concile, au sujet de la Bulle du Pape, concernant les franchises dans la Ville de Rome, & de l'Ordonnance renduë en consequence le 26. Decembre dernier.

Arrêt du Parlement de Paris du 23. Janvier 1688. les Grand' Chambre & Tournelle assemblées, sur la Bulle du Pape concernant les Franchises dans la Ville de Rome, & l'Ordonnance renduë en consequence le 26. Decembre précedent : la Cour a reçu le Procureur General appellant comme d'abus de ladite Bulle & de l'Ordonnance donnée en consequence le 26. Decembre dernier ; faisant droit sur ledit appel déclare lesdites Bulles & Ordonnances nulles & abusives, fait défenses à toutes personnes de les débiter dans le Royaume, d'être procédé contre eux extraordinairement : enjoint à ceux qui en ont des exemplaires de les apporter au Greffe de la Cour pour y être supprimés, ordonne que l'Acte d'appel interjetté par le Procureur General du Roy au futur Concile, sera enregistré au Greffe de la Cour, & que le Roy sera tres-humblement supplié d'employer son autorité pour conserver les Franchises & immunitez du quartier de ses Ambassadeurs en Cour de Rome dans toute l'étenduë qu'elles ont euë jusqu'à present, d'ordonner la tenuë des Conciles Provinciaux, ou même d'un Concile national, ou une assemblée des Notables de son Royaume, afin de trouver les moyens les plus convenables pour remedier au désordre que la longue vacance de plusieurs Archevêchez & Evêchez y a introduit, & pour en prévenir les progrez & l'accroissement : & cependant défendre à ses sujets en la maniere que le Roy le jugera à propos, d'avoir aucun commerce, & d'envoyer de l'argent en Cour de Rome ; & sera le present Arrêt affiché aux lieux publics accoûtumez de cette Ville, & par tout où besoin sera. *Biblioth. Can. tome premier page* 819. *& suiv.*

Voyez cy-après verbo *Roi.*

EXCOMMUNICATION DES VILLES.

Les Villes, Châteaux, Communautez, ou lieux 123 Ecclesiastiques ne seront sujets à l'interdit que pour la faute d'une Communauté, ou du Seigneur, ou principaux Magistrats, & non pour le délit d'aucune personne privée, si ce n'est qu'après une dénonciation ou publication, le Seigneur & les Officiers des lieux en étant dûëment requis, refusassent ou de chaster, ou d'obliger à satisfaction dans deux jours la personne dénommée. Aprés quoi la celebration du Service Divin sera continuée comme auparavant. Mais cet article de la Pragmatique n'est plus en usage, parce que la France a ce privilege de n'être pas sujette aux censures Ecclesiastiques du Pape ; ce qui est reconnu même par Yves de Chartres en son Epître 195. *dispositiones*, inquit, *rerum temporalium Regibus sunt attributa, unde si potestate sibi commissâ abutantur, non sunt graviter exasperandi, sed ubi sacerdotum admonitionibus non acquieverint, divino judicio sunt reservandi.* On en peut voir plusieurs autoritez au chapitre 4. des Preuves des Libertez de l'Eglise Gallicane, & dans le chapitre 6. nom. 10. des mêmes Preuves, & dans la *Bibliotheque Can. tome premier page* 334.

EXECUTEURS.

EXECUTEUR DE L'INDULT.
Voyez cy-après verbo *Indult.*

EXECUTEUR TESTAMENTAIRE.
Voyez cy-après Execution, nombre 80. *& suivans*, & le mot *Testament*.

EXECUTION.

Execution de Jugement.
De executione rei judicatâ. C. 7. 53. *Voyez* le Traité fait per Federicum Schenk.
De re judicatâ, & de effectu sententiarum. D. 42. 1... Paul. 5. 5... *Voyez* Jugement.
De executoribus & exactoribus. C. 12. 61. C. Th. 8. 8.
De l'execution, ou du passé outre, en donnant caution. N. 119.
De executione, executorialibus, & mandatis executorialibus. Voyez *Andr. Gaill. lib.* 1. *observat.* 113.
Executio contrà possessorem rei litigiosæ absque novo processu fieri potest. Voyez ibidem *observat.* 118.
De executione banni. Voyez *Andr. Gaill. tract. de pace publicâ. Lib.* 2. *cap.* 17.
D'Arrêts, Execution, & Gageries. *Voyez du Moulin, tome premier*, p. 913.

EXECUTION D'ARRESTS.
De l'execution faite d'un Arrêt dans un autre Par- 1 lement en vertu de *Pareatis*.
L'execution d'un Arrêt dure 30. ans. *Despeisses, tome* 2. p. 567.
Si un Huissier, ou autre Executeur veut éxecuter 2 un Arrêt du Parlement dans le Ressort d'un autre Parlement, il faut demander *Pareatis* du Parlement au Ressort duquel on veut mettre l'Arrêt à execution ; ainsi jugé le 2. Juillet 1543. mais pour obvier à tout l'on joint à cet Arrêt une Lettre patente du Roy, par laquelle est mandé mettre l'Arrêt à execution sans demander Congé, *Visa*, *Placet*, ne *Pareatis*, &

cela est le plus sûr. *Bibliotheque de Bouchel*, verbo *Pareatis*.

3 L'appellante en vertu d'un executoire fait commandement à Martin sa partie, & sur refus le fait executer; l'intimé s'oppose, & ajourne l'appellante à Rennes pour soûtenir son execution où il est ordonné qu'elle procedera nonobstant la folle intimation qu'elle propose; appel, il est dit mal jugé, sauf aux parties à se pourvoir en la Cour suivant les Arrêts; commandement au Greffier du Présidial de Rennes de mettre doresnavant és Sentences le nom de celuy qui présidera au Siege, afin de se prendre à luy des fautes qui se commettront à l'avenir esdites Sentences. Arrêt du Parlement de Bretagne du 17. Février 1554. *Du Fail, li. 1. chap. 132.*

4 Par Arrêt du même Parlement de Bretagne du 16. Avril 1558. la Cour faisant droit sur les requêtes du Procureur General, fait défenses à tous les Juges du Ressort, Huissiers ou Sergens de proceder à aucunes executions d'Arrêts, ou Commission d'ailleurs que de la Cour, sans iceux sommairement presenter à la Cour, pour être communiqué au Procureur General pour l'interet des privileges du pays; ordonné à tous les Substituts de faire lire & publier le present Arrêt chacun en son Siege afin qu'aucun n'en puisse prétendre cause d'ignorance. *Ibidem ch. 80.*

5 Les Arrêts doivent être donnez & executez de jour & non de nuit. Voyez *La Rochestlavin, des Parlemens de France, li. 8. ch. 53.*

6 Maintenuë soit en matiere Beneficiale ou profane, ne se doit juger executoire pardessus & nonobstant l'appel. Jugé au Parlement de Paris le 17. Janvier 1564. *Papon, li. 8. tit. 7. & la Bibliotheque Can. tome 2. p. 30. col. 2.*

7 Execution d'Arrêt n'est arrêtée sous prétexte de titre nouvellement trouvé, bien que l'Arrêt porte ces mots, autre chose n'apparoissant. Arrêt du 11. Juillet 1588. *M. Expilly, Arrêt 104.*

En execution de l'Arrêt du 25. Novembre 1610. la Croix demande le prix & reparations convenus, & pour les loyaux coûts il demande quatre lods; la Croix débouté des lods pour son acquisition, & pour les autres lods qu'il n'y avoit lieu en faire demande en execution d'Arrêt, sauf à luy à s'en pourvoir separément. Arêt du 22. Août 1611. *M. Expilly, Arrêt 151.*

8 Les Arrêts de la Cour confirmatifs de Sentences renduës par des Juges Subalternes peuvent neanmoins s'executer par des Huissiers de la Cour. Arrêt du Parlement de Tournay du 29. Janvier 1694. rapporté par Pinault, *tome 1. Arr. 17.*

EXECUTIONS DE BIENS.

9 Des executions, voyez cy-après le mot *Saisie*. Papon, *li. 18. tit. 5. & Coquille, tome 2. instit. Droit François page 109.*

10 Execution faite sur une Communauté d'Habitans Voyez le mot *Communautez nomb. 55. & 56.*

11 Celuy qui fait faire une execution soit au Civil ou au Criminel n'y peut être present. *Bouvot, tome premier part. 2. verbo execution quest. 1. & cy après le nombre 23.*

12 Du Mercredy *In vigiliâ Annunciationis Dominicæ anno 1315.* en laquelle il n'y eut point de Parlement, mais quelques Commissaires. Jugé qu'un Sergent qui avoit par haine pris & executé les chevaux d'un particulier, s'en étant vanté auparavant, ne pourroit plus executer ce même homme. *Corbin. suite de Patronnage, chap. 143.*

13 Debiteur executé en ses meubles, ne peut empêcher l'execution, quoiqu'il offre de donner caution. Arrêt du Parlement de Paris de l'an 1515. *Papon, li. 18. tit. 5. n. 18.*

14 Jugé par Arrêt qu'on pouvoit prendre par execution les Cuves. d'un Teinturier, ainsi qu'un autre meuble. *Bibliotheque de Bouchel, verbo Cuves.*

15 Execution ne se doit faire de chose non liquide, comme s'il s'agissoit de dommages & interêts ajugez par Sentence contre un vendeur & qu'ils ne fussent liquidez. Arrêt du Parlement de Paris du 10. Juillet 1515. Neanmoins si l'espece est sujette à appretiation, l'on peut executer & ajourner afin d'appretier. *Papon, li. 18. tit. 5. n. 4.*

16 Cessionnaire ne peut mettre son transport à execution, sans avoir auparavant l'avoir signifié pour établir sa qualité, parce que le transport ne saisit point s'il n'est signifié. Arrêt du Parlement de Bourdeaux du 26. Avril 1518. & au contraire l'heritier du créancier peut proceder par execution sans signification de sa qualité. *Ibidem, n. 6.*

17 Fermiers du Huitain ne peuvent la demie année échuë après l'année de leur ferme en poursuivre les redevables, à moins qu'il n'y eût reconnoissance, obligation, ou poursuite déja commencée. Arrêt de la Cour des Aydes du 21. Juillet 1526. Il ne suffit pas qu'il y ait abonnement general & affirmation, si la composition n'est speciale pour telle & telle quantité & tant de pieces. Arrêt du 14. Juillet 1564. *Ibidem, n. 24.*

18 Les chevaux & équipages d'un debiteur peuvent être saisis, s'il est difficile à joindre, ou jusqu'à ce qu'il ait reconnu le Billet, ou donné caution de payer. Arrêt du Parlement de Paris contre le Sr de Montchenu premier Maître d'Hôtel du Roy du 23. May 1527. *Ibidem, n. 28.*

19 Autresfois les Huissiers & Sergens demeuroient en la maison du debiteur *& de suo vivebant*, jusqu'à ce qu'il eût payé; c'est ce qu'on appelloit contrainte *par gast & garnison.* Cette rigueur fut abolie à Toulouse par Arrêt de l'an 1527. conforme à autre de Paris. *Maynard, li. 7. ch. 30.*

20 Arrêt des Generaux à Paris du 4. Juin 1540. par lequel un fils cessionnaire de son pere en fraude des creanciers du cedant, a été débouté de l'opposition par luy formée à une saisie de 1600. bottes de foin, & pour sa fraude condamné en tous les dépens & en l'amende de cent sols, tant envers le Roy qu'envers la Partie. *Papon, liv. 18. tit. 5. n. 35*

21 Un appellant d'un transport de bien, effraction execution, seulement le Sergent menant Serrurier pour faire ouverture sans avoir executé de fait, n'est recevable. Arrêt du 18. May 1565. *Ibidem, livre 19. tit. 1. n. 8.*

22 Arrêt des Generaux du 7. Decembre 1569. par lequel un Fermier ayant executé un pauvre homme pour le vingtiéme, nonobstant les faits pertinens mis en avant, le Juge ayant dit par provision, sur l'appel il est ordonné qu'il n'y avoit provision, & que le Fermier n'avoit ce privilege, & furent les Parties renvoyées pour informer. *Ibidem, li. 13. tit. 9. n. 3.*

23 Défenses aux Parties d'assister aux executions qu'ils feront faire, ni d'écrire les Exploits, soit en original ou copie, à peine de 50. livres d'amende. Arrêt du 9 Mars 1617. *M. Expilly, Arrêt 115.*

Voyez cy-dessus le nombre 11.

24 Par Arrêt de Roüen du 20. Octobre 1637. Berenger Procureur fiscal à Thury, executé par un Sergent Royal en vertu d'un Contrat passé devant les Tabellions Royaux, avoit fait déclarer l'execution nu'le; sur l'appel on cassa la Sentence, bien que l'appellant ait été pris en desertion, & que même il n'osât conclure en son appel. *Basnage, titre de Jurisdiction, art. 17.*

25 Une execution faite pour plus grande somme qui n'est dûë, est nulle. Arrêt du Parlement de Grenoble du 19. Février 1638. *Basset, tome 1. liv. 2. tit. 38. chapitre 5.*

26 L'execution contre un heritier par benefice d'Inventaire en son propre, cassée, mais accumulation de l'hypotequaire reçuë. Arrêt du même Parlement de Grenoble du 9. May 1642. *Ibidem, tit. 35. ch. 3.*

27 Le Lieutenant Criminel de Gisors avoit été condamné par Arrêt au payement de quelques sommes. Lorsque l'on voulut procéder à l'execution de ses meubles en vertu des Arrêts & *Pareatis* du grand Seau, il refusa d'ouvrir ses portes, les Officiers de Gisors furent requis de donner la permission de l'ouvrir, ce qu'ils n'accorderent point ; le creancier se pourvût au Roy, & demanda que les Officiers fussent condamnez en leurs propres & privez noms solidairement au payement des mêmes sommes, pour avoir refusé ladite permission, même à l'Audience, ayant ordonné que lesdits Arrêts & *Pareatis* du grand Seau seroient à leur Greffe, par le moyen de quoy ils auroient donné lieu audit Lieutenant Criminel leur Confrere de faire sceller apposez de l'autorité de la Cour, & d'emporter clandestinement ses meubles. Arrêt du 6. Août 1668. rendu au Conseil d'Etat Privé du Roy, qui ordonne que le Lieutenant General au Bailliage de Gisors, le Prévôt Vicomtal & le Lieutenant du Vicebailly, seront tenus de se rendre dans huitaine à la suite de Sa Majesté pour y rendre compte de leur conduite au fait desdits Jugemens & execution, autrement & à faute de ce faire dans ledit temps & iceluy passé, sera fait droit sur les demandes & conclusions dudit le Comte. *Voyez le Recueil des Arrêts en interpretation des nouvelles Ordonnances, page* 54.

28 Arrêt du Conseil du 12. Decembre 1679. qui défend aux Huissiers de mettre à execution les Ordonnances au pied des Requêtes, si elles ne sont expediées au Greffe, ni les Arrêts du Grand Conseil, qui ne seront point scellez, hors de la Ville où le Grand Conseil tiendra sa seance. *Voyez les Edits & Arrêts recüeillis par l'ordre de M. le Chancelier en* 1682.

29 Un appellant qui pour éviter les poursuites a payé sans prejudice de ses droits, si par Arrêt il se fait décharger des condamnations, il peut se pourvoir par execution pour la restitution de la somme payée & par action pour raison des interêts, quoique l'Arrêt n'en fasse pas mention. Jugé au Parlement de Tournay le 10. Janvier 1697. *Voyez M. Pinault, tome* 1. *Arrêt* 36.

30 Les Juges peuvent permettre d'executer un debiteur en vertu de cedulles privées. Jugé au Parlement de Tournay le 2. May 1698. pour les Echevins de la Ville d'Ypre contre Jean Cambier Tabellion & Garde-Notte, dont les meubles avoient été saisis pour loyers, & par un proprietaire qui avoit saisi en vertu d'un simple bail sous seing privé. *Ibidem, to.* 2. *Arrêt* 18.

31 Une mise de fait exploitée sur heritages de la Châtellenie de Lille, ou sur adventures croissantes sur iceux, pour seureté d'une dette, est absolument nulle, si elle n'est signifiée aux Seigneurs immédiats, dont lesdits biens sont tenus ou gisans, ou à leurs Baillifs, lors qu'ils demeurent sous ladite Châtellenie. Jugé au Parlement de Tournay le 23. Octobre 1699. *Ibid. Arrêt* 274.

32 Des saisies & executions, ventes de meubles, grains, bestiaux, & choses mobiliaires. *V. l'Ordonnance de* 1667. *tit.* 33.

EXECUTION, COMMANDEMENT.

33 Si commandement est fait à un debiteur de payer, il ne suffit pas d'offrir caution, telle offre ne peut empêcher le Sergent de déplacer les meubles. Arrêt de Paris du 27. Février 1515. *Bibliotheque de Bouchel*, verbo *Pleige*.

34 Le Sergent ne peut executer un debiteur sans commandement préalable de payer, à peine de nullité. Arrêts des 2. Avril 1527. & 16. Avril 1540. *Papon, li.* 18. *tit.* 5. *n.* 25.

35 Commandemens pour parvenir à execution réelle doivent être faits au domicile, & non en lieu mal à propos, comme en l'Eglise, en chemin, en un Auditoire ou autre endroit éloigné du domicile.

Jugé pour un Marchand trouvé sur la chaussée d'un étang qu'il alloit pêcher. Le Marchand dit au Sergent de venir en sa maison, où il le satisferoit ; le Sergent refusa & le constitua prisonnier. Arrêt du P. de Paris du 6. Octobre 1554. qui condamne la Marêchale de la Palisse demanderesse aux dommages & interêts. Autre Arrêt du 11. May 1551. *Ibidem, nombre* 27.

36 Il convient que le commandement soit fait en lieu opportun, ainsi que porte la Coûtume de Berry, *art.* 15. autrement le debiteur emprisonné ou injurieusement executé obtiendroit dommages & interêts. Arrêt du P. de Paris du 8. Juillet 1566. pour un Fermier qui demeuroit loin de Paris, où le proprietaire l'auroit fait emprisonner, quoique ni l'un ni l'autre n'y demeurassent, parce que le debiteur ne porte pas toûjours avec soy une bourse. *Ibidem*.

EXECUTIONS, JOUR DE FESTES.

37 Executions ne doivent point être faites un jour de Fête : cependant en la Ville de Toulouse, le jour de Pâques, on fit battre de verges par le Bourreau & bannir un coupebourse trouvé en flagrant délit. *Papon, li.* 4. *tit.* 13. *nomb.* 5.

38 Executions ne se doivent faire à jour solemnel, à peine de nullité, dommages & interêts par la Partie envers l'autre, & d'amende contre le Sergent envers le Roy. Arrêt du 16. Octobre 1568. L'execution avoit été faite le Lundy de Pentecôte. *Ibidem, liv.* 18. *tit.* 5. *n.* 3.

39 Des saisies & executions peuvent être faites tous les jours non feriez. Arrêt du Parlement de Toulouse qui deboute un Avocat qui prétendoit faire declarer nulle une saisie faite un jour de Jeudy d'après Pâques. *La Rochestavin, li.* 2. *tit.* 1. *Arr.* 37.

40 Arrêt du Parlement de Provence du 13. Decembre 1638. qui a déclaré nulles des Executions faites le Mercredy Saint. *Boniface, to.* 1. *li.* 1. *tit.* 17. *n.* 1.

Voyez cy-après le mot Fêtes.

EXECUTIONS INJURIEUSES.

41 Des Sergens executans injurieusement. *Voyez la question* 293. *de Guy Pape*.

42 Arrêt du Parlement de Paris du 2. May 1545. qui déclare tortionnaire l'execution des biens d'un certain debiteur qui s'étoit embarqué pour éviter le danger de la guerre ; l'Executant condamné aux interêts, dommages & dépens. *Rebuffe in tractatu de litteris obligat*.

43 Pareillement est injuste & tortionnaire l'execution par biens ou par corps, quand on tient pour même cause les biens saisis, nonobstant toute obligation. Arrêt du 28. Novembre 1564. contre les Fermiers du Cardinal de Ferrare à Prémontré. *Papon, liv.* 18. *tit.* 5. *nomb.* 4.

44 Arrêt du 9. Juillet 1571. qui donne des dommages & interêts à un homme de qualité, lequel publiquement dans la ruë le Sergent avoit fait descendre de son mulet, quoi qu'on luy eût auparavant fait commandement en son domicile. *Ibidem, n.* 27. Cependant si l'execution est faite contre un *Etranger* suspect & difficile à convenir, on neglige la forme du commandement & la saisie est autorisée. *Ibidem*.

45 Cottereau Notaire condamné aux dommages & interêts d'une execution précipitée contre Maître Vaillant Avocat. Arrêt du 15. Juillet 1582. *Ibidem, liv.* 18. *tit.* 5. *n.* 27.

46 Receveurs Generaux & particuliers mal executans sont sujets comme les autres à la rigueur de la Loy. Les executions cassées, eux condamnez aux dépens. Arrêts de la Cour des Aides de Montpellier rapportez par *Philippi, art.* 50.

47 Celuy qui fait prendre par execution du bled & du vin, l'execution étant déclarée tortionnaire, doit payer le bled & le vin au plus haut prix qu'il a valu depuis l'execution. Arrêt du Parlement de Dijon du 13. May 1596. *Bouvot, to.* 2. verbo *Meubles quest.* 2.

EXE EXE 133

48 Sentence du Sénéchal d'Aix du 3. Decembre 1677. qui a cassé les Executions faites contre les heritiers d'un défunt le jour de ses funerailles. *Boniface, to. 5. liv. 1. tit. 26. ch. 1.* il rapporte un Arrêt de préjugé de la Cour des Comptes du 29. Janvier 1676.

EXECUTIONS DE JOUR.

49 *Voyez* cy-après *les nomb.* 51. & 56. & le mot *Nuit*.

EXECUTION, LABOUREURS.

50 Le Roy Henry III. à Blois en 1571. fit un Edit en faveur des Laboureurs ; pendant un an ils ne pouvoient être executez, ni en leurs corps, ni en leurs bœufs, chevaux & autres bêtes, charettes & charuës , ni autres ustenciles servans au labourage , excepté pour les deniers Royaux suivant les Constitutions de Constantin rapportées en la Loy Executoire, *cod. quæ res pignor.* & le Roy Henry IV en a fait un autre le 16. Mars 1595. après les troubles appaisez, pour remettre le labourage en faveur du Laboureur & labourage, même pour les deniers du Roy, & sans limitation de temps. Il est vray que les lits des Laboureurs n'y sont compris. *Papon, li. 18. tit. 5. n. 40. Voyez* cy-après verbo *Laboureurs.*

EXECUTIONS, PROCEZ CRIMINELS.

51 Executions capitales doivent être faites de jour. Arrêt prononcé solemnellement en Robes rouges contre un Prévôt des Marêchaux de Guienne, par lequel pour avoir executé de nuit un homme, & luy avoir brûlé les côtez avec un flambeau pour luy faire dire la vérité, le Prévôt fut jugé à mort & pendu dans la Cour du Palais. *Papon, liv. 4. tit. 13. n. 5.*

52 Arrêt du Parlement de Bourdeaux , par lequel le Lieutenant de la Marêchaussée pris à partie, a été reçu à justifier les crimes de deux jeunes gens qu'il avoit fait pendre un jour de Dimanche sans leur faire leurs procez, lesquels s'étans trouvez innocens, par autre Arrêt du même Parlement du 14. Août 1528. le Prévôt fut condamné à la mort. *Ibidem.*

53 Arrêt du Parlement de Bourdeaux, par lequel le Prévôt des Marêchaux pour avoir fait pendre un homme sans preuve , & qui n'avoit rien avoué à la question, a été privé de son Office & condamné en une amende. *Ibidem, n. 6.*

54 Un Sergent fut en 1541. condamné d'être pendu & étranglé , pour les grandes fautes qu'il avoit commises dans l'exercice de sa Charge. *Rebuff. de Sent. execut. art. 7. gloss. 16.*

55 *Cremonæ quidam Marchetus Capriolus laqueo suspensus, & pluries à carnifice pedibus calcatus, cum expirasse crederetur accidit fracto laqueo, & à seipso surrexit incolumis, & Senatus jussit ut per dies aliquot superederetur, intra quos possit & pacem, & gratiam impetrare, & ita (ni fallor) habita gratia à Principe fuit admissus decimo Maii 1546. Voyez Julius Clarus, li. 5. sententiar.*

56 Les Executions des Sentences criminelles doivent être faites de jour. *Voyez les Opuscules de Loisel p.155.*

57 Les Jugemens seront executez le même jour qu'ils auront été prononcez. *Voyez l'article 21. du titre 25. de l'Ordonnance criminelle de 1670.*

58 Executions faites par le Juge d'Eglise sans implorer l'aide du Bras seculier sont nulles. Arrêt du Parl. de Provence du 23. Avril 1671. *Boniface, tome 3 liv. 5. tit. 6. chap. 4.*

EXECUTION, SENTENCES.

59 De l'execution des Jugemens. *Voyez l'Ordonnance de 1667. tit. 27.*

60 Ce qui est fait contre une Communauté d'habitans peut être executé contre les habitans successeurs ; c'est toûjours le même peuple. Arrêt de Grenoble en 1458. *Bibliotheque de Bouchel*, verbo *Université d'habitans.*

61 Les Jurisdictions étant limitées, les Jugemens de l'une ne sont executez dans le territoire de l'autre, sans le consentement de son Juge. Il n'y a que le Juge de Graisivodan qui fasse executer les siens dans toutes les Terres des Seigneurs particuliers du Graisivodan , par un Droit accordé par le Reglement du 12. Novembre 1459. *Voyez Guy Pape, question 446.*

62 L'Execution contre un corps d'habitans se doit faire contre leur Syndic ; s'ils n'en ont point & n'en veulent nommer , & qu'ils ne payent dans le délay qui sera accordé, on peut s'adresser à chacun d'eux sans distinction. Arrêt du Parlement de Paris du 11. Decembre 1525. pour les Religieux de la Grande Chartreuse contre les Gouverneurs de Lyon. *Papon, li. 18. tit. 5. n. 22.*

63 Titre executoire contre le défunt, ne l'est point contre ses heritiers ; le créancier doit se pourvoir par action,& ne peut contraindre l'heritier pendant qu'il fait Inventaire , & jusqu'à ce que les délais pour déliberer soient expirez. Arrêt du Parl. de Paris du 24. Mars 1527. *Ibidem, li. 21. tit. 10. n. 7.*

64 Sentences de provisions pour le principal sont executoires , nonobstant l'appel, & non à l'égard des dépens. Arrêts des 8. Février 1529. & 18. Février 1545. *Ibidem, liv. 19. tit. 7. n. 2. & 4.*

65 Sentence contre un Abbé ou Prieur & son Convent se peut executer contre le Successeur au Benefice, tant en principal que restitution de fruits, quoique l'Abbé ou Prieur soit Commendataire , & ait heritiers legitimes. Arrêt du Parlement de Paris du mois de Septembre 1542. Il est vray que le Successeur a son recours contre les heritiers du Predecesseur. *Ibidem, li. 18. tit. 5. n. 1.*

66 Les Jugemens rendus entre les demandeurs & défendeurs en Haro sont executoires contre leurs cautions, sans qu'il soit necessaire de les appeller au Procez, comme il a été jugé par plusieurs Arrêts du Parl. de Normandie , & entre autres par un ancien du 7. Février 1544. *Basnage, tit. de Haro, article 56. de la Coûtume.*

67 Les Sentences des Juges ressortissans au Parlement, desquelles on est appellant, sont executoires sans caution, après les délais d'appeller & de relever. *Ordonn. d'Abbeville , A°. 372.* Arrêt du Parlement de Grenoble du 28. May 1545. rapporté par M. *Expilly ch. 19.*

68 Les Commissions du Conservateur des privileges Royaux de l'Université de Paris , & les Jugemens , Sentences & Commissions de tous Juges Conservateurs des Universitez , & autres Députez par le Roy, s'executent hors la Ville de Paris sans demander *Pareatis.* Arrêt du Parlement de Paris du 12. Juillet 1552. *Papon, li. 7. tit. 5. n. 4.*

69 On ne peut proceder par execution contre un Regnicole (*etiam* Etranger toutefois habitué en France) en vertu d'un Jugement d'un Juge Etranger du Royaume , semblable execution a été déclarée tortionnaire le 17. Février 1564. Cette execution avoit été faite en vertu d'un Arrêt des Auditeurs de la Rotte de Genes. *Ibidem, li. 18. tit. 5. n. 7.*

70 Jugé qu'une Sentence donnée contre une femme autorisée par Justice au refus de son mary, est executoire sur les biens de la communauté, *secus*, si le mary a eu juste cause de refuser l'autorisation. *Voyez Carondas liv. 1. rép. 65.* & le mot *Autorisation.*

71 Si la femme est condamnée seule dans un Jugement extraordinaire , à une reparation civile & aux dépens ; la Sentence ne peut être executée sur les biens de la communauté du vivant du mary. Ainsi jugé par Arrêt du 13. Août 1574. *Chenu quest. 60.* Autre Arrêt semblable du 30. Août 1578. *Chenu ibid.* Autre du 8. Février 1580. *Bacquet, traité de Just. ch. 15. nomb. 91.* Autre du 1. Avril 1585. *Carondas, en ses Réponses, liv. 7. rép. 87.*

72 Les Receveurs de la Taille ne se peuvent adresser aux plus apparens de la Collecte pour le tout , ni proceder par emprisonnement. Arrêts des 28. Mars 1576. & 11. Mars 1563. Cependant quand il est question de l'execution de chose jugée, *in odium contu-*

R iij

macia, & qu'il n'y a Syndic ni Marguillier, ni Echevins solvables, on se prend au premier. *Papon, li. 5. tit. 11. n. 37.*

73. Pendant l'Instance de la Requête civile les Arrêts sont executez moyennant caution. Le Stile du Parlement est en cela conforme au Droit commun, ni l'erreur, ni la nullité évidente, ne peuvent empêcher l'execution, si ce n'est que la nullité procede *ex defectu Jurisdictionis*. Jugé au Parlement de Grenoble dans une Cause évoquée du Parlement d'Aix. *Voyez Guy Pape, quest. 184. & 410. & Chorier en sa Jurisprudence du même Auteur p. 339.*

74. Les Sentences renduës par des Hauts Justiciers hors leur territoire sont nulles. Jugé contre le Sénéchal de Saint Gervais, de Fontaine le Bourg, & de la Haye Malherbe, suivant les Arrêts rapportez par Maître Josias Berault ; Il n'y a que le Roy qui puisse executer par tout pour ses Droits ; & par Arrêt du 27. Janvier 1622. pour Morant contre le Sr Normandet, on cassa l'execution faite d'une chaudiere pour le payement d'un treizième hors le fief, bien que Morant debiteur eût saisi volontairement le Prévôt de cette chaudiere. *V. Basnage, titre de Jurisdiction, art. 30.*

75. Execution d'une Sentence appartient au Prévôt qui la renduë, & la saisie réelle faite en consequence doit être rapportée en son Siege, & non du Sénéchal, quoique les heritages soient situez en differentes Jurisdictions. *Bardet, to. 2. li. 2. ch. 46.* rapporte l'Arrêt du Parl. de Paris du 27. Juin 1633. en forme de Reglement pour les Officiers de la Ville du Mans.

76. Il est défendu aux Sergens d'executer aucuns Jugemens étrangers, sans prendre un *Pareatis* du Parlement. Arrêt du Parlement de Grenoble du 27. Janvier 1649. *V. Basset, to. 1. li. 2. tit. 20. ch. 1.*

77. Le Contrat ou Jugement qui étoit executoire contre le défunt, l'est aussi contre l'heritier ; tant sur les biens de la succession que sur ceux dudit heritier, sans qu'il soit besoin d'agir contre luy pour faire déclarer lesdits Contrats & Jugemens executoires. Arrêté du Parlement de Roüen les Chambres assemblées du 6. Avril 1666. *art. 129. V. Basnage, tome 1. à la fin.*

78. Par l'Arrêt du Conseil Privé donné au Rapport de M. Dugué, le 12. Decembre 1679. il est défendu aux Huissiers du Grand Conseil de mettre à execution les Ordonnances mises au pied des Requêtes qui seront presentées au Grand Conseil, si elles ne sont expediées au Greffe, ni les Arrêts du Grand Conseil qui ne seront point scellez hors de la Ville où ledit Grand Conseil tiendra sa seance, à peine de 1500. l. d'amende & d'interdiction. *Bernier sur l'art. 14. du tit. 2. de l'Ordonnance de 1667.*

79. Sentences de l'Official de Cambray, en qualité de Juge ordinaire du Pays de Cambresis, peuvent être mises à execution, soit par *Pareatis* de la Chancellerie prés la Cour, soit par la voye du Juge domiciliaire de la Partie condamnée. Jugé au Parlement de Tournay le 19. Novembre 1699. *Voyez M. Pinault, to. 2. Arrêt 276.*

EXECUTIONS TESTAMENTAIRES.

80. Voyez cy-aprés au 3. tome de ce Recüeil le mot *Testament*.

Executeur Testamentaire, appellé par Chopin en son traité de la Police Ecclesiastique, liv. 2. tit. 5. n. 18. *Curator testamentarius ; & au liv. 3. tit. 5. n. 25. Supremorum mandatorum procurator.*

De Executoribus Testamentorum. C. 1. Man. Comn. 1. De Executorib. ultima. volunt. Voyez le traité fait *Per Joannem Oldendorpium.*

Executeurs testamentaires. *Voyez* hoc verbo le *Glossaire du Droit François*, & la Bibliotheque du Droit François par *Bouchel*, verbo *Testamens*, où il rapporte les dispositions de toutes les Coûtumes à leur égard.

Des Executions testamentaires. *Voyez Papon, liv. 20. tit. 9. Ricard, Traité des Donations, part. 2. ch. 1. & suivans, les Opuscules de Loysel page 126. & les Arrêtez de M. le Premier Président de Lamoignon recüeillis dans Auzanet sur le titre des Testamens, p. 366. & sur l'art. 297. de la Coûtume de Paris.* De l'execution des Testamens & Executeurs testamentaires. Execution d'une disposition commise à l'heritier. *Voyez le 3. tome des Loix Civiles, li. 3. tit. 1. section 11.*

81. Si les Executeurs testamentaires peuvent sans appeller l'heritier payer tous les legs, & les dettes. *V. Coquille, to. 2. quest. 229.* il observe qu'il est plus sour d'appeller l'heritier.

82. Executeur testamentaire saisi des meubles. *Voyez Bouvot, to. 2. verbo Testament, quest. 10. & cy-aprés le nombre 121.*

83. La charge est pure volontaire, & l'executeur ne peut être contraint de l'accepter comme un tuteur, il n'a aucun droit d'hypoteque sur les biens du défunt pour le payement de ce qui luy est dû par le reliqua de son compte. *Bacquet, Droit de bâtardise ch. 7. n. 11.* où il dit qu'il n'y a point d'hypoteque legale sur les biens d'un executeur testamentaire.

84. Si l'executeur est mineur, il n'est tenu de bailler caution aux heritiers, si fait bien aux creanciers. *Bacquet, ibidem chap. 7. n. 14. & n. 21.*

85. *Executor testamentarius an testis isse possit in testamento ? Voyez Stockmans. decis. 7.* il distingue entre les executeurs universels *qui loco hæredum sunt*, & ne peuvent être témoins, *secus* des executeurs particuliers *qui nudi ministri sunt*.

86. L'executeur testamentaire qui ne profite rien du testament y peut être témoin. *Ricard, des Donations entre-vifs 1. part. chap. 3. sect. 10. nomb. 553.*

87. *Mortuo executore testamenti, officium ejus non transit in hæredem. Gloss. chap. 2. de testament.* in verbo *mortuo*. L'execution du testament ne peut être subdeleguée à un autre par l'executeur. *Chopin, Coûtume de Paris, livre 2. tit. 7. n. 4.*

88. L'executeur testamentaire peut librement renoncer au Greffe du Châtelet, ou pardevant deux Notaires, & faire signifier sa renonciation à ses coexecuteurs & heritiers du défunt ; il peut demander salaires, & n'est tenu de bailler caution non plus que le tuteur s'il n'y a juste occasion. *Bacquet, Droit de bâtardise chap. 7. n. 12.*

89. L'executeur testamentaire ne peut vendre l'immeuble d'un mineur, & s'il le fait, le mineur y rentrera sans restitution de deniers. *Charondas, livre 3. Rep. 65.*

90. Executeurs testamentaires doivent avant toutes choses faire inventaire, à peine d'être déboutez de leur execution. Arrêt du Parlement de Paris de l'an 1385. *Papon, li. 20. tit. 9. n. 1.*

91. *Executoribus Episcopi Remensis prius immediatè Episcopi Antissiodorens. nomine domini Federici Cassinet, fuit data delatio consilii, contra Episcopum Antissiodorens. petentem & requirentem ab ipsis executoribus reparationes fieri in domibus & hæreditagiis Episcopatûs Antissiodorens. cujus fuerat Episcopus dictus Federicus ; nam morbo alieno laborabat. Ann. 1391. Joan. Gal. quest. 217.*

92. Si lors de l'ouverture du testament les executeurs sont morts, absens ou malades, on peut nommer d'autres en pareil nombre. Arrêt du Parlement de Paris du 21. Octobre 1422. pour l'execution du testament du Roy Charles VI. *Papon, livre 20. titre 9. nomb. 6.*

93. Executeurs testamentaires chargez de distribuer quelques sommes aux pauvres en sont crus à leur serment, pourvû qu'ils n'ayent aucun interêt en la chose, & qu'ils soient de bonne vie. Arrêt du Parlement de Grenoble de l'an 1461. *Ibidem, n. 8.*

94. Procez entre les heritiers & les executeurs. Arrêt qui ordonne que le Testament aura effet sans dé-

EXE   EXE   135

pens; au chapitre du compte les Executeurs ont couché les dépens, les heritiers opposent l'Arrêt, les Executeurs difent qu'il ne feroit pas jufte qu'ils euffent plaidé à leurs dépens. Arrêt du 14. Août 1500. qui alloüe les dépens. *Charondas, liv. 4. Rép. 49.*

95   Par Arrêt du 26. Avril 1535. un Prêtre nommé Executeur du Teftament d'un autre Prêtre, fut renvoyé aux Requêtes; il foûtenoit que la connoiffance en appartenoit au Juge d'Eglife. *Bibliotheque de Bouchel*, verbo *Execution*.

96   L'Executeur teftamentaire ne fe peut payer de ce qui luy eft dû par le défunt, mais il doit en faire la demande aux heritiers. Arrêt du Parlement de Paris du 5. May 1536. *Papon, liv. 20. tit. 9. n. 1.*

97   Quand deux Executeurs fe trouvent differens fur l'execution de la volonté du Teftateur, celle qui approche le plus de l'intention du défunt doit être prife ou des mots du Teftament, ou de la Coûtume du Teftateur. Arrêt du Parlement de Paris du 15. Avril 1548. *Ibidem, n. 7.*

98   Par Arrêt du 12. Janvier 1555. rapporté par *Tronçon fur la Coûtume de Paris, art. 297. in verbo, l'an & jour,* il a été jugé que l'an pour l'Executeur teftamentaire eft utile, & ne doit courir contre celuy qui eft empêché à l'execution du Teftament.

99   Legs pitoyable doit être provifoirement payé par l'Executeur, nonobftant la conteftation d'entre les heritiers. Arrêt du Parlement de Paris du mois de Février 1575. pour l'execution du Teftament de l'Evêque de S. Flour. *Papon, li. 20. tit. 9. n. 10.*

100   On peut nommer une perfonne pour Executeur teftamentaire & la défigner par fa qualité, mais il faut que l'affignation en foit faite en une qualité approuvée dans le public, autrement la nomination en feroit nulle, ainfi le Parlement de Paris par Arrêt du 8. Avril 1647. improuva cette raifon la nomination que M. Gaufre lors de fon décés Prêtre d'une infigne pieté, & auparavant Maître des Comptes, avoit faite pour l'execution de fon Teftament des Superieurs de la grande Confrairie du Saint Sacrement & de la Congregation de Nôtre-Dame, établie au Convent des Jefuites, enfemble du fucceffeur du Pere Bernard. *Ricard, des Donat. part. 2. ch. 2. n. 69.*

101   *Aliis alios teftamentorum Curatores, ex causâ fubftitui poffe. V. Luc. lib. 8. tit. 7.*

102   Arrêt du Parlem. de Provence du 29. Avril 1641. qui a jugé que l'Executeur teftamentaire peut fubroger après luy. *Boniface, to. 2, li. 2. tit. 1. ch. 3.*

103   L'année de l'execution teftamentaire ne commence que du jour de la confirmation du Teftament. Arrêt du Parlement de Paris du 5. May 1665. *Ricard, des Donations, part. 2. ch. 2. gloff. 3. n. 74.*

104   L'Executeur du Teftament peut valablement délivrer une chofe mobiliaire aux legataires fans autorité de Juftice; *Secus*, és chofes immeubles. L'an de l'Executeur ne commence à courir que du jour que les meubles luy ont été baillez, en haine de l'heritier qui les avoit retenus de fon autorité privée. *Chopin, Coûtume de Paris, liv. 2. tit. 4. n. 20.*

105   Un Executeur teftamentaire qui neglige d'accomplir de fon vivant l'execution dont il étoit chargé, ne tranfmet point *ipso jure* ce foin ou cet honneur à fon heritier, du moins avec faculté arbitraire de faire telles fondations qu'il voudroit. En ce cas les Juges comme protecteurs des caufes pies doivent veiller par les Miniftres des pauvres, à ce que les pieufes fondations foient executées fuivant l'intention des Teftateurs. Par Arrêt du Parlement de Tournay du 14. Juin 1697. pour les Oeconomes generaux de la Bourfe commune des pauvres de Lille, il fut ordonné après partage que l'Intimé fourniroit un Inventaire des biens du Teftateur & l'état des legats qu'il pouvoit avoir executez, pour iceux contredits par les Appellans être arbitré par la Cour ce que de raifon. *Voyez M. Pinault, to. 2. Arr. 160.*

106   Un fils Executeur teftamentaire de fon pere n'eft pas competent de foûtenir les actions d'une maifon mortuaire abandonnée, il faut y établir Curateur. Jugé au Parlement de Tournay le 31. Juillet 1697. *Ibidem, Arrêt 179.*

107   Un Chapitre Royal chargé par un Teftament comme Executeur de faire employ & recette d'une fomme à mettre pour un bien public, & ayant pour cela une fomme de deniers par an pour fes peines, lors qu'il a accepté cette charge, eft tenu de faire un bon employ des deniers; & s'il arrive que la Partie publique le quitte de fon employ & recette, moyennant une fomme en fond de rentes dudit employ pour mettre à execution le Teftament, & qu'il luy quitte le furplus, ce même furplus tant qu'il en a, eft garant naturel & réel de la folvabilité des rentes & du fond que le Chapitre donne, encore qu'il n'en foit rien convenu. La décharge accordée du maniement & adminiftration n'emporte point une décharge de ladite garantie naturelle.

Des Maire & Echevins fans procuration fpeciale ni ratification, ne peuvent accorder une valable décharge de cette garantie par un Acte pofterieur. Leur Communauté & d'autres Villes & Paroiffes intereffées dans cette décharge, n'ont pas befoin de prendre des Lettres de refcifion contre l'Acte, il fuffit qu'ils demandent qu'il foit déclaré nul.

Ces mêmes Maire & Echevins ne peuvent pas neanmoins fous prétexte de dol être pourfuivis perfonnellement par la Communauté des habitans, & il n'y auroit que le Chapitre qui auroit action contre eux, s'ils luy avoient promis de faire ratifier leur décharge. Arrêt du Parlement de Paris du 17. Juin 1698. *Journal des Audiences, to. 5. liv. 14. ch. 7.*

108   Les Executeurs qui ne s'acquittent pas de leurs charges, ni de la volonté du défunt, ne font privables du legs qui leur a été fait, mais ils doivent être condamnez en une fomme pecuniaire qui fouvent excede le legs. *Mornac l. 12. §. funus ff. de religiofis, &c. Voyez Ricard, des Donations entre-vifs. 3. part. chap. 3. fect. 11. nomb. 589. & fect. 16. nomb. 765.* Bacquet, *Droit de bâtardife, chap. 7. n. 10.* dit que le legs luy doit être refufé, & qu'il n'accroît pas aux autres Executeurs.

109   La nomination des Executeurs dans un Teftament n'eft pas de l'effence du Teftament, & les legataires ne peuvent pas demander qu'il en foit établi d'office par le Juge, ils peuvent faifir les effets mobiliers pour fureté de leurs legs, mais fi les Executeurs refufent, le Juge en peut fubroger en leurs places, & ne peut l'Executeur en fubdeleguer un autre. *Ricard, des Donations entre-vifs. 2. part. chap. 2. glofe 1.*

COMPTE DE L'EXECUTION TESTAMENTAIRE.

110   Executeurs teftamentaires avoient l'option de rendre leur Compte pardevant le Juge Ecclefiaftique ou Temporel, pourvû qu'il fût Juge ordinaire du lieu. Arrêt du Parlement de Paris du premier Mars 1401. *Papon, liv. 20. tit. 9. n. 9.*

111   Un Avocat étoit Executeur teftamentaire avec un heritier. Un legataire affigne l'Avocat, il répond que l'heritier a tout geré, & en effet celui-ci prefente fon compte. Arrêt du dernier Juillet 1570. qui décharge l'Avocat de la pourfuite faite contre luy par le legataire, ordonne que l'heritier rendra compte, & qu'il y comprendra le legs. *Bibliotheque de Bouchel*, verbo *Execution teftamentaire*.

112   Un Executeur teftamentaire ne peut pas demander récompenfe des peines qu'il a prifes pour faire executer les dernieres volontez de fon ami, il luy doit ce fervice en reconnoiffance de l'honneur qu'il luy a fait; mais s'il a fait des frais, il n'eft pas exclus de les mettre en compte. Jugé au Parlement de Roüen le 28. Mars 1637. entre le Sieur Marquis de Bourry & Jean Gilles. *Bafnage, fur la Coût. de Normandie, art. 430.*

113 Un Executeur testamentaire ne peut être condamné par corps pour raison des deniers qui luy avoient été mis és mains pour payer les legs, & dont il retenoit Partie. Arrêt du Parlement de Paris du 8. Août 1673. *De la Guessiere*, to. 3. liv. 7. ch. 16.

114 L'executeur testamentaire peut être contraint par corps pour le reliqua du compte *propter contumaciam*, & ce après les quatre mois. *Voyez* Papon, livre 20. tit. 9. n. 10.

FEMME NOMMÉE EXECUTRICE.

115 Un homme après avoir fait quelques legs particuliers remet le résidu de tous ses biens à la disposition de sa femme, à qui il dit avoir fait entendre sa volonté, la faisant executrice de son testament, les heritiers s'y opposerent. Arrêt du Parlement de Paris de l'an 1386. qui déclare telle disposition valable. Papon, li. 20. tit. 9. n. 10.

116 La femme autorisée par son mary peut être executrice, & non en Justice à son refus. *Secus*, du Religieux. *Tronçon Coûtume de Paris*, article 297. *circa finem*. Ricard, *des Donations entre-vifs* 2. part. ch. 2. glos. 1. n. 67. Bacquet, *Droit de bâtardise* chap. 7. n. 20. & n. 33 dit que les Religieux peuvent être executeurs testamentaires, avec la licence de leur Superieur ; ce qui n'est pas admis en pays Coûtumier. *Voyez* Peleus, quest. 31.

117 Arrêt du 4. Janvier 1590. rapporté par *Peleus*, chap. 31. de ses questions illustres, par lequel il fut jugé que la nomination d'une femme mariée pour executrice testamentaire étoit legitime ; cela ne reçoit plus presentement de difficulté.

118 Une femme nommée executrice du testament de son mary, en convolant en secondes nôces, ne perd pas l'execution testamentaire, comme elle fait la tutelle, c'est la doctrine de Bartole, *in l. à filio D. de alim. leg.* que Balde a suivie, *in auth. eisdem pœnis. C. de sec. nupt.* Biblioth. de Bouchel, *verbo* Executions.

EXECUTIONS TESTAMENTAIRES, RELIGIEUX.

119 Les Religieux Mendians ne peuvent point être executeurs testamentaires. *Voyez les definit. Can.* verbo *Mantians*, pag. 465.

120 Quoique le Chapitre *religiosus ext. de testam.* dise qu'un Religieux ne peut être executeur testamentaire, cela ne s'entend que des Religieux cloitrez qui vivent sous l'observation d'une Regle étroite. *Secus enim est*, dit la Glose sur le chapitre *de non claustralibus qui habent velle & nolle*. Il a même été jugé qu'un Religieux de cette derniere espece, chargé par une sœur d'élire pour heritier un de ses enfans, avoit pû faire une nomination valable en la cause de Villa & la Baume habitans de Beziers. Arrêt du Parlement de Toulouse du 3. Septembre 1663. M. de Catellan, liv. 2. chap. 11.

Voyez cy-après verbo *Religieux*.

EXECUTEURS TESTAMENTAIRES SAISIS.

Voyez cy-dessus le nombre 82.

121 Testament, executeurs testamentaires sont saisis, durant l'an & jour du trépas du défunt, de ses biens meubles pour l'accomplissement de son testament, si le testateur n'avoit ordonné que ses executeurs seroient saisis d'une somme certaine seulement. L'executeur est tenu de faire inventaire en diligence, sitôt que le testament est venu à sa connoissance, l'heritier présomptif present ou dûëment appellé. *Coûtume de Paris*, art. 297. *Voyez* Ricard, *des Donations entre-vifs* 2. part. chap. 2. Glos. 3. & si les heritiers se sont emparez des meubles, l'executeur ne pourra former complainte, mais il demandera que les heritiers soient condamnez à le saisir, & mettre en ses mains tous les meubles, &c. Bacquet, *Droits de bâtardise*, chap. 7. n. 4.

122 L'executeur testamentaire ne doit être saisi que des meubles pendant l'an ; & l'heritier n'est saisi que des immeubles. Arrêt du Parlement de Paris du premier Septembre 1377. qui déclare non recevable l'heritier complaignant dans l'an de la mort pour les meubles, & l'executeur non recevable opposant pour les immeubles. Papon, li. 20. tit. 9. n. 4.

123 L'executeur est saisi de tous les meubles pour l'execution du testament, tant és choses pitoyables, qu'autres ; ainsi jugé. *Ibidem*, n. 5.

124 L'executeur testamentaire n'ayant meubles suffisans pour payer les legs pitoyables, peut vendre les immeubles. Arrêt du 23. Juin 1515. mais il faut la permission du Juge. *Ibidem* tit. 6. n. 9.

125 Par Arrêt du 17. Février 1350. jugé que pendant le procez d'entre les parens prétendans le testament nul d'une part, & l'executeur le soûtenant bon, doit être fait provision sur les meubles à l'executeur pour la poursuite du procez, & pour le payement des legs *in piam causam*, & aussi faite aux serviteurs pour leurs salaires, pourvû que le testament n'ait vice visible. *Biblioth de Bouchel*, verbo *Provision*.

126 Si l'execution d'un testament ne gît qu'en une somme, comme par exemple, de cinq cens écus, & que les meubles & acquêts soient de valeur de mille ou deux mille écus, l'executeur sera-t-il saisi de tous les meubles & acquêts ? Oüy, s'il n'est dit le contraire par le testament ou par la Coûtume ; *quia indefinita æquipollet universali. L. si pluribus hæredibus D. de Leg. 2. L. si necessaria, D. de pign. actio.* Et la Biblioth. de Bouchel, verbo Execution.

127 Par plusieurs Arrêts donnez pendant les années 1596. & 1597. en la succession de la Princesse de la Roche-sur Yon, il a été dit que le sieur de la Magnane executeur testamentaire demeureroit saisi jusqu'à l'entier accomplissement du testament, suivant la volonté de la testatrice. *Ibidem*.

128 Si le revenu des immeubles qui échéent pendant l'année de l'execution testamentaire est compris dans les meubles donnez ? On répond communement pour l'affirmation, en consequence d'un Arrêt intervenu le 11. Février 1616. plaidans la Martilliere & Galand, entre M. Vion Maître des Comptes, & le sieur des Cordes ; mais il y a grande apparence qu'il ne s'agissoit au cas de cet Arrêt que du revenu des immeubles échus avant le decez du testateur, ou qu'il a été donné sur le particulier, vû qu'autrement il seroit contraire au texte de l'article 297. de la Coûtume de Paris qui ne comprend autre chose que ce qui étoit meuble lors du decez, & nous ne revoquons pas en doute que les fruits d'un immeuble attachez & inherens au fonds n'appartiennent, & ne soient mis au rang des immeubles, ou bien il se pourroit même faire qu'au cas de cet Arrêt les meubles de la succession n'étoient pas suffisans pour executer le testament. Ricard, *des Donations* part. 2. chap. 2. n. 77.

129 L'an de l'execution testamentaire est utile, & ne commence à courir que du jour que l'executeur a été saisi ; l'executeur doit faire signifier à l'heritier jour, le lieu & l'heure de la vente des meubles ; & s'il ne s'y trouve le premier jour, iterative signification, & en son absence proceder à la vente des meubles ; la confection d'inventaire ne peut être remise par le testateur à l'executeur, ni au tuteur. *Bacquet, Droit de bâtardise*, chap. 7 nomb. 15. 16. & 17.

EXECUTOIRE.

1 IL y a Arrêt & Ordonnance de la Cour, la Grand'-Chambre & la Tournelle assemblées le 9. Juin au Parlement de la saint Martin 1525. par lequel il est dit que d'orénavant quand quelqu'un sera ajourné pour voir contre luy un Arrêt déclarer executoire, s'il ne comparoit, le défaut emporte profit, sçavoir, que le défaillant sera déclaré heritier simple en la cause seulement, & l'Arrêt déclaré contre luy executoire sans y avoir ajournement. *Bibliotheque de Bouchel*, verbo *Execution*.

2 Ce qui est executoire contre le débiteur ne peut
l'être

EXE EXE 137

l'être contre l'heritier qu'auparavant il n'y ait eu jugement qui le déclare. Arrêt du premier Février 1563. Papon li. 18. tit. 5. n. 2.

3 Si le payement des épices se poursuit par executoire ou par requête seulement ? *Voyez* le mot Epices nombr. 21. & suiv.

4 Lieutenant Criminel ne doit décerner executoire contre l'accusé pour les frais de l'instruction, ni contre la partie civile qui s'est désistée de l'accusation. Arrêt du Parlement de Paris du 4. Decembre 1630. qui condamne le Lieutenant criminel de Loudun à rendre ce qu'il avoit reçu des accusez, avec défenses de rien prendre à l'avenir à peine d'amende arbitraire. *Bardet*, tome 1. li. 3. ch. 132.

5 Officiers ne doivent prendre aucuns émolumens des procez, où le Procureur du Roy est seule partie, quoique le domaine soit engagé. Jugé le 4. May 1633. L'Arrêt condamna à la restitution des sommes reçûës, fit défenses aux Présidiaux de Melun de plus décerner tels executoires, à peine d'en répondre en leur propre & privé nom. *Bardet*, tome 2. li. 2. chap. 31.

6 Les Prévôts des Maréchaux, ni ses Lieutenans ne peuvent décerner executoire pour leurs vacations, ni ajuger confiscations à autres qu'au Roy. Par Arrêt du Parlement de Bretagne du 27. Février 1636. le Prévôt des Maréchaux au Comté Nantois fut déclaré bien intimé & pris à partie. *Voyez Frain*, p. 815. il observe que les Prévôts ne peuvent aussi prendre leurs salaires sur les biens de ceux qu'ils apprehendent.

7 Arrêt du Conseil d'Etat du Roy du 4. Octobre 1672. portant reglement pour les frais de la conduite des prisonniers pour l'execution des Arrêts où le Procureur General de sa Majesté, ou ses Substituts seront seuls parties; il est ordonné que la taxe des Huissiers ou autres conducteurs ne pourra être faite par les Conseillers des Parlemens & autres ses Cours, que sur les conclusions desdits Procureurs Generaux & ses Substituts; que les executoires contiendront la distance des lieux, & quantité des journées, à raison de huit lieuës en hyver, & dix en Eté, pour chacun desquels sera taxé 14. livres; lesquels executoires signez d'un Conseiller desdites Cours, & du Procureur General, ou de ses Substituts qu'il aura commis à cet effet, seront payez par les Fermiers Generaux des Domaines de sa Majesté, ou leurs Sous-Fermiers. *Voyez* le Recüeil du Domaine, page 326.

8 Il est important d'observer la disposition des articles 16. & 17. du titre 25. de l'Ordonnance de 1670. *Les Juges pourront décerner executoire contre la partie civile s'il y en a, pour les frais necessaires à l'instruction des procez, & à l'execution des Jugemens, sans pouvoir neanmoins y comprendre leurs épices, droits & vacations, ni les droits & salaires des Greffiers.*

S'il n'y a point de partie civile, ou qu'elle ne puisse satisfaire aux executoires, les Juges en décerneront d'autres contre les Receveurs de nôtre Domaine, où il ne sera point engagé, qui acquitteront du fonds par nous destiné à cet effet. Si nôtre Domaine est engagé, les Engagistes, leurs Receveurs & Fermiers seront contraints de payement, même au dessus du fonds destiné pour les frais de Justice, & dans la justice des Seigneurs, eux, leurs Receveurs & Fermiers seront pareillement contraints, & les executoires executez par provision, & nonobstant l'appel contre les Receveurs ou Engagistes de nos Domaines, & les Seigneurs, sauf leur recours contre la partie civile, s'il y en a. Voyez le Commentaire de M. Philippes Bornier sur ces deux articles.

9 Arrêt du Conseil d'Etat du Roy sa Majesté y étant du 26. Octobre 1683. portant que les frais pour l'instruction des procez criminels, & executions des jugemens qui interviendront sur iceux, auxquels il n'y aura point de partie civile, & dont sa Majesté est tenuë, seront pris sur le revenu de ses Domaines, *Tome II.*

& payez par les Fermiers d'iceux, & qui regle les nourritures & frais de voitures des Juges & Officiers, & autres dépens qui doivent être compris dans les executoires. *Voyez le Recüeil du Domaine p. 636.*

10 Le 25. Novembre 1683. sa Majesté étant en son Conseil, expliquant l'Arrêt du Conseil du 26. Octobre dernier, a ordonné qu'il ne pourra être délivré executoire aux Juges pour les frais de l'instruction des procez criminels & executions des Jugemens qui interviendront sur iceux ausquels il n'y aura point de partie civile, & dont sa Majesté est tenuë, que lors qu'il s'agira question de la punition des meurtres, viols, incendies, vols de grand chemin, & autres crimes de cette nature sans qu'il puisse être expedié aucuns executoires pour les frais qui seroient à faire pour les cas qui ne seroient pas de la qualité susdite, & sera au surplus ledit Arrêt du 26. Octobre dernier executé selon sa forme & teneur. *Voyez les Edits & Arrêts recüeillis par l'ordre de M. le Chancelier en 1687.*

11 Arrêt du Conseil d'Etat du Roy sa Majesté y étant du 5. May 1685. qui ordonne en ajoûtant aux Arrêts des 26. Octobre & 25. Novembre 1683. que les frais qu'il conviendra faire pour l'instruction des procez criminels où il n'y aura point de partie, & dont sa Majesté est tenuë, lesquels seront faits par le Prévôt des Maréchaux & Officiers de Robe Courte, & pour l'execution des Jugemens qui interviendront, seront pris sur le revenu des Domaines de sa Majesté, &c. *Voyez le Recüeil du Domaine p. 718.*

12 Declaration du Roy du 12. Juillet 1687. portant reglement pour le payement des executoires des frais de Justice, conduites ou translations des prisonniers, & autres charges sur les Domaines. *Maréchaussée de France p. 1042.*

13 Arrêt du Conseil d'Etat du Roy du 29. Septembre 1693. pour le payement des frais de Justice dont les executoires seront pris sur le Domaine, & passez dans les comptes des Receveurs Generaux sans être mis en souffrance. *Ibidem p. 1103.*

14 Arrêt du Conseil du 23. Octobre 1694. qui regle le payement des executoires pour frais de Justice dont sa Majesté est tenuë, seront payez sur le champ & sans attendre qu'ils ayent été visez, à la charge par les Fermiers du Domaine de les faire viser dans trois mois après le payement; défenses de comprendre dans les executoires plus grandes sommes que celles portées par les Arrêts. *Ibidem, p. 1116.*

15 On ne peut agir par exécution en vertu d'un executorial suranné. Arrêt du Parlement de Tournay du 10. Janvier 1697. rapporté par *M. Pinault*, tome 1. Arr. 136.

EXEMPTION.

Cette matiere est fort étenduë, & concerne les exemptions des impôts, tailles, tributs accordées soit au Clergé, à la Noblesse, & aux Officiers du Roy & de Judicature, & aux Officiers municipaux des Villes.

Aprés avoir examiné les Privileges qui procurent ces sortes d'exemptions, on parlera des Abbayes, Chapitres & Monasteres qui prétendent être exempts de la Jurisdiction des Ordinaires, Evêques, Archevêques, Metropolitains, & Primats.

EXEMPTION, IMPOST.
Exemption. Exempt.... *Vacatio. Excusatio. Immunitas.*

Il est traité des exemptions & des Exempts, c'est-à-dire, de ceux qui ne sont pas sujets aux Charges publiques, dans le Liv. 50. du Digeste, tit. 4. & suivans. Et dans le Liv. 10. du Code, depuis le titre 40. jusqu'au 70.

De vacatione & excusatione, munerum. D. 50. 5....
Exemption des charges publiques.
De publicatione publici muneris. C. 10. 45.
De excusationibus munerum. C. 10. 47.

S

De his qui à Principe vacationem acceperunt. C. 10. 44. .. Lettres d'exemption.
De jure Immunitatis. D. 50. 6.
Quemadmodum munera civilia indicuntur. C. 10. 42... *C. Th.* 12. 5.
De decretis ab ordine faciendis. D. 50. 9.
De decretis Decurionum super Immunitate quibusdam concedendâ. C. 10. 46.
De quibus muneribus vel præstationibus nemini liceat se excusare? C. 10. 48.
Qui ætate, vel professione se excusant. C. 10. 49.
Qui morbo se excusant. C. 10. 50.
De his qui numero liberorum, vel paupertate, excusationem meruerunt. C. 10. 51. ... *C. Th.* 12. 17.
De Professoribus, & Medicis. C. 10. 52... *C. Th.* 13. 3.
De Athletis. C. 10. 53. .. Ils étoient exempts des charges publiques, quand ils avoient été couronnez trois fois.
De his qui, non impletis stipendiis, Sacramento soluti sunt. C. 10. 54. .. Des Soldats congédiez avant la fin du service : en quels cas ils sont exempts des charges publiques.
Quibus muneribus excusentur hi qui, post impletam militiam, vel Advocationem, per provincias suis commodis vacantes, commorantur ; de Privilegiis eorum : Et de conductoribus vectigalium fisci. C. 10. 55... Exemptions & Priviléges des Soldats, & des Avocats anciens, & des Fermiers publics.
De Libertinis. C. 10. 56. Les Affranchis ne sont pas exempts des charges.
De Infamibus. C. 10. 57. Les personnes notées d'infamie sont incapables des dignitez, mais ne sont pas exemptes des charges publiques.
De excusationibus artificum. C. 10. 64. ... *C. Th.* 13. 4... Exemptions & Priviléges des excellens Ouvriers, & de leurs Apprentifs. *Voyez* Corps des métiers, Ouvriers.
De sumptuum recuperatione. C. 10. 67. Celuy qui est nommé à une charge publique, nonobstant son exemption évidente & légitime, gagne ses dépens contre le Nominateur.
De immunitate nemini concedendâ. C. 10. 25. ... *C. Th.* 11. 12. Personne ne doit être exempt des Tributs publics.
Ut nemini liceat in emptione specierum se excusare : & de munere Sitocomiæ. C. 10. 27. .. *Voyez* Blé.
Qui à præbitione Tironum & Equorum excusentur. C. Th. 11. 18. ... De ceux qui étoient exempts de fournir des Soldats de milice, & des chevaux pour la guerre.
Voyez les mots *Charges, Priviléges, Tutelles.*
Des Exemptions des diverses sortes de contributions ; des Exemptions qui passent ou ne passent point aux heritiers & qui se bornent à la personne des descendans. *V.* le 4. tome des Loix Civiles, liv. 1. tit. 5. sect. 7.

1 Exempts & non exempts des Tailles, Impôts & Subsides. *Voyez* Papon, liv. 5. tit. 11. & cy-aprés le nomb. 101. & suiv.

2 Quant aux exemptions de certains droits, elles ne se bornent pas à n'en point payer des choses necessaires à l'entretien de l'Exempt ; mais elles s'étendent à toutes celles dont il a besoin pour l'entretien de sa famille. Jugé au Parlement de Bourdeaux, que le Cardinal d'Albret étoit exempt de payer droit de péage pour ce qu'il falloit à toute sa Maison. *Ibidem* nombre 33.

3 *Immunitas à Gabellis an abusu, fraude, vel enormi damno perdatur ? item ut exemptionis privilegium valeat, quæ requiruntur ? Voyez* Franc. Marc. to. 1. quest. 528.

4 *Tallia, collecta, munera ordinaria sunt à quorum præstatione immunitas per Principem concessa liberat. Ibidem, to.* 2. quest. 102.

5 *Officiarii & legati an & pedagiorum, gabellarum, collectarum, & similia tributa præstationibus immunes sint? Ibidem, quest.* 425.

6 En 1281. jugé que les Marchands Ultramontains demeurans à Paris étoient taillables & contribuables à tous subsides survenans à la charge de la Ville de Paris, sans qu'ils soient reçûs à joüir des priviléges & franchises, à moins qu'ils n'y fussent mariez & eussent enfans. S'ils sont taillez & imposez dans leur pays, ils doivent icy joüir des priviléges. *Papon, liv.* 5. tit. 11. n. 32. où il observe que la Ville de Lyon contrevient journellement à cet Arrêt, en accordant indifferemment le droit de Bourgeoisie à ceux qui le demandent.

7 La Reine d'Angleterre & la Duchesse de Bourgogne prétendoient contre les habitans de la Rochelle des droits de formariages, nonobstant les priviléges, franchises & exemptions contenuës en leurs Chartres anciennes ; la Cour les déclare exempts par Arrêt du 12. May du Parlement 1324. *Aux Arrêts feuillet* 195. Corbin, *suite de Patronnage, chap.* 91.

8 Il n'y a personne de privilegié & exempt de tenir les ruës nettes ; les Reglemens doivent être executez nonobstant oppositions & sans préjudice d'icelles. Arrêt du Parlement de Paris du 23. Septembre 1476. *Papon, liv.* 6. tit. 1. n. 8.

9 Entre les Paroissiens de Machecoul & Jacques Musseau, Arrêt du Parlem. de Bretagne du 16. Mars 1560, qui ordonne que la Maison affranchie en la Ville de Machecoul sera bornée & confrontée, à ce que les contiguës & adjacentes ne puissent joüir du privilege. Ce qui ne s'étend à cabareter & vendre vin en détail. Arrêt du 20. Janvier 1615. *Du Fail, liv.* 2. *chap.* 130.

10 Par Arrêt du Parlement de Bretagne du 15. Mars 1562. les habitans de l'Isle de Brehal sont deboutez de leurs priviléges, par lesquels ils se disent exempts ; ordonné que nonobstant ils payeront le nouveau devoir imposé par les Etats, suivant la permission du Roy. *Ibidem, liv.* 3. *ch.* 39.

11 Les habitans de l'Isle de Brehal qui avoient Lettres d'exemption de tous devoirs, furent neanmoins imposez par les Officiers de S. Brieux, qui disoient avoir clause d'imposer exempts & non exempts. Les habitans répondoient que leur exemption avoit une cause durable & perpetuelle, sçavoir la garde de la côte. Arrêt du Parlement de Bretagne du 7. Octobre 1578. en leur faveur. *Ibidem, chap.* 398.

12 La Famille de Challo-Saint-Mas est privilegiée & exempte de toutes Aydes & Impositions : la connoissance en appartient aux Maîtres des Requêtes de l'Hôtel. Arrêt du 10. Juillet 1568. Bibliotheque de Bouchel, verbo *Exemptions.*

13 Jugé qu'un privilegié habitant est tenu de contribuer aux deniers levez pour la redemption de la Ville où il demeure, & à la garde de la Ville & fortification. Arrêt donné en la Cour des Aydes le 26. Avril 1581. rapporté par *le Vest.*

14 Matieres propres à faire verres, exemptes d'impositions. Arrêt du Parlement de Bretagne du 19. Février 1619. Frain, *p.* 238.

15 Le Comté du Charrolois & la Baronnie du Mont S. Vincent scis dans le Ressort du Parlem. de Bourgogne appartiennent aux Archiducs d'Autriche qui les tiennent en fief de la Couronne de France. Les Officiers Royaux de Charrolois faisant l'imposition sur les fiefs du Ressort y comprennent non Comté du Charrolois, dautant que les Comtes en Bourgogne en sont exempts, mais la Baronnie. Les Archiducs soûtiennent l'exemption, soit par leur qualité de Princes Souverains, soit par la nature du fief qu'ils disent être annexé au Comté. Arrêt du Parlement de Dijon du 1. Février 1616. en leur faveur, il est rapporté par *M.* de Xaintonge en ses Plaidoyers *p.* 304.

16 L'exemption des Monnoyers de Foüages & Tail-

EXE   EXE   139

les, s'entend pour leur propre seulement, & non à leur trafic & acquêts. Arrêt du Parlement de Bretagne du 25. Juin 1632. rapporté par *Frain* p. 745.

17   Arrêt du Parlement de Provence du 13. May 1639. qui a jugé que les quatre Mandians ne sont point exempts des impositions faites par les Communautez sur la farine, chair & poisson. *Boniface*, tome 2. part. 3. liv. 2. tit. 2. ch. 10.

EXEMPTION DES AVOCATS.

18   *Voyez* le mot *Avocats* nomb. 190. *& suiv.* le 10. Livre du Code, *tit.*55. & cy-après *les nomb.* 48. 52.

EXEMPTION, CHANOINES.

18 bis.   Doyen, Chanoines & Chapitre exempts de garnisons. Arrêt du Parlement de Paris du 4. Mars 1560. au profit du Chapitre de Sens. *Bibliotheque de Bouchel*, verbo *Garnisons.*

19   Les Chanoines de Chartres furent exempts de loger leur Gouverneur, par Arrêt du 21. Mars 1664. *Borjon*, to. 3. p. 55. & cy-après *le nomb.* 41.

20   Arrêt du Parlement de Provence du 3. Février 1672. qui a jugé que les Chanoines de l'Eglise de Pignans doivent payer les rêves ou impositions sur la chair. *Boniface*, to. 3. liv. 5. tit. 11. ch. 1.

Voyez cy-après *le nomb.*44.*& suiv.* où il sera parlé de l'exemption de la Jurisdiction Episcopale prétenduë par quelques Chapitres.

EXEMPTION, CLERCS.

21   Exemptions des Clercs. *Voyez* le mot *Clercs*, nomb. 29. *& suiv.* & le mot *Ecclesiastiques*, nomb.16.*& suiv.*

Immunitez, privileges & exemptions generales des personnes Ecclesiastiques & de leurs biens. *Voyez les Memoires du Clergé*, to. 3. part. 4. tit. 6. chap. 1. *Voyez Exempts.*

Exemptions de la Jurisdiction des Prévôts des Maréchaux, & de l'emprisonnement pour dettes. *Voyez Ibidem*, ch. 2.

Exemptions des Tailles, Cadastres, Tarifs, Subsistances, & d'autres semblables impositions. *Ibidem, chapitre.* 3.

Exemptions des Gabelles. *Ibidem*, ch. 4.

Exemptions des Aydes. *Ibidem*, ch. 5.

Exemptions des emprunts, subventions, deniers d'Octroy, & dettes communes des Villes. *Ibidem, chapitre* 6.

Exemptions des taxes & cottisations pour les aumônes. *Ibidem*, ch. 8.

Exemptions de rendre foy & hommage, aveux & dénombremens pour les biens Ecclesiastiques. *Voyez ibidem*, *chap.* 9.

Exemption de toutes recherches & taxes des francs-fiefs, nouveaux acquêts & amortissemens. *Ibidem*, chap. 10.

Revocation de plusieurs Edits, Declarations & Arrêts donnez au préjudice des immunitez, franchises & exemptions du Clergé ; où plusieurs desdites exemptions generales & particulieres sont confirmées. *Voyez ibidem*, *chap.* 11.

22   Les Clercs vivant clericalement sont exempts des Tailles & des subsides qui s'imposent sur le peuple, de même que les Nobles ; laquelle exemption a été étenduë aux Clercs étudians dans les Ecoles de Grammaires, par Arrêt de Grenoble publié le 4. Juillet 1455. le Reglement du mois d'Octobre 1639. ayant realisé la Taille du Dauphiné, a déclaré ceux qui en doivent être exempts, nul privilege n'y est conservé aux Ecclesiastiques par la seule consideration de leur caractere. *Jurisprudence de Guy Pape par Chorier* p. 19.

23   Les Clercs vivant clericalement sont exempts des Impôts qui se font sur le peuple, & les Nobles vivant noblement le sont aussi, même à l'égard des biens qu'ils ont acquis même des Roturiers, quand ils seroient cadastrez. Arrêt de Grenoble de l'an 1460. Il en seroit autrement si les Nobles s'étoient assujettis volontairement au payement de la Taille. *Voyez* Tome II.

Guy Pape en ses questions 38. *& suiv.* Le Reglement fait au Parlement de Grenoble en 1639. a mis des bornes à cette exemption qui n'en avoit point. Les Ecclesiastiques & les Nobles contribuent même à l'ustencile, surtaux, & autres frais des logemens de gens de guerre dans les lieux où ils ont des biens taillables, comme il a été jugé par Arrêt du Conseil du 8. Janvier 1678. *Voyez Ibidem*, *Chorier*, p. 116.

24   L'Immunité des Ecclesiastiques doit cesser en temps de necessité urgente. Arrêt rendu au Parlement de Paris au mois de Janvier 1593. qui ordonne que les Ecclesiastiques contribueront à l'entretenement des Garnisons des Villes où ils seront residens. *Le Bret*, *action* 2. où il cite un Arrêt du 18. May 1368. contre le Clergé de Lyon, un autre du 2. Mars 1552. contre l'Evêque & Chapitre de Mâcon, un troisiéme du 10. Juin 1378. pour les Consuls contre l'Evêque & Clergé de S. Flour.

EXEMPTION DE DISMES.

25   *Voyez* le mot *Dismes*, nomb. 188. *& suiv.*

EXEMPTION, DROITS SEIGNEURIAUX.

26   L'exemption des Droits Seigneuriaux sous la mouvance du Roy est privative à l'Ordre des Chevaliers du S. Esprit & aux Officiers de Chancellerie : Messieurs du Parlement ne l'ont plus. Quand ils en jouïssoient, il se presenta une belle question au Parlement de Rennes, sçavoir si les Ducs & Pairs en qualité de Conseillers du Parlement, & leurs veuves & heritiers étoient bien fondez à prétendre cette exemption. Arrêt du 21. Janvier 1555. en faveur du Fermier du Domaine contre les Ducs & Pairs. *Voyez Hevin sur Frain* p. 844.

27   Jugé par Arrêt du 18. Decembre 1668. rendu au profit du sieur Marquis d'O & Mesdames les Princesses de Carignan, que les Secretaires du Roy qui ont le privilege d'exemption de Droits Seigneuriaux, lors qu'ils acquierent des terres & heritages dans le Domaine du Roy, ne peuvent prétendre le droit d'exemption des mêmes droits contre un retrayant lignager, lors qu'ils sont dûs au Roy, ou aux Engagistes du Domaine. *Soefve*, tome 2. Cent. 4. ch. 27. il rapporte d'autres Arrêts anterieurs qui sont contraires.

Voyez cy-après lettre S. verbo *Secretaires du Roy.*

EXEMPTION, ENFANS.

28   De l'exemption que procure le nombre des enfans. *Voyez* le mot *Enfans*, nomb. 69. *& suiv.*

29   Par Arrêt du Parlement de Dijon du 19. Juin 1581. jugé que celuy qui par le nombre de douze enfans est exempt de payer la Taille, ne l'est pas de contribuer pour la défense des Communautez, *cum sit munus reale*. Bouvot, tome 2. verbo *Taille*, *quest.* 50.

30   Un pere qui a douze enfans, doit être exempt de la charge de Consul d'une Ville. Arrêt du Parlement de Provence du 6. Juillet 1685. *Boniface*, to. 4. liv. 10. tit. 2. chap. 13.

EXEMPTION, FOUAGE.

31   Celuy qui se disoit Noble étoit exempt par provision pendant le procez de satisfaire au Droit de Foüage. Arrêt du P. de Bretagne du 27. Mars 1555. Cette Jurisprudence n'est plus en usage, on condamne à payer sauf à repeter. *Du Fail*, liv. 2. *chapitre* 58.

32   Metayer demeurant en lieu noble est exempt du Foüage. Arrêts de Bretagne des 15. Mars & 22. Février 1560. *Ibidem*, chap. 132.

33   Archer du Prévôt des Maréchaux déclaré exempt du droit de Foüage de Saffré, par Arrêt du Parlement de Bretagne du 6. Mars 1570. à la charge qu'il mettra fumiers dans ses autres metairies qui seront contribuables. *Ibidem*, liv. 1. ch. 299.

34   Noble exempt de foüage & cottisations roturieres. Arrêt du Parlement de Bretagne du 17. Octobre 1576. *Ibidem*, liv. 2. chap. 536.

Voyez cy-après verbo *Foüage.*

S ij

EXEMPTION, FRANC-TAUPIN.

35 Par Edit de l'an 1566. Droit de Franc-taupin a été mis en vente par village, afin d'être exempt des charges communes & populaires, comme Tutelles, Collectes, &c. La Cour a improuvé tel trafic par Arrêt du 15. Juillet 1574. *Papon, liv. 1. tit. 1. n. 24.*

35 *bis.* En Dauphiné celuy qui a obtenu Lettres de Franc-Taupin est déchargé du logement personnel des gens de guerre, Tutelle, & Sequestre. Arrêt du Parlement de Grenoble du 27. May 1630. *Basset, to. 1. li. 3. tit. 2. chap. 15.*

EXEMPTION, GABELLES.

36 *Voyez cy-dessus les nomb. 3. 5. 21. & cy-après le nomb. 42. & le mot Gabelles.*

EXEMPTION, GARDE ET GUET.

37 *Voyez cy-après les nombres 40. 65. 131. & les mots Garde & Guet.*

EXEMPTION, HÔPITAUX.

38 Les Hôpitaux sont exempts de décimes, don gratuit, emprunts, & autres impositions, par l'Ordonnance de François premier du mois de Juillet 1544.

39 Sur l'immunité des Hôpitaux, & comment se doit entendre cette clause que l'on a coûtume de mettre aux Lettres de creation des nouveaux subsides, *ausquels seront contraints exempts & non exempts, privilegiez & non privilegiez?* Arrêt du mois de Decembre 1600. qui fit défenses de lever aucun subside sur les Hôpitaux, sinon qu'il fût permis par Lettres expresses du Roy & les Arrêts de la Cour. *Voyez la 26. Action de M. le Bret.*

40 Arrêt du Conseil d'Etat du 7. Mars 1681. portant décharge du dixiéme denier qui se leve en Provence en faveur des Maladeries & autres Hôpitaux réunis à l'Ordre de Nôtre Dame de Mont-Carmel & de S. Lazare de Jerusalem. *Boniface, tome 3. livre 7. tit. 9. chap. 3.*

EXEMPTION, HUITIE'ME DENIER.

41 Arrêt du Conseil d'Etat du 18. Juillet 1682. qui décharge du huitiéme denier les biens de l'Ordre de Nôtre-Dame de Mont-Carmel & de S. Lazare de Jerusalem possedez en arrentement, engagement & autrement par autres. *Ibidem.*

EXEMPTION, LOGEMENT.

42 Exemption du logement, subsistance & entretien des gens de guerre, du Ban & Arriereban, Garde & guet, des taxes & levées pour les fortifications, ponts & chaussées. *Voyez les Memo.res du Clergé, tome 3. part. 4. tit. 6. chap. 7.*

43 Si les Quêteurs pour la redemption des Captifs sont exempts du logement des gens de guerre? Arrêt du Parlement de Provence du 11. Mars 1678. qui pour certaines considerations ordonna que le logement tiendroit; l'on representoit que dans le Reglement fait par le Roy en 1651. le Quêteur n'étoit pas compris dans le nombre des personnes exemptes, & d'ailleurs que le nombre des gens de guerre étoit grand. *Boniface, to. 3. liv. 7. tit. 17. chap. 1.*

44 Autre Arrêt de Reglement du 28. Février 1679. qui décharge les Quêteurs pour la redemption des Esclaves du logement des gens de guerre. *Ibidem, chapitre 2.*

EXEMPTION, JURISDICTION DE L'EVESQUE.

44 *bis.* Touchant l'exemption de la Jurisdiction Episcopale & des autres droits Episcopaux. *Voyez les Me n. du Clergé, to. 1. part. 1 p. 10. & suiv. 878. & suiv. 944. & suiv.*

45 Exempts sont sujets à la visite de l'Evêque. *Voyez Tournet lettre E. nomb. 100.*

46 De l'Exemption prétenduë par les Chanoines de Ligny, de la Jurisdiction de l'Evêque de Toul. Arrêt du P. de Paris du 6. May 1611. qui appointe, & neanmoins ordonne que l'Evêque pourra visiter les Fonts baptismaux, Saint Ciboire, Autels, & saintes Huiles, & user des autres Droits Parochiaux en l'Eglise Paroissiale & Collegiale de Ligny. *Servin,*

to. 2. de ses Plaidoyers, & Tournet *lettre E. art. 102.*

47 Les Evêques ou leurs Officiaux peuvent recevoir les plaintes contre les Chanoines & Religieux de leurs Dioceses, en informer & instruire le procez, le tout nonobstant toutes les exemptions prétenduës par lesdits Religieux & Chapitres, pour lesquelles ils se pourvoiront à la Cour, & cependant par provision & sans préjudice d'icelles, sera par lesdits Evêques & Officiaux, chacun en ce qui le regarde, passé outre. Arrêt de Reglement de la Cour des Grands Jours de Clermont concernant les affaires Ecclesiastiques du 30. Octobre 1665.

Voyez cy-après le nomb. 143. où l'on en fera un article particulier.

EXEMPTION, OFFICIERS DE JUDICATURE.

48 Des Juges qui ne sont pas exempts des Tailles, quoique l'exemption fût accordée aux Avocats & Docteurs. *Voyez Guy Pape en sa question 378.*

49 Les Charges de Présidens & de Conseillers aux Parlemens exemptent des charges & des impôts qui se font pour le peuple: la possession de cette franchise est immémoriale; on devient Noble d'abord qu'on est élevé à ces Dignitez. Ce privilege a été continué par une Declaration de 1414. enregistrée dans la Chambre des Comptes de Grenoble, & ne finit pas avec la possession de la Charge; mais il dure après la destitution, pourvû qu'un crime ne l'ait pas causée. Jugé pour un Président. *Voyez Guy Pape en sa question 773.*

50 Les Conseillers de Parlement, Maîtres & Clercs des Comptes, & Secretaires; les Secretaires & Notaires du Roy exerçans leur Etat, déclarez exempts de Gabelles & peages, des choses à eux propres, pour la voiture par eau & par terre, qui sont pour la provision de leur maison. Arrêt du 20. Septembre 1442. ils sont même exempts de Gendarmes, comme les Curez résidens. *Papon, liv. 5. tit. 11. n. 13.*

51 Les Présidens & Conseillers, leurs veuves & enfans mineurs sont exempts des impositions, par privilege du Roy Charles VIII. de l'an 1487. & de François I. de l'an 1521. même quoi qu'ils ayent resigné. Jugé au Parlement de Grenoble *Ibidem, n. 12.*

52 Avocats & Juges Nobles exempts d'impositions. Arrêt au Conseil du Roy le 4. Mars 1543. enregistré au Parlement de Bretagne le 5. Septembre 1544. *Voyez du Fail, li. 3. chap. 444.*

53 Conseiller exempt de la traite du sel. Arrêt du Parlement de Bretagne du 24. Octobre 1575. *Voyez le même Du Fail, liv. 2. chap. 534.*

54 Sur l'immunité des Conseillers des Cours Souveraines, Arrêt du mois de Juillet 1593. qui confirme une Sentence des Elûs de Chinon, laquelle avoit ordonné qu'un Conseiller du Parlement demeureroit compris au rôle de la fortification, & l'infirme en ce qu'il avoit été condamné à payer pour la cruë de la Gendarmerie & garnison. La raison de difference est que la fortification est une charge réelle, l'autre une charge personnelle où l'exemption a lieu. *Le Bret, action 6. Papon, li. 5. tit. 11, nomb. 12.*

55 Un Sénateur de Chamberry exempt de taille en Savoye, l'est aussi en Dauphiné. Arrêt du Parlement de Grenoble du 13. Août 1627. *Voyez Basset, to. 1. li. 3. tit. 2. ch. 12.*

56 Arrêt du Conseil d'Etat du Roy du 30. Septembre 1656. qui ordonne que le Lieutenant Criminel de Saintes joüira de l'exemption des tailles, taillons, subsistances, logemens de gens de guerre, ustencilles & autres impositions. *Maréchaussée de France, p. 793.*

EXEMPTION, OFFICIERS DE MARESCHAUSSE'E.

57 Exempts de Maréchaussée. *Voyez le mot Archers, & cy-après Maréchaussée.*

58 Déclaration du Roy du 27. Juillet 1548. portant que les Prévôts, leurs Lieutenans & Archers, com-

me étant du corps de la Gendarmerie, sont exempts de tailles, subsides & octrois, *ibid. page 66.*

59 Déclarations du Roy du 22. Janvier 1580. portant que les Prévôts, leurs Officiers & Archers joüiront de l'exemption des tailles, & autres impositions. *Maréchauffée de France*, *page 235.*

60 Arrêt du Conseil du 24. Avril 1585. portant exemption des tailles, emprunts & autres impositions pour le Prévôt de Montfort, *Ibidem*, p. 256.

61 Lettres Patentes du 8. Février 1593. portant exemption de tailles, & de tous autres subsides, en faveur du Grand Prévôt de la Connétablie, & de tous les Officiers de sa compagnie. *Ibidem*, p. 277.

62 Edit du Roy du mois de May 1614. portant confirmation des privileges, exemptions de taille, subsides, & autres impositions aux Officiers des Maréchauffées. *Ibidem*, p. 417.

63 Arrêt du Conseil du 9. Mars 1621. portant décharge & exemption desdites Villes, & autres impositions, pour le Prévôt Provincial du Maine. *Ibidem, page 453.*

64 Arrêt du Conseil du 19. Juin 1641. portant exemption de tailles, subsistances, emprunts, logemens de gens de guerre, & autres impositions, en faveur des Prévôts & leurs Officiers. *Maréchauffée de France*, *page 595.*

65 Arrêt du Conseil du 29. Janvier 1642. portant exemption de toutes tailles, impositions de deniers ordinaires & extraordinaires, subsistances, logemens de gens de guerre, de guet & garde, pour le Prévôt general de Champagne, ses Lieutenans Criminels de Robe-Courte, Officiers, Exempts, Greffiers & Archers. *Ibidem*, p. 611.

66 Arrêt du Conseil du premier Février 1642. portant exemption de toutes tailles, impositions de deniers ordinaires & extraordinaires, subsistances, logemens de gens de guerre, en faveur des Prévôts des Maréchauffées d'Aunix, Fontenay-le-Comte, & Château-Gontier, leurs Officiers & Archers. *Ibid. p. 612.*

67 Arrêt du Conseil du 8. Mars 1672. qui décharge les Prévôts & Archers des Maréchauffées de Saint Amand, Châteaudun, Bonneval, Vezelay & Vendôme, de toutes tailles, subsistances, emprunts, & autres impositions de deniers ordinaires & extraordinaires, logemens de gens de guerre, guet & garde. *Maréchauffée de France*, p. 615.

68 Le 7. May 1642. Arrêt du Conseil qui ordonne que l'Assesseur & Archers de la Maréchauffée de Soissons joüiront de tous les privileges & exemptions attribuez à leurs Charges. *Ibidem*, p. 618.

69 Arrêt du Conseil du 18. Juin 1642. par lequel le Roy en expliquant les Arrêts du Conseil, qui déchargent les Officiers des Maréchauffées, déclare n'avoir entendu comprendre ni décharger les Receveurs & Payeurs des gages, Commissaires & Controlleurs, Avocats & Procureurs du Roy, soit qu'ils fassent trafic ou non, ni même les Exempts, Greffiers & Archers desdites Maréchauffées faisant commerce, tenant hôtelleries ou fermes, ou possedant autres Offices *Ibidem*, p 624.

70 Arrêt du Conseil du dernier Septembre 1642. pour l'exemption des tailles, taillons, creuës, subsistances, & autres impositions des Officiers des Maréchauffées. *Ibidem*, p. 625.

71 Ordonnance de M. Phelypeaux Intendant de Justice en la Generalité de Moulins, du 11. Août 1645. portant exemption des droits d'Aydes, huitiéme, droits de ban, entrées de Villes en faveur des Officiers des Maréchauffées, confirmée par Arrêt du Conseil du 2. May 1646. *Ibidem*, p. 695.

72 Le 20. Décembre 1646. Arrêt du Conseil pour l'exemption des tailles, en faveur des Prévôts des Maréchaux & leurs Officiers. *Ibidem*, p. 705.

73 Déclaration du 10. Août 1647. pour le changement d'octroy de la Province de Normandie, & pour le privilege des Officiers commençaux, & des Officiers des Elections & des Maréchauffées. Par l'article 10. les Vice-Baillifs & leurs Lieutenans sont exempts de toutes tailles & autres impositions, les Exempts & Greffiers jusqu'à 30. livres & les Archers jusqu'à 15. livres, pourvû qu'ils ne fassent aucun trafic, & ne tiennent aucune ferme. *Ibidem*, p. 712.

74 Arrêt du Conseil du premier Avril 1648. en faveur des Archers de la Maréchauffée de Chaumont, qui les décharge des emprunts, subsistances, & autres levées de deniers, logemens de gens de guerre, guet & garde. *Ibidem*, p. 715.

75 Arrêt du Conseil du 14. Juillet 1649. portant exemption des tailles, subsistances, logement de gens de guerre, & autres contributions & impositions, en faveur du Procureur du Roy de la Maréchauffée du Maine. *Ibidem*, p. 725.

76 Arrêt du Conseil du 26. Novembre 1653. en faveur des Officiers de la Maréchauffée de Crespy en Valois, pour l'exemption des logemens de gens de guerre, & garde des portes de Ville. *Ibidem*, page 750.

77 Arrêt du Conseil du 24. Septembre 1654. qui décharge les Officiers & Archers de la Compagnie du Lieutenant Criminel de Robecourte de Noyon du logement de gens de guerre, payement d'ustenciles & autres impositions. *Ibidem*, p. 755.

78 Arrêt du Conseil du 18. Decembre 1654. portant exemption de logemens de gens de guerre pour le Prévôt & Archers de la Maréchauffée de Laon. *Ibidem.*

79 Arrêt du Conseil du 27. Janvier 1656. qui décharge les Officiers de la Maréchauffée Provinciale de Tours, des droits de Ville établis sur le vin, provenant de leur crû, & pour les Exempts & Archers jusqu'à six pipes. *Ibidem*, p. 776.

80 Arrêt du Conseil du 26. Février 1656. portant confirmation de l'exemption des tailles, logemens de gens de guerre, en faveur du Lieutenant Criminel de Robecourte, Officiers & Archers de Pontoise, Chaumont & Magny. *Ibidem*, p. 778.

81 Arrêt du Conseil du 12. Septembre 1657. qui ordonne que les Officiers de la Lieutenance Criminelle de Robecourte de Sezanne joüiront des privileges, exemptions de tailles, & autres levées. *Ibidem*, page 795.

82 Arrêt du Grand Conseil du 11. Mars 1658. portant défenses de comprendre les Officiers des Maréchauffées aux logemens, contributions, subsistances de gens de guerre, impositions des deniers ordinaires & extraordinaires, guet & garde, & les nommer aux charges de Ville. *Ibidem*, p. 804.

83 Arrêt du Conseil du premier Septembre 1660. qui déclare les Officiers & Archers de la Maréchauffée de Mets exempts de toute subsistance, emprunts, logemens de gens de guerre, & autres charges & impositions. *Ibidem*, p. 818.

84 Arrêt du 18. Novembre 1664. en faveur du Greffier & Exempt de la Maréchauffée de Moret, pour l'exemption des tailles. *Ibidem*, p. 852.

85 Arrêt du Conseil du 15. Février 1666. pour l'exemption des charges de Ville, solidité, collecte de tailles en faveur des Officiers & Archers de la Maréchauffée de Moret. *Ibidem*, p. 866.

86 Edit du Roy du mois d'Août 1666. portant confirmation de l'exemption des tailles pour les Prévôts Generaux & Provinciaux, leurs Lieutenans, Exempts, Greffiers & Archers. *Ibidem*, p. 871.

87 Arrêt du Conseil du mois de Novembre 1666. qui confirme les Prévôts Generaux dans l'exemption des tailles. *Ibidem*, p. 871.

88 Déclaration du Roy du 6. May 1692. qui confirme à perpetuité les Officiers des Maréchauffées dans leurs exemptions, privileges & prérogatives, registrée au Parlement, Chambre des Comptes, Cour des Aydes, & Grand Conseil. *Ibidem*, p. 1073.

S iij

89 Arrêt du Conseil du premier Septembre 1693. portant que ceux qui feront pourvûs de nouveaux Offices d'Archers, Gardes de la Connêtablie & Maréchaussée de France, jouïront de l'exemption de tailles, collecte, tutelle, curatelle, & nomination d'icelles, logemens de gens de guerre, contribution à iceluy, & du pouvoir d'exploiter par tout le Royaume. *Ibidem*, p. 1100.

EXEMPTION DES OFFICIERS DU ROY.

90 De l'exemption des Officiers de la Maison du Roy à l'égard des tailles. *Voyez* dans *Papon*, li. 5. tit. 11. n. 12. un Arrêt du dernier Decembre 1563.

91 Les Paroissiens de saint Nicolas de Nantes avoient cotisé Loüis Teserrant pour la solde des cinquante mille hommes de pied; il s'oppose & dit qu'il est maître de la garderobe de la Duchesse de Ferrare fille de France. On luy objecte qu'il fait trafic de marchandise en la Ville de Nantes depuis trois ans. Arrêt du Parlement de Bretagne du 6. Avril 1560. qui ordonne qu'il contribuëra. *Du Fail, livre premier, chap.* 98.

92 Sur l'immunité des Officiers domestiques de la Reine doüairiere; Arrêt du mois d'Avril 1599. qui ordonne qu'ils en joüiront tant qu'ils ne feront acte dérogeant. *Voyez la* 29. *question de M. le Bret*.

93 Jugé au Parlement de Mets le 27. Septembre 1640. qu'un Garde du Corps de Madame la Duchesse de Lorraine n'a dû joüir des exemptions & des privileges de son employ, le Roy s'étant rendu maître de la Lorraine, que pendant le temps qu'il a servi le Roy. *V. le* 59. *Plaidoyé de M. de Corberon*.

Voyez cy-aprés lettre O. verbo *Officiers du Roy*.

EXEMPTION, PEAGE.

94 De deux compagnons le privilegié du péage n'exempte point l'autre non privilegié. Arrêt du Parlement de Bourdeaux du 26. May 1531. par lequel il a été jugé qu'un Marchand de Bayonne où les négocians ont privilege de conduire leurs marchandises à Aix sans payer, ne pouvoit s'en servir à l'égard des marchandises de son compagnon. *Papon, livre* 15. *titre* 2. *nomb.* 19.

95 Si quelques particuliers ayant payé un péage, ce payement préjudicie à l'exemption du corps des habitans, & s'il acquiert la prescription contre l'exemption du péage? Arrêt du Parlement de Provence du 12. May 1644. qui regla les parties à écrire; M. l'Avocat General de Cormis dit que le payement des particuliers ne pouvoit nuire à la Communauté, mais qu'il falloit examiner l'exemption, laquelle si elle avoir été donnée par une mere non tutrice ni regente ne pourroit valoir, étant une alienation du Domaine. *Boniface, tome* 4. *li.* 9. *tit.* 1. *ch.* 11.

96 Les habitans de Forcalquier sont exempts des péages & leydes des bestiaux, fruits & denrées faites dans leur terroir, & des marchandises fabriquées dans la Ville, & autres. Arrêt du 4. Avril 1659. *Idem, tom.* 5. *li.* 5. *tit.* 7. *chap.* 2.

97 Arrêt du même Parlement de Provence du 23. Juin 1663. qui a déclaré que l'exemption de péage, Gabelles, & autres droits pour toutes marchandises, comprend l'exemption du droit de deux pour cent sur les marchandises qui passent dans Arles & Fort du Baron. *Idem, tome* 4. *li.* 5. *tit.* 7. *ch.* 1.

98 Jugement des Commissaires des Domaines du Roy, du 21. Juin 1687. portant exemption des droits de péage, pâturages, leydes, & autres droits en faveur des habitans de la Ville d'Apt. *Ibidem. ch.* 2.

Voyez cy-aprés, *Péage*.

EXEMPTION, REPARATIONS.

99 Par Lettres Patentes des Rois Philippes *le Bel*, & Philippes *le Long*, il avoit été statué que les habitans d'Amboise, Montrichard & Preüilli seroient contraints de contribuer à la réfection des ponts de Tours. Pour s'en liberer, ils obtinrent Lettres du Roy Charles *le Bel*. La Cour dit que nonobstant les dernieres Lettres obtenuës, les premieres seront executées; & les habitans d'Amboise, Montrichard & Preüilly tenus à la réfection des ponts de Tours, par Arrêt du 20. Février du Parlement de l'an 1321. aux *Arrêts* feuillet 107. Mais depuis la Dame d'Amboise s'étant plainte, & ayant avec grande connoissance de cause justifié l'éloignement d'Amboise & Montrichard, & la charge qu'ils ont, ils furent déclarez exempts par Arrêt du 12. May 1323. *aux Arrêts* feuillet 193. *Corbin, suite de Patronage*, chap. 89.

100 Arrêt du Parlement de Paris de l'an 1381. par lequel plusieurs Notaires & Sergens de la Ville d'Orleans ont été déboutés de l'exemption par eux prétenduë, se fondant sur la coûtume de ne point contribuer aux reparations des murs de la Ville. *Papon, li.* 5. *tit.* 11. *n.* 31.

EXEMPTION DE TAILLES,

101 *Voyez* cy-devant *les nomb.* 1. 4. 5. 6. 48. 55. & *suiv*. Des privilegiez exempts de contribution aux tailles, aydes & autres impositions. *Voyez le Recueil des Edits & Déclarations concernant les Aydes fait par M. Jacques Corbin, tome* 1. *li.* 11. & 13.

102 *Voyez la* 12. *Action de M. le Bret sur les Lettres de Déclaration du Roy*, touchant les privileges de ceux qui se disent issus de Eude le Maire dit *Chalo-saint-Mas*. Là il est parlé de l'exemption des tailles accordée à certains.

103 Le Roy donnant exemption de tailles à quelqu'un prend sa portion sur soy, & ne fait point préjudice aux autres tenanciers taillables, mais ils demeurent déchargez; ainsi a été observé à Toulouse par les Professeurs de l'Université qui ont ce privilege suivant la Loy *omnes C. de annon*. *Voyez Maynard, li.* 9. *chap. r e* 32.

104 Les Officiers de la Monnoye de Meaux se prétendoient exempts du payement des tailles; les Maire & Echevins les ayant cotisez & fait proceder sur eux par saisie, ils s'opposerent; la Cour les débouta de leur opposition, par Arrêt du premier Février 1325. aux *Arrêts* feüillet 223. *Corbin, suite de Patronage, chap.* 22.

105 Exemption des tailles pour les Chanoines & Chapitre d'Alby, à raison d'une maison, jardin & vignes à eux appartenans. Arrêt du Grand Conseil du 11. Decembre 1563. *Servin, tome* 1. *de ses Plaidoyers*, & *Tournet, lettre E. n.* 01.

106 Roturiers tenans Fiefs Nobles sans Jurisdiction, consistans seulement en rente, domaines & autres choses, ne sont exempts de tailles & subsides. Arrêt du Parlement de Grenoble de l'an 1451. *Papon, li.* 5. *tit.* 11. *n.* 29. Cela n'est plus observé, car tels Fiefs n'annoblissent pas.

107 Les Officiers des Monnoyes étoient exempts des tailles par le Statut de 1476. mais le Reglement de 1639. ne leur donne aucun privilege. *Voyez Chorier, en sa Jurisprudence de Guy Pape*, p. 124.

108 Entre les Monnoyers & Ouvriers en la Monnoye de Nantes, contre les Paroissiens de Coveron, Arrêt du Parlement de Bretagne du 19. Octobre 1560. par lequel la Cour déclare les opposans exempts de toutes Tailles & Impositions roturieres, tant qu'ils seront actuellement travaillans en la Monnoye de Nantes, ou qu'à eux ne tiendra qu'ils ne travaillent. *Du Fail, liv.* 2. *chap.* 104.

109 Les Secretaires du Parlement de Grenoble joüissent du même privilege d'exemption des Tailles: neanmoins ceux de la nouvelle creation que le Dauphin Loüis avoit faite, étant surnumeraires, furent déclarez taillables par Arrêt du mois d'Août 1461. 1°. Parce qu'ils avoient été révoquez par la Declaration du Roy dans l'Assemblée des Etats tenuë à Vienne l'an 1457. 2°. Parce que le Prince ne peut exempter les uns au préjudice des autres, & que cette condition qu'ils ne nuiroient à personne, limite les privileges, *Voyez Guy Pape quest.* 393.

110 Gentilshommes ou Prêtres acquerans biens ruraux, ne sont tenus à la Taille. Arrêt du Parlement de Bourdeaux du 13. May 1534. A l'égard des Juges & Officiers, la Coûtume generale est de les faire payer. *Papon*, liv. 5. tit. 11. n. 23.

111 Celuy qui allegue Noblesse afin d'exemption de Taille, doit le faire pardevant l'Elû en chef. Arrêt du 20. Avril 1564. qui dit, mal, incompetemment jugé pour avoir procedé pardevant l'Elû commis. *Ibidem nombre* 12.

112 Les Domestiques de la Maison du Roy couchez en l'Etat & servans actuellement, sont exempts de tous impôts, mais non des charges de Police, comme de fortification de ville, ni d'emprunts, qui n'admettent aucun privilege. Arrêt du 30. Mars 1576. Même Arrêt du 8. Février precedent, pour les Chantres du Roy. *Ibidem*, n. 33.

113 Arrêt donné en la Cour des Aydes le 2. Août 1585. qui déclare que l'exemption & privilege des Chartreux du Parc en Charnie auroit lieu en toutes leurs terres & possessions, tant de leur ancien Domaine que de nouveaux acquests sans aucune distinction des Terres qu'ils pourroient bailler à ferme d'icelles qu'ils tiendroient entre leurs mains pour les faire valoir à leurs propres coûts. V. *Tournet* lettre E. art. 105. Il plaidoit pour les Chartreux.

114 Les Officiers de la Maison du Roy sont exempts des Tailles & autres impôts. Arrêt du privé Conseil du 25. Septembre 1585. *Le Vest*, Arrêt 182.

115 Par Arrêt donné en la Cour des Aydes le 25. Février 1587. il fut jugé suivant l'Edit que la veuve d'un Elû qui n'avoit point disposé de son état de son vivant, jouïroit du privilege d'exemption des Tailles ainsi que son défunt mary. *Bibliotheque de Bouchel*, verbo *Exemptions*.

116 Les habitans de Montargis, obtinrent de Charles VII. l'exemption de toutes Tailles & Impositions presentes & à venir. En 1596. ils sont taxez à la solde des Prévôts des Maréchaux qui se levoit de tout temps avec les deniers de la Taille; ils appellent de la Commission. Arrêt de la Cour des Aydes du 17. Janvier 1597. qui met l'appellation au neant, sans que le present Arrêt fasse préjudice aux anciens privileges. M. le Procureur General étoit Partie. L'Arrêt fondé sur ce que lors de la concession *non fuit cogitatum* de la solde des Prévôts des Maréchaux qui n'étoient pas encore instituez. *Ibidem*.

117 Un Auditeur de la Chambre des Comptes de Savoye, s'étant retiré en France, fut exempté de trois subsides par Arrêt du Parlement de Dijon sans date, rapporté par *Bouvot*, to. 2. verbo *Taille*, quest. 60.

118 Celuy qui abbat l'aile droite du Papegay, est Chevalier; celui qui abbat l'autre aile, est le Baron; celui qui abbat le Papegay, est Roy : les trois jouïssent de l'exemption de la Taille en la ville de Lagny. Le prix fut emporté par les principaux habitans, qui payoient beaucoup de Tailles : on voulut supprimer le droit & l'usage. Arrêt de la Cour des Aydes de Paris du 20. Janvier 1606. qui ordonne qu'ils jouïroient de l'exemption pour toute l'année, & que par provision l'exercice seroit continué. *Plaidoyers de Corbin*, ch. 29.

119 Exemption des Tailles accordée par Charlemagne aux habitans de la Paroisse de Berné, ne s'étend aux heritages qu'ils possedent dans une autre Paroisse. Jugé au P. de Paris le 11. Mars 1615. *Bardet*, tome 1. liv. 2. chapitre 77.

120 Par l'article 19. de l'Edit du mois de Janvier 1634. sur le Reglement general des Tailles, il est dit que les Lieutenans de Robe-courte établis depuis vingt-cinq ans dans les petites Villes & Bailliages, ne jouïront à l'avenir d'aucune exemption. *Maréchaussée de France*, p. 532.

121 La Declaration de l'an 1665. qui exempte de la Taille ceux qui ont douze enfans, n'a aucun effet dans le Dauphiné à l'égard de la Taille des fonds, à cause de sa réalité; & au cas où elle a lieu, il a été jugé par Arrêt de Grenoble du 11. Août 1678. pour Claude Rivet contre la Communauté de Rossillon, que l'exemption après avoir été déclarée & ajugée, ne finit point par la mort de quelqu'un des douze enfans. V. *Chorier en sa Jurisprud. de Guy Pape*, p. 124.

122 Si le sol de l'Eglise & l'enclos des Religieux doit être exempt de la Taille? Arrêt du Parlement de Provence du 10. Novembre 1671. qui ordonne qu'il sera fait rapport de la contenance de l'enclos, & cependant sursis au payement de la Taille. *Boniface*, to. 3. li. 7. tit. 1. ch. 1.

123 Moulins dependans d'anciens hommages déclarez francs de Tailles, bien qu'ils y eussent été cottisez quelque temps : ainsi jugé au Parlement de Grenoble le 21. Mars 1668. *Basset*, to. 2. liv. 3. tit. 2. chap. 2. où il observe que la subinfeodation des Moulins ne change leur nature primitive.

EXEMPTION, VINS.

124 Exemption de payer des droits pour les vins. Voyez cy-dessus *le nombre* 9.

125 Huissiers & Officiers de la Cour déclarez exempts du droit d'Ayde du Convoy, par Arrêt du Parl. de Bretagne du 19. Octobre 1554. quoique le Receveur articulât que le vin n'étoit du crû, ni pour la provision de l'Officier. *Du Fail*, liv. 1. chap. 177.

126 Juge Criminel de Nantes déclaré exempt de payer les droits pour le vin de son cru. Arrêt du 6. Mars 1563. *Du Fail*, ibidem chap. 172. où il est expliqué que la clause *exempt & non exempt*, ne comprend ceux qui ont leur exemption *in corpore juris*, par Edits verifiez aux Cours Souveraines. Voyez M. *le Bret*, Plaidoyé 26.

127 Arrêt du Parlement de Bretagne du 22. Avril 1570. qui fait défenses à tous Receveurs & Fermiers du devoir des vins de rien prendre de M. Mommillon Conseiller, & autres Officiers de la Cour, sur les peines qui y échéent. *Du Fail*, liv. 2. chap. 340. & 386. où il rapporte un Arrêt semblable du 27. Septembre 1569.

128 L'Abbesse & Convent de S. Georges de Rennes ont Lettres d'exemption du devoir imposé par ceux de Rennes, sur chacune pipe hors le cru de ce Pays, qui est vingt sols pour chacune pipe de vin Breton, trois sols pour chacune pipe de cidre, à eux permis lever pour cinq ans. Par Arrêt du Parlement de Bretagne du 28. Avril 1570. la Cour sans y avoir égard, enterine lesdites Lettres, ordonne que les deniers par elle payez seront rendus. *Ibidem*, liv. 3. chapitre 211.

129 Lettres verifiées au P. de Bretagne le 16. Octobre 1570. par lesquelles les habitans de Becherel ne payeront aucun devoir des vins qu'ils feront descendre & loger au Port de Dinan, pour les passer outre. *Ibidem*, liv. 2. chap. 360.

130 Arrêt de Bretagne du 25. Octobre 1571. qui a jugé que les Huissiers de la Cour ne devoient aucune taxe pour le vin de leur crû. *Ibidem*, chap. 317.

131 Le privilege accordé aux habitans de la ville de S. Aubin pour l'exemption des Droits d'entrée du vin, par le Duc Pierre en 1220. confirmé de Duc en Duc, & de Roy en Roy, a été encore confirmé par un Arrêt du Parlement de Bretagne du 22. Octobre 1573. *Ibidem*, chap. 349.

132 Arrêt du mois de Juin 1593. qui déclare les Cordeliers exempts de toute imposition pour l'entrée de leur vin aumôné, mais que pour le vin de leur crû ils payeroient, attendu que l'Ordonnance ne dispense personne. Voyez *la 25. Action de M. le Bret*.

133 Sur le privilege des Marchands des Villes imperiales d'Allemagne, Arrêt du mois d'Août 1600. qui les déclare exempts du nouveau Droit d'entrée, créé seulement en 1597. V. *l'Action 28. de M. le Bret*.

134 Personne n'est exempt des Droits d'entrée créés par l'Edit de 1597. ni des subventions ordonnées en

leur lieu. Arrêt du mois de Mars 1601. *Voyez la* 30. *Action de M. le Bret.*

135 Suisse demeurant à la campagne exempt du huitième. Arrêt de la Cour des Aydes à Paris du 11. Avril 1636. *Journ. des Aud.* 10. 1. *liv.* 3. *ch.* 26.

EXEMPTION, UNIVERSITEZ.

136 Exemption du 25. Avril 1420. aux Maîtres, Etudians & Officiers de l'Université de Paris, de faire Guet & garde, & de payer Aydes & autres Impositions pour leurs vins, donnée par Charles VI. *Voyez Filleau, part.* 3. *tit.* 9. *chap.* 14.

137 Les Recteurs des Universitez, Docteurs, Regents, Principaux des Colleges, Scribes, Bedeaux & Ecoliers actuellement étudians, sont exempts de payer Tailles & autres subsides, tant par disposition civile, par laquelle *Professores omnes litterarum & Doctores legum , una cum uxoribus & filiis , necnon & rebus quas in Civitatibus suis possident , ab omni functione & ab omnibus muneribus , vel civilibus , vel publicis , sunt immunes*; qu'aussi par les Ordonnances & Edits du Roy verifiez en la Cour des Aydes à Paris, laquelle en donna l'Arrêt le 4. May 1554. sur la verification de certaines Lettres Patentes obtenues par les Recteurs & Officiers de l'Université de Rheims. *Bibliotheque de Bouchel*, verbo *Recteurs*.

138 Le 26. Août 1570. les Docteurs Regents de l'Université de Toulouse, ont été déclarez exempts des deniers Royaux ordinaires ou extraordinaires. *Ibidem* verbo *Université*.

139 Par Arrêt du 19. Septembre 1572. les Libraires, Parcheminiers & Bedeaux de l'Université de Nantes, sont déclarez exempts de foüage, subsides, emprunts, droits de Quintaine. *Bibliotheque de Bouchel*, verbo *Quintaine*.

140 Les Recteurs, Docteurs & Regents de l'Université étant privilegiez & exempts de tous impôts & charges, les Suppôts y sont aussi compris, excepté quand le Roy impose nommément & particulierement un chacun, & pour la refection des fossez, remparts, & garde de la ville. Arrêt du 19. Février 1575. L'exemption du subside & impôt s'entend pour ce qui est du crû quant aux Ecoliers & Regents, & quant aux Principaux pour provision sans revente. Arrêt du 20. Juillet 1565. *Papon, liv.* 5. *tit.* 14. *n.* 1.

141 Par Arrêt des Generaux du 16. jour de Mars 1594. un Maître d'Ecole abecedaire du bourg de Pont-l'Abbé, qui étoit aussi Notaire du lieu, fut déclaré exempt de faire la Collecte, à la charge neanmoins qu'il payeroit la Taille. *Bibliotheque de Bouchel*, verbo *Payeurs*.

142 Imprimeurs & Libraires exempts de toutes Gabelles, impositions, dons, octrois & autres, ensemble d'être cottisez pour leur industrie. *Voyez Philippi*, Arrêts de consequence de la Cour des Aydes de Montpellier, *art.* 191. L'Arrêt est du 26. Decembre 1625.

Voyez au 3. *vol. de ce Recueil le mot* Universitez.

EXEMPTION ECCLESIASTIQUE.

143 C'Est icy que l'on se propose d'examiner ce qui concerne les Droits de ceux qui se prétendent exempts de la Jurisdiction des Prélats. *Voyez* cy-dessus *le nomb.* 44. *& suiv.* & le mot *Evêque* nombre 135. *& suiv.*

De Exemptionibus. Voyez le Traité fait *Per Jo. Jacobum de Canibus, & per Balduin.*

144 De l'autorité des Evêques sur les exempts, ou qui se disent exempts de leur Jurisdiction. *Voyez les Memoires du Clergé, to.* 1. *part.* 1. *tit.* 2. *ch.* 14.

145 Ordres de Religieux non sujets à la visitation. *Voyez Tournet lettre V. Arr.* 26.

146 Exemption de plusieurs Eglises & Abbayes de la visitation des Evêques. *Ibidem Arr.* 28.

147 Voyez dans les Définitions Canoniques, p. 279. & suiv. un Traité des Exemptions prétenduës par quelques Monasteres & Chapitres de la Jurisdiction des Ordinaires.

Des Exemptions de la puissance & Jurisdiction des Ordinaires. *Voyez Bibliot. Can.* tome 1. p. 603.

148 *De immunitatibus Ecclesiarum, & earum origine.* Voyez Pinson au titre *de oneribus Ecclesiarum part.* 2.

149 Des Exemptions des Eglises, Chapitres, Abbayes & Monasteres. *Preuves des Libertez, to.* 2. *ch.* 38.

150 *Nemo nascitur exemptus*; ainsi un exempt de la Jurisdiction de son Evêque, doit prouver son privilege en demandant son renvoy, & s'il neglige de le demander, il ne peut appeller comme d'abus du Jugement qui le condamne, *quia venire ad Episcopum debuit , privilegia sua allegaturus , non autem contemnere Ordinarii authoritatem*, Cap. *cum persona de privil.* in 6. Févret, en son traité de l'*Abus, to.* 1. *liv.* 4. *chap.* 4. *nomb.* 3. en rapporte un Arrêt du P. de Paris qui l'a jugé contre un Archidiacre pour M. l'Evêque d'Angers.

151 Les Religieux de Cîteaux, Prémontré & de Cluny, sont exempts de la Jurisdiction Episcopale. *Définitions Canon.* p. 282.

152 Chapitre exempt de la Jurisdiction du Prélat. *Tournet lettre C. nomb.* 31.

153 Dans le 2. tome du *Journal des Audiences, liv.* 6. *chap.* 10. touchant le droit des Evêques sur les Religieux de l'Ordre de Saint Benoît, qui prétendent des exemptions, il y a un excellent Plaidoyer de M. Talon Avocat General. *Voyez* cy-aprés *le nomb.* 182.

154 *Episcopus Ecclesiam exemptam particulariter interdicere nequit.* Voyez *Franc. Marc. to.* 2. *quest.* 849.

155 Toutes les Exemptions de la Jurisdiction des Evêques qui ont été accordées aux Chapitres depuis le Pontificat du Pape Gregoire XI. depuis 1371. c'est à dire, pendant les temps des schismes, furent révoquées au Concile de Constance tenu en 1414.

156 Pour connoître les Exemptions Canoniques & legitimes, il faut distinguer celles qui ont été accordées avant le schisme, de celles accordées depuis le schisme. Ces dernieres ont toûjours été condamnées au Parlement de Paris comme nulles, & révoquées par le Concile de Constance, *Can. attendentes*, reçu en France & inseré dans la Pragmatique Sanction, *tit. de causis* §. *item quod Monasteria*. Définitions Canoniques, p. 280.

157 *Legatus de latere Jurisdictionem in exemptos habet.* Voyez *Franc. Marc. to.* 1. *quest.* 344.

158 *S. D. N. D. Gregorii Papa XV. Constitutio de Exemptorum privilegiis circa animarum curam, & Sacramentorum administrationem, sanctimonialium Monasteria, & prædicationem Verbi Dei.* Elle est dans la Bibliotheque Canon. *to.* 1. p. 605.

159 Le pouvoir que la Constitution de Gregoire XV. touchant les privileges des Exempts donne aux Evêques sur les exempts, tant Seculiers que Reguliers, ne s'étend pas sur les personnes qui n'ont point de Diocese. Cette même puissance ne convient aussi aux Prélats inferieurs, qui ont des Territoires propres & Jurisdiction comme Episcopale. Par ces paroles de la Constitution, *l'Evêque pourra avec les Superieurs Reguliers assister & présider par soy, ou par autruy, à l'Election des Abbesses, &c.* le droit de confirmer les Abbesses n'est point donné aux Evêques. *Ibidem*, p. 608. *col.* 2.

160 En vertu de la même Constitution du Pape Gregoire XV. les Evêques ne peuvent visiter les Autels des Eglises des Reguliers qui n'ont point charge d'ames de personnes seculieres, ni les Tabernacles, ni les Confessionnaux, ni limiter le pouvoir des Reguliers à entendre les Confessions en certains lieux, en certains temps & de certaines personnes seulement, ou autrement restraindre ou moderer leurs privileges touchant l'administration des Sacremens. Ibid.

161 Constitution de N. S. P. le Pape Gregoire XV. de ce nom, révoquant toutes & chacunes les Concessions

fions de vive voix, à l'exception de celles qui ont été faites & signées de la main des Cardinaux de la Sainte Eglise Romaine : cette Constitution est de l'année 1622. *Ibidem.*

Exemptiones procedentes ab Episcopis quatenus prejudicent eorum potestati.

Exemptio à potestate Episcopi quotuplex & qui uniuscujusque modus?

Exemptiones à potestate Episcopi quomodo elidantur? Voyez *Lotherius de re beneficiaria*, li. 1. quest. 23. 24. & 25.

163 Les Chanoines bien qu'exempts de la Jurisdiction de l'Evêque, ne sont pas exempts *à jure reverentiali, puta ire obviam Episcopo processionaliter in felici ejus ingressu.* Car l'exemption ne va point à retracter ce qui est du respect & de la reverence ; & bien que les lieux exempts ne soient point du Diocese, ils sont neanmoins dans le Diocese, comme il a été jugé pour M. Olivier Evêque d'Angers contre le Chapitre, par Arrêt du 5. Août 1538. ce qui est encore confirmé par Arrêt du 19. Mars 1616. confirmatif de la possession immemoriale de l'exemption de ce Chapitre. Brodeau sur M. Loüet lettre M. nombre 18.

164 Il y a plusieurs Chapitres dans le Royaume exempts de la Jurisdiction des Evêques par plusieurs Bulles confirmées par Arrêts. *Voyez Papon*, li. 1. tit. 3. n. 3.

165 Quand dans des Bulles d'exemption on trouve des reserves de quelque droit, comme d'une espece de Cens que les Papes se veulent établir sur les Eglises exemptes, quoique par d'autres raisons on confirme les Exemptions ; on ne laisse pas sur les Conclusions de Messieurs les Gens du Roy de déclarer ces reserves abusives, & de décharger les Eglises des droits imposez par les Papes. Arrêt du Parlement de Paris du 27. Juin 1592. par lequel en confirmant l'exemption du Chapitre de Bourges, on déclara abusive la clause par laquelle le Chapitre étoit obligé de payer tous les ans au Pape trois florins en reconnoissance de cette exemption, & on luy fit défenses de la plus payer. L'Arrêt qui regle encore beaucoup d'autres chefs est rapporté par *Chenu*, tome 1. tit. 1. chap. 1. Voyez l'Auteur des *Définit. Can.* p. 286.

166 L'Exemption de l'Abbaye de Joüare n'a pas eu un meilleur sort, quoiqu'il en soit fait mention dans le corps des Decretales, *cap. ex parte, extra de privilegiis.* La Sentence arbitrale renduë par le Cardinal Romain, Legat du Pape Honoré III. qui confirme cette exemption, contenoit une redevance de dix-huit muids de grains au profit de l'Evêque de Meaux ; dont Monsieur de Meaux ayant interjetté appel comme d'abus, par Arrêt du 26. Janvier 1690. elle a été déclarée abusive, & Monsieur l'Evêque de Meaux & ses successeurs maintenus au droit de gouverner le Monastere de Joüare, & d'y exercer la Jurisdiction Episcopale, tant sur l'Abbesse & Religieuses, que sur le Clergé, Chapitre, Curé, Peuple & Paroisses du lieu ; & par autre Arrêt posterieur l'Abbesse & Monastere ont été dechargez de la redevance des dix-huit muids de grains envers l'Evêque de Meaux. *Ibidem,* & cy-aprés le nomb. 197.

167 Declaration de l'Assemblée generale du Clergé de France, sur ce qui est à observer sous la conduite de Messieurs les Evêques, par les Reguliers, & autres exempts, sans en y comprendre les Eglises Cathedrales & Collegiales, ni leurs dépendances, tenuë à Paris au Convent des Augustins le premier Septembre 1625. *Bibliot. Can.* to 1. p. 610. col. 2.

168 La Collation des Eglises exemptes appartient au Pape. *Rebuffe Prat. Benef.* par. 3. ch 30. n. 10.

169 Quoique le Chapitre soit exempt de la Jurisdiction de l'Evêque, il ne peut empecher la Collation des Ordres dans l'Eglise. *Rardet,* to. 2. liv. 5. ch. 27.

170 Les Abbez & Abbesses exempts de la Jurisdiction de l'Ordinaire, ne peuvent être assignez que pardevant le Conservateur des Privileges Apostoliques,

Tome II.

& les Sujets d'Abbayes exemptes, ne reconnoissent autre Juge pour les causes Ecclesiastiques que l'Official de l'Abbaye. Jugé le 26. May 1631. *Du Fresne, liv.* 2. *chap.* 97.

Regulares Curam animarum habentes Jurisdictioni 171 *ordinaria subiiciuntur quoad Curam animarum.* Arrêt du Parlement de Paris du 7. May 1646 contre un Religieux Prémontré Curé de l'Eglise du Repos, Diocese de Séez. *Voyez* Pinson *de Censibus.* §. 9 f. 9.

Dans un Prieuré exempt de la Jurisdiction ordi- 172 naire, le Prieur a tout droit d'exercer cette Jurisdiction spirituelle par son Grand Vicaire & son Official, même pour la publication du Jubilé & indiction des Stations ? Arrêt du Parlement de Paris du 16. Février 1654. en faveur du Prieur dans la Cause de M. Rousseau Conseiller au Parlement, Abbé de Bazoches, & Prieur du Prieuré de Saint Pierre de Chaumont. *Voyez le premier tome du Journal des Audiences, liv.* 7. *chap.* 30.

Le privilege d'exemption ne peut s'étendre qu'au 173 pouvoir d'administrer aux Laics, demeurans dans l'enclos du Monastere, les Sacremens de Penitence, Eucharistie & Extrême-Onction, en cas de necessité seulement, & non les Sacremens de Baptême & de Mariage, comme il fut jugé au Parlement de Paris le 12. Juin 1691. pour le Curé de Saint Julien au Diocese de Toul en Lorraine, contre l'Abbé & Religieux de l'Abbaye de Flabemont Ordre de Prémontré. *Definit. Can.* p. 702.

Par l'article 28. de l'Edit du mois d'Avril 1695 174 concernant la Jurisdiction Ecclesiastique, *Il est enjoint aux Archevêques de veiller dans l'étenduë de leurs Dioceses, à la conservation de la discipline reguliere, dans tous les Monasteres exempts & non exempts, tant d'hommes que de femmes ; ainsi qu'aux Superieurs reguliers de déferer, comme ils doivent, aux Ordonnances des Archevêques & Evêques, lesquelles en cas d'appel simple ou comme d'abus seront executées par provision.*

Declaration du Roy du 29. Mars 1696. en inter- 175 pretation de l'article 18. de l'Edit concernant la Jurisdiction Ecclesiastique, portant, *lorsque les Archevêques ou Evêques auront eu avis de quelques desordres dedans aucuns des Monasteres exempts de leur Jurisdiction, Nous voulons qu'ils avertissent pareillement les Superieurs Reguliers d'y pourvoir dans six mois, & qu'à faute d'y donner ordre dans ledit temps, ils y pourvoiront eux-mêmes ; ainsi qu'ils l'estimeront necessaire, suivant les Regles & Instituts de chacun desdits Ordres & Monasteres : & en cas que le scandale soit si grand, & le mal si pressant qu'il y ait un besoin indispensable d'y apporter un remede plus prompt, lesdits Archevêques & Evêques pourront obliger lesdits Superieurs Reguliers d'y pourvoir plus promptement. Voulons pareillement que les Monasteres ou demeurent des Superieurs Reguliers, qui ont une Jurisdiction legitime sur d'autres Monasteres & Prieurez, desdits Ordres ; soient exempts de la visite desdits Archevêques & Evêques, ainsi que les Abbez & Abbesses qui sont Chefs & Generaux desdits Ordres.*

Des Reguliers ne peuvent refuser de montrer 176 leurs titres, à leur Evêque qui leur demande à voir leur exemption de sa Jurisdiction, si elle n'est pas notoire, ou le titre de leur admission, si leur exemption est notoire. Jugé au Parlement de Tournay le 8. Octobre 1699. entre les Religieuses Sœurs grises à Isenghien, & le Curé du même lieu, joint à luy le Promoteur & le Vicegerent de l'Officialité de Tournay. *Voyez* M. Pinault *to.* 2. *Arr.* 271.

Un Abbé exempt de la Jurisdiction de l'Ordinaire 177 ne se peut démettre qu'entre les mains du Pape *cap. dilecti de renuntiatione* ; il ne peut sans sa dispense être transferé d'un Monastere à l'autre, ni être soumettre à l'obeïssance de l'Ordinaire au préjudice de son exemption. *Cap. cum tempore de arbitr.* p. 17.

EGLISES EXEMPTES.

Nota. Plusieurs de ces Eglises exemptes ou qui ont 178

mal à propos soûtenu leur exemption prétenduë sont marquées, sous les titres. *Chapitre*, & *Evêque*.

ARCHEVESQUE D'AIX.

179 *Voyez* le mot *Archevêque*, *nomb.* 24. *& suiv.*

Par l'Arrêt qui intervint le 20. Août 1667. la Cour conserva la Cure de saint Maximin, à la charge de presenter un Religieux pour la desservir à M. l'Archevêque d'Aix, sans que le Prieur du Monastere puisse joüir à l'avenir d'aucuns droits Episcopaux ; ainsi toutes ces exemptions leur furent ôtées, du moins celles qu'ils avoient de donner des dispenses de bans, des Dimissoires, & autres choses semblables, qui ne peuvent être accordées que par les Evêques Diocesains; la Cour n'eut aucun égard à cette longue possession de quatre siécles, sur laquelle ils se fondoient, quoy que ce ne fût pas sans exemple de voir une Cure independante d'aucun Evêque par une exemption particuliere ; entr'autres il y a la Cure de saint Jean de la Ville de *Chaumont* dans le Vexin, de laquelle, au rapport de M. René Chopin, le Prieur du Convent de la même Ville est Patron & Présentateur ; qui est un membre dépendant de l'Abbaye de saint Denis en France, exempte de la Jurisdiction de tous les Prélats & Metropolitains de France, pour raison de quoy il y a un Official du même Prieuré qui connoît de toutes matieres Ecclesiastiques dont les appellations vont au Saint Siege ; quoy que cette Cure soit dans l'étenduë du Vicariat de Pontoise, dépendant de l'Archevêché de Roüen, neanmoins elle fut déclarée exempte de Roüen & de Pontoise, par Arrêt du Grand Conseil du 10. Février 1604. donné au profit de M. Pierre Dortois Curé de la même Cure ; ce que les Religieux de saint Maximin n'avoient pas. *Definit. Can. p.* 282.

EVESQUE D'AMIENS.

179 *bis.* Il a été jugé par Arrêt du 26. Janvier 1644. donné entre M. François le Fevre de Caumartin Evêque d'*Amiens*, contre les Doyen, Chanoines & Chapitre de son Eglise Cathedrale, exempts par Bulle, de sa Jurisdiction, que l'Evêque en son habit Pontifical sera conduit par ses Bedeaux & Appariteurs avec leurs Masses & Verges dans son Trône Episcopal, & qu'ils y demeureront jusqu'à ce que l'Evêque sorte pour l'accompagner ; que les Aumôniers de l'Evêque auront place dans les bas sieges vis-à-vis le Trône. Si l'Evêque s'absente plus d'un mois, le Doyen, ou la premiere Dignité en son absence doit être député avec nombre convenable de ceux du Corps du Chapitre pour saluer l'Evêque à son retour. Si l'Evêque prend des Dignitez, ou des Chanoines du corps de son Chapitre exempt, pour les pourvoir des charges de Grand Vicaire, Official, Promoteur, Penitencier, Aumônier, Appariteur, ou autre semblable, ils deviennent justiciables de l'Evêque, & le Chapitre ne peut avoir aucune Jurisdiction ni connoissance sous quelque prétexte que ce soit contre tels Officiers. *Bibliot. Can. to.* 1. *p.* 610.

180 Arrêt rendu au Parlement de Paris le 5. Février 1664. qui en appointant sur les contestations entre les Religieux de saint Vallery sur Somme, appellans tant comme d'abus de prétendu Juge, incompetent, qu'autrement, d'une Sentence renduë par l'Official d'Amiens, ordonne par provision que l'Evêque Diocesain joüira de tous les droits Episcopaux sur les habitans & le Clergé de saint Vallery, & les Religieux de leur exemption dans l'enclos de leur Monastere, même de la qualité de Curez primitifs de la Paroisse de saint Martin. Et seront les saintes Huiles remises dans l'Eglise Paroissiale, & le service Divin fait en icelle toutes les grandes Fêtes de l'année, soit par le Vicaire perpetuel, ou par les Religieux, ou ceux qui seront par eux commis, le tout jusques à ce qu'autrement par la Cour, parties oüies, en ait été ordonné ; tous dépens dommages & interêts réservez. *Journal des Audiences*, *tome* 2. *li.* 6. *ch.* 10.

EVESQUE D'ANGERS.

Voyez le mot *Evêque*, *nomb.* 25. *& cy-dessus le n.* 163. 181

Plaidoyers & Arrêt du Parlement de Paris en 1538. sur l'exemption du Chapitre d'*Angers* de la Jurisdiction de l'Evêque. *Preuves des Libertez* tome 2. chap. 38. nomb. 8.

Citation obtenuë par M. l'Evêque d'Angers pour 181 *bis.* faire assigner son Chapitre au petitoire de l'exemption de la Jurisdiction, &c. Jugé abusive le 15. Juin 1616. *Du Fresne li.* 1. *chap.* 112.

CHAPITRE D'ANGOULESME.

De l'exemption prétenduë par le Chapitre d'*Angoulême*, contre M. l'Evêque d'Angoulême, disant que le Chapitre étoit sous la Jurisdiction de M. l'Archevêque de Bourdeaux. La cause appointée au mois de May 1677. *De la Guess. to.* 3. *li.* 11. *ch.* 15. 183

Voyez le mot *Evêque*, *nomb.* 27.

ABBAYE DE S. ANTOINE.

Si l'Ordre de saint Antoine est exempt de la Jurisdiction de l'Archevêque de Vienne ? *Voyez* le mot *Archevêque*, *nomb.* 46. *&* le mot *Evêque*, *nomb.* 83. 184

EVESQUE D'AVRANCHES.

Voyez le mot *Evêque*, *nomb.* 29. 184 *bis.*

EGLISE D'AUTUN.

Le Chapitre de l'Eglise Cathedrale d'Autun sous 185 prétexte qu'il se disoit exempt par des Bulles de la Jurisdiction de l'Evêque, a été jusques au point de luy soûtenir en justice qu'il ne pouvoit prétendre d'avoir un Trône élevé dans son Eglise Cathedrale, qu'il ne pouvoir au dessus de ce Trône avoir un dais de velours, ni traverser le Chœur de son Eglise pour venir prendre sa place, accompagné de ses Bedeaux avec sa suite ; que ces mêmes Bedeaux de l'Evêque ne pouvoient porter leurs Masses hautes dans l'Eglise Cathedrale, parce que c'étoit leur Eglise ; qu'ils en étoient les Seigneurs absolus au spirituel & au temporel, & ainsi que leurs Bedeaux seuls, à l'exclusion de ceux de l'Evêque, avoient droit de porter dans l'Eglise les Masses hautes & élevées ; que ce droit de donner des Dimissoires aux Chanoines exempts, & aux Chapelains & Choriaux qui voudroient se faire promouvoir aux Ordres sacrez, leur appartenoit ; que les Aumôniers de leur Evêque ne pouvoient prendre place aux bas sieges de leur Eglise proche de sa personne, ni le servir à l'Autel avec la Chape, quand les Dignitez seroient auprès de luy en Chapes ; enfin qu'il ne pouvoir ordonner aucunes Processions, ni faire solemniser aucunes Fêtes sans leur consentement. *Fevret traité de l'Abus*, *tome premier liv.* 3. *chap.* 1. qui recite ce fait, dit que quoy que ces demandes fussent sans raison ni fondement, il fallut un jugement pour arrêter l'audace des inferieurs contre leur Superieur.

EVESQUE DE BAYEUX.

Voyez cy-après le nomb. 207. 186

EVESQUE DE BEZIERS.

Jugé au Parlement de Toulouse le 4. Avril 1678. 187 qu'il n'y avoit abus dans les Ordonnances faites par l'Evêque de *Beziers* lors de sa Visite en l'Eglise des Religieux saint François de Gignac, qui se prétendoient exempts. *Voyez les Arrêts de M. Catellan*, *li.* 1. *chap.* 36.

ARCHEVESQUE DE BOURDEAUX.

Voyez le mot *Evêque*, *nomb.* 27. 188

CHAPITRE DE BOURGES.

Si les Beneficiers d'une Eglise Cathedrale peuvent 188 *bis.* être exempts de la Jurisdiction de l'Archevêque, & en quels cas ? *Tournet*, *lettre B. nomb.* 74. La contestation étoit entre le Chapitre & l'Archevêque de *Bourges*.

Voyez cy dessus le n. 165. & cy-après le nombre 191.

EVESQUE DE CHALONS.

Voyez le mot *Evêque*, *nomb.* 46. *&* 138. 189

Par Arrêt du 20. Mars 1657. l'Evêque de *Chalons* sur Saone fut maintenu & gardé en la possession &

EXE

jouïssance de faire la Visite, & exercer sa Jurisdiction dans l'Eglise de Tournus, dont l'Abbé prétendoit exemption. L'Evêque déclara qu'il ne prétendoit aucun droit de Visite ni Jurisdiction sur l'Abbé, ni dans sa maison Abbatiale. *Soëfve, to. 2. Cent. premiere, chapitre* 61.

EVESQUE DE CHARTRES.

190 Voyez *au Journal des Aud. tome* 3. *li.* 1. *chap.* 5. un Reglement prononcé au Parlement de Paris le 24. Mars 1664. pour la Jurisdiction entre l'Evêque de Chartres & le Chapitre.
Voyez le mot *Evêque*, nomb. 51.

EGLISE DE CHAUMONT.

191 *Voyez cy-dessus le nomb.* 179.

MONASTERE DE CHEZO-BENOIST.

192 Par Arrêt du 17. Janvier 1558. le Monastere de *Chezo-Benoist* fut déclaré par provision exempt de l'Archevêque de Bourges, tant pour les Processions, que Senne, Procurations, Visitations, & Collations ; plaidans Robert pour l'Archevêque de Bourges, Marillac pour le Monastere, & M. du Mesnil pour le Roy. *Biblioth. Can. to.* 1. *p.* 604. *col.* 2.
Voyez cy-dessus le nomb. 188.

ABBAYE DE S. DENYS.

193 *Voyez cy-dessus le nomb.* 179. *& le mot Evêque, nomb.* 69.

CONGREGATION DE LA DOCTRINE CHRESTIENNE.

194 La Congregation de la *Doctrine Chrétienne* qui a été déclarée Seculiere se prétendoit exempte de la Jurisdiction des Evêques Diocesains; elle y a été assujettie même à la correction dans les cas de Droit, par Arrêt du Conseil d'Etat du 18. Septembre 1672. *Biblioth. Can. to.* 1. *p.* 618.

EVESQUE DE CLERMONT.

194 bis. M. Joachin d'Estaing Evêque de Clermont devenu aveugle, ne pouvant vaquer aux fonctions de sa charge Episcopale, notamment à la Collation des Ordres sacrez, pria M. l'Evêque de Béthléem de se transporter en la Ville de Clermont pour y conferer les Ordres. La notification & publication en ayant été faite par tout le Diocese ; le jour destiné étant venu pour y proceder, M. l'Evêque de Clermont & M. l'Evêque de Béthléem se transporterent ensemble en l'Eglise Cathedrale de Clermont ; ils en trouverent les portes fermées par le Chapitre de cette Eglise, qui soûtint qu'étant exempt, l'Evêque n'avoit pas le pouvoir ni l'autorité de conferer, ou de faire conferer les Ordres dans leur Eglise sans leur consentement exprés. M. l'Evêque de Clermont ne l'ayant voulu requerir, ordonna qu'en sa présence ces Ordres sacrez seroient conferez par M. l'Evêque de Béthléem dans l'Eglise Cathedrale de Clermont, & pour ce sujet il en fit ouvrir les portes par force & autorité. De plus il fit défenses au Prédicateur commis & préposé par le Chapitre de prêcher en cette Eglise. Le Chapitre interjetta appel comme d'abus, tant de l'une que de l'autre de ces Ordonnances. La Cour sur l'appel comme d'abus touchant la premiere Ordonnance de M. l'Evêque de Clermont, mit les parties hors de Cour & de procez, & en consequence permit à M. l'Evêque de conferer les Ordres, & d'exercer les autres fonctions spirituelles & sacrées dans l'Eglise Cathedrale de Clermont, neanmoins sans préjudice de l'exemption du Chapitre ; & touchant l'autre appel comme d'abus, dit qu'il avoit été mal, nullement & abusivement ordonné ; maintint & garda le Chapitre de Clermont en la possession de nommer & choisir un Prédicateur, tant pour prêcher pendant le Carême, Avent, Octaves, qu'autres jours ordinaires & accoûtumez, à la charge neanmoins que ledit Prédicateur sera agréé & approuvé par M. l'Evêque ; tous dépens compensez. Le Lundy 4. Août 1636. M. le premier Président prononçant. *Bardet, to.* 2. *li.* 5. *ch.* 27.

Tome II.

EXE 147

ABBAYE S. GERMAIN.

195 *Launoii Inquisitio in chartam immunitatis Monasterii B. Germani à pratis, cum ejusdem inquisitionis assertione.* Paris 1668. in 8. 2. vol.
Quatremaires *privilegium S. Germani propugnatum adversus Launoium.* Patisiis 1657. in 8.
Du Hamel *de Privilegiis S. Germani Paris.* Parisiis 1668. in 12.
Défenses des Droits de l'Abbaye saint Germain des Prez par Quatremaires. *Paris* 1668. *in* 12.

EVESQUE DE GRASSE.

196 *Voyez* le mot *Evêque*, nomb. 55. *&* 57.

ABBAYE DE S. GUIDAS.

196 bis. Quoy qu'il fut certain & indubitable entre Messire Jacques Martin Evêque de Vannes, & le Juge délegué de M. l'Archevêque de Tours, & les Peres de la Congregation Benedictine ; que l'Abbaye de saint *Guidas de Rhuis* fût sujette à la Jurisdiction de l'Evêque ; neanmoins le Grand Conseil ordonna que les Prieur, Religieux & Convent susdit, souffriroient la visite, réformation & correction du Visiteur de la Congregation, avec dépens & l'amende. Sentence du Provincial confirmée, sans préjudice des droits de l'Evêché. Du dernier Mars 1604. *Filleau,* 1. *part. tit.* 1. *chap.* 37.

ABBAYE DE JOUARRE.

197 *Voyez cy-dessus le nomb.* 166.
L'Abbesse & les Religieuses de *Joüarre*, le Clergé, Chapitre, Curé, Peuple & Paroisse de ce lieu sont sujets à la Jurisdiction & Visite de M. l'Evêque de Meaux. Arrêt du Parlement de Paris du 26. Janvier 1690. *Voyez le Journal des Audiences tome* 5. *livre* 6. *chapitre* 2.

EVESQUE DE LAON.

197 bis. *Voyez* le mot *Evêque*, nomb. 59.

EVESQUE DE LIMOGES.

198 La possession ne peut acquerir aux Religieux & Religieuses le droit d'exemption de la Jurisdiction de l'Evêque Diocesain. Jugé le 6. Mars 1653. en faveur de M. l'Evêque de *Limoges*, contre l'Abbesse de la Regle. *Soëfve,* 1. *Cent.* 4. *chap.* .19

EVESQUE DE LUÇON.

199 L'Evêque de *Luçon* a été maintenu dans la Jurisdiction sur son Chapitre, & sur tous les Officiaux qui en dépendent. Par Arrêt du Parlement de Paris du 29. Janvier 1671. qui conserve la discipline interieure, & la correction pour les fautes legeres au Chapitre, auquel l'Evêque pourra présider. *Biblioth. Can. tome premier page* 618. *&* 833. *& le* 3. *tome du Journal des Aud. li.* 5. *chap.* 7.

EVESQUE DU MANS.

200 Les Bulles d'exemption du Chapitre de l'Eglise du Mans ont été déclarées abusives, & M. l'Evêque du Mans, & ses Successeurs maintenus en toute Jurisdiction sur le Corps & les Particuliers dudit Chapitre, ensemble sur les quarante Cures de la Collation du même Chapitre. Par Arrêt du Parlement du 27. Juin 1686. *Definit. Can. verbo Exemption, & la Biblioth. Can. tome,* 1. *p.* 611.

EVESQUE DE MEAUX.

201 *Voyez cy-dessus le nomb.* 197.

RELIGIEUX DE S. MARTIN DES CHAMPS.

202 Les Religieux de saint *Martin des Champs* déclarés non sujets à l'Officialité de Paris, par Arrêt du 30. May 1377. qui rendit au Prieur deux Religieux prisonniers pour faire leur procez selon leur droit & Coûtume. *Du Luc, li.* 2. *tit.* 1. *chap.* 5. Papon, *livre* 1. *tit.* 5. *nomb.* 16.

EVESQUE DE NOYON

203 Par Arrêt rendu entre l'Evêque de Noyon & le Chapitre de saint Furcy de Peronne le 20. Decembre 1666. la Cour faisant droit sur les appellations comme d'abus interjettées respectivement, dit qu'il a été nullement & abusivement procedé ; & en consequence a maintenu & gardé les Doyen, Chanoines &

T ij

Chapitre de saint Furcy de Peronne au droit & faculté d'avoir un Official qui exercera sa Jurisdiction sur tous les Ecclesiastiques, même sur les Chanoines de la Ville de Peronne, à la charge que huitaine aprés les plaintes qui luy auront été portées il sera tenu faire les instructions necessaires pour parvenir au jugement ; autrement l'Official de l'Evêque Diocesain en connoîtra, sans que les Doyen, Chanoines & Chapitre puissent prétendre aucun droit de Grand Vicariat, qui sera exercé par les Grands Vicaires de l'Evêque de Noyon; lequel en cas qu'il en veüille commettre un particulier pour la Ville de Peronne, ne pourra le choisir que du Corps du Chapitre de S. Furcy ; a maintenu & gardé M. l'Evêque de Noyon au droit de visiter, tant la Chapelle de Nôtre-Dame dite des Nobles, que l'Hôtel-Dieu, & l'Hôpital de Peronne, & d'y faire tel reglement qu'il jugera bon être, desquels l'execution, comme aussi le détail de l'administration appartiendra au Chapitre. *Journal des Aud. to. 3. li. 1. chap. 5,*

ARCHEVESQUE DE PARIS.

204 *Voyez* le mot *Archevêque*, nomb. 31. & *suiv.*
Les Chanoines de Nôtre-Dame de *Paris* ayant refusé de se lever de leurs sieges & s'incliner quand le Diocesain donnoit la benediction à la fin des saints Offices, ils y furent condamnez par Arrêt sans avoir égard au privilege & exemption à eux accordée par Bulle. d'Alexandre III. en l'an 1165. nonseulement de la Jurisdiction de l'Evêque de Paris, mais encore du Metropolitain & Primat de Sens. *Biblioth. Can. tome 1. p. 610.*

205 L'Archevêque de Paris est aussi rentré dans la Jurisdiction spirituelle qui luy appartenoit sur tout le territoire du fauxbourg saint Germain des Prez, & sur les Seculiers & Reguliers y demeurans, par transaction passée entre M. l'Archevêque de Paris & les Abbé & Religieux de l'Abbaye de saint Germain des Prez le 20. Septembre 1669. *Definit. Can. p. 282.*

EVESQUE DU PUY.

206 *Voyez* le mot *Evêque*, nomb. 75. où il est parlé de sa Jurisdiction sur les Religieux du Monastere de la Ville du Puy.

ARCHEVESQUE DE SENS.

206 bis. *Voyez* le mot *Archevêque*, nomb. 39.
Reglement entre le Chapitre de l'Eglise Cathedrale de Sens & l'Archevêque de la même Eglise, touchant la Jurisdiction & l'exemption prétenduë par le Chapitre, du 28. Juin 1667. *De la Gness. to. 3. li. 2. c. 31.*

207 Monsieur l'Archevêque de *Sens* est le premier qui a paru pour combattre les privileges dont son Chapitre joüit depuis plus de deux siécles ; le second a été M. le Cardinal Grimaldi Archevêque d'Aix, qui n'a rien oublié pour aneantir non seulement quinze Bulles accordées pour presque autant de Papes, aux Religieux Jacobins de saint Maximin, par lesquelles ils sont exempts de toute Jurisdiction des Archevêques d'Aix, & mis sous la protection du saint Siége ; mais encore plusieurs Lettres patentes des Rois, Patrons, Fondateurs de la même Eglise de saint Maximin leur Monastere, & un grand nombre d'actes autentiques passez par les Archevêque ses predecesseurs. *Definit. Cav. p. 279.* L'Auteur des Observations remarque que le Parlement retranche autant qu'il peut les exemptions des Chapitres contre les Prélats, & par son Arrêt il a justifié la conduite & le dessein de M. l'Archevêque de Sens, en réduisant l'exemption de son Chapitre aux termes du Droit commun, & le soûmettant à la Jurisdiction de son Prélat. Le Grand Conseil en a usé de la même maniere en faveur de M. l'Evêque de *Bayeux* contre son Chapitre, dont il a réduit les prétentions extraordinaires, *ad legitimum modum*.

208 Arrêt du Parlement de Paris du 2. Septembre 1670. qui maintient M. l'Archevêque de *Sens* contre le Chapitre de sa Cathedrale en la Jurisdiction & droit de visite dans l'Eglise de Sens & Cloître des Chanoines, avec pouvoir d'ordonner de toutes les choses qui sont de la Police Ecclesiastique, & qui pourront être faites & instruites sur le champ, & sans formalité de Justice ; comme aussi aux mêmes droits de Visite, Jurisdiction & Correction, & Actes en dépendans, sur les Dignitez, Chanoines, Chapitre, Semiprébendez, & autres servans dans ladite Eglise ; le maintient pareillement aux droits de Jurisdiction, Visite & Correction, tant sur les Curez du Patronnage dudit Chapitre de Sens, que sur les Doyen, Chanoines & Chapitre de l'Eglise de Bray, & sur l'Hôtel-Dieu, Maîtres, Freres & Sœurs qui le desservent, sans préjudice toutefois de l'administration dudit Hôtel-Dieu, qui demeurera aux Doyen, Chanoines & Chapitre de Sens comme cy-devant ; & outre maintenu au droit d'établir seul des Bedeaux & Marguilliers de ladite Eglise ; fait défenses aux Doyen, Chanoines & Chapitre de Sens de les y troubler ; le Bedeau établi par le Chapitre demeurant établi dans les fonctions qui luy appartiennent d'ancienneté. Comme aussi a maintenu & gardé le Chapitre au droit de Jurisdiction dans l'Eglise, Cloître & Chapitre des Chanoines, & de Jurisdiction & correction sur les Dignitez, Chanoines, Semiprébendez, Chapelains, Choristes, Marguilliers & Officiers résidans dans le Cloître, & desservans continuellement dans l'Eglise Cathedrale, même en execution des Ordonnances de l'Archevêque dans le cours de sa visite au cas où il sera necessaire de proceder par les formes de droit, & d'instruire un procez, le tout en premiere Instance seulement, & à la charge de l'appel pardevant ledit Archevêque, ou son Official : ordonne que l'Official du Chapitre sera tenu d'informer dans trois jours des délits commis par les Dignitez, Chanoines, Semiprébendez, Chapelains, Choristes, Marguilliers & Officiers résidans dans le Cloître, & desservans l'Eglise, & d'instruire & juger les procez dans les délais de l'Ordonnance ; autrement & à faute de ce faire dans ledit temps & iceluy passé, pourra l'Archevêque ou son Official, informer, instruire & juger les procez, sans que les accusez puissent demander leur renvoy, & sans préjudice au Sr Archevêque de proceder contre les Archidiacres en premiere Instance, s'ils commettent quelques fautes dans leurs fonctions. Le Chapitre maintenu pareillement au droit de visite Archidiaconale sur les Curez de son Patronage, dont il sera tenu de rapporter les procez-verbaux dans le mois à l'Archevêque ; au surplus ledit Chapitre déclaré non recevable en son appel comme d'abus, condamné en une amende de 75. livres, dépens compensez. *Voyez le 3. 10. du Journ. des Audiences, liv. 1 ch. 31.*

RELIGIEUSES DE SOISSONS.

Les Religieuses de l'Ordre de S. Benoît de Soissons, déclarées sujettes à la visite de l'Evêque, nonobstant leur prétenduë exemption. Arrêt du mois d'Août 1600. *B. Bordeau, part. 2. li. 9. Controv. 7.*   209

EVESQUE DE TOUL.

Voyez cy-dessus les nomb. 47. & 173.   210

ARCHEVESQUE DE TOURS.

Voyez le *Plaidoyé de M. Servin* pour l'Archevêque de *Tours*, contre les Chanoines de S. Martin, où il traite des Droits des Ordinaires, & des prétenduës Exemptions de S. Martin de Tours.   211

Arrêt du Parlement de Paris du 13. Avril 1709. concernant la Jurisdiction de M. l'Archevêque de Tours, & celle prétenduë par le Chapitre de Saint Martin de la même ville. La Cour en tant que touche les appellations comme d'abus, dit qu'il a été mal, nullement & abusivement ordonné & executé, en ce que les Bulles & Rescrits contiennent exemption entiere & totale dudit Chapitre de Saint Martin, & de ses dépendances de la Jurisdiction dudit   212

Archevêque, & établissent une soûmission immédiate dudit Chapitre au Saint Siege, ayant égard aux Lettres dudit Archevêque de Tours contre les Concessions, Concordats, & autres Actes passez par aucuns de ses Prédecesseurs approbatifs desdites Bulles, & les enterinant, a remis les Parties en tel & semblable état qu'elles étoient avant lesdits Actes; & en consequence a maintenu & gardé ledit Archevêque de Tours au droit de Jurisdiction & de Visite dans l'Eglise & Cloître des Chanoines de Saint Martin de Tours, avec pouvoir d'officier Pontificalement dans ladite Eglise, en gardant les Rits & Ceremonies qui y ont été de tout temps observées, & au droit d'ordonner dans le temps de la Visite de toutes choses qui sont de la Police Ecclesiastique, & qui peuvent être faites & instruites sur le champ & sans formalité de Justice; maintient & garde pareillement ledit Archevêque de Tours au droit de Visite, Jurisdiction, Correction, & Actes en dépendans, sur les Dignitez, Chanoines, Chapitre, Semiprébendiers, Vicaires, Chantres, & tous autres deservans dans ladite Eglise, & sur les Curez, Chanoines & Chapitre de Saint Venant, Chapitre de Saint Pierre le Puellier, sur les Prieur & Chanoines Reguliers de Saint Côme lés Tours, & sur la Cure de Saint Pierre du Chardonnet, & leur dépendances, le tout en personne seulement, sans qu'aucun Archiprêtre, Archidiacre, Grand Vicaire, ou Commissaire dudit Archevêque, même le Chapitre de l'Eglise Metropolitaine de Saint Gatien, le Siege vacant, puisse exercer sur ledit Chapitre de Tours & ses dépendances aucun Acte de Jurisdiction volontaire, & contentieuse; & encore maintient & garde ledit Archevêque de Tours au droit de Jurisdiction, Visite & Correction sur les Curez de la Collation & dépendans desdits du Chapitre de Saint Martin de Tours; comme aussi maintient & garde lesdits Chanoines & Chapitre de Saint Martin de Tours au droit de Jurisdiction dans l'Eglise & Cloître de Saint Martin, même de Correction sur les Dignitez, Chanoines, Semiprébendez, Chapelains, Vicaires, Chantres, & tous autres Beneficiers & Officiers residans dans ledit Cloître & deservans ladite Eglise, & sur les Curez de Saint Venant, & de Saint Pierre du Chardonnet, en ce qui ne regarde point l'administration des Sacremens, & toutes les fonctions Curiales; maintient encore lesdits du Chapitre de Saint Martin au droit de Jurisdiction sur tous les Beneficiers & Officiers du Chapitre de Saint Venant, & de Saint Pierre le Puellier, & sur les Prieur & Chanoines Reguliers de Saint Côme, laquelle Jurisdiction & Correction lesdits Chanoines & Chapitre de Saint Martin de Tours pourront exercer même en execution des Ordonnances dudit Archevêque renduës dans le cours de la Visite, en cas qu'il soit necessaire de proceder par les formes de Droit, & d'instruire les Procez, le tout en premiere Instance seulement; & à la charge de l'appel pardevant ledit Archevêque, ou son Official; & pendant la vacance dudit Siege de Tours pardevant l'Archevêque de Lyon, ou son Official Primatial: ordonne que dans trois mois, à compter du jour de l'avertissement qui en aura été fait par écrit par ledit Archevêque de Tours, ou son Promoteur, à l'Official dudit Chapitre de Saint Martin, il sera tenu d'informer des délits commis par les Dignitez, Chanoines, Semiprébendiers, Vicaires, Chapelains, Chantres, & autres Beneficiers & Officiers des Chapitres, & Curez de Saint Venant, & le Chapitre de Saint Pierre le Puellier, Chapitre de Saint Côme lés Tours, & Curé de Saint Pierre du Chardonnet, & en instruire & juger les procez dans les délais de l'Ordonnance; & à faute de ce faire dans ledit temps & icelui passé, pourra ledit Archevêque de Tours, ou son Official, informer, instruire & juger les procez,

sans que les accusez puissent demander leur renvoy: lesdits Doyen, Tresorier, Chanoines & Chapitre de Saint Martin auront droit de Visite Archidiaconale sur les Curez de leur Collation, desquelles Visites ils rapporteront les procez-verbaux dans le mois audit Archevêque de Tours, duquel lesdits Curez de la Collation dudit Chapitre, même ceux de Saint Venant & de S. Pierre du Chardonnet, seront tenus de prendre l'institution autorisable. Et avant faire droit sur l'appel simple interjetté par ledit d'Hervaux du Jugement arbitral de l'année 1238. & sur l'appel comme d'abus, tant du Procureur General, que dudit sieur d'Hervaux, de la Bulle ou Rescrit du Pape Innocent IV. du 7. des Kalendes de Mars, l'an premier de son Pontificat; ensemble sur le surplus des Lettres de Rescision dudit d'Hervaux, le tout ce qui concerne la Jurisdiction sur l'Abbesse & Religieuses de Beaumont lés Tours, ordonne que les Religieuses seront mises en cause à la diligence dudit d'Hervaux Archevêque de Tours.

Cet Arrêt fut signifié le 4. May 1709. à la requête de M. l'Archevêque de Tours, qui le même jour protesta de se pourvoir contre par les voyes de Droit, & que tous Actes qui seroient faits ne pourroient luy nuire ni préjudicier, ni passer pour une approbation dudit Arrêt.

EVESQUE DE VANNES.

Voyez cy-dessus *le nombre* 196.   213

EXHEREDATION.

DE liberis & posthumis heredibus instituendis, vel exheredandis. D. 28. 2.
De liberis præteritis, vel exheredatis. C. 6. 28.
De posthumis heredibus instituendis, vel exheredandis. C. 6. 29.
De exheredatione liberorum. J. 2. 13. ... Cajus 2. 3.
Quæ sint justæ exheredationum causæ parentum & liberorum? N. 115. c. 3. & 4.
Ne liceat parentibus exheredare liberos qui ingrediuntur Monasterium, velut ingratos. N. 123. c. 41.
Exheredation. Voyez hoc verbo la Bibliotheque de Jovet; & Ricard, des Donations, part. 3. chap. 8. section 4.
De l'exheredation & de ses causes. Voyez *Julius Clarus*, li. 3. sententiarum quest. 41.

Il est permis aux peres & aux meres d'exhereder leurs enfans, & aux enfans d'exhereder leurs peres & leurs meres. La Novelle 115. contient toutes les causes; les voicy en abregé, avec celles pour lesquelles un frere peut exhereder son frere consanguin, dans le cas auquel la querelle d'inofficiosité lui appartient, lesquelles sont contenuës en la *Novelle* 22. chapitre 47.

Bis septem causis exhæres filius esto,
Si Patrem feriat, vel maledicat ei,
Carcere detrusum si negligat, ac furiosum,
Criminis accuset, aut paret insidias,
Si dederit gravia sibi damna, nec hoste redemit,
Testari prohibet, aut dat arena jocum,
Si pravos sequitur, vel amat genitoris amicam,
Non orthodoxus, filia quando coit.
Sed Pater & septem; si nati spernet honorem,
Hunc accusabit, dira venena dabit
Testari vetat, aut uxorem diligit ejus,
Non redimet captam, dum furit odit cam.
Pellitur à fratre frater causis tribus: ut si
Arguit hunc sceleris, vel ei vult tollere vitam,
Vel si jacturam rerum sibi moverit unquam.

L'article 26. de l'Edit de Nantes a retranché une des causes pour lesquelles le pere a droit d'exhereder son fils: sçavoir le changement de Religion, en ces termes: *Les Exheredations ou privations, soit par dispositions d'entre-vifs ou testamentaires, faites seulement en haine ou pour cause de Religion, n'auront lieu tant pour le passé que pour l'avenir entre nos Sujets.* Ce

T iij

qui doit s'entendre de la Religion Prétenduë Réformée seulement.

Voyez Ricard, des Donations entre-vifs, 3. part. ch. 8. sect. 4. n. 943.

2 De l'Exheredation; les parens ne peuvent exhereder leurs enfans, quoiqu'ils leur laissent leur legitime par d'autres dispositions; la portion d'un fils de qui l'exheredation subsiste, accroît à celuy qui fait annuller la sienne: des causes qui rendent juste l'exheredation. Voyez le 3. tome des Loix Civiles, liv. 3. titre 2.

3 Henrys, tome 2. li. 5. quest. 35. établit deux choses: la premiere, que dans les Païs du Droit écrit l'exheredation ne peut être faite que dans un Testament en bonne forme, & qu'elle n'est pas valable étant faite par un Codicille, ou même par un Testament soûtenu par la clause codicillaire. La seconde, que pour faire subsister l'exheredation, il faut que le Testament subsiste; ainsi quand l'heritier institué décede avant le Testateur le testament ne pouvant subsister, l'exheredation s'évanoüit, & le fils desherité recüeille la succession par la voye intestat. Il faut dire la même chose, quand l'heritier institué répudie l'heredité, ou qu'il est incapable de la recueillir; en un mot, si testamentum sit nullum, raptum vel desertum, exheredatio evanescit. Il n'en est pas de même dans les Païs de Coûtume; l'exheredation peut être faite par un simple Acte.

4 Exheredation d'enfant doit être pure & sans condition. Un pere laisse quelque chose à son enfant, & veut qu'il se contente, sans pouvoir demander rien plus, & au cas qu'il ne s'en contente, l'exherede; par Arrêt du Parlement de Toulouse du 15. Mars 1580. jugé contre le Vicomte de Bourniquel qu'il peut demander sa legitime. La Rocheflavin, li. 2. tit. 9. verbo Exheredation.

5 Les enfans de l'exheredé sont reçus à la succession de l'ayeul. Arrêt du Parlement de Paris de la surveille de Noël 1584. pour des enfans dont le pere étoit mort avant que la succession de leur ayeul fût ouverte; ils viennent jure suo non patris. Papon, liv. 20. tit. 2. n. 6.

6 Par la Loy omnimodò, 30. C. de inoff. test. & par l'autentique non licet, au Code de liberis præteritis, c'est aux heritiers qui se prévalent de l'exheredation & qui la soûtiennent, à prouver que la cause est veritable, & si la cause de l'exheredation n'est promptement verifiée, l'enfant desherité doit être maintenu pendant le procez, parce que l'heritier présomptif est saisi par le benefice de la Coûtume. Arrêt de Dijon du 29. Novembre 1584. Il y a une exception à cette regle; car si l'enfant exheredé reconnoissant son tort, ne se plaint point, les heritiers ne sont pas obligez de prouver la cause de l'exheredation, attendu que le silence de l'exheredé tient lieu de preuve. La nommée le Seurre ayant accusé son fils appellé Guilier de l'avoir battuë, il fut condamné par Arrêt à demander pardon à sa mere pardevant le Commissaire, ce qu'il fit, & sa mere luy pardonna; neanmoins ce fils dénaturé ayant depuis maltraité sa mere, elle l'institua son heritier en la somme de vingt livres, déclarant dans son Testament qu'elle avoit bien des sujets de l'exhereder à cause de ses emportemens & de son ingratitude: le même jour elle d clara encore pardevant le même Notaire, qui avoit reçu son Testament, que son fils l'avoit maltraitée, & l'avoit voulu percer avec une broche, & qu'il l'auroit fait, si les voisins y étant accourus ne luy avoient arraché des mains cette broche lors qu'il étoit prêt de le frapper; qu'elle n'avoit point parlé de cette cause d'exheredation dans son testament, de crainte que ce malheureux enfant ne fût puni par la justice. Ce fils se sentant coupable se tint au testament de sa mere sans se plaindre; mais aprés qu'il fut mort, sa fille se pourvût au Juge, & demanda part à la succession de son ayeule; ses oncles, tantes & enfans de la testatrice se retrancherent sur le silence du pere de leur niéce, & sur la cause legitime que leur mere avoit euë d'exhereder le pere de la demanderesse. Par Arrêt du 5. Février 1616. le fils fut déclaré bien exheredé, & les oncles & tantes renvoyez de la demande de leur niéce fille de l'exheredé. Voyez Taisand sur la Coût. de Bourgogne titre 7. art. 2. n. 3.

7 L'exheredation d'un ayeul maternel déclarée nulle; il s'agissoit d'un mariage contracté sans le consentement de cet ayeul. Voyez l'espece dans Des Maisons, lettre E. nombre 8. & la Guesliere, tome 2. livre 4. chapitre 17.

8 Si les Enfans d'un fils qui a été justement desherité par son pere, auquel il a survécu, ont droit de débattre le testament de leur ayeul, ou de nullité, les ayant preterits, quoi qu'ils fussent nez lors de son testament, ou de sa mort, ou d'insofficiosité? Voyez Duperier, li. 2. quest. 8. blâmant l'extrême rigueur de la subtilité du Droit voisine de l'injustice, il se déclare pour les Loix & les Arrêts qui ont aboli l'inhumaine Jurisprudence, laquelle enveloppoit l'innocence des enfans dans le crime de leur pere.

9 Testament portant clause d'exheredation ex causâ infamante, est vicieux & inofficieux. Arrêt du 4. Mars 1602. Chenu, premiere Cent. quest. 41.

10 Exheredation cum maledicto. Antoine Pigret institué heritier son neveu, & exherede son frere pere d'Antoine, en ces mots, & par ce moyen j'exclus, rejette & desherite mon frere & tous ses enfans du second lit, & ayans cause, & ce pour causes legitimes & tres-grandes occasions qu'ils m'en ont données, & qui m'ont mû à ce faire, priant Dieu neanmoins qu'il veüille pardonner l'outrage qu'ils m'ont fait. Le pere de l'institué demande la cassation du testament, disant qu'à la verité un pere peut ainsi exhereder un fils, nam patris increpatio non facit filium infamem. Arrêt du Parlement de Paris du 28. Mars 1605. qui sans avoir égard à la clause d'exheredation confirme le testament, à la charge que le pere jouïra par usufruit la vie durant de tout ce qui a été laissé à son fils. Dans ce même Arrêt sont rapportez deux autres, l'un du 4. Mars 1602. qui casse un testament par lequel une Sœur ayant été desheritée en ces termes, parce qu'elle s'étoit mal gouvernée; l'autre Arrêt dans le cas d'un testament où il étoit dit, parce qu'elle s'est indignement mariée; elle avoit épousé un Apoticaire. Voyez la Bibliotheque de Bouchel, verbo Exheredation, & le Bret, liv. 3. décis. 1.

11 Par Arrêt du Parlement de Normandie du 10. Decembre 1610. rapporté par Berault, sur la Coûtume de Normandie, art. 244. in verbo de prison, a été exheredation d'un fils qui avoit été assisté de son pere pendant qu'il avoit été malade de la maladie contagieuse, & qui avoit abandonné son pere peu aprés dans la même occasion, approuvée & jugée valable, à l'exemple de l'affranchy qui a offensé la memoire de son défunt Patron, & qui est privé du legs qu'il luy avoit fait. l. 1. ff. de his qui b. ut indig.

12 Par Arrêt du Parlement de Normandie du 20 Decembre 1611. rapporté par Berault, sur la Coûtume de Normanlie, art. 369. il a été jugé que l'exheredation de l'ayeul n'avoit lieu contre les enfans auxquels il avoit donné le nom au Baptême, suivant la Loy in ipsius cod. fam. Ercis.

13 Exheredation d'une mere, mater exheredibus factis filiâ ac nepotibus sua omnia bona Ecclesiæ pauperibus donaverat, id vero, ut constabat, in odium filiæ; testamento infirmato filiæ ac nepotibus bona addicta sunt. le 15. Juin 1617. Mornac. l. 1. C. de inofficiosis donation.

14 Voyez le 1. Plaidoyé de M. le Maître, sur l'exheredation de la Demoiselle de Poissy. L'Arrêt du 5. Juillet 1629. cassa le Testament du pere, outre qu'il avoit

voulu engager sa fille à embrasser l'état Religieux, elle ne s'engagea dans celuy du mariage contre son consentement qu'après trente ans & plus. Alors on estimoit au Palais que le 4. article de l'Ordonnance d'Henri II. touchant les fils majeurs de trente ans, & les filles de vingt cinq, ne s'étoit jamais observé à la rigueur. Quoique le second Plaidoyé de M. le Maître, qui étoit le contraire du premier, soit un ouvrage d'esprit, plusieurs Loix & maximes importantes sur le fait des exheredations y sont établies.

15. Un Testament ne subsistant pas, parce que l'heritier institué étant decedé avant le testateur, l'institution devient caduque, par consequent l'exheredation qui est attachée à sa subsistance, & qui en dépend ne peut subsister. Arrêt du 7. Juillet 1631. Henrys, tome 2. liv. 5. q. 35.

16. Le fils exheredé ne peut pas intenter la querelle ou plainte d'inofficiosité, quand l'heritier institué est obligé de luy rendre & restituer l'heredité, parce qu'étant substitué, il est reputé institué. Arrêt du 14. Juillet 1631. Brodeau sur M. Loüet lettre R. somm. 9. nomb. 4.

17. Testament d'un pere en Païs de Droit Ecrit, contenant exheredation du fils, & au cas qu'elle ne subsiste, institution à son profit d'une somme modique, est déclaré nul pour le tout & la succession partagée ab intestat. Bardet, to. 2. li. 8. ch. 16.

18. Voyez le 16. Plaidoyé de M. Gaultier, to. 2. contre l'exheredation de S. Hilaire. Il fut condamné à mort, & après son execution les sœurs soûtinrent qu'il étoit coupable du crime de parricide, & qu'ayant été exheredé par leur pere, ses biens ne pouvoient faire la seureté des dommages & interêts prétendus par les Parties civiles. Il ne paroît point d'Arrêt définitif.

19. Jugé au Parlement de Grenoble le 6. Février 1645. que l'heritier est recevable de faire informer criminellement contre le fils exheredé pour les causes d'ingratitude alleguées par le pere dans son Testament. Une de ces causes étoit que le fils avoit mis la main à l'épée contre son pere. Basset, to. 1. li. 5. tit. 15.

20. Si l'exheredation prononcée contre le fils a lieu contre le petit-fils; Arrêt interlocutoire du 8. Mars 1661. De la Guessiere, tome 2. livre 4. chap. 12. le fils étant mort devant son pere. Voyez des Maisons lettre M. nombre 23. le fils exheredé ayant survécu ses pere & mere. Voyez de la Guessiere, tome 4. liv. 8. ch. 18.

21. Exheredation pour raison des mauvais traitemens dont les freres accusoient leur aîné. Arrêt du Parlement de Paris du 17. Mars 1661. qui évoqua le principal differend des Parties, & pour y faire droit appointa les Parties au Conseil, & sur l'enquête en droit & joint. Des Maisons lettre E. nombre 7.

22. Pere & mere de la Religion Prétenduë Reformée, ne peuvent exhereder leur fille pour avoir changé de Religion. Arrêt du 13. Juin 1663. Notables Arrests des Audiences, Arrêt 106. Voyez Des Maisons lettre E. nombre 1. 2. & 3.

23. Testament d'un pere portant exheredation contre deux enfans accusez d'avoir attenté à sa vie, dont il y avoit quelque preuve, confirmé le 15. Février 1665. Journ. des Audiences, tome 2. liv. 7. chapitre 6. Nota, que la date du 15. Février 1665. est un Dimanche.

24. Si un fils peut-être desherité par son pere, non seulement sur ce que le pere ayant été long-temps prisonnier pour crimes dont il étoit faussement accusé, n'avoit été visité ni assisté de son fils, qui même après l'Arrêt d'absolution avoit refusé de se rendre caution de quelques sommes, mais encore sur ce que le fils pour luy faire injure après le décez de sa mere, ayant passé bail d'une terre de sa succession, avoit pris simplement qualité de fils & heritier de la Duchesse de Croüy sa mere, sans faire aucune mention du sieur Comte de Mailly son pere. Arrêt du 3. Juillet 1670. qui casse l'exheredation que la Sentence des Requêtes de l'Hôtel avoit confirmée. Soëfve, tome 2. Cent. 4. chap. 50.

25. Arrêt du Parlement de Provence du 3. Décembre 1665. qui a jugé que les frais funeraires & de la derniere maladie de l'enfant exheredé sont dûs par le pere, mais non les alimens. Boniface, to. 2. liv. 1. tit. 16. ch. 3.

26. L'exheredation est nulle, quand il y a une institution particuliere de l'exheredé dans le même Testament. Boniface, tome 5. liv. 1. tit. 31. en rapporte un Arrêt du 14. Mars 1668.

27. Si le Testament fait par un pere, qui ne fait legs à sa fille unique, que d'une somme modique, sans la qualifier sa fille, est nul comme contenant une exheredation avec mépris. Arrêt du même Parlement de Provence du 26. May 1679. qui confirma le Testament. Il y avoit eu partage d'opinions. Ibidem, tit. 15.

28. Lescot pere exherede son fils, qui survit ses pere & mere; l'exheredation fut confirmée, & neanmoins la somme de 100000. livres fut ajugée aux petits enfans. Arrêt du Parlement de Paris du 3. Septembre 1683. Journ. des Audiences, tome 4. liv. 8. chap. 18. Requête civile, deboutée avec amende & dépens le 9. Avril 1685. Voyez Charondas liv. 7. Rép. 105. & 237.

29. Arrêt du 17. Juillet 1691. qui sans avoir égard au Testament de M. le Bout Conseiller aux Requêtes du Palais que l'on attaquoit comme fait par le principe d'une haine & d'une colere injuste, ordonne que ses enfans viendront à partage suivant la Coûtume. Voyez le 5. Plaidoyé de M. Erard.

30. Exheredation d'un fils nommé heritier par Contrat de mariage déclarée nulle. On jugea que le pere n'avoit pû varier. Voyez le mot Election nomb. 219.

EXHEREDATION DU FILS ACCUSATEUR.

Voyez le mot Accusation nomb. 17.

31. L'Enfant qui accuse son pere criminellement, peut être exheredé; & par ce seul motif une fille avoit fait crier son pere à trois briefs jours en vertu d'un decret de prise de corps qu'elle avoit obtenu contre luy, le Parl. de Toulouse par Arrêt du 11. Mars 1665 cassa les informations qu'elle avoit fait faire, & revoqua la donation que son pere lui avoit faite en faveur de son premier mariage, dont en cette instance criminelle il avoit demandé la cassation & revocation par ingratitude. La Rocheflavin lettre I. tit. 5. Arrêt 9.

EXHEREDATION DU FILS ADOPTIF.

32. Fils adoptif peut être exheredé pour cause d'ingratitude; Exemple, Alphonse Roy d'Aragon qui fut adopté & exheredé par Jeanne Reine de Sicile. V. Franc. Marc. to. 1. quest. 853.

EXHEREDATION, ALIMENS.

33. Les alimens ne sont dûs au fils exhereré. Voyez le mot Alimens, nomb. 55.

33 bis. Jugé par Arrêt du 8. May 1658. que la declaration de l'exheredation & faute commise par le fils, de s'être marié sans le consentement de son pere, ne tiroit consequence pour les alimens que le pere ne pouvoit denier à son fils & enfans sortis de ce mariage, alimenta debentur etiam deportato incapaci; non tolluntur capitis diminutione. Il y a un Plaidoyé notable dans M. le Bret, Berault à la fin du 2. tome de la Coût. de Normandie p. 97. sur l'art. 369.

EXHEREDATION POUR DEBAUCHE.

34. Une tante exherede ses niéces à cause de leur lubrique vie, l'exheredation jugée nulle, par Arrêt du 4. Mars 1602. Charondas, li. 13. Rép. 38.

35. Le 17. Mars 1633. au Parlement de Paris une exheredation pour raison de la vie scandaleuse d'une niéce fut confirmée. Journal des Audiences, tome premier li. 2. ch. 135.

36. Exheredation faite par acte entre-vifs, passé par devant Notaires sans faire testament, d'un pere ou d'une mere de leur fils pour ses débauches recidives, & pour

s'être marié avec une fille notée, le fils âgé de 25. ans, jugée valable le 8. Juin 1638. *Du Frêne*, livre 3. chapitre 52.

37. Arrêt du 16. Avril 1654. qui a jugé qu'un pere ne peut desheriter son fils pour débauche & mauvaise vie ; cette cause n'étant pas de celles exprimées dans la Novelle de l'Empereur Justinien. *Soëfve* tome premier Cent. 4. chap. 64. & du Frêne li. 7. ch. 38.

38. En la cause du sieur de Merle sieur de Blanbuisson, contre le Baron d'Orbec son neveu, & ses autres freres & sœurs, il a été jugé le Vendredy 29. May 1660. à l'Audience de la Grand' Chambre, que l'exheredation du sieur de Blanbuisson pere faite contre le pere du sieur Baron d'Orbec son fils étoit valable, ensemble une donation par luy faite à son aîné, ladite exheredation fondée sur ce que ledit sieur d'Orbec son fils avoit épousé une fille de basse condition & de mauvaise conduite. Il y avoit eu une révocation, mais elle étoit sans date. *Jovet*, verbo *Exheredation*, n. 12. rapporte cet Arrêt, & dit l'avoir oüi prononcer par M. de la Moignon premier Président.

Voyez cy-après le nombre 70.

EXHEREDATION AVEC ELOGE.

39. Testament portant clause d'exheredation *ex causâ infamante*, est vicieux & inofficieux. Arrêt du Parlement de Paris du 4. Mars 1601. *Voyez Filleau*, 4. part. quest. 41.

40. Un fils exheredé *cum elogio*, le frere défunt ayant legué au fils du frere exheredé, le legs jugé bon, & que suivant le consentement du fils le pere en joüiroit sa vie durant. Arrêt du 28. Mars 1605. *Mornac, l. 21. C. de inofficios. testament.*

41. Exheredation d'un frere *cum elogio* déclarée valable. Les débauches étoient grandes, & cette exheredation conservoit le bien à la famille. Jugé le 6. Mars 1618. *Bardet, to. 1. li. 1. ch. 13.*

42. Exheredation avec éloge *in collaterali*, ne vaut, si l'éloge n'est notoire. Arrêt du 16. Janvier 625. *Du Frêne liv. 1. chap. 34.*

43. Jugé au même Parlement de Paris le 17. Mars 1633. que l'exheredation d'une niece avec éloge, note, & infamie, est bonne & valable ; il y avoit preuve des débauches de la niéce & de l'exposition d'un enfant. *Bardet, tome 2. liv. 2. chap. 18.*

EXHEREDATION POUR MARIAGE.

44. De l'exheredation qui a pour cause un mariage contracté sans la volonté du pere. *Voyez Maynard, liv. 4. ch. 5. & Henrys, to. 2. li. 5. quest. 2.*

45. Dispute pour & contre l'exheredation des enfans d'un fils qui s'étoit marié sans le consentement de son pere, dressée par M. Pithou. L'Arrêt en faveur des enfans. *Voyez les Opuscules de Loisel*, page 373. & suiv. même Arrêt, p. 392.

46. La préterition du fils desherité pour s'être marié sans le consentement de son pere, pour l'avoir injurié, a été confirmée contre les enfans de ce fils desherité, ausquels leur ayeul maternel avoit laissé de quoi vivre commodément. Arrêt du Parlement de Grenoble du 18. Août 1677. rapporté par *Chorier*, en sa *Jurisprudence de Guy Pape*, 152.

47. Guillaume Polillon fait une donation à Pierre son fils par contrat de mariage. Jean fils de Pierre *defuncto patre, avo superstite & à son insçû duxit uxorem.* Arrêt du 28. Mars 1564. qui le prive de la donation, quoi qu'il se fût marié du consentement de sa mere, *que jam convolaverat ad secunda vota* : l'Arrêt fondé *super potestate patris.* Bibliotheque de Bouchel, verbo *Mariage.*

48. Un pere exherede son fils pour s'être marié contre sa volonté, le fils décede & laisse des enfans survivans à l'ayeul, lequel les exherede aussi pour la faute de leur pere. *Quæritur* s'il l'a pû faire ? Il fut jugé que non par Arrêt solemnel rapporté par *Robert*, lib. 2. Cap. 9. donné à Paris suivant la Loy *Non tantum*. §. *Si emancipatus filius uxore. ff. de Bonor. Poss.*

contra tabulas. Et de même à Toulouse, par Arrêt du mois de Mars de 1570. *Voyez Maynard livre 8. chapitre 73.*

49. Le fils s'étant marié contre le gré & consentement de son pere, les enfans sont reçûs à succeder à l'ayeul, nonobstant l'exheredation, le fils étant retourné en grace avec son pere. Arrêt à Noël du 22. Decembre 1584. *Montholon, Arrêt* 31. Chenu, *premiere Cent.* q. 38. Anne Robert, *rerum judicat.* liv. 2. chap. 9. Le Vest *Arrêt* 178. Mornac, *l. 22. ff. de inoff. testam.*

50. Le Baron de Villiers entretenoit la fille d'un païsan ; il en eut plusieurs enfans. Sa mere se plaignit ; il luy fit une declaration par laquelle il consentoit qu'elle l'exheredât ; il renonça même au droit d'aînesse au profit de son puîné, s'il contractoit un mariage inégal. Même déclaration de la part du puîné, l'une & l'autre omologuée au Parlement de Roüen. En 1598. le Baron de Villiers puîné par conscience voulut asseurer l'état de ses enfans & de leur mere, il l'épousa. Exheredation prononcée ; instance aux Requêtes du Palais ; principal évoqué en la Cour ; Requête civile contre l'Arrêt d'omologation. Arrêt du 20. Mars 1599. qui remit les parties en tel état qu'elles étoient auparavant ; toutes les dispositions de la mere cassées ; défenses à elle d'aliener. *Bibliotheque de Bouchel*, verbo *Mariage.*

51. Les enfans qui se marient sans le consentement de leurs pere & mere, peuvent être exheredez, sçavoir, les filles au dessous de 25. ans ; & les garçons au dessous de 30. Arrêt du Parlement de Toulouse du 12. May 1606. & par Arrêt general contre une nommée Perrette âgée seulement de 22. ans, qui s'étoit mariée avec un Soldat contre la volonté de son pere, même contre les défenses qui luy avoit faites en vertu d'une Ordonnance de la Cour : & par ce même Arrêt il fut ordonné que le Vicaire qui les avoit épousez ainsi clandestinement seroit ajourné en personne, comme ayant adheré & consenti au rapt & mariage clandestin ; & fait inhibition & défenses à tous Curez d'épouser doresnavant des enfans de famille sans le consentement de leurs parens *La Rocheflavin, liv. 6. tit. 66. Arr. 2.*

52. Le sieur de Rançay Gentilhomme de Berry ayant eu peu de soin de marier ses filles ; l'une âgée de 25. ans se marie avec un soldat nommé Palisson, du consentement de quelques parens ; Instance de rapt par le pere ; Arrêt par lequel le mariage est confirmé, & qu'il n'y a point de rapt. Le pere indigné fait son testament par lequel il exherede cette fille à cause qu'elle s'est mariée indignement & contre sa volonté ; plainte contre ce testament ; la Cour sans avoir égard au testament, lequel elle a déclaré nul, ordonne que nonobstant cette prétenduë exheredation la fille viendra à partage par égales portions. Arrêt du Parlement de Paris du 3. Juillet 1608. *Plaidoyers de Corbin, chapitre 122.*

53. *Confirmata à Senatu exhæredatio patris contra filium qui tamets 30. annos natus meretricem duxerat.* Arrêt du Parlement de Paris du 29. Janvier 1615. *Mornac, l. 3. ff. de inofficioso testamento, & le Bret, li. 1. decision 1.* lequel ensuite de cet Arrêt en rapporte un autre du 7. Decembre 1616. en faveur d'une fille âgée de 30. ans que son pere par avarice n'avoit voulu marier, quoi que plusieurs partis avantageux se fussent presentez.

54. La Dame de Tern par son testament avoit exheredé son fils pour s'être marié contre sa volonté, & pour avoir commis plusieurs violences & désobéissances en son endroit ; & par une autre clause, elle avoit laissé par forme de prélegs à Catherine du Breüil sa fille tous ses meubles : les rebellions du sieur de Tern étoient justifiées telles, que Madame sa mere avoit obtenu jusqu'à trois Arrêts de réintegrande qu'elle n'avoit pû faire executer pour les violences de son fils qui exceda, même avoit blessé des Archers,

A rchers, dont il y avoit information : après la mort de la mere , le sieur de Tern demanda partage ; sur cette demande les parties ayant été reglées, la Dame du Breüil sa sœur interjetta appel de l'appointement par lequel il y avoit requête pour l'évocation du principal, sur quoi intervint Arrêt ; la Cour sur les procedures extraordinaires a mis les parties hors de Cour, évoquant le principal, & y faisant droit, a ordonné qu'il sera procedé au partage des biens de la succession de la feuë Dame de Theon sans avoir égard au testament ni à la clause d'exheredation, suivant la Coûtume de Poitou, & sans dépens, attendu la qualité des parties. *Journal des Aud. to.* 1. *liv.* 2. *chap.* 74.

55 Testament de la mere contenant exheredation du fils qu'elle disoit être marié sans son consentement est annullé, même pour le legs universel fait à l'un de ses autres enfans. Arrêt du 13. Avril 1630. *Bardet, to.* 1. *li.* 3. *ch.* 99. Il faut observer que si les legs étoient faits à des étrangers, ils auroient lieu, quoique le testament fût annullé à cause de l'exheredation ; mais entre enfans le partage égal fut ordonné par cet Arrêt, contre les conclusions de M. l'Avocat General Bignon.

56 Cause appointée pour sçavoir si une mere peut empêcher la celebration du mariage contracté par son fils majeur de 25. ans sans son consentement, & même l'exhereder. Arrêt du 3. Mars 1631. qui sur l'opposition formée par la mere appointa en Droit & joint. *Ibidem, tit.* 4. *chap.* 10. La Sentence avoit fait défenses au fils de famille de passer outre.

57 Arrêt du 20. Avril 1635. qui casse une exheredation prononcée contre une fille mariée sans le consentement de son pere. *Voyez le* 29. *Plaidoyé de M. le Maître.*

58 Exheredation d'un fils de famille marié sans le consentement de son pere, n'est valable, si le mariage est déclaré nul. Jugé le 3. Mars 1637. *Bardet, tome* 2. *li.* 6. *chap.* 6.

59 Exheredation du fils du Lieutenant General de Baugé, qui s'étoit marié sans le consentement de son pere, confirmée par Arrêt du 8. Juin 1638. Les conclusions de M. l'Avocat General Talon tendoient à conserver les biens aux petits enfans, & laisser l'usufruit au fils. *Voyez le* 7. *Plaidoyé de M. Gautier, tome* 1. *& le* 1. *tome du Journal des Audiences livre* 3. *chap.* 52.

60 Exheredation d'un fils marié sans le consentement de son pere, est déclarée bonne & valable, quoi que ce fils fût âgé de plus de 30. ans, & que le pretendu mariage eût été déclaré nul & clandestin par Arrêt, attendu qu'il avoit continué son mauvais commerce depuis, & au préjudice de l'Arrêt. Jugé le 16. Decembre 1638. *Bardet, tome* 2. *li.* 7. *chap.* 45.

61 Mariage d'un fils majeur celebré contre les formes du Concile, & sans l'avis des pere & mere, recelebré avec toutes les formes, & depuis confirmé par Arrêt avec le pere contredisant, n'est censé avoir ôté au pere la liberté d'exhereder son fils. Arrêt du 3. Avril 1656. *Du Frêne li.* 8. *ch.* 36.

61 bis. Exheredation contre un fils âgé de 40. ans pour s'être marié à une servante contre le consentement & sommations, jugée valable le 4. Juin 1660. *De la Guess. tome* 2. *livre* 3. *chap.* 26. *Des Maisons, lettre E. nombre* 6.

62 Une fille qui se fait enlever & se marie sans le consentement de ses pere & mere, peut être exheredée, & l'exheredation ne peut être couverte par la dissimulation ou par le partage d'une succession collaterale fait avec le pere & la fille. Arrêt en la Chambre de l'Edit du 30. Juin 1656. *Henrys tome* 2. *livre* 5. *quest.* 2.

63 Si un fils âgé de 30. ans ayant épousé contre le consentement de ses pere & mere la même personne avec laquelle il avoit auparavant à l'âge de 27. à 28. *Tome II.*

ans contracté un premier mariage , déclaré nul & abusif, par Arrêt rendu sur la poursuite de ses pere & mere, a pû être par eux desherité nonobstant les diverses sommations à eux faites suivant l'Ordonnance, de consentir au mariage? Si l'exheredation des enfans peut être faite sous condition ; & si l'exheredation peut être présumée revoquée sous prétexte que les pere & mere en mourant ont donné leur benediction à leur fils desherité ou s'il faut que la révocation soit faite par écrit. Arrêt du 27. Avril 1660. qui a déclaré M. Riolan Avocat déchû de la succession paternelle ; & à l'égard de la succession maternelle, ordonné qu'elle sera partagée également entre luy & ses autres freres & sœurs. *Soëfve, tome* 2. *liv.* 2. *chap.* 20. *Des Maisons, lettre E. nomb.* 5.

64 Mariage de Michel Punctis fils de famille majeur de 25. ans sans avoir requis le consentement de son pere, jugé valable le 2. Juillet 1660. *De la Guess. tome* 2. *liv.* 3. *chap.* 28.

65 Si l'ayeul maternel peut exhereder sa petite fille âgée de dix-huit ans mariée sans son consentement, quoique son pere y eût consenti ? Le 19. Mars 1661. Audience de Grand' Chambre, la cause appointée au Conseil contre les conclusions des Gens du Roy qui alloient contre l'exheredation. Notables Arrêts des Audiences. *Arrêt* 69. *de la Guess. tome* 2. *liv.* 4. *ch.* 17. rapporte le même Arrêt, mais il le date du 29. & non pas du 19. *Soëfve, tom.* 2. *Cent.* 2. *chap.* 41. date aussi cet Arrêt du 29. Mars. M. Talon Avocat General portant la parole dans cette Cause, dit que l'Ordonnance de 1639. qui prononce une décheance de toutes successions quand il y a eu rapt, ne s'étoit point observée jusqu'ici, & qu'il n'y avoit point d'exemple que le fisc en eût profité, ainsi que porte l'Ordonnance. Neanmoins dans une autre cause ou une sœur prétendoit que son frere ne devoit être admis à la succession de sa mere, sans le consentement de laquelle il s'étoit marié à une personne de basse condition, M. Talon dit qu'icy devoit avoir lieu l'Ordonnance de 1639. quoyque la mere ne l'eût formellement exheredé, parce qu'elle étoit morte pendant la poursuite de l'appel comme d'abus ; la Cause fut pareillement appointée le 18. Juillet 1661.

66 Par Arrêt du 13. Avril 1663. jugé que les peres & meres de la Religion Prétenduë Réformée ne peuvent exhereder leurs enfans pour le changement de Religion, les enfans s'étant mariez avec des Catholiques. *Soëfve, to.* 2. *Cent.* 2. *chap.* 83.

67 Jugé par Arrêt du 4. Août 1664. que le sieur du Carouge après la mort de son fils, marié sans son consentement à l'âge de vingt-cinq ans, n'est pas recevable à contester son mariage, s'en étant plaint en Justice, incontinent après la celebration d'iceluy ; mais ayant depuis abandonné sa plainte & demeuré dans le silence, & que les enfans de ce fils exheredé par son pere pour raison de ce mariage contracté sans son consentement, ne peuvent quant à present contester l'exheredation, mais seulement demander à leur ayeul des alimens. *Ibidem, Cent.* 3. *chap.* 22.

68 Jugé par Arrêt du 4. May 1668. qu'une mere ayant par son Testament desherité son fils, en cas qu'au préjudice de ses défenses il vînt à contracter mariage avec une fille de basse naissance & sans biens, avec laquelle même il avoit déja eu quelques mauvaises habitudes, cette exheredation ne peut subsister, le mariage n'ayant été contracté qu'après la mort de la mere. *Soëfve, to.* 2. *Cent.* 4. *ch.* 14.

69 L'exheredation par le pere & la mere contre leur fils, pour s'être marié contre leur consentement, exclud le petit fils de demander le doüaire de son ayeule. Arrêt du premier Août 1668. contre le sieur Marquis de Bussy *Ibidem, to.* 2. *chap.* 26.

70 Arrêt du 13. Février 1674. qui juge que l'exheredation prononcée par un pere ou une mere contre

V

aucun de leurs enfans en cas qu'il épouse une telle personne sans leur consentement est valable, lors particulierement que cette personne a vécu dans le desordre. *Ibidem*, *chap.* 85. & au *Journal du Palais*.

71 Par Arrêt du 8. Juin 1683. en confirmant une Sentence des Requêtes du Palais, la Cour a déclaré nulle l'exheredation prononcée par M. de Ruellan du Tiersan, Maître des Requêtes, contre la Dame sa fille, veuve en premieres nôces de Messire Antoine d'Argouges, & qui s'étoit remariée en majorité sans le consentement de son pere. *Voyez Bardet*, *to.* 2. *livre* 2. *chap.* 47.

71 bis. Mariage avec dispense d'une personne qui avoit épousé la sœur de sa premiere femme, fut confirmé, & le Testament de l'oncle infirmé, qui avoit pour ce sujet exheredé sa niéce. Arrêt du 22. Janvier 1683. *De la Guessiere*, tome 4. *liv.* 6. *chap.* 2. où l'Arrêt est au long.

72 Une fille mineure ayant consenti à son enlevement & s'étant mariée à son ravisseur, est justement exheredée par ses pere & mere, quoi qu'elle le quitte depuis & fasse déclarer son mariage nul; l'exheredation faite par ses pere & mere conjointement, & prononcée par la Loy *ipso facto*, ne peut être révoquée par la mere survivante, ni par rapport à elle, ni par rapport à son mary, sous prétexte qu'il en auroit usé ainsi, & les collateraux ne peuvent aussi consentir à la révocation de cette exheredation. Arrêt du Parlement de Paris le 24. Avril 1696. qui neanmoins pour aucunes considerations particulieres, ordonne qu'il sera fourni à Anne Vidal (elle étoit fille de Maître Nicolas Vidal Seigneur de Passy Avocat) la somme de 25000. livres. qui sera employée en achat d'immeubles dont elle ne pourra disposer en faveur de ses enfans que pour une provision alimentaire. *Journal des Audiences*, *to.* 5. *liv.* 6. *chap.* 10.

Voyez *cy-après* verbo *Mariage*, où sont rapportées les nouvelles Declarations des mois de Mars & Juin 1697. concernant les formalitez qui doivent être observées dans les mariages.

EXHEREDATION POUR INJURES.

73 Un pere avoit exheredé son fils pour injures atroces qu'il disoit en avoir reçuës, sans les specifier : il luy laissoit neanmoins par le même Testament cent livres. Par Arrêt de Toulouse la legitime fut ajugée à l'exheredé, quoique son frere heritier du pere offrit de verifier les causes d'ingratitude alleguées par le pere en termes trop generaux. *Voyez Maynard*, *liv.* 6. *chap.* 12.

74 Pour la validité de l'exheredation des enfans faite par le pere pour causes d'injures & ingratitude, trois choses sont requises. 1°. Que la cause de l'exheredation soit une de celles qui sont nommées & exprimées en la Constitution de Justinien *in auth. graves & atroces novell. ut cum de appellat. cognoscitur coll.* 8. 2°. Qu'elle soit inferée & specifiée dans le Testament paternel. 3°. Qu'elle soit prouvée & verifiée. *Voyez Ibidem*, *liv.* 8. *chap.* 10.

EXHEREDATION, IRREVERENCE.

75 Irreverence pour le pere, cause d'exheredation. V. *Henrici Progymnasmata*, Arrêt 110. en 1556.

76 Arrêt du Parl. de Bretagne du 29. Octobre 1565. confirmatif de l'exheredation d'un fils qui avoit fait quelques outrages à son pere. Le Testament contenoit l'exheredation. *Voyez Du Fail*, *liv.* 2. *ch.* 266.

77 Voyez le 24. *Plaidoyé de M. Gaultier*, *to.* 1. pour la veuve du sieur Marquis d'Aubeterre, lequel avoit été desherité par M. le Marêchal son pere sous prétexte de violences, ingratitude, & plusieurs crimes sur quoy est intervenu Arrêt le 4. Août 1650. qui nonobstant l'exheredation ajuge le Château d'Aubeterre avec les principales dépendances & autres biens au fils de l'exheredé comme aîné de la Maison.

EXHEREDATION POUR PRODIGALITEZ.

78 Testament & Codicile d'un ayeul, contenant exheredation de son petit-fils dissipateur, & legs d'usufruit seulement de la portion hereditaire, avec substitution au profit des enfans de l'exheredé sont confirmez. Arrêt du Parlement de Paris du 12. Février 1636. *Bardet*, *to.* 2. *liv.* 5. *ch.* 5.

79 Exheredation d'un fils dissipateur, avec institution des petits enfans jugée valable par Arrêt du 16. Mars 1638. *Ibidem*, *liv.* 7. *ch.* 16.

80 Si une mere ayant plusieurs enfans peut ordonner par son Testament, que l'un d'iceux se contentera d'une pension viagere sans l'accuser de mauvais ménage & dissipation de biens ? M. l'Avocat General Talon conclut à la cassation du Testament; la Cour appointa les Parties au Conseil par Arrêt du 13. Decembre 1650. *Soefue*, *to.* 1. *Cent.* 3. *chap.* 51.

EXHEREDATION, REVOCATION.

81 De la forme de la revocation des exheredations. V. *Henrys*, *to.* 2. *liv.* 5. *quest.* 47.

82 Si une espece de reconciliation est suffisante pour revoquer une exheredation. *Voyez le second Plaidoyé de M. Galand*.

83 L'exheredation du fils faite par le pere pour s'être marié sans sa permission, n'est pas tacitement revoquée par la conversation que le fils & sa femme ont euë avec le pere depuis l'exheredation. Arrêt du 8. Juillet 1597. *Peleus q.* 24.

84 *Mater exheredibus factis filiâ ac nepotibus, Ecclesiam pauperesque haeredes scripserat, probatâ tamen reconciliatione tribus foeminis summae dignitatis & sacerdote rogante eam, an non parceret filiae, respondit etiam, etiam: Curia filiam ac nepotes Ecclesiae praetulit.* Arrêt du 15. Juin 1617. *Mornac, l.* 8. §. *si imperator, ff. de inofficioso testamento.*

85 Fille majeure de vingt-cinq ans exheredée pour n'avoir pas fait Profession en Religion, & s'être mariée sans requerir le consentement & conseil de son pere, a été admise au partage de sa succession. Arrêt du 5. Juillet 1629. *Bardet*, *to.* 1. *liv.* 3. *ch.* 55. là il est parlé de la revocation tacite de l'exheredation.

86 Arrêt du 1. Juin 1634. qui appointe, pour sçavoir si l'on peut présumer une révocation tacite de l'exheredation d'un fils contenuë au Testament de sa mere. Il s'agissoit de l'exheredation de Saint Hilaire. M. Talon Avocat General trouva que la révocation n'étoit point faite, ainsi se détermina contre ceux qui reclamoient la confiscation. *Bardet*, *tome* 2. *liv.* 3. *chapitre* 10.

87 Jugé par Arrêt du 30. Juin 1656. que l'exheredation ne peut être tacitement revoquée, soit par dissimulation, soit par quelque autre Acte équipollent. *Soefue*, *to.* 2. *Cent.* 1. *chap.* 36.

88 La benediction seule à l'article de la mort par le pere à un enfant exheredé, n'est pas suffisante pour revoquer l'exheredation. Arrêt du 27. Avril 1660. *De la Guessiere*, *tome* 2. *liv.* 3. *chap.* 21. *Voyez Peleus q.* 24. & *les notables Arrêts des Audiences, Arrêt* 45.

89 Une Exheredation réiterée par plusieurs Actes passez en Justice & pardevant Notaires, ne peut être censée revoquée par un Acte sous seing privé, & sans aucune date. Arrêt du 4. Juin 1660. *Soefue*, *tome* 2. *Cent.* 2. *chap.* 25.

90 Arrêt du Parlement de Provence du 13. May 1647. qui a déclaré qu'un Testament ou disposition d'un pere ou d'une mere irritée est censée révoquée par la reconciliation tacite. *Boniface*, *to.* 2. *liv.* 1. *tit.* 16. *chapitre* 2.

91 Arrêt du même Parlement du 4. May 1649. qui a chargé l'heritier de prouver les causes d'exheredation, & a refusé à l'exheredé la preuve de la reconciliation avec son pere. Le fils étoit accusé de l'avoir maltraité à coups de bâton. *Ibidem*, *chap.* 1.

92 L'exheredation faite du fils pour cause juste & veritable ne luy nuira point, si depuis icelle il y a eu reconciliation. *Fachin. lib.* 6. *cap.* 79. *id. Grassus* §. *testamentum quaest.* 42. *n.* 11.

La Peirere lettre E. n. 30. rapporte un Arrêt rendu au Parlement de Bourdeaux au mois de Juin 1668. après partage en la seconde & premiere, vuidé en la Grande Chambre, entre le nommé Dumas & le nommé Dumeux son voisin sur un appel du Sénéchal de Perigueux. Le pere de ladite Dumas fille unique, l'avoit exheredée pour juste cause, & depuis fait une donation de tous ses biens audit Dumeux, avec reserve de certaine somme pour pouvoir tester. Il fait ensuite son Testament, dans lequel il institué sa fille son heritiere universelle, laquelle d'ailleurs étoit donataire par le Contrat de mariage de son pere de la moitié des biens. Un des avis étoit de réduire la fille à ladite moitié donnée, & de confirmer la donation de l'autre moitié audit Dumeux; l'autre avis étoit d'annuller la donation dudit Dumeux, comme si depuis icelle ladite fille étoit née à son pere. La Cour par son Arrêt confirma le dernier avis, & ajugea tous les biens à la fille.

EXHEREDATION, SUBSTITUTION.

93 L'exheredation que le pere fait de son fils, ne peut s'étendre aux biens substituez, parce que l'exheredation ne peut s'étendre qu'autant que fait l'institution ; les biens substituez appartiennent au fils *jure sanguinis, non jure hæreditario*. Voyez Henrys, tome 2. liv. 5. quest. 3.

94 Les petits enfans exheredez par leur ayeul pour le fait de leur pere, ne peuvent agir tant que leur pere vivra contre ceux qui sont substituez par le Testament de leur ayeul. Arrêt du 17. Juillet 1601. Chenu premiere Cent. q. 39.

95 Par Arrêt du 31. May 1680. jugé que la disposition d'un pere qui réduisoit son fils à l'usufruit de sa portion hereditaire, étoit une veritable exheredation. *Journal du Palais*, tome 2. *in fol.* p. 158.

EXHEREDATION, SUCCESSION.

96 Les enfans de l'exheredé predecedé sont admis à la succession de l'ayeul. Arrêt à Noël 1584. Peleus q. 39. & M. Ricard, traité des Donations, part. 3. chap. 8. sect. 4. nomb. 954. & suiv.

97 Le 24. Mars 1603. fut prononcé Arrêt en Robes rouges, en la cause des Bernondets, par lequel la Cour jugea qu'un frere puîné exheredé par son pere succedoit à son frere aîné, *etiam*, aux biens paternels. De plus que le pere ayant fait renoncer ses deux filles par le Contrat de mariage à sa succession au profit du fils aîné, le puîné exheredé succedoit à son aîné en tels biens, *etiam*, à l'exclusion des siens qui avoient renoncé. Montholon, au chap. 100. de son Recueil.

98 De nepotibus avo succedentibus patre eorum exheredato. Arrêt du 7. Juillet 1615. Mornac *l.* 33. §. 1. *filius infans C. de inofficioso testamento.*

99 Soit que l'exheredé predecedât son pere ou qu'il le survecut, jugé en la Grande Chambre du Parl. de Roüen le 1. Avril 1632. que les petits enfans venoient à la succession de l'ayeul. *V.* Basnage sur l'art. 369. de la Coûtume de Normandie.

EXHEREDATION TACITE.

100 Testament fait par un pere où il y a une exheredation tacite contre l'un de ses fils. Arrêt interlocutoire au Rôle de Lyon, du 2. Juillet 1658. dans huitaine les Parties articuleront leurs faits & en informeront, &c. Notables Arrêts des Audiences, Arrêt 19.

EXHIBER.

Exhiber. Exhibition de pieces, ou d'autres choses ; Explication de ces mots. L. 246. D. de verb. sign.
Ad exhibendum. D. 10. 4... C. 3. 42... l. 4. 17. §. 3... Est Actio ad rem mobilem exhibendam.
De tabulis exhibendis. D. 43. 5.... De l'exhibition du Testament à ceux qui y ont quelque interêt.
V. Production. Représentation.

1 De l'exhibition duë par le Vassal au Seigneur,

Voyez la Bibliotheque du Droit François par Bouchel, *verbo Exhibition.*

Arrêt du Parlement de Provence du dernier Janvier 1639. rendu sur la question, si le demandeur peut contraindre le défendeur à luy faire exhibition de pieces. L'exhibition de pieces ne fut point ordonnée, parce que le fideicommis n'étoit point encore ouvert ; mais il fut dit que les pieces seroient conservées par le défendeur, & paraphées par le demandeur. Boniface, to. 1. liv. 1. tit. 34. n. 1.

2 Arrêt donné en la Cour des Comptes, Aydes & Finances le 8. May 1647. qui a jugé que le Fermier ne pouvoit demander exhibition du Livre de raison d'un Marchand qu'il prétend avoir fraudé les Droits de la Ferme, en affirmant par le Marchand exempt de payer ces Droits qu'il n'avoit prêté son nom à personne. *Ibidem, n.* 2.

3 Arrêt du Parlement de Provence du 10. May 1661. qui a déchargé l'heritier de l'exhibition, & representation des pieces, en jurant qu'il ne les avoit point, & qu'il ne se dessitoit de les avoir par dol & fraude. *Ibidem, nomb.* 4.

EXOINES.

1 Quæ excusationes pro reis absentibus proponi possint? Voyez *Julius Clarus* li 5. sentent. §. finalis quest. 34.

2 Assistance necessaire au service d'un grand Seigneur est exoine valable. Jugé pour un Medecin de la Reine de Navarre, sœur du Roy François I. par Arrêt du 6. Mars 1535. Papon, liv. 24. tit. 5. nomb. 10.

3 Un ajourné à comparoir en personne ne peut se faire exoiner par un Prêtre ; Arrêt du Parlement de Paris du 15. Decembre 1554. N'est aussi recevable l'exoine d'assister à l'enterrement de pere, mere ou autres parens ; Arrêt du 19. Novembre 1535. Arrêt du 2. Avril 1555. qui a déclaré nulle une exoine donnée par un fils à sa mere. Autre Arrêt du 26. Janvier 1602. qui a rejetté l'exoine proposée par une mere pour son fils, & donne défaut au Procureur General, sauf un mois pendant lequel l'accusé appellant d'un decret se pourvoiroit ainsi qu'il aviseroit. *Ibidem, n.* 9.

4 & 5 Arrêt rendu au Parlement de Toulouse le 28. Novembre 1581. qui refuse de recevoir une exoine, parce que celuy qui la presentoit étoit frere du prévenu. L'Arrêt fut rendu présidant Monsieur Duranty. *La Rocheflavin*, liv. 2. lettre E. tit. 10. verbo Exoine. Le même Arrêt est rapporté dans la *Bibliotheque du Droit François, verbo Exoine.*

6 Une femme n'est point reçuë à porter une exoine. Arrêt de Toulouse du 14. Juillet 1587. *La Rocheflavin, Ibidem.*

7 Jugé au Parlement de Paris le 26. Janvier 1602. qu'une mere n'étoit capable d'exoiner son fils, tant parce que c'est *officium virile*, qu'à cause que l'affection pourroit l'induire au parjure. Cette derniere raison devroit donc en exclure le pere. *Bibliotheque de* Bouchel, *verbo Exoine.*

8 Il se trouve des Arrêts du Parl. de Toulouse, qui ont reçu le mary à excuser ou exoiner sa femme, l'un du 12. Juillet 1663. l'autre du 27. Juin 1662. Ce dernier Arrêt est d'autant plus remarquable que Gilede, qui fut reçu à exoiner sa femme, étoit prévenu du même crime, & avoit été élargi à la charge de bailler caution, ce qu'il n'avoit pas encore fait. Il y a un autre Arrêt, par lequel le fils fut reçu à exoiner son pere ; je croy que quand la Cour voit que le crime n'est pas grave, elle passe par équité par dessus la rigueur du Droit. Albert, verbo Exoine.

9 Des excuses ou exoines des accusez. Voyez l'Ordonnance de 1670. tit. 11.

EXORCISER.

Voyez le mot Demon, & les Ouvrages & Traitez qui suivent.

Martini Balduini Episcopi Yprensis lib. 3. *Manualis Pastorum.*

Henricus Gorichem, de practica ejiciendi Dæmones.

Silvester ad vocem adjuratio.

Thesaurus Exorcismorum 8. *Malleus Maleficarum, &c.*

EXPECTATIVES.

DE Expectativis. Voyez Rebuffe 1. *part. prax. Benef.*

Des graces expectatives, & des reserves de Benefices au Pape. *Voyez les Memoires du Clergé, tome* 2. *part.* 1. *tit.* 11.

De reservatione gratiæ expectativæ? Voyez Franc. Marc. *tom.* 1. *quest.* 1180.

Promissio sive Expectativa super feudo nondum Domino aperto, aut beneficio vacaturo, an valeat. Voyez *Andr. Gaill. lib.* 2. *observat.* 155.

Mandats ou graces expectatives de Benefices, appellez par *Chopin, Sacrorum munerum expectationes, en son traité de Sacr. Polit. lib.* 1. *tit.* 5. *n.* 18.

De gratiis & expectativis. Voyez les Traitez faits *Per Jo. Staphileum, per Ludovicum Gomesium, & per Jo. Nicolaum Gimonteum.*

Edit contre les graces expectatives données par les Papes, & pour remettre la Collation des Benefices aux Prélats de France. A Paris le 7. May 1399. *Ordin. antiq. vol. A. fol.* 152.

1 *Papa reservationes sive gratias expectativas facere potest.* Voyez Franc. Marc. *tome* 1. *quest.* 1186.

2 De toutes expectatives il n'en reste plus que quatre, les Indultaires, les Graduez ; ces deux sont le Decret irritant, parce qu'elles sont fondées sur Bulles, & la seule requisition aneantit les provisions de l'Ordinaire, quoi qu'anterieures. Les deux autres, qui sont le Joyeux avenement & le Serment de fidelité, ne lient point les mains à l'Ordinaire, & n'empêchent l'effet de ses provisions. *Voyez de la Guess.* 10. 3. *li.* 6. *chap.* 9. Voyez Mornac, *l.* 4. §. 4. *ff. De officio Proconsulis, &c.*

Voyez cy-aprés les mots *Indult, Joyeux avenement, & Serment de fidelité.*

3 Depuis le concordat les Graduez qui n'avoient été pourvûs au préjudice de leur nomination, faisoient assigner ceux qui y avoient contrevenu, pour être condamnez en leurs dommages & interêts ; mais leur action n'est plus recevable ; il n'y a que les Brevetaires de Joyeux avenement, & de Serment de fidelité ausquels cette action soit reservée. *Biblioth. Can. tome* 1. *p.* 331.

4 Le Pape n'est pas exempt des graces expectatives, comme Ordinaire pendant ses mois dans les pays d'Obédience. *Idem tome* 2. *p.* 44.

4 bis. La Collation des Benefices sujets aux expectatives dans les mois que les expectans ont pour le requerir est bonne & valable ; mais elle devient caduque, en cas que l'expectant requiere le Benefice conferé à un autre qu'à luy ; mais s'il ne fait pas sa requisition dans le mois, la Collation de l'Evêque tiendra incommutablement ; & quand l'on dit que la Collation de l'Evêque faite dans les mois au préjudice des expectans n'est pas valable incommutablement, ce n'est qu'à l'égard des expectans même ; car à l'égard de toutes les autres personnes elle est valable, même incommutablement ; & si l'expectant ne s'en plaint point, elle est aussi valable à son égard & vaut *ut ex tunc,* dit du Moulin, sur la Regle *de infirmis,* n. 81.

5 Arrêt du Grand Conseil du 27. Juillet 1557. qui maintient au Benefice le Pourvû en Cour de Rome contre l'Indultaire qui n'avoit point fait une requisition specifique du Benefice vacant ; l'expectative n'étant qu'une préparation de droit, & non un droit formé. Cet Arrêt est cité dans un autre du Grand Conseil du 7. Février 1667. rapporté par *Boniface, to.* 2. *part.* 3. *p.* 208.

6 Comme les Brevets de Joyeux avenement & de Serment de fidelité n'ont point de decret irritant, ainsi que les Graduez & les Indultaires, quand de la part de l'Evêque on voit une contumace affectée, on le condamne quelquefois à donner une pension au Brevetaire en attendant l'effet de son Brevet. Ainsi jugé en 1612. contre l'Evêque d'Angers. *Journal du Palais,* in quarto, *part.* 1. *p.* 181.

7 *Sublatæ sunt expectativæ per universam Galliam ex concordatis, non tantum quia onerosæ, sed etiam quia ominosæ.* Arrêt contre l'Evêque de Poitiers du 12. Juin 1617. Mornac, *l.* 4. §. 4. *de officio Proconf. & Legat.*

8 Les fraudes présumées dans la Permutation de la Treforerie d'une Eglise Cathedrale avec la Custode, ne se peuvent objecter que par un Gradué, Indultaire, ou autre expectant, & un Pourvû par l'Ordinaire, non par un dévolutaire, ni par un obituaire pourvû par le Pape. Arrêt du 29. Novembre 1633. Bardet, *tome* 2. *li.* 2. *chap.* 59.

9 Dignitez des Eglises Cathedrales ne sont sujettes au Brevetaire de Joyeux avenement, & de Serment de fidelité ; ces deux graces expectatives n'emportent point de decret irritant comme pour les Graduez, Jugé au Grand Conseil le 5. Juillet 1671. *Journal du Palais* ; de la Guessiere, *tome* 3. *livre* 6. *chapitre* 9. rapporte le même Arrêt.

10 Les Graces expectatives sont défendués par deux raisons, la premiere est le tort qu'elles font aux Collateurs ordinaires ; la seconde est qu'elles peuvent porter à souhaiter la mort des titulaires, *inducunt votum captandæ mortis.* Cette seconde raison est seule assez forte ; par-là le Collateur même ordinaire ne peut promettre la premiere place vacante, place même de Collegiat ; quoique ces places ne soient que des prestimonies *ad tempus.* Jugé au Parlement de Toulouse le 14. Janvier 1675. dans une cause où il s'agissoit d'une place du College des Irlandois à Toulouse ; les Collegiats ayant conferé une de ces places, alors vacante, déliberant en même temps de conferer à un autre la premiere place qui vaqueroit ; mais cette place étant venué à vaquer, & à propos de la conferer à un autre qu'à celuy qu'ils avoient nommé par cette déliberation précedente ; procez entre eux deux ; celuy qui avoit le titre d'aprés la derniere vacance emporta sur celuy qui avoit la déliberation precedente, & le titre anticipé. *Voyez M. de Catellan, li.* 1. *chap.* 13.

11 Le Chapitre de l'Eglise Cathedrale de Mets en possession immemoriale de conferer toutes ses Prebendes, a été déclaré libre de l'expectative du Serment de fidelité dû par le nouvel Evêque. Par Arrêt du Grand Conseil du 7. Septembre 1675. *Bibliot. Can. tome* 1. *p.* 207.

12 Provisions des Ordinaires ne peuvent avoir lieu au préjudice des Indultaires, Graduez, & autres, ayans graces expectatives, si la procuration n'est admise & insinuée du vivant du resignant. *Conference des Ordonnances,* §. 46. & la prise de possession faite deux jours francs, sans y comprendre le jour de la prise, ni le jour du decez du resignant.

EXPEDIENT.

Voyez le mot *Avis, nomb.* 1.

1 Par Arrêt du Parlement de Paris du 15. Juillet 1561. il fut ordonné que les Procureurs qui avoient vuidé un expedient demeuroient autorisez par la Cour pour le passer, quoi qu'ils fussent révoquez. *Biblioth. de Bouchel,* verbo Expedient.

2 Arrêt du Parlement de Provence du 9. Janvier 1640. qui a jugé que les expedients ne peuvent être signez par les Procureurs, sans le consentement exprés des parties. Boniface, *to.* 1. *li.* 1. *tit.* 24. *nomb.* 1.

3 Autres Arrêts du même Parlem. de Provence des 26. Février 1647. & 29. du même mois 1657. par lesquels il a été jugé que les Arrêts d'expedients ne peu-

vent être faits par les Avocats Arbitres, *Boniface*, *to. 1. l. 1. tit. 24. n. 2.*

4 Comme les expedients sont des Jugemens conventionnels, ils doivent être enregistrez aux Greffes, & non pas être volans. Arrêt du 29. May 1659. qui ordonne l'enregistrement des expedients. *Ibidem, nombre 3.*

EXPERT.

SI Mensor falsum modum dixerit, D. 11. 6. contre les Arpenteurs, qui par dol, ou par ignorance, ne mesurent pas juste. Ce titre doit s'étendre à tous les Experts qui prévariquent dans leurs rapports : & aux Huissiers-Priseurs (*Summarii*) qui n'estiment pas bien les effets dont ils font la prisée.

De Hortulanis. N. 64. Au sujet des Jardiniers : cette Novelle fait un reglement important pour les rapports, ausquels il doit être procedé par d'autres Experts, que par des personnes du métier. Ce reglement a été suivi par l'Ordonnance de 1667. titre 21. article 11.

De æstimatione rerum pignoratarum, Voyez *Andr. Gaill. lib. sing. de pignorationibus, observat. 18.* Cet Auteur entend l'estimation du dommage souffert par un homme troublé dans la possession d'un heritage.

Voyez supra, *Estimation.*

1 Quand on ordonne une estimation de biens, on ordonne que les Fiefs seront estimez par des Gentils-hommes. *Journ. du Palais in quarto, part. 10. p. 254. & suiv.*

2 Arrêt du Conseil d'Etat du mois de May 1670. & Lettres patentes du Roy, portant la révocation de l'Edit des Experts Jurez, & Auditeurs des Comptes tutelaires, & un Reglement au sujet des Experts, ensemble les Arrêts de verification au Parlement de Provence. *Boniface, to. 3. li. 2. tit. 5. ch. 1.*

3 Des Experts convenus par les parties pour l'estimation & évaluation des choses contentieuses. *Voyez les Ordonnances recueillies par Fontanon, tome premier, liv. 2. tit. 46. p. 618.*

EXPERT, ECRITURE.

4 Voyez cy-devant *Ecriture.*

NOMINATION DES EXPERTS.

5 Les Experts doivent être tous nommez par les parties, ou tous pris d'Office ; une des parties en ayant nommé un, & l'autre non, le Commissaire n'en peut prendre d'Office pour celuy qui n'en a point nommé, pour proceder avec les autres nommez par l'autre partie : mais elle doit être assignée afin d'en nommer, & faute de ce faire, le Commissaire doit prendre d'Office pour toutes les parties, sans avoir égard aux nommez. Arrêt du mois d'Octobre 1597. *La Rocheflavin, liv. 6. tit. 51. Arr. 2.* Cela ne s'observe plus depuis l'Ordonnance de 1667.

6 Un Expert nommé par une des parties en un procez, peut neanmoins être oüy en témoin pour l'une ou l'autre des parties au même procez, quoy qu'il semblât assidé, & avoir été Juge, parce qu'ils ne sont ni Juges, ni Arbitres, mais comme témoins subsidiaires de ce que les Juges ne peuvent connoître. *Ibid. li. 4. lettre T. tit. 4. Arr. 6.*

7 Lors que l'une des parties ne nomme expert, il doit être nommé d'Office par le Juge. Arrêt du Parlement de Grenoble du 10. Janvier 1619. *Voyez Basset, tome 1. li. 2. tit. 16. ch. 2.*

8 Quatre Experts convenus par les parties pour proceder à l'estimation d'un fief, sur l'appel interjetté de ce qu's'étant trouvé d'avis differens, le Commissaire n'avoit pû en nommer un cinquiéme de son chef, & remettre à luy seul la décision d'un fait important ; par Arrêt de la Chambre de l'Edit de Castres du 10. Août 1629. il a été ordonné que les parties conviendroient entr'elles de trois autres Experts qui procederoient conjointement avec les quatre premiers. *Voyez Boné, Arr. 34. part. 2. p. 210.*

9 Arrêt donné en la Cour des Comptes, Aydes, & Finances de Provence le 3. Juin 1643. qui défend de nommer pour experts ceux qui ne possédent aucuns Biens, *Boniface, to. 1. li. 1. tit. 30. n. 3.*

10 Arrêt du 3. Décembre 1646. qui a jugé que pour faire la nomination des experts, il faut que les parties donnent un Rôle des suspects & non suspects. *Ibidem, nomb. 1.*

11 Par autre Arrêt du même P. de Provence du 14 Janvier 1658. il a été ordonné, que les experts seroient pris sur le rôle des deux parties. *Ibidem, n. 2.*

RAPPORT DES EXPERTS.

12 Le rapport des experts ne passe jamais en force de chose jugée, quoi qu'il soit bien fait ; & si l'une des parties s'en plaint & demande permission d'en faire un autre à ses dépens, il luy doit être accordé par autres experts, appellez les premiers, aux dépens dudit requerant, sauf le recouvrer si par le jugement définitif il est ainsi ordonné. *La Rocheflavin, liv. 6. tit. 51. Arr. 1.*

13 On ne peut appeller des rapports d'experts, mais on recourt au Juge afin d'avoir permission de faire proceder à un nouveau rapport par autres experts, Arrêt du Parl. de Grenoble du 2. Août 1611. *Voyez Basset, to. 1. li. 2. tit. 16. chap. 3.*

14 Arrêt du Parlement de Provence du 30. Mars 1645. qui reçut le recours d'un rapport de reconnoissance de signature par comparaison de lettres, sans venir par inscription en faux, *Boniface tome 2. part. 3. livre 2. tit. 8. chap. 2.*

15 Si les experts ne sont point conformes, il faut prendre le milieu. Arrêt du Parlement de Grenoble du 21. Août 1660. *Voyez Basset, tome 1. li. 2. titre 16. chap. 1.*

16 Arrêt du Parlement de Provence du 14. Juin 1677. qui a jugé que les rapports par experts sont bons sans la descente des Juges. *Boniface, tome 3. livre 2. titre 5. chap. 2.*

17 Le recours d'un rapport à experts en matiere de faux, n'est reçu aprés les 24. heures depuis la publication du rapport. Arrêt du même Parlement du 27. Octobre 1679. *Idem, tome 5. li. 3. tit. 2. ch. 6.*

18 Arrêt du Grand Conseil du 17. Février 1687. qui reçoit le recours d'un rapport d'experts comme arbitres de droit jusques à trente ans. *Boniface, tome 3. li. 2. tit. 5. chap. 6.*

19 Si le possesseur d'un fonds ayant été condamné à vendre les fonds suivant l'estimation qui en seroit faite par experts, & de suite ayant été fait quatre divers rapports par les experts sur les recours reciproques de l'estimation, par deux desquels la valeur du fonds ayant été portée à 3500. livres, & par un autre à 4000 livres, le recours pouvoit être encore reçu ? l'usage de Provence étoit qu'aprés trois rapports conformes on ne pouvoit plus recourir. Arrêt du Parlement de Provence du 8. Avril 1688. qui a déclaré que les trois rapports étoient conformes, & débouta le recourant de son recours. *Ibidem, tome 4. livre 9. titre 2. chap. 8.*

RECUSATION D'EXPERTS.

20 Les experts peuvent être recusez, bien qu'ils soient choisis. *Mornas, l. 3. C. finium regundorum in Principio.*

EXPERTS, SALAIRES.

21 Arrêt du Parlement de Provence du 2. Juillet 1671. qui a donné la contrainte solidaire aux Experts pour leurs salaires & vacations contre les parties. *Boniface. to. 3. li. 2. tit. 5. chap. 3.*

22 Arrêt du même Parlement du 23. Février 1679. qui a jugé que les Experts du lieu s'étant taxez 5. livres par jour, la taxe doit être réduite à trois livres, nonobstant qu'ils ayent vacqué deux lieuës loin de la ville. *Ibidem, ch. 9.*

23 Acte de Notorieté donné par M. le Lieutenant Civil du Châtelet de Paris le 9. Août 1691. qu'il se

taxe à chacun des Experts, en fait de bâtimens & d'architecture, six livres, & pareille somme au Greffier, pour chacune vacation ; laquelle vacation doit être de trois heures ; ensorte que si les Experts travaillent depuis le matin, depuis huit jusqu'à onze ; de relevée depuis deux jusqu'à cinq, on leur taxe deux vacations, en observant neanmoins que les vacations ayent été utilement employées, sans les consommer en lecture de pieces, ou choses inutiles, & qu'ils ayent fait du travail proportionné au temps, auquel cas on en fait sa reduction par équité. *Recueil des Actes de Notorieté,* p. 80. & 81.

24 Autre Acte de Notorieté donné par M. le Lieutenant Civil le 23. Juin 1691. portant que lorsque les Jurez Experts travaillent à quelque visite, prisée & estimation en fait de bâtiment, la journée qu'ils y employent est taxée pour deux vacations, sçavoir le matin depuis huit heures jusqu'à onze, & depuis deux de relevée jusqu'à cinq sonnées ; ensorte qu'il y ait toûjours trois heures au moins pour chacune vacation, qui se taxe à chacun Expert six livres, & pareille somme au Greffier de l'Ecritoire pour chacune vacation à Paris, & augmentant ladite taxe à proportion de l'éloignement suivant le Reglement, en observant neanmoins que les vacations ayent été utilement employées sans les consommer en lecture, ou transcrit de pieces, ou choses inutiles, & que les Experts ayent fait du travail proportionné au temps, sinon l'on fait sa reduction des vacations, sous lesquelles il est taxé au Greffier de l'Ecritoire la Grosse du rapport, à raison de cinq sols du Rôle, chaque page remplie de vingt-deux lignes, & quinze sillabes à la ligne, sinon la reduction s'en fait à proportion, & le transcrit de pieces est retranché de la Grosse. *Ibidem,* p. 85.

EXPERTS, TAILLE.

25 Entre six Prud'hommes sur un taux, desquels il y en a trois qui disent que l'Imposé doit supporter la sixiéme partie de la Taille, l'autre la cinquiéme, le Juge peut faire office de médiateur, & dire qu'il payera la sixiéme. Arrêt du Parlement de Dijon du 12. de Juillet 1595. *Bouvot,* tome 2. verbo *Taille,* question 29.

EXPLOITS.

Voyez les titres *Contrôle, Execution, Huissier, Saisie & Sergent.*

De citatione, & ejus requisitis, & primò quod Judicis nomen in eâ exponendum sit. Voyez *Andr. Gaill.* lib. 1. obs. 48.

Quod in citatione nomen & cognomen citandi exprimi debeat. Ibidem, *Observat.* 49.

Quod citatio nomen & cognomen citantis continere debeat. Ibidem, *Observat.* 50.

Quod causa in citatione sit exprimenda. Ibidem, *Observat.* 51.

Quod citatio locum judicii continere debeat. Ibidem, *Observat.* 52.

Quod dies & terminus in citatione exprimendus sit. Ibidem, *Observat.* 53.

De executione citationis per nuncium factâ, & ejus relatione. Ibidem, *Observat.* 54.

Executio nuncii impedita, an citatum arctet ? Voyez Ibidem, *Observat.* 55.

Citatio extra Territorium quomodo fieri possit ? Voyez Ibidem, *Observat.* 56.

De citatione Edictali, quando locum habeat ? Ibidem, *Observat.* 57.

Citatio illegitima per comparitionem etiam convalidatur. Ibidem, *Observat.* 58.

De Libellis. Voyez Ibidem, *Observat.* 61.

Quod sententia super libello inepto lata non valeat. Ibidem, *Observat.* 66.

Quomodo Judex, si libellus sit ineptus, pronunciare debeat ? Ibidem, *Observ.* 67.

Libellus generalis super petitione hareditatis valet. Ibidem, *Observat.* 68.

Formalitez de l'Exploit portant établissement de 1 Commissaires. Voyez le mot *Commissaires,* nomb. 32. & suivans.

Arrêt du Parlement de Bretagne du 18. Avril 1570. 2 qui fait commandement aux Huissiers & Sergens de rapporter en leurs Exploits la signification à personne ou à domicile, nommer ceux ausquels ils seront sçavoir. Et s'ils les signifient par attache, le notifier au prochain voisin, rapporter son nom, & le refus de se nommer ; le sommer d'en avertir l'ajourné ; déclarer les noms & surnoms & domiciles de leurs Records, & la distance des lieux des Parties, sur peine de l'amende, & suspension de leurs Etats, dommages & interêts des Parties. *Du Fail,* livre 2. chapitre 343.

Un Sergent intime des Lettres d'évocation à un 3 Conseiller, pour valoir la signification au Corps de la Cour, & sans Commission. Par Arrêt du Parl. de Bretagne du 17. Août 1574. il est ordonné qu'il sera pris au corps & constitué prisonnier, & cependant l'exercice de son Etat luy est défendu, sur peine de faux. Ibidem, chap. 472.

Arrêt du Parlement de Bretagne du 13. May 1600. 4 en forme de Reglement pour les Exploits des Huissiers & Sergens ; ils seront tenus de mettre leurs noms, surnoms, demeures, & lieux de leur établissement, feront signer les Records, & déclarer le nom de ceux à qui les Exploits auront été donnez, écrivant leur salaire, à peine de concussion. Voyez les *Arrêts qui sont à la suite du Recueil de Du Fail,* p. 11.

L'on a fait difficulté si un Huissier ou Sergent pou- 5 voit executer tous Mandemens, Commissions & Sentences, sans être astraint à demander permission, *Visa* ou *Pareatis* l'Ordonnance d'Orleans article 90. le permettoit ; quelques-uns ont voulu limiter cette Ordonnance pourvû qu'il n'y ait de distraction de Jurisdiction. Mais par Arrêt du 10. May 1571. il fut dit à la requisition de M. de Thou Avocat du Roy, que les Sergens Royaux ou Huissiers ne peuvent exploiter aux Jurisdictions subalternes sans Mandemens ou Commission du Juge du lieu, sinon en concurrence de deux uns ; sçavoir en cas de Ressort, ou qu'il y ait soûmission au Juge Royal : mais en cet Edit, c'est un cas special, par lequel la puissance est donnée au Sergent de ce faire. *Bibliotheque de Bouchel,* verbo *Usures.*

Si l'Exploit ne porte que le Sergent a laissé copie, 6 il n'est pas tenu de prouver qu'il l'a laissée. Arrêt rapporté par *Neron sur l'art.* 9. de l'Ord. de 1539.

Il ne faut point d'inscription en faux contre un 7 Exploit de saisie, par lequel il est dit qu'un particulier a confessé être debiteur d'une somme à celuy sur lequel la saisie est faite, n'ayant point signé ledit Exploit. Arrêt du Parlement de Dijon du 8. May 1595. où il n'y a nullité par l'Ordonnance, l'inscription de faux n'est necessaire. *Bouvot,* tome 2. verbo *Saisie,* question 39.

Les Exploits des Sergens ne doivent être écrits par 8 les Parties, ni faits en leur presence. Arrêt du Parlement de Grenoble du 2. Mars 1617. *Basset,* tome 1. liv. 2. tit. 38. chap. 1.

Les Sergens doivent mettre les noms des Records 9 & des Parties dans les Exploits. Arrêt du 14. Février 1656. Ibidem, chap. 7. L'article 2. tit. 2. de l'Ordonnance de 1667. renferme cette même disposition.

Les Exploits d'assignations doivent être faits au lieu 10 du domicile permanent de l'assigné. Arrêt du 19. Avril 1657. Ibidem, chap. 2.

Arrêt du Parlement de Provence du 28. Mars 1659. 11 qui déclare les Sergens responsables envers les Parties des manquemens de formalitez qui se trouvent dans les Exploits. *Boniface,* to. 1. liv. 1. tit. 21. n. 5.

Acte de Notorieté donné par M. le Lieutenant 12

Civil le 29. Août 1691. que les Huissiers & Sergens sont tenus de faire mention dans l'original & dans la copie des Exploits d'ajournemens des personnes à qui ils auront été laissez, à peine de nullité & de vingt livres d'amende. *Recueïl des Actes de Notorieté*, p. 81. & suiv.

EXPLOITS, FESTES.

13 Un Exploit de simple assignation donné à des témoins un jour de Fête, valable. Arrêt du Parlement de Grenoble du 20. Mars 1660. *Bosset*, to. 1. liv. 2. tit. 38. chap. 4.

14 Exploits faits les jours de Dimanches & Fêtes sont nuls, & les procedures faites en consequence. Jugé au Parlement de Tournay le 16. Juillet 1697. Il s'agissoit du dernier d'une saisie. *Voyez M. Pinault*, to. 2. Arr. 174.

15 Acte de Notorieté donné par M. le Lieutenant Civil du Châtelet de Paris le 5. May 1703. portant qu'en matieres civiles, les Huissiers & Sergens ne peuvent faire aucuns Exploits les jours de Fêtes & Dimanches, sans permission particuliere du Juge, à peine de nullité des Exploits. *Recueil des Actes de Notorieté*, p. 176.

EXPLOITS NULS.

16 Il ne suffit pas de faire mention dans les Exploits qu'ils ont été faits en presence de témoins, l'Huissier doit les faire signer & les nommer, à peine de nullité. Arrêt du Parlem. de Paris du 6. Mars 1542. *Papon*, liv. 7. tit. 4. n. 8.

17 Exploit en la personne du Procureur ne vaut. Jugé le dernier Février 1558. *M. Expilly Arrêt* 51.

18 Par Arrêt du Parlement de Bourgogne de 1610. rapporté par *Bouvot, en ses questions notables, part. 1. quest. 2.* in verbo *Sergent*, il a été jugé qu'un Exploit étoit nul, dans lequel étoit rapporté qu'une Partie avoit été appellée, l'Exploit n'étant recordé que de deux témoins qui ne sçavoient signer. Jugé le 8. Juillet 1602. *Ibid.* to. 3. in verbo *Appellation, quest. 21.*

19 Au mois de Juillet 1633. le Parlement de Roüen donna Arrêt, par lequel le decret des heritages de Paul Vincent fut cassé, sur ce qu'aux seconds Plaids à Baon le Sergent après avoir écrit ces mots en droite ligne, *assignez à comparoir à la quinzaine qui sera le, &c. de Decembre*, il avoit rayé & mis au dessus *à trois semaines qui sera le 30. Janvier*, & il n'avoit point approuvé les gloses. *Basnage, sur la Coûtume de Normandie, arr.* 587.

20 L'Exploit de sommation en decret doit être signé de témoins à peine de nullité, & il ne suffit pas qu'ils ayent signé au Registre du Sergent. Arrêt du Parl. de Roüen du 23. Février 1648. en un procez jugé en la Grande Chambre le 13. Juillet 1667. il y avoit un Exploit de sommation signé du Sergent, mais ces deux témoins n'avoient fait que marquer, ne sçachant pas écrire ; les Juges furent partagez sur la question, sçavoir si l'Exploit étoit bon, ou s'il étoit necessaire que les témoins sçussent écrire. Sur le partage par Arrêt en la Chambre des Enquêtes, il passa à dire qu'il suffisoit de la presence des témoins arrêtez par leur marque, & qu'il n'étoit point requis qu'ils sçussent écrire. *Ibidem*, art. 546.

21 Arrêt du Parlement de Provence du 3. Novembre 1643. qui a déclaré nuls les Exploits qui n'étoient signez d'aucuns témoins : *Boniface*, to. 1. liv. 1. tit. 17. nomb. 8. L'Ordonnance de 1667. en contient une disposition précise.

22 Par Arrêt du Conseil d'Etat du 6. Août 1667. un Exploit fut déclaré nul, faute par l'Huissier d'avoir marqué son domicile & celuy de sa Partie. *Bornier, sur l'art. 2. du tit. 2. de l'Ordonnance de 1667.*

EXPLOITS in Palis.

23 *Voyez* verbo *Ajournement, n. 34.* il a été observé que tels Exploits ont lieu entre les habitans du Comté d'Avignon, touchant les significations qui leur sont faites à la requête des Provençaux.

En temps de guerre & de paix l'Exploit *in Palis* à son de trompe aux frontieres du Païs Etranger est bon. Arrêt du Parlement de Grenoble du 24. May 1617. *Basset*, to. 1. liv. 2. tit. 38. ch. 6.

24 Arrêt du Parlement de Provence du 14. Mars 1644. qui a cassé des Exploits *in Palis* faits d'une Province à l'autre dans la Monarchie. *Boniface*, to. 1. liv. 1. tit. 17. n. 5.

25 Autre Arrêt du 20. May 1649. qui a cassé les Exploits *in Palis* pour n'avoir pas été faits avec les formalitez requises. *Ibidem*, n. 7. Depuis est intervenuë l'Ordonnance de 1667. qui, article 7. du titre 2. défend de donner aucunes assignations sur la frontiere.

26 Le 23. Janvier 1665. le même Parlement a déclaré bons & valables les Exploits faits *in Palis*, ou sur la frontiere d'une Monarchie à l'autre. *Ibidem*, n. 6.

EXPLOIT, RETRAIT.

27 Quoique le retrayant lignager n'ait point marqué par son Exploit de demande, la qualité de l'heritage qu'il prétend retirer, ni cotté le degré de sa parenté, cette omission ne produit point de nullité. Arrêt du 26. Juillet 1674. *Soëfve*, to. 2. Cent. 4. chap. 87.

28 Ce n'est pas assez que l'Exploit soit en bonne forme, le Sergent qui le fait doit avoir qualité, c'est le Sergent de la querelle qu'il faut employer, ou au moins un autre Sergent qui ait pouvoir d'exercer sur les lieux ; mais il est toûjours plus avantageux pour éviter toutes contestations de se servir du Sergent de la querelle ; & lors qu'il est suspect ou absent, on peut en faire autoriser un autre par le Juge. Arrêt du Parlement de Roüen du 11. Mars 1621. confirmatif d'un Exploit de clameur fait par un Huissier Audiencier : l'Arrêt fondé sur ce qu'un Sergent Royal peut exploiter par tout, & que le Sergent ordinaire avoit droit seulement de repeter les émolumens. *Basnage, sur la Coûtume de Normandie*, art. 484.

29 Nonobstant les nullitez qui peuvent être en un Exploit, si l'ajourné se presente, & que le jour de l'assignation tombe dans le temps fatal, sa presence couvre tous les défauts qu'il pouvoit proposer ; la raison est que la demande en retrait peut être faite judiciairement quand l'acquereur y est present, comme il a été jugé par l'Arrêt rapporté par *Berault* ; l'ajourné ne peut plus dire que l'Exploit n'est point valable quand il en a connoissance, & qu'il se presente, au jour qui luy a été désigné ; mais si l'ajournement tomboit après l'an & jour, en ce cas l'ajourné seroit recevable à proposer les nullitez de l'Exploit : cette question fut jugée le 16. Mars 1622. au P. de Roüen. Arrêt semblable du 23. Janvier 1665. *Basnage, ibidem.*

Voyez le mot *Retrait*. §. *Retrait, Exploit.*

EXPLOITS DE SAISIE.

30 Arrêt du Parlement de Provence du 26. Janvier 1654. qui a ordonné que les Exploits de saisie seroient enregistrez. *Boniface*, to. 1. li. 1. tit. 26. n. 2.

Voyez le mot *Saisie*.

EXPOSEZ.

Des enfans exposez. *Voyez cy-dessus* verbo *Enfans, nomb.* 46. & *suiv.* & au troisième volume de ce Recueïl *le mot* Seigneur.

EXPRESSION.

Expression de Benefices. *Voyez* le mot *Benefice*, nomb. 98. & *suivans* ; & les *Définitions Canoniques*, lettre O. verbo *Omission d'expression aux Bulles & Provisions.*

1 Voyez dans le même Recueïl des *Définitions Canoniques*, verbo *Supplique*, quelles sortes d'expressions doivent y être faites pour rendre valable la Provision d'un Benefice.

De la necessité d'exprimer les Benefices que l'on possede, & autres choses pour la validité des Provisions. *Ibidem*, p. 291.

2 Il faut exprimer à peine d'obreption & de subreption la nature & qualité du Benefice ; par exemple,

s'il est Seculier ou Regulier, Conventuel simple, Sacerdotal, ou à charge d'ames, sans quoy la grace est nulle, comme étant obreptice & subreptice. *Ibidem, pag. 338.*

3. Il est absolument necessaire d'exprimer tous les Benefices que l'on possede, & ausquels on a droit, à peine de subreption qui emporte la nullité de la grace. Quand l'Impetrant en auroit resigné un, dont la resignation n'auroit point encore été admise en Cour de Rome, *M. de Selve, Traité des Benefices, part. 3. quest. 11. nomb. 12.* est d'avis qu'il les faut exprimer, quoique non encore acceptées. *M. Louet dans sa Note sur le nombre 4. du Commentaire de Du Moulin reg. de infirm.* ne parle que des Benefices acceptez. M. de Selve dans la question suivante examine *de quibus qualitatibus impetrans non tenetur facere mentionem.*

4. Si l'on veut être instruit de tout ce que l'on est obligé d'exprimer dans les Provisions de Cour de Rome, & de ce qu'on n'est pas obligé d'exprimer, il faut consulter Rebuffe, dans son Commentaire sur le Concordat, sur le mot *pro expressis*, au titre *forma mandati Apostolici*, il a épuisé cette matiere.

5. *Quæ sint narranda, pro singulari forma provisionis de simplici beneficio.* Voyez *Lotherius de re beneficiariâ, liv. 3. quest. 4.*

6. Voyez dans *Lotherius li. 3. quest. 7.* l'explication de la Regle 57. de Chancellerie Romaine *de expressione qualitatum beneficiorum in impetrationibus.*

7. *Clericatus, an & qualiter in impetratione beneficii exprimendus.* Voyez *Lotherius de re beneficiariâ, li. 3. quest. 35.*

8. Il faut exprimer tous Benefices és Provisions de Cour de Rome. *V. Tournet lettre B. n. 60.*

9. L'obligation d'exprimer les Benefices qu'on possede, ne concerne que les provisions du Pape; elle ne regarde point celles des Collateurs ordinaires. *Beneficium obtentum si non exprimatur vitiat tantum collationem Papæ, & Legati, non Episcopi & aliorum ordinariorum. Cap. & si de officio ordinarii in Clement.* Il n'est besoin de faire mention dans les provisions des collations ordinaires que de ce qu'il est requis d'exprimer de droit; l'Ordinaire n'ayant pas le pouvoir de dispenser, il seroit même inutile d'exprimer les Benefices incompatibles suivant la note de *Bouthilier sur M. de Selve, part. 3. question 12. nomb. 19.*

Voyez les *Definit. Can. p. 295. 548. & 844.* où il est observé que la raison de cette difference est que les Collateurs ordinaires sont toûjours réputez accorder les graces *motu proprio*, & non point à la supplication des pourvûs : & qu'au contraire le Pape accorde ordinairement sur la supplique des impetrans; en effet si le Pape accordoit un Benefice *motu proprio*, le défaut d'expression de quelque Benefice n'annulleroit pas sa grace. En France telles provisions accordées *motu proprio* sont abusives.

10. De la clause *pro expressis habentes.* Le Legat n'en use point. *Rebuffe sur le Concordat, tit. forma mand. apost.*

11. De l'effet de la clause *pro expressis habentes.* Voyez *Rebuffe, 1. part. prax. benef.* au chap. *De clausulis mandatorum, n. 13.* & au chap. *Forma & declaratio nova provisionis.*

12. Quand le chapitre *Postulasti ext. de rescript.* parle des difficultez que le Pape peut avoir à donner des graces, il n'entend parler que des difficultez raisonnables & conformes au Droit commun, non des difficultez qui ne regarderoient que l'affection du Pape, ou bien fondées sur quelqu'autre cause extraordinaire, exorbitante & induë : car si toutes les difficultez que le Pape pourroit avoir, lui devoient être exprimées, il s'ensuivroit que toutes les provisions qu'il donneroit seroient subreptices, d'autant que si vous exprimiez au Pape qu'un moment aprés qu'il vous aura donné la collation d'un Benefice, il se presentera un ami du Pape, une personne considerée, laquelle luy demandera ce même Benefice, il est certain que le Pape ne vous le confereroit pas, & neanmoins ce seroit une chose ridicule & absurde de prétendre qu'à cause de cela la grace & la collation seroient *subreptices.* Du Moulin, *de infirmis, n. 363.*

13. Les causes qui rendroient le Pape ou le Prince plus difficile à accorder une grace, si on les leur exprimoit, doivent être considerées, pourvû qu'elles subsistassent au moment de l'impetration de la grace, ou du moins qu'elles fussent passées ; & ces causes là quand elles sont justes & conformes au droit commun, rendent une grace subreptice ; mais pour ce qui peut être des causes futures, qui ne sont pas encore échuës, & qui peuvent arriver ou n'arriver pas, il est certain qu'on ne les doit pas considerer, & qu'elles ne peuvent pas rendre une grace subreptice. *Ibidem, nomb. 364.*

14. Par le stile des Officiers de la Daterie de Rome, l'erreur au Diocese du Benefice est essentielle ; ils font refus de la réformer : en effet c'est sur cette expression qu'est fondé le *forma dignum & committatur* du Pape. *Defin. Can. p. 842.*

15. On peut impetrer un Benefice par la mort du dernier possesseur, sans qu'il soit besoin d'exprimer son nom, si ce n'est quand il s'agit de l'impetration des Canonicats & Prébendes, où il faut necessairement dire le nom du dernier titulaire. *Ibidem p. 844.*

16. *Si in signaturâ fuerit facta mentio curæ, & in ea fuerit dictum quod possit major specificatio fieri, poterit in Bulla extendi, & apponi parochialis quia exprimendo parochialem specificatio fit cura, cum parochialis dicatur species curæ ; sic censuit senatus anno* 1551. Voyez *Rebuffe sur le Concordat tit. forma mand. apost. verbo* Cum cura.

17. *Judicatum in magno Consilio contra Rigaldum* du Val, *quod in signatura provisionis prioratus de regula non expressisset se Cellerarium Tullensis Ecclesiæ per nullitatem titulorum & incapacitatem nonnullorum & obtinuisse, eo quod jus illud habuerat pro derelicto : contra opponebatur ex consilio vitio collationis cognito liti cum cessisse, neque excusandum, ideo vacasse prioratum per obitum judicatum & Fatri Guidoni* Gomon, *nominato domini de* Selve *Libellorum supplicum Magistri anno* 1596. *& cum supplicasset* du Val *incolorate agere pronuntiatum anno* 1597. Cet Arrêt est rapporté par M. Joly sur M. de Selve, 3. part. tract. quest. 11.

18. Quand il y a une fausse expression par la collation, le titre *De pacificis* ne peut servir à celuy qui a été pourvû. Jugé à la Nôtre-Dame de Septembre 1613. *Montholon, Arrêt* 122.

19. *Facienda mentio in impetratione beneficii, quando beneficium est alicui collatum, & nondum istud acceptavit : quia de illo beneficio non acceptato tenetur in suâ impetratione facere de illo mentionem.* Voyez *M. de Selve,* 3. part. tract. quest. 11. n. 2. sur lequel M. Joly fait cette note *etiamsi ignoraverit beneficium sibi collatum per resignationem, si in vim resignationis possessionem sit adeptus. Ita judicatum in magno Consilio Martii* 1627. *contra Nicolaum* de Castille, *& Antonium* Venelle *nominato domini* l'Huillier *senatoris, Canonicatus & Præbendæ Ecclesiæ collatæ D. Mariæ Belnea adjudicata quia prioratum D. Vincentii non expresserat, neque minor ætas, neque absentia neque ignorantia ei qui parisiis degebat, cum resignatio in sui favorem fieret, auxilio fuit.*

20. Le défaut d'expression n'est considerable, si devant la prise de possession, le pourvû du nouveau Benefice se demet de celuy qu'il n'a point exprimé. *Brodeau sur M. Loüet, lettre B. somm.* 3.

21. Ceux qui possedent un Benefice quoique d'un revenu tres modique, ne peuvent en obtenir ensuite sans en faire mention dans les provisions, à peine de nullité. Arrêt de l'an 1658. contre le sieur Abbé de la Nauve ; il avoit manqué d'exprimer au Pape
qu'il

qu'il possedoit le Prieuré de Pons, de maniere que le défaut de cette expression luy fit perdre celuy de Coincy qu'il avoit obtenu en Cour de Rome *per obitum*. Des Maisons *lettre E. nomb.* 11. M. Loüet en rapporte un plus ancien de l'année 1557. pour le Prieuré de saint Georges Diocese de Bourges ; de sorte que cette question ayant été ainsi jugée, on ne doit plus douter de la maxime.

Voyez lettre B. les mots *Obreption*, *Subreption*.

EXPRESSION, GRADUEZ.

22   Dans les nominations des Graduez, il faut premierement exprimer les Benefices que les nommez possedent. §. *volumus*, *in Rubr. de Collat. in Concord.* afin que les Universitez soient instruites, si les Impetrans des nominations ont deux Prébendes en une Eglise, ou quelque Dignité avec Prébendes, ou autres Benefices jusqu'à la valeur de deux cens florins d'or de la Chambre. 2. Quand même le nommé n'auroit qu'un Benefice, il doit l'exprimer, ainsi qu'une Vicairie perpetuelle, ensemble un Hôpital s'il est Ecclesiastique & donné en titre *text. & glos. in verbo Beneficium in Clem. un. de ver. permut.* l'on n'est tenu d'exprimer une Leproserie & Aumônerie, si elle n'est Ecclesiastique *Clem. quia contigit de Relig. domib.*

La question de sçavoir si l'expression des Benefices litigieux & non paisiblement possedez est necessaire, se trouve diversement décidée.

Quoiqu'on n'ait pas pris possession d'un Benefice, il est neanmoins plus seur d'en faire mention.

Si le nommé possede un Benefice dans le Royaume, & un autre hors le Royaume, il est tenu de l'exprimer ; car le Concordat parle generalement des Benefices, sans dire dedans ou dehors le Royaume, *& sic nec nos distinguere debemus. l. de precio. D. depubl. in rem act. Item ;* d'un Benefice tenu en commande ; *nam commenda est titulus Canonicus. Cap. dudum. de elect.* il en faut dire autant des Chapellenies, encore qu'elles soient de peu de valeur. *Nam parvum & magnum in jure differentiam non inducunt. l. 1. paragr. cum dicitur. D. si cui plus quam per leg. falc.* Voyez la Bibliotheque Canonique, to. 2. verbo Nominations p. 111. à la fin.

EXPRESSION, PENSION.

23   Sçavoir si un impetrant d'un Benefice doit exprimer qu'il jouit d'une pension ? *Vide Coras. in paraph. sacerdot. cap. 4. de Pensions. numer. 4. & 5. Rot. decis.* 210. *in ant.*

24   Suivant l'opinion de quelques Docteurs, comme Forgetus & Fabricius dans leur traité des Pensions, les pensions doivent être exprimées en deux cas ; le premier est lors qu'il y a déja une pension sur le Benefice qu'on demande ; le second est lors que la même pension a été accordée par un rescript special suivant le chap. 33. *Ad audientiam nostram, de rescriptis*, aux Decretales.

25   La question de sçavoir si un Impetrant de Benefices en Cour de Rome, tenu d'exprimer ceux dont il est déja Titulaire, est pareillement obligé d'exprimer les pensions qu'il possede, ou s'il suffit d'exprimer les titres, est proposée au *Journal du Palais*, & décidée par un Arrêt du Parlement de Paris du 31. Decembre 1680. qui jugea que l'expression des pensions n'étoit pas necessaire. Les motifs de l'Arrêt sont que les pensions se perdent par la mort des Titulaires, & ne sont point sujettes à resignation comme les titres ; par consequent elles ne sont pas présumées devoir empêcher que le Pape n'accordât la provision du Benefice, demandée s'il en avoit été informé. Il y a deux cas seulement dans lesquels les pensions font obstacle au Pensionnaire ; le premier, quand un Regulier a une pension sur un Benefice, car elle luy tient lieu de Benefice même, c'est pourquoi il a besoin d'une dispense pour posseder la pension avec un titre. Le second cas est d'un Gradué, qui en vertu de ses Degrez ayant obtenu un Benefice, l'a

resigné à la charge de pension. Cette pension le remplit ; elle est considerée comme le titre même du Benefice resigné.

Il est certain que la pension n'est pas un Benefice. *C. quamvis* 1. *De præb. in* 6. *C. ad audientiam* 2. *de rescript.* Cette même question est agitée dans la *Bibliot. Canonique*, verbo *Nominations*, p. 112. col. 2.

EXPRESSION, PERMUTATION.

26   S'il s'agit d'une permutation faite en Cour de Rome, il n'est pas necessaire de faire mention des autres Benefices que l'on possede. *Joan. Gall. Styl. Parlam. quæst.* 268. *&* Tournet *lettre P. Arrêt* 97.

EXPRESSION DE VALEUR.

27   Expression de la valeur des Benefices marquée dans les Bulles, & autres Provisions de Cour de Rome. *Voyez* le mot *Bulles*, *nombre* 36. *& suivans*, *& les Memoires du Clergé*, to. 2. part. 2. p. 225. & suiv.

28   Joly, en son *Recueil des Offices de France*, tome 1. p. 229. & Fontanon *dans son Recueil des Ordonnances*, tome 4. p. 407. rapportent une Declaration donnée en la ville d'Amboise le 12. Avril 1518. pour l'enregistrement de deux Bulles du Pape données en execution du Concordat pour l'expression de la valeur des Benefices.

29   La Regle de Chancellerie *de valore exprimendo*, qui veut qu'on exprime dans les Provisions la vraye valeur des fruits des Benefices, a été faite pour assurer le payement des Annates. Il n'y a que les Benefices, dont les fruits excedent la valeur de vingt-quatre Ducats par an, qui payent l'Annate, comme les Abbayes & autres grands Benefices. Il se trouve pourtant quelques Abbayes d'hommes qui ne sont évaluées que vingt quatre Ducats ; comme aussi toutes les Abbayes de Filles, les Prieurez Conventuels & les Dignitez majeures des Eglises Cathedrales, & les principales des Eglises Collegiales, ne sont exprimées que de la valeur de vingt quatre Ducats, & s'expedient par Bulles en plomb. Tous les autres Benefices inferieurs, suivant l'usage observé pour la France, sont de même exprimez de la valeur seulement de vingt-quatre Ducats ; mais ils s'expedient par simple signature, qui vaut effet de provision, sans qu'il soit besoin de la clause *quod sola signatura sufficiat* ; ce qui s'observe aussi pour la Bretagne & la Provence. quoique païs d'obedience, où tous les Benefices sans distinction s'expedient par Bulles. *Voyez l'Auteur des Observations sur les Definitions Canoniques*, verbo *Bulles* note 79. *& ibid.* p. 844.

30   Les Docteurs Ultramontains même ne peuvent croire que le défaut d'expression de la valeur des Benefices puisse rendre une provision vicieuse ; en effet les Officiers de Rome ne l'ont inseré dans les provisions, que par un pur motif bursal pour assurer le payement des annates. *Ibidem.* p. 297.

31   De quelque revenu que soient les Benefices, comme on ne les exprime qu'au dessous de vingt-quatre Ducats, on n'est point obligé de lever des Bulles, & l'on se contente des simples signatures, lesquelles étant verifiées par deux Banquiers, sont aussi bonnes, & pour autant d'effet que les Bulles mêmes. Toutefois & quantes qu'au préjudice des privileges, on a voulu à Rome obliger les François d'exprimer le veritable revenu des Benefices, & de lever des Bulles, nos Rois ou leurs Parlemens s'y sont vigoureusement opposez, ensorte qu'ils se sont conservez dans leur possession. On en peut voir la preuve au *chapitre* 22. *des Preuves des Libertez de l'Eglise Gallicane*, sur tout aux nombres 36. & 37.

EXTRAITS.

1   *Extracta sine partis citatione facta exempla dicuntur, & nullam fidem faciunt : fallit si extracta essent ab eo qui fecit.* Voyez Franc. Marc. tome premier, quest. 70.

2 *Extractus instrumenti ut fidem faciat non nisi parte vocatâ faciendus.* Ibidem, quest. 143.

3 *Extracta facta super copia scripturæ privatæ ex Episcopi archivo authoritate publica valet, & maxime stante super hoc consuetudine.* Ibidem, quest. 438.

4 Extrait sur extrait d'une obligation ne fait foy, le creancier condamné à produire l'extrait original. Arrêt du Parlement de Grenoble sans date. *Basset*, to. 2. liv. 2. tit. 12. chap. 2.

5 Extraits sont nuls faute d'appeller Parties. *L. de unoquoque D. de re judic.* il en est autrement si le Juge assigne les parties à certain lieu, jour & heure. Arrêt du 10. May 1521. *Biblioth. de Bouchel*, verbo *Extraits.*

6 Si l'instrument perdu ou égaré a été communiqué par copie, l'extrait collationné qui en sera fait de l'autorité du Juge fera foy, & sera valable, l'usage du Parlement de Grenoble le permet, & le veut. *Voyez Guy Pape,* quest. 471.

7 Le Procez d'une partie s'étant égaré, elle demande à l'autre communication du sien; & aux copies qu'en donne celle-cy, ou aux extraits qui en sont faits on ajoûte foy suivant l'article 75. du Reglement fait au Parlement de Grenoble en 1618. Si le Commissaire Rapporteur du procez en a fait & écrit l'extrait de sa main, & qu'il se soit perdu chez luy, on ajoûtera foy à cet extrait pour juger, comme l'on auroit fait sur le procez même. Ce qui fut déterminé par Arrêt rendu au même Parlement de Grenoble le 29. Septembre 1680. pour un procez perdu chez Monsieur le Conseiller Roux après sa mort; mais qui en avoit fait & écrit de sa main l'extrait. *Voyez Chorier en sa Jurisprudence de Guy Pape,* p. 309.

8 Par Arrêt du Parlement de Bretagne en forme de Reglement du dernier Septembre 1632. il fut fait défenses aux Juges de faire transumpts en leurs maisons, & d'en prendre salaires; & qu'aucun ne se feroit par les Juges, sinon les Parties le requerant, mais au Greffe parties appellées. *Du Fail,* li. 2. chap. 222.

9 Arrêt du Parlement de Provence du 22. Decembre 1644. qui a jugé que les extraits sur extraits doivent être faits partie appellée. *Boniface*, tome 1. liv. 8. tit. 8.

10 Extraits tirez d'autres Extraits non signez, qui sont dans la Chambre des Comptes font foy. Ainsi jugé au Parlement de Grenoble le 7. Septembre 1666. au Rapport de Monsieur de Brochenu, en la Cause des Consuls & Communauté de Saint Georges d'Esperanche, d'une part; & le Seigneur Comte de Maugeron, & les Consuls de Beauvoir de Marc, d'autre part. Le mouvement fut que les Registres ou Actes qui sont dans cette Chambre, qui est comme le Tresor & le lieu du sacré dépôt des plus précieux titres de la Province, doivent être consideréz & censez authentiques & de foy probatoire; joint à ce que leur antiquité les rend fort recommandables: & finalement autrefois dans ce temps ancien on ne signoit pas les instrumens, les Contrats, ni aucuns autres Actes. *Basset,* to. 2. li. 2. tit. 12. chap. 2. alors *animis plus quam annulis credebatur, ut apud Senecam alicubi.*

FABRIQUE.

**ABRIQUES**, & de l'administration de leurs revenus. Vide *les Mémoires du Clergé*, *to. 3. part. 3. p. 331. jusqu'à 389. & Ibidem*, quel doit être l'employ du revenu des Fabriques?

Fabriques & Fondations déchargées de toutes recherches, pour droits d'amortissemens, francs-fiefs & nouveaux acquêts. *Ibidem*, *to. 3. part. 4. p. 327. & suiv. 337. 343. & suiv.*

Des affaires de Fabriques. *Voyez le Recueil de Decombes*, Greffier en l'Officialité de Paris, 2. part. chapitre 3.

L'Archevêque de Roüen voyant que la Fabrique de son Eglise avoit besoin de reparations, fit un accord avec le Chapitre qui passa à la pluralité des voix; il fut convenu que chaque Chanoine contribueroit; quelques-uns ayant refusé, l'Archevêque se plaignit; le Pape ordonna que le Statut seroit executé; chapitre dernier, *extra de iis quæ fiunt à maj. part. Cap.* Vide Castel en ses *Mat. Benef. to. premier, page* 34.

Marguilliers établis pour regir la part de la Fabrique. *Ibidem, p. 36.*

Fruits decimaux & oblations destinez à l'Oeuvre & Fabrique des Paroisses, & confiez à l'administration des Marguilliers, ne peuvent être pris par le Curé sous prétexte que son revenu n'est pas assez considerable. *Voyez le* 20. *Plaidoyé de Puymisson.*

Les Ornemens que l'on met à une Chapelle pour la parer de Deüil pendant l'an, comme la ceinture de velours sur laquelle sont posez les Armoiries, Custodes & Paremens d'Autel, &c. après le Service du Bout de l'an du défunt celebré, appartiennent à l'Oeuvre & Fabrique de l'Eglise; & les Marguilliers s'en peuvent emparer à cet effet, à moins que ceux qui les ont mis ne soient auparavant convenus avec eux qu'ils les retireroient en tout ou partie. Jugé au Parlement de Paris pour la Fabrique de S. Jean en Greve. *Bibliot. Can. to. 1. p. 121. col. 2.*

FABRIQUES, ALIENATION.

Alienation du Bien des Fabriques. *Memoires du Clergé, to. 3. part. 3. p. 386. & suiv.*

Faculté aux Eglises & Fabriques de rentrer dans tous leurs biens sans permission du Roy. *Ibidem*. La Declaration est du 12. Février 1661. verifiée au Parlement le premier Mars 1662. *V. la Bibliotheque Can. to. 1. p. 627.*

FABRIQUES, COMPTE.

Comptes de Fabriques. *Voyez le mot Compte, nomb.* 12. *& suiv.* & l'article 17. de l'Edit du mois d'Avril 1695. concernant la Jurisdiction Ecclesiastique.

Les comptes du revenu des Fabriques ou des biens leguez aux Eglises doivent être rendus aux Evêques, Officiaux, Archidiacres, dans leurs Visites, sans frais. *Memoires du Clergé, to. 3. part. 3. p. 332. & suiv. p. 346. jusqu'au 384. & p. 389.*

L'audition & la connoissance de ces comptes interdite aux Elûs, *p. 340. n. 10. & 346. n. 15.*

Pareillement à tous Juges Laïcs, *p. 332. & suiv. 349. n. 17. & suiv. & 364. & 371. & suiv.* Il est observé au même endroit que les Substituts de M. le Procureur General & les Procureurs Fiscaux peuvent y assister, mais sans frais. Les Procureurs Fiscaux de la Religion Prétenduë Réformée ne pourvoient pas neanmoins y être présens, *p. 782.*

Les Juges des lieux peuvent assister ausdits comptes comme habitans, & non autrement. *p. 357.*

Chopin rapporte un Arrêt du 23. Avril 1550. par lequel les Evêques ne peuvent point connoître des comptes des Marguilliers des Paroisses; la Cour prononça contre un Evêque mal nullement procedé & jugé, en ce qu'il avoit pris connoissance des comptes & administrations du profane de la Fabrique des Eglises. *Definit. Can. p.* 449.

Des deniers des Fabriques, à qui on en rend compte. *Voyez Chenu, tit. 1. ch. 1. & 2.* Reglement d'entre un Curé, ses Paroissiens & Procureurs Fabriciens pour la reddition des comptes de Fabrique, reparation & entretenement de la Maison Presbyterale, le Précepteur de la jeunesse & payement des droits du Curé. *Idem, Ibidem, chap.* 9.

Au procez pendant entre les Chanoines de Vannes appellans & M. Bertrand des Montys, il fut ordonné que Commission seroit baillée au Procureur General pour appeller les Chanoines & Chapitre de Vannes en la Cour, pour tenir compte de la Fabrique de l'Eglise, ensemble des devoirs d'annate, & autres par eux reçus, pour la reparation & entretenement d'icelle Eglise, auquel compte pourra assister l'Evêque, & fera l'Evêque & Chapitre procez verbal présens ou appellez des ruines de l'Eglise & Maison Episcopale, & des reparations requises y être faites; le tout rapporté être ordonné comme de raison. Arrêt du Parlement de Bretagne du 31. Août 1566. *Du Fail, liv. 3. chap. 243.*

Reglement entre le Curé, les Paroissiens & Marguilliers pour la reddition des comptes, reparations & entretenement de la Maison Presbyterale, du 30. Juin 1567. *Charondas, liv. 4. Rép. 1.*

Arrêt du Parlement de Paris du 10. Avril 1614. pour Maître Pierre Oceau Prévôt & Chanoine de l'Eglise Cathedrale à Luçon Intimé, contre les Fabriqueurs de Saint Jean de Bueigné & les habitans prenant la cause, appellans comme d'abus d'une Sentence de l'Official de Luçon, par laquelle ils étoient condamnez à rendre compte de la gestion de la Fabrique devant luy faisant sa visite, nonobstant qu'ils fussent sortis de charge, *etiam*, avant que l'Edit fût verifié. *Voyez la Bibliotheque de Bouchel*, verbo *Visitation.*

Jugé par Arrêt du Parlement de Paris du 27. Août 1616. que l'audition des comptes des Fabriques & Eglises appartient aux Archidiacres en faisant leurs Visitations, privativement aux Commissaires Examinateurs des Elections, ausquels le Roy par Edit a attribué ce pouvoir. Auparavant il appartenoit aux Juges ordinaires. *V. Filleau 4. part. quest. 171.*

A Paris les Marguilliers rendent leurs comptes pardevant le Curé de la Paroisse à ceux qui leur succedent & qui entrent en charge. *Definit. Canon. pag.* 448.

FABRIQUES, MARGUILLIERS.

Aux Marguilliers seuls appartient le gouvernement & administration de toutes choses qui dépendent de l'Oeuvre & Fabrique de l'Eglise, la garde des Titres, Calices & Ornemens de l'Eglise. Ils peuvent commettre une personne pour avoir la garde des Ornemens de la Paroisse; à eux seuls appartient de faire sonner les cloches aux heures du Service &

quand il est requis. Jugé au Parlement de Paris entre le Curé de la Magdelaine & les Marguilliers le 8. Juillet 1538. *Bibliot. Can. to.* 2, *p.* 68. *col.* 1.

18 Les Offices des Marguilliers, quoique la plus grande partie de leur charge consiste en choses sacrées, sont neanmoins Laïcs & Seculiers; ils doivent prêter serment, & être instituez en la Jurisdiction seculiere, & non pardevant l'Official : ce qui a été décidé par Arrêt en une appellation comme d'abus contre l'Official de Noyon, qui avoit donné des Lettres pour faire venir les Marguilliers de quelques Paroisses prêter serment comme il avoit été pratiqué auparavant. Cet Arrêt est du 2. Avril 1542. d'autres le datent de 1539. *Ibidem*, *col.* 2.

19 Les Procureurs & Administrateurs des Fabriques ne peuvent être contraints à faire la recepte des Tailles, ni autres Impositions. Arrêt du Conseil d'Etat du 10. Août 1641. sur la requête des Députez de l'Assemblée du Clergé. Autre Arrêt du Conseil d'Etat sur la Requête presentée au Roy en son Conseil par les Marguilliers de l'Eglise de Moret le 7. Novembre 1641. par lequel ils sont déchargez de faire la levée de l'imposition des subsistances, emprunts, tailles & autres droits, & le Jugement des Elûs qui les y avoit condamnez, cassé. *Bibliot. Canon. to.* 1. *pag.* 626. & *cy-après* verbo *Marguilliers*.

FABRIQUE, PATRONAGE.

20 La nomination & presentation d'une Chapelle appartenante à une Fabrique, la Chapelle est en Patronage laïc. Arrêt du Parlement de Paris du 14. Juin 1638. *Journal des Audiences, to.* 1. *liv.* 3. *ch.* 53.

FABRIQUES, VIGNES.

21 Fabriques ne doivent le droit de vingtiéme pour les vignes qu'elles font valoir par les mains des Marguilliers. Arrêt de la Cour des Aydes à Paris le 26. Novembre 1636. pour la Fabrique de S. Leu Taverny. *Ibidem, chap.* 36.

FACTEUR.

Les titres concernans les obligations & engagemens respectifs du Facteur & de celuy qui le prépose sont rapportez sous le titre *Commis*.

1 *Dominus ex contractu institoris, an sine cessione agere possit?* Voyez *Franc. Marc. to.* 2. *quest.* 469.

2 Si un debiteur paye és mains d'un Facteur, de son creancier, le payement ne sera valable, si le Facteur n'a charge particuliere de donner la quittance. Jugé au Parlement de Bourdeaux. Voyez *Boërius* & *la Bibliotheque de Bouchel*, verbo *Facteur*.

3 Le Marchand est tenu des dettes de son Facteur, encore qu'il luy ait baillé des deniers pour acheter, & non pas pour emprunter, vû qu'il ne justifie pas qu'il luy ait défendu d'emprunter, ni que ceux qui prêtoient en ayent été avertis. Arrêt au mois d'Avril 1532. *Charondas, liv.* 10. *Rép.* 30.

4 Un Facteur prend marchandises pour son Maître; s'il ne paye pas le temps, le creancier ne peut s'adresser d'abord à luy, mais il doit commencer son action contre le Maître pour sçavoir s'il desavoüera son Facteur, car en cas de desaveu seulement il peut convenir le Facteur & non autrement. Arrêt de Paris du 2. Juin 1551. entre un Facteur d'un Marchand de Tours & un Creancier Forain. *Bibliotheque de Bouchel*, verbo *Facteur*.

5 Un mineur Facteur de Marchand demeure redevable envers son Maître, il luy passe obligation de la somme dûë en qualité de son Facteur, le tuteur joint au mineur obtient Lettres Royaux; débouté & condamné à payer. Arrêt du 4. Juin 1568. *Charondas, liv.* 4. *Rép.* 95.

6 Facteur qui a usé de dol & fraude est tenu en son nom de la dette par luy reçûë au nom de Facteur. Arrêt du 22. Decembre 1492. & le Maître est tenu de délivrer son Facteur de prison. Arrêt du 17. Decembre 1576. *Ibidem, Rép.* 59.

7 Arrêt du mois de May 1558. qui condamne un Facteur, pour avoir volé son Maître, à être pendu. *La Rochestavin, liv.* 2. *lettre* L. *tit.* 2. *Arr.* 3.

8 Facteur s'étant chargé d'apporter de l'argent doit supporter la perte, sauf à demander salaire. Arrêt du Parlement de Paris du 12. Juillet 1585. contre un Facteur, lequel apportoit des attestations que sa bourse s'étoit crevée en chemin. *Papon, li.* 6. *tit.* 5. *n.* 3. Arrêts contraires dans *Maynard, li.* 4. *ch.* 16. *de ses questions*, & *Carondas, liv.* 7. *de ses Réponses ch.* 186. Voyez *cy-après* verbo *Marchand*.

FACTUM.

Une Partie est tenuë sur le Requisitoire de Messieurs les Gens du Roy d'avoüer ou desavoüer un Factum injurieux qu'elle a fait courir contre sa Partie, & luy en faire reparation.

Un Imprimeur-Libraire qui imprime tel Factum, sans que la minutte lui ait été remise signée d'un Avocat ou Procureur, est punissable. Arrêt du Parl. de Paris du 11. Août 1696. qui sur les Conclusions de M. l'Avocat General de Lamoignon decrete l'Imprimeur d'ajournement personnel. *Journal des Audiences, to.* 5 *liv.* 11. *ch.* 22.

Voyez le mot *Avocat*, *nomb.* 86. & *suiv.*

Par Arrêt de la Cour du Parlement de Paris du 11. Août 1708. défenses sont faites à tous Imprimeurs & Libraires de Paris, d'imprimer & faire imprimer aucuns Factums, Requêtes ou Memoires, sans que les copies qu'on leur met entre les mains ne soient signées d'un Avocat ou d'un Procureur : enjoint ausdits Imprimeurs & Libraires de mettre leurs noms & demeures au commencement ou à la fin desdits Factums & Memoires qu'ils auront imprimez ou fait imprimer.

FACULTE'.

1 *Qua sunt meræ facultatis non præscribuntur*, comme la faculté d'aller paître en des communaux. Voyez *Henrys, tome* 1. *liv.* 4. *chap.* 6. *q.* 89.

2 La faculté personnelle *qua est contra jus commune, non transmittitur ad hæredes, quia privilegium personam non egreditur*, comme la stipulation de reprendre par la femme tout ce qu'elle a apporté ; mais si une chose est donnée à la personne à cause de la Charge ou qualité, elle passe à celuy qui a la Charge. Voyez *M. le Prétre*, 3. *Cent. chap.* 86. & 87.

FACULTE' DE RACHAT.

3 *De pactis de retrovendendo.* Voyez le Traité fait *Per Fratrem Bernardinum Busti in* 1. *parte Rosarii, sermo. xxvij.* & *per Bartoloma. Cæpoll. in tract. de simulatione contractuum.*

4 De la faculté de rachat. Voyez le 1. tome des *Loix Civiles, li.* 1. *tit.* 1. *section* 12. *n.* 6. *Charondas, liv.* 12. *Réponf.* 31. & 54. *Bouvot, to.* 2. verbo *Retrait*, & au 3. *volume de ce Recüeil lettre* R. verbo *Retrait*, §. *Retrait conventionnel*.

5 *Rei venditio sub pacto redimendi sapit naturam pignoris* & *anticreseos.* Du Moulin, *to.* 2. *p.* 169.

6 De la faculté de racheter *ex natura contractus, vel ex pacto.* V. Coquille, *to.* 2. *quest.* 260.

7 *De pacto redemptionis in venditione à venditore facto pro se* & *affinibus, non adhibita certi temporis præfinitione.* Voyez *Franc. Stephani decis.* 13.

8 *An ex pacto redemptio detur in tertium possessorem actio?* Voyez *Ibidem decis.* 23.

9 Jugé au Parlement de Bretagne en 1556. que l'acquereur à condition de raquit mourant en possession, quoique le temps de la grace ne fût échû, faisoit ouverture au rachat. *Frain, page* 93.

10 Un de plusieurs vendeurs à faculté de rachat, ne peut retirer tout malgré l'acheteur. Arrêt du Parlement de Dijon du 9. Juillet 1577. *Bouvot*, 10. 1. *part.* 2. verbo *Vendeur à grace de rachat*.

11 Pendant le temps de la faculté de rachat, la revente

qui fe fait, ne préjudicie au vendeur, c'est-à-dire, que le second acheteur peut être contraint de remettre la maison. Arrêt du Parlement de Dijon du 18. Novembre 1568. *Ibidem, tome* 2. verbo *Retrait conventionnel, quest.* 10.

12 Ceux à qui la faculté de remeré est donnée, s'ils font obligez solidairement, chacun d'eux peut retirer le tout. *Carondas, livre* 2. *Rép.* 65.

13 En Contrat d'achat de vente fait avec faculté de remeré, il y a usure au denier dix, comme d'un Greffe affermé deux cens livres que l'on vend deux mille livres avec faculté de remeré, le Contrat cassé en remboursant suivant les offres, sans lesquelles l'on eût imputé au sort principal. Arrêt du Parlement de Paris du 31. Juillet 1596. *M. Loüet lettre A. somm.* 14.

14 Un acquereur sous faculté de rachat n'a pas le privilege d'un simple acquereur, il ne peut faire vuider les lieux à un locataire avant le terme de son bail expiré. Arrêt du Parlement de Bourdeaux du 16. Février 1661. *Journal du Palais. Voyez Brodeau sur M. Loüet lettre L. somm.* 4. *n.* 9. où vous trouverez un Arrêt de la Chambre de l'Edit du 6. Mars 1627. qui a jugé de la sorte.

15 La faculté de remeré par un Acte séparé du Contrat passé en même temps par le même Notaire, a été jugée valable le 4. Août 1676. *Journal des Audiences, tome* 3. *livre* 10. *chap.* 28.

FACULTE' DE REMERE', CESSION.

16 Entre deux cessionnaires du droit de remeré, le plus diligent, & le premier occupant est preferé, quoiqu'il ait posterieurement acquis : ainsi jugé au Parlement de Paris en 1549. Maynard est de même avis, quoique le contraire ait été jugé au Parlement de Toulouse. *Voyez Papon, li.* 11. *tit.* 6. *nomb.* 9. *& Carondas, li.* 5. *Rép.* 6.

17 Ferey avoit vendu vingt acres de terre à Andrieu à faculté de rachat pendant cinq ans, sans pouvoir neanmoins disposer de cette condition qu'après le refus de l'acquereur ; Ferey vendit la condition au Danois, au déçu d'Andrieu pour quarante écus ; le Danois ayant voulu retirer, il offrit à Andrieu de luy remettre son Contrat, en luy rendant les quarante écus ; ce qui fut refusé par Andrieu, disant que la condition étoit personnelle, & en tout cas qu'il ne pouvoit y être obligé avant les cinq ans. Par Arrêt du Parlement de Roüen du 5. Juillet 1623. il fut dit que le retrait auroit lieu, au refus par l'acquereur de rembourser les quarante écus. *Basnage sur la Coûtume de Normandie, art.* 523.

18 Faculté concedée aux Ecclesiastiques de racheter leurs biens alienez pour subventions, n'est cessible. Arrêt du Parlement de Paris du 14. Janvier 1628. La Cour en ordonnant que l'Appellant joüiroit des Terres dont étoit question, permit neanmoins aux Religieux d'Eschalis de les retirer & racheter pour être actuellement reünis au Domaine, & sans fraude. *Bardet, to.* 1. *liv.* 3. *ch.* 1.

19 Le Seigneur appanager vendant une Terre à la charge de rachat perpetuel, ce Seigneur ne peut ceder à un tiers son droit de la retirer, quoique ce tiers ait des Lettres Patentes du Roy. Jugé le 2. Decembre 1659. *De la Guessiere, tome* 2. *liv.* 2. *ch.* 47.

FACULTE' DE RACHAT, DECRET.

20 Jugé par Arrêt du Parlement de Roüen du 22. Decembre 1526. qu'une condition de remeré peut être decretée, ce qui est contingent en la personne du creancier qui porte dette créée depuis l'alienation de l'heritage & avant le temps de la condition expirée ; parce que la faculté de retirer l'heritage dans le temps limité par le Contrat est *in bonis* du debiteur, & comme un immeuble, peut être saisie par decret, & le decret de ladite condition fait & passé, & l'état tenu, n'empêchera que les creanciers du vendeur aîneux de la vendition de l'heritage, ne puissent pour le payement de leurs dettes faire decreter ledit heritage au préjudice du possesseur, combien qu'ils ne se soient opposez au decret de ladite condition, parce que l'heritage aliené n'a été purgé de leurs hypoteques aînées. *Coûtume reformée de Normandie par Berault, titre des Executions par decret, art.* 546. *p.* 448.

21 La faculté de retirer un heritage étant decreté, les creanciers, quoique non opposans au decret, peuvent saisir l'heritage au préjudice de l'adjudicataire de cette faculté. Arrêt du Parlement de Roüen au mois d'Octobre 1555. *Basnage sur la Coûtume de Normandie, article* 546.

FACULTE' DE RACHAT, DELAY.

22 Une vente étant faite à faculté de rachat, si le vendeur laissant des pupiles ses heritiers, le rachat court? *V. Bouvot, to.* 1. *part.* 2. verbo *Vente à grace de rachat, quest.* 1.

23 Quand il y a promesse de rachat pour la vente faite sous une écriture privée, à la charge de la passer pardevant Notaire Royal, le temps court du jour de la date de la promesse & non du Contrat. Arrêt du Parlement de Dijon du 30. Mars 1561. *Ibidem, to.* 2. verbo *Retrait conventionnel, quest.* 8.

FACULTE' DE RACHAT, DROITS SEIGNEURIAUX.

24 En la Coûtume du Maine, tant que la grace dure il n'y a vente, pourvû qu'elle n'excede neuf ans, quand le vendeur ou ses heritiers la retirent pendant les neuf années : mais si le vendeur laisse écouler le temps de la grace, & que pendant icelle ou après, l'acquereur cede ou vende son droit à un autre, en ce cas il est dû au Seigneur de fief doubles lods & ventes, c'est-à-dire tant du premier Contrat que du deuxième fait à faculté de remeré. Arrêt du 6. May 1608. *M. le Prêtre és Arrêts de la cinquiéme. Voyez Brodeau sur M. Loüet lettre R. somm.* 2.

25 En païs de nantissement les Droits seigneuriaux payez au Seigneur d'une vente à faculté de remeré, ne se repetent, le remeré s'en faisant dans le temps de la grace, Coûtume de Ponthieu rude, où il faut se realiser ; M. Bignon remarqua qu'il n'est dû aucune chose aux autres Coûtumes, parce que par le moyen de la clause de remeré & du remboursement, les choses revenoient au premier état. Arrêt du 25. Janvier 1633. *Du Frêne, liv.* 2. *Voyez Brodeau sur M. Loüet lettre V. somm.* 12.

FACULTE' DE RACHAT, EGLISE.

26 L'Eglise ayant droit d'un creancier d'un vendeur sous faculté de rachat, peut user de cette faculté durant quarante ans, à compter du jour de la vente, quoique la faculté de rachat ne convienne naturellement qu'au vendeur & à ses heritiers, ou aux creanciers, comme par grace & du chef du debiteur *ex personâ debitoris*, dont ils exercent les actions. Arrêt du Parl. de Toulouse du 28. Juillet 1665. rapporté par *M. de Catellan liv.* 1. *chap.* 9.

27 La faculté de rachat apposée à la fondation, fait présumer le rachat fait, lors qu'on a durant quarante années de suite discontinué de payer la rente. Arrêt du P. de Toulouse du 19. Août 1665. en faveur de la Dame de Solatgés Dame de Peyré, à laquelle les Religieux de Chambons faisoient demande d'une rente obituaire de six septiers de bled, donnée entrevifs à leur Monastere en 1356. par un Seigneur de Peyré, sous la reservation pour luy & ses successeurs de la faculté de se racheter *toties quoties*, en payant seize florins par septier, rente qui ne paroissoit pas avoir été jamais payée. *Voyez Ibidem, chap.* 7.

FACULTE' DE RACHAT EXPIRE'E.

28 Un Seigneur vend sa Terre moyennant 40000. l. payez comptant, avec clause de la racheter pendant neuf années, & de l'occuper à titre de bail à raison du denier douze pour ce temps : les neuf années passées, il continue de joüir, l'acquereur le fait ensuite assigner, aux fins de desistement, le vendeur se défend en disant qu'il n'a prétendu vendre, mais seu-

X iij

lement engager. Arrêt du 4. Juin 1579. qui le condamne à laisser joüir l'acquereur de la Terre jusqu'à concurrence de 40000. l. & pour cet effet la Cour ordonne que la Terre sera baillée à ferme dans quatre mois, l'acquereur appellé pour des deniers provenans d'icelle être payé d'an en an de sa rente au denier douze du sort de 40000. l. jusqu'au remboursement ; l'interèt payé non compté au principal. *Papon, liv.* 12. *tit.* 7. *n.* 6.

29 Le sieur de Chalmazel emprunte de l'argent d'un Marchand de Lyon, & luy fait une vente des fruits de sa Terre pendant six ans. Le debiteur fait un second emprunt, vend sa Terre à vil prix, sous la faculté de la racheter dans un certain temps ; ce temps expiré le creancier voulut se mettre en possession ; Arrêt du Senat de Chamberry du 28. Août 1584. qui déclare le rachat perpetuel, condamne le creancier à se desister en luy remboursant le prix principal porté au Contrat, renfort de monnoye, s'il y échet, reparations utiles, necessaires & permanentes, les lods & ventes payez, ce qui détermina le Senat fut la vilité du prix, & la faveur dûë à un Seigneur qui veut rentrer dans ses Terres. *Ibidem, n.* 5.

29 bis. Celuy qui doit, vendant pour seureté de payement un pré avec faculté de rachat de deux ans, le rachat expiré, peut rentrer dans son bien en rendant le fort principal, frais & loyaux coûts. Arrêt du Parlement de Dijon du 20. Juin 1605. *Bouvot, tome* 2. verbo *Usures, quest.* 15.

30 En vente à faculté de rachat de cinq ans, les cinq ans étant expirez, le vendeur ne peut demander la revente, & il n'est pas besoin de faire décheoir le vendeur. Arrêt du Parlement de Bourdeaux du 21. Juillet 1655. *La Peyrere lettre R. n.* 13.

31 La faculté de remeré dure trente ans, après le terme expiré, s'il n'y a Sentence adjudicative de la proprieté. *V. Jovet*, verbo *Remeré*, *n.* 1.

32 Après la faculté expirée, il n'est pas necessaire de faire une sommation *dies interpellat pro homine*. Arrêt du 27. Mars 1669. *Ibidem*, nombre dernier.

33 Si après la faculté de rachat expirée le vendeur est recevable au rachat, & si la lezion proroge cette faculté ? 2. Si la vente à faculté de rachat peut être censée un contrat pignoratif d'antichrese, & si en ce cas il y a lieu d'ordonner l'imputation des fruits excedans les interêts au principal ? Ces deux questions sont traitées au 9. *Plaidoyé de Me. Jean Bons.* Par Arrêt du Parlement de Toulouse du 14. Avril 1634. les Parties ont été appointées.

FACULTÉ DE RACHAT, FRUITS.

34 Jugé que celuy qui a donné faculté de rachat d'un an, ne peut demander les fruits *pro rata temporis*, que l'on a demeuré à faire le rachat, à moins qu'il ne soit stipulé par le Contrat de vente, encore que le rachat se fasse *maturis frugibus*. Arrêt du dernier May 1566. prononcé en Robes rouges. *Voyez la Bibliotheque de Bouchel*, verbo *Rachat* ; & *Montholon, Arrê:* 56. & *le Vest, Arrêt* 83.

35 Jugé en la Chambre de l'Edit de Castres, qu'en une vente faite à faculté de rachat les fruits des biens vendus excedans les interêts legitimes du prix de l'achat seroient imputez sur le capital, suivant le Certificat des Avocats du Parlement de Bourdeaux, portant que telles ventes étoient déclarées Contrats pignoratifs, aussi-bien que les engagemens : ce qui fut jugé, parce que selon *Maynard, ch.* 28. 30. & 31. Quand en ces sortes de ventes est intervenuë lezion, elles sont équipolentes aux Contrats d'engagement, & l'imputation est alors ordonnée. *Voyez Boné, Arrêt* 43. *part.* 2. *p.* 218.

36 Le demandeur est recevable à retirer de l'acheteur, lequel luy a promis de luy passer Contrat de faculté de rachat, & doit être condamné au remboursement des fruits depuis la contestation. Arrêt du Parlement de Paris, infirmatif d'une Sentence qui avoit jugé que le vendeur n'avoit pas dû venir d'abord à l'execution, mais l'avoit débouté sans préjudice de la promesse pour laquelle il pourroit agir. On jugea que ce circuit étoit inutile. *Papon, liv.* 11. *tit.* 6. *n.* 7.

FACULTÉ DE RACHAT, HERITIERS.

37 Jugé qu'en vente de Terre à faculté de rachat, *si unus ex heredibus minor egerit*, & a racheté pour le tout, le rachat est communicable aux autres heritiers, quoiqu'ils n'eussent agi. *Le Vest, Arrêt* 811. Brodeau *sur M. Loüet lettre C. somm.* 5.

FACULTÉ DE RACHAT, JUGEMENT.

38 & 39 Jugé au Parl. de Roüen qu'en matiere de Contrats à faculté de rachat, la proprieté ne peut être acquise incommutablement à l'acquereur, ni le Contrat verifié avant les trente ans de terme expiré, s'il n'y a Sentence qui l'ordonne de la sorte ; & jusqu'à ce le vendeur est toûjours recevable à offrir le remboursement de la chose par luy venduë ; ce qui a été jugé par Arrêt inseré au Livre des Arrêts de la cinquiéme des Enquêtes, & qui fut donné *consultis Classibus*. V. Basnage, *sur la Coûtume de Normandie*, art. 523.

40 Si dans le Bail à cens & rente, ou dans le Bail à rente, le Seigneur & le bailleur se sont reservez la faculté de rentrer dans les fonds de plein droit sans autre procedure ni ministere de Justice, neanmoins telle clause n'est que comminatoire, il faut un Jugement. Arrêt du Parlement de Paris du 1. Juillet 1614. *Auzanet, sur l'article* 74. *de la Coûtume de Paris*.

41 Le temps de la grace ne commence à courir que du jour du Jugement qui condamne le vendeur à reprendre l'heritage en remboursant le prix qu'il en a reçû. Arrêts en 1633. le 10. Juin 1644. & le 16. Avril 1647. *Voyez Ibidem, sur l'art.* 120. *de la Coût. de Paris*.

42 Dans les ventes à faculté de rachat le vendeur est toûjours recevable au remboursement, jusqu'à ce qu'il y ait Sentence qui déclare l'acquereur proprietaire incommutable. Arrêt du 23. Janvier 1656. en la Coûtume d'Anjou. *Soëfve, to.* 2. *Cent.* 1. *chap.* 9. il observe d'anciens Arrêts qui jugeoient le contraire.

FACULTÉ DE RACHAT LIMITÉE.

43 Si le temps de la faculté est limité à certain jour, au lieu d'être accordé indéfiniment, plusieurs tiennent que *dies interpellat pro homine*, & qu'alors il ne faut ni sommation ni Jugement. Arrêt du Parlement de Paris du 13. Juin 1637. qui débouta le demandeur du rachat prétendu : la faculté étoit expirée depuis quatre ans. *Additions à la Bibliotheque de Bouchel*, verbo *Faculté*.

44 La vente de la condition de remeré ne peut être clamée après le temps de la condition expiré, encore que l'an & jour de la vente d'icelle ne soit pas expiré. Article 109. des Arrêtez du Parlement de Roüen les Chambres assemblées, du 6. Avril 1666. *V. Basnage, tome* 1. *à la fin*.

45 Si un fonds ayant été vendu avec pacte de rachat dans un temps limité, le vendeur ne peut être reçu au rachat après le temps limité ? Arrêts du Parlement de Provence des 22. Decembre 1674. & 15. Octobre 1676. Les Arrêts fondez sur ce que *dies interpellat pro homine*, autre chose seroit si le rachat avoit été stipulé simplement, car il dureroit trente ans. *Boniface, tome* 4. *li.* 8. *tit.* 2. *ch.* 10.

FACULTÉ DE RACHAT, MINEUR.

46 Un mineur vend son heritage avec faculté de rachat pour six ou dix ans ; avant le temps fini, il décede laissant un heritier mineur. Jugé au Parlement de Paris au mois de Juillet 1528. que le mineur n'est pas restituable contre la clause, & qu'il ne peut demander prorogation de délay. *Bibliotheque de Bouchel*, verbo *Faculté*.

FACULTÉ, OFFRES.

47 On demande si le vendeur sans faculté de remeré venant dans le temps, & ayant seulement offert sans

FAC

consigner peut obtenir ; il faut que les offres soient faites réelles & faites en Jugement ; & pour gagner les fruits, le payement doit être réel & la consignation faite. Arrêt du Parlement de Bourdeaux du 27. Juillet 1522. *Papon, liv. 15. tit. 5. n. 3.*

48 FACULTE' DE RACHAT, PLUSIEURS FONDS.
Le vendeur de plusieurs fonds *unicâ venditione & unico pretio*, avec faculté de rachat, ne peut racheter un des fonds & non les autres. Arrêt du Parlement de Grenoble du 10. Avril 1614. n'y ayant qu'un prix & qu'un Contrat, la resolution en est indivisible ; de même le Seigneur direct d'un de ces fonds ne peut exercer son droit sur ce fond vendu avec plusieurs autres qu'il ne prenne le tout. Arrêt du 26. Mars 1612. *Basset, to. 2. li. 6. tit. 6. ch. 1.*

FACULTE' DE REMERE', PLUSIEURS VENDEURS.

49 Faculté de remeré s'exclud par l'appropriment du second acquereur, sauf au premier vendeur, son action pour ses dommages & anterêts vers le second vendeur. Arrêt du Parlement de Bretagne du 29. Novembre 1612. rapporté par *Frain, page 136.*

50 Si la faculté de rachat est venduë à deux personnes séparement, & l'un aprés l'autre, celuy-là est préferé qui le premier a fait le rachat en vertu de la cession, quoiqu'il se trouve le dernier dénommé dans l'Acte. Cette question est partagée, & les Parties transigerent. *Maynard livre 8. chap. 34.* où il dit que si elle eût été départie, la décision auroit été conforme à son avis.

51 L'un des coheritiers, ou l'un de plusieurs vendeurs peut seul retirer le tout. Arrêt du Parlement de Bourdeaux du 4. Mars 1529. Autre Arrêt du Parl. de Paris du 22. Décembre 1581. *Papon, li. 11. tit. 6. n. 2.*

52 Par Arrêt du P. de Toulouse du 9. Décembre 1592. entre deux acheteurs d'une faculté de rachat, droit incorporel dont la tradition ne peut pas proprement être faite, fut préferé celuy qui avoit usé de la faculté, & racheté les biens contentieux. *Maynard, li. 2. chap. 61.*

53 De quatre vendeurs solidaires sous faculté de rachat, un seul peut recouvrer. Arrêt du Parlement de Toulouse du 15. May 1698. chacun des vendeurs étant solidairement obligé à faire valoir la rente ; il est bien juste que chacun solidairement puisse user de la faculté stipulée. Il fut même jugé que l'acheteur pouvoit demander d'être remboursé des sommes qu'un autre des vendeurs luy avoit dûes, mais il y avoit cette circonstance, que l'acheteur avoit réservé generalement les sommes qui luy étoient dûës d'ailleurs. *Arrêts de M. Catellan, li. 5. chap. 58.*

FACULTE' DE RACHAT, PRESCRIPTION.

54 De la faculté de rachat qui se prescrit par trente ans. *Voyez le 3. Article du titre 36. de la Coûtume de Nivernois, Coquille sur icelle, to. 2. p. 379.*

55 Quand il est stipulé que le rachat se pourra faire par parties, l'opinion commune est que telle faculté se prescrit par trente ans. *Bibliotheque de Bouchel, verbo Rentes.*

56 La faculté donnée par contrat de racheter heritage ou rente de bail d'heritage se prescrit par 30. ans entre âgez & non privilegiez, *Coûtume de Paris, article 120.* A l'égard des rentes constituées elles sont à toûjours rachetables ; *Coûtume de Paris article 119.* Coquille tient que la faculté de racheter rente par parcelles & à plusieurs payemens est prescriptible par 30. ans, demeurant neanmoins la faculté de racheter la rente à une seule fois. *Coquille Coûtume de Nivernois, chap. 7. des rentes & hypoteques article 9.* Voyez *M. le Prêtre premiere Centurie chapitre 34. in additione.*

57 La rente constituée étant par convenance rachetable par parties lors de la constitution, telle faculté se prescrit par 30. ans, d'autant que cette concession est purement, *ex pacto & conventione, & non de essentia vel propria natura contractus.* Voyez *Coquille, to. 2. quest. 68.*

58 Le Parlement de Toulouse a jugé que les pactes de rachat temporels sont perpetuez jusqu'à 30. ans, s'il y a lézion d'un tiers ou d'un quart. *Maynard, li. 4. chap. 39.*

59 *Henrys, to. 1. liv. 4. chap. 6. quest. 76.* établit que dans les ventes faites sous faculté de remeré, que l'on appelle dans la Province grace de réachat, la prescription commence à courir contre les creanciers du vendeur du jour du contrat, sans qu'il soit besoin d'attendre que le temps de la faculté soit expiré : la raison sur laquelle il fonde sa décision est parce que les creanciers du vendeur ont la liberté d'agir contre l'acquereur du jour du contrat ; cette raison est bonne, mais il y en a une autre qui est plus juridique, puis qu'elle est tirée de la Loy même ; *Ulpien* dans la *Loy 2. §. 1. De in diem. addict.* décide qu'une semblable vente est pure & simple, mais qu'elle peut se résoudre sous condition, cette condition ne regarde que le vendeur, & les creanciers ne peuvent point s'en prévaloir.

Voyez cy-aprés le nomb. 71.

60 Faculté de rachat donnée à toûjours ne se prescrit par 30. ans. Voyez, *Tiraqueau, de Retr. th. 1. Glos. 2. numer. 15. & seqq. & les solutions numer. 23. & seqq.* où il dit *numer. 26.* qu'il a été jugé à la Cour le 23. Juin 1515. entre un appellant du Sénechal de Lyon, *præscribi facultatem redimendi quandocumque annis 30. Biblioth. de Bouchel, verbo toties quoties.*

61 Faculté de remeré perpetuelle se prescrit par 30. ans entre âgez, & non privilegiez. Arrêt du Parlement de Paris de l'an 1518. Arrêt contraire du Parlement de Dijon de l'an 1505. qui a jugé telle faculté imprescriptible. *Papon, li. tit. 3. n. 17.* Le plus grand nombre des Auteurs se determine pour les Arrêts du Parlement de Paris ; à l'égard des autres la faculté de rachat perpetuel ne se prescrit pas.

62 Vendeur sous faculté de rémeré ne peut s'adresser au tiers possesseur, qui de sa part ne peut luy opposer la prescription de 10. ou 20. ans. Arrêt du Parlement de Bourdeaux du 10. Mars 1523. *Ibidem, nomb. 14.*

63 Quand la faculté de rachat commence par un majeur, la prescription court contre le mineur, & que la faculté se prescrit par 40. ans. Arrêt du 15. Mars 1537. *Le Vest Arrêt 206.*

64 Quand la faculté de racheter est de l'essence du contrat, comme en constitution de rente à prix d'argent, la faculté ne peut être prescrite, même par cent ans. Arrêt du Parlement de Paris du 13. Mars 1547. *Bibliotheque de Bouchel, verbo Faculté.*

65 Par Arrêt de l'an 1518. il a été jugé que la faculté de racheter *toties quoties* est prescriptible par 30. ans ; neanmoins par Arrêt du 10. Mars 1557. a été jugé que la faculté de rachat d'une rente *toties quoties* ne se prescrit par 30. ans, même par cent ans. Voyez *Chassan, tit. des rentes venduës à rachat. §. 1. num. 11. & Boyer decis. 181. num. 1. & suiv.* La premiere opinion est la plus suivie, & s'observe à Paris & Bourdeaux. *La Rochflavin, des Droits Seigneuriaux, chapitre 10. Arrêt 4. & cy-dessus le n. 61.*

66 Faculté se prescrit par 30. ans. Arrêt du Parlement de Bretagne du 9. Septembre 1572. *Du Fail, li. 1. chap. 325.*

67 Faculté de rémeré stipulée à perpetuité se prescrit par 30. ans jugé par plusieurs Arrêts, il y en a un des Grands Jours de Clermont en Auvergne du 17. Septembre 1582. *Papon, li. 12. tit. 3. n. 35.*

68 Le même Arrêt du 17. Septembre 1583. est plus au long rapporté par *Monsieur Loüet, lettre P. sommaire 21.* où son Commentateur cite les Auteurs qui ont traité cette question.

69 Par Arrêt rendu le 18. Août 1626. au Parlement

de Bretagne, jugé qu'aux contrats faits à faculté de réméré, on n'eſt pas recevable aprés 30. ans à alleguer la lézion & vilité du prix. Le même Arrêt a jugé que le temps des guerres ne ſe diſtrait plus des preſcriptions. *Voyez Frain, p. 405. & ſuiv.*

70 La faculté de racheter la rente fonciere en tout ou en partie inſerée dans un contrat emphiteutique eſt preſcriptible. Arrêt du 4. Mars 1633. *M. Dolive, li. 2. chap.*122.Voyez l'art. 120. de la Coûtume de Paris.

71 *Henrys to. 1. liv. 4. chap. 6. queſt.* 77. établit la faculté ſtipulée par le vendeur de rentrer dans l'heritage par luy vendu, au cas que l'acquereur aliene l'heritage hors de ſa famille, eſt ſujette à la preſcription de 30. ans qui commence à courir du jour du contrat ; il dit que queſtion n'eſt pas ſans difficulté ; mais il ſe rend à la déciſion d'un Arrêt du 17. May 1644. qui l'a ainſi jugé pour des perſonnes du pays de Forêts. Il faut obſerver que par le vû de l'Arrêt il paroît qu'il y avoit pluſieurs circonſtances particulieres dans l'affaire qui ont pû déterminer la Cour ; enfin quand ſur le fondement de cet Arrêt l'on pourroit établir que la preſcription commence à courir du jour du Contrat de vente, contre une telle faculté, il ne faudroit pas étendre cette déciſion aux legs & aux fideicommis, faits à la charge que les légataires & les fideicommiſſaires ne pourront aliener l'heritage hors de la famille, & en cas d'alienation que la choſe leguée appartiendra à d'autres parens ; car en ſemblable cas la preſcription ne doit commencer à courir que du jour de l'alienation. *Voyez cy-deſſus le nomb.* 59.

72 Jugé en 1648. & en 1651. au Parlement de Toulouſe que la faculté de racheter les rentes obituaires étoit impreſcriptible ; neanmoins la rente conſtituée à prix d'argent en faveur de l'Egliſe a été déclarée ſujette à preſcription ; par Arrêt du Parlement de Toulouſe du 12. Juin 1665. aprés partage. *Arrêt de M. Catellan, li. 1. chap.* 7.

73 Si un fonds eſt baillé à cens emphiteutique, la faculté de rachat peut être preſcrite par 30. ans : & ſi un autre que le bailleur ou ſon heritier acheteur du fonds peut venir au réachat dans les 30. ans ? *V. Bouvot, to. 1. part. 3. verbo Réachat, queſt.* 2.

74 Quand il y a vente d'un heritage à faculté de rachat, & vente de la condition, la preſcription commence du jour du premier contrat, & non du jour que la condition eſt expirée. Arrêt du Parlement de Roüen du 8. Juillet 1648. *Baſnage ſur la Coûtume de Normandie, art.* 521.

75 La faculté de rachat ſe preſcrit dans trente ans ſi le vendeur n'a pas offert & conſigné le prix dans les trente ans, quoiqu'il ait fait inſtance en rachat avant ce terme, Arrêt du Parlement de Toulouſe du 27. Avril 1662. en la cauſe du ſieur d'Autteſſerre Profeſſeur Royal en Droit de l'Univerſité de Toulouſe, en jugeant une Requête civile contre un précedent Arrêt. *M. Catellan, liv. 7. ch.* 3.

76 Interprétation de l'article 16. de la Coûtume de Berry, touchant l'action de la faculté de reméré dont la preſcription court, tant contre les mineurs, que contre les femmes en puiſſance de mary. Arrêt du 17. Juillet 1666. *De la Gueſſiere, tome 2. livre 8. chap.* 9.

77 Faculté de rachat perpetuel, ſe preſcrit par trente ans, 2. quoy qu'il y ait vilité au prix. *Boër. dec. 182. n. 2. & ſeq. id.* Loüet & Brod. *lit. P. ſom.* 21. 1. *id.* Maynard, *lib. 4. chap.* 53. 1. *id.* Coquille, *queſt.* 260. *id.* Papon, *lib. 11. tit. 3. n.* 11. 12. 13. *fors en vente, 1. id.* Mornac, *ad L.* 31. §. *Si quid. ff. de Edil. edictio, 1. id.* Faber, *C. de preſcript. 30. ann. def.* 3. *niſi aliud expreſſim, 1. id.* Automne, *au pacte de cent ans art.* 96. Je crois pourtant, dit *M. Abraham la Peirere, en ſes déciſions du Palais, lettre P. nombre* 64. que ſi le contrat ſentoit le pignoratif, on pourroit racheter aprés 30. ans ; il en rapporte les Arrêts ſuivans.

Arrêt du 25. Juin 1671. préſidant Monſieur le Premier, plaidans Poiċtevin & Belluye, entre Maître Jean du Caſſe, & Maître Iſaac la Serre : jugé que le pacte de rachat de cent ans appoſé dans un contrat de 1587. pouvoit être exercé par la Serre contre ledit du Caſſe, qui oppoſoit la preſcription de 30. ans, comme au pacte *toties quoties*. Il y a Arrêt contraire de ce Parlement de Bourdeaux rapporté par Automne, *art.* 96. *de la Coûtume*.

Arrêt du 3. Avril 1642. en la premiere des Enquêtes, au rapport de Monſieur de Moneins ; jugé que le pacte de rachat de cent ans n'étoit pas ſujet à la preſcription de 30. ans comme le pacte *toties quoties*. Le même avoit été jugé en la même Chambre le 22. Decembre 1628. au rapport de M. de Sabourin.

FACULTÉ PROROGÉE.

78 L'appellante mere & tutrice de ſes enfans prolongea la condition de raquit appoſée en un contrat d'acquets fait par elle de ſon défunt mari ; ſes enfans diſant qu'elle ne le peut faire, qu'ils étoient mineurs. *L. Tutor §. Curator ff. de minorib.* texte exprés ; pour la moitié elle l'a pû, car c'étoit acquêt : mais pour leur portion non : le Juge de Nantes dit, que la prolongation tiendra au tout-du contrat, ce qui eſt confirmé par Arrêt du Parlement de Bretagne du 17. Octobre 1570. *Du Fail, liv.* 1.*ch.* 305.

79 Faculté de racheter eſt accordée pendant cinq ans. Jugé au Parlement de Bretagne le 5. Octobre 1573. qu'il falloit déduire les années pendant leſquelles le vendeur ayant été à la guerre, ſuivant l'Edit de pacification de l'an 1570. *art.* 32. *Du Fail, li. 1. chap.* 357. il faut obſerver que la femme qui exerçoit le retrait conventionnel alleguoit encore, que pendant l'abſence de ſon mari elle n'avoit pas l'exercice des actions de la communauté.

80 Faculté de rachat ne peut être prolongée ſans le conſentement de l'acheteur par deſſus celuy qui eſt convenu au contrat de vente. Arrêt en Avril 1586. & 15. Novembre 1612. *Expilly Arrêt* 94. *Brodeau, ſur M. Loüet lettre P. Somm.* 10.

81 Du delay de racheter, & prorogation d'iceluy. Arrêt du Parlement de Grenoble du 14. Janvier 1669. qui proroge ce delay pour une année. La Cour jugea qu'il ne ſuffit pas d'avoir été ſaiſi du fond par le bail d'une plume aux encheres, payé les lods & le prix de l'enchere, mais qu'il falloit poſſeder effectivement en vertu d'une réelle miſe en poſſeſſion auparavant laquelle les quatre mois de l'Ordonnance de la Cour ne doivent courir ; car elle porte *depuis la miſe en poſſeſſion* ; or *ſtatuta ſunt ſtricti juris.* Baſſet, *tome 2. li. 2. tit.* 5. *chap.* 1.

82 Le 18. May 1653. jugé que la prorogation du délay de quatre mois pour racheter un Office ſaiſi réellement n'avoit lieu en celuy de Notaire. *Ibidem.*

83 En matiere de diſcuſſion y ayant eû vente judiciellement faite, les creanciers & autres intereſſez doivent être appellez, on ne reçoit plus perſonne, quelque privilege qu'elle allegue, quelques offres qu'elle faſſe, pour entrer en la place du dernier encheriſſeur, ſur tout lors qu'il s'agit de l'enchere de tous les droits & actions d'une hoirie. Arrêt du même Parlement de Grenoble du 21. Juin 1655. *Ibidem. chap.* 2.

84 Le 19. Decembre 1662. il fut arrêté de l'avis des Chambres que tous les Officiers, tant des Compagnies ſouveraines qu'autres, dont on aura fait decreter les Offices, joüiront du delai des quatre mois pour les racheter, avant que pouvoir être contraints à bailler leurs procurations pour reſigner, lequel delai commencera à courir du jour de l'intimation de l'Arrêt d'interpoſition par decret, & à défaut d'y avoir ſatisfait dans le temps, n'y ſeront plus recevables ; & l'Arrêt d'interpoſition par decret ſervira de ſuffiſante procuration. *Baſſet, tome 2. livre 2. tit.* 6. *chap.* 2.

Arrêté

85 Arrêté du Parlement de Grenoble du 1. Mars 1672. par lequel il fut conclu que l'heritier avec inventaire n'étoit pas recevable à demander un délay de racheter ses biens vendus dans une discussion generale, tous les creanciers appellez ; le motif de l'Arrêt, *ne diu rerum dominia maneant in incerto. Ibid.*

86 La prorogation du délay du rachat qui n'est point pourſuivie dans les quatre mois de l'Ordonnance, n'a plus de lieu ; ainsi il y avoit plus de deux ans après la priſe de poſſeſſion. Arrêt du Parlement de Grenoble du 21. Novembre 1613. *Baſſet , tome 2. li. 1. tit. 6. chap. 3.*

87 FACULTÉ DE RACHAT, RENONCIATION.
En cas de ventes pures & ſimples réſolutoires, neanmoins ſous faculté de rachat, après le temps expiré, le vendeur qui a renoncé à la faculté, en cas qu'il n'en uſât point dans le temps, ne peut demander contre l'acquereur qu'il ſoit tenu de luy délaiſſer la choſe vendue, en le rembourſant du prix de ſon acquiſition. Arrêt du P. de Paris du 27. Mars 1669. infirmatif d'une Sentence des Requêtes de l'Hôtel, quoique le vendeur alleguât une grande lézion dans la vente, & que l'acquereur *certabat de lucro captando*, luy au contraire *de damno vitando. V. Scéfue , tome 2. Cent. 4. chap. 36.*

88 FACULTÉ DE RACHAT, RENTE.
Une rente eſt donnée par un frere à ſa ſœur en faveur de mariage pour ſa legitime ; il ne retient point la faculté de la racheter. Jugé au Parlement de Normandie le 20. Décembre 1623. qu'il avoit droit 15. ou 20. ans après d'en offrir le rachat. *Baſnage, ſur l'art. 524. de cette Coûtume.*

89 Un contrat de bail à rente perpetuelle en la Coûtume d'Anjou avec une ſimple faculté de remeré, n'eſt ſujette à retrait. Arrêt en l'Audience de la Grand'Chambre du 17. Juin 1659. *Notables Arrêts des Audiences. Arrêt 29. Secùs, en la Coûtume de Paris.*

90 Un particulier vend quelques rentes ſur l'Hôtel de Ville de Paris au ſieur Langlois avec faculté de remeré, qui enſuite les cede au ſieur du Frêne ; le premier vendeur, & la faculté étant expirée, avoit prorogé la même faculté pour deux ans, & en cas qu'il ne fit point le remeré dans les deux ans, il y renonçoit & en demeuroit déchû. Sentence conforme à la convention du remeré ; appel ; la Cour déboute le demandeur de la faculté de remeré le Mercredi 27. Mars 1669. plaidans l'Hommeau pour l'appellant, & Fourcroy pour l'intimé. Cet Arrêt eſt rapporté dans le Dictionnaire de la Ville, verbo Faculté. nombre 4626.

91 FACULTÉ DE RACHAT, RESCISION.
Contrat portant faculté de remeré de cinq ans, le temps des 10. ans introduit par l'Ordonnance pour la reſciſion des contrats, ne commence à courir que du jour de la faculté expirée, parce que de ce jour le contrat prend ſon entiere perfection. Arrêts des 26. Juillet 1574. & 21. Juillet 1601. *M. le Prêtre, premiere Cent. chap. 34. M. Loüet, lett. R. ſomm. 46. Voyez Henrys, tome 1. livre 4. chap. 6. queſt. 75.*

92 Le relevement de la vente faite à condition de remeré, doit être pris dans les dix ans du contrat de vente, & non de l'expiration de la faculté de remeré. Arrêté du Parlement de Roüen, les Chambres aſſemblées, du 6. Avril 1666. *art. 110. Baſnage à la fin.*

93 FACULTÉ DE RACHAT, SEIGNEUR.
Sempronius vend à *Titius* un heritage en fief à faculté de remeré de quinze mois ; le Seigneur dominant faute de foy & hommage, ſaiſit le fief, & veut faire les fruits ſiens, fondé ſur la Coûtume de Blois, qui dit que le Seigneur à faute de foy & hommage par ſon Vaſſal peut proceder par ſaiſie ſur le fief ſervant, & faire les fruits ſiens. *Titius* s'oppoſe, & dit que par la même Coûtume, tant que la grace dure, aucuns quints ni requints, ni autres profits, ne ſont
Tome II.

dûs au Seigneur. Par Arrêt donné en la Chambre de l'Edit le 10. Décembre 1598. la ſaiſie déclarée bonne & valable. Le Rapporteur étoit d'avis contraire. *Bibliotheque de Bouchel, verbo Foy & hommage.*

94 Les Terres, Seigneuries, maiſons, échoppes, loges, &c. acheter du Roy à faculté de remeré, étant du Domaine du Roy, & revenduës par les poſſeſſeurs à d'autres ; ſont dûs lods & ventes. *Bacquet, des droits de Juſtice, chap. 11. n. 18.*

95 Quand le Seigneur a acheté un heritage relevant de ſa Seigneurie ſous condition de remeré, le vendeur rentrant en poſſeſſion en execution de cette faculté par luy ſtipulée ne doit point de treiziéme, nonobſtant ce qui eſt diſpoſé par l'article 193. de la Coût. de Normandie, que l'acheteur eſt obligé de faire & payer tous les Droits Seigneuriaux, encore que par Contrat il y ait condition de rachat : ce qui ne ſe doit entendre que lors que l'acheteur n'eſt pas le Seigneur de l'heritage vendu, comme il a été jugé par Arrêt de Roüen, rapporté par *Berault ſur cet art. 193.* & rendu en l'Audience du 4. Juillet 1539. La raiſon de la difference eſt que quand le Seigneur a acheté, il n'y a point de nouveau Vaſſal, & qu'au contraire il y en a un en l'autre cas. *V. Peſuelle ſur l'art. 183. de cette Coûtume.*

96 Celuy qui a vendu ſon heritage à faculté de remeré, s'il y rentre dans le temps, ou un tiers ayant ſes droits, il n'eſt dû qu'un droit de lods pour la premiere vente, & rien pour la revente ; mais ſi la faculté eſt accordée après *& ex intervallo*, il faut payer les lods pour la revente, quoiqu'elle ſoit faite dans le temps. Arrêt du Parlement de Paris du 14. Août 1546. *Papon, liv. 13. tit. 2. n. 24.*

97 Quand une Terre ou fonds eſt vendu à faculté de rachat, il eſt au choix & option du Seigneur de faire reconnoître celuy que bon luy ſemblera, ou l'acheteur, ou le vendeur, parce que l'un & l'autre ſont maîtres & proprietaires, ſauf pour la poſſeſſion & joüiſſance qui appartient à l'acheteur, à cauſe de laquelle il ne ſe peut excuſer de reconnoître *ſic judicatum* le 8. Février 1561. *Bibliotheque de Bouchel, verbo Reconnoiſſance.*

98 Entre le Procureur General, & Pierre Choüan, Bertrand de Baudoüin vend à l'Intimé une Terre tenuë du Roy à faculté de rachat dans cinq ans ; Baudoüin cependant meurt ; le Procureur de Vannes demande le rachat, l'Intimé ſe défend de ſon Contrat. L'Appellant dit qu'il n'a exhibé ſon Contrat, ne s'eſt préſenté, & conſequemment que par la mort de Baudoüin rachat eſt dû ; le Juge de Vannes déboute l'Appellant. Par Arrêt du Parlement de Bretagne du 10. Octobre 1570. il eſt dit mal jugé & ordonné que l'Appellant qui eſt Fermier du Domaine de Vannes joüira dudit rachat. *Du Fail, li. 1. ch. 310.*

99 Contrat de vente fait avec faculté de racheter exécuté dans la grace, ſont dûs lods & ventes. Arrêt du 12. Juillet 1603. *M. Loüet lettre V. ſomm. 12. Voyez Henrys, tome 2. liv. 3. q. 11. Voyez Charondas, liv. 7. Rép. 80. Mornac l. 6. ff. de in diem addictione.*

100 La condition de rachat ou de remeré n'empêche point le treiziéme. Arrêt de Roüen du 7. Mars 1651. quoique la faculté ſoit au deſſous de neuf ans. *Baſnage, ſur l'art. 171. de la Coûtume de Normandie.*

101 FACULTÉ DE RACHAT, *toties quoties*.
Par Arrêt de Toulouſe de l'an 1518. jugé que faculté de racheter *toties quoties*, eſt preſcriptible par trente ans : cependant il y a autre Arrêt du 10. Mars 1557. donné les Chambres aſſemblées, que faculté de rachat d'une rente *toties quoties*, ne ſera preſcripte, même par cent ans. *Vide Chaſſan.* titre des Rentes venduës à rachat. §. 1. num. 11. *& Boër. deciſ. 182. num. 1. 2. 3. & 4.* La premiere opinion & la plus ſuivie s'obſerve à Paris & à Bourdeaux. *Bibliotheque de Bouchel, verbo Droits Seigneuriaux.*

Y

102 Par Arrêt du 15. Mars 1537. jugé que la Loy *Æmilius Largianus & quando facultas redimendi incipit à majore, currit præscriptio adversus minorem*, & que la faculté *toties quoties spatio 40. annorum præscribitur.* Le Vest, *Arrêt* 106.

103 Les conventions de rachat de *toties quoties* se prescrivent par trente ans ; mais la faculté de rachat est imprescriptible dans le cas où les tenanciers ont le choix annuellement, ou de payer la rente ou de la racheter. Arrêt du Parlement de Toulouse du 15. Avril 1589. *Maynard, to.* 1. *liv.* 4. *ch.* 53.

104 Si le rachat *toties quoties* se prescrit par trente ans? La negative jugée au P. de Grenoble le 5. Février 1605. l'affirmative tenüe en celuy de Toulouse le 6. Avril 1626. *V. Albert*, verbo *Rachat.*

105 Jugé au Parlement de Roüen le 14. Juillet 1645. pour le Baron de Laigle que des particuliers ausquels les Barons de Laigle avoient fieffé plus de neuf vingts ans auparavant la place du Château, à condition de la remettre toutefois & quantes qu'ils voudroient rebâtir un Château, & qui avoient reconnu cette fieffe en 1613. seroient obligez d'en quitter la possession au Baron de Laigle, en payant par luy les bâtimens, lesquels y étoient, & y faisant bâtir actuellement. *Basnage sur la Coûtume de Normandie*, art. 524.

FACULTÉ DE RACHAT, TRENTE ANNÉES.

106 Si la faculté de racheter dans trente ans est perpetuelle par simple action, sans offre réelle? *V. Coquille tome* 2. *quest.* 262.

106 bis. Le Parlement de Toulouse repute tous pactes de rachats temporels, être perpetuels & durables jusqu'à trente ans, s'il y a lezion d'un quart, contre les maximes des autres Cours, même de celles de Bourdeaux, qui s'arrêtent au terme préfix ? *Voyez Maynard, livre* 2. *chap.* 30.

107 Un vendeur stipule la faculté de rachat dans tel temps qui sera convenu, après qu'il aura fait ratifier sa femme ; la femme ratifie ; le temps de la faculté n'est point marqué, c'est la faute de l'acquereur, jugé que cette faculté duroit trente ans. Arrêt du Parlem. de Bourdeaux du 10. Octobre 1522. *Papon, liv.* 11. *tit.* 6. *n.* 3.

108 *Observatur hodie quantum ad pactum de retrovendendo, ut tale pactum si temporale, efficiatur perpetuum, ita ut duret spatio 30. annorum & ita judicatur.* Arrêt conforme en un procez évoqué de Toulouse, par lequel bien que le temps de la faculté du rachat fût expiré de long-temps, & qu'il y eût prés de 30. ans qu'il fût passé, elle fut reçuë au rachat. L'Arrêt est de 1635. Arrêt semblable du 23. Février 1636. qui donne trois mois pour rembourser, faute dequoy déchû sans restitution. *Additions à la Bibliotheque de Bouchel*, verbo *Rachat.*

109 La faculté de remeré accordée par un Contrat de vente durant trente ans après le temps expiré, si ce n'est que l'acquereur fasse après le temps passé ordonner par le Juge, &c. Arrêt du 16. Mars prononcé le 2. Avril 1630. *M. le Prêtre és Arrêts de la Cinquiéme, fol.* 890. *& és Arrêts celebres.* Voyez *Du Frêne liv.* 7. *ch.* 40. & *Brodeau sur M. Loüet lettre V. somm.* 12. & *Charondas, livre* 6. *Rép.* 12.

110 Heritage baillé à une veuve pour cinq ans avec faculté de remeré pour ses conventions est plûtôt un engagement qu'une vente ; il faut trente ans pour exclure le remeré. Arrêt du 17. Avril 1654. *Du Frêne, liv.* 7. *chap.* 4.

111 Pacte de rachat pour dix mois accordé par un Billet privé, cinq jours après la vente, fut prorogé à trente ans, par Arrêt du Parlement de Toulouse du 29. May 1666. Les termes du Billet étoient, *Je promets à Marie d'Hebrard luy rendre les biens qu'elle m'a vendus, si dans dix mois & non autrement elle me rend l'argent contenu en la vente qu'elle m'a faite, sans que cette promesse luy puisse servir de Pacte de rachat, car autrement elle sera pour non avenuë.* Plus le délai pris par le vendeur est court, plus il marque qu'il espere de racheter dans ce court délai ; plus aussi il y a lieu de croire que la vente qu'il fait est forcée, & qu'il vend à bon marché. *Voyez M. de Catellan, li.* 7. *ch.* 3.

FAILLITE.

Voyez les mots *Attermoyement*, *Banqueroute* & *Répit.*

FAIT.

CE mot a plusieurs sens. Fait d'autruy, Fait & Cause, Faits & articles, Faits justificatifs, &c.

FAIT D'AUTRUY.

De celuy qui succede au Fait d'autrui. *L.* 42. *D. de reg. jur.* 1

Nul n'est obligé par le Fait d'autruy. *V.* Obligation.

FAIT ET CAUSE.

Voyez les mots *Intervention*, *Procedure.*

Ne fiscus, vel Respub. procurationem alicui, patrocinii causâ, in lite præstet. C. 2. 18. .... Le Fisc ne doit pas prendre le fait & cause des particuliers. 2

FAITS ET ARTICLES.

De positionibus & articulis. Voyez *Andr. Gaill. lib.* 3 1. *Obs.* 79.

Positiones in contumaciam non respondentis, quando pro confessatis acceptari possunt. Idem Observ. 80.

De articulorum admissione. Idem Observat. 81.

De Responsionibus. Idem Observar. 81.

In causis fractæ pacis, an articuli actoris, in contumaciam Rei non respondentis, pro confessis acceptari possint? Voyez *Andr. Gaill. tract. de pace publica lib.* 1. *cap.* 15.

Celuy qui poursuit la Partie adverse de répondre sur ses faits cathegoriquement, ne peut luy refuser 4 la communication des faits. Arrêt du P. de Paris du 6. Decembre 1529. *Papon, livre* 9. *titre* 5. *nombre* 1.

Afin que les faits puissent être tenus pour confessez par défaut, il est necessaire qu'ils ayent été signi-5 fiez pour venir répondre dans vingt quatre heures. Arrêt du Parlement de Bretagne du 27. Novembre *Du. Fail, liv.* 2. *chap.* 268.

Le 16. Decembre 1581. fut arrêté en la cinquiéme 6 Chambre des Enquêtes qu'aucun ne sera reçu à informer en cause d'appel des faits par luy posez en la cause principale, s'il n'y a appel de forclusions. *Bibliotheque de Bouchel*, verbo *Faits.*

Réponses cathegoriques doivent être faites non 7 par Procureur, mais en personne & sur tous faits pertinens, quoiqu'ils ne soient point posez. Arrêt du P. de Paris du 16. Novembre 1584. *Papon, li.* 9. *tit.* 5. *n.* 3.

Arrêt du Parlement de Provence du 1. Mars 1655. 8 qui oblige le Procureur special de répondre cathegoriquement de son fait. Il s'agissoit d'un retrait prétendu frauduleux ; on soûtenoit au contraire que le Procureur qui avoit postulé, ne devoit être tenu de répondre ; mais à cette objection peu solide, on disoit, *si clienti fidem, justitiæ & Senatui veritatem debet.* Boniface, *to.* 1. *li.* 1. *tit.* 38.

Par l'Ordonnance, à faute de répondre sur les faits 9 de la Partie, les faits sont tenus pour confessez, ce qui se pratique devant les Juges ordinaires, parce qu'il y a appel ; mais au Parlement on joint ordinairement la Requête de la Partie au procez, pour en jugeant être fait droit. *M. le Prêtre* 4. *Cent. chap.* 22. mais par l'Ordonnance de 1667. titre 10. des Interrogatoires sur faits & articles, il est dit article 4. si la Partie ne compare aux jours & lieux qui seront assignez, ou fait refus de répondre, sera dressé Procez-verbal sommaire faisant mention de l'assignation & du refus, & sur le procez-verbal seront les faits tenus pour confessez & averez en toutes Jurisdictions & Justices, même en nos Cours de Parlement, Grand Conseil, Chambre des Comptes, Cours des Aydes, &c. sans obtenir aucun Arrêt ou Jugement, & sans reassignation. Voyez

ensuite l'art. 5. qui limite l'art. 4. Il faut répondre en personne. *Expilly , Arrêt* 65.
Voyez cy-aprés Interrogatoire.

FAITS, ENQUESTE.

10 Si les faits nouveaux font admissibles en enquête? *Voyez* le mot *Enquête , n. 29. & suiv.*

FAITS JUSTIFICATIFS.

10 Des faits justificatifs. *Voyez l'Ordon. de 1670. tit. 28.*

11 Faits justificatifs ne doivent se prouver avant la perfection du procez criminel. Arrêt du Parlement de Paris du 13. Decembre 1519. Arrêt contraire du 2. Septembre 1560. qui depuis a été corrigé par autre du mois de Juin 1561. ensorte que la maxime subsiste. *Papon , liv.* 24. *tit.* 5. *n.* 12.

12 Accusé reçu en ses faits justificatifs doit consigner & fournir aux frais. Arrêt du 23. Février 1608. deux accusez qui avoient été reçus en leurs faits justificatifs en des reproches étoient appellans comme de déni de Justice, ils n'avoient point de moyens , & déclaroient qu'ils abandonnoient leurs biens. Sur cela la Cour ordonna que le Receveur du Domaine consigneroit, sauf à le repeter. *Additions à la Bibliotheque de Bouchel,* verbo *Accusé.*

13 L'accusé ne peut obtenir Monitoire pour la preuve de ses faits justificatifs , pour avoir revelation de la subornation des témoins contre luy. Arrêt du Parlement de Dijon du 5. Avril 1609. *Bouvot, to. 2.* verbo *Monitions, quest.* 6. *&* 12.

14 Au Parlement de Grenoble, il fut jugé en la Cause du sieur de Saint Mandriez de Provence , que la preuve des faits justificatifs pouvoit être faite par le cours d'une Monition Ecclesiastique. Neanmoins s'étant presentée la même difficulté en la Cause du sieur de Saint Onge de Bourgogne , lequel avoit déja fait ouïr les témoins par luy nommez, & esperoit d'en prouver sa justification , il y eut resistance du côté de sa Partie qui l'y soûtenoit non recevable , & sur ce vouloit le faire départir de la Requête qu'il avoit baillée pour le cours d'une monition. Par Arrêt du 6. Septembre 1616. en la deuxiéme Chambre de relevée, la Requête fut jointe au principal , pour en jugeant y avoir tel égard que de raison. Si l'accusateur le peut faire courir, donc *à fortiori,* l'accusé y doit être admis, *non enim licere debet actori quod & reo non liceat.* Tiré des Memoires du feu Maître François Reynaud, & rapporté par *Basset, to.* 1. *li.* 2. *tit.* 13. *chap.* 3.

15 Arrêt du Parlement de Provence du 16. Octobre 1660. qui a jugé que l'accusé doit nommer sur le champ ses témoins pour la preuve de ses faits justificatifs, autrement il n'y peut plus être reçu. *Boniface, to.* 2. *part.* 3. *li.* 1. *tit.* 1. *ch.* 9.

16 Arrêt du même Parlement de Provence du 17. Decembre 1672. qui déclare nulle la procedure faite pour accuser un témoin dans le dessein de se preparer un fait justificatif. *Idem, to.* 5. *li.* 3. *tit.* 1. *ch.* 23.

17 Un accusé peut ne pas faire entendre tous les témoins qu'il a nommez pour sa justification , & se départir de leur production , sans qu'on soit obligé de les entendre, à moins que le Procureur General ne le demande pour le bien public ; mais l'accusé ne peut ne nommer de nouveaux. Par Arrêt du Parlement de Tournay rendu, les Chambres assemblées, le 24. Avril 1697. il fut ordonné qu'il seroit demandé à l'accusé, s'il souhaitoit faire entendre lesdits témoins ou non, lequel ayant déclaré qu'il croyoit inutile de ce faire , parce qu'il croyoit qu'ils n'étoient pas informez du fait , on a procedé à la visite du procez. *Voyez* M. *Pinault, tome* 1. *Arr.* 150.

Voyez le titre *Procedure criminelle.*

FAIT PROPRE.

18 *Nemo potest adversari suo proprio facto , ut donator in donatione facta , non potest excipere de insinuationis vitio.* Jugé aux Fêtes de Pentecôte 1581. *Mornac , l.* 25. *ff. de adoptionibus, &c.* & à Noël 1602. *Ibidem.*

FALCIDIE.

Falcidie. Loy & Quarte-Falcidie.

La Loy Falcidie a été introduite par *Falcidius ,* Tribun du Peuple sous Auguste. Cette Loy ordonne, que l'heritier ait au moins le quart de la succession, ainsi il a le droit de retrancher le quart des legs excessifs qui absorbent l'heredité : de là vient qu'on l'appell e *Quarte-Falcidie.*

Ad Legem Falcidiam. D. 35. 2. . . *C.* 6. 50. . . *P.* 3. 10.

De Lege Falcidiá. I. 2. 22. . . *Caj.* 2. 6. . . *Ulp.* 25. §. 14. *& seqq.*

De hæredibus , & Falcidiá. N. 1. *c.* 2.

Si cui , plus quàm per Legem Falcidiam licuerit, legatum esse dicetur. D. 35. 3. . . Quand l'heritier craint que les legs ne soient excessifs , il peut exiger des legataires caution de rendre le surplus.

Ut in piis legatis cesset Falcidia. N. 131. *c.* 12.

De Lege Falcidiá cessante in rebus alienari prohibitis. N. 119. *c.* 11.

De la Falcidie & quarte trebellianique. *Voyez Papon, lt.* 20. *tit.* 4.

Coheres filii & eidem substitutus non deducit falcidiam, in legatis à se tanquam substituto relictis l. 41. §. *coheres. ff. de vulgari, &c.*

In lineá collaterali cessat falcidia & legitima. M. Louët lettre A. somm. 2.

Falcidia in Brabantiá locum esse. Voyez Stockmans *decis.* 38.

Le consentement de la sœur heritiere instituée par son frere chargée de rendre & de ne point prendre la falcidie est nul. *Ricard, des Donations entre-vifs,* 1. *part. chap.* 3. *sect.* 17. *nomb.* 779. le testateur ne peut leguer au préjudice de la falcidie. *Coquille , q.* 120. M. le Prêtre, *premiere Cent. chap.* 6.

Fructus percepti falcidiam minuunt. Mornac l. 8. §. *unde ff. de inoffic. testam.*

FALCIDIE, DONATION.

On n'impute pas en la falcidie la donation entre-vifs. Arrêt du Parlement de Toulouse du 19. Juin 1629. *M. Dolive, liv.* 5. *chap.* 30. *Henrys, tome* 2. *liv.* 5. *quest.* 56.

Les choses données par Contrat de mariage par le pere à son fils qui a apprehendé la succession de sondit pere comme heritier institué, ne doivent être imputées en la falcidie. Arrêt du Parlement de Paris du 23. Juillet 1643. *Du Frêne , livre* 4. *chapitre* 10. *Brodeau sur* M. *Loüet lettre* H. *somm.* 13. tient le contraire.

La quarte falcidie est reçuë *in donatione causâ mortis.* Il faut de même admettre la quarte trebellianique aux donations à cause de mort. *Voyez Henrys, tome* 2. *liv.* 6. *quest.* 11.

La falcidie se prend de la donation qui se confirme par la mort, non de donation entre-vifs. *Cambolas, liv.* 5. *chap.* 6.

FALCIDIE, IMPUTATION.

Sçavoir si les fruits s'imputent sur la falcidie retenant la quarte ? *Voyez* M. *le Prêtre* 2. *Cent. chap.* 7.

La falcidie ne souffre point d'imputation , que de ce qui *jure hæreditario capitur.* Henrys, tome 2. liv. 5. quest. 54. & 56. *fine, secus,* en la trebellianique. *Du Frêne , liv.* 4. *chap.* 10.

FALCIDIE, INVENTAIRE.

On ne fait point distraction de la quarte falcidie au Païs de Droit écrit quand l'heritier n'a point fait d'inventaire, il paye les legs entierement. M. *Ricard des dispositions conditionnelles , chap.* 4. *sect.* 1. *Voyez Peleus, q.* 161. *Brodeau sur* M. *Loüet lettre* I. *somm.* 7. *& lettre* H. *somm.* 24. on ne fait point aussi distraction de la trebellianique. *Peleus q.* 60. où il y a Arrêt du 5. Septembre 1597. *Dolive, livre* 5. *chap.* 26. *Charondas, livre* 13. *Rép.* 68. Henrys, *to.* 2. *li.* 5. *q.* 6.

Voyez le mot *Inventaire.*

FAL

FALCIDIE, LEGITIME.

12 L'usage actuel & constant du Duché de Bourgogne est, que les enfans, soit du premier degré, soit d'un autre plus éloigné, ne peuvent prétendre, outre leur legitime, la quarte falcidie sur les donations universelles qui tiennent lieu de testament, & qui ont le même effet qu'une institution d'heritier universel. La raison pour laquelle un donataire universel à cause de mort, ne doit point de falcidie aux heritiers *ab intestat*, est parce que *habetur loco hæredis instituti*, & un heritier institué ne doit point de falcidie, puisque c'est luy qui la reçoit sur les legs; joint que le donataire universel n'est point legataire de l'heritier *ab intestat*. Voyez Taisand *sur la Coûtume de Bourgogne*, tit. 7. art. 7. note 3.

13 Jugé au Parlement de Toulouse le 8. Août 1678. que le fils heritier de son pere ne pouvoit pas demander la legitime & la falcidie, conformément aux Arrêts rapportez par *M. Dolive*, liv. 5. chap. 27. Il fut même jugé que ce fils heritier ne pouvoit pas omettre la legitime & demander la falcidie, sur les legs laissez à sa sœur à titre d'institution ; cela paroît d'abord contraire à la doctrine de Dolive au lieu cité & aux Arrêts qu'il rapporte, qui en jugeant que le fils heritier n'avoit pas droit de legitime & la falcidie, luy ont neanmoins donné le choix de prendre celle des deux que bon luy semblera ; mais on crut qu'il falloit expliquer ces Arrêts des legataires étrangers, & non des legataires à titre d'institution, qui ne sont pas simplement legataires, mais coheritiers, sur lesquels parconsequent il ne peut y avoir de falcidie à détraire. *M. de Catellan, li. 2. ch. 49.*

Voyez *cy-après verbo* Legitime.

FALCIDIE, LEGS.

14 La quarte falcidie se peut distraire sur les legs *in piam causam*, ainsi que sur les autres sans difference; il en est autrement de la quarte trebellianique, dont la distraction ne peut être faite du fideicommis fait aux pauvres. Jugé par Arrêt du Parlement de Grenoble. *Voyez Papon*, liv. 20. tit. 4. n. 2.

15 La falcidie se distrait des legs particuliers, la trebellianique des fideicommis universels. La falcidie est un droit établi pour les heritiers ; la trebellianique est privilege introduit en faveur des heritiers fideicommissaires : dans la trebellianique *imputatur quidquid quocumque jure capitur* ; dans la falcidie *illud solum venit quod jure hæreditario capitur*, & ainsi la legitime & la falcidie se peuvent prendre ensemble. Voyez *Du Frêne, livre 4. chap. 10.* Chopin, *Coûtume de Paris*, liv. 2. tit. 4. nomb. 18. Henrys, tome 2. liv. 5. quest. 56. M. Dolive, *livre 5. chap. 27.*

16 Non conferunt legatarii ad aris alieni solutionem, conferunt tantum de falcidiâ. Voyez M. le Prêtre, premiere Cent. chap. 4. *in margine.*

17 Legatarii conferunt tantum de falcidiâ, sed non ad aris aliens solutionem, *l. creditores ult. C. de hæred. act.* Voyez M. le Prêtre, *ibidem*, chap. 6. *in margine.*

18 Le testateur ne peut leguer au préjudice de la falcidie. *M. le Prêtre*, Ibidem.

19 La falcidie ne se défalque point des legs pieux, mais la legitime de nature seulement. Voyez Chopin, *Coûtume de Paris*, liv. 2. titre 4. n. 19. Anne Robert, *rerum judicat.* liv. 1. chap. 1. Du Frêne, liv. 4. chap. 7.

20 Bien que le fils puisse détraire la legitime & la quarte trebellianique, le même pourtant ne peut avoir lieu en la détraction de la quarte falcidie, sur les legataires. Il y a des Arrêts contraires, neanmoins la décision est conforme à la vraye Jurisprudence ; car comme la falcidie se prend du moment du décés, & par ce moyen se rencontre avec la legitime, l'heritier se doit contenter ou de la falcidie ou de la legitime. *La Peirere, lettre F. n. 9.*

21 Si des legats les heritiers peuvent distraire la falcidie quand le testateur a legué tous ses meubles, tous ses biens assis en tel lieu, & voulu qu'ils prissent les biens leguez par leurs mains, & non par les mains d'heritiers, si en ce cas la falcidie est tacitement prohibée, & si en substitution reciproque la distraction de la legitime a lieu & la falcidie ou trebellianique? Voyez le Recüeil de *M. J. Bouvot, to. 2. verbo Falcidie, quest. 1.*

Voyez *cy-après les mots* Fideicommis, Legs.

FALCIDIE, PROHIBITION.

22 La falcidie peut être prohibée & *nominatim* au premier degré. Nov. premiere *de hæredibus & falcidiâ cap. 2. versiculo si vero expressim fol. 4. circa finem.* Voyez Anne Robert *rerum judicat.* livre 4. chap. 17.

FALCIDIE, RECELÉ.

23 Le chargé de rendre qui a recelé les biens de l'heredité n'est point tenu de payer les dettes *ex suâ substantiâ*, mais il est privé de la falcidie. Du Frêne, livre 4. chap. 10. M. Loüet, *lettre H. somm.* 24. M. Bouguier, lettre S. nomb. 9. Anne Robert, livre 4. *rerum judicat.* chap. 17.

24 Qui nie la chose être hereditaire ou la recele, il perd la faveur de la falcidie. Coquille, Coûtume de Nivernois, des Fiefs, art. 66. *In eâ parte in quâ fraudem adhibuit, falcidia non utitur.* C. M. des Fiefs nombre 46. Difference entre la ligne directe & collaterale. Voyez Bacquet, *des Droits de Justice*, chap. 21. n. 65. Du Frêne, liv. 4. chap. 10. Anne Robert, liv. 4. chap. 17. tit. 1. §. 1. glos. 1.

FAU

FAMILLE.

Explication de ce mot *Familia. L. 195. & 196. D. de verb. sign.*

Voyez *cy-après les mots* Fils de famille, Pecule, Pere.

FAUTE.

Faute. *Culpa.*

Culpa, quid sit? L. 23. L. 36. L. 50. *D. de reg. juris.*

Lata & levis culpa. L. 113. §. 2. L. 123. & 126. *D. de verb. sign.*

Burgundus a fait un Traité *de periculis & culpis*, imprimé in 8. Colon. 1662.

FAUX.

Faux. Faussaire. Fausseté.

De crimine Falsi. D. Gr. dist. 19. c. 3... 4. q. 2. &c... Extr. 5. 20... Ex. Jo. 20. Ex. Co. 5. 6.
De Falsis. Lex 12. tabb. t. 27. c. 9.
Ad Legem Corneliam de falsis. C. 9. 22... C. Th. 9. 19... l. 4. tit. ult. §. 7.
De Lege Corneliâ, de falsis ; & de Senatus-Consulto Liboniano. D. 48. 10... Cornelia, à Cornelio Syllâ. Senatus-Consultum Libonianum, à Libone Consule, sub Adriano ; subjiciebat pœnæ falsi, eos qui testamenta scribentes, sibi sua manu hæreditatem, vel legata adscribebant. Voyez le mot Notaire.
De his qui sibi adscribunt in testamento. C. 9. 23. Ce Titre traite encore du Senatus-Consulte Libonien. V. Legs, Testament.
Ad Legem Corneliam Testamentariam. Paul. 5. 23.. Des Testamens falsifiez, & de plusieurs autres sortes de faussetez.
Si ex falsis instrumentis, vel testimoniis judicatum sit. C. 7. 58.... Faux Acte, Faux témoin.
De Falsariorum pænâ. L. N. 77.
Des faussaires, soit Notaires ou témoins, & de la peine d'iceux. Ordonnances de Fontanon, to. 1. liv. 3. tit. 70. p. 670.
Du crime de faux. Voyez Papon, liv. 12. titre 12. Despeisses, *tome 2. par. 1. tit. 12. section 2. art. 9. &* Basset, tome 1. liv. 9. tit. 5.
Du rapport des Experts, & que l'accusé n'en peut nommer de sa part. Henrys, tome 1. liv. 4. chap. 6. quest. 96.

1 Voyez *la nouvelle Pratique civile*, liv. 1. *des Matieres criminelles*, chapitre 14. où vous trouverez la

FAU   FAU   173

meilleure partie de ce qu'on en peut dire, avec l'Edit de François I. en Mars 1531. & de nôtre Roy à présent regnant, en Mars 1680. Voyez *Des Maisons*, lettre F. nombre 2. & l'*Ordonnance criminelle* titre 9.

2 Crime de faux, ses indices & conjectures. Voyez *Philippi ès Arrêts de consequence de la Cour des Aydes de Montpellier*, article 184.

3 *Falsitas an conjecturis detegi possit*: Voyez *Franc. Marc.* to. 1. quest. 151. & 10. 2. quest. 613.

4 *Abolitio generalis quod in dubio de falsi crimine non se extendat*. Voyez *Franc. Marc.* tome 1. quest. 390.

5 *Instrumentum cujus fides est semel approbata, debet iterum produci, si adversarius dicit se velle & posse redarguere de falso juramento super hoc præstito*. Ibidem, quest. 709.

6 *Producens falsum instrumentum, si interrogetur, an eo uti velit tanquam vero purè, & simpliciter respondere teneatur*. Ibidem, quest. 735.

7 *Falsi suspicio pro falso haberi speciale in crimine falsi*. Ibidem, quest. 741.

8 *Falsi propositâ quæstione non datur reintegratio ex formâ statuti, Si quis per litteras*. Voyez le même Auteur, tome 2. quest. 213.

9 *Actis Curiæ qui propriam auctoritatem addit, detrahit vel abradit in falsi pœnam incidit*. Voyez ibidem, quest. 259.

10 *Apostilla adjecta in margine an falsa censeatur?* Voyez ibidem li. 1. part. 1. quest. 653.

11 Si le Notaire ou le témoin mourant dans leur lit, ou se confessant au Prêtre, déclarent avoir fait une fausseté, cela ne nuira point à la partie, autre chose est si la déclaration est faite judiciairement, soit à la question ou au supplice. *Ferrer.* quest. 433.

12 Si quelqu'un suppose le nom d'autrui & passe un contrat pardevant Notaire, c'est une fausseté, le Notaire stipulant pour le creancier absent, & la connoissance en appartient au Lieutenant Criminel, privativement aux Officiers du lieu, & au Lieutenant de la Chancellerie. Jugé par Arrêt du 19. Mars 1616. *Bouvot*, to. 2. verbo *Faux*, quest. 2.

13 La falsification d'un sceau Royal appartenoit à Monsieur le Chancelier, & la confiscation ou amende; depuis par Edit de l'an 1542. le tout appartient au Roy. *Papon* li. 22. tit. 12. nomb. 1.

Voyez cy-après le nombre 84.

14 Faits contraires, & qui impugnent l'écrit, ne sont recevables sans inscription de faux; mais quand on articule qu'il y a une contre-lettre, on a douté si le fait étoit contre l'Ordonnance, même quand on appelloit de l'appointement de contrarieté après l'enquête faite, & reçûë sur un tel appel, fut l'appellation mise au neant; ordonné que ce dont étoit appel sortiroit effet, sauf aux gens des Requêtes à faire droit sur les fins de non recevoir. Arrêt du 24. May 1576. *Papon*, li. 9. tit. 11. n. 2.

15 La maintenuë de faux proposée dés le commencement contre une cedule, empêche la verification de la cedule. Voyez *Charondas*, liv. 4. Rép. 31. suivant la Loy derniere *Cod. de ordine cognitionum*.

16 Le faux se peut commettre non seulement en addition, mais aussi en omission. Arrêt du 28. Juin 1560. *Charondas*, li. 4. chap. 89.

17 Voyez *Bouvot*, tome 2. verbo *Faux*, quest. 1. Si celuy qui se veut inscrire en faux contre un contrat, est tenu de le faire criminellement, & si l'on est contraint de s'inscrire en faux contre une écriture privée, & si celuy qui a fait le faux aprés avoir intenté l'action s'en peut décharger & liberer, déclarant ne s'en vouloir aider? Jugé le 21. Mars 1615. que l'action criminelle auroit lieu.

18 Jugé au Parlement de Grenoble le 28. Avril 1616. que celuy qui a produit l'extrait d'un instrument en doit rapporter la cede, après que l'on auroit fait le croisement de faux, sur l'extrait qui seroit à ces fins remis au Greffe. *Basset*, to. 1. li. 6. tit. 15. chap. 4.

19 Le faux peut être poursuivi civilement & criminellement, car après l'instance Civile par contredits, on peut agir criminellement en moyen de faux, sur ce qui est venu de nouveau à la connoissance de la partie. Arrêt du même Parlement de Grenoble du 16. Juillet 1638. *Basset*, tome 2. livre 9. titre 5. chapitre 1.

20 Celuy qui produit un acte impugné de faux, doit produire le Protocole, & celuy qui a formé l'inscription, n'est pas tenu de l'exhiber, quoy qu'il soit obligé de l'executer avant qu'il soit déclaré tel. Arrêt du Parl. de Toulouse du mois de Juin 1639. *La Rochestavin* li. 2. lettre F. tit. 2. Arr. 2.

21 La fausseté commise par la partie aux témoins ou aux pieces, ne luy doit pas faire perdre le procez si d'ailleurs elle a bonne cause; autre chose est si la fausseté est commise aux actes de la cause; *Julius Clar.* §. *Falsum* n. 32. Arrêt du Parlement de Bourdeaux du 6. Septembre 1663. donné en la Grand'-Chambre au Rapport de M. de Lescure. Le nommé Tenant s'étoit obligé par contrat en la somme de quatre mille cinq cens livres, le contrat signé de deux témoins, du Notaire, & de Tenant, avec la souscription de la main dudit Tenant, pour quatre mille cinq cens livres. Le creancier voulant être payé, Tenant s'inscrit en faux contre le contrat, & baille ses moyens de faux contre le seing du Notaire seulement. Le creancier donne requête, & demande que Tenant ait à bailler aussi ses moyens de faux contre son seing, & celuy des témoins; il est mis quant à present hors de Cour & de procez. Le faux étant ensuite instruit, les Experts declarent faux le seing du Notaire, & aprés leur procez verbal le creancier demande que le seing & souscription dudit Tenant subsistant, & celuy des témoins, le contrat en tout cas devoit passer pour écriture privée. Jugé neanmoins que le contrat étoit faux pour le tout. Le faux est comme l'usure qui infecte toute la masse du contrat. Il y eut presque pareil Arrêt rendu en la Chambre de l'Edit contre Gedeon Sauvage. Bourgeois, Marchand de Bourdeaux, s'étoit servi d'un Exploit d'assignation, lequel fut impugné de faux; les Experts déclarerent l'Exploit faux. Le procez m'étant à suite porté, je trouvay que cet exploit ne faisoit rien au procez, & que Sauvage sans cet Exploit avoit la meilleure cause du monde; neanmoins en haine de cet Exploit qui fut déclaré faux, Sauvage perdit entierement sa cause, au rapport de M. de Virasel. Ces Arrêts sont rapportez par *M. Abraham la Peirere en son Recueil des décisions* lettre F. nomb. 3. Mais, ajoûte-t'il, *nonobstant ces Arrêts, je ne me départirois point de la décision qui est communément reçuë, & l'Arrêt du Parlement passa avec grande difficulté, & multis contradicentibus*.

22 On ne doit avoir égard au faux s'il n'y a dol, & que le demandeur en faux n'y ait interêt. Voyez *Carondas*, li. 4. Rép. 30.

23 On ne permet la preuve des moyens de faux que de ceux qui sont pertinens, & non des autres. Arrêt du Parlement de Paris du 16. Janvier 1664. *Des Maisons*, lettre F. nomb. 5.

24 Si un acte étant débattu de faux, & pour preuve en ayant été produit un contraire, & le contraire étant débattu aussi de faux, il faut joindre les deux Instances, ou s'il faut traiter la derniere comme recriminatrice? Arrêt du Parlement de Provence du 14. Février 1671. portant jonction des deux instances. *Boniface*, tome 5. li. 3. tit. 2. chap. 10.

FAUX, ACCUSATION.

25 Arrêt du Parlement de Provence du premier Février 1670. qui déclare la mere & M. le Procureur General du Roy non recevable d'accuser le fils en crime de faux; le fils se défendoit non seulement sur la qualité de sa mere, mais sur le laps de temps; il y avoit plus de 20. années écoulées depuis la donation,

contre laquelle la mere s'inscrivoit en faux. *Boniface, to. 5. li. 3. tit. 2. chap. 1.*

26. Arrêt du même Parl. de Provence du 17. Mars 1678. qui déclare recevable une belle-sœur d'accuser en crime de faux son beaufrere. *Ibidem.*

FAUX, AMENDE.

27. De l'amende en crime de faux. *Voyez* le mot *Amende, nombre* 72.

28. Arrêt du Conseil d'Etat du Roy du 10. May 1672. qui ordonne que les particuliers qui formeront des inscriptions de faux au Greffe du Conseil Privé, seront tenus de consigner la somme de cent livres és mains du Fermier du Domaine, & fait défenses aux Avocats dudit Conseil de signer aucunes Requêtes que ladite consignation n'ait été faite. *Recueil du Domaine, page* 296.

29. Autre Arrêt du même Conseil d'Etat du 19. Juillet 1672. qui ordonne que les particuliers qui succomberont au Conseil dans les inscriptions de faux par eux formées, seront condamnez en l'amende de 300. livres pour chacune inscription en faux. *Ibidem, page* 309.

30. Par Arrêt du Conseil d'Etat du 8. Février 1676. fut cassé une Sentence du Présidial de Rennes, portant condamnation de rendre une amende consignée pour une inscription de faux, avant la prononciation diffinitive sur ladite inscription. *Ibidem, p.* 458.

31. Declaration du Roy du dernier Janvier 1683. pour permettre au Parlement d'augmenter la consignation de 100. livres pour les inscriptions de faux, à ce depuis le 15. Juillet jusqu'à la fin du Parlement. *Voyez les Edits & Arrêts recueillis par l'ordre de M. le Chancelier en* 1687.

FAUX, BENEFICE.

32. Des faussetez commises & pratiquées dans les provisions des Benefices, & de la peine que les coupables encourent. *Voyez les Memoires du Clergé, tome* 2. *part.* 2. *p.* 33. *art.* 16. *& 17.*

33. Faussaire privé du possessoire Beneficial. *Voyez Jo. Gal. partie* 7. *Arrêt* 148. *& Tournet, lettre F. Arrêt* 9.

34. Celuy qui se sert de faux actes en procez en matiere Beneficiale perd son droit souvent. Arrêt du 14. Août 1540. confirmé par l'article 16. de l'Ordonnance du Roy Henry II. de l'an 1550. *Papon, li.* 22. *tit.* 12. *Arr.* 5.

35. La récréance doit être jugée & exécutée, quoiqu'il y ait inscription de faux contre les titres de l'une des parties; telle exception de faux doit être jugée au plein possessoire. Arrêt du 3. Avril 1521. *Papon, li.* 8. *tit.* 11. *n.* 8.

36. Le Jugement de la récréance ne peut être retardé par l'impugnation de faux de l'une des parties, mais cependant le demandeur peut faire interroger sur faits & articles; il y en a plusieurs Arrêts du Parlement de Grenoble rapportés dans *Basset, tome* 1. *li.* 1. *tit.* 5. *chap.* 1.

37. Un particulier avoit été subrogé au lieu de l'une des parties; sa partie adverse vouloit impugner de faux, sa procuration *ad resignandum*, en vertu de laquelle il disoit avoir le droit de celuy au lieu duquel il étoit subrogé, & en demandoit communication. Par Arrêt il fut dit qu'il n'y étoit tenu, parce que cette procuration étoit demeurée pardevers celuy qui avoit admis la resignation. *Bibliotheque Can. tome* 2. *p.* 267. *col.* 2.

38. Ce qui est dit de la procuration *ad resignandum* impugnée de faux par un tiers, a pareillement sa restriction; le subrogé n'est point tenu d'en montrer l'original, mais bien communiquer la note du Notaire, c'est-à-dire la minute que le Notaire a dû retenir pardevers luy. Arrêt du 12. Septembre 1533. *Ibidem.*

39. Une partie s'inscrit en faux contre un acte de prise de possession de sa partie adverse; trois témoins disoient qu'ils avoient été presens à l'acte de prise de possession, mais que jamais ils n'avoient été priez de porter témoignage dans l'acte; la partie soûtenoit & demandoit permission d'informer au contraire, disant que la possession avoit été prise pendant qu'on disoit la Messe, & qu'il y avoit alors dans l'Eglise plus de 100. personnes. L'Avocat du Roy s'oppose; sur quoy il fut dit que le Suppliant pourroit administrer témoins que le Juge examineroit *ex officio*, & que les informations seroient mises en un sac à part, pour en jugeant y avoir tel égard que de raison. *Ibidem, to.* 1. *p.* 627. *col.* 2.

Voyez cy-après le nombre 55. *& suiv.*

FAUSSETÉ DES BULLES.

40. Fausseté commise dans les Bulles. *Voyez* le mot *Bulles, nomb.* 38. *& suiv.*

De ceux qui falsifient les Bulles. *Voyez Rebuffe,* 3. *part. Prax. Benef.* dans l'explication qu'il fait de la Bulle *Coena Domini, art.* 4. & M. le Prêtre, 2. *Cent. chap.* 56.

41. Le porteur d'une procuration à l'effet de s'inscrire en faux contre une Bulle du Legat, forme l'inscription; ensuite on luy rapporte une autre Bulle pareille à la premiere, à l'exception du sceau qui manquoit à la premiere; il veut aussi s'inscrire en faux contre cette derniere, en vertu de sa procuration; il est soûtenu non recevable, attendu que sa procuration n'étoit assez speciale. Il répondit au contraire qu'elle étoit pour maintenir de faux les pieces exhibées. Les uns disoient que cette procuration étoit suffisante, attendu qu'il soûtenoit que cette derniere étoit la même que la premiere qu'on avoit seulement fait sceller depuis. Par Arrêt il fut dit que le Procureur seroit reçu à la maintenuë de faux, en vertu de cette procuration, lequel neantmoins seroit tenu dans quinzaine se faire avoüer par sa partie. Arrêt du 9. Septembre 1533. *Bibliotheque Can. tome premier, page* 627. *col.* 1.

Voyez cy-après le nomb. 58.

FAUSSETÉ DE CLEF.

42. Un Serrurier executé à mort pour avoir fait une fausse clef sur une empreinte de cire. Arrêt du mois de Janvier 1607. rapporté par M. le Prêtre. 2. *Cent. chap.* 56. *Voyez Expilly, Plaidoyé* 26.

FAUSSETÉ, DECLARATION.

43. Si la déclaration de ne se vouloir aider de la piece fausse, exempte de la peine? On distingue, ou il s'en sert après l'avoir faite; en ce cas non; ou il s'en sert sans l'avoir faite: s'il déclare avant une Sentence interlocutoire qu'il ne s'en veut aider, il est exempt de la peine. *M. le Prêtre Cent.* 4. *ch.* 65.

44. Celuy qui produit un contrat accusé de faux, quoiqu'il fasse déclaration de ne s'en vouloir servir doit être condamné aux dommages & interêts de l'impugnant. Arrêt du Parlement de Paris du 18. May 1514. cela est vray lors que l'on n'a point informé sur le faux; car si l'on a informé, cette déclaration n'arrête point le procez du faux; si le produisant persiste à s'aider de l'instrument faux, il sera puni comme faussaire. *Papon, li.* 9. *tit.* 10. *n.* 2.

45. Après la déclaration de se vouloir servir d'un acte, inscription, & moyen de faux donné, on n'est recevable de recourir par Lettres Royaux de cette déclaration. Arrêt du Parlement de Grenoble du 2. Mars 1614. *Basset to.* 1. *li.* 6. *tit.* 15. *ch.* 2.

Voyez cy-après le nomb. 49. *& 50.*

46. Celuy qui se sert ou produit un acte qu'on veut impugner de faux, doit déclarer sans conditions s'il s'en veut servir. Jugé le 3. Juillet 1617. *Basset, ibid. ch.* 1.

47. La partie qui produit acte suspect doit faire une déclaration pure de s'en vouloir aider, sans nulle condition qu'il ne s'en veut servir qu'en qualité d'heritier, ou au peril de celuy de qui il l'a eu. Jugé à Grenoble le 3. Juin 1619. *Idem, tome* 2. *livre* 9. *titre* 5. *chap.* 1.

48 Celuy qui se sert d'un exploit inscrit en faux est tenu subsidiairement des frais du procez criminel contre le Sergent. Arrêt du 12. Juin 1637. *Idem, to.* 1. *li.* 6. *tit.* 15. *ch.* 6.

49 Un particulier après avoir déclaré qu'il se veut servir de la piece maintenuë fausse, n'est plus recevable à s'en désister. Arrêt du Parlement de Paris du 16. May 1688. *Au Journal des Audiences, tome* 5. *livre* 4. *chap.* 10.

Voyez les nombres suivans.

FAUSSETÉ, DESISTEMENT.

Voyez cy-dessus les *nomb.* 45. & 49.

50 Celuy qui a produit une piece fausse peut avant l'information s'en désister, après il ne le peut. Arrêt du Parlement de Paris de l'an 1385. par lequel il fut ordonné que le Prieur de saint Martin des Champs répondroit sur le faux, vû qu'il s'étoit déja aidé d'une fausse lettre. *Papon, livre* 22. *titre* 12. *nomb.* 6. & 7.

51 Un particulier qui a luy-même fait & fabriqué un contrat faux, voyant l'inscription de faux, ne se peut départir de l'action, & se garantir, en déclarant ne s'en vouloir aider. Jugé par Arrêt du 5. Juin 1610. autre chose seroit si le faux avoit été fabriqué par un autre. *Bouvot, tome* 2. verbo *Faux* q*uest.* 4.

52 Celuy qui a déclaré se vouloir servir d'un acte depuis inscrit en faux après les moyens donnez, n'est pas recevable par Lettres Royaux d'en recourir sous prétexte de suggestion ou autre. Jugé au Parlement de Grenoble le 2. Mars 1614. *Basset, tome* 2. *li.* 9. *tit.* 5. *chap.* 1.

53 Fabricateur d'un instrument faux n'est excusé en déclarant qu'il ne s'en veut servir. Arrêt du même Parlement de Grenoble du 19. Février 1629. *Basset, tome* 1. *li.* 6. *tit.* 15. *chap.* 7.

53 bis. Si celuy qui a déclaré qu'il vouloit se servir d'une piece qu'on veut inscrire en faux, s'en peut désister? Arrêts du Parlement de Provence qui ont jugé que le désistement avoit lieu avant la Sentence; il y a des Auteurs qui prétendent que le désistement n'est pas reçu contre l'auteur du faux, & après que l'inscription a été faite. *Voyez Boniface, tome* 2. *part.* 3. *tit.* 10. *chap.* 3.

54 Si celuy qui a fabriqué le faux peut se désister de la piece, & empêcher l'inscription en faux. Arrêt du même Parlement de Provence du 7. Mars 1671. qui déclara la poursuite de l'inscription en faux recevable. L'Arrêt fondé sur la Loy *Si falsos.* C. *ad leg. Cornel. de fal.* par laquelle celuy qui a fabriqué le faux ne peut pas se désister, à la difference du tiers; & l'Ordonnance de 1670. ne parlant qu'en matiere de Benefices. *Boniface, tome* 5. *li.* 3. *tit.* 2. *ch.* 8.

Voyez le mot *Désistement, nomb.* 4.

FAUX, ECCLESIASTIQUES.

Voyez cy-dessus le *nomb.* 32. & *suiv.*

55 Clerc accusé d'avoir produit de faux titres, ne peut décliner, & demander son renvoy pardevant le Juge d'Eglise. Arrêts du Parlement de Paris de l'an 1386. & 29. Août 1545. *Papon, livre premier, titre* 5. *nomb.* 43.

56 Par Arrêt du Grand Conseil du mois de Février 1536. il a été jugé qu'un Clerc accusé d'avoir falsifié la signature d'un Secretaire du Roy, joüiroit de son privilege; le contraire a été jugé au Parlement de Paris au mois d'Avril 1543. à sçavoir, que par les Juges Laïcs, Clercs convaincus de tel délit sont condamnez à la peine du Chapitre, *ad audientiam*, quoy qu'ils s'adressent à l'Evêque ou Juge Ecclesiastique. *Papon, li.* 22. *tit.* 12. *Arr.* 1. & *Lucius, li.* 12. *titre* 5. *Arr.* 2.

FINANCIER, FAUSSAIRE.

57 *Voyez M. le Prêtre* 2. *Cent. chap.* 56.

FAUSSETÉ, GREFFIER.

58 Si une partie prétend que le Greffier s'est abusé en écrivant, elle peut en faire preuve par témoins sans s'inscrire en faux. Jugé au Parlement de Grenoble. *Bartole* est d'avis contraire. *Voyez Papon, livre* 9. *tit.* 10. *nomb.* 3.

59 Par qui la minute de l'acte impugné de faux doit être rendüe au Greffe? Plusieurs Arrêts du Parlement de Paris en ont chargé le produisant. *Papon, livre* 9. *tit.* 10. *nomb.* 4.

60 Arrêt du Parlement de Provence du dernier Février 1643. qui a jugé que l'inscription en faux doit être faite au Greffe, avant que de pouvoir donner les moyens de faux. *Boniface, tome* 2. *part.* 3. *livre* 1. *tit.* 10. *ch.* 1.

61 L'ancien usage qu'avoient les Greffiers de recevoir les reconnoissances des écritures sous seing privé sans en garder minute, les excuse & empêche que cette reconnoissance ne puisse être maintenuë fausse. Arrêt du Parlement de Paris du 22. Juin 1689. *Au Journal des Audiences, tome* 5. *livre* 5. *chap.* 2.

FAUX, INCIDENT.

62 Si un incident de faux intervient en quelque procez civil, le procez étant fondé sur d'autres pieces, & qui d'ailleurs se peut juger définitivement, on doit proceder au Jugement du procez, encore que la piece maintenuë fausse soit déclarée telle? Arrêt du 6. Août 1494. *Chavondas, liv.* 4. *Rép.* 29. *Voyez l'Ordonnance criminelle tit.* 1. *art.* 20.

63 Juge d'Eglise doit connoître du faux incident: mais l'appel comme d'abus interjetté de la Sentence de retention est dévolutif & suspensif. *Bardet, to.* 1. *li.* 2. *chap.* 85. où il rapporte un Arrêt du Parlement de Paris du 8. Juin 1628. M. l'Avocat General Talon dit que l'inscription en faux étant incidente dans une cause où il s'agit d'un mariage, de la competence de l'Official, il est pareillement competent de connoître du faux incident, pour instruire sa Religion, & pouvoir prononcer sur la question du mariage; mais non pas à l'effet de prononcer sur le crime, & punir celui qui auroit commis la faussetté.

64 Une question d'état incidente peut être jugée ailleurs qu'en la Grande Chambre, ou plûtôt s'agissant de la qualité d'épouse qu'une femme prétend dans un procez, produisant un acte de celebration de mariage que l'on attaque par l'inscription de faux, il n'est pas necessaire que cet incident soit jugé en la Grande Chambre, mais il peut être jugé aux Enquêtes où le procez est pendant. Arrêt de la premiere Chambre des Enquêtes du Parlement de Paris au mois de Juin 1692. *Journal des Audiences, tome* 5. *liv.* 8. *chap.* 15.

Voyez cy-après le nombre 103.

FAUX, INSCRIPTION.

65 Avis pour juger les Inscriptions en faux & comparaison des écritures, *par de Mesle*, Paris 1604. *in* 8. Inscription en faux. *Voyez* le traité fait par *Raveneau, in* 12. Paris 1666.

Voir aussi le Traité contenant la maniere de proceder à toutes verifications d'écritures contestées en Justice, *par le sieur de Blegny*, imprimé en 1708. Il se vend au Palais chez Guillaume Cavelier.

66 L'Inscription de faux ne peut empêcher le Jugement de la récreance, & telle exception de faux doit être discutée au plein possessoire. Arrêt de Paris du 3. Avril 1521. *Bibliot. Can.* 10. 2. *p.* 361. *col.* 1.

67 Celuy qui impugne de faux une piece, doit premierement faire sommer celuy qui la produit, de déclarer s'il s'en veut servir; après sa déclaration il doit s'inscrire en faux, & contraindre l'accusé de la mettre au Greffe, ou la minute s'il y en a, ensuite donner ses moyens de faux; s'ils sont trouvez pertinens il doit avoir permission d'informer, les informations faites decret de prise de corps est décerné contre l'accusé par provision. Arrêt du Parlement de Paris du 25. Septembre 1568. Neanmoins par Arrêt du 8. Mars 1549. il fut dit que les témoins oüis en une informa-

68 Il est reçu qu'après l'inscription & moyens déclarez admissibles, il faut faire preuve & instruire l'Instance avant que d'entendre les témoins de la principale Instance. Arrêt du 19. Mars 1570. ou 1576. *Ibidem.*

69 *Titius* appellé en reconnoissance de cedule s'inscrit en faux ; ensuite il obtient Lettres pour être relevé de sa dénegation, & être reçu à faire preuve que c'est un blanc signé rempli. Arrêt du 12. Août 1606. qui ordonne que sans s'arrêter aux Lettres & inscription en faux, il sera procédé au Jugement du procez sur le déni de son seing, & preuve au contraire, & condamne *Titius* aux dépens. *Corbin, suite de Patronage*, chapitre 178.

70 L'inscription & accusation de faux n'est recevable après l'aveu de l'Acte, par la Loy *ipse significas C. ad leg. Corn. l. de falsis ; ibi difficile est ut is qui regit provinciam veluti falsum cui semel acquievisti tibi accusare permittat.* Arrêt du Parlement de Grenoble du 27. Janvier 1607. *Basset*, to. 1. liv. 6. tit. 15. chap. 3. & to. 2. liv. 9. tit. 5. chap. 1.

71 Faux jugé sur les seules apparences sans inscription par Arrêt de Grenoble du 27. Septembre 1611. *Basset*, to. 2. liv. 9. tit. 5. ch. 1.

72 On n'est recevable d'inscrire en faux un Acte *in calculo ferendi judicii*, après une sommation de le faire auparavant. Arrêt du 3. Mars 1637. le même jugé le dernier Janvier 1657. parce que telle inscription est censée faite pour retarder le Jugement. *Idem*, to. 1. li. 6. tit. 15. ch. 2.

73 Par Arrêt du Parlement de Roüen du 22. Juillet 1669. jugé que l'on peut s'inscrire contre un fait privé, quoique l'on n'y soit obligé, & que l'on puisse soûtenir que celuy qui veut s'en servir, doit verifier, sauf après se l'inscrire. *Berault, à la fin du 2. tome de la Coûtume de Normandie*, p. 105. col. 2.

74 Arrêt du Parlement de Provence du 18. Juin 1666. qui a jugé que l'inscription en faux doit être reçuë contre la signature du donateur mise en la donation, sans s'inscrire contre tout l'Acte, quoique signé par le Magistrat & les Consuls. *Boniface*, tome 2. part. 3. liv. 1. tit. 10. ch. 2.

57 Jugé au même Parlement le 15. Février 1670. qu'il suffit de s'inscrire en faux sans croiser la piece de faux. *Idem*, to. 5. liv. 1. ch. 7.

76 Arrêt du 16. Octobre 1670. qui a reçu l'inscription de faux après les pieces vûës & reconnuës. *Ibid. tit. 2. chap. 11.*

77 On peut venir par information contre le fabricateur d'une piece fausse, sans être tenu de commencer par l'inscription en faux. Arrêt du 22. Novembre 1670. la raison de l'Arrêt fut qu'il faut faire difference entre celuy qui se sert d'une piece fausse & l'employe dans la communication de son procez, la croyant bonne, & celuy qui en est le fabricateur. Si celuy-cy n'étoit pas sujet à l'information, son crime demeureroit impuni, en disant qu'il ne veut pas se servir de la piece. *Ibidem*, chap. 9.

78 Celuy qui maintient une marque fausse peut faire informer de la fausseté sans s'inscrire en faux, à la difference d'un Contrat : icy il faut commencer par l'inscription. Arrêt du même Parlement de Provence du 2. Mars 1673. *Boniface*, to. 5. liv. 3. tit. 2. ch. 7.

79 Declaration portant que la somme de cent livres que les Demandeurs en Inscription de faux, seront obligez de consigner, suivant l'article 5. du titre 9. de l'Ordonnance du mois d'Août 1670. pourra être augmentée par le Parlement, selon & ainsi qu'il estimera être à faire par raison, depuis le 15. Juillet jusqu'à la fin du Parlement. A Versailles le 31. Janvier 1683. registré le 19. Février audit an.

80 Acte de Notorieté donné par M. le Lieutenant Civil le 30. Mars 1686. portant que lorsqu'il y a Inscription de faux contre les Actes reçus par les Notaires du Châtelet de Paris, ils ne peuvent être traduits en premiere Instance qu'au Châtelet, & par appel au P. de Paris, pour l'instruction & Jugement de faux, & ce par une Declaration du mois de Juillet 1676. verifiée le 28. *Recüeil des Actes de Notorieté*, p. 33. imprimé en 1709. chez Jean Baptiste Coignard.

81 Après un Arrêt de revision on n'est pas recevable de s'inscrire en faux contre les Titres & Contrats sur lesquels l'Arrêt a été rendu. Jugé au Parlement de Tournay le 12. Janvier 1701. après partage d'opinions. *Voyez M. Pinault*, to. 2. Arrêt 295.
Voyez cy-après lettre I. verbo *Inscription en faux.*

PIECE FAUSSE, JUGEMENT.

82 Si le Jugement est fondé sur piece fausse, comme si une Partie avoit produit une obligation, & que le Juge eût condamné sur cette obligation l'autre Partie, en ce cas le fait de faux seroit un bon moyen de Requête civile. *Voyez M. le Prêtre* 2. Cent. ch 73.

83 Une obligation déclarée fausse par un Juge, on ne peut pardevant un autre demander la provision. Arrêt du 24. Novembre 1569. *Charondas*, liv. 6. Rsp. 41.

FAUX, LETTRES PATENTES.
Voyez cy-dessus le nombre 13.

84 Lettres Patentes suspectes de faux, ratures & clauses non accoûtumées font presumer la fausseté. Arrêt du Conseil d'Etat du 19. Septembre 1571. qui déclare nulles telles Lettres Patentes. *V. Philippi és Arrêts de consequence de la Cour des Aydes de Montpellier*, art. 98.

85 Ceux qui falsifient les Lettres du Pape, du Roy, des Evêques, de leurs Vicaires & de leurs Officiaux, sont punissables de mort, si elles sont de pure Justice ; c'est-à-dire, si elles ordonnent ou déterminent quelque chose ; mais à l'égard de celles de simple Justice, comme le sont celles de citation, ou d'autres semblables, que l'on peut obtenir une seconde fois sans peine ; rien ne peut être presumé contre ceux qui sont accusez de les avoir falsifiées ; ce qui est encore moins douteux s'ils ne s'en sont pas servis. *Voyez Guy Pape*, question 455.
Voyez cy-après le nombre 140.

FAUSSE MESURE.
Voyez cy-après verbo *Mesure.*

86

FAUSSE MONNOYE.
87 Du crime de fausse monnoye. *Voyez Despeisses*, to. 2. part. 1. tit. 12. sect. 1. art. 10.
Voyez la *Bibliotheque du Droit François* par Bouchel, verbo *Faussetez.* Il est parlé au même endroit des faux monnoyeurs.
De crimine falsa moneta ac de pœnis adjejus punitionem statutis. Voyez le traité fait *Per Didacum Covarruv. in fin: sua practica.*

88 De la confiscation dans le cas de fausse monnoye. *Voyez* le mot *Confiscation*, nomb. 94. & 95.

89 Le crime de fausse monnoye n'est point de ceux qui font vaquer un Benefice *ipso jure* ; il faut une condamnation, puisqu'une simple accusation quoique veritable ne fait point vaquer un Benefice à l'effet de donner lieu à un dévolut au préjudice d'un resignataire. *Defin. du Dr. Can.* p. 206.

90 Voyez sur le crime de fausse monnoye *Julius Clarus* li. 5. sentent. §. falsum, & les annotations qui sont à la fin de son Ouvrage.

91 Arrêt du Conseil Privé du Roy au sujet de deux Religieuses accusées du crime de fausse monnoye. Le Prévôt des Monnoyes à Paris en avoit pris connoissance, & les avoit même constituées prisonnieres : l'Official de l'Archevêché de Paris les avoit reclamées, & elles avoient demandé leur renvoy pardevant luy : ce qui ayant donné lieu à un reglement de Juges porté audit Privé Conseil, Arrêt y est intervenu qui a renvoyé les Religieuses en la Cour des Monnoyes de Paris. *Definit. Can.* p. 209.

FAU   FAU   177

92   Le Samedy post S. Barnabam anno 1304. mense Junii, Arrêt qui permet au Prieur d'Argenteüil de faire faire par son Juge le procez à un faux monnoyeur en vertu de certains privileges qu'il representa. Pris du Registre olim feüillet 64. *Corbin, suite de Patronage, chap. 126.*

93   La Cour a déclaré Jean d'Alençon criminel de leze-Majesté, d'homicide, & d'avoir fait faire & forger fausse monnoye au coin & Armes du Roy, & comme tel la Cour l'a condamné à recevoir mort & être executé par Justice, & avec ce a déclaré & déclare tous & chacuns ses biens être confisquez & appartenir au Roy : l'execution toutefois de la personne de Jean d'Alençon reservée jusqu'au bon plaisir du Roy. Prononcé le 18. Juillet 1564. *Bibliotheque de Bouchel,* verbo *Pairs,* & cy-aprés verbo *Monnoye.*

FAUX, NOTAIRE.

94   Faussetez commises par les Notaires. *Voyez les Ordonnances recüeillies par Fontanon, to. 1. li. 3. tit. 70. p. 670. & M. le Prêtre 2. Cent. chap. 56.*

95   *Notarius ubi bene audit, in dubio non præsumitur falsitas, sed potius error. Voyez Franc. Marc. to. 1. quest. 142.*

96   *Notarius qui falsitatem in contractu nullo commisit, an pœna falsi sit puniendus?* Ibidem, *quest. 669.*

97   Un Notaire ayant reçu procuration pour resigner, sous la reserve d'une pension, & étant accusé de faux pour avoir dépesché sans parler de la reserve, a été déchargé par Arrêt de Bourdeaux du 17. Mars 1520. telle omission fut plûtôt prise pour une inadvertance que pour dol. *Papon, liv. 2. tit. 8. n. 9.*

98   Celuy qui a produit un Acte impugné de faux, peut être contraint d'indiquer le Notaire qui a la minute. Arrêt de Paris du 2. Août 1533. *Bibliot. Canon. to. 1. p. 617. col. 1.*

99   Les Notaires sont tenus de porter leurs Notes & Registres pardevant les Juges où les Contrats sont impugnez de faux. Arrêt du Parlement de Paris du 12. Janvier 1580. *Papon, liv. 5. tit. 10. n. 10.*

100   Un Notaire fait passer à son Compagnon une donation fausse à son profit, le Notaire qui l'avoit passée fut condamné à mort, l'autre à faire amende honorable, & banni à perpetuité, l'Ordonnance n'étant que pour ceux qui les font faire. Arrêt du 15. Février 1607. *M. le Prêtre, deuxième Centurie, chap. 56.*

101   Avant l'inscription en faux, celuy qui se sert d'un Contrat n'est tenu d'exhiber le Protocole. Arrêt rendu au Parlement de Grenoble le 3. Septembre 1616. *Basset, to. 1. liv. 6. tit. 15. chap. 4.*

102   Notaire condamné pour fausseté commise, son Office est acquis au Seigneur engagiste, non par droit de confiscation, mais par droit de reversion pleno jure, sans charge d'aucunes dettes, même de la reparation civile ajugée pour la fausseté. Arrêt du 9. Janvier 1620. *Brodeau sur M. Loüet, lettre C. som. 53.* Voyez le *Journal des Audiences, to. 2. liv. 8. chap. 2.* où vous trouverez un Arrêt du 30. Janvier 1666. qui a jugé qu'il n'y avoit pas lieu de distraire de la finance payée au Roy pour l'engagement d'un Tabellionnage, les dommages & interêts prétendus pour fausseté commise dans un Contrat passé par le Fermier ou Commis dudit Tabellionnage.

102 bis   Si c'est un crime de faux à un Notaire de laisser dans ses Registres des Actes imparfaits, & des feüillets blancs & vuides. L'Arrêt intervenu au Parlement de Provence du 30. Septembre 1686. jugea que la procedure criminelle competoit. *Voyez Boniface, to. 5. li. 3. tit. 2. chap. 13.*

Voyez cy-aprés *les nomb. 126. 130. & 133.* & le mot *Notaire.*

FAUSSETÉ, OFFICIAL.

103   Jugé au Parlement de Roüen le 18. Juin 1633. que l'Official avoit pû recevoir, instruire & juger l'inscription en faux contre personnes laïques qu'on avoit produites pour la preuve des promesses de mariage. *Voyez Basnage, titre de Jurisdiction, article 1.* Voyez cy-dessus le *nombre 63.*

FAUX, PIECES DE COMPARAISON.

104   En comparaison de Lettres, le défendeur doit convenir des Actes sur lesquels on veut faire proceder à cette comparaison. Jugé au Parlement de Grenoble le 17. Février 1634. *Basset, to. 2. liv. 9. tit. 5. chapitre 2.*

105   Arrêt du Parlement de Provence du 11. Mars 1666. qui a jugé que pour la validité de la procedure en reconnoissance de pieces, par comparaison de Lettres, il en faut convenir & les communiquer. L'Ordonnance de 1667. au titre 12. art. 8. & 9. y est conforme. *Boniface, to. 2. part. 3. tit. 10. ch. 3.*

Voyez cy-aprés lettre R. verbo *Rapport.* §. *Rapport d'Ecrivains & Experts.*

PEINE DES FAUSSAIRES.

106   De la peine des faussaires. *Voyez M. le Prêtre, 2. Centurie chap. 56.*

107   Celuy qui a produit une piece fausse doit être puni, quoiqu'il ne fasse rien à la décision du procez. *Voyez Du Luc, liv. 12. tit. 5. ch. 3.*

108   Par Arrêt du Parlement de Paris de l'an 1388. le Prieur de S. Martin des Champs, Abbé du Bourg-Dieu, qui s'étoit aidé de quelques Actes falsifiez, fut condamné en trois cens livres d'amende envers le Roy, à prendre sur son Temporel, & privé des Offices Royaux, & d'iceux à l'avenir déclaré incapable. *Papon, li. 1. tit. 5. n. 44.*

109   Arrêt du Parlement de Paris de l'an 1390. par lequel un nommé Guesdron convaincu d'avoir falsifié le Sceau du Roy, a été condamné à être pilorié, la fleur de lys appliquée sur son front, banni du Royaume, ses biens confisquez à M. le Chancelier. Autre Arrêt du mois de Février 1566. contre un nommé Marêchal Procureur ayant falsifié des Lettres de Chancellerie, lequel a été condamné à être pendu. Autre Arrêt du 1. Decembre 1570. contre un falsificateur d'Exploits, condamné à faire amende honorable, en quatre cens livres d'amende, & à trois ans de galeres. *Papon, liv. 22. tit. 12. n. 3.*

110   Arrêt du Parlement de Paris de l'an 1394. par lequel un faussaire ayant demandé le payement d'une obligation de mille livres, & depuis par sa confession ayant avoüé la fausseté, a été condamné en mille livres d'amende, sauf les dommages & interêts. *Papon, li. 9. tit. 10. nomb. 1.* où il rapporte les indices, preuves & moyens de faux.

111   Convaincu de faux doit perdre sa cause, quoiqu'il l'eût pû gagner sans se servir des faussetez dont il est convaincu. Arrêts des 9. May 1469. 8. Juillet 1472. 1. Septembre 1515. *Idem, liv. 22. tit. 12. n. 5.*

112   Edit portant que tous ceux qui seront convaincus d'avoir fait & passé de faux Contrats, ou porté faux témoignage, seront punis de mort. A Argentan en Mars 1531. avant Pâques : registré le 2. Avril 1532. aprés Pâques. *Joly, to. 1. p. 174. Fontanon, to. 1. p. 670.* Voyez l'Edit du mois de Mars 1680. *au n. 134.*

113   Les faussaires & calomniateurs seront punis de mort. Arrêt en 1556. Voyez *Henrici Progymnasmata* Arrêt 98.

114   *Abolitio generalis, in dubio, non se extendit ad crimen falsi.* Voyez *Franc. Marc. to. 1. quest. 390.*

115   Un nommé Poinsard de Châlons se disant le sieur de Vosmin l'Argentier, avoit passé une obligation de 30. ou 40000. livres au nom de l'Argentier, contrefaisant sa signature, l'obligation passée au nom d'un autre avec lequel il colludoit pardevant Notaires à Paris ; cette supposition & fausseté découverte, Poinsard fut condamné à mort, appel : la Cour confirma le Jugement & fut executé. C'est une fausseté jointe à une supposition qui est un crime fort atroce. *Voyez les Additions à la Bibliotheque de Bouchel, verbo Fausseté.*

116   Quand des heritiers ou autres produisent un faux

Tome II.   Z

titre sans en être les Auteurs, mais pour l'avoir trouvé dans leurs papiers, alors le Juge doit seulement déclarer l'Acte nul, ordonner qu'il sera laceré en Jugement, l'accusé débouté de l'effet d'iceluy, condamné aux dépens de l'Instance, dommages & intérêts de l'accusateur, même en une amende au fisc pour s'en être aidé. Arrêt du Parlement de Paris dans *Papon*, *liv.* 22. *tit.* 12. *n.* 9.

117 Arrêt du Parlement de Bourdeaux du 22. Decembre 1519. par lequel un nommé Salmon pour avoir vendu de fausses Lettres de Sergent, a été condamné à faire amende honorable, ordonné qu'en sa présence les Lettres seroient lacerées & rompuës, luy battu de verges par les carrefours de Bourdeaux, & flétri de la fleur de lys sur le front, banni hors du Royaume, condamné en deux cens livres d'amende vers Monsieur le Chancelier Du Prat. *Ibid.* *n.* 2. où il est observé qu'aujourd'huy en France la peine de mort est introduite. *Voyez M. Boyer decision* 82.

118 Celuy qui a commis fausseté en écriture privée, laquelle peut nuire & s'en est servi, n'est déchargé, en se désistant d'en user; & ainsi cette écriture déclarée fausse & faussement fabriquée, & le faussaire condamné à six cens livres d'amende envers le Roy, & à le servir trois ans en ses galeres. Jugé le 24. Novembre 1542. *Expilly, Arrêt* 8.

119 Arrêt du Parlement de Paris du 11. Octobre 1556. par lequel Taboué Procureur General du Roy au Parlement de Chambery ayant fait à sa requête par Arrêt du Parlement de Dijon condamner plusieurs Officiers du Parlement de Chambery, pour prétenduës faussetez commises dans la signature des Arrêts, à faire amende honorable, & entre autres M. Pelisson premier President, a été condamné luy-même à faire amende honorable, ensuite à être pilorié, en leurs dommages & intérêts, à tenir prison jusqu'au payement, ses biens confisquez. *Papon*, *liv.* 19. *tit.* 8. *n.* 9.

120 Piron avoit produit un Extrait du Papier Baptistaire de Lanvallay, contre lequel Inscription de faux étoit formée à Rennes; il est dit que l'Extrait comme apparemment falsifié, sera rayé de la production, & pour l'usage Piron est condamné en cent sols d'amende en la Cour. Le Procureur General du Roy appelle *à minimâ*; en corrigeant le Jugement, Piron condamné en quarante livres, & suspendu de son état jusqu'à cinq ans, & outre pour les longueurs & traverses, déguisemens & moyens exquis dont il a usé au procez, il est condamné en trente livres vers la Partie, & trente au Roy. Arrêt du Parlement de Bretagne du 7. Septembre 1557. *Du Fail, livre* 2. *chapitre* 65.

121 François le Comte, tant en son nom, que garde naturel de sa fille, s'aide d'un Acte disputé de faux par Fescan de Redon. Arrêt du Parlement de Bretagne du 24. Mars 1562. qui déclare l'Acte faux & suggeré, & condamne ledit le Comte pour s'en être aidé en son privé nom, en vingt livres, moitié au Roy, & l'autre à Partie. *Idem*, *liv.* 3. *chap.* 206.

122 Decret d'ajournement personnel sur le Greffier Criminel de Nantes, pour avoir délivré deux Actes de Bail à ferme de la prison de Nantes divers, & où il y avoit une clause en l'un plus qu'en l'autre. Arrêt du Parlement de Bretagne du 27. Octobre 1564. *Idem*, *liv.* 2. *chap.* 235.

123 Arrêt du même Parlement de Bretagne du 3. Mars 1565. qui condamne Alain Pimouz pour la faute par luy commise d'avoir ajouté en interligne d'un Bail à ferme en l'absence des Notaires & de la Partie, en vingt livres d'amende envers le Roy, le prive de l'effet du Bail, sans note d'infamie. *Idem*, *li.*3. *chap.*166.

214 Arrêt du Parlement de Toulouse du 27. May 1574. qui condamne un Bazochien substitué à la place du Greffier ou Sénéchal de Toulouse, ensemble un Sergent, pour avoir fait quelque antidate en une Information faite à la requête d'un Conseiller de la Cour en dix ans de galeres, faire amende honorable, & en trois cens livres envers le Roy; le Sergent banni, privé de son état de Sergent, en vingt cinq livres d'amende vers le Roy, & tous deux déclarez incapables de posseder aucun Office Royal: le Lieutenant Particulier & l'Avocat du Roy au Sénéchal de Toulouse condamnez, sçavoir le premier en 300. livres, & le dernier en 200. livres distribuables à l'Ordonnance, avec défenses de ne commettre telles faussetez, à peine de la hart. *La Rocheflavin*, *liv.* 2. *lettre* F. *tit.* 2. *Arrêt* 2.

125 Arrêt du même Parl. de Toulouse du 25. Juin 1574. qui condamne un Marchand de Gimont pour avoir vendu du bled à fausse mesure, en 2000. livres, sçavoir 1000. livres pour être distribuez à l'Ordonnance de la Cour, & les autres 1000. envers les pauvres: que certaines paroles seront rejettées du procez sans note d'infamie. *Ibidem*.

126 M. Grivel en ses Décisions du Parlement de Dole, *Décis.* 101. dit que par Arrêt de Dole un Notaire pour plusieurs faussetez fut condamné à avoir la tête tranchée. *La L.* 1. § *fin. ad L. corn. de falsis*, faisoit distinction, *inter liberum & servum, & servo pœnam ultimi supplicii irrogabat, libero pœnam deportationis, cum publicatione bonorum.*

127 Un Bachelier en Droit convaincu d'avoir donné de fausses lettres de degrez, contrefait le sceau de la Chancellerie, contrefait les seings des Regens & Chancelier, a été condamné à être pendu, & executé au Salin le 24. Juillet 1586. *La Rocheflavin*, *li.* 2. *lettre* F. *tit.* 1. *Arr.* 1.

128 Arrêt du même Parlement de Toulouse du 24. Juillet 1586. qui condamne Pendron Official de Toulouse à être pendu pour avoir falsifié les sceaux du Chancelier, & seings du Recteur, Docteurs Regens, & pour avoir expedié lettres de Licence & Doctorat. *Idem*, *li.* 5. *lettre* V. *tit.* 1. *Arr.* 34.

129 Celuy qui produit une piece fausse, quoiqu'il se désiste, est toujours punissable. Arrêt du Parlement de Paris du 8. Juillet 1606. qui condamne la partie en cent sols de reparation civile envers l'autre, 60. sols d'amende envers le Seigneur, avec défenses de plus s'aider de pieces fausses. Il fut ordonné que le mot *cinq* qui étoit raturé seroit par le Greffier, l'Audience tenant, cancellé d'une tranche de plume, en la presence de celuy qui s'en étoit aidé, étant de bout & nuë tête. *Corbin, suite du Patronage ch.* 270.

130 Jean Medal Notaire de Millaures, condamné par Arrêt du Parlement de Grenoble du 27. Août 1616. en l'amende honorable, & ensuite à être pendu pour avoir falsifié un decret, lettres, & sceau du Parlement de Grenoble. *Basset, tome premier, li.* 6. *tit.* 15. *chap.* 8. où il observe que la peine de faux est le plus souvent de mort.

131 La partie qui se servoit d'un exploit inscript en faux, fut condamnée subsidiairement en tous dépens, & le Sergent à faire amende-honorable, & aux galeres; la modicité du fait porta la Cour à cette indulgence; Arrêt du même Parlement de Grenoble du 12. Juin 1638. Autre arrêt du 27. Août 1616. qui condamna un Notaire convaincu de faux à être pendu. *Voyez Basset, tome* 2. *li.* 9. *tit.* 5. *chap.* 3. où il observe que ceux qui font faire de faux contrats ne sont punis de mort, mais seulement ceux qui les font. *Quia statutum pœnale non comprehendit mandantem*. V. cy-dessus *le n.* 100.

132 Arrêt du Parlement de Paris du 13. Juillet 1673. qui condamne les nommez Arnault & Bocquet aux galeres, pour avoir fait de faux contrats pour s'approprier des rentes. *Voyez les Ordonnances concernant la Jurisdiction de la Ville*, imprimées chez Frederic Leonard. en 1676. *p.* 753.

133 L'Ordonnance d'Abbeville faite pour le Dauphiné, veut que la fausseté évidente soit punie de la

peine de la Loy, & que celle de la simple présomption soit arbitraire; C'est l'article 417 L'Edit du 31. Mars 1680. condamne absolument à la mort tous les dépositaires de la foy publique qui commettent des faussetez dans les fonctions de leurs Charges, comme Notaires, Greffiers, Garde-Livres, & Archivaires; cet Edit n'est qu'une execution de celuy de François premier de l'an 1531. *Voyez Chorier, en sa Jurisprudence de Guy Pape, p. 275.*

134 L'Edit du mois de Mars 1680. enregistré le 24. May suivant, est conçu en ces termes ; Nous ordonnons, Voulons, & nous plaît que l'Ordonnance du mois de Mars 1531. soit observée ponctuellement selon sa forme & teneur ; & y ajoûtant que tous Juges, Greffiers, Ministres de Justice, de Police, & de Finances, de toutes nos Cours & Jurisdictions, comme aussi ceux des Officialitez, & des Justices des Seigneurs, les Officiers & Ministres des Chancelleries, les Gardes des Livres & Registres des Chambres des Comptes, & des Bureaux des Finances, & ceux des Hôtels de Villes, les Archiviers, & generalement toutes personnes faisant fonction publique, par Office, Commission, ou Subdelegation, leurs Clercs ou Commis, qui seront atteints & convaincus d'avoir commis fausseté dans la fonction de leurs Offices, Commissions & emplois seront punis de mort, telle que les Juges l'arbitreront, selon l'éxigence des cas. Et à l'égard de ceux qui n'étant Officiers, & qui n'ayant aucune fonction, au ministere public, Commission ou employ de la qualité cy dessus, auront commis quelque fausseté, ou qui étant Officiers les auront commis hors la fonction de leurs Offices, Commission ou Emplois, les Juges pourront les condamner à telles peines qu'ils jugeront, même de mort, selon l'éxigence des cas, & la qualité des crimes : Voulons en outre que tous ceux qui auront falsifié les lettres de nôtre grande Chancellerie, & de celles qui sont établies prés de nos Cours de Parlement, imité, contrefait, appliqué ou supposé nos grands & petits sceaux, soit qu'ils soient Officiers, Ministres, ou Commis de nosdites Chancelleries, ou non, soient punis de mort.

135 Fils de famille âgé de 26. ans qui pour se marier auroit supposé un faux consentement de son pere, est condamné au bannissement de 9. ans. Arrêt du P. de Paris du 15. Juin 1691. *V. le Journ. des Aud. to. 5. li. 7. chap. 31.*

136 *Instrumentum causatum de falso ab adversario comburens, quod tortura subjiciendus sit, ut causam, cur igni dederit aperiat.* V. *Franc. Marc. to. 1. q. 729.*

137 Le supplice auquel le Pape Leon X. condamna Sebastien de Trevise qui étoit le plus fameux Jurisconsulte qu'eût l'Italie, passa les bornes d'une juste severité. Il le fit brûler vif dans le champ de Flore, pour avoir participé à la falsification d'un acte public. L'Empereur Alexandre Severe fit bannir aprés avoir eu les nerfs des doigts coupez un de ses Secretaires, qui avoit osé commettre une fausseté en sa présence, & dans son Conseil. *Lomprid.*

Ces deux traits historiques sont rapportez dans la *Jurisprudence de Chorier, p. 275.*

FAUX, PRESCRIPTION.

138 Si le crime de faux est sujet à prescription ? Arrêt du Parlement de Provence du 30 May 1664. qui a déclaré que la prescription du crime de faux commence non du jour que l'on en a eu connoissance, mais du jour du crime commis. *Boniface, tome 2. part. 3. li. 1. tit. 15. chap. 2.*

139 Arrêt du même Parlement de Provence du 23. May 1670. qui déclare que l'action du crime de faux ne se prescrit par le laps de 20. ans que du jour de la fausseté découverte, & que l'accusé de faux se peut désister de se servir de la piece faussée, pourvû qu'il n'en soit pas l'Auteur. *Idem, tome 5. livre 3. titre 2. chap. 12.*

Tome II.

FAUX, PROVISION DE CHARGE.

Voyez cy-dessus le nomb. 117. & le mot Chancelier, nomb. 6. 140

Falsificans sigillum Domini nostri Regis Franciæ, aut scienter falsis utens litteris Regiis quâ pœnâ puniatur, sivè sit Clericus, sivè Laicus ? Vide *Nicolai Boerii decis. 82.*

Voyez cy-dessus les nombres 84. 127. 128. & 134.

FAUX, PROVISION DU CONTRAT.

L'exception de faux n'empêche la provision du 141 contrat. Arrêts des 22. Novembre 1554. *M. Expilly, Arrêt 33.*

Contrat impugné de faux doit être executé pendant 142 la discussion en donnant caution. Arrêt de Parlement de Paris du 27. Mars 1527. ce qui n'a pas lieu si c'est un contrat pignoratif & usuraire, auquel cas les parties étant appointées, la provision y doit être jointe. Arrêts des 9. Mars 1576. & 19. Février 1582. *Papon, li. 18. tit. 1. nomb. 29.*

Legitime accordée par provision au fils qui accuse 143 le testament de faux. Arrêt du Parlement de Toulouse du 22. Janvier 1590. *Cambolas ; li. 1. ch. 18.*

Voyez cy-aprés le nomb. 154. & suiv.

FAUSSE QUALITE'.

Le 12. Janvier 1595. il a été dit que la qualité attribuée 144 au Duc de Mayenne de Lieutenant General de l'Etat & Couronne de France, sera rayée comme fausse. *Bibliotheque de Bouchel, verbo Qualité rayée.*

FAUX-SAUNIERS.

Arrêt du Parlement de Provence du 19. Février 145 1642. qui a cassé la procedure criminelle faite par un Subdelegué des Visiteurs des Gabelles, comme incompetent, contre un Faux-saunier. Le même Arrêt fait défenses aux Fermiers d'apposer aux billets de sel le temps de leur validité. *Boniface, tome 5. livre 3. tit. 1. chap. 14.*

Au nombre des bâteaux qui sont sujets à confiscation, 146 lors qu'ils portent du Faux sel, l'on ne doit comprendre les bacs : main-levée fut donnée du bac saisi, & l'adjudicataire condamné à le restituer, sauf son recours contre le Fermier General des Gabelles. Jugé à Paris, en la Cour des Aydes le 4. Mars 1672. *Journ. du Palais*, in quarto, part. 1. page 140. & le premier tome in folio.

Déclaration contre les Faux-sauniers, portant ré- 146 glement pour leur punition. A Paris le 17. Février bis. 1663. registré en la Cour des Aydes le 31. Decembre de la même année.

Déclaration en interpretation de l'Edit du mois de Juin 1660. & de la Déclaration du 17. Février 1663. portant reglement pour la peine de Faux-sauniers. A S. Germain le 22. Février 1667. registré en la Cour des Aydes de Paris le 20. Avril, & en celle de Normandie le 23. Juin suivant.

Du faux-saunage. *Voyez l'Ordonnance des Aydes & Gabelles au mois de Mars 1680.*

FAUX TE'MOIN.

Des faux témoins, & de ceux qui les corrompent. 147 *Voyez Julius Clarus, li. 5. Sententiarum.*

De pœnâ falsi testis & corrupti. Voyez *Franc. Marc. tome 2. quest. 798.*

La peine du faux témoin suivant l'Ordonnance du 148 Roy François premier est de mort, les Juges ne gardent pas toûjours cette rigueur : mais selon les circonstances du fait ils ordonnent de moindres peines pour la punition de ce crime, comme l'amende honorable. *M. Dolive, Actions forenses troisiéme partie, action 6.*

Un témoin qui dépose faussement dans une affaire 149 criminelle, doit être condamné à la mort : si le crime dont il s'agit est tel qu'il ne merite pas la mort, la peine du faux témoin sera aussi plus legere. Arrêt du Parl. de Grenoble du 13. Septembre 1453. qui condamne au gibet un faux témoin, lequel avoit déposé qu'un nommé Jean de Guers avoit assassiné un

Z ij

Cordelier. Arrêt semblable du 19. Juillet 1674. *Voyez Guy Pape*, *quest.* 44. & Chorier, *en sa Jurisprudence du même Auteur*, p. 275.

150 La preuve de faux contre témoins n'est point reçûë sans accuser de corruption celuy qui les produit, ou sans montrer que les témoins ont été corrompus. Arrêt du Parlement de Paris des Grands Jours de Poitiers du 19. Octobre 1531. Papon, *li.* 22. *titre* 12. *nomb.* 4.

151 Loüis le Prijet & Consors se departent des reproches qu'ils ont fournis contre l'enquête de l'Abbesse de Nôtre-Dame de la Joye, & demandent copie d'icelle pour s'inscrire en faux contre la déposition des témoins y contenus; ils sont déboutez de leur Requête, sauf à eux s'inscrire; ce qu'ils pourront faire, pour ce fait leur être pourvû comme de raison. Arrêt du Parlement de Bretagne du 7. Avril 1568. Du Fail, *li.* 2. *chap.* 313.

152 Aprés jûgement rendu sur les dépositions des témoins, on n'est point recevable à former inscription de faux, mais on se doit pourvoir par appel. Arrêt du Parlement de Bretagne du 2. Septembre 1615. rapporté par *Frain*, p. 191.

153 Dans le concours & dans la contrarieté entre les Experts & les témoins, les Experts déclarent l'acte faux, & les témoins de l'enquête déposent avoir vû signer la partie, l'enquête prevaut. Arrêt du Parlement de Toûlouse du 18. Juin 1665. *V. M. de Catellan*, *to.* 2. *li.* 9. *ch.* 1. Cette décision est conforme à la Novelle 73. L'Empereur dans la Préface représente combien le jugement des Experts peut être sujet à erreur par la difference de l'âge, ou de la santé de celuy dont on examine le seing par comparaison d'écritures, & même par la difference des plumes & de l'encre: Dans le chapitre 3. de cette même Novelle il conclut que l'enquête doit prévaloir, *Nos quidem existimavimus ea quæ vivâ dicuntur voce, & cum jurejurando hac digniora fide quam scripturam ipsam secundum se subsistere; verumtamen sit hoc judicantis prudentia simul atque Religionis*.

Voyez le mot *Témoin*.

FAUX TESTAMENT.

154 Un testament trouvé par le fils parmi les papiers de son pere, où il y a une addition signée du Notaire seulement, & non du testateur ni des témoins, quoique l'addition soit fausse, le fils ayant produit ce testament sans dol, ne merite peine, & foy n'y doit être ajoûtée. Chorier, *li.* 5. *chap.* 49.

155 *Testamentum in speciem solemne, si quis nullum falsumve esse dicat: interea legatum, accepto repromissore, deberi*. Vide Luc. *lib.* 8. *tit.* 6. *cap.* 8.

156 Testament authentique maintenu de faux doit pendant la question de faux sortir effet par provision, en baillant caution par le legataire universel pour les immeubles. Arrêt entre Gaspard Flechard Ecuyer, & les heritiers de l'Archevêque de Vienne. *Le Vest*, Arrêt 236. & cy-dessus *le nombre* 143.

157 Testament ou donation impugné de faux n'empêche la délivrance par provision en baillant caution. Arrêt du Parlement de Paris du 19. Avril 1543. Papon, *li.* 11. *tit.* 1. *nomb.* 17.

Même Arrêt le 16. Février 1552. *Ibidem*, *livre* 18. *tit.* 1. *nomb.* 25.

158 En plaidant une cause le 5. May 1570. M. Dufaux Avocat du Roy allegua une difference de Droit entre les testamens & les Codiciles, touchant la provision. Si le testament est maintenu, suggeré ou faux, les legataires ont délivrance par provision, *secus* à l'égard du Codicile; il y a la Loy *Si decueris C. ad Leg. Cornel. de fal.* Biblioth. de Bouchel, *verbo* Provision.

159 Soly sieur de Romainville contrefit un testament olographe, cette falsification faite par le moyen d'un transparent: il fut condamné à faire amende honorable, en de grosses amendes, & à un bannissement perpetuel. Les Gens du Roy avoient conclu à mort, parce que l'accusé étant Gentilhomme, il ne convenoit pas de le laisser survivre à la perte de son honneur. *Additions à la Bibliotheque de Bouchel*, verbo *Fausseté*.

160 Lors qu'il y a inscription de faux formée contre un acte, les Juges peuvent, suivant les circonstances ajoûter plus de foy aux deux témoins qui l'ont signé qu'aux Notaires qui l'ont passé; & si le testament est faux en une partie, il est nul pour le tout, si le faux concerne ses solemnitez essentielles. Arrêt du Parlement de Tournay du 26. Juin 1694. par lequel les personnes qui avoient signé un testament, ayant déclaré le contraire de ce qui étoit attesté par les Officiers publics, le testament a été cassé en faveur de ses heritiers, au préjudice desquels la testatrice donnoit tous ses biens aux pauvres de la Ville de Doüay. Pinault, *to.* 1. *Arr.* 29.

Voyez le mot *Testament*.

FAUX, TRANSACTION.

161 Jugé en 1593. au Parlement de Paris, *quod licet transigere & pacisci super falsi crimine*. Bibliotheque de Bouchel, verbo *Fausseté*.

162 On ne peut composer pour crime de faux. Arrêt du Parlement de Paris par lequel il est ordonné que l'accusé & l'accusateur en crime de faux & subornation de témoins ayant composé, seroient constituez prisonniers, & que leur procez leur seroit fait. *Voyez* Papon, *li.* 23. *tit.* 2. *nomb.* 5.

163 L'on ne peut transiger du crime de faux. Arrêt du Parlement de Dijon du 20. Decembre 1601. Bouvot, *tome* 2. verbo *Faux*, *quest.* 9.

Voyez le mot *transaction* §. *Transaction sur crime de Faux*.

FELONIE.

Voyez hoc verbo la Bibliotheque de Jovet, les Livres des Fiefs, *livre* 1. *tit.* 2. *quibus mod. feud. amitt.* Cujat.

Despeisses, *to.* 3. *p.* 28. & *suiv.* Du Molin, *sur la Coûtume de Paris*, *art.* 43. Henrys, *to.* 1. *li.* 3. *ch.* 1. *quest.* 4.

De la réünion du Fief servant, au Fief dominant, par la felonie du vassal. *Voyez Dupuy traité des Droits du Roy*, p. 143.

1 Felonie est une offense & forfait commis par le vassal envers son Seigneur, & respectivement du Seigneur envers son vassal, esquels cas le Seigneur perd son hommage & droit de Fief, & retourne au Seigneur Souverain de celuy qui a commis la felonie, *tit. de formâ fidelit. & tit. qualiter Dominus proprietate fundi privetur in usib. feudor*. Arrêt de l'Echiquier de Roüen de l'an 1392. par Terrien sur les Coûtumes de Normandie, *livre* 5. *chap.* 4. & par un autre Arrêt du Parlement de Toulouse du 14. Août 1586. pour les habitans de la Ville de Myrande en Asterac, contre la Comtesse d'Asterac. *V. La Rocheflavin*, *des Droits Seigneuriaux*, *ch.* 32. *art.* 1.

2 Pour felonie commise par le Seigneur de Craon contre le Roy de Sicile & de Jerusalem, par Arrêt du Parlement de Paris de l'an 1394. ses biens furent déclarez acquis & confisquez à la Reine, avec tous les Fiefs par luy tenus de ladite Dame, tant en son nom que de ses enfans, & comme traître à son Seigneur & Roy, condamné en la somme de 100000. ducats, & banni du Royaume; l'execution de cet Arrêt fut empêchée par le Roy son oncle, & par le Duc d'Orleans. Papon *li.* 13. *tit.* 1. *n.* 11.

3 Arrêt du Parlement de Bourdeaux sans date qui a jugé que le vassal n'avoit pas commis felonie pour avoir débauché une Demoiselle de son Seigneur feodal. *Ibidem*, *nomb.* 14.

4 La felonie du vassal qui violant son serment refuse de satisfaire à ses devoirs, le prive de son Fief, qu'elle fait tomber en commise. La preuve des moyens sur lesquels elle est établie doit nécessairement être faite, du moins par la déposition de cinq témoins ir-

reprochables. Arrêt du Parlement de Grenoble du 20. Mars 1458. en la cause du Seigneur de Sault, contre le sieur de saint Germain ; il en faut autant pour l'ingratitude. *Voyez la question* 180. *de Guy Pape, & Chorier, en sa Jurisprudence du même Auteur, page* 130.

Dans Papon, *li.* 9. *tit.* 1. *nomb.* 16. & dans la Bibliotheque de Bouchel, *verbo* Preuves, le même Arrêt est daté de 1438.

5 Un vassal étoit accusé par son Seigneur feodal d'excez & de port d'armes : au récollement & confrontation des témoins, le vassal en la présence du Lieutenant Criminel démentit son Seigneur feodal. Par Arrêt prononcé en Robes rouges par M. le Président Seguier, le dernier Decembre 1556. le vassal fut condamné de se dédire en la présence dudit Lieutenant Criminel, sans note d'infamie, & son Fief réduit à la Table du Seigneur feodal pour en joüir tant que le vassal vivra seulement, à la charge qu'après sa mort le Fief reviendra aux heritiers du vassal. *Papon, li.* 13. *tit.* 1. *n.* 18.

6 Le Roy Henry II. déclara en 1556. coupables de felonie tous les vassaux des Seigneurs qui luy devoient apporter la foy & hommage, & ne le faisoient, comme les vassaux de la Franche Comté de Bourgogne, les vassaux du Pape, Comté de Venisse, & les vassaux des Comtez de Flandres, Artois, & Hainault, de Liege, de Namur, de Gueldois, & de Cleves, de Brabant, Hollande, Zelande, & autres lieux circonvoisins, jusqu'à la riviere du Rhin ; & les vassaux du Roy d'Angleterre, & autres semblables Rois & Seigneurs dont leurs grands Fiefs & Couronnes meuvent de la Couronne de France. *Voyez Henrici progymnasmata.* Arrêt 213. & 261.

7 Chopin sur la Coûtume d'Anjou, *li.* 2. *part.* 3. *tit.* 4. *ch.* 2. *n.* 2. rapporte un Arrêt du 13. Mars 1562. par lequel un Seigneur fut privé de la foy, hommage & service que son vassal lui devoit, pour luy avoir donné, un soufflet dans une Chambre du Parl. de Paris.

8 Au Parlement de Toulouse és Arrêts generaux de Pâques en l'an 1566. plusieurs habitans de la Commanderie de sainte Croix pour avoir offensé & blessé à un doigt le Commandeur leur Seigneur, furent condamnez à faire amende honorable, avec bannissement de la Commanderie, & en de grosses amendes pecuniaires. *La Rocheflavin des Droits Seigneuriaux, chap.* 23. *art.* 2.

9 Par Arrêt solemnellement prononcé le 23. Decembre 1566. François de Partenay perdit son Fief pour avoir donné un démenti à son Seigneur. *Ibidem, article* 4.

10 Filius innocens luit patri vassalli culpam ex feloniâ in dominum. Arrêt du Parlement de Bretagne du dernier Octobre 1573. *Mornac, l.* 8. §. *secundum ff. de in jus vocando. Voyez M. le Prêtre,* 3. *Centurie, chap.* 20.

11 Un vassal au païs d'Anjou avoit outragé le sieur de Magnani son Seigneur feodal, & avoit volé & excedé plusieurs personnes ; ce vassal est condamné, & le Fief pour la felonie déclaré réüni à la Table du Seigneur Magnani ; les parties interessées préalablement satisfaites. Appel par le Seigneur qui fait instance, les parties interessées, entre lesquelles il y avoit des creanciers, *ex contractu* ; il y en avoit *ex delicto.* Les creanciers *ex contractu* disoient *panis fiscalibus, creditores præferri,* & que la plûpart d'entre eux creanciers *ex contractu* avoient hypoteque le Fief, *quod reductum est ad instar patrimonii,* & qu'ils étoient plus favorables que les creanciers *ex delicto,* qui étoient posterieurs & *qui nullam hypotecam habebant,* avant l'Arrêt sur les biens du vassal. Par Arrêt du 6. de May 1574. il fut dit, en tant que touche le Seigneur feodal d'une part, & les creanciers *ex delicto* d'autre part, la Cour a déclaré le Fief réüni à la Table du Seigneur par felonie entierement, & sans

aucune charge de ce qui pouvoit être dû aux creanciers *ex delicto* par le vassal, sans préjudice toutefois de la question generale touchant les creanciers *ex contractu,* à sçavoir s'ils seront preferez au Seigneur feodal, & payez sur le fief. *Bibliotheque de Bouchel, verbo Felonie.*

12 Le Seigneur de Fief est préferé *ex delicto* à tous autres creanciers *etiam ex crimine venientes,* en faveur de la confiscation & réünion pour rebellion. Jugé pour le Comte de Magnans és Arrêts generaux le 7. Septembre 1574. *Papon, li.* 13. *tit.* 1. *n.* 11.

13 Par Arrêt du Parlement de Bretagne prononcé en Robe rouge le dernier jour d'Octobre 1573. au procez d'entre Damoiselle Marie Lego, veuve de Tristan le Botheuce, Seigneur de la Touche aux Begasses, & René de Saint Moleur, le vassal ayant commis felonie contre son Seigneur perd & confisque son Fief, lequel est ajugé aux enfans du Seigneur, à la charge toutefois du doüaire, & autres droits appartenans tant à la femme qu'aux creanciers du vassal, qui sont preferez au Seigneur de Fief : cet Arrêt est un des notables du sieur Président de Lancram. *Bibliotheque de Bouchel, verbo Felonie.*

14 Plusieurs païsans & sujets du Capitaine Malcouran, Seigneur Justicier de Beausiour en Lauraguois, s'étant emparez du Château, & ayant massacré leur Seigneur, sa femme & enfans qui étoient dedans, par jugement du Prévôt de Languedoc, donné sur l'avis des Magistrats, Présidiaux de Toulouse, furent condamnez à être tenaillez tous vifs par les carrefours de Toulouse, & après être mis à quartiers tous vifs, la tête derriere, leurs biens confisquez aux hoirs de leur Seigneur ; ce qui fut executé au mois de Mars 1592. *La Rocheflavin, des Droits Seigneuriaux, chap.* 32. *art.* 3.

15 La felonie & rebellion de l'Evêque donnent ouverture au droit de Régale. Arrêt du Parlement de Paris au mois d'Août 1598. *Filleau, part.* 4. *quest.* 1.

16 Le vassal qui a mis violemment la main sur son Seigneur perd le Fief, & toute la droiture qu'il y a, & le Fief retourne au Seigneur. Gabriel de saint Bosmer ayant commis plusieurs violences contre M. le Duc d'Elbeuf, fut mis en prise de corps dés 1580. & par Arrêt du 12. Avril 1601. il fut banni du Royaume ; ses heritages dependans du Fief déclarez réünis & incorporez au domaine de la terre, à droit de commise & de forfaiture, le surplus de ses biens acquis & confisquez au Roy, ou à qui il appartenoit. *Basnage sur l'article* 125. *de la Coûtume de Normandie.*

17 *Vassalus feloniam committens, non amittit possessionem feudi, nisi sententia privationis. Voyez Andr. Gaill. lib.* 2. *observat.* 51.

18 C'est un crime de felonie de dépoüiller son Seigneur dans le cercüeil, & luy dérober ses habits. Arrêt du Parlement de Provence du mois de Decembre 1675. qui condamna le vassal à une amende honorable, & à la confiscation de ses biens. Il fit l'amende honorable le 16. du même mois de Decembre. *Boniface, tome* 3. *li.* 3. *tit.* 1. *chap.* 19.

Le même Auteur pour connoître les cas, de felonie, renvoye au *li.* 1. *tit.* 5. *de feud.* & à *Pastor, de feud. li.* 7. *tit.* 2.

19 De la felonie, *voyez Tournet, lettre* E. *Arrêt* 57. examinant la question de sçavoir si les Ecclesiastiques coupables de felonie ou désavoüans le Seigneur, confisquent le Fief ; l'affirmative est décidée quant à l'usufruit & eux appartenant. *Voyez Forget, ch.* 23.

Voyez cy-aprés les mots *Fiefs, Seigneurs, & lettre* T. §. *verbo mauvais traitemens.*

FEMME.

Femme. *Uxor. Mulier. Fœmina.*

Ce que comprend le mot de Femme. *Mulier L.* 13. *D. de verb. sign.*

De moribus Uxoris. Lex 12. *tabb. t.* 17. *c.* 5.

Les titres qui concernent le mari & la femme ensemble, sont cy-après, sous le mot, *Mari*.

Privilege des Femmes. *L. 110. §. 4. D. de reg. juris.*
Fœminæ ab officiis civilibus remotæ. L. 2. de reg. juris.
De Mulieribus, & in quo loco munera sexui congruentia, vel honores agnoscant? C. 10. 62.... Des charges personnelles & réelles auxquelles les femmes sont sujettes.
De mulieribus, quæ se propriis servis junxerunt. C. 9. 11... C. Th. 9. 9.
Ad Senatus-Consultum Claudianum. C. Th. 4. 9... l. 3. 13.... Des femmes qui se marient avec l'Esclave d'autrui.
Qui legitimam personam standi in judiciis habent, vel non. C. 3. 6.... Quand les femmes peuvent paroître en Justice.
Ne mulieres in contractibus testimonium præbeant. L. N. 48.... Voyez *Témoin*.
Ne mulieres in carceribus includantur. N. 134. 6. 9.
Ut nemo cum mulieribus in Ecclesiarum canaculis habitet. L. N. 71... Extr. 3. 2.. Voyez *Ecclesiastique*.

Obligations des femmes.
Ad Senatus-Consultum Velleianum. D. 16. 1... C. 4. 29... P. 2. 11... Contre les obligations contractées par les femmes, abrogé en France, par Edit des années 1606. & 1664. pour les Provinces de Lionnois & de Mâconnois.
Ut immobilia antenuptialis donationis, & dotis, neque hypotecæ dentur, neque omnino alienentur à viro, nec consentiente uxore, nisi postea satisfieri possit uxori. N. 61.
Ne uxor pro marito, vel Maritus pro uxore, vel Mater pro Filio conveniantur. C. 4. 12. & 13. La femme ne peut pas être engagée par le fait de son mari. Voyez *Obligation. Tiers.*
De intercessionibus Mulierum. N. 134. c. 8... Contre les obligations des femmes pour leurs maris.

Femme séparée de biens ?
Ut qui usum donationis propter nuptias lucratur, divortio facto, liberos alat. N. 98. c. 2. La femme séparée de biens jouït de ses droits, à la charge d'en employer le revenu à l'entretien de la commune famille. Voyez cy-après le nombre 122. & suiv.

1 Voyez la *Bibliotheque de Jovet*, verbo *Femme*.
Hominis appellatione, ex gallici sermonis proprietate, fœminam non contineri. Vide Luc lib. 7. tit. 3. cap. 1.
Hominis appellatione non continetur fœmina in consuetudine Cœnomanensi, art. 258. Arrêt du 7. Septembre 1611. Mornac, *l. 3. ff. de negotiis gestis. quamvis lex 152. de verbor. significationis sit contraria, & lex 26. ff. de præscriptis verbis*. Mornac, *in leg. 6. ff. de præs. verb.*

2 *Infirmitati fœminarum, non calliditati auxilium debetur*. Mornac, *l. 2. ff. ad Senatusc. Velleia.*

3 *Non admittenda mulieres in domum Episcopi, aut cujuscunque Clerici*. Mornac, *l. 19. Cod. de Episcopis & Clericis, &c.*

4 *Mulier quæ cum filio mandato mariti domum prioratûs ingressus est, ut bona spolii conservaret, an à delicto excusetur, & maxime quando arbitrabatur Dominum permissurum?* Voyez *Franc. Marc. tome 2. quest. 63.*

5 *Mulier maritum sequi tenetur quocunque loco ierit, nisi vagabundus sit. Ibidem, quest. 740.*

FEMMES, ACQUESTS.

6 Acquêts faits par la femme. Voyez le mot *Acquêts*, nombre 42.

FEMME, ACTION.

7 Non seulement en cas d'absence ou de séparation la femme est capable d'agir pour ses interêts; mais elle le peut si elle souffroit la perte de son bien. Arrêt du Parlement de Roüen du 10. Février 1631. qui luy fait la caution de ses droits main-levée des choses saisies sur son mari qui étoit en faillite; la femme disoit que la faillite du mari valoit séparation, & qu'elle donnoit ouverture à la demande de ses conventions matrimoniales, *Basnage sur l'article 545. de la Coûtume de Normandie.*

8 Le Parlement de Bourgogne rendit Arrêt le 30 Décembre 1666. par lequel la Demoiselle Dagoneau, femme du sieur de Champusson, ayant obtenu Requête civile contre un Arrêt rendu au profit des PP. Augustins de Nôtre-Dame de Brou, sur ce qu'elle n'avoit pas été Partie au procez que son mari avoit défendu, ce qu'il ne pouvoit faire sans procuration d'elle, puisqu'elle avoit été mariée suivant la Coûtume de Bourgogne, & qu'il s'agissoit de droits petitoires & réels : sur ce seul moyen les Parties furent mises au même état qu'elles étoient avant l'Arrêt, contre lequel cette femme avoit pris Requête civile. *Taisand sur la Coûtume de Bourgogne, tit. 4. art. 5. n. 3.*

FEMME, ALIMENS.

9 Alimens prétendus par la femme sur les biens du mary. Voyez le mot *Alimens*, nomb. 70. & suiv. & cy-après le nomb. 109.

FEMME, AMENDE.

10 Femmes condamnées à l'amende. Voyez le mot *Amende*, nomb. 112.

FEMMES ARBITRES.

11 Femmes choisies pour Arbitres. Voyez le mot *Arbitre*, nomb. 38. & suiv.

12 Femmes qui compromettent, ou entre les mains desquelles un Compromis est passé. Voyez le mot *Compromis*, nomb. 17. & suiv.

13 Nous ne recevons point les femmes en arbitrage. Jugé le 29. Août 1602. *M. le Prêtre, 3. Cent. chap. 40.*

FEMME, AUTORISATION.

14 De l'autorisation necessaire à la femme pour contracter valablement. Voyez le mot *Autorisation*, & cy-après le nomb. 107. & 108.

15 *De muliere non contrahente sine viri licentiâ. Per Rodericum Suares in Legibus fori.*

16 En l'espece de la vente d'un heritage dôtal faite par une mineure & par son mary, sans l'avoir autorisée: la mineure s'étant pourvuë après les 25. ans, fut deboutée de ses Lettres par Arrêt d'Audience du Parlement de Paris du 30. Juillet 1668. rapporté par *M. le Brun, en son traité de la Communauté, liv. 3. ch. 2. n. 15.* Il y en a aussi dans *Chenu, Cent. 2. quest. 6. & 7.*

17 Acte de Notorieté de M. le Lieutenant Civil du 13. Juin 1682. qu'une autorisation au terme de l'article 223. ne se peut faire valablement que de trois manieres. La premiere, lorsque le mary est présent, a signé le Contrat, qui porte vente, alienation ou hypoteque de biens de la femme, & qu'il est fait mention dans l'Acte qu'il autorise à l'effet de ladite vente ou alienation; parce que la seule presence du mary qui signeroit l'Acte, ne suffit pas, & l'Acte ne laisseroit pas d'être nul, puisque la Coûtume veut une autorisation expresse, laquelle est présumée lorsque le mary est présent à l'Audience, le consentement du mary vaut une autorisation expresse, parce qu'elle est faite sans fraude, *coram judice.* La seconde maniere est, lorsqu'un mary a donné une procuration pour consentir la vente, alienation par donation ou autrement, hypoteque les biens de la femme, auquel cas la procuration doit être expresse & speciale, puisque la Coûtume desire l'autorité & consentement exprès du mary, & une procuration generale donnée à une femme par son mary n'est pas suffisante pour empêcher que l'Acte qui porte vente, donation, alienation ou hypoteque du bien de la femme ne soit nul, parce qu'il n'est pas expresse. La troisiéme maniere d'autoriser une femme est par Justice, lorsque le mary peu soigneux des biens de sa femme, ne la veut pas autoriser, & que la femme, pour payer les dettes de la maison, veut vendre, ou pour établir ses enfans par mariage ou autrement, leur veut donner; alors le Juge en connoissance de cause peut

suppléer à l'autorisation du mary, mais il faut trois conditions. La premiere, que le mary soit refusant, de ce faire interpellé, s'il est dans le Royaume. La seconde, qu'il y ait necessité, ou que ce soit le bien de la femme. Et la troisiéme, que le même Jugement qui autorise la femme au refus de son mary, porte la cause & ordonne l'employ des deniers qui proviendront de l'alienation; parce que le Juge peut autoriser une femme pour faire un bien, mais il ne le peut jamais faire pour donner lieu à la dissipation. *Recueil des Actes de Notorieté*, p. 8. & 9.

18 Acte de Notorieté de M. le Lieutenant Civil du 30. Juillet 1688. à l'égard des femmes qui sont en communauté, & sous la puissance de leurs maris, il est sans difficulté que suivant les articles 223. & 224. de la Coûtume de Paris, elles ne peuvent intenter, poursuivre, soûtenir aucunes actions, ni ester en Jugement; & que ce seroit une nullité essentielle, aussi-bien que dans les obligations qu'elles contracteroient, sans une autorisation speciale; mais comme il peut souvent arriver que quoiqu'il n'y ait pas lieu à une separation de biens & d'habitation, un mary est negligent, & ne veille pas à la conservation des biens de sa femme, le Juge la peut secourir; & il arrive fort souvent que sur la Requête qu'elle presente, la Justice l'autorise à la conservation de ses droits & actions, n'étant ni juste ni raisonnable de laisser acquerir des prescriptions ou des peremptions faute de faire des diligences; mais à l'égard des femmes separées, ou qui ont stipulé l'exclusion de communauté, & qui sont autorisées par leurs Contrats de mariage, à la poursuite de leurs droits pour vendre, engager, affecter & hypotequer les immeubles, l'on a demandé ce que pouvoit operer cette clause, & suivant l'article 224. de la Coûtume de Paris, l'on decide que la Sentence de separation donne le pouvoir à la femme d'intenter, soûtenir des actions, agir & d'ester en Jugement sans la presence de son mary; & qu'à l'égard des femmes qui avoient stipulé une exclusion de communauté par leur Contrat de mariage avec autorisation generale, cette autorisation avoit le même effet qu'une separation; ensorte que la femme non commune peut faire toutes les poursuites, diligences, intenter toutes les actions, soûtenir celles qui luy sont faites pour la conservation de son bien, en vertu de cette autorisation generale, qui ne luy seroit pas même necessaire; & ce pouvoir n'est pas momentané ni annal, il dure autant que le mariage subsiste. Mais la grande difficulté étoit de sçavoir, si en vertu de cette autorisation generale, il étoit libre à la femme sans la presence, le consentement & l'autorisation expresse de son mary, de vendre, hypotequer, aliener & faire des donations de son bien ? C'est en cela que l'on reprouve les autorisations generales, par deux raisons essentielles; la premiere, que la femme separée ou non commune, ne devoit jamais être consideree, que comme une émancipée, & qui peut joüir de ses revenus, & faire tout ce qui convient pour la conservation de son bien; mais elle peut jamais se servir du benefice de la Loy pour le dissiper; & qu'il est juste que du moment que la Justice a prononcé une separation, ou que le mary a bien voulu n'avoir aucun droit de communauté dans les biens de sa femme, il est juste, que la Loy donne à la femme par elle-même tous les secours pour la conservation de son bien : mais comme cette même femme separée ou non commune, n'est pas moins sous la puissance de son mary, l'on a toûjours fait valoir l'article 223. de la Coûtume de Paris, lequel étant conçu en terme negatif produit une exclusion formelle à la femme de pouvoir jamais vendre, aliener ou hypotequer ses immeubles, sans une autorisation speciale, individuelle, expresse & singuliere par chacun des Actes qu'elle voudroit faire; tendante à lever ou charger ses immeubles d'hypoteques, lesquels seront nuls de nullité de Coûtume, quand ils seront faits en vertu & en consequence d'une autorisation generale faite par un Contrat de mariage, ou autre Acte subsequent. *Recueil des Actes de Notorieté*, p. 47. & suiv.

FEMME, CAUTION.

Femme caution, ou caution d'une femme. *Voyez* 19 le mot *Caution*, nomb. 132. & suiv.

FEMMES, CESSION.

Femmes reçuës à faire cession, & non tenuës de 20 porter le Bonnet verd. *Voyez* le mot *Cession*, nomb. 88. & suiv.

FEMMES, CHARGES.

Des charges personnelles & réelles auxquelles les 21 femmes sont sujettes. *De mulieribus & in quo loco munera sexui congruentia, vel honores agnoscant.* C. 10. 61.

Fœminæ & impuberes ab officiis civilibus removentur. L. 2. Dig. de reg. juris.

FEMME, COLLATION DES BENEFICES.

Mulier an possit beneficia conferre? Prædicare potest si 22 *à superiore sibi committatur.* Voyez M. de Selve, 2. part. tract. quest. 5.

FEMMES, CONTRAINTE PAR CORPS.

Si les femmes peuvent être emprisonnées ? *Voyez* 23 le mot *Emprisonnement*, nomb. 50. & suiv.

En quels cas la contrainte par corps a lieu contre les femmes. *Voyez* le mot *Contrainte par corps*, nomb. 21. & suivans.

Edit en explication de l'article 8. du titre 34. de 24 l'Ordonnance du mois d'Avril 1667. portant que les femmes & filles ne pourront s'obliger, ni être contraintes par corps, si elles ne sont marchandes publiques, ou pour cause de stellionat qu'elles auroient commis procedant de leur fait, sçavoir, lorsqu'elles seront libres, & hors la puissance de leurs maris, ou que, lorsqu'elles seront mariées, elles se seront reservées par leur Contrat de mariage l'administration de leurs biens, ou seront separées de biens d'avec leursdits maris, sans que les femmes qui se seront obligées conjointement avec leurs maris, avec lesquels elles seront en communauté de biens, puissent être personnellement reputées stellionataires; mais seront solidairement sujettes au payement des dettes pour lesquelles elles se seront obligées avec leursdits maris, par saisie & vente de leurs biens propres, ou acquêts & conquêts; mais ne pourront être contraintes par corps. A Saint Germain en Laye en Juillet 1680. registré au Parlement le 23. Août de la même année, & en la Cour des Aydes le 23. Février 1686.

Acte de Notorieté donné par M. le Lieutenant 25 Civil le 24. Juillet 1705. qu'à l'égard des femmes & des filles, il n'est pas permis aux Juges de prononcer la contrainte par corps, si ce n'est qu'elles soient marchandes publiques, ou qu'elles ayent commis un stellionat de leur fait. *Recueil des Actes de Notorieté*, p. 203. & suiv.

FEMME, CONVENTIONS MATRIMONIALES.

Femme ayant accepté ses conventions matrimo- 26 niales en Jugement, ne peut plus revenir au droit de la Coûtume. Jugé le 11. Decembre 1557. Charondas, li. 2. Rép. 38.

En païs de Droit écrit la femme est préferée sur les 27 meubles aux autres creanciers, tant pour sa dot que pour son augment de dot. Jugé au Parlement de Paris à la Pentecôte 1590. *Voyez Montholon*, Arrêt 63.

Si la femme a tous les privileges octroyez à deniers 28 dotaux, quand elle demande les avantages qui luy sont accordez au traité de son mariage? *Voyez Coquille*, tome 2. quest. 17.

Si les preciputs de robes, bagues, & avantages des 29 Parisis, doivent être pris par la femme au préjudice des creanciers? *Voyez Ibidem*, quest. 116.

30 Stipulation que les heritiers de la femme ne pourroient rien prétendre en la communauté, a lieu, même à l'egard des enfans heritiers de leur mere. Arrêt du 18. Mars 1625. *Journal des Audiences, tome 1. liv. 1. chap. 45.*

31 Arrêt du P. de Normandie du 11. Juillet 1630. qui ajuge aux femmes la moitié par usufruit pour conquêt en tout le païs de Caux, sans distinction, sous quelque Bailliage & Vicomté que le bien soit situé, soit Bailliage de Caux, soit Bailliage de Roüen. *Berault à la fin du 2. tome de la Coûtume de Normandie, p. 34. sur l'article 329.*

32 Une femme ayant stipulé par son contrat de mariage, qu'elle remporteroit ses bagues & joyaux, sa chambre, son carrosse, & autres meubles servans à son usage; après la mort de son mari, elle demanda contre le tuteur de l'enfant de son mari, qu'il fût tenu de luy fournir un carrosse, une chambre autre que celle que son mary avoit. Le tuteur répondoit qu'il falloit s'attacher aux termes du contrat; que son mari ne luy avoit pas promis un carrosse, mais il avoit consenti qu'elle eût celuy qui se trouveroit; elle devoit prevoir en ce cas s'il n'y en avoit pas, & stipuler une somme pour la chambre; qu'elle devoit se contenter de celle de son mari, & qu'il étoit incivil de prétendre que l'on étoit obligé de luy en acheter une autre pour la luy donner. Par Arrêt de la Chambre de l'Edit de Roüen du 9. Mars 1663. elle fut déboutée de ses prétentions. *Basnage sur l'ar. 395. de la Coû. de Normandie.*

33 Creanciers de la femme. *Voyez le mot Creancier, nomb. 14. & suiv.*

34 Si la femme est creanciere pour ses droits, & que la somme que son mary a cedée soit encore dans les mains du débiteur, quoique la cession luy ait été signifiée, & qu'il ait accepté la cession, elle peut l'arrêter, & elle luy doit être ajugée au préjudice du cessionnaire, s'il est posterieur à elle; jugé au Parlement de Grenoble en une cause évoquée de Provence. Par Arrêt du 19. Decembre 1680. *Chorier, en sa Jurisprudence de Guy Pape p. 255.*

FEMME, DELIT.

35 Si le mari est tenu du délit de sa femme? *Voyez le mot Délit, nomb. 41. & suiv.*

36 Les biens de la communauté ne peuvent être executez pour le délit de la femme; Arrêt du Parlem. de Dijon du 2. Juillet 1582. *Bouvot, 10. verbo Meubles, quest. 5.*

37 La femme peut être privée de son propre, par la faute de son mari, non pas *in delinquendo*, mais *in omittendo*. Arrêt du premier Juin 1596. *M. Loüet, lettre S. somm. 15.*

38 Arrêt du Parlement de Toulouse qui a jugé que la troisiéme partie des biens d'un condamné ajugée à la veuve & à ses enfans, doit être quitte des frais & amendes; par le même Arrêt, il a été jugé que la femme se remariant en secondes nôces ne perdoit point la portion qu'elle avoit en cette troisiéme partie qui avoit été ajugée à elle & à ses enfans, parcequ'elle l'avoit par la loy, & non par la liberalité de son mari, quoique ce fût de ses biens. *Cambolas, livre 1. chap. 4. & Maynard, li. 8. ch. 84.*

39 Action criminelle en larcin ne compete point au mari contre la femme; mais seulement la civile: on peut poursuivre criminellement les receleurs. Arrêt du Parlement d'Aix du 21. Février 1687. *Boniface, to. 5. li. 3. tit. 8. chap. 1.*

40 Femme non tenuë de dénoncer son mari. *Voyez Henrys, to. 1. li. 4. chap. 6. question 103.*

FEMME, DEPENS.

41 Des dépens dûs par la femme. *Voyez le mot Dépens, nomb. 123. & suiv.*

FEMME, DEPÔT.

42 *Mulieres nuptas depositi judiciarii reas invitis maritis fieri non posse dicimus.* Jugé le 16. Juillet 1501. *Mornac, l. 1. an in pupillum ff. depositi.*

FEMME, DOT.

43 Arrêt du Parlement de Toulouse du 6. Juin 1575. qui ajuge à la femme sa dot sur les biens de son mari vivant, contre ses creanciers, & luy reserve l'hypoteque pour son augment sur les biens du mari alienez pour le payement des autres creanciers, en cas 44 de prédecez du mari, & ordonne que du prix provenant de la vente de ses biens, les frais préalables pris, elle seroit payée de sa dot, à la charge par elle de donner caution de ses creanciers au creanciers de son mari si elle décedoit auparavant luy, sinon que la somme seroit mise és mains d'un Marchand sûr & responsable, dont il payeroit l'interêt aux mariez, & de la rendre, si le mari décede le premier, à la femme, ou si c'est elle au contraire, de la rendre aux creanciers du mari, sans préjudice de son hypoteque sur les biens ajugez par decret pour la somme de 50. écus de son augment en cas de survie. *La Rocheflavin, li. 2. lettre M, tit. 4. Arr. 44.*

45 La prescription contre les heritiers de la femme agissant pour la vindication de ses fonds dotaux, ne court que 40. ans que du jour de la dissolution de son mariage, ou pendant iceluy après la repetition de ses droits. Arrêt du Parlement de Grenoble du 4. Août 1651. *Voyez Basset, tome 1. livre 2. tit. 29. chap. 3.*

Voyez les mots. Deniers Dotaux & Dot.

FEMME, FIEF.

46 Le 4. Juin 1499. Arrêt notable entre Messire François d'Alegre, Chevalier Seigneur de Precy, appellant du Baillif d'Auxerre, ou son Lieutenant d'une part; & Dame Charlotte de Chaalons, Comtesse de Loigny, femme autorisée par le Roy, demanderesse, & requerante l'enterinement de Lettres Royaux aussi d'une part; & Messire Edmont de Prié, Chevalier, anticipant d'autre part, par lequel il fut décidé qu'elle auroit par puissance de Fief la Seigneurie de Sermoise tenuë du Comte à elle appartenante, quoique le Procureur de son mary eût au procez principal offert recevoir le sieur de Prié en payant les droits, en soy départant par ce moyen d'icelle retenuë. *Bibliotheque de Bouchel, verbo Mary.*

47 Les heritiers du mary peuvent demander les deniers qu'il a déboursez pour maintenir sa femme en la possession du fief. Arrêt du Parl. de Roüen du 27. Mars 1630. *Basnage sur l'art. 410. de la Coûtume de Normandie.*

48 Les Contrats de vente, échange & fieffe faits aux termes des articles 538. & 541. de la Coûtume de Normandie sont bons & valables, & en vertu d'iceux la proprieté est transferée aux acquereurs; neanmoins il est au choix de la femme & de ses heritiers de se contenter du prix de la vente, ainsi que du contre-échange ou rente de la fieffe, ou demander le juste prix des heritages de son mary ou ses heritiers, & subsidiairement aux acquereurs & détenteurs, aux termes des articles 539. 540. & 541. *Arrêtez du Parlement de Roüen les Chambres assemblées du 6. Avril 1666. art. 124. & 125.*

49 La femme ne peut aliener ni hypotequer ses immeubles pour le cas mentionnez en l'article 541. de la Coûtume de Normandie, sans permission de Justice & avis de ses parens. *Arrêt du Parlement de Roüen, les Chambres assemblées, du 6. Avril 1666. art. 127. Basnage, tome 3. à la fin.*

Voyez cy-après le mot Fief, nomb. 63. bis.

FEMME GROSSE.

Voyez cy-après verbo Grossesse.

50 Femme enceinte condamnée à mort ne doit être executée qu'après son accouchement. Jugé par Arrêt du Parlement de Paris du 24. Août 1451. *Papon, liv. 24. tit. 10. n. 18.*

51 Femme enceinte ne peut être condamnée, ni mulctée par contumace ni emprisonnement de sa personne, si ce n'est pour crime capital. Arrêt du Parlement

ment de Grenoble de l'an 1460. Papon, liv. 24. tit. 3. n. 4. & quest. 256. de Guy Pape.
Voyez cy-après le mot Grossesse.
FEMME, HOMICIDE.

52. Homicide du mary par sa femme ou de son consentement doit être puni de mort. Jugé par une infinité d'Arrêts. Neanmoins par Arrêt du Parlement de Bourdeaux du 8. Avril 1527. une femme qui avoit été condamnée à être pendue, fut sur l'appel condamnée seulement à être fouettée par deux differens jours, elle avoit donné conseil d'assassiner. M. Boyer parlant de cet Arrêt dit qu'il fut avisé de le faire de cette sorte pour l'honneur du jour qui étoit le Mercredy Saint. Papon, li. 22. tit. 5. n. 3.
Voyez cy-après le mot Homicide.
FEMME, JOYAUX.

53. Des bagues & joyaux de la femme. Voyez cy-dessus le nombre 19. & le mot Bagues.
Ornamenta muliebria à marito uxori tradita (Doctores jocularia vocant) an mortuo marito uxoris sint? Voyez Andr. Gaill, lib. 2. Observat. 91.
Voyez cy-après le nomb. 121.
FEMME LEGATAIRE.

54. Quand le mary est insolvable, on peut demander qu'il soit tenu de donner caution pour le legs fait à sa femme, ou que l'argent soit mis en fonds. Arrêt du 8. Août 1598. qui ordonne que la somme sera mise entre les mains d'un Marchand pour être mis en fonds, si mieux n'aimoit le mary donner bonne & suffisante caution. La Rocheflavin, li. 6. tit. 61. Arr. 14.
FEMME, LEGERETE'.

55. Femme notée de legereté par le testament de son mary, convolant en secondes nôces dans l'an du deüil, peut être interdite d'aliener les meubles de la communauté opulente de son défunt mary. Jugé en May 1629. Du Frêne, liv. 2. chap. 49.

56. Une femme qui pendant plusieurs années quitte son mary par legereté & sans cause, sans être retournée lors de la mort de son mary, est privée de demander part en la communauté du jour qu'elle s'étoit retirée. Arrêt du 10 Janvier 1672. De la Guesstiere, tome 3. liv. 6. chap. 1. Ce même Arrêt est raporté au Journal du Palais.
Voyez cy-après le mot Separation.
FEMME, LUXURE.

57. Vide superius, lettre B. Verbum calamo invito scriptum Bestialité.
Femmes luxuriant ensemble doivent être punies de mort. Deux femmes accusées de pareil crime ayant reproché les témoins, & depuis ayant été appliquées à la question sur de simples indices à cause de l'atrocité du crime, elles furent renvoyées, n'ayant rien avoüé. L'Arrêt est dans Papon, liv. 22. titre 7. nombre 2.
FEMMES, MARGUILLIERES.

58. Voyez cy-dessus le nombre 21.
Les femmes ne peuvent être élues Marguillieres. V. Tournet lettre F. Arr. 5. il y en a un Arrêt du Parlement de Paris du 24. Juillet 1600. Filleau, part. 1. tit. 1. chapitre 11.
FEMME, MARIAGE.

59. Si la femme pour la puissance du mary, pour la communauté & pour le doüaire, étoit reputée femme par les paroles de present, & que le mariage en Eglise autre que sa Paroissiale? Voyez Coquille, to. 2. quest. 101.
Voyez cy-après verbo Mariage.
FEMME, MAUVAIS TRAITEMENS.

60. Arrêt du Parlement de Paris du 17. Mars 1565. rendu sur l'appel interjetté par un mary de l'emprisonnement de sa personne à la requête du Procureur du Roy, pour avoir maltraité sa femme & repoussé sa belle-mere, le Procureur du Roy déclaré bien intimé, condamné en 16. livres de dommages & interêts; le mary avoit châtié sa femme, & il n'y avoit preuve de sevices. Papon, liv. 7. tit. 1. n. 14.

Tome II.

Voyez la lettre T. verbo Mauvais-traitemens.
FEMMES, MEDECINE.

61. La Medecine est prohibée aux femmes. Le Vest. Arrêt 157.

62. Par Arrêt notable du 12. Avril 1578. défenses à une femme d'Anjou nommée Jeanne Lescallier d'exercer & pratiquer l'Art de Medecine. Ibidem.
FEMME NOBLE.

63. Femme Noble qui a épousé un Roturier. Voyez le premier Plaidoyé de M. Expilly, & les mots Mariage, & Noblesse.
FEMME, OBLIGATION.

64. Obligations contractées par les femmes. Voyez au commencement de ce Chapitre les titres du Droit qui concernent cette matiere.

65. Des femmes qui s'obligent pour leurs maris. Voyez cy-après les mots Obligation, Restitution, Velleian.

66. Contractus mulieris nupta an dissoluto matrimonto acquisrat vires? Voyez Stockmans, decis. 52.

67. Casus aliquot quibus mulier nupta sine consensu mariti se obligare potest. Si palam mercaturam exerceat, si contraxerit familia alunda causâ, si utiliter gesserit in rem suam, si maritus est absens. Voyez Ibidem decis. 56.

68. De la femme qui s'oblige conjointement avec son mari à une rente constituée. Du Moulin, to. 2. en son Traité des Contr. Usur. quest. 38.

69. Si la femme mariée peut s'obliger par prison, & si elle est sujette à la rigueur de l'Edit des quatre mois? V. Coquille, to. 2. quest. 194.

70. Mulier renunciando beneficio S. C. Velleiani, quatenus obligetur? Voyez Andr. Gaill, lib. 2. Observat. 77.

71. An uxor possit se obligare cum marito in eodem instrumento? Voyez Ibidem, Observat. 89.

72. Par Arrêt du 21. Mars 1528. une femme a été reçuë au Velleian contre un creancier de son mary, à qui elle s'étoit obligée pour le tirer de prison. Papon, liv. 12. tit. 5. n. 8.

73. Le mary & la femme obligez solidairement avec un tiers, en doivent deux tiers à eux deux, & ne peut la femme se servir du droit du Velleian. Arrêt du Parlement de Paris de l'an 1543. Ibidem, n. 4.

74. La mere ne peut se servir de l'exception du Velleian contre le creancier qui a prêté à son fils & par son ordre. Arrêt du Parlement de Paris du 26. Novembre 1545. Ibidem, n. 3.

75. Une femme qui a sollicité le creancier de prêter, ne peut se servir de l'exception du Velleian, quoy qu'elle n'y ait pas expressément renoncé. Arrêts du Parlement de Paris des 25. & 26. Novembre 1545. Ibidem, n. 2.

76. Mere s'obligeant pour faire sortir son enfant de prison, ne peut se servir du droit de Velleian, quoy qu'elle n'y ait pas renoncé. Arrêts du Parlement de Paris des 27. Decembre 1581. & 26. Novembre 1545. Mater & filius eadem persona censetur. Ibidem, n. 11.

77. Arrêt du 15. Février 1551. par lequel une femme qui n'avoit aucune communauté avec son mary & s'étoit obligée pour une dette pour laquelle son mari étoit constitué prisonnier, fut neanmoins condamnée pro mediâ, & ordonné que l'obligation de sa femme seroit payée sur ses biens, pro mediâ, & pro aliâ mediâ, sur les biens du mary & sur les fruits provenans des biens de la femme pendant & constant le mariage, attendu qu'il étoit Seigneur d'iceux, & sustinebat onera matrimonii, quoy qu'il n'y eût communauté. Ibidem, n. 8.

78. Femme qui s'étoit obligée pour tirer son mary de prison, déclarée non recevable à se servir du Velleian, sous prétexte qu'elle n'y avoit pas renoncé. Arrêt du Parlement de Paris du 14 ou 15. Mars 1551. Ibidem, n. 5.

79. Celuy qui veut faire obliger une femme dûement & par corps après l'avoir fait renoncer au Velleian & à l'authentique, doit encore la faire renoncer és authentiques sed hodiè C. de offic. diverso judic. & autre

Aa

Authent. hodiè de Custod. & exhibit. reor. Arrêt du Parlement de Paris de l'an 1563. qui faute de ces renonciations a déclaré les obligations nulles. *Ibidem*, nombre 10.

80 Femme se peut obliger pour son mary, même par corps, principalement si elle a renoncé à l'authentique, *si qua mulier*, au Velleian & à l'authentique, *sed hodiè*, & elle ne peut demander la restitution. Arrêt du 3. Juillet 1564. *Ibidem*, liv. 7. tit. 1. n. 10.

81 La femme qui s'est obligée pour faire sortir son mary de prison est valablement obligée, quoy qu'elle n'ait renoncé aux privileges du Velleian & à l'authentique ; non par corps, mais par saisie & vente de ses meubles & immeubles. * Arrêts des 22. May 1576. 27. Novembre 1553. 19. Juin & 5. Août 1600. *Ibidem*, liv. 12. tit. 5. n. 8.

82 Une femme ayant vendu son propre heritage pour la dette de son mary qui étoit prisonnier, quoiqu'elle eût été dûement autorisée, & eût renoncé au Velleian & à l'authentique, a été neanmoins par Arrêt du 14. Août 1582. relevée, & le detempteur condamné à luy délaisser la possession des heritages en rendant le prix de la vente, frais & loyaux coûts, les fruits compensez avec les interêts. *Ibidem*.

83 *Charondas*, livre 8. chapitre 23. rapporte un Arrêt du premier Decembre 1592. par lequel une femme qui s'étoit obligée pour son fils, & constituée caution pardevant les Juges Consuls de Tours, sans faire les renonciations au Velleian & authentique *si qua mulier*, ayant obtenu Lettres Royaux pour être relevée de ladite intervention, a été déchargée du cautionnement & obligation. *Papon*, liv. 12. tit. 5. n. 8.

Pour concilier ces Arrêts qui semblent contraires, M. l'Avocat General Servin fit une distinction, & dit que la femme qui s'obligeoit pour son mary pardevant *majores judices*, comme Bailiffs & Sénéchaux, sans faire les renonciations, étoit valablement obligée, *secus*, quand elle s'obligeoit pardevant des Juges subalternes & inferieurs, comme Consuls, qui n'avoient pas assez d'autorité pour suppléer le défaut des renonciations. *Ibidem*.

84 Le 14. Mars 1595. il a été jugé que le Velleian a lieu quand la femme a ratifié un Contrat de constitution de rente fait par son mary, tant en son nom, que comme Procureur de sa femme, fondé de procuration, laquelle ne contenoit speciale & specifique renonciation au Velleian & à l'authentique *si qua mulier*, mais generalement à tous Benefices introduits en faveur des femmes *secus*, si le Contrat fait par le mary, tant en son nom, que comme se faisant & portant fort pour sa femme, laquelle il auroit promis faire ratifier, & dès à present l'auroit autorisée pour cet effet, avec expressions speciales & specifiques du Velleian & authentique *si qua mulier* ; car en ce cas le Contrat a été jugé bon & valable , quoique la femme n'eût autrement fait les renonciations par la ratification. Arrêt du 10. Juin 1594. *Ibidem*, n. 12.

85 La femme séparée de biens ne peut s'obliger, vendre, constituer rente sans l'autorisation de son mary. Arrêt du 24. Avril 1586. quoique l'obligation fût pour son propre fils. Arrêt du 14. Février 1595. Elle peut s'obliger pour redimer le mary de prison, & pour la nourriture d'elle , de son mary, pere, mere ou enfans, & en ces cas *judicis autoritas necessaria est*. Arrêt general du Parlement de Roüen ; elle se peut aussi obliger pour habits pour ses enfans, ainsi jugé. *Voyez Papon*, liv. 15. tit 3. n. 2.

86 La femme qui a vendu & s'est obligée faire ratifier par un tiers, *non juvatur Velliano*. Arrêt du Parlement de Paris du 4. Janvier 1593. la raison est que *non accessit obligationi*, mais elle s'est elle-même obligée. *Idem*, liv. 12. tit. 5. n. 13.

87 La femme séparée de son mary qui va demeurer ailleurs , ne peut valablement s'obliger envers un Procureur pour frais ; le Procureur ne peut non plus sur le fondement d'une pareille obligation faire proceder par criées à la vente des biens immeubles de la femme. Arrêt du Parlement de Dijon du 9. Août 1599. *Bouvot*, tome 2. verbo *Mariage*, quest. 62.

88 Une femme prenant des étoffes pendant l'absence de son mary, pour son ménage, oblige son mary. Arrêt du Parlement de Dijon du 4. Juillet 1605. *Ibidem*, verbo *Mariage*, quest. 66.

89 Jugé par Arrêt du 5. Août 1600. que la femme séparée de biens ne se peut obliger par emprisonnement de sa personne sans l'exprés consentement & autorité de son mary, même par Acte judiciairement fait, si ce n'est que son mary y soit présent, & si ce n'est pour le liberer de prison. *Filleau*, 4. partie, question 52.

90 Du 14. Decembre 1603. au Rôle de Vermandois, une femme ayant son mari prisonnier entre les mains des Ennemis, écrit une lettre à l'un de ses amis, par laquelle elle le prie de répondre pour son mary ; &, luy promet qu'il n'en aura aucune peine. L'ami paye. Le mari est délivré, & meurt peu après. L'ami fait saisir tous les meubles de la succession pour être payé de sa dette. *Nota*, qu'il n'y avoit point d'immeubles. La femme s'oppose tant pour son doüaire que conventions matrimoniales, & soûtient qu'elle doit être preferée, d'autant que par la Coûtume de *Vermandois*, elle est saisie de son doüaire dés l'instant de la mort du mari, & par consequent la saisie est postérieure. Le saisissant répond que la femme étant obligée à sa dette, ne peut prétendre préference. La femme réplique qu'elle n'est point obligée, parce qu'elle n'a point renoncé au Velleian, & que lors elle étoit en puissance de mary. Le Bailli de Rheims, attendu la cause de l'obligation, la déboute de son opposition, elle en appelle à la Cour. Sentence confirmée. *Bibliotheque de Bouchel*, verbo *Velleian*.

91 Femme ne peut faire Contrats au préjudice de son mari, mais elle en est tenuë, & peut être contrainte après la dissolution du mariage : & à ce propos on allegue l'Arrêt de la Guesdon , qui avoit emprunté une bague sans l'autorité de son mary , & quelques autres notez par *M. Tiraqueau*. Toutefois il a depuis été jugé au contraire au Rapport de M. Auroux. Aussi *Du Moulin, sur la Coûtume de Sens*, marque que tel a été l'usage de tout temps. Et la Coûtume de Sens redigée, art. 3. passe outre pour la donation en ces mots, *ni au préjudice d'elle*. Toutefois on a douté si la femme sans autorité de son mary donne sous cette Coûtume choses assises en autre, ou en Païs de Droit écrit, où la femme n'est réputée être en la puissance de son mary, *an valeat*, & ce en la donation faite par Madame la Duchesse d'Usez à Monsieur Dacier, *sed an renunciatio appellatione contractûs comprehendatur*. *Bald. in rubr. de pact*. Bouchel *Ibidem*, verbo Femmes.

92 La femme qui s'est obligée avec son mary & pour lui, bien qu'elle n'ait pas renoncé au Velleian & à l'authentique , ne laisse pas d'avoir contracté une obligation valable, c'est le sentiment de Du Moulin : le contraire jugé au Parlement de Paris le 9. Mars 1604. contre les Conclusions de M. Servin Avocat General, les Lettres de rescision prises par une veuve qui n'avoit fait les renonciations, furent entérinées. Autre Arrêt du 14. Août 1586. *Voyez Papon*, liv. 12. tit. 5. n. 4.

93 Une femme pouvoit être contrainte par corps, quand elle s'y étoit obligée de l'autorité de son mary, même pour les affaires de son mary, la femme déboutée des Lettres par elle obtenuës pour être relevée de l'obligation par corps. Arrêt du 30. Mars 1605. *Bibliotheque de Bouchel*, verbo *Prise de corps*.

94 Le sieur Darzillieres Grand Hospitalier de France étant à Malte, délivra le sieur de Cormont des mains des Turcs, & paya sa rançon ; le sieur de Cormont s'oblige envers luy. Etant délivré, il retourne en France, & épouse Suzanne de Fossard ; il décede ; son bien se vend par decret : opposition formée par la

veuve pour son doüaire, & par le sieur Darzillieres pour le prix de la rançon: contestation pour la préference. La veuve dit que par la Coûtume de Ponthieu, où les biens du défunt sont assis, un Contrat n'emportoit hypotheque que du jour du nantissement, sinon en cas de doüaire, & de biens de mineurs sur leur tuteur, que le sieur Darzillieres s'étoit fait nantir. Au contraire, il remontroit la faveur de sa dette sans laquelle jamais le mariage n'eût été contracté. Par Arrêt du mois de Janvier 1607. le Sr Darzillieres fut preferé à la veuve. *Bibliotheque de Bouchel*, verbo *Rançon*. Le Bret, *liv. 1. décis.* 10.

94 Femme obligée pour son mary prisonnier, & l'ayant cautionné en Jugement sans renoncer au Velleian & à l'authentique *si qua mulier*, & avoir été autorisée par luy, ne doit être mise en prison, mais poursuivie sur ses biens. Arrêt du 22. May 1579. *Brodeau sur M. Loüet lettre A. somm. 9.*

95 Une femme procuratrice de son mary prisonnier pour vendre, & sans être autorisée, a été deboutée de ses Lettres le 27. Août 1564. *M. Loüet*, ibidem.

Le même d'une femme séparée pour doter sa niéce entrant en Religion. Arrêt du 13. Mars 1651. *M. le Prêtre premiere Cent. in additione chap. 67.*

95 bis. Si en Normandie la femme Marchande publique peut engager & hypoteque sa dot? Arrêts du Parlement de Roüen des 20. Novembre 1630. & 3. Decembre 1657. pour l'affirmative. Arrêt contraire du 9. Juillet 1660. quoiqu'il fût constant que la femme étoit Marchande publique, & qu'elle avoit une boutique de lingere, & que l'obligation fût causée pour vente de toiles. Autre Arrêt du 9. Mars 1667. qui débouta une Maîtresse Lingere de Lettres de rescision prises contre quelques obligations qu'elle avoit contractées en cette qualité. Par autre Arrêt du 21. Decembre 1671. il a jugé que cette femme avoit pû engager les deux tiers de sa dot. L'opinion la plus commune est que la femme Marchande publique n'a pas plus de liberté de disposer de ses biens que la femme séparée: elle ne peut engager que ses meubles & acquêts. V. *Basnage sur l'art. 538. de la Coûtume de Normandie*; où il rapporte un Arrêt de la Chambre de l'Edit à Roüen du 20. Février 1658. qui a jugé que la femme Marchande publique pouvoit s'obliger par corps.

96 Femme mariée Marchande publique tenant cabal à part, contracte valablement, & oblige son mary. 2. Autre chose est lorsqu'elle negocie avec son mary conjointement. *Chopin*, Parif. lib. 2. tit. 1. n. 9. vid. *Automne* art. 3. id. *Maichin*. tit. 8. art. 16. chap. 1. 2. Je crois le même, dit Maître Abraham de la Peirere, en ses décisions du Parl. de Bourdeaux, lettre F. nomb. 19. *si la femme accepte Lettre de change tirée par son mary.* Arrêt du 19. Août 1667. rendu au Rapport de M. de Mirat, entre le nommé Malatic Bourgeois & Marchand de Bourdeaux, & la nommée Germain & Serre son mary. Ladite Germain avoit acheté de la mourüe dudit Malatic, & l'avoit revendüe en détail comme elle avoit accoûtumé de faire. La Cour en confirmant la Sentence du Sénéchal de Guyenne, condamna ladite Germain de payer comme Marchande publique, & ledit Serre son mary qui étoit Maçon de son métier, pour avoir souffert que sa femme à son vû & sçû negocioit en cette marchandise.

97 Par Arrêt du Parlement de Paris du 10. Janvier 1651. jugé qu'une femme mineure s'étant obligée conjointement avec son mary poursuivi en Justice pour crime de stellionat, à l'effet d'empêcher qu'il fût constitué prisonnier, étoit restituable. *Soëfve*, tome 1. Cent. 3. chap. 54. on juge autrement quand le mary est *in vinculis*.

98 Une obligation contractée par une femme mariée pour empêcher son mary d'entrer en prison, declarée non valable, par Arrêt du 13. May 1653. parce
Tome II.

qu'elle n'étoit point autorisée expressément de son mary. Ibidem, Cent. 4. chap. 40.

99 Declaration du Roy par laquelle les femmes autorisées de leurs maris peuvent s'obliger, au Païs de Lyonnois, Forêts, Beaujolois & Mâconnois, nonobstant la prohibition de la *l. Julia ff. de fundo dotali*, avec Arrêt du 20. Août 1664. *De la Guessiere, to. 2. liv. 6. chap. 47.* la Declaration est du mois d'Avril 1664. Voyez *Des Maisons lettre O. nomb. 10.*

100 La femme qui s'est obligée au créancier de son mary, en vertu de la permission qui luy en a été donnée par Arrêt, en Jugement contradictoire, pour le tirer de prison où il étoit détenu, est neanmoins restituée en son entier, si la dot se trouve consommée par cette obligation. Arrêt du Parlement de Grenoble du 28. Février 1668. contre le Sr Daumas premier Huissier de la Cour, rapporté par *Chorier en sa Jurisprudence de Guy Pape*, p. 251.

101 Les femmes sont tenües subsidiairement d'entretenir leurs familles en temps de peste, & de payer les fournitures faites pour leur subsistance, le mary étant insolvable. Arrêt du Parlement de Provence du 12. Janvier 1671. *Boniface*, tome 4. livre 6. tit. 10. chap. 3.

L'opinion du Rapporteur étoit pour l'Arrêt. Le Compartiteur au contraire disoit que les maris sont obligez d'entretenir les femmes & leur famille, & que cette obligation ne concernoit point les femmes, autrement leur dot seroit sujette à la perte, contre l'autorité des Loix. *Faber deff. 8. ad S. C. Velleianum.* Bacquet, *des Droits de Justice*, chap. 21. nomb. 12. & suiv. L'authentique *si qua mulier C. ad Velleian*.

102 Une femme mineure qui contracte une dette solidaire avec son mary, & qui laisse passer les dix ans de majorité de l'Ordonnance, est recevable en ses Lettres de rescision contre cette dette. Arrêt du Parlement de Paris du 27. May 1672. *Journal du Palais, in folio to. 1. p. 234.* La femme alleguoit deux moyens; le premier, qu'elle étoit mineure lors de la passation du Contrat: le second, que depuis sa majorité elle avoit toûjours été en puissance de mary.

102 bis. Declaration du Roy du 30. Decembre 1681. portant qu'à l'avenir les créanciers legitimes des femmes qui seront obligées dans leurs Contrats, & étant opposans comme exerçans leur droit, seront payez sur les dots, préciputs, & autres avantages desdites femmes suivant la date & ordre de leurs hypoteques. Cette Declaration a été enregistrée au Parlement de Bourgogne le 14. Février 1682. *Taisand sur cette Coûtume*, tit. 5. art. 4. note 20.

103 Le Sr de Combever ayant déchargé le Sr Mielle d'une dette en principal de 1500. livres, qui étoit propre à la Demoiselle de Cuni sa femme, & de tous les arrerages échûs, même de l'obligation solidaire qu'il avoit contractée avec ses cooblígez, moyennant 400. livres payables à quatre termes, sous promesse de faire ratifier sa femme, laquelle au lieu de le faire desapprouva ce Contrat; la Cour par Arrêt du 12. Juillet 1685. en infirmant une Sentence des Requêtes du Palais, ordonna que le Contrat fait entre le sieur de Combever & Mielle subsisteroit pendant la communauté du même Combever & de sa femme, aprés laquelle communauté finie il dédommageroit le Sr Mielle envers la Demoiselle de Cuni, attendu qu'elle ou ses heritiers rentreroit alors dans ses premiers droits touchant cette rente en principal de 1500. livres, & les arrerages qui en seroient dûs. *Taisand*, ibidem, tit. 4. art. 5. note 3.

104 Edits du mois de Decembre 1683. pour abroger en *Bretagne* dans les obligations que passent les femmes, les renonciations au Senatus Consulte Velleian & à l'authentique *si qua mulier*. Voyez *les Edits & Arrêts recüeillis par l'ordre de Monsieur le Chancelier en 1687.*

105 Les obligations solidaires des femmes avec leurs maris, passées dans la Province de Normandie, ou

leur intervention dans lesdites obligations qui ne font que des cautionnemens pour leurs maris, font neanmoins bonnes & valables, & sont executoires sur leurs heritages & immeubles situez hors de la Coûtume & Province de Normandie. Arrêt du Parlement de Paris du 4. Septembre 1688. *au Journal des Audiences*, tome 5. *liv.* 4. *ch.* 26.

106 Une femme mariée peut de l'autorité de son mari traiter de ses droits & avantages nuptiaux avec un tiers,& même avec l'heritier apparent de son mary; pourvû qu'il n'y ait induction, fraude, ni lezion. Jugé au Parlement de Tournay le 24. Janvier 1698. la femme fut déboutée de l'enterinement des Lettres de restitution. *Voyez M. Pinault*, *to.* 2. *Arr.* 251.

107 Acte de Notorieté du 26. Août 1702. donné par M. le Lieutenant Civil, portant que dans la Coûtume de Paris les femmes ne se peuvent obliger sans être valablement autorisées par leurs maris,& qu'elles ne peuvent obliger leurs maris, si elles ne sont Marchandes publiques, faisant negoce particulier d'avec leurs maris. *Recüeil des Actes de Notorieté*, *page* 159.

108 Autre Acte de Notorieté donné le 23. Février 1708. portant que tous les Actes faits par une femme en puissance de mary, sans une autorisation speciale *in ipso actu*, sont nuls de nullité de Coûtume, & qu'il n'est pas necessaire d'obtenir des Lettres pour les faire annuller, puisqu'ils sont nuls de droit. *Ibidem*, *page* 234.

Voyez les mots *Obligation* & *Velleian*.

FEMME PAUVRE.

109 Par Arrêt general prononcé le 14. Septembre 1581. à une femme n'ayant point dot suffisante pour se nourrir, quoique le mary eût fait testament & qu'il eût laissé des enfans, fut ajugée la quatriéme partie des biens de son mary pour en joüir en proprieté & usufruit, d'autant que les enfans étoient decedez; authentique *praeterea C. unde vir & uxor*. La Rocheflavin, *liv.* 6. *tit.* 41. *Arr.* 1.

110 *Marito ad inopiam vergente potest ex aliquâ reliquâ pecuniâ vel nomine ejus emi praedium & si uxor agat hypotecariâ, creditores dotem & offerentes in pecuniâ an audiantur?* Vide Bald. *novel. de privileg. dat in 7. part. col. 6. vers. 2. & auth. quod locum C. d. collat.* Jugé que creditores audiri non debent, par Arrêt donné la surveille de Noël 1601. *Biblioth. de Bouchel*, verbo Doüaire.

111 Carondas, au 7. *liv. des Réponses ch.* 154. *& Maynard*, *liv.* 3. *chap.* 25. tiennent qu'en Languedoc la femme pauvre aprés le decés de son mary peut demander la quatriéme partie des biens pour en joüir par usufruit & par forme de doüaire suivant l'authentique *praetereâ. C. unde vir & uxor.* & que cela s'y pratique. *Voyez Papon, liv.* 15. *tit.* 4. *n.* 7.

112 La femme pauvre peut demander une portion en la succession de son mary qui est mort riche, cela fut préjugé par Arrêt de Toulouse au mois de Mars 1648. en faveur d'une femme qui avoit une dot de 400. l. & 200. liv. d'augment. L'Arrêt rapporté par M. de Catellan, *to.* 2. *li.* 4. *ch.* 40. ordonna avant dire droit qu'il seroit fait une estimation des biens du défunt, & cependant que cette veuve joüiroit pendant l'année du deüil de la pension à elle accordée par le Sénéchal. Une dot modique n'exclud donc pas la femme de demander part à la succession de son mari. *La pauvreté*, ajoûte M. de Catellan, *ne consiste pas à n'avoir précisément rien; on est estimé pauvre quand on n'a pas ce qui est necessaire pour vivre selon son état.*

FEMME, RECELE'.

113 La femme que les creanciers prétendent avoir mal pris quelques meubles aprés le decés de son mary, ne peut être poursuivie criminellement,mais civilement. Arrêt du 19. Février 1600. *M. Loüet lettre C. somm.* 36.

Voyez cy-aprés verbo Recelé.

FEMME REMARIE'E.

114 Des femmes qui convolent à de secondes nôces. *Voyez cy-aprés verbo Mariage*, & *lettre S.* verbo *Secondes nôces*.

Des femmes qui ont épousé leurs valets. *Voyez M. Bruneau en son traité des Crises, chap.* 3. *p.* 22.

115 La peremption d'instance ne peut courir contre la femme convolée en secondes nôces, il faut appeller le mary en reprise. Jugé le 3. May 1618. Tronçon, *Coûtume de Paris, art.* 233.

FEMME, RESTITUTION.

Voyez cy-dessus le nombre 95.

116 Quittance donnée par la femme *metu & minis viri*, déclarée nulle par Arrêt du P. de Bourdeaux du 8. Novembre 1520. sans avoir égard à la reception de deniers & autres ratifications verbalement faites en l'absence du mary. *Bibliotheque de Bouchel*, verbo *Restitution*.

117 Femme poursuivant restitution aprés les dix ans de l'Ordonnance, peut alleguer qu'elle ne l'a fait par la crainte maritale. Arrêt du 2. Décembre 1538. s'il n'y a preuve du mauvais traittement, la prescription a lieu contre la femme. Jugé par quatre Arrêts que la crainte maritale n'est pas suffisante, il faut que *accedant minae vel verbera*. Papon, *liv.* 7. *tit.* 1.

118 Par Arrêt du 11. Janvier 1564. jugé que la femme qui a vendu & constitué rente avec son mary, ne se peut aider du Velleian; & encore qu'elle n'ait renoncé ni au Velleian ni à l'authentique *si quâ mulier*, & qu'elle ait renoncé à la communauté, elle est tenuë payer pour le mary. La raison fut que la femme qui vend ou constitue rente avec son mary, *suum negotium gerit, neque intercedit, & sic*: qu'elle renonce ou qu'elle ne renonce pas au Velleian ni à l'autentique *si qua mulier*, elle ne peut être relevée du Contrat. *Bibliotheque de Bouchel*, verbo *Velleian*.

119 Femme ayant été en minorité, lezée dans l'alienation de ses immeubles n'est restituée aprés les trente-cinq ans, sous prétexte de crainte & reverence maritale. Arrêt general du Parlement de Paris du 22. Décembre 1570. à moins qu'elle n'ait preuve que pour faire la vente, son mary l'ait batuë; & il suffit qu'elle ait preuve des mauvais traittemens qu'il avoit coûtume de luy faire. Papon, *liv.* 16. *tit.* 3. *n.* 5.

Voyez cy-aprés lettre L. verbo *Lettres de rescision*, & le mot *Restitution*.

FEMME, RETRAIT.

120 Un mary ayant des enfans de sa femme, retira des heritages au nom d'icelle; depuis il contracta un second mariage, & mourut sans avoir repeté de ses enfans la moitié des deniers déboursez pour ce retrait; la seconde femme demandoit la moitié de ces deniers là, parce que son mary avoit pû s'en faire rembourser. Les enfans se défendoient de cette prétention, vû que le pere avoit pû leur remettre cette repetition; que son silence déclaroit son intention, & qu'elle n'étoit pas favorable à faire cette demande; neanmoins en l'année 1655. par Arrêt rendu au Parlement de Roüen entre les nommez Chefdeville, la moitié des deniers lui fut ajugée. *Basnage sur la Coûtume de Normandie, art.* 329.

Voyez le mot Retrait. §. *Retrait, femme.*

FEMME, ROBELLE.

121 On appelle provision de la Robelle ce qui est ajugé à une femme qui a renoncé au meuble de son mary, sçavoir ses vêtemens, robes, chaperons, ceintures, anneaux & son trousseau. *Voyez Terrien,chap.* 7. *liv.* 7. du droit observé en Normandie. Arrêt du Parlement de Roüen du 23. May 1597. qui a fixé l'interpretation de ce mot & étenduë de ce droit aux robes, cottes, linges, & autres hardes à l'usage de la femme. *Bibliotheque de Bouchel*, verbo *Robelle*.

Voyez cy-dessus le nombre 53.

FEMME, SEPARATION.

122 Des femmes séparées. *Voyez cy-dessus au com-*

mencement du titre les textes du droit qui ont rapport à celui-ci.

Voyez *M. Bruneau en son traité des Criées, ch. 3. p. 22.*

123 Par Arrêt du Parlement de Normandie du premier Janvier 1600. rapporté par *Berault*, *sur la Coûtume*, *article 538.* il a été jugé que les femmes mariées séparées de biens ne pouvoient vendre, aliener ou engager pendant leur mariage leurs biens immeubles, sur peine de nullité, sinon pour redimer leurs maris de prison, pour cause non civile, ou pour la nourriture d'elles, de leurs maris, pere, mere, ou leurs enfans, auxquels cas après l'assemblée des parens & Ordonnance du Juge les alienations auront lieu & seront valables, sans pouvoir par les femmes avoir aucun recours contre les acquereurs.

124 Il a été jugé par Arrêt du même Parl. du 4. Juin 1610. que le précedent Arrêt avoit lieu, lorsqu'il est question des biens par elle acquis pendant la séparation, parce qu'elle en peut disposer, comme elle a pû les acquerir ; & ils peuvent être saisis pour obligations par elle passées pendant la séparation, de même que les meubles. *Berault, ibidem.*

125 Arrêt du P. de Roüen du 25. Février 1636. qui déboute une femme de la restitution de sa dot pour avoir secretement enlevé les meubles de son mari, & s'étoit retirée de sa maison pour poursuivre une séparation de biens. *Basnage sur l'article 394. de la Coûtume de Normandie.*

126 Arrêt au Parlement de Roüen le 25. Août 1683. dans cette espece ; le Teurtre & Gourné sa femme, séparée de biens d'avec lui, avoient pris une ferme du sieur du Bourlabé, & s'étoient obligez solidairement au payement du fermage. Après quatre années de joüissance, le mari decéda ; le proprietaire prétendit que sa veuve avoit perçû les levées de cette année là ; depuis ce proprietaire fit un autre bail à un particulier, & y fit obliger solidairement ladite Gourné ; elle obtint des Lettres de restitution contre ses obligations, prétendant que c'étoient des cautionnemens dont elle devoit être déchargée. Par l'Arrêt l'on jugea que comme femme séparée elle avoit pû obliger ses meubles par le bail fait avec son mari, & pour les fermages du second bail elle en fut déchargée comme étant un pur cautionnement. *Basnage sur la Coût. de Normandie, art. 391.*

127 Une femme quoique mineure & séparée de biens, peut valablement recevoir le remboursement d'une rente qui luy est propre, sans être autorisée que de son mari, & il n'est pas necessaire de luy créer un curateur à cet effet ; la quittance qui donne conjointement avec son mari est suffisante. Arrêt du Parlement de Paris du 27. Mars 1691. *Au Journal des Aud. to. 5. liv. 7. ch. 17.*

Voyez cy-après au 3. volume de ce Recueil les mots Quittance & Separation.

FEMME, SUCCESSION.

128 Bien qu'en France la femme ne succede point au mari contre la disposition du Droit in *L. 1. C. unde vir & uxor. Nov. 117.* de Justinien ; cependant par Arrêt prononcé à Toulouse en Robes rouges la veille sainte Croix 1581. la quatriéme partie des biens du mari fut ajugée à la femme contre des neveux substituez, tant sa dot & le legs à elle fait par le mari étoient modiques. *Voyez Maynard, li. 3. chap. 24.*

129 Jean Gros ayant accepté la succession du pere & mere de sa femme sans qu'elle y eût consenti ; la Cour ayant égard au desaveu formé par cette femme contre les actes d'heritier que son mari pouvoit avoir faits pour elle, la déclara déchargée de la qualité d'heritiere. Arrêt du Parlement de Dijon du 4. Decembre 1603. *Taisand sur la Coûtume de Bourgogne, tit. 4. art. 5. note 4.*

Voyez le mot Succession.

FEMMES, TAILLES.

130 Femmes exemptes de la collecte des tailles. Arrêt de la Cour des Aydes de Montpellier du 31. Janvier 1587. rapporté par *Philippi*, art. 36.

FEMME, TÉMOINS.

131 Si les femmes peuvent être témoins aux testamens ou aux Codiciles ? *Voyez Cambolas, li. 6. ch. 15.*

132 Edit portant que le témoignage des femmes sera reçû en Jugement. A Paris le 15. Novembre 1394. *Ordin. antiq. vol. A. fol. 133. add. to. 2. p. 20. Ordonnances de Fontanon, tome 5. p. 618.*

133 Les femmes peuvent témoigner és crimes & délits. *Voyez M. le Prêtre, en sa troisième Centurie, chap. 39.*

VENTE DU BIEN DE LA FEMME.

Voyez cy-dessus le nomb. 123.

134 Biens de la femme alienez. *Voyez le mot Alienation, nomb. 55. & suiv.*

135 Decret des biens de la femme. *Voyez le mot Decret, nomb. 41.*

136 Un mari vend avec promesse de garentie le propre de sa femme sans son consentement à un parent de sa femme, & qui sçait bien que ce qu'il achete n'est pas au mari. Jugé le 10. Décembre 1640. que le mari rendroit le prix avec deux cens livres pour dommages & interêts. *Brodeau sur M. Loüet, lettre A. somm. 13.*

FENESTRES.

1 LE 23. Decembre 1571. il a été jugé au Parlement de Toulouse que des voisins des Augustins de Toulouse, dont les maisons pourroient recevoir du jour, feroient boucher les fenêtres qu'ils avoient fait faire, & qui avoient vûë dans le Convent, que si elles n'en pouvoient recevoir que par elles, elles seroient restraintes à telle mesure & hauteur, que par lesdites fenêtres ne pourra être reçû que clarté ; & pourront neanmoins lesdits Religieux les boucher en bâtissant contre ladite muraille. *La Rocheflavin, li. 3. lettre S. tit. 4. Arr. 2.*

2 Par Arrêt du même Parlement de Toulouse les Religieux de sainte Claire ont fait condamner un Prêtre à fermer les fenêtres qu'il avoit répondantes sur ledit Convent. *Ibidem, Arr. 3.*

3 Arrêt du Parlement de Paris du 17. May 1631. par lequel un Bourgeois de la Ville de Lyon a été condamné à barrer de fer & verre dormant les fenêtres qui avoient vûë sur le jardin de son voisin, & de les hausser & réduire à six pieds au dessus des carronemens. *Henrys, to. 1. li. 4. ch. 6. quest. 80.*

4 Dans la Coûtume de Paris un voisin peut faire des fenêtres à verre dormant dans un exhaussement fait par luy sur un mur métoyen. Jugé le 22. Avril 1662. *Notables Arrêts des Audiences, Arr. 77.*

5 Les articles 22. & 23. des Arrêtez chez M. le premier Président de Lamoignon, rapportez par M. Auzanet sur la Coût. de Paris, tit. 9. art. 199. portent ; En mur métoyen l'un des voisins ne peut, sans l'accord & consentement de l'autre, faire fenêtres, & autres ouvertures pour vûës, même à verre dormant, ou autrement, en quelque maniere que ce soit.

Mais si aucun a un mur appartenant à luy seul, joignant sans moyen à l'heritage d'autrui, il y peut ouvrir des fenêtres & vûës à neuf pieds de haut, au dessus du rez de chaussée pour le premier étage, & de sept pieds de haut pour les autres étages au dessus, le tout à fer maillé & verre dormant.

FERIES.

FEries & vacations. *Feria.*

De Feriis. C. 3. 12... C. Th. 2. 8... Dec. Gr. 15. q. 4... 33. q. 4... De consf. dist. 3. c. 1... Extr. 1. 9.

De Feriis. C. I. Man. Comn. 2.. Cette constitution fait le denombrement de tous les jours feriez, & non feriez.

De Feriis & dilationibus, & diversis temporibus. D. 2. 12.

Ut dominicis diebus omnes ab operibus vacent. L. N. 54. *Voyez* les mots *Délay*, & *Fêtes*.

Arrêt du Parlement de Toulouse du 8. May 1505. qui défend aux Commissaires députez par la Cour à l'execution des Arrêts, confection d'enquêtes, montrées, vûës & figures, de ne proceder la semaine Sainte, ni durant les Fêtes, esquels la Cour n'entre point, & de ne faire esdits jours aucuns actes judiciaires, sur peine de nullité ; ils peuvent neanmoins oüir les témoins à jours non feriez ; en ce n'est aussi comprise l'inquisition secrette, parce qu'il n'est besoin d'y appeller la partie ; & pour la punition des crimes, on y peut proceder en tout temps. *La Rocheflavin* li. 2. tit. 4. Arr. 1.

FERME, FERMIER.

LE bail à ferme est une sorte de loüage, & le Fermier est un Locataire : de sorte que dans le Droit Romain, *Conductor*, signifie également Fermier, & Locataire ; *Conductio*, Bail à Ferme, & Bail à Loüage.

De Locatione prædiorum civilium, vel fiscalium, seu templorum, sive rei privatæ, vel Dominicæ. C. 11. 70.... Des Fermiers, Locataires, & emphitéotes. *Voyez* Emphitéose.

Ne Tutor, vel Curator vectigalia conducat. C. 5. 41... Défenses aux tuteurs d'entrer dans les Fermes du Prince. *Voyez* Tuteur.

De publicanis, & vectigalibus, & commissis. D. 39. 4... Des Fermiers publics, & Fermiers du Prince. *Voyez* cy-aprés le nombre 20. *& suiv.*

Quibus muneribus excusantur Conductores vectigalium fisci, & de privilegiis eorum. C. 10. 55... Exemptions & Privileges des Fermiers publics.

De Agricolis, & Colonis, & Censitis. C. 11. 47... *Voyez* les mots *Agriculture*, & *Main-morte*.

Les autres titres qui concernent les Fermes & les Loüages sont rapportez sous le mot *Bail*.

1 Quelle sorte de societé de contrat est metairie, *an societas, an contractus innominatus* : & si les Métayers meurent leurs heritiers seront-ils tenus de continuer ? *Voyez Coquille*, tome 2. quest. 205.

2 Si le Fermier accenseur en tous cas peut exercer les privileges du Seigneur proprietaire ? *Voyez* ibidem, quest. 204. & *cy-aprés le nomb.* 60. *& suiv.*

3 Clerc Fermier de chose temporelle étoit tenu de répondre au Juge Laïc. Ainsi jugé. *Papon*, li. 1. tit. 5. n. 10.

4 Un Fermier peut disposer à sa volonté des graisses qu'il tire du netoyement des fossez, qui environnent les heritages qu'il occupe. Jugé au Parlement de Tournay le 2. Decembre 1700. contre un Fermier qui se plaignoit de ce que son prédecesseur au lieu de répandre ces graisses sur les terres qui étoient environnées par ces fossez, les avoit transportées sur des terres appartenantes à un autre proprietaire. *Voyez Pinault*, to. 2. Arrêt 292.

FERMIERS, AMENDES.

5 Edit portant défenses aux Fermiers du Domaine de composer des amendes avant qu'elles soient ajugées. *A Fontainebleau en Mars* 1548.

6 A quel Fermier les amendes appartiennent, ou à celuy qui l'étoit lors du crime commis, ou à celuy qui l'étoit lors de l'adjudication ? *Voyez* le mot *Amende* nomb. 120. *& suiv. & cy-aprés le nomb.* 24.

FERMIERS, ARBRES.

7 Si le Fermier peut emporter les arbres qu'il a plantez ? *Voyez* le mot *Arbre*, n. 27.

FERMIERS, CESSION.

8 Fermiers non reçus à faire cession de biens. *Voyez* le mot *Cession*, nomb. 94. *& suiv.*

FERMIER, CAUTION.

9 De la caution du Fermier. *Voyez cy-devant* le mot *Caution*, nomb. 139.

FERMIER, COMMITTIMUS.

Si les Fermiers joüissent du droit de *Committimus* ?

Voyez le mot *Committimus*, nomb. 38.

DEUX FERMIERS.

10 De deux Fermiers le premier en possession est préferé. Arrêt du Parlement de Toulouse du premier Février 1667. aprés partage. *Voyez M. de Catellan*, li. 5. chap. 28.

FERMIERS, DIMINUTION.

11 De la diminution prétenduë par le Fermier. *Voyez* le mot *Bail*, nomb. 32. *& suiv.*

12 Jugé au Parlement de Toulouse que le Fermier qui demandoit diminution du prix de la ferme, à cause d'une inondation, l'auroit quant à la perte du bled en javelle, & du foin qui n'étoit pas enmoncelé ; secus, quant à la perte du bled en gerbe, & du foin en monceaux, car il avoit pû les faire emporter. *Albert*, lettre F. art. 1.

13 Fermiers de biens d'Eglise tenus de fournir le prix entier de leur ferme, quoiqu'ils alleguassent des ruines causées par la guerre, & autres cas fortuits. *Voyez Tournet*, lettre F. Arr. 11.

14 Si le Fermier est tenu de la perte du bétail estimé avenu par hostilité de guerre, & s'il se peut départir de la ferme ? S'il peut demander rabais & diminution du prix de la ferme à cause de la guerre ? *Voyez Bouvot*, tome premier, part. 2. verbo *Fermier*, quest. 1.

15 Fermier qui par hostilité a été pillé, n'est tenu de rien payer de l'année de la perte, combien qu'il soit fermier à plusieurs années. Arrêt du 5. May 1564. *Charondas*, liv. 4. Rép. 102.

16 Les rentiers qui n'ont pû joüir, ne sont point obligez de consigner, s'ils opposent leur non-joüissance. Arrêt du Parlement de Toulouse du 18. Decembre 1570. *La Rocheflavin*, liv. 6. tit. 3. Arr. 1.

17 Pierre Heurtin a Lettres du Roy adressantes au General de la Charge, ou au Senéchal de Nantes, pour informer du Rabais qu'il prétend. L'enquête venuë au Conseil Privé, il a rabais de six-vingt livres. Mandé aux Gens des Comptes de verifier les Lettres, & alloüer les mises, disent, qu'avant de proceder il sera informé par témoins du rabais prétendu : Appel. Par Arrêt du Parlement de Bretagne du 5. Octobre 1570. il est dit, mal jugé ; ordonné qu'il aura rabais selon & au désir de ses Lettres. *Du Fail*, livre premier, chap. 311.

18 *Colonus qui renuntiaverat casibus fortuitis, sterilitatem objiciebat unius anni ex pluribus quibus frui deberet, rejecta est ejusmodi exceptio.* Arrêt du 8. Avril 1598. *Mornac*, l. 78. §. ult. ff. *de contrahenda emptione*, & ff. *locati & conducti* l. 15. §. *sed & si locus*, où il parle *de remissione pensionis ob sterilitatem*.

19 Il y a deux cas où les Fermiers quoiqu'ils ayent renoncé aux cas fortuits, sont déchargez, ou obtiennent diminution. L'un quand le dommage est tel qu'il a mis hors d'esperance de rien recüeillir les années suivantes, comme quand la giêle a abattu les ceps des vignes, ou que la gelée a gâté tellement la vigne qu'elle n'a point jetté de bois pour les années suivantes. *Peleus*, act. for. liv. 6. chap. 10. Car autrement la vieillesse de la vigne n'est pas un cas de diminution. L. *ex conducto* 15. ff. *locati*. L'autre est, quand ce fait vient en partie du cas fortuit, en partie du fait des locateurs : exemple, les Capitouls de Toulouse avoient baillé à ferme à Caube & à Barri pour 33000. livres le quart de la Ville de Toulouse ; la peste survint, ces Capitouls défendirent aux hôtes de recevoir personne ; cette Ordonnance vint six mois aprés la joüissance des fermiers ; quoique leur contrat portât qu'ils renonçoient à tous cas fortuits, prévûs & imprévûs, opinez & inopinez ; neanmoins sur les actes qu'ils avoient faits aux Capitouls de leur canceller leur contrat lors de cette Ordonnance, ils furent reçus à rendre compte de Clerc à Maître de ce qu'ils avoient reçu, par Arrêt du premier Juillet 1653. contre lequel les Capitouls

ou leur Syndic, ayant impetré requête civile, il y eut partagé sur quelques moyens de formalité, lequel fut vuidé en faveur des Fermiers. Albert, verbo *Fermiers*, art. 3.

FERMIERS DU DOMAINE.

Voyez le mot *Bail*, nomb. 58. & le mot *Domaine*, nomb. 44. & *suiv*.

20 Les Fermiers du Domaine de la Prevôté & Vicomté de Paris, ne peuvent prétendre en vertu de leur bail les quints & requints de l'acquisition de la Baronnie de Montmirail. Ainsi jugé au Privé Conseil du Roy le 3. Septembre 1668. *Journ. du Palais*.

21 Arrêt du Conseil d'Etat du 5. Decembre 1676. qui ordonne que le Fermier general des Domaines de France, & ses Sous-Fermiers seront reçûs parties intervenantes en toutes les instances qui seront intentées en consequence des dons faits par le Roy, des droits d'Aubaines, Bâtardises, Desherences, Confiscations, Forfaitures, Epaves, &c. *Voyez le Recueil du Domaine*, page 493.

22 Jugé au Parlement de Tournay le 23. Janvier 1696. que l'hypoteque accordée par le Roy à ses Fermiers & sous-Fermiers sur les biens de leurs débiteurs, ne préjudicie point aux prétentions immediates du Roy; les sous Fermiers en donnant leurs sous-fermes en arriere bail, contre la défense des Ordonnances se privent de l'hypotheque que les Ordonnances leur donnent sur les biens de leurs débiteurs. *Voyez M. Pinault*, tome 1. Arr. 87.

Voyez cy-aprés les nomb. 75. & 76.

FERMIER, DROITS SEIGNEURIAUX.

23 Au cas de l'adjudication par decret volontaire les droits sont dûs au Fermier qui étoit lors de la vente; si neanmoins le prix de l'adjudication est plus fort que celuy de la vente volontaire faite au profit de celuy qui a déguerpi, les droits de la plus value appartiennent au Seigneur ou Fermier, suivant l'opinion de l'*Hommeau sur la Coûtume d'Anjou*, t. 1. art. 154. Voyez *Basnage sur l'art*. 171. de la Coût. de Normandie.

24 Amendes, dit *Papon au tit. des Fermiers*, art. 9. appartiennent aux Fermiers qui sont du temps de l'adjudication d'icelles, & non à ceux dont la Ferme est passée, quoique de leur temps le procez eût été fait & conclu, & qu'ils eussent fait les frais; ainsi jugé par Arrêt du Parlement de Toulouse de l'an 1517. conformément aux préjugez de *Gui Pap. quest.* 533. mais neanmoins plusieurs Docteurs de nom ont tenu *tempus delicti non sententiæ attendi*, même quand les Fermiers du délit n'ont point été negligens ; & ont fait les frais des poursuites, & suivant leur opinion a été jugé par les derniers Arrêts des Parlemens de Paris & de Toulouse. Voyez *Maynard*, liv. 6. chap. 21. 22. 23. 24. & 25. Au chapitre 26. il dit que les amendes prononcées par la Coûtume faute de payement des censives ou autres droits appartiennent à celuy qui étoit Fermier lorsqu'elles ont été encouruës.

25 Droit de rachat échû trois mois avant la fin du bail, a été ajugé au Fermier qui l'étoit alors, & non au Fermier subsequent. Arrêt du Parlement de Bretagne du 17. Septembre 1557. *Du Fail*, liv. 1. ch. 65.

26 Les lods & ventes pour supplément de prix appartiennent au Fermier du temps du supplément, & non au premier Fermier du temps du Contrat de vente *quia sunt diversi contractus*. Arrêt du Parlement de Rennes du 30. Octobre 1576. *Carondas*, liv. 7. Rép. 113. Deux sortes de supplément, l'un necessaire, l'autre volontaire. Voyez *Henrys*, tome 1. liv. 3. chap. 3. question 29.

27 Les droits Seigneuriaux d'un Contrat à faculté de rachat, appartiennent au Fermier qui tient la Ferme lors de la passation du Contrat à faculté de rachat & non à celuy qui la tient lorsque la grace est expirée. Arrêt en la Coûtume du Maine rendu le 21. Decembre 1584. *Papon*, liv. 13. tit. 2. nomb. 27. M. le Prêtre premiere Cent. ch. 41. *Anne Robert rerum judicat.* li. 1. chap. 18. rapporte l'Arrêt au long. *Le même* M. le Prêtre *és Arrêts de la Cinquième*, cotte un Arrêt du 19. Février 1628. *Mornac l.* 69. *Rutilia ff. de contrahenda emptione.* Voyez M. Loüet lettre R. somm. 43. & Brodeau *sur la lettre V*. somm. 9.

28 Le droit de rachat qui est le revenu d'une année, appartient au Fermier qui tient la Ferme lorsque le rachat est échû, & non au nouveau Fermier, bien que de son temps la cuëillette s'en fasse ; Arrêt au mois d'Août 1600. Il n'en est pas de même des amendes pecuniaires *quæ ex crimine procedunt*, lesquelles appartiennent au Fermier qui joüit de la Seigneurie lors de la Sentence qui emporte condamnation, & au Fermier qui est lorsque le crime a été commis ; c'est ainsi que Guy Pape le décide en sa quest. 535. *M. le Prêtre* premiere *Cent. chap.* 41. où il fait mention de deux Receveurs des amendes, dont l'un exerçoit pendant les amendes de deux premiers défauts, & l'autre étoit en exercice lors du dernier défaut ; les trois amendes furent ajugées au dernier Receveur. Arrêt du 27. Février 1595. *Voy. z Mornac l.* 24. §. *Colonus ff. locati & conducti*, où il parle des amendes.

Voyez cy-dessus le nombre 6.

29 Par Arrêt du Parlement de Roüen du 29. Juillet 1627. entre Paris & Morin, il a été jugé que le déport étoit dû à celuy qui étoit Fermier lors du déport échû, & non à celuy qui l'étoit en l'année, où les fruits avoient été perçûs. *Basnage, Coûtume de Normandie*, art. 173.

30 En la Coûtume du Maine par l'art. 250. les puinez Nobles ne joüissent de leur part hereditaire que par usufruit leur vie durant ; neanmoins la même Coûtume permet aux peres & meres de déclarer qu'ils veulent que leurs puinez Nobles succedent en proprieté és parts & portions dont ils ne devoient joüir que par usufruit. Un fief arrive au puiné, il est dû rachat ; le Fermier qui par son bail joüissoit du fief & de tous les profits de la Ferme lors de la declaration, prétendoit le rachat ; mais au temps de la succession échuë, il y avoit un nouveau Fermier du même fief, auquel le rachat fut ajugé, parce que la declaration ne donnoit aucun droit au puiné qu'aprés le decés de ses pere & mere, comme à un bien à luy avenu à titre successif. *M. le Prêtre* premiere *Cent. chap.* 41. in annotatione.

FERMIER, BIENS D'EGLISE.

31 Fermiers des biens Ecclesiastiques. Voyez le mot *Bail*, nomb. 252. & *suiv*. 286. 287. & le present titre nombre 13.

32 Declaration portant que toutes Fermes de Benefices expireront par la demission, resignation, ou mort du Beneficier, sauf le recours au Fermier pour ses dépens, dommages & interêts contre le Resignant, ou les heritiers du défunt en cas d'avance, si ce n'est des terres de labeur, dont les baux ne pourront exceder neuf ans, & qu'ils soient bien & dûëment faits au plus offrant & dernier encherisseur à extinction de chandelle, & avec les mêmes formalitez que les baux du Domaine du Roy ; lesquelles Fermes ne pourront être tenuës & possedées par aucuns Gentilshommes, &c. Cette Declaration a été renduë à Saint Maur le 7. Septembre 1568. *Ordonnances de Fontanon*, tome 4. p. 58.

FERMIER, ENCHERE.

De l'enchere és Fermes. Voyez le mot *Enchere*, 33 nomb. 16. & *suiv*.

FERMIER, ESTIMATION.

34 Quand on doit gaine d'admodiation des années precedentes, si le creancier peut demander d'être payé en especes & en graines, & non en l'estimation de la graine dûë. Voyez *Bouvot*, to. 1. partie 3. verbo *Creancier*, quest. 5.

35 Un Fermier étoit tenu de payer une quantité de grains au jour & Fête de S. Michel. Au mois de May

36. Le premier Juge avoit condamné le Fermier pour les grains de 1606. année précedente à l'estimation selon le commun cours des quatre saisons pour l'année 1607. année derniere, à rendre les grains en espece ou payer au plus haut prix de l'année ; cela fut confirmé par Arrêt du 22. Decembre 1609. *Bibliotheque de Bouchel*.

37. Un Fermier qui s'est obligé par son bail de fournir à son Maître une quantité de froment, & de lui rendre chez luy, en doit payer les arrerages, suivant le prix qu'il a valu au domicile de son Maître & non au sien, quand il offriroit les frais de la voiture. Arrêt du Parlement de Tournay du 27. Janvier 1696. entre Jean de Gricour demeurant à Frênoy, appellant ; & Philippes du Mesnil Receveur du Roy à Mons, intimé. *Voyez M. Pinault, to. 1. Arr. 90.*

FERMIER, EXPULSÉ.

38. Un acheteur à pacte de rachat ne peut se servir de la Loy *Emptor*, & expulser le Fermier. Arrêt du Parlement de Bourdeaux du 16. Février 1662. *La Peirere lettre F. n. 29.*

FERMIER, FRUITS.

39. Par Arrêt du 28. May 1628. jugé au Parlement de Grenoble au profit de l'heritier, que les fruits pendans aux fonds arrentez, l'année du decés, sont de l'hoirie du locateur, & que les Fermiers en demeureroient chargez, bien qu'ils fissent voir avoir payé par avance le prix de leurs Fermes, sauf à eux de donner demande dans la discussion. *Basset, to. 2. liv. 4. tit. 18. chap. 4.*

40. La vente des fruits rompt & annulle le Contrat de Ferme des mêmes biens, & le proprietaire du fonds n'est obligé qu'aux dommages & interets soufferts par le Fermier. Arrêt du Parlement de Toulouse du 3. Mars 1663. rapporté par *M. de Catellan, li. 5. ch. 44.*

41. Les fermages des heritages réünis sont acquis au Seigneur, si pendant que les fruits sont encore sur le champ, il a signifié au Fermier qu'il s'arrête ausdits fermages, si ce vassal ne baille aveu avant que les fruits soient engrangez par le Fermier. *Art. 19. des Arrêtez du Parlement de Rouen*, les Chambres assemblées, le 6. Avril 1666. *Basnage, to. 1. à la fin.*

FERMIER, GARANTIE.

42. Entre Jean Loysel & Jean Meneft Fermier de l'Impôt & Billot, & Jean le Menet. L'Intimé prend à ferme le devoir de quelque canton du Païs de Bas-Bretagne; les Juges de Karhais font défenses à quelques Taverniers de tenir vin ni tavernes ; l'Intimé s'adresse aux appellans pour luy garantir les villages, ils disent que ce n'est pas de leur fait : le Juge condamne les appellans à garantir, appel. Par Arrêt du Parlement de Bretagne du 20. Mars 1567. la Cour dit mal jugé, absout les appellans, sauf à l'intimé à se pourvoir contre les défenses. Il faut observer que celuy qui baille à ferme est tenu seulement de son fait, & non de garantir le trouble fait par une puissance superieure. *l. ff. loc.* Arrêt du 1. jour d'Audience de la séance de Février 1640. *Du Fail, liv. 1. chap. 236.*

43. Le Fermier qui s'est obligé avec le Seigneur duquel il tient quelque Terre à ferme au payement & continuation d'une rente, avec promesse de payer ladite rente, non seulement pour le temps de son bail, mais encore aprés le bail, jusqu'à ce que son successeur Fermier s'y feroit pareillement obligé, a été relevé, & ses Lettres entherinées pour le temps seulement qui a couru depuis son bail expiré. Arrêt du 17. Février 1597. *Carondas, liv. 11. Rép. 4.*

FERMIERS DE LA GLACE.

44. Arrêt du 9. Decembre 1686. qui a jugé que le Fermier de la glace n'en fournissant pas aux habitans, la Communauté a droit d'en fournir aux mêmes conditions des Fermiers pour l'utilité du public. *Boniface, to. 4. liv. 10. tit. 1. ch. 12.*

FERMIER DES IMPÔTS.

45. Par Arrêt du Parlement de Bretagne du dernier Février 1554. la Cour ordonne que les Fermiers de ce Païs auront des Tableaux & Pancartes, lesquels ils feront attacher aux portes & lieux éminens où seront écrits tous devoirs & impositions accoûtumées être levez sur les marchandises, afin qu'on n'en puisse ignorer ; défenses ausdits Fermiers de prendre plus grand salaire que celuy qui leur est ordonné, sur peine d'amende arbitraire. *Du Fail, liv. 1. ch. 61.*

46. Les Fermiers d'un Impôt ne peuvent obliger au serment ceux qu'ils prétendent les avoir frustrez de leur droit. Jugé au Parlement de Mets pour les Marchands Merciers le 24. Septembre 1640. *Voyez le 58. Plaidoyé de M. De Corberon Avocat General.*

FERMIER JUDICIAIRE.

47. *Voyez* cy-devant *Bail*, nomb. 113. & suiv.

48. Le Fermier judiciaire peut être expulsé par l'adjudicataire de l'heritage vendu par decret, en remboursant le Fermier des impenses & frais par lui faits. Arrêt du 16. Avril 1601. *Charondas, liv. 13. Rép. 48.*

FERMIER, JUGES.

49. Arrêt du Grand Conseil du 6. Juillet 1536. par lequel il est défendu aux Juges de tenir aucune Ferme, à peine de privation de leurs Offices, & d'amende arbitraire. *Papon, liv. 6. tit. 2. n. 20.*

50. Défenses à tous Présidens, Conseillers, autres Juges & Magistrats, d'affermer aucuns Benefices des Ecclesiastiques, ni permettre que leurs femmes, enfans & autres domestiques en afferment. Arrêt du P. de Toulouse du 10. Mars 1538. portant peine de suspension d'Etat & autre arbitraire. *Maynard, to. 1. liv. 2. chap. 11.*

51. Défenses aux Procureurs de Causes, de prendre les Fermes qui se bailleront aux Siéges ausquels ils sont Procureurs, sur les peines en tel cas requises. Arrêt du Parlement de Bretagne du 2. Septembre 1572. *Du Fail, liv. 2. chap. 422.*

52. Les Greffiers ni les Châtelains ne peuvent être Fermiers des Droits Seigneuriaux des lieux de leur établissement. Arrêts du Parlement de Grenoble de l'année 1621, & du 30. Août 1636. rapportez par *Chorier, en sa Jurisprudence de Guy Pape, p. 109.*

53. Les Maire & Echevins ne peuvent être admodiateurs ni Fermiers, pendant leur Charge, du revenu des biens Patrimoniaux, Octroy. Arrêt du Parlement de Bourgogne du 23. Février 1626. *Bouvot, to. 2. verbo Echevins. quest. 29.*

54. Les Officiers ne peuvent être admodiateurs. Arrêt du Parlement de Dijon du 14. Decembre 1600. *Bouvot, to. 2. verbo Jugement, quest. 6.*

55. Par Arrêt du Parlement de Bourgogne du 12. Octobre 1612. rapporté par *Bouvot, to. 1. part. 3. verbo Juges inferieurs*, a été jugé qu'un Juge inferieur ne peut prendre Fermes d'un Seigneur dont il est Officier.

56. Arrêt du Parlement de Provence du 25. Février 1658. qui défend aux Officiers Royaux de prendre des Fermes publiques. *Boniface, to. 1. liv. 1. tit. 1. n. 29. & tit. 25. n. 10.*

Voyez cy-dessus le mot *Adjudication*, nomb. 38. & suivans.

FERMIER, NULLITÉ DE CONTRAT.

57. Un Tuteur sans avis de parens vend la maison de son mineur qui étoit loüée, le locataire ou fermier peut alleguer la nullité du Contrat à l'effet d'entretenir son bail ; *secus*, si la vente est faite avec profit du mineur & avis des parens. Arrêt du 4. May 1571. *Charondas, liv. 9. Rép. 32.*

FERMIERS

FER FER 193

Fermiers du Peage.

58 Par Arrêt du Parlement de Bretagne du 30. Septembre 1567. la Cour faisant droit sur les Requêtes du Procureur General, enjoint à tous Receveurs & Fermiers des Peages, de faire attacher leurs Pancartes en lieux & endroits apparens, tellement que les Marchands ne puissent ignorer de ce qu'ils doivent à cause de leurs marchandises, & aussi de bailler quitrances plus speciales, par lesquelles sera déclaré la somme des deniers qu'ils recevront, & la marchandise pour laquelle ils auront reçû le Devoir & Peage, sur les peines qui y échéent. *Du Fail, liv. 1. chap. 259.*

59 La Reine afferme pour dix ans à André Ruys, Marchand, le Peage & droit d'acquit de la Prévôté de Nantes, des portes & havres de ce Duché, ensemble des Briefs & Traite des bêtes vives, à commencer le 1. Janvier 1570. le Roy le ratifie, laquelle ratification est enregistrée en la Cour, le 28. Avril 1570. à la charge que ce Ruys sera enregistrer les Fermes de devoirs procedans de son Bail. *Du Fail, livre 3. chapitre 222.*

Fermier, Preference du Proprietaire.

Voyez cy-dessus *le nombre* 2.

60 Préference du proprietaire pour les fermages échus. *Voyez* le mot *Arrerages*, nombre 64.

61 Jusqu'où s'étend le privilege du proprietaire sur les meubles étant dans la Ferme. *Voyez* le mot *Bail*, nombre 183. *& suiv.*

62 Le bétail, cabals, grains, meubles d'un Fermier ou Grangier, ne sont non plus obligez au Maître que ses autres biens meubles ou bétail qu'il a ailleurs, & il peut disposer des uns comme des autres; car la maxime qui veut *illata & invecta esse tacitè hypotecata pro pensione, L. certi juris C. locati*, se doit entendre *in prædiis urbanis, & non in rusticis*; ainsi jugé le 25. Octobre 1590. *La Rocheflavin, li. 6. tit. 65. Arr. 4.* Voyez les limitations de *Despeisses, tome 1. part. 1. du Louage, sect. 4. n. 13.*

63 C'est une maxime triviale, & qui ne reçoit aucun doute, que le proprietaire d'une Ferme, Terre & Seigneurie, est préferé sur les fruits recueillis par son Fermier sur ses Terres, pour les fermages de l'année que lesdits fruits ont été recueillis, ensorte que les Collecteurs ne peuvent esperer d'être payez sur le prix des fruits & des bestiaux du Fermier avant le Proprietaire. Par Arrêt du 24. Février 1660. jugé que les Proprietaires sont tellement les maîtres des fruits qui croissent sur leurs Terres jusqu'à concurrence de leur redevance de l'année, que des Collecteurs en ayant fait vendre encore pendans par les racines, le proprietaire les auroit depuis fait saisir, & a été préferé sur le prix d'iceux. *Memorial alphabetique*, verbo *Proprietaires, n. 2.*

64 Arrêt du Parlement de Bourdeaux du 17. Mars 1663. qui a jugé que le Proprietaire sur le prix de la Ferme étoit préferé à celuy qui avoit prêté au Fermier pour la culture des biens. *La Peirere lettre F. n. 24.*

65 Le Proprietaire d'un Domaine le baille à ferme, à un certain prix par an, payable à la fin de chaque année. On demande si le prix de plusieurs années étant dû, le Proprietaire doit être alloüé dans la distribution des biens du Fermier année par année, au temps du terme pour le prix de chacune, ou bien du jour du contrat de ferme, pour toute la somme qui luy est dûë? Il se juge qu'il doit être alloüé pour toute la somme du jour du Contrat; l'hypoteque naît du jour du Bail, qui contient l'obligation reciproque du Proprietaire & du Fermier, & quoiqu'il y ait plusieurs années & plusieurs payemens annuels, c'est neanmoins une seule & unique stipulation. Arrêts du Parlement de Toulouse au mois de Mars 1664. & au mois de Septembre 1694. rapportez par *M. de Catellan, liv. 6. chap. 10.*

66 Le Chapitre de Montpellier avoit donné à ferme un Domaine à certain prix par an, avec convention que le Fermier ne commenceroit à joüir que deux ans après; l'Arrêt infirmatif de la Sentence du Sénéchal de Montpellier, alloüe le Chapitre pour tout ce qui luy étoit dû du prix de cette Ferme du jour du Contrat, & non du jour du commencement de la joüissance du Fermier, au préjudice des creanciers qui avoient prêté à ce Fermier discuté entre ces deux temps. Cet Arrêt a été rendu au Parlement de Toulouse le 14. Février 1664. il est rapporté par *M. de Catellan ibidem, chapitre 11.*

Fermier, Procez.

67 Fermier des Dismes n'est capable de défendre à une demande en portion congruë; il faut s'adresser au Proprietaire. Arrêt du Parlement de Bretagne du 10. Septembre 1562. mais les convenanciers peuvent être convenus pour payement des Dismes & autres devoirs non exprimez en leurs baux, & condamnez au principal, sauf leur recours vers le Proprietaire du convenant, lequel les doit acquiter des arrerages & continuation, par deduction sur les rentes convenancieres ou autrement. Ainsi jugé le 5. Decembre 1633. *Du Fail, liv. 2. chap. 187.*

68 Un Fermier appellé en action petitoire, après qu'il a nommé son Maître, ne peut être contraint d'entrer en cause. Jugé le 24. Septembre 1563. *Charondas, liv. 3. chap. 71.*

69 *Colonus Dominum nominando, ab instantiâ & lite absolvi debet.* Arrêt du 26. Septembre 1579. *Anne Robert* rerum judicat. *liv. 4. chap. 9.*

70 Jugé par Arrêt du 22. Novembre 1583. qu'il suffit au Fermier appellé en action petitoire, reivindication & declaration d'hypoteque, de nommer celuy sous lequel il joüit & possede la chose, sans qu'il soit tenu le faire appeller & entrer en cause. *Chenu, Cent. 1. quest. 88. Filleau, 4. part. quest. 88.*

71 Le Fermier qui tient & joüit des biens de la Ferme lors du crime commis, ne doit fournir les frais du procez criminel, mais celuy qui étoit en Ferme au temps de la Sentence renduë contre le prévenu. Arrêts du Parlement de Grenoble des 17. Juillet 1611. & 6. Août 1613. *Basset, to. 1. liv. 6. tit. 11. chap. 3.*

72 En Hainaut un Fermier ne peut sans son Maître soûtenir procez pour dénier le terrage sur les Terres de son bail; mais il peut agir pour le demander sur les Terres d'autruy. Jugé au Parlement de Tournay le 21. Novembre 1697. *V. M. Pinault, tr. 2. Arrêt 190.*

Fermier, Reparations.

73 Des reparations faites par le Fermier sans le sçû du Proprietaire. *Voyez les Arrêts de M. de Catellan, liv. 5. chap. 59.* où il en rapporte un du Parlement de Toulouse, qui ordonne que les Fermiers prouveroient qu'ils avoient fait le bâtiment de la grange par l'ordre du Chapitre de Nîmes.

Fermier, Retrait feodal.

74 Le Fermier peut exercer le Retrait feodal, quand il l'a dans son bail; & même il y a Arrêt dans la Coûtume du *Maine* du 26. Avril 1636. qui a jugé que tel Fermier qui l'avoit dans son bail, ou quoique ce soit, s'il n'en avoit point été excepté, le pouvoit ceder. *V. Du Plessis, traité des Fiefs, liv. 7.*

Fermes du Roy.

75 Ordonnance pour servir de Reglement sur plusieurs droits des Fermes du Roy, & sur tous en general. A Versailles en Juillet 1681. registrée en la Cour des Aydes le 21. Août suivant.

76 Ordonnance sur le fait des cinq grosses Fermes, contenant quatorze titres. A Versailles en Février 1687. registrée en la Cour des Aydes le 8. Mars suivant.

Voyez cy-dessus *le nombre* 10. *& suiv.*

Ferme, Tiercement.

77 *Mos apud Delphinates de juribus & Fermis Regis Delphini liberandis tertiandis.* Voyez *Franc. Marc. 10. 1. quest. 85.*

Voyez cy-après le mot *Tiercement.*

Tome II.

FESTINS.

1. Droit de festin ou de festage. Par Arrêt du Parlement de Paris du 11. May 1346. l'Evêque d'Angers fut condamné à faire cinq ou six festins en l'an à son Chapitre. Et par autre Arrêt du 6. May 1382. la récreance est adjugée à l'Archiprêtre d'Angers de ses droits, au festin qui se fait au Refectoire du Chapitre dudit lieu le jour Saint Yves ; & par autre Arrêt du 7. Avril 1385. il appert que ledit Archiprêtre doit audit Chapitre un festin : & par Arrêt du 6. Avril 1406. l'Evêque du *Puy* doit une fois l'an au Chapitre de son Eglise un banquet. Aussi le 22. Février 1536. a été donné autre Arrêt pour ces festins entre l'Evêque & Chapitre d'Angers. *V. l'Indice des Droits Royaux*, verbo *Festin*, la Bibliotheque du Droit François par Bouchel *sous le même mot* Festin, *& cy-dessus le mot* Chanoine, nomb. 62. *&* 63.

2. Arrêt du dernier May 1538. approbatif de telles coûtumes dans le Chapitre d'Angers. *Voyez Tournet lettre F. Arrêt* 15.

3. Les festins que les Chanoines donnent pour leur entrée, ou ceux qu'ils reçoivent de l'Evêque *in modum annui reditus*, n'ont point été reprouvez. Il y a un Arrêt du Parlement de Paris du 21. Février 1536. qui a confirmé cet usage dans l'Eglise d'Angers, & le 8. Avril 1528. il y eut Arrêt contre les Chanoines de Chinon, qui ordonna qu'ils se feroient servir *per honestos & in vasis non vilis, & in vasis honestis sive argenteis, sive vitris vel aliis*. Voyez Rebuffe sur le Concordat au *tit. de reservat. au mot in Cathedralibus*.

4. Au sujet des festins que l'on appelle *prandia magistralia*, qui sont dûs aux Theologiens, & où *vino Theologali, id est optimo utuntur*. Voyez le même Rebuffe sur le Concordat tit. *de Collationibus*.

5. Défenses aux Gens d'Eglise d'exiger des festins pour les Baptêmes, Mariages, premieres Messes, Confrairies, &c. Voyez *Henrici Progymnasmata*, Arrêt 81. il est de 1556.

6. Arrêt du Parlement de Paris de l'année 1580. pour les Praticiens de S. Quentin contre le Maire Batonnier de S. Loüis auquel on avoit fait payer le festin accoûtumé. *Papon, liv.* 1. *tit.* 1. *n.* 3.

7. Arrêt du Parlement de Paris du 6. May 1633. qui condamne le Prieur de la Paroisse de Volore à payer à chacun des Prêtres, & personnes Laïques qui se doivent trouver aux repas les 13. Fêtes solemnelles, dix sols tournois pour chacun, avec ce qui se trouvera dû pour le passé, faute par le Prieur d'avoir satisfait. *Voyez Henrys, to.* 2. *li.* 1. *quest.* 37.

8. Coûtume d'un Doyen, aprés avoir celebré la Messe les jours solemnels, d'inviter les Chanoines qui l'ont assisté à dîner avec luy, ne peut être obligatoire. Jugé au Parlement de Paris le 7. Decembre 1638. contre les Chanoines de *Laon*. M. l'Avocat General distingua entre les festins instituez par fondation expresse dont la Cour a converti les deniers en œuvres pies, les festins dûs par droit de superiorité, & ceux qui n'ont pour cause que la seule bienseance qui ne sont d'obligation. Voyez *Bardet, tome* 2. *liv.* 7. *chap.* 43.

9. Sur un droit de repas que les Chantres & les Chanoines de l'Eglise Cathedrale de *Verdun* avoient dans l'Abbaye de saint Ayric, un jour que le Chapitre y va en Procession, & d'un muid de vin que la même Abbaye étoit obligée de donner, & qu'on emmenoit avec la Procession ; les Religieux avoient refusé de le payer, à cause de leur indigence. Par Arrêt du Parlement de Mets du 29. Novembre 1640. ils ont été condamnez de payer seulement la somme de dix livres pour le repas ; ordonné que le muid de vin seroit rendu à leurs frais dans la cave du Celerier, le tout dans la huitaine de saint Ayric. *Voyez le* 64. *Plaidoyé de M. Corberon*.

FESTE.

Ut Dominicis diebus omnes ab operibus vacent. L. N. 54.
Celebris in Ecclesiâ viris, Festis dies constituuntur, L. N. 88. Fêtes établies à l'honneur de quelques Saints.

Les autres titres sont indiquez sous le mot *Feries*.
De feriis. Voyez le traité fait *per Franc. de la Cruce*.
De observatione dierum festorum observationum lib. 10. Voyez le traité fait. *per Tho. Campeg. in tract. de Aut. R. P. & per Mar. Mantua Benavidium.*

1. Le Roy Henry II. défendit en 1556. les danses & trafics les jours de Fêtes. Voyez *Henrici, Progymnasmata*, Arrêt 265.

2. Reglement du Roy Henry II. en 1556. pour les Fêtes dans le temps de la moisson. *Voyez Ibidem, Arr.* 267.

3. Fêtes établies par les Conciles & par les Papes, ne peuvent être changées. *Définitions Canoniques*, pag. 310. *& cy-aprés le nomb.* 13. *& suiv.*

4. De la celebration des Fêtes. *Voyez les Mem. du Clergé, tome* 1. *part.* 1. *tit.* 2. *chap.* 3.

De l'observation du saint Dimanche, & autres Fêtes solemnelles; qu'en ces jours sont prohibez tous jeux, foires, & marchez. *Voyez les Ordonnances de Fontanon, to.* 4. *tit.* 5. *p.* 235.

5. De l'observation des Fêtes de l'Eglise par ceux de la Religion prétendüe Réformée, & de l'abstinence des viandes aux jours défendus. Voyez *les Memoires du Clergé, to.* 5. *part.* 9. *chap.* 5.

6. Ceux de la Religion prétendüe Réformée tenus de garder & observer les Fêtes, tant du Dimanche que des Saints. *V. les décisions Catholiques, p.* 30. *& suiv.* où sont rapportez les Arrêts & Jugemens.

7. Pour faire observer les Fêtes des Patrons de métiers aux artisans de la Religion prétendüe Réformée. *Voyez la troisiéme Conclusion du sieur de Roquayrols, Procureur General en la Chambre de l'Edit de Castres*.

8. Tous les sujets du Roy, même Religionnaires doivent observer les Fêtes. Les Registres de la Chambre mi-partie de Castres en fournissent un exemple, par l'Arrêt qu'elle rendit contre des Boulangers de la Religion prétendüe Réformée de la Ville de Montpellier, qui par malice ne vouloient pas solemniser la fête de saint Honoré, que ceux de leur métier qui faisant profession de la Religion Catholique, Apostolique & Romaine ont choisi pour leur Patron; ceux-là se défendoient sur le privilege de l'Edit de Nantes; de maniere qu'aprés une grande contestation, il leur fut fait défenses d'ouvrir leurs boutiques, ni d'étaler leur pain ce jour là, à peine de cent liv. d'amende contre chacun des contrevenans. *Définit. Canpage* 313. *&* 314.

9. Arrêt du Parlement de Paris du 23. May 1524. qui ordonne à tous Monasteres, Eglises, & Colleges de la Ville de Paris, à peine de saisie de leur temporel de parer les ruës le jour du saint Sacrement, même de sortir & venir devant leurs portes avec leurs ornemens & encensoirs. *Preuves des Libertez, tome* 2. *chap.* 35. *n.* 42.

10. Arrêt du Parlement de Toulouse du 26. Octobre 1565. portant défenses de faire les jours de Fêtes solemnelles aucunes assemblées tendantes au dommage d'autrui, & à dissolution, sous prétexte de quelque Coûtume, à peine du foüet, & autre arbitraire. *Maynard, li.* 8. *chap.* 100.

11. A qui appartient le droit d'établir des Fêtes nouvelles, ou du Pape, ou de l'Evêque dans son Diocese ? La Cour par Arrêt du 4. Février 1659. mit hors de Cour sur l'appel comme d'abus interjetté par le Chapitre de saint Melon de Pontoise d'un decret de l'Archevêque de Roüen, aprés la déclaration de l'Abbé de S. Martin impetrant du decret, qu'il n'entendoit point que les habitans de la campagne fussent

compris en iceluy, & encore à la charge par lui d'obtenir dans six mois Lettres Patentes du Roy portant permission de celebrer ladite Fête de saint Gautier ; lesquelles Lettres Patentes seroient par luy apportées en la Cour pour y être verifiées. *Soëfve*, to. 2. Cent. 1. chap. 91. & le Journ. des Aud. to. 2. li. 2. chap. 6. où il est observé & décidé que le Roy, les Evêques & le peuple, peuvent établir & ordonner la solemnité de quelque Fête particuliere : il faut obtenir Lettres Patentes, & les faire verifier en la Cour.

12 Les Archevêques & Evêques ordonneront des Fêtes qu'ils trouveront à propos d'établir ou de supprimer dans leurs Dioceses ; & les Ordonnances qu'ils rendront sur ce sujet nous seront présentées pour être autorisées par nos Lettres. Ordonnons à nos Cours & Juges de tenir la main à l'execution desdites Ordonnances, sans qu'ils en puissent prendre connoissance, si ce n'est en cas d'appel comme d'abus, ou en ce qui regarde la Police. *Art. 28. de l'Edit concernant la Jurisdiction Ecclesiastique du mois d'Avril 1695.*

FESTES ABROGE'ES.

13 Voyez cy-dessus le nomb. 3.
De *Festorum dierum imminutione.* in douze, Paris 1677.
De l'abrogation de plusieurs Fêtes. *Voyez Henrici Progymnasmata. Arrêt 48.* il est de 1556.

14 De l'observation ou suppression des Fêtes dans les Dioceses suivant les necessitez publiques. *Bibliot. Can. to. 1. page 928.*

15 De la suppression faite par les Présidiaux de Bourges, de certains jours qu'on fêtoit en leurs Palais. Arrêt du mois de Juin 1607. qui confirme ce qu'ils avoient ordonné. M. le Bret Avocat General observa que ces Fêtes n'avoient point été ordonnées par l'Eglise, mais qu'elles n'avoient aucun principe que la tolerance des précedens Officiers, & un usage préjudiciable au public. *Le Bret, li. 5. decis. 5.*

FESTES CRIE'ES.

16 Les criées ne se font le jour de Pâques à cause de la solemnité. *Voyez le mot Criées, nomb. 111. & 112.*

FESTE, EMPRISONNEMENT.

17 Si l'on peut emprisonner un jour de Fête ? *Voyez le mot Emprisonnement, nomb. 52. & suiv.*

FESTES, EXPLOITS.

18 Si les Exploits faits és jours de Fêtes sont valables? *Voyez le mot Exploits, nomb. 13. & suiv. & cy-après le nomb. 20. & suiv.*

FESTES OU JEUX PUBLICS.

19 De *Majuma. C. 11. 45... C. Th. 15. 6...* Fête du mois de May.
De *Torneamentis. Extr. 5. 13... Extr. Jo. 9...* Des Tournois. *Voyez le mot Jeux.*

FESTES, PROCEDURES.

20 Exploits donnez les jours de Fêtes. *Voyez le mot Ajournement, nomb. 27. & suiv. & le mot Experts, nomb. 13. & suiv.*

21 Des jours fêtez, & feriez, & des Exploits qui peuvent être faits ces jours là. *Voyez Guy Pape, quest. 215.*

22 Des Fêtes & jours feriez esquels l'exercice de la Justice cesse aux Cours de Parlement. *Voyez La Rocheflavin, liv. 13. ch. 87.*

23 Si l'execution faite à jour ferié est nulle ? *Voyez Coquille, to. 2. quest. 219.* où il estime que toute execution réelle en laquelle il y a apprehension de main, ou de personne, doit cesser és jours de Fêtes : sauf s'il reste question de prendre prisonnier un délinquant, ou un débiteur fuyard, qui ne peut aisément être apprehendé.

24 Le débiteur ne peut pas opposer la nullité d'une saisie pour avoir été faite un jour de Fête, mais bien le Procureur du Roy, à cause de la Religion & honnêteté publique. Arrêt du Parlement de Paris du 15.

May 1528. *Papon, li. 7. tit. 10. n. 2.*

25 Sentence donnée un jour de Fête, infirmée par Arrêt du 13. Mars 1542. *Papon, livre 7. tome 10. nomb. 5.*

26 *Die feriato confici potest instrumentum, valet pronuntiatio arbitrorum : testes audiri, sed non recipi, cum sit actus Jurisdictionis.* Mornac, *l. 8. Cod. de feriis.*

27 Arrêt du Parlement de Bretagne du 2. Mars 1555. confirmatif du Jugement du Senéchal de Dinan, aussi confirmé par les Juges de Rennes, par lequel il avoit dit qu'un Fermier de saint Malo procederoit, quoiqu'il fût jour de Fête ; il vouloit empêcher un navire prêt à partir. *Voyez du Fail, livre premier, chap. 16.*

28 Arrêt du Parlement de Bretagne du 23. Septembre 1568. qui déboute un appellant de l'opposition formée contre l'appropriance que l'intimé avoit faite de certains heritages, d'autant que la certification de ses bannies étoit du jour du Jeudy Saint. *Et dies ille vocatur sacer.* Le même Arrêt porte défenses à tous Juges de donner des assignations des plaids de plaidoiries à tel jour, sur les peines qui y échéent, sauf toutefois les expeditions qui se feront par necessité, *in domibus judicum.* Ibidem, *ch. 178.*

29 Arrêt du Parlement de Toulouse du 23. May 1571. qui défend à tous Officiers du ressort de decreter informations les jours feriez, ni d'user d'antidate sur la peine contenuë aux Edits & Ordonnances du Roy. *La Rocheflavin, li. 2. lettre I. tit. 7.*

30 Les Juges ne doivent faire aucun acte de Jurisdiction les jours de Fêtes, sur peine de suspension de leurs Charges, sinon en cas d'imminent peril, ou autre cause urgente ; & fut par Arrêt du Parlement de Normandie du 9. Mars 1584. une curatelle cassée pour avoir été faite un jour saint Simon saint Jude, suivant l'Ordonnance de Moulins art. 69. qui défend aux Cours Souveraines de juger és jours de Fête. *Berault* rapporte cet Arrêt sur l'art. 13. de la Coûtume de Normandie ; il est aussi dans *Jovet*, verbo *Juge, nomb. 102.*

31 Par Arrêt du Jeudy 14. Janvier 1588. il fut dit que la consignation faite l'aprêsdînée d'aprés les Prieres & la Procession solemnelle de sainte Geneviéve, étoit bonne ; le retrait lignager ajugé. *Robert, liv. 4. des choses jugées, chapitre 15. Tournet, lettre E. nomb. 98.*

32 Arrêt du Parlement de Bretagne du 2. Decembre 1610. qui a déclaré nulle une saisie réelle faite un jour de Dimanche contre le texte de la Loy *fin. Cod. de feriis,* où les Empereurs disent, *dies festos majestati altissimae dedicatos nullis voluptatibus occupari, nec ullis exactionum vexationibus profanari.* Voyez Frain, *page 103.* où il cite les Arrêts de Papon.

33 La saisie faite un jour de Fête a été déclarée nulle. Par Arrêt du Parlement de Dijon du 17. Juin 1619. quoiqu'il y eût permission du Juge. *Bouvot, tome 2. verbo Fête, quest. 2.*

34 Si les Sentences renduës les jours feriez du Palais, quoique ce ne soit pas une Fête de l'Eglise, sont nulles? Jugé pour l'affirmative au Parlement de Toulouse le 16. Janvier 1651. il s'agissoit d'une Sentence du Sénéchal de Carcassone donnée le 5. Août 1650. jour de Nôtre-Dame des Neiges, en la cause du sieur Calviere & Perrin ; le Rapporteur condamné à rendre le Rapport qui étoit de 26. écus ; enjoint à ce Sénéchal, & à tous autres Juges du ressort de garder les jours feriez de la Cour ; il y a eu depuis un une Déclaration du Roy, qui permet d'executer les Jugemens les jours non pas feriez par l'Eglise, mais il n'y a rien d'innové touchant les Sentences. *Albert,* verbo *Sentence, art. 3.*

35 Arrêt du Parlement de Provence du 15. Mars 1663. qui a jugé que les jours de Fêtes ne sont point compris dans les six jours qui sont donnez à un homme

pour décharger une barque, parce que les Fêtes n'étant point destinées au travail, ne sont pas jours utiles. *Boniface, to. 2. liv. 4. tit. 5. ch. 3.*

36 Arrêt du même Parlement de Provence du 17. Décembre 1667. qui a déclaré nulle une Sentence, & procez extraordinaire rendu un jour de Fête. La Cour fit répondre les accusez, qu'elle condamna à une petite amende. *Idem, tome 1. li. 1. tit. 16. n. 12.*

37 Declaration du 8. Avril 1681. portant que les procedures qui seront faites dans le ressort du Parlement de Toulouse és jours que ledit Parlement n'entre point, autres que ceux commandez par l'Eglise, seront valables. *Voyez les Edits & Arrêts recueillis par l'ordre de Monseigneur le Chancelier en 1682.*

38 *Parlamentum Delphinale an ferias indicere potest, maxime ob pestem & calores æstivos. Voyez Franc. Marc. tome 1. quest. 519.* il décide pour l'affirmative, & raporte un Arrêt du mois d'Août 1515. qui proroge les vacations jusqu'à la Toussaints, *propter nimios calores*, & ce à la requisition des Procureurs.

FESTES, VOITURIERS.

39 Arrêt du Conseil d'Etat du 3. Février 1661. qui fait défenses à tous Gouverneurs, Maires & Echevins, Officiers Laïcs & Ecclesiastiques d'empêcher les voituriers d'aller par riviere tous les jours de l'année, feriez & non feriez, à l'exception des quatre Fêtes solemnelles. *Voyez les Ordonnances concernant la Jurisdiction de la Ville de Paris*, imprimées chez Frederic Leonard en 1676. p. 159.

F E U.

1 LE feu ayant pris dans une étable sans sçavoir comment, & la maison voisine ayant été brûlée, le maître fut condamné de payer pour son valet qui étoit dans cette étable, la valeur de la maison voisine qui avoit été brûlée. *Voyez la Loy qui occidit §. 3. ad L. Aquil. & Basnage sur la Coût. de Normandie, art. 453.*

2 Le Presbitere de saint Germain ayant été brûlé la même nuit que le Curé mourut, le nouveau Curé poursuivit le Seigneur de la Paroisse, & les habitans pour luy construire un Presbytere : Philippes de Torcy Ecuyer, heritier du défunt Curé, appellé en garentie, offre de payer la valeur des bâtimens qui avoient été brûlez, qu'il disoit être si vieux & si ruinez, qu'ils ne pouvoient pas subsister long-temps, & pour cet effet il demandoit à convenir d'Experts. Deux Experts ne les ayant estimez qu'à 700 livres, il fut condamné par le Juge d'Arques à payer cette somme. Par l'Arrêt du Parlement de Roüen du 3. Decembre 1666. la Cour condamna le sieur de Torcy à payer 1000. livres, si mieux les Paroissiens ne vouloient payer la moitié des bâtimens. *Voyez Basnage, Ibidem.*

3 Encore que le Maître soit tenu de la faute de ses domestiques, il n'est pas responsable de la faute de ses locataires, ou de ses fermiers envers les voisins, dont les maisons auroient été brûlées. Les fermiers de Damoiselle Judith le Trésor, nommez Paris, ayant mis le feu à une boulangerie, les maisons d'un Gentilhomme voisin en furent consumées; il poursuivit & les fermiers & la proprietaire pour les rétablir, soûtenant contre la Demoiselle le Tresor qu'elle devoit répondre du dommage causé par ses fermiers, ou en tout cas qu'il devoit concurrer avec elle sur les biens des fermiers. Par Sentence les fermiers furent condamnez tant envers la Demoiselle le Tresor, qu'envers le sieur des Moutiers, & luy débouté de sa demande contre cette Demoiselle. Par Arrêt du Parlement de Roüen du 5. Mars 1671. en infirmant la Sentence, on ordonna que la proprietaire seroit payée par privilege sur les biens qui étoient sur sa ferme, & qu'ils concurroient sur les autres biens; on eut quelque commiseration pour ce Gentilhom-

me qui étoit pauvre; & cette Demoiselle étoit riche. *Basnage, ibidem.*

Voyez le mot *Incendie.*

FIANÇAILLES.

Fiançailles. Fiancer. *Sponsalia. Desponsare.*
De sponsalibus. D. 23. 1... C. J. Alex. Com. 3. & 4.
De sponsalibus, & arrhis sponsalitiis, & proxeneticis, C. 5. 1... C. Th. 3. 5.
De sponsalibus, & matrimoniis; In Decreto, & Decretal. passim.
De Desponsatione impuberum. Extr. 4. 2.
Si rector Provinciæ, vel ad eum pertinentes, sponsalitia dederint. C. 5. 2... C. Th. 3. 6.
De donationibus ante nuptias, vel propter nuptias, & sponsalitiis. C. 5. 3. V. Augment.
Ut si sponsa ex alio gravida deprehendatur, sponsalia rescindi possint. L. N. 93.
Ne intra septimum ætatis annum sponsalia ineantur; & de ætate matrimonii. L. N. 109.
Ut in sponsalibus constituta pœna exigatur. L. N. 18.
Voyez Mariage.

Fiançailles. *Voyez Chopin, Coûtume de Paris, liv. 2.* 1
tit. 2. n. 2. & Peleus, quest. 83. où il parle d'un contrat de mariage résolu entre un fiancé & une fiancée, & dit que c'est une injure de dire par le fiancé qu'il a eu la compagnie de sa fiancée avant la Benediction nuptiale, & que cette injure peut le rendre indigne du mariage contracté & encommencé.

Voyez cy-après les nomb. 20. & 32. & suiv.

Desponsationes in domibus privatorum fieri prohibitum 2
est. Voyez Franc. Marc. tome 2. quest. 709.

Une fille ayant été par Ordonnance de Justice sequestrée & mise en un lieu sous la main du Roy, ne peut être fiancée, même de son consentement. Jugé par Arrêt du Parlement de Paris de l'année 1167. contre un Chevalier qui avoit fiancé une Demoiselle étant par Ordonnance de Justice en la maison du Bailif, & a été condamné en 300. livres d'amende vers le Roy. *Papon, li. 22. tit. 6. n. 6.*

La fiancée qui a payé la dot promise par les pactes 4
de mariage, n'a privilege, si le mariage ne s'en est ensuivi. Subreville ayant fait des pactes de mariage avec Jeanne Guillot, reçoit du pere de sa fiancée la somme de 800. livres qu'il constituoit en dot à sa fille. Subreville se maria ensuite avec une autre, de laquelle il eut des enfans, & étant mort insolvable, & ses biens mis en generale distribution; par Arrêt du 3. Juillet 1624. il fut jugé que ladite Guillot ne seroit alloüée que du jour des pactes; & la femme dudit Subreville fut alloüée pour sa dot devant elle; il n'y avoit ici que des pactes; la difficulté eût été plus grande s'il y eût eu fiançailles par paroles de present. *V. Cambolas, liv. 5. chap. 17.*

Un homme qui a passé Contrat de mariage avec 5
une fille, à laquelle son pere a constitué 3000. livres, sçavoir 1500. livres payables lors du Contrat, & les autres 1500. livres avant la celebration du mariage, est obligé aprés avoir reçu la moitié de cette dot, d'accomplir le mariage, ou estre venant à faire distribution de biens. Le 4. Août 1636. cette cause ayant été plaidée au Parlement de Toulouse, aprés partage, il fut ordonné que Favre qui étoit le fiancé accompliroit le mariage, autrement condamné aux dommages & interets envers la fille, moderez à 3000. livres par l'Arrêt même, outre le remboursement des 1500. livres qu'il avoit reçuës. *Albert, verbo Dot, art. 3.*

Quelquefois on ajuge des dommages aux Fiancez, 6
& l'on fait rembourser par la fille ou par les parens, les frais faits à l'occasion des fiançailles, & les présens, pourvû qu'ils soient justifiez, & qu'ils ne soient pas ridicules comme les comptes d'un nommé Dutil Marchand, qui mettoit pour 400. livres de bouquets donnez à sa fiancée; elle avoit été en service chez

une Bourgeoise, aussi fut-il jugé le 14. Août 1646. au Parlement de Toulouse qu'elle payeroit l'estimation des marchandises & des présens justifiez : mais sur les dommages & interêts, hors de Cour. De même lors qu'il paroit quelque mauvaise humeur du fiancé , la Cour excuse les filles en ce cas, puisqu'elles ont sujet de croire que si un Amant a si peu de moderation en ce temps là , il ne pourra être que brutal quand il sera mari : c'est pourquoy la Cour n'ajuge rien à de tels fiancez ; comme il fut jugé en la cause de Maurici contre la Gardere , auquel il ne fut ajugé que 400. livres des habits qu'il avoit achetez, & 400. livres pour les frais d'un procez qu'avoit Maurici, auquel la Gardere avoit causé, & rien pour ses dommages & interêts , quoiqu'il y eût plusieurs dépenses justifiées. Arrêt du 14. Decembre 1644. *Albert*, verbo *Mariages, art. 9.*

7 On ne rend pas la chose achetée, mais le prix veritable de l'achat. Arrêt du 20. Juillet 1643. *Brodeau sur M. Loüet , lettre F. somm. 18.*

8 La Fiancée ne profite des choses données , le mariage n'ayant effet ; mais seulement des présens. Arrêt du Parlement de Grenoble du 2. Avril 1658. *Basset, to. 1. liv. 4. tit. 2. chap. 1.*

9 Bourjot Procureur au Parlement, rompit le mariage de son fils le jour des fiançailles ; il fut condamné à 6000. l. pour dommages & interêts, & aux dépens, & ordonné que les choses données à la fiancée comme présens de nôces luy demeureroient, l'Arrêt est du 10. Decembre 1670. *De la Guessiere , to. 3. li. 4. ch. 8.*

FIANÇAILLES, BAGUES ET JOYAUX.

10 Jugé au Parlement de Paris le 12. Decembre 1598. que les bagues, joyaux & habillemens nuptiaux donnez par le fiancé à sa fiancée , sont sujets à restitution , en cas que le fiancé soit prévenu de mort, & qu'à cette cause le mariage ne se puisse consommer entre eux nonobstant la Loy *Si à sponso C. de donat. ante nupt.* Il faut observer que les bagues, joyaux & habillemens étoient encore dûs au Marchand lors du decés du fiancé. *Voyez la Bibliotheque du Droit François par Bouchel,* verbo *Bagues.*

11 Un fiancé decede ; ses heritiers redemandent les bagues & joyaux ; la fiancée dit qu'elles luy doivent demeurer *tanquam premium osculi*, que *per eam non stetit*, que le mariage n'ait été accompli. Arrêt du Parlement de Paris du 4. Avril 1601. qui met hors de Cour, *Ibidem.*

12 Nous ne gardons pas en France la loy *si à sponso 6. C. de donat. ante nuptias.* Un fiancé ayant donné à sa fiancée des bagues & habits nuptiaux en contemplation de leur mariage qui n'avoit pû s'accomplir à cause que le fiancé avoit été tué ; jugé que le prix lui devoit rendre. Arrêt du 6. Decembre 1598. *M. Loüet lettre F. somm. 18. Voyez* M. le Prêtre 1. Cent. ch. 68. *in margine*, où il date l'Arrêt du 21. & non pas du 16. Decembre.

13 Les robes, bagues & joyaux que fiancé envoye à sa fiancée , luy sont censez donnez. Jugé au Parlement de Toulouse le 29. Février 1616. *De Cambolas, liv. 4. chapitre 31.*

14 Jugé au P. de Paris le 27. Mars 1618. que le promis & fiancé étant decedé avant le mariage solemnisé , la fiancée & promise est tenuë de restituer les bagues & joyaux qui luy ont été donnez par son promis. Le survivant ne les gagne pas au préjudice de l'Orfévre qui les a vendus, & n'en a été payé. *V. Filleau 4. part. quest. 146.*

15 Fiancée est tenuë de rendre les bagues & joyaux, le mariage ne s'étant point accompli par le decés du fiancé. Jugé le 14. Mars 1619. *Bardet, to. 1. liv. 1. ch. 54.* où sont citez plusieurs Arrêts semblables.

16 Celuy qui a donné lieu à la dissolution des fiancailles perd les bagues & joyaux. Arrêt du 12. Decembre 1623. *Du Frêne , liv. 1. chapitre 10.*

17 Le fiancé ne voulant accomplir le mariage par l'ombrage de la pudicité de la fiancée, la bague donnée à la fille luy est acquise sans dommages ni interêts. Arrêt du Parlement de Provence du dernier Mars 1672. *Boniface , to. 4. li. 5. tit. 3. chap. 1.*

FIANCÉ QUI CONTRACTE.

18 Une fille aprés ses fiançailles peut contracter & s'obliger , pourvû que ce ne soit point en fraude de son futur époux. Jugé au Parl. de Tournay le 3. Novembre 1694. pour une obligation passée par une fiancée dix ans aprés ses fiançailles & quelques jours avant son mariage causée pour frais qu'elle avoit été obligée de faire contre son futur pour le contraindre à l'épouser. *Pinault , to. 1. Arr. 41.*

FIANÇAILLES, DISSOLUTION.

19 Par Arrêt du Parlement de Bourgogne du 28. Novembre 1587. a été jugé, que si pour rompre des promesses de mariage le fiancé a dit que la fille avoit le mal caduc, il est tenu prouver l'injure. *Bouvot, to. 2. verbo Injure , quest. 24.*

20 La seule jactance publique , soit vraye ou fausse d'un fiancé d'avoir eu la compagnie charnelle de sa fiancée avant la benediction nuptiale , est suffisante pour rompre les pactions matrimoniales commencées ; ainsi jugé au Parlement de Paris le 20. Août 1604. contre Hercules Bonnart. *Bibliotheque de Bouchel*, verbo *Jactance.* Peleus , *quest.* 83. date l'Arrêt du 6. Août 1603. & rapporte l'espece & les moyens.

21 L'infamie arrivée depuis les fiançailles, est un moyen capable de les dissoudre , quoique le fiancé pose en fait des promesses reïterées depuis la disgrace. Arrêt du Parlement de Bretagne du 10. May 1610. rapporté par *Frain, page 96.*

FIANÇAILLES, DONATION.

22 Des donations faites avant ou aprés les fiançailles. *Voyez Berault sur l'art. 410. de la Coûtume de Normandie.*

23 Le fiancé ne peut donner à sa fiancée, quand il n'y a reserve de se pouvoir donner par traité de mariage. *Voyez Bouvot , to. 2. verbo Mariage , quest. 12.*

24 La Loy *si à sponso C. de donat. ant. nupt.* touchant le gain que fait la fiancée en cas du decés du fiancé, *post osculum*, n'a point lieu en France , au contraire elle doit rendre l'entier prix des bagues & joyaux. *Loüet litt. F. n. 18.* Mornac *ad L. 3. ff. de sponsalib.* Bacquet , *justi. chap. 21. n. 334.* Automne *art. 48.*

25 La fiancée perd tout ce qui luy est donné en faveur de mariage si son mari meurt avant la consommation du mariage. Arrêt du Parl. de Toulouse du 18. May 1584. *Maynard , to. 1. liv. 4. ch. 55.*

26 Ce qui est donné au pere de la fiancée au gendre , ou par le pere du fiancé à la belle-fille par forme de remuneration est réputé comme propre au donataire, & ne retourne à ceux desquels la chose est procedée, mais aux heritiers du donataire. *Charondas, liv. 2. chap. 39.*

27 Par Arrêt du 18. Decembre 1583. jugé que les fiançailles ne suffisent pour avoir le don fait à condition de se marier. *Bouvot , to. 2. verbo Bagues & Joyaux.*

28 Don avec condition de se marier n'est effectué par les fiançailles. Arrêt du 14. Août 1587. *M. Loüet lettre M. somm. 3.*

29 Une donation faite à un fiancé par sa fiancée depuis le Contrat de mariage entre les épousailles, a été cassée comme étant une contrelettre , parce que si elle avoit eu à donner, elle devoit le faire en la presence de ses parens & amis, ces sortes de pactions ne pouvant valoir si elles ne sont faites *in continenti l. quoties solut. matr.* Arrêts du Parl. de Roüen du 16. Janvier 1626. & 9. Septembre 1627. rapportez par *Basnage sur l'art. 388. de la Coûtume de Normandie.*

30 La donation faite par le fiancé à sa fiancée entre le Contrat de mariage & la consommation , est nulle. Arrêt du Parlement de Grenoble du 26. Juin 1655. *Basset , to. 1. liv. 4. tit. 2. chap. 2.* Il observe que cet Arrêt fut conforme au Droit & aux préjugez des au-

tres Parlemens. *L. 106. in taciti, ff. de leg.* 1. *l. 3. ff. de jure fisc. L. ff. de ritu nuptiar. L. non existimo de adminis. tutor.*

31 Le 11. Avril 1656. au Parlement de Toulouse, il a été jugé qu'une fiancée qui avant & après le Contrat de mariage avoit reçu de son fiancé des habits, du linge, des perles, des diamans & de l'argent, le fiancé étant mort avant que d'épouser, étoit obligée de rendre les perles, les diamans & l'argent, mais non les habits & linge, hors les habits qu'elle avoit retirez des mains du Tailleur pendant la maladie du fiancé : c'est une modification au sentiment de Godefroy sur la Loy 16. *Cod. de Donat. propt. nupt.* il dit que cette Loy n'est en nul cas observée en France, *ubi osculo non delibatur virginitas*, & que le fiancé venant à mourir avant que d'accomplir le mariage, la fiancée est obligée de rendre generalement tous les presens qu'il luy avoit faits, surquoy il cite même un Arrêt de ce Parlement. L'Arrêt de 1656. a cependant jugé qu'une fiancée s'approprioit plus particulierement, & ainsi devoit plus incommutablement acquerir les habits & linges faits à son usage. On en excepta les habits retirez des mains du Tailleur par la fiancée, pendant que le fiancé étoit malade, qu'on regarda plûtôt comme destinez, que comme donnez, & que la fiancée ne parut pas mieux meriter de gagner, que s'ils étoient en dépôt, qu'elle avoit pris de les retirer des mains du Tailleur pendant la maladie qui luy avoit enlevé son fiancé. *V. les Arrêts de M. de Catellan, liv. 4. chapitre 2.*

FIANCE'E, DOT.

32 Action & privilege qu'a la fiancée pour la repetition & le payement de la dot qu'elle a apportée. *Voyez le mot Dot. §. Dot, fiancée.*

FIANCE'E ENGROSSE'E.

Voyez cy-dessus les nombres 1. *&* 20.

32 bis. Le fiancé qui a connu sa fiancée impubere, quoy qu'elle soit *proxima pubertati*, *puniendus est poenâ stupri*, *& si illa consenserit*, mais si ç'a été *per vim & nolentem*, *puniendus est poenâ raptoris*, dit le Conseiller Fr. Marc dans la quest. 70. de la seconde partie. *Voyez Chorier en sa Jurisprudence de Guy Pape, p. 270.*

33 Fiancé qui a engrossé sa fiancée & décedé avant la celebration des nôces, la fiancée ne peut prendre la qualité de veuve, ni l'enfant être censé legitime & habile à succeder. *Voyez M. Dolive, Actions forenses 3. partie action 13.*

34 La fiancée qui commet la faute, peut être accusée d'adultere; parce que les fiançailles sont l'image du mariage; & qu'il n'est pas permis de violer l'image même du mariage, selon la Loy, *si uxor, §. divus*, & la Loy penult. *ff. ad. L. Jul. de adult.* à quoy est conforme la Loy 7. *C.* du même titre : comme aussi les défenses d'aliener la dot, s'étendent à la dot destinée à la fiancée, selon la Loy *lex Julia, ff. de fundo dotali.*

35 Si la fiancée devient grosse, & que par Contrat de mariage elle donne à son futur épous le tiers de ses propres, jugé que cette donation est nulle par Arrêt du Parlement de Bretagne du 28. May 1618. *Sauvageau sur Du Fail, liv. 2. chap. 250.*

FIANÇAILLES, IMPUISSANCE.

36 Un homme sous prétexte d'impuissance survenuë ne peut éviter la condamnation des dommages & interêts envers une fiancée. Arrêt du P. de Toulouse qui le condamne à deux mille livres; il disoit que *praeceptum in licis esset impossibile*. La fille répondoit que l'ayant fiancé à 62. ans, il devoit prévoir les infirmitez de la pierre dont il se disoit attaqué. 2. Que les Certificats des Medecins étoient mandiez; qu'enfin à les supposer vrais, on agissoit avec une femme *tanquam cum sorore, non tanquam cum conjuge*. Albert, *verbo* Mariage.

37 Fiancée après visite faite de la personne de son fiancé, & Sentence de mariage donnée par l'Official confirmée par Arrêt, étoit recevable à requerir nouvelle visite. Arrêt du 20. Janvier 1587. *Charondas, liv. 7. chap. 193. & Peleus q. 83.*

FIANCE'E INSTITUE'E HERITIERE.

38 L'institution d'heritiere de la fiancée par le fiancé est valable. Arrêt du Parlement de Provence du 19. Novembre 1668. l'affaire avoit été d'abord partagée. *Boniface, to. 5. liv. 1. tit. 6. ch. 1.*

FIANÇAILLES, VEUVE.

39 Une veuve fiancée dans l'année du deüil par paroles de present, fut jugée au Parlement de Toulouse indigne des avantages à elle faits par son mari. Telles fiançailles *nuptiis aequiparantur*. Maynard, *liv. 3. chapitre 96.*

40 La femme fiançant dans l'an du deüil par parole de present perd ce que son premier mari luy a laissé. Jugé par Arrêt sans date au Parlement de Toulouse. *La Rocheflavin, liv. 2. lettre M. tit. 4. n. 21.*

41 Si la femme fiance dans l'an par paroles de present, elle perd le legs que son mari luy a fait, & la succession de son fils. Arrêt du 13. Janvier 1580. *secus*, si elle fiance par paroles de futur, quoique dans les trois mois. Arrêt du 20. Février 1590. *Cambolas, liv. 1. chap. 2. & La Rocheflavin.*

42 Arrêt du 13. Janvier 1586. qui a reçu les heritiers du mari à faire preuve que la veuve s'étoit fiancée dans l'an après le decés de son mari. *La Rocheflavin, liv. 2. lettre M. tit. 4. Arrêt* 30. & la Bibliotheque du Droit François par Bouchel, *verbo* Mariage.

43 Une nommée Sauvagecu veuve de Manier, fut instituée heritiere par son mari : une niéce de ce mari & du même nom demandoit qu'elle fût privée, non seulement de l'heredité, mais encore de tous les autres avantages, disant que cette femme avoit fait injure à son premier mari d'avoir passé Contrat de mariage, pour ainsi dire, sur son tombeau, & ajoûtoit qu'il étoit prouvé par un témoin, qui n'étoit pas domestique, qu'elle avoit couché avec son fiancé pendant l'an du deüil : ce témoin disoit qu'y étant une fois entré, il les avoit trouvez dans un même lit; plusieurs témoins déposoient des caresses qu'ils avoient vûës, surquoy au mois de Juillet 1642. au Parlement de Toulouse les informations de malversation, quoique non concluantes, furent des indices si forts, qu'ils firent pancher la balence; autrement sans de tels indices il y a de grandes difficultez en cette question. *Voyez Cambolas, traité des secondes nôces, & Albert, verbo Fils, art. 4.*

FICTIONS.

Fictiones non sunt perpetuae, nec unquam nisi semel fieri, ita ut postquam casus in re fictâ contigit, redeat res ad suam naturam. Jugé à Noël 1600. Mornac *l. 13 ff. de adoptionibus & emancipat.* Pour deux fictions; *V.* Brodeau sur *M. Loüet lettre R. som. 9. n. 19.*

FIDEICOMMIS.

Il y a deux sortes de Fideicommis : le fideicommis particulier & le fideicommis universel.

Les titres qui parlent du fideicommis particulier, sont recueillis sous le mot *Legs*, qu'il faut voir.

Voici les titres qui concernent le fideicommis universel.

De Fideicommissis. C. 6. 42... Ulp. 25... P. 4. 1... Cai. 2. 7.

Quarte Trebellianique.

De Fideicommissariis hereditatibus, & ad Senatusconsultum Trebellianum. J. 2. 23...

Ad Senatus-consultum Trebellianum. D. 36. 1... C. 6. 49... Ulp. 25. §. 12. & seqq. Paul. 4. 2.

Le Senatus-consulte Trébellien fut fait pendant le Consulat de Trebellius Maximus, & de Seneque, sous l'Empereur Neron. Il ordonnoit que par la restitution du fideicommis, toutes les actions de l'heredité passassent à l'heritier, ou contre luy, avec la succession.

De Senatus-consulto Pegasiano. Paul. 4. 3. Le Senatus-consulte Pégasien (*à Pegaso, & Pusione Consulibus, sub Imperatore Vespasiano.*) permettoit aux heritiers chargez de remettre la succession, d'en retenir le quart, à l'exemple du retranchement des legs par la falcidie. La disposition de ce Senatus-consulte a été confonduë avec celle du Trébellien; par l'Empereur Justinien: de sorte que la quarte du Fideicommis se distrait en vertu du Senatus-consulte Trébellien, & on l'appelle Quarte Trébellianique ou Trébellienne.

De Fideicommissariâ hæreditatis petitione. D. 5. 6.
Ubi Fideicommissum peti oporteat. C. 3. 17.
De Fideicommissariis libertatibus. D. 40. 5. . . . *C.* 7. 4. . . *J.* 2. 24.
De Restitutionibus. N. 39. . . . *N.* 108. . . *Restitutio*, signifie ici Restitution ou Remise de l'heredité : *Est Restitutio precaria, seu Fideicommissaria hæreditas.*

Voyez cy-après les nomb. 193. 200. & suiv.
Ut Restitutiones Fideicommissi usque ad unum gradum consistant. N. 159. Des substitutions Fideicommissaires, & à quel degré elles s'étendent.

Voyez cy-après le nombre 94. & suiv.

Des fideicommis particuliers. Voyez les Loix Civiles, to. 3. li. 4. tit. 2. section 1. & li. 5. tit. 2. section 3. où sont établies quelques regles communes aux fideicommis de l'heredité & à ceux de certaines choses, & où il est traité des fideicommis tacites.

Peregrinus de fideicommissis. Lugdun. 1506. Ffurti 1645.

Barbatus de fideicommissis. Neapoli 1643.

Voyez le Traité des Conditions fideicommissaires en l'un & l'autre cas du décès sans enfans, & du décès avec enfans, & des enfans sans enfans, exprimé ou sous-entendu dans les substitutions graduelles. Ce Traité est fait par M. *Vulson* Conseiller au Parlement de Grenoble, & imprimé à Paris en 1707. par *Charles Osmont*, ruë S. Jacques.

Voyez la Bibliotheque de *Jovet*, verbo *Fideicommis*. M. Ricard, to. 2. en son traité des *Substitutions*, part. 1. chap. 3. & 7. & 8. section 2. chap. 9. sect. 1. & suiv. chap. 10. & suiv. & les Arrêtez de M. de la Moignon recueillis dans le Commentaire de Maître Barthelemy Auzanet sur la Coûtume de Paris.

1. Les fideicommis ne sont point odieux, ils sont pourtant de rigueur. *Ricard, des Substitutions, traité* 3. *chap.* 8. *nomb.* 393.

2. Des marques certaines des fideicommis, &c. Voyez *Pelus* q. 161. En matiere de fideicommis on s'attache davantage à la volonté du défunt qu'aux termes de son testament. *Ricard, des Substitutions, traité* 3. *ch.* 7. *n.* 317. le fideicommis peut être conçû avec des termes directs ou obliques. *Ricard, Ibidem, nomb.* 299. M. *Bouguier, lettre F. nomb.* 2.

3. Celuy qui est substitué par fideicommis à un autre substitué, quand le premier substitué défaut, il est estimé l'être à l'heritier institué au premier degré. Voyez *Peleus* q. 51.

4. Les plus proches en fideicommis se doivent entendre avec distinction. Voyez *Charondas, livre* 12. *Réponse* 46.

5. *Vera ne sit Decii restrictio in Cons.* 270. *in fin. ad Oldradi famosum respons.* 21. *ut non procedat, cùm liberi in conditione positi sint vocati.* Voyez *Francisci Stephani décis.* 65.

6. *Fideicommissi cessio quando redemptitia putanda est.* Voyez *Ibidem, décis.* 70.

7. Confession d'un testateur qu'il doit une somme à un certain qu'il nomme, s'il n'en apparoît autrement, à force & effets de legs ou fideicommis. *Maynard, livre* 6. *chapitre* 19.

8. *Donatio facta filio, matrimonii contemplatione, an in fideicommissi restitutione veniat?* Voyez *Franc. Marc. to.* 1. *quest.* 311.

9. *Hæreditate restitutâ per fideicommissum universale, jura & actiones confunduntur, & vendita hæreditate priores actiones saltem utiles hæredi vel fideicommissario salvæ remanent.* Ibidem, quest. 408.

10. *Liberi in duplici conditione positi non sunt vocandi in fideicommissis.* Ainsi jugé au Parlement de Provence. V. *Du Perrier, liv.* 4. *quest.* 2.

11. *Conditio, si sine liberis, num dicatur deficere neptis ex filio existentia, in Aquensi patriâ quâ viget lex ut stantibus masculis fœmina non succedat? Et num fideicommissum sub dictione collectivâ conceptum locum habeat in ejus personâ in quâ conditio contigit.* Voyez *Francisci Stephani décis.* 39. où il rapporte un Arrêt du Parlement d'Aix du 26. Avril 1583. *contra neptes.*
Voyez cy-après le nombre 89.

12. *An prælegata sint in fideicommissi restitutione? & num divisione fratrum censeatur fideicommisso renuntiatum?* Voyez *Francisci Stephani, décis.* 46. où il rapporte l'Arrêt du Parl. d'Aix du 29. Octobre 1583. qui a jugé que le partage n'emportoit point renonciation au fideicommis.

13. *Factâ substitutione reciprocâ, si superstes substituatur, hæredesque sui masculi, inter hæredes num sit fideicommissum, an vulgaris, primo admisso?* Voyez *Ibidem, décis.* 47.

14. *Instituitur soror in usufructu, post cujus mortem filiæ instituuntur: num rata sit institutio & quam recipiat interpretationem?* Voyez *Ibidem, décis.* 51. où il dit cum nullum sit hic fideicommissum conditionale de matre in filias quæ institutæ sunt non est improbanda transmissio in neptem, proindeque dimidiam hæreditatis partem consequi debet; Et ita Saaxit Senatus in Tholosensi Decuriâ 14. Decemb. 1583.

15. *Testator per fideicommissum vocans simpliciter liberos filii sui, intelligitur vocare illos, quos consuetudo loci admittit.* Voyez *Stockmans, décis.* 27. ainsi jugé en Mars 1648.

16. *Testamenta ante Edictum anni* 1611. *an comprehendantur art.* 18. *quo deciditur positos in conditione esse vocatos?* Voyez *Ibidem, décis.* 29.

17. *Edictum Principum Belgii anni* 1611. *art.* 7. *de non admittendis fideicommissis, nisi claris verbis fuerint ordinata.* Ibidem, *décis.* 31.

18. *Causa celebris de extensione personæ ad personam in fideicommisso, itemque de repræsentatione, & jure transmissionis.* Voyez *Ibidem*, & cy-après les nombres 197. & suiv. & 221. & suiv.

19. *De fideicommisso ad tres casus adstringendo secundum articulum* 16. *Edicti perpetui Principum Belgii* 1611. *ubi deciditur an eventus ante Edictum numerandus sit inter tres.* Ibidem, *décis.* 32.

20. *Portio acquisita à cohærede & prælegata, an comprehendatur fideicommisso, quo hæredes suos gravavit testator?* Voyez *Ibidem, décis.* 33.

21. *Mobilia & pecunia an comprehendantur fideicommisso?* Ibidem, *décis.* 37. & cy-après le nombre 161. & suivans.

22. Les heritiers & même les enfans du premier degré qui sont chargez d'un fideicommis universel, peuvent être chargez de restituer leurs propres biens ou droits. *Du Perrier, liv.* 3. *quest.* 3.

23. Si la mere instituée heritiere par le pere, à la charge de remettre l'hoirie à l'un des enfans, est censée vraye heritiere, ou si elle n'est que fiduciaire & gardienne? Voyez *Henrys, tome* 1. *liv.* 4. *chap.* 4. q. 13. & *liv.* 5. *chap.* 2. *q.* 14.

24. Le mineur ne peut être restitué contre la remise réciproque d'un fideicommis. *Ricard, des Substitutions, traité* 3. *chap.* 9. *sect.* 3. *nomb.* 701.

25. Arrêt du Parlement de Toulouse du 25. May 1582. qui a jugé, *ea quæ patri obvenirent ex dispositione avi vel aliorum parentum ipsius mariti, aut ab extraneo, contemplatione mariti vel uxoris, restituenda esse filiis, atque in iis dispositionem legis habere locum, idque argumento legis generaliter.* §. *Nec interest. C. de secund. nupt. auth. in donatione C. de secund. nupt.* §. *Si vero*

FID   FID

expectet de nuptiis coll. 4. Voyez *la Rocheflavin*, li. 2. lettre M. tit. 4. Arr. 13.

26. Les trois conditions requises pour rendre un heritier fiduciaire, & simple dépositaire de l'heredité sont, 1°. La proximité ou amitié de l'heritier avec le testateur. 2°. Quand il est chargé de rendre toute l'heredité sans en rien retenir. 3°. Quand il est chargé de rendre à certain temps, Arrêt notable de la Chambre de l'Edit de l'Isle d'Albigeois du mois de Juillet 1585. *Voyez Maynard*, liv. 5. chap. 85.

26 bis. Le fideicommis peut être fait par toutes sortes d'actes à cause de mort. *Ricard des Substitutions trait.* 3. ch. 4. n. 120.
Il peut aussi être fait par un contrat de donation entre-vifs. *Ibidem nomb.* 125.

27. La fille en païs de Droit écrit instituée heritiere par son pere, le pere la peut charger de fideicommis aux biens mêmes compris en une donation entre-vifs faite auparavant à son profit. *Voyez ibidem*, 3. part. chap. 7. sect. 5. nomb. 810. & des substitutions, chap. 1. nomb. 17.

28. Un testateur par son testament, prie son heritier que s'il vouloit laisser ses biens après son décès à quelqu'un de sa famille, que ce fût à la charge de porter le nom & les armes. Jugé à Pâques 1585. *que verba suasoria n'emportoient fideicommis. Montholon, Arrêt 34. M. le Prêtre*, 3. Cent. chap. 6. *Anne Robert rerum judicat.* liv. 4. chap. 4. *Ricard des Substitutions*, trait. 3. chap. 7. n. 315. *verbum, commendo, non facit fideicommissum l. fideicommissa §. 20. si ita quis ff. de legat. 1.*

29. L'authentique, *Res quæ C. comm. de leg.* a lieu és biens sujets à restitution, qui descendent du côté de la mere. Arrêt du 5. Mars 1586. *Bibliot. de Bouchel*, verbo *Mariage*.

30. Par Arrêt du 14. Août 1586. il a été jugé *quod jus accrescendi habet locum in fideicommisso universali*, & que la Loy, *placit. de lib. & posthum.* a lieu, encore que *in institutione posthum. Certum tempus adjectum fuerit, idque ex verisimili ; conjectura testatoris.* La Rocheflavin, liv. 2. lettre F. tit. 5. Art. 1.
Voyez cy-après le nomb. 61.

31. Le fideicommis conditionnel *non transmittitur ad suos hæredes ante conditionis eventum.* Arrêt du 28. Mars 1589. M. Loüet, lettre F. somm. 2. M. Dolive, livre 5. chap. 23. M. Expilly, Arrêt 124.

32. L'heritiere instituée universellement à la charge de rendre l'heritage après son décès à son fils, filleul & neveu du testateur, rend l'heritage ; le fideicommissaire meurt ; elle obtient des Lettres Royaux en restitution en entier contre la restitution par elle simplement faite ; les successeurs *ab intestat* dudit fideicommissaire opposent les fins de non recevoir. Par Arrêt du mois de Mars 1590. elle fut déboutée de ses Lettres. *La Rocheflavin*, liv. 6. tit. 75. Arr. 3. Le même Arrêt rapporté par *Maynard*, li. 8. ch. 81.

33. *Sempronia Mæviam filiam hæredem instituit, & dixit, rogo Mævia, cum morieris, fundum Tusculanum restituas uni ex liberis cui voles quemque eligere. Mævia post aditam hæreditatem maternam decessit, relictis Titio & Seio : Senatus fundum Tusculanum inter fratres æquis portionibus dividendum judicavit.* Jugé le 15. May 1592. *Ann: Robert*, liv. 4. chap. 4.

34. *Fideicommissum relictum uni ex familiâ, cui hæres voluerit dare, si nullum eligat, omnes æqualiter admittuntur, & hæres jussus restituere potest deducere falcidiam, & fructus ab eo percepti in quartam imputantur.* Prononcé le 15. May 1592. la Cour séant à Tours. *Chenu, premiere Centurie*, q. 80. *Voyez Anne Robert*, livre 4. chap. 4.

35. Le fideicommissaire n'étant né lors de la restitution ne peut après sa naissance faire demande du fideicommis. Arrêt à la Pentecôte 1594. *Montholon, Arrêt* 84.
Voyez la Loy 30. *cum acutissimi C. de fideicommissis.*

M. Ricard, *des dispositions conditionnelles*, traité 2. ch. 5. sect. 4. nomb. 389.

36. Un pere institué sa fille à la charge de rendre à sa fille ou à ses heritiers son heredité ; la fille du testateur recüeille l'heredité, & sa fille mariée à Clavelli décede avant la mere, & par testament institué Jean Clavelli son fils heritier universel ; & Jeanne & Catherine ses filles par droit d'institution & hereditaire portion : ensuite la fille du testateur décede sans faire testament. *Querebatur*, si Jean Clavelli seul étoit appellé au fideicommis comme heritier universel, ou si ses sœurs y pouvoient venir avec luy comme heritieres particulieres ? Arrêt donné au Parlement de Toulouse, les Chambres assemblées, le 2. Février 1596. en faveur des filles, *Voyez Maynard*, li. 5. chap. 88.

37. Un étranger non naturalisé n'est pas capable d'un fideicommis dont son pere étoit chargé envers luy, & qu'il y avoit ouverture aux substituez après le décez du Pere. Arrêt à Pâques 1599. *Montholon, Arrêt* 88. *Voyez cy-après le nomb.* 114.

38. Arrêt de la Chambre de l'Edit de Castres du 7. Octobre 1604. par lequel le Syndic des pauvres de Figeac a été débouté de l'entherinement des Lettres impetrées en cassation de la renonciation qu'il avoit faite en faveur de la veuve de l'heritier grévé, au fideicommis conditionnel contenu dans le testament du pere de l'heritier grevé, moyennant certaine somme que sa veuve donna au Syndic, *propter incertitudinem eventus conditionis*, quoiqu'il fût question d'un heritage important, & que la condition fût purifiée au profit des pauvres suivant la Loy 1. *C. de pactis.* Voyez les Arrêts rapportez par *Boné*, part. 2. page 216. il observe que depuis cet Arrêt les transactions passées entre freres furent confirmées suivant la Loy *de fideicommisso C. de transact.*

39. Si un fideicommis peut être prouvé par la déclaration de celle qui en est chargée, & si cette déclaration peut être prouvée par témoins ? Celuy qui le fait ne peut plus varier, & celuy qui est chargé de rendre des biens en cas qu'il vienne à déceder sans enfans, quoiqu'il soit petit-fils, est tenu de bailler caution. Arrêt du Parl. de Dijon du 22. Juin 1605. *Bouvot*, to. 2. verbo *Fideicommis*, quest. 1.
Voyez cy après *le nombre* 172. *& suiv.*

40. Du fideicommis *si sine liberis* qu'il comprend *pronepotes*, lesquels sont appellez au fideicommis sous ce terme *& les leurs*, & de diverses questions sur les détractions. Arrêt du Parlement de Grenoble du 2. Decembre 1616. *Voyez Basset*, to. 2. liv. 8. tit. 2. ch. 1.
Voyez cy-après les nombres 99. *&* 111.

41. *Restitutio bonorum non fit nisi post mortem hæredis.* Arrêt du 1. Février 1617. *Mornac l.* 2. §. *pervenisse, ff. de hæreditate vel actione vendita.*

42. Les dettes hereditaires se peuvent prescrire par les debiteurs au préjudice du fideicommissaire durant la vie de l'heritier chargé de fideicommis. Jugé au Parlement de Toulouse le 7. Février 1618. M. *Dolive*, livre 4. chap. 17.

43. La dénonciation du fideicommis que le substitué fait à la femme que l'institué veut épouser, ne l'empêche de recourir sur les biens substituez pour la répétition de sa dot, le cas écheant. Arrêt du 27. Juillet 1633. M. *Dolive*, liv. 3. chap. 12.

44. Il n'est pas au pouvoir du pere d'apposer après coup une substitution au fideicommis, même en faveur de ses enfans, à l'institution d'heritier contractuel faite de son aîné. Arrêt du 22. Février 1635. *Brodeau sur M. Loüet lettre S. somm.* 9. *nomb.* 13. *fine.*

45. De la vocation de la fille aînée, comment elle se doit entendre, ou de l'aînée lors du Testament, ou lors de l'écheance du fideicommis & de la transmission. Jugé au Parlement de Grenoble le 5. Août 1636. que la fille plus âgée substituée est celle qui veritablement est telle au temps auquel expire la condition

du

du fideicommis, non celle qui étoit aînée lors du Testament du pere, & qui décede avant l'heritier grevé. 2°. Que les enfans de cette fille aînée prédecedée ne sont point appellez, ni n'ont le droit par transmission, même ne font défaillir le fideicommis que la fille qui se trouve plus âgée après la condition d'iceluy, a droit de faire ouvrir en sa faveur à l'exclusion de ses neveux, enfans de sa sœur aînée ; & ainsi en ce cas la plus âgée exclud ses neveux *ex sorore primogenitâ predefunctâ*. Voyez Basset, tome 2. liv. 8. tit. 2. chap. 6.

46   Un pere fait ses deux filles heritieres, avec cette clause *qu'en cas qu'elles décedassent sans enfans, il ne veut pas que rien de ses biens puisse parvenir à leurs parens directement ni indirectement, ni à leurs parens & maris*. Question de sçavoir si cette prohibition induit fideicommis en faveur de l'une, lorsque les enfans de l'autre seront morts ? Arrêt du Parlement de Toulouse du 23. Février 1639. au profit du mary ; il disoit que la prohibition n'étoit pas faite *certa persona*, d'ailleurs que le cas n'étoit pas arrivé, puisque sa femme avoit laissé des enfans. Albert, verbo *Testament*, art. 5.

47   Arrêt du Parlement de Provence du 14. Novembre 1645. qui a déclaré nul un fideicommis fait en faveur de celuy qui avoit écrit le Testament. Boniface, to. 2. liv. 2. tit. 1. chap. 8.

48   Jugé au Parlement de Grenoble le dernier Juillet 1645. que dans la restitution de l'heritage faite au pere étoit compris le fideicommis. 2°. Que l'heritier grevé ne peut valablement & irrevocablement conserver des biens pour ses détractions, sauf au fideicommissaire de se pourvoir sur les biens alienez par le pere. 3°. Que la restitution d'un fideicommis est bien faite en la personne du pere, le fils étant substitué. 4°. Que sur les biens que l'heritier grevé s'est conservés pour ses détractions, le fideicommissaire n'a point d'action, non pas même en offrant de payer les sommes. 5°. Que l'insolvabilité du pere qui a alienté est impertinente quant à l'heritier grevé, lequel nonobstant ce, ne peut être recherché pour les biens qu'il s'est reservés, sauf au substitué d'agir contre les possesseurs des biens alienez par le pere. Basset, to. 2. liv. 8. tit. 2. chap. 4.

49   Jean institué Antoinette sa sœur son heritiere universelle, & luy substitué Benoît son frere sans défalcation ; il donne pouvoir à Benoît de disposer de la quatriéme partie de ses biens & heritages en faveur de celuy de ses enfans ; & après la mort de Benoît, veut que les autres trois quarts de cet heritage viennent & appartiennent au premier fils de Benoît. Antoinette recueillit l'heritage ; Benoît mourut avant elle, & après leur décés René fils de Benoît recueillit cette succession. Quelque temps après laissant François son fils, qui se disant appelé par le Testament de son grand-oncle, demanda l'ouverture de ce fideicommis dans l'hoirie de René son pere qu'il avoit acceptée avec inventaire, on l'y soutint mal fondé, & à toutes fins qu'il ne pouvoit rien pretendre au quart, puisque le fideicommis n'étoit que de trois quarts restans. Arrêt du Parlement de Grenoble du 25. Février 1644. par lequel le fideicommis fut déclaré ouvert pour le tout en faveur de François ; le mouvement fut que le testateur ayant permis à Benoît d'aliener le quart, & n'ayant substitué à son fils & aux autres que les trois quarts restans, cela se devoit entendre au cas que Benoît eût recueilli & eût survécu Antoinette. Basset, ibidem, chap. 5.

50   Si l'institution tient lieu de fideicommis, lorsque le testateur a ajoûté, *qu'au cas qu'il ne nommât pas, l'aîné seroit tenu pour nommer* ? Par Arrêt du Parlement de Toulouse au mois de Juillet 1646. jugé qu'une telle institution d'un autre que de l'aîné, ne pouvoit pas luy servir de nomination au fideicommis, parce que *dispositio hominis facit cessare provisionem legum*
Tome II.

qua nolunt jubere sed audire voluntates. Albert, verbo Substitution, art. 2.

51 Les neveux concourent avec l'oncle en fait de fideicommis, Arrêt sans date. S'il y avoit substitution d'un prelegat en faveur des collateraux avec preference aux plus vieux, le fils de l'aîné seroit preferable à son oncle quoique plus vieux lors de sa condition arrivée. *Ita judicatum*, au Parlement de Grenoble, le 18. Juillet 1655. Voyez Basset, to. 1. liv. 5. tit. 9. chapitre 10.

52 Si la substitution reciproque des deux freres de l'un à l'autre en cas de décés sans enfans & du survivant d'iceux & des siens en cas de décés de l'un des freres doit être ouverte en faveur de l'enfant de l'un des deux freres survivans ? Arrêt du P. de Provence du 17. Mars 1679. qui confirma l'ouverture du fideicommis par le décés de l'oncle, & debouta le fils de la demande du fideicommis du chef de son pere. Boniface, to. 5. liv. 2. tit. 12. chap. 3.

53 Une femme institué son mary son heritier, à la charge de rendre à un de leurs enfans ; voulant neanmoins qu'il puisse disposer de ses biens en faveur de qui bon luy semblera, jusqu'à la somme de 600. liv. Ce mary rend cette heredité à un de ses enfans sans faire aucune reservation des 600. livres, & meurt après avoir institué un autre de ses enfans heritier. Il s'agissoit de sçavoir si l'heritier du mary pouvoit demander les 600. livres à celuy à qui le pere avoit restitué l'heredité maternelle ? Arrêt au Parlement de Toulouse le 28. Avril 1694. après partage, qui juge la negative ; parceque le mary est presumé avoir voulu rendre l'heredité avec une fidélité entiere & sans aucune diminution. Arrêts de M. de Catellan, liv. 2. chapitre 92.

54 En fait de dispositions testamentaires pour juger s'il y a fideicommis ou non, on doit s'attacher à la volonté des testateurs, quoiqu'il n'y ait quelques termes impropres au sens & jugement apparent des testateurs. En fait de fideicommis, on succede au fideicommissaire, & non au fideicommissaire ; mais neanmoins ce sont les plus proches du fideicommissaire, & non du fideicommissant, qui doivent succeder, & de la maniere que se doit partager la succession du fideicommissaire. Arrêt du Parlement de Tournay le 10. Decembre 1697. rapporté par Pinault, tome 2. Arrêt 194.

55 Si un testateur ayant déclaré dans son Testament qu'il veut qu'en cas que son heritier vienne à mourir sans enfans, les parens maternels de l'heritier n'ayent rien de son hoirie, ce Testament contient un fideicommis en faveur des parens paternels, ou bien une simple exclusion des maternels ? Voyez Boniface, to. 1. liv. 2. tit. 2. chap. 3. Il n'y a point eu d'Arrêt, les Parties transigerent.

56 Ricard, en son traité des *Dispositions conditionnelles*, chap. 4. sect. 5. n. 388. se range du parti de ceux qui tiennent que la particule disjonctive *ou*, & autres semblables mises entre deux, ou plusieurs conditions doivent être prises conjointement, lorsque les conditions sont conçuës en la personne de l'heritier chargé de restituer & qu'elles sont en sa faveur, pour faire qu'il n'y ait ouverture au fideicommis qu'au défaut de toutes ces conditions, comme si par exemple la disposition est redigée de cette sorte, *Je charge Pierre que j'ay institué mon heritier, en cas qu'il décede sans enfans, sans faire Testament, ou avant l'âge de 25. ans, de restituer ma succession & ma maison dans laquelle je suis demeurant, à Jean*, le fideicommis n'est pas ouvert, quoiqu'une ou deux de ces conditions arrivent pour luy donner lieu, il est necessaire qu'elles soient toutes accomplies ; de sorte que l'heritier ne laissera pas de demeurer libre s'il fait un Testament, quoiqu'il décede sans enfans, aussi-bien que s'il mouroit avec des enfans, mais sans faire Testament.

57 Sur l'ouverture d'un fideicommis, *Voyez le 14*
Cc

Plaidoyé de Basset, il n'y a point d'Arrêt, les Parties transigerent; on contestoit d'abord l'état de l'enfant appellé par le Testament à la succession.

58 Si les enfans instituez & chargez d'un fideicommis universel après leur mort ou après certains temps, peuvent être chargez de rendre leur propre bien avec l'heredité de leur pere, & si ce fideicommis de leur bien vaut à proportion des fruits qu'ils auront perçûs de l'heredité paternelle? *Du Perrier*, *livre 3. quest. 3.* croit que non. Pour moy, dit *M. de Catellan en son Recueïl des Arrêts du P. de Toulouse, liv. 2. chap. 30.* je crois qu'il faut distinguer, & que si le pere en chargeant ses enfans de rendre leur bien propre, a dit expressément qu'il leur donnoit les fruits de son heredité en representation de leur bien qu'il les charge de rendre, & que sans cette condition, il ne leur auroit pas donné la joüissance de ses biens, en ce cas les enfans sont obligez de rendre leur bien propre, à concurrence de ce qu'ils auront reçu de la valeur des fruits de l'heredité de leur pere, distraction préalablement faite des fruits de la legitime & de la trébellianique. Mais si le pere a chargé simplement ses enfans de rendre leur bien propre, sans dire que c'est en consideration des fruits de son heredité, ni exprimer qu'il leur donnoit le fruit de son heredité en representation de leur bien, je crois qu'en ce cas il n'est pas juste de rendre leur bien, quoique les fruits qu'ils ont perçûs de l'heredité paternelle puissent valoir plus que leur bien même.

59 Le fideicommis d'une succession échûë est particulier, parce que le titre de l'heredité est confondu en la personne du testateur, & les biens qui la composoient sont devenus ses biens particuliers; tellement que ce fideicommis ne sera pas plus universel, que si le défunt y avoit compris tous ses biens qu'il possede dans une Province, cela ne seroit pas une disposition universelle, attendu qu'elle n'est pas faite par quotité. *Voyez M. Ricard*, *des Substitutions, traité 3. chapitre 3. nombre 116.*

FIDEICOMMIS, ACCROISSEMENT.

60 Accroissement *in fideicommissis*. Voyez *verbo Accroissement, nomb. 22.* & le present titre *nomb. 30.*

61 Si les substituez sont appellez par égale portion au fideicommis, & de trois n'en restant qu'un, s'il peut prétendre la part des prédecedez, & quand le droit d'accroissement a lieu? *V. Bouvot, tome 1. partie 3. verbo Testament, quest. 7.*

FIDEICOMMIS, ALIENATION.

62 Alienation des biens chargez de fideicommis. *Voyez* le mot *Alienation, nomb. 45. & suiv.*

63 L'acheteur d'un bien fideicommissaire peut intenter l'action redhibitoire, & comment? *Voyez* le mot *Action, nomb. 80.*

64 *Res subjecta fideicommisso, quando alienari possint.* Voyez *Andr. Gaill, lib. 2. Observat. 137.*

65 Si celuy qui est appellé au fideicommis d'une maison ou biens non encore échûs, consent à la vente qu'en fait celui qui est chargé du fideicommis se préjudicie par tel consentement? *V. Bouvot, to. 1. part. 2. verbo Vente, quest. 3.*

66 L'alienation de la chose fideicommissée est irrevocable en quatre cas. 1°. Si elle a été faite pour le payement d'une dette du testateur. 2°. Si la chose a été donnée pour cause de nom. 3°. Si elle a été vendûë pour les alimens de l'heritier. 4°. Si elle l'a été pour le rachat du fils de ce même heritier, qui luy est substitué, & qui étoit tombé en captivité. Neanmoins si le testateur a défendu toute alienation, & même en ce cas celle qui aura été faite sera nulle & par consequent sans effet. *Voyez Guy Pape, quest. 601.*

67 L'authentique *res quæ C. de legat. & fideicommis.* qui prohibe l'alienation des biens du fideicommis pour dettes de l'heritier grevé n'a point lieu pour la dot; *secus*, pour les interets de la dot. Et encore quand la dot est excessive, les Juges la réduisent; autrement les fideicommis demeureroient inutiles & seroient épuisez. *Voyez les Arrêts rapportez, par Basset, to. 2. liv. 4. tit. 3. ch. 2. & 3.* ils sont citez *supra verbo Dot.*

68 L'heritier quoique obligé à restituer peut vendre des biens du fideicommis à concurrence de la legitime & de la trébellianique aux cas où elles luy sont dûës; & l'alienation qu'il aura faite, subsistera au préjudice du substitué; mais pour cela il faut que cette vente ait été faite de bonne foy & qu'il ne soit pas de chose trop précieuse & trop importante. *Voyez Guy Pape*, *quest. 605. & suiv.*

69 *Num fideicommissarius consentiendo alienationes rerum subjectarum restitutioni, videatur remittere fideicommissum?* La resolution est *eum in cujus favorem factum est fideicommissum, si consentiat alienationes rerum subjectarum restitutioni, fideicommissum remittere dum modo major sit.* Arrêt du Parlement de Toulouse du 25. Juillet 1575. *Voyez la Bibliotheque de Bouchel*, verbo *Substitution.*

70 L'alienation de la chose fideicommissée est irrevocable, si elle a été faite pour delivrer l'heritier, homme de qualité, de prison, qui n'en auroit pû sortir que par la cession de biens, il est favorable & juste d'eviter cette honte. Arrêt du Parlement de Grenoble du 9. May 1636. pour le sieur Pichot Conseiller en la Cour des Aydes de Montpellier contre les enfans de Jean Pichot, (*scilicet ex præsumptâ mente testatoris*, qui n'auroit pas abandonné à cette honte & à ce déplaisir son heritier *quem prædilexit*. Chorier, *en sa Jurisprudence de Guy Pape, p. 187. & Basset, tome 1. liv. 5. tit. 9. chap. 14.*

71 Arrêt du Parlement de Grenoble du 8. Juillet 1639. qui a jugé qu'un fils heritier pur & simple ne peut vendiquer les fonds qui luy appartenoient par fideicommis ou autrement, alienez par sa mere, quoiqu'il offrit de la garantir pour les dommages & interets. *Basset, to. 2. liv. 4. tit. 16. chap. 9.*

72 L'heritier du vendeur ne peut vendiquer la chose vendue de son propre chef par fideicommis ou autrement. Jugé au même Parlement de Grenoble le 9. Août 1656. *Basset, ibidem.*

73 En cas d'alienation des biens d'un fideicommis, le fideicommissaire a le choix de l'approuver & retirer le prix, s'il est encore dû, ou attaquer l'acheteur pour la vuidange des fonds. Arrêt du 20. Janvier 1640. *Basset, to. 1. li. 5. tit. 9. ch. 16.*

74 Les fonds & biens d'un fideicommis peuvent être alienez valablement & irrevocablement pour dot & legitime. Arrêt du même Parlement de Grenoble du 20. Juillet 1660. Cela n'a lieu que pour le principal, & nullement pour les interets de la dot, ainsi jugé le 16. Decembre 1655. Arrêt contraire du 2. Août 1656. qui confirme l'alienation pour les interets. *Voyez Basset, ibidem, chap. 15.*

75 La prohibition d'aliener pure & simple, ne passe que pour un simple conseil; mais si la prohibition est faite en faveur de quelqu'un, elle emporte fideicommis. Arrêt du Parlement de Paris du 21. Mars 1637. *Henrys, tome 1. liv. 5. chap. 4. quest. 49.*

76 Si l'heritier grevé ayant vendu les biens fideicommissaires du consentement du substitué, les enfans heritiers du substitué peuvent impugner la vente? Par Arrêt du Parlement de Provence du 20. Mars 1672. il fut ordonné que les possesseurs des biens justifieront des Actes hereditaires, & la demanderesse des payemens. *Boniface, to. 5. liv. 2. tit. 18. ch. 1.*

77 L'acheteur d'un fonds fideicommissaire ne peut faire rescinder son Contrat. Arrêt du même Parlement de Provence du 14. Avril 1671. *Ibidem, tome 4. liv. 8. tit. 2. ch. 1.* mais on suppose que le Testament dans lequel le fideicommis est fait, est connu à l'acheteur.

FIDEICOMMIS, AUGMENT.

78 Si les biens du fideicommis sont sujets au paye-

FID 203

ment de l'augment ? *Voyez* le mot *Augment*, *nombres* 80. & 81.

FIDEICOMMIS, BATARDS.

78   Fideicommis en faveur des bâtards. *Voyez* le mot *Bâtards*, nomb. 102. & *suiv*.

79 bis.   *Fideicommissum ubi spurio tacitè factum est, an privationi hereditatis locus sit? Fideicommissum incapaci relictum fisco applicandum.* V. *Franc. Marc.* to. 1. *quest.* 255.

80   La preuve par témoins n'est pas recevable sur un fideicommis tacite, sauf à la bâtarde à se pourvoir pour ses alimens par devant le Juge des lieux, Jugé à Paris le 5. May 1672. *Journal du Palais*.

FIDEICOMMIS, BIENS ACQUIS.

81   La question de sçavoir si l'heritier grevé peut retenir les biens acquis par le testateur à pacte de rachat, depuis acquis purement, par cet heritier grevé, en remboursant au fideicommissaire le prix du premier achat, ou s'il est tenu de faire restitution du total au fideicommissaire, étant remboursé du prix du second achat a été préjugé en faveur du fideicommissaire, par Arrêt du P. de Toulouse du 12. Août 1593. *Voyez Meynard*, *liv*. 3. *ch*. 74.

82   Jugé au Parlement de Dijon que les biens acquis par l'heritier grevé sont subrogez aux fideicommissaires qu'il a vendus, *in vicem permutati Dominii*. Cet Arrêt est rapporté par *Boniface*, *tome* 2. *liv*. 2. *tit*. 2. *chapitre* 16.

FIDEICOMMIS, BIENS D'UN CONDAMNÉ.

83   Par l'Usage de Dauphiné, les descendans qui ont à prétendre quelque droit de fideicommis sur les biens du condamné y sont conservez, & la confiscation n'en peut empêcher l'ouverture. Arrêt du Parlement de Grenoble du 21. Juillet 1621. *Basset*, to. 2: *liv*. 3. *tit*. 10.

FIDEICOMMIS, CAUTION.

84   *Testator potest remittere cautionem pendente conditione fideicommissi.* Voyez *Franc. Marc.* to. 1. *quest.* 868.

85   Le petit-fils du testateur doit bailler caution de rendre le fideicommis en détrayant sa legitime. Arrêt du Parlement de Grenoble du 2. Avril 1609. Les enfans du premier degré suivant la Loy *Intremus C. ad Sc. trebell.* sont dispensez de donner caution. *Basset*; to. 1. *liv*. 5. *tit*. 9. *chap*. 2: & 7.

86   Arrêt du Parlement de Provence du dernier Juin 1684. qui a jugé que l'heritier fideicommissaire a droit de faire assurer le fideicommis par caution à l'heritier collateral grevé de rendre. *Boniface*; tome 5. *li*. 2. *tit*. 15. *ch*. 2.

Voyez le mot *Caution*; *nomb*. 147. & *suiv*. & cy-aprés *le nomb*. 139.

FIDEICOMMIS, CHOIX.

87   *Voyez* le mot *Choix*, *nomb*. 4. & *suiv*. le mot *Election*, *nomb*. 186. & *suiv*. & le present titre *nomb*. 33. 34. 53. 91. 158. 252. & *suiv*.

L'élection premiere au fideicommis demeure, si la derniere est faite d'un incapable. *Cambolas*, *livre* 5. *chap*. 36.

88   Si le pere chargé d'un fideicommis envers ses enfans, peut en choisir un ou deux, & les preferer aux autres ? Dans la these generale la negative est la plus conforme aux maximes du Droit, & à l'intention vraisemblable du testateur. Cela dépend beaucoup des circonstances. *Voyez du Perrier*, *livre* 3. *quest*. 2.

FIDEICOMMIS CONDITIONNEL.

89   *Voyez* cy-dessus *les nomb*. 10. 11. 15. 16. 31. 45. 56. cy-aprés les *nomb*. 126. 127. & le mot *Condition*, *nomb*. 8. & *suivans*.

Si le mari legue plus grande somme pour la dot, le plus legué peut être chargé de fideicommis conditionnel. *Voyez Bouvot*, *tome* 1. *part*. 2. *verbo Legat*, *quest*. 2.

FIDEICOMMIS, CONJECTURÉS.

90   Quand le fideicommis n'est pas formel & litteral, les conjectures l'établissent, comme si le testateur a

Tome II.

défendu l'alienation de ses biens hors de sa famille; s'il a témoigné qu'il désire qu'ils demeurent à perpetuité; s'il a défendu à son heritier d'en tester; s'il le prie, que de luy ils viennent à son fils; si dans une substitution réciproque des mâles, il exclut les filles, s'il leur défend d'y succeder, imposant seulement aux mâles substituez l'obligation de les marier; on présume qu'il y a un fideicommis tacite. *Voyez Guy Pape*, *quest*. 489. & 499. *In materia substitutionum & fideicommissorum Senatus Gratianopolitanus potius mentem disponentis, quam verba, inspiciens, voluntates ultimas latè interpretatus est.* Expilly, *ch*. 5.

91   Arrêt du Parlement de Provence du premier Avril 1667. qui a jugé que les enfans mis en la condition sont censez appellez au fideicommis par conjectures. *Boniface*, *tome* 2. *li*. 2. *tit*. 2. *ch*. 2.

FIDEICOMMIS, CONTRACTUEL.

92   Fideicommis contractuel a effet dés le temps du contrat; on le regarde non comme une donation à cause de mort, mais comme un contrat entrevifs. Jugé au Parlement de Grenoble le 11. Avril 1623. *Basset*, to. 1. *li*. 8. *tit*. 1. *ch*. 9.

FIDEICOMMIS, CREANCIERS.

93   La restitution du fideicommis peut être faite par le pere au fils, au préjudice de ses creanciers & des tiers possesseurs. *Dolive*, *liv*. 5. *chap*. 19. M. Abraham la Peirere, *au Recueil de ses decisions*, *lettre* S. *nombre* 183. dit, je fais doute au tiers possesseur, & en ay vu Arrêt contraire rendu en la Chambre de l'Edit à Bourdeaux; il cite les Arrêts suivans.

Arrêt du 6. Mars 1666. donné en la Grand'Chambre, au rapport de M. Martin, sur un procez évoqué du Parlement de Provence, entre le sieur Deches & le sieur Boudron son beaufrere : jugé que ledit Deches n'étoit pas recevable à vouloir remettre à sa sœur, femme dudit Boudron, la substitution dont il étoit chargé envers sa sœur, avant l'écheance du fideicommis. Voici la difference de la remise au fils ou à la sœur.

Arrêt du 14. Février 1671. au rapport de Monsieur de Sabourin, entre les creanciers d'André Madron, & François Madron son fils substitué audit André Madron son pere : jugé que le pere de son vivant avoit pû remettre le fideicommis audit François son fils, au préjudice de ses creanciers.

Arrêt du 15. May 1673. au rapport de M. Sabourin, au procez du Seigneur Durfé : jugé contre les creanciers que le pere pendant sa vie avoit pû remettre le fideicommis à son fils.

Voyez cy-aprés le *nomb*. 193.

FIDEICOMMIS, DEGREZ.

94   Des degrez en fideicommis. *Voyez* le mot *Degrez*, *nomb*. 3. & *suiv*. & cy-aprés le *nomb*. 129.

95   Lors que l'Edit des Archiducs du 12. Juillet 1611. art. 14. restraint les substitutions & fideicommis à trois effets, cela se doit entendre des trois ouvertures au profit des appellez : c'est à dire, que le droit és biens fideicommissez doit être transmis trois fois en vertu de la disposition fideicommissaire; d'où il suit que la personne qui auroit apprehendé le fideicommis avant l'Edit né pourroit être comptée entre les trois effets posterieurs à l'Edit; l'ouverture se trouve consommée par son apprehension avant l'Edit; & par consequent il faudroit encore trois nouvelles ouvertures depuis l'Edit, quand même cette personne auroit continué long-temps de vivre aprés l'Edit; ainsi jugé au Parlement de Malines en 1663. *Voyez M. Pinault* to. 1. *Arr*. 294. où il rapporte l'espece.

96   Si les fideicommis & substitutions faites aprés les Ordonnances d'Orleans & de Moulins sont réduites à deux degrez, l'institution non comprise? Arrêt du Parlement de Provence du 30. Janvier 1628. pour l'affirmative. *Boniface*, tome 2. *li*. 2. *tit*. 2. *ch*. 9.

97   *Henrys*, *tome* 1. *liv*. 5. *chap*. 4. *quest*. 61. examine

Cc ij

si les enfans qui sont d'Eglise, & ceux qui sont incapables de conserver le nom, & perpetuer la posterité du testateur, doivent être comptez pour remplir les degrez dans les substitutions graduelles ? Il dit qu'il faut distinguer entre celuy qui aprés avoir recüeilli le fideicommis, se fait Prêtre, & celuy qui se trouve Prêtre lors de l'ouverture du fideicommis : le premier n'est pas privé du fideicommis, pour s'être fait Prêtre ; il faut que celuy qui est appellé aprés luy attende qu'il soit décedé, ou qu'il luy remette le fideicommis par anticipation ; d'ailleurs ce Prêtre ayant recüeilli le fideicommis dans un temps qu'il étoit libre, il doit sans doute faire un degré. A l'égard de celuy qui se trouve Prêtre lors du fideicommis, il soûtient qu'il ne doit point être compté.

DEMANDE DU FIDEICOMMIS.

98 Le fideicommis doit être demandé où est l'hereditè. *L. 1. C. ubi fideicommissum peti oporteat.* Ainsi jugé au Parlement de Provence le 2. Avril 1675. *Boniface, to. 5. li. 1. tit. 24. chap. 2.*
Voyez cy-aprés le nomb. 218.

FIDEICOMMIS, DETRACTION.

99 Des détractions qui se font dans les fideicommis. Voyez le mot *Detraction, & le present titre nomb. 40. 135. 137. & suiv.*
La dot est une des détractions que les fideicommis doivent souffrir; il y en a de deux especes ; les unes sont de Droit, & les autres de fait ; elles consistent toutes en la Trebellianique, aux frais funeraires, aux legs, aux dettes passives de l'heritage, aux réparations & aux méliorations. Le substitué en doit d'abord faire offre & même par sa demande, s'il ne le fait, l'heritier n'est nullement obligé de rien offrir, & aucune demeure ne luy sera imputée ; les fruits n'étant même restituables qu'aprés une interpellation legitime. *Voyez Guy Pape, quest. 97. & 196.*

100 Jugé au Parlement de Grenoble les 13. Avril 1612. & 2. Decembre 1616. que les frais funeraires, le legat pour l'ame & anniversaires ne viennent en détraction sans quittance ; il importe de sçavoir si c'est l'heritier grevé qui les a payez. *Basset, tome 2. livre 8. tit. 2. chap. 1.*

101 Les tailles pour les dettes generales d'une communauté d'habitans, doivent venir en détraction au profit de l'heritier grevé de fideicommis, bien qu'elles ayent été cotisées pendant la jouïssance. Arrêt rendu au même Parlement de Grenoble le 3. Août 1616. Autre chose seroit des tailles courantes, parce qu'elles sont les charges des fruits. Ainsi jugé le 12. Juillet 1612. *Basset, to. 1. li. 5. tit. 9. chap. 10.*

102 Jugé au Parlement de Grenoble le 2. Decembre 1616. que les détractions des dettes doivent être estimées dés le temps des payemens faits par l'heritier grevé, & nullement dés celuy de la mort du testateur ; & que les premieres détractions seront prises sur les meubles non consumez, fruits & bétail, & les autres sur les premieres alienations, lesquelles tiendront à concurrence des détractions selon leur ordre. *Ibidem, to. 2. li. 8. tit. 2. chap. 1.*

103 Liquidation des détractions doit être faite aux frais de l'heritier fideicommissaire, & non du tiers possesseur des biens. Ainsi reglé au même Parlement de Grenoble de l'avis des Chambres le 27. Novembre 1620. *Ibidem, chap. 10.* Le même Arrêt est rapporté au *to. 1. li. 5. tit. 9. chap. 21.*

104 Ni le possesseur des biens sujets au fideicommis, ni le fideicommissaire n'est obligé de faire juger ces détractions, mais ils le font en donner l'état, & aprés elles seront jugées aux frais mainlevables du poursuivant. Arrêt du Parlement de Grenoble du mois de Novembre 1620. de l'avis des Chambres. *Prælegatum vero his verbis conceptum,* pour en joüir à la vie & à la mort, *non venit in restitutionem fideicommissi universalis.* Arrêt du mois de Juin 1610. & même au cas du simple prélegat ; Arrêt du 8. Mars 1630. rapporté par Chorier, en sa Jurisprudence de Guy Pape, page 188.

FIDEICOMMIS, DETTES.

Dettes que celuy qui est grevé de fideicommis 105 doit ou ne doit payer. *Voyez cy-dessus le nombre 42.*

FIDEICOMMIS, BIENS DONNEZ.

Le pere qui en contemplation de mariage a donné 106 ses biens ou partie d'iceux à son fils, ou a promis de l'instituer son heritier, ou ses enfans, *postea filium fideicommisso gravare potest, vel etiam filios masculos tantum ei substituere & fœminas excludere.* Arrêt du Parl. de Toulouse en Juillet 1578. *La Rocheflavin, liv. 4. lettre T. tit. 5. Arr. 9.*

Si le donateur peut charger de fideicommis les cho- 107 ses par luy données entre-vifs ? *Voyez Ricard des donations, part. 3. ch. 7. section 5.*

Le pere peut charger de substitution pour les biens 108 donnez les enfans de son fils donataire prédecedé. Arrêt du Parlement de Toulouse du 2. Decembre 1630. *M. Dolive, liv. 5. chap. 19. Voyez le chap. 15. précedent, & Henrys, to. 2. liv. 5. quest. 51.*

Un pere peut charger de fideicommis la portion de 109 ses biens qu'il a donnée à son fils par contrat de mariage, & pour cause de nôces. Un pere qui avoit deux fils, institua ses heritiers *æquis partibus* par le contrat de mariage de l'un d'eux ; & en mourant il les substitua reciproquement, en cas de mort sans enfans mâles ; il est procedé ensuite au partage de ses biens ; & la condition étant purifiée, le fideicommis fut ouvert sur la part échûë au fils marié décedé *sine masculis.* par Arrêt du Parlement de Grenoble du 18. Decembre 1660. A plus forte raison quand une portion certaine est donnée pour cause de nôces, comme la moitié, ou le tiers des biens, pourvû que ce soit en faveur d'un frere, d'une sœur, ou d'une personne tres proche ; & non d'un étrange. Jugé par Arrêt de l'année 1657. pour M. le President de Caulés, contre le sieur de Pins Avocat general, en une cause évoquée du Parlement de Toulouse ; mais la mere n'a plus ce privilege, qui n'est même accordé aux peres que pour la conservation de leurs familles, à laquelle ils sont plus interessez que leurs femmes. *Voyez Chorier en sa Jurisprudence de Guy Pape, page 190.*

FIDEICOMMIS, DOT.

Si les biens chargez de fideicommis sont sujets à la 110 restitution de la dot. *Voyez cy-dessus les nomb. 43. 67. 74. & cy-aprés le nomb. 146. & le mot Dot, §. Dot, Fideicommis.*

FIDEICOMMIS, ENFANS.

Des enfans qui sont appellez au fideicommis. *Voyez* 111 *cy-dessus les nomb. 15. 45. 46. 53. & cy-aprés le nomb. 117. & suiv. 136. 153. & suiv.*

FIDEICOMMIS, ENFANS DE DEUX LITS.

Voyez cy-dessus le nomb. 25. 29.

Uxor secunda à marito instituta sub conditione fidei- 112 commissi, in favorem liberorum secundi matrimonii non potest turbari à filiis primi matrimonii ; & hoc casu dispositio legis hac edictali non habet locum. Arrêt du 25. May 1582. *Per leg. Cogi. §. hi qui solitum. ff. ad Trebelli. L. cum dotem ff. ad L. falcid. leg. 1. §. 1. ff. si quis aliquem testari prohibuerit. L. Papinianus. §. Meminisse, ff. de inofficioso testamento.* Bibliotheque de Bouchel, *verbo Mariage.*

Noël Mathieu avoit des enfans de deux lits ; M. Mathieu Chanoine d'Alby son frere, l'avoit institué heritier, à la charge de rendre à André Mathieu un des fils du premier lit, sans distraction de quarte trebellianique ; aprés avoir restitué l'heredité au fils, ce fils mourut. Comme le pere s'étoit réservé 1500. livres & une métairie ; les fils du premier lit luy contestoient cette jouïssance ; luy au contraire prétendoit joüir du tout, disant que c'étoit une donation, puisque son fils étant en sa puissance, il luy avoit neanmoins restitué le fideicommis ; & qu'il pouvoit varier, puis que son fils étoit mort. Les enfans du premier lit difoient que ce n'étoit pas une donation, car il devoit rendre à André *nominatim* ; ce teftament ne luy donnant pas le pouvoir d'en élire un autre, & qu'il falloit faire difference de la reftitution qui fe faifoit en confequence du teftament, d'avec celle qui fe faifoit à la difpofition du fideicommis, fuivant la Loy *Imperator*, *ff. ad Trebell*. Arrêt du Parlement de Touloufe du 8. Janvier 1647. qui ajugea la joüiffance au pere, & regla les parties à bailler par écrit, fans vouloir prononcer fur ce que les fils demandoient qu'il luy fût fait inhibition de déplacer les fommes, ou qu'il baillât caution ; mais elle prononça, *à la charge de la tenir fous la main du Roy & de la Cour*. Il eft vrai que ce pere ayant cette joüiffance, & ayant voulu dépofeder l'un de fes fils du premier lit, qui tenoit une maifon du fideicommis, la Cour joignit fa requête au procez, & luy fit défenfes cependant de déplacer les fommes, la Cour ayant fans doute été indignée de fa rigueur envers fes enfans du premier lit. *Albert*, verbo *Reftitution*, art. 1.

FIDEICOMMIS, ETRANGER.

114 Si l'étranger eft capable d'un fideicommis ? *Voyez* cy-deffus *le nomb*. 37. & le mot *Etranger*, *nomb*. 71. *bis* & *fuiv*. & le nomb. 90. & *fuiv*.

FIDEICOMMIS, FALCIDIE.

115 Du payement & détraction de la falcidie en cas d'ouverture de fideicommis. *Voyez* cy-deffus *le nomb*. 34. & le mot *Falcidie*, *nomb*. 14. & *fuiv*.

FIDEICOMMIS, FEMME.

116 Sur l'authent. *res quæ Cod. Commun. de legat. & fideic*. & fi la veuve d'un homme grevé de deux fideicommis, l'un du pere, & l'autre de l'ayeul ou bifayeul paternel, peut choifir pour le payement de fa dot tels biens qu'il luy plaît, ou fi le fubftitué, la peut forcer de prendre ceux qui viennent de fon beau pere. *Voyez Du Perrier*, li. 3. queft. 6.

117 Un mary chargé par fa femme de rendre certains biens à elle appartenans à un des enfans communs, les peut divifer entre plufieurs d'iceux. Arrêt rendu au Parlement de Touloufe le 3. Septembre 1586. *Maynard*, liv. 2. chap. 89.

118 Le mary inftituant fa femme heritiere & luy recommandant fes enfans, ne fait pour cela fideicommis, L. fideicommiffa §. *fi ita quis de leg*. 3. Arrêt du 22. Janvier 1590. *Cambolas*, liv.1. ch. 18. & La Rocheflavin, liv. 6. tit. 75. Arr. 2.

119 Une femme ayant inftitué fon fecond mary heritier à la charge de rendre l'heritage au temps de fon décés aux enfans qu'elle avoit eus de luy, au mois de Février 1590. il a été jugé que cette inftitution n'eft point fujette au retranchement de la Loy *hâc edictali Cod. de fecundis nuptiis*. Cambolas, liv. 1. chap. 21.

119 bis. Le fideicommis dont le mary inftitué heritier par fa femme, & chargé de rendre l'heredité à leur fils commun, fe trouvant purement conçû, eft cenfé avoir trait de temps jufqu'à la mort du pere, les fils étant chargé de reftitution au profit d'un étranger, & ce fils étant décedé avant fon pere. Arrêt du même Parl. de Touloufe du 11. Février 1630. M. *Dolive*, liv. 5. chap. 12.

120 Donation entre-vifs faite par un mary au profit du frere de fa femme dont il n'avoit point d'enfans, ne peut paffer pour un fideicommis. Arrêt du Parlement de Paris du 19. Février 1641. *Soëfve*, tome 1. Cent. 1. chapitre 32.

121 La penfion viagere promife par le mary à fa femme par le Contrat de mariage, ne doit être prife fubfidiairement fur les biens fideicommiffaires. Arrêt du Parlement de Provence du 22. Août 1651. *Boniface*, to. 5. liv. 1. tit. 17. chap. 1.

122 L'inftitution hereditaire faite par le mary en faveur de fa feconde femme, à la charge de rendre l'heritage à celuy de fes enfans qu'elle voudra, doit fubfifter comme fiduciaire, quoique fans nulle limitation ni temps certain, *ratio eft quod incapaci poteft relinqui ut alteri reftituat* : Arrêt du Parlement de Grenoble du 13. Avril 1658. Par ce même Arrêt il fut déclaré que tous les avantages que cette feconde femme pouvoit efperer, tant de l'inftitution, que de fon Contrat de mariage, étoient fujets à la reduction du droit jufqu'à la concurrence de la legitime des enfans du premier lit. *Baffet*, to. 2. liv. 4. tit. 7. ch. 4.

123 Jugé au Parlement de Paris le 27. Mars 1661. que la difpofition faite par un mary au profit de la mere de fa femme, ne peut paffer pour un fideicommis en faveur de ladite femme. *Soëfve*, to. 2. Cent. 2. ch. 48.

FIDEICOMMIS, FILS DU TUTEUR.

124 La reftitution au fils du tuteur n'eft valable quand fon pere n'a point rendu compte ; un adulte majeur de vingt-cinq ans étoit chargé du fideicommis en faveur de fon tuteur, fans que ce tuteur eût rendu compte, quoiqu'il y eut un appointement qui l'y condamnoit ; il perfuada à ce jeune homme de reftituer le fideicommis à fon fils ; mais par Arrêt du Parlement de Touloufe du 29. Février 1664. cette reftitution fut caffée comme nulle, parce que ce fils étoit une perfonne interpofée. *Albert*, verbo *Reftitution*, art. 2.

FRAUDE AU FIDEICOMMIS.

125 Des fraudes qui fe pratiquent dans les fideicommis. *Voyez Francifc. de Claperiis* Cauf. 2. queft. 4.

Voyez cy-deffus *le nombre* 120. & *fuiv*. & cy-après *le nomb*. 172. & *fuiv*. & le mot *Fraude*.

FIDEICOMMIS, FRUITS.

126 *Hæres fideicommiffo conditionali gravatus, an fructus, pendente conditione perceptos fuos faciat* ? Voyez *Andr. Gaill*, lib. 2. *Obfervat*. 133.

127 Si le fils, à qui la mere reftitue le fideicommis, a déclaré qu'il a perçû les fruits du fideicommis avant la reftitution, cette declaration eft préfumée veritable, quoique ce foit au cas que les fruits lui devroient être reftituées ; fçavoir quand le delay de reftituer a été appofé en fa faveur, *l. fideicommiffi, §. Pollidius, ff. de ufur. & fruct. & l. Sejus Saturninus, ff. ad Trebell. & l. Lucius 78. hæredum, ff. eod*. & Maynard, liv. 5. ce qui fut jugé au Parlement de Touloufe contre Mademoifelle Pinot en faveur de fa fœur, heritiere de fa mere, car il ne fut pas relevé de cette declaration, à caufe qu'il étoit majeur ; l'Arrêt eft du 5. Avril 1647. après partage neanmoins : de forte que la mere fe fit par ce moyen décharger des fruits qu'elle devoit rendre, parce qu'on ne pouvoit pas dire que ce fils fût grevé ; mais qu'il avoit avoüé la verité. *Albert*, verbo *Subftitution*, art. 3.

128 Les fruits des fideicommis doivent être rendus par l'heritier de l'heritier grevé au fideicommiffant depuis le plaids contefté & non du jour du décés de cet heritier grevé. Arrêt du Parlement de Grenoble du dernier Juin 1662. *Baffet*, to. 1. li. 5. tit. 9. ch. 3. Même Arrêt le dernier Juillet 1662. *Ibidem*, chap. 19.

Voyez cy-après *le nombre* 131. & le mot *Fruits*, nombre 105.

FIDEICOMMIS GRADUEL ET PERPETUEL.

Voyez cy deffus *le nombre* 94. & *fuiv*.

129 D'un fideicommis qui eft graduel & perpetuel, *Voyez Baffet*, to. 2. li. 8. tit. 2. ch. 12. où il remarque un Arrêt du Parl. de Grenoble du 20. Février 1642. qui a jugé que le fideicommis n'eft ni graduel ni perpetuel, quand il n'y a pas ni reduplication, ni les termes *in perpetuum* ou *de gradu in gradu*.

FIDEICOMMIS, HERITIER.

130 Si le fideicommis eft délaifé à quelqu'un & à fes heritiers, fi le mot d'*heritier* comprend non feulement le premier heritier avec les autres ? *Voyez Bouvot*, to. 1. part. 2. verbo *Heritier*, queft. 2.

FIDEICOMMIS, HYPOTEQUE.

131 De l'hypoteque des fruits en matiere d'ouverture de fideicommis. Arrêt du Parlement de Grenoble du 1. Juin 1613. qui jugea que la reftitution n'avoit hy-

Cc iij

poteque que dés le jour de l'Arrêt d'ouverture du fideicommis. Le mouvement fut que cette restitution étant personnelle, & la condamnation étant ordonnée par un Arrêt, il n'y avoit autre hypoteque *nisi ex judicato*. Basset, to. 2. liv. 5. tit. 2. ch. 12.

132 Arrêt du P. de Provence du 15. Avril 1666. qui a jugé que le fideicommissaire a hypoteque sur les biens de l'heritier grevé pour le remplacement de son fideicommis, & qu'il peut agir par action de regréz contre les tiers possesseurs de ses biens, & laisser la reivindication. *Boniface*, to. 1. liv. 7. tit. 2. chap. 8.

133 Jugé au Parlement de Toulouse au mois de Decembre 1692. qu'un pere ayant été institué par sa femme à la charge de rendre à ses enfans n'ayant exigé & dissipé des capitaux dependans du fideicommis, les biens de ce pere étoient obligez non seulement depuis le jour qu'il avoit exigé ces capitaux, mais depuis la mort de sa femme, qui l'avoit fait heritier sous la charge de rendre; le fils fut de ce jour alloué sur les biens de son pere, par la raison que *adeundo hæreditatem*, le pere étoit presumé avoir contracté avec le fideicommissaire son fils, & s'être obligé envers luy de luy representer l'heredité telle qu'il l'avoit trouvée. *Voyez M. De Catellan, liv. 4. ch. 22.* où il dit avoir été jugé que les biens du pere étoient obligez à ses enfans du premier lit du jour de la mort de leur mere pour la gestion des biens qui leur étoient avenus long-temps après la mort de leur mere par les dispositions de leur ayeul maternel.

Voyez le mot *Hypoteque*.

FIDEICOMMIS, INTERESTS.

134 Interests d'un legat échus pendant la possession de l'heritier grevé, se prennent sur le fideicommis en cas d'insolvabilité de l'heritier. Jugé au Parlement de Grenoble le 26. Août 1649. *Basset*, tome 2. liv. 8. tit. 6. chap. 4.

135 Si l'heritier ne fait proceder aux détractions dans le délay à luy accordé, les interêts se payent sur les biens du fideicommis après le délay passé. Jugé au même Parlement de Grenoble le 16. Decembre 1655. *Ibidem, tit. 4. chap. 1.*

Voyez le mot *Interêts*. §. *Interêts du fideicommis*.

FIDEICOMMIS, LEGITIME.

Voyez cy-dessus les nomb. 68. & 74.

136 Si par le fideicommis la fille peut être grevée en sa legitime, & si deux filles & les leurs ayant été substituez, les enfans de l'une des filles morte, sont appellez après la mort de l'instituée chargée du fideicommis avec la fille survivante? *Voyez Bouvot, to. 1. part. 1. verbo Legitime, quest. 2.*

137 Si la donation à cause de nôces étant chargée d'un fideicommis, il en faut distraire la legitime, quoique le pere ait puis après laissé à cette même fille ou fils, d'autres biens capables de lui payer sa legitime? *Voyez Du Perrier, li. 1. quest. 8.* où il dit que la dot ou la donation doit être entierement restituée au fideicommissaire, si ce qui est puis après parvenu au fils ou à la fille grevée remplit sa legitime.

138 Si au fideicommis reciproque entre plusieurs enfans, la legitime en doit être distraite ? *Voyez Du Perrier, liv. 1. quest. 22.*

139 Le petit-fils doit bailler caution de rendre le fideicommis, sa legitime détraitte. Arrêt du Parlement de Grenoble du 2. Avril 1609. *Basset, to. 1. liv. 5. tit. 9. chapitre 2.*

140 Les premieres détractions en fait de fideicommis, se doivent imputer sur les meubles non consumez, fruits, bétail, & les autres les premieres alienations, lesquelles doivent tenir à concurrence des détractions suivant leur ordre. Arrêt du 2. Decembre 1616. *Ibidem, chap. 18.*

141 Le 17. Juillet 1666. jugé au même Parlement de Grenoble que la legitime d'un legataire chargé de rendre seroit imputée sur les meubles alienez, & non sur les immeubles, quoique les premiers alienez, &

les tiers possesseurs condamnez à vuider les immeubles. Ainsi l'on jugea que les biens leguez étoient tous hypotequez pour la seureté de la restitution, & que n'en restant plus que les immeubles, le fideicommissaire avoit droit de les vendiquer. *Basset, Ibidem.*

142 Le reglement & liquidation des détractions doit être fait entre les mains des possesseurs, & celuy qui a acheté de l'heritier chargé du fideicommis ne doit être dépossedé que préalablement les détractions n'ayent été reglées & liquidées, comme la détraction de la quarte trebellianique, ou de la legitime, quoique la substitution soit en faveur des descendans. Arrêt du Parlement de Toulouse du 23. Juillet 1649. rapporté par *M. De Catellan, liv. 2. chap. 63.*

143 Un fideicommis universel n'est pas censé lier la legitime, si elle n'est specialement comprise. Arrêt du Parlement de Tournay du 13. May 1694. rapporté par *Pinault, to. 1. Arr. 27.*

Voyez cy-après le mot *Legitime*.

FIDEICOMMIS, LEGS.

Voyez cy-dessus *le nombre* 12.

144 Les prélegs sont compris dans les biens sujets à restitution, à moins qu'il ne paroisse que le testateur ait voulu le contraire. Arrêts du Parlement de Toulouse rapportez par *Maynard, to. 1. li. 5. ch. 58. & suiv.*

145 Prélegs faits par le testateur à son frere pour en joüir par luy & les siens après son decés sans empêchement quelconque viennent en la substitution fideicommissaire en faveur des enfans de la fille du testateur, lequel auroit institué son frere également avec elle substituée ou enfant d'elle à son frere au cas qu'il vint à deceder sans faire testament. Arrêt du Parlement de Toulouse de l'année 1578. *Maynard, Ibidem, chapitre 61.*

146 Un pere par son Testament charge ses enfans de donner trois mille écus au Curé de la Paroisse pour être distribuez, ainsi qu'il luy avoit déclaré en secret. Les enfans crûrent que c'étoit une fraude, parce que s'étant remarié en secondes nôces, ils soupçonnoient que c'étoit pour la seconde femme. Le Curé interrogé, refuse de répondre, & de reveler le secret qui luy a été confié. Par Arrêt prononcé en Robes rouges le 23. Decembre 1580. contre les enfans & heritiers du sieur de la Barre, ils furent condamnez de bailler les trois mille écus au Curé pour accomplir la volonté du testateur. *Robert, lib. 11. 1er. judicat. cap. 3.*

147 Sur l'article 55. de la Coûtume d'Auvergne, & si le pere leguant le quart de ses biens à celuy de ses deux fils qui aura plûtôt l'âge de vingt-cinq ans, l'autre predecede, cela peut être censé un fideicommis? *Voyez Henrys, tome 2. liv. 5. quest. 43. & tome 1. liv. 6. chap. 5. quest. 23.*

148 Jugé au Parlement de Grenoble le 8. Mars 1630. que le prélegat ne vient point en la restitution du fideicommis. Arrêt du 16. Juin 1610. qui avoit jugé la même chose d'un fideicommis, où il y avoit cette clause *pour en joüir à la vie & à la mort*. Il en seroit autrement si les prélegs consumoient la plus grande partie de l'heritage. Arrêt du 22. Juillet 1638. *Basset, to. 1. liv. 5. tit. 9. chap. 11.*

149 Arrêt du Parlement de Provence du 27. May 1658. qui a jugé qu'une mere chargée de rendre l'heritage de son mary à ses enfans mâles, & d'un legs envers sa fille, est plûtôt censée payer le legs qu'elle devoit, que non pas constituer une dot du sien. *Boniface, to. 2. liv. 4. tit. 5. chap. 1.*

150 Une femme par son Testament institué heritier universel son mary, & luy permet d'avantager de ses enfans mâles jusqu'à une certaine somme; dans le même Testament elle charge ensuite son mary de rendre son entiere heredité à ses deux enfans mâles par égales portions. Ce mary dans un Codicille, suivant le pouvoir à luy donné par sa femme, dispose de la somme à luy permise en faveur de l'aîné. Cet

Cet aîné étant mort sans enfans, & le second ayant recueïlli les biens en vertu de la substitution, un creancier de l'aîné demande détraction de la somme dont le pere l'avoit gratifié en consequence de la volonté de la testatrice, comme d'un prélegs qui ne pouvoit être compris dans le fideicommis. Par Arrêt du 16. Novembre 1665. au Parlement de Toulouse, infirmatif de la Sentence du Sénéchal, il est déclaré n'y avoir lieu de détraction ; jugé que ce prélegs venoit dans la restitution du fideicommis. *Voyez les Arrêts de M. De Catellan, liv. 2. chap. 78.* où il observe que la Loy 86. *Titia ff. ad leg. falcid.* qui semble contraire à cette décision est dans le cas où les prélegs sont faits après la substitution ; mais lorsqu'ils la precedent, ils y sont compris, quand même le testateur, venant ensuite à l'institution, auroit dit qu'il instituë en ses autres biens, suivant l'avis de *Ferrieres sur la question 303. de Guy Pape, & de Maynard, liv. 5. chap. 57. & suiv.*

151 Un testateur après avoir institué heritier son fils, avoit legué dix mille livres à sa femme, voulant qu'elle en pût disposer en faveur d'une de ses filles telle que bon luy sembleroit. Cette femme étant morte avant le testateur, il étoit question si aux termes du Testament cette somme de dix mille livres étoit dûë aux filles ? Il fut jugé au Parlement de Toulouse en 1677. après partage, que ces paroles contenoient un fideicommis, & que ce legs devenu caduque, à l'égard de la femme, à qui il étoit fait, avoit accru à l'heritier, mais avec la même charge, & que chacune des filles pouvoit demander sa portion de cette somme leguée. *Voyez M. De Catellan, ibidem, chap 89.*

152 Si le fideicommis n'est pas nommément laissé à prendre de la main du dernier mourant des legataires, mais par un terme general après la mort de tous, il se divise, de sorte que la mort de chaque legataire fait ouverture au fideicommis pour sa portion, si ce n'est que les legataires ne soient habiles à succeder l'un à l'autre *ab intestat*; auquel cas le survivant succede au premier décedé, & le substitué prend la chose entiere après le décès du dernier mourant. *Idem, pour la substitution pupillaire. Ricard, des Substitutions, traité 3. ch. 8. nomb. 445.* & au cas qu'elle ne soit pas simplement pupillaire, mais aussi fideicommissaire, par le moyen de ce qu'elle est conçuë en termes compendieux. *Ibidem, nombre 449.*

FIDEICOMMIS, MASLES.

Voyez cy-dessus le nomb. 111. & suiv.

153 Les filles étant substituées au cas que les mâles décedent sans enfans, les enfans des filles sont appellez avec leur oncle au fideicommis, & si la representation a lieu ? *V. Bouvot, to. 1. part. 2. verbo Substitution, question 4.*

154 Quand les mâles *ex filiâ* viennent ou non en la vocation des mâles & de leurs mâles ? Arrêt du Parlement de Grenoble du 30. May 1634. qui juge que quand un Etranger est substitué, les mâles nez des filles sont cesser le fideicommis. *Basset, tome 2. liv. 8. tit. 2. ch. 8.*

155 Cette disposition dans les fideicommis *à son fils & à ses enfans mâles*, ne s'étend pas regulierement au fils né de la fille du testateur ; il la faut renfermer dans son agnation que vray semblablement il a voulu préferer à ceux d'une famille étrangere, qui sont neuz d'un autre sang que le sien. *Voyez Guy Pape, quest. 612.*

156 & 157 Quand le fideicommis ne regarde point l'agnation, mais seulement la masculinité, celuy qui a des petits-fils de ses petites filles ne peut être dit mort sans mâles, & par consequent ils sont appellez où sont cesser le fideicommis. Arrêt du Parl. de Grenoble du 30. May 1684. sur une évocation du Parlement de Toulouse ; mais dans les fideicommis purement masculins faits par celuy qui s'est proposé de laisser ses biens dans son agnation, les fils de la fille n'ont rien à prétendre. Arrêt du 23. Juin 1649. Il y a neanmoins un cas, où le petit-fils aîné de la fille exclud dans le fideicommis masculin, le petit-fils né du fils, sçavoir quand celui-ci est né sourd & muet. Arrêt du même Parlement de Grenoble du 8. Septembre 1685. pour les enfans mâles du sieur de Pradines nez d'une fille de la Maison de Tuffel : ces Arrêts sont rapportez par *Chorier en sa Jurisprudence de Guy Pape, p. 181.*

FIDEICOMMIS, MARY.

158 Le mary institué heritier par sa femme & chargé de rendre l'heredité à leurs enfans, est en droit & faculté d'élire tel que bon luy semblera, parce que le testateur a usé du nom collectif & sans nommer les personnes, mais seulement appellé generalement les enfans de l'heritier ; *secus*, si la disposition du testateur regarde certaines personnes & dénommées. Arrêt du P. de Toulouse du 15. Février 1630. *M. Dolive, li. 5. chap. 14. Voyez Chopin sur la Coûtume de Paris, li. 2. tit. 4. nomb. 9.*

159 Dans la Coûtume de Bourbonnois, où la femme peut leguer au mary le quart de ses biens, *& vicissim*, la preuve des faits de tacite fideicommis, & interposition du legataire cousin du mary, a été rejettée. Arrêt du Parlement de Paris du 1. Février 1635. *Bardet, to. 2. li. 4. ch. 2.*

160 La femme ayant fait un legs universel au profit du pere de son mary, qui n'a point d'enfans ; jugé que cette disposition ne pouvoit passer pour un tacite fideicommis. Arrêt rendu au même Parl. de Paris, le 28. Mars 1652. *Soëfve, to. 1. Cent. 3. ch. 92.*

FIDEICOMMIS, MEUBLES.

Voyez cy-dessus le nombre 21.

161 Jugé au Parlement de Grenoble le 2. Decembre 1616. que les meubles & ustenciles consumez par l'usage & le long-temps ne sont sujets au fideicommis ; *secus*, des autres meubles, denrées & bétail, lesquels doivent être restituez à estimation d'Experts, eu égard à la qualité & quantité. *Basset, tome 2, liv. 8. tit. 2. chap. 1.*

162 Les meubles consumez par l'usage ne viennent point en restitution du fideicommis. Arrêt du même Parlement de Grenoble du 4. Juin 1636. qui jugea que l'heritier ne devoit rendre que les meubles tels qu'ils se trouveroient: même chose avoit été jugée par deux Arrêts des 2. Decembre 1616. & 11. Février 1633. *Basset, to. 1. liv. 5. tit. 9. ch. 17.*

163 Au mois de Février 1656. un testateur fait un fideicommis universel de tous ses biens au profit d'un ami ; ses heritiers *ab intestat* le prétendent nul à l'égard des meubles, cedules, arrerages, argent & constitutions de rentes, fondez sur l'article 125 de l'Ordonnance de 1609. verifiée au Parlement de Bourgogne sans aucune modification. *Voyez le 10. Plaidoyé de M. Quarré*, Avocat General au même Parlement; il dit que cet article de l'Ordonnance choquoit la raison & la liberté naturelle qui permettent aux hommes d'étendre leurs liberalitez, & de multiplier leurs bienfaits, qu'ainsi elle ne devoit point être favorablement interpretée, mais mise au rang de ces Edits que le Jurisconsulte appelle *ambitiosa decreta*. Il fut jugé que les meubles meublans, l'argent & le bétail n'étoient pas compris dans l'article de l'Ordonnance.

164 Le fideicommis qu'un testateur ordonne en termes generaux *de tous ses biens, de toute son heredité*, ne contient pas les meubles meublans, sur tout s'ils ne sont pas de grande valeur ni consideration. Jugé au P. de Tournay le 3. Août 1697. *Voyez M. Pinault, tome 2. Arrêt 182.*

Voyez cy-après verbo Meubles.

FIDEICOMMIS, MORT CIVILE.

165 Le bannissement perpetuel non plus que la condamnation aux galeres perpetuelles, ne donne point ouverture au fideicommis. *M. Dolive, liv. 5. chap. 8. & liv. 1. chap. 4. Anne Robert, lib. 4. rerum judicatarum, ch. 16.* rapporte un Arrêt donné au Grand Conseil le 17. Février 1582. qui a jugé qu'un homme condamné aux galeres perpetuelles faisoit ouverture au

fideicommis. *Voyez Expilly Plaidoyé* 29. où il rapporte un Arrêt du 15. May 1609. qui a jugé que la mort civile comme de condamnation aux galeres perpetuelles ne faisoit pas ouverture au fideicommis ; parmi nous elle donne lieu à la confiscation.

M. Dolive au même *livre* 5. *chap.* 8. dit que la profession en Religion donne ouverture au fideicommis, & avoir été ainsi jugé le 5. Avril 1636. *M. le Prêtre*, 3. *Cent. chap.* 81. *nomb.* 27. rapporte un Arrêt contraire qu'il date du 7. Septembre 1620. *M. Ricard des dispositions conditionnelles, traité deuxième*, *chap.* 5. *section* 4. *n.* 371. rapporte deux Arrêts, le premier du 31. Janvier 1660. le second du 25. May suivant, de relevée, sur les conclusions de M. Talon, qui ont jugé que la profession en religion faisoit ouverture ; mais ces deux Arrêts sont contre son avis, il fait ce qu'il peut pour les éluder.

Voyez cy-après les nomb. 183. *&* 184.

166 L'on convient que le bannissement perpetuel hors du Royaume, à l'exemple de la déportation, ne donne pas lieu à l'ouverture du fideicommis, & qu'il faut attendre la mort naturelle du banni ; à l'égard de la condamnation aux galeres perpetuelles, les Arrêts ont varié ; ceux rapportez par *M. Maynard, livre* 5. *chapitre* 81. & par *M. Cambolas, livre* 1. *chapitre* 41. ont décidé qu'il y avoit ouverture au fideicommis. Les derniers Arrêts rapportez par M. Dolive, *li.* 5. *chap.* 10. ont jugé le contraire. L'ancienne Jurisprudence du Parlement de Toulouse a été rétablie par Arrêt du 19. Septembre 1661. qui a décidé que par la condamnation aux galeres perpetuelles il y a ouverture au Droit. *V. M. de Catellan, li.* 2. *ch.* 76.

Voyez le mot *Bannissement*.

167 Une femme obligée de restituer par fideicommis une succession, *si sine liberis decesserit*, est accusée & convaincuë d'inceste avec son beau pere ; elle est condamnée d'être penduë & brûlée par contumace. L'Arrêt est executé en figure ; sçavoir si la condition est épurée ? Jugé au Parlement de Bourgogne que la condition n'étoit pas épurée, & qu'il falloit attendre la mort naturelle. *Voyez le* 14. *Plaidoyé de M. Quarré Avocat General au même Parlement* ; il avoit conclu au contraire.

FIDEICOMMIS, MORT CIVILE.

168 *Voyez cy-après lettre M. verbo Mort civile.*

FIDEICOMMIS, PARTAGE.

Divisio hæreditatis an tollat fideicommissum ? Voyez Andr. Gaill, lib. 2. *observat.* 139.

169 Le partage entre les freres & coheritiers ne peut couvrir ni révoquer le fideicommis pur & simple ; *secùs, de fideicommisso incerto, reciproco, vel conditionali.* Arrêt du 7. Septembre 1558. *Voyez* l'espece dans *Charondas, liv.* 9. *Rép.* 9.

170 Si la division & partage des biens entre deux freres reciproquement substituez éteint le fideicommis, sans en avoir parlé ; & si l'institution d'heritier du fideicommissaire tient lieu de compensation du fideicommis ? *Voyez Bonifact, tome* 2. *livre* 2. *tit.* 2. *chapitre* 11.

FIDEICOMMIS PERPETUEL.

171 *Voyez cy-dessus le nomb.* 129.

FIDEICOMMIS, PREUVE.

Voyez cy-dessus les nomb. 39. *&* 80.

172 Fideicommis ne se peut prouver par témoins. Arrêt du Parlement de Toulouse du 10. Février 1596. dans l'espece de cet Arrêt, les filles qui demandoient d'être admises à la preuve, supposoient une reconciliation qui resultoit des actes faits par le pere depuis l'exheredation, au moyen desquels actes qui servoient de conjectures au fideicommis & contenu, l'exheredation étoit couverte. L'on jugea que la reconciliation prétendue n'étoit pas un moyen suffisant pour couvrir l'exheredation. *Cambolas, li.* 3. *ch.* 16.

173 Un fideicommis peut être prouvé par témoins, si comme dit Justinien au §. dernier *de fideicommiss. hæreditatibus hæres perfidia tentus adimplere fidem recusat*, *negando rem ita esse subsequutam*. Arrêt rendu au même Parlement de Toulouse au mois de Décembre 1586. car puisque l'Empereur veut que l'heritier, de la foy duquel le fideicommis dépend, *& unde tam nomen quam substantiam accepit*, soit tenu de jurer *nil tale à testatore audivisse*, il s'ensuit que la preuve par témoins peut être admise, car elle est receuë où le serment est déferé par l'argument de la Loy *in contractibus*, §. *illud procul dubio*, *Cod. de non num. pec.* Ce qui acheva de déterminer la Cour, fût que la sœur du testateur étoit partie, contre sa veuve remariée. *Cambolas li.* 5. *chap.* 41.

Jugé au Parl. de Paris le 20. Février 1629. qu'un fi- 174 deicommis secret & tacite peut être prouvé par témoins, lors qu'il y a commencement de preuve par écrit. *Bardet*, *to.* 1. *li.* 3. *ch.* 28.

Preuve testimoniale d'un fideicommis a été rejettée. 175 Par Arrêt du 16. Mars 1637. *Bardet*, *to.* 2. *li.* 6. *chap.* 8. dans cette espece il n'y avoit aucun commencement de preuve par écrit.

La preuve du fideicommis verbal reçuë par témoins 176 sans restriction aux témoins numeraires du testament. Arrêt du Parlement de Toulouse au mois d'Août 1646. autres Arrêts des 15. Décembre 1650. & 28. Août 1671. il y en a deux des 18. Février 1650. & du mois d'Août 1647. qui paroissent contraires. Dans le premier, celuy qui alleguoit le fideicommis verbal avoit transigé comme heritier avec son frere, 20. Sept années s'étoient écoulées depuis le testament. Enfin la question étant entre freres, la Cour presuma l'égalité. Dans l'autre espece l'offre de la preuve portée par la requête ne fut pas soûtenuë à l'Audience. Il y avoit une tergiversation d'homme d'affaires, & de chicaneur. *V. Albert*, verbo *Testament*, *art.* 23.

Un fait par lequel on a soûtenu que l'heritier insti- 177 tué ne l'a été fiduciairement en fraude de la loy ou des plus proches, ne se peut prouver par témoins après la negative avec serment qu'en a fait le même heritier. Arrêt du Parlement de Grenoble du premier Juillet 1652. Les motifs de l'Arrêt furent que y ayant fideicommis dans le testament, il n'en falloit point imaginer d'autre, que le testateur non censetur *aliud voluisse nisi quod locutus est*, Basset, tome 1. li. 5. tit. 3. chap. 2.

On n'est pas recevable à prouver que le testateur 178 a voulu faire un fideicommis conditionnel, ou de confidence, ou autre qu'il n'est couché dans son testament écrit. Arrêt du même Parlement de Grenoble du 30. May 1657. *Ibidem*, *li.* 9. *ch.* 12. La même chose jugée le 30. Août 1667.

Arrêt du Parlement de Paris du 5. May 1672. qui 179 déclare non recevable à la preuve par témoins d'un fideicommis tacite, sauf à l'appellante à se pourvoir pour ses alimens pardevant le Juge des lieux, ainsi qu'elle avisera bon être. *Soëfve*, *tome* 2. *Centurie* 4. *chap.* 73.

Par Arrêt du 9. Février 1661. jugé que la preuve 180 par témoins d'un tacite fideicommis prétendu fait par un mary au profit de sa femme par l'interposition du Confesseur ordinaire de sadite femme, qu'il avoit fait son legataire universel en tous ses biens, qui ne consistoient qu'en meubles & acquêts, étoit recevable. *Ibidem*, *Cent.* 2. *chap.* 33.

La preuve du fideicommis ne peut être reçuë par 181 d'autres témoins que les témoins numeraires du testament. Arrêt du Parlement de Toulouse du mois de Mars 1666. La raison étoit que le fait allegué sembloit être contre le testament, auquel cas on ne pouvoit admettre la preuve *per quoscumque testes. Voyez les Arrêts de M. de Catellan, li.* 2. *ch.* 10. où il est observé que quelquefois même on refuse absolument d'admettre en preuve des fideicommis verbaux, à cause du laps de temps. Ainsi qu'il a été jugé le 17. Août 1699.

Voyez cy-après le nomb. 210. *& suiv.*

FIDEICOMMIS

FIDEICOMMIS, PRESCRIPTION.

182 Le 20. Juillet 1621. il a été jugé au Parlement de Toulouse que la prescription court contre le fideicommissaire durant la vie de l'heritier grevé de rendre même avant la restitution du fideicommis suivant la Loy *Si hæres* 70. §. *ult. ff. ad Senatusc. Trebell. si temporalis actio*, dit le Jurisconsulte; *in hæreditate relicta fuerit, tempus quo hæres experiri ante restitutam hæreditatem potuit, imputabitur ei cui restituta fuerit.* Voyez *Cambolas, li. 4. ch. 27.* il renvoye à M. Maynard, *liv. 8. chap. 35.*
Voyez cy-après le nomb. 219.

FIDEICOMMIS, PROFESSION RELIGIEUSE.

Voyez cy-dessus le nomb. 161.

183 Arrêt du Parlement de Paris du dernier May 1640. qui a jugé que le fideicommis est ouvert par la Profession Religieuse de l'heritier grevé de rendre après sa mort. *Boniface, to. 2. li. 2. tit. 2. chap. 10.*

184 Quoique la Profession Religieuse soit une espece de mort civile, neanmoins elle n'a pas en tous les cas le même effet que la mort naturelle : car il se trouve certains cas où les Religieux profez ne sont pas reputez morts avant leur mort naturelle ; par exemple, un heritier chargé de fideicommis ne fait point ouverture du fideicommis au profit du substitué par la Profession Religieuse ; & il peut avant la Profession disposer de la joüissance des biens sujets au fideicommis, de même que de ses autres biens, comme il lui plaît, sans que l'heritier appellé au fideicommis puisse le prétendre ouvert qu'après la mort naturelle du Religieux. Arrêt du Parlement de Dijon du 20. Juin 1660. Voyez *Taisand sur la Coûtume de Bourgogne, titre 7. art. 23. note 1.*

FIDEICOMMIS, QUARTE.

185 Le supplément de legitime des filles qui ont renoncé à la succession paternelle moyennant la dot, accroît à l'heritier du pere, non à l'heredité. Cela présupposé, on a demandé si tels supplémens venoient en restitution au profit du fideicommissaire, ou s'ils devoient être imputez en la quarte Trebellianique de l'heritier grevé ? Arrêt du Parlement de Toulouse au profit du fideicommissaire, les prélegats mêmes venant en restitution, bien qu'ils ne soient portions hereditaires. *Maynard li. 5. ch. 56.*

186 L'heritier grevé de rendre, ne contribuë au payement des legs, & retient sa quarte Trebellianique quitte, & ainsi il est preferé pour sa quarte aux legataires, & le payement des legs est rejetté sur le fideicommissaire. L. 1. *in fine, & L. 2. ff. ad Trebell.* si ce n'est que l'heritier fût grevé de rendre toute l'heredité : car en ce cas, deduit au préalable sa quarte, sur ce qu'il restitue, il contribuera au payement des legs à proportion de ce qu'il retient ; comme aussi le fideicommissaire doit porter les méliorations, reparations, & autres dépenses faites par l'heritier à la perpetuelle & permanente utilité des biens dont il doit être remboursé, sans qu'on le puisse contraindre d'en faire compensation avec les fruits qu'il a pris *jure hæredis*, si ce n'est que les fruits fussent si petits qu'ils ne concernassent, sinon une temporelle, & non permanente utilité, auquel cas ils doivent être pris sur les fruits ; comme aussi l'heritier grevé de rendre doit fournir la nourriture & alimens à la veuve pendant l'année du deüil, sans espoir de repetition. Il doit aussi payer durant le temps de sa joüissance tous les arrerages de pensions & legs annuels faits par le testateur, soit à temps ou à perpetuité, à moins que les legs ne consumassent tous les fruits appartenans à l'heritier, auquel cas *ex variis causarum figuris*, le Juge prudent y aura égard ; le tout jugé par divers Arrêts du Parl. de Toulouse des années 1581. 1582. 1584. 1585. & 1586. Voyez *Maynard, liv. 5. chap. 48.*

187 Ce qui a été introduit en faveur des descendans, suivant le Droit Canon, que des fideicommis conditionnels, ils peuvent detraire deux quartes ; sçavoir, la legitime comme enfans, & la Trebellianique comme heritiers grevez de rendre, a été étendu aux ascendans, mais avec cette difference que les enfans n'imputent point les fruits sur la Trebellianique, quelque longue joüissance qu'ils ayent faite, mais bien les ascendans s'ils ont joüi par l'espace de dix ans, *vide Guid. Pap. quæst.* 478. Arrêt du Parlement de Toulouse de l'an 1583. Voyez *Maynard livre 5. chap. 47.*

188 L'heritier chargé de rendre l'heritage, n'est pas privable de la Trebellianique pour n'avoir point fait d'inventaire. Arrêts du même Parlement de Toulouse des 12. Juin 1619. & 12. Février 1636. *M. Dolive, livre 5. chap. 26. fol. 753. Henrys, tome 2. livre 5. quest. 6.*

189 S'il est permis à un testateur d'imposer un fideicommis sur les biens propres de son heritier, en luy laissant l'équivalent ? Si le testateur peut rendre comptable son fils heritier grevé, des fruits de son heritage restant après la distraction de ses deux quartes, en fonds & fruits ? Arrêt du P. de Provence du mois de Février 1674. qui ordonna que l'heritier compteroit des fruits perçus par dessus les deux quartes. *Boniface, tome 5. di. 2. tit 19. chap. 2.*
Voyez le mot *Falcidie*, & cy-après verbo *Quarte*.

FIDEICOMMIS RECIPROQUE.

190 Voyez cy-dessus le nomb. 13. 52. 138. & le mot *Substitution*. §. *Substitution reciproque*.

FIDEICOMMIS, RECOMMANDATION.

Voyez cy-dessus le nomb. 118.

191 Si la recommandation d'un pere à ses enfans est suffisante pour produire un fideicommis. Voyez *Henrys, tome 2. li. 5. quest. 18.*

192 Raynaud fit par son testament sa femme heritiere absoluë, pour disposer des biens à sa volonté. Ayant legué 1000. livres à son fils, autant à sa fille, il avoit ajoûté *qu'il lui recommandoit ses enfans*; il est à observer que cette femme avoit des enfans du premier lit. Jugé au Parlement de Toulouse le 18. May 1646. que ces mots, *je lui recommande ses enfans*, contenoient fideicommis en faveur des enfans du testateur, & même en faveur des enfans du premier lit de cette femme, le cas y échéant ; ordonné qu'elle fourniroit caution. Voyez *Albert*, verbo *Testament, article 22.*

REMETTRE LE FIDEICOMMIS.

Voyez cy-dessus les nombres 24. & 53.

FIDEICOMMIS, RENONCIATION. 193

Voyez cy-dessus les nombres 12. & 38.

194 Un homme institué son fils aîné, & luy substitué, s'il meurt sans enfans mâles, le second : l'aîné qui avoit une fille unique, la mariant, luy constitué en dot la moitié des biens que son pere luy avoit laissez, & qu'il possedoit au temps de son decez : le second fils intervient à cette constitution, y prête son consentement, & jure de n'y pas revenir. Jugé qu'il avoit tacitement renoncé à ce fideicommis. *De Cambolas, liv. 1. chap. 25.*

FIDEICOMMIS, RENTES.

195 Le debiteur d'une rente fideicommissée au profit des enfans de son creancier voulant rembourser la rente, en peut consigner les capitaux, & n'est pas tenu d'en faire le remboursement és mains du creancier chargé du fideicommis, quoiqu'il offre caution pour le remploy. Arrêt du Parlement de Tournay du 14. Février 1698. rapporté par *M. Pinault, tome 2. Arrêt 204.*

FIDEICOMMIS, REPARATIONS.

196 Jugé au Parl. de Grenoble le 21. Février 1633. que l'heritier grevé n'auroit en détraction que les reparations par luy faites sur le fond fait au fideicommis, *in quantum fundus iste factus locupletior*, & plus logeable, & cela sans aucuns interêts. *Bassit, tome 1. liv. 5. tit. 9. chap. 17.*

FIDEICOMMIS, REPRESENTATION.

197 Voyez cy-deſſus le nombre 18.

Bouvot, to. 1. part. 2. verbo Heritier, queſt. 2. examine pluſieurs difficultez ſur le decés des ſubſtituez, & repreſentation.

198 Jugé au Parlement de Provence le 28. Mars 1647. qu'en matiere de fideicommis fait par un collateral le droit de repreſentation n'a pas lieu, & que les oncles ſont preferez aux enfans des freres morts avant l'heritier grevé. Boniface, to. 2. liv. 2. tit. 2. ch. 7. A la fin, il cite un Arrêt ſans le dater pour la repreſentation en un fideicommis fait par un aſcendant. Au chapitre ſuivant il rapporte un Arrêt contraire du 15. May. 1656. qui a jugé qu'en fideicommis fait par un collateral, les enfans des freres prédecedez repreſentent le degré de leur pere, & ſont admis au fideicommis par concours avec leurs oncles.

179 Le droit de repreſentation a lieu en la ſubſtitution des aſcendans, en faveur d'une petite fille avec ſon oncle, les enfans ayant été appellez. Arrêt du mois de Février 1674. Boniface, ip. 5. liv. 2. tit. 16. ch. 1.

RESTITUTION DU FIDEICOMMIS.

200 De la reſtitution du fideicommis. Voyez Guy Pape, queſtion 601.

FIDEICOMMIS, RESTITUTION ANTICIPE'E.

Voyez cy deſſus le nombre 41.

201 De la reſtitution anticipée des fideicommis. Voyez le mot Anticipation, nomb. 8. & M. Dolive, liv. 5. chapitre 29.

202 De la reſtitution anticipée des fideicommis. Voyez Henrys, to. 2. liv. 5. queſt. 54. Jugé que par la reſtitution anticipée faite par le pere au profit de ſon fils aîné, il avoit conſommé ſon choix, & qu'il n'avoit pû faire une ſeconde nomination en faveur de ſon fils puîné.

Dans quel cas il n'eſt pas permis d'anticiper la reſtitution d'un fideicommis? V. Ibidem, queſt. 58.

203 Reſtitution avant le temps ne ſe peut faire au préjudice des creanciers, ſi ce n'eſt que le temps ait été appoſé au faveur du fideicommiſſaire. Jugé au Parlement de Toulouſe le 4. Mars 1631. Cambolas, liv. 6. chapitre 8.

204 Le fideicommiſſaire avant la reſtitution du fideicommis, ne peut agir par reivindication, il ne peut pas même luy être reſtitué par anticipation au préjudice des creanciers de l'heritier. Jugé au Parlement de Grenoble conformément au droit par pluſieurs Arrêts. Voyez Guy Pape, queſtion 601. & Chorier en la Juriſprudence de même Auteur, p. 186.

205 Le fideicommis n'étant reſtituable qu'après la mort de l'heritier; ſes creanciers en peuvent faire annuller la reſtitution anticipée. Arrêts du Parlement de Grenoble des 18. Juillet 1642. 14. Août 1648. 21. Mars & 8. Août 1653. & par autre Arrêt du 18. Novembre 1675. contre un pere qui avoit émancipé ſon fils pour le rendre plus capable de recevoir ce fideicommis. Ces Arrêts ſont rapportez par Chorier, ibidem.

206 On ne doit demander qu'une choſe ſoit déclarée fideicommiſſée ou ſubſtituée avant l'ouverture du fideicommis. Arrêt du Parlement de Tournay du 6. Mars 1694. qui déclare le ſieur de Madre Secretaire du Roy en la Chancellerie, non recevable quant à preſent. Pinault, to. 1. Arr. 22.

FIDEICOMMIS, SECONDES NÔCES.

207 Voyez cy-deſſus les nombres 112. 113. 119. & 122. & cy après lettre S. verbo Secondes nôces. où il en ſera plus au long parlé.

FIDEICOMMIS, SIENS.

208 Arrêt du Parlement de Provence du 29. May 1655. qui a jugé que la vocation des Siens par un collateral en un fideicommis ne fait pas un fideicommis réel & graduel, mais ſeulement en faveur du plus proche qui ſe trouve au temps du decés de l'heritier grevé pour une ſeule fois. Boniface, to. 2. liv. 2. tit. 2. ch. 4.

209 La donation ayant été faite de certains biens par un pere à ſon fils en Contrat de mariage, le fils ayant ſtipulé & accepté pour luy & les ſiens, les enfans de ce mariage ne peuvent pas prétendre être appellez par fideicommis. Arrêt du 24. May 1675. Ibidem, tome 4. li. 7. tit. 10. ch. 1.

FIDEICOMMIS TACITE.

210 Garſias Juriſconſulte Eſpagnol a fait un bon traité de tacito fideicommiſſo.

Boniface, to. 2. liv. 3. tit. 5. ch. 2. rapporte pluſieurs Arrêts qui ont admis la preuve par témoins d'un fideicommis tacite & frauduleux.

Henrys, to. 1. liv. 5. chap. 1. queſt. 6. parle du fideicommis tacite.

211 Fideicommiſſum tacitum quod privato chirographo & aliis praeſumptionibus probetur, fideicommiſſum tacitum ut probetur, tria requiruntur, 1°. Quod heres non ſit gravatus in teſtamento; 2°. Requiritur ſcriptura privata; 3°. Quod fuerit relictum incapaci. Voyez Franc. Marc. to. 1. queſt. 257.

212 Les heritiers de la fille décedée en bas âge, ont eu ſa legitime & ſa quarte, qui eſt l'effet de ſon hoirie ab inteſtat, le ſurplus étant demeuré à la ſœur ſubſtituée par le moyen du fideicommis tacite, qu'on tient être compris dans la ſubſtitution vulgaire. Henrys, tome 1. liv. 5. chap. 4. q. 48.

213 La mention des enfans faite en un legs, induit tacite fideicommis, & la mere n'y peut renoncer. Arrêt du 18. Avril 1608. M. Bouguier lettre F. nombre 2.

214 Le tacite fideicommis n'eſt préſumé, s'il n'eſt prouvé par écrit Arrêt du 3. Août 1646. Dictionnaire de la Ville, verbo Fideicommis.

FIDEICOMMIS, TESTAMENT CASSE'.

215 Fideicommiſſum univerſale an ex teſtamento nullo debeatur? Voyez Andr. Gaill. lib. 2. Obſervat. 134.

216 Un pere qui avoit des enfans, avoit inſtitué heritier univerſel ſon ami; cet ami par un premier teſtament valable rend les biens à un des enfans du teſtateur; depuis il fait un ſecond teſtament qui n'eſt pas valable, & par lequel neanmoins il revoque le premier. Il étoit queſtion de ſçavoir, ſi le ſecond teſtament ayant été caſſé, le premier pouvoit ſubſiſter, du moins quant au fideicommis? La Cour le jugea ainſi par l'Arrêt du 7. Septembre 1626. parce que pour la reſtitution d'un fideicommis, il ſuffit de la moindre declaration. L'Auteur l'appelle fideicommis tacite, parce qu'il n'y avoit aucune preuve que l'ami eût été chargé de rendre la ſucceſſion aux enfans du teſtateur, que le rémoignage tacite qu'il en avoit donné par ſon premier teſtament. V. Henrys, tome 1. livre 5. chap. 1. queſt. 6.

217 Fideicommiſſaire ayant pris qualité d'heritier teſtamentaire par des procedures, & le teſtament ſe trouvant caduc, il peut ſe dire legataire univerſel en vertu du teſtament reduit à un codicille. Cette queſtion s'eſt preſentée dans la celebre affaire jugée au Parlement de Paris entre M. le Prince de Conty, heritier teſtamentaire de M. de Longueville, & Madame la Ducheſſe de Nemours, le 10. Janvier 1696. V. le Journal des Audiences, to. 5. liv. 12. ch. 1.

FIDEICOMMIS, TIERS DETENTEUR.

218 Celuy qui demande l'ouverture d'un fideicommis eſt tenu d'exhiber le titre de ſon droit, & ceux des detractions aux tiers poſſeſſeurs qu'il attaque. Arrêt du Parlement de Grenoble du 10. Juillet 1566. Baſſet, to. 1. liv. 5. tit. 9. ch. 9.

219 Le tiers poſſeſſeur d'un bien ſujet à fideicommis, peut preſcrire par trente ans contre l'heritier fideicommiſſaire. Arrêt du même Parlement de Grenoble du 17. May 1642. Ibidem, liv. 2. tit. 29. ch. 10.

220 Arrêts de Parlement de Provence des 23. & dernier Mars 1613. & 1661. qui ont jugé que les biens fideicommiſſaires ne peuvent être demandez au tiers poſſeſſeur, qu'au préalable le fideicommis n'ait été ouvert & liquidé contre l'heritier grevé. Boniface, tome 2. liv. 2. tit. 2. chap. 14.

FIDEICOMMIS, TRANSMISSION.
Voyez cy-dessus *les nombres* 14. 18. *&* 31.

221 Noalis *de transmissione fideicommissorum.* vol. in fol. *Venetiis* 1624.

222 *Fideicommissum conditionale an ad hæredes transmittatur? Voyez Andr. Gaill, lib.* 2. *Observat.* 132.

223 *Fideicommissorum repræsentatio transmissione locum ne habeat, & an filiorum appellatione nepotes contineantur? Voyez Francisci Stephani, decis.* 76.

224 L'esperance du fideicommis n'est transmissible qu'aux descendans du testateur, & nullement aux étrangers, contre lesquels *militat ratio juris in L. unic. §. sci autem sub conditione C. de caduc. toll.* Arrêt du Parlement de Toulouse du mois de Decembre 1567. *Maynard,* 10. 1. *liv.* 5. *ch.* 36.

225 La transmission du fideicommis n'a lieu que lorsque les descendans en concours avec des étrangers, non quand ils concourent & quand ils disputent le fideicommis avec d'autres descendans. Arrêt du P. de Toulouse aprés partage. *V. Albert,* verbo *Transmission, art.* 1.

226 Celuy qui n'a point reconnu le fideicommis, & qui l'a méprisé, ne le transfere point; neanmoins *Guy Pape* soûtient dans son Conseil 122. que la mere même en ce cas en transfere le droit à ses enfans, & cette opinion a été depuis suivie dans plusieurs Arrêts, par la regle que le mort saisit le vif sans aucun fait de celui-cy. Quoique par Arrêt du P. de Grenoble du 10. Août 1617. il ait été jugé contre Monsieur le Duc d'Espernon que la transmission de l'heredité ne se fait point *ipso jure,* sans le fait de l'heritier; & il avoit déja été jugé par d'autres, & même par un du dernier Juillet 1601. rapporté par *Chorier en sa Jurisprudence de Guy Pape, p.* 191.

227 Si la transmission du fideicommis conditionnel est reçûe indistinctement en faveur des descendans? Jugé à Toulouse au profit de l'oncle contre le neveu dont le pere étoit decedé avant l'existence du fideicommis. Arrêt du 9. Mars 1635. *M. Dolive,* livre 5. chapitre 23. *voluntas in fideicommissis spectanda. ff. ad Senatusc. trebell. l.* 57. §. 1.

228 Arrêts du P. de Toulouse en 1656. du 23. Janvier 1659. aprés partage, & du mois de Septembre 1670. qui ont jugé que la transmission du fideicommis cesse lorsqu'il y a un descendant plus proche nommément appellé, quoique celui des descendans qui la demande soit mis par le testateur dans la condition, & se trouve saisi de l'heredité par le délaissement que l'heritier chargé de rendre luy en a fait. *Voyez les Arrêts de M. de Catellan, liv.* 2. *chap.* 71.

229 La transmission de transmission ne peut servir à un descendant contre un descendant plus proche, qui sans cela pourroit recuëillir les biens du testateur, mais elle peut avoir lieu en faveur d'un descendant contre un étranger. Un pere ayant deux filles les institue heritieres & le substitue reciproquement en cas de decés sans enfans; l'aînée meurt laissant une fille, laquelle meurt aussi laissant une fille, & sa tante seconde fille du testateur survivante; ensuite meurt cette seconde fille du testateur sans enfans, ayant institué son mary heritier. La petite-fille de l'aînée demande ouverture du fideicommis, & dit que son ayeule avoit transmis l'esperance du fideicommis à sa fille, mere de la demanderesse, & que sa mere luy avoit transmis cette même esperance. Arrêt du P. de Toulouse du 23. Juin 1676. il est rapporté par *M. de Catellan, li.* 2. *ch.* 73.

230 Si l'heritier chargé de rendre, peut élire un des enfans du substitué predecedé qui viennent par transmission au fideicommis fait en faveur de leur pere, ou si ce fideicommis appartient également aux enfans survivans à l'heritier? Jugé au Parl. de Toulouse au mois de Juin 1678. que l'heritier ne peut élire. La seconde question qu'il n'y a que les enfans survivans à l'heritier qui puissent recuëillir, fut jugée aprés partage. *V. Ibidem, chap.* 26.

Tome II.

FIDEICOMMIS, TUTEUR.
De la restitution faite au fils du tuteur. *Voyez* cy-dessus *le nombre* 124.

FIDEICOMMIS, VARIATION.

232 & 233 Un nommé Landes de Montpellier fit sa femme heritiere, à la charge de rendre à ses enfans, ou à tel qu'elle éliroit, quand bon luy sembleroit; elle rendit à tous le fideicommis, mais depuis ayant revoqué cette restitution, elle rendit par une donation entre-vifs, où elle jure que son mary luy avoit dit de rendre à celui-là; cette donation insinuée fut executée par la jouïssance du dernier élu; le Sénéchal avoit cassé cette seconde élection, & confirmé la premiere; mais par Arrêt du Parlement de Toulouse du 9. Juin 1653. la Sentence fut reformée, & le dernier nommé fut maintenu *quant à present;* par ces termes il semble que nonobstant le serment prêté devant le Notaire, la Cour ait voulu faire entendre que cette mere pouvoit encore varier tant qu'elle vivroit. *Albert,* verbo *Variation. Voyez Cambolas, liv.* 6. *chap.* 20. *& Dolive, liv.* 5. *chap.* 25.

234 L'heritier chargé de restituer un fideicommis à l'un de ses enfans à son choix, s'il a élû par acte entre-vifs, il ne peut plus varier. Arrêt du Parlement de Paris du 20. Avril 1660. *De la Guessiere, tome* 2. *liv.* 3. *chap.* 20.

FIDEICOMMIS, USUFRUIT.

235 L'usufruit dont une veuve a droit par la Coûtume à Tournay sur les biens de son mary, ne s'étend pas sur les biens qui se trouvent encore chargez du fideicommis. Arrêt du Parlement de Tournay du 6. Juin 1699. rapporté par *M. Pinault,* to. 2. *Arrêt* 263.

236 Les autres décisions propres à la matiere des fideicommis se trouvent dans les *Arrêtez de M. le Premier Président de la Moignon,* qui sont exactement recuëillis dans le *Commentaire de M. Auzanet sur la Coûtume de Paris :* il a paru à propos de les inserer en ce lieu pour le soulagement & la commodité du Lecteur.

I. Substitution, autre que celle qui se fait par fideicommis, n'a lieu.

II. La substitution vulgaire vaudra seulement comme un legs fait sous condition.

III. Le fideicommis peut être fait par donation entre-vifs, testamens & autres actes de liberalité.

IV. Incapables de donner ou leguer, sont incapables de substituer; & ceux qui sont incapables de recevoir donation ou legs en tout ou partie, sont pareillement & à proportion incapables de recevoir fideicommis.

V. Le fideicommis apposé dans un contrat, peut être de tous biens, tant propres, qu'acquets, qui appartiennent alors au donateur, & est irrevocable comme le contrat.

VI. Le substitué par contrat ou par testament, ne peut transmettre le fideicommis à ses heritiers, s'il n'est vivant, lors de l'écheance de la condition.

VII. Toutefois la *transmission* se fait aux petits enfans du fideicommis qui étoit au profit de leur pere, encore que le pere, soit decedé avant l'écheance de la condition imposée par la donation ou le testament de leur ayeul; laquelle transmission aura lieu à l'égard des autres descendans, en quelques degrez qu'ils soient.

VIII. *Alias,* & neanmoins le fideicommis ordonné par le pere, par la donation ou testament en faveur de son fils, encore que le fils en faveur duquel le fideicommis aura été fait, soit decedé avant l'écheance de la condition, laquelle transmission aura lieu à l'égard des autres descendans, en quelques degrez qu'ils soient.

IX. Quand la donation entre-vifs par contrat de mariage ou autrement, est parfaite, le donateur ne peut aprés coup charger le donataire d'aucun fideicommis, non pas même un pere à l'égard de ses

D d ij

enfans, encore que dans le fideicommis il soit fait expresse mention des choses données, & que le fideicommis soit fait au profit des descendans du donataire, & autres enfans du donateur decedé sans enfans.

X. Peut toutefois le donateur se substituer par fideicommis, auquel cas la substitution faite hors & après la donation, sera valable.

XI. Quand le legs est fait par un premier testament, on peut par un *Codicille* ou testament posterieur charger le legataire de fideicommis.

XII. Dans les fideicommis, quand le premier, second, troisième ou autres *degrez*, sont caducs, le degré qui suit immediatement celuy qui est caduc, est subrogé en sa place; & le fideicommis peut passer du premier degré au dernier, quand les degrez intermediaires, n'ont eu de lieu, encore que le fideicommis soit universel.

XIII. Plusieurs étant appellez au fideicommis conjointement & sans subordination entr'eux, ils le recueillent également; toutefois quand le pere & les enfans sont appellez conjointement, le tout appartient au pere, & après le decez du pere; & en cas de decez d'eux avec enfans, les petits enfans entrent en la place de leur pere.

XIV. Il en est de même, quand la mere & les enfans sont appellez au fideicommis.

XV. Pour faire un fideicommis, la disposition doit être expresse, & ne seront dorénavant reçues les extensions d'un cas à un autre, & d'une personne à une autre.

XVI. Quand aucun est substitué à un donataire entre-vifs, heritier *ab intestat*, ou legataire, au cas qu'il décede sans enfans, si le donataire heritier ou legataire laisse un seul enfant au jour de son decez, le fideicommis demeure sans effet à l'égard du substitué & de l'enfant.

XVII. Ce que dessus aura lieu, encore que le donataire, heritier ou legataire, chargez de fideicommis, sous la condition du decez, sans enfans, fussent parens en ligne directe ou collaterale de celuy qui a disposé.

XVIII. Si le fideicommis est fait sous une double condition du decez sans enfans, & du decez des enfans sans enfans, il n'y a point aussi de fideicommis au profit desdits enfans, ou petits enfans.

XIX. La masculinité apposée à la condition du decez sans enfans, & des enfans sans enfans, avec obligation de porter le nom & armes du défunt, & la prohibition d'aliener, ne sont suffisantes pour induire un fideicommis, même des Familles illustres.

XX. La prohibition d'aliener ou de tester, pure & simple sans cause, ne fait point un fideicommis, & le legataire, auquel les défenses ont été faites, a la liberté d'aliener & de tester.

XXI. Mais si la *prohibition* est faite avec clause pour conserver les biens dans la Famille, ou expressément en faveur de certaines personnes y dénommées, alors c'est un fideicommis, lequel n'a lieu qu'en cas d'alienation, quand il n'y a que la clause de conserver les biens dans la famille; mais s'il y a de certaines personnes dénommées au profit desquelles la prohibition d'aliener a été faite, alors soit qu'il y ait alienation ou non, le fideicommis a lieu.

XXII. *Alias*, si la prohibition est faite avec expression, *pour conserver les biens dans la Famille*, elle tient lieu de fideicommis, qui a son effet en cas d'alienation seulement.

XXIII. Mais si la prohibition d'aliener, est faite pour conserver les biens à certaines personnes dénommées en la disposition, le fideicommis aura lieu à leur profit, supposé même que les biens n'ayent point été alienez.

XXIV. En cas de prohibition d'aliener hors la famille, l'heritier *ab intestat*, donataire ou legataire, peut disposer de la chose à titre gratuit ou onereux, au profit de telle personne de la famille qu'il voudra choisir, encore qu'elle soit en degré éloigné.

XXV. Si l'alienation a été faite à des personnes étrangeres, ceux de la famille qui se trouvent au temps de l'alienation au premier degré, selon l'ordre de succeder, sont appellez au fideicommis.

XXVI. La prohibition d'aliener, emporte la prohibition de disposer, tant à cause de mort, qu'entre-vifs, même d'hypotheque.

XXVII. L'ordre du fideicommis doit être reglé, comme la succession de celuy qui est chargé de restituer, & non selon l'ordre de la succession de celuy qui a disposé.

XXVIII. Le fideicommis *graduel & perpetuel* par disposition expresse au profit d'une famille, est déféré de degré en degré au plus prochain de ladite famille, & la proximité est considerée, eu égard à la personne qui est chargée de restituer, & non à celle du testateur ou donateur.

XXIX. Le frere conjoint des deux côtez à celuy qui est chargé de restituer, a le même avantage dans la restitution du fideicommis, que dans les successions legitimes sur le frere qui est conjoint d'un côté seulement; ce qui a lieu pareillement à l'égard des sœurs.

XXX. *Representation* a lieu dans le fideicommis fait à la famille dans les mêmes degrez, & en la même maniere que dans la succession, & les neveux concurrens avec les freres du défunt, le partage du fideicommis se fera par souches, encore que le Testateur eût ordonné qu'il fût partagé également.

XXXI. Mais quand les enfans sont appellez par leur nom propre au fideicommis, la representation n'a lieu en la personne des petits enfans, lesquels en ce cas ne pourront concourir avec leurs oncles dans les biens substituez.

XXXII. Le droit d'aînesse a lieu dans le fideicommis fait à la famille, ensorte que l'aîné & ses representans, & pareillement les mâles, prennent dans leurs biens substituez les droits & prérogatives d'aînesse & de masculinité, établis par les Coûtumes.

XXXIII. Dans les fideicommis faits au profit des *mâles*, ou au profit des mâles & de leurs descendans; les mâles issus de filles, ne sont compris sous le mot de *descendans*.

XXXIV. La préference donnée aux mâles dans le fideicommis, exclut les femelles, même qui sont en degré plus proche que les mâles.

XXXV. Pour recueillir un fideicommis, il est requis & suffit que celuy qui est appellé soit *capable* au jour de l'ouverture du fideicommis & de l'écheance de la condition, encore qu'il ne fût capable au jour du Testament.

XXXVI. Les enfans conçûs au jour de l'écheance du fideicommis, sont capables de le recueillir.

XXXVII. L'incapacité de celuy qui est chargé de restituer, n'empêche point l'effet du fideicommis au profit de personne capable.

XXXVIII. On peut après la mort du Testateur, *renoncer* valablement au fideicommis, avant l'écheance de la condition.

XXXIX. Le fideicommissaire qui a consenti expressément à l'*alienation* du bien qui luy devoit être restitué, & qui avoit connoissance du fideicommis, n'a point d'action contre l'acquereur, ny pareillement contre le vendeur, pour la récompense de la chose alienée, si par l'acte de consentement, il n'en fait une reserve expresse.

XL. Quand un pere ou une mere ont chargé leurs enfans de restituer à un tiers après leur mort, le fideicommis est caduc, si les enfans laissent des descendans d'eux nez en legitime mariage, avant ou depuis la disposition du pere ou de la mere.

XLI. Le fideicommis qui devient caduc, tourne au profit de celuy qui étoit chargé de le restituer, & non au profit de l'heritier.

XLII. Toutes les substitutions faites avant le jour de Pâques 1561. sont réduites à quatre degrez, & celles faites ledit jour & depuis, à deux degrez, non compris en l'un & en l'autre cas, les personnes de l'institué, donataire, ou legataire.

XLIII. Les degrez seront comptez par tête, & non par souches & generations, & chacun de ceux qui recueillent la substitution, fait un degré different, supposé même que les substituez qui, ont été appellez successivement les uns après les autres, se trouvent dans un même degré de generation.

XLIV. Et neanmoins si le cas de substitution étoit tel qu'elle fût recueillie conjointement & concurremment par plusieurs personnes toutes ensemble, elles ne seroient considerées & comptées que pour un seul degré.

XLV. Les Religieux Profés chargez d'un fideicommis, font ouverture au degré suivant, du jour de leur Profession; & ceux qui ont porté l'habit de Religieux Profés pendant cinq ans, font ouverture du jour des cinq ans expirez, & en tous les autres cas, la mort civile n'avance point l'ordre & le droit des fideicommis.

XLVI. Les substitutions seront publiées judiciairement en l'audience des Sieges principaux particuliers des Bailliages & Sénéchaussées, tant du domicile de celuy qui a disposé, que de la situation des choses données ou leguées, à peine de nullité : & les actes de publication seront écrits sur le Registre de l'Audience, & la disposition contenant la substitution, insereé dans le Registre ordinaire desdits Sieges, à peine de nullité.

XLVII. La publication faite à la diligence de quelques personnes que ce soit, est valable, & produira son effet contre les creanciers & tiers acquereurs, du jour qu'elle aura été faite en tous les lieux necessaires.

XLVIII. Le défaut desdites publications & enregistremens, ne donne aucun avantage à ceux qui se trouveront chargez de la restitution du fideicommis, au premier degré ou aux degrez suivans, ny à leurs heritiers & autres étant en leurs droits, au préjudice des substituez, mais seulement aux tiers acquereurs, & aux creanciers qui auront contracté de bonne foy avec l'institué ou donataire, ou avec les substituez.

XLIX. La substitution portée par un contrat entre-vifs, doit être publiée du vivant du donateur, à peine de nullité.

L. Les substituez par testament qui n'avoient pas connoissance des substitutions, ou qui n'étoient pas en état de veiller aux publications necessaires, auront hypotheque sur les biens de ceux qui se trouvent chargez du fideicommis, & sur les biens de ceux qui auront fait des alienations, & auront hypotheque du jour du decés de celuy qui a disposé, encore que la disposition ne soit passée pardevant personnes publiques, & les alienations & hypotheques demeurans en leur force & vertu.

LI. Ceux qui ont droit de legitime étant chargez de fideicommis, retiendront, par forme de distraction sur les biens substituez, leur legitime ou suplément d'icelle; & pour les quartes falcidie & trebellianique, elles n'auront plus lieu à l'avenir.

LII. Les fruits perçûs par l'institué, avant l'ouverture de la substitution, ne seront imputez sur la legitime.

FIDEJUSSEUR.

SOus le mot *Caution*, sont recüeillis les titres du droit qui ont rapport à la matiere.

De Fidejussoribus. Voyez le traité fait *Per Hipp. de Mar. in rub. ff. de fidei*.

Heringius de Fidejussoribus. vol. in folio. *Augusta Taurinorum* 1615.

Des *Fidejusseurs. Voyez Guy Pape*, question 570. & Bouvot, en son Recueil d'Arrêts, to. 2. verbo *Fidejusseur*.

1. *Debitorum appellatione an fidejussores veniant?* Voyez *Franc. Marc. quest. 340.*

2. *Fidejussores novatione voluntariâ aut delegatione interveniente debitoris stipulatione liberantur.* Ibid. qu. 537.

3. *Fidejussor acceptus in primâ causâ, non tenetur in eo quod in causâ appellationis judicatum est, nisi aliud intervenerit. Idem, quest. 357.*

4. *Minore restituto fidejussor restituitur, si ex eo contractu daretur majori restitutio. Voyez Francisci Stephani decis.* 36.

5. *Fidejussor an contra debitorem ad liberationem agere possit?* Voyez *And. Gaill, lib. 2. observat.* 29.

6. *Fidejussor de judicato solvendo, & qui se ut principalem obligavit, item qui pro rixoso, & difficili intercessit, non gaudent beneficio ordinis.* Voyez *Sthockmans, décis.* 103.

7. Si celuy qui s'est rendu fidejusseur pour le maniement & administration d'une tutelle, peut un an aprés agir pour être déchargé de la fidejussion? V. *Bouvot*, tome premier, part. premiere, verbo *Fidejusseur*, quest. 1.

8. Si quelqu'un ayant charge d'emprunter deniers, donne des fidejusseurs, les fidejusseurs ont action pour leur dédommagement contre celuy qui a passé procuration pour emprunter deniers. Voyez *ibidem*, quest. 2.

9. Le fidejusseur ne peut s'aider du repit obtenu par le débiteur. Arrêt du Parlement de Dijon du 30. Decembre 1593. *Voyez le même Bouvot*, tome 2. verbo *Repit*, quest. 1.

10. Le fidejusseur d'un homme qui après avoir été condamné par défaut à la galere perpetuelle, s'est obligé pour prêt, est bien & valablement obligé, quoique l'obligation du principal soit nulle, & qu'il soit mort civilement. *Du Perrier*, liv. 1. quest. 6.

11. La décharge du principal obligé sert au fidejusseur; cette maxime est également certaine en Bourgogne. Il y eut Arrêt le 25. Octobre 1630. au profit du nommé Breton, contre le sieur Maître des Comptes Petit; neanmoins elle souffre une exception, qui est par exemple, quand il s'agit d'un prêt déclaré nul pour avoir été fait à un fils de famille; car quoique le principal obligé soit déchargé, la caution ne laisse pas d'être condamnée. *Voyez Taisand sur cette Coûtume, tit.* 5. art. 3. n. 8.

12. Sous le mot *Caution* l'on a omis d'inserer les Arrêtez faits chez M. le premier Président de la Moignon, lesquels doivent ici reprendre leur place.

I. Les mineurs de vingt-cinq ans, & ceux qui ont été mis en curatelle par autorité de Justice pour prodigalité, & autres causes, ne peuvent s'obliger pour autruy.

II. Les cautionnemens faits par les femmes mariées, veuves & filles, sont nuls és lieux où les femmes ne peuvent hypothequer, ou aliener leur dot, ni s'obliger.

III. La femme & les fils peuvent s'obliger valablement en minorité, pour retirer de prison son mari, ses pere & mere, ou l'un d'eux.

IV. Ceux qui sont sourds & muets ensemble, & les aveugles, ne peuvent se rendre cautions & certificateurs, ni pareillement les sourds ni les muets, s'ils ne sçavent lire & signer.

V. Le creancier ne peut être contraint de recevoir une caution & un certificateur, s'ils n'ont des immeubles suffisans pour répondre de la cause pour laquelle ils ont été ordonnez.

VI. L'obligation d'un fidejusseur doit être par écrit, & ne peut être verifiée par témoins, même au dessous de la somme de cent livres.

D d iij

VII. Les cautionnemens de la certification faite en jugement, sont valables & obligatoires, encore qu'ils ne soient signez de la caution & certificateur; mais si la soûmission est faite au Greffe, ou en la présence du Juge hors l'Audience, leur signature est necessaire, à peine de nullité.

VIII. L'obligation de la caution faite au profit du creancier, en l'absence & au desçû du débiteur, est valable.

IX. L'obligation du fidejusseur est nulle, si la dette principale est prescrite, ou bien faite sans cause, ou pour une cause pour laquelle l'action n'est recevable en Justice; & peut la caution se servir sans le consentement, & même la volonté du débiteur, de toutes les exceptions, & les défenses qui pourroient être par luy proposées.

X. Le cautionnement fait pour un furieux & insensé, ou pour celuy qui a été mis en curatelle pour cause de prodigalité, ou autre, est nul; mais la fidejussion faite pour un mineur de vingt-cinq ans est valable.

XI. Les conventions faites sur le sujet d'un crime entre ceux qui en sont coupables, sont nulles; mais la fidejussion faite pour le payement des amendes, réparations civiles, & dépens, est valable.

XII. L'obligation de la caution peut être moindre par la convention, ou par l'Ordonnance du Juge, que celle du débiteur; mais elle ne peut s'étendre plus avant que la dette principale, soit pour la quantité ou qualité de la somme, & chose promise, ou pour le temps, lieux, charges & conditions du payement; & si le débiteur a obtenu de ses creanciers, ou en Justice, des termes pour le payement, ses cautions joüiront du même terme.

XIII. Mais la remise accordée par les creanciers ou ordonnée en Justice, n'empêche point de se pourvoir contre la caution pour la dette entiere.

XIV. Entre plusieurs fidejusseurs, l'obligation se divise par portions égales, supposé même que l'un d'eux fût restitué pour minorité, ou autre cause, ou qu'il demeure insolvable en quelque temps que ce soit, si ce n'est qu'ils soient obligez solidairement, auquel cas la caution peut être poursuivie pour la totalité de la dette, encore qu'il n'y ait point de renonciation aux benefices de division, & de discussion.

XV. Le fidejusseur ne peut être poursuivi & recherché pour le stellionat commis par le detteur principal.

XVI. L'obligation de la caution pour les sommes qui seront fournies à l'avenir au detteur principal, est valable.

XVII. La caution conventionnelle & judiciaire ne peut être poursuivie qu'après la discussion des immeubles du detteur principal, si elle n'est obligée solidairement à la dette; mais la caution judiciaire ne peut user du benefice de discussion.

XVIII. Le certificateur d'un caution baillée en Justice, ou par un traité particulier, ne peut être contraint & poursuivi, sinon discussion préalablement faite des immeubles du detteur & de la caution, s'il n'y a obligation ou soûmission contraire.

XIX. Le fidejusseur qui a racheté une rente constituée à prix d'argent, peut contraindre le detteur principal au remboursement de tout ce qu'il a payé: mais il ne peut demander aux autres cautions qui étoient avec luy que la continuation de la rente pour leurs portions personnelles, & les arrerages de cinq années, si ce n'est que la prescription n'eût été interrompuë.

XX. La caution obligée solidairement en payant la dette, est subrogée de plein droit aux hypotheques & privileges du creancier, pour les exercer contre le detteur, & contre les autres cautions, & les certificateurs, sans autre cession ni subrogation.

XXI. De tout ce qui a été payé par la caution & le certificateur, tant en principal, qu'interêts & dépens, elle en doit être remboursée avec l'interêt, selon les Ordonnances, du jour du payement, sans qu'elle soit obligée d'en faire demande en Justice, ni que l'on puisse luy opposer la prescription des cinq années.

XXII. Le detteur ne peut faire cession de biens à l'égard de la caution & du certificateur conventionnels & judiciaires, qui se sont obligez pour luy.

XXIII. Le certificateur qui a payé, peut repeter de la caution qui a été par luy certifiée solvable, les sommes par luy payées, avec les interêts du jour du payement.

XXIV. La caution demeure déchargée de plein droit du moment que la dette est demeurée éteinte par la novation de la dette, encore qu'elle soit faite en l'absence & à l'insçû de la caution, & aussi par la confusion, décharge & liberation, en quelque maniere, & pour quelque cause qu'elle soit faite.

XXV. La décharge accordée par le creancier à l'une des cautions obligées solidairement profite aux autres.

XXVI. La soûmission faite par la caution, même judiciaire, peut être revoquée avant qu'elle ait été notifiée au creancier.

XXVII. Fidejusseur ne peut contraindre le creancier de poursuivre le payement de son dû, contre la personne, ni sur les biens du detteur.

XXVIII. La caution & le certificateur conventionnels, peuvent se décharger en faisant cession & abandonnement de leurs biens. A l'égard des cautions & certificateurs judiciaires, la cession des biens n'est recevable.

XXIX. Ceux qui ont promis de répresenter une personne dans un certain temps, demeureront dechargez de plein droit, si la personne est décedée avant le terme; mais si le décez est arrivé après le temps, la caution & le certificateur sont tenus des dommages & interêts.

XXX. Caution qui a promis de répresenter trois personnes sous une certaine peine, après la répresentation de deux personnes, doit la peine entiere, à faute de représenter la troisiéme.

XXXI. L'obligation de répresenter un prisonnier demeure éteinte du jour de la premiere comparution par luy faite en Justice, pourvû qu'elle ait été notifiée à celui qui l'a fait arrêter; & s'il est derechef élargi aux cautions par luy baillées, les premieres cautions ne sont point obligées sans nouvelles soûmissions.

FIDELITE'.

DE fidelitate 79. in frag.
 Qualiter jurare debeat vasallus Domino fidelitatem? Voyez consuetud. feud. lib. 2. tit. 5.
De formâ fidelitatis. Voyez ibidem, tit. 6.
De novâ formâ fidelitatis. Voyez ibidem, tit. 7.
De fidelitate. Voyez ibidem, tit. 76.
Si plures sint Domini vel vasalli, an plures fidelitates vel servitia debeantur? Ibidem, tit. 77.
Justo errore excusari vasallum qui fidelitatem non fecit. Ibidem, tit. 92.
Ecclesiam fidelitatem non facere. Voyez ibidem, tit. 101.
Non cogi vasallum pro uno feudo duas fidelitates facere. Voyez ibidem, tit. 102.

La fidelité est dûë au Roy par tous les sujets; elle est dûë aux Seigneurs par leurs vassaux.

Ici l'on parlera du serment de fidelité dû par les Evêques. Quant à la fidelité des vassaux, il faut voir les mots *Felonie*, *Fief*, *Foy & Hommage*, *Fisc*.

SERMENT DE FIDELITE'.

Du serment de fidelité que les Evêques sont tenus de prêter. Voyez le mot *Evêque*, n. 237. & suiv.

L'Archevêque d'Auch & l'Evêque de Nantes ont

été condamnez à prêter le serment de fidelité ; & fur pareil refus le Parlement du Roy Loüis V. furnommé *le Gros*, tenu à Orleans, ainsi que témoigne *Ivo Carnot. Epist.* 187. *ad Paschasium Pontif.* 2. jugea que Raoul Archevêque de Reims ne seroit reçû qu'il n'eût fait le ferment de fidelité au Roy, comme les Prélats du Royaume avoient coûtume de faire. *Bibliotheque Can.* to. 1. p. 630. col. 1.

3 Dans l'Epître 190. d'Yves de Chartres on voit qu'un nommé Gervais ayant été élû Archevêque de Reims, & s'étant mis en possession de l'Archevêché sans avoir prêté au Roy le ferment de fidelité, à cause des défenses qui luy en avoient été faites par le Pape Paschal, qui confondoit ce ferment de fidelité avec le droit d'investiture aux Evêchez & Archevêchez, pour lequel il étoit alors en guerre contre l'Empereur, le Roy fit faisir tout le revenu de l'Archevêché de Reims : ce qui donna ouverture à l'intrusion d'un nommé Radulphus, & à un schisme dans le Diocese, auquel Yves de Chartres & Theobalde, lors Prieur de Saint Martin, ayant supplié le Roy de remedier, l'affaire fut renvoyée au Parlement, qui en ce temps-là n'étoit point encore sedentaire. Ce Parlement ordonna que cet Archevêque prêteroit au Roy le ferment de fidelité, comme avoient fait tous ses Prédecesseurs, & qu'en ce faisant il seroit rétabli dans sa dignité. Cet Arrêt du Parlement fut executé. *Bibliot. Can.* to. 1. p. 631.

4 En l'année 1486. l'Evêque de Saint Flour fut condamné par Arrêt du Parlement à faire ferment de fidélité au Roy. *Preuves des Libertez de l'Eglise Gallicane*, chap. 15. p. 357. de l'édition de 1639.

5 Le ferment de fidélité doit être fait en personne & non par Procureur.

Les Evêques doivent le faire au Roy même, fût-il absent du Royaume, ils ne le peuvent faire à autre, soit Regent ou Lieutenant General de Sa Majesté. *Preuves des Libertez de l'Eglise Gallicane, chap.* 16. *de la Regale,* p. 397. neanmoins dans la page précedente, qui est la 396. la Cour fit mainlevée du Temporel à l'Evêque de Chartres, bien qu'il n'eût fait le ferment de fidélité au Roy, attendu les diligences par luy faites de prêter ce ferment de fidélité. Arrêt du 26. Février 1493. qui fut rendu sur des circonstances particulieres, il faut les voir pour n'en pas faire une maxime.

6 M. le Cardinal de Retz, Archevêque de Paris, ayant été arrêté par ordre du Roy & mis prisonnier au Château de Vincennes avant que d'avoir fait le ferment de fidélité, on a formé la question de sçavoir si ce serment de fidélité étoit censé fait pour la clôture de la regale ? Il semble que cet empêchement legitime, & qui venoit de la part du Roy même, équipoloit à une prestation de foy. *V. la Bibliotheque Can.* to. 1 p. 631. *& suiv.*

7 Le Chapitre d'une Eglise Cathedrale en possession immemoriale de conferer toutes les Prébendes, n'est sujet à l'expectative du serment de fidélité dû par le nouvel Evêque. Jugé au Grand Conseil le 17. Septembre 1675. *Journal du Palais.*

Voyez cy-après Serment. §. Serment de fidelité.

FIEF.

DE *his qui feudum dare possunt, & (qui non) & qualiter acquiratur, & retineatur ?* Consuet. feud. lib. 1. tit. 1.

De feudo Guardia & Guastaldia. Ibidem, tit. 2.

Qui successores feudorum dare teneantur ? Ibidem, tit. 3.

Quibus modis feudum amittatur ? V. Ibidem, tit. 5. & 17.

Episcopum, vel Abbatem, vel Abbatissam, vel Dominum plebis feudum dare non posse. Ibidem, tit. 6.

De natura feudi. V. Ibidem, tit. 7.

De Pignori dato feudo quid juris sit ? V. Ibidem, tit. 11.

De feudo Marchia, vel Ducatus, vel Comitatus. V. Ibidem, tit. 14.

De feudis datis minimis valvasoribus quid juris sit ? V. Ibidem, tit. 16.

Constitutiones feudales Domini Lotharii Imperatoris quas ante Januam Beati Petri in Civitate Romana condidit observandas. V. Ibidem, tit. 19.

De feudo dato in vicem legis commissoria reprobando. V. Ibidem, tit. 27.

De usu Mediolanensium secundum quosdam. V. Ibidem, tit. 28.

De feudi cognitione. V. Ibidem, lib. 2. tit. 1.

Quis dicatur Dux, Marchio, Comes, Capitaneus, vel valvasor. V. Ibidem, tit. 10.

De Vasallo decrepita atatis, qui feudum refutavit, ut filii investirentur. V. Ibidem, tit. 14.

De Vasallo milite qui arma bellica deposuit. V. Ibidem, tit. 21.

De Vasallo milite qui contumax est. V. Ibidem, tit. 22.

Si de feudo Vasallus ab aliquo interpellatus fuerit, & Dominus eum defendere noluerit. V. Ibidem, tit. 25.

De pace tenenda & ejus violatoribus. V. Ibidem, tit. 27.

De consuetudine recti feudi. V. Ibidem, tit. 33.

An mutus vel alius imperfectus feudum retineat. V. Ibidem, tit. 36.

De feudo non habente propriam feudi naturam. V. Ibidem, tit. 48.

De eo qui finem fecit agnoto de feudo paterno. V. Ibidem, tit. 49.

De pace tenenda inter subditos & juramento firmanda & vindicanda: & de pœna judicious apposita, qui eam vindicare, & justitiam facere neglexerint. V. Ibidem, tit. 53.

De notis feudorum. V. Ibidem, tit. 72.

De feudis scutiferorum. V. Ibidem, tit. 74.

De conditione feudi non impleta. Voyez Ibidem, tit. 75.

De feudis impropriis qua auferuntur dantis arbitrio. V. Ibidem, tit. 81.

Si unus ex fratribus dederit suam partem fratri, vel Domino vel Extraneo. V. Ibidem, tit. 83.

De fructibus feudi. V. Ibidem, tit. 86.

Conditionem tacite feudum sequi. V. Ibidem, tit. 89.

Factum fratris fratri in feudo paterno non nocet. V. Ibidem, tit. 93.

De feudo Guardia & Gastaldia. V. Ibidem, tit. 94.

De feudis habitationum. V. Ibidem, tit. 105.

Ut Vasalli sumptibus Domini Servitia prastent. V. Ibidem, tit. 107.

Constitutio Conradi de Beneficiis. V. Lib. 5. de feudis tit. 1.

Alia constitutio Henrici de Vasallo qui unum ex Dominis refutavit. V. Lib. 5. de feud. tit. 3.

Les autres titres sont rapportez cy-après nomb. 26. 44. 49. 63. bis. 71. bis. 72. 116. 136.

Terre feodale, appellée *Beneficiarius fundus* par Chopin, en son Traité *de Sacr. polit. lib.* 3. tit. 1. n. 6.

Fiefs. *Voyez*, hoc verbo *la Bibliotheque du Droit François par Bouchel,* celle de *Jovet*, & le même titre dans *l'Indice de Ragueau.*

Des Fiefs & arriere-fiefs, par *Bamaison Pougnet*, Paris 1579.

Voyez le Traité fait par M. le Premier Président le *Maitre,* des Fiefs, hommages & vassaux.

De subfeudis Baronum, & investituris feudorum. Voyez le traité fait *Per Marinum Freciam.*

De Jure feudorum. Voyez le traité fait *Per Gulielmum Onoronum.*

Hanetonus *de feudis,* vol. in 4. *Lovanii* 1647.

Des Fiefs & des Seigneurs & Vassaux. Voyez *Du Luc*, liv. 7. tit. 4.

F I E

Voyez *Du Moulin*, to. 1. où il a fait un ample traité des Fiefs.

Des Fiefs & de leur institution. *Voyez le 28. chapitre du Stile du Parlement* de feudis *dans* Du Moulin, *to. 2. p.* 439.

De feudis. Ibid. p. 520.

Des Fiefs, foy, hommage, retenuë & commise. *Papon*, *liv.* 13. *tit.* 1.

Voyez le Recüeil des Droits Seigneuriaux & Matieres feodales par La Rocheflavin.

Messire *Louis Chantereau le Févre* a fait un Traité des Fiefs & de leur origine avec les preuves tirées de divers Auteurs anciens & modernes.

Salvaing, de l'usage des Fiefs.

Des Fiefs & de leur institution. *Voyez Coquille*, *en son Institution au Droit François*, *to.* 2. *p.* 16. *& suiv.* & le 4. titre de la Coûtume de Nevers, commentée par *Coquille*, *to.* 2. *p.* 39. *& cy-après le nomb.* 9.

Quels biens sont feodaux, censives ou allodiaux. *Voyez Despeisses*, to. 3. *p.* 2.

Des personnes qui peuvent bailler ou prendre en fief. *Voyez Ibidem*, *page* 7. il y est parlé des Droits de francs-fiefs, d'amortissement, des nouveaux acquêts, de la prestation de l'homme vivant, mourant & confisquant, & des droits d'indemnité qui sont payez par ceux qui sont incapables de posseder des Fiefs.

De l'origine des Fiefs & Justices feodales. *Voir le Traité & Observations de Hevin sur Frain*, *page* 359. *& suivantes.*

Voyez le Traité *de Julius Clarus* sur les matieres feodales, où il explique les droits des Seigneurs, & les devoirs des vassaux.

Comme il n'y a point de Coûtume où il n'en soit parlé, il faut voir les Commentateurs : tous se sont appliquez à faire de grandes dissertations sur ce sujet très vaste.

1. Voyez dans *Salvaing*, *ch.* 18. l'explication de ces mots *sine me facere & sine fidem mentiri*, qui se trouvent dans les anciens titres.

2. *Feudum antiquum an possit ut novum concedi?* Voyez *Andr. Gaill*, *lib.* 2. *Observat.* 49.

  Feudum novum an possit concedi ut antiquum feudum? Ibid. *Observ.* 50.

3. *Feudi possessio an in filium continuetur ipso jure, sine apprehensione?* Ibidem, *Observat.* 152.

4. *Causa feudalis quando coram ordinario judice rei conventi, & non patribus Curiæ agitanda sit?* Ibidem, *Observat.* 156.

5. *Bannum agnati vel patris, an noceat aliis agnatis vel filiis in bonis feudalibus?* Voyez *Andr. Gaill*, *tract. de pace publicâ lib.* 2. *cap.* 13.

6. Fief & infeodation quid. Fief peut devenir contribuable aux Tailles. *Voyez Philippi és Arrêts de consequence de la Cour des Aydes de Montpellier*, *art.* 185.

7. *Vasallum de rebus feudalibus neque testari neque aliquod onus imponere posse.* Voyez *Franc. Marc.* to. 1. *quest.* 335.

8. Les fiefs de *Dauphiné* sont regis par le Droit écrit des fiefs, excepté les cas où la Coûtume y a dérogé. Ils sont de danger & de profit. *Voyez Salvaing*, 1. *part. ch.* 2. & 3. où il observe que les fiefs de danger sont ceux qui obligent l'acquereur ou l'heritier collateral de faire la foy & hommage avant que d'en prendre possession à peine du Commis, & rapporte un Arêt du Parlement de Dijon du 5. Mars 1635. qui a déclaré la commise de la Terre de Poligny au profit du Marquis d'Espoisses sur la veuve du sieur de Chassigny.

9. Au Pays de *Nivernois* ne sont aucuns fiefs, sinon par naissance, & de la fille franche mariée en maison serve, meubles portant. *Coquille*, to. 2. *quest.* 279.

10. S'il y a trois ou quatre fiefs dans un village, on demande quelle qualité de fief chaque Seigneur doit prendre ? On distingue des fiefs qui n'ont aucun nom particulier que celuy du village où ils sont situez, avec les fiefs qui ont un nom special. Aux uns, on dit Seigneur de Gentilly en partie, aux autres Seigneur de tel fief, situé à Gentilly. Arrêt du Parlement de Paris du 16. Février 1550, *M. Loüet lettre* F. *somm.* 31. Mornac *l.* 16. *ff. de servitutibus rusticorum præd.* & *l.* 1. *C. de officio præf. urb.*

11. Le fief servant quant aux profits est regi par la Coûtume du lieu où il est assis, & quant à l'honneur du service par la Coûtume du lieu du fief dominant, & que tous fiefs ne sont de concession. *Coquille*, to. 2. *question* 267.

12. *Quoad onera*, l'on regarde le fief servant ; *quoad honores*, le lieu du fief dominant, & même pour la commise, le lieu de l'arriere-fief. Arrêt du Parlement de Bourgogne de l'an 1584. *Bouvot*, 3. *partie*, verbo Charges de fief.

13. Quand il y a contestation entre deux Seigneurs, l'un censier & l'autre feodal, il faut revenir aux anciennes investitures. Arrêt du Grand Conseil en 1565. *Charondas*, *liv.* 11. Réponse 72.

14. Le fief est une chose individuë, neanmoins il peut tenir de deux divers Seigneurs, & avoir des arriere-fiefs relevans desdits Seigneurs, quand il se justifie que l'un & l'autre est en possession immemoriale d'être servi du fief, sans que l'on puisse discerner quelle portion, *& sic ambo Dominium obtinent, non divisione corporis, sed juris intellectu.* Arrêt du 19. Avril prononcé le 21. 595. *Charondas*, fol. 405.

15. Jugé par Arrêt du 11. Avril 1612. du Parlement de Normandie, rapporté par Berault, *sur la Coûtume de Normandie*, *titre des Fiefs*, *art.* 100. que par possession de cent ans de la qualité de fief, on presume facilement titre ou erection de fief, mais la possession de quarante ans ne suffit, comme il avoit été jugé par autre Arrêt du 27. Mars 1555.

16. Qualité feodale ne se peut éteindre & supprimer au préjudice des enfans, auxquels la Coûtume donne droit & prérogative sur les fiefs. Jugé le 13. Février 1632. dans la Coûtume de Chartres. *V. Bardet*, to. 2. *liv.* 1. *chap.* 7.

FIEF, AINÉ, AINESSE.

17. Voyez le mot *Ainesse*.

De primogenitura. Voyez les traitez faits *Per Martin. Laudensem.*

Per Jo. le Cirier.

Per Jacobum Asca.

Per Andræam Tiraquellum.

De Molina de Hispanorum Primogeniorum origine ac naturâ. Coloniæ 1588.

18. Si le fief consiste en Justice, elle appartient à l'aîné, mais les profits sont communs avec les puînez. Voyez le mot *Ainesse*, *nomb.* 111.

19. Les pere & mere qui ont plusieurs Fiefs, peuvent donner un fief entier, qui n'est le principal fief de la succession à l'un de leurs puisnés, sauf à l'aîné, prenant la qualité d'heritier, ou se réduisant à sa legitime à prendre sur les autres biens du donateur la récompense de la portion avantageuse qu'il devoit avoir comme aîné dedans le fief. Arrêt du 7. Septembre 1630. entre Loüis & Jacques de la Roüe freres, au sujet de la donation faite au puîné, par Dame Gabrielle de Carmen leur mere. *Voyez Auzanet*, *sur l'art.* 13. *de la Coûtume de Paris.*

20. Es Coûtumes de Picardie & Vermandois les 3. ans donnez à l'aîné majeur pour racheter le quint que ses puînez ont dans le fief courent du jour du décés du pere, & non du jour du partage seulement. Arrêt du 20. Decembre 1638. *Du Frêne*, *liv.* 3. *chap.* 56.

21. Si je vends mon fief, quoyque le prix en soit dû après ma mort, mon aîné n'y aura aucun droit d'aînesse ; ce qui a lieu, au cas même qu'il y ait un terme donné pour le payement du prix, qui ne seroit pas encore échû, lequel n'empêcheroit pas que l'action pour le payement du prix, ne fût une pure action mobiliere ;

mobiliere, comme il a été jugé par Arrêt du 8. ou du 18. Janvier 1668. au rapport de M. Retaut, en la Troisiéme Chambre des Enquêtes, entre Marie Brochard & Claude Hermand : mais si mon fief n'est vendu qu'après ma mort, & avant le partage de mes biens, mon aîné aura son droit d'aînesse, sur le prix, comme il l'auroit eu sur le fief. *Le Brun, Traité des Successions, liv. 2. ch. 1. sect. 1.*

22. Dans la Coûtume de *Peronne* en ligne collaterale, entre roturiers, le fils de l'aîné mâle emporte les fiefs par representation de son pere, à l'exclusion de son oncle & de ses enfans. Arrêt du Parlement de Paris du 22. Juin 1679. *Journal du Palais, in 4°. part. 7. p. 351. & le 2. to. in folio.*

23. Si un puîné ayant vendu les rotures échûës en son partage, & en ayant acquis un fief, ce fief après la mort de ce puîné sans enfans, peut être repris par l'aîné par préciput? Le fait étoit qu'Adrien du Houlay Lieutenant General à Orbec ent sept fils ; l'aîné prit par préciput la Terre de Courtonne, & abandonna le reste de la succession à ses autres freres ; Nicolas du Houlay Conseiller Ecclesiastique en la Cour vendit une partie de son partage & en remploya les deniers en l'acquisition du fief de Courson, & en quelques autres Terres. Après la mort de fils du frere aîné prétendit par préciput la Terre de Courson, ce qui luy fut contesté par ses oncles freres puînez du défunt. L'affaire portée aux Requêtes du Palais, par Sentence le fief fut adjugé au neveu jusqu'à concurrence & au sol la livre du prix des propres alienez, tant paternels que maternels, à la charge en cas que cette Terre excedât la valeur d'iceux, de rapporter l'excedant au profit des sieurs du Houlay. Par Arrêt du Parlement de Roüen du 28. Juin 1690. la Sentence fut confirmée : les puînez se pourvurent en cassation d'Arrêt, mais ils furent deboutez. *Voyez Bassnage, sur la Coûtume de Normandie, art. 342.*

24. Acte de Notorieté de M. le Lieutenant Civil du 12. Novembre 1699. portant que lorsque l'on établit le droit d'aînesse & qu'il est question de regler la part qui peut appartenir à celuy à qui l'on a donné un Château avec les termes d'accins & préclôtures, la Maison Seigneuriale, la court & bassecourt y sont comprises ; quand même la bassecourt seroit séparée par un chemin public ou par le fossé du Château, & que par les mots d'*accins & préclôtures*, s'entendent les logemens ordinaires du Fermier & de sa famille, des bestiaux, granges & greniers où il serre ses grains, & les bâtimens, courts & clos qui joignent immédiatement la maison, quoique séparez de murailles, pourvû qu'il n'y ait point de chemin entre eux, & la difference qui se trouve entre la bassecourt & les accins & préclôtures, est que la bassecourt est celle *quæ inservit domui*, quand même elle seroit séparée par des fossez ou des chemins ; & les accins & préclôtures s'entendent de ce qui sert à l'exploitation de la ferme ou des jardins, ou autres lieux separez de murailles, mais qui joignent immédiatement les courts & jardins, pourvû qu'ils ne soient point séparez par des chemins, rivieres ou quelqu'autre heritage ; ce que nous attestons être l'usage & s'observe lorsque pareilles questions surviennent sur l'explication de l'article 13. de la Coûtume de Paris. *Recüeil des Actes de Notorieté, p. 114. & suiv.*

FIEF EN L'AIR.

25. Les fiefs en l'air ne peuvent être saisis que par main-mise sur les arriere-fiefs. *Voyez Peleus quest. 75. & Charondas, liv. 2. Rép. 6.*

FIEF, ACCROISSEMENT.

26. *De fratribus de novo beneficio investitis. In feudo non habet locum jus accrescendi inter eos qui pretendunt primam seu primordialem investituram. Consuetud. feud. lib. 2. tit. 12.*

26 bis. FIEF, ALIENATION. *De alienatione feudi.* V. Consuet. feud. lib. 1. tit. 13. *Tome II.*

Qualiter olim poterat feudum alienari? V. Ibidem, lib. 2. tit. 9.

De Vasallo qui contra constitutionem Lotharii Regis beneficium alienavit. V. Ibidem, tit. 18.

De alienatione paterni feudi. V. Ibidem, tit. 39.

Quid juris, si post alienationem feudi Vasallus id recuperaverit? V. Ibidem, tit. 44.

De Capitaneo qui Curiam vendidit, an intelligatur beneficium? V. Ibidem, tit. 51.

De prohibita feudi alienatione per Lotharium. V. Ibidem, tit. 52.

De prohibita feudi alienatione per Fridericum. V. Ibidem, tit. 55.

De alienatione feudi. V. Consuetud. feud. tit. 73.

Vasallum feudum posse in alium arctiori lege transferre. V. Ibidem, tit. 108.

Constitutio Lotharii de feudis non alienandis. V. lib. 5. de feudis, tit. 5.

Constitutio Frederici de feudis non alienandis. V. Ibidem, tit. 7.

Alienation du fief. *Voyez* le mot *Alienation*, nomb. 94. *& suiv. & cy-après le nomb.* 72. *bis & suiv.*

De l'alienation du fief. *Voyez Franc. de Claperiis Cauf. 15. quest. 3.*

27. *Bannito Domino, an Vasalli à servitiis liberentur, feudumque alienare possint? Voyez Andr. Gaill, tract. de pace publicâ lib. 2. cap. 15.*

28. Arrêt extrait du Registre, *olim*, des Enquêtes, & procez de l'an 1299. jusqu'à l'an 1318. fol. 189. que les Vassaux, Villes & Sujets du Roy ne peuvent être alienez par le Roy contre leur gré & consentement. *Voyez Corbin, traité des Fiefs, loy 12.*

29. Maxime au Palais que le vassal peut aliener, vendre, donner, & autrement disposer de son fief, même l'hypotequer à ses creanciers, *quanto magis*, le bailler à ferme & obliger le fonds ; mais si le Seigneur exploite le dit fief par saisie ou partie d'iceluy, il ne doit pas sitôt qu'il commencera de l'exploiter, rendre à son vassal les labours, frais & semences, mais seulement après la recolte des fruits, n'étant pas raisonnable que le Seigneur rembourse les frais dont il n'a tiré aucun émolument. *Voyez Brodeau sur M. Louet lettre R. somm. 34.*

30. Les fiefs peuvent être vendus sans le consentement du Seigneur ; quand ce consentement seroit necessaire à la vente, il suffiroit pour se mettre à couvert du Commis, d'inserer cette clause dans l'Acte, *sauf le droit du Seigneur* ; comme il a été jugé au Parlement de Grenoble pour le Seigneur de Targes qui avoit acheté du Seigneur de Queralio la Terre de Baumes sans le consentement exprés de l'Evêque de Saint Pol-Trois-Châteaux. *Voyez Guy Pape, question* 162. Chorier, *p.* 127. observe que ce Commis n'est plus en usage dans le Dauphiné, en tout cas il ne peut avoir lieu que pour le Roy Dauphin.

31. En cas que la Seigneurie feodale dominate soit démembrée, auquel des Seigneurs, le droit des fiefs servans doit appartenir? *Voyez Coquille, to. 2. quest. 20.* il estime que si le Châtel dont le fief est mouvant, échet à l'un, le vassal n'est tenu d'aller chercher ses autres Seigneurs pour faire son devoir, sinon qu'ils se fussent accordez du partage du fief.

32. Le vassal qui aliene son fief ou partie, *retentâ fide*, ne doit aucuns droits Seigneuriaux. Arrêt au profit de M. Graffin Conseiller. Autre au profit de Sebastien David contre le Comte de Tonnerre. Par le premier article de la Charte accordée aux Nobles en 1315. il leur est permis de donner à leurs Serviteurs Nobles en récompense de leurs services, ce qu'il leur plaît de leurs Terres, & retenir à eux le fief & hommage, & aux non Nobles pension annuelle sur leurs Terres, pourvû que leurs fiefs ne soient trop amenuisez. *Vide decis. Magist. p. 17. contra faber in §. adeo instit. de locato.* Arrêt au profit du sieur de Montmorency contre Jean Pautre, prononcé en Robes rouges

E e

au mois de Septembre 1516. *Vide Chop. de privileg. rust. lib.* 3. quand il y a somme notable d'argent reçu en faisant le Bail. *Me. Charles Du Moulin* tient que cet article a lieu sur la quatriéme de la Coûtume d'Orleans, & allegue un Arrêt du 5. Janvier 1543. entre Guillaume Durant Notaire d'Orleans & Florent Bourgoüin sieur de Cleves. *Bibliotheque de Bouchel*, verbo *Droits Seigneuriaux.*

33 Quand le vassal a alienè partie de son fief avec reserve simple d'un droit de cens sur chacun arpent vendu, portant lods & ventes, saisines & amendes, l'acquereur doit les droits de quints & requints; & le retrait feodal a lieu. Mais si outre le cens, le Seigneur vendeur a retenu la foy & hommage, droit Seigneurial & Domanial, comme porte l'article 51. de la Coûtume de Paris, la Seigneurie & Justice fonciere, en ce cas il n'est dû quint ni requint, ni autres droits au Seigneur du fief dominant, & il ne peut user du retrait feodal. Arrêt du 15. Avril 1581. *Papon, liv.* 13. *tit.* 1. *n.* 4.

34 Deux fiefs ayant chacun leur propre nom, situez toutefois au même territoire, le plus ample est vendu, le vendeur decede, & l'acheteur aussi, ses heritiers prétendent que les deux fiefs doivent leur appartenir. *Charondas, li.* 11. *Rép.* 76. estime que celuy qui est dénommé dans le contrat, est seul vendu.

35 Un fief est vendu sans faire mention des arriere-fiefs, mais bien avec ses appartenances & dépendances, & sans aucune reserve expresse. Arrêt du 13. Decembre 1597. que les Arriere-fiefs & étoient compris pour le fief de Prelong en la Coûtume de Blois, entre René de la Ferriere appellant, & Nicolas Conan intimé *Charondas Coûtume de Paris, art.* 55. fine & au *liv.* 13. *de ses Rép.* 73.

36 Vassal peut vendre les terres étant de son fief, & en disposer jusques aux deux tiers, en retenant la foy entiere, & quelque droit Seigneurial & domanial. *Voyez l'article* 51. *de la Coûtume de Paris*, *Charondas, liv.* 2. *Rép.* 6. *le Vest Avr.* 16.

37 Le sieur de la Boulaie, tant en son nom que de la Dame sa femme, vend au sieur de Toulongeon une terre qui appartient à la même Dame de la Boulaie, avec promesse de la faire ratifier; comme cette terre est mouvante de la Seigneurie du Chon, le Seigneur de Toulongeon se presente au Seigneur du Chon pour faire les devoirs du fief avant qu'il eût eu la ratification de la Dame. Procez; le vassal est condamné d'apporter la ratification requise; dont appel; la Sentence fut confirmée par Arrêt du Parlement de Bourgogne du 25. Février 1624. le motif est qu'une pareille vente n'est pas parfaite sans la ratification. *Taisand sur cette Coutume, titre* 3. *article* 1. *note* 20.

38 Les fiefs étant devenus patrimoniaux peuvent être vendus, donnez, échangez, sans perdre ni la nature, ni le privilege du fief que le reglement du mois d'Octobre 1639. leur conserve dans l'article 24. lors que les fonds dépendans d'un fief ont été donnez en emphiteose, & ont été en vertu de ce titre possedés durant 100. ou 200. ans par les successeurs de l'emphiteose non noble, ils tombent en roture; de sorte qu'ils ne peuvent plus reprendre leur premiere qualité, ni revenir à leur ancienne franchise. Arrêt du Parlement de Grenoble du 5. Mars 1689. *Voyez Chorier en sa Jurisprudence de Guy Pape, p.* 127.

ARRIERE-FIEFS.

39 *Voyez* le mot *Arriere-Fief*, le traité de Bamaison, & *cy-dessus les nomb.* 25. 35. & *cy-après les nombres* 111.

FIEFS, BASTARD.

40 Si les bâtards sont capables de succeder aux fiefs? *Voyez* le mot *Bâtard, nomb.* 107. & *suiv.*

FIEF, BRETAGNE.

41 Dans les terres nobles scituées en Bretagne, les puinez des anciens Comtes & Barons, ne sont fondez de prendre qu'une provision à vie; ils ne l'ont point en proprieté. Arrêt du 14. Juillet 1657. *Notables Arrêts des Audiences*, Arrêt 8.

FIEF, CHARGES.

42 Fief ne peut être chargé au préjudice du Seigneur direct. Un vassal impose plusieurs servitudes sur son fief, & le donne au Seigneur feodal, à la charge de payer ses dettes. Le Seigneur sans accepter la donation, ni la répudier, offre le prix & arrerages d'une rente constituée sur le fief, & veut à ce droit retenir le fief, & éteindre les autres servitudes. Le créancier de la rente s'oppose. Arrêt du Parl. de Bourdeaux du 5. Août 1521. en faveur du Seigneur; il n'avoit point investi l'acquereur de la rente, ni sçu le contrat. *Papon, li.* 13. *tit.* 1. *n.* 1.

43 Par Arrêt general du 10. Avril 1571. le Seigneur de Matthes pour avoir surchargé & fait reconnoître à un emphiteote plus que l'infeodation ne portoit, fut privé de son fief durant sa vie, & les reconnoissances cassées. Cependant l'emphiteote condamné à reconnoître les hoirs du Seigneur, suivant l'infeodation, quoique ce fût le pere de l'emphiteote qui eût fait les reconnoissances, & que luy & son fils eussent toûjours payé. *Bibliotheque de Bouchel*, verbo *Reconnoissance*, où il observe qu'un Président pour semblable surcharge fut privé de son fief, & degradé en l'Audience. Il eut recours au Roy pour être rétabli. En 1538. le Vicomte de Serre avoit été privé de sa Jurisdiction pour sujet pareil.

FIEF, COMMISE.

44 *Quibus modis feudum amittatur?* Consuetud. feud. lib. 1. tit. 5. & 17.

De feudo sine culpâ non amittendo. Voyez ibidem, *lib.* 1. *tit.* 21.

In quibus causis feudum amittatur? Voyez *Consuetud. feud. lib.* 2. *tit.* 23.

Quæ sit prima causa beneficii amittendi? Voyez *ibidem, tit.* 24.

An ille qui interfecit fratrem Domini sui, feudum amittat. Voyez *ibidem, tit.* 37.

Qualiter Dominus proprietate feudi privetur? Voyez *ibidem, tit.* 47.

Culpam unius ex cohæredibus cæteris non præjudicare. Voyez *ibidem, tit.* 78.

Non amittere feudum eum qui sine dolo cessavit per annum in petendâ investiturâ. Voyez *ibidem. tit* 97.

Ex delicto vasalli feudum ad dominum redire. Voyez *ibidem. tit.* 98.

Imperatorem feudum amittere vel alium pro se fidelem dare. Voyez *ibidem, tit.* 100.

Clericatu feudum amitti. Voyez ibidem *tit.* 109.

Constitutio Henrici de causis amittendi feudi. Voyez *lib.* 5. *de feudis, tit.* 2.

De la commise du Fief. *Voyez cy-devant* verbo *Commise*, tit. 1.

45 Les confiscations & commises des fiefs arrivées à cause des biens dotaux pendant le mariage sont considerées comme fruits de sa dot, & appartiennent de plein droit au mary. Ainsi jugé. *Du Luc, li.* 6. *tit.* 5. *chap.* 5. Papon, *li.* 15. *tit.* 4. *n.* 5.

46 Par un Arrêt du Parlement de Roüen du 3. Août 1533. entre Loüis du Bosc & Messire Jacques Dauvert, jugé que le Seigneur ne pouvoit de son autorité privée user de prise de fief, & qu'il doit obtenir un mandement de son Sénéchal. *Voyez Basnage sur la Coûtume de Normandie, article* 109.

FIEF, COMMUNAUTÉ CONJUGALE.

47 Si le fief ou autre chose est acquise par confiscation, c'est acquêt, & entre en communauté. 2°. S'il est acquis par desaveu ou felonie, il est acquêt, mais n'entre en communauté. 3°. S'il est acquis par retrait il n'entre point en communauté en rembourssant. 4°. Mais c'est acquêt au regard de la succession. *Molin. in verb.* qui dénie le fief. *gl.* 1. *n.* 178. *usque ad finem*, 3. *id.* Papon, *lib.* 11. *tit.* 7. *n.* 33. au lignager *vid.* Chopin. Paris. *lib.* 1. *tit.* 2. *n.* 40, 4. cont. *Cho-*

pin. Parif. lib. 2. tit. 6. n. 12. vid. Boër. *dec.* 76. pour le retrait , *n.* 10. *& dec.* 78. *n.* 2. 3. *id* Charondas , *resp. lib.* 5. *n.* 15. *& lib.* 7. *n.* 19. 3. *id.* Loüet & Brod. *bit. R. n.* 3. 4. *id.* Chop. *Parif. lib.* 2. *tit.* 6. *n.* 21. *in retractu dominico ,contra in linearis,* 4. *id.* Coquille au retrait lignager , *quæft.* 188. 3. *id.* Ferrerius *;quæst.* 477 *in feudali* , 3. *id.* Argent. *art.* 418. *gl.* 2. *n.* 8. *in Gentilitio,* 1. *id* Argent. *art.* 418. *gl.* 2. *n.* 15 , 2. *id.* Argent. *ibid.* mais le fait propre. Mornac , *distingue ad l.* 27. §. *quod in specie ff. de part.* 3. *vid.* Brod. *lit. R. n.* 3. *in Gentilitio ,* 4. *id.* Du Frêne, *lib.* 5. *cap.* 6. 3. 4. *id.* Maichin. *tit.* 8. *art.* 5. *chap.* 1. *& art.* 7. *chap.* 1. 4. *contra Chop. Andeg. lib.* 2. *tit.* 4. *n.* 6.

48 Quoi qu'un fief échû collateralement au mari pendant la conjonction , soit réputé acquêt en quelque chose dans le païs d'Haynault ; neanmoins la femme survivante n'a pas droit de joüir de la moitié de tel fief. Arrêt du Parlement de Tournay du 31. Octobre 1698. rapporté par M. Pinault , *Arr.* 254.

FIEF, CONSIGNATION.

48 bis. Quand deux Seigneurs prétendent une même rente sur même fonds , l'offre de consigner la rente suffit. *Voyez* le mot *Consignation, nomb.* 91.

FIEF, CONTESTATION.

49 *Si de investitura feudi controversia fuerit ?* Consuetud. feud. *lib.* 1. *tit.* 4.

De contentione inter Dominum & fidelem de investitura feudi. Voyez *ibidem , tit.* 10.

De contentione inter me & Dominum de portione feudi fratris mei defuncti. Voyez *ibidem , tit.* 12.

Apud quem vel quos controversia definiatur ? Voyez *ibidem, tit.* 18.

De controversia feudi apud pares terminata. Voyez *ibidem , lib.* 2. *tit.* 16.

An removeri debeant testes qui pares esse desierunt ? Voyez *ibidem , tit.* 19.

De controversia inter Episcopum & vassallum. Voyez *ibidem , tit.* 20.

De feudo defuncti contentio sit inter Dominum & agnatos vasalli. Voyez *ibidem , tit.* 26.

De Lege Corradi. Si inter Capitaneos Regis est contentio, coram rege debet definiri. Voyez *ibidem tit.* 34.

De controversia inter masculum & fœminam de beneficio. Voyez *ibidem, tit.* 41.

De controversia inter Dominum & emptorem feudi. Voyez *ibidem ; tit.* 42.

De controversia inter vasallum & alium de beneficio. Voyez *ibidem , tit.* 43.

An apud judicem vel Curiam Domini quæstio feudi debeat terminari ? Voyez *ibidem , tit.* 46.

Ut ratio vasalli prius quam Domini discutiatur. Voyez *ibidem , tit.* 79.

Prius possessionem restituendam esse quam de principali causa agatur. Voyez *ibidem , tit.* 82.

FIEF DE DANGER.

49 bis. *Voyez* l'art. 37, de la Coûtume de Troyes , 56. de celle de Chaumont , Bar le-Duc art. 1. & l'ancienne Coûtume du Bailliage de Bar , art. 1.

Le fief de danger est de telle nature que quand il est ouvert , ou sans homme , l'heritier ou le Seigneur d'icelny n'y doit entrer, ou en prendre possession, sans premierement en faire la foy & hommage à son Seigneur feodal ; & si autrement le fait, le fief est acquis par commise ou confiscation au Seigneur feodal : comme il est dit au procez verbal de la Coûtume de Troyes sur le même article 37. & au dit article 56. de la Coûtume de Chaumont : & de ces lieux faut expliquer l'article 33. de l'ancienne Coûtume d'Amiens. *Ergo quibusdam Galliæ moribus feuda sunt periculo obnoxia , & Domino committitur , si absque Domini permissu quis eorum vacuam possessionem accipiat, ante exhibitum obsequium , & datam fidem Domino.* Voyez Ragueau , verbo *Fief.*

50 Anciennement en Bourgogne le fief de danger tomboit en commise, s'il étoit alienè sans le congé

Tome II.

du Seigneur. Il avoit été ainsi jugé le 20. Decembre 1393. lors de la redaction de la Coûtume en 1459. le danger de commise est aboli en plusieurs cas. *Voyez du Tillet , la Bibliotheque de Bouchel ,* verbo *Fief , &* fous le même titre la nouvelle édition de l'indice des Droits Royaux , Seigneuriaux , autrement le Glossaire du Droit François.

DEGUERPISSEMENT DE FIEF.

51 Le Sr. Baron de Villeneuve ayant baillé à nouveau fief certain fonds à la nommée de Portal, la Cour par Arrêt du dernier Août 1631. rendu en la Chambre de l'Edit de Castres, reçut ladite Portal à déguerpir en perdant les reparations qu'elle avoit faites en ce fonds ; elle fut condamnée à payer les arrerages de la rente échûë avant l'introduction de l'instance pour la quotité seulement du fonds qu'elle tenoit,& depuis l'introduction de l'instance par indivis avec les autres contenanciers , *& sic judicatur*, en ces matieres; cet Arrêt est rapporté par *Boné, part.* 2. *Arr.* 30.

DEMEMBREMENT DE FIEF.

52 *Voyez* au 1. Tome le mot *Démembrement ,* à quoi il est necessaire de joindre les Arrêtez de M. le Président de Lamoignon , recueillis dans le Commentaire de M. Barthelemy Auzanet sur la Coûtume de Paris.

I. Le vassal peut aliener telle portion de son fief que bon luy semble , sans le consentement du Seigneur ; mais la portion alienée demeure toûjours dans la mouvance immediate du Seigneur dominant.

II. Si le vassal aliene à quelque titre que ce soit, le manoir Seigneurial de son fief, toutes les mouvances & les censives passent en la personne de l'acquereur , & demeureront dans la mouvance immediate du Seigneur dominant.

III. Si le vassal baille en arriere-fief quelque domaine ou droits dependans de son fief , sans le consentement du Seigneur dominant , même au dessous des deux tiers , la mouvance du fief nouveau appartiendra immediatement au Seigneur dominant, à l'exclusion du vassal ; & s'il y a deniers déboursez , les profits en seront payez au Seigneur dominant.

IV. Le vassal peut bailler à cens ou rente tels heritages & droits de son fief que bon luy semble , à une ou plusieurs personnes , pourvû qu'il se reserve le manoir Seigneurial , le tiers des droits & domaine de son fief , & la directe sur le tout.

V. Si le bail à cens ou rente excede les deux tiers dans une seule alienation , la directe de tout ce qui est alienè , passe au Seigneur dominant, & s'il y a des alienations au-delà des deux tiers , passe au Seigneur dominant.

VI. Les profits de fief appartiennent au Seigneur dominant pour les alienations & baux à cens , ou à rente , quand il y a deniers déboursez à proportion de ce que le vassal en a reçu , soit que les alienations & baux à cens soient au dessus , ou au dessous des deux tiers ; & les choses alienées demeurent désunies du fief servant , sans qu'en cas d'ouverture du fief , le Seigneur puisse les exploiter.

VII. Abrogeons les parages , & autres manieres de tenir les portions des fiefs des puînez de leur aîné , introduites par aucunes Coûtumes ; mais si le fief est divisé entre plusieurs , par portions égales ou inégales , chacun relevera sa portion du Seigneur dominant.

Voyez cy-après *le nomb.* 72. *bis. & suiv.* 79.

FIEF, DENOMBREMENT.

53 *Voyez* le mot *Dénombrement ,* & les articles suivans tirez des Arrêtez de M. de Lamoignon.

I. Aprés la reception ou offre de l'hommage , le vassal est tenu de presenter en personne , ou par un Procureur fondé de procuration speciale , le dénombrement, contenant par le menu les domaines, droits & appartenances de son fief.

E e ij

II. Le dénombrement sera baillé dans quarante jours, du jour de la reception, ou offre de l'hommage, & si le vassal s'est fait recevoir en foy par main souveraine, à cause du debat formé entre deux Seigneurs pour la mouvance, les quarante jours ne courront que du jour de la signification de la transaction, ou du Jugement diffinitif qui aura terminé le procez.

III. Le dénombrement sera fait double, l'un pour le Seigneur, & l'autre pour le vassal, écrit en parchemin, passé pardevant deux Notaires, ou pardevant un Notaire ou Tabellion, ayant pouvoir d'instrumenter au lieu où il est fait, & deux témoins, sçachant signer, dont les noms, surnoms, qualitez & domiciles seront exprimez en l'acte signé du vassal, Notaire, Tabellion, & témoins, le tout aux frais & dépens du vassal.

IV. L'offre du dénombrement doit être faite en la Justice du Seigneur, à jour & heure d'Audience; & l'original du dénombrement laissé entre les mains du Procureur de Seigneurie: & si le Seigneur n'a point de Justice, le dénombrement sera offert au manoir principal du fief dominant, & l'original laissé au Seigneur; & en cas d'absence, à son Receveur ou Fermier, & en défaut des uns des autres, au plus prochain voisin, dont le vassal prendra acte en présence d'un Notaire, & deux témoins.

V. Le vassal n'est tenu bailler dénombrement qu'une fois en sa vie, s'il n'y a titre au contraire.

VI. Le Seigneur & le vassal doivent communiquer respectivement les précedens dénombremens, & les autres titres qu'ils ont en leur possession, concernant la teneur & la consistance du fief servant, & se purgeront par serment de part & d'autre, s'ils en sont requis, que par dol ou fraude ils n'en retiennent, & ne délaissent d'en avoir aucun, & est tenu le vassal de satisfaire le premier.

VII. Le dénombrement peut être présenté aussi-tôt après sa reception, ou offre de l'hommage; mais s'il n'est baillé dans les quarante jours, le Seigneur peut proceder par saisie feodale sur le fief, en établissant un Commissaire ou Gardien, pour la recette & conservation des fruits, aux frais du vassal, à la charge de luy en rendre compte.

VIII. Le Seigneur & ses Officiers peuvent retenir le dénombrement durant l'espace de quarante jours entiers pour l'examiner & fournir leurs blâmes, s'ils en ont aucun; aprés lesquels quarante jours la saisie demeurera levée de plein droit, & les Commissaires dechargez, sans qu'il soit besoin d'aucun Jugement, si ce n'est qu'il y eût contestation pour aucuns articles; auquel cas la saisie tiendra pour les articles contestez seulement, sans préjudice des dommages & interêts de la mauvaise contestation.

IX. Le délay des quarante jours étant passé sans que le Seigneur feodal ait fourni aucun blâme, le dénombrement est tenu pour reçu de plein droit, sans qu'il soit besoin d'aucune interpellation de la part du vassal; sauf à l'un & à l'autre à se pourvoir par action pour la réformation ou reception du dénombrement, ainsi qu'ils verront bon être.

X. L'age requis pour faire & recevoir la foy suffit pour bailler, recevoir, ou blâmer le dénombrement.

XI. Si dans les trois ans du jour de la saisie faute du dénombrement, le vassal n'a fait ses diligences pour le presenter, les fruits à l'avenir seront acquis de plein droit au Seigneur, même ceux échûs durant les trois années, & les Commissaires dechargez.

XII. Le dénombrement du fief appartenant à plusieurs vassaux par indivis, étant baillé par un seul, couvre le fief entier; mais si le fief a été partagé, chacun est tenu de bailler separément le dénombrement de sa part.

FIEF, DETTES.

Les fiefs que l'heritier prend par préciput, ne sont chargez de dettes. Arrêt du 12. Février 1575. *Charondas, liv. 4. Rép. 22. & 23.* 54

Voyez cy-dessus le nomb. 17. & suiv.

FIEFS DE DIGNITÉ.

Voyez le mot *Dignitez*, nomb. 19. & cy-après le nombre 79.

Si les Duchez, Marquisats, Comtez, Baronnies, & autres fiefs de dignité, doivent se partager? *Voyez les Commentateurs de la Coûtume de Normandie sur l'article 336.* 55

On a toûjours pris soin de conserver les fiefs de dignité, & lorsqu'on les vouloit diviser on étoit obligé d'obtenir la permission du Roy, par plusieurs exemples que l'Histoire fournit sur ce sujet, & entre autres du Seigneur d'Authoüin, lequel en l'année 1486. obtint du Roy Charles VIII. que sa Pairie de Dombers & Domnat prés d'Abbeville, *& mouvante du Roy à une seule foy*, fut divisée en deux, afin qu'il pût pourvoir plus facilement à l'établissement de ses enfans. *V. Duranti decis. 30. n. 10. Graverol & La Rocheflavin, liv. 6. tit. 63. Arr. 1.* 56

Les fiefs de dignité sont de leur nature indivisibles & impartables. Il a été souvent jugé par le Parlement de Paris qu'au lieu des portions que le Droit ou la Coûtume donne aux puînez sur les Comtez & les Baronnies, il leur seroit donné recompense en autres Terres feodales de moindre qualité pour laisser les fiefs illustres entiers & sans partage, dont Chopin *sur la Coûtume d'Anjou, liv. 3. tit. 2 n. 6.* rapporte deux Arrêts donnez en la Grande Chambre, l'un du 7. Septembre 1571. touchant la Baronnie de Montboissier en Auvergne; l'autre du 5. Mars 1375. touchant le Comté de Tonnerre au Bailliage de Sens, entre Loüise de Clermont, Duchesse d'Usez, le Seigneur de Saint Nectaire & le Comte de Saint Aignan en Berry. *V. Salvaing, de l'usage des Fiefs, chap. 50. page 251.* 57

Les Lettres d'érection des Terres en dignité ne se verifient que pour le nom & le titre seulement; c'est-à-dire, que ces nouvelles dignitez n'ont pas les prérogatives & les avantages attribuez par les Coûtumes aux anciennes. *V. Chopin dans son Livre du Domaine & sur la Coûtume d'Anjou.* Ainsi le Parlement de Paris ne verifia l'érection en Marquisat de la Terre de Maignelay en Vermandois, de Suses au Maine, & de Durestal en Anjou, en Comté, que pour le titre seulement, par ses Arrêts du 14. Août, 19. Octobre & 12. Decembre 1566. Celuy de Grenoble y met quelques autres modifications, ensuite de son Arrêt du 19. Juin 1646. en ces termes: *La Cour procedant à l'enregistrement des Lettres Patentes, portant érection de la Terre d'Ornacien en Marquisat, a resolu, les Chambres considerées, que dorénavant elle ne procedera à la verification d'aucunes Lettres portant érection des Terres en Marquisat, Comté, Vicomté & Baronnie, que l'imperant ne soit présent & poursuivant la verification, de quoy il ne pourra être dispensé que pour des causes tres-justes & legitimes concernans le service de Sa Majesté. Qu'avant la verification il sera informé par un Commissaire de la Cour, de l'étenduë, revenus & mouvance desdites Terres, pour sçavoir si elles seront capables du titre qui leur sera imposé, & ne pourront lesdits imperans unir ausdits Marquisats, Comtez, Vicomtez & Baronnies aucunes Terres se mouvans pleinement du Fief de Sa Majesté. Comme aussi ne pourront démembrer, vendre, donner ni aliener, pour quelque cause que ce soit, aucunes dépendances des Terres qui composeront le corps de la qualité, qui sera sur elles imposée; faute dequoy la Terre reprendra sa premiere qualité. Que la verification sera faite sans préjudice des droits des quatre Barons anciens de la Province, & sans que pour raison desdites qualitez, les impetrans puissent prétendre d'avoir leurs causes commises en premiere Instance parde-* 58

vant la Cour, si ce n'est qu'il s'agit des Droits Seigneuriaux en general des Marquisats, Comtez, Vicomtez &
Baronnies de la totalité de la Terre & Seigneurie; mais
se pourvoiront tant en demandant qu'en défendant pardevant les Juges ordinaires & Royaux, & que les appellations des Juges des Marquisats, Comtez, Vicomtez
& Baronnies, ressortiront pardevant les Vicebaillifs &
Juges Royaux, ainsi qu'elles faisoient auparavant.

La Chambre des Comptes ajoûte suivant son Arrêté du 28. Juillet 1645. que *les fonds & heritages de
franc-aleu composant le revenu des Marquisats ou Comtez, sortiront nature de fief*, pour être inserez & compris
aux Aveux & Dénombremens qui seront baillez d'iceux,
ce qui n'est pas une modification, mais une interpretation de la clause des Lettres, qui porte que l'é-
rection est faite à la charge de l'hommage au Roy.

59 Le Seigneur feodal ne perd pas son droit de feodalité par l'érection en dignité de la Terre de son
vassal, comme il a été jugé par Arrêt du Parlement
de Paris de 1565. allegué par Bodin, livre 1. de la Republique, chap. 7. suivant quoy les Lettres portent
communément la clause, que c'est *sans rien innover
aux droits de Justice, foy & hommage, appartenant à
autres qu'à nous*, ce qui fait que le Seigneur du Fief
ne peut s'opposer à l'érection pour la conservation
des droits de feodalité seulement, parce que le Roy
peut honorer son arriere-fief de telle dignité que
bon luy semble, sans préjudice de la mouvance du
Seigneur prochain, suivant un Arrêt du même Parlement du 3. Juillet 1540. donné entre François de
Rohan, Seigneur du Château du Loire, opposant à
l'érection nouvelle de Lucé en Baronnie, & le Seigneur de Lucé, impetrant des Lettres dont *Chopin*
fait mention sur la Coûtume d'Anjou, liv. 1. art. 48.
n. 8. V. Salvaing, *de l'usage des Fiefs*, ch. 50.

60 Les proprietaires des fiefs de dignité mouvans de
la Couronne ne peuvent se démembrer ni s'en joüer
& disposer de quelque partie que ce soit sans le consentement du Roy, non pas même faire revivre par
nouvelle alienation un ancien fief qui autrefois y
avoit été réüni, &c. Arrêt du Parlement de Paris
du 18. Juillet 1654. *Du Frêne*, livre 8. chap. 1.

FIEFS, DOMAINE DU ROY.

61 Du Domaine du Roy tenu en fief, à foy & hommage. *Voyez* le mot *Domaine*, n. 49. & suiv.

61 bis. Par l'élevation du vassal à la dignité Royale, les
fiefs qu'il avoit auparavant ne sont unis au Domaine
public. Cette question est traitée dans la *Bibliotheque de Bouchel*, verbo *Fiefs*.

FIEF, DOMMAGES ET INTERESTS.

62 Un homme achete un fond qu'il croit allodial;
l'interêt & dommage par luy prétendu fut liquidé à
trois droits de lods & ventes, compris ceux de l'a-
chat, & au payement des Droits Seigneuriaux pendant soixante années & amortissement de ces Droits
au denier quinze. Arrêt du Parlement de Toulouse
du 9. Mars 1592. *Ibidem*, verbo, Quanti minoris,
lettre *Q*.

FIEF, ESTIMATION.

62 bis. *Universitas feudi æstimanda semper est, non autem
ejus partes singulæ*. Arrêt du 17. Juillet 1609. *Secus
in plebeiis possessionibus, separatis enim pretiis agendum
est*, Arrêt du 2. Août 1611. *Mornac l. 52. ff. familia
erciscunda*.

FIEF, EVICTION.

63 *De evictione*. V. *Consuetud. feud. lib. 2. tit. 80*.

FIEF, FEMME.

63 *De feudo fœmina*. V. *Consuetud. feud. lib. 2. tit. 30*.
bis. *Casus quibus fœmina in feudo succedit*. V. Ibidem,
tit. 104.

64 *An feuda emptitia ad fœminas transeant?* Voyez
Andr. Gaill. lib. 2. Observat. 159.

FIEF, FILLE.

64 bis. *Quemadmodum feudum ad filiam pertineat*? V. Consuetud. feudor. lib. 1. tit. 24.

Quand par le contrat de mariage il y a stipulation 65
qu'il n'y aura aucune communauté de biens entre le
mary & la femme, l'effet de cette convention est tel
que quand la femme a le maniement & administration de son bien, & qu'elle n'est point commune en
biens avec son mary, il ne peut recevoir les vassaux
de fiefs appartenans à sadite femme sans elle. Arrêt
du 19. Avril 1660. Autre du 26. Mars 1602. suivant
l'opinion de Du Moulin. *Tronçon*, art. 37. de la Coûtume de Paris.

FIEF, FORTERESSE.

Voyez cy-aprés les mots *Forteresse*, *Fortification* 65
& *Fossez*. bis.

FIEF, FOY ET HOMMAGE.

Voyez cy-devant le mot *Fidélité*, où sont les textes 66
du Droit, & cy-aprés Foy.

FIEF D'HAUBERT.

Ce que c'est que plein fief d'Haubert. Voyez les 67
Décisions Catholiques de Jean Filleau, décis. 54.

Selon *Charondas* sur le liv. 1. du Code *Henry*, le fief 67
de Haubert est celui qui est tenu immédiatement du bis.
Roy, & qu'on appelle pour cela *feudum regale*. Il
ajoûte qu'il est ainsi nommé à cause du *Haubert*;
c'est à dire, de la cuirasse que le vassal portoit à l'armée; ou bien selon *Bouteiller*, en sa *Somme Rurale*,
Haubert signifie Haut-Baron, parce qu'en effet les
Barons relevoient sans moyen du Roy, & étoient les
premiers Seigneurs; d'où vient qu'on trouve encore
dans les anciens Historiens, *le Roy & ses Barons*.

FIEF, HAUT-JUSTICIER.

Le Seigneur Haut-Justicier peut faire défenses à 68
celuy qui a un fief au dedans de sa Terre, de se qualifier autrement que Seigneur d'un tel fief scis en
une telle Terre. Arrêt du 24. Janvier 1611. *Mornac
l. 1. C. de officio præfecti*.

*Voyez cy-aprés le nomb. 78. les mots Justice, Qua-
lité, & Seigneur*.

FIEF D'HONNEUR.

Differens Païs où les Fiefs sont simplement d'hon- 69
neur, & ne doivent aucuns profits pecuniaires. *Voyez
Henrys, to. 1. liv. 3. ch. 3. quest. 38*.

L'Auteur des *Observations* fait celle cy; les Fiefs
dans les païs de Forêts sont Nobles, c'est-à-dire,
qu'ils ne doivent aucuns profits pecuniaires en quelque cas que ce puisse être, soit dans les mutations qui
arrivent en ligne directe ou collaterale, ou même en
cas de vente. Ils ont le même privilege dans le Lyonnois & le Beaujolois; il en est de même dans le Mâconnois & dans l'Auvergne. Ainsi tous les Fiefs dans
tous les païs du Droit écrit du Ressort du Parlement
de Paris, sont simplement d'honneur & ne produisent aucun fruit; c'est pourquoy dans ces Provinces
l'on n'est guere curieux des Aveux & Dénombremens, & l'on ne voit guere de procez pour raison
des Fiefs.

Il y a encore quelques autres Provinces dans le
Royaume où les fiefs sont de pareille qualité; comme les deux Bourgognes, & l'Armagnac, ainsi que le
certifie M. *Salvaing*, en son *Traité de l'usage des fiefs*,
chap. 3. de même dans le *Bugey*, *Faber* dans son *Code
de jure emphit.* desin. 44.

Il y a quelques Coûtumes qui en disposent de même; la Coûtume de Mets, art. 1. des Fiefs, dit que les
fiefs au païs Messin sont patrimoniaux & hereditaires, & ne doit le vassal pour hommage que la bouche & les mains, s'il n'appert par l'investiture, que
le fief soit d'autre condition: la Coûtume de Thion-
ville, art. 3. des fiefs, dit la même chose.

FIEF, INDEMNITÉ.

Arrêt du Parlement de Paris du 22. Decembre 70
1581. qui liquide le droit d'indemnité en la Coûtume
de Boulonnois au tiers du prix & évaluation qui sera
faite des heritages, & pour ce qui étoit en roture, à
raison du quart denier. *Corbin*, traité des fiefs, p. 640.

Voyez *cy-aprés le mot* Indemnité.

E e iij

FIEF, INDIVISIBILITÉ.

71 De l'indivisibilité des grandes Seigneuries. *Voyez M. le Brun, traité des Successions, liv. 2. chap. 2. sect. 1. n. 70.* où il ajoûte, on ne permet pas même au titulaire d'un Duché d'aliener ce qui a été une fois réüni à son fief, comme il a été jugé par Arrêt du 18. Juillet 1654. pour la Terre & Seigneurie de Maupas, laquelle ayant été une fois réünie au Duché de Chevreuse, fut jugée n'en pouvoir être démembrée par M. le Duc de Chevreuse; & cela sur l'opposition d'un vassal de cette Terre, qui se vouloit conserver l'avantage de dépendre immédiatement de ce Duché, & qui suscita le ministère de M. le Procureur General; mais il est dit en ce cas une récompense aux autres enfans, parce que l'indivisibilité des grands Fiefs & grandes Seigneuries n'augmente pas le préciput de l'aîné, mais luy donne lieu de conserver seulement les fiefs en leur entier, en recompensant ses puînez.

FIEF, INGRATITUDE.

71 *bis.* *Alia constitutio Henrici ejusdem, ut ingratitudo Vasalli probetur testibus quinque.* V. lib. 5. de feudis tit. 4.

Quot testes sunt necessarii ad probandam feudi ingratitudinem? V. Consuetud. feud. lib. 2. tit. 57.

FIEF, INVESTITURE.

72 *Quo tempore miles investituram petere debeat?* V. Consuetud. feud. lib. 1. tit. 22.

Si de investiturâ inter Dominum & Vasallum lis oriatur? V. Ibidem, tit. 16.

Quid sit investitura? V. Consuetud. feud. lib. 2. tit. 2.

Per quos fiat investitura, & per quos recipiatur? V. Ibidem, tit. 3.

Quid precedere debeat, an investitura, vel fidelitas? V. Ibidem, tit. 4.

De investiturâ quam Titius accepit à Sempronio. V. Ibidem, tit. 13.

De investiturâ in maritum factâ. V. Ibidem, tit. 15.

De eo qui sibi vel hæredibus suis masculis vel fœminis investituram accepit. V. Ibidem, tit. 17.

De duobus fratribus à Capitaneo investitis. V. Ibidem, tit. 18.

Qui testes sunt necessarii ad novam investituram probandam, V. Ibidem, tit. 32.

De Clerico qui investituram facit. V. Ibidem, tit. 35.

De Capitulis Corradi. V. Ibidem, tit. 40. *Si Vasallus vel ejus hæres intrà annum & diem veterem non petierit investituram à Domino, vel hærede ejus, feudum amittit: sed Mediolani non servatur.* Bald.

De investiturâ factâ marito vel utrique conjugi. V. Ibidem, tit. 85.

De probatione investituræ. V. Ibidem, tit. 88.

De investiturâ veteris & novi beneficii. V. Ibidem, tit. 91.

De investiturâ alieni beneficii. V. Ibidem, tit. 96.

Alia ejusdem Lotharii constitutio de investiturâ non petitâ intra annum. V. Lib. 5. de feudis tit. 6.

SE JOUER DE SON FIEF.

72 *bis.* *Voyez* cy-dessus *le nomb.* 26. *& suiv. & 52. & suiv.*

Jusqu'où s'étend se joüer de son Fief? *Voyez Du Luc, liv.* 6. *tit.* 5. *chap.* 6.

73 Vassal peut librement se joüer de son Fief. *Papon, liv.* 13. *tit.* 1. *n.* 4. en rapporte un Arrêt.

74 Le vassal baillant partie de son fief à petite censive, quoiqu'il reçoive grands deniers comptans, est réputé se joüer de son fief. Arrêt du Parlement de Paris du 25. Juin 1516. entre le Seigneur de Champigny & le General des Monnoyes. Autre Arrêt du 15. Février 1538. en faveur du Prévôt de Villeneuve S. Georges contre les Chartreux; la cause avoir été d'abord partagée. *Bibliotheque de Bouchel, verbo Fief,* & cy-après *le nomb.* 76.

75 C'est se joüer de son fief, lorsque l'alienation n'excede pas les deux tiers, & qu'on retient la foy entiere avec quelque droit Seigneurial & Domanial sur ce qu'on aliene. *Voyez l'article* 51. *de la Coûtume de Paris,* & *Charondas, livre* 2. *chap.* 6. *& liv.* 5. *Réponse* 66.

76 Que le vassal se peut joüer de son fief, jusqu'à démission de foy: & comme cela s'entend. *Voyez* l'Arrêt donné entre les Chartreux de Paris, d'une part, & Robert Beste, d'autre part, touchant le fief de Vigneul prés de la forêt de Senart, l'Arrêt est du 15. Février 1538. *Le Vest, Arrêt* 16.

77 Dans la Coûtume de Vermandois on ne peut se joüer de son fief. Arrêt du 16. Juin 1682. *Journal des Audiences, tome* 4. *liv.* 5. *chap.* 19.

FIEF, JUSTICE.

78 Le fief ne fait territoire; & si au fief il y a une Justice annexée, par l'alienation du fief la Justice est transferée. Arrêts du Parlement de Paris des 22. Juin 1554. & 8. Août 1577. mais telle alienation ne comprend les cas Royaux. *Charondas, liv.* 12. *Rép.* 2.

79 On ne peut démembrer d'un Duché & Pairie la Justice d'un village qui en dépend. Arrêt du 28. Février 1664. *Notables Arrêts des Audiences, Arrêt* 119.

80 C'est une maxime du Droit François, que Fief & Justice n'ont rien de commun; la Justice suit le Territoire & l'enclave; le fief suit la Justice primitive & ordinaire, & non la Justice du Ressort; c'est par ce même principe que lorsqu'il s'agit des droits du fief dominant & du fief servant assis en diverses Provinces, dont les Coûtumes sont differentes; ils sont reglez selon les Coûtumes des lieux, à la reserve des droits honorifiques, pour lesquels l'on suit la Coûtume du fief dominant, mais pour les droits dûs à ce fief, l'on suit la Coûtume du lieu où le fief servant est assis. *De Lommeau, des Maximes du Droit François, liv.* 2. *ch.* 36.

FIEF, LÉGITIME.

81 Les puînez mâles ne peuvent sur de nouveaux fiefs demander leur legitime, quand la Coûtume appelle l'aîné mâle seul à la succession des fiefs. *Voyez Charondas, liv.* 5. *Rép.* 39.

Voyez cy-aprés *le nombre* 102. & *le titre de la Legitime.*

FIEF, LIGE.

82 *De Feudo ligio.* V. Consuetud. feud. lib. 2. tit. 99. Des fiefs liges: quand ils ont commencé d'avoir cours en France: de leur origine, nature & conditions essentielles? *Voyez le Factum de M. Husson,* imprimé ensuite des Traitez de M. Du Plessis sur la Coûtume de Paris.

83 Vassal lige, & par défense; tel s'est confessé le Comte de Flandres par ses Ambassadeurs envers le Roy de France, au Plaidoyé du 12. Decembre 1372. au Parlement à Paris. *Voyez la Bibliotheque du Droit François par Bouchel, verbo Lige.*

84 En plaidant la cause de Jean de Crevan au Parlement à Paris le 21. Janvier 1410. il fut dit que les vassaux liges doivent ligence quand ils en sont requis qui est de garder le Château du Seigneur certains jours & nuits, selon que les fiefs sont chargez, ils doivent être armez & montez. Si le vassal en cela ne fait son devoir, le Seigneur peut saisir le fief jusqu'à ce qu'il l'ait fait, & en fait les fruits siens. Par des Arrêts des 17. Avril 1453. & 1454. il paroît que la Terre de la Gifardiere est tenüe à ligence de Chantemerle, & que le vassal est tenu faire garde & ligence par quarante jours l'an, sur peine d'être son fief saisi. Les vassaux d'hommages simples ne doivent les ligences; aussi en l'Arrêt de l'Evêque de Langres du 28. Juin 1387. il est fait mention qu'il a à Moisson plusieurs hommes & femmes liges ses Justiciables; & au Stile ancien du Parlement à Paris, *chap.* 16. §. 30. & dans les autres Livres de la vieille Pratique, il est fait mention de l'homme lige du Roy, qui est different de ceux qui tiennent leurs fiefs des Hauts-Justiciers, de Barons, Comtes, Ducs, Châtellains, ou d'autres Seigneurs vassaux du Roy médiatement ou sans moyen. *Sic res demonstratur potius quam defini-*

FIE

tur. Nec superstitiosè legibus rationibusque omnibus definitionum inserviendum est. Bouchel, *ibid.*

FIEFS, LODS.

85 Fiefs sont sujets à lods si la Coûtume particuliere y est. Arrêt du Parlement de Bourdeaux du 14. Mars 1529. Papon, *liv. 13. tit. 1, n. 3.*
Voyez cy-après lettre L. verbo *Lods & Ventes.*

FIEF, MAIN-SOUVERAINE.

86 En quel cas la Main-souveraine est pratiqué és fiefs, & si par necessité il faut s'adresser au Roy ? Voyez Coquille, *tome 2. quest. 39.*

87 Un vassal doit rétablir les fruits avant que pouvoir requerir être reçu par Main-souveraine : ainsi jugé le 17. Juillet 1516. Du Moulin, *tome 2. en son Recüeil des Arrêts du Parlement de Paris, nomb. 106.*

88 Jugé au Parlement de Paris le 4. Janvier 1534. que pour obtenir par un vassal reception par main-souveraine, il n'est pas requis qu'il y ait concurrence de deux saisies ; il suffit qu'il y ait concurrence d'actions de deux Seigneurs feodaux. *Bibliotheque de Bouchel,* verbo *Fiefs.*

89 Heritage mouvant en fief saisi de deux differens Seigneurs, le vassal ne s'étant point fait recevoir par main-souveraine. Voyez Charondas, *liv. 7. Rép. 16. & liv. 2. Rép. 83.*

FIEF, MORT CIVILE.

90 La mort civile de l'homme vivant & mourant, ne fait point ouverture au fief, il faut la mort naturelle. Arrêt du Parlement de Paris du 6. Février 1642. Du Frêne, *liv. 3. chap. 85.*
Voyez cy-après *Mort civile.*

FIEF, MUTATION.

91 La mutation se regle suivant la convention ou la Coûtume. Henrys, *to. 1. liv. 3. chap. 3. quest. 38.*

92 Si l'exclusion de communauté portée au contrat de mariage empêche qu'il y ait mutation au fief possedé par la femme ? Attendu la diversité des Arrêts dont la Cour desira prendre connoissance, la cause fut appointée au Parlement de Paris le 12. May 1648. Soëfve, *to. 1. Cent. 2. ch. 84.*

93 Deux mutations de fief en succession collaterale étant arrivées dans une même année, l'une par mort du frere décedé sans enfans, l'autre par le mariage de la sœur heritiere de son frere, il n'est dû qu'un seul droit de rachat. Arrêt du 20. Mars 1662. *Notables Arrêts des Audiences, Arrêt 71.* De la Guessiere, *to. 2. liv. 4. chap. 52.* rapporte le même Arrêt.

94 Jugé au même Parlement de Paris le 4. Juin 1668. en la Coûtume d'Anjou, qu'il y a mutation au fief par le mariage de la femme, lorsque par le contrat de mariage, outre l'exclusion de la communauté, la femme retient la libre disposition & administration de ses biens. Soëfve, *to. 2. Cent. 4. chap. 19.*

FIEF, NOBLESSE.

95 Par Arrêt du Parlement de Normandie du 26. Février 1610. rapporté par Berault, *sur la Coûtume de Normandie, titre des Fiefs, art. 100.* il a été jugé qu'un huitiéme de fief divisé, perdoit la qualité de Noblesse.

96 La Noblesse du Fief & la Jurisdiction ne pouvant être données que par le Roy, elles ne peuvent s'acquerir par prescription ni par usurpation ; la possession d'une chose contraire à son origine & à sa qualité naturelle n'en peut changer la nature ni la condition. Cela est vray seulement quand il paroît que la possession n'a pour fondement que l'usurpation ; car il est sans doute que la qualité de fief peut être prouvée par une possession immémoriale, justifiée par titres : autrement après tant de vicissitudes, de changemens & de guerres qui sont arrivées en ce Royaume, il resteroit peu de fiefs, s'il falloit montrer leur titre primordial. C'est l'espece des Arrêts remarquez par Berault, on découvriroit l'usurpation ; ainsi cette possession étant vicieuse, elle ne pouvoit suppléer le titre. Ce qui fut jugé sur les mêmes considerations contre les Chanoines de la Ronde de Roüen le 11. May 1616. Basnage, *sur la Coûtume de Normandie, article 100.*

FIEFS EN NORMANDIE.

97 C'est une jurisprudence certaine en Normandie que les peres sont les maîtres absolus de leurs biens, & peuvent en changer la nature & la qualité comme bon leur semble ; ils peuvent vendre leurs fiefs pour en acheter des rotures, vendre ce qui est en Caux ou dans la Coûtume generale, unir & desunir leurs fiefs, & leurs enfans sont tenus de partager leur succession en l'état qu'elle se trouve lorsqu'elle est ouverte. V. Basnage *sur l'art. 337. de la Coûtume de Normandie.*

98 Quand il y a plusieurs fiefs & des rotures mises en partage sans option des freres, la sœur reservée ne prend part que sur les rotures ; & quand il n'y a qu'un fief, elle n'y a aucune portion, & on estime en deniers sa part sur le pied du denier vingt. Jugé par Sentence des Requêtes du Palais de Roüen, qui fut executée volontairement par les Parties. V. Basnage *sur l'art. 361. de la Coûtume de Normandie.*

99 Il a été jugé au même Parlement que la fille, quoi qu'elle ne fût pas reservée, auroit le tiers du fief que le frere mort insolvable avoit vendu, & que les acquereurs ne pourroient diminuer sur ce tiers la part d'un puîné qui étoit décedé ; parce que l'on soûtenoit qu'étant chargé de la provision à vie des puînez, elle étoit liberée de cette charge après la mort des puînez, & que cette extinction de la provision ne pouvoit tourner qu'à son profit : mais cet Arrêt ne fait point de décision contre les freres, parce qu'il est donné contre des acquereurs. Basnage, *ibid.*

100 Si dans la Coûtume de Normandie on peut d'un fief Noble, diviser le nom, la qualité & les honneurs d'avec les autres droits, fruits & revenus qui en dépendent, & si l'aîné a la faculté de choisir un fief ou terre Noble, en chacune succession de ses pere & mere, pour son préciput & droit d'aînesse ? Voyez *le Journal du Palais, in folio, to. 2. p. 602.*

101 Au cas de l'article 320. de la Coûtume de Normandie, il n'y a aucun préciput, mais les representans l'aîné, partagent également avec leurs coheritiers, de sorte que tout l'avantage qu'ils ont, est, outre celuy du choix, la faculté qui leur est donnée par l'article 321. de prendre le fief en payant l'estimation, qui est reglée au denier vingt du revenu du fief ; mais ils n'ont cette prerogative, que quand les lods & partages ne peuvent être faits également & à raison de l'indemnité des fiefs. Arrêt du Parlement de Roüen du 8. Juillet 1607. rapporté par Berault.

102 Par Arrêt du Parl. de Roüen du 20. Juin 1631. il a été jugé qu'une sœur auroit au préjudice des acquereurs du frere l'estimation du tiers du fief qu'ils avoient acquis sans distraire la part d'un puîné décedé, parce qu'il n'auroit eu que la provision à vie : Il fut aussi jugé que ces acquereurs ne pouvoient l'obliger, comme auroit pû le frere, à se contenter de rentes au denier vingt ; & on ne luy fit point de défenses d'aliener, comme étant proprietaire de ce qui luy étoit donné pour sa legitime. Basnage *sur l'article 345. de la Coûtume de Normandie.*

103 Le puîné peut être donataire de partie d'un fief lorsqu'il n'y succede point : ainsi jugé par Arrêt du Parlement de Roüen le 4. Août 1637. Basnage *sur l'art. 433. de la même Coûtume.*

104 Un fief noble est decreté ; c'étoit toute la succession ; les enfans demandent le tiers en essence. Jugé au Parlement de Roüen le 24. Mars 1671. qu'ils devoient se contenter de l'avoir en deniers. *Journal du Palais in fol. tome 1.*

FIEF, OFFENSE DU VASSAL.

105 Le Seigneur offensé par son vassal, fait mieux de se pourvoir devant le Juge Royal superiur, que devant ses Officiers. Arrêt du 25. May 1637. qui a nean-

moins fait droit sur la Sentence renduë par les Officiers. *Henrys tome* 1. *liv.* 3. *chap.* 1. *quest.* 5.
Du Seigneur offensé en Jugement par son vassal. *Voyez M. Loüet, lettre F. somm.* 9.

106   Le Seigneur qui abuse de son autorité contre son vassal, ou qui le maltraite, perd son droit de fief & de Justice. *Carondas*, li. 2. *de ses Rép.* ch. 17.
Voyez les mots *Felonie*, *Injure*, *Seigneur & Vassal.*

FIEF, OFFRES DES FRUITS.

107   *Voyez Charondas*, liv. 7. *Réponse* 17. *& cy-après* les mots *Offres & Relief.*

FIEF, PARTAGE.

108   Edit portant que si un fief se partage entre plusieurs heritiers, chacun relevera & tiendra sa portion du principal Seigneur, & non pas de son coheritier. A Villeneuve-le-Roy en May 1210. *Ordonnance de Fontanon*, tome 4. p. 838.

109   *Feuda an inter vasallos dividi possint?* Voyez *Andr. Gaill. lib.* 2. *observat.* 153.

110   En partage de fief il faut suivre les Coûtumes des lieux, & non les particulieres usances des familles. Arrêt de la my-Août 1519. Autre Arrêt à Pâques 1565. *Charondas*, liv. 3. *Réponse* 21.

111   L'arriere-fief réüni au fief se partage en la famille entre les heritiers, comme n'étant qu'une même chose & fief, & l'aîné y prend tout le droit qui luy appartient par les Coûtumes, sans considerations qu'ils ont été autrefois distincts & séparez. *Voyez M. le Prêtre*, 2. *Cent. chap.* 64.

112   En partage de fief, les heritiers ne peuvent faire que l'un tienne la Seigneurie, & l'autre les vassaux qui en dépendent, si l'on ne baille *pars curia vel arcis, aut mansionis à quâ feuda dependent.* M. le Prêtre 2. Cent. chap. 74. *fine.* Voyez *C. M.* §. 1. *des Fiefs, Gloss.* 3. n. 30. *& le* §. 35. *hodie* le 51. n. 6.

113   Les deniers provenans du rachat d'un fief acquis à faculté de reméré, se partagent également entre l'aîné & les filles. Arrêt du 8. Juin 1576. en la Coûtume de Mondidier. *Papon. li.* 11. *tit.* 6. n. 6.

114   Un frere peut ordonner par son testament que ses fiefs seront partagez également entre ses freres & sœurs. Cette disposition aura lieu *per modum legati*, & jusqu'à concurrence de ce dont il est permis de disposer. Ceux qui tiennent l'opinion contraire se servent d'un Arrêt du 25. Février 1608. rapporté par *M. le Bret dans ses Décisions*, li. 3. chap. 2. *& par la Lande, sur l'article* 91. *de la Coûtume d'Orleans :* mais M. le Brun, *en son traité des Successions*, li. 2. chap. 2. *sect.* 2. n. 11. observe que cet Arrêt n'a jugé autre chose, sinon que desniées, en conservant la qualité d'heritieres, ne pouvoient pas partager également les fiefs avec leur frere, en vertu de la disposition de leur oncle, mais non qu'en se tenant à sa disposition, & en acceptant par forme de legs, elles n'eussent pas pû avoir une part égale dans les mêmes fiefs ; aussi c'est l'avis de Maître Charles du Moulin sur l'art. 16. de la Coûtume de Paris, *nomb.* 16. *Voyez M. le Brun en son traité des Successions*, liv. 2. chap. 2. *sect.* 2. n. 11.

115   Les conventions contraires au Droit public de la Coût. ne peuvent subsister ni être executées : neanmoins un pere étant sur le point d'acquerir un fief prend un acte de tous ses enfans aîné & puînés, par lequel ils demeurent d'accord de partager également le fief au cas qu'il soit acquis ; cet acte a été jugé valable par Arrêt du 11. Decembre 1621. donné à l'Audience de la Grand' Chambre à huis clos, entre les enfans de M. Courtin Doyen de la Grand' Chambre. *Voyez Auzanet sur l'art.* 15. *de la Coût. de Paris.*

FIEF, PRESCRIPTION.

116   *Voyez cy dessus le nomb.* 96.
An præscriptione feudum acquiratur? Voyez *Consuetud. feud. lib.* 2. tit. 87.
M. *Salvaing en son traité de Fiefs*, part. 1. chap.

13. soûtient que le vassal peut prescrire sa liberté contre le Seigneur par le droit des fiefs, & par l'usage de Dauphiné. Il rapporte quelques Arrêts, & concilie ceux qui paroissent contraires.

117   Le Roy peut prescrire la mouvance de l'arrierefief contre le vassal immediat. *Voyez Charondas*, li. 2. chap. 2. *de ses Rép.* où il rapporte un Arrêt. *& M. Salvaing, traité des F. efs*, part. 1. chap. 16. où il cite deux Arrêts semblables du Parlement de Toulouse, l'un donné le 28. Juillet 1644.

118   Le vassal qui a joüi plus de 100. ans de son fief, sans avoir fait foy & hommage au Seigneur feodal, ne prescrit ledit fief. *Voyez Charondas*, liv. 2. *Rép.* 18. *& l'art.* 12. *de la Coûtume de Paris.*
Voyez le mot *Prescription*, §. *Prescription*, *Fief.*

FIEF, PREUVE PAR TEMOINS.

119   En matiere feodale la preuve par témoins n'est pas reçûë. *Voyez Peleus*, quest. 75.

FIEF, COMTÉ DE QUINTIN.

120   *Voyez* l. 9. *Plaidoyés de M. Marion in octavo pour M. le Comte de Laval*, sur la mouvance feodale du Comté de *Quintin.*

FIEF, RACHAT, RELIEF.

121   La Loy Royale des fiefs s'étend par toute la France, ainsi qu'à Paris, & le droit de rachat est dû au Roy sur tous les fiefs. Arrêt de l'an 1299. Il s'agissoit d'un fief situé en la Senéchaussée de Carcassone, le vassal prétendoit qu'il falloit suivre la Coûtume d'Albigeois. *Corbin traité des Fiefs Loy* 21.
Voyez les mots *Rachat , Relief.*

FIEF, RECONNOISSANCE.

122   C'est la plus commune opinion des Interpretes qu'une seule reconnoissance suffit si elle est assistée de quelques adminicules, ou si elle a été suivie de la possession. *Voyez Henrys tome* 1. liv. 3. chap. 1. quest. 1. M. Bouguier, *lettre T. nomb.* 6. dit qu'un simple titre nouvel non suivi d'aucune prestation ne prouve pas *contra tertium possessorem.* Arrêt du 8. May 1604. Cela n'est point contraire, c'est en faveur d'un tiers possesseur.

123   Si lors que le Seigneur a assez de titres pour établir le fief, on peut lui opposer que les actes ont été passez par erreur, & sur la foi d'autres reconnoissances où le même fief n'étoit pas compris? *Voyez les Arrêts de M. de Catellan*, li. 3. chap. 36. où il en rapporte un du Parlement de Toulouse du 17. Février 1673. les Juges furent partagez, & ensuite on passa à la verification.
Voyez le mot *Reconnoissance.*

FIEF, RETRAIT FEODAL.

Voyez cy-dessus *le nomb.* 33.
124   Le Seigneur dominant retenant la moitié du fief vendu, l'acquereur ne peut être tenu de retenir l'autre, il la peut abandonner au Seigneur. *Papon*, liv. 13. *tit.* 1. n. 4.

125   Ecclesiastiques ne peuvent retenir fiefs ou fonds mouvans d'autres Seigneurs qu'Ecclesiastiques. Arrêt du Parlement de Paris de l'an 1392. autrement sont contraints de donner homme vivant, mourant & confisquant, ou bien de fournir indemnité ; c'est-à-dire qu'à chacune mutation de Prélat les droits Seigneuriaux seront payez. *Papon*, livre 13. *titre* 2. *nomb.* 6.

126   Arrêt du Parl. de Toulouse du 13. Août 1583. par lequel la prelation de fief eût été ajugée au sieur d'Arbelade, s'il n'eût plusieurs fois approuvé l'alienation ; & en effet l'Arrêt porte *sans préjudice à lui du droit de Prélature & retenuë feodale pour l'avenir.* Corbin, traité des Fiefs, page 938.
Voyez le Titre du Retrait feodal.

FIEF, REVERSION.

127   Le fief qui de sa nature ou premiere investiture est sujet à retourner au Seigneur dominant, au cas que le vassal décede sans enfans mâles, si le vassal acquiert quelques terres & Seigneuries dépendantes de
son

son fief, non par retrait Seigneurial, mais comme un tiers acheteur, lesdites terres acquises n'appartiennent au Seigneur dominant. Arrêt en Janvier 1548. *Charondas*, livre 3. Rép. 42. Voyez *C. M. tit. 1. des Fiefs*, §. 13. hodie le 20. n. 68. & seqq.

FIEF, REUNION.

128. La reünion du fief servant au fief dominant, ou de la censive au fief, se fait *ipso jure* par l'acquisition des deux, sans qu'il soit besoin d'aucune déclaration. *C. M. tit. 1. des Fiefs*, §. 13. hodie le 20. n. 68 tient le contraire; toutefois M. le Prêtre est d'avis que la reünion est censée faite *ipso jure*, c'est à la 2. *Cent. chap.* 64. sans qu'il soit besoin d'autre acte, s'il n'y a déclaration ou Coûtume au contraire. *Voyez Bacquet des droits de Justice ch.* 14. nomb. 7.

129. Ce qui est reüni par le Seigneur feodal est acquêt. Arrêt du 9. Juillet 1569. *Charondas*, liv. 6. *Réponse* 80. Encore qu'il ne sasse ensemble qu'un corps, cette reünion donne bien la qualité feodale, & non la qualité de propre. Arrêt du mois d'Avril 1548. *Ricard en ses Notes sur la Coûtume de Paris*, art. 53. fine où il rapporte plusieurs Arrêts, & cite M. Loüet, lettre F. somm. 5. & 25.

130. Fonds de terre censuel acquis par le Seigneur direct, est irrevocablement consolidé avec le fief, sans espoir de réduction tacite à sa premiere charge & condition censuelle. Arrêt des grands Jours de Poitiers du 8. Octobre 1579. *Papon*, li. 13. tit. 1. nomb. 1. & Chopin *sur la Coûtume d'Anjou*, livre 1. chapitre 6. art. 8.

131. La censive acquise est feodale & consolidée au fief, bien qu'il n'y eût aucune déclaration du Seigneur de fief. Arrêts du 15. May 1589. & du 20. Février 1599. M. Loüet, lettre F. somm. 5. Charondas, li. 11. R'ponse 18.

Voyez l'article 53. de la Coûtume de Paris.

132. Par l'acquisition que fait un Seigneur de fief des rotures qui en relevent, & qui étoient sujettes à des rentes Seigneuriales, il se fait une extinction desdites rentes, en sorte que le fief passant en la main du fils aîné, & les rotures en la main des cadets, après le décez de leur pere, ces cadets ne peuvent être assujettis. Arrêt du Parlement de Roüen du 30. May 1688. *Voyez le Recüeil des Arrêts notables du Parlement de Normandie*, p. 209. & suiv. étant ensuite de l'esprit de la même Coûtume.

Voyez le mot Reünion.

FIEF EN ROTURE.

133. Il n'est pas défendu à un pere qui a acquis un fief de le convertir en roture du consentement du Seigneur dominant; parce que chacun change la nature de son bien, comme bon luy semble; un pere peut faire la même chose par la voye d'un échange; cela ne paroît pas fait en haine de l'aîné, ni en fraude du droit d'aînesse, mais pour changer son bien en une nature que l'on aime mieux; c'est le sentiment de M. Charles du Moulin sur l'article 8. de la Coûtume de Paris, *Glose* 3. *nomb.* 23. quoiqu'il y ait un Arrêt dans du Frêne, liv. 2. chap. 112. lequel semble contraire, mais qui ne l'est pas en effet; car il le juge dans la Coûtume de Chartres, laquelle en l'article 98. dit que *les propres heritages tenus en fief appartiennent aux enfans du premier lit, un pere n'avoit pas pû convertir son fief en roture*. Le fondement de cet Arrêt est qu'un pere qui s'est remarié, est presumé se porter assez volontiers à avantager son second lit par des moyens indirects & frauduleux, & qu'ainsi dans l'espece de cet Arrêt, outre l'évenement de la fraude, qui résulteroit de la conversion du fief en roture, il y avoit de violens soupçons du dessein de fraude; ce qui ne se rencontre pas, quand un pere qui n'a des enfans que d'un seul lit fait une pareille conversion, & dans des Coûtumes qui n'ont point de disposition semblable à celle de la Coûtume de Chartres. *Voyez le Brun, traité des Successions*, livre 2. chapitre 2. section premiere.

134. On ne peut faire fief noble de terre roturiere, & le bail qui se fait sous ce prétexte est pour arrentement ou cens, & y a prémesse. Arrêt du Parlement de Bretagne du 8. Juin 1626. rapporté par *Frain*, page 827.

FIEF, QUALITE'.

135. Par Arrêt du mois de Février 1550. rapporté par *Tronçon* art. 3. in verbo *Fief*, il a été jugé que le Seigneur haut-Justicier d'une terre, peut faire défenses à un qui n'a qu'un simple fief en sa terre, de se qualifier d'autre titre que de ce seul fief.

136. Par Arrêt du Parlement de Dijon de l'an 1584. rapporté par *Bouvot en ses questions notables* to. 1. part. 3. in verbo *Coseigneur*, a été jugé que celuy qui n'a qu'une petite portion en une maison, se peut aussi-bien dire Seigneur, comme celuy qui en a toutes les autres parties, *juxta L. in speciali ff. de rei vindicatione*.

FIEF, SUCCESSION.

De successione feudi. Voyez *Consuetud. feud. lib.* 1. tit. 8.

Qui successores teneantur? Voyez *ibidem*, tit. 9.

An maritus succedat uxori in beneficio? Voyez *ibidem*, tit. 15.

De beneficio fratris & qualiter frater in beneficium fratris succedat? Voyez *ibidem*, tit. 20.

De successione fratrum, vel gradibus succedentium in feudo. Voyez *consuetud. feud. lib.* 2. tit. 11.

De filiis natis ex matrimonio ad morganaticam contracto. Voyez *ibidem*, tit. 29.

An agnatus vel filius defuncti possit retinere feudum repudiata hæreditate? Voyez *ibidem*, tit. 45.

De natura successionis feudi. Voyez *ibidem*, tit. 50.

Patrem in feudo filii non succedere. Voyez *ibidem*, tit. 84.

Fratrem fratri in feudo novo, non succedere. Voyez *ibidem*, tit. 90.

De successione feudi. Voyez *ibidem*, tit. 95.

Filios tantum secundi matrimonii matri in feudum succedere. Voyez *ibidem*, tit. 103.

Servos post delatam successionem manumissos in feudum non succedere. Voyez *ibid. m*, tit. 106.

De la succession des fiefs ou disposition testamentaire d'iceux. *Du Moulin, Conseil* 50. 10. 2. p. 946.

De la succession des fiefs. *Voyez M. le Brun, traité des Successions*, li. 2. chap. 2.

138. En succession de fief, sçavoir si les enfans de la sœur viennent en pareil droit que les enfans du frere? *Voyez du Luc, liv.* 6. tit. 5. chap. 4.

139. *In successione feudi primi acquirentis probatio requiritur.* Voyez *And. Gaill, lib.* 2. *observat.* 149.

140. *De successione collateralium in feudo antiquo.* Voyez *ibidem, observat.* 150.

141. *An in feudis frater utrinque conjunctus excludat fratrem ex uno latere tantum?* Voyez *ibidem, observat.* 151.

142. Où les *mâles* excluent les femelles des fiefs, un frere décede, & laisse des fiefs avec deux sœurs; l'aînée sœur, suivant la Coûtume recueille les fiefs; la cadete qui n'avoit que huit ans étant venuë à l'âge de treize à quatorze ans, vient un garçon; le tuteur attaque l'aînée sœur, & soûtient que les fiefs appartiennent à son mineur, &c. *Voyez Charondas*, liv. 10. *Réponse* 54.

143. Mâles en ligne collaterale excluent les femelles de la succession des fiefs. Arrêt des grands Jours de Troyes 1591. Cette regle a lieu, quoique les mâles provinssent d'une femme, ceux-cy sont inhabiles à succeder, parce qu'ils ne peuvent avoir plus de droit & de prérogative que leur mere. Arrêt de Roüen de l'an 1606. *Voyez la Bibliotheque de Bouchel*, verbo *Mâles*.

144. Dans la Coûtume de *Chartres* & autres, qui disent qu'en succession collaterale, les filles ne prennent rien aux fiefs, cela ne se restraint aux neveux & niéces, mais s'étend aux tantes mêmes; il en seroit au-

trement en faveur des fils de la sœur. Arrêts des 10. Mars 1545. & 1547. *Papon*, *liv.* 21. *tit.* 1. *n.* 11.

145 On demande *an filius filia excludat filiam?* Par Jugement du 27. Février 1549. les enfans de Maître Etienne dans la succession d'un Chanoine de Troyes excluent non seulement leur sœur, mais les neveux des autres sœurs. On produisit un Arrêt du 14. Août 1546. en pareil cas sur l'article 96. de la Coûtume de *Chartres.* Jugé aussi contre le fils de la fille en la Coûtume de *Sens* avant la redaction. Mais une femelle conjointe *ex utroque latere*, exclud le mâle conjoint *uno tantum.* Ainsi jugé. Mais si le mâle n'est en si prochain degré que la femelle, *Quid juris?* Par Arrêt du mois de Septembre 1578. il fut dit que les sœurs du défunt succederoient au fief de la Noroye avec les fils du frere, qui prétendoit les devoir exclure au moyen de la représentation de son pere, qui le mettoit en pareil degré avec ses tantes ; mais le droit de représentation est un benefice pour succeder & non pour exclure. A l'égard de la succession d'un fils venu de fille, en fief collateral, avec les autres collateraux mâles venans des mâles en pareil degré, il y a Arrêt du 25. Janvier 1567. infirmatif de la Sentence du Baillif de *Vitry.* Autre du 5. Avril 1541. sur la même Coûtume. Autre du 7. Septembre 1576. *Voyez la Bibliotheque de Bouchel,* verbo *Mâles.*

146 Dans la Coûtume d'*Orleans*, un défunt ayant laissé une sœur, & les enfans d'un frere & d'une autre sœur, les enfans de cette sœur sont exclus des fiefs, parceque la sœur vivante déterminant le partage, il se fait par souches ; ainsi les enfans du frere y venant pour lors, non de leur chef, auquel cas ils n'auroient pas droit d'exclure, mais par représentation de leur pere, alors ils excluent les enfans de la sœur. Arrêt du Parlement de Paris du 16. Juin 1687. *Au Journal des Audiences*, *to.* 5. *liv.* 3. *ch.* 7.

147 En collaterale le neveu enfant du fils rappellé ou représentant, n'exclut point la tante. *Coûtume de Paris*, *art.* 323. parce qu'il ne peut être en pareil degré, qui est le cas de l'exclusion contenu au 25. article. M. *Ricard, Coûtume de Senlis*, *art.* 135. titre des *Successions.*

148 Le fief acquis pendant le second mariage, s'il y a deux enfans, l'un du premier, l'autre du second, se divise par moitié ; l'enfant du premier lit prend la moitié de son pere, & la fille l'autre moitié en la succession de sa mere étant exclusée par la Coûtume de la succession des fiefs en la part du pere commun. *Voyez Charondas*, *liv.* 2. *Rép.* 21.

149 La niéce descenduë d'un mâle, par les anciens Arrêts, heritoit avec les oncles freres du défunt aux fiefs. Arrêt (aprés Enquête par Turbes au Châtelet) du 31. Mars 1631. A present la Jurisprudence a varié, & on a jugé en la Coûtume de *Paris* qu'en succession collaterale des fiefs, la niéce fille du frere prédecedé n'heritoit pas avec ses oncles freres du défunt. *Notables Arrêts des Audiences. Arrêt* 91. prononcé le 23. Février 1663. où la difficulté est bien expliquée, appellé l'Arrêt des *Sainctots. De la Guessiere*, tome 2. *liv.* 3. *ch.* 32. rapporte l'Arrêt.

150 Dans la Coûtume de *Paris* les neveux du défunt, enfans des sœurs succedent également aux fiefs avec leurs cousins germains, enfans des freres, lorsque la succession se divise par têtes, & non par souches. Jugé le 27. Mars 1635. *Bardet*, *to.* 2. *liv.* 4. *chap.* 10.

151 Des neveux issus d'une sœur avoient droit de succeder à leur oncle aux fiefs concurremment avec leur tante & leurs cousins germains issus d'un frere. Jugé en la cinquième des Enquêtes le 28. Mars 1648. Depuis en la seconde des Enquêtes, aprés que le procez a été parti en la premiere, le contraire a été jugé le 16. Juillet 1660. dans la même espece, & que les neveux issus d'une sœur ne devoient en ce cas prendre aucune part dans les fiefs. *Ricard, Coûtume de Paris*, *art.* 322.

Les enfans mâles d'une fille venans à la succession 152 de leur oncle avec leurs cousins germains enfans des mâles doivent succeder avec eux aux fiefs situez dans la Coûtume de Paris. Arrêt du 13. Février 1690. *Au Journal des Audiences*, *tome* 5. *liv.* 6. *ch.* 6.

Coûtume de *Troyes* ne donne les fiefs aux mâles, à 153 l'exclusion des femelles, que dans la succession d'un Noble ; mais elle a lieu en celle d'un fils de Conseiller au Parlement. Arrêt du 26. May 1637. *Bardet*, tome 2. *liv.* 6. *chap.* 13.

Jugé en la Coûtume de *Peronne* le 10. Février 1653. 154 que le sieur Baron de Villiers étant décedé sans avoir disposé du quint hereditar par luy recüeilli dans les fiefs de la succession de M. de Créquy son pere, la sœur du Baron de Lignieres y devoit succeder à l'exclusion de son neveu fils de l'aîné qui avoit succedé aux quatre quints des biens délaissez par M. de Créquy, quoique l'on soûtînt que Madame de Lignieres ayant été par luy dotée & appannagée, & par ce moyen exclusée de sa succession, ne pouvoit rien prétendre dans ce quint heredital : mais il est à observer que la renonciation n'avoit pas été faite moyennant la dot ; ainsi la fille avoit toûjours une part habituelle & potestative dans ledit quint. *Soëfve*, *to.* 1. *Cent.* 4. *ch.* 9.

Voyez le Plaidoyé de M. Billard Avocat, sur la 155 question de sçavoir si dans la Coûtume de *Sens*, domicile des Parties, où les heritages sont situez, la fille descendante d'un mâle & representant son pere doit être admise au partage des fiefs & biens Nobles en succession collaterale avec son oncle, qui se prétend par le décés de son pere plus proche en degré. Ce Plaidoyé est à la fin du Recüeil de ceux concernans la cause du Gueux de Vernon.

FIEF, TUTEUR.

L'usage est au Duché de Bourgogne, que le tuteur 156 peut reprendre de fief pour son mineur. Jugé à la Chambre des Comptes de cette ville le 16. Janvier 1574. *Taisand sur cette Coûtume*, *tit.* 3. *art.* 2. *note* 6.

UNION DE FIEFS.

Union de deux fiefs par Lettres Patentes, profite 157 au fils aîné, sans que les autres enfans nez depuis cette union, puissent la revoquer comme frauduleuse dans la Coûtume de Normandie. Arrêt du P. de Paris du 23. May 1639. *Bardet*, *to.* 2. *li.* 8. *chap.* 20.

USUFRUIT DU FIEF.

Ususfructus feudi, sine consensu Principis, non potest 158 *relinqui ultimâ voluntate. Ita judicatum* 3. Février 1652. *in Concilio Brabantiæ.* Voyez *Stockmans*, *décis.* 132.

FIERTE.

Voyez deux Livres, l'un imprimé à Roüen en 1 1609. chez *Raphaël du Petitval*, intitulé *Défense pour le Privilege de la Fierte S. Romain, Archevêque de Roüen*, contre le Plaidoyé de Maître Denis Bouthiller, & autres Avocats ; l'autre imprimé à Paris chez *Barthelemy Macé* en 1614. ayant pour titre *Plaidoyers & Réponses concernans le Privilege de la Fierte Saint Romain*, par Maîtres Guillaume Serisay, Jean de Monstruel, Denis Bouthiller, & le Chapitre de l'Eglise Cathedrale de Roüen. M. Foullé pour M. le Procureur General, dit que ce Privilege étoit nul, faux & abusif, contraire aux maximes de l'Etat qui ont attaché inséparablement à la personne des Rois le droit souverain de la vie & de la mort. Arrêt intervint au Grand Conseil le 22. Décembre 1607. qui sans avoir égard aux Requêtes de l'accusé aux fins d'être déchargé de l'accusation, attendu qu'il avoit levé la Fierte, & avant faire droit sur les Lettres d'abolition par luy obtenuës, les témoins seront recolez & confrontez.

M. de Mezeray observe dans son *Histoire d'Henry* 2 *IV.* qu'au sujet d'un nommé la Motthe, qui étoit accusé d'avoir assisté à l'assassinat de François de Montmorency Halot, commis par le Marquis d'Alegre à Vernon l'an 1593. & lequel avoit obtenu des Lettres d'abolition du Roy, & pour plus grande seureté avoit levé la Fierte Saint Romain dans Roüen ; il fut fort disputé au Grand Conseil sur ce privilege par des Avocats du Parlement, qui à dire vray n'étoient gueres sçavans dans l'antiquité de nôtre Histoire. Le Grand Conseil donna Acte aux Gens du Roy de l'opposition qu'ils formerent à l'execution de ce privilege : & depuis par un Arrêt du 26. Mars 1608. ayant quelque égard aux Lettres d'abolition, bannit l'accusé pour neuf ans de la suite de la Cour & de la Normandie & Picardie, & le condamna à quelques reparations & à quelques amendes. Le Roy apporta cette modification au privilege de la Fierté, que celuy que le Chapitre auroit accoûtumé pour la lever, seroit de là en avant tenu de prendre Lettres d'abolition au grand Sceau, afin que cette grace vînt du pouvoir du Prince, & fût dans l'ordre judiciaire.

Les crimes de leze-Majesté, d'heresie, fausse-monnoye, violement de fille, & assassinat de guet-à-pens, ne sont point fiertables. Declaration du Roy Henry IV. de l'année 1597. touchant la Fierte de Roüen ; les autres crimes le sont, dont il y a Arrêt en quelque cas rendu au Grand Conseil qui les declare fiertables, du 15. Septembre 1572. *Journal du Palais*.

Voyez *la Nouvelle Pratique civile*, 2. part. livre 2.

4 chap. 13. des Lettres de grace, Remission, &c. Voyez M. Pasquier, *liv.* 9. *chap.* 42. *de ses Recherches.*

Voyez Mornac *l.* 4. §. 4. *ingressus ff. de officio*
5 *Proconsulis & legati.* Voyez M. le Prêtre, 4. *Cent. chapitre* 66.

FIESQUE.

Sommaire des Droits de Monsieur le Comte de Fiesque contre la Republique de Gennes : c'est un petit Imprimé de huit pages, chez *Jean Guignard* en 1682.

FILIATICUM.

Les Evêques du temps de nos ancêtres voulant attacher quelqu'un aux interêts de l'Evêché, avoient accoûtumé de luy accorder des Lettres, par lesquelles ils se rendoient participant des prieres & des suffrages de leur Eglise, & même de le gratifier de quelque portion de leur Temporel, laquelle ils tenoient d'eux en fief, ce qui s'appelloit *Filiaticum*, comme étant une espece d'adoption spirituelle, differente de la défense & de la protection à laquelle les Vidames & Avoüez sont obligez, à cause des bienfaits considerables qu'ils ont reçus de l'Eglise dont ils se qualifioient les défenseurs, *defensores, advocatos, mandeburdes.* V. Salvaing, *de l'usage des fiefs, chap.* 97. p. 488.

FILIATION.

1 Filiationis legitimæ & illegitimæ probandi modus, in quo mulieris dicto non statur. Voyez Franc. Marc. 10. 1. quest. 457.

2 Pendant la question & different de la filiation, on doit ajuger par provision des alimens aux enfans du pere marié & décedé. Arrêt du 22. Mars 1574. Charondas, *liv.* 6. Rép. 76.

3 Cause d'Etat. appointée dans la Coûtume de Normandie, sur l'appel de la saisie du Seigneur Haut-Justicier comme Baillif & Garde de la pupille, & sur Requête civile contre un Arrêt du Parlement de Roüen, qui l'avoit admise à la preuve de sa filiation, tant par titres que témoins. Arrêt du 10. Mars 1636. *Bardet*, to. 2. *liv.* 5. *ch.* 12.

4 Filiation ne se prouve par témoins. Arrêt du 3. Mars 1641. *Soëfve*, to. 1. Cent. 1. ch. 34.

Même Arrêt le 19. Janvier 1658. rapporté au *Journal des Audiences*, to. 2. *liv.* 1. *chap.* 32.

5 Par Arrêt du 27. Mars 1659. jugé que les présomptions & les vray-semblances ne sont pas suffi-

Tome II.

santes pour établir la preuve de la filiation. *Soëfve*, to. 2. Cent. 1. chap. 100.

Si la preuve de la filiation doit être faite par écrit, 6 & si la preuve par témoins est réjettée, sur tout quand il y a des présomptions contraires à la filiation ? Arrêt du Parlement de Provence du 21. Janvier 1671. qui rejetta la preuve, & fit inhibition à la demanderesse de prendre le nom du défunt. *Boniface*, to. 4. *li.* 9. *tit.* 4. *ch.* 1.

Un fils naturel peut prouver la filiation par des 7 indices ; étant prouvée, ce fils peut porter le nom du pere & avoir payement des sommes necessaires pour un métier & pour lever boutique. Arrêt du même Parlement du 20. May 1675. *Ibidem*, chap. 1.

De la preuve de la filiation par indices & par con- 8 jectures. Voyez *Basset*, to. 2. *liv.* 4. *tit.* 12. *ch.* 1.

FILIATION, SUPPOSITION.

De celuy qui se qualifioit fils legitime & ne l'é- 9 toit pas, mais étoit bâtard. Arrêt du 14. Septembre 1652. qui condamna Charles de la Tour à un bannissement de la Province pour cinq ans, avec inhibitions & défenses de se qualifier fils naturel & legitime du sieur de Gouvernet, Marquis de Senevieres, à peine de 1000. livres & de punition corporelle, & l'a condamné en 600. livres d'amende, les pieces fausses lacerées & biffées en presence du Commissaire. Voyez *Basset*, to. 2. *li.* 4. *tit.* 12. *chap.* 9.

Voyez le Plaidoyé de M. de Montauban pour des 10 enfans intervenans en une cause où l'on contestoit l'état de leur pere qui avoit épousé deux femmes presqu'en même temps, & qui avoit été marié comme fils aîné & principal heritier d'une femme, laquelle s'étoit trompée, & qui le desavoüoit pour son fils.

Une mere qui se trompe en la reconnoissance d'un 11 fils, signe avec son prétendu cadet à son contrat de mariage ; ce fils imposteur s'étoit marié avec une autre femme ; la fourberie de ce fils & de son premier mariage découverte, la Cour condamna la mere & le fils cadet à 1000. livres de dommages & interets vers la seconde femme, & par cet Arrêt les enfans déclarez legitimes à cause de la bonne foy. Arrêt du 21. Juin 1659. *De la Guessiere*, to. 2. *liv.* 2. *chap.* 31.

Madame la Comtesse de S. Geran étoit accusée 12 d'avoir supposé un enfant pour frustrer ses heritiers collateraux. Arrêt du Parl. de Paris du 19. Juillet 1663. qui appointe la cause au Conseil, & cependant par provision maintient le fils nommé Bernard en la possession & joüissance du nom & armes de la Guiche & des biens de la succession de Claude de la Guiche, Comte de S. Geran, sous la tutelle de la Dame de S. Geran. Voyez *le Factum pour Madame la Comtesse de S. Geran*, par M. Billain Avocat, imprimé in 4º. chez Louis Billaine en 1663. & les Plaidoyers de M. de Montauban.

Filius est quem nuptiæ demonstrant. Voyez M. le 13 Prêtre, 3. Cent. chap. 34. & la Loy 5. *quia semper, ff. de in jus vocando.*

De la maxime de Droit *pater est quem nuptiæ de-* 14 *monstrant*, quelques présomptions & conjectures violentes que des heritiers collateraux puissent opposer pour la preuve du contraire. Arrêt du 11. Août 1667. en faveur du fils qu'on disoit supposé, quoique la Sagefemme eût en mourant déclaré qu'elle avoit été complice de la supposition, & qu'une Cordonniere étant accouchée de deux enfans, elle en eût pris un pour le donner à celle qui avoit interet de se dire mere. *Soëfve*, to. 2. Cent. 4. chap. 1.

Fils desavoüé ou la cause du pauvre de Vernon. 15 Voyez *Des Maisons* lettre F. *nomb.* 6.

Fils desavoüé comme imposteur, quoiqu'il eût été 16 reconnu. Voyez *l'espece*, *Ibidem*, *nomb.* 7.

Fille desavoüée aprés avoir été connuë durant 17 dix-huit ans de ses pere & mere. Arrêt du 4. Septembre 1658. en faveur de la fille. *Des Maisons lettre* F. *nombre* 5. Voyez M. le Maître, *en son Plaidoyé* 7. De la Guessiere, *tome* 2. *liv.* 1. *chap.* 59.

FILLES.

1. LE mot de *Majorité*, en filles, s'entend de leur mariage. Ayrault, *Plaidoyé* 13.

2. Droit de Patronage laissé au fils aîné, appartient à la fille aînée, s'il n'y a point de fils. *V. le* 21. *Plaidoyé d'Ayrault*, il rapporte l'Arrêt du mois d'Avril 1567.

3. Jugé par Arrêt rendu en la Chambre de la Tournelle du Parlement de Paris le 16. Octobre 1592. que les filles quoy qu'âgées de 22. ans, jouïssantes de leurs droits, & ausquelles leurs tuteurs ont rendu compte, après avoir obtenu Lettres de bénéfice d'âge, ne peuvent contracter mariage sans le consentement de leurs plus proches parens : défenses à toutes personnes de ne solliciter fille, sous peine de rapt ; aux Notaires de passer tels contrats de mariage : & aux Curez de les fiancer & marier. *V.* Filleau, 4. *partie, question* 11.

4. La fille peut être donnée curatrice à sa mere dépourvûe de sens. Arrêt du Parlement de Dijon du 2. Août 1608. Bouvot, *to.* 1. *part.* 1. verbo *Fille.*

5. Jugé au Parlement de Rouen le 2. Avril 1669. que quoique des filles sorties d'un premier mariage possedassent des biens du côté de leur mere dont elles pouvoient s'entretenir, leur pension toutefois devoit être prise & sur le bien des freres, & sur celuy de la mere, à proportion & du bien maternel & du mariage avenant. Basnage, *sur la Coûtume de Normandie*, article 268.

6. Si une fille qui n'a ni pere ni mere, doit être remise à son ayeul paternel, ou dans un Monastere, jusqu'à un parti sortable, du consentement des parens paternels & maternels ? Arrêt du Parlement de Provence du 22. Decembre 1677. qui ordonne la remission au Monastere. Boniface, *to.* 4. *li.* 4. *tit.* 1. *ch.* 1.

FILLEUL.

FIlleul qui demande les alimens. *Voyez* le mot *Alimens, nombre* 68.

FILS.

CE nom comprend tous les enfans. *L.* 84. *L.* 116. *D. verb. sign.* Exception *L.* 122. *eod.*
Ne filius pro patre, vel pater pro filio emancipato, vel libertus pro patrono, conveniatur. C. 4. 13. *&* 12... Le fils ne peut engager le pere, *& vicissim.* Il y a une exception à cette regle dans le Titre 60. du Livre 10. au Code. *Voyez les mots* Obligation, Division, Tiers.
De his qui sui, vel alieni juris sunt. J. 1. 8... *D.* 1. 6.
De patriâ potestate. J. 1. 9. *& tit. seqq. C.* 8. 47. *& seqq.*
De filio-familias minore. C. 2. 23.
De filiis-familias, & quemadmodum pater pro his teneatur? C. 10. 60. . En quels cas le pere est responsable des fonctions de son fils dans les charges publiques.
De bonis quæ liberis in potestate patris constitutis, ex matrimonio, vel aliàs, adquiruntur, & eorum administratione. C. 6. 61... *N.* 117. *c.* 1. . . *C.* Th. 8. ult. Des biens adventifs au Fils de famille.
Quando pater non habet usumfructum in bonis filii-familias succedentis. N. 118. *c.* 2...
Quod cum eo, qui in alienâ potestate est, negotium gestum esse dicetur. D. 14. 5... *C.* 4. 26. . *J.* 4. 7.
De Senatus-consulto Macedoniano. D. 14. 6... *C.* 4. 28... *J.* 4. 7. §. 7... *P.* 2. 10. *sic dictum à Macedone fœnerature.*
De stipulatione servorum. D. 45. 3... *J.* 3. 18. Les Esclaves, Fils de famille ne peuvent stipuler qu'au profit de celuy en la puissance duquel ils sont. *Voyez les mots* Etat des personnes, Pecule *&* Pere de famille.

Filiorum appellatio & liberorum appellatio differunt, nam filiorum appellatio longe strictius accipitur quam liberorum appellatio. Voyez M. Loüet, *lettre* S. *somm.* 8. Henrys, *to.* 2. *liv.* 5. *q.* 17. Mornac, *l.* 6. *C. ad Senatusconsf. Maced.*

2. *Filii in conditione positi non sunt in dispositione.* Arrêt du 16. Juillet 1658. Des Maisons *lettre* F. *nomb.* 4. Voyez *M. le Prêtre* 1. *Cent. chapitre* 76. *M.* Loüet, *lettre* C. *somm.* 46. Henrys, *tome* 1. *liv.* 5. *chap.* 4. *quest.* 26. *& to.* 2. *li.* 5. *quest.* 20. *& cy-après lettre* S. verbo *Substitution.* §. *Substitution, Condition, Enfans.*

FILS DE FAMILLE ACQUESTS.

3. Acquêt sous le nom du fils, ou fils de famille qui acquiert. *Voyez* le mot *Acquests, nombre* 48. *& suiv.*

4. Si les enfans tenans feu & lieu separez d'avec leur pere peuvent acquerir, & s'ils sont comptables des fruits perçûs ? *Voyez* Bouvot, *tome premier, part.* 3. verbo *Substitution, quest.* 2.

5. Un fils de famille joüissant avec le pere n'acquiert pour luy possession, quoiqu'il laboure ou fasse labourer les terres & domaines du pere ; car cette joüissance est censée faite par forme de service que doit par droit & raison le fils au pere. Arrêt de Bourdeaux le penultiéme Novembre 1531. Bibliot. de Bouchel, verbo *Estat.*

6. *De filii industriâ & negotiatione, vivo parente, de suâ pecuniâ exhibitâ ; an illius sit aliqua habenda ratio, in computatione legitimæ à fratribus petitâ ?* Voyez Franc. Stephani, *decis.* 21. où il rapporte un Arrêt du Parlement d'Aix du 6. Avril 1582. *placuit industriæ nullam haberi rationem, quod filius patris nomine, negotiationem exercuisset.*

FILS DE FAMILLE, ACTION EN JUSTICE.

7. Du fils de famille qui peut *stare in judicio*, ester à droit sans le consentement du pere. *Voyez* Guy Pape, *quest.* 54. *&* 410.

8. *Filius familias in judicio possessorio stare potest.* Voyez Franc. Marc. *to.* 1. *quest.* 69. où il explique les autres cas dans lesquels le fils de famille peut ester à droit.

9. *Filius sine patris licentia in causâ possessoriâ in judicio stare non potest.* Voyez le même *Auteur, tom.* 2. *quest.* 531.

10. Un fils de famille actionne son pere, prétendant que sa mere luy a fait donation de ses biens & droits, que son pere n'a pas dû en transiger, qu'il peut agir pour revoquer ce qui a été fait, & que les fruits des biens paraphernaux ne sont point acquis au mari. Il demande encore que son pere qui est riche luy assigne des moyens pour vivre dans Toulouse, vû que sa profession d'Avocat l'oblige d'y résider. Le pere dit que son fils est sans action, & qu'il est sous sa puissance ; qu'il ne luy refuse point les alimens, mais qu'il doit venir les prendre en sa maison. Arrêt du Parlement de Toulouse du 27. Juillet 1609. qui enjoint au fils de retourner en la maison de son pere, & luy rendre tout l'honneur, respect & obeïssance, & au pere de le nourrir ; sans dépens. *Voyez* le 11. Plaidoyé de Puymisson.

11. Le pere ne peut être convenu pour le fils, ni le fils pour le pere, c'est à la partie ou au procureur Fiscal de fournir pour l'enquête d'office de l'accusé. *Voyez* M. Expilly, *Arr.* 57. Voyez *Mornac, C. ne uxor pro marito, vel maritus pro uxore, vel mater pro filio conveniatur.*

FILS DE FAMILLE, ALIENATION.

12. Fils de famille qui aliene. *Voyez* le mot *Alienation, nomb.* 79.

FILS DE FAMILLE, CAUTION.

13. Fils de famille caution de son pere. *Voyez* le mot *Caution, nomb.* 141. *& suiv.*

14. Par Arrêt du 30. Juillet 1637. jugé que les enfans ayant plegé leur pere pour le tirer de prison, seroient relevez de l'obligation par corps, & que cette plainte ne préjudicieroit au tiers de la Coûtume, en cas qu'ils s'y arrêtassent. Berault, à la fin du 2. tome de *la Coûtume de Normandie, sur l'art.* 399. *p.* 98.

15 Par Arrêt du 27. Juillet 1655. jugé que les fils ayant plegé leur pere en une ferme, y avoient pû obliger leurs biens, à la réserve de leurs tiers. Berault, ibidem.
Voyez cy-après le nomb. 21. & suiv.

FILS DEBAUCHE'.

16 Les débauches & mauvais déportemens d'un fils en de mauvaises compagnies, ne sont une juste cause d'exhereration au pere, & elle ne peut empêcher une réparation civile, &c. Arrêt du 16. Avril 1654. Du Frêne, liv. 7. chap. 38.

FILS DE FAMILLE, DETTES.

17 Creanciers du fils peuvent demander sa legitime, & se faire subroger aux droits d'une succession à luy échûë. Voyez le mot Creanciers, nomb. 18. & suiv.

18 Si l'on peut demander au pere le payement des dettes contractées par le fils? Voyez Bouvot, to. 2. verbo Pere, quest. 1. & suiv.

19 La dette du fils de famille ne se peut point payer au pere sans procuration expresse du fils. Guy Pape quest. 526. parce que par le droit du Code, le fils de famille peut avoir des biens aventifs, & acquerir par son industrie. C'est l'observation de M. Abraham la Peirere en ses décisions, lettre F. nomb. 49. où il rapporte un Arrêt rendu au Parlement de Bourdeaux le 4. Février 1669. séant M. le Premier, plaidant Licterie & Goiran, entre Tranchant & la nommée Baillaguet, par lequel il fut jugé qu'un pere qui avoit son fils en puissance, avoit pû valablement lever une somme de quinze cens livres dûë à son fils, comme heritier d'un nommé Martiallot, suivant la disposition de la Loy Cum oportet, §. non autem. C. de bon. quæ lib. La Peirere ajoûte, je ne conseillerai neanmoins jamais à un débiteur de payer sans le consentement du fils.

DONATION PAR LE FILS DE FAMILLE.

20 Voyez Cambolas, liv. 6. chap. 50. où il dit que ce qui empêche que le fils de famille ne puisse valablement donner, est l'usufruit que le pere a sur ses biens. Or quand le pere ne peut prétendre d'usufruit, la donation est valable.

OBLIGATION DU FILS DE FAMILLE.

21 Voyez cy-dessus le nomb. 12. & suiv.
L'allegation faite par le fils de la reverence paternelle n'est pas suffisante pour operer la cassation des contrats passez par le fils. Cambolas, livre 2. chapitre 12.

22 Le fils de famille quoique mineur peut être valablement constitué Procureur, sans le consentement de son pere; & le mineur qui n'a point de pere, en constituer luy-même sans l'autorité de son curateur, pourvû que ce soit sous serment, qui dans cette occasion le fait considerer comme majeur. Arrêt du Parlement de Grenoble du 4. Septembre 1449. Il peut aussi agir librement pour son pere, intenter ses actions, contester, produire témoins, & poursuivre l'appel. Arrêt du mois de Mars 1459. Voyez Guy Pape, quest. 54. & 35.

23 Par Arrêt du Parlement de Paris du 14. Décembre 1516. défenses à tous Marchands de bailler ou vendre à créance aucune marchandise pour les fils de familles, sans le consentement de leurs peres; & pour les mineurs sans le consentement & autorité de leurs Tuteurs ou Curateurs, à peine de perte de leur marchandise, & d'amende arbitraire. Bibliotheque de Bouchel, verbo Macedonian, & Papon, livre 2. tit. 4. nomb. 1.

24 Il n'y a point de lieu pour le Macedonien sur argent prêté à un fils de famille écolier. Jugé au Parlement de Grenoble le 3. Décembre 1554. Expilli, Arrêt 34.

25 Pater pro filio-familias non tenetur nisi in quantum peculio locupletatus est. Jugé au Parlement de Toulouse le 9. Avril 1596. en faveur de Valette, le fils duquel étoit prisonnier pour certaine volerie. La Rocheflavain, li. 2. tit. 6. Arr. 1.

26 Si le fils de famille peut s'obliger par corps sans l'intervention du pere, & si la qualité d'écolier l'exempte de la soûmission, même s'agissant d'étoffes ou de marchandise prise à credit? L'affaire ne fut point jugée diffinitivement, parce que la Cour voulut qu'on instruisit le fonds devant le Senéchal, & ne voulut pas casser le contrat sur le champ. Néanmoins elle préjugea la nullité de l'obligation de la personne, entant qu'elle confirma l'élargissement fait sur la simple assertion de se remettre quand il seroit ordonné; car ceux qui sont emprisonnez pour dettes en vertu de la rigueur, ne s'élargissent d'ordinaire qu'avec caution; & c'étoit de là que la partie prenoit son grief, disant que c'étoit un étranger qui videroit deflors qu'il seroit en liberté. Voyez le 5. Plaidoyé de Puymisson.

27 Par Arrêt du 11. Mars 1656. un fils fut relevé de l'obligation par corps pour son pere. Berault, à la fin du 2. to. de la Coutume de Normandie, page 98. sur l'article 399.

28 Un fils de famille de vingt-cinq ans peut s'obliger pour son pere, & être caution; il peut même âgé seulement de 18. ans s'obliger pour tirer son pere hors de prison. Arrêt du P. de Dijon du 15. Septembre 1605. Bouvot, to. 2. verbo Fidejusseur, quest. 7.

29 Les billets, lettres de change, actes obligatoires, & consentement extorquez des enfans de familles sur prétendus prêts sont nuls; en ce cas le pere est recevable à prendre des Lettres de rescission en son nom, pour faire casser & annuller les obligations contractées par son fils, surpris & séduit par gens intriguans. Arrêt du Parlement de Paris du 21. Juin 1689. Au Journal des Aud. to. 5. liv. 5. chap. 19.

30 Le fils de famille n'étant point émancipé ne peut contracter avec son pere. Bouvot, to. 1. part. 2. verbo Fils.
Voyez cy-après les titres Mineur, Obligation, Pere.

FILS DE FAMILLE RELIGIEUX.

31 Filius-familias sine patris authoritate, voto non obligatur, l. 2. §. voto. ff. de pollicitationibus. Voyez la Genese aux Nombres chap. 30. vers. 4. Voyez Henrys, tome 2. liv. 1. quest. 33. où il rapporte trois Jugemens; le premier des Registres de la Senéchaussée de saint Etienne transferée à Montbrison du 20. Octobre 1657. le second est un Arrêt du Mardy 10. May 1586. le troisiéme Arrêt du premier Août 1601. qui ont jugé la même chose.

TESTAMENT DU FILS DE FAMILLE.

32 De même que contre les regles ordinaires de Droit le Parlement de Toulouse a jugé que le fils de famille pouvoit tester en faveur de la cause pie; deux Arrêts rapportez par Maynard, li. 7. chap. 19. ont décidé que le testament fait en faveur des enfans étoit valable.

33 Le fils de famille peut tester entre ses enfans, mais non pas leur substituer un autre; il peut tester en faveur de la cause pie, mais non y ajoûter aucun legs pour un étranger. Cambolas, li. 2. ch. 31.

34 En l'an 1618. le testament d'un fils de famille fut cassé, fait dans la maison de son pere, dans laquelle il étoit lors dudit testament. De Cambolas, livre premier chap. 45.
Voyez le mot Testament, §. Testament du fils de famille.

35 Si en pays de Droit écrit, un testament fait par un fils de famille du consentement du pere, est valable? Voyez Bouvot, tome 1. part. 1. verbo Fils de famille, quest. 1.

36 Si le fils de famille peut tester en pays de Droit écrit, & peut être institué heritier? Ibidem, part. 2. quest. 11.

37 Si en pays de Droit écrit un fils qui est en la puissance de pere, peut tester du consentement du pere, faire codicile, donner par donation entre vifs à

Ff iij

cause de mort. *Voyez Bouvot, to.* 1. *part.* 3. *verbo Fils,* il tient la négative.

38 Le fils de famille ne peut faire testament au profit de son pere, quoy qu'âgé de 24. ans, & autorisé par le pere pour disposer de ses biens. Arrêt du Parl. de Dijon du 2. Juin 1603. *Idem, tome* 2. *verbo Testament, quest.* 41.

39 En pays de Droit écrit le fils de famille peut donner à cause de mort à son pere ses biens adventifs, n'ayant besoin *ad hoc* de l'autorité de son pere, mais bien du simple consentement. *Ricard des Donations entre-vifs, part.* 1. *chap.* 3. *sect.* 5. *nombre* 290. & 291. Guy Pape est d'avis contraire en sa *quest.* 223.

40 En pays de Droit écrit un fils peut instituer par son testament sa mere heritiere en tous ses biens nonobstant l'Edit des meres: les Gens du Roy avoient conclu à ce que l'usufruit fût ajugé à la mere à cause qu'elle s'étoit remariée. Arrêt du Parlem. de Paris du 13. May 1647. *Du Frêne, liv.* 5. *chap.* 20.

FILS MALTRAITÉ.

41 Pere maltraitant ses enfans. *Voyez* le mot *Enfans, nomb.* 10. & 65.

FINANCES.

1 *Voyez* la Bibliotheque du Droit François par *Bouchel,* verbo *Finances; & cy-dessus* le mot *Deniers, nomb.* 36. où sont les textes du Droit Romain concernans la matiere.

Des Finances & des fonctions & devoirs de ceux qui exercent les Charges. *Voyez* le 4. tome des *Loix Civiles, li.* 1. *tit.* 5.

2 Des Generaux des Finances. *Ordonnances de Fontanon, to.* 2. *li.* 3. *tit.* 6. *p.* 825.

3 Des Receveurs Generaux, & Recettes generales, *Fontanon,* ibidem, *li.* 3. *tit.* 7. *p.* 827.

4 Des Controlleurs Generaux des Finances ordinaires. *Fontanon,* ibidem, *tit.* 8. *p.* 829.

5 Du Reglement general des Finances & Officiers comptables; de la recherche des malversations des finances. *Fontanon, tome* 2. *livre* 2. *tit.* 20. *page* 607.

6 Edit portant défenses aux Financiers, gens d'Affaires & Comptables de porter aucuns draps de soye, de constituer aucune dot à leurs filles, excedante la dixiéme partie de leurs biens, & autres Reglemens concernans 26. articles. A Châteaubriant le 8. Juin 1532. Registré en la Chambre de la Tour quarrée le 22. du même mois. *Fontanon,* ibidem, *page* 621. Fournival, *page* 150.

7 Edit portant peine de confiscation de corps & de biens contre les comptables, qui sont atteints & convaincus du crime de peculat; & autres Reglemens pour les finances, contenans 8. articles. A Saint Germain en Laye le premier Mars 1545. Registré en la Chambre des Comptes le 24. du même mois. *Fontanon* ibidem, *p.* 629. Fournival, *p.* 169.

8 Des heritiers de ceux qui ont manié les finances du Roy. *Fontanon, tome* 2. *li.* 3. *tit.* 21. *p.* 1142.

9 Comptes dûs par les Financiers, ou leurs heritiers. *Voyez* le mot *Compte, nomb.* 39. & *suiv.*

10 Des Officiers de finances, & des peines contre ceux qui y malversent. *Voyez* M. le Bret, *Traité de la Souveraineté, li.* 2. *ch.* 6. & 7.

11 *Voyez* Corbin, en son *Recueil des Edits, to.* 1. *liv.* 6. concernant les Cours des Aydes, où il traite des Generaux & autres Officiers des Finances.

12 Quand le pere ayant dissipé les Finances du Roy, marié & doté sa fille, si cette dot est sujette à recherche? *Voyez Coquille, tome* 2. *quest.* 133. il tient l'affirmative.

Voyez le mot *Partisan.*

13 Officiers du Bureau des Finances, quelle est leur Jurisdiction? *Voyez* le mot *Domaine, nomb.* 61.

FINS.

FINS DE NON PROCEDER.

Voyez le mot *Exception.*

1 Le 10. Novembre 1582. il fut enjoint aux Procureurs de faire vuider toutes les fins de non proceder hors Jugement au Parquet, sur peine de l'amende, idem des causes legeres. Papon, *liv.* 7. *tit.* 7. *nombre* 36.

3 Des fins de non proceder. *Voyez l'Ordonnance du mois d'Avril* 1667. *tit.* 6.

FINS DE NON RECEVOIR.

Voyez le mot *Exception.*

4 Fins de non recevoir contre un appel. *Voyez* le mot *Appel, nomb.* 116. & *suiv.*

6 Par Edit du Roy Henry III. aux Etats de Blois article 150. il est enjoint aux Juges de faire préalablement droit sur les fins de non recevoir, avant que faire contester les Parties au fonds, ou les regler en preuve; toutefois la Cour de Toulouse ne l'observe étroitement: mais si la fin de non recevoir ne se peut juger sans instructive, comme par exemple la prescription, ou si elle a quelque chose de commun avec le fonds, la Cour fait défendre, sans préjudice des fins de non recevoir, ajoûtant quelquefois *sauf à être préalablement fait droit sur icelles*: quelquefois elle ordonne qu'on défendra à toutes fins, qui est une forme de prononcer, dont les Subalternes usent plus souvent. V. Maynard, *liv.* 3. *chap.* 66.

7 De la fin de non recevoir tirée des dix années échuës, depuis la majorité. *Voyez* le *Journal du Palais* in folio, *tome* 1. *p.* 234. & 235.

8 Par Arrêt du 1. Avril 1613. donné en la cinquième Chambre des Enquêtes au Parlement de Paris, entre Pierre Laîné, appellant d'une Sentence des Juges Consuls d'Abbeville, & Pierre Mourette, intimé, après l'avoir demandé aux Chambres, il fut jugé que fins de non recevoir (que la Sentence avoit été donnée en dernier ressort) se devoient suppléer, quoy qu'elles eussent été omises par l'appointement de conclusion; même pour ce qui étoit des Jugemens rendus par les Juges Consuls pour les sommes qui n'excedoient cinq cens livres, conformément à un Arrêt précedent. *Bibliotheque de Bouchel,* verbo *Fins de non recevoir.*

9 Des prescriptions & fins de non recevoir. *Voyez l'Ordonnance de la Marine du mois d'Août* 1681. *livre* 1. *titre* 12.

FISC.

DE *jure fisci.* D. 49. 14. C. 10. 1... C. Th. 10. 1. P. 5. 11.

De Privilegio fisci. C. 7. 73.

De conveniendis fisci debitoribus. C. 10. 2... C. Th. 10. 16.

De fide & jure hasta fiscalis, & de adjectionibus. C. 10. 3... C. Th. 10. 17... Des subhastations, encheres, adjudications, & ventes publiques, faites par l'autorité du Fisc. *Adjectio. Enchere.*

De venditione rerum fiscalium cum privatis communium. C. 10. 4... Le fisc, qui ne possede qu'une portion, peut vendre le tout.

Ne fiscus, rem quam vendidit, evincat. C. 10. 5. Le fisc ne doit pas rentrer dans les choses qu'il a venduës.

De quadriennii præscriptione. C. 7. 37.. Prescription de quatre ans, contre le Fisc, & pour le Fisc, qui n'est pas tenu de garantir l'éviction. L. 2. §. 3. *h. t.*

Ne Fiscus, vel Respub. procurationem alicui, patrocinii causa, in lite præstet. C. 2. 18. Le Fisc ne doit pas prendre le fait & cause des particuliers.

Ubi causa fiscales, vel divinæ domûs, hominûmque ejus, agantur. C. 3. 16.

De Advocatis fisci. C. 2. 9. Cod. Theod. 10. 15.

De Fiscalibus usuris. C. 10. 8. Le Fisc s'en doit

tenir au Droit commun, pour les interêts.

De sententiis adversus fiscum latis, retractandis. C. 10. 9.

Ne Præsides, in fiscalibus causis, fidem publicam dent. Edict. Just. 2. Défenses de donner des Sauf-conduits aux débiteurs du Fisc. V. Sauf-conduit.

Voyez les mots Aubaine, Bâtards, Confiscation, Desherence, Domaine, Roy, & la Bibliotheque du Droit François par Bouchel, verbo Fisc.

Des droits & privileges du fisc; ses droits sont inalienables & imprescriptibles, le fisc est toûjours reputé solvable, exempt de toutes contributions, preféré pour l'achat des métaux; il a une hypotheque tacite, il n'y a point de peremption contre luy, ses causes sont revûës sur pieces nouvelles; on reçoit des surencheres aux adjudications des biens du fisc, il ne garantit pas des défauts des choses qu'il vend; il est déchargé des dettes des biens qu'il vend; & les creanciers ne s'addressent qu'à l'acquereur. On ne le favorise pas neanmoins dans les causes douteuses. *Voyez les Loix Civiles*, to. 4. liv. 1. tit. 6. section 7.

De privilegiis fisci. Voyez les traitez faits *Per Martinum Garratum Laudens.*

Per Fran. Lucanum de Parma; & *per Matth. de Afflictis Neapoli.*

Peregrinus *de privilegiis fisci, Vicentia* 1626.

De generalibus privilegiis fisci. Voyez Chopin en son traité du Domaine, liv. 3. tit. 29.

De causis fiscalibus. Voyez *Andr. Gaill, lib. 1. Observat. 10.*

1 *Privilegia fisci ad ipsum solum spectantia de jure civili.* Jo. Galli. quæst. 360. & *Du Moulin*, tome 2. p. 626. derniere édition.

2 Du fisc, de son droit de preference, & autres privileges qui luy appartiennent. Voyez *M. le Bret*, *traité de la Souveraineté*, liv. 3. ch. 10.

3 *Fiscus gaudet privilegio tacitæ hypothecæ, in bonis debitoris cum quo contraxit.* Voyez Stockmans, *decis*. 96. & cy-après le nomb. 18. & suiv.

4 *Controversia inter fiscum & municipium de dominio vasti & deserti campi, item de præscriptione contra principem.* Ibidem, *decis*. 88.

5 *Prælati Ecclesiæ fiscum non habent; fiscum habere, est de regaliis supremis dominis reservatis.* Voyez *Franc. Marc. to. 1. quæst.* 234.

6 *Fiscus, saccus sine conscientia & imbursat malè quæsita. l. in hæredem ff. de calum.* Voyez Ibidem, quæst. 338.

7 *Fiscum habere quibus liceat?* Voyez Ibidem, quæst.339.

8 *Pœna adjecta contractui aut testamento stipulata per notarium fisci nomine, an fisco quæsita sit & pœnitentiæ locus sit?* Voyez Ibidem, quæst. 411.

9 *Bona vacantia defectu hæredis an devolvantur ad fiscum ipso jure sine additione hæreditatis?* Voyez *Franc. Marc. 1. part. quæst.* 654.

10 *Fiscus qualiter experiri debeat pro consequendâ hæreditate sibi obventâ.* Ibidem, quæst. 680.

11 *Ordo juris in fiscalibus causis servandus est.* Voyez *Franc. Marc. to. 2. quæst.* 100.

12 *Debita fiscalia quomodo exigi & in quâ monetâ solvi debeant?* Ibidem, quæst. 202. & 203.

13 Si le Roy se fait subroger au lieu de quelque particulier en un procez sujet à dommages & interêts, si en jugeant le procez, l'on trouve que le Roy a mauvaise cause au principal, il doit être condamné vers sa Partie aux dommages & interêts soufferts avant la subrogation & non depuis. *Nam fiscus succedens privato utitur pro anteriori tempore jure privati, postea vero utitur jure fisci. l. fiscus de jure fisci.* Arrêt en Decembre 1539. *Bibliotheque de Bouchel*, verbo Subrogation.

FISC, ADULTERE.

14 Arrêt de la veille de Nôtre-Dame d'Août 1582. qui ajuge au fisc ce qui avoit été laissé par une femme à celuy avec qui elle avoit eu un mauvais commerce.

La Rocheflavin, liv. 6. tit. 2. Arr. 1. & Maynard, to. 1. liv. 3. chap. 14.

FISC, AMENDE.

15 Hypotheque & privilege des amendes. Voyez le mot Amende, nomb. 137. & suivans, & cy-après le nombre 22.

FISC, BATARDS.

Voyez Bâtards, nomb. 202. & suiv.

16 Par Arrêt du Parlement de Paris du 27. Août 1666. il a été jugé que le droit d'accroissement avoit lieu en un legs fait à des bâtards à l'exclusion du fisc. *Registres du Parlement*, & *De la Guessiere*, to. 2. li. 8. ch.19.

FISC, CESSION.

17 La cession de biens ne peut être faite contre les interêts du fisc. Voyez le mot Cession, nomb. 103.

FISC, HYPOTHEQUE.

Voyez cy-dessus le nombre 3.

18 Si la Coûtume portant que meubles n'ont point de suite en hypotheque, a lieu contre le fisc? V. Bouvot, to. 1. part. 3. verbo Meubles, quæst. 2.

Voyez les nombres suivans.

FISC, PREFERENCE.

19 En 1583. un homme est condamné par Arrêt donné aux Grands Jours de Troyes en six mille écus d'amende envers le Roy; le Receveur des amendes fait saisir une maison; la femme s'oppose à la vente de la moitié sur laquelle elle a son douäire coûtumier. Le Receveur dit que c'est un privilege du fisc, que quand il a quelque droit sur un heritage, il peut faire vendre le tout, & offrir sur le prix des deniers qui proviendront de la vente du total, de payer l'usufruit & douäire de la femme, selon l'estimation qui en sera faite. La femme replique qu'il faut distinguer quand le fisc a quelque droit de proprieté d'une portion, alors il peut faire vendre le tout; mais non pas quand il n'y a qu'une hypotheque, & de fait par Arrêt solemnel prononcé en Robes rouges par M. le premier Président du Harlay le 22. Decembre 1601. il fut dit que la maison seroit vendüe à la charge de l'usufruit de la tenüe pour le douäire sa vie durant. *Bibliotheque de Bouchel*, verbo Fisc.

20 Une femme par son contrat de mariage constitué certaine somme, laquelle fut après employée en fonds comme il étoit presumé; d'autant que par la reconnoissance, il étoit porté que les deniers seroient employez en fonds, quoique dans le contrat de vente il n'en fût fait aucune mention: neanmoins par la proximité des dates, il étoit à présumer que l'acquisition avoit été faite des deniers dotaux, s'agissant de la distribution des biens du mary. Par Arrêt du Parlement de Toulouse du 24. Octobre 1592. il a été jugé que la femme étoit preferable au fisc pour le regard des deniers qui proviendroient de la vente dudit fonds; & pour le surplus elle fut alloüée après le Roy; car outre le privilege de la dot, elle avoit celuy que le fonds étoit acquis de ses deniers dotaux. *De Cambolas*, liv. 1. chap. 31.

21 Le Seigneur est preféré au fisc pour ses Droits Seigneuriaux, même en crime de fausse monnoye. Arrêt de la prononciation de Noël 1601. *Montholon, Arrêt 97*. Chenu le rapporte au long en sa 1. *Cent.* quæst. 97. Voyez Henrys, tome 2. liv. 5. quæst. 57. où est rapporté un Arrêt du 8. Août 1616.

22 Jugé par Arrêt du 10. Mars 1660. que le creancier pour l'interêt civil doit être preféré au fisc pour raison de l'amende faite d'un biens d'un condamné pour crime. M. l'Avocat General Bignon avoit conclu à ce que le Receveur des amendes & le creancier pour l'interêt civil fussent payez concurremment, comme étant creanciers par un même Arrêt. *Soefve*, to. 2. Cent. 2. chap. 15.

FISC, SUCCESSION.

23 Thomas Morel avoit quatre fils & six filles, trois filles sont colloquées en mariage. Il decede. les freres deliberent de diviser entr'eux la succession,

Nicolas aîné eſt provoqué en action de partage par Raven puîné. Celui-cy diſtribuë la maſſe de la ſucceſſion en quatre parts, pour être procedé à la choiſie de ces lods par ſes freres coheritiers ſelon leur rang & aîneſſe. Il produit ſes partages à Nicolas ſans avoir rien reſervé pour ſes ſœurs; les freres eſperoient les pourvoir par mariage. Nicolas eſt condamné à mort, ſes biens ſont confiſquez. M. le Procureur General prétendit que la choiſie luy appartenoit; les filles au contraire demanderent le partage en eſſence. Arrêt en leur faveur, prononcé par M. le Chancelier le 17. Août 1593. La cauſe fut plaidée par M. de Bretignieres, en préſence du Roy Charles IX. lors qu'il vint au Parlement pour faire déclarer ſa majorité. *Voyez les Plaidoyez & Arrêts notables*, 2. part. page 12.

24 La mere pour malverſation commiſe pendant ſon veuvage, ſoit durant ou aprés l'an du deüil, eſt privable de la ſucceſſion legitime de ſes enfans. Dans une eſpece ſemblable où l'indignité de la mere, & l'incapacité des parens maternels leur ôtoient le fruit de la ſucceſſion, les biens ne furent point ajugez au Procureur General, mais aux parens paternels, quoique éloignez au delà du dixiéme degré. *quia in his quæ ad correctionem morum ſpectant, fiſci ratio non eſt habenda*. La Rocheflavin, liv. 2. Lettre M. titre 4. Art. 24.

25 *Sauletus miles, trium liberorum pater, deprecandi carceris gratia profugus, Geneva teſtamentum fecit, in quo partibus, illos, æquis, hæredes eſſe juſſit, & reciprocè ſubſtituit eâ lege, ne bonorum (extra familiam) fieret alienatio. Quæ ad ſuos pleno jure & ſui nominis poſteros, deferri cavit: & nominatim edixit, amneſtica edicto, cum jure poſtliminii per Neceſſarios impetrato, regiiſque codicillis venialibus à ſenatu, & triumviralii collegio probatis, rediit domum: & ſui juris factus, atque furtis planè, & noxis ſolutus (priuſquam præceps fati vadimonium obiret) ratum habuit, ſupremo ſpiritu prius illud teſtamentum. Poſt ferales precationes, & catholica Sauleti parentalia, confeſtim diſtribuitur inter fratres præpotens, & opulenta hæreditas. Modico temporis intervallo, ex liberis natu maximus, voluntariæ cœdis reus poſtulatur: atroci tandem præconio, terniſque dierum Breviariis abſens inclamatus, ad Remigia, & noticos carceres damnatur, bonis publicatis. Superſtites agnati, & fratres duo ſubſtituti, bona proſcripti fratris occupant, fiduciariiſque poſſeſſoribus exactis, præcario (diu & citra negotium) patrimonio fruuntur. Fiſcus illa, centumviralii judicio fretus, in noxam vendicat bona & auctionatur. Libellari vadimonio citati fratres, intercedunt teſtamentarii tutoris interventu. Poſtremò (multis ultro, citroque diſceptatis altercationibus) adverſus fiſcales clauſulas, Bonorumque proſcriptionem auctioni proximas, in primario tribunalitiæ claſſis auditorio ſupplices ad adendas interceſſionis cauſas, decreto comitali recipiuntur. Senatus ex ſymbolis Patrum curia conſcriptorum Liſeti (ſummi præſidis oraculo) reſpondis; ſubſcriptione fiſci ſublata & circumſcriptis decretis commeatibus, & edictis omnibus adverſus Sauletum mortuum obtentis, ſuperiores in cauſſa pupillos eſſe: & ſolidas ab illis proſcripti fratris portiones, manu fiduciariâ retinendas cenſuit, eodem fiſco planè abjudicato, cui ſilentium indictum eſt. Vide Jul. Tabœtii orat. forenſem* 11.

26 La poſſeſſion des biens, *unde vir & uxor*, accordée par le preteur entre mary & femme, l'un d'eux decedant ſans enfans, ni autre proche parent, à l'excluſion du fiſc, a été confirmée par les Empereurs en la Loy 1. C. *unde vir & uxor*; neanmoins le Parlement de Toulouſe, quoique jugeant en païs de Droit écrit, n'a reçu cette conſtitution, & en défaut des parens de l'un des conjoints, il appelle le fiſc à l'excluſion de l'autre; ainſi jugé par Arrêt prononcé en Robes rouges le 17. Avril 1565. ſur la ſucceſſion de Maître Loüis du Perrier, Lieutenant en la Sénéchauſſée de Carcaſſonne, qui fut adjugée au fiſc à l'excluſion de la femme; & bien qu'on oppoſât à la femme les malverſations dont il y avoit des Actes au procez, cela ne peut avoir ſervi de fondement à l'Arrêt, parce que les faits d'indignité étoient directement conteſtez & non verifiez: l'Arrêt fondé ſeulement ſur l'abrogation de ladite conſtitution en France; reſervant neanmoins à la femme pauvre & indotée la quarte ſuivant l'authentique *prætereâ C. unde vir & uxor*. Maynard, *liv.* 4. *chap.* 1.

27 M. le Brun, en ſon traité des Succeſſions, li. 1. ch. 7. n. 31. prétend que dans les Coûtumes qui excluent préciſément la ſucceſſion d'entre conjoints, comme celle de Bourbonnois, art. 328. & dans celles qui la rejettent indiſtinctement, comme Normandie, Maine, Anjou, le fiſc ne doit point profiter de la realization des propres au préjudice du mary, & nonobſtant la ſtipulation du propre, la ſomme doit entrer en communauté quand il n'y a que le fiſc qui eſt heritier de la femme.

28 Les parens outre le dixiéme degré excluent le fiſc de la ſucceſſion d'un défunt qui n'a autres plus proches parens. Arrêt du mois de May 1571. *Charondas*, liv. 4. Rép. 10. Voyez *l'article* 330. *de la Coûtume de Paris*, M. Loüet, *lettre* F. *ſomm.* 21. & cy-après *le mot* Succeſſion.

FLANDRES.

Les Genealogies des Foreſtiers & Comtes de Flandres, avec leurs Portraits, par Baltazar. *Anvers* 1598.

Recherches des Antiquitez & Nobleſſes de Flandres, contenant l'Hiſtoire Genealogique des Comtes & Seigneurs de Flandres, par de l'Eſpinoy. *Doüay* 1632. figur.

Les Sceaux des Comtes de Flandres, & Inſcriptions des Chartres par eux publiées; leurs Genealogies repreſentées par pluſieurs Sceaux; traduit du Latin d'Olivier de Wrée. *Bruges* 1641. 3. vol. in folio en figures.

Zipæi notitia Juris Belgici. *Arnhemiæ* 1642. in 8.

Wredii Genealogia Comitum Flandriæ, 2. vol. in folio Brugis 1642.

Ejuſdem Sigilla Comitum Flandriæ, Brugis 1639.

Inſtructions, Reglemens & Ordonnances concernant les Fermes, Entrées & Impoſitions de Flandres. Lille 1671.

Des Droits du Roy ſur le Comté de Flandres, avec les Genealogies. V. Dupuy, *traité des Droits du Roy*, p. 149. & ſuivantes.

Comes Flandriæ eſt Regis Franciæ Vaſſallus? Voyez Franc. Marc. to. 1. queſt. 163.

FLEUVES.

Voyez cy-deſſus le titre des *Eaux & Forêts*.
De Tiberiade, ſeu de Fluminibus. Voyez le traité fait *Per Bartolum*.

Papirius Maſſo, *de Fluminibus Galliæ*, in 8. *Paris* 1618.

1 Des Fleuves navigables, & des droits que le Roy a ſur eux à cauſe de ſa Souveraineté. *Voyez le Bret, traité de la Souveraineté*, liv. 2. chap. 15.

2 *Flumen ne inundet: munitiones & aggeres facere licitum eſt*. Voyez Franc. Marc. to. 2. queſt. 112.

3 *Aggeres ſeu balfrados in flumine facere licitum eſt, modo fluminis alveus non impediatur*. V. Ibidem, queſt. 270.

4 *Flumen habens, curſum inter duo territoria in dubio commune præſumitur: & utrique Domino territoriorum competit Juriſdictio*. Voyez Ibidem, queſt. 271.

5 *Flumina publica quæ dicantur*? Voyez Ibidem, queſt. 344.

6 *Flumen quod inter duo territoria labitur commune eſt, & utrumque Juriſdictionem habet*. Voyez Ibidem, queſt. 345.

7 *De jure riparum & quibus ſpectent, & qualiter differant à littoribus: & an ſit licitum munire & deffendere ripam*

ripam fluminis : & an contineatur appellatione fluminis? Voyez Ibidem, *quest.* 346.

8 *Pontem aut trajam super flumine facere aut ponere inconsulto superiore non licet.* Voyez Ibidem, *quest.* 347.

9 *Fluminis alveo mutato si in alveum pristinum reducatur non ne is qui jus pedagii ante alvei mutationem habebat, recuperabit?* Voyez Ibidem, *quest.* 541.

10 Fleuve navigable. 2. Et droit de pesche icelui appartient au Roy. 3. Le non navigable & droit de pesche en icelui appartient au Haut-Justicier. *Ferrer. quast.* 514. 1. *id.* Loiseau, *des Seign. ch.* 12. *n.* 120. *cum alluvione* 1. *vid.* Chopin. *Andeg. lib. cap.* 42. *n.* 16. 3. *id.* Loif. *des Seign. chap.* 12. *n.* 120. 1. *id.* Bacquet, Justi. *chap.* 30. *n.* 5. & *seq. cum insula* & *alluvione*.

11 La Declaration publiée en Avril 1683. & relative à une précedente de l'an 1664. décide que les fleuves & les rivieres navigables appartiennent au Roy en pleine propriété par le seul titre de sa Souveraineté; & de même tout ce qui s'y trouve renfermé, comme les Isles, Islots, accroissemens, atterissemens, passages, ponts, bacs, bâteaux, pesches, moulins, &c. neanmoins elle confirme en leur propriété & en leur possession, ceux qui en joüissent paisiblement depuis le mois d'Avril 1566. en vertu de titres authentiques faits avec les Rois. *Voyez Chorier, en sa Jurisprudence de Guy Pape, p.* 98.

Voyez cy-aprés le mot *Riviere*.

FOI.

Voyez cy-dessus *Fidélité*, & cy-aprés *Foy & hommage*.

FOIN.

Des Dismes de foin. Voyez le mot *Dismes*, nombre 219. & *suivans*.

FOIRE.

Foires & Marchez. *Nundinæ. Mercatus. De Nundinis. D.* 50. 11.
De Nundinis, & Mercatibus. C. 4. 60.
Voyez cy-après verbo *Marchez*.

1 Des Foires & Marchez, & de leurs privileges; les Etrangers qui y viennent ne sont point sujets au droit d'Aubaine; leurs biens passent sans obstacle à leurs heritiers, ou à leurs legataires. *V. les Loix Civiles*, tome 4. *liv.* 1. *tit.* 7. *section* 3.

1 bis. Sous le mot *Comedie*, l'on a fait un renvoy au present titre pour marquer l'évenement de la contestation entre les Suisses & les Comediens François; elle est encore indécise. Ou le droit de ceux-cy a été reconnu, ou les autres sont demeurez dans les bornes de leurs privileges. Quoiqu'il en soit, la Foire S. Laurent de cette presente année 1709. s'est passée sans trouble, & sans nouveau procez.

2 Foires & Marchez, de leurs privileges & franchises. *Voyez Chopin sur la Coûtume d'Anjou, & Bacquet au traité de la Justice, chap.* 31.

3 Des Foires & des Marchez publics; ils ne se peuvent ériger que de l'autorité du Roy. *Voyez M. le Bret, traité de la Souveraineté, liv.* 4. *ch.* 14.

4 *Prætor Provinciæ an nundinas, sive mercatus publicos concedere possit?* Voyez *Franc. Marc.* to. 1. *quest.* 53. L'usage en Dauphiné est que *Prætor omnia quæ & Rex; vice cujus fungitur, potest.*

5 Foires nouvelles ne se peuvent faire ni introduire en ce Royaume sans congé du Roy; jugé contre le Seigneur de Châteauroux en Berry és Enquêtes du Parlement de Pentecôte 1269. & contre l'Evêque de Clermont le 1. Mars 1347. Le Roy peut en ses Terres ordonner Foires & Marchez, encore qu'il porte dommages aux Seigneurs voisins. Jugé par Arrêt de Toussaints 1271. *Bibliotheque de Bouchel*, verbo *Foires*.

6 Du privilege des Foires, & que toutes marchandises sont exemptes de Doüanes, droit d'entrée & d'issuë. Arrêts du Parlement de Paris des 7. Septem-

Tome II.

bre 1563. & 2. Juin 1584. *Du Fail, liv.* 3. *chap.* 203.

7 Il n'appartient qu'à la Cour de verifier les Lettres pottant établissement de Foires & Marchez. Arrêt du Parlement de Bretagne du 24. Septembre 1578. contre le Sénéchal de Châteaulin, decreté d'ajournement personnel. *Ibidem, chap.* 374.

8 Foires & Marchez ne peuvent s'établir que sur Lettres en commandement. Arrêt du Parlement de Paris du 9. Février 1600. il fut ordonné que la Halle du lieu de Blanzay en Poitou seroit abbatuë. *Bibliotheque de Bouchel*, verbo *Foires*.

9 Toutes marchandises destinées à être venduës en Foires sont exemptes de la Doüane, & du droit d'entrée & issuë, quoiqu'elles n'y soient venduës, pourvû qu'elles ne soient venduës ailleurs. Arrêt du Parlement de Paris du 7. Février 1576. pour des Marchands de Draps de Normandie entrans à la Foire Saint Germain contre les Fermiers de M. le Cardinal de Bourbon. *Papon, liv.* 10. *tit.* 7.

10 Un Marchand de Toulouse vend une paire de bœufs moyennant dix-huit écus, dont il reçoit une partie comptant, le surplus payable dans certain temps avec certaine forme de precaire; depuis l'achetteur les revend en Foire & Marché public, moyennant vingt écus payez comptant. Par Arrêt du Parlement de Toulouse du 29. Mars 1590. l'execution faite sur iceux pour le restant de la premiere vente a été cassée, sauf au premier vendeur son recours contre le second. *La Rocheflavin, liv.* 2. *tit.* 7. *Arr.* 1.

11 Quoique les Marchez ou Foires cessent pour quelque temps, le droit s'en conserve toûjours. Arrêt du Parlement de Roüen du mois de Novembre ou Decembre 1661. par lequel le sieur de Theville, qui avoit droit de tenir le Marché, fut maintenu en ce droit, quoiqu'il eût cessé pendant quelques années, pendant lesquelles il n'avoit pas laissé de payer la rente au Domaine; les Halles subsistoient encore & avoient conservé sa possession. *V. Basnage*, titre de *Jurisdiction*, art. 24.

12 Il n'est pas permis à ceux de la Religion Prétenduë Réformée de tenir des Foires dans les Cimetieres des Catholiques. *Voyez Filleau, en ses Décisions Catholiques*, *décision* 38.

13 *De nundinis cadentibus in die dominico; tenentur in die sequenti.* Voyez *Franc. Marc.* to. 1. *quest.* 268.

14 Les Foires & Marchez ne doivent être tenus és jours de Dimanches, ni Fêtes annuelles & solemnelles. *Ordonnance d'Orleans*, art. 23.

15 Les Foires & Marchez ne se doivent tenir és Fêtes solemnelles. Arrêt du 8. Septembre 1667. *De la Guessiere*, tome 3. *liv.* 1. *chap.* 42. Autre Arrêt du 28. Avril 1673. *Ibidem, liv.* 7. *chap.* 6.

FOIRES S. ANTOINE.

16 Les Lettres pour les Foires de *S. Antoine* sont publiées au Parlement de Bretagne le 29. Avril 1561. sans que les impetrans puissent exiger ni lever aucuns devoirs sur les denrées & marchandises qui y seront apportées. *Du Fail, liv.* 3. *chap.* 203.

FOIRES DE BOURDEAUX.

17 Des Foires de Bourdeaux. Voyez *les Ordonnances de Fontanon*, to. 1. *liv.* 5. *tit.* 29. *p.* 1082.

FOIRES DE BOURDET.

18 Alain du Bodigueau, Seigneur de ce lieu, obtient Lettres pour avoir trois Foires l'an. Arrêt interlocutoire par lequel il fut ordonné, avant proceder à la verification des Lettres, qu'elles seront lûes au Siege de Kimpercorentin, proclamées en assemblée du peuple, par trois Dimanches, issuë de grande Messe, tant au lieu de *Bourdet* & prochaines Paroisses, que Marchez, pour les opposans si aucuns étoient, & le Substitut du Procureur General oüis, pardevant le Sénéchal de Kimpercorentin, ou son Lieutenant, & le tout rapporté en la Cour, seroit ordonné ce que de raison, cela ayant été fait & executé, l'impetrant requiert la publication des Lettres. Par Arrêt du Parlement de

G g

Bretagne du 16. Février 1576. il fut dit avant d'y proceder, qu'il sera informé de la commodité ou incommodité des Foires & Marchez par le premier Conseiller de la Cour trouvé sur les lieux, & aussi si à quatre lieuës à la ronde du Bourg de *Bourdet*, il n'y a au jour desdites Foires & Marché, autres Foires & Marchez que ceux concedez par les Lettres, & qu'il sera procedé à nouvelles & plus amples declarations de Lettres, par lesquelles seront adjournez & appellez à certain jour tous ceux qui y pourroient pretendre interêt pardevant le Senéchal de Kimpercorentin ou son Lieutenant, pour les opposans, si aucuns sont, & le Substitud du Procureur General oüis pardevant le Senéchal, & le tout rapporté en la Cour, être ordonné ce que de raison. *Du Fail*, *liv.* 2. *chap*. 524.

FOIRES DE BRIE.

19 Voyez *cy-après* le nomb. 21.

FOIRES DE CAMPERNAC.

20 Le sieur de Trecesson fait ériger deux Foires à *Campernac*, Lettres publiées à la charge de ne rien prendre ny lever. Ce qui sera publié. Arrêt du Parl. de Bretagne du 24. Avril 1570. *Du Fail*, *li.* 3. *ch.* 223.

FOIRES DE CHAMPAGNE.

21 Des Foires de Champagne, Brie, & leurs privileges. *Voyez les Ordonnances de Fontanon*, *to.* 1. *liv.* 5. *tit.* 27. *p.* 1075.

FOIRES DE S. DENIS.

22 Voyez *cy-après* le nomb. 25.

FOIRES DE HENNEBOND.

23 Les Lettres de Foire & Marché obtenuës par M. Loüis Baillet alloüé de *Hennebond*, sont publiées au Parl. de Bretagne, le 5. Mars 1560. à la charge qu'on ne payera rien aux Foires pour les marchandises y apportées, cette clause est toûjours mise. *Du Fail*, *liv.* 3. *chap.* 104.

FOIRES DE KAER.

24 René de Malestroit, Sieur & Baron de Kaer, Vicomte de Kembourg, a lettres pour avoir Foires au Bourg de *Kaer*, qu'il fait publier de l'Ordonnance des Juges de Vennes. Par Arrêt du Parl. de Bretagne du 16. Octobre 1569. la Cour sans avoir égard à la publication, ordonne qu'elles seront de nouveau publiées & bannies au Siege de Vannes, à jour de plaids, & après aux lieux contenus aux Lettres, pour le tout rapporté, être ordonné, &c. *Du Fail*, *liv.* 2. *chap.* 380.

FOIRES DU LANDY.

25 Des franchises des Foires du Landy, & S. Denys en France. *Voyez les Ordonnances de Fontanon*, *tome* 1. *li.* 5. *tit.* 28. *p.* 1080.

FOIRES DE LYON.

26 Des Foires de Lyon & privileges d'icelles, ensemble de la Jurisdiction du Conservateur desdits privileges. *Ordonnances de Fontanon*, *to.* 1. *liv.* 5. *tit.* 26. *page* 1056.

Privileges des Foires de Lyon & des habitans, 4 *vol. in* 4. *Lyon*.

27 *Proficiscentes ad nundinas Lugdunenses, aut redeuntes, an pro represaliis capi possint?* Voyez *Franc. Marc. to.* 2. *quest.* 415.

28 Marchands Etrangers residans & fréquentans les Foires de Lyon. *Voyez Brodeau, Coûtume de Paris*, *art.* 94. *nomb.* 13.

29 Les privileges des Foires de Lyon sont enregistrez, à la charge qu'il n'y aura aucune contrainte par emprisonnement des personnes des heritiers & successeurs des Marchands fréquentans les Foires, & aussi que les oppositions aux criées & executions qui se pourront faire en vertu des Jugemens donnez par le Conservateur desdites Foires ou autrement, se termineront en ce Païs & Ressort. Arrêt du Parl. de Bretagne du 21. Avril 1561. *Du Fail*, *liv.* 2. *chap.* 221.

30 Le Juge des Foires de Lyon est licentié & interrogé sur la Loy le jour de sa reception; il est seul à juger: les Marchands demandoient qu'on luy donnât deux Marchands pour assesseurs, ils en ont été deboutez par Arrêt du 12. Juillet 1584. Anne Robert *rerum judicat. liv.* 2. *chap.* 16. *Voyez* Mornac *l. ult. Cod. de Jurisdictione omnium judicum*.

31 Tous Marchands publics fréquentans les Foires & Marchez publics, bien que mineurs, sont contraignables par corps, pour ce qui dépend de leur commerce. Arrêt du 5. Decembre 1606. *Brodeau sur M. Loüet lettre F. somm.* 11. *nomb.* 3.

32 Le 7. Février 1607. jugé au Parlement de Paris en la Chambre de l'Edit qu'une promesse faite entre Marchands fréquentans les Foires de Lyon, payable à la Foire & pour fait de Marchandise n'étoit pas privilegiée, parce qu'il n'étoit pas dit pour marchandises livrées en temps de Foire; le debiteur fut reçû au benefice de cession. *Bibliotheque de Bouchel*, *verbo Cession*.

33 Declaration portant confirmation de quatre Foires franches dans la Ville de Lyon. A Paris en Decembre 1643. registré le 4. Janvier 1644. 1. *Volume des Ordonnances de Loüis XIV. fol.* 96.

34 Edit du Roy du mois de Juillet 1669. portant Reglement pour la Jurisdiction civile & criminelle des Prévôts des Marchands & Echevins, Présidens, Juges Gardiens, Conservateurs des privileges des Foires de la Ville de Lyon, avec attribution de pouvoir juger souverainement & en dernier Ressort, jusqu'à la somme de 500. livres, verifié en Parlement le 13. Août 1669. *Voyez l'Auteur des Observations sur Henrys*, *tome* 1. *liv.* 2. *chap.* 4. *question* 16.

Voyez cy-après le *nombre* 36.

FOIRES DE MASCON.

35 Foires accordées aux habitans de *Macon*, nonobstant l'opposition du Duc de Bourgogne. Extrait des Registres du Parlement de l'an 1323. fol. 386. *Voir Corbin*, *en son Recüeil des Aydes*, *p.* 1499.

CONSERVATEURS DES FOIRES.

36 Conservateurs des Privileges des Foires. *Voyez* cy-dessus *le nombre* 34. cy-après *le nomb.* 39. & le mot *Conservateurs*, *nomb.* 4. & *suiv*.

FOIRES, OBLIGATIONS.

37 Des marchez faits durant les Foires. V. *le traité de la preuve par M. Danty Avocat en Parlement*, *chap.* 9. *part.* 1.

38 Pour joüir du privilege des Foires, il faut que l'obligation soit passée en Foire, c'est-à-dire, dans la ville ou lieu où est la Foire dans le temps qu'elle se tient, & pour marchandises de Foire, autrement le privilege n'a lieu. Arrêt du Parlement de Paris du 13. Juillet 1542. *Papon*, *liv.* 10. *tit.* 1.

39 Un Marchand qui s'oblige dans les Foires de Lyon, doit répondre devant le Conservateur de Lyon, & ne peut décliner sa Jurisdiction; *secus*, d'un homme qui s'obligeroit comme *viator*, qu'on doit faire assigner au lieu de son domicile. Voyez Mornac *l.* 19. §. 2. *ff. de judiciis*.

40 Le Benefice de cession né s'étend aux obligations passées en Foires. *Voyez* le mot *Cession*, *nomb.* 104. & *suivans*.

41 La quinquenelle ou respit n'a lieu contre une dette faite en Foire. Arrêt du P. de Paris du 7. Septembre 1562. prononcé solemnellement. *Bibliotheque de Bouchel*, verbo *Foires*.

42 Les Marchands allant ou venant au Landy, ne peuvent être emprisonnez pour dette. Jugé en deux Commissions du 2. Juin 1584. *Ibidem*.

43 Il y eut un Reglement de la Bourse confirmé par Arrêt du Parlement de Toulouse; portant que les Marchands Forains ou leurs Agens trouvez dans Toulouse, pourroient être contraints par corps, après quatre mois, depuis la Lettre de change qu'ils auroient consentie sur eux ou acceptée. Un Marchand Forain ayant fourni une Lettre de change de deux

mille livres à Peycoüel Marchand de Lyon sur des Marchands qui ne luy devoient rien, fut condamné par corps à la Bourse; ce qui fut confirmé le 28. Janvier 1642. & aux interêts depuis la condamnation. Et le 15. May 1643. il fut jugé qu'un Marchand d'Avignon trouvé en France pouvoit être actionné devant les Prieur & Consuls de la Bourse, quoiqu'il eût été trouvé à la Foire de Beaucaire. *Albert*, verbo *Marchand*, art. 2.

FOIRES, SAISIES.

44 Sentence du Baillif de Châlons du 16. Mars 1566. qui a jugé que les meubles pris sur un debiteur demeurant à Châlons avant les Foires, qui commencent le jour des Bordes, peuvent être vendus pendant les Foires. *Bouvot*, to. 1. part. 3. verbo *Meubles saisis*.

FOIX.

MAISON DE FOIX.

Voyez dans *Maynard*, liv. 9. à la fin, ce qui a été dit & remarqué par M. de Beloy Avocat General au Parlement de Toulouse sur la Maison de Foix.

FOLIE.

Voyez le mot *Demence*.

CRIME COMMIS PAR UN FOL.

Du crime commis par un homme en démence. Voyez le mot *Crime*, nomb. 16.

1 Les crimes de leze-Majesté divine & humaine commis par les insensez sont punis de même que s'ils ne l'étoient pas. Arrêt de l'an 1503. qui condamne un Ecolier pour avoir arraché avec furie l'Hostie des mains d'un Prêtre qui disoit la Messe à la Sainte Chapelle, à être brûlé tout vif, nonobstant le rapport des Medecins qui l'avoient jugé sans raison. *La Rocheflavin*, liv. 2. lettre F. tit. 12. Arr. 5.

2 Arrêt de l'an 1545. par lequel un fol qui se disoit le Messie, a été condamné aux Galeres. *La Rocheflavin*, ibidem, Arrêt 8.

3 Un nommé Drapeaux, insensé a été brûlé vif le 30. Août 1548. pour avoir fait tomber l'Image de Nôtre-Dame de la ville de Paris. L'année suivante un nommé Caboche aussi insensé a été mis en prison pour avoir dégainé son épée contre le Roy Henry II. où il fut trouvé qu'il s'étoit pendu par les genitoires, on le condamna à être pendu par le col. *Ibidem*, Arr. 6.

4 Un Avocat qui avoit tué le mary & la femme, fut, sur le rapport des Medecins absous, & fut seulement donné en garde à ses parens, à la charge par eux de répondre de ses actions. *Ibidem*. Arr. 1.

5 Un fol mélancolique qui couroit par tout le Royaume, menant une vie fort austere, pieds nuds, vêtu d'une robe courte sans chemise, sans bonnet, une longue perruque & une grande barbe après avoir été chassé de Bourdeaux, a été condamné en l'an 1552. à être brûlé vif pour avoir mis le feu dans une des tours du Palais de Toulouse, avec la paille, sur laquelle il couchoit, où il étoit condamné à perpetuité pour avoir proferé des paroles scandaleuses contre le saint Sacrement. *Ibidem*, li. 2. Ar. 7.

6 Arrêt de l'an 1560. qui condamne à mort un riche Paysan, pour avoir tué sa mere en colere, quoyque depuis il fit l'insensé; il parut ensuite qu'avant l'action il ne l'étoit pas. *Ibidem*, Arr. 3.

7 Un Artisan insensé a été tenaillé & couvert d'une couronne de fer ardente, & executé *Roy des fols*, pour avoir donné du tranchant d'une épée sur le col de Ferdinand Roy d'Arragon & de Castille, dont il s'étoit imaginé pouvoir obtenir les Royaumes en le tuant, pour épouser une personne de qualité qui luy avoit causé sa folie. *Ibidem*, Arr. 6.

8 Arrêt de l'an 1582. qui renvoye un Paysan d'auprés de Fronton, qui avoit tué sa mere à coups de coûteau, aux Consuls du lieu, pour prendre garde à

sa conduite; car il avoit été trouvé insensé par le rapport des Medecins. *Ibidem*, Arr. 2.

9 Un nommé Estienne de la ville de Senlis, a été retenu quelques jours à la Bastille, pour avoir tiré le Roy Henry IV. par son manteau passant à cheval sur le Pont-neuf, en luy disant, *rends-moy mon Royaume*, & aprés élargi étant reconnu fou, & le Roy luy ayant pardonné, le 19. Decembre 1605. *Ibidem*, Arr. 5.

Voyez cy-aprés *Fureur*.

FOL QUI SE MARIE.

10 Arrêt du Parlement d'Aix du 12. May 1645. qui a déclaré valable le mariage contracté par un fol. Voyez *Boniface*, tom. 1. liv. 5. tit. 5. ch. 2. & cy-aprés verbo *Mariage*.

FOLLE ENCHERE.

11 De la folle enchere. Voyez le mot *enchere* n. 18. & suiv.

FOND.

Voyez cy-aprés *Fonds*.

FONDATION.

IL faut voir les mots *Anniversaire*; *Benefice*, nomb. 103. *Donation*, nomb. 211. & suiv. & le mot *Eglise*, nomb. 10. & suiv.

1 Fondations & legs pieux. Voyez les *Memoires du Clergé*, to. 1. part. 1. p. 161. & to. 3. part. 3. p. 109. 342. & suiv.

Moyens de les conserver & d'empêcher que l'Eglise n'en soit frustrée, part. 1. p. 461.

Elles doivent être acquittées selon l'intention des Fondateurs, to. 2. part. 3. p. 332. & 340.

2 On ne peut fonder une Eglise sans le consentement de l'Evêque Diocesain. *Ibidem*, to. 2. part. 2. p. 25. & 48. n. 1.

3 Fondations déchargées de toutes recherches pour droits d'amortissement, franc-fiefs, & nouveaux acquets. *Ibidem*, to. 3. part. 4. p. 327. & suiv. 337. 341. & suiv.

4 Les Curez doivent être appellez par les Marguilliers, & donner leurs avis pour l'acceptation des Fondations. *Ibidem*, to. 3. part. 3. p. 340.

5 De la faveur des Fondations pies, & rentes obituaires. Voyez M. *Dolive*, li. 1. ch. 6, & suiv.

6 *Quaenam leges admittenda, quaeve rejicienda in fundationis limine.* Voyez *Lotherius de re beneficiariâ*. li. 1. quest. 32.

7 *Consensus Episcopi praesumitur intervenisse, dummodo Ecclesia fit in formâ Ecclesiae.* V. *Franc. Marc.* to. 1. quaest. 472.

8 *Patronus in fundatione Ecclesiae modum & formam apponere, non nisi cum Episcopi consensu, potest.* Ibidem, quaest. 473.

9 *De modo adhibito in fundatione capella: institutio facta de beneficio patronato praeter fundatoris voluntatem ipso jure nulla est.* V. Ibidem, quaest. 493. & 1152.

10 *De visitatione unius instrumenti fundationis & dotationis.* Voyez ibidem, quaest. 1128.

11 Chapitre ne peut prétendre possession contre sa fondation. Arrêt de l'an 1397. pour le Procureur du Roy contre la Communauté de S. Quentin. *Papon*, li. 1. tit. 3. n. 5. & la Bibliotheque de Bouchel, verbo *Chapitre*.

12 L'Eglise n'est point présumée avoir sans Charge les biens qu'elle possede. On a même quelquefois soupçonné les Ecclesiastiques de détourner, & tenir leurs titres secrets, afin de s'exempter du service porté par les fondations. C'est pour cela que le Roy Henry II. en 1556. voulant amplifier le Service Divin, & accomplir les fondations, rendit un Arrêt portant que tous heritages & biens immeubles tenus sans charge de divin Service ou Office égal au revenu d'iceux, par les Eglises, Prélats, Beneficiers, *quocumque nomine, censeantur biens vacans*, à luy ac-

quis & incorporez à son Domaine, &c. Voyez *Henrici Progymnasmata*. Arrêt 41.

13. Les heritiers de Guillaume Gaucher, lequel par son testament en 1487. avoit laissé quelques heritages pour dire des Messes, furent deboutez de leur Requête par laquelle ils requeroient que les heritages leur demeurassent, à la charge de l'entretenement & continuation des Messes. Le Seigneur du fief intervient, qui demande homme vivant, mourant, & confiscant, pour les droits de son fief; les Chapelains *bene consultis*, offrent payer le rachat des heritages, à la mutation & changement de chacun des Chapelains ou de leurs successeurs, soit par mort, resignation ou autrement, à la raison de ce que chacun des Chapelains joüira des Terres, & en outre les rentes ordinaires & anciens devoirs, payer & continuer au Seigneur du fief par chacun an au terme de Pâques, soixante sols monnoye, & qu'avenant vacation des Chapellenies, ou de l'une d'icelles, il y soit pourvû à la nomination & presentation du Seigneur, conjointement avec les deux Tresoriers & Fabriqueurs de la Paroisse de la Boüessiere, où sont les heritages assis. Les offres furent suivies, & il fut dit qu'en cas de défaut de chacune des clauses, plaids, & procez, le Seigneur du Fief rentreroit en la possession des heritages. Arrêt du Parl. de Bretagne du 31. Octobre 1572. *Du Fail*, *li*. 2. *chap*. 424.

14. Par Arrêt prononcé en Robes rouges le 14. Août 1584. un legs fait par un quidam de l'usufruit de certaine rente à son fils Religieux au Convent des Cordeliers de Provins, a été déclaré bon. Auparavant par autres Arrêts, même par un confirmatif de la Sentence du Sénéchal d'Anjou du 30. Avril 1562. furent ajugez aux Cordeliers d'Angers les grains, vins, cire & deniers de rente aumônez pour la fondation du Service Divin ordonné être celebré en une Chapelle de leur Eglise; & neanmoins le Seigneur qui étoit chargé de la rente sur l'une de ses Terres, fut reçû pour la décharge d'icelle à payer l'évaluation & estimation qui en seroit faite par gens à ce connoissans, pour les êtres employez en rente par le Maire & Echevins de la ville d'Angers, & les deniers provenans de la rente être baillez, & aumônez par chacun an au pere spirituel des Cordeliers, pour faire & celebrer ledit Service Divin, & entretenir la Chapelle. *Biblioth. de Bouchel*, verbo, *Mendians*, & cy-après le nomb. 46.

15. Biens d'Eglise ne se peuvent aliener, même par Decret, & sans qu'on se soit opposé, si ce n'est à la charge de la fondation. Arrêt du 13. Février 1601. *Tournet*, *Lett. B. n. 98*.

16. Arrêt du Parlement de Paris du Jeudy 14. Avril 1602. qui a jugé, en faveur du neveu, la question de sçavoir qui doit être preferé à l'administration des biens destinez au payement d'une fondation, la fille du fils, ou le neveu, fils d'une fille du Fondateur. Le Fondateur avoit dit qu'il entendoit que l'administration fût faite par son fils de mâle en mâle, & en cas que la ligne des mâles défaille par les filles, si elles sont mariées à gens de bien. Or le neveu *veniebat jure suo & suo capite*, il étoit descendu de la ligne du Fondateur, parce que *filiorum appellatione nepotes continentur*. Papon, *li*. 20. *tit*. 6. *n*. 14.

17. Les Evêques ont la Surintendance des biens de l'Eglise, en telle sorte qu'ils peuvent changer l'usage des fondations, unir, transferer ou transmuer ce qui en dépend, lorsqu'il y a de l'utilité apparente, & que la gloire de Dieu ou l'avancement de son Service le requiert. L'habitation d'un Hôpital ayant été baillée à des Religieuses par l'Evêque Diocesain qui les avoit transferées d'un autre lieu pour des considerations necessaires, les Administrateurs s'en seroient plaints par les voyes d'abus, & auroient representé que les biens des pauvres ne pouvoient être ôtez de leurs mains, à quoy se seroient aussi joints des Confreres Penitens qui tenoient la Chapelle de cet Hôpital pour y faire leurs devotions, disant qu'on ne pouvoit pas les en déplacer, vû la concession que les Administrateurs & le Corps de la Ville leur en avoient faite. La Cour par Arrêt du 10. Juin 1605. sans avoir égard aux Lettres en opposition envers l'Arrêt, Lettres en cassation des Deliberations de la Ville de Castelsarrazi, ni à l'appel comme d'abus de l'Evêque de Montauban, ni pareillement aux appellations de Commissaire Executeur de l'Arrêt, a ordonné & ordonne que les Deliberations & Arrêt par maniere de provision, & jusqu'à ce qu'autrement par la Cour y soit pourvû, seront executez, & sur les Instances criminelles a mis & met les Parties hors de Cour & de procez, & sans dépens de toutes les Instances; neanmoins ordonne que les Confreres Penitens seront reintegrez des ustenciles, tant profanes qu'autres à eux appartenans, si fait n'a été, & sans dépens pour ce regard. *Voyez le septiéme Plaidoyé de Puymisson*.

18. Le 27. Juillet 1627. se sont présentées deux questions; la premiere si une femme après son entrée dans un Convent pour y vivre en qualité de Fondatrice sans y faire profession, avoit pû disposer de tout son bien qui luy étoit échû de la succession de son pere au profit du Monastere pour la construction du bâtiment, à condition d'en être nourrie, vêtuë & entretenuë sa vie durant, & au cas qu'elle vînt à sortir, que le Convent seroit tenu de luy payer une pension de 300. livres par chacun an?

La seconde, si cette femme ayant passé dix ans entiers dans le Monastere avec l'Habit de Religieuse faisant les fonctions ordinaires de Religion, & ayant changé de nom, sans toutefois y avoir fait vœu, du moins solemnel & public, pouvoit demander, demeurant toûjours en Religion, partage dans la succession de sa mere, en tout évenement, sa legitime en corps hereditaires?

Le Bailly d'Orleans déclara la donation faite aux Carmelites pour la construction de leurs bâtimens, bonne & valable, & sur la demande afin du partage ou de legitime, déclara la fille inhabile à succeder. De ce dernier chef la Religieuse ayant interjetté appel, la Cour met l'appellation au neant, ordonne que ce dont étoit appel sortiroit effet; & les parens de la Religieuse ayant de leur part interjetté appel du premier chef de la Sentence, la Cour sur cet appel appointa au Conseil. *Premier tome du Journal des Audiences*, liv. 1. ch. 139.

19. Une obligation est faite au profit du sieur Lalande Prévôt des Maréchaux d'Angers pendant sa communauté; sa femme meurt, on ne comprend point l'obligation en l'inventaire. Lalande de destine à une fondation de Prieres, Services, & Predications dans le Convent des Minimes; la fille du Fondateur se plaint, & allegue que le prix de la fondation est un bien à elle appartenant en qualité d'heritiere de sa mere; elle est deboutée. *Voyez le 20. Plaidoyé de M. Gautiers*, tome 1. où il dit, Arrêt est intervenu au mois de Juillet 1645. en faveur de la fondation, & par une espece de fin de non recevoir, après la mort d'un pere pour ne point deshonorer sa memoire sur un fait de recelé dont la preuve ne pouvoit plus être reçuë.

20. Deux Reglemens, l'un par le Chapitre de saint Jean de Lyon, pour obliger ceux qui possedent des Prebendes ou semi-Prebendes dans les Eglises de Sainte Croix & saint Etienne, dépendantes du Chapitre, de représenter leurs titres, & cependant que le quart du revenu desdites Prebendes seroit employé à la celebration des Messes établies par les fondations; l'autre par le Chapitre de Nôtre-Dame de Montbrison, qui contient la même chose; le premier a été homologué au Grand Conseil les 23. Octobre 1649. & 6. Septembre 1650. ce dernier

Arrêt eſt contradictoire. *Voyez Henrys tome 2. liv. 1. queſt. 17.*

21 L'on ne peut appliquer une fondation faite pour une ville à une autre ville. Un nommé Faure Marchand de la Ville de Foix, avoit inſtitué ſa femme heritiere, & luy avoit ſubſtitué les Jeſuites, à la charge de tenir trois de leurs Peres dans la ville pour l'inſtruction de la jeuneſſe; cette femme s'étant remariée, les Jeſuites s'accorderent avec elle, & par tranſaction liquiderent leurs droits à 8000. livres, outre quelques dettes, enſuite d'une Sentence arbitrale qui portoit que le revenu de cette ſomme ſeroit porté au College de Pamiers, parcequ'elle n'étoit pas ſuffiſante pour entretenir un College, ſans quoy ils n'acceptent pas de telles fondations; le Syndic de la ville demanda la caſſation de cette Sentence, & que leur Syndic fût tenu d'opter, autrement qu'il fût déchû de l'état de la ſubſtitution; ſes moyens étoient que le legat étant fait pour l'inſtruction de la jeuneſſe, c'étoit elle plûtôt qu'eux qui étoit inſtituée. Par Arrêt du Parlement de Toulouſe du 17. Mars 1654. la Cour caſſa la Sentence arbitrale, & la tranſaction, & ordonna que le Syndic de ces Peres ſatisferoit à la condition dans le mois, autrement que le Syndic de la ville y ſatisferoit, à la charge de tenir trois Regens. *Albert, verbo Teſtament art. 18.*

22 *Henrys, tome 2. liv. 1. queſt. 2.* rapporte un Arrêt du Conſeil d'Etat du 18. Avril 1654. rendu entre le Chapitre de l'Egliſe de Montbriſon & differens Seigneurs engagiſtes du Domaine du païs de Forêts, par lequel il a été jugé que le Chapitre avoit droit de s'adreſſer à un ſeul de ces Seigneurs pour le payement des fondations faites par les Comtes de *Forêts*, & impoſées ſur leur domaine, ſauf à luy à ſe pourvoir contre les autres.

23 Arrêt du Parlement de Paris du 11. May 1654. qui a déclaré valable une donation faite par une fille pour dotation d'un Convent qu'elle vouloit fonder où dans la ſuite elle fit Profeſſion. *Bibliotheque Can. tome 1. p. 523.*

24 Fondation d'une Chapelle érigée en l'Egliſe Collegiale de Montfaucon en Auvergne pendant la violence des guerres, déclarée abuſive le 30. May 1665. *De la Gueſſiere, tome 2. livre 7. chap. 22.*

25 Une Chapelle qui doit être ſervie par deux Recteurs ſuivant la Loy de la Fondation ne le peut être par un ſeul du conſentement du Patron, & par la perte de la plûpart des revenus; en ce cas l'autre Correctorie eſt impetrable, bien qu'il n'y ait eu qu'un ſeul Recteur pendant l'eſpace de plus de cent ans. Arrêt du Parlement de Grenoble du 24. May 1666. V. *Baſſet, tome 1. liv. 1. tit. 2. ch. 6.* Trois queſtions jugées par cet Arrêt. 1°. Que les Fondations notamment laïques ſont impreſcriptibles. 2°. Que l'on ne peut preſcrire contre ſon titre. 3°. Que la diminution des revenus des Benefices n'eſt pas un moyen ſuffiſant pour en induire la ſuppreſſion.

26 Arrêt du Parlement de Provence du 25. May 1668. qui a jugé que le Prévôt d'une Egliſe ne peut fonder une Chanoinie en diminution des diſtributions de la Prévôté. Ce même Arrêt a déclaré abuſive la procedure faite par l'Evêque ſur cette fondation par défaut de formalitez. *Boniface, tome 1. liv. 2. tit. 19. chapitre 2.*

27 Le Curé, comme Curé, c'eſt-à-dire, comme le Chef & le Maître dans ſon Egliſe, où nulle fondation ne peut s'introduire & nul Service ſe faire ſans ſon aveu, peut demander d'être admis au Service & à la retribution des Fondations faites dans ſon Egliſe, s'il n'en a été nommément exclus par le Fondateur; ainſi jugé au Parlement de Toulouſe le 12. Decembre 1668. dans une eſpece où le Fondateur avoit fondé un Service de quatre Meſſes à dire par les Prêtres de Saint Laurent, habitans & deſſervans cette Egliſe, auſquels à cet effet il avoit donné une metairie dont il avoit diſtrait un champ en faveur du Curé, que moyennant le legs de ce champ il ſe chargeoit de prier Dieu pour le repos de ſon ame. Cette diſtinction entre le Curé & les Prêtres ſéparez de legs & chargez ſéparément, le Curé de prier Dieu pour le repos de l'ame du Fondateur, les Prêtres de dire les quatre Meſſes, tout cela ſembloit aſſez exclure le Curé; mais on jugea qu'il falloit une excluſion formelle. Cet Arrêt eſt rapporté par *M. de Catellan, liv. 1. chap. 33.*

28 Arrêt du Parlement de Provence du 20. Novembre 1681. qui a jugé que le Grand Vicaire ne peut pas *homologuer* une fondation ſans pouvoir ſpecial. *Boniface, to. 3. liv. 5. tit. 7. ch. 2.*

29 Un Canonicat de la Sainte Chapelle de Bourges affecté par ſa fondation aux Chapelains du Chapitre, avoir été donné par le veritable Collateur à un Etranger qui en avoit joüi pendant vingt-huit ans fort paiſiblement. Les Chapelains apprehendans de perdre leur droit, avoient interjetté appel comme d'abus des proviſions de ce Canonicat, prétendans qu'on n'avoit pû contrevenir à la fondation de ce Benefice, & que les vingt-huit ans de poſſeſſion n'avoient pas pû couvrir la nullité de ſes proviſions. Le pourvû alleguoit au contraire qu'il avoit été nommé par le veritable Collateur, qu'il ne s'étoit point préſenté de Chapelains, & que vingt-huit ans de poſſeſſion le devoient mettre à couvert, puiſqu'un Etranger non gradué pourvû d'un Benefice qui étoit tombé dans le mois des Graduez étoit à couvert par la regle de *pacificis*, s'il avoit poſſedé pendant trois ans paiſibles le Benefice. La Cour a jugé qu'il n'y avoit abus, & neanmoins ſans tirer à conſequence pour une autre fois. Arrêt du Parlement de Paris du 20. Juin 1689. *Journal des Audiences, to. 5. liv. 5. chap. 17.*

30 L'Evêque a droit d'examiner les fondations, & de voir ſi elles ſont executées ſuivant l'intention des Fondateurs, comme il a été jugé au ſujet de la fondation faite par le Sieur Silvain Procureur en Parlement d'une Meſſe dans l'Egliſe Paroiſſiale de Chaillan, qui ſe diſoit dans la Chapelle du Château du Breüil. M. l'Archevêque de Bourges dans le cours de ſa viſite, rendit une Ordonnance portant que la fondation ſeroit repreſentée, & cependant que la Meſſe ſe diroit dans l'Egliſe de Chaillan ſuivant la fondation; dont le ſieur Du Coulombier, Seigneur du Breüil ayant appellé comme d'abus, la Cour dit n'y avoir aucun abus, par Arrêt du 9. Mars 1690. *Definit. Canon. p. 319.*

31 L'Official de Chartres avoit condamné l'appellant d'aſſiſter à un Sermon qui ſe feroit en l'Egliſe de Montdoubleau à la foſſe d'un défunt, lequel avoit ordonné qu'on y chanteroit le *Te Deum laudamus*: ce qui avoit été executé par l'Appellant comme Vicaire de l'Egliſe, pour cela condamné d'aſſiſter au Sermon qui ſeroit fait, pour montrer qu'il y avoit un Purgatoire, & qu'à la fin ſeroit chanté un *Libera*; & la maiſon du défunt viſitée, pour ſçavoir s'il y avoit aucuns Livres reprouvez. L'Avocat de l'appellant ayant remontré qu'au *Te Deum* il y avoit un verſet qui ſe pouvoit appliquer en prieres pour les Morts, à ſçavoir *Æterna fac cum ſanctis tuis in gloriâ numerari*; ſur l'appel ces Parties furent miſes hors de Cour & de procez ſans amende & dépens. *Bibliotheque Can. tome 1. p. 69.*

FONDATION, AMORTISSEMENT.
Voyez cy-deſſus le nomb. 3.

32 Si c'eſt à l'Egliſe ou aux heritiers à payer le droit d'amortiſſement? Il faut diſtinguer entre les fondations faites par des Actes à cauſe de mort, & celles faites par des diſpoſitions entre-vifs: dans le premier cas, c'eſt aux heritiers du défunt à payer les droits d'amortiſſement & d'indemnité, parce que l'on préſume que l'intention du teſtateur a été de faire joüir l'Egliſe de ſes liberalitez pleinement, *plenius voluntates teſtantium interpretantur*: dans le ſecond cas, les

Gg iij

heritiers n'y sont pas obligez, parce que les donations ne reçoivent point d'extension, *tantum valent, quantum sonant*. L'Auteur des Observations sur *Henrys, to.* 1. *liv.* 3. *chap.* 1. *quest.* 3. en cite un Arrêt moderne. *Voyez* le mot *Amortissement*.

FONDATION, ARMES.

33 Armes du Fondateur apposées és Eglises. *Voyez* le mot *Armes*.

34 Ceux de la Religion Prétenduë Reformée, quoique Fondateurs d'une Eglise, ne peuvent y faire apposer leurs Armes & Litres ou Ceintures funébres. *Voyez Filleau en ses Décisions Catholiques, décision* 32.

35 Acquereur ne peut ôter les Armes d'une Eglise dont le vendeur est Fondateur, & le droit d'apposer Armes aux Eglises par le Fondateur est personnel, & ainsi l'acquereur condamné au rétablissement. Jugé le 22. May 1658. *De la Guessiere, tome* 2. *liv.* 1. *ch.* 44.

FONDATIONS, ARRERAGES.

36 Arrerages des rentes dûës à l'Eglise pour Obits & Fondation. *Voyez* le mot *Arrerages, nomb.* 57. *& suiv.*

37 S'il y a fondation d'une Messe, & rente de cent sols payables par les heritiers, si l'on peut en demander plus de cinq années, comme rente fonciere, & si tous doivent prêter le serment d'avoir fait le Service? Arrêt du Parlement de Dijon du 25. Février 1603. contre les heritiers. *Voyez Bouvot, to.* 2. *verbo Legs, quest.* 25.

38 Les arrerages des rentes & fondations des Obits se payent depuis vingt-neuf ans avant l'introduction de l'Instance, en affirmant par les Ecclesiastiques qu'ils ont fait le Service &n'ont été payez. *La Roëbeslavin, des Droits Seigneuriaux, ch.* 6. *art.* 12.

FONDATION DE CHAPELLE.

39 Chapelles fondées purement & simplement, & depuis affectées à des Clercs habituez. *Voyez* le mot *Benefice, nomb.* 4.

40 L'heritier du Fondateur d'une Chapelle en une Eglise Paroissiale ne peut ceder & délaisser cette Chapelle à un tiers étrange de la Famille, en faisant la vente de la maison que le défunt avoit en la même Paroisse au préjudice de ses coheritiers de la même Famille ; telle vente n'est pas bonne, quoique confirmée par les Marguilliers & Procureurs Fabriciens. Arrêt du Jeudy 18. Mars 1602. *Chenu, premiere Centurie, quest.* 85.

FONDATION DE COLLEGES.

41 Les Evêques ne peuvent changer les fondations seculieres faites pour l'instruction de la jeunesse & les rendre Ecclesiastiques. Le sieur Mazure Curé de S. Paul à Paris, prétendant que la fondation faite par le sieur Landez son oncle, ne pouvoit être executée, se pourvut pardevant M. l'Evêque d'Avranches, qui érigea la fondation en Chapelle, de laquelle le Chapelain seroit le Regent. Arrêt du Parlement de Paris du 2. Janvier 1642. qui déclare l'érection abusive ; le motif fut au fond que l'état d'une fondation ne devoit être changé. Dans la forme, les Fondations seculieres sont purement de la Jurisdiction des Juges seculiers. *Journal des Audiences, to.* 1. *liv.* 3. *chap.* 83.

42 Les Colleges pour l'instruction de la jeunesse de fondation seculiere, doivent être gouvernez par des seculiers. Arrêt du 2. Janvier 1646. *Du Frêne, livre* 4. *chapitre* 28.

43 Le College bâti en la Ville d'Auxerre par M. Amiot Evêque du lieu avec volonté de le fonder & d'y mettre des Jesuites pour l'instruction de la jeunesse, & ne l'ayant fait, il fut jugé que la maison par luy bâtie devoit appartenir à la Ville d'Auxerre, & non aux heritiers de l'Evêque. Prononcé le 10. Avril 1607. *Chenu*, 2. *Cent. q.* 18. *Montholon, Arrêt* 110. *M. Bouguier, lettre* D. *nombre* 5.

44 Jugé au Parlement de Toulouse le 20. Août 1681. que la multiplicité des Titres & Provisions du Pape avec bien plus de quarante années de possession, ne pouvoit acquerir à l'Eglise un Benefice auparavant uni à un College de fondation laïque, & dont les places étoient de Patronage laïc ; la raison fut qu'il n'étoit pas question dans cet Arrêt de changer seulement l'état ou le Patronage du Benefice, qu'il s'agissoit d'en créer un, ou de le faire revivre au préjudice d'une fondation laïque, & de l'interêt public. Ce College étoit le College fondé à Montpellier par le Président du Verger. *Voyez* M. *De Catellan, livre* 1. *chapitre* 48.

Voyez le mot *College*.

FONDATION, CONTRELETTRES.

45 Si les contrelettres contre une fondation sont valables ? *Voyez* le mot *Contrelettres, nomb.* 2.

FONDATIONS, CORDELIERS.

46 Fondations faites au profit des Cordeliers. *Voyez* cy-dessus *le nombre* 14. & le mot *Cordeliers, nombres* 5. 6. 9. 15.

FONDATION, CUREZ.

47 *Voyez* cy-dessus *le nombre* 7.

DEROGATION AUX FONDATIONS.

48 Le Pape ne peut pas dispenser des fondations laïques. *Voyez* le mot *Dispense, nomb.* 28. & cy-après *le nomb.* 71.

49 Evêques ne peuvent déroger aux fondations, soit laïques, soit Ecclesiastiques, & cette derogation ne peut être autorisée par aucune prescription. Arrêt du 24. Mars 1637. Il s'agissoit de la fondation du Doyenné, College & Chapitre de Châteaudun, que l'on prétendoit avoir été alterée par le fait des Evêques de Chartres. *Bardet, to.* 2. *liv.* 6 *ch.* 10.

50 Arrêt du Parlement de Provence du 14. Novembre 1642. par lequel il a été décidé que le Juge d'Eglise commet abus s'il contrevient à la fondation d'un Chapitre. *Boniface, to.* 1. *liv.* 1. *tit.* 2. *nomb.* 10. Même Arrêt le 17. Novembre 1678. *Idem, tome* 3. *liv.* 5. *tit.* 4. *chap.* 3.

51 Arrêt du 21. May 1670. qui a jugé que le Pape ne peut déroger à la fondation d'un Benefice, ni à un Patronage Laïc. *Idem tome* 3. *li.* 5. *tit.* 4. *ch.* 2.

52 Si le Fondateur veut que le Benefice soit purement & absolument électif, & qu'il ne tombe jamais en la collation volontaire de l'Ordinaire, les provisions qui en seront obtenuës, encore que ce soit en consequence d'autres qui ont eu effet, seront déclarées abusives, le Patron même qui aura nommé sera reçu à agir pour cela. Arrêts du Parlement de Grenoble des 7. Septembre 1670. 3. Août 1680. & 21. May 1681. pour le Syndic des Cordeliers de Moirans, rapportés par *Chorier en sa Jurisprudence de Guy Papé*, p. 41.

DONATION POUR FONDATION.

Voyez cy-dessus *les nomb.* 18. 13.

53 Les contracts de fondation de Monasteres, & d'autres œuvres pies, n'ont pas besoin d'insinuation. Arrêt du P. de Paris du 28. Mars 1684. *De la Guess. to.* 4. *liv.* 7. *chap.* 6. où dans le fait il cite un Arrêt du 7. Septembre 1588. qui annulle une fondation pour Messes, faute d'avoir été acceptée & insinuée.

54 Donation faite à l'Eglise pour employer en fondation d'une Chapelle, se peut revoquer avant le decret & homologation. Arrêt du 23. Decembre 1598. *M. Loüet, lettre* D. *somm.* 3. *Montholon, Arrêt* 87. rapporte le même Arrêt.

55 En la Coûtume de Normandie, la donation, même pour cause pie & fondation, ne doit exceder le tiers des acquêts. Arrêt du P. de Roüen du 5. Avril 1680. contre les Tresoriers de sainte Croix S. Oüen, qui ne furent pas reçus pour empêcher la rédaction, à opposer aux heritiers le défaut d'inventaire des meubles. *Basnage sur l'art* 427. *de cette Coûtume.*

56 Jacques d'Averton, sieur de ce Bourg, & de la forêt de Pail, l'un des cent Gentilshommes de la Maison du Roy, faisant tenir la Jurisdiction, fut tué par Jean de la Chapelle Seigneur d'Averton. Jean de la Chapelle obtint remission, mais par Arrêt du

Parlement de Paris du premier Avril 1533. confirmé par autre du 7. Mars 1550. il fut condamné à fonder une Chapelle de 50. livres de revenu ; laquelle fondation sera dûement decretée & amortie à ses dépens par M. l'Evêque du Mans, le Chapelain tenu de dire deux Messes basses chacune semaine, & une haute par chacun an le 16. Octobre jour de l'assassinat, comme aussi qu'épitaphe en cuivre sera dressée où mention de la fondation, & Arrêt sera faite. Corbin, suite de Patronage, chap. 196.

Voyez cy-après verbo Homicide.

FONDATION HOMOLOGUE'E.

57 Voyez cy-dessus le nomb. 28. 54. & cy-après le nombr. 111.

FONDATION INSUFFISANTE.

58 Les Paroissiens fondateurs d'une Paroisse, peuvent être contraints de la redoter lors qu'elle devient pauvre. Definit. Can. p. 276.

59 Heritier d'un fondateur de Chapelle n'est tenu de garentir la dot & rente, quand elle ne suffit aux charges. Arrêt du Parlement de Bretagne du 5. Septembre 1598. Bellordeau, li. 8. de ses Controv. ch. 16.

60 Le fonds destiné à faire fondation venant à manquer, il y aura lieu de se pourvoir sur les autres biens du fondateur. Arrêt du Parlement de Toulouse du 28. Juin 1630. Voyez M. Dolive, li. 1. quest. 6.

61 Le Docteur Rochut dit que les Prêtres doivent être accomplies au moins dans l'année du décez du fondateur. Si ce qu'il a donné n'est pas suffisant pour accomplir les charges de la fondation, les heritiers ne seront pas tenus de fournir le surplus, mais la fondation sera convertie en une autre œuvre pie du consentement de l'Evêque.

FONDATION, JUGE.

62 L'Evêque ne peut prendre connoissance d'un contrat de fondation de Messe, ni divertir les jours. Arrêt du Parlement de Bourgogne du 11. Août 1609. contre l'Evêque d'Autun. Bouvot, tome 2. titre des Legs, quest. 7. & cy-dessus n. 41.

FONDATION, MESSES.

63 Les Prêtres qui acquittent les Messes de fondation sont destituables ad nutum, & ne peuvent former complainte. Arrêt du Parlement de Normandie du dernier Août 1524. il étoit question d'une Matutinale fondée au jour de Lundy en l'Eglise Paroissiale de Cherbourg, par les Confreres de la Charité. Bibliotheque Can. tome 2. p. 69. col. 1.

64 Dom André Fenoillet Prêtre est condamné de laisser plusieurs heritages qui avoient été destinez pour dire les Messes aux heritiers du donateur, à la charge qu'ils bailleront chacun an dix livres aux Prêtres. Arrêt du Parlement de Bretagne du 20. Octobre 1565. Du Fail, li. 2. chap. 156. où il est observé, que si l'on avoit composé à certaine somme avec les Paroissiens, eux ni le Prêtre ne seroient recevables à faire casser la composition executée pendant un long temps. Arrêt contre les Paroissiens & Prêtres de S. Germain de Rennes du mois de Juin 1640.

65 Fondation de quelques Messes à laquelle le testateur a mis un terme incertain (exemple) tant & si longuement que son ame demeurera en purgatoire, ne peut être censée perpetuelle, mais doit être réduite à quelles années, comme de dix ou douze. Henrys, tome 2, liv. 1. quest. 14. Ce n'est qu'un avis qu'il propose sur une Consultation ; il n'y a pas d'Arrêt. Ce qui détermine l'Auteur, est que les Prêtres ne peuvent soûtenir la fondation perpetuelle, sans affoiblir leur Ministere ; & la vertu de la Messe qui est infinie ; & pour vouloir trop continuer la fondation, c'est la supposer inutile à celuy pour qui on la continuë.

66 Pour la fondation de trois Messes, certains heritages sont donnez à des Prêtres qui en joüissent successivement jusqu'en 1549. l'un d'eux étant mort, ses biens furent saisis par desherence ; ses heritiers s'opposent, & obtiennent main-levée, & les vendent ; l'acquereur s'en approprie ; trois devoient dire les Messes, l'un s'oppose à la confiscation des bannies ; depuis les trois demandent par action les heritages affectez à la celebration des Messes ; l'acquereur se défend en disant qu'il est approprié ; ils repliquent, res sacra non præscribuntur. Arrêt du Parlement de Bretagne du 17. Août 1570. qui ordonne que les heritages seront remis, sauf le recours de l'acquereur vers qui il appartiendra. Du Fail, li. 3. chap. 123.

67 Guillaume Gaucher par son testament fait en 1487. laisse quelques heritages pour des Messes. Arrêt du P. de Bretagne du 31. Octobre 1571. qui déboute ses heritiers de leur requête, par laquelle ils demandoient que les heritages leur fussent remis, à la charge de l'entretenement & continuation des Messes. Du Fail, li. 2. chap. 424.

68 Un Curé primitif à qui il a été donné cent francs pour fonder une Messe, n'est recevable à rendre l'argent, n'étant plus Curé. Arrêt du Parlement de Dijon du 29. Janvier 1609. Bouvot, tome 2. verbo Legs, quest. 5.

FONDATION, EGLISE DE MONTBRISON.

69 Reglement fait au Conseil Privé du Roy le 18. Avril 1654. touchant la fondation de l'Eglise de Nôtre-Dame de Montbrison sur le Domaine de Forêts, ladite fondation faite par les Comtes de Forêts, au sujet de l'engagement dudit Domaine. Henrys, tome 2. liv. 1. q. 2.

PARENS DU FONDATEUR.

70 Les heritiers ou successeurs de celuy qui a fondé une redevance au profit d'un Hôpital, étant tombez dans la necessité sans leur faute, le Benefice leur en doit être appliqué. V. Henrys, to. 2. li. 1. quest. 22.

70 bis. Les descendans pauvres des fondateurs doivent être nourris aux dépens de la fondation. Arrêt du Parlement de Toulouse du 4. Février 1670. au profit de M. Cailleux pauvre Prêtre âgé de 84. ans, auquel on ajugea la troisiéme partie des revenus d'une Chapelle fondée par son ayeul, à la charge de contribuer au tiers des charges autres que le service, quoique le Chapelain soûtint positivement que le revenu n'étoit pas suffisant pour le service, suivant la taxe de Toulouse où la Chapelle étoit desservie. Cet Arrêt est fondé sur le chap. 28. nobis extr. de jur. patron. & le Canon 30. quicumque 16. quest. 7. Voyez M. de Catellan, li. 1. chap. 2.

Voyez le mot Alimens, nomb. 74.

FONDATION, PATRONAGE.

71 Si un Patron Laïc s'adresse au Pape pour autoriser une fondation, le Pape ne peut par les Bulles de confirmation se réserver la faculté de déroger au droit de Patronage, à moins que le Patron n'y consente expressément, autrement la reserve seroit abusive. Voyez du Moulin Regl. de Infirmis, n. 51.

72 Quoique les confirmations soient annullées comme abusives, neanmoins le consentement donné par le Patron subsistera, en sorte que le Pape aura le pouvoir de déroger & de prévenir quand le droit de Patronage sera établi ; mais aussi à contrario sensu, si le Pape dans les confirmations canoniquement & valablement faites s'est réservé le droit de prévenir & de déroger, sans en avoir le consentement exprés du Patron ; la validité de la confirmation n'empêchera pas qu'on ne puisse appeller comme d'abus, & se plaindre de la réserve du Pape ; ainsi que du Moulin dit qu'il fut jugé au Parlement de Paris le 17. Mars 1541. Voyez du Moulin, ibidem.

73 Licet meretrix ecclesiam fundaverit de meretricio, licitè facta est fundatio, & per consequens ipsa acquirit jus Patronatus. Voyez M. de Selve, 2. part. tract. quest. 5. n. 7.

74 Fonder une Eglise ne donne pas le droit de Patronage, il faut la doter suffisamment ; cette fondation ne peut être faite sans le consentement de l'Evêque ;

le fondateur même peut être contraint de doter l'E-glise, ou de renoncer au Patronage. *Définit. Can. p. 272.*

Fondateur qui renonceroit à son droit de Patronage, seroit déchargé de redoter une Eglise par luy dotée. *Ibidem. p. 277.*

75   S'il étoit justifié par le titre de la fondation que le fondateur a renoncé au droit de Patronage, & en a déchargé l'Eglise, pour lors la possession immemoriale de presenter aux Benefices pendant cent ans, ou plus, n'acquerroit pas le Patronage au possesseur. *Bibliot. Can. tome 2. p. 183.*

76   Arrêt du Parl. de Provence du 24. Mars 1667. qui a jugé que l'on peut fonder de nouveaux Benefices, avec reserve de juspatron en une Eglise, où les autres Benefices sont à un seul Patron. *Boniface, tome 1. li. 2. tit. 28. chap. 7.*

77   Par la fondation, la préséance, l'encensement, la recommandation aux prieres, & autres droits honorifiques sont dûs au Patron, mais non la Collation, Présentation, ou Nomination aux Benefices fondez, qu'il doit se retenir & reserver specialement par la fondation ; autrement l'Eglise en demeureroit déchargée, comme d'une servitude, & d'un droit onereux : même quoique l'Eglise soit de fondation Royale, il faut qu'il paroisse que le Roy s'est reservé & retenu la Collation, ou autre disposition ; ainsi qu'il a été jugé par Arrêt du Conseil d'Etat du 20. Mars 1679. pour le Doyenné de Montelimart, dans la Province de Dauphiné, lequel étoit de la fondation du Roy Loüis XI L'élû par le Chapitre fut maintenu contre le pourvû par le Roy, parce qu'on ne justifioit pas que la fondation le Roy se fût reservé la Collation. *Voyez Pinson, traité des Regales, ch. 6. nomb. 16. & 17.*

78   Une fondation de Chapelle étant faite dans la Coûtume de Mondidier, decretée avant sa réformation, dans le temps qu'elle n'admettoit point de representation en ligne directe, & le droit de Patronage étant reservé au plus prochain heritier mâle, & premier né de degré en degré, descendant du fondateur, jugé que le Neveu fils de l'aîné excluoit son oncle frere puiné, & que la representation admise par le 191. article de la nouvelle Coûtume avoit lieu en ce cas. Arrêt du Parlement de Paris du 9. Decembre 1693. *Journal des Audiences tome 5. livre 8. chap. 24.*

FONDATION, PRESCRIPTION.

79   Les fondations & prestations annuelles dûës à l'Eglise pour le Service divin sont imprescriptibles. *V. Henrys, tome 1. liv. 4. chap. 6. quest. 72. où il cite M. Dolive, liv. 1. chap. 6. & M. le Prêtre, 1. Cent. chap. 39.*

Voyez cy-aprés le nomb. 81.

80   La rente obituaire est si favorable qu'elle est imprescriptible, non seulement pour l'action personnelle contre les heritiers, mais pour l'hypotequaire même contre tous acquereurs & possesseurs des biens, sans que l'Eglise soit obligée de discuter les heritiers préalablement. Jugé au Parlement de Toulouse suivant l'avis de Ferrieres sur la question 432. & 576. *Voyez M. de Catellan, liv. 1. chap. 7.*

81   Jugé au même Parl. de Toulouse qu'un fonds legué pour le service d'un Obit étoit imprescriptible, dans le cas d'un testateur qui avoit legué deux pieces de terre pour la nourriture & l'entretenement du Chapelain qui serviroit la Chapelle par luy fondée dans le même testament, & qu'il obligeoit de celebrer des Messes pour le repos de son ame. Ces deux pieces étoient entre les mains d'un acquereur depuis 40. ou 50. années ; le service n'avoit point été fait depuis le legs qui étoit fort ancien. Les deux pieces de terres furent ajugées au Chapelain, qui s'étoit fait pourvoir à Rome de l'Obit vacant. La raison fut que le fonds ayant été legué pour servir à la nourriture & entretenement de ce Chapelain, c'étoit comme un legs de rente annuelle & perpetuelle imprescriptible comme legs qui se multiplie & se renouvelle toutes les années, encore mieux quand la rente est obituaire. *V. M. de Catellan, ibidem, ch. 35.*

82   Fondation d'une pension annuelle pour faire prieres pour les Morts ne se prescrit point, & soit qu'elle soit assignée sur quelques corps, elle s'étend sur tous les biens du fondateur subsidiairement, sans s'arrêter à l'assignat demonstratif ou limitatif. Arrêts des 28. Juin 1630. & 7. Juillet 1633. *M. Dolive, liv. 1. chap. 6.* Dans la nouvelle édition il cite un Arrêt du 4. Avril 1641. rendu aprés un partage, par lequel il a été jugé que ces sortes de rentes sont imprescriptibles, quoique dans le contrat il y ait la clause que la rente sera rachetable.

83   Quand le don à l'Eglise est pour une fois payer, la prescription a lieu ; comme il fut jugé à Toulouse le 3. Septembre 1649. en faveur du sieur de Bescatel de la Religion prétenduë Réformée, contre les Religieux de Gourdon. Une femme avoit donné 200. liv. d'or à ces Religieux en 1402. ils s'étoient obligez à un Service perpetuel ; il fut jugé que cela étoit prescrit ; la même chose fut jugée le 22. May 1641. en faveur du sieur de Ranchin, contre les Religieux de Proüillan. Une femme leur ayant donné entre-vifs à la charge de dire certaine quantité de Messes tous les ans à perpetuité, le Syndic en demandoit les arrerages de 29. ans ; le sieur Ranchin disoit que la somme principale étant prescrite, il n'y avoit pas lieu de faire demande des interêts ou des arrerages, *L. eos qui 26. Cod. de usuris* ; il ajoûtoit que la Cour faisoit difference, & la somme avoit été donnée par contrat ou par testament, parce qu'étant donnée par contrat, *non renascitur actio*, à cause que c'est *una & eadem stipulatio, l. si stichum 16. in fin. ff. de verb. obligat.* & suivant la doctrine des Ultramontains. *Voyez Expilly, chap. 211.* au lieu que quand c'est par testament *renascitur singulis annis, l. sancimus 46. si vero ff. de ep. & cler. & l. cum notissimi 7. ult. cod. de præscript. 30. vel 40. an.* Le sieur Ranchin fut relaxé. A cet Arrêt sont contraires ceux que M. Dolive rapporte. On en allegue aussi un du 30. Juillet 1634. contraire à celuy-cy, rendu contre le sieur de Varennes. Il est vray que les termes des actes, & les circonstances font souvent la difference des préjugez. *Albert, verbo Pension, article 5.*

84   Les rentes qui ont été leguées ou données à prendre sur les biens du donateur, comme la constitution n'en a point été faite à prix d'argent, & qu'elles n'ont d'autres causes de leur constitution que la liberalité du donateur, la faculté de les racheter peut en être prescrite par 40. ans ; cela avoit été jugé par deux Arrêts ; mais le contraire fut jugé le 7. Decembre 1656. contre le sieur de Languedor Secretaire, & les Tresoriers de l'Eglise saint Michel, *Multis tamen & magni nominis senatoribus contradicentibus.* Basnage sur la Coûtume de Normandie, article 530.

85   Jugé au Parlement de Toulouse au mois de May 1665. que le laps de plus de 100. ans ne faisoit pas que le tiers possesseur pût prescrire la rente établie sur le fonds, avec la liberté de l'en pouvoir liberer en la transferant sur un autre fonds ; la translation de la rente d'un fonds à un autre pouvant être justifiée par un changement de main plus sensible, ainsi plus aisément que le simple rachat de la rente, moyennant le payement de la somme indiquée ; duquel il n'y peut avoir autant de traces & de suites apparentes ; elle doit être encore moins aisément présumée, consequemment la rente ainsi transportable doit être encore moins prescriptible, que la rente rachetable à prix d'argent. *Voyez M. de Catellan, liv. 1. chap. 7.*

Ua

86 Un nommé Veyres Prêtre institué en 1554. autre Veyres son neveu aussi Prêtre, à la charge de prier Dieu pour son ame, & de ses prédécesseurs *Missas celebrare, divinis Officiis inservire, &c.* de rendre au plus proche, ou tel autre parent Prêtre de la famille, que son heritier voudroit, sous la même charge. Neanmoins peu après Veyres heritier, donne tous ses biens à autre Veyres son neveu non Prêtre, sans nulle charge. Ces biens sont possedez par le donataire ou ses descendans jusqu'en 1650. qu'ils sont decretez. Le decretiste n'en avoit joüi que neuf ans, lorsque Maître Gras se fait pourvoir de cet obit en Cour de Rome; l'acquereur des biens par decret assigné par l'Obituaire, prétendoit qu'il y avoit prescription: il fut jugé au Parlement de Toulouse le 9. Juin 1666. après partage, que s'agissant d'un Obit veritable, la prescription ne pouvoit avoir lieu. Arrêt rapporté par *M. de Catelian*, liv. 1. chap. 35.

87 Le nommé Dupuy s'étoit fait pourvoir en 1664. d'un Obit fondé en 1533. par Pons de la Tour, qui l'avoit chargé de deux Messes par semaine sous la rente de dix septiers de bled & une pipe de vin, avec faculté aux successeurs de la racheter moyennant 150. livres. Jugé au Parlement de Toulouse le 14. May 1667. que ni la demande ni la faculté de rachat n'étoient prescrites; les heritiers furent condamnez à payer vingt neuf années d'arrerages, permis à eux de se liberer, en payant à l'obituaire 150. livres qui seroient employez en autre rente. *V. les Arrêts de M. de Catellan*, liv. 1. chap. 7. où il ajoûte, avoir vû juger que sans regarder à la valeur de la rente, lors du rachat on recevoit toûjours l'heritier du Fondateur à racheter en payant le prix porté par la fondation.

88 Tout ce qui est ordonné par le titre de la fondation doit être religieusement observé, & n'est pas sujet à prescription à laquelle on ne s'arrête point. Arrêt du Parlement de Grenoble du 22. Février 1673 pour les Prêtres Altariens de l'Eglise Paroissiale de Tullins, contre Messire Loüis Glasson, qui avoit imperté une Chapelle affectée par sa fondation à ces Prêtres, quoiqu'elle eût déja eu à leur préjudice des Recteurs particuliers. *Voyez Chorier en sa Jurisprudence de Guy Pape*, p. 41.

FONDATION, PROVISIONS.

89 Il faut avoir les qualitez portées dans la fondation au temps qu'on est pourvû du Benefice. Arrêt du Parlement de Grenoble du 8. Juillet 1666. *V. Basset*, to. 1. liv. 1. tit. 2. chap. 4.

90 Celuy qui est nommé doit avoir au temps de sa nomination toutes les qualitez que la fondation desire en luy. Arrêts du Parlement de Grenoble des 28. Août 1652. & 8. Juillet 1666. rapportez par *Chorier, en sa Jurisprudence de Guy Pape*, p. 41.

91 La rigueur de la Loy qui veut que celuy qui est nommé, ait au temps de sa nomination toutes les qualitez que la fondation desire en luy, ne souffre d'adoucissement que pour ceux de la famille du Fondateur, pourvû neanmoins qu'il ait ordonné seulement que celuy qui sera nommé sera Prêtre, par exemple, & qu'il n'ait point ajoûté que s'il ne l'est pas, le Benefice *eo ipso* sera vacant, il pourra en ce cas être fait Prêtre dans le temps qui luy sera prescrit ou qu'il l'est de droit; & s'il le neglige, le Benefice sera alors vacant, & le Patron n'aura pas la liberté d'en nommer un autre au préjudice du dévolutaire. Arrêt du Parlement de Grenoble du 19. Août 1676. rapporté par *Chorier, ibidem*. Voyez *M. Dolive*, liv. 1. chap. 7.

FONDATION REDUITE.

Voyez au present titre les nombres 14. & 65.

92 De la reduction des Services & Fondations, en quel cas elle se fait? *Voyez M. du Perray, en son traité des Ecclesiastiques*, p. 117.

Tome II.

93 Une fondation est faite par un Prêtre en 1521. les heritiers la veulent reduire à certaine somme pour dire les Messes, & avoir l'heritage qui demeurera affecté au payement. Arrêt du Parlement de Bretagne du 13. Août 1571. qui les deboute; la fondation étoit trop ancienne, *summa ratio est quæ pro Religione facit*. Autre chose seroit si elle étoit de quelques années seulement. *Du Fail*, li. 1. ch. 319. & li. 3. ch. 130.

94 Une Disme ayant été leguée, à la charge d'en donner par chacun an une certaine quantité pour la nourriture des pauvres, quoique cette Disme se trouve diminuée, la charge cependant doit être payée sans diminution. Arrêt du 4. Juillet 1614. *Bouvot*, tome 2. verbo Legs, quest. 9.

95 Le 2. Mars 1649. le Parlement de Toulouse restraignit une fondation de l'an 1413 faite par une Dame de la Maison de Lentillac. Cette fondation d'un Convent portoit qu'une de Lentillac seroit Abbesse, & qu'il y pourroit toûjours entrer quatre filles de cette Maison dans ce Monastere, à la charge d'y porter tous leurs biens. Une Demoiselle de Lentillac sœur de la Dame de Montmurat, de pere & de mere, & du sieur de Lentillac, Patron, de pere seulement, y étant entrée, donnoit par testament tous ses biens à ce Monastere; la Dame de Montmurat avoit fait casser ce testament & reduire la constitution de cette Religieuse à 3500. livres; la Dame de Lentillac Abbesse du Monastere se pourvût par Requête civile, & avoit fait intervenir le sieur de Lentillac Patron son pere comme opposant; ils furent démis de leurs impetrations, parce que cette fondation ne pouvoit subsister, en ce qu'elle étoit contraire aux Ordonnances. *Albert*, verbo *Testament*, art. 34.

96 Le Chapitre de Saint Valier ayant eu des procez considerables avec le Comte du même nom, qui se prétend Fondateur ou representant les Fondateurs, exposa à l'Ordinaire que les fondations leur étoient à charge, & demanda pardevers luy la reduction des Services, le Comte de S. Valier fit assigner ces Chanoines qui sont de l'Ordre de S. Ruf, à la Cinquiéme des Enquêtes, en execution de plusieurs Arrêts; le Chapitre répondoit qu'il ne combattoit point la fondation, qu'il s'agissoit non pas de complainte, mais de reduction de Service, qui étoit une chose toute spirituelle, dont la connoissance appartenoit aux Ordinaires privativement à tout autre Juge. Arrêt du Parlement de Paris du 10. Janvier 1683. qui renvoye à l'Ordinaire. *Voyez M. Du Perray*, liv. 1. chap. 15. n. 3. & suiv. où il observe que si les Ecclesiastiques denioient absolument d'être tenus de la fondation, & que les laïcs soûtinssent au contraire qu'il y sont sujets, & qu'il y a des Actes de fondation & des Sentences qui les ont obligez à l'execution, la connoissance appartiendroit aux *Juges* seculiers.

FONDATIONS, RENTES.

97 Pensions de grains & autres denrées fondées pour Obits, doivent être reduites *ad legitimum modum*, & sont rachetables. Arrêt du 15. Decembre 1561. *M. Expilly Arrêt* 60.

98 *Reditus frumentarius piæ causæ debitus, an redimibilis ex Edicto anni 1571. si instrumentum constitutionis non exprimat pretium, sed simpliciter contineat reditum fuisse venditum?* Judicatum in Aprili 1644. pro redimibilitate. Voyez *Stockmans, decis. 72*.

99 Declaration portant permission aux Ecclesiastiques, en cas que les rentes qui leur sont données pour Obits & Fondations soient rachetées, d'en faire le remploy au denier douze, nonobstant l'Edit du mois de Juin 1572. A Paris le 27. Janvier 1573. *Ordonnances de Fontanon*, to. 4. p. 603.

100 Les rentes données & leguées à l'Eglise sur quelques fonds, & dont il n'appert de la creation, ne sont sujettes à la reduction de l'Ordonnance ni à rachat, s'il n'étoit dit par le testateur. Arrêt du Par-

lement de Bretagne du 12. Decembre 1597. & que d'une rente leguée pour la fondation d'une Messe par semaine, quoique constituée à prix d'argent, les arrerages en pouvoient être demandez des vingt-neuf ans précedans la demande. *Sauvageau sur Du Fail, liv. 3. chap. 42.*

101 Si une fondation a été faite de douze livres par an d'une rente rachetable, les rentes diminuées par l'Edit du Roy, & étant réduites du denier douze au denier seize, les heritiers ne sont tenus de parfournir le surplus, ni tenus de payer toute la rente, nonobstant le rabais & diminution du tiers. Arrêt du Parlement de Dijon du 12. Juillet 1607. *Bouvot, tome 2. verbo Legs, quest.* 4.

102 Par Arrêt du mois de Juillet 1608. un detempteur d'un heritage chargé de trois livres de rente envers une Eglise pour faire dire des Messes, voulant s'en affranchir en vertu de l'article 516. de la Coûtume de Normandie, se fondant sur ce que le contrat de constitution portoit *rachetable à toûjours*, il fut ordonné qu'en donnant de la part du detempteur de l'heritage une pareille rente fonciere & non rachetable de trois livres, il seroit déchargé ; l'Eglise opposoit que la faculté de racheter avoit été prescrite par cent ans suivant l'autorité de Justinien, *Authent. ut Rom. Eccl. &c.* V. Bibliot. Can. to. 1. p.638. col.2.

103 Les rentes obituaires peuvent être prouvées par des témoins qui déposent du payement de ces rentes pendant trente ans. Arrêt du Parlement de Toulouse du 16. Janvier 1633. rapporté par *M. de Castellan, liv. 3. chap. 2.*

104 La rente duë à l'Eglise pour fondation du Service divin n'est pas censée fonciere ; les arrerages n'en peuvent être demandez que des cinq années dernieres. Arrêt du 10 Juillet 1638. *Henrys, tome 1. liv. 4. chap. 6. q. 71.* Il est vray qu'Henrys dit que cet Arrêt est solitaire & particulier, & qu'il ne peut servir de loy, & qu'il n'estime pas que la Cour par cet Arrêt ait voulu introduire une Jurisprudence nouvelle, & reduire les legs pieux & fondations du Service divin à la regle des rentes constituées, &c. & là-dessus cité *M. Dolive, liv. 1. chap. 6.* qui rapporte des Arrêts contraires du Parlement de Toulouse, par lesquels on a ajugé vingt-neuf années de semblables fondations.

105 Le 3. Decembre 1644. au Parlement de Toulouse, il fut jugé qu'une rente seche pour prier Dieu pour l'ame de celuy qui l'avoit établie, sans qu'il aparût que ce fût par testament & sans specification d'aucune Messe ou autre priere ; & quoiqu'il parût que cette rente étoit rachetable, & même qu'elle eût été rachetée, elle étoit imprescriptible, sans doute à cause des termes qui faisoient présumer que c'étoit une fondation. Sur quoi partage pour sçavoir si les arrerages en étoient dûs de vingt-neuf ans ou de cinq ; il fut jugé qu'ils n'étoient dûs que de cinq ans. Il y a encore un Arrêt du mois de May 1642. *Albert*, verbo *Pensions, art. 5.*

106 Jugé au Parlement de Toulouse le 5. Decembre 1678. que le possesseur d'une partie des biens du Fondateur, devoit payer les entiers arrerages de la rente obituaire depuis vingt-neuf ans, sans que l'obituaire fût obligé de faire nulle discussion ni division, sauf au possesseur de cette partie des biens, son recours contre les autres possesseurs ; en quoy la rente obituaire est plus favorablement traitée que la fonciere ; les arrerages de cette derniere rente dûë par indivis ne pouvant être demandée par indivis, mais seulement contre chacun des tenanciers à proportion de ce qu'ils possedent des biens sujets à la rente. *Voyez M. de Castellan, liv. 1. chap. 7.* où il observe qu'il a vû la severité de la Jurisprudence de radoucir pour le tiers possesseur, condamné seulement au payement des arrerages de la rente depuis l'introduction de l'Instance. Arrêt du 30. Mars 1675.

FONDATION REVOQUÉE.

107 Un Prêtre avoit fondé une Chapelle ; fondation ni acceptée ni decretée. Le donateur la revoque en consideration de la pauvreté de ses parens : après sa mort un homme s'en fait pourvoir en Cour de Rome ; appel comme d'abus ; par Arrêt prononcé en Robes rouges le 23. Decembre 1588. il fut dit, mal, abusivement fulminé, procedé & executé, &c. Après l'Arrêt M. le Premier Président du Harlay dit, *Avocats vous retiendrez que la donation ou fondation faite en faveur de l'Eglise se peut revoquer devant qu'elle soit acceptée & fulminée.* Bibliotheque de Bouchel, verbo Donation. *M. Loüet lettre D. somm. 3.* date l'Arrêt de l'année 1598. c'est sa veritable date. *Montholon, Arrêt* 87. rapporte le même Arrêt.

108 Un homme par son testament en 1550. fonde un Obit qu'il assigne sur plusieurs biens, ajoutant ces mots, *ayant juré sur les saints Evangiles ne revoquer jamais cette promesse.* Quelque temps après il fait un autre testament, avec clause derogatoire generale, & par iceluy fonde un Obit de dix écus petits. Par Arrêt donné au P. de Toulouse en Janvier 1593. jugé que la premiere fondation devoit subsister, principalement parce que c'étoit comme un Acte séparé du testament, & que ces mots étoient souvent reiterez dans le premier testament, *Testateur & Fondateur, Testament & Fondation*, outre qu'un Acte irrevocable peut être fait dans un testament. *Cambolas, liv. 1. chap. 56.*

109 Par Arrêt du Parlement de Paris en Decembre 1598. la donation faite pour fondation d'une Chapelle fut jugée revocable avant l'acceptation. *Maynard, liv. 7. chap. 86.* dit qu'à Toulouse on auroit jugé en faveur de la cause pie. *V. le nombre* 107.

110 Une femme fondatrice d'une Prébende, la fondation decretée & executée, ne s'étant pas reservé assez de biens pour sa subsistance, & ceux qu'elle avoit donnés pour la fondation étant contre la prohibition des Coûtumes, au préjudice de ses présomptifs heritiers, ne la peut revoquer ; sauf aux heritiers, après son decés, à se pourvoir ainsi qu'ils aviseront bon être. Arrêt du Parlement de Paris du 3. Juillet 1675. *Journal du Palais.*

111 Arrêt du Parlement de Provence du 26. Novembre 1686. qui a ordonné qu'une fondation de Messes pouvoit être revoquée, & qu'elle étoit nulle par défaut d'insinuation au Greffe, & d'homologation. *Boniface, tome 3, liv. 5. tit. 7. ch. 3.*

FONDATIONS ROYALES.

112 Fondations, dotations & bâtimens d'Eglises, & dons faits à icelles par les Rois, Reines & Princes de France. *Voyez Du Tillet*, à la table, au mot *Fondations.*

113 *De formâ & conditione Regiarum Collationum, jure fundationis Regibus nostris competentium.* Voyez Pinson, au titre *de Canonicis institutionum conditionibus.* §. 15.

114 Le Roy qui en qualité de Protecteur de l'Eglise Gallicane a droit de faire des Constitutions, n'a pas besoin dans les fondations ou dotations qu'il fait des Chapelles, d'avoir recours à la Jurisdiction Ecclesiastique ; il use de sa puissance Royale & naturelle pour les autoriser, & pour les mettre au nombre des choses sacrées. Neanmoins s'il étoit question d'établir des Benefices qui eussent la Cure des ames, & semblable Jurisdiction spirituelle, il faudroit l'autorité de l'Eglise, & l'institution de l'Evêque. *Bibliot. Can.* 10. 1. p. 280.

115 Le Roy ès fondations Royales est toûjours enrôlé és nombres de Chanoines, fondé en trois especes de provisions. La premiere, au droit de Regale. La seconde, de la nomination au Pape des Archevêchez ou Evêchez, & autres premieres Dignitez des Eglises. La troisiéme, de la collation comme Patron & Fondateur ; & pour le regard de tels Benefices le Juge

Royal connoît tant du petitoire que du possessoire, sans que du petitoire le Juge d'Eglise en puisse connoître. *Voyez M. le Prêtre* 2. *Cent. chap.* 67.

116 Un Chapitre de fondation Royale n'est reçû à proposer droits, usages & possession contre le Procureur du Roy leur Fondateur, par dessus leurs Statuts, privileges & fondations. Jugé au Parlement de Paris en 1397. contre la Communauté de S. Quentin. *Papon*, *liv.* 1. *tit.* 3. *n.* 5.

117 On présume toûjours en faveur du Roy, qu'une Abbaye est de fondation Royale, c'est pourquoy la provision s'accorde à l'Oblat. Arrêt du Parlem. de Paris du 17. Février 1550. neanmoins c'est à l'impetrant ou au Procureur du Roy à prouver. *V. Rebuffe*, 3. *part. praxis benef.*

FONDATION SACERDOTALE.

118 On ne peut alleguer de possession contre la fondation ; ainsi dans les Benefices qui sont Sacerdotaux à *fundatione*, le temps de la possession sans être Prêtre, ne peut abroger la Loy immuable de la fondation ; si le Pape même avoit dispensé en ce cas là, il y auroit abus ; le pourvû seroit reputé sans titre, il n'en auroit pas même de coloré, & ainsi il ne pourroit se prévaloir de la regle *de pacificis*, puisqu'elle n'a été faite que pour ceux qui sont fondez en titre, au moins coloré, & non pour ceux qui n'en ont point du tout, ou qui en ont un, mais qui est absolument nul. *M. Louet lettré B. som.* 4. Chopin en sa Police, liv. 1. tit. 3. *Garsias de beneficiis, cap.* 1. *part.* 7. *num.* 57. *Ludovicus Bellus. Consil.* 146. Févret, traité de l'abus, liv. 3. chap. 1. p. 215. & *Bibliotheque Can.* 10. 2. *page* 159. in fine.

119 Lorsque par la fondation la qualité sacerdotale est requise pour le service de la Chapellenie, l'Ordre de Prêtrise est absolument necessaire au temps de la collation. Arrêt du Parlement de Toulouse du 29. Août 1628. *Voyez M. Dolive*, livre 1. chap. 7. & M. Loüet *lettre B. somm.* 4.

120 Jugé au Pt. de Provence le 6. Decembre 1664. que l'Ordre de Prêtrise étant requis par la fondation, il falloit être actuellement Prêtre, lors de la nomination du Patron & provision du Benefice. *Boniface*, *tome* 1. liv. 2. tit. 28. chap. 5.

121 Benefice affecté aux originaires du lieu, peut être conferé à celuy dont les parens en étoient habitans, quoiqu'il n'y soit pas né, & le dévolutaire natif de la ville n'est pas recevable, ni sous le prétexte de ce que le pourvû n'étoit pas Prêtre lors de ses Provisions du Benefice sacerdotal par la fondation ; parce que sa promotion dans l'an à l'Ordre de Prêtrise, est suffisante. Jugé au Parlement de Paris le 7. May 1635. *Bardet*, *tome* 2. liv. 4. chap. 16.

FONDATION, SERVICE DIVIN.

122 Du Service Divin établi par les bienfaiteurs & testateurs, on peut contraindre les Ecclesiastiques de le celebrer en la forme prescrite, nonobstant le laps de temps. Arrêt du Parlement de Paris du 15. Juillet 1606. qui ordonne que le Soûchantre de l'Eglise d'Angers sera tenu de chanter tous les Mardis une Messe à haute voix, laquelle sera répondüe par quatre Enfans de Chœur, &c. le tout suivant la fondation de Jean Salmon Penitencier, & autrefois Soûchantre. *Corbin*, *suite de Patronage, chap.* 267.

FONDATEUR, TITRES.

123 *Voyez cy-dessus les nomb.* 12. 20. *& cy-après verbo Titres.*

FONDATION TRANSFERÉE.

124 *Voyez cy-dessus les nomb.* 21. & 122.
Un Monastere étant transferé ailleurs, les fondations qui y ont été faites le suivent. Arrêt du Parlement du 17. Juin 1636. *Journal des Audiences*, tome 1. li. 3. chap. 31.

125 Le Service fondé dans une Eglise, ne peut être transferé à un autre. Jugé au Parlement de Paris le 7. Mars 1663. contre M. Vilayé, Maître des Requêtes ; il avoit pris des Lettres de rescision contre un contrat de fondation d'un Service qu'il avoit fondé au grand Convent des Augustins, prétendant qu'il avoit été trompé par le Notaire, & que son intention avoit été de faire au petit Convent. *Notables Arrêts des Audiences*, Arrêt 96. De la Guessiere, *tome* 1. *li.* 5. chap. 14.

126 Le sieur Silvain ayant fondé une Messe tous les Dimanches dans l'Eglise Paroissiale de Chaillan, au Diocese de Bourges ; la fondation fut transferée dans la Chapelle du Château du Breüil, appartenant au sieur du Coulombier parent dudit Silvain, & la translation du consentement des habitans, confirmée par Arrêt ; neanmoins M. l'Archevêque de Bourges dans le cours de sa visite, sur la requisition du Promoteur, rendit une Ordonnance, portant qu'on representeroit les titres de ladite fondation ; & cependant que la Messe se diroit dans l'Eglise de Chaillan, suivant la fondation ; dont le sieur du Coulombier ayant interjetté appel comme d'abus, sur les conclusions de M. l'Avocat General Talon, il fut dit n'y avoir abus en l'Ordonnance de Monseigneur l'Archevêque de Bourges. Par Arrêt du 9. Mars 1690. *Definit. Can.* p. 520.

FONDEURS.

Voyez au Recüeil des Statuts & Ordonnances concernant les Orfévres, p. 844. *& suiv.* Plusieurs Sentences & Arrêts pour & contre les Fondeurs.

FONDS.

Fonds, ou heritage. *Fundus. Prædium.*
Définition de ce mot. L. 60. L. 96. D. *de verb. sign.*
Divers sens de ce mot. L. 115. L. 211. *eod.*
Fonds donné ou vendu comme il se comporte. L. 126. L. 169. D. *de verb. sign.*
Prædia urbana & rustica. L. 198. D. *de verb. sign.*
Sine censu, vel reliquis, fundum comparari non posse. C. 4. 47... Les charges réelles suivent le fonds.
De omni agro deserto, & quando steriles fertilibus imponuntur. C. 11. 58... *Ager desertus : i. e. incultus*, en friche.
De fundis limitrophis, & terris, & paludibus, & pascuis, limitaneis, vel Castellorum. C. 11. 59. Défenses aux particuliers de posseder les fonds destinez à l'entretien des Soldats qui gardoient les frontieres.
De pascuis publicis & privatis. C. 11. 60.
De fundis patrimonialibus, & saltuensibus, & Emphyteuticis, & eorum conductoribus. C. 11. 61... Fonds du domaine ou patrimoine du Prince. *Voyez* Domaine.
De avulsâ terra crustâ. L. N. 95. Quand les fonds & les arbres ont été entraînez par les dégats d'eau.
De superficiebus D. 43. 18. *superficies, hic dicitur, ædificium in alieno solo positum, Domino consentiente ; ix causâ conductionis, vel emptionis ; in perpetuum, vel ad tempus.* En ce sens, *superficies* est la même chose qu'emphiteose, si ce n'est que *est tantum in prædiis urbanis, at emphyteusi constat etiam in rusticis.*
Quando superficies solo cedit ; & vicissim. I. 2. I. §. 29. *& seqq.*
Tout proprietaire étant Seigneur de son heritage jusqu'au centre de la terre ; un se plaint qu'on avoit foüillé sous son heritage pour y prendre de la pierre & moilon ; par Sentence du Bailly & Concierge du Palais, & Garde de la Justice pour le Roy és fauxbourgs saint Jacques & Nôtre-Dame des Champs, on condamne celuy qui l'avoit fait en tous dommages & interêts, & à le rétablir ; dont appel ; la Cour a dit bien jugé, mal & sans grief appellé. Arrêt du premier Février 1548. *Corbin, suite de Patronage, chap.* 250.

FONDS PERDU.

DEclaration portant défenses de donner aucuns biens à fonds perdu aux Communautez, excepté à l'Hôtel-Dieu, &c. A Fontainebleau en Août 1661. registré le 2. Septembre suiv. 8. *Vol. des Ordonnances de Loüis XIV. fol.* 433. & cy-après le mot *Rente.*

Si un mari ayant recelé une somme de deniers de la communauté qu'il avoit avec sa défunte femme, & l'ayant mise à l'Hôtel-Dieu à fonds perdu, les heritiers de cette femme sont bien fondez à en demander la restitution en deniers, ou s'ils ne la peuvent prétendre en faire emploi de la maniere qu'elle a été constituée? *V. le Journ. du Palais,* in fol. *to.* 2. *p.* 1010. La Sentence de la Prevôté de l'Hôtel avoit condamné à la restitution entiere de la somme ; la cause fut partagée sur l'appel au Grand Conseil.

Si les contrats à fonds perdu faits entre particuliers au denier dix sont permis, ou s'ils sont compris dans la prohibition de l'Edit du mois d'Août 1661. qui les a défendu aux Communautez. Le 14. May 1681. le sieur de Guinaumont prête à fonds perdu 10000. livres au sieur Desbuttes, qui le même jour luy fit une donation d'une pension viagere de 1000. liv. elle fut insinuée. La femme de Desbuttes ne voulant point ratifier, il fut convenu qu'il mettroit 10000. livres entre les mains du sieur de Guinaumont pour en faire emploi, & recevoir les fruits ; Desbuttes jugea ensuite plus à propos de donner 10000. pour le rachat ; le sieur de Guinaumont en donna quittance le 27. May 1686. où Desbuttes glissa que le sieur de Guinaumont luy avoit donné pareille somme en consideration de la donation, bien qu'il n'y eût aucun acte ni écrit. Ces termes faisoient voir que la donation étoit un veritable contrat à fonds perdu. Desbuttes quatre jours après se pourvût par Lettres de rescision, & soûtint la donation usuraire ; Sentence des Requêtes du Palais qui le juge ainsi. Arrêt du Parlement de Paris du 26. Août 1687. qui déboute des Lettres, si mieux il n'aimoit reprendre les 10000. livres qu'il avoit payées, à la charge que les parties seroient remises au même état qu'elles étoient avant l'extinction de la pension; ce qu'il seroit tenu d'opter dans quinzaine ; & condamné aux dépens, tant des causes principale que d'appel. *Journal du Palais*, *to.* 2. *chap.* 687.

FONTEVRAULT.

ABbaye de Fontevrault. *Voyez* verbo *Abbaye*, nomb. 123.

Réformation des Religieuses de Fontevrault, par Arrêt du Grand Conseil du 18. Mars 1525. rapporté par *Chenu*, *tit.* 1. *chap.* 9. de l'Ordre Ecclesiastique, *& Tournet*, lettre R. n. 19.

FORAINE.

TRaite foraine, en quel cas elle est duë, & la peine des contraventions. *Voyez Bouvot*, tome 2. lettre F. verbo *Foraines*.

FORAINS.

ON appelle forains ceux qui possedent dans la terre du Seigneur du bien mouvant de sa directe, & de sa Justice, quoiqu'ils habitent ailleurs.

1 De la cottisation des Forains aux impôts faits par les communautez, réparations de chemins, & autres cas de droit. *Voyez Guy Pape*, quest. 7. 397. & 444.

2 A quelle sorte de contribution sont tenus les Forains ? *Voyez* le mot *Contribution*, nomb. 34. & suiv.

3 Si les Forains ayant maison dans les Villes, sont tenus aux fortifications d'icelles ? *Voyez Bouvot*, to. 1. part. 3. verbo *Fortifications des Villes*, quest. 2.

4 Les Forains ayant maisons dans les Villes & Fauxbourgs, sont cotisables aux fortifications. Arrêt du 16. Juillet 1616. *Bouvot*, to. 2. verbo *Fortifications*, quest. 12.

5 Si les Forains sont sujets à la bannalité. *Voyez* le mot *Bannalité*, nomb. 10.

6 Si les Forains sont exempts du droit de corvées. *Voyez Corvées*, n. 31. & suiv.

7 Les corvées ne se payent par les Forains, mais seulement par leurs fermiers, quand les Forains n'habitent dans le lieu. Arrêt du premier Mars 1658. *Basset* tome 2. li. 3. tit. 11. chap. 4.

8 Forains condamnez de contribuer aux frais des réparations des portes & murailles : & aux frais de la garde & garnison des lieux en temps de guerre. Arrêt de la Cour des Aydes de Montpellier, rapporté par *Philippi*, art. 34.

9 Par Arrêt donné le 4. Decembre 1606. plaidant Marescot pour un habitant de Doüay, & Germain pour un habitant de Reims ; il fut jugé que l'article de la Coûtume de Reims qui permet de proceder par voye d'Arrêt contre un Forain detteur, a lieu non seulement contre le Forain qui est demeurant dans le territoire sujet à la Coûtume de Reims, & que le même article a pû être pratiqué & executé contre l'habitant de la Ville de Doüay qui est hors de ce Royaume. *Nota*, que cet Arrêt a semblé à quelques uns contraire à un autre Arrêt donné en l'Audience un an auparavant, au profit d'un habitant de Mousson. *Bibliot. de Bouchel*, verbo, *Foraine*.

10 *Henrys*, tome 2. li. 3. quest. 27. rapporte deux Arrêts du Parlement de Paris des premier Juin 1619. & premier Février 1658. qui ont déchargé les Forains des réparations du Château. La décision de ces Arrêts est contraire à la doctrine de *Guy Pape*, quest. 77. 78. & 372. où il établit que les Forains sont tenus aux réparations du Château, pour moitié de ce que les habitans du lieu en payent. Mais *Henrys* distingue avec raison entre les Forains qui ont des maisons, ou des fermes sur le lieu, & ceux qui ne possedent que de simples heritages ; les premiers sont tenus aux réparations, parce que le Château sert pour la conservation de leurs métayers, & de leurs bestiaux ; les autres n'en sont pas tenus, parce que le Château ne leur sert de rien.

11 En Provence les Forains ne contribuent pour le bien qu'ils possedent hors du terroir de leur domicile, qu'aux tailles & impositions qui regardent les deniers du Roy, & du pays, & l'utilité des fonds. *Voyez Boniface*, tome 2. part. 3. li. 2. tit. 3. ch. 1.

12 Arrêt du Parlement de Provence du 11. Novembre 1638. qui a jugé que le privilege de payer comme Forain, n'a lieu qu'après avoir fait déclaration à la Communauté que l'on en veut joüir. *Ibidem*, tit. 2. ch. 2.

13 Arrêts des 16. Février 1640. & 19. Décembre 1642. qui ont jugé que les Forains ne contribuent point aux capages ; & sont défensés aux Communautez d'en faire sur eux. *Ibidem*, chap. 3.

14 Les Forains ne contribuent point à la taxe extraordinaire des logemens de gens de guerre. Ainsi jugé le 20. Février 1643. *Ibidem*.

15 Le Syndic des Forains doit être payé de ses voyages par la Communauté, quand il assiste à l'imposition de la taille, & à l'audition des comptes. Arrêt du même Parlement de Provence du 10. Avril 1674. mais la taxe fut modérée, sçavoir, trois livres par jour, & le jour de sejour une livre dix sols. *Boniface*, tome 5. li. 6. tit. 4. chap. 5.

FORCE.

1 DE la force employée dans les contrats. *Voyez* le mot *Contrat*, nomb. 39.

2 On ne doit point se pourvoir par force, quand même le sujet qui feroit agir seroit juste. Arrêt du Parlement de Bourdeaux du 28. Août 1529. par lequel un Seigneur feodal ayant été reprendre avec violence chez son vassal des grains qu'il luy avoit enlevés

dans sa maison, a été condamné en l'amende de cent livres vers le Roy, & autant vers le vassal. *Papon*, *li. 23. tit. 5. n. 4.*

3 Le Seigneur de Rougnac pendant le procez qu'il avoit contre le Seigneur de Chery, pour raison de la Seigneurie de Longueville, s'en étoit emparé avec violence, sans garder le respect pour les sauvegardes du Roy ; il avoit même outragé la Dame de Chery. Arrêt du Parlement de Paris du 26. Juin 1546. qui le condamne & ses complices à faire amende honorable, à restituer les meubles qu'il avoit pris dont sa partie seroit crûë à son serment, jusques à 2000. livres, déchû de tous les droits qu'il pouvoit prétendre sur la terre de Longueville. *Ibidem n. 5.*

FORCLUSIONS.

1 Forclusions prises en termes generaux, faute de satisfaire au contenu de l'Arrêt ou appointement ne suffisent ; mais il faut particulierement faire forclore d'écrire, informer, produire, &c. *Papon, liv. 9. tit. 9. nomb. 1.*

2 La forclusion ne doit ajuger au demandeur que ses conclusions purement & simplement. Jugé par Arrêt des Grands Jours de Poitiers du 16. Septembre 1531. *Ibidem, n. 1.*

3 En cause d'appel, le Juge par forclusion ne peut faire autre chose que de tenir le procez ou appel pour conclu, & appointer les Parties en droit. Arrêt du Parlement de Grenoble. *Ibidem ; n. 2.*

4 Par Arrêt donné aux Grands Jours de Moulins le dernier Septembre 1550. défenses à tous Juges du Ressort de Paris de plus proceder par défauts aprés contestations en cause ; mais par forclusions seulement dépêchées sur le champ, avec inhibition à tous Procureurs de bailler à juger à cette fin demandes & profits de tels Exploits, sur peine de suspension de leurs états. *Ibidem, liv. 7. tit. 6. n. 8.*

5 Par Arrêt du Parlement de Bretagne du 18. Avril 1559. la Cour a fait défenses à tous Juges du Ressort de juger aucun procez sur la production de l'une des Parties sans Requête de forclusion, signifiée à Partie averse, & encore aprés la production faite d'une & d'autre part de passer outre sans Requête de forclusion, à faute de bailler contredits signifiez comme dessus. *Du Fail, liv. 1. chap. 97.*

6 L'appellant d'une Sentence définitive peut, en cause d'appel, requerir par Lettres d'être reçû à faire enquête dont il a été forclos en cause principale, encore qu'il n'ait interjetté appel desdites forclusions, mais seulement requis que lesdites Lettres les forclusions être mises au néant. Arrêt du Parlement de Paris du 26. Avril 1600. *M. le Prêtre és Arrêts de la Cinquiéme.*

7 La Requête civile est recevable, sans alleguer le dol de Partie, & autres défauts, contre un Arrêt par forclusion faute de remettre. Arrêt du Parlement de Grenoble du 9. May 1615. *V. Basset, to. 1. liv. 2. tit. 14. chap. 6.*

8 La communication originelle n'est pas necessaire en forclusion de produire. Arrêt du 13. Juillet 1653. *Basset, ibidem, tit. 19. ch. 2.*

9 Aprés la forclusion acquise, & le procez remis, si la Partie ou le Procureur vient à mourir, on ne peut juger le procez. Arrêt du 9. Février 1660. *V. Basset, ibidem, chapitre 1.* il faut assigner en reprise ou en constitution de nouveau Procureur.

10 Arrêt du Parlement de Provence du 18. Janvier 1672. qui déclare nul un Arrêt donné par forclusion, faute de signification des deux huitaines. *Boniface, tome 3. liv. 3. tit. 4. ch. 14.*

11 Jugé au Parlement de Grenoble le 26. Août 1676. qu'aprés une année que la forclusion a été obtenuë contre une Partie, l'autre ne peut faire juger le procez sans nulle signification, aprés laquelle on doit attendre trois jours ; on évite ainsi les surprises ; le Jugement qui seroit rendu sans cela seroit précipité & nul. *Voyez Chorier en sa Jurisprudence de Guy Pape, p. 357.*

12 En Hainaut lorsqu'un défendeur se laisse forclore de défenses, on ajuge toûjours au demandeur ses fins & conclusions. Arrêt du Parlement de Tournay du 8. Juillet 1697. rapporté par *M. Pinault, tome 2. Arrêt 170.*

13 De l'abrogation des forclusions en matiere criminelle. *Voyez le titre 23. de l'Ordonnance de 1670.*

FORESTS.

Voyez les titres *Bois, Eaux & Forêts.*

1 Des Eaux & Forêts, & Officiers d'icelles, droit de chasse, & tout ce qui en dépend. *Ordonnances de Fontanon, tome 2. li. 2. tit. 6. p. 251. & tome 4. p. 1311. & 1349.*

2 Ordonnances sur les Eaux & Forêts, par Durand. *in 8°. Paris 1614.*

3 Edit portant Reglement general pour les Eaux & Forêts contenant 32. titres. A S. Germain en Laye en Août 1669. registré au Parlement de Paris le 13. du même mois, & en celuy de Roüen le 29. Novembre de la même année.

4 Competence des Eaux & Forêts. *Voyez le mot Competence, nomb. 12.*

5 *Jus venandi, an servitus sit realis, vel personalis ? Voyez Andr. Gaill, lib. 2. Observat. 66.*

6 *De jure venandi, & silvâ venatoriâ ; & an Dominus silvæ servitutem venandi deteriorem facere possit ? Voyez Ibidem, Observat. 67.*

7 *Fructus silvæ venatoriæ cujus sint, & utrum communis omnibus venatio sit ? Voyez Ibidem, Observat. 68.*

8 Lorsque la Communauté dégrade la *Forêt*, dont le Seigneur luy a concedé l'usage, le Seigneur peut prendre pour soy certaine partie d'icelle exempte de l'usage, & laisser l'autre à la Communauté. *Chopin. Andeg. lib. 1. cap. 45. n. 5. vid. Papon. lib. 13. tit. 2. n. 1. J'ay vû* dit Maître Abraham la Peirere en ses Décisions lettre F. nomb. 56. *un Arrêt semblable rendu en la Chambre de Castres, au profit du Seigneur de la Vanguyon, contre les habitans de Thoneins : Et autre pareil Arrêt & Reglement du Conseil, entre le Prieur du Mas, & les habitans du Mas d'Agenois.*

Arrêt en la Premiere des Enquêtes au Rapport de M. de Mirat, entre le sieur Buron de Veyras & ses tenanciers. Les auteurs dudit sieur de Veyras avoient baillé à fief nouveau un tenement nommé Lascous Janot, sous la charge de la rente portée par le contrat, avec permission au preneur de pouvoir pascager son bétail dans les vacans du Seigneur, & de prendre du bois dans la Forêt du Seigneur, tant pour bâtir que pour clorre ses heritages. Les successeurs du preneur au nombre de treize ou quatorze, qui avoient bâti des maisons dans ledit tenement prétendoient ce droit de pascage & usage de bois pour eux tous. Jugé que le droit devoit être restraint à ceux du nom & estoc du preneur & à un seul feu. Le droit étant attaché à la baillete étoit réel, & ne se multiplioit pas, & qu'il eût fait s'il eût été personnel.

FORGE.

1 Arrêt du Parlement de Provence du 16. Janvier 1672. qui ordonna la démolition d'une forge, sur la plainte du possesseur des étages superieurs, à cause de l'extrême chaleur qui pouvoit causer incendie, & à cause de l'ébranlement excité par l'enclume. *Boniface, to. 3. liv. 4. tit. 18. ch. 2. & Journal du Palais, tome 1.*

2 Celuy qui prétend souffrir sur ses terres une inondation à cause d'un établissement de forges sur des terres du voisinage, n'a point de privilege sur celles-cy pour ses dommages & intérêts, mais une simple action personnelle contre le possesseur.

Celuy qui a donné permission de construire des

forges, & qui vend des bois pour en établir, n'est pas personnellement garand du dommage. qu'elles peuvent faire pour le fait d'autruy. Arrêt du Parl. de Paris du 26. Juillet 1692. *Journal des Audiences*, tome 5. liv. 8. chap. 19.

FOR-MARIAGE.

C'Est la celebration d'un mariage contre les défenses faites aux personnes de condition-serve ou de main-morte, de se marier à femmes franches, ou hors de la Justice du Seigneur.

Voyez cy-après verbo *Main-morte*, où les titres du Droit propres à cette matiere sont indiquez.

Il est parlé de ce Droit dans *Bacquet*, 1. partie du *droit d'Aubaine*, *chap.* 4. Autrefois il avoit lieu dans la Coûtume de Rheims, il a été aboli.

1 Du for-mariage. *Voyez Pithou, Coûtume de Troyes, art.* 4. de l'état & condition des personnes, *quasi foris matrimonium*. Mornac *l.* 34. *ff. de ritu nuptiarum* §. *ult.*

2 Es lieux où l'on a accoûtumé de prendre feur-mariage, le Seigneur de la main-morte prend pour le feur-mariage de la femme main-mortable les heritages qu'elle a sous luy, & au lieu de sa main-morte, ou autant valant qu'elle emporte en mariage au choix de ladite femme. Ce sont les termes de l'article 21. titre 9. de la Coûtume de Bourgogne.

On appelle feur-mariage ou for-mariage, *quasi matrimonium quod fit foras vel foris*, quand une fille ou femme main-mortable se marie hors de la terre de main-morte de son Seigneur sans sa permission, & qu'elle quitte le lieu où elle demeuroit pour suivre son mary.

3 Le feur-mariage n'a pas lieu, quand la femme n'a point d'heritages. Arrêt du Parlement de Dijon du 7. Decembre 1606. *Taisand, sur la Coûtume de Bourgogne, tit.* 9. *art.* 21. *note* 3. Il observe que le même Arrêt jugea tacitement que quand une fille est mariée par mariage divis, & qu'on ne luy a point constitué d'heritages en dot, le Seigneur ne peut prétendre le droit de feur-mariage, parce qu'il est au choix de la femme d'abandonner au Seigneur les heritages qu'elle a au lieu de la main-morte, ou autant qu'elle a eu en mariage.

FORMALITEZ.

DEs formalitez des Contrats, Elections, Obligations, Testamens & autres Actes. Voyez *Unum quodque verbum, & singulos hos titulos, & alios quos hic omitto, animadverte.*

FORMULE.

ANciennement chaque action devoit être proposée sous sa Formule, & avec de certains termes consacrez; sans quoy le Demandeur perdoit son procez. Le titre qui suit, abroge cet usage captieux & embarrassant. *V.* Action.

De formulis, & impetrationibus actionum sublatis. C. 2. 58. . .

FORNICATION.

GRegorius Nyssenus *de fugiendâ fornicatione.*
Bermondus *de speciebus fornicationis.*
Varii qui in Decalogum scripserunt.

1 Du crime de luxure. *Voyez Despeisses*, to. 2. patt. 1. tit. 12. sect. 2. art. 4. *Alios titulos, inter nos, vix nominandos, scriptos tamen & forsan nimis quaesitos & probatos, obiter lege,* Adultere, Bestialité, Inceste, Luxure, & Sodomie, *quae omnia leniori verbo* Fornication *exprimuntur*. Voyez le mot Femme, *nomb.* 57.

2 Voyez *Julius Clarus*, li 5. *sententiarum*, où les differentes especes de fornication sont examinées, *Cum Monialibus, cum Presbyteris, cum affinibus vel consanguineis, Vasalli cum Dominâ, tutoris cum pupillâ, hominis cum bruto, cum mortuâ, &c.* Voyez aussi les Annotations qui sont à la fin de l'ouvrage de cet Auteur. §. *Stuprum*.

3 *Cum carceratâ coiens custos carceris graviter punitur, & de consuetudine regni Franciae suspenditur:* cela ne s'observe pas en Espagne, *ubi imponitur poena trium ictuum funis & ultra, arbitrio Senatus.* Voyez *Julius Clarus*, li. 5. *sentent.* & le mot Geolier, *nomb.* 10.

4 Voyez *Julius Clarus*, li. 5. *sententiarum* §. *Stuprum*, où il est fait mention de plusieurs Jugemens rendus contre des gens qui *violaverant puellas quinque annorum & eis fregerant pudibunda*. La distinction de l'Auteur est, *ubi solùm est conatus ad deflorandum virginem*, on n'encourt point la peine de mort, mais des galeres; *ubi fractio pudendorum*, il y a lieu à la condamnation de mort.

5 La simple fornication n'est point punie par la Loy. Rebuffe, *praemio gl.* 1. *n.* 37. La Peirere *lettre F. n.*58. dit l'avoir fait ainsi juger par la Chambre de l'Edit, luy plaidant comme Substitut des Gens du Roy.

6 Femme prostituée. *Voyez Mornac l.* 4. §. *sed & quod ff. de conditione ob turpem causam.*

7 *Mulier meretrix licet publica non expellitur avitis & propriis aedibus; secùs, in conductis, jussa tantùm ut commutaret vitam in melius neque vicinium turpitudine suâ laederet,* le dernier Février 1598. Mornac *l.* 4. §. *lenocinium ff. de his qui notantur infamia.* Voyez *l.* 1. 27. Mornac *ff. de petitione haereditatis,* où il y a Arrêt contraire.

8 *Meretricis raptor poenâ laquei punitur.* Voyez Mornac *l.* 41. *ff. de ritu nuptiarum.*

9 *Fundatio à meretrice facta.* Voyez le mot Fondation, *nombre* 73.

10 Marie Pinard femme de Pierre Mesnard Marchand, convaincuë d'adultere, rapt & seduction de sa fille, fut condamnée à mort; elle obtint Lettres de grace, qui commuoient la peine à un séjour de deux années dans les Filles-Penitentes; & au cas que le mari la reprît, la restituoient dans sa bonne fame & renommée, à la charge de se comporter sagement & de rapporter les biens qu'elle avoit divertis de la communauté. Ces Lettres furent enterinées le 4. Juillet 1606. au Parlement de Paris. *Bibliotheque de Bouchel*, verbo *Communauté.*

11 Celuy qui a débauché une fille, ou une veuve majeure de 25. ans, n'est condamné qu'à des dommages & interests envers cette fille ou cette veuve. Arrêt du Parlement de Grenoble du 26. May 1662. qui condamne le garçon à nourrir les enfans, & les portionner à forme du droit, & en 4000. livres envers la fille, jusqu'au payement desquelles il garderoit prison. *Basset*, to. 1. li. 6. tit. 17. ch. 1.

12 Ecclesiastiques fornicateurs. *Voyez cy-devant* le mot *Adultere*, nomb. 115. *& suiv.* & le mot *Clercs*, nombre 34. *& suiv.*

13 Concubine des Clercs. *Voyez* les mots *Bâtards*, nomb. 184. *& suiv. Clercs*, nomb. 34. *& suiv.* & *Concubine*, nomb. 31. *& suiv.*

14 *Boniface*, to. 3. liv. 6. tit. 3. ch. 1. rapporte un Arrêt du Parlement d'Aix du 25. Avril 1641. a ajugé la recreance à un accusé pour crime de paillardise; *Pristino honores retinet, novos adipisci non potest.*

14 bis. Donation faite *turpi personae*. Voyez le mot *Donation*, nomb. 910. *& suiv.*

15 Le Chevalier d'Heurteauville qui *semen suum miscuerat cum ovis,* s'étant corrompu avec des œufs en amelette, & dans des liqueurs, les fit manger & boire à quatre jeunes Demoiselles dans un repas celebre que donnoit Madame la Marquise de Colombeaux. Plainte en fut portée en Justice. Tout le monde attendoit la punition d'un crime aussi abominable, jusques-là que le 23. Decembre 1686. le Parlement de Roüen rendit Arrêt qui condamna le coupable à de simples amendes envers le Roy & les Hôpitaux. Le Lieutenant Criminel du Bailli de Roüen avoit informé, l'accusé se pour-

vut, il y eut des reparations d'honneur demandées, l'affaire alla au Conseil du Roy. M. de Richebourg étoit Rapporteur, & Maître d'Heulland Avocat.

16 Un serviteur merite une peine afflictive lorsqu'il abuse de la fille de son Maître, quoique majeure, qu'elle dise l'en avoir prié, & qu'elle veüille l'épouser. Jugé en la Tournelle criminelle du Parlement de Paris le 30. Janvier 1694. *Journal des Audiences*, tome 5. liv. 10. ch. 4.

17 De probatione copula carnalis. Voyez Franc. Marc. to. 1. quest. 897.

18 De raptu seu copulâ carnali Monialium. Laicus qui Monialem rapuit, donis Monasterio applicatis, capite plectitur. Ibidem, quest. 964.

19 Femmes impudiques dans l'an du deüil. Voyez le mot *Deüil*, nomb. 20. & suiv.

20 Si l'éducation des enfans est ôtée aux meres impudiques ? Voyez le mot *Education*, nomb. 15.

FORTERESSE.

1 PLaces fortes sont inalienables. Voyez le mot *Domaine*, nombre 16.

2 Bâtimens de forteresse, Voyez le mot *Bâtimens*, nomb. 44. & suiv

3 *Balde au Conseil* 105. *vol.*3. décide que si trois Gentilshommes freres; tenanciers d'un même fief, divisent entre eux le territoire & hommes d'icelui, demeurant la seule Jurisdiction commune & indivise, les deux ne peuvent faire bâtir maisons fortes en leur portion contre le gré & volonté du troisiéme, qui sera bien fondé à les empêcher.

4 Bien que la maison forte du vassal ait passé par decret, si la *Forteresse* a été bâtie sans titre, le Baron ou le Châtellain la pourront faire démolir. Mornac. ad L. 15. §. item si ff. de rei vindic. parce que le decret se donne toûjours à la charge des droits & devoirs Seigneuriaux.

5 L'on peut faire abbattre forteresses bâties sans le consentement du Roy & du Seigneur feodal. Corbin au traité des fiefs loy 24. rapporte des Arrêts du Parlement de Paris du 27. Novembre 1597. contre le sieur Jorreau à cause de sa Terre située au païs d'Anjou; Autre du 27. May 1606. contre le sieur des Bruieres, appellant d'une Sentence d'Angers: Autre du 8. Juillet de la même année contre Sebastien Robbe.

6 Maison forte ne peut être bâtie en fond non noble, sans le congé du Seigneur. Arrêt du Parlement de Bourdeaux du 12. May 1494. Autre Arrêt du 17. Avril 1535. *Bibliotheque de Bouchel*, verbo *Bâtimens*, & Papon, liv. 6. tit. 10. n. 1. Chopin, au 3. livre de *privileg. rustic. part.*3. allegue des Arrêts contraires, mais cela se doit entendre moderément & avec la permission du Haut-Justicier.

7 Le 23. Decembre 1566. par Arrêt prononcé en Robes rouges par M. le Premier Président de Thou au profit de Maître Jean Mathieu Conseiller au Grand Conseil sieur de Villevaudé, contre Loüise d'Orgemont Baronne de Montray, il fut jugé que le vassal ayant en son fief quelque forteresse, n'est pas tenu de l'ôter au gré de son Seigneur Haut-Justicier, mais que le vassal sera tenu baisser le pont-levis quand le Seigneur Haut-Justicier y voudra entrer. *Idem judicatum*, aux Arrêts de Pâques 1573. entre Marc Lourdin sieur de Saligny & Claude de Bauffremont. *Vide* Chopin. lib. 3. de privil. rustic. cap. 12. num. 3. & la Bibliotheque de Bouchel, verbo Forteresse.

8 On a demandé si le vassal peut faire pont-levis, tours, fossez, & autres forteresses en sa maison pour sa défense & seureté sans la permission de son Seigneur ? Jugé le 27. Novembre 1557. en une appellation du Sénéchal de Saumur, au profit de Charles de Maillé, sieur de Brezé & de Milly, contre le sieur du Joreau, qui fut condamné à abbattre & démolir la forteresse qu'il avoit faite en sa maison pendant les guerres sans la permission du sieur de Milly, quoique du Joreau eût la permission du Gouverneur de la Province; mais si le vassal avoit permission du Roy, j'estimerois qu'il pourroit faire fortifier l'Hôtel & principal Manoir de son fief, nonobstant l'empêchement du Seigneur dominant, car le Roy est le Seigneur Souverain, *à quo omnia feuda procedunt*, ainsi qu'il a été jugé par deux Arrêts des années 1566. & 1573. *Bibliotheque de Bouchel*, verbo *Forteresse*.

9 Vassal condamné à démolir la forteresse bâtie sans le consentement du Seigneur, & à remettre les lieux en tel état qu'ils étoient auparavant; cependant ordonné qu'il seroit sursis à l'execution de l'Arrêt jusqu'à ce que la Bretagne Rochefort, & autres lieux, fussent réduits à l'obéissance du Roy. Ibidem, verbo *Forain*.

10 Celuy qui a fief, peut se fortifier *irrequisito Domino*, à la charge neanmoins que pour l'exercice de la Justice, le vassal sera tenu de laisser entrer les Officiers du Seigneur dominant. Jugé le 29. Mars 1586. M. Loüet lettre F. somm. 13. *Secus*, pour celuy qui n'a que censive & roture, auquel il n'est pas loisible de se fortifier en sa maison, sans le congé du Haut-Justicier. Jugé le 19. Juillet 1599.

Au sommaire 14. il dit que par Arrêt du 1. Juin 1601. il a été jugé qu'un vassal ne peut faire fossez ni pont-levis en sa maison tenuë en censive, & que celuy qui n'a que simple censive, ne peut édifier forteresse sans le consentement de son Seigneur. Voyez M. le Prêtre 2. Cent. chap. 51.

11 Les Sujets ne peuvent sans permission du Seigneur Haut-Justicier bâtir maisons fortes, avec tours, fossez, ni autrement, à l'émulation du Seigneur, parce qu'ordinairement les Seigneurs qui sont obligez de faire executer les Arrêts en cas de rebellion ne le pourroient, si les particuliers pouvoient fortifier leurs maisons. La Rocheflavin, *des Droits Seigneuriaux*, chap. 27. art. 6.

12 Jugé au Parlement de Grenoble le 20. Novembre 1604. que les maisons fortes ne sont pas réputées feodales sans titre, suivant le droit & l'usage de Dauphiné, où tous heritages sont présumez francs & allodiaux de leur nature. Voyez Salvaing, *de l'usage des fiefs*, chap. 44. où il traite des maisons fortes.

13 Un vassal ne peut bâtir une maison avec fossez, pont-levis & tours fortes. Arrêt du 16. May 1615. Mornac. l. 15. ff. de rei vindicatione.

14 S'il est permis de bâtir maison forte accompagnée *de girouettes*, & autres marques Seigneuriales, sans la permission du Seigneur Haut-Justicier ? Voyez dans les *Plaidoyers celebres dédiez à M. de Nesmond*, p. 132. un Arrêt du Parlement de Bourdeaux du mois d'Août 1614. confirmatif de la Sentence. L'intimé avoit allegué que long-temps avant le décès de l'Auteur de l'appellant, cette maison étoit au même état, ce qui n'avoit point été contesté par devant le Sénéchal.

Voyez le titre suivant.

FORTIFICATIONS.

Voyez hoc verbo, Bouvot, to. 2. cy-dessus le mot *Forains*, nomb. 3. & suiv. & le titre cy-dessus concernant les Forteresses.

1 De la fortification de la Ville de Paris. Voyez les Ordonnances de Fontanon, tome 1. li. 5. tit. 6. p. 846.

2 Des réparations & fortifications des Villes. Fontanon, ibidem, tit. 7. p. 852.

3 Du droit de réparations & fortifications és places fortes du Royaume. Idem, tome 3. tit. 18. p. 181.

4 Des fortifications, guet & garde és Châteaux, és maisons fortes. Voyez la Rocheflavin, *des droits Seigneuriaux*, chap. 27.

5 Du droit de fortifications. Voyez Despeisses, to. 3. page 214. Le Seigneur peut obliger ses vassaux de fortifier son Château en temps de guerre; il peut les empêcher

6. Arrêt du Parlement de Paris de l'an 1387. par lequel les habitans hors de la ville de Lagny sur Marne ont été dechargez de la taxe à eux demandée pour les fortifications de la ville. Autre Arrêt de l'an 1391. contre la Dame de Cordon pour les habitans de la Châtellenie de Cordon, à raison de la réparation du Fort. *Papon li. 5. tit. 11. nomb. 6.*

7. Pour la fortification de la ville d'Orleans on prit une partie du Cloître & des édifices de l'Abbaye de saint Euverte. L'Abbé & les Religieux se pourvûrent au Parlement. Arrêt en 1559. qui approuve ce qui avoit été fait, à la charge que les habitans de la ville d'Orleans donneroient autre lieu commode proche de l'Abbaye. *Bibliotheque du Droit François,* verbo *Ventes.*

8. Le Seigneur dominant ne peut empêcher l'execution des Lettres patentes du Roy obtenuës par un vassal pour la fortification de l'Hôtel & chef lieu de son fief. Arrêt à la prononciation de Noël 1566. & de Pâques 1573. *Charon las liv. 9. Rép. 21.*

9. Nul n'est exempt de contribuer aux fortifications. Jugé contre un domestique au Parlement de Paris le 20. Avril 1571. *Papon, li. 5. tit. 11. n. 8.*

10. Les Ecclesiastiques & Nobles ne sont exempts de la contribution pour les fortifications de la ville. Arrêt du 19. Janvier 1581. *Bouvot, to. 1. part. 3.* verbo *Fortifications, quest. 1.*

11. En cas de guerre & necessité urgente, & danger imminent, les sujets qui sont tenus au guet & garde, sont aussi tenus de contribuer aux fortifications, comme fossez, barricades, palissades, barrieres, gabions & garites, & autres semblables : mais aussi le Seigneur est obligé d'accommoder les sujets de lieu pour recevoir leurs biens & personnes & bétail, si la place du Château les peut tenir. Arrêt de Toulouse du mois de Septembre 1579. entre le sieur Président du Faur Seigneur de saint Jory, & les habitans du lieu. *La Rocheflavin, des droits Seigneuriaux, ch. 27. art. 4.* Chassanée est de cet avis au titre des *Fiefs. §. 4. n. 25. & Benedict. in cap. Raynutius in verbo & uxorem, num. 465.*

12. Par Arrêt donné à Tours en la Cour des Aydes le 23. Octobre 1592. il fut dit qu'un Chevalier de saint Jean de Jerusalem qui avoit sa Commanderie dans l'enclos de la ville de Loudun, payeroit les fortifications ; mais il fut declaré exempt du payement de la garnison, parce que son fermier demeuroit en la Commanderie, qui payeroit sa taxe d'icelle garnison. *Bibliotheque de Bouchel,* verbo *Fortifications.*

13. Les Religieux de l'Ordre de S. Jean de Jerusalem ne sont tenus à contribuer aux fortifications des Villes closes. Arrêts du Parlement de Dijon des 19. Janvier 1581. 15. Janvier 1605. 22. Août 1606. & 19. Janvier 1607. Autre Arrêt du Conseil Privé du 5. Mars 1608. *Bouvot, to. 2.* verbo *Fortifications, quest. 11.*

14. Ceux de la Religion prétenduë Réformée ne peuvent faire aucunes fortifications és villes & places, au dedans du Royaume. Arrêt du P. de Toulouse du 14. Decembre 1622. *Voyez les Décisions Catholiques de Filleau, Décision 100.*

15. Les places occupées autrefois sur les Ecclesiastiques par ceux de la Religion prétenduë Réformée, dans lesquelles ont été faites quelques fortifications des villes par eux détenuës, doivent être renduës aux Ecclesiastiques, après la démolition desdites fortifications. *Voyez ibidem, Décision 105.*

FOSSEZ.

Voyez cy-dessus le mot *Forteresse, nomb. 11. &* le mot *Ferme, nomb. 4.*

1. A qui doit être censé appartenir la haye ou fossé entre deux heritages ? *Voyez Coquille, to. 2. quest. 298.* Il opine en faveur du proprietaire de l'heritage, à qui la clôture est plus necessaire ; il tient aussi pour regle que le fossé appartient pour le tout à celuy du côté duquel la terre a été jettée hors du fossé.

2. Regulierement tout fossé est présumé mitoyen. 2. S'il n'y a titre au contraire. 3. Ou si le jet de la terre n'est entierement du côté du voisin. *Mornac, ad L. 7. §. 1. ff. de Peric. & com. rei vend. 1. 3. id.* Chopin, *Paris. lib. 1. tit. 4. n. 16. 1. 3. id.* Coquille, *quest. 298. ubi* de la Haye.

3. Les murs qui servent à l'enceinte & à la clôture des Villes, sont au rang des choses saintes, *nullius sunt* : il en est de même des fossez & des espaces qui doivent être vuides entre ces murs, & les maisons & possessions des particuliers : quand ils cessent de servir à cet usage, ils deviennent domaniaux, & tombent *in jus regaliorum & fisci.* C'est ce qui est arrivé à la ville de Grenoble plus d'une fois, & le Roy ayant fait don de ces lieux qui ont ainsi changé d'usage, on n'a pas encore vû que pour cela ils ayent changé de nature ; ils conservent leur franchise ; de sorte que les maisons qui y ont été élevées en grand nombre sont exemptes des contributions ausquelles les fonds taillables sont sujets. *Voyez Chorier en sa Jurisprudence de Guy Pape, p. 89.*

4. Le proprietaire du fonds peut faire des fossez autour de son heritage pour empêcher les animaux d'y aller, quoique de tout temps il n'y en ait point eu ; & le Seigneur ne peut l'empêcher sous prétexte que les fossez nuisent à son droit de chasse par leur profondeur. Arrêts du Parlement de Paris des 12. Mars & 17. May 1547. *Papon, liv. 14. titre 1. nombre 6. & 7.*

5. Entre les Paroissiens de Channé, &c. les Landes que quelque particulier prétendoit siennes, & avoit fait icelles clore, seront remises comme elles étoient par le passé, les fossez seront abbatus. Arrêt du Parlement de Bretagne du 29. Octobre 1568.

6. Arrêt du 8. Mars 1569. qui permet à un proprietaire de faire curer un fossé, & de mettre la terre devers son côté, couper les buissons & hayes, sans toucher aux racines ; inhibition aux parties respectivement de mettre leur bétail l'un en la possession de l'autre. *La Rocheflavin, li. 3. lettre P. tit. 1. art. 4.*

7. Les biens vacans appartiennent au Seigneur Justicier, mais non les fossez & murailles. La police & garde luy en appartient, comme n'ayant pû être faite sans sa participation ; mais la propriété n'en est proprement à personne, l'usage en est à la Communauté, & à chaque particulier qui a la liberté de s'en servir, pourvû qu'il ne porte point de préjudice ni d'empêchement à l'usage commun & general. Le Seigneur Justicier d'une ville fermée a le droit de se faire donner les clefs des portes par les Consuls qui sortent de charges, pour les mettre entre les mains des nouveaux Consuls. Tout cela fut jugé au Parlement de Toulouse entre la Dame de Grasset, veuve du sieur de Miran, Dame de Baillarge, & les Consuls & Habitans du lieu. *V. M. de Catellan livre 3. chap. 40.*

FOUAGE.

1. DU droit de foüage. *Voyez Papon, liv. 5. titre 11. nomb. 19.*

2. Du droit de foüage ou de quête. *Voyez Despeisses, tome 3. p. 227.* c'est celuy que le Seigneur prend sur chacun chef de famille, tenant feu & lieu, *focuarium tributum,* on ne peut demander que cinq années.

3. *De impositione & quotizatione focagiorum.* Voyez *Franc. de Claperiis caus. 27.*

4. De ceux qui sont exempts du droit de foüage. *V.* le mot *Exemption, nomb. 31. & suiv.*

5. Foüage & tailles payez par les Ecclesiastiques pour leur patrimoine & acquêts ; ils ne doivent que jusqu'à 60. livres de revenu. *Bellordeau, livre 6. des Contro. chap. 97.*

En

6   En un Arrêt donné à la Chandeleur 1262. il est fait mention du foüage en Normandie ; il en est aussi parlé en un Arrêt de Paris du 6. Mars 1549. donné par provision pour les foüages de Provence, contre les gens d'Eglise & de justice, & les Nobles pour leurs heritages ruraux & roturiers par eux acquis par retenuë ; les tailles ont été introduites au lieu du foüage. *Bibliotheque de Bouchel*, verbo *Foüage*.

7   Les enfans se séparant après la mort de leur pere, & tenans divers feux & familles, chacun se tient de payer le droit entier de foüage ; autrement s'ils continuent de vivre en commun, & sous un même toit, ils ne doivent qu'un seul droit. Arrêts des 28. Août 1554. 3. Juin 1564. 26. Janvier 1573. & 23. Juin 1583. *La Rochessavin, des Droits Seigneuriaux*, chap. 18. Art. 2.

8   Franc Archer est exempt de foüage. Arrêt du Parlement de Bretagne du 27. Septembre 1547. *Du Fail*, li. 2. chap. 467.

9   En Bretagne les foüages & tailles sont payées par les Ecclesiastiques pour leurs patrimoines & acquêts, avec les charges ordinaires & extraordinaires. Arrêts des dernier Mars & 5. May 1557. *Du Fail, ibidem* chap. 219.

10   Entre Jean Moulin, & les Paroissiens de la Mesiere, Arrêt du Parlement de Bretagne du 28. Août 1559 qui ordonne que nonobstant son privilege clerical & de Tonsure par lui allegué, il payera le foüage, & autres tailles comme les autres Paroissiens. *Ibidem*, chap. 91.

11   Michel Lucas Sergent s'oppose à la taxe où il est cotisé pour le foüage de la Paroisse de Marcerac en ipso qu'il est Sergent Royal. Arrêt du Parlement de Bretagne du 14. Octobre 1559. qui le declare contribuable au foüage tant qu'il demeurera en la Paroisse, *Ibidem*, chap. 89.

12   Entre les Paroissiens de saint Michel & Jean Guillocher ; le pere de Guillocher avoit fait accord entre luy & les Paroissiens de n'être mis au foüage en l'an 1524. & depuis n'avoit rien payé, même avoit eu deux Sentences à son profit. Le Procureur General appellant est tenu pour bien relevé ; & dit la Cour, que Guillocher nonobstant ses Sentences & accords, payera le foüage, & autres devoirs roturiers. Arrêt du Parlement de Bretagne du 4. Mars 1561. *Du Fail, ibidem*, chap. 161.

13   Par Arrêt du Parle. de Bretagne du 26. Octobre 1563. la Cour déboute les Paroissiens de Tinteniac d'une requête, par laquelle sous une cause d'appel ils requierent que certains Paroissiens riches & opulens qui se sont retirez en une Paroisse où il n'y a qu'un feu de foüage, faisant labourer leurs terres en la Paroisse de Tinteniac, où il y a trente-trois feux, soient nonobstant imposez à Tinteniac pour raison de leurs terres, sauf aux Paroissiens de Tinteniac de se pourvoir pardevant Juge competent pour la diminution des foüages par eux requise. *Ibidem*, ch. 211.

14   Si le pere mourant laisse plusieurs enfans heritiers & successeurs ne vivans en commun, mais separément, tenans divers feux & familles, chacun est tenu payer le droit entier de foüage ou quête ; autrement continuant à vivre en commun, sous même feu & toit, ils ne payeront qu'un seul & même droit. Arrêt du 3. Juin 1564. entre le sieur de Gabarret & le Syndic des habitans dudit lieu ; autre Arrêt précedent du 28. Août 1554. entre la Dame de saint Plancard & d'Ornezan, & les habitans dudit Ornezan ; & encore autre Arrêt du 26. Janvier 1573. entre le sieur de Savignac & le Syndic du lieu de Seiches ; autre Arrêt du 23. Juin 1583. entre Françoise d'Espagne, Dame Dorbessant, & le Syndic dudit lieu, par lequel le droit de quête fut ajugé à ladite Dame diffinitivement, sur un chacun des habitans tenans maisons particulieres. *Bibliotheque de Bouchel*, verbo *Fouage & Quête*.

Tome II.

15   Quelques particuliers de Château-Giron, disant que les Tailleurs & Egailleurs se sont omis au rôlle du foüage ; les particuliers sont mis hors de Cour & de procez par le Senéchal de Rennes, lequel à ce que telle plainte n'arrive, ordonne que le Procureur du Roy feroit appeller le Seigneur & Châtelain de Château-Giron pour faire apparoir du titre, si aucun a, de l'exemption de foüage par luy prétenduë, sans que par simulation des Paroissiens il soit en fraude des droits du Roy, & de l'interet public supporté, s'il ne luy est trouvé appartenir ; ordonne que desormais procedant à la choisie des Tailleurs & Egailleurs de foüage, les Paroissiens à Prônes de grande Messe, la plus saine partie imposeront pour eux, ou eurs députez, tans les Tailleurs que leurs ascendans & descendans, freres & cousins, ou leurs neveux és sommes qui leur sembleront pour raison, chacun pour sa contingente portion devoir porter, & ce au préalable que les Tailleurs puissent tailler ni executer l'Egail, à ce qu'en leur interet particulier & de leurs proches, ils ne demeurent Juges Arbitres absolus, & que semblables plaintes n'en arrivent ; en laquelle contribution & Egail ils imposeront toutes personnes de qualité Egaillable, selon la disposition de droit & Ordonnances, soit Nobles ou Officiers, Clercs, Prêtres, & autres tels exempts, prenant terres ou Seigneuries à ferme ou loüage ; & les Clercs & Prêtres de roturiere condition pour raison de leur patrimoine tenu en leur main, négociation publique, ou bourse commune, sinon que leur patrimoine soit affermé à personne payante, soulageant les pauvres, ou iceux déchargeant selon qu'ils verront appartenir ; quoi faisant ils auront respect, où par le passé les demandeurs auroient été trop imposez, & les décharger aux impositions futures nonobstant oppositions & appellations, & sans préjudice d'icelles, avenant lesquelles elles seront vuidées sans ministere d'Avocats ou Procureurs, sommairement & de plein par avis des Apparens de la Paroisse, qui seront députez par la Justice du Roy non suspects, sans forme de procez. Par Arrêt du Parlement de Bretagne du 20. Septembre 1566. la Cour confirme le Jugement fors pour le regard des dépens ausquels le Juge avoit condamné les parties ; & commandement au Substitut du Procureur general à Rennes de faire executer l'Arrêt. *Du Fail*, li. 2. chap. 276.

16   Gentilhomme tenant à sa main terres roturieres doit foüages, car la taille est mixte en Bretagne ; la personne comme plus digne l'emporte sur la chose, & le Noble sur le roturier. Il est autrement en Languedoc, où la taille est pure réelle, & où les terres roturieres payent, quoique les Nobles les tiennent en main ; les Secrétaires en sont exempts, par Arrêt solemnel donné au Parlement de Toulouse entre les Secrétaires & les Etats de Languedoc. *Ibidem*, chapitre 353.

17   Le Noble de Bretagne n'est tenu au foüage pour les heritages roturiers qu'il tient en sa main. Arrêt du 12. Octobre 1570. mais cette exemption ne s'étend aux habitans des Villes franches & exemptes qui tenant en leurs mains des terres roturieres sont imposez au foüage. Ainsi jugé par l'Ordonnance d'Orleans ; ils sont obligez de les donner à ferme, afin que les fermiers payent la taille. *Du Fail, ibidem*, ch. 362.

18   Il fut dit que Damoiselle Jeanne Bautherel seroit à l'avenir cotisée au foüage de la Paroisse pour raison des terres roturieres qu'elle a achetées, tant & si longuement qu'elle les tiendra, & labourera en sa main. Arrêt du Parlement de Bretagne du 12. Mars 1572. *Ibidem*, chap. 438.

19   Par Arrêt du Parlement de Bretagne du 14. May 1572. il fut dit que, &c. seroit cotisé & imposé au Rôle des Foüages, tant & si longuement qu'il tiendra fermes, & fera autres actes dérogeans à Noblesse, lequel aussi se comportant noblement, ne

Ii

20 sera à l'avenir cottisé aux foüages. *Ibidem*, *ch.* 438.

Jugé au Parlement de Bretagne le 20. Février 1574. que des habitans de Bretagne, tant & si longuement qu'ils le seroient, & tiendroient en leurs mains leurs heritages, ne payeroient le droit de foüage. Pourront neanmoins être cottisez, s'ils prennent à ferme des heritages assis en icelle Paroisse de Toussaints hors des Barrieres, pour raison des fermes & loüages, quoique les preneurs soient demeurans au dedans des Barrieres. *Ibidem*, *chap.* 463.

21 Les Juges de Rennes disent que les Paroissiens de Tredaniel n'ont dû ni pû imposer au Foüage & Tailles de la Paroisse quelques terres des Bruyeres réünies & consolidées au Domaine Noble du lieu des Bruyeres appartenantes à Julienne Gonyquet, & déclaré les terres tenuës noblement, comme le reste du Fief & Domaine, à la charge de servir le Roy au ban. Ce Jugement est confirmé par Arrêt du Parlement de Bretagne du 16. Mars 1574. *Du Fail, ibidem*, *chap.* 459.

22 Roturier demeurant en lieu Noble exempt du foüage. Arrêt du P. de Bretagne du 22. Mars 1574. *Ibidem*, *chap.* 475. où il est observé que si le Laboureur tient à ferme du Noble des Terres roturieres, il payera le foüage que le Noble ne payoit pas: ainsi jugé.

23 Noble exempt de foüage pour toutes terres tenuës en sa main. Arrêt du Parlement de Bretagne du 14. Octobre 1575. *Du Fail, ibidem*, *chap.* 486.

24 Noble exempt de foüage, tant & si longuement qu'il tiendra ses heritages roturiers en sa main. Arrêt du Parlement de Bretagne du 21. Octobre 1577. *Ibidem*, *chap.* 570.

25 Défenses aux Présidiaux de connoître des appellations des Juges Royaux leurs inferieurs en matiere de foüages & autres qui doivent ressortir sans moyen à la Cour, sous peine de nullité, dommages & interêts des Parties. Arrêt du P. de Bretagne du 15. Février 1578. *Du Fail*, *li.* 2. *chap.* 592. où il est observé qu'en matiere de foüages, les Juges Royaux sont en Bretagne ce que sont les Elûs aux autres Provinces, dont les appellations ressortissent aux Cours des Aydes, & même où il n'y a Aydes, aux Parlemens.

26 Par Arrêt du 25. Février 1578. il fut dit; que lors que les habitans de la ville de Hedé bailleront à ferme leurs heritages situez tant en la Paroisse de Bazoges, qu'autres, à personnes taillables, & feront signifier le bail, ils ne seront imposez au foüage ; mais les Fermiers pour raison desdites terres. *Du Fail, ibidem*, *chap.* 591. où il est observé que ces habitans de Hedé avoient été condamnez à payer le foüage pour les terres qu'ils tenoient ailleurs & en leur main.

27 Jugé que quand une maison & metairie roturiere & contribuable s'étend en plusieurs Paroisses, on ne peut imposer le Fermier & detempteur d'icelles aux Tailles ou foüages de toutes les Paroisses, mais seulement en celle en laquelle est situé la maison principale, de sorte que le foüage n'est pas réel, mais plus personnel, la personne étant imposée *ratione omnium facultatum*, & au lieu du domicile, suivant l'Arrêt de Reglement du 7. Février 1589. *Du Fail, ibidem*, *chap.* 463.

28 Arrêt du Parlement de Rennes du 5. Novembre 1639. qui ordonne que comme il ne sera fait aucun bail pour la recolte des deniers des foüages, & autres qui se leveront sur les Paroisses de cette Province à plus haut prix que de deux sols pour livre, & que les Notaires ou autres personnes qui feront les Rôles des foüages ne pourront prendre autres salaires que l'écriture des rôles à la raison de quatre sols par feüille, défenses à toutes personnes d'y contrevenir, à peine de concussion, & d'en répondre en leurs propres & privez noms au quadruple. *Voyez les Arrêts qui sont à la suite du Recueil de Du Fail*, p. 86.

29 Arrêt du Conseil d'Etat du 15. Avril 1627. qui ordonne que le droit de foüage & monnoyage, dû de trois ans en trois ans en la Province de Normandie, à raison d'un sol par feu, sera levé à l'avenir sans frais par les Collecteurs des Tailles. *Voyez le Recüeil du Domaine*, p. 767.

FOUET.

1 LE 6. Juillet 1565. a été prononcé Arrêt au Parlement de Toulouse, portant qu'un prisonnier de la Maison de Ville seroit fustigé avec des verges par un Sergent, & non par l'Executeur de la Haute-Justice, & feroit un tour seulement dans la Maison de Ville. *La Rocheflavin*, *liv.* 2. *tit.* 10.

2 Arrêt du même Parlement de Toulouse du 14. Juillet 1568. qui ordonne qu'une femme sera battuë de verges, par autres que par l'Executeur de la Haute-Justice. *Idem*, *liv.* 3. *lettre P. tit.* 5.

3 Beneficier Juge n'encourt irregularité pour avoir condamné au foüet. Jugé au Parlement de Paris le 7. Août 1618. *Bardet*, *to.* 1. *liv.* 1. *ch.* 42.

4 La procedure criminelle compete contre une fille qui a fessé en pleine ruë une jeune mariée. Arrêt du Parlement de Provence du 4. May 1675. *Boniface*, *tome* 5. *liv.* 3. *tit.* 1. *chap.* 16.

5 Le Jugement d'une condamnation au foüet peut être fait l'aprésdinée pour l'exemple public. Arrêt du même Parlement du 16. Juin 1677. *Ibidem*, *chap.* 3.

Voyez cy-après le mot Peine. §. Peine du foüet.

FOUR.

DES fours, moulins & bans d'iceux ; c'est le 18. chapitre de la Coûtume de *Nivernois*. *Voyez Coquille*, *tome* 2. p. 182. *en son Commentaire*.

1 *Furnus quo loco & quomodo construendus ne obsit?* Voyez *Franc. Marc.* 10. 1. quest. 22.

2 *De servitute furnagii aut triturandi quæ a consuetudine potest introduci*. Voyez *Ibidem*, quest. 123.

3 *Furnum construere juxta parietem seu murum domûs vicini, an & quando liceat, & quo modo item pactum de non ædificando furnum in domo contemplatione alicujus personæ, personale dicitur?* V. *Ibidem, to.* 2. quest. 482.

4 S'il est permis d'avoir four en sa maison? *Voyez le mot Boulanger*.

Arrêt du P. de Toulouse du 6. May 1597. qui défend aux Boulangers d'avoir des fours dans leur maison, ni autres maisons de la Ville, ni avoir pain pour vendre; & leur est enjoint de faire bonne pâte de bon bled & bonne blancheur. *La Rocheflavin*, *livre* 6. *lettre B. tit.* 14. *Arr.* 1.

5 Four bannal. *Voyez le mot Bannalité*, n 14. *& suiv.*

6 Arrêt du 6. Decembre 1567. rendu entre le Seigneur du Cabanial & le Syndic des habitans, qui enjoint aux habitans d'aller cuire leurs pains aux fours banniers du Seigneur pour eux & leur famille, à la charge que le Seigneur les tiendra reparez, fournis & pourvûs de toutes choses necessaires pour bien cuire le pain des habitans, aux jours qui seront avisez par Experts; & inhibé tant aux habitans du lieu qu'autres résidans étant Fief construire fours particuliers sans la permission du Seigneur, & où il y en auroit, permis au Seigneur de les abbattre & démolir ; ceux ausquels telle permission est donnée, ne pourront faire cuire le pain de leurs voisins, sur peine de confiscation du pain au profit du Seigneur; ceux qui acheteront du pain hors du Fief pour leur nourriture ou de leur famille, ou encore pour vendre aux habitans, seront tenus de payer le droit de fournage suivant l'estimation d'Experts, ayant égard aux bleds que leur famille auroit pû dépenser ou qu'ils ont pû vendre. En outre les Forains biens tenans dans le Fief, mais non résidans ni domiciliez, dol, fraude cessant, ne seront tenus payer le droit de fournage. Même Arrêt du 4. Février 1587. *La Rocheflavin*, *des Droits Seigneuriaux*, *chap.* 16. *art.* 3.

Si un four ou moulin sont donnez en emphiteose, à condition & charge de cuire ou moudre tout le pain & bled d'une maison & famille, quoique la famille croisse & augmente du double, même du triple & plus, l'emphiteote ne peut se dispenser d'y satisfaire, pourvû que tous habitent en même maison & domicile; & *sub eodem tecto*, & la famille étant diminuée ou absente, on ne peut rien exiger de l'emphiteote. Jugé en la cause de Scipion de Joyeuse Grand Prieur de Toulouse en Decembre 1585. on luy dénia les arrerages qu'il demandoit de la cuisson de son pain pendant son absence. *La Rocheflavin, des Droits Seigneuriaux*, chap. 16. art. 2. il cite Cepola *au titre de servit. urbanor. prædior. tit. De furno*, & Boyer, *question* 213.

S'il est permis aux particuliers d'avoir four en leurs maisons, quand le Seigneur a droit de bannalité, ou quand le four n'est point bannal? Non, s'ils n'en ont titre, ou qu'ils n'en payent la redevance; en ce cas le particulier peut se maintenir en sa possession. Arrêt du Parlement de Dijon du 20. Avril 1606. *Bouvot*, tome 2. verbo *Droits Seigneuriaux*, quest. 1.

Jugé que celuy qui fait un four contre un mur mitoyen doit laisser entre-deux demi pied de vuide; qu'il doit élever le fourneau jusqu'à la hauteur des membres de la maison du voisin, entre lequel le four est mitoyen, & enfin que celuy qui fait un privé contre un mur mitoyen, doit faire un contremur d'un pied d'épaisseur. Arrêt du Parlement de Paris du 3. Septembre 1616. *Ayrault*.

Les advenaires doivent la cense du fournage comme les habitans. Arrêt du Parlement de Grenoble du 13. Septembre 1646. V. *Basset*, to.1. liv.3. tit.12.ch.1.

Arrêt du Parlement de Provence du 23. Janvier 1665. qui a jugé que la prescription de la fournée d'un four contre le statut peut être acquise. *Boniface*, tr. 1. liv. 8. tit. 2. chap. 10.

Arrêt du 16. Mars 1665. qui permet aux habitans de Puylobier en Provence de faire travailler à chaux, si le Seigneur n'a droit de le défendre, & ce pour l'usage de leurs bâtimens. *Ibidem*, liv. 3. tit. 3. chap. 5.

FOURBISSEURS.

DEs Maîtres Fourbisseurs & Garnisseurs d'épées & autres bâtons au fait d'armes en la Ville de Paris. *Voyez les Ordonnances de Fontanon*, tome 1. liv. 5. tit. 35. page 1130.

Voyez *au Recüeil des Statuts & Ordonnances concernant les Orfévres*, p. 767. *& suivantes*, plusieurs Sentences & Arrêts pour & contre les Fourbisseurs.

FOURCHES PATIBULAIRES.

DEs fourches patibulaires. *Voyez* hoc verbo la *Bibliotheque du Droit François par Bouchel*.

Des fourches patibulaires, droit de pillory, échelles & poteaux à mettre carquans. *Voyez Despeisses*, tome 3. tit. 5. art. 2. section 2.

Furca meri imperii signum denotant. Voyez Franc. Marc. 10. 2. quest. 636.

Les fourches patibulaires n'appartiennent qu'au Seigneur Haut Justicier: il y en a de cinq formes.

Les unes sont à deux pilliers, qui appartiennent au simple Seigneur Justicier.

Les autres sont à trois pilliers qui appartiennent au Seigneur Châtelain.

Les autres sont à quatre pilliers qui appartiennent au Seigneur, Baron ou Vicomte.

Les autres sont à six pilliers, qui appartiennent aux Seigneurs, Grands Duc & Grands Comte de Guyenne, Normandie, Bretagne, Comtes de Toulouse & Champagne, &c. Les Duchez & Comtez depuis cent ans érigées sont imaginaires, érigées de simples Baronnies & Seigneuries. *Voyez l'Indice des Droits Royaux* sur le mot de *Justice*. & *La Rocheflavin, des Droits Seigneuriaux*, chap. 31. art. 1.

Tome II.

Le 15. Octobre 1513. l'échaffaut & pillory à executer à mort, qui étoit à la place du Salin à Toulouse, fut abbatu & transféré à la place Saint Georges, pour empêcher que Messieurs ne vissent en passant executer ceux qu'ils avoient condamnez le matin. *La Rocheflavin*, ibidem, art. 2.

Hervé de Kerguezangour a Lettres pour avoir un gibet ou fourches à quatre posts en la Terre de Launaymur. Par Arrêt du Parlement de Bretagne du 10. Octobre 1592. la Cour ordonne avant proceder à l'entherinement, qu'il sera informé de la grandeur & étenduë du Fief de Launaymur, le nombre des hommes & sujets d'icelle, les aveux & tenuës par luy & ses prédecesseurs baillez de la Terre de Launaymur. *Du Fail, liv. 2. chap.* 178.

Suivant l'ancienne Coûtume de *Senlis*, les moyens Justiciers avoient fourches patibulaires à deux pilliers liez au dedans, ce qui leur a été ôté par la nouvelle, à l'exception des moyens Justiciers de la Châtellenie de Chaumont, qui sont renvoyez à la Cour, pour justifier leurs prétensions, esquelles ils sont fondez autrement qu'en Coûtumes; mais ils ont cet avantage que n'ont pas les autres moyens Justiciers du Bailliage de Senlis, qu'ils ont Voirie & Territoire. L'on a aussi conservé les prétensions du Chapitre de Beauvais, pour avoir fourches patibulaires dans les lieux où il n'y a que moyenne justice, ainsi qu'il a été jugé par Arrêt au profit dudit Chapitre, contre le sieur Papillon Danfac. V. *Ricard sur la Coûtume de Senlis*, art. 111.

FOURNAGE.

Voyez le mot *Directe*, nombre 8. & cy-dessus *Four*.

FOURNEAU.

LE 7. May 1687. il fut jugé en la premiere Chambre de la Cour des Aydes de Paris, qu'un Ecclesiastique qui fait travailler à un fourneau qu'il avoit dans un bien à luy échû en ligne directe, déroge lorsque pour faire valoir ce fourneau il est obligé d'acheter d'autruy de la mine & du bois, cela étant consideré comme un commerce. *Memorial alphabetique*, verbo *Privilegié*, nomb. 8.

FOURNIR.

FOURNIR ET FAIRE VALOIR.

LE cessionnaire qui ne s'est opposé au decret, ne peut agir contre son cedant en vertu de la clause fournir & faire valoir; mais si le debiteur dénie, le cessionnaire n'est obligé à aucune discussion, mais il peut s'adresser de plein vol au cedant. M. Loüet lettre F. *somm*. 25. Tronçon, *Coûtume de Paris*, art. 356.

En contrat d'échange de rente sur l'Hôtel de Ville, avec la clause de fournir & faire valoir, la discussion n'est requise, parce qu'elle n'a lieu à l'égard du Roy, & le bailleur de la rente tenu de payer les arrerages, &c. si mieux n'aime consentir la resolution du contrat d'échange. Jugé en l'année 1587. M. Loüet lettre F. *somm*. 6. & le 3. May 1595. M. le *Prêtre ès Arrêts de la Cinquième*. Voyez Mornac *l. 11. ff. de evictionibus*.

Quand il y a clause de fournir & faire valoir la rente à l'avenir, sans aucune diminution, cela empêche le déguerpissement. M. Loüet lettre D. *somm*. 41. Voyez M. le Prêtre *ès Arrêts de la Cinquième*. Jugé le 13. Juillet 1599.

La clause de garantir, fournir & faire valoir, ne peut faire que le cedant qui a receu quelque rente d'un autre debiteur que de celuy sur lequel le transport a été fait, soit tenu de la remployer auparavant la discussion. Arrêt du 7. Mars 1601. *Charondas*, livre 13. *Réponse* 28.

Le cessionnaire d'une rente avec promesse de fournir & faire valoir, & de payer par le cedant, faute de payement par le debiteur, doit 1°. faire discussion avant que de s'adresser au cedent : 2°. Que la discussion se doit faire non seulement des biens specialement obligez, mais aussi de tous les biens du debiteur : 3°. Que le cessionnaire est tenu de veiller, si l'on vend ou que l'on fasse decreter les biens du debiteur jusqu'à la concurrence de ce que le cessionnaire en s'opposant eût pû être payé, ou qu'il eût interrompu le tiers acquereur. Jugé à Pâques le 2. Avril 1602. Montholon Arrêt 98. Voyez Bouguier lettre F. nombre 4. & lettre G. nombre 1. & M. le Prêtre, és Arrêts de la Cinquiéme & 2. Cent. chap. 28.

6. La clause de fournir & faire valoir en cession de rente n'étant stipulée, on ne la supplée point. Jugé à la prononciation de Noël 1604. Montholon, Arrêt 104.

7. Celuy qui a baillé en échange d'un heritage une rente sur un particulier, qu'il a promis de garantir, fournir & faire valoir, est recevable de racheter ladite rente entre les mains de celuy à qui il l'a transportée & de le remettre, en ce faisant, à la luy retroceder, si mieux celuy qui l'a reçuë, n'aime le decharger de la garantie. Arrêt en 1605. M. le Prêtre és Arrêts de la Cinquiéme.

8. Un preneur d'heritage à rente en bled avec la promesse de la fournir & faire valoir, est déchargé aprés trente ans de la faire valoir, ou reçu à la rembourser. Jugé en la Coûtume d'Orleans le 30. Avril 1626. Du Frêne, liv. 1. chap. 101.

9. Voyez cy-aprés verbo Garantie, où l'effet de cette clause sera plus amplement marqué.

FOURRIER.

DE Mensoribus. C. 12. 28. ... C. Th. 6. 34. .. Des Fourriers & des Marêchaux des Logis.
Privileges des Fourriers de la Maison du Roy. Voyez lettre O. verbo Officiers du Roy.

FOY.

DE ce qui concerne nôtre Foy & Religion, réduit en certains articles par la Faculté de Theologie à Paris, & autorisé par le Roy. Ordonnances de Fontanon, tome 4. tit. 4. p. 130.
Voyez les mots Doctrine, Heresie, Religion Prétenduë Réformée, Schisme, &c.

BONNE FOY.

Voyez ce qui en a été dit sous la lettre B. p. 300. & ce qui sera dit verbo Fruits, nombre 5. & suiv. 139. & suiv. & sous le mot Possession, où il sera aussi parlé du possesseur de mauvaise foy.

FOY ET HOMMAGE.

IL faut voir les titres du Droit, qui sont recueillis verbo Fiefs.
Voyez la Bibliotheque du Droit François par Bouchel, verbo Bouche & Mains, & celle de Jovet, lettre F. verbo Foy & hommage.
De la prestation de foy & hommage. V. Despeisses, tome 3. tit. 3. article 3. sect. 1.
De la forme des hommages, où & par qui ils doivent être faits ? Voyez M. Salvaing, en son traité des Fiefs, part. 1. chap. 4. & suivans.

1. Celuy qui ne fait point la foy & hommage dans l'an & jour, ne perd point son fief. Arrêt rapporté par Jo. Galli. quest. 162.

2. En païs de Droit écrit le fils succedant au pere en un fief, ne perd rien, par faute de faire dans l'an & jour foy & hommage au Seigneur feodal. Arrêt du P. de Paris de l'an 1388. Papon, livre 13. tit. 1. nomb. 8.

3. Seigneur feodal condamné à recevoir foy & hommage de son vassal, doit auparavant le ressaisir. Arrêt du Parlement de Bourdeaux du 7. Septembre 1469. contre l'avis de M. le premier Président Boyer. Ibidem, liv. 18. tit. 4. nomb. 9.

4. Arrêt du Parlement de Bretagne du 14. Octobre 1559. qui ordonne que le sieur Caradreux informant par serment que par témoins qu'il se soit offert au sieur de Tizé en la Ville de Rennes pour luy faire la foy & hommage. Du Fail, liv. 3. chap. 197.

5. Le possesseur de fief n'est point tenu faire foy & hommage au Seigneur se prétendant direct, s'il ne justifie de son droit. Arrêt du Parlement de Paris du 3. Mars 1586. sur l'appel d'une Sentence du Sénéchal d'Auvergne : cependant en France le Seigneur feodal ne doit plaider désaisi. Papon, livre 13. tit. 1. nombre 7.

6. En matiere feodale, le Seigneur plaide la main garnie & saisie, à moins que le vassal ne le denie & désavouë, & se doit faire la foy, hommage par le vassal au logis du Seigneur même. Arrêt du 3. Mars 1586. Ibidem n. 7.

7. Si le vassal fait ses devoirs suivant la coûtume, & que le Seigneur feodal qui les a refusez soit condamné de les recevoir, le vassal n'est tenu de retourner au lieu du fief, il peut contraindre le Seigneur de recevoir l'hommage au lieu du Siege où le jugement a été rendu. Il y a Arrêt rapporté par Masuer, tit. de feudis, §. 15.

8. La prestation de foy & hommage se doit faire suivant la Coûtume du fief dominant, parce que c'est l'honneur qui est dû au Seigneur, & les rachats & profits de fief suivant la Coûtume du fief-servant. Arrêt du 27. Août 1604. M. le Prêtre, 2. Cent. chap. 45. M. Loüet, lettre F. sommaire 19. & lettre C. somm. 49.

9. Quoique la foy ne se divise point, chacun, soit être Nobles ou Roturiers, étant heritier, peut faire la foy & hommage pour sa part hereditaire, & avoir main-levée de sa portion par indivis. Arrêt du 7. Septembre 1604. M. Loüet, lettre F. somm. 26.

10. C'est la Coûtume & un privilege de la Noblesse, que les Gentilshommes soient debout, en rendant un hommage ; neanmoins celuy de la terre de Beaume se rend le vassal à genoux, les mains jointes entre celles de l'Evêque assis dans un fauteüil. Messire Charles de la Beaume de Suze ayant refusé de le rendre de cette maniere à cause de sa naissance illustre, & de sa qualité, y fut neanmoins condamné avec dépens, par Arrêt du P. de Grenoble du 14. Août 1642. rapporté par Chorier en sa Jurisprudence de Guy Pape, page 39.

11. La censive & l'hommage sont compatibles, & le vassal n'est obligé de rendre la foy & hommage à son Seigneur qu'où les biens sont situez, à la maison Seigneuriale, ou s'il n'y a personne, aux Officiers. Jugé en la Chambre de l'Edit de Castres le 14. Février 1649. Voyez Boné, part. 2. Arrêt 84.

12. Henrys, tome 2. liv. 2. quest. 1. rapporte un Arrêt du Parlement de Paris du 4. Février 1652. qui condamne un vassal à faire l'Hommage au Château du Seigneur, nonobstant qu'il eût procez avec luy, & dans un mois, à compter du jour de la signification de l'Arrêt, la saisie feodale tenante, sans perte de fruits jusqu'à ce temps, & aprés la Cour declare la perte des fruits encouruë.
Voyez cy-aprés le nomb. 35.

13. Les Forains ne rendent hommage, si le Seigneur n'a titre ou possession. Arrêt du Parlement de Provence du 16. Mars 1665. Boniface, tome 1. liv. 3. tit. 3. chap. 3.

14. Un Juge Banneret peut connoître d'un hommage dû au Seigneur du lieu d'où il est Juge, comme Seigneur de ce lieu. Arrêt du Parlement de Toulouse du 24. Mars 1670. en faveur de M. l'Evêque de Montpellier, contre le sieur de Roman. Albert, lettre I. verbo Juge.

15. Deux Coseigneurs relevans l'un de l'autre se doivent respectivement la foy & hommage. Jugé au Parlement de Paris le 30. Mars 1677. Journal du Palais in fol. 10. 1.

16 La foy & hommage ne peut être transferée par le Seigneur sans l'alienation du fief. *Voyez* le *Prêtre*, 2. *Cent. chap.* 74.

17 Les trois mois du retrait accordez par la Coûtume de *Bourbonnois* suivant l'article 412. ont couru au profit de l'acquereur du jour de la Sentence du Juge qui a donné acte au Procureur de ses diligences, & offre de faire la foy & hommage, quoiqu'elle porte refus de recevoir le lignager débouté de son retrait, qu'il fondoit sur ce que l'acquereur n'avoit pas fait la foy & hommage, n'y ayant que le Seigneur qui s'en puisse plaindre. Arrêt du Parlement de Paris du 13. Août 1682. *Journal du Palais*.

18 Pour reprendre valablement de fief en la Coût. de *Bourgogne*, il faut s'adresser au Seigneur s'il est au pays; s'il est absent, à son fief, ou à son principal Officier, ou à celuy chargé de recevoir la foy & hommage, en faire dresser un acte que les Officiers du Seigneur feodal signent avec le vassal; neanmoins quand le Seigneur n'a point de maison forte ou Château dans le lieu du fief dominant, aprés que le vassal l'y a cherché, qu'il a appris qu'il n'y est pas, & qu'il en a pris acte du Procureur d'Office, ou d'un Notaire, alors il peut s'adresser au Bailly, quoiqu'il ne soit pas sur les lieux. Ainsi jugé au Parlement de Bourgogne au mois de May 1617. au profit du Seigneur de Sarigni, contre le sieur de Bosjan, qui prétendoit que la recherche qu'il avoit faite de sa personne au lieu de Bosjan étoit affectée, en ce que l'acte ne portoit pas que le Seigneur de Sarigni se fût adressé au Château & demeure des Seigneur & Dame de Bosjan lors qu'ils étoient au Pays, ny qu'on luy eût fait réponse qu'ils n'étoient pas, mais seulement que le Procureur d'Office avoit demandé copie pour en avertir le Seigneur feodal, & que n'étant éloigné que d'une journée le Seigneur de Sarigni devoit attendre de ses nouvelles, & même son retour. *Voyez Taisand sur la Coûtume de Bourgogne, tit.* 3. *art.* 1. *n.* 14.

19 Si quelqu'un vient au retrait d'un fief alienè par son parent qui auroit déja repris de fief, ce retrayant est obligé de faire la foy & hommage, de même que le fils qui succede à son pere, à peine de main-mise; comme il a été jugé par Arrêt du mois de Juillet 1610. pour le Seigneur de Darci, contre le sieur de Chancigni. *Taisand, ibidem, n.* 21.

20 Il est certain que pour ce qui concerne la reprise de fief tant de la part du Seigneur feodal que de celle du vassal, les devoirs peuvent être reçûs & rendus lors que l'un & l'autre a atteint la puberté, attendu que cela est conforme à la disposition de nôtre Coûtume, & que suivant le Droit Romain la tutelle finit à quatorze & à douze ans; & la pleine puberté commence à dix-huit ans pour les mâles, & à quatorze pour les filles. Ainsi jugé à la Chancellerie des Comptes de Dijon le 21. Mars 1667. *Taisand, titre* 3. *art.* 2. *note* 2.

21 Arrêt du Parlement de Provence du mois d'Août 1671. qui condamna le sieur de Fontiené, qui est un arriere-vassal de la mouvance des Seigneurs de saint *Etienne* de leur prêter la foy & hommage à genoux, & leur payer seulement un simple lods. *Boniface, to.* 4. *li.* 1. *tit.* 8. *chap.* 1.

22 On observe dans le *Lionnois* que si le Seigneur ne veille, le vassal dort impunément. C'est pourquoi si le vassal qui a droit de prendre sur le Seigneur une rente à titre de fief, & pour laquelle il doit foy & hommage, en peut demander les arrerages, quoiqu'il n'ait offert la foy & hommage. *Voyez Henrys, to.* 1. *li.* 3. *chap.* 1. *quest.* 2.

23 En la Coûtume de *Touraine* partie des heritiers roturiers offrans de faire la foy & hommage, tant pour eux que pour leurs autres coheritiers absens, doivent être reçûs par le Seigneur de fief, encore bien qu'ils n'ayent procuration des absens. Arrêt du 7. Septembre 1604. *Peleus, quest.* 141.

FOY ET HOMMAGE, AISNÉ.

24 Prestation de foy & hommage donnée par la Coûtume à l'aîné, s'entend seulement de l'honneur, & non des profits dont il doit faire part aux autres. Arrêt du 2. Juillet 1565. en interpretation de la Coûtume de Poitou. *Papon, li.* 13. *tit.* 1. *art.* 8.

25 L'aîné qui ne porte pas la foy & hommage, ne préjudicie pas à ses freres & sœurs. *M. le Prêtre*, 2. *Cent. chap.* 47. & le Seigneur qui saisit n'acquiert les fruits que pour les parts & portions des majeurs. Jugé au mois de Mars 1603.

26 *Bâtard* legitimé capable de porter la foy & hommage. *Voyez* le mot *Bâtard, nomb.* 107.

FOY ET HOMMAGE, COMMISE.

27 De la Commise encouruë faute de foy & hommage. *Voyez* le mot *Commise, nomb.* 24. *& suiv.*

28 *An si fide non intrans & homagio per annum & diem post mortem sui prædecessoris amittat feudum.* V. *Joan. Galli, quest.* 171. *& du* Moulin, *tome* 2. *page* 585. nouv. édition.

29 Par Arrêt du Parlement de Toulouse du 13. Septembre 1508. rendu entre Roger Dossin & Bernard de Montesquieu, le Gentilhomme faisant l'hommage à un autre de certains fiefs nobles, à faute de prêter iceluy hommage, les perdit. *La Rochestavin, des Droits Seigneuriaux, chap.* 31. *art.* 6.

FOY ET HOMMAGE, ECCLESIASTIQUES.

30 De la foy & hommage dûë aux Ecclesiastiques. *Voyez* le *Recüeil des Ordonnances par Fontanon, tome* 4. *tit.* 15. *nomb.* 513.

31 Exemption de rendre foy & hommage pour les biens Ecclesiastiques. *Mem. du Clergé tome* 3. *part.* 4. *chap.* 9. *p.* 230. *jusqu'à* 294. Main-levée des saisies faites à faute de foy & hommage sur les biens Ecclesiastiques dans l'ancien domaine de Navarre réuni *Mem. du Clergé*, ibidem, *part.* 4. *p.* 294.

FOY ET HOMMAGE, FIEF DE LA FEMME.

32 Le mari vendant la Seigneurie de sa femme, mouvant du fief d'autrui, avec promesse de la faire ratifier, le Seigneur du fief dominant n'est tenu de le recevoir à foy & hommage, avant la ratification. Arrêt du Parlement de Dijon du 18. Février 1614. *Bouvot, tome* 2. verbo *Fief, quest.* 4.

FOY ET HOMMAGE, FRUITS.

33 Un vassal doit rétablir les fruits avant que de pouvoir demander d'être reçu par main souveraine. Arrêt donné le 17. Juillet 1516. entre M. le Duc de Longueville, & l'Archevêque de Sens. *Bibliotheque de Bouchel*, verbo *Main forte*.

34 Suivant l'usage de Bourgogne le Seigneur fait les fruits siens, à défaut de devoirs faits par le vassal; quoique ce dernier offre de les faire aprés l'an & jour; le Seigneur joüit des fruits à proportion du temps que le vassal est en demeure, & jusqu'à ce qu'il ait satisfait à ces devoirs. Il fut ainsi jugé à la Chambre des Comptes de Dijon par Arrêts des 28. Mars 1669. 25. Février 1682. & 2. May 1683 la raison de la perte des fruits pour le vassal, à défaut de devoirs faits & de droits payez, est fondée sur ce qu'il n'est pas réputé possesseur de son fief avant qu'il ait reconnu son Seigneur, & qu'il luy ait fait les foy & hommage comme à son superieur, & en reconnoissance du fief qu'il tient de luy ou de ses auteurs. *Taisand sur la Coûtume de Bourgogne, tit.* 3: *art.* 1, *note* 8.

HOMMAGE EN PESONNE OU PAR PROCUREUR.

Voyez cy-dessus *le nomb.* 12.

35 *Utrum homagium per procuratorem præstari possit?* V. *Jo. Gall. quest.* 310. & Du Moulin, *to.* 2. *p.* 614.

36 De la foy & hommage qui doit être renduë en personne, & des raisons qui peuvent obliger le Seigneur de la recevoir par Procureur. *Voyez Fr. de Claperiis, Caus.* 9.

37 Vassal n'est point reçû à foy & hommage par Pro-

cureur, & pendant l'ouverture le Seigneur fait les fruits siens. Arrêt du Parlement de Paris dans la Coûtume de Boulonois; Arrêts contraires des 9. Decembre 1486. & 12. Mars 1536. mais il ne fait que confirmer le Droit commun, car dans le cas de l'Arrêt de 1486. le Marquis de Salusses fut reçu de grace sous le bon plaisir du Roy, à luy rendre la foy & hommage par Procureur, à la charge qu'il la feroit en personne le plûtôt qu'il pourroit. Dans le cas de l'Arrêt de 1536. les Religieux de saint Victor avoient donné homme vivant, mourant, & confiscant, lequel étoit par conséquent capable de faire la foy & hommage. Papon, li. 13. tit. 1. nomb. 19.

38 Si l'hommage se peut faire par Procureur en Dauphiné, contre la volonté du Seigneur sans excuse legitime? Voyez M. Salvaing, traité des Fiefs, chap. 7. part. 1 où il cite l'Arrêt du Parlement de Paris du 9. Decembre 1486. par lequel il fut dit que le Marquis de Salusses feroit reçu de grace à faire la foy & hommage au Roy comme Dauphin de Viennois par Procureur, s'il plaisoit à Sa Majesté, à la charge qu'il viendroit en personne le plûtôt qu'il pourroit; ce qui n'eût pas été ordonné si l'usage de Dauphiné permettoit au vassal de faire son devoir par Procureur, puisque le Marquisat de Salusses est un fief dépendant du Dauphiné. Le même Auteur rapporte deux Arrêts du Parl. de Grenoble confirmatifs de la maxime; ils sont des 14. Decembre 1606. & 14. Août 1641. Cependant il en rapporte un contraire du 15. May 1607. qui jugea que la Dame du Poet passeroit reconnoissance au Baron de la Garde, & feroit hommage en personne ou par Procureur specialement fondé. Il en est autrement, ajoûte M. Salvaing, si l'inféodation oblige le vassal à la prestation de l'hommage en personne.

38 bis. Si la Coûtume ne requiert la comparution personnelle du vassal, il peut comparoir par Procureur. Ainsi jugé. Bibliotheque de Bouchel, verbo Foy & hommage.

39 Messire Gaucher Seigneur de Châtillon devoit rendre hommage pour sa Terre au Seigneur d'Anguien; ne le pouvant faire en personne, il obtint Lettres du Roy pour y être reçu par Procureur. Il étoit dû une rente par le fief dominant au fief servant; le Seigneur de Châtillon en demandoit les arrerages du jour que le Roy avoit commandé de vive voix au sieur d'Anguien de le recevoir par Procureur. Par Arrêt du Parlement de Paris, il fut dit que le Seigneur d'Anguien est tenu de recevoir en sa foy le Seigneur de Châtillon par Procureur suffisamment fondé, ou de le mettre en souffrance pendant sa maladie, condamné à payer les arrerages de la rente du jour du commandement fait par le Roy; & au cas de refus de la part dudit d'Anguien, le Roy le recevra. Corbin, suite de Patronage, chap. 62.

40 Arrêt donné en la cause de M. Pierre d'Amours Conseiller en Parlement, sur la remontrance qu'il avoit faite, à ce qu'il luy fût permis de quitter le Parlement, pour aller en personne faire la foy & hommage aux sieurs de Sevin, la Paloisiere, Ronserez & Bourlan en Anjou: il fut arrêté après en avoir communiqué aux Chambres que la Cour ne donnera congé audit d'Amours, mais luy a permis faire lesdits hommages par Procureur; qui vaudront comme s'il les avoit faits en personne. Bibliotheque de Bouchel, verbo Foy & hommage.

41 Un Conseiller de la Cour ne peut desemparer du service qu'il doit au Roy en sa Cour de Parlement, mais peut reçû par Procureur, si mieux n'aime le Seigneur luy bailler surséance jusqu'à la première commodité; le même pour les Greffiers & Huissiers. Arrêt du 25. Juin 1604. M. Louet lettre F. somm. 8.

42 Arrêt du Parlement de Grenoble du 14. Decembre 1606. & autres, qui ont jugé que l'hommage se devoit prêter en personne, puisque le Seigneur ne le vouloit recevoir autrement. V. Basset, to. 1. liv. 3. tit. 6. chap. 1. il observe que M. de Boissieux, vir nunquam sine elogio nominandus, traitant cette question in utramque partem, semble être d'avis que l'hommage en Dauphiné peut se prêter par Procureur. Basset estime que les titres ou la possession immémoriale doivent regler cette forme de prêter l'hommage.

PRESCRIPTION DE LA FOY ET HOMMAGE.

43 Si le vassal peut prescrire la foy & hommage contre son Seigneur? V. Bouvot, tome 2. verbo Fief, question 5.

44 Le Parlement de Grenoble a jugé les hommages imprescriptibles par plusieurs Arrêts. 1°. Pour l'Archevêque de Vienne l'an 1570. 2°. Pour Messire Claude Freret Premier Président l'an 1625. 3°. Pour les Seigneurs de Vinsette en 1639. 4°. Pour le Convent de S. François de Romans en 1648. 5°. Pour Dame Magdelaine de Plouvier en 1652. quoique l'on opposât une possession immémoriale. Ces Arrêts sont rapportez par Chorier en sa Jurisprudence de Guy Pape, page 128.

45 Jugé qu'au païs de Droit écrit, la foy & hommage peut se prescrire par temps immémorial. Bibliotheque de Bouchel, verbo Foy & hommage.

FOY ET HOMMAGE PAR RELIGIEUX.

46 Religieux, comme toutes autres personnes. Ecclesiastiques, sont capables de porter la foy, & de faire hommage des heritages féodaux qui leur appartiennent à cause de leurs Benefices, ou qui dépendent de leur Monastere, selon le texte in cap. 1. §. verum. De stat. regul. in 6. où il est dit qu'une Abbesse ou Prieure peut sortir de son Monastere pour faire la foy & hommage au Seigneur féodal d'où dépend un heritage féodal appartenant à son Monastere. Bibliot. Can. 10. 2. p. 439. col. 2.

FOY ET HOMMAGE AU ROY.

47 Voyez la Bibliotheque du Droit François par Bouchel, verbo Hommage, où il rapporte plusieurs hommages rendus aux Rois, & cy-après le mot Roy.

FOY ET HOMMAGE, SAISIE FEODALE.

48 Le Seigneur féodal condamné à recevoir la foy & hommage, doit auparavant remettre son vassal en possession. Arrêt du Parlement de Bourdeaux du 7. Septembre 1469. Papon, liv. 13. tit. 1. n. 20.

49 Seigneur féodal peut, faute de foy & hommage, saisir le fief de son vassal & non les arriere-fiefs, quoiqu'ils dépendent du principal mouvant de luy. Arrêt du Parlement de Paris du 15. Decembre 1543. Le Roy peut, faute d'homme, saisir tous les fiefs mouvans & faire les fruits siens; ainsi a été souvent jugé. Ibidem, nomb. 15.

50 Le Seigneur dominant ne peut faire saisir les terres de son vassal données en censive à un autre, quand le vassal a fait la foy & hommage, & qu'il n'y a eu mutation de vassal. Jugé au Parlement de Paris contre les Religieuses de Yarre le 29. Mars 1575. Ibidem, tit. 2. n. 15.

51 Le proprietaire d'une maison dépendante d'un fief laisse des enfans qui d'abord se portent heritiers, & ensuite renoncent; curateur est créé à la succession vacante; le Seigneur fait saisir faute de foy & hommage & de rachat non payé ; le curateur fait la foy, & demande main-levée, disant qu'en directe il n'y a point de rachat; le Seigneur offroit de rendre, au cas que les mineurs voulussent revenir à la succession; & il demandoit que le curateur eût à donner homme vivant & mourant, parce qu'il pourroit arriver trois ou quatre mutations, avant que les creanciers fussent satisfaits. Arrêt du Parlement de Paris du 24. Juillet 1600. qui déboute le Seigneur. Bibliotheque de Bouchel, verbo Foy & hommage.

52 Un particulier vend un fief, l'acquereur ne fait pas la foy & hommage du vivant de son vendeur qui décede dans les quarante jours ; après son décés,

le Seigneur fait saisir le fief ; l'acheteur demande main-levée en payant le droit de quint ; relief & quint sont dûs. *Voyez Charondas*, liv. 6. Rép. 70.

Voyez cy-après *Saisie feodale*.

FOY ET HOMMAGE, SOUFFRANCE.

53 Entre Hervé le Boucher Curateur de Bernard le Beufic, & Jean de Laurens Ecuyer, le Sénéchal de Karchais condamne l'appellant au nom de Curateur à laisser joüir l'intimé des heritages de luy tenus prochement, autant de temps que l'appellant a été en défaut de luy faire la foy & hommage, & de bailler son aveu, & ordonne la saisie être appoſée. Par Arrêt du Parlement de Bretagne du 9. Octobre 1562. il fut dit mal jugé, le mineur aura délivrance & main-levée de son heritage saisi, faisant la foy & hommage comme un vassal est tenu faire ; les fruits luy seront rendus & luy payé du reliquá. *Du Fail*, liv. 1. chap. 142.

54 Le Seigneur de Couësbicor assigne quelques uns de ses sujets, & leur demande aveu & tenuë ; ils ne comparoissent point, leurs heritages sont saisis ; la Duchesse de Montmorency prend leur fait & cause : Il est ordonné par Arrêt du même Parlement de Bretagne du 14. Octobre 1573. qu'ils demeureront en repos & souffrance pendant le procez, & que la Duchesse de Montmorency baillera sa demande pour soûtenir sa garantie. *Ibid.* chap. 379.

55 Interpretation de l'article 41. de la Coûtume de Paris pour les souffrances baillées aux mineurs. Arrêt du 17. Mars 1603. *M. Bouguier lettre S. nomb.* 4.

56 En la Coûtume de Chartres un fief échet à une mineure en ligne collaterale, sa mere tutrice demande par Procureur la souffrance à la mere gardienne-noble des Seigneurs du fief dominant qui fait saisir feodalement, & obtient Sentence à son profit ; Appel par la mere de la mineure ; Arrêt qui infirme la Sentence, & ordonne que la mineure demeurera en souffrance jusqu'à ce qu'elle eût l'âge ; main levée de la saisie feodale en payant quatre cens livres, à quoy la Cour a liquidé le droit de relief & autres prétentions, dépens compensez. Jugé à Paris le 22. Juin 1673. *Journal du Palais.*

57 Si le fils heritier de son pere *ab intestat*, est tenu faire foy & hommage à son Seigneur feodal, & si faute de ce faire, ou en étant refusant, le Seigneur feodal peut faire main-mise és fruits & revenu du fief ? Souffrance est baillée au mineur ; & quand il y a commisé *Voyez Bouvot*, to. 2. verbo *Fief*, quest. 2. Voyez le mot *Souffrance*.

FOY, USUFRUITIER.

58 *Usufructuarius rerum feudalium, an homagium intra annum & diem prestare teneatur, an vero Proprietarius?* Vide *Franciscum Marcum*, to. 1. quest. 871.

FRAIS.

CE mot ne s'entend pas seulement des avances faites pour l'instruction des procez civils & criminels, dont les décisions ont été comprises sous le titre des *Dépens* ; la subdivision des frais en frais de criées, de decret, de discussion, d'inventaire, de scellé, sepulture, succession, &c. montre que cette matiere a son étenduë & demande un détail exact.

FRAIS, BENEFICE D'INVENTAIRE.

1 Voyez le mot *Benefice d'Inventaire*, nomb. 33. & cy-après le nomb. 44.

FRAIS, COMMUNAUTE'.

2 Du my-denier pour diverses sortes de frais. *Voyez M. le Brun, traité de la Communauté*, liv. 3. chap. 2. section 1. dist. 11.

FRAIS DE CRIE'ES.

3 Voyez le mot *Criées*, nomb. 62. & suivans. Des Epices & frais de Criées. *Voyez le mot* Epices, *nombre* 30. & suivans.

4 Quels sont & en quoy consistent les frais de criées ? *V. Coquille*, to. 2. quest. 233.

5 Tout poursuivant criées qui est contraint faire des frais extraordinaires qui ne viennent sur l'adjudicataire, a préference pour le remboursement de ses frais, comme pour faire juger des oppositions afin de distraire, pour soûtenir les criées, &c. *Voyez M. Loüet lettre C. somm.* 44.

6 En matiere de criées, les frais ordinaires, c'est-à-dire, ceux faits pour parvenir à l'adjudication, se payent par l'adjudicataire ; & les extraordinaires sur le prix, c'est-à-dire, ceux faits pour la discussion des oppositions. Arrêts du Parlement de Paris des 4. Août 1500. & 3. Août 1504. *Papon*, liv. 18. tit. 6. nomb. 24. & *Maynard*, liv. 6. chapitre 70. & liv. 7. chapitre 45.

7 Les réponses aux causes d'opposition aux opposans ne viennent és frais des criées ; ainsi fut conclud & arrêté au Conseil par le Parlement de Paris le 12. Août 1504. *Bibliotheque de Bouchel*, verbo *Frais du Decret*.

8 *Bouchel en sa Bibliotheque du Droit François*, verbo *Frais de Justice en decret*, rapporte plusieurs Arrêts du Parlement de Roüen du 7. Janvier 1548. & des années 1570. & 1580. qui ont reglé les vacations & salaires des Officiers.

9 Frais de criées ne se prendront sur le prix, mais les adjudications se feront à la charge de payer par l'adjudicataire les frais des criées. Jugé par Arrêt du 24. Janvier 1591. ordonné que l'Arrêt seroit publié. Même Arrêt du 20. May 1598. *Bibliotheque de Bouchel*, verbo *Frais du decret*, & *Chenu*, quest. 15.

10 Pour les frais extraordinaires on ne peut toucher les deniers du Receveur des Consignations que l'ordre ne soit jugé, le Procureur condamné en son nom & par corps solidairement avec la partie, de remettre la somme qu'il avoit touchée. Jugé le 9. Juillet 1658. *De la Guessiere*, tome 2. liv. 1. chap. 52.

11 A present l'on ne doute plus au Palais que le poursuivant criées ne soit en droit d'employer en frais extraordinaires, tous les frais qu'il a faits en soûtenant l'interêt commun des creanciers, sur tout quand il s'agit d'empêcher une demande en distraction, & même les dépens ausquels il a succombé dans une semblable contestation, il est obligé de les payer & de s'avancer du sien, mais il les employe dans sa declaration des frais extraordinaires, & les reprend sur les premiers deniers du prix des biens vendus à sa poursuite, sans qu'on puisse les luy contester, sous pretexte qu'il s'est engagé dans un mauvais procez. *Henrys*, tome 1. liv. 4. ch. 6. quest. 24.

FRAIS D'UN DECRET.

12 Des frais d'un decret. *Voyez* cy-dessus nomb. 3. & suivans, & le mot *Decret*, nomb. 46. & suivans.

FRAIS DE LA DISCUSSION.

13 Par qui ils doivent être avancez ? *Voyez le mot* Discussion, *nomb.* 34. & *suivans*.

FRAIS DES ELECTIONS.

14 Des frais des Elections en matiere beneficiale. *Voyez le mot* Election, *nomb.* 86. & *suiv.*

FRAIS DES ETUDES.

15 Si les frais des Etudes sont sujets à rapport ? *Voyez le mot* Etude, *nomb.* 11.

FRAIS FUNERAIRES.

16 *De Religiosis, & sumptibus funerum ; & ut funus ducere liceat.* D. 11. 7. ‥ C. 3. 44. ‥ L. 202. D. de verb. sign. ‥ Lex 12. Tabb.

De debitâ impensâ in exequiis defunctorum. N. 59. ‥ Adde N. 43.

Paulus I. *Sent. ult.* §. 9, 10. & 15. ‥ Du privilege des frais funeraires. *V.* Enterrer. Sepulture.

Privilege des frais funeraires. *Loix Civiles*, tome 2. liv. 3. tit. 1. section 5. n. 24.

Des frais funeraires qui sont privilegiez, & qui doivent être reglez selon les biens & la qualité du défunt ; si un autre que l'heritier les avoit faits, on examineroit les circonstances pour sçavoir s'il a eu intention de les recouvrer. *Voyez les Loix Civiles, tome* 3. *liv.* 1. *tit.* 1. *section* 11.

17 *Defunctorum memoria fieri debent ad SS. Altaria* Chryfoſtomus *in Liturgiâ. & Hom.* 69. *ad pop. Antioch. & ſermone* 3. *in epiſt. ad Philipp. cap.* 1. *& hom.* 41. *in* 1. ad Corinth.
Nazianzenus *in Oratione funebri Cæſarii fratris.*
Athanaſius *ad Antiochum Principem, quæſtio* 34.
Epiphanius *lib.* 3. *adv. hæreſ. hæreſ.* 75. tom. 1.
Damaſcenus *pro eis qui in fide diſceſſerunt.*
Ambroſius *in Oratione funebri ſuper obitum Valentiniani, & in Orat. ſuper obitum Theodoſii Imp.*
Auguſtinus *lib. de curâ pro mortuis agendâ. Et lib.* 9. *Conf.ſſ.*
Ephræm *in eos qui in Chriſto obdormierunt.* tom. 3.

18 Quoiqu'il ne ſoit pas du deſſein de cet Ouvrage de s'engager dans la queſtion de ſçavoir ſi l'uſage des Oraiſons funebres ne tient point trop de la vanité, nous pouvons dire qu'il n'eſt point condamné par les Peres de l'Egliſe. Les témoignages qui viennent d'être rapportez en font foy. On ne doit pas neanmoins diſſimuler que la ſainteté du miniſtere Evangelique eſt ſouvent intereſſée dans l'uſage des Oraiſons funebres ; il eſt également dangereux de donner des loüanges Chrêtiennes à des Heros profanes, ou de donner des loüanges profanes à des Princes Chrêtiens. C'eſt aux Theologiens à examiner la queſtion, ou plûtôt aux Orateurs ſacrez à ne loüer dans le Sanctuaire que ce qui eſt digne de luy-même. Quant à nous, & ce qui approche de nôtre fonction & de nôtre état, ſeroit de ſçavoir ſi les Pompes funebres des Princes entrent dans les frais funeraires pour en charger l'heritier & en décharger la veuve, ou pour en charger la gardienne-noble & en décharger les mineurs. C'eſt une queſtion qui ne s'eſt point encore preſentée, & dont le commun honneur d'une veuve & des enfans continuëra peut-être d'empêcher la naiſſance.

19 *De quartâ funerariâ Parochiali Eccleſiæ debitâ.* V. *Franciſci Stephani deciſ.* 45.

20 Les Religieux ne ſont point tenus de faire les funerailles d'un Commendataire. La pompe funebre des Commendataires doit être payée par les heritiers, & non les Prieres. *Definit. Can. p.* 704.

21 Un Chanoine diſpoſe de ſa ſépulture, & en laiſſe le ſoin aux Religieux de ſaint François ; ils fourniſſent tout ce qui eſt neceſſaire. Conteſtation entr'eux & les Medecins & Apoticaires ; ceux-cy demandent en Juſtice la preference, ils l'obtiennent. Appel par les Religieux. V. *le* 5. *Plaidoyé de M. Bouchin Procureur du Roy à Baune*, qui conclut pour les appellans.

22 L'annuel n'eſt point compris au nombre des frais funeraires, & n'a pas le même privilege. Arrêt du Parlement de Toulouſe rapporté par *M. de Catellan, li.* 6. *chap.* 39.

23 L'heritier des quatre quints eſt tenu de contribuer au payement des frais funeraires *pro rata emolumenti.* Voyez *M. le Prêtre,* 3. *Cent. chap.* 82. *in margine.* M. Loüet, *lettre V. ſomm.* 11.

24 Les frais funeraires ne ſont réputez dettes de la communauté, ſi non les frais de la maladie du prédecedé. *Tronçon Coûtume de Paris, article* 186. *verb. n'eſt, &c. Voyez l'art.* 9. *de la Coûtume du Duché de Bourgogne, au titre des droits appartenans à gens mariez.*

25 Aprés les frais de Juſtice, ſont payez par preference à toutes dettes les frais funeraires & ſervice. Arrêt du 8. Novembre 1505. Bibliotheque de Bouchel, verbo *Diſtributions.*

26 Une veuve n'eſt tenuë de contribuer aux frais des funerailles de ſon mari, bien que commune avec le défunt. Sentence du Prévôt de Paris, confirmée par Arrêt du 16. Février 1548. *Corbin ſuite de Patronage, chap.* 251.

27 Frais funeraires, & autres pour la confection de l'inventaire ſont preferables à toutes dettes, Arrêt du P. de Bretagne du 15. Mars 1556. Du Fail, livre. *chap.* 39.

28 Quoique par le droit l'heritier ſoit tenu de faire les honneurs funebres, & payer les legs ; ſi neanmoins le teſtateur a legué l'uſufruit de tous ſes biens à un, & inſtitué un autre en la proprieté d'iceux, & que l'heritier prenne la ſucceſſion ſous beneſice d'inventaire, il ne peut être contraint à payer de ſon patrimoine ces legs, impenſes funebres, mais il luy ſera permis de vendre du fonds de ladite heredité, juſques à concurrence deſdits legs, impenſes, & autres charges hereditaires, nonobſtant les oppoſitions de l'uſufruitier. Arrêt du dernier Decembre 1575. *La Rocheſlavin, liv.* 4. *lettre T. tit.* 5. *Arr.* 7.

29 La dépenſe funeraire doit être colloquée la premiere, enſemble les frais de maladie, & enſuite les frais d'inventaire. *Papon, livre* 6. *titre* 18. *nombre* 44.

30 Voyez *Françoiſ. Pinſon,* §. 4. *de cenſibus,* où il traite *de quartâ parte mortuariorum,* des droits de ſépulture, à qui ils appartiennent, & comment ils ſe partagent ; il rapporte un Arrêt du Parlement d'Aix du 19. Octobre 1583. qui maintient l'Oeconome de la Paroiſſe de ſainte Marie des Arcs, *alias* des Acoules, dans le droit de prendre partie des cires, flambeaux, & autres Droits.

31 Les frais funeraires de la femme doivent être payez par le mari ; ſi neanmoins elle a d'autres biens que la dot dont elle ait diſpoſé en faveur d'un autre, il n'eſt point tenu de contribuer aux frais qu'à proportion deladite dot, eu égard à la valeur des autres biens ; c'eſt-à-dire, ſi la dot eſt de 1000. écus, & les autres biens de la valeur de 2000. livres, le mari doit le tiers des frais, & des honneurs. Arrêt du P. de Toulouſe du 15. Février 1594. *La Rocheſlavin, liv.* 4. *tit.* 6. *Arr.* 10.

32 Celuy qui a fait les frais funeraires, eſt preferable à tous creanciers. Arrêts du Parlement de Dijon des 3. Juillet 1598. & 16. May 1609. *Bouvot, tome* 2. verbo *Sepultures, Funerailles.*

33 Frais funeraires preferables aux loyers. Arrêt du 7. Juin 1612. *Voyez Auzanet ſur l'article* 161. *de la Coûtume de Paris.*

34 M. de Prohenques Conſeiller en la Cour, mariant ſa fille avec M. Brüet, luy conſtitué la ſomme de 20000. livres, avec convention que 10000. livres ſeront en dot, & les autres 10000. livres en biens paraphernaux dont elle pourroit diſpoſer en faveur de qui bon luy ſembleroit ; étant décedée ſans enfans, & ayant donné cette ſomme de 10000. livres à ſon pere, le mari demande que ſon beaupere ſoit tenu de contribuer aux frais funeraires à proportion de ce qu'il profitoit. Par Arrêt du Parlement de Toulouſe du 9. May 1621. attendu la déclaration du pere qu'il ne prenoit pas les biens paraphernaux comme heritier, mais en qualité de pere donateur, à qui ils faiſoient retour par le prédecés de ſa fille, il en fut déchargé. *Cambolas, li.* 4. *chap.* 38.

35 Un Crieur de corps & de vins eſt preferable pour les frais funeraires neceſſaires & raiſonnables par luy fournis pour l'enterrement & ſervice du défunt au proprietaire d'une maiſon, ſur les deniers procedans de la vente des meubles trouvez en la maiſon du défunt. Arrêt du Parlement de Paris du premier Decembre 1627. *M. le Prêtre és Arrêts de la Cinquième.* Celui qui paye les frais funeraires ne fait acte d'heritier.

36 Une mere gardienne-noble eſt tenuë des frais funeraires & des habits de deüil d'elle & de ſes domeſtiques. Arrêt du même Parlement de Paris du 27. Août 1681. où ſont rapportez deux actes de notorieté de l'ancien & du nouveau Châtelet qui ſont contraires. *De la Gueſſ. tome* 4. *livre* 8. *chap.* 14. Le même du pere gardien, Arrêt du 20. May 1634. *M. le Prêtre és Arrêts de la Cinquième.*

L'acte

L'acte de notorieté de M. le Camus Lieutenant Civil du 7. Mars 1684. portant que le gardien noble n'est point tenu des frais funeraires, ni du deüil, est dans le Recüeïl des Actes de Notorieté, p. 17. & suiv.

37 Jugé au Parlement de Toulouse le 21. Janvier 1651. que les frais funeraires ne pouvoient pas être pris sur les biens substituez, même subsidiairement ; autre Arrêt pareil rendu au mois de Janvier 1694. mais entre ces deux Arrêts, il y en a un contraire, en faveur de la Dame de Relongue, veuve du sieur de Puget Tresorier general de France, contre le sieur Baron de Puget saint Alban, substitué, qui a jugé que les frais des funerailles de l'heritier chargé de fideicommis par un ascendant, devoient être pris subsidiairement sur les biens du fideicommis. M. de Catellan, liv. 6. chap. 24

38 Les frais des funerailles d'une femme qui outre sa dot a des biens paraphernaux, doivent être faits aux dépens du mari au *prorata* & à proportion de la dot qu'il gagne, & aux dépens des heritiers de la femme, & au prorata des biens paraphernaux. C'est la decision de *la Rochestavin, liv. 2. tit. 6. Arr. 10.* Autre Arrêt du Parlement de Toulouse au mois de May 1659. mais les frais de la derniere maladie, quelque longue qu'elle soit, doivent être supportez par le mari seul; s'il ne gagne pas la dot en propriété, mais en usufruit seulement, il ne doit pas contribuer aux frais funeraires. Arrêt du 9. Juin 1667. après partage. Lors que les biens du mari sont generalement saisis, & que les enfans demandent la dot de leur défunte mere, ce n'est plus au mari à contribuer à ces frais, mais aux enfans qui se sont alloüez pour cette dot. Arrêt du 16. Février 1679. *Voyez M. de Catelan, li. 6. ch. 25.*

39 Jugé au Parlement de Toulouse le 13. Decembre 1664. après partage, que le donataire de tous les biens, à la réserve d'une certaine somme, ne contribuë aux frais funeraires, c'est la dette de l'heritier. Il y a eu depuis mêmes Arrêts ; ils sont rapportez par *M. de Catellan, li. 2. chap. 16.*

39 bis. Les frais funebres du locataire, préferables sur les meubles aux loyers de la maison. Arrêt du Parlement de Bourdeaux du 22. Juin 1667. *La Peirere, lettre P. nomb. 131.*

40 Les frais funeraires & de la derniere maladie de l'enfant exheredé sont dûs par le pere. *Voyez* le mot *Exheredation, nomb. 25.*

40 bis. Les heritiers sont tenus de payer les frais funeraires, & les frais faits pour la confection de l'inventaire, & non pas la veuve qui renonce à la communauté, quoique donataire des meubles & acquets de son mary, Arrêt du 16. Mars 1661. *De la Guess. tome 2. li. 4. chap. 16.* Voyez l'art. 238. *de la Coûtume de Paris,* qui fait une exception. Les notables Arrêts des Audiences datent l'Arrêt du 26. Mars, & non du 16. *Arrêt 58.*

41 Le donataire du Roy a eu la moitié de la communauté d'une Espagnole épousée par un François sans contrat de mariage, étant venu demeurer à Bayonne, déduction des frais funeraires, legs pieux, & execution testamentaire. Arrêt du 22. Août 1668. *De la Guess. to. 3. li. 2. chap. 25.*

42 L'action qu'ont les Jurez Crieurs pour se faire payer des frais funeraires, est sujette à la prescription annalle, & ne dure point 30. ans. Jugé en la Tournelle Civile du Parlement de Paris, par Arrêt du 28. Juillet 1693. *Journ. des Aud. to. 5. li. 9. chap. 22.*

43 Les frais funeraires sont privilegiez à tous creanciers, même au Roy. Jugé en la Cour des Aydes de Paris le 22. Janvier 1694. *Journ. des Aud. tome 5. liv. 10. chap. 3.*

FRAIS D'INVENTAIRE.

44 *Voyez cy-dessus le nombre 40. & cy-après le nomb. 75. & suiv.*

FRAIS DE JUSTICE.

45 Privileges des frais de Justice. *V. les Loix Civiles, Tome II.*

tome 2. livre 3. titre premier, section 5. nombre 25.

46 Dépens faits pour arpenter des bois, & mesurer des terres, & autres vacations necessaires pour justement faire division & partage entre les coheritiers, doivent être taxez contre les deux parties, quoique l'une le requît, & l'autre l'empêchât. Arrêt du P. de Bourdeaux du 29. Novembre 1557. *Bibliotheque de Bouchel, verbo Partage.*

47 En quels cas les frais sont supportez par viriles & égales portions, ou selon le profit que chacun prend au négoce ? *Voyez Coquille, to. 2. quest. 262.*

48 Arrêt du Parlement de Provence du 14. Janvier 1645. qui cassa la saisie des biens d'un prisonnier faite pour les frais de Justice, & décreta d'ajournement personnel contre le Procureur du Roy de Marseille qui l'avoit faite. *Boniface, tome 2. part. 3. li. 1. tit. 1. chap. 10.*

49 Arrêt du Conseil d'Etat du 9. Octobre 1669. portant reglement pour le payement du pain des prisonniers, conduite d'iceux, & frais de Justice, employez dans les états des Domaines du Roy. *Recüeil du Domaine, page 139.*

50 Les frais faits dans une instance ne peuvent être liquidez à l'Audience. Jugé en l'Audience de la Cour des Aydes de Paris le 22. Janvier 1694. *Journal des Audiences, tome 5. liv. 10. chap. 3.*

51 Le Sergent porteur de Piéces recevant le principal & dépens liquidez, ne peut retenir entre ses mains ce qu'il prétend luy être dû pour son expedition ; mais il doit remettre le tout à celuy qui la chargé, sauf à luy à se pourvoir contre celuy qui l'a chargé pour ses frais. Jugé en la Tournelle Civile du Parlement de Paris le 17. Février 1694. *Ibidem, tome 5. liv. 10. chap. 6.*

FRAIS DE MALADIE.

52 Frais faits en la maladie & ès funerailles sont préferables à tous creanciers hypotequaires, chirographaires, & saisissant sur le prix qui proviendra tant des meubles que des immeubles. Arrêt du Parl. de Dijon du 16. May 1609. *Bouvot, to. 2. verbo Criées, question 18.*

53 Un mari ne peut rien demander aux heritiers de sa femme pour les frais de sa maladie, Medecins & Apoticaires. Arrêt du P. de Grenoble de mois de Mars 1640. *Chorier en sa Jurisprudence de Guy Pape, p. 231.*

54 Arrêt du 7. Avril 1645. qui a jugé que les frais de la derniere maladie de la femme doivent être ajugez au mari en compensation de la dot qu'il doit restituer. *Ibidem.*

55 Arrêts du Parlement de Provence des 14. Decembre 1645. & 7. Juin 1652. qui ont ajugé au mari les frais extraordinaires d'une maladie longue de la femme, à cause qu'ils excedoient les fruits de la dot. *Boniface, to. 1. liv. 6. tit. 2. ch. 9.*

56 Si les frais des dernieres maladies des femmes sont ajugez au mari en restitution de dot ? Arrêt du même Parlement de Provence du 30. Janvier 1670. qui les ajuge à connoissance d'Experts. *Idem, tome 4. liv. 5. tit. 11. chap. 1.*

FRAIS DE NÔCES.

57 Separation de biens pendant le mariage, renonciation à la communauté ; le mary survivant ne peut être exclus & privé après la mort de la femme d'une somme de 4000. livres donnée par son contrat de mariage pour les frais de nôces & de mariage. Arrêt du Parlement de Paris du 30. May 1682. *De la Guess. tome 4. liv. 5. chap. 18.*

FRAIS, PROCEZ CRIMINEL.

Voyez cy-dessus le mot Executoire.

58 Le frere d'un Religieux homicidé ayant poursuivi l'homicide, l'Abbé ou le Prieur conventuel n'est tenu de rembourser les frais faits en cette poursuite. Arrêt du 22. Novembre 1601. *Chenu, 1. Centurie q. 6.*

59 Par Arrêt du Parlement de Roüen, donné en l'Audience de la Tournelle le 6. Février 1607. conforme

K k

à un Arrêt du Parlement de Paris du 15. Avril 1580. il a été jugé qu'en procez fait d'office, les Hauts-Justiciers ne peuvent avoir les frais du procez, ni les Officiers se faire aucune taxe. *Berault, sur la Coûtume de Normandie, art. 14.*

60 Par Arrêt du Parlement de Paris du 23. Février 1607. défenses à tous Juges de prendre à l'avenir leurs salaires & vacations des accusez, à peine de concussion, enjoint de les taxer sur les parties civiles avec moderation. *Filleau, part. 1. tit. 4. ch. 24.*

61 Le 23. Avril 1612. par un Reglement fait au Parlement de Bretagne, toutes les Chambres assemblées, il a été statué qu'après que l'accusateur a pris ses conclusions contre l'accusé, il doit fournir à tous les frais de son accusation, même en cause d'appel, quoiqu'il se soit déporté de l'accusation, sinon que pour grandes causes il soit jugé juste & raisonnable de l'en dispenser. *Frain, Plaidoyé 78.*

62 Le Haut-Justicier doit fournir les frais du procez criminel, dont il a les dépens sur l'accusé, en ca même d'appel. Arrêts de la Tournelle de Roüen des 10. Janvier 1645. & 23. Janvier 1655. *Basnage, titre de Jurisdiction, art. 14.*

63 Lorsque le procez criminel est évoqué & jugé, le Receveur du Domaine du lieu d'où il a été évoqué, est tenu de restituer le pain du Roy & les gîtes & gardes. Jugé au Parlement de Roüen contre le Receveur du Domaine de Mortaing pour celùy de Carentan en 1626. *Basnage, ibidem.*

64 Les frais d'un procez qu'une Partie civile a faits, sont pris sur les fruits de la premiere année des biens confisquez, quand il n'y a point de meubles. Arrêt du Parlement de Roüen du 8. Juin 1646. il a servi de fondement à l'article 26. du Reglement de 1666. *Basnage sur l'art. 145. de la Coûtume de Normandie.*

65 On a jugé que c'est au Receveur du Domaine du lieu où le crime a été commis, & où le procez criminel a été commencé, de fournir & payer les frais de la nourriture & des gîtes de l'accusé, quand le procez a été évoqué & renvoyé à un autre Siege, où il aura été jugé ; mais le Haut-Justicier étant obligé de faire les frais, même en cause d'appel, il peut demander ses dépens à l'accusé qui a été débouté de son appel. La Partie civile n'en peut avoir de recours qu'après le Jugement de condamnation, comme il est attesté par l'article 12. du Reglement de 1666. *Pesnelle sur la Coûtume de Normandie, art. 14.*

66 Partie civile doit faire tous les frais même après l'impetration des Lettres de remission ou de grace par le prévenu. Jugé au Parlement de Grenoble le 13. Mars 1654. *Basset, tome 1. livre 6. tit. 11. chap. 1.* l'accusé doit seulement fournir aux frais de son Enquête d'office.

67 Par Arrêt du Conseil d'Etat du 16. Octobre 1683. Sa Majesté ordonne que les articles 16. & 17. du titre 25. de l'Ordonnance criminelle de 1670. seront executez en consequence que les frais qu'il conviendra faire pour l'instruction des procez criminels, & execution des Jugemens qui interviendront sur iceux ausquels il n'y aura point de partie civile, & dont Sa Majesté est tenu, seront pris sur le revenu de ses Domaines, & payez par les Fermiers des Domaines sur les Executoires des Juges visez par les Sieurs Intendans & Commissaires départis dans les Provinces, dans lesquels Executoires ne pourront être compris aucunes Epices, droits & vacations des Juges, ni les droits & salaires des Greffiers, mais seulement la simple nourriture & frais de voitures des Juges & Officiers qui se transporteront hors de leur résidence à l'effet desdites instructions, lesquels nourriture & frais de voitures, Sa Majesté a reglez par provision & jusqu'à ce qu'elle en ait autrement ordonné. sçavoir quinze livres à un Président ou Conseiller de Cour Superieure, dix livres au Substitut du Procureur General, sept livres au Greffier ou principal Commis, moyennant quoy il sera tenu de fournir les Expeditions, papier, parchemin timbrez, & cinq livres à l'Huissier, le tout par jour. Et quant aux Officiers inferieurs, sept livres dix sols au Lieutenant General ou Criminel, Conseiller ou Assesseur, cent sols au Procureur du Roy, quatre livres quinze sols au Greffier, qui sera tenu de fournir les Expeditions & papier timbré, & trois livres à l'Huissier. Seront en outre compris dans lesdits Executoires le pain, médicamens, & conduite des prisonniers, les salaires des Sergens & Archers qui feront la conduite ou capture, ou assigneront les témoins, les salaires & voyages des témoins, & les frais des executions, & ce faisant seront les sommes contenuës esdits Executoires pour les dépenses exprimées cy-dessus & non autres, visez desdits Intendans ou Commissaires départis, passées & alloüées aux Fermiers des Domaines dans la dépense de leurs comptes sur le prix de leurs baux. Veut neanmoins Sa Majesté que les sommes contenuës esdits Executoires soient reprises sur les deux tiers des biens confisquez des condamnez & executez, dont Sa Majesté s'est reservée la disposition par la Declaration donnée sur le fait du Domaine au mois d'Août 1669. & qu'à cet effet les Arrêts & Jugemens en dernier ressort portant confiscation desdits biens, soient mis és mains desdits Fermiers, pour en vertu d'iceux poursuivre ledit recouvrement à la requête des Procureurs Generaux de Sa Majesté ou de leurs Substituts, desquelles sommes ainsi recouvrées, ils feront recepte dans leur compte en même temps qu'ils employeront en dépense les sommes contenuës esdits Executoires qu'ils auront payées. Enjoint Sa Majesté ausdits Intendans ou Commissaires départis d'examiner les Executoires qui leur seront présentez, & de rejetter & rayer les articles qui seroient contraires à ce qui est porté par le présent Arrêt, tant en ce qui concerne la nature des dépenses, que celles qui ne devront pas être portées sur le Domaine de Sa Majesté, de viser ensuite lesdits Executoires sans aucun délay, pour ne retarder la Justice, & d'en envoyer incessamment des copies au sieur le Pelletier, Contrôleur General des Finances, pour en rendre compte à Sa Majesté. *Voyez les Edits & Arrêts recueillis par l'ordre de M. le Chancelier en 1687. Journal des Audiences, tome 4. livre 8. chapitre 38. & Boniface, to. 5. liv. 5. tit. 13. chap. 1.*

68 Arrêt du Conseil d'Etat du Roy, Sa Majesté y étant, du 25. Novembre 1683. par lequel il est ordonné, en expliquant l'Arrêt du 26. Octobre dernier, qu'il ne pourra être délivré d'Executoire pour les frais d'instruction des procez criminels, & execution des Jugemens qui interviendront sur iceux, auquel il n'y aura point de Partie civile, & dont Sa Majesté est tenu, que lorsqu'il sera question de la punition des meurtres, viols, incendies, vols de grand chemin, & autres crimes de cette nature, &c. *Recueil du Domaine, p. 667.*

69 Arrêt du Conseil d'Etat du 5. May 1685. concernant les frais des procez faits par les Prévôts des Maréchaux. Sa Majesté ordonne que les Arrêts du Conseil des 26. Octobre & 25. Novembre 1683. seront executez selon leur forme & teneur ; & y ajoûtant, que les frais qu'il conviendra faire pour l'instruction des procez criminels où il n'y aura point de Partie, & dont Sa Majesté est tenu, lesquels seront faits par les Prévôts des Maréchaux & Officiers de Robe-courte, & pour l'execution des Jugemens qui interviendront seront pris sur le revenu des Domaines de Sa Majesté : & ce faisant que les frais payez par les Fermiers des Domaines ; sçavoir quant aux procez pour lesquels le Prévôt aura été déclaré incompetent, sur les Executoires qui seront décernez par le Lieutenant Criminel & Procureur du Roy des Sieges où ladite competence aura été jugée ; & à l'égard des procez pour lesquels le Prévôt aura été

déclaré competent, sur les Executoires des Lieutenant Criminel & Procureur du Roy des Sieges dans lesquels le Prévôt aura jugé les procez, seront à cet effet les Executoires visez par les Intendans & Commissaires départis dans les Provinces, à condition que dans tous les Executoires ne seront compris que les simples voyages & salaires des témoins, le pain & les médicamens des prisonniers, & les frais des executions, & en consequence seront tenus lesdits Prévôts des Marêchaux & Officiers de Robe-courte qui prétendent leur remboursement des avances par eux faites jusqu'à present pour les frais desdits procez, de rapporter ausdits Intendans & Commissaires départis des Executoires expediez en la maniere & sur le pied cy-dessus, pour être visez par lesdits Intendans, & leur être ensuite le payement fait du contenu en iceux par lesdits Fermiers du Domaine. *Voyez les Edits & Arrêts recüeillis par l'ordre de M. le Chancelier en 1687.*

70 Un Boucher de la Ville du Mans ayant vendu de la viande corrompuë & des bêtes mortes d'elles-mêmes, la Communauté des Bouchers luy fit faire son procez, & son beau-pere étant de la Communauté, ne voulut point contribuer aux frais du procez: Arrêt du 13. Août 1686. qui le condamne à contribuer. *Journal du Palais* in 4°. II. part. p. 14. & le 2. tome in folio.

FRAIS ET SALAIRES DES PROCUREURS.

71 Les Procureurs ne sont recevables à demander leurs frais & salaires, deux ans aprés qu'ils ont été revoquez, ou qu'ils ont discontinué de postuler pour les Parties. Arrêt du 9. Février 1613. *M. le Prêtre és Arrêts de la Cinquiéme.*

72 Pour frais, salaires & vacations des Procureurs, contrainte par corps peut avoir lieu aprés les quatre mois passez. Arrêt du 27. Juin 1673. *De la Guessiere, tome 3. liv. 7. ch. 13. & au même tome 3. liv. 8. ch. 10.* Autre Arrêt du 19. Juin 1674. touchant l'hypotheque, & tenus de faire taxer leurs frais de six en six ans.

73 Une mere tutrice n'est tenuë de payer en son nom les frais & salaires d'un Procureur qui a occupé pour elle en qualité de tutrice. Arrêt du 5. Août 1687. *Journal du Palais.*

74 Les frais & droits d'un Procureur peuvent être demandez aprés dix ans, quoiqu'il y ait plus de dix ans qu'il n'ait pas occupé pour la Partie, & qu'il ne luy ait rien demandé pendant sa vie, mais à ses heritiers. Arrêt du Parlement de Toulouse du 17. Decembre 1694. rapporté par *M. de Catellan*, *livre 7. chapitre 25.*

FRAIS DE SCELLE'.

75 Acte de Notorieté donné par M. le Lieutenant Civil le 2. Août 1688 que les frais de scellé & d'Inventaire sont toûjours considerez comme une charge de la succession, laquelle se preleve sur la masse, ou se contribuent sur les heritiers à proportion de ce qu'ils amendent. *Recüeil des Actes de Notorieté, page 52.*

FRAIS DE SUCCESSION.

76 *Curator bonis datus & hæres beneficiarius præferuntur in expensis.* Mornac, *l. 31. §. ult. qui sumptus ff. de negotiis gestis.*

77 L'heritier beneficiaire est privilegié pour les frais qu'il a faits dans les biens de la succession aux autres creanciers. Mornac, *ibidem.*

78 Le legataire est tenu de payer les frais de la division de maison qu'il demande à l'heritier. Arrêt du 17. Avril 1584. Anne Robert *rerum judicat. livre 3. chapitre 10.*

79 Les frais faits utilement par l'un des coheritiers à la poursuite d'un procez, bien qu'il ne l'ait point dénoncé aux autres, luy sont refondez; mais il ne peut demander les interets desdits frais, soit devant ou aprés la dénonciation. Mornac *l. 31. §. qui sumpt. uls. ff. de negot. gestis.*

80 L'aîné doit être remboursé par ses puînez des frais qu'il a faits pour éclaircir la succession, & des dettes qu'il a payées *in virilis, & non pro portionibus hæreditariis.* Arrêt à la Nôtre-Dame d'Août 1585. Montholon, Arrêt 37.

81 Arrêt du 12. May 1586. qui a jugé que les frais des procez que l'heritier beneficiaire a soûtenus, n'entrent point dans son compte. La Rochestavin, *liv. 6. tit. 55. Arr. 2.*

82 Frais d'Inventaire *non sumuntur sumptibus hæredis sed impensis ex patrimonio defuncti.* Pontanus, *Coûtume de Blois, art. 6. §. inventarium verbo, restat postremò fine.*

Voyez les mots *Heritier, Legataire, Succession.*

FRANC.

Celuy qui vend un heritage franc, qui se trouve censable, est tenu d'assigner ladite cense sur un autre heritage, & de faire en sorte que le Seigneur censier s'en contente, & en décharge l'heritage vendu. Arrêt du Parlement de Dijon du 29. Janvier 1574. Bouvot, *tome 1. part. 3. verbo Vente d'un heritage censable, & tome 2. verbo Vente, quest. 4*

Voyez cy-aprés verbo *Franc & quitte,* & le titré des *Ventes.*

FRANC-ALEU.

DE allodiis. Vide *Consuetudines feud. li. 2. tit. 54.*
Contre le Franc-aleu sans titre, prétendu par quelques Provinces au préjudice du Roy; avec le texte des Loix données au païs d'Albigeois & autres, par *Simon Comte de Montfort,* en 1212. imprimé à *Paris* 16 9. *in octavo.*

Traité du Franc-aleu par Galand. *Vol. in 4°. Paris* 1637.

Dominici de prerogativâ allodiorum. *Vol. in 4°. Paris* 1645.

Le Franc-aleu de la Province de Languedoc établi & défendu, par Caseneuve. *Toulouse* 1645.

Voyez la Bibliotheque du Droit François par Bouchel, verbo *Aleu,* & le même titre dans le présent Recüeil.

Voyez ce que les Commentateurs de la Coûtume de Normandie ont écrit sur l'art. 102. & les Commentateurs de la Coûtume de Paris sur les articles 68. 132. & 301.

Du Franc-aleu. *Voyez les Arrêtez de M. de la Moignon recüeillis dans Anzanet.*

Du Franc-aleu. *Voyez Maynard, liv. 4. chap. 35.*

De puro mero francô allodio. *Voyez Franc. Marc. 1. part. quest. 598.*

Si par la présomption commune tous heritages sont présumez allodiaux, ou chargés du fief, ou autre redevance emportant Seigneurie directe? *Voyez Coquille, tome 2. question 67.*

1 Franc-aleu, *Allodium est proprietas quæ à nullo recognoscitur. Voyez M. Charles du Moulin, tit. 1: des Fiefs, §. 46. hodie le 68. n. 1.*

2 *Si aliquis habeat territorium limitatum, est fundatus in qudlibet parte territorii, &c. si territorium certos non habeat limites; non est fundata intentio domini super aliquo fundo etiam vicino, nisi includatur in investiturâ. C. M. ibidem, n. 4. 6. & 7.* où il dit encore que *terræ steriles incultæ & non possessæ non spectant ad dominum jurisdictionis, sed ad dominum territorii & non fiunt occupantis,* n. 9.

3 An res feudalis consensu domini allodialis fieri possit ? *Voyez Andr. Gaill, l b. 2. observat. 138.*

4 Le franc-aleu noble ou roturier acquis par une communauté Ecclesiastique, doit le droit d'indemnité au Seigneur pour raison des droits de desherence & de confiscation, à cause de sa haute Justice, & qu'il perd par le moyen de ce qu'il tombe en

main-morte. *Nouvelle pratique Civile*, livre 2. chap. 9. du franc-aleu.

5 Les détempteurs des francs-aleus tant nobles que roturiers sont sujets à la Justice des Seigneurs moyens ou hauts Justiciers, dans le territoire desquels leurs francs-aleus sont situez, parce que la Justice n'a rien de commun avec la Seigneurie feodale ou censuelle, dont les francs-aleus sont seulement exempts ou affranchis. Tronçon, *Coûtume de Paris*, article 68. verb. auquel, &c. Brodeau, *même Coûtume & article*, n. 17. & 22. il dit que la Justice ne peut jamais être allodiale comme le Domaine. *Bacquet des Droits de Justice*, chap. 4. n. 4.

5 bis. Le franc-aleu noble n'est point sujet au retrait feodal, parce qu'il n'a point de Seigneur dominant. *Brodeau Coûtume de Paris*, article 68. n. 1.

6 En la Coûtume de Paris, le franc-aleu ne subsiste que par privilege, & si le franc-aleu est acquis par le Seigneur, il demeure réuni à sa Seigneurie, & reprend son ancienne qualité ; *secus*, dans les Coûtumes de francs-aleus, l'heritage acquis ne se réünit point. *Voyez Ricard en ses Notes sur la Coûtume de Paris*, article 68.

6 bis. Si le Doüaire doit contribuer aux taxes pour le franc-aleu *Voyez* le mot *Dettes*, nomb. 81.

7 Les biens revenus en la main du Seigneur direct, & depuis par luy alienez purement & simplement sans autre convention, sont censez allodiaux, & ne sont sujets à la premiere vente. Arrêts du Parlement de Toulouse des 6. Janvier 1593. & 19. Février 1631. *M. Dolive*, liv. 2. chap. 19.

8 Quand le Seigneur est fondé en droit de directe universel en tout un territoire limité & universellement, nul ne s'en peut dire exempt quelque possession de liberté qu'il allegue. Arrêt du Parlement de Paris du 14. May 1602. *M. Bouguier, lettre D. nomb. 19.* Voyez *Brodeau sur M. Loüet, lettre C. somm. 21. & M. le Prêtre, 3. Cent. chap. 48.*

9 Si l'heritage qui n'est pas en pays allodial, est vendu franc & quitte, l'acquereur en vertu de cette clause ne peut se prétendre exempt de payer les censives & redevances Seigneuriales, ni avoir recours contre son vendeur pour les acquitter, d'autant que c'est une charge ordinaire qui est toûjours sous-entenduë. *Tronçon Coûtume de Paris*, art. 86.

10 Le decretiste peut demander la garantie à celuy qui a decreté un fonds comme noble & allodial, à celuy sur qui il la decreté, si ce fonds se trouve dans la suite sujet à une rente. Arrêt du Parlement de Toulouse rapporté par *M. de Catellan, livre 6. chapitre 34.*

11 Si le proprietaire d'un fonds allodial peut vendre sur ce fonds une rente fonciere sans tradition ? Il y a. eu Arrêts contraires au Parlement de Toulouse ; depuis il a été décidé que n'y ayant point de tradition réelle & actuelle de fonds, on ne pouvoit pas par cet artifice ingenieux qu'on appelle *fictionem brevis manus* établir une rente fonciere. Arrêts au mois de Juin 1644. & 3. Septembre 1666. rapportez par *M. de Catellan, li. 3. chap. 4.*

12 Du Perrier *liv. 4. quest. 13.* croit que celuy qui a vendu comme allodial un fonds qui se trouve emphiteotique, ne doit pas les interêts du *quanti minoris* depuis le jour qu'il a reçu le prix, mais seulement depuis la demande que l'acheteur luy en a faite, sinon que le vendeur fût en mauvaise foy ; mais dans l'espece de *du Perrier*, l'acheteur n'a rien débourcé au de là du prix convenu, qu'il a baillé librement, & duquel il ne s'étoit proposé autre revenu que les fruits du bien acheté, en la perception desquels il n'a pas été troublé ; mais dans l'espece d'un autre Arrêt rendu à Toulouse en Decembre 1669. l'acheteur avoit payé les lods par force, & au de là du prix de son contrat, sans qu'à raison de l'argent qu'il avoit payé pour les lods, il parût aucune utilité ni aucuns fruits. *Voyez M. de Catellan*, li. 6. ch. 5.

FRANC-ALEU, BERRY.

13 En la Coûtume de Berry tous heritages sont allodiaux s'il n'y a titre au contraire. Arrêts du Parlement de Paris des 3. Avril 1568. & 14. Juillet 1603. quoique le Seigneur dût qu'il étoit fondé *jure communi in universo territorio*, & que les proprietaires des heritages contigus & voisins soient payoient le cens. *Papon*, li. 13. tit. 2. n. 3. où il est parlé du franc-aleu.

FRANC-ALEU, BOURBONNOIS

14 Sur la question du franc-aleu & de la prescription du cens, il y a eu Arrêt entre les habitans de saint Arnauld, appellans des Requêtes du Palais d'une part, & Maximilien de Bethune, Duc de Sully, Pair de France, Seigneur de saint Arnauld, intimé, d'autre: en la Coût. de *Bourbonnois* confirmatif de la Sentence qui condamnoit les habitans de reconnoître le sieur de Bethune, & luy payer les censives, fors des terres qu'ils possedent en franc-aleu, & pour raison du franc-aleu, ils montreront avoir titre particulier & special, luy bailleront déclaration tant des heritages tenus en franc-aleu que de ceux tenus en censive, &c. La Cour dit que la Sentence sortira effet, fors pour le regard des heritages pour raison desquels les appellans, ou leurs auteurs auront prescrit le temps suivant la Coûtume des lieux ; lesquels heritages neanmoins ils bailleront par déclaration. L'Arrêt du 24. Septembre 1616. en la Chambre de l'Edit ; & au bas il y a arrêté que la Cour en jugeant a arrêté en confirmant la Sentence en ce que les habitans sont condamnez montrer avoir titre particulier du franc-aleu, qu'elle n'a entendu faire prejudice à la question de la prescription, pour le regard dudit aleu. *Additions à la Bibliotheque de Bouchel*, verbo *Aleu*,

FRANC-ALEU, BOURGOGNE.

15 En *Bourgogne* la prescription est pour la franchise des fonds, aussi-bien que des personnes, jusqu'à ce que celui qui se prétend Seigneur ait établi son droit. Arrêt du Parlement de Dijon du 20. Août 1637. *Taisand sur cette Coûtume*, tit. 11. art. 1. note 3.

16 Les heritages allodiaux ou tenus en franc-aleu sont toutes terres, possessions, droits immobiliaires, à cause desquels il n'est dû aucune prestation de foy, d'hommage, censive, rente, ni autre chose ; ils sont appellés allodiaux, parce que les proprietaires de ces fonds & heritages, *neminem laudant auctorem*, c'est à-dire qu'ils ne les tiennent d'aucun Seigneur feodal, censier, ou autres, & qu'ils les possedent d'une maniere entierement franche, libre & exempte de toutes sortes de redevances, comme aussi de tous droits & devoirs, tant Seigneuriaux que feodaux, de sorte même que les possesseurs des fonds en franc-aleu ne sont pas tenus d'en reprendre de fief. *Voyez Taisand*, ibidem tit. 3. art. 1. à la fin.

17 Il y a un Edit du mois d'Août 1692. qui confirme à perpetuité tous les possesseurs des heritages en franc-aleu, Franc-Bourgage, & franche bourgeoisie dans leur franchise & liberté. *Taisand, Coût. de Bourgogne*, tit. 3. art. 1.

18 Arrêt du Conseil d'Etat du 16. Août 1692. portant reglement pour le recouvrement des droits de francfief, & des taxes ordonnées, pour la confirmation du franc-aleu. *Taisand*, ibidem.

19 Le Roy en son Conseil, a déclaré, & déclare le franc-aleu roturier être naturel dans le Duché de Bourgogne, Comtez & Pays de Bresse, Beugey, Valromey, & Gex; ordonné que les détempteurs des terres, maisons, & autres biens roturiers, les possederont allodialement, & en disposeront à l'avenir comme ils ont fait par le passé, sans être tenus de justifier de leurs franchises & libertez par aucuns titres. Arrêt du Conseil d'Etat du Roy du 4. Juillet 1693. *Voyez Taisand, sur la Coût. de Bourg.* tit. 3. art. 1. note 52.

FRANC-ALEU, CHAUMONT.

20 *Voyez* cy-après le nombre 33.

FRANC-ALEU, DAUPHINÉ.

21 En *Dauphiné* les censes & rentes directes sont réputées de franc-aleu, s'il n'y a titre au contraire. Arrêt par le Conseil Delphinal du 5. Juillet 1447. par lequel François Paviot fut condamné au payement des lods & ventes, eu égard à ce que les censes valoient moins que si elles eussent été franches & allodiales, & le garand à le dédommager. Cet Arrêt justifie deux choses, l'une qu'il y a des censes allodiales; l'autre, que la preuve du fief est à la charge de celuy qui le prétend. C'est donc une erreur de croire qu'il n'y ait point de cense ou rente directe, qui ne releve en fief du Seigneur haut Justicier, dans la terre duquel elles sont dûes. Le Parlement de Grenoble a déclaré le contraire par son Arrêt.

22 Du franc-aleu qui a lieu en *Dauphiné*. Voyez *Salvaing de l'usage des Fiefs, ch.* 53. où il fait cette observation; il est vrai qu'il y a quelques terres en Dauphiné dont la directe universelle appartient au Seigneur; mais il faut qu'il y ait titre specifique, autre que celuy de Seigneur jurisdictionnel; telle est celle d'Avalon au Bailliage de Gresivaudan du Domaine du Roy, dans l'étenduë de laquelle Pierre Savoye ayant acquis quelques censes de Noble Jacques Ancelin, la question fut s'il ne devoit que simples lods à cause de la vente, ou s'il devoit doubles lods à cause de l'incapacité, suivant l'usage de la même Province, qui charge les roturiers de payer doubles lods pour les fiefs qu'ils acquierent; la raison de douter étoit qu'il ne se trouvoit point qu'aucun hommage eût été prêté pour les mêmes censes: mais comme les registres de la Chambre des Comptes faisoient foy, que tout ce qui étoit situé dans le Mandement d'Avalon relevoit mediatement ou immediatement du Dauphin; le Parlement déclara qu'il n'étoit dû que simples lods, par Arrêt du 17. May 1480. Voyez *Salvaing de l'usage des Fiefs chap.* 53. p. 277.

23 Le franc-aleu a lieu en *Dauphiné*; cette franchise & exemption de toute servitude, s'il n'y a titre ou possession équivalente à titre, a été déclarée au Parlement de Grenoble par Arrêt general de l'avis des Chambres du 16. Decembre 1649. tellement que nuls lods ne sont dûs au Roy, même dans les terres domaniales qu'il possede comme Dauphin, que des fonds sur lesquels il a des censes & des rentes; comme il a été jugé par Arrêt du 12. Août 1666. pour la Communauté de Moras, contre M. le Procureur General. Voyez *Chorier en sa Jurisprudence de Gay Pape*, page 63.

24 Le Franc-aleu a lieu en Dauphiné. Arrêt du Parlement de Grenoble en forme de Reglement du 16. Décembre 1649. Autre Arrêt confirmatif rendu de l'avis des Chambres le 27. Novembre 1653. *Basset*; to. 2. li. 3. tit. 6.

FRANC-ALEU, GUYENNE.

25 Dans la Province de Guyenne la maxime alleguée *nulle terre sans Seigneur*, s'y entend au pied de la lettre; car toutes les terres sans aucun titre de directe sont sujettes au Seigneur Justicier, lequel est en droit de faire reconnoître à tous les tenanciers qui sont dans l'étenduë de sa Jurisdiction, pourvû qu'ils ne relevent pas d'un tiers. Arrêt du 20. Juillet 1664. par lequel le nommé Thorane de Caudecoste fut condamné de passer reconnoissance, & de payer les droits Seigneuriaux au Syndic des Religieux d'Alerac dans le Diocese de Condom, pour les biens qu'il possedoit dans la Jurisdiction d'Alerac, dont ces Religieux étoient Seigneurs Justiciables. *Graverol sur la Rochestavin*, des Droits Seigneuriaux, chap. 1. Art. 1.

FRANC-ALEU, LANGUEDOC.

26 La Province de Languedoc est en droit de joüir du franc aleu. Voyez *Cambolas à la fin de ses Décisions*.

27 Au Pays de Languedoc par le privilege appellé franc-alod, ou aleud, tous les biens sont censez allodiaux, francs, & libres de toutes redevances, censives, ou droits Seigneuriaux, s'il n'est justifié du contraire par bons & valables titres, lesquels les Seigneurs sont tenus montrer & exhiber à leurs emphiteotes, & non au contraire les tenanciers leurs titres & affranchissemens; de laquelle exhibition le sieur Margastaud fut déchargé pour les terres par luy possedées dans la Baronnie de la Mothe, le 20. Février 1585. *La Rochestavin*, des Droits Seigneuriaux, chap. 1. Art. 1.

28 Le 7. Février 1623. il fut jugé entre le sieur de Paulian, & le Syndic des habitans du lieu, conformement à un autre Arrêt donné entre les mêmes parties, de l'interpretation duquel il étoit question, que ledit sieur de Paulian se pourroit dire Seigneur foncier du lieu & terre dudit Paulian, quoy qu'il fût assis en Languedoc, & Pays de franc-aleu, & ce d'autant que par un ancien titre de 1110. il montroit que toute la terre avoit été venduë à ses predecesseurs par le Roy de Majorque avec désignation de limites. Ainsi il fut jugé *omnia teneri à domino territorii, si territorium ex antiquo limitatum fuerit, est enim territorium universitas agrorum intra sines loci. L: pupillus* 299. §. *Territorium. ff. de verb. signif.* De Cambolas, liv. 4. chap. 45.

29 Arrêt du Conseil d'Etat du Roy sa Majesté y étant, du 11. Mai 1667. qui admet le franc-aleu roturier dans la Province de *Languedoc*, sans être obligé à justifier de titres; & à l'égard du franc-aleu noble, qu'il sera justifié par bons titres. Voyez *le Recueil du Domaine*, page 67.

FRANC-ALEU, TROYES.

30 Si dans la Coûtume de Troyes en franc-aleu noble il y a droit d'aînesse? Voyez le mot *Aînesse*, nomb. 70.

31 Les habitans de la Ville de Troyes soûtiennent être en possession & saisine de tenir, labourer, cultiver, & dépoüiller leurs heritages étans és fauxbourgs de la Ville, franchement & sans en payer aucunes dismes. Il y en a Sentence contre l'Abbé & Convent de Monthieramey, à cause du Prieuré de S. Jean du Châtel, défendeurs en nouvelleté au profit desdits habitans complaignans, le Procureur du Roy joint avec eux, rendu du consentement des Abbé & Convent au Bailliage de Troyes le 16. Février 1434. Autre Sentence du 16. Août 1546. au profit de Denis Camusat, contre Claude la Rothiere fermier des Dismes de la Paroisse de saint Jean, contre les quatre Chanoines de la Chapelle Nôtre-Dame en l'Eglise de Troyes donnée du consentement du Fermier. Voyez *la Bibliotheque de Bouchel*, verbo *Aleu*.

32 Franc-aleu est noble ou roturier. *Troyes* article 56. au Bailliage de Troyes l'on remarque ces terres pour être de franc-aleu noble, Mongneux Leignes, Bourreuses, Chevillelle, Nozay, & quelques autres terres voisines; la riviere de Cerres, non compris le fief de la Mothe dont il y a dénombrement au livre du Roy Quant à Villechetif, il y a Arrêt au profit du Roy, à la poursuite de M. Franc-Escarlante lors Avocat de sa Majesté; l'Arrêt est du 16. Juillet 1562. confirmatif de la Sentence du Bailly de Troyes du 9. Septembre 1559. contre Loüis Marchand, Bourgeois de Paris, ayant pris la cause pour Jacques Lesquisey. Voyez *la Bibliotheque de Bouchel*, ibidem, page 110.

FRANC-ALEU, VITRY.

33 Les Coûtumes de *Troyes*, de *Vitry*, de *Chaumont* en Bassigny, d'*Auvergne*, reçoivent le franc-aleu sans titre. Arrêt du Parl. de Paris du 12. Avril 1624. à moins que le Seigneur ne soit fondé en titre ou reconnoissance, le possesseur peut utilement se prévaloir de sa possession, non pas pour prescrire; car cela supposeroit que son fond auroit été autrefois sujet; mais pour faire présumer qu'il a conservé sa liberté naturelle, principalement si le possesseur allegue des contrats avant quarante ans, qui énoncent

la qualité de franc-aleu suivie de possession immemoriale, quoiqu'il ne rapporte pas le titre primitif de la franchise. Arrêts du Parlement de Paris des 7. Septembre 1640. & 11. Août 1662. V. Salvaing, de l'usage des Fiefs, chap. 53.

FRANC ET QUITTE.

Voyez cy-dessus le mot *Franc*, & le mot *Dettes*, nomb. 97. & suiv.

1. Si l'heritage est vendu franc, & il se trouve chargé de bordelage, si l'acheteur peut resilir, sans être tenu à droits Seigneuriaux ? *Voyez Coquille*, tome 2. question 34.

2. Si l'heritage qui n'est pas en païs allodial, est vendu franc & quitte de toutes charges; l'acquereur en vertu de cette clause, ne peut se prétendre exempt de payer la Disme, les censives & redevances Seigneuriales, ni avoir recours contre son vendeur pour les acquiter, d'autant que c'est une charge ordinaire qui est toûjours sous-entenduë. *Tronçon, Coûtume de Paris*, art. 86. in verbo *Charges*.

3. Lorsqu'il s'agit d'un fonds vendu franc, & qui dans la suite du temps se trouve assujetti à quelque rente obituaire, en ce cas on doit le faire estimer par Experts, parce que cette rente peut emporter la meilleure partie du revenu du fond vendu, & on ajuge ausi les arrerages de la rente. Arrêt du Parlement de Toulouse du 15. Juillet 1671. V. *La Rocheflavin*, liv. 1. tit. 8.

4. Si le fief ou le fond donné en emphiteose qui revient au Seigneur, revient franc & quitte des charges? Les Auteurs sont partagez. Voyez M. de Catellan, liv. 3. chap. 35. où il rapporte un Arrêt du Parlement de Toulouse du 13. Janvier 1657. qui ne jugea pas précisément la question, mais on convint qu'il y avoit de l'équité de permettre aux creanciers de prendre le fond en se soûmettant à la rente & autres devoirs Seigneuriaux.

5. Le donataire de la moitié des biens présens & à venir, francs & quittes, prenant la donation du jour du decés, ne contribuë pas aux dettes anterieures à la date de la donation, mais il contribuë à celles qui sont créées depuis à concurrence des acquisitions & meliorations faites par le donateur; il ne contribuë pas neanmoins aux legitimes. Arrêt du Parlement de Toulouse du 13. Avril 1662. rapporté par *M. de Catellan*, liv. 5. chap. 37.

6. M. de Theron Conseiller au Parlement vend au Sieur Deltil certains biens au lieu de Montgiscard, quittes de toutes charges, rentes, Tailles, & dettes de la Communauté jusqu'au jour présent. Il y eut procez entre ce vendeur & cet acquereur, pour sçavoir si en vertu de cette clause le vendeur étoit obligé de garantir l'acheteur, non seulement des dettes qui étoient verifiées & imposées au temps de la vente, mais aussi de celles qui n'étoient alors que simplement contractées, & non verifiées & imposées. Arrêt du Parlement de Toulouse du 15. Decembre 1676. aprés partage, contre le vendeur, rapporté par *M. de Catellan*, ibidem, chap. 19.

7. Creancier porteur de procuration de sa debitrice, qui assiste au contrat de mariage du fils, & le declare franc & quitte, ne perd son hypotheque; ainsi jugé au Parlement de Paris le 25. Juin 1632. *Bardet*, tome 2. liv. 1. chap. 34.

8. Clause de franc & quitte de toutes dettes apposée dans la donation d'un mary faite par contrat de mariage de tous ses meubles & acquêts à sa future épouse, en cas qu'elle voulût renoncer à la communauté, est nulle & vicieuse suivant l'article 283. de la Coûtume de Paris. Arrêt du 16. Mars 1661. *De la Guesliere*, tome 2. liv. 4. chap. 16.

9. La clause de franc & quitte mise par la mere Baudelot dans le contrat de mariage de son fils le Commissaire, n'est que pour l'assûrance des conventions de la femme, & non point pour les creanciers du fils. Jugé au même Parlement de Paris le premier Avril 1667. de relevée. *Ibidem*, tome 3. liv. 1. chap. 25.

FRANCE.

Blondelli *plenior assertio Genealogiæ Francicæ adversus Chiffletium*. Amst. 1654. 2. vol. in folio.

François demeurant hors le Royaume. Voyez le mot *Etranger*, nomb. 12. & suiv.

Pour ne me pas toûjours faire honneur du travail & des recherches d'autruy, je renvoye au Grand Dictionaire Universel, verbo *France*, où tous les Auteurs qui ont écrit de la France sont indiquez. Le Compilateur a pris soin de marquer les noms des Provinces, Gouvernemens, Evêchez, Archevêchez, même les droits du Roy de France, dans la nomination aux Benefices de son Royaume, leur préseance, prérogatives, prééminences, sacre, funerailles, &c. L'extrait en est bien digeré & fort curieux. Voyez cy-aprés *Roy*.

FRANCHE AUMONE.

Pour les biens tenus en franche aûmône, Voyez le mot *Aûmône*, nomb. 4. & le mot *Directe*, nomb. 7.

FRANCHISE.

Des franchises & libertez données aux Marchands menans vivres au Camp du Roy. *Ordonnances de Fontanon*, tome 3. tit. 17. p. 180.

On appelle encore franchise, l'asile que trouve un coupable dans le lieu saint : il y avoit des cas où l'on pouvoit l'arracher de l'Autel. Voyez *la Bibliotheque du Droit François par Bouchel*, verbo *Franchise*.

1. De ceux qui peuvent dans les Eglises joüir du droit de franchise. V. *Du Luc*, liv. 1. tit. 2.

2. Qu'il n'y aura lieu de franchise & immunité aux Eglises, pour les malfaicteurs & autres. *Ordonnances de Fontanon*, tome 1. liv. 3. tit. 82. p. 700.

3. Arrêt du Parlement de Paris de l'an 1394. par lequel un Clerc tonsuré ayant commis un meurtre, fut tiré de la Franchise, & jugé qu'il n'en joüiroit point. *Papon*, liv. 1. tit. 1. n. 19.

4. Arrêt du Parlement de Paris du 3. May 1440. qui a jugé qu'un Moine renié pris en franchise, pour avoir soustrait des Bulles du Saint Siege, seroit reintegré. *Ibidem*, nomb. 21.

5. Arrêt du dernier jour de Juin 1475. qui a jugé qu'un debiteur obligé de corps & de biens pourroit être saisi en lieu saint, & qu'il n'y aura lieu dans ce cas à la franchise. *Ibidem*, nomb. 23.

6. Arrêt du 25. Février 1479. qui défend aux Chanoines & Chapitre de Saint Martin de Tours, de recevoir en leurs Franchises ceux qu'ils sçauront être bannis, & qu'ils feroient incontinent sortir ceux qu'ils auroient, sinon qu'ils y seroient contraints par Censures Ecclesiastiques & par le Bras seculier. *Ibidem*, nomb. 16. Les refuges des lieux sacrez & franchisées ont été ôtez par l'Ordonnance de François I. en 1539. article 166.

7. Jugé au Parlement de Grenoble que franchise ne devoit avoir lieu pour homicide de guet à pens. Le même jugé au Parlement de Paris le 22. Avril 1535. On juge autrement quand l'homicide n'est pas qualifié. Arrêt du Parlement de Bourdeaux du 3. Septembre 1537. *Ibidem*, nomb. 17. & 18.

FRANCS-FIEFS.

1. Des Francs-fiefs. *Voyez les Ordonnances recueillies par Fontanon*, to. 2. liv. 2. tit. 11. p. 419. le Traité des amortissemens & francs-fiefs par *M. le Premier Président le Maître*, le Recueïl des Edits & Ordonnances concernans le Domaine, tit. 8. fol. 28. & le titre des *Nouveaux acquêts*.

2. Il y a les Ordonnances Royaux de François I. Henry II. Charles IX. lesquelles le Roy a accoûtumé de

faire publier pour la nécessité de ses affaires, & établir Commissaires qui font la taxe de la finance que doivent payer les Roturiers pour les fiefs qu'ils tiennent, & qu'ils auroient de nouveau acquis en ce Royaume, depuis la précedente publication & finance payée; que doivent aussi payer les Eglises, Colleges, Communautez, & autres gens de main-morte, pour les choses feodales ou censuelles qu'ils tiennent, & dont ils n'auroient finance auparavant, & n'auroient été amortis. L'Auteur de la Somme Rurale, traitant des Droits Royaux, écrit que le Roy peut de quarante en quarante ans renouveller les Commissions pour asseoir & prendre cette finance, qui se taxe autant que le fief tenu du Roy à puf, vaut par six ans; & quant au fief tenu par moyen, par trois ans. *Voyez Ragneau*, verbo *Fiefs*.

3 Ecclesiastiques exempts de toutes recherches & taxes des francs-fiefs. *Voyez les Memoires du Clergé*, tome 3. part. 4. p. 6. & suiv. 255. 256. 257. 267. jusqu'à 274. & 295. jusqu'à 346.

4 Un Roturier acquiert un fief, & ensuite il paye les francs-fiefs, le fief est retiré à *consanguineo nobili*; le Roturier ne peut repeter ce qu'il a payé pour les francs-fiefs. Arrêt de l'an 1271. Mornac l. 21. §. *cum per venditorem ff. de actionibus empti* fol. 709. Voyez Bacquet en son Traité des Francs-fiefs.

5 Jugé en 1182. que les Roturiers ayant affermé le fiefs, & donné une somme d'argent à l'entrée du bail, ne devoient pour raison de leur ferme payer les droits de francs-fiefs. *Jo. Galli*. 7. part. arest. 50. il observe que l'Ordonnance de la taxation des francs-fiefs étoit dés tous anciennes.

6 Autrefois le vassal ne pouvoir aliener les fiefs, sans le consentement du Roy: si l'alienation étoit faite au profit d'un roturier, le Roy pouvoit la reprendre pour le prix de la vente, sans être tenu d'entretenir la clause & faculté de remeré reservée par le vassal. Il y en a un ancien Arrêt du Parlement de Paris de 1301. qui est dans le Registre *olim* depuis 1299. jusqu'en 1318. Cet Arrêt rendu contre le sieur Fortanier de Gordon, qui avoit vendu la Terre de la Bastide a un Bourgeois de Cahors. Depuis & moyennant le droit de francs-fiefs & nouveaux acquêts, le commerce des fiefs entre les roturiers a été permis. *Corbin, traité des Fiefs, Loy* 13.

7 Les Maire, Pairs & habitans de la ville de la Rochelle, condamnez par Arrêt du 21. May 1326. de financer pour les nouveaux acquêts nonobstant leurs anciens privileges. *Corbin, ibidem, Loy* 14.

8 Lettres des privileges des habitans de Languedoc touchant les francs-fiefs & nouveaux acquêts. *La Rocheflavin, des Droits Seigneuriaux, chap.* 33.

9 Il n'y a point de Ville dans le Languedoc qui doive être exempte à plus juste titre que celle de Nîmes du droit de franc-fief; car outre que son exemption est fondée sur les Lettres en commandement, données à Paris le 30. Juillet 1379. par les Commissaires Generaux du Domaine sur un Arrêt contradictoire de la Chambre Souveraine établie en la Generalité de Montpellier en date du 14. Avril 1660. & sur un appointement aussi contradictoire donné par le Sénéchal de la Ville de Nîmes le 13. Decembre 1516. d'ailleurs les habitans dudit Nîmes justifient que leurs predecesseurs avoient acquis ladite exemption de Bernard Atho Comte dudit Nîmes au prix de 4000. sols malgoirez. *La Rocheflavin, liv.* 2. *Litre H. tit.* 11.

10 Arrêt du Parlement de Toulouse du 24. Decembre 1495. qui declare les habitans des trois Etats du pays de Languedoc, leurs successeurs pour le temps à venir n'avoir été & n'être tenus de payer au Roy, ses Officiers ou Commis pour droit des francs-fiefs des biens dont ils sont & seront contribuables aux Tailles & Impôts Royaux, qu'ils auront tenus & possedez de toute ancienneté franches, & desquelles ne se trouvera aucune chose avoir été payée le temps passé au Roy ni à son Tresorier, comme aussi pour les heritages payant Tailles, quoiqu'ils ne payent censive, payer audit Seigneur aucune finance ou indemnité; mais les a déclarés & déclare de ce être quittes & exempts, sans que pour quelque cause que ce soit, on leur puisse demander aucune chose. *La Rocheflavin, ibidem, & la Bibliotheque de Bouchel*, verbo *Francs-fiefs*.

11 De l'exemption des francs-fiefs & nouveaux acquêts pour les gens du Tiers-Etat de Bourbonnois. Arrêt du 18. Février 1550. qui enregistre les Lettres Patentes d'Henry II. *Corbin, traité des Fiefs, Loy* 14.

12 Declaration pour les francs-fiefs & nouveaux acquêts, par laquelle la connoissance en est attribuée au Grand Conseil. A Paris le 15. Septembre 1586. registré au Grand Conseil le 22. de la même année. *Joly, tome* 1. p. 324.

13 Arrêt du Conseil d'Etat du 21. Juillet 1609. portant exemption à tous Ecclesiastiques payant décimes de payer aucuns francs-fiefs & nouveaux acquêts des Obits ou autres natures de biens annexez & dépendans de leurs Benefices. *Bibliotheque de Bouchel*, verbo *Francs-fiefs*.

14 Sur la recherche des francs-fiefs & nouveaux acquêts au Ressort du P. de Toulouse, & l'exemption requise par le Vicomte de Turenne. *Voyez Maynard, liv.* 9. *chap.* 58. où est rapporté le Plaidoyé de M. de Beloy Avocat General, & l'Ordonnance des Commissaires du 17. Juillet 1609. qui condamne les habitans du lieu de Montvalent à payer, & que ceux de la Vicomté de Turenne déclareront les biens contribuables à ce droit.

15 Arrêt du Conseil d'Etat du 21. Juillet 1618. pour l'Université de Paris, sur l'exemption du droit des francs-fiefs, & nouveaux acquêts. *Filleau, partie* 3. *tit.* 9. *chap.* 8.

16 Arrêt de la Chambre Souveraine des francs-fiefs du 17. Février 1655. qui décharge le nommé Mesnard, comme Bourgeois de Paris, du droit des francs-fiefs, & luy fait main-levée de son fief saisi. *Voyez les Ordonnances concernant la Jurisdiction de la Ville de Paris*, imprimées chez Frederic Léonard en 1676. p. 148.

FRANC-TAUPIN.

DE l'exemption du Franc-Taupin. *Voyez le mot Exemption, nombre* 35. *& suiv.*

FRATRICIDE.

1 UN fratricide succede à son frere qu'il a assassiné. S'il est connu coupable, il est privé des biens, & au lieu qu'anciennement l'on confisquoit, telle succession est aujourd'huy déférée aux legitimes successeurs, sans en saisir le fratricide. Arrêts des Parlemens de Paris & de Bourdeaux des 2. Decembre 1518. & 28. May 1539. *Papon, liv.* 21. *tit.* 4. *n.* 1.

2 Frere qui tuë son frere ou autre parent, se rend indigne, luy & ses enfans de sa succession. Jugé au mois d'Avril 1554. *Charondas, liv.* 2. *Rép.* 80. *Cum frater fratrem interfecit, occisi hæreditas agnato, non fisco defertur.* Voyez *Anne Robert, livre* 3. *chap.* 7. *rerum judicat.*

3 Arrêt du Parlem. de Paris du 7. Septembre 1566. qui ajuge à la sœur, à l'exclusion du frere, les biens de son frere tué par un autre frere; le fratricide quoy qu'indigne de succeder à son frere, peut neanmoins succeder à ses heritiers. Arrêt du Parlement de Bretagne du mois d'Avril 1581. contre M. le Duc de Nemours, qui en qualité de Seigneur prétendoit la succession. *Idem in parricidio judicatum* les 6. Août 1554. & 21. Mars 1560. *Papon, liv.* 21. *tit.* 1. *n.* 22. & *Maynard, liv.* 7. *de ses chap.* 94.

4 *Frater sciverat quid moliretur hostis in fratrem, nec fratrem monuerat, tanquam conscius mortis quæstioni subjectus est, in quâ nihil agnovit; quinquennali tamen exilio damnatus est, quo exacto hæreditatem fratris*

interempti petiiſſet ſummotus, nec ſine infamiæ notâ. Arrêt du 18. Mars 1608. Mornac *l. 1. Cod. ubi cauſæ fiſcales, &c.*

FRAUDE.

Définition de ce mot. L. 131. *D. de verb. ſign.* Fraude. L. 78. & 79. *D. de reg. juris.*
De Dolo malo. D. 4. 3. . . C. 2. 21. . .
De Doli mali & metûs exceptione. D. 44. 4.
Si quid in fraudem Patroni factum ſit. D. 38. 5. . . C. 6. 5. . . . Des Affranchis qui diminuent leurs biens en fraude de leurs Patrons.
Quæ in fraudem creditorum facta ſunt, ut reſtituantur. D. 42. 8.
De revocandis iis quæ in fraudem creditorum alienata ſunt. C. 7. 75. . . J. 4. 6. §. 6. . . *V.* Creancier.
Qui manumittere non poſſunt ; ne in fraudem creditorum manumittatur. C. 7. 11. . . Adde tit. 8. & 10. lib. 7. Cod.
Voyez les mots *Dol. Colluſion.*

Des diverſes ſortes de fraudes qui ſe font au préjudice des creanciers ; des engagemens de ceux qui ſont ces fraudes ou qui y participent. *Voyez* le 2. tome des *Loix Civiles*, liv. 2. tit. 10.

1 *Quanto plures cautelæ & circuitus adhibentur, tanto fraudis vel ſimulationis præſumptiones multiplicantur quo enim abundantior cautela, eo evidentior fraus.* Du Moulin Regl. *de publicandis* n. 376.

2 *Conjectura juris, atque argumenta quibus quid in fraudem creditorum geſtum eſſe dicatur, & revocari poſſit.* Valla *de rebus dubiis*, &c. tract. 12.

3 *Non ſufficit patrono allegare fraudem, ſed neceſſe eſt, ut probet ſimul adjectam dolo malo fuiſſe ſimulationem ad defraudandum juribus ſuis dominum.* Mornac *l. 1. §. non fuit ff. de dolo malo.*

4 L'Ordonnance de Moulins article 54. qui n'admet la preuve par témoins de ce qui excede cent livres, non plus que de ce qui eſt contre la teneur du contrat, cette Ordonnance n'a lieu en fait de fraude. Arrêt du 2. Octobre 1582. *M.* Loüet *lettre T. ſomm.* 7.

5 La fraude d'un contrat ſe prouve par témoins & par Cenſures Eccleſiaſtiques. Baſnage, *ſur l'art.* 500. *de la Coûtume de Normandie*, en rapporte pluſieurs Arrêts : & lorſque la Cour a refuſé la preuve par Cenſures Eccleſiaſtiques, ç'a été ſur des circonſtances tres-ſingulieres.

6 En quoy conſiſtent les marques ou préſomptions de la fraude d'une permutation ? *Voyez* Soëfve, *to.* 1. *Centurie* 4. *chap.* 46. où il rapporte un Arrêt du 27. Janvier 1670. qui a annullé une permutation frauduleuſe.

7 Conjectures & argumens de Droit, par leſquels on peut connoître ſi quelque choſe a été faite en fraude des creanciers, & doit être revoquée ? *Bibliotheque de* Bouchel, verbo *Fraude*.

8 Tout ce qui eſt fait en fraude de la Loy eſt nul de plein droit ; mais ce qui eſt fait en fraude de l'homme, ſubſiſte de droit commun ; il eſt ſujet à caſſation en connoiſſance de cauſe. Du Moulin ſur la Regle de Infirmis, n. 96.

9 La fraude peut être facilement préſumée entre perſonnes proches, comme entre freres, *de his quæ in fraudem creditorum fiunt.* Jugé le 23. Juin 1640. Henrys, tome 2. liv. 4. queſt. 42.

10 La fraude ou le déguiſement énoncés dans l'article 411. de la Coûtume de Normandie peuvent être oppoſez non ſeulement par les heritiers du mari, ou ſes creanciers anterieurs, mais même par les creanciers poſterieurs au contrat fait pour récompenſer la femme, parce que ce contrat eſt nul, & de plus demeure inconnu ; d'autant plus que le mari demeure toûjours en poſſeſſion des heritages, ou des immeubles qu'il aura tranſportez ; ce qui peut tromper ceux qui contractent depuis avec luy ; comme il a été jugé par pluſieurs Arrêts. *V.* Peſnelle *ſur cet art.* 411.

FRAUDE, ACHAT.

11 L'achat fait par le pere au nom de ſon fils, eſt préſumé être fait en fraude des creanciers. Arrêt du Parlement de Dijon du 29. May 1609. Bouvot, tome 2. verbo *Pere*, queſt. 14.
Voyez cy-aprés le nomb. 19. & 43.

FRAUDE, ALIENATION.

12 Fraudes pratiquées ou ſoupçonnées dans les alienations. *Voyez* le mot *Alienation*, nomb. 87. & ſuivans, cy-aprés le nomb. 16. & le mot *Vente*.

FRAUDE, CESSION.

13 Le benefice de ceſſion de biens, ne doit être accordé à ceux qui font ceſſion par dol ou fraude pour tromper leurs creanciers. *M.* le Prêtre premiere *Cent.* chap. 99. pour la fraude *conſilium & eventus, l. fraudis* 79. ff. *de regulis juris.*
Voyez le mot *Banqueroute*.

FRAUDE, CONJOINTS.

14 *Voyez* le mot *Avantage* nomb. 1. & ſuiv. où il eſt parlé des fraudes qui ſe pratiquent pendant la communauté conjugale.

FRAUDE E'S CONTRACTS.

15 De pluſieurs fraudes pratiquées dans les contracts. *Voyez* Bouvot, tome 2. verbo *Fraude*.

16 *De alienatione à marito facta in fraudem uxoris.* V. Stockmans *deciſ.* 57.
Uxor hæres mariti alienationes fraudulentas debet ratas habere. Ibidem, *deciſ.* 58.

17 Le fait de fraude prétenduë par la femme avoir été fait par ſon mari en ſon contract de mariage, eſt recevable ; la femme donnoit au mari ſurvivant l'uſufruit de quelques heritages, & le mari avoit fait mettre la proprieté par ſon ſerviteur qui avoit écrit le contract, le mari le reliſant devant les Notaires, il fit mention de l'uſufruit ſeulement. Arrêt du 9. Juin 1589. qui précede l'Ordonnance de Moulins. Charondas, *li.* 7. Rép. 52.

18 Si les creanciers chirographaires ont l'action revocatoire de fraude contre le fils donataire du débiteur ? Arrêt du Parlement de Provence du 25. Février 1633. qui déboute le donataire de ſa requête. Bonifaci, to. 4. li. 8. tit. 3. chap. 7.

19 Jugé au Parlement de Paris le 3. Septembre 1664. que la preuve teſtimoniale n'eſt point recevable en cas de fraude alleguée contre un contract de vente par l'heritier du vendeur, comme étant le contract fait à ſon préjudice. Soëfve, tome 2. Cent. 3. chap. 24.

20 Un pere ne peut acquerir au nom de ſon fils au préjudice de ſa femme ; le nommé Bedel acheta ſous le nom de ſon fils âgé ſeulement de 4. ans un heritage ſitué en Bourgogne, moyennant la ſomme de 1200. livres dont il paya comptant 400. livres, pour le ſurplus il ſe conſtitua en rente : aprés le décez du pere le tuteur du fils paya les 800. livres de ſes deniers comme étant une charge du bien qui luy appartenoit : mais la veuve de Bedel intenta action contre le tuteur pour luy mettre entre les mains les titres de la ſucceſſion de ſon mari, pour procéder à la confection des lots & doüaire & conquêts. Le Bailly avoit évincé la veuve ; par Arrêt du 18 Novembre 1689. on ajugea part à la veuve ſur cet heritage comme luy appartenant acquiſition faite en Bourgage, ſi mieux n'aimoit ſon fils luy rendre le tiers des 400. livres payées lors du contract. Ce dernier chef de l'Arrêt n'étoit pas dans l'ordre ; car puiſque la Cour jugeoit le contract frauduleux, il falloit luy donner la moitié du fonds en rendant les 400. livres payées par le tuteur, ou au moins luy ajuger la moitié de l'argent payé comptant lors du contract ; mais la Cour ſe fonda ſur des circonſtances particulieres qui rendoient cette veuve fort défavorable. Baſnage *ſur l'article* 33. *de la Coûtume de Normandie.*

FRAUDE, DONATION.

20 bis. Des donations frauduleuſes. *Voyez* le mot *Donation*, nomb. 377. & ſuiv.

Fraude e's Gabelles.

21 *Fraudans vel retinens Gabellam principi debitam, contra populi voluntatem, non peccat, nec tenetur in foro conscientiæ, ut expressè dicit. Bar. in l. vectigalia, in princi. ff. de publi. & Bal. in l. 11. C. de commer. & mer. ubi dicit unum singulare, quod ubi lex naturæ non obligat, conscientia non ligat.* Voyez Com. Joan. Conft. sur l'Ordonnance de Franç. l. art. 128.

22 Par Arrêt de la Cour des Aydes de Paris du 17. Août 1621. entre le Normand Porte-Manteau de M. le Prince, & Salomon Charpentier, Fermier du huitiéme sur le vin, le vin avoüé par le Normand qu'il ne lui appartenoit pas, fut déclaré confisqué, avec défenses de plus user de telles fraudes, aveus & suppositions, peine d'être déchû du privilege par luy prétendu, & de plus grande peine s'il y échet. *Memorial alphabetique*, verbo *Abus*.

23 Y ayant un procez verbal de Commis, portant qu'ils avoient trouvé du tabac en fraude dans l'écurie d'un Cabaretier, & le voulant faire condamner en l'amende, comme coupable ou complice, celuy-cy est recevable à prouver par témoins que ce tabac a été caché chez luy à son insçû par une personne qui y avoit logé, & en cela il n'y a point de contravention aux Ordonnances. Arrêt de la Cour des Aydes de Paris du 7. May 1691. *Au Journal des Audiences*, tome 5. li. 7. chap. 13.

Fraude e's droits du Roy.

24 Fraude commise pour intervertir les droits du Roy dans la présentation des Benefices, est punissable. Raoult de Breüilly Patron de la Cure de Chamilly Diocése d'Avranches étant décedé, la veuve & heritiers procedent à un partage par monopole & intelligence; l'exercice de présenter au Benefice lui est laissé pour son doüaire & usufruit, les lods de fait cachez chez luy à son insçû par une personne Roy intervient. Quelque temps après le Benefice vaque, le Roy présente à droit de garde-noble. Arrêt du 11. Avril 1519. qui maintient son présenté à l'exclusion de celuy de la veuve, attendu la fraude apparente. Ce qui est conforme à deux autres Arrêts donnez au Conseil les 14. Février 1506. & dernier Avril 1540. pour le Benefice de saint Germain de Viromuey, *Bibliot. Can. to. 2. p. 381. col. 1.*

Fraude, droits Seigneuriaux.

25 *Fraus si fiat in contractibus, ut laudimia non solvantur, an pœna commissi locum faciat?* Voyez *Franc. Marc. to. 1. quest. 572.*

26 Arrêt du Parlement de Provence du 15. Janvier 1558. qui a déclaré les biens emphiteotiques alienez ou acquis avec fraude & collusion, au préjudice des Seigneurs, tombez en commise & caducité. *Boniface*, tome 4. li. 2. tit. 3. chap. 7.

27 Un Seigneur est recevable à faire preuve par témoins que le contrat d'échange fait par le vassal est frauduleux, pour luy faire perdre ses droits Seigneuriaux. Jugé au Parl. de Paris le 20. May 1659. *De la Guess. to. 2. liv. 2. chap. 21.*

Fraude, Permutation.

28 Des permutations frauduleuses. Voyez *M. de Selve*, 3. part. tract. quest. 18.

29 *In materia fraudibus obnoxia quanto major cautela, tanto evidentior fraus.* Du Moulin, *Regl. de Infir. n. 119.* où il cite Balde & Jason.

30 Des permutations & résignations frauduleuses, & au préjudice des expectans. Voyez la *Bibliot. Can.* tome 1. page 283.

31 La regle de Chancellerie des 20. jours de survie, n'a lieu dans le cas de la permutation de bonnefoy pour l'annuller. *M. Loüet & son Commentateur lettre P. somm. 42.* contre l'opinion de Gomés, du Moulin, & Rebuffé; autre chose seroit si l'on articuloit la fraude.

32 Arrêt du Parlement de Paris du 6. Septembre 1603. qui ajuge la récreance à un Gradué nommé, lequel

attaquoit comme frauduleuse une permutation faite par un malade. Voyez la *Bibliotheque. Can.* tome 1. page 658.

33 Arrêt du Parlement de Paris du 9. Janvier 1616. contre les résignations faites par les Beneficiers malades en fraude des Graduez. *Ibidem page 663. & suiv.*

Voyez les nomb. suivans, & le mot *Permutation*.

Fraude e's Resignations.

34 Les résignations en faveur, ni les permutations ne donnent point lieu à la vacance des Benefices, au profit des Graduez; cependant lorsque la permutation entre les mains de l'Ordinaire est frauduleuse, elle fait vaquer le Benefice. La preuve de la fraude se connoît par plusieurs circonstances; la premiere si la permutation se fait *spreto patrono Ecclesiastico*. 2. Si le résignant est moribond. 3. Si la mort du copermutant qui résigne *in extremis*, est arrivée dans les mois des Graduez. 4. Si la permutation est faite par résignation d'un Benefice imaginaire, ou de nulle consideration, avec un autre d'un grand revenu. 5. Si les ordres pour l'admission de la résignation étoient extraordinairement précipitez, & contre les formes ordinaires. En dernier lieu, si la résignation se faisoit à des personnes affidées, domestiques, ou jointes de parentez; & par le concours de toutes ces circonstances ou des principales fait que la fraude se reconnoissant *& consilio, & eventu*, le Gradué qu'on a eu intention de frustrer est déclaré préferable au pourvû par l'Ordinaire. *Bibliot. Can. tom. 2. p. 48.*

35 Les résignations frauduleuses ne peuvent nuire aux Graduez; il y en a un Arrêt dans Bouguier sous la *lettre R. Arrêt 12.* l'espece est d'un titulaire à l'extremité qui résigné à son frere; neanmoins la procuration avoit été gardée six jours, avant que de la présenter au Collateur ordinaire, qui étoit un Chapitre, d'où l'on tiroit un argument de fraude, & que l'on attendoit à présenter la procuration *ad resignandum*, quand il n'y avoit plus d'esperance de la vie du résignant.

36 Le 6. Mars 1645. pour la Cure de S. Hypolite du fauxbourg saint Marcel à Paris, il a été jugé qu'une résignation faite de cette Cure pour cause de permutation par le copermutant malade de la maladie dont il est décedé, dans un mois affecté aux Graduez nommez, l'autre copermutant n'ayant résigné que pour même cause de permutation, qu'un chantage fondé dans un Village de l'Archevêché de Narbonne en Languedoc, étoit nulle & en fraude d'un nommé Blondel Docteur en Théologie de l'Université de Paris, Gradué nommé sur le Chapitre de saint Marcel Patron Ecclesiastique de la Cure; neanmoins cette nullité de la permutation n'a lieu seulement qu'en faveur des Graduez ou Indultaires, & non Obituaire pourvû en Cour de Rome. Arrêt du 29. Novembre 1633. *Journ. des Audiences*, tome 1. livre 4. chap. 10. & li. 2. chap. 42.

Voyez le mot *Résignation*, §. *Résignation frauduleuse*.

37 Le défaut d'insinuation d'une procuration *ad résignandum*, n'est pas considerable, si ce n'est que la fraude soit manifeste. Raflé avoit gagné sa cause au Châtelet, Jean qui étoit aux droits de Bonichon, la gagna au Parlement. Arrêt du 4. Avril 1675. *De la Guessiere, tome 3. liv. 9. chap. 8.*

Fraude e's Renonciations.

38 Des renonciations faites aux successions en fraude des creanciers. Arrêt du Parlement de Paris prononcé en Robes rouges le 28. Mars 1589. qui condamne un debiteur lequel avoit renoncé à la succession de ses pere & mere, & vouloit approuver la disposition faite en faveur des petits enfans, à ceder & transporter à ses creanciers son droit de legitime; même Arrêt aussi en ligne directe le 8. Juillet 1598.

Jugé en collaterale le 27. Janvier 1596. que les creanciers peuvent contraindre une sœur à se porter heritiere de son frere à leurs risques, en donnant par eux caution de l'indemniser, ordonné qu'ils auroient communication de l'Inventaire. Du Moulin n'est pas de cet avis. *Bibliotheque de Bouchel*, verbo *Renonciation*.

Voyez *cy-après* le même titre des *Renonciations*.

FRAUDE, RETRAIT.

39. Jugé le 4. Mars 1622. au Parlement de Roüen, que quand on a enflé le prix du contrat, cela donnoit ouverture au retrait, mais non pas à la commise de l'heritage; le sieur de Costentin l'ayant soûtenu contre Campion, il en fut débouté; il paroît rigoureux que l'on ait étendu la peine des enfans la peine de la fraude commise par le pere pour les exclure du retrait; Dennequin & Chapel avoient déguisé un contrat de rente sous le titre d'échange ; M. de Couronne Conseiller en la Cour ayant clamé à droit feodal & prouvé la fraude , Dennequin pour éluder ce retrait déclara retirer au nom de ses enfans, soûtenant qu'il étoit préferable. Par Arrêt du Parlement de Roüen du 14. May 1625. Dennequin en haine de la fraude fut débouté de son action , & le Seigneur feodal luy fut préferé. *Basnage, sur la Coûtume de Normandie, art. 500.*

40. Par Arrêt du Parlement de Dijon du 12. Février 1629. le lignager fut admis à la preuve par témoins de la fraude faite touchant le prix de la vente dans le contrat entre le vendeur & l'acheteur. *Taisand, sur la Coûtume de Bourgogne, tit. 10. art. 13 note 6.*

41. Le vendeur & l'acheteur sont obligez de jurer qu'il n'y a point de fraude. Par Arrêt du Parlement de Dijon du 8. Decembre 1612. il fut ordonné à un acheteur de répondre categoriquement sur les faits de fraude que le retrayant alleguoit , à luy permis de faire une plus ample preuve si bon lui sembloit. *Taisand, ibidem.*

42. Il faut que la fraude ait eu son effet, & qu'elle soit consommée, auquel cas ceux qui l'ont concertée, ne peuvent nuire au retrayant, car son droit demeure entier , il peut l'exercer nonobstant la fraude pratiquée à son égard ; sur ce fondement il a été jugé au P. de Dijon le 10. Mars 1644. que l'on n'admettoit pas la preuve des frais de fraude, sinon quand elle étoit consommée , *consilio & eventu*. Taisand , *ibidem, note 2.*

FRAUDE, VENTE.

43. Un creancier peut dire qu'il y a de la fraude lors qu'un pere qui a des creanciers, vend ses biens meubles, & fait achat au nom de son fils d'un heritage, sur tout ne paroissant aucuns biens appartenir à l'enfant. Arrêt du Parlement de Dijon du 25. May 1609. *Bouvot, tome 2. verbo Vente, quest. 52.*

Voyez cy-dessus les nombres 11. & 12. & le mot *Vente.*

FRERES.

1. DE duobus fratribus. Voyez les traitez faits *Per Bar. cum addi. Baldi. & per Petrum de Ubaldis.*

2. Frere peut être oüi pour son frere *in re individuâ* sans procuration, pourvû *que rato caveat*. Arrêt du Parlement de Dijon en Juillet 1582. *Bouvot, to. 1. part. 3. verbo Frere, quest. 2.*

3. Si les freres après la mort de leur pere sont demeurez ensemble sans partage de leurs biens, vivans à même pot & sel, conferant leur travail ; si l'un d'eux a fait quelque acquêt en son nom, s'il est tenu de les communiquer à ses autres freres : & par quel Acte l'on induit une societé V. *Bouvot, to. 1. part. 3. verbo Freres, quest. 1.*

4. Freres uterins ne succedent point avec la mere aux biens du frere. Arrêt du Parlement de Toulouse du 27. Janvier 1627. *Cambolas, liv. 5. chap. 33.*

Voyez le mot *Succession*, §. *Succession entre freres.*

FRESANCE.

BOuchel en sa *Bibliotheque du Droit François lettre F.* parle du droit de fresance, qui est le droit de porc dû au Maître des Eaux & Forêts d'Aubigny, & ailleurs par le Fermier des glands & poisson,& dont il y a eu une Sentence du Bailiff de la Châtellenie d'Aubigny en Berry du 28. Janvier 1520.

FRIPIERS.

1. REglement concernant la Friperie en la Ville & Banlieuë de Paris. *Ordonnances de Fontanon , tome 1, liv. 5. tit. 25. p. 1054.*

2. Par Arrêt du 4. Juin 1575. la Cour ordonna que visitation seroit faite sur les Fripiers par un Maître Juré Drapier , un Maître Juré Tailleur , un Maître Juré Pourpointier, & un Maître Juré Fripier, en la presence de l'un des Commissaires du Châtelet, dont il sera procez-verbal & rapport en la maniere accoûtumée suivant l'Ordonnance. *Bibliotheque de Bouchel*, verbo *Visitation*.

3. Par Arrêt du 23. Juillet 1588. entre les Maîtres Jurez Fripiers , d'une part , & les Maîtres Pourpointiers , d'autre , défenses aux Fripiers de faire aucuns pourpoints d'étoffe neuve de quelque prix & valeur que ce soit, & neanmoins délay leur est donné de se defaire des pourpoints d'étoffe neuve qu'ils ont, devant le premier Janvier lors prochain ; Et avant faire droit sur la Requête presentée par les Fripiers, afin qu'il leur fût permis vendre & debiter les pourpoints neufs qui auroient été faits par les Maîtres Pourpointiers , ordonne la Cour qu'il sera informé d'office à la requête du Procureur General sur la commodité ou incommodité que peut apporter au public la liberté requise par les Fripiers d'acheter, vendre & debiter pourpoints d'étoffe neuve , &c. *Ibidem*, verbo *Pourpointiers.*

4. Lettres Patentes portant confirmation des Statuts des Maîtres Fripiers à Paris. A Vincennes en Septembre 1664. registré le 9. Février 1665. 10. *Volume des Ordonnances de Loüis XIV. fol. 272.*

FROMENT.

SI *nihil adjiciatur ad verbum*, Bled *frumentum apud Gallos intelligi certum est*. Arrêt du 15. Janvier 1610. Mornac *leg. 52. ff. mandati fine.*

FROMENTAGE.

FRomentage est un droit qui se prend sur certaines terres étant du domaine d'autruy. Il en est fait mention en un Arrêt du Parlement de Paris du 21. Février 1550. rendu entre le Prieur de Bodoüille sur Dine en Poitou , & le sieur de la Trimoüille Vicomte de Thoüars. *Bibliotheque du Droit François, & l'Indice de Ragueau*, verbo *Fromentage.*

FRONTIERE.

FRontiere. *Fines. Confinia. De fundis limitrophis, & tervis, & paludibus, & pascuis, & limitaneis, vel Castellorum.* C. 11. 59... C. Th. 7. 15.

De littorum & itinerum custodiâ. C. 12. 45. .. C. Th 7. 16... De la garde des Côtes maritimes, & des Ports & Havres.

Voyez les mots *Bornes, Forteresse , Limites , Garde & Guet.*

Des Capitaines des Places frontieres ; du droit de Guet esdites Places limitrophes. *Confer. des Ordonn. liv. 12. titre 12.*

FRUIT.

CE qui est compris sous ce mot. L. 205. D. de *verb. sign.*

De Glande legendâ. D. 43. 28... *Lex* 12. *tabb. t. 22. l. 5... Glandis appellatione , omnis Fructus continetur.*

l. 138. de verb. sign. Permission au Propriétaire d'un Arbre, dont les fruits tombent dans le champ voisin, de les y amasser pendant trois jours.

De Glande Caduca. L. 30. §. 4. D. de verb. sign.

De partu pignoris, & omni causâ. C. 8. 25. A qui appartiennent les fruits, revenus & profits du gage. *V.* Gage.

De usuris, & fructibus, & causis, & omnibus accessionibus, & morâ. D. 22. 1...

De fructibus, & litium expensis. C. 7. 51... C. Th. 4. 18.

De fructibus inter maritum & uxorem expensis, filiis vel hæredibus minimè imputandis. Valent. Nov. t. 1.

Post provocationem quid observandum sit? Paul. 5. 35. Ce Titre parle du sequestre des fruits, pendant l'appel. *Voyez* Sequestre.

De fructibus. Voyez le traité fait *Per Jo. Copum Parisiensem.*

De divisione fructûs arboris in confinio natæ. Per Hieronymum Magium Anglarensem, in suis Miscellaneis.

Voyez *la Bibliotheque de Jovet*, sous le mot *Fruits*.

1 Les confiscations sont réputées fruits. *Voyez* le mot *Confiscation, nombre 52.*

2 Si le pere peut joüir des fruits de son enfant émancipé ? *Voyez* le mot *Emancipation, n. 6. & suiv.*

3 Les fruits dûs par les Fermiers ou à eux appartenans. *Voyez* le mot *Fermiers, nomb. 39. & suiv.*

4 *Eadem ratio fructuum naturalium & civilium, differentia inter bonâ fidei & malâ fidei possessorem quoad fructuum reputationem. Du Moulin, to. 2. p. 128.*

Emptor reditus non facit fructus suos, nisi proportione justi soluti pretii. Ibid. p. 169.

Venditor rei venditæ fructus jure retinet, donec pretium solvatur. Ibid. p. 210, n. 19.

5 *Certum est malæ fidei possessores omnes fructus solere cum ipsâ re præstare, bonæ fidei, extantes : post litis contestationem universos. Mornac l. 22. Cod. de rei vindicatione.*

Voyez l'Ordonnance de 1539. art. 94. & cy-après le nombre 139. & suivans.

6 *Possessor malæ fidei fructus industriales facit suos.* V. *Com. Joan. Const.* sur l'Ordonn. de François I. art. 94.

7 *Possessor bonæ fidei num fructus sumptuum quos in fundum fecit, restituere Domino debeat, saltem à lite contestatâ ? Voyez Francisci Stephani, decis. 81.* où il tient pour maxime que *Possessor quilibet etiam bonæ fidei, à contestatâ sit malæ fidei.*

8 *Fructus percepti, falcidiam minuunt. Mornac l. 8. §. unde, ff. de inoff. testam.*

9 *Fructus intelliguntur deductis impensis quæ eorum gratiâ fiunt. Mornac l. 36. §. ult. ff. de petitione hæreditatis.*

10 Entre les fruits sont le droit de Patronage, de nomination & collation des Benefices, la confiscation, la coûtume d'un fief, les droits réels, & non pas les personnels, comme les droits honorifiques qui dépendent des terres des mineurs, &c. *Tournet & Tronçon ; Coûtume de Paris, art. 267.* in verbo *Fruits siens.*

11 Fruits pendans en l'heritage *qui & stantes dicuntur, & pars videntur,* & non pas ceux qui sont coupez & non engrangez. *Voyez Charondas, livre 10. Rép. 19. & l'art. 92. de la Coûtume de Paris.*

12 Par quelle proportion doivent être distribuez les fruits, en cas de retenuë, en cas de saisie feodale, & en cas de retrait lignager ? *Voyez Coquille, tome 2. question 40.*

13 Quand les fruits de l'heritage viennent au Seigneur par échoite, s'il les prend au préjudice du Laboureur, de la femme, du commun & du creancier, *qui in eam rem crediderit.* Voyez *Ibidem, quest. 60.*

14 En quelle difference l'usufruitier & le mary faisant les fruits siens, & le Seigneur feodal, prennent les profits d'un bois taillis ou d'autres heritages dont

Tome II.

le fruit ne se perçoit tous les ans, ni en chacune saison de l'an, & *quid* de la doüairiere ? *V. Ibidem, question 155.*

15 Des fruits que les Docteurs appellent civils. *V.* le même Coquille, *quest. 296.*

16 Fruits ne peuvent aprés condamnation être demandez s'ils ne l'ont été auparavant. Arrêt du Parlement de Bourdeaux de l'an 1518. pour le Roy de Navarre, contre le Seigneur de Riberat. Plusieurs ont tenu le contraire, en matiere possessoire, sur le fondement que le naturel du possessoire emporte de soy l'adjudication des fruits sans les demander ; mais il a été autrement jugé, par deux Arrêts du mois d'Août & Septembre 1518. *Papon, liv. 18. tit. 4. n. 10.* & Boër, *quest. 18.*

17 Fruits échûs avant la contestation ne doivent être ajugez, s'ils ne sont demandez ; mais le Juge peut donner ceux échûs depuis, quoique la Partie n'en ait fait demande. Arrêt du 23. Juin 1526. *Papon, ibidem, n. 9.*

18 Les fruits ne sont point dûs pour le temps de l'interruption du procez. Arrêts des 8. Février 1505. 13. Avril 1518. 8. Février 1536. & 11. May 1554. *Voyez Ibidem, n. 7.*

19 Celuy qui a un fond specialement hypotequé à sa dette tenant nature de fief, peut saisir les fruits y croissans annuellement, quoique le fond ne soit plus en la main du primitif obligé : mais quand il n'y a qu'une promesse ou obligation confuse, generale & personnelle, l'acquereur fait siens les fruits qu'il a perçûs avant la saisie : ils ne peuvent être séparément arrêtez, mais le creancier doit se pourvoir par decret. Jugé par plusieurs Arrêts du Parlement de Normandie des 23. Mars 1538. 12. Février, 2. & 10. Juin 1563. & 29. May 1584. *Bibliotheque de Bouchel,* verbo *Execution.*

20 Entre Jean Barthelemy demandeur, & M. de la Porte Conseiller & consors, défendeurs, aprés avoir été à toutes les Chambres, il fut arrêté le 4. Juillet 1545. que les fruits qui n'ont été demandez en l'instance principale se peuvent demander *in executione.* Il fut aussi arrêté qu'il n'est necessaire en retrait conventionnel de consigner le prix pour avoir la chose par retrait, ni pour gagner les fruits. *Ibidem,* verbo *Fruits.*

21 Le fils ne peut demander à son pere les fruits du bien qu'il luy a donné par son contrat de mariage, s'il les a reservez. Arrêt du Parlement de Toulouse du 5. Septembre 1609. *La Rocheflavin, liv. 2. lettre M. tit. 4. Arr. 32.*

22 Fruits ajugez au mineur, tels qu'il les eût perçûs, s'il eût toûjours joüi du fond. Arrêt du Parlement de Grenoble du 22. Avril 1616. le mineur les prétendoit tels qu'ils étoient au temps de l'adjudication, année par année. *Basset, to. 2. liv. 5. tit. 9. chap. 1.*

23 Arrêt d'appointé rendu au Parlement de Provence le 16. Novembre 1641. sur la question si les fruits de la legitime ajugée par inofficiosité sont dûs depuis le decés du pere, ou depuis la demande faite contre les tiers possesseurs des biens legitimaires ? La Sentence arbitrale ne les avoit ajugez que depuis la demande. *Boniface, tome 2. liv. 3. tit. 3. chap 2.*

24 On peut substituer les fruits de ses biens jusqu'à ce que l'heritier ait atteint l'âge de vingt ans. Arrêt du Parlement de Paris du 27. May 1661. *Des Maisons lettre F. nombre 8.*

25 De la liquidation des fruits. *Voyez l'Ordonnance de 1667. tit. 30.*

FRUITS DES BENEFICES.

Voyez le mot *Distribution manuelle.*

26 *De jure medios fructus exigendi, quos vulgò annatas dicunt. Per Ber. Cord.*

27 *Collationes beneficiorum sunt in fructu.* Voyez le mot *Collation, nomb. 106. & suiv.*

28 Les distributions manuelles perçûës pendant le

procez, s'ajugent à celuy qui a desservi. Arrêt du 4. Janvier 1576. *Tournet lettre D. Arrêt 127.*

29 Par Arrêt du P. de Toulouse du 4. Janvier 1576. il a été jugé que les distributions quotidiennes ne sont restituables, mais seulement les gros fruits. *Boyer, decis. 340.*

30 Les fruits & les arrerages d'une pension annuelle touchant une Chapelle, ont été ajugez à l'heritier de l'Ecclesiastique qui la tenoit, & non au successeur au Benefice. Jugé le 14. Août 1545. *Expilly, Arrêt 28.* Si le Beneficier décede dans l'année commencée, on compte l'année dés le premier Janvier.

31 Coûtume capitulaire, par laquelle en plusieurs Eglises les fruits d'une Chanoinie contentieuse sont acquis au Chapitre, ne vaut. Le sequestre ou celuy qui a obtenu la récreance doit joüir. Neanmoins les fruits échus durant la vacance peuvent être acquis au Chapitre, s'il a droit de pourvoir des Prebendes, & non autrement ; ainsi jugé à Bourdeaux le 3. Juin 1515. *Papon, livre 8. tit. 11. nomb. 16.* où il est observé que le 9. Juillet 1565. en une cause d'un Chanoine Prebendier de saint Just de Lyon, appellant comme d'abus de la Coûtume & Statut, il fut dit par provision que le gros & manuel des Prebendes se partiroit également, réservé aux plus anciens le choix des parts ; au principal appointé au Conseil.

32 Les distributions manuelles & quotidiennes ne viennent point en computation ou estimation de la valeur des fruits, pour regler une pension, ni même en restitution, quand il y a condamnation de rendre les fruits. Arrêt du Parlement de Paris du mois de Septembre 1547. *Du Luc, livre 2. titre 4. ch. 11. de ses Décisions.*

33 Les Conseillers de la Cour ont les gros fruits de leurs Prebendes, encore qu'ils n'ayent fait la moindre résidence requise par le Statut. Jugé le 13. Décembre 1550. *Le Vest Arrêt 45. M. Loüet, lettre C. somm. 24.* Voyez *Boërius, en ses Décisions, quest. 17.* Le même pour l'écolier en faveur de ses études, encore qu'il n'ait fait son stage. Jugé le 21. Mars 1583.

34 Les Chanoines ou autres possedans dignitez dans les Eglises Cathedrales ou Collegiales, pendant le temps de leur députation, doivent joüir des fruits entiers de leurs Dignitez & Prébendes, mêmes des distributions manuelles, &c. *V. M. Loüet, lettre E. somm. 6. & Brodeau sur la même lettre, avec Mornac sur la loy 17. ff. Ex quibus causis majores, &c.*

35 Le titulaire d'un Benefice s'absente, Arrêt qui le condamne à une mort civile ; le nouveau titulaire demande les fruits depuis sa provision jusqu'au jour de l'Arrêt de condamnation ; il fut jugé au Parlement de Paris le 21. Mars 1550. que les fruits indistinctement seroient employez aux réparations du Benefice. *Corbin suite de Patronage, chap. 191.*

36 Deux personnes plaident longuement une Prébende ; l'un resigne, le resignataire se fait pourvoir en Cour de Rome, prend possession, & se fait subroger au procez ; l'autre qui prétendoit le Benefice luy passe Jugement de maintenuë : il est un an en possession, il demande les fruits au Chapitre ; le Chapitre le déclare indigne, &c. qu'il est simoniaque ; le Chapitre condamné à payer : en execution de l'Arrêt interviennent les heritiers du resignant : les fruits leur sont ajugez jusqu'à la prise de possession du resignataire, & les autres ajugez au resignataire, même les distributions manuelles depuis le jour que le Chapitre l'a expulsé & empêché de joüir. Jugé le 10. Février 1565. *Charondas, li. 8. Rép. 8. & li. 7. Rep. 151.*

37 Arrêt du Parlement de Bretagne du 26. Août 1566. entre les Bourgeois de saint Malo & leur Evêque. Il s'agissoit des Prébendes affectées aux Docteurs & Précepteurs. L'Evêque condamné ; & les fruits des Prébendes saisis, mis és mains du Receveur du Domaine du Roy à Dinan. *Du Fail livre 1.*

chap. 230. tels fruits néanmoins doivent être employez en œuvres pies, suivant les Arrêts rapportez par Chenu en ses Reglemens, *tit. 1.*

38 La restitution des fruits n'emporte point les Oblations, Bâtêmes, Baises mains, ni ce qui se donne à cause de la pure desserte. Jugé au Parlement de Paris en 1568. contre un Curé maintenu avec restitution de fruits. *Bibliotheque de Bouchel, verbo Fruits.*

39 Il y avoit une Coûtume en l'Eglise Cathedrale de Theroüenne & de Boulogne, que les fruits de chaque Prébende vacante, étoient acquis au Chapitre pour trois années ; les fruits destinez à l'entretenement du Précepteur de la jeunesse, & à la Fabrique ; appel comme d'abus interjetté par le pourvû de la Prébende, qui dit que telle Coûtume est une corruptible, & s'aide du Chapitre *Jacobus de simoniâ* ; le Chapitre au contraire disoit que ce chapitre *Jacobus* parle du banquet que l'on veut faire faire par le nouveau reçu, & non pas d'une telle Coûtume ; les gens du Roy adheroient avec l'appellant comme d'abus. Par Arrêt du 4. Janvier 1575. appointé au Conseil. *Voyez la Bibliotheque de Bouchel, verbo Fruits.*

40 Arrêt du Parlement de Toulouse du 3. Decembre 1575. qui ordonne qu'un Chanoine de l'Eglise Cathedrale d'Auch, & Tresorier de l'Hôtel-Dieu de Toulouse, joüira durant l'année entiere qu'il demeurera en charge de Tresorier dudit Hôtel-Dieu de Toulouse, des f.uits de sa Prébende Canonicale en ladite Eglise d'Auch comme s'il faisoit le service actuel dans ladite Eglise ; sans dépens. *La Rocheflavin, li. 6. lettre D. tit. 36. Arr. 5. Bibliotheque Can. tome 1. page 705. col. 2.*

41 Prébendiers ou Chanoines absens, pour la poursuite des procez des Chanoines ou Prébendiers contre le Chapitre, sont reputez presens, & prennent les fruits. Arrêt du 24. Mars 1505. entre le Syndic du Chapitre d'Auch. *La Rocheflavin, livre 6. tit. 36. Arr. 4.*

41 bis. Le Syndic du Chapitre est obligé de restituer les fruits entiers de la Prébende au Chanoine absent pour la poursuite d'un procez. Arrêt du Parlement de Toulouse du 26. Juin 1591. *Idque propter malam fidem* du Chapitre. *Maynard, tome 1. li. 1. ch. 16. & 45. & Charondas, li. 9. Rép. 54.*

42 Si les Conseillers Clercs des Présidiaux ont le même Privilege que les Conseillers du Parlement, & s'ils gagnent les fruits de leurs Prébendes, quoiqu'ils n'assistent pas aux Offices de l'Eglise ? *Henrys, tome 1. livre 2. chap. 4. quest. 17.* tient l'affirmative. M. *Dolive, liv. 1. chap. 11.* tient la negative, & dit que ce privilege est tellement attaché aux Cours Souveraines, qu'on n'en peut faire d'extension. Arrêt du 20. Juillet 1617.

43 Le Juge d'Eglise ne peut priver un Chanoine des gros fruits, mais bien le suspendre *ab altari*, pour lui ôter les menuës distributions ; ne peut aussi le Chapitre se partager les gros fruits : c'est au Procureur du Roy à les faire saisir. Arrêt du Parlement de Grenoble du 3. Decembre 1637. *Basset, tome 1. li. 2. tit. 2. chap. 2.*

44 Avant la prise de possession corporelle, la prestation du serment, la reception *in fratrem*, la profession de foy, & la résidence actuelle du pourvû, les fruits du Canonicat ne sont dûs. Arrêt du 12. Juillet 1640. rendu à Grenoble. *Voyez le sixième Plaidoyé de Basset, tome 1.*

45 Pour gagner les gros fruits en l'Eglise Collegiale de saint Thomas de Crespy, la résidence est necessaire ; le Chanoine étoit Chapelain & Aumônier du Regiment des Gardes. Jugé le 16. Mars 1658. *De la Guess. tome 2. livre 1. chap. 38.*

46 Neuf mois de résidence aux Pleniprebendez pour gagner les gros fruits, & les Chanoines en l'Autel Nôtre Dame onze mois, sans que les uns ni les autres puissent s'absenter sans congé du Chapitre qui

ne pourra les refuser, &c. Arrêt du 20. May 1669. concernant le Chapitre de Sens. *Journ. du Palais.*

47. Les fruits dans l'incompatibilité des Prébendes, se restituent du jour de la prise de possession de la seconde Prébende. Jugé le 11. Juillet 1672. *de la Guess. tome 3. liv. 6. chap. 10.*

48. Les fruits des Benefices simples se perçoivent en l'absence, & ne peuvent être déniés au Beneficier à moins qu'il ne soit prouvé que la Coûtume de l'Eglise requiert résidence. *Bibliotheque Can. tome 1. page 26. col. 2.*

49. Fruits des Prébendes pour la non résidence des Chanoines de l'Eglise de saint Malo, sont dûs à la Fabrique. Arrêt du Parlement de Bretagne du 13. Octobre 1597. *Bellondeau, li. 6. Cont. 107.*

50. Fruits de l'Eglise vacante reservez au futur successeur. *Voyez Tournet, lettre F. Arr. 31.*

51. Fruits du Benefice appartiennent à celui qui a la nomination du Roy du jour & date de son placet. Arrêt du Parlement de Bretagne du 12. Juin 1602. *Bellordeau, li. 6. Contr. 110.*

52. De la division des fruits entre les heritiers du Beneficier, & son successeur. *Voyez Chenu, titre 1. ch. 4. & 5. Filleau, part. 1. tit. 1. chap. 17. Coquille, to. 2. quest. 154. & Tournet, lettre F. Arrêt 25. & lettre S. Arr. 63, 68. & 69.*

53. Sur la question de quel temps les fruits du Benefice sont dûs, & appartiennent aux titulaires, & à leurs heritiers; aucuns ont estimé que si le titulaire décedoit depuis le mois d'Août, & avant le premier Mars, les fruits devoient demeurer à l'Eglise; si après ledit jour aux heritiers. Les autres ont été d'avis qu'il falloit user de distinction, & considerer le temps que les Curez avoient depuis la recolte derniere, desservi le Benefice, ce qui s'est pratiqué au Parlement de Paris, où par Arrêt donné entre M. de la Rochefoucaut Evêque de Clermont, & l'heritier de son Prédecesseur, il fut dit que les fruits se partageroient entr'eux *prorata anni*, à commencer du premier Janvier jusqu'au jour du décez. On observe en certaines Provinces que les Pasteurs Ecclesiastiques ayant vécu & atteint le Dimanche d'après la mi-Carême gagnent les fruits de la recolte prochaine & immediate, de maniere que decedant depuis ils sont acquis à leurs heritiers. Ce que dessus n'a lieu aux Chapelles & Benefices simples où le nouveau titulaire entre en joüissance du revenu, dès la prise de possession; ainsi qu'il a été jugé au P. le 26. Janvier 1641. au profit d'un surnommé de la Boissiere. *Bibliotheque Can. to. 1. page 415. col. 2.*

54. Les fruits du Benefice se doivent partager entre les heritiers du défunt & le successeur *prorata temporis*, délivrance leur doit être faite *pro eâ parte anni*, que le défunt a servi le Benefice, à compter l'année du premier jour de Janvier jusques au dernier Décembre, & le surplus au successeur. Jugé par plusieurs Arrêts du Parlement de Paris. *Papon, livre 21. tit. 8. n. 10.*

55. Les fruits du Benefice appartiennent à l'heritier du Beneficier, le successeur ne peut les prétendre que du jour qu'il est entré en possession. Arrêts du P. de Grenoble de 1548. & 4. Mars 1562. *Jurisprudence de Guy Pape par Chorier, page 22.*

56. Les fruits d'une Abbaye se partagent ou divisent *pro rata temporis*, entre l'ancien Abbé & le moderne, à commencer de la saint Jean-Baptiste. Arrêt du 3. Juin 1564. *Le Vest, Arrêt 223. & Arrêt 147. pour les fruits du temporel d'un Evêché.*

57. La décision de la Loy *Divortio. D. solut. mat.* & du chapitre dernier §. *porro. De offic. ordin. in 6.* est gardée entre Beneficiers, *qui faciunt fructus suos pro rata temporis quo sustinuerunt onera beneficii, sive sit Episcopatus, sive Abbatia, sive Prioratus, aut alia Ecclesia.* Jugé par Arrêt du 14. Août 1576. entre les heritiers du défunt Evêque d'Angers d'une part, l'Oeconome établi audit Evêché, & les Chanoines de la Sainte Chapelle ayant été pourvû du droit de Régale du Roy. Et pour les heritiers d'un Curé, dont la cause fut plaidée le 24. Janvier de la même année, demandant portion des Dîsmes de la Cure qui avoient été recueillies peu de temps après le décez du Curé, la cause fut appointée au Conseil. On leur opposoit que les fruits des Benefices ne retrogradent point entre Beneficiers. Autre Arrêt pour les heritiers d'un Evêque de Bayeux, dont la cause fut appointée au Conseil le 29. Janvier 1573. On allegue l'Arrêt de du Tillet Evêque de Meaux, mais le doute est quand entre les heritiers du défunt Beneficier & le successeur au Benefice, on doit commencer l'année, ou du jour de saint Jean-Baptiste précedent la mort; comme il a été jugé par l'Arrêt contre les heritiers de l'Evêque d'Angers qui avoit été pourvû de l'Evêché en l'an 1532. & étoit décedé en Février 1572. & ordonné que de tous les fruits de l'année on feroit une masse qui seroit divisée entre les heritiers qui en auroient leur part, à commencer depuis le jour de saint Jean, jusqu'au jour du décez; & le surplus donné à l'Oeconome, & seroient tenus respectivement payer les charges; ou bien si on doit commencer l'année au mois d'Octobre que les fruits sont nouvellement cueillis & serrez, ou au mois de Janvier qui est le commencement de l'année. *Bibliot. Can. to. 1. p. 641.*

58. Les fruits d'un Benefice se divisent entre les heritiers du défunt, & le successeur au Benefice, *pro modo & rata temporis*, & l'année doit être considerée au premier jour de Janvier. Jugé le 19. Avril 1578. *Anne Robert, rerum judicatarum, liv. 3. chap. 4. Voyez Chavondas, li. 8. Rép. 8. M. Loüet, lettre F. som. 12. M. Expilly, en ses Arrêts, ch. 28. la Bibliotheque Canonique, tome 2. page 635. col. 1. & suiv.* rapporte trois Arrêts des 2. Avril 1577. 19. Avril 1578. & 14. Août 1587.

M. Loüet, *lettre A. somm.* 11. dit avoir été ainsi jugé le 6. Juillet 1585. Brodeau sur le même chapitre, dit que cela n'a lieu ès Eglises où l'usage est contraire, & il en rapporte un Arrêt du 23. Février 1630.

59. On demande si cet usage doit avoir lieu pour les fruits des Benefices simples, & si les heritiers peuvent en prétendre le partage; il y a un Arrêt de 1586. qui a jugé que la regle avoit lieu *in omnibus beneficiis*, par la raison qu'il n'y a point de Benefices qui n'ayent quelque charge suivant la fondation. *Definit. Can. page 317.*

60. La Province de Normandie a un usage singulier sur ce point; sçavoir si le défunt Curé a desservi ou fait desservir la Cure la Fête de Pâques, tous les fruits de l'année sont acquis à ses heritiers: mais s'il est decedé avant Pâques, ils ne peuvent rien prétendre aux fruits de ladite année, qui appartiennent à son successeur, ou du moins aux Evêques ou Archidiacres à cause du dépôt. *Ibidem, page 316.*

61. Les fruits des Benefices appartiennent aux heritiers du défunt à proportion du temps, en comptant l'année au commencement de Janvier, sans avoir égard à ce qui étoit dit & avoit été jugé que les Beneficiers, non plus que les usufruitiers ne pouvoient prétendre qu'aux fruits que ceux qu'ils avoient perçus. Jugé au P. de Toulouse le 20. Decembre 1621. *Cambolas, livre 2. chap. 49.*

62. Ce n'est plus à present une question au Palais, la maxime y est constante & établie par plusieurs Arrêts, que les fruits des Benefices se partagent entre les nouveaux titulaires & les heritiers des défunts, à proportion du temps qu'ils ont vécu dans l'année, à compter depuis le premier Janvier; par exemple, si le défunt titulaire est mort au premier de May, ses heritiers auront le tiers des fruits, & les nouveaux titulaires les deux tiers; s'il est décedé au premier Juillet, les heritiers du défunt & le nouveau titulaire partageront les fruits par moitié; & s'il est décedé

au premier Septembre, les heritiers auront les deux tiers des fruits, & le nouveau titulaire n'en aura que le tiers ; & ainsi du reste. Les livres sont pleins de semblables Arrêts. *Papon*, *livre* 21. *tit.* 8. *Arrêt* 10. M. *Loüet*, *lettre A. somm.* 11. *lettre F. somm.* 12. & Brodeau, aux mêmes endroits. *Robert, liv.* 3. *rer. judicat. cap.* 4. Mainard, 2. *vol. li.* 8. *chap.* 9. Chenu, *to.* 1. *li.* 1. *chap.* 17. Peleus, *li.* 2. *Arrêt* 55.

FRUITS, CHANOINE ETUDIANT.

63 *Voyez* cy dessus *le nombre* 33.
Les gros fruits sont dûs de la Prébende au Chanoine qui étudie. Jugé les 2. Decembre 1576. & 5. Mars 1583. *Charondas*, *liv.* 1. *Rép.* 68.

64 Arrêt du Parlement de Toulouse portant Reglement de la joüissance des fruits pendant le temps d'étude des Pourvûs de Dignitez, ou autres Benefices Ecclesiastiques. *Mainard*, *livre* 1. *chap.* 8.

FRUITS, COMPENSATION.

65 *Qui fructus, cum sumptibus in prædium factis, habeant compensari.* Vide *Luc. lib.* 11. *tit.* 16. *cap.* 1.

66 Quand la compensation du fruit avec les meliorations a lieu, les fruits procedans des ameliorations n'appartiennent point au Seigneur de l'heritage, mais à ceux *quorum operâ, diligentiâ, industriâ & sumptibus*, lesdites ameliorations ont été faites, *quia eorum industriâ provenire censentur, non autem ipsius fundi beneficio*. Jugé par infinis Arrêts. *Voyez la Bibliotheque du Droit François par Bouchel*, verbo *Fruits* ; il en cite deux des penultiéme May 1533. & premier Mars 1538.
Voyez cy-aprés *le nomb*. 132. *& suiv.*

FRUITS, BIENS DECRETEZ.

67 Les fruits des pieces decretées, perçûs par les sequestres depuis la saisie, jusqu'à l'execution du decret, appartiennent au débiteur, & non pas à l'adjudicataire. *Mainard*, *liv.* 2 *chap.* 39.

68 Les fruits d'heritages saisis & loüage de maison, ne peuvent être demandez par les adjudicataires que du jour de l'adjudication, & qu'ils ont actuellement consigné le prix. *Voyez Tronçon Coûtume de Paris*, *art.* 353. *verbo Fruits.* M. le Maître *chap.* 16. dit que les fruits échûs pendant les criées appartiennent au proprietaire.

69 Par la Coûtume de Normandie, état doit être tenu des fruits échûs depuis la saisie avant que des deniers du prix de l'adjudication ; neanmoins où les Commissaires ne répresenteront au jour de l'état leurs deniers, ne sera differé à tenir état du prix de l'adjudication, & sera baillé executoire aux derniers creditiers entrans, sur les Commissaires établis au regime. *Voyez la Bibliot. de Bouchel*, verbo *Fruits*, où l'on observe que cette Coûtume est fondée en plusieurs Arrêts du Parlement de Roüen, dont le plus remarquable est du 8. Juillet 1551.

70 Les fruits des heritages saisis qui étoient pendans par les racines au temps de la derniere enchere qui auroit été remise, & pendant ladite remise les fruits perçûs, l'adjudication faite ensuite à ce dernier encherisseur, lesdits fruits luy doivent appartenir. Arrêt du 5. Decembre 1600. *Charondas*, *li.* 13. Rep. 27.

71 M. le Président le Maître, *chap*. 16. des Criées, dit que l'adjudicataire ne peut demander les fruits que du jour de la consignation. M. *Expilly*, Arrêt 54. est de l'avis de Charondas.

72 Aprés les Sentences de distraction les detempteurs doivent rendre compte des fruits, depuis le temps de la distraction. *Henrys*, *to.* 1. *li.* 4. *chap.* 5. *quest.* 16.

73 Le débiteur rachetant le fonds saisi, le creancier a le choix de rendre compte des fruits, ou de s'en contenter pour ses interêts. Arrêt du Parlement de Grenoble du 2. Mars 1638. *Basset, tome* 1. *livre* 2. *titre* 34. *chap.* 4.

74 Le tiers acquereur depossedé ne doit rapporter les fruits que du jour du bail judiciaire, & non de la saisie. Arrêt du Parlement de Roüen du 31. May 1691.

Basnage sur la Coûtume de Normandie, article 552.

FRUITS, DISMES.

75 Les fermiers de la Disme peuvent imposer aux proprietaires des fonds de ne couper ni lever les fruits sans au préalable les avoir avertis pour prendre le droit de Disme qu'ils ont sur leurs fruits, à peine de confiscation des chevaux, charrettes & fruits. Arrêt du 9. May 1624. *Graverol sur la Rocheflavin*, *livre* 6. *tit.* 38. *Arr.* 4.

Voyez le mot *Disme*, *n.* 88. *& suiv.*

FRUITS DU DOUAIRE.

76 De tous les fruits de l'année, l'heritier de la doüairiere a la moitié, à raison du temps depuis le commencement de l'année jusqu'au trépas de la défunte. Jugé le 15. Decembre 1565. *Charondas liv.* 9. *Rép.* 62. Mais les Arrêts rapportez cy-dessus, & en ce même lieu justifient le contraire.

77 Une doüairiere décedée le 11. May 1575. son pere conclut à ce que l'heritier du mari luy paye la levée de ce qui eût pû être dû depuis la Fête de saint Michel jusqu'au jour de son décez ; l'heritier s'y oppose, & dit que les fruits & argent ne se payent qu'au terme de saint Michel, & qu'étant décedée avant le terme échû, il ne devoit rien. Arrêt du Parlement de Bretagne du 3. Septembre 1576. qui ordonne que le pere heritier de la veuve sera payé des levées tant par deniers que froment, seigle, avoine & chapons qui étoient dûs à la veuve pour son droit de doüaire pour l'année 1575. depuis la saint Michel jusqu'au jour de son décez. *Voyez du Fail, liv.* 3. *ch.* 134.

78 Les fruits du doüaire, soit coûtumier ou préfix, sont dûs *à die mortis defuncti*, *non à die petitionis*, sans qu'il soit besoin de les demander, & ce contre les heritiers ; *Secùs*, contre le tiers détempteur ; il ne doit les fruits que du jour de la contestation en cause. *Coûtume de Paris*, article 256. Brodeau *sur M. Loüet*, *lettre I. somm.* 10. *nomb.* 9. où il rapporte des Arrêts touchant les tiers détempteurs, le premier du 14. Août 1577. le second du 5. Avril 1583. pour les fruits sans demande. *Voyez M. le Prêtre*, 3. *Centurie*, *chap.* 73.

79 M. *Mainard*, *livre* 8. *chap.* 99. traite la question de sçavoir à qui appartiennent les fruits de l'année du décez du Beneficier. Il décide que c'est communement au premier Janvier ; & qu'il a été ainsi jugé par Arrêt du Parlement de Paris donné en forme de Reglement le 19. Avril 1578. & qu'ainsi on le juge au Parlement de Toulouse.

80 La doüairiere décedant au temps que les fruits sont en maturité, ses heritiers n'y peuvent rien prétendre. Jugé le 19. May 1589. M. *Loüet lettre F. somm.* 10. *quia partem fundi faciunt*. Montholon, Arrêt 56. Bacquet, *des Droits de Justice chap.* 15. *n.* 57. & 58. Arrêt du 7. Septembre 1612. *Mornac*, *l.* 13. *ff. quibus modis ususfructus*.

81 Les heritiers de la doüairiere gagnent les fruits à proportion de la joüissance de l'année. Arrêt de la Chambre de l'Edit de Roüen du 2. Juillet 1662. rapporté par *Basnage sur l'article* 368. *de la Coûtume de Normandie*.

82 Lorsqu'il y a ouverture au doüaire sur la difficulté de sçavoir quelle part la femme peut avoir aux fruits, quand son mari meurt avant la Saint Jean ; il a été jugé par Arrêt du Parlement de Roüen de l'an 1667. entre le sieur Marquis de Maineville & le sieur de Bigars, que le doüaire couroit *de die in diem*, & que la veuve auroit le *prorata* des levées & du revenu de son défunt mari, & pour le regler on le fait commencer au premier Janvier, suivant l'Arrêt donné entre les mêmes Parties le 17. Juillet 1664. *Basnage sur l'art.* 368. *de la Coûtume de Normandie*.

FRUITS ETROUSSEZ.

83 Si un Procureur, en consequence du pouvoir à luy donné, dont la Partie ne disconvenoit pas, ayant accepté une étrousse de fruits *id est*, le bail judiciaire

est obligé de le faire fignifier à la Partie ? Jugé au profit du Procureur par Arrêt du Parlement de Paris du 7. Juin 1658. *V. Henrys, tome 2. liv. 2. queft. 41.*

FRUITS D'UN EVESCHE'.

84 *Bouchel en fa Bibliotheque du Droit François, verbo Fruits*, dit ; J'ay appris de feu Maître Jacques Canaye avoir été jugé pour les fruits trouvez après le decés d'un Evêque de Laon qui étoit Grand Prieur de Saint Denis en France, que les fruits ou redevances dûs par les Fermiers du Grand Prieuré, appartiendroient à l'Abbaye de Saint Denis, & les fruits dûs par les Fermiers de l'Evêché appartiendroient à l'Evêque futur fucceffeur, d'autant que le défunt Evêque étoit profez. Soit vû Bartole, *de ftipulationi fervorum*.

85 Fruits de l'année dûs par le Fermier après le decés du Beneficier, fe diftribuent fuivant la Loy *divortio folut. matri. ff. l. defuncta. de ufufruct.* Arrêt du P. de Roüen du 14. Août 1576. qui ordonne que les fruits échus jufqu'au jour du decés de l'Evêque d'Angers feroient ajugez aux heritiers, & le refte à Meffieurs de la Sainte Chapelle *prorata temporis* fuivant la Loy. *Papon, liv. 18. tit. 4, n. 11. & le Veft Arrêt 147.*

86 A l'égard des fruits & revenus des Evêchez. Jaquelot tient que les fruits de l'année du decés de l'Evêque doivent être partagez entre le Roy & les heritiers du défunt *prorata temporis*, Maître René Chopin *livre 3. de facrâ Polit.* eft de ce fentiment, & dit que le Parlement l'a ainfi jugé par un Arrêt rendu entre les heritiers de l'Evêque d'Angers , en faveur des Chanoines de la Sainte Chapelle de Paris, qui joüiffoient pour lors de la Regale; l'Evêque étoit decédé au mois de Février, & par confequent après la recolte des fruits , la délivrance en devoit être faite à Pâques par les Fermiers , neanmoins la Cour par un Arrêt folemnel prononcé en Robes rouges, à la prononciation de la my-Août , obligea ces mêmes heritiers à rapporter les fruits, à compter du jour du decés de l'Evêque.

Voyez l'Auteur des Definit. Canon. verbo Fruits de Benefice, p 317.

87 Dans les Evêchez qui ne font point fujets au droit de la Regale, comme Amiens, Authun, Auxerre, Limoges, & autres Evêchez de France qui joüiffent de ce privilege par des conceffions , & fous des titres rapportez ailleurs dans le Recüeil d'Arrêts , les fruits d'un Evêché vacant doivent être regis & adminiftrez par le Chapitre de l'Eglife , à la charge de les conferver au futur Evêque , fur lefquels doit être prife feulement la quatriéme partie ; ainfi jugé au Grand Confeil entre le Chapitre de Limoges & M. le Procureur General du Parlement de Bourdeaux, qui avoit faifi les fruits du même Evêché pour les droits de Regale , l'Evêché étant vacant par le decés du dernier pourvû. *Voyez Ibidem, p. 317.*

FRUITS, FEMME.

88 De la part des fruits que la veuve en Bourgogne peut prétendre dans l'année du decés de fon mary. *Voyez Bouvot, tome 1. part. 2. verbo Fruits, queft. 1.*

89 Les fruits perçus des biens de la dot avant le mariage augmentent la dot de la femme. *V. Bouvot, ibidem, queft. 2.*

90 S'il y a des fruits enfemencez aux heritages de la femme, le mary mort en Janvier, les heritiers du mary y peuvent prétendre la moitié. *Voyez Idem, tome 2. verbo Societé, Communauté, queft. 34.*

91 Fruits pendans par les racines fur l'heritage propre de la femme lors de fon decés, appartiennent au mary *prorata temporis*. Arrêt du Parlement de Paris du 4. May 1568. *Bibliotheque de Bouchel, verbo Fruits.*

92 Le mary n'eft point comptable des fruits par luy perçus és biens de fa femme remariée dans l'an du deüil de fon premier mary. Arrêt du Parlement de Grenoble du 11. Juin 1625. dont le motif fut que ces fruits avoient dû être perçus par le fecond mary , à caufe qu'il fouffroit les charges du mariage. On cita même l'ufage du Parlement de Provence, dont les Parties étoient originaires, où l'on fe remarioit impunément & publiquement dans l'an du deüil , fans encourir autres peines que celles des fecondes nôces *favore liberorum*, & on ajoûta que par un Arrêt celebre par lequel le Parlement de Provence avoit repris la difpofition du droit contre les veuves qui fe remarioient *intra annum luctûs*, la veuve ne fut point condamnée à la reftitution des fruits, bien loin qu'on eût penfé à impofer cette charge au mary. *Baffet, to. 2. liv. 4. tit. 8. chap. 1.*

FRUITS, FIDEICOMMIS.

93 Si les fruits appartiennent au fideicommiffaire ? *Voyez le mot Fideicommis, nomb. 126. & fuiv. & cy-après nombre 105.*

FRUITS, HERITIERS, SUCCESSION.

Voyez cy-deffus le nomb. 52. & fuiv. & cy-après le nomb. 177. & fuiv.

94 *Fructus reconditi in horreo tempore mortis teftatoris, patrimonium teftatoris dicuntur.* Vide *Franc. Marc. to. 1. quaft. 827.*

95 Les fruits des biens du teftateur, qui fe trouvent recüeillis, coupez & feparez du fond, *augent hæreditatem & veniunt in reftitutionem.* Quant aux autres fruits perçus depuis le decés du teftateur , ils appartiennent fans doute à l'heritier grevé ; il eft vray que s'il naît des enfans aux defcendans du teftateur , il eft tenu d'en faire imputation fur la trebellianique ; car s'il a joüi plus de vingt ans de toute l'heredité, il perd entierement fa trebellianique , comme auffi s'il a joüi durant dix ans de la moitié de cette heredité, & s'il a joüi moins de temps, l'imputation fe fait à proportion de la joüiffance. *Voyez Maynard, liv. 5. chapitre 65.*

96 En partage , les fruits fe rapportent du jour du decés, ou de la fucceffion échûë. Arrêt du 29. Decembre 1544. *Le Veft Arrêt 27. Voyez l'article 369. de la Coutume de Paris.*

97 Les fruits font dûs au fideicommiffaire , le cas étant échû pour toute l'année entiere ; *iscet major pars anni ante diem fidic. credentem præterüffe dicatur.* Arrêt au mois de Mars 1562. *M. Expilly Arrêt 61.*

98 A qui appartiennent les fruits de l'année en laquelle eft decédé le teftateur, ou à fes heritiers , ou à fes fucceffeurs au benefice ? *Voyez le Recüeil de Mainard, liv. 10. Arrêt 5.*

99 Fruits pendans au temps de la mort n'appartiennent à l'ufufruitier. Arrêt du Parlement de Grenoble du premier Decembre 1637. qui a jugé que les fruits perçus & qui font en plante, appartiennent à l'heredité, & non à l'ufufructuaire, lequel n'a que la joüiffance des fruits , & doit reprefenter leur valeur *finito ufufructû.* Baffet , *to. 2. liv. 5. tit. 10. ch. 1.*

100 Les heritiers du mari qui a joüi des biens par droit de viduité, doivent partager les fruits *prorata temporis*, à compter du 1. Janvier. Arrêt du Parlement de Roüen du 17. Juillet 1664. rapporté par *Bafnage fur l'art. 382. de la Coutume de Normandie.*

101 Un teftateur peut grever fon heritier de rendre compte des fruits pendant fa minorité. Arrêt du Parlement de Paris du 27. May 1661. *De la Gueffiere, tome 2. liv. 4. chap. 28.* c'étoit la caufe des fieurs Marquis de la Baume & Comte de Verdun. *Des Maifons lettre F. nombre 8.* rapporte le même Arrêt.

FRUITS, HYPOTEQUE.

102 Arrêt du Parlement de Provence du 28. Juillet 1668. qui donna l'hypoteque des fruits depuis l'adjudication d'iceux. *Boniface, to. 4. liv. 8. tit. 21. ch. 2.*

IMPUTATION DES FRUITS.

103 Les fils *primi gradûs*, n'imputent que les fruits fur la trebellianique ; les petits-fils *nepotes* les imputent. Jugé par plufieurs Arrêts du Parl. de Grenoble. *Voyez Chorier en fa Jurifprudence de Guy Pape, p. 196.*

104 Un testateur ne peut faire que les fruits pris par les enfans du premier degré, soient en quelque cas imputez en leur legitime. Arrêt au Parlement de Provence en Robes rouges; l'Arrêt est sans date, & rapporté par M. du Vair.

105 *Expensæ fideicommissi vel substitutionis commissione pendente super fructibus non computantur.* Voyez *Franc. Marc. to. 1. quest. 161.*

106 Les fruits perçus par le pere ne sont pas imputez en la legitime qu'il a sur les biens de son fils. Arrêt de Toulouse du 3. Février 1583. ce qui a lieu aussi pour la mere, jugé le 2. Juin 1631. *Cambolas, liv. 1. chap. 7.*

107 Le neveu tenant le premier rang n'est tenu imputer les fruits en la quarte. Arrêt general prononcé aux Fêtes de Pâques 1585. autre Arrêt de l'année 1592. *Ibidem, chap. 8.*

108 Une mere chargée de rendre l'heritage à son fils, ayant joüi pendant deux années des fruits de l'entiere heredité, fut déchargée de l'imputation des fruits sur la quarte trebellianique, par Arrêt du 6. Decembre 1630. *Voyez Boné, part. 2. Arr. 77.* il observe que Mainard allegue des préjugez contraires, *liv. 5. chap. 65.*

109 L'acquereur à faculté de rachat n'est point tenu d'imputer sur le principal les fruits qu'il a perçus, quoiqu'ils excedent de beaucoup l'interet du prix de son acquisition. Arrêt du 22. May 1665. *Graverol sur la Rocheflavin, liv. 5. lettre V. tit. 5. Arr. 9.*

110 L'Engagiste condamné à l'imputation des fruits, doit compter sur la valeur des fruits, & non sur le prix des Fermes, dont il avoit seulement joüi. Arrêt du Parlement de Bourdeaux du 11. Decembre 1646. entre les sieurs de Pransac & de Rodom, plaidans Lauvergnac & Constans : jugé que l'Engagiste condamné à l'imputation des fruits devoit compter sur la valeur des fruits, & non sur le prix des Fermes dont il avoit seulement joüi. *La Peirere lettre V. nombre 104.*

111 Quand le debiteur soûtient que les fruits de l'engagement excedent le legitime interêt, & en demande l'imputation, le creancier peut soûtenir au contraire, que les fruits ne vont pas au legitime interêt, & en demander le parfournissement. Cette décision est fondée sur la regle *quod quisque juris,* & sur autre regle *non debet actori licere quod reo non licet. Nota,* que dans ce Ressort nous recevons le fait de l'excez des fruits en fait d'engagement contre la disposition de la Loy Romaine, qui a égard à l'incertitude des fruits.

Arrêt du 6. Septembre 1663. donné en la Grande Chambre, au Rapport de Monsieur de Lescure : le nommé Verac prend en engagement un fonds du nommé Papus ; après quelques années de joüissance, Papus soûtient à Verac, que les fruits excedoient le legitime interêt, & en demande l'imputation. Verac au contraire soûtient que les fruits ne vont pas au legitime interêt, & demande que Papus ait à le luy parfournir : la Cour jugea que Papus devoit parfournir. *La Peirere, ibidem, nomb. 105.*

FRUITS, INTERESTS.

112 *Creditor pacti legis commissoria fructus perceptos & percipiendos in sortem computare tenetur : interesse tamen lucri sperati seu cessantis post moram, si solitus sit negotiari, & pecuniam paratam habeat, petere potest.* Voyez *Franc. Marc. to. 2. quest. 167.*

113 En la Coûtume de Normandie où l'interêt des deniers dotaux, qui est au lieu de fruits, est estimé au denier dix, un pere promet à son gendre de luy donner au lieu d'interêt de la dot, la joüissance d'une terre laquelle valoit beaucoup plus que l'interêt, même au denier dix. Le gendre n'entre point en joüissance, aprés plusieurs années il la demande & la juste valeur ou l'interêt au denier dix, suivant la Coûtume ; on répond qu'il s'agit de fruits, toûjours estimez au denier vingt de la somme principale.

Arrêt du Parlement de Paris du 4. Decembre 1607. qui le juge ainsi. *Plaidoyers de Corbin, chap. 100.*

114 Creancier qui a fait vuider un fond hypotequairement en doit imputer les fruits sur le principal, en ce qu'ils excedent l'interêt de sa detre. Jugé au Parlement de Grenoble le 22. Août 1613. *Basset, tome 2. liv. 5. tit. 4. chap. 5.*

115 Les interêts des fruits sont dûs quand ils viennent principalement, *non autem per modum accessionis.* Arrêt du Parlement de Grenoble du 10. Juin 1624. *Basset, ibidem, tit. 9. chap. 2.*

116 Interêt de fruits non dûs. Arrêt du 18. Juin 1624. *Basset, to. 1. liv. 6. tit. 14. chap. 5.* il rapporte un autre Arrêt sans date qui a jugé qu'un rentier delegué à un creancier, s'il ne paye, doit les interêts, bien que son arrentement ne consiste qu'en fruits.

117 Le surplus des fruits excedans les interêts de la somme d'un creancier en une action hypotequaire, s'impute sur les sommes principales. Arrêt du 2. Novembre 1640. *Ibidem, liv. 2. tit. 34. chap. 3.*

118 Le creancier qui a fait déguerpir un fonds par action hypotequaire, n'est point comptable de la valeur des fruits, qui surpasse les legitimes interêts de la somme, pour le payement de laquelle il a agi, ils luy appartiennent entierement. Arrêt du Parlement de Grenoble du 14. Juillet 1683. rapporté par *Chorier en sa Jurisprudence de Guy Pape, p. 297.*

FRUITS, LEGITIME.

119 Voyez cy-dessus *le nombre 23. 106.* & le mot *Legitime.*

FRUITS, CHOSE LEGUÉE.

120 Par la Loy *in legatis, ult. cod. de usur. & fruct. leg.* les fruits de la chose leguée ne sont dûs que du jour de la contestation en cause & non du jour de la mort, *l. 1. cod. eod. tit. l. quantum §. ult. de leg. 1.* neanmoins par Arrêt rendu au Parlement de Toulouse au mois de Juin 1563. le contraire a été jugé sur une rente leguée, dont les arrerages de laquelle furent ajugez au legataire du jour de la mort du testateur, quoiqu'il eût attendu quatre ans aprés la mort du testateur à en demander la délivrance. *La Rocheflavin, liv. 6. tit. 61. Arr. 14.*

121 Arrêt du Parlement de Paris du 2. Janvier 1609. par lequel les fruits des choses leguées ont été ajugez du jour du decés de la testatrice. *Ricard, des Donations, part. 2. chap. 3. nomb. 98.* est d'un sentiment contraire, & croit indistinctement que les fruits des immeubles leguez ne peuvent être prétendus non plus que les interêts des legs mobiliaires, avant la demande. Il ajoûte au *nombre 118.* les fruits & les interêts sont dûs du jour du decés du testateur, s'il s'agit d'un legs fait par un pere à ses enfans, qui leur tienne lieu de legitime ou de portion hereditaire, *l. in fidei Commissi. 3. si auro D. de usuris & l. penultima §. cum autem C. de inoffic.* c'est là le cas de l'Arrêt du 2. Janvier 1609.

122 Arrêt du même Parlement de Paris du 2. Decembre 1669. qui a jugé contre les Conclusions de M. l'Avocat General Talon, lesquelles étoient pour le legataire, que les fruits d'un immeuble legué ne sont dûs au legataire que du jour de la demande en délivrance ; il les prétendoit du jour du decés. *Soëfve, tome 2. Cent. 4. chap. 42.*

FRUITS, MEUBLES.

123 Les fruits étant ameublis aprés la S. Jean par l'art. 505. il semble que les deniers des fermages devoient être pareillement censez meubles aprés ce temps-là, & nonobstant la disposition si expresse de cet article on ne laissa pas de le juger de la sorte en la Chambre des Vacations le 28. Septembre 1631. L'Arrêt ajugea le terme de Noël à l'heritier aux meubles, sur ce déduit la valeur des pommes & des poires. *Basnage, sur la Coûtume de Normandie, art. 510.*

124 Voicy un cas singulier où les fruits & les grains ont été reputez meubles avant la S. Jean. Un Curé legua

legua tous ses meubles & les dixmes de la Saint Jean aux pauvres, & à d'autres particuliers, il mourut après Pâques : avant la Saint Jean il se mût procez entre ses heritiers & les legataires touchant les dixmes que ceux-là prétendoient être immeubles, sur l'appel de la Sentence qui déclaroit le testament valable, Arrêt du Parlement de Roüen du 5. Juillet 1652. qui l'a confirmée. *V. Basnage, ibidem, art.* 505.

FRUITS, PAILLES ET FOURAGES.

125 Les pailles & fourages sont part des fruits, *l. si usuf. fructus ff. quibus modis usuf. amittatur, & l. 12. quæsitum est. §. si aliqua ff. de instructo vel instrum. legato,* où il est dit *pabula ; fœnum, stipulæ sunt instrumenta fundi.* La Coûtume de Berry art. 15. & Bourbonnois tit. des Executions art. 226. en parlent. Orleans tit. des Executions art. 321.

FRUITS PARAPHERNAUX.

126 En Droit écrit, les fruits des biens paraphernaux perçus par le mary, la femme non contredisante, le cas de la dissolution du mariage arrivant, doivent être rendus à la femme ou à ses heritiers, s'ils sont en nature, & autrement non. *Vid. Guy. Pap. quæst.* 468. *n.* 2.

127 Arrêt rendu au Parlement de Bourdeaux le 19. Août 1645. au Rapport de M. Espagnet, en la cause du nommé Dugon, jugé que le mary qui a perçû les fruits des biens paraphernaux de la femme, elle non contredisante, n'étoit point comptable desdits fruits envers sa femme. *La Peirere en ses Décisions lettre F. nombre* 71.

FRUITS, PEREMPTION D'INSTANCE.

128 *Quod fructus non debeant restitui à die perempta instantia usque ad novam litis contestationem, judicavit Senatus Parisiens. hoc anno* 1536. *die* 8. *Februarii, per L. si. C. de præscr.* 30. *vel* 40. *anno. etiam si, qui restituantur à peremptâ instantiâ. Item etiam judicavit pro Religiosis de* PORT-ROYAL, *contra Domum Dei Parisi. anno* 1538. *die* 13. *Aprilis.* Voyez Rebuffe sur le Concordat tit. *de frivolis appellat.*

129 Par Arrêt prononcé en Robes rouges par Mr le Président Ryant le penultiéme Octobre 1556. jugé que le défendeur doit rendre & restituer les fruits qu'il a perçûs pendant la peremption d'Instance, au cas que le demandeur pendant icelle peremption d'instance fût mineur ou absent *Reipub. causâ.* Voyez la Bibliotheque de Bouchel, verbo *Fruits.*

130 L'Instance étant perie, si elle est recommencée & renouvellée, & que le défendeur soit condamné à la restitution des fruits, ces fruits ne sont dûs ajugez *ultrà dié prima contestationis,* mais seulement du jour de l'Instance reprise & renoüée. Arrêt du 27. Juin 1575. *Papon, liv.* 15. *tit.* 4. *n.* 2.

FRUITS DES PROPRES.

131 Des fruits des propres. Voyez M. le Brun, en son traité de la Communauté, liv. 1. chap. 5. sect. 5. dist. 2.

FRUITS, REPARATIONS.

132 De la compensation des fruits avec les reparations. Voyez cy-dessus les nomb. 65. & 66. & le mot *Compensation, nomb.* 36.

133 Es reparations & ameliorations permanentes, soit necessaires ou utiles, le possesseur qui fait les fruits siens par sa bonne foy, s'imputera les fruits à proportion de ce qu'il a joüi. 2. Autre chose est en l'usufruitier, mary ou autre, qui joüit d'une bien venant du proprietaire, lequel sans aucune imputation, sera payé de ce qu'il aura fait & reparé. *Peregrinus*, art. 30. n. 4. 64. & seq. 3. id. *Fachin.* lib. 11. cap. 23. in substituto 2. *Je sçay,* dit Maître Abraham de la Peirere en ses décisions du Palais lettre F. nomb. 70. que le contraire se juge au Palais, principalement à l'égard du mary qui ameliore les biens de sa femme : mais neanmoins j'ay toûjours été d'avis de la décision, & on ne peut soûtenir le contraire, qu'en disant, que *error communis facit jus.*

134 Arrêt rendu au Parlement de Bourdeaux le 17.
Tome II.

Novembre 1643. au Rapport de M. de Cieutat. Une femme nommée Saintorte avoit une piece de terre qui luy étoit dotale, laquelle le mary pendant son mariage complanta en vigne; le nommé Mampetit creancier du mary demandoit à la femme la plus valeur de ladite terre qui avoit haussé du double par le complantement. Jugé que le mary ayant joüi plus de dix ans dudit complantement, ledit Mampetit n'y pouvoit rien prétendre. *La Peirere, ibidem.*

Voyez le mot *Reparation.*

FRUITS, RESIGNATION.

De la reserve des fruits dans les resignations. 135 Voyez *Maître Ch. Du Moulin sur la regle de public. n.* 273. *& suiv.* où il observe qu'on ne peut se reserver que la troisiéme partie, & encore faut-il que le Benefice puisse la supporter. Autrefois les pensions étoient tolerées jusqu'à la troisiéme partie des fruits; les distributions manuelles n'y entrent point.

Recredentiarius qui nullos fructus percepit, sed is in 136 *cujus favorem renunciavit, ad fructuum restitutionem tenetur, maximè quando nominatus est.* Voyez *Franc. Marc. to.* 2. *quæst.* 402.

Arrêt du Parlement de Paris du 19. Avril 1496. 137 qui défend la reserve de tous fruits dans les resignations. *Rebuffe sur le Concordat au tit. de reservationibus.*

Arrêt du Grand Conseil du 5. Mars 1512. qui dé- 138 clare nulle une resignation faite avec retention de tous fruits, & maintient le pourvû par mort. *Voyez Rebuffe* 3. *part. praxis benef. cap. Ratione persona & rei vitiatur resignatio,* n. 24.

Voyez le mot *Resignation.*

RESTITUTION DE FRUITS.

Voyez les Ordonnances recueillies par Fontanon, to. 1. 139 *liv.* 3. *tit.* 62. *p.* 640. *& l'Ordonnance de* 1667. *tit.* 30.

De restitution de fruits, arrerages, dommages & interêts, & remboursement de reparations. *Voyez Papon, liv.* 18. *tit.* 4.

De la restitution des fruits par le possesseur de 140 mauvaise foy, elle est dûe par le possesseur de bonne foy après la demande, de même par le coheritier, l'associé en déduisant les impenses ; les fruits sont au maître du fond, non à celuy qui seme & cultive, le possesseur de mauvaise foy doit les fruits qui pouvoient se tirer du fond. *Voyez le* 2. *tome des Loix Civiles, liv.* 3. *tit.* 5. *sect.* 3.

Restitution de fruits depuis la demeure & mau- 141 vaise foy. *Vide Comm. Joan. Const. in constitutiones regias art.* 94. & cy-dessus le nomb. 5. *& suiv.*

Fructus percepti cedunt bonæ fidei possessori, æque na- 142 *turales ac industriâ acquisiti, idque idem si locupletior factus sit.* Voyez *Stockmans decis.* 117.

L'acquereur de bonne foy n'est tenu à la restitu- 143 tion des fruits que du jour de l'action & demande. Arrêt du Parlem. de Dijon du 19. Novembre 1615. suivant la Loy *Certum C. de rei vendicat.* Bouvot, to. 2. verbo *Fruits, quest.* 1.

Restitution de fruits dûe à l'Eglise qui rentre dans 144 ses domaines usurpez ou nullement alienez. *Voyez* le mot *Alienation de biens d'Eglise,* nomb. 86. *& suiv.*

Des restitutions de fruits entre coheritiers par 145 rapport à la legitime, à la communauté, au doüaire, aux legs, au successeur à un Benefice. Voyez M. le Brun, traité des Successions, liv. 2. ch. 5.

Les fruits qu'un mary a reçûs provenans d'une 146 succession échûë à sa femme que le mary trouvoit douteuse, pour raison dequoy le mary n'avoit pas voulu l'autoriser, est tenu de les rendre *tanquam de in rem verso.* Voyez Charondas, *liv.* 5. Réponse 67. nonobstant son refus d'autorisation ; *secus,* pour les dépens.

Celui qui a obtenu recréance doit être condamné, s'il perd sa cause au plein possessoire, à la restitution 147 de tous les fruits. Arrêt du Parlement de Paris de l'an 1394. pour la Reine de Sicile & de Jerusalem

M m

contre le Comte de Viefve pour raison du Comté de Rouffy. Papon, liv. 8. tit. 11. n. 10.

148. Quoique l'on ait ômis dans une action réelle de conclure à la reftitution des fruits, le Juge *ex officio* y peut condamner l'injufte poffeffeur. Arrêt du Parlement de Grenoble du dernier Mars 1460. mais s'ils ont été demandez, & que le Juge n'ait rien prononcé sur cette demande, il n'en sera pas fait de nouvelle: c'eft le ftile du Parlement. *Voyez* Guy Pape queft. 405. Papon, *liv.* 18. *tit.* 4. *nomb.* 1. il en seroit de même d'un Arbitre.

149. Si un fubrogé eft tenu de reftituer les fruits perçûs par son prédeceffeur, on tient qu'il n'y peut être tenu, parce qu'il n'a aucun droit de luy. Arrêt du mois de Février 1536. conforme au sentiment de *Perufius* & de *Probus* sur le chapitre *præfenti*, & de Rebuffe. L'Ordonnance du mois d'Avril 1667. contient une difpofition contraire; c'eft en l'article 18. du titre 15. des procedures sur la poffeffoire des Benefices & fur les Regales, dont voicy les termes: *S'il intervient aucune condamnation de reftitution de fruits, dépens, dommages & interêts, elle fera executée contre le Refignataire*, même pour les fruits échûs, & les dépens faits avant la refignation admife: & neanmoins le Refignant demeurera garant des fruits, dépens, dommages & interêts de son temps. *Voyez* les Définit. du Droit Canonique, p. 827.

150. Poffeffeur de chofe Ecclefiaftique sans folemnité doit les fruits, à moins qu'on ne luy ait persuadé que les folemnitez étoient fuffifantes, ou que ce ne soit celuy qui luy a vendu qui le pourfuit. Arrêt du Parlement de Paris. Papon, liv. 18. tit. 4. n. 22.

151. Poffeffeur de bonne foy ne doit point rendre les fruits, ils ne doivent être ajugez que depuis la contestation. Arrêts des 13. Septembre 1543. & 14. Août 1586. *Ibidem*, n. 21.

152. Quand acceffoirement ou principalement l'on demande reftitution de fruits d'aucuns biens, & qu'il y a eu des frais pour les recueillir, le Juge doit ordonner que la Partie dreffera fon compte de l'adminiftration qu'il a euë des biens à telle valeur & revenu par an. Arrêt du 7. Septembre 1545. *Ibidem*, nombre 20.

153. Le tiers detempteur ne rend les fruits que depuis la conteftation. *Voyez* M. le Frêtre, 4. Cent. ch. 77.

154. *Fructus veniunt in petitione hæreditatis poft conteftationem*; toutefois les fruits de la Cure de Saint Severin ne furent point reftituez, quoiqu'il y eût conteftation en cause. Arrêt du 25. Juillet 1613. Mornac *l. 3. §. qui ex fententiá, ff. de usuris & fructibus, &c.*

155. Si la vente d'un mineur a été déclarée nulle avec reftitution de fruits, cela ne doit entendre des seuls fruits que euffent pû être perçûs, si le fond fût demeuré en même état, & non de ceux d'une melioration. Arrêt du Parlement de Grenoble du 21. Avril 1. 16. *Baffet*, to. 1. liv. 2. tit. 34. chap. 2.

156. Le Seigneur direct condamné à vuider avec reftitution de fruits la terre qu'il poffede, doit compter de tous les fonds fans diminution, soit qu'ils ayent été payez entierement, soit qu'il ne luy ait été payé qu'une partie, & qu'il en ait fait grace. Arrêt du Parlement de Grenoble du 16. Juin 1660. rapporté par *Chorier en sa Jurifprudence de Guy Pape*, p. 297.

157. Le poffeffeur de bonne foy & de mauvaise foy, ne doivent la reftitution des fruits que du jour de l'action; l'ufurpateur & le poffeffeur en contracts frauduleux les doivent entiers. Arrêt du Parlement de Normandie du 29. Janvier 1674. en faveur du poffeffeur de bonne foy, rapporté par *Bafnage fur l'article* 62. *de la Coûtume*.

158. Celuy qui avoit acquis d'un mineur un fonds, *fine decreto*, alleguant qu'il avoit crû le vendeur majeur, fut condamné à la seule reftitution des fruits depuis l'introduction de l'inftance; dés lors tout poffeffeur étant regardé comme poffeffeur de mauvaife foy; mais il fut relaxé de la reftitution des fruits anterieurs, à la charge de jurer qu'il n'avoit point connu de la vendeur fût mineur lors de la vente; la plus grande préfomption de bonne foy ne difpenfe point d'un ferment, qui n'eft jamais à charge à la bonne foy, renduë le Juge du fait qu'elle allegue. Arrêt du Parlement de Toulouse en 1695. rapporté par M. de Caftellan, livre 5. chap. 69.

FRUITS, RETRAIT.

Voyez cy-deffus, *les nomb.* 12. *&* 20.

159. Les fruits de l'heritage retiré par retrait lignager, & fujets à rembourfement, comme se doivent diftribuer? *Voyez* Coquille, to. 2. queft. 142.

160. Sur la queftion de fçavoir à qui doivent appartenir les fruits de l'année, en laquelle le retrait lignager eft exercé; le plus équitable expedient eft qu'ils doivent être partagez entre l'acheteur & le lignager. *Voyez* Mainard, livre 7. chap. 48. & 49. & Coquille, tome 2. queft. 304.

161. En matiere de retrait lignager les fruits font dûs du jour de l'ajournement & offre de bourfe, deniers, loyaux coûts, & à parfaire, *article* 134. *de la Coûtume de Paris. Voyez* Chopin, *Coûtume de Paris*, livre 2. tit. 6. nomb. 7. Voyez du Frêne, li. 5. chap. 43. Et quant aux arrerages échûs dedans l'an précedent l'ajournement, l'acheteur les peut mettre en loyaux coûts en rendant par lui les fruits qu'il auroit perçûs dedans ledit an. *Coûtume de Paris, art.* 138.

162. *Redditus annui venditi fub fpe redimendi: fi contingat fructibus recollectis: & cenfui feu redditui foluti non fint, pro temporis rata dividi debent.* Voyez Franc. Marc. to. 2. queft. 57.

163. Les fruits d'un heritage obtenu par retrait lignager font dûs depuis l'offre, quoy qu'il n'y ait point eu de confignation, & non du jour de la conteftation. Arrêts du Parlement de Paris des 23. Decembre 1488. & 14. Juin 1527. Papon, livre 11. titre 7. nombre 31.

164. Le 21. Août 1533. fut departi en la Chambre nouvelle un procez, parties deux autres Chambres des Enquêtes, sur lequel l'on ordonna que les fruits ès retraits lignagers viendront à litisconteftation, en vertu de la Coûtume de Paris, fuppofé qu'elle n'en faffe mention expreffe. *Voyez* la Bibliotheque de Bouchel, verbo *Fruits*.

165. Il a été decidé dans certaines Coûtumes que les fruits font dûs au retrayant par la feule offre judiciaire car elle rend le poffeffeur de mauvaise foy, par Arrêt du 6. Septembre 1533. ils ont été ajugez du temps de la conteftation en cause. Jugé en 1526. & par autre Arrêt prononcé en Robes rouges avant Pâques 1550. que les fruits devoient être rendus, quoiqu'ils ne fuffent pas précifément demandez par l'ajournement en retrait. *Ibidem*.

166. M. de Montholon, *Arrêt* 56. rapporte qu'il a été jugé, fans dater l'Arrêt, au rapport de M. de Fleury, que le vendeur retirant en vertu d'une faculté de remeré aura tous les fruits, encore qu'ils fuffent prêts à cueillir; l'Arrêt eft du 31. May 1566. & rapporté par le *Veft*, *Arrêt* 83.

167. Fruits font dûs au retrayant depuis la confignation faite. Arrêt du Parlement de Bretagne du 10. Mars 1567. Du Fail, li. 2. chap. 322.

168. Par Arrêt du 14. Août 1570. furent ajugez au fieur de Villemort lignager les fruits de l'année pendans par les racines, & non recueillis lors de la confignation, fans que la défendereffe qui demandoit du moins le profit de ses deniers y pût prendre aucune chofe. *Voyez* la Bibliotheque de Bouchel, verbo *Fruits*.

169. Par la Coûtume de *Poitou* les fruits font dûs, mais après l'offre d'un denier; fi cependant le lignager n'execute & laiffe couler l'an, il n'eft recevable. Arrêts du P. de Paris des 2. Decembre 1574. & 13. Août 1585. Jugé par ce dernier Arrêt que les fruits

depuis l'offre, s'entendent de toute l'année, à commencer du jour du retrait, sans que l'acheteur prenne ses frais, labours & femences. *Papon li. 11. tit. 7. nomb. 31.*

17 Les fruits pendans lors du rachat appartiennent entierement au vendeur retrayant, comme à l'acheteur, tous les fruits qu'il a perçûs pendant tout le temps de sa joüissance, s'il n'y a convention au contraire. Arrêt du P. de Toulouse du mois de Septembre 1584. *Mainard, tome 1. li. 2. chap. 31.*

170 En la Coûtume de *Ponthieu* un acquereur appellé en retrait au mois de Juillet le consent; mais il demande portion des fruits prêts à cüeillir *pro rata temporis*, ou l'interêt de son argent; il se fondoit sur l'équité; le retrayant au contraire sur le texte de la Coûtume, qui sans dire que les fruits seront partagez, porte que *pour acquerir les profits & levées qui écherront durant le litige, il faut consigner.* Arrêt du Parlement de Paris du 11. Janvier 1610. en faveur du retrayant. *V. les Plaidoyez de Corbin, ch. 48. & Montholon, Arrêt 56.* où il observe que dans l'exercice de la faculté de rachat stipulée par un vendeur en retrait lignager, l'on ne garde point le *pro rata anni.*

172 Arrêt du Parlement de Roüen du 5. Février 1661. entre Claude le Couturier demandeur en retrait, contre M. Etienne Congnard, Conseiller-Secretaire du Roy, qui avoit acquis la terre de Tournebu moyennant 65000. livres, le retrait avoit été signifié au domicile du sieur de Congnard le 30. Août, un jour avant le premier Septembre, auquel jour les fruits & les raisins sont déclarez meubles par la Coûtume; l'affaire portée en la Chambre de l'Edit, les Juges furent partagez en opinions sur ce point, les uns vouloient donner les fruits au retrayant du jour de son exploit & de l'offre des deniers; les autres ne les accordoient au retrayant que du jour de la contestation en cause, se fondant sur la distinction de Berrault, que quand l'exploit n'a point été fait à la personne, les fruits ne sont acquis que du jour du garnissement, ou de l'offre judiciaire; mais en la Grand'Chambre où le partage fut porté ou n'eut point d'égard à cette distinction, & à cause fut jugée sur cette circonstance qui n'avoit point été remarquée, que le retrayant n'avoit offert qu'une partie du prix qu'il falloit rembourser, de sorte que son offre n'ayant pas été trouvée suffisante, les fruits furent ajugez au sieur Congnard. *Basnage sur la Coûtume de Normandie, art. 486.*

173 Arrêt du Parlement de Provence du 5. Février 1686. qui a jugé que le retrayant feodal d'un fonds acquis, qui étoit vuide de fruits, lors de l'acquisition, n'a pas l'adjudication des fruits pendans, quand il demande son retrait au temps de la maturité des fruits. *Boniface, tome 4. liv. 2. tit. 3. chap. 5.*

FRUITS, SEIGNEUR.

174 Quoique les meubles n'ayent point de suite par hypoteque, le Seigneur est preferé aux frais & arrérages d'icelle, à l'execution des fruits & meubles. Arrêt de la Grand'Chambre de Paris du 12. Avril 1565. *Papon, li. 18. tit. 5. n. 20.*

175 Les fruits ne sont dûs au Seigneur du fief que du jour de la saisie feodale faite à sa requête, & les précedens demeurent à l'acquereur. Arrêt du 26. Avril 1622. *Voyez Auzanet sur l'art. 20 de la Coût. de Paris.* Voyez les mots *Saisie feodale, & Seigneur.*

FRUITS, SUBSTITUTION.

176 Voyez cy-dessus les nomb. 24. & 105.

FRUITS, SUCCESSION.

177 Voyez cy-dessus le nomb. 99. & suiv. En Bourgogne le pere n'est comptable des fruits échus par succession à ses enfans. Arrêt du P. de Dijon du 13. May 1613. *Bouvot, tome 1. part. 1. verbo Pere.*

178 Par Arrêt du Parlement de Roüen du 28. Septembre 1632. la Cour a ajugé à l'heritier des meubles les

deniers de fermages des fruits étant sur la terre pendans par les racines aprés le jour de la Nativité saint Jean-Baptiste, déduits & distraits les autres fruits qui ne sont censez meubles qu'aprés le premier jour de Septembre. *Voyez Berault à la fin du 2. tome de la Coûtume de Normandie sur les art. 505. & 510.* Suivant l'article 505. de cette Coûtume les *pommes & raisins* sont reputez immeubles jusqu'au premier jour de Septembre, & quant au bois il n'est réputé meuble s'il n'est coupé, c'est la distinction.

FRUITS, VENTE.

179 *Emptor qui justum pretium suppleri, fructus restituere non tenetur.* Voyez *Franc. Mare. quest. 179.*

180 *Emptor qui in jus vocatus est, ut rem emptam restituat, aut pretium suppleat: supplendo dictum pretium fructus perceptos à litis contestata tempore venditori restituere non tenetur.* Voyez *ibidem, to. 2. quest. 641.*

181 *Emptor fundi an teneatur stare emptori fructuum ?* V. *Francisci Stephani decis. 38.* où il rapporte un Arrêt du Parlement d'Aix du premier Avril 1583. *pro usufructuario adversus proprietarium.*

182 Une vente de fruits rompt loüage. Arrêts du P. de Toulouse des 15. Octobre 1578. & 5. Août 1630. rapportés par *la Rocheslavin, li. 6. lett. L. tit. 65. Art. 2.* La même chose jugée au P. de Grenoble le 5. Juillet 1642. les dommages & interêts furent neanmoins ajugez au locataire; mais on ne voulut déclarer qu'il eût droit de rétention jusqu'au payement de ces dommages & interêts, quoiqu'ils eussent été demandez. Cette rétention a été ordonnée en une autre cause par Arrêt du 15. Juillet 1642. *Basset, tome 1. li. 4. titre 15. chap. 1.*

183 Les fruits de l'heritage vendu appartiennent à l'adjudicataire, sauf au fermier judiciaire, le remboursement de ses façons. Arrêt du 18. Juillet 1592. *Papon, li. 18. tit. 6. nomb. 50.*

184 Si en faculté de rachat les fruits excedans l'interêt de la vente, doivent être imputez sur le principal ? *Voyez* le mot *Faculté de rachat, n. 34. & suiv.*

185 Lors qu'on vient au rachat, les fruits appartiennent au vendeur & à l'acheteur au *pro rata* du temps. *Bouvot, to. 1. part. 2. verbo Vente à grace de Rachat, quest. 2.*

186 Le vendeur venant au rachat de son heritage doit avoir les fruits au *pro rata* du temps *à die obligationis & consignationis.* Arrêt du Parlement de Dijon du 28. Mars 1584. *Ibidem, part. 3. verbo Vendeur, quest. unique.*

187 Les habitans d'un Village qui vendent les fruits d'heritage de leur communauté pour le temps de six années, ne sont restituables. Arrêt du Parlement de Dijon du 6. Février 1597. *Bouvot, tome 2. verbo Vente, quest. 18.*

188 L'acheteur qui aime mieux vuider le fonds au vendeur que de suppléer le juste prix, doit les fruits, du moins dés les plaids contesté; cependant il a été jugé par Arrêt du Parlement de Grenoble du 20. Mars 1605. que les fruits ou interêts du prix qui est stipulé ne sont dûs *nisi ab apertis probationibus*, parce que jusques là on ne peut bien sçavoir s'il y a lézion ou non. *Basset, tome 2. li. 6. tit. 6. chap. 4.*

FUITE.

Définition du mot Fugitif. *L. 225. D. de verbor. significatione.*

De fugitivis, D. 11. 4... Ce Titre parle des Esclaves fugitifs.

De Servis fugitivis, & libertis mancipiisque Civitatum, &c. C. 6. 1. Ce titre parle encore des Esclaves, des Affranchis, &c. Comme aussi des Ouvriers & Artisans qui sortent des Villes.

Si vagum petatur mancipium. C. Th. 10. 12.

De fuga. Voyez le Traité fait par *Jo. Thierri Lingoniensem.*

1 *Quando quis aufugit, & se absentavit à principio,*

antequam esset præventus & molestatus per curiam loci, tunc facit suspicionem & ausugisset postquam suisset accusatus, vel stat cautus in domo in crimine capitali, tunc non est suspicio contra eum. Voyez Franc. Marc. tome 2. quest. 184.

2. *Fugitivus ob delictum, an capi possit extra territorium?* Voyez Franc. Marc. to. 2. quest. 218.

3. *De debitore suspecto & fugitivo.* Voyez le traité fait Per Joan. Bapt. Cacialupum.

4. Fuite du débiteur. *Voyez le mot* Débiteur. *nombre* 2. *& suiv.*

FUNERAILLES.

Hoc verbo. Voyez la Bibliotheque du Droit François par Bouchet.

Ut defuncti seu funera eorum non injurientur à creditoribus. n. 60. & 115. c. 5.

1. Arrêt rendu le 4. Août 1559. au Parlement de Toulouse contenant le rang ordonné être gardé entre les Officiers, tant de la Justice, que des Finances, Notaires, & Secretaires du Roy, & l'Université de Toulouse aux funerailles du Roy Henry II. Filleau, part. 3. tit. 11. chap. 26.

2. Arrêt du Parlement de Bourdeaux du 6. Juin 1574. pour les funerailles du Roy Charles IX. Filleau, part. 3. tit. 11. chap. 26.

3. Arrêt du Conseil d'Etat du 26. Juin 1610. contenant l'ordre & le rang d'entre la Cour des Aydes & les Tresoriers Generaux, observé à la Ceremonie des funerailles du Roy Henry IV. Ibidem, chap. 26.

4. Les funerailles sont preférées à toutes hypoteques & privileges, & les impenses pour penser le défunt en sa derniere maladie. Jugé le 19. Avril 1580. Charondas, livre 7. Réponse 86.

Voyez les mots Enterrement, Frais funeraires, Sépulture.

FURIEUX.

Voyez les mots Démence & Folie.

De bonorum possessione, furioso, infanti, &c. competente. D. 37. 3. . . Les furieux, & autres, peuvent être admis à l'heredité.

Furieux ne peut contracter. L. 5. L. 40. D. de reg. juris.

1. Fureur, furieux. Voyez la Bibliotheque du Droit François par Bouchet, verbo Furieux, où il rapporte plusieurs Arrêts, lesquels sur le rapport des Medecins ont ordonné que des gens qui dans la fureur avoient tué, même leurs peres & meres, seroient enfermez, ou donnez en charge à leurs proches parens.

2. De la difference d'entre les furieux & imbecilles d'esprit. V. Bouvot, to 2. verbo Prodigues, & M. Servin, en ses Arrêts de l'imbecillité de l'esprit.

3. *Primogenitus furiosus succedit in jure primogeniturâ: filius demens in regno Franciæ etiam succedit.* Voyez Maître Charles du Moulin sur la Coûtume de Paris, §. 13. glose 1. n. 26. & 26. & glose 3. nomb. 10. Voyez Henrys, tome 1 liv. 5. chap. 4. quest. 60. à la fin, où il fait dire le contraire à du Moulin.

Furieux ont droit d'aînesse aux fiefs, excepté en Principauté Souveraine. Du Moulin loco citato, id. Maichin. tit. 11. art. 3. cap. 1. c'est parce qu'en France les fiefs sont reglez comme les patrimoines; toutefois s'il y avoit quelque administration attachée au fief, elle se pourra faire par un curateur. La Peirere lettre A. n. 14.

4. Furieux contractant. *Voyez* Boërius décision 23.

Arrêt du Parlement de Paris du 2. Avril 1515. contre le Comte de Porcié, qui ordonne par provision l'execution d'un contract passé par un homme que l'on disoit furieux. Papon. liv. 18. tit. 1. n. 31.

5. Si l'on oppose que l'obligation ou autres Actes ont été passez par un homme en démence ou fureur, il n'y a lieu de donner la provision; mais les Parties doivent être reçûës à informer; ainsi observé és Cours Souveraines. Ibidem, nomb. 43.

6. Gomés soûtient un paradoxe en sa question 10. sur cette regle, lorsqu'il dit qu'un furieux qui a de bons intervalles, s'il résigne son Benefice, la présomption de droit est qu'il a fait sa resignation, ou du moins qu'il a passé sa procuration, dans un moment de ses bons intervalles. C'est au resignataire à prouver que le resignant avoit l'esprit sain lors de la passation de la procuration. Du Moulin de infirmis n. 348.

7. Un fils furieux délivré par sa mere des fers qui attachoient ses mains, démolit l'Oratoire de sainte Sirgue, les Marguilliers agirent contre la mere pour le rétablir, elle fut renvoyée de cette demande. Voyez M. Dolive, Actions forenses 3. part. Action 15.

8. Un furieux couvert d'une peau de loup & marchant à quatre pattes, arrêtoit les enfans & les mangeoit; sur le rapport des Medecins il fut condamné à tenir prison jusqu'à ce qu'il fût remis. Au contraire le Parlement de Dole fit cruellement mourir en 1574. un fol mélancolique qui avoit ainsi contrefait le loup, Bibliotheque de Bouchet, verbo Furieux.

9. La fureur n'excuse pas ceux qui attentent contre le Prince, l'Etat, la Religion, & les Magistrats. Un jeune Ecolier qui avoit furieusement ôté l'Hostie des mains d'un Prêtre celebrant la Messe à la Sainte Chapelle du Palais à Paris le jour de Saint Loüis, fut par Arrêt de 1503. condamné à être brûlé vif, quoique les Medecins nommez par la Cour l'eussent certifié moniaque & sans raison.

10. Un nommé Drapeaux insensé fut brûlé vif, pour avoir fait tomber l'Image de Nôtre-Dame dans la grande Eglise de Paris, le 30. Août 1548.

En 1549. le nommé Caboche ayant l'esprit troublé, fut mis en prison pour avoir tiré son épée en pleine ruë contre Henry II. Il se pendit par les genitoires, & cependant fut condamné à être pendu par le col.

11. Un jeune Espagnol aimoit passionnément une belle personne; craignant qu'elle ne le méprisât à cause de sa vile condition, il se persuada qu'il seroit bientôt Roy. Pour executer cet insensé projet, il se glissa parmi les soldats de la garde de Ferdinand Roy d'Aragon & de Castille, & luy donna du tranchant de son épée le col, le Roy en fut bien malade. Sans avoir égard au rapport des Medecins, qui avoient trouvé ce jeune homme fol, l'on ordonna qu'il seroit tenaillé, couvert d'une couronne de fer ardente, & exécuté Roy des fols. *Ibidem.*

12. Par Arrêt du Parlement de Dijon de l'an 1609. un nommé Piedefert Manouvrier de ladite Ville étant en furie & tenant une épée nuë en ses mains, sortit de sa maison; il rencontra un Marchand qu'il tua, son proces luy fut fait, & condamné aux galeres perpetuelles. Bouvot, tome 2. verbo Prodigués, quest. 3.

13. L'on peut contraindre les parens d'un furieux de s'assembler, pour convenir du lieu où ils veulent le mettre & serrer, afin qu'il ne fasse aucun acte mauvais. Arrêt du Parlement de Dijon du 16. Août 1617. Ibidem, tome 2. quest. 4.

14. La curatelle d'un prétendu frere furieux doit être déferée à l'aîné, à la décharge du puîné. Arrêt du 4. Janvier 1623. Additions à la Bibliotheque de Bouchet, tome 1. p. 5.

15. La fureur n'est pas une cause legitime de separation civile, c'est pourquoy il fut ordonné que l'intimée joüiroit de sa dot & du tiers des meubles. Arrêt du Parlement de Roüen du 14. Mars 1673. Journal du Palais.

Voyez ce que M. le Brun, dans son traité de la Communauté, liv. 3. chap. 3. sect. 2. in fine, a écrit de l'état des furieux & de leur capacité de succeder.

G

GABELLE.

1. Abelles. *Voyez hoc verbo* la Bibliotheque du Droit François par Bouchel, *tome 2.*
De officio visitatorum Gabellarum salis. Voyez Du Moulin, to. 2. p. 504.
De la Gabelle, Greniers, & Magasins à sel, Officiers & Jurisdiction d'iceux. *Voyez* Filleau, *part. 3. tit. 2.*

2. Des Gabelles. *Voyez le traité du sieur Michel*, qui est à la fin du Recueil des Arrêts de la Cour des Aides de Montpellier par *Philippi*.

3. Edits & Ordonnances sur le fait des Gabelles du Ressort de la Cour des Aydes de Montpellier. *Voyez* Corbin, en son traité des Aydes, *liv. 4.* Au *liv. 9.* il traite des Gabelles en general. Au *liv. 3. du to. 2.* il traite de la forme de les lever, & des Officiers des Gabelles.

4. Des Greniers, Magasins à sel, & Gabelles, particulierement pour le Ressort de ladite Cour des Aydes de Montpellier. *Ordonnances de Fontanon*, to. 2. liv. 3. tit. 3. p. 760.

5. De la Gabelle du sel, & des Greneriers, Contrôleurs, & autres Officiers sur ladite Gabelle des Salines & Magasins à sel. *Ibidem*, tit. 16. p. 986.

6. Declaration pour le Reglement des Gabelles. *Ibidem*, to. 4. p. 1480.

7. Des Corps & Communautez, & personnes privilegiées dans les païs de Gabelles. *Voyez l'Ordonnance des Aydes & Gabelles au mois de May 1680. tit. 13.*

8. De la Police generale des Gabelles, visites & recherches qui sont faites par les Officiers, Commis & Gardes. *V. Ibidem, tit. 19.*

9. Ordonnance portant Reglement pour les Gabelles de la Province de Normandie. A Saint Germain en Laye en May 1680. registrée en la Cour des Aydes de Roüen le 26. Février 1681.

10. Edit portant Reglement pour les Gabelles de la Province de Bretagne, contenant dix-sept articles. A Saint Germain en Laye en Février 1681.

11. Exemptions des Gabelles en faveur des Ecclesiastiques. *Voyez les Memoires du Clergé, tome 3 part. 4. titre 6.*

S'il est permis de frauder la Gabelle ? *Voyez* le mot *Fraude*, *nomb. 21. & suiv.*

12. *Contra fraudem Gabella. Vide* Abb. Sicul. consil. 106.

13. Les Livres des Fermiers des Gabelles font foy. Arrêt du Parlement de Grenoble du 13. Mars 1618. Bassett, to. 1. liv. 3. tit. 16. ch. 1. *Quia quamvis non sint persona publica, habent tamen potestatem de publico.*

14. On ne doit payer la Doüane des laines de brebis que les Briançonois envoyent paître en Piémont durant certains mois de l'année. Arrêt du même Parlement de Grenoble du 24. Mars 1661. *Ibidem*, tit. 17. chap. 2.

GAGE.

Gage. *Pignus.*
Gage, se dit des choses mobiliaires ; & Hypoteque se dit des Immeubles.
Anciennement gage & gager, signifioient saisie & saisir. C'est pourquoy l'on dit encore saisie gagerie. *Voyez cy-après* Gagerie.

Définition & étimologie de ce mot, *Pignus. L.* 238. *D. de verb. sign.*
De pignoribus, & aliis cautionibus. D. Gr. 12. q. 3. & 4.... Extr. 3. 21.
De pignoratitiâ actione, vel contra. D. 13. 7....C. 4. 24...J. 3. 15. §. 4. fin.. De l'action qui naît du Gage, appellée par quelques-uns Action gagiere. *Molin. ad cap. cum contra. Extr. de pign.*
De pignoribus & hypotecis, & qualiter ea contrahantur ; & de pactis eorum. D. 20. 1... C. 8. 14.... Lex 12. tabb. t. 14.
Voyez le Livre 8. du Code, depuis le titre 14. jusqu'au 35. qui traite indifferemment du Gage & de l'hypoteque. Voici les titres qui parlent particulierement du Gage.
Si aliena res pignori data sit. C. 8. 16.
Qua res pignori obligari possunt, vel non ; & qualiter pignus contrahitur? C. 8. 17. Des choses qui ne peuvent pas être saisies. *V. Saisie.*
De pignoribus. C. Th. 2. 30. Ce titre parle encore des choses qu'on ne peut saisir.
Qui potiores in pignore habeantur? C. 8. 18... D. 20. 4. De la préference & du privilege.
Si antiquior creditor pignus vendiderit. C. 8. 20.
Si communis res pignori data sit. C. 8. 21. V. Commun, chose commune.
De pratorio pignore ; & ut, in actionibus debitorum, missio pratorii pignoris procedat. C. 8. 22. Pratorium pignus, étoit la mise en possession que le Préteur donnoit au creancier dans les biens du debiteur, pour gage & seureté de la creance, & pour conserver les heritages hypotequez.
Si in causâ judicati pignus captum sit. C. 8. 23. De la saisie faite en execution de jugement.
Si pignus datum sit. C. 8. 24. Le creancier peut mettre en gage la chose même qu'il a prise pour gage.
De partû pignorum, & omni causâ. C. 8. 25. Omni causâ : i. omni aliâ causâ, præter partum. Des fruits & profits du gage. *V. Fruit.*
De remissione pignoris. C. 8. 26. Remise du gage.
Etiam ob chirographariam pecuniam pignus teneri. C. 8. 27. Argent prêté sur gage, & sur un billet.
De distractione pignorum. C. 8. 28. De la vente des gages.
Debitorem, venditionem pignorum impedire non posse. C. 8. 29.
Si vendito pignore, agatur? C. 8. 30. Quand le debiteur revient contre la vente du gage.
Creancier qui laisse vendre son gage. *L. 158. D. de reg. juris.*
De luitione pignoris. C. 8. 31. Le debiteur, qui ne paye qu'une partie de la dette, n'est pas en droit de demander le gage.
De pactis pignorum ; & de lege commissoriâ in pignoribus rescindendâ. C. 8. 35... C. Th. 3. 2.. Pour l'explication de ce titre. *V.* Loy commissoire.
De servo pignori dato, manumisso. C. 7. 8. Ce titre s'étend au cas des ventes faites des choses qui sont hypotequées.
Creditorem, evictionem pignoris non debere. C. 8. 46.. V. Eviction. Hypotheque.
De jure pignerandi. L. 72. D. de reg. juris.
De pignore dato feudo, quid juris sit F. 1. 11.
De la nature du gage, des engagemens du creancier envers le debiteur, si le gage périt ou reçoit

M m iij

quelque augmentation, & autres questions sur cette matiere. *Voyez. le 2. tome des Loix Civiles, liv. 3. tit. 1.*
Scuvartzenthaler *de pignoribus & hypotecis*, vol. in 4. *Ffurti* 1594.
Neguzantius *de pignoribus & hypotecis*, in 8. *Colon.* 1618.
De Fœnore Trapezitico, in 8. *Leyde* 1620.
A Beyma *de pignoribus & hypotecis*, vol. in 4. *Leguardia* 1645.

1. *Inter pignoris dationem, pignoris obligationem, & hypotheca suppositionem, vel obligationem, lata est differentia, ex quâ variis insignesque juris effectus elici possunt.* Valla *de rebus dubiis, &c. tractat.* 11.

2. Des personnes qui peuvent valablement bailler en gage, & des choses qui peuvent être données. *Despeisses, to. 1. part. 1. tit. 9.*

3. La Loy *si pro mutuo* au Code *si certum petatur*, qui est le titre 2. du livre 4. *sapit ferociorem antorum suorum indolem*. Du Moulin, *tract. contract. usur. n.* 661. Voyez l'espece de cette Loy, où il est parlé de celuy qui au lieu de prêter de l'argent qu'on luy emprunte donne une piece d'or ou une jument qu'il estime beaucoup.

4. Retenir la possession du gage. *Voyez* Mornac *l. 1. ff. de pignoribus & hypotecis*, & l'Ordonnance de Moulins article 52.

5. La convention que si dans un temps on ne rend le prêt, la chose engagée demeurera au presteur, ne vaut rien : mais on peut stipuler qu'elle luy demeurera suivant l'estimation. V. *Du Luc, liv. 10. tit. 5.*

6. En 1417. le Roy Charles VI. engagea un fleuron de la grande Couronne aux Chanoines de la grande Eglise de Paris pour la somme de quatre mille six cens livres tournois, & le retira en la même année, en baillant une chappe de velours cramoisi semée de perles, qui sert au jour de Pentecôte, avec permission de la faire servir quatre fois l'année. *Voyez la Bibliotheque de* Bouchel, *verbo Gages.*

7. Arrêt en la cause d'un nommé Costu Orfévre, par lequel défenses sont faites de prêter argent sur gages, sans en avoir écrit. *Ibidem.*

8. Celuy qui a prêté sur gage ne peut prétendre de privilege sur le prix de la vente au préjudice des autres creanciers de son débiteur. Jugé au Parlement de Toulouse le 27. Janvier 1606. *Cambolas, livre 4. chapitre 4.*

9. Un Marchand d'Alemagne prête à un Gentilhomme Alemand 1500. florins, payables à la prochaine Foire, & en gage une constitution de rente de 3000. florins ; s'en dessaisit entre les mains d'un tiers qui le rend au Gentilhomme ; le Marchand fait mettre le Gentilhomme en prison ; appel ; le moyen de l'appellant étoit, dette contractée sur un gage, convention pure hypotequaire. Arrêt du Parlement de Paris du 16. Février 1606. qui juge que l'action est hypotequaire non personnelle, revoque l'emprisonnement, sauf à se pourvoir sur la vente du gage. *Plaidoyers de* Corbin, *chap. 39.*

10. M. Pajet Maître des Requêtes donne à une Revendresse des bagues pour les vendre ; la Revendresse les met en gage pour deux cent tant d'écus. M. Pajet saisit ses bagues és mains de la dépositaire qui offre de les rendre en luy restituant son argent. Arrêt du 14. Mars 1616. qui la condamne à rendre les bagues, sauf son recours pour la repetition de son argent contre la Revendresse ; le moyen de M. Pajet avoit été de dire qu'il avoit donné ces bagues pour vendre, & non pour les mettre en gage. *Bibliotheque de* Bouchel, *verbo Gages.*

11. Meubles engagez par un Revendeur public, ne peuvent être vendiquez par le proprietaire, sans restituer le prix de l'engagement. Arrêt du 7. Février 1636. Bardet, *to. 2. liv. 5. chap. 4.*

12. Arrêt du Parlement de Paris du 1. Mars 1644. qui fait défenses à Theophraste Renaudot de plus vendre ni prêter à l'avenir sur gages, & qui ordonne que les Officiers du Châtelet se transporteront chez luy pour faire inventaire de toutes les hardes qui se trouveront en sa maison, pour les rendre & distribuer à qui il appartiendra. *Voyez le Recueil des Plaidoyers & Arrêts notables, chap. dernier.*

13. Un creancier qui a des titres en nantissement, n'est obligé de les restituer qu'en le payant. Arrêt du P. de Paris du 9. Juillet 1698. *Journal des Audiences, tome 5. liv. 14. chap. 8.*

14. De la preference sur les gages qui ont été délivrez à un creancier qui a prêté ses deniers sur cette assûrance. Arrêt du Parlement de Grenoble du 17. Février 1635. Basset, *to. 1. liv. 5. tit. 2. chap. 6.*

15. Le creancier est preferable à tous autres, sur le prix provenant des gages mis en nantissement pour seureté de son dû. Arrêt du Parlement de Grenoble du 17. Février 1635. de l'avis des Chambres. *Voyez* Chorier *en sa Jurisprudence de Guy Pape, p.* 297.

16. On ne peut opposer de prescription à un creancier qui possede un fonds par droit de gage, si outre la somme de l'engagement il veut user de retention pour quelque autre somme qui luy étoit dûe par son débiteur. Arrêt du 14. May 1643. Basset, *to. 1. liv. 4. tit. 13. chap. 3.*

17. Un Sequestre est responsable du cas fortuit, aprés avoir été mis en demeure de representer les gages saisis. Arrêt du même Parlement de Grenoble du 7. Août 1658. *Ibidem, liv. 2. tit. 37. chap. 6.*

18. Arrêt du Parlement de Provence du 18. Juin 1639. qui a jugé que l'action criminelle compete contre celuy qui donne en gage des chaînes de laiton pour de l'or. Boniface, *tome 2. part. 3. liv. 1. tit. 2. chapitre 11.*

19. L'action criminelle compete contre le débiteur, qui prend la chose donnée en gage à son creancier. Arrêt du 30. Octobre 1676. *Ibidem, tome 5. liv. 3. titre 9.*

20. Plusieurs choses ayant été données en gage, l'on ne peut en racheter une, sans racheter les autres. Arrêt du 21. Juin 1672. *Idem, tome 4. liv. 8. tit. 11. chapitre 2.*

21. Arrêt du dernier Juin 1666. qui a jugé que le creancier hypotequaire qui a les meubles de son débiteur en gage, est preferable aux autres creanciers, quoique anterieurs. *Idem, tome 2. liv. 4. tit. 3. chapitre 1.*

22. Si sur les meubles baillez en gage à un creancier, ce creancier est preferable pour sa dette à tous autres creanciers, ou s'ils doivent être mis à la masse de la discussion des biens du débiteur ? Arrêt rendu au même Parlement de Provence au mois de Juin 1675. qui ordonne la preuve que la vaisselle d'argent avoit été donnée en gage au creancier, qui depuis avoit eu la facilité de la prêter au débiteur. *Idem, tome 4. liv. 8. tit. 20. chap. 5.*

GAGE, CHOSE SACRÉE.

23. *Res sacra recte pignori dari potuit.* V. Luc. li. 10. tit. 4. cap. 3.

24. Arrêt du Parlement de Paris rendu toutes les Chambres assemblées le 7. Septembre 1548. qui condamne un Abbé à rendre à la sœur d'un Religieux cent écus, pour laquelle somme elle avoit en gage & nantissement un Calice que son frere luy avoit envoyé pour seureté de la dette pendant sa maladie. Papon, *liv. 1. tit. 1. n. 8.*

25. Le Prieur de l'Eglise de Tulles, à la priere des Religieux, qui promirent de l'en acquitter, envers tous, délivra au Mage de Lyon un Reliquaire pour gage de l'argent qu'on empruntoit de luy au nom du Convent, à l'effet d'obtenir Bulles de secularisation des Religieux, le Prieur blâmé se pourvut en garantie contre les Religieux. Arrêt du Parlement de Bourdeaux qui les met hors de Cour. *Voyez* Papon, *ibidem, n. 10. &* Boërius *decision 6.*

GAGES DE DOMESTIQUES.

26 Si un Commis peut demander compensation de ce qu'il doit à son maître par billet avec ce qui luy est dû pour gages par le maître ? *Voyez* le mot *Compensation*, *nomb*. 39.

27 Gages & salaires d'un solliciteur ont été réduits aux trois dernieres années, n'y ayant point de demande pour interrompre la prescription des precedentes ; ainsi jugé au Parlement de Paris le 19. Decembre 1657. *Bardet*, tome 2. liv. 6. chap. 33.

28 L'Ordonnance de Loüis XII. article 67. oblige les serviteurs à faire demande de leurs gages & salaires dans un an aprés qu'ils seront sortis du service, & de plus ne leur donne salaires que pour les trois dernieres années ; neanmoins jugé par Arrêt du 9. Janvier 1654. que la fin de non recevoir n'a point lieu, quand les services sont constans, & que l'on n'allegue aucun payement de la part du débiteur ou de ses heritiers. *Soefve*, tome 1. *Cent*. 4. *chap*. 51.

29 Un simple Agent sans gages, n'est pas tenu de payer les marchandises qu'il a achetées pour celuy dont il fait les affaires ; & rendant compte, il est crû sur ses memoires seuls & à son serment. Arrêt du 18. Août 1659. *De la Guessiere*, tome 2. liv. 2. chap. 40.

30 De l'allocation des gages domestiques ; elle se fait année par année ; ensorte que les domestiques deviennent créanciers année par année, & prennent leur rang de cette date. On ne met pas au rang des domestiques la garde qui a servi le défunt pendant sa derniere maladie : ce salaire est privilegié. Arrêt du Parlement de Toulouse du 18. Juin 1662. *Voyez* M. de Catellan, liv. 6. chap. 29.

31 Arrêt rendu au Parlement de Provence le 2. Avril 1667. qui défere le serment au maître pour le payement des gages de son serviteur. *Boniface*, tome 1. liv. 1. tit. 39. n. 5.

32 Une servante quittant son maître avant le terme avec quelque sujet, doit être payée de ses gages par son maître. Arrêt du même Parlement de Provence du 23. Juin 1673. *Idem*, to. 4. liv. 10. tit. 1. chap. 23. *Voyez* les mots *Salaires*, *Serviteurs*.

GAGE, MORT-GAGE.

33 *Mort-gage*, *vif-gage*, *gage-vif*. Voyez les differences de ces mots expliquez par *Hevin sur Frain*, page 314. ces engagements ont lieu dans les Coûtumes de Bretagne & de Normandie.

34 Obligation de mort-gage a lieu quand on oblige un heritage pour le tenir tant & si longuement que celuy à qui il doit appartenir de droit, ne le rachete de la somme qu'on a hypothequée pour ledit heritage, tellement que l'on ne décompte point les fruits perçus ; & on fait aussi mention de gage-mort en un Arrêt du Parlement de Paris donné à la Fête de la Nativité de la Vierge, en Septembre 1259. au profit du Roy contre le Seigneur de Bellevallée, pour raison d'un fief donné par le pere en gage-mort en mariant sa fille. *Voyez la Bibliotheque de Bouchel*, verbo *Gages*.

35 Contre-gage qu'aucuns Seigneurs ont prétendu pouvoir de leur autorité prendre & lever, quand on leur avoit fait tort. Arrêt du Parlem. de Paris l'an 1281. & 1283. contre les Comtes de Champagne & d'Auxerre. *Ibidem*.

GAGES D'OFFICIERS.

36 Des Payeurs des Gages du Parlement. *Voyez Joli*, tome 1. liv. 1. tit. 14. *& aux Additions*, p. 148. jusqu'à 158.

37 Au Registre de la Cour de l'an 1430. au temps des Anglois, se trouve une conclusion de la Cour, que s'ils ne sont payez dans Pâques, nul ne viendra plus au Palais pour l'exercice de son office ; & in hoc signo indissolubile vincu'um charitatis & societatis ut sint socii constitutionis & laboris, & le 12. Février audit an, il est dit qu'il y eut cessation de plaidoyerie propter variationem non soluta, jusqu'à la Pentecoste 28. Avril, & fut envoyé signifier au Roy & à son Conseil à Roüen. *Voyez la Bibliotheque de Bouchel*, verbo *Gages*.

38 Un malade est excusé de ne pouvoir exercer sa Charge, & doit être payé de ses gages. Arrêts du Parlement de Paris des 15. Juin 419. & 22. Septembre 1483. idem de doctore professore publico, & de Medecin à gage judicandum, non seulement quand ils sont détenus de maladie, mais aussi quand au moyen de la guerre, ou autres legitimes empêchemens, ils ne peuvent visiter leurs malades. *Papon*, liv. 6. tit. 12. nomb. 12.

39 Le Receveur de Valois paye au Bailly tant ses gages que ceux du Lieutenant General, suivant l'etat des Tresoriers de France. Cette partie est allouée dans ses comptes. Le Lieutenant demande ses gages au Receveur. Arrêt du 9. May 1554. qui condamne le Receveur, sauf son recours contre le Bailly. La même chose avoit été jugée le 18. Juillet 1552. contre le Receveur de Mâconnois. *Bibliotheque de Bouchel*, verbo *Gages*.

40 Jugé au Parlement de Paris le 3. Octobre 1555. qu'un Officier de Ville convaincu de délit, & condamné à servir à la guerre de pionnier, ou autre service pendant quelques années, avoit droit de joüir de son bien, & des gages à luy dûs pour son Office. *Papon*, liv. 24. tit. 15. nomb. 2.

41 Les gages des Officiers leur doivent être payez sans les faire plaider. Arrêt du Parlement de Paris du 20. Decembre 1563. par lequel le Receveur d'Ardre a été condamné de payer les gages de quatre ans au Procureur du Roy. *Papon*, livre 6. titre 12. n. 8.

42 Un Officier de Ville qui est condamné à servir en guerre pour un temps, ne perd cependant les fruits de son Office. *Voyez Du Luc*, livre 12. titre 8. chapitre 5.

43 Un pourvû d'un état de Conseiller en la Cour pour 2000. écus, à être payé de ses gages du jour de ses Lettres, fut malade. Sur sa requeste il fut dit par Arrêt, les Chambres assemblées, qu'il seroit payé du jour de la présentation de ses Lettres. Depuis il a Lettres du Roy par lesquelles il est mandé ly payer du jour de sa provision ; les Lettres verifiées du General de la Charge ; la Chambre des Comptes ordonne qu'il sera payé de ses gages du jour du serment par luy prêté ; il appelle ; le Substitut du Procureur General ajourné ne compare, faisant dire que cet appel se doit juger par revision en la Chambre ; le Procureur General ayant pris la cause pour son Substitut, dit qu'il n'est cas de ligne de compte où la revision a lieu, mais en restriction & modification, qui est entreprise de Jurisdiction. Au fondu ne debat la réformation du Jugement. Par Arrêt du Parlement de Bretagne du 13. Octobre 1564. ordonné que l'apellant sera payé entierement de ses gages, selon la teneur de ses Lettres Patentes. *Du Fail* li. 1. ch. 176.

44 Les Statuts de l'Université d'Angers portent qu'un Docteur Regent, s'il est absent six mois, est destituable. M. Jean Tavard s'absenta pendant vingt mois, l'Université luy refusa certains gages extraordinaires qu'elle lui donnoit ; Sentence en faveur de Tavard, dont appel ; la Cour pour l'importance de la matiere, & afin que l'on n'en parlast plus (pendant les guerres civiles, *qui a perdu a perdu*) prononça que l'on vuideroit la cause sur le Registre. Depuis elle n'y a pas touché, quelques poursuites qu'ayent faites les parties. Au reste les moyens du Docteur étoient que son absence avoit été necessaire, que quand même il auroit été présent il n'auroit pas lû ; & qu'enfin il avoit continué d'être utile au public par l'impression de ses Commentaires. *Voyez Ayrault*.

45 Edit du Roy du mois de Juin 1601. portant réünion des Offices de Payeurs des gages, aux Offices de Receveur des Tailles en chacune Election où il y a Maréchaussée. *Voyez le Recueil de la Maréchaussée*, p. 337.

46. Arrêt du Conseil d'Etat du 24. Mars 1603. portant défenses de saisir les gages des Officiers de la Maréchaussée, si ce n'est pour vente d'armes, chevaux, ou dépense de bouche. *Ibidem*, p. 344.

47. Declaration du Roy du 5. Janvier 1604. portant que les gages des Officiers de Maréchaussée ne peuvent être saisis, si ce n'est pour vente d'armes, chevaux, & nourriture. *Ibidem*, p. 351.

48. Quand il est question de faire saisir les gages des Officiers de Maréchaussée, la permission en doit être donnée par les Officiers de la Connétablie, suivant la Déclaration d'Arles, du mois de Janvier. Jugé par Arrêt du Grand Conseil du dernier Mars 1606. rapporté au livre de la Connétablie.

49. Arrêt du Parlement de Paris du 29. Juillet 1645. qui fait défenses aux Intendans & Tresoriers de France de connoître des instances & procez pour raison du payement, solde & gages des Prévôts, & autres Officiers & Archers du corps de la Gendarmerie. *Maréchaussée de France*. p. 675.

50. Le Siege de la Connétablie connoît des gages des Prévôts des Monnoyes & Maréchaussées de France, & des Officiers de la Connétablie, & de sa compagnie ; comme il fut jugé par Arrêt du Conseil du 20. Mars 1651. contre la Cour des Monnoyes. *Jovet*, verbo *Prévôt*, nomb. 13.

51. Arrêt du Conseil du 26. May 1667. qui ordonne que les Officiers des Maréchaussées seront payez des trois quartiers de leurs gages, en rapportant des certificats de leurs montres & revûes. *Maréchaussée de France*, p. 875.

52. Arrêt du Conseil Privé du 20. May 1669. qui décharge le Prévôt General de Picardie, le Lieutenant Criminel de Robecourte, & Chevalier du Guet d'Amiens, de restituer le troisième quartier de leurs gages de l'année 1667. *Ibidem*, p. 890.

53. Arrêt du Conseil du 30. Août 1672. qui ordonne que les Officiers des Maréchaussées rapporteront dans les six mois après l'année expirée, les décharges nécessaires pour recevoir le fonds de leurs gages. *Ibidem*, p. 923.

54. Arrêt du Conseil d'Etat du 15. Avril 1673. qui ordonne que les gages des Officiers & Archers de la Maréchaussée d'Auvergne ne pourront être saisis que pour causes privilegiées, c'est-à-dire achat de chevaux, armes, & alimens. *Ibidem*, p. 926.

55. Arrêt du Conseil du 18. Septembre 1674. portant main-levée aux Lieutenans, Exempts & Archers des saisies faites ou à faire, tant sur leurs Charges, que sur leurs gages, si ce n'est pour nourritures, achat d'habits, armes & chevaux. *Ibidem*, p. 932.

56. Arrêt du Conseil du 22. Août 1676. qui ordonne qu'en rapportant par les Prévôts le certificat des Secretaires d'Etat, ayant le département de la guerre, de leurs diligences pour la recherche & perquisitions des soldats déserteurs, ils seront payez de leurs gages. *Ibidem*. p. 935.

57. Arrêt du Conseil du 21. Octobre 1692. concernant les augmentations de gages attribuées aux Officiers des Maréchaussées par la Déclaration du 6. May précedent. *Ibidem*, p. 1083.

58. Arrêt du Parlement de Provence du 15. May 1670. qui déclare valable la saisie des gages d'un Officier de la Maréchaussée de Provence. *Boniface* tome 3. li. 3. tit. 1. chap 16.

59. Les gages qui sont attribuez à un Office, suivent la nature de l'Office ne sont point considerez séparément de l'Office ; ils procedent d'un même titre, & un accessoire qui suit la nature de la chose principale ; mais à l'égard des augmentations de gages qui n'ont point d'autre cause que la finance qui a été payée au Roy, elles sont distinctes du titre de l'Office, & sont considerées comme des rentes sur l'Hôtel de Ville, sujettes aux hypotheques des creanciers qui peuvent agir contre les tiers acquereurs. Arrêt de la cinquième des Enquêtes du 7. Septembre 1659. *De la Guess*. to. 2. li. 2. chap. 43. Du Frêne liv. 7. chap. 28. rapporte un Arrêt du 15. Décembre 1653. qui a jugé que les nouvelles attributions, pour lesquelles on a payé pendant la communauté plusieurs finances, se partageroient entre les heritiers comme meubles.

Pour le payement des gages dûs à un Gouverneur & Precepteur, &c. *Voyez Expilly*. *Plaidoyé* 18. 59 bis.

60. Acte de Notorieté donné par M. le Lieutenant Civil du Châtelet de Paris le 18. Avril 1705. portant que depuis qu'il a plû à Sa Majesté d'établir par les Edits de création d'augmentation de gages pour la facilité du débit, qu'il seroit libre à toutes sortes de personnes de les acquerir ; le titre d'une Charge & les augmentations de gages sont deux corps differens, dont les proprietaires peuvent disposer ; qu'il est libre à toutes personnes d'acquerir les augmentations de gages, & d'en joüir sous leur nom sans être Officiers, qu'ainsi lors qu'ils sont vendus conjointement, il faut dans le contrat de vente que le vendeur exprime qu'outre la Charge il vend les augmentations, & qu'il en délivre à l'acquereur la quittance de finance. *Recueil des Actes de Notorieté*, p. 200. & *suiv*.

GAGES-PLEGE.

Nota. Il faut voir les Additions étant, *page* 507. 61 du 2. tome de Basnage.

62. Gage-plége ; le terme de *gager* signifie s'obliger à payer les rentes, & les redevances qui sont dûes pour l'année suivante, & en cas que le vassal ne soit résséant sur le fief, bailler plege demeurant sur icelui qui le cautionne de payer les rentes ; & de cet acte on a composé le mot de *Gage-plege* ; outre le *Gage plege* le bas Justicier peut tenir plaids ordinaires. Dans ce gage-plege la premiere obligation est d'élire un Prévôt qui est comme le Sergent d'un Seigneur préposé pour le faire payer de ses rentes. *Voyez Basnage sur la Coûtume de Normandie*, art. 185.

63. C'est un usage que le service de Prévôté n'est dû que par ceux qui ont des terres bâties, qu'on appelle *masures*, Arrêt du Parlement de Roüen du 26. Février 1545. par lequel il fut jugé qu'un vassal qui avoit masure, étoit sujet au service de Prévôté, bien que ce fût une nouvelle masure, & quoiqu'il desavoüât avoir fait le service depuis 40. ans. *Voyez Basnage sur l'art.* 185. *de la Coûtume de Normandie*, où il rapporte les Arrêts suivans.

64. Par Arrêt en forme de Reglement du 27. Janvier 1612. la Cour ordonna que l'adjudication du service de Prévôté ne pourroit exceder le dixième denier de rente de la Seigneurie. Le 2. May 1657. jugé que le Reglement a lieu, tant pour les Prévôtez tournoyantes que receveuses. Arrêt semblable du 22. Février 1668.

Nonobstant ces Arrêts, dans la basse Normandie ceux qui sont obligez par leurs titres au service de Prévôté, ne s'en peuvent exempter, quoiqu'ils n'ayent point de masure ; cependant comme ce service est personnel, il seroit rigoureux d'y assujettir ceux qui ne sont point domiciliez sur le lieu, ou qui n'y possedent en proprieté aucune maison ; neanmoins lors que le vassal y est obligé par ses aveux, & qu'il veut démolir sa maison, le Seigneur peut s'y opposer, & obliger le vassal à pourvoir à son indemnité. Arrêts du Parlement de Roüen des 22. & 24. Avril 1679. premier Mars & 3. Avril 1681. en sorte que l'on ne doute plus que dans les Bailliages de Caën & de Cotentin, lors que les vassaux sont obligez par leurs aveux au service de Prévôté, ils ne peuvent s'en exempter, quoiqu'ils n'ayent aucunes maisons ou masures.

65. On a jugé le 8. Février 1624. que pour faire le service de Prévôté, un vassal peut mettre un autre en sa place, quoiqu'il ne soit tenant ni résséant, pourvû neanmoins qu'il ait un domicile sur le fief, ou son Seigneur, ou son vassal puissent s'adresser.

66. Le vassal n'est tenu du service de Prévôté, s'il n'y est obligé par ses aveux. Arrêt du 12. Mars 1636. le vassal

vassal avoit pris du Seigneur un heritage par bail à rente seulement, & sans être chargé du service de Prévôté : il fut dit par l'Arrêt que le vassal n'étoit point tenu, mais que Seigneur le seroit pour luy.

67. Par Arrêt du 8. Mars 1668. en la cause des vassaux de la Seigneurie de Muneville appartenante aux Religieux de saint Denis en France, il a été défendu à un Sénéchal de donner des aydes à un Prévôt.

68. Le 19. Janvier 1672. il a été jugé qu'encore qu'il n'y ait point d'adjudication de service de Prévôté, le vassal peut offrir le dixiéme denier : par ce même Arrêt il a été encore jugé qu'il n'y a que les masuriers qui soient sujets au service de Prévôté, encore qu'elle soit recevêuse.

69. Le droit de service de Prévôté n'est point prescriptible. Arrêt du 6. May 1678. parce que dans les grandes Seigneuries, le vassal est quelquefois quarante ans avant que son tour vienne.

70. Comme le Seigneur peut tenir ses plaids dans toute l'étenduë de son fief, & dans les maisons de ses vassaux, on a demandé s'il peut tenir son gage-plége dans le Presbytere quand il a été amorti, ou qu'il est tenu par aumône ; car étant affranchi de tous les droits feodaux le Seigneur ne pouvant demander qu'une simple déclaration, il semble qu'il ne peut être assujetti à cette servitude. Par Arrêt du Parlement de Roüen du 17. May 1659. les parties furent appointées au Conseil. Basnage, sur l'art. 191. de la Coûtume de Normandie.

71. Le Seigneur est obligé de montrer ses gages-pléges au vassal qui veut rentrer en son heritage reüni. Arrêt du Parlement de Normandie du 15. Mars 1661. rapporté par Basnage, sur l'art. 117.

72. Le prix de l'adjudication du service de Prévôté receveuë ne doit exceder le dixiéme denier du revenu annuel des rentes & redevances, desquelles le Prévôt-Receveur doit faire la recette. Arrêt du Parlement de Roüen, les Chambres assemblées le 6. Avril 1666. art. 19. Basnage, to. 1. à la fin.

73. Il n'est point dû de treiziéme à la doüairiere à cause du gage-plége pour les acquisitions faites par le Seigneur proprietaire. Le sieur d'Auberville avoit épousé une veuve qui joüissoit du gage-plége, & des rentes Seigneuriales de saint Pierre-Asis ; son fils joüissoit de tout le reste du fief. Le sieur d'Auberville prétendit le treiziéme d'une terre acquise par le fils, tenu du même fief ; il fut débouté. Sur l'appel, on disoit que ce treiziéme étoit une redevance Seigneuriale & casuelle, qui faisoit partie des rentes ; l'intimé répondoit que la veuve n'avoit eu son partage que le gage-plége, ce qui ne pouvoit comprendre le treiziéme, car le gage-plége est solummodo jurisdictio, que le droit de treiziéme appartient au fief, & qu'il y a bien de la difference inter fundum & jurisdictionem, que la doüairiere avoit la jurisdiction, mais qu'il avoit le fief d'où dépendoit le treiziéme. Par Arrêt du Parlement de Roüen du 19. Février 1610. la Sentence fut confirmée. Depuis le 13. May suivant sur l'interprétation de cet Arrêt, la même question fut agitée entre les mêmes parties ; la mere s'en défendoit, disant que l'Arrêt du mois de Février étoit un Arrêt de grace, donné en consideration de la qualité des parties, & que la Cour n'avoit pas trouvé bon que la mere demandât un treiziéme à son fils; autrement il ne diminueroit beaucoup ; si l'Arrêt étoit tiré à conséquence. Le fils fut débouté de sa requête afin d'emporter le treiziéme, tant pour le passé que pour l'avenir ; ainsi la Cour jugea que le treiziéme étoit dû à cause du gage-plége, & que l'Arrêt précedent n'avoit été donné qu'en consideration de la qualité des parties; Berault a remarqué ces deux Arrêts sur l'article 185. & Godefroy sur cet article a crû que le premier avoit décidé la question generale, que le proprietaire ne doit point à l'usufruitier du fief le treiziéme de l'heritage, qu'il avoit acquis : la

qualité des parties fut le veritable motif de l'Arrêt ; la mere & son second mari n'étoient pas favorables en cette demande qu'ils faisoient à leur fils. Voyez Basnage, sur l'article 171. de la Coût. de Normandie.

GAGERIE.

Voyez du Moulin, to. 1. page 912. où il traite de pignorationibus, sequestrationibus, & le mot Saisie, §. Saisie, Gagerie.

GAGEURES.

Hoc verbo, voyez la Bibliotheque du Droit François par Bouchel.

De la validité des gageures. V. M. Expilly, Plaidoyé 4.   1

Gageure en France n'a lieu par promesse, s'il n'y a consignation réelle. Voyez Loiseau en son traité du Déguerpissement, liv. 4. chap. 3. nomb. 13. Mornac, ad L. 3. ff. de aleatoribus est d'avis contraire.   2

Despeisses, tr. 1. part. 1. des Contracts sans nom, tit. 10. dit, les gageures sont permises ; il n'est pas même necessaire que la chose soit déposée entre les mains d'un tiers, la parole suffit ; ainsi jugé au Parlement de Bourdeaux par Arrêt du mois de Mars 1609. sur une gageure faite d'un tonneau de vin promis par l'une des parties, au cas que l'autre allât à la nage jusqu'à un certain endroit d'un étang ; le nageur y ayant satisfait, & l'autre refusant aprés de donner le tonneau de vin, par ledit Arrêt il y fut condamné. Automne, ad l. 5. ff. de prescript. verb.   3

Deux Procureurs avoient fait une gageure de 50. écus, l'un qu'en l'Ordonnance de 1539. où il étoit fait mention de peremption d'instance, il étoit fait mention de prescription. La Cour mit les parties hors de Cour & de procez, sans dépens. Bouvot, tome 1. part. 3. verbo Gageure.   4

Promesse entre trois jeunes hommes, que le premier marié payeroit aux deux autres, chacun un habit de satin ; la promesse déclarée nulle, non comme étant contre les bonnes mœurs, mais parce qu'ils étoient mineurs, & que par la Coûtume de Reims les mineurs ne peuvent disposer de leurs meubles. Arrêt du 6. Février 1595. M. le Prêtre ès Arrêts de la Cinquiéme.   5

Au Parlement de Toulouse le 27. Mars 1642. deux hommes ayant gagé chacun deux pistoles, l'un disant que le mariage du feu Roy Loüis XIII. d'heureuse memoire étoit de 1615. & l'autre de 1616. Cette cause fut jugée ainsi au Sénéchal ; sçavoir que celuy qui avoit gagné reprendroit les deux pistoles, & celuy qui avoit perdu laisseroit les deux siennes à l'Hôpital. Cet argent étant consigné, la Cour sur l'appel donna la recreance de ces deux pistoles à celuy qui avoit perdu, en réformant l'appointement, & l'Hôpital n'eut rien ; de sorte qu'il se voit par là que les gageures font une espece de jeu, que la Cour ne souffre pas non plus que les autres jeux ; neanmoins dans le droit elles sont permises, mais il est vray qu'il faut que ce soit de certamina propter virtutem, l. 3. ff. de aleatoribus. Voyez Expilly, Plaidoyé 4. & Math. de aff. decis. 389. Albert, lettre I. verbo Jeu ou gageures.   6

Un Curé trop attentif peut-être à ses affaires temporelles, vient luy-même sur le champ d'un paisan au temps de la moisson, pour prendre la disme qui peut luy appartenir ; le paisan compte ses gerbes, debat entr'eux ; le Curé prétendant que c'étoit la quarantiéme qu'on venoit de compter, & le paisan soûtenant que c'étoit la trentiéme, alors le paisan dit au Curé, je parie toute ma Recolte que ce n'est que la trentiéme gerbe ; & moy, repart le Curé, je parie toute la Disme qui peut m'être duë que c'est la quarantiéme : ayant ainsi convenu, ils se touchent dans la main pour marque de leur parole, & soudain appellent un passant pour recompter ; cet   7 recompte, & il se trouve que ce n'étoit que la trentiéme gerbe ; le païsan vainqueur refuse de payer la disme au Curé ; le Curé le fait assigner ; le fait établi par des informations, & par l'aveu des parties, il étoit question si cette gageure étoit reprouvée de droit ? Arrêt du Parlement de Toulouse en 1668. qui jugea la gageure bonne, & que le Curé ne pouvoit demander sa disme. *Voyez M. de Catellan, livre 5. chapitre 61.*

8 Arrêts du Parlement de Provence des 16. Février 1662. & 27. Janvier 1666. qui ont jugé que les gageures sont licites. *Boniface, tome 1. livre 8. titre 24. chapitre 1.*

9 Une gageure faite au cabaret par écrit en presence de témoins, dont un s'étoit obligé de payer cent écus à son camarade, en cas qu'il ne fût pas marié dans un certain temps, produit une obligation legitime. Arrêt du Parlement de Tournay rendu, les Chambres consultées, le 10. Janvier 1697. qui admet le défendeur à prouver d'avoir resili de la gageure dans les vingt-quatre heures, dépens reservez. *M. Pinault, tome 1. Arrêt 135.*

GAGNER FRANC.

1 Voyez les mots *Chanoine & Distribution.*
Le Lecteur public du Roy, étant Chanoine, est dispensé de la résidence, & gagne franc les gros fruits de sa Prébende. Arrêt du 19. Février 1579. *Charondas, liv. 7. Rép. 150.*

2 *Episcopi duos Canonicos aut unum habent qui ex eâ causâ fructus præbendæ integros percipiunt, perinde ac si interessent quotidianis Ecclesiæ suæ sacris.* Arrêt du 6. Février 1606. *Mornac Cod. de Episcopis verbo Clericis in fine.*

GAINS NUPTIAUX.

Du Gain de la dot. *Voyez* le mot *Augment,* & le titre de la *Dot, nomb.* 185. *bis & suiv.* M. Dolive, *livre* 3. *chapitre* 19. & *Henrys, tome* 2. *liv.* 4. *quest.* 25.

De *lucro Dotis. Voyez* le traité fait *Per Rolandum à valle.*

De *lucris acquisitis, constante matrimonio, inter virum & uxorem. Per Rodericum Suares in legibus fori.*

1 *Consuetudo domicilii mariti in lucris nuptialibus attendi debet. Voyez Franc. Marc. tome* 2. *quest.* 528.

2 *An libri primi thori quorum pater convolavit ad secunda vota possint disponere de proprietate lucrorum nuptialium ad eos devoluta, seu iisdem reservatâ, quorum patri solus usufructus competit ? Voyez* Stockmans *decis.* 25. jugé pour la negative.

3 Entre la dot & augment il peut y avoir inégalité. Jugé au Parlement de Toulouse le 19. May 1625. que la convention faite aux pactes de mariage que le mary ne gagneroit en cas de prédecés de sa femme que 200. livres, & la femme 600. livres, au cas où le mary précederoit, étoit bonne ; cette somme de 600. livres fut jugée à la femme. *Cambolas, liv.* 5. *chap.* 1.

4 En donation des biens présens pour moitié, le gain nuptial qui échet aprés au donateur en vertu des pactes de mariage, précedant la donation, n'y doit être compris. Jugé en l'an 1630. Depuis il a été jugé qu'il y étoit compris, par Arrêt du 7. Decembre 1632. mais il est à remarquer que la donation étoit de la moitié des biens présens & à venir. *M. Dolive, liv.* 4. *chapitre* 8.

5 Gain de nôces statuaire est sujet à la peine des secondes nôces, bien qu'il y ait des enfans du second lit. *Oliv. lib.* 3. *cap.* 13. *id.* Graffus §. *successio quæst.* 17. n. 5. *id.* Bechet, *des secondes nôces, chap.* 11. Arrêt du Parlement de Bourdeaux du 3. Avril 1658. au Rapport de M. de Mirat ; par la Coûtume de Bourdeaux, la femme qui a convolé jouit le tiers de sa dot. Jugé en faveur des enfans du premier lit du mary, que ledit tiers étoit reductible & sujet à la peine des secondes nôces. *La Peirere, lettre N. nomb.* 27.

6 *Voyez Du Perrier, liv.* 2. *quest.* 24. sur l'authent. *si tamen abstineat. Cod. de secund. nupt.* où il examine si en partageant le gain nuptial entre la mere qui ne s'est point remariée & ses enfans, il faut compter tous ceux qui ont survécu à leur pere, ensorte que s'il meurt puis aprés quelqu'un sans enfans, du vivant de la mere, sa portion accroisse à ses freres seuls ou à ses sœurs à l'exclusion de la mere, ou s'il faut seulement mettre en compte ceux qui se trouvent en vie quand la mere meurt, pour en faire un partage absolument égal entre la mere & les autres enfans ?

GAIVES.

1 LEs choses gaives sont choses qui ne sont appropriées à aucun usage d'homme, ne reclamées par aucun, & doivent être gardées par an & jour, & renduës à ceux qui feront preuve qu'elles leur appartiennent. Art. 603. de la Coûtume de Normandie ; Basnage fait les observations suivantes.

2 La Coûtume ne donnant au Seigneur que les choses gaives, celles qui sont appropriées à usage d'homme n'étant point de cette qualité, le Seigneur n'y peut rien prétendre, mais elles appartiennent à l'inventeur : Maître *Josias Berault* rapporte un Arrêt qui l'a jugé de la sorte. Un pauvre garçon nommé Herisson ayant trouvé sept ou huit pieces d'or, les Officiers du Prieur de Grandmont, Seigneur feodal du lieu où cet or avoit été trouvé, le lui avoient ajugé comme une chose gaive: sur l'appel, les Officiers du Bureau des pauvres ayant aussi reclamé ces pieces d'or, par Arrêt elles furent ajugées à l'inventeur : il est vray qu'il fut ajoûté, *sans que cela pût prejudicier aux droits des uns ni des autres à l'avenir.*

3 Quelques particuliers travaillant à curer la riviere de Robec, qui traverse une partie de la ville de Roüen, trouverent un diamant d'une valeur considerable; ils le vendirent aussi tôt à un Orfévre qui leur en paya 120. livres. Les Gardes du Métier d'Orfévre le saisirent entre ses mains, & l'ajournerent devant le Vicomte de Roüen, pour se voir condamner en amende pour la faute par lui commise, d'avoir acheté ce diamant, au lieu de le saisir & l'arrêter : les Echevins de la ville de Roüen prétendirent que ce diamant ayant été trouvé dans la riviere de Robec, qui appartenoit à la Ville, leur devoit être ajugé. Le Receveur du Domaine se présenta aussi, se fondant sur l'article 602. qui donne au Roy les pierreries, L'Orfévre qui avoit acheté le diamant soûtenoit que son marché devoit subsister, ce diamant n'étant point une chose gaive, puisqu'il étoit approprié à usage d'homme : les Gardes du Métier d'Orfévre reprochoient à cet acheteur qu'il n'avoit pas dû traiter de ce diamant, & que suivant leurs Statuts les forfaitures leur appartenoient : les Echevins pour rendre leur cause plus soûtenable, déclarerent que s'il plaisoit à la Cour leur ajuger ce diamant, ils le donnoient à l'Hôpital : par Arrêt du Parlement de Roüen du 6. Mars 1676. le diamant fut ajugé aux Echevins, & ordonné aprés leur declaration qu'il seroit gardé par an & jour, à commencer du jour qu'il avoit été trouvé, & en cas qu'il ne se présentât personne, qu'il seroit vendu au profit de l'Hôpital, lequel fut condamné de rendre dés le lendemain à l'Orfévre les 120. livres qu'il avoit payées, & 20. livres pour ses frais. *Basnage sur la Coût. de Normandie, art.* 603.

4 L'or monnoyé & les pierreries mises en œuvre ne sont réputées choses gaives, & doivent appartenir à celuy qui les a trouvées. *Ibidem.*

GALERES.

1 L'Opinion des Galeres est plus douce que celle de la question, & les Galeres pour neuf ans sont plus douces que le bannissement à perpetuité. *Voyez l'Or-*

GAL   GAL

donnance criminelle, tit. 25. *art.* 13. & M. le Prêtre *és Arrêts celebres du Parlement.*

2. *Mainard*, livre 9. *chap.* 42. dit que par la Loy du Royaume, il n'eſt pas permis de condamner aux Galeres pour moins de temps que ſix années. L'uſage eſt contraire, & l'on condamne aſſez ſouvent pour trois années.

3. Arrêt du 25. Janvier 1535. qui condamne un criminel aux Galeres perpetuelles, & où il s'échaperoit condamné à perdre la tête. *La Rocheſlavin*, livre 2. *lettre* G. *tit.* 1. *Arr.* 1.

4. Arrêt du Parl. de Paris du 30. Juillet 1638. portant défenſes au Prévôt de Troyes, & à tous Juges, de délivrer aucuns priſonniers aux Capitaines de Galeres, qu'au préalable le Dictum & Jugement ne ſoit ſigné de ſix des plus anciens Avocats du Siege avec le Juge. *Papon*, *liv.* 4. *tit.* 13. *n.* 8.

5. Les Officiers des Seigneurs Hauts-Juſticiers, ne peuvent condamner aux Galeres. Arrêt du 20. Juillet 1641. *Henrys*, *tome* 1. *liv.* 2. *chap.* 4. *q.* 31.

Depuis l'Arrêt de reglement de 1641. rapporté par *Henrys* eſt intervenüe l'Ordonnance de 1670. qui ne fait aucune difference entre les Juges des Seigneurs & ceux du Roy. Dans le titre 25. elle met la peine du banniſſement perpetuel avant celle des Galeres à temps. Or il eſt certain que les Juges des Seigneurs peuvent condamner au banniſſement. C'eſt l'obſervation faite dans la nouvelle Edition des Arrêts d'Henrys. L'Auteur de ces Obſervations déclare que M. le Procureur General luy a dit que tous les Juges ſeculiers du Royaume pouvoient condamner aux Galeres.

6. Le temps accordé aux mineurs pour la reſtitution court pendant qu'il ſert aux Galeres. Arrêt de Toulouſe du 13. Juin 1569. *V. Mainard*, *liv.* 6. *ch.* 40.

7. Arrêt du Parlement de Provence du 14. May 1657. qui a déclaré indigne de toutes charges de Juſtice un Huiſſier condamné aux Galeres, encore qu'il eût obtenu Lettres d'abolition, & enjoint à luy de ſe défaire de la ſienne dans trois mois. *Boniface*, *tome* 1. *liv.* 1. *tit.* 1. *n.* 28.

8. Declaration portant que les condamnez à ſervir ſur les Galeres du Roy, comme forçats, leſquels aprés leur Jugement auront mutilé, ou fait mutiler leurs membres, ſeront punis de mort pour reparation de leurs crimes. A Fontainebleau le 4. Septembre 1677. regiſtré en la Cour des Aydes le dernier Février 1678.

9. Declaration du Roy du 31. May 1682. portant que ceux qui auront été bannis par des Sentences Prévôtales, ſeront condamnez aux Galeres quand ils ſeront repris, même faute d'avoir gardé leur ban ſeulement. *Voyez les Edits & Arrêts recüeillis par l'ordre de M. le Chancelier en* 1687.

GALERES, BENEFICIERS.

10. Le Juge d'Egliſe ne peut condamner aux Galeres. Arrêt du Parlement de Paris du 29. May 1544. Les Juges Royaux qui avoient aſſiſté au Jugement furent decretez d'ajournement perſonnel. *Regum eſt corporalem infligere pœnam, Sacerdotum ſpiritualem inferre.* V. Filleau, *part.* 1. *tit.* 1. *ch.* 1. Papon, *liv.* 24. *tit.* 16. *n.* 4. Tournet, *lettre* B. *n.* 54. Preuves des Libertez, *to.* 1. *ch.* 7. *n.* 51. Telle eſt auſſi l'opinion de *Duarenus de ſacris Eccleſia miniſt. lib.* 1. *cap.* 3.

11. Le 15. May 1565. en la cauſe d'un nommé Lauxerrois fut par Arrêt appointé au Conſeil, ſçavoir ſi un Beneficier condamné aux Galeres, & ayant fait amende honorable par Arrêt de la Cour *cenſetur ipſo jure privatus* de ſes Benefices, *ità ut vacent*, & qu'on les puiſſe impetrer, ou bien s'il faut qu'il y ait declaration du Juge d'Egliſe, ſuivant ce qui eſt traité, *in cap. at ſi Clerici, de Judic.* où tous tiennent que *confeſſio facta in foro ſeculari, non nocet Clerico in foro Eccleſiaſtico ut beneficia Clerici vacare dicantur.* Voyez la Bibliotheque de Bouchel, *verbo* Galeres.

Tome II.

12. Si un Diacre condamné aux Galeres pour ſix ans, qui a ſervi ſon temps, peut prendre l'Ordre de Prêtriſe ; il fut jugé que non au Parlement de Touloufe le 5. Decembre 1667. ordonné qu'il ſe pourvoiroit au Roy pour les actions civiles, & au Pape pour les fonctions Eccleſiaſtiques ; de ſorte qu'en ce cas il faut ſe faire rehabiliter ſpecialement pour cela, par le Roy pour le civil, & par Sa Sainteté pour l'Ordre : quoique la peine ceſſe, l'infamie demeure. *Albert*, *verbo Notaires*, *art.* 2. Le même Arrêt eſt rapporté par *M. de Catellan*, *liv.* 1. *chap.* 74.

CAPITAINE DES GALERES.

13. Du pouvoir & autorité du Capitaine General des Galeres du Roy. *Ordonnances de Fontanon*, *tome* 3. *tit.* 3. *p.* 30.

14. Ordonnances du Roy Henry II. en Mars 1548. qu'il veut & entend être dorénavant obſervées & gardées par les Capitaines de ſes Galeres. *Ibidem*, *tome* 4. *p.* 663.

GALERES, CONFISCATION.

15. Les Galeres perpetuelles emportent confiſcation. Brodeau ſur M. Loüet lettre S. ſomm. 15. nombre 15. auſſi-bien que le banniſſement perpetuel hors du Royaume : *De pœna & condamnatione ad perpetuos carceres.* Voyez M. le Prêtre 2. *Cent. chap.* 25.

16. Les biens confiſquez d'un condamné aux Galeres à perpetuité, qui obtient des Lettres de rappel, ne ſe reſtituent point. Arrêt de la Chambre de l'Edit de Roüen du 26. Mars 1626. le condamné avoit ſervi vingt ans. *V. Baſnage ſur l'art.* 143. *de la Coûtume de Normandie.*

GALERES, MARY.

17. Mary condamné aux Galeres même à temps, ne peut autoriſer ſa femme. *Voyez le mot Autoriſation, nombre* 7.

18. Le mary étant condamné aux Galeres, la femme peut demander ſa dot & ſon doüaire. *Voyez le mot Banniſſement*, *nombre* 18.

19. Le mary condamné aux Galeres, ou banni, la femme peut demander ſa dot & ſon doüaire, ainſi que s'il étoit mort naturellement. *Voyez Filleau*, 4. *part. queſtion* 44.

GALERES, MORT CIVILE.

20. Si la mort civile par la condamnation aux Galeres a pareil effet que la naturelle ? *V. Bouvot*, *tome* 2. *verbo Confiſcation*, *queſt.* 7.

21. *Ferrieres* ſur la queſtion 17. de *Du ranti*, reſout comme choſe certaine que les condamnez *in perpetuum ad triremes bona amittunt*, parce qu'ils ſont morts civilement.

GALERES PERPETUELLES.

22. Le condamné aux Galeres perpetuelles ne peut s'obliger ni recüeillir une ſucceſſion. Arrêt du 14. Avril 1575. *Chenu, premiere Cent. q.* 45. ni retraire. *Voyez M. Loüet lettre* B. *ſomm.* 17. *lettre* C. *ſomm.* 25. *lettre* D. *ſomm.* 31. *lettre* E. *ſomm.* 8. *& Brodeau ſur la lettre* S. *ſomm.* 15. *nombre* 15.

23. Les Galeres perpetuelles donnent lieu à la confiſcation. *Voyez* cy-deſſus *le nombre* 15. & le mot *Confiſcation*, *nombre* 53.

RAPPEL DE GALERES.

24. Des condamnez aux Galeres déchargez par Lettres de rappel. *Voyez Deſpeiſſes*, *to.* 2. *p.* 703.

25. Sur les Lettres de rappel d'un Gentilhomme Provençal, qui au lieu d'avoir ſervi le Roy en ſes Galeres, l'auroit ſervi dans ſes Armées. *Voyez* la 12. Concluſion du Sr de Roquayrols Procureur General en la Chambre de l'Edit de Caſtres. Arrêt portant l'entherinement des Lettres de ce rappel, l'impetrant condamné en quelque amende à l'Ordonnance de la Cour.

26. Celuy à qui la condamnation aux Galeres a ôté la liberté d'aliener ſes biens, ne peut la recouvrer pour le rappel ; ainſi jugé au Parlement de Bretagne le 2. Octobre 1608. *Du Fail*, *liv.* 3. *chap.* 273.

27 Un Notaire condamné aux Galeres pour malversation en sa charge, ne peut rentrer en exercice, sous prétexte de Lettres de rappel de ban. Arrêt du Parlement de Toulouse du 2. May 1666. *Albert, lettre N. art. 2.*

GALERES, REQUESTE CIVILE.

28 On ne peut obtenir Requête civile contre un Arrêt qui condamne aux Galeres & executé, (depuis la Requête civile) & le titre clerical valablement confisqué, neanmoins soixante livres sur le titre clerical, furent ajugez pour alimens. Jugé à Aix le 24. Mars 1672. *Journal du Palais.*

GALERES, SUBSTITUTION.

29 La condamnation aux Galeres perpetuelles, fait ouverture à la substitution. *V. Mainard, liv. 5. ch. 80. & 81. & Cambolas, liv. 1. chap. 41.*

La condamnation aux Galeres perpetuelles, ne fait pas ouverture au fideicommis. *Voyez M. Expilly, Plaidoyé 29. fol. 324.*

GANTIERS.

Statuts des Gantiers & Parfumeurs de Paris, *in 12.*

Quelques Gantiers à Vendôme ayant été saisis de cuirs non assez bons, le Bailly de Vendôme rendit sa Sentence de confiscation. La Cour mit la Sentence au néant, condamna les infracteurs en quelques amendes, & défenses de vendre & exposer en vente aucuns cuirs qui ne soient bons, loyaux & marchands, & dûëment préparez, à peine d'amende arbitraire & punition corporelle s'il y échet. Arrêt du 1. Septembre 1607. *Corbin, suite de Patronage, ch. 207.*

GARANTIE.

Garant. Garantie. *Auctor.*
A quoy est tenu le Garant. *L. 71. §. 1. D. de verb. sign.*
De evictionibus, & dupla stipulatione. D. 21. 2... C. 8. 44. Le vendeur est garant de la chose venduë, qui est évincée. Exception : *Cod. 8. t. 46.... V.* Eviction.
Ubi in rem actio exerceri debeat? C. 3. 19. Le garant suit la Jurisdiction du garanti.
De actionibus empti, & venditi. D. 19. 1... C. 4. 49. Action de l'acheteur contre le vendeur, pour la garantie, & autres choses.
Voyez le mot EVICTION, & le titre de la VENTE. §. Vente garantie.
De Instrumento Guarentigia. Voyez le traité fait *per Guidonem de Suzaria.*
De Guarentigiis. Traité fait *Per Benedictum de Barzis.*
Sur la garantie, *Voyez* plusieurs questions traitées dans *Bouvot, to. 2, verbo Garantie,* & sous le même titre la *Bibliotheque du Droit François par Bouchel, & celle de* Jovet.
Des garants. *Voyez l'Ordonnance du mois d'Avril 1667. titre 8.*

1 De quelle garantie étoit tenu celuy qui promettoit de *garantir de son fait seulement, & pour tout droit de garantage a baillé & delivré presentement les Lettres d'acquisition qu'il a faites de ladite maison de son vendeur?* Voyez le Conseil 49. de Du Moulin, tome 2. p. 945.

2 *Prælatus Ecclesiæ vel successor ejus de malâ administratione tenetur juxta spolii vires aut fructus vacationis.* Voyez *Franc. Marc. to. 1. quest. 96. & to. 2. quest. 558.*

3 *De statuto Delphinali Edicto in causis recursuum, ut non, nisi depositis sex viginti libris, admittantur.* Voyez *Ibidem, to. 2. quest. 146.*

4 *Acta facta in causâ recursus ante ultimum mensem biennii, instante recursu & recurrente absente, non tenent, & sic nove citandus est recurrens.* Ibidem, quest. 147.

5 *Venditor evocatus emptorem defendere, & judicium* *in se suscipere tenetur etiam invito actore.* Ibidem, quest. 293.

6 *Executio instrumenti garentigia supersedere debet nullitatis & rescissionis judicio pendente.* Ibidem, quest. 504.

7 *Stipulatus molestiam omnem aut turbationem absfuturam, potest cogere promissorem ut litem totam in se suscipiat.* Voyez *Stockmans, decis. 101.*

8 *Promittens facere solvi Titio, an liberatur adhibitâ omni diligentiâ non secuto effectu?* Voyez *Ibidem, decis. 104.* il tient qu'il faut que *sequatur effectus.*

9 Il y a trois sortes de garantie : la premiere, est de la garantie simple que l'on appelle de droit : la seconde de la garantie de tous troubles & empêchemens; la troisiéme de fournir & faire valoir, &c. *Voyez M. le Prêtre 2. Cent. chap. 28.* Voyez *lettre F.* verbo *Fournir, & faire valoir.*

La clause de garantie est composée de trois especes; la premiere est la garantie simple, que l'on appelle de Droit : *Venditor nihil aliud præstare debet nisi rem evictam esse, nec præstare debet debitorem locupletem esse, nisi aliud conventum sit.* Jugé à Noël 1604. *Peleus, quest. 85. & quest. 130. & M. le Prêtre, 2. Cent. chapitre 28.*

La seconde, est la garantie de tous troubles & empêchemens generalement quelconques, laquelle opere la rente est, & qu'elle appartient à celuy qui la vend, mais aussi qu'elle est perceptible & exigible lors du contract, mais non pas qu'elle le soit toûjours & à perpetuité. *Voyez Peleus, quest. 86.* où il rapporte un Arrêt du 4. Janvier 1605. qui a appointé les Parties. *M. le Prêtre 2. Cent. chap. 28. in margine,* fait mention d'un Arrêt du 5. Decembre 1608. qui a jugé qu'on n'étoit pas garant à perpetuité ; & plus bas il rapporte l'Arrêt de Chesnart rendu le 24. Juillet 1604.

La troisiéme, est la garantie de *fournir,* &c. auquel cas on est toûjours tenu *in subsidium,* après discussion faite. *M. le Prêtre 2. Cent. chap. 28.*

10 De la garantie de droit, conventionnelle. *Voyez* plusieurs questions sur cette matiere dans le 1. tome des *Loix Civiles, liv. 1. tit. 2. sect. 10.*

11 Les garans formels ont lieu aux actions réelles & hypotequaires ; les garans simples ont lieu aux actions personnelles. *M. Bourdin sur l'Ordonnance de 1539. art. 18.* Voyez *le titre 8. de l'Ordonnance de 1667. & Charondas, liv. 12. Rép. 61.*

12 Garantir & faire bonne une rente, *hæc verba idem operantur,* que garantir & faire valoir après discussion. Arrêt du 29. Janvier 1604. *M. Bouguier lettre F. nomb. 4. & lettre G. nomb. 1.*

13 Garant ne doit avoir délay de contre-garantie qu'auparavant il n'ait pris le fait & cause de celuy qui l'a fait assigner. Arrêt du Parlement de Paris du 12. Janvier 1393. *Papon, liv. 31. tit. 4. nomb. 7.* où il remarque que cela ne s'observe point, vû l'Ordonnance de 1539. il ajoûte que la pratique de cet Arrêt est selon le droit commun.

14 Le garanti ne peut liquider ses dommages & interêts sans garant. Arrêt du Parlement de Paris du 10. Juillet 1515. Ibidem, *n. 11.*

15 Vendeur ou donateur ayant promis garantie de son fait, s'entend aussi de celuy de son prédecesseur, tant universel que particulier & de son heritier. Arrêt du Parlement de Bourdeaux du premier Février 1524. Ibidem, *n. 2.*

16 Garanti ne peut demander contre son garant l'amende du fol appel. Arrêt du 29. Decembre 1541. sur tout quand il n'y a point eu de sommation. Ibidem.

17 Sommation de garantie se doit vuider avant que d'entrer dans le Jugement du fonds. Ainsi jugé Ibidem, nomb. 1.

18 Jugé au Parlement de Paris le 9 May 1577. qu'un Courtier & Proxenete s'étant obligé en son propre

& privé nom, quoique ce soit pour un autre, sans user de discussion doit payer, sans préjudice de son recours. Ibid. n. 25.

19 Jugé le 29. Décembre 1583. que qui a son garant, ne doit appeller du Jugement contre luy donné. Ibidem, n. 10.

20 Envoyé pour les affaires d'autruy, étant pris par les chemins, & rançonné par les ennemis, doit être indemnisé par celui qui l'a délegué. Arrêt de la Cour des Aydes de Montpellier du 26. Juin 1585. Philippi, article 127.

21 Condamnation de garant executée contre le garanti. Arrêt du 17. Février 1590. rapporté par le même Philippi en ses Arrêts de consequence de la Cour des Aydes de Montpellier, article 138.

22 Quand des biens mis en criées sont ajugez à un tiers comme dernier surdisant, & après évincez, *queritur*, contre qui se doit adresser la garantie contre le débiteur, ou contre le creancier ? Il est résolu que le creancier *qui suum recepit* n'est tenu de garantie, ni restitution des deniers, *per L. repetitio ff. de condict. indebiti*. mais on se doit adresser au débiteur, à la décharge duquel a été employé le prix de l'enchere, bien qu'il ne l'ait pas reçu, & si ce débiteur se trouve insolvable, neanmoins le creancier ne peut être tenu de la garantie. Arrêt du Parlement de Toulouse du mois de Juillet 1603. après un partage départi au profit des créanciers payez. *Voyez Mainard, livre 7. chap. 91.*

23 Arrêt du Parlement de Paris du 30. Decembre 1647. qui a jugé que les Maire & Echevins de la Ville de Donchery, assiegée & prise en l'année 1639. par les ennemis de la Couronne après la bataille de Sedan, & depuis reprise par le Roy, n'étoient point garans du vin mis dans une cave de ladite ville par des Marchands de vin de la ville de Reims, & distribué par les Maire & Echevins aux soldats qui étoient en garnison ; la Loy de la guerre, à ce que prétendent les soldats, étant qu'après le refus fait par une ville assiegée de se rendre, & le premier coup de canon tiré, toutes les provisions & munitions qui sont dans la ville deviennent communes entr'eux. Soëfve, tome 1. Cent. 2. chap. 49.

24 De la garantie des billets de Finances acceptez pour argent comptant ; il n'y en a point d'autre, sinon *debitum subesse*, si ce n'est qu'elle soit expressément stipulée. Jugé à Paris le 23. Avril 1649. Ibidem, Cent. 3. chap. 9.

25 Pour hardes de chevaux il n'y a point de garantie. Par Arrêt du Parlement de Roüen du 20. Octobre 1657. le demandeur en garantie fut appointé à faire preuve de la promesse faite lors de la harde, qu'on luy garantissoit le cheval exempt de tous vices ; c'étoit juger la question que cessant la promesse, on n'auroit pû demander de garantie. *Basnage tit. de Jurisdiction, art. 40.*

26 Le creancier qui subroge l'acquereur d'un fonds appartenant à son débiteur avec renonciation à garantie, n'y est pas sujet, ni à aucune restitution de deniers lors que le fonds est évincé *jure Domini*, comme en vertu d'une substitution ; & il en est autrement lors que le fonds est évincé *jure hypoteca*, & par un creancier anterieur. Arrêt du Parlement de Toulouse du 29. Janvier 1663. *La Rocheflavin, li. 2. verbo Eviction, tit. 6.*

27 Celuy de trois coobligez solidairement qui n'a rien reçu du prêt, ne doit porter la perte qui arrive par l'insolvabilité d'un des autres. Arrêt du Parlement de Toulouse du 26. Mars 1664. qui le relaxe de la garantie demandée. *Voyez M. de Catellan, liv. 5. chapitre 50.*

28 Si celuy qui a premier acheté vend la chose à un autre, s'obligeant de garantir pour son fait & coulpe seulement, & pour tout autre droit, baille & cede son contract d'achat ; le second acheteur ne pourra prétendre aucune garantie ni restitution de deniers contre le premier. *Molin. consf. 49.*

Arrêt du Parlement de Bourdeaux du 19. Juin 1671. au Rapport de M. de Monnier, entre le nommé Lamalatie & la Chese. Lamalatie avoit fait proceder par saisie & criées sur les biens d'un sien débiteur, auquel procez la Chese s'oppose pour ce qui luy étoit dû par le saisi, & ensuite acquiert les droits dudit Lamalatie, qui luy cede tout ce qui luy étoit dû en principal, interêts & dépens, moyennant la somme de 1600. livres, & subroge ledit la Chese à son droit & hypoteque, avec renonciation à toute garantie & restitution de deniers. il se trouve par évenement que par l'ordre du decret ; le débiteur étoit insolvable dès le temps de la cession ; neanmoins la Cour déboute ledit la Chese de la garantie qu'il prétendoit contre Lamalatie. *La Peirere, lettre G. n. 8.*

Voyez cy-après le nomb. 155. *& suiv.*

GARANTIE, ACTION.

29 Quand cesse la garantie ? *Voyez* le mot *Caution*, nomb. 51. *& suiv.*

30 Un Marchand de Flandres fait convenir pardevant le Prévôt de Paris un Marchand de cette Ville pour garantir une chose au sujet de laquelle il étoit en procez en Flandres. Le Parisien dit qu'il n'est tenu d'aller plaider hors du Royaume. Sentence qui le condamne à prendre la défense du Flamand ; sur l'appel Arrêt du mois de May 1533. qui dit mal jugé, & en émendant le Parisien condamné à dédommager le Flamand. *Papon, li. 11. tit. 4. nomb. 6.*

31 Celuy qui somme un autre à garant ne le peut tirer hors de la Jurisdiction, & user *privilegio fori*, le principal étant déja vuidé, quoiqu'il ne soit encore executé. Arrêt du Parlement de Paris du 23. Janvier 1563. *Papon, li. 11. tit. 4. nomb. 10.*

32 Arriere-garant étant sommé peut demander son renvoi pardevant son Juge en vertu de son privilege, quoiqu'il y ait eu contestation avec le premier garant. Arrêt du 16. Janvier 1564. *Ibidem*, n. 6.

33 Il a été souvent jugé en limitant la Loy *Venditor. D. de judic.* que l'appellé à garant, & déniant de l'être ne peut être tiré hors de son domicile, ou s'il étoit luy-même proprietaire appellé par son fermier, qu'il y échet renvoy. *Dans Papon, ibidem* est cité un Arrêt du 8. Février 1572.

34 Dans quel temps l'acheteur non inquieté peut intenter l'action en garantie, & de la prescription de cette action. *Papon, li. 11. tit. 4. nomb. 19.* où il est rapporté un Arrêt du dernier Février 1592. qui juge que du jour du trouble seulement la prescription a lieu.

35 Les deniers ayant été consignez pour un retrait lignager, sur lequel il y a transaction, le cessionnaire deux ans après ne peut agir en garantie contre le cedant, sous prétexte de l'insolvabilité du dépositaire. Arrêt du Parlement de Dijon du 13. Avril 1606. *Bouvot, tome 2. verbo Transaction, quest. 7.*

36 Plusieurs estiment que l'action en garantie ne commence à courir que du jour du trouble. Le contraire a été jugé au Parlement de Normandie le premier Février 1657. & le 21. May 1686. *Voyez Basnage sur l'art. 521. de cette Coûtume.*

37 Il semble que comme l'action en garantie ne commence que *post rem evictam & ablatam*, l'action en contre-garantie ne peut naître aussi qu'après que le vendeur a payé la garantie à laquelle il a été condamné envers l'acheteur ; il y a neanmoins Arrêt du P. de Toulouse du 24. Juillet 1647. après partage qui juge que l'action en contre-garantie naît du jour que le vendeur a été assigné en garantie par l'acheteur évincé ; le contraire a été décidé le 19. Janvier 1695. sçavoir que la prescription de l'action en contre-garantie que le vendeur avoit contre la Demoiselle de Senas n'avoit pas commencé de courir du jour que le vendeur avoit été condamné de garantir l'acheteur,

mais seulement du jour qu'il avoit payé cette garantie. *Voyez les Arrêts de M. de Catellan*, livre 5. chapitre 44.

GARANTIE, ADJUDICATION.

38 Garantie prétenduë par l'adjudicataire. *Voyez* le mot *Adjudication*, nomb. 68. *La Bibliotheque de Bouchel*, verbo *Garantie*.

GARANTIE, BILLETS.

39 *Voyez* cy-dessus *le nomb.* 24.

GARANTIE, COMMUNAUTÉ D'HABITANS.

40 De la garantie dûë par une Communauté d'habitans. *Voyez* le mot *Communauté*, nomb. 57. & 58.

GARANTIE, CRIE'ES.

41 Un poursuivant criées n'est tenu de l'éviction & garantie, mais seulement du défaut des procedures. *Bouvot*, tome 1. part. 2. verbo *poursuivant criées*, quest. 2.

GARANTIE, DELIT, DOMMAGE.

42 Il n'y a point de garant en délit; à ce propos, le 4. Janvier 1585. un Chartier ayant passé sa charrette sur le corps d'un enfant, le Maître fut absous de la provision contre luy jugée, ayant désavoüé son Valet. *Papon*, li. 24. tit. 12. nomb. 4.

43 Pendant les troubles de la Ligue un vaisseau Ecossois est pris à la côte d'Abbeville par le sieur de Gribannal ou ses soldats, qui avoient un regiment pour la Ligue, sous M. d'Aumale, lequel avoüa la prise; les troubles finis, l'Ecossois auquel apppartenoit le vaisseau se plaint, & prend à partie le sieur de Gribannal qui se défend du temps de la guerre, & dit qu'il n'a rien fait que par commandement de son Chef d'armée *cui parere necesse habuit*: on replique que les Ecossois n'étoient point de la guerre civile de France, mais étoient conservez de part & d'autre, même qu'en délits il n'y a point de garant. La cause plaidée en la Chambre de l'Edit, par Arrêt du 18. Août 1603. les Parties hors de Cour & de procez. *Bibliotheque de Bouchel*, verbo *Garantie*.

44 Les Traitans sont civilement responsables du délit de leur Commis fait dans l'exercice de leur commission, ensorte que par même Jugement qui condamne les Commis contumax, le Traitant peut être condamné civilement, quoiqu'il ne soit point en cause, Le Traitant n'est tenu de payer cette condamnation premiere qu'en luy donnant caution pour la restitution, en cas que dans cinq ans de la condamnation, le contumax se represente & se justifie. *V.* le 2. tome du *Journ. du Palais,* in fol. p. 969. où est rapporté l'Arrêt de la Cour des Aydes de Paris du 7. Août 1683.

Voyez cy-aprés *le nombre* 56.

45 Le commodataire n'est tenu d'un cas fortuit, pour le cheval avoir été brûlé en une étable, où il avoit été mis. Arrêt du Parlement de Dijon du 7. Janvier 1616. *Bouvot*, to. 2. verbo *Prêt*, quest. 3.

46 Arrêt du Parlement de Provence du 26. Novembre 1664. qui a déclaré que le pere n'est pas responsable d'un embrasement de marchandises arrivé dans la nuit, son fils apprentif de Boutique s'étant endormi. *Boniface*, to. 1. liv. 8. tit. 15. ch. 2.

47 Jugé au même Parlement de Provence le 6. Juin 1664. que le locataire & celuy auquel on prête une chose, est garant de la perte arrivée par sa faute. *Idem*, tome 2. liv. 4. tit. 14.

GARANTIE, DE'PENS.

48 Le garanti n'est point tenu des dépens de son garant, qui a pris son fait & cause, même quand il seroit insolvable. Arrêt du Parlement de Paris du 18. Decembre 1533. L'article 20. de l'Ordonnance de 1539. comprend cette même disposition, & ne laisse plus aucun doute. *Papon*, liv. 11. tit. 4. n. 13.

49 Le garant est toûjours tenu aux dépens soufferts par le garanti en défendant ou poursuivant la chose contentieuse, & le doit rendre indemne, tant des dépens que de toute autre chose, en quoy l'amende est comprise. Arrêt du Parlement de Paris du 25. May 1549. *Papon*, *Ibidem*, nombre 10.

50 Garant appellé aprés la condamnation, ne doit les dépens faits. *Ibidem*.

51 Le défendeur & ses garans condamnez, ils appellent, & dans le temps de l'Ordonnance lesdits garans renoncent; le défendeur releve l'appel, les garans ne peuvent être poursuivis pour les frais & dépens de la cause d'appel. Arrêt du 22. Septembre 1569. *Carondas*, liv. 6. Réponse 39.

52 Appellé en garantie n'est tenu aux dépens des instances ausquelles il n'a été appellé. Arrêt du 18. May 1581. Autre Arrêt du 23. Février 1595. *M. Expilly*, *Arrêt* 76.

53 En un relief d'appel celuy qui est tenu en garantie pour le principal, n'est point tenu des dépens du frivol appel. Arrêt du Parlement de Toulouse du premier Mars 1605. c'est une exception à l'article 11. du titre 8. de l'Ordonnance de 1667. *La Rocheflavin*, livre 2. tit. des *Evictions*, *Arrêt* 2.

54 Celuy pour lequel on s'est chargé de garantie, ne peut être condamné aux dépens des procedures faites depuis qu'il a été envoyé hors de procez, s'il n'y a eu protestation de le faire répondre desdits dépens, lorsqu'il a été distrait du procez. *Art.* 15. *les Arrêts du Parlement de Roüen*, les Chambres assemblées en 1666. *Basnage*, to. 1. à la fin.

55 Lorsqu'un obligé à garantir emprend le garant aprés sommation à luy faite, il n'est pas tenu d'aucuns frais; mais s'il s'y fait contraindre, il doit les dépens de la poursuite. Arrêt du Parlement de Tournay du 11. Juin 1697. rapporté par *M. Pinault*, to. 2. *Ar.* 159.

GARANTIE, DOMMAGES ET INTERESTS.

Voyez cy-dessus *le nombre* 42. & *suiv*.

56 De la garantie en dommages & interêts. *Voyez* le mot *Dommages*, nombre 31.

GARANTIE PAR LE DONATEUR.

57 De la garantie d'une chose donnée. *Voyez* le mot *Donation*, nomb. 385. & *suiv*.

58 Mornac ad l. 62. ff. de Ædil. edict. tient qu'il échet garantie en donation remuneratoire.

59 Celuy qui donne un heritage en faveur de mariage, quoiqu'il n'y ait qu'une part & portion, doit garantir le total, ou payer les dommages & interêts pour la portion qu'il ne peut livrer. Arrêt du Parlement de Paris allegué par le *Caron au* 2. liv. des *Rép.* art. 40. où il dit avoir été jugé de même en un legs fait à des Religieux.

60 Arrêt du Parlement de Paris du 28. Avril 1646. qui décharge le donateur de la garantie d'une chose qui ne luy appartenoit pas, & à laquelle il s'étoit neanmoins soûmis: il est vray que la donation sembloit faite *turpi persona*, & avoir été extorquée. *Soëfve*, tome 1. Cent. 1. chap. 91.

61 Si l'on doit la garantie pour la chose donnée, & depuis évincée au donataire? Non, quand la donation est pure liberalité; *secus*, quand elle est pour services, ou pour mariage. Arrêt du Parlement de Toulouse du 9. Février 1660. le donateur avoit enjoint par un testament posterieur à la donation, à tous ses heritiers de ne se rien demander pour cause d'éviction; il fut jugé que s'il n'étoit relatif qu'aux choses divisées dans le testament, non à celles contenuës dans la donation.

62 Il faut prendre garde quand la donation a une cause, & comment elle est faite, car Me. de Tessa, Lieutenant de la Judicature de Villelongue, ayant fait decreter certains biens pour la somme de 700. livres, passa une transaction avec M. Bernard son neveu sur quelques pretentions que ce neveu avoit contre luy; il luy donna cette somme de 700. livres; Bernard prit le decret sur ce pied; évincé de quelques pieces, il demanda la garantie à la veuve; mais parce qu'il apparut par la transaction que c'étoit la somme qui avoit été donnée, non pas la chose décretée, cette veuve fut relaxée en la Premiere des

Enquêtes de Toulouse au mois d'Août 1649. V. Albert, verbo *Donation*, art. 9.

62 Si celuy qui avoit promis une somme de deniers baille en payement une rente ou un heritage, il s'engage à la garantie, la raison est qu'il n'avoit promis que de l'argent comptant, & que s'il l'avoit payé, la donation auroit eu son execution, mais ayant baillé une autre chose pour s'acquiter, il est tenu de la garantir. Il en seroit autrement, si d'abord il avoit donné ce fonds, car n'ayant point eu intention de donner autre chose, le donataire s'en doit contenter. Arrêt du Parlement de Roüen du 23. May 1670. aprés partage. *Basnage sur la Coûtume de Normandie*, article 431.

GARANTIE, DOT.

63 De la garantie de la dot. *Voyez* le mot *Dot*, nomb. 188. *& suiv.* & cy-après le nomb. 94. *& suiv.*

64 Arrêt du Parlement de Paris du 2. Mars 1577. rapporté par *Carondas*, au 7. *livre des Rép. chap.* 25. qui juge que le curateur d'une fille heritiere par benefice d'Inventaire doit payer en son nom la somme par luy promise en mariage, si les biens de la fille ne valent autant.

65 La dot que les freres promettent à leur sœur n'est pas une liberalité de leur part, mais le payement d'une legitime, c'est pourquoy ils sont toujours garans de la mauvaise collocation qu'ils en font entre les mains du mary: cette garantie ne se termine pas seulement à ce qu'eux-mêmes ont promis & payé, si le pere n'a pas fourni l'argent qu'il a promis à sa fille, quoique le pere eût pû payer sans être recherché, les freres n'ont pas le même avantage, ils sont tenus d'assurer les promesses du pere quand il ne les-a pas acquitées. Arrêt du Parlement de Roüen en 1672. autres des 26. Novembre 1669. & 5. May 1688. *Voyez Basnage sur l'art.* 251. *de la Coûtume de Normandie.*

GARANTIE, ENCHERE.

66 De la garantie qui peut avoir lieu en fait d'encheres. *Voyez* le mot *Enchere*, nomb. 24. *& suiv.*

67 Le Commissaire n'est point garant envers l'encherisseur de la ferme qu'il lui a baillée suivant sa charge, ainsi jugé, parce qu'il n'a fait ce bail que *necessitate officii.* Papon, *liv.* 13. *tit.* 9. *n.* 10.

68 Un precedent encherisseur recherché pour l'insolvabilité du dernier, proposé excuses valables, en disant qu'il a employé son argent ailleurs, ou contracté avec autre, lorsqu'il a vû son enchere couverte, autrement s'il ne se défend point, il doit être condamné. Arrêt du Parlement de Paris du 19. Novembre 1530. *Ibidem*, nomb. 2.

Voyez cy-dessus les nombres 38. *&* 41.

GARANTIE, FEMME, MARY.

69 Quand le mary seul a vendu son heritage, si la femme à cause de la communauté est tenüe à la garantie? *Voyez* Coquille, tome 2. quest. 111.

70 Le mary & la femme faisant un échange s'obligent à la garantie solidairement; la femme renonçant à la communauté, n'en peut être relevée, sauf son recours contre les heritiers de son mary. Arrêt du 23. Janvier 1545. Carondas, liv. 7. Rép. 44.

GARANTIE, FOURNIR ET FAIRE VALOIR.

71 De l'effet de la clause *fournir & faire valoir*. *Voyez la Bibliotheque de Bouchel*, lettre F. verbo *Fournir & faire valoir.*

72 Traité de la garantie des rentes, contenant la défense de l'opinion commune sur la clause de *fournir & faire valoir*, & l'explication des autres clauses apposées aux cessions des rentes, dont voicy la décision: Mon avis est que le simple contract de vente ou transport d'une rente emporte seulement qu'elle est dûë, non qu'elle soit à exiger. La promesse de garantir de tous troubles & empêchemens quelconques, exprime qu'elle est payable lors du contract seulement. La clause de fournir & faire valoir tant en principal qu'arrerages, signifie qu'elle doit toûjours demeurer perceptible, & que discussion faite du débiteur quoiqu'absent, elle engendre l'action redhibitoire; & même sans discussion aux rentes dûës par le fisc. Enfin la paction de payer soi-même exclud la discussion, & induit non une redhibition ou resolution du contract, mais une obligation précise de continuer la rente, & outre qu'elle a execution parée: cela soit dit *sine prajudicio melioris sententia*. *Voyez la Bibliotheque du Droit François par Bouchel*, verbo *Rentes.*

73 Par Arrêt donné en Juillet 1595. au profit du sieur Comte de Schomberg, jugé en une cession de rente sur l'Hôtel de Ville qui n'étoit point par échange, que ces mots *garantir & fournir* sans autre chose, obligent le cedant à payer en son nom, après une simple sommation. Bouchel, ibidem.

74 Arrêt du Parlement de Paris en Robes rouges à la prononciation de Noël 1604. contre la veuve de Veron Procureur, qui la déboute de sa demande en garantie, parce qu'il n'y avoit pas d'obligation expresse dans le Contract. M. le Premier Président dit aux Avocats que sous la clause generale de garantie, celle de fournir & faire valoir n'étoit jamais sous-entendüe. *Plaidoyers de Corbin*, chap. 54.

75 Jugé le 23. Janvier 1610. que la clause simple de garantir, sans dire fournir & faire valoir, n'emporte point la garantie d'insolvabilité, même en contract d'échange. Ibidem.

76 Si le défunt avoit alienè une rente avec clause de garantie, fournir & faire valoir, & que ses heritiers la reprennent, & payent au cessionnaire le sort principal, à l'effet de se décharger de la garantie, cette rente sera propre en leur personne, *quia censetur magis redditum, quam translatio dominium*, ce qui a eté jugé par Arrêt du 3. Mars 1618. rapporté par *la Lande sur l'article* 314. *de la Coûtume d'Orleans.*

77 Un preneur d'heritage à rente en bled, avec promesse de le *fournir & faire valoir*, est déchargé trente ans de la faire valoir, ou reçu à la rembourser. Jugé en la Coûtume d'Orleans par Arrêt du 30. Avril 1626. *Du Frêne*, liv. 1. chap. 101.

Voyez cy-dessus lettre F. verbo *Fournir & faire valoir.*

GARANTIE ENTRE HERITIERS.

78 Des garanties entre coheritiers, les cas fortuits après le partage regardent ceux à qui ils arrivent. *Voyez* le 3. tome des *Loix Civiles*, liv. 1. tit. 4. sect. 3.

79 Il y a lieu de garantie entre coheritiers, quand le testateur même a fait le partage. *Voyez du Perrier*, livre 2. quest. 2.

80 Heritier tenu à la garantie d'un Acte sujet à rescision. Arrêt du Parlement de Bretagne du 30. Octobre 1576. *Du Fail*, liv. 3. chap. 135.

81 En partage de meubles, point de recours de garantie l'un contre l'autre. Arrêt du 30. Septembre 1606. *Brodeau sur M. Loüet lettre F. somm.* 25. *n.* 9.

82 Le recours de garantie n'a lieu, sinon entre les coheritiers, lesquels *ex divisione inter eos factâ, tenentur invicem de evictione.* Arrêt du 20. Mars 1607. M. Loüet lettre L. somm. 20.

83 Copartageans tenus de s'entre garantir les heritages & rentes tombez au partage. Arrêt du Parlement de Paris du 1. Juin 1607. *Voyez* Filleau, part. 4. question 199.

84 Recours solidaire d'une ligne contre l'heritier de l'autre ligne. Arrêt du 13. Février 1615. M. le Prêtre és Arrêts de la Cinquième.

85 De la garantie des copartageans, en cas d'éviction d'une piece échûë à l'un d'eux, elle a lieu quand même elle ne seroit pas exprimée. Jugé au Parlement de Grenoble le 12. Juillet 1613. Bassit, tome 2. liv. 5. tit. 7. chap. 2.

86 Sur la question de sçavoir, si un heritier qui est évincé d'un heritage de son lot par un decret pour les dettes de l'acheteur de son predecesseur, est tenu

pour en avoir recours fur ſes coheritiers, de les appeller lors du decret, & ſi faute de l'avoir fait, il doit être évincé de ſon recours ſur ſes coheritiers garans du lot? Il fut tenu & mis en avant, que pour les rentes hypotequées, l'heritier eſt obligé d'appeller ſes coheritiers qui peuvent encherir plus haut, mais qu'autre choſe eſt d'un fond decreté, vû qu'étant depoſſedé par un decret public, il eſt cenſé notoire; tenu d'autre part que cet heritier eſt obligé de proteſter faute d'avoir appellé ſon coheritier, que le decret a été bien fait. Par Arrêt du 30. Juin 1659. jugé pour le recours non ſans contredit. Berault à la fin du 2. tome de la Coût. de Normandie, p. 105. col. 1.

87 En garantie de partage l'eſtimation ſe prendra du temps du partage, & non du temps de l'éviction. Cont. Peregrin. art. 52. n. 55. vid. L. 7. C. comm. utri. judic. Autre choſe, dit la Peirere, eſt un partage; autre choſe un contract d'acquiſition; le contract de vente eſt volontaire, & il eſt juſte que le vendeur garantiſſe au temps de l'éviction; mais le partage étant neceſſaire, il faut avoir égard au temps du partage.

Arrêt du Parlem. de Bourdeaux le 29. Août 1670. donné en la Grand'Chambre au Rapport de M. de Montagne. Un homme vend à un autre une maiſon ſituée en cette Ville à la place du marché, & la luy vend franche en aleu: l'acheteur fait de grandes reparations dans la maiſon, & aprés l'avoir jouïe, 24. ans, il eſt inquieté par le Syndic des Prêtres Beneficiers de S. Michel, qui luy demande une rente fonciere & directe de huit francs Bordelois, & obtient en cauſe contre l'acheteur & le vendeur, condamné à garantir le *quanti minoris*; mais la queſtion étoit de quel temps ſe devoir eſtimer le *quanti minoris*, ou du jour de la vente que la maiſon étoit de peu de valeur, ou du temps de l'inquietement fait par le Syndic, que la maiſon avoit beaucoup augmenté de prix par les grandes reparations. Jugé que le *quanti minoris* s'eſtimeroit au temps de l'inquietement fait par le Syndic. La Peirere, lettre G. n. 12.

Voyez cy-aprés le nombre 89.

GARANTIE, INCENDIE.

88 Maiſon brûlée par la faute des ſerviteurs, le locataire condamné à reparer la maiſon. Arrêt du 25. Février 1581. Carondas, liv. 6. Rép. 8. fine.

Les locataires ſont reſponſables des incendies, quand le proprietaire de la maiſon prouve qu'il y a de leur faute & de leur negligence. Avis d'Henrys, tome 1. liv. 4. chap. 6. q. 85.

Voyez cy-deſſus le nomb. 96.

GARANTIE, LEGS.

89 Le legataire d'une dette ne peut contraindre l'heritier de la luy faire bonne; l'heritier eſt ſeulement tenu de luy ceder ſes actions. Jugé le 26. Juin 1584. contre une veuve legataire de ſon mary. La Rocheflavin, liv. 6. tit. 61. Arr. 6.

Voyez le mot Legs.

GARANTIE PAR LE MAISTRE.

90 Arrêt du Parlement de Provence du 17. Mars 1661. qui a déclaré le Maître reſponſable des dommages qui arrivent de ce que ſon valet jette par les fenêtres ſur une ruë paſſante. Boniface, tome 1. livre 8. tit. 14. chap. 2.

GARANTIE PAR LE PERE.

91 Si le pere eſt garant des actions de ſes enfans? Voyez le mot Enfant, nomb. 58. & ſuiv.

92 Un amy avec le pere de la fille promet certaine ſomme de deniers au futur époux, le pere meurt ſans avoir payé, l'époux fait renoncer ſa femme à la ſucceſſion de ſon pere, & attaque l'amy qui étoit intervenu au contract de mariage, & avoit promis de payer. Jugé que le mary feroit diſcuſſion de tous les biens du pere qu'il avoit lors du contract de mariage, & depuis juſqu'au jour de ſon decés, pour icelle faite être payé du défendeur. Arrêt du 29. May 1563. Charondas, liv. 9. Rép. 10.

93 Pere n'eſt point garant du délit commis par ſon fils. Arrêts des 27. May 1564 & 19. Mars 1569. il peut être pourſuivi pour frais faits en matiere beneficiale, & dépens ajugez contre ſon fils. Arrêts des 14. Août 1549. 14. Août 1557. & 26. Novembre 1569. Papón, liv. 7. tit. 1. n. 4. où il eſt obſervé que Mainard dit que l'Arrêt cité de Toulouſe n'eſt point intervenu en ces termes.

94 Le pere préſent au mariage de ſon fils, eſt reſponſable de la dot conſtituée à l'épouſe de ſon fils. Arrêt du Parlement de Grenoble du 8. Août 1599. Cela ſe doit entendre quand le fils eſt encore *in ſacris paternis*, car s'il s'en trouve délivré par une émancipation anterieure au mariage, le pere n'en eſt point tenu. Arrêt du 6. Février 1664. Et par Arrêt du 23. Février 1638. il avoit été jugé que la preſence du pere au contract de mariage de ſon fils non emancipé, auquel il avoit donné la moitié de tous ſes biens, acqueroit hypoteque tacite ſur l'autre moitié non donnée pour la reſtitution de la dot, quoique avant ſon fils aprés la mort du pere. Par Arrêt du 9. Avril 1666. il fut encore jugé qu'une fille mineure s'étant conſtituée ſes droits maternels, le pere ne la ayant payez *perditure*, en demeuroit garant. Baſſet, tome 2. liv. 4. tit. 10. chap. 6.

95 Arrêt du Parlement de Roüen du 8. Août 1609. qui condamna un pere envers ſon gendre à l'acquiter d'une demande formée contre luy pour une dette perſonnelle de ſa femme, contractée avant ſon mariage, parce qu'autrement il n'auroit rien en dot s'il étoit obligé de la payer. Baſnage ſur l'art. 250. de la Coûtume de Normandie.

96 Ce que le pere promet par le contract de mariage & paye comptant à ſa fille, n'eſt point ſujet à garantie, parce que c'eſt une pure liberalité. Arrêt du Parlement de Roüen du 27. Septembre 1639. il n'eſt pas même neceſſaire que l'argent ſoit payé avant les épouſailles quand il promet de l'argent, quoiqu'il ſoit payable aprés le mariage dans certains termes, il n'y a point auſſi de garantie, encore même que le payement n'ait été fait qu'aprés les termes échûs: Arrêt du 9. Juillet 1659. entre les nommez le Foreſtier. Le pere avoit promis de payer dans un certain temps, & encore qu'il n'eût payé qu'aprés le terme échû, il fut déchargé de la garantie, par la raiſon qu'il ne s'étoit point conſtitué en rente. Cet Arrêt eſt conſiderable; on ne doutoit point que le pere ne fût à couvert de la garantie, lorſqu'il avoit promis dans un certain temps & payé dans le terme; mais par cet Arrêt on a jugé que le pere ou ſes heritiers ne pouvoient être inquietez, quand on ne promettoit que de l'argent exigible aprés un temps préfix, nonobſtant que le pere n'eût point payé préciſément dans le temps. Arrêt ſemblable du 1. Mars 1660. le ſieur de Pigouſſe qui avoit donné 25000. livres à ſa fille en la mariant, & qu'il promettoit de payer en quatre termes, fut auſſi déchargé de la garantie. Autre Arrêt ſur ce fait; Roland Malſilâtre promet à ſa fille en la mariant 1000. livres, il en paya 1000. livres comptant, & pour les autres 1000. livres, il s'obligea de les payer en quatre termes, ce qu'il executa: de cette ſomme le mary en avoit conſigné 700. livres en dot, & ſes biens ayans été ſaiſis & vendus, la femme ne pût y être colloquée utilement, & neanmoins elle ne demanda aucune récompenſe contre ſon pere; vingt-cinq ans aprés ſa fille pourſuivit la petite-fille de Malſilâtre pour luy payer cette ſomme, dont elle fut déboutée par Arrêt du 31. Juillet 1663. Le ſeul cas où le pere peut être pourſuivi pour la garantie de la dot promiſe à ſa fille quand le mary qui la reçuë eſt inſolvable, eſt lorſqu'il s'eſt conſtitué en rente. Arrêts du Parlement de Roüen du 20. Novembre 1642. & de la Chambre de l'Edit du 26. Août 1634. Voyez Baſnage ſur l'article 250. de la Coûtume de Normandie.

Le

97. Le beaupere qui s'est rendu responsable de la dot ne l'est point de l'augment : car l'augment n'a pas le privilege de la dot ; en l'une, il s'agit de perte pour la femme, en l'autre il s'agit de gain. C'est assez de faire répondre le pere de la dette, sans vouloir qu'il réponde de ce qui n'est qu'une pure liberalité du fils. Arrêt du Parlement de Toulouse du 17. May 1667. autre du 28. Juillet 1669. & par ce dernier il a encore été jugé que le beaupere responsable de la dot ne l'est point des habits & nourritures de l'année du deüil, & frais funeraires. 3°. Que le beaupere est responsable de la dot sans discussion. *Voyez* les Arrêts de M. de Catellan, li. 4. chap. 11.

GARANTIE, PRESCRIPTION.

98. Celuy qui est poursuivi en garantie, ne peut après le temps de prescription être relevé du contract, ni demander aucune condition dépendante dudit contract. Arrêt du 14. Août 1496. *Charondas*, livre 3. Rép. 46.

GARANTIE, PROCEDURE.

99. De *dilatione garendi*. V. le 12. ch. du stile du Parlement dans du Moulin, tome 2. p. 419. & 457. sur les Notes.

100. Sentence donnée contre le garant est executoire contre le garanti *Despeisses*, tome 2. prat. civ. tit. 11. sect. 3. n. 3. page 568.

101. Le garant privilegié attire le garanti par-devant le Juge de son privilege. Arrêt du Conseil d'Etat du 26. Août 1669. Recueïl des Arrêts en interpretation des nouvelles Ordonnances, p. 55.

GARANTIE, RECOMMANDATION.

102. Lettres de simples recommandations, encore qu'elles contiennent que celuy qu'on recommande est homme de bien, & payera bien, n'obligent en rien celuy qui les a écrites. Arrêt du Parlement de Toulouse du 8. Mars 1574. *Voyez Mainard*, livre 8. chap. 29.

103. Celuy qui prie un Pedagogue de prendre des disciples, l'assurant qu'il le seroit bien payé, *commendare videtur non mandare, & ideo non obligatur*. Arrêt en Robes rouges à la prononciation de Noël le 23. Decembre 1575. sauf au Maître son action contre le pere des disciples. *Voyez* M. le Prêtre 4. Centurie, chapitre 2.

104. L'Evêque de Riez met un jeune enfant son cousin chez un Maître de pension : celuy-cy l'assigne pour être payé ; l'Evêque pris à serment jure *se commendasse solum, non autem mandasse*. Arrêt du Parlement de Paris du 14. Février 1600. confirmatif de la Sentence qui avoit mis hors de Cour sur la demande. M. Servin remontra que la même question, *mutatis solis nominibus*, avoit été ainsi jugée, prononçant M. le Président de Thou. *Bibliotheque de Bouchel*, verbo Preuves.

Voyez cy-après, le mot *Recommandation*.

GARANTIE, RENTES.

105. *Voyez* cy-dessus les nomb. 12. 71. & suiv.
M. Jean-Jacques de Mesme avoit baillé des rentes de la ville en échange d'une terre, avec promesse de garantir, fournir & faire valoir ; sommé de payer, il dit qu'il offre de continuer la rente du jour de la demande ; & pour le precedent, tenir compte des fruits de la terre ; par Arrêt du mois de Juillet 1565. sans avoir égard aux offres, il est condamné à payer la rente & arrerages pour tout le temps qui est dû ; peu auparavant M. le Maréchal de Rets avoit été condamné de payer les arrerages du jour de la demande seulement ; il est vray que la demande avoit été faite peu après la cessation du payement des rentes de la ville. *Bouchel en sa Bibliotheque*, verbo Rentes.

106. L'emphiteote qui a été contraint de payer la rente par *indivis* pour les autres tenanciers, a son recours contre eux pour leurs saisis. Arrêts des 18. Novembre 1571. & 2. Août 1573. *Bibliotheque de Bouchel*, verbo Droits Seigneuriaux.

Tome II.

107. Maison échangée contre une rente de l'Hôtel de Ville, avec promesse de garantir, fournir, & faire valoir, celuy qui avoit baillé la rente, condamné à faire payer les arrerages de ladite rente, &c. si mieux n'aimoit resoudre le contract, &c. Arrêt du 14. Août 1587. *Le Vest*, Arrêt 185. Autre Arrêt du 3. May 1595. M. le Prêtre és Arrêts de la Cinquiéme.

108. Le premier Août 1595. cette question fut plaidée contre un tiers détempteur, auquel on demandoit le payement & continuation de la rente, & de tous les arrerages ; il offroit les arrerages du jour de la demande ; on luy repliquoit que par le contract d'échange, la terre avoit été specialement affectée à la garantie de la rente, que *res transierat cum suâ causâ*, & même qu'il offroit de déguerpir, *qua casu*, il eût fallu se regler suivant la Coûtume de Paris. Par Arrêt la cause appointée au Conseil. *Bibliotheque de Bouchel*, verbo Rente.

109. L'heritier n'est pas tenu de la garantie de certaine rente particuliere donnée & leguée à quelque Eglise, Hôpital, ou autre. Arrêt du 9. Mars 1591. Autre du 16. Avril 1598. *Carondas*, livre 13. Rép. 14.

110. A quoy est obligé le cedant d'une rente avec garantie de ses faits & promesses sans restitution de deniers, & qui pour toute garantie met le contract és mains du cessionnaire qui le prend à ses risques, perils & fortune? *Voyez* sur cette espece l'Arrêt du 29. Janvier 1657. que la *Guesse* rapporte tome 3. liv. 1. chap. 10. *Voyez* M. le Prêtre, 2. Cent. chap. 28.

111. Les Religieux du Convent de Bodelio Evêché de Vannes, demanderent devant le Juge de Ploarmel qu'Yvon Beloüan paye quelques rentes, au moyen du testament de Beloüan, qui leur assigna quarante livres de rente & une mine de bled, sur la terre dont il étoit possesseur. Celuy-ci dit qu'il l'a achetée sans cette charge, est banni & approprié ; & que telles rentes hypotequaires sont évacuées par le moyen de l'appropriement ; cette rente n'est de telle nature qu'elle soit attachée au fonds, comme les rentes reservées au titre d'appropriement ; l. 1. §. *Si haeres*, ff. ad Trebel. l. *si fideicom*. §. *Tractatum*, ff. de judic. Les Religieux disent que l'acheteur n'a ignoré la rente : car en son contract il est ainsi dit, (que *si autres rentes & charges étoient dües sur ladite terre, la venderesse promet l'en garantir*,) de sorte que par les bannies & appropriement il est toûjours demeuré obligé, sauf à luy d'appeller en garantie la venderesse ; le Procureur General soûtient la demande des Moines, nonobstant l'appropriement : ils avoient perdu leur cause à Ploarmel ; mais par Arrêt du Parlement de Bretagne du 31. Août 1573. Beloüan fut condamné de payer & continuer à l'avenir sauf son recours. *Du Fail, li. 1. chap. 352.*

112. Jugé par Arrêt du Parlement de Dijon du 28. Avril 1608. qu'il suffit au cessionnaire que les biens du débiteur ayent été discutez, & qu'il ait fait assigner le cedant pour faire valoir la collocation de la rente, & après il est recevable à demander la garantie cedée, tant pour le principal qu'arrerages. *Bouvot*, to. 2. verbo Transport, quest. 9.

113. Berault cite un Arrêt par lequel les heritiers de celuy qui avoit donné une rente à l'Eglise, furent condamnez de la faire valoir ; on jugea le contraire dans cette espece : le Curé de Bois-Bourdel acquis au tresor de la Paroisse une rente qu'il avoit acquise. Le débiteur d'icelle étant demeuré insolvable ; par Arrêt du Parlement de Roüen du 28. Janvier 1656. les heritiers furent déchargez de la garantie. *Basnage sur la Coûtume de Normandie, art. 431.*

114. Le cessionnaire d'une rente pour conserver la garantie sur son cedant, est tenu lors que les biens hypotequez à la dette sont saisis réellement, de luy dénoncer la saisie à ce qu'il ait à s'y opposer, & le faire colloquer utilement ; s'il neglige de faire cette diligence, le cedant peut se défendre de la garantie,

Oo

parce qu'il peut objecter, que si le cessionnaire l'avoit averti en temps & lieu, il auroit encheri les heritages à si haut prix, que la rente auroit été colloquée utilement. Il ne suffiroit pas au cessionnaire, pour excuser sa negligence d'alleguer, que son cedant avoit connoissance du decret, & même qu'il y étoit opposant pour d'autres dettes, & que par consequent, *qui certus est, amplius certiorari non debet*; car le cedant a lieu de présumer que la rente qu'il avoit cedée avoit été racquittée, que le cessionnaire en étoit satisfait, lors qu'il demeureroit huit ans en silence, & qu'il ne luy faisoit aucune interpellation pour le faire payer ; ainsi jugé au Parlement de Roüen le 14. Août 1684. *Basnage, titre de Jurisdiction, art. 40.*

115 Jugé au Parlement de Tournay le premier Juillet 1697, qu'un acheteur de rente ne peut agir en garantie contre le vendeur, qu'après la discussion de tous les biens hypotequez. *Voyez M. Pinault, tome 2. Arrêt 165.*

GARANTIE, RENTES SUR LA VILLE.

116 Le Roy Henry IV. donna par ses Edits en 1601. sursféance des poursuites des garanties des rentes dûës sur l'Hôtel-de-Ville. *Voyez M. le Prêtre 2. Cent. chap. 26.*

117 La garantie n'a point lieu pour les rentes dûës par le Roy, quand même les vendeurs auroient promis garantir, fournir & faire valoir, elle auroit seulement lieu pour celles données en partage ou pour mariage. Jugé au Parlement de Roüen le 28. Juin 1657. Depuis cet Arrêt il n'y a plus de distinction : par Arrêt du Conseil privé du 27. Août 1666. pour la Ville d'Auxerre, qui a servi de Reglement pour toutes les autres Villes du Royaume, il est expressément porté qu'en consequence des retranchemens faits par le Roy, les créanciers ne pourront prétendre aucun recours ni garantie contre leurs cedans & coheritiers, par quelques actes & contracts que lesdits transports & cessions ayent été faits, soit par contract de mariage, fondation de services, ou par testament, donation entre-vifs, ou à cause de mort, codicilles, legs, & tous autres actes & dispositions generalement quelconques; & à l'égard des contracts où les cedans ont promis garantir, fournir & faire valoir la rente, & à faute de payement, de payer soy même, ou si le cedant s'est obligé par clause expresse de garantir le fait du Roy, surseoiront toutes actions de garantie des cessionnaires jusqu'à ce qu'autrement par sa Majesté en ait été ordonné. *Basnage, tit. de Jurisdiction. art. 40.*

GARANTIE, RESTITUTION.

118 *Minore petente se restitui adversus tempus elapsum conficiendi inventarii, an instrumenti garentigia executio cessare debeat? Voyez Franc. Marc. to. 1. quest. 249.*

119 En rescision fondée sur dol, calomnie de partie adverse qui sont faits personnels, n'y a lieu de novation ou de garant formel. Arrêt du Parlement de Paris de l'an 1535. *Papon livre 11. tit. 4. n. 5.*

120 Plusieurs freres vendent une piece de terre avec garantie, l'aîné renonce au benefice de discussion, les vendeurs ont recours à leur minorité pour obtenir la restitution. Arrêt du Parlement de Bourdeaux du mois de May 1581. qui l'accorde, & condamne l'aîné à garantir l'acquereur ; ainsi la restitution du mineur ne profite au majeur. *Papon, li. 16. tit. 1. n. 15.*

GARANTIE, RETRAIT.

121 Puisque le retrayant entre en la place de l'adjudicataire, il doit demeurer chargé de tous les risques, & supporter toutes les pertes qui peuvent arriver. Par Arrêt du Parlement de Roüen du 16. May 1631. il fut jugé qu'un adjudicataire n'étoit point tenu de bailler caution au retrayant, qui le depossedoit, de l'évenement de l'appel d'un decret qui pouvoit être cassé. *Voyez Basnage, sur la Coûtume de Normandie article 458.*

122 L'acquereur d'un fief évincé par retrait feodal demeure toûjours obligé à la rente par luy constituée pour le prix de l'acquisition, parce que le vendeur a choisi l'acquereur, & pris creance en sa personne, *quia causa pignoris mutata non est, l. 4. C. de evictt.* Arrêt du Parlement de Paris du 17. Février 1633. en l'Audience de la Grand Chambre; le même est observé au cas du retrait lignager, & pareillement au retrait censuel, és Coûtumes où il est reçu. *Voyez Auzanet, sur l'article 20. de la Coûtume de Paris.*

123 Le Seigneur évincé du fonds qu'il a pris par retrait feodal, ne peut avoir de garantie contre l'acheteur sur qui il a usé de ce droit, ni contre la caution que l'acheteur avoit donnée au vendeur ; il doit avoir sa garantie contre le vendeur. Arrêt du Parlement de Toulouse du 9. Juillet 1638. qui décharge la caution. *Voyez M. de Catellan, li. 3. chap. 13.* il combat la disposition de cet Arrêt sur le fondement que le Seigneur retrayant entre en la place de l'acheteur, & doit avoir la même garantie.

GARANTIE, SAISIE.

124 Le subrogé à une saisie n'est tenu garantir les fautes passées du Juge, en faisant le decret. Arrêt du mois de Juillet 1596. *Peleus li. 8. act. 54.*

GARANTIE, SERGENTERIE.

125 Bien que les proprietaires ne prennent caution de leur Commis que jusqu'à une certaine somme, ils sont tenus neanmoins jusqu'à la valeur de leur Sergenterie. Par Arrêt du Parlement de Roüen du 4. Mars 1606. il fut jugé entre le sieur Bertaut Abbé d'Aunay, & Doleançon Sergent, que le proprietaire étoit tenu de bailler déclaration des biens de son Commis, pour être discutez à ses perils, avant que de pouvoir s'adresser à luy, ni sur la Sergenterie ; & par Arrêt du 15. Février 1631. les Chanoines de Blainville ont été déclarez responsables des dépens d'un appel interpellé par un des Commis de leur Sergenterie, bien que ce ne fût qu'un appel en excés d'un executoire de dépens. Et par l'article 16. du Reglement de 1666. le proprietaire de la Sergenterie est garant des cautions reçûës par celuy qu'il a commis pour l'exercer, encore que par le bail, commission, ou acte de reception, il soit porté qu'ils ne pourront recevoir aucune caution, dont il sera neanmoins quitte en abandonnant la Sergenterie. *Basnage sur la Coûtume de Normandie, art. 157.*

126 Le proprietaire de la Sergenterie est garant des cautions reçûës par ceux qu'il a commis pour l'exercer, encore que par le bail, commission, ou acte de reception il soit porté qu'ils ne pourront recevoir aucune caution, dont il sera neanmoins quitte en abandonnant la Sergenterie. Arrêté au Parlement de Roüen, les Chambres assemblées, le 6. Avril 1666. art. 16. *Basnage, to. 1. à la fin.*

GARANTIE, SUBSTITUTION.

127 L'heritier institué ne peut débattre une substitution faute d'insinuation, parce qu'il en est garant. Arrêt du 7. Decembre 1601. *Peleus, quest. 55.*

128 Celui à qui l'heritier chargé de fideicommis a vendu sciemment un fonds dépendant de la substitution peut avant le trouble, même avant le cas de la substitution arrivée, demander la rescision du contract de vente. Arrêt du Parlement de Toulouse du premier Août 1662. après partage. *Voyez M. de Catellan, li. 5. chap. 42.* où il est montré que l'action de garantie peut être intentée avant l'éviction réelle.

GARANTIE, TRANSPORT.

129 Si un creancier a cédé une dette contre son débiteur, la maintenant dûë & non payée, sans autre garantie, le cessionnaire ne la peut demander au cedant sous prétexte qu'il ne peut être payé du débiteur. Arrêt sans date rapporté par *Basset, tome 2. li. 4. tit 20. chap. 6.*

130 Creancier qui reçoit son payement, & cede ses droits sans parler de la garantie en cas d'éviction n'y est tenu. Jugé au Parl. de Grenoble les 19. Decem-

131. Le cedant sur une Communauté n'est tenu de garantie, si le cessionnaire ne peut être payé à cause des surseances, parce que les surseances n'éteignent pas la dette, mais en suspendent l'exaction, ce qui conserve la clause de la maintenue de la dette dûe & exigible; ainsi jugé au Parlement de Grenoble le 3. Août 1654. Ibidem, liv. 4. tit. 20. ch. 5. & 9.

132. Si un debiteur a cédé en payement à son creancier une somme dûe par homme insolvable, il est tenu *debitorem idoneum præstare & locupletem*. Arrêt du P. de Dijon du mois de Juin 1558. Bouvot, to. 1. part. 3. verbo *Detteur*, quest. 1.

133. Le cedant de quelques obligations en payement d'autres sommes par luy dûes, est tenu à garantir la chose dûe, & non acquittée, encore qu'il n'ait été convenu. Arrêt du Parlement de Dijon du 26. Novembre 1607. Bouvot, to. 2. verbo *Transport*, quest. 10.

134. L'on ne peut contraindre le cessionnaire avant la reception, lorsque par la cession il est dit à la charge de payer après que la somme sera reçûe. Arrêt du Parlement de Dijon du 31. May 1613. Ibidem, quest. 16.

135. Celuy qui a cédé une constitution de rente, étant entre les mains d'un Procureur, pour s'opposer au decret, sans aucune conduite ni garantie, le cedant ayant sommé le Procureur, qui dit ne l'avoir, & les biens du debiteur ayant été discutez, le cedant ne peut actionner le cessionnaire pour lui payer la somme convenuë. Arrêt du Parlement de Dijon du 20. Juillet 1619. Ibidem, quest. 21.

136. J'ay appris qu'en la Troisiéme Chambre des Enquêtes au procez d'un nommé Chesnard, sur ce qu'en un contract *cessionis nomine*, il y avoit promesse de garantir de tous troubles & empêchemens, & de là on concluoit à fin de payer & continuer la rente, par Arrêt du 12. ou 24. Juillet 1604. les Parties ont été mises hors de Cour & de procez; semblable question en la cause de le Peultre Marchand de Paris, fut plaidée, par Arrêt du 4. Janvier 1605. appointée au Conseil. Biblioth. du Droit Fr. par Bouchel, verbo *Garantie*.

137. Par Arrêt prononcé en Robes rouges par Monsieur le Président de Harlay, le 23. Decembre 1604. contre Amariton Avocat en la Cour, jugé que *in cessione nominis* avec la simple garantie, sans dire, fournir & faire valoir, *sufficit debitorem esse, non etiam locupletem esse*; après l'Arrêt prononcé, il avertit les Avocats de retenir ce point. Quand on promet simplement garantir, fournir & faire valoir, ne se peut suppléer en Jugement: De plus j'ay appris que *in ista cessione nominis*, il n'y avoit point du tout de promesse de garantir, mais on disoit que la garantie tacite *intrat ex naturâ contractûs*. Bouchel, ibidem.

138. Si le cessionnaire au lieu de faire payer le débiteur qu'on luy a delegué, qui prend des interêts de luy, peut après recourir sur son cedant en cas d'insolvabilité du débiteur? Cette cause plaidée au Parlement de Toulouse le 14. Juillet 1638. il fut jugé que Pertin ayant pris les interêts de celuy qu'on luy avoit delegué se devoit imputer l'insolvabilité de ce debiteur; cela fondé sur la Loy *pupilli*. 96. §. *soror, ff. de solut*. & le 14. May 1648. la même chose fut jugée en faveur de la Dame de Masés contre le sieur de Latcade. Il en est autrement, quand l'obligation a du terme; parce que le cessionnaire ne pouvant contraindre le débiteur à payer le capital, si ce debiteur devient insolvable pendant le terme, la perte ne tombe pas sur luy. Albert, verbo *Interêts*, art. 9.

139. Le 20. Mai 1659. jugé au P. de Rouën que le transport d'une obligation mobiliaire ne pouvoit être supporté en garantie 38. ans après, en consequence que le cessionnaire avoit pris en payement des heritages desquels il se trouvoit enfin évincé sans avoir appellé ni fait de reservation avec le transportant; lorsqu'il avoit pris lesdits heritages en payement. Berault, à la fin du 2. tome de la Coût. de Normandie, p. 104. col. 2.

140. Arrêt du Parlement de Provence du 13. Avril 1662. qui a jugé que le cessionnaire d'une dette, qui n'a point fait de diligences, est garant de l'insolvabilité du débiteur cedé, sur tout quand la somme est modique. Boniface, to. 2. liv. 4. tit. 8. ch. 1.

141. Si le cessionnaire d'un capital à pension perpetuelle, est responsable de l'insolvabilité du debiteur cedé, qui met ses biens en discussion, pour n'avoir agi par declaration d'hypoteque contre les tiers acquereurs des biens d'iceluy. Arrêt du 18. Avril 1674. qui ordonna que le cessionnaire feroit apparoir de l'insolvabilité du débiteur cedé au temps de la cession. Idem, tome 4. liv. 8. tit. 5. ch. 3.

142. Arrêt du même Parlement de Provence du 4. Decembre 1685. qui a jugé que le cessionnaire d'une somme qui n'a pas fait ses diligences pour son payement, n'a point de garantie contre son cedant. Ibidem, liv. 8. chap. 1.

GARANTIE, TUTEUR.

143. Un tuteur, qui fait des constitutions de rente, n'est tenu de l'insolvabilité des débiteurs; il suffit qu'au temps de la constitution ils fussent solvables. Arrêt du Parlement de Dijon du 1. Mars 1599. Bouvot, to. 1. part. 1. verbo *Tuteur*, question 1. il rapporte plusieurs Arrêts semblables.

144. Un tuteur ayant baillé à rente de l'argent de son mineur, le debiteur ne se trouvant solvable, n'est tenu à la garantie, en prouvant que lors de la creation de la rente, le debiteur étoit solvable. Arrêts du Parlement de Dijon au mois de Juillet 1570. & 3. Juin 1603. Bouvot, to. 2. verbo *Tuteurs*, quest. 9.

145. Les tuteur & curateur ayant vendu tant en leurs propres & privez noms, qu'en qualité de tuteur & curateur, les biens des mineurs, sont tenus à la garantie, lesdits biens étant évincez. Arrêt du Parl. de Dijon du 18. Novembre 1611. Ibidem, quest. 30.

146. Si les parens ayant donné avis de main-levée pour le tuteur saisi de crainte qu'il ne fît banqueroute à ses mineurs, doivent répondre de la banqueroute ensuivie, le tuteur apparoissant solvable lors de leur avis? La cause appointée le 4. Août 1603. Peleus, question 145.

147. Jugé par Arrêt du Parlement de Grenoble du 15. Janvier 1659. que le Magistrat qui n'avoit fait bailler caution pour le tuteur étoit responsable en cas d'insuffisance du tuteur & de ses nominateurs, car il étoit en faute. Regulierement, hors de ce cas-là, les Magistrats ne répondent du fait des tuteurs ni de leurs nominateurs. La même chose avoit été jugée le 10. Août 1644. & a encore été depuis jugée le 19. Janvier 1664. Basset, to. 2. liv. 4. tit. 14. ch. 8.

148. Arrêt du Parlem. de Provence du 20. May 1666. qui a jugé que les nominateurs ou fidejusseurs des curateurs ne sont point responsables de l'administration du cuteur faite après la majorité du pubere par le même tuteur: ils ne sont responsables de l'insolvabilité du tuteur, s'il étoit solvable, lors de la provision. Boniface, to. 1. liv. 4. tit. 5.

149. En la Coûtume de Bretagne si les parens nominateurs d'un tuteur qui devoit bailler caution, & ne l'ayant pas fait, sont responsables du compte de tutelle? Il y avoit quelques circonstances; la cause appointée, & que dans deux mois les Parties feroient juger le compte de tutelle. Jugé le 4. Juillet 1675. De la Guessiere, tome 3. liv. 9. chap. 11.

GARANTIE EN VENTE.

Voyez cy-dessus les nomb. 1. & suiv.

150. Le vendeur du fond étant lezé d'outre moitié du juste prix, peut se pourvoir contre le premier acheteur, pour la restitution du prix; & celui-ci doit les dommages & interêts au second acheteur. Arrêt du Parlement de Dijon du 9. Juin 1588. Bouvot, tome 2. verbo *Vente*, quest. 13.

151. Celuy qui vend les heritages francs & quittes de toutes charges, cens, rentes, s'ils sont main-mortables, est tenu de les garantir de cette condition. Arrêt du Parlement de Dijon du 2. Juillet 1600. Ibidem, verbo *Main-morte*, quest. 10.

152. Celuy qui vend une maison à luy appartenante sous le nom d'un tiers *homme insolvable*, avec promesse de faire ratifier, est tenu à la garantie, nonobstant la ratification. Arrêt du Parlement de Dijon du 8. Février 1610. Ibidem, verbo *Vente*, quest. 29.

153. Celuy qui a vendu un heritage franc de cense pour n'en avoir payé, l'heritage se trouvant censable, est tenu à la garantie. Arrêt du Parlement de Dijon du 13. Juillet 1610. Ibidem, quest. 58.

154. Un heritage ayant été vendu déchargé de toutes dettes & hypoteques, se trouvant une hypoteque generale, le contract ne doit être resolu; mais le vendeur est tenu à la conduite & garantie. Arrêt du Parlement de Dijon du 20. May 1611. Ibidem, quest. 61.

155. Le demandeur en garantie ne peut refuser à son garant la resolution du contract, en luy remboursant le prix de son acquisition & ses dommages & intérêts. Arrêt du Parlement de Paris contre un acheteur qui ne vouloit la resolution du contract que pour une partie des choses vendües. Papon, livre 11. tit. 4. nomb. 16.

156. La garantie de ses faits & promesses ne regarde pas seulement le trouble qui pourroit être fait par le vendeur & par ses heritiers, mais aussi le trouble qui pourroit être fait par celuy *a quo habet causam*. Peleus, quest. 130. Promesses de garantie par un mary qui vend les propres de sa femme. *Voyez à la lettre* D. *Dommages & intérêts, ventes.*

157. L'acheteur ne peut appeller son vendeur en garantie, sur demande de lods & ventes. Arrêt du Parlement de Paris de l'an 1334. Papon, liv. 11. titre 4. nombre 4.

158. Par Arrêt du Parlement de Paris du 24. Février 1542. un vendeur qui avoit promis garantir une maison vendüe quitte & libre de toutes charges sous obligation de son corps & hypoteque de ses biens, fut condamné de racheter certaine rente constituée sur ladite maison dans six mois; sinon après ledit temps, contraint par emprisonnement de sa personne, Bibliotheque de Bouchel, verbo *Garantie*.

159. Le garant ne peut être contraint de donner à l'acquereur les titres concernans la chose, à moins qu'on ne le décharge de la garantie. Arrêt du P. de Paris du 18. Novembre 1550. Papon, liv. 11. tit. 4. nomb. 3. Du Luc, au 1. titre du 9. livre, rapporte l'Arrêt au contraire; mais l'opinion de Papon est confirmée par l'autorité de Du Moulin. Le vendeur peut retenir les originaux en promettant d'en aider l'acquereur, & jusques-là luy fournir des copies collationnées.

160. Le vendeur qui a promis garantie, n'est pas tenu de se dessaisir des titres, il suffit qu'il donne des copies collationnées, & offre de representer les originaux quand l'occasion le requerra. Arrêt du Parlement de Paris du 18. Novembre 1556. Bibliotheque de Bouchel, verbo *Garantie*.

161. Gillot plaidant le 29. Mars 1563. pour les enfans de Jeanne Hurault, il fut dit qu'il y avoit Arrêt imprimé, par lequel la Cour a jugé que si un pere ou mere vend l'heritage appartenant aux enfans du chef de l'autre, encore que les enfans se portent heritiers de celuy ou celle qui a vendu, ils ne sont pas tenus à la garantie, & n'a lieu la Loy *vindicantem*; mais rentreront dans l'heritage en rendant le prix. Cet Arrêt prononcé pendant les Fêtes de la Pentecôte en 1571. est au livre 2. de Carondas.

162. Les acquereurs des biens Ecclesiastiques par albergement perpetuel avec entiere garantie, ayant été taxez en vertu de la Declaration pour le huitième denier de ces sortes d'alienations, peuvent se pourvoir en garantie contre leurs vendeurs. Jugé au Grand-Conseil le 12. Septembre 1681. *Journal du Palais.*

163. Sur la question de sçavoir si le fidejusseur de la vente des immeubles faite par une femme separée, doit garantir l'acquereur qui en a été depossedé, les avis s'étant trouvez partagez au Parlem. de Roüen, les Parties s'accommoderent; il semble qu'il n'y avoit point de difficulté pour la garantie. *Basnage sur l'article 373. de la Coûtume de Normandie.*

164. En Normandie il n'y a point de garantie pour la *graine de lin*, quand même le vendeur s'y seroit obligé, parce que les cas fortuits, comme la rigueur de la saison, l'empêchent facilement de poulser, en sorte qu'un vendeur ayant garanti sa graine bonne, loyale & marchande, & qu'elle leveroit bien, il fut jugé que cette promesse étoit nulle, parce qu'il n'étoit pas au pouvoir du vendeur de la faire réüssir. Arrêts du Parlement de Roüen des 8. Mars & 25 May 1651. rapportez par Basnage, titre de *Jurisdiction*, art. 40.

165. Berault sur l'article 522. de la Coûtume de Normandie, a rapporté un Arrêt, par lequel le vendeur fut condamné à la garantie, nonobstant la prescription de quarante ans par luy alleguée; il fut jugé autrement en cette espece. Varillon & un autre particulier avoient fait des échanges de terres tenuës d'un fief appartenant au Chapitre de Lisieux, sans se charger ni l'un ni l'autre d'aucunes redevances. Le contrat d'échange avoit été fait dés l'année 1590. M. Clement Conseiller en la Cour, titulaire de la Prébende à laquelle ce fief étoit attaché, demanda quelques rentes à ce particulier, qui appella Varillon en garantie: l'affaire portée en la Cour, le Sauvage pour Varillon se fondoit sur la prescription; Theroulde pour le demandeur en garantie, répondoit qu'on ne pouvoit pas s'aider de la prescription contre luy, parce que cette rente ne luy ayant jamais été demandée, & n'en ayant aucune connoissance, il ne pouvoit agir contre son vendeur. Il y avoit cela de particulier, que Varillon possedoit auparavant ce même fief du Chapitre, de sorte que s'il avoit demandé la rente, il eût été luy-même garant. Par Arrêt du 29. May 1653. Varillon fut condamné à la garantie. *Basnage, sur la Coûtume de Normandie, art. 521.*

166. Garantie est duë, quoique l'acheteur paye volontairement le creancier, si la saisie de l'heritage vendu avoit été faite. Arrêt du 18. Juillet 1589. rapporté par *Philippi, és Arrêts de consequence de la Cour des Aydes de Montpellier, article 137.*

167. Toute vente est sujette à garantie, & l'action en garantie court du jour du trouble. Arrêt du Parlement de Bretagne rapporté dans *Du Fail, livre 1. chapitre 382.*

168. L'acquereur ne peut prétendre de garantie contre le creancier du vendeur, à qui le prix des biens par luy acquis a été delegué en payement, & ne peut refuser de payer sous ce prétexte. Jugé au Parlement de Toulouse par Arrêt sans date. *La Rocheflavin, liv. 2. tit. 6. verbo Eviction, Arr. 1.*

169. Une chose vendüe pour noble se trouvant chargée d'oublie, le vendeur doit rembourser en premier lieu à l'acquereur les lods & ventes qu'il est contraint de payer au Seigneur direct, & outre à luy payer deux autres lods & ventes pour les deux prochaines ventes qui se pourroient faire de ladite piece, ensemble la censive pour le temps de soixante ans passez; toutes lesquelles sommes l'acquereur peut compenser sur le prix de la vente, de même que les arrerages qu'il pourroit avoir été condamné de payer. *La Rocheflavin, des Droits Seigneuriaux, chap. 10. article 1.*

170. Celuy qui se croit seul heritier du pere par testament, vend du bien paternel pour 1000. livres, & depuis à la poursuite d'un frere le testament du pere est déclaré nul, & tous deux appellez *ab intestat*; ensuite le frere fait appeller l'acheteur en délaissement

de la moitié des biens par luy acquis ; celui-ci fait appeller le vendeur en garantie & impetrer Lettres en rescision du contract pour le tout : le vendeur offre de garantir pour la moitié demandée, le contract subsistant pour l'autre moitié. L'acheteur dit qu'il n'eût pas acheté une partie, s'il n'eût crû avoir le tout, suivant la Loy *quod si unus. ff. de in diem addict. l. tutor, §. 1. ff. de morib.* & gagne sa cause par Arrêt du Parlement de Toulouse au mois d'Avril 1577. *Voyez Mainard*, livre 8. chap. 71.

171 L'acheteur condamné à faire délaissement, ne peut obtenir sa garantie contre son vendeur, jusqu'à ce qu'il soit dépossedé ; mais si celuy qui a obtenu la Sentence donne ou legue la chose à l'acheteur avant que de la luy avoir ôtée, l'acheteur ne peut demander garantie contre le vendeur, mais bien si elle luy a été donnée ou leguée après luy avoir été ôtée. Si le vendeur après que la chose a été évincée, & ôtée à l'acheteur par Sentence, la rachette, & l'offre au vendeur, il est déchargé de la garantie en lui payant les dépens & les dommages qu'il a soufferts pendant qu'il a été privé de la chose ; ainsi jugé à Toulouse, en Juillet 1558. *Voyez Ibidem*, liv. 9. chap. 29.

172 L'acheteur qui a sçu que la chose achetée n'appartenoit pas au vendeur, ou étoit obligée à un autre, peut demander garantie. Arrêt du Parlement de Toulouse au mois de May 1656. *Voyez M. de Castellan*, liv. 5. chap. 7.

173 Bertrand le Boucher avoit vendu des heritages à Guillaume du Val, relevant du fief de la Mote, des Rotours, à cette condition de payer toutes les rentes & redevances ; mais ces heritages étant chargez d'une aisnesse, l'acquereur conclud en garantie contre son vendeur pour ne luy avoir point exprimé cette charge, qui ne pouvoit être entenduë ni comprise sous cette clause generale de charges, rentes & sujetions. Arrêt du Parlement de Roüen du 18. Août 1661. confirmatif de la Sentence qui avoit condamné le vendeur à la garantie, nonobstant que l'appellant eût allegué que cet acquereur depuis son contract avoit fait le service de cette aisnesse, ce qui faisoit connoître qu'en contractant il avoit eû intention de s'en charger. *V. Basnage, titre de Jurisdiction, art.* 40.

GARANT, Vol.

174 Du 15. Février 1595. le Marquis de Pisany demandoit que M. Antoine Cap Docteur en Medecine luy répondit du vol que son Maître-d'Hôtel luy avoit fait, lequel Maître-d'Hôtel il disoit luy avoir été baillé, par priere & importunité de Cap, qui avoit répondu pour luy ; denié par M. le Marquis de Pisany, il demande à être reçû à le verifier ; Cap le soûtient non recevable par l'Ordonnance de Moulins, les Parties hors de Cour & de procez. Fut allegué un Arrêt donné à Tours pour M. Bernard sieur de Benigne ; lequel étoit poursuivi par son Hôtesse pour un larcin que son valet avoit fait à l'Hôtesse, il fut absous. *Bibliotheque de Bouchel*, verbo *Preuves.*

GARDE.

CE mot reçoit differentes explications ; il y a garde pour exprimer le *Guet* & la *Garde*, que l'on est tenu de faire dans les Villes & Châteaux ; la *Garde Noble* & *Bourgeoise*, introduite par les Coûtumes en faveur des peres & meres, pour leur donner la joüissance des revenus des biens de leurs enfans jusqu'à un certain âge. La *Garde Royale* établie dans la Coûtume de Normandie.

GARDE, GUET.

1 *De littorum & itinerum custodiâ. C.* 12. 45... *C. Th.* 7. 16.. Garde des Ports, Ponts & Passages, pour empêcher la sortie de certaines marchandises.

De lusoriis Danubii. C. Th. 7. 17... Des bateaux disposez sur le Danube pour veiller à la garde des passages. Il y en avoit de semblables sur le Rhin, & sur les autres fleuves qui séparoient l'Empire Romain des Etats voisins. *Lusoriæ naves, sic dictæ, quasi ludentes, & discurrentes:* parce qu'elles alloient & venoient.

De Burgariis. C. Th. 7. 14... Défense d'enrôler les Gardes des Bourgs, Châteaux & Forts de la frontiere. *Burgarii, à Burgis.*

Garde. *Voyez la Rochestavin, des Droits Seigneuriaux,* chap. 27.

Garde est dûë par l'Evêque de Châlons en Champagne. Arrêt de 1281. *Joannes Gal.* part. 7. *Arr.* 65. 2

Si les Ecclesiastiques sont tenus de faire la garde 3 aux portes en temps de guerre. *V. Tournet let. E. n.* 50. il rapporte un Arrêt du 14. Août 1528. portant que les Chanoines de l'Eglise de Troyes ne pourroient être contraints à faire la garde, par saisie & exploitation de leurs biens comme par forme de gagerie.

Declaration portant Reglement pour la garde des 3 Châteaux & Forteresses dont le Roy ne peut pas porter la dépense. A Tours le 17. Octobre 1589. registré le 26. du même mois. *Vol. unique, &c. fol.* 78.

Garde de l'Hôtel de Ville. Par Arrêt du Jeudy 6. 4 Juillet 1564. jugé que les Gardes de la marchandise qui est sur la Gréve seront nommez & élûs à la nomination des Marchands qui en seront responsables. *Bibliotheque de Bouchel*, verbo *Garde*.

Ceux de la Religion Prétenduë Reformée ne doi- 5 vent être commis à la garde des Villes ; mais au lieu de cela, ils doivent être taxez par les Maires & Echevins des Villes à sommes raisonnables, pour le bois & chandelle qui se consument dans le corps de garde, & autres frais necessaires. *Voyez les Décisions Catholiques de Filleau, décision* III.

Les biens tenans ne sont point tenus de contribuer 6 pour la garde de la Ville. Jugé au Parlement de Toulouse le 15. Février 1612. contre les Consuls de Saint Denis prés de Carcassonne ; mais ils sont tenus de contribuer pour la réparation des murailles, fossez, ponts & chemins de même que les habitans, parce que telle imposition se fait pour l'utilité publique de tous ; & même les Eglises en sont tenuës, quoiqu'elles soient ordinairement déchargées des contributions, comme il est décidé en la Loy 7. *Cod. de sacros. Ecclés. ad instructiones itinerum, pontiumque.* Cambolas, liv. 4. chap. 33.

Le Lieutenant Particulier d'un Présidial ne peut 7 se dispenser d'aller en garde à la porte de sa Ville dans les occasions. Jugé au Parlement de Paris le 11. Février 1653. contre le Lieutenant Particulier du Présidial de Beauvais. *Soëfve*, to. 1. Cent. 4. chap. 10.

GARDE, TUTELE.

GArde qui est un droit affecté par les Coûtumes aux peres & meres survivans. *Voyez* le mot *Bailliste*, & ce même titre dans la *Bibliotheque du Droit François par Bouchel*, les Commentateurs de la Coûtume de Paris sur le titre 12. le Traité fait par Mr *Philippes de Renusson*, Avocat au Parlement de Paris, imprimé en 1699. son Traité des *Propres*, chap. 4. sect. 7.

Avant que d'examiner les décisions particulieres 1 qui conviennent soit à la Garde Bourgeoise, soit à la Garde Noble ; il faut d'abord proposer celles qui conviennent à l'une & à l'autre en general.

La Coûtume ne limite aucun temps pour l'accep- 2 tation de la Garde-noble & bourgeoise, comme fait la Coûtume de *Berry* art. 39. de l'état des personnes, qui donne trente jours pour déclarer si l'on veut accepter le bail, sinon on en demeure privé, & le bail deferé aux autres plus proches parens. *Tronçon, Coûtume de Paris*, art. 165. verbo *Accepter*, fine.

Une mere majeure ne peut être relevée de l'ac- 3 ceptation par elle faite de la garde-noble ou bourgeoise. Arrêt du 5. Août 1627. *Du Frêne*, livre 1. chapitre 135.

4. Quand la garde des mineurs est acceptée long-temps après à Paris solemnellement, elle n'empêche pas que le gardien ne fasse cependant les fruits siens des heritages de Touraine, qui ne baille que quarante jours pour accepter la garde, parce que la Coûtume ne porte pas une peine resolutive, & étant accomplie elle refere son effet au temps que le droit lui est attribué, *l. si filius familias 78. ff. de verbo. oblig.* Carondas, *Coûtume de Paris, art.* 269. Voyez Chopin, *Coûtume de Paris, liv.* 2. *tit.* 7. *n.* 5.

5. Arrêt du Parlement de Bretagne du 26. Février 1561. qui donne à une femme, quoique remariée, la garde de son fils jusqu'à 14. ans; elle offrit caution de deux mille écus de le rendre non contracté. Pareil Arrêt en 1565. *Du Fail, li.* 2. *chap.* 164.

6. M. Tilnau Conseiller, marié avec la veuve du sieur de la Mareschée, obtient par Arrêt du Parl. de Bretagne du 12. Avril 1571. la garde de ses enfans. Arrêt semblable du 6. du même mois. *Du Fail, liv.* 2. *chap.* 41. où il est observé que le beaupere n'est curateur s'il ne veut, & que l'élection en doit être faite par les parens, quoi qu'il se fût obligé par contract de mariage de nourrir & entretenir les enfans de sa femme jusqu'à l'âge de 20. ans, sans diminution de leur bien. Arrêt du P. de Paris en 1608.

7. Sur l'interpretation de l'article 265. de la Coûtume de Paris, sçavoir si un enfant mineur tombé en garde par le décez de son pere, sans que la mere l'ait acceptée, s'étant contentée de la tutelle de son fils, peut après le trepas de sa mere tumier tomber de nouveau sous la garde de l'ayeul paternel qui la veut accepter? Arrêt du 28. Février 1630. qui prononce contre l'ayeul, & décharge l'enfant de la garde. Voyez le 2. *Plaidoyé de Gautier, tome* 1.

8. La garde-noble, ou bourgeoise ne peut être prohibée par testament, parce que c'est un droit établi par la loy. Tronçon *Coûtume de Paris, art.* 268. verbo *la garde.*

9. La garde n'a point de lieu suivant la Coûtume où les biens des mineurs sont assis, mais selon la Coûtume du domicile ordinaire des pere & mere. Arrêt du 20. Mars 1646. *Du Frêne, liv.* 4. *ch.* 36.

10. La garde n'est donnée qu'aux pere & mere, ayeul & ayeule, si ce n'est en Normandie, où par la Coûtume il y a garde-noble Royale ou Seigneuriale, &c. Voyez M. le Prêtre 2. *Cent. chap.* 46.

11. Femme noble épousant un roturier dont elle a des enfans, son mari décedé; sçavoir si la veuve qui rentre au moment de sa mort dans sa noblesse aura la garde noble ou bourgeoise? Il semble que l'article 265. de la Coûtume de Paris decide qu'elle doit avoir la garde-noble.

12. S'il avient en ligne directe ou collaterale quelque succession aux mineurs, sçavoir le gardien en fait les fruits siens? Les uns sont pour l'affirmative, les autres pour la negative. M. Charles du Moulin, *titre premier des Fiefs,* §. 32. *hodiè le* 46. *n.* 5. tient que les fruits appartiennent à celuy qui a accepté la garde. Bacquet *des Francs-Fiefs, chap.* 10. *n.* 10. a le même sentiment; mais l'opinion contraire de Chopin sur la Coûtume d'Anjou, *liv.* 2. *tit.* 2. *n.* 8. a prévalu. Voyez le même *sur la Coûtume de Paris, liv.* 2. *tit.* 7. *n.* 6. On tient au Palais que la garde étant acceptée, elle n'augmente ni diminuë, elle se prend & demeure en l'état qu'on l'a trouvée; la joüissance & administration du gardien ne comprend autres biens que ceux qui sont échûs au mineur, par la succession ou disposition à cause de mort du pere ou de la mere qui a donné ouverture à la garde; & ainsi il n'entre dans la garde que ce que les mineurs recueillent par le décez du pere ou de la mere.

GARDE-BOURGEOISE.

13. Si la Garde-Bourgeoise appartient à l'ayeul & ayeule en la Coûtume de la Prevôté de Paris, comme elle fait aux pere & mere par l'article 166. de ladite Coûtume. Filleau *quatrième partie, quest.* 20. & M. Sebastien Rouillard, *dans ses Reliefs Forenses* rapportent un Arrêt du 19. Octobre 1593. qui déboute l'ayeul.

14. *Confiscationis vel mulctæ emolumentum ex crimine patrato tempore gardiæ, & adjudicatum finitâ gardiâ, pertinet ad gardianum tanquam finis ad principium; ex quo illud totum omninò pendet.* Pontanus, sur la Coûtume de Blois, *tit.* 2. *art.* 5. *in verbo, quod spectandum tempus.*

Les confiscations appartiennent au gardien, bien entendu neanmoins que la proprieté demeurera reservée aux mineurs, & que le gardien n'aura que la joüissance des choses confisquées. Voyez cy-après le *nomb.* 39. *art.* XIII.

15. Acte de Notorieté de M. le Lieutenant Civil du 7. Mars 1684. que le gardien noble n'est point tenu des frais funeraires, ni du deüil, qui doivent être pris sur les biens des mineurs, & employez dans le compte de leur tutelle. *Recueil des Actes de Notorieté, p.* 17. *& suiv.* Voyez le mot *Frais, nomb.* 36.

16. Acte de Notorieté de M. le Lieutenant Civil du Châtelet de Paris du 18. Janvier 1701. portant que suivant la Jurisprudence qui s'observe au Châtelet de Paris, l'on donne la joüissance de tous les droits & actions qui sont purement personnelles & mobiliaires, & des contracts de constitution à un pere survivant, qui accepte la garde-noble ou bourgeoise, domicilié à Paris, en quelque lieu que les meubles soient: Mais l'on restraint à l'égard des immeubles ces joüissances suivant la disposition de chaque Coûtume pour les immeubles qui y sont situez; de sorte que si un pere accepte la garde-noble à Paris, où est son domicile, il aura la joüissance de tous les meubles, actions & droits, en quelque lieu qu'ils se trouvent, & des arrerages des rentes constituées, *quia non habent situm:* mais s'il se trouve dans la succession de sa femme, des biens situez en pays de Droit écrit, il n'en joüira pas en vertu de la Coûtume, mais par le droit de puissance paternelle; s'il y en a en Normandie il joüira par droit de viduité, & s'il y a des terres dans un Bailliage, où la garde-noble ne soit pas établie, il n'en joüira pas; il sera obligé de tenir compte à ses mineurs des revenus, parce que chaque Coûtume pour les droits réels, *quæ habent situm,* ou pour les immeubles, oblige de suivre dans les partages, ses dispositions.

17. Ceux qui ont la garde-noble, ou bourgeoise ne peuvent vendre ni aliener le bien des mineurs, ni assister en Jugement. Voyez *l'article* 270. *de la Coûtume de Paris, &* M. Loüet, *lettre* G. *somm.* 6.

GARDE-NOBLE.

18. Garde-Noble. *Impuberum custodia Nobilis. De Tutoribus & Curatoribus illustrium vel clarissimarum personarum.* C. 5. 33.

19. Par Arrêt du Parlement de Normandie du 14. Février 1509. & autre du 28. Avril de la même année, il a été jugé que le tuteur donataire du Roy de la garde-noble, n'étoit tenu de rendre compte aux mineurs de son administration, & leur payer le reliqua, suivant la loy *Si quis ira,* §. *quæstio. ff. de manum. Testam.* & l'Ordonnance de François I. & Henry IV. & autres. Berault *sur l'art.* 215. *in verbo;* d'en rendre compte au profit des mineurs; mais ce sont des anciens Arrêts sur lesquels on fait tous les jours des difficultés: & l'Auteur dit que son opinion seroit de suivre le contraire, mais qu'il n'est point encore intervenu d'Arrêts.

20. Le 14. Février 1537. il fut dit que l'âge seul met le vassal hors de garde, sans autre ministere d'homme, ni qu'il soit besoin faire autre diligence. Berault *sur la Coûtume de Normandie, article* 223. *in verbo la Garde-Noble finit.*

21. Par Arrêt du Parlement de Normandie du 29. Novembre 1525. rapporté par Berault sur le titre des gardes, *art.* 217. a été jugé que les meubles ne tom-

boient en garde, & n'appartenoient au gardien, mais aux enfans, comme aussi les rentes acquises desdits meubles, & les deniers des louages des terres dûs pour l'Août précedent le trépas du pere d'iceux enfans, quoique les termes de payer ne fussent encore échûs.

22. Le Seigneur qui n'a pas demandé la garde-noble perd les fruits, *quia videtur aut remisisse, aut noluisse*: si toutefois il venoit à vaquer quelques Benefices il pourroit y présenter ; cela fut jugé pour le Curé d'Hermainville, dont la présentation fut déclarée valable, bien que le Seigneur n'eût fait aucune demande de la garde-noble ; cet Arrêt ne se trouve point sur le Registre ; j'estime neanmoins que si le tuteur des mineurs avoit présenté, sa présentation prévaudroit sur celle que le Seigneur auroit faite, avant que d'avoir fait la demande de la garde-noble, puisque cessant cette demande en Justice, la jouïssance de la garde-noble ne luy appartient point. *Basnage sur l'article* 215. *de la Coûtume de Normandie*.

23. Le droit de garde-noble engage étroitement le Seigneur à la protection des mineurs, & à la conservation de leurs intérêts, autrement il se rend indigne de son benefice, s'il commet quelque chose contre son devoir, ou qu'il les plaide mal à propos, & sans aucun prétexte. Le sieur de Pierre avoit contesté la legitimité des enfans de du Pont sieur de la Blachere, il avoit même maltraité le pere ; cela donna lieu au tuteur des mineurs de soutenir qu'il étoit déchû de son droit de garde-noble : car au lieu de défendre ses mineurs il avoit contesté leur condition, & entrepris de les réduire à l'infamie & à la mendicité. Le Seigneur répondoit qu'il n'avoit contesté leur état que pour la conservation de ses droits ; que la garde-noble étoit un droit feodal dont le Seigneur n'étoit pas privé. Par Arrêt du 8. May 1640. le Seigneur fut maintenu en son droit de garde-noble ; mais en l'espece de cet Arrêt le Seigneur n'est pas défavorable pour avoir soûtenu un droit qu'il prétendoit luy appartenir par la Coûtume. *Basnage sur la Coûtume de Normandie*.

24. L'acceptation que le Seigneur fait de la garde-noble ne l'engage pas indispensablement ; il est en son pouvoir de la remettre & d'y renoncer quand elle luy est onereuse. Jacques Henry du Moussel, sieur d'Acqueville, Conseiller en la Cour des Aydes, qui avoit épousé la veuve du sieur de l'Abbé, ayant formé une action contre le tuteur de la fille mineure du sieur de la Roque pour l'obliger de recevoir la remise de la garde-noble du sieur de la Roque, qui luy avoit été donnée par l'Évêque de Lisieux, avec offre de luy rendre compte de la jouïssance ; le tuteur ayant été déchargé de cette action, par Arrêt du 5. Août 1650. en infirmant la Sentence, on déchargea l'appellant de la garde-noble du jour de sa déclaration. La même chose fut jugée pour le sieur Dupin, contre le sieur Morin Tresorier de France à Caën, tuteur des enfans du sieur de Barneville qui accepta la remise faite par le gardien noble ; & en consequence les parties furent renvoyées compter devant les Commissaires : sur le Registre de la Cour le Greffier a remis la déclaration du sieur Dupin. *Ibidem*.

25. En consequence de l'article 224. de la Coûtume de Normandie qui porte que le mineur demeure toûjours en garde jusqu'à ce qu'il en ait obtenu main-levée ; on demande si la fille est dans la même obligation de demander cette main-levée, parce que l'article 227. ne luy impose point cette necessité. Le sieur de Beuzeville ayant épousé la Demoiselle de Montenay Garancieres, qui étoit en la garde du Roy, avoit presenté à la Cure de Bandemont ; le Roy y presenta, un troisième obtint des provisions en Cour de Rome : le 21. Août 1654. les parties appointées ; cependant la récréance ajugée au presenté par le sieur de Beuzeville. *Basnage sur cet art. 224.*

26. Par l'article 216. de la Coûtume de Normandie le Seigneur a seulement la garde des fiefs nobles ; & quoique par cet article le Seigneur soit obligé de nourrir & d'entretenir les enfans selon leur qualité, & selon la valeur de leurs biens ; il ne s'ensuit pas qu'ils doivent avoir la garde de leurs personnes quand le tuteur ou les parens se veulent charger de leur éducation, de leur garde, & de leur nourriture ; que si les parens refusent de prendre ce soin, en ce cas le Seigneur est tenu de les recevoir. Jugé par Arrêt du Parlement de Roüen du 19. Mars 1666. *Basnage sur l'art. 217. de cette Coûtume*.

27. Le Seigneur qui a la garde-noble, perd son droit s'il ne s'acquitte de son devoir. Jugé au Parlement de Roüen le 16. Decembre 1667. contre le sieur Marquis de Vieuxpont, lequel fut déchû du droit de garde-noble Seigneuriale du fief des Vietes appartenant aux enfans mineurs du sieur de Guerpel, faute après plusieurs remises d'avoir satisfait à une Sentence qui le condamnoit à envoyer le fils en l'Académie & payer les pensions des filles qui étoient en Convent ; comme aussi à réparer les bâtimens. *Basnage sur l'art. 218. de la Coûtume de Normandie*.

28. Arrêt du 12. Février 1602. qui a cassé & déclaré nul un decret fait sur un gardien noble. *Biblioth. de Bouchel*, aux mots *Criées & Decrets*.

29. Le remploy des propres vendus, n'est pas une dette mobiliaire que la mere garde-noble doive acquitter. Arrêt du 30. Mars 1605. *Peleus*, question 101.

30. *Jus illud non potest testamento prohiberi* ; ainsi jugé en 1528. contre le sieur de Maisiers pour le Comte de Dompmartin, *quia datur à consuetudine*. Bibliotheque de Bouchel, *verbo* Garde-Noble.

31. Garde-noble dans la Coûtume de *Lorris* doit être acceptée par le pere en Justice, ou pardevant Notaires, & la simple administration des biens n'opere point cette acceptation, mais le rend tuteur & comptable. Arrêt du 6. Août 1630. *Bardet tome 1. liv. 3. chap. 122.*

32. Garde-noble acceptée ou ômise par les pere ou mere, ne peut être reprise après son decez par l'ayeul ou ayeule. Jugé le 28. Février 1630. *Bardet*, *ibidem*, *ch. 91*.

33. Garde-noble acceptée par le pere, finit & s'éteint par son decez, & les ayeuls paternels ni maternels ne la peuvent plus prétendre. Jugé le 15. Janvier 1631. *Du Frêne*, *liv. 2. chap. 87. & Bardet*, *tome 1. liv. 4. chapitre 2.*

34. Une mere qui a la garde-noble de ses enfans, quoiqu'obligée de payer ses dettes, ne doit les acquitter d'une action de tutelle & reddition de compte, à laquelle défunt leur pere étoit tenu. Arrêt du 26. Janvier 1657.

35. Une difference entre le pere & la mere, est que la mere n'a que les fruits des biens de ses enfans qui viennent de leur pere, & non de ceux qui leur sont échûs par d'autres voies ; mais le pere a generalement l'usufruit des biens de ses enfans, de quelque part qu'ils viennent, à l'exception neanmoins des biens *castrenses & quasi castrenses*, qui appartiennent aux enfans en propriété & en usufruit, & de la propriété des biens adventifs. Il a été ainsi jugé par plusieurs Arrêts du Parlement de Dijon des 13. May 1612. 17. Août 1623. & 9. Août 1638. *Voyez Taisand sur la Coûtume de Bourgogne*, *tit. 6. art. 5. n. 3.*

35 bis. Dans la Coûtume de *Lorris* une mere ne fait point d'inventaire, elle accepte la garde-noble, sçavoir si elle peut, ou ses creanciers demander 40000. livres, à quoy montoit le remploy de ses propres, avec les interêts : il fut jugé le 28. Février 1668. que des 40000. liv. 20000. liv. demeureroient confus en la personne de la mere, à cause de la communauté, & sur les autres 10000. l. le tiers seroit confus à cause de la garde-noble *De la Guess. to. 3. liv. 2. chap. 5.*

36 Si le pere gardien-noble de ses enfans, qui a quantité de creanciers, est tenu de bailler caution, aussi-bien que celuy qui a la garde-bourgeoise dans la Coûtume de Paris, qui n'en décide rien à l'égard du gardien-noble. Arrêt du 11. Juillet 1668. qui ordonne que le tuteur oneraire auroit l'administration des biens des mineurs, à la charge d'en rendre compte de six mois en six mois, & que ce qui resteroit en ses mains des fruits & revenus de leurs immeubles, les charges, ausquelles le gardien-noble est obligé par la Coûtume, payées, acquittées, seroit par luy baillé au pere gardien-noble, pour en disposer ainsi qu'il aviseroit bon être. Soëfve, tome 2. Cent. 4. chap. 23. il rapporte un autre Arrêt du 25. Février 1585. qui a obligé un gardien-noble mauvais menager de donner caution.

37 Le pere qui se remarie en la Coûtume d'*Anjou* & du *Maine*, perd la garde-noble, & est tenu dans le compte qu'il doit à ses mineurs de payer les interêts d'interêts. Arrêt du 30. Août 1669. *De la Guess*. tome 3. *liv.* 3. *chap.* 18.

38 Le pere garde-noble de ses enfans, est tenu de payer les frais funeraires, & obseques de sa femme mere desdits enfans. Arrêt du 20. May 1634. *M. le Prêtre ès Arrêts de la Cinquième*. Autre Arrêt du 27. Août 1682. qui a jugé la même chose touchant la mere garde noble, sur deux actes de notorieté du Châtelet. *Voyez de la Guess*. tome 4. *liv.* 8. *ch.* 14.

39 Les Arrêtez faits chez M. le Premier Président de la Moignon, recüeillis dans le Commentaire de Mᵉ. *Barthelemy Auzanet sur la Coûtume de Paris*, contiennent les décisions suivantes.

I. Pour regler la capacité ou incapacité de celuy qui prétend la garde bourgeoise, on considere la Coûtume du lieu où le défunt avoit son domicile; & neanmoins la garde-bourgeoise n'aura son effet sur autres heritages, que ceux qui sont situez dans les Coûtumes où elle a lieu.

II. Ayeüls & ayeules, & tous autres que pere ou mere, ne seront admis à la garde-noble ou bourgeoise, & même la mere n'y sera admise, si la Coûtume ne l'y appelle par une disposition expresse.

III. La garde-bourgeoise n'a lieu qu'ès Coûtumes où elle est receüe par disposition expresse, & à la charge de bailler caution.

IV. La garde-bourgeoise dure aux enfans mâles jusqu'à quatorze ans, & aux filles jusqu'à douze ans accomplis.

V. Garde n'a lieu, si elle n'est acceptée en Jugement devant le Juge du domicile qu'avoient les pere & mere, lors de la dissolution du mariage, par le survivant en personne, ou par Procureur fondé de procuration speciale, à ce appellé le tuteur des enfans, si aucun y a, sinon le Substitut de nôtre Procureur General, ou le Procureur Fiscal du Seigneur, sans qu'il soit besoin de convocation de parens.

VI. Si l'acceptation est faite par Procureur, il sera tenu de signer sur le Registre, & de faire enregistrer sa procuration.

VII. Le survivant qui voudra accepter la garde, doit en faire déclaration dans quarante jours, s'il est present, dans trois mois, s'il est absent hors le Royaume, à compter du jour de la mort du précedé; & le profit de ladite garde luy appartiendra du jour de la mort du prédécedé; autrement le temps passé en demeurera déchû, & le temps courera contre le survivant mineur, sans esperance de restitution.

VIII. Est tenu le Gardien de faire inventaire des meubles, titres & papiers appartenans aux mineurs, avec le tuteur ou subrogé tuteur, si aucun y a, sinon avec le Substitut de nôtre Procureur General, ou Procureur Fiscal du Seigneur, dans trois mois du jour de l'acceptation, & ce temps passé, demeurera déchû du profit de la garde.

IX. Le Gardien a l'administration des meubles, & fait siens les fruits des heritages, arrerages de rentes & interêts legitimes des obligations mobiliaires appartenans aux mineurs, pour ce qui s'en trouvera échû du temps de la Garde, & est tenu nourrir & entretenir les mineurs selon leur état & qualité, payer & acquiter les charges annuelles, & ensin de la Garde, rendre les heritages en bon état de toutes réparations viageres.

X. Le Droit de la Garde n'est point cessible.

XI. Demeurera abrogé le droit Seigneurial, appellé en aucunes Coûtumes, déport de minorité, & par refus du pere ou de la mere survivant, d'accepter la garde de leurs enfans, ne tombent lesdits enfans en la garde du Seigneur.

XII. Entre les fruits qui appartiennent aux Gardiens, sont compris les arrerages de cens & rentes Seigneuriales, droit de relief & de quint, amendes, confiscations mobiliaires, & autres profits de fiefs, droits de chasse, droits honorifiques, droits de Patronage, collation de Benefices & Offices, & seront les Provisions des Offices & Benefices baillez par le Gardien au nom du mineur.

XIII. Des immeubles confisquez ou commis par felonie, la joüissance appartient au Gardien pendant le temps de la Garde, la propriété reservée au mineur.

XIV. Le Gardien qui durant le temps de la Garde, a retenu par puissance de fief, ou retrait censuel, un fief ou heritage qui étoit mouvant ou dépendant du fief de son mineur, en aura la joüissance durant la garde, & aprés la garde finie, rendra le fief ou l'heritage au mineur, si le mineur trouve bon de le prendre, en remboursant le Gardien du prix & des loyaux coûts.

XV. La garde ne s'étend à autres biens qu'à ceux qui sont avenus au mineur par la succession ou disposition à cause de mort du pere ou de la mere, qui a donné ouverture à la garde.

XVI. Celuy qui est Gardien, peut être tuteur sans perdre la garde; mais celuy qui a accepté la tutelle sans protestation, ne peut plus prendre la garde.

XVII. La garde-noble aura lieu dans tout le Royaume, & durera aux enfans mâles jusqu'à dix-huit ans, & aux filles jusqu'à quatorze ans accomplis.

XVIII. La garde finit, quand le Gardien, pere ou mere se marie; & l'un & l'autre devenu veuf, ne peut reprendre ladite garde.

XIX. La garde des enfans finit par leur mariage, encore qu'ils n'ayent pas l'âge prescrit cy-dessus.

XX. Sera au choix du mineur de reprendre, aprés la garde finie, les meubles en espece, s'ils sont en nature, ou l'estimation portée par l'inventaire avec la crüe, à raison de cinq sols pour livre, ou le prix qu'ils ont été vendus.

XXI. Le Gardien même mineur, ne peut être relevé de l'acceptation de la garde.

Nota, au sujet du déport de minorité dont il est cy-dessus parlé Art. XI. *Voyez* le mot *Déport*, nomb. 38. *& suivans*.

GARDE DE CORPS.

1 DE la garde des corps morts des Beneficiers. *Voyez* les Ordonnances recüeillies par *Fontanon*, to. 4. p. 513. la Bibliotheque Canonique, to. 2. p. 595. l'Auteur des Définitions Canoniques, p. 192. le petit Recüeil de Borjon, tome 4. p. 376. *& suiv*. Tournet *lettre* G. Arr. 1. & le Recüeil de *Decombes*, Greffier en l'Officialité de Paris, part. 2. p. 640. & le quatorzième Plaidoyé de *M. Patru*, au sujet d'une garde & recelé de corps.

3 De la garde des corps morts des Beneficiers. *Voyez* les *Définitions du Droit Can*. verbo *Crimes* & verbo *Vacance*. Voyez aussi sur cela les *Memoires du Clergé*, to. 1.

to. 1. part. 2. pag. 456. & suiv. où il est marqué comment leur décès doit être publié par leurs domestiques, & de l'inquisition sommaire du temps de leur décès, du Registre des sepultures des Beneficiers.

4. Attribution de Jurisdiction au Grand Conseil pour connoître de ce crime. Ibidem, tome 2. part. 2. titre 17. p. 458. & 475.

5. Il est défendu sur peine de confiscation de corps & de biens contre les Laïcs, & contre les Ecclesiastiques de privation de tout droit possessoire. Ibidem, p. 456. Complices de ce crime condamnez au bannissement, p. 462. & suiv.

6. Les Evêques, leurs Grands Vicaires & Officiaux peuvent faire proceder à la recherche des corps des Beneficiers décedez dans les Maisons, Eglises & Cimetieres exempts & non exempts. Mem. du Clergé, to. 2. part. 2. page 457.

7. Celuy qui a gardé & recelé le corps mort d'un Beneficier, doit répondre pardevant le Juge laïc, & ne peut demander son renvoy pardevant le Juge d'Eglise; ainsi jugé en une cause pour une Chanoinie de Langres. Bibliot. Can. to. 1. p. 594. col. 2.

8. Prévention du Pape, procedant de la garde du corps pour empêcher l'Ordinaire, est nulle. Arrêt du Parlement de Bourdeaux du 12. Mars 1523. Papon, liv. 3. tit. 10.

9. Si le corps est gardé mort pour frauder l'Ordinaire, & faire prévenir le Pape, ou le Legat, le temps de la vray-semblance se doit prendre du jour que la mort a été declarée & sçûë. Arrêt du Parlement de Paris du 23. Février 1525. Ibidem, tit. 4. nombre 4.

10. Arrêt du Parlem. de Paris du 23. Février 1525. qui condamne à l'amende un pere qui avoit recelé le corps d'un Beneficier, ut illius beneficium filio impetraret. Rebuffe sur le Concordat tit. de mand. Apost. §. declarantes, au mot jure præventionis.

Depuis est survenu l'Edit de 1539. art. 6. &c.

11. Celuy qui garde un corps mort pour faire valoir une resignation d'Office, outre que la resignation est nulle, doit être puni par corps. Arrêt du Parlement de Paris du 27. Juillet 1564. Papon, liv. 3. tit. 10.

12. Touchant l'instruction & la procedure concernant la garde des corps morts, il y a different usage au Parlement de Paris & au Grand Conseil. Au Parlement de Paris la procedure est purement civile: on justifie le fait de la garde des corps morts par des enquêtes & non par informations, & suivant la nature & la condition des enquêtes, celuy que l'on accuse d'avoir gardé & recelé un corps mort, a la faculté de justifier le contraire par une enquête, & que le défunt n'est décedé qu'au temps que la mort en a été declarée & publiée. Au Grand Conseil on instruit le procez de la garde des corps morts criminellement, par information, recollement & confrontation, & les accusez ne sont point reçus à faire preuve du fait contraire. Du moins avant que d'y être reçus, il faut qu'ils ayent subi l'interrogatoire sur les charges & informations; on ne leur donne semblable faculté que lorsque par l'information & l'interrogatoire, on voit que le fait de la garde du corps n'est pas bien prouvé. Voyez l'Auteur des Definitions Canoniques, p. 193. où il est observé que le Parlement de Touloûse ayant differé la verification de la Declaration du Roy du 9. Février 1687. l'adresse en fut faite au Grand Conseil, avec attribution de Jurisdiction par Lettres Patentes du 30. Mars 1661.

Cette Declaration est importante, & merite place en cet endroit.

13. LOUIS, &c. La severité des peines que les Rois nos prédecesseurs ont ordonnées pour empêcher le recellement des corps morts des Beneficiers contre les coupables de ce crime, soit contre les Laïcs, de confiscation des corps & des biens, soit contre les Ecclesiastiques, de privation de tout droit possessoire qu'ils pourroient prétendre sur les Benefices vacans,

Tome II.

n'a pû arrêter la pratique de cette inhumanité; elle est parvenuë à cet excés, suivant qu'il Nous a été representé par les Députez de l'Assemblée generale qui se tient à Paris par nôtre permission, que les plus proches parens de ces Beneficiers voulant profiter par des voyes que les Canons condamnent, des Benefices vacans, aprés avoir suborné les domestiques, empêchent le plus souvent que les malades ne soient assistez des Sacremens de l'Eglise à l'extremité de leur vie; en sorte qu'au lieu que les parens & les domestiques devroient declarer au vray le jour du decés aux Eglises où se doivent faire les Sepultures, comme il est enjoint par les Ordonnances, ils certifient le contraire; & les Interessez font faire une inquisition sommaire pour transporter le jour du décés, autant qu'il est necessaire, pour donner couleur à la faussété & nullité des Provisions des Benefices vacans, & le font mettre de la sorte sur les Registres des Curez. Et d'autant que nos Officiers subalternes, & même nos Cours de Parlement, ont refusé d'ordonner la preuve des faits qui sont mis pour verifier la garde & le recellement des corps; & qu plus est, elles ont donné des Arrêts portant défenses, tant aux Evêques, leurs Vicaires Generaux & Officiaux, de faire aucune Visite ou recherche des corps morts des Beneficiers à peine de 4000. livres d'amende, qu'aux Juges seculiers qui la feroient à leur instance, à peine de punition corporelle, ils Nous ont tres-humblement supplié de leur pourvoir d'un remede convenable. A ces causes, & autres bonnes considerations à ce Nous mouvans, de l'avis de nôtre Conseil, & de nôtre certaine science, pleine puissance & autorité Royale, Nous avons dit & ordonné, disons & ordonnons par ces Presentes signées de nôtre main, que le contenu aux Articles LIV. LV. LVI. de l'Ordonnance de l'an 1539. confirmée par celle de Blois, sera executé suivant sa forme & teneur; & y ajoûtant, voulons & Nous plaît, que les Evêques, leurs Vicaires Generaux & Officiaux puissent faire proceder à la recherche desdits corps morts dans les Eglises & Cimetieres exempts & non exempts en presence de témoins, & que leurs procedures ne puissent être contestées pour défaut de puissance, & qu'ils puissent aussi proceder à ladite recherche dans les maisons & lieux seculiers, étant assistez d'un Juge Royal qui leur prêtera main-forte à l'execution; de plus Nous voulons que les faits de la garde & recellement soient reçus par tous nos Juges en l'Instance sur le possessoire des Benefices. Et d'autant qu'au moyen des transports que l'on fait secretement des corps morts en des lieux inconnus, on ne peut parvenir à la connoissance de la verité par leur recherche, & qu'il est necessaire de déraciner entierement un abus si contraire aux mœurs & à la sainteté de la Religion Chrétienne, & si derogeant aux droits de Collation qui appartiennent aux Ordinaires, Nous voulons, ordonnons & Nous plaît, qu'à la requisition des Grands Vicaires ou Promoteurs des Archevêques, Evêques & autres Collateurs, le premier Juge Royal sur ce requis soit tenu de se transporter avec eux, ou celuy qu'ils commettront, en la maison où le Beneficier est demeurant ou atteint de maladie, pour faire representer le malade, ou son corps en cas qu'il soit décedé, de laquelle representation ou du refus de la faire, ledit Juge dressera son procez-verbal bien certifié de trois ou quatre témoins: Et en cas que les parens ou domestiques refusent de representer ledit Beneficier ou son corps, les Collateurs pourront pourvoir à ses Benefices ledit jour comme étant dés-lors censez vacans, ou en cas qu'il décede de ladite maladie, sans s'arrêter à la publication du jour du décés que les Interessez pourroient faire depuis à leur volonté. Si donnons en Mandement à nos amez & feaux Conseillers les Gens tenans nôtre Cour de Parlement de Toulouse, que ces presentes Lettres de

Declaration, ils faſſent lire, publier & enregiſtrer, & le contenu en icelles garder & obſerver ſuivant leur forme & teneur : Car tel eſt nôtre plaiſir. En témoin de quoy Nous avons fait mettre nôtre Scel à ces Preſentes. Donné à Paris le neuviéme jour de Février, l'an de grace 1657. &c.

Relief d'adreſſe & Lettres de ſurannations.

14   LOUIS, &c. Nous avons par nôtre Declaration du 9. Février 1657. dit & ordonné que le contenu aux Articles LIV. LV. & LVI. de l'Ordonnance de l'année 1539. confirmée par celle de Blois, ſera executé ; & y ajoûtant, Nous aurions ordonné que, &c. Mais d'autant que noſdites Lettres de Declaration ont été adreſſées à nos Cours de Parlement, qu'il eſt arrivé, que tant eux, que nos Officiers ſubalternes ont refuſé de donner la preuve des faits qui ſont mis en avant pour juſtifier du recellement & garde des corps morts, & rendu des Arrêts de défenſes aux Evêques, leurs Vicaires Generaux & Officiaux, de faire les viſites & recherches, les Archevêques, Evêques & autres Eccleſiaſtiques aſſemblez preſentement par nôtre permiſſion en nôtre bonne Ville de Paris, Nous ont repreſenté que la verification de noſdites Lettres de Declaration au Grand Conſeil, pourroit en procurer l'execution d'autant plus facile, que fort ſouvent les conteſtations qui arrivent ſur le poſſeſſoire deſdits Benefices y ſont portées, & Nous ont à ces fins ſupplié leur accorder nos Lettres neceſſaires. A ces cauſes, deſirant que noſdites Lettres de Declaration cy-attachées ſous le contreſcel de nôtre Chancellerie ayent lieu, & que le recellement des corps morts ceſſe abſolument, Nous vous mandons & ordonnons par ces Preſentes, ſignées de nôtre main, que vous ayez à faire regiſtrer noſdites Lettres de Declaration du 9. Février 1657. & le contenu en icelles faire garder & obſerver, ſans ſouffrir qu'il y ſoit contrevenu directement ou indirectement, en quelque ſorte & maniere que ce ſoit, faiſant ceſſer tous troubles & empêchemens au contraire, nonobſtant que leſdites Lettres de Declaration ne vous ſoient adreſſées, & à la ſurannation qui y eſt intervenuë, que Nous ne voulons nuire ne préjudicier, & dont Nous avons relevé & diſpenſé les Archevêques, Evêques & autres Eccleſiaſtiques de ce Royaume, vous en attribuant à cette fin toute Cour, Juriſdiction & connoiſſance, & icelle interdite & défenduë à noſdites Cours de Parlement : Car tel eſt nôtre plaiſir. Donné à Paris le douziéme jour de Février, l'an de grace 1661. &c.

Enregiſtrées és Regiſtres du Grand Conſeil, aux charges portées par l'Arrêt ce jourd'huy donné en iceluy. A Paris le 30. jour de Mars 1661. Signé, HERBIN.

Arrêt du Grand Conſeil du Roy.

15   LOUIS, &c. Vû par nôtredit Grand Conſeil la Requête des Agens Generaux du Clergé de France du 23. Février 1661. noſdites Lettres Patentes, celles de Relief d'adreſſe & de ſurannation, Concluſions de nôtre Procureur General : Iceluy Nôtredit Grand Conſeil ayant aucunement égard à ladite Requête, a ordonné & ordonne que noſdites Lettres ſeront regiſtrées és Regiſtres de nôtredit Conſeil, pour être gardées & obſervées & executées ſelon leur forme & teneur ; à la charge neanmoins que les recherches, perquiſitions & les exhumations des corps des Beneficiers clandeſtinement gardez & enterrez, ne pourront être faites que par les Juges Royaux des lieux & de leur autorité, leſquels à la premiere requiſition des Collateurs, ou de ceux qui auront été par eux commis, ſeront tenus proceder auſdites perquiſitions & recherches & des exhumations, tant aux maiſons des Particuliers, qu'és Egliſes exemptes & non exemptes, & ce en preſence de trois témoins au moins, domiciliez, qui ſigneront le procez-verbal du Juge qui aura procedé auſdites recherches, à peine de nullité ; auſquelles perquiſitions & exhumations, leſdits Collateurs, ou ceux par eux commis à cet effet, pourront aſſiſter, ſi bon leur ſemble, & ſigneront pareillement ledit procez-verbal, qui ſera mis au Greffe de la Juriſdiction Royale deſdits lieux, par ledit Juge, pour y avoir recours quand beſoin ſera, & fera foy aux Jugemens des Inſtances de complaintes beneficiales, où il ſera queſtion de la garde clandeſtine des corps des Beneficiers. A ordonné & ordonne que leſdits Collateurs ni autres en leurs noms, ne pourront faire aucunes recherches ni perquiſitions és maiſons des Beneficiers malades, ſi ce n'eſt de leur conſentement ou de leurs parens : Et en cas de refus, dont ils feront apparoir auſdits Juges des lieux par Acte de ſommation, leſdits Juges, à la premiere requiſition qui leur ſera faite par leſdits Collateurs ou autres par leur ordre, ſeront tenus de ſe tranſporter és maiſons deſdits Beneficiers malades, & déclarer auſdits parens ou domeſtiques, qu'à faute d'avoir repreſenté leſdits Beneficiers malades, & ſouffert leſdites recherches & perquiſitions, que les Benefices, dont ils ſe trouveront pourvûs, ſeront cenſez & réputez vacans dés-lors dudit refus, en cas qu'ils décedent de la maladie dont ils ſont détenus ; & que leſdits Collateurs y pourront pourvoir dudit jour ; & en cas de contravention ou empêchemens formez à l'execution de noſdites Lettres & du preſent Arrêt, leſdits Juges ſeront tenus renvoyer les oppoſans en nôtredit Conſeil pour y faire droit. Si donnons en Mandement au premier de nos amez & feaux Conſeillers de nôtredit Grand Conſeil, trouvé ſur les lieux ; & en ſon abſence, refus ou legitime empêchement, au premier Juge Royal deſdits lieux ſur ce requis, qu'à la requête deſdits Supplians, le preſent Arrêt il mette à duë & entiere execution de point en point ſelon ſa forme & teneur, en contraignant à ce faire, ſouffrir, & obeïr tous ceux qu'il appartiendra, & qui ſont à contraindre, nonobſtant toutes oppoſitions ou appellations quelconques, pour leſquelles, ſans préjudice d'icelles, ne voulons être differé. De ce faire vous donnons pouvoir. Mandons en outre au premier des Huiſſiers de nôtredit Grand Conſeil, &c. Donné en nôtredit Grand Conſeil, montré à nôtredit Procureur General, & prononcé à Paris le 30. Mars l'an de grace 1661.

16   Jugé par Arrêt du 17. Decembre 1664. qu'en cas de permutation de deux Benefices effectuée par la priſe de poſſeſſion des deux copermutans, l'un deſquels ſeroit décedé incontinent aprés ; un particulier s'étant fait pourvoir en Cour de Rome du Benefice duquel le défunt étoit titulaire lors de la permutation comme vacant par ſon decés, ne pouvoit demander d'être reçû à verifier par témoins que le corps du défunt avoit été gardé pluſieurs jours depuis ſon decés, à moins que de s'inſcrire en faux contre les Actes de priſe de poſſeſſion de l'un & l'autre des Benefices ſignez des copermutans. *Soëfve, tome 2. Cent. 3. chap. 31.*

17   De la garde d'un corps mort en matiere beneficiale, & ſi le crime du pere qui en eſt prévenu, peut nuire au fils auquel le défunt a reſigné le même Benefice ? *Voyez Soëfve, ibidem, chap. 76.* il n'y a point de déciſion ; M. l'Avocat General Talon conclut en faveur du Reſignataire.

18   Jugé au Parlement de Provence le 6. Decembre 1664. que le recellement de corps mort du Beneficier pour prévenir le Pape rend la Proviſion nulle. *Boniface, to. 1. liv. 2. tit. 28. chap. 5.*

GARDE-GARDIENNE.

Voyez les Ordonnances recuëillies par *Fontanon, tome 1. liv. 3. tit 32. p. 605.* & le titre 4. de l'Ordonnance du mois d'Août 1669.

1   Le privilege des Notaires de Paris de Garde Gardienne s'entend tant en demandant que défendant, pourvû qu'il ſoit verifié par la Cour, & qu'ils ayent

attache d'icelle. Arrêt du Parlement de Paris du 6. Mars 1564. *Papon, liv. 5. tit. 12. n. 8.*

2 En vertu de Garde-Gardienne un Sergent ne peut faire commandement au Juge de renvoyer la cause, & à son refus la renvoyer, comme en vertu du *Committimus* pour les Requêtes du Palais. Arrêt du Parlement de Paris du 26. Avril 1566. *Ibidem.*

3 Garde Gardienne ne s'étend hors la Jurisdiction de la Prévôté & Bailliage où les biens sont situez. Jugé par Arrêt du Parlement de Paris du 27. Mars 1575. *Papon, ibidem,* où il observe un autre Arrêt du 13. Juillet 1574. qui a jugé que ce droit étant accordé aux Eglises de fondation Royale, ne se perd, quoique le Roy aliene les Terres.

4 De la connoissance des causes des Eglises de fondation Royale, qui ont Lettres du Roy en forme de Garde-Gardienne, & des commissions sur ce décernées par les Juges Royaux Gardiens desdites Eglises. *Voyez la Biblioth. Can. to. 1. p. 642.*

5 Par Arrêt du 27. Février 1625. au Rôle de Senlis, en la cause des Chanoines de Saint Honoré, il fut défendu à tous Sergens de faire aucuns renvois des causes en vertu des Lettres de Protection & Garde-Gardienne; mais en cas d'opposition assigner seulement les Parties. Il fut jugé par le même Arrêt, que faute de faire apparoir des Chartes de Garde Gardienne particulieres pour le Chapitre de Saint Honoré, les Chanoines ne se pouvoient servir des Lettres de Protection accordées au College des Bons-Enfans, uni à leur Eglise, sinon pour les affaires du College. *Ibidem.*

6 Par le procès-verbal de l'article 24. de la Coûtume de *Senlis,* lequel donne au Prévôt Forain la connoissance des Gens d'Eglise, Nobles, & Communautez, le Chapitre de Beauvais a protesté qu'il ne luy pourroit préjudicier à cause de sa Garde-Gardienne, qui a été adressée au Bailly de Senlis conjointement avec le Prévôt de Paris depuis 1462. jusqu'en 1599. & depuis 1599. jusqu'au 2. Septembre 1692. au Prévôt de Paris seul. Mais par l'Arrêt du Conseil du Roy du 12. Septembre 1692. au Rapport de M. d'Argouges de Rannes, l'adresse a été reformée en faveur des Officiers du Bailliage & Siege Présidial de Beauvais. *Voyez les notes de M. Ricard sur cette Coûtume de Senlis,* qui sont à la fin du 2. tome de ses Oeuvres, *p. 8.*

GARDE ROYALE.

1 EN Normandie, il y a Garde-Noble Royale, & Garde-Noble Seigneuriale.

La Garde-Royale est quand elle échet pour raison nuëment & immediatement du Roy, & a le Roy du Fief Noble tenu par privilege special que non seulement il fait les fruits siens de tels Fiefs, mais de tous les autres fiefs, rôtures & revenus, tenus d'autres Seigneurs. *Voyez l'article 214. de la Coûtume de Normandie & suivans.*

2 C'est une maxime que la garde-noble affectée au Roy, attire le droit de pourvoir aux Benefices vacans par ledit Seigneur Roy; ce qui fut ainsi jugé par Arrêt du Parlement de Normandie du 11. Avril 1510. Autres du 14. Février 1506. & du premier Avril 1540. rapportés par *Tournet, lettre G. Arr. 3. & Forget Traité des Régales, n. 18. & suiv.*

3 Par Arrêt du Parlement de Roüen du 29. Novembre 1520. il a été jugé que les meubles & les rentes constituées ne tombent point en garde; par autre Arrêt du 17. Decembre 1666. il a été jugé pour un donataire du Roy de la garde-Royale, qu'il joüiroit des rentes appartenantes aux enfans mineurs du sieur de Gaillardbois: mais cet Arrêt ne doit pas être tiré à consequence, parce que le tuteur ne rapporta à la Cour d'ordonner ce qu'elle trouveroit à propos, & les parties étoient d'accord. L'opinion la plus commune est que les rentes constituées tombent en la garde-Royale. *Basnage sur l'article 215. de la Coûtume de Normandie.*

4 Le droit de garde a lieu, même pour le Patronage attaché à un fief, quoique dans la suite ce fief ne tombât pas au lot du mineur: car il suffit que lors de la vacance du Benefice, les biens hereditaires fussent indivis. Jugé au Grand Conseil le 5. Septembre 1572. *Chopin, Traité du Dom. livre 3. titre 19. nombre 13.*

5 La minorité donne ouverture à la garde-noble, & neanmoins la joüissance de la garde-noble Royale ou Seigneuriale ne commence que du jour de la demande en Justice; comme il fut jugé entre le sieur Baron de la Lutumiere, Seigneur du fief de saint Germain, & Guillaume Mersan, par Arrêt du 27. Juillet 1623. Conformément à cet Arrêt est l'article 32. du Reglement de l'année 1666. il est porté que *la joüissance de la garde-noble Royale ou Seigneuriale ne commence que du jour que celuy qui la prétend en a fait la demande en Justice, ou que le donataire a presenté ses Lettres enregistrées, lesquelles Lettres seront sans effet si l'impetrant n'obtient sur icelles un Arrêt d'enregistrement.* Voyez *Basnage sur l'article 216. de la Coûtume de Normandie.*

6 Sur la question de sçavoir si un tuteur à qui le Roy a fait don de la garde-noble, en peut profiter au préjudice de ses mineurs; par Arrêt de la Chambre de l'Edit de Roüen du 22. Mars 1635. on resolut de la consulter en la Grand'Chambre, où la plûpart de Messieurs furent d'avis que le tuteur devoit payer l'interet nonobstant le don de la garde-noble; mais que cet interet devoit être moderé au denier 10. ce qui fut fait sans interêt de l'interêt. *Basnage sur l'article 215. de la Coûtume de Normandie.*

7 Le mariage est si favorable, qu'il met les filles hors de garde avant l'âge requis; il n'en est pas de même quand la fille obtient des Lettres de benefice d'âge. Arrêt du Parl. de Roüen du 24. Mars 1631. En a jugé depuis que les filles ne peuvent obtenir des Lettres de benefice d'âge. Arrêt en la Chambre de l'Edit du 24. Mars 1639. Autre Arrêt en 1662. aprés avoir consulté la Grand'Chambre; & depuis on en a fait un Reglement, article 40. du Reglement de 1666. Le mineur ne pourroit pas obtenir de Lettres de benefice d'âge pour faire cesser la garde-Seigneuriale. *Voyez Basnage sur l'art. 127. de la Coûtume de Normandie.*

8 Une mere avoit obtenu du Roy la garde-noble de son fils âgé seulement de 17. ans. La garde-noble d'un mineur qui possedoit un arriere-fief dépendant de la terre de son fils étant échûë, elle en fit remise pour 400. livres; son fils étant majeur prétendit qu'elle n'avoit pû disposer de cette garde-noble que pour le temps de sa minorité; que le fief dont elle avoit fait remise pour 400. livres valoit plus de 3000. livres de rente, & appartenoit à un mineur qui n'avoit que trois ans, ce qui luy portoit un grand préjudice, mais elle n'avoit pû exceder le temps durant lequel par la grace du Roy, elle devoit joüir de son bien. Neanmoins par Arrêt du 5. May 1643. le fils fut débouté de sa demande. La qualité de mere peut avoir été le motif de l'Arrêt; car présuppoant que la remise faite par le Roy est en faveur des mineurs, le tuteur n'en peut traiter qu'à leur avantage. *Basnage sur l'art. 215. de la Coûtume de Normandie.*

9 En execution de l'article 215. de la même Coûtume qui oblige les donataires de la garde-Royale à rendre compte, on a demandé si la mere pouvoit être exempte en payant seulement le reliquat du compte? Cette question s'offrit dans l'Arrêt; entre Daniel sieur de Bois-Danemets, & la Dame sa mere, femme en secondes nôces du sieur de Poitrincour. Par Arrêt du mois de Mars 1655. il fut jugé qu'elle ne pouvoit s'éjoüir du don; on presuma qu'il luy avoit

été fait en faveur de ses enfans, & que d'ailleurs sa qualité de mere l'obligeoit à la demander pour eux. *Voyez Basnage sur cet art.*

10. Si la joüissance par usufruit des Baronnies dépendantes du Comté d'Eû échûës en partage à Dame Marie de Cleves, Princesse de Condé, a appartenu à M. le Prince pere dudit demandeur, par le prétendu droit de velveté d'homme, en la Coûtume ancienne de Normandie, ayant survêcu Madame la Princesse son épouse, aprés avoir eu une fille vivante de leur mariage, & si le droit de prétenduë viduité d'homme est exclus par la garde Seigneuriale en Duché de Normandie, & specialement au Comté d'Eu. *Voyez les Plaidoyez de Servin*, tome 2. page 456.

11. Les mineurs possedans colombiers, moulins, ou autres droitures feodales separées de fief-noble, ne tombent point à cause d'icelles en garde-noble Roiale, ni Seigneuriale.

12. La joüissance de la garde-noble Royale ou Seigneuriale ne commence que du jour que celuy qui la prétend en a fait la demande en Justice, ou que le donataire presente les lettres du don qu'il en a obtenu pour être enregistrées; lesquelles Lettres seront sans effet, si l'impetrant n'obtient sur icelles un Arrêt d'enregistrement.

13. Les meubles du mineur ne tombent point en garde, soit Royale ou Seigneuriale.

14. Celuy qui a la garde-noble Royale est comptable des fruits des immeubles du mineur, au profit duquel il doit payer ce qui en restera aprés les charges acquittées, ausquelles charges il n'est obligé que jusqu'à la valeur du revenu du mineur.

15. Il est exempt des interets pupillaires, pour raison de quoy il ne peut demander aucune chose pour ses vacations, mais seulement ses voyages & sejours hors de sa maison.

16. Le don ou remise de la garde-Royale faite à la mere, quoi qu'elle ne soit pas tutrice, ou au tuteur depuis son élection, est réputée faite au mineur, au profit duquel ils sont obligez de tenir compte des interêts pupillaires; ce qui a aussi lieu, si lors de ladite élection, le tuteur ne s'est réservé à joüir de la garde qui luy étoit acquise avant la tutelle.

17. Celuy qui a la garde Seigneuriale fait les fruits siens, & n'est point obligé d'en payer le reliqua. Arrêt du Parlement de Roüen, les Chambres assemblées, le 6. Avril 1666. article 31. & suivans. *Basnage*, tome 1. à la fin.

GARDE-SCEL.

1. DE l'institution des Gardes des Sceaux és Contracts & Sentences, en toutes les Cours, Chambres des Comptes, Aydes, Monnoyes, Trésor, Connêtablie, Maréchaussée, Amirauté, Requêtes & Prévôté de l'Hôtel, Eaux & Forêts, Sièges Présidiaux, & autres Cours & Jurisdictions de ce Royaume. *Voyez les Ordonnances de Fontanon*, tome 1. liv. 1. tit. 27. page 172. & Joly, tome 1. liv. 2. tit. 11. p. 811. & aux additions p. ccclxiij. & suiv.

2. Arrêt du Parlement de Paris du 19. Décembre 1625. contre le Garde-Scel de la Prévôté & Vicomté de Paris, portant défenses de retenir par luy aucunes minutes ni brevets des actes dont il signera les grosses. *Chartres des Notaires*, chap. 4.

Il y a de nouvelles & frequentes Declarations sur le Sceau des actes des Notaires, & Sentences dont il sera parlé sous les mots *Juges, Notaires, Sceaux, & Sentences*.

GARDE DES SCEAUX.

DU Garde des Sceaux de France. *Joly des Offices de France*, tome 1. liv. 2. tit. 1. page 621. & aux additions p. cxxxxiij. & suiv. & Fontanon, tome 1. liv. 1. tit. 1. page 8. *Voyez au premier volume de ce Recüeil*, le mot *Chancelier*.

GARDIEN.

IL y a Gardien-Noble, Gardien-Bourgeois, dont il a été parlé sous le titre de Garde-Tutele; il faut ici parler du Gardien des choses *saisies*.

1. Par un Arrêt du Parlement de Dijon du 9. Juin 1556. il fut fait défenses aux Huissiers & Sergens d'établir le débiteur gardien de ses meubles saisis, à peine de payer eux mêmes. *Taisand sur la Coûtume de Bourgogne*, tit. 5. art. 4. n. 6.

2. Gardiens de biens ne peuvent être recherchez ni contraints par corps aprés dix ou douze ans. Arrêt du 26. Février 1577. *Papon*, livre 7. tit. 7. n. 48.

3. La femme mariée ni separée de biens ne peut être gardienne; cela emporte contrainte par corps. Arrêt rendu au Parlement de Paris en forme de Reglement le 22. Decembre 1564. *Brodeau sur M. Loüet*, lettre F. somm. 11. nomb. 4. Le même Arrêt étend la défense aux parties executées.

4. Les Sergens ne doivent prendre pour gardiens des executés leurs femmes, serviteurs, ou domestiques. Arrêt du Parlement de Paris du 8. Février 1590. en forme de Reglement. *Papon*, liv. 6. tit. 7. n. 13.

5. Aprés deux mois passez les gardiens demeurent dechargez de la garde des meubles, suivant un Arrêt du Parlement de Paris du 14. Avril 1592. raporté par *Bacquet*, chap. 21. des droits de Justice, nomb. 294.

6. Le 16. Juillet 1601. jugé que la femme separée de biens d'avec son mari, n'étant autorisée de luy, ni par Justice, peut être valablement établie gardienne des meubles sur luy saisis, & qu'elle est contraignable par corps à la representation d'iceux. *Bibliotheque de Bouchel*, verbo *Gardien*.

7. Par Arrêt du 2. Decembre 1664. défenses ont été faites aux Sergens, en executant les meubles d'un debiteur, de les bailler en garde à la partie executée, à peine de nullité, & de condamnation d'amende; ordonné que l'Arrêt seroit lû en l'Audience du Châtelet, & signifié aux Maîtres de la Confrairie des Sergens. Par le même Arrêt défenses ont aussi été faites aux Sergens de bailler en garde, des meubles executez à des femmes mariées sans l'aveu & autorité des maris. *Auzanet sur l'art. 160. de la Coûtume de Paris.*

8. Fils mineur, marié, & demeurant avec son pere gardien des meubles sur luy saisis, peut être emprisonné, & n'est pas restituable. Jugé le 12. Decembre 1625. *Bardet*, tome 1. li. 2. chap. 59 & Brodeau sur M. Loüet, lettre A. somm. 9.

9. Défenses sont faites aux Sergens de faire les debiteurs gardiens de leurs meubles, ni autres personnes dénommées dans l'Ordonnance de 1667. tit. 19. art. 5. 13. & 14. & dans l'Ordonnance criminelle tit. 17. art. 6.

10. Défenses aux Huissiers & Sergens, & à tous autres d'emprisonner les gardiens établis aux saisies des meubles, faute de les representer, en consequence du commandement à eux fait, qu'en vertu de Sentence & Jugement des Juges ausquels la connoissance en appartient. Arrêt du 28. Août 1676. *De la Guess.* to. 3. liv. 10. chap. 13.

11. Le dépositaire de meubles qui n'a signé l'exploit, ou ne sçachant signer, n'ayant été signé par un Notaire ou Greffier, ne peut être contraint de rétablir les meubles mentionnez en l'exploit. Arrêt du Parlement de Dijon du 27. Janvier 1604. *Bouvot*, to. 2. verbo *Sequestre, Commissaire, quest. 5.*

GARENNES.

1. DEs garennes. *Voyez Salvaing, de l'usage des Fiefs*, chap. 62.

2. Garenne jurée, s'entend garenne défenduë, où l'on ne peut aller chasser sans danger de Justice. *Mornac*, l. 65. (alias 62.) in lib. flor. ff. de usufruc-

GAR

tu & quemadmodum, &c. & lege 26. ff. de usuris & fructibus, &c.

3. La jouïssance des garennes & droits de chasses appartient au gardien, d'autant que ce sont droits réels. *Voyez Pontanus, Coûtume de Blois, art. 5. §. Fructus verbo septimo ad gardianos.*

4. Un roturier ne peut faire garenne sans le congé de son Seigneur, ni même le Seigneur sans permission du Roy; neanmoins le Seigneur ne peut contraindre le tenancier roturier de détruire sa garenne qu'il a depuis 40. ans; & si le roturier *habet simpliciter justitiam*, il ne peut l'empêcher. Les habitans d'un village où il y a des vignes, peuvent s'opposer, si le Seigneur de fief y veut faire garenne. *Mornac, l. 65. ff. de usufructu & quemadm. &c.*

5. Jugé que le Colombier peut être dressé de nouveau sans congé du Seigneur, & consentement des voisins, ce qui n'est pas à l'égard des garennes & clapiers. *Papon, lv. 13. tit. 2. n. 32.* où il est observé que quand les Coûtumes n'ont rien défini touchant les colombiers, chacun on peut faire construire, pourvû qu'ils ne soient à pied; car le colombier à fond & rez de chaussée est une marque de Noblesse; il n'est permis qu'aux Seigneurs de fief d'en avoir. Le Seigneur non haut Justicier ayant fief, censive, & terres en domaine jusqu'à cinquante arpens peut avoir colombier à pied. *Voyez le même Papon, li. 18. tit. 9. n. 2.*

6. Ce qui fait présumer que le droit de garenne n'est pas une appartenance inseparable du fief, c'est qu'autrefois il n'étoit permis à aucun de tenir garenne s'il n'en avoit obtenu la permission du Roy, & qu'il ne l'eût fait enregistrer en la Chambre des Comptes, comme on l'apprend d'un Arrêt rapporté par *Chopin, liv. 3. du dom. tit. 22. n. 4.* Le Roy Jean par un Edit de 1355. article 4. défendit de faire de nouvelles garennes, & d'accroître les anciennes. Ce qui fut renouvellé par Henry II. qui conserva neanmoins celles qui avoient été faites avant quarante ans. *Voyez Basnage sur l'art. 160. de la Coûtume de Normandie.*

7. Il se trouve un Arrêt du 14. Avril 1339. entre Maître Etienne de Villaine Archidiacre de Josas, & Jean d'Attainville Châtelain de Neaufle, enregistré en un registre du Procureur du Roy au Châtelet, par lequel il est soûtenu qu'il ne doit avoir garenne sans expresse concession du Prince, ou du consentement du peuple. *Voyez la Bibliotheque de Bouchel, verbo Garenne.*

8. Ceux qui ont des terres, prez, vignes, ou autres biens prés des garennes, ne peuvent tendre rets, filets, pieges, ou autres engins propres pour prendre les connils desdites garennes, mais s'ils en souffrent du dommage ils peuvent le faire estimer, & en demander le payement au proprietaire de la garenne, pourvû qu'il soit considerable, *quia pro modicâ re actio denegatur. l. si oleum §. Si ff. de dolo* Jugé le 16. Janvier 1586. contre le sieur de Benoît Conseiller, lequel fut condamné à payer la quantité de dix-huit septiers de bled, & trois septiers de seigle pour le dommage que ses lapins auroient causé; & luy fut enjoint de tenir ses garennes tellement chassées ou chastrées du grand nombre des connils qu'ils ne pussent porter dommage aux voisins, ou de semer aux environs d'icelles suffisante quantité de grains pour leur nourriture. *La Rochesavin, des droits Seigneuriaux, chap. 27. Arr. 5.*

9. Par Arrêt du Parlement de Roüen du 5. Août 1659. un Seigneur qui étoit en possession d'avoir des garennes, fut maintenu quoiqu'il n'eût presque point de titres, parce qu'elle étoit située sur le bord de la mer, & ne pouvoit être dommageable. *Basnage, tit. de Jurisdiction, art. 36.*

Voyez le mot *Chasse.*

GARNISON.

Autrefois les Huissiers & Sergens demeuroient en la maison du débiteur & *de suo vivebant*, jus-qu'à ce qu'il eût payé, c'est ce qu'on appelloit contrainte *par gast & garnison.* Cette rigueur fut abolie à Toulouse par Arrêt de l'an 1527. conforme à autre de Paris. *Voyez Mainard, liv. 7. chap. 30.*

Voyez les mots *Executions, Saisies, Sergent.*

GEN

GENDARME.

DE la Gendarmerie, ensemble des Hommes d'armes & Archers appellez Gens des Ordonnances, & du Reglement de la Discipline militaire. *Ordonnances de Fontanon, to. 3. tit. 11. p. 81.*

Des privileges, franchises & exemptions données aux Contrôleurs, Tresoriers & Payeurs de la Gendarmerie. *Ibidem, tome 2. liv. 3. tit. 26. p. 1164.*

Edits concernans les Officiers de la Gendarmerie. *Ibidem, to. 4. p. 876. & suiv. & p. 1353.*

GENDRE.

CE qu'on entend par le mot *Gener, L. 136. D. de verb. sign.*

Alimens dûs par le gendre au beau-pere. *Voyez* le mot *Alimens, nomb. 87.*

Excez commis par un gendre. *Voyez* le mot *Excez, nombre 1.*

GENEALOGIE.

Voyez l'observation faite au mot *Blason,* & les Livres cy-aprés indiquez.

Genealogie des Princes & Seigneurs François qui ont jadis commandé dans Jerusalem, Cypre, &c. Par Est. de Lusignan. *Par. 1579.*

Reusneri Leorini *opus Genealogicum,* in fol. Ffurti 1592.

L'état & comportement des armes, contenant l'institution des armoiries, & la methode de dresser des Genealogies, &c. Par Scohier. *Brux. 1595.*

Hennings *Theatrum Genealogicum,* 5. vol. in folio Magdeburgi 1598.

Le Recueïl de plusieurs pieces & figures d'armoiries omises par les Auteurs qui ont écrit de cette science. Par de la *Colombiere. Par. 1639. figures.*

Les Tombeaux des Personnes Illustres, avec leurs Eloges, Genealogies, Armes & Devises. Par le *Laboureur. Par. 1642.*

Blondelli *Genealogia Francica,* in fol. Amstelodami 1654.

Le Promptuaire armorial de Jean *Boisseau à Paris* 1657 figures.

Le Palais de la Gloire, contenant les Genealogies des Illustres Maisons de France, & de plusieurs nobles Familles de l'Europe, par *Anselme. Par. 1664.*

Histoire genealogique des Maisons de Guines, d'Ardres, de Gand & de Coucy, par Du Chêne. *Par. 1631. figures.*

Gans arboretum genealogicum domûs Austriacæ. *Colon. 1638.*

Histoire genealogique de la Maison d'*Auvergne*, par *Justel. Paris 1645.*

Genealogie des Comtes & Ducs de Bar, par Th. Godefroy. *Paris 1627.*

Histoire genealogique des Maisons de Dreux, Bar-le-duc, Luxembourg, &c. par Du Chêne. *Paris 1632.*

Histoire genealogique de la Maison de Bethune, par Du Chêne, *Paris 1639.*

Genealogia de la Casa de *Bournonville,* par *Caselles. Barcelona 1680.*

Zabarella Merouea, sive familiarum Brandeburgicæ & Zollerenses in Germaniâ Columnia, Collatæque in Italiâ origines, à Regibus Francorum Meroueis. Patavii. 1660.

Histoire genealogique de la Maison des *Briçonnets*, vol. in 4. Paris 1620.

Histoire genealogique de la Maison de Châlons sur Marne, par Du Chêne. *Paris 1621.*

P p iij

Histoire genealogique de la Maison de *Châteigniers*, par Du Chêne. *Paris 1634.*

Histoire genealogique de la Maison de *Châtillon* sur Marne, par Du Chêne *Par. 1621. figures.*

Histoire de la Maison de *Coligny*, par du Bouchet, vol. in fol. *Paris 1662.*

Traité des Nobles, avec l'Histoire genealogique de la Maison de *Coucy*, par de l'Alouette, vol. in 4. *Paris 1577.*

De origine & stirpe Domûs de Courtenay, cum supplicibus libellis Regi oblatis, & Jurisconsultorum responsis. Paris 1607. in 8.

Histoire de la Maison de *Courtenay*, in fol. *Paris* 1661.

Bockemburgii Genealogia & Historia *Egmondanorum. Leidæ* 1589. *in* 8.

Famiglié *Fiorentine*, in fol. *in Firenze* 1615.

Histoire des Comtes de *Foix*, par P. Olhagarey, vol. in 4. *Paris 1627.*

Histoire generale de la Maison de *France*, & des Illustres Familles qui en sont sorties, par Messieurs de Sainte Marthe. *Par.* 1619. 2. vol. in 4.

Alliances Royales de *France* & de *Savoye*, par Monet, vol. in 4. *Lyon* 1621.

Alliances de *France* & de *Savoye*, par Mathieu. *Paris.* 1623.

Tableaux genealogiques de la Maison de *France*, par le P. Labbé, *in* 12. *Paris* 1664.

Genealogie de la Maison de *Gombaud*, par d'Hosier, vol. in 4. *Paris* 1629.

De Venasque Genealogia *Grimaldæ* Gentis. *Paris* 1647. *figures.*

Du Chêne Histoire genealogique de la Maison de *Guines*, de *Gand*, &c. vol. in fol. *Paris* 1631.

Histoire genealogique de la Maison de *Harcour*, par de la Roque, 4. vol. *in fol. Paris* 1662.

Genealogie & alliances de la Maison de *Larbour* de Combaud, par d'Hosier. *Paris* 1629.

Du Chêne Histoire genealogique de la Maison de *Montmorency & de Laval*, vol. in fol. *Paris* 1624.

Histoire de la Maison de *Luxembourg*, par Vignier, mise en lumiere & illustrée de pieces par Du Chêne. *Paris* 1617. *in* 8.

Histoire generale de la Maison de *Luxembourg*, par Vignier. *Paris* 1619.

Table genealogique & historique des anciens Vicomtes de *la Marche*, Seigneurs d'Aubusson, par du Bouchet. *Paris* 1682.

Traité des Genealogies, Alliances, & faits illustres de la Maison de *Montmorency. Paris* 1579.

Scipione amirato delle Famiglie *Neapolet.* 3. vol. in fol. *in Firenze* 1580.

Recueil des Lettres Patentes du changement du nom du Comté de *Bury* en Comté de *Rostaing*, & autres pieces concernant la Maison de *Rostaing. Paris* 1656.

Histoire de la Maison de *Sablé*, vol. in fol. *Paris* 1681.

Histoire generale de la Maison de *la Tremoille*, par M. de Sainte Marthe. *Paris* 1667. *in* 12.

Histoire genealogique de la Maison de *la Tremoille*, *in* 12. *Paris* 1668.

Du Chêne Histoire genealogique de la Maison de *Vergy*, vol. in fol. *Paris* 1625.

Traité des Nobles, & Histoire genealogique de la Maison de *Coucy & Vervin*, par de l'Alouette. *Paris* 1577.

GENERAL.

GENERAUX DES MONNOYES.

1 DEs Generaux Provinciaux sur le fait des Monnoyes. *Voyez Chenu tit.* 10. *des Offices de France.*

GENERAUX D'ORDRES.

2 Arrêt du Parlement d'Aix du 1. Août 1618. à la requête du General de l'Ordre de Saint François, aux fins d'avoir *Pareatis* sur les Lettres Patentes du Roy, pour faire les Visites des Convents de son Ordre. *Preuves des Libertez de l'Eglise Gallicane*, tome 2. *chap.* 33. *nomb.* 42.

3 Arrêt du Parlement de Provence du 12. Février 1671. qui sur les appellations comme d'abus, a mis les Parties hors de Cour & de procez. Il s'agissoit de sçavoir si des Commissions des Generaux des Ordres derogeans aux Constitutions de l'Ordre sont abusives, & si lesdites Commissions aux Vicaires Generaux venans en France leur peuvent donner la permanence, & destituer le Provincial sans formalité & sans l'ouïr ? *V. Boniface*, to. 3. *liv.* 7. *tit.* 2. *ch.* 1. L'Arrêt fondé sur ce qu'on ne voulut pas ouvrir la porte aux Religieux pour se plaindre contre les Generaux.

4 Arrêt du Conseil d'Etat du 8. Janvier 1676. portant défenses aux Religieux d'executer les Obédiences des Generaux de leurs Ordres, sans le consentement de leurs Provinciaux ; & que les Sentences, Decrets, Ordonnances, & autres Rescrits des Generaux, ne pourront être executez dans le Royaume, sans être autorisez par Lettres Patentes de Sa Majesté. *Bibliot. Can.* 10. 2. *p.* 443.

Voyez les titres *Mendians*, *Monastere*, *Ordre de Religieux.*

GENNES.

TRaité des Droits du Roy sur la Ville & l'Etat de Gennes. *V. Dupuy, traité des Droits du Roy*, page 17.

GENRE.

DU genre Masculin & Féminin. Voyez L. 172. & 195. *D. de verb. sign.*

GENS.

GEns de *Guerre*, Gens de *Main-morte*, Gens du *Roy.*

GENS DE GUERRE.

1 Ceux de la Religion Prétendue Reformée ne peuvent délivrer aucunes Commissions pour lever des Gens de guerre, sans encourir le crime de leze-Majesté. *Voyez les Décisions Catholiques de Filleau*, décision 99.

2 Par Arrêt du 15. Mars 1580. en faveur des Chanoines & Chapitre de la Ville de Soissons, jugé qu'ils demeureroient exempts des logis de gens d'armes, excepté les cas d'extrême danger, comme s'il arrivoit que la ville fût assiegée, ou que le païs fut réduit en grande necessité. *V. Tournet lett. E. Ar.* 51.

3 Arrêt du 29. Octobre 1585. qui enjoint aux Consuls & habitans des Villes de recevoir les Capitaines & leurs Compagnies qui leur seront envoyées par le Gouverneur. *La Rocheflavin, liv.* 2. *lettre G. tir.* 4.

4 Du logement des gens de guerre, & quels Officiers en sont exempts. *Voyez Henrys, to.* 1. *li.* 2. *chap.* 4. *quest.* 32. où vous trouverez quelques Reglemens.

Femme séparée de biens est exempte de logement de gens de guerre. Arrêt de la Cour des Aides à Paris du 7. Février 1676. *Memorial alphabetique*, verbo *Femme.*

Voyez cy-après verbo *Guerre.*

GENS DE MAIN-MORTE.

1 *Manus mortua an hæredes hodiè institui possint ?* V. Stockmans, *decis.* 4.

Manus mortua an acquirere possint reditus feudales redimibiles ? Voyez *Idem*, *decis.* 73.

2 Gens d'Eglise contraints de vuider leurs mains de leurs acquisitions faites au dessus de quarante ans & depuis. *Joan. Gal. part.* 7. *Ar.* 84.

3 Exemption & décharge de toute recherche contre les Ecclesiastiques, Fabriques, Hôpitaux & Maladeries pour les nouveaux acquêts. *Voyez les Memoires du Clergé*, to. 3. *part.* 4. *p.* 245. *jusqu'à la* 346.

4 Non seulement le Roy a le droit de contraindre les main-mortes à mettre leurs acquêts hors de leurs mains ; mais encore les Seigneurs dominans,

qui par cette alienation en main-morte souffrent perte & diminution en leurs profits de fief ; mais ce droit aux Evêques se prescrit par quarante ans, & aux autres Seigneurs par trente ans, ensemble leur droit d'indemnité comme il est décidé par un Arrêt, *datum Parisiis in Parlamento nostro*, 18. *die Feb. anno Domini* 1479. rapporté par *Galli en sa* 7. *part. nomb.* 84. au profit du Chambrier de S. Martin des Champs, contre l'Evêque de Paris.

5 Les gens de main-morte qui se rendent adjudicataires de biens sujets à censives ou relevans de quelque Seigneur ou du Roy, sont obligez d'en vuider leurs mains dans l'an & jour, ou de donner homme vivant & mourant & confiscant, auquel cas il est permis au débiteur exécuté de les tenir en payant le prix, loyaux coûts & dépens du decret. Arrêt du Parlement de Toulouse du 10. Septembre 1569. *La Rochestavin, des Droits Seigneuriaux, chap.* 1. *art.* 33.

6 En Normandie le Seigneur feodal peut contraindre les gens de main-morte à vuider leurs mains des acquisitions par eux faites dans les quarante ans, pourvû qu'ils ne les ayent point reconnus pour vassaux, ni fait quelque Acte d'où l'on puisse induire qu'ils ayent approuvé leurs contracts. V. *Basnage sur la Coûtume de Normandie, article* 141.

7 L'heritage passant de main-morte à une autre main-morte, oblige à payer l'indemnité, & à bailler homme vivant, mourant & confiscant : neanmoins cela n'a pas lieu, lorsque les heritages amortis sont acquis ou transferez à des gens du même ordre, que ceux qui les ont vendus. Arrêt du Parlement de Paris du 10. Avril 1651. contre les Religieux de Saint Martin des Champs, pour les Religieuses Carmelites de la ruë Chapon, qui avoient fait un échange avec celles du fauxbourg S. Jacques de la même ville ; les Conclusions de M. l'Avocat General Bignon étoient au contraire. V. *Basnage sur l'art.* 140. *de la Coûtume de Normandie,* & *le Journal des Audiences, tome* 1. *liv.* 6. *chap.* 23.

8 Gens de main-morte doivent non seulement donner au Seigneur homme vivant, mourant & confisquant, à cause de l'heritage non amorti ; mais aussi payer pour l'indemnité, le tiers denier du fief noble tombé en main-morte & le quart denier de la roture. *Arrêt du Parlement de Roüen*, les Chambres assemblées, du 6. Avril 1666. article 21. *Basnage,* 10. 1. & la fin.

9 Gens de main-morte sont obligez de payer lods & ventes ou autres droits Seigneuriaux, donner homme vivant & mourant, & encore de payer le droit d'indemnité aux Seigneurs, dans la mouvance desquels ils ont acquis rotures ou fiefs. Arrêt du 6. Juillet 1685. *De la Guessiere, tome* 4. *liv.* 8. *chap.* 47.

GENS DU ROY.

1 Voyez le mot *Avocat*, nombre 197. & *suivans*. Des Gens du Roy. Voyez Du Luc, *liv.* 4. *tit.* 9.

2 *In Privilegiis datis Curiæ, Advocati & Procuratores comprehenduntur, eo quod sunt de corpore Curiæ. Ita fuit pronuntiatum anno* 1416. *die* 20. *Martii, ut indultum de non solvendis collectis datum Curiæ extenderetur ad Gentes (ut vocant) Regias,* & *indultum denominatione Consiliariorum* & *Curiæ eos comprehendit.* Voyez Rebuffe sur le Concordat sur *tit. de Electionis derogatione*, verbo *Regium Advocatum.*

3 M. Brulart avant que d'être Procureur General avoit été le Conseil & l'Avocat du Roy de Navarre dans un procez pour le Comté de Dreux ; contre le Roy de France, que contre la Duchesse de Nivernois ; cependant le Roy luy ordonna de défendre son droit. Quelques personnes attachées aux interêts du Roy de Navarre, s'étonnerent de ce que M. Brulart défendoit la cause du Roy. M. Brulart fit ses remontrances au Parlement. M. le Premier Président luy répondit qu'il ne lui appartenoit [...] à la Cour

de l'exempter de la poursuite des Droits du Roy, & qu'il fit ce qui luy avoit été ordonné par Sa Majesté ; le 22. Novembre 1550. d'où l'on peut conclure que ce n'est pas un sujet de recusation que d'avoir été le Conseil des Parties avant que d'être promû aux Dignitez de la Magistrature. *orbin, suite de Patronage, chap.* 297. & 298. où il y a semblable Arrêt du 21. Mars 1550. pour M. Seguier Avocat du Roy.

4 Des Avocats & Procureurs Generaux des Cours de Parlement, Avocats & Procureurs du Roy, & de leurs Substituts és Bailliages, Sénéchaussées, & Sieges Présidiaux & Royaux. *Filleau*, 1. *part.* 2. *titre* 6. *chap.* 1.

5 Reglement general du 21. Août 1574. entre le Substitut de M. le Procureur General & les Avocats du Roy, des Sieges de Riom, & le Substitut dudit sieur Procureur General esdits Sieges. *Ibidem, chap.* 32.

6 Le Prévôt de Paris ni son Lieutenant ne doivent juger aucuns procez civils ou criminels, esquels le Roy a interêt, qu'ils n'ayent été communiquez au Substitut de M. le Procureur General du Roy, à peine de nullité. Arrêt du 23. May 1579. *Le Vest, Arrêt* 233.

7 Reglement du 23. Decembre 1585. entre l'Avocat du Roy & le Substitut de M. le Procureur General du Roy és Bailliages, Prévôté, Eaux & Forêts, & Gruerie de Montargis. *Ibidem, chap.* 35.

8 Arrêt de la Cour des Grands Jours séant à Lyon du 29. Novembre 1596. pour le reglement des Avocats & Procureurs du Roy en la Sénéchaussée & Siége Présidial de Lyon, ajoûtant & interpretant celuy des mêmes Officiers au Siége de Riom. *Ibidem, chapitre* 33.

9 Reglement du 5. Septembre 1601. entre les Avocats du Roy, & les Substituts de M. le Procureur General en la Sénéchaussée & Siége Présidial de Moulins. *Filleau*, 2. *part. tit.* 6. *ch. p.* 36.

10 Arrêt de Reglement du Conseil d'Etat du 26. Septembre 1602. entre les Avocats du Roy, & Procureur General de la Chambre de l'Edit, à Nerac. *Ibidem, chap.* 30.

11 Gens du Roy sont hors de la censure des Juges, en faisant l'exercice de leurs Charges ; en cas de prétenduë contravention aux Edits & Ordonnances, les Juges peuvent en dresser procez verbal, & l'envoyer à la Cour, &c. Arrêt du 14. Février 1628. *Henrys, tome* 2. *liv.* 2. *quest.* 6.

12 Les gens du Roy sont exempts du logement des gens de guerre, & de la contribution pour les ustanciles. Arrêt du Conseil d'Etat du 19. Juillet 1656. *Ibidem, quest.* 22.

13 *Henrys, ibidem, quest.* 17. rapporte un Arrêt de la Cour des Aydes en forme de Reglement du 25. Janvier 1637. qui ordonne que les Procureurs du Roy des Elections signeront seuls les conclusions, & fait défenses aux Avocats du Roy d'en signer aucunes.

14 Autrefois les gens du Roy ne pouvoient prendre conclusions de *non contentis in citatione*. Jo. *Galli, quest.* 36. le contraire est observé à cause de l'interêt qu'a le public dans la vengeance des crimes.

15 Messieurs les Gens du Roy ne doivent être présens qu'aux réponses personnelles par attenuation. Arrêt du Parl. de Grenoble du 6. Juillet 1666. *Basset*, to. 1. *liv.* 6. *tit.* 2. *chap.* 6.

16 Le Roy étant en son Conseil a maintenu & gardé son Procureur General du Parlement de Dijon, au droit à luy attribué par l'Edit de création des Substituts, de leur faire des taxes pour les rapports des procez, ce qu'il sera tenu faire modérément ; en sorte qu'elles ne pourront être plus fortes que la huitiéme de celles qui seront faites pour les Conseillers, & du sixiéme des épices des premiers Juges dans les cas où il conviendra prendre de nouvelles conclusions, comme dans les appels, autrement ordonné sa Majesté, que lors que le Procureur General &

les Avocats Generaux seront venus apporter au Parlement, & Chambres qui le composent, des Edits, Déclarations, ou Ordres de sa Majesté, ou faire des requisitions, le Greffier n'emploira point ces termes *entrés par permission de la Cour*, mais seulement le *Procureur General*, ou *Avocats Generaux entrés*; qu'en ce qui concerne la demande du Procureur General, à ce que la distribution des fonds employez dans les états des Charges sur les amendes ne puissent être faite sans sa participation, & que la dispensation de ceux accordez pour l'instruction des procez où il est seul partie, soit faite par ses ordres & sur ses mandemens, les Arrêts de son Conseil d'Etat des 6. May 1679. & 26. Octobre 1683. seront executez; ordonné en outre que le Procureur General ne pourra mettre que ses Conclusions seulement sur les pieces à lui communiquées, sans y ajoûter des observations & notes marginales, ou autrement : & fait défenses aux Substituts de décerner des commissions de prise de corps, ou donner & faire aucuns actes qui soient de la fonction des Juges, & après la déclaration des Députez dudit Parlement qu'il ne prétend pas juger les appellations *à minimâ*, ni recevoir les plaintes & requêtes des Procureurs de sa Majesté dans les Justices inferieures, ou des Procureurs Fiscaux des Seigneurs, en qualité de parties publiques, sur ladite demande du Procureur General, ensemble sur le surplus des autres respectivement faites, les a mis hors de Cour; a évoqué & évoque pour trois ans seulement tous les procez que le Procureur General, sa femme, son pere, ses freres & sœurs pourront avoir audit Parlement en matiere civile & criminelle, même ses domestiques en matiere criminelle, & les a renvoyez & renvoye en celuy de Paris, auquel elle en attribue toute Cour, Jurisdiction & connoissance; & que ledit sieur Procureur General sera aussi tenu de s'abstenir dans ledit temps, de prendre des Conclusions dans les procez des Présidens, & Conseillers du Parlement. Cet Arrêt a été rendu au Conseil le 5. Septembre 1684. *Voyez les Edits & Arrêts recueillis par l'Ordre de Monsieur le Chancelier en 1687*.

18 Par Arrêt du Conseil d'Etat du mois d'Octobre 1685. entre les Officiers de la Chambre des Comptes de Provence, le Roy ordonne qu'en l'absence, récusation, ou autre legitime empêchement des Gens de sa Majesté du Parlement servant en la commission ordonnée pour la revision; les Gens du Roy de ladite Cour des Comptes, Aydes & Finances y porteront la parole, & y conserveront leur rang préferablement aux Substituts du Procureur General de sa Majesté audit Parlement; sera neanmoins ledit Substitut appellé, lors qu'il échoira résoudre des conclusions, sans que les Gens du Roy de ladite Cour des Comptes, des Aydes, & Finances en puissent donner sans sa participation; & ne pourra ledit Substitut avoir dans ladite Chambre de revision d'autre place que celle qui luy est donnée audit Parlement. *Voyez les Edits & Arrêts recueillis en 1687. par l'ordre de M. le Chancelier*, page 75.

Voyez cy-après le titre *Procureur General*.

GENTILHOMME.

1 Quoyque par l'Edit de Cremieux les causes des Nobles soient renvoyées devant les Sénéchaux; neanmoins par la Déclaration du Roy du 24. Février 1537. la Jurisdiction des Seigneurs leur ayant été conservée contre tous leurs vassaux, soit Nobles, soit roturiers, le Parlement juge conformément à cette Déclaration, pourvû que les Nobles soient hommagers ou feodataires des Seigneurs, & on les renvoye devant les Officiers desdits Seigneurs, tant en demandant qu'en défendant pour les causes civiles & criminelles. Arrêt du 11. Août 1673. qui renvoye le sieur Fournier Gentilhomme de la Ville d'Annonay devant les Officiers de la Dame Duchesse de Vantadour en qualité de Marquise de ladite Ville, parce qu'on fit voir qu'il étoit son hommager. *Graverol sur la Rocheslavin, des Droits Seigneuriaux, chap.* 36. *Art.* 1.

2 Par Arrêt general du 9. Mars, l'Edit de Cremieux contenant que les Gentilshommes en premiere instance ont leurs causes commises pardevant les Sénéchaux, fut déclaré & interpreté ne s'entendre des Gentilshommes qui étoient Justiciables d'autres Seigneurs en arriere-fief, ou autrement, lesquels ne peuvent decliner la Jurisdiction de leur Seigneur Justiciable, soit au civil ou criminel. Un Gentilhomme ayant fait informer pour le vol d'un cheval, contre un autre, aussi de la Jurisdiction de la Dame de Tournon; celui-ci ayant obtenu Sentence d'évocation de ladite instance du Sénéchal de Roüergue; par Arrêt ladite Sentence fut cassée, la cause renvoyée en premiere instance devant les Officiers de ladite Dame, n'ayant voulu le Roy déroger ni préjudicier par son Edit à la Jurisdiction des Seigneurs particuliers de son Royaume, mais seulement des Gentilshommes Seigneurs en chef, & ne ressortissant d'autre Seigneur, ou de simples Gentilshommes non Seigneurs ayant leurs biens és terres du Roy, comme il y en a plusieurs. *La Rocheslavin, ibidem*.

3 Les Gentilshommes sont tenus de répondre en toutes causes pardevant le Juge subalterne, au territoire duquel ils sont demeurans. Arrêt du 8. Mars 1563. *Bacquet, des Droits de Justice, chap*. 26. *nomb*. 10. *Voyez M. Expilly, Arr*. 46.

4 Un Gentilhomme peut être reçu caution. Jugé au mois de Septembre 1606. *Expilly, Arr*. 136.

5 Les Gentilshommes peuvent joüir & exploiter par leurs mains, ou par leurs serviteurs plus d'une Terre & Seigneurie, sans être cotisez, pourvû que ce soit sans fraude. Arrêt du Conseil d'Etat du 22. Octobre 1650. Ensuite est la Déclaration du Roy du 8. Novembre 1650. regîtrée au Parlement le 16. Janvier 1651. & non à la Cour des Aydes. *Henrys, tome* 2. *livre* 4. *quest*. 50.

6 Un Gentilhomme qui a choisi d'être jugé, les trois Chambres assemblées, ne peut plus se départir de son choix & de son privilege. Jugé à la Tournelle le 25. Février 1662. *Dictionnaire de la Ville*, verbo *Choix*.

7 Jugé par Arrêt du 13. Août 1663. que de simples Gentilshommes ne peuvent prendre la qualité de *Messire* & de *Chevalier*. *Voyez Soefve, to*. 2. *Cent*. 2. *chap*. 90.

8 Pour les excez à coups de bâtons entre Gentilshommes. *Voyez* le Reglement des Maréchaux de France du 22. Août 1679. *Boniface, tome* 5. *livre* 3. *tit*. 23. *chap*. 2. Il y en a de plus recens & qui contiennent des peines rigoureuses.

Voyez le mot *Battre*, *nombre* 8. *& suiv*.

9 Gentilshommes qui prétendent avoir des bancs dans l'Eglise. *Voyez* le mot *Bancs*, *nomb*. 11. *& 12*.

Voyez le mot *Noblesse*.

GEOLIERS.

Des Geoliers & gardes des prisons, & de quelle façon elles doivent être? *Voyez* au premier tome le mot *Concierge, & les Ordonnances de Fontanon, to*. 1. *liv*. 3. *tit*. 84. p. 701.

De la Conciergerie du Palais, & Geoliers d'icelle. *Ibidem, titre* 26. *page* 592. *& Joly, des Offices de France, tome* 2. *li*. 3. *tit*. 6. p. 932.

Des Geoliers & gardes des prisons. *V. Papon, li*. 14. *tit*. 4. la Rocheslavin, *des Parlemens de France, li*. 2. *ch*. 17. *nomb*. 67. *& hoc verbo, Bouvot, tome* 2. *& le titre* 13. *de l'Ordonnance Criminelle de* 1670.

1 Des geoliers, & de quoy ils sont responsables dans l'évasion des prisonniers pour crime, ou pour dettes? *Voyez Frain, page* 854.

2 Un Geolier ayant laissé évader un prisonnier, par Arrêt

GEO GEO

Arrêt du 16. Août 1378. fut condamné à payer ce qu'il avoit coûté à celuy qu'il avoit fait reprendre prisonnier ; & parce que par autre Arrêt précedent ledit geolier avoit été condamné, sauf son recours contre celuy qui avoit brisé les prisons, voulant avoir son recours contre ledit prisonnier nommé Dorigny, qui avoit été cinq ans prisonnier ; il presenta requête pour commuer la peine pecuniaire en corporelle, sur laquelle il fut ordonné qu'il auroit le foüet en la prison ; quelqu'un de Messieurs disant que ladite commutation n'étoit suffisante, il luy fut répondu par les autres que l'on ne commuoit point lesdites peines autrement. Bib. de Bouchel, verbo Bris de prison.

3 Lors qu'il est question de proceder contre un geolier commis par un Evêque à la garde des prisons Episcopales, & que par connivence, dol, ou negligence, il a laissé évader un prisonnier, ce n'est point pardevant le Juge d'Eglise qu'il faut agir, mais pardevant le Juge Royal. Arrêt du Parlement de Paris du 18. Septembre 1531. sur les conclusions de M. Poyer lors Avocat General, & depuis Chancelier de France, *pertinet enim delictorum, errorumque cognitio commentariensis, vel carcerum præpositi, judici Ecclesiastico, si clericus sit ac de jure Laico, abusivè cognoviste, Pontificium judicem curia pronunciavit.* Chop. polit. lib. 2. cap. 2. num. 1. Mornas, sur la Loy 25. *cum Clericis cod. de Episc. & cler.* dit avoir tiré cet Arrêt dans les Memoires d'un ancien Avocat du Parlement de Paris, qui vivoit du temps qu'il fut rendu, *in comitiis juridicis Pictonum, Senatum qui pronunciasse abusum fuisse suâ jurisdictione judicem Ecclesiasticum.*

4 Quoi qu'un geolier représente un prisonnier civil qu'il a laissé échapper, il est toûjours obligé au payement de la dette pour laquelle il le gardoit, si pendant sa fuite il s'est appauvri, ce qui n'est pas à l'égard d'un criminel, la représentation étant suffisante. Arrêt des Grands Jours de Moulins du 7. Octobre 1550. qui reçoit le geolier de Briodes à représenter un débiteur, sauf à payer en quoy le prisonnier seroit devenu insolvable. Papon, liv. 24. tit. 4. n. 4.

5 Le geolier de la Conciergerie laisse évader plusieurs prisonniers. Arrêt qui le condamne à payer les sommes pour lesquelles ils étoient détenus. La question de sçavoir comment l'on viendroit en ordre ; le Prevôt de Paris avoit ordonné que les emprisonnans auroient hypoteque du jour que le geolier avoit prêté serment en la Cour, & entr'eux du jour de leurs écroües ; & à l'égard des autres creanciers, selon la date de leurs contrats. Arrêt du 3. May 1614. qui réforme la Sentence, en ce qu'il étoit dit que les emprisonnans viendroient selon la date des écroües ; en émandant ordonné qu'ils recevroient concurremment, la Sentence au résidu sortissant effet. Bibliotheque de Bouchel, verbo Hypoteque.

6 Geolier est responsable des prisonniers. Arrêt du 4. Decembre 1619. qui fait défenses à tous geoliers du ressort du Parlement de Paris d'élargir les prisonniers, à peine de tous dépens, dommages, & interests des parties civiles, & de punition corporelle. Bardet, tome 1. liv. 3. chap. 67.

7 Edit du mois de Juin 1684. portant reglement des droits des Greffiers des Geoles. Voyez les Edits & Arrêts recueillis par l'ordre de M. le Chancelier en 1687.

8 *Commentarienses apud Delphinates à quolibet incarceratorum piperis libram antiquitus exigebant, hodie verò non, nisi ab iis qui pro capitali pœnâ incarcerantur.* Vide Franc. Marc. tome 1. quæst. 9.1.

9 *Piperis libra pro criminibus solvenda est, etiam si superillis obtenta sit abolitio.* Vide ibidem, quæst. 912.

10 *Commentariensis quando cognoscit carnaliter mulierem quam habet in custodiam, de consuetudine regni suspenditur.* Voyez Ibidem, tome 2. quæst. 729. & le mot Fornication, nomb. 3.

11 Arrêt du Parlement de Bourdeaux du mois de Septembre 1536. qui condamne un Geolier à être battu de verges dans la Conciergerie, pour avoir abusé d'une prisonniere, quoique connuë pour femme de mauvaise vie. Papon liv. 22. tit. 8.

12 Reglement fait au Parlement de Bretagne le 5. Octobre 1549. pour les Geoliers. Ils feront serment, auront un Registre, n'exigeront rien des prisonniers, ne laisseront aucune communication aux detenus pour crimes : enjoint aux Juges de visiter deux fois le mois les prisons. V. Du Fail liv. 3. ch. 442.

13 Entre Jean Baron & la Dame d'Acigné Dame de Crevise & Vaillant intimez. Elle a droit d'instituer les Geoliers de Ploarmel à cause de sa terre de Crevise, elle en pourvoit l'appellant parce qu'il devoit bailler caution, ce qu'il n'a fait. Au moyen dequoy elle institüa l'intimé, disant qu'elle peut revoquer quand bon luy semblera l'appellant, ainsi qu'il a toûjours été jugé. La Cour ordonne que le dernier pourveu demeurera, sans approbation toutefois de la qualité de Geolier, & sans préjudicier aux droits prétendus par la Dame d'Acigné, pour le regard desquels le Procureur General du Roy se pourvoira à l'encontre d'elle ainsi qu'il verra être à faire. Arrêt du Parlement de Bretagne du 24. Mars 1557. Du Fail li. 1. ch. 40.

14 Le Geolier peut commettre à la garde de ses prisons personne capable dont il sera responsable. Arrêt du Parlement de Grenoble du 15. Avril 1550. Basset tom. 1. li. 6. tit. 4. chap. 5.

15 Le Geolier qui a laissé évader un prisonnier tenu pour dette, est tenu de le représenter ou de payer. Bouvot tom. 2. verbo Geolier quest. 2.

16 Des Geoliers qui élargissent des prisonniers sans la permission du Juge. Ibidem, quest. 5.

17 Le Geolier n'est tenu de représenter le prisonnier qui s'est évadé par force. V. ibidem quest. 7.

18 Arrêt du Parlement de Provence du 26. Janvier 1665. rendu en conformité du Reglement du 9. Avril 1609. qui a jugé que le droit de Geole n'est point dû au Concierge, si le prisonnier n'est effectivement dans la prison, quoique sous l'écroüe. Boniface, to. 2. part. 3. li. 1. tit. 13. ch. 1.

19 Le droit de Geole n'est dû au Concierge par un Procureur jurisdictionnel pour les prisonniers détenus à sa requête. Arrêt du même Parlement de Provence du 10. May 1670. Item, to. 5. liv. 5. tit. 14. ch. 1.

20 Un Geolier a droit de s'adresser directement au creancier pour son droit de geolage, sauf au creancier son recours contre son debiteur emprisonné à sa requête, & ensuite élargi. Arrêt du Parlement de Grenoble du 3. Juin 1680. Journal du Palais.

GISTES ET GEOLAGES.

21 Voyez Du Luc, liv. 6. tit 12.

22 Si la cession de biens peut être faite pour gîtes & geolages ? Voyez le mot Cession, nomb. 108. & suiv.

23 Droit de gîte est dû au Roy seul, & non à la Reine, le Roi le prend és lieux du doüaire de la Reine sa Mère, s'ils y étoient auparavant tenus. Arrêt du Parlement de Toussaints 1275. & se paye à cause des heritages. Arrêts és Enquêtes du Parlement de Pentecôte & de Toussaints 1271. Les sujets de l'Evêque de Paris à Antoni payent le gîte du Roi, par Edit donné à saint Martin 1260. En un Arrêt du 12. Decembre 1394. il est fait mention de ce droit de gîte appartenant à la Reine de Sicile ; & en un Arrêt du dernier Decembre 1332. qu'il appartenoit au Roy à son nouvel avenement. Aussi plusieurs Ducs & Comtes ont eu droits de gîte és Abbayes & Monasteres de leur obéissance, & dont ils étoient protecteurs. Voyez la Bibliotheque de Bouchel, verbo Gîte & Geolage.

24 Il a été jugé & pratiqué, que quand il y a condamnation de dépens, dommages & interêts, il est permis à celui qui a obtenu de coucher les gîtes & geolages en dépens, ou bien en dommages & interêts. Ibid.

25 Au mois d'Août 1550 a été publié au Parlement de Paris, lû & enregistré un Edit du Roy Henry, par le-

quel entr'autres choses il est dit & statué qu'un Geolier ne peut retenir un Prisonnier absous ou condamné pour les dépens seulement qu'il a faits à la geole. *Papon*, *liv. 24. tit. 4. n. 1. Voyez cy-après le nomb.* 32.

26 Arrêt du 21. Juillet 1579. en faveur du Geolier des Prisons de Roüen, preferé pour les alimens fournis au debiteur. *Bibliotheque de Bouchel*, verbo, *Distribution*.

27 Les Religieux de Vaulsery, Diocese de Senlis, furent condamnez par Arrêt du 10. Février 1587. à payer au Geolier des Prisons de Senlis les gîtes & geolages d'un de leurs Fermiers mort non solvable en la Prison où il avoit été mis & detenu long-temps à leur requête. *Ibidem*, verbo, *Ceps*.

28 Les Religieux de Vaulsery avoient fait emprisonner le nommé le Vasseur pour dette civile. Il mourut dans les Prisons insolvable & sans heritiers. Arrêt du Parlement de Paris du 9. Février 1588. qui condamne les Religieux à payer au Geolier 8. s. parisis par jour pour ses gîtes & Geolages. *Ibidem*, verbo, *Prisons*.

29 Un homme condamné en une reparation pour homicide, est constitué prisonnier à Abbeville, faute de payement, à la requête de l'heritier de l'assassiné. Il meurt en prison. Arrêt qui condamne l'heritier de payer la nourriture, gîte & geolage. *Ibidem*.

30 Le sieur de Wirtemberg joüissoit par engagement de la Vicomté de Valogne : quelques accusez dont les biens étoient situez dans cette Vicomté, furent envoyez dans les Prisons de la ville de Coutances, possedée par la Dame Duchesse de Nemours. Il fut ordonné par Arrêt du Parlement de Roüen du 26. May 1600. que le sieur de Wirtemberg payeroit le Geolier, parce que c'étoit lui qui devoit profiter de la confiscation. *Ibidem*, verbo, *Gîtes & Geolages*.

31 Partie civile n'est tenuë des droits de geolage. Jugé au Parlement de Paris le onze Août 1622. *Bardet*, *tom.* 1. *l.* 1. *ch.* 101.

32 Jugé le dix sept Decembre 1628. qu'un Geolier ne peut retenir un Prisonnier pour droits de gîtes & geolages, ni les faire payer au creancier. Ordonné que l'Arrêt seroit lû au Siege contre le Geolier de la ville de Laon. *Bardet*, *tom.* 1. *l.* 3. *ch.* 18. *& Journal des Aud. tom.* 1. *l.* 2. *ch.* 28. *& cy-dessus le nomb.* 25.

33 Le Geolier ne peut retenir pour les droits de geole celui qui a été mis hors de Cour & de procez, sauf son recours contre la partie civile, & subsidiairement sur les biens du Prisonnier. Arrêt rendu au Parlement de Grenoble le 11. Juillet 1660. *consultis classibus*. *Voyez Basset*, 10. 1. *l.* 6. *tit.* 4. *ch.* 4.

34 Par Arrêt de la Chambre de la Tournelle à Paris du 19. Mars 1665. un Geolier des Prisons de Chartres fut condamné & executé à mort pour avoir laissé mourir un Prisonnier sans l'avoir assisté ; c'étoit un Curé. *Javet*, verbo, *Prison perpetuelle*. *n.* 13.

GIROÜETTE.

LE Seigneur ne peut pas empêcher ses vassaux de mettre des giroüettes. Arrêt du Parlement de Grenoble du 22. Février 1659. rapporté par *Salvaing* en son Traité des Fiefs, ch. 44.

GLADIATEUR.

DE *Gladiatoribus penitùs tollendis*. C. 11. 43. . . C. Th. 15. 12.

GOURMET.

GIlles Patenostre, Maître Gourmet au Comté de Vertus, obtient défenses contre deux Tonneliers de le troubler en l'exercice de son Office, ni s'entremettre en l'Office de Gourmet, sans en avoir au préalable obtenu Lettres du Comte de Vertus, être institué & fait le serment en icelui. Arrêt du sept Septembre 1607. *Corbin*, *suite de Patronage*, ch. 215. Voyez *le mot* Vin.

GOUVERNEUR.

Gouverneur de Ville ou de Province.

Chez les Romains les Gouverneurs avoient divers noms selon la difference des temps & des lieux, comme il est remarqué dans un Edit de l'Empereur Justinien. (Edict. 4. c. 1.) *Rector*, *Moderator*, *Proconsul*, *Prator*, *Prases*, *Prafectus*, *Comes*, *Magistratus*, *Administrator*.

Les fonctions des Gouverneurs de Province étoient semblables à celles de nos Intendans de Justice, Police, & Finances.

Les Consuls Romains étoient à peu près comme les Gouverneurs de nos Villes : ainsi l'on peut appliquer à ceux-ci une partie de ce qui est dit des Consuls dans le Droit.

De officio Rectoris Provinciæ. C. 1. 40. . . C. Th. 1. 6.
Ut nulli, *patriæ suæ administratio*, *sine speciali permissu Principis*, *permittatur*. C. 1. 41.
De Comitibus, *qui Provincias regunt*. C. 12. 14. . . . C. Th. 6. 17.
De officio Præsidis. D. 1. 18. *Præses* signifie Gouverneur, & non pas Président.
De officio Comitis Orientis. C. 1. 36.
De officio Præfecti Augustalis. D. 1. 17. . . . C. 1. 37. . . . Cet Officier étoit le Gouverneur d'Egypte ; appellé *Augustalis ab Augusto*, *qui eum constituit*.
De Prætore Pisidiæ, *Licaoniæ & Thraciæ*. N. 24. 25. & 26.
De Comite Isauriæ. N. 27.
De Moderatore Helenoponti. N. 28.
De Prætore Paphlagoniæ. N. 29.
De Proconsule Cappadociæ. N. 30.
De descriptione quatuor Præsidum Armeniæ. N. 31.
De Moderatore Arabiæ. N. 102.
De Proconsule Palæstinæ. N. 103.
De Prætore Siciliæ. N. 104.
De Consulibus. N. 105. . . . C. Th. 6. 6. . . . V. Consul.
De Quæstoribus, *id est*, *Præfectis Insularum*. N. 41. & 50.
De Præsidibus Provinciarum petendis ab Episcopo & ab incolis ; *ut Præsides gratis fiant*. N. 149.
De Provinciarum Præsidibus. N. 161. . . . Tib. Const. 3.
De Magistratu Phæniciæ Libanicæ. Ed. Just. 4.
De Pontici Tractus Vicario. Ed. Just. 8.
De Hellesponto. Ed. Justin. 12. Dans cet Edit l'Empereur défend de lever aucun Tribut ou Impôt, dans les Provinces de l'Empire, en vertu de Lettres du Prince, sans l'attache du Gouverneur : ce qui est en usage en France, pour les Intendans de Province.
Lex de Alexandrinis & Ægyptiacis Provinciis. Ed. Just. 13. . . Plusieurs Reglemens pour l'administration de ces Provinces.
De Consularibus, *& Præsidibus*. C. Th. 6. 19. *Vir Consularis est qui Consulatum gessit*. Des anciens Consuls & Gouverneurs.
Ne Præsides, *in fiscalibus causis*, *fidem publicam dent*. Ed. Just. 2. V. Sauf-conduit.
Si Rector Provinciæ, *vel ad eum pertinentes*, *sponsalitia dederint*. C. 5. 2. V. Fiançailles. Mariage.
Ne Præsides, *in Provinciis suis*, *domestica sponsalia contrahant*. L. N. 23.
De Apparitoribus Præsidum. Ed. Justin. 16. Voyez Huissier.

Voyez les mots *Consul*, *Juge*, *Magistrat*, *Province*.

1 Du Lieutenant General pour le Roy, & Gouverneurs des Provinces, ensemble du Connétable & Maréchaux de France. *Ordonnances de Fontanon*, tô. 3. tit. 1. page 1.

2 Des Gouverneurs des Païs & des Places. *Voyez la Bibliotheque de Bouchel*, verbo *Gouverneurs*.

3 De la Jurisdiction des Gouverneurs de Provinces. Voyez *Boniface*, to. 3. liv. 1. tit. 5. ch. 1.

4 Les Gouverneurs n'ont Jurisdiction pour causes

civiles, ni criminelles. V. *Bouvot*, tome 2. verbo *Bailiss*, quest. 2.

5 Gouverneur de Dauphiné. Voyez le mot *Dauphiné*, nomb. 12. & suiv.

6 *Gubernator Patriæ an dispensare possit, ut simul & semel super appellatione ab interlocutoria & negotio principali procedatur?* Voyez *Franc. Marc.* to. 1. quest. 177.

7 *Gubernator Patriæ Delphinalis habet potestatem concedendi gratias abolitionum pro homicidio & aliis delictis, excepto tamen læsa Majestatis.* Ibidem, quest. 106.

8 *Mulctas & pœnas pecuniarias gubernatorem Delphinalem remittere non nisi ex Curiæ deliberatione & vocatis Dominis auditoribus Cameræ posse.* Ibidem, n. 4.

9 *Curiæ Jurisdictio ob novum & jucundum adventum Gubernatoris Gratianopolis non cessat.* Voyez Ibidem, 10. quest. 37.

10 Le Gouverneur General du Dauphiné, & en son absence le Lieutenant General, a la préseance, & est à la tête de la Compagnie dans les Audiences & dans les Assemblées. Neanmoins le Comte de Soissons Gouverneur General venant prendre luy-même possession du Gouvernement, ce ne fut pour obéir aux exprés & reïterez commandemens du Roy, que le Parlement délibera de l'aller saluer en Corps à l'entrée de la Province, & il en fut fait un Arrêté. Ils sont tenus de prêter serment entre les mains du Premier Président, ou de celuy qui préside en son absence, avant que de pouvoir faire aucune fonction du Gouvernement, si le Roy ne les en dispense; & c'est dans la Chambre du Conseil où ils entrent sans épée, suivant l'Arrêté qui a été fait qu'ils prétent ce serment. Voyez *Chorier en sa Jurisprudence de Guy Pape*, p. 70.

11 Le Maréchal de Créquy Lieutenant pour le Roy en Dauphiné, ayant ordonné la levée d'une taille, que le Parlement de Grenoble avoit défenduë; le Parlement, *sous le bon plaisir du Roy*, cassa l'Ordonnance, & défendit, à peine de punition corporelle, d'exiger & de payer. Il avoit déja été dit par Arrêt du 5. May 1580. conformément à l'Ordonnance de Blois, que les Gouverneurs *ne pourroient s'entremettre* du fait de la Justice, & depuis un pere se plaignant de son fils, il fut dit aussi par Arrêt qu'il se pourvoiroit aux Juges ordinaires, & non au Commandant, comme il avoit fait. M. le Premier Président de la Berchere, comme Commandant, avoit fait emprisonner dans l'Arsenal, sur la plainte du sieur de Brunel, le sieur de Rhodet son fils. Voyez *Chorier, ibidem*, p. 74.

12 L'Archevêque de *Lyon* prétendoit le droit de nommer le Gouverneur de cette Ville; pretention condamnée par Arrêt du Parlement de Paris du 6. Juillet 1528. *Corbin, suite de Patronage*, chap. 31.

13 Voyez le 6. *Plaidoyé de M. Marion in* 8°. sur la verification des Lettres du Gouvernement de *Lyon*, Païs de Lyonnois, Beaujolois & Forêts, octroyé à M. le Duc de Genevois & Nemours, le 22. Decembre 1588. L'enregistrement fut ordonné, à la charge que le Gouverneur ne s'entremettroit aucunement du fait de la Justice ordinaire & contentieuse, sinon pour luy donner main-forte, quand besoin en aura, & qu'il en sera duëment requis.

14 Le 20. May 1564. au Parlement de Bretagne, les Lettres du sieur de Martigues pour le Gouvernement de ce Païs, sont publiées, à la charge que dans six mois il sera reformer les Lettres de provision, en ce que par icelles luy seroit donné pouvoir d'assembler la Cour, & appeller tels des Conseillers d'icelle que bon luy sembleroit, pour luy assister, & sans qu'il puisse prendre aucune Cour ni autre Jurisdiction, que ses predecesseurs ont fait. *Du Fail, liv.* 2. *chap.* 223.

15 Loüis de Bourbon, Duc de Montpensier & Pair de France, établi Gouverneur de Bretagne, à la charge qu'il sera reformer ses Lettres dans six mois, par

lesquelles il luy est permis assembler la Cour, & assembler tels des Conseillers d'icelle que bon luy semblera, pour luy assister, & sans qu'il puisse entreprendre aucune Cour ou Jurisdiction, autre que ses predecesseurs ont fait, & leur est permis par les Ordonnances. Arrêt du Parlement de Bretagne du 20. Mars 1570. *Du Fail, ibidem*, chap. 347.

16 Un Avocat élû Gouverneur de la Ville de Pontoise objicit, que l'Edit de Henry II. empêche ceux de Robe longue de s'entremettre de telles charges; par Arrêt de l'an ... il demeura. *Bibliotheque de Bouchel*, verbo *Echevin*.

GRACE.

Ce terme s'entend plus communément des graces que le Roy accorde aux accusez ou coupables, il en sera parlé cy-aprés nombre 76. & suivans.

GRACES DU PAPE.

1 *De signatura gratia.* Voyez *Rebuffe* 1. part. prax. benef.

2 *De Gratia, rationi congruit.* Voyez *Rebuffe ibidem*.

3 Lorsqu'un Pape a donné une grace & une dispense à un Evêque pour en joüir jusqu'à tant qu'il luy plaise, cette grace meurt avec le Pape qui l'a accordée; mais si elle a été accordée jusqu'à tant qu'il plaira au Saint Siege, c'est à dire, la Dignité Papale, ne peut pas mourir, la grace est reputée perpetuelle, & durera jusqu'à ce qu'elle ait été revoquée par un Successeur Pape. Voyez *Du Moulin* sur la regle *de Infirmis*, n. 245.

4 *Subiatæ sunt expectativæ per universam Galliam, ex concordatis, non tantum quia onerosæ, sed etiam quia ominosæ.* Jugé contre l'Evêque de Poitiers le 17. Juin 1617 *Mornac l.* 4. §. 4. ff. *de officio proconsulis, &c.* Voyez les mots *Bulles, Dispense, Expectative, Pape, Provision, Regles de Chancellerie, Rome.*

GRACES ACCORDE'ES PAR LE ROY.

5 *Anno* 1380. *die* 16. Octob. *fuit dictum quod omnes litteræ impetratæ à Carolo V. mortuo exequuntur sine aliis novis litteris.* Voyez *Rebuffe* sur le Concordat tit. *de mandatis.* §. 1. verbo, *quod quilibet.*

6 Les Graces des Princes doivent être largement interpretées & étenduës; c'est une maxime & une regle qui doit être religieusement observée, quand elle ne fait point de préjudice à un tiers, & qu'il n'y va que de l'interêt de celui qui a accordé la Grace, pour la liberté duquel on présume toûjours. Voyez *Du Moulin* sur la regle *de Infirmis*, n. 251.

LETTRES DE GRACE.

7 Des Lettres de Grace, Remissions & Pardons. Voyez les Ordonnances recueillies par *Fontanon*, tome 1. liv. 3. tit. 77. p. 691. & la *Bibliotheque du Droit François par Bouchel*, verbo *Grace & Remission*.

8 *De sublat.tione banni, & sententia absolutoria.* Voyez *Andr. Gaill.* tract. *de pace publica*, lib. 2. cap. 18.

9 *De absolutionis banni effectu.* Voyez *Ibidem*, cap. 19.

10 Des crimes non graciables. Voyez le mot *Crime*, *nombre* 15.

11 Les accusez de fausse monnoye, d'assassinat, d'incendie, de sortilege, d'inceste, de volerie, de guet à pend, de fausseté, d'empoisonnement, & d'autres crimes énormes, & les prisonniers détenus pour reparation civile, ne joüissent de l'entrée des Rois & des Reines. Jugé le 30. Avril 1610. M. *le Prêtre, és Arrêts celebres du Parlement.*

12 Sur la presentation des Lettres de Grace d'un Sergent d'une Compagnie du Regiment de Languedoc, qui se battant avec un autre, tua celuy qui les vouloit séparer. Voyez la 13. *Conclusion du sieur de Roquayrols*, *Procureur General en la Chambre de l'Edit de Castres*. L'impetrant condamné en 300. livres d'amende à l'Ordonnance de la Cour.

13 Un Juge ne peut s'empêcher en l'accusation d'homicide de condamner le convaincu, quoiqu'il pa-

roisse que l'homicide a été commis par neceffité ou cause raisonnable, & que la Loy civile le pardonne : car il faut une grace & remiffion du Roy. Arrêt donné ès Grands Jours du Puy le 17. Octobre 1548. *Biblio: heque de Bouchel*, verbo *Grace*.

14   Si le Roy de sa puiffance ordinaire & reglée peut donner grace aux heritiers du condamné par contumace, qui ne l'a point demandée pendant sa vie ; & qui est mort dans les cinq ans sans s'être presenté: & s'il le peut faire au préjudice du droit acquis au Seigneur feodal, par la confiscation des biens mouvans du Roy? *Voyez Du Perrier, liv. 4. quest. 26.*

GRADUEZ.

Voyez *hoc verbo* la Bibliotheque de Jovet. Rebuffé, fur le Concordat au titre *de Collationibus. §. Præterea, & fuiv.* les Ordonnances recueïllies par Fontanon, *tome* 4. *tit.* 14. *p.* 481. Joly, *des Offices de France, to.* 1. *liv.* 1. *tit.* 20. *p.* 212. *& aux Additions page* CLXXV. *& fuiv.* Papon, *liv.* 2. *tit.* 5. Peleus, *quest.* 164. les Memoires du Clergé, *to.* 2. *part.* 2. *tit.* 10. M. Loüet, *lettre* G. *nomb.* 1. *& les fuiv.* Robert, *lib.* 3. *rerum judicatarum cap.* 3.

Quant à Rochette, l'avis que donne l'Auteur de la *Bibliotheque Canonique, tome* 1. verbo *Graduez, p.* 655. *col.* 1. est que *circumspecté legendus est, in pluribus enim aberrat à recto tramite Statutorum principalium materias Graduatorum concernentium, nihilominus ejus laudanda voluntas, & in aliquibus bené cum vero sentit.*

1   Des Graduez, les uns sont nommez, les autres sont simples. Les nommez ont deux mois, Janvier & Juillet : les simples ont Avril & Octobre : les Graduez nommez doivent seulement se nommer en Carême. Le Collateur sur lequel ils sont nommez, ne peut leur refuser le Benefice vacant en leur mois, *si sunt antiquiores,* parce qu'ils viennent par ordre. Les Graduez simples se nomment *tantùm in vim gradûs*; les nommez, *in vim gratûs & nominationis*; les simples ayant insinué leur degré la premiere fois en telle saison qu'il leur plaît, peuvent prétendre toutes sortes de Benefices, même ceux qui sont affectez aux Graduez nommez, si lorsqu'ils vacquent il ne s'en trouve aucun nommé sur le Collateur : mais le Collateur le peut donner à tel qu'il luy plaît des Graduez simples, sans qu'il soit contraint de conferer à celuy qui est le premier nommé. *Voyez M. le Prêtre* 2. *Cent. chap.* 35. où vous trouverez plusieurs Arrêts sur cette matiere. *Voyez la Conference des Ordonnances, liv.* 1. *tit.* 3. *part è* 2. §. 18. in margine.

2   *Qualitates prælationis non confiderantur in menfibus Graduatorum fimplicium, sed tamen inter nominatos.*

Si ordinarius infra semestre nulli gratificaverit, remanet requisitio, & impetratio primi requirentis validat.

Libera potestas conferendi aut præfentandi non tranfit ad Capitulum, secius quando non est libera, quia tunc etiam fub generali mandato tranfit.

Simplex graduatus non tenetur lapfum semestris expectare. Du Moulin, *Conf.* 48. *to.* 2. *p.* 943. là il propose une espece en laquelle il y avoit quatre concurrens.

3   M. Loüet sur le nombre 280. de la regle *de infirm.* tient que la qualité de Gradué requise par la Loy, est de l'essence de la Provision ; *qualitas enim Doctoris aut Baccalaurei est de effentiâ collationis & à lege defideratur,* à quoy Maître Antoine Vaillant ajoûte dans sa note marginale, qu'il paroît par là necessaire d'être Gradué au temps de la Provision ; *ex his verbis videtur quod Gradus requiritur tempore provisionis.*

Voyez cy-après *le nombre* 57.

4   Le 2. Juin 1532. fut tenu en une Chambre des Enquêtes, *quod Conventus sede vacante potest præsentare ad beneficium vacans in turno graduati sive nominati si modo præsentatio fiat in vim gradûs, & quia præsentatio hujusmodi seu etiam Collatio videtur necessaria.*

Voyez la Bibliotheque de Bouchel, verbo *Graduez.*

5   Il a été jugé en la Grande Chambre en 1532. qu'une Collation faite d'un Benefice vacant au mois des Graduez simples ou nommez *sine expressione gradûs aut nominationis nulla est, in prejudicium alterius graduati vel nominati, cui facta est Collatio ejusdem beneficii, expressâ qualitate gradûs vel nominationis, etiam si dicta Collatio sit posteriore tempore.* Voyez Bouchel, *ibidem,* où il ajoûte quelques lignes après, *hoc fuit correctum per sequens aliud arrestum latum per tres Cameras Inquestarum debité congregatas mense Maii, anno* 1536. *quoad graduatos simplices*; ordonné que les Collations faites aux Graduez simples *sine adjectione aut expressione gradûs,* ne seront reputées nulles, mais valables, pourvû que le Gradué *sit re verâ graduatus, sed quoad nominatos cautum fuit,* qu'en Collation à eux faite en vertu de leurs nominations des Benefices affectez aux nommez, il faudra exprimer la qualité *per hæc verba,* tibi graduato aut tanquam graduato aut per alia verba æquipollentia.

Voyez cy-après le nombre 25.

6   L'an 1535. le 15. Avril après Pâques, fut jugé un procez par écrit entre Maître Mathurin Guibouet, appellant du Prévôt de Paris, & Maître Cancien Boiseau, intimé ; ordonné que si un Collateur confere un Benefice à un Gradué au mois des Graduez, il ne suffit pas que le Collateur confere le Benefice, *illi tanquam bene merito, idoneo, & capaci,* mais qu'il ajoûte *tanquam graduato simplici vel nominato,* autrement le Gradué ne se peut aider de la Collation comme Gradué ; les autres Chambres des Enquêtes donnerent sur cela leur avis. Bouchel, *ibidem.*

7   Si l'Ordinaire confere à une personne comme Gradué, & qui ne le soit point, la Collation ne sera pas valable. Si au contraire il croit que le Benefice a vaqué dans un mois de Gradué, & qu'il l'ait conferé à un homme qui le soit, la Collation vaudra, quoique le Benefice eût vaqué dans un mois libre. Arrêts du Parlement de Paris des mois d'Août 1544. & 5. May 1548. Il a même été jugé au procez du nommé Esclifon contre Matin, qu'il suffit qu'un Benefice vacant au mois des Graduez ait été conferé à un Gradué, *licet hoc non sit expressum,* tibi tanquam graduato. Voyez Rebuffé sur le Concordat au titre *de Collationibus. §. tentantur,* verbo *mensibus facta.*

8   *Si hoc ipso quod Collator ordinarius contulit non graduato, devoluta est potestas conferendi ad Superiorem?* V. Bibliot. Can. *to.* 1. *p.* 656. où il est dit, la Cour a estimé que *per Collationem alteri quam graduato factam, ordinarius non amittit omninò potestatem conferendi, sed amittit potestatem gratificandi,* en sorte qu'il est obligé de conferer au premier requerant.

9   Le Collateur ordinaire, ou le Patron qui a droit de gratification, & de choisir entre tous les Graduez celuy qu'il veut gratifier du Benefice vacant, sans s'arrêter à l'antiquité, ou à la prérogative du degré, peut faire tomber son choix aussi-bien sur un Gradué nommé, que sur un Gradué simple ; parce qu'étant Gradué nommé, il est à plus forte raison Gradué simple ; *& qui habet plus, habet minus.* Mais il est certain que les Graduez nommez n'ont point droit de requerir les Benefices vacans dans les mois de faveur, étant obligez de laisser à la liberté du Collateur d'en gratifier qui bon luy semblera. Il n'y a qu'une seule exception à cette maxime, sçavoir quand le Collateur ou le Patron a mal employé son droit, c'est-à-dire, qu'il a conferé le Benefice ou à un non gradué au préjudice des Graduez, ou à un Gradué non dûëment qualifié, c'est-à-dire, dans les Degrez duquel il y avoit des nullitez, ou qui auroit manqué de reiterer son nom & surnom, au Carême de la vacance ; car en ce cas, suivant l'opinion la plus commune des Docteurs, le Collateur étant déchû du droit de gratification, le Benefice demeure affecté aux Graduez suivant l'antiquité & la prérogative de

leurs Degrez : & en ce cas les Graduez nommez concourent avec les Graduez simples, sans pourtant qu'ils se puissent prévaloir de leur nomination, & l'on n'a égard qu'à l'antiquité & à la prérogative des Degrez.

M. Vaillant, dans ses notes marginales *sur M. Loüet*, *sur la regle de publicand, nombre* 451. assure que c'est la Jurisprudence du Grand Conseil de donner le Benefice, non au plus diligent, & à celuy qui a le premier requis, mais au plus ancien Gradué. *Praxis est Magni Consilii, quod tunc Beneficium debetur antiquiori, quia sit reditus ad jus commune ; quia antiquius beneficia conferebantur per Patronum antiquiori graduato, & jus gratificationis respicit commodum solius Collatoris, quo cessante jus graduatorum debet spectari secundum quod antiquiori debetur beneficium vacans.*

Voyez l'Auteur des Défin. Can. *verbo* Graduez, p. 316.

10 Si les Graduez simples peuvent être pourvûs par le Chapitre *sede vacante*, aussi-bien que les Graduez nommez? *V.* Tournet *lettre G. Arr.* 12. & 17. plusieurs Arrêts ont jugé l'affirmative, un dernier du 2. Janvier 1576. a appointé la question. *Voyez* Chopin, *de sacr. Pol. li.* 1. *tit.* 5. *n.* 9.

11 Decret *de pacificis possessorib.* ne peut servir à celuy qui n'étant point gradué a tenu & joüi d'un Benefice en ville close & murée. *Mainard, liv.* 1. *chap.* 56.

12 Par l'Edit de 1606. nul ne peut être pourvû des Dignitez des Eglises Cathedrales, ni des premieres Dignitez des Eglises Collegiales, s'il n'est Gradué en la Faculté de Theologie ou du Droit Canon, à peine de nullité des Provisions. Cet Edit n'a point été verifié au Grand Conseil, & n'y est point observé, suivant la remarque de l'Auteur des *Définitions Can.* p. 254. & 265.

13 Cause appointée au Châtelet, dont la Cour n'a voulu évoquer le principal, pour un Benefice vacant par mort, au mois de Janvier, contentieux entre quatre Graduez nommez ; l'un plus ancien, que l'on prétendoit rempli ; l'autre simple Maître és Arts plus ancien que les deux autres, mais insinué par un tiers non fondé de procuration speciale. Les trois & quatrième, Docteur, & Bachelier en Theologie, moins anciens que les deux premiers. *V.* Bardet, *to.* 1. *liv.* 4. *chap.* 13. M. Talon Avocat General conclut le 10. Mars 1631. sans se déterminer ; il approuva l'appointement, & dit seulement par rapport à la question que la saine partie des Docteurs estimoit que celuy qui requeroit la reiteration de l'insinuation des titres & capacitez du Gradué devoit avoir une Procuration speciale.

14 Les Graduez & les Indultaires contiennent un Decret irritant contre les Provisions, mêmes anterieures à la requisition de ces expectans. A l'égard des Brevets de joyeux avenement à la Couronne & de serment de fidelité des Evêques, ils ne lient point les mains des Ordinaires. *Bibliot. Can. to.* 1. *p.* 669.

15 Prébende Theologale de l'Eglise de Beauvais sujette à la nomination des Graduez. Arrêt du 17. Février 1642. Soëfve, *tome* 1. *Cent.* 1. *chap.* 51.

16 Il a été jugé au Parlement de Paris le 20. May 1658. que les Prébendes de l'Eglise Cathedrale de Troyes, dont la presentation appartient au Roy & au Doyen de la même Eglise alternativement, sont sujettes aux Graduez pendant le tour appartenant au Patron Ecclesiastique. Cette espece est particuliere. Ce Patronage est Ecclesiastique, & le Roy a droit de presenter à son tour par un accommodement fait entre le Comte de Champagne que le Roy represente & le Doyen pour s'exempter de payer le droit d'amortissement pour les biens composans les revenus de ces Prébendes. *Journal des Audiences, tome* 2. *liv.* 1. *ch.* 43.

17 Arrêt du Conseil privé du 30. Juin 1688. que le Concordat a son execution sur les Païs conquis. L'U-niversité de Paris a droit & possession de nommer ses Graduez sur l'Evêché d'Arras. *Journal du Palais.*
Voyez cy-aprés le nombre 74.

GRADUEZ SIMPLES OU NOMMEZ.

18 De l'origine des Graduez nommez & simples, & plusieurs décisions qui les regardent. *V. Bibliot. Can. to.* 2. *p.* 45. & M. le Prêtre 3. *Cent. ch.* 14.

19 *De forma, conditione, & qualitate Scholastica nominationis.* Voyez Pinson *au titre de Canonicis institutionibus conditionibus* §. 3.

20 Des choses requises en la nomination des Graduez, & de la forme des Lettres qui leur sont accordées. *V. Bibliot. Can. to.* 2. *p.* 112.

21 Les nominations des Graduez peuvent être faites un Dimanche ou autre jour de Fête. Rebusse & Speculator sont de ce sentiment, sur le Paragraphe *sequitur, versic. quid in feriis.*

22 *Universitas non potest nominare aliquem jure, nisi studuerit per tempus statutum, etiamsi post nominationes studuerit & ante vacationem beneficii.* Arrêt du Parlement de Paris du 1. Avril 1522. rapporté par *Rebusse* sur le Concordat *tit. de Collationibus.* §. *monemus* au mot *studuerint.*

23 Les nouvelles Universitez ont ce même droit de nommer. Les Universitez de *Rheims* & de *Caën* en joüissent. Arrêt du Grand Conseil de l'année 1534. *Voyez* Rebusse *in tract. nominat. quest.* 6. *nomb.* 5. & Franç. Pinson, en son traité *de Canonicis institutionum conditionibus* §. 3. *n.* 43.

24 Les Universitez ne peuvent être contraintes de donner des nominations, car ce sont des graces qui sont de pure faculté. Cependant le refus seroit injuste ; & ainsi fut jugé par Arrêt du Parlement de Paris en Mars 1535. pour la faculté de decret contre l'Université de Paris, qui avoit refusé de nommer & recevoir un Gradué en la Faculté de decret. *Bibliot. Can. to.* 2. *page* 111. *col.* 1.

25 Collation faite d'un Benefice vacant au mois des Graduez simples, ou nommez sans expression du Degré de sa nomination, est nulle. Arrêt de l'an 1533. Papon, *liv.* 2. *tir.* 5. *n.* 8.

26 Arrêt prononcé, les Chambres assemblées, au mois de May 1536. qui a jugé que les Collations faites aux Graduez simples, *sine adjectione aut expressione gradûs*, ne seront reputées nulles, si le Pourvû est en effet Gradué. Mais à l'égard des Graduez nommez, il fut déclaré qu'és Collations à eux faites, par vertu de leurs nominations de Benefices affectez aux nommez, il faudra exprimer la qualité, *per hac verba tibi graduato, aut tanquam graduato, aut alia verba aquipollentia.* Papon, *ibidem.* M. Loüet, *lettre G. somm.* 2. date les Arrêts du mois de May 1532. & 15. Avril 1535. *Voyez* Peleus, *question* 155. & Henrys, *tome* 1. *liv.* 1. *chap.* 3. *quest.* 18.

27 Jugé au mois de Juin 1545. au Parlement de Paris, que le Benefice vacant au mois des Graduez simples, il suffit que l'Ordinaire exprime dans sa Provision, *tibi sufficienti & idoneo conf. rimus, & c.* & n'est requis de dire *tibi graduato* ; & le troisième mois l'Ordinaire confere à un non Gradué dûement & qualifié sous ces mots *tibi graduato*, telle Collation ne vaut, là où elle vaudroit, si la qualité n'étoit expressée. Papon, *liv.* 2. *tit.* 5. *n.* 1. *Et hac omnia sic sunt judicata placitis Curiæ,* referente Tournet *ad litteram G. Arr.* 8.

28 Ces mots *tibi tanquam Graduato nominato* doivent être dans la Provision du Gradué. Ceux-ci *tibi tanquam capaci & habili, idoneo* sont insuffisans. Tournet, *lettre G. Arr.* 24.

29 La capacité d'un Gradué se doit prendre du temps de la Provision, & non de la nomination. Arrêt du Parlement de Paris du 11. Février 1537. *Ibidem, n.* 16. & cy-aprés *le nomb.* 57. & *suiv.* Papon, *liv.* 2. *tit.* 5.

30 La nomination d'un Gradué peut être adressée à une *femme*, si elle a droit par privilege de conferer les Benefices. *V.* Rebusse *in tract. nominat. quest.* 8. *n.* 9.

Qq iij

31 Les Graduez nommez sont obligez d'exprimer dans leurs Lettres les Benefices qu'ils possedent & le veritable revenu, à peine de nullité de leurs Lettres. *Bibliot. Can. to.* I. *p.* 331.

32 Le défaut d'expression de la qualité de Degrez nuit. Arrêt du Parlement de Paris du 6. Février 1564. qui maintient un Pourvû en Cour de Rome, à l'exclusion d'un Gradué nommé dont la Provision portoit *tibi graduato nominato*, *qualificato*, au lieu qu'elle eût dû porter *tibi idoneo*.

33 Benefices affectez à la Musique ont été declarez affectez aux Graduez nommez & simples. *Voyez* cy-aprés *le nomb.* 48. *& suiv.*

34 L'on a demandé si l'Evêque avoit conferé à un Gradué simple un Benefice vacant dans le mois des Graduez nommez ; sçavoir si pour détruire cette Provision (laquelle d'ailleurs est fort bonne,) il faut que le Gradué nommé poursuive effectivement l'effet de ses Grades & de sa nomination, en obtenant du Collateur ordinaire sa Provision sur iceux, ou au refus de l'Ordinaire, qu'il l'obtienne du Superieur, ou si au contraire il suffit qu'il se presente, & qu'il requiere le Benefice vacant ? Du Moulin décide qu'afin d'annuller la premiere Provision donnée par l'Ordinaire, il ne suffit pas de faire sa requisition ; mais qu'il la faut poursuivre, & obtenir la Collation ; car jusqu'à ce que la Collation soit obtenuë, la premiere Collation n'est point annullée ; mais seulement elle est en danger de l'être, *periclitatur*: Ce n'est pas qu'aussi-tôt que le Gradué nommé a obtenu sa Provision, il soit paisible & incommutable possesseur du Benefice ; il ne peut l'être qu'après l'expiration des 6. mois que les Graduez ont pour faire leurs requisitions ; car si avant que les six mois soient expirez, il se presente un plus ancien Gradué nommé que luy qui requiere ce même Benefice, & qui en obtienne effectivement la Collation, soit de l'Ordinaire ou du Superieur, (car jusqu'à la Collation obtenuë, la Provision de l'autre Gradué nommé n'est point annullée, mais seulement *periclitatur*) il annulle la premiere Provision de plein droit ; & ainsi tant que durent les six mois, & qu'il y a de plus anciens Graduez nommez, les Provisions des Graduez nommez ne sont point incommutables, bien qu'elles soient valables, & subsistent de plein droit, quoy qu'avec une condition resoluble ; cependant elles empêchent les préventions du Pape & du Legat. *Du Moulin sur la regle de Infirmis n.* 83.

35 Les Graduez simples ne peuvent rien prétendre aux Benefices vacans dans les mois de rigueur affectez aux Graduez nommez, cela se peut verifier par plusieurs clauses du Concordat. Ces termes tranchent la difficulté, *& si Collatoribus Ordinariis aut Patronis Ecclesiasticis in mensibus deputatis Graduatis simplicibus, aut Graduatis nominatis, non esset Graduatus, aut nominatus qui diligentias præfatas fecerit, Collatio seu præsentatio per Collatorem seu Patronum Ecclesiasticum, etiam eisdem mensibus facta alteri quam graduato, vel nominato, non propter hoc irrita censeatur.*

Voyez l'Auteur des Définitions Canoniques, *verbo* Graduez, *p.* 316. à la fin.

36 S'il n'y a point de Gradué nommé, le Gradué simple sera preferé à un pourvû par l'Ordinaire non gradué. C'est le sentiment de Rebuffe en son Commentaire sur le Concordat ad §. *teneantur.* Theveneau sur les Ordonnances combat le sentiment de Rebuffe. *Henrys*, tome 1. livre 1. chap. 3. quest. 18. est du sentiment de Rebuffe.

37 *Henrys*, tome 1. liv. 1. chap. 3. quest. 18. tient que n'y ayant point de Gradué nommé qui se presente, ou qui ait insinué, le Gradué simple, sera preferable à un qui n'est pas Gradué ; l'Auteur des Observations dit, cette opinion est la plus favorable, mais elle n'est pas la plus suivie.

Il faut observer que ce paragraphe *teneantur* du Concordat au titre *de Collat.* ne parle que de la présentation faite par les Patrons Ecclesiastiques : d'où il suit que les Patrons Laïcs ne sont pas sujets au Concordat, & cela est certain.

38 Rebuffe sur le Concordat au titre *de collationibus* §. *Teneantur* au mot *irrita censeatur*, prétend que si aucun Gradué nommé ne s'est presenté dans les mois de rigueur Janvier & Juillet, les Graduez simples pourront prétendre droit.

39 Graduez nommez doivent être examinez & enquis de leurs suffisances par les Prélats. *Ordonnance de Moulins*, art. 75. Voyez M. *Delive livre premier*, chap. 27.

40 Le temps de cinq ans requis pour être Gradué nommé se peut parfaire après le degré de Bachelier, ou autre pareil obtenu ; il n'importe que ce soit avant ou aprés ledit degré.

Pour le certificat du temps d'*étude*, ce n'est pas assez de dire que le Gradué a étudié par le temps de cinq ans, mais il faut particulierement désigner qu'il a étudié depuis un tel temps, jusqu'à un tel temps, où ledit temps de cinq ans soit compris, car par-là est ôtée la faculté de prouver le contraire ; ce qui n'est point, lors que la déclaration est generale.

Il n'est point requis necessairement que les cinq ans soient continuels, & quoiqu'il y ait interruption, si les cinq ans se trouvent pleins, le degré est bon. *L. Paulus.* §. *Caius. ff. de lib. caus. Voyez* Tournet, *lettre G. Arr.* 5. *&* Cambolas, *liv.* 3. *chap.* 19.

Voyez cy-aprés *le nomb.* 94. *& suiv.*

41 Les Graduez nommez qui n'ont point donné Lettres d'attestations de leurs études aux Collateurs, ne peuvent joüir du benefice de leurs degrez, suivant l'Ordonnance de Loüis XII. du mois de Mars 1498. art. 8. 9. 10. & 11. & en sont privez dans l'année en laquelle ils n'ont point insinué leurs degrez : ce qu'ils doivent faire en temps de Carême. §. *præfatique*, & doivent la Partie, Notaires & Témoins signer l'acte de notification, & le Notaire en tenir Registre ; comme il fut jugé par Arrêt du 7. Septembre 1613. rapporté par *Tournet, lettre G. Arr.* 25.

41 bis. Il a été jugé qu'un Gradué rempli étoit exclus par un qui avoit requis une Cure, quoy qu'il en appossedât déja une, qui sont benefices incompatibles *juxta Prag. & Concordat.* §. *quia intra annum pacifica possessionis hac beneficiorum incompatibilitas non ita consideratur, ut per adeptionem secundi vacet primum, mais post annum cap. licet* 28. *& præb. in* 6. Jugé ainsi par Arrêt du 30. Août 1597. *Tournet,lett. G. Arr.*27.

Voyez *cy-après le nomb.* 175. *& suiv.*

42 Les Graduez nommez étant de la qualité requise peuvent requerir les Benefices affectez, & en sont capables ; & la Cour par Arrêt du 22. Janvier 1520. ajugea une Chapelle de Tours affectée aux Choristes à un Gradué V.*Tournet, lettre G.Arrêt*19. *&* Chopin, *lib.* 1. *de la Police Ecclesiastique, tit.* 3. *nomb.* 2.

43 C'est une maxime introduite par les Arrêts que les Graduez nommez peuvent requerir les Benefices affectez aux Habituez & Musiciens, pourvû que les Graduez soient suffisamment experimentez en l'art du plein-chant, suivant la Pragmatique-sanction & Concordat, rapporté par *Tournet*, *lettre G. Arrêt* 26.

Voyez cy-aprés *le nomb.* 48. *& suiv.*

44 Jugé au Parlement de Toulouse le 11. May 1602. que la regle des 20. jours n'avoit lieu en la resignation admise par l'Ordinaire, même aux mois affectez aux Graduez nommez, quoyqu'il fût assuré que le resignant étoit mort neuf heures après la resignation, & cinq ou six heures après la prise de possession du resignataire. Par ce même Arrêt il a été jugé que le degré d'étude est bon & valable, quoiqu'on n'eût pas étudié cinq ans lors d'iceluy, pourvû que le temps fût complet avant que le Benefice vaquât. *Cambolas*, livre 3. chap. 19.

GRA GRA 311

Voyez cy-après *les nombres* 171. *bis*, 172. *&* 198. *& suivans.*

45 Le 8. Avril 1604. il fut jugé au même Parlement de Toulouse que le Vicaire general du Chapitre créé, le Siege vacant par le décez de l'Abbé, peut conferer les Benefices affectez aux Graduez simples ; car bien qu'il semble que cette collation ne soit point necessaire parce qu'il y a élection entre les Graduez simples ; toutefois cette élection étant restrainte aux Graduez simples, & entre ceux qu'il peut élire, il semble que telle élection soit necessaire. *Cambolas*, *liv.* 3. *chap.* 39.

46 Par Arrêt du Parlement de Paris du 15. Juin 1606. il a été dit que sans avoir égard à l'intervention du Cardinal de Joyeuse Archevêque de Roüen, le droit de nomination des Graduez nommez, avoit lieu en Normandie, & que la Cour declaroit la Regale ouverte au profit d'un nommé Behote, qui étoit le premier pourvû en Regale du Benefice contentieux *Biblioth. Can. to.* 1. *p.* 656. *& 10* 2. *p.* 394. *col.* 2. *& cy-après le nombre* 124.

47 Si les Graduez nommez peuvent avoir *in vim gradûs* un Benefice, lors qu'il est seul en la collation du Patron ? Plusieurs étoient d'avis de donner le Benefice au Gradué nommé : mais parce qu'il n'avoit jamais insinué, parlant au Patron même, il fut débouté. La principale question demeura indécise. *Voyez Cambolas*, *l. v.* 4. *chap.* 9.

BENEFICES AFFECTEZ.

48 *Voyez* cy-dessus *le nombre* 42. 43. *& cy-après le nombre* 73.

Quand un Benefice est dû & affecté par les Statuts d'une Eglise, ou autrement aux Choristes d'icelle, *in compensationem servitiorum*, en ce cas les Graduez simples ou nommez ne le peuvent obtenir *in vim gradûs aut nominationis* ; s'il y en a de la qualité du Statut, le requerant est capable de le tenir, pourvû que les Statuts soient faits *ante tempus Pragmaticæ*, de l'an 1436. *secus* si après le temps de la Pragmatique le Statut a été fait : *& hoc favore divini cultûs* a été introduit & jugé par plusieurs Arrêts ; cela s'entend aussi sans dispense. *Bibliotheque Canonique tome* 2. *page* 118. *col.* 2.

49 Les Benefices affectez à la Musique & Habituez de l'Eglise & Semiprébendés ont été déclarez affectez aux Graduez nommez & simples, vacans 6 mois à eux affectez, pourvû que lesdits Graduez soient suffisamment experimentez en l'art de plein-chant, & non autrement. Jugé le 16. Novembre 1573. *M. Loüet lettre G. somm.* 4. Brodeau *hic* dit que le Statut & les Bulles contenant l'affectation non verifiez en la Cour, n'avoient lieu qu'à l'égard du Chapitre en cas de vacation par mort, ou par démission pure & simple, & non à l'égard du Pape ; en cas de resignation *in favorem.* Jugé le 22. Avril 1625. *Voyez du Frêne*, *liv.* 1. *chap.* 48.

50 Un Gradué dans l'Eglise de Reims a été maintenu en la possession d'une Chapelle, à l'exclusion du pourvû par le Chapitre Collateur ordinaire, qui prétendoit que cette Chapelle avoit été affectée avec douze autres par le Chapitre aux Vicaires qui desservent au Chœur & à la Musique de leur Eglise : mais comme cette affectation avoit été faite depuis le Concordat de Leon X. & François premier elle ne pouvoit nuire aux Graduez. Arrêt du 15. Decembre 1625. au *tome* 1. *du Journal des Audiences*, *livre* 1. *chap.* 71. cette affectation résistant à la fondation, n'en empêche pas non plus que le Benefice ne puisse être resigné en Cour de Rome. *Ibidem livre premier chapitre* 48. L'Arrêt est rapporté cy-dessus au *nombre* 49.

GRADUÉ, LE PLUS ANCIEN.

51 *Voyez* cy-dessus *le nombre* 8. *& cy-après le nombre* 91.

En matiere de Benefices qui vaquent és mois de rigueur affectez aux Graduez nommez, pour sçavoir qui les doit emporter, on ne considere point l'antiquité du dégré, mais l'antiquité de la nomination : en sorte que si un ancien Docteur avoit été 20. ou 30. années, par exemple, sans se faire nommer, il seroit préféré à un jeune Docteur de deux ou trois années, qui auroit obtenu la nomination avant luy, parce que c'est l'ancienneté de la nomination, & non celle du dégré qui regle la préference des Graduez nommez. *Voyez la remarque faite dans les definit. Can.* verbo *Graduez*, *p.* 322.

52 Jugé au Parlement de Paris en 1545. que le Benefice est dû au plus ancien Gradué nommé, quoique le plus jeune nommé ait été le premier insinué & requis. *Papon*, *li.* 2. *tit.* 5. *n.* 1.

53 Quand un dernier Gradué a requis le Benefice avant la prévention du Pape, le plus ancien Gradué, quoyqu'il n'ait point requis, peut se servir de cette diligence, & de la collation & prise de possession. Brodeau *sur M. Loüet*, *lettre P. somm.* 25.

54 Entre Graduez nommez l'on regarde l'ancienneté de la nomination, plûtost que celle du dégré. Arrêt du Parlement de Toulouse du 18. Août 1698. qui jugea aussi que le devolutaire ne pouvoit opposer aux Graduez pourvûs *in vim gradûs* qu'ils étoient mal qualifiez ; ce qu'on décida qu'un autre ou troisiéme Gradué pourroit seulement faire. La raison fut que les titres à eux faits par l'Ordinaire en qualité de Graduez ne pouvant valoir en cette qualité, valoient toûjours *per obitum*. Voyez les *Arrêts de M. de Catelan*, *li.* 1. *ch.* 75.

Voyez cy-après le nomb. 188. *& suiv.*

GRADUEZ, BRESSE.

55 Si les Graduez sont reçûs dans la Bresse comme dans tout le Royaume ? *Voyez le quatriéme Plaidoyé de M. Patru*, prononcé au Grand Conseil en Septembre 1643. il soûtenoit l'affirmative. *V. cy-après le nomb.* 74.

GRADUEZ, BRETAGNE.

56 Les Graduez simples ou nommez ne peuvent requerir aucuns Benefices en Bretagne, qui est un pays d'obedience. *Voyez Hevin sur Fr in*, *p.* 647.

CAPACITÉ DES GRADUEZ.

Voyez cy-dessus le numb. 3.

57 *Quando requiratur habilitas in nominato ?* Rebuffe sur le Concordat, *tit. de Collationibus*, §. *Volumus*, au mot, *tempore vacationis*, dit, *intelligerem sufficere tempore vacationis esse habilem*, *& ita fuit judicatum & in mente Curiâ retentum* 19. *Feb.* 1537. *inter Vincentium de la Roche & Ægidium* Quesvin, *ubi etiam fuit approbata translatio facta tempore vacationis ; licet non esset facta a tempore nominationis.*

58 La capacité d'un Gradué nommé se doit prendre au temps de la provision, & non de la nomination. *Voyez Du Luc*, *liv.* 2. *tit.* 4. *ch.* 15. *& Tournet*, *lettre G. Ar.* 15. qui rapporte un Arrêt du Parlement de Paris du 11. Février 1537.

59 Un Gradué âgé seulement de 17. ans obtient une nomination de l'Université ; dix années après vaque une Cure, elle luy est conferée *in vim gradûs* : la collation est bonne, parce qu'il suffit d'avoir l'âge lors de la provision, & on ne considere pas l'inhabilité qui subsistoit lors de la nomination. *Bibliot. Can. tom.* 2. *p.* 116: *col.* 1.

60 Degré qui survient avant le *Visa* & la prise de possession, rehabilite le pourvû d'un Benefice affecté aux Graduez. Arrêt rendu le 21. Octobre 1624. au Grand Conseil. *Bardet*, *tom.* 1. *li.* 1. *ch.* 28.

61 L'on doit être gradué au temps des provisions d'une Cure dans une Ville murée. Arrêt du P. de Paris du 13. Avril 1690. si l'on plaidoit avec un non gradué, qui eût des provisions anterieures au Gradué, l'on peut en interjetter appel comme d'abus, parce qu'elles sont contre le Concordat & l'Edit d'Henry II. *Voyez M. du Perray*, *li.* 1. *ch.* 4. *n.* 27.

62 La Cure de saint Jean de la Chevrie de la Ville du Mans étoit contentieuse entre M. François Maréchal,

M. Hochet & M. Porteu : celui-ci avoit la presentation des Seigneurs de S. Michel en mer ; il l'avoit voulu montrer à l'Ordinaire ; les Notaires refuserent d'instrumenter pour lui ; il en avoit pris des actes devant le Lieutenant General ; sur le refus il obtient des provisions du Metropolitain, & un degré à Bourges avant sa prise de possession. Maréchal avoit obtenu des provisions de Cour de Rome avant Porteu, il n'étoit point gradué au temps de ses provisions, mais il prit des degrez avant son *Visa* & sa prise de possession. Hochet intervint ; il étoit veritablement gradué, & avoit obtenu des provisions par la mort du dernier Titulaire. Arrêt du Parlement de Paris du 6. Février 1699 confirmatif de la Sentence en faveur de Porteu. Il répondoit que le Concordat & l'Ordonnance d'Henry II. ne privoient pas absolument ceux qui avoient les capacitez ordinaires, de gouverner les Cures des Villes murées ; mais que si les Graduez y étoient appellez à l'exclusion des autres , ce n'étoit que dans les cas qu'ils se plaignoient. Porteu étant gradué, avant que Hochet eût été pourvû, & eût pris possession, ajoûtoit que la qualité survenante empêchoit que ce devolutaire eût quelque droit, le vice étoit purgé. L'on montra qu'il n'y avoit eu aucune prévention. *V. ibidem n.* 31.

63 GRADUÉ, CHAPITRE, EVESQUE.
Chapitres, *Sede vacante*, peuvent conferer aux Graduez. Arrêt du 21. Juin 1532. *Tournet, lett. G. Arr.* 12. Voyez *l'Arrêt 17.*

64 Le Gradué nommé sur l'Evêque & Chapitre, peut bien obtenir en vertu de sa nomination les Benefices qui sont à la collation de l'Evêque & du Chapitre, mais non ceux qui sont *separatim & divisim* à la collation des Chanoines ; mais pour l'obtenir il faut que dans sa nomination il y ait ces mots, sur l'Evêque, Chanoines & Chapitre, *tam conjunctim quàm divisim*. Jugé le 16. Novembre 1595. *M. le Prêtre ,* 2. *Cent. chap.* 35.

65 Le Gradué presenté par le Patron à un Chapitre, *qui habet jus instituendi*, si la presentation est admise *per minorem partem capituli*, cela est suffisant, quoique *major pars contradicat , quia in collationibus necessariis potestas Capitularis resider penes minorem partem, maximè cùm sine causa legitimâ major pars contradicit*. Bibliotheque Can. tom. 2. p. 175. col. 2.

66 Le Chapitre & l'Evêque qui refusent de pourvoir un Gradué , le Gradué n'est point obligé de recourir au Pape , supposé que l'Evêque refusant , immediatement en dépende ; mais il suffit que le Gradué s'adresse à l'Evêque le plus proche, selon l'avis d'*Henrys, tome 2. liv.* 1. quest. 28.

67 Le Siege vacant , un Gradué fait requisition au Chapitre d'un Benefice dont la collation appartient à l'Evêque; on demande si la requisition est bonne ? Il est décidé que non , & qu'il faut s'adresser au Superieur , *ad quem pertinet potestas conferendi*. Voyez *la Bibliotheque Can.* tome 2. *p.* 116. *col.* 1.

68 Un Benefice vacant au mois des Graduez nommez appartient à la collation de douze Chanoines *cum concursu Episcopi*. Six avoient presenté un Gradué plus ancien nommé, lequel avoit été receu du consentement de l'Evêque : les six autres avoient presenté à l'Evêque un autre Gradué, qui sur le refus du Prélat s'étoit pourvû au Superieur : depuis un troisiéme Gradué fit requisition aux Chanoines, & à leur refus il s'adresse pareillement au Superieur : enfin un Theologien requit ce Benefice, & sur le même refus alla au Superieur. Arrêt qui a adjugé la récreance au dernier impetrant. *Voyez ibidem. col.* 2. La date de l'Arrêt & les motifs n'y sont point marquez.

69 Le Gradué nommé & dûement insinué avoit requis au Chapitre collation d'un Benefice vacant au mois des nommez , lequel l'avoit refusé, & dans le temps de ce refus, l'Evêque comme Chanoine étoit présent au Chapitre ; on demande *an jus conferendi ad eum*

devolvatur ut Episcopum? Voyez *l'Auteur de la Bibliotheque Canonique , tome* 2. verbo *Nomination ,* p. 115. col. 2. il répond *videtur quod non.*

70 Quand le Gradué est nommé sur l'Evêque & le Chapitre , il peut en vertu de sa nomination obtenir les Benefices qui sont à la collation de l'Evêque & du Chapitre , mais non pas de ceux qui sont *separatim & divisim* , à la collation des Chanoines , & pour les obtenir sur les uns, & sur les autres ; il faut employer ces paroles dans les lettres de nomination *tam conjunctim quam divisim.* Ibidem, p. 47. & cy-dessus le n. 64.

71 Si un Benefice a vaqué au mois des Graduez , que trois du Chapitre ayent gratifié le gradué ; sept autres ayent conferé à un non Gradué, la collation des trois vaudra, parce qu'alors *possunt executores coadunatorum dici*. Arrêt pour M. du Font , contre Guybbaud, & Chervyn ; il s'agissoit de la Prébende de saint Martin hors les murs de la Rochelle. Voyez *Rebuffe sur le Concordat* au titre *de Collationibus §. Statuimus,* au mot *Quem volnerint.*

GRADUEZ, COMMANDE.
72 Si les Commandes peuvent être accordées aux Graduez , ou par eux demandées ? *Voyez* le mot *Commande , nombre* 15. & cy-aprés le nomb. 162.

GRADUEZ, CONCORDAT.
Le Concordat ne préjudicie aux Graduez , c'est-à-dire que les Benefices ne peuvent être affectez aux Chantres & Choristes au préjudice des Graduez. *Du Frêne, liv.* 1. *chap.* 71.

GRADUEZ, PAYS CONQUIS.
74 Le droit des Graduez s'étend même aux Provinces nouvellement conquises. Arrêt du Grand Conseil du 15. Septembre 1643. l'Université de Paris étoit intervenante ; il s'agissoit d'un Benefice sis dans la Province de Bresse. M. Gabriel Patru plaidoit pour le Gradué. Voyez *François Pinson ,* en son traité *de Canonicis institutionum conditionibus, §.* 2. *n.* 44.

75 Le privilege des Graduez des Universitez de France a lieu dans les pays conquis par le Roy , conformément au Concordat fait entre le Pape Leon X. & le Roy François premier. Arrêt du Conseil d'Etat du 30. Juin 1688. *Journal du Palais , to.* 2. in folio, page 739.

Voyez cy-aprés le nombre 102. bis.

GRADUÉ, CURE
Voyez cy-dessus les nombres 59. 61. 62. & cy-aprés le *nombre* 197.

76 Les Cures des Villes murées ne peuvent être conferées par les Ordinaires , *etiam par un Légat à Latere* qu'aux Graduez, qui pour le moins auront étudié pendant trois ans, selon le Concile de Bâle, & les Concordats. *Voyez la Bibliotheque Can.* tome 1. page 593. col. 2. & la Bibliotheque de Bouchel, verbo *Graduez.*

77 Celuy qui n'est pas Gradué, s'il a obtenu une Cure ou Eglise Parochiale, *in Villâ muratâ,* il ne peut faire valoir sa provision par un rescrit *perinde valere ac si qualificatus esset* : car par le §. *Statuimus 2.in Concord.* les Eglises Parochiales *in Villâ muratâ* doivent être conferées aux Graduez & Qualifiez ; le Pape s'est voulu luy même obliger à l'observation de cette loy. Biblioth. Can. to. 2. p. 474. col. 1.

78 Par Arrêt du 17. Janvier 1548. fut reçu l'appel comme d'abus de l'execution d'une Bulle Apostolique , portant dispense à un Gradué nommé de tenir la Cure de saint Nicolas des Champs de Paris , étant la dispense contre le Concordat, qui requiert qualité du pourvû, *in Villâ muratâ* ; la Cour sans approbation de la dispense contenuë en la Bulle , & sans toucher au Concordat,déclara par autres moïens portez par l'Arrêt l'appellation recevable. *Bibliotheque Can* tome 1. page 656. *col.* 1.

79 Le decret *de pacificis possessoribus* ne peut servir à celuy qui n'étant point Gradué, a tenu un Benefice en Ville close & murée. Arrêt du Parl. de Toulouse du mois de Mars 1574. *Mainard, to.* 1. *li.* 1. *ch.* 56.

Arrêt

GRA GRA 313

80 Arrêt du Parlement de Paris de l'année 1516. qui juge que le Légat n'a pû conferer une Eglise Paroiſſiale à un autre qu'à un Gradué. *Voyez Rebuffe ſur le Concordat*, titre *de collationibus*, §. *Statuimus*.

81 S'il faut être Gradué pour une Cure qui a partie de la Paroiſſe, ou une annexe enclavée dans une ville ? Le pourvû par l'Ordinaire qui n'étoit point gradué obtint la récreance ; les parties s'étant accommodées, il n'y a point eu d'Arrêt ſur cette Sentence. *Henrys*, to. 1. liv. 1. chap. 3. q. 17. il rapporte le ſentiment de Papon pour l'affirmative.

82 *Chopin*, dans ſon Traité *des Collations*, rapporte un Arrêt du P. de Paris du 17. Janvier 1558. qui préfére un Reſignataire de la Cure de S. Nicolas des Champs non Gradué, à un Prêtre Gradué, lequel avoit interjetté appel comme d'abus de la Proviſion du Pape, portant derogation au Concordat. *Maître Charles Du Moulin*, n. 275. de la regle *de infirm. reſignantibus*, fait mention de cet Arrêt qu'il date du 10. Janvier 1548. ſans parler de la dérogation ; mais au nombre précedent 273. il dit que c'étoit un uſage obſervé juſqu'en l'année 1550. que le Pape conferoit les Cures des Villes murées à des perſonnes non graduées, & qui n'avoient point étudié aux Arts, en Droit, ni en Theologie, ce qu'il condamne comme une choſe honteuſe ; *quantumvis pudendum & abſurdum eſſet*. Enſuite il ajoute au nombre 275. que le Pape étant obligé d'executer le Concordat, il ne peut même par prévention donner les Cures des Villes murées, ſi ce n'eſt à des Graduez & autres perſonnes ayant les qualitez requiſes par le §. *Statuimus* du Concordat.

83 Jugé au Parlement de Toulouſe le 18. Mars 1671. qu'un non-Gradué s'étant fait pourvoir en Cour de Rome d'une Cure de Ville murée, & ayant obtenu les Grades avant le *Viſa*, on ne pouvoit luy oppoſer qu'il avoit été mal pourvû, n'ayant point alors de Grade. Même Arrêt le 3. Mars 1686. à l'égard d'un Archidiacre qui n'avoit obtenu le Grade que depuis la Proviſion, mais avant le *Viſa* ; quoique le Grade ſoit neceſſaire à un Archidiacre, ſuivant le chapitre 12. de la ſection 14. du Concile de Trente, & l'Edit de 1606. la raiſon déciſive de cet Arrêt rapporté par *M. de Catellan*, liv. 1. chap. 34. eſt qu'il ſuffit d'obtenir le Grade avant le *Viſa*, qui rend parfaite la Proviſion de Rome, lorſque le Pape l'a accordée *in formâ dignum antiquâ*, auquel cas le Pape *non confert beneficium, ſed committit conferendum* ; au lieu que par la Proviſion *in formâ gratioſâ*, c'eſt le Pape qui confere. *Voyez M. de Catellan*, l. 1. ch. 34.

84 *Henrys*, tome 2. liv. 1. queſt. 12. établit qu'un Religieux nommé Evêque *ad partes infidelium*, eſt capable de tenir une Cure dans une Ville , quoiqu'il ne ſoit point Gradué, parce qu'étant Evêque, il eſt réputé Docteur. J'ay bien de la peine, dit l'Auteur des Obſervations , à me rendre à cette raiſon ; car le Concordat deſire que ceux qui ſont nommez aux Evêchez , ſoient Docteurs ou Licentiez, ſans en pouvoir être diſpenſez, à moins qu'ils ne ſoient Princes, ou d'une grande naiſſance.

GRADUÉ, DATE.

85 Le 6. Mars 1498. il a été déliberé par toutes les Chambres que le jour des Nommez & Graduez ſe prendra & comptera depuis le jour de la Pragmatique faite & déliberée à Bourges le 7. Juillet 1438. & non pas au temps de la publication de la Pragmatique faite en la Cour, *Bibliotheque de Bouchel*, verbo *Graduez*.

86 *In his Univerſitatibus Franciæ omnes nominati unius anni ſunt communis unius datæ, quamvis in Univerſitatibus aliis Patriæ juris ſcripti contrarium ſervetur. Et hoc anno 1536. in menſe Martio ante Paſcha fuit prolatum Arreſtum in Senatu, quod nominationes concederentur illius diei, & data in quâ petuntur, & non unius datæ, ſicut erat conſuetum ut dies apponeretur in omnibus nominationibus eadem videlicet de primâ hebdomadâ qua-* dragesimæ, qui abuſus fuit reformatus *in hâc Univerſitate, Doctoribus Facultatis Decretorum proſequentibus.* Voyez Rebuffe ſur le Concordat tit. *de Collationibus*. §. *Statuimus*, au mot *ad datam nominationis*.

GRADUEZ, DIGNITEZ.

87 *Voyez* le mot *Dignitez*, nomb. 8. & 11. & le preſent titre *nombre* 12.

88 Les Graduez ne peuvent rien prétendre ès Dignitez électives confirmatives. Jugé le 14. May 1615.

89 L'Archidiaconé d'Hyeſme en l'Egliſe Cathedrale de Bayeux n'eſt point ſujet à l'expectative des Graduez, & fut le nommé par l'Evêque, maintenu au plein poſſeſſoire de l'Archidiaconé. *M. le Prêtre* 2. Centurie chap. 35. rapporte un Arrêt du Parlement de Paris du 6. Juillet 1606. qui a jugé que le privilege des Graduez de Paris avoit lieu ès Benefices étant en une Ville où il y avoit Univerſité.

90 Les Dignitez des Egliſes Cathedrales ne ſont point ſujettes aux Graduez nommez par les Univerſitez. Jugé au Parlement de Paris le 23. Février 1638. il s'agiſſoit du Doyenné de la Cathedrale de Soiſſons. *Du Frêne* qui rapporte cet Arrêt liv. 3. chap. 48. de ſon *Journal*, en cite deux autres contraires, auſquels on n'eut point d'égard, & que la queſtion ſolemnellement plaidée fut jugée avec grande connoiſſance de cauſe conformément à l'Ordonnance de 1606. que l'on diſoit n'avoir jamais été obſervée. Neanmoins il fut jugé que la Prébende Theologale de l'Evêché de Beauvais avoit vaqué au profit des Graduez, par Arrêt du 17. Février 1642. au Rôle de Senlis. La raiſon de l'Arrêt, fut que le Concordat pour inviter les hommes de lettres à l'Etude de la Theologie & de la Prédication, avoit affecté aux Graduez nommez la tierce partie des Benefices venans à vaquer aux mois à eux reſervez, que cette affectation ne pouvoit s'entendre plus proprement que des Benefices, leſquels d'ailleurs & de leur nature requeroient des Docteurs en Theologie. *Voyez la Conference des Ordonnances*, liv. 1. tit. 3. part. 2. §. 96.

91 La Theologale ſujette à la nomination des Graduez. Arrêt du 17. Février 1642. qui maintient un Docteur & Gradué nommé en la poſſeſſion de la Theologale de Beauvais. *Voyez* le 10. Plaidoyé *de M. Gaultier*, tome 1. & le nomb. 90. cy-deſſus.

92 Si les Dignitez des Egliſes Cathedrales ſont ſujettes à la nomination des Graduez ; ſi le temps plus ancien de la nomination exclut la qualité plus éminente du Gradué, même Docteur en Theologie. Si en concurrence le Prédicateur eſt préférable au Docteur & Lecteur en Theologie ? Ces trois queſtions ſont diſertement expliquées dans le 11. *Plaidoyé de M. Gaultier*, tome 1. où il rapporte l'Arrêt qui maintient Maître Duval comme Gradué, Docteur & Profeſſeur dans la poſſeſſion de la Treſorerie de l'Egliſe Cathedrale de Roüen.

93 L'Archidiaconé d'Hyeſme en l'Egliſe Cathedrale de Bayeux n'eſt point ſujet à l'expectative des Graduez. Arrêt du Parlem. de Roüen du 15. May 1674. Journal du Palais.

GRADUÉ, ETUDE.

Voyez cy deſſus *les nomb*. 22. 40. 41. 44.

94 Quel temps d'étude eſt neceſſaire pour être Gradué ? *Voyez* le mot *Etude*, nomb. 12. & *ſuiv*.

95 Le temps competent eſt de dix ans pour les Maîtres ou Licentiez ou Bacheliers formez en Theologie. Sept ans, pour les Docteurs ou Licentiez en Droit Canon ou Civil, ou en Medecine. Cinq ans pour les Maîtres ou Licentiez ès Arts, avec rigueur de l'examen depuis la Logique incluſivement, ou en plus haute Faculté. Six ans aux ſimples Bacheliers en Theologie ; mais cinq ans en Droit Civil ou Canon, & en Medecine. Que ſi l'on a étudié une partie du temps en une Science, l'autre partie en une autre, ſçavoir comment les temps ſe peuvent conjoindre, pour obtenir la promotion aux Benefices.

V. *Rebuffe in tract. nominat. quæst.* 5. & la Bibliotheque Canonique, *to.* 2. p. 110.

96 Le 1. Avril 1522. avant Pâques, en la Seconde Chambre des Enquêtes, il fut décidé qu'avant qu'aucuns Graduez puissent obtenir nomination des Universitez où ils ont été Graduez, il faut qu'ils ayent étudié le temps ordonné par les saints Decrets de Bâle & Ordonnances Royaux, il ne suffiroit pas qu'ils eussent étudié le temps requis lors de la vacation du Benefice. *Bibliotheque du Droit François*, verbo *Graduez*, & la Bibliotheque Canonique, tome 1. p. 593. *col.* 2.

97 Jugé au Parlement de Paris au mois d'Août 1523. que l'étude faite après la nomination impetrée n'étoit pas suffisante, quoique l'étude fût accomplie lors de la vacance. *Voyez Rebuffe* sur le Concordat au titre *de Collationibus.* §. *Præfatique*, où il rapporte un Arrêt du 23. Decembre 1544. qui a jugé que les Lettres & Certificat du temps d'étude pouvoient être levées après la nomination.

98 Le Concordat veut que pour acquerir droit de nomination, l'on ait étudié cinq ans. On demande si quelqu'un a étudié trois ans aux Arts, puis a regenté comme Maître és Arts pendant deux ans, si ce temps luy doit être compté? Jugé pour l'affirmative le 18. May 1537. au profit de Maître Michel Bellenger contre Maître Jean de l'Epine, avec lequel l'Université de Paris s'étoit jointe. Rebuffe *in tract. nominat. qu.* 11. *n.* 16. & Bibliotheque Canonique, *to.* 2. p. 415. *in fine.*

99 Pour la preuve du temps d'étude, il ne suffit pas de marquer que le Gradué a étudié pendant le temps de cinq ans, il faut designer qu'il a étudié depuis tel temps jusqu'à tel temps. Ainsi jugé au mois de Juin 1545. comme aussi qu'un Gradué nommé n'est tenu prouver son étude de cinq ans continuels, quoiqu'il y ait eu interruption, il suffit qu'en joignant les années, le nombre se trouve. *Papon, liv.* 2. *tit.* 5. *n.* 1.

100 Il est si fort necessaire d'exprimer le temps d'étude dans le *quinquennium*, qu'un Gradué pourvû d'une Chapelle en vertu de ses Degrez, fut debouté de sa demande de récreance, par Arrêt du mois de May 1663. par la seule raison que dans son *quinquennium* le temps de son étude n'étoit pas exprimé. Cet Arrêt fait un Reglement pour les Universitez, notamment pour celle d'Angers, qui avoit donné les Degrez aux Graduez; il fut ordonné de mettre à l'avenir le temps de l'étude à la fin de chaque année. Dans l'espece, le Gradué perdit si bien sa cause, qu'il fut condamné à la restitution des fruits, à la reserve de ce qu'il avoit employé pour la restitution de la même Chapelle. *La Guessiere*, to. 2. *liv.* 5. *chap.* 24.

101 Il suffit que les Graduez nobles ayent étudié pendant trois ans; mais il faut qu'ils soient Nobles de pere & de mere, & que leur Noblesse soit attestée par trois ou quatre témoins dignes de foy. *Voyez la Bibliot. Can. to.* 1. p. 654. *col.* 2.

GRADUEZ, EXPRESSION.

102 De ce qu'il faut exprimer és nominations des Graduez? *V. la Bibliot. Can. te.* 1. p. 331. & le *to.* 2. p. 3. *Voyez cy-dessus les nomb.* 5. 25. 26. 28 & cy-après 185.

GRADUEZ, FLANDRES.

102 bis. Memoires pour l'Université de Paris, & ses Graduez, contre les Etats de Flandres, touchant le droit de nomination aux Benefices de Flandres, par *Cuvelier.* Paris 1692.

GRADUÉ, INDULTAIRES.

Voyez cy dessus le nombre 14.

103 Les Benefices vacans dans les mois des Graduez, soit simples, soit nommez, quoique ces Benefices soient à la Collation ou à la disposition d'un Cardinal, sont nonobstant cela dûs aux Graduez. *Du Moulin*, sur la regle *de Infirmis* n. 201.

104 On demande, si le paragraphe *statuimus quoque* du titre *de Collat.* au Concordat, par lequel il est ordonné que les Eglises Parochiales situées dans les villes murées, ne soient possedées que par des personnes qualifiées, de la maniere qu'il est expliqué dans les paragraphes précedens, ou du moins par des personnes qui auront étudié pendant trois années en Theologie, ou en Droit Civil ou Canon, ou bien aux Maîtres és Arts, lesquels après avoir étudié dans une Université fameuse & privilegiée ont été reçus Maîtres és Arts, doit être observé à l'égard des Indultaires de la Cour & des Mandataires, en sorte qu'ils soient obligez d'avoir l'une de ces qualitez, pour posseder des Benefices Cures dans les villes murées, ou bien si leurs graces dérogent à ce paragraphe? Du Moulin dit que M. de Marillac Avocat General soûtint publiquement le 10. Janvier 1548. dans la Plaidoirie pour la Cure de S. Nicolas des Champs de Paris, que l'on n'y pouvoit déroger. Cependant le Pourvû par le Pape, quoiqu'il ne fût pas qualifié, & qu'il n'eût aucunes des qualitez requises par ce paragraphe *statuimus*, gagna sa cause; & l'ancienne opinion, ou plûtôt l'ancienne erreur, fût confirmée, & ne cessa point jusqu'en l'année 1551. le 9. Mars en comptant à l'usage de France, que le Roy Henry II. étant à Reims fit cette Ordonnance : *Voulons que dorénavant tous procez & differens meus & à mouvoir, tant pardevant nos Juges ordinaires, qu'és Cours Souveraines de nôtre Royaume, pour raison du possessoire des Cures & Eglises Parochiales des villes closes & murées, soient jugez & terminez quand ils seront en état de juger suivant la teneur des saints Decrets & Concordats, & sans avoir égard aux impetrations qui pourroient être faites, & subrepticement obtenuës desdits Benefices par personnes non Graduez & de la qualité contenuë esdits Concordats, contre lesquels ne voulons & n'entendons aucunes dispenses contrariant aux saints Decrets & Concordats avoir lieu, & nos Juges y avoir aucun égard.* Dans l'Arrêt de verification au Parlement de cette Ordonnance, on mit cette restriction, qu'elle n'auroit lieu seulement que pour les vacations futures. *Voyez Du Moulin* sur la regle *de Infirmis* n. 172. & 179.

105 Rebuffe *en son Conseil* 15. dit qu'au Parlement de Paris les Graduez sont preferez aux Indultaires; mais M. Loüet suivant l'avis de *Du Moulin* sur la regle *de Infirmis résignantibus*, n. 201. & 229. dit que le contraire se juge au Grand Conseil en toutes occasions, *& hoc ita notissimum est ut hodie non voce, non verbis, sed pileo tenus, ut aiunt, à judicibus Prætorianis vota emittuntur.* Voyez aussi la *Bibliotheque Canonique*, tome 1. verbo *Indults*, p. 733.

106 L'indultaire preferé aux Graduez. Jugé au mois d'Août 1600. *M. Loüet, lettre B. Somm.* 16.

INSINUATION DES DEGREZ.

107 Voyez *cy-dessus le nombre* 13. où il est observé qu'il faut avoir procuration speciale, pour requerir l'insinuation des degrez.

Voyez encore *le nombre* 47.

Le Gradué nommé peut insinuer ses Lettres de nomination toutes & quantefois qu'il luy plaît à son collateur, trouvé en personne, ou bien à son vicaire en son absence, car après il faut qu'il insinue son nom & cognom; mais il faut insinuer dans les dix ans, sinon il demeure déchû.

Il peut insinuer en tout temps de l'année, *etiam Quadragesimali*, suivant le Concordat qui veut seulement qu'il ait insinué avant la vacance du benefice.

Si entre l'insinuation & la requisition, n'y a Carême, l'insinuation & requisition n'en vallent pas moins.

Le Benefice est dû au plus ancien Gradué nommé, quoyque le plus jeune nommé ait insinué & requis. §. *tibi quia in Concord.*

L'insinuation duëment faite des Lettres du Gradué, au Collateur dans les dix ans, se continuë jusqu'à 30. ans; toutefois l'année en laquelle il n'a point infinué fon nom & cognom en Carême, lùy demeure inutile ; & il ne peut requerir en icelle année. Pour requerir valablement, il faut être fondé de procuration speciale. *Tournet, lettre G. Ar. 5. & 6.*

108 Infinuation ou la réiteration de la fignification des noms & furnoms des Graduez pout être valable aux termes du Concordat doit être faite en temps de Carême, c'eſt-à-dire, juſqu'au jour de Pâques excluſivement. *Definitions Canoniques*, p. 410.

109 Lors que les Graduez ont fait infinuer & fignifier leurs Grades aux Ordinaires, s'ils viennent à deceder, on ne doit pas réiterer l'infinuation & la fignification à leurs fucceſſeurs ; quoyque cela ſoit contre l'avis précis du Gloſſateur de la Pragmatique Sanction ſur le mot, *præſtat* §. *Statuit de Collat.* Voyez Du Moulin, ſur la Regle *de infirmis nomb.* 245.

110 Arrêt du Parlement de Paris du mois de Juillet 1528. contre un Gradué qui avoit laiſſé paſſer 21. ans ſans infinuer ſa nomination ; il ne peut plus s'aider de ſon dégré. *Papon, liv. 2. tit. 5. nomb. 3.*

111 Le 21. Février 1537. fut conclu au procés d'entre M. de Goüy Conſeiller en la Cour & Jean Girard, que M. le Légat à pû conferer à un Gradué ſimple ſans avoir infinué au Légat & qui avoit infinué à l'Ordinaire, quoyque le Légat eût auparavant conferé le Benefice à un non Gradué ; le procés avoit été parti en la troiſiéme Chambre des Enquêtes, & depuis departi en la Grand' Chambre. *Bibliotheque de Bouchel*, verbo *Inſinuation*.

112 Le droit d'infinuer ſe preſcrit ſeulement par 30. ans, même ſans avoir commencé dans les 10. ans ; mais il ſuffit d'avoir infinué dans les 30. ans. Arrêt du Parlement de Paris du 5. Avril 1541. *Papon, liv. 2. tit. 5. nomb. 4.*

113 Un Gradué ne doit pas laiſſer paſſer dix ans ſans infinuer, autrement il ſeroit préſumé avoir renoncé à ſon droit, il doit infinuer avant la vacance du Benefice. Arrêt du Parlement de Paris au mois de Juin 1545. *Papon, ibidem, n. 1.*

114 Le droit d'infinuer par les Graduez ne ſe preſcrit que par trente ans. Arrêt du mois de Janvier 1574. ſur partage. *Mainard, to. 1. liv. 1. chap. 65.*

115 Jugé par Arrêt du 7. Septembre 1545. que le ſeul refus ne fait *quod poteſtas conferendi devolvatur ad ſuperiorem*, & que l'Ordinaire qui a refuſé un Gradué ſimple peut encore conferer à un autre Gradué. 20. Eſt à obſerver que l'infinuation faite à une partie des Chanoines, *etiam*, la moindre partie, quoiqu'ils ne ſoient aſſemblez capitulairement, eſt bonne, & n'eſt en rien défectueuſe, bien qu'elle ne ſoit faite à la plus grande partie de tous les Chanoines. *Bibliot. Can. to. 1. p. 657. col. 2.*

116 Une infinuation de degré ou nomination, n'eſt ſuffiſante quand elle eſt faite au Chapitre, abſente une Dignité du Chapitre, à laquelle la Collation ou preſentation du Benefice appartient *ratione ſuæ Dignitatis aut Officii*, qui en ce cas *vice & autoritate Capituli non confert aut præſentat* ; mais elle luy doit être faite en particulier, s'il n'eſt preſent au Chapitre lors de l'infinuation. *Ibidem*, p. 658. col. 1.

117 L'infinuation d'un Gradué nommé en ces mots, *inſinuavi gradus, nomen & cognomen, & qualitates ſecundum Concordata, & dedi copiam litterarum* ; n'eſt pas valable, il faut que l'Acte porte *inſinuavi nominationem & tempus ſtudii, & dedi copiam litterarum*. Jugé au Parlement de Paris le 6. Septembre 1588. M. le Prêtre *és Arrêts de la Cinquiéme*.

118 Jugé par Arrêt du 1. Mars 1666. que l'infinuation faite par un Gradué de ſon Degré aux Patrons & Collateurs, en parlant à d'autres qu'au Greffier ou au Commis, eſt nulle. Il étoit dit ſeulement qu'on avoit parlé à la mere du Greffier, ce qui ne parut pas ſuffiſant, quoyqu'il alleguât que l'Edit n'étoit point obſervé à la rigueur, & qu'il ne portoit point, *à peine de nullité*. Voyez *Soëfve, to. 2. Cent. 3. chap. 66.*

GRADUEZ, MARIAGE.

119 Gradué qui ſe marie. *Voyez* le mot *Benefice, nomb. 126. & ſuivans.*

120 Arrêt du Parlement de Paris du 16. Janvier 1671. qui a jugé qu'un Gradué nommé s'étant marié, ce droit de nomination demeure éteint, en telle ſorte qu'aprés la diſſolution de ſon mariage arrivée par le decez de ſa femme, il ne peut plus ſe ſervir de l'ancienneté de ſon Degré, même contre un Gradué ſimple, quoyqu'il eût d'ailleurs des qualitez ſuffiſantes pour poſſeder le Benefice contentieux. *Soëfve to. 2. Cent. 4 chap. 62.*

121 Si l'on perd un Benefice par le mariage, à plus forte raiſon perd ſon droit de nomination, *facilius enim perditur jus ad rem quam jus in re*. Ainſi jugé au Parlement de Paris le 13. Août 1672. il s'agiſſoit du poſſeſſoire de la Cure de Crones, au Diocéſe de Chartres. Si un Gradué depuis ſon veuvage avoit obtenu de nouvelles Lettres de nomination, il conſerveroit l'antiquité de ſes Dégrez. *Voyez le 3. to. du Journ. des Aud. liv. 6. ch. 13.*

122 Non ſeulement le mariage fait vaquer de plein droit les Benefices, mais il éteint les nominations. En plaidant une cauſe à la Grand'-Chambre entre deux Graduez, on oppoſoit au plus ancien une repletion bien juſtifiée, un Conſeiller de Poitiers qui avoit été marié, & qui avoit jugé *in criminalibus*, étoit moins ancien ; mais on luy oppoſoit qu'il avoit fait ſa requiſition, avant que d'avoir fait fulminer ſon abſolution *à ſævis*, ou du moins le même jour ; on ajoûtoit que le mariage avoit éteint ſon Mandat & ſes Lettres de nomination, que la queſtion en avoit été jugée en la troiſiéme des Enquêtes le 13. d'Août 1672. On répondoit à ces deux moyens que la fulmination de la diſpenſe étoit avant la requiſition, que ſi Gobinet avoit été preferé à Chalines c'étoit à cauſe du privilege du *Septennium*, qui avoit déterminé ; il ſoûtint que le droit de nomination étoit devenu caduc, & que le certificat du temps d'étude & la qualité de Gradué ſubſiſtoient toûjours, mais qu'il y avoit neceſſité de prendre d'autre nomination depuis le decez de ſa femme ; le Conſeiller bien aviſé envoya en Cour de Rome depuis la fulmination de ſa diſpenſe, & obtint de nouvelles proviſions, *jus juri addendo*. Ce fut ſur ce dernier moyen que la Sentence fut confirmée, par Arrêt du P. de Paris du 17. Juillet 1690. *M. Du Perray, liv. 3. chap. 1. nomb. 26.*

MOIS DES GRADUEZ.

123 Declaration portant reglement pour les mois affectez aux Graduez. A Baugé le 25. Octobre 1518. regiſtré au Parlement de Toulouſe le 22. Novembre 1518. *Joly des Offices de France, tom. 1. page 230.* Fontanon, *tome 4. page 409. Voyez cy-deſſus les nombres 7. 8. & 31.*

GRADUEZ EN NORMANDIE.

124 Graduez nommez ont lieu en la Province de Normandie. Voyez cy-deſſus *le nombre 46.* Tournet, *lettre G. Arr. 30. & 31. & les Plaidoyez de M. Servin Avocat General, & cy-aprés le nombre 269.*

NULLITEZ DES DEGREZ.

125 Si la réiteration de notification des Degrez d'un Gradué n'étant ſignée que du Secretaire de l'Evêque, & non du Gradué qui eſt dit preſent, ſans aſſiſtance de témoins, cela produit une nullité? *Voyez le Journ. des Audiences du Parlement de Paris, tome 5. livre 13. chap. 4.*

126 Deux Graduez ayant requis concurremment un Benefice dans un mois de faveur, & ayant également des nullitez & défauts dans leurs diligences, le premier pourvû en Cour de Rome par prévention, ayant ſes proviſions reſtraintes à la qualité de Gradué *tanquam graduato*, ne peut s'en prévaloir pour obtenir par prévention, comme s'il n'y avoit aucuns Graduez : & l'autre Gradué au contraire n'ayant point ces mots taxatifs, *tanquam graduato* reſtraints

à la seule qualité de Gradué, mais generalement ceux de *capacem idoneum graduatum*, il peut dans la nullité de ses degrez, par le défaut de ses diligences se prévaloir de ses provisions, comme étant pourvû par l'Ordinaire, & ne se présentant de Graduez. Arrêt du Parlement de Paris du 7. Février 1696. *Journal des Audiences*, tome 5. liv. 11. chap. 5.

Voyez cy-après le nombre 129.

SI LE PAPE EST SUJET AUX GRADUEZ.

127 L'on a demandé si le Pape Collateur des Benefices seroit sujet aux Graduez? La raison de douter est que la Collation luy appartenant de droit commun, il est à présumer qu'il n'aura pas donné par les Concordats un privilege contre luy. Il faut distinguer, si le Pape confere comme Ordinaire de France, il y sera sujet; si comme Ordinaire des Ordinaires *jure devolutionis*, il en est exempt. *Bibliotheque Can.* tome 1. page 666.

128 La Collation faite par l'Ordinaire dans un mois de Gradué à un qui ne l'est pas, empêche la prévention du Pape. Arrêt du Parlement de Paris du 18. Février 1540. *Bibliotheque de Bouchel*, verbo *Graduez*.

129 C'est une maxime que le pourvû par le Pape, quoy que non Gradué, exclut celuy pourvû par l'Ordinaire non Gradué, lors qu'il y a dans la provision *tibi graduato nominato & qualificato*, ce qui ne seroit pas s'il étoit dit seulement *tibi idoneo & capaci*. Arrêt du dernier Janvier 1544. rapporté par *Tournet*, lettre G. *Arrêt* 16.

Voyez cy-dessus *le nombre* 126. & cy-après *le nomb.* 156. & *suiv.*

GRADUEZ, PATRONS.

130 Monsieur de Selve tient que les Collations faites aux Graduez indistinctement, ne sont point comptées pour faire tour entre deux Patrons. *Voyez Pacius* 4. part. num. 44. & la *Bibliotheque Can.* tome 1. page 288.

131 Patron de deux Benefices conformes, n'est sujet à la nomination des Graduez. Un Gradué nommé requiert une Cure qui avoit vaqué, le pourvû par l'Ordinaire répondoit, qu'à la verité par le Concile de Basle *tit. de Collat. in Pragmatic. Sanct.* la troisiéme partie des Benefices étoit affectée aux Graduez, ce qui devoit s'entendre des Benefices uniformes & de même qualité, mais que l'Abbé de Champagne Collateur n'ayant que deux Cures, & non trois, ce n'étoit pas le cas de faire une requisition. Arrêt du Parlement de Paris du 15. Juin 1504. qui déboute le Gradué. *Tournet lettre P. Arr.* 30.

132 Quand la présentation est alternative entre un Patron Laïc, & un Ecclesiastique; le Patron Laïc ne peut être sujet aux Graduez, mais à l'égard du Patron Ecclesiastique il y peut être sujet à son tour, & cela le remplit; ainsi jugé au Parlement de Paris le 20. May 1658. contre le Chapitre de saint Urbain de Troyes; l'Arrêt en est rapporté au *Journal des Audiences*, tome 2. livre 1. chap. 43.

PERMUTATION AUX MOIS DES GRADUEZ.

133 Les resignations de Benefices faites *etiam ex causâ permutationis* au mois des Graduez nommez admises par l'Ordinaire, ne peuvent préjudicier aux Graduez comme frauduleuses & faites au préjudice desdits Graduez nommez; telles resignations sont sujettes à la regle des vingt jours. Jugé le 6. Septembre 1603. *Chenu* 2. Cent. quest. 2. & q. 3. *ibidem.*

134 L'extremité de la maladie, l'inégalité des Benefices permutez, le temps de la permutation, qui est un mois affecté aux Graduez sont des circonstances qui la font juger frauduleuse. Arrêt du 6. Mars 1645. *Soëfve*, tome 1. Cent. 1. chap. 78. *Du Frêne*, livre 4. chap. 20.

135 Celuy qui tenoit une Cure *in Villâ muratâ*, & qui étoit Gradué & qualifié, comme il est requis par le Concordat, a permuté sa Cure avec un non qualifié ni Gradué. Les resignations ont été admises, & Collations faites *utrimque*. Un tiers qualifié & Gradué a impetré cette Cure comme vacante par resignation, *aut alias quovis modo*; *quæritur* si cette impetration est bonne? *Voyez la Bibliotheque Can.* to. 2. page 217. colonne 2.

Voyez Permutation.

GRADUEZ, PREBENDES.

136 *Prebenda Præceptorialis favor, graduatorum nominationi non prævaluit; Senatus enim prebendam graduato adjudicavit, & eodem arresto præcepit Senatus, ut Episcopus primam vacantem præceptorialis prebendæ assignaret, atque intereà ipse ex suo reditu salaria præceptori pendi & exolvi procuraret.* Jugé le Mardy 4. Février 1586. *Anne Robert, rerum judicatarum,* livre 3. chap. 3. & *Chopin, de sacr. polit. li.* 1. tit. 5. n. 14.

136 bis. *Chopin, ibidem,* tit. 3. nombre 19. assure que les Graduez nommez peuvent impetrer des Semi-Prebendes pourvû qu'ils ayent les qualitez necessaires, ce qui est une exception de la regle generale établie en faveur des enfans de Chœur; il en rapporte un Arrêt du 22. Janvier 1520.

137 Semi-Prebendes sont déclarées affectées aux Graduez nommez & simples; si elles vaquent és mois à eux affectez, pourvû que les Graduez soient suffisamment experimentez, en l'art de plein-chant, & non autrement, &c. Jugé le 22. Avril 1625. *Brodeau sur M. Loüet, lettre C. somm.* 4.

138 La Prebende Theologale est sujette au mois des Graduez nommez. Jugé au Rôlle de Senlis le 17. Février 1642. *Du Frêne,* livre 3. chap. 88. où l'Arrêt est rapporté avec les Plaidoyez des Avocats. *Nota,* que la Theologale tombe en regale. Jugé le 29. Decembre 1666.

139 La Penitencerie n'est pas une dignité; venant à vaquer aux mois des Graduez, elle est sujette à leur expectative. Jugé le 14. Février 1650. *Du Frêne, liv.* 5. chap. 51.

140 La Treforerie de Coutance est une Dignité qui ne peut être prétenduë par les Graduez. Jugé au Grand Conseil le 5. Juillet 1672. *Journ. des Aud.* tome 3. li. 6. chap. 9.

141 Arrêt du Parlement de Paris du 20. May 1658. qui déclare les Prebendes de saint Urbain de Troyes sujettes aux Graduez, quoique fondées par le Pape Urbain IV. natif de cette Ville, qui en avoit donné la Collation au Chapitre; neanmoins le Chapitre opposoit deux moyens, l'un que le Pape ayant accordé ce privilege aux Graduez n'en avoit pas donné un contre luy même; l'autre que le Chapitre ayant cédé par transaction une partie de ce Patronage au Comte de Champagne, aux droits duquel le Roy étoit par la réünion de ce Comté à la Couronne; le tour du Roy étant exempt de cette expectative, il falloit que le Doyen eût la même exemption. *Voyez le Journal des Audiences,* tome 2. livre 1. chap. 43. Il faudroit juger autrement si pour la présentation ou collation d'un Benefice, il falloit celle de l'un & de l'autre des Patrons, laquelle se fait par un même acte.

GRADUEZ, PREFERENCE.

Voyez cy-dessus *le nombre* 92.

142 De la préference des Graduez eu égard à l'éminence de leurs Degrez. *Voyez Lotherius de re Beneficiariâ,* li 3. quest. 7.

143 De la préference des anciens Graduez. *Voyez Franc. Pinson, en son traité* de Canonicis institutionum conditionibus, §. 3. *nombre* 111. où il rapporte un Arrêt sans date pour la Cure de Pontcarré.

144 On a prétendu que les Graduez de l'Université de Paris devoient être préferez aux autres; on cite même un Arrêt du 6. Juillet 1606. *Franc. Pinson,* au titre *de Canonicis institutionum conditionibus,* §. 3. *nombre* 108. réfute en cela l'opinion de Mornac, & dit que le motif de cet Arrêt ne fut pas la préference prétenduë de l'Université de Paris, mais la longue & publique Regence du Gradué ; il cite un Arrêt du 5. Janvier 1649.

145 Arrêt de Reglement entre les Universitez de *Paris*, *Angers*, & *Poitiers* pour la préference des Graduez desdites Universitez, sur les Benefices par eux requis. *Filleau, part. 3. tit. 9. chap. 18.*

146 Gradué nommé préferé au Regaliste, par Arrêt du Parlement de Paris du 11. May 1630. *Conference des Ordonnances, liv. 1. tit. 3. part. 2.* où cet Arrêt est rapporté *in margine*. Maître Charles Du Moulin sur la Coûtume de Paris, titre 1. des fiefs, §. 42. glose 1. nombre 11. dit que *in regalibus non habent locum mandata Apostolita, neque nominationes & insinuationes graduatorum* ; parce que *Regaliorum jura antiquiora sunt jure Pontificio*.

147 Les Regens sont préferez aux Graduez. Jugé en Janvier 1660. *Des Maisons lettre G. nomb. 2.* & cy-aprés *le nomb. 167. & suiv.*

148 Arrêt du Parlement de Provence du 17. Decembre 1673. qui a jugé qu'aux Benefices vacans aux mois affectez aux Graduez simples, les Docteurs sont preferez aux Maîtres és Arts de l'Université de Paris. *Boniface, to. 3. liv. 6. tit. 10. ch. 4.*

GRADUEZ, PROVISIONS DU LEGAT.

149 Les nominations ne sont point adressées au Legat à cause de sa Legation ; mais s'il a un Evêché ou Archevêché, à cause d'iceux elles luy peuvent être adressées ; & aussi comme Legat il est tenu de conferer aux Graduez, & legitimement qualifiez les Benefices qui leur sont destinez. *Bibliot. Can. to. 2. p. 114. col. 2.*

150 Le Legat peut conferer les Benefices vacans dans les mois des Graduez nommez, il n'est pas censé vouloir leur faire préjudice, puisque *jure suo utitur* ; ainsi jugé au Parlement de Paris le 13. May 1556. pour Mᵉ. Florent Parmentier ; il s'agissoit de la Cure de Saint Medard, Diocese de Noyon. *Voyez Rebuffe sur le Concordat au titre de Collat.* §. *si quis verò*.

151 Le 22. Février 1537. en un procez pendant entre M. de Gory lors Conseiller en la Cour, d'une part, & Jean Gicard d'autre, il fut arrêté que Monsieur le Legat du Prat avoit pû conferer le Benefice à un Gradué simple, sans avoir insinué ses Degrez au Legat, mais simplement à l'Ordinaire ; quoique le Legat eût auparavant conferé le Benefice à un Gradué, parce que *varietas Collationum quæ fit diverso jure, admittitur etiam in eâdem personâ*, selon les communes décisions : le procez avoit été parti en une des Chambres des Enquêtes, & depuis départi en la Premiere Chambre. *Papon, liv. 2. tit. 5. n. 15.* & *Tournet lettre G. Arrêt 10.*

152 Jugé le 22. Decembre 1565. que le Legat pouvoit déroger à la regle des vingt jours en des mois des Graduez nommez. *Carondas, livre 1. Rép. 20.*

153 Mᵉ. *Charles Du Moulin* sur la regle de *Infirmis*, n. 140. & *suiv.* après avoir rapporté plusieurs raisons, pour montrer que les Legats n'ont pas le pouvoir de déroger à la regle des vingt jours au préjudice du droit des Graduez, convient que l'usage contraire est toleré, ce qui a lieu, même quoique les Bulles ne contiennent pas la clause generale de pouvoir déroger à toutes les regles de Chancellerie. Du Moulin ajoûte qu'il refusa de plaider pour le Theologal d'Angers, contre un Resignataire qui avoit la clause dérogatoire.

154 Si les Benefices qui vaquent dans les mois des Graduez simples, peuvent être conferez par le Legat à un Gradué qualifié ? Du Moulin, sur la même regle *de Infirmis*, n. 448. dit que l'opinion commune étoit pour l'affirmative ; il soûtient le contraire, d'autant qu'à l'égard de ces Benefices, le Legat n'a pas la faculté ni le pouvoir de gratifier ; cela a été reservé au Collateur ordinaire seulement, *qui gravatur*. Ce droit de gratification luy a été accordé, non seulement par la Pragmatique Sanction ; mais aussi par le Concordat.

Ce qui a donné lieu à la gratification, est qu'on a consideré que les Collateurs ordinaires étoient beaucoup chargez dans les deux mois de rigueur, dans lesquels tous les Benefices qui vaquoient, devoient être necessairement conferez aux plus anciens Graduez ; desorte qu'on a voulu donner cette espece de soulagement à ces mêmes Collateurs, à l'égard des Benefices qui vaquoient dans les mois de faveur, qu'ils pourroient les donner à telles personnes qu'ils voudroient ; pourvû qu'elles fussent qualifiées, & eussent insinué leurs Grades. Comme la necessité qui est imposée aux Ordinaires de conferer les Benefices vacans dans les mois des Graduez, passe en forme de Contract à leur égard, il faut pareillement que la gratification qui leur a été accordée, leur soit particuliere, & qu'il n'y ait que le Pape seul qui puisse l'empêcher en les prevenant, *ut in uno gravatus, in alio relevetur Ordinarius*.

155 Une procuration *ad resignandum* étoit passée le premier jour d'un mois affecté aux Graduez ; dix jours après elle avoit été admise par le Legat avec derogation à la regle des 20. jours ; le lendemain arrive le décés du resignant ; le Benefice, comme vacant par mort, est conferé au Gradué nommé par l'Ordinaire. Arrêt en faveur du Gradué, sur le fondement que le Legat ne peut à son préjudice faire derogation à la regle des vingt jours. *V. Bibliot. Can. tome 2. page 115. col. 1.*

GRADUEZ, PROVISIONS DU PAPE.

Voyez cy-dessus le nombre 127. & *suiv.*

156 Le Benefice vacant au mois des nommez, l'Ordinaire le confere à un nommé moins ancien : le lendemain il est impêtré du Pape *per mortem*. Le troisiéme jour, un plus ancien nommé le requiert de l'Ordinaire, & à son refus a recours au Superieur, en ce cas le premier nommé exclut l'Apostolique, & ce dernier nommé exclut le premier impetrant comme nommé, parce qu'il est plus ancien. Il y eut Arrêt au profit du nommé plus ancien dernier impetrant, duquel la raison seroit parce que le nomme premier impetrant, *jam viam fecerat Graduatis adversus Apostolicos & alios quoscumque*. Bibliotheque Canonique, tome 2. page 116. col. 2.

157 Un Benefice appartenant à la presentation de l'Evêque, est vacant au mois des Graduez. Un nommé requiert l'Archevêque qui luy octroye ses Lettres de presentation : pendant ce temps, un autre non qualifié obtient ce benefice à Rome avant que le nommé ait presenté ses Lettres de presentation à son instituteur. On demande qui des deux l'obtiendra ? V. *Ibidem*, tome 2. page 175. col. 1.

158 Si l'Ordinaire conferoit à un Seculier un Benefice regulier vacant au mois des Graduez, & qu'ensuite le Pape le confere à un autre, *cum dispensatione*, la Collation du Pape vaudroit, parce que l'Ordinaire ne pouvoit dispenser. Mais si l'Ordinaire *contulerit non qualificato, & Papa alii, posteà Collatio facta fuerit Graduato*, celle ci vaudra. Ainsi jugé au Parlement de Paris le 18. Février 1540. entre M. Jean de Lorme appellant & Jean d'Orleans intimé. V. *Rebuffe*, sur le Concordat *de mand. Apost.* §. *declarantes*, au mot, *jure præventionis*.

159 Dés qu'un des Graduez a fait sa requisition au Collateur ordinaire ou à son Grand Vicaire, il empêche la prévention du Pape ; quand même la Collation seroit donnée au profit d'un Gradué qualifié & dûëment insinué. *Du Moulin*, sur la Regle *de infirmis nomb. 451.* dit, & *ita utimur*.

160 Le Parlement de Paris autorise la prevention du Pape au préjudice des Graduez. *Févret*, en son traité de l'abus liv. 2. chap. 7. nomb. 7. dit que le contraire se pratique au Parlement de Dijon. Les Universités du Royaume sont interessées à conserver le droit des Graduez qui aspirent aux Benefices vacans par mort, *non prævenendo, sed promerendo*.

R r iij

161 Si un Patron ou Collateur confere un Benefice vacant à un Gradué, qui n'a pas toutes les qualitez requises, ou qui a manqué d'observer toutes les conditions, ou s'il avoit conferé à un non Gradué avant le Pape; si cette Collation, qui est nulle de plein droit, empeche que le Pape n'y pourvoye & qu'il ne previenne ensuite? On répond qu'elle empêche, & que *ligat manus Papæ*; parce que c'est une maxime, que la presentation seule empêche la prevention, puisqu'elle baille *jus ad rem*, pourvû neanmoins que *teigerit aures Collatoris*, c'est-à-dire qu'on se soit presenté au Collateur & qu'il l'ait reçû ; car sans cette acceptation, on ne pourroit pas appeller cela une veritable presentation; desorte que si un Gradué venoit dans les six mois, ayant toutes les qualitez desirées, & satisfait aux conditions prescrites, il excluroit ceux qui seroient pourvûs par le Pape & par l'Ordinaire. *M. Brodeau sur M. Louet*, en rapporte quelques Arrêts: il y en a un plus recent, sçavoir un du 21. Juillet 1657. par lequel un Gradué pourvû le même jour qu'un autre en Cour de Rome fut maintenu en la possession du Benefice. C'étoit pour le Prieuré de Saint Germain en Laye, contentieux entre Dom François le Févre, Religieux de l'Ordre de saint Benoist Docteur de la Faculté de Paris, pourvû par le sieur Abbé de Nôtre Dame de Colombs du même Prieuré comme Collateur ordinaire sur la requisition par luy faite en vertu de ses degrez, & Vincent Bernard pourvû en Cour de Rome le 8. May qui étoit le même jour de la requisition du Gradué. *Defin. Can. page 333.*

162 Si les Provisions accordées par le Pape aux Graduez nommez peuvent être raturées dans cette qualité par les Reviseurs de Cour de Rome qui ne veulent point reconnoître le privilege des Graduez, quand le Benefice requis vaque en commande. Arrêt du Grand Conseil du 20. Septembre 1694. qui juge que les Provisions devoient valoir en entier, comme si elles n'avoient point été raturées. *Journal du Palais in folio, to. 2. p. 873.*

GRADUÉ REFUSÉ.
Voyez cy-dessus les nombres 24. & 66.

163 Quoique l'Ordinaire ait conferé, il peut neanmoins encore, sans varier, conferer sur la requisition d'un Gradué, en execution du Concordat; car s'il en fait refus, le Gradué a droit de se pourvoir au Superieur. *Maître Charles Du Moulin* tient même que l'Ordinaire qui a conferé peut une seconde fois conferer au même sur la nouvelle requisition, sans qu'il y ait de la variation, c'est dans la regle *de Infirm.* n. 32. & 289. *Poterit ex novâ superveniente causâ conferre per obitum ; nec est ulla variatio, nec inconveniens.*

164 S'il arrive qu'un Chapitre exempt de la Jurisdiction de l'Evêque refuse de pourvoir un Gradué qui requieret un Benefice vacant, on demande si le Gradué se doit adresser au Pape, comme seul Superieur du Chapitre, ou à l'Evêque? M. Guymier sur la Pragmatique Sanction sur le mot *Gradatim* titre *de Collat.* est d'avis qu'il faut s'adresser au Pape. *Maître René Chopin* dans son traité *de sacrâ Politiâ* n'est pas de ce sentiment, & rapporte un Arrêt rendu, les Chambres assemblées, en l'année 1535. par lequel la Cour en a autrement ordonné; il fut dit que le refus fait par le Chapitre se devoit adresser à l'Evêque Diocesain avant que de s'adresser au Pape, afin de garder les degrez de Jurisdiction établis dans l'Eglise, & le même *Chopin* assure que c'est une maxime pratiquée en France, introduite par la Constitution du Pape Clement V. publiée au Concile de Vienne tenu sous ce Pape en l'an 1311. l'Arrêt est de l'année 1535. inseré dans le Recueil d'Arrêts de M. de Longueil. Il y en a deux raisons, l'une quand par le Concordat il est dit que la dévolution se fait *ad proximum* ou *ad immediatum superiorem*, sans faire distinction des inferieurs exempts ou non exempts, elle a voulu comprendre les exempts sous cette disposition, l'autre est que l'on ne fait aucun préjudice au Pape, d'autant qu'il s'agit de Collations forcées & necessaires.

Le Chapitre & l'Evêque qui refusent de pourvoir un Gradué, le Gradué n'est point obligé de recourir au Pape, supposé que l'Evêque refusant en dépende immédiatement; il suffit que le Gradué s'adresse à l'Evêque le plus proche. C'est le sentiment d'*Henrys, tome 2. liv. 1. quest. 28.*

165 Si le Collateur fait refus au Gradué, il en prend Acte pardevant Notaires, & se pourvoit au superieur Archevêque, & en cas de refus de celuy-cy au Primat, & enfin au Saint Siege. *V. la Biblioth. Canon. tome 1. page 652.*

166 Un Gradué nommé après la requisition par luy faite au Collateur ordinaire, & refus à luy fait par le Collateur de luy conferer le Benefice vaquant, doit dans les six mois après le refus avoir recours au Superieur; si dans six mois il n'a son recours, il ne peut pour cette fois obtenir le Benefice en vertu de sa nomination; ainsi jugé. *Bibliotheque de Bouchel, verbo Gradué.*

GRADUEZ, REGENS.

167 Par l'article 54. de la reformation de l'Université de Paris, ceux qui ont regenté sept années ont la preference sur tous les Graduez, autres que les Docteurs en Theologie, quoique plus anciens en nomination; ce qui est confirmé par la Jurisprudence des Arrêts, quoiqu'il n'y ait point de Declaration du Roy. *Voyez la Bibliotheque Canonique, tome 2. p. 47.* La même observation est faite au 1. *tome, page 312.* mais l'Auteur de l'Addition observe que cet article 54. meriteroit une Declaration du Roy. *Voyez cy-aprés le nombre 170.*

168 Il a été jugé que le Privilege accordé à l'Université de Paris par la derniere reformation (portant que ceux qui ont regenté sept ans dans un College celebre d'icelle, sont preferez à tous les Graduez, à la reserve des Docteurs en Theologie) avoit lieu contre les Graduez, quoique plus anciens, & même les Regens des autres Universitez. *M. le Prêtre, 2. Cent. chapitre 35.*

168 bis. Arrêt du Parlement de Paris du 24 Novembre 1607. qui juge que celuy qui a regenté pendant sept années dans un College fameux de l'Université de Paris, est préferable aux Graduez des autres Universitez, même pour les Benefices des autres Dioceses que celuy de Paris; il s'agissoit de l'Archiprêtrise de Bourgueil & Cure de Vernant son annexe, Diocese d'Angers, dans laquelle fut maintenu Me. François Placet, premier Regent au College du Cardinal le Moine, Gradué nommé, contre Maître Etienne Riviere Regent en l'Université d'Angers. *V. la Biblioth. Can. tome 1. p. 660.*

169 Ceux qui ont regenté dans un College fameux, c'est à dire, où l'on enseigne depuis la Grammaire jusqu'aux hautes Sciences, ou que l'une ou l'autre y sont enseignées, sont preferez aux Graduez nommez en cas de concurrence, quand même leurs Degrez seroient inferieurs ou moins anciens, ce qui est ainsi décidé par un Statut de l'Université de Paris, confirmé par un Arrêt du mois de Janvier 1660. Il faut excepter les Docteurs en Theologie, contre lesquels les Graduez Regens ne se peuvent servir du privilege de leur Regence de sept ans. Autre observation; comme les Statuts de l'Université où le privilege est établi, n'ont été verifiez qu'au Parlement de Paris, & non au Grand Conseil, il n'a point d'égard à ce privilege; la question y a été agitée. *Des Maisons, lettre G. nombre 2.*

170 Declaration du 26. Janvier 1680. par laquelle le Roy préfere à tous autres Graduez les Professeurs en Droit qui auront regenté pendant sept années, aux droits de nominations aux Benefices. *V. les Edits & Arrêts recueillis par l'ordre de M. le Chancelier, en 1682.*

170 bis. Un Benefice étant demeuré vacant dans un mois affecté aux Graduez & de rigueur, & se trouvant prétendu par un ancien Regent septenaire de Philosophie en un College de l'Université de Paris, par un Docteur en Theologie de la Faculté de Paris, & par un Gradué plus ancien que les deux precedens, le Docteur en Theologie exclut l'ancien Regent, lors que ce Docteur est le plus ancien Gradué d'entr'eux. Arrêt du Parlement de Paris du 24. Juillet 1687. au Journal des Audiences, tome 5. li. 3. chap. 11. où l'on trouve l'explication de l'article 54. des Statuts de la Faculté des Arts de l'Université de Paris, & de la Declaration du Roy du mois de Janvier 1676.

171 Pour faire cesser l'effet du privilege des Professeurs septenaires en l'Université de Paris, il faut avoir la qualité de Docteur en Theologie *tempore vacationis*, & il ne suffit pas de l'avoir *tempore provisionis*. Arrêt du Parlement de Paris du 21. Février 1696. *Journal des Audiences*, tome 5. livre 12. chapitre 9.

REGLE DES 20. JOURS.

Voyez cy-dessus *les nombres* 44. 133. 151.

171 bis. Si le Pape peut déroger à la regle des 20. jours au préjudice des Graduez ? *Voyez* le mot *Dérogation*, nombre 3.

172 La regle des 20. jours a lieu en la Collation faite par l'Ordinaire ; permutation au mois des Graduez nommez, & qu'une permutation frauduleuse admise par l'Ordinaire ne peut préjudicier au Gradué nommé pourvû d'un même Benefice *per obitum*. Arrêt du 6. Septembre 1603. *Chenu sur Papon, & Tournet, lettre R. Arr.* 108.

GRADUEZ, RELIGIEUX.

173 Au défaut des nommez ou Graduez Reguliers, on ne peut aux mois qui leur sont affectez conferer aux Seculiers les Benefices Reguliers qui sont vacans, parce que l'état du Benefice ne peut être changé ; il en seroit autrement, s'il n'y avoit plus de Religieux. *Bibliotheque Can.* tome 2. page 410. col. 1.

174 Un Ordre n'est point tenu de nourrir de la mense commune un Religieux pourvû d'un Benefice *in vim gradûs*, & cela pour retrancher aux Religieux l'occasion de thesauriser du revenu de leurs Benefices ; il luy est neanmoins permis de vivre dans le Convent en contribuant à proportion sur le revenu de son Benefice. Arrêt du Parlement de Paris du 25. Juin 1647. *Ibidem* ; tome 1. p. 670.

GRADUÉ, REPLETION.

175 Repletion des Graduez. *Voyez* cy-dessus *le nombre* 41. bis. Tournet, *lettre G. Arr.* 23.

176 La Pragmatique veut que le Gradué pourvû de deux Prebendes dans les Cathedrales soit de la vacance du Benefice soit rempli ; le Concordat a modifié cet article, & veut que les Prebendes, comme tous les autres Benefices dont le Gradué est pourvû au temps de la vacance, soient de six cens livres de revenu en y assistant.

177 Celuy qui resigneroit un Benefice qu'il auroit eu *in vim gradûs*, ne seroit plus en droit d'en requerir d'autres. *sic fuit conclusum & in mente Curiæ retentum*, le 14. Août 1543. Cependant il seroit capable de profiter de la gratification de l'Ordinaire, en cas qu'il n'y ait point de Graduez. *Voyez Rebusse sur le Concordat*, tit. *de Collationibus*, §. *Statuimus*, au mot *Gratificare*.

178 Les deux Graduez, l'un étant rempli, l'autre ayant un Benefice incompatible ; jugé le 30. Août 1597. que la repletion est un plus grand vice que l'incompatibilité de deux Cures. *M. Loüet, lettre G. somm.* 5.

179 Les Benefices hors du Royaume ne sont compris pour leur repletion. Jugé le 17. Août 1602. *M. Loüet, lettre G. somm.* 10.

180 Quand on a obtenu des Benefices en vertu des degrez, jusqu'à la somme de 400. livres, on est absolument rempli ; en sorte que quand dans la suite on resigneroit les Benefices, on ne demeureroit pas pour cela capable d'en requerir d'autres, l'expectative été éteinte par la repletion ; c'est la disposition expresse de l'Edit de 1606. Que si on a obtenu les Benefices autrement qu'en vertu des degrez, il est vrai que si lors de la vacance d'un Benefice on en possedoit pour 600. livres de revenu par chacun an, on ne pourroit pas requerir un Benefice en vertu des degrez, mais si avant la vacance on s'en étoit défait, il est certain qu'on pourroit dans la suite requerir d'autres Benefices en vertu des degrez.

Au Grand Conseil il ne faut que 400. liv. de revenu en Benefice pour remplir un Gradué Seculier, sans faire difference s'il les a obtenus en vertu de ses degrez ou non. *Définitions Can.* page 330. *& la Bibliot. Can.* tome 1. page 287.

181 Pour la repletion des Graduez 400. livres, (suivant l'article 30. de l'Edit de 1606.) de rentes suffisent pour les Seculiers, & pour les Reguliers un Benefice de quelque revenu que ce soit, duquel ils soient pourvûs en vertu de leur degré. *Brodeau sur M. Loüet, lettre G. somm.* 1.

182 Les pensions sur les Benefices resignez par les Graduez tiennent lieu de repletion, sans distinction des pensions sur Cures, ou sur Benefices, ni de la valeur ou revenu des Benefices suivant l'Edit de 1606. autre chose est des pensions accordées sans cause, & non sur resignation, & quoique l'Edit use de ces termes, *pourvûs en vertu de leurs Degrez*, cela n'empêche pas que l'on n'accumule le revenu des Benefices dont le Gradué se trouve pourvû avant son degré, l'Edit ayant simplement expliqué, & non pas abrogé ni détruit la décision du Concordat qui ne fait point de distinction des Benefices dont le Gradué est pourvû, *in vim gradûs*, ou auparavant ; on n'a établi le droit de nomination pour subvenir à l'indigence des personnes de Lettres ; l'Edit estime que le revenu de 400. livres est suffisant à un Seculier ; les Arrêts sont jugé conformément à cet Edit. *Bibliotheque Can.* tome 2. page 214.

183 A l'égard des Reguliers Graduez pour faire leur repletion, un Benefice de quelque revenu que ce soit, suffit, duquel ils sont pourvûs en vertu de leurs degrez, par l'article 30. de l'Edit fait sur les remontrances du Clergé, verifié au Parlement de Paris le dernier Février 1608. parce que les Religieux residans en leurs Monasteres ont leur vie & leur vêtement assûré ; la pluralité des Benefices leur est absolument interdite. *Ibidem*.

184 Gradué n'est rempli, s'il n'a obtenu les Benefices en vertu de son degré, & si en ayant été pourvû il ne s'en désiste volontairement, & non par Sentences contradictoires. Arrêt du 2. Mars 1632. *Bardet, tome 2. liv.* 1. chap. 12.

185 Ancien Gradué nommé ayant été pourvû de plusieurs Benefices qu'il a depuis resignez, est censé les avoir obtenus en vertu de ses degrez ; & le défaut d'expression dans ses Lettres, des Benefices qu'il possedoit alors, est une nullité. Jugé le 18. Mars 1631. *Bardet, tome* 1. *li.* 4. chap. 15.

186 Le 17. Juin 1656. jugé qu'un Gradué étoit rempli d'un Benefice de 400. livres de rente, quoiqu'il n'en joüit pas à cause de la guerre, *Res enim perit Domino*. Le titulaire doit souffrir les cas fortuits. 1. *tome du Journ. des Aud. li.* 8. chap. 43.

187 Les pensions sur Cures tiennent lieu de repletion. Jugé en Janvier 1660. *ex quovis beneficio*. *Des Maisons*, lettre G. nomb. 2. fine.

REQUISITION DES GRADUEZ.

Voyez cy-dessus *le nombre* 51. *& suiv.*

188 Deux Benefices vaquent par la mort d'une même personne au mois des Graduez, ils sont conferez à un Gradué simple ; l'Ordinaire n'a pû neanmoins en conferer qu'un ; on demande lequel des deux sera

censé vaquer pour être conferé à un autre Gradué ? Il semble qu'il y auroit lieu de s'en rapporter à la declaration du Collateur pour sçavoir lequel il a eu dessein de conferer. Le plus sûr est de requerir l'un & l'autre des Benefices separément, car il est certain qu'il y aura vacance de l'un ou de l'autre. *Biblioth. Can. tome* 1. *page* 657. *col.* 2.

189 Les Graduez ont droit sur un Collateur pourvû qu'il ait trois Benefices à sa collation ; suivant l'interpretation de la Pragmatique & du Concordat, qui donne le tiers des Benefices aux Graduez, ou dans le nombre de trois s'il y a un tiers. *Bibliotheque Can. tome* 2. *page* 47.

190 Si dans le mois affecté aux Graduez de faveur, ou simples, un Benefice ayant vaqué, le Collateur ordinaire le confere à un non Gradué, cette provision est valable & subsiste de plein droit, quoiqu'elle puisse être annullée, si dans les six mois dans lesquels les Graduez doivent requerir les Benefices qui leur sont affectez, un Gradué se presente & demande d'être pourvû du Benefice conferé à un non Gradué. *Du Moulin*, sur la regle de *Infirmis*, nomb. 83.

191 De deux Graduez nommez sur un Collateur, le dernier nommé fait la premier sa requisition, un tiers se fait pourvoir en Cour de Rome, ou par l'Ordinaire ; quoique la provision faite au tiers soit preferée au plus ancien comme anterieure à sa requisition, cependant parce que le plus ancien exclut le jeune, & dernier nommé, lequel exclut le tiers ; telle provision du plus ancien, est preferable par la regle *si vinco vincentem te à fortiori vinco te* ; mais cela suppose que la requisition faite par le plus jeune nommé est faite *ab habili idoneo*, & *debitè qualificato*, autrement elle ne profiteroit au plus ancien ; ainsi jugé. Arrêt sans date. *Papon, li.* 2. *tit.* 5. *nomb.* 15.

192 Un Gradué se nomme sur un Doyen, qui à cause de son Doyenné n'a la Collation que d'un seul Benefice, mais comme étant du Chapitre, & par sa semaine, il peut en conferer plusieurs autres ; ce Benefice vacant au mois des nommez, le Gradué est bien fondé de le requerir. *Voyez la Bibliotheque Can. tome* 2 *page* 117. *col.* 2.

193 *Anno* 1540. *die* 19. *Februarii fuit plenum possessorium adjudicatum Magistro Jacobo Acelisson, Doctori Theologo, qui Beneficium vacans in mense Aprilis requisierat post collationem factam à Legato & Papâ eodem die non graduatis.* Rebuffe sur le Concordat, tit. *de mand. apost.* §. *Declarantes.*

194 Un Collateur requis par le Procureur d'un Gradué nommé n'est tenu d'oüir la requisition du Procureur, s'il n'a pouvoir special. Arrêt du Parlement de Paris du mois de Juin 1545. *Papon, livre* 2. *titre* 5. *nombre* 1.

195 Les Graduez peuvent requerir les Benefices dont la presentation est mixte. Jugé le 22. May ; l'année y est omise. *Des Maisons, lettre G. nombre* 1.

196 Un Gradué, contre lequel il y a decret de prise de corps, n'est pas capable de requerir un Benefice. Jugé au Grand Conseil le 4. Mars 1673. *Journal du Palais.*

196 bis. Un Gradué qui fait signifier ses degrez au Patron, est capable de requerir un Benefice qui se trouve vacant avant la signification des degrez. Jugé au Parlement de Paris le 26. Février 1681. *De la Guess. tome* 4. *liv.* 4 *chap.* 8.

197 Il faut être actuellement Gradué pour requerir une Cure dans une Ville muée, autrement est preferé celuy qui obtient les provisions de Cour de Rome, & prend possession de la Cure dans l'entre-temps que l'autre met à obtenir ses degrez. Arrêt du même Parlement de Paris du 18. Avril 1690. *Journal des Audiences, tome* 5. *liv.* 6. *chap.* 9.

GRADUÉ, RESIGNATION.

Voyez cy-dessus *le nombre* 44.

198 Resignation admise en fraude des Graduez. *Voyez Tournet lettre G. Arr.* 28.

199 Gradué ne peut rien prétendre au Benefice resigné, quoique la publication ait été faite peu avant la mort du Resignant ; mais le Resignataire avoit pris possession long-temps auparavant. *Chopin*, livre 1. *de sac. polit.* tit. 5. n. 15.

200 Les Graduez soit nommez, soit simples, ne peuvent prétendre un Benefice *in vim gradûs aut nominationis*, s'il n'est vacant par mort ; car s'il vaque par resignation pure & simple, *aut ex causâ permutationis*, le Gradué n'y a rien, & l'Ordinaire en a la libre disposition. Si la resignation est *in favorem*, & que le Resignant meure dans les vingt jours, encore qu'elle ait été admise en Cour de Rome, le Benefice neanmoins est censé vacant par mort, & l'Ordinaire y peut pourvoir *per obitum*, & si le Resignant décede aux mois affectez aux Graduez, lesdits Graduez le peuvent requerir comme vacant par mort & leur appartenant. *Voyez M. le Prêtre* 2. *Cent. chap.* 87. la fraude exceptée. Trois argumens principaux de fraude. Voyez *hoc loco* M. le Prêtre. Voyez la Conference des Ordonnances, *liv.* 1. *tit.* 3. *partie* 2.

201 Une personne resigne son Benefice, la resignation est admise en Cour de Rome au mois de Septembre ; le Resignataire qui n'avoit pas pris possession décede au mois de Janvier, un Gradué nommé se fait pourvoir sans prendre possession réelle ou actuelle. Le Resignant décede au mois de Mars, plus de six mois après sa resignation. *Du Moulin*, regle *de public.* n. 44. dit que le Benefice doit demeurer à celui qui s'en est fait pourvoir par la mort du Resignant ; mais si le Gradué avoit pris possession réelle & actuelle, qu'il eût dépossedé le Resignant, & publié la resignation faite en faveur de celuy par la mort duquel il s'étoit fait pourvoir, sa Provision eût prévalu.

202 Jugé par Arrêt du 6. Septembre 1603. que les resignations de Benefices faites, *etiam ex causâ permutationis*, au mois des Graduez nommez, admises par l'Ordinaire, ne peuvent leur préjudicier comme frauduleuses & faites au préjudice des Graduez nommez. *Voyez Filleau*, 4. *part. quest.* 102.

203 Arrêt notable du Parlement de Paris du 19. Janvier 1616. contre les resignations faites par les Beneficiers malades, en fraude des Graduez, par lequel nonobstant telles resignations les Benefices sont ajugez aux Graduez, *Filleau*, 1. *part.* tit. 1. *chap.* 72.

203 bis. Le 4. Mars 1632. il fut jugé au Parlement de Toulouse, que la resignation faite par un malade au mois de Juillet, & admise par le sieur Evêque quelques jours avant le décés, ne pouvoir pas préjudicier aux Graduez nommez. *Cambolas, liv.* 6. *chap.* 26.

Voyez les mots *Malade & Resignation.*

LE ROY NON SUJET AUX GRADUEZ.

204 Le Roy n'est pas sujet aux Graduez, parce qu'il est consideré comme les autres Patrons laïcs qui n'y sont point soûmis : le Privilege des Graduez vient d'une Loy purement Ecclesiastique. Cette Loy ne peut avoir d'effet dans les Collations Royales. En dernier lieu comme le Pape est exempt des Mandats, en sorte qu'il peut prévenir tous les Mandataires mêmes, il est bien juste que le Roy ne soit point sujet à ses propres Brevets, ni à tous les autres Mandats ; parce qu'enfin ce qui affranchit le Roy de toutes sortes d'expectatives, est que son droit est plus ancien que l'origine de toutes ces reserves, comme dit *Du Moulin*, sur la regle *de infirmis resig. Jus Coronæ antè omnia jura Canonica natum. Voyez la Bibliotheque Canon.* to. 1. p. 280.

205 Dans les Benefices dont la Collation est alternative entre le Roy & un Chapitre ou l'Ordinaire, lors du tour du Chapitre ou de l'Ordinaire, les Graduez conservent leurs droits ; mais lorsque le tour du Roy vient, les Graduez sont exclus. Jugé au Parlement de

de Paris le 5. Février 1656. pour Mademoiselle fille de M. le Duc d'Orléans, pour le Doyenné de Saint Fargeau. *Ibidem*, *p.* 668.

206 Les Prébendes de l'Eglise Cathedrale de la Ville de Troyes, dont la presentation appartient au Roy & au Doyen de ladite Eglise alternativement, sont sujettes aux Graduez. Jugé le 20. May 1658. *Notables Arrêts des Audiences, Arrêt* 14. *De la Guessiere, tome* 2. *liv.* 1. *chapitre* 43. où le même Arrêt est rapporté. Ces sortes de Prébendes sont en Patronage Ecclesiastique.

Graduez, Universitez.

Voyez cy-dessus le nombre 145.

207 Une Université ne peut nommer un Gradué en la Faculté qu'elle n'a pas, comme par exemple l'Université de Paris, un Bachelier en Droit Civil, ou celle d'Orleans en Medecine ou Theologie, cela n'étant pas de leur competence. *C. fin. de Const. in* 6.

208 L'Université a droit de nommer des Graduez sur les Benefices & offices Ecclesiastiques étant de la Collation, provision, nomination & presentation des Collateurs ordinaires & Patrons Ecclesiastiques; sans que les Chapelles qui ne sont point par fondation, mais seulement par Statuts affectées aux habituez Chantres & Choristes des Eglises comme est celle de saint Nicolas, de S. Germain l'Auxerrois à Paris, en soient exemptes. Le premier Arrêt a été rendu le 21. Décembre 1520. au profit des Etudians & Graduez des Universitez pour une Chapelle de l'Eglise de saint Gatien de Tours, qui avoit vaqué au mois d'Octobre.

Le second a été donné le 28. Novembre 1575. pour une semiprebende de l'Eglise du Mans, elle fut ajugée au Gradué, avec restitution de fruits & depens contre le Chapitre du Mans : Ainsi il a été jugé que tels Benefices encore qu'affectez par Statuts aux charges & offices des Eglises Cathedrales, ou Collegiales, sont sujets aux nominations des Graduez : & afin qu'on n'en doute plus, il est dit à la fin de l'Arrêt que la Cour a jugé la semiprebende sujete aux nominations des Graduez, vacation d'icelle avenant aux mois à eux affectez.

Le troisiéme Arrêt a été donné le 4. Février 1586. pour une Prebende contre M. l'Evêque de Beauvais, l'Université partie intervenante ; nonobstant l'Ordonnance d'Orleans touchant les Prebendes preceptoriales.

Le quatriéme Arrêt a été rendu le 6. Août 1625. pour une Chapelle de l'Eglise de Nôtre Dame de Reims ; le Gradué fut maintenu, quoyque par Statuts & Bulles confirmées par Lettres Patentes verifiées & enregistrées, les Chapelles de cette Eglise soient affectées aux Chantres, Vicaires & Choristes.

Par le cinquiéme Arrêt du 7. Août 1625. l'Université a été reçuë appellante comme d'abus d'une Ordonnance faite par le Chapitre du Mans en l'an 1236, & d'une partition de Benefices fondée sur icelle & il fut dit qu'il avoit été mal, nullement & abusivement statué & ordonné, & sans avoir égard à la partition, que la Cour a declarée abusive & faite contre les Saints Decrets & Canons, ordonné qu'il seroit procedé par le Chapitre du Mans à la Collation des Benefices qui vaqueroient, comme ils faisoient avant la partition, & en consequence declaré qu'en la vacation de la Cure d'Attins dont étoit question, il y avoit lieu & ouverture au droit des Graduez. Tous ces Arrêts decisifs de la question sont rapportez dans la *Bibliot. Can. tome* 2. *page* 670. & *suiv.* avec les raisons de toutes les parties.

209 On trouve des anciens Arrêts, & sur tout un du Grand Conseil du 6. Mars 1533. rendu entre les Prelats de la Province de Normandie, & les Recteurs, Docteurs, Regens & Suppôts de l'Université de Caën, par lequel il a été jugé que les Recteurs, Docteurs, Regens & Ecoliers & Suppôts de ladite Université, jouïroient de l'office des nominations & autres privileges, tout de même qu'en jouïssent ceux des Universitez de Paris, Angers, & autres fameuses du Royaume. Cet Arrêt fut lû & publié au Parlement de Normandie, lors seant à Caën, le 3. Décembre 1590. pour être executé suivant sa forme & teneur, & servir de Loy en ladite Province : il y a même un Arrêt du Parlement de Paris du 23. Décembre 1544. qui a confirmé une nomination de l'Université de Caën quoyqu'un plus jeune Gradué nommé se fût inscrit en faux. Ces Arrêts sont citez par *Forget*, en son traité des personnes & choses Ecclesiastiques, *chap.* 40. *nomb.* 2. 3. 4. & 5. qui justifient que l'Université de Caën, sur le fait des Graduez est consideree comme toutes les autres Universitez du Royaume.

Arrêt du Grand Conseil de l'an 1534. qui permet à l'Université de *Caën* en *Normandie* de nommer & donner des nominations, encore qu'il ne soit point parlé d'elle dans les Concordats, mais cela ne peut être étendu aux autres Universitez qui sont hors le Royaume, parce que c'est un privilege personnel. *Bibliot. Can.* 10. 2. *p.* 110. *col.* 2.

209 bis.

210 Les Universitez de Caën, Nantes, & quelques autres ne sont pas reputées fameuses ; ce qui fait qu'on ne considere pas les Degrez qu'on y prend, comme il a été jugé par un Arrêt du mois de Janvier 1660. rapporté par *Des Maisons*, sous le mot, *Graduez*.

211 *De privilegiis & Graduatis Academiæ Parisiensis cæteros vincentibus* Arrêts des 6. Juillet 1606. & 7. Avril 1620. Mornac, *l.* 11. §. *ult. si minor ff. de minoribus* 25. *annis.*

212 Le privilege des Graduez nommez en l'Université de Paris a lieu en Normandie, & sur les Benefices qui sont hors de l'étenduë du Parlement de Paris. *M. Le Prêtre, Cent.* 2. *chap.* 35. & ce privilege des Graduez étudians dans l'Université de Paris, a lieu és benefices d'une autre Ville où il y a Université. *Ibidem.*

213 Declaration du Roy du 26. Février 1680. pour dire que ceux qui auront étudié dans les Universitez étrangeres ne pourront prendre des Degrez dans le Royaume. *Voyez les Edits & Arrêts recueillis par l'ordre de M. le Chancelier, en* 1682.

214 Le Parlement de Tournay ne reconnoît point de Graduez en Theologie ou en Droit, que ceux qui ont pris les Degrez dans les Universitez approuvées. Jugé le 15. Octobre 1698. contre un Pourvû d'une Prebende dans l'Eglise Metropolitaine de Cambray, ayant par Requête presentée pour enregistrement de ses Bulles pris la qualité de Docteur en la Sacrée Theologie & és Droits, en vertu des Lettres à luy accordées par le Duc Sfortia, suivant les privileges accordez à cette famille par le Pape Paul III. La Cour ordonna que lesdites Lettres de Docteur seroient remises au Parquet des Gens du Roy, & cependant par provision fit défense au pourvû de prendre la qualité de Docteur en Theologie & en Droit. *V. M. Pinault, tome* 2. *Arr.* 230.

Union des Benefices sujets aux Graduez.

215 Un Gradué nommé ne se peut pas plaindre de l'union de deux Prebendes faites canoniquement ; avant sa requisition. *Peleus ; Actions Forenses liv.* 2. *art.* 66.

216 Si l'union étoit faite sans les formalitez ordinaires, elle ne pourroit faire préjudice aux Graduez. Arrêt du 15. Decembre 1625. rapporté par *Du Frêne, liv.* 1. *chap.* 71.

217 Nomination d'un Gradué faite sur un Evêché, s'étend sur les Benefices dependans des Abbayes & Prieurez unis à l'Evêché. Arrêt du 9. Decembre 1636. *Bardet, tome* 2. *liv.* 5. *chap.* 31.

218 Jugé que les Evêques peuvent unir aux Seminaires les Benefices vacans, au préjudice des Expectans Graduez ou Indultaires. Arrêt du Grand Conseil du 7. Février 1667. rendu entre M. Pierre Balthafar, tenant l'Indult de son frere demandeur en complainte, pour raison du possessoire du Prieuré de saint Raphaël de Cabrieres, Diocese d'Aix, d'une part, & le Seminaire de la Ville d'Aix. *Journal des Audiences, tome 3. liv. 1. chap. 13.*

GRADUEZ JUGES.

Voyez, le mot, *Avocat, nombre 63. & Etude, nombre 9.*

1 Arrêt du Parlement de Toulouse du 18. Mars 1543. qui défend à toutes personnes, de s'ingerer à la charge de Juge ou Lieutenant sans être Gradué. *Reglement de la Rochestavin, chap. 4. Arrêt 8.*

2 Declaration en interpretation de l'Edit du mois d'Avril 1679 portant qu'à l'avenir nul ne pourra être reçu aux Offices de Bailly, Sénéchal, Prévôt, Châtelain, ou autres chefs de Justices Seigneuriales du Royaume, qui sont tenuës en Pairie, ou dont l'appel ressortit nuëment aux Cours de Parlement en matiere civile, s'il n'est Licentié, & n'a fait le serment d'Avocat; comme aussi qu'aucun Ecclesiastique ne pourra être admis à faire la fonction d'Official, s'il n'est Licentié en Droit Canon, à peine de nullité, &c. & en outre qu'aucun ne pourra être reçu à prendre aucuns degrez ny Licences dans les Universitez du Royaume, ny être reçu au serment d'Avocat, en vertu de certificats d'étude, ou de-grez pris dans les Universitez des Royaumes, & Pays Etrangers, &c. A S. Germain en Laye le 26. Janvier 1680. registrée au Parlement de Paris le 13. Avril, & en celuy de Roüen le 17. May de la même année: elle est dans *Boniface, tome 3. liv. 2. tit. 1. chap. 11.* Voyez l'Art. 45. de l'Ordonnance du mois de May 1579 & la Declaration du 22. May 1680.

GRAND CONSEIL.

Voyez, le mot, *Conseil, nomb. 3. bis.* & Loysel, *en ses Observations mêlées.*

1 *Ordinatio super Officiis & Officiariis & Regimine Regni & Vuadiis Consiliariorum Magni Consilii Regis.* à Paris en Janvier 1407. *Ord. Antiq. vol. 4. fol. 218.* Joly, *des Offices de France, tome 1. Add. page 202.*

2 Dans l'Edit de creation d'un Receveur des Epices fait par Henry III. en Juillet 1581. Le Grand Conseil est nommé aprés les Parlemens & la Chambre des Comptes, & avant la Cour des Aides & autres Jurisdictions du Royaume. *Voyez Fontanon, tome 4. p. 715.*

Mais dans un autre Edit de creation de vingt Secretaires du Roy du mois de Decembre 1607. l'adresse à Messieurs du Grand Conseil ayant été remise, elle fut faite & rétablie dans le *duplicata*, du même Edit, le Grand Conseil est dénommé avant la Chambre des Comptes & la Cour des Aides. *Fontanon, ibidem, page 922.*

3 Du Regne de François I. fut fait un Edit en faveur du Grand Conseil, par lequel le Roy vouloit que le Parlement de Paris & le Grand Conseil fraternisassent & fussent reputez un seul corps duquel dependroient toutes les autres Cours Souveraines. Le Parlement de Paris n'a jamais voulu recevoir cet Edit. *V. la Rochestavin, des Parlemens de France, liv. 7. chap. 27. nomb. 23.*

GRANDS JOURS.

1 Des Grands Jours. *Voyez* les Ordonnances recueillies par *Fontanon, tome 1. liv. 1. tit. 17. page 91.* & Joly, *des Offices de France to. 1. liv. 1. tit. 18. page 104.* & aux Additions *page CLXIX. jusqu'à CLXXIII.*

2 De l'autorité & Jurisdiction des Grands Jours. *Voyez la Rochestavin, des Parlemens de France, liv. 13. chap. 65.* & la Bibliotheque du Droit François par *Bouchel, verbo, Grands Jours.*

3 Les Reines de France ont privilege d'avoir ressort és Grands Jours, si elles veulent, és terres tant de leurs Domaines que Doüaires, pour connoître des premieres appellations; l'appel de leurs Grands Jours, vient en la Cour des Pairs de France, quoyque les terres & parties soient d'autre ressort. De cette prérogative le Roy Philippe Le Long fit expresse declaration en Avril 1317. suivant laquelle il fut jugé au Parlement le 18. Mars 1382. que les terres du Doüaire de la Reine Blanche veuve du Roy Philippe de Valois, sises en Normandie ne ressortiroient des Grands Jours de ladite Dame, à l'Echiquier de Roüen, mais au Parlement de Paris. Le Roy Philippe de Valois en Avril 1344. aprés Pâques, ordonna que toutes les terres de la Reine Jeanne sa premiere femme seroient regies & justiciées par un Bailly qui ressortiroit au Parlement de Paris, & ont leurs jours par rôle au Parlement comme lesdits Pairs; ainsi qu'il se voit au Registre des 8. May 1410. & 27. Juin 1412. *Du Tillet.*

4 Arrêt du Parlement de Bretagne du 21. Mars 1559. qui faisant droit sur les Requêtes du Procureur General, enjoint à l'Evêque de Nantes de se pourvoir de Juges pour tenir les Grands Jours, autres que les Juges Royaux. *Du Fail, livre 3. chapitre 18.* Ces Grands Jours ont été abrogez par l'Ordonnance de *Roussillon, article 24.* qui a aboly le double degré de Jurisdiction des Seigneurs; ceux qui avoient Grands Jours avoient trois degrez de Jurisdiction; sçavoir la Prévôté, le Bailliage, & les Grands Jours, ausquels on connoissoit des appellations. *Loiseau, des Seigneurs, chap. 6. nomb. 57. & suivans, & chapitre 8. nomb. 64.*

5 Des Grands Jours des Evêques. *Voyez l'Histoire de d'Argentré, liv. 4. chap. 24.*

6 Grands Jours de Clermont établis le 31. Août 1665. contenant dix articles, avec reglement concernant les affaires Ecclesiastiques & Communautez Religieuses, du 30. Octobre 1665. *Voyez de la Guessiere, tome 2. livre 7. chap. 32. & 34.*

7 *Voyez* le Recueïl des Arrêts, Declarations & Lettres Patentes de la Cour des Grands Jours tenus à Clermont en Auvergne, où la procedure qui s'observe aux Grands Jours se trouve établie. Ce Recueïl a été imprimé en 1666.

GRAND MAISTRE.

1 Autrefois le Grand Maître prenoit dix livres sur chacun des Prélats à leurs nouvelles promotions aux Prélatures & Serment de fidelité. Il y a au Tresor des Chartres certifiées en Decembre 1229. que l'Evêque d'Orleans a payé 15. livres pour la Sénéchaussée & Bouteillerie de France : ce droit leur est ajugé contre l'Abbé de Bonneval, par Arrêt du Parlement de la Pentecôte en 1276. il est aussi prouvé par l'Ordonnance du Roy Philippes le Bel en Mars 1309. qui tenant cet Office en sa main, donna l'argent dû pour les sermens des fidelitez des Prélats aux pauvres filles des Gentilshommes à marier pour les pourvoir. *Du Tillet.*

2 Du Grand Maître des Eaux & Forêts. *Voyez* ci-devant verbo *Eaux & Forêts.*

GRATIS.

Des *Gratis* qui se font en faveur de certains Officiers. *Voyez* le mot *Dépens, nomb. 92. & suiv.*

GRAVEURS.

1 *Voyez* au Recueïl des Statuts & Ordonnances concernant les Orfévres, *page 888. & suiv.* plusieurs Sentences & Arrêts pour & contre les Graveurs.

Arrêt du Conseil d'Etat du 26. May 1660. qui a maintenu les Graveurs en la liberté d'exercer leur Art, sans pouvoir être réduits en Corps de Métier, ni sujets à aucunes regles. *Boniface, tome 3. livre 4. titre 12. chapitre 1.*

GREFFIER.

Greffier. *Scriba. Tabularius. Actuarius.*

De adsessoribus, Domesticis, & Cancellariis judicum. C. 1. 51... Cancellarii, les Greffiers.

De Decurialibus urbis Romæ. C. 11. 13... C. Th. 14. 1... Curiales, les Secrétaires ou Greffiers du Senat. *Voyez Cujas*, sur ce titre.

1. Des Greffiers & Clercs de Greffe de la Cour du Parlement de Paris, & du devoir de leurs Charges. *Voyez les Ordonnances recueillies par Fontanon, to. 1. liv. 1. tit. 10., p. 40. & to. 4. p. 845. & suiv.* Joly, des Offices de France, *to. 1. liv. 1. tit. 10. pag. 73. & 74. & aux Additions pag. CXXIII. jusqu'à CXXX. & to. 2. liv. 3. tit. 10. p. 1359. & aux Additions p. 1902.*

2. Des Greffiers de la Cour. *Voyez Du Luc, livre 4. titre 10.* Papon, *livre 6. titre 8.* La Rochelavin, des Parlemens, *livre 2. chap. 8.* les Opuscules de Loisel & Pithou, *page 411.*

3. *De Graphariis & Notariis Curiarum inferiorum & Jurisdictionum regiarum & eorum Officio.* Du Moulin, *to. 2. p. 304.*

4. *De Scribis.* Voyez le traité de M. le Bret sur l'ordre ancien des Jugemens, *chapitre 20.*

5. Des Juges Procureurs d'Offices, Greffiers, Sergens, & autres Officiers des Seigneurs. *V. Despeisses, tome 3. p. 153.*

6. Des Greffiers tant de la Cour de Parlement que des Présidiaux & autres Sieges. *Voyez Chenu*, des Offices de France, *tit. 35.* Filleau, *part. 3. tit. 4.* où les Edits de création & Arrêts de reglemens les concernent sont rapportez.

7. Touchant les Greffes du Parlement de Paris, & les Droits des Greffiers Gardes-sacs. *Voyez la Declaration du Roy du 25. Novembre 1684. au Recueil des Edits & Arrêts imprimez par l'ordre de M. le Chancelier en 1688. page 189.*

8. *Voyez dans la Bibliotheque du Droit François par Bouchel, verbo Greffiers*, un Arrêt de reglement du Parlement de Paris pour les Clercs du Greffe Civil, & les droits qui leur appartiennent.

9. Enjoint aux Greffiers d'inserer sommairement aux appointemens, reglans les differends des Parties, leurs demandes & défenses. *Servin, to. 1. p. 203.*

10. Un homme ayant obtenu reparation contre une Sentence injuste; il fut dit qu'elle seroit supprimée du Greffe. *Ibidem, to. 2. p. 83.*

11. Greffiers ne doivent dépecher les profits des défauts; mais ils doivent être vuidez par les Juges, sur l'examen des pieces. Arrêt du Parlement de Toulouse de l'an 1454. Papon, *liv. 7. tit. 6. n. 7.*

12. Celuy qui a droit de la veuve d'un Greffier défunt, peut signer & expedier les Actes & appointemens reçus par le défunt, de la même maniere qu'eût pû faire son predecesseur. *Ibidem, liv. 6. tit. 6. nomb. 8.*

13. Par Arrêt du 17. Mars 1551. le Parlement de Paris défendit à tous Greffiers, tant du Châtelet que d'autres Bailliages ressortissans, de grossoyer rien en parchemin, excepté les Sentences, Appointemens & autres Actes judiciaires. *Voyez la Bibliotheque de Bouchel, verbo Greffier.*

14. D'où vient que l'on a estimé les Greffes & Tabellionnages être du Domaine du Roy, avec un sommaire discours sur les Notaires & Clercs des Greffes? *V. Ibidem.*

15. Les Greffiers, Notaires, & toutes personnes publiques, sont contraignables par corps de rendre & representer aux Parties les Inventaires & autres Actes communs faits à leur requête. Arrêt du Parlement de Paris du 17. Janvier 1564. Autre Arrêt du 25. Juin 1582. par lequel un Greffier condamné après vingt ans à representer un appointement, a été renvoyé absous. *Papon, liv. 6. tit. 6. n. 8.*

Par Lettres Patentes d'Henri IV. du 14. Mars 1603. on ne peut demander les sacs des procez indécis après dix ans, & des procez jugez après cinq ans. *Ibidem.*

16. Greffier ne doit rien prendre pour les Expeditions des affaires du Roy. Arrêt du Parlement de Paris du dernier Avril 1566. contre le Greffier de Sainte Menehout, appellant de la radiation de quelques parties touchant les frais & salaires, pour avoir délivré les grosses de quelques procedures pour la Reine d'Ecosse Douairiere. *Papon, ibidem, n. 7.*

17. Le Greffe est domanial, & ne peut estre aliené. Cependant il peut pour juste cause de récompense de service être baillé à ferme & survivance. Arrêt du 2. Juillet 1576. *Ibidem, n. 1.*

18. Un Greffier a été condamné de resider sur le lieu, & à faute de ce, permis au Seigneur d'en commettre un autre. Arrêt du Parlement de Paris du 21. Juin 1608. Corbin, *suite de Patronage, chap. 213.*

19. Défenses à tous Greffiers des Bailliages & Sénéchaussées du Ressort du Dauphiné d'expedier aucunes Sentences ou appointemens faits par les Vice-Baillifs & Sénéchaux en Audience, sans leur communiquer, sur grandes peines. Arrêt du Parlement de Grenoble du 16. Juillet 1544. Expilly, *Arrêt 16.*

20. Jugé au même Parlement de Grenoble le 2. May 1662. que l'Officier doit exercer en personne la Charge de Greffier dans le lieu où se tient le Siege de la Judicature. Basset, *tome 2. liv. 2. tit. 3. ch. 5.*

21. Enjoint aux Greffiers d'écrire leurs Sentences en bonne & duë forme, sur peine de l'amende, dommages & interêts. Arrêt du Parlement de Bretagne du 6. Septembre 1551. Du Fail, *liv. 2. chap. 130.*

22. Permis de marcher & assister à tous les Actes publics, après les Greffiers Civil & Criminel, & Notaires d'icelle, lorsque la Cour marchera en Corps: mêmement aux Audiences publiques & ordinaires, en tel habit que les Greffiers & Notaires, & au dessous d'eux. Arrêt du Parlement de Bretagne du 22. Octobre 1573. *Ibidem, chap. 447.*

23. Arrêt du Parlement de Toulouse du 29. Février 1557. qui défend aux Greffiers de donner les procez criminels aux Parties, ni à leurs Procureurs. *La Rochelavin, liv. 2. lettre G. tit. 8. Arr. 1.*

24. Arrêt du 3. Mars 1586. qui fait défenses à tous Notaires Greffiers du Ressort, d'extorquer promesses & obligations des Parties, pour prétendües peines & vacations, & de s'ingerer d'écrire les Actes dans les Instances où ils seront Parties, & en délivrer des Expeditions, à peine de nullité & autre arbitraire; comme aussi au Sénéchal de Roüergue & tous autres Juges d'user en leurs Sentences & Jugemens de clauses & paroles superflues contre le stile & ordonnance. *La Rochelavin, ibidem, Arrêt 3.*

25. En matiere criminelle les Consuls Juges d'icelle, ne peuvent prendre d'autre Greffier que celuy du Seigneur. Arrêt du 30. Août 1568. *La Rochelavin, des Droits Seigneuriaux, chap. 24. art. 5.*

26. Greffier peut être recusé pour legere cause, mais celuy qui est subrogé en son lieu, doit luy rendre les profits & émolumens du Greffe. Bouvot, *tome 1. part. 3. verbo Greffier, quest. 2.*

27. Greffier tenu de rendre les sacs qu'il dit avoir remis ès mains du Lieutenant pour donner Sentence, sauf son recours contre le Lieutenant; ainsi jugé. *Ibidem, tome 2. verbo Greffier, quest. 1.*

28. S'il y a erreur en l'expedition de l'Acte portant une appellation civile par la Partie qui n'est point en la retenuë du Greffier, il n'y a lieu à l'inscription de faux; mais le Greffier doit representer la retenuë pour connoître l'erreur, & si la Partie s'est pourvûë en desertion, le Greffier est condamné en tous dépens. Ar-

rêt du P. de Dijon du 27. Mars 1610. *Bouvot, ibidem, question* 8.

29 Arrêt du Parlement de Provence du 10. Novembre 1646. qui a jugé que la procedure de Justice doit être écrite par le Greffier par une même contexture, sans blanc. *Boniface, to. 1. liv. 1. tit. 27. n. 1.*

GREFFE ACHETÉ.

30 L'acheteur d'un Greffe, Tabellionnage, ou autres semblables états, peut chasser le Fermier dudit Greffe pour en faire l'exercice en personne. Arrêt du mois de Mars 1570. Le Vicaire d'un Abbé ne peut vendre le Greffe de la Justice temporelle, encore que ce fût pour employer les deniers aux reparations de ladite Abbaye. Arrêt du Parlement de Paris du 22. Juin 1571. *Carondas, livre 4. Rép. 37.*

GREFFIERS, ACTES.

Voyez *l'Ordonnance d'Orleans, article* 80. *& de Roussillon, article* 34.

31 Tous les Actes de Justice qui s'expedient par les Greffiers en la Jurisdiction de Baugé, ne sont sujets au Contrôle; il n'y a que les Sentences & Jugemens diffinitifs & gisans à execution. Arrêt du 4. Mars 1651. *Henrys, tome 2. liv. 2. quest.* 10.

GREFFE, ADJUDICATIONS.

32 Le Greffier ne peut rien acquerir valablement. Arrêt du Parlement de Grenoble du 6. Mars 1567. V. *Basset, tome 1. liv. 2. tit. 12. chap. 1.* il entend des acquisitions litigieuses; cela a aussi rapport aux adjudications.

33 Greffiers ne peuvent se rendre adjudicataires des biens saisis réellement, & qui se decretent dans les Sieges où ils tiennent la plume. Voyez le mot *Adjudication*, nomb. 51.

GREFFE, BAIL.

34 Fermier du Temporel d'un Benefice qui a Haute-Justice, ne peut pretendre que le Greffe fasse partie de son Bail, ni commettre personne pour l'exercer, & le Pourvû par le Grand Vicaire, est maintenu. Arrêt du Parlement de Paris du 22. Janvier 1630. M. Talon Avocat General rapporta un Arrêt de l'an 1615. pour le Duché de Guise, portant défenses à tous Officiers Juges, Procureurs Fiscaux, ou Greffiers, d'être Fermiers. *Bardet, tome 1. livre 3. chap. 84.*

35 Un bail à ferme d'un Greffe tant & si longuement que la guerre durera, & jusqu'à ce que la paix soit faite entre les deux Couronnes, est valable, & n'est reductible à neuf ans. Arrêt du 2. Mars 1655. *Du Fresne, liv. 8. chap. 12.*

GREFFIERS EN BRETAGNE.

36 Par Arrêt du Parlement de Bretagne du 22. Février 1559. la Cour ordonne que le Greffier ordinaire de la Sénéchaussée de Nantes fera & délivrera toutes les Expeditions, Actes & Ecritures des procez & differends mûs & à mouvoir au Siege de la Sénéchaussée, tant en premiere Instance que par appel, & tous autres Sieges & anciens Ressorts de la Sénéchaussée, suivant l'Edit de l'érection des Sieges Présidiaux, fors & excepté des Sieges de Touffaux, Loyaux & le Gaure, desquels est fait speciale mention en l'Edit; les causes desquels Sieges étant dévoluës par appel au Siege seront expediées par le Greffier des Appeaux, & ce par maniere de provision. *Du Fail, liv. 1. ch. 115.*

37 Par Arrêt du Parlement de Bretagne du 26. Octobre 1559. les Greffiers Civil & Criminel de Nantes sont reglez par provision; le Criminel rapporte tous Exploits où le Procureur du Roy a seul interest, comme Tutelles, Curatelles, Saisies, Bans, Arriere-Ban, Police, Graces, Lettres d'annoblissement, Provisions d'Etats, &c. *Ibidem, liv. 2. chap. 87.*

38 Par Arrêt du Parlement de Bretagne du 14. Octobre 1561. la Cour commande aux Greffiers de ce Ressort de porter les sacs aux Juges au tour & rang. *Ibidem, chap. 145.*

39 Reglement provisionnel entre Lizot Greffier d'Appeaux, & Huan Commis au Greffe Civil; Lizot rap-

portera tous Exploits qui seront jugez en Souveraineté (c'est le propre mot) ou par provision, tant de Rennes que des Sénéchaussées de Foulgeres, Saint Aubin du Cormier, Hedé, Dinan, Lanuyon, & le Ressort de Goüelo, Jugon, Cesson, Lammeur, & autres Sieges particuliers, étant au dedans de ces Sénéchaussées & Ressorts. Arrêt du Parlement de Bretagne du dernier Octobre 1561. *Ibidem*, chap. 138.

40 Le Juge de Dinan ordonne que le Reglement fait par les Commissaires qui ont baillé à ferme le Greffe, sera entretenu, contenant défenses aux Notaires Royaux de Dinan de vaquer à la confection des Enquêtes, Interrogatoires, Executions de Sentences, ou autres Commissions ordinaires ou extraordinaires, sur peine de faux, sinon en cas de l'absence ou recusation des Commis du Greffier; dequoy l'appellant pour luy & les autres Notaires, appelle, dit que c'est contre le Reglement donné l'an 1535. & leur possession. Arrêt du Parlement de Bretagne du 20. Octobre 1567. *Du Fail, liv. 1. chap. 256.*

41 Greffe de la Temporalité d'un Evêché ne doit être exercé par le Greffier Royal, le Siege vacant. *Tournet lettre G. Arrêt* 36. *Bellordeau, livre 7. de ses Contr. chapitre* 4.

GREFFIER, COMMIS.

42 Greffier choisi par un Juge Commissaire nommé & delegué. *Voyez* les mots *Commission*, nombre 11. *& suivans.*

43 Un Greffier commis à quelque chose ne peut recevoir l'acte de sa commission; il faut qu'elle soit reçûë & dépêchée par autre, & signée par le Juge, autrement ce qu'il fait, est nul. Arrêt du Parlement de Grenoble de l'an 1461. *Papon, livre 6. titre 6. nombre 6.*

44 Un Greffier Criminel ou Civil peut servir par Commis ou Substitut; mais il est responsable en son nom. Arrêt du Parlement de Toulouse en 1507. *Bibliot. de Bouchel*, verbo *Greffier.*

45 Arrêts du Parlement de Bourdeaux des 27. May 1508. 20. Février 1525. 12. Mars & 24. May 1527. & 1. Août 1531. portant défenses aux Juges du Ressort de prendre autre que les Greffiers des lieux ou leurs Commis és commissions tant ordinaires qu'extraordinaires. *Papon, li. 6. tit. 6. n. 21*

46 Greffier en chef peut commettre dans les Jurisdictions subalternes inferieures & dépendantes. Arrêt du Parlement de Paris du 9. Janvier 1564. *Papon, ibidem, nomb.* 6.

47 Baillifs & Sénéchaux ne peuvent ôter aux Greffiers ordinaires l'expedition des actes necessaires en la convocation du Ban & Arriere-ban, ni en commettre d'autres. Arrêt du même Parlement de Paris du 27. Juin 1640. *Bardet, to. 2. li. 9. ch. 7.*

48 L'abbé Greffier de Dinan y établit un Commis; Raoul Gillier qui avoit été précedent Fermier l'empêche, disant que le Fermier qu'on y veut mettre est caution du Receveur de Dinan, & qu'il faut que l'abbé exerce en personne; ainsi jugé par la Sentence. Arrêt du Parlement de Bretagne du 28. Avril 1567. qui dit mal jugé, ordonné que le Commis nommé par l'abbé demeurera, & seront les papiers & Registres du Greffe mis en lieu public & accoutumé, pour cet effet l'intimé condamné en tous dépens, dommages & interets. *Du Fail, l. 1. ch.* 235.

49 Arrêt du Parlement de Provence du 27. Février 1644. qui enjoint aux Greffiers, ou à leurs Commis d'écrire aux procedures de Justice. *Boniface, tome 1. liv. 1. tit. 31. nomb.* 1. Les Juges ne peuvent commettre d'autres personnes, si ce n'est dans les occasions où les Greffiers seroient suspects.

50 Arrêt du Parlement de Provence du 14. Avril 1657. qui défend aux Greffiers de mettre des Commis au Greffe des Jurisdictions des Seigneurs; comme ces Jurisdictions sont patrimoniales, il appartient au Seigneur de commettre. *Ibidem.*

GREFFIERS, COMMITTIMUS.
51 Committimus des Greffiers. *V.* le mot *Greffier, n.* 39.
    GREFFIER, CONSIGNATION.
52 Des consignations faites, ou qui doivent se faire és mains des Greffiers. *Voyez* le mot *Consignation,* nomb. 23. *& suiv.*
    GREFFIER DU CRIMINEL.
    Voyez cy-dessus *le nombre* 23.
53 Les Greffiers ne doivent rien exiger des accusez, il y en a des Reglemens presque dans tous les Parlemens. *Voyez Chorier en sa Jurisprudence de Guy Pape, page* 109.
54 Par Arrêt rendu au Parlement de Grenoble le 27. Janvier 1647. il fut permis au Procureur du Roy en la Judicature de Romans, de dresser la parcelle des procedures criminelles exclusivement aux Greffiers. *Voyez Basset,* to. 1. li. 2. tit 8. ch. 4.
55 Un Greffier criminel ou autre peut servir par Commis & Substitut, mais il en demeure responsable. Arrêt du Parlement de Toulouse de l'an 1507. *Papon, li.* 6. *tit.* 6. *nomb.* 1.
56 Arrêt donné le 12. Septembre 1595. qui a ordonné sur le requisitoire de M. l'Avocat du Roy Servin, que le Greffier du Prévôt des Maréchaux de Gien, qui avoit envoyé des informations non signées en la Cour, feroit apporter les informations signées à ses dépens. *Bibliotheque de Bouchel,* verbo *Information.*
57 Les informations, recollement & confrontation étant perduës, le Greffier offre de les faire refaire à ses frais, & de payer les dépens du procez retardé; ces offres sont valables. Arrêt du Parlement de Bourgogne du mois de May 1567. *Bouvot tome* 1. verbo *Informations,* quest. 15.
58 Par Arrêt du mois de Janvier 1579. il fut jugé que l'adresse des remissions aux Présidiaux, & l'emolument d'icelles appartient au Greffier du Bailliage en l'ordinaire, & non pas au Greffier des Présidiaux. *Voyez la Biblio. de Bouchel,* verbo *Greffier.*
59 Les Greffiers sont obligez de parapher les pieces du procez qu'ils envoyent au Greffe par premiere & derniere, & ce en matiere criminelle. Arrêt du 6. Avril 1675. *De la Guess.* to. 4. li. 8. chap. 6.
60 Arrêt du Conseil du 21. Novembre 1679. qui supprime dans les lettres d'appel du decret & procedures criminelles du Parlement d'Aix, la clause de commandement aux Greffiers d'envoyer les minutes des procedures criminelles, si ce n'est qu'il y ait question de fausseté, ou de prévarication des Juges qui les auroient faites, & ce nonobstant tous usages contraires. *Voyez le Recueil des Edits & Arrêts imprimez par l'ordre de M. le Chancelier, page* 83. Semblable Déclaration du 15. Juillet 1681. pour le Parlement de Toulouse; il y en a une même du 3. Decembre suivant pour le Parlement de Dijon. *Ibidem,* p. 183.
61 Arrêt du Conseil Privé du 28. Février 1683. qui fait défenses à tous les Officiers du Parlement de Paris de prendre ni retenir chez eux les Registres du Greffe, & au Greffier de s'en désaisir, à peine d'interdiction contre luy, & contre les Officiers qui les auront retenus; ordonne sa Majesté que les informations & autres pieces secrettes des procez criminels demeureront au Greffe du Parlement; fait défenses au Greffier de se désaisir des minutes, & à son Procureur General audit Parlement de les retenir sous quelque prétexte que ce soit, nonobstant tous usages, possessions, & Arrêts contraires, mais sera tenu de les remettre incontinent aprés qu'il en aura pris communication; le tout à peine d'interdiction, dépens, dommages & intérêts. *Voyez les Edits & Arrêts recueillis par l'ordre de Monsieur le Chancelier en* 1687.
62 Par Arrêt de la Cour des Aydes de Paris du 23. Decembre 1681. rendu sur la requête de M. le Procureur General, il est dit que les Greffiers tant Civils que Criminels seront tenus de descendre dans les prisons, & d'y prononcer aux prisonniers les Jugemens tant interlocutoires que difinitifs, qui auront été rendus contre eux, comme aussi ceux des elargissemens, & ce dans les vingt-quatre heures aprés qu'ils auront été rendus, quoy qu'ils n'ayent été levez par les parties civiles, & de faire mention sur les Registres de la geole, & à côté des écrouës desdites prononciations, & d'iceux transcrire & inserer les dictums entiers desdits Jugemens, à peine d'interdiction, trois cens livres d'amende, & de tous dépens, dommages & intérêts envers les prisonniers, lesquelles peines demeureront encouruës contre les contrevenans en vertu dudit Arrêt, sans qu'il en soit besoin d'autre. *Voyez le Memorial alphabetique,* verbo *Greffier.*

GREFFE, DENIERS.
63 Les deniers provenans du remboursement des Greffes de la Prévôté du Mans, fait depuis la saisie réele & criées d'iceux, seroient distribuez entre les creanciers du saisi selon l'ordre de leurs hypoteques, comme s'ils étoient provenus d'immeubles. Arrêt du 12. Juillet 1625. *M. le Prêtre, és Arrêts de la Cinquiéme, & en sa premiere Cent.* chap. 77.
64 Qui de plusieurs creanciers doit être preferé sur les deniers procedans du prix d'une Charge de Greffier devenu insolvable, ou ceux dont les deniers ont été consignez entre ses mains, ou ceux qui ont prêté pour l'acquisition de la Charge. Arrêt de 7. Août 1671. en faveur de ceux-cy, il s'agissoit de la Charge de M. Denis Baugé Greffier de la Chambre des Requêtes du Palais. *Soéfve, tome* 2. *Centurie* 4. chapitre 61.

GREFFIERS, DROITS, TAXES.
Voyez cy-dessus *le nombre* 7.
65 Quelques Greffiers exigeoient des parties la dixiéme des condamnations. Arrêt du Parlement de Grenoble du 6. Août 1460. qui défendit à Pierre Bolliac Greffier de continuer ses poursuites, & pour son salaire il luy fut taxé la somme de 100. florins qui luy fut assignée sur le fonds des amendes. Loüis XI. défendit cette exaction par ses Lettres du 8. Mars 1474. *Voyez Chorier, en sa Jurisprudence de Guy Pape, page* 83.
66 Arrêt du 3. Avril 1507. qui interdit au Greffier du Châtelet de prendre aucune chose des parties pour la collation des pieces, qu'auparavant taxe ne luy fût faite par le Prévôt de Paris, ou son Lieutenant. *Papon, liv* 6. *tit.* 6. *nomb.* 7.
67 Greffier de l'ordinaire doit prendre le profit des Lettres de remission, non celuy des Présidiaux. Arrêt du 7. Decembre 1565. la grosse des enquêtes appartient à l'Enquêteur, & non au Greffier. Arrêt du 19. Février 1571. *Papon, li.* 6. *tit.* 6. *n.* 1.
68 Le 29. Decembre 1572. jugé contre le Greffier d'Angers; qu'il ne peut rien exiger du Messager pour bailler les procez ou informations à apporter en la Cour. *Voyez la Bibliotheque de Bouchel,* verbo *Greffier.*
69 Secretaires du Roy exempts de tous droits de Greffe; ordonné par les Requêtes de l'Hôtel du Roy, le 15. Juin 1595. que Bluet Clerc au Greffe des Requêtes du Palais, rendra ce qu'il a reçu de M. Martin Couvay Secretaire du Roy; défenses de plus contrevenir à l'exemption. *Bibliotheque de Bouchel,* verbo *Greffier.*
70 Par Arrêt du 22. Novembre 1601. défenses aux Procureurs & aux Parties de bailler par avance, ni autrement aux Greffiers, ni à leurs Commis plus que ce qui leur est taxé par Reglement de la Cour. *Ibidem.*
71 Arrêt du Parlement de Bretagne au mois de Septembre 1546. qui défend aux Greffiers des Juges Royaux, & autres de prendre aucune chose, encore qu'il fût offert, des expeditions de Requête, sur peine d'amende, & aux Greffiers de la Cour autre

S s iij

72 Le Greffier d'Office de Rennes avoit eu pour vacation d'onze journées à faire l'inventaire des mineurs, vingt-cinq livres. La Cour dit qu'il est mal jugé, ordonne que le Greffier sera payé à raison de quatre sols pour feüille de papier en grosse, & deux sols tournois pour feüille de copie, & qu'à la restitution du surplus le Greffier sera contraint par emprisonnement de sa personne. Arrêt du Parlement de Bretagne du 3. Avril 1559. *Du Fail, livre premier, chapitre* 100.

73 *Voyez dans du Fail*, li. 2. ch. 184. un Arrêt du Parlement de Bretagne du 19. Septembre 1562. qui regle les salaires des Greffiers ; l'Ordonnance de Blois article 160. leur défend sur peine de la vie de prendre au-delà de la taxe, quoique l'argent leur fût volontairement offert. Arrêt du même Parlement en Septembre 1640. qui leur enjoint de mettre 25. lignes en la page ; cinq mots & 15. sillabes en la ligne.

74 Arrêt donné au Parlement de Toulouse le 3. Mars 1586. portant défenses à tous Greffiers du Ressort d'extorquer promesses & obligations des parties pour prétenduës peines & vacations, & de s'ingerer écrire & expedier les actes & instances qui seront parties, à peine de nullité, & autre arbitraire. *Bibliotheque de Bouchel*, verbo *Greffier*.

75 Reglement des droits des Greffes & Controlle des Bailliages, &c. ensemble de la réduction des droits des Receveurs des Consignations à un sol la livre pour tous droits, du prix des adjudications par decret. Arrêt du 26. May 1659. *De la Guess*. tome 2. livre 2. chap. 22. Voyez *Henrys*, t. 10. 1. livre 2. chap. 3. quest. 10. Autre Reglement pour la résolution & diminution des Greffes tenus à ferme, du 6. Mars 1673. *De la Guess*. tome 3. liv. 7. chap. 2.

76 Reglement pour les droits & taxes des Greffiers contenant 12. articles, du 11. Decembre 1684. *De la Guess*. tome 4. liv. 7. chap. 32.

77 Par Arrêt de la Cour des Aydes de Paris des 14. May 1678. 20. Septembre 1681. & 7. Octobre 1690. les Greffiers des Élections prétendans 106. livres, & les deux sols pour livre de l'enregistrement des provisions d'Officiers, ont été condamnez à fournir la Sentence d'enregistrement moyennant 25. liv. pour tous droits de Juges & Greffiers. *Memorial alphabetique*, verbo *Enregistrement*.

78 Par Arrêt de la Cour des Aydes de Paris du 9. Decembre 1690. il est ordonné conformément aux Reglemens, que pour chaque Arrêt portant employ d'un Officier nouvellement pourvû à la place d'un autre dans un des états des maisons Royales, & autres, étant au Greffe de la Cour, il ne sera payé que trois livres au Greffier tenant la plume, pour son droit de minute & grosse, outre & par dessus le parchemin timbré, 6. livres au Greffier dépositaire des Etats, y compris l'extrait, & 6. livres au Greffier en chef pour droit de signature, tant de l'Arrêt que de l'extrait ; défenses à leurs Commis, & à tous autres de percevoir de plus grands droits à peine de concussion ; enjoint au Greffier en chef, & à tous les Commis Greffiers de la Cour de mettre sur les minutes & grosses des Arrêts la taxe & le reçû de leurs droits, par taxes separées au pied des Arrêts *Memorial alphabetique*, verbo *Officiers*, n. 15.

79 Arrêt du Parlement de Provence du 18. Avril 1677. qui a jugé que les salaires sont dûs à un Greffier destitué par incapacité, à proportion du temps de son service. *Boniface*, tome 4. liv. 1. tit 2. ch. 1.

GREFFE, ENCHERES.

79 bis. Enregistrement des encheres aux Greffes. *Voyez* le mot *Enchere*, nomb. 19. & *suiv*.

GREFFIERS, ENQUESTE.

80 Si les Greffiers peuvent faire une Enqueste? *Voyez* le mot *Enqueste*, nomb. 33. & *suiv*.

81 La grosse des enquêtes doit appartenir aux Greffiers, & non aux Enquêteurs, par l'Ordonnance du Roy François I. en 1517. art. 1. Il y a un ancien Arrêt du 10. Janvier 1487. par lequel les informations & enquêtes doivent demeurer au Greffe; toutefois par Arrêt du 9. Janvier 1571. pour l'Enquêteur de Senlis, il fut dit qu'il produiroit la grosse des enquêtes, & non le Greffier ; pareil Arrêt pour celuy d'Angers, le 22. Juin 1558. autre Arrêt pour celuy de Provins, du 5. Août 1570. autre du Conseil d'Etat contre le Greffier du Châtelet de Paris en 1583. & pour le Greffier de Poissy fut remontré par l'Avocat du Roy, que ces Arrêts s'entendoient des Sieges principaux, & non des petits Sieges ; la cause appointée au Conseil le 2. Avril 1583. *Voyez la Bibliotheque de Bouchel*, verbo *Grosses*.

GREFFIER, FAUTE.

82 Si l'on prétend que le Greffier ait erronnement écrit ou fait quelque omission, les parties sont admises à en faire preuve par témoins, autrement que par l'instance de faux. Cette opinion a été suivie au Parlement de Grenoble par Arrêt. Barthole est d'un avis contraire. *Bibliotheque de Bouchel*, verbo *Acté*.

GREFFIER, INJURE.

83 Injure de faussaire reprochée à un Greffier quoique veritable, a été punie d'amende, par Arrêt du 19. Avril 1670. Celuy qui l'avoit dite, fut condamné à déclarer que follement & temerairement il l'avoit proferée. *Boniface*, tome 5. li. 3. tit. 2. ch. 3.

GREFFIERS DES INSINUATIONS.

84 *Voyez* le mot *Insinuation*. §. *Insinuation, Greffier*. Des Greffiers des Insinuations civiles. *Voyez les Ordonnances recueillies par Fontanon*, tome 1. livre 2. tit. 18. page 496. & *Joly, des Offices de France*, tome 2. li. 3. tit. 23. page 1399. & *aux additions* p. 1909.

85 Des Greffiers des Insinuations Ecclesiastiques, & registres des Professions Monacales. *Ordonnances de Fontanon*, tome 4. tit. 23. page 510. & *Joly*, *des Offices de France*, tome 2. liv. 3. tit. 24. page 1408. & *aux Additions*, 1910.

GREFFIERS, INVENTAIRE.

86 Reglement entre les Greffiers Notaires pour les inventaires, les Greffiers travaillent à ceux qui procedent d'Ordonnance & volonté de Justice ; les Notaires ne font que les volontaires, quand ils sont appellez par les parties extrajudiciairement. Ainsi jugé pour ceux d'Amboise & de Langres, le 16. May 1580. *Papon*, li. 6. tit. 6. nomb. 2.

87 Le Greffier d'Office est fondé à faire les inventaires par la Coûtume de Bretagne article 503. excepté quand le pere y a fait proceder : car un Notaire en ce cas suffit suivant l'Ordonnance de Blois article 164. ainsi jugé par Arrêt general du 12. Mars 1624. car le pere n'est obligé à faire inventaire comme le tuteur ou curateur ; toute la peine qui luy est imposée par la loy, s'il n'en fait point, c'est que la communauté est continuée pour les mineurs suivant l'article 584. de la même Coûtume. *Du Fail, livre premier, chapitre* 100.

GREFFIER, IRREGULIER.

88 *Clericus Officium Scriba in causis criminalibus exercens, an & quando irregularitatem incurrat, ad hoc ut sibi in beneficialibus obstet?* *Voyez Franc. Marc. to.* 2. quest. 396.

89 Il n'y a point de lieu au Dévolut sur un Greffier Criminel Beneficier, pour avoir signé des Sentences de mort, & assisté aux executions. Jugé le 11. Avril 1623. *Brodeau sur M. Loüet lettre B. somm.* 1.

GREFFIERS DE MARECHAUSSE'ES.

90 Arrêt du Parlement du 12. Decembre 1609. faisant défenses aux Greffiers des Prévôts, d'informer seuls sans leur Prévôt, Lieutenant ou autres Officiers. *Recüeil de la Marêchaussée*, p. 382.

91 Arrêt du Conseil du 21. Avril 1670. qui ordonne que Mᵉ. Claude Vialet Fermier general des Domai-

nes de France joüira des Greffes des Maréchauſſées du Royaume. Arrêt du Conſeil du 21. Juillet 1670. portant rétabliſſement des Greffiers des Maréchauſſées qui pourroient avoir été dépoſſedez en execution de l'Arrêt du 21. Avril précedent, dans l'étenduë des Parlemens de Paris, Roüen, Dijon, Grenoble, Metz & Pau. *Ibidem*, p. 901.

92. Arrêt du Conſeil du 28. Juin 1687. portant que ſes Greffiers des Maréchauſſées ſeront tenus de prendre des Lettres de Proviſions au grand Sceau. *Ibidem*, page 1041.

GREFFIER MINEUR.

93. Un Greffier en titre qui exerce ſon Office, quoique mineur, eſt réputé majeur. Arrêt du 18. May 1604. *M. Loüet lettre G. ſomm. 9.* & eſt tenu civilement des fautes de ſes Clercs & Commis ſuivant l'Ordonnance d'Orleans article 78. *Voyez M. le Prêtre premiere Cent. chap. 95. és Arrêts de la Cinquieme.*

GREFFIERS, NOTAIRES.

94. Arrêt du Parlement de Paris du 28. Janvier 1407. qui déclare nuls les contracts faits par un Greffier du Châtelet; défenſes à luy d'en faire de ſemblables, & le condamne aux dépens. *Voyez les Chartres des Not. chap. 3. p. 245. & ſuiv.*

95. Arrêt du 3. Decembre 1569. en faveur des Notaires du Châtelet, tant contre les Commiſſaires, que contre les Seigneurs ſubalternes de la ville & fauxbourgs, & leurs Officiers, & le Greffier du Treſor, portant défenſes aux Greffiers de recevoir aucuns contracts & inſtrumens volontaires par forme de Jugement. Cet Arrêt a été étendu aux autres Greffiers par Arrêt du 3. May 1584. *Ibidem*, chapitre 3. page 282. & ſuiv.

96. Autre Arrêt du 21. Août 1613. contre un particulier qui ſe diſoit pourvû de deux Offices de Greffiers generaux de l'Artillerie, turcies, levées, fortifications & reparations de ce Royaume, & prétendoit être en droit de faire & paſſer tous procez, quittances & contracts concernans leſdits Ponts, turcies & levées. *V. Ibidem*, p. 290.

97. Arrêt du dernier Mars 1640. contre un Greffier du Châtelet, qui avoit reçu un Acte en forme de donation & défenſes à luy de plus entreprendre ſur la Charge des Notaires, à peine de nullité, & de tous dépens, dommages & intereſts, condamné aux dépens liquidez à 600. livres. *V. Ibidem*, p. 298.

98. Arrêt du même Parl. de Paris du 13. Juillet 1658. portant défenſes aux Greffiers Clercs de l'Ecritoire de faire aucuns Actes de partage, jetter au ſort, ni entreprendre ſur la fonction des Notaires. *V. Ibidem chap. 14. p. 745.*

99. Au Parlement de Bretagne le 17. Mars 1569. Reglement proviſional, par lequel défenſes ſont faites aux Notaires de Guerrande de rapporter aucuns Exploits judiciels ou extrajudiciels, & aux Juges de les appeller, ſinon en cas d'abſence ou recuſation du Greffier du lieu, ou ſes Commis ; auſſi défendu au Greffier Criminel de poſtuler ni procurer au Siege pendant qu'il ſera pourvû de l'état de Greffier ſur les peines qui y échéent. *Du Fail, liv. 1. chap. 285.*

100. Arrêt du Parlement de Provence du 8. May 1649. qui a déclaré qu'un Notaire ne peut ſervir de Greffier en une Information, s'il n'eſt Commis au Greffe. *Boniface, tome 1, liv. 1, tit. 20. n. 9.*

101. Le 11. May 1656. il a été jugé pour la Communauté de Jouques, que ſi dans un lieu il n'y a qu'un Notaire, ce Notaire eſt une année Greffier de la Communauté, & pour les deux autres années, il faut prendre pour Greffier des Notaires voiſins, & aprés le Notaire du lieu. *Ibidem, to. 2. part. 3. livre 2. tit. 6. chap. 1.*

102. Si dans le lieu il y a deux Notaires, ils doivent être Greffiers une année chacun, & pour la troiſiéme année il faut prendre un Notaire voiſin. Arrêt du 10. Janvier 1662. *Ibidem, chap. 2.*

103. Jugé au mois d'Avril 1662. que s'il y a plus de trois Notaires, ils ſont Greffiers annuellement & alternativement à tour de rôle. *Ibidem.*

104. Arrêt du même Parlement de Provence du 20. Juin 1662. qui a jugé que quand dans le lieu il y a trois Notaires, ils ſont Greffiers à tour de rôle. *Ibidem nomb. 6. chap. 3.*

GREFFIER D'OFFICIALITEZ.

105. Greffier d'une Officialité ſujet à deſtitution. *Voyez le mot*, Deſtitution nomb. 26.

GREFFIER PARTAGE.

106. Les Offices de Greffier ſe doivent partager ſuivant la Coûtume du lieu où s'en fait l'exercice, parce qu'ils ont un être réel & permanent. *Brodeau, ſur M. Loüet lettre R. Somm. 31. nomb. 14.*

107. Le Greffe de Fontenay en Poitou a été déclaré immeuble, & les deniers en provenans, pour avoir été le rachat fait après le decés du fils qui avoit ſuccedé à ſon frere, ajugés à l'heritier immobilier ; les ſucceſſions ſe conſiderent au temps qu'elles ſont déferées, & non au temps qu'on les partage. Arrêt du 8. Juin 1602. *M. le Prêtre, 1. Centurie chap. 77. à la fin.*

108. Un Greffe civil revendu au Commiſſionnaire qui avoit payé finance de ſa commiſſion à l'Engagiſte eſt repuré propre en la famille juſqu'à la concurrence de ladite finance, bien qu'elle ſoit demeurée preſque toute perduë par la revente. Arrêt du 4. Mars 1652. *Du Freſne, liv. 7. chap. 4.*

GREFFIER, PIECES APPORTÉES.

109. Greffier eſt tenu à la premiere ſignification de l'Arrêt, d'apporter ou envoyer les procedures criminelles, ſauf ſon action pour ſes ſalaires. *Bouvot, to. 2. verbo Greffier, queſtion 2.*

110. Dans les procez par écrit, l'appellant doit faire apporter toutes les pieces au Greffe ; & s'il gagne ſa cauſe, on luy ajuge les frais du port ; ſi l'intimé anticipe & les fait apporter à ſes dépens, il peut en demander la moitié : ſi c'eſt un procés criminel, l'accuſateur doit faire apporter le procés à ſes dépens, & s'il ſe fait délivrer un executoire ſur les lieux du port du procés contre l'accuſé : l'accuſé en doit interjetter appel, il appartient deux ſols pour lieuë au Meſſager. *Voyez Mornac, l. 11. ff. ad exhibendum.*

111. Arrêt du Parlement de Bretagne du 19. Mars 1555. qui enjoint aux Greffiers des Siéges du reſſort, d'envoyer & apporter dorénavant au Greffe de la Cour, les ſacs & pieces d'entre les parties duëment cloſes & ſcellez, ſi-tôt que les procez ſeront jugés, és Siéges dont ils ſeront Greffiers & qu'il y aura appel relevé, aux depens raiſonnables des parties & ainſi qu'il eſt accoûtumé en toutes les Cours Souveraines. Auſſi commandé aux Greffiers de bien garder les ſacs des parties, à ce qu'il n'en arrive aucun inconvenient, ſur peine de s'en prendre à eux. *Du Fail, li. 3. chap. 5.*

GREFFIERS, PIECES PERDUES.

112. En matiere d'égarement & perte d'actes, le Greffier ou celuy qui s'en trouve chargé, eſt puniſſable quand il a prêté ſon conſentement : Ainſi jugé par Arrêt des Grands Jours, tenus à Niſmes, en date du 18. Decembre 1666. N. Procureur Juriſdictionnel du lieu de S. Geniez, en la Senéchauſſée de Rhodés fut condamné à faire amende honorable, en 2000. liv. d'amende envers le Roy, & au banniſſement de ladite Senechauſſée pendant cinq ans, pour avoir fait égarer des procedures faites contre certains prevenus de meurtre ; qui pour cet effet luy avoient donné cinquante loüis d'or, comme il l'avoüa en ſa deuxiéme & troiſiéme audition, aprés l'avoir dénié à la premiere. *La Rocheflavin, liv. 2. verbo, Enquête tit. 4. Arr. 4.*

113. Arrêt du Parlement de Provence du 15. Mars 1674. qui ajugea des dommages intereſts contre un Greffier

qui avoit perdu des pieces dont il étoit chargé. *Boniface tome* 3. *liv.* 1. *tit.* 8. *chap.* 23.

GREFFIER, PROCUREUR.

114 Défenſe aux Greffiers & à leurs Clercs d'être Procureurs ou Solliciteurs de procés des parties en la Juriſdiction où ils ſont Greffiers, & d'avoir la garde d'un priſonnier en leurs maiſons, ſe conſtituer pléges pour iceux, & ajoûter aucune choſe aux procez criminels qu'ils auront faits, ſur peine de faux. Arrêt du Parlement de Bretagne du 22. Octobre 1543. même Arrêt du 26. Avril 1610. *Du Fail*, *livre* 3. *ch.* 421.

115 Défenſes au Greffier de Guerrande de plaider & poſtuler pendant qu'il ſera Greffier. Arrêt du 18. Avril 1569. *Du Fail*, *liv.* 2. *chap.* 374.

116 Au même Parlement de Bretagne le 14. Mars 1573. il fut permis au Greffier de Guerrande, qui avoit baillé ſon Greffe à ferme, de plaider & poſtuler pour les parties durant le temps qu'il n'exerceroit le Greffe. *Ibidem*, *chapitre* 442. & cy-deſſus le nombre 99.

GREFFIERS, PRODUCTIONS.

117 Au Parlement de Bretagne le 11. Septembre 1553. il fut commandé aux Greffiers tenir bons & loyaux Regiſtres des productions, qui vers eux ſeront faites, ajoûteront les jours de la Reception d'icelles, ſur peine de tous dépens, dommages & interêts vers les Parties. *Idem*, *liv.* 3. *chap.* 431.

118 Par Arrêt du Parlement de Bretagne du 26. Février 1558. la Cour faiſant droit ſur les Requêtes du Procureur General, fait défenſes aux Juges du Reſſort de prendre les ſacs des procez pendans pardevant eux, par autres mains que des Greffiers, & aux Greffiers de faire bon & entier Regiſtre du date de l'arrêté des Sentences & de la prononciation d'icelles. *Du Fail*, *livre* 1. *chap.* 91.

Voyez le mot *Production*.

GREFFE, RETRAIT.

119 Des Greffiers des notifications pour le regard des contracts ſujets à retrait lignager, & lods & ventes. *Joly*, *des Offices de France*, *to.* 2. *liv.* 3. *tit.* 22. *p.* 1390. & aux Additions p. 1906. & *Henrys*, *tome* 2. *liv.* 2. queſtion 26.

120 Les Greffes Royaux ne ſont ſujets au retrait lignager; ainſi jugé, parce qu'ils conſiſtent en une fonction incorporelle, & le retrait n'a lieu que ſur les choſes corporelles. *Voyez Chopin*, *Coûtume de Paris*, *liv.* 1. *tit.* 6. *nomb.* 10. *Ricard*, *ſur l'article* 148. *de la Coûtume de Paris*, & *Brodeau*, *ſur le même article*, *nombre* 3.

Les Greffes en Normandie ſont ſujets à retrait lignager, parce qu'en Normandie ils ſont hereditaires. Arrêt du 22. Février 1601. Autre Arrêt du 2. May 1684. *De la Gueſſiere*, *tome* 4. *liv.* 1. *chap.* 1.

121 La faculté à perpetuité de retirer un Greffe d'une Haute-Juſtice, n'eſt ſujette à preſcription. Arrêt du Parlement de Normandie du 3. Decembre 1624. *Baſnage*, *ſur l'article* 523. *de cette Coûtume*.

122 Si le Roy avoit retiré les Greffes & rembourſé l'acquereur, les creanciers qui les auroient ſaiſis réellement n'auroient plus d'hypoteque ſur les Greffes retirez; mais ſeulement leur recours ſur les deniers provenans de la revente deſdits Greffes. *Voyez M. le Prêtre* 2. *Cent. chap.* 13.

GREFFIERS DES JURISDICTIONS SUBALTERNES.

123 Des Greffiers & Clercs des Greffes és Juriſdictions ſubalternes, & du ſalaire d'iceux. *Ordonnances de Fontanon*, *to.* 1. *liv.* 2. *tit.* 17. *p.* 475. & *Joly*, *des Offices de France*; *to.* 2. *liv.* 3. *tit.* 21. *p.* 1372. & aux Additions *p.* 1904.

124 Greffiers non Royaux ne peuvent délivrer les Sentences en parchemin. Arrêt en forme de Reglement rendu au Parlement de Bretagne le 6. Octobre 1617. *Du Fail*, *liv.* 2. *chap.* 216.

125 Arrêt du Parlement de Paris du 22. Decembre 1623. portant défenſes au Greffier de Sainte Geneviéve de paſſer & recevoir aucuns contracts & actes volontaires, à peine d'amende arbitraire; ordonné que les minutes des contracts par luy reçûs ſeront miſes és mains du Syndic des Notaires, pour en délivrer des groſſes toutefois & quantes qu'il en ſera requis. Même Arrêt du 17. Avril 1624. contre le Greffier de la Juſtice du Fort-l'Evêque. *Voyez les Chartres des Notaires*, *chap.* 11. *p.* 675.

126 Reglement du 17. Avril 1660. pour les droits des Greffiers ſubalternes qui ſont tenus d'employer 25. lignes en chacune page de papier ou parchemin, & 15. ſyllabes, à raiſon de trois ſols 4. deniers pour chaque feüille, & quinze de la peau entiere écrite des deux côtez, & de mettre leur reçû. *De la Gueſſiere*, *tome* 2. *livre* 2. *chap.* 19.

Autre Reglement ſur le même ſujet du 27. Juin 1664. *Voyez de la Gueſſiere*, *ibidem*, *liv.* 6. *chap.* 35.

127 Le Greffier d'un Seigneur ne peut être élû Conſul de la même Communauté. Arrêt du Parlement de Grenoble du 30. Août 1636. *Baſſet*, *tome* 1. *livre* 3. *tit.* 15. *chap.* 4.

GREFFIER, TAXE.

128 *Voyez* cy-deſſus le nombre 65. & ſuivant.

GRENIERS A SEL.

1 DE la Gabelle, Greniers & Magaſins à ſel, Officiers & Juriſdiction. *Voyez Chenu*, *des Offices de France*, *titre* 25. l'Ordonnance des Aydes & Gabelles au mois de May 1680. & *Filleau*, *part.* 3. *tit.* 2.

2 Des Avocats & Procureurs du Roy és Greniers à ſel. *Chenu*, *tit.* 26. *des Offices de France*.

3 Des Officiers des Greniers à ſel. *Voyez* le Recüeïl des Edits & Declarations concernant les Cours des Aydes fait par *Corbin*, *tome* 1. *liv.* 8.

4 De l'Office des Grenetiers. *Voyez* hoc verbo *la Bibliotheque du Droit François par Bouchel*.

GRIEFS.

1 GRiefs & moyens d'appel. *Cauſa appellationis*. De reddendis cauſis appellationum. Paul. ſent. 34.

An per aliam cauſa appellationum reddi poſſunt. D. 49. 9. En matiere civile on ſe ſert de Procureur; mais en matiere criminelle on doit répondre par ſa bouche.

2 Défenſes aux Procureurs de ſigner aucuns griefs & autres écritures en Droit, ſans préalablement les avoir communiquées à leurs Avocats, ſur peine d'être procedé contre eux. Arrêt du Parlement de Bretagne du 18. Mars 1556. *Du Fail*, *liv.* 2. *chap.* 59.

3 Ne fournit réponſes à griefs ni ſalvations qui ne veut. Arrêt du 29. May 1589. Autre Arrêt du 24. Novembre 1596. *M. Loüet lettre S. ſomm.* 2.

4 Qui a cotté un ſeul grief en un appel indéfiniment interjetté, ne pouvoit aprés l'Arrêt ſur ce intervenu cotter nouveaux griefs, ayant tacitement acquieſcé aux autres griefs. Arrêt en 1601. *M. Bouguier lett. G*, *nombre* 2.

GRIMELINS.

L'On nomme ainſi ceux qui au moyen d'une remiſe conſiderable prennent les billets des Marchands qui viennent vendre des beſtiaux à Sceaux; leur commerce défendu & déclaré uſuraire, par Arrêt de la Tournelle civile du 29. Avril 1694. *Journal des Audiences*, *tome* 5. *livre* 10. *chapitre* 17.

GROS.

GROS DÛ AUX CHANOINES.

1 GRos eſt un revenu affecté à chaque Chanoinie, dont chaque Chanoine joüit par luy-même, quoiqu'il ne reſide point, & n'aſſiſte point au Service Divin;

GRO

Divin, & c'est en cela qu'il differe des distributions manuelles.

Voyez le mot *Chanoine*, nombre 69.

2. Gros fruits sont dûs à un Conseiller de la Cour, & autres revenus de sa Prébende, excepté les distributions quotidiennes; encore qu'il n'ait fait la moindre résidence requise par le Statut. Jugé pour Maître Alexandre Gouvrot Conseiller en la Cour, Chanoine Prébendé en l'Eglise du Mans, contre les Doyen, Chanoines & Chapitre de ladite Eglise. Arrêt du 13. Decembre 1550. *Le Vest*, Arrêt 45.

3. Par Arrêt du 22. Decembre 1553. entre un Ecolier étudiant à Orleans, & les Chanoines de la même Eglise; l'Ecolier a été maintenu en la possession & saisine de prendre & percevoir les gros fruits de sa Chanoinie, tant qu'il seroit étudiant, le temps toutefois limité selon les saints Decrets, nonobstant tous Statuts & possession immémoriale par les Chanoines alleguès au contraire. *Biblioth. Canonique*, tome 1. p. 677. col. 1.

4. Le gros des Chanoines prébendez peut être saisi par les creanciers; mais non les distributions quotidiennes & manuelles, & le droit de miches & pains qui se distribuent tous les jours aux Chanoines prébendiers. Jugé au Parlement de Toulouse le 25. Septembre 1575. pour un Chanoine de S. Etienne de Toulouse, conformément à un autre du 19. Septembre 1554. *La Rocheflavin*, livre 2. lettre *H*. titre 4. Arrêt 7.

5. Les distributions quotidiennes ne sont restituables; mais seulement les gros fruits. Arrêt du 4. Janvier 1576. *Boyer*, décis. 340.

6. Ecoliers actuellement étudians gagnent le gros, quand même la Prébende seroit sujette au Stage. Arrêt du Parlement de Paris du 26. May 1583. *Filleau*, partie 1. tit. 1. chap. 9.

7. Les Chantres, Chapelains, Noteurs & Compositeurs de Musique de la Chapelle des Rois & Reines jouïssent des gros fruits de leurs Prébendes, tant & si longuement qu'ils sont pour les Etats. Arrêts des 2. Avril 1569. 5. Septembre 1573. 2. Juillet 1575. 7. Mars 1579. & 7. Janvier 1584. *Voyez Filleau*, part. 1. tit. 1. chap. 9. où il rapporte l'Arrêt du Privé Conseil du 19. Juin 1585. qui a ordonné que leur Service fini, ils iront resider; même qu'és Eglises Cathedrales ou Collegiales, il n'y aura plus de deux *privilegiez*, ni plus de quatre en celles dont les Prébendes sont en la Collation de Sa Majesté; & si le nombre est de quarante Chanoines & plus, il pourra y avoir jusqu'à six privilegiez.

8. Chanoines étant à la suite de l'Evêque gagnent le gros. Arrêt du Parlement de Paris du 18. Juin 1587. quoique le Chanoine fût tenu au Stage comme nouveau Chanoine. *Filleau*, part. 1. tit. 1. chap. 9.

9. Le Chapitre est quitte du gros en abandonnant la dîme au Curé. Jugé pour le Chapitre de Paris contre le Curé de Frêne, par Arrêt du 15. Octobre 1590. *Bibliot. Can.* tome 1. p. 677.

10. Neuf mois de résidence aux pleins Prébendez pour gagner les gros fruits, & les Chanoines en l'Autel Nôtre-Dame onze mois, sans que les uns ni les autres se puissent absenter, sans le congé du Chapitre qui ne pourra les refuser, &c. Arrêt du 20. May 1669. concernant le Chapitre de Sens. *Journal du Palais*.

GROS DU AU CURÉ.

11. Le Juge lay ne peut connoître d'un gros prétendu par le Curé sur les dîmes en matiere petitoire. Arrêt du 17. Mars 1574. qui renvoye pardevant le Juge d'Eglise. *M. Louet* lettre *G. somm*. 7.

Voyez le mot *Curé*, nomb. 109. & suiv. & le titre de la *Portion congruë*.

12. Payement du gros dû aux Curez par les gros Décimateurs, doit être fait en bled froment. *Voyez* le mot *Bled*, nomb. 23.

Tome II.

GRO 329

GROS DECIMATEUR.
Voyez le mot *Décimateur*. 13

GROS, DROITS SEIGNEURIAUX.
Voyez le mot *Cens*, nomb. 48.

14. Arrêt du mois de Decembre 1607. par lequel une maison s'étant trouvée chargée de cinq gros d'oublie envers le College de Maguellonne, chacun gros fut estimé à un sol trois deniers, suivant les anciens payemens. *La Rocheflavin*, liv. 2. lett. *M*. ti. 10. Ar. 8.

15. Le gros d'or payable par certains emphiteotes pour le cens des terres qu'ils tiennent en roture, a été estimé à vingt deniers piece. Jugé au Parlement de Toulouse le 27. Juin 1633. *M. Dolive*, liv. 2. chap. 10.

GROSSE.

Cy-après verbo *Grossesse*, l'on fera un titre particulier des femmes grosses.

GROSSE D'OBLIGATION.

1. Les Notaires ne pourront délivrer une seconde grosse sans Ordonnance de Justice, Parties ouïes. *Bis instrumentum non reficitur nisi authore judice*. Ordonnance de 1539. article 178. *Voyez Mornac l*. 6. §. *ult*. ff. *de edendo*.

2. Un creancier perd la grosse de son obligation, il demande au Notaire qui l'a reçue, qu'il soit tenu de la grossoyer; le debiteur oüi l'empêche, & dit qu'il a payé, & ses payemens endossez sur ladite grosse. Jugé que le creancier feroit preuve de la perte de son obligation, & le debiteur de ses payemens. Arrêt du 20. Juillet 1564. *Carondas*, liv. 7. Rép. 112.

3. La grosse primitive d'une obligation étant perduë, une seconde levée avec permission du Juge a été reçuë en Justice par trois Arrêts rendus les 7. Avril & 7. Septembre 1655. & le troisième en la Chambre de l'Edit le 23. Avril 1657. *Des Maisons*, lettre *O*. nomb. 9. la Jurisprudence a changé par un Arrêt de 1663.

4. Le creancier d'un défunt n'est pas obligé de rapporter une premiere grosse contre le creancier de l'heritier dans l'espece proposée en l'Arrêt du 20. Juillet 1677. rapporté par *De la Guessiere*, tome 4. liv. 1. chap. 3.

5. Les Notaires ne peuvent étendre en la grosse une clause substantielle d'un contract. *M. Ricard, des Donations entre-vifs*, 1. part. chap. 4. sect. 1.

6. Clause codicillaire qui étoit en la grosse délivrée par le Notaire, quoiqu'il ne fût en la minutte qu'il avoit reçuë. *Voyez* le mot *Clause*, nomb. 20.

7. Si une grosse d'obligation se trouvant entre les mains du debiteur, cela induit une liberation? *Voyez M. le Prêtre*, 4. *Cent*. chap. 21.

Voyez le mot *Contract*, nomb. 41. & suiv.

8. Acte de Notoriété donné par M. le Lieutenant Civil le 7. Février 1688. portant que lorsqu'il s'agit de distribuer les biens d'un debiteur entre ses creanciers, tous ses creanciers doivent rapporter la premiere expedition de leur titre original en grosse, faute dequoy faire ils sont exclus, & ceux qui les rapportent, quoique posterieurs en hypoteque, sont preferez à ceux qui ne les rapportent point: lequel usage a été introduit dans la Jurisdiction de la Prévôté de Paris, & s'observe dans le Ressort du Parlement de Paris, pour empêcher les fraudes qui se commettoient par les debiteurs, qui faisoient revivre des dettes qu'ils avoient acquittées. Le Juge ne refuse jamais la permission de lever une seconde grosse; mais on n'a hypoteque que du jour de l'expedition de cette seconde grosse. Au Parlement de Normandie un creancier est toûjours colloqué du jour de son titre, quoiqu'il ne rapporte point les grosses originales. *Recueil des Actes de Notor*. p. 36. & suiv.

GROSSESSE.

Grossesse. *Graviditas*.
De inspiciendo ventre, custodiendóque partu. Di

Tt

25, 4... Visite pour reconnoître si une femme est grosse. *Venter, pro muliere prægnante.*

Ce mot *Venter*, se prend tantôt pour la femme, tantôt pour l'enfant dont elle est enceinte.

Si ventris nomine, muliere in possessionem missâ, eadem possessio, dolo malo, ad alium translata esse dicatur. D. 25. 5.

Si mulier, ventris nomine, in possessione, calumniæ causâ, esse dicatur. D. 25, 6. De la femme mise en possession de l'heredité, pour son fruit, quoiqu'elle ne soit pas enceinte.

De ventre in possessionem mittendo, & Curatore ejus. D. 37. 9.

Voyez le mot *Enfant*, nombre 37. où il est parlé d'une femme qui prétendoit être devenuë grosse par la force d'un reve.

Voyez aussi les mots *Filiation*, *Posthume*, *Sage-femme*, *Part*, *Supposition.*

1 Femme dont l'enfant est trouvé mort dans son lit. *Voyez* le mot *Adultere*, nomb. 87.

2 Fille qui défait son enfant. *Voyez* le mot *Enfant*, nomb. 26. & cy-après le nombre 7.

3 Arrêt du Parlement de Toulouse du 11. Decembre 1537. qui enjoint à tous Juges & Sénéchaux, sitôt qu'il leur apparoîtra aucune femme non mariée être enceinte, de la faire mettre sous sauve-garde, afin d'éviter les inconveniens qui journellement s'en ensuivent. *La Rocheflavin, livre* 2. *lettre F. tit.* 3.

4 Autrefois une femme grosse quoique du fait d'un autre que de son mari, étoit excusée de comparoir à un ajournement corporel, suivant la disposition du Droit ; neanmoins par Arrêt du Parlement de Grenoble du mois de Novembre 1566. défaut a été accordé au Procureur General contre une femme grosse qui avoit exoine ; on n'excuse pas facilement un fait criminel. *Voyez Guy Pape*, quest. 256. & *Chorier, en sa Jurisprudence du même Auteur, p.* 303.

5 Henry second ordonna en 1556. que toute femme qui durant sa grossesse n'aura communié en sa Paroisse, sera condamnée par le Grand Aumônier ou ses Vicaires en une amende pecuniaire. *Vide Henrici, progymnasmata, Arrêt* 156.

GROSSESSE, ALIMENS.

6 Pere n'est tenu de nourrir l'enfant que son fils a eu d'une concubine. Arrêt du Parlement de Paris au mois de Juillet 1622. *Additions à la Bibliotheque de Bouchel*, verbo *Pere*.

GROSSESSE CELE'E.

7 Des femmes qui ont celé leur grossesse, & fait mourir leurs enfans nez par moyens deshonnêtes. *Ordonnances de Fontanon*, to 1. *l.* 3. *titre* 71. *p.* 671.

8 Il y a Edit du Roy Henry que toute femme qui se trouvera dûement atteinte & convaincuë d'avoir celé, couvert, & occulté, tant sa grossesse que son enfantement, sans avoir déclaré l'un & l'autre, & avoir pris de l'un & l'autre témoignage suffisant, même de la vie ou mort de son enfant lors de l'issuë de son ventre, & qu'après se trouve l'enfant avoir été privé du saint Sacrement de Batême, & sepulture publique & accoûtumée, soit telle femme tenuë & reputée d'avoir commis un homicide sur son enfant, & pour la réparation punie de mort, & de telle rigueur que la qualité particuliere le meritera *M. de la Rocheflavin, li.* 2. *de son recueil, tit.* 3. rapporte un Arrêt portant injonction aux Juges & Seigneurs des Jurisdictions de faire mettre les filles & femmes grosses non mariées sous sûre garde pour éviter aux inconveniens, *vide L. Cicero. D. de pœnis*, & Automne sur icelle ; cela fait, il n'est licite au Procureur du Roy, ou d'Office, ni aux Juges de poursuivre contre la fille ou femme grosse, ni contre ses parens criminellement, faute de déclarer celuy qui a engrossé, & furent des Officiers déclarez bien pris à partie & mulctez pour telle procedure. Arrêt du 28. Mars 1637. *du Fail, li.* 3. *ch.* 401.

9 Une fille né peut se plaindre en Justice d'avoir été renduë enceinte, si sa grossesse n'a paru, & si elle ne represente l'enfant dont elle prétend être accouchée ; jugé au Parlement de Toulouse au mois de Juillet 1635. quoique la fille rapportât un enfant qui avoit ses traits, & la ressemblance de l'accusé : le dessein de cette fille étoit de parvenir à un mariage avec luy. *Voyez le huitième Plaidoyé de M. Jean Boné.*

10 Par Arrêt du 12. Juillet 1666. des enfans ont été reçus à faire preuve par témoins que leur mere étoit enceinte lors de son mariage, du fait d'un autre que de son mari, pour exclure un enfant né cinq mois après le mariage; la mere en avoit fait la déclaration. *Registres du Parlement.*

11 Lors qu'il s'agit du simple crime de gravidation qui n'est accompagné de rapt ni de violence, les Juges Bannerets en peuvent connoître, de même que les Juges Royaux ; mais il faut que deux choses concourent . 1°. Qu'il soit arrivé dans l'étenduë de leur Jurisdiction. 2°. Qu'ils soient Juges de la haute Justice, car ceux qui ne le sont que de la moyenne sont incompetens. Arrêt du Parlement du 7. Août 1670. rapporté par *Graverol sur la Rocheflavin, livre* 2. *titre* 3. *Arrêt.* 1.

FEMME GROSSE CONDAMNE'E

12 Si une femme grosse peut être condamnée à mort? *Voyez* le mot *Femme*, n. 50. & 51.

12 bis Le supplice de la femme ou fille qui est enceinte & condamnée à mort, doit être differé *post partum, quia pœna sequitur suos authores.* Arrêt du Parlement de Dijon du mois d'Octobre 1557. *Bouvot*, to. 1. *part.* 3. verbo *Supplice de femme enceinte differé.*

13 L'execution du Jugement de mort est quelquefois retardé à cause de la grossesse de la femme condamnée, pourvû qu'elle soit certaine. Nodine Durand ayant été condamnée à mort, il fut jugé au Parlement de Roüen le 19. Juin 1635. que l'execution ne seroit pas differée sur le prétexte d'une grossesse qui n'étoit crûë que de quinze jours, *licet fructus sit in femine* ; toutefois le part n'étant point animé, il y avoit trop de peril à differer une execution, & nul inconvenient à executer la condamnée à mort : mais la grossesse étant certaine la prononciation de l'Arrêt doit se differer comme l'execution, *ne partus pereat.* Arrêt du 18. Decembre 1635. *Basnage sur l'article* 143. *de la Coûtume de Normandie.*

14 De la femme condamnée à la mort qui se déclare enceinte. *Voyez l'Ordonnance criminelle de* 1670. *tit.* 25. *art.* 23.

GROSSESSE, DECLARATION.

15 *Creditur virgini juranti se ab aliquo cognitam & ex eo prægnantem*, cette maxime est autorisée par les Docteurs, & entr'autres par M. le Président Faber dans son *Code tit. de prob. deff.* 78.

16 Une jeune fille non mariée accuse un homme marié d'être le pere d'un fils dont elle est accouchée ; pour preuve, elle dit que ce fils a une marque semblable, & en même lieu, marque hereditaire dans la famille ; le pere, les ayeuls, & cinq enfans que cet homme a eus l'ont au même endroit ; elle demande qu'il soit visité, & les marques confrontées. L'accusé répond qu'il ne doit pas produire des preuves contre luy-même, que c'est à l'accusateur à avoir les siennes prouvées. Arrêt du Parlement de Paris du 9. Février 1608 en la Tournelle qui déboute la demanderesse. *Plaidoyers de Corbin*, chap. 102.

17 De deux differentes Déclarations la plus vray-semblable doit être présumée la meilleure. Arrêt du Parlement de Grenoble du 18. Février 1654. qui condamne un Cabaretier à doter sa servante, quoique par une précedente déclaration elle eût dit qu'elle avoit été débauchée par un passant ; on jugea la seconde plus vray-semblable. *Basset, tome* 1. *livre* 6. *titre* 17. *chap.* 2.

18. La déclaration d'une fille ne doit avoir effet contre une personne mariée ; l'Hôpital du lieu doit être chargé de l'enfant jusqu'à ce qu'il soit en état de gagner sa vie. Arrêts des 5. Janvier & 4. Février 1666. dont le mouvement fut qu'il n'y avoit point de preuve du mauvais commerce avec l'homme accusé, autrement on jugeroit contre luy. *Ibidem, ch. 3.*

GROSSESSE, DON.

19. Don mutuel pendant la grossesse est valable ; & la survenance des enfans qui décedent avant l'ouverture du don mutuel ne le revoque pas. Jugé au Parlement de Paris le 14. May 1648. *Du Frêne, livre 5. chap. 34.*

GROSSESSE, DOT.

20. Si une fille grosse doit être dotée par celuy des œuvres duquel elle se dit enceinte ? *Voyez le mot Dot nomb. 206. & suiv.*

GROSSESSE, FIANCE'E.

21. Fiancée engrossée ? *Voyez le mot Fiançailles, nombre 32. & suiv.*

RELIGIEUSE GROSSE.

22. Religieuse engrossée dans un Monastere, par un particulier qui fut condamné à mort, & exécuté, & la Religieuse mise hors du Monastere ; elle accouche, & ensuite obtient un Bref de la Cour de Rome ; Sentence qui déclare le vœu nul ; appel comme d'abus ; la Religieuse se marie, demande les biens à elle échûs. Arrêt, *quel, nullement, &c.* la Religieuse conduite dans deux mois au Couvent des filles sainte Magdelaine ; défense de prendre la qualité de femme, & le pere condamné à luy payer une pension de 400. livres tant pour sa nourriture qu'entretien. Jugé à Bourdeaux le 5. Janvier 1673. *Journal du Palais.*

GROSSESSE, REPARATION.

23. Une fille ayant été connuë charnellement, & reçu la somme de 50. florins de celuy qui l'avoit débauchée par transaction ; elle présenta depuis une requête pour en avoir d'avantage ; la Cour luy ajugea deux cens livres. Arrêt du Parlement de Grenoble du 17. May 1565. *Basset, to. 1. li. 6. tit. 17. ch. 3.*

24. Arrêt du Parlement de Bretagne du 3. Octobre 1566. qui pour fait de séduction de Jeanne de Rascle, condamne Perrault à dire en présence du pere de la fille, & six des parens, tant du côté paternel que maternel qu'il voudra nommer, que témerairement & inconsultement il l'a séduite, & leur en demande pardon ; le condamne en 100. livres envers elle, 20. livres vers le Roy, & à tenir prison jusqu'au parfait payement, sauf toutefois que si du consentement d'elle, par l'avis & conseil de son pere il l'épousoit, en ce cas il demeureroit quitte envers eux des sommes & réparations ajugées, & sans note d'infamie. *Voyez du Fail, livre 2. chap. 274.* où il est observé que la subornation est censée faite pendant la minorité ; quoique la subornée accouche après la majorité. Arrêt du 15. Octobre 1638. La peine de la subornation qui est *eut mortem aut nuptias eligere*, s'entend entre gens d'égale condition ; car autrement il n'échet que dot à la fille de basse condition subornée, & qui est en service & à gage. Les Arrêts l'ont ainsi jugé.

25. On ne doit point condamner celui qui a engrossé une fille sous promesse de mariage, à l'épouser, ou à être pendu, mais seulement à quelques dommages & interêts, eu égard aux circonstances & à la qualité des parties. Arrêt du 28. Avril 1691. *Au Journal des Audiences du Parlement de Paris, to. 5. liv. 7. ch. 21.*

26. Une fille âgée de vingt ans peut transiger avec celuy qui l'a abusée sans la participation de la mere, & la mere n'est recevable d'agir lors que sa fille a transigé. Jugé au Parlement de Tournay le 29. Janvier 1698. *Voyez M. Pinault, to. 2. Arr. 200.*

27. Pour arbitrer la hauteur de la dot qu'un garçon doit à une fille qu'il a déflorée sous promesse de mariage, il ne faut pas seulement considerer les facultez de la fille, mais aussi celles du garçon. On le préjugea ainsi en la premiere Chambre des Enquêtes le 14. Mars 1698. La Cour ordonna aux parties de comparoître, l'appellant garni d'une déclaration de ses biens pour être contredite par l'intimée, & que cependant par provision la Sentence qui l'avoit condamné à la somme de 350. livres annuellement la vie durant de la fille, sortiroit effet sans caution. *Voyez Ibidem, Arr. 211.*

28. Un garçon ayant appellé de la condamnation d'une provision de 400. livres ajugée à une fille qu'il avoit engrossée, & le pere de la fille s'étant constitué demandeur en punition du crime de rapt ; par Arrêt du Parlement de Grenoble du 17. Février 1689. attendu que le pere avoit été present, & consenti à tout ce qui s'étoit passé dans sa maison, & que la fille étoit âgée de 27. ans, le garçon mineur, les parties ont été mises hors de Cour, le pere de la fille & le garçon condamné en une amende de 20. livres chacun. *Voyez Chorier en sa Jurisprudence de Guy Pape, page 276.*

GROSSESSE, SERVANTE.

29. *Ancillam prægnantem in dubio videri prægnantem esse à Domino.* Voyez le sixiéme Plaidoyé d'Ayrault, il rapporte un Arrêt du 23. Février 1561. qui condamna le Maître & par corps à payer la provision. *Papon, liv. 22. tit. 9. nomb. 13.* la date de l'année 1562. *Peleus, quest. 91.* rapporte même Arrêt du 7. May 1605.

30. Une servante d'hôtellerie s'étant plainte d'être enceinte du fait de Titius, & ensuite ayant varié & accusé une autre personne, ne peut intenter l'action de rapt, ni prétendre mariage ou dot. Arrêt du Parlement de Grenoble du 18. Février 1680. *Journal du Palais.*

31. Un Gentilhomme qui avoit fait un enfant à sa servante, & avoit passé contrat de mariage avec elle dans le temps de sa grossesse pour empêcher que la honte & le desespoir ne luy fissent perdre son fruit ; a été en premier lieu par Sentence de l'Official de Bayeux déclaré libre de se marier *& pro mentita fide*, condamné en 50. livres d'aumône envers les pauvres de l'Hôpital, avec dépens, & au surplus, renvoyé au Juge Royal qui l'a encore condamné par Sentence, confirmée par Arrêt du Parlement de Normandie du premier Juillet 1683. à nourrir l'enfant, & en 250. livres de dommages & interêts. *Voyez le sixiéme Plaidoyé de M. le Noble Substitut de Monsieur le Procureur General au même Parlement.*

32. Une servante qui s'est laissée abuser, n'est pas crûë dans la déclaration qu'elle fait pendant les douleurs de l'enfantement, que son enfant vient de son Maître ou du fils de son Maître ; si d'ailleurs il n'appert de la bonne conduite de la servante, & des familiaritez du Maître. Arrêt du Parlement de Tournay le 13. Août 1696. en faveur de M. Michel Braem Avocat à Lille, rapporté par *M. Pinault, to. 1. Arrêt 112.* L'affaire fut d'abord partagée.

GROSSESSE, SUPPOSITION.

33. Par Arrêt du Parlement de Toulouse en donnant un appointement de contraires, fut préjugé contre une femme qu'on soûtenoit avoir enfanté, outre les dix mois, à compter non seulement du jour de la mort de son mari, mais du jour qu'il avoit été attaqué de la maladie mortelle, qu'un tel enfant n'avoit été engendré du défunt. *Voyez Mainard li. 4. ch. 3.*

34. Arrêt du Parlement de Provence du 26. Janvier 1644. qui a jugé que le mari peut accuser en crime de supposition de part sa femme qui vient grosse des œuvres d'autruy dans son lit. *Boniface, tome 2. part. 3. liv. 1. tit. 7. chap. 6.*

GROSSESSE, VALET.

35. Un nommé Claude Tonard d'Etampes, Clerc d'un Président de la Cour, a été condamné d'être pendu pour avoir engrossé la fille de son Maître. Arrêt du 16. Octobre 1582. *Papon, liv. 23. tit. 3. nomb. 3.*

Voyez les mots *Servante & Valet.*

GUERPISSEMENT.

C'Est le terme dont on se sert dans la Province de Toulouse pour exprimer ce que dans la plûpart des Coûtumes, on appelle déguerpissement. *Voyez* Déguerpissement.

1 Il n'y a que les acquereurs ou tiers possesseurs qui puissent guerpir, auquel cas ils sont tenus laisser & rendre la piece non deteriorée, mais en l'état qu'ils l'ont prise, & tenus payer les lods & ventes, s'il en est dû, & tous les arrerages des droits Seigneuriaux, sauf leur recours contre leurs auteurs, pour lesquelles déteriorations ou estimations d'icelles, & arrerages, le Seigneur peut se pourvoir sur les autres biens du guerpissant. Jugé pour Madame la Présidente de saint Jean ; autre Arrêt le 12. Janvier 1575. ce qui n'a point lieu à l'égard des baux emphiteotiques, lesquels sont dechargez en payant les rentes & arrerages, & laissant les biens en l'état qu'ils leur ont été donnez le 9. May 1587. *La Rocheflavin des Droits Seigneuriaux*, ch. 15. Arr. 1.

2 Le Seigneur n'est tenu accepter s'il ne veut le guerpissement d'une de plusieurs pieces données par luy ou ses predecesseurs, ni d'un de plusieurs tenanciers par indivis d'un fief que tous ensemble ne déguerpissent le tout, mais doivent ses autres Contenanciers pourvoir à la piece qu'on prétend guerpir, ou contraindre le tenancier à la retenir comme bon leur semblera, & payer la rente entiere par indivis. Arrêt du Parlement de Toulouse du 15. Octobre 1591. *Ibidem*, Arrêt 2.

GRURIE.

DEs Droits de Tiers & Danger, Grurie & Grairie, par Berault, *Roüen* 1625. in octavo.

Appellation de la Grurie. *Voyez* le mot *Appel*, nombre 113.

Voyez le mot *Bois*, & lettre E. verbo *Eaux & Forêts*.

GUERRE.

Guerre, *Bellum, Militia.*
De re Militari. Lex 12. tab... C. Th. 7. 1... C. 12. 36.

Voyez Amnistie, Connétable, Duel, Officiers de Guerre, Soldat, & hoc verbo *Guerre, la Bibliotheque du Droit François par Bouchel.*

De Bellicis signis. Voyez le traité fait *per Julium Ferretum.*

De Bello & Duello. Per Mart. Garratum Laudens.
Grotius de jure belli ac pacis. Par. 1625.

Grotius du droit de la Guerre & de la Paix, traduit en François par Monsieur Courtin, 2. vol. in quarto. *Paris* 1687.

1 Des Tresoriers ordinaires & extraordinaires des Guerres, & Marine de Levant, Commissaires Controlleurs, & Payeurs de la Gendarmerie ; ensemble des Receveurs & Payeurs de turcies & levées des rivieres, fortifications, & avitaillement des Villes & du camp. *Ordonnances de Fontanon, tome 2. livre 3. titre 9. page. 834.*

2 Défenses faites par le Roy Henry III. en Juin 1581. de ne faire levées de gens de guerre sans ses commissions dûement expediées, sur peine de confiscation de corps & de biens. *Ordonnances de Fontanon, to. 4. page 718.*

3 Déclaration portant que chacun Noble sera tenu de déclarer au Greffe du Bailliage, ou de la Sénéchaussée où il fait sa résidence s'il veut servir le Roy en la guerre. Au camp devant Chartres le 8. Mars 1591. registrée le 19. du même mois, *vol. unique & année* 1591.

4 *An princeps damna tempore belli subditis illata remittere possit ?* Voyez *André Gaill, lib. 2. observat.* 57.

5 *De mandatis avocatoriis contra duces belli illiciti, & tumultuarios milites.* Voyez *Andr. Gaill, tract. de pace publicâ, lib.* 1. *cap.* 4.

6 Qu'il n'appartient qu'au Roy de faire la guerre, & des offices militaires ; des peines établies contre ceux qui les exercent mal & les gens de guerre. *V. M. le Bret au traité de la Souveraineté du Roy. liv.* 2. *chap.* 4. *&* 5.

7 Questions survenuës à cause des guerres, *Voyez Carondas liv.* 10. *Rép.* 81.

8 Arrêt du Parlement de Paris du mois de Janvier 1257. pour le droit de guerre aboli. Extrait des registres *olim.* Voyez *Corbin traité des fiefs, Loy* 28. où il rapporte un Arrêt de 1311.

9 Dettes d'ennemis saisies en France par le Roy ne peuvent, la paix arrivant, être demandées par le creancier. Un Flamand prête mille écus à un François, le terme de l'obligation échû, le Flamand se pourvoit en Justice pour le payement, le François l'éloigne jusqu'à ce que la guerre soit déclarée, la somme étant saisie par le Roy & payée au Tresorier. la paix étant publiée, le Flamand attaque son debiteur qui se plaint de la saisie, & allegue le payement fait au Tresorier. Arrêt du P. de Paris du mois d'Août 1349. qui déboute le Flamand. *Papon, liv.* 5. *tit.* 6. *nomb.* 2.

10 *Militibus euntibus in expeditionem, licitum non est urbes patriæ Principis, sub quo militant, debellare, etiamsi portæ non paterent, modo militib. annona præsentetur.* Voyez *Franc. Marc. tome 2. quæst.* 154.

11 Un navire recous sur les ennemis appartenant à un François, n'est sujet au droit de guerre, & doit être rendu avec la marchandise ou la valeur selon l'inventaire, en payant les frais de la recousse. Arrêt du Parlement de Roüen du 14. Février 1553. *Bibliotheque de Bouchel,* verbò *Amiral.*

12 Le vassal n'est point obligé de suivre à la Guerre son Seigneur autre que le Souverain ; ni d'en reconnoître le droit nonobstant la condition de l'investiture, & l'obligation contenuë aux anciens hommages. *Salvaing, de l'usage des fiefs, chap.* 11.

13 Un horlogeur ayant pris charge de conduire une horloge pour temps indéfini, l'horloge venant à être gâtée & rompuë par le desordre des guerres, & depuis refaite de la plus part des mêmes pieces, le premier Contract de la conduite a été continué sans caution demandée par les Consuls de la Ville de Grenoble, & sur les gages & arrerages demandez par l'horlogeur interloqué. Arrêt du 8. Avril 1604. *M. Expilli, Plaidoyé* 3.

14 Jugé au Parlement de Metz le 16. Decembre 1636. pour la Dame de Montigny, que les grains & bois retirez par son mary tué au service du Roy dans son Chateau pour en éviter la prise par les ennemis de l'Etat luy appartenoient, & qu'elle n'étoit point obligée de les restituer. *Voyez le* 12. *Plaidoyé de M. de Corberon.*

15 Arrêt du Conseil d'Etat du 25. Février 1666. qui ordonne aux Officiers des Marechaussées de suivre chacun dans leur ressort, les gens de guerre qui y passent, & les faire vivre suivant les Ordonnances, *Marchaussée de France, page* 868.

GUERRE, BAIL.

16 De la diminution prétenduë à cause de la guerre. *V. Franc. de Claperiis cons.* 43. & le mot *Bail, n.* 34. *& suivans.*

17 Un bail à ferme d'un Greffe tant & si longuement que la guerre durera, & jusqu'à ce que la paix fût faite entre les deux Couronnes, declaré bon & valable entre majeurs, & non reductible à neuf ans. Arrêt du 2. Mars 1655. dans *Du Frêne, livre* 8. *chapitre* 12.

GUERRE, CLERCS.

1 Clercs qui ont été ou qui vont à la guerre. *Voyez* le mot *Clerc, nombres* 38. *& 39.*

GUE

GUE 333

19. Le 24. Novembre 1531. a été mis en deliberation si Nicolas Daiz prisonnier à la Conciergerie du Palais appellant de la Sentence de mort renduë par le Bailly de Melun ou son Lieutenant jouïroit, du privilege de clericature, attendu qu'il auroit confessé avoir été delà les monts à la prise de Pavie, avec les autres Gentilshommes ? Il fut conclu qu'il ne jouïroit du privilege, quoiqu'il n'eût reçu aucune solde du Roy. *Voyez la Bibliotheque de Bouchel*, verbo *Appelation comme d'abus*.

20. Clerc ayant été à la guerre à la solde du Prince est privé de sa clericature, conformément à l'opinion d'Innocent *in cap. fin. ext. de Cler. conjug. & cap. perpendimus. de Senten. excommunic.* sans autre declaration, ce qui se pratique en France; neanmoins s'il est rehabilité par le Pape, comme dit *Hostiensis*, & après luy *Panorme in cap. sicut dignum de homicid.* on a douté qu'il pût en jouïr; parceque ces sortes de rehabilitations qui s'accordent legerement, affranchiroient les sujets du Roy de la correction de ses Juges. Cependant un nommé Carsant, accusé de fausse monnoye, ayant demandé son renvoy à cause de son privilege de clericature, après de grandes contestations, par Arrêt du 9. Octobre 1532. on luy accorda delay de 2. mois pour justifier de sa rehabilitation par le Pape; il avoit été à la Guerre; d'ailleurs on disoit qu'il étoit marié. *Bibliot. Can. tome 2. page 429. col. 2.*

21. Un Pourvû de Benefice peut pendant la guerre prendre possession dans l'Eglise la plus proche ou dans un Chapelle d'une grande Eglise; il doit avoir preuve de son empêchement, & bailler requête au Juge Royal, à l'effet de prendre possession. *Mornac, l. 6. versiculo, idem & si lapilli, ff. Si servitus vindicetur.*

COMMISSAIRES DES GUERRES.

22. *Voyez cy-dessus le n. 1. & le mot Commissaire, n. 65.*

GUERRE, JUGES.

23. Lors qu'il est question du payement des soldats, appointemens, gages, taxations & autres droits, prêts de deniers, venditions de vivres, armes & chevaux, & autres differends des gens de guerre & de gendarmerie la connoissance en appartient à la Connétablie. Arrêts du Parlement de Paris des 14. Août 1626. 17. Decembre 1638. & 29. Juillet 1645. rapportez au *livre de la Connétablie, fol. 105. & 107.*

24. Ordinaire de guerre, & tous procez mûs & à mouvoir concernans le maniement & l'exercice du Tresorier desdites guerres, & des droits & fonctions des Officiers de la Gendarmerie, Artillerie, & Maréchaussée, est de la connoissance de la Connétablie. Jugé par Arrêt contradictoire du Conseil contre la Cour des Aides de Paris, du 19. Novembre 1656. & par autres Arrêts du même Parl. du 21. Janvier 1650. 19. Juin 1651. rapportez dans le *livre de la Connétablie, fol. 472.* ce qui a été établi par declaration du Roy faite à Arles en Janvier 1660. sur la Requête de M. le Procureur General du Parlement de Paris où elle a été verifiée.

GUERRE, LOGEMENT.

25. De l'exemption du logement, subsistance & entretien des gens de guerre. *Voyez le mot Exemption, nomb. 42. & suiv.*

26. Arrêt du Parl. de Provence du 16. May 1651. qui défend aux Communautez d'adresser logement des gens de guerre à un Coseigneur du lieu. *Boniface, tome 2. part. 3. liv. 2. tit. 1. chap. 6.*

GUERRE, PROCEDURE.

27. De ne proceder au Jugement des procez des gens de guerre, durant le temps qu'ils sont en expedition, & sous les Enseignes. *Voyez M. Expilly, Arrêt premier.* C'est pourquoy le Roy leur a donné des Lettres d'Etat.

28. Le procés de Bouison de Montauban, contre Bardon, qui fut pendant en la Chambre de l'Edit de Besiers, ayant été jugé pendant les dernieres guerres de Religion, la partie condamnée qui étoit dans la rebellion lors que l'Arrêt fut donné, la paix venuë, se pourvut par Requête en cassation d'icelui par le Benefice de l'Edit de paix. On luy opposoit, quoy qu'il soit vray que l'Arrêt ait été rendu pendant les troubles & un jour après que les habitans de Montauban eurent pris les armes, les forclusions ayant été duëment acquises avant la defection de la Ville, le procés avoit été juridiquement jugé; par Arrêt du 22. Février 1632. il fut débouté de sa Requête, & ordonné que l'Arrêt seroit executé. *Voyez Boné, Arrêt 81.*

29. La peremption d'Instance n'a lieu en temps de guerre. Arrêt du Parlement de Dijon du 13. Avril 1595. *Bouvot, tome 2. verbo Peremption, quest. 1.*

GUERRE, PRESCRIPTION.

Voyez le mot Faculté, nomb. 69.

30. Prescription ne court pendant la guerre. Arrêt du Parlement de Toulouse rapporté par *Albert*, verbo *Prescription, art. 3.*

31. La prescription ne court point pendant les temps de guerres civiles & troubles, même à l'égard des cinq années pour les rentes constituées. Arrêts du Parlement de Paris des 29. Janvier & 14. Octobre 1592. *Papon, liv. 12. tit. 3. n. 36.*

32. Pendant les guerres la prescription des arrerages n'a lieu. *V. Filleau, 4. part. quest. 89.*

33. Jugé qu'il n'y a point de peremption, si par le moyen des gens de guerre l'exercice de la Justice cesse. *Ibidem, quest. 92.*

34. Jugé au Parlement de Tournay le 22. Janvier 1694. que la continuation des guerres qui ont régné en Flandres depuis 1645. jusqu'en 1694. n'ont pas interrompu le cours de la prescription. *Pinault, tome 1. Arrêt 15.*

35. Jugé en la Chambre de l'Edit de Castres, en la cause du sieur Marquis de Galerande suivant l'usage du Parlement de Paris, que le temps qui a couru pendant les guerres civiles, est réduit à cinq ans pour l'interruption de la prescription. *Voyez Boné, part. 2. Arrêt 68.* où il s'observe qu'un des Avocats soûtint dans la même Audience que depuis qu'une affaire est close à droit en Cour Souveraine, elle ne perime ni ne prescrit, & qu'il avoit vû juger des procez trente ans après l'appointement en droit.

Voyez les mots Peremption d'Instance & Prescription, où ces sortes de difficultez seront proposées & décidées.

GUET.

CE mot a une signification uniforme pour exprimer garde, soit en parlant des Officiers préposez à la garde des chemins & à la seureté des villes, soit en parlant d'un droit attribué à plusieurs Seigneurs, qui, autrefois obligeoient leurs vassaux de garder leurs Châteaux en temps de guerre, ou dans la crainte de quelque incursion; Droit aujourd'huy converti en une certaine redevance pecuniaire dont il est fait mention en quelques Coûtumes du Royaume.

A ces deux titres des *Officiers du Guet*, & du *Droit Seigneurial de Guet & Garde*, l'on ajoûtera quelques remarques sur le *Guet à pens*, qui est un assassinat qualifié.

GUET, CHEVALIER DU GUET.

1. Les Romains avoient un Officier, appellé premierement, *Præfectus Vigilum*, & ensuite, *Prætor Populi*, dont les fonctions répondoient à celles de nos Chevaliers du Guet. Cet Officier étoit préposé pour veiller aux desordres qui pouvoient arriver la nuit dans la ville, soit par le feu, soit par les filoux & voleurs, ou autrement.

De Officio Præfecti Vigilum. D. 1. 15. . C. 1. 43.
De Prætoribus Populi. N. 13.

De Centurionibus. C. Th. 12. 15. Les Centurions, dont il est parlé en ce titre, étoient comme nos soldats du Guet. *Jac. Gotofr. in notis.*

V. Cassiod. Lib. 7. *c.* 7. *& * 8... *Cujas.* 8. *observat. c. ult.*

2 Au mois de May 1633. Edit de creation de deux cens Offices de Chevaliers du Guet, deux cens Lieutenans, cent cinquante Exempts & Archers, & suppression desdites qualitez attribuées aux Officiers des Maréchaussées ; pouvoir ausdits Archers d'exploiter par tout le Royaume, avec suppression de tous les Offices d'Huissiers & Sergens Royaux, vacans par mort aux Parties Casuelles. Cet Edit enregistré au Grand-Conseil. *Recueil de la Maréchaussée, p.* 522.

3 Edit du Roy du mois d'Août 1669. portant suppression des Chevaliers, Lieutenans, Exempts & Archers du Guet, créés par Edit de 1631. & 1633. *Recueil de la Maréchaussée, p.* 899.

4 Edit de creation du mois de Janvier 1678. d'une Compagnie de Chevaliers du Guet en la Ville de Roüen. *Ibidem, p.* 944.

5 Préseance, Chevalier du Guet & du Major de Lyon. Comme ce ne sont pas Charges, mais Commissions, sur la préseance la Cour mit les Parties hors de Cour & de procez. *Voyez Henrys, to.* 2. *liv.* 2. *q.* 21.

GUET ET GARDE.

6 Voyez *Carondas, liv.* 5. *Rép.* 25. Le Vest, Arrêt 11. *Papon, liv.* 13. *tit.* 5. *Philippi, és Arrêts de consequence de la Cour des Aydes de Montpellier, art.* 35. Henrys, *to.* 1. *liv.* 3. *quest.* 27. Bouvot, *to.* 1. *part.* 3. & *to.* 2. verbo *Guet,* la Rocheflavin, *des Droits Seigneuriaux, chapitre* 27. Despeisses, *to.* 3. *des Droits Seigneuriaux, tit.* 6. *sect.* 4. Le Glossaire du Droit François, ou l'Indice des Droits Royaux & Seigneuriaux, par Mᵉ. François Ragueau, hoc verbo *Guet & garde* ; & au premier volume de ce Recueil, lettre D. au titre des *Droits Seigneuriaux, nomb.* 72. *& suivans,* où sont indiquez les autres Auteurs qui ont traité de cette matiere.

Voyez *dans le present volume le mot Garde, nombre* 1. *& suivant.*

7 Dans plusieurs Coûtumes du Royaume, il est parlé de ce *Droit de Guet.* Châlons, *art.* 3. Tours, *art.* 295. Lodunois, *ch.* 28. *art.* 3. Bourbonnois, *chap.* 36. Bretagne, *art.* 192. *de la derniere.* Lorraine, *en la nouvelle Coûtume.* Masuer, *tit.* 38. *art.* 21. *Vuacta, in capitulis Caroli magni, lib.* 3. *art.* 68. *& in praecepto concessionis Ludovici Pii quod fecit Hispanis.*

8 Sujets guetables. Voyez la Coûtume d'Auvergne, *chap.* 15. *art.* 17. & les Ordonnances du Roy Charles VI. de l'an 1413. *article* 103. de Loüis XI. de l'an 1479. du Roy Loüis XII. de l'an 1504. de Charles IX. de l'an 1560. où il est fait mention de ce droit de guet és Villes, Places & Châteaux de frontieres & autres. Il est aussi parlé és Ordonnances de l'Admirauté du guet tant de jour que de nuit au long de la marine, & greve sur les côtes de mer en temps suspect & de guerre.

9 Guet de Prévôt. Châlons, *art.* 3. C'est ainsi, selon Billecart, qu'il faut lire dans cet article, & non comme on y lisoit auparavant, *Droits de Thonneux, grand & petit guet, Prévôt & forage, &c.*

Anciennement les habitans de Châlons, comme les habitans des autres villes, étoient obligez au guet envers leurs Seigneurs: ceux qui étoient dans le ban de l'Evêque le devoient à l'Evêque ; ceux qui étoient dans le ban de l'Abbé de S. Pierre le devoient à cet Abbé ; & ceux qui étoient dans le ban du Chapitre de Saint Etienne, le devoient à ce Chapitre. Mais cette servitude étant devenuë inutile, parce qu'il y a long-temps qu'on n'a à craindre d'invasion à Châlons, & dans la plûpart des villes du Royaume ; ces Seigneurs pour se conserver dans la possession de ce droit, obligerent tous les ans les sujets qui le leur devoient,

à comparoître un certain jour en armes pardevant eux ou leur *Prévôt.* Cette comparution a été appellée par cette raison *le Guet de Prévôt,* & celuy qui y manque doit cinq sols d'amende ; à l'exception de ceux du ban de l'Evêque, qui sont exempts de ce devoir, par traité fait avec luy & les habitans en 1609. & qu'on a soin de faire ratifier à chaque nouvel Evêque au jour de son avenement. *Voyez Ragueau, en son Indice des Droits Royaux, ou le nouveau Glossaire, verbo Guet.*

10 Des Capitaines és Places fortes du Royaume, ensemble du droit du Guet és Places limitrophes, & de frontieres, reparations, fortifications, & avitaillemens d'icelles. *Ordonnances de Fontanon,* 10. 3. *tit.* 18. *page* 181.

11 Declaration portant exemption du Guet & Garde, en faveur des Officiers de la Chambre des Comptes de Paris. A Paris le 20. Avril 1411. *Fournival, p.* 725.

12 Declaration portant exemption du Guet & Garde, en faveur de l'Université de Paris. A Paris le 16. Mars 1436.

13 Declaration portant pouvoir aux Maire, Echevins & Capitaines de la Ville d'Orleans, de condamner à l'amende de soixante sols ceux qui contreviendront à leurs ordres pour le guet de ladite Ville, &c. A Paris en Septembre 1612. registré le 6. dudit mois. 1. *Volume des Ordonn. de Loüis XIII. fol.* 315. Filleau, *part.* 3. *tit.* 7. *chap.* 18.

14 Assesseur exempt du guet & garde. Voyez le mot *Assesseur, nomb.* 14.

15 Si le droit de guet n'est point stipulé par la baillete, il est présumé personnel. *Argent. art.* 92. *gl.* 1. *n.* 2.

16 Si le droit est personnel, c'est au Seigneur à nourrir le sujet : s'il est réel par baillete, c'est au sujet à se nourrir. *Argent. art.* 92. *gl.* 4. *Je crois,* dit Maître Abraham la Peitrere, en ses décisions du Palais, lettre G. nomb. 24. *que si le sujet y a retiré ses meubles & effets, c'est à luy à se nourrir.*

17 Le droit de guet ne se peut pas prescrire par possession immémoriale, s'il n'est permis par la Coûtume. *Vignes tit.* 4. *art.* 1. *id.* Maichin. *tit.* 4. *chap.* 4. *Je crois pourtant,* dit la Peitrere, ibidem, nomb. 26. *que le fait de la possession immémoriale est recevable à verifier par écrit & par témoins, & l'ay ainsi vû juger diverses fois en matiere de biens & courvées, si ce n'est que la coûtume fût au contraire.*

18 Jugé que le guet en la Terre des Templiers au dedans & dehors les murs de Paris appartenoit au Roy, non aux Templiers. Arrêt du 16. Février 1319. *Corbin, suite de Patronage, chap.* 73.

19 Quelques Seigneurs ont droit de guet, comme celuy de Pommieres en Gascogne, & le Seigneur de Candales en son Comté de Guenauges, froment, avoine, poule & corvées, sans que les sujets puissent opposer le taux de l'Ordonnance. Arrêt du Parlement de Bourdeaux du 21. Août 1515. Papon, *li.* 13. *tit.* 5. *nomb.* 2.

20 Guet en païs loin de guerre & en temps de paix, ne peut être demandé. Arrêt du Parlement de Paris contre un Elû de Mâcon du 21. Avril 1528. *Ibidem, nomb.* 5.

21 Guet ne se peut séparer de la Justice & Château ; ainsi le droit de guet ne peut être aliené sans le Château. Arrêt du Parlement de Paris du 11. Mars 1534. *Ibidem, nomb.* 4.

22 Extrait des Lettres du Prévôt de Paris, contenant les Statuts & Privileges des Maîtres Peintres & Tailleurs d'Images de la Ville de Paris du 21. Novembre 1548. registrées en Parlement le 2. Août 1583. les Imagers & Peintres sont quittes du guet, leur Art ne regarde que le service de Dieu, de ses Saints & de l'Eglise. *Bibliotheque de Bouchel,* verbo *Guet.*

23 Par Arrêt donné le 28. Mars 1596. la Cour a appointé au Conseil la question de sçavoir si le droit de guet prétendu par un Seigneur se peut prescrire

GUE

24 Un privilegié habitant est tenu de contribuer aux deniers levez pour la redemption de la Ville où il demeure, & à la garde de ladite Ville & fortifications. Arrêt de la Cour des Aydes du 26. Avril 1581. *Le Vest, Arrêt* 169. Voyez à la lettre F. *Fief, Fortifications.*

25 *Nulli concedendam in urbibus limitaneis immunitatem ab excubiis & portarum custodiâ.* Arrêt du 22. Decembre 1586. *Anne Robert rerum judicat. livre 2. chapitre 11.*

26 *Excubiae arce dirutâ non debentur, nisi refecta sit in eodem loco vel alio non itâ longinquo.* Mornac *l. penultima ff. de praescrip. verb.*

27 E´s Villes approchantes de la frontiere, le Lieutenant particulier pourvû conjointement de l'Office de Commissaire Examinateur, n'est exempt de la garde personnelle de la Ville à son tour. Ainsi jugé. Voyez *le Journal des Audiences, to. 1. liv. 7. chap. 18.* Monsieur Bignon Avocat General dit que la garde des villes est une chose necessaire, à laquelle les particuliers, & sur tout les principaux, ont interêt ; à quoy par consequent ils doivent tous participer également. Qu'il y auroit danger de commettre la garde d'une ville à une populace & à des mercenaires. Que l'Appellant ne peut pas prendre à son avantage l'exemple des Commissaires du Châtelet, qui ont assez d'autres emplois dans cette ville de Paris, à prendre garde aux desordres qui surviennent journellement. Que l'Appellant en qualité d'habitant de Beauvais, qui est ce qu'il faut icy considerer, doit suivre les ordres des Intimez, qui ont la direction & le gouvernement de la ville : Et qu'ainsi ils estiment qu'il n'y a point d'apparence de luy donner un titre pour l'exempter d'aller à la garde, & en consequence qu'il y a lieu de mettre sur l'appel, hors de Cour. La Cour sur l'appel a mis & met les Parties hors de Cour & de procez, sans dépens : condamne neanmoins l'Appellant à une amende ordinaire de quatre livres tournois. Fait en Parlement le 11. Février 1653.

28 *Ex Generali promissione Courvatarum debentur excubiae ;* Guid. Pap. *qu. 218.* Arrêt du Parlement de Grenoble en faveur du Seigneur de Bressieux, contre les habitans du même lieu, lesquels furent condamnez au guet & à la garde du Château. Cet Arrêt n'est point daté, il est rapporté par *Mr. Jean Guy Basset, en son Recueil d'Arrêts, tome 2. liv. 3. tit. 11. chapitre 4.*

29 Défenses au Comte de Montvallat de prendre de ceux qui luy seront redevables des droits de guet, autre chose que trois sols pour chacun droit de guet en temps de paix. Arrêt du 27. Novembre 1665. au *Recueil des Grands Jours de Clermont, p. 136.*

30 Si les habitans des fauxbourgs sont tenus à faire guet & garde à la Ville ? *V. Bouvot, tome 2. verbo Guet, quest. 2.*

31 Si un village qui doit guet & garde à un Château, est exempt de telle servitude, lorsque par permission du Roy il s'est fermé de murailles ? *V. Ibidem, quest. 5.*

32 Le guet & garde n'est dû au Châtel où il y a morte-paye. Arrêt du Parlem. de Dijon du 6. Mars 1567. *Ibidem.*

33 Si ce droit est personnel ou réel ? *V. Bouvot, ibidem, quest. 5.*

34 En temps d'imminent peril les privilegiez doivent être au guet & à la garde en personne. Jugé par Arrêt du Parlement de Bourgogne du 17. Juin 1610. rapporté par *Bouvot, ibidem, quest. 1.* Par l'Ordonnance de Loüis XII. de l'an 1504. il est porté que nul n'en sera exempt.

35 Sur la Requête du Procureur des Nobles & Bourgeois de Nantes, défenses sur peine de restitution au quadruple, de prendre pour le guet, arriereguet, garde de porte, autre chose que ce qui est porté par les Ordonnances & Edits du Roy ; sçavoir cinq sols par an, qui sont cinq deniers par mois. Arrêt du Parlem. de Bretagne du 13. Octobre 1554. *Du Fail, livre 2. chap. 5.*

36 Le Sénéchal de Rennes avoit jugé seul un procez pour le guet prétendu par le Capitaine de Châtillon en Vandelais. Arrêt du Parlement de Bretagne du 21. Octobre 1568. qui dit nullement jugé, le procez renvoyé en l'état qu'il est, au Siege de Rennes, l'Intimé condamné aux dépens, sauf son recours, & faisant droit sur les Conclusions du Procureur General, défenses au Sénéchal & autres du Ressort de juger tels procez ainsi particulierement ; mais en l'assemblée desdits Juges des Sieges en la Chambre du Conseil suivant les Ordonnances Royaux, & Arrêts de la Cour donnez en pareils termes, sur peines qui y échéent. *Idem, livre 3. chap. 108.*

37 Arrêt du Parlement de Bretagne du 14. Octobre 1571. pour Des Brosses Capitaine de Châtillon en Vandelais, par lequel il joüira du droit de guet, exceptez les veuves, orphelins, & ceux qui ne sont imposez au fouäge. *Du Fail, liv. 2. chap. 399.*

38 Arrêt fut rendu au Parlem. de Bretagne le 5. Septembre 1573. qui ordonnoit que les habitans de cinq ou six Paroisses, faute de faire le guet personnellement au Château de Courlay, payeroient par chacun feu & ménage cinq sols tournois par an aux termes de Noël & S. Jean par moitié, exceptés les mineurs de dix-huit ans, femmes veuves & hommes ayant plus de soixante ans, & autres miserables personnes cottisées aux Rôles des Tailles & fouäges sous dix sols tournois par chacun terme, à la charge au sieur Courlay d'entretenir son Château en bonne reparation. Le Prince de Guemené & son Capitaine de Courlay ayant obtenu cet Arrêt, presenterent Requête sur interpretation ; la Cour ordonna le 28. du même mois de Septembre que chacun feu & ménage de ces Paroisses qui sera imposé és Rôles des Tailles & fouäges jusqu'à la somme de vingt sols tournois pour chacun an, sera tenu sujet au devoir de guet. Enjoint aux Egailleurs & Collecteurs de délivrer à l'avenir aux Supplians, leurs Procureurs & Negociateurs moyennant salaires, copie des Rôles signez & garantis. *Ibidem, chap. 352.*

39 Les habitans de Saint Malo & Paroisses voisines, avoient accordé avec le Connétable de la Ville pour le devoir du guet, lequel accord par ses Lettres Patentes auroit autorisé. Les Lettres presentées à la Cour, les Impetrans furent deboutez de l'enterinement, & eux enjoint de garder les Ordonnances concernant le devoir de guet ; défenses d'exiger autre & plus grand devoir que celuy permis par les Ordonnances sur les peines qui échéent. Arrêt du Parlement de Bretagne du 17. Août 1577. *Ibidem, chapitre 58.*

40 Le 23. Avril 1580. il a été jugé au Parlement de Toulouse, que le Seigneur Justicier peut contraindre ses sujets de faire guet & garde de jour & de nuit dans son Château, quoyque par ses infeodations & reconnoissances ils n'y soient obligez ; car quoyque le Seigneur ne puisse charger ses sujets d'aucune charge nouvelle. *L. cum satis. §. Caveant. C. de agric. & censitis & L. 1. C. ne rust. ad ull. obseq. & L. 1. C. de operis à Colleg.* neanmoins par ledit Arrêt il a été jugé qu'en temps de guerre, danger, & necessité urgente du Seigneur de se conserver, & ses sujets, en conservant son Château, ils peuvent être contraints audit guet & garde, avec limitations apposées audit Arrêt. *La Rocheflavin, des Droits Seigneuriaux, chap. 26. art. 3. & chap. 27. art. 10.*

41 Pour la garde bourgeoise des villes en temps de guerre ou crainte d'icelle, non seulement les Seigneurs, mais les Consuls peuvent contraindre les habitans par ordre de la faire de nuit & jour, par amendes applicables aux reparations & fortifications par emprisonnement de leurs personnes ; jugé par

plusieurs Arrêts & Ordonnances des Gouverneurs des Provinces, entre autres par Arrêt du 12. Mars 1581. contre les habitans de la Ramiere. *La Rocheflavin*, *ibidem*, art. 5.

42. Si le Château auquel les sujets étoient tenus faire le guet & garde, est ruiné, rasé ou démoli, les sujets sont exempts de ladite garde, jusqu'à ce que le Seigneur l'ait remis & réédifié, ou bâty ou un autre prés d'iceluy en la même Terre & Jurisdiction, & non ailleurs. *V. Boyer, décis.* 212. *n.* 14.

43. Par Arrêt du Parlement de Toulouse, défenses au sieur de Rochebonne de prendre cinq sols par an sur chaque habitant pour le droit de guet & garde du Château, mais il luy est permis de demander ce guet & garde personnellement en temps de guerre. Ce Seigneur ne justifioit pas que dans la tradition du fonds, le droit de guet & garde eût été reglé à cinq sols par an, ce qu'il eût fallu pour le rendre réel, quoiqu'il prouvât la possession de prendre les cinq sols annuellement sur chaque habitant pour ce droit, & que par plusieurs reconnoissances, les habitans se fussent déclarez taillables & corveables à merci. *V. M. de Catellan, liv.* 3. *chap.* 16.

GUET A PENS.

44. *Cum quis certo consilio & proposito insidiatur alicui, & crimen admittit, quales subsessores qui occisuri alisquem delitescunt.*

45. Si quelqu'un de propos déliberé & de guet à pens a fait son effort de commettre homicide, ou autre crime énorme, tellement qu'il n'a tenu à luy que sa déliberation n'ait sorti effet, il doit être puni dudit cas comme s'il l'eût commis. C'est la disposition de *l'article* 1. *du chapitre* 19. *de la Coûtume d'Auvergne*. Voyez *l'article* 89. *de la Coûtume de Namur*.

46. L'Ordonnance criminelle de 1670. ne se sert point du terme de guet à pens. Dans l'article 12. du titre 1. de la Competence des Juges, elle attribuë aux Prévôts des Maréchaux la connoissance des *assassinats prémeditez.* Mr. Philippe Bornier en son Commentaire sur cette Ordonnance, indique 7. Circonstances qui font déclarer un assassinat prémedité. Il les fonde sur des textes de Droit. La premiere, est si l'on a vû l'accusé la nuit auprés de la maison du meurtri, ou qu'il le soit allé chercher à une heure suspecte. 2. S'il s'est mis en embuscade. 3. Si le meurtri a reçû diverses blessures, & si les playes sont dans les reins, dans l'estomach, & si elles sont du trenchant de l'épée. 4. S'il y a déliberation par un traité particulier entre l'accusé & ses complices. 5. Si les armes dont on s'est servi sont pistolet, arquebuse, ou autres. 6. Si l'accusé a diverti ses meubles, & vendu ses immeubles avant le meurtre commis. 7. La mauvaise renommée ou conduite de l'accusé qui seroit accoûtumé à battre & à exceder.

Voyez les mots *Assassinat*, *Attentat*, *Crime*, *Délit*, *Homicide*, *Procez criminel*.

GUICHETIERS.

Voyez les mots *Geoliers & Prisons*, & l'Ordonnance Criminelle de 1670. *tit.* 13. *art.* 4. 14. 16. 21. 30. *&* 36. où leurs droits & fonctions sont marqués pour la bonne police des prisons, & leur conduite envers les prisonniers.

GUIDAGIUM.

Veut dire la même chose que sauvegarde, ou sauf conduit. En effet ces deux mots *Quidagium*, *& Conductus*, se trouvent presque toûjours employez conjointement. Voyez *Salvaing*, *de l'usage des Fiefs chap.* 97. *page* 489.

Le droit de Guïage ainsi appellé par corruption comme qui diroit *Guidage* a été établi pour guider dans la nuit ceux qui vont sur la mer; ce droit ayant été negligé pendant plusieurs siecles, il a été rétabli par Arrêt du Conseil d'Etat du 15. Juin 1673. par lequel il fut ordonné, qu'il seroit exigé à l'avenir des habitans des lieux éminens qui sont le long de la côte de la mer conformémeut aux anciens titres, & les oblige de fournir cire ou huile pour les lanternes qu'ils sont tenus de mettre sur les tours, afin d'éclairer la mer dans l'obscurité de la nuit. *Graverol, sur la Rocheslavin des Droits Seigneuriaux, chap.* 35. *art.* 2.

Il est aussi parlé de ce même droit sous le mot *Guïage* dans l'Indice des Droits Royaux & Seigneuriaux de *Ragueau* réimprimé en 1704. sous le titre ou nouveau Glossaire du Droit François.

HABIT.

H

HABIT.

ABIT. Habillement. Habiller... *Vestis, Vestimentum, Vestire.* Ce qui est compris sous ce mot, *Vestit. L. 117. D. de verb. sig.*

De auro, argento, mundo, ornamentis, unguentis, veste, vel vestimentis, & statuis legatis. D. 34. 2.

De alimentis, vel cibariis. D. 34. 1. Ce titre parle de l'entretien, qui comprend ce qu'on appelle *Victum & Vestitum.* Voyez *Alimens.*

De habitu, quo uti oportet intra urbem. C. Th. 14. 10. Reglement pour les habits.

Habit. Voyez *la Bibliotheque du Droit François*, verbo *Habits & Vétemens.*

HABITS, ALIMENS.

1 Un mari par son contract de mariage s'oblige de nourrir les enfans de sa femme, cela s'entend aussi de leur fournir d'habits. Arrêt du 10. Février 1595. contre un beaupere qui avoit employé cette dépense dans son compte. *Papon, liv. 17. tit. 4. n. 14.*

Voyez le mot *Alimens*, nomb. 45.

2 Un Maître qui a promis d'habiller son serviteur selon son état, ne doit pas neanmoins payer un manteau qu'il a pris. Arrêt du Parlement de Dijon du 28. Novembre 1596. *Bouvot*, tome 2. verbo *Mariage.*

HABITS DES AVOCATS.

3 Voyez le mot *Avocat*, nombre 69.

De Advocatorum vestibus. Voyez *Franc. Marc.* tome 1. quest. 649. & cy-après le nomb. 14. & suiv.

HABITS DE DEUIL.

4 Le mari peut demander aux heritiers de sa femme les habits de deüil, & la femme pareillement aux heritiers du mari. Arrêt du 7. Août 1573. *Bouvot*, tome 2. verbo *Hoirie, Heritiers*, quest. 5.

5 Les habits de deüil doivent être payez par les heritiers de la femme au mari. Arrêt du Parlement de Dijon du 17. May 1602. *Idem*, tome 2. verbo *Societé, Communauté*, quest. 4.

Voyez le mot *Deüil.*

HABITS ECCLESIASTIQUES.

6 Des habits des Ecclesiastiques. Voyez le mot *Ecclesiastiques*, nombre 17. & suivans.

7 Clerc qui ne porte ses habits, ou Laïc qui prend l'habillement du Clerc. Voyez le mot *Clerc*, nombre 43. & suiv.

8 Les Cardinaux & les Evêques portent la couleur de leur habit, de profession. *Définitions Canoniques*, page 395.

9 Ordonnance du Roy Charles IX. de l'an 1561. le 22. Avril, & verifiée en la Cour le 13. Septembre ensuivant, touchant la réformation des habits des Ecclesiastiques, Cardinaux & autres Prélats. *Preuves des Libertez*, tome 2. chap. 35. nomb. 69.

10 Arrêt du Parlement de Toulouse du 8. May 1573. portant défenses à toutes personnes Ecclesiastiques de quelque qualité & condition qu'ils soient, aux Magistrats, Juges, Officiers, & Maîtres de Justice de longue Robe, & à toutes sortes d'étudians, de porter Robes, Sayons, manteau, & Chausses rouges, jaune, vert ou bleu, & de porter aussi chapeaux, même dans les Eglises, au Palais & Consistoire de Justice, ni ailleurs dans la Ville, ni autres Villes du ressort, sinon en cas de necessité; & leur enjoint de porter des habits décens sur peine, quant aux Beneficiers & Ecclesiastiques, de cent livres d'amende vers le Roy, privation de leur privilege Clerical, & autres peines contenuës aux constitutions Canoniques, & aux Magistrats, Officiers Graduez, de cent livres d'amende pour chaque fois, & de confiscation des habits, & aux Ecoliers de confiscation, & de privation du droit de Scolarité. *La Rocheflavin*, livre 2. lettre H.

11 Le Chapitre de Langres avoit fait un Statut pendant la guerre, que l'on porteroit chape noire en l'Eglise, & disoit que le sieur de Thou leur Gouverneur leur avoit enjoint de se tenir prêts pour la guerre. L'un d'eux nommé Petit porte sa Chappe noire, défenses à luy sont faites; appel comme d'abus. Par Arrêt il fut dit mal & abusivement, qu'ils porteroient leurs habits ordinaires, & luy seront les distributions renduës pour le temps qu'il a assisté. *Bibliotheque de Bouchel*, verbo *Véture.*

12 Arrêt du Parlement de Roüen du 13. Juin 1690. qui porte que les Lettres patentes obtenuës par des Prêtres pour être autorisez à porter des habits de Chanoines, seront enregistrées, sans avoir égard à l'opposition des Curez de la Ville & fauxbourgs de Caën, & du Promoteur, & en consequence sur permis aux Prêtres de saint Pierre de porter les habits, suivant leurs Lettres patentes sans ornemens; il fut jugé que l'Official de Caën avoit mal & abusivement procedé. Voyez le douzième Plaidoyé de M. le Noble Substitut de Monsieur le Procureur General au même Parlement de Roüen.

HABITS DE LA FEMME.

13 Par Arrêt du Parlement de Dijon du 24. Août 1566. jugé que les habits de la femme peuvent être pris pour les dettes de son mari, comme y étant la femme tenuë par la Coûtume de Bourgogne. *Bouvot*, tome 1. part. 3. verbo *Habits de femme.*

HABITS, JUGES.

14 De la décence des habits requise aux Magistrats. Voyez *la Rocheflavin des Parlemens de France*, livre 8. chap. 13.

15 Par Arrêt donné és Grands Jours de Moulins le 6. Octobre 1550 défenses à tous Juges Royaux, Avocats, Enquêteurs & Procureurs d'entrer au Barreau avec Robes courtes, longues de frise ou de soye; ordonné qu'ils seroient tenus de porter Robes longues, honnêtes, & habits décens de Juges & Avocats; & fut dit que certain Enquêteur à qui le Lieutenant d'Auxerre avoit défendu le Barreau en habit de Robe de frise, le collet renversé, avoit sans grief appellé, il fut condamné en l'amende, & dépens. *Bibliotheque de Bouchel*, verbo *Avocats.*

16 Arrêt du 22. Février 1569. les procedures & Jugemens donnez par le Baillif de Nemours furent cassez & annullez à la requête du Procureur du Roy, sous ombre qu'il avoit tenu le Siege en Robe courte, avec l'épée & la dague; & à luy donné ajournement personnel. *Bibliotheque de Bouchel*, verbo *Baillifs.*

17 Arrêt du Parlement de Toulouse du 8. May 1573. portant reglement pour les habits des Magistrats, gens de l'Université & d'Eglise, & toutes personnes de Robe longue, avec défenses de porter habits de couleur à peine de 100. livres d'amende, & privation de leurs droits & privileges. *Bibliotheque de Bouchel*, verbo *Habits.*

Tome II. V u

18   Par Arrêt du Parlement de Toulouse du 15. Mars 1604. défenses aux Avocats du Roy & à tous autres Avocats des Sénéchaussées, Bailliages, Siéges Présidiaux & Judicatures Royalles du ressort du Parlement de Toulouse, d'entrer au Palais & aux Siéges ordinaires de la Justice, & d'aller par la Ville, avec habits indécens à leur qualité & vacation ; à eux enjoint de porter au Palais & ausdits Siéges leurs bonnets & Robes longues, & d'aller par la Ville, aux Eglises & autres lieux publics, vêtus de Robe longue & habits noirs, décens & convenables à leur profession, sur peine de 100. livres d'amende, pour la premiere contravention, pour la seconde fois de confiscation desdits habits, moitié aux Huissiers, ou Sergens qui les surprendront, autre moitié aux prisonniers de la Conciergerie du Palais, Maison-Dieu, & Hôpitaux ; & pour la troisiéme d'être rayez de la matricule des Avocats, & déclarez incapables de postuler en la Cour & ausdits Siéges. *Filleau*, 2. *partie tome* 7. *chapitre* 5.

19   Arrêt du 22. Août 1678. qui condamne le Juge de la ville de Nulet en 50. l. d'amende vers le Viguier, pour l'avoir assisté sans Robe & sans Bonnet, avec défense de plus tenir l'Audience sans Robe & sans Bonnet. *La Rocheflavin*, *liv.* 2. *lettre* H. *tit.* 1. *Arr.* 1.

20   Edit du mois d'Avril 1684. sur la décence des habits des Officiers du Parlement de Paris ; il porte, voulons que le Reglement fait par nôtre Cour de Parlement de Paris le 17. de ce mois, attaché sous le contre-scel de nôtre Chancellerie, soit executé selon sa forme & teneur, & ce faisant que les Présidens Conseillers & autres Officiers, qui sont du corps de nôtre Cour, porteront leurs Robes fermées au Palais, aux assemblées publiques & dans toutes les fonctions de leurs charges, soit dedans, soit dehors leurs maisons. Que dans les lieux particuliers ils pourront porter des habits noirs avec des manteaux & Collet, qu'ils seront invitez de ne se point trouver aux lieux où ils ne peuvent être vûs sans la diminution de leurs dignitez, & que ledit reglement, ensemble ces presentes seront luës tous les ans dans les Mercuriales ordinaires, aprés la lecture des anciennes Ordonnances *Voyez les Edits & Arrêts recuëillis par l'ordre de M. le Chancelier*, *en* 1687.

21   Edit du mois de Juin 1684. sur la décence des habits des Officiers du Parlement de Dauphiné, ceux de son ressort & des Etudians en Droit. *V. ibidem.*

HABIT, LUXE.

22   De la réformation des habits de drap d'or, d'argent, & de soye, & autres. *Ordonnances de Fontanon*, *tome* 1. *liv.* 5. *tit.* 14. *page* 980.

23   Déclaration portant Reglement pour l'execution de l'Edit du 22. Avril 1561. touchant la superfluité des habits, contenant 20. articles. A Paris le 17. Janvier 1563. *Fontanon*, *ibidem*, *page* 986. *Voyez* celles des 28. du même mois, 10. Février suivant, & 20. Février 1565.

24   Edit portant reglement general pour les habits. A Paris le 15. Février 1573. registré le 12. Mars suivant. *Ibidem*, *page* 989.

25   Arrêt du 18. 1578. qui condamne un Ecolier de Bayonne en 50. écus d'amende pour avoir fait faire deux habits à son Laquais couvert de priapes, & autres figures sales & vilaines, avec défenses au Coûturier de faire semblables habits. *La Rocheflavin*, *liv.* 2. *lettre* H. *tit.* 1. *Arrêt* 2.
Voyez le mot Luxe.

HABITS, RELIGIEUX.

26   Les Religieux qui ont la temerité de quitter leurs habits, sont excommuniez *ipso facto*, par la disposition du chapitre *ut periculosa*, *ne Clerici vel Monachi in* 6. Le Concile de Trente *sess.* 25. *de regularibus*, *chap.* 19. défend expressément de permettre aux Religieux de cacher leur habit.

An Laicis licitum sit in ludis honestis & permissis habitu religioso uti, ne id in injuriam religionis fiat? Voyez *Franc. Marc. tome* 2. *quest.* 123.   27

Habits des Chanoines Reguliers. *Voyez* le mot Chanoines, *nomb.* 121 & 126.   28

Un Religieux de l'Abbaye de Tournus Ordre de S. Benoît, trouvé en la salle du Palais vêtu d'un pourpoint de satin, Robe doublée de damas, & d'un froc de serge de soye fut mené par les Huissiers au Parquet des gens du Roy, & mandé en la Cour. Il luy fut enjoint par Arrêt du 17. Juin 1531. de se conformer en habit aux autres Religieux de son Ordre, défense sur peine de 1000 livres d'amende de plus paroître en tel habit , & le lendemain sur sa Requête afin de permission de se retirer en son Abbaye, il fut ordonné que le Prieur de saint Martin des Champs le feroit habiller en habit décent à Religieux de son Ordre, & pour ce faire que ses habits seroient vendus, & le residu si aucun y a, sera employé en aumônes aux pauvres, & ce fait ira en son Abbaye. *Voyez les Preuves des Libertez*, *to.* 2. *ch.* 33. *nombre* 9.   29

Un Moine de saint Méen, élargy du Bossay de Nantes au Couvent des Chartreux, à luy commandé de porter une Robe de drap plus longue que la sienne, par Arrêt du Parlement de Bretagne du 11. Mars 1554. *Du Fail*, *liv.* 2. *chap.* 20.   30

Un Religieux de Montierneuf, trouvé en habits seculiers & en armes au grand chemin, le cas étant Prévôtal a été renvoyé, & rendu, sauf à la charge du cas privilegié, pour raison duquel le Lieutenant se transporteroit par devers l'Official. Arrêt du Parlement de Paris du 19. Février 1583. *Papon*, *livre* 1. *titre* 5. *nombre* 34.   31

Arrêt du Parlement de Paris du 14. May 1696. contre les Religieux transferez dans l'Ordre de saint Benoît, qui portoient ordinairement un habit peu different des autres Ecclesiastiques & Prêtres Seculiers, par lequel il leur est enjoint de porter un habit qui marque d'une maniere visible & apparente l'Ordre dans lequel ils ont été transferez. *Définitions Can. page* 345.   32

HABITANT.

Habitant. *Incola. L.* 239. §. 2. *D. de verb. sign.*

Voyez Bourgeois, & le mot Communauté, où il y a un titre particulier des Communautez d'habitans.

Contributions ausquelles les habitans sont sujets. *Voyez* le mot Contribution, *nomb.* 30. & *suiv.*   1

Excez commis par les habitans d'une Communauté. *Voyez* le mot Excez, *nomb.* 2.   2

Des dettes de Communauté d'habitans. *Voyez* le mot Dettes, *nomb.* 60. & *suiv.*   3

Habitans nouveaux venus ne sont tenus d'entrer aux dettes précedentes, si le vendeur a payé pour sa part. Arrêt du 7. Juin 1583. Il y a Arrêt contraire de la Cour des Aydes à Paris du mois de Mars 1596. *Voyez* M. *Expilly*, qui raisonne sur cette contrarieté. *Arrêt* 83. *Voyez* Charondas, *liv.* 11. *Rép.* 67.   3 bis

Celuy qui est obligé en qualité d'habitant, ayant changé de domicile, n'est pas pour cela moins obligé. Arrêt du Parlement de Bourgogne du 23. Juillet 1613. *Bouvot*, *tome*. 1. *part.* 1. *verbo Habitant.*   4

HABITATION.

Habitation. Droit d'habiter dans une maison. *De usu & habitatione. J.* 2. 5. . . D. 7. 8.
De usufructu, & *habitatione*, & *ministerio servorum.* C. 3. 33.
Quibus modis ususfructus, *vel usus amittitur.* D. 7. 4. *Voyez* Usage.
Voyez hoc verbo, la Bibliotheque de Bouchel, & sur le choix laissé à la veuve par contract de mariage. *Voyez* Mainard, *liv.* 8. *chap.* 87.

1. Du droit d'habitation, & comment il finit ? *Voyez le premier tome des Loix Civiles, li. 1. tit. 11. sect. 2. & sect. 6. & le traité de la Communauté par M. le Brun, liv. 3. chap. 2. sect. 1. Distinct. douze*, & les Arrêtez de M. le premier Président de la Moignon, recüeïllis dans le Commentaire de *M. Barthelemy Auzanet, sur la Coûtume de Paris*.

2. *Despeisses, to. 1. part. 2. tit. 1. art. 3.* dit, que l'habitation se peut constituer par contrat & par testament. Celuy à qui on a legué l'habitation seulement d'une maison n'en a pas la proprieté, il peut y faire loger en sa place ; mais si la maison étoit trop grande, il pourroit en loüer partie malgré l'heritier, qui bien que proprietaire ne pourroit pas habiter ce luy ne seroit point occupé par celuy à qui on a legué l'habitation. La personne à qui on legue l'habitation d'une maison doit être formellement designée. Celuy qui habite en entier la maison est tenu des charges, comme tailles, logement de gens de guerre, & non le proprietaire. Le droit d'habitation ne peut se perdre en aucune maniere, ni par la non-joüissance, ni par le changement d'état.

3. D'un legs d'habitation. *Voyez* le mot *Alimens*, nombre 76. habitatio est pars alimentorum. *Basset, tome 2. li. 8. tit. 6. chap. 2.*

4. Une femme qui a repeté ses dot & augment, ne peut demander l'habitation accordée par les pactes de mariage. *Voyez Mainard, li. 6. ch. 2.*

5. Jugé au Parl. de Toulouse le 28. May 1571. que la femme du débiteur distributionnaire étoit bien fondée à ne pas sortir de la maison de son mari où elle étoit résidente & habitante pour sa dot. *Voyez Mainard, liv. 11 ch. 46. & le Maître, au traité des Criées. art. 40. gloss. 21. & suiv.*

6. Une veuve par son contract de mariage a le choix de telle habitation ès maisons de son mari qu'elle voudra ; s'il y a divers logis, elle aura son habitation hors le principal manoir Seigneurial. Arrêt du 26. Janvier 1580. & suivant la loy *legato 37. ff. de legatis. 1°. Charondas, liv. 7. Réponse 147.*

7. *Domo diruta ac deinde refecta & readificata, jus habitationis donata non durat.* Arrêt du 14. Avril 1584. *Anne Robert, rerum judicat. liv. 4. chap. 8. Voyez Mornac, liv. 10. ff. quibus modis ususf. Charondas, liv. 8. Rép. 61.* rapporte le même Arrêt.

8. *Qui sibi reservat habitationem ædium quas donat, locare eas non potest, secus si legaverit. Mornac, l. 40. ff. de usuf. & quemadmodum.* Voyez M. le Prêtre premiere Cent. chap. 81.

9. La doüairiere qui joüit d'un château pour son habitation, a les pigeons du colombier, & les poissons des fossez. Arrêt à la mi-Août 1589. *Montholon, Arr. 60. Secus*, si elle n'a que le simple usage. *Brodeau, Coûtume de Paris, art. 14. nombre 4.* dit que cet Arrêt allegué par Montholon a contre sens.

Voicy comme il est rapporté dans la Bibliotheque du Droit François, *verbo Habitation*.

10. S'il y a plusieurs maisons en un même lieu l'heritier doit avoir la principale à son choix ; la veuve doüairiere doit se contenter de quelque logis separé. Ainsi jugé pour la Comtesse de Château-Vilain. Par autre Arrêt prononcé en Robes rouges, le 14. Août 1589. il a été dit que Dame Marie de Rogres, femme autorisée par Justice, au refus de Jean de saint Fale son mari, auparavant veuve du sieur de Champlost, laquelle avoit la joüissance du Château de Champlost, par doüaire préfix, en joüiroit entierement, & de tout ce qui étoit contenu dans l'enclos des fossez, sans que Dame Hilaire Ragnier Dame de Montigny, veuve en premieres nôces d'Antoine de Piedefer, sieur de Champlost, & ancienne doüairiere dudit lieu, pût y prétendre aucun droit par le moyen du doüaire Coûtumier à elle appartenant en la terre de Champlost.

11. Quoique le Contract de mariage portât que la femme en cas de survivance auroit le principal Manoir pour sa demeure, il y a eu Arrêt en la maison de Luderac, que la veuve se contenteras d'une autre maison aprés la principale, qui doit être baillée à l'heritier chef du nom & des armes ; s'il n'y a qu'un manoir, il luy sera accordé une habitation commode au même logis, eu égard au train de l'heritier. *Bouchel, ibidem*.

12. Françoise de Pertuis par son contract de mariage avoit en cas de survivance son habitation en un Château jusques à ce que les enfans eussent atteint l'âge de douze ans, & son doüaire ; aprés le décez de son mari, elle cede son doüaire à Charlotte de Villers saint Paul Dame de la Boissiere ; René de Broc sieur de Varime tuteur des mineurs, demande à être reçu à la rembourser. *L. per diversus, & ab Anastasio.* Par Arrêt du 7. Février 1608. il fut débouté du remboursement ; ce qui fut trouvé étrange, ce fut pour l'habitation qui est pure personnelle, & non cessible ; toutefois M. Mauguin Avocat m'a dit le même avoir été jugé une aprédinée, luy plaidant contre le Juge : mais aussi le contraire a été jugé au rapport de M. Mainard en un procés auquel M. de la Martilliere avoit écrit. *Ibidem, verbo Cessions*.

13. Jugé au Parlement de Toulouse en 1592. que la femme qui a droit d'habitation, n'est tenuë de payer les tailles, ni autres charges ; c'est la dette de l'heritier, à moins que la femme ne joüit au delà de son droit ; en ce cas estimation seroit faite du surplus à proportion duquel elle contribuëroit. *Aliud in habitatione legata, aut alia qua jure actionis non debetur quia primo casu integra præstari debet.* La Rochflavin, liv. 2. lettre H. tit. 2. Arr. 1.

14. Clause que l'heritier institué ne demeurera dans certain lieu, à peine de privation de l'heritage, est bonne. Arrêt du Parlement de Grenoble du 19. Juillet 1617. Le lieu que le Testateur vouloit interdire à sa femme luy étoit suspect. *Basset, tome 1. liv. 5. tit. 2. chap. 1.*

15. Par Arrêt du Parlement de Paris du 22. Août 1662. jugé que le droit qu'a la femme Noble, par l'art. 322. de la Coûtume d'Anjou, aprés le trepas de son mary, de demeurer en l'une des maisons par luy delaissées, pendant sa vie, ne peut être étendu à la veuve Noble qui a passé à un second mariage. *Soëfve, tome 2. Centurie 2. chapitre 71.*

16. Jugé en la Coûtume de Vermandois par Arrêt du 9. Decembre 1670. que par un Contract de mariage étant dit, *qu'en cas de predecés du mary la veuve aura pour son habitation la maison ou le Chateau avec tous les accints étant autour d'iceluy*, cela se doit entendre non seulement des Bois & Terres attenans le Chateau, mais encore des Bâtimens étant dans la basse-cour, & les Jardins tant de plaisance, qu'autres, consistans en Bois & Terres enfermées dans les Bois jusqu'au nombre de quarante Arpens ou environ, quoyque lors de la mort du mary, les Bâtimens étant dans la basse-cour fussent affermez par luy conjointement avec d'autres Terres dependantes d'autres maisons à luy appartenantes à quelque distance du Château. *Soëfve, tome 2, Cent. 4. chap. 54.*

17. La veuve dans la Coûtume de Vermandois par l'art. 24. perd son habitation en se remariant, encore que le Contract de mariage le luy ait accordée. Arrêt du P. de Paris du 24. Mai 1675. *Journ. du Palais.*

HARO.

1. CE terme est particulier à la Province de Normandie. Le Haro est un moien ou plûtôt un privilege accordé aux Normands, par lequel en invoquant le nom de ce Prince, on peut arrêter sans piéces un homme accusé de crime ; ou que l'on dit être obligé par corps de rendre un meuble que nous prétendons nous appartenir, ou un usufruit que nous reclamons. *Voyez la Coûtume de Norm. titre 2. & les Commentateurs, & cy-devant le mot Cri.*

2. Par plusieurs Arrêts du Parlement de Normandie & entr'autres par un ancien du 7. Février 1544. jugé que les jugemens rendus entre les demandeurs & les défendeurs en *Haro* sont executoires contre leurs cautions sans qu'il soit necessaire de les appeller au procez. *Basnage titre de Haro art. 56. de la Coûtume.*

3. De la clameur de *Haro* dans la Province de Normandie & en quels cas elle peut empêcher l'execution des jugemens. *Voyez le Journal du Palais, to. 2. page 886.* où est rapporté un Arrêt du Grand Conseil du 19. Janvier 1695. qui a jugé en faveur d'un Huissier à cheval au Châtelet de Paris qui procedoit en vertu d'un *Pareatis* du grand Sceau, qu'il n'avoit pas dû deferer à la clameur de *Haro*.

HAUTE-JUSTICE.

1. DE l'Origine des Hautes Justices, de leur competence & de leurs Officiers. *Voyez Basnage, titre de Jurisdiction, art. 13.*

2. Des cas appartenans à la connoissance du Juge Haut-Justicier. *Voyez la Bibliotheque du Droit François par Bouchel*, verbo *Haute-Justice.*

3. Des Seigneurs qui reclament & revendiquent leurs sujets pour plaider pardevant leurs Officiers. *Voyez Papon, liv. 7. tit, 7. n. 58.*

4. Complainte n'est cas Royal. Les Seigneurs Hauts-Justiciers peuvent en connoître, c'est la plus ancienne & la derniere Jurisprudence. Un seul Arrêt intermediairement rendu a jugé le contraire. *Voyez le mot Complainte, nomb. 35.*

5. Par Arrêts du Parlement d'Aix de l'an 1598. & 1618. jugé que la Justice du Seigneur n'est point suspecte, bien que luy-même soit suspect. *Boniface, tome 1. liv. 1. tit. 4. n. 13.*

6. Arrêt du 27. Mars 1611. qui déclare les cas qui sont de la connoissance de la Haute-Justice, & mere impere, & ceux qui sont de la connoissance du mixte impere, & moyenne & basse Justice. *Idem, tome 3. liv. 1. tit. 4. ch. 1.*

7. Si l'exercice de la Justice entre Coseigneurs doit être fait alternativement, suivant la portion de Jurisdiction qu'ils en ont. *Voyez* plusieurs Arrêts du P. de Provence pour l'affirmative dans *Boniface, tome 4. livre 1. titre 3. chapitre 1.*

8. Arrêt du même Parlement de Provence du 2. Juin 1673. qui a jugé que le Seigneur doit faire rendre la Justice sur le lieu, & que l'Auditoire doit être hors le Château. *Idem, tome 3. liv. 1. tit. 4. ch. 2.*

9. Hauts-Justiciers ne peuvent donner des concessions de Justice, créer Officiers, faire des Métiers nouveaux ou Reglemens de Police. Arrêt du Parlement de Paris du 3. Juillet 1625. contre Monsieur de Montmorency qui avoit concedé à l'un de ses vassaux un droit de Justice à Choisy. *Additions à la Bibliotheque de Bouchel*, verbo *Justice.*

10. Arrêt du 26. Février 1635. qui appointe pour sçavoir si le droit de Haute-Justice attaché à une Terre du Temporel de l'Evêché de Poitiers, a pû être démembré à un Evêque, & concedé à un tiers, à la charge du Ressort & de l'appel; & si cette concession faite sans aliener la Terre, en tout ni en partie, est confirmée par une possession immemoriale. *Bardet, to. 2. liv. 4. ch. 6.* M. Bignon Avocat General conclut pour la negative sur le fondement que les degrez de Jurisdiction ne devoient pas être multipliez.

HAUTS-JUSTICIERS, JUGES.

11. L'Edit de Cremieux par une Declaration subsequente ne porte préjudice aux Seigneurs Hauts-Justiciers; ensorte que les Nobles qui sont leurs justiciables, ne peuvent demander leur renvoy pardevant les Baillifs Royaux; mais doivent répondre pardevant les Seigneurs, qui auront Juges par lesquels se fera la Justice exercée. Arrêt du 7. Mars 1563. pour le sieur de Longuillier. *Papon, liv. 7. tit. 7. n. 37.*

12. Aux Jurisdictions des Hauts-Seigneurs, il ne peut y avoir qu'un Juge en chef, & nullement des Juges subrogez universellement pour éviter la multiplicité des Officiers. En cas de recusation ou absence, l'on doit s'adresser au Seigneur & luy demander subrogation d'un autre Juge, & la faire enregistrer au Greffe; autrement les procedures faites par un Juge subrogé, sont nulles. *Boniface, tome 4. liv. 1. titre 2. chapitre 5.*

13. Arrêt du Parlem. de Provence du 7. Avril 1642. qui a jugé que les Avocats en matiere réelle doivent plaider devant les Juges des Hauts-Justiciers. *Idem, tome 1. liv. 1. tit. 4. n. 19.*

14. Par Arrêt du 26. Février 1644. jugé que les Juges des Hauts-Justiciers peuvent connoître de la contravention aux criées & de l'infraction du terroir poursuivie à la requête du Procureur jurisdictionel. *Ibidem, n. 7.*

15. Le 21. Janvier 1645. il fut dit qu'aux Jurisdictions des Seigneurs Hauts-Justiciers, il n'y auroit qu'un Juge & un Baile. *Ibidem, n. 4.*

16. Arrêt du 24. Novembre 1645. qui enjoint aux Juges des Seigneurs Hauts-Justiciers de prêter serment entre les mains des Lieutenans du Ressort. *Ibidem, nombre 2.*

17. Du premier Decembre 1646. Arrêt qui permet au Juge d'un Seigneur d'informer aux causes de son Procureur Jurisdictionel; le motif fut que le Procureur Jurisdictionel n'étant point domestique du Seigneur, il n'y avoit point de soupçon. *Ibidem, nombre 3.*

18. Arrêt du 16. May 1648. qui a déclaré que le Juge d'un Coseigneur, ne peut connoître des causes de l'autre Coseigneur. *Ibidem, nomb. 9.*

19. Le 4. Decembre 1651. Arrêt qui a ordonné que les Juges des Seigneurs Hauts-Justiciers rendroient la Justice sur le lieu. *Ibidem, n. 1.*

20. Arrêt du 14. Juin 1659. qui permet aux Juges des Seigneurs Hauts-Justiciers de connoître des causes des Fermiers du Seigneur. *Ibidem, n. 8.*

21. Par Arrêt du 20. Octobre 1663. il fut dit que les Juges des Seigneurs Hauts-Justiciers peuvent connoître des excés commis sur le grand chemin de leur terroir, mais non pas de la grandeur & distance des chemins. *Ibidem, n. 11.*

22. Du 30. Janvier 1665. Arrêt par lequel il fut ordonné que les Juges des Seigneurs auroient connoissance des crimes commis par les Nobles dans leur Jurisdiction. *Ibidem, nomb. 10.*

23. Arrêt du 16. Mars 1675. qui a défendu aux Seigneurs de mettre des Juges parens des Fermiers. *Ibidem, chap. 16.*

24. Jugé au même Parlement de Provence le 19. Octobre 1680. que les Avocats en qualité de Juges des Seigneurs feodataires, ne peuvent faire de procedures criminelles hors le lieu & le détroit de la Jurisdiction, quoique commis par les Lieutenans; & que les dépens ne sont ajugez au Procureur Jurisdictionel quand il est seul Partie. *Boniface, tome 3. livre 2. tit. 1. chap. 11.*

HAUTS-JUSTICIERS, JURISDICTION.

25. Les proprietaires d'une Jurisdiction commune doivent pour la faire exercer contribuer à la dépense au *prorata*. Jugé par Arrêt du Parlement de Toulouse, entre M. de Morillon qui y étoit Président, & l'usufruitiere du Château de Marin. D'autres ont tenu que chacun des Seigneurs auroit des Officiers particuliers, & feroit exercer la Jurisdiction à la mesure du temps de sa portion, comme si l'on a un quart, on fera exercer pendant trois mois de l'année; ainsi jugé par trois Arrêts du Parlement de Bourdeaux, l'un pour l'Evêque de Xaintonge contre M. le Procureur General, un autre en 1317. entre les Seigneurs d'Issac & de Consaignes; le troisiéme du 26. Mars

1532. entre M. le Procureur General & le Vicomte de Châtillon. Papon, liv. 15. tit. 2. n. 17.

26 La Jurisdiction des Hauts-Justiciers ne s'étend point sur les crimes, dont les Ecclesiastiques peuvent être accusez: cela est reservé au Juge d'Eglise pour le délit commun, & aux Juges Royaux pour le cas privilegié; ce qui a été jugé par plusieurs Arrêts. Ils ne connoissent point non plus des actions qui se passent dans les Eglises, soit civiles ou criminelles; parce que les Eglises ne font point partie de leur territoire, & que la garde des Eglises est reservée au Roy & à ses Officiers. Pesnelle, sur la Coûtume de Normandie, article 13.

27 Quand le Haut-Justicier prétend que le Juge Royal entreprend sur sa Jurisdiction, il ne doit pas toutefois prononcer des défenses. Arrêt du Parlement de Roüen du 26. Juin 1636. rendu entre le Vicomte de Roüen & le Sénéchal de S. Gervais. Autre Arrêt de la Chambre de l'Edit du 9. Juillet 1636. entre le Bailli de Dieppe & les Juges de l'Amirauté. Basnage, titre de Jurisdiction, art. 13.

28 Le Haut-Justicier ne peut faire le procez à un Ecclesiastique, & ne connoît point des actions commises dans les Eglises. Arrêt de la Tournelle de Roüen du 30. Avril 1650. il ne connoît point des matieres beneficiales & décimales. Ibidem.

29 La connoissance des Lettres de Sceau a été attribuée aux Hauts-Justiciers. Arrêt du P. de Roüen pour le Bailly de Longueville contre le Juge Royal d'Arques; il étoit question de Lettres obtenuës par une femme aux fins de sa séparation civile. Autre Arrêt du 22. Février 1657. contre le même Juge d'Arques; cela avoit été jugé pour le Bailly d'Aumale en 1583. par Arrêt donné pour le Bailly de Longueville à Tancarville, les Juges Royaux ne laissent pas de prétendre le contraire. Basnage, ibidem.

30 Le Haut-Justicier ne connoît point des matieres décimales. Arrêt du Parlement de Roüen du 9. Janvier 1665. Basnage, ibidem, art. 3.

31 Les Juges Hauts-Justiciers connoissent des crimes commis dans les grands chemins enclavez dans leur Ressort. Voyez l'article 13. de la Coûtume de Normandie, & le 10. article du Reglement de 1666. il est dans Basnage, tome 1. à la fin.

HAUTS-JUSTICIERS, OFFICIERS.

32 Arrêt du Parlement de Provence du 26. Février 1619. qui a jugé que les Officiers des Seigneurs ne peuvent être multipliez. Boniface, tome 3. liv. 1. titre 4. chap. 11.

33 Jugé le 20. Mars 1623. que les Juges des Seigneurs Hauts-Justiciers doivent être Graduez & Licentiez non parens ni alliez. Ibidem, chap. 13.

34 Arrêts des 17. May 1642. & 24. Novembre 1646. qui ont jugé que les plus anciens Praticiens ne peuvent faire aucunes procedures dans les Jurisdictions des Hauts-Justiciers. Comme les Jurisdictions sont patrimoniales, il faut s'adresser au Seigneur pour subroger un Juge. Boniface, to. 1. liv. 1. tit. 4. n. 5.

35 Il a été jugé le 10. Mars 1646. que la Jurisdiction d'un Seigneur ne peut être suspecte, encore que ses Officiers soient suspects, & qu'il faut demander au Seigneur qu'il en subroge d'autres en leur place. Ibidem, nomb. 12.

36 Les Officiers des Seigneurs Hauts-Justiciers peuvent faire les Inventaires & provisions tutelaires dans les lieux de leur Jurisdiction privativement aux Officiers Royaux. Arrêt du 8. Mars 1660. Ibidem, nombre 17.

37 Arrêt du 14. Mars 1665. qui défend aux Seigneurs de prendre leurs Fermiers pour leurs Procureurs jurisdictionels. Ibidem, n. 22.

38 Le 23. Février 1663. Arrêt qui enjoint aux Seigneurs d'établir des Juges & Greffiers qui ne leur soient point parens, à peine de nullité. Ibidem, n. 21.

39 Arrêt du 26. Novembre 1678. qui a jugé que les Officiers des Seigneurs Hauts-Justiciers ne peuvent être parens entre eux, & faire de procedures, & que les procedures faites par des Officiers parens & annullées pour ce sujet, doivent être refaites aux dépens des Officiers, & iceux condamnez aux dépens de la Partie. Boniface, to. 3. liv. 4. tit. 4. ch. 15.

40 Autre Arrêt du même Parlement de Provence du 3. Juin 1679. qui enjoint aux Seigneurs d'établir des Officiers non parens entre eux. Ibidem, chap. 14.

41 Le Seigneur Haut-Justicier ne peut augmenter le nombre de ses Officiers; ainsi jugé au Parlement de Roüen le 6. Juillet 1643. contre l'Evêque de Bayeux, lequel vouloit établir en sa Haute-Justice un Office nouveau de Sergent. V. Basnage, titre de Jurisdiction, article 13.

42 Les Officiers Royaux, soit Notaires ou Sergens, ne peuvent pas être poursuivis par le Haut-Justicier, lorsqu'ils ont procedé en cette qualité; mais lorsqu'ils ont ce double caractere d'Officiers Royaux & Seigneuriaux, ils sont tenus de reconnoître le Haut-Justicier pour tous les Actes qu'ils ont passez dans sa Haute-Justice comme ses Officiers. Cela fut reglé de la sorte par Messieurs les Gens du Roy entre M. l'Archevêque de Roüen, prenant le fait de son Procureur Fiscal, appellant d'un déni de renvoy qui luy avoit été fait par les Juges d'Arques, en une cause en laquelle un Tabellion Royal qui exerçoit aussi le Tabellionnage de la Haute-Justice de Dieppe, étoit défendeur en faux contre un contract qu'il avoit passé dans Dieppe, entre des Bourgeois de la ville, & Michel Hanap, & Magdelaine Rigois, par Arrêt du 10. Février 1657. Basnage, ibidem, art. 18.

HAUTS-JUSTICIERS, POLICE.

43 La Police appartient au Haut-Justicier dans son Territoire. Arrêt du Parlement de Roüen du 20. Août 1603. pour M. le Duc d'Elbeuf, pour sa Haute-Justice de Lislebonne. Autre Arrêt du 8. Février 1658. par lequel il fut permis au Bailly de Tancarville de recevoir trois Maîtres de Métier, pour exercer dans l'étenduë de la Haute Justice & non ailleurs. Autre Arrêt du 23. Avril 1655. que la reception d'un Apothicaire faite par le Bailly d'Yvetot contre les Juges de Caudebec, dans les faux-bourgs de Roüen; les Hauts-Justiciers ont des Maîtrises de Métiers; & par un ancien Arrêt du 11. Avril 1567. entre les Gardes Bouchers de Roüen, & Jacques Vetier, Boucher au fauxbourg de S. Gervais, où l'Abbé de Fécamp a une Haute-Justice, il fut jugé que le Sénéchal de Fécamp pouvoit établir des Maîtres & Gardes de tous Métiers, même de ceux reservez comme ceux de Bouchers, à condition neanmoins que les Gardes de Roüen pourroient les approcher, s'ils trouvoient du vice en leurs marchandises, étant accompagnez d'un Sergent Royal, & à condition encore que les approchemens se feroient devant le Sénéchal. Basnage, ibidem, art. 13.

HAUTS-JUSTICIERS, SERGENT.

44 Par plusieurs Arrêts du Parlement de Paris donnez au profit des Seigneurs Hauts Justiciers, conformes à l'article 18. de l'Ordonnance de Philippes le Bel de l'an 1302. nul Sergent Royal ne doit exploiter és Terres des Seigneurs Hauts-Justiciers, si ce n'est en cas de ressort de autre appartiennent au Roy, c'est-à-dire, Mandemens & Commissions des Juges Royaux; mais les Juges Royaux ne peuvent leur permettre de mettre à execution les obligations passées sous le scel des Seigneurs, ni les Sentences de leurs Juges. Arrêt du 7. Avril 1601. en faveur des Chanoines de la Sainte Chapelle de Bourges. V. Papon, liv. 6. tit. 7. nombre 13.

45 Arrêt du Parlement de Roüen du 20. Mars 1619. qui a jugé qu'un Sergent Royal ne peut faire un Exploit de clameur dans une Haute-Justice sans un Mandement du Juge Royal. Les Hauts-Justiciers ne prétendent pas seulement que les Sergens Royaux

ne peuvent exploiter dans l'étenduë de leurs Seigneuries que pour les causes & par les voyes expliquées par l'article 17. de la Coûtume de Normandie, titre de Jurisdiction, ils soûtiennent que le Roy suivant les bornes qu'il luy a plû de donner en leur faveur à sa puissance, ne peut créer des Notaires ni des Sergens dans leurs Hautes-Justices : & par cette même raison défenses ont été faites aux Tabellions Royaux d'y faire aucunes fonctions : la Cour a fait plusieurs Reglemens sur ce sujet, & cela fut encore jugé le 22. Août 1645. pour les Tabellions de Roncheville contre les Tabellions Royaux d'Honsleur. *V. Basnage sur cet article.*

HAUT-JUSTICIER, TUTELLE.

46 Haut-Justicier a droit de décerner tuteur aux mineurs d'un Officier Royal, & faire Inventaire. Arrêt du Parlement de Paris du 2. Janvier 1630. *Bardet*, to. 1. *liv.* 3. *chap.* 79.

47 Arrêt du Parlement de Provence du 8. Mars 1660. par lequel il est défendu aux Lieutenans de Provence de retenir les provisions tutelaires, & de faire des Inventaires dans les lieux des Seigneurs Hauts-Justiciers. *Boniface*, to. 1. *liv.* 1. *tit.* 10. *nomb.* 17.

HEBERGEMENT.

Droit qu'ont certains Seigneurs d'être hebergez, nourris & logez pendant quelques jours. *Voyez* lettre D. titre des *Droits Seigneuriaux*, *nomb.* 77. & le mot *Geolages*, *nomb.* 22.

HEREDITÉ.

IL y a l'heredité qui s'entend en termes d'offices, & l'heredité qui est sinonime avec le mot *Succession.*

HEREDITÉ, OFFICES.

1 Edit du Roy du mois de Decembre 1663. portant revocation generale des hereditez & survivances. *Maréchaussée de France*, p. 852.

2 Autre Edit du Roy du mois d'Avril 1694. qui accorde l'heredité aux Officiers & Archers de la Maréchaussée du païs d'Artois. *Ibidem*, p. 1110.

Voyez les mots *Offices*, *Partage*.

HEREDITÉ, SUCCESSION.

3 Un mary en païs de Droit écrit institué heritier par sa femme, à condition de restituer l'heredité à un ou deux de leurs enfans tel qu'il luy plairoit, les mâles qui étoient au nombre de quatre preferez aux femelles, lors du testament du pere, il n'y avoit plus qu'un mâle & des filles, le pere institué le fils & la fille qui restoit à marier. Jugé à Paris le 6. May 1678. pour le fils seul à l'exclusion de la fille. *Journal du Palais.*

4 Si le mary peut sans procuration de sa femme accepter une heredité à luy échûë, & si les dettes doivent être payées en Bourgogne pour ce que chacun amende ? *Voyez Bouvot*, to. 2. verbo *Hoirie*, *Heritiers*, *quest.* 1.

5 Une personne majeure qui a accepté une heredité purement & simplement en peut être relevée, & reçûë à la repudier en comptant de ce qu'elle a manié. Arrêt du 14. Juillet 1635. *Henrys*, tome 1. livre 4. *chap.* 1. *quest.* 2.

Voyez les mots *Acceptation*, *nomb.* 34. *& suiv. Acte d'heritier*, *Heritier*, *Legs*, *Partage*, *Propres*, *Succession.*

HERESIE, HERETIQUES.

SOus le nom collectif d'heretiques, sont compris tous ceux qui ne sont pas de la Religion Catholique, comme Juifs, Manichéens, Samaritains, Arriens, &c. Les Schismatiques, &c.

De hæreticis. D. Gr. 1. q. 1. . . . 23. q. 7. . . . 24. q. 1. & 3. à c. 26. ad fin. . . . . Extr. 5. 7. 8. & 9. . . . S. 5. 2. . . Cl. 5. 3. . . . . . Ex. co. 5. 3.

De Hæreticis, & Schismaticis, & Apostatis. J. L. 4. 4.

De Hæreticis, & Manichæis, & Samaritis. C. 1. 5.
Ne Sanctum Baptisma iteretur. C. 1. 6. . . Des Anabaptistes, & autres semblables heretiques.
De Apostatis. C. 1. 7. . . . . C. Th. 16. 7. . . Extr. 5. 9.
De Judæis, & Cælicolis. C. 1. 9. . . . C. J. 2. *Hæretici.* . . C. Th. 16. 8.
De Samaritanis. N. 129. *& 144. . . Ed. Justin.* 5.
Ne Christianum mancipium, Hæreticus, vel Judæus, vel Paganus habeat, vel possideat, vel circumcidat. C. 1. 10. . . C. Th. 16. 9.
De Paganis, & sacrificiis, & Templis. C. 1. 11. C. Th. 16. 10.
Ut non liberentur curiali fortuna Judæi, nec Samaritani, aut hæretici, occasione eorum religionis: & ut in Orthodoxos, uno tantum casu, testes esse possint. N. 45.
De foro Judæorum. C. J. Man. Comn. 14.
De statutis & consuetudinibus. . . . . *Const. Frid.* 1. vel 17. . . Cette Constitution contient plusieurs articles concernant l'Eglise & les heretiques.
De Hebræis & Montanis. C. J. 1. Leon. Iconom.
De interdictis collegiis Hæreticorum. N. 132.
De liberis Hæreticis exhæredandis. N. 115. c. 3. §. 14.
Hæretici non succedunt ut alii. N. 118. c. ult. . . N. 115. c. 3. §. 14.
De privilegiis dotis, Hæreticis mulieribus non præstandis. N. 109.
De Hebræis, & eorum Synagogis, & quomodo Sacras Scripturas possint legere: & de his qui negant resurrectionem, judicium, &c. N. 146.
Ut Judæi secundum Christianismi ritus vivant, L. N. 55.
De Gazaris, Patarenis, Circumcisis, & aliis Hæreticis. Const. Frid. 1. vel 17. c. 5. 6. 7. 8.
De Reliquiis, & intercessione Sanctorum. C. J. 1. *Constant. Caball.* . . Cet Empereur (quod non sequendum) défend le culte des Saints & des Reliques.
De Hæreticis & eorum pœnis. Per Ant. Continum. Paulum Grillandum. Gondissalvum Villadiego. Lud. Carerium in Fi. sua pract. Joan. Nicolaum Arelatanum. Conradum Brunum. Fran. Scilecens. in tract. de fi. C. Fran. Ponzinib. in tract. de Lam. Jac. Sprenger. in maleo malefi. Archiep. Turin. Contravaldem. Bernardum Lutzemburgum. Joan. Eccium. Fratrem Thomam Elysium Ordinis Prædicatorum cujus titulus est, Piorum clypeus adversus veterum recentiorumque hereticorum pravitatem. Alphonsum de Castro Zamorensem adversus omnes hæreses. & de justa hæret. punitione. Rober. Episc. Arborien. Pet. Godo-Fredum in nonnullis titulos primi Justiniani Codi. Petri Lizetii. volu. II.

Grillandus de Hæreticis Lugd. 1536. in 8.

De modo procedendi contra Aposta. Per Incertum autorem.

1 Des differentes sortes d'heresies. *Voyez la Bibliot. Canonique*, tome 1. p. 678. *& suiv.*

2 Des Inquisiteurs de la Foy, & Jurisdiction, ensemble de celle qui est attribuée aux Prélats de France pour l'extirpation des heresies. *Ordonnances de Fontanon*, to. 4. tit. 3. p. 215.

3 De la connoissance du crime d'heresie qui appartient aux Juges d'Eglise. *Voyez les Memoires du Clergé*, tome 6. part. 9. chap. 1.

4 Les Ordonnances, Edits, Reglemens & Arrêts donnez contre les heretiques en general. *Voyez Ibidem*, chap. 2.

5 Du rétablissement de la Religion Catholique, des Eglises & Biens Ecclesiastiques dans les lieux infectez de l'heresie. *V. Ibidem*, chap. 3.

6 Des Charges, Honneurs, Emplois & Maîtrises & Places d'Oblats dont les heretiques sont exclus. *V. Ibidem*, chap. 13.

7 *Voyez* ce que dit Rebuffe 3. *part. praxis benef.* dans l'explication qu'il fait de la Bulle *In Cœna Domini.*

8 *In crimine hæresis potest statim procedi propter delicti enormitatem, & sufficit ad inquirendum vehemens suspicio. Voyez Julius Clarus* li. 4. *sentent.* quest. 6. n. 7.

9. *Patris delictum in crimine hæresis quandoque filio nocet.* Voyez Franc. Marc. to. 1. quest. IIII.

10. *Inquisitus de hæresi ad inquisitionis expensas non tenetur.* Voyez Ibidem, quest. 118.

11. Heretiques poursuivis, leurs Livres brûlez. Voyez Tournet, lettre H. arr. 4. & suiv.

12. Les Parlemens, Baillifs & Sénéchaux connoissent en premiere instance du crime d'heresie, par concurrence avec les Juges Ecclesiastiques. Voyez La Rochestavin, liv. 13. chap. 46.

13. Reglement fait par le Parlement de Paris le 5. Février 1525. sur la Requête du Procureur General pour supprimer les heresies naissantes. Voyez les Preuves des Libertez, tome 2. ch. 28. n. 9.

14. Edit portant que ceux qui receleront les heretiques Lutheriens seront punis de semblable peine qu'eux, & que ceux qui les accuseront, auront la quatriéme partie des confiscations. A Paris le 29. Janvier 1534. registré le 1. Février de la même année. Fontanon, tome 4. p. 245.

15. Edit du Roy Loüis XIV. portant défenses de faire aucun exercice public de la Religion Prétenduë Reformée dans le Royaume. Il est du mois d'Octobre 1685. registré le 22. des mêmes mois & an. Bibliotheque Canon. to. 1. p. 700.

HERESIE, ABJURATION.

16. De ceux qui renoncent à l'heresie. Voyez Ibidem, tome 2. p. 518. col. 2.

17. Declaration du Roy du 10. Octobre 1679. portant que dorénavant les Actes des abjurations qui se feront, seront par les ordres des Archevêques & Evêques mis en bonne forme entre les mains du Procureur du Roy du Siege Royal, dans le Ressort duquel est situé le Siege de l'Archevêché ou Duché, où l'abjuration aura été faite, dont il donnera décharge par écrit aux Officiers des Archevêques ou Evêques, pour ensuite être lesdits Actes, à la diligence du Procureur du Roy, signifiez aux Ministres & aux Consistoires des lieux où ceux qui auront abjuré ladite Religion Prétenduë Reformée faisoient leur residence & l'exercice de leur Religion, & en consequence défenses tant aux Ministres qu'auxdits Consistoires de les recevoir, sur peine de desobéïssance, de suppression des Consistoires, & interdiction des Ministres. Voyez les Arrêts & Edits recüeillis par l'ordre de M. le Chancelier, en 1682.

HERESIE ABSOLUTION.

18. Voyez dans les Opuscules de Loisel & de Pithou p. 417. un Memoire par lequel il est prouvé que le Roy Henry IV. pouvoit être canoniquement & legitimement absous d'heresie par les Evêques de son Royaume.

HERESIE, ACCUSATION.

19. Du renvoy requis par un accusé d'heresie. Voyez la Bibliotheque Can. to. 2. p. 464. initio.

20. Un Chevalier de l'Ordre de saint Jean de Jerusalem, quoi qu'exempt de la Jurisdiction de l'Evêque, peut être convenu & contraint de répondre en crime d'heresie. Arrêt sans date rapporté par Papon, livre 1. titre 10. nomb. 3.

21. Excommunié par an & jour, emprisonné & rendu à l'Evêque pour luy faire son procez comme suspect d'heresie, dont il y eut appel ; il fut dit par Arrêt du 22. May 1370. qu'il avoit été bien procédé par le Prévôt de Nemours Juge à quo. Voyez la Bibliotheque de Bouchel, verbo *Appellation comme d'abus*.

22. Arrêt du Parlement de Paris du 20. Mars 1524. par lequel il est ordonné que l'Evêque de Paris donnera Vicariat à deux Conseillers de la Cour, & deux Docteurs en Theologie pour faire leur procez aux heretiques. Autre Arrêt semblable du 29. du même mois contre plusieurs Archevêques ou Evêques. Voyez les Preuves des Libertez, tome 2. chap. 28. nomb. 3. &

suiv. où est rapporté un Bref du Pape Clement VII. au Parlement, approuvant ceux que la Cour avoit nommez pour Inquisiteurs de la Foy qui travailleront *autoritate apostolicâ*.

23. Arrêt du Parlement de Paris du 24. Novembre 1525. par lequel il est ordonné que les Archevêques & Evêques, & autres Prélats, aux Diocèses & Jurisdictions desquels seront trouvez des heretiques, consigneront argent au Greffe de la Cour pour faire & parfaire le procez des Heretiques. Arrêt semblable du mois de Novembre 1525. contre l'Evêque de Meaux; & 5. Février 1525. contre l'Archevêque de Tours. Voyez les Preuves des Libertez, to. 2. chap. 28. n. 6.

24. Edit de François premier du 16. Juillet 1535. qui ordonne que tous ceux qui sont accusez d'heresie, ne seront poursuivis par Justice, & que ceux qui sont absens du Royaume pourront nonobstant les bannissemens & confiscations y revenir, pourvû qu'ils veuillent renoncer à leurs erreurs, & à la charge que s'ils étoient convaincus de recidive, ils seroient griévement punis. Papon, li. 1. tit. 2. nomb. 8.

25. Arrêt du Parlement de Toulouse du mois de Septembre 1538. qui déclare heretique Frere Loüis de Rocheto Jacobin, jadis Inquisiteur de la Foy, & le condamne à être brûlé vif. Voyez les Preuves des Libertez, to. 2. chap. 28. n. 13.

26. Pour convaincre du crime d'heresie dans le fors exterieur, il faut que l'erreur soit publique, suivant l'opinion des Peres de l'Eglise, qu'elle soit soutenuë avec opiniatreté, qu'elle dégenere en dogmes & opinions contraires à la Loy, autrement l'on ne peut condamner pour des soupçons particuliers, & l'on rapporte un Arrêt rendu au Grand Conseil pour M. de saint Gelais au mois de Juillet 1557. Du Perray, li. 2. chap. 11. nomb. 10.

27. Arrêt du Parlement de Paris du premier Mars 1560. sur la verification de certaines Lettres du Roy, qui contient comment ceux qui sont accusez d'heresie peuvent être jugez, & par quels Juges. Preuves des Libertez, to. 2. chap. 35. nomb. 67.

28. Arrêt du Parlement de Bretagne du dernier Avril 1561. par lequel la Cour ordonne que les Juges d'Eglise ne pourront pour le fait d'heresie simple ou mixte, proceder ni decreter contre les gens Laïcs, & non constituez ès Ordres sacrez, & où ils auroient procédé, les accusez en pourront appeller comme d'abus, lequel appel sera reçu pour y être fait droit en la Cour ; & quant aux autres constituez aux Ordres sacrez, ils pourront les decreter, instruire & faire leur procez, gardant les Edits & Ordonnances du Roy, sur peine de nullité, & saisie de leur temporel, & où il y auroit appel des condamnez, les procez seront vûs en la Cour pour y être fait droit comme de raison, sans que le Chapitre *ut inquisitionis* soit aucunement observé. Voyez Du Fail, liv. 2. chapitre 112.

29. Du Jugement des heretiques, perturbateurs du repos public. Voyez les Preuves des Libertez, tome 2. chap. 28.

30. Le crime d'heresie est de la Jurisdiction Ecclesiastique. Voyez les Memoires du Clergé, tome 1. part. 1. p. 466. & tome 2. part. 1. p. 14. & 61. tome 5. part. 8. p. 224. & to. 6. part. 9. p. 1. & suiv. Les Juges Laïcs n'en doivent connoître sinon quant à l'information & decret seulement. Ibidem, tome 6. part. 9. p. 3.

31. Les Juges Royaux doivent renvoyer les causes d'heresie aux Juges d'Eglise. Ibid. to. 2. part. 1. p. 61.

Trois Ecclesiastiques & une Religieuse accusez pardevant le Juge Royal d'être de la Secte des Illuminez, renvoyez à l'Evêque, & à son Official pour leur faire leur procez. Ibid. tome 2. part. 1. p. 14.

32. Défenses à ceux qui ont été repris d'heresie, ou qui en sont soupçonnez, de prêcher s'ils n'en ont été purgez. Memoires du Clergé, tome 1. part. 1. p. 619. La connoissance en appartient au Juge d'Eglise. Ibidem.

33 En accusation d'heresie on peut sur l'extraordinaire absoudre l'accusé, quand il appert de la calomnie d'un accusateur. Ce fut un point que tint M. de Marillac Avocat du Roy aux Grands Jours de Moulins le 3. Octobre 1650. il allegua un Arrêt du Parl. de Paris pour le nommé Calimon. *Bibliotheque de Bouchel*, verbo *Receveurs*.

HERESIE, BENEFICE VACANT.

34 De l'heresie qui fait vaquer le Benefice. *Voyez Rebuffe 3. part. praxis benef.* au commencement. Maître Charles Du Moulin sur la Regle *de infirmis resignantibus*, nombre 386. & Albert en son Recueil d'Arrêts du Parlement de Toulouse, lettre B. Arr. 32.

35 *Privatio Beneficiorum, quatenus sit ipso jure inducta propter haeresim, schisma vel blasphemiam?* Voyez *Lotherius de re Beneficiariâ*, li. 3. quest. 28.

36 L'heresie est un délit qui fait vaquer un Benefice *ipso jure* ; fils d'heretiques privez de leurs Benefices jusqu'à la seconde generation ; celuy qui a obtenu un Benefice à la priere d'un heretique en doit être aussi privé. *Voyez les Definit. Can. p. 203.*

36 bis. L'heresie fait vaquer le Benefice *ipso jure*, mais non *ipso facto*, car il est necessaire d'obtenir une Sentence qui déclare le Beneficier heretique, & cette Sentence doit être prononcée par un Juge Ecclesiastique. *Ibidem, page 351.*

37 De l'heresie qui fait vaquer le Benefice, non seulement les Heretiques sont privez des Benefices, mais encore leurs enfans & petits enfans, *quia haeresis notam quamdam inurit & cicatricem indelebilem* ; cependant à l'égard des enfans, & petits enfans cette Jurisprudence n'est suivie qu'à Rome, & pour l'heretique converti il faut une rehabilitation avant que de pouvoir posseder des Benefices. *Voyez la Bibliotheque Can. to. 1. p. 289.*

38 Quoique le Benefice d'un Heretique puisse être emporté comme vacant *ipso jure*, si incontinent aprés qu'il a été surpris en erreur, il déclare qu'il est prêt d'abjurer, le Benefice luy est laissé. *Ibidem, page 25. col. 1. in fine.*

39 Ce n'est pas d'une institution fort ancienne que le crime d'heresie fait vaquer les Benefices de plein droit ; cela a été établi seulement par le Pape Boniface VIII. dans le chapitre *cum secundum de haeret. in 6.* & encore ce chap. ne parle pas expressément des Benefices pour ils vaquent de plein droit, mais il n'y est parlé que des biens temporels qu'une personne convaincuë d'heresie peut posseder ; or on ne peut pas prétendre que les Benefices Ecclesiastiques soient compris sous le nom de biens, & ainsi ce chapitre ne doit avoir lieu, & être observé que dans les lieux où le Pape est Seigneur temporel. *Du Moulin, de Infirmis, nombre 393. & au nombre 394.* il ajoûte quand il est dit que l'heresie fait vaquer de plein droit les Benefices, cela ne se doit entendre que d'une heresie publique & notoire, & non d'une heresie secrette qu'une personne cache & retient, & il dit que suivant ces maximes il fit gagner la cause à François de saint Gelais Par Arrêt du Grand Conseil du mois de Juillet 1557. contre Laurent Religieux.

40 Par les dispositions de Droit commun, *cap. quicumque, §. haeretici, & cap. statuimus 15. de haereticis in. 6.* les enfans des Heretiques jusqu'à la seconde generation en ligne masculine, sont inhabiles aux Benefices ; pour en être pourvûs ils ont besoin de dispense : neanmoins en France on tient qu'ils sont capables de Benefices, & les Heretiques même convertis, & qui sont retournez dans le sein de l'Eglise, sans qu'ils soient obligez d'obtenir dispense, & comme par le fait de l'heresie ils ont encouru l'excommunication & l'irregularité ; il semble qu'ils ne peuvent être dispensez de l'irregularité que par le Pape. Quoique par le Concile de Trente, *sess. 24. chap. 6. de reformatione* les Evêques seuls ayent le pouvoir d'absoudre les Heretiques ; le Concile a limité & restraint ce pouvoir au fore de conscience seulement ; il semble donc qu'on ne pourroit l'étendre au pouvoir de dispenser & d'habiliter les Heretiques pour les Benefices. *Voyez l'Auteur des Definit. Can. p. 355.*

41 M. Jean Milot Chanoine de l'Eglise Nôtre Dame de Beaune devint Ministre dans la R. P. R. Lassé de son libertinage, ou mieux persuadé de la verité, il demanda à rentrer dans l'Eglise & dans la jouïssance de sa Prebende. Les Commissaires établis pour l'execution des Edits de pacification rendirent une Sentence en sa faveur ; le Chapitre qui avoit pourvû un autre se plaignit au Conseil Privé de ce Jugement. Arrêt du 8. Juillet 1564. qui l'infirme, & qui le débouttedes Lettres qu'il avoit obtenuës contre la demission de sa Prebende. *Ibidem, page 351.*

42 La Cure de la Chartrette avoit vaqué dans un mois des Graduez nommez. Montargon étoit le plus ancien ; mais d'Urban étoit Regent Septenaire, son privilege luy donnoit la preference sur l'antiquité du Gradué. On opposoit à d'Urban qu'il avoit été nourri & élevé dans la R. P. R. jusqu'à 14. ans. Son Avocat répondoit que les Decretales du Sexte n'étoient point recuës parmi nous, qu'on ne devoit point traiter d'heretiques ceux de la R. P. R. que cette Religion avoit été tolerée par divers Edits & déclarations. Sentence des Requêtes de l'Hôtel du 19. Octobre 1688. en faveur de d'Urban. Même chose avoit été jugée en 1669. & 1670. pour le Doyenné de Xaintes, en faveur du sieur Chabot. *Voyez M. Du Perray, livre 2. chapitre 11. nombre 20.* il observe que les Magistrats qui ont les bonnes notions du Droit Public interrompent les Avocats, quand ils traitent d'heretiques les personnes qui ont fait Profession de la R. P. R. & ces interruptions sont justes.

HERESIE, CONFISCATION.

L'Heresie confisque le corps & les biens. Cela s'observe ainsi dans le Dauphiné. *Voyez la question 76. de Guy Pape, & cy-dessus le nomb. 14.*

43 Arrêt de la Cour de Provence du 26. Juin 1560. *V. Franç. de Claperiis, causf. 41.*

HERETIQUE, MARIAGE.

44 *De matrimonio contracto ab Haereticis ; an possit per Romanum Pontificem dirimi* ? Per Thomam Compegium, in tract. de auth Rom. Pontificis.

HERESIE, PAPE.

45 *Papa Haereticus si haeresim fateatur, Concilium Generale convocandum non est : secus si non fateatur.* Voyez *Franc. Marc. tome 1. quest. 943.*

46 *Papam Haereticum capere an liceat ?* Voyez *Ibidem, quest. 944.*

47 *Papa licet à nemine judicetur, hominum tamen judicio haereseos ratione subjicitur.* Voyez, *Ibidem, question 1089.*

48 Voyez *Julius Clarus liv. 5. Sententiarum de crimine haeresis, potest etiam Papa accusari & condemnari : de crimine haeresis potest etiam post mortem inquiri & defuncti memoria damnari.*

PATRON HERETIQUE.

49 Quand le Droit de Patronage dépend d'un fief, & qu'il est possedé par un Proprietaire engagé dans l'heresie, ce droit de Patronage n'est pas pour cela perdu ny supprimé ; mais l'exercice en demeure suspendu tant que le Proprietaire est Heretique. Comme le droit de Patronage n'est qu'une servitude sur le droit du Collateur ; suivant la pensée de Du Moulin sur la Regle *de infirmis nombre 61.* cette servitude étant suspenduë, l'Evêque confere le Benefice librement & de plein droit : mais dans ses provisions, il est obligé de faire mention du droit de Patronage, de peur qu'il ne s'abolisse par succession de temps, & quand ce Seigneur du fief quitte l'heresie, ou que le fief passe és mains d'un Proprietaire Catholique, le droit de Patronage, dont l'exercice avoit été interrompû reprend son cours. C'est la Jurisprudence que

que les derniers Arrêts du Parlement de Paris, & du Conseil Privé du Roy ont établie autrefois, en permettant que les Patrons de la R. P. R. baillassent leur procuration à un Catholique, lequel presentoit aux Beneficies *nomine procuratorio*; mais cela a été abrogé par la derniere Jurisprudence. *Voyez l'auteur des Definitions Canoniques, page* 578.

50 L'Heretique est privé du droit de Patronage, jusqu'à ce qu'il abjure. Arrêt du Parlement de Paris du 6. Février 1648. *Voyez Pinson*, au chap. *quibus modis vacent Beneficia.* §. 2. *num.* 4.

51 Reglement du Conseil d'Etat du 8. Juillet 1661. par lequel le Roy maintient ses sujets faisant Profession de la R. P. R. au droit de Patronage à cause de leurs terres; à la charge de nommer par eux des personnes capables, à qui ils donnent pouvoir de faire les nominations & les presentations lesquelles sont tenuës de faire registrer le pouvoir qui leur aura été donné au Greffe de la plus proche Justice Royalle des terres en droit de Patronage; mais ce Reglement a été révoqué par un Arrêt du Conseil d'Etat posterieur qui suspend le droit de Patronage des Heretiques. V. *M. Le Prêtre* 2. *Cent. chap.* 32.
Voyez, le mot, *Patronage*, §. *Patron*, *Heretique*.

PEINES CONTRE LES HERETIQUES.

52 Des peines encouruës par ceux qui favorisent & retirent les Heretiques. *Voyez* le chapitre *excommunicamus*. §. *credentes extrà. de Haret.* Papon, livre 1. titre 2. nombre 7. page 519.

53 Par deux Arrêts du Samedy *antè Brandones*, du Parlement de l'Octave *omn. Sanctor.* 1304. des hommes convaincus d'heresie ont été condamnez à être murez & y avoir des Gardes, leurs biens confisquez. Le Roy leur donnoit à chacun trois deniers par jour & leurs amis pouvoient encore leur en donner. *Corbin suite de Patronage* chap. 127.

54 Arrêt du Parlement de Paris du 19. Août 1525. qui ordonne que certains Docteurs & Regens soupçonnez d'heresie, seront pris au corps, *etiam in loco sacro*. Preuves des Libertez, tome 2. chap. 35. nomb. 44.

55 Arrêt du Parlement de Paris du 19. Décembre 1534. par lequel un Clerc qui avoit fait plusieurs propositions contre la Foy Catholique, contre les défenses de la Cour, est débouté du privilege de Clericature à cause de sa desobeïssance & crime de rebellion. *Ibidem*, chap. 28. nomb. 12.

56 Arrêt du Palement de Paris du 5. Octobre 1546. par lequel un Heretique est condamné au feu; & attendu que le Roy est conservateur des Conciles, & sa Cour de Parlement, il est enjoint à l'Evêque de Troyes d'executer l'art. du Concile de Latran, touchant les Heretiques, & luy est prescrit l'ordre pour empêcher le progrez de l'heresie. *Ibidem*, n. 16.

57 Arrêt du Parlement de Paris du penultiéme Novembre 1549. portant qu'il ne sera permis aux Juges d'Eglise de condamner pour cas d'heresie aucun, soit Clerc ou Lay, en amende pecuniaire, & qu'en Jugement & Sentence que les Juges d'Eglise donneront pour les cas & crime d'heresie, ils ne pourront ajouter ces mots, *Salvâ misericordiâ Domini.* Ibidem, nombre 18.

58 Pour empêcher le regorgement de l'eau un particulier appliqué au cloaque plusieurs pierres qu'il avoit en sa maison; n'y ayant point assez, il fut conseillé de prendre celles des vieux tombeaux, étant au cimetiere; le marguillier fait informer, & accuse le particulier du crime d'heresie; il se défendit en disant que ce qu'il avoit fait, étoit par necessité, que le peuple l'a conseillé, que les proprietaires des tombeaux y avoient consenti. Arrêt du Parlement de Paris du 29. Mars 1552. qui condamnoit marguillier en nom aux dépens; il étoit justifié que le marguillier étoit du nombre de ceux qui avoient conseillé de faire ce qui fut fait. Papon, liv. 1. tit. 2. nomb. 5.

59 Arrêt du Parlement de Roüen du 10. Août 1554.

Tome II,

qui déboute un Prêtre Heretique du privilege de Clericature, le condamne à être brulé vif, préalablement appliqué à la question; il fut executé sans dégradation. Preuves des Libertez, tome 2. chap. 36. nombre 33.

60 Les habitans de Merindol & de la Briere petites Villes de Provence, ayant été accusez en l'année 1540. d'avoir retiré chez eux & embrassé l'heresie des Vaudois, qui portoient le nom de *Pierre Valdo Lionnois*, auteur de leur Secte dés l'année 1170 ainsi que rapporte M. de Thou au 6. livre de son histoire où il fait une ample déclaration de l'origine & progrès de leur Religion, & ayant été pour cette cause appellez au Parlement d'Aix à la Requête du Procureur General, ils laissérent donner contre eux par contumace un Arrêt fort extraordinaire, par lequel il fut ordonné que *les peres de famille seroient brulez vifs, leurs biens, femmes & enfans confisquez, les maisons de Merindol où ils s'étoient retirez, razées, & les lieux soûterrains des environs, qui avoient servi de retraite à plusieurs d'entr'eux bouchez; la Forêt voisine abbatuë & les arbres de leurs Jardins arrachées*, avec défenses à tous de prendre à ferme & loyers les Terres de ceux qui seroient de la race ou du nom des accusez. L'execution de cet Arrêt si nouveau fut commise aux Juges ordinaires d'Aix, de Tournes, de Saint Maximin & d'Apt, mais elle fut differée par M. Barthelemy Chassanée celebre Jurisconsulte de ce temps là, qui presidoit lors en ce Parlement. L'execution de l'Arrêt fut réveillée aprés le décés de M. le Président Chassanée; La commission en fut donnée à M. de la Fons, de Tributiis, Badet, & Guerin; le Président d'Oppede se joignit à eux, ils exercerent des inhumanitez infinies. Craignant d'être recherchez, ils resolurent de demander au Roy des Lettres d'approbation: l'affaire fut renvoyée au Parlement de Paris. L'Avocat General Guerin fut condamné à mort, le Président d'Oppede fut renvoyé absous, mais il finit miserablement ses jours. *Voyez Loisel*, Indice des Avocats page 630.

HERITAGE.

1 EN la Coûtume de Nivernois heritage quelquefois signifie simplement immeubles, & quelquefois le propre & censier ? *Coquille*, tome 2. quest. 238.

HERITAGES ACQUIS.

2 Les heritages propres acquis par Contract par un parent du côté & ligne, luy sont acquêts & propres naissans à ses enfans, &c. Arrêt du 16. Février 1647. *Du Frêne* livre 5. chap. 6. *Voyez*, les mots, *Acquêts & Propres*.

HERITAGES DE MINEURS.

3 Vente d'heritages de mineurs non valable, encore que faite par authorité de Justice, si les creanciers sans avoir fait discussion des meubles, ont fait saisir réellement les immeubles. Arrêt du 18. Septembre 1579. *Chenu*, 1. Cent. quest. 30.

HERITAGES PATERNELS.

4 Les heritages paternels doivent être adjugez à ceux qui sont du côté paternel, combien qu'ils soient en degré plus eloigné. Jugé le 22. Decembre 1564. *Le Vest, Arrêt* 192. *Voyez* les titres, *Materna Maternis*, *Paterna Paternis*.

HERITAGES, SUCCESSION.

5 *An pretium rei hæreditariæ reputari debeat hæreditagium?* Voyez *Jo. Gall.* quæst. 1.

6 L'heritage represente le Testateur; mais quand il a été reconnu par l'adition, il represente l'heritier. Arrêt du Parlement de Grenoble du 18. Février 1579. qui a jugé que l'heritier Laïc d'un Clerc devoit être convenu devant le Juge Seculier. *Voyez Chorier*, en sa Jurisprudence de Guy Pape, page 50.

Voyez, le mot, *Succession*.

HERITAGE VENDU.

7 L'heritage vendu en païs de Droit écrit du ressort

du Parlement de Paris, sera estimé par experts. 2°. Que les 400. livres d'arrerages pour les 1200. liv. en principal dûs au sieur Malet, ne peuvent faire un sort principal sujet à interêt. 3°. Les interêts de deux obligations portez par deux Sentences ajugez. 4°. Sauf à l'intimé creancier à se faire payer des sommes de deniers, si aucunes luy sont dûës sur les biens donnez à l'appellante par sa mere débitrice, aprés l'imputation faite Arrêt du Parlement de Paris du 17. Février 1674. *Journal du Palais.*

HERITAGE VOISINS.

8 De ceux qui ont des heritages joignans; comment se bornent ou se confinent les heritages, des engagemens reciproques des proprietaires ou possesseurs d'heritages joignans? *Voyez le 2. tome des Loix Civiles, livre 2. titre 6.* & les mots, *Arbres, Bornes, Confins.*

HERITIER.

Personnes comprises sous le nom d'heritier. *L. 65. 70. 170. 227. D. de verb. sign... L. 128. §.1; L. 194. D. de reg. juris.*

L'heritier a les droits du défunt. *L. 59. 120. 127. 145. 149. 156. §. 2. & 3. L. 175. §. 1. L. 177. D. de reg. juris.*

De hæredum qualitate & differentia. Inst. 2. 19.

Heritier testamentaire.

De hæredibus instituendis. J. 2. 14... D. 28. 5.

De institutione hæredum. P. 3. Sent. 6.

De hæredibus instituendis, & quæ persona hæredes institui non possunt. C. 6. 24.

Quomodo hæredes institui debent. Ulp. 22.

Qui hæredes institui possunt. Ulp. 23.

De conditionibus institutionum. D. 28. 7... C. 6. 25.. *Voyez* Condition.

De liberis & posthumis hæredibus instituendis, vel exheredandis. D. 28. 2.

De necessariis hæredibus instituendis, vel substituendis. C. 6. 17.

De liberis præteritis, vel exheredatis. C. 6. 28.

De posthumis hæredibus instituendis, vel exheredandis, vel præteritis. C. 6. 29.

De exheredatione liberorum. J. 2. 13... Caj. 2. 3.

De hæredibus & Falcidia. N. 1.

De hæredibus. N. 164. Défenses de troubler les heritiers, ou d'usurper les biens du défunt, en les marquant d'une enseigne ou inscription étrangere. *Voyez* Enseigne.

Ut captivi filius hæres sit. L. N. 36.

De pacto paterno, ex æquo hæredem futurum filium. L. N. 19.

De Edicto Divi Adriani tollendo; & quemadmodum scriptus hæres in possessionem mittatur. C. 6. 33. L'Edit de l'Empereur Adrien donnoit un an à l'heritier pour demander la mise en possession; mais Justinien en abrogeant cet Edit, a laissé à l'heritier un temps indéfini.

Heritier legitime, ou *ab intestat.*

De suis, & legitimis hæredibus. D. 38. 16.

De suis & legitimis liberis, & ex filia nepotibus ab intestato venientibus. C. 6. 54.

De legitimis hæredibus. C. 6. 57. Ulp. 26. ... C. Th. 5. 1.

De hæredibus ab intestato venientibus, & de agnatorum jure sublato. N. 118.

De jure deliberandi, & de adeunda vel adquirenda hæreditate. D. 28. 8... C. 6. 30... L'heritier avoit un délai pour déliberer, s'il accepteroit la succession. *Voyez* Déliberer.

Actions hereditaires.

De actionibus hereditariis. C. 4. 16. .. Lex 12. tab. t. 21.

Si unus ex pluribus hæredibus creditoris vel debitoris, partem suam debiti solverit, vel acceperit. C. 8. 32. De l'action personnelle entre coheritiers; de la division,

& de la solidité. *Voyez* Coheritier.

Ut actiones & ab hæredibus & contra hæredes incipiant. C. 4. 11.

De perpetuis & temporalibus actionibus, & quæ ad hæredes, & in hæredes transeunt. J. 4. 12.

Ex delictis defunctorum in quantum hæredes conveniantur. C. 4. 17.

Nec pœna, nec lucrum transit ad hæredes. L. 38. L. III. §. 1. D. de reg. juris.

Quando actio datur in hæredem. D. 44. eod.

Quando pœna transit in hæredem. L. 164. D. eod.

De periculo successorum parentis. C. 10. 61. L'engagement du pere pour son fils, passe aux heritiers du pere.

Si post creationem quis decesserit. C. 10. 68. La nomination à une tutelle, ne passe pas aux heritiers du tuteur nommé.

De hæredibus tutorum vel curatorum. D. 27. 7... C. 5. 54. Voyez Tuteur.

De usucapione pro hærede, vel pro possessore. D. 41. 5... C. 7. 29 ..

L'heritier peut prescrire.

Ubi de hæreditate agitur, vel ubi hæredes scripti, in possessionem mitti postulare debeant. C. 3. 20.

Ut defuncti, seu funera eorum non inquietentur à creditoribus. N. 60.

Peines contre les creanciers qui inquietent les parens du défunt leur débiteur: l'heritier avoit neuf jours de délay. *N. 11. c. 5.*

Voyez la Bibliotheque de Jovet au mot Heritier, & dans le present Recüeil les mots *Acquêts, Adition, Acte d'heritier, Benefice d'inventaire, Heredité, Heritages, Inventaires, Legs, Partage, Propre, Substitution, Succession, Testament.*

2 Des droits attachez à la qualité d'heritier; des diverses sortes d'engagemens des heritiers; des engagemens qu'on peut imposer à un heritier, & par quelles dispositions; des engagemens qui suivent de la qualité d'heritier; quoique celuy à qui il succede n'en impose aucun. *Voyez les Loix Civiles, tome 3. li. 1. tit. 1. section 5.* La section 13. traite de ceux qui tiennent lieu d'heritiers, quoiqu'ils ne le soient pas; ainsi le fisc tient lieu d'heritiers, des biens du condamné, des aubains, bâtards, & de ceux qui n'ont aucuns parens; le donataire universel tient lieu d'heritier; il en est de même de l'acheteur d'une heredité, & du curateur à une succession vacante.

3 Des heritiers purs & simples, & des beneficiaires & des criées qui se font sur eux. *Voyez le traité des Criées par M. Bruneau, page* 517.

4 Des droits & obligations des heritiers, tant testamentaires, qu'ab intestat. *Voyez* Despeisses, tome 2. *pag*. 404.

5 Heritier de fait & d'esprit. *Gestio hæredis est quidem animi & facti.* Voyez M. le Prêtre, premiere Cent. chap. 11.

6 Heritier est une qualité indivisible. *Voyez* Ricard, Traité des Donations entre-vifs, 1. part. chapitre trois. sect. 15.

7 Ce terme d'heritier comprend le simple comme le beneficiaire, *est nomen analogum*; & apposé dans un contrat de mariage, il comprend le fils. Tronçon, Coûtume de Paris, art. 316.

8 *An in contractibus jus adimplendi conditionem, item privilegium immunitatis ad hæredes transeat? Voyez And. Gaill, lib. 2. Observ. 2.*

9 Les heritiers particuliers sont compris sous le nom general d'heritiers. Arrêt du 2. Février 1596. *Voyez* Cambolas, liv. 2. chap. 13.

10 *Hæredis appellatione in dubio de universali intelligitur. Voyez Franc. Marc. tome 1. quest. 547.*

11 Le mot heritier apposé simplement dans un testament, s'entend des enfans ou descendans, comme *je substitue mon fils, & son heritier, l. ex facto. §. fin. ff. ad Trebell.* mais en contract ou statut, s'entend de

HER   HER   347

qubcumque harede, descendant collateral ; ou étranger, *l. fin. C. de herede inſtit. & l. ſub diverſis, §. pariet. ff. de condi. & demonſt.* Arrêt du Parlement de Grenoble de l'an 1461. Papon, *livre* 17. *titre* 3. *nombre* 5.

12. L'accuſé étant mort, toutes pourſuites doivent ceſſer, l'action étant éteinte, ſi ce n'eſt pour les interêts civils qui peuvent être demandez aux heritiers. Arrêt du P. de Toulouſe du 13. Mars 1563. *La Rocheflavin, liv.* 6. *titre* 52. *Arrêt* 2.

13. Comment ſe doit entendre le mot de *proche heritier*, quand la Coûtume dit, *le mort ſaiſit le vif ?* Voyez Peleus *q.* 136.

14. Qualité d'heritier acceptée ne ſe perd pas. *Voyez* Ricard, *des Donations entre-vifs*, 1. *part. chapitre* 3. *ſection* 15.

Qui ſemel eſt hæres nunquam deſinit eſſe hæres. Arrêt du 1. Février 1658. Henrys, *tome* 2. *liv.* 6. *q.* 23.

15. *De geſtione pro herede.* Voyez M. le Prêtre 1. *Cent. chapitre* 11.

16. L'heritier & le ſucceſſeur different ; l'heritier ſuccede aux biens & à la perſonne, le ſucceſſeur aux biens ſeulement, comme le fiſc, le Haut-Juſticier, l'Abbé, l'Ordre de Malthe. *Voyez Ibidem*, 2. *Cent. chapitre* 39.

17. L'heritier qui negocie pour tous les autres une affaire de leur communauté, laquelle ne ſe peut traiter à quartier & à part, il n'a action contre ſes coheritiers que contre chacun en particulier ; Secùs, d'un debiteur qui a racheté une rente avec ceſſion par le creancier, *quod ſi aliquis ſolvendo non fuerit, partis illius jactura in omnes ex æquo recidet*. Mornac *l.* 25. *§. ſi unus ff. famil. ercſc.*

18. Par Arrêt du Parlement de Roüen, rendu toutes les Chambres aſſemblées, le 23. Avril 1523. rapporté par Berault, *ſur la Coût. de Normandie*, *art.* 90. il a été jugé qu'une obligation de tous biens preſens & à venir, eſt executoire ſur tous les biens des heritiers de l'obligé, quoique les biens ſoient venus d'autre côté que de la ſucceſſion d'icelui ; mais celui lequel ſujet à pluſieurs dettes, a recueilli une ſucceſſion chargée d'autres grandes dettes, ne peut ſans confondre les hypoteques des creanciers, leſquels pourront demander ſéparation de biens, afin que par l'adition de l'heredité, il ne préjudicie à l'ordre des crédites, de ceux deſquels il étoit premierement debiteur ; ce qui eſt conforme à la diſpoſition de droit, *tot. tit. de ſeparat.* afin que chacun ſoit porté ſur les biens de celui qui luy étoit obligé, *non enim in perſonâ hæredis conditio obligationis mutari poteſt. l.* 1. *de verb. oblig.*

19. Heritier immobilier tenu de bailler la ſomme qui doit être baillée à la femme après le décés de ſon mary, ou l'employer en heritage propre à elle, ſuivant le traité de mariage, d'autant que telle action eſt reputée immobiliaire. Jugé le 9. Janvier 1551. *Le Veſt, Arrêt* 51.

20. Heritier, *partem faciens*, qui *non admittitur ad partem, tamen facit partem.* Arrêt du 7. Avril 1562. *Le Veſt, Arrêt* 214.

21. Le moins proche n'eſt reçû à ſe dire heritier ſans faire apparoître de la renonciation du plus proche qui le précede. Arrêt du 26. Novembre 1565. *Bibliotheque de Bouchel,* verbo *Le mort ſaiſit le vif.*

22. Les heritiers du ſang, ſont plus favorables que les donataires & legataires. *Voyez* Peleus *q.* 135.

23. Heritier doit être ſaiſi actuellement des biens de la ſucceſſion devant qu'en faire délivrance. Arrêt du 30. Avril 1579. Carondas, *liv.* 7. *Rép.* 179.

24. Si le frere qui vend l'heritage de ſon frere mort, eſt tenu ſe porter heritier de ſon frere ? *V.* Bouvot, *to.* 1. *part.* 1. verbo *Vente d'heritage.*

25. Un frere étant en communauté de biens, & n'ayant fait partage de biens, recueille les fruits après le décés de ſon frere, ſeme & laboure les heritages, *Tome II.*

n'eſt tenu ſe porter heritier de ſon frere. Arrêt du Parlement de Dijon du 17. Février 1606. Bouvot, *tome* 2. verbo *Hoirie, Heritiers*, *queſt.* 9.

26. Celuy qui eſt heritier préſomptif, comme la fille & creanciere de la dot, faiſant ſaiſir les biens de ſes pere & mere, eſt tenuë de déclarer premierement ſi elle eſt heritiere ou non de ſa mere. Arrêt du 23. Janvier 1607. *Ibidem, queſt.* 15.

27. Les frais faits par les Officiers à la confection de l'Inventaire des biens du défunt ſe payent par tête, & à proportion des biens que chaque heritier amende en la ſucceſſion. Arrêt du Parlement de Dijon du 15. May 1612. *Ibidem, queſt.* 14.

28. Un particulier qui a contracté en qualité d'heritier, ne peut après être relevé par Lettres de reſtitution, étant majeur. Arrêt du même Parl. de Dijon du 17. Février 1605. *Ibidem, queſt.* 7.

29. La tranſmiſſion de l'heritage ne ſe fait *ipſo jure* ; il faut une déclaration ou quelque action qui témoigne qu'on veut être heritier, ou qu'il le faſſe connoître par quelque action d'heritier. Arrêt du Parlement de Grenoble du 20. Août 1617. Baſſet, *to.* 1. *liv.* 5. *tit.* 4. *chap.* 8.

30. La proteſtation faite par l'heritier étranger de la premiere femme luy conſerve le droit de priorité contre la ſeconde. Jugé le 18. Février 1623. Cambolas, *liv.* 4. *chap.* 47.

31. Clauſe au cas du prédecés de la femme, que ſes heritiers n'auront aucune part en la communauté, comprend les enfans, comme les collateraux. Arrêt du Parlement de Paris du 18. Mars 1625. Bardet, *to.* 1. *livre* 2. *chap.* 33.

32. L'heritier chargé de rendre l'hoirie peut anticiper le temps, & obmettre la quarte au préjudice de ſes creanciers. Jugé le 31. May 1636. Henrys, *tome* 2. *liv.* 5. *queſt.* 54. & *queſt.* 58. Voyez M. Dolive, *queſtions notables, liv.* 5. *chap.* 25. & *chap.* 29. Voyez M. Expilly, *en ſes Arrêts, chap.* 13.

33. Un creancier peut obliger les plus proches de ſon debiteur défunt à ſe déclarer pour heritiers, & à faute de ce faire dans un certain terme, créer un curateur à la ſucceſſion. Jugé le 28. Juillet 1694. au Parlement de Tournay contre les enfans du ſieur Baron de Taintegnies, par lequel il leur fut ordonné de ſe déclarer dans deux mois, à peine de voir créer un curateur à la ſucceſſion de leur pere. *Voyez* Pinault, *to.* 1. *Arr.* 39.

34. La demande judiciaire d'une ſucceſſion faite par un majeur, le rend irrevocablement heritier ſi la ſucceſſion luy eſt ajugée par Arrêt ; mais ſi contre ſes concluſions on luy ajuge ſeulement & ſimplement une ſucceſſion, qu'il n'avoit demandée que ſous quelque modification, il peut ſous benefice de Lettres de reſtitution en entier, renoncer au profit de l'Arrêt. Jugé au Parlement de Tournay dés l'an 1690. & le 21. Mars 1696. *V. Ibidem, to.* 1. *Arr.* 98.

35. Un demandeur ſe qualifiant heritier peut obliger le défendeur, avant de verifier ſes qualitez, de conteſter à toutes fins. Jugé au même Parl. de Tournay le 30. Octobre 1696. *Ibidem, Arr.* 122.

HERITIER, ACCROISSEMENT.

36. Du droit d'accroiſſement entre les heritiers. *Voyez* cy-devant le mot *Accroiſſement, nomb.* 27.

HERITIER, ACQUISITION.

37. L'acquiſition faite par l'un des coheritiers de quelque effet concernant la ſucceſſion, eſt communicable aux autres. *Voyez* Carondas, *liv.* 10. *Rép.* 33. il y rapporte pluſieurs Arrêts.

38. Veuve commune en biens achetant d'un heritier, les autres coheritiers ne peuvent demander la ſubrogation, parce que la veuve n'eſt point étrangere, & qu'elle acquiert *rem ſibi neceſſariam.* Arrêt du Parlement de Paris du 23. Mars 1623. *Voyez* Me. Julien Brodeau ſur M. Loüet lettre C. *ſomm.* 13. *nombre* 3. *fine.*

X x ij

ACTE D'HERITIER.

39 Voyez lettre *A.* verbo *Acte d'heritier.*

40 L'heritier presomptif en France en toutes lignes, fait acte d'heritier irrevocable par la moindre apprehension des choses hereditaires. *Loyseau du Deguerp. lib. 4. ch. 1. n. 8. id.* Faber *C. de repud. vel. abstin. def. 1. in. filio qui habet dotem matris in bonis paternis tamen distinguit. def. 9. ibid. & id. C. de ju. delib. def. 20. id.* Fachin. *in perceptione fructuum lib. 6. cap. 52. & habitatione domus quamvis sit dos materna cap. 53. vid. l. 20. ff. de acquir. vel omitt. hared. & l. 71. §. 3. ff. cod. & l. 4. ff. unde legit.* Maître Abraham la Peirere, en ses décisions du Palais, lettre H. nombre 7. dit, *Cette décision est mal observée dans notre Ressort en ligne directe : mais l'Ordonnance d'Avril 1667. a pourvû à tout.*

Voyez cy-dessus *les nomb.* 5. 14. *& suiv.*

HERITIER, ADITION.

Voyez le mot *Adition d'heredité.*

41 *De aditione hereditatis.* Voyez *Andr.* Gaill, *lib. 2. Observat.* 128.

41 bis. *Aditione hereditatis non acquiri possessionem.* Voyez *Ibidem.*

42 Mineur restitué contre une adition d'heredité. Voyez le mot *Adition, nomb.* 6.

43 Par l'adition d'heredité, l'heritier est obligé personnellement, mais non pas hypotequairement. Arrêt du 19. Juillet 1613. *M. Bouguier lettre H. nomb.* 5. Voyez M. le Prêtre *premiere Centurie, chap.* 40. *& 2. Centurie, chap.* 5.

HERITIER, AÎNÉ.

44 Du fils marié comme aîné & principal heritier. Voyez le mot *Aînesse, nomb.* 172. *& suiv.*

45 Il faut être heritier pour joüir du droit d'aînesse. Voyez *Ibidem, nomb.* 6.

HERITIER, BENEFICIAIRE.

46 Voyez le mot *Benefice d'Inventaire, nombre* 5. *& suivans.*

Des heritiers beneficiaires. Voyez cy-devant verbo *Benefice d'Inventaire.*

Des formes & solemnitez du benefice d'Inventaire. Voyez Henrys, *tome* 1. *liv.* 6. *ch.* 4.

47 L'heritier beneficiaire s'exempte de l'obligation personnelle, & n'est obligé que jusqu'à la concurrence du contenu en l'Inventaire ; mais s'il est simple, de l'hypothequaire en déguerpissant; & s'il n'a contesté, il n'est pas tenu des arrerages, mais aussi la personnelle demeure toûjours; la difference qu'il y a, on n'est plus recevable à demander le benefice d'inventaire, aprés qu'on s'est immiscé aux biens du défunt sans protestation; là on est recevable à déguerpir toutes les fois que l'on est poursuivi comme détempteur, & encore on a son recours contre les coheritiers chacun pour leur part & portion. *M. le Prêtre premiere Centurie, chap.* 40. Bacquet, *des Droits de Justice, ch.* 21. *nomb.* 28. où il dit qu'à present on ne peut executer l'heritier par benefice d'inventaire pour payer les arrerages de rente constituée par le défunt, & c.

48 L'action hypotequaire n'a point de lieu contre l'heritier par benefice d'inventaire à l'effet de le faire condamner pour le tout. Voyez Brodeau sur *M. Loüet lettre H. somm.* 19. *nomb.* 8. *& lettre D. somm.* 67.

49 L'heritier du défunt peut être condamné à payer seulement pour sa part le contenu en une obligation personnelle & hypotequaire; & s'il possede des biens de la succession, il doit les délaisser & déguerpir, autrement il peut être condamné hypotequairement pour le tout, sauf son recours contre ses coheritiers. Arrêt du Parlement de Paris rapporté par *Papon, liv.* 10. *tit.* 4. *nomb.* 27.

50 L'heritier beneficiaire est tenu en son propre nom, quand il passe les termes de son office. Arrêt du 2. Avril 1577 *Carondas, liv.* 13. *Rép.* 75. *& liv.* 3. *Rép.* 10.

51 Par Arrêt prononcé en Robes rouges par M. le Premier Président de Harlay le 7. Septembre 1599. Jugé que l'on ne peut être donataire & heritier par benefice d'inventaire, & que le donataire entre vifs se portant heritier par benefice d'inventaire, est tenu rapporter ce qui luy a été donné, ou renoncer à l'heredité. Le procez avoit été jugé en la 5. Chambre des Enquêtes au Rapport de M. Loüet qui en parla à toutes les Chambres. Voyez *la Bibliotheque de Bouchel,* verbo *Heritiers.*

53 Heritier beneficiaire peut dans la suite prendre la qualité d'heritier pur & simple : en la personne du mineur, il y a confusion des actions mobiliaires que la mere pouvoit exercer contre son fils mineur, en sorte que les dettes sont éteintes en faveur des heritiers paternels, que la rente de 680. livres sur l'Hôtel-de-Ville de Paris donnée en payement de la somme de 6090. livres, étoit acquet dans la succession du mineur, & ainsi partageable entre l'heritier maternel & paternel, comme étant en même degré. Arrêt du Parlement de Paris du 19. Juillet 1683. *Journal du Palais, in* 4. *part.* 9. *p.* 103. *& le* 2. *to. in folio.*

54 L'heritier beneficiaire demande en Justice pour payement de ses créances particulieres, une Terre saisie réellement ; elle luy est délaissée par tous les creanciers ; il ne doit lods & ventes comme acquereur ; *secus,* si elle étoit ajugée par decret. Arrêt du Parlement de Paris du 22. Août 1685. *Journal du Palais, in* 4. *part.* 10. *p.* 131. *&* 145. *& le* 2. *tome in folio.*

55 *Filius primi matrimonii gerens se pro hærede sine beneficio inventarii legitimè confecti, quod noverca integrè solvere teneatur, etiamsi hæreditas solvendo non sit.* Voyez Franc. Marc. *to.* 1. *quest.* 57.

56 L'heritier par benefice d'inventaire exerce sans aucune confusion, tant les droits propres qu'il a contre la succession, que les droits particuliers qui luy ont été cedez. *V.* Mainard, *liv.* 7. *ch.* 72.

57 Heritier sous benefice d'inventaire est tenu des frais des poursuites qu'on fait contre luy, comme il en profite, s'ils luy sont ajugez ; ainsi décidé au Parlement de Toulouse. Même Arrêt du Parlement de Paris du 6. Avril 1574. *Idem, to.* 1. *liv.* 2. *ch.* 44.

58 Il est permis à un heritier institué de se porter heritier par benefice d'inventaire ; le testateur même ne peut pas l'empêcher. Arrêt du Parlement de Toulouse du 8. Août 1599. *Ibidem, liv.* 5. *ch.* 24.

59 En Bourgogne on n'est pas reçû à se dire & porter heritier par benefice d'inventaire sans Lettres du Prince. Arrêt du Parlement de Dijon du mois de Février 1565. Bouvot, *tome* 1. *part.* 2. verbo *Heritier à benefice d'inventaire.*

60 Entre Mathurin Benoît Tuteur, &c. & Maurice Caillart Intimé, le Présidial de Nantes confirme le jugement du Prévôt, qui deboute l'Appellant audit nom, heritier sous benefice d'inventaire du pere de ses mineurs de sa Requête, par laquelle il requeroit que les deniers provenans de la vente seroient mis & demeureroient entre les mains de celuy qui y procederoit. La Cour dit qu'il a été mal jugé, & corrigeant le jugement, ordonne que les deniers provenans de la vente des meubles, dont est question, seroient baillez & délivrez entre les mains de l'Appellant par la caution par luy donnée pour en tenir compte & les payer aux créanciers, ainsi qu'il sera ordonné par Justice. Arrêt du Parlement de Bretagne du 7. Mars 1560. *Du Fail, liv.* 1. *chap.* 128. où il est observé que l'heritier beneficiaire doit bailler caution incontinent aprés l'acceptation, & non à mesure qu'il veut recevoir. Il a même été jugé le 16. Juin 1616. qu'il est tenu de rendre compte dans un temps nonobstant les procez pendans.

61 Il y a des cas où l'heritier beneficiaire est condamné en son privé nom, sans préjudice de sa qualité en autres cas, quand il y a de son fait, fraude & suite exquise. Ainsi jugé par nombre d'Arrêts. Il y en a

un du Parlement de Bretagne du 25. Février 1567. Du Fail, liv. 3. chap. 101.

62 Bien que celuy qui se veut porter heritier par benefice d'inventaire, ne soit point né ni conçu au temps de la succession ouverte, il y est recevable, pourvû qu'il soit conçû, avant l'adjudication du benefice d'inventaire. Jugé en la Chambre des Enquêtes à Roüen le 13. Février 1636. Basnage, sur la Coûtume de Normandie, art. 90.

63 L'heritier avec inventaire qui a été condamné comme heritier, sans y avoir ajoûté avec inventaire, ne peut faire reparer cet Arrêt que simple Requête; mais il faut Requête civile. Jugé au Parlement de Grenoble le 13. Juillet 1642. Basset, tome 1. livre 5. titre 4. chap. 6.

HERITIER BENEFICIAIRE, ACCEPTATION.

64 Quand l'heritier majeur a accepté la succession par benefice d'inventaire, obtenu Lettres, & qu'il les a fait entheriner, il n'est pas ensuite recevable à se porter heritier pur & simple, pour exclure son coheritier qui s'est porté heritier par benefice d'inventaire avec luy, au préjudice duquel il ne peut changer. Arrêt du Parlement de Paris du 7. Septembre 1569. Brodeau sur M. Loüet lettre H. somm. 1. nomb. 8.

65 Jugé que des majeurs ayant accepté purement & simplement la succession de leur pere rebus integris, & n'y ayant divertissement, étoient recevables à la prendre beneficiairement avec leurs coheritiers mineurs, & les Lettres par eux prises pour être restituez contre la declaration des accepteurs purement & simplement, & contre les payemens volontaires, furent entherinées par Arrêt du Parlement de Bretagne du 11. Juillet 1632. sur un appointé au Conseil, suivant la pratique du Parlement de Paris rapportée par Chenu, question 8. Cent. 2. Roquemont, Le Vest, Arrêt 66. par lequel une femme mineure fut restituée contre une adition d'heredité onereuse acceptée de parole seulement, les dettes passives luy ayant été recelées par dol. Du Fail, liv. 1. chap. 133.

HERITIER BENEFICIAIRE, DELAY.

66 Heres qui terminum ad deliberandum petit, inventarii commodo privatur. Voyez Franc. Marc. tome 2. quest. 488.

67 Le Seigneur de Launay Commaz se porta heritier sous benefice d'inventaire de son oncle. Il ne fit les diligences requises, & demeura ainsi cinq ans dans le silence : poursuivi par ses creanciers, pour qu'il répondra comme heritier pur & simple; il appelle, & remontre qu'il étoit à l'Arriereban. Par Arrêt du P. de Bretagne du 19. Février 1561. la Cour luy donne de gratiâ délay d'un mois pour parachever le benefice d'inventaire, le condamne aux dépens de toutes les procedures. Du Fail, liv. 1. chap. 133.

HERITIER BENEFICIAIRE, DEPENS.

68 Heritier par benefice d'inventaire est tenu des dépens en son propre & privé nom. Cela fit autrefois difficulté entre M. le Premier Président de Thou, qui disoit que non, & M. le Président Seguier qui tenoit l'affirmative. M. Gillot dit en avoir vû un Arrêt prononcé par M. le Président Seguier; alias, il seroit permis à un heritier par benefice d'inventaire de fatiguer un chacun à discretion aux dépens de la succession. Jugé par l'Arrêt de Bernage. Bibliotheque de Bouchel, verbo Heritiers.

69 L'heritier beneficiaire se doit enquerir des creanciers du défunt, & ne pas payer les posterieurs devant les anterieurs. Arrêt du 2. Avril 1577. il est tenu en son nom des dépens, des poursuites faites contre lui en la qualité d'heritier beneficiaire; quant aux dépens contre le défunt, ils viennent en reddition de compte que l'heritier doit rendre. Arrêt du 6. Avril 1574. Carondas, liv. 3. Rép. 10. & liv. 12. R.p. 59.

70 Un heritier beneficiaire avoit repris une Instance. Sentence qui le condamne aux dépens personnellement. Appel. L'appellation & ce, émendant déchar-

gé, & l'intimé condamné aux dépens; plaidans Pillot & Nivelle. Arrêt de relevée du 27. Janvier 1673. Voyez Bacquet, des Droits de Justice, chap. 21. n. 40. qui est contraire, & rapporte des Arrêts.

HERITIER BENEFICIAIRE, DESAVEU.

71 L'heritier beneficiaire qui desavoüe le Seigneur ou commet felonie, consisque le fief au préjudice des creanciers chirographaires, & non pas des hypotequaires. Voyez M. Charles Du Moulin, titre des Fiefs, §. 30. hodie le 43. n. 159.

HERITIER BENEFICIAIRE, DONATION.

72 Jugé par Arrêt du Parlement de Roüen du 15. Janvier 1605. rapporté par Berault sur la Coûtume de Normandie, art. 95. & par Lommeau, en sa Jurisprudence Françoise, liv. 2. art. 332. qu'aucun n'est reçû à accepter un don, étant heritier par benefice d'inventaire, non plus que l'heritier simple, d'autant que l'heritier par benefice d'inventaire prend tous les biens & fruits de l'heredité, demeure perpetuellement heritier, & ne peut renoncer à la succession qu'il a apprehendée sous benefice d'inventaire, s'il étoit majeur lors de l'adition, & n'en peut être debouté que par l'heritier simple venant dans le temps de droit. C'est l'opinion de Me. Jean Bacquet, traité des Droits de Justice, chap. 15. nomb. 31.

Voyez cy-après le nomb. 118. & suiv.

HERITIER BENEFICIAIRE, DROIT ECRIT.

72 bis Au païs de Droit écrit les Lettres pour prendre une succession par benefice d'inventaire, ne sont point necessaires, il suffit de faire un inventaire solemnel dans trente jours, à compter du jour de l'ouverture du testament, pour se porter heritier beneficiaire, & faire declaration en Justice d'accepter la succession en cette qualité. Chopin, Coûtume de Paris, liv. 2. tit. 5. n. 22. Tronçon, Coûtume de Paris, article 341. in verbo en ligne directe. M. le Prêtre 3. Centurie chap. 90. Ricard, Coûtume de Paris, art. 342. Voyez la Coûtume de Berry, tit. des successions, art. 9. & 10.

HERITIER BENEFICIAIRE, EXCLURE.

73 Si l'heritier beneficiaire est exclus par le simple? L'heritier institué se portant heritier beneficiaire, n'est pas exclus par l'heritier ab intestat, qui se porte heritier pur & simple. Brodeau sur M. Loüet lettre P. somm. 1. nomb. 12.

74 En païs de Droit écrit, l'heritier simple n'exclut point l'heritier par benefice d'inventaire, soit en ligne directe ou collaterale; secus, en collaterale dans le païs coûtumier. Voyez Tronçon, Coûtume de Paris, art. 343. Voyez M. Loüet & son Commentateur lettre H. somm. 1. où vous trouverez plusieurs Arrêts & questions; & le Vest, Arrêt 101.

75 Arrêt du Parlement de Bretagne du 9. Août 1565. qui a jugé que les heritiers par benefice d'inventaire étoient exclus par un mineur qui se portoit heritier pur & simple. L'article 572. de la Coûtume en a depuis autrement disposé. V. Du Fail, liv. 3. chap. 74. où il est observé que quand les Coûtumes voisines disent que l'heritier pur & simple exclut le beneficiaire, elles ne s'entendent du mineur, mais de l'habile à accepter succession. Arrêt du 29. Avril 1630. en une cause de Normandie, si le mineur ne donnoit caution.

76 L'aîné heritier beneficiaire n'est exclus en Bretagne par le puîné qui se porte heritier pur & simple. Voyez Du Fail, liv. 1. chap. 296. un Arrêt du 19. Avril 1570. par lequel la Cour ordonna qu'elle verroit les Arrêts mentionnez par les Parties.

77 Un pere étoit heritier par benefice d'inventaire de son fils; un collateral prétendoit l'exclure; le pere en faveur de qui intervint Arrêt au Parlement de Paris le 7. Septembre 1569. repliquoit que le parent collateral n'étoit pas in pari gradu. M. le Président Lizet a mis en la Coûtume de Bourges reformée, que l'heritier par benefice d'inventaire, est exclus par l'heritier pur & simple, en quelque degré

X x iij

qu'il foit ; ainſi cet Arrêt n'auroit pas lieu à Bourges. *Bibliotheque de Bouchel*, verbo *Heritier*.

78. Par Arrêt du 3e Février 1571. il fut ordonné les freres de M. l'Avocat General du Ménil s'étant portez heritiers par benefice d'inventaire, déclareroient dans huit jours, s'ils entendoient ſe porter heritiers ſimples ; autrement que le temps paſſé, Damoiſelle Marie Goulas femme de Me. Antoine Loiſel, niéce du défunt, ſeroit reçuë à ſe porter heritiere ſimple : & le 4. Juillet ſuivant la ſœur ſe portant heritiere pure & ſimple, fut préferée au frere uſant de benefice d'inventaire : cependant parce qu'elle étoit mineure & avoit peu de bien, il fut ordonné qu'elle donneroit caution, ſauf ſi dans 40. jours le frere vouloit ſe déclarer heritier pur & ſimple. *Ibidem.*

79. Arrêt du Parlement de Paris du 23. Mars 1577. confirmatif d'une Sentence, par laquelle le Bailly de Troyes avoit debouté Barbe Clerey de l'entherinement des Lettres Royaux obtenuës, afin d'être reçuë à ſe porter heritiere de ſon pere par benefice d'inventaire, nonobſtant que ſes freres & ſœurs ſe fuſſent portez heritiers purs & ſimples, ſauf à elle à ſe pouvoir porter heritiere ſimple, ſi bon luy ſembloit, & à eux de l'empêcher s'il y écheoit. *Bouchel, ibidem.*

80. L'heritier par benefice d'inventaire ne peut être exclus au Reſſort de la Cour de Toulouſe & païs de Droit écrit de l'heredité du teſtateur par l'intervention d'un autre, bien qu'en même & pareil degré au teſtateur, & que celui-cy offrît de payer toutes charges & dettes, & ſe porter heritier pur & ſimple. Arrêt du mois de Juin 1577. *Mainard, tome 1. livre 2. chapitre 43.*

81. En la Coûtume de Paris, article 341. celuy qui ſe porte heritier en ligne directe par benefice d'inventaire, n'eſt pas exclus par autre parent qui ſe porte heritier ſimple ; ni le mineur qui ſe porte heritier ſimple, n'exclut l'heritier par benefice d'inventaire qui eſt en plus proche degré ; *ſecùs*, en ligne collaterale ; il faut que le ſimple qui veut exclure le beneficiaire, ſe preſente dans l'an de l'obtention ou preſentation des Lettres. *Brodeau ſur M. Loüet lettre H. ſomm. 1. nomb. 4. Secùs*, aux autres Coûtumes qui n'ont pas pareille diſpoſition que celle de Paris, où l'heritier ſimple exclut le beneficiaire. Arrêt du 9. Septembre 1587. *M. le Prêtre ès Arrêts de la Cinquiéme, & 3. Cent. chap. 90.* Voyez *Carondas, livre 4. Rép. 43. & livre 6. Rép. 35.*

82. Si l'heritier par benefice d'inventaire peut ou doit être exclus par un qui ſe veut porter heritier ſimple, ſoit en divers ou pareil degré ? *Voyez le premier Plaidoyé d'Ayrault.* Arrêt le 19. Septembre 1597. qui appointe la cauſe au Conſeil ; *Par cet Arrêt*, dit Ayrault, *j'eus cela pour le moins que la Cour vouloit mettre en déliberation & revoquer en doute cette maxime, juſqu'à huy on avoit tenu indubitable.*

83. Deux heritiers en même degré, l'un majeur qui ſe porte heritier par benefice d'inventaire, l'autre mineur qui ſe veut porter heritier ſimple, on demande ſi celui-cy excluoit le majeur ? Cette queſtion s'étant preſentée au Parlement de Dijon, par Arrêt du 10. Juin 1608. il fut dit qu'on en délibereroit au Conſeil. *Bouvot, tome 2. verbo Hoirie, Heritiers, queſtion 10.*

84. Dans la ligne directe l'heritier ſimple n'exclut pas le beneficiaire. Arrêt du Parlement de Dijon du 4. Août 1626. *Taiſand, ſur la Coûtume de Bourgogne, tit. 7. art. 22. note 2.*

Voyez cy-aprés le nomb. 346. & ſuiv.

HERITIER, BENEFICIER, FINANCIER.

85. Les habiles à ſucceder à ceux qui décedent en office & charge, & adminiſtration des finances du Roy, ne ſont reçus à ſe porter heritiers par benefice d'inventaire des défunts ; mais ils ſont tenus de ſe porter heritiers ſimples ou renoncer à leurs ſucceſſions, dont ſont exceptez les mineurs, ſans que les majeurs puiſſent ſe prévaloir du privilege des mineurs qui eſt perſonnel. *Ordonnance de Rouſſillon, art. 16.* le même pour les Receveurs des Conſignations. Arrêt du 16. Juillet 1618. *Voyez Brodeau ſur M. Loüet, lettre H. Sommaire 18.* Peleus, *queſt. 119.* Cette Ordonnance s'étend juſqu'aux comptables des grandes maiſons pour la reddition du compte ſeulement.

Voyez cy-aprés les nombres 111. & 112.

HERITIER BENEFICIAIRE, PROHIBITION.

86. Le Teſtateur peut défendre valablement à ſon heritier, d'accepter ſon heredité ſous benefice d'inventaire. 2. Et le priver de ſon heredité en cas qu'il faſſe telle acceptation. *Peregrin. art. 11. nomb. 76. cont. Mainard. livre 5. chap. 24. cont.* Ferrer. *queſt. 352. 1. cont.* Faber. *C. de ju. delib. def. 43. Junct. gl. 2. 1. cont.* Du Freſne, *lib. 1. chap. 62.* la Peirere *lettre H. nombre 21.* dit *J'ay toûjours été de l'avis de la deciſion lorſque la privation de l'heredité eſt ajoûtée à la prohibition, & ne peut point être dit que ce ſoit*, conditio turpis, *pour être rejettée ; vû qu'au contraire le Teſtateur a notables intérêts d'avoir un heritier pur & ſimple, qui paye ſes dettes & décharge ſa conſcience.*

HERITIER BENEFICIAIRE, RAPPORT.

87. En ligne directe l'heritier par benefice d'inventaire eſt tenu de rapporter & employer audit inventaire ce qu'il a eû par donation, les creanciers le requerant, ſi mieux n'aime renoncer à la ſucceſſion & ſe tenir à ſon don. Arrêt du 7. Septembre 1599. *M. le Prêtre és Arrêts de la Cinquiéme.*

88. Il y a Arrêt en la Coûtume d'Anjou du 24. Mars 1662. par lequel il a été jugé que le fiſc ny les creanciers, ne peuvent obliger à rapporter, il n'y a que les coheritiers. *Journal du Palais & De la Gueſſ. tome 2. liv. 4. chap. 54.*

89. Un enfant donataire de ſon pere par Contract de mariage, ayant ſous benefice d'inventaire accepté la ſucceſſion de ſon pere donateur, eſt tenu en renonçant de rapporter aux autres coheritiers à la maſſe des biens le don que ſon pere luy a fait en le mariant : il fut débouté de ſes Lettres de reſciſion, avec dépens. Arrêt du Parlement de Paris du 10. Avril 1682. en la quatriéme Chambre. *Journal du Palais.* Voyez *M. le Prêtre, 2. Cent. chap. 84. & M. Loüet, let. H. Sommaire 13.*

90. L'heritier par benefice d'inventaire peut valablement & ſans aucune formalité ceder & tranſporter en payement, tant de ſa propre dette que de celle du défunt, une obligation qu'il trouve dans la ſucceſſion, & les autres creanciers du défunt qui n'ont point ſaiſi aſſez tôt cet effet, ne peuvent prétendre de le faire rapporter en vertu de l'action revocatoire. Arrêt du 10. May 1691. *Au Journal des Audiences du Parlement de Paris, tome 5. livre 7. chapitre 25.*

HERITIER BENEFICIAIRE, RECELE'.

91. L'heritier beneficiaire doit obtenir Lettres en Chancellerie, & faire bon & fidelle inventaire ; & s'il recele & ſouſtrait des biens de la ſucceſſion par dol & fraude, il eſt tenu au payement des dettes, comme heritier pur & ſimple. Arrêt du 16. May 1603. d'autres le datent de 1605. *Ricard, ès Notes Coûtume de Paris, art. 342.* Voyez *M. Loüet & ſon Commentateur lettre H. ſomm. 24. M. le Prêtre és Arrêts de la Cinquiéme, & troiſiéme Centurie, chap. 90.* Voyez *Bacquet ès Droits de Juſtice, chap. 21. nomb. 65.* Voyez l'authentique *de herede & falcidiâ.*

HERITIER BENEFICIAIRE, RENTE.

92. Il ne peut être condamné perſonnellement comme heritier & hypotequairement en ſon nom comme détempteur d'heritages du défunt pour les arrerages de rente, mais ſeulement en qualité d'heritier beneficiaire, ſauf au creancier de pouvoir faire ſaiſir & decreter leſdits heritages, & faire rendre compte audit heritier beneficiaire. Arrêt du 5. Juin 1592.

Chenu, 2. Cent. qu. 66. Voyez Brodeau *sur M. Loüet lettre H. somm. 19.*

93 L'heritier beneficiaire qui a racheté des rentes étant obligé d'abandonner la succession, peut contraindre l'heritier pur & simple au remboursement. Arrêt du Parlement de Roüen du 6. May 1656. bien que l'heritier beneficiaire eût pris une cession de droits pour son asseurance. *Basnage sur l'article 98. de la Coûtume.*

Voyez cy-après le nombre 97.

Heritier beneficiaire, Tailles.

94 Par Arrêt du Parlement de Grenoble du 1. Septembre 1662. jugé que l'heritier beneficiaire doit la cotte de la taille d'écart en deniers, bien que l'imposition eût été faite depuis la discussion introduite des biens de son pere. *Basset, tome 2. livre 3. titre 3. chapitre 3.*

95 Un heritier beneficiaire d'un Titulaire de collecte, ne peut se servir du benefice d'inventaire pour le reliqua de la collecte. Jugé par Arrêt du même Parlement de Grenoble du 17. Mars 1666. *Ibidem, titre 4. chapitre 1.*

Heritier beneficiaire, Testateur.

96 Le testateur ne peut par son testament empêcher son heritier de se porter heritier par benefice d'inventaire. Arrêt du Parlement de Toulouse du 22. Février 1592. *Carondas, livre 9. Rép. 70.* & cy-dessus le nombre 86.

Heritier beneficiaire, Titre nouvel.

97 Un heritier beneficiaire qui passe titre nouvel d'une rente sans prendre cette qualité, en est tenu comme heritier pur & simple, sans préjudice, en autre cause, à son benefice d'inventaire. Arrêt du 10. Juillet 1599. *Peleus, qu. 44.*

Heritiers du Beneficier.

98 Comme se doivent partir les fruits du Benefice entre les heritiers du Beneficier prédecesseur & le successeur. *Voyez Coquille, tome 2. quest. 154.* & le mot *Fruits*, nomb. 94. *& suiv.*

Heritier, Caution.

99 De la caution que l'heritier doit donner. *Voyez le mot Caution, nomb. 147. & suiv.*

L'heritier collateral institué, ne doit donner caution aux substituez. Arrêt du 19. Juillet 1638. *Henrys, tome 1. liv. 2. chap. 4. quest. 65.*

Heritier, Cession.

100 Heritier qui n'a fait inventaire, n'est recevable au benefice de cession. *M. Loüet lettre C. somm. 54.*

Heritier, Choix.

101 Choix fait de l'heritier. *Voyez le mot Choix, nomb. 7. & suivans.*

Le 14. Mars 1603. il a été préjugé qu'un pere ayant promis en un Contract de mariage de faire heritier un enfant qui en descendroit, pouvoit élire ou rendre à plusieurs son heredité, suivant la disposition du Droit en la Loy *unum ex familia §. si duos*, & au même lieu *Paulus de Castro* & *Bartole ff. de legat. 2.* & l'opinion de Fernand *ad caput unicum de filiis & cap. 9. prælud. num. 14.* Que si le fils qu'on a promis d'instituer avec les autres, est décedé ayant laissé un fils ou une fille, le pere ne peut faire heritier sa propre fille au préjudice de ses petits-fils. Jugé au Parlement de Toulouse le 20. Decembre 1622. *Cambolas, liv. 4. chap. 26.*

Heritier collateral.

102 *Nemo in collaterali potest esse hæres & legatarius vel donatarius causa mortis;* ce qui n'a lieu és Coûtumes qui permettent aux pere & mere d'avantager leurs enfans par forme de prelegs ou préciput. *Voyez M. Loüet & son Commentateur lettre H. somm. 17.*

Heritiers, Coheritiers.

103 De la division entre coheritiers. *Voyez le mot Division, nomb. 2. & suiv.*

Des engagemens des coheritiers entr'eux, ils doivent se faire part de ce qu'ils ont eu, & sçavent de l'heredité, se rapporter leurs joüissances, & même ce que l'industrie a pû y ajoûter, les dépenses déduites; se rembourser les interêts des avances; ils ne peuvent faire de changement sans le consentement des autres. *Voyez les Loix Civiles, to. 3. li. 1. tit. 1. sect. 12.*

104 Un coheritier seul peut demander tout ce qui est dû au défunt, sans que ce débiteur puisse luy opposer qu'il a des coheritiers lors du payement; il pourra l'opposer *ad plenissimam liberationem*. Arrêt du Parlement de Paris du mois de Juin 1543. *Papon, livre 8. tit. 1. nomb. 4.*

105 *Quocunque nomine donetur contractus primus inter cohæredes, reique cujuscumque participes, seu transactio vocetur, seu non, tamen pro divisione hæreditatis rerumque communium accipi debet.* Arrêt en 1580. *Mornac, ad rubricam ff. familiæ erciscunda* & à l. 21. *C. de pactis.*

106 *Cohæres possidens fundos defuncti tenetur & personali & hypothecariâ.* Jugé le 3. May 1602. *Mornac, l. 2. Cod. de hæreditariis actionibus.*

107 Le 25. Février 1603. au Parlement de Paris, fut traité la question de sçavoir si un heritier ayant acquis une terre d'un creancier de la succession, peut convenir solidairement ses coheritiers; ou bien s'ils n'en sont tenus que personnellement, chacun pour telle part qu'ils sont heritiers? Bernard Avocat fit lecture d'un Arrêt donné en la seconde Chambre des Enquêtes, en ayant esté communiqué à toutes les Chambres, par lequel il a été jugé qu'ils en sont tenus hypotecairement. La cause fut appointée au Conseil; c'étoit pour la femme de M. Baron Conseiller en la Cour. *Voyez la Bibliotheque de Bouchel*, verbo *Cobligez.*

108 Un heritier peut traiter avec ses coheritiers de leurs parts & portions dans une dette litigieuse de la succession dont personne ne veuille entreprendre la poursuite, sans craindre d'être ensuite inquieté par le debiteur, *ex legib. ab Anastasio & per diversas. Cod. mandati.* Arrêt du Parlement de Tournay du 20. Decembre 1697. rapporté par *M. Pinault, tome 2. Arrêt 196.*

Heritier, Compensation.

109 De la compensation qui peut être opposée à l'heritier ou par luy. *Voyez le mot Compensation, nomb. 40. & suiv.*

Heritiers, Complainte.

110 De la complainte qui peut être formée par l'heritier. *Voyez le mot Complainte nomb. 28. & suiv.*

Heritiers des Comptables.

111 Des heritiers de ceux qui ont manié les finances du Roy. *Voyez les Ordonnances recueillies par Fontanon, tome 3. li. 3. tit. 21. p. 1142.*

112 Heritiers des comptables qui ne se peuvent aider du benefice d'inventaire. *Voyez le mot Benefice d'inventaire, nomb. 10. & suiv. le mot Comptable, & cy-dessus le nombre 85.*

Heritier, Creanciers.

113 L'heritier par l'adition d'heredité contracte avec les creanciers, mais l'obligation n'est que personnelle pour sa part; & s'il est detempteur d'heritage de ladite succession, il peut être convenu hypotecairement pour toute la dette; mais s'il déguerpit l'heritage affecté, il ne peut être convenu que personnellement. Brodeau remarque que quand celuy qui est condamné personnellement & hypotecairement, a payé sa part & portion, encore qu'il puisse être poursuivi solidairement pour la part de son coheritier, ce ne peut être par saisie de ses meubles, ni de ses immeubles, mais bien de ceux de la succession d'où procede la dette *M. Loüet, lettre H. somm. 19. & Brodeau, sur cette lettre, nomb. 8.* Voyez *M. le Prêtre, premiere Cent. chap. 40.* Il est mieux que les qualités d'heritier & de creancier ne se rencontrent point en une même personne, comme quand l'heritier prend un transport après la mort de celuy dont il est heritier. *Brodeau sur M. Loüet, lettre H. somm. 20. n. 6.*

HERITIER DEGUERPISSEMENT.

114 De l'heritier qui déguerpit. *Voyez* le mot *Déguerpissement*, nombre 30. & 31.

HERITIER, DELAY.

115 Du délay accordé à l'heritier pour déliberer. *Voyez* cy-dessus le n. 66. & le mot *Délay*, n. 16. & suiv.

HERITIER, DELIT.

116 Si l'heritier est tenu du délit du défunt ? *Voyez* le mot *Délit*, nomb. 49. & suiv.

116 bis. L'heritier du criminel decedé est tenu non de l'amende pecuniaire, mais de l'interet civil ? *Voyez* cy-devant le mot *Crime*, nomb. 6.

HERITIER, DELIVRANCE.

117 Heritier du donateur doit par provision faire délivrance de l'usufruit donné pendant le procez sur l'entherinement du don. Arrêt du 10. Decembre 1548. Le Vest, Arrêt 36.

118 L'heritier est tenu de faire délivrance du legs au legataire. Arrêt du 13. Juillet 1568. Le Vest, Arrêt 96.

HERITIER, DE'PENS.

119 Si l'heritier est tenu des dépens? *Voyez* cy-dessus le nomb. 68. & suiv. & le mot *Dépens*, nomb. 95. & suivans.

HERITIER, DETTES.

Voyez cy-dessus le nomb. 113.

120 Creanciers du défunt qui agissent contre ses heritiers. *Voyez* le mot *Creancier*, nomb. 27. & suiv.

121 Celuy qui est heritier en un pays, & ne l'est pas en un autre, comment se payent les dettes entr'eux, c'est l'Arrêt des Bureaux ? *Voyez* Carondas, livre 4. Rép. 22. & 10. où les dettes même réelles se payent entre les coheritiers pour leurs parts & portions hereditaires également, sans avoir égard aux prérogatives des Fiefs.

122 Les dettes tant mobiliaires qu'immobiliaires se payent par les heritiers, tant des meubles, que des immeubles *pro modo emolumenti*; mais pour les legataires des choses particulieres, ils ne sont tenus d'aucunes dettes: l'heritier se tient aux quatre quints des propres, & abandonne le reste aux legataires, faire le peut, & il aura les quatre quints chargez de tous legs. *Voyez* M. le Prêtre 3. Centurie, chapitre 82.

123 Cedule reconnuë par l'un des coheritiers, n'est executoire sur les autres. Arrêt du Parlement de Paris du 3. Avril 1582. qui convertit en opposition l'appel de l'execution. Papon, li. 11. tit. 3. n. 7.

124 Un heritier peut agir contre son coheritier pour la dette qui luy est duë de son chef, sa part & portion confuse. Arrêt du 13. Février 1607. M. Bouguier, lettre H. nomb. 6.

125 Les heritiers sont obligez solidairement & personnellement aux dettes du défunt, sauf leur recours contre leurs coheritiers pour la part que chacun d'eux a euë en la succession. Arrêt du Parlement de Roüen, les Chambres assemblées, du 6. Avril 1666. art. 130. *Voyez* Basnage, to. 1. à la fin.

126 Si l'heritier paye une dette du testateur, & que le creancier fasse quittance de cette dette pour une moindre somme, cet heritier pourra repeter sur les biens substituez l'entiere somme que le testateur devoit. Arrêt du Parlement de Toulouse du 14. Février 1681. rapporté par M. de Catellan, li. 2. ch. 61.

127 Nonobstant la disposition des Coûtumes, le creancier peut agir si bon luy semble contre tous heritiers, même solidairement s'il a hypoteque, ou si la dette n'a pas hypoteque, il conviendra les trois heritiers de meubles & acquêts propres, paternels & maternels, par portions virilles. Bacquet, justif. chap. 21. n. 260. idem Coquille, quaest. 256. La Peirere, lettre H. nomb. 14. cite a ce sujet un Arrêt rendu au Parlement de Bourdeaux le 25. Février 1671. au rapport de M. de Voluzan, en la Grand' Chambre. Un homme emprunte une somme, & pour le payement d'icelle, il hypoteque tous ses biens presens & à venir; ensuite il se marie & associe sa femme aux acquêts reservables aux enfans. La societé ayant fini par la mort de la femme, le creancier precedant au mariage fait saisir les biens du mari, qui consistoient entierement aux acquêts dudit mariage. Les enfans demandent la cassation de la saisie, en consequence de la réserve apposée en leur faveur par le contrat de mariage. La Cour fait main levée aux enfans pour la moitié qui leur appartient du chef de leur mere, & confirme la saisie pour l'autre moitié. Cet Arrêt est singulier, & n'est pas sans difficulté, parce que le contract de prêt étoit anterieur, tant à la societé qu'à la réserve.

HERITIER DONATAIRE.

Voyez cy-dessus le nomb. 71.

128 Donation faite aux heritiers. *Voyez* le mot *Donation*, nomb. 390. & suiv. & cy-dessus le nomb. 51.

129 Nul ne peut être heritier, legataire ou donataire à cause de mort en ligne collaterale, dans une même Coûtume il peut toutefois entre-vifs être donataire & heritier; Coûtume de Paris art. 301. *Voyez* M. Loüet, lettre H. somm. 17.

130 De l'incompatibilité des qualitez d'heritier, de donataire, de legataire, & de doüairier. *Voyez* Ricard, traité des Donations entre-vifs, part. 1. chap. 3. sect. 15. & le traité des Propres par M. de Renusson, chap. 3. sect. 11.

131 Il n'est pas inconvenient que celuy qui n'est pas heritier aux propres y puisse être legataire en differentes Coûtumes. Arrêt des Bureaux au mois de Janvier 1563. M. Loüet, lettre H. somm. 16.

132 Jugé au Parlement de Paris le 10. Février 1571. entre les heritiers de M. l'Avocat du Roy du Mesnil, qu'en ligne collaterale *etiam in disparis gradu*, l'heritier simple exclut l'heritier par beneficie d'inventaire. Même Arrêt depuis rendu entre M. le Comte de Tonnerre, & la Dame de Lesigny. Bibliotheque de Bouchel, verbo *Heritier*, où il remarque aussi un Arrêt du 3. Juillet 1571. qui a jugé *etiam in directâ*, entre les Auberts de Poitou, que les sœurs se portant heritieres simples de leur pere excluoient les freres qui ne se vouloient porter heritiers que par beneficie d'inventaire; mais sans tirer à consequence.

133 Une même personne en Pays de Droit écrit ne peut être heritier & donataire; Arrêt du 14. Avril 1579. Le Vest, Arrêt 160.

134 Du Moulin en ses notes sur l'article 93. de la Coûtume de Monfort, estime qu'un heritier aux propres situez sous une Coûtume pouvoit être heritier aux meubles & acquêts dans une autre Coûtume, par laquelle il étoit exclus de la succession aux meubles & acquêts; mais en Normandie l'on ne doute point qu'un heritier aux propres paternels ne puisse être donataire; cela fut ainsi jugé au Parlement de Paris en l'année 1625. sur un procez évoqué du Parlement de Roüen, entre le sieur de Blancbâton, & le Fevre; il s'agissoit d'une donation faite par le sieur de Blancbâton au sieur le Fevre son frere uterin, d'une terre qui étoit de ses propres paternels; le frere consanguin du sieur de Blancbâton contestoit cette donation, disant qu'il ne pouvoit être heritier & donataire ensemble en Normandie où la Coûtume défend de donner à son heritier immediat, mais cela ne s'entend que de l'heritier dans une même espece de biens. Basnage sur la Coûtume de Normandie art. 425. Du Frêne, liv. 1. chap. 49. rapporte le même Arrêt. *Voyez* le même du Frêne, li. 1. ch. 49.

135 Du Frêne liv. 4. chap. 15. rapporte un Arrêt du 14. Novembre 1644. qui a jugé que le pere heritier des meubles & acquêts de son fils, ne pouvoit être donataire d'une moitié de maison qui étoit du propre maternel de son fils.

136 En la ligne directe ascendante on ne peut être heritier & donataire, non plus qu'en la descendante. Arrêt

HER   HER   353

Arrêt du 14. Novembre 1644. Soefve to. 1. Cent. 1. ch. 69. & Du Frêne, liv. 4. chap. 15.

137. La Coûtume de Paris qui déclare incompatible en directe les deux qualitez d'heritier & de donataire entre-vifs dans une même personne, ne doit être restrainte à la ligne directe descendante; elle est generale &s'étend à la ligne directe ascendante. Arrêt du Parl. de Paris du 9. Août 1687. *Au Journal du Palais, tome 2. page 677.*
Voyez cy-après le nomb. 293. & suiv.

Heritier, Douairier.

137 bis. Ces deux qualitez sont incompatibles. *Voyez les Commentateurs sur l'article 251. de la Coûtume de Paris, & Bacquet, traité des Droits de Justice, chapitre 13. nombre 31.*

Heritier, Election.

138. Du droit d'élire un heritier de plusieurs appellez. *Voyez Papon, li. 20. tit. 2. & cy-devant verbo Choix & Election d'heritier, nomb. 186. & suiv.*

Heritier, fait du defunt.

138 bis. La regle qui dit que l'heritier ne peut venir contre le fait d'un défunt, n'a lieu quand l'acte, ou le contract est contre le droit public, ou les bonnes mœurs. Arrêt du 27. Mars de relevée 1620. *Brodeau sur M. Loüet, lettre M. somm. 4. nomb. 7.*

Heritier, Femme, Mary.

139. Une femme qui se porte heritiere de son mari sans faire inventaire, ne se fait aucun préjudice pour sa dot, au contraire le mari s'en fait pour le gain de la dot de sa femme. Arrêt du Parlement de Toulouse du 4. May 1567. *Mainard, to. 1. li. 3. chap. 24.*

140. Mari acceptant une heredité écheüe à sa femme sans qu'elle ait parlé, ne la rend pas heritiere, & le mari s'il a agi sans fraude, n'est tenu que de rendre ce qu'il a pris sans aucuns dommages & interêts ; *Secus*, s'il y a dol, *aut lata culpa*, comme s'il n'avoit point fait d'inventaire d'une grande succession de meubles. Arrêt du Parlement de Paris du 21. prononcé le 26. Février 1595. *M. Loüet, lettre M. somm. 25.*

141. Une femme ayant recueilli de l'autorité de son mary une succession aux meubles & acquêts d'un sien neveu, quoiqu'il fût prouvé au procez qu'il n'y avoit aucuns meubles ni acquêts, elle fut déboutée de ses Lettres de restitution, & condamnée à payer les dettes mobiliaires. Cet Arrêt semble rigoureux en la personne d'une femme, qu'un mari avoit engagée mal à propos à prendre une succession onereuse ; on tient la rigueur de cette regle *hæres est, & si nihil, sit in hæreditate*. Autre Arrêt du 6. Juillet 1644. par lequel celuy qui avoit pris la qualité d'heritier par deux actes exercez en Justice, dont il n'y en avoit qu'un signé de luy, fut débouté des Lettres de restitution, bien qu'il n'eût reçu aucune chose de la succession. *Voyez Basnage sur l'article 235. de la Coûtume de Normandie.*

Heritier Fiduciaire.

142. L'heritier fiduciaire ne détrait point de quarte. 2. Ni ne fait les fruits siens. 3. Et est présumée la qualité fiduciaire, lorsque l'institué est ami du défunt, le fideicommissaire des descendans, & que l'état & condition du fideicommissaire, a demandé lieu à la dilation de la remise des biens. *Peregrin. art. 3. n. 19. Vide Mainard, lib. 5. ch. 85. 1. 3. id, Fernand, ad l. in quartam præfat. 3. n. 8. Vid. l. 18. ff. de lib. & post. l. 11. ff. de leg. 1. l. 21. §. 2. ff. de ann. legat. l. 43. §. 2. ff. de leg. 2. l. 46. ff. ad Trebell.*

Au sujet de ces décisions, la Peirere rapporte les Arrêts suivans qui ont été rendus au Parlement de Bourdeaux.

Arrêt du 30. Juillet 1635. rendu en la Grand'-Chambre, au rapport de Monsieur de Boucaud, entre Pierre Bonnaud Marchand de la Ville de Limoges, & Jannette Romanet, veuve de feu Pierre Teulier, qui a jugé que l'institution pure & simple, que Pierre Bonnaud avoit faite par son testament du 13.

Avril 1630. au profit de Barthelemy Teulier son beaupere étoit fiduciaire, & ladite Romanet comme réprésentant ledit Barthelemy Teulier, fut condamnée de rendre audit Pierre Bonnaud fils du testateur, mineur au temps du testament, & legataire dans icelui, toute l'heredité avec restitution de fruits. Le testament avoit été fait dans la Ville de Limoges, & entre des habitans d'icelle. L'Arrêt est singulier en ce qu'il étend la Coûtume locale de Limoges, qui convertit en institution fiduciaire, les institutions faites par les maris en faveur des femmes, y ayant enfans, à la personne du beau-pere.

Le 21. Février 1658. président M. le Premier, plaidans Dalon jeune, & Hugon jeune ; que que la mere heritiere fiduciaire instituée par son mary, n'étoit pas tenuë de bailler caution en se faisant payer des dettes hereditaires. Les parties étoient de Limoges.

Arrêt du 21. Janvier 1657. qui a jugé qu'une femme heritiere fiduciaire de son mary, pouvoit lever les dettes hereditaires sans bailler caution.

Heritier, Fils.

143. Le fils heritier en partie de son pere est tenu des faits & promesses, & obligations de sondit pere, en ce que l'action le peut regarder, sauf son recours contre les coheritiers. Jugé le 23. Février 1548. *Le Vest, Arrêt 37.*

144. *Filius ergo hæres, hoc verum est, quantum ad nomen non quantum ad commodum vel incommodum, hoc est, ipso jure est hæres sed non effectualiter.* Voyez M. le Prêtre, *premiere Cent. ch. 11. in margine.*

145. *Filius qui non probatur immiscuisse se hæreditati paternæ, à creditoribus paternis conveniri non potest, si ostendat se abstinuisse.* Voyez *Stockmans, decis. 131.*

Heritiers, Fruits.

146. Du partage des fruits entre les heritiers. *Voyez le mot Fruits, nomb. 94. & suiv. & Tournet, lettre S. Arr. 65. 68. 69. par rapport aux hoirs du precedent titulaire.*

Heritier, Garantie.

147. De la garantie entre heritiers. *Voyez le mot Garantie, nomb. 78. & suiv.*

Heritier de l'Homicide.

147 bis. *Voyez cy-après le mot Homicide, nombre 61. & suivans.*

Heritier d'un pere homicidé. *Voyez M. Loüet & son Commentateur, lettre H. somm. 5.*

148. Celuy qui poursuit la vengeance, ne fait acte d'heritier, bien qu'il obtienne condamnation, *quia talis actio non ad rem familiæ, sed ad vindictam pertinet.* M. le Prêtre, *premiere Cent. chap. 11.*

Heritier, Indemnité.

148 bis. L'heritier est tenu d'acquitter l'Eglise, de l'indemnité qui est duë au Seigneur pour joüir de son legs. Arrêt à la Nôtre-Dame de Septembre 1619. *Montholon, Arrêt 132. & Arrêt. 7.*

Heritier, Indigne.

149. Par Arrêt du Parlement de Roüen du 17. Juin 1613. rapporté par *Berault sur la Coûtume de Normandie, art. 391.* il a été jugé que celuy qui avoit negligé de poursuivre en Justice la vengeance de la mort de celuy duquel il est heritier, étoit indigne de sa succession, suivant la *Loy hæredem ff. de his quibus ut indig.*

Voyez le mot Indigne.

HERITIER INSTITUE'

150. DE l'institution d'heritier. *Voyez Papon, li. 20. tit. 1. & cy-après le mot Institution. §. Institution d'heritier,* où l'on ajoûtera ce qui aura pû être ômis dans cet article.

11. Institution & substitution mutuelle. *Voyez Peleus, quest. 69.*

151 bis. De l'institution d'un heritier fiduciaire. *Voyez Henrys, tome 1. li. 3. chap. 3. quest. 22.*

Tome II.   Yy

152 La loy *generaliter* 6. C. *de institutionibus & substitutionibus*, expliquée par Arrêt du 10. Juillet 1655. M. Ricard, *des dispositions conditionnelles*, traité 2. chap. 5. sect. 4. nomb. 404. Voyez Henrys, tome 2. liv. 5. quest. 4. où cette loy est amplement expliquée. Voyez Charondas, liv. 7. Rép. 162. Voyez la l. 30. *cum acutissimi* C. *de fideicom.* & Ricard, *des dispositions conditionnelles*, traité 2. chap. 5. section 4. nombre 389.

153 *Haeredis institutio hodie necessaria non est in testamentis ; codicillorum & testamentorum jura exaequata sunt & hac ab illis vires recipere possunt.* Voyez Stockmans, decis. 2

154 *Qua ho lie necessitas liberos instituendi in testamentis parentum?* Voyez ibidem, decis. 3.

155 L'institution d'une somme modique est valable. Voyez Henrys, tome 1. liv. 5. chap. 4. quest. 41.

156 Les institutions captatoires sont déclarées nulles ; Exemple. Voyez Charondas, livre 8. Rép. 60. où il rapporte un Arrêt du 4. Février 1559.

157 Il n'est pas necessaire de laisser aux parens, *jure institutionis*, pour faire valider le testament. Arrêt du 6. Avril 1593. Peleus, quest. 70.

158 L'heritier de celle qui s'est tenuë à son institution, ne peut demander le suplément de legitime. Voyez Peleus, quest. 143.

159 Une femme instituée heritiere par son mari est chargée de rendre l'heredité après son décez à ses enfans, & si leur étant donnée pour nutrice elle malverse, elle encourt la privation de l'heredité & de la tutele? Arrêt du Parlement de Toulouse du 27. Janvier 1590. La Rochestavin, livre 4. lettre T. titre 5. Arrêt 6.

160 Un heritier institué dans un testament mutuel de ses pere & mere, ne peut se porter heritier de l'un sous benefice d'inventaire, & de l'autre, pur & simple. Jugé par Arrêt l'an 1597. contre un fils qui s'étoit porté heritier pur & simple de son pere, & par benefice d'inventaire de sa mere, lequel a été condamné à se porter ou heritier pur & simple, ou sous benefice d'inventaire, de sa mere, & des legs contenus dans le testament, & dans le Codicile. Arrêt semblable de 1606. Cambolas, liv. 2. chap. 29.

161 L'institué en certaine chose n'est reputé heritier. Arrêt du Parlement de Dijon du dernier Juillet 1606. Bouvot, tome 2. verbo *Hoirie, Heritiers*, quest. 8.

162 L'institué en un testament se peut porter heritier par benefice d'inventaire. Arrêt du Parlement de Dijon du 3. Février 1608. Ibidem, verbo *Testament*. quest. 60.

163 Un heritier institué en certaine chose par la mort de l'heritier universel avant le testateur, ne peut prétendre être heritier pour le tout. Arrêt du même Parlement de Dijon du 13 May 1617. Bouvot, to. 1. part. 2. verbo *Heritier*, quest. 1.

164 Institution d'heritier faite par un nom *demonstratif*, comme au residu de mes biens, j'institue mon trés-cher & bien-aimé fils mon heritier, est bonne & valable. Arrêt du 22. Decembre 1623. Du Frêne, liv. 1. chap. 11.

165 Par Arrêt du Parlement de Toulouse du 13. Février 1631. il a esté jugé que l'election en l'augment ne se faisoit pas par l'institution d'heritier de l'un des enfans. Cambolas, liv. 6. chap. 16.

166 Si l'institution d'heritier, *per responsionem* du mot (*d'ouy*) en la publication, le Testament est nul : ou si la preuve du bon sens du Testateur lors du Testament, est offerte par l'heritier doit être reçûë. Arrêt du Parlement de Provence du 15. Octobre 1640. qui appointa les parties contraires. Boniface, tome 5. li. 1. tit. 8. Voyez Du Moulin, Cons. 31 & 34. & Menoch, livre 4. de *presumptionibus* chapitre 10.

167 Lors que plusieurs personnes sous un seul nom collectif, sont instituées heritiers avec une personne singuliere, la personne singuliere aura la moitié de l'heredité, & les autres personnes l'autre moitié. Clar. §. *Testamentum* quaest. 80. n. 7.

A ce sujet. La Peirere, en ses decisions lettre H. nombre 17. rapporte un Arrêt qui a été rendu au Parlement de Bourdeaux en la Grand'-Chambre, au rapport de Monsieur de Mirat, le 26. Juin 1668. dont voicy l'espece. Jean de Hilerin par son Testament, dit qu'il a quatre heritiers ; sçavoir Jacques Hilerin Conseiller au Parlement de Paris, les enfans de Henry sieur de saint Martin, Jacques sieur de Basoche, & les enfans de Marie Hilerin ses neveux, ausquels enfans il fait divers legs, & ajoûte à suite ; ausquels sieur de Hilerin Conseiller, enfans de saint Martin & sieur de Basoche, ledit Testateur donne & legue tous & chacuns ses biens qui luy appartiendront lors de son décés, pour être partagez entr'eux également, & en disposer comme bon leur semblera. Après le décés du Testateur les enfans dudit sieur de saint Martin qui étoient cinq en nombre, prétendoient partager également avec ledit sieur Hilerin Conseiller, & ledit sieur de Basoche à cause de ce terme également, suivant la Loy *interdum* ff. *de hared. instit.* Neanmoins la Cour ordonna que le partage se feroit par tiers.

INSTITUTION DES ASCENDANS.

168 Les ascendans aussi bien que les descendans doivent être instituez du moins en leur legitime. Arrêt du Parlement de Dijon du 23. Mars 1677. Après le prononcé M. le Président Brûlart dit aux Avocats de ne plus agiter cette question. Taisand, *sur la Coûtume de Bourgogne* tit. 7. art. 3 note 1.

169 Le petit-fils n'est pas dispensé d'instituer son ayeul en sa legitime, quoyque la mere soit heritiere ; car cet ayeul devant succeder *ab intestat*, à son petit-fils dans tous les biens, qu'il avoit donnés à son fils en le mariant, ce petit-fils ne peut donner à son ayeul la legitime que la Coûtume luy donne. Arrêt du Parlement de Dijon du 23. Decembre 1693. Taisand, ibidem, note 10.

INSTITUTION DES BASTARDS.

170 Bâtards instituez heritiers. Voyez le mot *Batard*, nombre 110. & suiv.

Nepotem ex spurio an avus haeredem instituere possit? Voyez Andr. Gaill, *lib.* 2. *observat*. 115.

HERITIER, INSTITUÉ, CHARGES, CONDITION.

171 L'heritier institué avec cette condition, que s'il meurt sans enfans ou sans faire Testament, cette condition se doit prendre *disjunctive*, & non pas *conjunctive*, suivant la Loy *generaliter* Cod. *de instit. & substit.* Arrêt du Parlement de Toulouse du 20 Août 1566. Carondas liv. 7. Rép. 162. Autre Arrêt du même Parlement du 19 Août 1597. Carondas, liv 10. Réponse 85. Voyez Ricard, *des Dispositions conditionelles*, Traité 2. chapitre 5. section 4. nombre 404. où il rapporte un Arrêt sur les Conclusions de M. Bignon Avocat general du 10. Juillet 1655. qui a jugé la même chose.

172 Testateur ayant trois enfans qu'il institué ses heritiers, peut charger l'un d'eux mauvais ménager de legs envers ses petits enfans à prendre sur la portion hereditaire de leur pere. Jugé au Parlement de Paris le 29. Juillet 1625. Bardet, tome 1. liv. 2. chap. 52.

173 L'institution faite à la charge d'épouser un parent, n'oblige l'heritier de l'épouser. Arrêt du Parlement de Toulouse du 14. Août 1626. quand il n'y a pas de parenté, il n'en est pas de même. Arrêt du 20. Mars 1645. qui donna trois mois pour accomplir le mariage, autrement le delay passé, l'heritier maintenu. Voyez Albert, verbo, *Testament* art. 27.

174 Leonard Grulot, avoit institué heritiere par son Testament Chrêtienne Chauffin son ayeule ; & au cas qu'elle repudieroit sa succession, il nomma pour son heritiere la Damoiselle d'Arlay sa femme. Chrêtienne Chauffin mourut avant le Testateur ; Luy dé-

cedé, on maintint que l'inſtitution de la femme du Teſtateur étoit devenuë caduque, parce que la condition ſous laquelle il l'avoit inſtituée, n'étoit point arrivée, l'ayeule du Teſtateur étant morte avant luy, & n'ayant point par conſequent refuſé d'accepter ſon hoirie ſuivant la diſpoſition du §. *poſteriore inſtit. quibus modis teſtamenta infirmentur*, qui dit, *ideoque ſi quis noluerit hæres eſſe aut vivo Teſtatore, aut poſt mortem ejus antequàm hæreditatem adire deceſſerit, aut conditione ſub quâ hæres inſtitutus eſt, defectus ſit, in his caſibus pater-familias inteſtatus moritur*; par Arrêt du Parlement de Dijon du 28. Janvier 1628. La ſucceſſion de Leonard Grullot fut réglée *ab inteſtat.* Voyez Taiſand, ſur la Coûtume de Bourgogne, titre 7. art. 4. note 5.

INSTITUTION DE CINQ SOLS.

175 L'inſtitution generale des cinq ſols n'eſt valable, parce que c'eſt une clauſe generale qui procede plûtôt du ſtile du Notaire que de l'intention du Teſtateur. Henrys, tome 1. liv. 5. chap. 4. queſt. 41.

176 L'inſtitution en cinq ſols des enfans par un pere aut è converſo ne peut ſuffire pour la validité d'un Teſtament. Arrêt du Parlement de Grenoble du 10. Septembre 1610. ſur le fondement que cette clauſe procede le plus ſouvent du ſtile des Notaires. *Baſſet*, tome 1. livre 5. tit. 3. chap. 1.

177 Quoyque l'inſtitution faite en la ſomme de cinq ſols ſoit cenſée inſtitution en la legitime, neanmoins quand un étranger eſt inſtitué, le Teſtament n'eſt point autoriſé. Arrêt du Parlem. de Toulouſe du 11. Janvier 1650. qui caſſe un Teſtament ainſi fait par une mere au profit d'un étranger. *Albert*, verbo, Teſtament art. 28.

INSTITUTION DE LA CONCUBINE.

178 Arrêt du 20. Juillet 1637. qui appointe, pour ſçavoir ſi une concubine eſt capable, ou indigne d'être inſtituée heritiere en païs de Droit écrit, & ſi le teſtament ne pouvant ſubſiſter par cette incapacité ou indignité, un precedent teſtament révoqué reprend ſa force. *Bardet*, to. 2. li. 6. ch. 21. M. Talon Avocat General. conclut pour la validité de l'inſtitution. Voyez le mot *Concubine*, nombre 22.

INSTITUTION D'HERITIER PAR CONTRACT.

179 Des inſtitutions d'heritier faites par contract de mariage. Voyez *Mainard*, liv. 5. ch. 90. M. le Brun, *des Succeſſions*, liv. 3. chap. 2. & les Arrêtez de M. de la Moignon, recüeillis dans *Auzanet*.

180 *De pacto facto in contractu matrimonii de futurâ hæreditate conſervandâ.* Voyez *Franc. Marc.* to. 1. queſtion 136.

181 L'heritier ſe peut inſtituer par contract de mariage comme par teſtament. Voyez M. *Loüet* & ſ.n Commentateur lettre S. ſomm. 9.

182 Les inſtitutions d'heritiers univerſels ſont de droit commun en France par contract de mariage, elles comprennent tous les biens ſans aucune reduction. Voyez la cinquième Conſultation de M. Dupleſſis.

183 Quand les mariez ſont inſtituez heritiers, & qu'ils decedent avant le cas échû, s'ils tranſmettent l'eſperance de ſucceder à leurs enfans ? *V. Coquille*, to. 2. queſt. 172. p. 241.

184 Bien que les pactions *de hæreditate viventis* ſoient reprouvées de droit, toutefois par la Coûtume de France on peut inſtituer heritiers par contract de mariage qu'on appelle heritiers contractuels, & ſi telles pactions ou donations ſont deſtituées de la faveur du mariage, elles ne valent rien; car il faut qu'elles ſoient faites *incontinenti juxta contractum matrimonii ſive antè ſive poſt quod idem eſt, l. potens, C. de pactis, l. 3. C. de Ædilit. att.* & quand elles ſeroient conçuës par promeſſes de futur, elles ne vaïent pas moins; car comme on dit, promeſſe d'inſtituer heritier vaut inſtitution. *Vide Fernand. in cap. unico de filiis natis ex matri. ad morganaticam contractis. c. 6.* n. 9. Voyez *Mainard*, liv. 5. chap. 90.

Tome II.

185 Si l'ayeul promet en faveur de mariage de faire heritier ſon fils ou petit-fils, telle donation a effet comme ſi elle étoit conçuë par paroles de preſent. *Ibidem*, livre 7. chap. 100.

186 *Henrys*, tome 2. liv. 4. queſtion 8. parle des inſtitutions contractuelles; il eſtime que les pere & mere qui ont inſtitué contractuellement un de leurs enfans, ne peuvent plus diſpoſer de leurs biens à titre gratuit, ni inſtituer un autre de leurs enfans, même pour le quart dont la Coûtume d'Auvergne permet de diſpoſer; mais ſeulement leur faire quelques legs particuliers & modiques.

187 Me. René Chopin *de Communib. Gallic. Conſuet. præcept.* part. 3. q. 4. n. 2. rapporte un Arrêt du Parlement de Paris du 29. Juillet 1552. rendu aprés une Enquête par turbes ordonnée le 21. Juillet 1551. touchant un point des Coûtumes de Limoges, pour l'irrevocabilité des inſtitutions d'heritiers en contracts de mariage, nonobſtant d'autres Arrêts du Parlement de Bourdeaux, qui avoient jugé qu'on y pouvoit déroger par une ſubſtitution poſterieure.

188 Pere & mere mariant leur fils, & l'inſtituant par le contract de mariage leur heritier, ne peuvent aucunement diſpoſer ni hypotequer leurs biens au préjudice de l'inſtitué. Prononcé le 27. Mars 1599. Chenu, 2. *Cent.* q. 81.

189 Inſtitutions ou ſubſtitutions d'heritier contractuelles, ſont donations entre-vifs ſujettes à inſinuation & non revocables. Arrêt du 21. Janvier 1605. M. Bouguier *lettre S. nomb. 11.* Et ſi l'on y peut déroger, *voyez Henrys*, tome 1. liv. 5. chap. 4. q. 59. & tome 2. liv. 5. q. 58. Le Droit les rejette *lege 15. Cod. de pactis, & l. hæreditas 5. Cod. de pactis conventis*; les Ordonnances les admettent, *Orleans article 59. Moulins article 57*.

190 L'inſtitution d'heritier par contract de mariage eſt permiſe hors la ligne directe; & par le predeces de l'inſtitué cette inſtitution ne devient caduque, mais elle paſſe à ſes enfans. Arrêt du 16. Juillet 1613. *Le Bret*, liv. 3. déciſion 3.

191 Un pere avoit marié deux filles, & promis par le contract de mariage poſterieur de ſon fils, luy garder ſa ſucceſſion; il conſerve la libre & entiere diſpoſition de ſon bien comme il avoit auparavant le contract de mariage de ſon fils decedé ſans enfans. Arrêt du Parlement de Roüen du 10. Juillet 1636. qui l'a ainſi jugé contre les deux gendres qui prétendoient que le pere ne pouvoit alicner vû la promeſſe, laquelle devoit paſſer & ceder au benefice de ſes filles devenuës heritieres, rapporté par *Berault*, à la fin du 2. tome de la Coûtume de Normandie, p. 49. & 50.

Promeſſe faite par le pere à ſon fils dans ſon contract de mariage de l'inſtituer ſon heritier, a force de donation; elle s'étend aux enfans du donataire prédecedé au donateur, quoique la donation ne fît aucunement des enfans qui pourroient naître; d'ailleurs les biens de l'ayeul ayant été une fois acquis au pere par une donation valable, ne peuvent plus retourner à l'ayeul, ils arrivent & appartiennent aux enfans par droit de ſucceſſion. Arrêt du Parlement de Grenoble du 16. Juin 1638. *Baſſet*, tome 1. liv. 5. tit. 3. chap. 4.

192 Arrêt du 17. Avril 1646. par lequel conformément aux Concluſions de M. l'Avocat General Bignon, l'on reduiſit à la ſomme de 10000. livres un legs fait par la Dame Vicomteſſe d'Auchy, à un Gentilhomme qui étoit de ſes domeſtiques, comme étant fait au préjudice de l'inſtitution contractuelle du ſieur Vicomte d'Auchy ſon fils aîné. Voyez M. le Brun, en ſon traité des ſucceſſions, liv. 3. chap. 2. n. 25.

193 Arrêt du 3. Juin 1650. qui a jugé dans la Coûtume d'Auvergne qu'il n'eſt pas permis de diſpoſer à titre d'inſtitution au profit de la fille qui a renoncé, ſur tout quand la diſpoſition eſt faite au préjudice du fils inſtitué par ſon contract de mariage; ſi le frere n'a-

voit pas été inſtitué contractuellement, l'inſtitution de la sœur auroit été bonne juſqu'à concurrence du quart, dont la Coûtume permet de diſpoſer. *Voyez Henrys*, tome 2. livre 4. *queſt.* 7. L'Auteur des Obſervations remarque que la prohibition de diſpoſer au profit de la fille qui a renoncé n'a pas lieu dans les païs du Droit écrit.

194. Si une inſtitution d'heritier par contract, avec promeſſe de conſerver les biens ſans les pouvoir aliener, ôte la faculté à l'inſtituant de ſe pouvoir obliger ni engager, en quelque maniere que ce ſoit? Arrêt du 12. Juillet 1667. qui appointa les Parties au Conſeil. M. l'Avocat General Bignon dit que l'inſtitution d'heritier contractuelle empêchoit bien que l'inſtituant ne pût diſpoſer poſterieurement des mêmes biens ou de partie d'iceux au profit d'un autre, mais ne pouvoit empêcher de s'engager pour l'emprunt de quelques ſommes de deniers ſans fraude. *Soefve*, tome 2. *Cent.* 3. chap. 49.

195. Pere & mere par contract de mariage inſtituent leur fille aînée leur principale heritiere en tous & chacuns leurs biens, & donnent à la cadette ſa legitime, ſe reſervant une certaine ſomme pour en diſpoſer avec ſes meubles meublans, lits, linges, tapiſſeries, &c. Le pere & la mere décedent ſans avoir diſpoſé; la ſomme & les meubles reſervez ajugez à la fille aînée, & à l'égard des interêts de la dot de la puînée demandez depuis le jour du décès de la mere, les Parties conteſteroient plus amplement. Jugé au Parlem. de Paris le 2. Août 1678. *Journal du Palais.* Voyez M. Loüet *lettre H. ſomm.* 12. où il renvoye à la *lettre S. ſomm.* 9.

196. L'inſtitution contractuelle devient caduque par le prédécès de l'inſtitué; & l'inſtitué n'a pû contracter des hypoteques ſur les biens de l'inſtitué, au préjudice de l'inſtituant ſurvivant, & des enfans de l'inſtitué prédécedé ſurvivans à l'inſtituant. Arrêt du Parlement de Provence du 9. Mars 1688. *Boniface*, to. 4. *liv.* 8. *tit.* 1. *ch.* 1.

197. L'inſtitution d'heritier portée par un contract de mariage comprend tous les biens, même les propres de celuy qui a fait l'inſtitution, & elle n'eſt point reductible, comme un legs, aux biens dont la Coûtume permet de diſpoſer par teſtament. Arrêt du Parlement de Paris du 30. Août 1700. en faveur de M. le Duc de Chevreuſe. *Voyez le Journal du Palais*, tome 2. page 923. *& ſuiv.* enſuite de l'Arrêt ſont les Conſultations des plus celebres Avocats, & des Obſervations ſur les inſtitutions contractuelles.

Heritier inſtitué en païs coûtumier.

198. Heritier inſtitué en païs coûtumier en avancement d'hoirie. *Voyez le Veſt, Arrêt* 38.

199. L'inſtitution & ſubſtitution n'ont lieu en la Coûtume de Paris. Arrêt du Parlement de Paris du dernier Septembre 1566. *Papon, liv.* 20. *tit.* 3. *n.* 35.

Inſtitution d'heritier n'a lieu, Coûtume de Paris, *article* 299. c'eſt-à-dire, que l'inſtitution ne ſaiſit, mais elle vaut comme un legs; cela veut dire qu'il n'y a point d'heritier inſtitué.

200. Comme s'entend que l'inſtitution d'heritier n'a point de lieu? *V. Coquille*, tome 2. *queſt.* 231.

201. Le fils inſtitué par ſon pere, peut ſe tenir à ſa legitime, & répudier le ſurplus de l'heredité. *Carondas*, liv. 12. Rép. 52.

Inſtitution, Coûtume de Berry.

202. Dans la Coûtume de *Berry* un teſtateur ayant inſtitué heritiers univerſels deux de ſes couſins & leurs enfans après mort, les enfans de celuy qui a prédécedé le teſtateur, ſuccedent concurremment avec les autres ſurvivans. Jugé au Parlement de Paris le 1. Août 1634. *Bardet*, tome 2. liv. 3. ch. 34.

Inſtitution d'heritier, Couſtume de Bourgogne.

203. L'inſtitution n'eſt pas neceſſaire dans les partages que les peres & meres font entre leurs enfans, en quoy les partages ſont differens des teſtamens où il faut inſtituer, à peine de nullité, au lieu que dans les partages il ne faut point d'inſtitution; mais ſi l'on inſtitué l'un des enfans dans les partages, il faut inſtituer tous les autres. Arrêts du Parlement de Dijon des 21. Juin 1621. 17. Mars & 9. Juillet 1625. & 4. Avril 1639. Les motifs de ces Arrêts ſont, qu'on fait tort à ceux qui ne ſont pas inſtituez, parce que par là ils ſont privez du droit d'accroiſſement qui n'appartient qu'aux heritiers, & que lorſque l'heritier inſtitué vient à répudier, ou qu'il ſe trouve incapable de recueillir la ſucceſſion, il en arrive un inconvenient conſiderable, qui eſt, qu'en ce cas, la diſpoſition de derniere volonté eſt ſans effet. *V. Taiſand, ſur la Coûtume de Bourgogne, titre* 7. *art.* 6. *note* 8.

204. Jeanne Chapotot frappée de la peſte, fit ſon teſtament; le Curé de Montcenis le reçut, & cette diſpoſition portoit que c'étoit ſon teſtament & ordonnance de derniere volonté; elle legua la moitié de ſon bien à ſon mary, & laiſſa l'autre moitié à deux ſœurs qu'elle avoit, leſquelles auſſi bien que le mary étoient dans le même danger qu'elle; après la mort de la teſtatrice, ſa diſpoſition fut conteſtée par une autre ſœur qui avoit été preterite, nonobſtant laquelle conteſtation le teſtament fut confirmé au Bailliage de Montcenis, dont appel: L'Avocat de l'Appellante diſoit que *inſtitutio eſt caput & fundamentum teſtamenti*, ſans laquelle le teſtament ne peut ſubſiſter, & qu'ainſi le défaut d'inſtitution de cette ſœur de la teſtatrice qui avoit été omiſe, rendoit nul le teſtament dont il s'agiſſoit. On diſoit pour l'Intimé, que ce n'étoit pas un teſtament, mais une donation, à cauſe de mort, & que quand ce ſeroit un teſtament, il ſeroit valable, parce que la teſtatrice avoit uſé du mot de *laiſſer*, qui valoit autant que l'inſtitution, & qu'elle n'eſt pas neceſſaire en Bourgogne dans la ligne collaterale; d'ailleurs que le teſtament contentieux avoit été reçu pendant la contagion, par un Prêtre qui ne ſçavoit pas la forme du teſtament. Par Arrêt de ce Parlement du 21. Novembre 1643. l'appellation fut miſe au néant; dépens neanmoins de la cauſe d'appel compenſez. Monſieur le Prince étoit ſur les rangs. *Voyez Ibidem*, art. 2. note 7.

105. Le 2. Decembre 1669. jugé au Parlement de Dijon qu'un teſtament fait à la Rochelle, où l'inſtitution d'heritier n'eſt pas neceſſaire, par un Bourguignon qui avoit ſes biens en ce païs-là, étoit valable, quoiqu'il ne ſe fût ſervi de ces mots, *je donne & legue*: Cet Arrêt paſſa tout d'une voix, dit M. le Préſident de Mucie dans ſon Recueil manuſcrit d'Arrêts, & cela ſur ce que l'inſtitution ne fut jugée en cette occaſion qu'une formalité du teſtament, parce que ces mots, *j'inſtitue ou je donne & legue*, ne ſont qu'une maniere de diſpoſer, & par conſequent une ſimple formalité, touchant laquelle on doit ſe regler à la Coûtume du lieu où l'on teſte. Même Arrêt du 26. Juillet 1677. *Ibidem, art.* 4. note 17.

106. Si par l'erreur ou l'inſuffiſance du Notaire, il eſt dit dans le teſtament, *je donne, je legue, & je laiſſe par inſtitution*, en ce cas de quelque maniere qu'il ſoit évident que le teſtateur a voulu faire une inſtitution d'heritier, il la faut tenir pour conſtante; car l'ignorance du Notaire ne doit pas nuire aux Parties: *quoniam indignum eſt*, dit l'Empereur Conſtantin, *ob inanem obſervationem irritas fieri tabulas & judicia mortuorum, placuit ademptis his quorum imaginarius uſus eſt, inſtitutionis hæredis verborum non eſſe neceſſarium obſervantiam utrum imperativis & directis verbis fiat, aut inflexis, nec enim intereſt ſi dicatur hæredem facio, vel inſtituo, vel volo, vel mando, vel cupio, vel eſto, vel erit, ſed quibuſlibet confeſſa ſententiis, vel in quolibet loquendi genere formata inſtitutio valeat, ſi modò per eam liquebit voluntatis intentio*. Arrêt du même Parl. de Dijon qui l'a ainſi jugé le 1. Juillet 1680. *Voyez Taiſand, ibidem, art.* 4. *n.* 2.

HERITIER INSTITUÉ, DROIT ÉCRIT.

207. Pour sçavoir si le pere en païs de Droit écrit doit instituer par son testament en quelque chose la fille qui par son contract de mariage a renoncé à sa succession à écheoir & à celle de sa mere échuë? *Voyez Bouvot, tome 2. verbo Testament, quest.* 59.

208. *Voyez le* 8. *Plaidoyé de M. Marion in* 8°. contre une veuve, née, mariée & demeurante à Paris, instituée heritiere par son mary en ses propres, assis en Languedoc, païs de Droit écrit, par un testament fait à Paris pardevant deux Notaires sans témoins. Arrêt du 8. May 1573. qui deboute la veuve : contre cet Arrêt elle propose erreur. En 1574. il fut dit qu'il y avoit erreur, & en l'émendant & corrigeant, la veuve obtint à ses fins. Les heritiers du mari prirent Requête civile, elle fut revoquée au Conseil privé à cause des parentez ; il n'y a point eu de Jugement.

209. L'institution faite par le pere de ses trois fils, l'un mourant devant le pere, & ayant laissé des enfans, l'institution se transfere aux petits enfans en païs de Droit écrit. Arrêt du 6. Juin 1603, *Carondas, liv.* 13. *Réponse* 41.

210. En païs de Droit écrit un fils peut instituer sa mere heritiere en tous ses biens, nonobstant l'Edit des secondes nôces. Arrêt du 31. May 1647. *Du Frêne, livre* 5. *chapitre* 20.

211. Jugé par Arrêt du 30. Avril 1655. qu'en païs de Droit écrit il faut que le legs fait par le pere à l'un de ses enfans, soit fait à titre d'institution ; que ce défaut rend le testament nul, & cette nullité a lieu, non seulement à l'égard de l'institution de l'heritier, mais aussi de tous les autres legs portez par le même testament. *Soëfve, tome* 1. *Cent.* 4. *chap.* 89.

212. Un testament fait à Paris par un pere domicilié en païs de Droit écrit, par lequel il avoit institué son aîné heritier, & legué à son puîné, étoit bon, sauf au puîné à se pourvoir en supplément de legitime. Arrêt du 16. Juillet 1661. *Notables Arrêts des Audiences, Arrêt* 65.

213. Dans la Coûtume d'Auvergne, dans un lieu qui se regit selon le Droit écrit, un pere est obligé d'instituer une fille son heritiere dans ce qu'il luy laisse, à peine de nullité de son testament, & cette nullité ne peut être reparée par la clause codicillaire. Jugé au Parlement de Paris le 11. Juillet 1685. *Journal du Palais.*

INSTITUTION D'HERITIER, NORMANDIE.

214. On ne peut en Normandie instituer un heritier ni substituer à la part que la Coûtume donne aux heritiers, sans préjudice neanmoins des dispositions permises par le titre de succession en Caux. Arrêté du Parlement de Normandie, les Chambres assemblées, le 6. Avril 1666. *Art.* 54. *Basnage, tome* 1. *à la fin.*

INSTITUTION DES ENFANS.

215. Le pere & l'ayeul qui ont leurs enfans en leur puissance, ne peuvent se dispenser de les instituer leurs heritiers ou universels ou particuliers, s'il n'est point parlé d'eux dans leurs testamens. Cette préterition y fera une nullité inexcusable, ce qui a lieu à l'égard des meres. Jugé au Parlement de Grenoble le 2. Juillet 1441. *Voyez Guy Pape, quest.* 577. & 596.

216. Les peres & meres doivent aussi instituer leurs enfans, à peine de nullité ; c'est la décision de la Loy *umnimodo* 30. §. *sin verò,* & de la Loy *quà nuper* 31. *Cod. de inofficioso testamento* ; comme aussi de l'authentique *ex causâ,* au même Code *de liberis præteritis vel exhæredatis* ; ce n'est pas assez d'instituer ceux qui de droit nous doivent succeder, il faut les nommer expressément. Arrêt du Parlement de Dijon du 3. Février 1609. au sujet du testament de Jean Ligier ; que Jean Ragoneau son ayeul maternel soûtenoit être nul, attendu qu'il n'avoit été institué nommément, & que les termes generaux dont le testateur s'étoit servi ne suffisoient pas. *Voyez Taisand, titre* 7. *art.* 3. *n.* 3.

217. Un pere par son testament institué son fils aîné son heritier, & à l'égard de ses autres enfans il les avoit instituez legataires particuliers ; le testament jugé valable au Parlement de Paris le 2. Septembre 1658. *De la Guessiere, tome* 2. *liv.* 1. *chap.* 58.

INSTITUTION ÉQUIPOLLENTE.

218. Jugé au Parlement de Toulouse le 28. Mars 1600. que pour la validité du testament du pere entre ses enfans, il n'est pas necessaire qu'il les institue *nominatim* ; il suffit que l'institution soit faite *per verba æquipollentia institutioni* ; car ce que la Loy desire est que le pere fasse mention de ses enfans, & que *nullum præterat in testamento* ; de sorte que les ayant appellez par paroles équipollentes, bien qu'en peu de choses, il est censé les avoir instituez en leur legitime. *Voyez le Recueil de Mainard, liv.* 10. *Avr.* 6.

219. Si un pere transigeant avec sa fille sur les prétentions qu'elle avoit contre luy, pour raison du bien de sa mere décédée, ayant déclaré qu'il vouloit & entendoit que sa fille venant à sa succession, prît sur icelle par précipüt & hors part la somme de 600. livres, dont il luy faisoit don, sans être obligée au rapport d'icelle, cette clause peut passer pour une institution d'heritier ? Par Arrêt du Parlement de Paris du 29. May 1654. il fut ordonné que les biens délaissez par le pere commun seroient partagez entre les Parties, sans avoir égard au dernier testament qui fut regardé comme l'ouvrage de la seconde femme. *Soëfve, tome* 1. *Cent.* 4. *chap.* 69.

220. Arrêts du Parlement de Provence des 4. Decembre 1660. & dernier Juin 1664. qui ont confirmé un testament contenant une institution d'heritier tacite & par équipollent. *Boniface, tome* 2. *livre* 1. *titre* 12. *chapitre* 1.

INSTITUTION D'HERITIER, FEMME, MARY.

221. Si le mary institué heritier par sa femme, & chargé de rendre l'heredité à leurs enfans, est en droit & faculté d'élire tel que bon luy semblera ? *Voyez le mot Fideicommis, nomb.* 158. & *suiv.*

222. Jugé au Parlement de Paris le 2. Août 1653. qu'un mary institué heritier par sa femme en tous ses biens pour en disposer, ainsi que bon luy sembleroit, au profit d'autres toutefois que des parens d'iceluy, a pû remettre les biens à ses enfans issus d'un second mariage ; les enfans ne sont alors censez compris sous le nom de parens : M. l'Avocat General Bignon avoit conclu au contraire. *Soëfve, tome* 1. *Cent.* 4. *chapitre* 47.

223. Si une femme ayant été instituée heritiere de son mary, pour disposer de l'heritage à son plaisir & volonté, le fils legataire d'une somme, payable quand il auroit vingt-cinq ans, peut demander l'heritage à sa mere comme fiduciaire, par les circonstances de la cause ? Arrêt du P. de Provence du 2. May 1680. après deux partages, confirmatif de la Sentence du Lieutenant General d'Aix, rendue en faveur de la mere. *Boniface, tome* 5. *liv.* 1. *titre* 17. *chapitre* 1.

INSTITUTION DE LA FIANCÉE.

224. L'institution d'heritiere de la fiancée par le fiancé, est valable. Arrêt du Parlement de Provence du 19. Novembre 1668. *Ibidem, tit.* 6. *chap.* 1.

HERITIER INSTITUÉ, FIDEICOMMIS.

225. *Filia particulariter instituta, ad fideicommissi partem venit cum aliis hæredibus universalibus.* Voyez *Franc. Marc. to.* 1. *quest.* 547.

226. Quatre freres étant instituez heritiers par le pere, il veut que si son fils aîné décede sans enfans mâles, son second luy succede, & au second le troisiéme, & au troisiéme le quatriéme à pareille condition, déclarant expressément qu'il veut que les biens demeurent en la maison, nom & famille ; le fils du dernier frere n'est compris au fideicommis, & ne peut

impugner l'alienation que son pere a faite des biens à luy avenus *ex causâ fideicommiſſi*. Arrêt du 7. Octobre 1578. *Peleus* queſt. 56.

227 Titius pere inſtituë Mœvia ſa fille ſon heritiere, à la charge de rendre à Sempronia ſa fille ou à ſes heritiers ſon heredité. Mœvia apprehende la ſucceſſion. Sempronia ſa fille mariée decede avant Mœvia ſa mere, & laiſſe un fils qu'elle inſtituë ſon heritier univerſel, & deux filles qu'elle inſtituë en leur legitime. Mœvia decede ſans faire teſtament. Pierre prétendoit d'être ſeul appellé au fideicommis. Arrêt du Parlement de Toulouſe du 22. Février 1596. qui juge que les filles étoient appellées avec leur frere. *Carondas*, livre 9. Rép. 71.

228 Si la mere inſtituée heritiere par le pere, à la charge de remettre l'hoirie à l'un des enfans, eſt cenſée vraye heritiere, ou ſi elle n'eſt que fiduciaire & gardienne? V. *Henrys*, tome 1. liv. 5. chap. 3. queſt. 13.

229 Le 20. Avril 1660. jugé au Parlement de Paris qu'un fils heritier inſtitué par ſon pere, à la charge de reſtituer en mourant ſon heredité à celuy de ſes enfans qu'il voudroit choiſir, ayant par un Acte entre-vifs & ſolemnel declaré qu'il reſtituoit l'heredité à l'un de ſes enfans, cette declaration acceptée par le fils & inſinuée, ne pouvoit plus varier, ni revoquer ſa nomination en faveur d'un autre enfant, au préjudice des creanciers de celuy qui avoit été premierement nommé & choiſi, leſquels creanciers conteſtoient la derniere nomination, quoique faite par un teſtament. *Soëfve*, tome 2. Cent. 2. chap. 18. il dit que *voces numeratæ, non ponderatæ fuêre*, & que l'Arrêt fut rendu avec un peu de précipitation ſur la fin de l'Audience, & contre l'opinion du Barreau qui tenoit que la derniere nomination devoit avoir lieu au préjudice même des creanciers du premier nommé.

INSTITUTION, FILLE.

230 Si l'une des filles inſtituée heritiere vaut élection? *Voyez des Maiſons*, lettre R. nombre 5. *Peleus*, queſt. 51. dit que l'inſtitution d'heritier a force d'élection.

231 Un pere inſtituë ſa fille unique, ſon heritiere particuliere d'une ſomme modique de dix-huit livres, ſans la qualifier du nom de ſa fille ; la queſtion partagée, le teſtament a été confirmé. Jugé au Parlement d'Aix le 11. Juin 1679. *Journal du Palais*.

INSTITUTION GENERALE ET UNIVERSELLE.

232 Il y a bien de la difference entre l'inſtitution univerſelle, & la particuliere ; en celle-là le teſtateur doit nommer clairement & intelligiblement ſon heritier ; en l'autre, il ſuffit qu'il le déſigne, comme s'il legue à ceux auſquels ſon pere a fait quelque legs, ou à ceux auſquels il eſt tenu de droit de laiſſer quelque choſe par voye d'inſtitution, ſans pourtant les nommer, & ſans faire aucune plus expreſſe mention d'eux. Voyez *Guy Pape*, queſt. 439. *Nutu relinquitur fideicommiſſum, dum modo nutu relinquat ; qui & loqui poteſt, niſi ſuperveniens morbus & impedimentos ſit*, L. *nutu* 21. ff. *de leg*. 3. cette déſignation de legs & de legataire empêche la préterition.

233 *Henrys*, tome 1. livre 5. chap. 3. queſt. 16. examine ſi l'inſtitution generale faite par le ſurvivant des conjoints chargée par le predecedé de nommer un de leurs enfans, comprend les biens du défunt, ou s'il faut une inſtitution particuliere pour la ſucceſſion du predecedé. Sur la queſtion ſuivante il rapporte un Arrêt du 13. Mars 1624. qui ſemble avoir jugé que l'inſtitution generale n'eſt pas ſuffiſante, mais il remarque fort bien que cet Arrêt a plûtôt jugé l'hypotheſe que la theſe ; cependant dans la queſtion 61. de ce même livre il change d'avis, à cauſe d'un autre Arrêt du 29. Août 1643. qui a jugé que la donation univerſelle faite par la mere à un de ſes enfans par ſon contract de mariage, ne comprenoit pas la ſucceſſion du pere, qu'elle étoit chargée de rendre à un de leurs enfans.

L'inſtitution univerſelle de l'un des enfans emporte 234 en ſa faveur la portion virile acquiſe au teſtateur. Arrêt du Parlement de Grenoble du 23 Juin 1670. dans l'eſpece de la virile d'une mere : de ſorte que l'autentique *nunc autem niſi expreſſis*, n'a d'effet qu'à l'égard des étrangers inſtituez heritiers, & non des enfans, comme ce même Arrêt l'a déclaré, ayant été fait *conſultis claſſibus*, & par autre Arrêt du 24. May. 1686. il a été jugé que la femme *verbi gratiâ* n'a point hypoteque, cette portion qui luy eſt échuë *expreſſis verbis*, l'hypoteque generale n'y acquerra aucun droit au creancier. *Voyez Chorier en ſa Juriſprudence de Guy Pape*, page 155.

INSTITUTION DE PERSONNES INCERTAINES.

De l'inſtitution des perſonnes incertaines, & des 235 diſpoſitions laiſſées à la volonté d'un tiers. *Voyez Henrys*, to. 1, li. 3. chap. 3. queſt. 15.

Du teſtament contenant l'inſtitution d'une perſon- 236 ne incertaine, d'un corps certain, au choix d'une tierce perſonne. Arrêt du Parlement de Provence du 25. May 1663. qui a caſſé un teſtament contenant inſtitution d'heritier d'un Prêtre celebrant, tel qu'il ſeroit nommé par un tiers. *Boniface*, tome 2. livre 1. titre 12. chap. 2.

OMISSION D'INSTITUTION.

Jugé au Parlement de Toulouſe le 14. Février 1681. 237 que le fils legataire d'une ſomme pour ſa legitime dans un Teſtament de ſa mere, qui inſtituoit un étranger, ſans qu'au legs de la legitime fût ajoûté le titre honorable d'inſtitution ne pouvoit plus après avoir reçu ſon legs ou ſa legitime demander la caſſation du Teſtament par cette omiſſion d'inſtitution, par ce que c'étoit en effet une plainte d'inofficioſité qui alloit à attaquer le Jugement de la mere *quaſi non fuiſſes ſanæ mentis* ; en luy imputant d'avoir manqué par l'omiſſion de ce titre d'honneur à ce devoir d'honnêteté que la nature & le ſang exigeoient d'elle à l'égard de ſes enfans dans un Teſtament où un étranger étoit inſtitué. Voyez M. *de Catellan*, liv. 2. chapitre 33. où il dit, l'omiſſion d'inſtituer en la legitime Arrêt donc, comme on le crut dans l'eſpece de ce dernier Arrêt, une nullité dans le Teſtament du pere où un étranger eſt inſtitué heritier, la faveur des enfans excluds de la ſucceſſion par inſtitution d'un étranger, le demande ainſi. C'eſt un honneur qui leur eſt dû, & qui ômis, peut du moins en ce cas operer la caſſation du Teſtament ; tout comme ajoûté un legs de cinq ſols ; quoiqu'il paroiſſe deriſoire, il fait neanmoins valoir le Teſtament, & le fils ne peut que demander le ſupplement. M. *de Cambolas* en rapporte des Arrêts li. 2. chapitre 15. J'y en ajoûteray un autre du 5. Juin 1651. après partage.

PAUVRES INSTITUEZ HERITIERS.

Un marchand de Toulouſe appellé Lalauſe en 1600. 238 avoit fait ſon Teſtament. Il inſtituoit Meſſieurs Eſtienne, & Jean Duſoulier freres faiſant un legat à Gaſton Lalauſe ſon frere qui étoit alors en Eſpagne, trois ans après le Teſtateur étant à Nogaro en Armagnac, fit un autre Teſtament qui revoque le precedent où il inſtitué Gaſton ſon frere, *pour l'amour fraternel qui l'oblige à le préferer* ; enſuite il fit divers legats avec cette clauſe qu'au cas que ſon frere ne voudroit pas ſatisfaire au Teſtament, il veut que l'Hôpital ſaint Jacques de Toulouſe le faſſe, lequel il inſtitue en ce cas pour heritier, en payant ſes dettes & legats ; mais au temps qu'il faiſoit ſon dernier Teſtament Gaſton ſon frere étoit deja mort en Eſpagne ; le Teſtateur étant décedé, il y eut procés entre les deux Duſoulier & l'Hôpital qui ſe diſoit appellé *per vulgarem, quæ de uno caſu ad alium extenditur* ; ſçavoir *ſi hæres non erit, vel eſſe non poterit morte præventus*, l. *jam hoc jure*, ff. *de vulg*. ce que l'un des effets de la ſubſtitution vulgaire eſt que ſi l'heritier meurt avant le Teſtateur elle prenne ſes forces. Duſoulier au contraire diſoit que le ſecond Teſtament étoit comme non avenu, & que quand ce seroit une condition elle étoit impossible, puisqu'on ne peut contrevenir à la volonté du Testateur; c'est pourquoy il fut deliberé en l'assemblée de l'Hôpital, que le premier Testament n'étoit pas révoqué; & que neanmoins Dusoulier bailleroit 300. l. à l'Hôpital, moyennant quoy l'Hôpital quitteroit toutes ses prétentions, ce qui fut autorisé par un Arrêt d'expedient de 1608. *Albert*, verbo *Testament art.* 3.

239 L'on peut instituer heritiers les pauvres honteux d'une Ville sans autre désignation, les loix ne rejettent de semblables dispositions, que quand il y a une entiere incertitude. Arrêt du 20. Juillet 1643. qui donne la moitié des biens aux pauvres heritiers *ab intestat*, & l'autre moitié à l'Hôtel-Dieu de Paris, & aux pauvres de l'aumône de Lyon les legs particuliers, & les dettes préalablement acquittées. *Henrys*, to. 1. liv. 5. quest. 28.

240 Un testateur ayant institué pour son heritier universel l'Hôpital des Incurables s'il mouroit à Paris, & l'Hôpital de Reims en càs qu'il vînt à deceder à Reims, & non à Paris, ou autre lieu ; le testateur n'étant point mort à Paris ni à Reims, jugé le 28. Novembre 1651. que son bien devoit appartenir à l'Hôpital des Incurables ; le testateur étant mort à son Prieuré proche Paris, étoit censé mort à Paris même. *Soësve*, tome 1. Cent. 3. chap. 87.

241 L'Auteur des Observations sur *Henrys*, tome 2. liv. 1. quest. 16. examine la question de sçavoir, si l'on peut faire des dispositions universelles en faveur des Eglises, Hôpitaux, Monasteres, & autres Communautez. Il decide l'affirmative, contre l'avis d'Henrys, suivant celuy de Ricard dans son traité des Donations, part. 1. chap. 3. sect. 13. il ajoûte, cependant en une cause où je plaidois pour l'Hôtel-Dieu de Lyon, & M. Arrault pour l'Aumône generale de la même Ville, & M. Vesin pour les enfans de Loüis Rougeau Notaire, lequel par son testament olographe avoit institué les Hôpitaux pour les deux tiers, & ses enfans pour un tiers, le testament fut cassé, & l'on ajugea aux Hôpitaux seulement 15000. écus, faisant environ le tiers de la succession, mais ce fut à cause de la faveur de ses enfans, ainsi que M. le Président de la Moignon qui portoit la parole en qualité d'Avocat General, le déclara dans ses conclusions. L'Arrêt fut rendu à l'Audience de la Grand'-Chambre le premier Decembre 1695.

INSTITUTION, DES PERES.

242 Quand un enfant, préterit ou n'institué pas heritiers ses pere & mere, & autres ascendans, en leur legitime, son testament est nul ; il a été ainsi jugé par Arrêt du Parlement de Dijon du 28. Juillet 1592. au sujet du testament de la femme du sieur de Marchezeul qui n'avoit pas institué son ayeul ; il faut donc necessairement nommer & instituer heritiers les peres & meres, ayeuls & ayeules, & ne pas user des mots *je laisse, je donne*, mais on doit, à peine de nullité du testament, les instituer en ces termes ; *j'institue mon heritier, ou mon heritiere, mon pere, ou ma mere, mon ayeul, ou ayeule &c.* Ainsi jugé le 21. Juillet 1594. & le 29. Mars 1604. *Voyez Taisand sur la Coût. de Bourgogne*, tit. 7. art. 3. n. 2.

243 Les fils ou filles mariez, ou non mariez, doivent par leur testament instituer leur peres ou mere, ayeul ou ayeule, leurs heritiers, & leur laisser la legitime à titre honorable ; faute de ce, leur testament doit être déclaré nul ; & il est necessaire qu'ils disent, *j'institue*, & *je donne*, & dénommer les personnes ; ce n'est pas assez de dire *j'institue ceux qui ont droit & de coûtume me doivent succeder*. Arrêt du Parlement de Dijon du 29. Mars 1604. *Bouvot*, tome 2. verbo *Testament* ; quest. 47.

244 Un testament où il y a une institution conçuë en ces termes, *j'institue mes heritiers qui ab intestat me doivent succeder sans nommer son pere, ou son ayeul qui* sont en vie, est nul. Arrêt du Parlement de Dijon du 3. Février 1609. il faut instituer l'heritier par son nom. *Bouvot*, ibidem, quest. 63.

245 Un fils ayant fait son testament, donna les meubles qu'il avoit à son pere, qu'il déclara être pour sa legitime ; mais il ne dit pas que c'étoit à titre d'institution. Une sœur consanguine du testateur qui soûtenoit la validité du testament, dit, que les termes équivalens suffisoient ; les autres freres & sœurs du disposant soûtenoient au contraire que les termes de la Coûtume sont de rigueur ; & que par consequent il falloit laisser au pere sa legitime à titre d'institution, & qu'inutilement on objectoit, que ce testament n'avoit pas été contredit par le pere, attendu qu'il ne pouvoit préjudicier à ses autres enfans. Par Arrêt du Parlement de Dijon du 5. Juillet 1667. le testament fut cassé. *Voyez Taisand sur la Coûtume de Bourgogne*, tit. 7. art. 3. n. 1.

INSTITUTION DU POSTHUME.

246 *De posthumo ex certâ uxore instituto.* Voyez *Francisci Stephani decis.* 14.

247 *An institutio posthumi in unum casum facta porrigatur ad alium quem testator prospexisset, si de eo cogitasset ; & conciliatio des loix contraires ? Voyez Henrys*, to. 2. liv. 5. quest. 50.

248 Clause d'institution, *si ma femme est enceinte* s'entend à l'égard de tous ceux qui surviennent. Arrêt du Parl. de Bourdeaux pour la succession du Comte de Vantadour : avant que d'aller à la guerre, il institué heritier le posthume, si sa femme est enceinte ; elle ne l'étoit point ; il revient, elle a plusieurs enfans, le premier prétendoit être seul heritier ; jugé que tous avoient droit à l'heredité. *Papon*, liv. 20. tit. 1. nombre 13.

249 L'institution des posthumes à naître d'une certaine femme, comprend tous ceux qui se trouveront nez d'une autre femme. Arrêt du Parlement de Grenoble du 30. Mars 1615. le testateur n'eut pas d'enfans de sa premiere femme qu'il avoit nommée ; l'institution valut au profit de ceux qu'il eut de la seconde. *Basset*, tome 1. li. 5. tit. 3. chap. 3.

250 L'institution du posthume comprend tous les posthumes qui naissent après le testament ; ainsi jugé au Parlement de Toulouse le premier Mars 1668. L'institution même faite en ces termes, *le posthume dont ma femme est enceinte*, comprend tous les posthumes qui naîtront de cette femme par l'égalité d'affection qui est à presumer dans le testateur pour tous les posthumes qui luy sont également inconnus. C'est ainsi que cette question fut décidée par Arrêt du 4. Avril 1656. après partage. *Voyez M. de Catellan*, livre 2. chap. 52. où il ajoûte, j'ay appris qu'il y avoit deux Arrêts conformes rendus en la Chambre de l'Edit les 6. Mars 1638. & 9. May 1642. Les Jurisconsultes ont passé plus avant, car ils ont décidé que sous cette institution du posthume, dont la femme est enceinte, sont compris les posthumes qui naîtront d'une autre femme.

251 Le testament ne laisse pas d'être valable, quoique celuy qui n'est pas encore né soit institué heritier. Arrêt du Parlement de Dijon du 13. Août 1670. *Taisand sur la Coûtume de Bourgogne*, titre 7. article 4. note 18.

HERITIER INSTITUÉ, PRETERITION.

252 Il y a une sorte de preterition qui n'est pas considerable. Un pere institué sa femme son heritiere universelle, & luy substitué son fils, mais il n'y a point d'institution hereditaire pour luy. Bartole a crû que cette substitution doit tenir lieu d'institution, ce qui n'est point ; il faut qu'il y ait une institution formelle, & le Parlement de Grenoble la juge de la sorte. *Voyez Guy Pape*, questions 425. & 456.

253 Si un pere ayant institué sa femme son heritiere universelle, & en quelque temps qu'elle meure, a

254 institué & substitué son fils; *Guy Pape, quest. 456.* croit que son testament sera valable, parce que le fils sera présumé institué en sa legitime qui sera de quatre onces, & desiors elle sera payable sans retardement. Le Parlement de Grenoble la souvent jugé.

La preterition dans un testament *inter liberos* étant induite de ce qu'ils n'ont été instituez en chose certaine & réelle, rompt le testament. Arrêt du Parlement de Grenoble du 10. Juillet 1641. *Basset, to. 1. liv. 5. tit. 6. chap. 6.*
Voyez le mot *Institution.*

PROCUREUR INSTITUÉ HERITIER.

255 Un Procureur peut être valablement institué heritier par son client. Arrêt du Parlement de Grenoble du premier Juillet 1652. *Basset, tome 1. livre 5. titre 1. chap. 19.*

PROMESSE D'INSTITUER HERITIER.

256 La promesse du pere dans le contract de mariage de son fils, de le faire son heritier, est regardée comme une donation qui même passe aux enfans, leur pere à qui elle a été faite étant predecedé. Arrêt du Parlement de Grenoble du 16. Juin 1638. rapporté par *Chorier en sa Jurisprudence de Guy Pape, p. 221.*

257 *Si quis septem testibus præsentibus Cajo promiserit se nullum alium hæredem instituturum præter ipsum, an ob hoc Cajus hæres censendus sit ?* Vide *Franc. Marc. tome 1. quæst. 838.*

258 Jugé au Parlement de Toulouse le 20. Novembre 1640. que la promesse dans le Contract de mariage d'instituer l'un des enfans qui en naîtroient, étoit une donation non une institution, & que cette donation ayant un effet retroactif, le donateur pouvoit revoquer les alienations faites par son pere. Même Arrêt du 21. Novembre 1648. quoyque cette promesse fût faite non dans le contract de mariage; mais *ex intervallo.* Il y eut plus de difficulté en la cause de la veuve d'un nommé Delbosc; car son frere Prêtre luy ayant fait une donation de 1500 livres & promis de l'instituer heritiere, le donataire se maria le même jour; le donateur au lieu de le faire heritier avoit divisé ses biens entre tous ses freres. Il y eut contre sa veuve Sentence arbitrale qui après partage fut réformée le 1. Avril 1661. *Voyez Albert,* verbo *Promesse.*

259 Arrêt du Parlement de Provence du 29. Janvier 1657. qui a declaré la promesse d'instituer faite en Contract de mariage non transmissible aux enfans, l'institué étant predecedé. *Boniface, tome 2. livre 1. titre 12. chapitre 3.*

260 La promesse faite par une femme dans le Contract de son second mariage d'instituer heritiers égaux ses enfans du premier & second lit, est bonne & valable, à l'égard même des enfans du premier; quoyque l'Acte dans lequel elle est contenuë fût à l'égard de ceux-cy un Acte étranger, qui par là sembloit n'être pas obligatoire en leur faveur, cette clause n'y paroissant apposée que pour l'interêt des enfans du second lit, à qui on avoit voulu assurer du moins la moitié de la succession des biens de leur mere; on crût neanmoins qu'elle interessoit également les enfans des deux lits, & qu'elle étoit également obligatoire, en faveur des uns & des autres. Arrêt du Parlement de Toulouse en 1660. en l'assemblée des Chambres, rapporté par *M. de Catellan, livre 4. chapitre 6.*

261 De la promesse d'instituer faite par la mere à sa fille pour luy tenir lieu de constitution, & si elle vaut donation, la fille étant morte sans enfans, ainsi la mere? Au mois de Juin 1679. au Parlement de Toulouse il a été jugé que cette promesse étoit revoquée par le predecés de la fille sans enfans, & que le mary n'y pouvoit rien prétendre; l'Arrêt est rapporté *Ibidem chap. 12.*

262 *Henrys, tome 2. livre 4. question 29.* propose, si un pere qui a marié son fils aîné, avec promesse de l'instituer heritier avec ses autres enfans mâles, & qui ensuite marie son fils puîné avec la même clause, est obligé d'instituer pareillement ses autres enfans mâles? Il resoud que cette obligation ne regarde que les deux aînez, & que les autres ne peuvent pas se prevaloir de cette clause.

RELIGIEUX INSTITUEZ HERITIERS.

263 Des Moines & Religieux instituez heritiers. *Voyez la 327. question de Guy Pape.* Le Parlement de Grenoble autorise ces sortes d'institutions. *Voyez Chorier page 15.*

264 *Cordigeri non possunt institui hæredes. Voyez* le mot *Cordeliers.*

265 De la validité ou invalidité du Testament fait en faveur de l'œconome du Convent des Peres Minimes de Toulon instituez heritiers. *Voyez Boniface, tome 5. livre 1. titre 3. chapitre 1.* Il dit qu'il n'a pû sçavoir l'evenement de la cause, mais que cette question s'étant présentée en la cause de l'œconome de l'Annonciade de la Ville d'Aix, qui avoit été institué heritier durant la contagion, le Testament fut infirmé, par Arrêt du Parlement de Provence du 29. Novembre 1632.

266 Arrêt du même Parlement de Provence du 2. May 1680 qui a confirmé le Testament d'un pere lequel a fait l'Eglise des Peres Jesuites heritiere au préjudice des enfans qui avoient eû leurs droits de legitime. *Boniface, tome 3. liv. 7. tit. 4. chap. 1.*

REVOCATION DE L'INSTITUTION.

267 Pour revoquer une institution d'heritier, il faut une revocation expresse & la renonciation de la fille faite depuis le Testament n'est pas suffisante, car les Testamens n'ont d'effet ny date que du jour du décés du Testateur. *Voyez Henrys, tome 2. livre 4. question 6.*

268 Institution d'heritier se peut révoquer simplement devant deux temoins *inter liberos.* Arrêt general du premier May 1571. *Papon, livre 20. tit. 1. nomb. 3.*

268 bis Arrêt du Parlement de Provence du mois d'Avril 1667. qui a jugé qu'un codicille ne peut révoquer une institution d'heritier. *Boniface, tome 2. livre 3. titre 1. chapitre 1. & tome 5. livre 2. titre 1.*
Voyez le mot, *Revocation.*

HERITIERS INSTITUEZ, SECONDES NÔCES.

269 L'institution d'heritier faite par la femme de la personne de son second mary à condition de rendre sa succession au temps de son décés à ses enfans, ne doit point souffrir de diminution & n'est point sujette au retranchement de la Loy *hâc edictali* par ce que la mere peut instituer les enfans du second lit, ainsi elle peut luy donner l'administration ou l'usufruit des biens qui luy étoient acquis *jure patriæ potestatis.* Arrêt du Parlement de Toulouse du mois de Février 1590. même Arrêt le 25. May 1682. pour l'institution faite en faveur de la seconde femme faite par le mary, *Mainard, tome 1. liv. 3. chapitre 75. & 76.*

270 Arrêt du Parlement de Provence du 4. Novembre 1638. qui a reduit l'institution d'heritier de la personne du second mary à la legitime d'un des enfans, & ajuge l'heritage de la femme Testatrice aux filles du premier lit, à l'exclusion des fils du second lit. *Boniface, tome 2. liv. 1. titre 12. chapitre 4.*

271 La veuve convolant à secondes nôces perd l'institution hereditaire faite par son premier mary à faveur de sa personne & l'enfant du premier lit survivant à sa mere ou à son pere remariez sans s'être plaint, ou sans avoir demandé son droit, ne laisse pas de le transmettre à son heritier. Jugé au Parlement de Grenoble le 12. Septembre 1644. par ce que *jus erat ei quæsitum.* Bartole & autres Docteurs écrivans sur la Loy *hâc edictali* estiment que si l'enfant predecede la mere ou le pere qui se remarie, il ne transmet *ad extraneum hæredem jus illud revocandi plus relictum.* *Basset, tome 2. liv. 4. tit. 7. chap. 3.*

La

272 La mere remariée peut être instituée heritiere universelle par ses enfans. Les Arrêts l'ont ainsi jugé : la condition du pere n'est pas si avantageuse, parce que les enfans étant en sa puissance, ils ne peuvent pas disposer à son profit. A l'égard de la succession intestat la mere ne peut avoir que l'usufruit des biens parvenus aux enfans de la substance du pere ; elle succede en propriété à ceux qui leur sont échûs d'ailleurs ; les premiers sont appellez adventifs, les autres profectifs. *Voyez Henrys, tome 1. livre 4. chapitre 4.*

INSTITUTION, SUBSTITUTION.

273 Le mot d'institution est souvent pris pour celuy de substitution. *Titius institue Caja sa femme son heritiere universelle & après il institue Sempronius. Caja* est la vraie heritiere, *Sempronius* n'est que substitué. Ainsi deux institutions universelles étant faites par un même Testament pour avoir l'effet l'une après l'autre, la derniere passe pour substitution ; l'on regarde plûtôt la volonté du Testateur que les paroles du testament lorsqu'elles souffrent une commode interpretation. *Voyez Guy Pape, question 538.*

274 Un pere institué son heritier, à la charge de payer la legitime à ses deux sœurs, & les luy substitué ; le frere meurt après avoir engagé du bien ; il y a dispute entre les sœurs & les creanciers du frere, laquelle a été terminée au Parlement de Toulouse, par Arrêt du 28. Août 1546. *Voyez Le Vest, Arrêt 211.*

275 Les enfans instituez avec leur pere ou mere par l'ayeul, sont conjointement instituez, & ne sont aucunement substituez ; en sorte que s'ils ont renoncé à la succession de leur pere ou mere, ils ne peuvent rien prétendre és biens du Testateur. Arrêt du 22. May 1560. *Peleus, q. 50.*

276 Quand le Testateur institué une autre personne que son enfant, & à cet institué, il luy substitué, s'il décede sans enfans, ceux du nom de la famille, la famille du Testateur est entenduë, & non la famille de l'institué : & la substitution finit au premier degré de plus proches appellez. *Voyez le même Peleus, q. 54.*

277 Un Chanoine de Narbonne institué sa sœur, & ajoûte, *je veux qu'au madite heritiere auroit enfans de son mariage, & en voudroit faire aucun d'eux son heritier, iceluy ait à porter mon nom & armes, & que tous mes biens luy soient rendus.* La sœur marié, a un mâle & trois filles, & décede intestat ; procez entre le frere & les sœurs. Arrêt du Parlement de Toulouse au mois de Mars 1577. par lequel sans avoir égard au fideicommis prétendu par le fils mâle, ses sœurs & luy sont maintenus également és biens du Chanoine. *Voyez Mainard, liv. 8. chap. 54.*

278 L'heritier institué n'est pas recevable à debatre la substitution, de défaut d'insinuation. Arrêt du 10. Février 1582. *Peleus, quest. 55.*

279 Un testateur institué *Titius* son heritier universel, & luy substitué *Mœvius*, *Titius* a un bâtard qui marié, laisse un fils legitime ; *Titius* décede, *Mœvius* substitué s'empare des biens. Jugé pour *Mœvius* à la Fête de Pentecôte 1596. *Peleus, quest. 49. & Charondas, liv. 7. Réponse 161.*

280 Heritier institué à la charge de substitution, est tenu de donner caution au substitué pour les meubles. Jugé au Parlement de Paris le 10. Août 1629. *Bardet, to. 1. liv. 2. chap. 110.*

281 L'institution étant annullée par le predecez de l'heritier institué, le testament vaut pour la substitution. Arrêt du 8. Juin 1628. *Henrys, tome 1. livre 5. chap. 4. quest. 22.*

282 Plusieurs ayant été instituez heritiers par un testament sans aucune charge, quelques uns ayant prédecedé le testateur, on en peut induire une substitution en faveur des autres, & les fils de l'institué prédecedé ont été reçûs à partager la succession avec

le survivant desdits instituez. Arrêt du premier Août 1644. *Soefve, tome 1. Cent. 1. chap. 66.*

283 L'institution étant devenuë caduque par le predecez de l'heritier institué ; le testament ne laisse pas de subsister quand il y a un heritier substitué, parce que la substitution est une seconde institution. *Voyez Henrys tome 1. liv. 5. quest 22.*

284 Une institution d'heritier, faite à la charge que l'institué ne pourra disposer des biens de l'heredité qu'en faveur de ses enfans, emporte substitution au profit des enfans. Arrêt du Parlement de Paris du 15. Mars 1668. *Voyez Soefve, tome 2. Centurie 4. chapitre 12.*

285 Si le testament est nul, les enfans ayant été substituez à la mere instituée heritiere ; & si cette institution est censée fiduciaire, ne leur ayant été rien legué : Arrêt du Parlement de Provence du 20. Juin 1673. qui confirme le testament. *Boniface, tome 5. livre 1. tit. 16. chap. 1.*

286 Un testateur institué son fils : en cas de la mort du fils, il veut que ses biens retournent à son pere, & après la mort de son pere que ses biens retournent par droit de représentation à ses trois freres. Le fils heritier meurt sans enfans, & après lui le pere du testateur, laissant un frere seulement du testateur, & un neveu *ex filio pramortuo*, le troisième frere étant mort sans enfans a procez pour la succession ; le frere la prétend comme resté seul frere des trois appellez ; le neveu la prétend par droit de transmission, ou par un droit de représentation qu'il soûtenoit donné dans le testament. Le frere dit que le neveu ne peut la prétendre, ni par la transmission, qui n'a lieu qu'en ligne directe, ni par la représentation, qui n'a lieu que dans la succession *ab intestat*. Le neveu avoüe la verité generale de ces maximes, mais il dit que le testament, & la disposition de son oncle luy a pû donner par liberalité ce que les Loix ne luy accordoient pas, & qu'ainsi il a pû luy donner le droit de transmission hors de ligne directe, ou de représentation dans la succession testamentaire, & qu'il le luy a donné par ces paroles, *voulant qu'en ce cas ses biens retournent à ses trois freres par droit de répresentation.* Arrêt de partage au Parlement de Toulouse au mois d'Avril 1676. le partage fut évisé au profit du frere, que l'on maintient dans la succession de son frere. *Voyez M. de Catellan, liv. 2. ch. 99.*

HERITIER, INVENTAIRE.

287 L'heritier devoit faire vendre les meubles de la succession, & faire auparavant publier la vente devant la principale porte de l'Eglise Parochiale du défunt, à jour de Dimanche, autrement, & à défaut de ce, devoit augmenter du Parisis la prisée des meubles, ainsi que Caron rapporte sur l'article 342. de la Coûtume de Paris, avoir été jugé par Arrêt. *Papon, liv. 21. tit. 10. n. 3.*

288 Un heritier qui n'avoit fait inventaire que quatre ans après la mort du testateur, est declaré pur & simple, par Arrêt du Parlement de Grenoble du 9. Février 1619. *Basset, tome 1. li. 5. tit. 4. chap. 4.*

289 A défaut de faire assigner les creanciers certains, & connus, à voir proceder à l'inventaire, l'heritier est déclaré pur & simple à leur égard. Arrêts des 10. Février 1624. & 30. Juillet 1667. *Ibidem, chap. 5.*

290 Faute d'avoir fait inventaire dans les formes, & assigné les creanciers à luy connus aux procedures de l'inventaire, & fait juger la discussion dans les 30. ans ; l'heritier avec inventaire doit être déclaré pur & simple, & payer les dettes & legats en son propre. Jugé à Grenoble les 10. Février 1624. 30. Juillet 1667. & 25. Juin 1668. *Basset, tome 2. livre 8. titre 4. chap. 2. Voyez cy-après verbo Inventaire.*

291 Une veuve instituée heritiere par son mari n'ayant point fait d'inventaire selon les formes requises, ne peut se servir du benefice d'inventaire. Arrêt du 10. Juillet 1635. *Henrys, to. 1. li. 6. ch. 4. quest. 11.*

Voyez le mot *Inventaire*.

HERITIER, JURISDICTION.

292. Devant quel Juge doit être convenu l'heritier ? *Voyez* le mot *Domicile*, nomb. 25. & suiv.

HERITIER ET LEGATAIRE.

293. *Voyez* cy-dessus le nomb. 128. & suiv.

Si aucun peut être heritier & legataire, heritier & donataire entre-vifs ? *Voyez Coquille*, to. 2. question 232.

294. Pour avoir ces deux qualitez, il est necessaire de n'être pas habile à succeder dans la Coûtume en laquelle on veut prendre son avantage. *Ricard des Donations entre-vifs*, premiere partie chapitre 3. section 15. nomb. 680.

295. On peut être legataire & heritier ensemble en diverses successions d'une même personne; comme heritier des propres d'un côté sous une Coûtume, & legataire des meubles & acquêts en l'autre ; on allegue l'Arrêt de Bareau contre Canaye, & celuy contre M. Riviere en la succession de Chartier Curé de Vaugirard. *Voyez la Bibliotheque de Bouchel*, verbo *Legs*.

296. Le pere peut leguer aux enfans de son heritier. *Voyez* le mot *Avantage*, nomb. 51.

297. Une ayeule fait un legs à la fille de sa fille ; la petite fille se tient à son legs, & renonce à la succession de son ayeule ; elle demande la délivrance de son legs ; l'oncle soûtient que les freres & sœurs de la petite fille étant heritiers, elle ne peut être legataire, parce que tous ensemble ils représentent leur mere, ou qu'en tout cas il doit avoir part en la portion hereditaire de la legataire. Arrêt du 21. Mars 1588. par lequel la Cour a fait délivrance du legs, à la charge que la part de la legataire en la succession accroîtroit à tous les heritiers. *Montholon*, Arrêt 109. nommé des Charles. M. le Prêtre, 2. Cent. chap. 37. & M. Louët, lettre D. somm. 56.

298. Heritier par benefice d'inventaire, condamné à mettre audit inventaire ce qu'il avoit eu par donation par son contract de mariage, avec les fruits depuis le decez du pere, si mieux n'aimoit renoncer à la succession, & ce faisant se tenir à son don ; la maxime étant que l'on ne peut être heritier & legataire d'une même personne, le beneficie d'inventaire n'augmente & ne diminuë rien de la qualité d'heritier, mais il empêche la confusion. Arrêt du 7. Septembre 1599. *M. le Prêtre, és Arrêts de la cinquiéme*. M. Louët, lettre H. somm. 13. Ricard, *des Donations entre-vifs*, premiere partie, chap. 3. sect. 15. nomb. 688. & Montholon, Arrêt 90.

299. On ne peut être heritier & legataire tout ensemble. Arrêt du Parlement de Paris du 9. Février 1610. il fut dit qu'option seroit faite du legs, ou de la succession. *Plaidoyers de Corbin*, chap. 52.

300. On peut être heritier & legataire ensemble en ligne collaterale, quand la Coûtume n'en dispose rien; *Secùs* à Paris. Arrêt du 7. Decembre 1648. *Du Frêne*, li. 5. chap. 36.

301. Une même personne peut être heritier & legataire d'un défunt en differentes Coût. heritier en l'une, & legataire en l'autre ; *Secùs*, dans la même Coûtume. Arrêt du 21. Avril 1654. cet Arrêt est mis dans *M. le Prêtre*, 3. Cent. chap. 89. M. Louët, lettre H. somm. 16. Du Frêne, liv. 7. chap. 41. rapporte le même Arrêt. *Voyez aussi* le liv. 1. chap. 15. & 40.

302. Heritier & prélegataire. *Voyez* Brodeau sur M. Louët, lettre H. somm. 16.

303. Testament du pere : *Je donne à mon fils aîné tout ce que je luy puis donner, & dont il m'est permis de disposer dans les Coûtumes où mes biens sont situez, & tous mes meubles qui sont dans mes terres, outre sa legitime & droit d'aînesse*; le testament confirmé nonobstant la qualité d'heritier & de legataire, les biens étoient situez en Bourgogne, Nivernois, Troyes & Chaumont. Arrêt du 6. Juin 1685. De la Guessiere, tome 4. livre 8, chapitre 43.

304. Par Arrêt du douzième Juin 1652. jugé que la Coûtume d'*Amiens* n'ayant rien determiné touchant la compatibilité ou incompatibilité des qualitez d'heritier & legataire d'une même personne, l'une & l'autre de ces qualitez peuvent être cumulées dans la ligne collaterale. *Soëfve*, tome premier, Centurie 3. chap. 97.

305. On peut être heritier & legataire universel des meubles tout ensemble, même sans charge de dettes, la testatrice les ayant rejettées sur ses acquêts. Arrêt du 21. Janvier 1653. au Rôle d'Amiens. *Du Frêne* liv. 7. chap. 15.

306. Dans la Coûtume d'*Amiens* on peut être heritier & legataire dans une même succession, & en qualité d'heritier prendre chacun un tiers dans les quatre quints des propres roturiers, encore qu'ils ayent part dans le legs universel, dont délivrance leur auroit été faite. Jugé en la premiere des Enquêtes le 24. Mars 1683. *Journal du Palais*.

307. Jugé en la Coûtume d'*Anjou* le 12. Juin 1652. qu'un pere, lequel par l'article 270. succede à ses enfans prédecedez sans heritiers issus d'eux, à l'égard des meubles en propriété, & des immeubles en usufruit, la propriété d'iceux reservée aux collateraux ne pouvoit pas prétendre le don que sa fille luy avoit fait par son testament, de la propriété du tiers des mêmes immeubles, attendu que ce seroit être heritier & legataire de la même personne, contre la disposition de l'article 338. qui porte qu'*aucun ne peut avoir don & partage d'une même succession*. *Soëfve*, tome 1. Cent. 3. chap. 98.

308. Encore que l'on ne puisse être heritier & legataire par la Coûtume de Paris & de Nevers ; neanmoins on peut être heritier és propres situez en la Coûtume de *Nevers* en ligne collaterale où le mâle exclut la femelle, & les prendre *beneficio legis municipalis*; & legataire és meubles & acquêts en la Coûtume de Paris, où le défunt étoit decedé, n'avoir aucuns propres, & ainsi on n'y prend aucune chose à titre d'heritier, mais *jure legati*, &c. *Voyez M. Charles du Moulin sur l'article* 93. *de la Coûtume de Montfort en son apostille*, où il cite un Arrêt semblable à celui rapporté par du Frêne, liv. 1. chap. 15. Ricard, *des Donations entre-vifs*. 1. part. chap. 3. sect. 15.

309. En *Nivernois* où le frere exclut la sœur des successions collaterales, elle n'est pas recevable à luy objecter que sa qualité d'heritier en cette Coûtume, est incompatible avec celle de legataire universel dans une autre, où la sœur peut succeder. Arrêt du 8. Février 1624. *Bardet*, tome 1. liv. 2. chap. 4.

310. Par la Coûtume de *Noyon* article 16. on peut être legataire ou donataire, & heritier en ligne directe, pourvû que le don ou legs soit fait hors part, & par préciput, & qu'il en soit fait mention expresse dans l'acte contenant le don ou legs. Cela presupposé, un pere a trois enfans, & legue à l'un d'eux sa maison, unique bien qu'il avoit, & l'estime 11000. liv. sur laquelle somme il entend que le legataire prenne 2000. livres par préciput & hors part ; à l'égard des 9000. livres il luy en legue encore le tiers, & les deux autres les petits enfans lors mineurs, qui leur seront délivrez en majorité, ou quand ils seront pourvus par mariage, desquels 2000. livres le legataire n'en payera point d'interests. Arrêt du 20. Janvier 1660. qui le condamne neanmoins aux interests, quoy qu'il offrît de prouver par rapport d'Experts que la maison ne valoit pas ce qu'elle avoit été estimée par le défunt. *Soëfve*, tome 2. Cent. 2. chap. 7.

311. Arrêt du 20 Février 1634. qui appointe pour sçavoir si dans la Coûtume de *Paris* on peut être legataire en collateral d'une somme, ou d'un corps certain, & encore de sa portion hereditaire, avec charge de substitution. *Voyez Bardet*, tome 2. livre 5. chapitre 11.

312 En la Coûtume de *Paris* article 300. l'on ne peut être heritier & legataire, mais l'on peut être ensemble legataire universel en tous les biens du testateur *ex triente*, & legataire particulier. Arrêt du 26. Avril 1649. *Du Frêne liv.* 5. *chap.* 41. où il rapporte encore quelque Arrêt opposé.

313 L'article 300. de la Coûtume de *Paris*, aucun ne peut être heritier & legataire d'un défunt ensemble, ne doit s'entendre qu'entre coheritiers, & non pas en faveur des étrangers ; c'est pourquoi le legs fut confirmé à une présomptive heritiere des propres maternels, contre le legataire universel étranger. Jugé à Paris le 17. May 1677. *Journal du Palais.* Voyez *du Frêne, li.* 2. *chap.* 21.

314 Par Arrêt du 6. Septembre 1677. il a été jugé en la troisiéme des Enquêtes en interprétation de l'art. 216. de la Coûtume de *Poitou*, que pour être heritier & legataire, ou donataire en cette Coûtume, il n'est pas necessaire que le legs ou la donation soit faite par prélegs ou préciput. *Ricard, des Donations, part.* 1. *chap.* 3. *sect.* 15. *nomb.* 653.

315 De la qualité d'heritier & legataire dans les Coûtumes qui ne contiennent aucune prohibition ; à cet égard, il n'y a point d'incompatibilité. Jugé en la Coûtume de *Vermandois* le 7. Decembre 1648. *Soëfve, tome* 1. *Cent.* 2. *chap.* 95.

HERITIER, LEGS.

316 *Hæres tenetur solvere omnia legata quæcumque illa sint, si modo testamentum expressâ voluntate comprobaverit, donatarius tamen mutuus superstes legatis omnibus liberatur, & si quædam ex testamento solverit liberalitati ac munificentiæ adscribendum esse, non necessitati.* Arrêt du 20. Février 1606. *Mornac. l.* 5. *C. de religiosis sumptibus funerum, & c. & leg.* 4. *cod. eodem ne uxor pro marito, &c.* Voyez *Brodeau sur M. Loüet, lettre A. somm.* 12.

317 L'heritier doit ce qui est requis pour rendre les legataires capables de posseder *quia præstare omnia onera debet, sine quibus res legata teneri & possideri non potest*, & principalement pour les legs faits aux Églises, Monasteres & Hôpitaux ; *secus*, des donations entre-vifs. *M. Loüet*, & son Commentateur *lettre A. somm.* 12. où vous trouverez plusieurs Arrêts qui l'ont jugé de la sorte. Voyez *Montholon, Arrêt* 7. *& Arrêt* 132.

HERITIER, LIGNE.

318 Les heritiers de la ligne paternelle défaillans, pour succeder aux propres d'un défunt, on reprend la ligne maternelle, à l'exclusion du fisc ou du Roy, & haut Justicier. Arrêt du 7. Septembre 1604. *M. Bouguier, lettre H. nombre* 3. *fiscus post omnes.* Voyez *l'article* 330. *de la Coûtume de Paris*, & *Montholon, Arrêt* 92.

319 En ligne directe ascendante, on ne peut être heritier & donataire non plus qu'en la descendante. Arrêt du 24. Novembre 1644. *DuFrêne, liv.* 4. *chap.* 15.

HERITIER, MEUBLES.

320 Pere & mere peuvent être heritiers des meubles & acquêts, & donataires des biens destinez aux collateraux. *Ricard, des Donations entre-vifs*, 1. *partie chap.* 3. *sect.* 15. *nomb.* 674.

321 L'heritier qui prend les meubles, s'il est tenu au legs mobiliaire ? Distinction. Ou il a fait inventaire ou non, &c. & s'il est tenu de contribuer aux dettes. Voyez *M. Loüet lettre D. somm.* 14. *& 15. lettre I. somm.* 7. *& lettre P. somm.* 13.

322 Si, en *Touraine* les heritiers maternels plus proches doivent avoir tous les meubles, ou si les paternels plus éloignez en doivent avoir la moitié &c ? Voyez *Peleus, q.* 68. 136. *& 139. & M. le Prêtre*, 2. *Cent. chapitre* 3.

323 Le mari même en succession de meubles, ne peut déclarer sa femme heritiere ; ny le maître de Communauté, son parsonnier ; & si la femme ou le parsonnier peuvent repudier l'heredité en fraude du

Tome II.

mary, ou de la Communauté? Voyez *Coquille, tome* 2. *question* 96.

324 L'article 24. de la Coûtume de *Bourgogne tit. des gens mariez*, porte, *deniers de mariage qui ne sont ameublis & qui sont assignez ou promis d'assigner, sont heritages pour la femme ou pour ses heritiers*, jugé au Parlement de Dijon le 25. Février 1630. que ce mot *d'heritiers* est general & comprend les collateraux. *Taisand, sur cette Coûtume tit.* 7. *art.* 14. *n.* 3.

HERITIER, MINEUR.

325 Par Arrêt prononcé en Robes rouges à la Pentecôte 1572. un fils fut reçu à reprendre son heritage que sa mere avoit vendu ; mais parce qu'il s'étoit porté son heritier, il fut condamné en cette qualité à rendre le prix. Voyez *la Bibliotheque de Bouchel, verbo, Heritier.*

326 Un mineur ayant apprehendé une succession, plaidé majeur, fait baux à ferme, baillé quittance n'est pas restituable. Voyez *Brodeau, sur M. Loüet lettre H. somm.* 24. Arrêt du 2. Septembre 1600. rapporté par *Peleus q.* 71. par lequel le mineur devenu majeur a été restitué selon le Droit Romain.

327 L'heritier d'un mineur qui s'est porté heritier pur & simple, ne peut obtenir Lettres pour faire qu'il soit tenu pour heritier par Benefice d'inventaire. Arrêt du 23. Août 1608. Autre Arrêt du 14. Août 1611. par lequel en pareille difficulté, les Juges ont consideré lequel étoit plus expedient au mineur. Voyez le nombre suivant.

328 *Titius* mineur succede à sa mere, qui luy laisse de grandes demandes contre son pere, le pere décede pendant la minorité de *Titius* qui le suivit seulement de 12. jours sans avoir fait aucun acte ni declaration s'il vouloit être son heritier ou non. Aprés la mort de *Titius*, les heritiers maternels soutiennent qu'il n'a point été heritier de son pere, les paternels au contraire. Jugé qu'il étoit plus expedient au mineur de n'être point heritier de son pere, par Arrêt du 14. Août 1611. *M. le Prêtre*, 2. *Cent. chapitre* 84.

329 Un mineur décede ; l'on demande s'il doit être réputé avoir été heritier de son pere, de son frere aîné, ou seulement de sa mere ; cela étant pretendu diversement par ses freres & sœurs qui sont ses heritiers dans des interêts differens ? Voyez *la* 7. *Consultation de M. Duplessis*, la regle generale est d'examiner ce qui étoit plus avantageux au mineur.

330 Le mineur qui se porte heritier pur & simple, ne peut exclure l'heritier par benefice d'inventaire qui est en plus proche degré. C'est la disposition de la Coûtume de *Paris* article 343. & de celle d'*Orleans* article 319. la raison est que la qualité d'heritier pur & simple n'est pas assurée en la personne d'un mineur, on l'a ainsi jugé au Parlement de Roüen le 3. Avril 1658. cet Arrêt a donné lieu à l'article 18. du reglement de 1666. *Basnage, sur l'article* 90. *de la Coûtume de Normandie.* Si le mineur bailloit caution de ne se point servir du remede de la restitution, il excluroit l'heritier sous benefice d'inventaire, suivant un Arrêt du Parlement de Paris remarqué par *Lalande sur ledit article* 339. *d'Orleans.* Voyez *ce Commentateur.*

331 Le mineur prenant qualité d'heritier absolu ne peut exclure un plus proche parent qui a pris qualité d'heritier beneficiaire. Art. 18. des arrêtez au Parlement de Roüen, les Chambres, assemblées le 6. Avril 1666. Voyez *Basnage, tome* 1. à la fin.

HERITIER, LE MORT SAISIT LE VIF.

332 *De statuto continuante possessionem defuncti in hæredem, cui titulus le mort saisit le vif. Per Andream Tiraquellum.*

HERITIERS PATERNELS ET MATERNELS.

333 Entre heritiers paternels & maternels au défaut de meubles & d'acquêts, ils ne se peuvent demander entr'eux de remploy. Arrêt du Parlement de Roüen

Z z ij

du 18. Août 1627. *Voyez Basnage, sur l'article 408. de la Coûtume de Normandie*, il en rapporte deux semblables des 29. Juillet 1665. & 27. Janvier 1685. conformes à l'article 107. du reglement fait au même Parlement le 6. Avril 1666.

334. Les maternels deboutez de la demande par eux faite des propres maternels de défunte Magdelaine Denis, suivant la stipulation des propres à elle & aux siens de son côté & ligne ; toutefois maintenus dans les heritages contre les heritiers paternels. Arrêt du 16. Avril 1666. *De la Guess. tome 2. liv. 8. chap. 8.*

HERITIER D'UN PERE HOMICIDE.

335. Voyez *M. Loüet & son Commentateur let. H. somm. 5. & cy-après, le nomb. 389. & le mot* Homicide.

HERITIER, POSSESSION.

336. Deux coheritiers lesquels respectivement, & sur mêmes heritages prennent Lettres de maintenuë ; il est dit qu'ils ne sont recevables en leurs conclusions possessoires prises respectivement, sauf à eux à intenter leurs actions petitoires, comme ils verront. Arrêt du Parlement de Bretagne du 5. Octobre 1559. *Du Fail, liv. 2. ch. p. 41.*

337. Jugé au Parlement de Tournay le 7. Février 1696. que la Coûtume de Cambray qui enjoint aux heritiers de prendre possession dans l'an de la mort du testateur, ne s'entend pas à l'égard de ceux qui sont au service du Roy, lesquels peuvent en être relevez, & même cette disposition coûtumiere se doit entendre *à die notitiæ, non à die mortis*; autrement ce seroit inviter les heritiers à receler les Testamens des défunts, pour frustrer les legataires. *Voyez M. Pinault tome 1. Arrêt 9.*

HERITIER PRESOMPTIF.

338. En l'authentique *si Captivi C. de Episcopis & Clericis*, l'heritier presomptif est tenu de délivrer de prison celuy auquel il succede, autrement il est privé de la succession. *Voyez M. Loüet lettre A. sommaire 9.*

339. L'heritier presomptif en la Coûtume de *Touraine* és articles prohibitifs de luy donner, doit être entendu de l'heritier qui est en degré plus proche & plus habile à succeder, bien qu'il ne prenne rien en la succession. Jugé en Janvier 1619. *M. Bouguier, lettre H. nomb. 4.*

340. Heritier presomptif encore qu'il n'ait pas renoncé à la succession n'est pas censé heritier, s'il n'en a fait acte ou pris la qualité. Arrêté du Parlement de Roüen les Chambres assemblées le 6. Avril 1666. article 43. *Basnage, tome 1. à la fin.*

HERITIER, PROCEZ.

341. Après la mort de l'accusé non condamné, on ne peut demander à son heritier aucuns dommages & interêts, réparations, ni aucunes peines provenantes du délit; mais és autres délits on peut répeter ce qui est parvenu à l'heritier par le moyen de tel délit, encore qu'il l'ait dissipé & consumé, même à l'heritier de l'heritier, ce qui est vray en Droit. En France la pratique est au contraire : si un accusé de crime capital, décede, même avant la Sentence de condamnation, le crime est éteint, &c. mais pour ce qui est du tort, c'est-à-dire les dommages & interêts, la réparation civile, ils peuvent être demandez à l'heritier de l'accusé. *Voyez Brodeau sur M. Loüet, lettre A. somm. 18.*

342. Heritier assigné en reprise d'instance doit reprendre ou renoncer ; il ne suffit pas qu'il déclare n'être point heritier, il faut pour l'exclure qu'il renonce expressément. Un heritier ayant seulement contesté qu'il ne l'étoit point, & qui n'avoit été contraint à renoncer, fut déclaré recevable à reprendre comme heritier dans les 30. ans. Jugé à Paris en 1566. *Papon, li. 8. tit. 16. n. 7.*

343. Un coheritier ne peut être contraint à se joindre en un procez pour le soûtenement d'un testament. Arrêt du Parlement de Dijon du 30. Mars 1618. *Bouvot, tome 2. verbo Procez terrier, quest. 1.*

344. Un coheritier ne peut être contraint par les autres d'intervenir és procés qu'ils veulent intenter pour la succession, ni de contribuer aux frais des procez que ses coheritiers ont soûtenus sous son intervention, soit qu'ils ayent gagné ou perdu. Jugé au Parlement de Tournay le 6. Mars 1694. *Pinaul. tome premier, Arrêt 23.*

345. La condamnation intervenuë contre un heritier assigné, tant pour luy, que pour ses coheritiers, suffit contre tous Arrêts du Parlement de Paris du 9. Juillet 1698. *Journal des Audiences, tome 5. livre 14. chap. 2.*

HERITIER PUR ET SIMPLE.

Voyez cy-devant *le nomb. 73. & suiv.*

346. L'heritier simple n'exclut l'heritier par benefice d'inventaire sinon *inter succedentes eodem jure*, & en mêmes biens. Ainsi jugé. *Voyez M. le Prêtre, 4. Cent. chap. 99.*

347. Cette qualité une fois acceptée ne se perd pas. *M. Ricard, des Donations entre-vifs, premiere partie, chap. 3. sect. 15.*

348. Heritier simple *in collaterali*, n'exclut l'heritier beneficiaire *in directâ, &c.* Arrêt du 7. Septembre 1569. *L. Vest, Arr. 101. voyez l'espece.*

349. L'heritier simple en ligne directe hors la Coûtume de Paris, exclut son coheritier, lequel se voudroit porter heritier par benefice d'inventaire. Arrêt du 9. Septembre 1567. *M. le Prêtre és Arrêts de la Cinquiéme.*

350. Il y a des Arrêts des 11. Février, 27. Mars, 3. & 30. Decembre 1593 sur la succession collaterale de M. Matthieu de Machero, sieur de Passy, Chanoine de l'Eglise de Paris, par lesquels la Cour a jugé que l'heritier simple en ligne collaterale exclut l'heritier par benefice d'inventaire, reservant neanmoins à celui-cy de prendre la qualité d'heritier simple quand son coheritier presomptif qui étoit absent lors de l'apprehension sous benefice d'inventaire viendroit à se déclarer, & demander l'heredité en qualité d'heritier simple. *Bibliotheque de Bouchel, verbo* Heritier.

351. L'heritier par benefice d'inventaire n'est exclus par l'heritier simple *in lineâ directâ*. Jugé à Pâques 1601. *Montholon, Arrêt 94. Voyez du Frêne, liv. 2. chap. 149. Le Vest, Arrêt 101.*

352. L'heritier simple en la Coûtume de *Poitou*, n'exclut pas l'heritier par benefice d'inventaire, parce que l'heritier beneficiaire est aussi-bien heritier que le simple. Arrêt du 17. Avril 1602. *M. Bouguier, lettre H. nomb. 1.*

353. Le 2. Decembre 1603. au Rôle de Vermandois, appointé au Conseil ; sçavoir si en ligne directe l'heritier simple peut exclure l'heritier par benefice d'inventaire, & cela en la Coûtume particuliere de *Noyon*, qui n'en parle pas ; mais la Coûtume generale de *Vermandois* sous laquelle est la particuliere de Noyon a mis le 27. article sous le chapitre des successions, aux termes qui suivent ; *l'heritier simple exclut l'heritier par benefice d'inventaire, en venant dedans l'an que ledit heritier par benefice d'inventaire aura presenté ses Lettres.* Bibliotheque de Bouchel, *verbo* Heritier.

354. Dans la Coûtume de *Vermandois* l'heritier pur & simple n'exclut point l'heritier sous benefice d'inventaire en ligne directe. Arrêt du 22. May 1634. *Bardet, tome 2. li. 3. chap. 19.*

355. Celuy qui s'est laissé condamner par Arrêt en qualité d'heritier & bien tenant, n'est pas recevable à se plaindre de la condamnation, sur ce que depuis l'Arrêt il a renoncé purement & simplement à la succession. Ainsi jugé par Arrêt du 3. Septembre 1664. contre M. le Duc d'Uzés, *Soëfve, tome 2. Centurie 3. chap. 25.*

356 Une femme se voulant dire & porter heritiere simple de son mari, ne peut exclure le parent proche heritier beneficiaire. *Voyez Bouvot*, tome 1. part. 1. verbo *Heritier simple*, quest. 1.

357 Un mineur peut être reçu à se dire & porter heritier simple à l'exclusion d'un majeur, heritier par benefice d'inventaire. *Ibidem*, quest. 2.

358 Si en Pays de Droit écrit l'heritier simple peut exclure l'heritier par benefice d'inventaire en ligne directe? *Ibidem*, quest. 3.

359 Patri le Bigre vend deux journaux de terre échûs à luy & à son frere par succession de leur pere commun ; la vente faite après la mort du frere, les crediteurs de celuy-ci veulent que Patri *ex eo* qu'il a disposé de l'heritage, réponde & plaide avec eux en qualité d'heritier pur & simple ; ce qui est ainsi jugé à Rennes, dont appel. Par Arrêt du P. de Bretagne du 18. Août 1571. il fut dit qu'il avoit été mal jugé, & que l'appellant n'étoit tenu répondre en qualité d'heritier ; il en auroit été autrement, s'il avoit vendu la chose comme hereditaire à luy échûë. *Du Fail*, livre 1. chap. 316.

360 L'heritier simple quoiqu'en degré plus éloigné, exclut l'heritier par benefice d'inventaire. Arrêt du Parlement de Toulouse du 3. Juillet 1591. *La Rocheflavin*, liv. 6. tit. 51. Arr. 1.

361 L'heritier écrit parent du défunt, sera maintenu en sa qualité d'heritier beneficiaire, bien qu'autre se veuille déclarer simple. 2°. Autre chose est en étranger. *Papon*, lib. 21. tit. 10. n. 2. 1. id. *Charond. resp. lib. 4. n. 23. in directâ ascendentium & descendentium cont. id. resp. lib. 6. n. 35. 1. idem Bacquet, justi, ch. 15. n. 36. in directâ, secus in collaterali*, & id. ch. 21. n. 25. *inter haeredes diversi stirpis. 1. id. Mainard, & in collaterali abr. lib. 2. ch. 42. 2. cont. in collaterali*, Peleus, *lib*, 5. ch. 11. 1. id. *in directâ*, du Frêne, *lib*. 2. ch. 122. A ce propos la *Peirere*, lettre H. nombre 6. observe que ce n'est point la Loy *Scimus* qui baille la faculté à l'heritier simple d'être preferé à l'heritier beneficiaire, c'est un prétendu usage du Royaume. Je croirois pourtant, ajoûte t-il, que l'heritier écrit parent ou étranger, prenant qualité d'heritier beneficiaire, ne pourroit être exclus par le parent qui se voudroit dire heritier simple, parce que la cause d'*intestat* n'a jamais lieu tant qu'il y a testament. Je crois aussi que cette faculté ne peut avoir lieu en ligne, ascendante ou descendante, ni en ligne collaterale, si ce n'est que les heritiers collateraux concourussent en même degré.

Arrêt du Parlement de Bordeaux du 14. May 1646. Président Monsieur le Premier, plaidant du Mantet pour le sieur Janet Président aux Elûs, & la Barriere pour Amelin, jugé qu'un heritier testamentaire se pouvoit porter heritier sous benefice d'inventaire, & ne pouvoir être exclus par autre qui se vouloit porter heritier pur & simple ; c'étoit en la ligne collaterale.

362 Arrêt du Parlement de Provence du 18. Juin 1657. qui juge l'heritier pur & simple, peut être reçu à répudier l'heritage, en rendant compte de tout ce qu'il a perçu de l'heritage. *Boniface*, tome 5. liv. 1. tit. 25. chap. 1. où il observe que le contraire avoit été jugé le 16. Avril 1643. même contre un heritier beneficiaire.

363 L'heritier pur & simple en ligne directe n'exclut point le beneficiaire comme Berault l'a prétendu. Arrêt du Parlement de Roüen du 7. Mars 1662. rapporté par *Basnage sur l'art.* 90. *de la Coûtume*, il dit que c'est aujourd'huy une Jurisprudence certaine.

HERITIER, RENONCIATION.

364 La renonciation faite par une fille dans son contrat de mariage ne revoque l'institution faite en sa faveur par le testament anterieur de son pere ; il n'y a une revocation expresse. *Voyez Henrys* tome 2. li. 4. quest. 6.

365 *Henrys*, tome 2. livre 6. question 23. rapporte un Arrêt du premier Février 1658. par lequel il a été jugé qu'une fille qui après s'être immiscée dans la succession de son pere, avoit transigé avec son frere, & par la transaction renoncé à la succession moyennant une certaine somme, pouvoit être poursuivie par les creanciers de son pere en qualité d'heritiere : il traite fort bien la question de part d'autre. *M. Loüet*, lettre H. chap. 10. rapporte un Arrêt du 6. Octobre 1594. qui a jugé le contraire, il traite aussi fort bien la question de part & d'autre. Ces deux Arrêts ne sont pas contraires ; car dans l'espece du premier, la fille avoit renoncé gratuitement, & dans l'espece du second, elle avoit reçu une somme, & à la charge de demeurer par elle quitte [des meubles qu'elle avoit pris, & des joüissances des fruits & revenus qu'elle avoit eues. Cette question est bien traitée par *M. le Brun des Successions*, livre 3. chap. 8. sect. 2. nomb. 14. & suiv.

366 Par Arrêt du Parlement de Roüen du 30. Juillet 1635. la veuve de Grimouville sieur de Durans, qui étoit mort en Piémont, fut déchargée de la qualité d'heritiere de son mari, bien qu'elle n'eût pas renoncé dans les 40. jours, & que même elle se fût obligée envers son beaupere comme heritiere de son mari : l'Arrêt fondé sur ce que son mari étant mort en Piémont, elle n'avoit pû avoir connoissance de l'état de ses affaires & de ses dettes. *Basnage sur la Coûtume de Normandie*, art. 394.

367 La veuve qui s'est portée heritiere de son mari n'est pas recevable à prendre des Lettres de restitution, parce qu'ayant beaucoup de facilité à soustraire les biens de la succession, il seroit à craindre qu'elle ne voulût renoncer, après avoir pris tout ce qu'elle auroit pû. Arrêt du Parl. de Roüen du 14. Mars 1662. la veuve ayant obtenu plusieurs délais après les 40. jours pour renoncer ; & après avoir eu communication des écritures, elle s'étoit déclarée heritiere. *Basnage*, ibidem.

368 Par Arrêt du Parlement de Roüen du 26. Février 1685. il a été jugé que celuy qui avoit renoncé à la succession, se portant depuis heritier, étoit tenu d'executer les contracts faits utilement par celuy qui s'étoit porté heritier, & qu'il ne pouvoit déposseder ceux qui avoient acquis des biens de cette succession, parce qu'il faut de la sûreté dans le commerce de la vie, & que tout ce que fait un heritier pendant qu'il a cette qualité, doit valoir & subsister, pourvû que cela soit fait sans fraude. *Basnage, sur l'art.* 90. *de la Coûtume de Normandie*.

369 L'heritier qui repudie, retient sur l'heredité toute la somme qu'il a payée, suivant la Loy *sancimus, Cod. de jur. delib.* il retient même les frais du compte qu'il rend, & même ceux des soûtennemens de ce compte. Il fut ainsi jugé au Parlement de Toulouse en May 1667. Cet Arrêt est rapporté par *M. de Catellan*, livre 2. chap. 87.

Voyez le mot *Renonciation*.

HERITIER, RENTE.

370 Jugé au Parlement de Paris le 8. Mars 1553. qu'un heritier & decempteur en partie de l'heritage chargé de la rente, avoit été valablement condamné pour le tout, sauf son recours contre ses cohéritiers. *Papon*, liv. 11. tit. 3. n. 7.

371 Le rachat fait par l'un des heritiers est communicable à tous les heritiers, encore qu'ils n'ayent pas agi. Arrêt du 31. May 1566. *Le Prêt*, Arrêt 84. Brodeau sur *M. Loüet* lettre C. somm. 5.

372 L'heritier rachetant une rente, avec cession d'action du créancier, peut contraindre ses cohéritiers pour le tout, sa part confuse. Arrêt du 16. Avril 1585. au Rapport de M. Tiraqueau en la 3. Chambre des Enquêtes, il fut dit que les cohéritiers seroient appelles, & arrêté qu'ils seroient condamnez, & depuis ainsi jugé diffinitivement le 14. Juin 1586. Bibliotheque de Bouchel, verbo *Coobligez*.

Zz iij

373. Le debiteur d'une rente fut condamné & par corps d'indiquer des biens ou de racheter. La Sentence fut déclarée executoire contre son heritier qui appelle. Par Arrêt du Parlement de Paris du 18. Janvier 1605. la Cour mit l'appellation & ce qui en étoit ensuivi au néant, en ce qu'il étoit dit par corps ; la Sentence au résidu sortissant effet. *Bouchel, ibidem*, verbo *Heritier*.

HERITIER, RESCISION.

374. Du coheritier qui n'apprehende point, ou s'est fait relever de l'apprehension qu'il a faite. *Voyez M. le Prêtre* 2. *Cent. chap.* 5.

375. Un défunt s'étoit porté heritier pur & simple de son pere & de sa mere ; l'heritier maternel obtient Lettres pour faire relever le défunt mineur qui s'étoit porté heritier pur & simple de son pere ; l'heritier paternel l'empêche, & veut que le défunt soit heritier pur & simple de son pere. Jugé que l'heritier maternel n'étoit recevable. Arrêt du 23. Août 1608. *Ibidem, chap.* 84.

376. Un fils est debouté des Lettres de rescision par luy obtenuës, contre la declaration d'être heritier pour un tiers de son pere, & condamné personnellement pour sa portion, & hypotequairement pour le tout envers un creancier de simple cedule & promesse non reconnuë en Justice par le défunt. Arrêt du 5. Janvier 1638. *Bardet, tome* 2. *liv.* 7. *ch.* 3. *Voyez le même volume aux notes*, p. 623.

Voyez le mot Rescission & Restitution.

HERITIER, SAISIE REELLE.

377. & 378. Les biens particuliers de l'heritier sont hypotequez aux creanciers du debiteur du jour de l'adition de l'heredité ; les creanciers peuvent faire saisir la succession, sans être tenus de faire déclarer le contrat executoire contre l'heritier du debiteur: cela résulte d'une Declaration du Roy & Arrêt du Parlement de Dijon du 19. Juillet 1641. portant : La Cour, les Chambres assemblées, s'étant fait representer plusieurs Arrêts donnez és Instances de criées, par lesquels les creanciers du défunt ont été colloquez sur les biens de l'heritier, du jour de l'adition de l'heredité, a déclaré & déclare ladite usance être tenuë pour Loy, & il n'est besoin de convenir l'heritier du défunt detteur pour passer nouveau titre, se voir condamner au payement des dettes de son predecesseur, ni déclarer les contracts & obligations executoires contre luy, ordonné que Sa Majesté sera tres-humblement suppliée d'accorder des Lettres de confirmation de ladite usance : le 4. Août 1642 est intervenuë la Declaration confirmative enregistrée le 20. Novembre suivant. *Voyez Taisand, sur la Coûtume de Bourgogne, aux additions*, p. 823.

379. Si l'obligé decede après la sommation par decret, il n'est pas necessaire de la réiterer à son heritier ; mais on peut en consequence de ladite sommation passer outre à la saisie, criées & adjudication par decret, & à l'état & distribution du prix d'icelle. Arrêté du Parlement de Roüen du 6. Avril 1666. les Chambres assemblées, art. 133. *V. Basnage, tome* 1. à la fin.

HERITIER, SERMENT.

380. L'heritier est obligé de prêter le serment *se credere verum esse pretium quod in instrumento continetur, nec præterea potest quidquam exigi ab eo, juramento præstito de credulitate*. Mornac *l.* 1. 2. 4. *ff. de in litem jurando*.

HERITIER, SUBSTITUTION.

381. En substitution le mot *d'heritier présomptif*, s'entend de l'heritier ou enfant de l'heritier legitime, & non des ascendans. Arrêt du 6. Mars 1586. Papon, *liv.* 17. *tit.* 3. *nomb* 6.

382. Jugé au Parlement de Toulouse au commencement de Mars 1645. qu'une institution ou substitution faite ainsi, *j'institue la Dame de Rethun ma fille ; & en cas qu'elle décederoit sans enfans ou en pupillarité, j'insti-* tuë & substituë l'heritier qui sera nommé par *Charles de Mailhan, sieur de Merignac*, ne valoit rien. Car le cas étant arrivé, & le substitué ayant pris les biens en vertu d'une Ordonnance du Sénéchal de Nîmes ; la Cour, à la verité, parce que cette Ordonnance avoit passé en force de chose jugée, maintint le substitué par fins de non recevoir ; mais elle jugea que la substitution n'étoit pas bonne, elle luy fit défenses de troubler les possesseurs des biens alienez, sans qu'il y en eût en cause, pour montrer qu'elle ne jugeoit pas bonne une telle substitution ; la raison en est prise de la Loy *illa institutio, ff. de hæred. inst.* de la Loy *nonnumquam in fin. ff. de cond. & dem.* & de la Loy *captatorias, Cod. de testam. mil.* où ad *secretum aliena voluntatis institutio non debet conferri.* Albert, verbo *Testament*, art. 15.

Voyez le mot Substitution.

HERITIER TESTAMENTAIRE.

383. L'heritier testamentaire doit, pour avoir une duë possession, faire publier le testament en Jugement & requerir d'être déclaré possesseur de l'heredité. Arrêt du Parlement de Grenoble en 1479. *Bibliotheque de Bouchel*, verbo *Possession*.

384. Un testateur doit absolument instituer son fils heritier ou l'exhereder. *Mainard, tome* 1. *li.* 5. *ch.* 22. Le stile ordinaire des Notaires prévient ces difficultez, en ajoûtant aux legs faits aux enfans, que c'est par droit d'institution particuliere & hereditaire portion.

385. L'heritier testamentaire, & le substitué par fideicommis, sont saisis par la Loy generale de la France. Arrêt du 4. Août 1584. *Carondas, liv.* 7. *Rép.* 221.

386. Jugé par les anciens Arrêts des Maisons de Pedignac & des Maisons du Montel & du Fousser qui sont au païs de Lyonnois, que l'heritier testamentaire est aussi-bien saisi que l'heritier *ab intestat*, même par Arrêt fort celebre en la cause d'entre les Sieur & Dame Anne d'Arpajon, Dame de Beaurecuëil, pour la succession de Messire Laurent d'Arpajon son frere, il a été jugé que *etiam ille qui solum substitutus est*, est saisi *adversùs legitimum hæredem* ; le substitué a été maintenu contre l'heritier legitime. *Bibliotheque de Bouchel*, verbo *Heritier*.

387. L'heritier testamentaire, après l'ouverture & publication du testament, n'y ayant aucun vice visible, peut être envoyé en la possession & joüissance des biens, suivant le testament par le Lieutenant General en la Chancellerie. Arrêt du Parl. de Dijon du 10. Février 1611. *Bouvot, tome* 2. verbo *Hoirie, Heritiers, quest.* 2.

388. Plusieurs étant instituez heritiers par un testament, on ne peut pas contraindre l'autre à se joindre au procès. Arrêt du même Parlement de Dijon du 30. Mars 1618. *Bouvot, ibidem, quest.* 12.

HERITIER, VENGER LA MORT.

389. Les enfans qui se sont portez heritiers de leur pere homicidé, sans s'être voulu rendre partie pour la poursuite du crime contre le meurtrier, peuvent de ce faire interpellez, ont été déclarez indignes de la succession du pere. *Voyez M. Loüet lettre H, somm.* 5. où il remarque qu'il falloit qu'il y eût charge contre l'accusé, autrement l'heritier n'est tenu de se rendre partie.

390. Celuy qui poursuit la vengeance, ne fait acte d'heritier, bien qu'il obtienne condamnation, *quia talis actio non ad rem familiæ, sed ad vindictam pertinet*. M. le Prêtre premiere Cent. *chap.* 11.

HERITIER, VENTE.

391. De l'heritier qui a vendu son droit. *Voyez Ibidem*, 3. *Cent. chap.* 94.

Voyez le mot Succession. §. Vente de droits successifs.

HERMAPHRODITE.

VOyez le Traité des Hermaphrodites, des parties genitales, des signes de pucelage, & des

HER   HOM

accouchemens des femmes, par *Jacques Du Val*, Roüen 1612. *in* 8.

2. Des hermaphrodites; ils sont réputez du sexe qui prévaut en eux. *Voyez les Loix Civiles*, to. 1. *au Livre préliminaire, tome* 2. *section* 1. n: 9.

3. Quelques-uns ont estimé que l'accusation du crime de Sodomie pouvoit être formée contre les hermaphrodites, lesquels ayant choisi le sexe viril qui prévaloit en eux, ont fait l'office de la femme. Un jeune hermaphrodite fut pour cela condamné à être pendu, & ensuite brûlé par Arrêt du P. de Paris en 1603. *Instit. au Droit Romain & François, liv.* 4. *art.* 5.

4. Si un hermaphrodite peut tenir Benefice? *Voyez* les Arrêts du Parlement de Toulouse rapportez par M*e*. Albert *lettre* B. *art.* 13.

5. Le Benefice d'un Chanoine ayant été impetré sous prétexte qu'il étoit hermaphrodite, il fut dit par Arrêt du Parl. de Toulouse du 25. Juin 1652. après que deux Medecins & deux Chirurgiens l'eurent visité & reconnu le contraire, que le calomniateur payeroit 200. livres d'amende à la Partie, & 100. livres pour œuvres pies, & demanderoit pardon au Chanoine, tant au Parquet à genoux, qu'à la porte de l'Eglise Cathedrale, en présence du Chapitre. La Cour ne voulut rien ordonner qui rendît irregulier ce Prêtre, lequel s'étoit laissé séduire au faux bruit & à son interêt. Albert, *ibidem*.

6. La Dame Damilly Religieuse se pourvut en Cour de Rome par dévolut sur le Prieuré des Filles-Dieu de Chartres, duquel la Dame d'Apremont étoit titulaire. La Dame Damilly prétendoit que la Dame d'Apremont étoit hermaphrodite, & que le sexe masculin prévaloit en elle. *Voyez les Plaidoyez de M. de Montauban & Galiot*, prononcez au Grand Conseil au mois de Decembre 1661. & imprimez chez *Jean Guignard* en 1687.

HERMITE.

1. *Heremita subsunt Episcopo. Heremitæ qui habitum, ab alio quam Episcopo accipiunt, vagabundi & profugi habentur.* Voyez Franc. Marc. to. 1. *quest.* 838.

2. Les Hermites ne sont pas proprement Moines, parce qu'ils ne font pas les trois vœux, & ne sont assujettis à aucune Regle; c'est pourquoy ils peuvent faire testament suivant la glose sur le chap. *ex Patre de Conver. conjugat.* aussi ne jouïssent-ils d'aucun privilege des Clercs, & demeurent sous la Jurisdiction des Magistrats laïcs. *Voyez Mainard, liv.* 9. *chap.* 27.

3. Si un Moine Hermite peut faire Testament? *V. Tournet, lettre M. Arr.* 65.

4. La commune opinion est que les parens plus proches doivent succeder à un Hermite qui s'est confiné dans un lieu solitaire sans faire aucune Profession. *Voyez la Bibliot. Can. to.* 1. *p.* 12. *col.* 2.

5. Un Prêtre après avoir été Hermite en Provence, se retira en l'Hôtel-Dieu de Toulouse, où il mourut: on luy trouva 630. livres en menuë monnoye. Par Arrêt du 12. Juin 1567. les deux tiers furent adjugez à ses pauvres parens réduits dans une extrême necessité, & l'autre tiers au Syndic de l'Hôtel-Dieu. *Papon, liv.* 21. *tit.* 8. *n.* 8. *Tournet, lettre S. Arrêt* 61. rapporte le même Arrêt, il le date de 1597.

6. Les Hermites, quoiqu'ils n'ayent fait aucune Profession, ne succedent point. Il y en a deux Arrêts remarquez dans l'annotation sur *M. le Prêtre*, 1. Cent. chap. 28. Du Frêne, liv. 2. chap. 132.

Par Edit de François I. fait à Châteaubriant, il fut ordonné que les Moines qui auroient fait Profession expresse ou tacite, de quelque Ordre que ce soit, ne pourroient succeder à leurs parens. V. Le Brun, des successions, liv. 1. chap. 1 section 3.

7. Hermite portant l'habit depuis plusieurs années, quoyqu'il n'ait fait aucun vœu, & ne soit point Religieux, est declaré incapable de succeder à ses pere & mere, & reduit à nuë pension alimentaire de 400. livres. M. l'Avocat General Talon dit, qu'il n'y avoit que la Profession solemnelle qui fît le Religieux, que celuy-cy n'avoit fait aucun vœu, que s'il étoit pourvû d'un benefice Regulier, il y auroit lieu de l'en faire priver. Cependant il étoit honteux de voir un homme durant tant d'années faire Profession de la vie Religieuse sans être soûmis à aucun Ordre; c'est pourquoy il faloit, en le declarant capable de succeder, luy interdire l'aliénation de son bien, ou luy ajuger une simple pension viagere, afin qu'en la cause d'un Solitaire, on prononçât un Arrêt solitaire, & qui ne pût être tiré à consequence. Arrêt du 17. Février 1633. *Bardet*, tome 2. livre 2. chapitre 10. & *Du Frêne*, livre 2. chapitre 132.

8. Hermite après avoir porté l'habit pendant plusieurs années, quoyqu'il l'ait quitté, & se soit fait Prêtre seculier, est incapable de succeder à son frere. Jugé le 30. Juillet 1637. *Bardet, to.* 2. *liv.* 6. *ch.* 24.

9. Les Hermites qui n'ont pas fait de vœux, ne sont pas incapables des effets civils. *Voyez* Ricard, *Traité des Donations entre-vifs, part.* 1. *chapitre* 3. *nombre* 319. *& suivans.* où il rapporte plusieurs Arrêts à l'examen desquels le Lecteur est renvoyé.

HOLLANDOIS.

SI les Hollandois sont capables de posseder des immeubles en France, & donations qui leur sont faites par les François? Si la femme est obligée de faire insinuer après la mort de son mary, & si un homme condamné à mort hors du Royaume, peut faire testament? Sur l'appel, la cause appointée le 13. Mars 1685. *Journal du Palais*.

HOMICIDE.

Homicide. *Homicida. Homicidium.*
De Homicidio voluntario, vel casuali. Dec. Gr. dist. 50. & c. 35. *usque ad* 52. . . 1. q. 5. *& q.* 8. c. 31. . . . 33. q. 2. c. 15. . . . *De pœnit. dist.* 1. c. 9. *&* 10. *& à c.* 24. *ad* 28. *Extr.* 5. 12. . . . S. 5. 4. Cl. 5. . . . J. L. 4. 10.
De Homicidiis voluntariis. C. J. 8. Man. Com.
C. J. 2. *Const. Porphir.*
Ad Legem Corneliam de sicariis, & veneficiis.
D. 48. 8. . . . C. 9. 16. . . . C. Th. 9. 14. . . . *Just.* 4. 18. §. 5. . . . Paul. 5. . . . Sent. 21. *Lex Cornelia, dicta à Cornelio Syllâ.*
De sicariis. Lex 12. *tab.* 1. 27. *c.* 6.
De bonis eorum qui mortem sibi consciverunt. C. 9. 50. . . . D. 48. 11. . . . Homicide de soi-même.
De emendatione servorum. C. 9. 14. . . . C. Th. 9. 12. . . . Défense de tuer les Esclaves sous prétexe de correction.
Ut termini Sanctorum Homicidis & similibus non profint. N. 17. c. 7.
De Homicidio. Per Lud. Carerium. in fi. suæ praxis.
Franciscus de Victoriâ. de Homicidio.
Dominicus Sotus, de Jure, initio lib. 4.
Silvester & alii Summarum Scriptores.
S. Thomas 2. 2. *quæst.* 64.
Interpretes Decalogi.
Joannes Gerson, opusculo 12. *&* 13. tome 1.
Jac. Ayrery Prosp. Farinatii. J. C. & alii *de Homicidâ.*
De indiciis Homicidii ex proposito commissi. Per Marc. Ant. Blancum.
Voyez les mots *Assassinat, Attentat, Fratricide, Parricide, Poison.*
Voyez hoc verbo, *Homicide*, le Dictionnaire du Droit François, par Bouchel, où il parle aussi des Homicides d'eux-mêmes. *Voyez aussi* Papon, liv. 22. tit. 5.
De l'homicide. *Voyez* Julius Clarus, li. 5. *sententiarum.* §. *homicidium*, où sont marquez les cas de l'homicide pardonnable ou à punir. *Voyez aussi les Annotations*, qui sont à la fin de l'Ouvrage du même Auteur.

2 *Homicidium à pluribus commissum, quomodo puniendum?* Voyez Andr. Gaill, *lib. 2. observat. 109.* où sont marquez les cas quando *vulnerans tenetur de homicidio?*

3 *Homicidium quando pœnâ ordinariâ vel extraordinariâ puniendum?* Voyez *Ibidem, observat. 110. & Franc. Marc. to. 2. quest. 778.*

4 *Vulneratus si ex intervallo moriatur, utrum ex vulnere mortuus esse censeatur?* Voyez Andr. Gaill, *lib. 2. observat. 111.*

5 *De Homicidio perpetrato in officiarii personam. Crimen læsæ-majestatis incurrit, qui principis locum tenentem occiderit.* V. Franc. Marc. *to. 1. quest. 292.*

6 *Quæritur de modo probandi mortem, & per quem homo fuerit occisus, & quid juris quando corpus hominis occisi cruentatur, seu sanguis commovetur, an sit indicium? & an Judex possit facere experientiam ad investigationem maleficii,& quid Juris si fiat divinatio?* Voyez Franc. Marc. *to. 2. quest. 183.* où il observe que *Judex potest facere experientias pro maleficii indagatione, mais que experientia per divinationem indicium non facit.*

7 *Vim vi propulsare licet, & agressorem occidere: nec venit bonorum confiscatio in gratia interinationis, sed solum interesse hæredis: & quid in eo contineatur?* Voyez *Ibidem, quest. 225.*

8 *Homo qui inimicum capitalem habet, si in viâ publicâ occisus inveniatur, & ignoretur à quo fuerit occisus, præsumitur ab inimico occisus ad hoc ut torqueri possit?* Voyez *Ibidem quest. 766.*

9 Anciennement on faisoit passer jusqu'à neuf fois sur le corps du défunt ceux qui étoient accusez de luy avoir donné la mort ; & lors que le sang sortoit des playes en sa presence, c'étoit un indice suffisant pour ordonner la question. La Rocheflavin, livre 6. titre 53. Arrêt 4.

Graverol dit en cet endroit, on a souvent vû couler & même rejallir du sang des playes ou du nez du meurtry, lorsque le meurtrier s'est presenté ; ce qui est arrivé un million de fois, & entr'autres à l'égard du Duc de Bourgogne, quand il alla jetter de l'eau benite sur le corps du Duc d'Orleans, qu'il avoit fait assassiner, & à l'égard de Richard soupçonné d'avoir fait mourir Henry II. Roy d'Angleterre en la Ville de Chinon.

10 Sang ému de l'occis en presence de celuy, qui est accusé de l'homicide, est un indice. Voyez Papon, livre 24. titre 9. nombre 5. M. Boyer dit avoir vû rapporter au Parlement de Bourdeaux deux procez. Dans l'un, la mere ayant tué son fils, & le voyant huit jours après, le sang sortit des narines. Dans l'autre, un homicidé tiré de terre deux mois après, & presenté à l'accusé qui passa par dessus, ses playes parurent de nouveau toutes saignantes. Voyez aussi François Marc, en ses décisions du Parlement de Dauphiné, tome 2. question 190. Il rapporte un exemple semblable, *vulnera se aperuerunt & sanguis cruentavit*, il dit que cet indice suffit pour appliquer un homme à la question : l'accusé avoüa son crime.

11 Quand les biens des homicides sont suffisans pour faire une Chapelle & Fondations pies és lieux, où l'homicide a été commis, les Cours Souveraines du Royaume les ordonnent, comme il a été jugé en l'an 1579. Le meurtrier du Seigneur de Sompets fut condamné à faire l'Oratoire de la place Sainte Carbes à Toulouse, au lieu où le meurtre avoit été commis. La Rocheflavin, livre 6. titre 53. Arrêt 1.

12 Clercs ayant assassiné de guet-à-pens perdent leurs privileges. Arrêt du Parlem. de Paris de l'an 1394. contre trois Clercs, dont l'un fut condamné en l'amende, tant vers le Roy que la Partie civile, renvoyé à l'Evêque de Noyon, à la charge de ne le point élargir jusqu'à l'entier payement ; le second condamné à être pendu ; & le dernier pour son obstination a été jetté dans l'eau & submergé. Papon, liv. 22. titre 5. nombre 4.

13 Coupable d'homicide debouté du privilege de l'immunité, qu'il disoit avoir, pour s'être retiré dans un Monastere. Arrêt du Parl. de Roüen du 19. Juin 1555. Preuves des Libertez, to. 2. ch. 36. n. 36.

14 Arrêt du Parlement de Bourdeaux du 12. Decembre 1530. par lequel un nommé Jean Dupuis convaincu d'avoir tué un homme pour un autre, qui s'étoit mis derriere pour éviter, a été condamné d'être sustigé par deux divers jours. Papon, li. 22. tit. 5. n. 5. & Boërius, décision Burdig. 84.

15 Le maître de l'arme qui avoit tué, renvoyé absous, n'étant point justifié qu'il l'eût prêtée à cet effet. Arrêt du Parlement de Bourdeaux du 21. Février 1531. Papon, liv. 24. tit. 8. n. 4.

16 Arrêt du Parlement de Bourdeaux du 7. Septembre 1537. par lequel un homicide a été puni d'une peine legere, & renvoyé sans Lettres de remission, l'homicide n'étoit pas l'agresseur. Ibidem, liv. 24. tit. 5. nomb. 1. Voyez la décision 169. de M. Boyer.

17 La volonté de faire un homicide a été quelquefois punie, comme l'homicide même. Arrêt du mois d'Août 1563. qui condamne à la roüe celuy qui avoit voulu donner un coup de pistolet à M. Nicolai, Conseiller au Parlement. Papon, liv. 22. tit. 5. n. 6. Le même Auteur au livre 23. titre 10. n. 4. date cet Arrêt du mois d'Août 1583.

18 Une femme ayant tué son mary d'un coup de poelle à feu, qui la vouloit battre à son ordinaire pendant la nuit, quoique le fait fût prouvé qu'elle étoit très-souvent battuë par son mary Chartier, & qu'elle eût été trouvée le matin dans un état déplorable auprès de son mary, où elle avoit passé toute la nuit, sans avoir égard à ses Lettres de grace, aux trois petits enfans qu'elle délaissoit, a été condamnée à mort. La Rocheflavin, liv. 6. lettre H. tit. 53. Arrêt 2.

19 Arrêt du 21. Avril 1559. qui condamne un Notaire Secretaire du Roy, pour avoir tué sa femme, en cinq ans de galeres, 500. livres d'amende vers le Roy, applicables aux reparations du Palais, en 4000. livres envers la mere de sa femme à son nom propre, & aux dépens de la cause, & le déclare privé du profit des conventions matrimoniales faites & passées entre luy & sa défunte femme, & en outre à luy rendre & restituer, au nom de ses enfans, ce qui se trouvera avoir été par luy reçû de la dot de sa défunte femme. Ibidem, liv. 2. lettre M. tit. 4. Arr. 37.

20 Le sieur de Montgaillard Gentilhomme, pour avoir blessé un Docteur Avocat d'un coup de pistolet en passant, dont il guerit quelque temps après, ayant évoqué l'Instance à la Cour à cause de sa qualité, le procez lui fut fait sur l'heure, & lui condamné d'avoir la tête tranchée, ce qui fut executé sur luy même. Arrêt du premier May 1579. Ibidem, livre 6. tit. 53. Arr. 3.

21 Accusé d'homicide ne peut être condamné, quand même il confesseroit à la question, s'il n'apparoît du corps mort. Arrêt du 21. Novembre 1580. par lequel les Juges eurent ajournement personnel, & suspendus de l'exercice de leurs Offices, pour avoir condamné un homme à la mort en pareil cas, le prétendu assassiné étant revenu deux ans après. Papon, liv. 24. tit. 9. n. 9. & Robert Rer. judic. li. 1. c. 4.

22 Par Arrêt du Parlement de Toulouse du 2. Juin 1581. Marie Peres qui avoit tué d'un coup de couteau un Capitaine, lequel forçoit sa fille, fut mise en liberté ; elle obtint même une certaine reparation sur les biens de ce coupable ravisseur. Voyez Mainard, liv. 6. ch. 86.

23

24 Quand un accusé confesse d'avoir tué, mais à son corps défendant, s'il ne justifie, sa confession doit être séparée, & prise contre luy ; jugé par plusieurs Arrêts du Parlement de Bourdeaux. Papon, liv. 24. tit. 8. n. 1. & Décision 164. de M. Boyer.

Les Abbez ne sont point tenus de poursuivre l'homicide

micide commis en la perſonne de leur Religieux , ni tenus de rembourſer les frais faits en cette pourſuite. Jugé le 22. Novembre 1601. *Chenu* , 1. *Cent. queſtion* 6.

25 Un homicide de guet-à-pens ; le Juge du lieu n'ayant point de priſons publiques , le commet pour ce jour ſeulement ſous ſa garde en une chambre de ſa maiſon, eſperant le lendemain le faire conduire en la plus proche priſon. Le lendemain on trouve le priſonnier mort , ayant dans la gorge le propre couteau du Juge , ſur lequel étoit écrit ſon nom & ſurnom ; le Juge luy fait ſon procez ; le déclare atteint & convaincu des deux crimes ; l'un d'avoir homicidé de guet-à-pens , l'autre d'être homicide de ſoy-même ; le condamne à être traîné ſur une claye , & jetté à la voirie. La veuve & parens après l'execution accuſent le Juge d'avoir tué le priſonnier en ſa maiſon , dont le couteau étoit le témoin irreprochable. Arrêt du Parlem. de Paris du 17. Février 1607. qui abſout le Juge de la calomnieuſe pourſuite. *Voyez les Plaidoyers de Corbin , chap.* 79.

26 Pour homicide commis dans une mêlée , tous ſont tenus civilement & criminellement. *Papon , livre* 22. *tit.* 5. *nomb.* 6.

27 Homicide arrivé par accident en une émotion , n'eſt digne de peine corporelle , ni de reparations civiles. Jugé le 1. Avril 1623. Dans le fait un Artiſan avoit été tué d'un coup de piſtolet , qui ſe débanda malheureuſement lors d'une execution à laquelle étoit obligé d'aſſiſter celuy qui le portoit ; ainſi l'homicide étoit involontaire. *Bardet , tome* 1. *livre* 1. *chapitre* 112.

28 Jugé que les playes n'étant pas mortelles , ſoit que le bleſſé décede avant ou après les quarante jours , l'accuſé n'eſt point jugé comme homicide ; mais il eſt condamné aux dommages & intereſts envers la veuve , nonobſtant qu'il en eût tranſigé avec le défunt. Arrêt du 18. Janvier 1631. *Ibidem, liv.* 4. *ch.* 4. *Voyez cy-deſſus le nombre* 4.

29 Celuy qui tuë étant provoqué , n'eſt exempt de peine, quand il a pû ſe garantir par un autre moyen. Arrêt du Parlement de Paris en la Chambre de la Tournelle du 28. Juillet 1636. qui ſans avoir égard aux Lettres de grace obtenuës par Hector de Fernan, de l'effet deſquelles il eſt débouté pour les cas reſultans du procez, le condamne en 400. livres pariſis de reparation civile, à s'abſtenir un an du Bailliage de Provins , & en tous les dépens du procez. *Journal des Audiences , tome* 1. *liv.* 3. *ch.* 34.

30 Le crime d'homicide eſt preſcrit par le laps de 20. ans. Arrêt du Parlement de Provence du 13. Decembre 1670. *Boniface , tome* 5. *liv.* 3. *tit.* 21.

31 Le Maître n'eſt point recevable en France en l'accuſation de l'homicide de ſon ſerviteur. *Bacquet juſt. chap.* 16. *n.* 1.

HOMICIDE, BENEFICE.

32 L'homicide éteint auſſi les nominations & toute expectative ou droit à la choſe, mais non pas un droit acquis, ſuivant le ſentiment de *M*e. *Ch. Du Moulin, ſur la Regle de infirm. reſign.* nombre 397. *Homicidium & quaevis irregularitas extinguit mandata , nominationes & quasvis expectativas , & jus ad rem , non autem jus realiter quaeſitum.*

33 Si l'homicide commis par un Beneficier fait vaquer le Beneſice ? *Voyez Boniface, to.* 3. *liv.* 6. *tit.* 10. *ch.* 7.

34 *Homicida beneficio , ipſo jure , non , niſi ſententia intervenerit , privatus eſt.* Voyez *Franc. Marc. tome* 2. *queſt.* 398.

35 Si le Pape peut diſpenſer de l'irregularité encouruë par l'homicide volontaire ? *Voyez Ibidem , queſt.* 781.

36 Prêtre abſous d'un homicide , par des Lettres de remiſſion entherinées , doit obtenir Lettres de rehabilitation du Pape. Arrêt du P. de Paris du 22. Novembre 1633. confirmatif d'une Sentence du Sénéchal de Laon , qui avoit ordonné qu'un Chanoine
Tome II.

accuſé d'homicide ſe retireroit pardevant le Pape ; pour obtenir de luy dans ſix mois Lettres de rehabilitation. *Bardet , tome* 2. *liv.* 2. *chap.* 58.

HOMICIDE PAR LA FEMME.

37 De la femme homicide de ſon mary. *Voyez cy-deſſus le nomb.* 18. & le mot *Femme , nomb.* 52.

HOMICIDE, PAR QUI JUGÉ.

38 Arrêt du Parlement de Paris du 16. Juin 1612. qui a jugé que tous les homicides & meurtres commis avec port d'armes en l'aſſemblée de cinq ou ſept, ne ſont cas Royaux , pour en attribuer la connoiſſance au Juge Royal, à l'excluſion du Juge ſubalterne non Royal, en la Juſtice duquel l'homicide a été commis. *Filleau , part.* 3. *tit.* 7. *chap.* 11.

39 L'Ordonnance de 1670. *tit.* 1. *article* 11. n'attribuë aux Baillifs & Sénéchaux & Juges Préſidiaux, privativement aux autres Juges Royaux & Seigneuriaux, que la connoiſſance des homicides faits de deſſein prémedité , ou dans une aſſemblée illicite , ou dans une émotion populaire ; hors ces cas, la connoiſſance des homicides, quoique ſaite avec armes, appartient aux Juges des lieux où ils ont été commis.

HOMICIDE, LETTRES DE GRACE.

40 Homicide ne peut ſe purger , telle favorable que puiſſe être ſa cauſe, ſans Lettres de grace. Arrêt du Parlement de Toulouſe du 6. Octobre 1548. *Papon, liv.* 24. *tit.* 17. *n.* 5. & la Rocheſlavin, *liv.* 2. *lettre G. tit.* 7. *Arr.* 1.

41 Arrêt du 22. Mars 1611. ſur l'appel d'une Sentence qui condamnoit à mort une femme , pour avoir tué un de quatre hommes qui la vouloient violer , les autres s'étoient enfuis. L'Arrêt ordonne qu'elle auroit Lettres de grace ; les ayant preſentées le même jour, elles furent entherinées, & la femme miſe hors de Cour & de procez. *La Rocheſlavin, liv.* 2. *lettre L. titre* 5. *Arrêt* 2.

42 Une femme qui avoüoit qu'elle avoit tué ſon voiſin d'un coup de couteau , pour défendre ſon honneur, obtint Lettres de grace. Les heritiers de l'homicidé ſoûtiennent que c'eſt l'effet de la trahiſon d'un ennemi qui joüiſſoit d'elle depuis long-temps , qu'ils avoient conſpiré enſemble cette mort, luy pour ſe venger, étant entré en jalouſie , elle pour s'enrichir des récompenſes qu'on luy promettoit. Telles affaires ſe jugent au Conſeil , mais quelquefois on les vuide en Audience ſur le rapport de Meſſieurs les Gens du Roy ; comme ſi la choſe eſt d'exemple , ou ſi les circonſtances du fait la rendent ſi claire, qu'il ne ſoit beſoin d'en venir aux pieces, de maniere que d'une part tout l'effort étoit de faire entheriner les Lettres ſur le champ , & de l'autre d'empêcher cela, & faire appointer à mettre. La Cour ayant appointé au Conſeil, les Parties furent depuis reglées en enquêtes. On eût jugé ſur les diſcours tragiques de cette cauſe & ſur les premieres informations que l'iſſuë en ſeroit ſanglante & funeſte ; mais comme les preuves artificieuſes ſurmontent bien ſouvent la verité nuë & ſimple , les enfans ſuccomberent , & la femme obtint la verification de ſes Lettres de grace. *Voyez le* 6. *Plaidoyé de Puymiſſon.*

43 Quand il paroit que le meurtre eſt arrivé par accident , & que la volonté n'a point agi, le Juge ordinaire peut ſans Lettres de graces ni de pardon , condamner celuy qui l'a commis à une peine legere. Le Juge de Serres ayant dans cette même eſpece condamné le meurtrier convaincu à s'abſenter ſeulement durant trois ans , il fut jugé par Arrêt du Parl. de Grenoble du mois de Juillet 1675. que le condamné qui avoit ſatisfait à cette Sentence , ne pouvoit plus être inquieté par une nouvelle information. *V. Chorier, en ſa Juriſprudence de Guy Pape, p.* 281.

HOMICIDE INVOLONTAIRE.

Voyez cy-deſſus le nombre 27.

44 Des morts arrivées par cas fortuit. *Voyez Bouvet, tome* 2. verbo *Fortuit cas.*

Homicides involontaires, arrivez inopinément, & causez par blessures, sans préméditation. *Voyez Bouvot, ibidem, verbo Homicide.*

45 Un homme par cas fortuit, & faisant acte licite, a blessé un autre, duquel coup il est mort; l'on luy peut faire son procez criminel, sauf à luy d'obtenir Lettres de grace & pardon. Arrêt du 29. Juillet 1606. *Ibidem, quest. 3.*

HOMICIDE PAR LE MARY.
Voyez cy-dessus le nombre 19.

46 Du mary qui tuë sa femme trouvée en adultere. *Voyez cy-devant le mot Adultere, nomb. 104. & suiv.*

HOMICIDE DE SOY-MESME.

47 *De pœnâ eorum qui se propriis manibus occiderunt.* Voyez *Franc. Marc. to. 2. quest. 879.*

48 Il est constant par le chapitre *si non licet 23. question 3.* que celuy qui s'est volontairement précipité, pendu ou tué par glaive, venin ou autrement, encore qu'il ne fût accusé d'aucun crime, ou qu'il n'eût commis aucun délit, *est verus homicida & reus homicidii, cùm seipsum interficiendo innocentem hominem interfecerit, nemini liceat seipsum interficere, nec spontaneam mortem sibi inferre, homo enim non est vitæ suæ dominus;* celuy qui se tuë soy-mesme, commet double homicide & de son corps & de son ame : pour ces raisons par Arrêt du Parlement de Paris, des homicides d'eux-mêmes ont été condamnez à être traînez sur une claye & conduits à la voirie, & puis pendus par les pieds. *V. Bacquet, en son traité des Droits de Justice, chap. 7. n. 117.*

49 De la confiscation encouruë par l'homicide de soi-même. *Voyez le mot Confiscation, nomb. 55. & suiv.*

50 Une femme trouvée en la riviere morte, n'est présumée s'être noyée, & il n'y a lieu à la confiscation de ses biens; ils doivent être ajugez à ses heritiers. *V. Bouvot, tome 2. verbo Homicide, quest. 1.*

51 Le 28. Juin 1541. fut plaidé une cause contre les Viguier & Juge, Lieutenant & Procureur de Villeneuve de Berc, qui furent condamnez en grosses amendes; parce qu'ils avoient fait pendre le corps d'un pauvre homme, qui en fuyant les Ministres de Justice, s'étoit précipité du haut d'une maison en bas & tué. *Bibliotheque de Bouchel, verbo Desespoir.*

52 Par Arrêt du Parlement de Toulouse du 5. Avril 1571. un Charretier s'étant pendu & étranglé dans la prison pendant l'appel de la Sentence de condamnation de la question & torture contre luy ordonnée par le Viguier de ladite ville, il a été ordonné que son corps seroit mis à un carrefour hors la ville sur quatre piliers auprès des fourches patibulaires, & ses biens confisquez, la tierce partie appliquée à sa femme & à ses enfans, & l'execution dudit Arrêt renvoyée au Viguier. *Voyez La Roche-flavin, livre 2. lettre D. tit. 2. Arrêt 1.*

53 Jugé en 1577. que ceux qui se tuënt, poussez par des fièvres chaudes ou autres maux, ne sont pas considerez comme ceux qui le font de sang froid, & qu'ils peuvent être enterrez en terre sainte; Arrêt pour M. de Saignes Conseiller qui s'étoit noyé dans la Seine après s'être échappé de ses Gardes. *Ibidem, lettre F. titre 12. Arrêt 9.*

54 Un homicide de soy-même avoit été inhumé au Cimetiere. Arrêt du Parlement de Toulouse du 24. Janvier 1582. qui ordonne qu'il sera desenseveli & mis sur un poteau à un carrefour de chemin. *La Rocheflavin, liv. 1. tit. 37. Arr. 1. Mainard, liv. 6. chap. 84. & 85.*

55 On a douté si le testament de celuy qui après condamnation de mort par défaut ou contumace s'est pendu & étranglé soy-même, est bon. *M. Bernard Automne* tient l'affirmative en sa Conference du Droit François avec le Droit Romain sur le §. *irritum si quis 6. ff. iniust. & irrit. fact. testam.*

56 Si les biens de celuy qui s'est tué doivent être confisquez au préjudice de ses enfans? *Voyez* Carondas, liv. 7. Rép. 51. Petr. Fab. ad l. 155. §. ult. de reg. jur. qui cotte l'Arrêt du Parlement de Toulouse pour le fils, du 24. Janvier 1582. infirmatif de la Sentence en ce qu'elle avoit prononcé la confiscation. Chopin, *in consuet. Andeg.* Mainard, *liv. 6. chapitres 84. & 85.*

57 Ceux qui se donnent la mort par ennuy de la vie, 58 ou par impatience d'une vive douleur, ne sont pas inhumez en terre sainte, mais leurs biens ne sont pas confisquez; ils sont reservez à leurs heritiers. Comme il a été jugé par Arrêts du Parlement de Toulouse des 24. Janvier 1582. 2. Juillet 1600. & 7. Decembre 1634. Les Arrêts du Parlement de Bourgogne sont sur cela conformes à ceux du Parlement de Paris & de Toulouse touchant la confiscation. En effet par Arrêt rendu le 14. Decembre 1601. les Venerables de S. Lazare d'Autun furent deboutez de la confiscation par eux prétenduë des biens d'une femme qu'on disoit s'être précipitée & noyée dans un étang. Le motif de l'Arrêt fut qu'il ne paroissoit point par les pieces du procez, qu'elle se fût précipitée & noyée pour éviter la peine de quelque crime; dans le doute il faut présumer qu'un tel malheur est arrivé fortuitement ou par démence; on avoit déja jugé de même le 10. Mars 1587. contre le Sr d'Arcey, touchant le nommé Jean Viennot, habitant du village d'Arcey, qui se pendit, par l'ennuy qu'il avoit de la vie, à cause de la cherté des vivres; pareillement contre le Sr de Nucheze, Seigneur de Solon, qui prétendoit la confiscation des biens du nommé Berthaut, qu'on disoit s'être noyé dans un étang près de Solon; car la Cour ajugea les biens de Berthaut à ses enfans par Arrêt du 29. Juillet 1587. Comme aussi par Arrêt donné à Semur le 29. Novembre 1594. qui ajugea la succession du nommé Menot de Mirebel à ses heritiers legitimes contre le Seigneur du lieu, qui prétendoit à leur exclusion, sur ce que Menot s'étoit tué d'un couteau mal tranchant; la Cour ayant reconnu par les preuves resultantes de l'information, que ce malheureux étoit sujet à des égaremens d'esprit qui l'avoient poussé à se défaire de luy-mesme. *V. Taisand sur la Coût. de Bourgogne, tit. 2. art. 1. n. 17.*

59 Le 22. Mars 1642. il a été jugé au Parlement de Provence que la procedure criminelle faite contre celuy qui se tuë volontairement par le dégoût de la vie est nulle. *Boniface, tome 2. part. 3. livre 1. titre 2. chap. 9.*

60 Une personne qui se tuë par une chûte, n'est point homicide de soi-même, & doit être inhumée en terre sainte. Arrêt du 5. Juillet 1664. à la Tournelle. *Des Maisons, lettre T. nomb. 20.*

HOMICIDE, SUCCESSION.

61 M. *Boyer decis. 25. n. 13. & 14.* établit que quoique l'heritier soit obligé de venger la mort du testateur, à peine d'être privé de sa succession; neanmoins le pere n'est pas tenu de poursuivre son fils qui a tué le testateur, ni le fils son pere.

62 Un frere homicide de son frere decede avant sa condamnation; l'on demande à qui appartient la succession *ab intestat* du frere homicidé? Par les anciens Arrêts, le coupable quoiqu'indigne n'étoit pas jugé incapable de succeder; d'autres ont déferé la succession à ses enfans; mais parce qu'il a paru injuste & dangereux que les enfans profitassent & s'enrichissent du crime de leur pere, une troisiéme opinion s'est formée, & a prévalu, sçavoir, que les autres plus proches parens seroient appellez. *Voyez Mainard, liv. 7. chap. 94.*

63 L'ayeule qui n'a pas poursuivi la vengeance du meurtre de ses petits fils, commis par leur mere, sa fille, n'est point privée de l'heritage d'iceux. Arrêt du P. de Bourdeaux du 7. Février 1608. contre une cousine germaine des petits-fils qui lui disputoit la succession, car ayant perdu ses petits fils par un triste &

funeste accident, ce seroit augmenter sa douleur, de la contraindre de poursuivre en Justice la mort de sa propre fille, vû que le supplice seroit honteux à toute la famille, & les enfans qui ne vengent la mort de celuy auquel ils succedent tué par leur pere, sont excusables, & ne sont pas privés de la succession, suivant la *Décision* 25. *de Boyer*, bien qu'un frere ayant tué son frere, ses enfans ayent été déclarez indignes de luy succeder, par Arrêt du Parlement de Paris du 16. Septembre 1566. parce que l'affection & le devoir ne sont pas tels entre des personnes. *Voyez Mainard, & son abregé liv. 9. chap. 3.*

HOMMAGE.

Voyez cy-dessus *lettre* F. verbo *Foy & Hommage, & le Glossaire du Droit François*, autrement *la nouvelle édition de l'indice de Ragueau*, sous le mot *Hommage.*

1 De la difference qu'il y a entre l'hommage lige & l'hommage simple. *Voyez le traité des Fiefs par M. Chantereau, li. 1. chap. 12. & suiv. & l'Indice de Ragueau*, verbo *Lige.*

2 De l'hommage lige, personnel. *Voyez Salvaing, de l'usage des Fiefs, chap. 31.*

3 Le Baron de Sausac vend la Seigneurie & Terre du Pinet, relevant de son franc-fief; l'Evêque du Puy, Comte du Velay assigne l'acquereur pour luy rendre hommage à cause de son fief, & par Sentence le fait condamner à luy en passer hommage & reconnoissance, ensemble lui payer les droits de lods. Le vendeur prenant le fait & cause se rend appellant en la Cour, & produit un hommage fait à ses predecesseurs du Pinet de l'an 1312. qui étoit appellé *homagium ligium*; mais l'Evêque ayant produit des actes plus forts & plus anciens, la Sentence fut confirmée au Parlement de Toulouse le 13. Mars 1587. *Cambolas, liv. 1. chap. 15.*

4 Le Seigneur peut recevoir l'hommage par son Procureur contre la volonté du vassal. 2. Mais le vassal ne peut rendre l'hommage par son Procureur, contre la volonté du Seigneur, sauf de juste empêchement. 3. Auquel cas il doit bailler souffrance, ou recevoir le Procureur du vassal. *Molin. in verbo*, les proprietaires, *n. 6. 7. 2. id. Papon, lib. 13. tit. 1. n. 19. 1. 2. id. Mornac, ad l. 16. C. de Episc. & Cler. 2. id, Brod. lit. F. n. 8. 2. excipe*, les vassaux du Roy hors le Royaume, *Chopin, Paris. lib. 1. tit. 2. n. 9. id. Maîchin. tit. 4. art. 18. chap. 16. 1. 2. id. Chopin Andeg. lib. 2. tit. 1. n. 2, 3. ubi excipit inimicitias.* Je crois, dit la Peirere, *lettre H. nombre 33.* qu'il faut que la qualité du Procureur constitué par le Seigneur, soit proportionnée à la qualité du vassal, & que le vassal seroit bien fondé de refuser de rendre hommage à un Procureur vil & abject.

HOMMAGERS.

1 L'Hommager doit plaider devant le Juge du Baron. Arrêt du Parlement de Toulouse du 7. Mai 1626. *Cambolas, liv. 4. chap. 44.*

2 Les hommagers sont en droit de preceder les Consuls des lieux où leur fief se trouve assis. Arrêt du 22. Août 1629. *Dolive liv. 1. chap. 29.*

HOMME.

1 CE mot comprend aussi la femme. *L. 152. D. de verb. sign.*

2 *Hominis appellatione, ex Gallici sermonis proprietate, foeminam non contineri. Vide Luc. lib. 7. tit. 3. cap. 1.*

HOMME VIVANT ET MOURANT.

3 *Voyez le mot Amortissement, nomb. 17. & suiv. & le Glossaire du Droit François, ou la nouvelle édition de Ragueau, lettre H. hoc verbo Homme vivant & mourant.*

4 De l'homme vivant, mourant, & confisquant, *Tome II.*

Voyez Papon, li. 1. tit. 14. n. 4. & Bacquet, traité des nouveaux acquêts, part. 3. chap. 36.

5 Seigneur direct qui n'a point de Justice, ne peut prétendre homme vivant, mourant, & confisquant. *Cambolas, liv. 4. chap. 23.*

6 *Si Collegium revocet hominem viventem, & faciat novum hominem incidit in novum relevium, &c. C. M. §. 42. hodiè le 60. n. 76.*

7 Quoique quelques Coûtumes ordonnent que les gens de main-morte acquerant, donneront homme vivant, mourant & confisquant, il est certain que le fief n'est point sujet à confiscation par le fait de cet homme, qui n'est pas veritable proprietaire, mais par fiction; telle est l'opinion de *Du Moulin sur l'art. 51. de la Coût. de Paris. gl. 2. n. 62. &* de M. le Maître, *traité des Am. chap. 11. Dolive, liv. 2. chap. 12. & suiv.* cite des Arrêts de Toulouse qui ont jugé le contraire. *Voyez la Biblioth. Can. to. 1. p. 42.*

8 Quand la Cour baille decret aux Religieux & autres personnes de main-morte, des biens sujets à censive, ou directe de quelque Seigneur, ou du Roy, c'est à la charge d'en vuider les mains dans an & jour, ou de bailler homme vivant, mourant, & confisquant; auquel cas il est permis au débiteur executé de les retenir, en payant le prix, loyaux coûts, & dépens du decret. Arrêt du 10. Septembre 1569. en un decret au profit des Jacobins de Toulouse. *Bibliot. de Bouchel*, verbo *Reconnoissance.*

9 M. Jean Bacquet rapporte un Arrêt du 13. Janvier 1593. par lequel la Cour condamna les Marguilliers de saint Eustache à donner un homme vivant & mourant à l'Evêque de Paris, pour pouvoir joüir de la maison qui leur avoit été leguée par Guillaume Malo, & Guillemette Doushonne. Le même Arrêt est cité dans les *Définitions Can. p. 439.*

10 Les Celestins de la Ville de Lyon avoient acquis des fonds dans la censive du sieur de saint Christophle; ils obtiennent de sa Majesté Lettres d'amortissement. Arrêt du Parlement de Dijon du 19. Janvier 1615. qui les condamne suivant leurs offres à payer le droit d'indemnité tel qu'il sera liquidé suivant la Coûtume des lieux où les biens sont situez, & outre ce à luy donner homme vivant, & mourant seulement, si mieux ils n'aiment vuider leurs mains dans un an. Le Seigneur prétendoit qu'on devoit luy donner homme vivant, mourant, & confisquant. Cet Arrêt est rapporté par *Xaintonge, p. 235.*

11 L'homme vivant & mourant, & confisquant, ne se donne qu'au Seigneur qui a la Justice; & s'il ne l'a pas, il n'a que l'homme vivant & mourant. Arrêt du Parlement de Toulouse du 7. Février 1628. *M. Dolive, li. 2. ch. 12. 13. & 14. Soëfve, to. 1. Cent. 1. ch. 50.*

12 Si le vassal Ecclesiastique qui a été une fois reconnu & reçu à faire la foy & hommage, est tenu de bailler homme vivant & mourant? *Voyez Henrys, tome 1. liv. 3. chapitre 1. question 3.* L'Auteur des Observations fait celle-cy; quoique dans les Provinces du Droit écrit ressortissant au Parlement de Paris, les fiefs ne produisent aucun profit, neanmoins le Seigneur peut contraindre les Ecclesiastiques de luy donner homme vivant, & mourant, ou de vuider leurs mains; & si par l'Arrêt du Parlement de Paris du 9. Juin 1632. rapporté par *Henrys*, le Chapitre de Nôtre-Dame de Montbrison en a été déchargé, c'est parce que par la qualité de l'infeodation de la rente dont il s'agissoit, il paroissoit que l'intention du fondateur n'avoit pas été d'exiger une telle servitude, ou parce que le chapitre avoit prescrit cette formalité, depuis plus de cent ans.

13 Arrêt du 2. Juillet 1637. qui appointe pour sçavoir, si les gens de main-morte qui ont obtenu Lettres d'amortissement du Roy, sont tenus, outre les droits de quints & requints, payez au Seigneur, & l'indemnité fixée au tiers du prix, donner homme vivant, mourant & confisquant? *V. Bardet, to. 2. li. 6.*

A a a ij

chap. 17. M. Talon Avocat General dit que tel étoit l'avis de M. le Premier Président le Maître, mais qu'il n'avoit pas été suivi.

14 La mort civile de l'homme vivant & mourant, ne fait point d'ouverture au fief, il faut attendre la mort naturelle. Arrêt du 6. Février 1642. *Du Frêne, liv. 3. chap. 85.*

15 Arrêt du 7. Mars 1662. pour M. Loüis Bouquain Chanoine de l'Eglise sainte Croix d'Orleans, Prévôt de la Prévôté d'Herbilly, appellant d'une Sentence du Bailly de Blois, par laquelle les Marguilliers d'Herbilly avoient été seulement condamnez à payer le relief & double cens ; & en émendant il est dit qu'ils sont condamnez de bailler homme vivant & mourant pour Vicaire à cause d'heritages appartenans à l'Eglise d'Herbilly, étant en la censive d'Herbilly, par la mort duquel ils seront tenus de payer à l'appellant & ses successeurs le droit de relief à raison de vingt deniers pour livre de la prisée faite des heritages, & luy fournir l'acte de Vicariat portant la reconnoissance du relief tel que dessus, conformément aux Vicariats auparavant baillez en 1577. 1579. & 1584. *Additions à la Bibliotheque de Bouchel, verbo Lods.*

16 Arrêt du Parlement de Paris, par lequel en infirmant une Sentence du Châtelet du 2. Août 1664. en ce que les Boursiers du College des Ecossois avoient été condamnez à payer au Seigneur de Passy le droit d'indemnité ; émendant quant à ce, condamne les Boursiers bailler dans six mois homme vivant & mourant au Seigneur de Passy, sinon mettre les heritages qu'ils avoient acquis dans sa censive hors leurs mains, autrement & à faute de ce faire dans le même temps & iceluy passé en vertu du present Arrêt, condamne ceux du College à payer le droit d'indemnité. *Definit. Can. page 364.*

17 Les lods & ventes sont dûs par les gens de main-morte de 20. ans en 20. ans, si mieux ils n'aiment donner homme vivant & mourant. Arrêt du P. de Grenoble du 7. Mars 1646. *Voyez Basset, tome 1. livre 3. tit. 8. chap. 17.*

18 Si les gens de main-morte n'avoient baillé au Seigneur que l'homme vivant, mourant, on les pourroit condamner à bailler au Seigneur haut Justicier l'indemnité pour l'homme confisquant. Arrêt du Parlement de Toulouse du 25. ou 26. Juin 1645. *Voyez Albert, lettre A. art. 12.*

19 On n'est tenu de donner homme vivant, mourant, & confisquant que pour les biens acquis des particuliers, & non pour ceux possedez de toute anciennetê. Arrêt du Parlement de Toulouse du 29. Mars 1667. qui restraint la demande du Baron de Puygaillard aux terres qu'il justifiera avoir été acquises des particuliers par la Communauté de saint Geniés. *Voyez les Arrêts de M. de Catellan, livre 3. chapitre. 24.*

20 Si l'emphiteote a prescrit ou payé l'indemnité pecuniaire qui ne regarde que les lods, il ne laisse pas d'être obligé à bailler homme vivant & mourant, par la mutation duquel le plaid seroit dû seulement, dont la prestation accompagne celle de la cense, mais non les lods : il faut ajoûter un cas assez remarquable, si un bail est fief ou emphiteose faite à la main-morte, procede immediatement du Seigneur direct, en ce cas le Seigneur direct ne peut prétendre contre la main-morte aucun droit d'indemnité, ni l'obliger à payer les lods de vingt en vingt ans, ou de bailler homme vivant & mourant, à moins que par le bail même que l'on appelle en Dauphiné Albergement, telle indemnité n'eût été expressément stipulée ; la raison est qu'il a taciternent renoncé au dédommagement du préjudice que luy même s'est fait par la perte de ses droits casuels ; comme il a été jugé par Arrêt du Parlement de Grenoble du 3. Mars 1665. entre Etienne Allian, ayant droit de Messire Honoré de Grimaldi, Prince de Monaco, Duc de Valentinois, Pair de France, demandeur en payement de droits de main-morte & demi-lods, par luy prétendus contre la Communauté de Saillans, à cause de la faculté à elle concedée par sa Majesté de prendre l'eau de la riviere de Drome, & la conduire au Moulin de la Communauté, sous la cense annuelle d'une émine froment d'une part, & les Consuls de la Communauté de Saillans défendeurs d'autre. *Voyez Salvaing, de l'usage des Fiefs, chap. 59.*

21 Si pour les rotures, les gens d'Eglise sont tenus de donner homme vivant & mourant, & de payer un droit de lods? Ce n'est pas l'usage d'obliger les Ecclesiastiques de donner homme vivant, mais au lieu de cela, à chaque mutation de titulaire à l'égard des Benefices, il est dû un droit de lods, suivant *Papon dans ses Arrêts, liv. 1. tit. 14. art. 4. sur la fin,* & suivant *Henrys* un droit de demi-lods seulement, ainsi qu'il l'établit dans la *question 16. tome 1. liv. 3. chapitre 1.* A l'égard des Chapitres, Monasteres, & autres Communautez, il est dû un lods entier lors de l'acquisition, & de trente ans en trente ans il est dû un milods. En Provence le mi-lods se paye de vingt ans en dix ans. *Stephanus décision 10. sur la fin, Boniface dans la suite de son Recueil, tome 2. liv. 2 chap. 3. sur la fin, Salvaing, chap. 59.* dit qu'en Dauphiné il se paye de vingt ans en vingt ans. *Voyez Henrys Ibidem, quest. 3.*

HOMOLOGATION.

Sur l'homologation des Concordats passez entre Beneficiers. *Voyez* le mot *Concordat, nombre 1. & suiv.* & le mot *Fondation, n. 57.*
Homologation des Sentences arbitrales. *Voyez,* le mot *Arbitres, nomb. 44. 56. & 57.*

HONNEURS.

HONNEURS, CHARGES.

1 UN prévenu de crime *ad novos honores aspirare non potest, quia reatus excludit omnem dignitatem* ; mais s'il a été absous par sentence, ou que la poursuite du crime prétendu soit demeurée plus d'un an, il le peut ; ainsi jugé au Parlement de Bourgogne le 8. Juillet 1608. *Bouvot, to. 2. verbo Echevin, quest. 13.*
Voyez les mots *Degradation, Infamie, &c.*

HONNEURS DE L'EGLISE.

Voyez cy-devant *lettre D. verbo Droits Honorifiques.*

2 Honneurs deferez par les Rois aux Abbez de France. *Voyez Tournet, lettre P. Arr. 25.*

3 Jugé par Arrêt du 14. Avril 1607. que ceux qui ont droit de Patronage ne peuvent conceder la préséance d'honneur & places des Eglises à autres, d'autant que ce droit est attaché aux personnes des Patrons, & n'est cessible ni transmissible, suivant l'opinion d'*Argentré, conf. 5.* cet Arrêt est du Parlement de Normandie, & est rapporté par *Berault sur la Coûtume, titre des Fiefs, art. 142. in verbo, le Droit Honoraire.*

4 Par Arrêt du Parlement de Roüen du 9. Janvier 1613. rapporté par *Berault, art. 142. de la Coûtume de Normandie, in verbo Droits Honoraires* ; il a été jugé que les Honneurs appartenoient au Patron le plus âgé.

5 Dans les Honneurs de l'Eglise on ne doit pas separer les filles d'avec le pere, ni la femme d'avec le mari. *Voyez M. de Catellan, liv. 3. chap. 1.*

6 Sçavoir lequel est plus honorable de la droite ou de la gauche ? *Mornac, l. 30. ff. familia ercisfcun'ae,* où il cite Messieurs Maréchal & Loyseau ; la femme joüit des Droits honorifiques avec son mary. Arrêt du 21. Janvier 1614. *Mornac, l. 1. ff. de ritu nuptiarum.* Touchant l'honneur és Eglises. *Voyez M. Dolive, Actions forenses, 3. part. Act. 3.* Voyez *Henrys, to. 2.*

liv. 1. quest. 3. & 35. de la Guessiere, tome 4. livre 2. chapitre 9.

7 En la Cure qui consiste en deux parts ou portions, le Patron de la première portion aura les prérogatives aux Honneurs de l'Eglise, aux jours mêmes que le second Curé fera l'Office. Ainsi jugé au Parlement de Roüen par Arrêt du 4. Juin 1640. *Borjon, décisions des Curez*, *art.* 74.

8 Les honneurs de l'Eglise se doivent à l'aîné & à toute sa famille. Arrêt du 22. Juin 1641. *Dictionnaire de la Ville*, nomb. 5484. où il cite *Brodeau sur M. Louet* lettre P. nomb 31. *fol.* 461. cette citation n'est pas juste.

9 Ceux qui ne sont point Seigneurs ne peuvent point prétendre les droits honorifiques. Deux particuliers sans qualité ayant reciproquement contesté la préseance à une Procession, & formé complainte, il leur fut enjoint de se comporter modestement dans l'Eglise, & sur la demande ils furent mis hors de Cour. Arrêt du Parlement de Paris du 2. Decembre 1662. *Definit. Can. p.* 357.

POINT D'HONNEUR.

10 Reglement de Messieurs les Marêchaux de France, sur les diverses satisfactions & reparations d'honneur, du 22. Août 1653. *Bibliotheque Canon. tome* 1. *page* 538.

11 Edit de creation du mois de Mars 1693. d'un Lieutenant des Marêchaux de France dans chaque Bailliage & Sénéchauslée, pour être Juges du Point d'honneur, & creation d'un Office de Garde de la Connétablie. *Maréchaussée de France, p.* 1088.

Voyez le mot *Duel*.

HONNEURS AU SEIGNEUR.

12 Quand il y a deux Seigneurs d'une même Justice, l'honneur est dû au plus qualifié. Jugé au Parlement de Toulouse le 15. Mars 1599. pour un Conseiller du Présidial de Toulouse contre un Bourgeois de la Ville, par lequel il fut ordonné que le Conseiller ne à cause de sa qualité nommeroit au Consulat du village d'Audars. *Cambolas, liv.* 3. *chap.* 3.

HONORAIRE.

HONORAIRE DES AVOCATS.

1 DE l'Honoraire des Avocats. *Voyez* le mot *Avocat*, nomb. 70. & *suiv*. & le Traité des Criées par *Me. Bruneau*, 2. part. *p.* 360.

2 Avocats arbitres, leurs Honoraires ajugez par Arrêt du Parlement de Paris du 18. Juin 1696. *Journal des Audiences, tome* 5. *liv.* 12. *ch.* 17.

CONSEILLERS HONORAIRES.

3 Conseillers honoraires, leurs Droits & Privileges. *Voyez* le mot *Conseillers*, nomb. 27. & *suiv*.

Des Conseillers honoraires. *Voyez Chorier*, en sa *Jurisprudence de Guy Pape*, *p.* 71.

4 Le sieur Conseiller de la Baume ayant résigné son Office à son fils, après s'avoir exercé dignement pendant plus de vingt ans, & étant même le Doyen du Parlement de Grenoble quand il resigna, obtint du Roy par Lettres du 30. Decembre 1629. qu'il en continueroit l'exercice durant trois ans ; surquoy il fut arrêté par Arrêt exprés que ceux qui à l'avenir autoient servi dans leurs charges pendant cet espace de temps, & qui obtiendroient la même grace, joüiroient, tant eux que leurs Resignataires, de cette gratification, sans pourtant que le Resignataire ait voix déliberative, ni qu'il participe à aucun émolument dépendant de l'Office. *Voyez Chorier*, *ibidem*.

5 Le sieur Moret de Bourchenu ayant suivi ces deux exemples, il fut dit par arrêté du 8. Avril 1677. qu'encore que son fils son Resignataire, n'eût pas l'exercice actuel de la Charge de Conseiller, en laquelle pourtant il avoit été reçû, il auroit neanmoins le jour de sa reception, lors qu'après ces trois années l'exercice luy en seroit laissé libre par son pere, ou même auparavant, si la volonté de son pere étoit

de s'en départir ; parce que le sieur de Bourchenu étoit alors Doyen du Parlement ; ce qui fut aussi étendu en même cas à ceux qui seroient Doyens, & à l'égard des autres ils n'ont de rang que dés l'exercice actuel, & même les enfans des Doyens n'en auront pas d'autres, si leurs peres ont été retenus dans leurs Offices au-delà de trois ans. *Voyez Chorier*, *ibidem*.

Voyez les mots *Officiers*. §. *Officiers Veterans*, & le mot *Veteran*.

HONORAIRES DES ECCLESIASTIQUES.

6 Des Droits & Honoraires des Ecclesiastiques. *V. le Recueil de Decombes*, *part.* 2. *ch.* 1.

7 Arrêt de Reglement du Parlement de Paris du 10. Juin 1693. sur l'Honoraire des Curez & des Ecclesiastiques de la ville & fauxbourgs de Paris. *Journal des Audiences, tome* 5. *liv.* 9. *chap.* 15.

8 Le Reglement de l'Honoraire des Ecclesiastiques appartiendra aux Archevêques & Evêques, & les Juges d'Eglise connoîtront des procez qui pourront naître sur ce sujet entre des personnes Ecclesiastiques : exhortons les Prélats, & neanmoins leurs enjoignons, d'y apporter toute la moderation convenable, & pareillement aux retributions de leurs Officiaux, Secretaires & Greffiers des Officialitez. Art. 27. de l'Edit concernant la Jurisdiction Ecclesiastique du mois d'Avril 1695.

HOPITAL.

Hopital. *Publica pauperum domus. Xenodochium. De religiosis domibus. Inst. Lanc.* 2. 25... N. 7. *in fine.* .. Des Hôpitaux.

De Episcopis, & Clericis, & Orphanotrophiis, & Xenodochiis, & Brephotrophiis, & Ptocotrophiis, & Ascetriis, & Monachis : & privilegiis eorum, &c. C. 1. 3... *N.* 7. *in fine.*

Ut Oeconomi, & similes, apud proprium Episcopum conveniantur. N. 123. *c.* 23. Des Oeconomes & Administrateurs.

Ut Orphanotrophi sint tutoribus similes, & inventarium conficiant. N. 131. *c. ult.* Devoir des Administrateurs.

De alimentis quae inopes parentes de publico petere debent. C. Th. 11. 27. Les enfans des pauvres étoient nourris aux dépens du public. Parmi nous il y a des Hôpitaux pour cela.

1 Autrefois il y avoit des Hôpitaux de diverses especes ; sçavoir *Xenodochium*, où les passans étoient reçûs : *Prochotrochium*, où les pauvres & hommes invalides étoient nourris : *Nosochomium*, où les hommes malades étoient pensez : *Orphanotrophium*, où les enfans orphelins étoient nourris : *Gerontocomium*, où les vieillards pauvres & necessiteux étoient traitez : *Brephotrophium*, où les petits enfans étoient nourris : *Ascetria*, étoient des filles retirées pour vaquer à la vie interieure ; *Ascetria*, sont leurs maisons. *Voyez au Cod. de Episcopis & Clericis, &c.*

2 Des Hôpitaux & Maladeries, & leurs Administrateurs. *Voyez* le 4. tome des *Loix Civiles, li.* 1. *tit.* 18. les Ordonnances recüeillies par *Fontanon, tome* 4. *tit.* 30. *p.* 574. les *Memoires du Clergé, to.* 3. *part.* 3. *tit.* 4. *chap.* 1. *Coquille, tome* 2. *p.* 249. en son traité des *Benefices* ; *Filleau*, *part.* 1. *tit.* 1. *ch.* 18. la *Bibliotheque du Droit François par Bouchel*, verbo *Hôpital* ; & la *Bibliotheque Canonique, to.* 1. *p.* 702. & *suiv.*

3 Autorité des Evêques sur les Hôpitaux & autres lieux pitoyables. *Memoires du Clergé*, tome 1. *part.* 1. *p.* 956.

Des Hôpitaux & de leur administration. *Voyez* les *Mem. du Clergé, to.* 1. *part.* 1. *p.* 461. & *to.* 3. *part.* 3. *p.* 390. jusqu'à 443.

Les Evêques ont droit de les visiter. *Ibid. tome* 3. *part.* 3. *p.* 391. 392. 397. *n.* 12. & 13. *p.* 398. & add. à la 3. *part.* *p.* 597. comme aussi de commettre des Ecclesiastiques pour les visiter. *Ibid. p.* 398. *n.* 15.

4 Comment, & par qui les comptes des revenus des

Hôpitaux doivent être rendus ? *Voyez les Mem. du Clergé, to. 3. part. 3. p. 397. jusqu'au 414.*

Les Evêques ou leurs Grands Vicaires ont droit de les entendre. *Ibid. p. 397. & suiv.*

Ils peuvent se les faire representer dans leurs Visites, *p. 402.* les Archidiacres le peuvent aussi.

5 *Hospitalia construere sine Episcopi licentiâ licere.* Voyez *Franc. Marc. to. 1. quest. 1008.*

6 *Episcopus Hospitalia infirmorum suæ Diœcesis visitare potest.* Voyez *Ibidem, quest. 1017.* & cy-dessus le nombre 3.

7 *Hospitale privatum Episcopi jurisdictioni non subjicitur : Hospitale privatum Ecclesiæ privilegio non gaudet.* Ibidem, *quest. 1018.*

8 Hôpitaux peuvent agir devant le Grand Aumônier de France, ou devant le Juge Royal. Mornac *l. 33. Cod. de Episcopis & Clericis, &c.*

9 Le Domaine des Hôpitaux inalienable. Arrêt du Lundi après S. André 1316. *Extrait du Registre olim, feüil. 308. A.* & Corbin, *suite de Patronage, ch. 144.*

10 C'est une maxime que ce n'est point aux Hôpitaux, de nourrir les enfans exposez ; mais au Haut-Justicier à qui appartiendroient les biens d'un semblable enfant ; ce qui fut jugé par Arrêts des 15. Septembre 1579. & 22. Avril 1599.

C'est encore une autre maxime que les Hôpitaux ne sont sujets à aucuns droits de subsides de vin. Arrêt du mois de Decembre 1600. au profit de l'Hôpital de Noyon.

L'Hôpital legataire ne peut empêcher la détraction de la legitime. Arrêt du 21. Avril 1575.

Les Administrateurs sont tenus d'année en année de rendre compte pardevant l'Evêque.

Ces Arrêts sont rapportez par *Tournet, lett. H. n. 25. & suiv.* où il traite amplement cette matiere, & de la recommandation des Hôpitaux entre les Chrétiens; de ceux qui en doivent avoir la disposition, & administration ; des Ordonnances pour le gouvernement desdits Hôpitaux, & où il dit que les Leproseries se gouvernent comme les Hôpitaux.

11 Hôpitaux fondez par les Prélats & Evêques Diocesains. *Tournet, ibidem, Arr. 33.*

12 Hôpitaux ne succedent aux biens des Oblats. *Ibidem, Arr. 36.*

13 Biens des Hôpitaux ne doivent être dissipez & mal employez par les laïcs. *Ibidem, Arr. 47.*

14 Arrêt du Parlement de Toulouse du 7. Janvier 1527. servant de Reglement pour le gouvernement des Hôpitaux, qui ordonne que le Receveur n'aura plus de gages, mais qu'il sera pris un homme de la ville par chacun an qui sera choisi, qui aura la charge, & pourra tenir un homme sous luy à qui seront taxées ses journées & vacations. *La Rochesflavin, liv. 2. lettre H. titre 3. Arr. 3. p. 93.*

15 Transport de sa succession à l'Hôpital du S. Esprit en Gréve cassé, & la succession ajugée à ses heritiers, sauf à l'Hôpital de pouvoir demander les alimens de ladite fille. *Voyez le Vest, Arrêt 237.* où l'Arrêt n'est point daté.

16 Hôpital pouvoit prendre la succession de ceux qui avoient acquis biens du revenu d'iceluy seulement. Arrêt du P. de Bourdeaux du 17. Juillet 1548. en faveur d'un Prêtre qui s'étoit retiré en un Hôpital, lequel a été déclaré capable de disposer de son bien. *Papon, liv. 7. tit. 1. n. 9.*

17 Les Monasteres & autres Communautez de la ville de Paris, contraints par saisie de leur Temporel de fournir à l'Hôtel-Dieu pour subvenir à la nécessité. Arrêt du Parlement de Paris du 22. Juin 1585. *Preuves des Libertez, to. 2. ch. 35. n. 74.*

18 Un enfant exposé dans une piece de terre en la Paroisse de la Rocheclermand, est trouvé par une femme qui le porte en l'Hôpital de Chinon ; le Juge de Chinon condamne les habitans de la Rocheclermand à le nourrir. Appel par lesdits habitans, qui soûtiennent que c'est l'Hôpital de Chinon qui doit en être chargé. M. Servin pour le Roy remontra que tous deux avoient bonne cause, & que c'étoit au Seigneur Justicier à nourrir l'enfant. Par Arrêt du 5. Juillet 1594. avant que de proceder au Jugement difinitif, le sieur de la Rocheclermand sera appellé à la diligence du Substitut du Procureur General, & cependant les habitans de la Rocheclermand condamné à fournir les deniers necessaires pour la nourriture de l'enfant, sauf à ordonner de sa restitution en jugeant. *Bibliotheque de Bouchel*, verbo *Exposez.*

19 Jugé au Parlement de Mets le 23. Decembre 1638. que les biens de deux Hôpitaux unis & gouvernez par les mêmes Administrateurs, étoient tenus des dettes l'un de l'autre, c'étoit au sujet d'une adjudication faite au Syndic & Receveur de l'Hôpital de S. Charles de Nancy, contre celuy de S. Julien unis ensemble par Lettres Patentes du 21. Février 1631. *Voyez le 39. Plaidoyé de M. de Corberon.*

20 Arrêt du Parlement de Provence du 2. Juin 1643. qui par provision permet aux Juges de présider aux Bureaux des Hôpitaux attendu la possession. M. le Procureur General de Gantes avoit conclu en faveur du Lieutenant, fondé sur ce que les attributs des Charges sont imprescriptibles, nonobstant toutes possessions au contraire, & que par l'Ordonnance de 1546. la présidence aux Bureaux des Hôpitaux est accordée aux Lieutenans. *Boniface, tome 2. livre 1. tit. 10. nomb. 11.*

21 Arrêt du même Parlement de Provence du 15. Mai 1666. qui a ordonné que les Intendans d'un Hôpital doivent proceder à leurs visites avec moderation, & fait défenses de les y maltraiter. *Boniface, ibidem, tit. 1. nomb. 34.*

22 Dans le Parlement de Grenoble les pauvres ont la 24. partie des biens de l'Eglise. Arrêts qui ont jugé que cette 24. partie ne se devoit pas seulement prendre sur les dismes, mais aussi sur tous les autres revenus des Ecclesiastiques, sans aucune diminution, même sous prétexte de portion congruë. *Voyez Bassti, to. 2. liv. 1. tit. 3. ch. 2.*

23 Ceux de la Religion Prétenduë Reformée, ne peuvent avoir, établir, ni administrer des Hôpitaux & Maladeries. On les transfera à la Charité. *Voyez les Décisions Catholiques de Filleau, décision 80. & les Memoires du Clergé, to. 3. part. 3. p. 429. & suiv. Add. à la 3. part. p. 594.*

24 Legs faits aux pauvres de la Religion Prétenduë Reformée ajugez à l'Hôpital du lieu. *Memoires du Clergé, ibidem. p. 596.*

25 Les Confrairies mêmes ne peuvent être faites sans Lettres Patentes, autrement le Parlement de Paris n'a jamais manqué de les casser & annuller ; ainsi jugé contre la Confrairie de la Magdelaine, établie & fondée dans la Ville d'*Amiens*, par un Bourgeois de la même Ville ; comme il n'y avoit aucune permission du Roy, la Cour par son Arrêt la reünit à l'Hôpital Saint Charles de la même Ville. Cet Arrêt est rapporté dans le *dernier Recueïl d'Arrêts de 1667. en la lettre C. sous le mot Confrairies ;* & dans les *Définit. Can. page 319.*

26 Declaration pour l'établissement d'un Hôpital general dans les Villes & gros Bourgs du Royaume, en execution de l'article 73. des Ordonnances faites à Moulins en Février 1566. Declaration du 12. May 1586. & de l'Edit du mois d'Avril 1656. A S. Germain en Laye en Juin 1662. registré au Parlement de Paris le 21. Août suivant, & en celuy de Roüen le 20. Août 1676.

27 Arrêt du Conseil d'Etat du 17. May 1677. touchant la qualité des Hôpitaux, si leurs biens sont Laïques ou Ecclesiastiques. *Voyez la Bibliotheque Canonique, tome 1. p. 157.*

HÔPITAUX PARTICULIERS.

28 Autorité de l'Evêque d'*Amiens* sur l'Hôtel-Dieu

de la même Ville. *Memoires du Clergé, tome 3. part. 3. p. 409. & suiv.*

Election de la Superieure de l'Hôtel-Dieu d'Amiens. *Ibid.*

28. Hôpitaux des Commanderies de *Saint Antoine*. *Voyez Tournet, lettre H. Arr. 31.*

29. Hôpital d'*Aubigny* sur Nerre en Berry. *V. Ibidem, Arrêt. 28.*

30. L'Hôpital de *Beaumont* remis sous la direction du Curé. *Memoires du Clergé, to. 6. part. 9. p. 406.*

31. Par Arrêt du 5. Février 1568. il fut dit que les Juges de Bellac se pourvoiroient dans trois mois d'un lieu pour leur Auditoire, autre que l'Hôpital de *Bellac*, duquel ils s'étoient emparez, ils n'avoient laissé qu'une chambre pour les pauvres. *Bibliotheque de Bouchel, verbo Hôpitaux.*

32. Declaration du Roy portant union de l'administration des biens de l'Hôpital des *Enfans Rouges*, à celle de l'Hôpital General de Paris du 23. Mars 1680. registrée au Parlement le 12. Avril suivant. *Bibliot. Can. to. 1. p. 708.*

33. Declaration du Roy & Arrêts du Conseil d'Etat des mois de Juin & Juillet 1670. portant établissement & direction de l'Hôpital des Enfans trouvez dans la ville & fauxbourg de Paris; verifiez en Parlement le 18. Août suivant. *Ibidem, p. 709.*

34. Si l'Hôpital du *Saint Esprit* peut succeder aux enfans qui y ont été nourris & élevez, du moins aux meubles & fruits des heritages? Arrêt du 5. Mars 1562. qui appointe au Conseil. *Bibliotheque de Bouchel, verbo Succession.*

35. Declaration du Roy portant union de l'administration des biens de l'Hôpital du *Saint Esprit*, à celle de l'Hôpital General de Paris du 23. Mars 1680. registrée en Parlement le 12. Avril suivant. *Bibliot. Can. to. 1. p. 707.*

36. Edit pour l'Hôpital *General* & Police d'iceluy, portant que tous mendians mariez seront enfermez avec leurs enfans, ainsi que ceux qui ne le sont pas. A Fontainebleau en Août 1661. registré le 2. Septembre suivant. *8. Volume des Ordonnances de Louis XIV. fol. 437.*

36 bis. Edit portant Reglement general pour l'administration de l'Hôpital General de la Ville de Paris. A Saint Germain en Laye le 23. Mars 1680. registré le 12. Avril suivant. *Voyez cy-après le nomb. 41. & suiv.*

37. Hôpital de *Gonnesse* près Paris. *V. Chopin, livre 2. de Sacr. Polit. tit. 6. nomb. 20. & Tournet lettre H. Arrêt 50.*

38. L'Hôpital de *S. Malo* est érigé en titre de Benefice depuis trois cens ans, & est electif. Les Chanoines empêchent qu'il soit reglé comme les autres, attendu la Clementine de Vienne, qui veut que les Hôpitaux soient administrez par gens laïcs, excepté en deux cas, le premier quand l'Hôpital est érigé en titre de Benefice, ou quand il est électif : lesquelles deux qualitez sont en celui-cy. Par Arrêt du Parlement de Bretagne du 24. Septembre 1565. la Cour ordonne que l'Hôpital dont est question sera regi & gouverné par un Chanoine de S. Malo, & deux notables Bourgeois de la Ville, lequel Chanoine sera élû par les Evêque & Chanoines, & les deux Bourgeois élûs en l'assemblée de la Ville, recevront tous les fruits de l'Hôpital, à la charge qu'ils en rendront compte pardevant le Sénéchal de Dinan, ou le Juge Royal de Saint Malo, presens ou dûement appelez l'Evêque, ou son Vicaire, deux des Chanoines, ensemble le Procureur des Bourgeois, sans qu'aucun d'eux puisse prendre aucun salaire ni dépens. *Du Fail, liv. 1. chap. 199.*

39. Le Curé de Muret ou Recteur doit présider en toutes les assemblées qui se feront pour l'administration de l'Hôpital de ladite Ville, & les nouveaux Administrateurs doivent prêter serment entre ses mains. Ainsi jugé par Arrêt du Parlement de Toulouse du dernier Juillet 1623. rapporté aux *Memoires du Clergé, tome 3. part. 3. tit. 1. ch. 1. art. 17.*

40. Arrêt du Parlement de Bretagne du 12. Octobre 1566. qui permet aux Commis au gouvernement de l'Hôtel-Dieu de *Paris*, de faire quêtes en ce païs, suivant les Lettres du Roy, à la charge qu'ils auront en chacune Eglise des troncs & capses où se mettront les aumônes, desquels les Tresoriers auront une clef ; & sera retenu par les Tresoriers la troisième partie pour distribuer aux plus prochains Hôpitaux, & le reste ils le délivreront aux Administrateurs & Commis. *Du Fail, liv. 2. chap. 106.*

41. Hôpital ou Hôtel-Dieu de *Paris*, fondé au droit d'avoir les lits ausquels décedent les Chanoines de l'Eglise de Paris. *Tournet, lettre H. Arr. 19.*

42. L'Hôtel-Dieu de *Paris* exempt de tous droits de peage, coûtume & autres semblables. *Memoires du Clergé, to. 1. part. 1. p. 416.*

43. Declaration du Roy portant Reglement pour l'Hôpital General de la Ville de Paris du 23. Mars 1680. registrée en Parlement le 12. Avril suivant. *Bibliot. Can. to. 1. p. 706.*

44. L'Archevêque de Reims, & en son absence ses Vicaires Generaux, président aux assemblées qui se font pour l'Hôpital de *Reims*, & reçoivent le serment du comptable. *Memoires du Clergé, to. 3. part. 3. page 405. & suiv.*

45. Hôpital Saint Lazare de *S. Quentin*, gouverné par les Officiers du Roy. *Tournet, lettre H. Arr. 30.*

46. Hôpital des *Quinze-vingts* à Paris. *Voyez* le mot *Aveugle*, nomb. 1.

47. Edit pour l'établissement d'un Hôpital general dans la Ville de *Roüen*, contenant 28. articles. A Versailles en May 1681. registré au Parlement de Roüen le 23. Juin suivant.

48. Jurisdiction de l'Archevêque de Sens sur l'Hôtel-Dieu. *Memoires du Clergé, to. 1. part. 1. p. 956. & suivantes.*

49. Hôpital du Saint Sepulchre à Paris. *Voyez Tournet, lettre H. Arrêt 45.*

50. Election de l'Administrateur de l'Hôpital de *Tarbes*, par l'Evêque & par le Syndic du Clergé, avec les Consuls. *Memoires du Clergé, to. 3. part. 3. p. 400.* La dépendance de l'Evêque & du Syndic. *Ibid.*

51. Arrêt du Parlement de Provence du 30. Janvier 1665. qui a ordonné que la cure des malades de l'Hôpital de *Tharascon*, & la fourniture des médicamens seront mises à l'enchere par les Communautez. *Boniface, tome 2. part. 3. liv. 3. tit. 1. ch. 10.*

52. Le 4. Août 1564. a été dit sur des Lettres Patentes du Roy, que l'Hôtel-Dieu de *Toulouse*, sur le payement de ses dettes, desquelles il y auroit Actes executoires, ou Billet averé, joüira du même privilege qui est observé sur le payement des deniers Royaux. *La Rocheflavin, livre 2. lettre H. tit. 3. Arr. 3. & la Bibliotheque Can. to. 1. p. 706. col. 2.*

53. Privilege de l'Hôpital de la *Trinité*, institution & regime des enfans dudit Hôpital. Celui qui est choisi pour instruire les enfans à l'Art d'Orfévrie, doit être certifié capable par les Gardes Orfévres ; on ne peut recevoir en cet Hôpital que deux Orfévres de huit ans en huit ans, & ne peuvent avoir qu'un Compagnon chacun ; Arrêt en faveur d'un Boulanger dudit Hôpital. Les Ouvriers dudit Hôpital ne peuvent être saisis par les Maîtres de la Ville. *Voyez les Statuts & Ordonnances concernans les Orfévres, verbo Privilege*, à la table.

54. L'Institution des Enfans de l'Hôpital de la Trinité, avec la forme du gouvernement & ordonnance de leur vivre, érigé le premier jour de Juillet 1545. avec les privileges donnez par les Rois de France aux Artisans & Enfans travaillans dans ledit Hôpital. *Ordonnances de Fontanon, to. 4. p. 670. & la Bibliotheque de Bouchel, verbo Hôpitaux.*

55 Declaration portant pouvoir aux Artisans qui sont dans l'Hôpital de la Trinité à Paris, d'acheter & lotirés lots de la marchandise de leur Métier, qui se vend publiquement dans la Ville de Paris, comme s'ils étoient reçus Maîtres, &c. A Paris le 2. Juin 1578. registrée le 18. Septembre de la même année. 3. *Vol. des Ordonnances d'Henry III.* fol. 255. Ordonnances de Fontanon, *tome* 4. *p.* 675.

56 Autre Declaration portant Reglement pour la visite que les Jurez des Métiers de la Ville de Paris peuvent faire dans l'Hôpital de la Trinité de la même ville. A Paris le 2. Juin 1578. registrée le 18. Septembre de la même année. 3. *Volume ibidem,* fol. 257. Ordonnances de Fontanon, *ibidem*; *p.* 678.

57 Le Chapitre de l'Eglise Cathedrale de S. Pierre de la Ville de Troyes, maintenu & gardé au droit de nommer à la Maîtrise spirituelle, & à la direction du spirituel de l'Hôpital *Saint Nicolas* de *Troyes,* contre les Administrateurs de l'Hôpital. Arrêt du 5. Juin 1684. *De la Guesserie, tome* 4. *liv.* 7. *chap.* 13.

58 L'Hôpital de la Ville d'*Usez,* remis sous la puissance de l'Evêque. *Mémoires du Clergé, tome* 3. *part.* 3. *p.* 432. *& to.* 6. *part.* 9. *p.* 367.

ADMINISTRATEURS DES HÔPITAUX.

59 Gouvernement & administration des Hôpitaux. *Voyez* le mot *Administration;* & Tournet, *lettre H. Arr.* 20. *& suiv.*

Reglement sur l'administration du revenu des Hôpitaux, & autres lieux pitoyables. *Mem. du Clergé,* to. 3. *part.* 3. *p.* 393. *&* 396.

60 Les Administrateurs des Hôpitaux qui sont Chanoines gagnent franc tous les fruits de leurs Prébendes, comme s'ils étoient presens. *Ibidem,* p. 417.

61 Sur la question de sçavoir, si c'est aux Administrateurs des Hôpitaux de nommer le Maître spirituel ou Prêtre de l'Hôpital, il a été jugé que cette nomination est en la puissance Ecclesiastique. *Journal des Audiences, tome* 4. *liv.* 7. *chap.* 13.

62 Arrêt du Parlement de Toulouse du 3. Decembre 1575. qui a jugé qu'un Chanoine en l'Eglise d'Aux, & Tresorier de l'Hôtel-Dieu de Toulouse, étoit dispensé du service actuel à cause des fonctions de sa Charge, & avoit droit de joüir des fruits de sa Prébende pendant l'année seulement de son exercice, contre le Syndic du Chapitre. *La Rocheflavin, liv.* 2. *lettre H. tit.* 3. *Arr.* 4.

63 Par Arrêt du Parlement de Bretagne du 21. Avril 1558. la Cour faisant droit sur les Requêtes du Procureur General, ordonne qu'un seul des Administrateurs d'Hôpitaux se chargera des deniers de la recette & dépenses des pauvres, bref état en sera fait de mois en mois, qui sera contrôlé & signé par les autres Administrateurs pour servir au compte general, lequel sera rendu par le Receveur & Comptable, & non autre, à la fin de chacune année. *Du Fail, liv.* 1. *chap.* 33.

64 Hôpital tenu en titre de Benefice, conferé par l'Evêque, ne doit pas être administré par personnes laïques; ceux qui de leur premiere fondation en simple & nüe administration (& non point en titre) sont d'une qualité toute differente; car bien que par succession de temps, les Religieux ayent gouverné le revenu temporel d'un Hôpital; neanmoins la Cour par plusieurs Arrêts a ôté l'administration du temporel aux Prieur & Religieux, leur ayant seulement laissé la charge de l'Intendance spirituelle des pauvres. Il y a un Arrêt de reglement à ce sujet du Parlement de Paris du 6. May 1559. pour les Echevins de la Ville d'*Angers,* contre le Maître & les Freres de l'Hôpital de Saint Jean l'Evangeliste de la même Ville. *Voyez* Chopin *de sacrâ Polit.* & les Définit. Can. *p.* 347.

65 Les biens des Hôpitaux sont administrez par des Laïcs; mais si la premiere institution & fondation est de Benefice en titre ou de Maison conventuelle, l'administration ne doit être ôtée au Benefice, ou aux Religieux & Religieuses par les Gouverneurs des Villes. Arrêt du 29. Juillet 1570. *Carondas, livre* 13. *Rép.* 11. Voyez le Vest, *Arrêt* 237. & Mornac *l.* 30. *Cod. de Episcopis & Clericis, &c.*

66 Le 5. May 1598. jugé que le revenu temporel de l'Hôpital & Maison-Dieu de *Reims* seroit regi par quatre Bourgeois & deux Chanoines, suivant un autre Arrêt de l'an 1589. *Bibliotheque de Bouchel,* verbo *Hôpitaux.*

67 Il y a Arrêt entre les Gouverneurs & Echevins & Lieutenans de *Senlis,* demandeurs d'une part, & les Religieuses de Sainte Magdelaine, Hôtel-Dieu de Senlis, défenderesses, par lequel il est ordonné que l'Hôtel-Dieu seroit regi par deux notables Bourgeois de la Ville nommez par l'Evêque, qui rendroient compte pardevant le Juge Royal, present le Substitut, le Grand Vicaire de l'Evêque, ou autre par luy commis, & deux Echevins, & sans frais, les deux tiers employez aux bâtimens & alimens des pauvres, l'autre tiers aux Religieuses, le 1. Septembre 1629. *Additions à la Bibliotheque de Bouchel,* verbo *Hôpital.*

68 Jugé par Arrêt du 3. Decembre 1629. qu'un Hôpital doit être administré par des Laïcs, & la Chapelle y annexée, ne peut devenir un titre de Benefice en la personne du Prêtre qui la déservie. *Bardet,* to. 1. *liv.* 3. *chap.* 66.

69 Voulons que les Archevêques, Evêques, leurs Grands Vicaires & autres Ecclesiastiques, qui sont en possession de présider, & d'avoir soin de l'administration des Hôpitaux & lieux pieux, établis pour le soulagement, retraite & instruction des pauvres; soient maintenus dans tous les droits, seance & honneurs dont ils ont bien & dûement joüi jusqu'à present, & que lesdits Archevêques & Evêques ayent à l'avenir la premiere seance, & président dans tous les Bureaux établis pour l'administration desdits Hôpitaux ou lieux pieux, où eux & leurs prédecesseurs n'ont point lieu jusqu'à present, & que les Ordonnances & Reglements qu'ils y feront pour la conduite spirituelle & celebration du Service Divin; soient executées nonobstant toutes oppositions & appellations simples & comme d'abus, & sans y préjudicier. Article 29. de l'Edit concernant la Jurisdiction Ecclesiastique du mois d'Avril 1695.

HÔPITAL, ALIENATION.

70 Alienation des biens d'un Hôpital. *Voyez* le mot, Alienation des biens d'Eglise, *nomb.* 39. 40. *&* 77.

BAIL DES BIENS D'UN HÔPITAL.

71 Baux des biens appartenans aux Hôpitaux, & de quelles formalitez ils doivent être revêtus & accompagnez; *Voyez le mot*, Bail, *nomb.* 289. *&* 290.

HÔPITAL, BENEFICE.

Voyez cy-dessus les *nomb.* 64. *&* 68.

72 Hôpitaux ou Leproseries, sçavoir s'ils sont Benefices? *Voyez* Tournet, *lettre H. Arr.* 48.

73 Les administrations des Hôpitaux ne sont point censez Benefices. *Voyez* Lotherius, *de re Beneficiariâ, liv.* 3. *quest.* 6.

74 *Beneficii appellatione non comprehenditur Hospitale.* Voyez M. de Selve, 3. *part. Tract. quest.* 57.

75 Hôpitaux annexez aux Benefices. *Voyez* Tournet, *lett. H. Arr.* 27.

76 Hôpitaux tenus en titre de Benefices se conferent par les Evêques, & ne sont regis par personnes Laïques. *Voyez ibidem, Arr.* 34.

77 Hôpitaux consistans en simple administration sans titre. *Joan. Gall. quest.* 136. & Tournet, *lett. H. Arrêt* 35.

78 Rebuffe sur l'Ordonnance de François I. 1543. dit, *Licet Legatus de jure possit Leprosarias & Hospitalia conferre; tamen in Regno Franciâ non recipitur, ut fuit disputatum in Senatu anno* 1512. *mense Februario.*

79 Le 7. Mars 1553. fut plaidée une cause entre le Prieur de l'Hôpital d'Angers, les Habitans & le Procureur

HOP HOP 377

cureur General. La question étoit de sçavoir si c'étoit un simple Hôpital, ou Benefice? M. Seguier Avocat du Roy, pour montrer que c'étoit un Hopital, se fonda sur la Clementine, *Quia contingit de religios. domib.* Bibliot. de Bouchel, verbo, Hôpitaux.

80 Le dix Mars Laporte plaida pour certains Habitans, & Seguier Avocat du Roi, *in eamdem ferè sententiam*, à ce que l'Hôpital fût declaré simple administration, non pas Benefice, & que le Prieur de l'Hôpital se contentât *victu & vestitu*. La Fondation fut lûë ; elle avoit été faite par un nommé Henry, Roi d'Angleterre, Comte d'Anjou, de Poitou, & Duc de Normandie ; ce Fondateur appellant nos Sieurs, *Dominos nostros*, qui est une grande preuve de la charité du Fondateur. Par Arrêt le principal appointé au Conseil, à sçavoir si c'est simple administration, ou Benefice. Par provision ordonné que le revenu de l'Hôpital seroit administré par Lais prud'hommes, qui seroient choisis par la Ville, & sur le revenu que le Prieur auroit 400. livres parisis. Ibid.

81 De quelle maniere on doit regarder les Hôpitaux & Maladeries, ou comme Benefices, ou comme simples administrations ? Arrêt du 5. Septembre 1662. qui appointa les Parties. M. l'Avocat General Talon dit que ce n'étoient que administrations simples. Soesve, tome 2. Cent. 2. chap. 73.

CHIRURGIENS DES HÔPITAUX.

82 Privileges des Chirurgiens qui ont servi dans les Hôpitaux. *Voyez le mot*, Chirurgiens, nomb. 28.

COMPTE DES BIENS DES HÔPITAUX.

83 *Voyez le mot*, Administrateurs, nomb. 18. & le mot, Compte, nomb. 42.

HÔPITAUX, DEPORT.

84 Hôpitaux ne sont sujets au droit de Deport. *Voyez le mot*, Deport, n. 31.

HÔPITAUX DONATION.

85 Donation au profit des Hôpitaux. *Voyez le mot*, Donation, nomb. 410. & suiv. & cy-aprés le nombre 87. & suiv.

HÔPITAUX EXEMPTS.

86 Des Exemptions attachées aux Hôpitaux. *Voyez le mot*, Exemption, n. 38. & suivans.

LEGS FAITS AUX HÔPITAUX.

87 Dispositions faites en faveur des Hôpitaux, *Voyez* Tournet, lett. H. Arr. 42.

88 Hôpital legataire ne peut empêcher la distraction de la legitime. Ibid. Arrêt 43.

89 *Ubi relinquitur certa quantitas pro constructione Hospitalis, tunc si non suppetat, poterit converti ad alium usum, & hæres non potest compelli ad supplendum.* Voyez Franc. Marc, tome 1. quest. 859.

90 Monsieur d'Alzon Conseiller en la Cour, legue 500. livres aux Hôpitaux, payables cinq ans aprés sa mort. Etant decédé au mois d'Août, le mois de Mars de l'année suivante le Syndic des Hôpitaux demande qu'attendu la grande necessité des Pauvres, les heritiers fussent tenus de lui payer cette somme dans le mois, *& sic ante tempus.* Par Arrêt il fut ordonné, attendu la necessité des Pauvres, qu'il en seroit payé 100. livres par chacun an : ce qui semble être fondé sur la Loy *qui filium § 1. ff. ad Trebell. ubi filio pauperi restituitur hereditas ante tempus.* Bibliot. Can. t. 1. p. 706. initio & La Rochestavin, l. 2. lett. H. tit. 3. Arr. 1.

91 Enjoint aux Notaires d'avertir les testateurs de donner aux Pauvres. Arrêt du P. de Grenoble du 16. Mai 1559. sur la Requête de M. le Procureur General. Ce qui donna lieu à l'Arrêt, est qu'un homme fort riche étoit mort sans rien leguer aux Pauvres. *Voyez* Basset, tome 1. liv. 1. tit. 3. chap. 1.

93 Arrêt du Parlement de Toulouse du 23. Août 1575. qui enjoint à tous Tabellions & Notaires de Toulouse de faire recherche par leurs livres, notes & protocoles, des dispositions & legs faits en faveur des Pauvres des Hôpitaux, & en avertir les Officiers, de même aux Greffiers pour les amendes ajugées aus-

Tome II.

dits Pauvres. La Rochefl. l. 2. let. H. tit. 3. Arr. 4.

94 Jugé au Parlement de Paris le 23. Août 1641. qu'un legs fait à l'Hôtel-Dieu de S. Estienne, d'une certaine quantité de sel par chacun an dans un temps où la Gabelle du sel n'étoit pas encore établie, devoit être payé dans son entier sans aucune diminution des Droits de Gabelle. Ces sortes de redevances sont reputées foncieres, & non rachetables. *Voyez* Henrys, tome 2. liv. 1. quest. 10.

95 Jugé au profit des Administrateurs de l'Hôpital de saint Jean l'Evangeliste d'Angers, par Arrêt du 31. Janvier 1648. qu'une donation faite à la charge de nourrir & entretenir le donateur, n'est reductible au tiers des propres. Soefve, tome 1. Cent. 2. chap. 62. Il cite un ancien Arrêt semblable du 5. Janvier 1581. rapporté par *M. Anne Robert*, liv. 4. *rerum judicatarum, cap. 2.* & par M. Chopin, *sur la Coutume d'Anjou*, liv. 3. cap. 11. tit. 4. nomb. 7.

96 Un testament fait par une Religieuse Novice malade à l'extremité, au profit de l'Hôpital où elle étoit Religieuse, portant donation de tout son bien, jugé n'être valable le 24. Mars 1650. la somme de 500. livres ajugée à l'Hôpital. Du Frene, liv. 6. chap. 2.

97 Si un legs fait au grand Hôpital & à l'Hôtel-Dieu, sans ajoûter de quel lieu, doit appartenir à l'Hôpital general, & à l'Hôtel-Dieu de Paris, où le Testateur faisoit sa demeure la plus ordinaire, ou à l'Aumône generale & Maison-Dieu de la Ville d'Orléans, dont ledit Testateur étoit originaire, & proche de laquelle il est décedé ? Arrêt du 10. Janvier 1664. qui ordonne la délivrance du legs tant à l'Hôpital general qu'à l'Hôtel-Dieu de Paris. Soefve, tome 2. Cent. 3. ch. 1.

98 L'heriter n'est pas responsable, & ne doit payer une dette leguée à un Hôpital, le debiteur cedé étant devenu insolvable. Arrêt du Parlement de Provence du 23. Janvier 1671. qui débouta l'Hôpital. Boniface, tome 5. liv. 2. tit. 2. chap. 2.

99 Declaration portant réunion aux Hôpitaux, des biens leguez aux Pauvres de la R. P. R. & aux Consistoires, pour leur être distribuez, &c. A Versailles le 15. Janvier 1683. reg. le 17. dudit mois.

HÔPITAUX, TAILLES.

100 Hôpitaux exempts de Tailles. Arrêt du Parlement de Grenoble du 26. Juin 1618. en conformité de l'Ordonnance de François I. de 1544. *V.* Basset, tome 1. liv. 1. tit. 3. chap. 3.

VISITE DES HÔPITAUX.

101 *Voyez ci-dessus le nomb.* 4. & Mem. du Clergé, tome 3. part. 3. pag. 398. & suiv.

HÔPITAL, UNION.

102 L'Evêque de Paris avoit démembré une Ferme appartenante à l'Hôpital de Gonesse, & l'avoit unie & incorporée au Monastere des Filles Penitentes. Cela fait que l'Administrateur, sans appeller les Habitans de Gonesse, *quorum maximè intererat.* Appel comme d'abus par les Habitans de cette section & union. Ils disoient que la Fondation de cet Hôpital étoit laïcale, & l'administration laïcale, & que ce n'étoit point à l'Evêque de toucher au temporel ; on allegua la Clementine, *Quia contingit.* Par Arrêt du 17. Avril 1563. il fut dit mal & abusivement procedé & uni, sans depens, attendu la qualité des parties ; & neanmoins que les Gouverneurs & Administrateurs rendroient compte par chacun an : & sur le reliqua seroit avisé par eux & l'Evêque de Paris ce qui pourroit aumôner aux Filles Penitentes. Bibliotheque de Bouchel verbo, Union.

103 Les Hôpitaux sont quelquefois unis à des Benefices ou Seminaires d'Ecclesiastiques. Il y avoit une pareille union ordonnée par M. l'Evêque de Meaux, confirmée par Arrêt de la quatriéme Chambre des Enquêtes du 16. Janvier 1663. C'étoit pour le Seminaire établi par le même Evêque de Meaux, auquel il unit l'Hôpital de la même Ville, appellé Jean Roze, du nom de celui qui l'avoit fondé en 1333. pour

Bbb

la nourriture de 25. Aveugles de l'un & de l'autre sexe, voulant qu'il fût administré par un Religieux Chanoine Regulier de saint Augustin, avec charge d'ames. M. l'Evêque de Meaux en ayant traité avec le Gouverneur, il y établit son Seminaire, & y joignit une Prébende Theologale. *Defin. Can. p.* 348.

HORLOGEUR.

Voyez au Recueïl des Statuts & Ordonnances concernant les Orfévres, page 812. & suiv. plusieurs Sentences & Arrêts rendus entr'eux & les Horlogeurs. Défenses à ceux-cy d'employer d'autres que les Maîtres Orfévres en ce qu'ils ne pourront faire touchant les boëtes de montre.

Voyez la Bibliotheque du Droit François par Bouchel, verbo *Horlogeur.*

HOSPITALIERS.

1 Voyez le mot *Chevaliers.*
Hospitalarii sunt reddendi prioribus suis, non locorum ordinariis. Arrêt en 1394. *JoanGal. part.*5. *stil.*q.307.

2 Les Religieuses à la réserve de celles de la Ville & Fauxbourgs de Paris sont sous la Jurisdiction du Grand Aumônier de France. *Memoires du Clergé, tome* 1. *part.* 1. *page* 924. *n.* 14.

3 Les Administrateurs Ecclesiastiques d'un Hôpital où il y a des Religieuses, ne peuvent être poursuivis en leur nom pour les pensions à elles promises. *Voyez les Mem. du Clergé, tome* 3. *part.* 3. *p.* 417.

HÔTEL-DIEU.

Voyez le mot *Hôpital.*

HÔTEL DE VILLE.

1 IL y a quelques Maisons de Ville en France qui ont Jurisdiction, comme Paris, Toulouse, Poitiers, & autres Villes. *Voyez Loyseau, livre* 5. *chap.* 7. *des Offices.*

2 Les Prévôt des Marchands & Echevins de la Ville de Paris ont connoissance sur les Marchands de bois seulement sur la riviere; c'est pourquoy quand tels Marchands sont appellez pardevant eux, ils ne doivent pas oublier de mettre & inserer en leurs Commissions la cause de leur competence, & pourquoy les Marchands sont attirez pardevant eux, autrement ils pourroient appeller comme de Juges incompetens; leur appel seroit valable. Arrêt du 8. Avril 1543. *Voyez la Bibliotheque de Bouchel,* verbo *Hôtel de Ville.*

3 Jugé que le Prévôt des Marchands de la Ville de Paris avoit Jurisdiction & connoissance des délits qui se commettent au fait de la Police; le fait étoit arrivé entre les Marchands de vin, à la publication d'un Arrêt de la Cour donné pour la Police, dont on prétendoit que la connoissance en appartenoit à la Cour, au moins au Juge Royal ordinaire qui est le Prévôt de Paris; mais il fut jugé que le Prévôt des Marchands étoit Juge competent pour en connoître; neanmoins pour le bien commun des parties, le fait de peu d'importance fut jugé. Arrêt donné à Paris en la Tournelle le 9. Décembre 1606. *Plaidoyers de Corbin, chap.* 74.

4 Le Juge Prévôt d'Angers maintenu dans la connoissance des causes des Maire & Echevins, & Conseillers & Corps de l'Hôtel de Ville d'Angers, sans préjudice des autres privileges dudit Hôtel de Ville. Arrêt du 14. Juin 1655. *Henrys, tome* 2. *livre* 2. *question* 2.

5 Arrêt du Conseil d'Etat sur l'appellation du nouvel état de la maison de Ville d'Aix du 30. Mars 1674. *Boniface, tome* 4. *liv.* 10. *tit.* 2. *chap.* 2. *& suiv.* où sont plusieurs Reglemens concernans la qualité, le nombre, & privileges des Officiers de la Ville d'Aix.

6 Hôtel de Ville ne peut emprunter de l'argent par obligation avec stipulation d'interêt, suivant le Reglement du Roy fait au Camp de Hurtebise près Valencienne. Arrêt du 29. Mars 1677. *Journal du Palais.*

7 Par Arrêt rendu au Grand Conseil le 20. Février 1704. les Présidens Trésoriers de France au Bureau de Guyenne ont été maintenus au droit & possession de connoître de toutes les affaires concernant la voirie sur les grands chemins, ruës & places de ladite Ville, Fauxbourgs & Banlieuë de Bourdeaux, à l'exception toutefois du pavé desdits chemins, ruës & places, lequel se fait aux dépens de ladite Ville. Par le même Arrêt il est ordonné que la direction des alignemens des bâtimens appartiendra ausdits Présidens, Tresoriers de France, à l'exception pareillement des ponts, & autres ouvrages publics, ausquels ladite Ville contribuë, dont les alignemens seront donnez par les Officiers dudit Bureau, conjointement avec les Officiers dudit Hôtel de Ville. Dépens compensez.

Voyez le mot *Ville.*

HOTELIER.

1 DEs Hôteliers & Taverniers. *Voyez* le 28. *chap. de la Coût. de Nivernois, & Coquille en son Commentaire, tome* 2. *p.* 280.

2 Des engagemens des Hôteliers, comment répondent des choses volées en l'hotellerie, & du fait de leurs domestiques? *Voyez le* 1. *tome des Loix Civiles, liv.* 1. *tit.* 16. *sect.* 1.

3 Arrêt contre l'inhumanité d'un hôtelier, lequel avoit retenu les habits d'un passant qui en seroit mort de froid, il fut condamné à 10. écus d'aumône. *Vide Servin, tome* 1. *p.* 587.

4 Si un hôte est responsable du fait de ceux qui logent en sa maison, & qui sont accusez d'avoir mis le feu en la maison de l'hôte, qui a causé l'embrasement de la maison voisine? *Voyez Bouvot,* 10. 1. *part.* 1. verbo *Hôte, quest.* 1.

5 L'hôte n'est responsable d'une montre que portoit celuy qui est logé en sa maison, dérobée en la Chambre par autres que les domestiques de l'hôte, & par un qui couchoit en la même Chambre. *Voyez ibidem, quest.* 2.

6 Si l'hôte est responsable du larcin des choses apportées en son logis? *Ibidem, partie* 3. verbo *Hôte, quest.* 1.

7 Si l'hôte est tenu des choses dérobées en son hôtellerie? *Voyez Bouvot, tome* 2. verbo *Hôtelier, quest.* 1.

8 On prend ordinairement le serment de ceux qui disent avoir été volez dans l'hôtellerie, & non celuy des hôtes, parce que *hujusmodi genus hominum est furacissimum.* Voyez *Julius Clarus, li.* 5. *Sententiarum.*

9 Par Arrêt du 5. Juillet 1563. une hôteliere fut condamnée à rendre la chaîne à un Gentilhomme qui seroit crû sous serment, sauf après le procez criminel fait au serviteur que l'on disoit avoir dérobé la chaîne, à ordonner si l'hôteliere sera contrainte par corps à la représentation de la Chaîne; cette hôteliere avoit fait de grandes diligences contre le prétendu larron, & contre l'Orfevre auquel il l'avoit venduë. *Voyez la Bibliotheque de Bouchel,* verbo *Hôteliers.*

10 Un passant entrant dans une hôtellerie pour y coucher est conduit dans une Chambre sur la ruë : Un autre survient, l'hôte dit à la servante de le mettre dans une chambre differenté, cependant elle le mène dans la même; ils couchent ensemble : le dernier venu emporte les hardes de l'autre, & s'évade par la fenêtre. On crie au voleur, mais inutilement : l'hôte est assigné; il répond qu'il ne s'étoit point chargé des hardes en question, que la chambre étoit fermée, la clef en dedans, que c'étoit au demandeur à ne pas consentir qu'un homme inconnu couchât avec luy. Arrêt du Parlement de Toulouse du 22. Janvier 1575.

qui décharge l'hôte. *Voyez Mainard*, *liv.* 8. *chap.* 82. Au chapitre suivant il rapporte un Arrêt du 27. Février 1584. qui condamne un hôte à payer la marchandise volée dans une étable dont les murailles avoient été démolies par les voleurs, quoique l'hôtelier ne fût expressément chargé de la garde, parce que *eo ipso quod in cauponam illata sunt merces, recepta videntur, & cauponem omnium earum rerum custodiam recepisse.*

11 Un Marchand de Lyon en entrant dans une hôtellerie, donna sa bourse à garder à l'hôtesse en présence de témoins, laquelle le lendemain s'étant trouvée perdue ou volée; par Arrêt du Parlement de Paris du 10. Juin 1575. l'hôtesse a été condamnée à rendre la somme, suivant la preuve qu'en fit le Marchand. *Papon, liv.* 23. *tit.* 6. *n.* 4.

12 Arrêt des grands Jours de Clermont par lequel un hôtelier a été renvoyé du prétendu vol fait en sa maison, attendu que c'étoit le valet du dérobé qui avoit pris la fuite, & emporté la bourse. *Papon, ibidem*, où il est observé que l'hôte ne seroit responsable du vol dans le cas de la force majeure, c'est-à-dire, incursion d'ennemis, incendie, & débordement des eaux.

13 Un hôtelier est responsable de la marchandise qui a été dérobée en son hôtellerie. Jugé à la Nôtre-Dame d'Août 1582. *Montholon, Arrêt* 15. *Voyez le Vest, Arrêt* 172. *&* 173. *& Charondas, lit.* 6. *Rép.*81.

14 Arrêt de Toulouse du 27. Février 1584. qui condamne un hôte de Rabastens à payer la valeur de la marchandise dérobée à un voiturier qui l'avoit déchargée dans l'étable de son hôtellerie, que ledit voiturier avoit après fermée à clef. Les voleurs étant entrez par un trou qu'ils avoient fait à la muraille de ladite étable, quoique ledit hôte ne se fût chargé de ladite marchandise, parce que *eo ipso quod in cauponam illata sunt merces recepta videntur, & cauponem omnium earum rerum custodiam recepisse. l. 1. D. Nauta caupones.* La Rocheflavin, *liv.* 6. *tit.* 57.

15 Par Arrêt du Parlement de Roüen du 14. Juin 1616. rapporté par *Berault sur la Coûtume de Normandie, art.* 535. il a été jugé qu'un hôtelier rendroit le larcin commis en sa maison sur des Voituriers, lesquels furent crûs à leur serment de la marchandise qui leur avoit été prise dans la cour de l'hôtellerie, *juxta tit. naut. caup. stabul.*

16 Hôte n'est point responsable du larcin commis en sa maison par ses domestiques, lorsque la chose dérobée ne luy a point été mise en garde. Arrêt du Parlement de Paris du 27. May 1639. *Voyez Bardet, to.* 2. *liv.* 8. *chap.* 21.

17 Arrêt du 14. Mars 1650. qui a jugé qu'un hôtelier ne se peut pas défendre de la restitution du vol fait à l'un de ses hôtes dans son hôtellerie sous prétexte de la déclaration faite à la question par celuy qui avoit effectivement commis le vol. *Soefve, tome* 1. *Cent.* 3. *chap.* 27. où est rapporté un Arrêt semblable rendu le 5. Decembre 1603.

18 Un hôtelier est tenu civilement du vol fait en sa maison à l'un de ses hôtes; celuy qui a été volé doit être crû à son serment de la qualité du vol. Jugé le 11. Decembre 1654. *Ibidem, Cent.* 4. *chap.* 74.

19 Si un hôtelier est tenu civilement du vol fait en sa maison à ceux qui y sont logez? Par Arrêt du 2. Mars 1657. les parties furent appointées au Conseil, quoique M. le Président de Nesmond étant aux opinions eût pris une seconde fois le serment de celuy qui prétendoit luy avoir été pris la somme de 400. liv. qu'il disoit avoir apportée à Paris pour le payement de sa taille de la Paroisse en laquelle il étoit demeurant; M. Talon Avocat Général avoit conclu en faveur des demandeurs. *Soefve, tome* 2. *Centurie premiere, chapitre* 59.

20 Jugé par Arrêt du 29. Novembre 1664. qu'un hôtelier n'est point responsable du vol fait en sa mai-

son à un de ses hôtes, lorsque le vol n'est point fait par un de ses domestiques. On prétendoit que le vol avoit été fait par un particulier à qui l'hôtelier avoit donné un lit dans la même chambre. M. Talon Avocat General distingua entre un vol fait par un domestique duquel l'hôtelier est responsable, & le vol fait par des Etrangers, sur tout quand la chose dérobée ne luy a point été donnée en garde. *Ibidem, Cent.* 3. *chap.* 26.

21 Hôtelier tenu des vols faits en sa maison, si ce n'est qu'ils ayent été faits par des étrangers avec effraction. Jugé à la Tournelle civile le 22. Janvier 1675. *Journ. du Palais. Voyez M.* le Prêtre, 1. *Cent. chap.* 19.

22 Hôtelier chez lequel la servante avoit volé de l'argent à un hôte, l'hôtelier ou ses heritiers, *multis contradicentibus*, furent déchargés; il y avoit quelques circonstances. Arrêt du 27. Août 1677. *De la Guess. tome* 3. *liv.* 11. *chap.* 10.

23 Arrêt du Parlement de Provence du 27. Novembre 1649. qui a jugé que l'action criminelle de rapt ne compete point à la fille d'un hôte qui sert au cabaret. Il y a deux Arrêts contraires des 27. Janvier 1663. & 20. Mars 1666. *Voyez Boniface, tome* 2. *part.* 3. *liv.* 1. *tit.* 6. *chap.* 10.

24 Jugé au même P. de Provence le 3. Février 1687. qu'un hôtelier n'étoit pas responsable du vol fait à son hôte par un passant, la chose dérobée n'ayant pas été déposée entre les mains de l'hôtelier. *Idem, to.* 5. *li.* 5. *tit.* 11. *chap.* 1.

25 Hôte est responsable de tout ce qui s'apporte chez luy, & s'y trouve perdu. Jugé au Parlement de Tournay le 3. May 1695. contre un Cabaretier d'Ypres condamné à rendre à un Lieutenant de Cavalerie deux pistolets perdus en sa maison. *Pinault, tome* 1. *Arrêt* 65.

HUISSIERS.

Huissier. *Apparitor. Apparitores sunt ministri Magistratuum, quorum jussa exequuntur.*
De Apparitoribus Præfectorum Prætorio & privilegiis eorum. C. 12. 53.
Ne præfectianus, exactoris vel curiosi horreorum custos fungatur officio. C. Th. 12. 10... *Præfectianus, erat Apparitor Præfecti Prætorio.*
De Apparitoribus Præfecti urbis. C. 12 54.
De Apparitoribus Magistrorum militum, & privilegiis eorum. C. 12. 55. *Voyez Soldat.*
De Apparitoribus Proconsulis & Legati. C. 12. 56... *Voyez Ambassadeur.*
De Apparitoribus Comitis Orientis. C. 12. 57.
De Apparitoribus Præsidum. Ed. Just. 10.
De cohortalibus, Principibus, Cornicularis, ac Primipilariis. C. 12. 58... *C. Th.* 8. 4... *Cohortales, sunt Officiales Præsidum, Principes, qui in cohortibus primum locum tenent. Corniculari, qui tribunali Præsidum adstabant, jussa executuri: sic dicti, quod cornibus secretarii præsissent;* Comme nos Huissiers Audienciers. *Primipilares, quibus annona militaris exigenda & distrahenda cura incumbebat.*
De Apparitoribus Præfecti annonæ. C. 12. 59.
De diversis officiis, & Apparitoribus judicum, & probatoriis eorum. C. 12. 60... *C. Th.* 8. 7.
De executoribus, & exactoribus. C. 12. 61... *C. Th.* 8. 8. Des Huissiers porteurs de commission, & exécuteurs de jugemens.
De lucris Advocatorum, & concussionibus officiorum, seu Apparitorum. C. 12. 62... *C. Th.* 8. 10. *Voyez Concussion.*
Ubi quis de curiali, vel cohortali, aliave conditione, conveniatur. C. 3. 23... *Curiales, & Cohortales*, étoient les Officiers ou Appariteurs *Præsidis*: à quoi se rapportent nos Huissiers, sur tous ceux du Châtelet de Paris.
De administrantibus officia in sacris appellationibus. N. 20. Des Huissiers pour les appellations au Conseil

du Prince: Huissiers du Conseil: Huissiers à la Chaîne.

Des Huissiers de la Cour de Parlement. *Joly des Offices de France*, tome 1. li. 1. tit. 11. page 134. & 135. tit. 26. & aux additions, p. cxxxj. & suiv. & Fontanon, tome 1. li. 1. tit. 11. page 59. & Duluc, li. 4. tit. 11. La Rocheflavin en son traité des Parl. de France, li. 2. ch. 16. *Escorbiac*, tit. 21. Boniface, to. 2. li. 1. tit. 14. *nombre* 8.

Des Huissiers & Sergens, & forme qu'ils doivent tenir. *Voyez Papon*, liv. 6. tit. 7.

Des Huissiers, & Sergens Royaux. *Voyez Filleau*, part. 3. tit. 6. où tout ce qui concerne leurs Droits, Privileges, & Fonctions est recueilli avec ordre.

Des Huissiers & Sergens és Jurisdictions ordinaires. *Joly des Offices de France*, to. 2. li. 3. tit. 34. p. 1616.

Des Huissiers de la grande Chancellerie de France, & autres. *Joly, des Offices de France*, to. 1. li. 2. tit. 13. *aux additions*, page cclxx.

Des Huissiers Audienciers, tant és Sieges Présidiaux, qu'és Siéges particuliers & des autres Huissiers & Sergens. *Idem*, tome 2. li. 3. tit. 30. page 1539. & aux additions p. 1921.

Des Huissiers & Sergens és Jurisdictions subalternes, & de leurs salaires : ensemble des Maîtres Priseurs, Vendeurs, & des Messagers ordinaires. *Ordonnance de Fontanon*, to. 1. li. 2. tit. 19. p. 500.

Des Juges, Procureurs d'Offices, Greffiers, Sergens, & autres Officiers des Seigneurs. *Voyez Despeisses*, tome 3. page 153.

Edits & Arrêts concernans les Privileges des Huissiers du Parlement. *Paris* 1668.

Protocole des Huissiers & Sergens.

De apparitoribus. Voyez le traité de *M. le Bret*, sur *l'ordre ancien des Jugemens*, chap. 20.

Des Huissiers Audienciers, Visiteurs, & autres Sergens de l'Amirauté. *Voyez l'Ordonnance de la Marine du mois d'Août* 1681. liv. 1. tit. 5.

Edit portant Reglement pour la réduction des Notaires, Huissiers & Sergens dans le Ressort du Parlement de Roüen. À Vincennes en Août 1664. régistré au Parlement de Roüen, le 9. Septembre suivant.

1 D'un Huissier qui a procédé à sa charge, il est sujet à désaveu. *Voyez Frain*, page 850.

2 *Officiarii Parlamenti male executantes commissiones suas puniuntur*. Du Moulin, to. 2. p. 609.

3 On a demandé si celuy qui étoit en la *garde* d'un Huissier pouvoit contracter. Guy Pape, quest. 253. a répondu que non, *quia videtur esse in carcere qui est in custodia apparitoris, secundum D. D. in L. qui in carcerem ff. quod met. cauf. Ranchinus in annotata ad D. quest.* 253. *dicit, quod est advertendum an iuste vel injuste detineatur, ut si iuste detineatur, liceat in carcere cum eo contrahere, si iniuste non*.

4 Les Huissiers de la Cour ne peuvent sans congé, non plus que les autres, faire aucune assignation ni execution au lieu où est le Roy. Arrêt du Parlement de Paris du 22. Juin 1504. contre un Huissier qui avoit ajourné un Courtisan à la porte du Roy. *Papon*, liv. 7. tit. 5. n. 6.

5 Défenses aux Huissiers de prendre aucune chose pour la recitation des Tillets, il leur est ordonné d'écrire eux-mêmes leurs procez-verbaux. Arrêt de Toulouse du 17. Avril 1547. *Mainard*, to. 1. liv. 2. ch. 13.

6 A la poursuite de la Communauté des 220. Sergens du Châtelet de Paris, la Cour fait inhibitions & défenses aux Greffiers de la Sénéchaussée d'Anjou, & autres qu'il appartiendra, de bailler ou faire bailler Commission adressante aux Sergens des Hauts-Justiciers pour executer les Mandemens du Juge Royal, soit en premier ajournement d'assignation, soit en ajournement de faction d'enquête, & sera l'Arrêt lû, publié & enregistré au Greffe de la Sénéchauffée d'Anjou. Arrêt du 12. Février 1550. Corbin, *suite de Patronage*, chap. 280.

7 Arrêt du Parlement de Paris du 4. Octobre 1550. confirmatif d'autre Arrêt donné és Grands-Jours de Riom, par lequel il est défendu aux Juges du Ressort de recevoir aucun Sergent qui ne sçache lire & écrire ; enjoint à ceux qui ne sçavoient point de se défaire de leurs Offices dans six mois, ou apprendre à lire & à écrire. Papon, liv. 6. tit. 7. n. 1. L'Ordonnance en a depuis fait une Loy.

8 Sergens ne doivent retenir l'argent qu'ils recevront des debiteurs, à peine de privation de leurs états, & d'amende arbitraire, & de tous dépens, dommages & interêts. Sergent doit rendre les pieces & argent dans le mois, sinon est condamnable au double & par corps, ou bien s'il a reçû argent pour faire une execution, & qu'il ait laissé passer un an sans rien faire, il doit être condamné en son propre & privé nom à payer la somme. Arrêts des 1. Avril 1555. 13. Mars 1563. & 23. Juillet 1571. *Papon, ibidem, nombre* 13.

9 Sergens ne peuvent exploiter hors de leurs Bailliages ; jugé au Parlement de Paris. On excepte les Huissiers à cheval du Châtelet ; cependant Sergent non Royal avec *pareatis*, peut au préjudice des Sergens du Châtelet exploiter. Arrêt du 26. Mars 1577. *Ibidem*, nomb. 12.

10 Par Arrêt du Parlement de Bretagne du 15. Mars 1556. la Cour faisant droit sur les Conclusions du Procureur General, prohibe à tous Sergens de faire aucuns Exploits en la Menée des Seigneurs, s'ils ne sont Sergens de la Menée, ou qu'ils ayent Commission des Juges à cette fin. *Du Fail*, liv. 1. chap. 25.

11 Les Huissiers du Siege de Nantes, tendans avoir seuls l'execution des Mandemens du Siege, sont deboutez de leur Requête, par Arrêt du Parlement de Bretagne le 22. Septembre 1570. *Ibidem*, livre 3. *chapitre* 363.

12 Les Huissiers peuvent refuser une *Tutelle*. Arrêt du Parl. de Toulouse du 26. Janvier 1584. *Mainard*, tome 1. *livre* 2. *chap.* 12.

13 Quand la faute du Sergent qui fait saisie, est apparente, & qu'il est intimé sur l'Instance d'appel interjetté du decret, on le condamne. *Voyez* les Arrêts du Parl. de Normandie rapportez par Forget, & dans la *Bibliotheque de Bouchel*, le mot *Etablissement*.

14 Arrêt de Reglement du Parlement de Toulouse, donné entre les Huissiers de la Sénéchaussée le 17. Avril 1623. portant que le plus ancien en reception appellera les causes d'Audience. *V. Escorbiac*, titre 21. chap. 4.

15 Le nommé René le Marie Sergent Royal au Mans, ayant été chargé d'une obligation, pour contraindre le debiteur ; fit une execution où il omit quelques formalitez, le Juge déclara l'Exploit nul, le condamna en 20. livres de dommages & interêts envers la Partie. Le Juge trouvant ensuite que luy-même avoit contrevenu à l'Ordonnance, en prononçant une peine trop legere, il le condamna de nouveau à une amende de 100. livres, moitié à Sa Majesté, moitié à la Partie, avec interdiction ; il eut recours à la bonté & à la clemence du Roy pour luy demander grace & misericorde.

Le Roy a par grace levé & leve l'interdiction prononcée par ledit Jugement, ce faisant l'a rétabli en l'exercice & fonction de sondit Office, après neanmoins qu'il aura satisfait aux autres condamnations portées par ledit Jugement, voulant que jusqu'à ce il demeure interdit, luy fait Sa Majesté défenses, & à tous autres, de plus contrevenir à son Ordonnance sous plus grande peine.

Arrêt du Conseil d'Etat du 8. May 1668. *Voyez le Recüeil des Arrêts en interpretation des nouvelles Ordonnances, page* 71.

16 Arrêt du Conseil d'Etat du 18. Avril 1671. portant Reglement entre les Procureurs du Parlement & Chambre des Comptes, & les Huissiers, sur la signi-

HUI   HUI 381

fication des actes & procedures des procez, & le *repe copie* des Procureurs. *Boniface, tome 3. livre 2. titre 2. chap. 1.*

17 Arrêt du Conseil du 29. Decembre 1679. qui défend aux Huissiers du Conseil & de la Chancellerie de signifier aucunes Requêtes s'ils ne sont porteurs des originaux signez des Maîtres des Requêtes. *Voyez les Edits & Arrêts recueillis par l'ordre de M. le Chancelier en 1682.*

18 Acte de Notorieté donné par M. le Lieutenant Civil le 30. Mars 1689. que les assignations pour l'execution des Sentences interlocutoires, soit pour parvenir aux arpentages, ou autrement, peuvent être données par tous Huissiers & Sergens Royaux, aussi-bien que par les Huissiers Audienciers des Sieges où les Sentences ont été rendues. *Recueil des Actes de Notorieté, page 55.*

19 Huissier chargé d'une execution ne doit differer de la faire, ou il doit donner avis à sa Partie de l'impossibilité de l'execution, autrement il sera tenu des dommages & interêts. Jugé au Parlement de Tournay le 8. Octobre 1695. contre l'Huissier Vander-Haeghe. *Voyez M. Pinault, tome 1. Arrêt 77.*

20 Un Huissier de la Cour ne peut y être assigné en premiere instance, qu'en cas d'excés ou matiere concernant son Office. Jugé au Parlement de Tournay le 30. Juin 1698. contre un Boulanger qui y avoit fait assigner un Huissier pour fourniture de pain. L'Huissier fut renvoyé au Prévôt de Tournay, ainsi qu'il l'avoit demandé. *Idem, to. 2. Arr. 211.*

Premier Huissier.

21 Lorsque le Premier Huissier du Parlement entroit autrefois à la Cour, ou qu'il parloit aux Présidens, il ne se découvroit point, le contraire se fait aujourd'huy suivant l'Arrêt du 18. Janvier 1451. *Papon, liv. 4. titre 6. nomb. 14.*

22 Arrêt du Parlement de Paris du 27. Février 1624. qui condamne les Religieux de Saint Martin des Champs de payer au premier Huissier & à ses successeurs suivant la fondation de M. le Président de Morviller une écritoire & une paire de gands tels qu'honnêtement ils doivent être, la veille de Saint Martin. *Bibliotheque de Bouchel, verbo Huissier.*

Huissier, Inventaire

23 Acte de Notorieté de M. le Lieutenant Civil du 25 May 1703. que les Huissiers Priseurs sont dans la possession dans la ville, fauxbourgs & banlieuë de Paris, d'assister aux Inventaires, & de faire la prisée des meubles article par article, dont le Notaire fait mention, & fait signer la minute à l'Huissier Priseur, qui de sa part ne fait point d'autre procez-verbal, à l'exception que lorsqu'il est question de priser des Pierreries, Librairies, & autres choses précieuses qui excedent la connoissance de l'Huissier Priseur, l'on admet par permission du Juge en connoissance de cause, ou du consentement des Parties, des Joüalliers, Libraires, Tapissiers, mais qui sont toûjours assistez de l'Huissier Priseur qui signe conjointement avec eux la minute de l'Inventaire, & ce à l'exclusion de tous autres Huissiers, même ceux du Conseil & Cours Superieures dans la ville, fauxbourgs & banlieuë de Paris, & par concurrence avec les autres Huissiers hors la ville, fauxbourgs & banlieuë; comme aussi qu'ils ont droit de faire les prisées dans tout le Royaume par suite, lorsque les Commissaires ont apposé le scellé, & que les Notaires du Châtelet font l'Inventaire.

A l'égard des ventes, les Huissiers Priseurs sont en possession de faire seuls les ventes publiques lorsqu'ils en sont requis par les Parties, de donner les assignations aux opposans, de recevoir celles qui se font à la vente, & qu'il leur appartient de crier les meubles, & de les ajuger au plus offrant & dernier encherisseur, dont ils doivent se faire payer le prix comptant sur le champ, le tout à l'exclusion de tous autres Huissiers & Sergens dans la ville, fauxbourgs & banlieuë de Paris, & concurremment avec les autres Huissiers & Sergens dans toute la Prévôté de Paris, s'ils en sont requis par les Parties & par droit de suite dans l'étenduë du Royaume, par droit de suite suivant le privilege du Sceau du Châtelet; ce que nous attestons être l'usage des fonctions des Huissiers Priseurs du Châtelet. *Recueil des Actes de Notorieté, p. 187. & suiv.*

Huissiers doivent obeir au Juge.

24 Le Lieutenant en la Chancellerie de Saint Jean de Laone, ordonne à son Huissier Audiencier de le venir prendre en son logis pour le conduire en son Auditoire, marcher devant luy, & porter en main son bonnet carré par les ruës. Cet Audiencier en fait refus, le Lieutenant le condamne à une amende, & l'interdit de la fonction de sa Charge. *Voyez le 11. Plaidoyé de M. Quarré Avocat General au Parlement de Bourgogne.* Il conclut en faveur de l'Huissier, parce qu'en effet il est Ministre de la Jurisdiction & non pas du Juge.

25 Le Sergent doit obéir au commandement du Juge, quoiqu'il ne soit que verbal; s'il ne le fait, il doit être pris au corps. Arrêt du Parlement de Paris du 6. Octobre 1555. contre un Sergent d'Amiens qui fut emprisonné par le Bailly d'Amiens, pour n'avoir obei à son Ordonnance verbale. *Bibliotheque de Bouchel, verbo Huissiers.*

26 Sergens tenus d'obéir aux Juges. Ils sont même obligez de mettre au carcan celuy qui est condamné. Arrêt du Parlem. de Bretagne du 18. Novembre 1614. *his enim obsequii gloria relicta.* Du Fail, livre 3. chapitre 275.

27 Sergent refusant d'exploiter une Commission de Justice, condamné à trois livres d'amende envers le Roy, six envers la Partie & aux dépens de Justice, par Arrêt du P. de Provence du 20. Decembre 1640. *Boniface, tome 2. part. 3. liv. 1. tit. 2. ch. 13.*

Huissiers, Rapports.

Voyez cy-dessus le nomb. 5.

28 Un Sergent est crû pour ce qui concerne son Office; mais s'il est question de force & violence contre luy commise, il faut deux témoins avec luy. Arrêt du Parlement de Toulouse en l'an 1179. *Bibliotheque de Bouchel, verbo Huissiers.*

29 Quelques-uns tiennent que par le desaveu d'une partie qui dénie d'avoir chargé le Sergent d'executer, le rapport du Sergent n'est infirmé, & qu'il faut que le desavoüant l'impugne de faux par voye d'inscription, autrement l'ajournement demeurera; il y en a plusieurs Arrêts. *Ibidem.*

30 En un Registre du Parlement de l'an 1317. les Huissiers de la Cour sont appellez *Valeti Curia.* Si l'on demande d'où vient que ceux qui executoient les Mandemens de Justice, furent appellez *Sergens*, c'est-à-dire, serviteurs; c'étoit parce que du commencement les Baillifs & Sénéchaux employoient leurs serviteurs domestiques à cette charge, & depuis en gratifierent les uns & les autres. Pour donner ordre à cet abus, il se trouve en un vieil Registre du Parlement de l'an 1286. *præceptum fuisse præposito Parisiensi, ut effrenatam servientium multitudinem ad certum numerum reduceret, pedites scilicet ad septuaginta & Equites ad triginta quinque.* Et en l'Ordonnance de Philippes le Bel de l'an 1302. reduisant sa volonté à celle de son ayeul Saint Loüis de l'an 1256. *præcipimus quod qui in servientes eligentur præstent idoneas cautiones.* Par l'Ordonnance de S. Loüis, on les appelle indifferemment Bedeaux & Sergens. *Bouchel, ibidem.*

31 & 32 Huissiers ou Sergens ne doivent faire leurs rapports en forme de procez-verbaux, mais de simples rapports & exploits. Jugé au P. de Paris le 21. Mars 1449. *Papon, liv. 6. tit. 7. n. 6.*

Bbb iij

HUISSIER, REBELLION.

33. Un Sergent ayant été maltraité par un Prieur, il fut dit par Arrêt de la Chandeleur 1310. qu'en cela le Roy ne se trouvoit point offensé, parce que l'on reconnut que le Sergent requis de montrer son pouvoir, l'avoit refusé, & qu'il avoit adressé plusieurs démentis & injures au Prieur, *ex Registro olim*.

34. En 1367. le Prince de Galles voulut mettre nouveaux subsides sur tous les Sujets du Languedoc. Charles V. auquel les Barons & Seigneurs porterent leurs plaintes, manda au premier Huissier d'ajourner & intimer le Prince de Galles. Ce Prince ordonna à l'Huissier de se retirer, & ne comparut point. Il fut déclaré contumax & rebelle par la Cour de Parlement; toutes les terres que son pere & luy tenoient en Aquitaine furent déclarées confisquées. *Voyez les Annales d'Aquitaine, part. 4. ch. 6.* Bibliotheque de Bouchel, *verbo* Ajournement.

35. Arrêt du Parlement de Toulouse donné à Montpellier le 13. Avril 1466. par lequel un Prêtre a été condamné à faire amende honorable, pour avoir blasphemé & arraché des mains d'un Huissier qui le vouloit arrêter des Lettres Royaux, & attendu sa pauvreté, il fut condamné en une amende de quinze livres au Roy, dix au Sergent, & aux dépens. *Papon, liv. 23. tit. 3. nomb. 2.*

36. Par Arrêt du Parlement de Paris, le Duc de Lorraine, comme sujet & hommager du Roy, à cause de la Duché de Bar ressortissant au Parlement de Paris, fut condamné à demander pardon au Roy, pour avoir empêché un Huissier à luy faire un Exploit en sa Terre, & fait traîner les Panonceaux du Roy à la queuë de ses chevaux. *Voyez La Rocheflavin, liv. 13. chap. 19. art. 17.*

37. Un homme condamné à être décapité pour avoir tué le fils d'un Sergent qui le poursuivoit pour l'arrêter, a été par Arrêt du Parlement de Bourdeaux condamné seulement à être battu de verges par deux divers jours. *Papon, liv. 22. tit. 5. nomb. 2.* où il est parlé du Sergent qui luy-même tuëroit le rebelle.

38. Sergent ayant commission de prise de corps contre un délinquant, le peut tuer en cas qu'il fasse résistance en armes; mais il faut qu'il prouve la résistance, autrement il seroit punissable. Arrêt du 28. Octobre 1528. *Ibidem, liv. 6. tit. 7. nomb. 10.* où il parle du crime & de la peine de ceux qui font rebellion aux Sergens exploitans.

39. Si l'Huissier excede ou tuë celuy qu'il vouloit emprisonner, il ne sera tenu d'aucune chose, pourvû qu'il prouve qu'on luy ait fait résistance. Arrêt du Parlement de Paris du 26. Septembre 1541. contre un Gentilhomme de Poitou au profit d'un Sergent. Bibliotheque de Bouchel, *verbo Huissier*.

40. Arrêt du Parlement d'Aix du 23. Juillet 1677. contre celuy qui fait des injures & des excez à un Officier de Justice, en haine de ses Exploits, portant reparation, pardon & grandes amendes, sçavoir 300. livres envers le Roy, 1000. livres envers l'accusateur, 200. livres pour être employées à la construction d'un Bureau pour les Huissiers dans le Palais, qui seront remises au Greffe Criminel de la Cour, pour toutes lesquelles adjudications & dépens, l'accusé tiendroit prison jusqu'à entier payement. *Boniface, tome 5. liv. 3. tit. 25.*

Voyez le mot *Rebellion*. §. *Rebellion à Justice*.

HUISSIER, SCELLE'.

41. Arrêt du P. de Paris du 3. Février 1619. qui ordonne que par provision le scellé apposé en la maison de Simon Ponard sera levé par l'un des Huissiers de la Cour, le Commissaire qui l'a apposé, appellé pour le reconnoître, pour ce fait être par l'Huissier, sommaire description faite par forme de procez-verbal & non par Inventaire des papiers qui se trouveront. *Voyez les Chartres des Notaires, chap. 9. p. 561.*

42. Huissiers du Parlement executant les Arrêts de la Cour sont en droit d'apposer le scellé. Arrêt du 14. Decembre 1675. Soëfve, *tome 2. Cent. 4. ch. 91.*

Voyez le mot *Sergent*, où cette matiere sera plus approfondie.

HUISSIER, TUTELLE.

43. Huissiers des Cours Souveraines exempts de tutelle. Arrêt du 18. Février 1534. Le même jugé au Parlement de Toulouse le 20. Janvier 1584. *Papon, livre 15. titre 5. nombre 11.* & Mainard, *livre 2. de ses questions, chapitre 12.*

HUITIE'ME DENIER.

Voyez le titre *Alienation des biens d'Eglise*, *nombre 51. & suivans*.

Arrêt du Conseil d'Etat du 15. Janvier 1678. qui a déclaré que ceux qui tiennent des biens de l'Ordre de Saint Jean de Jerusalem, sont exceptez du payement des taxes du huitiéme denier faites sur les biens de l'Eglise alienez. *Boniface, tome 3. livre 7. titre 8. chapitre 3.*

HYDROPIQUE.

Donation entre-vifs faite par une femme que l'on soûtenoit hydropique. *Voyez le Journal des Audiences, tome 2. liv. 5. chap. 19.*

Voyez Ricard, *des Donations entre-vifs, 1. partie, chap. 3. sect. 1. nomb. 114.* où il rapporte plusieurs Arrêts à ce sujet. Quand la maladie est lente, & qu'elle n'altere presque point l'état de la santé ordinaire de l'homme, on a jugé que la donation devoit avoir effet.

HYPOTEQUE.

Dans le Droit Romain, les choses mobiliaires étoient sujettes à l'hypoteque, comme les immeubles: c'est pourquoy les matieres du gage & de l'hypoteque ne sont pas séparées dans la plûpart des Titres suivans.

De pignoribus, & hypothecis; & qualiter ea contrahantur: & de pactis eorum. D. 20. 1. . . C. 8. 14. . . C. Th. 2. 30.

In quibus causis pignus vel Hypotheca tacitè contrahitur. D. 20. 2. . . . . C. 8. 15.

Qua res pignori, vel hypotheca data, obligari non possunt. D. 20. 3.

Si aliena res pignori data sit. C. 8. 16.

Qua res pignoris obligari possunt, vel non; & qualiter pignus contrahitur. C. 8. 17.

Qui potiores in pignore vel hypotheca habeantur: & de his qui in priorum creditorum locum succedunt. D. 20. 4. C. 8. 18. & 19. De l'ordre des hypoteques & de la subrogation.

Si antiquior creditor pignus vendiderit. C. 8. 20.

Si communis res pignori data sit. C. 8. 21. V. Commun, chose commune.

De Pratorio pignore; & ut in actionibus debitorum missio Pratorii pignoris procedat. C. 8. 22. Ce titre parle du droit que le Préteur donnoit à un creancier, d'exercer les actions & hypoteques de son débiteur: ce qui étoit une espece de mise en possession, ou de subrogation, appellée pour cela *Pratorium pignus*.

Si in causâ judicati pignus captum sit. C. 8. 23. De la saisie faite en execution de jugement.

De distractione pignorum & hypothecarum. D. 20. 5. . . . C. 8. 28. 29. 30. & 31. De la vente des choses mises en gage, ou hypothequées.

Creditorem, evictionem pignoris non debere. C. 8. 46. Le creancier qui a fait vendre la chose hypotequée, n'est pas garant de l'éviction de cette chose.

Ut nemini liceat, sine judicis auctoritate, signa imponere rebus quas alius tenet. C. 2. 17. . . N. 17. c. 15. N. 164. c. 1. Des Brandons & autres marques que l'on mettoit aux heritages hypotequez ou saisis. Loiseau, *du Déguerp. L. 3 c. 1.*

*Quibus modis pignus vel hypotheca solvitur. D. 20. 6.
De remissione pignoris. C. 8. 26.* Remise d'hypoteque.

*De pigneratitiâ actione, vel contrà. D. 13. 7. . . . . . C. 4. 24. . . . . J. 3. 15. §. 4. fin. Quib. mod. re &c.

Ut res apud alium constituta non possint vindicari, priùs quàm personalis Actio exerceatur. N. 4. c. 2.* Le creancier doit discuter son débiteur, par action personnelle, avant que d'exercer l'action hypotecaire contre les tiers détempteurs.

Merlinus *de pignoribus & hypotecis*, vol. in folio, Geneva 1661.

De pignoribus, & hypotecis. Per Antonium Negusaneum, *& per* Gabrielem Mondeis.

Traité des Hypoteques de Basnage.

Voyez les mots *Action hypotecaire, Collocation & Gage* ; sous le mot *Hypotheque* la Bibliotheque du Droit François par *Bouchel*, & celle de *Jovet*.

Des hypoteques & actions hypotecaires, & préference entre creanciers. *Voyez Papon, liv. 11. titre 3.* M. le Prêtre, *4. Cent. ch. 80. & 86.* M. Ricard, *tome 2. tit. 14. de la Coûtume de Senlis*, les Commentateurs de la Coûtume de Normandie, *art. 593.* Despeisses, *tome 1. p. 632.* & les Arrêtez de M. de la Moignon recüeillis dans *Auzanet.*

1 De la nature du gage & de l'hypoteque, & des choses qui en sont susceptibles, ou non ; des diverses sortes d'hypoteques, legale & conventionnelle, & comment elle s'acquiert, des effets de l'hypoteque, & des engagemens qu'elle forme de la part du debiteur, des engagemens du creancier envers le debiteur à cause du gage ou hypoteque, & comment l'hypoteque finit ou s'éteint ? *V. le 2, t. des Loix Civ. l. 3. tit. 1.*

2 *Creditor agens hypotecariâ contra tertium, quod probare debeat.* Voyez *And. Gaill, lib. 2. observ. 26.*

3 Si l'hypoteque demeure sur la portion indivise, nonobstant la division faite par les proprietaires ? *Voyez Coquille, tome 2. quest. 27.*

4 L'Appellant porte une obligation sur Jean de la Roche en date de l'an 1554. L'Intimé en porte une autre sur le même de l'an 1558. insinuée au Greffe des Insinuations. Les biens de la Roche sont saisis ; l'Appellant & l'Intimé contestent à qui sera payé le premier. L'Intimé dit qu'il a insinué ; il avoüe être dernier en date, mais par l'Edit des Insinuations il soûtient qu'il est préferable. L'Appellant veut se prévaloir de la Coûtume. Le Juge de Ploarmel le dit ainsi. Arrêt du Parlement de Bretagne du 30. Août 1563. qui prononce mal jugé, ordonne que l'Appellant sera premier payé suivant la date de son obligation. *Du Fail, liv. 1. chap. 164.*

5 L'Appellant se dit creancier de Gentil au moyen d'une cedule écrite & signée de lui ; l'Intimé a une cedule posterieure, mais reconnuë en Jugement, & demande hypoteque de ce jour. Jugé au Parlement de Bretagne le 24. Septembre 1567. que l'Appellant seroit préferé. *Du Fail, liv. 1. chap. 251.* Mais *Sauvageau* observe que cela n'a plus lieu que jusqu'à 100. livres seulement, par l'article 177. de la Coûtume, même en l'ordre de la succession beneficiaire. Arrêt du 3. Juin 1603. quant aux interêts ; & si l'hypoteque est du jour de la cedule, jugé qu'elle n'étoit que du jour de la verification. Arrêt d'Audience du 26. Août 1614.

6 Le droit d'hypoteque est acquis tant pour le principal que profit des deniers, & en même ordre. Arrêt du Parlement de Bretagne du 29. Mars 1634. suivi d'autres semblables. *Du Fail, liv. 2. chap. 70.*

7 De la préference d'hypoteques, & de la subrogation. *Voyez Basset, tome 2. liv. 5. tit. 2. chap. 9.*

8 De l'hypoteque tacite sur le bétail trouvé dans l'étable appartenante au rentier pour ce qu'il doit au maître. Arrêt du P. de Grenoble du 16. Janvier 1642. en faveur du maître, outre qu'il étoit le premier saisissant, il y avoit obligation expresse du rentier de tous ses biens avec clause de constitution. *Ibidem, chapitre 10.*

9 Un tuteur obligé specialement une maison qui appartient à *Titius* ; Titius décede, le tuteur luy succede , l'hypoteque est confirmée par l'adition de l'heredité. Arrêt du 14. Août 1601. *M. Bouguier, lettre H. nomb. 7.*

9 bis. Si le creancier qui a fait vuider hypotecairement plusieurs fonds à quelques particuliers, les peut garder, & neanmoins attaquer d'autres possesseurs, & les obliger à la vuidange des fonds qu'ils tiennent, ou à luy payer toute sa dette. Arrêt du 1. Septembre 1674. qui ordonna que dans le compte que les creanciers étoient obligez de rendre, ils se chargeroient de la valeur des fonds & autres effets, qu'ils avoient reçûs des tiers possesseurs, & des fruits provenus en iceux, suivant la liquidation qui en seroit faite par Experts, compensables à proportion les fruits avec les interêts précedemment adjugez. *Basset, tome 2. liv. 5. titre 3. chap. 3.*

10 Le creancier qui par cedule fait mettre que l'argent prêté est converti en achat d'un fonds, a son hypoteque du jour & date de sa cedule sur le fonds, nonobstant le contrat depuis fait pardevant Notaires, par lequel le creancier eût laissé à constitution de rente à son débiteur la somme contenuë en la cedule. *Voyez Peleus, liv. 7. action 22.* où il cite l'Arrêt intervenu le 10. Juillet 1602.

11 La continuation ne donne hypoteque qu'après le temps du précedent contract expiré, & les creanciers précedans la continuation, sont à préferer. Arrêt du 22. Août 1604. *M. Loüet, lettre H. somm. 22.*

12 *Generalem vel specialem persequi hypotecam permittitur arbitrio creditoris*, le 4. Juillet 1609. *Mornac, l. 8. ff. de distractione pignorum.*

13 L'hypoteque ne se divise pas, *& tota est in qualibet parte,* & ce és choses qui sont inseparables & indivisibles, ésquelles la restitution du mineur profite au majeur, & non en une rente, ou autre dette active divisible de soy, nonobstant l'individuité de l'hypoteque. Arrêt en Mars 1650. *M. Loüet & Brodeau, lettre H. somm. 20. & lettre D. somm. 32. & lettre M. somm. 15.*

14 Arrêt concernant la maison des Hillerins, qui déclare la terre de Lignieres affectée & hypotequée à la Dame Marie d'Hillerin, Dame de Boistissandeau, creanciere anterieure de la Dame d'Hillerin sa niéce, en consequence condamne ladite niéce à déguerpir, si mieux n'aime payer la somme de 7000. livres en principal, & les arrerages ; & sans s'arrêter à la demande en rapport, ni au défaut d'insinuation, le recours est adjugé à la Dame niéce sur les autres biens de la succession du jour de son contract de mariage ; & sans avoir égard à la demande incidente du 6. Avril 1675. faite par les creanciers pour la réduction de la dot de la Dame niéce, la Cour les a débouttez de leur demande. Arrêt du P. de Paris du 14. Mai 1675. *Journal du Palais.*

15 Edit du Roy au mois de Juillet 1693. établissant les formalitez qui seront observées à l'avenir pour purger de toutes hypoteques les biens que le Roy acquerera dans la suite. *Journal du Palais, to. 2. in fol. p. 84.*

16 Arrêt du Conseil d'Etat du Roy du 13. Decembre 1695. portant iteratives défenses à tous Juges & autres d'admettre ni ordonner aucuns privileges, hypoteques, nantissemens, ensaisinemens, ni prise de possession sur les immeubles en consequence des Sentences ou Arrêts, s'ils ne sont fondez & rendus sur des contracts & actes passez par des Notaires ou Tabellions, ou sur actes privez reconnus pardevant lesdits Notaires, & trouvé dans l'état, à peine d'interdiction, 200. livres d'amende. *Journ. des Audiences, tome 5. livre 11. chap. 10.*

17 C'est une maxime certaine en Normandie qu'entre sœurs, on ne suit point l'hypoteque de leurs

contracts de Mariage ; elles viennent en concurrence quoiqu'il y ait des creanciers intermediaires ; comme il a été jugé au Parlement de Roüen. *Voyez Basnage sur l'article 250. de la Coûtume de Normandie.*

18. Les contracts passez hors de Normandie ont hypoteque sur les immeubles situez en Normandie, encore qu'ils ne soient pas controlez. Toute obligation a hypoteque du jour du décez de l'obligé, encore qu'elle ne soit reconnuë, ni controllée. Arrêtez du Parlement de Roüen, les Chambres assemblées, du 6. Avril 1666. art. 135. & 136. *Voyez Basnage, tome 1. à la fin.*

19. Si un creancier qui a une hypoteque generale pour diverses sommes sur les biens de son débiteur, reçoit quelqu'une de ces sommes de celuy qui achete certains biens de ce débiteur, que cet acquereur s'est obligé par son contract d'achat de payer à ce creancier ; cette reception du prix de la chose hypotequée, n'est pas une renonciation à l'hypoteque que ce creancier a sur les mêmes biens pour le contenu aux autres obligations, quoique ce creancier en recevant ait connu que c'étoit du prix de la vente des biens qui luy étoient hypotequez. Arrêt du Parlement de Toulouse au mois de Decembre 1669. après partage, rapporté par *M. de Catellan, liv. 5. chap. 10.*

20. Lorsqu'un creancier anterieur en hypoteque, est payé des deniers de son débiteur, ou de son hypoteque, le posterieur ne peut l'obliger de luy ceder ses actions du moins autres des hypotequaires. Jugé au Parlement de Tournay le 5. Juillet 1697. *Voyez M. Pinault, tome 2. Arrêt 168.*

HYPOTEQUE, ACHETEUR.

21. Titius achete quelque heritage, ensuite il constituë rente à Mœvius, & hypoteque tous ses biens ; le vendeur fait casser le contract par le benefice de la loy 2. *Cod. de rescind. vendit.* & rend les deniers qu'il a reçus ; l'hypoteque constituée par Titius à Mœvius sur l'heritage acquis est éteinte. *Voyez Charondas, liv. 6. chap. 48.*

22. Le creancier qui a prêté l'argent pour l'achat d'un Office, ou d'un fonds, est preferé à tous autres creanciers, même à la femme pour sa dot sur le prix en provenant. Arrêt de Toulouse du 21. Juillet 1593. *La Rocheflavin, li. 2. lettre H. tit. 4. Arr. 2.*

HYPOTEQUE, ACTION.

23. Quand l'hypotequaire est conjointe avec la personnelle, si l'on n'agit que personnellement, chacun des heritiers est tenu en sa qualité ; si c'est hypotequairement, chacun est tenu *in solidum*; mais s'il n'y a que l'hypotequaire sans personnelle, comme un tiers détempteur, alors il faut de la discussion, au premier cas, non ; ainsi jugé. *V. la Bibliotheque de Bouchel, verbo Hypoteque.*

24. Un coheritier peut faire diviser l'action personnelle, & non l'hypotequaire. Arrêt du 3. Juin 1567. *Expilly, Arrêt 49.*

25. L'hypotequaire & la personnelle jointe est prorogée jusques à quarante ans. Arrêt en Septembre 1587. *M. le Prêtre és Arrêts de la Cinquiéme.* Voyez *Charondas, li. 4. Réponse 52.* où il y a Arrêt du 2. Juillet 1500. touchant le condamné pour telle part & portion qu'il est heritier. Voyez *M. Loüet, lettre H. somm. 3.*

26. Les creanciers hypotequaires & anterieurs sont preferez au Roy pour la taille. Arrêt du 7. May 1608. *M. Bouguier, lettre H. nomb. 9.*

27. La cession d'un immeuble n'empêche point les creanciers hypotequaires d'exercer leurs actions contre le cessionnaire, laquelle ne peut leur faire préjudice, non plus qu'à celuy qui a une pension sur une maison cedée. Arrêt du Parlement de Grenoble du 18. Juillet 1656. rapporté par *Chorier en sa Jurisprudence de Guy Pape, page 255.*

HYPOTEQUE, OU AMENDES.

28. Hypoteque & privileges des amendes. Voyez le mot *Amende, nomb. 137. & suiv.*

HYPOTEQUE, ARRERAGES.

29. Hypoteque des arrerages. *Voyez le mot Arrerages, nomb. 16. & suiv.*

Les arrerages comme accessoires, ont même hypoteque que le principal de la rente. Arrêt du 20. Février 1610. *Brodeau Coûtume de Paris, art. 94. nombre 13.* M. Loüet, *lettre D. somm. 42.* & M. Bouguier, *lettre H. nomb. 6.*

30. L'action pour demander les fermages à hypoteque du jour du contract authentique, pourvu que l'action soit intentée dans les cinq ans aprés le bail fini, & aprés ledit temps elle n'aura hypoteque que du jour qu'elle sera intentée. Arrêté du Parlement de Roüen, les Chambres assemblées, du 6. Avril 1666. art. 137. *Voyez Basnage, tome 1. à la fin.*

31. Les deniers pris en constitution ayant été employez au rachat d'une rente, les arrerages de la nouvelle constitution sont subrogez à l'hypoteque de la rente rachetée, jusqu'à la concurrence des arrerages qui en étoient dûs par chacun an, & le surplus a seulement hypoteque du jour du dernier contract. *Ibidem, art. 151. Voyez Basnage, tome 1. à la fin.*

HYPOTEQUE DE L'AUGMENT.

32. *Voyez le mot Augment, nomb. 22. & suiv.*

HYPOTHEQUE, AUGMENTATIONS.

33. Les deniers des augmentations de gages doivent être distribuez entre les creanciers par ordre d'hypoteque. Jugé le 7. Septembre 1659. *De la Guesse, tome 2. livre 2. chap. 43. Voyez Gages.*

HYPOTEQUE, BAIL.

34. Hypoteque & privilege du proprietaire sur les meubles étant dans la maison loüée. *Voyez le mot Bail, nomb. 180. & suiv.*

Meubles étant en une maison loüée sont specialement hypotequez au prix du bail. Arrêt du Parlement de Paris du 4. Février 1514. *Bibliotheque de Bouchel, verbo Loüage.*

35. Le Maître est preferé *in fructibus fundi* au plus ancien creancier. Arrêt de Toulouse du 9. Novembre 1590. *La Rocheflavin, li. 2. lettre H. tit. 4. Arr. 4.*

36. Les proprietaires sont preferez à tous creanciers pour leurs loyers sur le prix provenu de la vente des meubles des locataires. Arrêt du 26. Juin 1659. de même sur les fruits provenans de leurs fonds, à moins que ce ne soient des creanciers pour fourniture de semence. *Ibidem.*

37. Locataire ayant la maison specialement hypotequée pour l'entretien de son bail ne peut être expulsé par le proprietaire, même pour y habiter en personne. Jugé au Parl. de Paris le 24. Février 1631. *Bardet, tome 2. li. 1. chap. 10.*

38. S'il s'agit du prix d'un bail d'heritages ; le proprietaire n'est preferé que pour le prix de la ferme de l'année courante, & non pour les precedentes, ni pour les avances qu'il a faites à son fermier, si ce n'est pour les choses absolument necessaires, non-obstant les clauses d'impignorations de fruits inserées dans son bail. *Taisand sur la Coûtume de Bourgogne, tit. 5. art. 4. n. 12.* où il observe, par les nouveaux Arrêts du Parlement de Bourgogne, on a suivi la Jurisprudence des Arrêts du Parlement de Paris, & l'on ajuge sans distinction des fonds de Ville ou de Campagne, *de prædiis urbanis vel rusticis*, la preference au proprietaire pour toutes les années de son bail ; il a été ainsi jugé. en dernier lieu par trois Arrêts du 17. Decembre 1680. 15. Mars 1693. & 6. Juillet 1693.

39. L'hypoteque sur les immeubles n'a lieu que du jour de la tacite reconduction, & non du jour du bail. Jugé le 2. Février 1606. *Brodeau, Coûtume de Paris, art. 161. n. 19.*

40. Acte de Notorieté de M. le Lieutenant Civil du 7. Février 1688. portant que l'usage qui s'observe au Châtelet de Paris, touchant les loyers des maisons, est different, quand le proprietaire est fondé en bail, ou quand

quand il n'y a pas de bail, & que le locataire joüit en consequence d'une convention verbale; auquel cas le proprietaire de la maison, ou le principal locataire ne peut avoir la preference, & exercer le Privilege qui luy est accodé, que pour les trois termes precedens la saisie, & le courant: il doit s'imputer s'il n'a pas fait de diligence pour se faire payer; & à l'égard de l'avenir, il est à sa liberté d'expulser son locataire, si aprés qu'un creancier a fait vendre ses meubles, il ne garnit pas les lieux de meubles exploitables, suffisans pour la sûreté des loyers qui échoiront; mais lorsqu'il y a un bail, il est constant que les meubles qui sont dans la maison sont le gage special & privilegié pour la sûreté des loyers; en sorte que le proprietaire est preferé à tous creanciers pour les sommes qui luy sont dûës lors de la saisie, & pour tout ce qui luy sera dû jusques à l'expiration du bail; auquel cas les creanciers peuvent faire leur profit, & recevoir les loyers pendant le cours du même bail: ce qui s'observe regulierement, excepté en deux cas. Le premier, c'est lorsqu'il y a une banqueroute ouverte, auquel cas le Juge par équité prononce la résolution du bail, & donne un temps de trois ou six mois au plus, au proprietaire du jour de la banqueroute, jusques auquel temps il exerce son privilege, & le même Jugement permet aux creanciers de reloüer les lieux à leur profit. Le second cas, est lors qu'il y a une clause résolutive reciproque dans le bail de trois ou de six mois, c'est-à-dire, quand le proprietaire & le locataire sont convenus qu'il leur seroit reciproquement libre de se départir du bail, en avertissant, trois ou six mois devant, auquel cas le privilege ne doit s'exercer que pour le temps que le proprietaire & le locataire sont necessitez d'executer le bail. Car comme d'un côté, il est tres juste que le proprietaire ait un privilege contre tous les creanciers de son locataire, il ne s'est pas moins que lorsqu'un locataire peut donner le congé, ses creanciers exerçans ses droits le puissent donner, *certans de damno vitando*: l'on n'est fait aucun tort au proprietaire, puisque l'on fait executer une clause à laquelle il s'est soumis luy-même. *Recüeil des Actes de Notorieté page* 39. *& suiv.*

41 Autre Acte de Notorieté du 24. Mars 1701. que suivant la Coûtume lors qu'il n'y a point de bail, le proprietaire est preferé pour trois termes, & le courant; il en est de même lorsque le bail est sous signature privée; mais lorsqu'il y a un bail le proprietaire est preferé pour tout le cours du bail, sauf aux autres creanciers à faire leur profit des loyers jusqu'à concurrence du prix de la vente des meubles. *Recüeil des Actes de Notor. p.* 141.

HYPOTEQUE, BATIMENS.

43 Hypoteque & privilege de celuy qui a prêté ses deniers pour bâtir. *Voyez* le mot *Bâtimens, nombre* 50. *&suivans.*

44 Contestation pour la preference entre un bailleur de fonds, & celuy qui avoit prêté ses deniers pour bâtir; la Sentence du Châtelet avoit preferé le bailleur sur tout le prix. Arrêt du Parlement de Paris du 8. Juillet 1604. qui met l'appellation, & ce; en émendant ordonne que ventilation sera faite du fonds & des bâtimens separément, & que l'un & l'autre viendront en concurrence chacun au sien livre. *Voyez la Bibliotheque de Bouchel,* verbo *Gages,* où sont citez trois Arrêts de Noël 1600. 18. Janvier, & 24. Mars 1603. qui avoient ordonné la ventilation des meliorations pour connoître *in quantum fundus pretiosior factus erat,* à l'effet de distraire la plus valeur au profit de celuy qui avoit prêté & constitué.

45 Entre le creancier qui a baillé l'heritage, & le creancier qui a prêté ses deniers pour la réparation de l'heritage, il n'y a point de preference, mais on ordonne la ventilation & estimation, tant de la place

du bâtiment, que des réparations, lors & au temps qu'elles ont été faites, & les parties concurremment payées des deniers en provenans, eu égard à ladite valeur. Jugé le 8. Juillet 1604. *M. le Prêtre,* 4. *Cent. chap.* 4.

46 Le 15. Janvier 1655. il a été jugé qu'une place baillée à rente pour y bâtir, étant saisie à la requête du bailleur, distraction doit être faite de la prisée des bâtimens au profit des creanciers qui ont prêté leurs deniers pour la bâtir, par preference au bailleur du fonds. *Du Frêne, liv.* 8. *chap.* 6. cet Arrêt fondé sur la disposition de la Loy *qui in navem* 26. & la Loy *quod quis* 34.*ff. de privil. cred.* & sur le sentiment d'Ulpien en la Loy 24. §. *ult. Cod. eod. tit.*

47 Pour entrer en l'hypoteque privilegiée des réparations, il faut avoir la quittance des ouvriers. Arrêt du Parlement de Grenoble du premier Juillet 1640. suivant la doctrine de *Mornac ad l.interdum.ff. qui potior,* & de *Loiseau des Offices, livre* 3. *chap.* 4. *n.* 30. *Voyez Basset, tome* 1. *liv.* 2. *tit.* 34. *chap.* 10.

48 Les réparations & meliorations ne peuvent emporter les precedentes hypoteques, particulierement lorsque le Maître du fonds *re suâ caveret.* Arrêt du Parlement de Grenoble du 10. May 1662. *Voyez Basset, tome* 2. *l.* 5. *tit.* 8. *chap.* 1. où il est un Arrêt rapporté par *M. de Cambolas, liv.* 5. *chap.* 20. par lequel il fut pareillement dit que le fonds contentieux seroit vendu, & des deniers en provenans la creanciere hypotecaire payée en premier lieu de la somme à elle dûë, & aprés le possesseur de ses reparations, si mieux il n'aimoit payer son dû à la creanciere hypotecaire.

49 Les reparations & les méliorations ne peuvent conserver le fonds au possesseur qui les a faites, au prejudice des hypoteques precedentes, ni les rendre inutiles, mais il doit être vendu, & le prix employé à leur payement. Arrêt du Parlement de Grenoble du 10. May 1662. rapporté par *Chorier en sa Jurisprudence de Guy Pape, page* 296.

Voyez cy-aprés *les nombres* 169. *& 170.*

50 Declaration du Roy du 24. Novembre 1672. qui affranchit de toutes hypoteques les maisons de *Versailles,* si ce n'est au profit des creanciers privilegiez. Neanmoins quand elles échoient par succession à l'un des conjoints, elles luy sont propres, & n'entrent point en la Communauté, parce que le Roy ne les a exemptées que des hypoteques communes; au surplus n'a point changé leur nature d'immeubles. *M. le Brun, traité de la Communauté, livre* 1. *ch.* 5. Il ajoûte; l'on prétend qu'il y a une particularité pour ces maisons, & que la seule construction en acquiert la proprieté du fonds, le Roy n'accordant des Brevets de don des places de Versailles, qu'aprés qu'elles ont été actuellement bâties.

L'on commence donc par se faire assigner une place par le Surintendant des Bâtimens, & la concession qu'il fait est verbale: ensuite l'on bâtit, & aprés l'édifice achevé, l'on fait sa déclaration au Greffe du Bailliage, que l'on a achevé en tel jour son bâtiment, & sur l'extrait de cette déclaration, le Surintendant donne un certificat qu'il appose sous la figure de la place, tracé ordinairement d'un seul trait, & atteste que le Roy ayant accordé une telle place, contenant tant d'espace, en telle rüe, aura tels confins, le donataire a construit son édifice sur cette place; sur la foy duquel certificat, l'on expedie alors seulement le brevet de don, qui est le seul titre de proprieté du donataire. L'on prétend que ce droit singulier a pour fondement l'Ordonnance du 2. May 1671. qui ne sépare point la joüissance des places d'avec celle des bâtimens, & sur une autre du 30. Septembre 1676. *Voyez M. le Brun, traité de la Communauté, li.* 1. *chap.* 5. *n.* 19.

HYPOTEQUE EN BOURGOGNE.

Jus hypoteca servatur apud Heduos perinde in mobilibus 51 *atque in immobilibus.* Arrêt du Parl. de Dijon du premier Août 1618. *Mornac, l. 4. ff. de pignoribus, &c.*

HYPOTEQUE, CAUTION.

52 Une caution acquiert les mêmes droits, & s'aquitte envers le creancier principal aprés un payement réel sans autre cession, alors la subrogation est inutile. Arrêt du Parlement de Toulouse du dernier Mars 1583. *Mainard , to. 1. liv. 2. chap. 49.*

HYPOTEQUE, CEDULE.

Voyez cy-dessus le nombre 5.

53 Un oncle donne en faveur de mariage à deux nieces tous ses biens, à la reserve de l'usufruit; elles font insinuer leurs donations; dans la suite il se voit que l'oncle devoit par cedules, les creanciers les font reconnoître contre luy, cette reconnoissance n'a pas un effet retroactif. Arrêt du 7. Août 1563. *Charondas , liv.* 11. *Rép.* 53.

54 Cedule reconnuë en Jugement, emporte hypoteque du jour de sa reconnoissance, ou du jour de la denegation, en cas que par la suite elle soit verifiée. Arrêt du 17. prononcé le 20. Février 1588. *M. Loüet, lettre H. somm.* 4. tant pour le principal que pour les interêts. *M. le Prêtre , és Arrêts de la Cinquiéme.* Voyez *la Coûtume de Paris , art.* 107.

55 Cedule reconnuë pardevant le Juge d'Eglise, n'emporte hypoteque. *Voyez M. Loüet , & son Commentateur lettre H. somm.* 15. *& cy-aprés le nomb.* 164.

56 Cedule reconnuë en la personne de l'heritier, & non du défunt, n'oblige pas l'heritier hypoteque rement pour le tout, mais pour sa part & portion hereditaire. Arrêt en l'an 1589. *M. Bouguier lettre C. nombre* 1.

57 Acte de Notorieté donné par M. le Lieutenant Civil le 19. Août 1701. que les simples promesses, cedules & reconnoissances quand elles seroient signées de plusieurs temoins, n'emportent aucune hypoteque. *Recüeil des Actes de Notorieté, p.* 134.

HYPOTEQUE, CONSIGNATION.

58 Hypoteque de ceux qui ont consigné leurs deniers. *Voyez* le mot *Consignation , nombre* 40. *& suivans.*

HYPOTEQUE CONVENTIONNELLE.

59 La loy *cum notissimi* C. *de præscriptione* 30. *vel* 40. *annorum*, ne parle que de l'hypoteque conventionnelle qui subsiste en quelque façon d'elle-même par le moyen de sa convention, au lieu que l'hypoteque tacite & légale comme les droits de lods & arrerages de cens, de l'hypoteque que le mineur a sur les biens de son tuteur, se prescrivent par 30. ans, mais cela ne déroge pas à la loy *cum notissimi.* Voyez *Henrys , to. 1. liv. 4. ch. 6. quest.* 74.

HYPOTEQUE DES CREANCIERS.

60 Si és biens acquis aprés les hypoteques constituées, tous les creanciers concourent pour être en semblable droit, ou si les anciens son preferez? *Voyez Coquille , tome 2. quest.* 69.

61 Un homme a vendu la moitié d'une maison indivisée, l'autre moitié luy ayant été ajugée par licitation avant la tradition; il cede cette moitié ajugée à l'acheteur; un particulier se trouve creancier du coproprietaire qui avoit licité; le vendeur n'est point tenu du recours pour l'hypoteque prétenduë sur la maison par le creancier. Arrêt du 15. Février 1567. *Charondas , liv.* 9. *Rép.* 64. sauf à se pourvoir contre celuy qui a constitué la rente, contre lequel le vendeur luy doit ceder ses actions sans garantie.

62 Pour donner aux deniers prêtez à l'effet d'acquerir un heritage, l'hypoteque anterieure aux autres creanciers, il faut que le débiteur fasse mention que les deniers luy ont été prêtez par un tel, pour acquerir ledit heritage qu'il a acquis desdits deniers, au payement desquels, ou de la rente par luy constituée, il oblige & hypoteque specialement ledit heritage, & generalement tous ses biens. *Voyez Chadas , liv.* 12. *Rép.* 31.

63 Deux ou plusieurs creanciers qui ont hypoteques speciales & privilegiées sur une maison, viennent par priorité, & il n'y a pas lieu à la contribution. Jugé le 12. Juillet 1629. *Bardet , to. 1. li. 7. ch.* 57.

64 Un ancien creancier peut se payer par preference en prenant l'heritage au dire d'Experts. *Henrys , to. 1. livre 4. chapitre 6. quest.* 29. où il y a Arrêt notable au profit des plus anciens creanciers du 19. Janvier 1647.

65 Les deniers des augmentations de gages doivent être distribuez entre les creanciers par ordre d'hypoteque. Arrêt du 7. Septembre 1659. *De la Guess. tome* 2. *livre* 2. *chap.* 43.

66 Les creanciers d'un acquereur d'heritage, qui avoient prêté à cet acquereur leurs deniers pour payer une partie du prix de son acquisition aux plus anciens creanciers hypotecaires avec subrogation, doivent être remboursez sur le même heritage revendu sur l'acquereur avant les autres creanciers du vendeur originaire qui restoient à acquerir du prix de la premiere vente. Jugé à Paris le 10. Avril 1677. *Journal du Palais.*

67 Le cessionnaire d'une dette étant payé par collocation sur les biens du débiteur, le creancier du cedant qui avoit hypoteque sur la dette, ne peut avoir hypoteque sur le bien pris en collocation, son hypoteque est éteinte. Arrêt du Parlement d'Aix du mois de Mars 1676. *Boniface , tome* 4. *li.* 8. *tit.* 5. *ch.* 2.

HYPOTEQUE, CRIÉES.

68 Celuy qui a hypoteque speciale, ne doit s'opposer aux criées des biens saisis par celuy qui en a une generale, si ce qui luy est hypoteque specialement, n'y est point compris. Arrêt du Parlement de Paris contre les Enfans de M. le President Picot de l'an 1558. Autre Arrêt de l'an 1560. *Papon , liv.* 18. *tit.* 6. *nombre* 34.

69 Si au decret l'on peut être colloqué à la dette & hypoteque d'un contract y énoncé, sans qu'il soit exhibé, quoiqu'il en soit fait mention en un Inventaire fait par autorité de Justice? *Bouvot , to. 1. part.* 3. *verbo Decret , quest.* 1. rapporte un Arrêt qui a jugé que les énonciations d'autres contracts portant hypoteques faites par un Inventaire, ne font pas preuve contre un creancier ayant hypoteque précedente l'Inventaire.

70 Arrêt du Parlement de Paris du 23. Janvier 1691. qui a jugé qu'un creancier privilegié, bailleur de fond trouvant son hypoteque speciale saisie réellement, ne peut pas demander qu'elle luy soit donnée en payement par preference aux autres creanciers, lorsque les criées dudit heritage sont faites, & le congé d'ajuger ordonné. *Journal des Audiences, tome* 5. *liv.* 9. *chap.* 2.

HYPOTEQUE, CRIME.

71 *Hypotheca statim à contracto crimine quæritur.* Arrêt du 14. Février 1603. *Mornac l.* 5. *ff. si ex noxali causâ agatur.*

Hypotheca in delictis incipit à die sententiæ. Arrêt du 14. Février 1603. *de pignoribus & hypothecis in proemio.* Voyez *l'Ordonnance de Moulins, art.* 53.

72 Jugé au Parlement de Toulouse que l'hypoteque pour les amendes & dépens, a lieu du jour du crime commis. *Bibliotheque de Bouchel, verbo Hypoteque.*

73 L'allocation du prix des choses dérobées se fait du jour de l'enlevement; à l'égard des dommages, interêts & amendes, du jour de la condamnation. *Voyez les Arrêts de M. de Catellan , liv.* 6. *chap.* 31.

74 Arrêt du Parlement de Paris du 17. Décembre 1664. qui appointa les Parties au Conseil, pour sçavoir lequel doit être preferé sur les biens d'un condamné pour crime, ou le Receveur des amendes pour le payement de l'amende ajugée au Roy, ou les creanciers hypotecaires pour le payement de leur dû. M. Talon Avocat General conclut pour le Receveur des amendes. *Soëfve , to.* 2. *Cent.* 3. *chap.* 33.

75 Jugé le 2. Mars 1667. que les creanciers hypotequaires sur les biens d'un condamné a mort, sont preferables aux Receveurs des amendes. M. Bignon Avocat General avoit conclu au contraire. *Ibidem*, *chapitre* 91.

HYPOTEQUE, DECLARATION.
Voyez le mot *Declaration*, *nomb.* 6. *& suiv.*

76 Le creancier qui appelle en declaration d'hypoteque, le tiers detempteur acquereur d'un desdits obligez solidairement, n'est tenu de discuter autres biens que ceux du vendeur & non d'autre obligé. Arrêt du Parlement de Paris du dernier Février 1657. *Journal des Audiences*, to. 2. *liv.* 1. *ch.* 8.

77 Le creancier de deux obligez qui a appellé en declaration d'hypoteque le tiers detempteur d'un des obligez, n'est tenu de discuter d'autres biens que ceux du vendeur, & non de l'autre obligé. Arrêt du 3. Mars 1676. *Ibidem*, *tome* 3. *liv.* 10. *chap.* 2.

78 Arrêt contradictoire du Parlement de Paris du 7. Août 1680. touchant les saisies réelles & criées, qui a confirmé l'usage immémorial de la Province de *Nivernois*, suivant lequel on n'est pas obligé d'agir en declaration d'hypoteque contre un tiers acquereur s'il n'a trois ans de possession, avant l'expiration desquels on saisit réellement rectà sur le vendeur, comme s'il n'y avoit point de vente faite. M. *Bruneau*, *en son traité de criées*, *ch.* 3. *p.* 19.

HYPOTEQUE,
D'EPENS, DOMMAGES ET INTERESTS.

79 Frais d'execution sont préferables. Arrêt du Parlement de Bretagne du 26. Août 1566. Du Fail, *livre* 1. *chap.* 224.

80 L'hypoteque pour les amendes & dépens a lieu depuis le crime commis. Jugé par Arrêt sans date pour M. Fabry Conseiller contre des creanciers posterieurs au crime. La Rochestavin, *liv.* 2. *lettre* H. *tit.* 4. *Arrêt* 1.

81 Nonobstant la clause ordinaire des Notaires mise és contracts, portant que le debiteur promet payer à peine de tous dépens, dommages & interêts, & diversité d'Arrêts sur ce rendus à Paris, le Parlement de Toulouse ne donne hypoteque des dépens que du jour de l'adjudication & condamnation d'iceux, & non pas du jour du contract. *Voyez* Mainard, *livre* 7. *chap.* 70. *& 71.*

82 L'hypoteque des interêts & dépens ajugez remonte jusqu'au jour du contract, en vertu de la stipulation. Arrêt du 18. Août 1608. M. Bouguier, *lettre* H. *nombre* 6.

83 L'hypoteque des dommages & interêts a un effet retroactif au jour de l'obligation. Arrêt du 20. Février 1610. *Ibidem*, *lettre* S. *nomb.* 5.

84 Arrêt du Parlement de Paris du 9. Juillet 1642. pour la préference des salaires & vacations des Officiers sur les deniers procedans de la vente des meubles des défunts. *Voyez les Chartres des Notaires*, *chap.* 19. *pag.* 825.

85 Hypoteque, frais & mises d'execution, du jour de l'Arrêt, & non du jour de la taxe. Arrêt au mois d'Avril 1672. De la Guessiere, *tome* 3. *livre* 6. *chapitre* 26.

86 Les dépens des procedures faites pour recouvrer le payement d'une dette, n'ont pas d'hypoteque de la dette, mais seulement du jour de l'action, à la reserve des frais du saisissant, qui sont pris en privilege sur les choses saisies, Arrêté du Parlement de Paris, les Chambres assemblées, du 6. Avril 1666. *art.* 148. V. Basnage, *to.* 1. *à la fin.*

87 L'article 595. de la Coûtume de Normandie, qui porte que *les Executoires de dépens prennent hypoteque du jour de l'introduction du procez, & non du jour de la condamnation pour les Jugemens donnez audit pays de Normandie*, n'a point lieu lorsque l'Instance a commencé hors de la Province. Arrêt du Parlement de Roüen du 7. Decembre 1683. qui donne l'hypoteque pour les frais d'une Instance jugée au Conseil, que du jour de la condamnation, comme en la Coûtume de Paris. *Voyez le Recueil des Arrêts de Normandie*, *étant ensuite de l'esprit de la même Coûtume*, *page* 150.

Voyez cy-aprés le nombre 93.

HYPOTEQUE, DISCUSSION.
Voyez le mot *Discussion*, & M. Loüet lettre H. 88 *somm.* 9.

89 Celuy qui a hypoteque speciale sur un fonds, ne doit se pourvoir contre un autre sans discussion de celuy qui luy est affecté. Arrêt du 16. Decembre 1560. Papon, *liv.* 18. *tit.* 6. *n.* 35.

90 Les creanciers hypotequaires sans discussion des immeubles viennent à contribution au sol la livre avec les chirographaires sur les meubles. Arrêt du premier Juillet 1659. De la Guessiere, *tome* 2. *livre* 2. *chapitre* 32.

HYPOTEQUE, DIVISION.
91 De la division d'hypoteque. *Voyez* le mot *Division*, *nomb.* 12.

HYPOTEQUE, DOMMAGES ET INTERESTS.
92 Si les dommages & interêts ont même hypoteque que le principal? *Voyez* cy-dessus *le nombre* 79. & le mot *Dommages*, *nombre* 39. *& suiv.*

HYPOTEQUE DE LA DOT.
Voyez le mot *Dot*, *nomb.* 211. *bis & suiv.*

93 Si la date de l'hypoteque des deniers dotaux, est du jour du contract, ou du jour que le mariage est solemnisé, ou du jour qu'ils sont payez? *Voyez* Coquille, *to.* 2. *question* 124.

94 Si la femme pour l'augmentation de sa dot faite aprés le mariage a la même hypoteque que pour la dot à elle constituée par son contract de mariage? *Voyez* Henrys, *to.* 1. *liv.* 4. *ch.* 6. *quest.* 24.

95 Jugé au Parlement de Grenoble que sur les biens donnez par le pere la dot & les droits matrimoniaux, ont sans aucune expresse stipulation une hypoteque speciale préferable aux creanciers anterieurs au mary. *Voyez* Chorier, *en sa Jurisprudence de Guy Pape*, *page* 222.

96 La femme pour sa dot, le pupille pour le reliqua de sa tutelle alloüez *in tributum*, & au même ordre. Arrêt du Parlement de Toulouse la veille de Sainte Croix 1571. Mainard, *liv.* 7. *chap.* 55.

97 La femme a hypoteque pour sa dot & augment sur les biens de son mary, tant substituez & sujets à restitution, qu'autres, & non pour autres avantages. Filleau, 4. *part.* *question* 153. rapporte un Arrêt du 3. Février 1575.

98 Les biens donnez par le pere ou mere au fils par contemplation de mariage, & aprés étant revenus au donnant par droit de retour, sont affectez & hypotequez subsidiairement au payement de la dot reçuë par le fils & de l'augment. Arrêt du 6. Mars 1590. Bibliotheque de Bouchel, verbo Mariage.

99 L'hypoteque de la dot va devant l'hypoteque du doüaire. Jugé le 19. Juillet 1636. Henrys, *tome* 1. *liv.* 4. *chap.* 6. *quest.* 31. & Montholon, *Arrêt* 139.

100 L'hypoteque pour le supplément de la dot n'est pas de même sur les biens du mary que l'hypoteque de la dot. Henrys, *tome* 1. *liv.* 4. *chap.* 6. *question* 35. *Voyez* Peleus, *quest.* 143.

101 La dot est préferable au doüaire, & le doüaire est préferable au remploy des propres alienez de la femme, à son indemnité pour les dettes où elle a parlé, & à son préciput stipulé par le contract de mariage. Arrêt du Parlement de Paris du 30. Août 1661. *Journal des Audiences*, *tome* 2. *liv.* 4. *ch.* 39.

102 Le reliqua du pupille est préferé à la dot quand le pupille est partie, mais si le reliqua est demandé par des heritiers, la dot est préferée; ainsi jugé au P. de Toulouse les 26. Mars 1624. & 9. Juin 1628. Cambolas, *livre* 5. *chap.* 11.

103 Jugé au Parlement de Toulouse que les biens du

pere, qui mariant son fils l'avoit émancipé, & luy avoit fait une donation dans les mêmes pactes de mariage, n'étoient pas obligez ni hypotequez pour la dot de la belle-fille, que le fils avoit reçû dans les mêmes pactes de mariage, en presence de son pere. *M. de Catellan*, *liv. 4. chap. 10.*

104. Le 12. Decembre 1669. jugé au même Parlement de Toulouse que les enfans du premier lit, mineurs de 25. ans, doivent être preferez sur les biens de leur pere, generalement saisis, à la dot de la seconde femme pour les droits paraphernaux de leur mere, que le pere comme administrateur de leurs biens, avoit reçûs avant le second mariage. On n'y regarda point que les enfans n'avoient pas dénoncé leur hypoteque à la seconde femme ; l'on jugea qu'il ne falloit pas leur imputer de n'avoir pas fait ce que leur âge, & le respect paternel les avoient empêché de faire. *M. de Catellan*, *ibidem*, *chap. 22.*

105. Les articles de mariage en écriture privée, donnent hypoteque pour la dot. Arrêt du Parlement de Provence du 12. Juin 1676. *Boniface*, *tome 4. livre 5. tit. 1. chap. 8.*

106. Lorsque le debiteur de la rente dotale en fait le rachat entre les mains du mary insolvable en l'absence & sans le consentement de la femme, il n'en a récompensé sur les biens du mary, que du jour du rachat, & non du jour du contract de mariage. Jugé au Parlement de Roüen le 13. Mars 1692. *Basnage*, *sur la Coûtume de Normandie*, *art. 539.*

HYPOTEQUE, DROITS SEIGNEURIAUX.

107. L'hypoteque pour les lods payez est du jour du contract. *Bouvot*, *tome 2. verbo Hypoteque*, *quest. 3.*

108. Le Seigneur est preferé pour les arrerages des rentes aux autres creanciers en la vente du fonds qui releve de sa directe. Jugé au Parlement de Toulouse le 10. Février 1602. Ce même Arrêt a encore jugé qu'il ne suffit pas de payer un creancier privilegié pour exercer son privilege ; mais il en faut une cession particuliere. *Cambolas*, *liv. 3. chap. 16.*

HYPOTEQUE EN E'CHANGE.

109. *Titius* & *Mœvius* en 1583. échangent des rentes ; en 1591. ils prennent d'autres rentes, & moyennant ce, le premier contract demeure nul ; *Mœvius* est évincé de la rente du contract de 1591. il prétend avoir son hypoteque du jour du contract de 1583. On lui dit, il est demeuré de nul effet par le second contract, par la novation ; mais le *moyennant ce*, démontre la cause de la resolution. Arrêt du 30. Avril 1601. qui juge l'hypoteque proceder du premier contract. *M. Louet lettre N. somm. 7.*

110. Jugé le 14. Juillet 1661. que la rente donnée pour une maison ne pourroit être rachetée, qu'au préalable la femme qui poursuivoit sa séparation d'avec son mary, ne fut appellée. *De la Guissiere*, *tome 2. liv. 4. chap. 33.*

HYPOTEQUE DE LA FEMME.

111. Hypoteque qu'a la femme pour le remploi de son mariage, a lieu du jour du contract de mariage, & non du payement. Arrêt du 17. Juin 1570. *Charondas*, *liv. 9. Rép. 14.*

112. La femme est preferée pour son remploi au frere de son mari, creancier du mari, qui étoit present au contract de mariage. Jugé à la Nôtre-Dame de Septembre 1584. *Montholon*, *Arrêt 29*. Cet Arrêt ne paroît pas juridique, parce que le frere qui se marioit n'avoit point declaré que les biens qu'il affectoit aux conventions matrimoniales fussent francs ni hypotequez à aucun créancier, & ainsi la presence du frere creancier ne lui pouvoit nuire. *Carondas*, *liv. 7. Rép. 132.* rapporte le même Arrêt.

Voyez cy-aprés *le nombre 221*.

113. L'immeuble de la femme entré en la communauté generale de tous biens, n'est pourtant hypoteque aux dettes du mari precedentes le mariage, & ne peut le mari disposer que de sa moitié, sinon que la femme parle. Jugé à Paris le 17. Juin 1589. *Chenu*, *2. Cent. quest. 63.*

114. Les habillemens du deüil d'une veuve & sa pension durant le veuvage, y ont le même privilege de priorité d'hypoteque que la dot, la femme est préferée *omnibus creditoribus etiam anterioribus.* Arrêt du 10. Juillet 1592. il en est autrement de l'augment qui n'a hypoteque que du jour des pactes. *Bibliotheque de Bouchel*, verbo *Dot.*

115. Le 24. Octobre 1592. au Parlement de Toulouse, une femme d'un Receveur des amendes de la Cour a été mise en ordre aprés le Roy, sauf au fond acheté de l'argent de sa dot. *La Rocheflavin*, *liv. 2. lettre H. tit. 4. Arr. 3.*

116. Les conventions matrimoniales n'emportent hypoteque sur les biens du mary que du jour de leur reception pardevant Notaires, quand même elles auroient été arrêtées entre les Parties en presence de témoins. Arrêt du 12. Septembre 1598. *Ibidem*, *lettre M. tit. 4. Arr. 31.*

117. La femme a hypoteque pour les interêts de sa dot du jour de son contract, & est alloüée en une distribution generale des biens de son mary comme si c'étoit l'augment. Jugé au Parlement de Toulouse le 10. Février 1602. *Cambolas*, *livre 3. chap. 15.*

118. Les billets, promesses, & autres écritures de main privée, ne portent hypoteque que du jour de l'aveu ; c'est la regle generale. Neanmoins si dans un contract de mariage la future épouse constitue certaines sommes que le futur époux promet reconnoître lorsqu'il les recevra, les billets & reçûs de ces sommes, faits par le mary de main privée, produiront au profit de cette femme une hypoteque privilegiée, & non simplement du jour des reçûs. La raison est que ces sommes sont dotales, & que le mary s'est obligé de les reconnoître lorsqu'il les recevra, & en quelque temps qu'il les reçoive. Il suffit à la femme de montrer que ces sommes ont été reçûës. Arrêt du Parlement de Toulouse du 7. Decembre 1662. rapporté par *M. de Catellan*, *livre 6. chap. 3.* où il observe que dans le même procez il intervint partage pour sçavoir de quel jour portoit hypoteque le relief de main privée fait par plusieurs coobligez à l'un d'eux.

119. Si le mary recevant quelques deniers, qui doivent sortir nature d'anciens au profit de la femme, a hypoteque du jour du mariage au préjudice des creanciers anteriures ? *Voyez Bouvot*, *tome 1. part. 1. verbo Hypoteque*, *quest. 1.*

120. Si le creancier, où la femme est obligée avec le mary, est preferable au creancier où le mary est seul obligé sur les biens de la femme, & si les biens du mary pour la dette de la femme sont obligez hypotecairement par vertu de la Coûtume pour le tout, ou pour la portion hereditaire de sa femme ? *Idem*, *tome 2. verbo Hypoteque & Discussion*, *quest. 8.*

121. Messire Andoüin de Thurin, Seigneur de Luzarches, par moitié, achette l'autre moitié sans toutefois payer le prix ; il se marie avec N. Aurillot ; il est stipulé par le contract de mariage que des deniers dotaux de sa femme, le prix de cette moitié sera payée, ce qui a été executé ; la quitance fait mention que c'est des deniers de sa femme. Aprés le decés de Thurin ses creanciers font decreter la terre de Luzarches, la veuve s'oppose & dit qu'elle est preferable à tous autres sur la moitié de la terre achetée de ses deniers ; les creanciers anciens & pressées le mariage soûtiennent le contraire, parce qu'elle ne s'est pas fait ceder les droits des vendeurs. Par Arrêt du 28. Mars 1599. la Cour a déclaré que ladite Aurillot ne sera mise en ordre que du jour de son contract de mariage sans aucun privilege, & les plus anciens creanciers préferez. Contre cet Arrêt Requête civile, sur laquelle le 3. Mars 1600. les Parties furent mises hors de Cour & de procez. *Voyez la Bibliotheque de Bouchel*, verbo *Hypoteque.*

122 *Data est hypotheca uxori in bonis mariti sitis in Gallia ex tabulis dotalibus confectis in Sicilia*, en 1601. Mornac *l.* 8. *ff. de capite minutis.*

123 L'hypoteque donnée à la femme pour la récompense de ses biens alienez par son mary par la Coûtume où les conjoints ont contracté & sont demeurans, a lieu sur les biens des autres Coûtumes qui ne luy donnent point d'hypoteque pour ce regard, du jour de l'alienation. Arrêt du 23. Juillet 1604. Peleus, *quest.* 11.

124 Arrêt du 17. Février 1654. rendu dans la Coûtume de *Senlis*, qui juge que la femme n'a hypoteque sur les biens de son mary pour ses propres alienez pendant la communauté, & pour l'indemnité des dettes ausquelles elle s'est obligée, n'y en ayant aucune clause dans son contract de mariage, & la Coûtume ne contenant à cet égard aucune disposition, que du jour des alienations seulement. *Soëfve*, tome 1. Cent. 4. chap. 53.

125 La femme a son hypoteque pour la restitution de ses conventions matrimoniales du jour de son contract de mariage, mais pour les sommes où elle se trouve obligée avec son mary, du jour des contracts qu'elle a souscrits, s'il n'y a clause d'indemnité dans le contract de mariage. Arrêt du 21. Août 1660. De la Guessiere, tome 2. liv. 3. chap. 35.

126 La femme séparée de biens s'étant obligée pour son mary, n'a hypoteque sur les biens que du jour des obligations, & non pas du jour de son contract de mariage, c'étoit la Dame de Brainvilliers. Arrêt du 8. Juin 1674. *Ibidem*, tome 3. liv. 8. chap. 8.

127 Une femme pour ses conventions matrimoniales, dot, douaire, préciput & indemnité, ne doit point avoir hypoteque sur les biens de son mary du jour d'un premier contract de mariage fait pendant qu'elle étoit impubere & âgée seulement de cinq ans; mais son hypoteque ne luy est acquise que du jour du second contract passé neuf ans après, encore que par celui-cy on eût déclaré ne vouloir que ratifier le premier, & n'y déroger qu'en certains articles specifiez. Arrêt du Parlement de Paris le 3. Février 1689. Au *Journal des Audiences*, tome 5. livre 5. chap. 5.

128 Acte de Notorieté donné par M. le Lieutenant Civil le 5. Septembre 1692. portant que les femmes qui ont renoncé à la communauté d'entr'elles & leurs maris, ont une indemnité & une hypoteque du jour de leurs contracts de mariage pour les obligations dans lesquelles elles sont entrées avec leurs maris sans forme d'oppositions au Greffe des hypoteques, & que les creanciers qui ont la femme pour obligée, ont les mêmes hypoteques exerçant les droits en formant par eux leurs oppositions, conformément à l'Edit du mois de Mars 1673. art. 61. & 62. *Recueïl des Actes de Notorieté*, p. 88. & suiv.

129 La femme a sa récompense des propres alienez, non du jour des alienations faites, mais du jour de la réconnoissance de son contract de mariage, & les contracts de mariage n'ont hypoteque que du jour de leur reconnoissance. Arrêt du Parlement de Normandie du 27. Avril 1644. conforme à un autre Arrêt du 21. Novembre 1642. *Basnage, sur l'article* 539. *de cette Coûtume.*

130 La fille pour le payement de son mariage, & ses heritiers, ont le même droit sur les heritages de la succession de ses pere, mere ou autres ascendans, encore que lesdits heritages ayent été alienez. Arrêté du Parlement de Normandie du 6. Avril 1666. art. 122. V. *Basnage*, tome 1. à la fin.

131 Si une femme ayant été colloquée sur les biens de son mary sous les fruits de ses biens adventifs, doit retrograder en faveur des creanciers, comme lesdits fruits n'ayant aucune hypoteque? Arrêt du Parl. de Provence du dernier Juin 1653. qui ordonna la retrogradation. *Boniface*, tome 4. liv. 6. tit. 10. chap. 2.

132 La femme mariée en païs Etranger a hypoteque sur les biens de son mary du jour de son contract de mariage pour ses conventions matrimoniales. Arrêt du Parlement de Grenoble du 3. Janvier 1682. pour un contract de mariage passé en la ville de Livourne en Toscane. *Voyez Chorier, en sa Jurisprudence de Guy Pape*, page 297.

Voyez cy-après le nombre 153. & suiv.

HYPOTEQUE, FIDEICOMMIS.

133 De l'hypoteque qu'a le fideicommissaire sur les biens de l'heritier. *Voyez* le mot *Fideicommis*, nombre 131. & suiv.

134 Arrêt du Parlement de Provence du 8. Mars 1661. qui a jugé que le fideicommissaire d'un fond particulier avoit son hypoteque tacite du jour du décés du testateur, pour déteriorations faites par l'heritier grevé, sur les biens propres, même sur sa legitime. *Boniface*, tome 2. liv. 2. tit. 2. chap. 17.

HYPOTEQUE DU FILS.

135 L'hypoteque d'un fils heritier de son pere sur les biens de sa mere, est du jour du décés du pere, & que la mere a geré & administré son bien, quoique la tutelle n'ait été qu'après, & que dans l'entretemps la mere ait emprunté. Le fils a été préferé pour le reliqua de son compte aux creanciers de la mere qui avoient hypoteque avant la tutelle, & depuis le décés du pere. Arrêt du 6. Avril 1574. *Le Vest*, Arrêt 133. Catondas, liv. 4. Rép. 103. & liv. 11. Rép. 19. rapporte le même Arrêt.

136 La mere & le fils hypotequent au creancier du fils solidairement sa part en sa succession future, le fils predecede. Jugé que l'hypoteque étoit valable, &c. le 8. Août 1640. *Du Frêne*, liv. 3. chap. 67.

137 Un fils ayant engagé son tiers coûtumier avant la mort de son pere, contracté d'autres dettes après son décés, & ratifié postérieurement les premieres; l'hypoteque a un effet retroactif au jour du contrat, l'exception que le fils peut proposer n'appartient point à ses creanciers; ainsi les premiers sont préferables. V. *Basnage, sur l'art.* 399. *de la Coûtume de Normandie.*

138 Par Arrêt du Parlement de Roüen, rapporté par *Berault, sur l'art.* 593. *de la Coûtume de Normandie*, il a été jugé que la promesse du pere, faite sous seing privé, bien que reconnuë vingt ans après son décés, aura hypoteque du jour du décés, & preferera la promesse du fils, bien que reconnuë auparavant celle du pere, *sit enim separatio bonorum.*

139 Le fils peut hypotequer à ses creanciers l'avancement qui luy a été fait par son pere. Arrêt de la Chambre de l'Edit de Roüen du 4. Août 1649. Autre Arrêt du mois de Février 1650. Autre du 23. Janvier 1665. par lequel on déclara valable au préjudice du pere l'alienation faite de son avancement, & qui qu'il fût mort sans enfans, que le bien ne revenoit point au pere. *Basnage, sur l'art.* 244. *de la Coûtume de Normandie.*

HYPOTEQUE DU FISC.

140 Le fisc n'est préferé à la femme du condamné. *Voyez* le mot *Fisc*, nombre 19. & suiv.

HYPOTEQUE, HERITIER.

141 Quand une hypoteque est constituée par le debiteur sur un heritage dont il joüit par indivis, & qu'ensuite il partage, le creancier hypotecaire ne peut se pourvoir sur la piece hypotequée, mais sur celle échuë par le partage. Arrêt du 20. Juillet 1571. *Papon*, livre 11. titre 3. nomb. 3.

142 Celuy qui a accepté une succession par benefice d'inventaire ne perd point ses hypoteques & privileges, non seulement il les conserve & doit être colloqué suivant l'ordre d'iceux avec les autres creanciers, mais même pour les droits cedez qu'il avoir des creanciers precedens. Jugé au Parlement de Toulouse. *La Rocheflavin*, liv. 6. tit. 58. Arr. 4.

143 La protestation faite par l'heritier Etranger de la premiere femme lui conserve le droit de priorité

Ccc iij

contre la seconde. Arrêt du Parlem. de Toulouse du 18. Février 1623. Cambolas, liv. 4. chap. 47.

144 Aprés le partage d'une succession, l'hypoteque créée par l'un des coheritiers sur l'université des biens, ne demeure que sur sa portion singuliere, en-sorte que les heritages à lui échûs peuvent seulement être saisis. Arrêts du Parlement de Paris, l'un de 1581. l'autre du 2. Septembre 1595. consultis Classibus. V. Robert rerum judicat. lib. 3. cap. 19.

145 Heritages possedez par indivis, quoique la part & portion soit hypotequée, aprés partage le creancier n'a hypoteque que sur la portion échûë à son débiteur, & non sur la part des autres coheritiers. Arrêt du regne Septembre 1595. M. le Prêtre és Arrêts de la Cinquième. Voyez M. Loüet lettre H. sommaire 11. Voyez Carondas, livre 8. Réponse 43. & livre 5. Réponse 11. C. M. 5. 3. gloss. 9. n. 45. & M. le Maître, Traité des Criées, chap. 43. qui tiennent qu'aprés partage l'hypoteque demeure.

146 L'hypoteque sur les biens de l'heritier pour les dettes du défunt n'a lieu que du jour de la condamnation contre lui obtenuë, ou titre nouvel par lui passé. Arrêt du 19. Juillet 1613. M. Bouguier lettre H. nombre 5.

146 bis. Creanciers du défunt n'ont hypoteque sur les biens de son heritier que du jour qu'ils ont obtenu condamnation contre lui. Arrêt du 14. Août 1625. Bardet, tome 1. liv. 2. chap. 55.

147 Un lot est hypotequé à la garantie de l'autre, & l'action hypotecaire reçuë contre le tiers detempteur. Arrêt du 17. Novembre 1587. Autre du 4. Mars 1616. M. Loüet lettre H. somm. 2.

147 bis. L'hypoteque sur les biens particuliers de leurs coheritiers, est du jour du decés & de l'adition d'heredité, & non du jour du partage. Arrêt du 27. Juin 1686. Journal du Palais.

148 Le creancier d'une soute de partage ayant hypoteque sur une terre échûë à un de ses coheritiers, a en même temps un privilege sur le total de cette terre, & generalement sur tout ce que son coheritier a eu en partage, & le privilege de ce creancier n'est pas réduit à la portion indivise, qu'il avoit dans cette terre avant le partage. Jugé en 1691. en la premiere Chambre des Requêtes du Palais. Il a été rendu un Arrêt conforme le 27. May 1689. appellé l'Arrêt de Champfeu. Voyez le Journal des Audiences, tome 5. liv. 7. chap. 53.

149 Entre plusieurs creanciers qui ont hypoteque par indivis sur les biens depuis partagez, leur hypoteque demeure seulement sur la part échûë en partage à leur débiteur, & ne peuvent demander partage être fait. Arrêt du Parlement de Dijon du 22. Novembre 1610. Bouvot, tome 2. verbo Partage, quest. 2.

150 Hypoteque sur les biens propres de l'heritier du défunt, n'a lieu que du jour de sa condamnation. Arrêt du Parlement de Grenoble du 18. Decembre 1634. Basset, tome 2. liv. 5. tit. 2. chap. 3.

151 En tenant l'état des deniers de la Marre premier Huissier au Parlement de Normandie, au mois de May 1659. il a été jugé que les creanciers de la mere dudit de la Marre ne pouvoient avoir hypoteque sur autres biens que ceux de la succession de ladite mere, sinon que du jour de l'adition de la succession, en consequence dequoy les creanciers dudit de laMarre anterieurs de ladite adition, la prefereroient, quoique posterieurs de la date de leurs contracts, titre en droit, de separationibus bonorum. Berault, à la fin du 2. tome de la Coûtume de Normandie, page 104. colonne 2.

152 Arrêt du Parlement de Provence du dernier Juin 1664. qui a jugé que les creanciers hereditaires d'un défunt, n'ont hypoteque sur les biens propres de son heritier que du jour de la condamnation, ou du nouveau titre. Boniface, tome 2. livre 4. titre 3. chapitre 3.

HYPOTEQUE, INDEMNITÉ.

153 Quelle est l'hypoteque de l'indemnité? Voyez M. Bouguier lettre H. n. 10. & cy-dessus le n. 111. & suiv.

154 Si l'hypoteque est du jour du contract de mariage pour l'indemnité de la dette où la femme a parlé encore que dans le contract il n'y a point de clause d'indemnité, & si la déclaration du debiteur lors de l'emprunt, &c. peut operer une subrogation, le creancier la refusant, & sans avoir été ordonnée en Justice, & si cette subrogation a lieu contre les coobligez qui n'ont point parlé en l'emprunt? Voyez De la Guessiere, tome 4. liv. 4. chap. 19. où il rapporte plusieurs Arrêts.

155 La femme a hypoteque du jour de son contract de mariage pour l'indemnité des dettes qu'elle a payées. Arrêt du Parlement de Paris du mois de Mars 1608. en faveur de la femme de Congnet. Bibliotheque de Bouchel, verbo Gages.

156 Cause appointée pour sçavoir de quel jour la veuve qui a renoncé à la communauté, doit avoir hypoteque pour son indemnité des dettes où elle est expressément obligée. Arrêt du 26. Août 1639. Bardet, tome 2. liv. 8. chap. 35. la Sentence des Requêtes du Palais ne l'avoit donnée que du jour des obligations contractées.

HYPOTEQUE, INTERESTS.

157 Par Arrêt du Parlem. de Roüen du dernier Mars 1583. rapporté par Berault, sur l'art. 595. de la Coûtume de Normandie, il a été jugé que les interêts provenans d'une Inscription en faux, aussi-bien que les dépens, ont leur hypoteque du jour de l'introduction du procez.

158 Les dommages & interêts stipulez par contract, ne doivent être alloüez & entrer en ordre avec les autres creanciers du jour du contract, mais comme usuraires viennent aprés tout. Arrêt du Parlement de Toulouse du dernier Janvier 1590. La Rochestavin, livre 6. tit. 54. Arr. 6.

159 Creancier chirographaire a hypoteque sur les biens de son debiteur, pour le principal, du jour de l'obligation, & pour les interêts du jour de la demande, quand il n'y a point de stipulation expresse des interêts. Arrêt du 5. Juillet 1595. Auparavant on tenoit au Palais que les interêts non stipulez étoient dûs du jour de la demande; mais qu'ils n'emportoient hypoteque que du jour de la Sentence de condamnation. Bibliotheque de Bouchel, verbo Hypotheque.

160 Si en decret le creancier qui a stipulé les interêts à faute de payement dans certain temps, a hypoteque dés le jour de l'obligation? Voyez Bouvot, to. 2. verbo Hypoteque, quest. 1.

161 Les interêts dûs pour le recours des arrerages payez par le plege ou coheritier, ont hypoteque du jour des payemens, s'il a payé sur la poursuite du creancier, laquelle poursuite il est tenu de faire sçavoir au principal obligé dans les six mois, & en vertu Acte en Justice, autrement lesdits interêts n'ont hypoteque que du jour de l'action. Mais les interêts des arrerages que le plege a payés volontairement, ainsi que ceux qui sont ajugez pour le retardement d'une dette, ne sont dûs & n'ont hypoteque que du jour de la demande. Arrêté du Parlement de Roüen, les Chambres assemblées, du 6. Avril 1666. art. 149. & 150. V. Basnage, tome 1. à la fin.

HYPOTEQUE, CONTRACTS DU MESME JOUR.

162 Deux contracts étant passez le même jour, qui sera le premier en hypoteque? Voyez Carondas, liv. 11. Rép. 26.

163 Jugé le 12. Février 1602. au Parlement de Paris, entre Maître Brisart appellant du Prévôt de Paris, & Guerry & Lambert intimez, que l'Appellant seroit preféré sur les deniers des heritages vendus par decret de défunt Pierre Hotoman, parce que le contract de l'Appellant se trouvoit le premier en ordre dans le Registre du Notaire, bien que les Contracts

HYP   HYP

de Lambert & Guerry fussent datez du même jour & de même après-dînée que celui de l'Appellant, M. Marion plaidant pour le Procureur General, remarqua que le Prévôt de Paris avoit préjugé la cause, ayant envoyé querir le Registre du Notaire, & neanmoins il avoit débouté M. Brisart de sa demande. Cet Arrêt est assez extraordinaire ; il y en a eu depuis un semblable au Grand Conseil au profit de M. le Président du Mesnil. *Voyez M. le Prêtre, Cent. 4. chap. 6.*

HYPOTEQUE, JUGEMENS.

164   Jugé au Parlement de Roüen le 9. Mars 1551. que les Sentences des Juges Ecclesiastiques n'emportoient hypoteque que du jour qu'elles avoient été reconnuës ou verifiées pardevant les Juges Laïcs, Parties appellées. *Bibliotheque de Bouchel*, verbo *Sentence*, & cy-dessus le nomb. 55.

164 bis.   Jugé au Parlement de Paris le 2. Mars 1693. qu'une Sentence renduë sans Exploit d'assignation ne laissoit pas d'emporter hypoteque, mais les interêts qu'elle ajugeoit furent refusez. *Dictionnaire de Prat. imprimé en 1706.* verbo *Interêts.*

165   Les Sentences du Magistrat à Lille donnent hypoteque generalement sur tous les biens du condamné, tant meubles qu'immeubles presens & futurs. Jugé au Parlement de Tournay le 14. Février 1698. *Voyez M. Pinault, tome 2. Arr. 202.*

166   A Lille le Jugement des Echevins qui intervient sur la reconnoissance qu'un debiteur fait en pleine Halle d'une rente, & la condamnation volontaire, acquiert au creancier hypoteque sur les biens du debiteur condamné. Jugé au même Parl. de Tournay le 31. Juillet 1700. *Ibidem, Arr. 286.*

HYPOTEQUE DU LEGATAIRE.

167   Si l'hypoteque que la Loy donne aux legataires, peut être solidaire contre chaque coheritier du bailleur de quelque heritage ? Deux avis, l'un pour l'affirmative, suivant ce qu'a écrit Bacquet, *des Droits de Justice, chap. 8. nomb. 26.* l'autre pour la negative. *Voyez Henrys, tome 2. livre 4. quest. 57.*

168   Si le legs fait par le maître à sa servante dans un testament nuncupatif, tant pour ses services, que pour les gages qu'il lui peut devoir, est une obligation qui donne hypoteque du jour du testament ? Arrêt du Parl. de Provence du 15. Mars 1688. qui a donné hypoteque du jour du testament nuncupatif. *Bonface, tome 4. liv. 8. tit. 21. ch. 3.*

Voyez cy-après le titre *des Legs.*

HYPOTEQUE, LEGITIME.

168 bis.   Par Arrêt du 18. Decembre 1634. jugé que la legitime a hypoteque sur les biens du pere depuis son décés, tant pour le principal, que pour les dépens, dommages & interêts. Jugé par le même Arrêt qu'il n'y a point d'hypoteque sur les biens du fils heritier pur & simple, bien qu'il eût consommé les facultez mobiliaires sur lesquelles la legitime eût pû être prise. *Basset, tome 1. liv. 5. tit. 11. chap. 5.*

Voyez cy-après verbo *Legitime.*

HYPOTEQUE, LODS.

Voyez cy-dessus le nombre 107. & suiv.

169   Jugé au Parlement de Grenoble le 1. Août 1672. que les lods n'ont point de privilege ni d'hypoteque que du jour du contract qui leur a donné cause, parce que ce sont droits utiles qui descendent bien du droit de directe, mais *diversis respectibus*, c'est à-dire, qu'ils ne joüissent pas des mêmes avantages que la directe, qui ne se prescrit que par cent ans, & les lods seulement par trente. *Basset, tome 2. liv. 3. tit. 3. chapitre 3.*

Voyez cy-après verbo *Lods & ventes.*

HYPOTEQUE DU MAÇON.

Voyez cy-dessus le nombre 43. & suiv.

169 bis.   On a demandé qui devoit être preferé sur les loyers échûs & à écheoir saisis, ou l'Apothicaire pour ses drogues, le Maçon qui a rebâti & reparé la maison loüée, ou le locataire pour les deniers avancez au proprietaire pour les loyers. Arrêt du Parlement de Paris du 23. Juillet 1592. en faveur du Maçon. *Papon, liv. 10. tit. 3. nomb. 4.*

170   Le Maçon qui a bâti une maison a hypoteque & privilege, même contre le bailleur à rente. Arrêts des 23. Decembre 1597. & 17. Mars 1598. *Ibidem, livre 11. tit. 3. nomb. 15.*

HYPOTEQUE, MARCHANDISES.

171   Un Marchand avoit vendu du bois à un Charpentier, qui quelque temps aprés vendit des solives à la Partie de Normant pour bâtir. Le Marchand craignant l'insolvabilité du Charpentier revendiqué ; la Partie de Normant opposoit d'abord que le Marchand *abierat in creditum*; en second lieu que comme il avoit acheté plusieurs solives d'autres personnes, toutes étoient confuses. Arrêt du Parlement de Paris du 10. Mars 1605. en faveur de la Partie de Normant. *Bibliotheque de Bouchel*, verbo *Hypoteque.*

172   Giron avoit vendu du vin à Guinet ; celui-cy fait mal ses affaires & s'absente ; l'Hôte fait saisir le vin & prétend privilege & préference *super invectis & illatis*, il l'obtient au Châtelet. Arrêt du 15. Mars 1605. qui ordonne que Giron sera payé. *Ibidem.*

173   Marchandises venduës étant hors les mains de l'acheteur, ne sont sujettes à l'hypoteque prétenduë par le vendeur. Arrêt du Parlement de Grenoble du dernier Juillet 1638. *Basset, tome 2. livre 5. titre 2. chapitre 9.*

174   Ceux qui fournissent des équipages aux femmes de qualité, ont un privilege sur les meubles. Jugé en la Grand'-Chambre du Parlement de Paris le 16. Février 1694. *Journal des Audiences, tome 5. livre 10. chapitre 5.*

HYPOTEQUE, MEUBLES.

Voyez cy-dessus le nombre 174.

175   Quel effet a le mot vulgaire, *meuble n'a suite par hypoteque*; & si cela est indistinctement vray ? *Voyez Coquille, tome 2. quest. 63.*

176   Meubles n'ont point de suite. Arrêt de la Cour des Aydes de Montpellier. *V. Philippi, art. 101.*

177   Par la Coûtume generale de France les meubles n'ont point de suite par hypoteque, ce qui ne s'entend lorsque les meubles sont seulement saisis & sequestrez, ou baillez en oppignoration ou gage, mais quand ils sont actuellement vendus, ou delivrez à l'acheteur par vente conventionnelle ou par decret & vente judiciaire. Jugé par plusieurs Arrêts, & entre autres au mois de Novembre 1594. *La Rocheflavin, liv. 2. lettre H. tit. 4. Arr. 5.*

178   La Coûtume de France portant que les biens, meubles n'ont point de suite, s'entend des meubles non seulement saisis, mais aussi ajugez & vendus ; car la simple saisie n'acquiert aucun droit au creancier qui l'a faite ; elle n'empêche l'opposition d'un autre creancier anterieur en hypoteque ; ainsi jugé au Parlement de Toulouse en Novembre 1594. *Mainard, livre 3. chap. 8.*

179   Suivant la Jurisprudence du Parlement de Bourgogne, dans le même cas de la banqueroute, & de la deconfiture, on ne vient point à contribution sur les meubles au sol la livre ; *statuta suo clauduntur territorio*, de sorte que la Coûtume de Bourgogne s'étant réduite aux termes de la maxime generale, *meubles n'ont point de suite en hypoteque*, sans exception du cas de la deconfiture ; il ne doit point être suppléé. On ne sçauroit alleguer un exemple dans lequel on se soit dispensé de suivre cette regle generale, sinon en cas de fraude évidente, suivant un Arrêt donné contre un Marchand d'Auxonne en 1622. Aussi le 23. Mars 1662. il a été jugé qu'en déroute, comme en toutes autres occasions, les saisissans doivent toucher par ordre de saisies. *Voyez Taisand sur la Coût. de Bourg. tit. 5. art. 4.*

180   Biens meubles n'ont point de suite par hypoteque,

sinon quand ces meubles saisis sont encore au pouvoir du débiteur, mais s'il a désisté de les avoir, un creancier anterieur au saisissant, le débiteur étant insolvable, peut en obtenir la maintenuë. Jugé au Parlement de Grenoble le 26. Decembre 1607. *Basset*, tome 2. *li.* 5. *tit.* 3. *chap.* 2.

181 En pays de Droit écrit les meubles sont susceptibles d'hypoteque, & le mari ayant fait banqueroute, la femme pour la restitution de sa dot, est préferée sur le prix, même des marchandises extantes, à ceux qui les ont venduës. Arrêt du Parlement de Paris du 17. Juillet 1635. *Bardet*, tome 2. *li.* 4. *ch.* 23.

182 Jugé par Arrêt du 22. Novembre 1655. que le proprietaire peut prétendre privilege sur les meubles de son fermier, pour le payement du prix de sa ferme, au préjudice d'un autre creancier premier saisissant. *Soëfve*, tome 2. *Cent.* 1. *chap.* 1.

183 Les meubles de la femme qui étoient dans la maison donnée à loüage, mêlez avec les meubles du mari, demeurent subsidiairement obligez pour les loüages. Les Loix obligent pour cet effet *invecta & illata*, mais il semble que cette regle est encore moins faite pour les meubles de la femme, que pour les meubles d'un étranger. L'étranger en les mettant dans une maison, où rien ne l'oblige de les mettre, est presumé les avoir soûmis à la Loy des loüages. Il n'en est pas de même de la femme qui ne peut que suivre son mari, & que ses meubles suivent ; mais il n'est pas juste que le proprietaire soit au hazard de perdre, obligé à demêler & distinguer les meubles sur lesquels il a pû compter dés qu'il les a vûs dans sa maison. Arrêt du Parlement de Toulouse du 19. Janvier 1695. rapporté par *M. de Catellan*, *liv.* 5. *chap.* 2.

184 Les meubles sont susceptibles d'hypoteque, cette maxime est certaine au Parlement de Provence. J'ay vû, dit l'Auteur des Observations sur *Henrys*, tome 1. *liv.* 4. *chap.* 6. *quest.* 38. un Acte de Notorieté de Messieurs les Gens du Roy de ce Parlement, qui certifie cet usage, & suivant iceluy la question a été jugée en la Cinquiéme Chambre des Enquêtes, au rapport de M. Maigny, au profit de Jeanne Ficher, veuve Estard, le 12. Juillet 1700.

HYPOTEQUE, MINEUR.

185 De quel jour le tuteur a hypoteque sur les biens du mineur ? *Voyez M. Loüet*, *lettre H. som.* 23. & *Henrys*, tome 1. *liv.* 4. *chap.* 6. *quest.* 35. où il est opposé à ce que M. Loüet & Brodeau en disent, & aux Arrêts qui l'ont jugé par eux rapportez. *Voyez Chavondas*, livre 6. *Rép.* 75. *cy-aprés le nombre* 215. *& le nomb.* 267. *& suiv.*

186 Au mois d'Août 1582. jugé aux Arrêtez generaux à Sainte Croix, que le pupille aux biens du tuteur est préferé à la femme, aprés avoir été le procez parti en trois Chambres *Voyez la Bibliotheque de Bouchel*, verbo *Hypoteque.*

187 Si le bien d'un pupille a été vendu à la requête d'un tuteur, & qu'aprés les creanciers fassent saisir & vendre le bien par decret, si l'acheteur est recevable à purger les hypoteques anterieures à son achat ? *Voyez Bouvot*, tome 1. *part.* 1. verbo *Vente de bien d'un pupile.*

188 Hypoteque quoiqu'individuë ; le mineur ne releve point le majeur. Arrêt du 23. Mars 1660. *De la Guess.* tome 2. *liv.* 3. *chap.* 16.

189 Contract passé par les mineurs ; ratifié en majorité, n'y ayant point d'emploi de deniers qui soit justifié, ni les mineurs ayent été autorisez lors desdits contracts ; l'hypoteque est du jour du contract, non du jour de la ratification. Arrêt du 23. Juillet 1667. *De la Guess.* tome 3. *liv.* 1. *chap.* 36.

190 Par Arrêt du P. de Roüen du 23. Juillet 1666. il a été jugé que la ratification d'un contract fait en minorité ne préjudicie point à un tiers creancier qui a contracté dans l'intervale du temps pour la preference d'hypoteque ; cette ratification n'a point d'effet retroactif. *Basnage, sur l'article* 223. *de la Coûtume de Normandie.*

HYPOTEQUE, NANTISSEMENT.

191 La fille en pays de nantissement a son hypoteque sur les biens de son pere pour ses conventions matrimoniales, encore qu'elle n'ait pris nantissement. Arrêt du 7. Septembre 1602. *M. Loüet, lettre H. somm.* 26.

192 En pays de nantissement, comme Picardie, la Sentence donne hypoteque, autrement l'Ordonnance n'y pourroit avoir lieu. Arrêt du 8. Janvier 1607. *M. Loüet, lettre H. somm.* 25. *Voyez du Frêne*, livre 1. *chap.* 6.

193 Par Arrêt donné en la Seconde des Enquêtes du Parlement de Paris le 6. Septembre 1608. jugé en pays de nantissement que le creancier qui s'étoit fait nantir sur la part que possedoit son débiteur par indivis en un heritage commun de la succession avant le partage d'icelle, ne pouvoit perdre l'hypoteque aquise par son nantissement sur cet heritage pour la part qui en appartenoit à son débiteur, encore que par le partage tout cet heritage fût avenu au lot des copartageans, & ce à cause que par le nantissement il se fait comme proprietaire de la chose sur laquelle il se nantit, jusqu'à la concurrence de son dû, & qu'autrement il se trouveroit sans nantissement sur la part avenuë à son débiteur, & par consequent sans hypoteque. *Voyez M. le Prêtre, Cent.* 4. *chap.* 3. *& du Frêne*, *liv.* 1. *chap.* 7.

194 Au Bailliage de Senlis, pays d'hypoteque, non de nantissement, quoique les rentes constituées ayent hypoteque, de Droit commun, du jour du contract; toutefois si elles ne sont ensaisinées ou infeodées elles sont reputées dettes mobiliaires, & même sur le decret les creanciers d'icelles y viennent en deconfiture. Arrêt du Parlement de Bourgogne du 25. Janvier 1610. *Voyez les Plaidoyers de Corbin, ch.* 51.

195 Es Sénéchaussées de Ponthieu & Boulonnois les hypoteques tacites introduites de Droit pour les contracts de mariage & tutelles y ont lieu, comme au Bailliage d'Amiens ; ensemble esdites Sénéchaussées, & au Bailliage d'Amiens les Sentences & Arrêts emportent hypoteque, sans qu'il soit besoin de nantissement. Arrêt du 29. Juillet 1623. *Du Frêne*, livre 1. *chap.* 6.

Voyez le mot *Nantissement.*

HYPOTEQUE, NOTAIRES.

196 Le Notaire ayant hypoteque sur des biens, s'ils sont hypotequez posterieurement par actes passez pardevant luy, perd son hypoteque à l'égard du nouveau contractant. Arrêt du 21. Mars 1581. & par autre Arrêt du mois de Decembre 1598. *Papon*, *liv.* 11. *tit.* 3. *n.* 19.

197 Arrêt du 12. Septembre 1598. qui a jugé que les pactes de mariage reçus par Notaires sont preferables en hypoteque à ceux auparavant signez entre les parties sans le ministere de ces Officiers. *Bibliotheque de Bouchel*, verbo *Mariage.*

198 Le creancier dont le contract se trouve le premier en ordre dans le Registre du Notaire a été préferé à un autre creancier, les deux contracts datez d'un même jour, & payé le premier sur les deniers des heritages vendus par decret. Jugé le 12. Février 1601. *M. le Prêtre*, 4. *Cent. chap.* 6.

199 Quand un Notaire, qui a reçu à diverses années des contracts entre diverses personnes, par les premiers desquels un heritage est hypotequé, duquel ensuite il reçoit le contract de vente comme franc & quitte, sans avertir l'acquereur des hypoteques qu'il sçavoit, est tenu des dommages, interêts envers l'acquereur inquieté pour raison desdites hypoteques, tuës & recelées par ledit Notaire ? *Voyez Filleau*, 4. *part.* *quest.* 167. *& 168.*

200 Par Arrêt du 9. Février 1647. jugé qu'une obligation

tion passée pardevant le Notaire d'un Seigneur, dans le détroit duquel le debiteur n'étoit demeurant au temps de l'obligation, ne donnoit point d'hypoteque. *Voyez Auzanet sur l'article* 165. *de la Coûtume de Paris.*

201. Par Arrêt du 7. Juillet 1659. il a été ordonné que les contracts passez pardevant des Notaires subalternes dans le détroit de leur Jurisdiction, entre personnes demeurantes ailleurs, donnent hypoteque du jour du contract. *Voyez Auzanet, ibidem.*

202. Si un Notaire a une hypoteque generale sur les biens d'un homme, qu'après il reçoive un contract en faveur d'un autre, où son débiteur oblige generalement ses biens, il ne doit pas perdre la priorité de son hypoteque. Arrêt du Parlement de Toulouse du 23. Avril 1649. autre du mois d'Août 1654. Il en seroit autrement, si l'hypoteque étoit speciale sur un certain corps, comme une maison ; le second, quoique posterieur en hypoteque devroit être préferé. Arrêts des 13. Juillet 1646. & 20. May 1649.

Quoiqu'il ait été dit que quand l'hypoteque n'est que generale, l'on ne se préjudicie pas en signant ; il fut au mois de Juin 1652. rendu un Arrêt qui semble contraire. M. Tissandier ayant une fille & un fils, maria sa fille avec André, luy constitua 4000. livres. Cette fille étant décedée, André suivant la Coûtume de Toulouse gagne l'entiere dot ; Tissandier mariant Bernard son fils avec la Demoiselle Daussard, luy fit donation de la moitié de ses biens, & reconnut la dot de la Demoiselle Daussard sur l'autre moitié. André ayant signé ce contract portant donation & hypoteque de constitution dotale, se remaria avec la Demoiselle du May, il mourut quelque temps après, ainsi que Bernard Tissandier ; la Demoiselle Daussard opposoit à la Demoiselle Dumay, qu'André ayant signé son contract, il avoit relâché sa priorité d'hypoteque ; de sorte qu'il fut jugé en faveur de la Demoiselle Daussard, qui fut alloüée préferablement à la veuve d'André. Il se peut faire que les motifs de la Cour furent que le gain de dot étant contre le Droit commun, la cause d'André étoit moins favorable s'étant remarié, & qu'ainsi la veuve du fils devoit être préferée à une femme étrangere de la famille. *Voyez le Recueil d'Albert, lettre C.* verbo *Creancier.*

203. Contract passé devant Notaires est preferable en hypoteque à celuy qui n'est que sous seing privé. Arrêt du Parlement de Roüen du 3. Mars 1663. *Basnage, sur la Coûtume de Normandie, art.* 527.

204. Quoi qu'un contract passé devant Notaires soit toûjours préferable en hypoteque à celuy qui n'est que sous signature privée, on prétendit neanmoins faire prévaloir un fait privé dans cette espece singuliere. Un nommé le Diacre en mariant sa fille, luy donna 100. livres de rente sous signature privée : depuis en mariant son fils à Renée Angot, il lui fit un avancement de la plus grande partie de ses biens ; peu de temps après, le pere & le fils étant tombés dans le désordre de leurs affaires, la femme du fils obtint des Lettres de separation de biens, & sur la demande qu'elle fit de sa dot, en don doüaire, Marie le Diacre prétendit qu'elle devoit être préferée pour les 200. livres de rente que son pere lui avoit promis, quoique son contract de mariage ne fût point reconnu, ce que le Juge du Havre luy ayant accordé, ladite Angot en interjetta appel. Par Arrêt du Parlement de Roüen du 4. Juillet 1686. la Cour mis l'appellation, & ce dont étoit appellé au neant, & en réformant, ordonna que ladite Angot prefereroit ladite le Diacre, si mieux elle n'aimoit se contenter à sa legitime ; ladite Angot luy avoit fait cette offre devant les Juges des lieux, ce qui mettoit sa cause hors de toute difficulté ; & en effet elle n'auroit pû empêcher que la sœur de son mari n'eût sa legitime ; mais hors ce cas on ne peut pas douter

qu'un contract authentique ne soit preferable en hypoteque à celui qui n'est point reconnu. *Basnage, sur la Coûtume de Normandie, art.* 527.

Voyez cy-après verbo *Notaire. §. Notaire, Hypoteque.*

HYPOTEQUE, OFFICE.

205. Un creancier qui a prêté de l'argent pour acheter une Charge, est preferé sur le prix de la vente à la femme pour sa dot. Arrêt du Parlement de Toulouse du 21. Juillet 1561. *Mainard, tome* 1. *liv.* 2. *chap.* 50. même Arrêt le 21. Juillet 1593. rapporté par *Charondas, liv.* 9. *Rép.* 7.

206. Arrêt du Parlement de Provence du 30. Octobre 1641. qui a déclaré l'Office de Maître des Postes susceptible d'hypoteque. *Boniface, tome* 3. *livre* 3. *titre* 1. *chap.* 11.

207. De l'hypoteque, en vente des papiers d'un Office de Procureur, & qu'elle ne s'étend qu'à ceux inscrits dans l'inventaire fait lors de la vente, Arrêt du Parlement de Grenoble du 20. Avril 1645. sur ce moüvement, que la vente n'étoit que des papiers de cet inventaire, qui ne fut vrai-semblablement fait que pour sçavoir ce qu'on avoit eu intention de vendre & d'acheter. *Basset, tome* 2. *liv.* 5. *titre* 2. *chapitre* 14.

208. Il a été jugé que les Offices ou *Pratiques* des Procureurs pouvoient être suivis par hypoteque entre les mains des acquereurs, & pouvoient être suivis par les creanciers du vendeur pendant dix ans, comme les autres biens vendus ; ainsi jugé en la seconde Chambre des Enquêtes de Toulouse au mois d'Août 1662. suivant l'avis de Loiseau, qui décide que tous Offices hereditaires & patrimoniaux, pour lesquels il ne faut pas des provisions, sont biens immeubles. *Voyez M. de Catellan, liv.* 6. *chap.* 19.

209. L'Office de Notaire peut être poursuivi par hypoteque sur l'acquereur. Arrêt du 23. Juillet 1669. *De la Guess. tome* 3. *liv.* 10. *chap.* 25.

210. L'Office de Receveur des Consignations, & de tout Officier comptable, est affecté par préference pour les deniers des parties, & du public, à tout autre creancier hypotequaire & privilegié. 2. Le même en est en l'Office des Greffiers, pour les deniers consignez entre leurs mains. 3. Mais au regard des autres biens, l'hypoteque s'en prendra sur le Receveur des Consignations. & Officier comptable du jour de leur reception en l'Office. 4. Aux Greffiers du jour de la reception des deniers. 5. Aux autres Officiers du jour de la condamnation. *Loiseau, des Off. lib.* 2. *ch.* 6. *n.* 30. *& seq.* 4. *id.* Mornac. *ad l.* 7. §. *quoties. ff. depositi* 3. *cont.* Brod. *lit. C. n.* 51. 1. 2. 3. *id.* Bacquet, *justice chap.* 21. *n.* 412. 3. *quid in pœnâ pecuniariâ.* Coquille, *quæst.* 13. *vid.* Coquille, *instit. des Droits de Justice.* 1. *id.* Loiseau *des Off. lib.* 3. *ch.* 8. *n.* 92. *& in pretio officii deb.* M. Abraham la *Peirere* en ses Décisions du Palais, *lettre H. nomb.* 49. rapporte toutes ces autoritez, & y joint la citation d'un Arrêt rendu au Parlement de Bourdeaux le 6. Septembre 1669. en la Grand' Chambre, au rapport de Monsieur de Maran, sur l'ordre des creanciers du sieur Deydie, Receveur general des Rentes dans la Generalité de Guyenne. Les creanciers ausquels les rentes étoient dûs, sont colloquez sur le prix de l'Office par préference à tous les autres creanciers,& sur les biens autres dudit sieur Deydie. Ils sont colloquez du jour de la reception dudit Deydie en l'Office de Receveur.

211. De la préference prétenduë sur les deniers procedans du prix d'un Office entre les creanciers du pere qui l'avoit résigné à son fils, & les creanciers du fils pourvû du même Office, reçu en iceluy sans aucune opposition au Sceau & à sa reception, le fils ayant posterieurement fait sa déclaration que l'Office appartenoit à son pere, & qu'il n'y prétendoit rien. Arrêt du 15. Juillet 1672. en faveur des creanciers

du fils, lesquels seroient payés par préférence aux autres, & par concurrence entr'eux. *Voyez Soëfve, tome 2. Cent. 4. chap. 76.* où sont rapportez deux autres Arrêts, le premier sans date, l'autre du 18. Janvier 1671. qui avoient jugé que le Sceau, aussi bien que le decret purge les hypoteques des creanciers qui ne se sont point opposez, & que les creanciers privilegiez sur le prix de l'Office non opposans sont exclus par les creanciers ordinaires qui ont formé leur opposition.

212 Dans les Coûtumes, comme dans quelques Villes de Flandres, où les contracts passez pardevant Notaires ne donnent au creancier aucun droit d'hypoteque sur les biens du débiteur sans réalisation, le creancier peut acquerir hypoteque sur l'Office de son débiteur en le saisissant, pourvû que la saisie soit précédée de sommation de payer, & par consequent dressée sur le pied de titre executoire, qu'elle soit faite à la personne de l'Officier, qu'elle lui soit signifiée, enregistrée au Greffe d'où dépend l'Office, aussi bien qu'au Bureau des Saisies réelles, avec défenses faites & signifiées au Payeur des Gages de payer en autres mains que celles du Receveur des Saisies réelles, Commissaire établi à la saisie ; & pour agir sur le pied de cette hypoteque, il faut être opposant au sceau dans l'an du decret de l'Office. Jugé au Parlement de Tournay le 28. Novembre 1698. il s'agissoit de la Charge de Secretaire du Roy en la Chancellerie établie par la Cour du Parlement de Tournay ; l'une des parties qui demandoit préference sur les deniers consignez, se pourvut en cassation d'Arrêt ; il fut ordonné au Procureur General d'envoyer les motifs ; à quoi ayant été satisfait, le Conseil n'a pas trouvé qu'il convînt de juger autrement. *Voyez M. Pinault, tome 2. Arr. 242.*

Voyez le mot Office, §. *Hypoteque sur les Offices.*

HYPOTEQUE EN PARTAGE.

213 Les biens des associez étant partagez, si par le partage l'hypoteque est resoluë, & si la veuve en payant la moitié qu'elle doit en vertu de la participation conjugale, est déchargée de l'hypoteque pour l'autre moitié ? *V. Bouvot, tome 2. verbo Hypoteque & Discussion, quest. 6.*

214 Partage entre copartageans ; l'hypoteque sur les biens particuliers de leurs coheritiers est du jour du décez & de l'addition d'heredité, & non du jour du partage. Arrêt du 27. Juin 1686. *Journal du Palais* in folio *tome 2. page 606.*

V. cy-dessus *le nomb.* 141. *& suiv. & le mot Partage.*

HYPOTEQUE, PRESCRIPTION.

215 Par Arrêt du Parlement de Paris l'hypoteque du pupille sur les biens de son tuteur jugée prescriptible par trente ans, à compter neanmoins du jour de sa majorité. *Mainard, liv. 7. chap. 62.*

216 *Henrys,* demande si celuy qui détient un heritage à titre d'engagement, peut prescrire l'hypoteque des creanciers qui sont precedens à son contract d'engagement ? Après avoir cité Chopin & Brodeau qui sont pour l'affirmative, Henrys tient pour la negative. *Voyez tome 2. liv. 4. quest. 22.*

217 L'action hypotequaire se prescrit par trente ans en Berry, même contre la femme pour ses conventions matrimoniales, & doüaire prefix au profit du tiers acquereur de l'immeuble de son mari. Arrêt du 4. Août 16 6. *Bardet, tome 1. li. 2. chap. 92.*

HYPOTEQUE, PROCURATION, PROCUREUR.

218 M. du Plessis en sa 50. Consultation estime qu'un particulier chargé de la Procuration d'un autre n'a point hypoteque de ce jour pour raison de ce qu'il a fait en execution.

219 Les Procureurs ont hypoteque sur les biens de leurs parties du jour de la procuration. Arrêt du 19. Juin 1674. *De la Guessiere, tome 3. liv. 8. chap. 10.*

HYPOTEQUE, RECONDUCTION.

220 L'hypoteque de la reconduction tacite ne court que du jour d'icelle, & non du jour de l'ancien bail. Arrêt du Parlement de Paris du 27. Février 1606. *V. les Reliefs Forensés de M. Sebastien Roüillard, ch. 41.*

HYPOTEQUE DU REMPLOY.

Voyez cy-dessus *le nombre* 111. *& suiv.*

221 Quand il n'y a point de stipulation pour le remploi des propres, on n'a hypoteque que du jour de l'alienation. Arrêt du 17. Février 1654. *Du Frêno, li. 7. ch. 31.*

Voyez le mot, Remploi.

HYPOTEQUE, RENONCIATION.

222 *Creditor qui consentit dari in dotem quod sibi obligatum est, pignus remittit.* Mornac, *loy* 11. *ff. quibus modis pignus, &c.*

223 Si celui qui a hypoteque sur les heritages d'un vendeur, ayant signé le contract comme témoin, est reputé renoncer à son hypoteque ? Arrêt du dernier Mai 1582. pour la negative. *Cujus Sejus* 39. *D. de pign. act.* Carondas, *liv. 7. Rép. 217.*

224 Creancier consentant à la vente, est censé renoncer à son hypoteque. Arrêt du Parlement de Paris. Papon, *liv. 11. tit. 3. n. 11.*

225 Si le creancier consent à l'alienation des choses qui lui sont hypotequées, il est presumé avoir renoncé à son hypoteque. Cette question fut ainsi décidée le 11. Février 1651. au Parlement de Toulouse. *V. M. de Catellan, liv. 5. chap. 10.*

226 Restitution accordée par Arrêt du 4. Janvier 1656. à une femme contre la renonciation par elle faite à la priorité des hypoteques qu'elle avoit sur les biens de son mari, en faveur d'un creancier posterieur, sur le fondement que la renonciation n'avoit point été acceptée par le creancier. *Soëfve, t. 2. Cent. 1. ch. 5.*

227 Un creancier renonce à son hypoteque en faveur d'un acquereur, sans déroger à sa dette pour ses hypoteques & privileges sur les autres immeubles de son debiteur ; ensuite le creancier forme sa demande en declaration d'hypoteque contre un premier acquereur, & le fait condamner. Ce premier acquereur attaque le second, qui forme sa demande en sommation contre le creancier pour le faire décharger de la demande du premier acquereur. Jugé sans avoir égard à la demande en sommation du second acquereur, il devoit acquiter le premier acquereur des condamnations hypotequaires prononcées au profit du creancier, sans même ordonner la discussion. Arrêt du 10. Mai 1687. *Journal du Palais.*

HYPOTEQUE, RENTES.

228 S'il y a constitution de rente passée en extinction d'une obligation demeurant par hypoteque, ne la representant pas, si l'on peut être colloqué à la date de l'obligation, ou de la constitution ; & s'il y a stipulation pour l'obligation des dommages & interêts, promesse de payer à peine? &c. *V. Bouvot, to. 2. verbo,* Hypoteque & Discussion, *q. 5.* il rapporte un Arrêt du P. de Dijon, qui, faute de representer l'obligation, n'a colloqué que du jour du contract de constitution.

229 Arrêt du mois de Février 1593. qui a jugé que les arrerages d'une rente volante viennent apres tous les creanciers, de même que les interêts ; en sorte que la Loi, *Lucius,* ne s'observe plus. Ce qui a aussi été jugé en l'an 1613. *La Rocheflavin, liv. 6. tit. 58. Arr. 3.*

230 Si les rentes constituées ont suite par hypoteque entre les mains du tiers détempteur dans les Coûtumes qui les reputent meubles, & si le domicile du tiers acquereur dans une Coûtume où les rentes sont meubles peut en changer la nature, à l'égard des creanciers du vendeur, & garantir de la demande en déclaration d'hypoteque ? *Voyez le Journal du Palais,* in fol. *tome 2. p. 687.* où est rapporté l'Arrêt intervenu au P. de Paris le 19. Août 1681. qui a emandé la Sentence des Presidiaux de Reims, & en émandant a declaré les rentes acquises, affectées, & hypotequées à la créance des Appellans.

231 Un creancier hypotequaire de deux rentes n'est point obligé de ceder ses actions à ceux qui luy en

veulent rembourser une au préjudice de son hypoteque pour l'autre rente. Jugé au Parlement de Tournay le 6. Août 1697. *Voyez M. Pinault, tome 2. Arr. 183.*

232 Acte de Notorieté donné par M. le Lieutenant Civil du Châtelet de Paris, le 24. Avril 1703. portant que les promesses sous signature privée de passer contract de constitution, portant hypoteque du jour qu'elles sont reconnuës pardevant deux Notaires, quoique la minute de l'acte de reconnoissance ne soit pas déposée chez les Notaires. *Recüeil des Actes de Notorieté, page 172.*

HYPOTEQUE, RÉPARATIONS.

233 Par Arrêt du 18. Novembre 1655. jugé que la rente de fief prefereroit les impenses pour réparer & rééditier, comme aussi que la rente anterieure de la fiesse prefereroit les impenses pour les réparations. *Berault, à la fin du 2. tome de la Coûtume de Normandie, page 104. sur l'article 575.*

Voyez cy-dessus le nomb. 43. & suiv.

RESERVE D'HYPOTEQUE.

234 Si quelqu'un vend son fond, passe contrat, & se reserve l'hypoteque, il est préferable à tous creanciers. Arrêt de l'année 1565. *Bouvot, tome 2. verbo Hypoteque & discussion, quest. 2.*

235 Si le creancier qui a prêté deniers pour l'achat de biens, à la charge que les biens acquis demeureront specialement affectez, est preferable aux creanciers de l'acheteur sur lesdits biens? *Voyez Bouvot, ibidem, quest. 9.* il faut prouver que les deniers prêtez ont été employez à l'achat.

236 Celui qui a été present en un contract de constitution de rente, & n'a déclaré l'hypoteque qu'il avoit sur les biens de l'obligé, quoiqu'il eût reçu le contract comme Notaire, ou n'y eût assisté que comme parent ou témoin, ne peut se servir de son hypoteque anterieure, pour preceder celui auquel ladite rente aura été constituée: *Idque propter dolum malum qui non in eo tantùm est qui fallendi causâ obscurè loquitur; sed etiam qui insidiosè obscurè dissimulat. L. ea quæ commendandi. §. fin. ff. de contrah. empt.* Arrêt du 21. Mars 1581. *La Rochestavin, liv. 6. tit. 58. Arr. 1.*

237 Les Maçons, Ouvriers, Voituriers, & ceux qui ont conservé leurs hypoteques, sont préférables à tous creanciers, quoique posterieurs, *leg. 1. ff. in quib. cauf. pig. vol. hypot. tacitè L. interdum. ff. qui potiores.* Arrêt du 23. Décembre 1597. *La Rochestavin, ibidem, Arrêt 2.*

238 Si le creancier baille quittance pure & simple à son debiteur, & en même temps passe contre-lettre avec son debiteur, par laquelle ils demeurent d'accord n'avoir été rien payé, & le creancier se reserve l'hypoteque de son premier contract; neanmoins l'hypoteque du contract demeure éteinte, & le creancier n'a hypoteque du jour de la contre-lettre. *Voyez la Peirere, lettre H. nombre 73.* où il rapporte les deux Arrêts qui suivent rendus au Parl. de Bourdeaux.

Arrêt du 8. Août 1651. donné en la Premiere des Enquêtes au Rapport de M. de Boucaud jeune, entre Maître Jean Bonnet Elû en Limosin, & Martin Ganet. Ledit Bonnet étant creancier du nommé Moulois, & ayant baillé quittance pure & simple en l'an 1621. & en même temps par une contre-lettre ayant été déclaré, que quoiqu'il fût dit dans ladite quittance,il n'avoit point été payé,& se reservoit l'hypoteque de son contract qui étoit de 1617. Jugé que ledit Bonnet n'auroit hypoteque sur les biens dudit Moulois, que du jour de la contre-lettre de l'année 1621. La raison de douter étoit prise de la regle *quæ siunt ex continenti videntur inesse*: mais cette regle ne peut avoir lieu au préjudice d'un tiers.

Arrêt du 24. Avril 1673. donné en la Grand'Chambre, au Rapport de M. Duffaut. Le nommé Blais poursuivoit sa debitrice au payement de la somme de deux cens nonante-six livres qui lui étoit duë :

Tome II.

Elle consigne ladite somme és mains du nommé Argelos son gendre, & le même jour elle déclare avoir retiré ladite somme, & promet de la remettre audit d'Argelos. Cependant ledit Blais ayant obtenu mainlevée de ladite somme, Argelos la lui paye le 17.Avril avant midi; & aprés midi il se passe un autre Acte entre la belle-mere, Argelos & ledit Blais, par lequel la belle-mere s'oblige de rembourser ladite somme audit Argelos, & Blais subroge ledit Argelos en l'hypoteque de son contract. Jugé avec les creanciers de la belle-mere au procez de ses biens, que la subrogation étoit nulle comme faite aprés l'obligation éteinte par le payement, suivant la Loy *Modestinus.*

HYPOTEQUE, RETOUR.

239 Arrêt du Parlement de Provence de l'an 1603. qui a jugé que le droit de retour n'est ajugé à la charge des hypoteques,que subsidiairement. *Boniface, to. 1. liv. 7. tit. 8. chap. 2.*

240 Autre Arrêt du 18. Novembre 1649. qui a jugé que le pere recouvrant par droit de retour les biens donnez, c'est avec les hypoteques civiles, & non avec celles qui viennent de crime. L'Arrêt fondé sur ce que le pere donne à son fils pour traiter ses affaires utilement, non pour délinquer. *Ibidem.*

HYPOTEQUE, RETRAIT.

241 En cas de retenuë feodale ou bordeliere, si l'heritage vient au Seigneur, franc des hypoteques constituées par le Seigneur utile? *Voyez Coquille, tome 2. quest. 38. & cy-dessus le nombre 251.*

242 Un acquereur avoit déclaré par le contract qu'une partie des deniers qu'il payoit, lui avoient été baillez, à condition de les employer à cet achat, & d'en faire declaration à l'effet de donner au creancier un privilege sur la chose; depuis il emprunta de l'argent pour rembourser ce premier creancier avec subrogation à ses droits d'hypoteque en faveur du dernier. Cet heritage ayant été clamé, le retrayant remboursa à l'acquereur le prix entier; mais cet acquereur étant devenu insolvable, le creancier fit faire execution sur le fond qui lui étoit privilegiement affecté; le retrayant nonobstant l'opposition fut condamné au payement des arrerages. Par Arrêt du Parlement de Roüen du 12. Janvier 1672. on cassa la Sentence; mais on permit au creancier de s'adresser hypothequairement sur le fonds. *Basnage, sur la Coûtume de Normandie, art. 453.*

HYPOTEQUE, REUNION.

243 De l'extinction des hypoteques aprés la réünion des deux Seigneuries. *Voyez Henrys, tome 1. livre 3. chap. 2. quest. 8.* Il distingue entre la réünion qui se fait pour une cause inherente au contract, & celle qui se fait pour une cause étrangere. Au premier cas, toutes les hypoteques imposées par le vassal sont éteintes; au second elles subsistent. *Voyez M. Loüet lettre C. chap. 53.* Loiseau, *traité du Déguerpissement, livre 6. chap. 3.*

Voyez le mot Réünion.

CONTRACTS PASSEZ HORS LE ROYAUME.

244 Les contracts aussi-bien que les actes de tutelle passez hors du Royaume, ne portent hypoteque, soit expresse ou tacite, sur les biens situez en France. *Brodeau sur M. Loüet lettre H. somm. 15.*

Neanmoins on tient que les contracts de mariage passez en païs Etranger emportent hypoteque du jour qu'ils ont passez quand leur forme en a été attestée, à cause de la necessité du commerce, bien qu'ils ne soient executoires, avant qu'ils ayent été reconnus pardevant un Juge Royal. *M. Bouguier lettre C. nomb. 7.* rapporte deux Arrêts, l'un de 1601. rapporté par *Mornac*, l'autre du 8. Septembre 1627. qui ont jugé que les contracts passez hors du Royaume produisent hypoteque sur les biens assis en France. *Voyez le Traité de l'Abus, tome 1. liv. 4. chapitre 6.* & Brodeau, *Coûtume de Paris, articles 164. & 165. n. 9.* & Tronçon, *Coûtume de Paris, art. 165.*

Ddd ij

245 Un contract de mariage passé hors de la France ne porte hypoteque sur les biens qui sont en France. Arrêt à la Nôtre-Dame de Septembre 1618. Montholon, Arrêt 136.

HYPOTEQUE DU SAISISSANT.

246 Si en païs de Droit écrit un creancier ayant hypoteque generale fait saisir des fruits pendans à un fond hypotequé specialement à un creancier posterieur, est préferable ? Voyez Bouvot, tome 1. verbo Creancier, quest. 1.

247 C'est une maxime que le premier saisissant des meubles, & le premier en date d'hypoteque sur les immeubles est préferable à tous autres creanciers ; il y a quelques exceptions. Voyez M. le Prêtre 4. Cent. chap. 5. où il parle de la préference & du privilege des creanciers, & qu'il faut une stipulation expresse que les deniers ont été baillez pour employer à l'acquisition d'un tel heritage, &c. & que *res empta alterius pecuniâ, ejus est qui emit, non ejus cujus erat pecunia l. 1. C. si quis alteri vel sibi, & e.*

248 Si un creancier ayant hypoteque generale fait saisir un fond de son debiteur, & qu'un autre creancier ayant hypoteque speciale sur autre fond s'oppose, le poursuivant peut le faire déclarer non recevable jusqu'à ce qu'il ait discuté sa speciale hypoteque. Le debiteur n'auroit pas cette faculté d'opposer tel moien. Arrêts du Parlement de Paris des 20. Août 1558. & 16. Decembre 1560. Papon, liv. 11. tit. 3. nomb. 3.

249 Les Chartreux avoient acquis de Maître Bariot une Terre, moyennant six mille écus, qui devoient être payez aux creanciers dénommez au contract de vente. Quelques autres creanciers en étant avertis saisissent ces deniers entre les mains des Chartreux, & prétendent être préferables à cause que c'est un meuble qu'ils ont fait les premiers saisir. Les Chartreux s'opposent, & refusent de vuider leurs mains qu'ils ne soient assurez. Par Arrêt du 4. Janvier 1602. il fut ordonné qu'en consignant par les Chartreux entre les mains d'un notable Marchand, dont les Parties conviendroient, ils seroient valablement déchargez, sauf aux creanciers à venir sur lesdits deniers, chacun à leur ordre ; le même a été jugé par l'Arrêt de la Terre de Villebois pour M. d'Espernon en l'an 1601. Idem, pour Dame Françoise Dassé femme de M. Servin, par Arrêt à huys clos, du 15. Janvier 1601. Voyez la Bibliotheque de Bouchel, verbo Gages.

250 Par Arrêt donné au Parlem. de Dijon entre Maître Loüis Gillet Procureur à la Cour, premier saisissant, sur le nommé la Croix Marchand, qui avoit fait faillite, & les autres creanciers du même la Croix, il fut ordonné que le prix de la vente des effets mobiliers de ce Marchand seroit distribué au prorata au livre entre tous les creanciers ; l'Arrêt est du 20. May 1662. conformément à l'article 165. de l'Ordonnance de 1616. Taisand, sur la Coûtume de Bourgogne, titre 5. art. 4. note 18.

HYPOTEQUE, SEIGNEUR.

251 Par la Jurisprudence nouvelle le Seigneur direct qui a retiré par droit de prélation le fief, ou le fonds emphiteutique, est tenu hypotequairement des dettes que le vassal ou l'emphiteote a contractées. Voyez Salvaing, de l'usage des Fiefs, chap. 29.

Voyez cy-dessus le nombre 241.

HYPOTEQUE, SIGNATURE.

252 Qui signe comme témoin un contract de vente, ne perd pas son hypoteque. Arrêt du 31. May 1582. Carondas, liv. 7. Rép. 217. Voyez M. Dolive, livre 5. chapitre 28.

253 Le frere present au contract de mariage de son frere ne peut préference de dette avant son frere, au préjudice des conventions matrimoniales de sa belle-sœur. Arrêt solemnel du 4. Septembre 1584. Carondas, livre 7. Rép. 132. & 217.

254 Si celui qui assiste à un contract de mariage tait l'hypoteque qu'il a sur les biens du futur époux, est censé la remettre, ou s'il peut s'en aider au préjudice des conventions matrimoniales de la femme ? Voyez les Reliefs forenses de Rouillard, chapitre 46. où il dit j'avois soûtenu cette cause, non seulement fondé sur l'Arrêt de Pellerin, si vulgaire au Palais, que je la tenois indubitable ; mais aussi parce que quand il n'y auroit eû aucun préjugé, toutes choses bien considerées, elle me sembloit fondée en tres-grande équité ; toutefois quand le procez fut mis sur le Bureau de la premiere Chambre des Enquêtes le 15. Juin 1602. parce que l'affaire se trouva d'importance, on alla rechercher l'Arrêt de Pellerin au Regître de la Cour, où aprés longue perquisition il ne se trouva point ; & neanmoins il n'y a presque aucun Arestographe de nôtre temps qui n'en fasse mention, tellement qu'à ce défaut on consulta les Chambres, & sur ce qui fut proposé, que si l'assistance des parens à un contract de mariage leur portoit tel préjudice, il en arriveroit de grands inconveniens, vû qu'ils y sont invitez plûtôt par honneur que pour besoin, dans la crainte de ce hazard, ils ne s'y voudroient plus trouver ; ce qui apporteroit un grand trouble és familles, vû même que si l'un d'eux a quelque hypoteque sur le bien du futur époux, elle se pourra ensuite lever & amortir, sans préjudice des conventions de la femme. Cependant il y auroit crainte que la découverte de telles affaires secretes n'empêchât la conclusion de beaucoup de bons mariages. Pour ces causes, la Cour en confirmant la Sentence, auroit preferé l'hypoteque de l'Intimé à celle de la veuve. Il y a eû depuis Arrêt conforme donné pour le Sieur Tresorier Dangchin en Mars 1609.

255 Jugé au Parl. de Toulouse le 17. Avril 1649. que Guillaume Bonnefon frere de Guy, ayant assisté à son contract de mariage, sans faire aucune protestation des hypoteques qu'il avoit sur les biens de l'ayeule commune, qui dans ce même contract faisoit une donation à Guy, & ayant trois jours aprés signé la quittance & reconnoissance que Guy Bonnefon faisoit à sa femme, n'avoit pas perdu par sa presence au contract de mariage & à la quittance la priorité d'hypoteque qu'il avoit sur les biens de cette ayeule ; cette question est amplement traitée par M. Dolive, liv. 3. chap. 2. Voyez M. de Catellan, liv. 4. chap. 44.

HYPOTEQUE TACITE.

256 *De tacitâ hypothecâ minorum respectu curatorum.* V. Stockmans decis. 96.

257 *Privilegium tacitæ hypothecæ non habet locum in bonis administratorum civitatis.* Ibidem.

HYPOTEQUE, TAILLES.

258 Hypoteque de la Taille divisible sur les fonds qui y ont donné sujet, quand ils ont passé hors des mains du cotisé. Arrêt du Parlement de Grenoble sans date rapporté par Basset, tome 2. liv. 5. tit. 2. ch. 7.

259 Les Tailles courantes, & gros dettes sont préferables aux lods & à tous creanciers ; ainsi jugé le 1. Août 1672. au Parlement de Grenoble, sur le fondement que les lods étant un droit utile, tirent leur droit du contract qui leur a donné cause. Ibidem, liv. 3. tit. 3. chap. 3.

260 Arrêt en forme de Reglement rendu le 14. Mars 1671. par la Cour des Comptes, Aydes & Finances d'Aix, sur les hypoteques des arrerages des Tailles dûës aux Tresoriers des Communautez par les biens taillables & discussion des fruits. Il y a un Arrêt interpretatif du 11. Avril 1687. Voyez Boniface, tome 5. liv. 6. tit. 2. chap. 2. & 3.

261 Dans la Châtellenie de Lille les graisses & fumiers des terres sont tacitement hypotequées au payement des Tailles & des impositions, même pour les années passées, en sorte qu'un censier ne les sçauroit transporter sans suite d'hypoteque. Arrêt du Parlement de Tournay du 20. Decembre 1697. rapporté par M. Pinault, tome 2. Arrêt 197.

262 En Flandres les graisses & fumiers des terres la-

bourées se peuvent executer pour les Tailles des deux dernieres années du Fermier forti, & ont suite d'hypoteque. Arrêt du Parlement de Tournay du 21. Mars 1698. rapporté *Ibidem, Arrêt* 215.

263 Par Arrêt rendu en la premiere Chambre de la Cour des Aydes de Paris le 15. Decembre 1703. une Sentence des Elûs de Clermont en Beauvoisis, qui avoit condamné François Boisservoise à payer le taux de son vendeur, a été confirmé au profit des Collecteurs de la Paroisse de Haudiviller en l'année 1701. Ces Collecteurs avoient commencé par une action hypotequaire contre l'acquereur, mais parce que non seulement l'acquereur avoit acquis le fond de l'heritage, mais encore le vendeur luy avoit transporté les redevances qui étoient les gages des Collecteurs, les Elûs n'eurent point d'égard à la demande en declaration d'hypoteque. *Memorial Alphabetique*, verbo *Acquereurs*.

HYPOTEQUE, TRAITANT.

264 L'hypoteque pour le Roy, est du jour que le Traitant s'est immiscé dans les affaires, & non du jour de la condamnation. Arrêt du 13. Juin 1658. *Notables Arrêts des Audiences, Arrêt* 18. *De la Guesliere, tome* 2. *liv.* 1. *chap.* 48. rapporte le même Arrêt.

265 L'hypoteque du Roy pour les taxes sur les comptables & traitans, est dés le premier jour qu'ils sont entrez dans les affaires & maniement des finances, si ce n'est que les dettes immeubles soient jugées privilegiées. Arrêt du 22. Decembre 1665. *Ibidem, livre* 7. *chap.* 35.

266 Edit du Roy portant Reglement pour les hypoteques de Sa Majesté sur les biens des Officiers comptables, & pour les procedures dans les Cours des Aydes pour la vente des Offices & distribution du prix d'iceux, verifié en la Chambre des Comptes & Cour des Aydes de Paris le 19. Août 1669. *Boniface, tome* 3. *livre* 3. *tit.* 1. *chap.* 1. où il observe que celui qui a baillé ses deniers pour payer le prêt au Roy, ayant rendu *salvam totius vignoris causam*, doit avoir la même privilege sur l'Office, que le vendeur.

Voyez le mot *Financiers*.

HYPOTEQUE, TUTEUR.

267 Voyez cy dessus le nombre 185. & suiv. & le nombre 256. & Henrys, tome 1. liv. 4. chap. 6. quest. 35.

268 Es Arrêts generaux du 13. Septembre 1572. entre Jean & Michel Castain, Appellans du Sénéchal de Toulouse, & Jeanne Bonnet, veuve d'Etienne Castain, tutrice, & à cause de la tutelle reliquataire, fut prononcé l'Arrêt qui suit. La Cour en ce que le Sénéchal auroit alloüé la veuve en premier lieu avant les pupilles, a mis l'appellation & ce dont a été appellé au néant, & reformant le Jugement a mis & met la veuve & pupilles pour le payement de leurs dettes en même ordre & degré, pour être payez au sol la livre. La raison fut que c'est un interêt public que les pupilles soient pourvûs de tuteurs, & que leurs biens leur soient conservez; ils ont expressé hypoteque sur les biens de leurs tuteurs. *Bibliotheque de Bouchel*, verbo *Douaire*.

269 Par Arrêt du 6. Avril 1574. jugé qu'un fils heritier de son pere a hypoteque sur les biens de sa mere sa tutrice, qui a geré administré son bien, du jour du decés de son pere, & que sa mere a eu l'administration; il est preferable pour le reliqua de son compte aux creanciers de sa mere, ayant hypoteque avant sa provision de tutelle & depuis le decés du pere. *Le Vest, Arrêt* 133.

270 La pupille est preferé à la femme sur les biens de son tuteur, aprés avoir été le procez porté en trois Chambres. Arrêt du Parlement de Toulouse du mois d'Août 1582. *La Rocheflavin*, liv. 2. lettre H. titre 4. Arrêt 5.

271 Les biens du tuteur sont hypotequez au pupille tacitement du jour de sa nomination. Arrêt du Parlement de Dijon du 7. Mars 1606. *Bouvot, tome* 2.

verbo *Hypoteque & Discussion*, quest. 17. & tome 1. part. 1. verbo *Hypoteque*, quest. 1.

272 Le mineur a hypoteque sur les biens de son tuteur du jour de la tutelle, & non du jour de l'accord & transaction de la rente. Arrêt du même Parlement de Dijon du 8. Juillet 1614. *Bouvot, tome* 2. verbo *Hypoteque & Discussion*, quest. 4.

273 Quelques-uns prétendent qu'avant l'Arrêt de 1609. par lequel la Cour a jugé que le tuteur a une hypoteque tacite sur les biens de son mineur *à die tutela delata*, la Cour ne l'ajugeoit que *à die redditarum rationum*. Bibliotheque de Bouchel, verbo Hypoteque.

274 L'hypoteque du tuteur sur les biens du mineur du jour de la clôture du compte. Arrêt du 4. Janvier 1617. M. le Prêtre és Arrêts de la Cinquiéme. Voyez *Carondas*, liv. 6. R. p. 75.

275 De l'hypoteque du tuteur sur les biens du pupille & è contrario) du pupille sur ceux du tuteur. Arrêt du Parlement de Grenoble du 5. Decembre 1617. qui donne l'hypoteque au tuteur & au curateur *etiam à die lata administratione contrario judicio tutela*. Basset, to. 2. liv. 5. tit. 2. ch. 13.

276 M. de Cambolas, liv. 4. chap. 46. rapporte un Arrêt qui a jugé que les biens du second mari de la femme qui n'a pas rendu compte de l'administration tutelaire de ses enfans, ne sont obligez ou subsidiairement. Le contraire a été jugé au Parlement de Toulouse au mois d'Août 1651. mais par Arrêt du 23. Mars 1688. on est revenu au prejugé rapporté par *M. de Cambolas*. Voyez *M. de Catellan, liv.* 4. *ch.* 24. Voyez le mot *Tutelle*. §. *Hypoteque du tuteur*.

HYPOTEQUE, VENTE.

277 Le Seigneur ayant retenu l'heritage vendu, le contract portant le payement entier, quoique le vendeur & l'acheteur par une contre-lettre se fussent convenus que d'une partie du prix, & pour le reste constitué une rente avec speciale hypoteque; l'acheteur exhibe son contract, le Seigneur retient l'heritage & rembourse l'acheteur; le Seigneur revend le même heritage, le vendeur attaque le second acheteur. Arrêt du 17. Juillet 503. qui déboute le premier vendeur de ses conclusions, sauf son action contre le premier acheteur. *Carondas, liv.* 9. R. p. 40.

278 Quoique le vendeur de l'heritage n'ait point reservé son privilege pour seureté du prix, il a toûjours son privilege contre tous autres creanciers. Arrêt du Parlement de Toulouse du mois de Juin 1577. *Papon*, liv. 11. tit. 3. nomb. 16.

279 L'hypoteque n'est point privilegiée quand l'heritage est acquis des deniers d'un creancier, sans stipulation que la chose acquise luy demeurera obligée. Arrêt en l'an 1583. *M. Loüet lettre H. somm.* 21.

280 L'hypoteque pour le prix d'un heritage vendu, le vendeur est privilegié sans stipulation expresse; & preferable à tous creanciers hypotequaires. Arrêts des 30. Avril & 8. Septembre 1626. *M. Bouguier, lettre H. nombre* 12.

281 Le vendeur d'un heritage est preferable à tous creanciers de l'acquereur, quoique par le contract il n'ait point reservé d'hypoteque. Voyez *Henrys*, tome 1. liv. 4. chap. 6. quest. 109.

282 Quand l'hypoteque d'un creancier est inutile, l'acquereur montrant qu'il a payé le prix de son heritage à l'acquit des plus anciens creanciers, & soûtenant d'autre part qu'il ne vaut pas davantage, & qu'il l'abandonne pour le même prix & en consent l'adjudication, le creancier ne peut pas s'opiniâtrer à le faire vendre sans faire offre de le faire valoir davantage, & se charger des frais, dommages & interêts. Arrêt du 14. Juillet 1642. conforme aux offres de l'acquereur. *Henrys, ibidem, quest.* 28.

283 *Rei venditor pro pretio potiorem habet causam in re vendita, etiam aliis anterioribus creditoribus*. Arrêt du Parlement d'Aix du 15. Decembre 1584. Voyez *Francisci Stephani decis.* 68.

Ddd iij

284. La rescision d'un contract de vente par lezion, d'outre-moitié du juste prix, ôte & efface toutes hypoteques & charges dont l'acheteur peut avoir chargé les biens par luy acquis. *Mainard, liv. 3. ch. 69.*

285. Le fond recouvré par le vendeur en vertu de la faculté de rachat n'est point sujette à l'hypoteque des creanciers de l'acheteur, Arrêt du Parl. de Toulouse au mois de Mars 1668. rapporté par *M. de Catellan, liv. 5. chap. 18.*

286. Il est permis au vendeur de retenir speciale hypoteque pour la seureté du prix donnant terme de payer, & il est préferé sur le fond. *Bouvot, tome 2. verbo Hypoteque & Discussion, quest. 10.*

287. Celuy qui s'est reservé speciale hypoteque sur ses biens vendus, est préferé à tous creanciers, non seulement pour le principal prix, mais pour les arrerages. *Ibidem, quest. 15.*

288. On suit presentement en Bourgogne la disposition de l'article 177. de la Coûtume de Paris, qui donne la préference au vendeur d'une chose mobiliaire, quoiqu'en vendant il n'ait point reservé d'hypoteque. Il y en a plusieurs Arrêts du Parlement de Dijon, entre autres un du 23. Février 1685. par lequel les creanciers de Jean Lambert furent preferez sur les marchandises qu'ils luy avoient vendues, & qui étoient encore entre ses mains (cette circonstance est remarquable & necessaire) à Eustache Lambert qui étoit le premier saisissant. Autres Arrêts des 7. Août 1685. & 19. Novembre 1691. *V. Taisand, sur la Coût. de Bourgogne, tit. 5. art. 4. note 22.*

289. Dans le Duché de Bourgogne le vendeur d'un immeuble sans reserve d'hypoteque speciale, est préferé aux autres creanciers. Arrêt du Parlement de Dijon du 17. Janvier 1689. *V. Taisand, ibidem, note 21.*

290. Le vendeur s'étant reservé l'hypoteque speciale pour son prix, est préferable à tous creanciers, même ceux anterieurs, *etiam* sur les reparations faites au fonds vendu par l'acheteur, & l'on ne peut diviser du fonds à son préjudice. Arrêt du Parl. de Grenoble du 7. Decembre 1637. *Basset, tome 2. liv. 4. tit. 16. chap. 2.* où il rapporte un autre Arrêt du 10. des mêmes mois & an, qui a jugé que le vendeur d'un fonds peut convenir par action hypotequaire les tiers possesseurs de ce même fonds pour le payement du prix, sans être obligé de discuter du principal.

291. De la préference du vendeur pour son prix sur le fond vendu. Arrêts du Parlement de Grenoble des 14. Juin 1614. & 12. Juillet 1652. qui déboutent de la préference pour n'avoir reservé l'hypoteque speciale ; le contraire jugé de l'avis des Chambres le 7. Août 1655. & 3. Mars 1666. *Basset, ibidem.*

292. Le treiziéme de la vente faite avant la saisie par decret, n'est pas payé en privilege ; mais seulement en l'ordre & hypoteque du contract de vente. Arrêté du Parlement de Roüen, les Chambres assemblées, du 6. Avril 1666. art. 144. *V. Basnage, tome 1. à la fin.*

293. Celuy qui a prêté son argent pour l'achat d'un heritage, ne peut prétendre de préference ni privilege sur iceluy, si par le contract de vente & la quittance du prix il n'y a declaration & subrogation expresse, & non par Acte séparé, autrement les creanciers anterieurs seront preferez. Jugé au Parl. de Tournay le premier Février 1695. *V. M. Pinault, to. 1. Arrêt 5.*

JACOBINS.

ACOBINS capables de recevoir legs de rentes foncieres. Arrêt du Parlement de Bretagne du 17. Février 1575. *Du Fail. liv. 1. chapitre 395.*

Par Arrêt solemnel du mois d'Août 1584. un legs fait à un Moine Jacobin par son pere, fut jugé bon. *Biblioth. Canonique, tome 2. page 89. col. 2.*

Quoique les Jacobins, par leur regle, ne soient point obligez à mendicité, & que par privilege des Papes, ils soient capables de succession; toutefois par la Coûtume generale de France, ils sont censez Mendians: ainsi jugé au Parlement de Toulouse le 21. Août 1583. en entherinant une Requête Civile, contre un Arrêt precedent, qui avoit jugé au contraire. *Mainard, livre 1. chapitre 21.*

JALOUSIE.

La jalousie est quelquefois cause de séparation, suivant un Arrêt du P. de Paris du mois de Juin 1642. rapporté par *Gaultier, Plaidoyé 19.*

Arrêt du Parlement de Provence du dernier Juin 1661. qui a ordonné la séparation d'une femme de corps & de biens d'avec son mary jaloux, pour ses extravagances, outrages & persecutions, & l'a condamné à la restitution de la dot. Et quant à l'indignité des avantages nuptiaux encouruë par le mary, auteur d'une infinité de mauvais traitemens, la question a été laissée indécise. *Boniface, tome 1. liv. 5. tit. 8. ch. 3.*

JANSENIUS.

Declaration pour l'execution de la Bulle du Pape du 31. May precedent, touchant les cinq Propositions de Jansenius. A Paris le 4. Juillet 1653.

Lettres Patentes pour la publication de la Bulle & du Bref du Pape, touchant les cinq propositions de Jansenius. A Paris le 9. Septembre 1655. registrées au Parlement de Rennes le 19. dudit mois.

Edit portant que les Bulles des Papes Innocent X. & Alexandre VII. au sujet des cinq propositions extraites du Livre de Jansenius, intitulé *Augustinus*, seront publiées dans tout le Royaume : que tous les Ecclesiastiques Seculiers & Reguliers, seront tenus de souscrire & signer le Formulaire dressé par l'Assemblée generale du Clergé de France le 17. Mars 1657. dans le temps & sur les peines mentionnées audit Edit. A Paris en Avril 1664. registré au Parlement de Paris le 29. du même mois, & en celuy de Roüen le 19. Juin suivant. *10. vol. des Ordonnances de Louis XIV. fol. 46.*

Declaration pour l'enregistrement de la Bulle du Pape Alexandre VII. contenant le Formulaire qui doit être souscrit par tous les Ecclesiastiques, Seculiers & Reguliers ; & même les Religieuses, au sujet des cinq Propositions extraites du Livre de Jansenius, intitulé *Augustinus.* A Paris en Avril 1665. registrée au Parlement de Paris le 29. du même mois, & en celuy de Roüen le 21. May suivant.

Histoire abregée du Jansenisme. *in douze, Cologne 1698.*

JARDINIER.

Jardinier *Hortulanus*. *De Hortulanis Constantinopolis Civitatis.* N. 64.

Au sujet des Jardiniers, l'Empereur fait un Reglement notoire pour les estimations & rapports. *Voyez* Estimation.

Arrêts des 27. Novembre 1528. & 13 Juin 1529. qui défendent aux Jardiniers de vendre hortalice en la place, ni en la ruë de la Pierre, & permet aux Capitouls de la ville de leur marquer une place ; & à cet effet défenses ausdits Jardiniers, à peine de 100. marcs d'argent, de vendre ladite hortalice ailleurs qu'à l'endroit qui leur sera marqué. *La Rochesiavin, liv. 2. lettre I. tit. 1.*

Si les jardins sont sujets à la dîme ? *Voyez* le mot, Dîme, n. 248. & suiv.

IDES.

Usage de compter chez les Romains, & qui est encore observé en la Chancellerie Romaine. Dans les mois de Janvier, Février, Avril, Juin, Août, Septembre, Novembre & Decembre ; les Ides sont le 13. & dans les mois de Mars, May, Juillet & Octobre, elles sont le 15. Les Ides commencent le lendemain du jour des Nones, & durent huit jours ; de sorte que les Nones de Janvier étant le 5. de ce mois, il faut dater le 6. Janvier, *octavo idus Januarii*. Si c'est dans les mois de Mars, May, Juillet & Octobre, où le jour des Nones n'est que le 7. les Ides ne doivent commencer que le huitième jour de ces mêmes mois, à cause que le jour qui leur est propre n'est que le 15. *V. Rosinus, Ant. Rom. li. 4. c. 4.* Antoine *Aubriot*, nouveau principe de compter. Les Kalendes, Ides & Nones ; le Traité sommaire de l'usage & pratique de la Cour de Rome. de *M. F. Perard Castel*, avec les Notes de *M. Noyer*, Banquier Expeditionnaire en Cour de Rome, *page 263. & suiv.* & cy-aprés *les mots*, Kalendes & Nones.

IDOLATRIE.

Athanasii *oratio contra Idola*.
Cyprianus, *de Idolorum vanitate*.
Lud. Richermi, *Soc. Jesu. Idololatria Hugonotica*.
Tertulliani, *Liber de Idololatria*, tom. 2.
S. Thomas. 2. 2. quæst. 94.
S. Gregorii Neocæsariensis, *Canonica de iis qui in captivitate Idolis sacrificaverunt*.
Julii Firmici *Libellus, de abolendis Idololatriis*.
Melchioris Zangeri, *Orthodoxia cum Idolomania collatio*.
Gregorius de Valentiâ, *de Idololatriâ contra sectarios*.
Rubenus, *de Idolatria*.

Voyez les mots, Apostasie, Heresie, Religion Prétendue Réformée, Schisme ; &c.

JESUITES.

La reception & établissement des Jesuites en France. *Voyez les Memoires du Clergé, tome 1. part. 1. page 1022. & suiv.* Du Moulin, *tome 2. page 1018.*

Voyez le 20. Plaidoyé d'Ayrault ; il n'étoit pas leur amy ; la cause de sa prévention contr'eux, fut qu'il croyoit qu'ils avoient suborné son fils pour entrer dans leur Societé ; il avoit neanmoins pris volontairement ce party.

Avis & resolution de l'Assemblée generale de l'Eglise Gallicane, tenuë à Poissy en 1561. par le commandement du Roy, sur l'approbation du nouvel Ordre des Jesuites. *Preuves des Libertez de l'Eglise Gallicane, tome 2. chap. 32. n. 3.*

Leur soûmission aux Arrêts de la Cour. *Voyez* le mot, Bulles, nombre 33.

5 Les Peres Jesuites reçus par l'approbation des Conciles & des Arrêts de la Cour. *V. Tournet, lettre I. Arrêt 4.*

6 Jesuites condamnez à payer l'indemnité aux Seigneurs Censiers, à cause de leur College de Clermont, étant en leur censive. *Ibid. Arr. 6.*

7 Le 23. Avril 1562. M. de Marillac plaidant pour les pauvres d'Auvergne, disoit que le legs fait par feu M. du Prat, Evêque de Clermont, à la Societé des Jesuites, étoit fait à un College illicite & réprouvé, par Arrêt de la Cour, duquel les Gens du Roy furent d'accord. La Cour appointa les Parties au Conseil, & par provision ordonna que le College de Clermont, & les autres Colleges fondez par l'Evêque de Clermont, auroient délivrance de la moitié de ce qui leur avoit été légué, en attendant mieux. La dispute fut longue, à sçavoir en quoy & comment l'on pourroit employer le legs fait à la Société & Religieux des Jesuites, attendu que la Bulle desdits Jesuites n'avoit pas été trouvée bonne, ni par l'Evêque de Paris, ni par la Sorbonne, ni par Arrêt de la Cour. Voyez la Loy *legatum, D. de Usufr. leg.* & la Biblioth. de Bouchel, *verbo*, *Legs*.

8 Les Jesuites font trois sortes de Professions ; les deux premieres ne les engagent à rien, ils peuvent succeder, quoy qu'ils l'ayent faite depuis 40. ans; la troisiéme doit être expresse, publique & solemnelle en la presence de tous les Peres du College, & au Chapitre general. Arrêts des 22. Octobre 1585. & 23. Decembre 1592. qui les admettent à succeder. *Papon, liv. 21. tit. 8. nombre 9.* Cet usage a changé.

9 Voyez le 15. Plaidoyé de M. Marion, in octavo, contre les Jesuites. Arrêt du 20. Octobre 1597. qui ordonna l'execution de celuy du 21. Août précedent, contenant défenses à toutes personnes, Corps & Communautez, de recevoir aucun des Prêtres & Ecoliers, se disant de la Société du Nom de Jesus, encore qu'ils eussent abjuré, & renoncé au vœu de profession par eux fait, sur les peines y contenuës ; ordonné que le nommé Persan, cy-devant Jesuite, que les Echevins de la ville de Lyon avoient choisi pour Principal de leur College, seroit amené prisonnier en la Conciergerie, & que pour la conduite & direction du College, sera pourvû de Principal, Regens, & autres personnes suffisantes & capables, ainsi que de raison.

10 Edit de rétablissement des Jesuites en France, par les 6. & 7. articles duquel, tous ceux de leur Societé, ne peuvent prendre ni recevoir aucune succession, soit directe ou collaterale, non plus que les autres Religieux, ni aucuns biens immeubles de ceux qui entreront en leurdite Societé, mais seront reservés à leurs heritiers, ou à ceux en faveur desquels ils en auront disposé avant que d'y entrer. L'Edit est du mois de Septembre 1603. *Voyez le Recüeil des Plaidoyez & Arrêts Notables, imprimez en 1645.*

11 En l'année 1612. le 20. Mars opposition formée au nom de M. l'Archevêque, & du Chapitre de l'Eglise Metropolitaine de Toulouse, à l'édification d'une Maison particuliere & nouvelle Eglise de Jesuites Profès. *Voyez la Biblioth. de Bouchel, verbo, Eglise.*

12 La Profession Religieuse faite dans la Compagnie des Jesuites pendant quatre ans, lie & engage suffisamment les Profès, quant aux effets Civils ; & la donation faite par le Profès mineur, au profit de sa sœur, étant son heritiere *ab intestat*, jugée valable à Dijon, le 2. Mars 1680. *Journal du Palais.*

JESUITES, BENEFICES.

13 Les Jesuites congediez par leurs Superieurs, ne sont plus estimez Reguliers, & sont capables de tenir des Benefices Séculiers. Jugé au Grand Conseil le 15. Février 1646. Autre Arrêt du Parlement de Paris du 9. Juin 1674. *Du Frêne, liv. 4. chap. 32.*

14 Un Ecclesiastique qui a été Jesuite, & fait les trois Vœux substantiels, est veritablement Religieux, en telle sorte qu'ayant été congedié, suivant le pouvoir que cet Ordre prétend avoir, il est incapable de posseder aucun Benefice Séculier. Arrêt du 27. Mars 1651. *Soefve, tome 1. Centurie 3. chap. 71.*

15 Arrêt du Parlement de Bourdeaux du 4. Juillet 1697. portant Reglement sur l'état de ceux qui sont congediez de la Société des Jesuites ; L'Arrêt prononcé, attendu que le sieur Bernard-Fort de la Vie, est sorti de la Société des Peres Jesuites, avec le congé des Superieurs, dans les cinq ans après l'émission des premiers vœux ; la Cour l'a déclaré & déclare rétabli dans tous ses droits, & en consequence partie legitime à les rechercher ; a ordonné que la liquidation & partage de l'heredité sera fait avec luy pour luy en être délaissée la portion, avec restitution de fruits. *V. le Journal du Palais, tom. 2. pag. 915.*

JESUITES, DECIMATEURS.

16 *Voyez* le mot, *Dîmes*, nombre 260.

JESUITES, SUCCESSION.

17 Si les Jesuites sont capables de successions ? *V. Tournet, lettre J. Arr. 5. & lettre S. Arr. 62.*

18 Sebastien de Noalhes ayant un fils du premier mariage, qui s'étoit fait Jesuite contre sa volonté, & en avoit fait plainte en son Testament, luy donne une pension de 100. liv. sa vie durant seulement, à la charge de ne pouvoir rien demander de plus sur ses biens, sous prétexte de legitime, supplément d'icelle, ou autrement ; & où il viendroit au contraire du Testament, le prive de la pension, institué Bertrand son fils du second lit, & si Pierre revient chez luy pour y vivre & mourir, en ce cas, & non autrement, le fait heritier égal avec Bertrand, les substituant l'un à l'autre. Après son décès, procés entre les freres. Jugé par Arrêt du Parlement de Toulouse du 23. Septembre 1589. après un partage & attestation du Provincial, que Pierre n'étoit encore Profés, mais en état de disposer de ses biens ; autant au profit des parens que de la Compagnie des Jesuites. La Cour sans avoir égard à la condition apposée au Testament, maintient ledit Pierre Jesuite en la moitié des biens de son pere, & Bertrand en l'autre moitié, à la charge des substitutions contenuës audit Testament, sans qu'au moyen de la Profession dudit Pierre, ni disposition d'iceluy en faveur des Jesuites, ou d'autres personnes, peut être fait préjudice à ladite substitution, sans restitution des fruits, & sauf à Pierre de se faire payer des arrerages de la pension, si aucuns en étoient dus. *Voyez Mainard, liv. 5. chapitre 14.*

19 Les Jesuites ont été reçûs à succeder à leurs parens. Arrêt du 23. Decembre 1592. & par autre Arrêt du 11. Octobre 1585. *Voyez le Recüeil des Plaidoyers & Arr. notables imprimez en 1645.* Mais l'Edit du Roy Henry IV. pour leur rétablissement en France, les prive des successions, tant directes que collaterales, art. 5. *Voyez Chenu, 2. Cent. quest. 17.*

20 Jesuites, & autres Religieux, congediez après le premier Vœu simple, à la fin de deux ans de Noviciat, sont incapables de succeder. Févret, *Traité de l'abus, liv. 4. chap. 7. nomb. 14.* où il renvoye à M. Louet, *lettre C. somm. 8.* Arrêt du 30. Janvier 1631. *Du Frêne, liv. 2. chap. 90.* Autre Arrêt du 29. Novembre 1632. *Idem, chap. 118.* Voyez M. le Prêtre, *1. Cent. chap. 28.* & Ricard, *des Donations entre-vifs, 1. part. ch. 3. sect. 4. nombre 310.*

Semblable question fut appointée au Conseil le 13. Mars 1657. *Voyez Soefve, tome 2. Cent. 1. ch. 64.*

21 Comment succedent les Jesuites sortis de leur Compagnie après leurs Vœux ? *Voyez les Arrêts de M. de Catellan, liv. 1. chap. 54.* où il y a Arrêt du Parlement de Toulouse rendu en 1658. après partage, qui a jugé que les Jesuites sortis de la Compagnie après leur Profession, n'entrent pas dans les droits qui leur étoient deferez avant leur sortie, capables seulement des droits qui leur écheront ensuite, s'ils sortent avant la profession derniere & solemnelle, quoyque dix ou douze ans après leur reception dans la Compagnie. Arrêts du même Parlement, des 3. Juillet 1679. & 3. Janvier 1686.

Auſſi

22 Arrêt du Parlement de Paris du 8. Juillet 1662. qui confirme un legs fait au profit de Joseph le Marchand Dumez, lequel avoit fait ses premiers Vœux aux Jesuites. L'Arrêt ajoûte, *sans tirer à consequence*. V. Ricard, *Traité des Donations entre-vifs*, part. 1. chap. 3. nombre 313. Il observe que la reserve de l'Arrêt marque la nullité du legs, à cause de l'incapacité du Legataire.

23 Un Jesuite aprés 14. ans de ses premiers Vœux, obtient son congé ; il ne peut redemander à ceux de la Compagnie une somme de 5000. liv. qu'il leur avoit leguée pour être employée à la construction de leur Eglise. Jugé au Parlement d'Aix le 24. Février 1672. *Journal du Palais*.

24 La succession d'un Jesuite Profés congedié de sa Compagnie, appartient à ses parens, & non pas au Seigneur de fief, qui la prétendoit par desherence. Jugé à Paris le 9. Avril 1674. *Ibidem*.

25 Au Duché de Bourgogne, comme par toute la France, les Jesuites aprés les Vœux simples, ne succedent plus, suivant un Arrêt rendu au Parlement de Dijon le 2. Mars 1680. C'est ainsi qu'on en use presentement en France à leur égard, quoyque M. Févret ait remarqué dans son *Traité de l'Abus*, liv. 4. ch. 7. nomb. 14. de l'édition de 1667. que de son temps ils n'étoient exclus de succeder qu'aprés 5. ans, à compter du jour de leur Profession, par l'émission des Vœux simples. Voyez Taisand, *sur la Coûtume de Bourgogne*, aux Additions, page 816.

26 Si le frere d'un Jesuite sorti aprés le premier Vœu qu'il a fait, luy doit succeder *ab intestat*, en ses acquisitions, au préjudice d'un neveu institué par son Testament ? Arrêt du Parlement de Provence du 11. Decembre 1687. qui a confirmé le Testament. *Boniface*, tome 5. liv. 1. tit. 27. ch. 1.

27 Le Parlement de Bourdeaux a rendu un Arrêt le 4. Juillet 1697. infirmatif d'une Sentence des Requêtes du Palais du même Parlement, du 6. May 1695. donné au profit de Messire Gabriel-Maurice de Lavie, Conseiller en cette Cour, & Consorts, contre Messire Bernard-Fort de Lavie, aussi Conseiller, qui avoit declaré celuy-cy incapable de succeder ; & qu'en consequence il n'y avoit lieu de proceder à aucun partage, & liquidation des droits sur la succession de feu Messire Thibaud de Lavie, & l'avoit réduit à une pension viagere ; par cet Arrêt on a mis l'appellation interjettée par le sieur Bernard-Fort de Lavie, & ce au néant, emendant, attendu qu'il étoit sorti de la Société des Peres Jesuites avec le congé des Superieurs de la Société, dans les cinq ans aprés l'émission des premiers Vœux, il a été declaré rétabli dans tous ses droits & partie legitime à les rechercher ; il a été ordonné qu'en consequence, liquidation & partage seroit fait de la succession du sieur de Lavie son pere, pour luy être delaissée sa portion, avec restitution de fruits ; mais il n'est pas croyable que cet Arrêt soit suivi dans les autres Parlemens, puisqu'il rappelle une ancienne Jurisprudence, dont on ne s'est pas éloigné sans raison. V. le Brun, *Traité des Successions*, liv. 1. ch. 1. sect. 3.

JESUITE, TESTAMENT.

28 Jesuite congedié peut tester. Arrêt du Parlement d'Aix du 11. Decembre 1687. *au Journal du Palais*, tome 2. page 707.
Voyez cy-dessus le nombre 26.

JESUITE, UNIVERSITE'.

29 Arrêt du Conseil Privé du Roy donné le 27. Septembre 1624. pour les Universitez de France, jointes en cause, contre les Jesuites, Demandeurs en cassation d'Arrêt du Parlement de Toulouse, par lequel defenses sont faites de prendre le nom, titre & qualité d'Université, & de bailler degrez en aucune Faculté, ni nomination aux Benefices. *Filleau*, part. 3. tit. 9. chapitre 7.

30 Arrêt du Grand Conseil du 19. Septembre 1625. donné contre les Jesuites pour l'Université de Paris, à ce
Tome II.

qu'à l'avenir les Maire & Echevins d'Angoulême puissent prétendre droit d'Université. *Ibid.* ch. 10.

31 Les Jesuites peuvent décaniser en la Faculté des Arts de l'Université de Poitiers, quant aux droits honorifiques, & non pas percevoir les émolumens attachez au Doyenné. Arrêt du Parl. de Paris du 3. Février 1696. *Journal des Aud.* tome 5. liv. 12. ch. 4.

JEU.

JEu de hazard. Joüeur. *Alea. Aleator.*
De *Aleatoribus, & Alearum lusu. D.* 11. 5.... *C.* 3. 43.
De *Ecclesiasticorum, aleâ ludentium, pœnâ. Leon.* N. 87.
Quarum rerum actio non datur. D. 44. 5. Ce titre a plusieurs exceptions pour se défendre contre une demande ; entr'autres, l'exception, que la chose demandée a été promise, à cause du jeu.

Jeux publics, Spectacles. *Ludi. Spectacula.*
De *Ludis. Lex* 11. *tabb.*
De *spectaculis, & scenicis, & lenonibus. C.* 11. 40....
C. Th. 15. 5. 7. & 8. Des Jeux publics, des Comediens & des Maquereaux.
De *expensis ludorum. C.* 11. 41... *C. th.* 15. 9.
De *Majuma. C.* 11. 45... *C. th.* 15. 6. Jeux, ou Fêtes qui se faisoient le premier jour de May. Andr. Rivinus a fait une Dissertation, *De Majumis & Maicampis*, imprimée dans un Recüeil de plusieurs Dissertations tirées de la Bibliotheque de Grævius, à *Utrecht* 1701. in quarto.
De *usu sellarum. C. Th.* 15. 13. Défenses à quelques personnes de s'asseoir aux spectacles publics.
De *Gladiatoribus penitùs tollendis. C.* 11. 43... *C. Th.* 15. 12.
De *Ludo*. Voyez les Traitez faits per *David de Puteo*. Per *Jo. Bapt. Cacialupum.* Per *Steph. Costam.* Per *Troylum de Malvitiis*. Per *Jo. Thierry*, & per *Ant. de Prato.*
Joannis Briard *quodlibetum de Lucro & Ludo Olla.*
De *Ludis publicis*. Per *Julium Ferretum.*
Joannes Gerson, *de Ludo stultorum.*
Sylvester *in summâ.*
Ambrosius, *super Beati immaculati*, vers. 5. tom. 5. *de fugâ sæculi*, cap. 1. tom. 1.
Augustinus, serm. 1. *De Decollatione S. Joan. Bapt.* serm. 2. *de Kalend. Janv.* lib. *de catechizandis rudibus.* cap. 16. tom. 4. & *Hom.* 21. tom. 10. &c. *sparsim.*
Tertullianus & Cyprianus Brissonius, & Joan. Martianus. *iv lib. de spectaculis.*
Arnobius, *lib.* 2. 4. 7. &c.
Lactantius, *lib.* 6. cap. 10.
Edit pour la défense des Jeux. A l'Hôtel Saint Paul, prés Paris le 3. Avril 1369. *Ordonnances de Fontanon*, tom. 1. page 672.

1 Arrêt notable du Parlement de Paris du 13. Juin 1514. sur les contraventions aux Edits, Ordonnances, Arrêt & Reglement cy-devant faits contre ceux qui tiennent Académie, Berlans, Jeux de Cartes, Dez, & autres jeux défendus. *Bibliotheque de Bouchel*, verbo, *Berlans.*

2 Jeux de Quilles & de Dez défendus, que l'Ordonnance d'Orléans veut être punis extraordinairement, article 101.

JEUX DE L'ARBALESTE.

3 Voyez le mot, *Arbaleste.*

JEUX, BLANQUE.

4 Deux Marchands vont à Peronne faire une Blanque de 1260. écus ; il est verifié contre eux par le Contrôleur qu'ils avoient mis des billets blancs plus qu'il ne leur étoit permis. Sur la Requête du Procureur du Roy, leur Blanque est confisquée, & eux condamnez à 50. écus d'amende ; appel, dont ils furent déboutez par Arrêt ; & faisant droit sur les Conclusions du Procureur General du Roy, défenses au Prévôt de Paris,

Eee

& à tous autres Juges de souffrir être faites aucunes Blanques. J'ay appris qu'il y a Arrêt, par lequel l'Entrepreneur d'une Blanque fut condamné à payer la somme pour un cheval, selon le prix porté par le billet; parce que celuy par luy presenté ne le valloit pas; de laquelle somme fut ajugé un tiers aux pauvres. *Bibliot. de Bouchel*, verbo, *Blanque.*

JEU CLERC.

5   *De Clerico aleatore.* Voyez *Pinson*, au titre, *de vitâ & honestate Clericorum.* §. 10.

JEU DE DEZ.

6   Du jeu de Dez. Voyez cy-dessus le nombre 2. *Guy Pape*, quest. 581. *Chorier, en sa Jurisprudence du même Auteur*, page 276. observe qu'il n'y a point d'action pour ce qui a été gagné à quelque jeu que ce soit. Le Juge de Guillestre ayant condamné Arnaud de Vers à payer à N. Robert, la somme de 30. liv. qu'il avoit perduë au jeu de boule, le condamné en appella, & par Arrêt du Parlement de Grenoble du 20. Février 1685. les parties furent mises hors de Cour.

JEU DE HAZARD.

7   Voyez la *Biblioth. du Droit François*, par Bouchel, verbo, *Biens perdus en jeux de hazard par les mineurs, comment & par qui seront répetez?*

8   *Actio ex ludo alea rejicitur.* Arrêt au mois de Juillet 1611. *Mornac*, l. 2. §. 1. ff. *de aleatoribus.*

JEU, JUGE.

9   Le Juge qui joüe avec sa partie, peut être recusé. Arrêt du Parlement de Toulouse qui ordonne que le Rapporteur d'un procés s'abstiendroit, quoyqu'il eût declaré qu'il y avoit plus de six mois qu'il n'eût joué avec la Partie. *V. Mainard*, tome 1. liv. 1. ch. 80.

JEU, OBLIGATIONS.

10 Des obligations, promesses ou transactions qui se font à l'occasion du jeu. Voyez *Julius Clarus*, fi. 5. sent. & les annotations qui sont à la fin de l'ouvrage du même Auteur. §. *Ludus.*

11 Par Arrêt de la Chambre de l'Edit de l'Isle d'Albigeois au mois de Juillet 1585. un neveu fut condamné de payer à son oncle 100. écus de peine qu'il luy avoit promise par cedule, aussi qu'il contrevint à la parole qu'il luy avoit donnée, de ne plus joüer. L'on n'eut point d'égard à ce qui fut proposé par le neveu que par les Loix, *Juris gentium*, §. *si ob maleficium ff. de pact. & L. 12. de condit. ob turpem causam*, une promesse de ne mal faire ne produisoit aucune obligation : car il y a bien de la difference entre promettre une somme à celuy que l'on veut empêcher de mal faire ; c'est le cas des Loix, ou de le stipuler de luy pour le contenir en son devoir ; telle est l'espece de l'Arrêt. *V. Mainard*, tome 1. liv. 2. chap. 68. Le même Arrêt est rapporté par *Autonne*, sur la Loy 121. ad §. *Mulier, ff. de verborum obligat.*

12 Par Arrêt du Parlement de Bourgogne du 22. Juin 1601. rapporté par *Bouvot*, tome 2. verbo, *Jeux*, quest. 3. un jeune homme qui avoit été fait Roy de la Féve, a été relevé d'une obligation qu'il avoit faite pour dépense de bouche pour payer sa Royauté.

Par autre Arrêt du même Parl. du 12. May 1607. *ibidem*, quest. 4. a été fait défenses aux habitans d'Auxonne de faire réjoüissances publiques à l'occasion des femmes qui battent leurs maris.

Par autre Arrêt du même Parlement du 14. May 1611. *ibidem*, quest. 5. a été jugé qu'il n'étoit point permis de faire réjoüissance en ce jour 14. May ; *& hoc jure optimo*, d'autant que tous les bons François doivent avoir en horreur un si detestable & abominable assassinat en la personne d'un si grand Roy, le plus genereux & le plus clement qui s'est encore vû en France, Restaurateur de la Monarchie Françoise, & pere de son peuple ; c'est Henry IV. dont l'Auteur parle.

13 *Bouvot*, dans son *Recüeil d'Arrêts*, tome 1. part. 3. *in verbo*, jeu de cartes, demande si ce qui a été perdu au jeu peut être répeté? Il rapporte un Arrêt du Parlement de Dijon du mois de Novembre 1608. par lequel des deniers ainsi gagnez furent confisquez pour les pauvres, & furent les gagnans & perdans privez de ces deniers, pour être tel jeu illicite & défendu. Il est si vray, que les promesses pour jeu sont nulles, que même elles ont été cassées, quelquefois dans le cas des réjoüissances publiques, qui semblent être permises par un long usage, qui forme une espece de Loy dans le public ; ainsi un fils de famille fut relevé d'une promesse de soixante écus qu'il avoit faite pour dépense de bouche par luy empruntée d'un Hôtelier pour payer la joüauté le jour de la Fête des Rois. Le même *Bouvot*, tom. 2. in verbo, *Jeux*, quest. 3. rapporte un Arrêt du Parlement de Dijon du 22. Juin, qui l'a ainsi décidé. *V. M. le Prêtre*, 4. Cent. ch. 81.

14 Nullité des promesses faites pour jeu : la restitution peut être demandée après les dix ans. *V. M. le Prêtre*, 4. Cent. ch. 81. où il rapporte un Arrêt du 27. Juin 1611. qui declara nulles cinq promesses, montant à 18000. liv. passées pour jeu ; ordonné que ceux, au profit desquels elles étoient, seroient pris au corps, pour leur être leur procès fait & parfait, à la Requête de M. le Procureur general.

15 Arrêt du Parlement de Toulouse du 24. May 1662. qui a jugé en la cause de Melchior d'Espagne, Baron de Ramefort, que le creancier demandeur en vertu d'une obligation, étoit tenu de jurer que cette obligation ne procedoit point d'argent gagné au jeu, comme il étoit soûtenu. Voyez les *Arrêts de M. de Catellan*, livre 5. chap. 60.

16 *Sponsiones factae ad ludum, vocantur contractus aleatoris.* Mornac, ff. *de aleatoribus* l. 3. Voyez le *Journal du Palais*, où il y a Arrêt notable du Parl. de Bretagne du 12. May 1671.

17 L'on est recevable à faire preuve qu'un billet causé pour valeur reçuë, excedant la somme de 100. liv. a été donné pour argent gagné au jeu. Arrêt en la Tournelle Civile du Parlement de Paris le 30. Juillet 1693. Voyez le *Journal des Audiences*, tome 5. livre 9. chapitre 24.

JEUX DE PAUMES.

18 Lettres Patentes du Roy Henry IV. portant défenses de bâtir de nouveaux triports & jeux de Paumes, du 27. Avril 1601. Les Lettres entherinées au Parlement le 29. May 1601. *Chenu*, 2. Cent. quest. 41.

19 La défense de l'érection nouvelle des jeux de Paumes, a été confirmée par Arrêt du Parlement de Paris du 12. Février 1602. *Bibliotheque de Bouchel*, verbo, *Jeux.*

20 *Actio ex ludo pila à Senatu admittitur.* Arrêt du 6. May 1603. Mornac, l. 2. §. 1. ff. *de aleatoribus*, Chenu, 2. Cent. quest. 42. & Filleau, 4. part. quest. 142. rapporte le même. Arrêt. *Carondas*, liv. 13. Rép. 71.

21 Promesse d'un fils de famille pour frais de jeu de Paume, declarée nulle le 16. Janvier 1624. *Bardet*, to. 1. liv. 2. ch. 2. où est cette note ; toutefois le jeu de Paume est licite entre majeurs, & donne action pour demander le payement ; il cite l'Arrêt du 6. May 1603. rapporté dans *Chenu*, Cent. 2. quest. 42.

JEUX, PROPHANATION.

22 Arrêt du Parlement de Bretagne du 11. Septembre 1574. par lequel en consequence des premiers Arrêts, il est fait défenses à toutes personnes de joüer publiquement les mysteres & histoires de Saints, sur peine de 60. liv. d'amende, qui sera levée sans déport ; & par emprisonnement des contrevenans ; ordonne la Cour que le present Arrêt sera publié, tant au Bourg de saint Oüen que par tout ailleurs. *Du Fail*, liv. 2. chap. 471. Même Arrêt du 28. Août 1577. contre les habitans de *Tallensac.* Ibid. chap. 579.

23 Permis au premier Huissier à chacun signifier défenses aux Paroissiens de *Saint Tual* & de *Saint Thurial*, de joüer les mysteres. Arrêt du Parlement de Bretagne du 3. Octobre 1578. *Du Fail*, liv. 3. chap. 391. Voyez le mot, *Habit*, nombre 27.

IGNORANCE.

1. DE juris & facti ignorantiâ. D. 22. 6... C. 1. 18... Cujac. obf. lib. 5. c. 19... Ad Paul. lib. 44. ad Edict. Ad Papin. lib. 19. quaeft. & lib. 1. Defin. & in comment. ad hunc tit.
2. Ignorance puniſſable. L. 132. D. de reg. juris.
3. Ignorance ſimple. L. 177. §. D. de reg. juris. Voyez le mot Erreur.
4. De ignorantiâ & ſcientiâ. Per Marcum Benavidium, in ſuo Enchirid.
5. De ignorantiâ tolerabili & intolerabili. Voyez Franc. Marc. tom. 1. q. 237.
6. Ignorantia quando commodo, vel incommodo ſit? Voyez Andr. Gaill , lib. 2. obſervat. 48.
7. Ignorance des Curez. Voyez le mot, Examen, verbo, Curez, nomb. 84. & 85.

IMAGES.

1. Par Arrêt rendu entre M. Briçonnet , Evêque , & les Cordeliers de Meaux, de l'an 1521. il leur eſt expreſſément défendu d'avoir en leur Egliſe , ni autres lieux, aucune Image , Portrait, ni Effigie de S. François ſtigmatiſé. Bibliotheque Canonique, tome 1. page 834. colonne 1.
2. Le 22. de Decembre 1548. un nommé Etienne Rochette, dit Jarnoſſe , convaincu d'avoir mis en pieces un Crucifix, & rompu les bras à deux ou trois Images des Saints , en l'Egliſe de Saint Julien de Pamiers en Forêts , fut condamné par Arrêt du Parlement de Paris à être pendu & étranglé, & aprés ſon corps brûlé & mis en cendre devant ladite Egliſe. Voyez les Décisions Catholiques de Filleau, deciſ. 3.
3. Par la diſpoſition des Loix Civiles & des Arrêts, il faut punir ceux de la Religion Prétenduë Réformée , qui font injure aux Croix , Reliques & Images des Saints. Voyez ibid. §. 10.
4. Les Statuts & Reglemens des Peintres, Sculpteurs , Graveurs & Enlumineurs de Paris. Paris en 1681. in octavo.

IMBECILLE.

Voyez les mots Demence, Folie , Fureur. Carondas, liv. 7. Rép. 60. & Bouvot, tome 2. verbo , Prodigues.
1. Si en la ſubſtitution exemplaire l'enfant imbecille d'eſprit, peut être privé de la legitime , & s'il faut le luy laiſſer à titre d'inſtitution & toute entiere ? Voyez du Perier, liv. 2. queſt. 13.
2. Un imbecille ne peut teſter. Arrêt du Parlement de Dijon du 6. Février 1589. Bouvot, tome 2. verbo, Teſtament, queſt. 23.
3. On eſt reçû, ſans s'inſcrire en faux contre un Teſtament , à verifier l'imbecillité du Teſtateur , quoyque l'acte porte qu'il étoit en fort bon ſens, & ſain d'entendement. Jugé à Toulouſe le 20. Decembre 1632. M. Dolive, queſtions notables de Droit , liv. 5. ch. 9.
4. Quoyque le Teſtament porte que le Teſtateur étoit en bon ſens, on peut être reçû à prouver ſon imbecillité. Arrêt du Parlement de Toulouſe au mois de Mars 1649. du 15. Mars 1660. qui ordonna de plus preuve quinze ans aprés la mort du Teſtateur. V. Albert , verbo , Teſtament , art. 29.
5. Il ſemble qu'un imbecille ne puiſſe ſe marier , parce qu'il n'a point de conſentement ; neanmoins , comme conjunctio maris & fœminae fit de jure naturali primario, & qu'elle peut ſe faire ſans raiſon, le ſeul inſtinct , & l'appetit ſenſitif étant ſuffiſant, quelque imparfait que ſoit le conſentement d'un imbecille, il ſuffit au mariage, comme il fut jugé en la cauſe de la Demoiſelle de P. de Margou, mariée avec le ſieur de Bardichon, contre la Dame de Foſſé ſa mere ; il fut déclaré qu'il n'y avoit point d'abus, par Arrêt du Parlement de Toulouſe du 16. Janvier 1651. Voyez Peleus, queſt. liv. 3. act. for. chap. 72. Albert, verbo, Mariage, art. 10.

Tome II.

Obligation pour nourriture paſſée par un prétendu imbecille d'eſprit , non interdit par aucune Sentence , ne peut être détruite. Arrêt du 12. Avril 1654. Soëfve, tome 1. Cent. 4. chap. 65.
7. La preſcription dort & ne court point contre l'imbecille , comme elle ne court pas contre le pupille. Arrêt du Parlement de Toulouſe du mois d'Août 1657. au procés d'Anne de Glaudieres veuve du Baron de Joqueviel, & Dande de Nates Receveur. Voyez M. de Catellan, liv. 7. chap. 13.
8. Arrêt du Parlement de Provence du mois d'Avril 1667. qui a declaré nul le codicille fait par un imbecille d'eſprit. Boniface, tome 5. liv. 2. tit. 1. chap. 1.
9. Des diſpoſitions entre vifs & teſtamentaires des imbecilles. Arrêt interlocutoire , par lequel il fut permis de prouver la démence ; rendu à Aix le 12. Decembre 1675. Journal du Palais.
10. Arrêt rendu au Parlement de Paris le 18. Decembre 1702. qui a jugé que l'article 94. de la Coûtume de Paris qui repute immeubles dans la ſucceſſion du mineur , les deniers du rachat d'une rente conſtituée, n'a point d'application à un imbecille. Voyez le traité de la Communauté par M. le Brun , liv. 3. chap. 3. ſection 2, nombre 32.

IMMEUBLE.

Immeubles Res non moventes.
Ce qui eſt cenſé immeuble. L. 242. §. 4. L. 245. D. de verb. ſign.
Voyez cy-aprés , verbo , Meubles , pour diſtinguer la nature des effets mobiliers ou immobili rs.
1. Bonorum mobilium & immobilium appellatione quae veniant. Vide Franc. Marc , tom. 1. quaeſt. 815.
2. Des édifices ſur ſeul , preſſoir , euves , & autres tels ; s'ils ſont meubles, ou immeubles ? Voyez Coquille, tome 2. queſt. 161.
3. Utrum pecunia deſtinata in emptionem praediorum ſit res immobilis ? Voyez La Bibliotheque de Bouchel, verbo , Saiſie , où il eſt décidé qu'argent mis à la Banque eſt immeuble.
4. Des deniers qui ſont reputez immeubles. Voyez le mot , Deniers , nomb. 27. & ſuiv.
5. Les ornemens & les tableaux d'une Chapelle ſont immeubles. Jugé le 7. Juin 1585. Ricard , en ſes Notes ſur la Coûtume de Paris , art. 90.
6. Dans la Coûtume locale de Boulogne , qui fait l'aîné ſeul heritier des immeubles, le mot immeuble , a été reſtraint aux propres, & les puînez admis au partage des acquêts, avec luy. Jugé le 24. Janvier 1633. Bardet , tome 2. liv. 2. chap. 5.
7. Brevet de l'épargne , touchant les droits alienez , eſt reputé immeuble. Ibidem , chap. 13.
8. Jugé au Parlement de Grenoble le 18. Juillet , 1656. que la penſion impoſée ſur une maiſon dont le capital eſt le prix, eſt immeuble. Chorier, en ſa Juriſprudence de Guy Pape, page 255.
9. Deniers promis par le pere en faveur du mariage de ſon fils , ſont reputez immeubles. Arrêt du Parlement de Roüen du 5. Juillet 1646. Baſnage , ſur l'art. 511. de la Coûtume de Normandie.
10. Les deniers de contract pignoratif, rendus aprés le décés de l'acquereur, ſont reputez immeubles. Jugé le 23. Août 1585. Carondas liv. 7. Réponſe 146.

IMMEUBLES, DENIERS DOTAUX.

11. Par Arrêt du Parl. de Roüen du 8. Avril 1658. il fut dit qu'une femme ayant été colloquée à l'ordre des deniers du decret des biens de ſon mary , quoique ces deniers la fuſſent encore aux mains du Receveur des Conſignations, ils étoient immeubles & appartenoient aux heritiers aux propres. Baſnage , ſur la Coûtume de Normandie , art. 504.
12. Les deniers pour leſquels la femme a été colloquée au decret des biens de ſon mary, ſont reputez immeubles. Ainſi jugé au Parlement de Roüen. Voyez Ibid. article 511.

Eee ij

13. Par Arrêt du 8. Avril 1658. jugé qu'une heritiere d'une dot qui luy revenoit par l'extinction de la lignée d'une femme de sa famille, ayant été portée en un decret du principal de ladite dot ; mais ne l'avoit touché pour les empêchemens ordinaires en decret, n'en avoit pû disposer par testament, comme d'un meuble ; mais revenoit aux heritiers de la même lignée comme un immeuble en essence. Berault, à la fin du 2. to. de la Coûtume de Normandie, page 103. sur l'art. 511.

14. Deniers promis par le frere à la sœur pour sa dot au lieu de legitime, sont immeubles. Arrêt du Parlement de Roüen du 11. Février 1672. Voyez Basnage, sur l'art. 511. de la Coûtume de Normandie. Ce même Arrêt est rapporté au Journal du Palais.

15. Arrêt du Parlement de Roüen rendu en la Seconde Chambre des Enquêtes le 16. May 1686. par lequel il a été jugé qu'une somme de 2000. livres restant de 4000. livres promis par François Nicole à Marie Nicole sa fille, en la donnant en mariage à Olivier Gondoüin, par Contract du 24. Juin 1685. étoit un immeuble, & que la veuve de François Nicole n'y contribuëroit point, quoiqu'heritiere aux meubles ; en cassant une Sentence renduë au Bailliage d'Orbec le 13. Avril 1685. Voyez le Recüeil des Arrêts Notables du Parlement de Normandie, pag. 48. étant ensuite de l'esprit de la même Coûtume.

16. Par traité de mariage de la Demoiselle le Vicomte avec le sieur Comte de Villars, Messire Antoine le Vicomte Chevalier, Seigneur d'Hermanville son Pere, luy a donné & promis *pour toute & telle part qu'elle pouvoit prétendre à sa succession & à celle de la feüe Dame sa mere, la somme de 60000. livres dont en sera payé comptant 40000. livres, à sçavoir 20000. liv. en argent, 20000. livres en parties de rentes, & les autres 20000. livres destinez pour partie de la dot, payable sur les biens de la succession du sieur d'Hermanville après son décez*, la clause du Contract ajoûte : *& d'autant que des 60000. livres il y en a 30000. livres pour la part de ladite Demoiselle sur la succession de la Dame sa mere, qui consiste en la terre de Solangy, laquelle somme est payée par les moyens susdits, le sieur d'Hermanville pere s'est réservé aux droits de la Demoiselle sa fille, à en avoir & prendre sa recompense privilegiée sur ladite terre, sans préjudice de ses autres droits*; la question fut de sçavoir, si le recours qu'un pere s'est reservé sur la succession de la mere de la moitié de ce qu'il a promis & payé à la fille par un traité de mariage, pour ce qu'elle pouvoit esperer aux successions de pere & de mere, est un effet mobilier ou immobilier en la succession du pere, lors que le frere a signé au Contract de mariage, & si une somme d'argent promise par un pere à sa fille par son Contract de mariage, qui n'est point constituée & qui est encore düe lors du décés est une dette mobiliaire ou immobiliaire en la succession ? Par Arrêt du Parlement de Normandie du 2. Juillet 1687. la Cour declara mobiliaire la recompense des 30000. liv. sur la succession maternelle, & immobiliaire la promesse de 20000. l. restant à payer sur la dot de la Dame de Villars ; ce faisant que la Dame veuve du sieur d'Hermanville, lequel s'étoit remarié auroit le tiers en proprieté de ladite somme de 30000. liv. comme heritiere aux meubles, & elle contribuëroit seulement comme usufruitiere à ladite somme de 20000. livres. L'autre partie étoit le sieur de Blangy frere de la Dame de Villars & qui avoit signé le Contract de mariage avec son pere ; il prétendoit que la somme de 20000. liv. devoit être declarée une dette mobiliaire de la succession du sieur d'Hermanville, & la veuve condamnée à y contribuer du tiers en proprieté, comme heritiere aux meubles. Voyez cet Arrêt & les moyens dans le *Recüeil des Arrêts Notables, du Parlement de Normandie*, pag. 40. *& suivantes*, étant ensuite de *l'esprit de la même Coûtume*.

17. Sibilon praticien se mariant avec la fille de Deymier Procureur au Parlement, le pere constituë à sa fille la somme de 3000. liv. dont 2000. liv. seroient employées en fonds, & declaration seroit faite dans le Contract d'achat, que c'étoit des deniers de ladite Deymier, & que la somme de 2000. livres & toutes autres qui seroient reçuës d'elle par Sibilon, seroient censées de nature d'immeubles venant de succession. De ce mariage, il y eut une fille qui se mariant avec Menoire, se constitua tous ses droits, desquels la somme de 3000. livres, seroit censée de nature d'immeuble & patrimoine à la future épouse ; elle meurt sans enfans, & instituë son heritier Sibilon Huissier en la Cour, contre lequel les Deymiers heritiers coûtumiers de ladite Sibilon du côté maternel des Deymiers, font procés. Par Sentence au Sénéchal de Guyenne, les 2000. liv. qui devoient être employées en fonds par le premier contract de mariage, furent declarées immeubles, & les deux tiers ajugez aux Deymiers : & lesdites 3000. livres du second Contract de mariage furent declarées meubles : appel respectif. La Sentence confirmée par Arrêt du Parlement de Bourdeaux du 7. Février 1655. qui jugea que le mot d'immeuble venant de succession équipoloit à l'estoc & ligne, & que ce mot d'immeuble & patrimoine, ne passoit pas la personne de ladite Sibilon. Voyez *M. Abraham la Peirere, en ses décisions du Palais, lettre D. nombre 8.*

18. Catherine de Vic fut mariée avec Gratien Constantin, & dotée de la somme de 7000. livres avec clause qu'elle luy seroit reputée de nature d'immeuble & de patrimoine, après la mort de ses pere & mere & de son mary, duquel elle n'avoit point d'enfans. Par son Testament, elle declare qu'elle ne sçavoit point avoir de patrimoine, & instituë son heritier universel le nommé Petit, contre lequel, après sa mort, Menaud de Vic son frere agit pour la restitution des deux tiers de la somme, comme patrimoniale. La Cour par Arrêt du 17. Janvier 1661. infirmant la Sentence du Sénéchal de Guyenne, qui avoit jugé la somme meuble, la declara patrimoniale, & en ajugea les deux tiers à de Vic.

Cecille Breton femme d'un nommé Gaussen, se mariant avec luy, majeure & maîtresse de ses droits, se constitua entre autres choses quelques sommes qui luy étoient düés ; il fut dit que lesdites sommes luy seroient censées patrimoine, elle mourut sans enfans ; après avoir institué son heritier universel son mary. Après sa mort Perrine Breton sa sœur demanda à Gaussen les deux tiers desdites sommes comme patrimoniales ; ce qui fut ainsi jugé par Arrêt confirmatif de la Sentence du Sénéchal de Guyenne. *La Peirere, ibid*. où il ajoûte *Voy* la difference de la Jurisprudence des Arrêts du Parlement de Paris & de ceux de Bourdeaux, vû que les Arrêts de Paris n'étendent jamais l'immobilisation au collateral, si par exprés le mot d'estoc & ligne n'y est ; ce qui me semble meilleur, pour ne gener point si avant la liberté de tester en une chose de la nature mobiliaire.

19. Isabeau Garat se mariant avec le sieur Lafond, son pere luy constitua la somme de 5000. liv. sçavoir 2000. livres de son chef, & 3000. liv. du chef de Jeanne la Riviere sa mere lors décedée ; il fut dit que la somme de 5000. liv. seroit censée patrimoine à la future épouse, pour n'en pouvoir disposer que conformément à la Coûtume de Bourdeaux : ladite Isabeau décedant sans enfans, legue l'usufruit universel de ses biens à son mary, & instituë son heritier universel Garat son neveu qui avoit son pere vivant, auquel la testatrice ne donnë que 3. liv. la contestation ne fut que sur la somme de 2000. liv. du chef du pere, dont les deux tiers furent demandez par les heritiers coûtumiers. Par Arrêt du 7. May 1663. il fut dit que les heritiers coûtumiers viendroient à partage, suivant la Coûtume ; dans lequel partage viendroient les 2000. livres qui furent declarez être de nature de patrimoine. *La Peirere, ibidem, page 51.*

IMMEUBLES, FOINS.

10. Comme les foins sont censez meubles après la Saint Jean, l'on a demandé si cette seconde herbe que la

IMM   IMM   405

terre produit après la S. Jean, & que l'on appelle *regain*, doit encore être reputée meuble. Arrêt du Parlement de Roüen du 2. Octobre 1683. qui juge la negative & qui ajuge le regain au proprietaire, contre la veuve qui pretendoit comme meuble. *Basnage, sur l'art.* 505. *de la Coûtume de Normandie.*

IMMEUBLES, IMPRIMERIE.

21   Les Presses d'Imprimeries sont censées meubles, & ont été jugées telles entre les enfans du fameux Robert Etienne, par Arrêt du 30. Juillet 1598. rapporté par *Tronçon, sur l'art.* 90. *de la Coûtume de Paris*; à cause de la facilité qu'il y a de les transporter sans fraction. *M. le Brun, Traitté de la Communauté, liv.* 1. *chap.* 5. *nombre* 10.

IMMEUBLES, MATERIAUX.

22   Materiaux d'un immeuble démoli destiné à être rebâti, sont immeubles à cause de leur destination. Arrêt du 27. Octobre 1576. *Papon, liv.* 17. *tit.* 4. *nomb.* 6.

IMMEUBLE, RENTE.

23   Rente non échûe est reputée immeuble; mais si elle est échûe, elle est faite mobilaire. Arrêt du Parlement de Paris du 15. May 1534. *Papon, ibidem, nomb.* 1.

24   Jugé au Parlement de Bretagne le 26. Mars 1627. que les rentes constituées par le mari avant son mariage étoient immeubles, contre la mere heritiere, *turbato mortalitatis ordine*, de son fils, qui les pretendoit comme meubles; elle fut deboutée. *Du Fail, livre* 2. *chapitre* 111.

25   Somme mobiliaire qui devoit être payée après la mort du debiteur en une rente constituée, a été déclarée immeuble par Arrêt du Parlement de Normandie du mois de Juin 1635. Il s'agissoit d'un don mobil stipulé par la femme au profit de son mary. *V. Basnage, sur l'art.* 504. *de cette Coûtume.*

26   Un billet portant promesse de fournir un contract de constitution, moyennant une somme déja fournie, est immeuble, & tient lieu de constitution de rente. Arrêt du 27. May 1638. *Auzanet, sur l'art.* 94. *de la Coûtume de Paris.*

27   La Promesse de 3000. livres de laquelle le debiteur promet passer contract de constitution à la volonté du creancier, & cependant l'interet au denier vingt, est un immeuble, & appartient au legataire universel des acquêts. Arrêt du 24. Mars 1662. *Journal des Audiences, tome* 2. *livre* 4. *chapitre* 55.

Voyez le mot, *Rentes.*

IMMEUBLES, DENIERS DU RETRAIT.

28   Donation entre conjoints, acquisition d'une terre, le mari decede, un parent du vendeur exerce le retrait, le prix est remboursé. Jugé au Parlement de Bretagne le 14. Octobre 1574. que la veuve donataire ne la pouvoit pretendre comme meuble, il fut dit qu'elle joüiroit pendant sa vie de la cinquiéme partie, baillant caution de la rétablir. *Du Fail, livre* 1. *chap.* 371.

29   Arrêt du même Parlement de Bretagne du 31. Octobre 1575. qui a jugé que les deniers remboursez par le retrayant feodal d'un heritage acquis pendant la Communauté appartenoient comme meubles à la femme donataire des meubles & acquêts. Cette Jurisprudence a changé par les articles 212. & 425. de la Coûtume reformée en 1580. *Ibidem, chap.* 387.

30   Deniers déboursez par le mary pour retirer au nom de sa femme un heritage vendu, sont meubles. Arrêt du Parlement de Roüen du 15. Decembre 1655. *Basnage, sur l'article* 495. *de cette Coûtume.*

31   Deniers empruntez pour retirer un heritage & depuis donnez, sont immeubles. Arrêt du Parlement de Normandie du 28. Juillet 1656. *Basnage sur l'art.* 504. *de cette Coûtume.*

IMMEUBLES, STATUES.

32   M. Jacques Hurault Conseiller d'Etat, legue à M. Hurault son neveu Conseiller au Grand Conseil, la maison de Ballebas. Il y avoit une Statuë de marbre representant Henry IV. avec cette inscription, *nobis hac otia fecit*, elle étoit dans une niche d'où on la levoit pendant l'hyver, la veuve la fait enlever; par Arrêt du 5. Mars 1611. en la Grand'Chambre du Parlement de Paris l'on jugea que c'étoit un meuble, & on chargea la veuve de payer 60. livres au legataire. *Mornac. ad Leg.* 49. *ff. de usufr.* trouve que c'est mal jugé, parce que cette statuë avoit été mise pour perpetuelle demeure, & qu'ainsi, ou elle faisoit partie de la maison, ou elle n'en faisoit pas; qu'au premier cas, il falloit l'ajuger au legataire, au second, la donner à la veuve sans aucune recompense. *Voyez l'auteur des notes sur M. Duplessis, Traité des meubles.*

33   Statuës de marbre posées sur des bases de pierre sont immeubles, & font partie de la maison. Arrêt du 9. Juillet 1629. *Bardet, tome* 1. *livre* 3. *chapitre* 56. & le *Journal des Audiences, tome* 1. *livre* 2. *chap.* 53.

IMMEUBLES, VENTES D'HERITAGE.

34   Deniers procedez de vente des heritages d'un mineur sont censez immeubles. *Coquille, tome* 2. *q.* 295.

35   L'argent d'une terre venduë étant entre les mains de l'acheteur, reputé immeuble, ensorte que les creanciers y viennent par ordre d'hypoteque. Jugé dans l'ordre & distribution des deniers provenans de la vente faite par M. de Montpensier à M. d'Epernon de la terre de Villebois. Même Arrêt lorsque Madame de Guise vendit à Madame la Duchesse Gabrielle d'Estrées le Comté de Beaufort. *Bibliotheque de Bouchel, verbo Meubles.*

36   Un pere vend un heritage; l'acquereur obtient Lettres de rescision, sous pretexte de lezion d'outre moitié de juste prix. Jugé au Parlement de Bretagne le 12. Août 1563. que la seconde femme donataire des meubles & acquêts n'avoit rien à pretendre dans les deniers rendus par l'acquereur. *Voyez Du Fail, livre* 1. *chap.* 165.

37   Arrêt remarqué par *Berault*, au profit d'une veuve. Un mari avoit vendu un heritage qu'il avoit acquis, & après sa mort les deniers de cette vente trouvez en essence, furent ajugez à la veuve legataire, au préjudice de l'heritier qui soûtenoit que ces deniers étoient un immeuble, comme procedans de la vente d'un heritage. Les raisons de l'Arrêt furent, que l'acquêt n'est point sujet à remploy, celuy qui l'a fait en est le maître, comme étant un ouvrage de ses mains, & si l'homme qui a fait des acquêts n'en pouvoit disposer, il seroit en curatelle. *Basnage sur la Coûtume de Normandie art.* 504.

38   Le droit qu'acquiert sur un fond l'acquereur d'iceluy en Haynault, ne laisse pas d'être consideré comme immeuble dans sa Succession; quoyqu'il n'en ait encore pris adheritance, c'est-à-dire ne l'ait pas apprehendé par Justice. Arrêt du Parlement de Tournay du 12. Octobre 1699. rapporté par *M. Pinault, tome* 2. *Arrêt* 272.

IMMUNITEZ.

  Bernardi *Episto.* 45. *ad Ludovicum Regem.*
  Silvester *capitibus* 3.
  Jac. Wimphelingus *pro immunitate Ecclesiasticâ.*
  Joannes Hieronymus Albanus *de immunitate Ecclesiarum.*

1   *Voyez* les Plaidoyez de *M. le Bret*, où il parle de l'immunité des Ecclesiastiques, Conseillers des Cours Souveraines, Gens de guerre, Villes Capitales, & Officiers des Maisons Royales.

2   Immunitez de l'Eglise. *Vide les Memoires du Clergé tome* 5. *part.* 8. *page* 434.

  Immunité du Clergé de France. *tome* 3. *part.* 4. *pag.* 1. & *tome* 5. *part.* 8. *page* 390.

5   Ses Immunitez sous le Regne de Loüis XII. *tome* 5. *part.* 8. *page* 73.

  Ses protestations aux Etats de Blois & autres assemblées pour la conservation desdites immunitez. *tome* 4. *partie* 6. *page* 811. jusqu'au 815.

  Immunitas locorum sacrorum quibus deneganda? *V.* Tournet, *lettre* I. *Arrêt* 12.

Tome II.   E e e iij

4 *Decretum Judicis laici ut aggreſſor itinerum propter homicidium, in loco immunitatis exiſtens, poſt requiſitionem, ſi ab immunitate extraheretur, an valeat?* Voyez Franc. Marc. tome 2. queſt. 267.

5 *Immunitatis uſu quomodo utendum?* Voyez Ibidem. queſt. 763.

6 Jugé par Arrêt du Parlement de Normandie du 25. Juin 1519. rapporté par *Berault*, titre de Juriſdiction art. 49. qu'il étoit permis à un condamné après la Sentence de mort contre luy donnée, alleguer l'immunité du lieu où il auroit été pris, & que le dégré de la marche, ſur laquelle les portes des cloîtres du Monaſtere ſont aſſiſes, eſt reputé lieu d'immunité.

7 *An immunitas Eccleſiaſtica ad prædia recens acquiſita à Monaſteriis extendatur?* Senatus immunitatem Carthuſianorum in quibuſque prædiis, ſeu antiquis, ſeu de novo quæſitis locum habere voluit, nullo habito diſcrimine ſive fundos ſuos colonis locent, ſive eos propriis ſumptibus excolant. Arrêt du 2. Août 1585. *Robert*, rerum judicatarum, lib. 2. cap. 5.

IMPENSES.

1 Des recompenſes pour impenſes, meliorations, ou reparations, V. M. le Brun, traité de la Communauté, liv. 3. chap. 2. ſect. 1. diſt. 7.

2 *Poſſeſſor bonâ fide, habet jus retentionis pro expenſis factis.* Voyez Com. Joan. Conſt. ſur l'Ordonnance de Franc. l. art. 97.

3 Les impenſes & meliorations faites par le mary ſur l'heritage de la femme, la repetition du prix ne vient qu'à *die ſoluti matrimonii*, & non du jour qu'elles ont été faites, ou bien du jour qu'elles ont été demandées, l'Arrêt n'eſt point daté. M. le Prêtre, ès Arrêts de la Cinquième.

4 Impenſes ſur les biens dotaux. Voyez M. le Prêtre 2. Centurie chap. 89.

5 Les impenſes, ameliorations, loyaux couſts, frais & arrerages juſqu'au jour de l'eviction ſont dûs par celuy qui evince. Arrêt du Parlement de Paris du 7. Septembre 1526. Papon, livre 11. titre 4. nombre 15. Voyez le mot *Eviction* nombre 24. & ſuivan.

6 On repete les impenſes & meliorations faites conſtant le mariage ſur les propres heritages de l'un ou de l'autre. Arrêt du 6. Septembre 1539. Le Veſt. Arr. 17.

7 L'heritier du mary peut demander à ſa veuve les impenſes & meliorations faites *in fundo uxorio*, durant le mariage & non à un tiers detempteur. Arrêt du 17. Avril. 1564. Le Veſt. Arrêt 76.

Impenſæ aut ſunt neceſſariæ, aut utiles aut voluptuariæ. Voyez M. le Prêtre, 2. Centurie Chapitre 93.

8 Des meliorations utiles & neceſſaires & qui augmentent le revenu de la femme, elle doit la moitié du prix aux heritiers du mary. Arrêt du mois d'Août 1574. *Charondas* livre 5. Rép. 10.

9 Le Commiſſaire pour les impenſes neceſſaires, eſt preferé en la diſtribution des deniers au bailleur de l'heritage. Jugé le 2. Mars 1577. *Charondas*, livre 7. Réponſe 25.

10 Les impenſes utiles & neceſſaires, quoyque le decret ſoit nul, doivent être renduës à l'adjudicataire qui les a faites. Jugé le 23. Novembre 1599. *Charondas*, livre 10. Rép. 65.

Voyez les mots *Amelioration*, *Augmentations*, *Reparations*.

IMPIETE'.

Le Magiſtrat Civil eſt competent pour la connoiſſance du crime d'impieté. Voyez la 63. queſtion de Guy Pape.

Les Religionnaires Prétendus Réformez qui commettent quelque irreverence dans les Egliſes doivent être punis. Voyez les Deciſions Catholiques de Filleau, deciſ. 14.

Voyez les mots *Blaſphême*, *Jeu*, nombre 27. & *Sacrilege*.

IMPOST.

Impôt. Impoſition. *Veſtigal. Stipendium. Inditio. Tributum.*

Quid ſit Veſtigal. L. 16. & 17. D. de verb. ſign. Stipendium & Tributum. L. 27. eod.

De-veſtigalibus & Commiſſis, C. 4. 61... C. Th. 4. 11. Des Impoſts & Contraventions.

De Publicanis, & Veſtigalibus, & Commiſſis. D. 39. 4.

De Annonis & Tributis. C. 10. 16.... C. Th. 11. 1.

De Inditionibus. C. 10. 17... C. Th. 11. 5. Inditiones ſunt annonæ ſeu Tributa.

De ſuper-Inditio. C. 10. 18. C. Th. 11. 6. id eſt, Inditionis augmento.

De Exactoribus Tributorum. C. 10. 19... Ed. Juſt. 12.

De Exactionibus C. Th. 11. 7. & 8.

De ſuper-exactionibus. C. 10. 20... C. Th. 11. 8.

Veſtigalia nova inſtitui non poſſe. C. 4. 62.

Si propter publicas penſitationes venditio fuerit celebrata. C. 4. 46. Reſciſſion de la vente publique des heritages, faite à vil prix, ou ſans les formalitez requiſes, pour le payement des Impoſitions, ou Tributs.

De Muneribus & Jure collectandi. Voyez And. Gaill, lib. 2. obſervat. 52.

De la neceſſité des Impoſitions & de leur eſpece, où il eſt parlé des tailles perſonnelles, réelles, & autres Tributs & contributions; de quelle maniere ſe font les cotiſations, quelles perſonnes y ſont ſujetes; des impoſitions ſur denrées & marchandiſes. Voyez les Loix Civiles dans leur ordre naturel tome 4. liv. 1. tit. 5.

1 De ceux qui exigent des impôts, ſans en avoir le droit. Voyez Rebuffe, 3. part. Praxis Benef. dans l'explication qu'il fait de la Bulle *in Cœnâ Domini* art. 3.

De rebus quæ vi tempeſtatis, aut propter hoſtium vel pyratarum incurſum in portum deferuntur, tributum ſolvendum non eſt. Voyez Franc. Marc. tome 2. q. 424.

4 Du Fermier des impôts. Voyez le mot *Fermiers*, nombre 45. & ſuiv.

5 Impoſition ſur le bois. Voyez le mot, *Bois*, nombre 42. & ſuiv.

6 Impoſition faite par une Communauté d'habitans. Voyez le mot *Communauté*, nombre 59. & ſuiv.

7 Si les Chevaliers de Saint Jean de Jeruſalem ſont contribuables aux impôts qui ſe levent pour les neceſſitez de la guerre? Voyez le mot, *Contribution*, nombre 1.

8 Décimes s'impoſent ſur le Benefice chef pour tous les membres. V. Tournet lettre D. nombre 125.

9 Si les payſans reſidans hors des Villes & dans les Fauxbourgs, ſont contribuables à la Taille des Villes cloſes pour la ſolde des gens de guerre? Voyez le mot *Contribution*, nombre 38. & ſuivans. où il eſt parlé des impoſitions qui ſe font ſur les habitans, & de quelle maniere elles doivent être acquittées.

10 Les Gouverneurs des Villes ſont contraints à payer s'ils ne font diligence, que la ville paye. *Du Moulin* tome 2. page 685.

11 Pour le compoix cabaliſte, il eſt requis qu'il ait été fait par des Prud'hommes experts, de qualité & probité requiſe, élûs au Conſeil general des habitans des lieux, & pour cet effet les Conſuls des Villes ſont obligez de faire aſſembler annuellement les habitans de leurs lieux, préſens & aſſiſtans les Officiers ordinaires du lieu & du Controlleur des Cabaux, ou ſon Commis. V. *Deſpeiſſes*, tome 3. p. 240.

12 L'impoſition pour l'induſtrie & la cotiſation miſe ſur quelqu'un à cauſe du gain qu'il fait en la vacation méchanique qu'il exerce. *Ibidem* page 266.

13 Les cabaux & meubles lucratifs ſont pris pour une ſeule & même choſe, ſçavoir pour le trafic qu'on fait des choſes meubles, & de toutes choſes qui ont accoutumé d'être achetées ou vendues pour retirer gain & profit de la vente comme des marchandiſes ou danrées. *Ibidem, page* 270.

14. Les deniers mis à interests sont cotisez non seulement aux impositions ordinaires, mais aussi aux extraordinaires & municipales, bien qu'ils y soient mis par de vieux Soldats, ou par autres personnes exemptes de la cotisation pour l'industrie. *Ibid.* page 272.

15. Toutes impositions qui se font sur le corps d'une ville, ou lieu, doivent être departies par les Locataires, tant sur le compoix de l'immeuble, appellé *compoix Terrien*, que sur le Rôle & Cahier des Cabalistes de ladite ville, ou lieu appellé *Compoix Cabaliste. Ibidem*, page 306.

16. Afin que le Compoix Terrien soit valable, il est requis qu'il soit fait par la permission de la Cour des Aydes dans le ressort de laquelle sont resseans les contribuables du lieu dudit Compoix, autrement il est nul, soit qu'il ait été fait sans aucune permission de Justice, ou d'autre Cour, que de ladite Cour des Aydes. *Voyez Despeisses, ibid.* page 326.

17. La forme d'exaction, appellée *Maletoste*, étoit une taille que les Maire & Echevins levoient sur les particuliers, sous prétexte de l'employer aux affaires de la ville; elle fut jugée préjudiciable à l'Etat, & abolie par Arrêt du 1. Mars 1325. aux Arrêts, fol. 215. Même Arrêt pour Soissons. Arrêt du 23. Avril. *Corbin, suite de Patronage, chap.* 23.

18. De l'imposition foraine, droit de *resve*, & haut passage sur toutes sortes de marchandises transportées hors du Royaume, ou és lieux esquels les aydes n'ont cours. *Voyez le Recueil des Edits & Declarations concernant les Cours des Aydes, par M. Jacques Corbin*, tome 1. liv. 12.

19. De l'imposition foraine, resve & haut passage. *Voyez Philippi, és Arrêts de consequence de la Cour des Aydes de Montpellier, art.* 133.

20. Dans les impôts que font les Communautez, sur elles pour leurs affaires particulieres, chacun y est cotisé pour les biens qu'il y possede, quoy qu'il habite ailleurs; la femme dans les autres impôts sera cotisée dans le lieu de la residence de son mary, où elle habite avec luy, Arrêt du Parlement de Grenoble du 14. May 1460. contre la Communauté d'*Alissan*, pour celle de *Ponçon Bovier*. *Voyez Chorier, en sa Jurisprudence de Guy Pape*, page 113.

21. Les Privilegiez ne peuvent se servir de leur privilege contre l'obligation qu'eux ou leurs autheurs ont contractée pour le payement d'une somme empruntée pour les besoins d'une ville. Arrêt du Parlement de Paris de l'an 1279. *Papon, liv. 5. tit.* 11. *n.* 3.

22. Le Roy seul peut permettre les impôts, & en décharger aussi qui bon luy semble. Arrêt du Grand Conseil de l'an 1507. contre le Sénéchal d'*Agennes*. Arrêt du P. de Paris du mois de Juin 1534. *Ibid.* nombre 1.

23. Impôt pour public se prend sur tous les habitans d'une ville, interessés, ou non. Arrêt du Parlement de Paris contre les habitans de *Tonnerre*, du 4. Juin 1548. quoyque quelques habitans se prétendissent exempts des droits de charrois, corvées, & autres, que le Seigneur demandoit; mais on répondoit que s'ils n'avoient un interêt present, il pourroient en avoir un à l'avenir, ou leurs successeurs. *Ibid. n.* 4.

24. Taille ne peut être levée pour bien-venuë & joyeuse entrée d'aucun Prince, autre que le Roy, sans Lettres de sa Majesté. Arrêt du Parlement de Paris du 15. Avril 1550. *Ibid. n.* 9.

25. Separation d'impôts ne se doit faire sans grandes & necessaires raisons; ces sortes de separations sont odieuses & contre le Droit commun; plus le nombre des contribuables est considerable, plus ils sont soulagez; autrement, & si on fait des separations, il faudroit plusieurs Consuls, & il y auroit beaucoup de frais. Arrêt de la Cour des Aydes de Paris du 16. May 1660. qui ordonna qu'aucune separation ne seroit faite de *Suryle-Bois* d'avec les habitans de *Vateilles*, lesquels avoient été cotisez à la taille Royale, conjointement, & par même commission. *Papon, liv.* 13. *tit.* 3. *n.* 7.

26. Quand il y a Lettres du Roy pour asseoir & cotiser quelques sommes, il faut que l'assiette se fasse conformément à la taille, eu égard aux facultez; s'il y a excés ou surtaux, les asseeurs en sont tenus, s'il y a de leur faute, *ex quasi delicto*, sinon les Gouverneurs & Echevins qui ont donné charge. Arrêts des 15. Janvier & 15. Decembre 1563. *Papon, liv.* 5. *tit.* 11. *n.* 4.

27. Si l'impôt se fait pour les affaires du Prince, l'on doit imposer les habitans pour ce qu'ils possedent, tant au lieu de la Province qu'ailleurs. Si l'impôt se fait pour la ville où l'on demeure, il ne peut être fait qu'eu égard aux biens que l'on y possede. Jugé à Grenoble. *Ibid.* tit. 10. n. 2. Guy Pape, *quest.* 5.

28. Si l'imposition est pour les fortifications de la ville, & pour les commoditez publiques des habitans, comme pour les murailles & les tours, fontaines publiques, pavez, l'horloge, police en temps de peste, & autres affaires, tous y sont contribuables; *etiam*, les Ecclesiastiques & les Nobles, & tous autres exempts & non exempts *ad instructionem, C. de sacro. Ecclef. leg. ult. §. patrimonium D. de muner. & honor. l. ad portus l. omnes* 2. *C. de oper. publ.* Arrêt à la prononciation solemnelle de la Pentec. le 9. May 1551. contre le Clergé du Mans, & auparavant avoit été jugé contre le Clergé de Laon, le 6. Avril 1405. Autre Arrêt contre le Clergé de Saint Flour, de l'an 1470. Autres disent du 10. Juin 1370. & aux Grands Jours de Moulins le 6. Octobre 1550. entre le Clergé & les Echevins de Bourges, qui juge que ceux du Clergé seroient sujets au treiziéme du vin vendu en détail, dont les deniers sont destinez aux affaires publiques, & à l'entretenement des Docteurs de l'Université: mais il fut dit que quand les Echevins demanderoient le consentement du peuple pour impetrer du Roy les octrois, les Colleges Ecclesiastiques seroient nommément appellez, & le reste du Clergé à cry public. *Bibliotheque de Bouchel, lettre L. verbo, Levées de Deniers.*

29. Impôt fait pour le public, comprend ceux qui n'ont interêt present, ou qui n'ont rien, lors de l'imposition taxée: car il se pourra faire qu'à l'avenir ils en auront. Arrêt du Parlement de Paris le 14. Juin 1548. *Ibidem*, lettre U. verbo, *Université d'habitans*.

30. Le 17. Mars 1524. tous les habitans de la ville de Toulouse, tant privilegiez que non privilegiez, & exempts & non exempts, à cause de la necessité de la ville, cotisés pour les réparations & fortifications & munitions d'icelle. Semblable Arrêt du 26. Mars 1526. pour la somme de 6000. liv. cotisée sur la ville, tant sur les privilegiez que non privilegiez, gens d'Eglise, Officiers du Roy, Docteurs Regens, Secretaires, sans consequence & préjudice de leurs Privileges. *La Rocheflavin, liv.* 6. *tit.* 73.

31. Le 10. Février 1552. furent prononcez deux Arrêts au Barreau sur les Lettres Patentes du Roy, portant permission aux Capitouls de Toulouse de tenir & prendre certains deniers de l'entrée du vin, des marchandises, & autres denrées y déclarées durant dix ans, pour iceux deniers être employez à la construction du Pont sur la riviere de Garonne. *Ibid. tit.* 16.

32. Arrêt rendu sur la Requête de M. le Procureur General, le 27. Avril 1587. qui défend aux habitans de Grenade, & autres lieux du ressort, sans permission du Roy, faire aucunes impositions ou nouvelles exactions d'aucuns bleds, vins, marchandises ou denrées, pour le passage d'icelle. *La Rocheflavin, livre* 4. *lettre T. titre* 1.

33. Par Arrêt du 29. Octobre 1593. M. Fouré, Conseiller en la Cour, a condamné à la contribution faite par les Consuls de Lodève, en ce qui concernoit la garde de ladite ville, réparation des murailles & fossez, mais non aux gages des Maîtres d'Ecoles & Medecins, Horlogeurs, Gardiens des Portes du fauxbourg, pour les pestiferez des environs, & autres servans aux habitans. *Ibid. liv.* 6. *tit.* 76. *art.* 6.

34. Défenses à tous Officiers, gens de Justice, & autres,

de plus à l'avenir taxer ou imposer deniers sur les habitans des villes & Jurisdictions, si ce n'est par permission du Roy, ou de ceux à qui la connoissance en appartiendra. Arrêt du Parlement de Bretagne du 11. Septembre 1553. *Du Fail, liv. 3. chap.* 432.

35 Entre les habitans de Morlaix, Intimez, & les habitans du plat-Pays. Les Intimez ont à payer sur eux 4000. liv. pour la solde de cinquante mille hommes de pied, & veulent y comprendre ceux du plat-Pays, lesquels y sont condamnez par le Sénéchal de Morlaix. Appel, Sentence confirmée, par Arrêt du Parlement de Bretagne du 4. Avril 1554. *Idem, liv. 1. chap.* 54.

36 Entre les Paroissiens Dizé, Chapeaux, &c. & les habitans de Vitré Intimez; la Cour dit qu'il a été mal taxé par les Officiers de Vitré, & ordonné en procedant, tant par eux qu'autres Juges, à la cotisation de la solde des cinquante mille hommes de pied; sera faite expresse nomination des personnes cotisées, contribuables au payement de la solde, & que les Officiers ne prendront aucuns salaires; le tout suivant l'Arrêt du 21. Decembre 1555. lequel ladite Cour leur enjoint garder. Arrêt du Parlement de Bretagne du 3. Mars 1557. *Ibid. chap.* 32.

37 Jugé au Parlement de Bretagne le 2. Mars 1558. qu'un Prêtre avoit été valablement cotisé pour la solde de cinquante mille hommes. *Ibid. ch.* 99.

38 Les Officiers de Redon presentent Requête au Lieutenant General, & remontrent que certains particuliers ont avancé quelques deniers pour fournir à l'étape des gens de guerre; c'est pourquoy il est necessaire d'imposer les Paroisses adjacentes; ils obtiennent permission, dont appel. Le moyen étoit qu'il n'appartient qu'au Roy d'imposer; on répondoit que c'étoit un fait de guerre. Arrêt du Parlement de Bretagne du 11. Avril 1559. qui prononce mal ordonné, mal executé, bien appellé; en émandant le Jugement, ordonne que les Intimez feront arrêter pardevant les Juges de Rennes, la dépense & mise faite pour raison des étapes; & pour icelle recouvrer, se pourvoiront vers le Roy en sa Chancellerie, afin de départir la somme ainsi qu'il sera mandé. *Ibid. chap.* 94.

39 Les gens du Clergé avoient accordé au Duc d'Etampes pour l'Evêché de Saint Malo 1500. liv. pour la premiere année des troubles de la Religion. Chaque Prêtre payoit dix sols; un fut emprisonné pour payer; il appella; Arrêt du Parlement de Bretagne du 27. Août 1563. qui ordonna avant faire droit, qu'à la diligence de l'Intimé, commandement sera fait à l'Evêque de Saint Malo, ses Officiers & préposez, d'apporter dans huit jours Lettres Patentes du Roy, en vertu desquelles les cotisations ont été faites. *Ibid. liv. 3. ch.* 71.

40 Des Asseeurs & Esgailleurs de foüage de Cesson, avoient épargné les uns & rabaissé quelques Paroissiens. Arrêt du Parlem. de Bretagne du 10. Avril 1567. qui les condamne en cent sols d'amende envers le Roy, sans toutefois aucune note d'infamie; faisant droit sur les Requêtes du Procureur General, défenses à tous Juges du ressort de prendre connoissance de telles Requêtes; leur enjoint de les renvoyer suivant l'Edit d'Orleans. *Ibid. liv. 1. chap.* 238.

41 Arrêt du Parlement de Bretagne du 7. Mars 1577. qui, sur les Conclusions du Procureur General, ordonne qu'aux passages où sont établis les droits, seront attachez en lieu éminent une pancarte & rableau, auxquels seront contenus par le menu les devoirs dûs sur chacune espece de marchandise. *Ibid. chap.* 302.

42 Arrêts du Parlement de Bretagne des 13. Janvier 1615. & 15. Juin 1632. portant Reglemens sur le fait des impôts; défenses de frauder les droits du Roy, à peine de confiscation des vins, charrettes & équipages, & 500. liv. d'amende, & du foüet pour la seconde. *Voyez les Arrêts & Reglemens qui sont à la fin du Recueil de Du Fail, page* 7.

43 L'impôt ni autre devoir n'est dû de vin en gros; aussi par Arrêt en forme de Reglement du 28. Avril 1637.

défenses furent faites aux Commis ou Clercs, Marqueurs, de marquer les vins des Marchands en gros; & neanmoins par autres posterieurs, il leur a été permis de marquer les vins des Marchands dans leurs caves, pour ce qu'ils sont obligez de les marquer, ou à la sortie de la cave, ou chez les particuliers ausquels les Marchands les ont vendus. *Sauvageau sur Du Fail, liv. 2. chap.* 150.

44 Arrêt du Parlement de Bretagne du 20. Novembre 1649. qui défend à toutes personnes de faire aucune levée de deniers dans la Province, en vertu des Lettres qui n'auront été verifiées en la Cour. *Voyez les Arrêts qui sont à la suite du Recueil de Du Fail, p.* 100.

45 Si les Religieuses sont contribuables sur leurs revenus aux impositions qui se font pour la subsistance des troupes? *Voyez le* 71. *Plaidoyé de M. de Corberon, Avocat General au Parlement de Mets;* il tint l'affirmative.

46 Jugé au Parlement de Mets le 13. Decembre 1638. que le Clergé, l'Université, & les Nobles du Pont-à-Mousson, doivent être compris dans les Rôlles des impositions extraordinaires qui se font pour la levée des deniers employez à acheter des ennemis la Sauvegarde du Pays, & qu'au regalement de la somme de 15000. liv. & interêts, ils assisteroient deux de chacun corps, & sans tirer à consequence, au cas d'imminent peril, & de necessité seulement. *Voyez le* 38. *Plaidoyé de M. de Corberon.*

47 Jugé au Parlement de Mets le 20. Octobre 1639. que les Officiers du Bailliage de l'Evêché de Mets, seant à Vic, peuvent être compris dans les Rôlles des impositions qui se levent à Vic, pour la subsistance des troupes qui sont envoyées dans le Pays pour le conserver, & doivent aussi loger des Soldats dans leurs maisons. *Voyez le* 44. *Plaidoyé de M. de Corberon.*

48 *Voyez le* 91. *Plaidoyé de M. de Sainte-Marthe*, pour les habitans de la Paroisse de Magnane, que les habitans de la ville de Château-Gontier vouloient comprendre dans leurs Rôlles, d'une imposition de la somme de 12000. liv. à laquelle ils avoient été taxez pour leur rebellion.

49 Arrêt du mois de Juin 1596. qui fait défenses au Fermier de la ville de Meaux, de lever aucune imposition sur les ouvrages, dont le prix consiste plus en l'artifice qu'en leur matiere. Le Fermier avoit prétendu lever un droit sur le fer, qui étoit entré dans la construction d'un bateau, comme sur celuy qui n'étoit pas en œuvre. *Voyez la* 14. *action de M. le Bret.*

49 bis. Jugé par Arrêt du Parlement de Dijon du 10. May 1600. que plusieurs habitans s'étant obligez à un emprunt pour les fortifications d'une ville; un d'entr'eux renonçant à l'incolat, & allant demeurer ailleurs, où il est imposé, ne peut être tenu au payement du principal & arrerages. *Bouvot, tome 2. verbo, Taille, quest.* 9.

50 Si celuy qui pour obéir au commandement du Roy, s'est retiré d'une ville rebelle, est tenu de payer des impôts faits pendant son absence? *V. ibid. quest.* 30.

51 Les habitans composant pour faire lever le siege qui est devant leur ville, les mineurs qui ont maison dans la ville, & heritages en la banlieuë, peuvent être compris en l'impôt de la composition accordée. Arrêt du Parlement de Dijon du 29. May 1609. *Ibid. quest.* 78.

52 Il n'est permis aux Lieutenans Royaux de faire aucunes impositions sur les habitans de la ville ou villages circonvoisins, pour réparations de la ville, ou chemins Royaux, sans Lettres du Roy, verifiées à la Cour. Arrêt du Parlement de Dijon du 14. Janvier 1608. *Bouvot, tome 2. verbo, Subsides, quest.* 8.

53 Un Senateur de Savoye possedoit des biens ruraux en Bresse, au détroit de la Communauté de Birieu, avant l'échange fait entre le Roy & le Duc de Savoye, du Marquisat de Saluces & du Pays de Bresse. Ces biens étoient exempts à cause de son privilege; & les privileges ont été confirmez. Aprés l'échange & cette confirmation, les habitans imposent le Senateur pour raison

son de ses biens ruraux. Arrêt du Parlement de Dijon du 22. Juin 1617. qui le declare exempt; il est rapporté par *M. de Xaintonge*, *p.* 419.

54 Ceux de la Religion Prétenduë Réformée ne peuvent faire aucune imposition, collecte & levée de deniers sur eux, sans permission du Roy, qu'en presence du Juge Royal. *Voyez les Décisions Catholiques de Fisseau, Décision* 101.

55 Par la Coûtume & l'Usage de Dauphiné, le Parlement peut établir des impôts, & est en possession de le faire. L'impôt sur le vin étranger qui entre dans le Bailliage de Graisivodan, & dans la ville de Grenoble, a été premierement établi de son autorité, par Arrêt entre les Chambres assemblées le 14. Août 1632. & après il a été continué par d'autres *sous le bon plaisir du Roy*. *Voyez Chorier, en sa Jurisprudence de Guy Pape, p.* 115.

56 Les Forains sont contribuables aux surtaux & impositions pour le logement des gens de guerre. Arrêt du Parlement de Grenoble du 14. Août 1663. *Secùs*, des Nobles, Ecclesiastiques, & Officiers des Cours Souveraines. *Basset*, *tome* 1. *liv.* 3. *tit.* 3. *ch.* 8.

57 Arrêt du Parlement de Provence du 14. Juin 1634. qui a déclaré nulle l'imposition faite par une Communauté sur le plâtre qui sortiroit de son lieu. *Boniface*, *tome* 2. *part.* 3. *liv.* 2. *tit.* 2. *ch.* 4.

58 Le 2. Mars 1640. il fut ordonné qu'aux impositions faites par les Communautez, la cause seroit exprimée, & qu'elles seroient proportionnées à la charge. *Ibid. chapitre* 5.

59 Arrêt du 7. Novembre 1640. qui ordonne que les impositions sur le bétail, seront faites au sol la livre, & à raison du bien immeuble. *Ibid. ch.* 6.

60 Les Communautez peuvent faire des impositions sur le négoce des personnes pour le payement des tailles. Arrêt du 30. Octobre 1646. pour la Communauté de Draguignan. *Ibid. ch.* 7.

61 Autre Arrêt du 8. Février 1653. qui autorisa l'imposition sur la sortie du bled & de la laine du terroir d'Arles, & fit inhibitions à la Communauté de faire aucune imposition, sans la permission de la Cour. *Ibid. ch.* 8.

62 L'imposition faite par une Communauté sur les abeilles comme insolite, n'est legitime. Arrêt du 4. May 1578. *Boniface*, *tome* 5. *liv.* 6. *tit.* 5. *ch.* 2.

63 Un Cappage imposé par une Communauté sur les habitans, est legitime. Arrêt du même Parlement de Provence du 20. Juin 1687. chaque habitant avoit été imposé à 15. sols pour subvenir aux charges négotiales. *Ibid. tome* 4. *liv.* 10. *tit.* 3. *ch.* 10.

64 Imposition aux tailles ne peut être faite que par noms & surnoms, & qualité des taillables, & distinctement. Par Arrêt de la Cour des Aydes de Paris du 14. Mars 1640. rendu entre les habitans de *Berthenay*, Election de Tours, d'une part, & Martin Babin, habitant du même lieu d'autre, défenses ont été faites aux Collecteurs de la Paroisse de Berthenay d'imposer les particuliers cotisables autrement que par noms & surnoms, suivant l'Ordonnance. Par autre Arrêt du 24. Octobre 1684. entre le sieur Gibert, Maître-Queux de M. le Prince, & les habitans de *Congis*, il a été enjoint aux Collecteurs d'imposer dans leurs Rôles les particuliers cotisables divisément, & sous leurs propres noms, & sous des lignes distinctes & séparées, suivant les Reglemens & Arrêts de la Cour, à peine de tenir répondre en leurs propres & privez noms. *Memorial alphabetique*, verbo, *Imposition, nombre* 6.

65 Un Journalier qui n'a aucun bien en fond, sortant d'une Paroisse pour aller demeurer dans une autre de la même Election, doit être taxé deux années de suite. S'il passe dans une autre Election, il doit être imposé trois années de suite dans son ancien domicile; c'est l'esprit des Reglemens. *Ibid.* verbo, *Journalier.*

66 Les deniers imposez pour les affaires communes, ne sont levez avec pareille contrainte que les deniers Royaux. Arrêts de la Cour des Aydes de Montpellier, rapportez par *Philippi*, *art.* 34.

Tome II.

67 Une ville particuliere peut prescrire le droit de payer un moindre impôt que toutes les autres ne payent generalement, par le temps d'une possession immemoriale. Jugé au Parlement de Tournay le 8. Mars 1697. en faveur des habitans de la *Bassée*. La Cour declara qu'ils ne payeroient que 42. patars à la rondelle de bierre, mesure de la Bassée. *Voyez M. Pinault*, *tome* 1. *Arrêt* 142.

Voyez les mots, *Communautez*, *Contribution*, *Forains*, *Habitans*, *Tailles*.

IMPOSTURE.

1 EN 1599. une jeune fille de Romorantin nommée Marthe Brossier, ayant lû le discours du Diable de Laon, eut l'imagination si frappée, qu'elle paroissoit possedée du Démon; son pere crut qu'il étoit de son interêt de joüer ce stratageme; & en effet, il exposoit sa fille à la curiosité du peuple, qui par commiseration, luy faisoit de grandes liberalitez. L'Evêque d'Angers reconnut l'illusion; l'Official d'Orleans en fut bien-tôt convaincu, & défendit aux Ecclesiastiques de son Diocese de l'exorciser, sous peine de suspension; l'Evêque de Paris est sollicité de l'exorciser; elle est conduite dans une Chapelle de l'Eglise de Sainte Geneviéve; les Medecins presens, conviennent que ce n'étoit qu'une feinte. Marescot dit, *nil à Dæmone, multa ficta, à morbo pauca*. Cependant les exorcismes continuerent; d'autres Medecins furent consultez; ils soutinrent que toutes les actions de Marthe étoient impostures, d'autant que ses mouvemens les plus violens se faisoient sans alteration de poulx, de respiration, ni de couleur. Le Parlement ordonna qu'elle seroit mise és mains du Lieutenant Criminel; les Ecclesiastiques s'y opposerent. Le Roy ordonna que le Parlement seroit obéi. Arrêt de la Grand'-Chambre & Tournelle, par lequel il est enjoint au Lieutenant Criminel de Robe-Courte, de mener & conduire Marthe & ses sœurs, avec son pere en la ville de Romorantin, avec défenses d'en sortir & de vacquer, sans ordonnance du Juge du lieu. Ainsi le Diable fut condamné par un Arrêt. *Mathieu*, *liv.* 2. & à la Bibliot. de Bouchel, verbo, *Imposteurs.*

2 Un imposteur marié comme fils aîné; le veritable fils fut ensuite reconnu; l'imposteur s'étoit marié en Normandie, & ensuite en Poitou, où la prétenduë mere demeuroit, qui avoit signé en son second Contract de mariage. La fourberie reconnuë; Sentence qui le condamne à être pendu & étranglé; appel de la seconde femme; demande de la premiere; Arrêt sur les appellations & demandes; les parties hors de Cour, les biens acquis par l'imposteur ajugez aux enfans de la seconde femme; & la mere pour avoir signé au second Contract de cet imposteur, condamnée en 2000. l. pour tous dépens, dommages & interêts. Prononcé à la Tournelle le Samedy 21. Juin 1659. *Des Maisons*, *let.* I. *n.* 2.

3 Enfant supposé, declaré imposteur. *Voyez le Journal des Audiences*, *tome* 5. *liv.* 2. *ch.* 1. & cy-après, verbo, *Supposition*.

IMPRIMEURS.

1 IMprimeurs & Libraires. *Voyez* hoc verbo, *la Bibliotheque du Droit François*, par Bouchel.

2 Du Reglement de l'Imprimerie, & de n'imprimer aucun Livre sans permission du grand Sceau. *Ord. de Fontanon*, *tome* 4. *tit.* 13. *p.* 467.

Voyez le 2. *Plaidoyé de M. Marion*, in octavo. sur l'impression des Oeuvres de Seneque, revûës & annotées par *Marc-Antoine de Muret*.

3 Du Privilege des Livres; de ceux qui impriment les Ouvrages, dont le Privilege a été accordé à d'autres. *Voyez les Plaidoyez de Corbin*, *chap.* 128. où il observe avoir été jugé par plusieurs Arrêts, que le Privilege des Heures étoit nul, parce que c'est le pain quotidien des Chrêtiens, & qu'il ne convient pas d'y mettre enchere. Cette Jurisprudence a changé, il n'y a point de Livre plus sujet à la necessité du Privilege, à cause du

Fff

danger de la mauvaise Doctrine, souvent répanduë dans des prieres.

4. Arrêt du P. de Paris du 3. Août 1579. qui fut la Requête du Procureur General, fait inhibition & défense à tous les Imprimeurs de faire imprimer aucuns Livres hors ce Royaume, sous peine de confiscation, & de 4000. liv. d'amende ; & le Procureur General aura commission pour informer à l'encontre de ceux que l'on prétend avoir fait imprimer des Livres hors ce Royaume, pour l'information faite & rapportée, decreter contre les coupables, ainsi qu'elle verra être à faire par raison. *Voyez la Bibliotheque de Bouchel*, verbo, *Marque*.

5. Arrêts du Parlement de Roüen du 23. Mars 1609. par lequel il est ordonné que tous ceux qui voudront faire imprimer un Livre non encore imprimé en ladite ville, seront tenus avant que de commencer l'impression, enregistrer le titre & le nom du Livre sur le Registre de la Communauté. *Boniface, tome 1. liv. 8. tit. 6.* Il rapporte un autre Arrêt du même Parl. de Roüen du 22. Decembre 1644. qui ordonne l'execution du Reglement.

6. Arrêt du Parlement de Paris du 12. Août 1609. qui ayant égard aux Conclusions de M. l'Avocat General Servin, a fait défenses à tous d'imprimer ni faire imprimer aucuns Livres que le nom de la Ville & de l'Imprimeur ne soit declaré au commencement du Livre, à peine de confiscation, d'amende arbitraire, & de punition corporelle, s'il y échet. *Plaidoyers de Corbin, chap. 141.*

7. Lettres Patentes du 20. Decembre 1649. portant défenses à tous Imprimeurs & Libraires d'imprimer aucuns Livres sans permission de sa Majesté, & que si plusieurs ont obtenu permission d'imprimer un même Livre, celuy qui seroit premier en date seroit préféré, & que ces Lettres de continuation ne pourront être obtenuës que les premieres ne soient expirées. *Boniface, tome 1. liv. 8. tit. 6. chap. 1.*

8. Arrêt du Parlement de Paris du 31. Octobre 1650. faisant défense de faire imprimer, publier & executer les Decrets & autres Actes de l'Inquisition de Rome, sans permission, & de les faire saisir ; ensemble le Libelle intitulé, *Catechisme de la Grace*. Preuves des Libertez, *tome 2. chap. 35. n. 101.*

9. Arrêt du Parlement de Paris du 7. Septembre 1657. portant défenses à tous Imprimeurs & Libraires du Royaume d'obtenir aucune continuation de Privilege de réimprimer, s'il n'y a augmentation d'un quart aux Livres. *Boniface, tome 1. liv. 8. tit. 6. ch. 1.*

10. Arrêt du Conseil du 27. Février 1665. qui ordonne que les Lettres de continuation de Privilege obtenuës pour réimprimer, seront executées. Fait défenses à toutes personnes d'y contrevenir, declare pour la contravention les Livres confisquez, *Ibidem*.

11. Edit du Roy pour le Reglement des Imprimeurs & Libraires de Paris, du 21. Août 1686. contenant quinze Titres.

I. Titre des franchises, exemptions & immunitez des Imprimeurs & Libraires de Paris.
II. Des Imprimeurs & Libraires en general.
III. Des Fondeurs de caracteres d'Imprimerie.
IV. Des Apprentifs Imprimeurs & Libraires.
V. Des Compagnons Imprimeurs & Libraires.
VI. Receptions des Maîtres Imprimeurs & Libraires.
VII. Des Veuves des Imprimeurs & Libraires.
VIII. Des Correcteurs.
IX. Des Colporteurs.
X. Des Libraires Forains.
XI. Des Syndic, Ajoints, & Maîtres de Confrairie.
XII. De la visite des Imprimeries & Libraires, & de celle des Livres venant de dehors, en la Chambre Syndicale.
XIII. Des Libelles diffamatoires, & autres Livres prohibez & défendus.
XIV. Des Privileges & continuations d'iceux, pour l'impression des Livres.
XV. Des inventaires, prisées, & ventes d'Imprimerie & Librairie.

Cet Edit, avec les autoritez des anciennes Ordonnances, Statuts, Arrêts & Reglemens, a été imprimé à Paris chez Denys Thierry, aux dépens de la Communauté en 1687.

12. Declaration du Roy portant Reglement pour les Libraires & Imprimeurs de la Ville de Lyon, du 7. Février 1696. contenant treize Titres.

I. Titre des franchises, exemptions & immunitez des Libraires & Imprimeurs de la ville de Lyon.
II. Des Libraires & Imprimeurs en general.
III. Des Fondeurs de caracteres d'Imprimerie.
IV. Des Apprentifs Imprimeurs & Libraires.
V. Des Compagnons Imprimeurs & Libraires.
VI. Receptions des Maîtres Imprimeurs & Libraires.
VII. Des Veuves des Imprimeurs & Libraires.
VIII. Des Correcteurs.
IX. Des Syndic, Ajoints, & Maîtres de Confrairie.
X. De la visite des Imprimeries & Libraires, & de celle des Livres venant de dehors en la Chambre Syndicale.
XI. Des Libelles diffamatoires, & autres Livres prohibez, défendus.
XII. Des Privileges & continuations d'iceux, pour l'impression des Livres.
XIII. Des inventaires, prisées & ventes d'Imprimerie & Librairie.

Imprimé à Paris chez Christophle Ballard, par ordre exprés de M. le Chancelier, en la même année 1696. avec les autoritez, Statuts, Arrêts & Reglemens, qui conviennent à chacun article.

IMPUBERES.

L'Enfance dure jusqu'à sept ans. L'impuberté finit à 14. ans, pour les mâles, & à 12. ans, pour les filles.

Impuberes, ab officiis civilibus remoti. l. 2. §. 1. D. de reg. juris.

De bonorum possessione, furioso, Infanti, &c. Competente. D. 37. 3. Les impuberes, les enfans, & autres, sont admis à l'hérédité & à la possession de biens.

De Carboniano Edicto. D. 37. 10... C. 6. 17... C. Th. 4. 3. . Paul. 3. sent. 2. A. Cn. Carbone, Auctore. Si l'on conteste à un impubere, son état, sa filiation, ou son âge, cet Edit luy donne la possession & la jouïssance pendant son impuberté.

Ut deliberandi jus ad impuberes transmittatur, & ut illud transmittant. N. 158.

IMPUDIQUE.

Sous le nom d'impureté, sont compris tous les crimes qui en dépendent, comme l'adultere, le stupre, l'inceste, les pechez contre nature, &c.
Voyez les mots, *Accusation*, nomb. 19. & suivans. *Adultere, Concubinage, Inceste, Sodomie,*

IMPUISSANT.

Voyez le mot, *Eunuque,* Bouchel, *en sa Bibliotheque du Droit François*, verbo, *Frigidité ou impuissance.* Tournet, *lettre F. Arr. 20. & 21.* & Robert, *liv. 4. plaid. 10.*

Discours sur l'impuissance de l'homme & de la femme qui est une cause de séparation. *Voyez la Biblioth. du Droit François par Bouchel*, verbo, *Séparation.*

Discours sur l'impuissance de l'homme & de la femme, ce qui doit être observé au procés de séparation, pour cause d'impuissance, par *Tagereau, Paris. 1612.* in octavo.

De impotentiâ. Voyez *Franc. Marc, tome 2. quest. 673.* où il observe que l'impuissance perpetuelle, *matrimonium contrahendum impedit, & contractum dirimit.*

Dissolution du mariage par impuissance & frigidité

du mari. *Voyez* Filleau, 4. *par. quest.* 14. Despeisses, *tome* 1. *part.* 1. *tit.* 13. *section* 1. Tournet, *lettre M. Arr.* 28. & le recüeil de Decombes Greffier de l'Officialité de Paris, 1. *part. chap.* 5. *pag.* 675. & *suivantes*.

4. Sur l'état d'un enfant dont le pere étoit accusé d'impuissance. *Voyez le Recüeil des Plaidoyers*, imprimez chez *Jean Guignard* en 1687.

5. Mariage declaré nul par l'impuissance du mari, & de son vivant, la femme peut se marier. Jugé par plusieurs Arrêts, il y en a un du 30. Juillet 1573. qui ajuge 800. l. à la femme ; elle doit pendant la demande en nullité joüir de sa dot. Arrêt du 6. Juillet 1574. Papon, *livre* 15, *tit.* 1. *nomb.* 13.

6. Si le mary peut demander la dissolution de son mariage, *Propter mulieris vulvæ arctitudinem*, où si cette prétenduë arctitude de la femme est un effet de l'impuissance du mary. La Sentence dont il se plaignoit en prononçant la dissolution du mariage, luy défendoit seulement d'en contracter avec des vierges. En cause d'appel, il conclut à ce qu'il fût procedé à une nouvelle visite, & après que par icelle, au congrez, s'il est necessaire, il sera connu de sa puissance, & trop grande arctitude de sa femme, le mariage fût declaré nul, & luy permis de pouvoir *in Domino* se marier à autre, sauf s'il ne fait option, de la retenir auprès de luy comme sœur, lequel choix luy seroit deferé suivant les Constitutions canoniques, *ut quæ nunc conjux, sit modò chara soror*. Cet appel ne fut point jugé. *Voyez les Reliefs forenses de Rouillard, chap.* 49. le chapitre suivant concerne le même sujet d'impuissance : la question étoit de sçavoir, si la femme peut demander la dissolution de son mariage, contre son mari, faute de témoins apparens, quoyqu'il ait toutes les autres marques d'une virilité ordinaire & commune. Ce qui fut ainsi jugé.

7. Pour empêcher le mariage, il faut s'opposer à la publication des bans. Aprés le décés du mari les parens sont non recevables à contester l'état de l'enfant *& frigiditatem & impotentiam arguere*. Arrêt du Parlement de Toulouse du 12. May 1583. *Mainard, liv.* 3. *ch.* 29.

8. L'impuissance & la frigidité du mary doivent se prouver. La femme est tenuë d'attendre son mari absent, avant que de se pouvoir legitimement remarier. Arrêt à la Tournelle le 1. Février 1597. *Chenu*, 1. *Cent.* 9. 14.

9. Jugé par Arrêt du 23. Août 1601. que celuy qui a abusé du mariage par son impuissance & frigidité, est tenu de restituer à celle qu'il avoit épousée, ses heritages, fruits d'iceux qu'il a perçus ou dû percevoir, à compter du jour de la citation en dissolution de mariage, ensemble ses dommages, interêts. Filleau, 4. *part. quest.* 144. Chenu, 2. *Cent. quest.* 43. & Février, en son *Traité de l'abus, liv.* 5. *chap.* 4. *nomb.* 13.

10. Un mary & une femme ne peuvent cohabiter ensemble, le mari pretend qu'elle est inhabile, la femme qu'il est impuissant. La femme est visitée, on la trouve vierge, le mari accorde l'impuissance, mais il accuse la femme de l'avoir charmé. Question de sçavoir qui doit être Juge, ou l'Official, ou le Magistrat ? Le mari soûtient que c'est une simple contestation de mariage, que le crime n'est qu'accessoire ; que le mariage & sortilege sont cas Ecclesiastiques. La femme remontre que la dispute n'est plus du mariage, qu'elle se veut justifier ; que le mariage se rompt non par voye de dissolution Ecclesiastique ; mais par voye de punition corporelle. Arrêt du Parlement de Toulouse du 10. Avril 1603. qui declare avoir été mal & abusivement decreté & executé par l'Official, le condamne en cent sols d'amende envers le Roy, & l'intimé aux dépens ; declare neanmoins n'entendre empêcher que les parties se retirent devant le Juge d'Eglise, autre toutefois que celuy dont est appel, pour poursuivre la separation ou dissolution du mariage, tant par la voye de sortilege qu'autre civilement, ainsi qu'ils verront être à faire par raison. Le mariage fut ensuite déclaré nul. *V. le quatriéme Plaidoyé de Puymisson.*

Tome II.

11. Un homme reconnu impuissant par luy même se marie à l'âge de 55. ans avec la fille d'une servante ; ses neveux demandent la dissolution du mariage, ils avoient même une Procuration de leur oncle pour le faire intervenir en la cause & adherer à leur demande, il fut remontré qu'ils n'étoient parties capables, que la femme ne se plaignoit point, se contentoit de son mari, lequel *suam turpitudinem allegans non erat audiendus*. Arrêt du Parlement de Paris en la Tournelle du 9. Decembre 1606. qui les declare non recevables. *Plaidoyers de Corbin, chap.* 72.

12. Jugé au Parlement de Paris le 19. Janvier 1606. qu'il y avoit abus de contraindre la femme de demeurer trois ans avec son mari, lorsqu'elle se plaignoit de son impuissance. *Plaidoyers de Corbin, chap.* 27. même Arrêt du 9. Janvier 1607. *Ibidem, chap.* 81.

13. Jugé qu'en une instance de dissolution de mariage par impuissance, l'Official avoit pû decreter & fait executer par le bras seculier, prise de corps, d'autant que le mary *erat suspectus de fugâ*, & avoit fait deux ou trois défauts, & que la preuve de l'impuissance reside en sa personne. Arrêt du Parlement de Paris du 12. Mars 1607. *Ibidem, chap.* 88.

14. Un homme démarié par impuissance, se remarie avec une veuve, qui par la même raison se fait aussi démarier, & pretend des dommages, interêts. On luy oppose qu'elle a connu l'incapacité : elle répond qu'elle avoit bien sçû l'impuissance pour les filles ; mais non pour les veuves. Arrêt du Parlement de Paris du 8. Février 1610. qui la déboute avec dépens. *Plaidoyers de Corbin, chap.* 56. & le même en la *suite de Patronage, chap.* 227.

15. L'Official, avoit ordonné que pendant l'instance en dissolution de mariage pour impuissance, la femme seroit mise entre les mains de Justice. Jugé au Parlement de Paris le 4. Mars 1610. qu'il n'y avoit point d'abus dans cette Ordonnance. Peleus plaidoit pour le mary appellant. Corbin, *suite de Patronage, chap.* 235.

16. Une donation faite par Contract de mariage à la femme par un mari impuissant, declarée valable. Arrêt du mois d'Avril 1610. Le Bret, *liv.* 1. *decis.* 11.

17. Par Arrêt du 12 Avril 1611. rapporté par *Joly, liv.* 1. *chap.* 79. Un impuissant a été condamné à rendre les deniers dotaux & interêts d'iceux du jour de la reception, outre les interêts liquidez à 1500. liv. & les interêts.

18. Une femme aprés six jours de mariage quitte son mary de son consentement & se retire chez sa mere, & assigne quelque temps aprés son mari devant l'Official d'Alby, en separation & dissolution dud mariage, soûtenant son mary être impuissant ; (surquoy aprés la verification des Medecins rapportée) il y eut Ordonnance de M. l'Evêque d'Alby, par laquelle il fut dit qu'ils demeureroient ensemble deux mois. Le mary appelle de cette Ordonnance à Bourges & refuse d'y obéir. Cette instance poursuivie durant deux ou trois ans demeure indecise ; ils vivent, sçavoir le mari chez luy, & la femme chez son pere pendant 19. ans. Le mary decedé, la veuve assigne les heritiers en condamnation de son augment, bagues & autres choses contenuës en ses conventions matrimoniales, restitution de dot & payement d'interêts d'icelle, son mary en ayant joüi sans luy avoir rien donné pour sa nourriture. Par Arrêt du Parlement de Toulouse du 7. May 1622. ses conclusions luy furent ajugées. *De Cambolas, liv.* 4. *chapitre* 35.

19. Un frere ne peut s'opposer au mariage de son frere sous prétexte qu'il dit, qu'il est impuissant. Arrêt du Parlement de Toulouse du 27. Février 1639. celuy au profit duquel il fut rendu, dit que la verification seroit honteuse, que celle qu'il rechercheroit ne se plaignoit pas ; & que quand même le défaut imputé seroit veritable, elle l'auroit *tanquam patrem non tanquam maritum*. Albert, *verbo*, Mariage, art. 3.

20. Avant de prononcer sur la demande de la femme

Fff ij

afin de diſſolution du mariage pour cauſe d'impuiſſance, on ordonne que ſon procés luy ſera fait & parfait à la requête de M. le Procureur General ſur une accuſation poſterieure d'adultere, ſans que neanmoins le mari puiſſe demeurer partie civile; mais ſimple dénonciateur. Jugé le 18. Janvier 1640. *Bardet*, *tome 2. liv. 9. chap. 3. & Soëfve, tome 1. Cent. 1. chap. 1.*

21 Arrêt du Parlement de Provence du 16. Février 1640. qui a jugé que la femme qui demande la diſſolution du mariage par impuiſſance du mary, peut être condamnée par l'Official de cohabiter durant trois ans avec le mary, & qu'il n'y a point d'abus en la Sentence. *Boniface, tome 1. liv. 5. tit. 6. chap. 1.*

22 Aprés pluſieurs procedures faites par une femme, contre celuy qu'elle a épouſé pour la diſſolution de leur prétendu mariage, attendu ſon impuiſſance; le mary n'ayant point ſatisfait à la Sentence du Juge d'Egliſe, qui le condamnoit de venir au congrez dans trois mois, ſinon permettoit à la femme de ſe pourvoir par autre mariage, & la femme s'étant remariée, le premier mary n'eſt pas recevable à ſe plaindre du mariage, & dire qu'il eſt prêt de ſatisfaire à la Sentence. Ainſi jugé au Parlement de Paris le 13. Août 1648. M. Talon Avocat General avoit neanmoins conclu en faveur du premier mary, d'autant plus qu'on alleguoit quelques difficultez dans la celebration, & dans la preuve du ſecond mariage. *Soëfve, tome 1. Centurie 2. chapitre 93.*

23 La femme ne ſe peut plaindre de l'impuiſſance de ſon mary, ſous prétexte que ſa ſemence n'eſt pas prolifique. Arrêt du 13. Avril 1649. *Ibidem, Cent. 3. chap. 2.*

24 L'enfant né pendant le mariage de celuy que l'on prétendoit impuiſſant eſt préſumé appartenir au mary nonobſtant la reconnoiſſance par luy faite de ſon impuiſſance. Jugé le 5. Juillet 1655. *Pater eſt quem nuptiæ demonſtrant. Ibidem, Cent. 4. chap. 95.*

25 En fait d'accuſation, ou plainte faite par la femme, de l'impuiſſance de ſon mary, il faut viſiter la femme auſſi-bien que le mary. Arrêt du Parlement de Grenoble du 15. Février 1649. *Baſſet, tome 1. liv. 4. titre 8. chap. 4.*

26 Un homme de Caſtres, de la Religion Prétenduë Reformée, avoit épouſé une fille de même Religion: le mary ne pouvant rendre les devoirs, ils s'étoient démariez du conſentement des parens; il avoit donné 300. liv. à cette fille pour dédommagement; cet homme croyant être devenu plus habile homme, en épouſa une autre à laquelle on conſtitua 2000. liv. qui furent payez à ce mary; le ſoir des nôces il s'excuſa ſur le charme; les parens conſentirent d'attendre un an pour voir ſi cela ſe paſſeroit. Mais ce mary prétendu maltraitant ſa femme; la cauſe portée au Parlement de Toulouſe, la Cour ſans attendre les trois ans, & ſans ordonner le congrès, caſſa le Contract, permit à la fille de ſe marier, condamna cet homme à rendre la dot & à 2000. liv. pour les dommages & intereſts, l'Arrêt a été rendu au Parlement de Toulouſe le 21. Août 1630. Il faut obſerver que s'ils euſſent été Catholiques, la Cour auroit differé pendant trois ans ſuivant le Droit Canon. *Albert, verbo, Mariage, art. 7.*

27 Si un mariage étant déclaré nul par impuiſſance, l'enfant né avant la Sentence de ſeparation, ſera bâtard ou legitime? *Henrys, tome 2. liv. 4. queſt. 28.* tient qu'il eſt adulterin; car quoyque le mary ſoit impuiſſant, la femme ne laiſſe pas d'être jointe, *ſi non vinculo naturæ, ſaltem vinculo juris.* Comme la femme ne peut pas elle-même ſe faire droit ni être juge en ſa cauſe, & comme le lien du mariage *eſt in ſuſpenſo*, elle ne peut auſſi anticiper la Sentence de ſeparation.

27 bis. Jugé en faveur de M. le Duc de Vendôme Fils naturel du Roy Henry IV. & de Madame la Ducheſſe de Beaufort, contre Madame la Ducheſſe d'Elbœuf, qu'un enfant naturel né pendant un mariage, depuis déclaré nul dés ſon commencement par l'impuiſſance de l'un des conjoints, ne doit être réputé adulterin & que ſon état ne peut être conteſté aprés une poſſeſſion de 40. & 50. années. Arrêt du 13. Juin 1651. *Soëfve, tome 1. Cent. 3. chap. 79. & ibid. & le Journ. des Audiences, tome 1. liv. 6. chap. 16.*

28 Etiennette Pipelier avoit épouſé Jean Gautheu, lequel étoit impuiſſant; aprés quelques années de ſilence, ſur la plainte de la femme, l'Official du Mans rendit une Sentence en 1647. qui ordonna la ſeparation pour quelque temps, pendant lequel il fut permis audit Gautheu de la viſiter. La femme dans le même temps s'abandonnoit à Mathieu Nail, & de leur conjonction criminelle eſt iſſu Loüis Nail, dont on cacha la naiſſance & l'éducation à Gautheu, qui n'en apprit rien qu'aprés la ſeconde Sentence, renduë par le même Official du Mans en 1652. par laquelle, aprés une nouvelle viſite, & la reconnoiſſance faite par Gautheu de ſon impuiſſance, il prononça la diſſolution du mariage. Loüis Nail appellé comme d'abus de l'une & de l'autre Sentence, & ſoûtient qu'étant né dans le temps du mariage d'Etiennette Pipelier & de Jean Gautheu, il doit être déclaré leur fils, par la regle, que *pater eſt quem nuptiæ demonſtrant*, Etiennette Pipelier ſa mere, intimée ſur ledit appel, luy enſeigne Mathieu Nail pour ſon pere, qui propoſe de l'épouſer & rendre ainſi ſon fils legitime. Jean Gautheu pareillement intimé, declare qu'il n'eſt point ſon pere, & ne le peut être par la raiſon de ſon impuiſſance. *Voyez les Plaidoyers de M. Pouſſet de Montauban.*

29 Arrêt du Parlement de Roüen du 26. Novembre 1657. qui confirme le mariage d'un impuiſſant, la femme n'ayant point ignoré l'impuiſſance de ſon mari. Arrêt contraire du Parlement de Paris du 8. Janvier 1665. qui empêche la celebration d'un tel mariage, quoique la fille intervînt pour marquer ſon conſentement. *Baſnage, ſur l'art. 235. de la Coûtume de Normandie. Journal des Audiences, liv. 7. chap. 2.*

30 Un parent collateral, même un neveu, quoique préſomptif heritier, ne peut empêcher ſon oncle de contracter mariage, ſous prétexte d'impuiſſance. Arrêt du Parlement de Roüen du 15. Decembre 1655. *Baſnage, ibidem.*

31 Appel comme d'abus d'une Sentence de l'Official de Fécamp, qui avoit prononcé une ſeparation, *quoad thorum* l'eſpace d'un an, ſur une plainte renduë par une femme de l'impuiſſance de ſon mary, aprés huit années de mariage: la cauſe n'a pas été jugée. La mort du mary, prévint de quelques jours la Plaidoirie. M. l'Avocat General, à qui elle avoit été conferée, s'étoit déclaré pour le mary, & que l'Official avoit abuſivement procedé, enjoint à la femme de retourner avec ſon mary. *Voyez le 3. Plaidoyé de M. le Noble, Subſtitut de M. le Procureur General du Parlement de Roüen.*

32 Si une femme eſt recevable à ſe plaindre de l'impuiſſance de ſon mary, aprés avoir demandé contre luy la ſeparation de corps & de biens, & ſi cette femme s'étant depuis mariée à un autre, en vertu de deux Sentences du Juge d'Egliſe, conformes, qui avoient déclaré le premier mariage nul, par l'impuiſſance du mary, & ce au préjudice de l'appel comme d'abus, qui en avoit été par luy interjetté, & ſignifié au domicile par elle éluë, ce premier prétendu mariage peut ſubſiſter? Par Arrêt du 12. Janvier 1682. il fut jugé qu'il avoit été mal, nullement & abuſivement jugé, & procedé par les Officiaux; neanmoins ayant égard que de faire droit ſur l'appel comme d'abus, renvoya les Parties pardevant l'Official de Paris, pour leur être pourvû ſur la validité ou la nullité du premier mariage; cependant fit défenſes à la femme, & à ſon prétendu ſecond mary, de ſe hanter ſur peine de priſon. *Soëfve, tome 2. Cent. 2. chap. 52.*

33 Arrêt du 4. Septembre 1662. qui a jugé que la femme qui demande la diſſolution du mariage par l'impuiſſance de ſon mary, ſera ſequeſtrée pendant trois mois dans la maiſon d'un des parens & amis des Parties, dans laquelle le mary pourra la voir de jour &

nuit, & coucher avec elle, & le delay paffé, que les Parties comparoîtront devant le Commiffaire, & déclareront avec ferment au confpect l'un de l'autre, fi la femme a été connuë, & en cas de negative, il fera procedé à la vifite du mary & de la femme par Medecins & Chirurgiens, qui feront commis ou nommez par le Commiffaire, pour leur rapport veu être pourveu fur la réintegrande, & cependant les fruits de la dot remis au mary, en fourniffant à la femme ce qui luy fera neceffaire. *Boniface tome 1. liv. 5. tit. 6. chap. 2.*

34 Regulierement le mariage ne fe diffout pour caufe d'impuiffance qu'après trois ans d'une continuelle habitation du mari & de la femme enfemble *L. in caufis C. de Repub.* Si la femme n'a pas ignoré, que celuy qu'elle époufoit étoit impuiffant, & l'a voulu époufer, elle ne peut par le Droit Canonique faire refcinder ou contract. Neanmoins il a été jugé par un Arrêt celebre du Parlement de Paris du 8. Janvier 1665. qu'un Eunuque ne fe peut marier, *etiam cum volente.* Voyez *Chorier*, en fa *Jurifprudence de Guy Pape*, p. 231.

35 Jugé par Arrêt du 10. Avril 1666. qu'une femme peut demander la diffolution de fon mariage pour prétenduë impuiffance de celuy qu'elle a époufé, caufée par le mal venerien. *Soëfve, tome 2. Centurie 3. chapitre 75.*

36 Si un homme feparé pour raifon d'impuiffance, par Sentence de l'Official fur faits défenfes de fe marier, peut contracter mariage avec une autre femme que celle qu'il avoit époufée. Arrêt qui ordonne que la premiere femme feroit appellée, & fur le furplus les parties appointées. L'Arrêt eft du 27. Mars 1666. *Des Maifons, lettre O. nombre 4.*

37 Arrêt du Parlement de Provence du 24. Novembre 1667. qui a déclaré abufive la permiffion verbale de l'Evêque de Riez aux Religieufes de retirer une femme mariée pour quelque temps, & la permiffion du Lieutenant donnée à ladite femme de fe pourvoir par monitoire pour la preuve de fevice du mary, qui n'étoit pas fuffifante, ordonna que la femme fe retireroit avec fon mary; & fur le fait d'impuiffance renvoya les parties au Juge d'Eglife. *Boniface, tome 1. livre 5. titre 6. chapitre 3.*

38 Un homme marié en 1661. à l'age de 65. ans, fa femme en 1662. demande feparation; les parens communs l'obligerent de tranfiger; en 1666. elle demande diffolution de fon mariage, à caufe de l'impuiffance de fon mary; le mary demande que fa femme foit vifitée; l'Official fans prononcer fur cette demande, ordonne que le mary fera vifité, & que les parties en viendront au congrez, qui eft à prefent aboly. Appel comme d'abus; il eft dit, mal, nullement, abufivement jugé, les parties renvoyées pardevant l'Official, autre que celuy dont eft étoit appel pour rendre dans trois mois fa Sentence en diffolution de mariage, pour ce fait être prononcé fu- la demande en feparation. Jugé à Paris le 7. Juin 1674. *Journal du Palais.*

39 Un Prêtre accufé d'incefte avec fa belle-fœur demandoit pour fe juftifier à prouver qu'il étoit impuiffant, & faire voir qu'il ne pouvoit avoir par la vie à deux enfans, dont l'on prétendoit qu'il étoit le pere. Le denonciateur qui étoit un Curé & que le Prêtre avoit intimé, s'oppofoit à cette requête, & concluoit à ce que fans avoir égard à la vifite demandée, il fût paffé outre au jugement du procez. Arrêt du Parlement de Normandie du 20. Mars 1677. par lequel la Cour ordonna que les parties mettroient leurs pieces. Depuis ce temps l'affaire eft demeurée fans pourfuite & les parties font décedées. Voyez *les Plaidoyez de M. le Noble*, page 54. & fuivantes.

40 L'action d'impuiffance intentée par une femme ne paffe à fon heritier. *Voyez l'Arrêt du 31. Mars 1678.* rapporté dans le *Journal du Palais.*

41 En 1681. Pierre le Gros âgé de 25. ans époufe Martine le Brun à l'âge de 17. ans. l'un & l'autre de fort baffe condition habitans du Village d'Août, aux environs de la Ville de Rheims. Deux années après la celebration de ce mariage, la femme accufe fon mary d'impuiffance. L'Official de Rheims ordonne une premiere vifite du mari par deux Chirurgiens, & enfuite une feconde par les deux mêmes Chirurgiens, affiftez d'un troifiéme, tous nommez d'Office. Ces Experts obfervent quelques défauts en fa perfonne *alter è tefticulis adhærens fæmori, raritas pili, & nulla erectio apparuit Chirurgis; nihilominus dixerunt tefticulum ita difpofitum non effe, propterea incapacem generationis.* L'Official rend la Sentence le 7. Août 1682. qui déclare le mariage nul, avec défenfes à Pierre le Gros de contracter aucun, permet à Martine le Brun de fe marier comme elle avifera bon être, & renvoye les parties pardevant le Juge Civil, pour la reftitution de la dot & les dommages & interêts. Pierre le Gros eft condamné aux dépens. En confequence il eft affigné devant le Juge ordinaire, qui le condamne par défaut à la reftitution de la dot de Martine le Brun, & en cent livres pour dommages & interêts, par Sentence du 18. Août 1682 Il interjette appel comme d'abus de la Sentence du Juge d'Eglife, & appel fimple de la Sentence du Juge Civil. Par Arrêt du Parlement de Paris du 2. Decembre 1687. la Cour a déclaré qu'il y avoit abus, & fur l'appel fimple a mis quant à prefent, l'appellation au neant, dépens compenfez. Ainfi la Cour mettant les parties hors de Cour fur l'appel fimple, après avoir déclaré qu'il n'y a abus, nous montre qu'il peut y avoir des moyens d'appel fimple qui doivent être propofez devant les Juges Superieurs Ecclefiaftiques, & que fi ces moyens font jugez valables, l'appellant pourra revenir en la Cour fur l'appel du Juge Civil, qui le condamne à la reftitution de la dot de l'intimée, & en des dommages & interêts, *Journal du Palais, in folio tome 2. page 669. & fuivantes.*

42 Les Experts avoient déclaré dans leur rapport que les parties de dehors & externes fembloient donner gain de caufe au mary, mais qu'elles ne fuffifoient pas pour la generation, & que pour connoître s'il y avoit un vice interieur, il étoit neceffaire de faire paroître l'erection en leur préfence. L'Official ordonna une nouvelle vifite, le mary appelle comme d'abus. Arrêt du Parlement de Paris le 23. Juillet 1703. qui dit n'y avoir abus. *Voyez le Recueil de Decombes Greffier de l'Officialité chapitre 5. page 706.*

Voyez le mot, *Congrez.*

IMPUTATION.

1 DE l'imputation des fruits. *Voyez* le mot *Fruits. nombre 103. & fuiv.*

Imputation de payement. *Voyez* le mot *Payement. nombre 74. & fuiv.*

2 Des dons & avantages que les pere & mere font à leurs enfans pendant la Communauté, en avancement d'hoirie & de l'imputation qui s'en doit faire après le décés des pere & mere, fur chacune de leurs fucceffions; & plufieurs queftions fur cette matiere. *Voyez Renuffon*, en fon *Traité de la Communauté 1. partie chapitre 13.*

3 Plufieurs queftions fur l'imputation des donations entre-vifs à la legitime des enfans donataires. *Voyez Duperier, liv. 2. queft. 25.*

4 Si le fils eft tenu d'imputer en fa legitime, les fruits des biens qu'il a acquis, étant feparé d'avec fon pere, & les ayant pris au veu & fçu de fon pere? *Voyez Bouvot, tome 1. partie 3. verbo, Subftitution, queftion 2.*

5 *Num id quod aufertur à fecundâ uxore, per L. hac Edictali C. de fecund. nupt. & filio quæritur, debeat ei in legitimam imputari? & bien qu'il femble être imputé, quia quæcunque ex fubftantiâ patris percipiuntur, imputantur. L. quoniam in prioribus. C. de inoffic. Teftam. & par ce que filius illud percipit ex caufâ lucrativâ, duæ cauf_æ in unâ eâdem perfonâ non concurrunt. arg. L. 1. C. de dot. promiff.* toutefois cela ne doit

F ff iij

être imputé, parce que *filius illud capit diverso jure*, *diverfis legibus, & diversâ ratione* ; sçavoir la legitime par le droit de la nature, & le reste *in pœnam*, & pour l'injure faite par la femme à son mary de s'être remariée dans l'an du deüil. *D. L. hac edictali*. Arrêt du Parlement de Toulouse en 1575. *La Rocheflavin*, li. 6. tit. 59. Arrêt 1.

6 Par Arrêt prononcé les Fêtes de Pâques de l'année 1585. il a été jugé que le neveu tenant le premier lieu, n'imputeroit les fruits en la quarte. *La Rocheflavin, ibidem*, Arrêt 6.

7 Si le pere ayant constitué une dot à sa fille entrant en Religion, pour tous droits paternels & maternels, le payement fait par le pere, doit être imputé aux droits maternels, le pere étant insolvable au temps de son décès, quoyque solvable lors de la constitution? Arrêt du Parl. de Provence du 18. Mars 1656. qui imputa le payement sur les sommes de la succession de la mere. *Boniface*, tome 4. liv. 6. tit. 1. ch. 2.

8 Si l'heritier par beneficie d'inventaire, qui a vendu les biens de l'heritage à plus haut prix qu'ils n'ont été estimez, doit imputer la plus valuë à la *quarte falcidie*. Arrêt du 10. Février 1675. qui ordonne que les Experts, en procedant à la composition de l'heritage, regleront le prix du bien, sur le prix porté par la vente. *Ibidem*, tome 5. liv. 1. tit. 14. ch. 7.

9 Les Recteurs ou Curez ne sont tenus imputer en leur *congruë portion*, les distributions quotidiennes, ni les offrandes & anniversaires volontaires. Arrêt de l'an 1543. pour le Curé de la *Chapelle*, contre le Syndic de la Chapelle de Nôtre-Dame de Beaumont en Roüergue. *Ibid*. liv. 6. tit. 27.

Voyez le mot, *Portion congruë*.

INCAPACITÉ.

Incapable de profiter des *Benefices*, faire ou accepter des *Donations*, recüeillir des *Successions*.

INCAPACITÉ, BENEFICE.

1 *Si quis impetraverit Beneficium vacans per incapacitatem possessioris pacifici, & eum non inquietaverit in vitâ, non poterit posteà illius incapacitatem allegare, si diu post impetrationem steterit, quia forte dispensationem illius subripuit ; sed si non longo tempore possederit, tunc poterit impetrans probare illius incapacitatem, & provis. per obitum non tenetur*. Ainsi qu'il a été jugé pour frere J de Neubourg, pour le Prieuré de *Saint Didier*, raporté par *Rebuffe*, sur la *Glose* 21. du titre *de gratiâ rationi congruit*, en sa Pratique beneficiaire.

Voyez le mot, *Benefice*, nombre 18. & suiv.

Collation faite à un incapable. *Voyez* le mot, *Collation*, nombre 176. & cy-aprés le mot, Indigne.

INCAPACITÉ, DONATION.

2 De l'incapacité de donner. *Voyez* le mot, *Donation*, nombre 416. & suiv.

INCAPACITÉ, SUCCESSION.

3 Incapacitez de succeder. *Voyez* les Arrêtez de M. de Lamoignon, recüeillis dans *Auzanet*.

4 De la difference entre l'heritier indigne & l'heritier incapable. *Voyez Basset*, tome 2. livre 8. titre 1. chapitre 8.

5 Indignité & incapacité de succeder, encouruë par le fratricide. *Voyez* le mot, *Fratricide*.

6 L'élection premiere ou fideicommis, demeure, si la derniere est faite d'un incapable. Arrêt du Parlement de Toulouse du dernier Mars 1627. *Cambolas*, liv. 5. chapitre 36.

7 Si le fils exheredé & abdiqué s'étant marié avant qu'être condamné pour crime d'inceste, a été de tout temps incapable, comme il étoit indigne, *propter peccatum in familiam & in gentem*, & par le moyen de l'indignité, étant incapable de droit, s'il auroit pû être capable par effet, de maniere qu'il ait transmis les biens obvenus de la succession de son frere, aux enfans issus dudit mariage? *Voyez Servin*, tome 2. page 129. & suiv. sa succession transmise.

8 De l'incapacité de succeder qui arrive par une condamnation, par l'exheredation, par la Profession Religieuse, par le mariage d'une fille qui a renoncé en faveur du partage à elle fait. *Voyez Hevin sur Frain*, page 884.

INCENDIE.

De Incendio, ruinâ, naufragio, rate, nave expilatâ. D. 47. 9... Paul. 5. sent. 3. §. 2. Vol fait pendant un incendie, naufrage, ou autre malheur & desordre public.

De incendiariis, & pacis violatoribus. F. 5. 10.

De raptoribus, incendiariis, & violatoribus Ecclesiarum. Extr. 5. 17.

De incendiariis. Paul. 5. sent. 3. §. 6... Lex. 12. tab. t. 24. c. 12.

Incendiaires punis de mort.

Voyez le Traité fait par M. Charles de Saligny, dans la quatriéme édition de son Commentaire sur la Coût. de Vitry-le-François, in quarto, A Chalons chez Jacques Seneuse 1676.

1 De l'incendie, & dommages desquels il rend responsable celuy par la faute & imprudence duquel il est arrivé. *Voyez* le 2. tome des *Loix Civiles*, liv. 2. titre 8. sect. 4. nombre 6.

Voyez le mot, *Feu*, & le titre, *Garantie*, nombre 88. & suivans.

2 *Voyez* la Loy *Capitalium* 28. §. *incendiarii* ff. *de pœnis* ; & M. *Cujas*, 21. observ. ch. 21.

2 bis. Du crime d'incendie & des Boute-feux & Incendiaires. *Menochius de arbitrariis judiciis*, Cent. 4. *casu* 390. & autres Auteurs cottez par le sieur *Guenois*, en son Commentaire sur le dernier chap. liv. 3. de la Pratique d'*Imbert*.

3 De incendiis prohibitis. Du Moulin, tome 2. p. 528.

4 An Dominus teneatur ratione combustionis per suum familiarem factæ ? Ibid. page 576.

5 Conductor domus an de incendio teneatur ? Voyez Andr. Gaill, liv. 2. observ. 21.

Vicinus an vicino de incendio teneatur? Ibid. obser. 22. & Henrys, tome 1. liv. 4. ch. 6. quest. 87. & tome 2. liv. 4. quest. 49.

6 Celuy qui a mis de la paille dans le bâtiment d'autruy sans son consentement, tenu de l'incendie du bâtiment fait au moyen de la paille. *Boniface*, to. 5. p. 388. *Damnum dedisse videtur qui causam damni dat*.

7 De l'incendie, & de ceux qui doivent en repater le dommage, quoyque tous serviteurs & domestiques en soient les auteurs, par negligence, ou pour avoir trop bû. *Voyez Franc. Marc.* tome 1. quest. 61. où il conclut *juxtà dictum Catonis* ; *non fuit culpâ vini, sed culpâ bibentis*.

8 *Domus si propter incendium destruatur, solvenda venit ab iis quorum domus salva facta sunt*. Voyez ibidem, quest. 336.

9 *Incendium inhabitantium culpâ factum præsumitur*. Idem, tome 2. quest. 521.

10 Si un Locataire ayant pris à ferme une maison, l'a reloüé à un autre, & que la maison soit brûlée, le proprietaire de la maison peut agir contre le Locataire pour le rétablissement de la maison brûlée? *Voyez Bouvot*, tome 1. verbo, Brûlement, quest. 1.

11 La maison du mary étant brûlée, & durant la société rebâtie, les heritiers de la femme peuvent demander le remboursement pour moitié. *Ibid*. tome 2. verbo, *Societé, Communauté*, quest. 40.

12 *Pro Domino de Folleville, Consiliario Regio, Scholares de Sorbonâ, fuerunt condemnati ad resiciendum quamdam domum quam ab ipsis tenebat ad vitam, sic quod in eâ habitare posset, licet quidam ejus cognatus secum morans per suam culpam combussisset eam, & fuit dictus Dominus de Folleville absolutus super prosecutione quam contrà eundem faciebant dicti Scholares pro dictâ combustione, & fuerunt hinc inde expensæ compensatæ*. Jo. Galli. quæst. 113.

INC   INC   415

13 C'est au Locataire à prouver que l'incendie est arrivé par un cas fortuit, ou autrement que par sa faute. Ainsi jugé au Parlement de Toulouse. *Voyez les Arrêts de M. de Catellan*, liv. 5. ch. 3.

14 Helene Gueret condamnée par Arrêt du Parlement de Bretagne du 1. Mars 1560. en 500. liv. pour être employée en la réédification de la maison du Roy qui avoit été brûlée *suâ culpâ*, en 300. liv. pour dommages & intérêts. *Du Fail*, liv. 2. ch. 134.

15 Locataire est tenu des dommages & intérêts du proprietaire, si la maison est brûlée par la faute de ses domestiques, ou autres qu'il auroit logez. Arrêt du 25. Février 1581. Il y eut Arrêt contraire en 1387. *Papon*, liv. 22. tit. 11.

16 Par Arrêt du dernier Juillet 1597. un incendie de maison, a été declaré cas prévôtal. *M. Expilly*, part. 2. Arrêt 120.

17 Proprietaire d'une maison brûlée, est préferable pour les réparations & les loyers sur les marchandises du Locataire décedé, aux Créanciers qui faisoient proceder à l'inventaire, lors de l'incendie. Jugé le 26. Février 1624. *Bardet*, tome 1. livre 2. chapitre 9.

18 Incendie arrivé par une faute tres-legere, n'engage celuy qui a mis le feu dans sa propre maison, aux dommages intérêts envers les proprietaires des maisons voisines, pareillement brûlées. Arrêt du 7. Decembre 1628. *Ibid*. liv. 3. ch. 17.

19 Incendie arrivé fortuitement, ne produit aucuns dommages & intérêts, contre le proprietaire de la maison, ni contre le locataire. Jugé le 22. Juin 1633. *Bardet*, tome 2. liv. 2. ch. 43.

20 Hôte n'est responsable de l'incendie arrivé en son logis. Arrêt du 4. Août 1637. *Ibid*. ch. 25.

21 Quand le locataire est tenu de l'incendie arrivé dans la maison loüée ? *Bassét*, tome 1. liv. 4. tit. 15. chap. 2. rapporte deux Arrêts du Parlement de Grenoble des 30. Janvier 1648. & 12. May 1654. contre le locataire.

22 Le locataire est responsable du brûlement, ou de la démolition de la maison, si ces accidens sont arrivez à cause de ses inimitiez particulieres; ainsi la maison du sieur de Montaigue, par luy baillée à loüage à Mathias, Collecteur des Tailles à Montpellier, ayant été brûlée dans une émeute populaire arrivée contre cette ville contre le Collecteur; ce locataire fut condamné à en payer la légitime valeur au proprietaire; par Arrêt du Parlement de Toulouse du 1. Février 1649. rapporté par *M. de Catellan*, liv. 5. ch. 3.

23 Un particulier de Lions ayant baillé sa maison à loyer à un Maréchal, qui faisoit sa forge de ladite maison, dont la cheminée n'étoit que d'argille, le proprietaire de la maison voisine joignant ladite cheminée, craignant un incendie, à cause que la cheminée étoit en mauvais état, mit en action le proprietaire de cette maison, occupée par le Maréchal, pour se voir condamner à faire faire ladite cheminée de pierre, brique, ou moüellon, suivant l'article 613. de la Coûtume de Normandie; & jusqu'à ce qu'il eût satisfait, le Demandeur concluoit que défenses devoient être faites au Maréchal de travailler; ce qui ayant été jugé par le Vicomte; sur l'appel du proprietaire, la Sentence fut confirmée, par Arrêt du Parlement de Roüen du 4. Mars 1652. *Basnage, sur la Coûtume de Normandie*, article 613.

24 Un nommé Agut & sa sœur, ayant pris une maison à loyer dans Toulouse prés des Capucins, s'étoit obligé aux déteriorations; la peste étant survenuë en 1652. il la voulut faire désinfecter : mais au lieu de prendre l'un des quatre Désinfecteurs Jurez de la ville, il en prit un, dont plusieurs personnes de qualité s'étoient servis, & qui avoit même désinfecté l'Archevêché; par lesquel il mit le feu à la maison, de telle façon, qu'une jeune sœur de d'Agut & sa servante y furent surprises du feu & brûlées ou accablées. Le maître de la maison fit instance au Sénéchal, laquelle fut portée au Parlement de Toulouse; il demandoit qu'Agut fût condamné à payer le dommage, c'est-à-dire, à payer la maison, ou à la faire rétablir. Par Arrêt du 13. Juin 1653. la Cour mit les parties hors de Cour & de procés, de sorte qu'il se voit qu'en tel cas, *culpa levissima non imputatur*. Les quatre Jurez étant trop occupez dans une si grande ville, le Désinfecteur ayant servi en tant de maisons, il n'y avoit point en cela de faute, qu'un habile homme n'eût pû faire. *Albert, verbo, Incendie*.

25 Quand il y a une faute non legere, l'incendie n'est point excusé; ce qui arriva en la cause d'un nommé Rache, Boulanger, qui avoit des fagots dans une chambre prés d'un four, *L. 11. ff. locati*, & qui l'avoit bâtie sans y faire de contre-mur, contre les Reglemens de la Police de la ville de Toulouse; on accusoit même sa femme de n'avoir crié au feu qu'aprés avoir sauvé ses meilleurs meubles, & qu'il y avoit trois semaines qu'il n'étoit venu en sa maison; de sorte que la Cour confirma l'appointement de contraires du Sénéchal, par Arrêt du même Parlement de Toulouse du 18. Février 1655. *Ibidem*.

26 Le proprietaire d'une maison, qui a été démolie au sujet d'un incendie arrivé dans une ville, pour empêcher le feu d'endommager les maisons voisines, ne peut pas obliger ses voisins, proprietaires des maisons conservées, de contribuer au rétablissement de la sienne. Arrêt du 2. Juillet 1657. La démolition avoit été faite par Ordonnance de Justice pour l'interêt commun, non seulement des proches voisins, mais de toute la ville du Mans. *Soefve*, tome 2. Cent. 1. ch. 73. Des Maisons, lettre I. nombre 1. *Journal des Audiences*, tome 2. liv. 1. chapitre 17.

27 Par Arrêt du Parlement de Roüen du 11. Decembre 1657. la Sentence du Juge de Beaumont-le-Roger fut cassée; elle déchargeoit le locataire des interêts demandez par le proprietaire, pour l'incendie de sa maison, & en réformant le locataire fut condamné d'en payer la vraye valeur. *Basnage, sur la Coût. de Normandie*, art. 453.

28 Un Maître dont le valet avoit mis le feu par negligence dans la maison en laquelle le Maître avoit été reçû à coucher la nuit par son amy, fut condamné à la somme de 4000. liv. pour tous dépens, dommages & interêts. Jugé le 3. Mars 1663. *De la Guessiere*, tome 2. liv. 5. chap. 9.

29 Si celuy qui a mis de la paille dans le bâtiment d'autrui sans son consentement, est tenu de l'incendie du bâtiment, arrivé au moyen de la paille ? Arrêt du Parlement d'Aix du 11. Février 1673. qui ordonna la preuve que la paille avoit été mise sans le consentement. *Boniface*, tome 5. liv. 3. tit. 1. ch. 11.

30 Dans le cas d'un incendie de deux moulins voisins, étant incertain par le fait de qui le feu avoit pris; les réparations se payent par contribution entre les proprietaires, les fermiers, & leurs garçons. Arrêt du Parlement de Paris du 10. May 1687. au *Journal des Audiences*, tome 5. liv. 3. ch. 6.

INCENDIE, JUGES.

31 Si l'incendie est un cas Royal & Bailliager ? *Voyez Henrys*, tome 1. liv. 2. ch. 2. quest. 4. & 5.

32 Declaration du Roy du 18. Janvier 1585. portant attribution & connoissance au Prévôt General de Languedoc, du crime de rapt & incendie. *Maréchaussée de France*, page 253.

33 Incendie de maison declaré Prévôtal. Arrêt du dernier Juillet 1597. Pareil Arrêt du 12. Avril 1611. *M. Expilly*, Arr. 120.

34 Bacquet, *des droits de Justice*, chap. 6. soûtient que l'incendie est un cas Royal : le contraire a été jugé à Toulouse en la Tournelle en 1642. *Albert*, lettre I. verbo, *Incendie*.

35 L'Ordonnance de 1670. titre 1. art. 2. regle les cas dont les Baillis & les Sénéchaux doivent connoître privativement aux Prévôts ou Châtelains Royaux, & aux Juges des Seigneurs; dans l'enumeration de ces cas, celuy de l'incendie n'est pas compris; ainsi il faut tenir

que les Juges Royaux subalternes en peuvent connoître, mêmes les Juges des Seigneurs en connoissent: car il y avoit plusieurs Jugemens rendus par les Officiers des Justices Seigneuriales, contre les Bergers, & autres personnes accusées d'avoir mis le feu aux granges & aux gerbiers des Laboureurs. *Henrys, tome 1. liv. 2. chap. 2. quest. 5.*

36   L'incendie n'est pas un cas Royal, quelque volontaire & prémédité qu'il soit, tellement que l'Incendiaire ne sort point de la Jurisdiction de son Juge naturel. Jugé au Parlement de Grenoble contre le Prévôt & le Vice-Bailly de Graisivodan, le 20. Juin 1683. l'accusé fut renvoyé au Juge du lieu, où le crime avoit été commis: le contraire avoit été jugé par deux Arrêts des années 1597. & 1611. ce qui est remarqué par M. *Expilly* chap. 120. Voyez *Chorier en sa Jurisprudence de Guy Pape, page 268.*

INCENDIE, PEINE.

37   *Incendiarii quâ pœnâ plectendi sunt.* Voyez *Franc. Marc. tome 2. quest. 417. & 893.*

38   Le 14. May 1540. à la Requête du Syndic de l'Université, par Arrêt Pierre Treillaton, natif de Bourdeaux, fut condamné à être pendu devant la grande porte des Etudes, pour y avoir mis le feu, & ses complices en amende. *Bibliotheque de Bouchel, verbo, Université.*

39   Par Arrêt du Parlement de Roüen du 2. Juin 1554. un Incendiaire qui s'étoit retiré dans une Eglise, fut débouté du privilege d'immunité. *Preuves des Libertez, tome 2. chap. 36. n. 34.*

40   Cas prodigieux d'un incendie commis en execution d'un Decret & Mandement de Justice, pour se saisir de la personne d'un criminel, rebelle & refractaire. Voyez *les Reliefs forensés de Roüillard, chap. 23.* Celuy qui avoit mis le feu, dont les promptes & vives flâmes avoient consumé le corps du coupable, fut condamné à mort par les premiers Juges. Arrêt du Parlement de Paris du 15. Juillet 1600. qui le condamne seulement aux dommages & interèts, liquidez à 200. écus & aux dépens.

41   Les incendies des Eglises faits par ceux de la Religion Prétenduë Réformée, avant l'Edit de Nantes, sont remis ausdits Religionnaires, mais non ceux faits depuis. *Voyez les Décisions Catholiques de Filleau.*

INCENDIE, TITRES.

42   L'Abbesse du Convent de la Joye, prés de Hennebond, reçûë à informer, que certain acte par elle allegué a été vû entier signé de Notaires, & que depuis 60. ans il a été brûlé. Arrêt du Parlement de Bretagne du 24. Octobre 1567. *Du Fail, liv. 2. ch. 302.*

INCENDIE, USUFRUIT.

43   L'usufruit d'une maison est fini par l'incendie, & ne se continuë sur la nouvelle construction. Arrêt du Parlement de Toulouse en 1570. *Mainard, liv. 8. chapitre 38.*

INCESTE.

DE incestu. Lex 12. tabb.
Il est traité de l'Inceste dans les Titres qui parlent des mariages incestueux & illicites. *V.* Mariage. §. Mariages entre parens.

1   *De pœnis omnimphariam coïtûs illiciti.* Voyez le Traité fait *per Paulum Grillandum.*

2   Voyez les Annotations qui sont à la fin de l'ouvrage de *Julius Clarus.* §. *Incestûs.*

3   Des nôces incestueuses. Voyez *Papon, livre 23. titre 4.*

4   Instruction & preuve du crime d'inceste. Voyez le mot, *Adultere, nombre* 120.

5   Prêtre incestueux. Voyez le mot, *Cas,* nomb. 17.

6   Confesseur incestueux. Voyez le mot, *Confesseur,* nombres 4. & 5.

7   D'une accusation d'inceste formée par le Procureur Fiscal, & reprise même après la mort de la femme, & dans le temps que le mary ne se plaignoit point.

Voyez *Soëfve, tome 1. Cent. 2. chap. 1. & cy-devant, verbo,* Adultere, *n.* 57.

8   Exhereditation d'un fils qui a commis inceste avec sa sœur. *V. les Plaidoyers de M. Servin.*

9   Arrêt du Parlement de Bourdeaux du 7. Septembre 1522. par lequel le Procureur du Roy demandant la confiscation des biens d'un homme, qui depuis vingt ans entretenoit & avoit eu plusieurs enfans de sa parente, a été débouté, aussi bien que les parens intervenans. 1. Parce que l'authentique *incestas nuptias.* Cod. de incest. nupt. a seulement lieu en mariage, & non en fornication & concubinat incestueux. 2. Qu'en Guyenne il n'y a confiscation. 3. Parce que par 20. ans l'accusation est prescrite. *Papon, liv. 24. tit. 13. n. 2. & li. 23. tit. 4. n. 2. & la décision 264. de M. Boyer.*

10 Arrêt du 11. Janvier 1535. qui condamne un nommé Salesses, accusé d'avoir abusé d'une Religieuse du Monastere de Monastier, à être décapité, ses membres affigez en paly sur le chemin dudit Monastere de Villemeur; enjoint à l'Evêque de Castres de reformer lesdits Monasteres, auxquels ladite Religieuse fut envoyée pour luy faire son procés. *La Rocheflavin, liv. 2. lettre I. tit. 3. Arr. 2.*

11 Par autre du 12. Février 1536. la mere & le fils ont été condamnez à être brûlez vifs, pour avoir commis un inceste ensemble; & comme la mere étoit morte, il fut ordonné que ses os seroient décharnez & brûlez. *La Rocheflavin, ibidem, Arrêt.* 1.

12 Arrêt sans date du Parlement de Toulouse, qui condamne un gendre & sa belle-mere, pour avoir commis un inceste ensemble un soir, le premier étant plein de vin, & n'ayant point trouvé sa femme chez luy, à venir un jour d'Audience au Parquet en chemises, têtes nûës, tenant une torche à la main, & ensuite être mis entre les mains du Bourreau pour être pendus & étranglez, & ensuite brûlez, les deux tiers de leurs biens confisquez, & l'autre tiers ajugé à la femme & à ses enfans. *La Rocheflavin, liv. 2. lettre I. tit. 3. Arr. 3.*

13 L'authentique *incestas nuptias. C. de incest. nupt.* confisque les biens de ceux qui connoissent qu'ils contractent mariage en degré de consanguinité défendu; mais aussi elle n'a point lieu hors de ses termes. Arrêt du Parlement de Bourdeaux du 15. Janvier 1538. *Papon, liv. 23. tit. 4. n. 1.*

14 Mineur épousant clandestinement une parente, puni. Arrêt du Parlement de Bourdeaux; si le mariage étoit public on soupçonneroit moins de mauvaise foy. *Ibidem, nomb.* 3.

15 La conjonction incestueuse du pere & de la fille, punie du dernier supplice. Voyez *Papon, li. 21. tit. 7. n. 3.*

16 Adultere incestueux est digne de mort. Un Notaire qui avoit vû la mere & la fille, condamné par Arrêt du Parlement de Toulouse du 9. Octobre 1548. à être décapité. *Ibidem, tit. 9. nomb. 7.*

17 Un accusé d'avoir engrossé la niéce d'une femme riche sous l'esperance de l'épouser, & ayant épousé la tante, fut condamné par Arrêt du Parlement de Toulouse donné és Grands-Jours du Puy le 12. Septembre 1548. à être battu de verges, aux Galeres le reste de ses jours, en 200. liv. d'amende vers le Roy; sera condamnée à nourrir l'enfant de sa niéce, & à la doter; & déchargée du surplus, ayant declaré ignorer le crime de son mary, lorsqu'elle l'avoit épousé. *Ibidem, nomb. 8.*

18 Touchant l'inceste, Voyez *Julius Clarus,* livre 5. *Sententiarum.* Il dit, *ego vidi, in contingentiâ, per Senatum diversi modò puniri incestuosos. Nam Margarita Cella pro incestu commisso cum sorore suo jussa fuit castigari.* 17. Nov. 1548. *& domina de Reynerio fassa se cum genero suo carnaliter commiscuisse, pariter fuit fustigata* 15. Martii 1559. *Vincentius Maldurus qui fatebatur cognovisse carnaliter ejus prævignam, fuit tantummodò condemnatus in pœnâ statuti pecuniariâ* 24. *Junii* 1554. *Quidam Joan. de Corsis qui filiam suam ann.* 16. *violaverat fuit furcis suspensus* 6. *Oct.* 1548.

In

19 *In Curiâ die mercati referente magnifico Bertholasio Vicario Senatus mandavit patrem uxoratum, qui filiam gravidam reddidit, laqueo suspendi debere, filiam verò fustigari, & indè per decennium hospitali inservire debere anno 1587.* Voyez *Julius Clarus*, lib. 5. *Sententiarum*.

20 Mariage contracté entre parens au degré défendu ne peut subsister à l'égard des effets civils, comme donations, douaires, concessions & autres conventions. Arrêt du Parlement de Paris de l'an 1553. Papon, liv. 15. tit. 1. nomb. 13.

21 Biens échûs à un fils de Chanoine, & d'une Religieuse Professe, par testament de son pere naturel, acquis & confisquez au Roy, par Arrêt du Parlement de Toulouse. *Tournet*, lett. B. nomb. 97.

22 *An res donata in contractu matrimonii prætextu incestûs condicatur?* Voyez *Franc. Stephani decis.* 8. où il rapporte un Arrêt du Parlement d'Aix du 20. Janvier 1582. confirmatif de la donation, parce que *anceps erat incestûs probatio*.

23 Une tante d'alliance avoit fait une donation à son neveu d'alliance. Les veritables heritiers soûtenoient que la donation étoit nulle; parce que ce neveu avoit conché avec cette tante; ils avoient obtenu Monitoire. La Cour sans s'arrêter au fait, declara la donation bonne & valable en l'an 1599. *Peleus*, *quest*. 135.

24 Une femme épouse son cousin germain, elle en a des enfans; l'un d'eux étant décedé, un collateral prétend la succession, & dit qu'ils sont *nez ex incesto coitu*. La mere transige avec ce cousin qui les reconnoît légitimes, & luy abandonne une terre de la succession. Depuis ils prennent Lettres de rescision. Arrêt du Parlement de Paris du 30. May 1601. qui les entherine, *Bibliotheque de Bouchel*, verbo, *Etat*.

25 Arrêt du Parlement de Provence du 4. Février 1637. qui a declaré un pere incapable de succeder à l'enfant qu'il avoit eu d'un mariage incestueux, c'est-à-dire, contracté avec la mere de sa femme; celle-cy ayant été trouvée impuissante, la dissolution du mariage fut ordonnée. Le mari en contracta un nouveau avec la mere qu'il avoit déja connuë charnellement, & dont il avoit eû un enfant, auquel on le jugea incapable de succeder; l'adjudication des biens fut faite aux heritiers de la mere. *Boniface, tome 2. liv. 3. tit. 5. chap. 4.*

26 Les enfans nez d'un double inceste, l'un du sang avec une niéce, & l'autre spirituel d'une filleule, ne peuvent être legitimez *per subsequens matrimonium*, sans dispense du Pape; c'étoit la cause de Barbier avec sa niéce & sa filleule. Arrêt du 11. Decembre 1664. De la Guesse, tome 2. liv. 6. chap. 58. pag. 766.

27 Par la Jurisprudence des Arrêts, l'inceste spirituel est un crime capital qui fait vacquer les Benefices de plein droit, *Du Frêne, Journal des Audiences, liv. 2. chap. 125. pag. 191.* en rapporte un Arrêt contre le nommé Sophier, Curé de saint Pierre de Baugé, du 11. Juillet 1626. il y a eû un autre Arrêt en la Grand-'Chambre pour un nommé Moüette, Dévolutaire, contre le nommé Brunet, Resignataire d'un particulier qui étoit du nommé Chauvin, accusé d'avoir séduit & corrompu ses Penitentes au tribunal de la Confession, pour une Cure prés de Chinon au Diocese de Tours en l'année 1694. *Definit. Canon. pag. 187.*

28 Le condamné pour inceste n'est privé de la liberté de se marier avec une autre personne. Arrêt du Parlement de Toulouse du 24. May 1680. rapporté par M. de Castellan, liv. 4. chap. 77.

INCIDENT.

DE quibus rebus ad eundem judicem eatur. D. 11. 2.. La demande incidente, & les autres incidens se pourſuivent devant le Juge de la cause ou demande principale.

Arrêt du Parlement de Provence du 15. Decembre 1664. donné en la Cour des Aydes de Provence sur la question, quand le Juge peut connoître de l'incident duquel il seroit incompetent. *Boniface, tome 1. liv. 1. tit. 1. nomb. 33.*

Voyez le titre, *Procedure civile*.

INCOMPATIBILITÉ.

L'Incompatibilité s'entend plus ordinairement des Benefices; on parlera ensuite de l'incompatibilité des Charges.

INCOMPATIBILITÉ DE BENEFICES.

Hîc arrigant aures nostri poligami spirituales.

1 De l'incompatibilité des Benefices. Voyez le mot *Benefice*, nomb. 107. *& suiv.* le mot, *Cure*, nomb. 86. *& suiv.* les *Memoires du Clergé*, tome 2. part. 2. tit. 15. & l'Auteur du *Défin. Canon.* verbo, *Incompatibilité*.

2 L'incompatibilité n'est autre chose que le concours en une même personne de plusieurs Benefices, qui de droit ne peuvent subsister ensemble, comme deux Evêchez, deux Dignitez, deux Cures.

3 Si l'on veut approfondir la matiere de l'incompatibilité, il faut avoir recours à l'Extravagante *execrabilis* qui est de Jean XXII.

Vacatio qualiter inducatur per affecutionem? Voyez *Lotherius de re beneficiariâ*, liv. 3. quest. 23.

4 Par la Clementine *si plures* l'adeption d'un Benefice incompatible, fait vacquer les autres.

5 M. Charles *Du Moulin*, sur la regle *de infirmis*, n. 297. *& suiv.* propose plusieurs difficultez sur l'incompatibilité, & dispenses données par le Pape de posseder plusieurs Benefices.

Au nomb. 336. il parle d'un certain Gilles Langlade, lequel étoit possesseur de sept Benefices incompatibles, par le moyen d'une dispense qui luy avoit été accordée pour obtenir jusqu'à ce nombre Benefices incompatibles tels qu'il les voudroit choisir & accepter.

6 Pour accomplir la mort civile du Resignant qui a encouru la peine de l'incompatibilité, il faut que le Pourvû du Benefice, lequel a vacqué par ce genre de vacance, chasse le Resignant de la possession & de la détention de ce Benefice; jusques à cette dépossession, le Resignataire sera recevable à publier sa resignation, & à posseder le Benefice au préjudice de l'impetrant qui se presenteroit aprés. *Du Moulin*, sur la regle *de publicandis*, nomb. 75. *Au nomb.* 105. il dit, afin que la mort civile qui arrive au Resignant par incompatibilité des Benefices nuise au Resignataire, il faut qu'il s'y rencontre deux conditions, que cette incompatibilité arrive au Resignant aprés les six mois expirez, & que le Resignataire ait jusque-là été toûjours negligent & n'ait point satisfait à la regle *de Publicandis*. 2. Il faut qu'en consequence de cette incompatibilité, quelque personne se fasse pourvoir du Benefice resigné, comme ayant vacqué en la personne du Resignant par l'incompatibilité; & il faut qu'ensuite il mette sa Provision à execution, & qu'il déposséde actuellement le Resignant.

7 Il n'est pas permis de tenir deux Benefices Ecclesiastiques ayant charge d'ames & requerans résidence. Rebuf. *Prat. benef. part. 1. ch. 19. nomb. 15. ch. 64. nomb. 22. 23. part. 2. chap. 3.* Carondas, *en ses Pandect. liv. 1. chap. 10.* ni deux Benefices sous un même toît, soit simples ou autres, c'est-à-dire, quand ce sont des Benefices simples conformes; mais s'ils sont dissemblables, ils peuvent être tenus sous un même toît & en une même Eglise: c'est ainsi qu'avec un Canonicat on peut aussi tenir une Dignité sous un même toît. Rebuffe, *part. 2. chap. 41. nomb. 38.*

8 Si l'obtention des Benefices incompatibles expose les titulaires au dévolut? Voyez le mot, *Dévolut*, nombre 42.

9 Le titre de Curé est incompatible avec l'Evêché. Chenu, *en ses questions Notables*, Cent. 1. quest. 1. p. 7. Voyez le mot, *Evêque*, nomb. 131. *& suiv.*

10 On ne peut tenir deux Chapelles, *sub eodem tecto*. Voyez le mot, *Chapelle*, nomb. 37.

11 Un Evêque ne peut posseder plusieurs Evêchez,

quoyque le premier dont il a été pourvû, fût tres-peu confiderable, & que tous ensemble fussent de revenu mediocre: neanmoins pour le bien de l'Eglise, un Evêque peut posseder deux Evêchez; mais il faut que le Concile Provincial ait examiné la cause, & renvoyé l'affaire au Pape pour la décider. *Bibliotheque Canon. tome 1. pag. 142. in fine.*

12. A l'égard des Benefices, qui ne sont pas incompatibles de droit, mais qui requerent tous deux résidence, une même personne ne se peut pas desservir en même temps, comme deux Prébendes, ou deux autres Benefices *quæ vel à fundatione, vel statuto, vel consuetudine* requirent résidence, si après l'année de paisible possession de deux des Benefices, l'un des deux est vacant de plein droit & impetrable? Cette question est examinée par la Glose de la Pragmatique sanction, sur le mot *residentia*. §. *primo cum de Collat.* & par *Probus*, en sa premiere addition sur cette Glose, où ils décident unanimement pour la negative, & qu'il faut auparavant avertir le possesseur de resider, & jusques-là celuy auquel il ne reside point n'est pas impetrable. *Definit. Canon. page 258. in fine.*

12 bis. Enjoint à un Archidiacre qui étoit aussi Curé, de se demettre de sa Cure ou de son Archidiaconé. *Voyez les Memoires du Clergé, tome 2. part. 2. page 402.* & *Cambolas, liv. 6. ch. 41.* où il rapporte un Arrêt rendu au Parlement de Toulouse le 11. Septembre 1609.

13. A l'égard des Benefices simples requerans résidence personnelle, le premier n'est pas vacant par la possession du second, s'il n'y a eû des monitions précedentes, suivant l'avis du Glossateur de la Pragmatique Sanction. §. *primo cum, de collat.* sur le mot *residentia*. Probus & du Moulin sont du même avis. Il faut encore observer, que la possession du second Benefice incompatible n'opere la vacance du premier que du jour de la paisible possession. *V. les Definit. Can. page 405.*

13 bis. Incompatibilité de la Penitencerie avec la charge de Promoteur d'une Officialité. *Memoires du Clergé, tome 2. part. 2. page 407.*

14. Incompatibilité de plusieurs Canonicats dans une même personne. *Ibidem, page 601. & 603. & addit. à la 2. part. page 676. & suiv.* quoique lesdits Canonicats soient dans une même ville.

14 bis. Les injonctions faites par les Evêques aux personnes tenant plusieurs Benefices simples, d'opter, déclarées abusives. Arrêt du 6. Avril 1473. donné entre le Chapitre de Chartres, appellant comme d'abus, & l'Evêque intimé. Autre entre l'Evêque de Châlons, & le Chapitre du lieu du 3. Juin 1530. remarqué par les Arrestographes; autre Arrêt du 9. Janvier 1610. pour M. Jean Bouvin, Chanoine de l'Eglise Collegiale de la Rochefoucault, pourvû d'une Cure, qui a été maintenu contre Messire Adam Poirier qui s'étoit fait pourvoir de ladite Cure, comme étant incompatible avec la Prébende. Le Concile de Trente, chap. 17. sess. 24. permet de tenir deux Benefices pourvû qu'ils ne requierent tous deux résidence actuelle par la glose sur l'Extravagante, *execrabilis de præb. & dign.* où elle fait trois especes de Benefices, & distingue la compatibilité ou incompatibilité. *Additions à la Bibliotheque de Bouchel, verbo, Benefices.*

15. Arrêt du Roy Henry II. en 1556. sur l'incompatibilité des Benefices. *V. Henrici Progymnasmata, Art. 202.*

16. Il a été jugé que le Pape ne peut conferer à une même personne plusieurs Benefices *sub eodem tecto*, soit à vie ou à certain temps, même quand ils sont uniformes comme deux Chanoinies, Prébendes ou dignitez en même Eglise Cathedrale ou Collegiale, & la Cour a modifié les facultez de plusieurs Legats pour ce regard. *Bibliotheque Canon. tome 2. pag. 213. col. 2.*

17. Arrêt du 23. Avril après Pâques 1560. au profit de Frere Claude de Xainte, appellant comme d'abus de l'execution & homologation de certain Indult octroyé par le Pape à l'Abbé de saint Vincent des Bois, par lequel il luy permettoit de tenir deux Benefices dépendans de son Abbaye qui luy seroient conferez *per Vicarium ab eo deputandum*; il fut dit qu'il auroit été mal & abusivement executé & homologué, l'Intimé condamné aux dépens de la cause d'appel. *Bibliot. de Bouchel, verbo, Collation.*

18. Autrefois les Chanoines, Prébendez, Archidiacres & autres constituez en dignité, és Eglises Metropolitaines & Collegiales résidans esdites Eglises, pouvoient tenir avec lesdites dignitez des Benefices Cures par la seule dispense de l'Evêque Diocesain, en commettant Vicaires capables & suffisans. Jugé le 13. Juillet 1563. pour saint Etienne de Bourges. Le même jugé par Arrêt du Conseil Privé du Roy le 13. Septembre 1618. pour les Beneficiers de Toulouse. *Chenu, 2. Cent. quest. 1.* Cette Jurisprudence ne milite plus.

19. Sur le sujet de l'incompatibilité, il faut remarquer qu'elle se doit prendre du jour de la mise de possession de celuy qui se trouve pourvû d'un autre Benefice, & non du jour du titre qui luy a été fait. Jugé au Parlement de Toulouse le 17. Juillet 1613. *Cambolas, liv. 6. chap. 41.*

20. Arrêt du Grand Conseil du 8. Juillet 1620. entre M. Pierre Moret Curé à Cahors, & M. Bernard Eschalard, Chanoine à Carcassonne pourvû d'une Cure; il fut dit que celuy-ci opteroit. Autre Arrêt semblable contre un Chanoine de Bourdeaux, sans avoir égard à l'intervention du Chapitre qui prétendoit avoir Bulles à l'effet de pouvoir tenir Cures avec Prebendes. *Additions à la Bibliotheque de Bouchel, tome 1. page 8.*

21. Arrêt du Parlement de Toulouse du 2. May 1651. sur la question, si le premier Benefice vaque par la provision d'un second incompatible; il fut dit qu'il y sera plus amplement déliberé. *Boniface, to. 1. liv. 2. tit. 29.*

22. Cures & Canonicats sont Benefices incompatibles, prononcé le 7. Février 1661. confirmé par un autre Arrêt du 14. Mars suivant. *Des Maisons, let. C. nomb. 4. & 5. Notables Arrêts des Audiences,* où il y a trois Arrêts des 24. Juillet 1660. Arrêt 49. 17. Juillet 1662. Arrêt 81. & 23 Février 1664. Arrêt 118. *Adeptione Beneficii incompatibilis vacat primum.* M. le Prêtre 3. Cent. chap. 18. Henrys, tome 1. liv. 1. chap. 3. quest. 9. rapporte un Arrêt du Conseil du 18. Mars 1644. Du Frêne, liv. 2. chap. 105. rapporte un Arrêt du 17. Janvier 1632. De la Guess. tome 2. liv. 3. chap. 30. cite l'Arrêt du 24. Juillet 1660. & au même chap. 39. du même *livre*, il rapporte un Arrêt du 20. Decembre 1660. & au même *tome 2. liv. 4. chap. 14.* est l'Arrêt du 14. Mars, qu'il date du 15. Mars 1661. servant de reglement General. Au même *liv. chap. 62.* il rapporte l'Arrêt du 17. Juillet 1662. *Les Notables Arrêts des Audiences, Arrêt 56.* rapportent l'Arrêt du 15. Mars 1661.

23. Si la dignité de Chevecier dans une Eglise Collegiale est compatible avec une Cure située dans un autre Diocese? Par Arrêt du 21. Février 1664. les parties furent appointées au Conseil. M. l'Avocat General Talon avoit conclu en faveur du Dévolutaire. *Soëfve, tome 2. Cent. 3. chap. 5.*

24. Il y a incompatibilité de tenir conjointement par une même personne deux ou plusieurs Benefices, quoyqu'il y ait union des uns aux autres. Arrêt du 24. Mars 1614. *Ibidem, chap. 11.*

25. Le Reglement portant incompatibilité des Cures & Prebendes de plein droit, faute d'avoir opté dans le temps, n'a pû avoir lieu, avant que d'avoir été publié, il ne peut être reglement qu'après la publication. Jugé le 29. Decembre 1664. la pension de 600. livres. fut reduite à 300. liv. *De la Guess. tome 2. liv. 6. ch. 55.*

26. Les Cures, les Prébendes & Chanoinies tenues ensemble par une même personne, sont incompatibles. Jugé le 16. Février 1671. *Ibidem, tome 3. liv. 5. chap. 4.*

26 bis. Deux Benefices, les fonctions de l'un desquels sont attachées à celles de l'autre dépendamment ou autrement, sont incompatibles dans la même personne comme si le Recteur de l'un doit être assisté du Recteur de

l'autre dans le Service Divin. Arrêt du Parlement de Grenoble des 14. Mars 1672. & 9. Juillet 1678. dans le cas de la dépendance du Benefice, rapportés par *Chorier en sa Jurisprudence de Guy Pape*, p. 41.

27 Reglement de l'incompatibilité des Prébendes, & pour la restitution des fruits du jour de la prise de possession de la seconde Prebende. Prononcé le 11. Juillet 1672. *De la Guess. tome 3. liv. 6. chap. 10. & tome 2. liv. 6. chap. 21.* où il rapporte un Arrêt du 15. Mars 1664.

27 *bis* Lors qu'une dignité ou un Canonicat dans une Eglise Collegiale est chargée *ab institutione* de la cure des ames, il n'y a incompatibilité entre cette dignité ou Canonicat, & entre la qualité de Curé. Ce n'est pas là le cas des Arrêts & Reglements de la Cour : par exemple dans l'Eglise Collegiale de Saint Paul, il y a une Cure qui de temps immemorial a été deservie par le Sacristain qui compose une des dignitez de ce Chapitre, M°. Urbain Particelles, Chanoine, pourvû de cette Sacristie se mit en possession de faire toutes les fonctions de la Cure. Un nommé Herbrais se fondant sur les Arrêts de Reglement de la Cour se pourvoie en Cour de Rome, & obtient des provisions de cette Cure, sous le titre de vicairerie perpetuelle. Par Sentence du Châtelet confirmée par Arrêt du Parlement de Paris du 1. Août 1673. on a jugé qu'il y avoit compatibilité. C'est ainsi que dans l'Eglise Collegiale de saint Mederic de Paris, les deux Cheveciers du Chapitre sont Curez, parce que c'est leur institution. *Voyez le Journal du Palais*.

28 Par Arrêt du Parlement de Provence du 22. Juin 1677. il a été jugé que celuy qui a deux Benefices incompatibles, & qui en a resigné un, pour faire cesser l'incompatibilité, peut revoquer la resignation, & après resigner l'autre. *Boniface, tome 3. livre 6. titre 10. ch. 3.*

29 Declaration portant que lorsqu'une même personne sera pourvûë de deux Cures, ou d'un Canonicat, ou dignité, & d'une Cure, ou de deux Benefices incompatibles, soit qu'il y ait procés, ou qu'il les possede paisiblement, le pourvû ne jouïra que des fruits du Benefice auquel il residera actuellement, & fera le Service en personne, & que les fruits de l'autre Benefice, ou des deux, s'il n'a residé, & fait le Service en personne en aucuns, seront employez au payement du Vicaire, ou des Vicaires qui auront fait le Service, aux reparations, ornemens, & profits de l'Eglise dudit Benefice, par l'ordonnance de l'Evêque Diocesain, laquelle sera executée par provision, nonobstant toutes appellations simples, ou comme d'abus, & tous autres empêchemens, ausquels les Juges & Officiers n'auront aucun égard. A Saint Germain en Laye le 7. Janvier 1681. registrée au Grand Conseil le 20. & au Parlement de Roüen le 24. du même mois, & en celuy de Paris le 12. Février suivant. *Journal des Audiences, tome 4. livre 4. chapitre 6.*

L'article 33. de l'Edit concernant la Jurisdiction Ecclesiastique du mois d'Avril 1695. porte, *Voulons que nôtre Declaration du 7. Janvier 1681. concernant les revenus des Benefices incompatibles, soit executée, & qu'ils soient distribuez & appliquez par les Archevêques & Evêques suivant sa disposition.*

30 La dispense accordée par le Pape à un Evêque pour tenir une premiere dignité d'un Chapitre Cathedral avec son Evêché n'est point abusive. Arrêt du Parlement de Paris du 22. Juillet 1688. *Au Journal du Palais, in folio tome 2. p. 752.*

INCOMPATIBILITE DES OFFICES ROYAUX.

31 *Voyez Chenu, Offices de France, tit. 39. Voyez l'Ordonnance de Moulins article 19. & de Blois art. Henrys, tome 1. livre 2. chapitre 1. question 1. & tome 2. livre 2. chapitre 38.* rapporte avoir été jugé que le Procureur du Bailliage pouvoit être Procureur du Roy en la Châtelenie & Prevôté d'une même Ville.

32 Offices de Notaire & Sergent Royal incompatibles en une même personne dans les grandes Villes

Tome II.

sont toutefois tolerez dans les petites. Arrêt du 11. Février 1630. qui donne la liberté d'exercer ces deux Offices ; & fait defenses de mettre à execution en qualité de Sergent les Actes que l'Officie a reçus en qualité de Notaire, à peine de crime de faux &c. *Bardet, tome 1. liv. 3. chapitre 87.*

En l'année 1709. il y a eu plusieurs Declarations 33 pour la compatibilité de certains Offices.

INCOMPETENCE.

Voyez les mots *Baillifs*, *Competence*, *Consuls*, *Declinatoire*, *Duchez*, *Juges*, *Jurisdictions*, *Lieutenans*, *Maréchaussées*, *Parlemens*, *Présidiaux* & les titres concernant chacune Jurisdiction du Royaume.

Discours sur les incompetences, & recusations, par 1 *Duret*, Lyon 1574. in octavo.

Judex si se in competentem pronunciat, an super expen- 2 *sis cognoscere possit ? Voyez And. Gaill, lib. 1. observ. 34.*

Si un Jugement est nul par l'incompetence du Juge, 3 ou par la contravention aux formes, ou au stile, il ne pourra être confirmé par aucun autre ; & si le Juge d'appel l'a confirmé, il pourra neanmoins être opposé de cette même nullité à l'execution de ce Jugement qui n'y a pas eû d'égard. *Voyez Guy Pape, question 294.*

L'appel comme de Juge incompetent ressortit nuë- 4 ment à la Cour. Quand le fond est leger, elle a coûtume de juger le tout. *Papon, liv. 7. tit. 7. nombre 62. & le mot, Appel, nombre 132. & suiv.*

En appel d'incompetence, le Juge ne doit point pas- 5 ser outre. Arrêt du Parlement de Paris du 17. Mars 1563. *Papon, ibidem, nombre 16.*

Par Arrêt donné à la Tournelle le 13. Août 1603. 6 défenses au Prévôt de Paris ou son Lieutenant Criminel, de retenir les instructions des procés au préjudice des appellations interjettées de luy, comme de Juge incompetent. *Bibliotheque de Bouchel*, verbo, *Competence*.

Arrêt du Parlement de Provence du 10. Mars 7 1646. qui a jugé que les Lieutenans ne peuvent connoître des causes d'un Consul en premiere instance. *Boniface, tome 1. liv. 1. tit. 10. nomb. 12.*

INDEMNITE'.

L'Indemnité est dûë, ou au coobligé, ou à la *femme*, ou au *Seigneur*.

INDEMNITE', DEBITEUR.

Si un obligé qui fait la condition de son codebiteur 1 avantageuse, par un emprunt au denier vingt, pour éteindre une dette au denier seize, ne peut engager ce codebiteur à la derniere dette, sans sa participation, sur tout luy ayant donné une indemnité ?

Ou si cette indemnité étant un acte secret & inconnu 2 dans le public, ne peut nuire qu'à celuy qui l'a donnée, & non au tiers nouveau créancier, qui a prêté ses deniers dans la vûë de la premiere obligation solidaire ? *Voyez le Journal du Palais*, in quarto, *part. II. p. 173. & le 2. tome in fol.* où est l'espece & l'Arrêt rendu au Parlement de Paris le 1. Août 1686. qui jugea que Philippes I. de Bethune, porteur d'une indemnité d'Hypolite son fils, avoit été acquité par le payement fait par Hypolite, lequel ne l'avoit pû obliger à la nouvelle dette contractée pour faire ce payement.

INDEMNITE' DE LA FEMME.

Voyez M. le Brun, en son Traité de la Communauté, 1 *liv. 3. chap. 2. sect. 2. distinct. 6.*

L'indemnité portée par le Contract de mariage, don- 2 ne l'hypoteque du jour du Contract de mariage, &c. Arrêt du 21. Août 1660. *Voyez De la Guessere, tom. 2. liv. 3. chap. 35.* M. Bouguier *lettre H. nombre 10.* rapporte un Arrêt contraire rendu en l'année 1626. Mais si la clause d'indemnité n'est point portée par le Contract de mariage, l'hypoteque n'est que du jour des obligations contractées. *De la Guess. ibid.*

Voyez le mot, *Hypoteque. n. 153.*

G gg ij

4 Les heritiers d'une femme obligée conjointement avec son mary, ayant renoncé à la communauté, ont indemnité pour la somme entiere, pour laquelle la femme s'est obligée, contre les heritiers du mary, encore que dans le Contract de mariage, il n'y ait aucune clause pour l'indemnité de la femme. Arrêt du Parlement de Paris du 25. Août 1642. *M. le Prêtre, ès Arrêts de la Cinquième*, fine.

5 Le doüaire est préferable au remploi des propres alienez de la femme, à son indemnité pour les dettes où elle a parlé. Arrêt du 30. Août 1661. *Notables Arrêts des Audiences*, Arr. 67.

6 La clause d'indemnité n'a son effet que pour les dettes de la communauté, dans lesquelles la femme est obligée solidairement avec son mary; en sorte que quand après avoir renoncé à cette communauté par séparation de biens, elle s'oblige pour son mary, elle n'a hypoteque sur ses biens que du jour des obligations, & non pas du jour de son Contract de mariage. Jugé à Paris le 8. Juin 1674. *Journal du Palais* in quarto, part. 4. page 357. & le 1. tome in fol.

7 L'indemnité des dettes ne s'étend en faveur de la femme, que dans le cas qu'elle luy est accordée, & ce dans la Coûtume de Touraine, & hors les cas où la Coûtume l'accorde.

Cette Coûtume, par l'art. 308. ne l'accordant à la femme que pour moitié dès dettes sur les propres du mary, & pour le tout sur la communauté, elle n'a hypoteque sur lesdits biens que du jour des obligations. Arrêt du Parlement de Paris du 1697. *Journal des Aud.* tome 5. liv. 13. chap. 7.

INDEMNITÉ SEIGNEURIALE

8 De l'indemnité duë au Seigneur. *Voyez le Traité de Bacquet, des Amortissemens*. Corbin, *Traité des Fiefs* Loy 15. n. 7. Le Commentaire de M. Barthelemy Auzanet, *sur la Coûtume de Paris*, art. 87. où il a recueilli les Arrêtez faits à ce sujet chez *M. le Premier Président de Lamoignon*.

Voyez cy-dessus les mots Amortissement, nombre 29. & suiv. *Emphyteose*, nombre 15. & *Fief*, nombre 70.

9 Du droit d'indemnité dans la Coûtume de Bretagne. *Voyez Hevin sur Frain*, page 259.

10 Quelle indemnité doit être donnée aux Seigneurs, tant féodaux que censiers, par les Ecclesiastiques & Gens de main-morte, à cause de leurs acquisitions? V. *Tournet*, lettre I. Arr. 7.

11 Indemnité acquittée par les gens d'Eglise ou de main-morte, ne décharge pas de la foy & hommage. *Ibidem*. Arrêt 9.

12 Indemnité des heritages leguez à gens d'Eglise ou de main-morte, doit être baillée par l'heritier du testateur, & non par les legataires. *Idem*, Arrêt 8. & Montholon, Arrêt 132.

13 Les Jesuites sont sujets au droit d'indemnité, aussi-bien que les autres Ecclesiastiques, & ils furent ainsi condamnez par Arrêt du 9. Avril 1565. payer le droit d'indemnité aux Seigneurs Censiers, à cause de leur College de Clermont, étant en leur Censive. Cet Arrêt est rapporté par *Bacquet, en sa quatrième partie des Amortissemens*, chapitre 54. où il en rapporte d'autres rendus contre les Boursiers du College de Cambray, au mois d'Août 1557. contre les Boursiers du College de Forteret, du 22. Decembre 1556. & un du 22. Decembre 1581. qui a jugé l'indemnité des Fiefs au quart denier.

14 Les Communautez qui ont obtenu Lettres d'amortissement, payé les droits de quints & requints, qui ont été reçuës en foy & hommage des heritages acquis, fait recevoir & accepter l'homme vivant & mourant, ne laissent d'être obligées à payer le droit d'indemnité au Seigneur. Tronçon, *Coûtume de Paris*, art. 1. verbo, *le Seigneur*.

15 Les heritages francs & allodiaux, ne doivent aucun droit d'indemnité, ce qui est general. *Coût. d'Auxerre*, art. 10. tit. *des Justices*.

16 Pour affranchissement obtenu du Roy par homme de condition serve, il est necessaire de payer l'indemnité au Seigneur du fief, au dedans duquel l'impetrant des Lettres est demeurant. Arrêt de l'an 1571. recité par *Bacquet, en son Traité du Droit d'Aubaine*, ch. 24. & par Chopin, *sur l'article 37. de la Coûtume d'Anjou*, & rapporté en la *Bibliotheque de Bouchel*, verbo, *Indemnité*.

17 *Voyez* dans *Le Vest*, chap. 171. un Arrêt du 22. Decembre 1581. entre les Maîtres & Sœurs de l'Hôpital de Saint Nicolas de *Montreüil*, d'une part, & Messire Antoine de Monchy & Consorts, d'autre; lequel Arrêt fixe le droit d'indemnité pour le regard de ce qui est tenu en fief au tiers denier du prix, & pour le regard de ce qui est en roture, à raison du quart denier de la valeur & estimation.

Voyez cy-après le nombre 27.

18 Arrêt du Parlement de Paris du 11. May 1619. entre les Religieux de *Saint Lazare*, hauts-Justiciers, & le Chapitre *Saint Mederic*, Seigneur de Fief; par lequel il est ordonné que l'indemnité se partagera par moitié entr'eux. *Voyez les Additions à la Bibliotheque de Bouchel*, verbo, *Indemnité*, où est examinée la question de sçavoir, si ce droit est dû pour le tout à celuy qui n'est que Seigneur direct & foncier, & qui n'a pas la Justice sur l'heritage. Sentence des Requêtes du Palais du 19. Septembre 1643. en faveur de M. Pithou, Seigneur Foncier; quoyque l'on soûtînt que l'heritage en question étoit sous la Justice du Roy. Aussi M. le Procureur General en interjetta appel.

19 Arrêt du Parlement de Provence du dernier Juin 1636. qui a jugé que les Gens de main-morte qui acquierent de la main du Seigneur, ou de leur aveu, ne sont point sujets aux droits d'indemnité. Autres Arrêts des 23. Juin 1588. 14. May 1629.16. Février 1652.10. Septembre 1653. & 15. Novembre 1657. donnez au sujet du droit d'indemnité. *Boniface*, tome 1. liv. 2. tit. 31. chapitre 21.

20 Le droit d'indemnité n'a lieu, quand il y a une rente stipulée dans l'albergement, & que le Seigneur en reçoit le payement. Arrêt rendu au Parlement de Grenoble le 3. May 1635. *Basset*, tome 2. livre 3. titre 8. chapitre 2.

21 Un Seigneur direct ayant été satisfait du droit d'indemnité pour l'acquisition faite d'une maison par deux Convens d'un même Ordre, chacun pour moitié, ne pouvoit prétendre un nouveau droit d'indemnité pour le transport fait par l'un d'iceux de sa moitié à l'autre par échange dix ans après, contre les Conclusions de M. Bignon, qui étoient suivant les regles qui veulent qu'il en soit dû, n'y ayant aucune difficulté de main-morte à main-morte. Arrêt du Parlement de Paris du 20. Avril 1651. *Du Frêne*, liv. 6. ch. 23. *Voyez Carondas*, liv. 7. Rép. 197.

22 Un Chevalier de Malthe vend un heritage à des Religieuses pour bâtir une Eglise; les droits Seigneuriaux & d'indemnité sont dûs, & les privileges des Chevaliers personnels. Arrêt du 6. Août 1663. *De la Guessicre*, tome 2. liv. 5. ch. 37.

23 Le Seigneur pour être payé du droit d'indemnité, ne doit pas commencer par la saisie; car il ne luy est pas acquis de plein droit, & aussi-tôt après le Contract les Gens de main morte ont l'option de le payer, ou de mettre le fonds hors de leurs mains, dans un temps, lequel même ne commence à courir que du jour que le Seigneur a formé sa demande. Les Religieuses Cordelieres avoient acquis un heritage dans la mouvance du Baron de Bully; après trois ans de joüissance, elles furent poursuivies pour le payement des profits du fief; Sentence qui permet au Seigneur de joüir de la moitié des heritages, jusqu'à l'actuel payement. Arrêt du Parl. de Roüen du 11. Août 1656. qui casse la Sentence; & après la declaration des Religieuses, on leur donna un temps de trois mois pour revendre l'heritage, & à faute de le faire dans ce delai, permis au Seigneur de le

faisir. *Basnage*, *sur l'art. 140. de la Coûtume de Normandie*.

24 Les droits réels ne s'éteignent point par l'indemnité sans convention ; les Religieuses de Brione avoient acquis dans la mouvance de M. le Duc d'Elbœuf, quelques heritages sujets au service de Prévôté, les autres Vassaux voulans les assujettir à faire ce service, elles appellerent en garantie M. le Duc d'Elbœuf, pour faire cesser cette demande ; il soûtint que n'ayant point stipulé expressément l'exemption de ce service, elles n'en étoient point liberées par le payement de l'indemnité. Par Arrêt du Parlement de Roüen du 14. Août 1659. les Religieuses furent déboutées de leur garantie. *Basnage, ibidem*.

25 Un Seigneur qui joint des fiefs pour obtenir l'érection d'une de ses Terres en Duché-Pairie, n'est point tenu de payer un droit d'indemnité aux Seigneurs de qui relevent ces fiefs, quand il declare qu'il veut continuer de les tenir dans leur mouvance ; mais s'il ne fait point cette declaration, il est obligé de payer ce droit d'indemnité, à raison du tiers de la valeur de ses terres, qui cessent de relever des Seigneurs particuliers. Arrêt du Parlement de Paris du 26. Janvier 1685. contre M. le Duc de Mazarin, en faveur du sieur Marquis de Sourdis. *Journal des Audiences*, tome 5. liv. 1. chapitre 12. & cy-après *le nombre* 34.

26 Le droit d'indemnité est réel, & étant dû à une Terre qui est venduë par decret, il appartient au Seigneur adjudicataire, entre les mains duquel il passe comme une partie du fond dans l'adjudication ; & ce droit ne peut appartenir à celuy sur lequel la Terre a été venduë, quoy qu'avant le bail judiciaire de ladite Terre, & avant l'adjudication, la main-morte fût proprietaire des biens mouvans de la Terre ajugée par decret. Arrêt du Parlement de Paris du 20. Juin 1689. *Ibid. liv. 5. ch. 16.*

ESTIMATION DE L'INDEMNITÉ.

27 Voyez cy-dessus *le nombre* 17.
L'estimation de l'indemnité des Seigneurs a été faite par les Arrêts de la Cour, sçavoir au tiers pour les fiefs, & au quint pour les rotures, quand par les Coûtumes il n'y a point de fixation, ou quand même elles ne parlent point du droit d'indemnité qui est devenu un droit commun. *Vide Le Vest dans ses Arrêts chap.* 78. où il rapporte un Arrêt du 9. Avril 1565. & Bacquet, *Traité de l'Amortissement, chap.* 54. en rapporte plusieurs citez au *nombre cy-dessus* 13.

28 L'indemnité duë au Seigneur censier, est estimée en censive au cinquième denier de l'heritage amorti. Arrêt du 9. Avril 1565. *Le Vest, Ar.* 78. Autre Arrêt du 22. Decembre 1581. qui estime le tiers en fief, & le quart denier de la valeur des heritages en roture ; *Idem*, Arrêt 171. Le même Arrêt du 22. Decembre 1581. est rapporté dans *Papon*, liv. 13. tit. 2. nombre 6. Bacquet, *des Droits d'Amortissement, chap.* 53. parle du Seigneur féodal, & dans le *chap*. 54. du Seigneur Censier. Dans *Montholon*, Arr. 132. vous trouverez un Arrêt du 9. Avril 1595. qui a jugé le quint en roture, & le tiers en fief.

29 L'indemnité est limitée au denier six. Arrêt du Parlement de Bretagne du 18. Decembre 1631. *Sauvageau sur Du Fail, liv.* 1. *ch.* 241. & *liv.* 3. *ch.* 249.

30 Les droits de demy lods échus par le décès de l'homme vivant & mourant, & indemnité depuis offerte, se doivent estimer sur le prix des contracts d'acquisition, & non pas sur la valeur des bâtimens qui avoient été depuis construits. Arrêt du Parlement de Paris du 28. Août 1632. *M. le Prêtre ès Arrêts de la Cinquième*.

31 L'indemnité en Normandie se paye au quart denier pour les rotures, au tiers denier pour les fiefs. Arrêt du Parlement de Roüen du 2. Juillet 1654. contre les Religieuses de saint Jean d'Andely, qui avoient acquis un heritage roturier relevant de M. le Marquis de Maineville, lesquelles furent condamnées au payement du treizième, & de l'indemnité qui fut reglée au quatrième denier. Même Arrêt du 15. Decembre 1662. Ces Arrêts ont servi de fondement à l'article 21. du Reglement de 1666. *Basnage, sur l'article* 140. *de la Coûtume*.

32 Declaration portant reglement pour l'indemnité des Seigneurs pour les fiefs, terres, maisons, & domaines que le Roy achette dans l'étenduë de leur justice & censives. A saint Germain en Laye en Avril 1667. régistrée au Parlement, Chambre des Comptes, Cour des Aides, le 20. du même mois.

33 De l'indemnité duë aux Seigneurs directs pour les heritages acquis par gens de main-morte. L'usage de Dauphiné a fort varié à cet égard ; la derniere Jurisprudence du Parlement de Grenoble s'est enfin conformée à un Arrêt du Parlement de Provence du 27. Janvier 1682. rapporté par *le Président de saint Jean, décision* 10. qui évaluë l'indemnité à un droit de lods de vingt ans en vingt ans. Voyez *Salvaing, de l'usage des fiefs chapitre* 59.

34 Monsieur le Duc de Mazarin a été condamné à payer au sieur de Sourdis le Droit d'indemnité à luy dû dès lors de l'érection de la Milleraye en Duché en l'année 1640. le tiers du prix des maisons, terres & heritages, faisant partie de celles de la Milleraye & Sauraye, qui relevoient du Fief des trois hommages avant l'érection en Duché & Pairie, suivant l'estimation par Experts, &c. ensemble aux interêts des sommes ausquelles se trouvera monter le droit d'indemnité, à compter du jour de la demande, jusques à l'actuel payement, & aux dépens. Arrêt du 26. Janvier 1685. *Journal du Palais in quarto*, part. 11. page 120. & le 2. tome in folio. *De la Guessiere*, tome 4. liv. 8. chap. 26. rapporte l'Arrêt en forme ; mais il le date du 6. Janvier, & non pas du 26. *V. cy-dessus le n.* 25.

35 Lors que des gens de main morte auront acquis des heritages situez dans la censive d'un Seigneur Censier, auquel la haute Justice n'appartient pas, si le Seigneur haut-Justicier demande indemnité, l'on pourra luy ajuger la dixième partie, dans la somme à laquelle le droit d'indemnité qui sera payé lors de l'acquisition, se trouvera monter ; & cette portion pourra encore être diminuée, s'il y a des dispositions dans les Coûtumes des lieux, ou des circonstances particulieres dans les affaires qui donnent lieu de le faire. Arrêté du Parlement de Paris du 28. Mars 1692. *Journal du Palais* in folio, tome 2. page 810.

INDEMNITÉ, PAR QUI PAYE'E.

36 Un Secretaire du Roy legue à l'Hôtel-Dieu de Paris une maison, à la charge de payer 100. livres de rente aux Minimes de Nigeon. Les Administrateurs ajournez pour vuider leurs mains, ou payer l'amortissement & indemnité, somment les heritiers de les acquiter. Par Sentence des Requêtes du Palais, l'Hôtel-Dieu est condamné à vuider ses mains dans deux mois ; le temps passé, condamné à payer le droit ; sur la sommation, les parties contesterent plus amplement ; en cause d'appel les Administrateurs alleguent un Arrêt de 1389. rapporté par *Jo. Gall*. un autre de 1587. pour l'Hôpital des Enfans de la Trinité ; un troisième de 1579. pour l'Hôpital de Montreüil. Les Défendeurs en alleguerent un contraire de 1593. en faveur des heritiers, contre les Marguilliers de S. Eustache. Les Administrateurs répondoient que la Fabrique de S. Eustache étoit tres-riche, que l'Arrêt avoit été donné pendant la ligue, & se rétranchoient sur la faveur des Hôpitaux. Arrêt du 7. Septembre 1619. qui met l'appellation au néant ; faisant droit sur la sommation, les heritiers condamnez à acquitter l'Hôtel-Dieu, tant de la rente que de l'indemnité. *Biblioth. de Bouchel*, verbo, *Indemnité*.

37 L'heritier est tenu de payer l'indemnité duë au Seigneur pour le legs fait à l'Eglise. Arrêt du 22. Decembre 1581. *Montholon*, Arr. 7. *secus*, pour la donation entre-vifs. Jugé en Septembre 1619. Arrêt 132. *Voyez Du Frêne, liv.* 3. *ch.* 70. & les remarques sur le *ch.* 63.

du Traité que *M. Bacquet* a fait du Droit d'Amortissement.

38. Par Arrêt donné à Tours au mois de Juin 1592. sans tirer à consequence, les Minimes furent condamnez payer l'indemnité au Prévôt de S. Martin de Tours, Seigneur, dont les lieux étoient mouvans; les heritiers de celle qui avoit fait la donation, condamnez à en acquitter les Minimes; & un nommé Demus, qui avoit acquis la succession, condamné à en acquitter les heritiers; le Prévôt, Seigneur dominant, demandoit que les Minimes vuidassent leurs mains, attendu qu'ils n'avoient point d'amortissement du Roy. *Voyez la Biblioth. de Bouchel*, verbo, *Indemnité*.

39. L'heritier ne doit payer l'indemnité sur les quatre quints qui luy doivent demeurer par l'article 295. de la Coûtume de Paris. Arrêt du 26. Juillet 1616. *Montholon, Arrêt* 132.

40. Droit d'indemnité doit être payé par l'heritier de celuy qui legue quelques fonds à gens de main-morte. Arrêt du 27. May 1633. en faveur des Administrateurs de l'Hôtel-Dieu de Paris. *Bardet, to. 2. liv. 2. ch. 33*.

41. Heritiers des donateurs ne sont tenus d'acquiter les donataires du droit d'amortissement, quoyqu'il y ait clause de garantie dans le Contract de donation. Arrêt du dernier Janvier 1641. *Bardet, tome 2. liv. 9. chap. 15. & Du Frêne, liv. 3. ch. 70*.

42. Les donataires gens de main-morte, ne doivent être acquittez par les heritiers du donateur de l'indemnité demandée par le Seigneur. Arrêt du 1. Février 1642. contraire aux Conclusions de M. l'Avocat General Briquet. *Soëfve, tome 1. Cent. 1. chap. 31. Bacquet, en son Traité du droit d'Amortissement, chap. 63.* traite cette question, & rapporte differens Jugemens.

INDEMNITE', PRESCRIPTION.

43. Le droit d'indemnité se prescrit par l'Eglise contre l'Eglise par 40. ans. Arrêt du 23. Mars 1588. rapporté par *Tournet, tome 1. lettre I. Arr. 10*. Mais de droit commun, il se prescrit par 30. ans. Arrêt du 3. Août 1600. rapporté par *Chenu, Cent. 1. quest. 80.* suivant l'avis de *M. Charles Du Moulin, sur l'art. 41. de la Coûtume de Paris, nomb. 70. Bacquet, 4. part. traitant du Droit d'Amortissement, chap. 60. nomb. 3.* en rapporte un du 23. Juillet 1583. & un du 23. Mars 1588.

44. Si l'indemnité düe au Seigneur direct se prescrit? *Voyez Cambolas, liv. 4. chap. 23*.

L'homme vivant & mourant se donne par gens de main-morte, le droit d'indemnité en matiere de fief; le droit d'indemnité est sujet à prescription par trente ans contre le Seigneur temporel, & quarante ans contre l'Ecclesiastique. Arrêt du 27. May 1626. *V. M. Dolive, liv. 2. chap. 12. 13. & 14.*

Arrêt semblable du 7. Février 1628. *Ibid. chap. 22.* Voyez Bacquet, *Droit d'Amortissement, chap. 60. & Brodeau, sur M. Loüet, lettre D. Somm. 53.*

45. Arrêt rendu au Parlement de Provence en 1642. qui a jugé que le droit d'indemnité pouvoit être prescrit contre les Seigneurs de fief, par les Monasteres, pour les biens possedez dans leurs territoires. *Boniface, tome 1. liv. 2. tit 31. chap. 20.*

46. Arrêt du grand Conseil de l'an 1671. contre M. de Gaillard qui a declaré l'indemnité prescriptible en faveur de la Communauté de saint Maximin. En Provence, on juge autrement. *Voyez Boniface, tome 4. liv. 2. tit. 2. chap. 3. & 4*. où il rapporte un autre Arrêt du 20. Mars 1645. qui adjugea 39. années d'arrerages des lods & demi-lods servant d'indemnité, & adjugea les demi-lods à l'avenir.

INDEMNITE', DOT DE RELIGIEUSE.

47. Quand on donne du fonds pour mettre une fille en Religion, on doit indemniser le Seigneur. L'Avocat des parens remontroit que les terres données étoient au lieu de legitime, dont aucuns profits n'étoient dûs. Mais le Seigneur répondoit que dans le cas du mariage ses droits ne diminuoient point, au lieu qu'ils s'aneantissoient par la cession faite à des gens de main-morte.

Arrêt du Parl. de Roüen du 2. Juillet 1654. contre les Religieuses d'Andely à qui les sieurs Pouchet avoient donné 24. acres de terre en payement d'une somme de 8400. liv. pour l'entrée de leurs filles en ce Monastere. *Basnage, sur l'art. 140. de la Coût. de Normandie*.

48. Le Flamand avoit donné aux Religieuses de saint Jacques d'Andely, sept acres de terre pour l'entrée d'une sœur dans leur Monastere. La Dame de Boutri demanda l'indemnité aux Religieuses qui appellerent en garantie les heritiers du Flamand. Par Arrêt du Parlement de Roüen du 9. Decembre 1655. elles en furent déchargées, quoique la donation ne fût pas gratuite; mais pour nourrir une autre Religieuse. *Ibidem*.

49. Le Curé de saint Denis donna par testament à son Eglise quelques heritages, à charge de dire des Services: il mourut avant le temps necessaire pour rendre la donation valable; mais l'heritier confirma volontairement la donation; sur la demande de l'indemnité par le Seigneur, le sieur Curé ayant fait condamner l'heritier à l'acquitter de ce droit, la Sentence fut cassée & l'heritier déchargé, par Arrêt de la Chambre de l'Edit du 7. Juin 1660. La declaration de l'heritier & la ratification qu'il avoit faite du testament rendoient sa cause tres-favorable. *Ibidem*.

INDEMNITE' DÜE PAR LE ROY.

50. Edit du Roy du mois d'Avril 1667. portant Reglement des droits prétendus par les Seigneurs au sujet des biens acquis par le Roy dans leurs Justices & censives; il est dit qu'outre le droit de lods & ventes pour les acquisitions faites par sa Majesté en la censive des Seigneurs, il leur sera constitué une rente annuelle sur le Domaine telle que les arrerages d'icelle puissent en soixante années égaler la somme à laquelle les lods & ventes se trouveroient monter. *Voyez Boniface, tome 1. liv. 3. tit. 1. chap. 2*.

INDEMNITE', TAILLES.

51. Lorsque les Collecteurs prennent des indemnitez de particuliers pour imposer un habitant qui ne doit pas être imposé, ou pour en augmenter d'autres au de-là de ce qu'ils doivent porter, ceux qui ont donné les indemnitez, & les Collecteurs sont punissables d'amende, ainsi qu'il a été jugé le 4. Mars 1681. en la Cour des Aides de Paris. *Memorial Alphabetique*, verbo, *Indemnitez*.

INDES.

Edit portant établissement de la Compagnie des Indes Occidentales, contenant 43. articles à Paris en May 1664. registré au Parlement le 11. & en la Chambre des Comptes le dernier Juillet audit an.

¶ Edit portant Reglement pour l'établissement d'une Compagnie pour le commerce des Indes Orientales, contenant 48. articles. A Vincennes en Août 1664. registré au Parlement de Paris le 1. Septembre de même année, & en celuy de Roüen le 5. dudit mois.

INDICES.

DE *Indiciis & Torturâ per* Albertum de Gandino, *per* Guidonem de Suzariâ, *cum addi.* Ludo. Bolognini, *per* Franc. Brunum. *per* Ant. Rossellum, *per* Franc. Casonum Opiterg. *per* Marc. Mantuum Benaudium *in suo Enchirid. per* Jo Milleum, *in fine suæ praxis. per* Jo. Bapt. de Plotis *in reper. L. si quando. C. unde vi.*

Voyez hoc verbo, *Indices,* la Bibliotheque *du Droit François, par* Bouchel. Bouvot, *tome 1. part. 2. & Charondas, liv. 9. Rép. 1.*

1. *Quæ sint genera Indiciorum. Voyez* Julius Clarus, *lib. 5. Senten. quæst. 20. & 21. & les Additions qui sont à la fin de l'ouvrage du même Auteur.*

2. *Unus testis deponens de facto, de quo principaliter non agitur, non facit indicium: sed debet plenè probari. Voyez Franc. Marc. tome 2. quæst. 253.*

3. *Indicia sufficientia ad torturam probandi modus. Ibid. quæst. 285.*

4 *Quæstio data, nullis præcedentibus indiciis, non ex supervenientibus post modum indiciis justificatur.* Voyez *Ibidem*, quest. 287.

5 Si par indices indubitables & vehemens, on peut condamner un accusé, à mort, ou à la question? *Voyez Cavondas, liv. 3. Réponse. 66.*

6 Un nommé Garreau accusé d'avoir volé un Navire aprés avoir tué ceux qui étoient dedans, par Arrêt du Parlement de Bourdeaux du 3. Février 1519. a été condamné à mort sur les simples indices que produisoient sa confession hors jugement, sa fuite, & la grace qu'il avoit eüe du Roy pour autres crimes. *Papon, liv. 24. tit. 8. nomb. 1.*

7 Indices, quoique fort puissans & urgents, ne peuvent faire condamner, *Verâ pœnâ delicti:* Arrêt du Parlement de Grenoble du 16. Novembre 1618. qui condamna aux Galeres perpetuelles, un homme accusé d'avoir assassiné un Cordelier. *Basset, tome 2. liv. 9. titre 6. chap. 3.*

Voyez le mot, *Indice*, à la table du Commentaire que M. Philippe Bornier a fait sur l'Ordonnance Criminelle de 1670. & cy-aprés les mots, *Preuves, Procedures Criminelles & question.*

INDIGNE, INDIGNITE'.

LA distinction à faire est entre l'indigne de posseder des *Benefices*, & l'indigne de profiter d'une *succession*.

INDIGNITE', BENEFICES.

Voyez le mot, *Concours*, nombre 23. & cy-dessus, le mot, *Incapable*, *nomb.* 1.

1 Collation faite à un homme indigne. *Voyez* le mot, *Collation, nomb. 110. & suiv. & le mot, Patron, nombre 208.*

2 De l'élection d'un indigne. *Voyez* le mot, *Election nomb. 91. & suivans.*

3 Si dans le mandat il paroît que l'impetrant a dissimulé sa minorité pour obtenir un Benefice-Cure, qui ne s'accorde qu'à 24. ans, qui est la majorité Ecclesiastique, en ce cas il est indigne du Benefice, bien que lors de la Collation, il fût majeur. *Pacus, 4. part. n. 46.* Il en est de même de la requisition que fait un Gradué nommé pour obtenir les Cures en vertu de ses degrez ; s'il avoit dissimulé son âge, la Collation ne seroit pas bonne, quoique faite dans le temps qu'il est capable d'accepter une Cure, ce qui peut arriver d'un jour à l'autre : car dans le premier cas c'est la mauvaise foy qui a donné lieu de conferer ; dans l'autre, comme par la requisition, le droit est acquis, encore qu'elle est le fondement de la Collation, on ne considere que le temps de la requisition, & non celuy de la Collation. *Biblioth. Canon. tome 1. pag. 288.*

4 Des peines ordonnées contre les Collateurs qui conferent les Benefices à personnes indignes. *Voyez Rebuffe, 1. partie & la Bibliotheque Canonique tome 2. page 280. colonne 2.*

5 *Procurator constitutus ad præsentandum, si indignum præsentet, Domino non præjudicat quoad pœnam.* Voyez *Franc. Marc. tome 1. quest. 480.*

6 *Indignum confirmans privatur potestate confirmandi primum, scienter & à propriis Beneficiis suspenditur; promotusque dejicitur : si vero per malitiam, gravius puniendus est.* Voyez *Ibidem, quest. 48.*

7 Le Collateur ordinaire ayant conferé un Benefice à une personne indigne, il a consommé son droit de collation, & ne peut varier ni conferer à un autre plus digne. Jugé les 14. Août 1543. & 21. Septembre 1584. *Brodeau sur M. Loüet, lettre P. Somm. 25.*

8 Si la faute commise par un pere, d'avoir couru le Benefice d'un homme vivant, peut produire une indignité contre le fils qui n'y a point consenti, & qui ne se sert point des Provisions obtenuës à la diligence du pere ? Arrêt du 19. Avril 1649. qui a jugé la negative. *Soëfve, tome 1. Cent. 3. chap. 5.*

INDIGNITE', CHOIX.

9 Indignitez qui donnent lieu à la revocation d'un choix. *Voyez* le mot *Choix*, *nomb.* 18.

INDIGNE DE LA COMMUNAUTE'.

10 Femme indigne d'avoir part en la Communauté. *V.* le mot *Communauté*, *nomb.* 152.

INDIGNE DE SUCCEDER.

11 *Indignus, est capax jure, incapax effectu: Incapax vero, est incapa jure & effectu.* Cujac.

De his quæ, ut indignis, auferuntur. D. 34. 9. Plusieurs causes qui rendent indigne de la succession ou d'un Legs.

De his quibus, ut indignis, hæreditates auferuntur: & ad Senatus-cons. Silanum. C. 6. 35. plusieurs causes d'indignité. Pour le Senatus-Consulte Silanien. *Voyez* cy-aprés *Testament.*

Si quis aliquem testari prohibuerit, vel coegerit. D. 29. 6... C. 6. 34. C'est une cause d'indignité.

11 bis. L'heritier devient indigne de la succession, s'il a attenté à la vie du défunt, ou à son honneur, s'il a contesté son état ou negligé de venger sa mort; s'il a traitté de sa succession de son vivant ou empeché qu'il ne fît un testament, s'il est survenu entre eux une inimitié capitale. *Voyez le 3. tome des Loix civiles, livre 1. titre 1. section 3.*

12 Des indignes à succeder. *Voyez Papon liv. 21. tit. 4. & le Brun, traité des successions, liv. 3. chap. 9.*

13 Si la loy *in fraudem. ff. de his, quæ ut indignis auferuntur*, est observée en France? *Voyez Peleus*, *quest.* 133.

14 *Bona sunt ab indigno amovenda.* Joan. Galli, quest. 166. & Du Moulin, tome 2. pag. 604.

15 Si celuy qui contrevient à la volonté du testateur, est indigne de l'heredité & du legs? *Voyez Boniface, tome 2. liv. 1. tit. 19.*

16 *Dictum fuit quod bona Domini Ttherii Rable qui fecerat mori vire fratrem suum, qui propter hoc fuit condemnatus à être trainé & pendu, pro ut & fuit, bona quæ habebat in patriâ consuetudinariâ, erant confiscata, & bona in patriâ juris scripti fuerunt amicis dimissa : tamen fuerunt super prædictis captæ quingentæ lib. pro distribuendo pro animâ defuncti, sed bona quæ habuerat dictus Ttherius ex successione fratris sui cujus se heredem gesserat, retinuit Curia penes ipsam pro distribuendo ea pro animâ defuncti, cujus fuerant: nec ea habuit proximior hæres dicti defuncti post dictum Dominum Ttherium videlicet Perceval Rable nepos defuncti, sic ergo erat capax sed ut ab indigno, ab eo removebantur. anni 1392. Joan. Galli, quest. 266.*

17 Parricide, fratricide ne succede point au parent assassiné, non plus que ses descendans. Arrêt du Parlement de Paris de l'an 1391. qui le dépoüille de ceux qu'il avoit eûs de la succession de son frere. *Papon, liv. 21. tit. 1. nomb. 2.*

18 *Indignus non repellitur à successione, exceptione indignitatis nisi à fisco, & penes indignum remanet hæreditas, si fiscus nolit auferre.* Voyez *Papon, ibidem, Robert, Rer. judic. lib. 3. cap. 7. Mainard, liv. 7. de ses quest. chapitre 94.*

19 Le Droit Romain distingue l'indigne de l'incapable. Ricard tient que nous les confondons. *Voyez son Traité des Donations entre-vifs, part. 3. chap. 3. section 1. nomb. 195. & au chap. 7. de ses Substitutions.*

20 Des enfans de l'indigne ou de l'incapable. *Voyez le Brun des Successions, liv. 1. chap. 4. sect. 6. dist. 2. & 3. V. au 3. vol. des Plaidoyés de M. Servin, le Plaidoyé & Arrêt sur la question 81.* Un frere qui a sçû l'assassinat entrepris sur son frere & ne la point revelé, est indigne & incapable de la succession ; en la cause d'entre Jacques Tassart l'aîné, demandeur en partage d'une part, & Christophe Tassart d'autre.

21 Un frere tuë son frere. Le Seigneur haut-Justicier prétend que le fratricide a succedé, & qu'ainsi tous les biens tombent dans la confiscation. Les heritiers de l'accusé soûtiennent que l'accusé devenu indigne dés l'instant du crime commis n'a pû succeder. Arrêt du Parlement de Paris du 11. May 1554. en faveur des

heritiers. *Bibliotheque de Bouchel*, verbo, *Indignité*.

23. Arrêt du Parlement de Bretagne du 7. Septembre 1559. qui declare un homicide indigne de succeder à celuy qu'il avoit assassiné. *Voyez Du Fail, liv. 3. chap. 162.*

24. Un Bourgeois de Leictoure ayant fait testament, & voulant en faire un autre, l'un des heritiers institué par le premier l'empêche; procés entre les heritiers instituez & les successeurs *ab intestat*; on ne fit difficulté de declarer indigne de sa portion hereditaire, celuy qui de voye de fait avoit empeché les Notaires & témoins mandez de se presenter au testateur. Il fut aussi jugé que sa faute ne devoit nuire aux autres heritiers instituez suivant le texte exprés de la loy 2. §. 1. ff. *si quis aliquem testari prohibuerit*. On ne crut pas aussi que la portion de l'indigne fût accruë aux autres, n'y ayant aucunes paroles de conjonction, & parce que sa portion n'étoit tombée en vacance pour accroître, comme il est requis. Mais par Arrêt du mois d'Avril 1570. la portion de l'indigne fut confisquée au profit du Roy, distraits 100. écus qui furent ajugés aux demandeurs, se disans heritiers *ab intestat*, pour en avoir fait la découverte & dénonciation; & les autres heritiers testamentaires maintenus en leurs portions. *Voyez Mainard, liv. 8. chap. 74.*

25. Veuve se mariant dans l'an du deüil, est indigne de succeder à son mary, quoiqu'il l'ait faite heritiere par testament, & qu'il luy ait permis de se marier, telle permission s'étend *extra annum luctûs*.

Fils ne vengeant la mort de son pere est aussi indigne de succeder. Jugé le 24. Juillet 1573. contre quatre villageois qui avoient été sommez de se rendre parties par le Procureur fiscal. *Papon, liv. 21. tit. 4. n. 2.*

26. En fait d'indigne *non suâ culpâ*, le fisc ne succede; mais les plus proches de cet indigne. Arrêt du Parlement de Grenoble du 22. Novembre 1575. *Basset, tome 1. liv. 5. tit. 15.*

27. Les enfans privez de la succession de l'ayeul à cause du meurtre de leur pere, ne sont exclus des biens avenus à leur tante par cette succession. Arrêt du Parlement de Bretagne de la prononciation solemnelle d'Avril 1584. *Charondas, liv. 7. Rép. 68.*

28. Si le veuve aprés l'an du deüil *committit stuprum*, sous promesse de mariage, qui depuis s'est accompli, elle n'est indigne de la succession de ses enfans decedez en pupillarité: il en est de même, si ayant administré la tutelle de ses enfans, elle se remarie en minorité aprés les avoir fait pourvoir de tuteur. Arrêt du mois de Decembre 1587. *Bibliotheque de Bouchel*, verbo *Mariage*.

29. Le meurtrier est indigne de la succession de celuy qu'il a tué, & ses enfans en sont pareillement exclus; celuy qui ne poursuit point la vengeance de la mort, est indigne, à moins que d'être pauvre; celuy qui n'avertit point en ayant connoissance, est indigne; mais si la succession avoit passé à une autre personne, les enfans exclus peuvent venir à la succession de cette tierce personne. Arrêt du 7. Août 1604. *M. Loüet, lettre S. sommaire 20. Du Frêne, livre 2. chapitre 80.* où il dit que l'indignité ne défere pas la succession au fisc, mais au plus proche parent. *Voyez M. Loüet lettre H. Sommaire S. & Pontanus, Coûtume de Blois, article 9. verbo, Quarta pœna est &c.*

30. Jacques Bellet malade de la peste est sollicité par son pere seul, il revient en sa santé. Le pere en est bien-tôt attaqué & prie son fils de ne le point abandonner; le fils s'excuse, & dit qu'il a fait un vœu pour sa guerison, & qu'il ne peut en differer l'accomplissement. Le pere fait un testament, & declare son fils indigne de sa succession, & ajoûte cette clause, *si tant est que ce soit ma derniere volonté*, promettant la declarer plus amplement. Arrêt du Parlement de Roüen du 10. Decembre 1610. qui declare son exheredation juste. L'Avocat du frere demandeur, appliqua ce beau mot d'Isidore, *quod incauté vovisti, ne facias, impia est promissio qua scelere adimpletur*. *Voyez la Coûtume de Normandie par Godefroy art. 244.*

31. Femme adultere qui a donné lieu à l'assassinat de son pere, & se trouve complice de celuy de son mary, ne confisque les biens du pere dont elle a été privée par indignité; la reparation civile n'y doit être prise; mais l'heritier du défunt qui n'a poursuivi la vengeance de l'homicide doit rembourser les frais du procez à la partie civile. Jugé au Parlement de Paris le 4. Decembre 1618. *Bardet, tome 1. livre 1 chapitre 99.*

32. Veuve n'est privée de ses conventions matrimoniales, ny les enfans indignes de la succession pour n'avoir poursuivi la mort de leur mary & pere assassiné à cause de leur pauvreté. Arrêt du 30. Juillet 1630. qui ordonna en outre que les Officiers de Janville se presenteroient à la Cour au mois, pour répondre aux conclusions de M. le Procureur General, & jusqu'à ce interdits de l'exercice de leurs charges, parce que sous prétexte de reclamer au profit du fisc une succession qui auroit appartenu aux heritiers plus proches, ils auroient eû dessein de la consommer par leurs procedures. *V. Bardet, tome 1. livre 3. chapitre 17. & Du Frêne, livre 2. chapitre 80.*

33. Celuy qui neglige de poursuivre en Justice la vengeance de la mort de celuy duquel il est heritier, est indigne de sa succession, suivant la Loi *haeredem. ff. de his quibus ut indig.*

34. Par Arrêt du Parlement de Roüen du 8. Avril 1631. il a été jugé que l'heritier aux meubles n'est pas seul chargé des frais pour poursuivre la vengeance de la mort du défunt, & que les heritiers aux immeubles y doivent aussi contribuer, étant obligés également à cette poursuite, autrement ils se rendroient indignes de la succession. *Basnage, sur l'art. 235. de la Coûtume de Normandie.*

35. Si une femme qui a un fils, ayant malversé pendant l'an du Deüil, ce fils venant à mourir, empêche par son indignité son pere de succeder à son petit-fils? Cette question se presenta au Parlement de Toulouse le 2. Août 1639. & fut partagée. *Voyez Albert*, verbo, *Indignité*, article 2. où il dit, il semble que l'ayeul étoit bien fondé, le droit civil preferant l'ayeul maternel aux oncles.

36. Quoyque l'heritier qui ne venge pas la mort du défunt soit privé de sa succession, *l. eos qui & seq. ff. de his qua ut indignis auser. & l. si sequens 15. ff. ad Senat. Silian.* neanmoins une sœur pour n'avoir pas poursuivi sa sœur meurtriere de leur tante, ne fut pas privée de l'heredité de cette tante. Arrêt en la Tournelle de Toulouse du 7. Decembre 1639. parce que ce seroit acheter trop cher une hereditaté que de l'acheter avec son propre sang, & que c'est un crime d'accuser son frere, *l. si magnum. 13. Cod. de his qui accus. pos. Voyez Papon, livre 12. des Successions, Peleus, act. foren. liv. 7. act. 4. & Albert*, verbo, *Indignité, art. 1.*

37. Le 2. Juillet 1640: jugé au Parlement de Paris que le fils qui s'étoit matié contre la volonté de sa mere à une personne infame, s'étoit rendu indigne de la nomination qu'elle avoit faite de sa personne pour heritier de son pere, suivant le pouvoir que le pere luy en avoit donné, en consequence que cette nomination avoit pû être révoquée: ce qui étoit susceptible de difficulté, d'autant que la donation ne procedoit pas principalement de la mere qui avoit été méprisée, & à laquelle l'injure avoit été faite. Les parties entre lesquelles l'Arrêt a été rendu, étoient M. Jean Vial le jeune, Notaire Royal à Chambon, appellant d'une part, & M. Florimond Vial aussi Notaire, intimé, & Françoise Renault leur mere, intervenante d'autre. *V. Ricard, des donations entre-vifs, partie 3. chapitre 6. sect. 2. n. 703.*

38. Le 18. Janvier 1652. il a été jugé au Parlement de Paris que le crime commis par un pere & des freres conjointement, ne peut pas rejallir sur le fils aîné de la maison, pour l'empêcher par indignité de recüeillir une succession qui luy est déferée en vertu de la Coûtume
par

par le décès de la personne homicidée par lesdites pere & freres. Soëfve, tome 1. Cent. 3. chap. 89.

39 Quant à l'indignité, par laquelle celuy qui étoit habile à succeder est privé de la succession, ou par le crime qu'il a commis contre le défunt, ou parce qu'il n'a pas poursuivi la vengeance de sa mort ; cette indignité étend quelquefois son effet, sur les enfans de l'indigne, comme dans les crimes de Leze-Majesté ; ou quand ces enfans ne sont heritiers qu'en consequence de crimes commis par le pere ; ce cas arrive quand le défunt a été tué pour l'empêcher de se marier, car il ne seroit pas juste que les enfans profitassent du crime de leur pere. Jugé au Parlement de Roüen le 13. Janvier 1661. Pesnelle, sur la Coûtume de Normandie art. 235.

40 L'homme marié entretenant une fille, ne luy peut rien laisser comme indigne, par testament ou donation, & le fait en est recevable par témoins. Loüet, lett. D. Som. 43. vid. du Frêne, lib. 2. chap. 43. vid. l. 41. §. 1. ff. de Testam. milit. M. Abraham la Peirere, en ses décisions du Palais, cite un Arrêt rendu en 1665. en l'Audience de la Grand'Chambre du Parlement de Bourdeaux Présidant Monsieur le Premier. M. Arpensec Prêtre & Curé de certaine Paroisse, ayant trouvé la maison Presbyterale rüinée & inhabitable, prit son logement chez une sienne parroissienne, femme mariée, où il demeura plusieurs années ; & faisant son Testament, il institua cette parroissienne son heritiere universelle, & fit quelque petit legat à deux siennes nièces. Un sien neveu, nommé Arpensec, impugne ce Testament de nullité, sur le concubinage d'entre son oncle & ladite Parroissienne, lequel il offre verifier, & même qu'il en étoit né une fille. Le Sénéchal reçoit le fait ; dont appel en la Cour par la Parroissienne : & en l'Instance d'appel intervient le mary, qui oppose fin de non recevoir. Le neveu oppose à cette intervention, la propre connivence du mary à l'adultere, & offroit le verifier. La Cour réjetta tous ces faits, & infirma la Sentence du Sénéchal, confirma ledit Testament. Nota, ajoûte La Peirere, que je n'ay jamais vû en usage l'action Lenocinii de la Loy Romaine contre le mary.

41 Quoyque le meurtrier & ses enfans soient indignes de succeder à celuy qu'il a tué, comme dit Carondas, liv. 2. Rép. 80. neanmoins le 15. Juillet 1669. au Parlement de Toulouse, un pere remarié, impetrant Lettres de grace, pour avoir tué son fils d'un coup de bâton qu'il luy jetta, pour quelque manque de respect envers luy, fut maintenu, ses Lettres étant entherinées, aux biens de ce fils. Albert, verbo, Indignité, article I.

42 Si une mere heritiere de son fils, lequel a été tué par le propre frere de ladite heritiere, est indigne de l'heritage ne vengeant pas la mort de son fils ? Arrêt du Parlement de Provence du 28. Janvier 1684. qui declara qu'il n'y avoit point d'indignité en la mere heritiere, & débouta les freres consanguins de leur Requête. Boniface, tome 5. liv. 1. tit. 22. chap. 1. La question y est amplement traitée, les Loix Romaines, & plusieurs Arrêts y sont rapportez avec leurs circonstances.

INDIVIDU.

Summa eorum quæ in materiâ individui expedit cognoscere ad usum forensem. Voyez Valla, de rebus dubiis, &c. tract. 19.

En hypoteque, quoyque individuë, le mineur ne releve point le majeur. Arrêt du Parlement de Paris du 23. Mars 1660. Journal des Audiences, tome 2. livre 3. chapitre 16.

Possessio partis instar est totius in individuis, Mornac, l. 2. ff. quemadmodum servitutes amittantur.

INDULGENCES.

DE Indulgentiis. Per Fely. Sandeum, in fi. suæ Lect.
Per Ant. Rosellum.
Tome II.

Per Ludo. Bologninum.
Per Joan Franc. de Pavinis. in suis Glossis ad Extravagant. Clementis VI. incip. Unigeniti Dei.
Per Fratrem Ansel. Bochturnium.
Per Fratrem Stephanum de Notis ; & per Hyeron. Zannetinum.
Christophori Maralli, lib. 2. sectiones 2. contrà Lutherum.
Cumerus, Tract. 8. de Indulgentiis.
Felinus, de Indulgentiâ plenariâ.
Joan. Gerson, tome 2. de Indulgentiis.
Joannes Paltsz, Califodina & supplementum Califodina.
Joannis Briard, Quodlibetum.
Gaspar Scoppius, de Indulgentiis.
Ludovicus de Bologninis, de Indulgentiis.
Joannes Latonus.
Michaël Medina.
Joannes Pfefferus.
Renatus Benedictus.
Raphaël Venostus.
Robertus Bellarminus, de Indulgentiis.
Sylvester in summâ.
Thomas, Supplementi, quæst. 15. & seq.
Thomas Vius Cajetanus, tome 1. in Opusculis, 8. 10. 15. & 16.
Joannis Tetzelii, positiones pro Indulgentiis.
Isidori Isolani, disputatio quarta, de dispositione dantis & recipientis Indulgentias, quinta de modo remissionis factâ per Indulgentias.
Zechius, de Indulgentiis & Jubilæo, in octavo, Colon. 1601.
De Indulgentiis. Voyez Rebuffe, 3. part. praxis Benef. dans ses Addit. sur la 60. regle de Chancellerie.

1 Jubilé & Indulgences nouvelles pour tirer argent pour la réparation des Eglises, ne se peuvent publier sans permission de la Cour, & l'argent dispensé par ordre de ladite Cour. Arrêt du Parlement de Paris du 16. Septembre 1514. Preuves des Libertez, tome. 2. chapitre 15. nombre 2.

2 Les Religieux de l'Hôpital du Mont Saint Bernard, de Mont-Jo, presenterent Requête au Parlement de Paris, pour faire publier dans le ressort les Indulgences. La Cour, attendu que la matiere est pure Ecclesiastique, ce sont les termes de l'Arrêt du 3. Mars 1550. ordonne qu'ils se pourvoiront pardevant les Diocesains, ausquels elle enjoint de leur administrer Justice, ainsi qu'il appartient, sans exiger aucun salaire par leurs Officiers. Corbin, suite de Patronage, chap. 150.

3 Défenses aux porteurs des Pardons & Indulgences d'en porter qu'elles n'ayent été vûës & verifiées par les Evêques, commandé aux Juges d'informer contre eux des abus & malversations. Arrêt du Parlement de Bretagne du 27. Mars 1554. Du Fail, livre. 2. chapitre 19.

4 Sur la Requête presentée par Jacques Marin, Prévôt de l'Hôpital de Saint Yves de Rennes, défenses à toutes personnes, sur peine, quant aux Laïcs, de punition corporelle, & aux gens d'Eglise, d'amende arbitraire, de publier ni porter pardons, asseoir troncs, sans congé de la Cour ; & aux Evêques, & leurs Vicaires, sur peine de leur temporel, permettre telles publications, sans avoir permission de la Cour. Arrêt du P. de Bretagne du 24. Octobre 1554. Ibid. chap. 37.

5 Commandement à l'Evêque de Vannes de faire publier les Pardons des Quinze-vingts de Paris, & sur refus, commission d'ajourner. Arrêt du Parlement de Bretagne du 17. May 1569. Le 11. du même mois, pareil Arrêt pour l'Hôtel-Dieu de Paris. Du Fail, livre 3. chapitre 228.

6 Declaration portant injonction à tous les Archevêques, Evêques, Abbez, Prieurs, Doyens, Chanoines, Chapitres, Curez, Vicaires, & autres Ecclesiastiques du Royaume, de faire publier les Indulgences accordées par nos Saints Peres les Papes, aux bienfaicteurs

Hhh

de l'Hôtel-Dieu. A Saumur le 12. Février 1652. regiſ-
trée le 16. Mars de la même année. 3. vol. des Ord. de
Louis XIV. fol. 562.
Voyez le mot, Jubilé.

7   Les Devotions, Assemblées & Processions des Catholiques au temps des Indulgences, ne peuvent être troublées par les Religionnaires Prétendus Réformez, sous prétexte de police ou autrement. Voyez les déciſ. Catholiques de Filleau, déciſ. 12.

8   Il n'est permis aux Religionnaires de faire imprimer des Libelles diffamatoires contre les Jubilez & Indulgences, & Mysteres de l'Egliſe. Voyez ibidem, deciſion 117.

Voyez le mot, Bulles, nombre 26. où il est marqué que les Bulles de Pardons & Indulgences, ne doivent être publiées ſans la permiſſion du Roy & des Parlemens.

INDULT.

Voyez hoc verbo, la Bibliotheque de Jovet. Tournet, lettre I. Arr. 14. & ſuiv. La Bibliotheque Canonique, au titre des Mandats. Les Définit. Can. à la table verbo, Indults. Le petit Recuëil de M. Borjon, tome 4. page 17. & ſuiv. Les Memoires du Clergé, tome 2. part. 2. tit. 9. Les Notes de M. Pinſon, en ſon Traité du droit des Regales, 2. vol. in quarto. Il y a du même Auteur 2. volumes in douze, qui contiennent les differents Indults accordez au Roy par les Papes Alexandre VII. & Clement IX. Voir auſſi le petit Traité de l'Indult, par M. Renaudin, Procureur General du Grand Conſeil. Comme ce Traité fait avant la Bulle d'ampliation de Clement IX. il y a pluſieurs choses auſquelles la Bulle a derogé. Voyez auſſi le Livre de M. Ranchin, Avocat à Montpellier, intitulé la reviſion du Concile, liv. 7 chap. 8. des Indults ; il y en a un extrait dans le petit Recuëil de M. Pinſon, tome 1. p. 216. Recourir pareillement au Traité fait par M. Cochet, de Saint Valier, Préſident en la ſeconde Chambre des Requêtes du Palais à Paris, dont l'extrait est cy-après, nombre 5.

9   L'on distingue trois ſortes d'Indult, celuy accordé aux Officiers du Parlement ; celuy accordé à quelques Prélats & Abbez, fils de Miniſtres, pour n'être ſujets aux préventions de Cour de Rome, & pour avoir le droit de conferer de Regle en Commande ; & l'Indult accordé aux Cardinaux, autrement le droit reſultant de la Bulle du Compact.

INDULT DU PARLEMENT.

2   Indult, est une grace expectative accordée par le Pape à Monſieur le Chancelier, & à Meſſieurs les Préſidens, Conseillers, & autres Officiers du Parlement de Paris, pour être, ou un Clerc par eux nommé ſur la nomination du Roy, pourvûs par les Collateurs du Royaume, du premier Benefice vacant par mort.

3   De l'Indult octroyé par nôtre Saint Pere le Pape, en faveur du Chancelier de France, Préſidens, Conſeillers, & autres Officiers de la Cour de P. de Paris, par le Pape Paul III. le 19. Juin 1538. à François I. Voyez le Recuëil des Ord. par Fontanon, tome 4. tit. 16. page 487. Joly, des Offices de France, tome 1. liv. 1. tit. 19. page 207. & aux Additions, p. CLXXIII. & ſuiv. & les Memoires du Clergé, tome 1. part. 1. page 346. & ſuiv. & tome 2. page 279. juſqu'au 796. A la page 248. du même tome 2. il est observé que le Clergé a permis que l'on inſerât dans les Recuëils de ſes affaires, les Actes touchant l'Indult de Meſſieurs du Parlement, pour ſervir d'inſtruction ſeulement, & ſans approbation.

4   L'Indult comprend auſſi les autres Officiers du Parlement de Paris ; ſçavoir les Greffiers en Chef, les quatre Secretaires de la Cour, & le premier Huiſſier. Depuis quelques années les Procureur & Avocat du Roy des Requêtes de l'Hôtel ont prétendu qu'ils devoient joüir de ce beau Privilege ; mais comme la question n'en a point encore été portée dans le Public,

il faut attendre qu'elle paroiſſe pour voir de quelle maniere le Grand Conseil (qui connoît des Indults, privativement à tous autres Juges) la décidera. Definit. Canon. page 406.

Voicy l'œconomie & le précis de l'ouvrage de M. le Préſident de Saint Valier.

5   Dans le premier Chapitre est marqué l'ancienneté de ce droit accordé au P. de Paris ; car ce Chapitre est un abregé des differents Indults paſſagers ou perpetuels donnez depuis le regne de S. Loüis juſqu'à preſent.

Dans le Chapitre 2. ſont expliquées les diſpoſitions de l'Indult perpetuel, dont le Parlement joüit à preſent. Sa naiſſance ſous Charles VII. & ſes ampliations ſous François I. & ſous Loüis XIV. L'Auteur s'attache à prouver la verité des conceſſions du Pape Eugene IV. parce qu'elles ſont proprement le titre primitif de l'Indult, & qu'elles ſervent de fondement aux conceſſions de Paul III. & de Clement IX.

Le 3. Chapitre eſt diviſé en deux paragraphes. Dans le premier ſont tracez les principaux caracteres de l'Indult ; ſa difference des expectatives odieuſes, rejettées en France, & ſa préeminence ſur les expectatives du joyeux avenement, du ſerment de fidelité, même ſur le droit des Graduez. Le Roy, ni les Patrons Laïcs, n'y ſont ſujets. C'eſt un droit ſpirituel hors du commerce, qui peut ſe cumuler avec d'autres. Le ſecond paragraphe eſt deſtiné à l'examen de la queſtion, ſi le Pape & ſon Legat peuvent prévenir les Indultaires.

Quatre paragraphes compoſent le quatriéme Chapitre. Le 1. paragraphe enſeigne quels Officiers ont droit d'Indult, quelles qualitez ſont neceſſaires pour l'avoir. Le 2. paragraphe traite du temps de la preſentation des Indultaires, & de la nomination de l'Indult par ſubrogation. Le 3. paragraphe parle des Préſentez, tenant l'Indult ; de l'âge & qualitez neceſſaires pour le tenir ; du droit que le Clerc tenant l'Indult, a de repreſenter l'Officier Indultaire ; on luy montre qu'il n'a pas celuy de ſe démettre au profit d'un autre Clerc.

La forme de la preſentation eſt marquée dans le 4. paragraphe, & l'on y voit à qui elle doit être faite, & à qui appartient le choix du Collateur.

Le 5. Chapitre concerne ce qui regarde la nomination du Roy, ſa forme, ſes conditions, ſon étenduë, ſes effets. Dans quel temps elle peut être faite, ce qui y donne ouverture, à qui elle doit être adreſſée ; ſur quels Collateurs le Roy a droit de nommer, & ſi ſon droit peut s'étendre aux Collateurs étrangers ? ſi le Lay peut varier ſa preſentation, & comment ?

Dans le 6. Chapitre eſt traitée l'exemption des Cardinaux, & ſi leur Indult ou leur Dignité les affranchit de l'Indult du Parlement ?

Le 7. Chapitre contient les preuves de l'aſſujettiſſement perpetuel de la Bretagne à l'Indult du Parlement.

Le 8. Chapitre concerne la ſignification de l'Indult, ſon inſinuation & enregiſtrement ; la requiſition des Indultaires, & la repletion qui peut leur être oppoſée.

Dans le Chapitre 9. on traite des proviſions d'Indult données par les Collateurs ordinaires, ou leur refus par les Executeurs de l'Indult ; il y eſt parlé de la Proviſion d'Indult en Commande, & de celle qu'il faut obtenir en Cour de Rome ; & l'on y traite la queſtion de ſçavoir ſi les Benefices vacans par la mort des Religieux, ſont ſujets à l'Indult, & en cas de contestation, à quels Juges on doit recourir.

Le dernier Chapitre comprend les principales pieces de l'Indult, telles que ſont les Conceſſions d'Eugene IV. faites au Parlement de Paris, ſéant à Poitiers, & depuis ſéant à Paris, ſous Charles VII. afin de détromper ceux qui prevenus par l'opinion de M. Charlet Du Moulin, ont des ſentimens touchant l'Indult d'Eugene, tres-contraires à la verité. On y trouve auſſi la Declaration donnée en 1543. par François I. en faveur des Indultaires contre les Cardinaux & les Graduez. La Declaration d'Henri II. en 1558. touchant les Chapitres, Corps & Communautez, dont les Chefs sont électifs & triennaux. L'Arrêté de la Cour de 1643. sur le choix des Collateurs: enfin, il y a des modelles des principaux Actes qui servent à l'execution de l'Indult. De l'Indult du P. de Paris. *V. M. Charles Du Moulin, sur la Regle de Infirmis, nombre 224. & suiv.* où il parle de l'origine de l'Indult. Il observe que le Chancelier, les Présidens, Conseillers, les Officiers de la Cour de Parlement, ne vouloient point se servir de l'Indult d'Eugene IV. même les Archevêques, les Evêques, & les autres Collateurs ordinaires, n'y eussent jamais donné les mains, parce qu'ils observent les Decrets & les Statuts faits par le Concile de Bâle, desquels la Pragmatique Sanction est composée. La raison de ce refus étoit que dans le Concile de Bâle le Pape Eugene IV. y ayant été appellé & cité par les voyes Canoniques & legitimes, & n'y ayant point comparu; il fut deposé & degradé du Pontificat Souverain, & étoit décedé dans l'excommunication & l'anathême, que le Concile de Bâle avoit fulminé contre luy; c'est la veritable raison qui les empêcha d'accepter & de se servir de la grace qu'il leur avoit accordée; d'autant qu'elle détruiroit la constitution introduite par le Concile de Bâle, & reçuë par l'Eglise Gallicane assemblée à Bourges en l'année 1438. par laquelle on avoit ôté toutes les reserves; elle étoit aussi contraire aux Loix des Collations approuvées par le Concile de Bâle, & acceptées par l'Eglise Gallicane, & par la même Congregation de Bourges. Ce qui a donné cours à ces Indults, ce fut la Conference qui se tint en l'année 1538. au mois de Juin, entre François I. Roy de France, & Charles-Quint Empereur, dans les fauxbourgs de la ville de Nice; en la presence de Paul III. lequel se trouvoit-là comme leur Conciliateur; parce que ce Pape ayant été prié par le Roy d'accorder l'Indult à la Cour de Parlement, lequel étoit demeuré dans l'oubly pendant un long-temps; Paul III. n'accorda pas au Parlement ce droit comme un droit nouveau, mais comme ayant été accordé long-temps auparavant par le Pape Eugene IV. son predecesseur, & cela dans le dessein, & afin que par ce moyen il effaçat, & couvrit la memoire des Conciles de Bâle & de Constance, qui ne luy plaisoient pas; parce qu'on avoit fait dans ce Concile plusieurs Decrets & Constitutions, lesquels mettoient la puissance & l'autorité du Concile au dessus de celle du Pape.

Le Pape Paul III. restreignit encore cet Indult; car comme c'étoit l'usage & la pratique ancienne, que les Indults de la Cour étoient preferez aux Mandataires, il ordonna que les Indults seroient inferieurs aux Mandats. Il ajoûta pourtant que les Conseillers & les autres Officiers de la Cour de Parlement, ne seroient pas obligez, en vertu de leurs Indults, d'accepter des Benefices, qui auroient moins que 200. liv. tournois de revenu.

C'est une maxime certaine que les Indults de la Cour de Parlement sont preferables aux Indults des Cardinaux, pour plusieurs raisons. En premier lieu, les Indults des Officiers du Parlement sont preferez aux Nominations des Graduez, & au droit des Universitez: or les Indults des Cardinaux sont soûmis & inferieurs aux Nominations des Graduez, & par consequent ils se doivent être aux Indults de la Cour, par cette grande regle, *si vinco vincentem te, à fortiori te vinco*. En second lieu, les Indults n'ont pas été accordez aux Cardinaux comme Cardinaux, mais en tant que Collateurs ordinaires; & afin que les Cardinaux confessassent les Benefices qui dépendoient d'eux librement & sans crainte d'être prévenus, mais par une autorité & une puissance ordinaire, & non pas de l'autorité du Pape; mais l'Indult de la Cour de Parlement est fondé & appuyé sur l'autorité du Pape. En troisiéme lieu, les Indults accordez aux Cardinaux, ne peuvent avoir d'autre effet, ni d'autre pouvoir, sinon qu'ils les rendent exempts des préventions du Pape & du Legat; mais ils ne les peuvent pas exempter & délivrer des charges qu'ils sont obligez de subir comme Ordinaires, & que les autres Ordinaires doivent supporter; or les Indults sont des charges sur les Ordinaires. *Voyez Du Moulin, sur la regle de Infirmis, n. 229.*

Les Présidens, Conseillers, Greffiers Civil & Criminel, & des Présentations, les quatre Notaires & Secretaires de la Cour, joüissent de l'Indult. Le premier Rôle de cette nomination fut fait le 1. Septembre 1403. *Papon, liv. 2. tit. 6. n. 1.*

Par Arrêt du 16. Avril 1498. les Conseillers des Requêtes du Palais, comme étant du Corps du Parlement, furent declarez être du Rôle de ceux nommez pour joüir de l'Indult, & aprés tous les Conseillers, bien qu'ils soient hors de leurs Offices, *ex honestâ tamen causâ*, ne laissent d'en être; mais aprés tous, tant Greffiers que Notaires; ainsi qu'il fut jugé le 15. Juin 1433. *Ibidem.*

Le premier Huissier joüit pareillement de l'Indult. Les Receveurs & Payeurs des Gages de la Cour, en ont aussi le droit, à cause des Lettres Patentes qu'ils ont obtenuës le 6. Octobre 1677. & de l'Arrêt du Grand Conseil du 30. Mars 1701. *V. le Traité de l'Indult de M. de Saint Valier, chap. 4. §. 1.*

A quoy les Indultaires sont obligez pour joüir de l'Indult de Messieurs du Parlement? *V. les Mem. du Clergé, tome 2. part. 2. page 284. & suiv.*

Declaration sur une Bulle du Pape, touchant les Benefices des Présidens, Conseillers, & autres Officiers du Parlement, par laquelle ceux qui sont nommez par le Roy, en vertu de l'Indult, sont preferez aux Graduez simples, & Graduez des Universitez. Les Cardinaux qui ont des Prélatures, & autres Benefices, sont sujets aux Indults & Nominations du Roy; & ceux qui sont nommez par le Roy, ne sont point obligez de montrer & justifier la Concession, & Indult fait par le Pape Eugene IV. A Paris le 18. Janvier 1541. registrée au Grand Conseil, le dernier du même mois. *Joly, tome 1. page 230.*

Arrêt du Conseil d'Etat du 9. Decembre 1606. servant de Reglement pour les Indults, par lequel sa Majesté ordonne que les Présidens, Maîtres des Requêtes, Conseillers du Parlement, & autres qui ont droit de Nomination, ayant mis aucuns en leurs lieux, en vertu des Lettres d'elle obtenuës, ne pourront, aprés la signification des Lettres, faire aux Patrons & Collateurs, changer leur nomination; mais seront leurs Nommez tenus attendre la vacance par mort du premier Benefice, de la qualité portée par l'Indult.

Seront tenus les Indultaires faire leur requisition des Benefices vacans aux Patrons & Collateurs ordinaires dans les 6. mois, du jour de la vacance des Benefices, aprés lesquels ne seront recevables à faire la requisition.

Ne pourront les Indultaires, ni ceux au lieu desquels ils seront nommez, composer, accorder, ni transiger pour les Indults: & au cas qu'ils accordent ou composent, tel accord leur tiendra lieu de repletion.

Ceux qui seront nommez au lieu des Présidens, Maîtres des Requêtes, Conseillers, & autres, qui ont droit de Nomination, seront tenus faire insinuer leurs Lettres de Nomination au Greffe des Insinuations Ecclesiastiques du Diocese, où est situé le Benefice, sur lequel on s'est nommé, pour être examiné, & rapporter certificat de leur capacité.

Les indultaires ayant en vertu de leur Indult obtenu provisions des Dignitez, Prébendes ou Cures, seront tenus de resider, sans se pouvoir dispenser de la residence, en vertu des Indults.

Les Lettres de Nomination seront enregistrées au Greffe du Parlement, pour y avoir recours quand besoin sera. *Fontanon, tome 4. page 1039. & la Biblioth. Canonique, tome 1. page 727.*

Pour nommer en vertu de l'Indult, il faut être actuellement Titulaire; un Veteran n'auroit pas le droit.

Voyez Franc. Pinson, au titre *de Canonicis institutionum conditionibus,* §. 4. *n.* 19. où il dit , *& hoc pluribus Prætorianorum judicum, sive magni Consilii Patrum Decretis & præjudiciis confirmatum esse refertur.*

13 *Voyez* la Bulle du Pape Clement IX. accordée le 17. des Kalendes d'Avril 1667. enregistrée au Grand Conseil le 16. May 1668. Cette Bulle ampliative contient trois extentions ; la premiere, que les Indultaires ne seront tenus d'accepter les Cures. La seconde, qu'ils ne seront tenus d'accepter Benefices de moindre valeur de 600. liv. La troisiéme, que les Collateurs ordinaires, & les Executeurs de l'Indult, pourront conferer de Commande en Commande , les Benefices Reguliers aux Indultaires Seculiers.

INDULT , ABBAYE DE STE. GENEVIÉVE.

14 Quoyque l'Abbaye de Sainte Geneviéve soit réduite en Congregation Réformée, avec faculté d'élire un Abbé, de trois ans en trois ans , neanmoins elle est sujette à l'Indult à chaque mutation de Roy ; cela fut ordonné par Arrêt du Grand Conseil du 14. Février 1650. comme le rapporte *M. Renaudin, dans son Traité de l'Indult , nombre* 66.

L'Abbé de Sainte Geneviéve a pretendu être Executeur de l'Indult. *Voyez le Traité de l'Indult*, par *M. le Président de S. Valier, tome* 2. *page* 348. *& suiv.*

INDULT , ABBEZ.

15 Les Indults donnez aux Cardinaux, sont ordinaires; ceux donnez aux autres, comme simples Evêques , ou Abbez, sont extraordinaires : ainsi à l'égard de ces derniers, le Pape admettant une résignation, peut déroger à la regle des 20. jours, comme il a été remarqué. *M. François Pinson* en rapporte un Arrêt du Parlement de Paris du 20. Juin 1651. entre Hilaire Moriceau, Prêtre, pourvû de la Cure de Roisé & de la Suze, son annexe par l'Evêque du Mans , sur la présentation de Messire Henry-Loüis Châteignier de la Rochepozay, Evêque de Poitiers , Abbé de la Coûture.

Voyez cy après le nombre 41.

INDULT , BRETAGNE.

16 Non seulement l'Indult du Parlement n'a point lieu en Bretagne dans les mois reservez au Pape ; il n'a pas même dans les quatre mois des Ordinaires : car si les Indultaires sont exclus, parce que le Saint Pere n'est pas censé avoir donné un Privilege contre soy-même, les Evêques & autres Ordinaires en sont encore plus exempts, puisque le Pape n'a pû grever leurs quatre mois , dans lesquels il n'a luy-même aucun pouvoir. *Voyez Hevin sur Frain, p.* 647.

Nota. On le pensoit ainsi en Bretagne; mais le droit du Roy sur cette Province, a été depuis déclaré & executé.

17 Si les Indults ont lieu en Bretagne? La raison de douter est que par compact le Pape a huit mois pour conferer ; les Ordinaires ont les quatre autres, pendant lesquels ils ne peuvent être prévenus par le Pape : en ce cas-là l'Indult ne peut pas s'appliquer aux Collations du Pape ; il ne donne point ce Privilege contre luy; d'ailleurs l'Ordinaire pour les quatre mois est exempt des graces expectatives. Cependant, quand on a dit que la Bretagne ne devoit recevoir les Indults,cela ne doit pas être consideré , d'autant que presentement elle est soûmise au Royaume, & en fait partie;& elle se doit en cela regir par les mêmes Loix ; de plus elle étoit unie & incorporée à la Couronne avant qu'on renouvellât les Indults de la Cour de Parlement, puisque l'union en a été faite le 18. Novembre 1532. & consequemment cet Indult y doit avoir aussi lieu. *Voyez Du Moulin,* sur la regle *de Infirmis, nombre* 232. *& suivans.* & la Biblioth. Canon. tome 1. page 732.

18 Entre Maître Jacques Gohory & Maître Pierre de Mouliere ; Gohory veut faire executer un Arrêt du Grand Conseil, pour un Benefice du Pays , demande *pareatis,* & presente Requête : sa partie l'empêche, disant que le Jugement des procés de Benefices,ne ressort hors ce Pays; que par l'érection du Parlement de Bretagne , toutes causes pendantes sont renvoyées en iceluy, même par Edit particulier , publié le Carême dernier, par lequel tous procés de Benefices sont renvoyez en ce Parlement , excepté ceux qui seroient en la pleine disposition & Collation des Cardinaux , à cause de leurs Evêchez & Abbayes, Il est vray que Gohory se pretend nommé par un des Conseillers du Parlement de Paris, lesquels ont leurs causes commises au Grand Conseil ; mais cela ne peut attribuer Jurisdiction, d'autant que par les Indults des Conseillers de Paris , les Benefices de Bretagne n'ont jamais été compris , soit par l'Indult de *Eugenius quartus,* soit par celuy de *Paulus tertius.* Quant au premier, la Bretagne n'étoit alors du Royaume ; & par l'union d'icelle, le Roy a déclaré n'entendre contrevenir aux franchises & libertez du Pays. La Cour ordonne que les parties se pourvoiront vers le Roy, ainsi que verront l'avoir à faire,& sera l'Arrêt rendu à Gohory. Arrêt du Parlement de Bretagne du 14. Octobre 1557.

Lettres du Roy du 16. Août 1567. pour la révocation des Indults & Rescripts du Pape, registrées au Parlement de Bretagne, pour y avoir tel égard que de raison, & sans prejudice des droits des Parties. *Du Fail, liv.* 3. *chap.* 231.

De l'Indult accordé au Roy par le Pape pour nommer aux Benefices de Bretagne. *Voyez* le mot, *Bretagne,* & la Biblioth. Canon. tome 1, p. 725.

De l'alternative és Indults accordez aux Evêques de la Province de Bretagne. *Voyez* le mot, *alternative, nombre* 12. *& suiv.*

INDULT DES CARDINAUX.

22 Indult des Cardinaux. *Voyez* le titre des *Cardinaux, nomb.* 4. *& 9. & le mot Compact.* La Bulle du Compact est du 29. Mars 1555. & a été suivie de Lettres Patentes, enregistrées au Grand Conseil, étant lors à Melun le 9. Juin 1556. Cette Bulle est rapportée dans le petit Recüeil de *Pinson*, tome 1. p. 234. *& suiv.*

M. Charles Du Moulin, de Infirmis, n. 263. *& suiv.* traite des Indults des Cardinaux.*Le* 2. *tome des preuves des Libertez, chap.* 24. *n.* 20. est pareillement à voir.

23 Regulierement les Benefices vacans en Cour de Rome sont dans la Collation du Pape seul pendant un mois ; mais ce mois expiré, les Cardinaux Indultaires ne peuvent être prévenus par le Pape ; soit que cette vacance arrive par mort, soit par résignation simple, quand une démission du premier mois en Cour de Rome sans être admise, *& ille mensis currit non solum ignorante Papa sed etiam vacante sede & indistinctè.* Du Moulin, §. 168. & 169. *de Infirmis.*

24 Le 18. Decembre 1553. le Roy donna des Lettres Patentes en faveur de tous les Cardinaux en general, lesquelles furent enregistrées au Parlement de Paris le 11. Janvier de la même année, avant Pâques ; par lesquelles il veut & entend que tous les Legats envoyez par le Pape & le Saint Siege, même ceux à *Latere*,ne puissent user & joüir de leurs facultez, & des Bulles de leur Legation, au desavantage & au préjudice des Indults qu'auront les Cardinaux. *Du Moulin,de Infirmis, nombre* 188.

25 Les Indults des Cardinaux ont beaucoup de privileges ; car ils sont exempts des six mois que le Pape se reservoit quelquefois , afin que tous les Benefices qui vacqueroient pendant ces six mois, fussent reservez à sa disposition ; ainsi qu'on le voit dans l'Extravagante *ad universalis, de pace & treuga,* qui est de Sixte IV. Ils sont encore exempts non seulement des huit mois, que le Pape pretend avoir dans la Bretagne ; en sorte que tous les Benefices vacans en six mois, sont à sa Collation ; maintenant il n'a que l'alternative ; mais aussi des quatre mois qui étoient laissez libres aux Ordinaires, sçavoir , Mars, Juin, Septembre & Decembre. *Du Moulin,* Ibidem, *n.* 201.

26 Les Indults des Cardinaux ne peuvent pas empêcher les Mandats reservez au Pape par le Concordat ; c'est-à-dire,que quand un Collateur a dix Benefices à sa col-

lation, le Pape le peut charger d'un Mandat seulement; & quand il en a 50. il le peut charger de deux. *Du Moulin, ibidem.*

27 Les Indults des Conseillers & autres Officiers, sont préferables aux Indults des Cardinaux, parce que les Indults de Messieurs les Conseillers l'emportent sur les nominations des Graduez; à plus forte raison ils doivent l'emporter sur les Indults des Cardinaux, sur lesquels les Graduez l'emportent. La grace faite par le Pape aux Cardinaux par le moyen des Indults, ne regarde que les Benefices qui sont à leur collation, & à leur disposition originairement & primitivement; c'est-à-dire, dont ils sont les premiers Collateurs ordinaires; car pour les Benefices, dont la Collation leur vient par droit de dévolution, qui est un droit extraordinaire, & qui ne procede que de la negligence ou de la malversation des Collateurs inferieurs, il est certain que les Cardinaux ne joüissent plus des avantages portez par leurs Indults : au contraire, le Pape les peut prévenir en ce rencontre, & même le Legat. A l'égard des Benefices dont la Provision leur appartient primitivement, ils n'ont les avantages portez par leurs Indults, que pendant les six mois qu'ils ont par le Concile de Latran, pour conferer & pourvoir à ces Benefices : car dés le moment que la dévolution en est faite, quand même ne seroit encore au profit d'un Cardinal Superieur, il est constant que l'Indult est éteint, & qu'il n'a plus de force à cet égard. *Du Moulin, ibid.*

28 Quand les Cours Souveraines dans les verifications qu'elles font des Indults des Cardinaux, les limitent, & ne veulent pas qu'ils détruisent les Mandats, que le Pape pourra accorder, suivant qu'il luy est permis par le Concordat, c'est pour deux raisons; la premiere, afin de conserver le Concordat, & pour ne pas souffrir qu'il reçoive aucune atteinte : la seconde, pour maintenir le droit des Universitez & des Graduez; d'autant que par le Concordat les Mandataires sont preferez aux Graduez, soit simples, soit nommez ; plûtôt les Mandataires seront remplis, plûtôt les Graduez le seront ; ainsi comme les Indults des Cardinaux eussent ôté beaucoup de vacances aux Mandataires, on a ordonné pour conserver la teneur du Concordat, que les Mandataires prévaudroient sur les Indults des Cardinaux. Où le Concordat n'est pas reçu, comme ces raisons n'y peuvent pas avoir lieu, cette modification n'y est pas reçuë; on en demeure à la disposition generale, aux privileges & aux immunitez des Indults des Cardinaux, qu'ils ne sont point sujets aux Mandataires. *Ibidem*, & la Paraphrase de M. *Perard Castel.*

29 M. *Charles Du Moulin*, sur la même regle de *Infirmis*, *n*. 212. examinant la question de sçavoir si la dérogation du Pape faite au préjudice de l'Indult d'un Cardinal, peut être valable, dit que considerant & examinant l'affaire avec attention, il a été mal jugé contre les Cardinaux de *Tournon*, & *Carpensis*, & que ces Cardinaux ne se sont pas bien défendus; parceque par les Indults que le Pape leur a donnez, il leur avoit laissé la disposition libre, & sans aucune crainte de prévention ny de reserve des Benefices étant à leur collation de quelque maniere qu'ils vacassent, exceptez seulement les Benefices qui seroient vaquans par les résignations admises par les Papes, desquelles il s'est reservé la Collation : consequemment il faut demeurer d'accord que ces Benefices venans à vaquer hors par le moyen de la regle des 20. jours, sont à la disposition & provision libre de l'Ordinaire seul, par le moyen des decrets irritans apposez dans l'Indult, non seulement contre le Pape & ses successeurs, mais contre quelques autres personnes que ce soient ; d'où il faut conclure, que le Pape ne peut déroger à la regle des 20. jours, au préjudice des Cardinaux ; ou bien il fait fraude à leur Indult, ou plûtôt, si l'on veut, il faut dire que la dérogation à la regle des 20. jours est absolument nulle & subreptice, si l'on ne fait une mention expresse & formelle que le Benefice est à la disposition

ou collation d'un Cardinal, & que dans les Provisions on n'exprime les principales clauses qui sont dans l'Indult accordé à ce Cardinal ; c'est l'opinion de *Panorme,* laquelle est conforme à la verité.

Voyez cy-aprés le nombre 69. & *suiv.*

30 Un Collateur ordinaire, Cardinal, ayant son Indult, non seulement ne peut être prévenu par le Pape ou par le Legat, à l'égard des Benefices qui sont à sa libre disposition; mais il ne le peut être pour ceux qui sont de la presentation d'un Patron Ecclesiastique, pendant les premiers six mois, la raison est que le Pape & le Legat ne peuvent pas prévenir le Patron Ecclesiastique, que par une raison plus forte ; ils ne préviennent aussi le Collateur ordinaire, lequel est fondé de droit primitif, naturel & ordinaire, à conferer tous les Benefices de son Diocese; & l'Ordinaire a tant de droit à la Collation de ces Benefices, que même le Benefice se trouvant un Benefice qui est à la presentation d'un Patron ; lequel est capable de presenter, & lequel n'est point suspens, & même qui presente; neanmoins l'Evêque a plus de droit à la Provision de ce Benefice, que le Patron même. La seconde raison est que l'Evêque & le Collateur ordinaire dans les Benefices dont ils n'ont pas l'institution, & dont la presentation appartient à un Patron Ecclesiastique, ont le pouvoir de prévenir le Pape, & le Legat, & de conferer dés le moment de la vacance; & leur Provision, quoyque donnée sans presentation, aura son effet tout entier, & deviendra incommutablement bonne, pourvû que le Patron ne confere point dans les six mois: ce droit appartient à l'Evêque, à cause de sa puissance & de sa Jurisdiction ordinaire. Or si l'Evêque ou le Collateur ordinaire est Cardinal, il ne pourra pas être prévenu, ni par le Pape, ni par le Legat; parce que c'est la grace que luy donne son Indult, par le moyen duquel il ne peut rien craindre de la part du Pape, mais seulement de la part du Patron : enfin quand une chose est douteuse, il faut la décider en faveur du droit commun, des Provisions données par les Ordinaires, & conformement aux immunitez & aux franchises de l'Eglise Gallicane : ainsi puisque l'Indult des Cardinaux n'a que ce but, & qu'il réduit les choses au droit commun, il doit être favorablement interpreté, & même étendu si l'en étoit besoin. *Du Moulin*, sur la regle *de Infirmis*, *n*. 213.

31 La grace accordée aux Cardinaux par les Indults ne s'étend pas à la collation des Benefices qui leur viennent *jure devoluto*, par droit de dévolution. *Ibidem, nombre* 216.

32 L'Indult n'est qu'un retour au droit commun, & ainsi ce n'est pas une grace ou un Privilege du Pape, puisque même au temps de la compilation des Decretales, ni le Pape ni le Legat n'avoient pas le droit de prévention, & le Pape n'avoit pas coûtume de déroger au Concile de Latran, ainsi qu'on le peut marquer par la disposition du chapitre second, *extr. de concess. præbend.* Puis donc que l'Indult est fondé & appuyé du droit commun, il est de sa nature favorable ; ces Indults doivent avoir lieu à l'égard de tous les Collateurs ordinaires, de quelque maniere que la collation leur appartienne, quand même leur collation seroit chargée de la servitude du droit de la presentation ; pourvû neanmoins que la collation ne leur en appartienne pas par le moyen d'une veritable dévolution. *Ibidem, nombre* 217.

33 Une Cure à la presentation de l'Abbé de l'Abbaye d'Endei, dont l'Abbé étoit Cardinal, vaque au mois de Juin; le Pape confere cette Cure & prévient le Collateur & le Patron. Aprés la Provision du Pape, un Mandataire auquel cette Cure appartient, la requiert au Grand Vicaire de ce Cardinal qui approuve la requisition comme bonne & valable, & ce Mandataire sans autre provision se fait pourvoir par l'Evêque de Châalons. On ne peut pas douter qu'en cette espece l'utilité du Cardinal ne fût toute entiere, que le Mandataire fût maintenu au Benefice, dont il avoit été pourvû, &

Hhh iij

que le Pourvû en Cour de Rome en fût débouté, d'autant que par ce moyen il s'acquittoit envers le Mandataire, & se déchargeoit de cette servitude, en luy donnant sa presentation, ou en consentant de quelque maniere ce soit, qu'il fût pourvû, ensorte qu'effectivement il devînt paisible possesseur du Benefice : car ce Mandataire a requis la Cure bien & deuëment au Vicaire general de ce Cardinal, duquel le consentement donné à cette presentation, & la connoissance qu'il en a eû, valent une presentation expresse, d'autant plus que cette presentation étoit dûe au Mandataire, & que le Cardinal ne s'en pouvoit pas dispenser, ce que le Collateur ordinaire avoit reconnu, luy ayant conferé la Cure en consequence de cette presentation tacite, & même le Grand Vicaire a donné son consentement à la provision de l'Evêque, puisqu'il est demeuré d'accord qu'il fît pourvoir de cette Cure ; ainsi le Mandataire n'étoit pas obligé d'avoir recours à l'Executeur, que le Pape luy avoit donné pour l'execution de son Mandat, & d'observer les formes prescrites par ce Mandat, & luy demander la provision de ce Benefice, attendu le refus, ou tout au moins la negligence & delai que le Patron faisoit de luy donner sa presentation ; cette formalité eût été ridicule, puisque le Grand Vicaire avoit donné les mains à cette requisition, & que ce consentement équipolloit à une veritable presentation. Il est si vray que ce consentement donné par le Patron à la Provision équipolle à une presentation, que dés le moment de ce consentement, l'Evêque peut conferer ce Benefice irrévocablement, sans attendre d'autre presentation du Patron, lequel n'a plus lieu de revenir contre cette Provision, & de dire qu'il n'a pas donné sa presentation ; car il ne seroit pas recevable à alleguer ce moyen aprés son consentement donné, même dans le reste de ses six mois. S'il est veritable que le Patron qui a sa presentation libre aprés avoir donné son consentement sans presentation, ne peut plus revenir contre la collation, à plus forte raison il n'y est pas recevable quand il n'a pas la presentation libre, & qu'avant qu'il ait donné sa presentation où son consentement, le Benefice est dû à un Mandataire ; il faut conclure qu'en ce cas son consentement doit passer pour une presentation veritable, d'autant plus qu'en ce rencontre c'est son avantage particulier. *Voyez Du Moulin*, sur la regle *de infirmis*, nomb. 218.

34 Declaration du Roy François Premier en faveur des Indults des Cardinaux pour en valider l'effet avant le temps de leur publication en Parlement, comme chose favorable & qui conserve la disposition ordinaire, & naturelle des Benefices, donnée à Lyon le dernier May 1536. verifiée au Parlement. *Preuves des Libertez*, tome 2. chap. 24 nomb. 26.

35 Arrêt du Conseil Privé du Roy du 13. Mars 1543. par lequel les Cardinaux sont sujets à la nomination du Roy en faveur des Officiers du Parlement & en effet dans le rôlle des nominations qui fut fait en execution de l'Indult accordé par le Pape Paul III. il y a 45. nominations faites à des Cardinaux sur les Benefices dont ils étoient pourvûs en France : ce rôlle est dans le petit recueïl de *Pinson*, tome 1. *pag. 176. & suivantes*.

36 Les Cardinaux ont obtenu une Declaration du Roy par laquelle ils ont été declarez exempts & affranchis des Indults du Parlement de Paris ; & cette Declaration, qui a été verifiée au Grand Conseil, est conforme au Bref ampliatif de l'Indult du Pape Clement IX. qui avoit declaré que dés le temps du Pape Paul III. cette question ayant été meuë par des personnes trop curieuses, il l'avoit décidée à l'avantage des Cardinaux. *Définit. Canon. pag. 507*.

37 Le 11. Janvier 1671. Arrêt rendu au Conseil d'Etat du Roy, sa Majesté y étant, qui a déchargé les Cardinaux de l'Indult de Messieurs du Parlement. l'Arrêt est rapporté dans le petit recueïl de *Pinson*, tome 1. *pag. 296*. il observe que l'Arrêt du Conseil d'Etat & les Lettres Patentes sont speciales & particulieres pour les Cardinaux y dénommez ; & en effet le 25. Avril de la même année 1672. M. le Cardinal de Bonzy Archevêque de Toulouse, Grand Aumônier de la Reine, obtint un Arrêt semblable, avec Lettres Patentes du 27. enregistrées au Grand Conseil le 15. Juin suivant.

Mr. le Cardinal de Coislin Evêque d'Orleans & premier Aumônier du Roy, a obtenu le 17. Octobre 1672. même Arrêt & Lettres Patentes enregistrées au Grand Conseil le 14. Novembre suivant. Toutes lesquelles pieces sont rapportées dans *Pinson, ibidem*.

38 Les Indults des Cardinaux sont sujets aux graduez & non point ceux de Messieurs du Parlement. Ils sont accordez aux premiers comme à des Ordinaires, afin qu'ils conferent seulement d'autorité ordinaire, & non Papale ; mais au contraire l'Indult de la Cour est appuyé & s'execute sur l'autorité Papale par les Executeurs nommez par le Pape. Ainsi, dit *M. Ch. Du Moulin*, l'Indult du Parl. est préferé à celuy des Cardinaux, ensorte qu'il a lieu au préjudice d'iceluy contre les Cardinaux Collateurs qui ne peuvent s'en dispenser ; enfin il s'en faut tenir à la Declaration de François Premier de l'an 1541. qui declare les Cardinaux Collateurs en France sujets aux Indults de Messieurs du Parlement, *Du Moulin, de infirmis, n. 224. & suiv*.

Neanmoins par Arrêt du Conseil d'Etat du 21. Janvier 1672. rendu sur la Requête des Cardinaux Ursini, d'Est, Grimaldi, de Retz, Mancini, & de Boüillon, il est ordonné au contraire.

Nota, qu'il n'y a dans cet Arrêt aucune dérogation à la Déclaration du Roy François Premier de l'an 1541. enregistrée au Parlement & au Grand Conseil. D'ailleurs c'est une maxime certaine qu'un simple Arrêt ne peut point déroger à une Declaration du Roy, il faut des Lettres Patentes, qui derogent expressément & qui soient verifiées dans les mêmes Cours que la Declaration. Cet Arrêt a été suivi de Lettres Patentes ; mais il n'y a pas non plus de dérogation expresse, elle n'est que generale & en tout cas, cette exception ne peut servir qu'aux seuls Cardinaux qui l'ont obtenuë du Roy, comme pure personnelle ; juisques-là même que par autre Arrêt du Conseil d'Etat du 17. Octobre 1671. le Roy declare qu'il n'a point entendu comprendre dans les Privileges de l'Indult des Cardinaux, celuy de M. le Chancelier tenu par M. l'Evêque d'Orleans, premier Aumônier du Roy. *Voyez M. François Pinson, traité des Indults*, tome 1.

INDULTS, CHAPITRE.

39 Sur la question de sçavoir quel temps on prendra pour limiter la vie d'un Chapitre, *Ne sapius quam per est in brevi temporis spatio indulti onere gravetur*. Les uns disoient qu'il falloit regler le temps à chaque mutation d'Evêque, ou de Roy, ou même de Pape. *Voyez la Bibliotheque Canon*. tome 1. p. 726.

40 Du temps du Roy François Premier, une personne obtint une Prébende en vertu de l'Indult de son Conseiller de la Cour de Parlement, sur laquelle il avoit eû la nomination de ce Roy. Aprés la mort de François Premier, Henry II. qui luy succeda nomma à ce même Chapitre de Tours, un autre Conseiller du Parlement de Paris pour joüir de son Indult, lequel aprés avoir insinué & fait signifier son Indult, s'en départit volontairement & renonça à sa nomination. Le Roy nomma un autre Indultaire sur ce Chapitre ; lequel fit son insinuation : Ensuite & en l'année 1558. une Prébende ayant vaqué, l'Indultaire nommé la requiert, elle luy fut refusée par le Chapitre, lequel la conferà à une tierce personne. Sur ce refus l'Indultaire eut recours à son executeur, la cause fut portée au Grand Conseil, où elle fut vivement & fortement défenduë de part & d'autre. La question étoit de sçavoir si un Chapitre pouvoit être chargé de deux Indults dans l'espace de vingt années ? *Absurdum esset*, dit *Du Moulin*, sur la regle *de infirmis*, nomb. 239. que les Corps & les Colleges Ecclesiastiques, lesquels ont d'ordinaire beaucoup plus de Benefices à leur collation, que les

autres Collateurs ordinaires ne puſſent être chargez que d'un Indult pendant cent années ; vû que tous les Ordinaires peuvent être chargez de ces Indults une fois en leur vie; & il arrive que comme les particuliers Collateurs quittent leurs Benefices non ſeulement par leur mort; mais auſſi par reſignation ou par privation, cela donne lieu à pluſieurs mutations, leſquelles font valoir ces Indults. Comme le Parlement & un Chapitre ne meurent point , ne faudroit-il pas , dit ce Docteur, limiter les Indults par la durée & la vie des Papes qui les accordent ? Ce dernier temperament avoit été ſuivi par un Edit & une Declaration du Roy Henry II. de l'année 1558. verifié au Grand Conſeil, ſans préjudice neanmoins des oppoſitions qui y avoient été formées, de la part de ceux qui avoient au Grand Conſeil des procés pendans & indecis touchant cette matiere. Il faut bien y apporter quelque temperament , autrement les Indults de la Cour demeûreroient inutiles à l'égard des Chapitres, des Colleges & des autres Corps Eccleſiaſtiques , qui auroient des Benefices à leur diſpoſition. *Du Moulin* n'ouvre pas davantage ſon ſentiment ; *ſed ne videar judicia pendentia prævenire, ſuperſedeo*.

41 Quand l'Indult eſt ſur un Chapitre qui a la collation des Canonicats ou autres Benefices , quel temps faut-il pour renouveller les Indults ? Par la Declaration du Roy Henry II. un Chapitre eſt ſujet à un Indult pendant la vie de chaque Roy. *Du Moulin* , ſur la regle *de infirmis* , nombre 241.

INDULT, COMMANDE.

42 Indult pour conferer en commande. *Voyez* le mot , *Commande* , nomb. 17. *& ſuiv*.

Le 3. Decembre 1709. Arrêt eſt intervenu au Grand Conſeil, qui a jugé , conformément aux Concluſions de Monſieur Dupuy Avocat General , que les Indultaires ſeculiers ne pouvoient requerir un Benefice vacant par la mort d'un Regulier , quoique ce Benefice eût été auparavant & long-temps poſſedé en commande. Il s'agiſſoit du Prieuré du Lion d'Angers , vacant par le décés de Dom Anne Noüet. Le Sieur Leger, comme tenant l'Indult de M. le Pelletier Préſident à Mortier, en avoit fait la requiſition, & obtenu la Proviſion. D. Gilles Jourdain Religieux Benedictin qui l'avoit impetré en Cour de Rome, fut maintenu. M. Evrard plaidoit pour luy, M. Chevalier Avocat du ſieur Leger. L'on a fait des memoires tres-curieux pour la déciſion de cette affaire.

M. le Préſident de S. Valier dans ſon Traité de l'Indult avoit agité & décidé la queſtion en faveur des Indultaires ; ſon opinion n'a pas été ſuivie par l'Arrêt du Grand Conſeil , quelque diſpoſition qu'il ait à étendre les graces accordées à un Corps auſſi auguſte que le Parlement.

INDULT, CURE.

43 Autrefois les Cures tomboient ſous l'expectative des Indultaires du Parlement , ce qui leur étoit tres-deſavantageux , parce qu'un Collateur qui vouloit chagriner un Indultaire , pouvoit luy offrir une Cure à portion congruë , c'eſt à-dire , de 100. liv. de revenu , laquelle étoit ſuffiſante pour le remplir ; ainſi qu'il fut jugé au grand Conſeil , contre M. Petit Conſeiller Clerc au Parlement de Paris, qui s'étoit fait nommer par M. le Cardinal Antoine Archevêque de Reims : l'un de ſes grands Vicaires offrit audit ſieur Petit une Cure d'un tres-modique revenu, laquelle il n'a pas acceptée, & enſuite de quoy on n'avoit fait aucune procedure contre luy ; depuis ayant requis une Chanoinie de l'Egliſe Cathedrale de Reims , & les Graduez luy ayant objecté cette option, ils l'exclurent par ce moyen. *Definit. Canon. pag.* 329.

Les Indultaires ne peuvent plus être obligez d'accepter les Cures ; c'eſt une des trois ampliations de la Bulle de Clement IX. *Voyez* cy-deſſus , le nomb. 12.

INDULT, DATE.

44 Reſolution de trois Avocats du ſacré Conſiſtoire ſur la queſtion , ſi les Indults ont leur execution du jour de leur date , ou bien du jour de la preſentation ? L'affirmative eſt tenuë pour la date. *Voyez le recüeil de Pinſon, tome* 2. *page* 443.

La même queſtion eſt agitée dans la *Bibliotheque Canonique , tome* 2. p. 728. l'Auteur y fait dépendre l'execution de l'Indult de ſa notification & ſignification. *Voyez* cy-aprés le nomb. 362. *& ſuiv.*

INDULT, DECE'S.

45 Celuy qui eſt nommé , conſerve ſon droit , quoique l'Officier qui l'a nommé , ſoit décedé , au temps de la vacance du Benefice. Arrêt du Grand Conſeil du 7. Septembre 1598. en faveur de François Vaaſt qui avoit obtenu la nomination de feu M. le Préſident de Riant. Il s'agiſſoit du Prieuré de Manera. *Voyez Franc. Pinſon* en ſon traité *De Canonicis inſtitutionum conditionibus.* §. 4. nomb. 21.

46 Lorſqu'un Officier a diſpoſé de ſon Indult en faveur de quelque perſonne , & qu'il y a eu des Lettres Patentes du Roy expediées en conſequence , la nomination ne peut devenir caduque , lorſque l'Officier qui a nommé vient à déceder avant la ſignification des Lettres de nomination , & fut l'Indultaire maintenu contre tous les autres contendans. Arrêt du Grand Conſeil du 1. Août 1678. *Journal du Palais*.

INDULT, DIGNITEZ.

47 Par l'Ordonnance de 1606. Les Indultaires ne peuvent requerir les Dignitez des Egliſes ; neanmoins cela n'eſt pas tout à fait ſans difficulté ; parce que cet article n'a point été verifié par la Cour , ayant même apporté cette modification lors de la verification qui en fut faite , où elle prononça ſans déroger au droit des Indultaires , à cauſe des interêts qu'ils y pouvoient avoir , le Parlement n'a pas voulu ſe faire préjudice & conſervé ſon droit par la modification. Le Grand Conſeil l'a ainſi jugé pour le Doyenné de l'Egliſe Cathedrale de Bourges , en faveur du ſieur Perrotin de Bermont Indultaire tenant l'Indult de M. Bauſſan Maître des Requêtes , contre le ſieur Bigot éſu par le Chapitre , par Arrêt du 1694. *Definit. Canon. page* 408.

INDULT, DOYENNE'.

48 Arrêt du Grand Conſeil du mois de Mars 1604. qui declare le Doyenné de l'Egliſe d'Aix , comme Benefice purement électif , non ſujet à l'Indult du Parlement. *Voyez Semeſtria placit. mag. Conſil.* recüeillis par *M. Bouteraye* , qui en rapporte des Arrêts du même Tribunal des années 1539. & 1588. Pour les Doyennez de Meaux, S. Germain l'Auxerrois, & autres, &c.

INDULT, BENEFICE E'LECTIF.

49 Les Benefices électifs collatifs peuvent être requis par les Indultaires. Arrêt rendu au Grand Conſeil en 1585. pour le Doyenné de l'Egliſe *Lemovienſis* , rapporté par *Franc. Pinſon* , en ſon traité *de Canonicis inſtitutionum conditionibus*. §. 4. nomb. 31.

50 Les Benefices électifs commutatifs , ne ſont point ſujets aux Indults , par la raiſon que *in mandatis Apoſtolicis dignitates electivæ nominatim excipiuntur* ; mais non pas les Benefices électifs collatifs , ce qui ſe trouve avoir été ainſi jugé par un ancien Arrêt de l'année 1595. *Definit. Canon.* pag. 408.

INDULT, EMPEREUR.

51 Indult de l'Empereur appellé *Primariæ Preces*. *Voyez* le docte *Commentaire* fait par *M. Jean Acoſhier*, Chanoine & Vicaire General de Liege. *Voyez* auſſi le Commentaire d'*Anaſtaſius Germonius* Archidiacre de Turin ſur l'Indult accordé au Cardinal de Ruvere ſur le mot *per quæ ſublatis* , nomb. 91. 92. & 116. *& Pinſon* , en ſon traité des *Regales* , *chap.* 11.

INDULT, COLLATEUR E'TRANGER.

52 *Du Moulin* , ſur la regle *de infirmis* , nomb 281. dit qu'au commencement du mois de Janvier 1545. il a été jugé au Grand Conſeil qu'un Benefice conventuel ſitué dans le Royaume de France , mais lequel étoit à la collation d'un Evêque de delà les Monts , étoit ſu-

jet aux Indults & aux nominations de la Cour de Parlement. *Du Moulin* en rend cette raison ; lorsque le Pape Paul III. accorda l'Indult, il sçavoit bien que cette partie de la Savoye, où étoit situé l'Evêché, étoit possedé depuis trois ans par le Roy de France, lequel réputoit les personnes qui demeuroient dans ces quartiers-là ses veritables sujets, & ne vouloit pas permettre qu'ils prissent des Lettres de naturalité, parce que d'eux-mêmes ils étoient regnicoles & habitans de France, & n'étoient plus réputez étrangers. Ainsi l'on doit entendre cet Indult suivant la condition & l'état de la personne à qui il étoit donné, sçavoir au Chancelier ou au Parlement, dont le pouvoir s'étendoit dans ces quartiers-là. Pour la preuve de cette proposition, il allegue l'opinion de quelques Docteurs & un ancien Arrêt, qu'il dit avoir rapporté dans son style de la Cour de Parlement, *part.* 7. *nomb.* 30.

53 Un Collateur ordinaire de ce Royaume n'est point sujet aux Indults de la Cour de Parlement, pour les Benefices situez hors le Royaume qui sont à sa collation; & ainsi *à contrario*, il faut conclure que les Collateurs ordinaires, quoy qu'étrangers & hors ce Royaume, sont sujets à ces Indults, pour les Benefices situez en France, dont la collation leur appartient ; puisqu'à l'égard des Benefices François, ils sont réputés Collateurs du Royaume. Quoique dans l'Indult on n'ait pas fait une mention précise des Benefices conventuels, neanmoins, si le premier qui vient à vaquer, est conventuel pourvû qu'il soit à la collation du Superieur, sur lequel on a placé son Indult, cela suffit pour faire qu'il soit dû à l'Indultaire ; que si ce Benefice conventuel étoit électif, l'Indultaire n'y pourroit rien prétendre, & *du Moulin*, sur la regle *de infirmis*, nomb. 282. dit que c'est l'usage & la pratique ordinaire en ces matieres.

EXECUTEURS DE L'INDULT.

54 Des Commissaires Executeurs de l'Indult du Parlement. *Voyez le traité de l'Indult par M. le Président de S. Valier, chap.* 9. §. 2.

Par l'ampliation du Pape Clement IX. les Abbez de S. Denis, & de S. Germain des-Prez, & le Grand Archidiacre de Paris, sont nommez Executeurs de l'Indult. Le pouvoir des Executeurs de la Clementine ne peut s'exercer, à l'égard de la Pauline, que concurremment avec les Executeurs de la Pauline qui sont l'Abbé de S. Magloire de Paris, autrefois le Chapelain du Roy, Ordre de saint Benoît, l'Abbé de S. Victor, Ordre de saint Augustin, qui étoient autrefois Abbez Reguliers, & le Chancelier de l'Eglise de Paris. Ces trois Executeurs, bien loin d'être revoquez, sont confirmez par la Clementine; ainsi il y a six Executeurs de l'Indult de la Pauline, & trois de la Clementine, sans leurs Vicaires. Il faut même dire que le nombre de six est reduit à cinq, à cause que l'Abbé de S. Denis est supprimé, au moyen de l'union de cette Abbaye à la Maison Royale de saint Cyr.

INDULTAIRE, GRADUEZ.

55 Si les Graduez sont préferables aux Indultaires ? *V.* le mot *Gradué*, *nomb.* 103. *& suivans.*

Les Declarations du Roy François I. du mois de Janvier 1541. & du mois de Juin 1543. donnent la préference aux Indultaires. Arrêt du mois d'Août 1600. *Brodeau & M. Loüet, lettre B. somm.* 16.

INDULT, INSINUATION.

56 Si un Indult est insinué à un Abbé qui a l'agrément du Roy sur la démission du Titulaire, & que le Benefice vaque avant la resignation admise ; *Du Moulin*, sur la regle *de infirmis*, nomb. 240. 244. & 245. dit que l'Indult est bien insinué, parce qu'il a été plûtôt signifié à la dignité de l'Abbé, qu'à tel qui a le Brevet du Roy, *Dignitas non moritur*, en second lieu, il dit, que *nominatio Indultarii perpetua est*; ensorte qu'elle n'est pas annale, c'est-à-dire, que parce qu'on a été un an sans faire insinuer la nomination, elle n'est pas pour cela caduque ; en troisiéme lieu, il dit, que quand on a insinué au précedent Abbé, il n'est pas necessaire d'insinuer au dernier.

C'est l'anteriorité de la nomination, & non celle de 57 l'insinuation qui donne droit à l'Indultaire. Arrêt du Grand Conseil du 28. Novembre 1652. Le sieur de Breda avoit été plus d'une année sans exhiber ses Lettres de nomination au Collateur ; Thomas Tardif dernier nommé avoit été le premier insinué; cependant le sieur de Breda fut maintenu dans la Chanoinie de Beauvais. *Franc. Pinson, en son traité de Can. instit. Condit.* §. 4. nomb. 47.

Insinuatio Induluti speciale mandatum non requirit, 58 Jugé au Grand Conseil le 28. Novembre 1652. entre de Breda, Curé de S. André des Arts à Paris tenant l'Indult de M. de Hodic & Thomas Tardif. Il s'agissoit d'un Canonicat & Prébende de l'Eglise de Beauvais *Petro Seguiero Galliarum Cancellario adsidente & interruptam ferè* 100 *annorum curriculo sessionem renovante*. Voyez *Franc. Pinson, en son traité. Ibid. nomb.* 41.

Il faut faire insinuer l'Indult auparavant la vacance 59 du Benefice dans le Greffe des insinuations de l'Evêché ou de l'Abbaye, Chapitre & Convent où les Benefices sont situez ; formalité tellement necessaire, que si on l'avoit omise, on ne pourroit plus s'aider de ce droit ; ainsi jugé au Grand Conseil. *Défin. Canoniques*, *page* 407.

Il y a plusieurs Arrêts du Grand Conseil, par lesquels 60 on a jugé que le défaut d'insinuation au Greffe des Insinuations Ecclesiastiques, n'étoit pas une nullité essentielle aux Indultaires, sinon conformément au sentiment de *M. Charles du Moulin*, sur nomb. 144. sur la regle *de infirmis*, quand il y a des soupçons de fraude ou de fausseté dans les significations des Indultaires. Ce qu'il faut observer est que l'on doit faire insinuer; car si l'on avoit à faire à forte partie, ce moyen seroit suffisant pour faire déchoir un Indultaire de l'effet de son Indult. Il a semblé que le Grand Conseil voulût établir pour maxime, que le seul défaut d'insinuation à l'égard des expectans étoit fatal & emportoit nullité, sans qu'il fût necessaire qu'il y eût des circonstances de fraude ou de fausseté. Depuis le dernier Edit des Insinuations du mois de Decembre 1691. le défaut d'insinuation est une nullité essentielle. l'article 18. de cet Edit porte que *les significations des Lettres d'Indult, accordées aux Officiers du Parlement de Paris & les requisitions faites par Expectans, seront insinuées dans le mois de leur date, à peine de nullité :* neanmoins dans la cause du Prieuré de la Ville-Dieu, entre le S. Courcier, Chanoine de Nôtre-Dame, Indultaire, tenant l'Indult de M. le Président de la Barde, & le sieur de Doux, pourvû en Cour de Rome, qui opposoit plusieurs nullitez contre ledit Indult, & entre autres que la notification n'avoit pas été insinuée dans le mois, mais long-temps aprés sa date, contre la disposition dudit Edit, le Grand Conseil n'y a point eû d'égard, & a maintenu le sieur Courcier par Arrêt du 25. Novembre 1698. *Ibidem.*

INDULT, MAISTRE DES REQUESTES.

Maîtres des Requêtes joüissent de l'Indult de Mes- 61 sieurs du Parlement, comme étant reputez du Corps. *Memoires du Clergé, tome* 2. *part.* 2. *page* 283.

INDULT, OPTION.

Si l'Indultaire nommé sur un Collateur ordinaire qui 62 a plusieurs Benefices à sa collation, vacans en même temps, a le choix de prendre tel de ces Benefices qu'il luy plaît ? *Du Moulin*, tient la negative, parce que cet Indult n'a été accordé qu'à la priere du Roy ; c'est à celuy lequel est chargé, de choisir, afin qu'il ne souffre pas un préjudice si grand, en une charge plus grande, même l'on peut dire que de plein droit de deux Benefices vacans, celuy de moindre revenu est dû & affecté à l'Indultaire, & si les deux Benefices étoient d'égal revenu, le Collateur ordinaire auroit la liberté de choisir celuy qu'il

qu'il voudroit donner à l'Indultaire. *Du Moulin* de infirmis, *nomb.* 249.
Voyez cy-aprés le *nomb.* 80.

INDULT, NOTIFICATION.

63 Un Indult n'a point d'effet, & par consequent ne
donne aucun droit pour son execution, jusqu'à ce qu'il
ait été notifié & signifié. *Bibliot Canon. tome* 1. *p.* 728.
Voyez cy-dessus le *nomb.* 56. *& suivans.*

INDULT, NOMBRE DES BENEFICES.

64 Les Indults ne peuvent avoir lieu que sur les Collateurs qui ont au moins dix Benefices ; en cela on suit
le Concordat pour la Jurisprudence des Mandats, car
par le Concordat , un Collateur qui n'avoit que dix
Benefices à sa collation , étoit libre de Mandats. *Ibid.
tome* 2. *pag.* 42.

INDULT, PREFERENCE.

65 Indult de la Cour préferable à celuy des Cardinaux ;
les Indults des Cardinaux ne leur sont donnez que comme aux Ordinaires, & d'autorité ordinaire, & non de
l'autorité du Pape : mais l'Indult de la Cour est appuyé
& s'execute de l'autorité du Pape ; de plus l'Indult des
Cardinaux ne tend qu'à les affranchir de la prévention,
& non de la servitude imposée aux autres Ordinaires.
Ibidem, tome 1. *page* 725.

65 bis Il faut faire difference entre les pays d'obédience ,
sçavoir la Bretagne, la Lorraine, &c. & l'autre pays :
car à l'égard de celuy cy où le Concordat a été reçu
& a passé pour loy, il est constant que les Indults ne sont
pas préferables aux Mandats que le Concordat a permis & accordés au Pape, & lesquels seuls étoient reçûs en France par le Concordat ; mais à l'égard du
pays d'obédience , c'est tout le contraire. *Du Moulin,
de infirmis,* nomb. 201.

66 Arrêt du Grand Conseil du 13. Juillet 1606. qui donne la préférence à Jean Baptiste le Clerc Breveraire de
serment de fidelité sur Louïs Vestier Indultaire , sauf
son droit en autre cause. *Voyez Franc. Pinson ,* en son
traité *de Can. instit. condit.* §. 5. nomb. 14. & Tournet,
lettre. I. *Arr.* 36.

INDULT, PREVENTION.

66 bis Voyez cy-dessus le *nomb.* 69. *& suiv.*
Si un Cardinal est Evêque & qu'il ait l'institution sur
la présentation des Patrons, il ne pourra être prévenu
par le Pape , parce que le droit d'institution dans les
Ordinaires, n'est pas tant un droit dévolutif qu'ordinaire & primitif. *Voyez Du Moulin , nomb.* 125. *& 216.*
de la regle *de infirmis resig.*

67 Le Pourvû par l'Ordinaire , sans la presentation ,
mais seulement du consentement du Patron Cardinal,
doit l'emporter sur un Pourvû par le Pape qui avoit
prévenu ; parce que la prévention du Pape est nulle,
& subreptice dans son commencement , & ainsi elle
ne peut subsister par tout ce qui peut survenir dans
la suite , d'autant plus que si l'on avoit exprimé au Pape
que le Benefice dont on luy demandoit la Provision,
étoit à la presentation d'un Patron Cardinal , il est sans
doute que le Pape n'en eût pas accordé sitôt ni si facilement la Provision , ce qui suffit pour rendre subreptice
les collations & les provisions du Pape. Cela n'est si vray,
que dans les collations des Benefices dépendans du Patronage laïc , cette provision subreptice du Pape, c'est-
à-dire, où l'on n'avoit point fait mention du droit de
Patronage laïc, ne pourroit pas devenir valable & légitime par le consentement qu'en pourroit donner le Patron ; mais il faudroit une nouvelle collation. *Voyez
Du Moulin,* sur la regle *de infirmis resign.* nomb. 223.

68 En 1547. au mois de Janvier le Cardinal de Meudon,
lors Abbé de la Trinité de Vendôme, passa procuration
pour resigner son Abbaye de Vendôme au profit du
Cardinal de Vendôme. Sa procuration ne fut admise
en Cour de Rome qu'une année aprés sa passation. En
1548. le Roy nomme le frere d'un Conseiller de la
Cour en vertu de son Indult sur cette Abbaye, & fu le
Convent pour le premier Benefice qui viendroit à vaquer à la collation de l'Abbé & des Religieux , soit en
Tome II.

common, soit en particulier. Cette nomination est signifiée & insinuée au Cardinal de Vendôme comme
Abbé de Vendôme , lequel en cette qualité accepte la
signification & en retient copie, quoyqu'il ne fût pas
encore pourvû de cette Abbaye ; mais il en jouïssoit
comme Commissaire où œconomique establi par le Roy.
Cet Indult est pareillement signifié au Convent & par lui
accepté. La resignation ayant été admise en Cour de
Rome, & le Cardinal de Vendôme en ayant été pourvû ; un Prieuré dépendant de cette Abbaye, situé dans
le Diocese de Xaintes , vaqua ; le Cardinal le confere à
Titius: quatre jours aprés cette collation , le Pape en
pourvoit une autre personne, & enfin trois jours aprés
la Provision du Pape, l'Indultaire nommé requiert le
Benefice de cet Abbé : sur le refus il s'en fait pourvoir par l'Executeur ; prit possession du Prieuré , &
fit assigner au Grand Conseil en complainte , tant le
Pourvû par le Pape que le Pourvû par l'Ordinaire.
Contre l'Indultaire , les Pourvûs par le Pape & par
l'Ordinaire soûtenoient que sa nomination ne devoit
pas être considerée, parce qu'elle avoit été obtenue
avant que l'Abbé de Vendôme fût veritablement Abbé
& pourvû. L'Indultaire , disoit-on , avoit dû insinuer
au Cardinal de Meudon , il avoit déja requis & impetré
un Office claustral, le procés demeure indecis. Le
Pourvû par le Pape alléguoit que les deux autres s'empêchoient mutuellement, que la Provision de l'Ordinaire
faite au préjudice de l'Indult étoit nulle , que la Provision du Pape qui par ce moyen étoit anterieure & avoit
prévenu , étoit la seule valable. *Du Moulin* , décide la
question en faveur de l'Indultaire ; il prétend que la
nullité de la Provision de l'Ordinaire ne pouvoit être
opposée que par luy seul , que cette Provision valable
en elle-même aneantissoit celle du Pape qui ne
l'avoit point prévenue ; la prévention de l'Ordinaire conserve le droit de l'Indultaire. A l'égard
de la signification , comme la nomination avoit été
donnée sur l'Abbaye même & non pas sur l'Abbé, l'Indult ne regarde que la dignité Abbatiale, qui passe au
successeur. *Voyez Du Moulin , ibidem , nomb.* 142.

68 bis Que le Pape a pû prévenir l'Indult du Roy Casimir
de Pologne ; le pourvû par le Pape fut maintenu dans
la possession du Benefice. Arrêt au Grand Conseil le 7.
Juin 1673. *Journal du Palais,* in fol. *tome* 1.

INDULT, REGLE DES VINGT JOURS.

69 *Du Moulin,* parlant de l'Indult des Cardinaux , qui
leur fut accordé par Paul III. observe que le Parlement
qui l'avoit verifié , ne laissoit pas d'autoriser les Provisions de Cour de Rome , portant la clause dérogatoire
à ces Indults : ce qui obligea les Cardinaux aprés la mort
du Pape Paul III. étant assemblez dans le Conclave, de
faire un Compact , par lequel ils obligent le Pape qui
sera élû, de ne point déroger à leurs Indults ; & lors de
l'élection de Paul IV. ils luy en firent faire la ratification, nommément pour ce qui regarde la regle des 20.
jours, à laquelle les Souverains Pontifes ne pourroient
déroger , au préjudice desdits Indults. *Biblioth. Canon.
tome* 1. *page* 739. & cy-dessus *le nombre* 22.

70 *M. Charles Du Moulin,* sur la regle *de Infirmis, nombre* 130. examinant la question de sçavoir si le Pape ou
le Legat peut déroger à la regle des vingt jours, au préjudice des Indults de la Cour de Parlement , dit que
puisque le Parlement trouve juste que le Legat déroge
à cette regle contre les Graduez , il doit souffrir cette
même autorité, *contra se seu eos de suo corpore.* Il rapporte un Arrêt du Grand Conseil rendu au mois de
Janvier 1558. qui a maintenu contre un Indultaire un
Resignataire , quoyque le Resignant fût decedé deux
jours aprés l'admission de la resignation.

71 Un nommé & tenant l'Indult d'un Conseiller du Parlement de Paris, se fait nommer sur l'Abbaye de Saint
Julien de Tours , pour les Benefices qui appartiennent
à la Collation des Abbez & Religieux ; soit conjointement , soit séparément, & fait insinuer ou signifier sa
nomination le 3. Mars 1555. Quelques jours aprés un

I i i

Prieuré d'Angers, membre dépendant de cette Abbaye, vaque par mort; mais le neveu du défunt ayant obtenu procuration de son oncle pour le resigner en sa faveur, l'avoit envoyée en Cour de Rome, où elle fut admise deux jours après la mort de l'oncle, & le neveu fut pourvû par resignation, avec la clause derogatoire aux 20. jours, & avec la clause *etiam per obitum*, pourvû qu'au moment de telle Provision aucune personne n'eût un droit acquis à ce Benefice. L'Abbé, Collateur ordinaire, confere ce Prieuré à une personne tierce, autre que l'Indultaire, lequel en vertu de sa nomination, requit le Benefice de l'Abbé, comme Ordinaire, & sur son refus, s'en fit pourvoir par son Executeur. Quelque temps après vaqua un autre Prieuré, situé dans le Diocese de Rennes, dont la disposition appartenoit à ce même Abbé; l'Indultaire nommé l'ayant requis au Collateur ordinaire, & luy ayant été fait refus, le Collateur l'ayant même conferé à un nommé Pierre, l'Indultaire s'en fit pourvoir par son Executeur, & fit assigner ces deux Pourvûs au Grand Conseil, auquel la connoissance de ces affaires est particulierement attribuée. Arrêt y fut rendu le 27. Juillet 1557. par lequel, pour ce qui concernoit le Prieuré situé dans le Diocese d'Angers, la pleine maintenuë fut ajugée au neveu du défunt, pourvû en Cour de Rome; le Prieuré de Rennes ajugé diffinitivement à l'Indultaire par défaut contre le Pourvû par l'Abbé. La raison de cet Arrêt à l'égard du premier Prieuré, est que le Pape peut conferer les Benefices vacans par mort, quand même ils seroient sujets à ces Indults, sans neanmoins que cela leur puisse nuire, pour les vacances qui pourront arriver, sujettes à ces mêmes Indults, de même qu'il peut conferer, par prévention les Benefices sujets aux Mandats, & les Benefices vacans dans les mois des Graduez, soit simples, soit nommez. Si le Benefice avoit été à la Collation du Cardinal, il n'y eût pas eu de doute que le Pape ne l'ayant pas pû prévenir, le droit de l'Indultaire eût été indubitable pour le premier Prieuré; la raison étoit que ce Benefice avoit le premier vaqué librement, & que l'Indultaire peut requerir legitimement, sans crainte d'être prévenu par le Pape. *Du Moulin*, ibid. *n*. 237.

72 Par Arrêt du Grand Conseil du 7. Septembre 1605. a été dit qu'il a été mal & abusivement dérogé à la regle des 20. jours, au préjudice de l'Indult du Cardinal de Gondy, & faisant droit sur la complainte, le Conseil a maintenu & gardé le sieur Pierre en la possession & jouissance du Prieuré de Lyon d'Angers, fruits, profits & revenus. *Voyez* les reflexions que fait sur cet Arrêt *M. François Pinson, Traité des Indults*, tome 1. page 331. & *suiv.*

73 Jugé au Parlement de Paris le 20 Juin. 1651. que le Pape peut déroger à la regle des 20. jours, au préjudice des Indultaires, parce que le Pape ne s'est point lié les mains; on juge autrement à l'égard des Cardinaux, qui ne peuvent être prévenus. *Soëfve*, tome 1. Cent. 3. chap. 80. & Pinson, tome 2. page 836.

74 Le 13. Février 1658. a été enregistrée au Grand Conseil une Declaration du Roy, sur les Lettres & Bulles Apostoliques accordées aux Cardinaux, par laquelle, entr'autres choses, le Pape declare qu'il ne dérogera à la dix-huitiéme regle de Chancellerie, faite sur les resignations des Resignans mourans dans les 20. jours de leur resignation, au préjudice des Indults par luy accordés aux Cardinaux. *V. le petit Recüeil de Pinson*, tome 1. *page* 268.

75 Sur la question de sçavoir si le Pape a pû valablement déroger à la regle des 20. jours, au préjudice de l'Indult accordé à M. l'Abbé de Lyonne, dans lequel on a inseré ces mots *liberè & licitè*, qui sont les mêmes contenus dans l'Indult de Messieurs les Cardinaux, au préjudice desquels il est certain que le Pape ne peut déroger à cette regle. L'on a jugé que le Pape y avoit pû déroger dans une resignation par luy admise, & après cinq jours de la date de cette resignation, le resignant étant décedé, le Benefice resigné en Cour de Rome, a été ajugé au Resignataire; Arrêt du Grand Conseil du 24. Décembre 1672. pour la Cure de *S. Symphorien* à Tours *Journal du Pal*. in fol. to. 1. & le Recüeil de *Pinson*, to. 2. p. 840.

Il faut observer que si les termes *de liberè & licitè*, compris dans les Indults d'autres personnes que des Cardinaux, n'empêchent pas le Pape de déroger à la regle des 20. jours, dans les resignations qu'il admet; il faut aussi, pour empêcher les préventions de Cour de Rome, que ces mêmes termes soient employez dans les Indults; ne suffisant pas au lieu d'iceux de dire, pour empêcher la prévention, *solum commendare possis & valeas*, comme il a été jugé contre l'Indult du Roy Casimir de Pologne, que le Roy de France avoit gratifié de plusieurs belles Abbayes, après que ce Roy eut quitté son Royaume pour venir vivre en France, par Arrêt du Grand Conseil du 7. Juin 1673. au *Journal du Palais*. Le Bref de Clement IX. contenant l'Indult du Roy Casimir du 9. Mars 1669. enregistré au Grand Conseil le 10. Septembre suivant, est rapporté par *François Pinson, Traité des Indults*, tome 2. p. 748. & *suivans*.

Voyez cy-dessus *le nombre* 68. & *suiv*.

76 Il a été jugé au Grand Conseil le 19. Février 1703. dans la cause de l'Indult de M. l'Abbé Servien, que les termes *liberè & licitè*, inserés dans son Indult, excluoient la prévention Apostolique dans les six mois accordez au Collateur pour conferer. Claude Bages, Clerc Séculier, pourvû en Commande du Prieuré de *Cerizay*, Ordre de S. Benoît, par M. l'Abbé Servien, en qualité d'Abbé de S. Joüin-lez Marne, fut maintenu contre Pierre Richard, qui avoit une Provision de Cour de Rome. M. Benoît de S. Port, Avocat General, conclut en faveur de Bages, & montra que Rome n'avoit pas d'autres termes que ceux *liberè & licitè*, pour exempter de la prévention un Collateur. J'étois present à la prononciation de l'Arrêt, & j'ay des memoires manuscrits tres-anciens sur cette cause, dont je ne refuseray pas la communication, si la question s'en renouvelle; mais elle a été décidée trop solemnellement pour être hazardée une seconde fois.

Le même Arrêt est rapporté dans le Traité d'Indult de *M. le Président de Saint Valier*, tome 1. pag. 662. où il fait une reflexion qu'il accompagne d'un vœu favorable pour le Corps, dont il est membre ; *Il faut esperer que le Grand Conseil, qui fait remarquer tant de sagesse dans ses Décisions, conservera le même droit, que les Collateurs, qui conferent aux Indultaires du Parlement de Paris, ont d'être exempts de la prévention Apostolique, puisque l'Indult du Parlement a été donné sous la formule contenuë en ces mots, liberè & licitè, qu'un Indult accordé par le Saint Siege à la Couronne de nos Rois, merite beaucoup plus de faveur qu'un Indult accordé par un Collateur particulier.*

INDULT, REPLETION.

77 Si l'Ordinaire donné un Benefice liberalement à l'Indultaire, pourvû que ce Benefice fût de sa collation sur laquelle est l'Indult; l'Indult est acquité, *nec potest imputari culpa ordinario, quia nulla est & si qua esset, illam approbavit mandatarius*: Du Moulin. §. 254. *de Infirmis*.

78 Cet Auteur passe plus avant, il dit que quand même le Collateur auroit conferé avec clause, que ce n'est point pour remplir l'Indult, & que le Pourvû auroit accepté le Benefice sous condition; toutefois l'Indult seroit censé rempli : il y en a deux raisons, la premiere, est qu'après un mois que l'Indultaire a insinué, il doit avoir le premier Benefice vacant. Donc ce Benefice luy appartient de droit, & il n'est point au pouvoir de l'Ordinaire de remplir le Mandat à sa volonté, *quod præscripti & stricti juris est*. En second lieu, ce seroit donner & proroger le droit *ad vacatura*, ce qui est défendu; d'ailleurs il se pourroit faire qu'un Titulaire successif seroit surchargé par ce moyen de deux Indults. Neanmoins si avant l'insinuation, & avant le mois de l'insinuation, le Collateur avoit ainsi conferé le Be-

nefice, l'Indultaire ne seroit pas rempli ; mais si aprés il venoit à vaquer un autre Benefice, incompatible avec le premier, l'Indult seroit censé rempli ; encore même que ce premier Benefice eût été resigné avant la vacance du dernier ; mais si le premier Benefice est compatible avec l'autre, le dernier est dû pour l'Indult. §. 156. & 157. Du Moulin, ibid. n. 256. & 257.

79 Suivant les Arrêts du Grand Conseil, 200. livres suffisoient pour remplir un Indultaire ; ensuite la repletion a été portée à 400. liv. de rente pour les Séculiers ; & à l'égard des Reguliers d'un Benefice de quelque revenu que ce soit. *Voyez Brodeau sur M. Loüet, lettre G. somm.* 1. Cette Jurisprudence a varié par une Declaration du Roy de 1668. qui porte la repletion à 600. livres, & que les Cures ne seront données aux Indultaires, si ce n'est de leur consentement.

INDULT, REQUISITION.

80 Plusieurs Benefices étant vacans, l'Indultaire ne peut requerir le meilleur à son choix. *Du Moulin,* §. 249. *& suiv.* sur la regle *de Infirmis,* §. 255. il dit, *tenetur Indultarius acceptare Beneficium vacans, nisi vacet per simplicem resignationem, & non acceptans privabitur Indulto.*

Voyez cy-dessus le nombre 62.

81 La requisition est importante pour les Indultaires, pour les Graduez nommez ; pour les Indultaires, puisque le temps de la requisition, ne commence à leur égard, qu'un mois aprés que leurs Lettres de nomination ont été presentées, suivant la maxime des anciens Mandats Apostoliques ; cette maxime fut introduite pour empêcher la fraude des Mandataires, qui pouvant être remplis par la premiere vacance d'un Benefice de quelque revenu qu'il soit, éluderoient le privilege des Ordinaires, parce que si leur Mandat avoit effet du jour même qu'il est presenté, ils prendroient pour cela l'occasion imminente de la vacance de quelque Benefice considerable, & enleveroient par ce moyen aux Ordinaires leurs meilleures Collations. *Bibliotheque Canonique, tome* 1. *page* 287.

82 Si le Mandataire a insinué, & qu'aprés arrive vacation de Benefice à luy affecté, il est tenu faire requisition dans le mois du Benefice vacant ; s'il y a refus, il a recours à ses Executeurs, & leur Provision est bonne, aprés six mois. Ainsi jugé au Parlement de Paris. *Papon, liv.* 2. *tit.* 6. *n.* 4.

83 Si un Indultaire n'avoit pas été rempli pendant la vie de celuy qui l'auroit nommé ; si durant la vie de celuy qui l'a nommé, il a notifié son droit au Collateur ou autres, aprés le décès de l'Officier qui l'a nommé en son lieu & place, pour joüir de son droit, il peut requerir le Collateur qu'il satisfasse à ce qu'il doit ; c'est l'opinion de *Banny*, en sa *prat. Benef.*

INDULTS ACCORDEZ AU ROY.

84 *De Regiâ nominatione, ex Indultis Pontificiis descendente.* Voyez Pinson, au titre *de modis adquirendi beneficii,* §. 4.

85 *Quâ formâ fieri, & exhiberi debeat nominatio Regia in gratiam Indultariorum emissa ?* Voyez Pinson, au titre *de Canonicis institutionum conditionibus.* §. 4.

86 La nomination accordée par le Roy à un Indultaire, est perpetuelle ; c'est-à-dire, qu'on ne peut point opposer de surannation. *Du Moulin,* sur la regle *de Infirmis, nomb.* 245.

87 Des Indults accordez au Roy. *Voyez la Bibliotheque Canon. tome* 1. verbo, *Indult, page* 729. *& suivantes.* Les Memoires du Clergé, *tome* 2. *part.* 2. *page* 267. & le Traité de l'Indult, par Pinson, *tome* 2. *page* 497. *& suivantes.*

88 Le Pape Alexandre VII. avoit accordé au Roy un Indult pour la nomination des Benefices situez dans les trois Evêchez, de Metz, Toul & Verdun. Le Pape Clement IX. en a accordé un ampliatif le 24. Mars 1668. qui a été enregistré au Grand Conseil le 25. Janvier 1670. Par cet Indult ampliatif, le Pape Clement IX. accorde non seulement au Roy, mais à ses successeurs, le droit de nommer à toutes sortes de Benefices Séculiers & Reguliers, ausquels il appartenoit au Pape de pourvoir, même aux plus grandes Dignitez, aprés les Pontificales, dans les Eglises Cathedrales, & aux principales des Collegiales ; encore que par le Concordat Germanique, elles fussent reservées au Pape : l'on excepte les Offices Claustraux & les Eglises Paroissiales. L'institution sur la nomination du Roy demeure conservée au Pape ; mais le Roy doit nommer dans six mois, à compter du jour de la vacance des personnes capables selon la qualité des Benefices ; c'est-à-dire, *Regularia Regularibus, Secularia Secularibus.* Ce droit de nomination du Roy n'a lieu que dans les mois qui étoient reservez au Pape, qui sont Janvier, Mars, May, Juillet, Septembre, & Novembre. *Voyez le Recueil de Pinson, tome* 2. *page* 353. *& suiv.*

89 Lettres Patentes du 14. Août 1671. par lesquelles le Roy maintient le sieur Haraucourt en la possession & joüissance de la Tréforerie & Chanoinie vacante en l'Eglise Cathedrale de *Toul,* sans s'arrêter aux Arrêts du Grand Conseil des 20. & 28. Avril précedent, qui demeureront cassez & annullez ; ensemble les Collations faites par le Chapitre de Toul, en faveur des nommez Fourail & Pâquier, sur la démission de M. Gerard Henry ; font tres-expresses inhibitions & défenses aux Chapitres des Eglises Cathedrales de Mets, Toul & Verdun, d'accorder ni expedier à l'avenir de semblables Collations sur les démissions des Titulaires, decedez és mois reservez à Sa Majesté, en consequence des Indults, & au Grand Conseil d'y avoir égard, en jugeant le possessoire. *Même Recüeil de Pinson, tome* 2. *page* 436.

90 Dans le Traité de *M. Pinson, tome* 2. *page* 497. *& suiv.* sont les observations & articles qui suivent.

Le Roy ayant tenté tant par ses conquêtes que par le Traité de Paix des Pyrenées, le 7. Novembre 1659. dans ses droits qu'il avoit au Comté de *Roussillon,* & autres lieux conquis & cedez ; le Pape Clement IX. a fait justice à sa Majesté, en luy accordant l'Indult du 9. Avril 1668. registré au Grand Conseil le 11. Juin 1670. pour la nomination à l'Evêché d'Elne, transferé à Perpignan, & tous les Benefices Consistoriaux du Comté de Roussillon, Conflans, Cerdagne, en toute vacance, même en celles qui arrivent par mort en Cour de Rome ; parce que le droit de nomination provient du Patronage Royal, comme le Pape l'a declaré par cet Indult, lequel Patronage n'est sujet à aucune reserve, ni même à celle de la vacance en Cour de Rome, comme l'ont justifié tous les Historiens d'Espagne, & plus particulierement *Joannes Lupus de Palcio & Ruvios,* dans un petit Traité intitulé, *de Beneficiis in Curiâ vacantibus,* fait par le commandement du Roy d'Espagne.

91 Le même Pape Clement IX. a donné au Roy un Indult pour l'*Artois,* où est l'Evêché d'Arras, du 9. Avril 1668. registré au Grand Conseil le 11. Juin 1670. Dans cet Indult il n'est point parlé de l'exception de la vacance par mort : mais cela n'empêche pas qu'à l'égard de l'Evêché d'Arras la vacance par mort est tacitement accordée, & appartient même de droit au Roy ; parce que sa Majesté a succedé aux droits des élections, lesquelles n'étoient point sujettes au privilege des vacances en Cour de Rome à l'égard des Dignitez, selon l'esprit de la Glose du ch. 2. *de Prabend. in* 6. & comme il est remarqué dans les Notes sur la Pragmatique Sanction du Roy Saint Loüis.

92 Le même Clement IX. a donné au Roy un Indult pour la nomination aux Benefices Consistoriaux, & autres ayant communautez dans l'étendüe des *Pays-Bas,* soûmis à l'obéïssance de sa Majesté. Cet Indult est du 9. Avril 1668. enregistré au Grand Conseil le 11. Juillet de la même année.

93 Le même Pape a donné au Roy un Indult le 27. Août 1668. enregistré au Grand Conseil le 11. Juin 1670. pour l'ampliation de la nomination à d'autres Benefices dans l'étendüe des *Pays-Bas,* soûmis à l'obéïssance

de sa Majesté, dans les lieux cedez en vertu du Traité d'Aix la-Chapelle, & qui seront cedez cy-aprés en vertu du même Traité.

94 Le precedent Indult des *Pays-Bas*, n'est qu'à la vie du Roy, quoyqu'il fût fondé en partie sur les Traitez des Pyrenées, qui avoient neanmoins reüni & incorporé ces Pays au Domaine de la France à perpetuité, sous prétexte, peut-être, qu'il y a quelques Pays de nouvelle conquête compris dans l'Indult. Mais ce second étant fondé sur la renonciation que le Roy d'Espagne a faite à perpetuité, par le Traité d'Aix-la-Chapelle, au droit qu'il avoit en ces mêmes Pays, au profit du Roy Tres-Chrétien ; l'on ne voit pas pourquoy ce dernier Indult n'a été fait qu'à vie, presque sur le fondement de la même cession. Celuy de Tournay qui suit, a été fait à perpetuité.

95 Indult accordé au Roy & aux successeurs de sa Majesté pour la nomination à l'Evêché de *Tournay*, par le Pape Clement IX. le 27. Août 1668. registré au Grand Conseil le 11. Juin 1670.

96 Lettres d'attache du mois d'Avril 1670. sur les susdits Indults de Clement IX. enregistrées au Grand Conseil le 11. Juin 1670. par lesquelles le Roy accepte ces Indults, & y attribuë toute Cour, Jurisdiction & connoissance au Grand Conseil.

97 & 98 Une observation à faire, est que non seulement par les Indults accordez au Roy pour les *Pays-Bas*, le Pape luy accorde la nomination pour les Benefices Consistoriaux, & pour ceux qui ont Convent & Communauté, comme les Prévôtez Regulieres & Seculieres, quoyqu'elles ne fussent point Consistoriales : mais encore à l'égard des autres Benefices simples, dont la collation appartenoit librement à sa Sainteté, le Pape s'engage de ne les conferer qu'à des personnes qui fussent sujettes au Roy, ou qui luy fussent d'ailleurs agréables & non suspectes. *Pinson*, ibid. tome 2. & la Bibliot. Can. tome 1. page 730.

99 Indult du Pape Innocent XI. accordé au Roy le 20. May 1686. enregistré au Grand Conseil le 9. Août suivant, pour la nomination aux Evêchez de Saint Omer & d'Ypres. *Biblioth. Canon.* tome 1. page 733.

100 Indult du Pape Innocent XI. accordé au Roy le 20. May 1686. enregistré au Grand Conseil le 9. Août suivant, pour la nomination aux Abbayes & autres Benefices Consistoriaux situez dans l'étenduë du Comté de Bourgogne, y compris la ville de Bezançon, & son district, & dans les autres Villes & Pays cedez à sa Majesté par le Traité de Nimegue.

INDULT, RESIGNATION.

101 Il peut y avoir autant d'Indults sur un Evêché ou Abbaye qu'il y aura de Titulaires; *quid* si un Titulaire ayant resigné retourne dans son Benefice, sera-t il chargé de deux Indults ? *M. Charles Du Moulin*, sur la Regle *de Infirmis*, *nombre* 247. dit que non; *Sive per viam restitutionis, vel alias ipso jure in vim prioris Tituli recuperaverit, quia non censetur amisisse, & sic idem ordinarius est.* Il en seroit autrement, s'il étoit rentré dans son Benefice, *per viam novi Tituli*; c'est-à-dire, si possedant avant la resignation en titre, il vient à posseder en Commande perpetuelle, ou si ayant possedé en Commande il vient à posseder en titre, à cause du changement & de la nouvelle qualité des Provisions.

102 *Du Moulin*, sur la Regle *de Infirmis*, *nombre* 337. parle d'un Indult accordé par le Pape à Gilles Conveos, comme étant familier & domestique d'un Cardinal, par lequel le Papé luy donnoit la faculté de resigner tous & un chacun de ses Benefices, purement & simplement, entre les mains de quelque personne qu'il voudroit choisir, pourvû qu'elle fût constituée en Dignité, quand bien il seroit malade lors de cette resignation, & à l'article de la mort ; & le Pape donnoit pouvoir à celuy entre les mains duquel se feroit cette resignation, de l'admettre & de conferer les Benefices resignez à des personnes dignes & capables, & cela comme delegué & par l'authorité Apostolique; comme aussi il luy donnoit la faculté de déroger à toutes les Regles de Chancellerie.

L'opinion de *Du Moulin* est que cet Indult est absolument abusif, & que le Pourvû par l'Ordinaire en pouvoir appeller comme d'abus, ou proposer ses moyens de nullité & d'abus contre cet Indult, pardevant les premiers Juges, lesquels pouvoient & même devoient rejetter cet Indult, comme vicieux & rempli de six abus considerables : mais il ne faut pas s'en étonner ; car dans le Pays d'obedience il se commet, & on approuve bien d'autres abus & plus mauvais, pour conserver le droit Apostolique.

103 Conseiller, quoyqu'il ait resigné, retient les privileges. Arrêt du Parlement de Paris du 26. May 1434. en faveur de M. Lambert Conseiller, qui fut compris au Rôle que l'on envoya au Pape pour l'Indult des Beneficiers ; mais ce fut aprés tous les autres Officiers. *Papon*, *liv.* 5. *tit.* 12. *n.* 2.

104 Un ancien & deplorable abus, a été condamné & prévenu par un Arrêt du Grand Conseil du 16. Decembre 1647. sur les Conclusions de M. Chamillard. Les Officiers qui avoient droit de nommer, faisoient des pactions, avec ceux à qui ils accordoient leur nomination, souvent à la charge & avec caution de rendre le benefice dont ils seroient pourvûs à une autre personne qu'ils nommeroient ; défenses furent faites de plus exiger ces sortes de déomines. *Voyez François Pinson*, en son Traité *de Canonicis institutionum condictionibus*. §. 4. n. 25. & *suiv*.

105 Depuis l'Indult d'Alexandre VII. & l'ampliation de Clement IX. le Roy a toûjours nommé aux Benefices des trois Evêchez & de leurs dépendances, quoyque les Officiers de la Datterie prétendent que sa Majesté, en vertu desdits Indults, n'a pouvoir de nommer qu'aux Benefices vacans par mort ; & sous ce prétexte, ils font difficulté de faire mention de sa nomination dans les Bulles expediées pour les Benefices vacans par resignation : mais c'est une prétention sans fondement & contraire aux termes de l'Indult de Clement IX. qui donne au Roy la nomination *ad quaecumque & qualiacumque Beneficia Ecclesiastica, &c. qua extra Romanam Curiam quibusvis modis & ex quibuscumque personis vacare contigerit, & quorum collatio, provisio, & omnimoda dispositio nobis & successoribus nostris praedictis, & dictae sedi quomodolibet, non tamen ratione alicujus apud sedem eamdem reservata existat* : En sorte qu'il est constant que le Pape ne s'est reservé que la disposition des Benefices qui pourroient vaquer par mort en Cour de Rome. Ce qui a donné lieu à l'Arrêt du Conseil du 13. Decembre 1670. par lequel sa Majesté a declaré nulles toutes les resignations qui pourroient être admises sans son agrément & sa nomination. Les Officiers de ladite Cour prétendent aussi que le Roy n'a droit de nommer qu'aux Benefices situez dans l'étenduë des terres & lieux qui étoient sous sa domination au temps desdits Indults, *ad quaecumque Beneficia Ecclesiastica in praefatis Metensi, Tullensi & Virdunensi Civitatibus, earumque territoriis, tuae ditioni & Dominio temporali de praesenti subjectis, dumtaxat consistentia*. A l'égard de ceux qui sont situez dans les Pays depuis soûmis à l'obeïssance de sa Majesté, bien qu'ils soient dépendans desdits Evêchez, comme les Benefices de l'Eglise de *Saint Gery* d'Espinal, du Diocese de Toul, ils soûtiennent que c'est au Pape à qui la disposition en appartient. *V. la remarque de M. Noyer*, sur l'usage & pratique de Cour de Rome, par *M. F. Perard Castel*, *page* 367.

106 Le Chevalier de la Ferté-Senneterre, pourvû de l'Abbaye de *Saint Jean d'Angely*, fait sa declaration le 21. May 1687. pardevant Notaires, qu'il s'en démet entre les mains du Roy. Au mois d'Avril 1688. il fait profession dans l'Ordre de Malthe. Le 15. Août suivant, le Roy nomma M. l'Abbé d'Hervaux ; le Brevet porte, *que c'est à cause du changement d'état du sieur de*

la Ferté, & en quelque maniere que ce soit : Il ne paroît pas que M. l'Abbé d'Hervaux ait accepté ; mais comme en même temps que le Roy donne son Brevet, il donne des Lettres d'Oeconomat ; un Oeconome fut établi. Le 7. Janvier 1689. M. l'Evêque de Die obtint du Roy des Lettres d'assiette d'Indult sur cette Abbaye ; elles furent signifiées. Le Chevalier de la Ferté revint en France au mois de Janvier 1690. Le 8. Février suivant nouvelle démission de sa part, nouveau Brevet au sieur d'Hervaux, qui obtint des Bulles en 1690. & prit possession. En 1692. il est inquieté pour le tiers des fruits donnez par le Roy aux nouveaux Convertis sur tous les Benefices Consistoriaux vacans. Arrêt au Conseil d'Etat le 25. Avril qui porte que le tiers n'aura lieu que du jour du second Brevet, & que les fruits du temps précedent appartiendront au Chevalier de la Ferté, ou à ses creanciers, comme si le premier Brevet n'avoit pas été expedié. Au mois de Février 1694. vaque par mort le Prieuré Regulier de *Saint Hilaire de Mesle*, à la collation de l'Abbé de Saint Jean d'Angely. M. l'Evêque de Die le requiert en vertu de son Indult. Deux jours après, M. d'Hervaux en pourvoit le sieur de Beauveau, en commande decretée, à la charge des réparations. Question de sçavoir si lors de la signification de l'Indult en 1689. il y avoit changement d'Abbé dans l'Abbaye de Saint Jean d'Angely ; ou si c'étoit toûjours le même qui avoit acquitté un premier Indult. Arrêt du Grand Conseil du 12. Mars 1695. qui déboute l'Indultaire, & maintient le sieur Abbé de Beauveau. *Voyez le Journal du Palais, in fol. to. 2. page* 893.

INDULT, UNION.

107 M. Fortias Maître des Requêtes, obtint des Lettres de nomination pour tenir son Indult sur l'Abbaye de S. Maixant, au nom d'un Religieux. Deux années après, les Religieux de Saint Maur traitent pour entrer dans ce Monastere ; ensuite vaque l'Office d'Aumônier, l'Indultaire le requit ; les Religieux s'y opposent. Arrêt du Grand Conseil du 3. Mars 1658. en leur faveur, sur le fondement que la nomination n'attribuë aucun droit specifique, & qu'elle ne peut empêcher l'union, quoy qu'elle la précede. Il fut donc dit par l'Arrêt que l'Office d'Aumônier demeurera supprimé tant que la reforme durera, sans préjudice du droit d'Indult en autre cause. *Journal des Audiences, tome* 3. *livre* 1. *chapitre* 13.

INFAMIE.

De his qui notantur infamiâ. D. 3. 2.
Ex quibus causis infamia irrogatur. C. 2. 12.
Instit. 4. 16. §. 2.

De infamibus. C. 10. 57. Les personnes infames sont incapables de posseder des Dignitez, & ne sont pas exemptes des charges publiques. *Voyez* les titres *Charges, Exemption, Offices.*

Infamie, chose honteuse. *L. 42. D. de verb. signif. Silvester in summâ.*

Marq. Freherus. J. C. & alii.
1 *Infamia pœna quibus casibus incurratur?* Voyez *Julius Clarus, li. 5. sent. quæst. 72.*
2 De la peine d'infamie. *Voyez Despeisses, tome 2.* en son Traité *des crimes & causes Criminelles, part. 1. tit. 12. sect. 3. art. 4. page 684.*
3 Infamie de droit & de fait encouruë par les Officiers. Voyez *Loyseau, des Offices, liv. 1. ch. 13.*
4 *Jurans aliquid non facere & facit, infamiam incurrit.* Voyez *Franc. Marc. tom. 1. quæst. 705.*
5 *Reo ante sententiam mortuo, ejus hæredes possunt purgare ejus infamiam, & prosequi ut procedatur ad sententiam.* Ibidem, *quæst. 760.*
6 *Notarius condemnatus de falso restitutus ad bonam*
7 *& famam, non nisi derogetur, ad Officium Tabellionatûs restitutus & censetur, creari Tabellio potest.* Voyez ibid. *tom. 2. q. 303.*

8 *Pœnam infamiam an evitat qui lite pendente paciscitur?* Ibid. *quæst. 800. & cy-après le nombre* 25.
9 *Infamis nemo efficitur nisi per sententiam.* Voyez *Com. Joan. Const.* sur l'Ord. de Fran. I. art. 149.
10 *Indulgentia an infamiam tollat?* Coral. S. C. Tholos. 41.
11 *Infamia in actione injuriarum quomodo evitari possit ?* Voyez *Andr. Gaill, lib. 2. observat.* 102.
12 *Actione injuriarum Conventus, si ante sententiam æstimationem injuriæ solvat, an infamiam evitet?* Ibidem, *Observat.* 103.
13 Infame ne peut être Arbitre. *Mornac, L. 7. ff. de receptis Arbitris.*
14 De l'infamie encouruë par la cession de biens. *Voyez* le mot, *Cession,* nomb. 115. *& suiv.*
15 De l'infamie encouruë par la condamnation d'amende. *Voyez* le mot, *Amende,* nomb. 57.
16 Les infames ne peuvent être promûs aux Ordres, ni pourvûs de Benefices. Voyez M. du Perray, en son traité *de la capacité des Ecclesiastiques pour les Ordres & Benefices, liv. 2. chap. 1.*
17 *Sententia suspensionis Beneficiorum, ad Beneficia quæ extra territorium non, nisi pro crimine infamiam irrogante extenditur : infamia infamem sequitur, sicut lepra leprosum.* Voyez *Franc. Marc. tome* 1. quæst. 718.
18 Il faut juger selon la qualité des personnes les actions infamantes. *Voyez M. le Prêtre,* 4. *Cent. ch.* 54. où il rapporte quelques textes du Droit Romain, qui empêchoient certaines personnes d'en accuser d'autres.
19 Crime de faux serment & parjure n'emporte infamie. Un homme qui avoit été choisi par sa compagnie étant assigné par devant le Prevôt de Paris pour faire casser l'élection, sur le fondement qu'il avoit fait cession de biens, le dénia par serment : l'acte aussi-tôt fut representé, il se trouva parjure ; au moyen de quoy, il est débouté de l'élection. Arrêt du Parlement de Paris du 13. Septembre 1543. qui infirme la Sentence, joint que la cession de biens n'infamoit point alors; neanmoins tel parjure doit être condamné à une amende arbitraire ou honoraire. *Papon, liv. 22. tit. 12. nomb.* 10.
20 Arrêt du Parlement de Bretagne rendu en forme de Reglement sur les Conclusions du Procureur General, le 19. Mars 1559. qui fait défenses à tous Juges du ressort de prononcer *sans note d'infamie,* & leur enjoint de proceder sommairement en cas d'injures verbales. *Du Fail, liv. 1. chap.* 109.
21 Le haut-Justicier ni le Juge Royal ne peuvent prononcer en ces termes, *sans pour cela encourir aucune note d'infamie.* Ancien Arrêt du Parlement de Roüen du 3. Juillet 1559. cela n'appartient qu'aux Parlemens. *Basnage, tit. de Jurisdiction,* art. 13.
22 La Cour seule ordonnant peines aux Criminels portant infamie de droit, les en peut exempter, en disant ces mots *sans note d'infamie,* & par Arrêt du 17. Octobre 1560. il fut dit que les condamnations, contre Ecoliers ne porteroient note d'infamie à moins qu'il n'y eût expresse declaration, *Mainard,* livre 2. *chap.* 18.
23 Pierre Reverdy, condamné en cent sols d'amende aux pauvres de S. Yves, pour les excès par luy faits à Pierre Horlande Sergent; il fut dit; pour l'irreverence par luy faite à la Justice, & sans note d'infamie. Arrêt du Parlement de Bretagne du 6. Septembre 1567. *Du Fail, liv.* 2. *chap.* 356.
24 La Cour peut sauver la note d'infamie en disant *sans note d'infamie.* Arrêt du Parlement de Grenoble du 2. Juin 1606. *Basset,* tome 1. livre 6. tit. 7. chap. 3. où il estime avec *M. Coquille,* qu'un juge inferieur peut dire en jugeant reparations pour injures, *sans note d'infamie adjectâ causâ* attendu la modicité de l'injure ; mais non simplement.
25 Celuy qui a composé d'un délit, est infame, suivant la loy *non damnatos C. ex quibus caus. infam. irrog.* Arrêt du Parlement de Dijon du mois de Novembre 1577. *Bouvet,* tome 1. part. 3. verbo, *Infame.*
26 L'Empereur Constantin a permis aux freres consan-

Iii iij

guins l'action de complainte d'inofficiosité, contre leurs freres consanguins qui auroient institué heritiers personnes infames. Arrêt conforme à cette disposition rendu au Parlement de Toulouse le 14. Août 1582. *Mainard*, tome 1. liv. 3. chap. 15. cet Arrêt est d'autant plus remarquable, que celuy qui fit casser le testament étoit un Religieux des Augustins de Narbonne; les biens furent ajugez au Roy, distraction faite de 100. livres au profit du Convent.

27 Celuy qui est restitué par le Prince en sa bonne renommée ne laisse pas d'être incapable d'exercer un Office de Judicature. Un particulier avoit été condamné pour usures en de grandes amendes qu'il avoit payées; depuis il obtint des Lettres pour être restitué en sa bonne renommée, & bien que les Gens du Roy en consentissent l'entherinement, il en fut refusé, parce qu'il prétendoit par ce moyen se donner entrée en un Office. Le Prince restitué contre la peine, afin que le condamné ne puisse plus être insulté impunément, & qu'il puisse sister en jugement; mais la note demeure à l'effet de l'exclure de témoignage ou de l'entrée aux Charges; l'infamie de droit est suffisante pour cela. Arrêt du Parlement de Roüen du 9. Juillet 1636.

Pœna potest tolli, culpa perennis erit
Indulgentia Principis, quos liberat, notat.
Voyez *Basnage, sur l'art.* 143. *de la Coût. de Normandie.*

28 Jugé au P. d'Aix le 13. Decembre 1666. que la prohibition faite par le Testateur à son heritier de laisser la succession à une personne avec note d'infamie, n'est pas valable. *Boniface*, tome 1. liv. 7. tit. 4. chap. 4.

DE INFIRMIS.

Voyez dans la *Bibliotheque Canonique*, tome 1. pag. 736. & suivantes l'explication de la regle *de infirmis resignantibus*. V. le sçavant & profond Commentaire de *M. Charles du Moulin*, dont l'extrait sera fait cy-après lettre R. au titre *des regles de Chancellerie Romaine.*

Si quelqu'un a resigné és mains de l'Ordinaire pour cause de permutation, & après és mains du Pape purement & simplement, si premierement la resignation a été faite par le malade devant l'Ordinaire, & qu'elle ait été admise, elle vaudra, si le Resignant vit audelà des vingt jours; mais s'il mouroit plûtôt, la collation de l'Ordinaire ne servira de rien par la regle *de infirmis*, ni la Provision du Pape, parce que le Benefice n'étoit pas vacant le Pape ne l'a pû conferer, comme il a été jugé par Arrêt cotté par *Rebuffe, in concord. §. volumus glos. ut de collat.* ainsi le temps se comptera du jour qu'il a passé Procuration. *ad resignandum.*

INFEODATION.

1 Elle concerne ou les dîmes qui sont en la possession des Laïcs, ou les heritages dont le Seigneur de Fief donne l'investiture, *Beneficiare, ut est loquutus Sigebertus, in chronico ann.* 107.

INFEODATION DE DISMES.

2 Infeodation des dîmes. *Voyez les Memoires du Clergé* tome 3. part. 3. pag. 138. jusqu'au 179. & cy-dessus, verbo, *Dîmes*, nomb. 260. & suiv.

INFEODATION, FIEFS.

Voyez les mots *Affeagement, Fief, Investiture.*
3 *Quod Prælatus res infeudari solitas sine consensu Capituli in feudum concedere possit?* Voyez *Anar. Gaill, lib.* 2. *observat.* 161.

INFEODATION, PATRONAGE.

4 Si le Patronage peut être infeodé? *Voyez* le mot, *Patronage*, nomb. 108.

INFORMATION.

L'Information en fait civil, comme en matiere de possession, de proprieté, d'union, est plus connuë sous le nom d'enquête, *ad quem titulum* le Lecteur est renvoyé.

1 Des informations en matiere criminelle, par qui elles doivent être faites, où elles doivent être mises & produites. *Voyez les Ordonnances* recueillies par *Fontanon*, tome 1. liv. 9. tit. 80. page 697. *Bouvot*, tome 2. verbo, *Information*, & l'*Ordonnance de* 1670. tit. 6. avec le titre 25. *de la même Ordonnance*, article 5. où vous trouverez que les procez Criminels peuvent être instruits & jugez, encore qu'il n'y ait point d'information.

2 Appel de l'information empêche le decret. *Voyez Philippi, és Arrêts de la Cour des Aydes de Montpellier*, art. 140.

3 Les témoins oüis dans une premiere information nulle, pourront être oüis dans une autre, sans préjudice des reproches: arrêté pour cela dans le Livre vert du Parlement de Grenoble. *Voyez Chorier en sa Jurisprudence de Guy Pape*, page 359.

4 L'Ordonnance de ne faire oüir plus de dix témoins sur un fait n'a lieu en procés criminel, & aussi n'a lieu la maxime tenuë en droit qu'après publication d'enquêtes, l'on n'est reçû à proposer faits directement contraires; car un accusé est, après la confrontation (qui est équipolente à publication) recevable à proposer son *alibi* & autres justifications. Arrêt du Parlement de Paris du 24. Avril 1551. *Papon*, livre 9. titre 11. nombre 10.

5 En la cause du sieur de Berny Maillard, contre Gilles Bizeüil, sieur de la Croix, par Arrêt du 17. Juillet 1595. donné en la Chambre de la Tournelle, la Cour faisant droit sur les Conclusions du Procureur General du Roy, a fait inhibitions & défenses à tous Greffiers aux Justices des Seigneurs de mettre pardevers iceux Seigneurs, les minutes des informations & procedures criminelles secretes faites en leurs Justices, sous peine de l'amende. *Bibl. de Bouchel*, verbo, *Information*.

6 En fait de crimes graves, les Juges doivent eux-mêmes informer ou commettre des Graduez pour ce faire, non leurs Greffiers ou Notaires. Jugé le 23. Novembre 1596. *Expilly*, *Arrêt* 159.

7 Le Lieutenant Particulier de Roüanne avoit informé contre M. Didier Valence son Lieutenant General, que l'on disoit luy-même avoir emprisonné, & outragé une femme qui se battoit contre une autre; & sur l'information, il y avoit eû decret d'ajournement personnel dont le Lieutenant General avoit appellé. On lui disoit, que c'étoit appeller *à facie judicis*, il répondit que le Lieutenant Particulier n'étoit pas son Juge, & que depuis peu il avoit été jugé *nihil Prætori in Consulem. M. Servin* allegua la loy *quemadmodum* 19. §. *Magistratus D. ad. L. Aquiliam*. Par Arrêt du 15. Janvier 1600, l'appellation &c. & les parties hors de Cout & de procez. *Bibliotheque de Bouchel*, verbo, *Juges*.

8 Par Arrêt du 23. Février 1607. il fut ordonné que les Sergens, Archers, Greffiers, n'informeroient point sans commission de Juges, sinon en flagrant-délit, & que les Juges ne bailleroient commission, sinon aux parties, le requerant, ou au Substitut du Procureur General, & que l'Arrêt seroit lû & publié par tous les Sieges du Ressort. Par autre Arrêt du 27. Août 1620. sur les conclusions de M. le Procureur General, défenses à tous Sergens de plus informer sans commission, & ordonnance de Juge, & que l'Arrêt seroit lû au Siege du Bailliage de Reims, à la diligence du Substitut. *Additions à la Bibliotheque de Bouchel*, verbo, *Sergens*.

9 La minute d'une information ayant été perduë par un Greffier, il fut ordonné que le Demandeur accusateur bailleroit au Greffier autant de sa plainte, avec le nom & surnom & demeure des témoins pour être avisé de nouveau aux frais dudit Greffier & à sa diligence, pardevant le même Commissaire, qui avoit oüy lesdits témoins. Arrêt en la Tournelle le 28. Avril 1607. *Ibidem, aux additions*, verbo, *Information*.

10 Par Arrêt du 21. Juin 1608. défenses au Bailly du Fort l'Evêque de decreter sur informations faites par son Greffier, ni au Procureur Fiscal de requerir sur icelles. *Ibidem*.

11. Un Official ne peut commettre un Notaire Royal pour proceder par information, & il y a abus. Arrêt du Parlement de Bourgogne du 21. Janvier 1612. *Bouvot*, tome 2. verbo, *Abus*, quest. 2.

12. Es crimes graves les Juges doivent informer eux-mêmes, ou commettre des Graduez pour ce faire, & non leurs Greffiers ou Notaires. Arrêt au mois de May 1615. *M. Expilly*, *Arrêt* 159.

13. Arrêt du Parlement de Paris du 2. Août 1625. portant défenses aux Baillis d'informer contre les Officiers Royaux. *Maréchaussée de France*, page 481.

14. Le Procureur du Roy faisant information sans dénonciation, est responsable des dommages & interêts, si les accusez sont renvoyez absous. Jugé le 28. Avril 1626. *Du Frêne*, liv. 1. chap. 100.

15. Arrêt du 29. May 1630. qui a jugé que les Commissaires Examinateurs peuvent informer *in flagranti delicto* commission du Juge. *Filleau*, 3. partie, aux additions page 578.

16. Officiers des Seigneurs Justiciers, ne peuvent informer ni decreter contre les Officiers du Roy exerçant leurs charges. Jugé le 23. May 1633. *Bardet*, tome 2. liv. 2. chap. 29.

17. Autrefois on tenoit au Palais qu'un Avocat pouvoit informer *in flagranti delicto* en l'absence des Juges, neanmoins le Parlement de Normandie l'an 1644. cassa une information commencée par un Avocat & continuée par le Juge; on faisoit cette distinction qu'un Avocat peut bien recevoir la déposition d'un homme mourant, mais qu'il ne pouvoit pas informer. *Basnage*, tit. *de Jurisdiction*, art. 1.

18. On n'est point reçû à faire informer de la prétenduë mauvaise vie d'autruy; en un mot les actions populaires n'ont point de lieu en France. Arrêt du 14. Decembre 1652. *Du Frêne*, liv. 7. chap. 11.

19. Les Officiers Royaux ne peuvent informer contre les Officiers subalternes de la même ville, pour raison des differends qui naissent entr'eux sur le fait de leurs Charges; mais ils peuvent respectivement dresser leurs procès verbaux, & les envoyer à la Cour pour y être pourvû. Arrêt du 2. Juin 1663. *De la Guess.* tome 2. liv. 5. chap. 25.

20. Arrêt du Parlement de Provence du 17. Novembre 1646. qui enjoint aux Officiers de faire les informations sur la verité des deux querelles ou plaintes en Justice dans un même cahier. *Boniface*, tome 1. liv. 1. tit. 27. nomb. 5.

21. Arrêt du 19. Août 1664. qui a fait défenses aux Juges procedans à continuation d'information, d'ouïr derechef les témoins ouïs en l'information precedente. *Boniface*, tome 2. part. 3. liv. 1. tit. 1. chap. 3.

22. Arrêt du 24. Janvier 1665. qui a jugé que l'information n'est pas nulle pour avoir été ouïe partie des témoins sans serment, ni la continuation d'information pour avoir été ouïs de nouveau quelques témoins de l'information; mais seulement la déposition de tels témoins doit être rejettée. *Ibidem*, chap. 4.

23. Jugé le 20. Juin 1665. que les informations peuvent être faites dans la maison du Juge, que la continuation d'information peut être faite après le recolement; le même Arrêt a rejetté la déposition des témoins ouïs en la premiere information. *Ibidem*, chap. 5.

24. Arrêt du 16. Janvier 1671. qui a jugé que les informations doivent être faites dans les Palais, & non dans les maisons des Juges. *Boniface*, tome 3. liv. 1. tit. 1. chap. 6.

25. Le Juge Royal ne peut informer hors du ressort de son établissement. Arrêt du même Parlement de Provence du 6. Février 1672. *Boniface*, ibidem, titre 2. chapitre 2.

26. Les témoins déja ouïs peuvent encore l'être, quand l'information a été faite pardevant un Juge incompetent. Ainsi jugé au Parlement de Grenoble le 30. Mars 1666. *Basset*, tome 2. liv. 9. tit. 3. chap. 3.

27. Arrêt du Conseil d'Etat du 28. Février 1681. entre les Officiers du Parlement de Pau. Sa Majesté ordonne que les informations & autres pieces secretes des procés criminels demeureront au Greffe dudit Parlement; fait défenses au Greffier de se desaisir des minutes, & à son Procureur General audit Parlement de les retenir sous quelque prétexte que ce soit, nonobstant tous usages, possession, & Arrêts contraires; mais sera tenu les remettre incontinent après qu'il en aura pris communication; le tout à peine d'interdiction, dépens dommages & interêts des parties. *Voyez les Edits & Arrêts recueillis par l'ordre de M. le Chancelier*, en 1687.

28. Par Arrêt du Conseil du 12. Juin 1684. Sa Majesté ordonne que toutes les informations & pieces secretes des Procés criminels qui sont presentement és mains du Procureur General du Parlement de Pau, seront par luy remises au Greffe dans trois jours, à compter de celuy de la signification qui luy sera faite du present Arrêt, ce qu'il sera tenu d'observer dorénavant de toutes celles qui luy seront à l'avenir mises és mains; autrement & à faute de ce faire, ledit delay passé sa Majesté dés à present comme pour lors, l'interdit des fonctions de sa charge; ordonne pareillement sa Majesté que les Procureurs de Parsan seront tenus d'envoyer dans trois jours au Greffe du Parlement toutes les informations qu'ils feront, soit qu'il y ait ou non des parties instigantes, & à faute de ce faire dans ledit temps, seront pareillement interdits pour la premiere contravention, & pour la seconde privez & destituez de leurs fonctions, *ibidem*.

29. Jugé au Parlement de Toulouse le 3. Janvier 1688. que l'audition renduë par le Prévenu sur des informations nulles & cassées devoir être juë, & ne devoit pas être absolument rejettée, parce que les auditions peuvent absolument subsister sans les informations, puisqu'elles précedent quelquefois. *Arrêt de M. de Catellan*, liv. 9. chap. 8.

30. Le Procureur du Roy ou Fiscal peut informer sur le bruit public, en ce cas n'ayant point de dénonciateur, il n'est pas responsable des dommages & interêts, s'il arrive que l'accusé soit renvoyé absous, pourvû qu'il ne paroisse point avoir agi par animosité. Arrêt du Parlement de Paris du 26. May 1691. *Journal des Audiences*, tome 5. liv. 7. chap. 27.

INFORMATION DE VIE ET MOEURS.

31. Informations des vie & mœurs de ceux qui veulent être reçus aux Offices & Magistratures Royales. V. *M. Expilly*, *Arrêt* 153.

32. Information de vie & mœurs des Beneficiers. V. le mot *Benefices*, nomb. 116. & suiv.

L'information faite sur Requête presentée pour informer de la vie & mœurs ne vaut; mais il faut que l'information se fasse sur faits articulez. Arrêts des 12. Janvier 1571. & 16. Mars 1585. *Papon*, livre 9. titre 1. nomb. 24.

33. L'information *de vitâ & moribus* des nommez par le Roy aux Prélatures, ne se peut faire par les Nonces sans abus. *Févret*, traité de l'abus, liv. 3. chap. 3. article 28.

34. Par Arrêt du Parlement de Paris du 12. Decembre 1639. La Cour ayant égard à la Requête de M. le Procureur General, ordonne que les informations de l'âge, vie, mœurs & conversation Catholique de ceux que le Roy veut nommer aux Archevêchez, Evêchez, Abbayes, Prieurez, & autres Benefices, se feront à l'avenir par les Evêques Diocesains des lieux où ils auront fait leur demeure & résidence les cinq années précedentes, conformément à l'Ordonnance de Blois, art. 1. défenses à ceux qui auront obtenu du Roy la nomination, de s'en aider d'autres que de celles faites par les Evêques Diocesains, à peine d'être déchus de la grace, à tous sujets du Roy de rendre leurs dépositions & témoignages pardevant autres, à tous Notaires Apostoliques de les recevoir, & à tous Banquiers & Expeditionnaires d'en envoyer à Rome d'autres, à peine de privation de leurs Charges, & d'être punis comme

INGRATITUDE.

De ingratis liberis. C. 8. 50... C. Th. 8. 14. Les enfans émancipez retombent sous la puissance paternelle, par leur ingratitude.

De libertis, & eorum liberis. C. 6. 7.. C. Th. 4. 11. De l'ingratitude des Affranchis.

Quot testes sunt necessarii ad probandam feudi ingratitudinem. F. 2. 57.

Prosper *de ingratis contrà Pelagianos.*

Joannis Antonii Campani, *lib. 3. de fugiendâ ingratitudine.*

Silvester *in summâ.*

Lilius Gregorius Giraldus *de ingratis.*

1 Si l'on peut objecter l'ingratitude & indignité du pere, aux enfans qui viennent à la succession de leur ayeul ? *Voyez Bouvot, tome 1. part. 3. verbo, Substitution, quest. 2.*

2 Si l'ingratitude est couverte par actes officieux depuis faits ? *Voyez ibidem.*

INGRATITUDE, DONATION.

De la revocation de la donation par ingratitude. *V. le mot Donation, nomb. 420. bis & suiv.* & M. Ricard, *des Donations, part. 3. chap. 6.*

Ingratitude du Donataire. *Voyez le mot Donation, nomb. 962.*

3 *Donationis revocatio per ingratitudinem & intrà quod tempus fiat? Voyez la Bibliotheque de Bouchel, verbo, Ingratitude, ubi multa sur cette matiere.*

4 Le Donateur a droit de revoquer la donation par ingratitude du Donataire, & si cette ingratitude est extrême, comme *ob violentas manus illatas donatori*, l'action dure trente ans, mais si c'est pour autres injures, de celles *quæ nunc & dissimulatione abolentur*, l'action ne dure pas davantage. *Voyez Mainard, liv. 8. ch. 9.*

5 Arrêt contre une fille donataire de son pere, pour avoir fait informer contre luy au sujet de quelques coups qu'elle disoit en avoir reçûs, elle l'avoit fait decreter & crier à trois briefs jours La Rocheflavin, *liv. 6. tit. 40. Arrêt 26.*

6 Pour détruire une donation en bonne forme, l'on peut admettre la preuve par témoins des faits d'ingratitude ; mais si l'on oppose qu'il y a des informations adhirées où le fait est prouvé, faute de les representer, le Donataire doit joüir de sa bonne fortune. *Voyez Pl. 80. Plaidoyé de M. de Corberon.*

7 L'heritier du Donateur ne peut reprocher à un Donataire son ingratitude envers le Donateur s'il n'en a parlé avant sa mort ; *secus* si le Donateur a voulu revoquer la donation par motif d'ingratitude du Donataire. *Arrêt du Parlement de Grenoble. Papon, liv. 11. tit. 1. nombre 37.*

8 Si le Donataire tombe dans le crime d'ingratitude, la donation sera revoquée ; mais le droit en a reduit les moyens à 14. seulement ; neanmoins si le Donateur n'a pas fait de plainte judiciellement contre le Donataire ingrat, ou s'il n'a pas témoigné qu'il avoit intention d'en faire, cette action ne passe point à son heritier, auquel il ne sera point permis de proposer aucun de ces 14. moyens contre le Donataire. *Voyez Guy Pape, quest. 95.*

9 Arrêt du 13. Decembre 1585. qui a declaré nulle une donation entre vifs de tous & chacuns ses biens, noms, droits & actions, presens & à venir par ingratitude ou autrement irrevocable : 1. parce que cette clause *par ingratitude irrevocable, prabet causam peccandi*, & par consequent rend la convention nulle, *L. conveniri, D. de pact. dotalibus.* 2. cette donation fut trouvée trop immense, attendu qu'il n'y avoit pas même reservation d'usufruit. La Rocheflavin, *liv. 6. tit. 40. Arr. 23.*

10 Le pere & la mere qui ont deux filles, marient l'aînée, & luy font une ample donation, cette fille superbe dédaigne pere & mere, & les injurie publiquement ; elle outrage sa mere, dont le pere fait informer, & par son testament révoque tout ce qu'il luy avoit donné & la desherite. Jugé le 5. Janvier 1585. que la révocation & l'exheredation étoient bonnes. Carondas, *liv. 7. Rép. 104.* Voyez M. Expilly, *Arrêt 126.* où il y a Arrêt du 20. May 1603. qui juge que ce qui est constitué en dot ne se révoque point pour cause d'ingratitude suivant le droit.

11 Donation faite en faveur de mariage peut être révoquée par ingratitude. Cambolas, *liv. 5. chap. 48.*

12 Donation faite à la charge de nourrir & entretenir le Donateur révocable pour cause d'ingratitude des Donataires. Jugé le 29. May 1656. quoyque les Donataires ayant eu connoissance de la révocation, eussent demandé en Justice que la Donatrice fût tenuë de rétourner avec eux, aux offres de la traiter doucement ; mais on considera qu'il y avoit eu inexecution de la promesse, ce qui dégeneroit en ingratitude. Soëfve, *tome 2. Cent. 1. chap. 30.*

13 Arrêt du Parlement de Provence du 17. Juin 1661. qui a jugé que la donation est révoquée à cause d'ingratitude. Le même Arrêt a reçû la preuve par témoins de l'ingratitude. Boniface, *tome 1. livre 7. titre 9. chapitre 2.*

INGRATITUDE, DOT.

14 La dot ne peut être révoquée par ingratitude de la fille ou gendre. Cambolas, *liv. 3. ch. 44.*

INGRATITUDE, EXHEREDATION.

15 Si pour cause d'injures & ingratitude, un fils peut être exheredé ? *Voyez le mot, Exheredation, nomb. 74. & suivans.*

INGRATITUDE, RECONCILIATION.

16 En causes *d'ingratitude*, la reconciliation entre le pere & le fils, est toûjours présumée, si le pere a reçû le fils à prendre le lit & la table chez luy. Mantic. *lib. 4. tit. 11. in fine.*

Voyez le mot, Reconciliation.

INGRATITUDE, RESIGNATION.

17 Arrêt du 5. May 1609. qui declare abusive une pension créée sur la Prébende Theologale de l'Eglise Cathedrale de Langres, conformément aux Conclusions de M. l'Avocat General Servin ; & neanmoins d'autant que le Resignataire étoit en cause, lequel ne devoit pas profiter de sa perfidie, on le condamna à resigner purement & simplement entre les mains du Chapitre la Prébende contentieuse, & le Chapitre de la conferer au Resignant, si mieux il n'aimoit payer & continuer une pension de 200. liv. à laquelle somme la Cour moderâ la pension qui étoit de 250. liv. Cet Arrêt rapporté par Brodeau sur M. Louet, *lettre P. tome. 46.* paroît extraordinaire ; il declare une pension abusive, qu'il confirme neanmoins dans sa réduction par un détour qui ne semble pas conforme à la dignité & autorité des Arrêts : car en matiere Beneficiale on ne doit pas entrer dans des considerations d'ingratitude au préjudice des regles qui concernent la pureté de la discipline Ecclesiastique. *Bibliotheque Canonique, to. 2. page 214.*

Voyez le mot, Resignation.

INGRATITUDE DU VASSAL.

18 *Voyez le mot, Fief, nombre 71. bis.* & Choriet, *en sa Jurisprudence de Guy Pape, page 130.*

Quod feuda ob ingratitudinem amittantur: Voyez Andr. Gaill. *lib. 2. observat. 157.*

Dominus investiens ingratum Vassallum ignorantem, non remittit ingratitudinem ; c'est pourquoy il y a lieu à la commise. *Vide Du Moulin, sur la Cout. de Paris, §. 41. Glos.* & *in verbo,* qui dénie le Fief, *n. 130. p. 1035.*

INIMITIE'.

SI propter inimicitias creatio facta sit. C. 10. 66. Contre les nominations à une tutelle, ou autre charge, faites par inimitié. En ce cas, le nommé gagne ses dépens contre le nominateur. *C. 10. 67. ... V. Tutelle. §. Excuse des Tuteurs.*

Inimitiez

Inimitiez qui donnent lieu à une demande en prise à partie. *Voyez* le Titre *Prise à partie*.
Inimitiez qui rendent la déposition d'un témoin suspecte. *Voyez* les mots *Réproche* & *Témoin*.

INJURE.

De injuriis. C. 9. 35... Inst. 4. 4... Paul. 5. sent. 4... Lex 12. tabb. t. 25.
De injuriis & damno dato. Dec. Gr. 15. q. 1. c. 2... Extr. 5. 36... S. 5. 8... Inst. Lanc. 4. 11.
De injuriis & famosis libellis. D. 47. 10... C. 9. 36.
Si quis Imperatori maledixerit. C. 9. 7... C. Th. 9. 4. V. *Leze-Majesté.*
De maledicis. Extr. 5. 26... J. Lanc. 4. 5.

Voyez, cy-après le mot, *Libelle.*

Voyez hoc verbo Injure, la *Biblioth. de Bouchel*, & au même tome 2. les additions *sub eodem vocabulo*, Injure, *ubi fusè*, & M. *Expilly*, Arrêt 97.

Voyez *Julius Clarus, li. 5. sententiarum,* où il est traité *de injuriâ.* Les annotations qui sont à la fin de l'ouvrage du même Auteur, doivent être examinées.

Des injures & libelles diffamatoires. *Voyez Du Luc, liv. 12. tit. 3. ch. 4.*

Des injures verbales. *Voyez* la *quest. 466. de Guy Pape.*

1 *De libello injuriarum, & ejus requisitis.* Voyez *Andr. Gaill, lib. 1. observ. 64.*

2 *Actio injuriarum ad reclamationem an sit criminalis: & utrum cumulari possit cum actione injuriarum ad æstimationem?* Voyez *ibid. observ. 65.*

3 *An veritas convitii excuset injuriantem?* Voyez *idem, lib. 2. observat. 99.*

4 *Provocatus an injuriam retorquere possit?* Voyez *ibid. observat. 100.*

5 *Injuria verbis facta an honoris præfatione tollatur?* Ibid. *observat. 101.*

6 *Injuria scripta an sit verbalis, & anno tollatur?* Voyez *ibid. observat. 104.*

7 *Annus in actione injuriarum prætoriâ, quando currere incipiat?* Voyez *ibid. observat. 105.*

8 *Juramentum purgationis in actione injuriarum, an reo deferri possit?* Voyez *ibid. observat. 106.*

9 *Hodie an criminaliter agi possit, ratione illatâ alicui injuriâ?* Il faut que l'injure soit grave. *Voyez Stockmans, decis. 104.*

10 *Actio injuriarum ad eos, qui ex familia sunt pertinet.* Voyez *Anne Robert, liv. 4. ch. 12.*

10 bis. L'an utile pour intenter l'action d'injure. *L. si non convitii, Cod. de injuriis.* Voyez le Traité de l'*Abus*, tome 2. liv. 8. ch. 2. n. 27.

11 *Injuria civilis cum actione criminali quandoque cumulari potest, & quandoque non: cujus præscriptio annalis est, quæ ignoranti & impedito non nocet.* Voyez *Franc. Marc.* tome 2. *quest.* 192.
Collegium vel Universitas an possit agere de injuriâ uni de Collegio illatâ. V. TOURNET, *lettre C. n.* 143.

12 *Relationi apparitoris de injuriâ sibi illatâ an standum sit, an vero Notario qui relationem scripsit.* Voyez *Franc. Marc. tom. 2. quest. 51.*

13 *Narrans verbum injuriosum ab alio prolatum actione injuriarum irretitur.* Ibid. *quest.* 933.

14 *De modo pronunciandi in causâ injuriarum.* Voyez *ibid. quest.* 934.

15 *Comparatio litterarum famosum libellum seu cantilenam continentium, quando in dubium vertitur, an fieri debeat?* Ibid. *quest.* 937.

16 *De denunciatione super verbis injuriosis.* Ibidem. *quest.* 941.

17 *Injuriæ remissio per qua fiat?* Ibid. *quest.* 943.
Sur des violences & des injures atroces dites à un Marchand par un Apothicaire. *Voyez* le 81. Plaidoyé de M. de *Corberon*, Avocat General au Parlement de *Metz*.

18 On s'accoûtumoit à donner des Requêtes contre l'honneur d'autruy; les Procureurs s'en déchargeoient par désaveu. Arrêt du 12. Decembre 1483 qui défend

Tome II.

de plus en presenter sans être signées & cottées de leurs mains. *Biblioth. de Bouchel*, verbo, *Injures.*

19 Jugé que quand des personnes constituées en dignité, & qui avoient fait une injure grave, étoient mulctées, comme fut le Doyen de *Chartres*, des distributions, il n'y avoit pas lieu d'en interjetter appel comme d'abus. *Jo. Gall. quest.* 258.

20 Serment supletif, peut être reçû en injure, quand il n'y a point d'infamie. Jugé par Arrêt du Parlement de *Bourdeaux* du 17. Août 1535. *Papon*, livre 9. titre 6. nombre 10.

21 Par Arrêt du Parlement de Roüen du 27. Juin 1538. il a été jugé que celuy qui a dit des injures dans un Prétoire, est justiciable du Juge d'iceluy, encore qu'il soit d'une autre Jurisdiction, à laquelle il demande son renvoy. *Jovet*, titre *des Juges*, n. 103. Voyez le *Commentaire de Berault*, sur la *Coûtume de Normandie*, à la table, verbo, *Injure.*

22 Arrêt du Parlement de *Toulouse* du 21. Juillet 1537. qui condamne un nommé *Bernardy*, pour réparation d'excés, temerité, injures, à venir un jour à l'Audience de la Conciergerie au Parquet d'icelle, & là, tête nuë à genoux, dire & declarer que folement, témerairement & indiscretement, & contre verité, il a écrit, proposé & mis en avant les paroles injurieuses, calomnieuses, & contenantes faussetez à l'encontre du Conseiller, dont il se répent; comme aussi que les Requêtes & moyens de faussetez seront rompus & lacerez; & au surplus a banni iceluy *Bernardy* perpetuellement du Royaume, ses biens immeubles confisquez. *La Rocheflavin, liv. 6. tit. 56. Arr.* 21.

23 Autre Arrêt du 5. Novembre 1544. qui met les parties hors de Cour en injures verbales, non atroces, dites *in absentia*; & défenses au Viguier de *Toulouse* en semblables matieres, & entre personnes de basse condition de tenir long-temps les parties en procés. *La Rocheflavin*, ibid. *Arr.* 7.

24 *Senatus indistincté vult, quod in remissione injuriæ interveniat consensus utriusque, scilicet filii, qui injuriam accepit, & ejus patris, bene verum est quod quando non intervenient cædes, neque vulnera, solet approbari remissio facta à patre sine filio qui est offensus; & ità vidi servari in gratiâ cujusdam Baptistæ Righetti, 5. August. 1551. Hæc autem omnia intellige, ut procedat in filio qui sit in patris potestate constitutus, sed si esset emancipatus, sufficit ab eo remissionem habere, etiam sine patris interventu. Et ità conclusum fuit per Senatum in approbatione gratiæ cujusdam Franceschini Bassi, 6. Octobr. 1557.* Voyez *Julius Clarus, li. 5. sent. quæst. 58.*

25 Les défendeurs en réparations d'injures verbales, si elles ne sont graves, en sont déchargez sans dépens, en declarant ne les avoir dites, & en les désavouant par procuration ou en jugement. Arrêts du Parlement de *Toulouse* des 11. Decembre 1570. & 11. Janvier 1571. *La Rocheflavin*, liv. 2. *lett. I. tit. 5. Arr.* 1.

26 On n'est pas recevable à prouver les injures dites contre son voisin. Arrêt du Parlement de *Paris* du 14. Juillet 1576. infirmatif de la Sentence qui avoit permis la preuve; & défenses à l'Intimé de plus intenter telles actions. *Papon, liv. 8. tit. 3. n. 1.*

27 En injures qui regardent toute la famille, comme si on appelle une personne ladre & de race de ladre, les parens peuvent agir *actione injuriarum.* Arrêt du Parlement de *Paris* du 12. Janvier 1582. *Ibidem, nombre* 15.

28 Jugement ayant été donné en matiere d'injure, quoiqu'il n'y ait eu que condamnation pecuniaire, on ne peut plus rentrer ni reprendre la penale. Arrêt du 11. Février 1584. *Ibid. n.* 8.

29 Un particulier ayant injurié son beau-frere, l'ayant appellé Voleur, pilleur de Calice, & qu'il avoit fait mourir son pere, & cela en place publique, est appellé en matiere d'injure, & afin de réparation d'honneur. En plein Jugement il le soûtient, & offre de les prouver le lendemain; il se retire en la Chambre du Conseil

K k k

en Vermandois, & dit que transporté de colere il avoit usé de telles paroles, & s'en dedit. Par Sentence on met les parties hors de Cour & de procés; il fut dit que le défendeur levera la Sentence qu'il fera signifier au demandeur; appel par le demandeur; Arrêt du 28. Novembre,par lequel l'appellation au néant,sans amende, & se contentera l'appellant de lever l'Arrêt, par lequel il leur est défendu se méfaire ni médire. *Biblioth. de Bouchel*, verbo, *Injures*.

30. Un nommé Chenet aprés avoir eu le foüet pour larcin, obtint Lettres de réhabilitation; ensuite il brigue la charge de Procureur Fiscal; le Competiteur opposé qu'il a été répris de Justice, Chenet forme l'action d'Injure; l'autre dit que ce n'étoit point *convitiandi animo*, mais *excipiendi*. Le Prévôt ordonne que Chenet aura acte de cette declaration; & neanmoins le condamne aux dépens; le Juge d'appel fait défenses au Competiteur de proposer ce fait, & le condamne aux dépens. Arrêt du Parlement de Paris du 6. Août 1588, qui confirma la Sentence du premier Juge. *Ibidem*.

31. L'injure *etiam de chose vraye* est défendue, quand elle se dit *convitii causâ, & injuriandi animo, si non convitis, L. de injur.* parce que l'honnêteté publique, & la civile conversation, en est offensée,qui ne permet pas que l'on s'injurie l'un l'autre; cela est traité amplement par *Boër, Conf.* 4. où il dit que *veritas convitii non excusat ab injuriâ*.

32. C'est une maxime que *dissimulatione tollitur injuria*, suivant le sentiment d'*Aufrerius, decis.* 234. & fut une injure censée remise, les parties ayant bû, mangé, & conversé ensemble; par Arrêt du 14. May 1584. *Bouvot*, tome 2. *in verbo*, *Injure*, quest. 12.

33. La Loy *Cum qui nocentem de injur.* permet d'injurier la personne du crime dont il a été convaincu; ce qui est confirmé par la Loy finale, *ff. ad L. Jul.ᵐ Majest.* & conformément à cette Loy, par Arrêt du même Parlement du 8. Octobre 1610. un qui avoit dit à un autre que son pere avoit été pendu,fut renvoyé hors de Cour & de procés, ledit Arrêt rapporté. *Ibid.* quest. 2.

34. Par Arrêt du Parlement de Bourgogne du 16. Janvier 1616. il fut jugé que c'étoit injure de dire à un homme qu'il étoit ignorant dans sa profession. *Ibidem*, verbo, *Injure, Batteries*, quest. 9.

35. L'affiche de cornes à la porte d'une maison, est une espece de libelle diffamatoire;il en peut être informé,& fut un particulier condamné pour ce en de grosses réparations, par Arrêt du 18. Janvier 1618. *Juxta legem unicam. Cod. defam. libell. Ibid.* quest. 6.

36. *An actione verborum injuriosorum dictorum coram principe aut judicio injuriarum actio detur? Princeps remittendo injuriam coram se officiario factam, an injuriati interesse remissum videatur?* Voyez *Franc. Marc.* tom. 1. quest. 674. & 675.

37. Crime dont est coupable celuy qui fait une effusion sur le visage. *De calce mixtâ aceto, effusaque in faciem ad extinguendos oculos. V. Mornac, L.* 1. *ff. de iis qui effuderunt vel dejecerunt, &c.*
Voyez cy-aprés le nombre 44.

38. Quelques Paysans de la Paroisse de *Colegnes*, en la Jurisdiction d'Aiguillon, avoient assisté avec une grande multitude de peuple à une ceremonie qu'on appelle *Course* ou *Chevaucherie d'Asne*, en haine d'un homme de la Paroisse qui s'étoit laissé battre par sa femme. Ils se plaignoient de l'affront qui leur avoit été fait. Par Arrêt du Parlement de Bourdeaux du 2. Septembre 1610. les accusez furent condamnez à 30. liv. d'aumôner, & quelque petite somme pour tous dépens, dommages & interêts; défenses d'user de telles façons de faire. Voyez les *Plaidoyers celebres dédiés à M. de Nesmond*, page 197.

39. Par Arrêt du Parlement de Roüen du dernier Mars 1612. rapporté par Berault, *sur la Coût. de Normandie, art.* 544. il a été jugé que le mary pour injures dites par luy & sa femme en sa presence, bien qu'il l'ait dénoncée, est tenu à tous dépens. *L.* 2. *ff. de noxal. act.*

40. Les Vicomtes ne sont pas Juges de l'action d'injures, quoyque civilement intentée, qui est ce qu'on appelle à Paris *le petit Criminel*: Arrêt le 2. May 1656, au Parlement de Roüen entre le Vicomte & le Juge Criminel de Caën. *Pesnelle, en sa Coût. de Norm. art.* 11.

41. Arrêt du Parlement de Provence du 29. Avril 1662. qui a jugé qu'appeller *Diable* une personne d'honneur, & ses actions endiablées,est une injure atroce & criminelle. *Boniface*, tome 2. part. 3. liv. 1. tit. 3. ch. 8.

Des injures réciproques; *mutuâ compensatione tollantur*. Jugé à Grenoble le 14. Decembre 1662. *Basset*, tome 2. liv. 9. tit. 6. ch. 1.

42. Arrêt du 19. Juillet 1664. qui a jugé que *mordre* & *couper* une narine du nez, est une injure atroce; l'accusé fut condamné en 200. liv. d'amende & aux dépens. *Ibid. chap.* 7.

43. Le 13. Mars 1666. il a été jugé que l'injure réelle n'est point éteinte par dissimulation ni prescription d'un an. L'accusateur se plaignoit de coups de pieds & de bâtons, & disoit que l'injure étant réelle, ne peut,comme les autres crimes, être prescripte que par 10. ans. *Ibidem, chap.* 9.

44. La procedure criminelle compete contre celuy qui jette une fiole pleine d'ancre contre un autre. Arrêt du 22. May 1670. qui condamna l'accusé à demander pardon à genoux & en l'amende.*Boniface*, tome 5. liv. 3. tit. 1. chap. 15. & cy-dessus *le nombre* 37.

45. Des affiches publiques mises de l'autorité de Justice, arrachées & déchirées. Arrêt du P. de Grenoble du 16. Mars 1665. qui condamna l'accusée innocemment aux dépens. On considera que c'étoit une femme qui avoit juste cause d'ignorance que ces affiches eussent été exposées de l'autorité de Justice contre son frere, & au sujet d'un procés criminel, qui avoit été terminé par transaction. *Basset*, tome 2. liv. 9. tit. 10. ch. 1.

46. C'est une maxime que *mandans & mandatarius tenentur de injuriâ illatâ, ex lege non solum. §. si mandat. ff. de injur. L.* 1. §. 2. *de eo per quem*; & parce qu'en délit il n'y a point de garantie; un particulier qui a alégué avoir injurié par le mandement d'autruy, n'a pas laissé d'être condamné par Arrêt du Parlement de Bourgogne du 27. Janvier 1607. *Bouvot*, tome 2. question 40.

46 bis. La verité de l'injure n'excuse pas, parce que les veritez en fait d'injures ne sont jamais bien dites. Arrêt du 15. Decembre 1679. qui condamne celuy qui avoit appellé Banqueroutier, à aller en la maison du demandeur en réparation, où il declareroit en presence de six Marchands des amis du demandeur, & en presence du Syndic des Marchands, pardevant M. d'Albenas Viguier, qui fut commis pour cet effet,que mal à propos il l'avoit calomnié & offensé, & qu'il le tenoit pour homme de bien & d'honneur. *La Rochestavin. liv.* 2. lettre *I.* tit. 5. *Arr.* 1.

47. Par Arrêt du P. de Bourgogne, rapporté par *Bouvot*, en ses *quest.* notables,10. 1. in verbo,*Injures,part.*1. q. 1. a été jugé qu'un accusé d'avoir dit des injures, ne pouvoir être tenu de jurer, *quia injuriarum condamnatio infamis fit. L. injuriarum.ff. ex quibus cauf. infam. irrog.* notamment lorsqu'on a conclu en amende honorable & profitable.

INJURE, AMENDE.

48. De l'amende encouruë en matiere d'injure. Voyez le mot, *Amende*, n. 62. & suiv.

INJURES, AVOCATS.

49. Voyez le 79. Plaidoyé de M. *de Corberon, Avocat General au Parlement de Mets*, sur des blessures faites au visage d'un Avocat, qui en étoit défiguré. L'Avocat avoit appellé l'autre *Sot*, *double sot*.

50. La Loy *quisquis de postulando*, instruit l'Avocat de ce qu'il a à faire, *agat quod causa desiderat, temperet se ab injuriis, neque in maledicendi, ac convitiandi licentiam prorumpat*; la modestie de l'Avocat est requise en ses écritures, *non probris certare, sed rationibus & veritate.* Charles VII. en l'Ordonnance de 1440. défend

expressément aux Avocats, à peine de privation, de postuler, & d'amende arbitraire, d'user d'injures & d'opprobres contre leurs parties adverses : & par Arrêt du 15. Mars 1570. il fut dit que des écritures où il y avoit des injures, seroient biffées & rayées ; autre Arrêt du 13. Juin 1583. rapporté par Bouvot, tome 2. verbo, *Injures*, quest. 10.

51 D'autant que les cessions sont prohibées à un Procureur & à un Avocat, suivant la Loy 9. *de adv. divers. jud.* L. 7. *mand.* L. 2. *de var. & extr. cognit.* & par l'Ordonnance d'Orleans, pour cela un Procureur, à qui on avoit dit qu'il avoit acheté le procés de sa partie, obtint permission d'informer, par Arrêt du Parlement de Bourgogne du 13. Septembre 1614. rapporté par Bouvot, ibid. verbo, *Injures, Batteries*, quest. 8.

52 Quelques parties pour avoir avoüé paroles injurieuses proferées par leur Avocat, en plaidant contre parties adverses, furent condamnées au Parlement de Paris en l'année 1390. à 400. liv. parisis envers leurs parties, & 200. liv. envers le Roy. M. le premier Président dit en prononçant l'Arrêt, que c'étoit la faute de l'Avocat, & qu'attendu que les parties l'avoient avoüé, il falloit qu'ils portassent cette faute. Bibliot. de Bouchel, verbo, *Injures.*

53 Paroles injurieuses couchées par relief ou écritures, sujettes à être rayées avec amendes. Arrêt du 19. Mars 1575. contre maître Jean le Tellier. Bibliot. de Bouchel, verbo, *Injures.*

54 Injure plaidée par l'Avocat est amendable contre la partie de l'avoüant. Arrêt du Parlement de Paris de l'an 1590. Ibidem.

55 Injures dites contre un Procureur, sont amendables. Jugé par Arrêt du Parlement du 20. Decembre 1463. contre une partie, laquelle avoit fait dire à son Avocat que le Procureur adverse s'étoit vanté qu'il avoit tant d'amis à la Cour, qu'il ne doutoit point de gagner son procés, & aprés avoir eu delai pour le prouver, ce que n'ayant pû faire, fut condamné à declarer à l'Audience, que ce qu'il avoit avancé, étoit faux, payer 15. livres d'amende au Roy, & 10. liv. à la Partie. Papon, liv. 8. titre 3. nombre 4.

56 Injure faite à Richer Avocat en l'Audience par le Prieur de Regny, qui fut condamné en 100. liv. de réparation envers Richer. Arrêt du 12. Juillet 1638. Du Frêne, liv. 3. chap. 55.

57 Une partie qui avoit dit dans ses écritures, que sa partie adverse étoit un impertinent, & ne meritoit pas de vivre, condamné en 3. liv. d'amende envers le Roy, & 20. liv. envers la partie, par Arrêt du Parlement de Provence du 11. May 1643. Boniface, tome 2. part. 3. liv. 1. tit. 3. chap. 3.

58 Une partie ayant fait dire par son Avocat que sa partie adverse étoit fille d'une bâtarde, & petite-fille d'un bâtard, & qu'un de ses parens avoit été condamné à la roüe, furent condamnez en amendes envers le Roy & la Partie, & encore en amendes pour les menuës necessitez du Palais. Arrêt du 2. Mars 1652. Ibid. ch. 5.

59 Arrêt du Conseil du 21. Mars 1679. qui défend à ceux qui se pourvoiront en cassation d'Arrêt, d'inserer dans leurs Requêtes aucuns termes injurieux, aux Avocats au Conseil de les signer, & aux Huissiers de les signifier. V. les Edits & Arrêts recueillis par l'ordre de M. le Chancelier en 1682.

60 Les parties qui plaident ne doivent point mettre dans leurs écritures des injures contre leurs parties adverses ; & si elles le font, la Cour ordonne que ces injures seront rayées & supprimées. Arrêt du Parlement de Paris du 15. May 1688. au Journal des Audiences, tome 5. li. 4. chapitre 12.
Voyez le mot, *Avocat*, nombre 87. & cy-aprés, n. 98.

INJURE, DEMENTI.
61 Voyez au 1. vol. le mot, *Démenti.*

INJURE AU DONATEUR.
62 Voyez le mot, *Ingratitude*, nombre 3. & suiv.
Pour injures verbales & réelles, la donation peut être revoquée ; mais la preuve des faits ne doit être reçûë dix ans aprés. Arrêt du Parlement de Bourgogne du 15. Février 1607. Bouvot, tome 1. verbo, *Donation*, question 19.
Voyez cy-devant, verbo, *Donation.* & cy-aprés, verbo, *Révocation.*

INJURE, EMPRISONNEMENT.
63 De l'emprisonnement injurieux. Voyez le mot, *Emprisonnement*, n. 56. & suiv.

INJURE, EXECUTION.
64 Des executions injurieuses. Voyez le mot, *Execution*, nombre 41. & suiv.

INJURES A FEMMES ET A FILLES.
65 Arrêt du Parlement de Bretagne du 24. Mars 1565. en faveur de celuy qui avoit desavoüé l'injure avant le jugement, & réconnu la complaignante pour femme de bien & de bon gouvernement. Du Fail, livre 2. chapitre 254.

66 Le mary se plaignt d'injures atroces, dites à sa femme ; l'accusé dit ne les avoir proferées ; au surplus qu'il a reconnu pour femme de bien, offre le declarer en tous lieux, & de payer les dépens. Arrêt du Parlement de Bretagne du 16. Février 1566. qui ordonne nonobstant ses offres qu'il sera pris au corps. Ibidem, livre 3. chapitre 84.

67 Un jeune homme avoit dit en plusieurs endroits que le Curé étoit en mauvais commerce avec sa Paroissienne. Le mary & la femme rendent plainte ; le Curé est reçû partie jointe ; decret contre le jeune homme ; il declare qu'il les tient pour gens de bien, & demande que la cause soit civilisée ; le mary & la femme l'empêchent ; le Curé se contente de la declaration ; cependant le Juge ordonne le recolement & la confrontation ; appel par l'accusé. Voyez le 1. Plaidoyé de Bouchin, Procureur du Roy à Baune, il conclut en faveur de l'Appellant. Le Jugement intervenu sur l'appel, n'est point rapporté.

68 Le mary peut seulement transiger des injures verbales faites à sa femme. Arrêt du Parlement de Dijon du 24. Mars 1582. Bouvot, tome 1. part. 3. verbo, *Injures*, question 2.

69 Declaration faite par un particulier, qu'il tenoit pour femme de bien, chaste & pudique, une femme, laquelle il avoit été accouchée quatre mois aprés son mariage, fut reçûë ; les parties hors de Cour, par Arrêt du Parlement de Dijon du 19. Juillet 1600. il fut ordonné que l'Arrêt seroit lû aux Prônes. Idem, tom. 2. verbo, *Injures*, quest. 36.

69 bis. Jugé par Arrêt du Parlement de Bourgogne du dernier Juin 1607. que le mary peut transiger de l'injure verbale faite à sa femme, si ce n'est *ratione thori violati*; parce que cette injure ne regarde point seulement sa femme, mais tous ses parens. Ainsi doit être prononcé Chassanée, sur la Coûtume de Bourgogne, tit. des droits appartenans à gens mariez, art. 5. Boër, decision 125. Julius Clarus, tit. de injur. Bouvot, tome 2. verbo, *Injures*, quest. 42.

70 Un Greffier qui avoit injurié son Juge, l'ayant appellé âne & assoté, indigne de sa Charge ; condamné par Arrêt du Parlement de Bourgogne du 2. Juin 1600. de se trouver pardevant le Commissaire que la Cour députeroit, pour declarer qu'il le tenoit pour homme de bien, d'honneur, bien faisant sa Charge, en presence de six parens ; declarant la mere de l'injurié avoir été femme d'honneur, non atteinte des injures mentionnées au procés. Ibid. quest. 37.

70 bis. Du crime d'injure. V. Despeisses, tome 2. page 673.
La femme ne peut agir pour injure faite à son mary ; la verité de l'injure n'excuse pas, &c.

71 Un Curé abusant de la femme d'un Paroissien, ce Paroissien l'ayant trouvé à la ruë un jour de Fête, comme il alloit celebrer le Service Divin, luy dit des injures atroces. Information ; decret de prise de corps ; le Paroissien emprisonné est interrogé ; il declare que poussé d'une juste douleur, il avoit usé de telles voyes, de

Kkk ij

paroles & de fait. Requiert commission pour informer. Decret contre le Curé. Arrêt à la Tournelle Criminelle le 8. Février 1597. par lequel le Curé a été renvoyé pardevant le Juge d'Eglise pour luy faire son procés, auquel le Juge Royal assisteroit pour le cas privilegié, & cependant sursis la poursuite du procés intenté contre le Paroissien, jusques à la fin du procés du Curé, durant lequel le Paroissien élargi à la caution juratoire, & à la charge de se representer. *Carond. liv 11. Réponse* 8.

71. Par Arrêt du 10. Decembre 1604. rapporté par *Bouvot*, verbo, *Injures*, to. 2. q. 5. il a été ordonné qu'il seroit informé d'une injure dite à une femme de Procureur, qu'elle étoit putain; la declaration qu'on la tenoit pour femme de bien, n'ayant pas été jugée suffisante.

Un particulier qui s'étoit vanté au Cabaret d'avoir eu copulation charnelle avec une fille, fut condamné se representer en Justice, & declarer en presence de six patens, qu'il tenoit & réputoit la fille pour chaste & pudique, & n'avoit eu copulation charnelle avec elle. Arrêt du Parlement de Bourgogne du 7. Février 1618. *Ibid. quest.* 13.

72. Injures dites contre l'honneur d'une fille fiancée. L'Arrêt du 21. Juillet 1618. ordonna que declaration seroit donnée, que les injures avoient été dites & proferées indiscretement & méchamment, & que les informations seroient supprimées; condamna aux dépens, en 12. liv. d'aumône, avec défenses de commettre tels actes, à peine de punition exemplaire. Semblable Arrêt du 10. Janvier 1626. au profit d'un Cordonnier de Paris, & de sa fille, contre un Procureur du Châtelet, qui avoit dit avoir oüi, que si Vernas son Confrere épousoit cette fille, il porteroit les cornes. *Bardet*, tome 1. liv. 1. chap. 39.

72. *Mulieri quæ non palam & passim restituta est; sed paulisis sui facit copiam, injuriarum actio competit adversus eum qui eam meretricem vocavit*, Boër, *Consil.* 4. *num.* 35.

73. Arrêts du Parlement de Provence qui condamnent en l'amende envers le Roy & les Parties, celuy qui avoit appellé une femme *Putain*, & le mary *Cornard*. *Boniface*, tome 2. part. 1. liv. 1. tit. 3. ch. 4.

74. L'action criminelle compete pour l'injure du mot de *Putain*. Arrêt du 11. Janvier 1670. L'on disoit qu'il y avoit eu une reconciliation; mais l'on répondoit au contraire que la preuve n'en étoit point admissible. *Ibid.* tome 5. liv. 3. tit. 7. ch. 2.

75. La femme mariée ayant formé une accusation en injures legeres, son mary la peut remettre, ou l'accommoder avec l'accusé, & empêcher la poursuite de la femme contre l'accusé. Arrêt du même P. de Provence du 12. Août 1684. *Ibid.* ch. 5.

76. Le mary peut demander réparation de l'injure faite à sa femme, quoy qu'elle l'ait pardonnée. Arrêt du Parlement de Grenoble du 16. Février 1667. contre un Procureur qui avoit appellé *Putain* la femme du Demandeur. *Chorier, en sa Jurisprudence de Guy Pape*, p. 280.

77. Sur l'injure prétenduë faite à une fille pour avoir été appliquée au carcan par Ordonnance du Juge, du seul ordre du Gouverneur. *Voyez le* 82. *Plaidoyé de M. de Corberon, Avocat General au Parlement de Metz*.

78. Arrêt qui ordonna la visitation des parties naturelles d'une fille en une simple cause d'injures verbales, afin de parvenir à une réparation pour la fille: *Voyez Frain*, page 860.

79. Un Prêtre de l'Eglise de Semur en Auxois, bat une Demoiselle, la traite de putain, de garce à chien, avec des juremens, & reniemens du saint nom de Dieu. On luy fait son procés pardevant le Lieutenant Criminel, le Prêtre en appelle comme de Juge incompetent, & demande son renvoy pardevant l'Official. M. Quarré, Avocat General du Parlement de Bourgogne, requit une amende contre ce Prêtre, & que sous le Benefice de sa declaration, qu'il tenoit l'Intimée pour femme de bien & d'honneur, non atteinte & convaincuë des injures mentionnées au procés, évoquant le principal, & y faisant droit, les parties fussent mises hors de Cour, en ajugeant à l'Intimée tels interêts que la Cour jugeroit raisonnable; ce qui fut ordonné. *Voyez le* 2. *Plaidoyé de M. Quarré.*

INJURES FAITES AUX JUGES.

80. *De injuriâ judici factâ, an ipse eam punire possit* Voyez *Andr. Gaill, lib.* 1. *observat.* 39.

De la punition des injures & médisances contre les Magistrats. *Voyez la Rochestavin, liv.* 13. ch. 72.

81. L'on ne doit rien plaider d'injurieux contre un Conseiller de la Cour, sans le congé d'icelle. *Voyez du Luc, liv.* 4. *tit.* 1. ch. 17.

82. *Injuria verbalis Magistratui per inferiorem illata atrox censetur: pro quâ nedum ictus sustim, sed mortis pœna irrogari quandoque potest. Voyez Franc. Marc. tom. 1. question* 34.

83. *Clericus propter injuriam commissam coram sæculari judice, an & quando per dictum judicem in eum animadverti possit? Voyez ibid. quest.* 215.

84. *Judex injuriam passus procedens ad punitionem delicti an possit recusari? N. Com. Joan. Const.* sur l'Ordonnance de François 1, art. 148. où il dit, *aut delictum est notorie, seu injuria, & notorie concernens officium, ut quia judex sedet in judicio; aut ejus officialis justitiam ministrat, & ejus officium exercet, & pœna est à jure taxata, & tunc non potest recusari, aut pœna non est à jure taxata, sed arbitraria, & tunc potest ut suspectus recusari, quia forte possit in arbitrando modum excedere.*

85. *Judex quandoque injuriam sibi aut suis factam punire potest.* Voyez ibid.

86. *Voyez le* 92. *Plaidoyé de M. de Sainte Marthe*, contre un Juge, qui dans le lieu où il rendoit la Justice, avoit battu & outragé un autre Juge, & tiré le poignard sur luy.

87. Le Maire de Roüen tenant son Siege, un Gentilhomme & son Valet luy firent une injure, pour laquelle ils furent condamnez à luy aller faire amende honorable, & en de grandes amendes, & à tenir prison. Arrêt du 4. Juillet du Parlement des octaves de Toussaints 1316. au Registre *olim*, feüil. 335. *Corbin, suite de Patronage, chapitre* 145.

88. Un Comte qui avoit frapé un Gentilhomme en presence des Maîtres des Requêtes, & plusieurs autres Juges, *usque ad effusionem sanguinis*, fut condamné à une grosse amende, par Arrêt du Parlement de Paris du 20. Mars 1319. Il ne paroit pas qu'il y ait eu une autre peine prononcée. *Corbin, ibidem, chap.* 9.

89. Celuy qui par causes d'appel déduit, & allegue injures contre le Juge, duquel il a été appellé, est amendable, car si avant la Sentence le condamné connoissoit que le Juge luy étoit suspect, il devoit dire ses causes de soupçon pardevant luy, & ne pas differer à les dire en la cause d'appel; ainsi jugé par Arrêt du Parlement de Paris le 25. Janvier 1326. *Bibliorb. de Bouchel*, verbo, *Injures*.

90. Injure prononcée en Jugement, quoique la chose soit vraye, est amendable. En 1387. le Prévôt de Paris étant en Parlement, assistant à la plaidoirie de l'appel d'une cause qu'il avoit jugée contre un Ecolier, dit que l'Ecolier avoit couché avec la femme de la partie, & qu'il le prouveroit bien. La partie requit sur le champ que le Prévôt fut condamné à faire amende honorable & profitable; les Gens du Roy y conclurent; la Cour appointa; cependant le Prévôt obtint grace du Roy, pour l'amende honorable à partie, & l'amende pecuniaire au Roy; mais il fut condamné en l'amende profitable de 10. liv. envers la partie. *Papon, liv.* 8. *tit.* 5. *nombre* 1.

91. Arrêt du 3. Janvier 1418. qui condamne un Marchand à l'amende honorable & pecuniaire, pour avoir dit à un Avocat du Roy à qui on avoit donné charge de visiter des bois, que s'il entroit dans son vaisseau, il le jetteroit dans l'eau. *Voyez Rebuffe*, sur le Concordat, au titre *de Elect. derog.* verbo, *Advocatum Regium*.

INJ INJ 445

91 Un Cordonnier de Paris pour avoir presenté Requê- & te diffamatoire & contre l'honneur d'un Conseiller de
93 la Cour, fut par Arrêt du 25. May 1429. condamné à faire amende honorable, crier mercy à Dieu, & demander pardon au Roy & à la Justice, & au Conseiller, en confessant que faussement & mauvaisement il avoit fait dresser, & apés presenter la Requête. *Voyez la Biblioth. du Droit François par Bouchel*, sous le titre des *Injures*.

94 L'espece de ce même Arrêt est rapporté dans *Papon, liv. 8. tit. 3. nombre 7.* Il observe que M. de la Porte, qui étoit le Conseiller auquel l'injure avoit été faite, declara qu'à son égard il ne vouloit point d'amende honorable, ni autre peine, sans toucher à celle qui étoit duë à Dieu & au Roy. Comme le condamné étoit extrêmement pauvre, & n'avoit de quoy payer l'amende, il fut dit qu'il feroit abstinence en prison, un mois au pain & à l'eau. Cet Arrêt pris de *Du Luc*.

95 Arrêt du Parlement de Toulouse du 7. Decembre 1465. par lequel un Prêtre ayant dans une Requête accusé le Procureur General d'avoir reçu des presens, fut condamné de faire amende honorable en la Cour, à huis clos, au Procureur General, à son propre & privé nom, pour les injures, sans autre amende ni dépens. *Papon, ibidem.*

96 Injures plaidées en cause d'appel contre le premier Juge, sont amendables, & les Juges reçûs à demander réparation. Arrêt du Parlement de Paris du 25. Janvier 1489 en faveur du Bailly, & Procureur du Roy du Siege de Dreux, contre les Religieux des Colombes. Autre Arrêt du 19. Mars 1575. qui ordonna que certaines injures seroient rayées, avec amende. *Papon, ibidem, nombre 2.*

97 Un Appellant pour avoir dit que la Sentence du Sénéchal de Toulouse, dont il étoit appellant, étoit faussement & méchamment donnée, a été condamné au P. de Toulouse le 11. Mars 1543. pour la faute & temerité par luy commise à aller incontinent au Consistoire dudit Sénéchal, & se dédire desdites paroles, avec reservation de ses bon nom, fame & renommée; ce qui a été executé incontinent. *La Rocheflavin, liv. 2. lettre T. titre 5. Arrêt 2.*

98 Injures proferées contre un Enquêteur du Châtelet, disant qu'il avoit été corrompu par la Partie à force d'argent; l'Enquêteur poursuivant réparation de l'injure, l'Avocat fut enquis s'il pourroit prouver la corruption : L'Avocat fit réponse que le tout avoit été fait secretement, & qu'ainsi difficilement il se pourroit prouver. Par Arrêt de la Cour de Parlement à Paris, donné le 18. Mars 1543. il fut ordonné que les mots seroient rayez du plaidoyé, avec defenses aux Avocats de plus alleguer telles injures, qu'ils ne fussent certains de le prouver, & ce sur peine de suspension de leurs états. *Biblioth. de Bouchel*, verbo, *Injures*.

99 La peine des Magistrats qui s'injurient & querellent dans la Chambre du Conseil, suivant le Reglement de l'an 1553. executé par Arrêt du 13. Février 1633. est une suspension d'une année, & une amende de 1000. liv. & lors que ces differends se presentent à juger au Parlement de Grenoble pour ceux des autres, ils y sont jugez, toutes les Chambres assemblées. Arrêt du 23. Juin 1687. pour celuy de M. le Président de la Garde, évoqué du Parlement d'Aix. *Voyez Chorier, en sa Jurisprudence de Guy Pape, p. 73.* Il observe que cet Arrêt a été un éloge à son innocence.

100 L'Evêque de Coutance dit à Monsieur son Rapporteur, que *s'il eût eu toutes les pieces par luy produites, la Cour n'eût donné tel Arrêt*. Le Parlement de Bretagne se trouva offensé; il rendit Arrêt le 15. Octobre 1555. qui en consideration de la dignité Episcopale, & pour cette fois seulement, & sans titer à consequence, met les parties hors de Cour; defenses à l'Evêque de proferer telles & semblables paroles indiscretes contre aucuns des Présidens ou Conseillers, autrement qu'il sera procedé contre luy, comme appartiendra par raison. *Du Fail, liv. 3. ch. 180.*

101 Deux Gentilshommes ayant en faveur d'un Président du Présidial, tiré le Lieutenant de son Siege pour présider; & depuis le Lieutenant ayant retenu ces Gentilshommes prisonniers, le Président les fit échaper, & le Lieutenant fit emprisonner le Président. Appel, la Cour condamna les Gentilshommes en l'amende, comme ayant sans grief appellé, & en 200. liv. d'amende vers les pauvres, à tenir prison, & à remettre le Lieutenant en son Siege, eux deux nuë tête, & les Président & Lieutenant suspendus pour trois mois. Jugé le 22. Mars 1574. enjoint au Procureur du Roy de faire publier l'Arrêt. *Papon, liv. 8. tit. 3. n. 8.*

102 Le Juge peut punir l'irreverence à luy faite. Le Prévôt de Sainte Meachou injurié par un Sergent, le fit emprisonner, & instruisit extraordinairement. Arrêt du 7. Janvier 1576. qui declare le Sergent non recevable dans son appel, & le renvoya pour luy être fait son procés. Autre chose seroit de l'injure personnelle, non faite à l'état. Arrêt du mois de Decembre 1576. *Ibid. liv. 6. tit. 2. n. 1.*

103 Un Echevin de Janville pour avoir dit au Juge que c'étoit un beau Juge, & qu'il en feroit davantage, fut par Arrêt du Parlement de Paris du 28. Février 1578. condamné à 20. écus d'amende, & aux dépens. *Ibid. liv. 8. tit. 3. n. 1.*

104 Un Solliciteur ayant par ses Lettres d'évocation injurié l'Avocat du Roy de Roüen, il fut ordonné le 19. Decembre 1578. que la partie representeroit l'original & le duplicata, pont être lacerez en presence, autrement dés à present la partie condamnée à 1000. écus, sauf le recours contre le Solliciteur. *Ibid. n. 6.*

105 Injures en cause de recusations contre un Juge délegué, amendable. Arrêt du 13. May 1586. Autre du 15. May 1578. pour le Lieutenant Criminel de Meaux. *Papon, ibidem, nomb. 4.*

106 Magistrat offensé peut obtenir Monitoire. *Bouvot, tome 2. verbo, Injures, quest. 31.*

107 Jugé au Parlement de Bourgogne, qu'une Partie ne peut injurier un Juge, ou arbitre, après le Jugement en cause d'appel, dire que *per sordes aut evidentem injuriam*, il a jugé, & fut un qui avoit proferé telles injures, condamné à faire réparations aux Avocats qui avoient Jugé. Arrêt du premier Decembre 1617. *Bouvot, tome 2. verbo, Injures & baterie, quest. 12.*

INJURES, MAISTRE, SERVITEUR.

108 Defenses aux Serviteurs, s'ils ont à se plaindre de leurs Maîtres de proceder par injures, & ce sur peine du foüet. *Voyez du Luc, liv. 12. tit. 3. chap. 6.*

109 Arrêt du Parlement de Toulouse du 22. Decembre 1548. qui condamne un valet, pour avoir outragé son Maître qui étoit Notaire & Secretaire du Roy, à faire amende honorable, tant en l'auditoire dudit Viguier un jour tenant l'Audience, qu'au devant de la maison dudit Maître & là à genoux, en chemise, tête & pieds nuds, tenant entre ses mains une torche de cire ardente, dire & confesser follement, temerairement, & indiscretement avoir outragé sondit Maître, qu'il s'en repent & en crie mercy à Dieu, au Roy & à la Justice, & audit la Tanerie, & ensuite mis au carcan avec un écriteau où il seroit écrit, *Serviteur ayant outragé son Maître* & banny de la Viguerie de Toulouse pour un an. *La Rocheflavin, liv. 2. tit. 5. Arr. 4.*

110 Une Chambriere ayant battu sa Maîtresse, femme d'un Secretaire du Roy, l'ayant tirée par les cheveux & egratignée; par Sentence du Bailly de saint Germain des Prez, fut condamnée d'avoir le foüet devant le Pilory dudit S. Germain & devant la maison de sa Maîtresse. Arrêt du 22. Avril 1577. confirmatif. *Bibliot. de Bouchel, verbo, Chambriere.*

111 Arrêt du Parlement de Provence du 13. Février 1655. qui a jugé que le Maître est recevable à poursuivre l'injure faite à la servante, & à faire informer des soufflets à elle donnez par des voisins, en balliant sur le pas de sa

Kkk iij

porte. Le même Arrêt a jugé, que le pere sur tout quand il est mandant & suspect, ne peut pas se desister d'une injure faite à son fils. *Boniface, to. 2. part. 3. l. 1. t. 2. c. 18.*

112 Le Maître est recevable d'accuser, pour l'injure faite à son Valet, en executant ses commandemens. Arrêt du 5. May 1679. *Boniface, tome 5. liv. 3. tit. 7. chap. 4.*

INJURE AU PATRON.

113 Le sieur de saint Victor ayant fait prier son Curé de chasser de sa maison une servante qui causoit du scandale ; ce Curé prit occasion de l'accuser de luy avoir donné un soufflet, & n'ayant pû en faire la preuve, le Dimanche suivant, lorsqu'il étoit prêt de dire la Messe, il protesta qu'il ne pouvoit la dire en presence du sieur de S. Victor qui étoit excommunié pour l'avoir frappé, & il ne souffrit point que ce jour-là on dit Messes, ni Vêpres, ayant fait fermer les portes de l'Eglise, & mener tous ses Paroissiens entendre la Messe dans une Paroisse voisine. Le sieur de saint Victor en ayant fait informer, il soûtenoit, qu'ayant reçû une injure si atroce de celuy qui luy avoit obligation de cette Cure valant 2000. livres de rente, il devoit être privé de son Benefice à cause de son ingratitude. En procedant au jugement du procès, on delibera si cette injure étoit assez grave pour la punir par la privation de son Benefice ? La Cour ayant fait entrer le Patron pour sçavoir s'il consentiroit à une pension, après la declaration qu'il y donnoit son consentement, le Curé fut privé de son Benefice, par Arrêt de la Tournelle de Roüen du 20. Mars 1638. rapporté par *Basnage, sur l'art. 75. de la Coûtume de Normandie.*

INJURE AU PERE.

114 Un fils accusé d'avoir injurié son pere, même de luy avoir jetté une pierre & battu sa sœur, fut poursuivi extraordinairement ; le fils demandoit que le procez fût civilisé prétendant que le pere n'est pas recevable dans l'action criminelle contre le fils : celuy-cy est débouté. *Voyez le 3. Plaidoyé de M. Bouchin, Procureur du Roy à Baune.*

115 Un fils avoit injurié son pere & l'avoit appellé poltron. Oüi le pere & le Procureur du Roy de Sammar, Arrêt du mois de Juin 1578. qui condamne le fils au foüet, & le renvoye au pays pour être executé ; cependant le pere avoit remis l'offense. *Bibliotheque de Bouchel, verbo, Injures.*

116 Jugé que l'action d'injure faite au beau-pere par le gendre, est criminelle. Arrêt du Parlement de Dijon du 17. Septembre 1612. *Bouvot, tome 2. verbo, Injures, quest. 3.*

117 Un fils pour avoir battu son pere & luy avoir montré *pudenda* en derision & objecté dans la confrontation qu'il avoit tué un homme, par Arrêt sans date sur l'appel du Juge qui l'avoit seulement condamné à faire amende honorable, a été condamné à être pendu. *La Rochestavin, liv. 2. lettre J. tit. 5. Arrêt 5.*

118 Arrêt du Parlement de Provence du 8. Novembre 1676. qui a jugé que le fils de famille associé avec son pere en une ferme, a action pour poursuivre l'injure faite à son pere & à sa sœur à l'occasion de la ferme. *Boniface, tome 5. liv. 3. tit. 7. chap. 3.*

Voyez les mots, Exheredation, Fils, Pere.

INJURE, PRETRE.

119 L'action en injures intentée contre un Prêtre est de la competence du Juge Royal. Arrêt de la Tournelle de Roüen du 18. Novembre 1664. rapporté par *Basnage, tit. de Jurisdiction, art. 1.*

120 Arrêt du Parlement de Provence du 11. Decembre 1679. qui a jugé que la connoissance de l'accusation d'un libelle diffamatoire fait par un Ecclesiastique appartient au Juge Ecclesiastique, non au Juge seculier, & qu'il n'y a point d'abus à sa Sentence. *Boniface, tome 3. liv. 7. tit. 10. chap. 1.*

INJURES, PROCEDURES.

121 En matiere d'injures verbales, & pour excès legers on doit proceder sommairement, oüir le Défendeur par sa bouche, & s'il dénie l'injure, ordonner que le Demandeur amenera deux ou trois témoins ; l'on ne doit proceder par recollement & confrontation. *Voyez Papon, livre 8. tit. 3. nomb. 13.* où sont rapportez plusieurs Arrêts qui ont décerné ajournement personnel contre les Juges dont les procedures n'étoient sommaires ; quand les injures sont atroces on agit criminellement & extraordinairement.

122 Le Bailli de Forêts avoit procedé en une matiere d'injures verbales, par demandes, défenses, repliques, dupliques, appointemens de contrarieté & d'informer par cinq ou six délais. Arrêt du Parlement de Paris du 27. Juin 1537. qui ordonne qu'il comparoîtra en personne, toute la procedure cassée. *Bibliotheque de Bouchel, verbo, Injures.*

123 Arrêt du Parlement de Paris du 27. Janvier 1606. qui enjoint au Lieutenant Criminel du Châtelet de proceder sommairement en causes d'injures, & vuider tels differens *de plano* sur la declaration des accusez, si faire se peut, sinon en cas qu'il échet de faire preuve, d'ordonner que l'on fera venir trois ou quatre témoins en l'Audience, sur peine, en cas de contravention par luy, de restituer tout ce qui luy aura été baillé pour les vacations, de répondre en son nom des dommages & interêts des parties & de telle autre que de raison. Pareil Reglement le 11. Février suivant. Semblable Arrêt donné en la Chambre de l'Edit le 28. Novembre 1608. contre le Bailly & Juge du Fort-l'Evêque ; les mêmes défenses furent reiterées le 18. Février 1609. *Bibliot. de Bouchel, verbo, Injures,* où il rapporte un Arrêt du 6. Juillet 1615. qui condamne le Juge de saint Marcel de rendre tout ce qu'il avoit reçû pour l'instruction & épices d'un tel procés.

124 Les Juges en injures verbales informeront sommairement. Arrêt du Parlement de Bretagne en 1544. *Du Fail, liv. 3. chap. 415.*

125 Arrêt du Parlement de Bretagne du 16. Mars 1556. La Cour faisant droit sur les Conclusions du Procureur Général, défend à tous Juges du ressort de laisser entrer les parties en contestation de faits & longueurs de procez ès matieres d'injures, enjoint d'y proceder sommairement & de plein. *Du Fail, liv. 1. chap. 17.*

126 Quand aux injures verbales, il y a excez & outrage, l'on peut obtenir monitoire. Arrêt du Parlement de Dijon du 12. Decembre 1598. *Bouvot, tome 2. verbo, Monitoires, quest. 40.*

127 Jugé le 14. Janvier 1612. que lorsque l'injure est atroce, proferée contre le mariage, *tunc* l'on peut informer & proceder criminellement. *Ibidem, in verbo, Injure, quest. 2.*

128 Par Arrêt du 15. Janvier 1615. rapporté par *Bouvot, tome 2. in verbo, Injures, Batteries, Violences,* il a été jugé que l'action d'injure ayant été intentée civilement ne peut plus être poursuivie criminellement, ni être accordé monitoire pour raison de ce.

129 Arrêt du Parlement de Bretagne du 12. Juillet 1651. qui a jugé que le Juge d'Eglise peut appointer en droit en une cause d'injures, sans abus. *Voyez Frain, pag. 593.*

130 Par Arrêt du Parlement de Roüen du 27. Juin 1634. intervenu sur les Conclusions de Monsieur le Procureur Général du Roy, la competence de tous crimes, même d'actions pour injures civilement intentées, a été attribuée au Lieutenant Criminel du Bailly de Caux au Siége d'Arques, au préjudice du Vicomte dudit lieu, prétendant en devoir connoître. *Berault, à la fin du 2. tome de la Coûtume de Normandie, page 42. sur l'article 1.*

131 Un Sergent Royal en la Vicomté de Neuchâtel accusé d'avoir proferé paroles injurieuses & de mépris avec excez en la personne du Vicomte dudit lieu, appella comme d'incompetence de la reception de la plainte, information & ajournement personnel contre luy décerné par le Bailly de la Haute-Justice d'Aumale. Arrêt du Parlement de Roüen du 12. Juin 1635. qui met l'appellation au neant, & faisant droit au principal, a condamné ledit Sergent en dix livres d'amende

envers sa Majesté, & 30. livres pour tous dépens, dommages & intérêts envers la partie civile, & enjoint au Sergent de porter honneur aux Juges. *Ibid. sur l'art.* 18. *page* 43.

132 Arrêt du Parlement de Provence du 10. Decembre 1644. qui a jugé qu'aux simples injures verbales, on vient par aveu ou désaveu, & non par information. *Boniface, tome* 2. *part.* 3. *liv.* 1. *tit.* 3. *chap.* 1. Arrêt du 17. Mars 1640. qui juge le contraire pour une injure proncncée en jugement. *Ibid. chap.* 2.

INJURE, REPARATION.

133 *Theobaldus & Stephanus le Riche de Corbeia pro injuriâ ab eis illatâ Magistro Simoni Croullart tenenti locum Officialis Corbeiensis condemnati fuerunt in ducentis libris parisiensibus: Major & Jurati Corbeiæ qui dictum Magistrum Simonem duxerunt in suum brescium, & ibidem eum tenuerunt & turpiter tractaverunt, condemnati fuerunt in ducentis libris Parisiensibus, & illi qui verberaverunt dictum clericum, facient duas processiones in Ecclesia Corbeiensi, unam die Assumptionis Beatæ Mariæ, & alteram in die Nativitatis Beatæ Mariæ, quibus factis de aliis habebitur consilium. Ex registr. olim. B. fol.* 36. *inter arresta expedita in Parlamento Epiphaniæ, Domini anno ejusdem* 1277. Cet Arrêt est rapporté dans le 2. tome de la Bibliotheque Canon. verbo, *Procession. tome* 2. *pag.* 266.

134 *Quia Jacobus Aisant tunc Præpositus Altissiodorensis inventus fuit culpabilis pro delicto commisso contra quosdam Clericos Altissiodorenses, super quo conquesti fuerant decanus & capitulum Altissiodor. ordinatum fuit indicto Parlamento quod faciet quatuor processiones, primam in Ramis palmarum, secundam ad Ascensionem, tertiam ad Trinitatem, & quartam in Festo sancti Stephani solemniter & reddet capitulo centum libras Turonenses.* Ibidem.

135 *Nicolaus de Passu tunc Ballivus Altissiodorensis pro eodem delicto super quo fuit culpabilis, solvet ducentas libras Turonenses, & per Dominum Regem partientur secundum quod viderit bonum esse inter capitulum Altissiodorense & Magistrum Reginaldum de Sagio Clericum Domini Regis; & retinebit idem Dominus Rex de dictis ducentis libris Turon. si voluerit aliquam partem, seu quotam sibi, de ipsis autem reddendis Comes Altissiodorensis constituit se principalem redditorem. Scietur præterea per Ballivum Senonensem, si idem Nicolaus est pauper vel dives, & præter hæc faciet processiones ad voluntatem Domini Regis, vel consilii sui, debetque se præsentare coram Domino Rege, quotiens sibi significabitur ex parte Domini Regis seu Ballivi Senonensis.* Ibidem.

136 Si le défendeur declare qu'il se dédit, le Juge ne doit recevoir le demandeur à informer. Arrêt és Grands Jours de Moulins le 15. Octobre 1534. Autre Arrêt du Parlement de Paris de 1549. qui a déchargé en ce cas le défendeur de l'amende honorable & pecuniaire, & seulement condamné aux dépens de l'instance, permis au demandeur de faire publier le Jugement au lieu où l'injure a été dite. *Bibliotheque de Bouchel,* verbo, *Injures.*

137 Si le Défendeur assigné pour injures dites pour défenses qu'il ne les veut soûtenir, il doit être seulement condamné aux dépens sans amende avec défenses de plus recidiver. Arrêt du Parlement de Paris de l'an 1549. l'on doit seulement condamner l'injuriant à se dédire au Siege, & non pas ajoûter, *& par tout ailleurs,* pour une injure verbale. Arrêt du Parlement de Paris du 27. Janvier 1579. *Papon, liv.* 8. *tit.* 3. *nomb.* 15.

138 La reparation des injures verbales consiste en la declaration, qu'on reconnoît le Demandeur pour homme de bien. Un homme ayant été condamné à faire amende honorable pour avoir appellé un autre, faux-monnoyeur, il fut dit par Arrêt du Parlement de Paris du 6. Juin 1579. qu'il avoit bien appellé. *Papon, Ibidem, nomb.* 18.

139 Jean Flavian Chanoine de Sens fut condamné à demander pardon & à se retracter, pour avoir dit que sa Partie Ecclesiastique étoit excommuniée à cause qu'elle l'avoit actionné pardevant le Juge Royal. Arrêt du Parlement de Paris du 1. Février 1596. *Preuves des Libertez, tome* 1. *chap.* 9. *nomb.* 18.

140 L'un dit à l'autre qu'il est aussi homme de bien que luy, l'autre répond qu'il n'y a point de comparaison, & qu'il le convaincra de larcin. Celuy-ci demande réparation de l'injure. Jugé qu'avant de prononcer sur la réparation demandée, il falloit admettre la preuve du larcin. *Bouvot, tome* 1. *part.* 1. verbo, *Injures,* quest. 1.

141 Par Arrêt du Parlement de Bourgogne du 3. Octobre 1575. a été jugé qu'un témoin qui a été injurié par un reproche, ne peut intenter action en réparation, *quia per viam exceptionis, non animo injuriandi hoc fecit, quo casu non potest agi actione injuriarum, quia juris executio non habet injuriam, secundum Anfrerium, decis.* 127. & 409. *Bouvot, tome* 2. verbo, *Injures,* quest. 14.

142 En réparation d'injures, on ne peut condamner la partie en amende vers le fisc, l'action étant civile. Jugé par Arrêt du 18. Janvier 1588. *Ibidem,* quest. 24.

143 Le 16. May 1598. il a été jugé qu'on ne pouvoit injurier une personne morte, & que ses heritiers en pouvoient poursuivre la réparation, *Ibidem,* quest. 33.

144 Par Arrêt du Parlement de Bourgogne du 13. Janvier 1607. rapporté *ibid.* quest. 6. il a été jugé que ce n'est assez de déclarer au Juge qu'il tient la femme à qui il a injurié pour femme de bien; mais qu'il faut que telle declaration soit faite par écrit & signifiée à partie. Autres Arrêts des 26. Juillet 1605. & 12. Février 1605.

145 La femme agissant pour réparation d'injures doit être autorisée par son mari, sinon la Sentence est nulle. Arrêt du Parlement de Dijon du 7. May 1608. autre chose seroit, si l'on agissoit contre elle pour injures par elles faites. *Bouvot, tome* 2. verbo, *droits appartenans à gens mariez,* quest. 3. & le mot *Autorisation,* nombre 11. *& suiv.*

146 Un Notaire d'Amiens avoit été injurié; l'offenseur fit au Greffe une declaration, qu'il tenoit le Notaire pour homme de bien & d'honneur; l'autre dit que la réparation n'étoit suffisante. Arrêt du Parlement de Paris du 14. Janvier 1606. qui juge que l'offensé feroit si bon luy semble publier telle declaration. *Plaidoyés de Corbin, chap.* 24.

147 Un homme condamné à mort & exécuté, son corps mis sur un grand chemin, depuis enterré, la potence tomba; l'accusateur pour faire injure au frere du condamné la fit porter en la maison du frere par un Sergent qui la luy baille en garde de par le Roy. Il s'en plaignit. La Cour ordonne qu'à la diligence de cet homme, la croix seroit ôtée de la maison du frere par les mains de l'Executeur de haute-Justice, portée & replantée au lieu où elle étoit, cet homme accompagnant la tête nuë. Arrêt du Parlement de Paris en la Tournelle le 1. Juillet 1606. *Ibidem, chap.* 61.

148 En fait de réparation d'injure *ex l. diffamari.* 5. *C. de ingen. manum.* le Demandeur en réparation, bien qu'au principal il soit Défendeur, peut convenir sa partie pardevant le Juge où cette jactance a été faite. Arrêt du Parlement de Grenoble du 21. Juillet 1630. *V. Basset, tome* 1. *liv.* 2. *tit.* 17. *chap.* 7.

149 Un Chirurgien ayant appellé un Medecin ignorant, Medecin de bale & meurtrier, condamné à luy donner acte, portant qu'il le reconnoissoit pour homme de bien & d'honneur, & non entaché des injures mentionnées au procés, le suppliant de l'excuser; ordonne que l'acte seroit publié & enregistré aux Ecoles de Medecine, le Chirurgien condamné en 16. livres parisis d'amende applicable au pain des Prisonniers. Arrêt rendu au Parlement de Paris le 5. Janvier 1641. *Soëfve, tome* 1. *Cent.* 1. *chap.* 25.

150 Les heritiers d'un défunt appellez en Justice pour réparation d'injures atroces, le défunt s'en trouvant coupable, sont tenus de bailler acte en qualité d'heritiers

INJ

au Demandeur qu'ils le tiennent pour homme de bien & d'honneur. Arrêt du même Parlement de Paris du 9. Décembre 1656. *Du Frêne*, *liv.* 8. *chap.* 47.

151 Aux Requêtes en aveu & defaveu des injures verbales, il échoit réparation & amende. Arrêt du Parlement de Provence du 4. Mars 1679. *Boniface*, *tome* 5. *liv.* 3. *tit.* 7. *chap.* 1.

152 Injure quoyque veritable, reprochée à un Greffier, a été punie d'amende. Voyez le mot *Greffier*, nomb. 83.

INJURE, SEIGNEUR.

153 Seigneur offensé par son vassal. Voyez le mot, *Fief*, *nomb.* 105. *& suivans*.

154 *Dominus potest prosequi injuriam factam subditis*. V. *Joan. Galli*, *quest.* 42. où il rapporte un Arrêt pour l'Archevêque de Reims, Seigneur de Mons sur Courville, prenant le fait & cause de ses habitans, & un autre Arrêt pour l'Evêque de Laon.

155 Le Seigneur Jurisdictionnel est recevable à poursuivre l'injure faite à son vassal, & la Communauté celle qui l'a été à un des particuliers qui la composent, si l'injuriant les a eûs en vûë, & s'est porté à cette action pour leur faire outrage ; le Parlement de Grenoble l'a ainsi jugé. *Voyez Guy Pape*, *quest.* 203. 464. & 557. Joannes Gallus rapporte deux Arrêts du Parlement de Paris en faveur du Seigneur dans la *quest.* 42. *Stil. Parisiensis* de l'édition de M. Charles du Moulin.

156 Si un Vassal confisque son fief pour avoir proferé quelque injure contre son Seigneur feodal? Voyez le 15. *Plaidoyé de M. Galand.*

157 Des habitans ayant blessé Monsieur de Laubens Religieux de Jerusalem, & Tresorier de la Religion de sainte Croix leur Seigneur à un doigt, ont été condamnez au Parlement de Toulouse par Arrêt de Pasques 1566. à faire amende honorable, au bannissement, & grandes amendes pecuniaires. *La Rocheflavin*, *liv.* 2. *lettre l. tit.* 5. *Arr.* 3.

158 Par Arrêt du Parlement de Bourgogne du 4. Avril 1570. rapporté par *Bouvot* tome 2. in verbo, *Injure*, *quest.* 3. a été fait défense au Seigneur d'injurier son vassal, & par cet Arrêt fut admise l'action en reparation d'injure contre le Seigneur, contre plusieurs dispositions de droit, *hic videndas*.

9 Par Arrêt du Parlement de Roüen du 23. Juin 1628. entre les sieurs de la Haye & Osbert, la Cour ajugea au sieur de la Haye la commise des heritages qu'Osbert possedoit, mouvans dans son fief de la Haye, pour luy avoir contredit sa qualité de Noble; cette injure étant la plus atroce que le Seigneur puisse recevoir de son vassal. *Basnage*, sur l'art. 125. de la Coutume de Normandie.

Mahieu Premier Elû en l'Election de Caën, avoit publié des discours fort injurieux, contre M. de Chaumotel, Ecuyer, Avocat, & contre la Demoiselle sa femme. Par Sentence, la commise de ses heritages fut jugée ; il fut condamné à en faire réparation en l'Audience du Bailliage tête nuë, & à luy défendu de venir à Caën, & dans la Paroisse d'Audrieux pendant six mois. Sur l'appel par Arrêt du 28. Juillet 1674. on modera en quelque chose la condamnation ; mais pour la commise, il y eut contestation, quelques-uns estimant que cet article ne parlant que de la violence commise par le vassal, il ne falloit point étendre cette loy penale : d'autres soûtenoient que quelquefois on pouvoit offenser son Seigneur ; on ne jugea point la commise ; mais au lieu des 1000. livres d'interets ajugées par la Sentence on en mit 1500. & ces 500. livres d'augmentation valoient mieux que l'heritage. *Basnage*, *ibidem*.

INJURE, SOUFFLET.

160 Arrêt du Parlement de Provence du 8. Juillet 1645. qui a condamné celuy qui avoit donné un soufflet à un Gentilhomme, sans sujet, en de grosses amendes, à un bannissement du terroir du lieu, & qu'il seroit traduit aux prisons, pour l'Audience tenant, en presence du Gentilhomme, luy en demander pardon. Autre Ar-

INQ

rêt contre un Gentilhomme décapité pour avoir donné un soufflet à un Procureur Jurisdictionnel. *Boniface*, tome 2. part. 3. liv. 1. tit. 3. chap. 6. Voyez *Felonie* nombre 7.

Voyez le mot *Soufflet*.

INNOVER.

INnover, *omnia in suo statu esse debent donec res finiatur*. Mornac, *l. unica cod. in integrum restitutione postulata nequid novi fiat*.

Voyez les mots, *Novation, & Obligation*, où il sera parlé de la novation qui change les privileges & hypoteques d'une dette.

INOFFICIOSITÉ.

DE *querela inofficiosi testamenti*. Voyez le traité *fait*, per Jo. Antonium Rubeum Alexandrinum, in repetit. L. pater filium. ff. de inofficio. testamento.

De l'effet de la querelle d'inofficiosité. Voyez *Ricard des Donations*, part. 3. chap. 8. section 2.

La donation inofficieuse est nulle. Voyez le mot, *Donation*, nombre 430. & suiv. 1

La dot constituée à la fille ne peut être retranchée 2 comme inofficieuse pour la legitime des autres enfans. *Cambolas*, liv. 3. chap. 44.

Querelle ou complainte d'inofficiosités octroyées par 3 l'Empereur Constantin, aux freres consanguins, contre les testamens de leurs freres consanguins dans lesquels des infames ou indignes se trouveront heritiers institues. Arrêt du Parlement de Toulouse conforme. *Mainard*, liv. 3. chap. 15.

Une mere en Pays de Droit écrit, qui a demandé le 4 legs porté par le Testament de sa fille, n'est pas recevable à debattre le Testament d'inofficiosité, ni à demander supplément de legitime. Arrêt du 25. Septembre 1582. *Cavondas*, liv. 8. Rép. 72. M. Loüet, lett. L. *somm.* 6. rapporte le même Arrêt.

Si le fils ni ses creanciers n'ayant point proposé l'ac- 5 tion d'inofficiosité dans les cinq ans, le petit-fils a droit de son chef, de demander sa legitime ? Arrêt du Parlement de Provence du 21. Février 1673. qui ajuge la legitime au petit-fils. *Boniface*, tome 5. livre 1. tit. 27. chapitre 2.

Voyez le mot, *Testament*. §. *Testament inofficieux*.

INQUANT.

VOyez le mot, *Dénonce*.

Le droit d'inquant en Provence, est un droit 1 qui est dû au Prince, pour la permission qu'il donne au créancier de faire criees & inquants des biens qu'il fait saisir par autorité de Justice ; lequel droit le créancier paye au Roy ou à ses Fermiers, sauf sa garantie en fin de cause contre le debiteur. Voyez *Boniface*, tome 2. part. 3. liv. 2. tit. 11. chap. 1. Il cite *Mourgues*, sur le *Statut de Provence*.

Arrêt du 1. Decembre 1638. qui a jugé que le droit 2 d'inquant n'est dû qu'aprés la proclamation & subhastation de la chose saisie par autorité de Justice. Ibidem, chapitre 2.

De jure inquantûs. Voyez Fr. de Claperiis. Caus. 15. 3

Inquantum fieri debent ubi expeditionis bonorum via 4 *electa est*. Voyez Franc. Marc. tom. 2. quest. 269.

Par Arrêt du 29. Août 1528. il a été jugé que le droit 5 & préeminence de tous & chacuns les biens meubles qui se vendent à l'inquant public en la Cité de Toulouse, non pris toutefois pour les deniers du Roy, appartenant au Syndic de Toulouse ; & fait défenses au Juge-Mage, Juge d'Appeaux, Viguier & Juge ordinaire, & autres, de vendre ou faire vendre par leursdits Viguiers & Sergent, ou autrement, aucuns biens meubles, soit pris de leur mandement, ou autrement vendus volontairement, troubler ni empêcher ledit Syndic en la faculté susdite. *La Rocheslavin*, livre 2. lettre l. titre 6.

Le défaut de la contenance, confrontations, affiches, 6 placards,

placards obmis à l'exploit de la saisie, peuvent être reparés en les mettant au premier inquant, sur peine de nullité du decret. Arrêt du Parlement de Toulouse du 24. Avril 1572. Ibid. tit. I. Arr. 26.

7 Le seul défaut d'assignation à l'executé à venir voir faire les inquans, n'est suffisant pour annuller un decret, n'étant telle assignation necessaire, parce que la sequestration sert de suffisante signification. Arrêt du Parlement de Toulouse du 13 May 1592. Ibid. Arr. 29.

8 Le 19. Janvier 1645. il fut jugé au Parlement de Toulouse qu'un inquant surabondant fait, prescrivoit dans trois ans. Il est vray que la saisie n'étoit pas generale. Albert, verbo, Peremption.

INQUISITEUR.

Des Inquisiteurs de la Foy. V. les Ordonnances recüeillies par Fontanon, tome 4. tit. 3. p. 225.

Un des Droits & Libertez de l'Eglise Gallicane, est qu'un Inquisiteur de la Foy ne peut mettre ses Decrets en ce Royaume, sans l'aide & l'autorité du bras Seculier. Biblioth. Canon. tome 1. p. 740. col. 2.

INSCRIPTION.

Il y a l'Inscription en faux, Inscriptions qui sont des Titres & Monumens publics.

INSCRIPTION EN FAUX.

De la procedure en Inscription de faux. Voyez le mot, Faux, n. 65. & suiv.

L'Inscription de faux doit être faite au Greffe avant que de pouvoir donner les moyens de faux. Arrêt du Parlement de Provence du dernier Février 1643. Boniface, tome 2. part. 3. liv. I. tit. 10. ch. I.

INSCRIPTIONS, MONUMENS.

Monumentorum Inscriptiones, neque jus, neque dominium transferunt, hoc verùm est in re certâ; at in dubiâ & antiquâ, secùs. Arrêt du 24. Mars 1582. M. Expilly, Arrêt 80.

Voyez les mots, Antiquité, Titres.

INSENSÉ.

Par Arrêt du Parlement de Bourgogne du mois de Juin 1566. il fut ordonné qu'un insensé qui avoit tué sa femme, seroit perpetuellement gardé en prison fermée, tenu & nourri aux dépens de son Seigneur. Bouvot, tome 1. part. 3. verbo, Insensé, quest. 1.

Le corps d'un Insensé qui s'est tué, ne peut être supplicié aprés sa mort. Arrêt du Parlement de Dijon du 13. Février 1567. Bouvot, ibid. quest. 2.

Crimes commis par un Insensé. Voyez le mot, Crime, nombre 16.

Voyez les mots, Demence, Imbecile.

INSINUATION.

Insinuatio. Publicatio. In acta relatio.
De Insinuatione agitur in Inst. 2. 7. de donat. §. 2. In Legib. 27. 30. 32. 34. & 35. C. de donat.... N. 262. cap. 1.

Ut donationes quæ in litteras relatæ non sunt, ad quingentos usque aureos valeant. Leon. N. 50.

Ut donationes Principis à privato homine factæ, non egeant insinuatione, & vicissim. N. 52. c. 2.

Quando donatio propter nuptias Insinuationi subjaceat. N. 117. c. 2.

Donatio mortis causâ, non eget Insinuatione. N. 87. in princ.

Voyez supra verbo, Donation, n. 435. & suiv. hoc verbo, Insinuation, la Bibliothéque du Droit François, par Bouchel, ubi multa. M. Dolive, liv. 4. chap. 1. 2. 3. & 4. Carondas, liv. 3. Rép. 27 Francisci Stephani decis. 74. & M. Ricard, en son Traité des Donations entre-vifs, part. 7. chap. 4. sect. 3.

Articles de l'Ordonnance du Roy François I. donnée à Villers-Coterêts en 1539.

1 Article CXXXII. Nous voulons que toutes donations qui seront faites cy-aprés par & entre nos Sujets, soient in-

serées & enregistrées en nos Cours & Jurisdictions ordinaires des parties & des choses données, autrement seront réputées nulles, & ne commenceront à avoir leur effet que du jour de lad. insinuation, & ce quant aux donations faites en la presence des Donataires, & par eux acceptées.

Article CXXXIII. Quant à celles qui auroient été faites en l'absence desdits Donataires, les Notaires stipulans pour eux, elles commenceront leur effet du temps qu'elles auront été acceptées par lesdits Donataires, en la presence des Donateurs & des Notaires, & insinuée comme dessus, autrement elles seront réputées nulles, encore que par les Lettres & insinuations d'icelles, y eût clause de rétention d'usufruit, ou constitution de precaire, dont ne s'ensuit aucun effet; sinon depuis que lesdites acceptations ou insinuations auront été faites comme dessus.

Articles de l'Ordonnance du Roy Charles IX. donnée à Orleans en 1560.

2 Article LIX. Et pour couper la racine à plusieurs procés qui se meuvent en matieres de substitutions, défendon à tous Juges d'avoir aucun égard aux substitutions qui se feront à l'avenir par Testament & Ordonnance de derniere volonté, ou entre-vifs, & par Contracts de mariage, ou autres quelconques, outre & plus avant deux degrez de substitution, aprés l'institution & premiere disposition, icelle non comprise.

Article LXXXVI. Avons aussi supprimé tous Offices de Greffiers d'Insinuations, créez par défaut notre treshonoré Seigneur & Pere, & seront les Donations & Contracts, sujets à insinuation, enregistrez és Greffes de nos Jurisdictions ordinaires, tout ainsi qu'auparavant l'erection desdits Greffiers d'Insinuations. N'entendons toutefois comprendre ni toucher aux Greffes des Insinuations Ecclesiastiques.

Articles de l'Ordonnance du Roy Charles IX. donnée à Moulins en 1566.

3 Article LVII. Et ampliant l'article de nos Ordonnances faites à Orleans pour le fait des substitutions, voulans ôter plusieurs difficultez mûes sur lesdites substitutions, auparavant faites, desquelles toutefois le droit n'est encore échû, ne acquis à aucune personne vivante: Avons dit, déclaré & ordonné, que toutes substitutions faites auparavant notredite Ordonnance d'Orleans, en quelque disposition que ce soit, par Contracts entre-vifs, ou de derniere volonté, & sous quelques paroles qu'elles soient conçûes, seront astraintes au quatrième degré, outre l'institution (exceptées toutefois les substitutions, desquelles le droit est échû & acquis aux personnes vivantes, ausquelles n'entendons prejudicier.) Ordonnons aussi, que dorenavant toutes dispositions entre-vifs, ou de derniere volonté, contenans substitutions, seront pour le regard d'icelles substitutions, publiées en Jugement à jour de Plaidoirie, & enregistrées és Greffes Royaux, plus prochains des lieux des demeurances de ceux qui auront fait lesdites substitutions, & ce dans six mois, à compter quant aux substitutions testamentaires, du jour du décés de ceux qui les auront faites. Et pour le regard des autres, du jour qu'elles auront été passées, autrement seront nulles, & n'auront aucun effet.

Article LVIII. Et pour ôter à l'avenir toutes occasions de fraudes & de deutes qui pourroient être mûes entre nos Sujets pour l'insinuation des donations qui seront cy-aprés faites, avons ordonné que dorénavant toutes donations faites entre-vifs, mutuelles, réciproques, onereuses, en faveur de mariages, & autres, de quelque forme, & qu'elles soient faites entre-vifs, comme dit est, seront insinuées és Greffes de nos Sieges ordinaires, de l'assiette des choses données, & de la demeurance des parties dans quatre mois, à compter du jour & date d'icelles donations, pour le regard des biens & personnes, & dans six mois, pour ceux qui seront hors de nôtre Royaume; autrement, & à faute de ladite insinuation, seront & demeureront lesdites donations nulles, & de nul effet & valeur, tant en faveur du créancier que de l'heritier du Donant. Et si dedans ledit temps ledit Donant ou Donataire décedoit, pourra neanmoins ladite insinuation être faite dans ledit temps, à compter du jour dudit Contract, comme dessus, sans que cette presente Ordonnance fasse aucun préjudice aux donations cy-devant faites, & droits acquis à nos Sujets, à cause d'icelles, ni aux instances mûës & à mouvoir pour ce regard.

Article de la Declaration du 10. Juillet 1566.

4 Article XIV. *Et sur le cinquante-septiéme, ordonnons que les substitutions après la publication d'icelles en jugement, seront enregistrées és Greffes Royaux, plus prochains des lieux où les choses sont assises, & des demenrances de ceux qui auront fait lesdites substitutions.*

5 Declaration du Roy du 17. Novembre 1690. portant, &c. *Voulons & nous plaist que les substitutions pourront être publiées & enregistrées en tout temps; & lorsque la publication & l'enregistrement auront été faits dans les six mois, du jour auquel les substitutions auront été faites, lesdites substitutions auront leur effet du jour de leur date; tant contre les créanciers que contre les tiers acquereurs des biens qui y sont compris: & si elles sont seulement publiées & enregistrées après les six mois, elles n'auront effet contre lesdits créanciers & tiers acquereurs, que du jour desdites publications & enregistremens. Les donations pourront être insinuées pendant la vie des Donateurs, encore qu'il y ait plus de quatre mois qu'elles ayent été faites, & sans qu'il soit besoin d'aucun consentement du Donateur, ni de Jugement qui l'ait ordonné; & lors qu'elles ne seront insinuées qu'après les quatre mois, elles n'auront effet contre les acquereurs des biens sinon, & contre les créanciers des Donateurs que du jour qu'elles auront été insinuées. Si donnons en mandement à nos amez & feaux Conseillers les gens tenans nôtre Cour de P. à Paris, que ces presentes ils ayent à faire lire, publier & registrer, & le contenu en icelles garder & observer, selon leur forme & teneur, sans y contrevenir, ni souffrir qu'il y soit contrevenu, en quelque sorte & maniere que ce soit, nonobstant ce qui est porté par lesdits Art. LVII. & LVIII. de l'Ordonnance de Moulins, auxquels pour ce regard seulement, nous avons dérogé & dérogeons par ces presentes.*

6 L'Ordonnance des insinuations déroge aux Coûtumes, qui ont une disposition contraire, parce que l'Ordonnance lie & oblige tous les Sujets du Roy, & passe par-dessus toutes les Coûtumes. *Voyez M. Loüet, lettre D. somm. 25.*

7 *Insinuatio quando & ubi requiritur? V.* Du Moulin, *tom. 2. page 922.*

8 *Donationum, quæ quingentos solidos excedunt, insinuatio, apud Brabantos non est in usu.* Voyez Stockmans, *Decis. 110.*

9 Quelles donations ne sont sujettes à insinuation? *Voyez Guy Pape, quest. 95. & 325.*

10 Guy Pape, *en sa quest. 325.* parle de l'insinuation des donations, & dit que si une donation est de 500. écus, elle doit être insinuée; celles qui sont au dessus ne sont pas entierement nulles faute d'insinuation; mais elles subsistent pour la somme qui est au dessous: Si neanmoins les parties ont renoncé avec serment à l'insinuation, la donation doit subsister, personne ne pouvant violer son serment. Arrêts du Parlement de Grenoble de l'an 1433. & 1461. Chorier *en sa Jurisprudence de Guy Pape, page 233.* observe que cette renonciation, nonobstant ce serment, ne subsisteroit point, parce que le serment est du stile du Notaire, plûtot que de l'expresse volonté des parties, & que d'ailleurs l'acte qui en est le suppôt, étant annullé, le serment l'est aussi.

11 Les enfans du Donateur peuvent faire casser la donation faite par leur pere à un étranger, s'il ne l'a pas fait insinuer. Par Arrêt du 24. Janvier 1630. il a été jugé qu'une pareille donation étoit nulle, suivant l'Ordonnance de François I. par laquelle toutes les donations doivent être insinuées, autrement elles sont réputées nulles, & ne commencent d'avoir leur effet que du jour de l'insinuation. Cambolas, *liv. 6. chap. 3.* Ferrieres, *sur la quest. 325. de Guy Pape,* dit qu'une des raisons de l'insinuation est, *ne quis impetu aliquo sine judicio tanquam prodigus donet.* Voilà pourquoy elle se doit faire pardevant le Juge ordinaire, afin qu'il ait connoissance de celuy qui fait la donation, & qu'il puisse s'informer s'il a été induit ou forcé, ou s'il la donne volontairement, afin qu'en donnant son bien, il ne soit pas trompé. Guy Pape, *en ladite question, nombre 2.* dit aussi que c'est une des causes de l'insinuation, pour montrer que le défaut d'icelle ne regarde pas seulement les Créanciers, mais aussi celuy qui donne.

12 Si l'institution contractuelle doit estre insinuée? *V.* Du Perrier, *livre 2. question 17.* Il distingue l'institution qui est pour tout l'heritage; l'insinuation est necessaire.

13 Le Donateur déchargeant le Donataire de l'insinuation, ne peut le faire qu'à son égard & de ses heritiers, non au préjudice d'un tiers. Arrêt du P. de Grenoble de l'an 1433. Autre Arrêt du mois de Juin 1461. Papon, *liv. 11. tit. 1. nom. 28.* Cette opinion est combattuë, à cause que l'insinuation est une forme essentielle des donations, & en effet le 20. Avril 1575. il a été jugé que le Donateur pouvoit exciper du défaut d'insinuation contre le Donataire. *Ibid.*

14 Une donation ne peut être débattuë par le Donateur, sous ombre de défaut d'insinuation. Arrêt prononcé en Robes rouges en la maison de Langeac, par lequel une mere fut condamnée à passer procuration pour insinuer. Bouchel, *en sa Biblioth. du Droit François, verbo, Insinuation,* dit, l'avoir ainsi appris de M. Chopin; *sicut in creditore,* par l'Ordonnance de l'an 1539. *& in hærede,* par l'Ordonnance de Moulins.

15 Donateur peut être contraint à consentir à l'insinuation d'une donation faite en l'absence du Donataire. Jugé par Arrêt du Parlement de Paris du 23. Decembre 1551. Autre Arrêt de 1581. en faveur d'une femme, contre les heritiers de son mary. Le même jugé à Toulouse. Papon, *liv. 11. tit. 1. n. 39.*

16 Il suffit que la donation soit insinuée par le Donateur ou Donataire. Arrêt du 23. May 1561. *Le Caron, au liv. 2. de ses Rép. art. 78.* Papon, *livre 51. titre 1. nombre 26.*

17 Le relief du défaut d'insinuation ne se peut faire, même par Lettres Patentes du Roy. Arrêt du 6. Mars 1574. Carondas, *liv. 7. Rép. 119.*

18 Les donations d'alimens ne sont sujettes à insinuation. Jugé le 14. Août 1582. Carondas, *liv. 4. Rép. 25.* M. Ricard tient que la pension viagere donnée entre-vifs, est sujette à insinuation, des donations entre-vifs, *part. 1. ch. 4. sect. 3. glos. 1. nomb. 1161.*

19 L'insinuation faite du vivant des deux conjoints, d'une donation faite par Contract de mariage, au temps que les conjoints ne pouvoient plus se donner, déclarée bonne le 7. Septembre 1584. Brodeau *sur M. Loüet, lettre D. somm. 47.*

20 La forme ordinaire d'insinuer les donations en Normandie, est que les assises tenantes, le Juge en Chaire, le Greffier fait publiquement lecture de la donation; cela fait, il écrit sur le dos du Contract de donation, de ladite lecture & publication, & d'abondant il en fait registre qui demeure au Greffe. Que si le temps des 4. mois est expiré avant le jour des assises, on fait publier dans les 4. mois le Contract de donation à jour extraordinaire, la Jurisdiction séante, à la charge de réïterer la publication aux prochaines assises ensuivant, qui sont, *stati & solemnes dies.*

21 Jugé par plusieurs Arrêts du Parlement de Roüen, un du 20. Octobre 1597. un du 14. Août 1612. rapportés par Berault, *sur l'art. 448.* que la donation de la femme faite à son mary par son Contract de mariage, deniers à prendre sur ses immeubles, n'étoit point sujette à insinuation.

22 Jugé par deux Arrêts, un du 9. Juin 1597. l'autre du 29. May 1604. & encore par un autre du 27. May 1609. que la donation peut être insinuée après les 4. mois, si le Donateur est encore vivant, *etiam contre son consentement, quia cogi potest.* Idem, ibidem.

23. Par Arrêt du P. de Roüen du mois de Juillet 1619. entre le sieur de Vaux-Saint Clair, & le sieur de l'Isle, une insinuation qui ne contenoit point l'enregistrement de la donation, fut declarée nulle. *Basnage, sur la Coût. de Normandie*, art. 448.

24. Lorsque par le Contract de mariage l'on convient que le gendre demeurera avec le beau-pere, qu'il n'y aura aucune association, & neanmoins qu'après le décès le gendre prendra 50. liv. de préciput avec sa femme, telle donation n'est sujette à insinuation. Arrêt du Parlement de Dijon du 14. Juillet 1599. *Bouvot, tome 2. verbo, Mariage, quest.* 104.

25. La donation faite par le pere au fils non émancipé, & en puissance, est bonne & valable, encore qu'elle ne soit insinuée, le pere ayant promis de la faire insinuer, à peine de tous dépens, dommages & intérêts; le fils ayant été depuis marié, entré en joüissance, & le pere mort. Arrêt du Parlement de Dijon du 16. May 1600. *Bouvot, ibid. quest.* 106.

26. Convention, pactes & accords de société entre conjoints, ou autres, ne sont donations sujettes à insinuation. Jugé le 18. May 1602. *M. Loüet, let. D. som.* 64. non plus que le doüaire quand il excede, & ce lorsque la convention est réciproque, quoy qu'appellée donation; mais si la convention n'est réciproque, c'est donation sujette à insinuation. *Voyez* Mornac, *L. 1. ff. de pactis dotalibus.*

27. Par Arrêt du 10. May 1612. rapporté par *Joly, liv. 2. ch.* 44. il a été jugé qu'une donation faite à Noble par Noble, insinuée au Bailliage, dans lequel les choses données sont situées, étoit nulle faute d'insinuation en la Prévôté.

Item, que la Prévôté est le Siege, & non le Bailliage.

Item, que la ratification bien insinuée d'une donation mal insinuée, n'étoit point considerable.

28. Arrêt du Parlement de Provence du 16. Juin 1651. qui a jugé que celuy qui a été present à une donation, ne peut opposer le défaut d'insinuation. *Boniface, to. 1. liv. 7. tit. 3. ch.* 14.

29. D'une insinuation faite sur une feüille volante, séparée du Registre. Arrêt de Paris du 29. Février 1656. qui ordonne que les insinuations seront faites en la maniere accoûtumée, fit défenses au Juge de Pontoise, de plus faire pareils actes, à peine d'interdiction de sa Charge, & de répondre en son nom des dommages & intérêts des particuliers. *Soëfve, tome 2 Cent.* 1. *ch.* 14.

30. Arrêt du 13. May 1656. qui a jugé que le défaut d'insinuation de donation, ne rend la donation nulle lorsque le Donataire a possedé les biens donnez long-temps publiquement. Autre Arrêt du 10. Decembre 1638. qui a jugé le semblable. *Ibid. tit.* 2. *ch.* 10.

31. Jugé le 22. Juin 1665. au Parlement de Provence, que le Donataire est obligé de consentir à l'insinuation d'une donation après 30. ans. Boniface, *ibidem, chapitre* 12.

32. Un homme domicilié dans le Pays de Forêt, du ressort du Parlement de Paris, avoit fait une donation de tous ses biens; cette donation n'avoit pas été insinuée, & le Donateur l'avoit revoquée nommément en un Testament posterieur; il étoit mort dans la volonté de cette révocation, & dans le ressort du Parlement de Toulouse, où il habitoit au temps de son décés. Cette donation étoit nulle, même à l'égard des heritiers du Donateur, suivant l'usage du Parlement de Paris, dans le ressort duquel l'acte de donation avoit été passé, & où toute donation est absolument nulle, si elle n'a été insinuée; mais la question étoit entre l'heritier du Donateur & le Donataire; si cette nullité devoit s'étendre sur les biens, meubles & immeubles, possedez par le Donataire dans le ressort du Parlement de Toulouse? Arrêt du Parlement de Toulouse du 13. Août 1665. qui declara nulle la donation à l'égard de l'heritier, pour tous les meubles possedez dans le ressort du Parl. de Toulouse, & la declara bonne pour les immeubles situez dans le ressort du même Parlement, où l'insinuation n'est requise qu'à l'égard des créanciers, & non à l'égard du Donateur ou de ses heritiers. *M. de Catellan, liv.* 5. *chap.* 9.

33. Un Gentilhomme avoit été present & avoit signé au Contract de mariage d'un sien Domestique, auquel on faisoit donation de quelques immeubles. Ce Gentilhomme qui avoit acquis les heritages donnez, troublé par les enfans du Donataire, leur opposoit le défaut d'insinuation. Arrêt du Parlement de Roüen du 24. Février 1668. confirmatif de la donation : si ce Gentilhomme avoit revendu l'heritage à un tiers, l'exception des enfans ne leur eût pû servir contre luy. V. *Basnage, sur l'art.* 448. *de la Coût. de Normandie*.

34. Edit du Roy donné à Versailles au mois de Décembre 1703. portant suppression de tous les Greffes des Insinuations Laïques, cy-devant créez & établis dans le Royaume, & création en titre d'office, formé hereditaire d'un Office de Conseiller du Roy, Greffier des Insinuations Laïques, en chacune des villes & lieux du Royaume, Pays, Terres & Seigneuries de l'obéissance de Sa Majesté, où il y a Siege de Jurisdiction Royale & ordinaire. V. *l'Auteur des Observations sur Henrys, tome 2. liv. 2. quest.* 26. Ensuite est la Declaration du 19. Juillet 1704. en explication de cet Edit.

35. Les donations faites par les Rois aux particuliers, & par les particuliers au Roy, ne sont sujetes à insinuation. Ricard, *des Donations entre-vifs,* 1. *part. ch.* 4. *sect.* 3. *glos.* 3. *nomb.* 1166.

36. La clause que les propres entreront en communauté, n'est sujette à insinuation, c'est plûtôt une société qu'une donation. *M. le Prêtre,* 1. *Cent. ch.* 44. & és *Arrêts de la Cinquiéme.*

37. Declaration & procuration du pere pour insinuer la donation long-temps auparavant par luy faite, n'est point une nouvelle donation, mais un consentement à la premiere donation; c'est reparer le défaut de l'insinuation. *Carondas, liv.* 3. *ch.* 27. *de ses Réponses,* & Mainard, *tome* 1. *liv.* 2. *ch.* 59.

38. L'insinuation requise par le Statut de Provence, équipole l'insinuation de l'Ordonnance; & la donation ainsi insinuée, doit valoir; c'est pourquoy il a été prononcé au Parlement de Provence que le Donataire joüiroit du contenu aux donations, sans restitution par l'heritier du Donateur des fruits, interêts ni dépens, qui s'étoit emparé après la mort de l'oncle Donateur de tous les biens, en qualité de son heritier institué; l'Arrêt est sans date. *M. Du Vair.*

39. L'avancement de succession fait par le Tenneur, & ses enfans, n'avoit point été insinué; il fut depuis executé à mort, & condamné en de grosses amendes. Le Receveur des Amendes voulut debattre la donation, faute d'insinuation; nonobstant son contredit, elle fut confirmée, *quia de hypothecâ agebatur*; la donation ne peut être annullée faute d'insinuation, suivant l'Ordonnance de Moulins, que par l'heritier ou par le créancier; mais le fisc n'est créancier ni heritier. *Basnage, sur la Coût. de Normandie,* art. 448.

40. Voyez au 3. vol. *des Plaidoyés de M. Servin*, le Plaidoyé & Arrêt sur la question, si une paction de société par Contract de mariage est sujette à insinuation?

41. Jugé par plusieurs Arrêts que la rusticité & simplicité des Donataires, ne les peut excuser du défaut d'insinuation. Chopin, *ti. de privil. Rust. li.* 1. *tit.* 5. *n.* 3. Carondas, *liv.* 6. *de ses Rép. chap.* 88. & Papon, *liv.* 11. *tit.* 1. *nombre* 31.

42. La révocation d'une donation n'a pas besoin d'être insinuée. *Voyez Du Frêne, liv.* 5. *chap.* 5. où est un Arrêt du Parlement de Paris du 11. Février 1647.

43. Dans la Province de Dauphiné, à l'usage & au statut de laquelle les Ordonnances de Blois & de Moulins n'ont point dérogé par clause expresse, les donations de pere à fils en Contract de mariage, une donation d'augment faite par le mary à sa femme, les donations à cause de nôces, ne sont point sujettes à la loi de l'insinuation,

452 INS

Arrêts des 27. Avril 1579. 3. Decembre 1603. 15. Juin 1618. 4. Avril 1637. 16. May 1645. 3. Juillet 1649. & 27. May 1651. rapportez par *Basset*, tome 1. liv. 4. tit. 16. chapitre 3.

44 Acte de Notorieté donné par M. le Lieutenant Civil le 21. Avril 1691. que les Contracts de mariage ne sont sujets à être insinuez que lorsqu'il y a des donations entre-vifs, & que le défaut d'insinuation en ce cas ne pourroit anéantir que la donation seulement. *Recueil des Actes de Notor.* page 83. & suiv.

INSINUATION, AMEUBLISSEMENT.

45 Si l'ameublissement est sujet à insinuation? *Voyez* le mot, *Ameublissement*, n. 2. 4. 12.

INSINUATION, AUGMENT.

46 Si l'augment est sujet à l'insinuation? *Voyez* le mot, *Augment*, nombre 31. & suiv. & cy-après le n. 53.

INSINUATION, CREANCIERS.

47 On peut être restitué en entier contre le défaut d'une insinuation; mais seulement contre les Donateurs ou heritiers d'un Testateur, & nullement contre des créanciers. Arrêt du Parlement de Toulouse du 6. Mars 1574. *Mainard*, tome 1. liv. 2. ch. 54.

48 Jugé que le Créancier, quoyque Chirographaire, qui a prêté après la donation en faveur de mariage, & avant l'insinuation, est préféré au Donataire, à cause des mots contenus en l'Ordonnance de 1539. que les donations n'ont effet que du jour de l'insinuation, parce que le créancier avoit prêté pour les habits que le Donateur s'étoit obligé de fournir. 2o. Parce qu'un pere qui donne, peut emprunter pour ses habillemens. *La Rocheflavin*, liv. 6. tit. 40. *Arr.* 24.

49 Libération ou donation par Lettre missive du Créancier au debiteur d'une somme de 8000. liv. est bonne & valable, quoy qu'elle n'ait été ni acceptée, ni insinuée; elle n'est point sujette à révocation par survenance d'enfans. Arrêt du Parlement de Paris du 8. Février 1629. *Bardet*, tome 1. liv. 3. ch. 24.

50 Les donations, mêmes faites dans un Contract de mariage par le mary à la femme, en cas de prédecès du mary, sont nulles à l'égard du Créancier du mary, si elles ne sont insinuées dans les quatre mois de leur date, quoy qu'elles soient insinuées dans les quatre mois après le décès du mary. Arrêt du Parlement de Toulouse du 9. Decembre 1650. rapporté par M. de Catellan, liv. 5. ch. 9.

51 Il a été decidé au même Parl. de Toulouse au mois de Mars 1667. que le défaut d'insinuation pouvoit être opposé par les Créanciers du Donateur, quoyque la donation portât réelle tradition du fonds donné, & que le Donataire en eût joüi plus de dix ans, le Donataire ne fût alloüé que le prix des biens donnez qu'après les capitaux, & interêts de tous les Créanciers postérieurs à la donation, mais avant tous les Legataires. *Ibidem*.

INSINUATION, DOT.

52 Dot promise n'est sujette à insinuation Arrêt prononcé en Robes rouges le 14. Août 1577. *Biblioth. de Bouchel*, verbo, *Dot*.

53 L'augment de dot, en quelques termes qu'il soit conçû, n'est donation sujette à insinuation. *Voyez* M. *Louet*, lettre I. somm. 10. & cy-dessus le n. 46.

54 Les enfans, ou le gendre Créancier de la dot à luy promise, peuvent opposer le défaut d'insinuation d'une donation faite à un des freres par le pere commun. Arrêt du Parlement de Toulouse au procés des enfans du sieur de Pompadour. V. *M. de Catellan*, livre 4. chapitre 66.

55 Cause appointée au Parlement de Paris le 17. Janvier 1634. pour sçavoir si dans la Coûtume d'*Amiens* la donation faite par le pere à sa fille en Contract de mariage, & qui luy tient lieu de dot, est sujette à insinuation, à l'égard d'un Créancier postérieur? V. Bardet, tome 1. liv. 3. chap. 2. M. l'Avocat General Talon dit que l'Ordonnance de 1539. confirmée par celle de Moulins, n'avoit fait aucune exception, & qu'ainsi le Do-

INS

nataire n'avoit pû prescrire. *Voyez le même tome* 2. pa. 614. aux Notes.

56 Défaut d'insinuation d'un Contract de mariage, portant constitution de dot par une mere à sa fille, & délaissement d'immeubles en payement, n'emporte point de nullité à l'égard des Créanciers postérieurs. Arrêt du 4. Juin 1638. *Bardet*, ibidem, livre 7. chapitre 27.

57 Arrêt du Parlement d'Aix du 17. Avril 1654. qui a jugé que l'augmentation de dot constituée par un étranger, est sujette à insinuation. *Boniface*, tome 1. liv. 7. tit. 2. ch. 4. Il cite un Arrêt contraire du 19. Novembre 1654. & ajoûte que la modicité de l'augmentation, pourroit avoir été le fondement de l'Arrêt.

58 On excepte de la regle generale qui requiert l'insinuation des donations à l'égard des Créanciers, celles qui se font pour une constitution de dot; il fut ainsi jugé à Toulouse en la Tournelle le 5. Decembre 1672. en faveur d'une fille à qui un pere avoit constitué la moitié de ses biens, contre les Créanciers du pere, qui opposoient le défaut d'insinuation, quoyque le pere constituant eût toûjours habité avec sa fille & avec son gendre. M. *de Catellan*, liv. 5. ch. 9.

59 Arrêt rendu en la troisiéme Chambre des Enquêtes du Parlement de Toulouse le 22. Février 1700. qui en décidant, que l'augment coûtumier, & la donation en cas de survie, que l'on regarde aussi comme augment, n'ont pas besoin d'insinuation, a jugé que la donation entre-vifs faite par le mary à la femme dans le Contract de mariage, en cas de prédecès du mary, ne pouvoit avoir d'effet contre les Créanciers postérieurs, faute d'insinuation. M. *de Catellan*, ibidem.

INSINUATION, DOUAIRE.

60 Jugé par Arrêt qu'un doüaire baillé à une femme, etiam, non sujet à retour, n'est réputé donation, & n'est sujet à insinuation. *Biblioth. de Bouchel*, verbo, *Insinuation*.

INSINUATION ECCLESIASTIQUE.

60 bis. *Voyez* cy-après le nombre 190. où l'on en fait un Titre particulier.

INSINUATION, FEMME MARIE'E.

61 Donation non insinuée, est nulle par l'Ordonnance de Moulins, art. 58. Toutefois l'heritier du mary ne peut objecter à la femme le défaut d'insinuation d'une donation faite par Contract de mariage. Jugé le 14. Juillet 1587. M. *Loüet*, lettre D. somm. 4. où il y a un autre Arrêt du 17. Juin 1606. *Voyez* M. *le Prêtre*, 1. *Centurie*, chap. 44.

62 Donation faite à la femme ne peut être debatuë par le mary ni ses heritiers faute d'insinuation; mais bien par les créanciers du Donateur, à l'égard desquels elle ne prend force que du jour de l'insinuation. Jugé par Arrêt du 30. Avril 1594. *Papon*, liv. 11. tit. 1. nombre 26.

63 Le Contract portant donation à la femme, & n'étant insinuée, le Créancier subsequent est préféré à la femme à la chose donnée. Arrêt prononcé à Pâques 1595. *Montholon*, Arrêt 80

64 Donation entre mari & femme n'est sujette à insinuation en la Coûtume de Poitou, parce qu'elle est révocable jusques à la mort par l'art. 213 telle donation se confirme par la mort. Jugé le 27. Avril 1600. M. *le Prêtre* 1. Cent. chap. 44. in margine.

Il y a Declaration du Roy verifiée en Parlement du 5. Decembre 1622. qui ordonne l'insinuation. *Ricard*, du *Don mutuel*, chap. 4. nomb. 76.

65 Arrêt du Parlement de Provence du 12. Decembre 1639. qui a jugé que le temps de l'insinuation court contre les femmes mariées, du jour de leur séparation d'avec leurs maris, par Sentence declaratoire de leur pauvreté. *Boniface*, tome 1. liv. 7. tit. 2. chap. 6.

66 Autres Arrêts du même Parlement de Provence des 23. Mars 1642. 22. Decembre 1640. & 6. Février 1643. qui ont jugé que les insinuations de donation ont leur effet retroactif en faveur de la femme, au préjudice des

créanciers intermediaires. *Boniface*, *ibidem*, *liv. 6. tit. 2. chapitre 7.*

67 Le mari qui donne à sa femme dans son Contract de mariage, ne faisant point insinuer, est tenu aux dommages & interêts envers ses enfans, du jour du décès de leur mere. *M. Abraham la Peirere en ses décisions du Palais, lettre I. nomb. 28.* rapporte un Arrêt du 14. Avril 1668. rendu au Parlement de Bourdeaux en la Grand'-Chambre, au rapport de M. de Saboutin. Le sieur de Lasanne sieur Diance se mariant en secondes nôces, donne la somme de douze mille livres à sa future épouse. Il naît une fille de ce mariage, à laquelle la donation est disputée faute d'insinuation. La fille allegue qu'après la mort de sa mere, son pere étant son administrateur légal, il devoit avoir fait insinuer ladite donation. La Cour ajugea à la fille les dommages & interêts dudit défaut d'insinuation du jour du decès de la mere, & regla les dommages & interêts à pareille somme de douze mille livres.

INSINUATION, DONATION AU FILS.

67 bis. *De invaliditate donationis non insinuatæ factæ filio in potestate excedentis summam 500 aureor. nullâ in vitâ donanti factâ traditione cum clausulâ retentionis usufructus.* Chassan. *consf. 7.*

68 Dans la Coûtume d'Amiens une donation en avancement d'hoirie faite par un pere à son fils, faute d'avoir été insinuée, fut declarée nulle. Jugé à l'Audience le 15. Janvier 1663. sur les Conclusions de M. Talon. *Notables Arrêts des Audiences, Arrêt 83.*

69 Arrêt du Parlement de Provence du 19. Juin 1671. qui a jugé qu'une donation faite par une mere à sa fille hors son Contract de mariage, est nulle par défaut d'insinuation. *Boniface, tome 4. liv. 7. tit. 1. chap. 2.*

INSINUATION, FONDATION.

70 * Donation pour fondation non acceptée ni insinuée est nulle. Jugé le 7. Septembre 1588. *M. Louet, lettre D. somm. 27.* Montholon, *Arrêt 137.* rapporte le même Arrêt.

71 Jugé le 10. Juillet 1645. qu'une donation entre-vifs faite à l'Eglise avec charge, ayant été acceptée & executée, ne pouvoit être revoquée par un testament, sous prétexte du défaut d'insinuation. *Soifve, tome 1. Cent. 1. chap. 83.*

72 Les donations pour causes pies doivent être insinuées, à moins qu'elles n'obligent à services; car alors on les considere comme des Contrats sinalagmatiques. Arrêt du Parlement de Roüen du 29. Juillet 1665. *Basnage, sur l'art. 448. de la Coût. de Normandie.*

INSINUATION, HERITIER.

73 Si l'insinuation de donation est requise à l'égard de ceux qui ont sçû la donation; & la raison pourquoi l'heritier est recevable à impugner la donation à faute d'insinuation? *Voyez Coquille, tome 2. quest. 165.*

74 On jugeoit autrefois que les heritiers n'étoient recevables à opposer le défaut d'insinuation. Arrêt du Parlement de Bretagne du 16. Octobre 1570. *Du Fail, liv. 1. chap. 308.*

75 Un pere se remariant, fait donation à l'enfant qui viendra du second lit; le frere du premier lit oppose le défaut d'insinuation; le Donataire répond que son frere est tenu du fait du pere, comme son heritier, & qu'il avoit obtenu lettres pour être relevé. Arrêt du 9. Janvier 1576. qui entherine les Lettres, & confirme la donation, sans tirer à consequence, & sans préjudicier à l'Ordonnance. *Biblioth. de Bouchel, verbo, Insinuation.*

76 Un heritier contestoit une promesse de dot faite à une fille, son moyen étoit le défaut d'insinuation. Arrêt du 14. Août 1577. qui juge la promesse valable, quoi-qu'il eût été stipulé que la somme tiendroit nature de propre. *Le Vest, Arrêt 153.*

77 Donation faite à la femme par le mary par son Contract de mariage, les heritiers tenus de consentir l'insinuation. Arrêt à la Pentecôte 1581. Montholon, *Arrêt 4.* Voyez *M. Louet, lettre D. somm. 4.*

78 L'heritier ne peut objecter à la femme le défaut de l'insinuation de donation faite par Contract de mariage. Jugé le 14. Juillet 1587. *M. le Prêtre ès Arrêts de la Cinquième.*

Même Arrêt rendu au Parlement de Paris à Noël 1601. *Voyez Mainard, liv. 7. chap. 92. & 93.*

79 Arrêt du Parlement de Provence du 11. Février 1644. qui a jugé que l'heritier du Donateur peut opposer au Donataire le défaut d'insinuation. *Boniface, tome 1. liv. 7. tit. 2. chap. 13.*

80 Jugé le 28. Avril 1644. que le Donateur ne peut opposer le défaut d'insinuation au Donataire, ni son heritier à la veuve dans les quatre mois aprés le décès de son mary Donataire. *Ibid. chap. 11.*

81 Messieurs les Gens du Roy du Parlement de Bourdeaux ont donné un certificat en une affaire de laquelle on s'est le 6. Février 1673. rapporté au Jugement de Messieurs Feideau, Sonnet, Dupré, que l'usage dudit Parlement étoit aussi de ne point recevoir les heritiers du Donateur à arguer une donation de nullité par le défaut d'insinuation. Par Acte de Notorieté du Parlement de Toulouse du 15. Juillet 1675. signé du Greffier en chef, il est dit qu'encore que par l'article 58. de l'Ordonnance de Moulins, il soit porté que les donations entre-vifs doivent être insinuées, tant à l'égard des heritiers que des créanciers du Donateur, neanmoins l'usage constant du Parlement de Toulouse, est que l'insinuation n'est necessaire que contre les Créanciers du Donateur; ainsi à l'égard du Donateur & de ses heritiers ou autres personnes qui tiennent à titre lucratif du chef du Donateur, elle est inutile. Il y a un pareil Certificat de Messieurs les Gens du Roy dudit Parlement du 7. Août 1675. signé d'eux en une consultation du onzième Juillet 1675. signé Parisor, Regni & Parré. Autre Acte de Notorieté de la Viguerie de Toulouse du 8. Juillet 1675. semblable aux autres. *Voyez Ricard, des Donations, part. 1. chap. 4. sect. 3. nombre 1237.*

INSINUATION, HÔPITAL.

82 Arrêt rendu au Parlement de Provence en Decembre 1656. qui a declaré nulle la donation faite à un Hôpital, faute d'insinuation. *Boniface, tome 1. liv. 7. t. 2. ch. 1.*

LIEU DE L'INSINUATION.

83 L'insinuation qui doit être faite dans tous les lieux où sont situées les choses données. *Voyez Mainard, liv. 6. chap. 65.* où il est dit que cela se pratique & se juge au Parlement de Toulouse.

84 François Vovoy requiert que la donation faite entre luy & sa femme, soit insinuée en la Cour, attendu qu'ils sont de Lamballe, & que le Comté de Penthievre a été érigé en Pairie, de sorte que les Juges Royaux de Rennes, par cette érection n'ont plus de jurisdiction sur eux. Par Arrêt du Parlement de Bretagne du 6. Avril 1571. la Cour ordonne que les parties se retireront aux Juges de Rennes & se pourvoiront par devant eux pour le regard de l'insinuation. *Du Fail, liv. 3. chap. 413.*

85 Les donations doivent être insinuées au Greffe de la Chancellerie, suivant le Reglement de 1544. Arrêt du Parlement de Dijon du 12. Août 1570. *Bouvot, tome 1. part. 2. verbo, Insinuation.*

86 Cinq Arrêts de la Cour des 1. Février 1577. 24. Janvier 1579. 4. May 1582. 18. Avril 1598. & 12. Août 1600. donnés sur l'interpretation & observation des Ordonnances Royaux des années 1539. 49. & 62. touchant l'insinuation des donations, par lesquels la Cour a jugé que les donations doivent être insinuées au Greffe des Châtellenies & Prévôtés Royales où les biens donnez sont assis, & que l'insinuation faite aux Sieges Generaux des Bailliages & Sénéchaussées n'est suffisante. *Bibliotheque de Bouchel, verbo, Insinuation, & Papon, liv. 8. tit. 18. nomb. 2.*

87 Les donations doivent être insinuées dans toutes les Jurisdictions Royales où les biens sont situés à faute de quoy le Donateur peut disposer des biens qu'il aura

L ll iij

donnez, à l'égard desquels il n'y aura point d'insinuation, revoquer, ou contracter des hypoteques dessus. Arrêt rendu au Parlement de Toulouse au mois de Decembre 1580. *La Rochestavin, livre 6. titre 40. Arrêt 9.*

88 Il ne suffit de faire insinuer les donations aux Sieges superieurs generaux des Bailliages & Sénéchaussées ; mais elles doivent être insinuées ès Châtelenies & Prevôtez Royales, où les biens donnez sont assis. L'Ordonnance de Moulins, art. 58. expliquée par l'Arrêt qui fut prononcé le 18. Avril 1598. *Chenu, premiere Centurie, quest. 73.*

89 Entre Nobles pour donation d'heritages situez dans la Sénéchaussée de *Bourbonnois* en la Châtellenie de *Billy*, Siege particulier de ladite Sénéchaussée la donation n'avoit été insinuée que dans la Sénéchaussée seulement, la donation confirmée pour les biens situés dans la Sénéchaussée, & infirmée pour les biens de la Châtellenie où elle n'avoir pas été insinuée. Prononcé le 12. Août. 1600. *Ibid. quest. 74.*

90 L'insinuation doit être faite és Sieges Royaux, tant de la situation de la chose donnée que du domicile des Donateurs. *Ordonnances de Moulins, art. 58.* Dans les Villes & autres lieux où il y a deux degrez de Jurisdictions, comme Prevôté Royale, Bailliage ou Sénéchaussée, l'insinuation sera bonne étant faite en l'une ou l'autre ; & si le Siege de la Prevôté est separé du lieu du Bailliage, il faut insinuer à la Prevôté. Ordonnance de Louis XIII. du 17. Decembre 1612. verifiée en Parl. *Conférence des Ordonnances, tome 2. liv. 8. tit. 2.* Jugé le 6. Août 1644. *Henrys, tome 1. liv. 4. chap. 6. quest. 49. Voyez M. Ricard, des Donations entre-vifs, 1. part. chap. 4. sect. 3. glos. 1.*

91 Mademoiselle de Vignolles s'étant mariée à Aix en Provence, fait don par Contract de mariage à son mari de tous ses biens. Cette donation insinuée à Paris où tous les biens étoient assis, mais non au lieu du domicile qui étoit en Provence. Par Arrêt de 1602. Robert plaidant pour M. Fournier Conseiller en la Cour, contre Peleus, la donation declarée nulle, & après l'Arrêt prononcé, M. le Premier President du Harlay avertit les Avocats de ne plus conseiller leurs parties de soûtenir des donations non insinuées au lieu du domicile. *Bibliot. de Bouchel, verbo, Insinuation.*

91 bis. Arrêt du Parlement de Paris du 5. Juillet 1602. qui declare nulle une donation de meubles & immeubles faute d'insinuation au domicile des parties, quoi-qu'elle fût faite au lieu où étoient sises les choses données, & que celuy qui soûtenoit la donation bonne eût declaré qu'il se contentoit des biens donnez qui se roient situez ailleurs qu'au domicile du Donateur. *Ibid.*

L'insinuation doit être faite dans toutes les Sénéchaussées où les biens donnez sont assis ; il ne suffit pas que la donation soit insinuée au Siége principal. Le 17. Mars 1620. il fut jugé que la donation de la moitié des biens faite dans la Jurisdiction de Cahors en faveur de mariage aux enfans qui en naîtront, ayant le Donateur d'autres biens dans la Jurisdiction de Gourdon & de Montauban, n'ayant été ladite donation insinuée qu'au Siege principal de Cahors, n'étoit bonne que pour les biens seulement qui étoient dans ladite Sénéchaussée de Cahors, & non à l'égard de ceux qui étoient situez dans celle de Gourdon & Montauban. *Cambolas, liv. 4. chap. 21.*

92 L'insinuation ne peut être faite aux Greffes des Duchez Pairies. Arrêt du 16. Avril 1615. *Ricard, des Donations entre-vifs, 1. part. chap. 4. sect. 4. glos. 5. nombre 1104.*

93 Cause appointée le dernier Juillet 1630. pour sçavoir si l'insinuation au Siege du domicile du Donateur, & au Bailliage de la Province où l'immeuble donné est situé, peut être suffisante ; où si elle n'a pas dû être faite en la Prevôté Royale de la situation ; & si ce défaut dans la Coûtume de Chartres, ou le double lien emporte les meubles & acquets, peut être objecté par le neveu d'un côté seulement heritier à un autre neveu conjoint des deux côtez, donataire d'un acquet ? *Voyez Bardet, tome 1. liv. 3. chap. 119.*

94 Arrêts du Parlement de Provence des 23. Mars 1632. & 30. Octobre 1642. qui ont jugé que l'insinuation d'une donation doit être faite au Greffe des lieux du ressort où les biens sont situez. *Boniface, tome 1. liv. 7. tit. 2. chap. 8.*

95 Il n'est pas necessaire d'insinuer au Greffe de la Justice du domicile du donataire. Jugé en Février 1638. & le 5. Août 1639, *M. Ricard, des Donations, entre-vifs, 1. part. chap. 4. sect. 5. Glos. 6. nomb. 1211.*

96 Arrêt du Parlement de Provence du 15. Avril 1666. qui declare nulle la donation au Greffe de la Judicature des lieux où les biens sont situez. *Boniface, tome 1. liv. 7. tit. 2. chap. 8.*

97 Le dernier Janvier 1668. il a été jugé que l'insinuation doit être faite au Greffe du Ressort, non de la Jurisdiction plus proche. *Ibidem, chap. 9.*

98 Le 28. Mars 1670. Arrêt qui declare nulle une donation de biens faite à un Noble, insinuée au Greffe du Lieutenant du Ressort, & non au Greffe du Juge Royal du lieu où les biens sont situez. *Boniface, tome 4. liv. 7. tit. 1. chap. 4.*

99 Arrêt du 22. Mars 1677. qui declare qu'il suffit que l'insinuation ou publication & enregistrement d'une donation soit ordonnée dans la maison du Juge. *Ibid. chapitre 1.*

100 Si les donations des Nobles doivent être insinuées au Greffe des Sénéchaux ou des Juges Royaux de la situation des biens donnez ? Arrêt du même Parlement de Provence du 7. Decembre 1678. qui a déclaré valable l'insinuation d'une donation au Greffe de la Judicature Royale. *Boniface, ibid. chap. 5.*

101 Si les biens donnez sont assis en diverses Jurisdictions Royales, ou Sénéchaussées, en l'une desquelles la donation soit insinuée, telle insinuation ne profitera pour les autres biens, assis és lieux où la donation n'a été insinuée ; ainsi jugé. *Mainard, liv. 2. chap. 56.*

102 Donations ne se peuvent valablement insinuer pardevant Juge incompetent, à cause de la suspicion. Jugé par plusieurs Arrêts du Parlement de Grenoble. *Papon, liv. 11. tit. 1. nomb. 26.*

103 Les hauts-Justiciers ne sont competens de recevoir des insinuations. Arrêt du Parlement de Roüen du 11. Août 1678. *Basnage, sur l'art. 448. de cette Coûtume.*

104 Si une donation doit être insinuée dans la Jurisdiction Royale où est situé le fief dont dépend une terre donnée, ou dans la Jurisdiction Royale où cette terre est situé, & si l'on est obligé de faire insinuer à *Rome* & en *Lorraine* une donation faite en France de biens dont partie se trouve à *Rome* & en *Lorraine* ou s'il suffit qu'elle soit insinuée en la Jurisdiction du domicile du Donateur ? *Voyez le Journal du Palais* in folio, *tome 2. page 578.* l'Arrêt du 12. Mars 1686. qui confirma la donation ; le même Arrêt est rapporté par *M. Ricard,* en son traité *des Donations entre-vifs, part. 1. chap. 4. sect. 3. nomb. 12. 14.* il date l'Arrêt du 21. Mars & observe qu'à Rome il n'est pas necessaire d'insinuer au lieu où la chose est située ; & la Lorraine n'a été réünie que depuis l'Ordonnance de insinuations dont l'execution n'a été ordonnée pour la Lorraine par aucune loy posterieure.

INSINUATION EN MALADIE.

105 Une femme fait donation de tous ses biens à son mary, en cas qu'elle vienne à predeceder sans enfans ; cette donation faite par contract de mariage, qui n'avoit été insinuée qu'à l'extrémité de la vie de la femme & durant sa derniere maladie. Jugé à la Grand-Chambre, Audience du matin, le 20. Février 1618. que la donation étoit bonne, parce qu'elle étoit fixe & certaine ; & la femme qui avoit donné le Contract ne pût insinuer jusqu'au dernier moment de sa vie, outre qu'il ne s'agissoit que de purger la negligence du mary. *Ricard,*

INS   INS   455

des Donations entre-vifs, 1. part. chap. 4. sect. 3. glos. 8. nomb. 1267. secùs pour le don mutuel.

106   Sans avoir égard aux insinuations faites par le mary de la donation mutuelle portée par le Contract de mariage d'entre luy & sa femme, pendant la maladie dont elle seroit décédée peu de jours après, le mary condamné de rendre & restituer tous les meubles appartenans à sa femme lors de son mariage, suivant l'inventaire. Jugé le 17. Decembre 1669. *De la Guess. tome 3. liv. 3. chap. 21.*

INSINUATION, DONATION POUR MARIAGE.

107   Donation faite par un mari lors du Contract de mariage à la future épouse declarée nulle, par Arrêt du Parlement de Bretagne du 12. Octobre 1559. faute d'insinuation. Les derniers Arrêts ont jugé au contraire. *Du Fail, liv. 3. chap. 198.*

108   Un nommé de Quatre-livres voulant se marier avec une nommée le Gentilhomme, cinq heures avant le mariage, *ante tamen matrimonium consummatum*, fait une donation à sa future femme, *jam omnibus ad matrimonium paratis*, les parens étant priez; elle se trouve insinuée deux ans après le mariage, *hoc nomine*, & d'autant que l'insinuation avoit été faite deux ans après le mariage, la Cour par Arrêt en l'an 1568. la confirme *tanquam fuerit voluntatis perseveratio*. Voyez *de Montholon*.

109   Il a été jugé qu'une donation faite en Contract de mariage, insinuée long-temps après le Contract, étoit valable, parce que l'insinuation avoit été faite du vivant des deux conjoints; c'étoit en la cause d'entre Thomas le Couturier, ayant droit de Jacques le Couturier & Nicolle Rat sa femme, heritiers pour un tiers de Pierre Rat, le procès ayant été party en la troisiéme Chambre des Enquêtes, & enfin départy en une autre, par Arrêt du 8. Mars 1578. quoique l'Ordonnance de Moulins requiert l'insinuation dans les quatre mois. Voyez *Chenu, quest. 58.*

110   Les Ordonnances portant insinuation des donations faites en faveur de mariage ne furent reçûës ni gardées en la Cour du Parlement de Toulouse, jusqu'en l'année 1566. qu'elle publia & verifia singulierement à ce sujet, l'Ordonnance de Moulins. *Mainard, t. 2. l. 2. ch. 58.*

111   L'insinuation n'est point requise dans le Parlement de Toulouse, à l'égard d'un autre successeur du Donateur à titre lucratif, ou second donataire. Il s'ensuit de là, que la premiere donation, quoiqu'insinuée, prévaut à la seconde, quoiqu'insinuée. C'est ainsi que *M. Dolive, liv. 4. chap. 28.* dit que la question a été décidée en 1644. Même Arrêt le 27. Mars 1668. par lequel le premier donataire fut condamné de payer toutes les dettes contractées depuis l'insinuation de la seconde donation. *M. de Catellan, liv. 5. chap. 9.*

112   Donation faite à la future épouse par Contract de mariage, ne vaut, si elle n'est insinuée au préjudice des créanciers du mary, même posterieurs au Contract de mariage, & qu'ils ayent été presens lors de la donation. Jugé le 30. Avril 1594. & prononcé en Robes rouges le 21. Mars 1595. *Chenu, premiere Centurie, quest. 71.* Voyez *Carondas, liv. 10. Rep. 87.*

113   Les donations faites par pere & mere en faveur de mariage de leurs enfans, ne sont sujettes à insinuation à l'égard des créanciers, & le rapport prescrit par la Coûtume de Loudun, en cas de renonciation à la succession de pere ou de mere, n'a lieu au profit des créanciers, & une donation de cette qualité sert de fondement à la prescription qui se fait avec titre. Jugé à Paris le 17. Mars 1673. *Journal du Palais.*

114   Une donation faite par Monsieur de la Rochefoucault, & la Dame son épouse à leur fils en le mariant, n'est sujette à l'Ordonnance des insinuations, & le fils marié a été colloqué du jour de son Contract de mariage sur les biens de ses pere & mere, au préjudice de leurs créanciers posterieurs. Jugé au Parl. de Paris le 31. Juillet 1673. *Journal du Palais.* Voyez *M. Expilly, Arrêt 71.*

115   L'usage du Dauphiné est que les donations faites dans les Contracts de mariage n'ont pas besoin d'insinuation. Arrêt au Parlement de Grenoble rendu le 4. Avril 1637. *consultis classibus.* Voyez *Chorier*, en sa *Jurisprudence de Guy Pape*, *page 234.*

116   Arrêt du Parl. de Provence du 21. Janvier 1684. qui a jugé que les donations des peres aux enfans dans leurs Contracts de mariage sont sujettes à insinuation. *Boniface, tome 4. liv. 7. tit. 1. chap. 7.*

117   Si l'institution d'heritier en faveur de mariage est donation, & si elle doit être insinuée? Voyez *Coquille, tome 2. quest. 173.*

INSINUATION, DONATION DE MEUBLES.

118   Si les donations de meubles, dettes ou deniers, sont sujettes à insinuation? Il y a des préjugez contraires; le plus grand nombre va à la negative. Voyez *Mainard, liv. 6. chap. 63. & 64.*

119   Les parens de la femme ayant consenti par le Contract de mariage que le mary au cas de survivance joüit sa vie durant des meubles & heritages de la femme, jugé le 10. Avril 1554. qu'ils n'étoient pas recevables d'opposer le défaut d'insinuation. *Papon, liv. 11. tit. 1. nombre 40.*

120   Donation de meubles n'est sujette à insinuation; neanmoins, quand la somme est grande & faisant partie du bien du donateur, on a tenu le contraire; si la donation est de somme de deniers à prendre sur certain heritage, il a été arrêté après en avoir demandé l'avis des Chambres; qu'elle étoit sujette à insinuation, le 18. May 1575. *Idem* de la donation d'usufruit, par Arrêt prononcé le 6. Decembre 1573. *Bibliotheque de Bouchel*, verbo, *Donation*.

121   Arrêt de la my-Aoust 1577. rendu en interpretant l'Ordonnance de Moulins, par lequel il est jugé que l'insinuation n'est point necessaire pour somme de deniers, & choses mobiliaires, promises ou baillées en faveur de mariage, & qu'un fief seroit hypotequé seroit vendu pour les deniers être distribués, il en seroit autrement des immeubles. *Papon, liv. 11. tit. 1. nombre 25.*

122   Donation mutuelle & reciproque faite par Contract de mariage des meubles & joüissance des acquets, n'est sujette à insinuation, sinon que ce fut une donation generale de tous les meubles faite au profit de l'un des conjoints. Jugé les 22. Février 1601. & 18. Mars 1602. parce que ce n'est pas tant une donation que *pactio servituti adjecta*. *Chenu, premiere Cent. quest. 72.*

123   La convention apposée au Contract de mariage, que le survivant des deux conjoints aura tous les meubles, sans être tenu des dettes, quoyqu'appellée donation, est exempte d'insinuation; c'est une convention matrimoniale & de societé, *in donatione enim nullum negotium mixtum est*; mais quand la convention, n'est pas reciproque, & que l'avantage ne vient que d'un côté, comme s'il étoit stipulé que la femme en cas de survie, prendroit tous les meubles & acquets, il y auroit lieu de soûtenir que ce seroit une donation sujette à insinuation. Jugé le 18. May 1602. *M. Loüet, lettre D. sommaire 64.*

124   Donation particuliere de meubles n'est sujette à insinuation; mais si elle est à prendre sur les immeubles ou qu'elle soit d'université de meubles, elle est sujette à insinuation; si la donation est faite d'une somme de deniers actuellement delivrée, l'insinuation n'est point necessaire. Jugé au mois de Juin 1605. *M. Loüet, & son Commentateur, lettre D. Somm. 14.* il suffit que l'insinuation se fasse au domicile du donnant, & n'est pas besoin d'insinuer en tous les lieux où il y a des meubles. Jugé le 22. Août 1607. & furent les acquets du lieu où l'insinuation avoit été faite, ajugez au donataire; & pour les autres acquets situez en d'autres lieux, la donation fut declarée nulle. *Brodeau, sur M. Loüet, lettre R. somm. 31. nomb. 8.* Voyez *Ricard, des Donations entre-vifs, 1. part. chapitre 4. sect. 3. glos. 1. nomb. 1156.*

125 Donation de meubles n'est sujette à insinuation, encore moins lorsque le Donataire a été saisi. Jugé le 13. Juillet 1632. *Bardet*, tome 2. liv. 1. ch. 38.

126 Arrêt du Parlement de Provence du 9. Decembre 1658. qui a jugé qu'une donation manuelle faite en deniers, n'est pas sujette à insinuation ; ce même Arrêt a jugé que les donations doivent être insinuées en jugement, sans prendre épices. *Boniface*, tome 1. liv. 7. titre 2. chapitre 2.

127 Jugé au même Parlement d'Aix le 27. Mars 1667. qu'une donation de 60. livres, n'étoit point sujette à l'insinuation. *Ibid.* ch. 5.

INSINUATION, MINEUR.

128 Une donation faite par traité de mariage par un mineur, est valable, n'ayant été insinuée ; mais le Donateur la doit faire insinuer l'ayant promis, à peine de tous dépens, dommages & interêts. Arrêt du Parlement de Dijon du 17. Janvier 1600. *Bouvot*, tom. 2. verbo, *Mariage*, quest. 105.

Voyez cy-après le nombre 156. & suiv.

INSINUATION, DON MOBIL.

129 Le don mobil qui consiste en heritages fait par la femme au mary, n'est sujet à insinuation. Arrêts du Parlement de Normandie des 8. Juin 1636. 4. Juillet 1645. 29. Juillet 1650. 2. Juin & 24. Juillet 1633. & 8. Juin 1663. Le contraire avoit été jugé le 14. Août 1649. Les autres Arrêts sont suivis, la Cour en a fait un Reglement par l'art. 74. du Reglement de 1666. V. *Basnage*, sur l'art. 448. de la Coût. de Normandie.

INSINUATION, DON MUTUEL.

130 *Ricard*, tome 2. en son Traité du Don mutuel, ch. 4. interprete l'art. 58. de l'Ordonnance de Moulins, & l'art. 284. de la Coûtume de Paris, touchant l'insinuation des dons mutuels.

131 La donation mutuelle entre mary & femme au survivant, doit être insinuée. Arrêt du Parlement de Dijon du 10. Decembre 1575. *Bouvot*, tome 2. verbo, *Mariage*, quest. 91.

132 Arrêt donné aux Grands Jours de Poitiers le 23. Novembre 1579. qui confirme un don mutuel, quoyque non insinué. C'étoit au mary à remplir cette formalité ; s'il ne l'a pas fait, ses heritiers ne peuvent profiter de sa fraude. Arrêts semblables des 7. Août 1599. & 27. Avril 1600. *Bibliotheque de Bouchel*, verbo, *Don mutuel*.

133 Donations mutuelles faites en Contract de mariage, du prémourant au survivant, sujettes à l'insinuation, quoyqu'il ne s'agisse que de meubles. Arrêt du Parlement de Paris du 16. Mars 1577. *Papon*, liv. 20. tit. 3. nombre 32.

Voyez le mot, *Donation*, nombre 31. & suiv.

INSINUATION, PRESCRIPTION.

134 Les donations faites avant l'Ordonnance de Moulins de l'an 1566. pouvoient être insinuées durant 30. ans, pourvû que ce fût du vivant du Donateur ; quant à celles faites depuis, elles doivent être insinuées dans quatre mois. Arrêt du 16. Decembre 1588. Ce même Arrêt a jugé que l'insinuation faite à la requisition du Donataire seul, lequel avoit été constitué Procureur par le Donateur à cet effet, est valable, comme si elle avoit été faite par quelque autre Procureur, fondé exprès à l'effet par le Donateur. *La Rocheflavin*, livré 6. tit. 40. *Arrêt* 4.

135 Le défaut d'insinuation ne se prescrit que par 30. ans ; l'un des principes de la matiere des prescriptions, est qu'elles ne commencent pas leur effet avant la naissance de l'action. *Ricard*, *des Donations entre-vifs*, 1. part. chap. 4. sect. 3. glos. 8. n. 1281.

INSINUATION, QUATRE MOIS.

136 Par les Ordonnances, toutes donations doivent être insinuées. Voyez l'*Ordonnance de* 1539. art. 132. & de *Moulins*, art. 58. dans les quatre mois du jour & date des donations pour les biens & les personnes de ceux qui demeurent dans le Royaume, & dans six mois pour ceux qui en sont hors. Voyez *M. le Prêtre*, 1. Centurie, chap. 44. Les Ordonnances ne comprennent que les donations faites *ab homine*, non legé. Voyez *M. Louet*, lettre I. somm. 10.

137 Un Donateur avant l'insinuation, change de domicile, on distingue si les quatre mois sont passez, il faut insinuer dans le nouveau. *M. Ricard*, *des Donations entre-vifs*, 1. part. ch. 4. sect. 3. glos. 6. n. 1212.

138 La femme séparée de biens doit faire insinuer la donation dans les quatre mois de sa séparation. *M. Louet*, lettre I. somm. 1. Voyez *Ricard*, en son Traité des *Donations entre-vifs*, part. 1. chap. 4. sect. 3. glos. 1. nomb. 1124. & suiv. qui est opposé aux sentimens de *M. Louet*, & dit que l'heritier est non recevable d'objecter à la veuve le défaut d'insinuation.

139 Donation insinuée après la mort du Donateur, ne vaut. Arrêt du Parlement de Paris du 27. Juillet 1555. *Papon*, liv. 11. tit. 1. n. 27. Ce qui s'entend quand on n'est plus dans le temps des 4. mois marqué par l'Ordonnance de Moulins.

140 L'insinuation faite après les quatre mois du vivant du Donateur, à la requisition du Donateur ou Donataire, est valable. Arrêt du Parlement de Paris du 13. May 1561. *Bouvot*, tome 1. part. 1. verbo, *Insinuation*, q. 2.

141 Jugé au Parlement de Bretagne le 22. Avril 1577. qu'il suffisoit d'insinuer dans les quatre mois, après le décès du mary. *Du Fail*, liv. 1. ch. 424.

142 Donation insinuée dans les quatre mois, a un effet retroactif au jour qu'elle a été faite ; en sorte qu'elle ne peut être revoquée sans cause ; & si le Donateur fait une seconde donation pendant ledit temps, quoyque cette seconde soit insinuée avant la premiere, elle ne luy fait point de préjudice. Arrêt du Parlement de Toulouse du 7. Decembre 1580. *La Rocheflavin*, liv. 6. tit. 40. *Arrêt* 5.

143 La rigueur de l'Ordonnance, qui ordonne l'insinuation des donations dans les 4. mois, ne se peut entendre ni pratiquer que pour le Créancier & non contre la femme, qui est sous l'autorité de son mary. Arrêt du 12. May 1581. qui a déclaré valable une insinuation de biens donnez en faveur de mariage, à la Requête de la veuve du mary, contre le beau-pere Donateur vivant, 15. ou 16. ans après le décès de son fils & mary de la Demanderesse. *Papon*, liv. 11. tit. 1. n. 27.

144 Donation par Contract de mariage non insinuée dans les quatre mois, mais dans l'an du vivant de la tante Donatrice, étoit bonne, quoyque la tante se fût plainte d'ingratitude, & qu'elle eût revoqué la donation. Arrêt à la Pentecôte 1583. *Montholon*, *Arrêt* 20.

145 Donation insinuée après les 4. mois de l'Ordonnance, ne peut être revoquée par le Donateur, si les Créanciers ne s'en plaignent. Arrêt rendu au Parlement de Toulouse au mois de Juin 1583. *La Rocheflavin*, liv. 6. tit. 40. *Arr.* 13.

146 Arrêt du même Parlement de Toulouse du 17. Janvier 1586. qui condamna une tante à consentir à l'insinuation d'une donation qu'elle avoit faite à sa niéce en faveur de mariage, quoyque les quatre mois de l'Ordonnance pour insinuer fussent passez, & qu'elle alleguât quelques causes d'ingratitude contre le mary de la Donataire. *Ibid.* liv. 2. let. M. tit. 4. n. 40. *Mainard*, est contraire, au liv. 7. chap. 93. mais sa doctrine n'est pas suivie.

147 L'insinuation pour le regard des Créanciers, quoique faite dans les 4. mois, n'a point d'effet retroactif, & n'a force que du jour de l'insinuation. Jugé le 5. Mars 1588. *Carondas*, liv. 11. Rép. 33. & liv. 13. Rép. 62.

148 Si le Donateur declare qu'il consent que l'insinuation soit faite, quoique ce soit long-temps après la donation, même de six ans ; le temps de 4. mois ne court que du jour de telle declaration. Arrêt pour Marguerite de Bellenave, contre les heritiers du sieur Dorigny. V. *Carondas*, liv. 2. Rép. 27.

149 L'insinuation après les quatre mois, & du vivant du Donateur, ne peut avoir un effet retroactif, au préjudice des Créanciers intermediaires. Jugé le 12. Mars 1595.

1595. M. Loüet, lettre D. somm. 6. & lettre I. Tom. 1. & les Créanciers sont préferables aux Donataires. *Montholon, Arrêt* 89.

150 Les quatre mois pour insinuer, ne courent contre la femme, tant qu'elle est en puissance de mary. Jugé le 11. Février 1595. prononcé le 25. May *M. Loüet, let. I. somm.* 1. M. Ricard, *des Donations entre-vifs*, tient que la femme ne doit faire insinuer, & que l'heritier est non recevable à luy objecter ce défaut. 1. *part. ch.* 4. *sect.* 3. *glos.* 7. *n.* 1246.

151 Les donations insinuées après les quatre mois, valables, *Voyez l'Ordonnance de François I.* 1539. art. 131. & l'Ordonnance de Moulins de 1566. art. 58. Jugé le 3. Septembre 1594. Mais si le Donateur fait quelques dettes avant l'insinuation, les quatre mois étant passez, le Créancier est préferé au Donataire. Arrêt du 21. Mars 1595. *Chenu*, 2. *Cent. quest.* 69.

152 Le Donataire a quatre mois pour faire insinuer sa donation, s'il est demeurant dans le Royaume; & six mois, s'il est absent & hors du Royaume. Les obligations contractées par le Donateur, entre la donation & l'insinuation faite dans ses quatre mois, ne peuvent avoir d'hypoteque au préjudice du Donataire, parce que l'insinuation en ce cas, a un effet retroactif. Arrêt du Parlement de Roüen du 26. Juin 1626. Il en seroit autrement si l'insinuation avoit été requise après les 4. mois, elle ne serviroit au Donataire que du jour qu'elle seroit faite, & les dettes contractées par le Donateur seroient préferables à la donation. *Basnage, sur la Coût. de Normandie, art.* 448.

153 Arrêt du Parlement de Paris de l'an 1640. qui declara valable l'insinuation d'une donation faite après les quatre mois, sans nouvelle procuration du Donateur. *Boniface*, tome 1. *liv.* 7. *tit.* 2. *ch.* 3.

La même question s'étoit presentée au Parlement de Provence le 20. Mars 1645. la Cour en delibera, le mary avoit attendu cinq ans pour insinuer, & n'insinua que trois jours avant le décés de la femme *Boniface, ibidem.*

154 On juge au Parlement de Paris que l'insinuation faite dans les quatre mois, a un effet retroactif au tems du Contract contre les Créanciers *intermedii temporis*; M. Loüet, *lettre I. n.* 1. L'usage du Parlement de Toulouse est contraire, comme dit *Maynard, au liv.* 1. *chap.* 52. & comme il a été jugé au Parlement de Toulouse le 11. Février 1651. M. de Catellan, *li.* 8. *ch.* 9.

155 L'insinuation a un effet retroactif au jour de la donation, lorsqu'elle a été faite dans les quatre mois. M. Bignon, Avocat General, le conclut ainsi. L'Arrêt du Parlement de Paris du 12. Juillet 1667. appointa. *Voyez Soefve,* tome 2. *Cent.* 3. *ch.* 99.

INSINUATION, MINEUR RESTITUE'.

Voyez cy-dessus le nombre 128.

156 Il y a plusieurs Arrêts du Parlement de Paris, par lesquels les mineurs sont relevez du défaut d'insinuation; mais à Toulouse telle restitution & relief, n'a lieu que contre les heritiers & successeurs universels des Donateurs, & non contre les Créanciers. *Vide L. in minorib. C. de Donat. ante nupt. Voyez Mainard, livre* 6. *chap.* 66. & 67.

157 Mineurs se peuvent faire aisément relever par Lettres, du défaut de l'acceptation & insinuation d'une donation. Arrêts du Parlement de Paris des 29. Avril 1575. 9. Janvier 1576. & 23. Decembre 1602. Ce dernier prononcé en Robes rouges. *Papon, liv.* 1. *tit.* 1. *nombre* 30.

158 La restitution en entier par minorité ou autrement, contre l'omission de l'insinuation de la donation dans le tems de l'Ordonnance, a seulement lieu pour faire valoir la donation contre le Donateur ou contre ses heritiers seulement, & non au préjudice des autres personnes tierces, comme Créanciers acheteurs, & autres successeurs particuliers à titre onereux. Arrêt du Parlement de Toulouse de l'an 1584. *La Rocheflavin, liv.* 6. *tit.* 40. *Arrêt* 11.

Tome II.

159 Arrêt du mois de Decembre 1587. par lequel un mineur a été relevé du défaut d'insinuation, ayant obtenu Lettres Royaux à cet effet; ce même Arrêt a jugé que les mineurs sont restituables, *non tantùm ab omissa sed etiam à malè factâ insinuatione.* La Rocheslavin, li. 2. let. M. titre 9. Arr. 1.

160 Un mineur peut être relevé du défaut d'insinuation, omise par ses parens; mais cette restitution n'a effet que contre le donateur ou ses heritiers, & non au préjudice des Créanciers. Arrêts des 2. Avril 1597. & 21. Juin 1621. *Cambolas, liv.* 2. *ch.* 27.

161 Un pere par son Contract de mariage promet faire heritier l'aîné des enfans qui en proviendroient, en la moitié de ses biens; il se remarie, ayant un fils de la premiere femme, & fait une pareille donation à l'aîné, qui procederoit du second; cette derniere est insinuée après la mort du pere. Par Arrêt du dernier Janvier 1603. l'enfant du premier lit ayant obtenu des Lettres pour être relevé du défaut d'insinuation, il fut jugé que la restitution avoit effet retroactif au tems de la donation contre le second Donataire, ce qui n'auroit pas lieu contre les Créanciers. *Cambolas, livre* 3. *ch.* 30.

162 Arrêt du Parlement de Paris du 21. Mars 1595. prononcé en Robes rouges en faveur d'un Créancier, qui opposoit le défaut d'insinuation à une femme mineure Donataire de son mary. *Voyez la Bibliotheque de Bouchel, verbo, Insinuation,* où est rapporté un Arrêt contraire; mais il faut observer que la donation étoit contestée par le mary ou ses heritiers, & non par un Créancier.

163 La donation faite à un mineur est bonne & valable, quoiqu'elle n'ait été acceptée que par sa mere, qui devoit convoler en secondes nôces avec le Donateur, & que le donateur eût enfans, & que la donation n'eût pas été insinuée, & ce toutefois à l'égard dudit Donateur & de ses enfans, qui ne sont pas recevables à débattre ladite donation. Prononcé le 23. Decembre 1602. *Chenu*, 1. *Cent. quest.* 70.

164 Les mineurs (sauf leur recours contre leurs Tuteurs) l'Eglise, soit pour œuvres pies, fondations, les Communautez, les Ignorans, les Rustiques, sont sujets à l'insinuation, & n'en peuvent être relevez, quoique l'on rapporte quelque Arrêt contraire. Jugé le 6. Septembre 1603. M. Loüet, *lettre D. somm.* 68. Voyez Ricard, *des Donations entre-vifs*, 1. *part. cha.* 4. *sect.* 3. *glos.* 1. Peleus, *quest.* 94. rapporte un Arrêt du 8. Mars 1605. qui avoit relevé une mineure qui n'avoit point de Tuteur, de l'insinuation.

165 Donation faite par un mary à l'enfant du premier lit de sa femme en la Coûtume de Troyes; annullée par le défaut d'insinuation; & jugé que le Donataire mineur n'étoit pas restituable. Arrêt du 15. May 1618. *V. Bardet,* tome 1. *liv.* 1. *chap.* 15. où il rapporte des Arrêts contraires.

166 Arrêt du Parlement de Provence du 26. Janvier 1640. qui a reçû une mineure en puissance de pere, à faire insinuer sa donation & conventions, quatre mois après la mort du mary. *Boniface,* tome 1. *liv.* 4. *tit.* 6. *chapitre* 3.

INSINUATION, ROY.

167 Insinuation des donations faites par le Roy. *Voyez cy-dessus le nombre* 51.

INSINUATION, SECOND DONATAIRE.

168 Défaut d'insinuation ne peut être objecté par un second Donataire, aprés dix-huit années passées depuis la donation. Arrêt du 23. May 1656. *Soefve* tom. 2. *cent.* 1. *ch.* 32.

Arrêt du Parlement de Provence du 20. Juin 1673. qui reçut un second Donataire à opposer le défaut d'insinuation au premier Donataire. *Boniface,* tom. 4. *liv.* 7. *tit.* 1. *ch.* 9.

169 Si la donation n'est pas insinuée dans le tems de l'Ordonnance, une seconde donation faite dans un Contrat de mariage, a titre de dot prevaut, parce que le mary qui même a contracté mariage sous la foy de

la constitution dotale faite à sa femme, est consideré comme creancier. Arrêt rendu au Parlement de Toulouse le 4. Juillet 1678, ce qui n'eût pas été si la premiere donation eût été insinuée avant la seconde, quoyqu'après les quatre mois, ou si elle eût été faite au cas de l'Arrêt de *Cambolas, liv. 3. ch. 30.* Graverol sur la Rocheflavin, *liv. 6. lett. D. tit. 40. arr. 12.*

INSINUATION DES SUBSTITUTIONS.

170 L'heritier testamentaire est tenu de faire insinuer le Testament portant substitution. *Bouvot, tom. 2. verbo, Substitutions, quest. 3.*

171 Par l'Ordonnance de Moulins, art. 57. il est dit que les substitutions testamentaires seront insinuées, ce qui n'est pas observé à Toulouse, quand ce sont les heritiers ou successeurs qui les debattent par défaut d'insinuation; toutefois le Parlement de Toulouse fait garder & entretenir l'Ordonnance, quand les Substituez ont à faire contre les tiers tenanciers, creanciers & autres singuliers possesseurs. *Voyez Maynard, liv. 5. chap. 95.*

172 Substitutions non insinuées dans les six mois, sont nulles & ne peuvent être relevées de ce défaut par aucunes lettres du Prince. Arrêt du Parlement de Paris du dernier Janvier 1573. *Papon, liv. 20. tit. 3. n. 34.*

173 L'heritier institué ne peut débattre la substitution du défaut d'insinuation. Arrêt du 10. Février 1582. *Peleus quest. 55.* où il rapporte plusieurs Arrêts.

174 Le défaut d'insinuation ne peut exclure le substitué au Donataire. Il fut jugé le 11. May 1611. que l'insinuation faite en la maison du Juge de la Chancellerie, étoit valable. *Bouvot, tom. 1. part. 1. verbo, Insinuation, quest. 1.*

175 Le défaut d'insinuation entre freres germains instituez & substituez, n'annulle pas la substitution. *Bouvot, tom. 1. part. 3. verbo, Substitution quest. 1.*

176 Si les biens donnez à un mineur avec substitution, laquelle n'est insinuée dedans six mois suivant l'Ordonnance de Moulins, art. 57. la donation est nulle, & substitution? *Voyez Bouvot, tom. 2. verbo, Substitution, quest. 21.*

177 Le défaut d'insinuation ne peut être imputé à la sœur substituée, quand elle n'a pû recouvrer le Testament des mains de l'heritier. Arrêt du 7. Septembre 1583. *Papon, liv. 11. tit. 1. n. 21.*

178 La substitution est bonne & valable, nonobstant le défaut d'insinuation. Arrêt du 4. Août 1598. *M. Bouguier, lett. S. n. 8.*

179 Le mineur substitué peut rentrer dans les choses substituées & aliénées à son préjudice, le defaut d'insinuation ne luy peut nuire, *etiam quoad tertium possessorem*, quand tel heritier institué qui a vendu, étoit son tuteur. Arrêt du 3. Août 1602. *M. Bouguier, lett. S. n. 7. Voyez Henrys, tom. 2. liv. 5. quest. 14. Chatondas, liv. 8. Rep. 69.*

179 bis. L'insinuation du Testament qui contient substitution, n'est point nécessaire, même contre les creanciers. Jugé le 18. Août 1627. au Parlement de Toulouse comme desire l'Ordonnance de Moulins, laquelle n'est pas gardée au Parlement de Toulouse. *Cambolas, liv. 5. ch. 46.*

180 Les substitutions apposées aux donations entre vifs & en contrat de mariage en faveur des enfans à naître, n'ont effet ni hypotheque que depuis le jour de l'insinuation. Arrêt du dernier Juin 1664. Semblable Arrêt du Parlement de Grenoble du 29. Août 1657. Autre du 15. Juin 1646. du Parlement d'Aix. *Voyez Boniface, tom. 5. liv. 2. tit. 12. chap. 1.*

181 Jugé au Parlement d'Aix le 10. Mars 1684. que les donations entre-vifs contenant des substitutions, sont nulles par défaut d'insinuation, tant pour le regard des Donataires que des Substituez. *Boniface, tom. 4. liv. 7. tit. 1. chap. 3.*

181 bis. Acte de Notorieté de Mr le Lieutenant Civil du Châtelet de Paris du 19. Decembre 1684. que l'usage du Châtelet est conforme aux Ordonnances touchant les insinuations & publications des Donations & Testaments qui se doivent faire à l'Audience, suivant lequel les donations où il n'y a point de clauses de substitutions, se doivent insinuer dans les Registres du Greffe des Insinuations seulement, & à l'égard des Donations, Testaments & autres Actes où il est fait mention de substitutions ou prohibitions d'aliener en faveur d'une ou plusieurs personnes successivement ou graduellement, ou d'exhéredations, la publication s'en fait à l'Audience publique; & à l'égard des Testaments dans lesquels il n'est point fait mention de substitutions, prohibitions d'aliener en faveur, ou d'exhéredations, les Testaments n'ont jamais été publiez à l'Audience ni au Greffe. *Recüeil des Actes de Notorieté, pag. 27. & 28.*

182 Déclaration du Roy portant que les substitutions pourront être publiées & registrées en tout temps, & lorsque la publication aura été faite dans les six mois, du jour auquel les substitutions auront été faites, elles auront leur effet du jour de leur date, tant contre les creanciers, que contre les tiers acquereurs des biens qui y sont compris; & si elles sont seulement publiées & enregistrées après les six mois, elles n'auront effet contre lesdits creanciers & tiers acquereurs, que du jour desdites publications. Les donations pendant la vie des Donateurs, encore qu'il y ait plus de quatre mois qu'elles ayent été faites, & sans qu'il soit besoin d'aucun consentement du Donateur, ni de Jugement qui l'ait ordonné; & lorsqu'elles ne seront insinuées qu'après les quatre mois, elles n'auront effet contre les acquereurs des biens donnez, & contre les creanciers des Donateurs que du jour qu'elles auront été insinuées; & ce pour éviter les inconvéniens que produisoit l'execution des articles 57. & 58. de l'Ordonnance de Moulins. Ladite Déclaration donnée à Versailles le 17. Novembre 1690. registrée en Parlement le 25. du même mois.

Voyez le mot, Substitution.

INSINUATION, TITRE SACERDOTAL.

183 Si ce qui est donné pour titre presbiteral est sujet à insinuation? Question appointée au Conseil par Arrêt du 24. Novembre 1569. *Biblioth. de Bouchel, verbo, Insinuation.*

184 Le titre sacerdotal donné par pere & mere à leur enfant n'est pas sujet à insinuation; *secus*, s'il est baillé par d'autres parens. Jugé le 11. Decembre 1644. le 29. May 1645. *Brodeau sur M. Loüet, lett. D. som. 56. nomb. 4. & 5. Du Fresne, liv. 4. chap. 25.* rapporte l'Arrêt du 29. May 1645. *Voyez Ricard, des donations entre-vifs, 1. part. chap. 4. sect. 3. glos. 1. nom.* 1140.

185 La question de sçavoir si ce qui est donné pour titre presbiteral est sujet à insinuation, fut appointée au Conseil par Arrêt du 24. Novembre 1569. Depuis il a été jugé le non, par Arrêt de la Grand-Chambre du 12. Decembre 1619. où l'Arrêt de 1569. fut allegué, M. le premier Président dit aux Avocats, que la Cour les avertissoit que le titre sacerdotal n'est point un usufruit, mais une proprieté non sujette à insinuation ni à être rapportée par le fils qui renonce à la succession de son pere aux Coûtumes où le rapport est requis, & qu'il peut être aliené. *Biblioth. Can. tom. 2. pag. 642. col. 2.*

186 La donation faite par le pere à son fils pour lui servir de titre, n'est point sujette à insinuation. Arrêt du Parlement de Roüen des 25. Juillet 1623. & 29. Avril 1682. *Basnage sur l'art. 448. de la Coûtume de Normandie.*

187 Arrêt du Parlement de Provence du 10. Juin 1657. qui a jugé que la donation pour titre Clerical n'est sujette à insinuation. *Boniface, tom. 1. liv. 2. tit. 14. chap. 2.*

188 Autre Arrêt du 9. Novembre 1671. qui déclare nulle la donation pour titre sacerdotal faite par un Collateral, faute d'avoir été insinuée. *Boniface, tom. 4. liv. 7. tit. 1. chap. 8.*

INS

INSINUATION, DONATION D'USUFRUIT.

189 Donation d'usufruit sujette à insinuation (*secus* pour un bâtard) d'autant qu'elle préjudicie tant à l'héritier qu'au créancier. *M. Loüet, lett. D. som. 23. Ricard des Donations entre-vifs. M. le Prêtre, ès Arrêts célebres du Parlement, 3. part. ch. 5. sect. 3. nom. 599.*

INSINUATIONS ECCLESIASTIQUES.

190 Voyez les Mémoires du Clergé, *tom. 2. part. 2. tit. 21. pag. 503. & suiv. & la Biblioth. Can. tom. 1. pag. 741. & suiv.*
Des Greffiers des Insinuations Ecclesiastiques, & Registres des Professions Monachales. *Joly, des Offices de France, t. 2. l. 3. tit. 42. p. 1408. & aux additions p. 1910.*

INSINUATION, TONSURE.

On doit faire insinuer les lettres de Tonsure, parce qu'on ne doit conférer aucun Benefice à un non Tonsuré. *Cap. cùm adeò de rescrip. cap. ex litteris de transact.* & parce que c'est une qualité extrinseque, qui n'est point presumée si elle n'est vérifiée. *Glos. in cap. si fortè de Cler. in 60. Doct. in L. sciendum D. de verb. oblig.* que si la Tonsure lui avoit été donnée par autre que par son Evêque sans lettres dimissoires, telle Ordination ne vaudroit rien, & celuy-là ne pourroit joüir du privilége clerical, comme M. de Chassaigne dit l'avoir vû juger, en son Commentaire sur la Coûtume de Bourgogne, *in rubr. des Justices, glos. sont ceus in fine.*

191 Mandat non insinué n'empêche point l'Ordinaire de conferer, car il n'a pas les mains liées. Arrêt du Parlement de Paris du 23. Décembre 1541. *Papon, liv. 2. tit. 6. nom. 3.*

192 On demande si la Régale est sujette à insinuation, & le Régaliste ayant fait insinuer le premier, est préferable à celuy qui a pris possession le premier : Arrêt du Parlement de Paris du 21. Juillet 1575. qui appointe le tout au Conseil. *Ibidem, tit. 3. nom. 19.*

193 Arrêt rendu au Parlement de Bretagne le 4. Juillet 1634. en forme de reglement, portant injonction aux Beneficiers du ressort de faire insinuer leurs provisions, titres & signatures, suivant les Edits & Ordonnances du Roy. *Voyez les Arrêts qui sont à la suite du recueil de Du Fail, pag. 54.*

194 Par Arrêt du 15. Juillet 1623. ayant égard aux Conclusions du Procureur Général, ordonne que tous Ecclesiastiques qui seront pourvûs à l'avenir d'Abbayes, Prieurez, & autres Benefices, seront tenus de faire insinuer avec leurs provisions, l'acte de prise de possession ès Registres des Insinuations des Diocéses dans lesquels se trouveroient les Benefices situez ; faute de ce seront tenus les actes de prise de possession nuls, & sera le présent Arrêt à la diligence des Substituts du Procureur Général, lû, publié & registré aux Siéges Royaux de ce Ressort. *Additions à la Biblioth. de Bouchel, verbo Insinuations.*

195 L'article 19. de l'Edit du Controlle du mois de Novembre 1637. registré au Grand Conseil le 7. Septembre 1638. & au Palais le 2. Août 1649. s'explique en ces termes. *Nous déclarons les provisions des Collateurs ordinaires & de leurs Vicaires, par résignation, par démission ou permutation, nulles & de nul effet & valeur, au cas que par icelles les Indultaires, Graduez & autres, ayant graces expectatives, soient privez de l'effet d'icelles, ou les Patrons de leur droit de présentation ; si les procurations pour résigner ou permuter, ensemble les provisions expediées sur icelles par les Ordinaires ou leurs Vicaires, n'ont été controllées & enregistrées deux jours avant le décés du Résignant ou Permutant, le jour du controlle & celui du décés non compris, ce que nous voulons être exactement gardé & observé par nos Juges, sans y contrevenir, à peine de nullité de leurs jugemens.*

196 Arrêt du Parlement de Provence du 28. May 1663. qui a ordonné l'insinuation dans le mois des actes concernans les Benefices, conformément à l'Edit du Controlle. *Boniface, tom. 1. liv. 2. tit. 18. ch. 4.*

Tome II.

INS 459

197 Par Arrêt du Parlement de Paris du 20. Août 1668. en forme de Reglement, il est dit que la Déclaration du mois d'Octobre 1646. sera executée, que de tous les actes y mentionnez & généralement concernant les titres & possessions des Benefices, même des révocations des résignations, les minutes en seront gardées par Notaires Royaux ou Apostoliques, qui receveront lesdits actes, lesquels seront tenus d'en délivrer les grosses aux parties, & que le Greffier desdites insinuations ne pourra instrumenter comme Notaire en aucun acte qui soit sujet à insinuation dans le registre des insinuations, à peine de nullité, ni laisser aucun blanc dans ledit registre. *Biblioth. Can. tom. 1. pag. 744. à la fin.*

198 Si le défaut d'insinuation dans le *mois de la prise de possession*, de la lettre de Tonsure & de Maître és Arts d'un Gradué, est une nullité ? *Voyez le Journ. des Audiences, tom. 5. liv. 13. ch. 4.*

INSINUATION, GRADUÉ.

De l'insinuation des degrez. *Voyez le mot* Graduez, 199 *nom. 107. & suiv.*

Le droit de Gradué ne se prescrit que par 30. ans, faute d'insinuation, Arrêt du Parlement de Toulouse. *Papon, liv. 2. tit. 5. nom. 3. Mainard, liv. 1. ch. 65. & l'Auteur des Définitions Can. in fol. p. 410.*

Jugé au Parlement de Paris au mois de Juin 1545. 200 que si le Gradué nommé a une fois duëment insinué ses lettres de degré dans les 10. ans au Collateur, telle insinuation se continuë jusqu'à 30. ans ; cependant le Gradué ne peut requerir dans l'année où il n'a insinué. *Papon, liv. 2. tit. 5. nom. 1.*

L'insinuation des lettres de *degrez*, nomination & 201 temps d'étude ne se doit prouver par témoins. Jugé au Grand Conseil le 6. Août 158. *Voyez l'article 55. de l'Ordonnance de Moulins.* Charondas, *liv. 1. Rép. 38. & dans le présent recueil, le mot,* Graduez, *nom. 107. & suiv.*

Par Arrêt du 6. Septembre 1588. une insinuation 202 d'un Gradué nommé faite en cette sorte : *Insinuavit gradus, nomen, cognomen, & qualitates secundùm concordata, & dedit copiam litterarum,* a été déclarée nulle ; il faut que l'acte porte, *insinuavit nominationem & tempus studii, & dedit copiam litterarum. Biblioth. Can. tom. 1. pag. 743.*

Par Arrêt de Toulouse il a été dit, qu'un Gradué 203 nommé étoit obligé d'insinuer au moins une fois, quand le Patron le requeroit ; en consequence de quoy un Gradué fut débouté de sa demande sur le défaut d'insinuation. *M. de Cambolas, liv. 4. ch. 9.*

Par Arrêt du Grand Conseil donné en forme de re- 204 glement sur les Conclusions de M. le Procureur Géneral le 6. Mars 1662. il a été ordonné qu'à l'avenir les actes de notification & de réiteration qui doivent être faits par les Graduez suivant les Concordats, seront insinués dans le mois au Greffe des Insinuations Ecclesiastiques des lieux où seront faites les notifications & réiterations, à peine de nullité. *Mémoires du Clergé, tom. 2. part. 2. tit. 10. des Graduez simples ou nommez nom. 9. & la Biblioth. Can. tom. 1. pag. 743.*

Insinuation des degrez au temps de Carême pour 205 être valable, doit être faite au Greffier ou à son Commis, autrement nulle. Jugé le 1. Mars 1666. *De la Guessiere, tom. 2. liv. 8. chap. 3.*

Le défaut d'insinuation de ses degrez dans le temps 206 porté par l'Edit de 1691. produit une nullité qui fait déchoir du Benefice. Les provisions obtenuës sur une permutation, doivent pareillement être insinuées deux jours francs avant la mort de l'autre Copermutant. Jugé en la Grand' Chambre du Parlement de Paris le 18. Janvier 1694. *Journal des Audiences, tom. 5. liv. 10. chap. 2.*

Résignation dont la procuration *ad resignandum* n'a 207 pas été insinuée avant l'envoy en Cour de Rome, est nulle. Arrêt du Grand Conseil des 9. Mars 1693. & 29. Janvier 1695. *Jour. du Palais t. 2. in fol. p. 839. & 889.*

M m m ij

460 INS

207 bis. L'insinuation des actes de notification de Lettres de temps d'étude, degrez & nomination, & des actes de réiteration en temps de Carême, doit être faite à peine de nullité. Jugé en la Grand-'Chambre du Parlement de Paris le 6. Juillet 1694. *Ibid, ch. 13.*

INSINUATION, RESIGNATION.

208 Un jeune homme attaqué de la maladie du poulmon, resigne un Benefice en faveur de son frere; la procuration n'est point insinuée avant l'envoy en Cour de Rome; les choses en cet état, quoyque le Resignant fût décedé deux mois après la resignation admise, & par consequent dans les six mois de la Regle *de publicandis*, neanmoins un Indultaire, fils d'un Conseiller du Grand Conseil, requit le Benefice comme vacant par son décès, & s'en étant fait pourvoir par un des executeurs de l'Indult du Parlement, il y fut confirmé par Arrêt du Grand Conseil; mais par un autre Arrêt du Parlement de Paris, on a jugé que la resignation étoit bonne & valable, quoyque la procuration n'eût pas été insinuée avant l'envoy en Cour de Rome, & qu'il se rencontrât des presomptions violentes de fraude. M. Claude Blondeau, *en ses additions à la Bibliotheque Can.* tome 1. pag. 263. dit qu'il suivroit cette derniere maxime du Parlement, & qu'il croit plus seure, & qu'il ne regarderoit alors le défaut d'insinuation que pour justifier la fraude de la resignation, de même qu'entre majeurs on regarde le défaut de publication de bans, pour en conclure la clandestinité du mariage.

208 bis. Si le défaut d'insinuation d'une procuration pour resigner, & des autres titres, à l'exception des actes d'intronisation, est une nullité qui emporte décheance du Benefice? Arrêt du Parlement de Paris du 4. May 1693. qui a appointé les parties au Conseil. *Journal des Aud.* tome 5. liv. 9. ch. 7.

209 Arrêt du Parlement de Provence du 28. May 1665. qui a maintenu un Resignataire pardevant l'Ordinaire, pour certaines considerations, quoyqu'il n'eût pas insinué ses Provisions dans le mois porté par l'Edit du Contrôle. Ce même Arrêt le charge de les faire insinuer. *Boniface*, tome 1. liv. 2. tit. 24. chap. 5.

210 L'Ordonnance de 1653 veut que les Procurations *ad resignandum* soient insinuées, à peine de nullité; le Parlement de Paris n'a jamais eu beaucoup d'égard à ce moyen. Le seul cas où le défaut d'insinuation peut être objecté, est lors qu'il y a presomption de fraude; mais quand tout s'est passé dans la bonne foy, le défaut ne peut point être opposé. Jugé par Arrêt du Parlement de Paris du 4. Avril 1675. entre M. Leon Rasslé, pourvû *per obitum* d'une part, & M. Loüis Pean, étant aux droits de Nicolas Ronichon, Resignataire d'autre; c'étoit pour une Prebende de l'Eglise Saint Honoré à Paris, qui fut adjugée au sieur Pean. *V. le Journal du Palais*, tome 5. p. 160.

INSINUATION, VICAIRE.

211 Vicariats se doivent insinuer, en quel lieu? *V. Tournet, lettre V. Arrêt 7.*

212 Quoyqu'il y ait plusieurs Vicaires, il suffit d'insinuer à un seul. Arrêt du Parlement de Paris de l'année 1540. rapporté par *Rebuffe*, sur le Concordat, au tit. *de Collationibus. §. teneantur.*

INSINUATION, UNION.

213 An unio Beneficiorum debeat insinuari? V. Joan. Gall. part. 5. q. 267.

214 L'Edit du mois de Decembre 1691. registré au Parlement le 2. Janvier suivant, à la Cour des Aydes, le 22. & au Grand Conseil le 19. établit à l'égard des insinuations la Loy qui doit être suivie. Quoyque cet Edit soit dans presque tous les Recüeils d'Arrêts, le trouver dans celuy-cy, c'est épargner la peine de le chercher ailleurs.

Cet Edit porte, Loüis, &c. Les fraudes & les abus qui se commettent dans les Actes concernans l'état des personnes Ecclesiastiques, & les titres des Benefices, étant d'une dangereuse consequence dans la Police de l'Eglise, les Rois nos predecesseurs ont crû être obligez de s'appliquer serieusement à en rechercher la cause, pour y apporter ensuite le remede convenable; & ayant trouvé que le désordre provenoit principalement de la facilité qu'il y avoit d'antidater plusieurs Expeditions Beneficiales; de la clandestinité des Resignations qui demeuroient secretes jusqu'à l'extremité de la vie des Resignans; du peu de soin que les Abbez Commendataires, les Patrons & Collateurs particuliers, avoient de tenir Registre des Presentations & Collations qu'ils expedioient, & de ce qu'après leur mort les minutes de leurs Presentations, & Collations étoient le plus souvent perdües; en sorte que quand leurs successeurs en avoient besoin pour justifier qu'ils étoient en possession d'un Patronage, ils ne pouvoient les trouver. Le Roy Henry II. auroit sur les remontrances de plusieurs bons & notables Archevêques, Evêques, & autres Prélats du Clergé de France, fait publier en 1553. son Edit, portant création d'un ou plusieurs Greffes des Insinuations Ecclesiastiques en chaque Diocese du Royaume, & permis aux Archevêques & Evêques d'en nommer par provision les Greffiers, jusqu'à ce qu'autrement en eût été ordonné; mais l'execution de son Edit ayant été negligée, les plaintes des malversations qui se commettoient dans les Actes concernans les matieres Beneficiales, auroient continué; & le Roy Henry IV. nôtre ayeul de glorieuse memoire, jugeant qu'il n'y avoit point de meilleur moyen pour les faire cesser que de pouvoir difinitivement à l'établissement de ces Greffes, les auroit érigez par son Edit de 1595. en Offices Royaux, Seculiers & Domaniaux; & après les avoir établis, le Clergé auroit obtenu en l'année 1615. du Roy Loüis XIII. nôtre tres honoré Seigneur & Pere, la permission de rembourser ceux qui les avoient acquis de la finance par eux payée, & qui étoit actuellement entrée en nos coffres, à la charge de commettre des personnes Laïques & capables pour les exercer, en execution de laquelle permission plusieurs Proprietaires desdits Greffes ayant été remboursez, les Domestiques de quelques Ordinaires auroient été commis pour faire la fonction de Greffiers des insinuations, & ayant donné lieu à des plaintes contre leur conduite, ledit Seigneur Roy leur auroit enjoint par l'Ordonnance de 1629. de se démettre desdits Greffes, & auroit créé par son Edit de 1637. dans les villes principales du Royaume, des Contrôleurs de Procurations pour resigner, & des autres Actes concernant les Benefices; mais s'étant rencontré plusieurs inconveniens pour l'execution de ce dernier Edit, nous aurions permis par nôtre Declaration de 1646. aux Syndics du Clergé de rembourser lesdits Contrôleurs, & ordonné moyennant leur remboursement, que leur Charge seroit faite par les Greffiers des Insinuations des Dioceses, chacun dans son ressort. Et comme nous sommes informez que nôtredite Declaration est diversement interpretée & executée dans nos Cours de Parlement, & par nôtre Grand Conseil, les uns voulant suivre ce qui est porté par l'art. 16. de nôtredite Declaration, & les autres l'article 19. de l'Edit du Contrôle; les uns jugeant que les Procurations pour resigner, & autres Actes, ne sont nuls pour défaut d'insinuation, que quand ils sont suspects de fraude ou de faux; & les autres ayant fait des Reglemens pour obliger d'insinuer les significations des Indultaires & des Graduez; & les Procurations pour resigner avant l'envoy en Cour de Rome, à peine de nullité, ce qui rend l'insinuation de la plûpart des Actes arbitraire; les Benefices litigieux, & fait que l'evenement des Complaintes au fonds ne dépend le plus souvent que de l'issuë d'un Reglement de Juges, à quoy il est necessaire de pourvoir, & de faire sur ce une Loy generale, qui établisse une Jurisprudence uniforme, tant pour regler les Actes qu'il est necessaire d'insinuer, que pour déterminer le temps dans lequel ils doivent être insinuez. A ces causes, & autres à ce nous mouvans, de nôtre certaine science, pleine puissance, & autorité Royale, nous avons par le present Edit, perpetuel & irrévocable, éteint & supprimé, éteignons & supprimons les Offices de Greffiers des Insinuations Ecclesiastiques, créez par les Edits du mois de Mars 1553. & Juin 1595. & avons par le present Edit créé, érigé & établi, créons, érigeons & établissons en titre d'Office formé hereditaire, Domanial, Royal & Seculier, des Offices de Greffiers des Insinuations Ecclesiastiques dans chaque Diocese de nôtre Royaume, Pays, Terres & Seigneuries de nôtre obeïssance, dont le nombre sera fixé par les Rôlles qui seront arrêtez en nôtre Conseil.

I. Voulons qu'en attendant la vente desdits Offices, il soit par nous commis à l'exercice, à l'effet de quoy seront toutes Commissions expediées en nôtre Grande Chancellerie.

II. Ceux qui sont à present pourvûs, ou joüissans desdits Offices, representeront en nôtre Conseil les Contracts de la premiere vente qui en a été faite, leurs provisions, quittance de Finance, leurs Contracts particuliers d'acquisition, & autres titres de proprieté, en vertu desquels ils exercent, pour être remboursez sur le fonds qui sera à cet effet destiné.

III. Voulons que lesdits anciens Greffiers, & tous autres ayans en leur possession les anciens Registres des Insinuations Ecclesiastiques, qu'eux & leurs auteurs ont tenu jusqu'à present, soient contraints de les remettre entre les mains des nouveaux Titulaires après leur reception, ou de ceux qui seront par nous commis, huitaine après le commandement fait à leurs personnes, ou à leur domicile, sous peine de perte de leur finance; Inventaire préalablement fait desdits Registres, par le Lieutenant General du Bailliage, au ressort duquel le Greffe sera établi, & seront tenus les nouveaux Titulaires, ou ceux par nous commis, de se charger desdits Registres au pied de l'Inventaire.

IV. Ceux qui leveront lesdits Offices, seront tenus de prendre des Provisions qui leur seront expediées sur les Quittances du Tresorier de nos Revenus Casuels, & ils seront ensuite reçûs sans frais pardevant nos Baillis & Sénéchaux du lieu de leur residence, après avoir toutefois fait information de leur vie & mœurs.

V. Nul ne pourra être pourvû desdits Offices, ny commis à l'exercice d'iceux, s'il n'est Laïc, âgé de 25. ans, non parent de Banquier, au degré de pere, fils, oncle, neveu, ou frere, non Officier & Domestique d'aucun Ecclesiastique. Seront lesdits Greffiers assidus és villes & lieux de leur residence pour expedier promptement les Parties, & sans retardement; auquel effet pourront avoir près d'eux un ou plusieurs Commis, pour exercer leurs Charges en leur absence, maladie, ou empêchement legitime, lesquels Commis prêteront serment pardevant le Juge Royal de leur residence, & feront toutes expeditions & enregistremens necessaires; & en cas de refus ou dilayement d'insinuer, permettons aux Parties de sommer lesdits Greffiers ou leurs Commis, en presence d'un Notaire Royal & Apostolique, & de deux Témoins, d'enregistrer les Actes qui leur seront presentez; & s'ils n'y satisfont, ladite sommation & ce qu'on voudra faire insinuer, seront montrez au Lieutenant General, ou en son absence au Substitut de nôtre Procureur General en ladite Sénéchaussée ou Bailliage de la ville de la residence dudit Greffier, & où il n'y auroit point de Sénéchaussée ou Bailliage, au Juge Royal en chef du lieu, & en son absence, au Substitut de nôtre Procureur General; par l'un desquels l'Acte de sommation, portant refus sera signé, & luy en sera laissée copie, moyennant quoy, voulons que lesdits Actes soient de pareille force, que s'ils avoient été insinuez, sans neanmoins que les Parties en puissent abuser, supposant des refus ou des retardemens.

VI. Ne pourront lesdits Greffiers & Commis avoir qu'un seul Registre en même temps, ni enregistrer aucune Expedition en un nouveau Registre, que le precedent ne soit entierement rempli, à peine de punition corporelle contre lesdits Greffiers ou Commis, & de privation de leurs Charges; & seront obligez de representer leurs Registres aux Archevêques & Evêques de leur residence, à nos Procureurs Generaux, & à leurs Substituts, lors qu'ils en seront par eux requis, pour voir s'ils y ont gardé la forme prescrite par nôtre present Edit, sans neanmoins que sous ce pretexte ils puissent être dessaisis de leursdits Registres.

VII. Ne pourront aussi lesdits Greffiers ni leurs Commis, instrumenter comme Notaires Royaux & Apostoliques, en aucun Acte sujet à insinuation, dans leurs Registres, à peine de nullité de l'Acte : Leur défendons de laisser aucun blanc entre les enregistremens, à peine d'être procedé contre le Greffier comme faussaire, & de 1500. livres d'amende, dommages & interêts des Parties.

VIII. Voulons que les Registres des Greffiers des Insinuations contiennent au moins trois cens feüillets, & que chaque page soit reglée de lignes droites, tant en haut, qu'en bas, & aux côtez ; & auparavant que d'écrire & enregistrer aucune Expedition en iceluy, ils soient tenus de le presenter à l'Archevêque ou Evêque Diocesain, & au Lieutenant General de la Sénéchaussée, ou Bailliage du lieu, lesquels feront cotter de nombres continus, tous les feüillets dudit Registre ; parapheront & feront parapher chacun d'iceux par leurs Greffiers, & signeront avec eux l'Acte qui en sera écrit à la fin du dernier feüillet, contenant le nombre des feüillets d'iceluy, le jour qu'il aura par eux été paraphé, & le quantiéme est ledit Registre, le tout à peine contre lesdits Greffiers de faux, de trois mille livres d'amende, dépens, dommages & interêts des Parties.

IX. Les Edits faits par les Rois nos predecesseurs sur l'insinuation des Actes concernans l'état des personnes Ecclesiastiques, & les Titres des Benefices, seront à l'avenir inviolablement observez en ce qui n'y est point dérogé par nôtre present Edit, & en les renouvellant en tant que besoin seroit, & y ajoûtant. Ordonnons que les Lettres de Tonsure, celles des quatre Mineurs, de Soûdiaconat, de Diaconat, & de Prêtrise ; ensemble les Dimissoires seront insinuez dans le mois au Greffe du Diocese de l'Evêque qui aura conferé les Ordres ; les Indults pour être promû aux Ordres avant l'âge ou hors les Quatre-Temps ; les Dispenses sur le défaut de naissance, pour prendre les Ordres, les Signatures d'absolution *à malà promotione*, celles d'absolution d'apostasie, avec dispense pour les Ordres, les Dispenses sur irregularitez avec rehabilitation aux Ordres ; les Protestations pour reclamer contre les Ordres de Soûdiacre & de Diacre ; les Brefs declaratoires de nullité de la promotion de l'Ordre de Soûdiacre ou de Diacre ; les Sentences de fulmination desdites Dispenses & Brefs seront insinuées dans le mois de la fulmination, pour celles qui sont en forme commissoire, & dans le mois de la promotion aux Ordres, pour celles qui sont en forme gracieuse, sinon & en cas de défaut d'Insinuation, ne pourront les Parties s'en servir devant nos Juges dans les Complaintes Beneficiales, ni autres instances concernant leur état : Faisons défenses à nos Juges d'y avoir égard.

X. Toutes Procurations pour résigner purement & simplement en faveur, pour cause de Permutation de Coadjutorerie, avec future succession, ou en quelqu'autre façon, que ce soit, même pour union entre les mains de nôtre Saint Pere le Pape, ou de son Legat ou de l'Ordinaire, consent creation ou extinction de Pension, les revocations desdites Procurations, les Significations d'icelles, les Provisions de Cour de Rome, de la Legation ou de l'Ordinaire, expediées sur lesdites Resignations, les requisitions & refus de *Visa*, les Actes de fulmination des *Visa*, les Procurations pour prendre Possession, les prises de Possession, les Publications d'icelles, les Actes de repudiation, ou refus d'accepter une Résignation, seront insinuez dans le temps cy-après declaré.

Mmm iij

XI. Toutes Procurations pour resigner en faveur, ou permuter, seront insinuées, auparavant d'être envoyées en Cour de Rome és Greffes des Dioceses, dans lesquels les Notaires les auront reçûës; & si elles avoient esté passées hors du Diocese, où les Benefices resignez sont situez, les Pourvûs desdits Benefices sur icelles seront en outre tenus de les faire registrer dans le Greffe des Insinuations du Diocese, au dedans duquel les Benefices seront assis, dans trois mois après l'Expedition de leurs Provisions, le tout à peine de nullité.

XII. Si les Resignataires ou Permutans pourvûs par le Pape, ont differé leur prise de Possession plus de six mois, & les Pourvûs par Demission ou Permutation en la Legation, ou par l'Ordinaire plus d'un mois, ils seront tenus de prendre ladite Possession, & icelle faire publier & insinuer conjointement avec la Provision, au plus tard deux jours auparavant le décés du Résignant ou Copermutant, sans que le jour de la Prise de Possession, Publication & Insinuation d'icelles, & celuy de la mort du Résignant, soient compris dans ledit temps de deux jours, & à faute d'avoir pris ladite Possession, & icelle fait publier & insinuer deux jours avant ledit décés, Voulons lesdits Benefices être declarez, comme par ce present Edit nous les declarons, vacans par la mort du Résignant.

XIII. Declarons les Provisions des Collateurs ordinaires, par Démission ou Permutation, nulles, & de nul effet & valeur, au cas que par icelles les Indultaires, Graduez, Brevetaires de joyeux avenement, & de serment de fidelité, soient privez de leurs graces expectatives, ou les Patrons de leur droit de Presentation, si les Procurations pour faire les démissions & permutations, ensemble les Provisions expediées sur icelle par les Ordinaires, n'ont été insinuées deux jours francs avant le décés du Résignant ou Permutant, le jour de l'Insinuation, & celui du décés non compris; ce que Nous voulons être exactement gardé par nos Juges sans y contrevenir, à peine de nullité de leurs Jugemens.

XIV. Les presentations des Patrons Ecclesiastiques & Laïcs, les Representations, les Provisions des Benefices seculiers & reguliers, en Titres ou en Commande, par les Collateurs ordinaires, les nouvelles Commandes obtenuës à Rome, les Mandemens des Archidiacres pour mettre en possession des Collations Laïques, les Provisions de Cour de Rome, par mort ou par dévolut; les Requisitions de *Visa*, les *Visa*, les Actes de refus, les Certificats de Banquiers, que la grace est accordée par le Pape; les Ordonnances des Juges, les Sentences & Arrêts, portant permission de prendre possession civile; les prises de possession, les attestations des Ordinaires, pour obtenir Benefices en forme gratieuse, les Procurations pour prendre possession, les prises de possession & autres expeditions seront insinuées dans le mois de leur date, au Greffe du Diocese où les Benefices sont situez; & si lesdites expeditions ont été datées d'un lieu hors le Diocese, & ne peuvent pas commodément y être insinuées dans ce délay, les Parties seront tenuës pour en assurer la date, de les faire insinuer dans le mois au Greffe du Diocese, où elles auront été faites; & seront en outre obligées de les faire insinuer deux mois après au Greffe du Diocese où les Benefices sont situez : Comme aussi, Voulons que les Provisions des Ordinaires qui contiennent la collation de deux, ou plusieurs Benefices, assis en divers Dioceses soient enregistrées en l'un & l'autre desdits Dioceses; sçavoir, celles de l'Ordinaire dans le mois de leur date, au Greffe de l'un desdits Dioceses, & le mois suivant dans le Greffe de l'autre; & celles de Cour de Rome ou de la Legation, au Greffe pareillement de chacun desdits Dioceses, un mois après la prise de possession de chacun desdits Benefices; le tout à peine de nullité.

XV. Seront pareillement sujettes à insinuation dans le mois à peine de nullité, les Provisions de Benefices accordées par les Ordinaires, sur nôtre nomination, les prises de possession desdits Benefices, & de ceux étant en nôtre collation à titre de Regale, où à cause de la fondation des Eglises, nonobstant l'article XVI. de nôtre Declaration du mois d'Octobre 1646. que nous avons révoquée pour ce regard seulement.

XVI. Les Bulles de Cour de Rome contenant provisions d'Archevêchez, d'Evêchez, d'Abbayes, de Prieurez Conventuels, des premieres Dignitez des Eglises Cathedrales & Collegiales, où d'autres Benefices situez és païs prétendus d'obedience, en commissoire ou gratieuse; celles de Coadjutorerie, toutes les dispenses pour obtenir Benefices, celles pour en tenir d'incompatibles & autres; les fulminations desdites Bulles & dispenses; les Actes de prises de possession, les signatures de Cour de Rome, & Bulles expediées en la Legation d'Avignon, par mort ou dévolut, & generalement tous autres Actes faits en execution desdites Bulles & signatures, seront insinuez dans le mois après la prise de possession, à peine de nullité.

XVII. Les homologations de Concordats en Cour de Rome, ou à la Legation, les Bulles & Signatures contenant la creation, ou l'extinction d'une pension, & les Procurations pour y prêter consentement, seront insinuées aux Greffes des Dioceses, où les Benefices chargez de pension seront situez, & ce dans trois mois, à compter du jour que les Banquiers Expeditionnaires auront reçû lesdites expeditions; à cette fin seront tenus lesdits Banquiers d'écrire au dos desdites expeditions, le jour qu'ils les auront reçuës.

XVIII. Les Lettres de degrez, les Certificats de temps d'étude, les nominations par les Universitez, les significations desdites Lettres, les Procurations pour notifier les noms & surnoms des Graduez, en temps de Carême; les notifications, les significations de Lettres d'Indult accordées aux Officiers de nôtre Parlement de Paris, celles des Lettres de joyeux avenement, & de serment de fidelité; les Procurations pour requerir Benefices, seront insinuées au Greffe du Diocese, dans lequel seront situées les Prelatures, Chapitres, Dignitez, & autres Benefices de Patrons & Collateurs, auxquels lesdites Lettres seront adressées; & en sera ladite insinuation faite dans le mois de la date de chacune desdites significations : seront pareillement insinuées dans le mois de leur date, les requisitions de Benefices faites par lesdits Expectans, les presentations & collations qui leur seront données, les Actes de refus, les Provisions concedées par les Executeurs desdites graces expectatives, les Actes de prise de possession et les Decrets d'érection, de suppression, & union de Benefices; le tout à peine de nullité.

XIX. Et d'autant qu'il paroît souvent devant nos Juges des reclamations contre les Professions Religieuses, suspectes d'antidates; Voulons que les Actes de reclamations dans les cinq années contre la Profession Religieuse; ensemble les dispenses de la publication d'un ou de deux bans de mariage, soient insinuez dans le mois de leur date, à peine de nullité, & seront pareillement insinuez les Actes de Vêture, Noviciat, & profession, les Indults de translation d'un Ordre à un autre, les Brefs declaratoires de nullité d'une Profession Religieuse, les Sentences sur lesdits Brefs, les dispenses de mariage, & les Sentences de fulmination, autrement les Parties ne pourront s'en servir devant nos Juges, & seront tenus les Greffiers d'insinuer sans frais les Actes concernans la Profession des Religieux & Religieuses des Ordres Mandians.

XX. Enjoignons à tous Pourvûs de Benefices qui n'ont pas acquis la possession annale paisible, de faire insinuer dans les mois, à compter du jour de la publication de nôtre present Edit, les Titres & Actes, en vertu desquels ils sont entrez en possession de leurs Benefices, sinon & en cas qu'ils y soient troublez, faisons defenses à nos Juges d'avoir égard ausdits titres & actes,

XXI. Les Vicariats pour presenter & conferer Benefices, même les Procurations baillées par les Chanoines abſens, pour nommer aux Benefices qui vaqueront en leur tour, ou les conferer, ne pourront ſortir aucun effet, ni aucunes Nominations, Préſentations ou Collations être faites en vertu d'iceux, juſqu'à ce qu'ils ayent été regiſtrez au Greffe du Dioceſe, où eſt aſſis le chef lieu des Prélatures, Chapitres & Dignitez, deſquelles dépendent les Benefices, & ſeront ſujettes à ſemblable inſinuation les révocations deſdits Vicariats, les Proviſions d'Official, celles de Vicegerent, de Promoteur, de Subſtitut de Promoteur, de Greffier des Officialitez ou Chapitres, & les Actes de remerciement faits par les Prélats ou Chapitres auſdits Officiers, pour en pourvoir d'autres à leur place.

XXII. Enjoignons à nos Cours de Parlement, à nôtre Grand Conſeil, & à tous autres Juges, de tenir la main à l'execution de nôtre preſent Edit; leur défendons d'avoir égard aux Actes cy-deſſus exprimez, qui n'auront été inſinuez, & ſi aucun Jugement ou Arrêt étoit donné au contraire, nous l'avons dés à preſent déclaré nul, & de nul effet & valeur.

INSPECTEUR.

INſpecteur. *Inſpector. Curioſus. Explorator. Index De curioſis, & ſtationariis. C.* 12. 13.... *C. Th.* 16. 29... Ces Inſpecteurs étoient particulierement pour les courſes publiques, que nous appellons Poſtes; d'où ils étoient appellez, *Curagendarii*. Ils étoient auſſi des Dénonciateurs publics. *V.* Dénonciateur, Poſte.

Aux emplois d'Inſpecteurs, peuvent convenir les déciſions qui ſont ſous les mots, *Agens, Commis, Facteurs*.

INSTANCE.

Voyez le Titre *des procedures Civile & Criminelle*.

PEREMPTION D'INSTANCE.

Les peremptions d'inſtance n'ont lieu és ſaiſies & criées, ni és inſtances d'oppoſition qui en dépendent. Arrêt du Parlement de Paris du 4. Mars 1608. *Plaidoyers de Corbin*, chap. 110. où il obſerve que la peremption ne court quand la partie eſt décedée, ou ſon Procureur, & qu'il n'y a repriſe d'inſtance, ni conſtitution de nouveau Procureur.

Voyez le mot, *Peremption*. L'on en fera un Titre ſingulier.

REPRISE D'INSTANCE.

Une inſtance ne peut être valablement repriſe contre un poſſeſſeur du fond, il faut s'adreſſer aux heritiers. Arrêt du Parlement de Grenoble du 16. Juin 1659. *Baſſet*, tome 2. liv. 5. tit. 5. ch. 4.

Voyez lettre R. verbo, *Repriſe*. §. *Repriſe d'Inſtance*.

INSTITUTES.

INſtitutes, ou Inſtituts. *Inſtitutiones.*
Perſonne n'ignore que les Inſtitutes, ſont un Livre qui fait partie du Corps du Droit, & qui contient les principes de la Juriſprudence. L'Empereur Juſtinien a fait compoſer les Inſtituts du Droit Civil, après la Digeſte, ſous un troiſiéme Conſulat, vers l'an 533. par Triboniên, Theophile, & Dorothée.

Jean-Paul Lancelot, Juriſconſulte de Perouſe en Italie, a compoſé des Inſtitutes pour le Droit Canonique.

Les Juriſconſultes Ulpien, & Caïus Caſſius Longinus, avoient auparavant dreſſé des Inſtitutes, qui ont ſervi de regle & de modele aux Inſtituts de Juſtinien; mais il ne nous en reſte que l'abregé, ou même des fragmens.

Les Titres des Inſtitutes de l'Empereur Juſtinien, & de Lancelot, ſont inſerez dans cet Ouvrage, auſſi-bien que ceux des Inſtituts de Caïus & d'Ulpien.

Voyez ce qui a été obſervé à ce ſujet *lettre D*, ſous les Titres, *Droit Canonique, Droit Civil*.

INSTITUTION.

INſtitution ſe dit tant en matiere Beneficiale qu'en termes profanes, & de ſucceſſion.

INSTITUTION, BENEFICE.

Inſtitution d'un Preſenté s'expedie par l'Official ou Vicaire general, ſans expreſſe charge ou Vicariat ſpecial *ad conſirenda Beneficia*; telles inſtitutions ſont de juſtice & de neceſſité, & non pas de grace & de liberalité. Arrêt du Parlement de Paris du 15. Juin 1545. *Papon*, liv. 2. tit. 9. n. 16. 1

Inſtitutio Epiſcopi contempto patrono, ipſo jure nulla eſt: valet que ſecunda inſtitutio facta ad patroni praeſentationem, prima non caſſata. Voyez Franc. Marc. tom. 2. quæſt. 430. 2

Voyez les mots, *Beneſice, Collation, Proviſions.*

INSTITUTION D'HERITIER.

Soit en Pays de Droit écrit, ou en Pays Coûtumier, par Contract ou par Teſtament. *Voyez* cy-devant, verbo, *Heritier*, nombre 150. & ſuiv. 3

Des inſtitutions contractuelles, & ſi l'on y peut déroger? Voyez Henrys, tome 1. liv. 5. ch. 4. queſt. 59. 4

Accroiſſemens és inſtitutions d'heritier. *Voyez* cy-devant le mot, *Accroiſſement*, n. 32. 5

De l'inſtitution des aſcendans. *Voyez* le mot, *Heritier*, n. 168. & 169. 6

De l'inſtitution des Bâtards. *Voyez* le mot, *Bâtards*, nombre 110. & ſuiv. 7

L'inſtitution contractuelle & univerſelle de tous les biens, ſans aucune reſerve en Contract de mariage, eſt bonne en faveur d'un enfant, quoyqu'il ne reſte rien pour les autres enfans; ceux-cy ne peuvent prétendre que leur legitime. V. Du Perrier, liv. 2. queſt. 14. 8

Touchant l'inſtitution d'heritier. Vide Renuſſon, au Traité des Propres, chap. 2. ſect. 8. Il obſerve que quand une Coûtume porte, *Inſtitution d'heritier n'a lieu*, elle étend cela à l'égard des étrangers, & quoy qu'on eût pû leguer à cet étranger, neanmoins attendu que la Coûtume eſt conçûe en termes prohibitifs, l'inſtitution ne vaut, & même ſi cela étoit dit des enfans, c'eſt-à-dire, que la Coûtume en quelque cas, les excluſt de la ſucceſſion, comme la Coûtume du *Maine* & d'*Auvergne*, qui portent qu'une fille mariée & dotée, n'ait-elle qu'un chapel de roſe, ne peut venir à ſa ſucceſſion; le pere ne peut inſtituer telle fille ſon heritiere, mais ſeulement l'inſtituer Legataire; cependant la faveur du ſang pourroit produire qu'on reduiroit l'inſtitution en legs, ainſi qu'il a été jugé en 1577. 9

Contra bonos mores eſt inſtituere in portione futura ſucceſſionis. Du Moulin, tome 2. page 909. n. 1. *Sed non vitiat alias partes teſtamenti*. 10

Valet inſtitutio filii familiâs ſub conditione fortuita. Ibidem, pag. 913. n. 17. 11

Inſtitutus in uſufructu magis eſt fideicommiſſarius quàm hæres. Ibidem, pag. 925. n. 14.

Si l'inſtitution contractuelle devient caduque, par le prédécés de l'inſtitué, & ſi étant tranſmiſe aux enfans de l'inſtitué prédecedé, qui prédecedent auſſi le Donnant, elle eſt caduque, ou s'ils la tranſmettent à leurs heritiers collateraux ou étrangers? *Voyez Du Perrier*, li. 4. queſt. 6. où il dit, les derniers Arrêts ont ſuivi ceux du Parlement de Paris, rapportez par *M. le Bret*, en ſes *Déciſions*, li. 3. déciſ. 3. par Mornac, ſur la *L. tale pactum ff. de pactis* ; & Brodeau, en la lettre S. ſommaire 9. par leſquels la tranſmiſſion a été jugée au profit des enfans, qui eſt auſſi le ſentiment de Berengarius Fernandus, *de matrimon. ad morganat. contr.* au prélude, *cap.* 7. n. 3. & 9. page 473. 12

Le pere qui a fait une inſtitution contractuelle, peut leguer ou donner aux autres enfans, juſqu'à concurrence de leur legitime; il peut même faire des legs pitoiables, pourvû qu'ils ne ſoient pas exceſſifs. Duperrier, l. 2. q. 15. 13

L'inſtitution contractuelle aux biens que le pere aura lors de ſon décès, luy laiſſe la liberté de diſpoſer de ſes 14 biens pendant sa vie, pourvû que ce soit sans abus. *Ibidem*, quest. 16.

15 Un homme par son Testament institué sa femme, exheredé son fils, parce qu'il étoit de la Religion Prétenduë Réformée, & pour avoir épousé une femme de la même Religion contre sa volonté, & au cas qu'il prétendît quelque chose sur ses biens, il luy laisse pour tout droit d'institution 5. sols seulement, & défend à son heritier de luy en donner davantage; le pere & le fils étans morts peu de temps aprés, par Arrêt du Parlement de Toulouse du 10. Février 1596. a été jugé que par l'institution de 5. sols. la legitime étoit censée leguée. *Cambolas*, liv. 1. ch. 15.

Par Arrêt du 21. Janvier 1605. rapporté par *M. Bouguier, lettre S. ch. 11.* jugé que les institutions ou substitutions d'heritier contractuelles faites par Contract de mariage, sont donations entre-vifs sujettes à insinuation, & non revocables, bien qu'elles ayent trait jusqu'à la mort.

16 Les Tuteurs & Curateurs peuvent être instituez par leurs adultes, étant les plus proches, quand même il y en auroit d'autres en pareil degré. Arrêt du 4. Decembre 1624. *Cambolas*, liv. 1. ch. 24.

17 Le Religieux qui entre dans un Monastere, le peut instituer; jugé le 20. Decembre 1626. & depuis par Arrêt du 13. Février 1631. il a été jugé que les Monasteres ne pouvoient pas être instituez par ceux qui y sont profession, contre le Syndic des Peres Augustins de Toulouse; & par cet Arrêt a été préjugé que les Ordonnances d'Orleans & de Blois auroient lieu en cette rencontre; ce qui a été depuis jugé de la sorte par divers Arrêts. *Voyez la quest.* 477. *de Guy Pape. Mainard, l. 1. c. 19. & 21. li. 5. c. 18. & li. 7. c. 13. Bened. in verb. & uxor. n. 220. & seqq. Boyer, decis. 354. nomb. 4. & Cambolas, liv. 5. ch. 28.*

18 Promesse d'instituer en pactes de mariage, vaut donation des biens presens & à venir. *Cambolas*, livre 4. chapitre 26.

19 Si par ces mots, *institué ceux qui de droit & coûtume luy doivent succeder*, l'ayeule est tenuë pour instituée ou preterite; & si le Testament peut subsister? Arrêt du Parlement de Dijon du 12. Février 1605. qui juge que l'ayeule étoit censée preterite, & par consequent que le Testament étoit nul. *Voyez Bouvot, tome 1. part. 1.* verbo, *Institution d'heritier*, quest. 1.

20 Si la femme mariée en Pays de Droit écrit, a fait son mary heritier, le mary ne peut prétendre les biens sis en Bourgogne, n'y ayant reserve entre les mariez, de se pouvoir donner. Arrêt du Parlement de Dijon du 21. Janvier 1621. *Ibidem*, quest. 3.

21 Si par ces mots, *institué ses fils*, & où ils viendroient à deceder sans enfans, les enfans des fils, les heritiers instituez, sont censez appellez à la substitution quoyqu'ils soient mis en la condition & non en la disposition? *Voyez ibid.* question 4.

22 Si la petite-fille aînée instituée, heritiere, & où elle viendroit à deceder sans enfans, la seconde fille meurt auparavant le Testateur son ayeul, ses enfans sont preferez à la seconde fille, qui se dit aînée au temps du décés du Testateur? *Voyez ibid.* q. 5.

23 Si la fille instituée heritiere universelle, est substituée, au cas qu'elle passeroit à secondes nôces, la prohibition des secondes nôces vaut, & le Testament est bon & valable, par l'institution particuliere?

Si pour l'effet de la condition, elle peut être contrainte à bailler caution, & si par icelle elle a pû être grevée en sa legitime; & quelle est sa legitime, & si en icelle elle doit imputer sa dot?

Si ayant accepté le Testament, elle peut venir au contraire, & demander le supplément de legitime, convolant en secondes nôces? *Voyez Bouvot, tome 1. part. 2.* verbo, *Institution d'heritier*, quest. 1.

24 Si quelqu'un a été institué heritier, & ses enfans mâles, à la charge de porter le nom & les armes du Testateur, à défaut de mâle, le parent le plus proche peut demander les biens; & si celuy qui est chargé, & ses enfans ne portent le nom & les armes, n'effectué point cette condition, est privé du fideicommis; & si le plus proche *ab intestat* du Testateur, peut par le défaut de condition demander les biens? *Ibid.* q. 1.

25 Si par ces termes, *institue un tel & les siens*, est entendu des successeurs legitimes *ab intestat*?

Si le siens institué heritier & les siens, exclud les siens, sçavoir, ses enfans de la succession de leur ayeule.

Si le pere & les siens sont instituez par un étranger, si les enfans sont censez appellez avec luy, ou s'ils sont substituez avec le pere, s'ils viennent à la succession avec le pere? *Ibid.* part. 3. verbo, *Institution d'heritier*, quest. unique.

26 Si l'institution des enfans du fils par la nomination d'aucun d'iceux, & par ces mots generaux, *& autres enfans*, est valable? *Ibid.* verbo, *Substitution*, quest. 1.

27 La mere instituée heritiere en l'usufruit, de tous les biens de son fils, peut avoir deux quartes, la legitime & quarte trebellianique, & ayant été instituée par le Testament de son fils en la propriété de tous ses biens, declarant par codicile, qu'il avoit entendu dire en l'usufruit, & qu'il bailloit la propriété à un autre; tel codicile & disposition ne peut valoir au préjudice de la mere, la legitime ne peut être grevée du fideicommis. Arrêt du 31. Juillet 1617. *Bouvot, tome 2.* verbo, *Fideicommis*, quest. 2.

28 Si l'institution & substitution contractuelle & conventionnelle, sont valables en Contract de mariage, societé? *Ibid.* verbo, *Substitution*, quest. 25.

29 S'il y a institution d'heritier par Contract de mariage fait entre Noble du premier mâle, le pere pourra changer la convention, s'il n'y a que des filles de ce lit, & instituer les mâles d'un second, posé que les filles fussent mêmes appellées à défaut de mâles. 2. De même si le premier mâle n'a que des filles. 3. Ou si le premier mâle est infirme ou prodigue, pourra substituer le second mâle, ou autre parent portant son nom & armes. *Boer, decis.* 204. n. 32. & seqq. l. id. Fernand. ad. l. si unquam, C. de revoc. donat. 11. 7. & de filiis nat. 6. 8. 2. id. si sine liberis decesserit. Fernand, de lib. nat. ex mat. c. 7. n. 8. Suivant la remarque de *M. Abraham la Peirere*, en ses *decis. du Palais*, let. I. n. 29. Cette décision ne pourroit avoir lieu en la donation faite dans le Contract de mariage, & c'est la difference qu'il y a entre l'institution d'heritier, & la donation faite dans le Contract de mariage.

30 Institution particuliere faite de cinq sols à ceux ausquels par droit & coûtume, on est obligé de laisser, est nulle en ligne ascendante ou descendante, & tel institué est censé preterit. *Ferrer.* quest. 459. cont. *Guy Pape, ibidem*, excepté la Coûtume de Bourdeaux.

INTENDANT.

1 Intendant de Justice. *Dicearcha*.
Les fonctions de nos Intendans de Justice, Police & Finances, ont du rapport avec celles des Officiers Romains qui étoient envoyez dans les Provinces de l'Empire pour les gouverner. *V. Gouverneur*.

2 L'on prétend que l'appel des Ordonnances des Intendans des Provinces, de quelque nature qu'elles soient, ne peut être porté qu'au Conseil du Roy; il faut pourtant distinguer; quand les Intendans ont pris connoissance d'une matiere qui appartient à la Justice ordinaire, l'appel de leur Jugement doit être porté au Parlement. Ainsi jugé à l'égard d'une Ordonnance renduë par M. Guet, Intendant de la Generalité de Lyon, au sujet du compte presenté par la veuve Michel, Commis à la recette des Consignations du Pays de Forêt. *V. l'Auteur des Observations sur Henrys*, tome 1, liv. 1, chap. 1. question 2.

3 Les appellations des Ordonnances des Intendans sur le fait des Tailles, se relevent en la Cour des Aydes, Arrêts du Conseil d'Etat du Roy des 2. Septembre 1643.

1643. 23. Février 1647. & 22. May 1683. *Memorial alphabetique*, verbo, *Intendans*.

4 De l'action que l'on a contre les Intendans des grands Seigneurs. *Voyez* le mot, *Action*, n. 73.

INTERDICTION.

De interdictis, & relegatis, & deportatis. D. 48. 22.
De his qui in exilium dati, vel ab ordine moti sunt. C. 10. 59. Ceux qui sont interdits pour un temps, rentrent dans l'exercice de leurs fonctions.

Interdiction Ecclesiastique. *V.* Censure.
1 *De pœnâ privationis Officii, dignitatis, vel Beneficii.* Voyez *Julius Clarus*, liv. 5. sentent. quest. 73.

2 Par Arrêt du Parlement de Roüen du 5. Mars 1543. un particulier fut declaré majeur à 20. ans ; mais à condition de ne faire aucune alienation de ses biens qu'à l'âge de 24. ans ; neanmoins en se mariant, il s'obligea pour une somme considerable envers un Marchand de soye ; depuis étant executé, il prétendoit son obligation nulle en vertu de son interdiction ; mais il fut condamné, *quia erat impensa necessaria.* Basnage, *sur la Coûtume de Normandie,* art. 592.

3 Une femme âgée & paralitique, menaçoit de vendre son bien, & d'en disposer au prejudice d'une donation faite en faveur de mariage ; son gendre requit son interdiction, & montra l'interêt qu'il avoit de prévenir les procés dans lesquels il se trouveroit engagé. Par Arrêt du Parlement de Paris du 26. Avril 1606. il fut ordonné qu'il seroit informé de la vieillesse & paralisie, pardevant le Juge des lieux. *Plaidoyez de Corbin*, ch. 1.

4 Sentence d'interdiction des biens donnée avec avis de parens, qui y avoient interêt, contre un jeune homme sur friponnerie de jeunesse, jugée nulle. Arrêt du 16. Février 1626. *Du Frêne, liv. 1. ch. 89. & Bardet, to. 1. liv. 2. chap. 71.*

5 Freres & sœurs non recevables à faire interdire leur frere pour demence supposée, prodigalité non justifiée, & concubinage qu'il fait cesser en chassant la Servante. Arrêt du 3. Juin 1631. qui les condamne aux dépens, moderez à 48. liv. parisis. *Bardet, tome 1. livre 4. chapitre 30.*

6 Celuy qui a été mis en Curatelle par autorité de Justice, ne peut aussi en être restitué que par la même voye : ce qui fut jugé au Parlement de Roüen le 24. Janvier 1665. entre Claude Turgot, Colombe, & autres acquereurs des heritages de Jacques Turgot : Jacques Turgot fut mis en Curatelle dans toutes les formes ; aprés la mort du Curateur, il en fut nommé un autre sans autre solemnité que la nomination des parens ; il fut dit que cette Curatelle ne laissoit pas de subsister à l'égard de l'Interdit, parce qu'ayant été privé de l'administration de son bien par la voye de Justice, il ne pouvoit reprendre cette administration qu'en vertu d'un acte judiciaire, & qu'ainsi toutes les alienations faites depuis la mort de son premier Curateur, étoient nulles. *Basnage, sur l'art. 224. de la Coût. de Bretagne.*

7 L'interdiction du donateur n'étant fondée sur aucune cause legitime, ne peut être opposée, quand il n'a rien fait que de judicieux. Arrêt du Parlement de Normandie du 18. Mars 1672. *Basnage, sur l'art. 43. de cette Coûtume,* où il examine de quelle façon se leve l'interdiction.

INTERDICTION, AVOCAT.
8 Interdiction d'un Avocat, quel est son effet ? *Voyez* le mot, *Avocat,* n. 106.

INTERDICTION, BENEFICIER.
9 Interdit peut nommer à un Benefice. *Voyez* le mot, *Curateur,* n. 6.
Voy. cy-dessus le mot, *Censure,* & cy-aprés le mot *Interdit.*

INTERDICTION, DEMENCE.
10 Interdit pour cause de demence, ne peut valablement contracter mariage. Arrêt du 3. Août 1638. *Bardet, tome 2. liv. 7. ch. 37.*

Tome II.

11 Les deniers procedans de la vente des immeubles & des rentes rachetées qui étoient propres à l'Interdit pour demence, reçus par sa mere, sa Tutrice, ont été ajugez à l'heritier des propres paternels, à l'exclusion de l'heritier des propres maternels. Arrêt du Parlement de Paris du 1. Septembre 1690. en la troisième Chambre des Enquêtes. *V. Du Plessis,* Consult. 35.

12 L'article 94. de la Coûtume de Paris n'a point d'extension hors son cas, & ne peut faire que les deniers procedans du rachat des rentes appartenantes aux Interdits pour demence, & d'autres biens qui leur étoient propres, soient employez ou réputez de pareille nature de propre. Arrêt du Parlement de Paris du 14. Mars 1696. *Journal des Audiences, tome 5. livre 12. chapitre 12.*

FORMALITEZ DE L'INTERDICTION.
13 Interdiction de biens ne peut être bannie sur la déposition de deux témoins. La femme étoit presente, & offroit de défendre. Arrêt du Parlement de Bretagne du 6. Octobre 1567. *Du Fail, liv. 3. ch. 106.*

14 Les interdictions seront publiées, tant à l'Audience qu'à son de trompe, dans les carrefours & marchez. Arrêts du Parlement de Paris des 18. Mars 1614. & 23. Decembre 1621. *V. les Chartres des Notaires,* chap. 21. *page* 915.

15 Jugé le 16. Juin 1633. qu'interdiction ne doit être faite sans connoissance de cause, enquête, ou information préalable. L'Arrêt fit défenses aux Juges de la Fléche & à tous autres de plus prononcer des interdictions de la sorte, sans connoissance de cause, à peine de répondre des dommages & interêts des parties en leur propre & privé nom ; & ordonna que les 7000. livres, dont le payement devoit être fait, seroient employez en achat d'heritages, ou mis és mains d'un notable Bourgeois, duquel les parties conviendroient. *Bardet, tome 2. liv. 2. chap. 42.*

16 Une interdiction pratiquée par un frere contre sa sœur dans sa justice, sans avoir fait entendre que les domestiques de luy, & avoir notifié ladite interdiction, est nulle. Arrêt du Parlement de Paris du 9. Juillet 1698. *Journal des Aud. tome 5. liv. 14. ch. 8.*

INTERDICTION, MARIAGE.
17 La femme qui se marie avec son valet, est interdite *ipso jure,* sans jugement declaratoire, & ses Contracts sont nuls. Arrêt du Parlement de Bretagne en Decembre 1614. rapporté par *Frain,* p. 180.

18 Par Arrêt mentionné dans le Commentaire de *M. Antoine Mornac,* sur la Loy unique, au Code *de inoffic. dotib.* une femme âgée de 50. ans, qui avoit quatre filles de son premier mariage, fut interdite pour s'être remariée à un jeune homme de 30. ans, & luy avoir donné par leur Contract de mariage, la plus grande partie de sa part des conquêts de la premiere Communauté ; encore que la naissance & les biens de ce second mary ne fussent pas fort au dessous de ceux de la femme : *quamvis seu per claritatem natalium, seu per divitias, haud tam indignus esset ejus modi vetula, quæ ex facto ejus ad se pellexerat, cum ambiret ille appeteretque minorem filiam.* Voyez Mornac.

19 Jugé par Arrêt du 16. Juin 1655. qu'un enfant qui s'est marié sans le consentement de ses pere & mere, ne peut poursuivre leur interdiction pour cause de prodigalité : car le pere ayant la liberté d'exhereder, la fille est sans interêt. *Soefve, tome 1. Cent. 4. ch. 93.*

INTERDICTION, MELANCOLIE.
20 De l'interdiction pour cause de melancolie, & si des gendres la peuvent demander contre leur belle-mere sur ce seul fondement. Le Prévôt de Paris l'avoit prononcée ; elle fut levée par Arrêt du 12. Février 1648. Le même Arrêt ordonna qu'il seroit incessamment procedé à l'audition & examen du compte des filles, & jusqu'à la clôture d'iceluy, fit défenses à la belle-mere d'alièner. *Soefve, tome 1. Cent. 2. ch. 64.*

INTERDICTION, NOTAIRES.
21 Il est enjoint aux Notaires du Châtelet de Paris d'a-

voir un Tableau en leurs Etudes, des noms & surnoms des prodigues proclamez, tant par Sentence du Prévôt de Paris, que par Arrêt de la Cour. Arrêt du 18. Mars 1614. *M. Ricard, en ses Notes sur la Coûtume de Paris, art.* 107. Labbé, *sur la même Coûtume, art.* 107. Brodeau sur M. Loüet, *lettre. S. somm.* 16. *n.* 10.

22 Interdit pour cause de dissipation, ne peut valablement s'obliger, & défenses sont faites aux Notaires de passer pareilles obligations. Jugé le 11. Février 1633. L'Arrêt en forme de Reglement, ordonna qu'à la diligence du Syndic des Notaires seroit fait un Tableau, contenant les noms & surnoms des Interdits, lequel seroit apposé en la Chapelle du Châtelet de Paris, & que chacun des Notaires seroit tenu d'en prendre copie, & de le tenir publiquement en son Etude, le tout à peine de répondre, tant par le Syndic qu'autres Notaires, de tous les dépens, dommages & intérêts, que les parties contractantes pourroient avoir & souffrir, faute de l'exécution de l'Arrêt. Bardet, *tome* 2. *liv.* 2. *chapitre* 8.

23 Si la Sentence d'interdiction ayant été simplement signifiée au Syndic des Notaires, peut empêcher de contracter avec l'Interdit, & dont le nom n'a point été inscrit dans le Tableau des Notaires? Arrêt du 21. May 1653. qui appointa les Parties au Conseil. Ce qu'il y avoit de particulier est que le même jour de la signification de la Sentence d'interdiction au Syndic des Notaires, on luy en signifia une autre des Requêtes du Palais qui la cassoit. Soefve, *tome* 1. *Cent.* 4. *chap.* 37. Il rapporte au même endroit l'Arrêt en forme de Reglement du 18. Mars 1614. qui ordonne que le nom de l'Interdit soit écrit & apposé dans le Tableau qui est à la Chapelle des Notaires.

24 Jugé par Arrêt du 17. Janvier 1662. qu'un Notaire, lequel sciemment a reçu un Contract de vente fait par un Interdit, est subsidiairement tenu de la restitution des deniers payez par l'acquéreur. Soefve, *tome* 2. *Centurie* 2. *chap.* 53.

INTERDICTION D'OFFICIERS.

25 Défenses au Lieutenant General & au Prévôt de prononcer par interdiction, tant contre les Procureurs que contre les Parties, en cas de conflict pour distraction de Jurisdiction. Arrêt du 7. May 1663. *Notables Arrêts des Aud. Arrêt* 103. *Des Maisons, let. C. n.* 1. rapporte le même Arrêt.

INTERDICTION DU PRODIGUE.

26 Voyez *cy-dessus le nombre* 19.

Du 15. Avril 1570. au Parlement de Bretagne, il fut dit mal jugé par le Sénéchal de Rennes, qui nonobstant que les parties présentes offrissent informer de leur bon ménage, & qu'ils ne sont prodigues; ordonne que l'état du procés sera banny, permis aux Appellans de faire lire le présent Arrêt en l'Audience de Rennes, & par tout ailleurs où besoin sera. Du Fail, *livre* 3. *chapitre* 115.

27 Jeanne Boutier est appellée devant le Juge de la Jurisdiction du Chapitre de Dol, en interdiction de biens par le Tuteur des enfans du premier lit; elle maintient son bon ménage; quoyque le Tuteur ne prouve rien de mal & prodigalement mis; le Juge appointe les Parties à écrire, & cependant ordonne que l'état du procés sera banni. Elle appelle, disant que la Coûtume permet bien de bannir l'état du procés, au cas qu'il prendroit longueur, avec cette clause, *si être droit*, que l'affaire gît en connoissance de cause, & neanmoins qu'il n'y a rien de prouvé. Le Tuteur dit que la connoissance de cause est assez verifiée, parce que l'Appellante étant âgée, & ayant grand nombre d'enfans, s'est remariée à un jeune homme, qui a peu ou rien; telles considerations sont suffisantes pour soûtenir la Sentence. Par Arrêt du Parlement de Bretagne du 11. Août 1575. il fut dit qu'il avoit été bien jugé. Du Fail, *liv.* 1. *chapitre* 381.

28 Par Arrêt du Parlement de Toulouse du 27. Septembre 1570. une declaration de prodigalité de Jean de Monfaucon faite solemnellement par le Juge-Mage de Castelnaudary, du matin au soir fut cassée; ordonné qu'il seroit enquis de la prodigalité, & permis cependant à Monfaucon d'arrenter ses biens. *Biblioth. de Bouchel,* verbo, *Prodigues.*

29 Pendant le procés, le Juge ne peut interdire, & les alienations faites pendant, même aprés le Jugement d'interdiction, sont valables, jusques à ce que l'interdiction ait été mise à execution, publiée & Curateur nommé. Arrêts du Parlement de Paris des 26. Juillet 1572. & 24. Mars 1564. Ce dernier entre le Comte de Sancerre & le Roy de Navarre. Papon, *liv.* 18. *tit.* 1. *nombre* 41.

30 Jugé par Arrêt du Parlement de Dijon du 22. May 1578. que celuy qui a été déclaré prodigue par Sentence, ne peut vendre; le Contract de vente declaré nul; l'interdiction avoit été levée sans connoissance de cause. Bouvot, *tome* 2. verbo, *Prodigues, quest.* 1.

31 Femme prodigue declarée telle, & interdite, quoique par défaut, a les mains liées, même pendant l'appel de la Sentence, & ne peut aliener. *V.* Papon, *li.* 7. *tit.* 8. *n.* 10.

32 L'Arrêt de Reglement du Parlement de Roüen pour l'interdiction des prodigues & furieux, est du dernier Janvier 1597. & est rapporté par Bereult, & cité par Pesnelle, *sur l'art.* 223. *de la Coût. de Normandie.*

33 Par une ancienne & tres bonne Jurisprudence, l'on n'ordonnoit point d'interdiction, fondée sur prodigalité, à la poursuite des heritiers collateraux, comme il fut jugé à la Chambre de l'Edit du 2. d'Août 1600. rapporté par Le Grand, *sur la Coût. de Troyes, Arr.* 95. *glos.* 2. *nomb.* 11. lequel fut rendu au profit de la Dame de Montbrun.

INTERDIT.

Interdit. *Interdictum.*

L'Interdit est une Ordonnance du Juge, sur le possessoire. *Interdictum dicitur, quasi interim dictum, potusquam inter duos dictum, vel ab interdicendo, seu prohibendo.* Cujas.

La matiere des interdits est traitée dans tout le 43. Livre du Digeste, & dans les deux premiers Titres du 8. Livre du Code.

On n'a inseré dans cet article, que les Titres qui concernent les Interdits en général: les autres Titres des Interdits sont rapportez ailleurs sous leurs noms particuliers.

De Interdictis. Inst. 4. 15... *C.* 8. 1... Paul. 5. 6.

De Interdictis, sive extraordinariis actionibus quæ pro his competunt. D. 43. 1.

V. *Possessoire.*

INTERDIT, BENEFICE.

1 L'Interdit est une censure Ecclésiastique, qui défend la célébration du Service Divin, l'usage des Sacremens, & la Sépulture, en punition de crime ou de désobéissance contre l'Eglise.

Nicolaus Plovius, *de interdicto.*

Sylvester, *per tractatus quatuor.*

Thomæ Campegii, *Tractatulus de interdicto Ecclesiastico.*

Et quicumque de censuris tractant. Voyez les mots, *Censure, Excommunication.*

2 De l'Interdit. V. M. Du Perray, en son Traité de la capacité des Ecclesiastiques, *liv.* 6. *ch.* 4. *p.* 542.

3 Voyez plusieurs questions & décisions au sujet des interdits prononcez contre des particuliers ou plusieurs habitans. *Définit. Canon. p.* 393. *& suiv.*

4 *Privationis sententia an extra territorium extendatur?* Voyez Franc. Marc. *tom.* 1. *quæst.* 728.

5 *De interdicto Ecclesiastico.* Idem, *tom.* 2. *quæst.* 840.

6 *Sententia interdicti à divinis per appellationem non suspenditur.* Voyez ibid. *quæst.* 841.

7 *Ecclesia non censetur interdicta, per cessationem à divinis.* Ibid. *quæst.* 843.

8 *Modus celebrandi, interdicti tempore.* Voyez ibidem, *quæst.* 848.

9 L'Interdit peut nommer au Benefice au préjudice de son Curateur. Arrêt du Parlement de Roüen du 5. Mars 1661. les Arrêts donnez pour les mineurs & pour les interdits, font fondez fur cette raifon, que ce droit de prefenter étoit perfonnel ; que le Curateur n'avoit l'administration que des chofes qui tomboient en compte, & dont il étoit obligé de rendre compte au mineur ou à l'interdit. Si neanmoins l'interdiction étoit fondée fur la fûreur ou fur la demence, la prefentation ne feroit pas valable.

Ce dernier Arrêt n'eft point contraire à un precedent donné contre le fieur de Vaumiffet, le fieur de Vaumiffet pere avoit été mis en la Curatelle de fon fils aîné. Le Benefice-Cure de la Paroiffe de Louvieres ayant vaqué, le pere y prefenta; le fieur de Vaumiffet fils y nomma auffi de fa part. Sur la conteftation entre ces Prefentez, celuy du fils fut maintenu le 21. Février 1651. Le motif de l'Arrêt fut que le pere avoit fait un avancement de fucceffion à fes enfans, n'ayant retenu qu'une penfion, ce qui les rendoit proprietaires du Patronage. Basnage sur l'art. 69. de la Coût. de Normand.

10 Si un Beneficier contre lequel il y a une Sentence d'interdiction, est incapable de refigner fon Benefice? V. Soefue, tome 2. Cent. 3. chap. 76. La queftion ne fut point décidée.

11 L'interdiction d'un Curé, ni même la privation d'un Benefice, fi les crimes dont il eft accufé font graves, n'eft pas abufive, quoyqu'il n'y ait eu aucune monition precedente. Arrêt du Parlement de Grenoble du 5. Août 1675. En autre cas, l'interdiction fans connoiffance de caufe, & avant que l'accufé ait été fuffifamment convaincu, eft abufive. Arrêt du 26. Juin 1670. rapporté par Chorier, en fa Jurisprudence de Guy Pape, p. 54.

12 L'interdiction qui refulte d'un decret decerné contre un Prêtre, n'emporte point une fufpenfion des fonctions de l'Ordre & de la Cure ; elle ne s'étend qu'aux actes que le Curé peut faire dans fon miniftere, comme Teftamens, Mariages, Baptêmes & Enterremens. V. le Journal du Palais tom. 2. p. 775.

13 Par Arrêt du 27. Mars 1685. la prefentation faite par un Patron Laïc interdit, fut declarée nulle. 4. tome du Journal des Aud. liv. 8. ch. 44.

14 Un Evêque ne peut interdire tout un Chapitre, & d'autres Ecclesiaftiques, ni leur fufpendre la grace du Jubilé, fur ce que par le procés verbal d'un Juge Seculier il paroît qu'ils ont commis un grand fcandale & irreverence dans une Eglife ; mais il faut qu'avant de les condamner, l'Evêque faffe informer du fait par fon Official. Arrêt du Parlement de Paris du 8. Juillet 1692. Journal des Audiences, tome 5. livre 8. chap. 18. page 627.

15 Un Evêque avoit interdit une Chapelle qui étoit un titre de Benefice, dans lequel il y avoit eu des fondations ab antiquo, acquittées par des Titulaires. Appel comme d'abus de l'Ordonnance; on fit la difference d'entre les Chapelles fondées & decretées, & de fimples Oratoires ; on dit qu'il étoit vray que celles-cy dependoient ad nutum des Evêques pour en révoquer la conceffion, qui étoit purement gratieufe ; mais qu'à l'égard des Chapelles qui étoient en titre de Benefices, il n'étoit pas en leur pouvoir de les interdire, parce que l'inftitution en étoit donnée in perpetuum, que fi la perfonne avoit manqué, on devoit la punir, & non l'Eglife ; qu'il y avoit des regles dans les interdits de proceder contre la perfonne en étoit accufée ; cenfures avant que d'interdire les lieux, & comme il n'y avoit aucune caufe legitime d'ufer de cette voye contre le titulaire, on ne pouvoit pas mettre l'Eglife en interdit, qui ne devoit avoir lieu que quand elle negligeroit les cenfures. Arrêt fur les Conclufions de M. de Harlay Confeiller d'Etat, lors Avocat General, prononcé par M. le Premier Prefident au mois de Juillet 1693. par lequel il fut jugé qu'il avoit été mal, nullement & abufivement procedé & exécuté. M. Du Perray, liv. 6. chap. 4. nomb. 8.

Tome II.

INTERETS.

DE Ufuris. C. 4. 32... C. Th. 2. 33... Paul. 2. 14. Lex 12. tabb. t. 15... L. 121. D. de verb. fign.
De Ufuris, & fructibus, & caufis, & omnibus acceffionibus, & mora. D. 22. 1.
De nautico fœnore. D. 22. 2... C. 4. 33... Conft. Imp. Niceph. 2.
De Ufuris nauticis. N. 106. & 110.
De Ufuris pupillaribus. C. 5. 56... V. Deniers pupillaires.
De adminiftratione tutorum vel curatorum, & de pecuniâ pupillari fœnerandâ, vel deponendâ. C. 5. 37.
De Ufuris rei judicatæ. C. 7. 54. Quels interêts doit celuy qui ne paye pas dans les quatre mois, après la condamnation. Abrogation de la loy unique au Code Th. même Titre. Lib. 4. tit. 19.
De fifcalibus Ufuris. C. 10. 8. Le fifc s'en doit tenir au droit commun, pour les interêts.
De ufuris suprà duplum non computandis. N. 138. Les interêts ne courent plus quand ils égalent le principal.
Ut particulares Ufurarum folutiones in duplum computentur. N. 121.
Exemplum facræ Pragmaticæ formæ, de Ufuris. N. 160. Des rentes annuelles des Communautez. Voyez Rente.
De Ufuris exigendis ab agricolis. N. 32. 33. & 34. Reglement pour les interêts du prêt fait aux Païfans.
Ut ad trientes Ufuras pecunia liceât mutuetur. Leon. N. 83. Ufuræ trientes, funt eæ quæ in fingulos folidos fingulas filiquas pariunt annuatim.
De Ufuris, & fructibus legatorum & fideicommifforum. C. 6. 47... V. Legs.
De Ufuris Argentariorum. N. 136. c. 4. & 5... Ed. Juft. 9. Les Banquiers pouvoient ftipuler l'interêt à huit pour cent, Beffes Ufuras.
Voyez les mots Banquier, Ufure, & M. le Prêtre 4. Cent. chap. 13. 14. & 15.

1 Des interêts caufez & dûs par le retardement des debiteurs par l'acheteur d'un fond, des cas où l'on peut ftipuler, des interêts des interêts des deniers dotaux & autres. Voyez le 2. tome des Loix Civiles, liv. 3. tit. 5. fection 1.

2 Voyez les œuvres de Du Moulin, tome 2. où eft le traité des ufures & interêts de l'argent & autres chofes, & le traité fait par Salmanzius de ufuris feu de modo Ufurarum.

3 Fructus pignoris debent in fortem principalem imputari. Voyez le confeil 41. de Du Moulin, tome 2. p. 928. où il parle des interêts & ftipulations illicites.

4 Interêts & de leur collocation. Voyez M. Dolive, liv. 4. chap. 21. & de la Gueff. tome 2. liv. 7. chapitre 14.

5 Ufuræ priùs intelliguntur folutæ quàm fors. Mornac, l. 21. Cod. de ufuris.

6 Pactiones quædam in dubium vocatæ, utrum pro reditu an pro ufura habendæ effent? Voyez Stockmans, décif. 74.

7 Quatenus liceat ratione moræ ftipulari id quod intereft? Ibidem, decif. 75.

8 Quatenus ftipulari liceat id quod intereft circa pecuniam mutuam? Ibidem, decif. 76.

9 Quod jure Romano conftitutum eft, ufuras fifti fi exequent fortem, non extenditur ad id quod hodiè titulo ejus quod intereft percipitur. Ainfi jugé en Février 1644. Voyez ibidem, décif. 78.

10 De la ftipulation d'interêts dans les Parlemens du païs de Droit écrit. Voyez Henrys, tome 1. liv. 4. chap. 6. queft. 110.

11 Quelles conditions font neceffaires pour produire interêts à une fomme prêtée? V. la 11. Confultation de M. du Pleffis.

12 Quæftoribus, ærariis & coactoribus pecuniam receptam conftare feu in maffam redigere & lucrum indè accipere non licet. Voyez Franc. Marc., tome 2. queft. 201.

13 Si ufura petantur ut lucrum, funt illicita, & ut id quod

Nnn ij

interest sunt licita. Mornac, *l.* 60. *ff. pro socio.*

14 L'interêt au denier 10. porté par l'article 480. de la Coûtume de Normandie, doit être payé au denier 14. depuis l'Edit du Roy de 1602. sur la reduction des rentes ; & celuy au denier 15. porté par l'article 400. doit être payé au denier 20. Arrêt du Parlement de Roüen, les Chambres assemblées, du 6. Avril 1666. art. 100. *Voyez Basnage*, tome 1. à la fin.

14 bis L'interêt, pourvû qu'il n'y ait point de prescription, peut exceder le principal, & aller jusqu'à ce qu'on rachette le principal. *Voyez Henrys*, tome 1. liv. 4. chap. 6. *quest.* 47.

15 *Henrys*, to. 2. liv. 2. *quest.* 32. établit que la repetition d'une somme payée par erreur, que l'on appelle en droit *conditio indebiti*, ne produit point d'interêt, *sola quantitas repetitur*, dit la loy 1. au Code *de conditi. indeb.* Il refute *Mornac*, lequel sur le fondement de la loy 18. au Code *de usur.* prétend que l'on peut demander les interêts ; il fait voir qu'il a mal pris le sens de cette loy, qui parle des interêts payez d'une somme non dûë, lesquels se repetent, parce qu'ils tiennent lieu d'un capital, suivant la loy *sinon sortem* 26. §. 1. ff. *eod.* mais ces deux loix ne disent pas que le principal d'une somme non dûë payée par erreur, produise des interêts. L'Auteur des Observations dit, je crois qu'il faut distinguer, 1. Si la somme a été payée volontairement, ou par contrainte. Dans le premier cas les interêts ne sont dûs que du jour de la demande ; parce que, comme dit *Henrys*, c'est une espece de prêt, *promutuum*, lequel ne produit des interêts que du jour de la demande. Mais dans le second cas les interêts sont dûs de plein droit, parce que c'est une restitution qui ne seroit pas parfaite, si l'on n'indemnisoit pas entierement celuy qui a été forcé de faire un payement d'une somme qu'il ne devoit point, *res cum accessorio restitui debet.* 2. Il faut distinguer entre les choses steriles, & celles qui produisent des fruits & autres profits ; dans ce dernier cas, il faut rendre la chose avec tous les profits. *L.* 15. *&* 65. *§.* 5. *ff. cod.*

16 Les interêts d'une dette de Communauté qui ont couru depuis l'indication faite par la Communauté, sur un bien-tenant, doivent être alloüez en même rang que le capital & avant le precaire & autres privileges. Arrêt du Parlement de Toulouse aprés partage. *Voyez M. de Catellan*, liv. 6. chap. 30.

17 Interêts conventionnels au denier dix furent cassés par Arrêt du Parlement de Toulouse en 1542. entre le Syndic des Habitans de Tarbe & autres, avec defenses à tous Juges d'autoriser tels Contracts. *Bibliot. de Bouchel*, verbo, *Usures.*

18 Jugé au Parlement de Toulouse qu'il n'étoit dû d'interêts d'une restitution de fruits liquidée à une somme. Une femme chargée de substitution, fait un heritier, & lègue l'usufruit de ses biens à un autre. Le substitué ayant fait ouvrir la substitution avec restitution des fruits, fait liquider les fruits des biens substituez perçûs par l'usufruitier à une somme de 4000. livres. Quelques années aprés, il demande le payement de cette somme avec les interêts depuis l'Arrêt de cette liquidation. Aprés partage, il fut jugé qu'il n'étoit point dû d'interêt, & que quoique *frutius augeant hereditatem & debeantur fructuum fructus*, cela s'entendoit des fruits qui se trouvoient dans l'heredité au temps du décés du Testateur ou même de ceux qui sont perçûs, *antè illatam de hereditate quæstionem.* Voyez *M. de Catellan*, liv. 6. chap. 6.

19 Par Arrêt du 13. Juin 1547. fut mise au neant une adjudication de 7 sept cens tant de livres pour cinquante livres de rente pendant six ans ; ordonné que les arrerages payez seroient rendus : Ajournement personnel contre le Juge qui avoit fait cette adjudication, laquelle fut declarée abusive & usuraire ; défenses à tous Juges d'en faire de semblables. *Bibliotheque de Bouchel*, verbo, *Interêts.*

20 Les interêts sont dûs dés le jour de la demeure de payer. Arrêts des 14. & 26. Novembre 1578. & 1587. *Expilly*, *Arrêt* 85. *&* 86. *Nota* que c'est en païs de Droit écrit.

21 En 1593. Fromaget est condamné de payer à Brochard 250. écus, & les interêts du jour de la demande. Brochard en 1595. reçoit les interêts. En 1597. il fait executer la Sentence, & faute de payement du principal & interêts, fait saisir les meubles. Le debiteur s'oppose, & dit que la dette est convertie en constitution à rente ; il montre des quittances d'interêts payez jusqu'en 1595. offre de payer les deux suivantes. Arrêt confirmatif de la Sentence du 9. May 1598. qui convertit la somme de 250. écus en constitution de rente à raison du denier douze en baillant assiette. Le creancier condamné aux dépens. *Bibliotheque de Bouchel*, verbo, *Interêts.*

22 Quand les Interêts ont été payés plus fort que l'Ordonnance ne le permet, on doit deduire le surplus sur ceux écheus. Arrêt du Parlement de Toulouse du 11. May 1584. *La Rocheflavin*, liv. 5. tit. 5. *Arrêt* 9.

23 En déconfiture, ou distribution de biens à Toulouse, les interêts ne sont alloüés aux Creanciers, qu'aprés toutes les sommes principales, contre la loy *Lucius. D. qui potiores in pignore habeantur*, observée au Parlement de Paris, sauf à la caution qui a été contrainte à la rigueur de son Contract ou condamnation de payer les interêts pour le debiteur principal ; auquel cas les interêts doivent être ajugés au rang de la somme principale. Arrêts de 1584. & 1592. *Ibidem*, liv. 6. tit. 54. *Arr.* 1.

24 L'Acquereur qui doit le prix du fonds vendu, doit être condamné à payer ledit prix avec les interêts d'iceluy depuis le temps auquel il a dû être payé, encore qu'ils excedassent de beaucoup le prix principal, s'il n'y a eu legitime empêchement, parce qu'il n'est pas juste que le vendeur perde les interêts du prix, pendant que l'acquereur joüit des fruits. Arrêt du 8. Octobre 1597. *Ibid. Arrêt.* 2.

25 Lorsqu'il y a lieu de condamnation d'interêts de quelque somme depuis l'introduction de l'instance, s'il y a plusieurs introductions & interruptions depuis long-temps, si cela se doit donner depuis la derniere & encore à telle charge que les interêts ne surpassent la somme principale ? *Voyez Ibid. Arrêt* 4.

26 Le debiteur ne peut demander les interêts à son Creancier sur le fondement d'une lettre du Creancier, qui le prie de ne le point poursuivre & qu'il luy payera les interêts ; mais la demande doit être faite en Justice. *Voyez Cambolas*, liv. 1. chap. 37. & *La Rocheflavin*, liv. 6. tit. 54. *Arrêt* 7.

27 Interêts payez quand sont imputables au principal? *Voyez Cambolas*, liv. 1. chap. 40.

28 L'on n'est point obligé de jurer sur la reception d'interêts excessifs. *Idem*, liv. 3. chap. 28.

29 Les interêts sont dûs depuis l'ajournement, si le Juge a obmis de les prononcer, ils ne peuvent être demandés par nouvelle action. *Despeisses*, t. 1. p. 559. n. 27.

30 En quel cas le possesseur qui est évincé, ou par le droit d'offrir qui compete au Creancier posterieur en hypoteque, ou par révendication, ou par rescision, peut contraindre le demandeur de luy payer les interêts de la somme qui luy doit être remboursée, en luy rendant compte des fruits qu'il a perçûs? *Voyez du Perrier*, liv. 3. quest. 11.

31 Interêts changez. *Spectandum tempus quo de civili emptitioque reditu actum est, non tempus edicti quo innovata est præstationis quantitas.* Arrêt du 17. Juillet 1603. Mornac, *l.* 69. *ff. de contrahendâ emptione.*

32 S'il y a prêt de cent écus, & qu'il soit dit que tant que celuy qui a reçû les deniers les gardera, il payera 20. l. chacun an pour les arrerages, si telle paction est valable ? Les arrerages ne peuvent être demandez, pour n'y avoir alienation du sort principal. *Du Moulin*, quest. 32. nombre 19. Arrêt du Parlement de Dijon 2. Août 1594. *V. Bouvot*, tome 2. verbo, *Rentes*, quest. 6.

33. Les Interêts des dépens ne peuvent être demandez ni stipulez, quoy qu'on ait fait un commandement. Arrêt du Parlement de Bourgogne du 28. Janvier 1616. *Bouvot, tome 1. partie 2. verbo, Interêts.*

34. L'adjudicataire des biens vendus par Justice est tenu de payer l'interêt du prix de son achat, demeuré entre ses mains par forme de dépôt. *Idem, tome 2. verbo, Interêts, quest. 1.*

35. En un decret, le Créancier par obligation d'une somme promise payer dans un certain temps, à peine d'interêts, ne peut être colloqué tant pour le principal qu'interêts, au préjudice des Créanciers de rentes constituées, qui ont stipulation d'interêts, quoique posterieurs. Arrêt du Parlement de Bourgogne du 11. Mars 1606. *Ibidem, verbo, Interêts, dommages, quest. 4.* il rapporte des sentimens contraires.

36. C'est une maxime que les Interêts sont dûs d'une somme retenuë & non dûë, suivant la loy premiere, *ff. de usur. L. frumenti. L. olev. C. eod.* ce qui a été ainsi jugé par Arrêt du Parlement de Dijon du 8. Mars 1615. rapporté *ibidem, verbo, Interêts, quest. 3.*

36 bis. Arrêt du Parlement de Bretagne du 15. Novembre 1615. qui ajuge aux enfans du premier mariage les interêts des jouïssances, que leur mere veuve a eûës. *Du Fail, liv. 2. chap. 532.*

37. Interêts sont dûs, si le Créancier a impetré restitution en entier envers la peremption d'instance ou prescription. Arrêt de Grenoble du 10. Juin 1610. *Basset, tome 1. liv. 6. tit. 14. chap. 7.*

38. L'interêt n'est dû pendant la longue discontinuation des poursuites, quand il y a procés discontinué pendant 5. ans seulement, les interêts seront dûs, si la discontinuation excede; ils ne seront dûs que pendant que l'instance aura duré. Arrêt du 26. Novembre 1626. *Ibidem, chap. 3.*

39. L'interêt doit être restitué aussi bien que le principal, en fait d'action revocatoire, & lors qu'un homme, qui a touché provisoirement, est obligé de restituer aux Créanciers anterieurs. Arrêt sans date qui enterine une Requête civile prise contre autre Arrêt qui avoit jugé le contraire. *Ibidem, chap. 9.*

40. L'interêt convenu d'un prêt de deniers fait pour employer au retrait d'une terre n'est pas licite, quoique le retrayant jouïsse de la terre, & qu'il ait commencé à payer l'interêt. Arrêt du 16. May 1628. *Du Frêne, liv. 2. chap. 19.*

40 bis. Bardet, *tome 2. liv. 2. chap. 54.* rapporte un Arrêt du 3. Août 1633. qui a jugé que la Sentence de provision qui ajuge le principal, n'empêche la peremption de la demande anterieure des interêts.

41. Le prix convenu pour être payé dans un certain temps avec les interêts à plus haut prix que le taux de l'Ordonnance; une convention de cette qualité doit être reduite au juste interêt. *Voyez Henrys, tome 2 liv. 4. quest. 37. & du Frêne, liv. 5. chapitre 38.* où il y a un Arrêt du 29. Decembre 1648.

42. Un particulier condamné par Sentence de payer une somme dans un certain temps avec l'interêt, doit les interêts échûs depuis l'écheance du délay jusqu'à l'actuel payement, sans commandement ni nouvelle adjudication. Arrêt du 25. Janvier 1673. *Journal du Palais.*

43. En *Normandie* les interêts des dettes mobiliaires, quoique demandez en Justice, ne sont pas dûs, parce que l'Ordonnance de Charles IX. és Etats d'Orleans, article 60. qui condamne un débiteur aux interêts du jour de la demande, n'a point été verifiée au Parlement de Roüen. Jugé au Grand Conseil le 29. Mars 1677. *Ibidem.*

44. L'interêt d'une demande faite par M. de Villayer, sans constitution de Procureur, il y avoit dix huit ans, luy fut ajugé le 21. Juin 1679. au rapport de M. de Maunory. *Recueil d'Arrêts par la Ville.*

45. Si les interêts sont dûs depuis la Sentence, ou depuis l'Arrêt confirmatif. Arrêt du Parlement de Provence du 12. Septembre 1639. qui ajuge les interêts depuis la Sentence. *Boniface, tome 4. liv. 8. tit. 23. chap. 8.*

46. Les interêts ne sont dûs des salaires & vacations. Arrêt du 22. Decembre 1671. *Ibid. chap. 4.*

47. Par la Coûtume de *Metz*, les obligations portent interêt comme les Contracts de constitution de rente; mais on a demandé si on pouvoit stipuler cet interêt payable en une certaine quantité de bled? L'obligation ne fut point declarée usuraire, le Créancier fut colloqué pour son principal. *Voyez le 54. Plaidoyé de M. de Corberon, du 19. Decembre 1639.*

48. En *Flandre* on fixe les interêts des sommes ajugées au denier seize, quand même l'obligation ne procederoit point de marchandise. Jugé au Parlement de Tournay le 15. Octobre 1696. Il s'agissoit des interêts d'une obligation causée pour honoraires d'Avocat. *Voyez M. Pinault, tome 1. Arr. 119.*

49. On peut stipuler la restitution d'une somme avec les interêts & même quelque chose de plus, sans soupçon d'usure, lorsque la stipulation se fait *in pœnam non adimplentis contractum.* Jugé au P. de Tournay le 30. Octobre 1696. au profit de Pierre de Vantiercle qui en vendant cinq mesures de terre avoit stipulé que l'Acquereur seroit tenu d'en passer les devoirs dans un an, sans payer aucuns interêts du prix, mais au défaut de faire les devoirs, qu'il sera obligé de restituer la somme de 45. livres au feur du denier quinze, sans neanmoins pouvoir prétendre aucun rendage. *Ibidem, tome 1. Arr. 121.*

50. A *Tournay* l'on n'ajuge les interêts des sommes ausquelles on condamne une partie, qu'à raison du denier vingt, quoique la dette provienne du fait de société & de marchandise. Arrêt du Parlement de Tournay le 12 Novembre 1696. *Ibidem; Arr. 129.*

51. On peut legitimement stipuler les interêts du prix total d'une charge, ou d'une partie du prix restant à payer. Jugé au Parlement de Tournay le 17. Novembre 1698. *Voyez M. Pinault, tome 2. Arrêt 238.*

52. L'on ne peut stipuler les interêts d'une amende. *Du Perrier, liv. 2. quest. 10.*

INTERESTS ET ARRERAGES.

53. Difference entre les interêts & arrerages; les arrerages procedent des rentes constituées à prix d'argent; les interêts sont pour les autres dettes, comme pour la dot, doüaire & legitime, qui sont dûs sans être demandez, ou bien quand ils sont demandez en Justice, & que le Juge l'a ordonné pour les autres dettes. *V. M. le Prêtre 4. Cent. chap. 13.*

54. Les arrerages de rentes furent mis au denier douze par Edit du mois de Mars   1567.
Au denier seize du mois de Juillet   1601.
Au denier dix-huit du mois de Mars   1634.
Au denier vingt au mois de Decembre 1665.

Ce qui a toûjours lieu entre les particuliers qui ne peuvent constituer rente au dessous du denier vingt. Le Roy en use autrement en faveur de ses sujets, pour subvenir aux necessitez publiques, on ne rapporte point icy les differens Edits pour les constitutions de rentes sur la Ville, cela n'iroit qu'à l'établissement d'un fait, icy peu important, & non à l'indication d'une Jurisprudence. Celle qui concerne les rentes de la Ville sera neanmoins marquée, *lettre R.* verbo, *Rentes de la Ville.*

55. Une obligation faite pour arrerages échûs, y ayant terme de payer, & convention que le temps passé l'interêt courroit, est valable. Arrêt du Parlement de Dijon du 30. Septembre 1600. *Bouvot, tome 2. verbo, Usures, quest. 6.*

56. Un fidejusseur n'a pas les interêts des arrerages par luy payez d'une rente, sinon du jour qu'il les a demandez. Arrêt du 14. Decembre 1606. *M. le Prêtre és Arrêts celebres du Parlement.*

57. Titius emprunte six cens écus par obligation, & hypoteque tous ses biens; depuis *Titius* vend une maison qui étoit hypotequée par l'obligation; *Titius* pressé de payer les 600. écus, passe un Contract de constitution

Nnn iij

de rente pour la somme de 600. écus, demeurant l'hypoteque du jour de l'obligation ; le Creancier de la rente poursuit l'Acquereur de la maison en declaration d'hypoteque. Jugé que l'heritage acquis demeureroit hypotequé au payement du sort principal seulement, sauf au Créancier de la rente à se pourvoir pour ses arrerages sur les autres biens de *Titius*. Arrêt du 7. Juillet 1607. M. *le Prêtre* , 4. *Cent. chap*. 13.

58 Interêts dûs des arrerages de rente liquidez depuis l'interpellation. Arrêts du Parlement de Grenoble des 28. Janvier 1655. & 16. Juin 1656. *Bass*. t , *tome* 1. *liv*. 6. *tit*. 14. *chap*. 8.

59 Par Arrêt de Roüen du mois de May 1659. jugé qu'un frere qui avoit été obligé de payer les arrerages des rentes, desquelles son frere étoit chargé, ne pouvoit en demander l'interêt, & qu'il n'étoit dû , sinon quand l'obligé qui paye, se fait permettre de prendre de l'argent en rente. *Berault* , *à la fin du* 2. *tome de la Coûtume de Normandie* , *page* 104. *colon*. 2.

60 Edit du mois d'Octobre 1670. portant reduction à l'avenir des interets au denier 20. pour la Provence. *Boniface* , *tome* 4. *liv*. 8. *tit*. 23. *chap*. 2.

61 Si les interêts des dettes portant interêts au denier 16. avant l'Edit de 1671. doivent être ajugez à ladite raison jusqu'au dit jour , & après au denier 20. quand il n'y a point de condamnation ? Arrêt du 26. Janvier 1672. qui juge l'affirmative. *Boniface, ibidem* , *ch*. 1.

62 Les interêts des arrerages de rente dûs au Fermier de cette rente, & liquidez entre le Fermier & l'Emphyteote à une certaine somme, sont dûs de cette somme, depuis la demande en Justice. Arrêt du Parlement de Toulouse du 11. Juillet 1672. après partage. *M. de Catellan* , *livre* 6. *chap*. 6.

INTERESTS AJUGEZ PAR ARREST.

63 Les interêts de quelque somme ajugez par un Arrêt se payent jusques à l'entier acquit de ladite somme, sur tout lorsqu'il paroit que le Créancier a fait ses diligences pour se faire payer & mettre l'Arrêt à execution. Jugé au Parlement de Tournay le 14. Decembre 1694. Le moyen du Défendeur & auquel on n'eut égard, étoit de dire, que les interêts ne dévoient se payer que jusqu'au jour de l'Arrêt qui les avoit ajugez , autrement un Créancier ne poursuivroit jamais le payement de la somme principale pour en proroger les interêts. *Voyez Pinault* , *tome* 1. *Arrêt* 43.

INTEREST, AUGMENT.

64 Interêts de l'augment accordé par le mary à la femme , de quel temps sont dûs? V. le mot , *Augment* , *nomb*. 34.

INTEREST, CAUTION.

65 Des interêts dûs ou payez par la caution. *Voyez* le mot , *Caution* , *n*.152. *& suivans*.

66 Jugé à la Chambre de l'Edit de Castres le 29. Juin 1629. qu'une caution ayant payé le sort principal pour le debiteur , ne peut demander les interêts de ce sort principal qu'au rang des interêts des autres Créanciers. On distinguoit; quand la caution demande les interêts qu'elle a payez , *certat de damno vitando* , elle merite privilege ; quand elle demande ceux qu'elle n'a point payez , *certat de lucro captando* , elle n'est pas si favorable. *Voyez Boné* , *Arrêt* 101.

67 La caution qui avoit payé les interêts par force , fut alloüée pour les interêts des interêts en même rang que leur capital , c'est à dire , du jour du Contract de cautionnement , & ils luy furent ajugés depuis le jour de chaque payement. Arrêts du Parlement de Toulouse des 1. Avril 1650. & 27. Mars 1670. mais à l'égard de la caution qui a volontairement payé les interêts, par Arrêt du 6. Juillet 1662. les interêts de ces interêts furent ajugez seulement depuis l'introduction de l'instance & alloüez en concours avec les interêts de tous les capitaux. *Voyez M. de Catellan* , *liv*. 6. *chap*. 8.

68 Interêts payez par la caution doivent être alloüez du jour du Contract, & non seulement du jour des payemens volontaires qui auroient été faits. Arrêt du Parlement de Toulouse du mois de Février 1664. après partage , rapporté , *Ibidem* , *chap*. 7.

INTEREST, CHANGE ET RECHANGE.

69 Des Interêts de change & rechange. *Voyez l'Ordonnance de* 1673. *tit*. 6.

70 Quand les interêts peuvent être imputez au sort principal, & si cela a lieu en fait de change ? non. Arrêt du mois de Mars 1610. *Le Bret* , *liv*. 2. *décis*. 7.

71 Quoique les Prieurs & Consuls de la Bourse , quand ils condamnent pour Lettre de change , condamnent ordinairement au change & rechange , la Cour neanmoins reforme toûjours en cela , & n'ajuge que les interêts depuis le premier terme du change échû , & cela fut jugé ainsi au Parlement de Toulouse le 20. Novembre 1651. en la cause de Sudre , & constamment cela se juge ainsi. *V*. *l*. 4. *& l*. 9. *§*. *nummularios*. *ff*. *de edendo*. Albert , *verbo* , Interêts , *art*. 2.

72 Les interêts peuvent être stipulés , & promis avec offre , non seulement par actes publics , mais aussi par promesse particuliere & sous seing privé. Jugé au Parlement de Grenoble , *consultis classibus*, par Arrêt du mois de Juillet 1671. rapporté par *Chorier en sa Jurisprudence de Guy Pape* , *page* 252.

INTERESTS CIVILS.

73 Jugé au Parlement de Paris que le Prince peut remettre au condamné pour Crime , mais non l'interêt civil de la Partie. *Bibliotheque de Bouchel*, verbo, *Contrats*.

74 La femme se remariant ne doit reserver aux enfans de son premier mary homicidé l'interêt civil à elle ajugé. Arrêt du Parlement de Toulouse du 31. Janvier 1577. *Carondas* , *liv*. 13. *Rép*. 58.

75 L'interêt civil preferé aux conventions de mariage d'une seconde femme. Jugé à Pâques 1581. *Montholon, Arrêt* 9. Voyez *Carondas* , *liv*. 6. *Rép*. 82.

76 Après la mort d'un accusé d'homicide qui avoit obtenu remission , on peut poursuivre ses heritiers pour la reparation civile. Arrêt du 27. Janvier 1582. *Carondas, liv*. 6. *Rép*. 87. Voyez *Du Frêne* , *livre* 8. *chapitres* 45. *& * 47.

77 L'interêt civil procedant d'un crime est éteint par le laps de 20. ans, comme le crime même , suivant la loy *querela C. ad legem Corneliam de falsis*. Arrêt du 8. Février 1607. *M. le Prêtre és Arrêts celebres*. Voyez *M. Loüet* , *lettre C. somm*. 47.

78 Par Arrêt de la Tournelle de Roüen du 10. Janvier 1651. il a été jugé que les interêts ajugez à une femme pour l'assassinat de son mary , ne pouvoient être saisis par ses Créanciers, comme étant le prix du sang de son mary , sauf aux Créanciers à saisir ses autres biens. Autre Arrêt pareil des mêmes mois & an. *Basnage* , *sur l'art*. 143. *de la Coûtume de Normandie*.

79 Interêt civil sujet à la même prescription que le crime. Jugé au Parlement de Paris , le 21. Mars 1653. *Soefve*, *tome* 1. *Cent*. 4. *chap*. 30.

80 La femme en prenant part aux meubles & acquêts n'est point tenuë des interêts ajugez pour le crime du son mary ; jugé en la Tournelle de Roüen le 21. Mars 1656. Un homme accusé d'avoir tué le petit-fils de sa femme & poursuivi à la requête de la mere , meurt pendant l'instruction du procés , *integri status* ; elle continuë les procedures contre son neveu & sa veuve qui avoit moitié aux meubles & acquêts, la veuve se défend de l'art. 333. & 544. *de la Coûtume de Normandie* qui exemptent les biens du mary des interêts jugez pour le délit de sa femme, & par la même raison ceux de sa femme ne pouvoient être obligez pour le crime du mary , *nexor pro marito* ; elle eut main levée. Voyez *Basnage, sur cet article* 3. 3.

81 Sous le mot de *meubles* qui échéent à la femme dont le mary est tenu de remployer une partie , il a été jugé en la Chambre de la Tournelle de Roüen le 9. Août 1656. que les interêts ajugez à la femme pour crime n'y sont point sujets. Dans le fait, un beau-pere avoit obtenu 2000. liv. de dommages & interêts contre l'homicide du fils de sa femme ; les heritiers de ce fils

INT INT 471

demanderent une part à ces interêts & pour le surplus, ils concluent contre le mary à ce qu'il fût condamné d'en replacer la moitié, comme d'un meuble échû à sa femme, dont ils furent déboutez. *Basnage, sur l'art. 390. de la Coûtume de Normandie.*

81. L'intérêt civil est préféré à l'amende du Roy, quoique l'un & l'autre soient ajugez par un même Arrêt. *De la Guess. tome 2. liv. 3. chap. 11.* rapporte un Arrêt du Parlement de Paris du 10. Mars 1660. *Les Notables Arrêts des Audiences n. 41.* rapportent le même Arrêt.

82. Deux jeunes Ecoliers, dont l'un avoit battu l'autre à coups de pieds & de poings, qui étoit décedé 54. jours après. Information, decret ; appel ; l'accusé avec son pere fut condamné à 200. livres d'aumône au pain des prisonniers, & en 800. livres parisis d'interêts civils & aux dépens. Arrêt du 5. Mars 1661. *De la Guess. tome 2. liv. 4. chap. 31.*

84. Contumax qui ne vient qu'après les cinq ans pour purger la Contumace, il faut payer, en se mettant en état, l'interêt civil pour peine de sa contumace. *Ordonnance de Moulins, article 28. L'Ordonnance criminelle, titre 17. article 18.* Arrêt du 11. May 1661. petite Tournelle. *Ibidem, chap. 26.*

85. L'intérêt civil ajugé à la veuve non commune, & à deux enfans non heritiers, ne peut être saisi à la requête des Créanciers. Arrêt du 8. Avril 1666. *Des Maisons lettre R. nombre 7. fol. 550.*

86. Dans une transaction pour des interêts civils on peut convenir, que faute de payement de la somme consentie dans un certain temps, les interêts en seront payez, & cette convention est legitime. Jugé au Parlement de Paris le 11. Juin 1682. *Journal du Palais.*

87. Après un procès jugé & l'Arrêt executé, on peut demander des interêts civils qui n'avoient point été demandez pendant le cours du procès. Arrêt du 4. Avril 1685. *De la Guess. tome 4. liv. 8. chap. 33.* Voyez *Garondai, liv. 6. Réponse 79.*

INTERESTS, CONSIGNATION.

88. Consignation qui fait cesser les interêts, ou interêts qui continuent faute de consignation. Voyez le mot, *Consignation, nomb. 43. & suivans.*

89. Pour arrêter le cours des interêts, *que debentur ex stipulatione*, comme sont les arrerages de rentes constituées, outre l'offre réelle, il faut que la consignation suive, autrement les arrerages courent toûjours, &c. *Voyez M. le Prêtre, 4. Cent. chap. 15.*

90. Le debiteur ne peut se décharger des interêts de ce qu'il doit qu'en se désaisissant de la somme, ou en la consignant, s'il y a des saisies entre ses mains. Arrêt du 1585. *La Rocheflavin, liv. 2. lettre L. tit. 4. Arr. 11.*

91. Le 25. Juin 1619. jugé au Parlement de Bretagne, qu'encore qu'il y ait signifié & jugez à tenir entre les mains du debiteur, & que le debiteur les ait fait notifier au creancier pour les faire lever, neanmoins si le debiteur est demeuré saisi de l'argent, il doit l'interêt nonobstant les saisies, faute à luy d'avoir consigné ou payé. *Voyez Frain, pag. 252.*

92. Jacques Collet est colloqué utilement pour 1880. livres 17. sols & 3456. livres pour interêts, faisant ensemble 5300. & tant de livres, il demande l'interêt de la somme entiere des 5300. livres à l'adjudicataire qui n'avoit point consigné du jour qu'il étoit entré en possession. Arrêt qui le condamna à payer les interêts de la somme entiere. Jugé à Paris le 18. Janvier 1686. *Journal du Palais.*

INTEREST, DEMANDE.

93. De la forme de la demande pour donner cours aux interêts. Voyez *Henrys, tom. 2. liv. 4. quest. 56.*

94. *Bona fides exigit ut sine interpellatione & mora usura debeantur.* Du Moulin, *tom. 2. pag. 279.*

95. Les interêts sont dûs du jour de l'obligation, & non du jour qu'ils sont demandez pour le regard de l'hypotheque. *Idem pour les depens. Voyez M. Loüet lett. I. somm. 12. & Charondas, liv. 7. Rep. 202.* qui rapporte un Arrêt du 13. Février 1586.

96. Interêts ne sont dûs que du jour de la demande, quoyqu'on ait promis par lettres de les payer. Arrêt du mois de Janvier 1593. *Cambolas, liv. 1. chap. 37.*

97. S'il est absolument veritable que des sommes dûes par cedules ou obligations, l'interêt ne soit dû qu'ayant été demandé, & du jour que la demande en a été faite ? *Henrys* tient la negative, & cite l'Ordonnance d'Orleans *art. 60.* & le *chap. 3.* de la *2. part. des donations entre-vifs.* de M. Ricard. Voyez *Henrys, tom. 2. liv. 4. quest. 56.*

98. Un debiteur écrit à son creancier, le prie d'attendre, & luy promet de payer l'interêt. Jugé le 27. Février 1597. que cette promesse équipoloit à une interpellation judiciaire, le debiteur condamné à payer les interêts du jour de cette lettre missive. *Biblioth. de Bouchel, verbo, Interêts.*

99. L'interêt pour marchandise ou autre chose n'est point dû que du jour qu'il est demandé, & toutes conventions au contraire déclarées nulles. Arrêt du 20. May 1600. *M. Loüet, lett. I. som. 8.* Voyez *M. Dolive liv. 4. ch. 20.*

100. Arrêt du 19. Septembre 1611. qui condamna l'heritier qui a promis par *lettres missives* de contenter son coheritier sur le fait du partage, de payer les interêts du jour de sa premiere lettre, & le coheritier prétendoit ne les devoir que du jour de la demande faite en Jugement. *Frain, pag. 112.*

101. Les interêts ne sont point dûs, quand ils n'ont point été demandez, quoyqu'il y ait condamnation du capital. Arrêt du Parlement de Bretagne du 21. Août 1614. *Idem pag. 172.*

102. Quoyque l'Ordonnance d'Orleans veuille que l'interêt ne soit dû qu'après l'interpellation judiciaire, l'usage du Dauphiné est que, s'ils sont stipulez, ils soient dûs *ex stipulatu*, sans interpellation, au denier vingt qui est de cinq pour cent, & après au denier seize. Arrêt du Parlement de Grenoble des 26. Novembre 158. du mois de Juillet 1618. & 21. Février 1642. rapportez par *Chorier* en sa Jurisprudence de *Guy Pape, pag. 277.* mais l'interêt au denier seize n'est plus permis. L'Edit du mois de Septembre 1679. luy a fait succeder celuy du denier 18. & il regarde le Dauphiné. Il y a été publié le 27. Novembre 1680.

103. Les interêts d'écart des *gros* dettes d'une Communauté sont dûs sans interpellation par les particuliers cottisez depuis le temps de la perequation. Arrêt du 11. May 1626. en la cause des Consuls de *Moyrans.* Bassée, *tom. 1. liv. 6. tit. 14. chap. 4.*

104. L'interêt d'une somme quoyque demandé, n'ayant été ajugé par Sentence ni par l'Arrêt confirmatif, ne peut être prétendu par le creancier. Jugé le 31. Juillet 1628. *Ibidem, chap. 1.*

105. Jugé le 21. Février 1642. que les interêts sont dûs sans interpellation en vertu d'une transaction par laquelle le creancier a donné des albergemens, & stipulé les interêts pendant les tenues, sur la fin de laquelle transaction il s'étoit aussi départi de toutes poursuites, instances & saisies. *Ibidem, chap. 4.*

106. Jugé le 20. Mars 1649. qu'une promesse pour interêts échus sans interpellation étoit bonne & valable, non seulement pour le passé, mais aussi pour servir d'interpellation à l'avenir. *Ibidem, chap. 4.*

107. Interêts dûs sans interpellation. Arrêt du 20. Mars 1649. Le mouvement fut que l'obligation portoit *avec. dépens, dommages & interêts*, auquel cas *diis interpellat pro homine*, il en seroit autrement, s'il y avoit : *peine de tous dépens, dommages & interêts.* Voyez *Ibidem c. 4.*

108. Interêts de toutes les années dûs sur un seul exploit de commandement, il n'est pas necessaire d'en faire chaque année. Arrêt du 30. Janvier 1653. *unis omnium sussagiis. Ibidem, chap. 6.*

109. Jugé au même Parlement de Grenoble le 15. Decembre 1660. que les interêts des sommes dûes par les Communautez pour reste d'étapes n'étoient point dûs

nonobstant qu'ils fussent demandez par la caution du receveur qui avoit été condamné de payer avec interêts, & qu'il y eût grand nombre d'interpellations. *Basset, tom. 1. liv. 3. tit. 3. chap. 5.*

110 Interêts d'une somme de 500. livres destinée pour les robes d'une fiancée, ajugez du jour de l'interpellation seulement; & non du jour de la constitution. Arrêt du Parlement de Toulouse du 6. Février 1640. *Albert*, verbo, *Interêts, art. 1.*

111 Pour expliquer quelle est l'interpellation qui fait avoir les interêts lorsqu'ils ne sont pas dûs par la nature du contrat : l'interpellation ou instance se prend du jour de l'assignation & vocation en cause, & non du jour du commandement fait au debiteur de payer le capital, quoyque ce commandement soit fait par un acte public, & en vertu des lettres de rigueur. Ainsi jugé à Toulouse le 18. Janvier 1661. neanmoins si le commandement a été suivi d'une saisie, il semble que les interêts seront dûs depuis la saisie, qu'il faut considerer comme un commencement d'instance. *M. de Catelan, liv. 6. chap. 21.*

112 Les interêts des arrerages de rente dûs au Fermier de cette rente, & liquidez entre le Fermier & l'Emphiteote à une certaine somme, sont dûs de cette somme depuis la demande en justice, Arrêt du Parlement de Toulouse après partagé le 12. Juillet 1672. Le contraire a été jugé à l'égard du Seigneur au mois de Janvier 1693. *Ibidem, chap. 6.*

113 Les interêts courent sans interpellation en faveur de celuy qui est subrogé au precaire du vendeur. Arrêt du Parlement de Toulouse du 5. Avril 1680. rapporté par *M. de Catellan, liv. 5. chap. 30.*

114 Interêts de la vente des marchandises sont dûs depuis la demande, & non depuis la demeure. Arrêt du Parlement de Provence du 1 Juin 1643. *Boniface, tom. 2. liv. 4. tit. 4. chap. 5.*

115 Arrêt du mois de May 1651. qui a jugé que les interêts sont dûs de toute la dette depuis l'exposition de la clameur pour un florin de pactes, sauf le droit de plus; car si la demande n'a pas été faite de toute la somme, on n'a été que pour le soulagement du debiteur qui ne doit pas exposer cette exception au creancier indulgent. *Ibidem, chap. 9.*

116 Si les interêts stipulez à quatre & demi pour cent jusqu'à certain temps, sont dûs au denier seize sans demande après le terme? Arrêt rendu au même Parlement d'Aix le 15. Novembre 1666. qui y condamne le debiteur. *Ibidem, chap. 8.*

117 Interêts dûs à la femme du jour de la sentence de separation seulement, & non du jour de la demande. Arrêt du 8. Avril 1671. *De la Guess. tom. 3. liv. 6. chap. 23.*

118 Acte de Notorieté donné par M. le Lieutenant Civil le 19. Juin 1708. portant que les interêts des sommes principales sont dûs du jour de la demande faite en Justice jusqu'à l'actuel payement du principal, soit que les interêts doublent ou triplent le principal, & à quelques sommes que les interêts puissent monter. *Recueil des Actes de Notorieté, p. 246. & suiv.* Voyez cy-dessus le nombre 44.

INTERESTS DES DENIERS DOTAUX.

119 Des interêts des deniers dotaux à huit pour cent. Voyez *Coquille, tome 2. quest. 123.*

120 Interêts de la dot dûs seulement à raison du denier vingt. Arrêt du Parlement de Paris du 7. Février 1538. *Papon, liv. 15. tit. 4. n. 1.*

121 Les interêts de la dot sont dûs même depuis la mort du mary à sa veuve ou à ses heritiers sans interpellation, depuis 29. ans, sans que l'on puisse opposer qu'ils sont censez remis *propter longi temporis intervallum, L. cum quidam §. divus, & argum. L. in insulam. ff. solut. matrim.* qui n'ont pas lieu en ce cas; comme il fut jugé au Parlement de Toulouse le 4. Mars 1647. *Albert*, verbo, *Interêts, art. 1.*

122 Les interêts de la dot de la premiere femme sont ajugez avant le capital de la dot de la seconde. Jugé au Parlement de Toulouse le 15. Avril 1642. & depuis cela se juge constamment; de sorte qu'il seroit inutile d'en rapporter les Arrêts. Voyez *Dolive, liv. 4. ch. 21.* Quant aux interêts de l'augment, quoyqu'il semble qu'ils soient dûs depuis la mort du mary, neanmoins il y a des Arrêts qui ne les ajugent que depuis l'introduction de l'Instance, & entr'autres un du 8. Juillet 1645. *Albert*, verbo, *Interêts, art. 8.* Il observe que le 12. Février 1661. il y eut partage sur cette question en la cause de M. de Regours, contre la Demoiselle Poussagues sa belle-mere; lequel partage ne fut vuidé en faveur de cette femme, que parce qu'il se trouva qu'il n'étoit question que de sçavoir si s'étant payée de ces interêts sur la ferme des biens de son mary, on pouvoit les luy redemander? Il fut jugé que non; tous les Juges tomberent d'accord qu'autrement on ne les luy devoit pas ajuger.

123 Jugé au Parlement de Toulouse le 11. Août 1665. après partage, que les interêts, quoyque reservez, n'ont plus le privilege de la dot, parcequ'ils sont censez *abiisse in creditum.* Albert, *ibid. art. 7.*

124 Les interêts de la dot constituée par le pere ou par la mere à une fille, courent sans interpellation du jour du Contract de mariage, ils ne sont pourtant pas alloüez du jour du Contract comme le capital, mais en dernier rang & par concours avec les interêts des autres creanciers. C'est à present l'usage certain au Parlement de Toulouse, ce qui avoit été jugé le 14. Août 1663. le 5. Septembre 1665. & au mois de Février 1679. L'adjudication des interêts sans interpellation regarde la faveur du creancier contre le debiteur; mais l'ordre de l'allocation regarde les creanciers, contre lesquels cette constitution n'a point de privilege. Voyez les *Arrêts de M. de Catellan, liv. 4. ch. 42.*

125 Si la portion de dot que le mary gagne par le predecés de sa femme, le mary n'en disposant pas, revient aux enfans, avec le privilege de porter les interêts sans interpellation? Arrêts contraires du P. de Toulouse des 1. Avril 1669. & en 1675. Ce dernier a jugé qu'il ne falloit point d'interpellation. *Ibid. ch. 9.*

126 Les interêts de l'augment de la seconde femme ne sont alloüez qu'après les legitimes, & interêts dûs aux enfans du premier lit; du moins lorsque les enfans du premier lit ont fait retrancher l'augment de la seconde femme, à concurrence de leur legitime. Arrêt du Parlement de Toulouse du 9. Août 1670. dont les raisons furent que l'augment est un gain, & n'est pas consideré comme une dette passive du mary. Cet Arrêt est rapporté par *M. de Catellan, liv. 6. ch. 7.*

127 Dans le retour de la dot constituée par le pere, les interêts ne sont dûs au pere que depuis l'Instance, & ne sont alloüez qu'en dernier rang, & par concours avec les interêts des autres creanciers. Arrêt du Parlement de Toulouse au mois de Janvier 1680. Arrêt semblable le 14. Juin 1691. par lequel il fut aussi jugé que les interêts d'une somme de 300. liv. donnée par une mere à sa fille, qui faisoit retour par le predecés de la fille sans enfans, n'étoient dûs que depuis l'Instance. Il y a un Arrêt du 28. Mars 1697. qui ajuge à M. de Juge Conseiller de la Cour, les interêts de la dot constituée à la feüe Dame de Juge sa fille, qui avoit fait retour à M. de Juge, par le predecés de sa fille & de ses enfans, depuis le decés du dernier mort; mais il est à remarquer que tous les Juges convinrent que dans le retour les interêts ne s'ajugent que depuis l'Instance, & on ne se départit de la regle qu'à cause des circonstances; c'est que cet ayeul se prétendoit heritier de son petit-fils, & il n'avoit pû demander le retour jusqu'à ce qu'un substitué luy eût demandé le délaissement des biens dont il joüissoit. Voyez *M. de Catellan, liv. 5. chap. 8.*

128 Si les interêts d'une dette exigible & cedée, sont dûs au-de-là du double; & si le cours des interêts se compte dés le commencement de la perception d'iceux, en joignant

129 Arrêt du Parlement d'Aix du 10. Juillet 1630. qui adjugea les interêts de la dot à la veuve dés le jour du décés, attendu qu'elle ne prenoit aucuns alimens dans l'heritage. Arrêt semblable du 21. Juin 1632. Arrêt semblable du 24. Juin 1666. *Boniface, tome 1. liv. 6. tit. 3. chap. 14.* Au Chapitre précedent il observe avoir été jugé que les interêts ne sont dûs à la femme qu'un an aprés la fin du deüil fini.

130 Arrêt du mois de May 1661. qui a jugé que les interêts en restitution de dot, sont dûs depuis la demeure, & que ceux de la donation de survie sont dûs depuis la demande. *Boniface, ibid. ch. 2.*

131 Les interêts de la dot sont compris en l'authentique *res quæ C. de legat. & fideicom.* qui prohibe l'alienation des biens sujets au fideicommis. Arrêts du Parlement de Grenoble des 10. May 1617. & 16. Decembre 1655. *Basset, tome 2. liv. 4. tit. 3. chap. 3.* où il observe que souvent les interêts n'ont pas la même faveur que le principal, il en designe quelques cas.

132 Fille venant à la succession de son pere ne rapporte que sa dot, & non les interêts de la même dot. Arrêt du 3. Août 1634. *Basset, tome 1. liv. 5. tit. 14.*

133 Arrêt du Parlement de Paris du 24. May 1633. qui juge que les interêts des deniers dotaux, sont dûs du jour du terme échû, sans aucune interpellation, *propter onera matrimonii*. Bardet, *tome 2. liv. 2. ch. 32.*

134 Remise que le fils accorde par son Testament, à ses pere & mere, des interêts de la somme à luy promise en mariage, est nulle, comme marque d'une contre-lettre. Jugé le 31. May 1633. *Du Frêne, liv. 2. chap. 138.* & Bardet, *tome 2. liv. 2. ch. 34.*

135 L'heritier de la veuve qui n'a pas vêcu l'année entiere du deüil, peut demander l'interêt de sa dot pour le temps qui reste. Arrêt du 30. May 1648. *Henrys, to. 1. liv. 4. ch. 6. quest. 102.*

136 Henrys, tome 1. liv. 4. chap. 6. quest. 104. rapporte un Arrêt du 29. May 1649. qui a jugé que quand la veuve décede pendant l'année du deüil, son heritier doit avoir les interêts de sa dot du jour de son décés, quoyque l'année du deüil ne soit pas finie; il a de la peine à se rendre à la décision de cet Arrêt.

137 L'heritier ne peut demander l'interêt de la dot de sa mere que du jour de la demande, & si le mary a alieré un fond dont l'argent est dû, il n'est dû pareillement interêt que du jour de la demande; *Secus*, de la femme qui a les interêts de sa dot du jour de la renonciation à la Communauté. Arrêt du mois de Juin 1672. *De la Guessiere, tome 3. liv. 6. ch. 24.*

138 Une fille mariée pendant la continuation de Communauté, & dotée des effets de cette continuation, ne doit rapporter les interêts de sa dot du jour de son Contract de mariage au profit de la Communauté, mais du jour de la dissolution de la Communauté, arrivée par le décés du pere, commun. Arrêt du 6. Septembre 1687. *Journal du Palais.*

139 Les interêts de la dot courent du jour du mariage ou de la condition échûë, sans qu'il soit necessaire d'en faire de demande, parce qu'elle est donnée au mary pour supporter les frais du mariage; c'est une Jurisprudence dont on ne doute plus. *V. Basnage sur l'art. 368. de la Coût. de Normandie*, où il ajoûte, les interêts de la dot promise au mary luy étant dûs naturellement & sans interpellation, ils ne sont pas moins legitimement acquis à la femme, & à ses heritiers, quand ils ont été reçûs par le mary, quoyqu'il n'y en eût pas de consignation actuelle ou de remploi; comme il a été jugé le 11. Decembre 1641. au Parlement de Roüen.

140 On peut demander de la dot & du don mobil 29. années d'interêts. Arrêt du Parlement de Roüen du 8. Juillet 1683. quoyque par Arrêt du même Parlement du 18. Août 1681. on eût jugé qu'on ne pouvoit demander que cinq années de don mobil, les interêts du

quel courent, de même que ceux de la dot, sans en faire demande. *Basnage, ibid.*

Stipulation d'interêts pour reste d'une dot d'un Religieux, est valable. Jugé au Parlement de Tournay le 18. Novembre 1693. contre un Marchand de Valenciennes, qui opposoit que son fils qui s'étoit fait Carme, étoit mort peu de temps aprés. *M. Pinault, tome 1. Arrêt 4.* 141

Interests, Deniers Pupillaires.

Le Pupille a droit d'exiger de son Tuteur, non seulement le principal de ce que son Tuteur a levé de ses dettes, mais aussi les interêts, & interêts d'interêts, *si eam pecuniam tutor in se vertit, secùs si pecunia mansit in rationibus pupilli.* V. Boné, *p. 270. part. 2.* 142

L'interêt des deniers provenans de la vente des meubles, ne court que six mois aprés. Le Tuteur est aussi obligé dans le temps de six mois, de remplacer l'argent trouvé aprés le décés, & provenant de vente d'office ou d'heritages. Le Tuteur est tenu de remplacer les arrerages des rentes, loyers de maisons & fermages, aprés dix-huit mois. *V. Basnage, titre de Jurisdiction, article 5.* 143

Les interêts pupillaires ne cessent que quand le compte est presenté. Avant le Reglement pour les Tutelles, les interêts cessoient aprés la majorité, quoyque le compte n'eût point été presenté, suivant un Arrêt de l'année 1631. rapporté par Berault. La raison de cette Jurisprudence étoit que le pupille devenu majeur, étoit aussi obligé à presenter son compte, que le Tuteur à le rendre. *V. Basnage, ibid.* 144

Le privilege introduit en faveur des mineurs de pouvoir constituer en rente pour certain temps, ne s'étend point aux Communautez. Arrêt du Parlement de Normandie du 17. Juin 1667. contre les Paroissiens du *Menibus*, rapporté par Basnage, *sur l'art. 512. de cette Coûtume.* 145

Par Arrêt d'Audience du 12. Mars 1630. jugé au Parlement de Roüen, les interêts pupillaires ne couroient que durant la Tutelle, & que depuis la majorité les interêts du mineur cessent jusqu'au jour de sa demande. *Jovet, verbo, Tuteur, Tutelle, n. 34.* 146

Le cours des interêts d'interêts continuë, même aprés la majorité, jusqu'au jour de l'apurement de compte, ou de la Sentence de clôture. *Henrys, tome 2. liv. 4. quest. 32.* 147

Les Tuteurs peuvent pour leurs mineurs constituer rente, à la charge du remboursement dans cinq ans ou autre temps. Arrêt du dernier Juin 1557. sur la Requête de M. le Procureur General. Autre Arrêt du 26. May 1579. *Papon, liv. 12. tit. 7. nomb. 30.* où il est observé que M. Servin Avocat General, soûtint dans un Plaidoyé qu'il fit à Tours le 15. Mars 1594. que pour empêcher qu'il ne fût usuraire, il falloit la permission du Juge, sur une Requête à luy presentée de l'avis des parens. 148

Arrêt du Parlement de Bretagne du 25. Avril 1560. qui reforme le Jugement du Sénéchal de Rennes, en ce qu'il avoit condamné les Bourgeois de Rennes à payer 20. écus par chacun an à l'Evêque de Nantes, Tuteur des enfans de feu M. Maître Pierre Marel Conseiller, pour interêt de 200. écus qu'il leur avoit prêtés, & le déboute de cet profit. *V. Du Fail, liv. 3. ch. 201.* 149

Par Arrêt du Parlement de Bretagne du 21. Février 1571. François Regnaud est débouté des interêts d'un *reliqua* de compte rendu par son Tuteur. Il faut que tels interêts soient demandez en jugement; une simple sommation ne suffit; Arrêt du 30. Juin 1592. Si le debiteur a mandié des saisies, afin de ne point payer, il doit les interêts, bien que non demandez. Arrêt de 1598. *Voyez ibid. liv. 2. ch. 419.* 150

Un Paysan qui n'a mis les deniers de son pupille à interêts, ne doit les payer, à cause de sa simplicité. Arrêt du 19. Avril 1574. *Chop. li. 1. de privil. rustic. cap. 5.* 151

Le Tuteur ayant donné deniers par obligation, à la charge de payer l'interêt, & de rendre le principal au 152 pupille, quand il se marieroit, le debiteur ne peut être contraint à rendre le principal, en payant les arrerages. Arrêt du Parlement de Dijon du 24. May 1583. *Bouvot, tome 2. verbo, Usures, quest. 12.*

153 Si l'interêt est dû au Tuteur des avances qu'il fait pour liquider l'hoirie? *V. Henrys, tome 2. liv. 4. q. 17.* où il prouve que suivant la disposition du Droit & l'usage des Pays du Droit écrit, l'interêt est dû aux Tuteurs, du jour des avances faites pour l'utilité du mineur. *Bouvot, dans ses quest. notables, part. 2.* sous le mot *Tuteur,* cite un Arrêt du Parlement de Grenoble de 1619. *Despeisses, tome 1. pag. 542.* en rapporte un rendu en la Chambre de l'Edit de Languedoc le 26. Mars 1627.

154 Les enfans mineurs peuvent demander après la mort de leurs peres les interêts des sommes par luy prêtées un peu avant son décés. Arrêt du Parlement de Provence du 7. Mars 1642. *Boniface, tome 2. liv. 9. tit. 4. chapitre 2.*

155 Arrêt du 23. Decembre 1664. qui a déclaré le Tuteur devoir être chargé des interêts des sommes par luy reçûës six mois aprés la reception, à la reserve de 300. liv. qui demeureront entre ses mains pour subvenir aux affaires du pupille. *Ibidem, tome 4. liv. 4. tit. 1. chapitre 8.*

156 Les deniers pupillaires produisent interêts en quelques mains qu'ils passent. Arrêt du Parlement de Paris du 7. Janvier 1648. *Soëfve, tome 1. Centurie 2. chapitre 52.*

157 Les interêts ne sont dûs des deniers du pupille prêtez par le Tuteur depuis le prêt. Arrêt du Parlement de Toulouse du 30. Juillet 1663. qui ne les ajugea que depuis la contestation. *Albert, lettre I. verbo, Interêts, article 5.*

158 Quoyque les mineurs soient capables de recevoir les interêts des sommes qui leur sont dûës, ils ne peuvent percevoir sans formalité de Justice les interêts échûs pendant leur pupillarité. Ces interêts qui n'ont pû alors être payez, retiennent toûjours à cet égard leur premiere nature, & font une espece de capital pour luy. Arrêt du Parlement de Toulouse du 14. Juillet 1664. rapporté par *M. de Catellan, liv. 5. ch. 26.*

159 Les anciens Arrêts du Parlement de Toulouse ajugeoient les interêts pupillaires contre le Tuteur de ce qui restoit année par année, en donnant six mois de delai pour la premiere, & trois mois pour les suivantes, pour placer l'argent du pupille. *L. 7. 11. ff. de administr. tut.* Il fut ordonné le 20. Mars 1667. que compensation faite de la recepte avec la dépense, le Tuteur se chargeroit du *reliqua* & des interêts, & que si à la fin de la Tutelle le pupille devoit de reste, il payeroit les interêts du principal à son Tuteur. Il fut encore jugé, que le Tuteur se chargeroit du revenu des biens, au dire d'Experts. Il y a aussi des Arrêts qui faisoient la difference, si le Tuteur avoit accepté la Tutelle de son gré, ou s'il l'avoit prise malgré luy; neanmoins le 6. Mars 1651. en la cause de M. de Subreville, Elû de Montauban, & du sieur de la Roche, il fut jugé qu'ils ne courroient que du jour de la liquidation du *reliqua;* c'est ainsi qu'il se juge le plus souvent, & même il a été jugé que tels interêts du *reliqua* ne pouvoient exceder la somme principale. Même Arrêt en 1662. *Albert, verbo, Interêts, art 6.*

160 Par Arrêt du 4. Août 1668. au Parlement de Toulouse il fut jugé que les interêts du *reliqua* de la Tutelle étoient dûs depuis la clôture sans interpellation; & ces interêts furent alloüés en faveur de Cloche pupille, sur les biens de son Tuteur, du jour & date de la décernation de la Tutelle, quoyque le *reliqua* qui étoit de plus de 2000. liv. fût composé de capital & d'interêts, & qu'il y eût plusieurs créanciers entre la décernation de la Tutelle & la clôture. *M. de Catellan, liv. 8. chapitre 5.*

161 L'interêt de ce qui est dû au Tuteur pour le *reliqua* de son administration, luy doit être ajugé, non seulement depuis la clôture, mais depuis la fin de la Tutelle, & le temps qu'il a rendu les biens au pupille devenu adulte. Arrêt du Parlement de Toulouse rapporté *Ibidem.*

162 Quoyque Regulierement les interêts des interêts ne soient pas dûs, neanmoins la Cour les ajuge aux pupilles; lors qu'il paroît que celuy qui les doit, a profité des marchandises, & qu'il en a exercé son commerce. Arrêts du Parlement de Toulouse des 30. Mars 1669 & 25. May 1662. Il est vray que la Cour ordonna, sauf à distraire quatre mois pour les premieres années. *Albert, verbo, Interêts, art. 3.*

163 Acte de Notorieté donné par M. le Lieutenant Civil du Châtelet de Paris le 7. Mars 1685. portant que l'usage est au Châtelet de Paris, que lorsque le mineur n'est pas en état de dépenser tous ses revenus, le surplus est reservé pour en fixer par accumulation un fonds, lorsqu'il est suffisant pour en faire une constitution, pour être employée à produire interêt; eû égard à la qualité des personnes, & que le Tuteur du mineur a toûjours six mois au-delà, temps convenable suivant & à proportion des revenus accumulez, pour placer les sommes procedant desdits revenus. *Recueil des actes de Notor. p. 29.*

Voyez cy-aprés le nombre 269. *& suiv.*

DOMMAGES ET INTERESTS.

164 Les dommages & interêts peuvent produire des interêts. *Voyez le mot, Dommages, n. 46.*

165 Arrêt du Parlement de Bourdeaux du 21. Février 1668 entre les nommez Moufflet & Soulard. Moufflet ayant été condamné par Arrêt de la Tournelle, en 200. liv. de dépens, dommages & interêts, & à défaut du payement d'icelle, ledit Soulard ayant fait saisir quelques meubles appartenant audit Moufflet, les interêts de ladite somme furent ajugez audit Soulard depuis le jour de la saisie. *La Peirere, let. I. n. 44.*

INTERESTS, DONATION.

166 Le donataire d'une somme d'argent, à charge durant la vie du Donateur seulement, d'un interêt plus grand que celuy qui est permis, ne peut en demander la réduction. Arrêt du Parlement de Roüen du 1. Juillet 1670. *Basnage, sur l'article 431. de la Coûtume de Normandie.*

INTEREST DE DOT.

167 Des interêts de la dot. *Voyez le mot, Dot, nombre 243.*

168 Un pere mariant sa fille luy constituë en dot 3000. liv. payables avant les nôces; par une contre-lettre du même jour le gendre promet attendre la mort du beaupere pour demander 1000. liv. Par Arrêt du 15. Juillet 1623. sur la demande de 3000. liv. la contre-lettre fut declarée valable, n'ayant été faite que pour les interêts qui appartiennent au mary, desquels il peut disposer comme bon luy semble. *Cambolas, liv. 5. ch. 3.*

Voyez *le nombre suivant.*

INTERESTS, DOUAIRE.

169 Il est permis de convertir en principal les arrerages du doüaire, ou d'une pension ou des fruits, & en tirer interêt. *Brodeau, let. R. n. 55. in Molin. usur. qu. 24. in fructibus & reditu fundiario. id.* aux interêts d'un dot. *Brodeau, ibid.* M. Abraham la Peirere, *en ses décisions du Palais, let. I. n. 44.* dit, en citant cette maxime. Je ne croirois pas aux interêts du sort principal, parce que c'est toûjours interêts d'argent qui est sterile naturellement. Je crois aussi que dans nôtre ressort de Bourdeaux, qui n'ajuge point interêts de l'executoire des dépens, si les dépens sont convertis en obligation, ils peuvent produire interêts.

Voyez *cy-aprés le nombre 196.*

INTERESTS EXCEDANS LE DOUBLE.

170 Arrêt de Reglement general au Parlement d'Aix du 5. Mars 1614. qui a jugé que les interêts des sommes exigibles ne sont dûs au de-là du double. *Boniface, to. 2. liv 4. tit. 4. chap. 1.* Arrêt contraire du 4. Avril 1647. pour les sommes dûës entre Marchands. Il rapporte au même Chapitre un Arrêt du 20. Decembre 1644 qui

a jugé que les interêts d'une dot, que le mary ne pouvoit exiger qu'en donnant caution, étoient dûs au de-là du double.

171 Un acquereur évincé peut être mis en ordre pour le principal & les interêts, quand même ils excederoient le principal, ce qui n'est point contraire au Droit en la Loy unique de sent. qua pro eo quod inter profer. L. 1. c. de usuris & L. non sortem ff. de condict. indebiti. Jugé par Arrêt du 27. Juin 1632. en la Chambre de l'Edit de Castres; il fut representé que la disposition de ces Loix n'a lieu que *in mutuo, & non in reditu annuo*, ni en legitimes & ventes de fonds. *Voyez Boné, part. 2. Arrêt 102. &* la question 581. de Guy Pape, & la Glose d'Acurse, sur la Loi *si non sortem*. Le même Boné observe que *in mutuo usura citra sortem debentur*, depuis l'Arrêt de condamnation du principal, L. Sancimus C. de usur. rei judicata. Quoyque quelques-uns en doutent; on est pourtant d'accord au Palais que les interêts avant l'Arrêt, qui ont été adjugez par iceluy, non plus que les interêts qui ont été payez, ne se comptent point, quand il faut examiner, si les interêts excedent le sort principal.

172 De la regle que les interêts sont bornez à doubler la somme capitale. *Voyez les Arrêts de M. de Catellan, livre 5. chap. 70.*

173 L'interêt ne doit exceder le double, même en un *reliqua* de compte tutelaire, bien que sort privilegié. Arrêt du Parlement de Grenoble du 2. Août 1617. *Basset, tome 1. liv. 6. tit. 14. ch. 3.*

174 Arrêt du Parlement de Provence du 3. Decembre 1640. qui a jugé que les interêts du prix d'un fonds payez volontairement au de-là du double, ne sont point imputables au sort principal. *Boniface, tome 2. liv. 4. tit. 4. chap. 4.*

175 Si les interêts d'un *reliqua* de compte sont dûs, n'excedant le double? Deux Arrêts, l'un du 20. Mars 1671. & l'autre du 5. Mars 1664. qui adjugent les interêts, n'excedant le double. *Boniface, tome 4. liv. 8. tit. 23. chap. 9. & 10.*

INTERESTS D'EXECUTOIRE.

176 La Jurisprudence introduite par les derniers Arrêts, est que la Cour n'adjuge pas les interêts du jour du commandement ou de la demande en vertu de l'executoire, mais du commandement fait en vertu de l'Arrêt adjudicatif desdits interêts. *Brodeau sur M. Loüet, let. I. somm. 6. & La Peirere, lettre I. n. 44.*

177 Interêts ne sont dûs de dépens. Arrêt du Parlement de Bourdeaux du 4. Juillet 1590. *Papon. liv. 12. tit. 9. initio.*

Voyez cy-dessus le n. 169.

INTERESTS DES FERMAGES.

178 Les Executeurs du Testament de M. de Marillac, Evêque de Rennes, demandent que le Fermier de l'Evêché leur paye les interêts des deports. Arrêt du Parlement de Bretagne du 30. Octobre 1576. qui condamne aux interêts à raison du denier douze, & absout pour ceux des sommes deportées. *Du Fail, livre 2. chapitre 532.*

179 Par Arrêt donné au Parlement, séant à Tours en l'an 1593 jugé que les Fermiers du Chapitre de *Saint Martin*, payeroient l'interêt de leur redevance, *propter moram*; parce que le revenu d'une ferme *est loco sortis au* proprietaire. *Bibliotheque de Bouchel, verbo, Interêt.*

180 Interêts de fermage ne peuvent être demandez. Ce seroit *accesso accessionis*. Arrêts du Parlement de Paris des 29. Avril 1606. & 20. May 1609. *Corbin, suite de Patronage, chap. 168.*

181 Acte de Notorieté donné par M. le Lieutenant Civil le 18. Avril 1705. portant que les debiteurs des fermages doivent être condamnez à payer les interêts des sommes dont ils sont reliquataires du jour de la demande. *Recüeil des Actes de Notor. pag. 194.*

INTERESTS, FIDEICOMMIS.

182 Des interêts qui peuvent être demandez du fideicommis. *Voyez* le mot, *Fideicommis, n. 134. & suiv.*

Tome II.

INTERESTS DES FRUITS.

Si les fruits peuvent produire des interêts? *Voyez* le 183 mot *Fruits, n. 112. & suiv.*

L'on ne peut demander les interêts des fruits adjugez 184 par Sentence, liquidez à certaine somme par la demeure du condamné. Arrêt du Parlement de Dijon du 12. Juillet 1607. *Bouvot, to. 1. part. 1. verbo, Interêts, question 2.*

Interêts des fruits d'un heritage ne sont point dûs, 185 *quia non veniunt per modum accessionis*. Arrêt du Parlement de Grenoble, du 20. Juin 1624. Il y a un Arrêt contraire du 20. Août 1641. *Basset, tome 1. liv. 2. tit. 34. chap. 1.*

Si une collocation faite par une Communauté sur les 186 biens d'un Gentilhomme, ayant été cassée avec restitution de fruits, liquidez à 5000. liv. cette Communauté ne pouvant payer, doit payer les interêts desdits 5000. liv. procedans des fruits? Arrêt du Parlement de Provence du 17. Avril 1682. qui adjugea les interêts, tant que la Communauté seroit saisie de ladite somme. *Boniface, tome 4. liv. 8. tit. 13. ch. 12.*

Par Arrêt du Parlement de Bourdeaux du 4. Février 187 1657. en la Grand'-Chambre, au rapport de M. du Verdier, jugé qu'une liquidation de fruits produisoit interêts depuis la demande. *La Peirere, lettre I. nombre 44.*

INTERESTS, HYPOTEQUE.

De l'hypoteque des Interêts. *Voyez* le mot, *Hypoteque, n. 157. & suiv.* 188

INTERESTS, IMPUTATION.

Un creancier prete 300 liv. & ne compte que 275 l. 189 le debiteur payant les arrerages de 300. liv. les arrerages des deniers non payez doivent par chacun an être precomptez sur le principal. Arrêt du Parlement de Dijon du 19. Juillet 1607. *Bouvot, tome 2. Verbo obligation. quest. 14.*

Dans notre usage, s'il est dû à quelqu'un des interêts 190 legaux, comme d'une dot ou d'une soute de partage, & qu'il donne quittance sur le sort principal & sur les interêts, le reçu s'impute premierement sur les interêts, parce que c'est l'ordre de Droit : c'est même la décision de la Loy. *In his verò 5. au §. dernier, & de la Loy 6. ff. de solutionibus*. Ce §. dit, *Sed ego non dubito quin hæc cautio in sortem & in usuras, prius usuras admittat, tunc deinde, si quid superfuerit in sortem cedat*. Cela fut jugé en 1688. L'Arrêt cité par M. Le Brun, Traité de la Communauté l. v. 3. chap. 2. p. 467.

INTERESTS D'INTERESTS.

Les interêts des interêts payez par un tiers, luy sont 191 dûs par le debiteur. *Du Perrier, liv. 2. quest. 23.*

Interêts d'interêts ne sont dûs par le Tuteur. Arrêt 192 du Parlement de Bretagne du 30. Avril 1572. *Du Fail, liv. 2. chap. 473.*

C'est une maxime qu'interêt d'interêt est illicite, en 193 telle sorte qu'il n'est aucunement loisible de constituer un principal d'arrerages d'une rente, encore que le debiteur de la rente en fût consentant ; parce que l'on a preuve que si l'on admettoit ce commerce, le fin creancier surprendroit facilement son debiteur, en delayant de prendre son payement, & l'engageroit insensiblement à sa ruine, & le debiteur negligent & necessiteux s'y engageroit aisément, quand il ne se verroit point contraint à payer, sans considerer sa ruine & son dommage. *M. le Prêtre, Cent. 2. chap. 26. M. Loüet & Brodeau, lettre R. nombre 55*. rapportent un Arrêt du 28. May 1605. Autre du 24. Mars 1603. *Bouvot, to. 1. part. 3 verbo, Interêts, quest. 2.* en rapporte un Arrêt du Parlement de Dijon du 20. Janvier 1572. *Juxta L. ut nullo modo Cod. de usur. L. improbum, Cod. ex quibus causis Benef. act. in L. 3. Cod. de usur. rei jud*. Jugé par ces Arrêts que le sort principal & arrerages d'une rente transportez à un tiers, si le tiers ne paye pas dans le temps porté par le transport, l'on peut demander en faute de payement les arrerages, & le faire ordonner du jour de la demande, & que les arrerages de la rente

Ooo ij

194. Les Interêts d'interets ne peuvent être demandez. Arrêt du Parlement de Dijon du 20. Janvier 1572. *Bouvot*, tome 1. part. 3. verbo, *Interêts*, quest. 2.

195. Les interets des interets sont dûs aux coobligez & fidejusseurs d'une constitution de rente, & d'un supplément du juste prix, l'Acheteur y étant condamné. Arrêt du Parlement de Bourgogne du 18. Juillet 1606. *Bouvot*, tome 2. verbo, *Interêts*, *dommages* quest. 1.

196. Ce qui procede d'interet entre les mêmes personnes ne peut produire interets. Arrêts des 9. Juin & 3. Août 1611. *Expilly*, Arr. 149.

197. Interêt d'interet n'a lieu que contre les Tuteurs en faveur des mineurs ou contre le debiteur principal en faveur du fidejusseur. Arrêt du 10. May 1625. *Henrys*, tome 2. liv. 4. quest. 71. Voyez *M. le Prêtre*, Cent. chap. 30.

198. Castang ayant été condamné par un appointement du Sénéchal de Lectoure à payer 1800. liv. avec les interêts; cet appointement avoit été confirmé par un Arrêt du Parlement de Toulouse surpris sans défenses; il se pourvut en interpretation, & ayant justifié que cette somme provenoit des interêts, la Cour le 22. Decembre 1643. interpreta son Arrêt, & le relaxa des interêts. *Albert*, verbo, *Interêt*, *Art*. 4.

199. Encore que les sommes dûës pour interets n'en produisent point, neanmoins si ce sont interets pour raison de legitime ou de fruits de biens vendus, non payé le prix, on les doit ajuger, parce que ce ne sont interets, mais fruits des biens vendus, ou sur lesquels la legitime est dûe. *La Rochestavin*, livre 6. titre 54. *Arr*. 2. *Graverol* fait cette observation; l'usage est contraire, & il n'y a que trois cas ausquels les interêts puissent produire interêts, sçavoir lorsqu'ils sont entrez en ordre dans un decret; en second lieu, lorsque la caution ayant payé des interets pour le debiteur principal, il en demande le remboursement; car alors un tel interêt porte interêt depuis la demande en Justice; & enfin lorsqu'ils sont absorbez avec le capital dans un reliqua de tutelle; car alors le reliqua porte interet depuis la clôture du compte; & c'est une erreur de croire qu'avant la clôture du compte & pendant le cours d'une administration, les Tuteurs deussent être chargez de l'interet de l'interet: cela s'observoit autrefois, mais la Jurisprudence a changé pour inviter les parens par une esperance d'un profit à accepter les tutelles, & en consideration de ce que les Tuteurs servent sans salaire, & qu'ils sont exposez à plusieurs pertes. Jugé au P. de Toulouse le 27. Avril 1665.

200. Par Arrêt du Parlement de Roüen du 23. Mars 1679. jugé qu'entre des Créanciers subrogez & des parens nominateurs d'un Tuteur, il n'est point dû d'interêt d'interêt: l'on se fonda sur ce qu'il y a certains droits personnels qui ne passent point aux Creanciers subrogez; par exemple ils ne sont point subrogez *au Benefice de renonciation, de preciput, de rappel à partage*, & par ce principe l'on tint qu'ils ne devoient pas avoir d'interêt d'interêt que l'on accorde aux mineurs. *Basnage*, tit. *de Jurisdiction*, art. 13.

201. Un adjudicataire par decret ne consigne point le prix. Un opposant est actuellement colloqué pour 1880. liv. & 3456. livres d'interêts; il poursuit l'adjudicataire pour le payement de ces deux sommes avec les interets du jour qu'il est entré en joüissance. L'adjudicataire consent de payer la somme entiere; mais à l'égard de l'interêt de 3456. livres qui procedoient d'interêts, il soûtint qu'il ne les devoit pas, parce que des interêts n'en peuvent produire d'autres. L'on disoit au contraire qu'à l'égard de l'adjudicataire tout est capital; la Sentence d'ordre est un veritable transport que la Justice fait du prix de l'adjudication à chacun des Créanciers jusqu'à concurrence de la somme pour laquelle il est colloqué. Arrêt du Parlement de Paris du 18. Janvier 1686. qui condamne les heritiers de la terre à payer les interêts de la somme entiere de 5330. livres. *Voyez le Journal du Palais*, in folio tome 2. page 576.

INTERESTS DE LEGITIME.

202. Arrêt du 14. Novembre 1573. qui ajuge des interêts d'une legitime au denier 15. Arrêt semblable du 14. Novembre 1579. *La Rochestavin*, liv. 6. tit. 63. *Arr*.2.

203. Il y a plusieurs Auteurs qui soûtiennent, que les interêts du supplément de legitime ne sont pas dûs de plein droit, parce que *debetur & petitur titulo singulari*. *Chassanée*, *sur la Coûtume de Bourgogne*, au titre *des Successions*, rubrique 7. §. *Boërius*, *decis*. 3. nomb. 16. *Cambolas*, liv. 2. chap. 32. *Le Brun*, liv. 2. chap. 3. sect. 11. nomb. 7. & cy-aprés le nomb. 210.

204. Les interêts de la legitime ou supplément d'icelle peuvent doubler. Jugé en 1615. au Parlement de Provence; celuy de Dauphiné par infinis Arrêts les a ajugez *ultra duplum* sur une simple interpellation; ils sont dûs *non ex morâ, sed ex ipsa lege*, & du jour de la mort du pere. *Basset*, tome 2. liv. 8. tit. 5. chap. 3.

205. Les interêts du supplément de legitime sont ajugez dés le decés du pere même, contre les tiers possesseurs. Arrêt du Parlement de Grenoble du 19. Janvier 1668. rapporté par *Chorier*, *en sa Jurisprudence de Guy Pape*. page 194.

206. Une femme heritiere de son mary à la charge de rendre à un fils commun, regle avec le frere de ce mary la legitime dûe à ce frere, neglige de payer les interêts de cette legitime, & rend l'heredité à son fils. Il a été jugé au Parlement de Toulouse le dernier Février 1693. que nonobstant cette restitution, le legataire pouvoit demander à cette femme les interêts qui avoient couru jusqu'à la restitution, & que cette mere ne pouvoit pas le renvoyer sur son fils pour le payement de ces interêts, le Créancier hereditaire ayant le choix, ou d'agir pour tous les interêts à luy dûs contre le substitué, suivant la loy *deducta*, §. *hereditario*. *ff. ad trebell*. ou d'agir contre l'heritier pour les interêts qui ont couru pendant sa joüissance. *M. de Castellan*, liv. 2. chap. 91.

Voyez le mot *Legitime*. §. *Legitime*, *Interêt*.

INTERESTS DES LEGS.

207. Les interêts des legs, soit mobiliers ou immobiliers, doivent être demandez, parce que tout ce qui est sujet à délivrance doit être demandé. *Voyez Ricard des Donations entre-vifs* partie 2. chap. 3. nombre 99. il y a exception.

208. Arrêt du Parlement de Paris du 1. Mars 1538. par lequel deux filles legataires d'une somme de 20000. liv. ayant été obligées de plaider pendant vingt ans n'ont eû chacune que pour tous interêts une somme de 1000. liv. parce que le procez avoit été par elles interrompu 2. ce legs procedoit de la liberalité du testateur, 3°. elles luy étoient étrangeres. *Papon*, livre 15. titre 4. nombre 2.

209. Les interêts sont dûs, du jour du décés du pere, du legs par luy fait à sa fille. Arrêt du Parlement de Toulouse du 6. Juin 1585. *La Rochestavin*, liv. 6. tit. 54. *Arr*. 5.

210. La fille a renoncé; le pere luy fait un legs payable dans un an aprés sa mort, l'interet en est dû, non pas depuis le décés du pere, mais depuis le terme échû à cause que le terme aussi-bien que la somme limite le rappel, & que ce legs tient lieu de supplément. *Voyez Henrys*, tome 1. livre 4. chap. 6. quest. 63.

211. Les fruits & les interêts des legs sont dûs sans demande, s'il se peut ainsi presumer de la volonté du Testateur. Arrêt du Parlement de Paris du 7 Janvier 1603. dans le cas du legs d'une somme de mille écus fait par un pere à chacune de ses filles, payable lors de leur mariage. *Ricard*, *traité des Donations*, part. 2. chap. 3. nombre 115.

212. Au païs de *Lionnois*, un pere legue à ses filles une somme de 300. écus à chacune & une certaine quantité de grains; elles plaiderent long-temps avec l'heritier

universel. Arrêt du 12. Août 1606. qui en infirmant la Sentence du Sénéchal & Présidiaux de Lyon, condamne l'heritier de payer ce legs avec l'interêt au denier seize de l'argent seulement, & quand au bled le payer selon l'estimation qui en seroit faite & sans interêt. *Corbin, suite de Patronage*, chap. 180.

213 Il est dû interêt d'un legs fait par une mere à ses enfans, quoiqu'il ne doive être payé qu'à certain temps, & ce lorsque le legs n'excede la legitime. Arrêt du 2. Janvier 1609. *M. le Prêtre*, 2. *Centurie*, chap. 89. Voyez *Henrys*, tome 1. liv. 5. chap. 4. quest. 51.

214 Jugé au Parlement de Grenoble le 17. Mars 1657. que les interêts en faveur de la cause pie peuvent exceder le double, & sont dûs de même façon que les interêts d'une legitime, sçavoir dans le terme échû, sans interpellation. *Basset*, tome 2. liv. 8. tit. 6. chap. 1.

215 Les interêts d'une simple dette, quoique alloüez aprés tous les capitaux des Creanciers, sont neanmoins alloüez avant tous capitaux des legs faits par le debiteur, quoique les biens du debiteur n'ayent esté saisis & mis en criées qu'aprés son décés, ces interêts sont une dette du défunt, & sont ajugez aux Creanciers, afin de les dédommager de ce qu'ils souffrent pour le retardement de leur payement ; les legataires au contraire ne peuvent demander le payement de la liberalité qui leur est faite , que *in vim relicti*, ce legs ne peut nuire aux Creanciers, puisque le debiteur n'a pû leguer à leur préjudice. Arrêt du Parlement de Toulouse du 20. Mars 1664. raporté par *M. de Catellan*, liv. 6. chap. 7.

216 Si les interêts d'une somme leguée pour aider à marier la fille de l'heritier, & ensuite constituée par l'heritier à la fille en la mariant sont dûs, sans interpellation, par le substitué ? Le plus grand nombre des Juges crut que le substitué ne devoit point d'interêt que depuis l'interpellation en cause, qui n'étoit que depuis le décés de l'heritier ; mais parce que cet avis avoit été touché en la Chambre Tournelle, ils se rangerent à l'avis de ceux qui vouloient ajuger simplement les interêts legitimement dûs. Les raisons qu'on allégua pour n'ajuger pas contre le substitué les interêts depuis la constitution, furent, que la destination du testateur ne changeoit pas la nature du legs, & ne faisoit pas que la somme fut dûë, *ex causâ dotis*, que la constitution faite par l'heritier le rendoit bien debiteur *ex causâ dotis*, mais non l'heredité, ni le substitué qui n'avoit pas fait la constitution. Arrêt du Parlement de Toulouse en 1666. rapporté *ibidem*, liv. 2. chap. 82.

217 Suivant M. le Président Faber en son *Cod*. liv. 6. tit. 6. *defin*. 3. les interêts du legs pieux sont dûs depuis la mort du testateur, sans qu'il soit besoin d'interpellation ; le contraire a été jugé au Parlement de Toulouse le 17. Novembre 1670. contre l'Hôpital General saint Joseph de la Graye. La raison de l'Arrêt fut que le legs provient d'une cause lucrative. S'il y a un service attaché au legs, & que le service ait été fait, les interêts en sont dûs sans interpellation, comme de toute fondation pieuse. Arrêt du 6. Février 1681. au profit des Religieux de Lautrec. Autre Arrêt du 7. Août 1698. & même par ce dernier il fut jugé que tels interêts ne venoient pas dans la distribution des biens du fondateur qu'aprés tous les capitaux. Voyez les Arrêts de *M. de Catellan*, liv. 1. chap. 8.

INTEREST DES LODS.

218 Arrêts du Parlement de Provence du 25. May 1657. & du mois de Mars 1665. qui ont jugé que les interêts des lods sont dûs depuis la demande. *Boniface*, tome 2. liv. 4. tit. 4. chap. 6.

219 Par Arrêt du mois de Decembre 1669. les interêts des lods payez pour l'acquisition d'une maison achetée franche & allodiale, ont été ajugez depuis le payement de ces lods. La raison fut que cette maison ayant été vendüe franche & allodiale, & depuis été trouvée sujette à une rente, c'étoit comme un évincement fait à l'acquereur d'une partie de la proprieté, sçavoir du domaine direct. *M. de Catellan*, liv. 6. chap. 5.

INTERESTS, MARCHANDS.

220 Voyez *Du Moulin*, tome 2. page 88. & 254. où il est parlé des interêts qui se stipulent entre les Marchands associez.

221 *De pecuniâ datâ mercatori ad lucrum honestum*. Voyez *Franc. Marc*, tome 1. quest. 887.

222 Regulierement la stipulation d'interêts, & les constitutions de rentes pour ventes & délivrance de marchandise, chose purement mobiliaire, sont reprouvées. *M. Loüet*, lettre *I. somm*. 8.

223 Suivant l'Ordonnance de Henry IV. du mois de Juillet 1601. & suivant les nouvelles Ordonnances de Loüis XIII. les interêts d'argent s'ajugeoient à raison du denier 16. & depuis par la Declaration du Roy du mois de Septembre 1679. tels interêts doivent être reglés au denier 18. à l'exception des Marchands à qui l'Ordonnance permet de prendre l'interêt au denier 12. les Ordonnances ne les concernant point, dont ils ont toûjours été exceptez pour la facilité du commerce. *Graverol sur la Rocheflavin*, liv. 5. tit. 5. *Arr*. 9.

224 L'interêt de la vente des marchandises est dû depuis l'instance. Il y a plusieurs Arrêts du Parlement de Toulouse, entr'autres le 7. Août 1662. au procés de la distribution de Despiau. Cet Arrêt est contraire à la Doctrine de *M. Dolive*, liv. 4. chap. 20. Autre Arrêt du 15. Janvier 1698. en la cause de la Demoiselle de Gogomblis, & du Comte d'Aguillar, qui a jugé que d'une obligation pour vente de grains, il étoit dû des interêts depuis l'instance ; mais entre associez les interêts sont dûs *ipso jure* & sans interpellation ; celui des associez qui a plus reçu que fourni doit les interêts à la societé de ce qu'il a plus reçu depuis la reception. De même les interêts sont dûs sans interpellation par la societé à celuy des associez qui a plus fourni que reçu, & ils sont dûs depuis la fourniture. V. *M. de Catelland*, liv. 6. chap. 21.

225 Deniers deposez és mains d'un Marchand negotiant doivent produire interêts. Arrêt du Parlement de Paris du 3. Septembre 1644. *Henrys*, tome 1. liv. 4. chapitre 6. quest. 108

226 Arrêt du Parlement de Paris du 19. Janvier 1704. confirmatif d'une Sentence de la conservation de Lion qui avoit jugé valable la stipulation des interêts entre Marchands. V. *ibidem*, quest. 110.

INTEREST, OBLIGATION.

227 Arrêt contre les obligations, portant stipulation d'interêts. V. *Filleau*, part. 4. quest. 140. & *M. le Prêtre*, 2. *Cent*. chap. 27.

228 Interêts payez sur une obligation. Voyez *M. Loüet*, lettre *I. somm*. 9.

229 Obligations penales ne doivent point exceder l'interêt de la somme. Arrêt du Parlement de Paris du 30. Mars 1525. *Papon*, liv. 12. tit. 9. nomb. 1.

230 Si quelqu'un prête argent & stipule que faute de payement dans le terme convenu, le debiteur payera l'interêt suivant le dommage que le Créancier pourroit souffrir, telle convention n'est point usuraire. M. Dumenil Avocat du Roy dit qu'elle a été approuvée, luy plaidant le 13. Juin 1559. *Bibliotheque de Bouchel*, verbo, *Usure*.

231 Obligation de 300 liv. à cause de prêt, & promesse de deux sols pour livre cassée, à l'égard des interêts, ordonne qu'ils seroient imputez au sort principal, si aucuns avoient été payez. Arrêt du Parlement de Bretagne du 1. Mars 1575. *Du Fail*, liv. 1. chap. 391.

232 On ne peut tirer profit des obligations, & ce qui en a été tiré doit être imputé sur le principal. Arrêts du Parlement de Paris des 26. Octobre 1579. 8. Janvier 1604. & 30. Juin 1605. *Papon, livre* 12. *titre* 7. n. 32.

233 Il est permis, le terme passé d'une obligation, de stipuler interêts & d'en passer contract de constitution de rente suivant *le chap. 1. & 2. de empt. vend. & in*

Ooo iij

extravag. L. emptor. de pact. Bouvot, tome 2. verbo, Obligations, quest. 13.

234. Les Interêts d'une obligation ayant été payés pendant 15. ans, le sort principal n'est plus exigible. Arrêt du Parlement de Dijon du 14. Avril 1578. qui ordonne que le débiteur passera constitution de rente. Ibidem, quest. 12.

235. Interêts payez *ex mutuo*, imputez au sort principal, bien qu'ils ne fussent qu'à raison de l'Ordonnance. Arrêt du 14. Janvier 1604. *M. le Prêtre, és Arrêts de la Cinquième.*

236. Les interêts qui ont été payez sur le contenu és obligations usuraires seront imputez au sort principal, & ce qui a été payé de plus rendu. Arrêt du 8. Janvier 1604. *Peleus*, quest. 12. & quest. 117. il cotte un Arrêt du premier Juin de la même année 1604. *Voyez Henrys, tome 1. liv. 4. chap. 6. quest. 46.* où il dit qu'en matiere de prêt il est défendu de prendre interêt, mais que cette regle n'est pas infaillible.

237. Declaration du Roy du 17. Février 1605. pour faire cesser & assoupir les procés & differends, touchant les Obligations personnelles, portant stipulations de profits, pour le Pays & Duché de Berry, pour le passé, avec défense de prêter à l'avenir avec stipulation des profits par obligations personnelles. *Filleau*, 4. partie page 291

238. Une obligation pour prêt à condition qu'en payant la pension le debiteur ne seroit contraint au principal, est usuraire & les interêts payez sans interpellation imputables *in sortem*. Arrêt du Parlement de Grenoble du 6. Juillet 1611. *Basset*, tome 1. liv. 6. tit. 14. chap. 10.

239. Les interêts payez sur le contenu des obligations indistinctement, sont imputez premierement sur le principal, & puis sur les interêts à mesure des payemens. Arrêt du Parlement de Paris du 8. Juillet 1649. *Du Frêne*, liv. 5. chap. 44.

240. Edit portant Reglement pour le payement des interêts des promesses & obligations dans le ressort du Parlement de Mets à . . . . en Juin 1669. regitré au P. de Mets le 1. Août de la même année.

241. Si les interêts peuvent être accumulez au principal dans l'obligation; si pour acquerir les interêts maritimes, le Créancier doit courir le risque des deniers & les mettre dans le navire; si *in conditione indebiti*, les interêts sont dûs de la demeure? Arrêt du Parlement de Provence du 2. Decembre 1670. qui condamna l'accumulation des interêts & les ajugea d'une somme induëment reçûe depuis la reception. *Bonifate*, tome 4. liv. 8. tit. 23. chap. 11.

242. Ayant été convenu par transaction que l'heritier garderoit tant qu'il voudroit la somme portée par l'obligation, en payant les interêts, les Creanciers ne peuvent obliger les heritiers de payer la somme sous pretexte que c'est un pacte personnel non transmissible à l'heritier. Arrêt du 12. Octobre 1671. *Ibidem, chap. 4.*

243. La preuve par témoins du payement des interêts d'une somme dûe pour prêt ne doit être reçûe pour les imputer au sort principal, quoiqu'il y ait présomption de payement par Lettres. Arrêt du même Parlement d'Aix du 13. Juin 1679. *Boniface, ibidem, tit. 23. chap. 6.*

244. Les interêts d'une obligation dont il y avoit Sentence de condamnation consentie sans assignation, ni commandement, n'étoient point dûs & furent imputez au sort principal. Arrêt du Parlement de Paris du 14. Juillet 1684. *De la Guess. tome 4. liv. 7. chap. 15.*

245. Debiteur est en tout temps recevable à demander à son Creancier les interêts qu'il a exigez de luy, d'une somme prêtée même contre les heritiers du Creancier. Jugé au Parlement de Tournay le 2. Juillet 1694. pour un debiteur qui avoit fait son billet, pour de pareils interêts *Pinault, tome 1. Arr. 31.*

INTERESTS, ORDRE, SAISIE RE'ELLE.

246. Le Parlement de Toulouse en faisant l'ordre des Créanciers, n'allouë jamais d'interêts au rang des sommes principales, contre la disposition de la loy *Lucius ff. qui pot. in pig. hab.* & la pratique des Parlement de Paris, & Bourdeaux ; mais après l'ordre des sommes principales, les interêts sont alloüez au même ordre; cependant les interêts dûs à payer pour le debiteur principal, luy sont alloüez au même rang que la somme principale. La raison est que si ce sont interêts à l'égard du Créancier qui les reçoit, à l'égard de la caution *sortis jure funguntur.* Arrêts des 27. Février 1584. & 1592. *Mainard*, liv. 2. chap. 32. & 33.

247. Les interêts des rentes constituées sont colloquéz du jour du Contract, & à l'égard de ceux des obligations du jour du commandement. Arrêt donné à Tours le 3. Juillet 1593. *Papon*, liv. 11. tit. 3. nomb. 14.

248. *Henrys*, tome 1. liv. 4. chap. 6. quest. 46. decide que dans l'ordre des biens d'un debiteur, les interêts ne doivent être ajugez aux Creanciers que jusqu'au jour de la Sentence d'adjudication, & non pas de la Sentence d'ordre; il dit que cela s'observe ainsi dans son Siege; cela se pratique aussi de la sorte à Lyon, dans tous les Sieges de la Province, & même dans toutes les Jurisdictions du Parlement de Paris. *Henrys* ajoûte à cette maxime une exception fort raisonnable en faveur des Créanciers qui ne sont pas utilement colloquez, par ce qu'à leur égard la consignation ne pouvant pas tenir lieu de payement, elle ne peut pas arrêter le cours des interêts, ils demeurent toûjours Créanciers, & par consequent leur dette ne change point de nature, & les interêts leur sont toûjours dûs.

249. Un Creancier colloqué dans un ordre par provision, en rapportant le principal, doit les interêts. Arrêt du mois de Janvier 1672. *De la Guessiere, tome 3. livre 6. chapitre 22.*

250. Quand un Créancier opposant à une Sentence d'ordre succombe, il doit les interêts de la somme qu'il a empêché par son opposition, que les Creanciers utilement colloquéz ne touchassent, & s'ils sont plusieurs opposans la repartition en doit être faite à raison du temps qu'ont duré les oppositions, & à raison des sommes pour lesquelles elles ont été faites. Jugé au Parlement de Tournay le 6. du mois d'Octobre 1694. *Pinault, tome 1. Arr. 40.*

INTERESTS, PRESCRIPTION.

251. Acte de Notorieté donné par M. le Lieutenant Civil le 23. Juin 1688. que les interêts des sommes portées par obligation, sont dûs, à compter du jour de la demande, lorsqu'ils ont été ajugez en Justice, & que le payement desdits interêts n'est point prescriptible, tant que l'obligation & la Sentence demeurent en leur force; en sorte que le créancier n'est point obligé de faire autres diligences contre le debiteur pour raison desdits interêts, la demande desquels interêts ne peut jamais prescrire que par l'espace de 30. années, à compter du jour de la Sentence, qui a été obtenuë sur la demande desdits interêts, comme toutes les autres actions personnelles; comme aussi que si le créancier, après avoir fait une demande en Justice pour avoir les interêts, & qu'il eût discontinué la procedure pendant 3. ans, la peremption auroit lieu, & la premiere demande d'interêts ne pourroit rien produire; & seroit le créancier obligé de faire une nouvelle demande, duquel jour seulement il pourroit demander les interêts. *Recueil des Actes de Notorieté, pag. 41. & suiv.*

PREUVES D'INTERETS RECEUS.

252. Arrêt du Parlement de Provence du 9. Novembre 1656. qui a jugé que le payement des interêts d'un prêt n'est point admis à la preuve par témoins, pour l'imputer au sort principal, & l'exhibition du livre de raison du créancier ne fut ordonnée. *Boniface, tome 2. liv. 4. tit. 4. chap. 9.*

INTERETS, REMPLOY.

253. Par Contrat de mariage on promet une somme de six cent livres, stipulée qu'elle sera employée en propres. La femme decede laissant un fils en la tutelle de son pere, l'ayeul & l'ayeule obligez au Contrat de mariage refusent de payer. La Cour confirmant la Sentence

du Bailly de Touraine les condamne à payer, en baillant par le pere caution d'employer cette somme en heritages qui seroient le propre de l'enfant, si mieux n'aimoient payer l'interet jusqu'à ce que l'enfant fût en âge; & pour ledit payement & interêt y bailler caution au Contrat de constitution de rente à grace qu'ils seroient tenus de fournir & faire valoir, & bailler caution de la garentie, & outre payer l'interêt depuis le jour du Contrat de mariage. Arrêt du 12. Août 1666. *Corbin, suite de patronage chap.* 181.

253 bis. M. Le Brun Traitté de la Communauté liv. 3. chap. 2. sect. 6. distinction 2. n. 8. Examinant les questions qui peuvent se presenter sur l'effet de la clause de *ne demander compte ny partage par les enfans mariez*, *par les pere & mere, à celuy des pere & mere qui survivra*, rapporte un Arrêt du 26. Juin 1696. rendu au rapport de M. de Vertamont de Villemenin, entre les heritiers d'Ambroise Moinet, appellans, & Jacques Monmarques, & Jean Cousin, heritiers de Barbe & Marguerite Vaillant, par lequel on a jugé, que le pere ne devoit point aux enfans mariez avec pareille clause, les interêts des remplois de leur mere, nonobstant que les autres enfans demandassent partage, & que les enfans mariez se joignissent à eux pour demander aussi ces interêts de remplois; ainsi on a executé, en ce cas même, la renonciation au compte & partage; mais ce qu'il y avoit de particulier dans l'espece, c'est que ces interêts auroient été payez par de tiers décompteurs, ainsi cet Arrêt ne décide pas.

INTERESTS, RENTE RACHETE'E.

254 Les deniers de rachat de rentes appartenant à la femme reçûs par le mary produisent interêts. Jugé au Parlement de Roüen le 11. Decembre 1641. contre les heritiers d'un mary qui avoit reçû le remboursement d'une rente pour lequel la femme avoit été colloquée, mais on n'en peut demander que cinq années. Arrêts des 9. Juin 1606. 22. Decembre 1612. & 7. Juillet 1629. *Basnage sur l'art. 366. de la Coût. de Normandie.*

255 Pierre Boutin avoit prêté 500. livres à Pierre Chopin son beau-frere, pour employer au rachat d'une rente & au retrait d'une terre, sans en stipuler aucuns interêts. Deux ans après, Boutin fit sommation à Chopin de luy rendre son argent, avec protestation de le faire condamner en ses interêts; sur cette question les Parties avoient été reglées à écrire; Boutin abandonna cette action jusqu'en l'année 1623. c'est-à-dire pendant 19. ans, & pour avoir condamnation des interêts, il alleguoit, que puisque Chopin avoit utilement employé les deniers qu'il luy avoit prêtez, il n'étoit pas juste qu'il en profitât, & que ledit Boutin n'en tirât aucun benefice. Arrêt du Parlement de Roüen du 27. Février 1636. qui évince Boutin des interêts par luy demandez. *Ibidem, art.* 595.

256 Une somme de deniers procedant d'une rente rachetée à un imbecille majeure, est un meuble dans sa succession, & elle n'appartient point aux heritiers immobiliers, d'où provient la rente. Arrêt du Parlement de Paris du 1. Juillet 1686. *V. Le Journal des Audiences, tom. 5. liv. 2. ch. 4.*

INTERESTS, REPARATIONS.

257 Les reparations & meliorations doivent être payées avec interêts, quand les fruits sont restituables. Arrêt du Parlement de Grenoble du 10. Août 1609. *Basset. tom. 2. l. 5. tit. 8. ch. 2.*

INTERETS SOLIDAIRES.

258 Interêts de la somme payée par un Coobligé, pour la part de son coobligé, ne sont dûs que du jour de la demande & non du jour du payement. Arrêt du Parlement de Bretagne du 6. Septembre 1618. rapporté par Frain, p. 234.

259 La demande de l'interêt de la somme contenuë en une obligation ayant esté faite, & Sentence renduë contre l'un des coobligez personnellement & solidairement, vaut contre tous les autres, quoiqu'ils n'ayent point esté poursuivis ni condamnez. Jugé le 16. Avril 1630. *Brodeau sur M. Louet, lettre P. som. 2.*

260 L'Instance faite entre un des coobligez solidaires fait courir les interêts contre l'autre qui n'a pas esté appellé. Arrêt du Parlement de Toulouze du 7. Août 1663. Autre Arrêt semblable, même dans le cas où la caution se seroit obligée solidairement; & par un Acte separé, à l'insceu du debiteur absent. *V. M. de Catellan, l. 7. ch. 12.*

261 Un debiteur solidaire qui en vertu de jugement a payé toute la dette, & dont il a indemnité du coobligé; les interêts de la somme payée luy sont deus du jour du payement, & sans demande par maniere de dommages & interêts. Jugé à Paris le 22. Juillet 1682. *Journal du Palais.*

INTERESTS, SUCCESSION.

262 Jugé au Parlement de Grenoble le 11. May 1622. qu'en action de petition d'heredité, les interêts sont deus dés la mort du deffunt. Autre Arrêt du 20. Août 1642. qui a jugé que les interêts des fruits sont pareillement deus. Il faut observer que c'étoit un heritage qui consistoit en argent, dont par consequent les fruits étoient vrais interêts, & ensuite ces interêts sembloient être interêts d'interêts; *secus* d'une simple restitution d'autres fruits, il ne seroit pas juste qu'on en dût interêts. *Basset, tome 2. liv. 8. tit. 5. ch. 2.*

263 Les legitimaires & les créanciers hereditaires peuvent recourir contre le substitué pour le payement des interêts qui sont couru durant la vie de l'heritier chargé du fideicommis. Arrêts des 10. May 1635. & 9. Juin 1637. au profit des legitimaires. *M. Dolive liv. 5. ch. 13.*

INTERETS DE TAILLES.

264 Interêts d'Etape non deus ny des autres Tailles. Arrêt rendu au Parlement de Grenoble le 30. Juin 1660. *Basset tome 1. liv. 6. tit. 14. chap. 6.* Il cite le reglement de la Cour du 21. Fevrier 1661. qui fait deffenses aux Collecteurs de prendre des cottisez aucuns interêts sous pretexte d'avance, à peine de 50. liv. d'amende & de punition exemplaire.

INTERESTS, SENTENCE VOLONTAIRE.

265 Une condamnation d'interêts d'une somme contenuë dans une Obligation, par une Sentence passée volontairement au Greffe par le débiteur, est bonne & valable. Arrêt du Parlement de Paris du 2. Decembre 1652. *Des Maisons, lettre I. nombre 3.*

266 Jugé par Arrêt du 20. Janvier 1665. que les interêts payez volontairement pendant plusieurs années, en vertu d'une Sentence renduë du consentement du débiteur, portant condamnation, tant de la somme principale, que des interêts, à compter du jour de la Sentence, devoient être imputez sur le capital, sans nouvelle demande du créancier au sort principal. *Soefve, tome 2. cent. 3. chap. 39.*

INTERESTS PAYEZ PAR UN TIERS.

267 Arrêt du Parlement de Provence du dernier Juin 1666. qui a jugé que les interêts des sommes payées par un tiers luy sont dûs, soit qu'elles procedent de sommes capitales, soit d'interêts. *Bonifacesce, tome 2. liv. 4. tit. 4. ch. 7.*

INTERESTS PENDANT LES TROUBLES.

268 Les interêts ajugez contre un débiteur, ses fidejusseurs & cautions, par le Juge de contraire parti, ne courent durant le temps des troubles. Arrêt du 13. Février 1597. *Charondas, liv. 11. Rép. 2.* Voyez le mot *troubles.*

INTERESTS, TUTEUR.

Voyez cy-dessus le nomb. 192. & le mot *Compte nomb.* 103. *& suiv.*

269 Henrys tient que l'interêt est dû au tuteur des avances qu'il fait pour liquider l'hoirie; il fonde son avis sur la loy 3. §. *contrarium ff. de contrario judicio tutelæ*, *vel de contrariâ tutelæ actione*: cette loy n'est pas suivie au Palais; en Droit *usuræ debentur ex morâ*, au pays Coûtumier *ex morâ & officio judicis.* Voyez *Henrys, tom. 2. liv. 4. q. 17.*

270 Par Arrêt du Parlement de Dijon du 23. Août 1605. jugé que le tuteur payeroit les sommes dont il se trouveroit debiteur, par le *finito* de chacune année de son

compte, avec les interêts à compter deux mois après chacune desdites années, à raison du denier douze, pour les sommes reçûës avant l'Edit, & pour les autres reçûs depuis, à raison du denier seize. *Bouvot tome* 1. *part.* 1. verbo, *Interêts.*

271 Les interêts des deniers sont dûs au pupille six mois après la recepte. Arrêt du Parlement de Grenoble de l'an 1619. *Bouvot tome* 1. *part.* 2. verbo *tuteur queſt.* 6.

272 Lorsque les interêts sont abotez avec le capital dans un reliqua de tutele, alors ce reliqua porte interêt-depuis la clôture du compte, & c'est une erreur de croire qu'avant la clôture du compte & pendant le cours d'une administration, les tuteurs dussent être chargez de l'interêt de l'interêt. Il est vrai qu'autrefois le Parlement l'obsevoit de sorte, mais aujourd'hui la Jurisprudence a changé, & soit pour inviter les parens par l'esperance d'un profit à accepter les tuteles, soit en consideration de ce que les tuteurs servent sans salaire, & qu'ils sont exposés à plusieurs pertes; dans ces égards au lieu de charger les tuteurs des interêts des interêts, on se contente d'aboter le compte pendant tout le temps de l'administration, l'on en distrait la dépense & l'on fait chapitre à part de ce qui reste du reliqua des revenus de toutes les années de l'administration, qui dans la clôture du compte est joint avec les sommes capitales dont le tuteur se trouve débiteur envers le pupille, & composé depuis ladite clôture du capital au profit des pupilles, avec l'interêt qui court jusqu'au jour du payement : Ainsi jugé par Arrêt du Parlement de Thoulouse du 14. Avril 1665. *Graverol sur la Rocheflavin,* liv. 6. tit. 54. *Arr.* 2.

273 Acte de notorieté donné par M. le Lieutenant Civil le 14. Juin 1689. portant que l'usage, aussi bien que le Droit, ont introduit une maxime tres-juste contre les tuteurs qui sont négligens de rendre compte aux mineurs, ou de faire l'employ des deniers & revenus pupillaires, ensorte que trois ou six mois après qu'un tuteur a entre les mains une somme de 3. ou 4000. liv. eû égard à la qualité des Parties, & à leur revenu, s'il n'en fait pas un bon employ, il doit dans son compte se charger en recette des interêts, & interêts des interêts, qui font un capital au mineur, & ce par la présomption de Droit que le tuteur qui n'a pas fait l'employ ni des diligences convenables & suffisantes pour y parvenir, est présumé se servir des deniers de son mineur, & en avoir profité. Et à l'égard du temps que les interêts doivent cesser, il y a eu des sentimens differens, les uns voulans les faire cesser du jour de la présentation du compte; les autres, de la majorité; & les autres, du jour de la clôture du compte. Mais l'on a avec beaucoup de justice suivi une maxime fort équitable, en faisant la distinction, lorsque ce compte se rend à un mineur émancipé par mariage ou par lettres, à l'égard duquel les interêts, & interêts des interêts, sont comptez jusqu'au jour de la clôture du compte, & après la clôture le tuteur ne doit plus que les interêts du reliqua sur le pied du denier de l'Ordonnance ; mais quand le compte se rend à un majeur, ou à un mineur, qui pendant la reddition du compte devient majeur, l'on a jugé & établi pour une regle certaine que le moment de la majorité fait cesser le privilege du mineur. *Recüeil des Actes de notorieté,* p. 75.

INTERESTS EN CAS DE VENTE.

274 En vendant les drogues d'une boutique d'un mineur au prix convenu, payable dans douze ans, on peut stipuler l'interêt du prix principal, & les arrerages ne doivent point être précomptez sur le sort principal. *Bouvot,* tome 1. *part.* 3. verbo, *Interêts du prix.*

275 Un vendeur à faute de payement peut demander l'interêt du prix à cinq pour cent. Arrêt du Parlement de Dijon du 18. May 1578. qui condamne l'acheteur à payer les interêts du prix d'une vente. *Bouvot,* tome 2. verbo, *Vente quest.* 41.

276 Celuy qui vend une Terre, pour l'acheteur en payer le prix à l'acquit du vendeur, en extinction des principaux & arrerages de rentes deus, à la charge que venant à retirer la Terre, le vendeur payera les arrerages au denier douze du prix & tiendra compte du revenu, telle convention n'est valable contre les mineurs. Arrêt du même Parlement de Dijon du 29. Novembre 1612. qui ordonne que compensation sera faite du revenu avec les arrerages, si mieux n'aimoit l'acheteur prendre les arrerages des constitutions de rente par lui acquittées, en tenant compte du revenu. *Ibidem queſt.* 64.

277 Les interêts d'une somme dûe pour la vente d'un fonds & biens immeubles, doivent être ajugés seulement à raison du denier 20. Arrêt du Parlement de Toulouse du premier Decembre 1581. *La Rocheflavin,* liv. 6. tit. 54. *Arr.* 8.

278 *Henrys,* tome 1. liv. 4. chap. 6. quest. 47. fait mention d'un Arrêt par lequel la Cour a jugé qu'un frere ayant vendu une Terre pour secourir son frere dans un besoin pressant, les interêts qui avoient été payez pendant plusieurs années étoient legitimes & ne devoient pas être imputez au principal ; mais il remarque que cet Arrêt ne doit pas être tiré à consequence, parce qu'il a été rendu dans un cas particulier.

279 *Henrys,* tome 2. liv. 4. quest. 37. fait mention d'un Arrêt, par lequel il dit avoir été jugé en l'Audience de la Grand Chambre de relevée, contre les conclusions de M. Talon, que dans un Contrat de vente, le vendeur ne peut pas stipuler que faute par l'acheteur de payer le prix dans un certain temps, il en payera l'interêt à un plus haut prix que le taux de l'Ordonnance.

280 *Debentur ex re venditâ nullo accepto pretio,* v. g. ex *ſylvâ caduâ. Item, de ſurplus de la dette par l'aſſocié. Mornac,* l. 2. C. *de uſuris.*

281 Les interêts tiennent lieu des fruits & sont dûs du jour porté par le Contrat sans aucune interpellation. Arrêt du 7. Decembre 1600. mais pour fait de marchandise ou prêt ils ne sont deus que du jour de la demande. Arrêt du 2. May 1597. *Charondas,* liv. 13. *Rép.* 25. *Voyez M. Dolive* liv. 4. chap. 20.

282 Jugé en la Chambre de l'Edit de Castres le 29. Juin 1629. qu'il n'est permis de prendre des interêts excessifs, quoiqu'il s'agisse d'une somme provenant de l'aliénation d'un fonds vendu à vil prix, le créancier fut condamné à imputer au sort principal les interêts excedans le denier seize. *Voyez Boné,* Arrêt 109.

283 Interêts sont dûs des deniers prêtez pour acquerir une Terre, s'il y a stipulation. Arrêt du Parlement de Bretagne du 3. Decembre 1635. *Sauvageau,* liv. 1. chap. 419.

284 En vente d'Office, on ne peut stipuler l'interêt du prix à autre denier que celuy de l'Ordonnance. L'Arrêt rendu au Parlement de Paris le 19. Decembre 1648. contre les conclusions de M. Talon Avocat General. L'Arrêt fondé sur ce qu'on presume la stipulation a été ajoûtée au Contrat en fraude de la Loy. *Soefve,* tome 1. *cent.* 3. chap. 100.

285 Le retrayant n'est tenu de rembourser l'interêt des deniers que l'acquereur a stipulés en cas de retrait. Arrêts du Parlement de Normandie des 24. Février 1656. & 19. Juin 1665. *Baſſage, sur l'art.* 489. *de cette Coûtume.*

286 Les interêts des réparations & des lods & ventes sont ajugés depuis la liquidation, & alloüés sur la somme separée des biens, mais en dernier rang en faveur d'un Acquereur qui a fait les réparations & payé les lods. Ainsi jugé à Toulouse le 7. Juin 1663. *M. de Catellan,* liv. 6. chap. 5.

287 Arrêt du Parlement de Provence du 7. Mars 1671. qui a liquidé les interêts du prix d'une vente depuis le dernier payement, nonobstant que tous cumulez eussent excedé le double. *Boniface,* tom. 4. liv. 8. tit. 25. chap. 3.

288 Les interêts des interêts sont dûs de la vente du froment. Arrêt du 14. Novembre 1673. *Ibidem, chap.* 5.

289 En païs de Droit écrit du ressort du Parlement de Paris ; jugé, 1°. Que l'heritage vendu sera estimé par Experts, &c. 2°. Que les 400 livres d'arrerages pour

les 1200. en principal deuës au sieur Malet ne peûvent faire un sort principal sujet à interêt. 3°. Les interêts des deux obligations ayant été demandez, & deux Sentences de condamnation intervenuës, ont été ajugez. 4°. Sauf à l'intimé à se faire payer des sommes de deniers, si aucunes luy sont deuës sur les biens donnez à l'Appellante aprés l'imputation faite. Jugé à Paris le 17. Février 1674. *Journal du Palais.*

290 Les interêts du precaire sont alloüés à la verité sur la vente separée du fonds vendu, mais c'est en second rang ; c'est la maniere de prononcer reguliere & ordinaire du Parlement de Toulouse. Il faut donc que le créancier commence à se payer du capital ; & si les interêts sont portés par-là sur les autres biens, comme sur les autres lieux, ils n'ont nul privilege ; le vendeur n'en peut être payé qu'en dernier rang, & par concours avec les interêts des autres créanciers. Arrêts du Parlement de Toulouse des 13. Mars 1693. & 18. Mars 1699. Rapportez par *M. De Catellan, liv. 6. chap. 4.*

291 Une Terre avoit été venduë ou baillée en payement aux Peres de la Doctrine Chrétienne de Nantes, avec toute justice, dont une portion n'apartenoit pas aux Vendeurs. Quelques années aprés, le *quanti minoris* est ajugé, ensuite liquidé par experts à une somme ; les interêts de cette somme furent ajugés, non depuis le Contrat de vente, mais depuis la demande du *quanti minoris.* Arrêt du Parlement de Toulouse de 1695. rapporté. *Ibidem chap. 5.*

Voyez cy-aprés le mot *Vente.*

INTERESTS, USURE.

292 Un interêt excedant la taxe des Ordonnances, *non potest cadere in conventionem*, en tant que reprouvé & usuraire, & en Justice on le réduit toûjours *ad legitimum modum*, en imputant l'excedant sur le sort principal, quelque contrat qu'on ait passé, il en faut excepter les usures maritimes, *nihil enim tam capax est fortuitorum quam mare* ; de même les traités faits avec le Prince, lequel étant au dessus des Loix & ne pouvant pas dire qu'il ait été lezé, peut par consequent stipuler un interêt suivant que l'état des affaires du Royaume l'y oblige, sans qu'il puisse venir contre son fait ; un Contrat de prêt passé par un Souverain n'est jamais sujet à restitution en entier ; s'agit-il d'un emprunt comme celuy que fit le Roy Henry II. en l'année 1555. qui prit de l'argent des Banquiers à raison de 4. pour cent par foire ; on excepte encore les stipulations entre Marchands & avec les Partisans. *Graverol sur la Rocheflavin, liv. 5. tit. 5. Arr. 2.*

293 Une promesse de soy usuraire ne peut devenir une constitution, quoique pendant un long-temps le débiteur en ait payé les interêts comme arrerages de rente. Jugé au Parlement de Roüen le 15. Decembre 1689. contre un créancier qui avoit reçeu les interêts pendant 40. années, d'une somme de 600. l. qu'il avoit prêtée par billet, conçû en ces termes : *Je reconnois que M. de la Cour, mon beau-frere, m'a prêté la somme de 600. l. que je promets lui rendre toutesfois & quantes, & de luy en payer l'interêt tant que j'aurai son argent.* Le Créancier ayant fait la demande de ces interêts, fut condamné à imputer ceux qu'il avoit reçeus sur le principal, & à rendre le surplus, quoiqu'il opposât que le débiteur avoit acquis un fonds de cette somme qui produisoit des fruits. *Recueil des Arrêts du Parlement de Roüen p. 152. & suiv.* étant ensuite de l'esprit de la même Coûtume.

Voyez le mot *Usure*, où l'on fera les Observations necessaires sur les interêts illicites.

INTERLOCUTOIRE.

1 Jugement Interlocutoire. *Interlocutio decretoria. Prajudicium.*
De Sententiis, & Interlocutionibus omnium Judicum. C. 7. 45.
De re judicatâ, & de effectu sententiarum, & de Interlocutionibus. D. 42. 1.

Voyez les mots *Jugement*, & *Sentence*, §. *Sentence Interlocutoire.*

Appellatio ab interlocutoriâ quando licita sit? Voyez Andr. Gaïll, lib. 1. Observat. 129.

De appellatione ab interlocutoriâ simplici, vel vim definitivæ habente. Ibid. *Observat. 130.*

Judex appellationis sententiam interlocutoriam confirmando, an causam principalem remittere teneatur? Ibid. *Observat. 131.*

2 Apel d'Interlocutoire, *Voyez* le mot *Appel*, n. 137. *& suiv.*

3 Apel de Sentences interlocutoires renduës en Jurisdiction Ecclesiastique. *Voyez* le mot *Appel*, nomb. 232. *& suiv.*

4 Arrêt Interlocutoire. *Voyez* le mot *Arrêt*, n. 29.

5 Apel d'Interlocutoire nul, parce qu'il n'a aucun effet dévolutif, ny suspensif. Arrêt du Parlement de Bretagne du 12. Février 1561. Par l'Ordonnance de Louis XII. on peut passer outre, pourvû qu'il ne porte grief irreparable. *Dufail, liv. 3. chap. 26.*

6 Quand il y a interlocutoire en quelque Procés, comme avant proceder, qu'il sera informé de quelques faits, aprés l'interlocutoire il faut communiquer le Procés au Procureur du Roy, pour requerir ce que bon luy semblera. Ainsi ordonné en la Chambre de la Tournelle le 2. Octobre 1577. en un Procés où M, de la Vaux Raporteur, disoit y avoir 120. témoins sur les faits de reproches. *Bibliotheque de Bouchel.* Verbo, *Interlocutoire.*

7 En matiere criminelle instruite en dernier ressort, aucune Sentence Interlocutoire ne peut être renduë qu'au nombre de 7. Juges. *Voyez l'article 24. du tit. 2. de l'Ordonnance de 1670.*

8 Les Sentences renduës sur défauts en matieres criminelles, ne sont qu'interlocutoires. *V. Bornier sur l'art. 18. tit. 17. de la même Ordonnance.*

9 Si les Interlocutoires empêchent la peremption ? *Voyez* le mot *Peremption n. 84. & suiv.*

INTERPRETATION.

1 DE l'Interpretation des Jugemens. *Voyez la Bibliotheque du Droit François*, par *Bouchel, hoc titulo.*

2 *De interpretatione contractuum, legum, edictorum, privilegiorum, decretorum*, &c. *Voyez les Opuscules de Loisel, p. 299.*

3 Suivant la loy *Rapienda ff. de Reg. Jur.* si juste, comme si honnête & si morale, il faut saisir sans hesiter, enlever & prendre presque de force l'interpretation qui aide à former un jugement plus doux, *Rapienda est occasio quæ præbet benignius responsum. M. de Catellan, liv. 9. chap. 8.*

4 Arrêt du Parlement de Provence du 19. Novembre 1672. qui sans Requête Civile expliqua la condamnation des dépens portée en deux Arrêts entre les Parties par forme d'interpretation. *Boniface, tome 3. liv. 1. tit. 5. chap. 16.*

5 Interpretation de l'authentique *si quis in aliquo C. de edendo. Voyez Peleus, quæst. 63.*

6 Interpretation de l'authentique *minoris C. qui dare tut. possunt. Voyez Peleus, quæst.* 120.

7 *Quæ interpretatio legitimè fieri debeat in statutis & legibus, in testamentis & ultimis voluntatibus, in contractibus & stipulationibus, in judiciis & judicatis, si res dubia aut verba obscura vel ambigua sint? Voyez M. Valla, de rebus dubiis, &c. tract. 1.*

8 Interpretation de la Loy *si pater. Cod. de dote promissâ. Voyez Peleus, quæst.* 160.

9 Interpretation de l'art. 334. de la Coûtume d'*Anjou*, touchant le rapport des enfans qui renoncent à la succession de ceux dont ils ont reçû de l'avancement. *V. Peleus, quæst.* 74.

10 Interpretation des articles 27. & 28. tit. 12. Coûtume d'*Auvergne*, & si la reserve en mariant une fille, peut être étenduë à ses descendans? *Voyez Henrys, to. 2. liv. 6. quæst.* 20. & de l'art. 42. pour les legs particu-

liers qui se doivent prendre sur le legs du quart, duquel ladite Coûtume permet seulement de disposer, on peut s'adresser directement à l'heritier *ab intestat*. Voyez *Henrys*, tome 2. liv. 6. q. 26.

11. Interpretation de l'article 16. dans la Coûtume de *Berry*, touchant la prescription, où la faculté de remeré court contre les mineurs. Arrêt du 17. Juillet 1666. *De la Guess.* tome 2. liv. 8. ch. 9.

12. Interpretation de la Coûtume de *Boulonnois*, touchant ce que l'on peut donner aux puînez. Arrêt du 12. Janvier 1627. *Du Frêne*, liv. 1. ch. 124.

13. Interpretation sur l'art. 542. de la Coûtume de *Bretagne* ; dans les Terres & biens nobles sis en Bretagne, les puînez des anciens Comtes & Barons ne sont fondez de prendre qu'une Provision à vie, & non point en proprieté. Arrêt du 14. Juillet 1657. *Notables Arr. des Audiences*, Arrêt 8. De la Guessiere, tome 2. liv. 1. ch. 22. rapporte le même Arrêt.

14. Interpretation de l'art. 278. de la Coût. du *Maine*, entre coheritiers, & les pere & mere ayant cautionné leur fils pour sureté de la dot, ce cautionnement n'a effet que sur la portion hereditaire seulement. Arrêt du 21. Août 1683. *De la Guessiere*, tome 4. livre 8. chapitre 24.

15. Interpretation de l'article 65. de la Coûtume de *Melun*. Si aprés la succession directe échûë à plusieurs enfans, le fils aîné meurt sans hoirs procreéz de son corps, avant partage, le frere plus âgé d'aprés aura le droit d'aînesse qu'avoit eu ledit défunt ? *Voyez* un Arrêt du mois de May 1596. dans *Carondas*, li. 9. Rép. 20. Autre Arrêt du 13. Mars 1662. Requête Civile contre l'Arrêt ; hors de Cour, le 3. Février 1667. *De la Guess.* tome 3. liv. 1. ch. 11.

16. Interpretation des articles 230. 311. 312. 314. & 315. de la Coûtume de *Paris*, touchant les biens immeubles des enfans décedez, ausquels leurs mere, ayeules survivantes succedent. Arrêt du 15. Juillet 1589. *Le Vest*, Arrêt 191. M. Bouguier, lettre V. nombre 4. où il y a Arrêt du 8. May 1608.

17. Sur les articles 253. & 279. de la même Coûtume de *Paris*. Voyez *M. le Prêtre*, és Arrêts celebres, touchant les avantages d'une seconde femme, & és Arrêts de la Cinquiéme, où il y a Arrêt du mois de Juillet 1655.

18. Interpretation des articles 25. 320. 322. & 323. de la Coûtume de *Paris*, par Arrêt du 28. Mars 1648. *Voyez* M. Loüet, lettre V. somm. 14. & 15.

19. Interpretation des articles 230. 326. 340. 341. Coûtume de *Paris*, sur la question des propres entre les Danguechins & les Jacquelins. Arrêt du 31. Janvier 1665. *De la Guess.* tome 2. lib. 7. ch. 5.

20. Interpretation de l'article 208. de la Coûtume de *Poitou*, touchant le pere qui a peu d'heritage ancien, & qui a fait don de tous les meubles & acquêts à l'un de leurs enfans, &c. Arrêt du 6. Avril 1658. *De la Guess.* tome 2. liv. 1. ch. 40.

21. Interpretation du même article 208. & du 216. pour les droits de legitime, & de preciput de l'aîné en ladite Coûtume de *Poitou*. Arrêts des 6. Septembre 1677. & 16. Juin 1682. *De la Guessiere*, tome 4. liv. 1. ch. 6.

22. Interpretation de l'article 251. de ladite Coûtume de *Poitou*, dans laquelle un frere consanguin peut avec ses meubles seulement donner le tiers de ses propres maternels. Arrêt du 27. Avril 1682. *Ibidem*, liv. 5. chapitre 14.

23. Interpretation des articles 232. 234. & 235. de la Coûtume de *Poitou*, touchant la continuation de Communauté par les enfans avec leur mere, & étant Donataire, elle n'est privée de son don, faute d'avoir fait Inventaire. Arrêt du 9. Août 1683. *Ibidem*, livre 6. chapitre 14.

24. Interpretation des articles 43. & 49. de la Coûtume de *la Rochelle*, où l'un des conjoints n'ayant point d'enfans, peut disposer au profit des enfans majeurs de l'autre. Arrêt du 4. Juillet 1665. *Ibidem*, tome 2. liv. 7. chapitre 24.

Interpretation de la volonté des Testateurs. *Voyez Peleus*, quest. 50. 25

26. Si dans les jugemens des procés qui seront pendans en nos Cours de Parlement, & autres nos Cours, il survient aucun doute ou difficulté sur l'execution de quelques articles de nos Ordonnances, Edits, Declarations, & Lettres Patentes ; Nous leur défendons de les interpreter ; mais voulons qu'en ce cas elles ayent à se retirer pardevers nous, pour apprendre ce qui sera de nôtre intention. Art. 3. du titre 1. de l'Ordonnance du mois d'Avril 1667. *Explicit ambiguitatibus, tam conditor, quam interpres legum solus imperator justè existimabitur.* L. ult. C. de Leg. & Constit. Princ.

INTERROGATOIRE.

DE interrogationibus in jure faciendis, & de interrogatoriis actionibus. D. 11. 1. Des interrogatoires sur faits & articles, & de l'action qui naît des réponses.

De positionibus & interrogatoriis. Per Franciscum Curtium, in tit. *de juramento calumnia*. 1

De interrogatoriis. Voyez And. Gaill, lib. 1. observat. 95.

Des réponses par credit, *vel non*, & des confessions & dénegations des Parties en leurs interrogatoires. *Ordonnances de Fontanon*, tome 1. livre 3. titre 44. page 617. 2

Des Commissaires à faire enquêtes & interrogatoires en la Cour. Joly, *des Offices de France*, tome 1. livre 1. tit. 40. page 304. & Fontanon, tome 1. livre 3. tit. 11. page 568. 3

INTERROGATOIRE EN CAUSE CIVILE.

Des interrogatoires, & confessions des parties. *Voyez* le 2. tome des Loix Civiles, liv. 3. tit. 6. section 5. 4

Des interrogatoires sur faits & articles. *Voyez* l'Ordonnance de 1667. tit. 10.

De protestatione quam debet facere defensor antequam respondeat articulis. Voyez Du Moulin, tome 2. p. 473. où il marque que dix témoins seulement doivent être entendus sur un fait.

Interrogatoria fieri possunt, ubicumque judicem aquitas moveris. Voyez Franc. Marc, tome 2. quest. 232. 6

Pars per procurationem specialem positionibus respondere potest : item & articulos asseverare. Voyez ibidem, quest. 441. 7

En matiere Beneficiale, soit en instance de subrogation ou principale, l'on ne peut requerir être fait interrogats, ni que Partie adverse soit tenuë répondre par serment sur aucuns faits avant la recréance jugée. Arrêt du Parlement de Paris du 25. Juin 1509. Biblioth. Canon. tome 2. p. 360. *in fine*. 8

Interrogatoire se fait aux dépens de celuy qui requiert que sa partie soit interrogée ; s'il se fait voyage pour parvenir à interrogatoire, il sera taxé, sauf à le répeter en fin de cause, si le poursuivant obtient, *ità judicatum*, le 5. Août 1542. Bibliotheque de Bouchel, verbo, *Interrogatoire*. 9

Le Prévôt de Paris avoit ordonné qu'en une cause de Benefice, entre un Titulaire & un Devolutaire, le Resignant seroit interrogé, quoyqu'il ne fût point Partie au procés ; il fut oüi ; il y eut appel ; & par Arrêt du 3. Février 1604. la Cour mit l'appellation & Sentence au néant ; en émandant ordonné qu'il seroit passé outre au Jugement du procés, sans avoir égard à l'interrogatoire. *Ibidem*. 10

Recordor, quod semel quidam Moncinus, qui dum interrogaretur, super quâdam rixâ, in quâ ipse intervenerat, nolebat respondere ; neque jurare ; sed jussu Senatûs affectus tribus ictibus funis publicè, deindè redactus est ad carceres ; juravit & respondidit ad interrogata. 18. Octob. 1554. Voyez *Julius Clarus*, li. 4. sentent. quest. 45. 11

Interrogatio fieri potest in consequentiam recognitionis sigilli. Arrêt du 21. Avril 1600. Mornac, L. 19. §. de judiciis, folio 263. Voyez l'Ordonnance de 1667. titre 10. 12

13 Lors qu'un homme refuse de subir interrogatoire sur faits & articles, le premier Juge les tient pour confessez & averez; la Cour ordonne simplement qu'en jugeant il y sera fait droit. *Voyez Bardet, to. 2. liv. 7. chap. 39. & cy-dessus le nombre 4.*

14 Lors qu'une audition cathegorique, ou autre tel serment a été ordonné contre une personne de grande qualité ; le Juge ou Commissaire se doit transporter dans sa maison pour le recevoir. Arrêt du Parlement de Bourdeaux du 24. Novembre 1608. entre Pierre le Breton & le sieur de Chalais, fondé sur la Loy *ad egregias, ff. de jure jur. ubi ad egregias personas usquequo valetudine impediuntur mitti oportet ad jurandum; Auth. sed judex C. de Epise.* Voyez *Mainard, liv. 9. ch. 6.*

15 Celuy qui fait interroger sa Partie sur faits & articles, ne peut être present aux réponses. Arrêt du Parlement de Dijon en 1622. *verbo, Serment, quest. 1.*

INTERROGATOIRE EN CAUSE CRIMINELLE.

16 Des interrogatoires des accusez. *Voyez Despeisses, tome 2. des crimes & causes criminelles, part. 1. tit. 6.* L'Ordonnance de 1670. *tit. 14.*

17 Arrêt du Parlement de Paris de l'an 1391. par lequel un Clerc a été condamné, sans avoir égard à son privilege, à faire amende honorable, pour avoir irreveremment répondu & parlé dans son interrogatoire, sur quelque delit dont il étoit accusé. *Papon, liv. 8. tit. 3. nombre 9.*

18 La Requête de l'Abbé de Saint Méen, ajourné comparoir en personne pour cas de crime, disant être malade, est entherinée ; & ce faisant le delay prolongé ; il est refusé ; en ce qu'il demande qu'un Commissaire l'aille interroger à ses dépens, encore qu'il soit sexagenaire, Abbé, & malade. Arrêt du Parlement de Bretagne du 17. Août 1555. *Du Fail, liv. 2. ch. 23.*

19 Arrêt donné en la Tournelle le dernier Decembre 1558. portant défenses aux Procureurs & Avocats du Roy, ensemble aux Promoteurs, d'assister aux interrogatoires, ni aux recollemens ou confrontations de l'accusé. *Biblioth. de Bouchel*, verbo, *Promoteur.*

20 Arrêt du Parlement de Paris du 30. Octobre 1565. portant que les Prévôts interrogeront les Prisonniers dans les 24. heures de la capture : & s'ils ne sont de leur gibier, seront tenus de les renvoyer & faire conduire dans le même jour ès prisons de l'Ordinaire. *Maréchaussée de France, page 156.*

21 *An Clericus non conjugatus teneatur respondere articulis personaliter in infractione salva gardia. V.* Du Moulin, *tome 2. page 552.*

22 Chapitre non tenu de subir interrogatoire. *Voyez* le mot, *Chapitre, n. 21.*

23 Declaration portant que les accusez, contre lesquels il n'y aura ni condamnation ni conclusions à peine afflictive, seront entendus derriere le barreau, lorsque le procés aura été réglé à l'Extraordinaire. A Saint Germain en Laye le 12. Janvier 1681.

24 Arrêt rendu au Grand Conseil le Août 1702. sur la requisition & conclusions de M. Pierre-Jacques Brillon, portant la parole pour M. le Procureur General, qui fait défenses au Présidial d'Angoulême d'interroger les accusez sur la scellerie, lors du Jugement de competence. Cette forme d'interrogatoire est reservée pour le Jugement diffinitif.

INTERRUPTION.

Voyez le Traité qu'en a fait *M. d'Argentré, sur l'art. 266. de l'ancienne Coûtume de Bretagne.*

INTERRUPTION DE POSSESSION.

1 Voyez *M. le Prêtre, 1. Cent. chap. 38.*

2 De l'interruption d'une possession, qui devient un obstacle à la prescription. *V.* le 2. tome des Loix Civiles, *liv. 3. tit. 7. sect. 4. n. 6. & sect. 5. n. 18.* où il est dit que voye de fait n'interrompt pas la possession.

3 Si une simple assignation suffit pour interrompre la prescription ? *Voyez* le mot, *Assignation, n. 5.*
Tome II.

4 Si l'interruption de la prescription faite contre le debiteur, sert contre la caution ? *Voyez Du Perrier, liv. 3. quest. 7.*

5 L'interruption de la prescription faite en la personne du debiteur, ne passe point à celle de la caution. *Voyez Chorier, en sa Jurisprudence de Guy Pape, pag. 260. & cy-devant,* verbo, *Caution, nombre 131.*

6 Ajournement, quoyque nul, ne laisse pas d'interrompre la prescription. Arrêt du Parlement de Paris du 17. Juillet 1515. *Papon, liv. 12. tit. 13. n. 26.* V. M. Charles Du Moulin, *tome 2. pag. 680.* Les Définitions Canon. *page 258.* & le mot, *Ajournement, nombre 21. & 50.* La raison est que les actes nuls ne laissent pas de militer contre ceux qui les ont faits.

7 L'interruption d'un procés petitoire, est une fin de non recevoir au possessoire. Arrêt du Parlement de Paris de l'an 1325. pour l'Evêque de Noyon, contre les Maires & Consuls. *Papon, liv. 8. tit. 16. n. 5.*

8 Le payement de toute la rente fait par chacun an au créancier, par aucuns détenteurs de partie de l'heritage affecté à la rente, ne sert d'interruption pour empêcher la prescription. Jugé le 6. Octobre 1587. *M. Loüet, lettre P. som. 2.* Brodeau sur cette même lettre, dit que tant & si longuement qu'un des obligez personnellement & solidairement reconnoît la rente, paye les arrerages d'icelle ; l'autre ne peut prescrire, combien que pendant 30. & 40. ans il soit demeuré en repos : *maximé,* quand la rente est perceptible sur une quantité de terre certaine, bornée & limitée. Dans une rente constituée à prix d'argent, si l'un des deux, solidairement obligez, paye les arrerages l'espace de 30. ou 40. ans, sans que le cooblige soit inquieté : Jugé en ce cas particulier qu'il n'y avoit prescription, parce que *in correis debendi factum unius nocet alteri,* & que le payement se fait *nomine communi.* M. Loüet, *ibid.*

9 Un simple Exploit de commandement de payer les arrerages d'une rente sans autres poursuites, n'est suffisant pour interrompre la prescription de 5. ans, parce qu'il n'a pas plus de force qu'une Instance intentée, laquelle perit faute d'être poursuivie & continuée par 3. ans. ainsi jugé. *Nota,* que par Arrêt du 10. Février 1604. en la cause de M. Girould Avocat, il fut jugé qu'un simple Exploit de commandement sans autres contestations, n'est pas suffisant pour interrompre la prescription de 5. années introduites par l'Ordonnance pour la demande des arrerages des rentes, & qu'on en pouvoit demander 5. années avant les troubles, 5. années pendant les troubles, à la charge de la déduction du tiers, & 5. années depuis les troubles, & non plus. *Biblioth. de Bouchel,* verbo, *Rentes.*

10 Prescriptions de rente & cens annuel, & aussi de lots, ne s'interrompent par les proclamations accoûtumées, mais par assignation. Jugé au Parlement de Grenoble. *Papon, liv. 12. tit. 3. n. 25.*

11 La prescription de 10. ans entre presens, & de 20. entre absens pour des immeubles possedez avec titre & avec bonne foy, est en partie favorable, & en partie odieuse ; par cette consideration on prend un milieu pour elle : la contestation en cause l'interrompt, & non le simple exploit libellé. *Voyez Guy Pape, quest. 416.*

12 L'interruption de l'un des créanciers ne profite aux autres ; dans le fait un créancier saisit réellement l'heritage vendu par le debiteur ; l'acquereur s'accommode avec ce créancier ; dix ans se passent ; les autres créanciers qui avoient saisi d'autres biens de ce même debiteur, veulent se venger sur l'heritage acquis ; ils disent que le premier saisissant a geté *negotium commune,* que cet heritage est devenu *tertium prætorium,* que l'action hypotecaire ne court pendant la discussion personnelle. Arrêt du Parl. de Paris du 14. Août 1609. qui les declare mal fondez. *Plaidoyers de Corbin, chap. 144.*

13 La reconnoissance ou payement entier fait par l'un des preneurs à emphyteose, interrompt & empêche la prescription de la rente, *etiam contrà tertium possessorem.*

Ppp ij

Arrêt du 3. Juin 1614. les Chanoines de Nôtre-Dame de *Bray*-sur-Seine & *Damis*, après avoir pris l'avis de toutes les Chambres. *Bibliotheque de Bouchel*, verbo, *Emphyteose*.

14. Toutes prescriptions peuvent être interrompuës, quand elles sont purement odieuses. *Guy Pape, q. 416*. Cette interruption se fait de diverses manieres, par assignation & par exploit, & en temps de guerre & maladie contagieuse, par exploit affiché à la porte du Château où le Sergent n'ose entrer. Arrêt du Parlement de Grenoble du 2. Avril 1617. rapporté par *Chorier, en sa Jurisprudence de Guy Pape, p. 330*.

15. La prescription s'interrompt par exploit libellé, sans presentation de l'assigné. Arrêt du Parlement de Grenoble du 12. Septembre 1641. mais si le demandeur ne se presente point, l'exploit, quoyque libellé, n'interrompra pas. Arrêt du 17. Avril 1617. par un simple renvoy fait par le Commissaire, qui procede à la renovation des reconnoissances. Arrêt du 30 Juillet 1662. par commandement fait de l'autorité d'un Juge incompetent; mais suivi d'une Requête & compulsoire du Juge naturel, & d'une assignation à la partie, pour voir extraire l'acte sur lequel on pretend établir l'action. Arrêt du 4. Mars 1679. Ces Arrêts sont rapportez par *Chorier, ibidem, page 333*.

16. La saisie réelle vaut interruption suffisante pour la prescription de cinq années, quoyque le decret ait été cassé. Arrêt du Parlement de Roüen du 28. Mars 1618. *Basnage, sur la Coûtume de Normandie, article 521. & 546*.

17. Deux Commissaires établis étant solidairement *correi debendi*, l'interpellation à l'égard d'un seul aux fins de rendre compte, a effet d'interrompre la prescription, même pour le regard des autres. Jugé le 5. May 1625. *Du Fresne, liv. 1. ch. 53*. Brodeau sur M. Loüet, let. P. somm. 25. *inter correos debendi interpellatio unius, est interpellatio omnium. Idem*, pour l'exploit de commandement, *eodem loco*.

18. L'assignation donnée pour l'aveu d'un acte, & l'appointement d'aveu donné à suite, n'interrompent point la prescription; car trois ans après l'instance demeurant perimée, la prescription se rejoint & reprend son cours, tout de même que si l'instance d'aveu n'eût point été formée. Jugé en la Chambre de l'Edit de Castres le 27. May 1629. Il fut pourtant dit par quelqu'un des Juges que l'appointement d'aveu étant un appointement diffinitif, il ne pouvoit prescrire que par 30. ans; ce qui eût été vray, si le même appointement d'aveu eût porté condamnation de la somme demandée, auquel cas c'eût été un appointement diffinitif, qui n'avoit à craindre que la prescription trentenaire. *Voyez Boné, part. 2. Arrêt 69*.

19. Jugé en la Chambre de l'Edit de Castres le 25. Juin 1632. que la prescription de 30. ans opposée par un debiteur à son creancier, avoit été interrompuë par un memoire trouvé dans un Livre de raisons du creancier, qui portoit qu'il luy avoit été payé des interêts pendant quelques années, depuis la derniere desquelles il n'y avoit pas 30. ans. *Voyez ibid. Arr. 72*.

20. Un exploit bien libellé est suffisant pour interrompre la prescription, quoyque l'assignation n'eût été suivie de presentation. Arrêt du Parlement de Grenoble du 12. Septembre 1641. *V. Basset, tom. 1. liv. 2. tit. 29. chap. 7*.

21. L'interruption de prescription faite en la personne d'un coheritier, sert pour les autres coheritiers, quant à l'action hypothecaire. Arrêt du 25. Juin 1643. *Ibid. chapitre 23*.

22. La prescription centenaire n'est interrompuë par un payement fait avec protestation, en cas qu'il y eût prescription. Arrêt du même Parlement de Grenoble du 6. Avril 1645. *V. Basset, ibid. ch. 17*.

23. Le Seigneur s'adressant à un des détenteurs, interrompt la prescription pour tous les autres. Arrêt du Parlement de Normandie, rapporté par *Berault, sur* *l'article 521. de cette Coûtume*. Arrêt semblable du 17. Decembre 1644. rapporté par *Basnage, sur le même article*. L'hypoteque est *in qualibet parte fundi, tota in toto; tota in qualibet parte*.

24. Entre coobligez à une rente constituée la prescription est interrompuë par la poursuite faite contre un des coobligez. Jugé le 8. Juillet 1666. au Parlement de Roüen. *Basnage, sur la Coûtume de Normandie, article 521*.

25. L'opposition d'un mary à un decret pour le principal d'une rente dotale, interrompt la prescription de 40. ans. Arrêt du Parlement de Normandie du 19. Mars. 1669. rapporté par *Basnage, sur l'article 524. de cette Coûtume*.

26. Jugé au Parl. de Paris le 22. Janvier 1655. qu'une simple protestation d'appeller l'acquereur d'un heritage en declaration d'hypoteque, n'a pû interrompre la prescription. *Soefve, tome 1. Cent. 4. ch. 81*.

27. La prescription qui court pour le possesseur de bonne foy d'une chose mobiliaire, & qui a titre, n'est interrompuë que par un Jugement, parce qu'elle est introduite en faveur du possesseur. *Voyez Guy Pape, question 416*.

28. Une Sentence nulle interrompt la prescription. Arrêt du Parlement de Toulouse du 6. Juillet 1662. Autre Arrêt du mois d'Aoust 1663. qui a jugé qu'une Sentence, quoyque nulle, comme poursuivie par forclusion contre un mineur, interrompt la prescription. *Voyez M. de Catellan, liv. 7. chap. 11*.

29. La seule assignation interrompt la prescription du triennal possesseur du Benefice, sans qu'il puisse opposer que le demandeur ne luy avoit pas donné copie des actes & titres. Arrêt du Parlement de Toulouse du 7. Février 1686. rapporté par *M. de Catellan, livre 1. chap. 60*.

30. La reservation generale des sommes dûës faite dans un Contract, interrompt la prescription d'autres sommes dûës par un Contract anterieur. Arrêt du Parlement de Toulouse en 1698. *Voyez M. de Catellan, liv. 7. chap. 26*.

31. Les poursuites faites contre l'un des coobligez solidairement, interrompent la prescription contre l'autre. Arrêt du Parlement de Paris du 9. Juillet 1698. *Journ. des Audiences, tome 5. liv. 14. ch. 8*.

INTERVENTION.

INtervention. Intervenir. *Intercessio. Intercedere. Ne liceat Potentioribus, patrocinium litigantibus præstare, vel actiones in se transferre. C. 2. 14*... Contre ceux qui achetent les actions d'autruy, qui prêtent leur nom, ou qui interviennent sans interêt. Intervention mandiée.

1. *De interventione, de articulis interventionalibus, quod tertius pro suo interesse, ad causam intervenire possit*. Voyez *Andr. Gaill, lib. observ. 69. & 70*.

2. *Tertius interveniens quomodo ad causam admittendus*. Ibidem, *n. 71*.

3. *Filius licet in judicio pro patre intervenire possit, non tamen prejudicare potest*. Voyez *Franc. Marc. tom. 1. quest. 265*.

4. Intervention d'un tiers intervenant en cause. *Voyez Carondas, liv. 12. Rép. 9*.

5. L'intervenant qui a sçû le procés, n'en peut changer l'état; mais s'il n'en a rien sçû, il doit être oüi de nouveau. Arrêt du Parlement de Paris du 26. Avril 1543. *Papon, liv. 9. tit. 11. n. 6*.

6. Un tiers intervient en cause d'appel, & soûtient que les heritages en question luy appartiennent, ou qu'ils sont tenus de luy, la procedure se doit faire aux dépens de l'intervenant. Jugé le 30. Août 1578. *Carondas, li. 7. Réponse 184*.

7. Un intervenant peut être reçû en une cause où il y a preuve d'un côté, & forclusion de l'autre. Arrêt du Parlement de Dijon du 26. Juillet 1582. *Bouvot, to. 1. part. 3. verbo, Intervenant, quest. 2*.

8 Une cause est au Rôle; les Parties s'accommodent, & passent Arrêt ; un tiers presente sa Requête d'intervention ; l'on prétend qu'il doit être débouté ; il dit qu'il est intervenu depuis trois jours, & qu'il n'a pû encore instruire. La Cour a ajugé l'heredité suivant l'accord des Parties, & ajoûta sans que l'Arrêt puisse nuire à l'intervention. Arrêt du Parlement de Paris du 9. Février 1610. *Plaidoyers de Corbin, ch. 55.*

9 Intervenant pourvû en forme de *si neutri*, reçû dans l'Instance de Requête Civile, contre un Arrêt de récréance. Jugé au Parlement de Grenoble le 21. Novembre 1612. V. *Basset, tome 1. liv. 1. tit. 5. ch. 4.*

10 Intervenant de la Religion Prétenduë Réformée dans une cause instruite au Parlement de Grenoble, ne la peut attirer en la Chambre de l'Edit, ni autrement arrêter le Jugement du procés principal. Arrêt du 11. May 1616. *Ibid. liv. 2. tit 4. ch. 4.*

11 Arrêt du Parlement de Provence du 18. Decembre 1666. qui a jugé que les Seigneurs peuvent intervenir en cause au Parlement, lors qu'ils prennent le fait de leur Procureur Jurisdictionnel. *Boniface, tome 1. liv. 3. tit. 2. chap. 10.*

12 Un pere se plaint du meurtre commis en la personne de son fils, lequel étoit Garde-Chasse de M. le Marquis de Biron ; celuy-cy demande d'être reçû Partie intervenante. Arrêt du Parlement de Toulouse le 3. Janvier 1688. qui le reçoit. On jugea que les Loix & les Ordonnances en prohibant la multiplicité des accusateurs, n'entendoient parler que de ceux qui avoient le même interêt ; que le sieur Marquis de Biron avoit un interêt propre & particulier à poursuivre le meurtre commis en la personne d'un de ses Officiers. V. *M. de Catellan, liv. 9. chap. 8.* où il est observé que le 13. Avril 1668. le Seigneur Justicier du lieu avoit été exclus d'intervenir, pour s'opposer à l'entherinement des Lettres de grace.

INTRUSION.

Voyez *les Memoires du Clergé, tome 5. partie 8. page 471. les Définitions Canon. p. 388. & suiv. Borjon, tome 4. page 168.*

Rebuffe en parle en la seconde partie de sa Pratique Beneficiaire, Glose 4. de la regle *de subrogandis colligantibus.*

1 Jusqu'à ce que les Evêques ayent leurs Provisions du Pape, ils ne doivent s'ingerer en la fonction, ni en la perception des fruits & revenus, autrement ils se rendroient inhabiles. *Rebuffe, partie 1. chap. formâ dimiss. Litter. num. 3.*

Les Provisions qui depuis leur seroient données par le Pape, ne seroient valables, à moins que mention n'y fût faite, de ce qu'ils se seroient ainsi immiscez. *Ibidem.*

2 *Gesta per intrusum an teneant* ? Voyez *Franc. Marc. tome 1. quest. 1184.*

3 *Impetratio Beneficii detenti per intrusum, etiam ultrà triennum, nullâ factâ mentione de possessione, & intrusione an valeat.* V. *Idem. tom. 2. quest. 141.*

4 *Intrusus non titulatus nunquam præscribit. Intrusus spoliatus remedio reintegrandâ non gaudet.* Voyez *ibid. quest. 659.*

5 *Qualiter procedat Julii Tertii constitutio contrà intrusos, litteris non expeditis.* Voyez *Lotherius, de re Beneficiariâ, li. 3. quest. 19.*

6 Si l'intrusion préjudicie au Dévolutaire ? Voyez le mot, *Dévolut, nomb. 45.*

7 Celuy qui se met en possession d'un Benefice sans titre, est intrus ; encore qu'il prenne ensuite les Provisions. *Définit. Canon. p. 391.*

8 *Qui impetravit Beneficium à Papa in formâ dignum, & ingreditur possessionem & percipit fructus sine Visâ, est intrus*, & le Benefice impetrable. *Secus in formâ gratiosâ, tunc potest ingredi possessionem servatis solemnibus. Mornac, L. 1. §. licet ff. de periculo & commodo rei venditæ, fol. 651.* Voyez la Conference des Ordonnances, §. 83. Pour obtenir le Benefice *in formâ gratiosâ*, l'on envoye à Rome une attestation des vie, mœurs & doctrine de la personne.

9 M. *Dolive, quest. notables de Droit, liv. 1. ch. 16.* dit que dans le ressort du Parlement de Toulouse, pour ne pas encourir le vice d'intrusion, l'Impetrant pourvû en forme gracieuse, doit obtenir des Lettres de Chancellerie, portant commission au premier Juge Royal, qu'aprés avoir connû la verité & la validité de la Provision, il luy permette de prendre possession, sans qu'on luy puisse opposer le vice d'intrusion.

10 Un des Droits & Libertez de l'Eglise Gallicane, est que le Pape ne peut composer avec ceux qui auroient été vrais intrus de Beneficiers de ce Royaume, sur les fruits par eux perçûs injustement, ni les leur remettre pour le tout, ou partie, au profit de sa Chambre, ni au préjudice des Eglises ou personnes, au profit desquels tels fruits doivent être convertis. *Bibliot. Canon. 10. 1. p. 323. col. 2.*

INVALIDES.

Invalides, leur établissement est du mois d'Avril 1674. Voyez *cy-aprés, verbo Oblat.*

Arrêt du Conseil du 12. Février 1677. portant qu'il sera retenu deux deniers pour livre des gages des Officiers des Maréchaussées, pour l'Hôtel des Invalides. *Maréchaussée de France, page 937.*

INVENTAIRE.

Inventaire. *Index bonorum. Commentarium.*

De jure deliberandi. D. 28. 8... C. 6. 30... Par l'ancien Droit, l'heritier avoit un délay pour déliberer s'il accepteroit la succession ; mais Justinien introduisit le beneficed'inventaire, par la Loy derniere au Code, *De jure deliber.* V. *Délibérer.*

Ut mulier, soluto matrimonio, dotem suam, propterque nuptias donationem &c. in Commentarium conscribat. Leon. N. 110. Inventaire des choses dotales, pour la repetition de la dot.

De jurejurando à moriente præstito propter mensuram suæ substantiæ. N. 48. Inventaire fait & affirmé par le pere de famille.

De inventario. Voyez ce qui a été écrit, *Per Angelum de Perusio, per Guid. Papæ & per Franc. de Porcellinis.* Touchant les inventaires. V. le titre 8. du 15. livre de *Papon,* & M. *Du Plessis, en son traité de la Communauté.*

1 L'heritier doit faire Inventaire, quand & comment ? Voyez le mot *Heritier, nomb. 287. & suiv.*

2 Par la disposition du Droit commun, il y a 30. jours pour faire inventaire, autrement on est reputé heritier simple ; mais il suffit que l'inventaire soit achevé dans les 60. jours, quoiqu'il soit commencé aprés les 30. premiers. Ainsi jugé à Grenoble. *Papon, liv. 21. tit. 10. nomb. 5.*

3 L'heritier qui n'a point fait d'inventaire, n'est pas recevable au benefice de cession *ob dolum præsumptum. Brodeau, sur M. Loüet, lettre C. somm. 54. nomb. 3.*

4 Il ne se fait point d'inventaire dans le Dauphiné, qu'il n'y ait partie requerante suivant l'usage établi par le statut du Gouverneur Jacques de Montmaur de l'an 1399. Voyez *Chorier en sa Jurisprud. de Guy Pape, p. 305.*

5 Pere usufruitier des biens du fils, doit permettre qu'inventaire soit fait, même s'il est connu être mauvais ménager & qu'on en fasse preuve, il doit être condamné à fournir caution pour répondre des meubles & choses contenuës dans l'inventaire, l'usufruit fini. Ainsi Jugé au Parlement de Bourdeaux le 26. Juillet 1510. *Bibliotheque de Bouchel, verbo, Inventaire.*

6 Inventaire ne se doit ordonner par provision en procés de société, s'il n'apparoît par acte ou instrument public promptement exhibé de la société. Ainsi jugé au Parlement de Paris le 23. May 1519. *Ibid.* & *Papon, liv. 15. tit. 6. nomb. 7.*

7 L'inventaire doit être solemnellement fait & sans aucune nullité pour pouvoir s'en servir. Arrêt des 23.

P pp iij

Decembre 1529. & 20. Mars 1552. par lesquels la Cour n'eut point d'égard à ce que la femme étoit jeune & ignoroit les affaires. *Papon, liv.* 15. *tit.* 6. *nomb.* 6.

8 Arrêt du 7. Février 1552. qui ordonne qu'inventaire & description des biens meubles du défunt sera fait le lendemain de sa mort par les Officiers de la Justice du lieu le plus diligemment & fidellement que faire se pourra, avec Appréciateurs Jurez, lesquels seront donnez en garde & déposez és mains du plus proche voisin, ami du défunt qui s'en chargera, & seront les Sergens renvoyez de la maison du défunt où ils ne pourront être en garnison. *Ibidem, nomb.* 10.

9 Marâtre ou belle-mere heritiere est tenuë faire Inventaire, & bailler caution des meubles avant que d'en avoir délivrance : car une marâtre est réputée *tanquam prorsus extranea usufructuaria & ad eamdem teneur de jure*. Arrêt du Parlement de Paris en Decembre 1554. *Bibliotheque de Bouchel*, verbo, *Inventaire*.

10 La veuve ne peut être condamnée par provision à la requête de l'heritier à faire Inventaire de tous les biens, mais seulement pendant le procés, des titres, non des meubles. Arrêt du 30. May 1564. *Papon, liv.* 15. *tit.* 6. *nomb.* 8.

11 Quoique par disposition du droit, l'heritier écrit, en se portant heritier simple, fasse confusion de ses droits, toutesfois, par Arrêt du Parlement de Toulouse donné le 4. May 1567. entre Calabris & le Syndic de la Table Saint Michel, il a été jugé qu'une femme se portant heritiere de son mary sans faire d'inventaire, ne perdoit point sa dot. *Bibliotheque de Bouchel*, verbo, *Douaire*.

12 L'heritier n'est pas tenu de montrer l'inventaire des biens de son pere ni ayeul. Arrêt du Parlement de Grenoble du 8. Decembre 1584. *M. Expilly, Arr.* 190.

13 Le pere donateur est tenu de faire proceder à l'inventaire des biens de son pecule castrense de son fils, & de ceux qu'il luy a donnez en Contract de mariage, en rendre compte & prêter le reliqua, comme tout autre Administrateur. Arrêt du même Parlement de Grenoble du 13. Novembre 1608. *Basset, tome* 1. *liv.* 5. *tit* 4.

14 Pour la solemnité d'inventaire, l'assistance du Curateur y est requise, & la presence du Substitut de M. le Procureur General ou du Procureur Fiscal, ne le rend point solemnel. Voyez *Brodeau sur M. Louët, lettre D. somm.* 58, *& lettre I. somm.* 11. *lett. C. somm.* 30. *nomb.* 12.

15 Une veuve mere & tutrice de ses enfans impuberes, le Procureur du Roy ne la peut obliger à faire apposer le scellé, ni faire inventaire contre sa volonté. Arrêt du 7. Août 1617. *Mornac, l.* 1. §. *solent, ff. de officio præfecti urb.*

16 Par Arrêt du Parlement de Normandie du 16. Mars 1600. il a été jugé que les deniers de l'inventaire se doivent lever dans les trois ans, aprés lesquels on n'est plus recevable à les demander, sinon qu'il y eût reconnoissances par écrit, lesquelles n'auront hypoteque que du jour qu'elles auront été reconnuës en Justice. *Berault, sur la Coûtume de Normandie, art.* 593.

17 Il a été jugé au Parlement de Roüen par plusieurs Arrêts, que les Créanciers pour un tutelle ou pour une autre dette, ne peuvent être presens aux inventaires, afin que les affaires des maisons ne soient pas publiées & découvertes à tout le monde, *ff. l.* 3. *de receptis qui arb. recept.* Arrêt du 16. Avril 1614. pour du Planquer, contre Fanchon. *Basnage, sur la Coûtume de Normandie, art.* 92.

18 Si les frais de l'inventaire doivent être payez au *pro-rata* des biens que l'on prend, & si l'heritier qui n'a fait inventaire, prenant les meubles, peut empêcher la délivrance des legs ? Voyez *Bouvot, tome* 2. verbo, *Inventaire des biens par benefice. quest.* 7.

19 Le Juge peut ordonner inventaire être fait lorsqu'il y a des mineurs absens, ou contestation pour la succession. Arrêt du Parlement de Bourgogne du 9. Février 1601. *Ibidem, quest.* 3.

Un inventaire d'un Contract de constitution de rente portant le jour & date d'un Contract, & le Notaire qui l'a reçu, ne fait foy contre un tiers, le Greffier l'ayant reçu. Arrêt du même Parlement de Dijon du 11. Septembre 1603. il faut prouver la teneur ou la perte du Contract. *Ibid. quest.* 1.   11

Le Legataire universel est tenu de faire inventaire, & en ce cas il n'est tenu des dettes que jusques à la concurrence de ce qu'il amende, mais s'il n'en fait point, il est tenu entierement & *indefinité*. Voyez *M. le Prêtre*, 2. *Cent. chap.* 39.   12

Si les Legataires & les Créanciers certains qui sont de la qualité à assister à l'inventaire, n'y ont pas été assignés nommément, l'heritier en perd le benefice à leur égard. Arrêts du Parlement de Grenoble de 1624. 1667. & 1668. rapportez par *Chorier en sa Jurisprudence de Guy Pape, page* 206.   12

Jugé au Parlement de Toulouse le 18. Janvier 1649. aprés partage, qu'une femme instituée par son mary, à la charge de rendre aprés certain temps, n'ayant fait inventaire que deux ou trois ans aprés la mort du Testateur ; & cet inventaire ayant été cassé par défaut de formalité, ne pouvoit aprés la restitution de l'heredité être convenuë par les Créanciers hereditaires, & pouvoit demander sa dot. Je crois neanmoins, dit *M. de Catellan, liv.* 4. *chap.* 67. que si le substitué ne vouloit accepter de fideicommis que sous benefice d'inventaire, & que les effets hereditaires ne fussent pas suffisans pour le payement des Créanciers, il seroit juste de leur donner le recours contre la femme.   13

L'inventaire fait par un fils sans appeller les Legataires, ni les autres freres & sœurs, est nul, du moins quant aux freres & sœurs, que l'heritier ne peut pas ignorer y avoir interêt, & qui en cas d'abstention ou de répudiation sont heritiers *ab intestat*. Arrêt du Parlement de Toulouse au mois de Janvier 1667. Les enfans ont un droit si naturel sur les biens de leur pere qu'il est juste de les appeller à la description & à l'inventaire de ses biens. *Voyez Ibid. liv.* 2. *chap.* 56.   14

Henrys, tome 1. *liv.* 6. *chap.* 4. *quest.* 11. rapporte un Arrêt du 10 Juillet 1635. qui a confirmé une Sentence renduë en son siége, par laquelle une femme instituée heritiere par son mary a été declarée heritiere pure & simple, faute d'avoir fait faire inventaire dans les formes, quoy qu'elle eût fait sa declaration qu'elle n'entendoit accepter la succession que par benefice d'inventaire, & que le Juge luy eût donné acte de sa declaration.   15

Le succeseur és biens d'un défunt est tenu indefiniment des dettes par luy créées, à faute d'avoir fait inventaire. Jugé le 16. Mars 1654. contre les Religieux de la Trinité de Meaux, qui n'avoient fait inventaire des meubles trouvez aprés le décés de Frere Noblin Religieux de leur Ordre, vivant Curé de la Paroisse S. Remy de la même Ville. *Soëfvé, to.* 1. *Cent.* 4. *c.* 59.   16

Biens saisis, inquantez & délivrez, l'interposition par decret intervenuë ; mais non la prise de possession, doivent être inscrits dans l'inventaire des biens du debiteur défunt, comme étant encore ses effets, il n'y a que l'adjudication qui le depossede. Arrêt du Parlement de Grenoble du 1. Juin 1655. *Basset, tome* 1. *liv.* 5. *tit.* 4. *chap.* 1.   17

Jacques Boutin Marchand Davalon, avoit été condamné, par Sentence donnée au Bailliage de la même ville, d'ouvrir partage à un enfant de son premier lit, pour un tiers dans ses biens meubles & acquêts, d'autant qu'il n'avoit pas fait inventaire aprés le décés de sa premiere femme. Sur son appel, la Cour par Arrêt du 3. Février 1661. en reformant, ordonna qu'il seroit tenu compter à cet enfant des biens délaissez par sa mere, suivant l'état que Boutin pere en donneroit ; & qu'il affirmeroit veritable. *Taisand, sur la Coûtume de Bourgogne, tit.* 4. *art* 19. *nomb.* 7.   18

Un heritier s'étant contenté de faire inventaire des meubles sans aucune estimation, s'étant même conten-   19 té d'employer les titres & papiers sous les termes generaux, *Item un ou plusieurs sacs ou liasse de papiers*, il fut jugé que cet inventaire n'étoit suffisant pour l'admettre au benefice d'inventaire. Arrêt du dernier Août 1662. Soëfve tome 2. Cent. 2. chap. 50.

30. Pierre & Loüis Allard ayant prétendu être reçus à faire inventaire dix mois après la mort de leur mere de laquelle ils étoient heritiers, en furent deboutez par Arrêt du Parlement de Grenoble du 19. Janvier 1675. Arrêt semblable du dernier Août 1680. rapporté par Chorier en sa Jurisprudence de Guy Pape, page 207.

31. L'Ordonnance de 1667. quoiqu'elle n'en parle pas, ne dispense pas de faire proceder à l'inventaire, les interressez appellez, comme il a été jugé au Parlement de Grenoble le 22. Août 1676. pour M. Pierre Blain Avocat, contre Etienne & Benjamin Rivail, que cet Arrêt declara heritiers purs & simples de leur pere, pour n'avoir appellé personne à l'inventaire de ses biens ; par la raison que l'Ordonnance n'y oblige pas, & que les inventaires se font ainsi dans le ressort du Parlement de Paris. Cet Arrêt fut rendu *consultis classibus* & il a été publié dans les Sièges Royaux subalternes ; il est rapporté *Ibidem*, page 206.

32. Inventaire fait à Paris, signé des parties & d'un Notaire seul, fut declaré nul par Arrêt de la Grand-Chambre, le Jeudy 12. Février 1682. De la Guess. tome 4. liv. 5. chap. 5.

33. Arrêt de Reglement du 8. Juin 1693. pour la levée des scellez & confection des inventaires. Journal des Audiences, tome 5. liv. 9. ch. 13.

34. Une femme veuve qui s'est une fois immiscée, sans avoir fait inventaire, ne peut demander d'être restituée. Jugé au Parlement de Tournay le 30. Avril 1697. Il faut observer que la veuve avoit passé à de secondes nôces, & qu'elle avoit donné un état de dettes fort suspect. V. M. Pinault, tome 2. Arr. 151.

35. Acte de Notorieté de M. le Lieutenant Civil du 25. Février 1708. qu'il n'y a point d'acte qui puisse suppléer à un inventaire qui n'est pas fait suivant les formalitez ordinaires & prescrites par la Coûtume. Recüeil des Actes de Notorieté, page 234.

INVENTAIRE, APOTICAIRES.

36. Inventaire des drogues d'un Apotiquaire, comment & par qui se fait? *Voyez* le mot *Apoticaire*, nomb. 16.

BENEFICE D'INVENTAIRE.

37. Le benefice d'inventaire qui est une grace que le Prince accorde, ne peut être denié, interdit, ni défendu par la volonté même & prohibition des Testateurs. Arrêt du 8. Août 1590. & par autre Arrêt pour M. Cayton lors Conseiller au Grand Conseil, & depuis Président aux Enquêtes à Toulouse. La Rocheflavin, liv. 6. tit. 55. Arrêt 1.

Voyez lettre B. le titre Benefice d'inventaire.

INVENTAIRE, COMMISSAIRES.

38. Dans la Ville & les Fauxbourgs de Paris les Notaires du Châtelet font les inventaires, & non pas les Commissaires ni Greffiers, encore que par authorité de Justice le Procureur du Roy ou autre eût fait proceder par voye de scellé. Bacquet, des droits de Justice, chap. 25. nomb. 41.

39. Arrêt du Parlement de Paris du 14. Août 1636. portant défenses aux Commissaires sous prétexte de scellez de proceder à aucuns inventaires & déscriptions de biens. V. les Chartres des Notaires, chap. 7. p. 477.

40. Arrêt du Conseil d'Etat du 28. Novembre 1647. rendu sur la Requête du Syndic general du Languedoc, faisant défenses aux Commissaires des inventaires établis dans ladite Province, de proceder aux inventaires, s'ils ne sont requis, ou par les Procureurs de sa Majesté pour son interêt, ou celuy du public, ou pour la conservation des biens des mineurs, conformes aux Ordonnances & Reglemens donnez pour lesdits Offices, ce qui doit être entendu qu'à l'égard des mineurs qui manquent d'Administrateurs, comme de pupiles qui manquent de Tuteurs. Arrêt du 27. Juin 1675. autre

Arrêt du 12. Juin 1672. qui casse un inventaire fait par le Président du Présidial de Lectour sur la requisition du Procureur du Roy, au préjudice de l'acte que le frere du défunt avoit fait, qui nomma son frere pour Tuteur, Graverol, sur la Rocheflavin, l. 6. t. 55. Arr. 1.

41. Inventaire des biens d'Eglise. V. les Memoires du Clergé, tome 1. part. 1. page 463.

INVENTAIRE, COMMUNAUTÉ.

42. De la necessité & des formalitez de l'inventaire pour défendre une Communauté & en empêcher la continuation. Voyez le mot Communauté, nomb. 50. & suivans.

Voyez le mot Continuation, où il est parlé de la continuation de Communauté.

43. Si le survivant des deux conjoints par mariage, qui ne fait inventaire, & dissoudre la Communauté d'entre luy & ses enfans, doit gagner ou du moins participer par moitié à la succession mobiliaire, aux descendans durant ladite continuation suivant l'art. 311. de la Coûtume de Paris, ou si la succession accroîtra entierement aux autres enfans vivans, suivant l'art. 243. de ladite Coûtume? Voyez Filleau, 4. partie quest. 293.

44. Aux pays où il n'y a point de continuation de communauté, si le survivant n'a point fait inventaire, les enfans ne sont point reçus à jurer *in litem* contre le pere ou la mere sur la quantité des biens delaissez par le predecedé. La Peirere, lettre C. nomb. 25. cite Dargentré sur l'art. 418. de la Coûtume de Bretagne, gloss. 5. nomb. 3. dont l'opinion est contraire ; il ajoûte, j'ay toûjours vû pratiquer que le pere & la mere en sont quittes en baillant par description les biens qu'ils avoient lors de la societé finie, en se purgeant sur la verité d'icelle & je n'admettrois jamais les enfans à jurer in litem contre leur pere ou mere.

45. Voyez M. le Prêtre, 1. Cent. chap. 4. & 2. Cent. chap. 22. & l'art. 241. de la Coûtume de Paris. A Senlis l'inventaire sans être clos, empêche la continuation de communauté. Arrêt du 13. Août 1558. Le Vest, Arrêt 6.

46. Le 7. May 1573. plaidans Marion & Chopin, fut appointé au Conseil, sçavoir si l'inventaire commencé par la mere & non clos étoit un Acte suffisant pour arrêter la continuation de communauté entre la mere & les enfans, en la Coûtume de Paris, qui dit qu'inventaire fait ou acte dérogeant à la communauté, empêche la continuation de communauté? M. Marion allégua avoir été jugé en la Coûtume de Senlis, qu'il suffisoit qu'il y eût inventaire fait, encore qu'il ne fût clos pour empêcher la continuation de communauté. Bibliotheque de Bouchel, verbo, Inventaire.

47. Inventaire n'étant bien fait entre la veuve survivante & les heritiers du mary predecedé, la communauté est continuée. Arrêt du 27. Mars 1574. entre Damoiselle Anne de Conan d'une part, & M. François de Pimont, d'autre part. Le Vest, Arr. 131.

48. La Coûtume de Paris dispose en l'article 241. que pour dissoudre la Communauté entre le survivant & les enfans mineurs, il faut qu'il soit fait inventaire, & qu'il soit clos dans les trois mois ; & cependant les Arrêts ont jugé que pour la validité de la renonciation de la femme à la communauté, & la décharger des dettes, cette clôture dans les trois mois n'étoit point necessaire, mais seulement pour empêcher la continuation de communauté ; il y en a un du 18. Novembre 1600. V. Duplessis, en sa dixiéme Consultation.

49. Si faute de clôture & affirmation d'un Inventaire l'on peut demander continuation de communauté en la Coûtume qui ne statuë rien à ce sujet ? Voyez les Reliefs Forensés de Rouillard, ch. 39. où il dit, le débat des opinions fut grand sur ce Procés, ayant été mis sur le Bureau de la Premiere Chambre des Enquêtes au mois de May 1606. car les uns alleguoient des Arrêts par lesquels il avoit été jugé qu'un Inventaire, même imparfait en l'ancienne Coûtume de Paris, & autres, non requerant clôture, ny affirmation, suffisoit pour

diffoudre une communauté: Les autres eftimoient qu'il valoit mieux juger par Loix & par Coûtumes que par exemples; tellement que fur ce concert les Chambres ayant été confultées, & les opinions s'étant rangées de l'avis de M. le Rapporteur, qui tenoit pour la nullité de l'Inventaire non clos, ni affirmé, l'Arrêt fut prononcé en Robes rouges pour fervir de Loy à l'avenir en toutes les Coûtumes non requerant clôture ni affirmation expreffe, comme la nouvelle reformée de Paris. Cet Inventaire fut declaré nul & defectueux, & la communauté continuée par tiers.

50 Inventaire defectueux qui contient des omiffions, & n'eft figné du Subrogé tuteur, n'empêche la continuation de communauté en la Coûtume d'Orleans. Arrêt du 5. Janvier 1623. Bardet tome 1. liv. 1. ch. 106.

51 Inventaire fait à Tours fuivant la Coûtume du lieu, par un Officier qui avoit fuivi le Parlement durant la ligue, étoit valable en la Coûtume de Paris pour empêcher la continuation de communauté. Arrêt du 23. Mars 1628. Du Frefne, liv. 2. chap. 15.

52 Dans la Coûtume d'Anjou un Inventaire tel quel interrompt la continuation de la communauté: une fomme de deniers ftipulée propre à la femme & à fes hoirs, avec claufe d'employ en heritages, appartient au pere après la mort de fa fille, &c. Arrêt du 28. Février 1664. De la Guefs. tome 2. liv. 6. ch. 17.

53 Minutte d'Inventaire fignée des Parties & d'un Notaire feulement, & la clôture mife fur la minute, ne diffout point la communauté; entre M. Treton & le fieur Goillard de la Ville de Paris, Arrêt du 12. Février 1682. De la Guefs. tome 4. liv. 5. chap. 5.

54 Sentence renduë au Châtelet le 3. Février 1683. par laquelle on a condamné la veuve de raporter dans huitaine un bon & fidelle Inventaire, finon declarée commune. Voyez l'Auteur des notes fur M. Dupleffis, traité de la Communauté liv. 2. chap. 3.

55 Inventaire non figné du Notaire fuffit pour empêcher la continuation de communauté. Voyez la 10. Confult. de M. Dupleffis.

INVENTAIRE, CONFUSION DE DETTES.

56 Par Arrêt du 28. Février 1668. rendu en la Coûtume de Virry, qui donne au gardien noble les meubles en proprieté, jugé que la veuve ayant accepté la communauté fans faire inventaire, & la garde noble de fes enfans, avoit confondu toute la reprife de fes deniers dotaux, & le remploi de fes propres alienez, à proportion des meubles dont elle étoit préfumée avoir profité, & la Cour en fit une ventilation par opinion. Voyez Ricard, fur l'art. 152. de la Coûtume de Senlis.

57 L'Inventaire n'ayant été commencé qu'après les trois mois du décés, les fucceffions mobiliaires deviennent confufes en la communauté: la queftion ayant été décidée au profit de Nicolas le Roux, Marchand Bourgeois de Paris, & Anne Marie Guiot fa femme, contre Marguerite Guiot, femme de M. Laurent Buirette, Procureur au Châtelet, & contre Elizabeth Guiot fa fœur, par Sentence du Châtelet du 22. Decembre 1688. confirmée par Arrêt de la Grand'Chambre, après un arrêt de partage, & que l'affaire eut été départie en la troifiéme Chambre des Enquêtes, le 5. Février 1694. où il ne fe trouva que deux de Meffieurs d'avis contraire. Voyez l'Auteur des notes fur M. Du Pleffis Traité de la Communauté liv. 3. chap. 5.

INVENTAIRE, DELAY.

58 Acte de notoricité donné par M. le Lieutenant Civil le 23. Février 1708. portant que les délais de faire l'inventaire ne font point peremptoires; que la femme peut toûjours le faire, & qu'en faifant enfuite une renonciation à la communauté, elle a un effet rétroactif au jour du décés, pourvû & non autrement, que les chofes foient entieres, que la femme ne fe foit pas immifcée, n'ait diverti, recelé ny difpofé des effets, c'eft-à-dire, rebus integris. Recuëil des Actes de notorieté pag. 234.

Voyez cy-après les nomb. 150. & fuiv.

INVENTAIRE, FALCIDIE, TREBELLIANIQUE.

59 Si l'heritier eft adftraint de faire inventaire, pour diftraire la quarte falcidie, au pays de droit écrit ? Voyez le mot Falcidie. n. 11.

60 Non confecto Inventario amittitur Trebelliana. Voyez Sthockmans, decif. 42.

Voyez Henrys, tome. 2. liv. 5. queft. 6.

61 Par Arrêt du Parlement de Paris, jugé que l'heritier inftitué, qui n'a point fait d'inventaire, ne peut demander la detraction de la falcidie, quoique le défunt luy ait défendu par fon teftament de faire inventaire. Autre Arrêt qui a jugé le contraire. Voyez Ricard des Donations entre-vifs, 3. part. chap. 8. fect. 5. n. 1001.

62 C'eft l'ufage du Parlement de Dauphiné, qu'encore que les enfans en premier degré, chargez de fideicommis, n'ayent pas fait d'inventaire, ils ne perdent point la trebellianique, non plus que par la loy ils ne perdent leur légitime: mais en ce cas l'heritier étranger perd la trebellianique. La raifon de la difference eft que l'heritage du pere étant deftiné à fes enfans par la narure même, ils n'ont qu'à perdre dans l'inventaire, & au contraire l'étranger n'a qu'à gagner. Voyez Guy Pape, queft. 53. & 351.

63 Le 7. Decembre 1582. il a été jugé au Parlement de Toulouse, qu'une fille inftituée heritiere par fon pere, à la charge de rendre fon hereditè, n'ayant pas fait inventaire, ne pouvoit diftraire la donation de la moitié des biens qui luy avoit été faite par fon pere, & qu'elle fe devoit contenter de fa legitime & quarte qui luy fut ajugée fur tout le bloc. Par ce même Arrêt il fut jugé que les legs qu'elle avoit payés feroient par elle repetez fur la portion ajugée au fubftitué. De Cambolas, liv. 1. chap. 6.

64 On a demandé fi l'heritier inftitué eft privé de la trebellianique faute d'avoir fait inventaire? Quelques-uns ont tenu l'affirmative, d'autres au contraire; & ceux-cy ont été fuivis par And. Gaill, lib. 2. practicar. obfervat. & Rolland de à Valla, Confil 27. & autres, M. Maynard lib. 5. chap. 61. des queftions notables, témoigne que la privation eft indubitablement obfervée au Parlement de Toulouse. Aucuns tiennent que cela fe doit pratiquer pour les étrangers, & non pour les enfans & defcendans. Gloff. in Authent. fed cum teftator e. ad l. falcid. & in authent. hoc amplius, C. de fideic. Toutefois la queftion a été jugée, tant en faveur des enfans que des étrangers, par deux Arrêts de Paris, l'un du 1. Juin 1596. fur un appel du Juge de Mâcon, l'autre du 12. Decembre 1598. Bibliotheque de Bouchel, Verbo, Inventaire.

65 Jugé au Parlement de Paris le 2. Janvier 1599. que faute d'avoir fait inventaire des meubles, titres & enfeignemens, non feulement la trebellianique étoit perduë, mais auffi la légitime pouvoit être diftraite. Bibliotheque de Bouchel, lettre G. au titre, de gradibus fubftitutionum.

66 Jugé par Arrêt du 17. Mars 1612. que l'heritier faute de faire inventaire, les fidei-commiffaires appellez, eft privé de la quarte falcidie, tout ainfi que de la falcidie. Filleau, 4. part. queft. 119.

67 Jugé au même Parlement de Paris le 19. Janvier 1669. que la prohibition de faire inventaire à l'heritier inftitué emporte auffi la prohibition de diftraire la falcidie, parce qu'au défaut de l'inventaire on ne peut pas fçavoir en quoy confiftoit la valeur des biens delaiffez par le teftateur pour juger à quoy peut aller la falcidie. Soefve, tom. 2. cent. 4. chap. 30.

68 L'heritier chargé de fubftitution n'eft fujet à aucune peine pour n'avoir fait inventaire. Voyez M. Abraham la Peirere en fes décifions du Palais, lettre S. nomb. 65. ou après avoir cité les Auteurs qui font de cet avis. Il ajoûte; Il fe juge à Bourdeaux que le défaut d'inventaire ne prive point l'heritier grevé de la legitime & de la quarte, & a été de nouveau ainfi jugé au procés des Seigneurs Durfé concernant la fubftitution des biens de Lafcaris; j'ay néanmoins été toûjours dans ce fentiment, que

le défaut d'inventaire privoit les enfans heritiers grevez, de substitution de la détraction de la quarte, & non de la legitime. Et les étrangers heritiers grevez de la détraction de la quarte, ne voyant en cet endroit nulle raison de la difference de la quarte Trebellianique, d'avec la quarte fidicide, laquelle par la Novelle premiere est déniée à l'heritier sur les legataires, à faute d'Inventaire.

Arrêt du 15. May 1673. rendu en la Grand'Chambre au rapport de M. de Mirat. François Roques par son testament institué son fils son heritier, & luy substitué Marie Lafite sa mere en cas qu'il mourût sans enfans, & ou tous deux viendroient à déceder, substitué son plus proche. Le fils heritier institué decede sans enfans. Ladite Lafite passe en secondes nôces avec le nommé Delsey, dont elle a des enfans lesquels sont convenus par un neveu dudit Roques, qui demande l'ouverture de la substitution. Les enfans de ladite Lafite disent deux choses; l'une que ladite Lafite ayant laissé des enfans, la substitution avoit été faite caduque, & qu'encore ladite Lafite devoit prendre sa legitime & quarte sur les biens substituez. Le neveu replique que ladite Lafite & ledit Delsey son mary, avoient été sommez à diverses fois de faire inventaire, & rapporte preuve comme ladite Lafite avoit levé l'argent de cinq obligations hereditaires. Jugé que ladite Roques n'ayant point fait mention du mot d'enfans, dans la substitution dont ladite Lafite étoit-chargée, la condition d'enfans à l'égard de ladite Lafite ne pouvoit point être suppléée, & qu'encore ladite Lafite ne pouvoit détraire ni legitime, ni quarte, ni dot, ni ajancement, ni hypoteque. Je trouve l'Arrêt rude pour la dot, ajancement & hypoteque. La Peirere, lettre S. nomb. 65.

INVENTAIRE, FRAIS.

69 Frais de Scellé & d'Inventaire sont considerez comme une charge de la succession, laquelle se prélève sur la masse. Voyez le mot Frais, n. 75.

70 Les Inventaires ordonnez être faits par provision sur la requisition d'une des parties pendant le procés d'une succession universelle, se doivent faire aux dépens de l'hoirie. Arrêt du 18. Novembre 1527. Papon, liv. 15. tit. 6. n. 8.

71 Le Tuteur n'est tenu de faire inventaire des meubles, si les frais absorbent la valeur d'iceux. Arrêt du Parlement de Bourgogne du 3. Juin 1575. Bouvot, tome 1. part. 3. Verbo, Inventaire.

72 Les heritiers sont tenus de payer les frais de l'inventaire, & non pas la veuve qui renonce à la communauté, quoique donataire de son mary des meubles & acquets. Arrêt du 16. Mars 1661. De la Guess. tome 2. liv. 4. chap. 16.

73 Si le substitué demande une description des effets dependans de la substitution, elle doit être faite à ses frais, en presence de l'heritier, malgré luy, s'il n'y veut consentir, & en presence de deux ou trois de leurs parens, par un Notaire; cette sorte d'inventaire ne sera fait que dans l'interêt des heritiers & du substitué seulement, & n'en sera point dans celuy des créanciers & des legataires. Jugé par plusieurs Arrêts du Parlement de Grenoble. Voyez Guy Pape, quest. 351.

INVENTAIRE, GREFFIERS.

74 Si les Greffiers font les inventaires ordonnez d'autorité de Justice? Voyez le mot, Greffier, nombres 86. & 87.

INVENTAIRE, HUISSIERS.

75 Fonctions des Huissiers aux inventaires. Voyez le mot Huissier, nomb. 23. & cy-après le nomb. 143.

INVENTAIRE D'IMPRIMEURS.

76 Des inventaires, prisées & vente d'Imprimerie & Librairie. Voyez l'Edit du mois d'Août 1686. portant Reglement pour la Communauté des Imprimeurs & Libraires à Paris, tit. 15, & cy-après le n. 94. & suiv.

JUGES QUI FONT INVENTAIRE.

77 Arrêt du Parlement de Paris de l'année 1390. pour l'Evêque de Bourges, par lequel il a été reçû à faire preuve contre le Duc de Berry qu'il étoit en possession

de faire Inventaire des meubles delaissés après le décez des Prêtres & Clercs de son Diocese. Papon, liv. 15. tit. 6. n. 3.

78 Inventaire des biens d'un Prêtre défunt doit être fait par les Officiers temporels. Arrêt du Parlement de Grenoble de l'an 1460. Ibidem n. 2.

79 Arrêt du Parlement de Paris du 7. Juin 1564. portant défenses aux Juges de se mêler d'aller faire inventaire, sans être appellez. Papon, ibid.

80 Défenses aux Juges & Procureur du Roy de faire inventaires des biens d'un défunt, s'ils n'en sont requis. Filleau, 2. part. tit. 6. ch. 75.

81 Contestation entre le Procureur du Roy de Quimpercorentin, & le Procureur de l'Evêque de Cornoüaille, à qui seroit un inventaire. Arrêt du Parlement de Bretagne du 16. Mars 1556. qui ordonne que les Parties informeront du lieu où la maison est située; & cependant les envoye au Juge de Quimpercorentin; car le Roy plaide toûjours saisi. Du Fail, liv. 1 chap. 7.

82 Arrêt du Parlement de Bretagne du 10. Juin 1617. qui fait défenses à tous Juges, & aux Substituts du Procureur General d'assister à la confection des inventaires des mineurs, à moins que le Roy ou autres Créanciers n'y ayent interêt. Ordonne que les inventaires seront faits par les Greffiers, deux parens ou amis des mineurs appellez. V. les Arrêts qui sont à la suite du Recueil de Du Fail, p. 13.

83 Maintenant le Juge & le Procureur du Roy ou Fiscal, ne vacquent aux confections des inventaires des mineurs, mais le Greffier seulement, appellant deux voisins ou parens, suivant l'art. 503. de la Coûtume de Bretagne, & par l'Ordonnance de Blois, article 164. un Notaire; ce qui est confirmé par l'Ordonnance de Loüis XIII. lesquelles Ordonnances sont gardées pour le regard du pere; & jugé qu'il suffisoit qu'un inventaire fût par luy fait. Arrêt du 12. Mars 1635. Sauvageau sur Du Fail, liv. 2. chap. 110.

84 Par Arrêts du Parlement de Normandie, rapporté par Berault, tit. de Jurisdiction, art. 5. in verbo, faire faire l'Inventaire, des 13. Février 1608. & 5. Février 1610. il a été jugé que les Juges se seroient ingerez de faire inventaire de biens, qu'ils n'y sont appellez, suivant l'Ordonnance de Blois, article 164. & celle de Loüis XIII. art. 155.

85 Les prérogatives de Noblesse, dont on ne joüissoit qu'en vertu de quelque privilege, cessoient par le décés de la personne; l'inventaire des meubles d'un Prêtre se doit faire devant le Vicomte; on a aussi jugé en la Grand'-Chambre de Roüen en 1621. que l'institution d'un Tuteur seroit faite devant le Vicomte, quoyque le pere eût exercé un Office Royal. Et par Arrêt du 13. Février 1633. entre le Vicomte de Vernon, & le Lieutenant de Robe-Courte, appellant du Prévôt, il fut dit que Fermelhuis, attendu sa qualité de Lieutenant de Prévôt, n'avoit point droit d'évoquer devant le Bailly, & fut renvoyé à proceder devant le Vicomte. Basnage, tit. de Jurisdiction, art. 5.

86 Inventaires ne doivent être faits par les Juges, s'ils n'en sont requis. Arrêt en forme de Reglement, rendu le 7. Août 1617. pour les Officiers d'Angoulême. M. l'Avocat General le Bret dit que les Juges ne devoient proceder aux inventaires sans requisition, que dans les cas où il s'agissoit de confiscation, desherence, droit d'aubaine, & bâtardise. Bardet, tome 1. livre 1. chapitre 8.

87 Juges & Procureurs du Roy ou Fiscaux, ne procedent à la confection des inventaires, s'ils n'en sont requis par les parties. Arrêt en forme de Reglement du 16. Juillet 1619. Ibid. ch. 66.

88 Inventaires des biens des mineurs doivent être faits par les Juges, & Commissaires Examinateurs, & non par les Notaires. Les majeurs se servent des uns ou des autres, à leur choix, auquel cas les Juges ne peuvent prendre plus que les Notaires. Arrêt du 10. Février 1622. pour les Officiers de la ville de Bourges. A Paris

Qqq

il n'en est pas de même, les Notaires font les inventaires. *Voyez ibidem*.

89. En la ville de *Noyon* la confection des inventaires appartient au Lieutenant General, par prévention sur tous les habitans, & par privation aux Officiers du Comté sur les Officiers du Roy. Arrêt du 8. Janvier 1624. *Du Frêne, liv. 1. chap. 12.* A Paris ce sont les Notaires du Châtelet. Les confections d'inventaires & partages en la ville de *Tours* réglez entre les Officiers le 6. Septembre 1674. *De la Guessiere, tome 3. livre 8. chapitre 16.*

90. Inventaires peuvent être faits par des Juges ou par des Notaires Royaux, au choix & option des Parties. Jugé le 21. Avril 1633. Les Officiers de la ville de *Saint Pourcien* en Auvergne, prétendirent instrumenter à l'exclusion des Notaires; la veuve qui refusa leur ministère fut emprisonnée. La Cour sur le requisitoire de Messieurs les Gens du Roy, décerna decret d'ajournement personnel contr'eux, & leur fit défenses d'exercer leurs Charges, à peine de faux. *Bardet, tome 2. liv. 2. chapitre 23.*

91. Le Lieutenant au Bailliage peut proceder à l'inventaire d'un Noble décedé dans le Marquisat. *Bouvot, tome 2. let. I. verbo, Inventaire des biens par benefice, question 5.*

92. Arrêt du Parlement de Provence du 16. Decembre 1658. qui a jugé que l'inventaire des biens d'Eglise doit être specifiquement & gratuitement fait par le Lieutenant. *Boniface, tome 1. liv. 2. tit. 7.*

93. Les Officiers des inventaires de l'Echevinage à *Tournay* n'ont droit que de deux patars à la livre de gros, sur le prix des marchandises qui se trouvent au grenier ou pacus appartenans à des mineurs, par droit de succession, dont ils font vendre publiquement les effets; ils n'ont aucun droit pour pareille marchandise appartenante à des majeurs. Jugé au Parlement de Tournay le 16. Juin 1700. *Voyez M. Pinault, tome 2. Arrêt 283.*

INVENTAIRE DES LIBRAIRES.

94. *Voyez cy-dessus le n. 76. & cy-après le n. 105.*
Par Arrêt du 27. Juin 1577. défenses à toutes personnes de faire aucune prisée ou inventaire d'aucuns Livres blancs ou reliez, neufs ou frippez, sinon aux Libraires. Cet Arrêt fait part d'un Reglement general, par lequel défenses sont faites à tous ceux qui ne sont Libraires, Religieux & Imprimeurs de rien entreprendre sur l'état de la Librairie. *Bibliotheque de Bouchel, verbo, Inventaire.*

95. Le 13. Mars 1608. les Notaires presenterent Requête à la Cour pour faire appeller les Libraires en contravention d'Arrêt, & à ce que défenses leur fussent faites à l'avenir de faire inventaire & description des Livres, & condamnez à la restitution des émolumens par eux reçus pour les inventaires du passé; le procès indécis. *Ibidem.*

INVENTAIRE PAR LES NOTAIRES.

96. Les Notaires commis preferablement aux Enquêteurs pour la confection des inventaires. Arrêt du Parlement de Paris du 7. Avril 1427. qui défend aux Enquêteurs de troubler les Notaires. Arrêt semblable de l'an 1551. *Papon, liv. 15. tit. 6. n. 9.* où il est observé que pour la pauvreté des successeurs à qui les biens appartiennent, l'on peut faire inventaire sans appeller d'Officiers.

97. Par Arrêt du 12. Août 1577. jugé en la Coûtume de *Bourges*, qui veut en l'art. 42. du tit 1. que les Inventaires des biens des mineurs se fassent par les Officiers ordinaires, qu'un inventaire ordonné par le Testament d'un pere, sera fait par un Notaire, le Testament le portant ainsi. *Chenu, tit. 25. ch. 131.* Ce qui est conforme à l'Ordonnance de Blois, art. 164. & a été jugé par Arrêts du Parlement de Bourgogne du 27. Février 1601. & 13. Mars 1602. rapportez par *Bouvot, tom. 2. verbo, Inventaire; question 2. ex multis authoritatibus ibi citatis.*

98. Arrêt du Parlement de Paris du 8. Janvier 1512. portant que les Parties prendront tels Notaires que bon leur semblera, pour la confection des inventaires. *V. les Chartres des Notaires, chap. 19. page 799.*

99. Arrêt du 14. Janvier 1558. en faveur des Notaires de la ville de *Sens*, pour la confection des inventaires dans la ville & banlieuë. *V. ibid. ch. 3. p. 280.*

100. Le 14. Decembre 1569. Arrêt en faveur des Notaires, contre les Maire & Officiers de *Sainte Geneviéve du Mont*, pour le fait d'un inventaire. *V. les Chartres des Notaires, chap. 11. p. 643.* où sont plusieurs autres Arrêts en leur faveur, contre les Officiers des Seigneurs dont les Justices ont été depuis réuniës au Châtelet.

101. Arrêt du Parlement de Paris du 14. Decembre 1569. en faveur des Notaires du Châtelet, contre un Huissier, qui pour la diversité des Jurisdictions, & en vertu d'Arrêt, prétendoit faire un inventaire. *V. ibidem, chap. 9. page 542.*

102. Le 29. Avril 1570. Arrêt qui ordonne que l'inventaire d'un Comptable sera fait par les Notaires au Châtelet; un Huissier de la Chambre des Comptes prétendoit que cela étoit de sa fonction. Autre Arrêt de la Chambre des Comptes du 29. Juillet 1627. pour la continuation par lesdits Notaires de l'inventaire d'un Comptable. *Ibidem, ch. 2. p. 237.*

103. Arrêt du Parlement de Paris du 12. Septembre 1587. en faveur des Notaires pour la confection d'un inventaire en la Cour du Palais. *V. ibid. ch. 10. p. 589.*

104. Arrêts du Parlement de Paris des 16. Janvier & 26. May 1612. en faveur des Notaires, contre les Huissiers de la Cour, qui requeroient que la confection des inventaires leur fut conservée. Arrêt semblable du 18. Février 1623. contre un Huissier des Requêtes du Palais. *Ibid. chap. 9. p. 545.*

105. Arrêt du Parlement de Paris du 15. Novembre 1614. qui ordonna par provision que la description & prisée des Livres & ustenciles d'Imprimerie du nommé le Clerc, sera mise és mains de Charles, Notaire, pour servir de minute, & être ajoûté au premier inventaire, & inséré en la grosse par un seul article. *V. ibid. chap. 15. page 751.*

106. Arrêt du Parlement de Paris du 10. Janvier 1621. qui ordonne que les Notaires procederoient à la confection des inventaires & recollement d'iceux, tant en matiere civile que criminelle ; & aux Commissaires de les empêcher, sous les peines portées par les précedens Arrêts. *V. ibid. ch. 7. p. 461.*

107. Il a été ordonné le 30. Juillet 1621. par provision, que les Notaires du Châtelet paracheveront l'inventaire de M. le Duc de Mayenne ; les Notaires de la Cour prétendoient le faire. *Ibid. ch. 1. p. 208.*

108. Arrêt du Parlement de Paris du 31. Juillet 1630. qui ordonne contre les quatre Notaires & Secretaires de la Cour que l'inventaire de Madame, Duchesse d'Orleans, commencé par les deux Notaires du Châtelet que Monsieur avoit nommez, sera par eux continué & paraché. *Ibidem, chap. 1. pag. 211.*

109. Arrêt du Parlement de Paris du 16. Juin 1633. entre les Notaires, Commissaires & Huissiers, portant qu'il seroit procedé à la confection d'un inventaire par les Notaires. *Ibidem, chap. 7. page 466.*

110. Le 30. Mars 1634. Arrêt portant que les papiers qui seroient trouvez sous le scellé seroient sequestrez entre les mains d'un Notaire qui en feroit une briéve description, & par les mains duquel les parties en pourroient prendre communication. *V. ibidem, chap. 7. page 468.*

111. Arrêt du 11. Avril 1634. qui ordonna, par maniere de provision, & pour éviter le déperissement des effets restant à inventorier, & en consequence des causes de suspicion proposées contre les Officiers de Chevreuse, que l'inventaire sera fait & paraché par un Notaire du Châtelet, à la confection duquel neanmoins le Tabellion de Chevreuse assistera. *Voyez les Chartres des Notaires, chap. 18. page 777.*

INV INV 491

112 Arrêt du 18. Juin 1638. portant défenses aux Commissaires & Greffiers de faire autre chose que procès verbal des levées de scellé & contestations des parties, & que les inventaires & descriptions seront faites par les Notaires, & non autres. *Voyez ibid. chap. 7. pag. 478.*

113 Arrêt du Parlement de Paris du 21. May 1639. qui ordonne que les inventaires ne seront faits que par les seuls Notaires du Châtelet, sans que les quatre Notaires & Secrétaires de la Cour puissent y rien prétendre. *Ibidem, chap. 1. page 212.*

114 Arrêt du même Parlement du 16. Février 1649. portant que l'inventaire des biens & marchandises d'un Epicier qui avoient été scellez, & en la maison duquel il y avoit garnison, seroit fait par les Notaires du Châtelet : mêmes Arrêts les 9. Septembre & 25. Octobre 1658. *Ibidem.*

115 Le 3. Juillet 1659. Arrêt est intervenu, qui maintient les Notaires en la possession de faire les inventaires & descriptions de tous biens meubles, titres, & papiers : défenses aux Procureurs & autres personnes de plus requérir qu'iceux soient faits par autres que les Notaires, à peine de nullité des Actes, d'amende arbitraire, & de tous dépens, dommages, & intérêts. *V. Ibid. chap. 8. pag. 524.*

116 Arrêt du 16. Avril 1660. qui maintient les Notaires du Châtelet en la possession de faire inventaire de toutes sortes de personnes, s'il n'en est autrement ordonné par la Cour, à l'égard des inventaires qui se font à la Requête du Procureur Général du Roy, pour les puînez du sang seulement. *Ibidem, chap. 1. page. 215.*

117 Arrêt du Parlement de Paris du 1. May 1660. portant que l'inventaire d'un Payeur des rentes sera fait par les Notaires du Châtelet en la maniere accoutumée. *Ibid. chap. 2. page 244.*

118 Les 2. Juillet & 23. Septembre, 16. Octobre, & 16. Décembre 1661. Arrêts ont été rendus, qui ordonnent que l'inventaire d'une personne à laquelle défenses avoient été faites d'aliener ses biens, seroit fait par les Notaires du Châtelet. *Voyez ibid. chap. 7. page 508.*

119 Arrêts des 20 Décembre 1661. & 1. Février 1662. portant que le scellé apposé sur les effets de deux particuliers en société seroit levé, & description faite par deux Notaires du Châtelet. *V. Ibidem, chap. 7. p.515.*

120 On prétendoit qu'un Notaire qui avoit commencé un inventaire à Paris avec un autre Notaire, n'avoit pû en présence de deux témoins le continuer hors de Paris que conjointement avec l'autre Notaire. Arrêt du 6. Septembre 1661. qui sur cette prétention met les parties hors de Cour. *Voyez les Chartes des Notaires, chap. 19. page 865.*

121 Arrêt du Parlement de Paris, prononcé le 12. Décembre 1626. portant reglement entre les Commissaires Enquêteurs & les Notaires de la Ville de *Lyon.* Les Commissaires feront les scellez des mineurs, ceux ordonnez en Justice, ceux en cas d'aubaine, deshérence, confiscation, & autres où il y aura contestation, à l'exclusion des Notaires. Quant aux inventaires qui se feront volontairement entre personnes majeurs, sans ordonnance de Justice & sans contestation, ils seront faits par les Commissaires & les Notaires concurrement. *Voyez la Biblior. de Bouchel, verbo, Notaires.*

112 Les inventaires de la Ville de *Châlons* sur Marne doivent être faits par le Tabellion de l'Evêque privativement aux Notaires Royaux. *Mémoires du Clergé, tome 3. part. 3. page 319.*

123 Le Notaire nommé par le Testateur qui a défendu inventaire être fait par les Officiers, est preferable à celuy que les parens veulent nommer. Arrêt du 26. Janvier 1610. rendu au Parlement de Bourgogne. *Bouvot, to 2. verbo, Inventaire des biens par benefice, q.1.*

124 Il est au choix des parens de faire inventaire par la Justice, ou par le ministere d'un Notaire. Arrêt du Parlement de Dijon des 19. Décembre 1617. 19. Juin 1618. & 9. Février 1638. *Taisand sur l'art. 6. tit. 6. de la Coûtume de Bourgogne.* Tome II.

125 Un Testateur ayant prohibé la confection d'inventaire de ses biens par les Officiers de la Justice, & nommé un Notaire pour y vaquer, le Notaire doit leur être préféré. Arrêt du Parlement de Dijon du 9. Février 1638. il fut ordonné que le Greffier qui avoit fait l'inventaire le remettroit au Notaire & luy restitueroit les droits reçus : la même chose a lieu, quoiqu'il y ait des saisies ; Arrêt du 16. May 1653. Par Arrêt général du même Parlement du 13. Juillet 1671. il fut jugé en la cause des Religieuses de la Visitation de Bourbon, contre les heritiers de Burgat, que l'on peut faire l'inventaire, même des biens des mineurs pardevant un Notaire choisi, sans que l'on soit obligé d'y appeller les Officiers de la Justice, sinon dans les cas portez par les Ordonnances de Blois & de 1629. Il y eut Arrêt semblable le 23. du même mois, quoique le Procureur du Roy eût offert d'assister sans frais à l'inventaire. *Taisand, sur la Coût. de Bourg. tit. 6. art. 9. n. 3.*

126 Arrêt de Reglement du Parlement de Paris du 6. Avril 1632. lû & publié au Châtelet le 4. Septembre de la même année, par lequel on a ordonné, faisant droit sur les Conclusions de M. le Procureur General, que les inventaires seroient écrits par l'un des deux Notaires pour la confection d'iceux, ou de la main du principal Clerc de celuy qui devra en avoir la minute, & non de l'une des parties, quoique Notaire ; que toutes les cottes, tant sur les pieces, que sur les minutes des inventaires seront de la main de l'un des Notaires & la minute des inventaires signée en l'intitulation, & en la préface, & à la fin d'iceux par les deux Notaires, & par les parties, s'ils sçavent signer ; défenses aux Clercs du Greffe du Châtelet, commis à la clôture des inventaires, d'en recevoir les actes, & de faire mention de la clôture sur les minutes, si elles ne sont signées des Notaires, & des parties, ou fait mention si aucunes d'elles ne sçavent signer, ou sur les grosses desdits inventaires, que ces grosses ne soient signées des Notaires & autres : Enjoint aux Commis de faire mention en substance, de la clôture, tant en haut de la premiere pagé qu'à la fin au dessous des seings des Notaires, & d'en charger le Registre de l'Audience, le tout à peine de nullité & des dommages & intérêts des parties. *Voyez l'Auteur des notes sur Du Plessis, titre de la Communauté, liv. 3. chap. 5.*

127 Reglement entre les Notaires & les Lieutenans General, Particulier, Assesseur & Conseillers, & le Greffier, pour les confections de tous inventaires & pattages en la Ville de *Tours*, du 6. Septembre 1674. *De la Guess. tome 3. liv. 8. chap. 16.*

Voyez le mot, Notaires. §. Notaires, Inventaire.

INVENTAIRE, PRISE'E.

128 Les Créanciers assistant à la prisée des meubles de l'inventaire de leur debiteur, peuvent par licitation & encheres augmenter l'estimation. Arrêt du Parlement de Paris donné és grands Jours de Moulins en 1540. & 1550. *Papon, liv. 21. tit. 10. nomb. 6.*

INVENTAIRE DE PRODUCTION.

129 Des inventaires de production. *Ordonnances de Fontanon, tome 1. liv. 3. tit. 10. p. 567. & tit. 51. p. 600.* *Voyez cy-après le mot Production.*

PROHIBITION D'INVENTAIRE.

129 bis. En la cause de la succession du General Pioche, il fur jugé, bien qu'il y eût prohibition d'inventaire, qu'il seroit fait une description *ne quis invitetur ad delictum*. Bibliotheque de Bouchel, verbo, Inventaire.

130 Par Arrêt du Parlement de Bourgogne du mois de Juin 1565. jugé que l'inventaire peut être prohibé par le Testateur. *Bouvot, tome 2. part. 2. verbo, Inventaire.*

131 Jugé par Arrêt du Parlement de Bourgogne des 27. Février 1601. & 13. Mars 1602. que le Testateur peut ordonner qu'inventaire sera fait par un Notaire Royal, avec les Tuteurs & Curateurs, & défendre de le faire absolument qu'inventaire soit fait. *M. Grivel en ses Décisions du Parlement de Dol, Décis. 2. num. 1. dit,*

Qqq ij

quod testator potest prohibere confectionem inventarii tutori, suivant la Loy finale, §. *finali arbit. tut. sive expressé prohibeat, sive tacité Bart. in l. nemo potest de leg. 1.* toutefois, *fallit si id pupillo expediré animadvertat judex, ut idem* Grivel, *ait ibid. num. 4. q. 2.*

131. Par Arrêt du Parlement de Dijon du 30. Juillet 1619. jugé que le pere qui a des enfans de plusieurs lits, peut prohiber l'inventaire. Bouvot, *tome* 2. verbo, *Inventaire, quest* 4.

132. Le Testateur peut ordonner qu'inventaire sera fait par un Notaire Royal avec les Tuteurs & Curateurs, & prohiber que l'inventaire soit fait par les Officiers. Arrêt du Parlement de Bourgogne du 13. Mars 1602. Bouvot, *tome* 2. verbo, *Inventaire*, *quest.* 2. M. Grivel, dit que le Parlement de Dole, *pupillorum utilitatem, patris scripturæ facilè præponit*, il rapporte deux Arrêts par lesquels la Tutrice testamentaire fut condamnée, nonobstant la prohibition du Testateur, de faire faire une sommaire description des biens par tel Notaire ou Greffier qu'elle voudroit choisir, & au moins de frais que faire se pourroit, quoique tout compte & reliqua lui fût remis.

133. Touchant la question de sçavoir si le survivant des mariés peut être dispensé par le prémourant de faire inventaire ? voicy comme elle a été jugée au Parlement de Bourgogne. Pierre Parisot Marchand & Antoinette Dupin sa femme, firent une disposition à cause de mort, le 22. Janvier 1629. par laquelle ils donnoient au survivant d'eux les meubles & acquets, & l'usufruit des anciens, instituans leurs enfans heritiers en la proprieté, & se déchargeant reciproquement de faire inventaire, à l'exception des titres & papiers. Neanmoins aprés la mort de cette femme, les enfans demanderent qu'inventaire fût fait des meubles comme reversibles au cas que Parisot leur pere passât à un second mariage, & il s'en défendoit principalement sur son âge de 70. ans, & disoit qu'il ne tomboit pas sous le sens qu'à cet âge il voulût penser à se remarier. Nonobstant cela, le Lieutenant au Bailliage de Beaune ordonna par appointement du 5. Novembre 1629. qu'inventaire seroit fait, dont Parisot appella par Arrêt du Parlement de Dijon du 4. Juillet 1630. l'appointement fut confirmé. *Voyez* Taisand *sur la Coûtume de Bourgogne*, *titre* 6. *article* 6. *note* 3.

134. Pere usufruitier des biens de son fils ne peut empêcher qu'inventaire en soit fait. Arrêt du Parlement de Bourdeaux du 26. Juillet 1520. Papon, *liv.* 15. *titre* 6. *nombre* 1.

135. Arrêt du Parlement de Paris du mois de Decembre 1554. qui a jugé qu'une seconde femme instituée heritiere par son mary ne doit empêcher les enfans de son mary & de sa premiere femme de faire faire inventaire des biens de leur ayeul, auquel ils étoient substituez, & qu'elle seroit tenuë de donner caution, avant que d'obtenir la délivrance des biens meubles. *Ibidem*, *n.* 15.

136. Un Testateur peut choisir telles personnes qu'il veut pour faire inventaire & assister à la confection; il ne peut neanmoins en décharger entierement sa veuve au préjudice des mineurs, & l'inventaire se doit faire par le Greffier ou Notaire du Seigneur haut Justicier du lieu, assistans les dénommez, si bon leur semble. Arrêt du Parlement de Paris du 12. Janvier 1576. *Ibidem*, *nombre* 9.

137. De la prohibition de faire inventaire par le Testateur, la Cour ne l'a pas rejettée, &c. Arrêt du 7. Août 1617. Mornac, *l.* 41. *ff. ad legem Aquiliam.*

Testateur institué un heritier à la charge qu'il ne sera inventaire. Arrêt du Parlement de Paris du 7. Juillet 1615. qui en jugeant contre la clause permet de faire inventaire. *Additions à la Bibliotheque de* Bouchel, verbo, *Heritier*.

138. Un Testateur qui ne fait point de Legataires & qui n'a point de Creanciers, prohibe de faire inventaire. Arrêt du Parlement de Toulouse qui ordonne qu'il en sera fait un; le Procureur Juridictionnel étoit partie contre la veuve. Albert, *lettre I.* verbo, *Inventaire*.

INVENTAIRE, QUARTE.

Si le frere chargé d'un fideicommis est privé de la 139. quarte trebellianique, pour n'avoir fait inventaire ? *Voyez* Bouvot, *tome* 1. part. 2. verbo, *Testament*, *quest.* 3. *Voyez cy-dessus le nomb.* 59.

Jugé au Parlement de Toulouse au mois de Février 140. 1672. que le Testateur peut décharger le Legataire de l'usufruit de tous les biens, de faire inventaire, & que l'heritier ne peut pas faire inventaire pendant la vie de l'usufruitier sans son consentement, sauf à cet heritier de pouvoir le faire aprés la fin de l'usufruit. V. M. de Castellan, *liv.* 2. *chap.* 43. où il rapporte un autre Arrêt qui a jugé que si le Testateur a fait une description & un inventaire de ses biens, & qu'il ait dit que l'heritier par luy institué seroit heritier sous le benefice de cet inventaire, les substituez ou legataires ne pourront opposer le défaut d'inventaire; mais les Creanciers pourront l'obliger d'en faire un nouveau.

INVENTAIRE, RECELÉ.

Si dans l'inventaire il y a des recelations & des omis- 141. sions volontaires, l'heritier n'est obligé que de s'charger du double de la valeur de la chose & il n'y aura pour luy aucune detraction de la falcidie, au prejudice des Legataires sur leurs legs. Comme il a été jugé par quelques Arrêts du Parlement de Grénoble. *Voyez* Chorier *en sa Jurisprudence de* Guy Pape, *pag.* 106.

La voye de l'information n'est pas reçuë contre une 142. veuve pour prétendus recelez & divertissemens des effets de la succession de son mary; jugé qu'il n'y avoit lieu pour le present de proceder à aucune confection d'inventaire, sauf à l'heritier à y pouvoir faire proceder, si bon luy semble, lorsque la veuve luy aura fait le délaissement de l'heredité, aprés avoir été entierement payé, conformément au Testament. Arrêt du Parl. de Toulouse du 15. Janvier 1672. *Journal du Palais*.

Voyez le mot Recelé.

INVENTAIRE, SERGENS.

Voyez cy-dessus le nomb. 75.

Par Arrêt du Parlement de Normandie donné en 143. Audience le 5. May 1611. jugé que les Sergens Royaux ne peuvent entreprendre la confection des inventaires des meubles sur des Sergens des hauts-Justiciers dans l'étenduë d'icelles, ce qui étoit conforme à autre Arrêt lors de l'Audience representé en date du 8. Avril 1588. Berault, *sur l'art.* 17. *de la Coûtume de Normandie*, in verbo, *faire faire des Inventaires*.

Arrêt du Parlement de Paris du 13. Juin 1613. portant 144. défenses aux Sergens de s'immiscer en la confection d'aucuns inventaires. V. *les Chartres des Notaires*, *chapitre* 9. *pag.* 552.

Autre Arrêt du 6. Février 1630. qui a declaré nul un 145. inventaire fait par un Sergent à cheval, & l'a condamné à rendre l'émolument, & aux dépens. V. *ibid. ch.* 9. *page* 563.

INVENTAIRE, SERMENT *in Litem*.

Si le Tuteur a negligé de faire inventaire, le mineur 146. est crû à son serment de la valeur de ses biens, joint la preuve de la commune estimation. Arrêt du Parlement de Bretagne du 10. Octobre 1562. Du Fail, *livre* 2. *chap.* 176.

Le serment *in litem* n'a point lieu pour la valeur des 147. meubles décrits dans un inventaire & qui doivent être representez par celuy qui en est saisi. Arrêt du Parlement de Provence du 18. Decembre 1641. qui condamne à la restitution au dire d'Experts. M. l'Avocat General d'Ubaye avoit conclu au serment *ad litem* pour les meubles meublans. Boniface, *tome* 1. livre 1. titre 39. *nombre* 1.

Pour connoître en quoy consistent les biens de la 148. succession quand il y a des filles, il tombe en charge aux freres de faire inventaire; autrement si on les reçoit à partage, elles sont reçuës à jurer *in litem*; si on leur accorde qu'un mariage avenant, on leur ajuge ordinairement une somme pareille à celle que leur pere a donnée à la fille qu'il a mariée, si elles veulent s'y contenter. Ainsi jugé au Parlement de Roüen le 28 Août 1665. après partage. *Basnage, sur la Coûtume de Normandie, art. 363.*

149 Un homme se marie en secondes nôces; après son décès, sa femme ne fait point inventaire solemnel. Jugé au Grand Conseil le 18. Septembre 1696. que les enfans & héritiers de ce mary ne pouvoient demander en Justice que le serment *in litem* leur fût déferé sur la quantité & qualité des effets hereditaires; il fut ordonné que la veuve fuffit seule son affirmation. *Journal du Palais in folio, tome 2. page 781.*

INVENTAIRE, SUBSTITUTION.

150 Inventaire que doit faire celuy qui est chargé de substitution? *Voyez cy-dessus les nomb. 68. & 73.*

TEMPS DE FAIRE INVENTAIRE.

Voyez cy-après le nomb. 58.

151 Le temps de faire inventaire court contre les mineurs aussi-bien que contre les majeurs, les Hôpitaux y sont également astraints, il n'en est pas de même du fisc, lequel par le droit commun n'est jamais tenu de payer les dettes au-delà de la valeur des heritages. *V. Guy Pape en ses quest. 333. & 371.*

152 Des effets & solemnitez de l'inventaire. *Voyez Guy Pape, quest. 371.* où il observe qu'il doit être commencé dans les trente jours qui suivent immediatement le décès de celuy auquel on succede, & achevé dans soixante jours après. Pourvû qu'il soit achevé dans les trois mois, le Parlement de Grenoble ne regarde pas si l'inventaire aura été commencé précisément dans les 30. jours.

153 Si dans les trois mois de l'inventaire l'un des enfans décede, sa succession mobiliaire appartient au survivant pere ou mere pour le tout, à l'exclusion des autres enfans, parce que les trois mois font une surséance & trève legale, si bien que cette succession n'entre point en la communauté, non plus que les acquisitions qui sont faites dans cet entre-temps des deniers que de ceux qui sont communs; mais si l'inventaire n'est fait ni commencé dans les trois mois, tout y entre *quia si ex noxali causâ agatur, casus implicitus declaratur ex eventu*. Brodeau sur M. Loüet, lettre C. somm. 30. nomb. 22.

154 Trois mois pour faire l'inventaire, & quarante jours pour déliberer. *Voyez l'Ordonnance de 1667. tit. 7.*

INVENTAIRE, TUTEUR.

154 bis Si le Tuteur ne fait inventaire à quoy il est tenu; & si le serment en plaid est receu contre luy? *Voyez Bouvot, tome 1. part. 2. verbo, Tuteur, quest. 1.*

155 Le Tuteur seroit être admis à la preuve qu'aucun inventaire n'a été fait, pour n'avoir les pere & mere du pupille delaissé aucuns meubles. Arrêt du Parlement de Dijon du 3. Juin 1575. *Bouvot, tome 2. verbo, Preuve, quest. 30.*

INVENTAIRE, VENTE.

156 Celuy qui est present à un inventaire & partages, où l'on dit qu'il est acheteur de quelques meubles, & debiteur, quoiqu'il n'ait signé, est obligé, n'ayant contredit. Arrêt du Parlement de Bourgogne du 27. Juin 1611. *Bouvot, tome 2. verbo, Detteur, quest. 15. Nemo enim tam supinus esse videtur qui præsens contrà se aliquid scribi patiatur.*

INVESTITURE.

1 De investiturâ re alienâ factâ. *V. Consuetud. feud. lib. 2. tit. 8. Voyez le mot Fief, nomb. 72.* où les autres titres du Droit sont rapportez.

Vassallus non potest propriâ auctoritate ingredi possessionem feudi, Voyez Franc. de Claperiis Cauf. 10. où il traite de l'investiture. *Voyez cy-devant, lettre F. verbo, Fief.*

2 *Vassallus qui ob non petitam investituram intra tempus debitum moram contraxit, quod incontinenti purgare potest.* Voyez *Franc. Marc. 1. part. quest. 576.*

3 Le premier des deux acheteurs investi par le Seigneur quoique posterieur, est préferable. Arrêt du 6. Mars, Tome II.

1643. *Boniface, tome 2. liv. 4. tit. 2. chap. 5.*

4 Par la nouvelle Jurisprudence le premier acquereur d'un heritage féodal ou emphyteotique, est preferable au second, qui a pris investiture du Seigneur. Arrêts du Parlement de Grenoble des 3. Septembre 1651. & 31. Juillet 1652. On jugeoit le contraire auparavant. *V. Salvaing, de l'usage des Fiefs, chap. 45.*

JOUAILLIERS.

Voyez au Recüeil des Statuts & Ordonnances, concernant les Orfévres, page 654. & suivantes, plusieurs Arrêts & Sentences contre les Marchands Merciers-Joüailliers.

JOUISSANCE.

Uti possidetis. D. 43. 17... C. 8. 6... Inst. 4. 15. §. 4... Sorte d'interdit, pour la joüissance provisionnelle d'un immeuble.

De utrubi. D. 43 31... Inst. 4. 15. §. 4. Interdit pour la joüissance provisionnelle d'une chose mobiliaire. V. Possessoire, où est l'explication de ce mot, *Utrubi. V.* Interdit. Possession- Possessoire. Usufruit.

JOUR.

CE qu'on entend par la plus grande partie du jour. *L. 2. §. 1. D. de verb. signif.*

Un jour pour dix lieües. *L. 3. eod. tit.*

Jour utile. *L. 133. eod.*

Jour de Fête. *V.* Fête, Férie.

Jours & vûës. *Lumen. Aspectus.*

De novi operis nuntiatione maritimi aspectus. N. 63. & 165. Contre ceux qui faisoient bâtir pour ôter aux voisins la vûë de la mer.

De arboribus cædendis. D. 43. 27. Contre les arbres qui empêchent la vûë aux maisons voisines. *V.* le mot *Arbres,* & le titre *des Servitudes.*

Par le Droit écrit *in lege more Romano ff. de feriis,* le jour est de 24. heures, commençant & finissant à minuit; tellement que si l'assignation en retrait lignager, se trouve donnée avant le minuit du dernier jour; cela suffit, & le jour intercalaire y sera compris. Ainsi jugé par divers Arrêts du Parlement de Paris, Toulouse & Bourdeaux. *Voyez Mainard, liv. 7. ch. 44.*

GRANDS JOURS.

2 *Voyez supra lettre G. verbo,* Grands Jours, sous le même mot l'indice des Droits Royaux de *Raguiau,* autrement le nouveau Glossaire du Droit François, & le Recüeil des Ordonnances par *Fontanon, tome 1. liv. 1. tit. 17. page 91.*

3 L'acheteur d'un fond à grace de rachat, peut faire tenir les Jours en son nom. Arrêt du Parlement de Dijon du 17. Juillet 1582. *Bouvot, tome 2. verbo, Complainte, quest. 3.*

4 Par Arrêt du Parlement de Roüen du 2. Juillet 1515. il fut ordonné à ceux qui par l'Archevêque de Roüen seroient commis à tenir les Hauts Jours de son Archevêché, d'user de ces mots de *Hauts-Jours,* & non d'*Echiquier,* comme ils avoient fait auparavant. Il fut permis à cet Archevêque de faire expedier & juger en extraordinaire par ses Commis des Hauts-Jours, ou aucuns d'eux, les matieres provisoires, attendant que lesdits Hauts-Jours tiendroient; & qu'en ce cas les Commis useroient dans les actes des Provisions, de ces mots, *les gens commis à tenir pour l'Archevêque de Roüen l'extraordinaire de ses Hauts Jours, pour le fait & regard des matieres Provisoires, & en attendant la tenuë d'iceux. Voyez la Bibliotheque de Bouchel, verbo, Echiquier.*

JOYAUX.

SI les bagues & joyaux appartiennent à la femme, après la mort de son mary? *Voyez le mot, Bagues* & verbo, *Femme, n. 29. & 53.*

L'augment, les bagues & les joyaux fixez à une somme certaine, *non uno jure censentur.* L'augment, si la

Q q q iij

femme meurt avant son mary, peut n'être pas dû; mais les bagues & les joyaux le sont. Arrêt du Parlement de Grenoble du 2. Juin 1666. rapporté par *Chorier*, en sa *Jurisprudence de Guy Pape*, p. 227.

3. Les bagues & joyaux de valeur de 300. liv. ou plus, ne pourront être vendues qu'après trois expositions, à trois jours de marchez differens, si ce n'est que le saisissant & le saisi en conviennent par écrit. *Article* 13. *du tit*. 33. *de l'Ordonnance du mois d'Avril* 1667.

JOYEUX AVENEMENT.

1. DEs Benefices que le Roy confere à cause de son Joyeux avenement à la Couronne. *Memoires du Clergé*, tome 2. part. 2. tit. 8. page 244. & suiv. Les Reliefs forenses de *Rouhard*, chap. 9. Tournet, let. N. Arrêt 21. M. François Pinson, en son Traité des Regales, chap. 11. La Biblioth. Canon. tome 2. p. 276. col. 2. M. Loüet, *lettre P. somm*. 6. Le Journal des Audiences, tome 3. liv. 10. chap. 6. & les mots, *Brevet & Expectatives*.

2. *Princeps pro novo & jucundo adventu jus nominandi Canonicum in Ecclesiis Cathedralibus habet*. Voyez *Franc. Marc*. tom. 1. quest. 1022.

3. *De dono charitativo principi ob novum adventum faciendo*. Ibid. quest. 1023.

4. *De Regiâ nominatione, propter jucundum regni adventum*. Voyez *Pinson*, au titre *de modis adquirendi Beneficii. §*. 5.

5. *Quâ formâ fieri, & intimari debeat, nominatio Regia ob jucundum Regni adventum?* Voyez *Pinson*, au tit. *de Canonicis institutionum conditionibus*. §. 5.

6. Il y a un Arrêt rendu pour le Joyeux avenement, dès l'année 1274. qui commence par ces termes, *cum Dominus Rex utendo sub jure proprio in principio suo reguminis post suam coronationem in Abbatiâ sui regni de gardiâ suâ possit ponere*. Plusieurs Auteurs attribuent neanmoins cet Arrêt au droit d'oblats. Définit. Canon. page 513.

7. Chanoine presenté par le Roy pour son Joyeux avenement à la Couronne. Il fut dit que le revenu du Monastere de Beaumont demeureroit saisi, jusqu'à ce que le Brevet fût executé. Arrêt du Parlement de Paris du 15. Janvier 1322. *Corbin, suite de Patronage*, chapitre 153.

8. Le Joyeux avenement est un droit ancien, puisque l'on voit un Arrêt du Parlement de Paris du 4. Juin 1521. qui a defendu aux Collateurs de rien exiger pour les Provisions qu'ils donnoient aux Porteurs de ces sortes de Brevets. *Rebuffe*, sur le Concordat, *tit. de public. Concub. §. quia vero*.

9. Le droit de pourvoir par le Roy *pro jucundo adventu*, est inventé depuis peu; les anciens n'en parlent point; mais en l'an 1577. le Roy étant à Poitiers, fit une Declaration *cum bonâ gratiâ* du Clergé, que ce droit luy appartenoit par son Joyeux avenement à la Couronne; laquelle Declaration M. le Chancelier de Birague fit enregistrer au Conseil Privé, & depuis a passé en Loy. Auparavant le Roy donnoit un Brevet en vertu duquel, au refus de l'Evêque, on le faisoit assigner au Conseil, pour donner une Prébende *pro jucundo adventu*; & à faute de ce faire, le Conseil ajugeoit au Donataire une pension, qui excedoit quelquefois la valeur des fruits du Benefice : comme au fait de M. Gallandius, auquel on ajugea 100. écus de pension, au lieu d'une Prébende qui ne luy valoit pas, & qu'il fut fâché d'être obligé d'accepter. *Voyez la Biblioth. Canon*. to. 2. verbo, *Provisions*, page 176.

10. Le droit de Joyeux avenement n'a été introduit & reçû & mis entre les droits Royaux, que depuis l'année 1577. & en effet, il n'en est point fait mention au Concordat, quoyqu'il y ait un titre exprès, *de Regiâ ad Prælaturas nominatione*, ni au stile du Parlement, où il est traité *de Privilegiis Apostolicis Regi concessis*, ni au Discours de *Jean Ferrault*, sur les Droits & Privileges du Roy de France, ni ailleurs, parmi les anciens & fameux Ecrivains; aussi les Parlemens ont toûjours débouté les Brevetaires par leurs Arrêts, & notamment par celuy de Paris du 7. Janvier 1616. pour une Prébende Canoniale de l'Eglise de Coutance. *Ibidem*, page 277.

11. Ce qu'il y a de plus ancien sur les droits de Joyeux avenement, sont des Lettres Patentes du Roy Henry III. du 9. Mars 1577. rapportées par Chopin, *L. 2. de Doman*. 13. n. 11. par lesquelles les Chanoinies & Prébendes vacantes après le Joyeux avenement du Roy à la Couronne, sont particulierement affectées aux Chantres & Chapelains de la Chapelle du Roy. Mais à l'egard des autres Dignitez, comme il n'en est point parlé, elles n'y doivent pas être comprises. Ces Lettres Patentes n'ont point été verifiées au Parlement, mais seulement au Grand Conseil.

Les Edits & Déclarations qui reglent le droit de Joyeux avenement, qui sont du Roy Loüis XIII. du 12. Octobre 1612. & du mois de Janvier 1629. art. 17. n'ont été verifiées qu'au Grand Conseil; il y a une autre Declaration de Loüis XIV. du 15. Mars 1646. qui porte que le droit de Joyeux avenement a lieu sur les Eglises Collegiales seulement, dont les Dignitez & Prébendes ne sont point à la collation des Ordinaires des Diocéses où elles sont situées & établies, dans lesquelles il y a plus de dix Prébendes, outre les Dignitez, & sera usé de clauses irritantes, apposées aux Brévets, comme par le passé, suivant & conformément au Grand Conseil. *V*. le procès verbal de l'Assemblée generale du Clergé de France, tenuë à Paris l'an 1645. pag. 733. & 808. & la Bibliotheque Canonique, tom 2. page 49.

12. Ce droit, que *Chopin* appelle nouveau & imaginaire, & que le Grand Conseil a mis entre les Droits Royaux, au préjudice de la collation libre des Ordinaires, a été perpetuellement méprisé par les Arrêts de la Cour, comme le témoigne *Brodeau*. Ce dernier Auteur rapporte même un Arrêt d'Audience du Jeudy 16. Janvier 1616. conforme aux Conclusions de M. l'Avocat General le Bret. *V*. la *Biblioth. Canon*. ibid.

13. Le Parlement voulut bien recevoir le Brevet de Joyeux avenement, pour les Chanoinies dépendantes des Chapitres où le Roy est Chanoine, comme à Saint Martin de Tours, Saint Julien du Mans & autres, mais non à l'égard des Chapitres où le Roy n'étoit pas Chanoine; cela paroît raisonnable, on donnoit au Roy le pouvoir de nommer une personne qui remplît sa place, laquelle luy étoit acquise lors de son sacre; & qu'à l'égard du serment de fidelité de chaque Evêque, le Parlement ne le voulut point recevoir; ainsi le Grand Conseil a profité de la resistance du Parlement, par la connoissance qu'il s'est procurée dans ces deux Brevets, en verifiant lesdites Declarations du Roy. *Ibid*.

14. Le Roy prétend avoir droit de nommer à la premiere Chanoinie vacante par mort, après que l'Evêque luy a fait le serment de fidelité. Ce droit est fondé en Lettres Patentes, verifiées au Grand Conseil le dernier Avril 1599. confirmées par plusieurs Arrêts; & en cas de contravention des Ordinaires, le Grand Conseil jugé en faveur des Brevetaires, depuis leur insinuation & notification du Brevet au Prélat, au refus duquel ils s'adressent au Metropolitain, ou au plus prochain Evêque. Ce droit n'a point été reconnu au Parlement de Paris; il y en a un Arrêt du 13. Decembre 1611. sur les Conclusions de M. Servin. Il s'agissoit d'une Prébende Canoniale de Bayeux. *V*. ibid. p. 277.

15. Ce droit n'affecte pas tellement la Prébende vacante, ou à vaquer, que le Brevetaire en soit saisi, & que l'Ordinaire ait les mains liées. Il est vray que sa contravention & son refus sont punis, puisque s'il confere à un autre *in præjudicium expectantis*, il est tenu d'assigner au Brevetaire autant en revenu, que vaudroit la Prébende, jusqu'à ce qu'il en soit pourvû; *Teneture enim de suo providere donec mandatum impleverit*: ainsi qu'il se pratique & se juge au Grand Conseil depuis l'année

1577. que le droit du Joyeux avenement y a été introduit, & mis entre les Droits Royaux. *Bibliotheque Canon. ibid.*

15 *Judicatum in magno Consilio jus jucundi adventus locum non habere super Canonicatu, Præbendas, D. Jacobi Hospitalis Parisiis, quod essent Patronatûs Laïcorum,* 14. Novemb. 1613. *& Evictus Antonius* Murat, *contradicentibus Administratoribus D. Jacobi.* Cet Arrêt est rapporté par *M.* Joly sur *M.* de Selve, 3. *part. tract.* q. 11. *nombre* 12.

16 Dans la Province de *Bretagne,* dans le mois du Pape, le Roy peut presenter aux Evêques un Benefice *pro jucundo Regis adventu,* tant durant les 8. mois qui appartiennent & sont affectez au Pape, que durant les 4. autres qui appartiennent aux Evêques, à cause de sa Dignité Royale. L'Arrêt qui l'a jugé, a été rendu au Grand Conseil au mois de Septembre 1604. *Definit. Canon. page* 691.

17 Du droit de Joyeux avenement. Voyez le 23. Plaidoyé de *M.* le Maistre, qui rapporte l'Arrêt du Grand Conseil du mois d'Octobre 1633. en faveur du sieur Abbé Arnaud, contre un Brevetaire qui avoit été negligent à demander l'execution de son Brevet, lequel avoit affecté la premiere Prébende.

18 Chenon Brevetaire, a été maintenu en la possession de la Prébende, comme ayant vaqué par mort, & non par démission pure & simple és mains du Chapitre. Jugé au Grand Conseil le 17. Avril 1676. *De la Guess, tome* 3. *liv.* 10. *chap.* 6. Cette nomination ne lie point tellement les mains à l'Ordinaire, qu'il ne puisse valablement conferer à un autre. *M.* Louet, *lettre P. sommaire* 6.

19 Voyez l'Arrêt du 5. Juillet 1672. rapporté dans le *Journal du Palais,* 1. *part.* in quarto, *page* 194. & au 1. *tome in* folio, dont voicy le fait. La Trésorerie de l'Eglise Cathédrale de Coutance avoit vaqué par mort, l'Evêque en pourvoit M. Pierre Blanger, qui le 17. Janvier prend possession. Le 30. Adrien Goëslin requiert ce même Benefice, en vertu d'un Brevet de Joyeux avenement. Sur le refus du Grand Vicaire, il obtient Arrêt du Grand Conseil, portant permission de s'adresser au Chancelier de l'Université de Paris ; il prend possession, & assigne M. Blanger en complainte. Le 7. Février Philippe Gillet, Porteur d'un Brevet de serment de fidelité, fait aussi sa requisition à M. l'Evêque de Coutance, qui la refuse. L'un & l'autre concluënt contre luy à ce qu'il soit condamné de leur conferer la premiere Prébende qui vaquera dépendante de sa collation, & jusqu'à ce, luy payer une pension, qui égale les revenus du Benefice dont il s'agit. Le 5. Juillet 1672. Arrêt qui maintient Blanger ; & sans avoir égard à la Requête de Goëslin, ayant aucunement égard à celle de Gillet, M. l'Evêque de Coutance condamné de son consentement de conferer à Gillet la premiere Prébende. On demeura d'accord que le Brevet de Joyeux avenement étoit preferable à celuy de serment de fidelité ; mais on opposoit à Goëslin qu'ayant en vertu de son Brevet requis une autre Prébende de l'Eglise de Coutance, & s'en étant laissé évincer par un Arrêt rendu par défaut, & non par Arrêt contradictoire, l'Arrêt luy devoit tenir lieu de repletion, à cause des présomptions de fraude, à quoy l'on appliquoit la disposition du Reglement de 1606.

JOYEUX AVENEMENT, PRISONNIERS.

20 *Regina vel Augusta in jucundo novo suo adventu, incarceratos liberare, & abolitiones concedere potest.* Voyez Franc. Marc. *tom.* 2. quest. 153.

21 *Rex ob suum jucundum novum adventum, reos criminis carceri mancipatos, liberare potest.* Voyez *ibid.* quest. 478.

22 *An possit causari aliquod remedium possessorii, quando aliquid datur pro jucundo adventu Prælati? Dubium facit: quia illud quod fit per gratiam, non debet deduci in consequentiam.* Voyez *ibid.* quest. 108.

IRREGULARITE'.

DE l'Irregularité & des Irreguliers. Voyez hoc verbo, les *Definit. Canon. page* 398. Le Recüeil de Borjon, *tome* 4. *page* 368. M. du Perray, *en son Traité de l'Etat des Ecclesiastiques, liv.* 6. *ch.* 5. p. 547. & le mot, Devolut, *n.* 19. *& suiv.*

L'Irregularité est un empêchement Canonique, provenant de quelque delit ou défaut, qui empêche la promotion aux Ordres, ou leur exercice, quand on les a reçûs.

Les Auteurs & Traitez cy-après indiquez, sont à voir sur la matiere des irregularitez.

Sylvester, *de irregularitate.*

Simon Majolus, *de irregularitatibus & Canonicis impedimentis.*

Paulus Bargasius, *de irregularitatibus & impedimentis Ordinis,* Venetiis 1564.

Ugolinus. *& alii de irregularitate.*

De materia irregularitatis plenè tractat. Arch. *in cap.* 1. *de reg. Jur. lib.* 6.

De irregularitate. Voyez les Traitez faits *per Nicolaum Plovium ; per Antonium Archiepiscopum Florentinum, & per* Marian. Sozin. Senior. *in repet. C. ad audientiam, de homici.*

1 *Irregularitas non extenditur, nisi ad casus in jure comprehensos: ut sentit dom.* Innoc. *in C. tanta in glos. Hic videtur in vers. hoc autem interpretatio extra, de excess. Prælat. & post eum do.* Arch. *C.* iii, *qui glos. hoc manifestè extrà, de sent. excommun. lib.* 6. *& ibi Dom.* Petr. de Anchar. *in not.*

2 L'irregularité rend inhabile aux Benefices ; mais elle ne prive point de ceux qu'on a, à moins que l'irregularité ne provienne de ces crimes qui font vaquer les Benefices de plein droit, ce qui regarde les irregularitez *ex delicto.* Si l'irregularité a précedé la collation du Benefice, la collation est nulle, parce qu'elle a été faite à un incapable, & qu'elle n'a pû faire d'impression de titre en sa personne, à cause de son incapacité & de son irregularité, suivant la disposition des Chapitres *Dudum de elect. & elect. potest; & quæsitum final. de temporibus Ordinat.*

3 Irregularité encouruë par la bigamie. Voyez le mot, Bigamie, *n.* 9. *& suiv.*

4 Dispense pour irregularité, Voyez le mot, Dispense, nombre 19. *&* 20.

5 *Papa non incurrit pœnam irregularitatis.* Parce que *si suis constitutionibus pœnas imponit corporales, illas non infligit.* Voyez Franc. Marc. tom. 1. quest. 548.

6 *Irregularitas pœnitentia peracta non tollitur.* Voyez *ibid.* quest. 1129.

7 *Irregularitas sola voluntate in homicidio non, nisi homicidium actu sequatur, incurritur.* Ibidem, *tome* 2. quest. 396.

8 *Exceptio irregularitatis per homicidium aut membri mutilationem causata, an obstet possessorio?* Ibidem, quest. 397.

9 *Episcopus an super jure irregularitate contracta, ex eo quod excommunicatus se divinis immiscuit, dispensare possit?* Voyez *ibid.* quest. 802.

10 *Irregularitas ex delicto proveniens non tollitur per ingressum religionis.* Voyez Rebuffe, 2. *part. praxis Benef. cap. de disp. super defectu natalium,* n. 71.

11 Le Prêtre qui celebreroit la Messe dans une Eglise interdite, encourroit l'irregularité, il en seroit autrement si l'Eglise n'étoit que polluë, *aut seminis, aut sanguinis effusione. Definit. Canon. pag.* 401.

12 Puisque l'irregularité d'elle-même ne fait pas vaquer les Benefices de plein droit, à moins qu'on ne l'encourût à cause de quelqu'un de ces grands crimes, qui donnent lieu aux vacances de droit ; il s'ensuit que l'irregulier peut resigner ses Benefices ; au préjudice même des Dévolutaires déja pourvûs. *Ibid. page* 402.

13 Un homicide & toute sorte d'irregularité éteint & annulle les mandats, les nominations, toutes les graces

expectatives, & generalement le droit qu'on peut avoir à un Benefice, mais non pas le droit qu'on a effectivement & réellement dans un Benefice. *Voyez M. Charles Du Moulin*, sur la regle *de Infirmis*, *n. 397.*

14 Si l'amnistie rétablissant un ancien Beneficier, & luy remettant la peine, l'irregularité qu'il avoit encouruë luy est remise sans dispense du Pape? *V.* Boniface, *to. 3. liv. 6. tit. 10. ch. 7.*

15 Si la réiteration de la tonsure emporte irregularité? *Voyez Frain, pag. 198.*

16 La prohibition du Chapitre *Sententiam, ne Clerici vel Monachi* est generale, & n'excepte point les causes d'heresie; ainsi de droit commun tous ceux qui assistent aux Sentences & Jugemens de peine afflictive contre les criminels, même en cas d'heresie, encourent l'irregularité; mais les Inquisiteurs de la Foy en sont dispensez par leurs Commissions, & par la Constitution du Pape Paul IV. du 29. Avril 1557. comme il est rapporté par *Simon Majolus*, dans son Traité des Irregularitez, *liv. 2. chap. 10. nomb. 5.* ce qui ne peut avoir lieu en France, où l'Inquisition n'est pas reçue.

17 Ceux qui assistent à des Jugemens de mort, & qui ont des Benefices, donnent lieu de les impetrer; il y a eu des Arrêts qui ont jugé qu'un Clerc qui avoit assisté à un Jugement de mort, étoit irregulier; il fut privé de son Benefice. Arrêt du mois de Mars 1531. Neanmoins un Greffier qui avoit écrit la Sentence de mort, n'est pas privable de ses Benefices. Arrêt du 11. Avril 1623. Si un voleur a été condamné au fouet, & qu'il ait executé son Jugement dans la Geole, le Juge n'en est pas pour cela irregulier. Arrêt du 7. Août 1618. rapporté par *Mornac*, Ce qui est conforme aux dispositions Canoniques, & aux sentimens de Gregoire le Grand, & d'Alexandre III. *V. M. Du Perray, liv. 5. ch. 4. nombre 15.*

18 Arrêt en 1556. qui declare vacans les Benefices des Ecclesiastiques qui assistent aux Jugemens des procés criminels. *V. Henrici Progymnasmata, Arrêt 154.*

19 Qu'un Beneficier ayant, comme Juge, condamné un particulier, prévenu de vol, au fouet en la geole, n'avoit encouru irregularité, qui pût donner lieu à un dévolut. Arrêt du 7. Août 1618. *Brodeau sur M. Louet, lettre B. somm. 1.*

20 Un Greffier Criminel pour avoir signé des Sentences de mort, & assisté aux executions, n'est point irregulier, & il n'y a point de lieu au devolut. Jugé le 11. Avril 1623. *Brodeau, ibidem,* & le mot, *Greffier, nombre* 88. & 89.

21 Borgne de l'œil gauche avec une fistule sur la lévre, sans difformité considerable, n'est pas irregulier ni incapable de Prêtrise, & de Benefice. Jugé le 2. Juillet 1619. *Bardet, tome 2. liv. 1. ch. 64.*

22 Prieuré de Religieuse est vacant *ipso facto*, par irregularité. Jugé en 1625. *Voyez Bardet, to. 1. liv. 2. ch. 56.*

23 Quoyque le port d'armes soit une irregularité, cette irregularité n'est pas telle, qu'elle fasse vaquer de droit un Benefice; ainsi on ne peut pas dire qu'une pension soit éteinte par le simple port d'armes. *Voyez les Définitions Canoniques, page 620.* & le *Journal des Aud. tome 1. liv. 3. chap. 74.*

24 Jugé le 15. Avril 1641. qu'un Titulaire de Benefice n'étoit tombé dans l'irregularité pour avoir porté les armes; car c'étoit dans une necessité pressante, & pour avoir été condamné à une peine comme ravisseur; car il n'étoit pas juste de le punir une seconde fois par la privation de son Benefice. Il avoit pour Competiteur un Dévolutaire. *Sœfve, tome 1. Cent. 1. ch. 36.*

25 Un homme convaincu de confidence à l'égard d'un Benefice, obtient un rescrit d'absolution. Entre ce rescrit & la fulmination, il celebre la Sainte Messe; on jette un dévolut sur son Benefice. Le Dévolutaire dit que l'absolution ne s'étend point aux irregularitez à venir; le Titulaire dénioit avoir celebré; il ajoutoit que ce seroit toûjours la même irregularité. Arrêt du Parlement de Toulouse du mois de Septembre 1662.

en faveur du Prieur; on crût que s'il avoit celebré *medio tempore*, il s'en étoit accusé dans sa confession au Commissaire que le secret de la confession avoit empêché de parler. *V. les Arrêts de M. de Catellan, liv. 1. chapitre 29.*

16 Arrêt du Parlement de Provence du 11. Mars 1675. qui a déclaré le Clerc tonsuré n'être irregulier, & incapable d'obtenir Benefice, ayant porté les armes en guerre pour le service de son Prince. Il est vray qu'il ne pourroit pas exclure la preuve par témoins d'avoir tué ou mutilé, puisque foy luy seroit seulement ajoutée *in foro pœnitentiali*. Boniface, *tom. 3. liv. 6. tit. 10. chap. 6.*

IRREVERENCES.

1 LEs Eglises & lieux Saints étant destinez au service Divin, & non aux promenades & discours de plaisir ou d'autre negociation; la Cour fit défenses de s'y promener, même pendant le service Divin, sur peine de 10. l. parisis d'amende pour la premiere fois, de prison pour la seconde, & de punition exemplaire pour la derniere. Arrêt du 22. Janvier 1550. publié à son de trompe par les carrefours de la ville de Paris, & en toutes les Provinces du Parlement. *Corbin, suite de Patronage, chap. 278.*

2 Il est permis au Juge de condamner une partie pour irreverence faite à Justice, & lorsque le Juge a été injurié. Arrêt du Parlement de Bourgogne du 27. May 1600. *Bouvot, tome 2. verbo, Jugement, quest. 3.*

3 L'Official peut informer des irreverences commises par un Religieux contre l'Evêque en faisant sa visite. Arrêt du Parlement de Roüen du 15. ou 16. Decembre 1662. *Basnage, tit. de Jurisdiction, art. 1.*

4 Arrêt rendu au Parlement de Provence le 7. Janvier 1670. que ceux de la Religion Prétenduë Réformée ne sont renvoyez en la Chambre de l'Edit, en cas d'irreverence commise au saint Sacrement, *Boniface, tome 3. liv. 1. tit. 5. ch. 21*

5 Irreverences à Justice; comment punies? *Voyez cy-après le mot, Juges, nombre 186.*

ISLES.

1 DEs Isles & relaissées des rivieres navigables. *Voyez Salvaing, de l'usage des Fiefs, ch. 60.*

2 Declaration concernant les Isles, Islots, & atterissemens, &c. A Paris en Mars 1664.

3 Edit portant que les détempteurs des Isles, Islots, &c. qui en sont, ou leurs auteurs en possession, au-delà de cent années, payeront le vingtième denier du revenu, pour être maintenus en la jouïssance, &c. A Saint Germain en Laye en Avril 1668.

4 Declaration concernant les proprietaires des Isles & Islots, atterissemens, accroissemens, droits de pesches, péages, passages, bacs, batteaux, ponts, moulins, & autres édifices, & droits sur les rivieres navigables, dans l'étenduë du Royaume. A Versailles, en Avril 1683. registrée le 21. May de la même année.

Voyez les mots, Alluvion, Fleuves, Rivieres.

ITALIE.

LEandri *Italia.*
Gabriel Varrus, *de laudibus Italia.*
Mariani Victorii, *origines Italia.*
Blondus, *de illustratâ Italiâ.*
Carolus Sigonius, *de Regno Italia, lib. 15.*
Guillelmus Kyriander, *Italia descriptionem Leandri, ex Italico Latinè,* Item, *Cœlius secundus Curio vertit.*
Joannes Genesius, *de Gestis Ægidii Albernotii, qui Italiam Ecclesia restituit.*
Bernardus Saccus, *de rerum Italicarum varietate, & elegantiâ.*
Plures *de Italicis laudibus in volumine Italia illustrata, fol. Francofurti.*

ITERATO

JUG

ITERATO.

Voyez hoc verbo, l'Indice de Ragueau, où le nouveau Glossaire du Droit François, édition de 1704. & au premier volume de ce Recueil, le mot, Dépens, nombre 67. & suiv.

JUBILE'.

De Jubileo. Voyez les Traitez faits per Joan. de Anania, in rub. de sorti. & per Joan. Bapt. Paulianum Vicent.

Angelus Picentinus, de sacro Jubilæo, lib. 4. Romæ 1575.
Bernardi de Lutzemburgo, quodlibetum, anno 1500.
Cyrilli Franchi, de Jubileo anno Commentarius.
Henrici Cuickii, anno 1575.
Gasp. Sciopius, de Jubileo.
Rutilius Benzomus, de Jubilæo.
Laurentii Nagelmakeri, Dialogorum de Jubileo, lib. 2.
Martinus ab Azpileveta Navarrus, de Jubilæo anno, & Indulgentiis.

Voyez cy-dessus le mot Indulgences.
Publication du Jubilé dans un lieu exempt. Voyez le mot, Exemptio, nombre 172.

JUGES.

Juge, Jugement, Jurisdiction, Justice. Chacun de ces mots peut servir de titre generique à ce qui doit être proposé sur la vaste matiere des devoirs du Juge, de la qualité des Jugemens, de la diversité des Jurisdictions & Justices du Royaume. Il est plus naturel dans l'ordre du discours, quoyque moins regulier dans l'ordre alphabetique, de commencer par ce qui regarde les Jurisdictions; ensuite on établira les décisions qui conviennent aux Jugemens; enfin celles qui ont rapport aux Juges Royaux, Civils & Criminels, aux Juges d'Eglise, & aux Juges des Seigneurs.

JURISDICTION.

1 De Jurisdictione. D. 2. 1.
De Jurisdictione omnium judicum, & de foro competenti. C. 3. 13.
De Officio ejus cui mandata est Jurisdictio. D. 1. 21.
Voyez les mots, Competence, Declinatoire, Incompetence, Lieutenant, President, Renvoy.

2 Jurisdiction Ecclesiastique.
De Judiciis, Extr. 2. 1.
De foro competenti. D. Gr. dist. 96... 3. q. 6... 6. q. 3... 1. q. 1... 2. q. 5... Extr. 2. 2... S. 2. 2... Cl. 2. 2.
De foro competenti Episcoporum & Clericorum, & Monachorum. C. I. Heracl. 3... N. 113. c. 22. 23. 24.
De foro Clericorum, & de judice per rescriptum prohibito causam ad se transmissam disceptare. C. I. Alex. Comn. 11.
De fori privilegio, Ecclesiæ & locis religiosis, competente. Frid. const. 1. vel 17. c. 1. & seqq.
Ubi Clerici conveniendi. N. 83... N. 123. c. 23.
Apud quos oporteat causas dicere Monachos, & Ascetrias. N. 79. Ascetria, puella Deo dicata. Religieuse.
De Officio judicis. Extr. 1. 31. & 32.
De majoritate & obedientiâ. Extr. 1. 33... S. 17... Ex. Jo. 2... Ex. co. 1. 8... Dec. Gr. dist. 93. & alibi.
De la subordination, de la prévention, & du concours entre Juges.

3 De Jurisdictione & Imperio, per Franciscum Duarenum. Per Jo. Gilloti; & per Ludovicum Carandam.
De Jurisdictione. Per Bartholum; per Eduardum Henrisonis, adversus Antonium Goveanum.

4 Franciscus Vargas, de Jurisdictione Episcoporum.
Matth. Stephanus, de Jurisdictione.
De origine Jurisdictionum. Per Durandum Episcop. Meldensem; & per Petrum Bertrandum.

5 Voyez l'avant propos du Traité des criées, par M. Bruneau, Avocat, édition de 1704. & les décisions de

JUG 497

Franc. de Claperiis, qui a fait un Traité de Imperio & Jurisdictione.

Renunciatio fori regulariter permissa; fallit in privilegiis exemptionum. Voyez Andr. Gaill, lib. 1. observat. 40. — 7

Competence des Juges, soit en matiere Civile ou Criminelle. Voyez Bonvot, tome 2. verbo, Competence & Jugemens. — 8

Bornes d'une Jurisdiction. Voyez le mot, Bornes, nombre 6. Il est tres important de les connoître, pour ne pas donner lieu à des conflits. — 9

Des Sieges Royaux particuliers des Bailliages & Sénéchaussées, & des Conseillers esdits Sieges. Joly, des Offices de France, to. 2. li. 3. tit. 1. p. 825. & tit. 13. pag. 1226. & aux Additions, pag. 1789. & 1881. Fontanon, tome 1. liv. 2. tit. 1. page 179. & Chenu, des Offices de France, tit. 6. & suiv. — 10

Des Conservateurs des Privileges Royaux, & leur Jurisdiction. Joly, des Offices de France, tome 2. liv. 3. tit. 8. page 949. & aux Additions, page 1845. & Fontanon, tome 1. liv. 2. tit. 8. page 331. — 11

Des Justices non Royales, tant Ecclesiastiques, qu'autres, & Officiers d'icelles; ensemble des Maires & Echevins des villes de ce Royaume. Filleau, part. 3. titre 7. — 12

Discours du glaive temporel pour la seureté de la vie & de l'Etat des Rois. Voyez la Bibliotheque Canon. tome 1. page 645. & suiv. — 13

De pœna exercentis jurisdictionem in alieno territorio; & si possit procedi per viam inquestæ exercens jurisdictionem in alieno territorio, in quam delicti speciem cadat, & quod ante omnia restitutio fieri debeat? Voyez Franc. Marc, tome 1. quest. 427. — 14

Rex qui plures provincias habet, contentiosam jurisdictionem extra unamquamque provinciam exercere non potest secùs in voluntariâ. Voyez idem, tome 2. quest. 361. — 15

Locus solutionis non est locus Jurisdictionis. Arrêt du 21. Avril 1611. Mornac, l. 19. §. ult. ff. de judicii. — 15 bis.

On ne peut diviser le droit de Justice, ni multiplier les degrez de Jurisdiction. Arrêt du 28. Février 1664. De la Guess, tome 2. liv. 6. chap. 16. — 16

JURISDICTIONS PARTICULIERES.

Avant que d'aller aux décisions promises, & indiquées sous le titre generique, il va être parlé dans l'ordre alphabetique de quelques Jurisdictions appartenantes, soit aux Seigneurs Laïcs, soit aux Prélats. — 17

L'Evêque de Bayeux s'étant plaint que par la Clameur de Haro les Juges Royaux entreprenoient la Jurisdiction sur les personnes Ecclesiastiques, la Cour ordonna que nonobstant telle clameur de Haro, les Clercs de sa Jurisdiction luy seroient rendus conformement aux Lettres qu'ils en avoient du Roy Philippes le Bel de l'an 1302. Arrêt du 26. Mars 1319. Corbin suite de Patronage, chap. 83. — 18

L'Evêque de Beauvais a Jurisdiction sur la Ville de Beauvais, & il a été confirmé dans ce droit par Lettres Patentes du Roy Loüis VII. dit le Jeune, de l'an 1151. rapportées aux Memoires du Clergé, to. 3. part. 3. tit. 2. chap. 3. art. 3. — 19

Arrêt du Parlement de Paris du 14. Decembre 1527. qui ordonne que les Religieux de S. Lucien-les-Beauvais commettroient un Laïc pour l'exercice de leur Jurisdiction temporelle. Bibliotheque de Bouchel, verbo, Laïc. — 20

Les Châtellenies de Bellac, Rançon, & Champagnac de l'ancien ressort de Limoges, ont été annexées par les Rois au Duché de Châtelleraut & Comtez de la Basse-Marche erigés en Pairies, & réünis au ressort de Limoges és cas de l'Edit, & hors d'iceux par appel au ressort du Parlement de Bourdeaux. Voyez Peleus, question 126. — 21

Au Registre des jugez du Parlement de l'an 1328. nomb. 190. se trouve un grand Arrêt entre M. le Procureur General, & M. l'Evêque de Beziers, & les Abbez de S. Jacques & S. Aphrodise de la même ville de — 22

Tome II.   R r r

498 JUG JUG

Beziers, contenant reglement sur les Jurisdictions & Police de Beziers. *Corbin suite de Patronage*, ch. 150.

23 Anno 1520. die 20. Januar. fuit recepta appellatio religiosorum S. Bertini, en quod de Bennes citaverat subditos istorum religiosorum coram eo, volens Jurisdictionem in eos exercere dicens se in possessione, & quod religiosi edicto possessorio venire debebant: tamen quia constabat eos esse subditos Religiosorum ad eos fuerunt remissi. Rebuffe, sur le Concordat, tit. de causis. §. statuimus.

24 Le Baron de Sens joint la Chariere & S. Brice en un, la Jurisdiction tiendra à saint Brice. Ceux du Boissay s'opposent. Par Arrêt du Parlement de Bretagne du 13. Avril 1567. il est dit que les plaids de Sens se tiendront une fois l'an, où ledit sieur du Boissay & sujets pourront faire les appropriemens de leurs heritages. *Du Fail*, liv. 3. chap. 215.

25 Dans le *Cambresis* le Juge Laïc est competent de connoître des maisons mortuaires des Curez à l'exclusion de l'Official en sa qualité d'Official, quoiqu'il soit competent d'en connoître en qualité de Juge ordinaire du Cambresis. Arrêt du Parlement de Tournay du 14. Août 1696. rapporté par *M. Pinault*, tome 1. Arr. 113.

26 Arrêt de Reglement entre le Sénéchal & Juge du Comté de *Castres* & le Capitaine Châtelain, Consuls & Syndic de Viane, par lequel le Sénéchal & Juges de *Castres* sont maintenus en la faculté de rendre & exercer la Justice en la ville de Viane, par eux ou leur Lieutenant sur le lieu, & que les Elections consulaires de Viane seront apportées au Sénéchal & Juge de *Castres*, pour en être par eux choisi quatre, lesquels prêteront le serment és mains du Lieutenant audit Viane, & que le Capitaine Châtelain précedera les Consuls. Cet Arrêt est du 21. Janvier 1604. *Voyez Escorbiac*, titre 9. chap. 106.

27 Arrêt rendu au Parlement de Paris le 9. Septembre 1385. qui défend à l'Evêque de *Châlons* de connoître d'aucune action réelle. *Bibliotheque de Bouchel*, verbo, *Competence*.

28 Arrêt du 15. Decembre 1614 entre les Officiers de l'Evêque de *Châlons* Pair de France, & les Officiers Royaux de ladite ville, sur la prévention: que les reglemens generaux de la Police appartiendront au Juge Royal, l'execution au Juge de l'Evêque; ensemble des statuts des Maîtrises. La connoissance de l'execution des Contracts passés sous le Scel Royal, appartiendra au Juge de l'Evêque: si ce n'est qu'il s'agisse d'une falsification entre étrangers; il y aura prévention, s'il s'agit de l'execution du Scel Royal.
Le Procureur Fiscal de l'Evêque peut assister aux Audiences du Juge Royal pour vendiquer les justiciables de l'Evêque, & desquels le Juge Royal doit faire renvoy. *Filleau*, part. 3. tit. 7. chap. 10.

29 Arrêt du Parlement de Bretagne du 26. Octobre 1577. qui ordonne sur la Requête de M. l'Evêque de *Dol* que commandement seroit fait aux Officiers de *Dol* de bien & fidellement exercer leurs états en habits honnêtes & décens à leur vocation; défenses aux Juges de tenir dorénavant aucuns états & Offices des Seigneurs inferieurs & ressortissans à la Jurisdiction & Siege de *Dol*, & en cas de contravention, permis à l'Evêque de pourvoir autres personnes capables en leur lieu & place; ordonne par maniere de provision que les Plaids generaux de la Jurisdiction de *Dol* seront assignez & tenus à l'avenir par le Sénéchal, & que les Audiences ordinaires seront tenuës au Siege de *Dol* aux deux parts & au tiers, sçavoir, par le Sénéchal les deux premieres Audiences ordinaires, & la tierce par l'Alloüé, & que le Reglement fait le 15. Septembre dernier entre les Sénéchal, & Alloüé de S. Aubin du Cormier, sera entre les Sénéchal & Alloüé de *Dol* observé de point en point ainsi qu'il avoit été fait & donné entr'eux. *Voyez le Recueil de Du Fail*, livre 2.

30 L'Abbé *desainte Geneviéve* a toute Justice, haute, moyenne & basse dans son territoire, & notamment le droit de punir & corriger les Marêchaux qui sont en sa Justice, comme il fut jugé par Arrêt du 1. jour de Février 1325. aux Arrêts du feüillet 223. *Corbin, suite de Patronage*, chap. 93.

31 Mense Martii pronuntiatum fuit & declaratum, proprietatem justitiæ clausæ S. Victoris ac pertinentiarum ejusdem prout se comportant per totum usque ad claustum tyronis ad Religiosos B. Genovefæ, & non ad ipsos Religiosos S. Victoris pertinere; & quant à la Justice de la cour de l'Abbaye S. Victor, elle appartient aux Religieux de Saint Victor. *Ibidem*, chap. 118.

32 Les Magistrats ne doivent point entreprendre sur la Jurisdiction les uns des autres. Le Juge de *Grenoble* a un privilege qui le garantit de ces entreprises; nul de ses Justiciables ne le peut dépoüiller de sa Jurisdiction par aucune prérogative, non pas même en faveur du Parlement; le traité fait entre le Dauphin Humbert II. & l'Evêque de Grenoble le 3. Juillet 1344. ne le permet pas. *Voyez Guy Pape*, quest. 275.

33 Il y a Arrêt dans le livre vert, qui défend au Juge de *Grenoble* de prendre la qualité de Conseiller du Roy à l'égard de la Judicature Episcopale. *Voyez Chorier en sa Jurisprudence de Guy Pape*, pagé. 95.

34 Monsieur le Duc de *Guise* s'étant plaint de ce que le Lieutenant de Robe-Courte de Ribemont entreprenoit sur sa Justice, & faisoit sa résidence en divers lieux sur ses terres, il fut ordonné qu'il feroit sa résidence à Ribemont, lieu de son institution, & n'entreprendroit rien sur la Justice de Guise, sinon ce qui luy est permis par les Ordonnances. Arrêt du Parlement de Paris du 11. Decembre 1606. *Plaidoyers de Corbin*, chapitre 75.

35 Quelles Justices, & quels droits appartiennent à Messieurs les Doyen, Comtes & Chapitre de saint Jean de *Lyon*, & s'il y en a qui dépendent du Domaine de sa Majesté? *Voyez Henrys*, tome 2. liv. 3. quest. 15.

36 Le 6. Septembre 1558. au Parlement de Bretagne il fut ordonné par provision, que défenses sont faites aux Juges & Officiers de *S. Malo* de verifier les prises faites en mer par quelque personne que ce soit, & n'entreprendre Jurisdiction ni connoissance d'icelles, mais le laisser aux prochains Juges Royaux, suivant les Ordonnances. Le Sénéchal de *Dinan* & de *S. Malo* ajourné en la Cour pour opter lequel des deux Offices il veut tenir. *Du Fail*, liv. 3. chap. 10.

37 Arrêt du Parlement de Grenoble du mois d'Août 1634. par lequel la Jurisdiction & la connoissance des procés des habitans de *Marseille* en premiere instance furent donnez au Juge du Palais, nonobstant la possession & prescription alléguée par le Lieutenant du Sénéchal au Siege établi à Marseille. *Basset*, tome 2. liv. 2. tit. 3. chap. 1.

38 Par Arrêt du 23. Decembre 1328. La Justice haute, moyenne & basse de *Montabour* en la Sénéchaussée de *Perigueux* & *Cahors*, est ajugée au Roy à cause de son Château de Mont-Dôme. Pris dans les Registres des Lettres & Arrêts de l'an 1328. Arrêt 34. *Corbin suite de Patronage*, chap. 147.

39 Arrêt du Parlement de Paris du 7. Septembre 1618. pour les droits regaliens de l'Eglise Cathedrale de *Toul*, & l'exercice de leur Justice. *Corbin, Traité des Fiefs*, page 582. tome 1.

40 Le 28. Août 1555. sur la presentation des Lettres Patentes du Roy, touchant le reglement d'entre les Prévôts & Juges Présidiaux de *Troyes*, après une longue plaidoirie sur l'interpretation de l'Edit de Cremieu, & la matiere remise, par Arrêt du 27. May 1555. depuis la matiere remise, par Arrêt du 27. May 1555. jugé que les Lettres Patentes seront publiées & enregistrées, & neantmoins la Jurisdiction des deux déclarée & limitée selon l'ancien usage. *Papon*, liv. 7. tit. 17. nomb. 60.

41 Le Mercredy post *Inventionem S. Crucis*, les Religieux de *S. Victor*, furent ressaisis d'un prisonnier pris par le Prévôt de Paris en l'enclos de leurs murs. Au Registre *olim*, feüillet 71. *B. Corbin, suite de Patronage*, chap. 129.

42 *Jurisdictio temporalis* Viennæ *D. N. Delphino & Archiepiscopo communis.* Voyez *Franc. Marc*, tome 1. quest. 115.

Le Juge de *Vienne* est appellable au Vice-baillif, ce que n'est pas celuy de Grenoble ; neanmoins il obtint Arrêt le dernier du mois de Février 1646. qui défend aux habitans de *Vienne*, de se pourvoir comme ils faisoient au Vice-baillif au préjudice de la Jurisdiction ordinaire Royale, & Archiepiscopale, sous prétexte des soumissions que l'on insere dans les Contracts avec les clauses. Le Vice-baillif avoit opposé de sa possession immemoriale. Voyez *Chorier* en *la Jurisprudence de Guy Pape*, page 95.

JURISDICTION, ACTION PERSONNELLE, RE'ELLE.

43 En action personnelle, la convention doit être pardevant le Juge du domicile, si ce n'est qu'il y ait soumission expresse. En action réelle on ne peut convenir ou pardevant le Juge du domicile, ou pardevant le Juge du lieu où le fond est situé. Arrêt du 16. Novembre 1579. *M. Expilly*, Arrêt 73.

JURISDICTION, AMIRAUTÉ.

44 Edit du Roy Henry III. du mois de Mars 1584. contenant les Ordonnances & Reglemens sur la Jurisdiction de l'Amirauté de France. *Ordonnances de Fontanon*, tome 4. page 1119.

45 Des Officiers de l'Amirauté & de leur Jurisdiction. Voyez le livre 1. de l'*Ordonnance de la Marine du mois d'Août* 1681.

Voyez le mot, *Amirauté*.

JURISDICTION, BOIS.

46 A qui appartient la connoissance de la proprieté & possession des bois. Voyez le mot, *Bois*, nomb. 45. & 46. & lett. E. le titre des *Eaux & Forêts*.

JURISDICTION DES CAPITOULS.

47 Voyez le mot, *Capitouls*, nomb. 3. & suiv.

JURISDICTION DU CHAPITRE.

48 Voyez le mot, *Chanoines*, nomb. 71. & suiv. & le mot, *Chapitre*, nomb. 23. & suiv. & cy-aprés ce qui sera observé sous le titre des *Juges d'Eglise*, nomb. 349. & suivans.

JURISDICTION DU CHASTELET.

49 Des Officiers du Châtelet de Paris, & Reglement d'iceux. *Joly des Offices de France*, tome 2. liv. 3. tit. 7. page 934. & tit. 25. page 1413. & aux additions, page 1842. & suiv. & page 1913. & Fontanon, tome 1. liv. 2. tit. 4. page 215.

50 Arrêt du Parlement de Paris du 7. Août 1698. portant Reglement entre les Officiers du Châtelet, & les Juges Consuls, qui peut servir à regler les conflicts de Jurisdiction. Voyez le recüeil de *Decombes*, *Greffier de l'Officialité de Paris*, part. 2. chap. 1.

JURISDICTION DES CHASTELLENIES.

51 Voyez *Filleau*, part. 2. titre 5.

JURISDICTION COMMISE.

52 *Ubi agitur de mandatâ Jurisdictione, tantum permissum quantum concessum.* Mornac, *l. unica Cod. de Officio Proconsulis & legati.* Voyez cy-après le nomb. 235. & suivans.

JURISDICTION, CONNETABLIE.

53 Des ventes d'armes, vivres, chevaux, & autres équipages de guerre, la connoissance en appartient à la Connétablie. Jugé par Arrêt du Parlement de Paris rendu sur la Requête de M. le Procureur General, du 14. Août 1626. autre du 17. Dec. 1638. Voyez le liv. intitulé, *raisons décisives de la Connétablie*, fol. 67. & 70. & par autre Arrêt du même Parlement du 29. Juillet 1645. rapporté par *La Martiniere*, en son Livre de *la Connétablie*, fol. 108.

Voyez le mot, *Connétable*.

JURISDICTION DES CONSULS.

54 De la Jurisdiction des Maire, Echevins, & Consuls. Voyez *Papon*, liv. 6. tit. 1.

55 Arrêt du Parlement de Toulouse du 6. Avril 1576. rendu entre le Syndic du lieu de Fos & autre Syndic de quelque autre village concernant la Jurisdiction des Consuls esdits lieux ; contenant en outre privation du rapport du Rapporteur du procès au Sénechal de Toulouse pour n'avoir produit le brevet & extrait du procès par luy fait, suivant l'Arrêt de Reglement, & que l'argent dudit rapport sera employé en œuvres pies à l'Ordonnance de la Cour. *La Rocheflavin*, livre 6. tit. 161.

56 *Castrodunenses duo negotiatores merces ementi à mercatoribus Aurelianensibus, datâ solvendi pretii fide intra quatuor menses ; elapso quadrimestri conveniuntur coram Aurelianensibus Consulibus. Castrodunenses postulant domum remitti ad judicem ordinarium ; sed cum nulli sint Consules Castroduni persistunt, cùm res sint inter mercatores & de commercio, Consules Aurelianenses negant ejusmodi remissionem, appellant Castrodunenses ; servato jure judicibus dominicis remissa est cognitio Castroduni.* Arrêt du 30. Juillet 1613. *Mornac, Loi* 8. *Cod. de Episcopali audient. &c.*

57 L'érection & établissement des Jurisdictions Consulaires, & s'il y a lieu de l'empêcher. Voyez *Henrys*
58 tom. 1. liv. 2. chap. 4. quest. 36. Voyez *Du Fresne*, liv. 5. chap. 2. où vous trouverez Arrêt du 9. Février 1647. contre les habitans du Mans, lequel Arrêt juge que les Juges Consuls ne doivent être établis, sinon és grandes Villes, où il y a grand commerce & affluence de Marchands.

59 En l'Audience de la Grand Chambre au mois d'Août 1659. jugé que les Juges Consuls de la ville de Troyes ne pourroient connoître des causes, pour fait de marchandises entre Marchands domiciliez au Comté de Joigny, attendu que Joigny est situé dans le territoire du Bailliage d'Auxerre, où il y a un établissement de Jurisdiction Consulaire. *Jovet* in verbo *Juges*, nom. 33. dit avoir oüy prononcer l'Arrêt.

60 Arrêt du Parlement de Provence du 2. May 1675. qui a jugé que les Juges du commerce ne connoissent pas des ventes & marchez faits entre Artisans de differens métiers, mais entre marchands. *Boniface*, tome 3. liv. 1. titre 12. chapitre 1. cy-aprés le nomb. 71.

JUGES, DECRETS.

61 Où se doivent poursuivre & purger les decrets ? Voyez le mot *Decret*, nom. 51. & suiv.

DISTRACTION DE JURISDICTION.

62 Le 28. Juillet 1575. une procedure faite par un Juge Mage de Lauragueois, d'une affaire de la Senechaussée de Toulouse, fut cassée comme faite hors de son Territoire & Jurisdiction. *Reglement de la Rocheflavin*, chap. 4. art. 12.

63 Arrêt de l'Université, Ecoliers, Religieux de saint Benoist, Observans & autres Religions, de mettre soumissions dans les contrats & actes pour tirer les gens hors de leur Jurisdiction ordinaire. Arrêt du 7. Septembre 1589. *La Rocheflavin*, liv. 6. tit. 56. art. 12.

64 Contre la distraction de Jurisdiction, & que chaque Juge a droit de se la conserver. Arrêt du Parlement de Grenoble du 11. Janvier 1630. *Judices Ecclesiastico usus excommunicationis conceditur.* Voyez *Basset*, tom. 1. liv. 2. tit. 2. chap. 13.

65 Le 7. May 1664. Arrêt du Parlement de Paris qui fait défenses au Lieutenant General de Sens de prononcer par interdiction & condamnation d'amende contre les Procureurs & les parties pour distraction de Jurisdiction. *Notables Arrêts des Audiences.* Arrêt 103. & des *Maisons* lett. C. nom. 1.

66 Le Juge Royal peut bien faire défenses à ses Justiciables de plaider pardevant autre que luy. *Joan. Faber in l. b. 1. cod. de off. Præs.* ce que ne peut pas faire le haut Justicier, parce qu'il n'a point de pouvoir ni de correction en ce cas sur ses Justiciables, d'autant qu'ils sont toûjours sujets du Roy, non plus qu'il n'en a sur les Sergens & Officiers d'iceluy : *Si enim par in parem non habet imperium, multò minùs in superiorem* ; la Jurisdiction Royale étant superieure pour être la plus forte, la plus noble, & sur laquelle les autres Jurisdictions se doivent regler, comme il fut jugé par

Tome III. R r r ij

Arrêt du Parlement de Roüen donné à la Tournelle, rapporté par *Berault sur l'art 15. de la Coûtume de Normandie*.

67 Déclaration qui abroge l'usage de condamner les particuliers en l'amende pour le transport de Jurisdiction. A Saint Germain en Laye le 28. Janvier 1682. Registré au Parlement le 17. Février suivant.

JURISDICTION DU DOMAINE.

68 De la Jurisdiction du Domaine, & à qui elle appartient? *Voyez. Henrys, tom. 1. liv. 2. chap. 4. quest. 14. & le mot Domaine, nom. 55.*

JURISDICTION DES ECHEVINS.

69 *Voyez* le mot *Echevins*, nom. 20. & suiv. & cy-dessus le nom. 54. & cy-après le nom. 223.

JURISDICTION DU GRAND CONSEIL.

70 De la Jurisdiction du Grand Conseil. *Voyez La Rochestavin des Parlemens de France liv. 13. chap. 34.* Voyez le mot *Conseil*, nom. 3. bis & suiv.

JURISDICTION, MARCHANDS.

71 Jurisdiction des Marchands de Toulouse, appellée Bourse. *Voyez le mot Bourse.*

Voyez cy-dessus le nom. 54. & suiv. pour ce qui regarde la Jurisdiction Consulaire.

JURISDICTION MILITAIRE.

72 *Voyez M. Expilly, Arrêt 156. & le Livre intitulé Code Militaire.*

De la connoissance, notion, ou coertion militaire que les Maires & Echevins, & les Capitaines volontaires des villes ont sur les habitans defaillans aux Gardes, ou faisant chose contre le droit des armes. *Filleau, Part. 3. tit. 7. chap. 17.*

73 En Normandie on ne connoît point de Jurisdiction militaire. Arrêt du Parlement de Roüen du 17. Avril 1638. sur l'appel des sieurs Ferriere de Montgoubert & de Duranville l'Abbé; l'un Capitaine; & l'autre Cornette de Chevaux-Legers. Ces deux Officiers avoient fait decreter de prise de corps par M. de Miromesnil Commissaire départi en Normandie, un soldat qui avoit deserté; mais étant mort quelque temps après, ses freres avoient porté l'affaire devant les Juges du Ponteau-de-Mer. Les sieurs de Montgoubert & de Duranville demanderent leur renvoy devant le Commissaire départi, comme s'agissant d'un cas militaire. Sur leur appel & de déni de renvoy, on confirma la Sentence, parce que leur action n'étoit plus contre le déserteur, mais contre ses heritiers qui n'étoient pas gens de guerre.

Par Arrêt du 20. Mars 1631. un particulier ayant été condamné par contumace comme deserteur par Messieurs les Mareschaux de France, il fut reçu appellant sans lettres pour ester à droit, & faisant droit sur son appel, il fut absous, & défense de mettre à execution le Jugement des Mareschaux de France; il semble neanmoins que cette action étoit de leur competence. *Basnage, tit. de Jurisdiction art. 1.*

74 Un Carabin ou Cavalier ayant reconnu jusqu'après Sentence définitive la Competence & la Jurisdiction d'un Commissaire établi pour juger souverainement les procès mûs entre les Bourgeois & les soldats, ne peut aprés cela desavoüer sa qualité de Carabin, & se pourvoir au Parlement. Jugé au Parlement de Metz le 5. Decembre 1639. *Voyez le 53. Plaidoyé de M. de Corberon.*

JURISDICTION, PARLEMENT.

75 De la Jurisdiction des Parlemens. *Voyez* le mot *Parlement*, nom. 64. & suiv.

JURISDICTION, PRESTRES.

Voyez les mots, *Clercs & Ecclesiastiques*.

76 Clerc heritier d'un Laïc doit proceder en la Jurisdiction seculiere. Arrêt du Parlement de Grenoble du 15. Février 1579. *Basset, tom. 1. liv. 2. tit. 3. chap. 7.*

77 Prêtres trouvez en habit de Prêtres & en leurs habitations, & non en crime flagrant, ne sont sujets à la Jurisdiction des Prevôts, encore qu'ils soient accusez du crime de Leze-Majesté. Arrêt de la Tournelle de Toulouse du mois de Janvier 1580. *Biblioth. Can. tom. 1. pag. 322. col 2.*

78 Prêtre ne peut exercer Office de Judicature temporelle. Arrêt du 7. May 1618. contre le Prevôt du Chapitre de Provins, qui en cette qualité vouloit administrer la justice au lieu de celuy que le Chapitre avoit institué. *Bardet, tom. 1. liv. 1. chap. 20.*

79 Arrêt rendu au Parlement de Provence le 16. Avril 1644. qui a jugé que les Prêtres sont au rang des Nobles, & joüissent de l'Edit de Cremieu, portans leurs causes aux Lieutenans, quand ils habitent pour le service de l'Eglise dans les lieux des Seigneurs Justiciers. *Boniface, tom. 4. liv. 3. tit. 3 chap. 3.*

JURISDICTION DE PROVENCE.

80 Arrêt & Reglement du Conseil d'Etat sur la Jurisdiction, rang & ordre public de la Cour de Parlement de Provence, & de la Chambre des Comptes, Cour des Aydes, & Finances dudit Pays, du 23. Août 1608. *Boniface, tome 3. liv. 1. tit. 5. ch. 2.*

JURISDICTION PROROGE'E.

81 Prorogation de Jurisdiction: cette matiere n'est plus en usage, depuis que les Jurisdictions sont divisées quant à la proprieté & à l'utilité. *Voyez la Biblioth. de Bouchel, verbo, Prorogation.*

Il faut neanmoins connoître quel étoit l'usage, & quel il doit encore être par rapport à la Jurisdiction de certains Juges convenus entre les Parties.

82 De la prorogation de Jurisdiction. *Voyez Franc. Marc. tom. 1. quest. 68. 73. & 74.*

83 *Prorogatio fori voluntaria, interdum non admittitur in prejudicium judicis domestici.* Voyez *Stockmans, Decision 130.*

84 Jurisdiction ne se peut proroger ni étendre, *etiam ex consensu partium*, quand les Juges sont deleguez *ad certum causae genus*, comme Consuls. Autre chose seroit des Juges commis *ad universitatem causarum.* Ainsi jugé. *Papon, liv. 7. tit. 7. n. 40.*

85 Par l'article 10. de la Coûtume de *Bretagne*, la prorogation vaut, tant pour le prorogeant que pour ses hoirs. Il a été jugé le 9. Juin 1614. que le Juge de la Jurisdiction où la prorogation étoit faite, devoit connoître des actions de rescision; toutefois il se trouve avoir été donné Arrêt contraire le 3. Avril 1635. suivant l'art. 8. de la Coûtume, qui a jugé que c'est le Juge du domicile qui est seul competent. *Du Fail, li. 1. chapitre 52.*

86 *Vetiti sunt Mompensaria ditionis populares prorogare Jurisdictionem dominicam si inter se contrahant; secus, si cum alienis quorum judex sit regius.* Arrêt du 21. Juin 1614. Mornac, *L. 1. ff. de judiciis & ubi quisque, &c.*

87 Arrêt du Parlement de Roüen du 2. Août 1673. rendu sur évocation du Parlement de Rennes, qui en interpretant l'art. 11. de l'ancienne Coûtume de *Bretagne*, & 10. de la nouvelle, portant, *Pourront toutes personnes se soûmettre à la Jurisdiction du Juge au dedans du détroit duquel ils ne sont demeurant, ni justiciables par prorogation & par soûmission expresse*, a jugé que ces articles avoient lieu pour toutes causes, tant réelles que personnelles, & en consequence les decrets faits à Rennes de la Terre de Lansquel, sur M. Jean de la Touche, Seigneur de Querolan, a été confirmé, parce que le Contract de vente de la Terre portoit une prorogation de Jurisdiction volontaire devant le Presidial de Rennes. M. de Querolan soûtenoit que le decret se devoit faire en la Jurisdiction de Largonnet à Vannes, dans le détroit de laquelle cette Terre étoit située. *Voyez Basnage, tit. de Jurisdiction, pag. 8.*

JURISDICTION, SOUMISSION.

88 Soûmission n'empêche le renvoy de Juge Royal à autre Royal. Arrêts des 17. Septembre 1334. & 15. Février 1329. *Papon, liv. 7. tit. 7. n. 11. & 12.*

89 Le Seigneur ne peut demander le renvoy de son sujet qui a consenti la Jurisdiction du Juge Royal. Arrêt du Parlement de Paris de l'an 1385. *Papon, ibidem, nombre 9.*

90 Le défendeur ne peut faire soûmission au Juge Royal au préjudice de son Seigneur Justicier, auquel il doit être renvoyé s'il le requiert. Arrêts du Parlement de Bourdeaux des 16. Février 1519. & 3. Juin 1527. La Declaration du Roy sur l'Edit de Cremieu, a conservé le droit des Seigneurs. Voyez Papon, ibid. n. 10.

91 *Subditus alicujus Domini perpetui non potest coram extraneo judice, sine licentiâ Domini sui litigare, nec se submittere, nisi contrahendo sub sigillo regio, ut fuit decisum die ultimâ Junii anno 1534. in Senatu, & de duobus Presbyteris litigantibus coram Dominis supplicationum, quod non possint prorogare, etiam fuit decisum eo anno die 2. Martii.* Rebuffe, sur le Concordat, tit. de causis. §. *Statuimus.*

92 Soûmission à toutes Cours, s'entend seulement de celles de la Province du domicile. Papon, liv. 7. tit. 7. nombre 62. où il est observé que soûmissions ne sont attributives de Jurisdiction, quoyque le défendeur soit demeurant dans le Bailliage ; défenses aux Notaires de les inserer dans les Contracts ; on excepte le scel de Paris, de Montpellier, & des Foires de Brie.

93 Le 25. May 1568. fut appointé au Conseil ; à sçavoir si la soûmission expresse faite par le sujet de saint Florentin à la Jurisdiction Royale, peut avoir lieu au préjudice du Seigneur de saint Florentin ? Canay plaidoit pour Damoiselle Marie de Cleves, sous l'autorité de M. le Cardinal de Bourbon son Curateur, & disoit que les Jurisdictions en France sont patrimoniales, & même que le Roy l'avoit baillée avec les cas Royaux à M. de Nevers, comme Seigneur de Saint Florentin ; que de droit le vassal, & sujet ne peut proroger Jurisdiction au préjudice de son Seigneur. Au contraire, M. du Ménil, Avocat du Roy, alleguoit qu'en cas de soûmission generale il y avoit eu de la difficulté, & sur cela appointé au Conseil ; mais pour le regard de la soûmission expresse, qu'il est sans doute que le vassal ou sujet, peut par soûmission expresse se soûmettre à la Jurisdiction Royale, vû même qu'en passant un Contract sous le scel du Châtelet, ou de Montpellier, il se fait prorogation de Jurisdiction au Juge Royal, au préjudice du Seigneur Justicier, encore que sa Jurisdiction soit patrimoniale ; à plus forte raison, par soûmission expresse. *Biblioth. du Droit François*, par Bouchel. verbo, *Submission.*

94 Les vassaux des Seigneurs ne peuvent par les Contracts qu'ils font, déroger à la Jurisdiction des Seigneurs. Carondas, sur la somme rurale, liv. 1. tit. 51. liv. 2. tit. 1. Chopin en rapporte des Arrêts, l'un pour les Religieuses de Calais, au titre du Domaine ; l'autre sur la Coûtume d'Anjou, contre les Présidiaux du Mans, du 14. Février 1571. L'Arrêt de M. de Nevers contre les Officiers de Saint Pierre le Moustier ; du 8. Juillet 1613. *Addition à la Biblioth. de Bouchel*, ibid.

95 Arrêt de l'Université, Ecoliers, Religieux de Saint Benoît, Observans, & autres Religions, de ne mettre soûmissions aux instrumens, pour tenir les gens hors les Jurisdictions ordinaires. Donné à Toulouse le 7. Septembre 1589. V. *cy-dessus le* n. 63.

96 Par Arrêt donné à Tours le 6. Juillet 1593. jugé qu'en vertu de la soûmission faite à toutes Jurisdictions, l'on ne peut distraire celuy qui s'est soûmis, si ce n'est que la soûmission se fasse par le scel du Châtelet de Paris, & le scel de Montpellier, & le scel de la conservation des Foires de Lyon, Brie. & Champagne. Voyez la *Biblioth. de Bouchel*, verbo, *Submission.*

97 Les Parties étant de même Parlement, l'une ne peut renoncer à la Jurisdiction ordinaire, d'autant que les Jurisdictions sont patrimoniales. Arrêt du Parlement de Dijon du 17. May 1599. Bouvot, tome 2. verbo, *Jugement*, quest. 6.

98 Juge peut du consentement des parties exceder sa Jurisdiction, comme si Châtelains qui n'ont Jurisdiction que jusqu'à 60. liv. connoissoient de sommes considerables, de la volonté des Parties. Voyez plusieurs Arrêts du Parlement de Grenoble, citez par Guy Pape,

quest. 285. Cela s'entend, en ce qui concerne l'interet des Parties ; car si les Gens du Roy en appellent, le tout sera declaré nul. Papon, liv. 7. tit. 7. n. 32.

99 L'execution d'un homme du Dauphiné obligé aux soûmissions de Nîmes, se doit faire par Officiers de Dauphiné. Arrêt rendu au Parlement de Grenoble le dernier Juin 1633. V. Basset, tome 1. liv. 2. tit. 35. ch. 2.

100 Le sieur de la Luzerne-Brevant, en achetant la Terre de Mandeville du sieur Emery d'Orcher, avoit stipulé que pour les differends qui pourroient naître en execution de leur Contract, ils se soûmettoient à la Jurisdiction du Juge de Bayeux. Le sieur d'Orcher appelé pour garantir quelque Terre, dont la propriété étoit disputée au sieur de Brevant, demanda son renvoy devant le Juge de son domicile. Sur son appel de déni de renvoy, Durand son Avocat s'aidoit de ces raisons, que la prorogation de Jurisdiction ne se peut faire en Normandie, & que les Jurisdictions sont patrimoniales. On répondoit que la stipulation portée par son Contract, ne devoit point luy être inutile, & qu'étant question d'une garantie prétenduë pour un fonds, c'étoit une action reelle. Par Arrêt du Parlement de Roüen du 23. Juillet 1676. la Sentence fut confirmée. Voyez Basnage, tit. de Jurisdiction.

JURISDICTION DES VICOMTES.
Voyez le mot, *Bailiff*, nombre 8.

101 Les Vicomtes ne peuvent informer des crimes, sinon en tenant leurs plaids, & sur le premier article, il y a plusieurs Arrêts qui leur ont même ôté la connoissance des actions en injures, quoy qu'intentée civilement. Un Vicomte tenant ses plaids, à l'appel d'un Sergent, un Paysan se plaignit que ce Sergent étoit entré seul dans sa maison, où il avoit pris plusieurs meubles, sans avoir donné l'exploit d'execution. Le Vicomte en informe, & aprés les recollemens & les confrontations, interdit le Sergent de sa charge, avec amende. Il appella comme d'incompetence, & quoy qu'il eût procedé volontairement, & que le Vicomte fût Juge de l'opposition, & que l'appel des Sergens qui se fait devant luy, ne soit établi que pour pouvoir plus aisément se plaindre contre eux, & afin que le Vicomte puisse informer de leurs malversations ; neantmoins on cassa tout ce qui avoit été fait depuis l'information. Par Arrêt du Parlement de Roüen du 5. Decembre 1614. Basnage, tit. de Jurisdiction, art. 10.

102 La Coûtume de *Normandie* en donnant au Vicomte la connoissance des Lettres de mixtion des Terres assises dans le Territoire du haut-Justicier, ne distingue point si le Siege principal d'une autre Justice, ou quelqu'autre Siege, est assis dans l'étenduë de la Vicomté ; elle dit simplement si les heritages sont assis dans le ressort d'un haut Justicier. En explication du 8. article, tit. de Jurisdiction, l'on a donné Arrêt le 9. Septembre 1639. par lequel on a confirmé un decret fait devant le Juge de Bayeux, quoyqu'une partie des heritages fût située dans la haute Justice de Maisi, qui est veritablement dans les enclaves de la Vicomté de Bayeux, mais qui n'est qu'un membre de celle de Varanguebec, qui est dans les enclaves du Bailliage de Cotentin ; & suivant cet Arrêt il suffit qu'il y ait un Siege de haute Justice dans les enclaves d'un Vicomté pour le rendre competent de Lettres de Mixtion, quoyque cette Justice soit dans les enclaves, non seulement d'une autre Vicomté, mais même d'un autre Bailliage. Les Vicomtes ont prétendu qu'il suffisoit que les Terres fussent situées dans les enclaves de la Vicomté, quoyque le haut Justicier n'y eût pas son Siege. Arrêt du 20. Août 1678. qui attribuë au Bailly la connoissance du Decret. Dans l'Arrêt de 1639. l'on ne demandoit pas le renvoy au Bailly ; & d'ailleurs le Siege de la haute Justice étoit dans les enclaves du Vicomté de Bayeux ; & au contraire, dans celuy de 1678. le siege de la haute Justice étoit dans la Vicomté de Caën ; ainsi la connoissance de Lettres de Mixtion appartenoit au Bailly. Basnage, ibidem, art. 8.

103 Par Arrêt du Parlement de Roüen du 19. Juillet 1645. entre les Officiers de la Vicomté de *Mortain*, & les Avocats; la Cour faisant droit, ordonna qu'en l'absence du Lieutenant General & Particulier du Bailliage, la Jurisdiction seroit tenuë par le Vicomte, les Lieutenans, les Avocats & Procureurs du Roy, les Enquêteurs qui seront Graduez, & ensuite par les Avocats, selon l'ordre de leur reception, sans que la tenuë de la Jurisdiction des Officiers de Vicomté puisse préjudicier à la préséance des Avocats & Procureurs du Roy, en toutes assemblées, tant generales que particulieres, à laquelle la Cour les a maintenus, au préjudice du Lieutenant du Vicomte; a maintenu pareillement les Enquêteurs en la fonction de leurs charges, conformément à leur Edit de création, Arrêts & Reglemens: & en tant qu'à la Jurisdiction du Vicomte, la Cour ordonne, qu'en l'absence du Vicomte, elle sera tenuë par les Avocats & Procureurs du Roy, les Enquêteurs Graduez, & ensuite par les Avocats. V. *Basnage*, titre de *Jurisdiction*.

104 Le 12. Juillet 1680. entre les Officiers du *Havre*, il a été jugé que les Avocats & Procureur du Roy auroient la préséance en marchant devant les Lieutenans General & Particulier du Vicomté; & à l'égard de la Chaire du Bailliage, en l'absence du Bailly de Caux, & desdits Lieutenans, que le Lieutenant General du Vicomté tiendroit la Jurisdiction, & en son absence le Lieutenant Particulier au préjudice des Avocats & Procureurs du Roy. V. *Basnage, ibid.*

105 Le Vicomte doit tenir les Plaids Royaux, qui sont pour le Domaine du Roy, au préjudice du Bailly. Arrêt du même Parlement de Roüen du 1. Avril 1664. entre Madame la Duchesse de Nemours, le Vicomte d'Andely, & le Lieutenant du Bailly. *Basnage, ibidem, art. 10.*

106 Les Vicomtes ont prétendu qu'ils étoient competens de connoître du decret d'heritages situez en partie dans le ressort de la Vicomté, & en partie dans le ressort d'un haut Justicier, qui avoit un Siege dans les enclaves de la Vicomté, mais qui étoit dans le ressort d'un autre Parlement. V. *Basnage, tit. de Jurisdiction, art. 8.* où il rapporte un Arrêt du Parlement de Roüen du 28. Juillet 1682. qui sans avoir égard à l'opposition du Vicomte, renvoye la connoissance du Decret au Bailly d'Eu.

JURISDICTION DES VIGUIERS.

107 Des Viguiers, Juges ordinaires, Baillis, Châtelains, Prévôts, & leurs Lieutenans du ressort du Parlement de Toulouse. *Voyez Escorbiac, tit. 9.*

108 Arrêt du Parlement de Provence du 21. Novembre 1624. qui permet aux Juges non Viguiers d'assister aux donations entre-vifs aux Bureaux des Hôpitaux, & aux redditions de comptes. *Bonifac. tome 1. liv. 1. tit. 1. nombre 23.*

JUGEMENT.

109 LA matiere des Jugemens Civils est traitée dans les 27. premiers Titres du troisième Livre du Code: & dans le Livre VII. depuis le Titre 42. jusqu'au Titre 60.

De judiciis, & ubi quisque agere, vel conveniri debeat. D. 5. 1... C. 3. 1... C. Th. 2. 19.

De re judicatâ, & de effectu sententiarum, & de interlocutionibus. D. 42. 1. De la chose jugée: de l'execution des Jugemens; & des Jugemens interlocutoires.

De effectu sententiarum, & finibus litium. Paul. 5. sentent. 5.

De executione rei judicata. C. 7. 53... Instit. Lanc. 3. 16.

De sententiis & interlocutionibus omnium judicum. C. 7. 45.

De sententiis Præfectorum Pratorio. C. 7. 42. Contra eas non provocare, sed supplicare intra biennium, licebat.

Quomodo & quando judex sententiam proferre debeat, præsentibus partibus, vel unâ absente. C. 7. 43. Des Jugemens contradictoires, & par défaut.

De sententiis ex breviculo recitandis. C. 7. 44...C. Th. 4. 17. Les Jugemens sont nuls, s'ils n'ont été rédigez par écrit. *Breviculum,* le bref ou la minute, le dispositif ou *dictum. In quibusdam libris scribitur periculum, non breviculum. Vide Jac. Gotofr. in L. 2. hujus tit. Cod. Th.*

Ut sententiam judices in litteras referant, suaque manu obsignent. L. N. 45.

De tempore judicandi, Lex 12. tabb. 1. 7. c. 10.

De sententiâ quæ, sine certâ quantitate, profertur. C. 7. 46. Le Jugement doit statuer une chose certaine & fixe.

De sententiis quæ, pro eo quod interest, proferuntur. C. 7. 47. Des condamnations aux dommages & interêts.

Sententiam rescindi non posse. C. 7. 50. Les Jugemens ne peuvent être changez par le même Juge; mais il y a la voye d'appel.

De sententiis adversùs fiscum latis, retractandis. C. 10. 9.

De usuris rei judicatæ. C. 7. 54. Celuy qui ne paye pas dans les quatre mois après le Jugement, doit les interêts.

Si plures unâ sententiâ condemnati sunt. C. 7. 55. La condamnation n'est pas solidaire. V. *Division.*

Quibus res judicata non nocet. C. 7. 56. & 60. Ce qui est fait entre quelques personnes ne nuit point aux tiers. V. *Tiers.*

Comminationes, Epistolæ, Programmata, subscriptiones, authoritatem rei judicatæ non habere. C. 7. 57. Les Jugemens ne peuvent pas être suppléez par d'autres Actes, comme Lettres, Affiches, Sommations, Dénonciations, & autres Actes comminatoires.

Si ex falsis instrumentis, vel testimoniis judicatum sit. C. 7. 58.

Qui legitimam personam standi in judiciis habeant; vel non. C. 3. 6. De ceux qui peuvent paroître en Justice, *vulgò* ester en jugement. V. *Action, Mineur, Procedure.*

Si quis jus dicenti non obtemperaverit. D. 2. 3. De l'execution des Jugemens.

De executoribus, & exactionibus. C. Th. 8. 8.

De publicis judiciis. D. 48. 1. Des crimes publics. V. *Crime.*

Quod quisque juris in alterum statuerit, ut ipse eodem jure utatur. D. 2. 2.

110 Jugement Ecclesiastique.

Il est traité des Jugemens Ecclesiastiques, circonstances & dépendances, dans le Livre II. des Décretales, & dans le Livre III. des Institutes de Lancelot.

De judiciis, & illorum divisione. Inst. L. 3. 1.

De judiciis. Dec. Gr. 2. 9. 1... 5. 9. 4... 14. 9. 1... 15. 9. 7... 16. 9. 6... 30. 9. 5. c. 9. §. his ita. usq. ad fin... Extr. 2. 1... S. 2. 1... Cl. 2. 1... Extr. ce. 1. 1.

De sententiis, & re judicatâ. Dec. Gr. 3. 9. 9... §. 9. 4.... 11. 9. 3. c. 43. §. de his, usque ad c. 90. qui justus... 30. 9. 5. c. 9. à §. his ita, usque ad fin. 9. 35. 9. 9... Extr. 2. 27... S. 2. 14... Cl. 2. 11... Instit. L. 3. 15.

Voyez cy-après le nombre 349. & suiv.

De re judicatâ. C. 7. 52... C. Th. 4. 16... Paul. 5. sent. 5... L. 107. D. de reg. jur.

De sententiâ, & re judicatâ. Extr. 2. 27... S. 2. 14... Cl. 2. 11.

De exceptione rei judicata. D. 42. 2. Exception, par laquelle une partie soûtient que la chose a déja été jugée entre les Parties.

Voyez les mots, *Arrêts, Interlocutoires, Sentence.*

De ordine judiciorum. Per Tancretum.

111 Per Bartholum.
Per Guido. de Suzaria.
Per Odoffredum.

111. *Per Jacobum Gentilem; & per Robertum Marantam, in suo speculo.*

De judiciis. Per Mansuetium; & per Placentinum.

De judiciis expediendis. Per Placentinum.

De judiciis veterum. Per Petrum Vendramum.

De judicio in rebus exiguis ferendo. Per Andr. Tiraquellum.

De differentiâ judiciorum bonæ fidei & stricti juris. Per Joan. Rogen. Ftoc.

De judiciis bonæ fidei. Per Ant. Massam.

Trochæus, *de differentiâ judiciorum bonæ fidei, & stricti juris,* Lugd. 1550.

112. *De re judicatâ & effectu judiciorum.* Vide Luc. *lib* 11. *tit.* 14.

112. Voyez dans M. le Bret, *ordinem per antiquum judiciorum civilium, eorumque solemnia.* Il parle de ceux qui ont commencé à être Juges, des Loix par lesquelles ils décidoient; des marques de leur Dignité; des lieux où leurs Tribunaux étoient élevez; du temps consacré à leurs Audiences; de la défense de juger la nuit; du pouvoir de ceux qui rendoient des Jugemens particuliers, soit Préfets de la ville, Intendans des Provinces, ou Juges pedanez; des qualitez requises aux Magistrats; de ceux qui étoient appellez pour leur donner conseil; du serment que les Juges étoient obligez de faire; des procedures necessaires aux Jugemens, s'ils devoient être rendus *ex probatis an ex conscientiâ*; de leur équité & prononciation; s'il étoit permis d'y changer; de leur appel & execution; de la peine contre les Juges prévaricateurs, ignorans, & sujets à se laisser corrompre; & enfin du temps dans lequel les procés devoient être terminez, & les Jugemens rendus.

113. On ne peut se dispenser de suivre le Stile, non plus que la Loy dans les Jugemens; mais si la Coûtume d'un lieu est contraire au Stile du Parlement, il faut préferer ce Stile à cette Coûtume, à cause de la subordination. *Voyez Guy Pape, quest.* 192.

114. *Damnantur præcipitatio & variatio in judiciis.* Mornac, *L. ult. C. de modo multctarum.*

115. *In judicando criminosâ est celeritas.* V. les Harangues de Henrys, *tome* 2. *p. XXXIII.*

116. *Subtilitates à judiciis non admittuntur.* Voyez les Opuscules de Loysel, p, 151.

117. En cas pareil il faut rendre même Jugement. *V. M. de Prêtre,* 4. *Cent. ch.* 48.

118. Es actions infamantes, il faut juger selon la qualité des personnes. *Voyez ibid. ch.* 54.

119. Erreur, omission faite en une plaidoirie, & autres actes judiciaires, peuvent être prouvez & reparez par témoins. V. Philippi, *Arrêts de consequence de la Cour des Aydes,* art. 87.

120. Quand la décision d'une cause se trouve fondée sur des Edits & Declarations differens, c'est le cas de renvoyer au Roy pour l'interpretation. *Voyez Philippi, es Arrêts de consequence de la Cour des Aydes de Montpellier,* art. 93. 98. 108. & 118.

Voyez les mots, *Declarations, Edits, Lettres Patentes & Ordonnances.*

121. C'est le sentiment de Balde, que la Sentence qui condamne & qui reserve neanmoins ses exceptions au condamné, est nulle; neanmoins le Parlement de Grenoble condamne quelquefois le debiteur au payement, & luy permet de prouver dans un delay peremptoire qu'il a payé. Arrêt du 24. Septembre 1454. il s'agissoit d'une somme de 40. ducats. *Voyez Guy Pape, quest.* 67.

122. Il est indifferent que le Jugement soit conçû en la personne de la partie, ou en celle du Procureur, c'est-à-dire, que la partie ou son Procureur soit dans les qualitez. Jugé au Parlement de Grenoble par Arrêt sans date, rapporté par *Guy Pape, quest.* 431.

123. Le Roy voulant que les procés & differends de ses Sujets & Regnicoles soient jugez par les Loix de sa Couronne Royale & Imperiale, & non par les Loix des Empereurs, Rois des Romains, anciens & modernes, qu'il n'entend reconnoître pour Superieurs, à ordonné & ordonne, que désormais tous Juges Royaux & Subalternes, Souverains & Inferieurs, exprimeront aux dictons de leurs Sentences & Jugemens, la cause expresse, & speciale d'iceux, pour en faire une Loy generale, & donner forme aux Jugemens des procés futurs, fondez sur les mêmes raisons & differends, comme portant l'interpretation de ses Statuts & Ordonnances; & à cette fin ordonné que tous Dictons, Sentences & Arrêts seront imprimez, avec les qualitez des Parties. Arrêt du Roy Henry II. en 1552. V. *Henrici Progymnasmata,* ch. 65.

124. Lorsqu'un procés a été jugé, le Dictum signé & mis au Greffe, il ne peut être retiré. Arrêt du Parlement de Paris du 17. Decembre 1555. *Papon, livre* 6. *titre* 2. *nomb.* 27.

125. Juge ne peut changer sa Sentence. Arrêt du 27. Novembre 1570. contre un Juge voulant moderer l'amende. Autre Arrêt du 9. May 1577. contre le Prévôt de Paris, qui avoit donné Jugement contraire. Les Présidiaux de Senlis avoient ordonné le même jour que la piece décisive du procés seroit communiquée à Partie qui l'avoit déja gagné. Arrêt qui condamne l'Appellant à dix liv. d'amende & aux dépens. *Papon, liv.* 17. *tit.* 1. *nombre* 2.

126. Le Juge ne peut toucher à la Sentence aprés qu'elle a été prononcée. *M. le Prêtre,* 4. *Cent. ch.* 26.

127. *Conventio aut pactio judicialis nocet, & minori, & Ecclesiæ.* Jugé le 24. Juin 1614. Mornac, *L.* 8. §. 4. *vult igitur, ff. de transactionibus.*

128. Arrêt du Parlement de Provence du 7. Avril 1639. qui a jugé que les Sentences ne doivent pas être incertaines, ni les condamnations rapportées aux sommes demandées; il faut que la somme soit déterminée. Boniface, *tome* 1. *liv.* 1. *tit.* 16. *n.* 1.

129. Arrêt du 11. Février 1658. qui a declaré nul un Jugement qui avoit adjugé à la Partie plus qu'elle ne demandoit. *Ibidem, n.* 9.

130. De la forme de proceder aux Jugemens, & des prononciations. V. l'Ordonn. de 1667. *tit.* 26.

131. Declaration portant que les procés seront jugez quand ils seront en état de l'être, quoyque les épices n'ayent pas été consignées, en execution de l'article 7. de l'Edit du mois de Mars 1673. &c. A Versailles le 26. Février 1683. registrée au Parlement de Roüen le 12. Mars de la même année. *Voyez Epices.*

132. Edit du Roy & Reglement pour les évocations; du mois de Septembre 1683. portant qu'il sera passé outre au jugement des procés, nonobstant cedules évocatoires, si les évocans n'ont donné procuration speciale pardevant Notaires, & si lesdites cedules ne sont signifiées, quinzaine avant la fin du Parlement. *Ibid. tome* 3. *liv.* 3. *tit.* 3. *ch.* 2.

133. On peut être reçû opposant à un Arrêt, ou appellant d'une Sentence dans une autre Jurisdiction que celle où les jugemens ont été rendus, quand ils sont opposez dans une contestation. Arrêt du Parlement de Paris du 9. Juillet 1698. *Journal des Audiences,* to. 5. *li.* 14. *chapitre* 8.

JUGEMENS COMMINATOIRES.

134. Des jugemens comminatoires. *v. g.* si on ne paye dans un tel temps, on payera des interêts. *Voyez Despeisses, tome* 2. *de l'ordre judiciaire, titre* 11. *section* 3. *nombre* 14.

JUGEMENT CONTRE UN MINEUR.

135. Jugement criminel rendu contre un mineur, quoyqu'il ne soit assisté de son Curateur, ne laisse pas d'être valable, à moins que l'affaire ne soit civilisée, auquel cas il luy faut créer un Curateur. Arrêt du Parlement de Toulouse de l'an 1542. *Papon, liv.* 7. *tit.* 1. *nombre* 22.

136. Le jugement donné contre un mineur qui s'étoit presenté à la cause pour plaider, declaré nul, sauf à se pourvoir contre son Tuteur. Arrêt du 21. Février 1670. *Carondas, liv.* 6. *Rép.* 16.

137 Le jugement diffinitif contre le mineur non défendu, & qui n'a point eu de Curateur, est nul *ipso jure*. C'est la décision 494. de *Guy Pape*. Arrêt au Parlement de Grenoble du 19. Juillet 1685. qui a jugé qu'une Sentence renduë contre un mineur & sans Curateur, étoit nulle, quoyqu'elle fût juste, & que même il eût obtenu sa garantie, elle fut cassée avec dépens. *Voyez Chorier, en sa Jurisprudence de Guy Pape, p. 335.*

JUGEMENS, PRONONCIATION.

138 Prononciations défenduës dans les jugemens. *Voyez* le mot, *Appel, n. 173. & suiv.*

139 Le sieur Roux, Juge-Mage de Carcassonne, fut ajourné personnellement au Parlement, parce qu'en prononçant, il usoit de ces termes, *dit a été*. Reglement de la Rocheflavin, *chap. 2. Arr. 11. à la fin.*

140 Le 29. Août 1544. il fut défendu au Sénéchal de Roüergue de mettre és Lettres ou Sentences, la clause, *oppositions & appellations, nonobstant*, à moins qu'il n'y ait rebellion précedente. *Reglement de la Rocheflavin, chap. 2. Arrêt 13.*

Voyez cy-aprés les nomb. 260. 275. & 276.

JUGE.

141 *De officio judicis. Inst.* 4. 17... *Dec. Gr.* 3. q. 6. c. 2. §. *si verò... Extr.* 1. 32.
De officio civilium Judicum. C. 1. 44... *C. th.* 1. 7.
De officio militarium judicum. C. 1. 45... *C. th.* 1. 8. V. Connétable, Officier de guerre.
De officio diversorum judicum. C. 1. 48... *C. th.* 1. 9.
De Judicibus, N. 82... *Fi.* 1. *Leon. & Alex*... Item *Basil.* 1. Des Juges en general, & de leur devoir.
Ut omnes Judices, tam civiles, quam militares, post administrationem depositam, quinquaginta dies in civitatibus, vel certis locis permaneant. C. 1. 49.
Voyez le premier Livre du Digeste, depuis le tit. 9. jusqu'à la fin.
De officio Juridici. D. 1. 20.
De officio Juridici Alexandriæ. C. 1. 57.
Communia de Judicibus & Præsidibus Provinciarum. N. 8. 17. 41. 50. 69. 82. 95. 125. 128. 134. 149. & 161.
De Jurisdictione omnium judicum, & de foro competenti. C. 3. 13.
De officio judicis ordinarii. Dec. Gr. 3. q. 5. c. 15... & 7... 9. q. 3... 10. q. 1. & 3... 18. q. 2... 30. q. 5. c. 9. §. *bis it à.* ⁊. *incerta. usque ad fin. quæst... Extr.* 1. 31... *Cl.* 1. 9... *Ex. co.* 1. 7.
De sententiis judicum. C. 1. 6. Manuel. Comn. Opinions des Juges & maniere d'opiner.
De judiciis, & ubi quisque agere, vel conveniri debeat. D. 5. 1... *C.* 3. 1.
De Magistratibus conveniendis. D. 27. 8... *C.* 5. 75. Juge responsable de la nomination d'un Tuteur. *V.* Tuteur.
Ut Judices sine quoque suffragio fiant. N. 8. Cette Novelle est generale, & concerne la nomination, le pouvoir, & le devoir des Juges.
Ne Consiliarii, seu Adsessores suscipiant cognitiones absque Magistratibus. N. 60. c. 2.
De Adsessoribus, Domesticis, & Cancellariis Judicum. C. 1. 51... *C. th.* 1. 11. Des Assesseurs, Domestiques, Secretaires, & Greffiers des Juges.
De contractibus Judicum, vel eorum qui sunt circa eos, & inhibendis donationibus in eos faciendis, & ne administrationis tempore proprias ædes ædificent, sine sanctione pragmatica. C. 1. 53... Vide *Nov. Leon.* 84.
De modo multarum quæ à judicibus instiguntur. C. 1. 54. *V.* Amende.
Ut omnes obediant Judicibus Provinciarum, &c. N. 69.
Ne quis in sua causa judicet, vel jus dicat. C. 3. 5. *C. Th.* 2. 2. Juge en sa cause.
Quando liceat unicuique, sine judice, se vindicare, vel publicam devotionem. C. 3. 27. Ce Titre est une exception du Titre précedent: sçavoir, en quel cas il est permis de se venger, de se défendre, ou de se faire justice. Pour l'explication de ces mots, *publicam devotionem. V.* Soldat.
Ut nulli Judicum liceat habere loci servatorem, seu Vicarium. N. 134. Les Juges ne peuvent pas établir des Lieutenans.
De quibus rebus ad eundem judicem eatur. D. 11. 2. Quand plusieurs parties differentes doivent plaider devant le même Juge. *V.* Consorts. Incident. Instance. Reconvention.
De pœna Judicis qui malè judicavit; vel ejus qui Judicem, vel adversarium corrumpere curavit. C. 7. 49... *Lex* 12. *tabb. t.* 7. *c.* 7... Juge corrompu par argent. Plaideur qui corrompt sa Partie. *Nov.* 124. Pisse à partie.
Si à non competente Judice judicatum esse dicatur. C. 7. 48.; *L.* 170. *D. de reg. jur. V.* Competence.
Juge commis ou délegué, Commissaire.
De officio & potestate Judicis delegati. D. Gr. dist. 28. *c.* 10... *dist.* 74. *c.* 6... *dist.* 94. *c.* 1. & 2... 15. q. 2. *c.* 5... *Extr.* 1. 29... *S.* 1. 14... *Cl.* 1. 8. *Extr. c.* 1. 6.
De officio ejus cui mandata est Jurisdictio. D. 1. 21.
De officio ejus qui vicem alicujus judicis, vel Præsidis obtinet. C. 1. 50... *L.* 2. *de Jurisdict. D.* 2. 1... *L.* 70. *D. de reg. jur.*
De pedaneis judicibus. C. 3. 3... *N.* 82. *præsertim. c.* 5. *Judices pedanei, sic dicti, quòd quasi plano pede, aut sannes judicarent.* Ce Titre ne traite que des Juges commis ou déleguez, & des Juges subalternes, auxquels les Magistrats renvoyoient les affaires de moindre importance.
Qui pro sua Jurisdictione judices dare, darive possunt. C. 3. 4.
De officio Proconsulis & legati. D. 1. 16... *C.* 1. 35. *V.* Proconsul. Sénéchal. Lieutenant Général.
Juge qui differe ou qui refuse de rendre Justice. *V.* Déni de Justice.
Ut judices non expectent sacras jussiones, sed quæ videntur, eis decernant. N. 125.

142 *De judice suspecto.* Per Bartolum.

143 *De declarationibus Judicum.* Per Albertum Galeoti Parmensem.

144 *De officio judicis.* Per Claudium Cancinculam.

145 *De officio Judicis in causis capitalibus ex bono & æquo decidendis.* Per Joan. Rogerium Trocheum.

146 *De consuetudine, & ejus requisitis. Judex debet judicare secundum consuetudinem & statuta. Voyez Andr. Gaill, observat.* 36. & *lib.* 2. *observat.* 31.

147 Arrêt memorable du Parlement de Toulouse en la cause de Martin Guerre, avec les annot. de Coras; un Discours des parties d'un bon Juge; & une Paraphrase sur l'Edit des mariages clandestins, par le même Auteur. Lyon 1605, in octavo.

148 *Voyez* les mots, *Baillifs*, *Magistrat*, & la *Bibliath. du Droit François*, par *Bouchel*, où il parle des Juges interessez, faisant mal leur devoir, & bien pris à partie.

149 *Voyez Filleau, part.* 1. *tit.* 2. *ch.* 1. *& suiv.* où sont plusieurs Reglemens & Arrêts, tant du Parlement de Paris que de celuy de Toulouse, pour la direction & exercice de la Justice; il y est parlé des fonctions & droits des Juges & du stile des procedures.

150 M. *Paschal*, Conseiller au Conseil Privé du Roy, a fait ce caractere du Juge en forme de priere, *Fac Domine ut protegam bonos, emendem malos, tollam deploratos; hæc mihi sit insita religio, ut æquus, verus, & indulabilis tribunal insideam. Me prius in privato probitas nobilitet, quam in foro æquitas prædicet; priusque me vereantur homines ut emendatum, quam timeant ut dicaturum. Similis sim Legum, quæ muta docent, tacita imperant, inermes coercent, & si manibus teruntur non atteruntur, non flectisciunt; non se patiuntur exorari. Prius prohibeam delicta exemplo, quam veterem edicto, & vindicem pœna... Tanta temperantia, me geram, ut ne quisi me turbato provocet ad me imperturbatum, ne meas simultates pro Magistratu exerceam, &c...* Ayrault, plaid. 1. Papa

151 *Papa, imperator, & alii Principes qui in suis territoriis habent vim supremi Principis, debent semper judicare secundum scientiam suam: non autem secundum allegata, & probata; alias peccarent.* V. Com. *Joan. Const.* sur l'Ordonnance de François I. art. 128.

152 *Nisi datus sit judex à Senatu vel Principe, quidquid ab aliis Magistratibus geritur, irritum esse debet.* Arrêt du 16. Avril 1603. Mornac, *L. 3. §. 1. ideoque, ff. de testibus.*

153 *Duos sales esse oportere in judice, unum scientia, ignorantia enim judicis plerumque est calamitas innocentis, alterum secura conscientiæ.* Mornac, *L. 4. ff. familiæ erciscundæ.*

154 *Judex ubi primum assessorem suum ignarum cognoverit, revocare tenetur.* Voyez Franc. Marc. tom. 1. q. 116.

155 *Locum majorum transferre in alium, causâ subsistente, Provinciæ judicum posse, modo in suâ sit Jurisdictione: Eosque quorum interest, adesse oportere.* Ibid. q. 520.

155 bis. *Judex de locum tenentis imperitiâ non tenetur; nec locum tenens propter judicis Litteras excusatur.* Idem, to. 2. quæst. 578.

156 *Judex ut sententia feratur, indemnitatem licitè petit ubi partium altera ipsum in partem formalem accipere protestatur.* Ibid. quæst. 141.

156 bis. *Judex qui ex judicandi necessitate sententiam tulit, quod de imperitiâ non teneatur.* Ibid. quæst. 645.

157 *Judex aut Advocatus propter insufficientiam reprobari possunt.* Ibid. quæst. 648.

158 *Judex qui malè judicavit, præsumitur judicasse per imprudentiam, non per ambitionem.* Ibid. quæst. 685.

159 *Judex proximus superior quando haberi non potest, ad immediatum superiorem recurrendum est.* Voyez idem, tom. 1. quæst. 370.

160 *Judex qui indemnitatem à sententiâ ferendâ accipit: in falsi pœnam non incidit.* Idem, quæst. 602.

161 *Judex propter negligentiam, an ab officio removeri possit?* Idem, quæst. 920.

162 *Facti quæstionem in arbitrio judicantis esse; pœna sive juris authoritatem non esse.* Voyez les Opuscules de Loisel, page 152.

163 *Censura in nonnullos judices publica, ut condemnatio Cancellarii Poyeti.* Jugé le 23. Avril 1545. Mornac, *l. 5. ff. de calumniat.*

164 Entre Jacques Maingard, & le Sénéchal de saint Malo, Arrêt du Parlement de Bretagne du 31. Octobre 1556. qui défend aux Juges de prendre les sacs par les mains des parties, leurs Procureurs, & les Greffiers qui en feront registre. Les Juges aussi ne prendront les épices que par les mains des Greffiers, lesquelles seront écrites au pied du *dictum* & de la grosse & à ce que les parties ne puissent changer les pieces qu'elles auront produites, enjoint aux Juges d'écrire au pied des Inventaires tels mots, *J'ay vû les pieces produites au present Inventaire*; & commandons aux Greffiers de certifier sous leurs seings au pied des inventaires, comme ils auront verifié & évangelizé les productions, aux Procureurs de la Cour, de produire les mêmes inventaires de l'instance principale. Ne feront les Procureurs aucuns inventaires en cause d'appel; mais ils mettront seulement en leurs sacs les Sentences dont aura été appellé, avec les Conclusions, comme en procés par écrit, & forclusion y attachée: sinon au cas que leurs parties fussent appointées à produire en quelque incident ou production nouvelle, ordonné être reçû par la Cour, sur peine à tous les Juges de ce ressort & Procureurs, de privation de leur état. Du Fail, *liv. 2. chap. 34.*

165 Juge ne doit rendre Sentence en sa maison. Arrêt du Parlement de Bretagne du 15. Septembre 1558. Du Fail, *liv. 1. chap. 85. & 88.*

166 Par Arrêt du Parlement de Bretagne du 15. Octobre 1562. la Cour ordonne que les Juges payeront neuf écus d'épices qu'ils avoient eus; prohibitions de juger aucuns procés ailleurs qu'en la Chambre du Conseil, faire écrire le jour que le procés aura été vû au Conseil.

Tome II.

le nom du Rapporteur, & de ceux qui y assisteront; n'appelleront les *Avocats* si les Conseillers ne sont recusez, ou absens, & que cela soit verifié; quoy fait, les parties pourront convenir d'Avocat, qui sera employé en la production, sur peine de nullité des jugemens, amende arbitraire, dommages & interêts des parties; sera le present Arrêt leu en l'Audience de Rennes. Ibid. *liv. 1. chap. 174.*

167 Arrêt du Parlement de Bretagne du 3. Mars 1565. qui fait commandement aux Juges du ressort de rendre justice aux parties *in loco majorum* Du Fail, *liv. 3. chapitre 166.*

168 Par Arrêt du Parlement de Bretagne du 30. Avril 1571. Défenses aux Juges de ce ressort de faire aucunes expeditions entre Parties en leurs maisons ou ailleurs qu'en jugement. Ibidem, *chap. 409.*

169 Par Arrêt donné en la Chambre des Vacations à Paris en Octobre 1560. entre M. Nicolas Baudoüin, Prévôt de la Rochelle & son Lieutenant, Demandeurs en Requêtes, contre le Lieutenant General au Gouvernement & Siège Présidial dudit lieu, & le Particulier, inhibitions & defenses furent faites ausdits Lieutenans de faire aucun Acte de Justice contentieuse en leurs maisons, à peine de suspension de leurs états, & de nullité des jugemens, & de tous dépens, dommages & interêts, & que l'Arrêt seroit leu & publié. Filleau, *1. part. tome 2. chap. 2.*

170 Entre le Syndic du lieu de *Verdun* & le Syndic du College de sainte Catherine; par Arrêt, la procedure faite par Michel Tolosani Juge Mage de Lauraguois a été cassée pour avoir été faite à Toulouse; & luy fut défendu, tant à luy qu'à tous autres Juges à peine de nullité & privation de leurs états, de ne faire Acte de Jurisdiction contentieuse, dont la connoissance appartient au Siège Présidial ou au Sénéchal de Toulouse. Reglement de la Rocheflavin, *chap. 1. Arr. 6.*

171 Arrêt du 23. Avril 1569. qui défend à tous Juges de faire procés pour peu de chose, & le Juge & Greffier condamné à rendre ce qu'ils en avoient reçû depuis l'audition categorique de la partie. Le même jour autre Arrêt qui défend aux Juges de ne faire Actes de Justice, ni donner appointement és maisons privées & és jours feriez. *Ibid. chap. 4. Arr. 7.*

172 Le 18. May 1569. Arrêt par lequel le Rapporteur du procés au Sénéchal de Quercy, Notaire ou Greffier qui ont pris argent sont condamnez à le rendre aux parties, avec défenses à tous Juges de tenir les parties en longueur de procés pour petite chose. La Rocheflavin, *liv. 6. tit. 56. Arr. 17.*

173 Le Juge ordinaire est competent pour une maintenuë d'heritage. Arrêts des 18. Février 1590. & 24. Avril 1657. *Ibidem*, Arr. 1.

174 Pour exercer une charge de Judicature de Robe longue, de même que celle d'Avocat ou de Procureur du Roy, il ne suffit pas d'être Bachelier en droit, il faut être Docteur ou du moins Licentié. Arrêt du 19. Janvier 1631. Reglement de la Rocheflavin, ch. 4. Arr. 4.

175 Juges ne doivent *manger* avec les Parties. Voyez La Rocheflavin, *des Parlemens de France*, liv. 8. chap. 41.

176 Par Arrêt du Parlement de Bourgogne du 4. Juillet 1566. rapporté par Bouvot, tome 1. part. 2. verbo, *Juges*, quæst. 1. il a été jugé qu'un Juge incompetent, ne pouvoit renvoyer les Parties pardevant un autre Juge; mais qu'il doit ordonner que les Parties se pourvoiront.

177 Celuy qui contrefait le Magistrat, commet crime de faux, s'ingerant en une affaire, de laquelle la connoissance ne luy appartient pas; on peut proceder criminellement contre luy, comme ayant pris des lévreaux à la porte de la ville, feignant d'être Magistrat. Arrêt du Parlement de Dijon du 7. Août 1613. Bouvot, tome 2. verbo, *Office*, quæst. 41.

178 Défenses au Lieutenant General de *Laon* & à tous autres Juges de prononcer en leurs maisons és causes & matiere de consequence & qui consistent en l'execu-

tion ou contravention aux Ordonnances. *Vide* Servin, tome 1. page 203.

179 Ce que doit faire un Juge pour bien juger ? *Voyez* Carondas, *liv.* 5. *Rép.* 13.

180 Juge competent de la cause principale, survenant un incident dont il n'est pas competent, ne doit laisser d'en connoître pour l'interêt des Parties, sauf en fin de cause à le renvoyer pour l'extraordinaire pardevant l'Official. *Voyez* Du Frêne, *liv.* 2. *chap.* 55. Voyez Mornac, *l.* 25. §. *item sciendum. ff. de ædilitio edicto*, où il y a Arrêt du 7. Février 1598.

181 Arrêt du Parlement de Bourdeaux du 3. Janvier 1525. par lequel un soi disant faussement Prévôt des Maréchaux ayant fait mourir sept femmes accusées de sorcellerie sans preuve, a été condamné à avoir la tête tranchée. Papon, *liv.* 4 *tit.* 13, *nomb.* 7.

182 Il est quelquefois permis aux Juges d'user d'artifice & mensonge pour le bien de la Justice; comme le promettre de sauver la vie à un des complices, à la charge de découvrir les autres, *decipere pro moribus temporum prudentia est*. Voyez La-Rocheflavin des Parlemens de France, *liv.* 8. *chap.* 39.

183 *Factum judicis factum partis si legitimè faciat & parte citatâ*. M. le Prêtre, 2. *Cent. chap.* 41. Voyez la *l.* 13. *sub causam. C. de Evictionibus*.

184 Les Juges qui ne peuvent connoître directement d'aucunes causes, en peuvent incidemment avoir la connoissance. *Voyez* Carondas, *liv.* 4. *Réponse* 7.

185 De l'obéissance dûë aux Juges. *Voyez* Guy Pape, *quest.* 353. & Chorier, *page* 101.

186 Par Arrêt du Parlement de Bourgogne du 9. Février 1619. Bouvot, *tome* 2. verbo, *Irreverence*, *quest. unique*, il a été jugé qu'un Juge peut condamner en amende pour irreverence faite à Justice, comme il avoit été jugé auparavant par Arrêt du 20. Novembre 1615. *secundum Jasonem, ad. l.* 2. *ff. de in lis. jurando* & par autre Arrêt du 27. May 1600. *verbo*, Jugement *quest.* 3.

187 Défenses à tous Juges de s'ingerer en la fonction d'aucun Office de Judicature qu'ils n'ayent le degré de Docteur ou Licentié, à peine de faux, & de 1000. liv. d'amende. Arrêt du Parlement de Toulouse du 29. Juin 1631. *Escorbiac, tit.* 9. *chap.* 122.

188 Arrêt du Parlement de Provence du 2. Decembre 1638. lequel a jugé qu'un affidé ne peut être Juge des causes de son affidé. Boniface, *tome* 1. *liv.* 1. *tit.* 1. *nombre* 32.

189 Un Domestique ne peut être Juge; il fut ordonné que les Appellans verifieroient que le Lieutenant étoit domestique de l'Intimé. Arrêt du 5. Avril 1642. *Ibid. nomb.* 31.

190 Arrêts des 18. Novembre 1642. 1. Decembre 1646. & 27. Novembre 1657. qui ont jugé que celuy qui est prévenu de quelque crime, ne peut être Juge. *Ibidem, nombre* 27.

191 Le 9. Novembre 1645. Arrêt qui a decidé que les Seigneurs feodaux ne peuvent être Juges, & qui fait défenses aux Ecclesiastiques d'être Juges Seculiers. *Ibid. nomb.* 9.

192 Un Juge ne doit pas juger les causes de celuy qui a plaidé contre luy durant six mois après le jugement. Arrêt du 23. Novembre 1645. *Ibidem*, *nomb.* 21.

193 Arrêt du 16. Mars 1647. qui permet au Collegue d'être Juge de son Collegue, & qui confirme la procedure criminelle faite par un Bail pour le Juge. *Ibidem, nomb.* 30.

194 Arrêt du 25. Février 1658. qui défend aux Juges de prendre des fermes publiques. *Ibidem*, *nomb.* 29. & *tit.* 25. *nomb.* 10.
Voyez cy-après le *nomb.* 248. bis.

195 Arrêt du 27. Mars 1670. portant défenses aux Juges de s'assembler aux maisons particulieres en jugeant les procès, & injonction de le faire au Palais. Boniface, *tome* 3. *liv.* 1. *tit.* 8. *chap.* 8.

196 Le 20. May 1675. il a été préjugé qu'un Chapelier peut être expulsé de sa maison par un Officier de Justice par les bruits de son Art & mauvaises senteurs. *Ibidem, liv.* 2. *tit.* 1. *chap.* 3.

197 Arrêt du 4. Septembre 1677. qui a jugé que le Juge connoît du trouble donné à un Creancier colloqué de son autorité. *Ibidem, tit.* 3. *chap.* 5.

198 Le Juge de l'action, l'est aussi de l'execution, cela même a lieu aux Jurisdictions deleguées; ainsi qu'il fut jugé au Parlement de Grenoble par Arrêt du 7. Juin 1660. *Voyez* Basset, *tome* 1. *liv.* 2. *tit.* 3. *chap.* 3.

199 Le Juge ne doit point prononcer contre l'avis des assistans; mais en quelques rencontres il peut juger sans assistans, comme en matiere de compte & de liquidation. Arrêt du Parlement de Roüen du 19. May 1650. sur la prise à partie de M. Coupel Lieutenant du Vicomte de Bonefont; parce que dans une liquidation d'acquits où il ne s'agissoit que de 400. liv. il n'avoit appellé aucune assistance, le Demandeur en prise à partie, fut condamné en 10. liv. d'amende & aux interêts moderez à 100. liv. l'Arrêt est fondé sur cette raison, que pour une matiere si legere il auroit consumé les Parties en frais. Basnage, *tit. de Jurisdiction*, *article* 12.

200 Sur les articles 13. & 14. de l'Ordonnance de 1667. *tit.* 24. défenses à un Juge qui n'a même que séance honoraire en une Cour, d'entrer en la Chambre lors de la visitation du procès ou jugement des causes, où il est partie: Permis à luy pendant la plaidoirie de prendre place avec Messieurs les Gens du Roy. Arrêt du Conseil d'Etat rendu le 11. Février 1669. *Voyez* le Recüeil des Arrêts donnez, en interpretation des nouvelles Ordonnances, *page* 141.

201 L'Ordonnance parlant du plus ancien Praticien en l'absence du Juge, se doit entendre selon la qualité & distinction des degrez; ensorte que les Avocats, quelque jeunes qu'ils soient, doivent être toujours preferez aux Procureurs. Arrêt du 22. May 1571. Papon, *page* 1366.

202 Les Substituts de Monsieur le Procureur General & les Avocats du Roy peuvent exercer la Justice, en l'absence, recusation, ou legitime empêchement des Juges, & doivent être appellez aux jugemens des procés, esquels le Roy n'aura aucun interêt, à la preference des Avocats simples. Même Arrêt le 4. Août 1587. pour les Avocats Fiscaux des Justices subalternes. Filleau, 2. part. *tit.* 6. *chap.* 41.

203 Le 10. Juin 1604. jugé en la Grand'-Chambre qu'en l'absence ou pour recusation du Juge de Moulins, le plus ancien Avocat tiendroit le Siége à l'exclusion du Substitut du Procureur General du Roy. Bibliotheque de Bouchel, *verbo*, Juge.

204 Il est défendu de prendre pour Juges d'autres Graduez que ceux du ressort. Bouvot, *tome* 2. *verbo*, Juges, *quest.* 4.

205 Arrêt du 9. May 1628. par lequel les Avocats du Roy des Siéges Royaux peuvent tenir le Siége en l'absence des Lieutenans, à l'exclusion des Prévôts & leurs Lieutenans, Filleau, 2. *part. tit.* 6. *chap.* 51.

206 En l'absence ou recusation du Juge, le Procureur Fiscal connoît des causes, à l'exclusion des anciens Praticiens. Jugé le 12. Decembre 1636. Bardet, *to.* 2. *liv.* 5. *chap.* 32.

207 Avocat du Roy de Pontoise doit faire la fonction du Prévôt-Maire, en son absence, maladie ou recusation, à l'exclusion du Prévôt Garde & des Avocats. Jugé le 1. Février 1639. *Ibidem, liv.* 8. *chap.* 6.
Voyez cy-après le *nomb.* 217.

JUGES ACCUSEZ.
208 Voyez le mot, Accusation *nomb.* 41.

JUGES, ADJUDICATAIRES.
209 Juges qui se rendent Adjudicataires. *Voyez* le mot Adjudication, *nomb.* 38.

JUGES, APPEL.
210 Juges autrefois intimez sur l'appel. *Voyez* le mot Appel, *nomb.* 142.

211 Le 11. Février 1524. il fut arrêté qu'un Juge Royal

ad quem appellatur d'un autre Juge Royal, comme Sous-Baillifs & Prévôts, le Juge Superieur ne pourra retenir la connoissance de la matiere, supposé qu'il ait infirmé la Sentence du Juge inferieur, mais il doit renvoyer les Parties pardevant le premier Juge autre que celuy qui a donné la Sentence infirmée. *Bibliotheque de Bouchet*, verbo, *Renvoy*.

212 Ceux qui sont appellans de la Sentence donnée par le Juge Royal, sont exempts par appel du Juge en cette cause; mais ceux qui sont appellans du Juge non Royal, sont exempts par appel, en toutes causes. *Voyez* M. le Prêtre, 4. Cent. chap. 37.

213 En quels cas les premiers Juges peuvent passer outre nonobstant l'appel, & ausquels aussi la Cour n'entend pas donner des défenses & autres reglemens ? *Voyez Henrys*, tome 2. liv. 2. quest. 40. où vous trouverez un Reglement composé de treize articles, du 29. Janvier 1658.

214 Acte de Notorieté donné par M. le Lieutenant Civil le 12. Août 1689. portant que les appellations des Juges Royaux qui sont dans l'étendue de la Prévôté & Vicomté de Paris, relevent immediatement au Châtelet en toutes matieres civiles sans aucune distinction. *Recueil des Actes de Notorieté*, page 63. & 64.

JUGES ARBITRES.

215 Juges qui sont arbitres. *Voyez* le mot, *Arbitres*, nombre 22. *& suiv*.

Par Arrêt du Parlement de Dijon du 23. Février 1579. fut fait défenses au Lieutenant de Châlons de se dire Arbitre és causes esquelles il auroit été Juge, & d'executer les Sentences des Arbitres, *Bouvot*, tome 1. partie 2. verbo, *Deniers dôtaux*, quest. 1.

JUGE AVEUGLE.

216 Juge qui est aveugle. *Voyez* le mot, *Aveugle*, nombre 2. *& suiv*.

JUGES AVOCATS.

217 Jugé par Arrêt du Parlement de Dijon du 5. Mars 1613. que le Juge ordinaire ne peut établir un Lieutenant, & n'ayant institution, ni prêté le serment, il ne peut connoitre au préjudice du plus ancien Avocat ou Praticien, pardevant lequel il se faut pourvoir. *Bouvot*, tome 2. verbo, *Recusation*, quest. 15.

218 En l'absence des Lieutenans, l'exercice de la Justice, s'il n'y a pas d'autres Officiers, appartient au plus ancien Avocat du Siége suivant l'usage de tout temps observé & les Ordonnances de 1667. & celle de 1539. en l'art. 11. & une infinité d'Arrêts rapportez par *Papon*, *Imbert*, *Rebuffe*, & *Carondas*, qui preferent les anciens Avocats du Siége, aux Avocats & Procureurs du Roy ausquels même, au dire de *Fontanon* sur ledit article 11. il ne doit pas être permis en quelle cause que ce soit, de tenir l'Audience, & en effet, l'usage du Parlement de Provence les en exclut, suivant l'Arrêt rapporté par *François d'Aix, en ses Décisions* 14.

Par Arrêt donné au Parlement de Toulouse le 29. Août 1674. il a été préjugé qu'aux causes où le Roy & le public n'ont aucun interêt, les Gens du Roy peuvent présider & tenir les Audiences, en l'absence ou recusation des Officiers, à l'exclusion des Avocats du Siége. Il faut observer que cet Arrêt a été donné à la Requête de Monsieur le Procureur General, cet Arrêt est conforme à un du Parlement de Paris du 13. Août 1575. donné en faveur du Procureur du Roy en la Châtelenie de Bellac, & encore à deux autres des 13. & 23. Juillet 1562. pour les Substituts de Monsieur le Procureur General au Siége d'Orleans & Châtelet aussi. Par ces trois Arrêts, il fut ordonné qu'en l'absence, recusation & maladie des Officiers, ils tiendroient les Audiences, & exerceroient toutes Jurisdictions ausdits Siéges, excepté és causes ausquelles le Roy auroit ou pourroit avoir interêt. *Graverol, sur le Reglement de la Robe sl'avin*, chap. 4. Arr. 3.

Voyez cy-dessus le nomb. 241. *& suiv*.

JUGÉ EN SA CAUSE.

219 *Sententia in causa propria dicta est nulla, etiam parte non opponente; sed si sententia esset in causa suorum tentaret parte non opponente.* Voyez *Julius Clarus*, livre 5. Sentent. §. *finalis*. quest. 35.

220 *Judex in suâ causâ. Bouchel*, en sa Bibliotheque du Droit François, verbo, *Juge, dit*, j'ay appris de M. Buisson en consultation, qui disoit l'avoir appris de M. Mangot, que le Président Genty jugea un procés aux Enquêtes, duquel la cession luy avoit été faite, mais secretement, le fait étant découvert, il y eut Requête civile contre l'Arrêt, enterinée *ex eo capite*, que *in suâ causâ judicârat*. Aprés l'Arrêt prononcé, M. le Premier Président avertit les Avocats & tous les assistans que cette cause avoit été le sujet de la condamnation du Président Genty, l. 1. §. *in propriâ quando appel*.

JUGES CONCUSSIONNAIRES.

221 *Voyez* le mot, *Concussion*.

JUGES CRIMINELS.

222 Pour la Jurisdiction des Lieutenans Criminels de Robe courte, entr'eux & les Lieutenans Criminels de Robe longue. *V. Filleau*, 2. part. tome 3. chap. 10.

223 Lettres Patentes & Arrêt concernant la Jurisdiction Criminelle du Prévôt des Marchands & Echevins de la Ville de Paris. *Voyez le Recueil*, imprimé chez Frederic Leonard en 1676. fol. 661. *& suiv*.

224 L'Accusé de délit peut composer avec la partie civile & non avec le fisc, les Seigneurs qui composent des crimes abusent de leur Justice, telles compositions sont cassées & l'accusé renvoyé pardevant autres Juges. Arrêt du Parlement de Grenoble du 3. Novembre 1459. *Papon*, liv. 23. tit. 11. nomb. 2.

225 Un Bailly ou Sénéchal de Robe courte peut assister aux jugemens du Procés, & tenir l'Audience, mais le tout par conseil du Lieutenant General ou Particulier; il ne peut signer les dictons & actes judiciaires, ni prendre aucunes choses pour les épices. Jugé au Parlement de Paris entre les Officiers de Sens le 5. May 1541. *Papon*, liv. 6. tit. 2. nomb. 24. Même Arrêt pour le Siége de Senlis & de Dreux.

226 Le Juge duquel est émanée la Commission, est competent du délit commis en execution. Le Juge du lieu où se commet le délit est aussi competent. Arrêt du Parlement de Paris du 29. Janvier 1565. *Papon*, liv. 7. tit. 7. nomb. 44.

227 La connoissance des délits appartient aux Juges des lieux où ils sont commis, si ce n'est que leur qualité la porte à d'autres, suivant le 55. art. de l'Ordonnance de Moulins. Arrêt du 3. Mars 1606. en la cause de Françoise Baron & de Jacques Jerlat sur l'intervention du Procureur d'office de Clais. *Voyez Chorier* en sa *Jurisprudence de Guy Pape*, page 98. & *Basset*, tome 1. liv. 2. tit. 3. chap. 4.

L'Ordonnance Criminelle de 1670. contient cette disposition dans son premier article.

228 L'assistance doit être composée de sept Juges en matiere Criminelle qui doivent être nommez & signez dans la Sentence, suivant le Reglement du Parlement de Roüen du 2. Mars 1613. & quand les Juges ordinaires ne s'y trouvent pas en ce nombre là, il doit être suppléé par d'autres; mais le supplément ne doit pas être fait aux dépens des parties, car le Roy doit la Justice à ses sujets, comme aussi celuy à qui le droit de Jurisdiction a été donné. Cependant c'est un abus fort commun dans les hautes Justices, où les Roys font garnir les parties pour appeler des Juges en nombre suffisant. *Basnage*, tit. de *Jurisdiction*, art. 12.

229 Juge du Civil l'est aussi du Criminel incident au Civil, quelque privilege ou commission qu'il y ait. Arrêt du Parlement de Grenoble du 26. Janvier 1616. *Voyez Basset*, tome 1. liv. 2. tit. 3. chap. 5.

230 La procedure Criminelle peut être faite par un Juge subrogé, generalement reconnu pour Juge. Arrêt rendu au Parlement de Provence le 20. Novembre 1677. *Boniface*, tome 5. liv. 3. tit. 6. chap. 3.

231 Arrêt du 29. Novembre 1685. qui a jugé qu'un Juge subrogé ne peut informer ni faire des procedures hors

les limites de sa Jurisdiction. *Boniface, tome 5. livre 1. titre 4. chap. 18.*

JUGES EN DAUPHINÉ.

232 *Privilegium patriæ Delphinalis, ne incolæ extrà patriam trahantur, ad Clerum extenditur. Voyez Franc. Marc, tome 1. quest. 1090.*

233 Les Juges Royaux de Dauphiné ressortissans nuëment au Parlement, peuvent declarer leurs Sentences executoires, nonobstant l'appel, jusqu'à cent livres & en cent sols de rente. Ordonnance de Charles IX. du 14. Janvier 1566. *Voyez Basset, tome 1. liv. 2. tit. 5. chapitre 3.*

234 En Dauphiné les soumissions à toutes Cours dans un Contract n'obligent qu'à la Jurisdiction du domicile & de la Province des Contractans. *Voyez ibidem, liv. 4. tit. 1. chap. 8.*

JUGE DELEGUÉ.

235 Des Juges deleguez. *Voyez le mot, Délegation, nomb. 7. & suiv. & cy-dessus le nomb. 52. & les textes du Droit qui sont au nomb. 141.*

236 Un Juge délegué & commis par le Prince ne peut en subdeleguer un autre. Arrêt du Parlement de Dijon du 5. May 1607. *Bouvot, tome 2. verbo, Juges competens, quest. 3.*

237 Si le Juge ordinaire du lieu étant delegué par le Prince pour proceder jusqu'à Sentence diffinitive, en cas d'appel de dény de Justice, & n'y ayant Sentence diffinitive du Juge délegué, la Cour du Parlement de Dijon peut en prendre connoissance, ou s'il faut recourir au Prince ? *Bouvot, ibid. quest. 4.*

JUGES DESTITUEZ.

238 Destitution des Juges & Officiers. *Voyez le traité des Criées de M. Bruneau 2. part. pag. 475. & au 1. vol. de ce Recüeil, le mot, Destitution.*

JUGE, DISCUSSION.

239 Quel est le Juge de la discussion ? *Voyez le mot, Discussion, nomb. 56. & suiv.*

JUGES, DISMES.

240 Qui est le Juge de la dîme ? *Voyez le mot, Dîmes, nomb. 312. & suiv.*

241 La connoissance des dîmes n'appartient au haut-Justicier. Arrêt du Parlement de Normandie du 21. Mars 1543. rapporté par Berault, *sur l'art. 3. de la Coût. titre de Jurisdiction, in verbo, de matiere beneficiale.*

JUGES, EMANCIPATION.

242 Pardevant quel Juge doit être faite l'émancipation ? *Voyez le mot Emancipation, nomb. 13.*

JURISDICTION, ETRANGERS.

243 En quelle Jurisdiction les Etrangers doivent être traduits ? *Voyez le mot, Etranger, nomb. 55. & suiv.*

244 De l'Execution des Arrêts rendus en Parlement étranger. *Voyez le mot, Etranger, nomb. 55. & suiv.*

245 Les jugemens donnez au païs étranger *etiam* entre les sujets du Roy, ne sont executoires en France, M. Claude de Raquenel, sieur de Rentigny étant à Rome payé à l'Evêque de Carcassonne 1041. écus en l'acquit de M. Philippes d'Angenne; depuis il y eut procés à Rome entre eux pour être payez ; le sieur d'Angenne est condamné ; en 1597. le sieur de Rentigny retourné en France presente Requête à la Cour contre le Tuteur de ses enfans à ce qu'il luy soit permis faire executer les jugemens souverains donnez à Rome. Par Arrêt du 11. Juillet 1598. ordonné que la promesse mentionnée en la demande sera communiquée au défendeur pour y répondre ce que bon luy semblera dans un mois, pour ce fait & rapporté être fait droit ainsi que de raison, dépens reservez. *Bibliot. de Bouchel, verbo, Jugement.*

246 Arrêt du Parlement de Provence du 21. Novembre 1641. qui a jugé que le condamné aux Galeres par les Officiers d'une Monarchie étrangere de France peut donner des biens situez en France. L'Arrêt fondé sur ce que les Magistrats de France n'avoient point été offensez, & que d'une Monarchie à l'autre le jugement n'est point executoire. *Boniface, tome 2. part. 3. liv. 1. tit. 1. chap. 16.*

247 Un Juge devient étranger par le changement de domination ; toutes les procedures faites depuis le changement sont nulles. Arrêt du Parlement de Tournay du 28. Janvier 1696. qui declare les procedures faites au Conseil de Gand depuis la reduction de Courtray à l'obéïssance de sa Majesté, nulles & incompetentes, condamne le Défendeur aux dépens, sauf à luy de poursuivre à la Cour. *V. M. Pinault, tome 1. Arr. 91.*

148 Le regnicole ou le vagabond qui ont commis crime hors le Royaume, peuvent être jugez par le Juge du Royaume, & quand le regnicole a commis le crime dans le Royaume, il ne pourra être recherché ni jugé par le Juge du Royaume étranger où il est refugié, non plus que le criminel étranger qui a commis le crime hors le Royaume, ne peut être recherché ni jugé dans le Royaume, si ce n'est que le crime fût commis sur un François ; pourront toutefois les Princes chez lesquels les criminels se sont refugiez, se les demander respectivement és deux derniers cas, pour les faire juger par leurs Juges. *Vid. Carond. resp. lib. 5. n. 35. Vid. Mornac, ad l. 1. C. de summ. Trinit. verb. quos Clementia. Fachin. lib. 9. & cap. 20. 23. 24. vid. Clar. sent. lib. 5. quest. 38. n. 10. & seq. & quast. 39. n. 6. 7. vid. Chopin. Andeg. lib. 1. cap. 74.*

M. Abraham la Peirere en ses décisions du Palais, lettre I. nomb. 82. rapporte un Arrêt rendu au Parlement de Bourdeaux le 6. Juillet 1666. en la Chambre de la Tournelle, au rapport de Monsieur de Bordes, entre Jean Pinton & Loüis du Portau, tous deux habitans du pays de Soule, par lequel il a été jugé que ledit Pinton, avoit eu droit d'informer devant le Juge de Soulle, des excés que ledit du Portau avoit commis contre luy étant en Espagne.

JUGES, FERMIERS.

148 bis. Les Juges ne peuvent être Fermiers. *Voyez le mot, Fermier, nomb. 49. & suiv. & cy-dessus le nomb. 194.*

JUGE EN HABIT DECENT.

149 Arrêt du Parlement de Paris du 22. Février 1569. qui a declaré nulles des procedures & jugemens donnés par le Baillif de Nemours, sur la remontrance du Procureur du Roy, attendu qu'il avoit tenu le Siége en Robe courte avec l'épée & la dague ; il fut ajourné personnellement. *Papon, liv. 4. tit. 12. nomb. 16.*

JUGE, HOMICIDE.

150 La connoissance des homicides appartient aux Baillifs Sénéchaux, & Juges Présidiaux privativement aux autres Juges Royaux & Seigneuriaux *V*. le mot *Homicide, nomb. 38. & 39.*

JUGE INCENDIE.

151 Qui est le Juge de l'incendie ? *Voyez le mot, Incendie, nomb. 31. & suiv.*

152 Un Magistrat ne peut battre celuy qui ne court au feu. Arrêt du Parlement de Bourgogne du mois de Février 1565. *Bouvot, tome 1. part. 2. verbo, Magistrat.*

JUGES INFERIEURS.

153 Les Juges inferieurs ne peuvent faire executer leurs Lettres dans l'enclos du Palais, Siége du Parlement. Arrêt du 11. Octobre 1518. *M. Expilli, Arrêt 56.*

154 Jugé le 28. May 1567. que le Juge de Champignolles n'étoit tenu de soûtenir son jugement pardevant son Juge d'appel, quoique l'Intimé eût declaré qu'il ne vouloit soutenir & ce nonobstant la prétendué Coûtume ou usance au contraire mise en avant par la partie adverse qui fut declarée abusive ; ordonné que l'Arrêt seroit publié à Villeneuve-le-Roy; & le 2. Juillet 1576. la Cour reçut le Procureur General appellant de ce que les Présidiaux de Meaux avoient condamné le Bailly des Religieuses & Convent de Joüarre en l'amende du mal, jugé par le Bailly, suivant une prétendué Coûtume, par laquelle, quand le Juge subalterne d'un Seigneur haut-Justicier a rendu jugement, s'il y en a appel pardevant eux, & qu'ils infirment ce jugement, ils prétendent être en droit de condamner le Juge subalterne en l'amende : la Sentence de condamnation, en l'amende fut mise au néant ; ordonné que l'amende

feroit renduë au Bailly. *Biblioth. de Bouchel*, verbo, *Juge*.

255. Juge inferieur ne doit juger en cas d'interdit & matiere possessoire pour prononcer sa Sentence executoire, sans appeller trois ou quatre Assesseurs. Arrêt du 26. May 1581. *M. Expilly, Arrêt 77.*

256. Par Arrêt donné au Parlement de Normandie, le 30. May 1566. il fut dit, sur la remontrance du Procureur General, qu'il n'appartenoit pas aux Juges inferieurs de la Cour, de décerner des Mandemens inhibitoires aux Juges d'Eglise, mais à la Cour seulement; elle cassa le Mandement de défenses décerné par le Bailly, ensemble toutes les procedures faites pardevant luy. *Biblioth. Can. tom. 2. pag. 207. col. 1.*

257. Juges inferieurs ou subalternes, ne peuvent prolonger le delai de racheter. Arrêt du 3. Juillet 1587. *M. Expilly, Arrêt 98.*

258. Les Justices subalternes se doivent exercer aux villes, suivant une Patente locale en la Province de Dauphiné accordée par François I. au mois d'Avril 1542. *Basset, tom. 2. liv. 2. tit. 3. chap. 4.*

259. Juges subalternes ne connoissent des delits des Ecclesiastiques. *Bardet, tom. 1. liv. 3. chap. 10.* rapporte l'Arrêt du 1. Juillet 1628.

260. Arrêt du Parlement de Provence du 16. Mars 1645. par lequel il est défendu aux Juges subalternes de prononcer, *sans consequence*. Boniface, tome 1. liv. 1. tit. 1. nombre 7.

261. Arrêt du même Parlement de Provence du 26. Juin 1657. par lequel la Cour a déclaré que les Juges subalternes ne peuvent faire des Reglemens; mais bien des Ordonnances pour les faire observer. *Boniface, ibidem, nombre 12.*

262. Quand les Juges inferieurs qui ont décerné decret de prise de corps, l'execution du decret ne peut être arrêtée par des défenses; parce que tout appellant de prise de corps doit aller en prison; mais en d'autres cas ils doivent déferer aux défenses & ordonnances du Juge d'appel. Arrêt du Parlement de Paris du 17. Octobre 1670. *Henrys, tom. 2. liv. 2. quest. 37.*

263. Pour être Juge subalterne, il faut avoir 25. ans. Arrêt du 9. Juillet 1658. *De la Guessiere, tome 2. livre 1. chapitre 51.*

264. Les Juges subalternes des Seigneurs hauts Justiciers, ayant nombre competent d'Officiers & Praticiens dans leurs Justices, sont en droit de faire des saisies réelles, & adjudications par decret des biens situez dans l'étenduë de leur Justice; en ce cas les Juges Royaux, leurs Superieurs, ne peuvent évoquer les decrets qu'ils ont commencez; cependant les Juges Royaux ont la prévention sur les Juges des Seigneurs leurs subalternes. Arrêt du Parlement de Paris du 24. Mars 1688. *V. le Journal des Aud. tome 5. liv. 4. chap. 7.*

INJURE FAITE AUX JUGES.

Voyez le mot, Injures, nombre 80. & suiv.

265. Un Clerc tonsuré non marié, par Arrêt du Parlement de Paris en l'an 1391. fut condamné à faire amende honorable, pour avoir irreveremment répondu & parlé, lors qu'il fut interrogé sur quelque delit dont il étoit accusé, par deux de Messieurs du Parlement, & cela sans avoir égard à son privilege. *Biblioth. de Bouchel*, verbo, *Injures*.

266. L'Evêque de Nantes avoit dit en la Cour, *Si on ne juge le procès, je m'en plaindrai ailleurs.* La Cour donna charge au Président de luy dire, *qu'elle trouvoit étranges tels mots, & qu'il n'y retournât plus*, le 27. Mars 1555. *Du Fail, liv. 3. chap. 341.*

267. Par Arrêt du 23. Mars 1574. deux Gentilshommes nommez Motharly, furent condamnez chacun à 100. livres parisis d'amende, & à tenir prison, où ils furent envoyez à l'heure même, & à remettre le Lieutenant General de Chaumont en son Siege, à jours de plaids, tête nuë, & en rendant par eux l'honneur au Roy & à Justice, comme ils doivent, sans toutefois encourir par eux note d'infamie; ordonné que ce present Arrêt seroit lû en l'Auditoire; par ce même Arrêt le Lieutenant General, & le Président du Présidial de Chaumont, furent chacun suspendus de leurs états pour trois mois. *Bibliotheque du Droit François*, par *Bouchel*, verbo, *Juges*.

268. Un fils âgé de 20. ans, étoit intervenu dans une cause criminelle entre ses pere & mere; il fut débouté: après l'Arrêt prononcé, il dit hautement, *que la Cour luy avoit fait injustice, mais que Dieu luy feroit justice.* M. Servin Avocat du Roy se leva; le fils fut blâmé par Arrêt du 13. Avril 1595. & la Cour luy dit, *qu'à cause de sa jeunesse, elle se rendoit indulgente pour cette fois*, & luy enseigna ce que vouloit dire le lion; luy étant au dessus de la porte da la Grand-Chambre, baissant la tête. *Ibidem*, verbo, *Recrimination*.

269. Un homme d'Eglise ayant offensé un Juge, & demandant son renvoy pardevant le Juge d'Eglise, en fut débouté. *Voyez Peleus*, quest. 1.

270. Arrêt rendu au Parlement de Provence le 23. Février 1644. qui a jugé que quand un Juge est injurié hors de son Tribunal, il doit recourir au Superieur, & qu'il ne peut être Juge en sa propre cause. *Boniface, tome 1. liv. 1. tit. 1. n. 3.*

JUGE INCOMPETENT.

271. Si l'on peut recourir à un Juge incompetent en subside de Justice? *Voyez Boniface*, tome 3. livre 2. tit. 3. chapitre 6.

Voyez les mots, Competence & Incompetence.

JUGES, LIEUTENANS.

272. Lieutenant du Juge créé & installé par l'autorité du Seigneur haut-Justicier, préferable à celuy qui n'auroit sa provision & autorité que du Juge établi en même Jurisdiction par le Seigneur Justicier. Arrêt du Parlement de Toulouse du 7. Septembre 1529. *Mainard, tome 1. liv. 2. chap. 22.*

273. Par Lettres Patentes du Roy François I. données à Amboise le 14. Avril 1540. enregistrées en la Cour, il est défendu aux Lieutenans principaux & particuliers des Judicatures ordinaires, de ne s'ingerer à l'exercice desdits états, en la presence des Juges, mais seulement en leur absence. *Reglement de la Rochestavin, chapitre 4. Arrêt 14.*

274. Arrêt du Parlement de Provence du 7. Decembre 1638. qui a réglé que les Lieutenans peuvent ordonner l'execution de leurs Sentences, nonobstant l'appel, aux sommes qui n'excedent point 40. liv. & à celles qui excedent 100. liv. en donnant caution. *Boniface, to. 1. liv. 1. tit. 10. n. 2.*

275. Arrêts des 24. Février 1640. & 12. Février 1656. qui défendent aux Lieutenans de prononcer en ces termes, *pour causes resultantes du procès*, Boniface, *ibidem, nombre 1.*

276. Autre Arrêt du 2. Mars 1645. par lequel il a été jugé que les Lieutenans ne peuvent prononcer *sans consequence*; parce que ce sont termes Souverains. *Boniface, ibid.*

277. Arrêt du 10. Decembre 1646. qui a déclaré que les Lieutenans de *Provence* ne peuvent point tirer les Inventaires & les décisions pendantes pardevant les premiers Juges. *Ibidem, n. 13.*

278. Le 31. Mars 1659. Arrêt qui a jugé que quand il y a exposition & prévention de clameur, le Lieutenant des soûmissions en peut connoître. *Ibid. n. 14.*

279. Reglement du Conseil d'Etat du 1. Octobre 1665. pour les Jurisdictions des Lieutenans en la Sénéchaussée de *Provence*, Juges Royaux & Officiers des Seigneurs hauts Justiciers du même Pays de Provence. *Ibid. tome 2. liv. 1. tit. 10.*

JUGE-MAGE.

280. Des Juges-Mages, & Lieutenans Generaux. *Voyez Escorbiac, tit. 2.* où sont rapportez les Edits, Declarations & Arrêts concernans leurs fonctions & leurs privileges.

JUGES, OPINION.

281. Le 11. May 1540. au Parlement de Toulouse, Massa-

brac fit révoquer une amende en laquelle il avoit été condamné, en caſſant ſa procedure contre ceux qui l'avoient aſſiſté, ayant fait apparoître que l'Ordonnance avoit été donnée contre ſon opinion. *Reglement de la Rocheflavin*, *chap.* 1. *Arr.* 11.

282. Quand il y a preuves également fortes des deux côtez, pour une choſe contentieuſe, elle doit être partagée. Arrêt du 14. Mars 1533. pour ſept arpens de terre. *Papon, liv.* 17. *tit.* 2. *n.* 1.

283. M. de Serrurier, Conſeiller au Sénéchal de Lauſerte, fut condamné à 150. liv. d'amende ; ſçavoir, 100. liv. envers le Roy, & à 50. liv. envers M. de Carrié, Lieutenant General au même Sénéchal, pour avoir dit tout haut en Audience après la prononciation, que le Lieutenant General eut faite d'un appointement, qu'il n'avoit pas été délibéré ainſi ; ſur quoy ils avoient tous deux dreſſé chacun un verbal. Arrêt du Parlement de Toulouſe du 3. Juillet 1659. *Albert*, verbo, *Juge*, *article* 1.

284. Lettres Patentes pour l'enregiſtrement d'un Arrêt du Conſeil, portant que les voix des Officiers des Compagnies Superieures & Inferieures, Titulaires, Honoraires ou Veterans, qui ſe trouveront parens ou alliez, au degré de pere & fils, de frere, d'oncle, & de neveu, de beau-pere, gendre & de beau-frere, ne ſeront comptées que pour une, quand ils ſe trouveront conformes. A Saint Germain en Laye le 30. Juin 1679. regiſtrées au Parlement de Roüen le 20. Juillet de la même année.

285. Edit en interpretation de celuy du mois de Juillet 1669. portant que dans les Cours, & autres Juriſdictions, les voix des Officiers Titulaires, Honoraires ou Veterans, qui ſe trouveront parens ou alliez aux degrez cy-après ; ſçavoir de pere & fils, de frere, oncle & neveu, de beau-pere, gendre & beau-frere, ne ſeront comptées que pour une, quand elles ſeront uniformes, à peine de nullité des Jugemens & Arrêts : & que le preſent Edit aura lieu, tant à l'égard des Officiers qui étoient reçûs avant celuy du mois de Juillet 1669. que de ceux qui ont contracté des alliances depuis, ou ont été reçûs en vertu des Lettres de diſpenſe de parenté, qui leur ont été accordées. A Saint Germain en Laye en Janvier 1681. regiſtré le 12. Février ſuivant.

286. Celuy qui préſide ne doit jamais juger contre l'avis de ceux qui ont droit de délibérer avec luy : quand entre les Juges aſſiſtans il y a un pere, un fils, un gendre, deux freres, un oncle & un neveu, les avis de ces parens étant conformes, ne doivent être comptez que pour une voix : ce qui ſe doit obſerver dans la déliberation, tant des affaires particulieres, que des publiques & generales, ſuivant qu'il a été ordonné par l'Arrêt du Conſeil d'Etat, donné pour décider la queſtion qui y avoit été renvoyée par le Parlement, touchant le doüaire & le tiers des enfans, le 30. Août 1687. *Peſnelle, ſur l'art.* 12. *de la Coût. de Normandie*.

JUGES PARENS.

287. Le Roy connoiſſant qu'il y peut avoir danger de juſtice, quand ſon Procureur General ou ſes Subſtituts, ou tels de ſes Avocats plaident pardevant un Juge leur parent ou allié, comme l'on voit en ſa Cour de Parlement de Paris, Maître Gilles le Maître, Préſident du Semeſtre d'hyver, & Maître Denis Riant, Avocat dudit Seigneur, être beaux-freres, ayant épouſé les deux ſœurs, riches & opulentes, & faiſant pluſieurs grandes entrepriſes, eſquelles ils entretiennent & ſupportent par tres-grande amitié, & auſſi eſt indécent que les parens alliez des Juges plaident pardevant eux, parce que l'affection les peut détourner de leur bonne & juſte opinion, a ordonné & ordonne que doreſnavant Maître Denis Riant ſervira en ſemeſtralité, & s'abſentera durant le Semeſtre de Maître Gilles le Maître, au lieu duquel Riant ledit Seigneur a créé & établi un autre ſon Avocat pour le Semeſtre d'hyver ; & outre défend à tous Avocats, enfans, parens ou alliez des Juges de plaider pardevant eux ; & leur enjoint de ſe

reduire à ſemeſtralitez, comme les Juges de Judicature, pour poſtuler en l'abſence des Juges, leurs parens ou alliez, faiſant leur Semeſtre de repos & vacations. Arrêt du Roy Henry II. en 1556. *V. Henrici Progymnaſmata, Arrêt* 251.

288. Attendu la proximité d'entre Noël Brûlart, Procureur General du Roy au Parlement de Paris, & de Maître Jacques Bourdin, Avocat dudit Sieur en iceluy Parlement, beaux-freres, ledit Brûlart ayant épouſé la ſœur dudit Bourdin, qui peuvent avoir affection ſemblable en leurs communes amitiez, qui empêche le cours de la Juſtice, à tout le moins faire qu'elle ne ſoit ſi briéve & ſi droite, qu'elle ſeroit autrement ſi ledit Procureur & Avocat dudit Sieur ne ſe attouchoient ; le Roy a ordonné que ledit Brûlard & Bourdin s'accorderont dans quinzaine de celuy d'eux deux qui demeurera audit Parquet, & au dedans ledit temps il n'y aura aucune declaration ſur ce fait, par eux & chacun d'eux, portée par actes publics, & par iceluy Sieur reçûë & agréé ; ledit Sieur a déclaré dés à preſent, pour lors ledit Office de Procureur General vacant & impetrable ; & par ces mêmes preſentes a pourvû & pourvoit ledit Brûlard d'un Office de Conſeiller en ſa Cour, &c. Arrêt du Roy Henry II. en 1556. *H. Henrici Progymnaſmata, Arrêt* 299.

289. Par Arrêt du 11. Mars 1611. rapporté par *Joly, liv.* 3. *chap.* 18. jugé qu'un Prévôt Royal, gendre du Lieutenant General, ne peut ſeoir au Siege, lorſque ſon beau-pere préſide.

290. Arrêts du Parlement d'Aix des 22. May 1642. & 23. Novembre 1658. qui ont jugé que dans une même Juriſdiction, le Juge & le Greffier ne peuvent être parens. *Boniface, tom.* 1. *liv.* 1. *tit.* 1. *chap.* 1. *n.* 17.

Voyez les mots, *Opinion & Parens. §. Parens Juges*, & cy-après *le nombre* 292.

JUGES, PARTAGE.

Juge du partage. *Voyez* le mot, *Partage, nomb.* 114. & ſuivans.

PERE ET FILS JUGES.

291. Le pere & le fils ne peuvent être Juges en un même procés. Arrêt du 29. Janvier 1630. *M. Dolive, liv.* 1. *chap.* 39. Le pere & le fils, ou les deux freres, ne peuvent être dans une même Chambre. *M. le Prêtre*, 1. *Cent. chap.* 17. où il eſt parlé des Ordonnances concernans les Préſidens, Conſeillers, Greffiers, & autres Officiers.

292. Par Arrêt de la Cour des Aydes de Montpellier du 18. Août 1561. il fut dit qu'un Conſeiller de la Cour s'abſtiendroit du jugement d'un procés, jugé par ſon fils en premiere inſtance. *V. Philippi, arr.* 72.

JUGES DE POLICE.

293. Arrêt par lequel la connoiſſance des contraventions faites aux Ordres & Reglemens de la Police de la ville de Tours, a été ajngée au Prévôt de Tours, privativement au Bailly de la Baronnie de Châteauneuf, en l'étenduë & limites d'icelle. *Filleau, part.* 3. *tit.* 7.

294. Connoiſſance de la Police generale, concernant l'aumône & contagion, appartient aux Lieutenans Generaux, à l'excluſion des Maire & Echevins. Arrêt du 28. Novembre 1634. pour les Officiers de la ville de Reims Bardet, *tome* 2. *liv.* 3. *ch.* 38.

295. Un Juge de Police, *de plano*, peut juger ſans avis de conſeil ; les Commiſſaires du Châtelet ſont tenus de ſigner les interrogatoires & autres actes de juſtice par eux faits ; & le Juge ne doit condamner aux dépens envers le Subſtitut de M. le Procureur General. Arrêt du 29. Novembre 1659. *De la Gueſſiere, tome* 2. *liv.* 2. *chapitre* 44.

296. Les Echevins de la ville de Marſeille, Juges de Police, peuvent condamner les contrevenans à leurs Ordonnances à la confiſcation des marchandiſes, & leur Ordonnance dure pour faire Loy de Police. Arrêt du Parlement d'Aix du 18. Mars 1688. *Journal du Palais*.

Les nouveaux Edits de création des Lieutenans de Police dans toutes les villes du Royaume, ont fort éten-

JUG   JUG 511

du la Jurisdiction de ces sortes d'Office. *Voyez* le mot, *Police*.

JUGES, PORTION CONGRUE.

297 Juge de la portion congruë. *Voyez* le mot, *Portion congruë*, n. 36. & suiv.

PRESENS FAITS AUX JUGES.

298 S'il est permis aux Juges d'accepter des presens? V. la *Biblioth. du Droit François*, par *Bouchel*, verbo, *Presens*, page 1032.

299 L'Ordonnance de Saint Loüis de l'an 1256. défendoit de faire aucun don aux Officiers de Justice, *Si non fruit ou vin ou autre present, de quoy la somme de dix sols ne soit pas surmontée la sepmaine*. L'on peut voir sur ce sujet *Gregor. Tholosanus, Syntagm. Jur. lib. 36. c. 18. Paris de puteo de Synd. §. corruptio Xammur. de Offic. Judic. & advoc. part. 1. quæst. 20. & DD. ad tit. ff. & c. ad Leg. Jul. repetundar.*

300 Par Arrêt du 3. Juin 1494. un Solliciteur qui avoit mis deux écus dans une Requête presentée à un Conseiller, fut condamné à porter à Nôtre-Dame un cierge, auquel seroient employez les deux écus, avec défenses de jamais solliciter plus. *Du Luc, liv. 4. tit. 1. chap. 19. Papon, liv. 6. tit. 2. n. 11.* où il examine quels presens les Juges pouvoient autrefois recevoir, & décide qu'aujourd'huy les Officiers ayant des droits, ne peuvent rien accepter. Même Arrêt du Parlement de Toulouse. *Mainard, tome 1. liv. 1. ch. 86.*

301 Arrêt du Conseil Privé du 28. Février 1682. qui fait défenses à tous les Officiers du P. de Pau, de quelque qualité qu'ils soient, sans aucuns excepter, d'exiger ni recevoir des Parties qui plaident, ou de personnes par eux interposées, directement ou indirectement, en quelque Bureau ou en quelque état que soient leurs causes ou procés, aucuns presens de quelque nature qu'ils soient, même des choses comestibles, par eux, leurs femmes, enfans, parens, amis, secretaires, serviteurs ou domestiques, directement ou indirectement, nonobstant tous Usages, Coûtumes, Possession, Arrêts, même du Conseil, & les Ordonnances, qui permettent de recevoir des grands Seigneurs, de la venaison prise dans leurs parcs & forêts, que Sa Majesté ne veut être d'aucunes considerations à cet égard, le tout à peine de concussion. V. *les Edits & Arrêts recueillis par l'ordre de M. le Chancelier en 1687.*

Voyez ci-aprés le mot Presens.

JUGES, PRESIDIAUX.

302 Le Sénéchal de Rennes jugea un procés seul par Arrêt du Parlement de Bretagne du 25. Octobre 1568. il est dit mal & nullement jugé, renvoye le procés devant tout le Corps du Siege Présidial pour y être jugé, suivant les Ordonnances. *Du Fail, liv. 1. chap. 328.*

Voyez le Titre *Présidial*, où l'on explique les prérogatives & étenduës de cette Jurisdiction, qui est sous la protection du Grand Conseil.

JUGE PREVARICATEUR.

303 *Pœna quæ maneat judicem qui in Officio deliquit, & qui perperam & per sordes judicavit? Voyez Franc. Marc. tom. 1. quæst. 684.*

304 Juge doit rendre ce qu'il a pris par composition. Arrêt du Parlement de Paris de l'an 1397. contre l'Archidiacre, lequel fut condamné à rendre une somme de 150. liv. qu'il avoit reçuë d'un accusé d'adultere, il fut dit qu'il y seroit contraint par saisie de son temporel. *Papon, liv. 23. tit. 11. n. 1.*

305 Arrêt de Parlement de Paris rendu contre le sieur Leder, Conseiller, le 20. Juin 1528. par lequel il a été pour ses malversations condamné à faire amende honorable, privé de son état, degradé & déclaré incapable, degradé & vêtu d'une robe de Plébeien; ce qui fut executé à la Pierre de marbre de la Cour du Palais. *Papon, liv. 6. tit. 2. n. 14.*

306 Arrêt du 12. Août 1560. qui condamne le Juge de Milhau pour s'être fait donner par un pauvre vieil homme prisonnier, son bien, afin d'être élargi, à le rendre avec les fruits & dépens, & en 300. liv. moitié au Roy, & moitié à la Partie. *La Rocheflavin, liv. 2. tit. 7. Arrêt 2.*

307 Juge ayant écrit pour une Partie au procés qu'il a jugé, est punissable. Jugé au Parlement de Paris le 21. Juin 1583. *Papon, liv. 6. tit. 2. n. 21.*

JUGES, PREVENTION.

308 De la prévention entre les Officiers des Doyen, Chanoines & Chapitre de *Langres*, Seigneurs Justiciers de ladite ville, & les Officiers de la Justice Royale. Que lesdits Officiers Royaux ne prendront connoissance des causes des justiciables desdits Doyen, soit en matiere civile, soit criminelle, sinon des cas Royaux, même de la Police, en ce qui est au dedans de leur Justice. Arrêt du 13. Avril 1604. *Filleau, part. 1. tit. 7. chap. 10.*

309 Contre la prévention; Arrêt du 26. Mars 1619. au profit de Gaspard, Comte de Coligny, Seigneur de Châtillon-sur-Loing, appellant du Juge de Montargis, contre les Officiers Royaux; M. le Procureur General prenant la cause pour son Substitut, les Maire & Echevins intervenans; les appellations & ce au néant; défenses aux Officiers de prendre connoissance en premiere instance, par prévention ou autrement des causes des habitans des Châtellenies de Châtillon, d'Aillant & villages en dépendans, ni décerner aucunes Commissions, soit pour informer ou faire appeller les Justiciables, nobles ou roturiers, par devant eux, ni proceder aux baux à ferme du revenu de l'Hôpital de Châtillon; enjoint aux Officiers, si aucuns desdits habitans sont appellez par devant eux, les renvoyer si-tôt qu'ils en seront requis, sans dépens. Pareil Arrêt pour M. Charles Saladin d'Anglure, Vicomte d'Estoge, appellant du deni de renvoy fait par le Bailly du Comté de Vertus, contre le Comte de Vertus, en l'Audience du 13. Mars 1612. Autre pour Hugues & Jean d'Amballe, Demandeurs à Dammartin l'Estrées, & le Seigneur du lieu joint, appellant du Bailly de Vertus, contre le Comte de Vertus; défenses de prendre connoissance sur nobles ni roturiers, au Civil ni au Criminel, le 15. Juin 1619. avec dépens, sur un appointé au Conseil en la Grand-Chambre. Autre du 2. Septembre 1624. pour Mathieu Maret, Greffier à Chavanges, & M. F. de l'Hôpital, Seigneur du lieu, appellant en deni de renvoy, contre M. de Vendôme, Duc de Beaufort; c'est un appointé qui porte renvoy à Chavanges, sauf au Duc de Beaufort en cas d'appel. *Add. à la Bibliot. de Bouchel*, verbo, *Prévention*.

310 Les Juges-Treize de la ville de Mets, n'ont point droit de prévention sur les Juges des Seigneurs hauts-Justiciers de la même ville. Arrêt du Parlement de Mets le 3. Septembre 1637. pour le Juge de S. Eloy. *Voyez le 22. Plaidoyé de M. de Corbiron.*

Voyez ci-après le Titre de la Prévention, où l'on observe ce qui a lieu à cet égard, particulierement en matiere criminelle.

JUGES, PREVOSTEZ.

311 Par Arrêt du Parlement de Bretagne du 1. Avril 1561. la Cour ordonne aux Juges ordinaires de Rennes, & à chacun d'exercer la Jurisdiction Prévôtale en l'absence du Prévôt. *Du Fail, liv. 2. ch. 122.*

312 Suivant l'Edit de réünion de deux degrez de Jurisdiction en un, le Prévôt du Bailly, même en divers lieux, doit être intitulé Lieutenant. Arrêt entre le Prévôt de *Cormeil* en Parisis, fait Lieutenant du Bailly de *Saint Denis*, & le Lieutenant dudit Prévôt supprimé, le 22 Novembre 1565. ce qui ne s'observe point au préjudice du Gouvernement & Communauté de ville. Jugé pour les Maire & Echevins de Rennes le 4. Decembre 1564. *Papon, p. 1564.*

PREVÔT D'ANGERS.

313 Juge Prévôt d'*Angers* maintenu en la possession de connoître des causes & procés des Maire & Echevins, même des partages à faire entr'eux, nonobstant leur qualité de Nobles. Arrêt du 15. Juin 1655. *Soefve, tome 2. Cent. 4. ch. 92.*

512 JUG

PRÉVÔT DE PARIS.

314 La Cour par main Souveraine, peut commettre le Prévôt de Paris, ou autre, à faire le procés à un prisonnier, quand il y a debat pour la Jurisdiction, & ce, sans préjudice des droits en autres cas. Arrêt du Parlement de Paris du 1. Septembre 1452. *Papon, liv. 4. tit. 6. n. 4.* Voyez le mot, *Châtelet*, & cy-dessus le n. 49.

PRÉVÔT DE RENNES.

315 Entre le Prévôt de Rennes & ceux du Siege Présidial; par Arrêt du Parlement de Bretagne du 14. Octobre 1559. le Prévôt est débouté de certaines Lettres qu'il a pour son état; ordonné qu'il demeurera comme il étoit institué, qui fut le 1. jour de Mars 1456. & par la Declaration du mois d'Août 1532. *Du Fail, livre 2. chapitre 88.*

JUGES RECUSEZ OU RECUSABLES.

316 Si les Avocats & Procureurs du Roy peuvent être Juges en cas d'absence ou recusation des Titulaires. *V.* le mot, *Avocat*, nombre 224. & suiv. & cy-dessus le nomb. 101. & suivans.

317 L'Ordonnance du Roy Loüis XII. publiée l'an 1499. art. 37. défendant aux Conseillers & autres Juges quelconques, d'assister aux jugemens des procés des Prélats ou Seigneurs, par lesquels leur aura été conferé, ou à leurs enfans, Benefice ou Office, ne s'entend point, si les Benefices ont été conferez par necessité; à sçavoir par le moyen de nomination, mandats ou indults. Arrêt du Parlement de Paris du 27. Août 1543. *Du Luc* dit que le contraire a été jugé, ce qui est vraisemblable. *Papon, liv. 7. tit. 9. n. 11.*

318 Edit portant défenses aux Officiers de Judicature de prendre la charge des affaires des Seigneurs inferieurs, Chapitres, Communautez, & autres personnes quelconques, ni pareillement aucuns Vicariats d'Evêques ou Prélats, pour le fait & disposition du temporel, spirituel & collation des Benefices de leurs Evêchez & Abbayes, & de s'entremettre ou empêcher aucunement des affaires d'autres personnes que du Roy, de la Reine mere, &c. & du public, & de reveler les secrets des Compagnies Souveraines. A Fontainebleau en Avril 1560. avant Pâques, registré le 16. Avril 1561. aprés Pâques. *Ordonnances de Fontanon, tome 1. page 23. Joly, des Offices de France, tome 1 pag. 13. & 620. & Foutnival, page 328.* Voyez la Declaration du 22. du même mois, qui ordonne l'enregistrement pur & simple de cet Edit.

319 Par Arrêt du Parlement de Bretagne du dernier Août 1560. la Cour enjoint aux Juges de Lamballe incontinent que le Procureur Fiscal sera recusé, de juger les recusations, & n'admettre autres que ses Substituts, & de prononcer leurs Sentences, *in loco majorum*, & d'appeller le Procureur ou son Substitut à la confection des Inventaires. *Du Fail, liv. 2. ch. 110.*

320 Celui qui affecte d'être Juge doit s'abstenir du rapport & du jugement. Arrêt du Parlement de Grenoble du 3. Août 1628. confirmatif d'une Sentence laquelle avoit nommé un autre Juge que celui qui vouloit l'être: il s'agissoit d'un compte que le rendant n'avoit voulu traduire devant un Juge avec qui il avoit eu des procés. *Basset, tome 2. liv. 2. tit. 8. chap. 1.*

321 Arrêt du Parlement de Provence du 16. Mars 1634. par lequel il fut dit qu'un Juge doit être honoré, quoique recusé, & la Partie qui avoit par mépris negligé de saluer le Juge, fut condamnée à cinq livres d'amende. *Boniface, tome 1. liv. 1. tit. 1. nomb. 1.*

Voyez le titre de la *Recusation*.

JUGES, REGLEMENT.

322 Les habitans de Lasigny Appellans, pour l'abreviation des procés avoient établi un second plaid, au lieu d'un seul qui se tenoit; le Juge de Noyon avoit fait défenses de tenir autre plaid que celuy qui se tenoit auparavant. Appel, M. Servin dit qu'il prendla cause pour le Substitut, que les Officiers de la Justice de Lasigny n'ont pû faire de Reglemens nouveaux, que cela n'appartient qu'aux Juges Superieurs. La Cour a confirmé les défenses du Juge de Noyon; & ayant égard aux Conclusions du Procureur General, a fait défenses tant aux Officiers de Lasigny qu'à tous autres Juges des Seigneurs hauts-Justiciers de faire aucun reglement en leur Justice à peine d'en répondre en leurs noms; les Officiers de Noyon disoient que ce second plaid leur préjudicioit, à cause qu'ils avoient la prévention sur les hauts-Justiciers de Lasigny. *Additions à la Bibliotheque de Bouchel*, verbo, *Justice*.

Voyez cy-dessus le nomb. 261.

323 Arrêt du Parlement de Toulouse du 12. Août 1544. rendu entre Charles de la Roche, Juge ordinaire de Castres, François de la Fonds, Licentiez és Droits, demandeurs en reglement, & le Procureur General du Roy joint avec eux, & plusieurs Notaires se disans Lieutenans Generaux ou Particuliers, respectivement tant du Sénéchal que d'iceluy Juges en divers Sieges du Comté de Castres. *Reglement de la Rocheflavin, chapitre 4. Arr. 4.*

324 Un Juge appellé pour assister à une instance d'appel d'une Sentence par luy renduë, ne peut souffrir garantie pour avoir jugé contre certain reglement. Arrêt du Parlement de Grenoble du 9. Février 1606. qui débouta les Demandeurs, avec amende & dépens. *Voyez Basset, tome 1. liv. 2. tit. 7. chap. 2.*

325 Aucun Reglement entre Juges ne peut se vuider par expedient. Arrêt du 28. Février 1612. *Mornac, l. 14. Cod. de Advocatis diversorum judiciorum fine.*

326 Arrêt de Reglement donné au Parlement de Toulouse, entre le Juge & Capitaine Châtelain de S. Antonin, & les Consuls de la même ville, le dernier Juin 1612. portant que le Juge présidera en toutes Assemblées de la Maison de Ville, soit de Police, reddition de comptes & autres, & à la Création des Consuls, ausquels il aura voix deliberative; & ne pourront les Consuls faire aucunes assemblées publiques ou particulieres sans y appeller ledit Juge pour y présider; lequel ils avertiront la veille du jour de la tenuë des Conseils, & l'un des Consuls sera tenu de leur aller communiquer le sujet de leurs deliberations, & sera le Juge exempt de garde, guet, & patroüilles, & de tout logement de gens de guerre, procedera aux afferemes des émolumens de la ville. *Voyez Escorbiac, tit. 9. chap. 107.*

327 Reglement entre le Président & le Lieutenant Criminel à *Laon*, du 28. Mars 1609. *M. le Prêtre és Arrêts celebres du Parlement.*

328 Le Lieutenant Criminel au Bailliage de *Loudun*, précede aux Audiences le Lieutenant Particulier au Civil. Arret du 12. May 1657. *Notables Arrets des Audiences Arret 1.*

329 Arrêt de Reglement donné au Parlement de Toulouse le 6. Septembre 1633. entre le Châtelain de *Montreal*, le Juge ordinaire & Lieutenant, par lequel le Châtelain est maintenu à faire tous Actes de Justice, présider en l'Audience & au Conseil, de faire les distributions des procés, & au droit de prendre en chacune d'icelles un procés par précipt, & qu'en son absence le précipt luy sera conservé. *Voyez Escorbiac, tit. 9. chap. 133.*

330 Reglement fait au Parlement de Bretagne le 26. Octobre 1555. entre le Juge Criminel, Juges Présidiaux, & Sénéchal de *Rennes*; le Juge Criminel connoît de tous crimes & délits, procés mis à l'ordinaire, privativement à tous autres; les Présidiaux de tous crimes, incidens aux matieres civiles; le Juge Criminel ne juge rien d'afflictif, ou portant infamie qu'il n'appelle les Juges, selon le poids & grandeur du procés; le Sénéchal seul & autres Juges ont la Police privativement, & le Juge Criminel n'y connoît rien. *Du Fail, livre 2. chapitre 22.*

Voyez cy-aprés *au troisiéme vol.* le titre *Reglement* où il est parlé en ordre alphabetique de ceux rendus entre les Officiers de mêmes ou differentes Jurisdictions.

JUGES ROYAUX.

331 Juges, pour satisfaire à l'Ordonnance, portant que les

JUG JUG 513

les Juges Royaux pour rendre leurs Sentences executoires, appelleront Conseillers ou Avocats en certain nombre, peuvent en appeller hors leurs Sieges. Arrêt du Parlement de Paris du 9. Janvier 1524. pour le Bailliff de Meaux qui avoit pris Conseil de M. de Montholon & autres fameux Avocats de Paris. *Papon, liv. 6. tit. 2. nomb. 19.*

332. Le possessoire des choses spirituelles appartient au Juge Royal seul, non autre, fût-il Ducal. Arrêt du Parlement de Bourdeaux du 9. Juillet 1524. contre l'Evêque: autre Arrêt semblable du Parlement de Paris du 24. Janvier 1565. *Idem, liv. 1. tit. 5. nomb. 22.*

333. Le Juge Royal de l'heredité du défunt est seul competent pour connoître de l'entherinement des Lettres prises par un mineur contre l'acceptation pure & simple qu'il a faite de la succession. Arrêt du Parlement de Paris du 15. Decembre 1539. *Ibid. liv. 7 tit. 7. nomb. 25.*

334. Les Juges Royaux en Dauphiné peuvent connoître en dernier ressort & sans appel, jusqu'à la somme de 50. livres pour une fois payer, & de cinq sols de rente. Ordonnance de Charles IX. du 14. Février 1566. Lors de la verification, il fut ajouté qu'ils appelleroient tel nombre d'Assesseurs qu'ils verroient être requis. *Voyez Basset, tome 1. liv. 2. tit. 5. chap. 2.*

335. En débat de Jurisdiction, l'on juge par provision pour la Royale. Arrêt du Parlement de Paris du 16. Janvier 1584. *Papon, liv. 7. tit. 7. initio.*

336. La permission du Juge Royal d'executer un Acte subalterne doit être donnée gratuitement; il ne peut mettre en cas d'opposition, que l'on en donnera assignation pardevant luy, Jugé pour les Seigneurs Barons de Brucay en Berry, contre les Juges Royaux d'Issoudun le 7. Avril 1601. *Ibid. tit. 5. nomb. 6.*

337. Le Juge Royal peut donner sauve garde; le Juge subalterne donne asseurement. *Voyez Bacquet, des Droits de Justice, chap. 7. nomb. 32.*

338. Quand dès le commencement du procés l'on prend Lettres Royaux, sur lesquelles la Partie est appellée, la connoissance en appartient audit Juge Royal; secus, si le procés est intenté pardevant le Juge non Royal, & qu'incidemment on obtienne Lettres; car en ce cas le Juge non Royal en connoît. Par Arrêt du 1. Decembre 1609. l'appellation au néant sans préjudice de la Jurisdiction du Comté de Noyon, és causes où les Lettres seront incidemment obtenuës. *Bibliotheque de Bouchel, verbo, Lettres Royaux.*

339. Arrêt du Parlement de Provence du 15. Decembre 1639. qui attribue au Juge Royal la connoissance des actions réelles & possessoires entre personnes roturieres. *Boniface, tome 1. liv. 1. tit. 3. nomb. 1.*

340. Par Arrêt du 5. Mars 1646. il fut ordonné que les seuls Juges Royaux pouvoient connoître des statuts de querelles ou complaintes entre personnes non nobles. *Ibid. nombre 2.*

341. Arrêt du même Parlement de Provence du 28. Mars 1658. qui declare que les Juges Royaux ont la connoissance des causes & matieres des Eglises qui ne sont point de fondation Royale, & les Lieutenants la connoissance de celle de fondation Royale, qui ont Lettres de garde gardienne. *Ibidem, nomb. 4.*

342. Les Officiers Royaux doivent répondre devant les Juges Royaux pour des faits de leurs charges. Arrêt du 20. Février 1677. contre un commis de la Poste qui prétendoit son renvoy devant le haut-Justicier. *Basnage, tit. de Jurisdiction, art. 18.*

SALAIRES DU JUGE.

343. Arrêt du Parlement de Provence du 21. Janvier 1647. qui a déclaré nulle & illicite la convention qu'un Juge avoit faite pour ses salaires avec sa Partie, l'Arrêt est en forme de Reglement, & fait défenses à tous Juges de faire semblables conventions, à peine de suspension de leurs Charges. *Boniface, tome 1. liv. 1. tit. 1. n. 16. Voyez les mots, Epices, Honoraire, Salaire, Vacations.*

JUGES DE SAVOYE.

344. *De Laicis subditis imperio Ducis Sabaudiæ, in quibus casibus possint trahi ad judicem Ecclesiasticum? per Guidonem Papæ.*

SOMMATIONS AUX JUGES.

345. Arrêt du 2. Mars 1645. qui a ordonné que l'on s'adresseroit aux Juges par Requêtes, ou comparans & non par sommations. *Boniface, tome 1. li. 1. tit. 1. n. 15.*

L'Ordonnance de 1667. art. 2. tit. 25. a reformé cette Jurisprudence en permettant de faire des sommations aux Juges en cas de refus ou negligence des Juges.

TRANSACTION ENTRE JUGES.

346. Les Concordats faits entre le Corps d'une Ville & les Corps particuliers de la même Ville, en matiere de Jurisdiction, doivent être observez regulierement, à moins que le bien de l'Etat n'oblige d'en user autrement. On s'est conformé à cette maxime, par Arrêt rendu en la troisiéme Chambre des Enquêtes du Parlement de Tournay, le 3. Juillet 1698. au procés d'entre les Doyens & Soûdoyens des métiers à Tournay, appellans, & les Prévôt & Jurez, Mayeur & Echevins, faisant les Consaux de la même ville, & les Brasseurs de Tournay; ceux-cy avoient obtenu Reglement de Police des Mayeur & Echevins de la Ville; sur l'appel interjetté de ce Reglement par les Doyens & Soûdoyens des Métiers à Tournay, par l'Arrêt qui intervint, lesdits Reglemens & Ordonnances ont été declarés induement faits, en consequence ordonné que les Requêtes sur lesquelles ils avoient été rendus, seroient communiquées aux appellans, avant que lesdits Reglemens puissent sortir effet. *V. M. Pinault, tome 2. Arr. 222.*

JUGES-TREIZE.

347. Arrêt du Parlement de Mets du 21. Decembre 1637. qui enjoint aux Juges-treize de déferer aux appellations qui seront interjettées de leurs jugemens, à peine de nullité & de tous dépens, dommages & interêts, & de faire rediger par écrit toutes Sentences, Reglemens & Ordonnances; & défenses à tous Sergens de mettre à l'avenir à execution aucune Sentence, ni Ordonnance qu'il n'ait passer outre au préjudice des défenses particulieres. *Voyez le 18. Plaidoyé de M. de Corberon.*

JUGE TUE'.

348. Juge ayant été tué faisant exercice de sa Charge, son Office ou le prix de la composition, doit être conservé à sa veuve & enfans. Arrêt du Parlement de Paris du 21. Juin 1625. *Bardet, tome 1. livre 2. chap. 49.*

JUGES D'EGLISE.

Voyez le mot Juge, nomb. 3. & 110.

349. De la Jurisdiction Ecclesiastique. *Voyez le mot Compet. nomb. 50. & suiv. le mot Ecclesiastiques, nom. 30. & suiv. le recueil des Ordonnances par Fontanon, tom. 4. tit. 21. pag. 508. Papon, liv. 1. tit, 5. les Memoires du Clergé, tom. 1. part. 1. tit. 2. ch. 9.*

350. *Voyez Rebuffe sur le Concordat, au titre de caussis; omnes & singulæ causæ debent decidi apud Judices in partibus, exceptis majoribus.*

351. *De Jurisdictione Ecclesiasticâ & Seculari. V. Pinson, au titre de vitâ & honestate Clericorum, §. 5.*

352. De l'union des deux Jurisdictions, Ecclesiastique & Seculiere. *Voyez Basset, tom. 1. liv. 2. tit. 1.*

353. Il y a un Traité de la Justice Ecclesiastique dans la *Biblioth. Can. tom. 1. pag. 753. & suiv.*

354. *Clericus coram Judice seculari quando conveniri possit? Voyez Andr. Gaill, lib. 1. Observat. 37.*

355. *Judex Ecclesiasticus antequam Judici seculari sententia executionem committat, quod per censuras Ecclesiasticas procederet, tutius foret. Voyez Franc. Marc. tom. 1. quæst. 269.*

356. *An in concessione factâ Ecclesiæ de Jurisdictione, intelligatur de mero imperio? Voyez Franc. Marc. tom. 2. quæst. 187.*

357. Des personnes Ecclesiastiques admises aux Conseils des Rois, & pourvûs des Charges de Judicature. *Voyez les Memoires du Clergé, t. 1. part. 1. tit. 1 & c. 7.*

358. Les Ecclesiastiques sont sujets du Roy & ses justiciables, & comme la Jurisdiction Ecclesiastique a été éta-

Tome II. Ttt

blie par les Princes souverains, elle leur est soumise pour être renfermée dans ses bornes. *Le Bret, Traité de la Souveraineté, liv.* 1. *chap.* 12. Il montre au chap. 13. que les terres de l'Eglise sont sujettes à la souveraineté du Roy.

359 Les Officiers Royaux ne sont point sujets aux interdits de l'Eglise pour le fair de leur Charge & de l'exercice de la Justice. Arrêts des années 1372. & 1399. contre les Archevêques de Roüen & de Tours, pour avoir fulminé des Excommunications contre quelques Officiers & Sergents Royaux. Arrêt semblable de la même année, contre l'Official de Reims. Ces Arrêts sont rapportez par Jean Ferraut en son Traité *de Jur. & privileg. Regni Francor. privileg.* 6. & par *Carolus de Grassalio Regal. Franc.* liv. 2. *jur.* 9. *vers. hinc est & secundo.* La Rocheflavin, *liv.* 6. *lett. T. tit.* 36. *art.* 24. & ci-dessus, verbo, *Excommunication.*

360 Jugé le 4. Juillet 1541. que l'Official de Reims avoit abusivement procédé en ce qu'il avoit cité pardevant luy un sujet de l'Evêque *Cenomanens. Voyez Rebuffe* sur le Concordat, au titre *de causis*, où il est observé que par Arrêt de 1310. le Prieur de Celle avoit été condamné en 50. liv. d'amende pour avoir détenu en prison un particulier qui n'avoit voulu répondre pardevant luy en action personnelle.

361 Les biens immeubles ne sont sujets à la Jurisdiction Episcopale. Un Evêque de Paris fut declaré non recevable en la prétention qu'il avoit de pouvoir arrêter les deniers appartenans à un Clerc en la terre sujette en la Jurisdiction Royale; il fut même condamné pour l'avoir entrepris, par Arrêt de Paris du 2. Avril 1334. la raison de cela est qu'on tient en termes de pratique que les Evêques & autres Juges Ecclesiastiques n'ont point de Territoire, ou autre droit de sujetion temporelle. *Biblioth. Can. tom.* 1. *p.* 766. *col.* 1.

362 Arrêt du 14. Août 1585. par lequel il est dit que la Jurisdiction temporelle n'est en aucune façon sujette à la spirituelle, & que le Roy ne reconnoît en terre aucun superieur. *Voyez les preuves des Libertez. tom.* 1. *ch.* 7. *n.* 28.

363 Juge d'Eglise ne peut connoître d'arrerages mis en obligation personnelle. Arrêt du Parlement de Paris de l'an 1385. sur le fondement que tels contracts sont présumez faits pour éluder la Justice temporelle, & que l'obligation affecte toujours une réalité. Arrêt contraire rendu l'année suivante, à cause que l'obligation est vrayement personnelle. Quand il n'y a point d'obligation ou promesse, le Juge d'Eglise n'en peut connoître. Jugé en 1391. *Papon, liv.* 1. *tit.* 5. *n.*

364 Recueil des plaidoyers entre l'Evêque & le Prévôt de Paris, M. le Procureur General joint, rapporté par M. Jean le Coq Avocat General du Roy, en ses questions 246. & 276. touchant la prise que l'Evêque prétendoit avoir dans son Diocese, en vertu de sa Jurisdiction spirituelle en 1391. *Voyez Tournet, lettre E. chap.* 67.

365 *Procuratorium factum in Curiâ Ecclesiasticâ, non valet in curiâ temporali.* Joan. Gallus, *quæst.* 259. *per arrestum dictum fuit, quod Amauricus le Févre haberet congedium contrà Joannem & Petrum de Frachomme: eò quia se fundaverant in Parla. per procuratorium factum in Curiâ Ecclesiasticâ: & sub sigillo cujusdam capituli: sic fuit alias dictum contrà Bertrandum de Porte appellantem, & pro Joanne de Lavaut appellato: videlicet quod instrumentum appellatorium dicti appellantis non erat receptabile, quia fuerat receptum per Notarium Apostolicum. Anno* 1392. *Biblioth. Can. tom.* 2. *p.* 266. *col.* 2.

366 Par Arrêt du Parlement de Paris de l'an 1397. il fut dit que la possession des choses spirituelles n'étoit *merè spiritualis, sed potius quid facti.*

Sur l'installation de l'Archevêque, Abbez & Prieurs de Sens prétendué par l'Archidiacre, & contestée par l'Abbé Saint Remi, furent les parties appointées contraires; & préjugé que le Pape ne peut connoître du possessoire. *Papon, liv.* 1. *tit.* 5. *nom.* 23.

367 L'on ne pouvoit proroger par son consentement la Jurisdiction Ecclesiastique. Un particulier étoit soumis à cette Jurisdiction par obligation sans sçel Royal. Il procede sans décliner; ensuite il appelle comme d'abus de la Sentence, disant qu'il est homme d'armes; on luy objectoit que peu auparavant, en qualité de Clerc il avoit demandé & obtenu au Châtelet son renvoy pardevant l'Official; neanmoins la Cour prononça qu'il y avoit abus, & renvoya les parties pardevant le Prévôt de Paris. Arrêt du Parlement de Paris du 8. Mars 1528. *Corbin suite de Patronage ch.* 166.

368 Laïc Officier d'un Juge Ecclesiastique est exempt de sa Jurisdiction. Arrêt du Parlement de Paris pour un Geolier appellant de son Official comme d'abus, donné és grands jours de Poitiers le 18. Septembre 1531. & pour le Procureur le 11. Avril 1532. *Papon, liv.* 1. *tit.* 4. *n.* 8.

369 Juges d'Eglise ne pouvoient faire proceder par voye de saisie, à moins que ce ne fût pour dette Ecclesiastique. *Mainard tom.* 1. *liv.* 2. *ch.* 4.

370 Juges Ecclesiastiques voulant connoître des Marguilliers d'une Paroisse purement Laïcs, soit en cassation de leur élection, reddition de compte, commettent abus. *Voyez Mainard ibidem, ch.* 1.

371 Ceux d'un Parlement ne sont pas tenus d'aller plaider en Cour d'Eglise dont le Siege est en autre Parlement; & l'Evêque doit donner Vicaire ou Official en dedans du Parlement duquel sont les parties, & à son refus permis de s'adresser à un autre Metropolitain. Arrêt à l'égard de l'Archevêque de Bourdeaux, du 27. May 1544. *Biblioth. Can. tom.* 2. *p.* 272. *col.* 2.

372 Arrêt du Parlement de Bretagne du dernier Avril 1561. qui ordonne que les Juges d'Eglise seront *graduez* & experimentez au fait de la Justice, & seront tenus appeller au jugement des procés des Graduez jusqu'au nombre de dix. *Du Fail, liv.* 2. *ch.* 112.

373 Il y a deux maximes qui se gardent au Palais touchant les Causes Civiles & Criminelles qui appartiennent aux Juges d'Eglise contre les Laïcs: l'une que les Causes des dîmes, de mariage *etiam* contre les Laïcs, se traittent pardevant le Juge d'Eglise: l'autre qui est pour crimes, que les Causes d'heresies & simonie se traittent pardevant le Juge d'Eglise *etiam* contre les Laïcs. Jugé par Arrêt du 19. Decembre 1562. *Biblioth. Can. tom.* 1. *p.* 762. *col.* 2.

374 La connoissance de la qualité & suffisance des Vicaires, dispense & assignation de leurs alimens, appartient au Juge d'Eglise, & non au Royal. Arrêt du 13. Juillet 1563. entre les Chanoines de Bourges & Maître François d'Arthuis. *Bibliotheque de Bouchel, verbo, Jurisdiction Ecclesiastique.*

375 Arrêt du Parlement de Paris du mois de May 1599. contre les Capucins de Paris qui ne vouloient répondre pardevant aucuns Juges seculiers; ils furent blâmez, défense à l'un d'eux de prêcher, & la laceration de l'écrit ordonnée. *Preuves des Libertez, tom.* 2. *chap.* 33. *nom.* 16.

376 Jugé que l'Official & Juge d'Eglise ne pouvoit connoître de dote, de *alimentis liberorum, de damnis*, & que c'étoit abus d'en avoir donné la citation. Arrêt du Parlement de Paris du 16. Decembre 1606. *Corbin, Plaidoyers, chap.* 76.

377 Les Metropolitains, Officiaux & autres Juges Ecclesiastiques ne peuvent déleguer la connoissance des causes spirituelles ou criminelles entre personnes Ecclesiastiques; ni aussi les causes où les Prêtres Ecclesiastiques sont défendeurs, à des personnes Laïcs; & s'ils le font, il en peut être appellé comme d'abus aux Parlemens. Arrêt de Toulouse du 29. Mars 1608. sur un appel comme d'abus de l'Official de Charties. *Biblioth. Can. tom.* 1. *pag.* 323. *col.* 1.

378 Reglement du 19. Janvier 1619. pour la Jurisdiction Ecclesiastique; d'entre les Officiaux des Evêques & ceux des Archidiacres, lesquels ont Jurisdiction au

JUG JUG 515

cours de leurs visites seulement. *Filleau, part. 3. tit. 7. chap. 8.*

579 Juge d'Eglise ne peut connoître des choses purement profanes, quoyqu'entre personnes Ecclesiastiques, & s'il le fait il y a abus. Arrêt du Parlement de Paris du 6. May 1633. *Henrys, tom. 2. liv. 1. quest. 37.* L'auteur des Observations estime le contraire à l'égard du Pétitoire.

580 Le Juge d'Eglise n'a point de Jurisdiction sur un Laïc, quoyqu'exerçant Office Ecclesiastique, & qu'il fût question de chose en dépendante ; il y auroit abus. Arrêt du Parlement de Grenoble du 21. Juin 1636. *Voyez Basset, tom. 1. liv. 2. tit. 2. ch. 8.*

581 Si le Juge d'Eglise est obligé de suivre les Ordonnances Royaux en jugeant ou instruisant les procés pardevant luy ? On jugeoit anciennement qu'il n'étoit pas astraint aux procedures. *Voyez Basset, ibidem ch. 14.* Il se détermine pour l'affirmative, fondé sur les dernieres Ordonnances où Sa Majesté declare qu'elles auront lieu és Officialitez.

582 Le Juge d'Eglise ne peut adresser ses Lettres ni ses Mandemens à un Officier Royal, ni le commettre. Arrêt du 10. Decembre 1643. & autre precedent, rapporté par *Basset ibidem, ch. 5.*

583 Arrêt du Parlement de Provence du 5. Juillet 1622. qui a jugé que c'est au Parlement seul de commettre des Juges aux terres des Benefices Ecclesiastiques pendant la vacance d'iceux, à l'exclusion des Juges Royaux. *Boniface, tom. 3. liv. 1. tit. 5. ch. 11.* Il rapporte deux autres Arrêts semblables sur le même sujet.

584 Par Arrêt du 7. Juin 1658. il a été dit que le Juge d'Eglise ne peut déclarer les personnes capables de succession. *Boniface, tom. 1. liv. 1. tit. 2. n. 16.*

585 Arrêt du 30. Mars 1645. qui défend aux Juges Ecclesiastiques de connoître des causes réelles des gens d'Eglise. *Ibidem, n. 2.*

586 Le 16. Avril 1657. Arrêt qui a jugé que la connoissance des causes possessoires des Ecclesiastiques n'appartient point aux Juges d'Eglise, non plus que celles des rangs & séances. *Ibidem, n. 3.*

587 Arrêt du 5. Juin 1671. qui a déclaré nulle & abusive l'Ordonnance faite par l'Archevêque d'Aix hors de son Pretoire du 17. Octobre 1670. & toute la procedure ensuite faite. Le même Arrêt jugea que l'Archevêque avoit pû ordonner une contrainte en implorant le bras seculier, & sans l'implorer décerner un commandement ; & qu'un sequestre établi de son autorité aprés avoir imploré le bras seculier, peut être poursuivi de sa même autorité à l'expedition, & être cité pardevant luy. *Voyez Boniface, tom. 3. liv. 5. tit. 5. ch. 1.*

588 Autre Arrêt du même Parlement de Provence du 21. Juin 1674. qui a jugé que la connoissance de l'employ des annates, chapes & ponctuations dans les Eglises, appartient au Juge seculier. *Boniface, tom. 3. liv. 1. tit. 5. ch. 23.*

589 Juge d'Eglise ne peut connoître d'une question de préséance, & d'un fait de possession entre des personnes Ecclesiastiques, & les Chanoines prebendez, encore qu'ils ne soient *in sacris*, precederont les Chanoines semi-prebendez, quoyque Prêtres. Jugé au Parlement de Bourdeaux le 4. Avril 1672. & sur le refus des semi-prebendez d'assister aux Processions, second Arrêt du 12. Avril 1672. qui le leur enjoint. *Journal du Palais.*

590 Edit du Roy du mois de Mars 1682. sur la déclaration faite par le Clergé de France, de ses sentimens touchant la puissance Ecclesiastique.

Et ce qui s'est passé en l'Université, Sorbonne, & Faculté de Droit pour l'enregistrement. *Bibliot. Can. tom. 1. pag. 806. & suiv.*

591 Un Juge Ecclesiastique ne peut prononcer par défenses à ses justiciables de comparoitre pardevant le Juge seculier, & répondre aux assignations qui leur y sont données, sous peine d'interdiction ; mais il les doit seulement revendiquer par son Promoteur. Arrêt du Parlement de Paris du 18. Juillet 1692. *An Tome II.*

Journal des Audiences, tom. 3. liv. 8. ch. 18.

JURISDICTION DES ABBEZ.

De la Jurisdiction des Abbez sur leurs Religieux. *Voyez Basset, tom. 2. liv. 2. tit. 1. ch. 2. pag. 70.* 392

De la Jurisdiction & autorité de l'Abbé sur les Religieux. Arrêt du 7. Septembre 1657. qui déclara n'y avoir abus au decret de l'Abbé de saint Ruf qui avoit destitué un Prieur, sauf au Religieux destitué de se pourvoir à l'Abbé ainsi qu'il appartiendroit. *Voyez Basset, ibidem ch. 12.* 393

Voyez le mot, *Abbé, nomb. 33. & suiv. & cy-aprés* le mot, *Religieux, §. Jurisdiction des Religieux.*

JUGE D'EGLISE
ACTION PERSONNELLE, OU RE'ELLE.

Le Juge d'Eglise ne peut connoître d'action réelle. Arrêt du Parlement de Paris de l'an 1397. Sans cela on étoit en danger de voir les Princes attirez à Rome pour plaider au sujet de leurs Fiefs, Terres & Seigneuries. *Papon, liv. 1. tit. 5. n. 15.* 394

Le Juge Laïc est le seul competent des causes d'un Ecclesiastique où il s'agit d'action réelle, comme du payement d'une pension annuelle. Ainsi jugé à Grenoble le 21. Janvier 1556. Aussi l'Edit de 1695. concernant la Jurisdiction Ecclesiastique, n'a pas introduit une Jurisprudence nouvelle, mais confirmé l'ancienne. *Basset, tom. 1. liv. 2. tit. 3. ch. 6.* 395

En action personnelle, quoyque le Prêtre ait défendu, s'il veut user de son privilege, il doit être renvoyé, & condamné aux dépens qu'il a volontairement faits, & ne peut le Juge Laïc sur reconnoissance de billet le condamner à garnir, s'il y avoit renvoy requis. Jugé par Arrêt du Parlement de Paris du 20. Mars 1563. *Papon, liv. 1. tit. 5. nom. 15.* 396

Le Juge d'Eglise ne peut décerner citation ni monition contre le Juge Laïc, ni contre la partie civile, à faute d'envoyer les charges & informations devers luy, ou pour se faire rendre le prisonnier. Arrêt du 9. Février 1583. *La Roche-flavin, des droits Seigneuriaux, ch. 21. art. 21.* 397

Jurisdiction temporelle sur les Ecclesiastiques. *Voyez* hoc verbo, *Bouvot, tom. 2.* 398

Les Metropolitains, Officiaux & autres Juges Ecclesiastiques ne peuvent deleguer la connoissance des causes spirituelles ou criminelles entre personnes Ecclesiastiques, ni aussi les causes où les Prêtres & Ecclesiastiques sont défendeurs, à des personnes Laïques, & s'ils le font, il en peut être appellé comme d'abus au Parlement. Arrêt du 20. Mars 1608. *La Roche-flavin, liv. 6. tit. 36. arr. 15.* 399

Le Juge Ecclesiastique peut ordonner sans abus, qu'un Prêtre sortira d'une Paroisse pour se retirer en celle de son origine ; même qu'il sera mis prisonnier où il pourra être trouvé ; le *bras seculier* imploré ; mais il ne peut juger à un Arrêt à tenir, c'est-à-dire, une saisie de meubles ou deniers. Arrêt du Parlement de Bretagne du 23. Decembre 1610. *Frain, pag. 104.* 400

L'Official de Die ayant condamné par son Ordonnance un Prêtre de sortir du Diocese, jugé au Parlement de Grenoble qu'il y avoit abus. Arrêt du 13. May 1635. Il semble que ce mot *sortir* équipole à un bannissement ; autre chose seroit s'il avoit dit, *se retirer du Diocese*, auquel cas il n'y auroit point d'abus, ainsi qu'il a été jugé au Parlement de Paris le 15. Juin 1631. *Basset, tom. 2. liv. 2. tit. 1. ch. 2.* 401

Comme le Juge d'Eglise n'est pas competent de tous les crimes, il doit specifier ceux dont il prononce la Sentence. Arrêt du Parlement de Grenoble du 21. Juillet 1638. qui casse le jugement de l'Official de Die, par lequel il avoit déclaré l'accusé *atteint & convaincu des crimes à luy imposez* ; sans en avoir fait l'expression, *Basset, ibidem.* 402

La Jurisdiction du Juge d'Eglise est tellement detachée de celle du Juge Laïc, même lui est tellement soumise, qu'il ne peut adresser ses Mandemens, ni commettre les Officiers Royaux. Arrêt du 10. Decembre 403

Ttt ij

1643. qui dit y avoir eu abus, en ce que l'Official du Bellay avoit adressé un Mandement à un Sergent Royal. Il avoit été pareillement jugé le 30. Juillet 1638. y avoir eu abus, en ce que l'Official de Lyon avoit adressé Mandement au premier Sergent Royal pour l'execution de la Sentence, & avoir commis un Notaire pour informer ; il avoit dû adresser son Mandement à un Courrier s'il y en avoit un qui dépendit de l'Archevêché, comme il y en a toûjours ; ou quant à l'information, au premier Clerc tonsuré, ou Prêtre ; & au cas qu'il eût jugé necessaire, il pouvoit ajoûter l'imploration du bras seculier. Basset, ibidem.

404 Le Juge d'Eglise ne peut proceder à decret, information, & autres formalitez en fait d'un cas & delit privilegié contre un Prêtre ; il y a abus. Arrêt du Parlement de Grenoble du 17. Decembre 1667. Il s'agissoit d'une accusation d'inceste & d'homicide. Le même Arrêt a jugé que les témoins oüis par le Juge d'Eglise en cas privilegié, ne doivent servir par devant le Juge Royal, ni être recusez, il faut les entendre de nouveau. Le Prêtre fut donc élargi des prisons, attendu la nullité de la procedure ; mais il fut dit qu'il seroit aux arrêts dans la ville, jusqu'à ce qu'autrement il en fût ordonné. Basset, ibid.

405 Arrêt du Parlement de Provence du 2. Février 1654. qui attribuë aux Juges d'Eglise la connoissance des actions personnelles des Prêtres. Boniface, tome 1. liv. 1. tit. 2. nombre 1.

JUGE D'EGLISE, AMENDE.

406 Le Juge d'Eglise ne peut condamner en amende, quoique seulement pecuniaire ; car l'Eglise n'a point de fisc. Arrêt du Parlement de Grenoble du 13. Mars 1635. V. Basset, tom. 1. liv. 2. tit. 2. chap. 3.
Voyez le mot, Amende, n. 147. & suiv.

JUGE D'EGLISE, APPEL.

407 Appellations des Juges d'Eglise. Voyez le mot Appel, nomb. 206. & suiv.
Des appellations des jugemens rendus en Cour Ecclesiastique. V. le Recüeil de Decombes, Greffier en l'Officialité de Paris, 2. part. ch. 8.

408 Si le Pape peut commettre un Juge d'appel Ecclesiastique, pour connoître super toto negotio? Voyez Boniface, tome 3. liv. 6. tit. 4. ch. 1.

409 Le Juge d'Eglise ne peut aprés un appel comme d'abus de quelque Ordonnance ou formalité, instruire ou juger le procès au principal. Arrêt du Parlement de Grenoble du 3. Mars 1635. V. Basset, tome 1. livre 2. titre 2. chap. 11.

410 L'appel comme d'abus de la Jurisdiction Ecclesiastique, est un moyen de droit toûjours recevable.
Quand la Cour juge qu'il y a abus, ce n'est que par rapport à la procedure ; mais elle ne touche point au fonds, parce que l'appel doit aller aux Juges superieurs Ecclesiastiques, & elle n'évoque point aussi le fonds, quelque legere que soit la chose en matiere criminelle, comme elle fait à l'égard des Juges seculiers. Journ. des Audiences, tome 5. liv. 12. ch. 22.

JURISDICTION DES ARCHEVÊQUES

411 Voyez le mot, Archevêques, nomb. 10. & suiv.

JURISDICTION DES ARCHIDIACRES.

412 Voyez le mot, Archidiacres, nombre 8. & suiv.

JUGE D'EGLISE, BRAS SECULIER.

413 Voyez cy-dessus les nomb. 387. 400. & 403.
Touchant l'imploration du bras seculier pour l'execution des Sentences des Juges des Ecclesiastiques. V. les Memoires du Clergé, tome 2. part. 1. ch. 16. p. 46. nombre 3. & 4. & page 47. & Tournet, lettre I. Arrêt 48. & suiv.

414 Ecclesiasticis Judicibus non competit in Brabantiâ jus prehensionis in Laïcos, multæ indicendæ aut relegationis. Voyez Stockmans, decis. 106.

JURISDICTION DU CHAPITRE.

415 Jurisdiction des Chapitres sur les Chanoines. Voyez le mot, Chanoines, nombre 71. & suiv. & le mot, Chapitre, n. 23. & suiv.

L'emprisonnement d'un Chanoine de Sens, nommé 416 Bruneau, pour s'être retiré en sa Cure sans congé, a été declaré valable, par Arrêt du 7. May 1584. Neanmoins un autre emprisonnement fait d'un Chanoine de Nevers par le Chapitre, fut annullé par Arrêt des Grands Jours de Nantes du 15. Octobre 1554. par lequel la Jurisdiction du Chapitre n'est que correctionnelle, ad privationem Capituli, & distributionem ad tempus, ou autre de cette sorte.

Un Chapitre ne peut mulcter ni contraindre les Chanoines ses Confreres à l'observation du Statut de leur Eglise par saisie de son temporel. Jugé aux Grands Jours de Lyon en 1596. contre le Chapitre de Clermont. Biblioth. Canon. tome 1. p. 109. initio.

Le Chapitre ne peut prendre connoissance & autre 417 Jurisdiction, sur le Chantre & autre Superieur, suivant le Chapitre cum contingat, de form. com. Panorm. sur le Chapitre irrefragabili, de excessib. Prælat. Arrêt du Parlement de Bretagne du 10. Octobre 1610. & autre de l'an 1587. C'est la raison du Chapitre quanto de off. ordinat. Jovet, verbo, Chanoines, n. 34.

Les Chanoines ne peuvent exercer leurs Justices par 418 eux-mêmes, mais ils doivent y commettre un Official. Arrêt du 15. Juillet 1601. contre les Chanoines de Chartres. Biblioth. Canon. tome 1. p. 199. col. 1.

Les Curez exempts de la Jurisdiction des Ordinaires, & soûmis à celle du Chapitre, ne laissent d'être sujets à la visite & correction des Ordinaires, en ce qui regarde leurs fonctions Curiales, & administration des Sacremens. Arrêt du 1. Juin 1646. Du Frêne, liv. 4. chapitre 42.

Le Bailly du Chapitre maintenu dans la faculté de faire inventaire dans les maisons des Chanoines, & autres Ecclesiastiques, servans actuellement dans l'Eglise de Paris seulement. Arrêt du 9. Juillet 1661. Des Maisons lett. I. nom. 4.

Plaidoyez de Messieurs Poict, Chappel & Lizet, en la cause des Prêtres-Chanoines de Saint Denis du Pas, en l'Eglise de Paris, appellans d'une part, & le Chapitre de ladite Eglise, intimé d'autre ; sçavoir si en cas de procès d'entre les Superieurs & Sujets, lesdits Chapitre sont tenus de bailler Vicaires pour juger, autres que de leur Corps. Voyez le Recüeil des Plaidoyez & Arrêts Notables, imprimez en 1645.

De la Jurisdiction du Chapitre de S. Jean de Lyon. Voyez Henrys, tome 2. liv. 2. quest. 10. où il rapporte un Arrêt du 13. Février 1653. rendu entre ce Chapitre & le Presidial, au sujet de la Jurisdiction du Chapitre dans l'étenduë du Cloître.

Le Chapitre de Rozoy n'a point d'exemption immediate, il a la Jurisdiction premiere & ordinaire, & par appel en l'Officialité de Laon. Arrêt du 10. Decembre 1667. De la Guessiere, tome 3. liv. 1. ch. 44.

La Jurisdiction du Chapitre sur les Chanoines, est correctionnelle, & non pas contentieuse. Arrêt du Parlement de Paris du 18. Mars 1666. qui sur l'appel d'un Chanoine, comme d'abus, a mis les parties hors de Cour, & condamné aux dépens envers le Chapitre, sommairement liquidez à 20. livres. V. Basset, tome 5. livre 2. tit. 2. chap. 7.

Voyez cy-aprés le nombre 460. & suiv.

JUGE D'EGLISE, CHEVALIERS.

Quels Juges les Chevaliers de Malthe reconnoissent. Voyez le mot, Chevaliers, n. 46. & suiv.

JUGE D'EGLISE, PROCÉS CRIMINEL.

In Parlamento Pentecostes 1288. fol. 79. B. dictum fuit quòd Prælati aut eorum Officiales non possunt pœnas pecuniarias Judæis infligere, nec exigere per Ecclesiasticam censuram, sed solummodo pœnam à Canone statutam, scilicet communionem fidelium sibi subtrahunt. Preuves des Libertez, tom. 2. chap. 36. n. 9.

Un Evêque ne peut prendre ni arrêter un Laïc. Arrêt de l'an 1327. pour les Mayeur & Echevins de Reims, contre l'Archevêque de la même ville. Voyez ibidem, tome 1. ch. 7. n. 35.

427. Arrêt du Parlement de Paris du 5. Avril 1431. qui renvoye au Juge d'Eglise le cadavre de Geoffroy Clouet, Prêtre, qui s'étoit pendu. *Rebuffe*, sur le Concordat, tit. *de protectione Concordat.*

428. Arrêt du Parlement de Paris du 6. May 1485. par lequel l'Archevêque de Sens & l'Evêque de Paris, sont condamnez de bailler Vicariat à un Conseiller de la Cour, pour faire le procès à l'Abbé de Sainte Colombe. *Preuves des Libertez*, tome 2. ch. 35. n. 32.

429. Le Juge d'Eglise connoît du scandale & injures commises en faisant le service Divin, même entre Laïcs. L'Archidiacre de Puiseray, son Official, décerne citation libellée, pour scandale commis en l'Eglise, pendant le service Divin. Le Bailly de Mantes fit défenses d'executer cette citation; sur l'appel la Cour dit qu'il a été mal octroyé, inhibé & défendu par le Bailly de Mantes ou son Lieutenant, bien appellé des appellans, & condamne l'intimé és dépens. Arrêt du 8. Février 1528. *Corbin, suite de Patronage*, ch. 263.

430. Le Juge d'Eglise ne peut connoître de la faute commise par son Geolier Laïc, d'avoir laissé évader un prisonnier, ou pour avoir commis un autre delit en la geole; comme il fut jugé par Arrêt donné és Grands Jours de Poitiers le 18. Septembre 1531. ni pareillement des fautes commises par son Procureur d'office, s'il est Laïc, quoyqu'il ait prévariqué en l'exercice d'iceluy. Arrêt du Parlement de Paris du 11. Avril 1532. *Biblioth. Canon.* tome 1. p. 764. col. 2.

431. Arrêt du 29. May 1544. qui fait défenses à l'Official de Bourges de prononcer à l'avenir condamnation aux *galeres*. Les Officiers Royaux qui avoient assisté au jugement, furent decretez d'ajournement personnel, & suspendus de leurs *états*. V. *Tournet* lettre B. n. 74. *Regum est corporalem infligere pœnam, Sacerdotum spiritualem inferre.*

432. L'Arrêt du Parlement de Toulouse sur le fait de prétenduë incontinence par les Ecclesiastiques de leur ressort, pour la negligence & faute des Evêques & Superieurs, en date du 10. Octobre 1549. fut déclaré nul par Arrêt du Conseil Privé du Roy tenu à Amboise le 30. Avril 1551. comme fait & donné par entreprise de Jurisdiction contre les saints Decrets, & tous jugemens donnez en consequence d'iceluy. *Biblioth. Can. tom.* 1. page 827. col. 1.

433. Arrêt du Conseil Privé du mois d'Avril 1551. qui casse un Arrêt du Parlement de Toulouse, portant pouvoir & injonction aux Officiers Royaux de se saisir de main-mise les Ecclesiastiques qui se trouveroient chargez de malversations avec femmes impudiques. Neanmoins pour la conservation du bon exemple, il fut ordonné aux Syndics de la Province, d'avertir les Archevêques, Evêques, Chapitres, & autres Prélats; de proceder contre les chargez & suspects d'incontinence, par monitions & autres voyes de droit; de sorte que punition exemplaire en soit faite; & en cas de negligence & scandale, est enjoint au Procureur du Roy à Toulouse d'en avertir pour y être pourvû. *Papon, li. 7. titre 7. nombre 1.*

434. Juge d'Eglise pour l'execution de ses Sentences, implore le secours du Juge du Territoire; il peut bien décreter prise de corps, mais non pas l'executer. Voyez *Brodeau sur M. Louët*, lettre B. somme. 11. nombre 8. Voyez Mornac, *ad Rubricam Cod. de Episcopali audientiâ*. & Carondas, liv. 13. Rép. 9. où il cotte un Arrêt du 24. Avril 1563.

435. Le Juge d'Eglise peut condamner à la question. Arrêt du 14. Janvier 1567. *Brodeau sur M. Louët, let.* B. somm. 1. nombre 9. Voyez le *Traité de l'abus*, tome 2. liv. 8. chap. 4.

436. L'Ordonnance de Moulins faite en faveur du Clergé en 1580. a dérogé aux anciens usages; il est dit par l'article 22. que l'instruction des procès criminels contre les Ecclesiastiques se fera conjointement, tant par le Juge d'Eglise que par le Juge Royal. Celuy-cy tenu d'aller au Siege de la Jurisdiction Ecclesiastique, ils font le procès ensemble; chacun à son Greffier; donne & prononce sa Sentence séparément, & ne peut le Juge d'Eglise élargir le prisonnier que de ces privilegié ne soit jugé. *Voyez Papon*, liv. 1. tit. 5. n. 23.

437. Quand un Juge Lay renvoye au Juge d'Eglise, il doit toûjours être present à l'instruction du procès; & le Juge d'Eglise peut mettre l'accusé hors de prison, sans Ordonnance du Siege Royal, & sans en avertir la Cour. Arrêt du Parlement de Paris du 12. Février 1586. *Ibid. nombre* 35.

438. Le Juge Lay & Ecclesiastique doivent juger séparément, & non par même dictum. Arrêt du Parlement de Paris du 11. Février 1602. *Papon, ibid. n.* 54.

439. Un Juge d'Eglise pourvû d'un Benefice, qui condamne homme prévenu de vol d'avoir le foüet en la geole, n'encourt aucune irregularité, qui donne lieu à un dévolut. Arrêt du 7. Août 1618. *Brodeau sur M. Louët*, lettre B. somme. 1. n. 10.

440. Le Juge d'Eglise ne peut enjoindre à qui que ce soit de sortir du Diocese. Arrêt rendu au Parlement de Grenoble le 13. Mars 1635. V. *Basset*, tome 2. livre 2. titre 2. chap. 1.

441. Le Juge d'Eglise ne peut declarer en termes generaux un criminel, atteint & convaincu des crimes à luy imposez; mais il les doit exprimer en détail. Arrêt du 11. Juin 1636. *Ibidem*, ch. 10.

442. Le Juge d'Eglise doit faire extrait des faits justificatifs, & admettre le prévenu à les prouver, suivant l'Ordonnance & l'usage. Arrêt du même Parl. de Grenoble du 30. Juillet 1638. qui jugea qu'il y avoit abus, pour n'avoir par l'Official Forain de Lyon observé cette formalité. V. *Basset, ibid.*

Cette procedure a été supprimée par l'Ordonnance Criminelle en l'année 1670.

443. Arrêt du Parlement de Provence du 7. Novembre 1652. qui attribuë au Juge d'Eglise la connoissance du crime d'un Ecclesiastique, hormis du cas Royal ou du cas privilegié; & enjoint au Juge Laïc d'aller trouver le Juge d'Eglise saisi d'un criminel, pour luy demander communication des pieces. *Boniface, tome* 1. livre 1. titre 2. n. 10.

444. L'Evêque peut bien commettre un Official en matiere criminelle, lorsque le sien s'est déporté de la connoissance du fait, à cause qu'il a procès avec l'accusé.

L'Evêque ayant aussi procès avec l'accusé, peut encore commettre valablement, & son Official en connoître.

La Cour ne renvoye point en cas de recusation en cette espece, pour la mauvaise procedure dans une autre Officialité que l'ordinaire; mais elle ordonne seulement que l'Evêque commettra un Official pour la refaire.

Ce seroit abus & un bon moyen de reproche contre les témoins, que de s'être assuré de leur déposition par écrit, & il n'y a pas dans le cas du Monitoire, où cela se rencontre valablement; mais un Evêque qui écrit des Lettres Circulaires pour être informé de la conduite d'un Archidiacre, n'est pas censé avoir mandié des dépositions, outre que l'accusé avant son interrogatoire, propose ce moyen prématurément, ne sçachant point qui a déposé contre luy.

Suivant le droit commun, du moins l'usage des Eglises de France, un Archidiacre, ou un autre du Chapitre de la Cathedrale, ne peut pas prétendre qu'on ne luy peut faire son procès, sans prendre deux du Chapitre pour Assesseurs.

Un Archidiacre doit faire ses visites avec décence, regulierement & sans concussion, & ses Officiers doivent être d'âge competent, & non ses parens, autrement l'Evêque peut faire informer contre luy. Arrêt du Parlement de Paris du 11. Août 1696. V. *le Journ. des Aud.* tome 5. liv. 12. ch. 21.

Voyez cy-après lettre P. verbo, *Procès Criminel*. & *Procès Criminel des Ecclesiastiques*.

Ttt iij

JUGE D'EGLISE, DELEGATION.
445 Voyez cy-dessus le nombre 399.

JUGES D'EGLISE, DISMES.
446 *Causa decimarum & juris Patronatus, an coram judice Laico tractari possint?* Voyez *Andr. Gaill. lib.* 1. *observat.* 38.

447 Le Juge d'Eglise connoît des dîmes au petitoire, & non au possessoire. Arrêt du Parlement de Paris de l'an 1262. en faveur de l'Evêque de Bayeux. *Papon, liv.* 1. *tit.* 4. *n.* 1.
Voyez le mot *Dîmes*, nombre 312. *& suiv.*

DOMMAGES ET INTERESTS.
448 Le Juge d'Eglise ne peut ajuger des dommages & interêts, faute d'accomplissement de mariage promis. *Voyez* le mot, *Dommages, nomb.* 51. *& suiv.* & cy-après le nombre 455.

JUGES D'EGLISE, EVESQUES.
449 De la Jurisdiction des Evêques. *Voyez* le mot, *Evêque, nombre* 137. *& suiv.* & cy-après, le nombre 460. *& suivants.*

450 De l'exemption de la Jurisdiction de l'Evêque. *Voyez* le mot, *Evêque*, *n.* 44. *& suiv.*

JURISDICTION DES GRANDS VICAIRES.
451 De l'autorité & jurisdiction des Grands Vicaires, & des Officiaux des Juges d'Eglise. *Voyez M. Jean Bordenave, en son Traité de l'état des Cours Ecclesiastiques.*
Voyez cy-après le mot, Vicaires. §. Grands Vicaires.

JUGES D'EGLISE, MARIAGE.
452 Les Juges d'Eglise sont astraints à garder les Ordonnances Royaux ; ils ne peuvent connoître que de la validité ou invalidité du mariage, & non des conventions de la dot, dommages & interêts. *V. Filleau, part.* 4. *quest.* 8.

453 Le Juge d'Eglise peut declarer un mariage clandestin, mais non condamner en l'amende, quoy qu'applicable *ad pios usus*; telle condamnation d'amende, declarée abusive, ce requerant M. Lizet, pour le Procureur General, par Arrêt du 24. Juillet 1528. en la cause de Jean de Ligny, contre Blaise André. *Biblioth. de Bouchel, verbo, Jurisdiction Ecclesiastique.*

454 Le Juge d'Eglise ne connoît d'adultere. *V. Expilly, Arrêt* 64.

455 La demande en dommages & interêts par une fille contre un garçon pour l'avoir abusée, doit être formée pardevant le Juge Lay ; s'il s'agit de promesse de mariage, la connoissance est dûe à l'Official. Arrêt du Parlement de Paris du 28. Juin 1534. *Papon, livre* 1. *titre* 5. *n.* 59.

456 *Senatus judicavit licere Ecclesiastico judici de fœdere matrimonii cognoscere, sed de damnis & eo quod interest pronuntiare non permitti, sed judici Regio controversiam remisit.* Arrêt du 17. Juillet 1584. *Robert, rerum judicat. liv.* 3. *chap.* 5. Voyez *Mornac, L.* 16. §. *ult. ff. de minoribus,* 25. *annis.* & *M. Expilly, Arr.* 62.

457 Le Juge d'Eglise ne peut connoître que de la validité ou invalidité du mariage, & non des conventions de la dot, ni des dommages & interêts, & sont obligez à garder les Ordonnances Royaux. Arrêt du 9. Février 1599. *Chenu*, 1. *Cent. quest.* 8.

458 Les Juges d'Eglise ne peuvent connoître des mariages prétendus, s'il n'y a contract ou fiançailles, & moins décreter sur la plainte des filles déflorées. Arrêt du 5. Decembre 1637. *Henrys*, tome 1. livre 2. chapitre 4. question 13.
Voyez cy-après, le mot, Mariage. §. Mariage, Juge.

JUGES D'EGLISE, OFFICIAUX.
459 De la Jurisdiction contentieuse, & des Officiaux, Promoteurs, & autres Officiers. *Voyez les Memoires du Clergé, tome* 2. *part.* 1. *tit.* 2. *ch.* 15.
Voyez cy-dessus le n. 381. & cy-après le mot, *Official.*

JURISDICTION DES ORDINAIRES.
460 Le Chapitre d'Angers est exempt de la Jurisdiction de l'Ordinaire. Arrêt du 15. Juin 1626. *Du Frêne, li.* 1. *chapitre* 112.

461 Reglement entre l'Archevêque de Bourges, & les Chanoines de l'Eglise Cathedral. Il est du 27. Juin 1542. les cas esquels l'exemption peut avoir lieu, y sont marquez. *Voyez Filleau*, 1. *part. tit.* 1. *ch.* 1.

462 Reglement pour la Jurisdiction entre l'Evêque de Chartres & le Chapitre, du 24. Mars 1664. *De la Guess. tome* 3. *liv.* 1. *ch.* 6.

463 De la Jurisdiction de M. l'Evêque de *Laon*, contre les exemptions des Religieux de Saint Martin de la même ville, Ordre de Prémontré. Arrêt du 22. Septembre 1663. *Ibid. tome* 2. *liv.* 5. *ch.* 40. *Du Frêne, liv.* 8. *chap.* 30. rapporte un Arrêt du 8. Février 1656. pour les mêmes Religieux de *Prémontré*, qui se soûmet à la Jurisdiction des Evêques.

464 Reglement pour la Jurisdiction ordinaire de l'Evêque de *Noyon*, sur les Doyen, Chanoines & Chapitre de l'Eglise Collegiale de Peronne; du 10. Decembre 1666. *De la Guess. tome* 3. *liv.* 1. *ch.* 5.

465 Reglement pour la Jurisdiction de M. l'Evêque d'*Orleans*, contre le Chapitre de Saint Aignan d'Orleans, où l'Arrêt du 4. Juin 1674. est fort expliqué. *Ibidem, liv.* 8. *ch.* 6.

466 Les Abbez exempts de la Jurisdiction de l'Ordinaire, ne peuvent être assignez que pardevant le Conservateur des Privileges Apostoliques, l'exemption de la Jurisdiction est pour toutes sortes de causes. Arrêt du 26. May 1631. *Du Frêne, liv.* 2. *ch.* 97.

467 Jugé par Arrêt du 16. Janvier 1651. que des Religieuses ne pouvoient pas, après s'être soûmises volontairement & de leur gré à la Jurisdiction de l'Evêque, demander à rentrer sous la direction & Jurisdiction des Superieurs. *Soëfve*, tome 1. *Cent.* 3. *chap.* 56. M. l'Avocat General Bignon avoit conclu, à ce qu'il fût dit, *sauf à elles à se pourvoir au Saint Siege.* Cette reserve ne fut point prononcée, attendu que les choses rentroient dans le droit commun.

468 Un Prieuré exempt de la Jurisdiction spirituelle de l'Ordinaire, le Prieur a droit de l'y exercer par son grand Vicaire & son Official ; même pour la publication du Jubilé & indictions des Stations : c'étoit le Prieur de saint Chaymont au Vexin, contre l'Archevêque de Roüen. Arrêt du 16. Février 1654. *Du Frêne, liv.* 7. *chap.* 30.

JUGE D'EGLISE, PATRONAGE.
Le Juge Ecclesiastique connoît du Patronage Ecclesiastique, lorsqu'il est question du petitoire ; pour le possessoire, c'est au Juge Royal. Cette distinction a toûjours été reçûe en France : cette maxime est tres-veritable qu'en choses spirituelles, la connoissance du Petitoire appartient aux Juges d'Eglise, & celle du possessoire aux Juges Laïcs, c'est pourquoy les Parlemens & autres Juges de ce Royaume ont connu du possessoire en fait de dîmes qui ne sont pas moins spirituelles que les Patronages ; il y en a un Arrêt du Parlement de Paris de l'an 1262. dans le grand Recueil, ils ont aussi toûjours connu du possessoire des Benefices, dont il y en a un Arrêt du Parlement de Bourdeaux du 19. Juillet 1524. dans le même Recueil. *Bibliotheque Canon. tome* 1. *pag.* 763.

JUGE D'EGLISE, RENVOY.
469 La Cour en renvoyant pardevant le Juge d'Eglise, luy donne pouvoir tacite de décider, quoyqu'il n'en soit point fait mention. Arrêt du Parlement de Paris du 26. Novembre 1579. *Papon, liv.* 19. *tit.* 2. *nomb.* 1.

470 Si un homme d'Eglise étant ajourné à comparoir en personne, est obligé de se representer & de répondre avant qu'on prononce sur son renvoy ? Jugé qu'oüy, le 23. Mars 1658. *Henrys*, tome 2. *és Additions au livre* 4. *question* 79.
Voyez les mots Declinatoire, & Renvoy.

JUGES D'EGLISE, REPARATIONS.
471 Le Juge Lay connoît seul de la demande en reparations de Benefice. Arrêt du Parlement de Paris de l'an

1393. en faveur du Patriarche d'Alexandrie, autre Arrêt semblable contre l'Evêque de Beauvais. *Papon, liv. 1. tit. 5. nomb. 19.*

472. Arrêt du Parlement de Provence du 26. May 1645. par lequel il fut ordonné que le Juge d'Eglise ne connoîtroit point des réparations & des nouvelles constructions des Eglises. *Boniface, tome 1. liv. 1. tit. 2. nomb. 18.*

JUGE D'EGLISE, SEQUESTRE.

473. Le Juge d'Eglise ne peut ordonner le sequestre des fruits d'un Benefice : car il est incompetent à connoître de la realité & du possessoire. Arrêt du Parlement de Provence du 13. Mars 1635. *Basset, tome 1. liv. 2. tit. 2. chap. 4. & cy-dessus le nomb. 387.*

JUGES D'EGLISE, SERVICE DIVIN.

474. Par Arrêt du 22. Avril 1532. jugé que le droit de Sepulture ne peut être demandé devant un Juge d'Eglise; à plus forte raison le Juge Laïc doit connoître de l'entretenement demandé par un Prêtre, contre ses Paroissiens : car en ce cas, il n'est pas question du spirituel, mais du temporel qui luy est annexé, qui, en fait de Jurisdiction, doit toûjours recevoir séparation.

475. Par Arrêt du 17. Avril 1545. sur un appel comme d'abus interjetté par un Laïc, des procedures faites contre luy pardevant un Official, à la Requête d'un Prêtre pour payement de Messes, il fut jugé que le Juge Laïc étoit seul competent pour connoître de ces sortes de choses. Par autre Arrêt du 10. Août 1551. l'assignation donnée à des Païsans devant l'Official d'Angers fut declarée nulle, comme de Juge incompetent, attendu qu'il s'agissoit du payement de la somme de huit deniers qu'ils étoient obligez de payer tous les ans à la Fête de Pâques aux Chanoines d'Angers pour employer au vin qui leur étoit donné après la Communion du Saint Sacrement. *Bibliotheque Can. tome 1. p. 764.*

476. Arrêt du Parlement de Provence du 4. Mars 1651. qui attribuë au Juge Ecclesiastique, la connoissance du Service Divin, & luy interdit celle du salaire des Prédicateurs, & ce qui concerne la lumiere de la lampe dans l'Eglise. *Boniface, tome 1. liv. 1. tit. 2. nomb. 15.*

477. Autre Arrêt du 23. Novembre 1654. qui attribuë au Juge Ecclesiastique la connoissance de l'augmentation du Service Divin dans l'Eglise. *Ibid. nomb. 19.*

478. Si le Juge seculier peut connoître d'une Confrairie, ou chose qui la regarde, comme de mettre un cierge devant une image. Arrêt du Parlement de Paris du 9. Janvier 1691. qui appointe. M. l'Avocat General de Lambignon s'en déclara contre l'entreprise du Juge. *Au Journal des Audiences, tome 5. liv. 7. chap. 27.*

479. *Nota.* Comme l'Edit qu'il a plû au Roy de faire publier au mois d'Avril 1695. pour declarer les cas appartenans à la Jurisdiction Ecclesiastique, les comprend tous, l'on profite de l'occasion de satisfaire la curiosité du Lecteur, en offrant icy sous sa vûë & à ses yeux toutes les dispositions de cet Edit.

Louis, par la grace de Dieu, Roy de France & de Navarre : A tous presens & à venir, Salut. Les Députez du Clergé de nôtre Royaume, assemblez en differens temps par nôtre permission, nous ayant representé que quelques-uns des Edits que les Rois nos Predecesseurs ont fait concernant la Jurisdiction Ecclesiastique, & certaines dispositions de quelques autres, n'étoient pas également observez dans tous nos Parlemens ; & que depuis qu'ils avoient été faits, il étoit survenu des difficultez ausquelles ils n'avoient pas pourvû, ils nous ont tres-humblement supplié de donner les ordres que nous estimerions necessaires pour rendre l'execution de ces Edits uniforme dans tous nos Parlemens, & de regler ainsi que Nous le trouverions plus à propos les nouveaux sujets de contestation. Et comme Nous reconnoissons que nous sommes particulierement obligez d'employer pour le bien de l'Eglise, & pour le maintien de la Discipline, & de la Dignité & Jurisdiction de ses Ministres, l'autorité souveraine qu'il a plû à Dieu de nous donner, Nous avons bien voulu réünir dans un seul Edit les principales dispositions de tous ceux qui ont été faits jusques à present touchant ladite Jurisdiction Ecclesiastique, & les honneurs qui doivent être rendus à cet Ordre, qui est le premier de nôtre Royaume ; & en reglant les difficultez survenües, prévenir les inconveniens qu'elles pourroient produire au préjudice de la Discipline Ecclesiastique, dont Nous sommes les Protecteurs, & faire sçavoir en mêmetemps nôtre volonté à tous nos Officiers pour leur servir de regle pour ce sujet. A ces causes, après avoir fait examiner en nôtre Conseil lesdits Edits & Declarations, de l'avis d'iceluy, & de nôtre certaine science, pleine puissance & autorité Royale, Nous avons par ces Presentes, signées de nôtre main, dit, statué, declaré & ordonné, disons, statuons, declarons & ordonnons ce qui suit.

Article Premier. Que les Ordonnances, Edits & Declarations faites par Nous & par les Rois nos Predecesseurs, en faveur des Ecclesiastiques de nôtre Royaume, Pays, Terres & Seigneuries de nôtre obéissance, concernant leurs Droits, Rangs, Honneurs, Jurisdiction volontaire & contentieuse, soient executez & en consequence

VISA.

Article 2. Ceux qui auront été pourvûs en Cour de Rome de Benefice en la forme appellée *dignum*, seront tenus de se presenter en personne aux Archevêques ou Evêques dans les Dioceses desquels lesdits Benefices sont situez : & en leur absence à leurs Vicaires Generaux, pour être examinez en la maniere qu'ils estimeront à propos, & en obtenir les Lettres de *Visa*, dans lesquelles il sera fait mention dudit examen avant que lesdits Pourvûs puissent entrer en possession & joüissance desdits Benefices : ne pourront les Secretaires desdits Prélats, prendre que la somme de trois liv. pour lesdites Lettres de *Visa*.

Article 3. Ceux qui auront obtenu en Cour de Rome des Provisions en forme gratieuse d'aucune Cure, Vicariat perpetuel, ou autre Benefice ayant charge d'ames, ne pourront entrer en possession & joüissance desdits Benefices ; qu'après qu'il aura été informé de leur vie, mœurs, Religion, & avoir subi l'examen devant l'Archevêque où Evêque Diocesain, ou son Vicaire general en son absence, ou après en avoir obtenu le *Visa*: défendons à nos Sujets de se pourvoir ailleurs pour ce sujet, & à nos Juges en jugeant le possessoire desdits Benefices, d'avoir égard aux titres & capacitez desdits Pourvûs qui ne seroient pas conformes à nôtre presente Ordonnance.

Article 4. Les Archevêques & Evêques étant hors de leurs Dioceses pourront y renvoyer, s'ils l'estiment necessaire, ceux qui leur demanderont des Lettres de *Visa*, afin d'y être examinez en la maniere accoûtumée.

Article 5. Les Archevêques & Evêques, ou leurs Vicaires Generaux qui refuseront de donner leur *Visa*, ou institutions Canoniques, seront tenus d'en exprimer les causes dans les Actes qu'ils feront délivrer à ceux ausquels ils les auront refusez.

Article 6. Nos Cours & autres Juges ne pourront contraindre nos Archevêques, Evêques, & autres Collateurs ordinaires de donner des Provisions des Benefices dépendans de leurs Collations, ni prendre connoissance du refus, à moins qu'il n'y en ait appel comme d'abus, & en ce cas leur ordonnons de renvoyer pardevant les Superieurs Ecclesiastiques desdits Prélats & Collateurs, lesquels Nous exhortons, & neanmoins leur enjoignons de rendre telle justice à ceux de nos Sujets qui auront été ainsi refusez, qu'il n'y en ait aucun sujet de plainte légitime.

Article 7. Lorsque nos Cours & autres Juges auront permis aux Pourvûs desdits Benefices, à qui les Archevêques ou Evêques auront refusé de donner des *Visa*, d'en prendre possession pour la conservation de leurs droits, ils ne pourront y faire aucunes fonctions Spirituelles ou Ecclesiastiques, en consequence desdits Arrêts & Reglemens.

Article 8. Si nos Cours ou autres Juges ordonnent le Sequeſtre des fruits d'un Benefice ayant charge d'ame, Juriſdiction ou fonction Eccleſiaſtique & Spirituelle, dont le poſſeſſoire ſoit contentieux; ils renvoyeront par le même Jugement *pardevant l'Archevêque ou Evêque Diocesain*, afin qu'il commette pour le deſſervir une, ou pluſieurs perſonnes, autres que ceux qui y prétendront droit, & il leur aſſignera telle retribution qu'il eſtimera neceſſaire, laquelle ſera payée par preference ſur les fruits dudit Benefice, nonobſtant toutes ſaiſies & autres empêchemens.

Article 9. Nos Juges ne pourront maintenir en poſſeſſion d'un Benefice ceux à qui les Archevêques ou Evêques auront refuſé des *Viſa*, ſi ce n'eſt en grande connoiſſance de cauſe, & ſans s'être enquis diligemment, & avoir connu la verité des cauſes du refus, & à la charge d'obtenir *Viſa* deſdits Prélats ou de leurs Superieurs, avant de faire aucune fonction Spirituelle & Eccleſiaſtique deſdits Benefices.

PREDICATION.

Article 10. Aucuns Reguliers ne pourront prêcher dans leurs Egliſes & Chapelles, ſans s'être preſentez en perſonnes aux Archevêques ou Evêques Dioceſains, pour leur demander leur benediction, ni y prêcher contre leur volonté; & à l'égard des autres Egliſes, les Seculiers & les Reguliers ne pourront y prêcher ſans en avoir obtenu la permiſſion des Archevêques ou Evêques qui pourront la limiter ou revoquer, ainſi qu'ils le jugeront à propos; Et és Egliſes dans leſquelles il y a titre ou poſſeſſion valable pour la nomination des Prédicateurs, ils ne pourront pareillement prêcher ſans l'Approbation & Miſſion deſdits Archevêques ou Evêques. Faiſons défenſes à nos Juges & à ceux deſdits Seigneurs ayant Juſtice, de commettre & autoriſer des Prédicateurs; & leur enjoignons d'en laiſſer la libre & entiere diſpoſition auſdits Prélats : Voulant que ce qui ſera par eux ordonné ſur ce ſujet, ſoit executé, nonobſtant toutes oppoſitions ou appellations, & ſans y prejudicier.

PERMISSION DE CONFESSER.

Article 11. Les Prêtres Seculiers & Reguliers ne pourront adminiſtrer le Sacrement de Penitence, ſans en avoir obtenu permiſſion des Archevêques ou Evêques, leſquels la pourront limiter pour les lieux, les perſonnes, le temps & les cas, ainſi qu'ils le jugeront à propos, & la revoquer, même avant le terme expiré pour cauſes ſurvenuës depuis à leur connoiſſance; leſquelles ils ne ſeront pas obligez d'expliquer, & ſans que leſdits Seculiers & Reguliers puiſſent continuer de confeſſer, ſous quelque pretexte que ce ſoit, ſinon en cas d'extrême neceſſité juſqu'à ce qu'ils ayent obtenu de nouvelles permiſſions, & même ſubi un nouvel examen, ſi leſdits Archevêques ou Evêques le jugent neceſſaire. Voulons que leſdites permiſſions ſoient délivrées ſans frais; & que les Ordonnances qui auront été renduës par les Archevêques ou Evêques ſur ce ſujet ſoient executées, nonobſtant toutes appellations ſimples, ou comme d'abus, & ſans y prejudicier.

CUREZ.

Article 12. N'entendons comprendre dans les Articles precedens les Curez, tant Seculiers que Reguliers qui pourront prêcher & adminiſtrer le Sacrement de Penitence dans leurs Paroiſſes. Comme auſſi les Theologaux qui pourront prêcher dans les Egliſes où ils ſont établis, ſans aucune permiſſion plus ſpeciale.

THEOLOGAUX.

Article 13. Les Theologaux ne pourront ſubſtituer d'autres perſonnes pour prêcher à leurs places, ſans la permiſſion des Archevêques ou Evêques.

VISITES.

Article 14. Les Archevêques & Evêques viſiteront tous les ans au moins une partie de leurs Dioceſes, & feront viſiter par leurs Archidiacres ou autres Eccleſiaſtiques ayant droit de le faire ſous leur autorité, les endroits où ils ne pourront aller en perſonne, à la charge par leſdits Archidiacres ou autres Eccleſiaſtiques, de remettre aux Archevêques ou Evêques, dans un mois, leurs procés verbaux de Viſites aprés qu'elles ſeront achevées, afin d'ordonner ſur iceux ce qu'ils eſtimeront neceſſaire.

Article 15. Ils pourront viſiter en perſonne les Egliſes Paroiſſiales ſituées *dans les Commanderies, Monaſteres, & Egliſes de Religieux qui ſe prétendent exempts de leur Juriſdiction*; & pareillement ſoit par eux, ſoit par leurs Archidiacres ou autres Eccleſiaſtiques, celles dont les Curez ſeront Religieux, & celles où *les Chapitres* prétendent avoir droit de Viſite.

Article 16. Les Archevêques & Evêques pourvoiront en faiſant leurs Viſites, (les Officiers des lieux appellez) à ce que les Egliſes ſoient fournies de *Livres, Croix, Calices, Ornemens* & autres choſes neceſſaires pour la célébration du Service Divin, *à l'execution des Fondations*, à la réduction des Bancs, & mêmes Sepultures qui empêcheroient le Service Divin, & donneront tous les ordres qu'ils eſtimeront neceſſaires pour la célébration, pour *l'Adminiſtration des Sacremens* & la bonne conduite des Curez & autres Eccleſiaſtiques Seculiers & Reguliers qui deſſervent leſdites Cures. Enjoignons aux Marguilliers, Fabriciens deſdites Egliſes, d'executer ponctuellement les Ordonnances deſdits Archevêques & Evêques, & à nos Juges & à ceux des Seigneurs ayant Juſtice, d'y tenir la main.

COMPTES DES FABRIQUES.

Article 17. Enjoignons aux Marguilliers Fabriciens, de preſenter les Comptes des revenus & de la dépenſe des Fabriques, aux Archevêques, Evêques & à leur Archidiacres, aux jours qui leur auront été marquez au moins quinze jours auparavant leſdites Viſites, *& ce à peine de ſix livres d'aumône* au profit de l'Egliſe du lieu, dont les ſucceſſeurs en Charge de Marguilliers ſeront tenus de ſe charger en recepte; & en cas qu'ils manquent à preſenter leſdits Comptes, les Prélats pourront commettre un Eccleſiaſtique ſur les lieux pour les entendre ſans frais. Enjoignons aux Officiers de Juſtice & autres principaux habitans d'y aſſiſter en la maniere accoûtumée, lorſque les Archevêques, Evêques, ou Archidiacres les examineront; & en cas que leſdits Prélats & Archidiacres ne faſſent pas leurs Viſites dans le cours de l'année, les comptes ſeront rendus & examinez ſans aucuns frais, & arrêtez par les Curez, Officiers & autres principaux Habitans des lieux, & repreſentez auſdits Archevêques, Evêques ou Archidiacres, aux premieres Viſites qu'ils y feront. Enjoignons auſdits Officiers de tenir la main à l'execution des Ordonnances que leſdits Prélats ou Archidiacres, rendront ſur leſdits comptes, & particulierement pour le recouvrement & employ des deniers en provenans; & à nos Procureurs, & à ceux des Seigneurs ayant Juſtice, de faire avec les Marguilliers ſucceſſeurs, & même eux ſeuls à leur défaut, toutes les pourſuites qui ſeront neceſſaires pour cet effet.

DISCIPLINE REGULIERE.

Article 18. Les Archevêques & Evêques veilleront dans l'étenduë de leurs Dioceſes, à la conſervation de la diſcipline Reguliere *dans tous les Monaſteres, exempts & non exempts*, tant d'hommes que de femmes où elle eſt obſervée, & à ſon *rétabliſſement* dans tous ceux où elle ne ſera pas en vigueur; & à cet effet, pourront en execution, & ſuivant les ſaints Decrets & Conſtitutions canoniques, & ſans prejudice des Exemptions deſdits Monaſteres en autres choſes, *viſiter en perſonne lorſqu'ils l'eſtimeront à propos, ceux dans leſquels les Abbez, Abbeſſes ou Prieurs qui ſont Chefs d'Ordre ne font pas leur reſidence ordinaire*: & en cas qu'ils y trouvent quelque deſordre *touchant la celebration du Service Divin, le défaut du nombre des Religieux neceſſaire pour s'en acquiter, la diſcipline Reguliere*, l'adminiſtration & l'uſage des Sacremens, *la Clôture des Monaſteres de Femmes*, & l'adminiſtration des biens & revenus temporels, ils y pourvoiront ainſi qu'ils l'eſtimeront l'estimeront convenable pour ceux qui sont soûmis à leur Jurisdiction ordinaire, & à l'égard de ceux qui se prétendent exempts, ils ordonneront à leurs Superieurs Reguliers d'y pourvoir dans trois mois, & même dans un moindre délay, s'ils jugent absolument necessaire d'y apporter un remede plus prompt, & de les informer de ce qu'ils auront fait en execution; *& en cas qu'ils n'y satisfassent pas dans lesdits délais*, ils pourront y donner eux-mêmes les ordres qu'ils jugeront les plus convenables pour y remedier, suivant la Regle desdits Monasteres. Enjoignons ausdits Superieurs Reguliers de déferer, comme ils le doivent, aux avis & ordres que lesdits Archevêques ou Evêques leur donneront sur ce sujet, & à nos Officiers, & particulierement à nos Cours, de leur donner l'aide & le secours dont ils auront besoin *pour lesdites Visites & l'execution des Ordonnances qu'ils y rendront*, lesquelles en cas d'appel simple ou comme d'abus, seront executées par provision.

RELIGIEUSES.

Article 19. Voulons pareillement que, suivant & en execution des saints Decrets & Constitutions Canoniques, *aucunes Religieuses ne puissent sortir des Monasteres exempts & non exempts, sous quelque pretexte que ce soit*, & pour quelque temps que ce puisse être, *sans cause legitime*, & qui ait été jugée telle par l'Archevêque ou Evêque Diocesain *qui en donnera la permission par écrit*. Et qu'aucune personne seculiere n'y puisse entrer sans la permission desdits Archevêques ou Evêques, *ou des Superieurs Reguliers*, à l'égard de ceux qui sont exempts, le tout sous les peines portées par lesdites Constitutions Canoniques, & par nos Ordonnances.

Article 20. *Voulons qu'en cas qu'on interjette appel comme d'abus* des Ordonnances que lesdits Archevêques & Evêques pourront rendre, & des procedures qu'ils pourront faire touchant les deux Articles precedens, *elles soient portées en nos Cours de Parlemens*, ausquelles seules, en tant que besoin est ou seroit, Nous en attribuons toute Cour, Jurisdiction & connoissance, sans préjudice des attributions de Jurisdiction & Evocations accordées à certains Ordres ou Monasteres en autres causes.

DECIMATEURS.

Article 21. Les Ecclesiastiques qui joüissent des Dîmes dépendantes des Benefices dont ils sont pourvûs, & subsidiairement ceux qui possedent des Dîmes inféodées, seront tenus de reparer & entretenir en bon état le Chœur des Eglises Paroissiales, dans l'étenduë desquelles ils levent lesdites Dîmes, & d'y fournir les Calices, Ornemens & Livres necessaires, si les revenus des Fabriques ne suffisent pas pour cet effet. Enjoignons à nos Baillifs & Sénéchaux, leurs Lieutenans Generaux & autres nos Juges ressortissant nuëment en nos Cours de Parlement dans le ressort desquels lesdites Eglises sont situées, d'y pourvoir soigneusement & d'executer par toute voye, même par saisie & adjudication desdites Dîmes, à la diligence de nos Procureurs, *les Ordonnances que lesdits Archevêques ou Evêques pourront rendre pour les réparations desdites Eglises* & achapt desdits ornemens dans le cours de leurs Visites, & sur les procès verbaux de leurs Archidiacres, & qui leur seront renvoyées par lesdits Archevêques ou Evêques, & à nos Procureurs Generaux en nos Cours de Parlemens dans le ressort desquels lesdites Eglises se trouveront situées, ausquels Nous enjoignons pareillement d'y tenir la main. *Voulons que lesdits Décimateurs dans les lieux où il y en a plusieurs, puissent y être contraints solidairement*, sauf le recours des uns contre les autres, & que les Ordonnances qui seront renduës par nos Juges sur ce sujet, soient executées nonobstant toutes oppositions & appellations quelconques, & sans y préjudicier.

REPARATIONS DES EGLISES ET PRESBYTERES.

Article 22. Seront tenus pareillement les Habitans desdites Paroisses *d'entretenir & de reparer la Nef des Eglises, & la clôture des Cimetieres*, & de fournir aux Curez un logement convenable. Voulons à cet effet, que les Archevêques & Evêques envoyent à nôtre trescher & féal Chancelier, & aux Intendans & Commissaires départis dans nos Provinces pour l'execution de nos Ordres, des extraits des procez verbaux de leurs visites qu'ils auront dressés à cet égard. Enjoignons ausdits Intendans & Commissaires de faire visiter par des Experts lesdites réparations, d'en faire dresser les devis & estimations en leur presence, ou de leurs Subdeleguez, le plus promptement qu'il sera possible, les Maires & Echevins, Syndics & Marguilliers appellez, & de donner ordre que celles qui seront jugées necessaires, soient faites incessamment; & de permettre même aux Habitans d'emprunter les sommes dont il sera besoin, le tout en la forme portée par nôtre Declaration du mois d'Avril 1683.

RESIDENCE.

Article 23. Si aucuns Prélats ou autres Ecclesiastiques qui possedent des Benefices *à charge d'ames*, manquent à y resider pendant un temps considerable, *ou si les Titulaires des Benefices ne font pas acquiter le service*, & les aumônes dont ils peuvent être chargez, & entretenir en bon état les bâtimens qui en dépendent, nos Cours de Parlemens, nos Baillifs, Sénéchaux ressortissant nuëment en nosdites Cours, *pourront les en avertir*, & en même temps leurs Superieurs Ecclesiastiques, & en cas que dans trois mois aprés ledit *avertissement* ils negligent de resider sans en avoir des excuses legitimes, ou de faire acquiter le service & les aumônes, & de faire les réparations particulierement auxEglises, nosdites Cours & les Baillifs & Sénéchaux pourront seuls à la Requête de nos Procureurs Generaux ou de leurs Substituts, faire saisir jusqu'à la concurrence du tiers du revenu desdits Benefices, pour être employé à l'acquit du Service & aumônes, & à la réparation des bâtimens, ou distribué à l'égard de ceux qui ne resident pas par les ordres des Superieurs Ecclesiastiques, au profit des pauvres des lieux, ou autres œuvres pies telles qu'ils le jugeront à propos. Enjoignons à nos Officiers & Procureurs de proceder ausdites saisies, avec toute la retenuë & circonspection convenable & par la seule necessité de faire observer les saints Decrets, *de faire exercer les Fondations*, & de conserver les Eglises & bâtimens qui dépendent desdits Benefices; & à l'égard des Archevêques & Evêques, Voulons que de tous nos Juges & Officiers, *nos seules Cours de Parlemens en prennent connoissance*, & qu'elles donnent avis à nôtre tres cher & féal Chancelier de tout ce qu'elles estimeront à propos de faire à cet égard, pour nous en rendre compte.

ERECTION DE CURES.

Article 24. Les Archevêques & Evêques pourront avec les solemnitez & procedures accoûtumées *ériger des Cures* dans les lieux où ils l'estimeront necessaire. Ils établiront pareillement, suivant nôtre Declaration du mois de Janvier 1686. *des Vicaires perpetuels* où il n'y a que des Prêtres amovibles. Et pourvoiront à la subsistance des uns & des autres par union des dîmes & d'autres revenus Ecclesiastiques, en sorte qu'ils ayent aussi-bien que tous les autres Curez cy-devant établis la somme de trois cens livres, suivant & en la forme portée par nos Declarations des mois de Janvier 1686. & Juillet 1687.

ECOLES DE VILLAGES.

Article 25. Les Regens, Précepteurs, Maîtres & Maîtresses d'Ecoles des petits Villages *seront approuvez* par les Curez des Paroisses ou autres personnes Ecclesiastiques qui ont droit de le faire, & les Archevêques & Evêques ou leurs Archidiacres dans le cours de leurs visites pourront les interroger, s'ils le jugent à propos, sur le Catechisme, en cas qu'ils l'enseignent aux enfans du lieu, & ordonner que l'on en mette d'autres à leurs places, s'ils ne sont pas satisfaits de leur doctrine ou de leurs mœurs, & même en d'autres temps que celuy de leurs visites, lorsqu'ils y donneront lieu pour les mêmes causes.

Monitoires.

Article 26. Les Archevêques & Evêques & leurs Officiaux ne pourront décerner des Monitoires que pour des crimes graves & scandales publics, & nos Juges n'en ordonneront la publication que dans les mêmes cas, & lorsqu'on ne pourroit avoir autrement la preuve.

Honoraire des Ecclesiastiques.

Article 27. Le Reglement de l'Honoraire des Ecclesiastiques appartiendra aux Archevêques & Evêques, & les Juges d'Eglise connoîtront des procés qui pourront naître sur ce sujet entre les personnes Ecclesiastiques. Exhortons les Prélats, & neanmoins leur enjoignons d'y apporter toute la moderation convenable, & pareillement aux retributions de leurs Officiaux, Secretaires & Greffiers des Officialitez.

Festes.

Article 28. Les Archevêques & Evêques ordonneront des Fêtes qu'ils trouveront à propos d'établir ou de supprimer dans leurs Dioceses; & les Ordonnances qu'ils en rendront sur ce sujet, Nous seront presentées pour être autorisées par nos Lettres. Ordonnons à nos Cours & Juges de tenir la main à l'execution desdites Ordonnances, sans qu'ils en puissent prendre connoissance, si ce n'est en cas d'appel comme d'abus, ou en ce qui regarde la Police.

Administration des Hôpitaux.

Article 29. Voulons que les Archevêques, Evêques, leurs Grands Vicaires & autres Ecclesiastiques, qui sont en possession de présider & d'avoir soin de l'administration des Hôpitaux & lieux pieux établis pour le soulagement, retraite & instruction des Pauvres, soient maintenus dans tous les droits, séances & honneurs dont ils ont bien & dûement joüi jusqu'à present, & que lesdits Archevêques & Evêques ayent à l'avenir la premiere séance, & président dans tous les Bureaux établis pour l'administration desdits Hôpitaux ou lieux pieux, où eux & leurs prédecesseurs n'ont point été jusqu'à present, *& que les Ordonnances & Reglemens qu'ils y feront pour la conduite spirituelle & celebration du Service Divin*, soient executées nonobstant toutes oppositions & appellations simples & comme d'abus, & sans y préjudicier.

Doctrine.

Article 30. La connoissance & le jugement de la Doctrine, concernant la Religion, appartiendra aux Archevêques & Evêques. Enjoignons à nos Cours de Parlement & à tous nos autres Juges de la renvoyer ausdits Prélats, de leur donner l'aide dont ils auront besoin pour l'execution des censures qu'ils en pourront faire, & de proceder à la punition des coupables, *sans préjudice à nosdites Cours & Juges* de pourvoir par les autres voyes qu'ils estimeront convenables à la réparation du scandale & trouble de l'ordre & tranquillité publique, & contravention aux Ordonnances que la publication de ladite doctrine aura pû causer.

Officiaux.

Article 31. Les Archevêques & Evêques ne seront tenus d'établir des Vicaires Generaux, *mais seulement des Officiaux* pour exercer la Jurisdiction contentieuse dans les lieux de leurs Dioceses ou Provinces qui sont dans le ressort d'un Parlement, autre que celuy dans lequel est établi le siege ordinaire de leur Officialité.

Publication d'Actes de Justice.

Article 32. Les Curez, leurs Vicaires & autres Ecclesiastiques *ne seront obligez* de publier aux Prônes ni pendant l'Office Divin, *les Actes de Justice* & autres qui regardent l'interêt particulier de nos Sujets. Voulons que les publications qui en seront faites par des Huissiers, Sergens ou Notaires, à l'issuë des grandes Messes de Paroisses, avec les affiches qui en seront par eux posées aux grandes portes des Eglises, soient de pareille force & valeur, même pour les Decrets, que si lesdites publications avoient été faites ausdits Prônes, nonobstant toutes Ordonnances & Coûtumes à ce contraires, auxquelles nous avons dérogé à cet égard.

Revenus des Benefices incompatibles.

Article 33. Voulons que nôtre Declaration du 7. Janvier 1681. concernant les revenus des Benefices incompatibles, soit executée, & qu'ils soient distribuez & appliquez par les Archevêques & Evêques suivant sa disposition.

Suite des Competences de la Jurisdiction Ecclesiastique.

Article 34. La connoissance *des causes concernant les Sacremens, les Vœux de Religion*, l'Office Divin, la *Discipline Ecclesiastique*, & autres purement spirituelles, appartiendra aux Juges d'Eglise. *Enjoignons à nos Officiers*, & mêmes à nos Cours de Parlement, *de leur en laisser & même de leur en renvoyer la connoissance*, sans prendre aucune Jurisdiction ni connoissance des affaires de cette nature, si ce n'est qu'il y eût appel comme d'abus interjetté en nosdites Cours, de quelques Jugemens, Ordonnances ou procedures faites sur ce sujet, par les Juges d'Eglise, ou qu'il s'agît d'une succession, ou autres effets civils, à l'occasion desquels on traiteroit de l'état des personnes décedées, ou de celuy de leurs enfans.

Appellations comme d'abus.

Article 35. Nos Cours ne pourront connoître, ni recevoir d'autres *appellations des Ordonnances & Jugemens des Juges d'Eglise, que celles qui seront qualifiées comme d'abus.* Enjoignons à nosdites Cours de n'en examiner le plus exactement qu'il leur sera possible, les moyens avant de les recevoir & proceder à leur jugement, avec telle diligence & circonspection, que l'ordre & la discipline Ecclesiastique n'en puissent être alterez ni retardez, & qu'au contraire elles ne servent qu'à les maintenir dans leur pureté, suivant les saints Decrets, & à conserver l'autorité legitime necessaire des Prélats & autres Superieurs Ecclesiastiques.

Article 36. Les appellations comme d'abus, qui seront interjettées des Ordonnances & Jugemens rendus par les Archevêques, Evêques & Juges d'Eglise, pour la celebration du Service divin, réparation des Eglises, achapts d'ornemens, *subsistance des Curez*, & autres Ecclesiastiques qui desservent les Cures, rétablissement ou conservation de la Clôture des Religieuses, correction des mœurs des personnes Ecclesiastiques, & toutes autres choses concernant la discipline Ecclesiastique, *& celles qui seront interjettées des Reglemens faits, & Ordonnances* rendues par lesdits Prélats dans le cours de leurs visites, n'auront effet *suspensif*, mais seulement *devolutif*; & seront les Ordonnances & Jugemens executez nonobstant lesdites appellations, & sans y préjudicier.

Article 37. Nos Cours en jugeant les appellations *comme d'abus*, prononceront, *qu'il n'y a abus*, & condamneront en ce cas les appellans *en soixante & quinze livres d'amende*, lesquelles ne pourront être moderées, ou diront qu'il a été mal, nullement, & abusivement procedé, statué & ordonné; & en ce cas si la cause est de la Jurisdiction Ecclesiastique, elles renvoyeront à l'*Archevêque*, ou l'Evêque dont l'Official aura rendu le Jugement ou l'Ordonnance qui sera declarée abusive, *afin d'en nommer un autre*, ou au Superieur Ecclesiastique si ladite Ordonnance ou Jugement sont émanez de l'Archevêque ou Evêque, ou s'il y a des raisons d'une suspicion legitime contre luy, ce que nous chargeons nos Officiers en nosdites Cours d'examiner avec tout le soin & l'exactitude necessaire.

Procez Criminels.

Article 38. Les Procez criminels qu'il sera necessaire de faire *à tous Prêtres, Diacres, Soû-Diacres, ou Clercs vivans clericalement*, residens & servans aux Offices, ou au ministere & Benefices qu'ils tiennent en l'Eglise, & qui seront accusez des cas que l'on appelle privi-

jiez, seront instruits conjointement par les Juges d'Église & par nos Baillifs & Sénéchaux, ou leurs Lieutenans, en la forme prescrite par nos Ordonnances, & particulierement par l'article XXII. de l'Edit de Melun, par celuy du mois de Février 1678. & par nôtre Declaration du mois de Juillet 1684. lesquels nous voulons être executez selon leur forme & teneur.

VICARIATS.

Article 39. Les Archevêques & Evêques ne seront obligez de donner *des Vicariats pour l'instruction & jugement des procez criminels, si ce n'est que nos Cours l'ayent ordonné* pour éviter la recoute des accusez durant leur translation, & pour quelques raisons importantes à l'ordre & au bien de la Justice dans les procés qui s'y instruisent ; & en ce cas lesdits Prélats choisiront tels Conseillers Clercs desdites Cours qu'ils jugeront à propos pour instruire & juger lesdits procés pour le délit commun.

DECRETS.

Article 40. Nos Cours ne pourront faire défenses d'executer des Decrets, même ceux d'ajournemens personnels décernez par les Juges d'Eglise, ni élargir les prisonniers, sans avoir vû les procedures & informations sur lesquelles ils auront été rendus, & *les Ecclesiastiques qui seront appellans des Decrets de prise de corps ne pourront faire aucunes fonctions de leurs Benefices & ministere*, en consequence des Arrêts de défenses qu'ils auront obtenus, jusqu'à ce que les appellations ayent été jugées définitivement, *soit que par les Archevêques, Evêques ou leurs Officiaux il en ait été autrement ordonné.*

ABSOLUTION A CAUTELE.

Article 41. Lorsque nos Cours après avoir vû les charges & informations faites contre les Ecclesiastiques, *estimeront juste qu'ils soient absous à cautele*, elles les renvoyeront aux Archevêques & Evêques qui auront procédé contr'eux ; & en cas de refus, à leurs Superieurs dans l'ordre de l'Eglise pour en recevoir l'absolution, *sans que lesdits Ecclesiastiques puissent en consequence faire aucune fonction Ecclesiastique ni en prétendre d'autre effet que d'ester à droit.*

LE PREVOST DES MARESCHAUX.

Article 42. Les Prévôts des Marêchaux, ne pourront connoître des procés criminels des Ecclesiastiques, *ni les Juges Présidiaux les juger pour les cas privilegiez*, qu'à la charge de l'appel.

PRISE A PARTIE.

Article 43. Les Archevêques, Evêques ou leurs Grands Vicaires *ne pourront être pris à partie* dans les Ordonnances qu'ils auront rendues dans les matieres qui dépendent *de la Jurisdiction volontaire*; & à l'égard des Ordonnances & Jugemens que lesdits Prélats ou leurs Officiaux auront rendus, & que leurs Promoteurs auront été requis dans la Jurisdiction contentieuse, ils ne pourront pareillement être *pris à partie*, ni intimez *en leurs propres & privez noms*, si ce n'est en cas de calomnie apparente ; & lorsqu'il n'y aura aucune partie *capable de répondre des dépens, dommages, & interêts* qui ait requis, ou qui soûtienne leurs Ordonnances & Jugemens, & ne seront tenus de défendre à l'intimation, qu'aprés que nos Cours l'auront ainsi ordonné en connoissance de cause.

EXECUTION DES SENTENCES.

Article 44. Les Sentences & Jugemens sujets à execution, *& les Decrets décernez par les Juges d'Eglise* seront executées en vertu de nôtre presente Ordonnance, sans qu'il soit besoin de prendre pour cet effet aucun *Pareatis* de nos Juges, ni de ceux des Seigneurs ayant Justice : Leur enjoignons de donner main forte, & toute l'aide & secours dont ils seront requis sans prendre aucune connoissance desdits Jugemens.

PREROGATIVE DE L'ORDRE ECCLESIASTIQUE.

Article 45. Voulons que les *Archevêques, Evêques & tous autres Ecclesiastiques soient honorez comme, le premier des Ordres de nôtre Royaume*, & qu'ils soient maintenus dans tous les droits, honneurs, rangs, seances, présidences & avantages dont ils ont joüi ou deu joüir jusqu'à present. Que ceux des Prélats qui ont des Pairies attachées à leurs Archevêchez ou Evêchez, tiennent prés de nôtre Personne & dans nôtre Conseil aussi-bien que dans nôtre Cour de Parlement, les rangs qui leur ont été donnez jusqu'à present: Comme aussi que les *Corps des Chapitres des Eglises Cathedrales précedent en tous lieux ceux de nos Bailliages & Sieges Présidiaux.* Que ceux qui sont Titulaires des Dignitez desdits Chapitres précedent les Présidens des Présidiaux, les Lieutenans Generaux, & les Lieutenans Criminels & Particuliers desdits Sieges. Et que les Chanoines précedent les Conseillers, & tous les autres Officiers d'iceux, *& que même les Laïcs dont on est obligé de se servir dans certains lieux pour le Service Divin*, y reçoivent pendant ce temps les honneurs de l'Eglise *preferablement à tous autres Laïcs.*

PRIERES PUBLIQUES.

Article 46. Lorsque nous aurons ordonné de rendre graces à Dieu, ou de faire des prieres pour quelque occasion, sans en marquer le jour & l'heure ; les Archevêques & Evêques les donneront, si ce n'est que nos Lieutenans Generaux & Gouverneurs pour Nous dans nos Provinces, ou nos Lieutenans en leur absence se trouvent dans les Villes où la cérémonie devra être faite, ou qu'il y ait aucunes de nos Cours de Parlement, Chambres de nos Comptes & Cour des Aydes qui y soient établis, auquel cas ils conviendront ensemble, s'accommodant reciproquement à la commodité des uns & des autres, & particulierement à ce que lesdits Prélats estimeront de plus convenable pour le Service Divin.

PLACES D'EGLISE.

Article 37. Défendons à toutes personnes, de quelque qualité & condition qu'elles puissent être, d'occuper pendant le Service Divin les places destinées aux Ecclesiastiques. Voulons que lorsque les Officiers de nos Cours, allant en Corps dans les Eglises Cathedrales ou autres, se placeront dans les Chaires destinées pour les Dignitez & Chanoines, ils en laissent un certain nombre vuide de chaque côté pour les Dignitez & Chanoines qui ont accoûtumé de les remplir.

CHARGES DE JUDICATURE.

Article 48. Les *Charges de nos Cours*, Bailliages & autres Sieges destinez à des Ecclesiastiques, *ne seront remplies des Laïcs*, sans neanmoins innover aucune chose à l'égard des Charges de Conseillers *possedées par les Présidens des Enquêtes d'aucunes de nos Cours.*

CONSERVATION DES DROITS, BIENS, DISMES, JUSTICES, ET AUTRES CHOSES APPARTENANTES AUX BENEFICIERS.

Article 49. Voulons que lesdits Ecclesiastiques *joüissent de tous les droits, biens, dîmes, Justices*, & de toutes autres choses appartenant à leurs Benefices. Faisons défenses à toutes personnes de leur y donner aucun trouble ni empêchement ; *Enjoignons à nos Cours & Juges de les y maintenir sous nôtre protection*, quand même ils ne rapporteroient que des titres & preuves *de possession*, & sans que les detempteurs des heritages qui peuvent être sujets aux droits prétendus par lesdits Ecclesiastiques *puissent alleguer d'autre prescription que celle de Droit.*

Article 50. Les Syndics des Dioceses seront receus dans nos Bailliages, Sénéchaussées & autres Sieges Royaux, & mêmes dans nos Cours de Parlemens, à poursuivre *comme parties principales ou intervenantes les affaires qui regardent la Religion, le Service Divin*, l'honneur & la Dignité des personnes Ecclesiastiques des Dioceses qui les ont nommées ; *& les Agens Generaux du Clergé* seront receus pareillement en nos Cours de Parlement à faire les mêmes poursuites & pour les mêmes causes, & à y demander ce qu'ils estimeront être de la dignité & de l'interêt general du Clergé de nôtre Royaume, lorsqu'il ne sera pas assemblé. Si donnons, &c.

Declaration du Roy, & interpretation de l'Article 18. de l'Edit concernant la Jurisdiction Ecclesiastique de la Discipline Reguliere.

Loüis, &c. Salut. L'obligation dans laquelle nous sommes d'employer l'autorité qu'il a plû à Dieu de nous donner pour maintenir l'ordre & la discipline de l'Eglise, par l'execution des saints Canons, dont nous tenons à honneur d'être le Défenseur, Nous a engagé au mois d'Avril de l'année 1695. de faire rediger dans un seul Edit les differentes Ordonnances que les Rois nos Prédecesseurs, & Nous, avons faites en differentes occasions en faveur & sur la requisition du Clergé de nôtre Royaume. Et comme nous avons été avertis que quelques personnes donnoient à l'article 18. de cet Edit une interpretation differente de nos intentions, & même que l'on avoit fait quelques procedures en certains Dioceses qui pouvoient y être contraires, Nous avons estimé necessaire de declarer si expressément nôtre intention au sujet dudit article, qu'il ne reste plus aucun pretexte de difficulté à cet égard, *& que le Clergé Seculier & Regulier demeurant dans les bornes qui sont prescrites par les saints Canons*, ils concourent au service de Dieu & à l'édification de nos Sujets *dans la subordination*, & avec le respect qui est dû au caractere & à la dignité des Evêques, *& que les Reguliers jouïssent aussi sous nôtre protection des exemptions legitimes qui ont été accordées à plusieurs Ordres, Congregations, & Monasteres particuliers*. A ces causes, & tres-bonnes considerations à ce Nous mouvant, de nôtre certaine science, pleine puissance & autorité Royale, en interpretant en tant que de besoin ledit article 18 de nôtre Edit, Nous avons dit, declaré & ordonné, disons, declarons & ordonnons par ces Presentes signées de nôtre main, *Que nôtre Edit du mois d'Avril de l'année 1695. & en particulier l'article 18. d'iceluy soit executé sans prejudice des droits, privileges & exemptions des Monasteres & de ceux qui sont sous des Congregations*, que nous entendons avoir lieu, ainsi & en la maniere qu'ils l'ont eû & dû avoir jusqu'à present. Que lorsque les Archevêques ou Evêques auront eu avis de quelques desordres dedans aucuns desdits Monasteres exempts de leur Jurisdiction, Nous voulons qu'ils avertissent paternellement les Superieurs Reguliers d'y pourvoir *dans six mois*; & qu'à faute d'y donner ordre dans ledit temps, ils y pourvoyent eux-mêmes, ainsi qu'ils l'estimeront necessaire, suivant les Regles & Instituts de chacun desdits Monasteres; Et qu'en cas que le scandale soit si grand, & le mal si pressant qu'il y ait un besoin indispensable d'y apporter un remede plus prompt, lesdits Archevêques & Evêques pourront obliger lesdits Superieurs Reguliers d'y pourvoir plus promptement. *Voulons pareillement que les Monasteres ou demeures des Superieurs Reguliers qui ont une Jurisdiction legitime sur d'autres Monasteres & Prieurez desdits Ordres soient exempts de la visite desdits Archevêques & Evêques, ainsi que les Abbez & Abbesses* qui sont Chefs & Generaux desdits Ordres. Si donnons, &c.

JUSTICE.

480 *De Justitiâ & jure. Inst. 1. 1. D. 1. 1. De justitiâ & injustitiâ. Per Guliel.* Roüille.

De la Justice attachée au Fief. *Voyez le mot*, Fief, *nombre* 78. *& suiv.*

Alienation des Justices Royales. *Voyez le mot*, Domaine, *nombre* 42.

Qu'il sera procedé par élection & nomination aux Offices de Judicature des Jurisdictions inferieures. *Ordonnances de Fontanon, tome* 1. *liv.* 2. *tit.* 2. *p.* 209. Joly, *des Offices de France, tome* 2. *liv.* 3. *tit.* 2. *p.* 901. & aux Additions, *pag.* 1803. *&* 1816.

De Justice & droits d'icelle, 1. titre de la Coûtume de Nivernois; sur quoy *V.* Coquille, *tome* 2. *p.* 7.

Des droits de Justice en commun. *Ibidem, page* 10. au Titre de l'*Institution au Droit François, tome* 2.

Des droits de Justice. *V.* Despeisses, *tome* 2. *p.* 111.

Des Justices non Royales, tant Ecclesiastiques qu'autres Officiers d'icelles. *Voyez* Chenu, *Offices de France, titre* 41. & les *Memoires du Clergé, tome* 3. *partie* 3. *titre* 2. *chap.* 3.   481

Justice entre deux Coseigneurs. *V. le Vest Arrêt* 57.   482
Jurisdictio quâ hodie utimur est patrimonialis. Pontanus, *Coûtume de Blois, tit.* 3. *de Jurisd. Jud. verbo, quo fit ut ea, &c.*   483

Défendons à nos Juges d'entreprendre sur la Jurisdiction & Terres des Ecclesiastiques, ausquelles ils sont haut-Justiciers, sinon és cas Royaux; aux Notaires & Sergens d'exploiter, sinon de leur permission, ou entre personnes du ressort, pour le Sergent en cas d'appel, ou pour cas Royaux. *Conference des Ordonnances, art.* 32.   484

Par les dernieres Ordonnances de Henry II. en 1559. le Bailly ou Sénéchal doit faire renvoy des Instances possessoires pardevant le Prévôt Royal, & par prevention seulement; il en peut connoître au prejudice de la Jurisdiction ordinaire des Seigneuries subalternes de son ressort; & de ce il y a Arrêt de la Chandeleur en 1254. & à la Pentecôte 1264. Saint Martin 1270. Aussi le Juge Royal seul a connoissance de la spoliation & nouvelle dessaisine faite de chose étant en la main du Roy. Arrêt de la Chandeleur 1268. *V. les Addit. à la Biblioth. de* Bouchel, *verbo*, Royaume.   485

Par Arrêt donné en la Tournelle le 23. Août 1603. défenses au Prévôt de Paris, ou son Lieutenant Criminel de prononcer *sans prejudice des droits de Justice des Seigneurs directs, en autre cause*. Biblioth. *de* Bouchel, *verbo*, Justice.   486

Arrêt de Reglement du 10. Decembre 1665. pour la Cour des Grands Jours, séante à Clermont, pour les Justices Royales & Subalternes dans l'étenduë du ressort. *Voyez le Recüeil des Grands Jours, p.* 148.   487

Le droit de Justice ne peut être vendu ou aliené, sans la vente ou alienation de la Terre à laquelle il est attaché, autrement les degrez de Jurisdiction se trouveroient multipliez. Ainsi jugé par Arrêt du 28. Février 1664. M. l'Avocat General Talon, requit qu'il plût à la Cour recevoir M. le Procureur General appellant de la Sentence d'enregistrement du Brevet donné par M. le Duc d'Epernon, & opposant à la verification des Lettres de confirmation de don obtenuës par le sieur de la Mirande, maintenir les habitans de Dignac en la possession de plaider en premiere instance pardevant les Officiers du Duché de la Vallette, ainsi qu'ils faisoient avant la concession; cela fut ordonné. *V.* Soëfve, *tome* 2. *Cent.* 3. *chap.* 7.   488

Arrêt de Reglement contenant 61. articles, du 10. Juillet 1665. avec un autre Arrêt expliquant les articles 18. & 54. du 12. Janvier 1666. Autre du 9. Août 1666. *Des Maisons, lettre* I. *nomb* 5. pour reformer les abus & reception des droits dans les Justices Royales & Subalternes.   489

Le droit de concession de Justice n'appartient qu'au Roy. Arrêt du 31. Janvier 1674. *De la* Guissiere, *tom.* 3. *liv.* 8. *chap.* 2.   490

Justices temporelles des Seigneurs Ecclesiastiques. *Voyez les Memoires du Clergé, tome* 3. *part.* 3. *p.* 165. *jusqu'au* 320. *& tome* 4. *addit. à la* 6. *part. p.* 245.   491

CHAMBRE DE JUSTICE.

Voyez le mot, Chambre, *n.* 42.   491 bis

JUSTICE DENIE'E.

Deni de Justice ou de droit, quand le Seigneur haut-Justicier ou ses Officiers refusent à faire justice. Arrêt du Parlement de Paris de l'an 1309. & 1311. Un appellant de deni de justice qui a gagné sa cause, a été contre la Comtesse d'Artois, declaré exempt de sa Jurisdiction, tant luy, que sa femme, famille & biens, étant en sa Seigneurie & Justice, absous de l'hommage, foy & obéïssance qu'il devoit à son Seigneur, & declaré Vassal du Superieur. Ainsi jugé contre le Roy d'Angletersal du Superieur touchant l'hommage du Château de Gimel, dans les Arrêts de Toussaints 1279. Il en étoit de même si le Seigneur succomboit en appel de mauvais & faux   492 jugement. Arrêt contre le Comte de Sancerre, pour la Dame de Suilly, à la Toussaints l'an 1292. *Voyez le Stile ancien du Parlement de Paris, chap. 26. §. 4. & 5.* Anciennement celuy qui étoit appellant comme de deni de droits, s'il succomboit, perdoit le principal, & confisquoit ce qu'il tenoit de son Seigneur. Arrêts en l'an 1279. & 1282. pour le Comte de Flandres, contre ceux de Gand. Un appellant de deni de justice du Comté de Bretagne, a été reçu à se départir de son appel, sauf son Fief qu'il tenoit du Comte, en payant l'amende, aux Arrêts de Pentecôte de l'an 1285. Aussi par l'ancienne Coutume d'Anjou, celuy qui succomboit en sa cause d'appel, consistoit ou tomboit en amende de tous ses meubles; comme il est dit en la cause de la Reine de Sicile, au plaidoyé fait le 4. Février 1433. au Parlement qui se tenoit à Poitiers, à cause que la ville de Paris étoit pour lors detenuë par les Anglois, *Interdum tamen Prætor potest causâ cognitâ actionem & Jurisdictionem suam denegare non obtemperanti. vid. L. sed & si. 26. th. ait Prætor, D. ex quibus causis majores.* Voyez *la Biblioth. de Bouchel*, verbo, *Deni de Justice*.

JUSTICE,

HAUTE, MOYENNE, ET BASSE.

493 Voyez le mot, *Competence, nombre 55. & suiv. let. H.* verbo, *Haute Justice.*

Justice haute, moyenne & basse, censuelle, foncière, &c. V. *l'Indice des droits Royaux*, verbo, *Justice.* Elle est appellée par M. René Chopin, en son *Traité de la Police Ecclesiastique, liv. 1. tit. 6, nombre 13, Jus summæ, mediæ ac infimæ coërcitionis.*

De altâ mediâ & bassâ Jurisdictione. Voyez le 31. ch. *du Stile du Parlement*, dans Du Moulin, *tome 2. p. 442.* & sur les Notes, *p. 469.*

Des droits de la haute, moyenne & basse Justice, suivant l'usage de Dauphiné. *Voyez Salvaing, de l'usage des Fiefs, chap. 57.*

De la Justice, haute, moyenne, basse & foncière. *Voyez Papon, liv. 7. tit. 7. n. 33.*

Justice, haute, moyenne & basse. *Voyez Pontanus, Coutume de Blois, art. 10. §. altam verbo quibusdam. Voyez la nouvelle Pratique Civile, 1. part. liv. 1. ch. 2.*

494 De quelles causes peut connoître le Juge d'un Seigneur qui a moyenne & basse Justice? *Voyez Bouvot, tome 1. part. 2. verbo, Juge, quest. 1.*

495 *Habere leges & batalas.* C'est avoir la Justice Civile & Criminelle; c'est-à-dire, Justice haute, moyenne & basse. *Salvaing, de l'usage des Fiefs, chapitre 97. page 490.*

496 Du droit de ban & de pignoration, appellé *jus bannisandi, & pignorandi in nemoribus, pascuis & hortis,* suivant Chassanée, *sur la Coûtume de Bourgogne, tit. des Justices & droits d'icelles, rubr. 1. n. 97.* Quoyque par l'Arrêt donné en la Chambre de l'Edit de Paris le 24. Juillet 1654. entre le sieur de Calvisson, & Barthelemy Ricard de Nîmes, au sujet de la Jurisdiction du lieu de Caissargues, *Jurisdictio banni & causarum civilium*, dont il est parlé dans un hommage fait au Roy en 1270. par les Conseigneurs dudit lieu, ait été seulement rapporté à la Justice haute; il faut que cet Arrêt ait été mal conçû; & en tout cas il ne doit pas être tiré à consequence; parce que *Jurisdictio banni*, désigne la Justice moyenne; & le *mixtum Imperium* des Latins, qui donne la connoissance des causes civiles, pecuniaires & de ban; ce qui est conforme à la doctrine de Chassanée; *loco citato*; & à la doctrine de *Petrus Jacobi,* celebre Jurisconsulte de la ville de Montpellier, vers le commencement du quatorzième siecle, qui dit dans sa Pratique, *In formâ libell. suprà Jurisd. Jus bannisandi in nemoribus, pascuis & aliis locis est de mixto Imperio: post bannum enim fit statim pignoratio quæ est de mixto Imperio.* V. Graverol, *sur la Rochestavin, des Droits Seigneuriaux, chapitre 36. article 1.*

497 Le Juge qui a la Justice haute, moyenne, & basse, connoît privativement au Juge qui a seulement la Justice moyenne & basse, d'un crime commis dans un village de leur dépendance. Arrêt du Parlement de Dijon du 11. Janvier 1614. *Bouvot, tome 2. verbo, Justice, question 3.*

498 Le Seigneur haut Justicier peut avoir *Litres* au dedans & dehors de l'Eglise; *Patronus verò tantum ad intra.* Voyez Mornac, *L. 4. Cod. de Religiosis & sumptibus,* où il parle de l'origine des Litres.

499 Il est permis de faire mettre à execution les Lettres Royaux au Territoire des Seigneurs; le Sergent executeur des Lettres, doit demander congé au Seigneur qui a haute Justice, & non à celuy qui a moyenne. *Chopin, Coûtume de Paris, liv. 1. tit. 2. n. 52.*

500 Les Seigneurs hauts Justiciers, par l'art. 55. de l'Ordonnance d'Orleans, doivent salarier les Officiers de gages honnêtes, faire administrer la Justice en certain lieu, & avoir prisons seures, qui ne doivent être plus basses que les rez de chaussée.

501 Par Arrêt du Parlement de Normandie du 14. Novembre 1547. il a été jugé qu'en toute batterie où il y a effusion de sang, c'est au haut Justicier d'en connoître; & le bas Justicier doit renvoyer le fait pardevant le Juge superieur de la Justice, *Sic & Præfectus Vigilum capitales causas remittebat ad Præfectum Urbi, vel ad Præfectum Prætorio, L. unicâ, & ubi gloss. Cod. de off. Præf. Vigil.* rapporté par Berault, *sur la Coûtume de Normandie, art. 25.* in verbo, *Sang & Playe.* Jovet, verbo, *Juges, Justice, Jurisdiction, nombre 136.*

502 Arrêt du Parlement de Toulouse du 13. Septembre 1552. contenant les droits qui appartiennent aux Justiciers, hauts, moyens & bas, rendu entre les deux Seigneurs de Malbose, & le Procureur General du Roy. *La Rochestavin, des Droits Seigneuriaux, ch. 36. art. 1.*

503 Le 13. Septembre 1552. en la cause des sieurs de Malvese & de Caiarc, Arrêt notable, portant distinction des Jurisdictions, haute, moyenne & basse, & de leurs faculté & proprieté. A la haute appartient la connoissance des crimes punissables de mort, naturelle ou civile, abscission de membres, effusion de sang, jointe avec notoire infamie. A la moyenne, les cas requerant legere castigation corporelle, bannissement à temps, amende honorable, provisions de tutelles & curatelles, publication de testamens, confection d'inventaires, insinuation de donations, dénonciation de nouvel œuvre, & cause des ports, chemins, eaux & édifices. A la basse, toutes autres actions civiles, personnelles, réelles ou mixtes. *Mainard., liv. 2. ch. 19.*

504 Anciennement les Seigneurs Justiciers exerçoient eux-mêmes la Justice. C'est pour cela qu'ils étoient obligez de soûtenir le bien jugé de leurs Sentences; & quand il étoit mal jugé, le Seigneur payoit l'amende. L'article 27. de l'Edit de Roussillon de l'année 1564. en a autrement disposé, en ordonnant que les Seigneurs commettroient des Juges, qu'ils pourroient être revoquez à leur volonté. *Voyez M. Louet, lettre O. sommaire 4.* Bacquet, *des Droits de Justice, chap. 18. nomb. 1.* Mais suivant la Jurisprudence presente, les Seigneurs ne sont pas responsables de la mauvaise administration de leurs Officiers, à moins qu'on ne justifie qu'il y a eû de la collusion entre les Seigneurs & leurs Officiers.

505 Le Seigneur de Fief qui a Justice jusques à soixante sols simplement, n'a que basse Justice. *Tronçon, Coutume de Paris, art. 69. verbo, Seigneur haut Justicier, circà medium.*

506 Par Arrêt du Parlement de Roüen du 24. Novembre 1547. le bas ni le moyen Justicier ne peuvent connoître des crimes, où il y a effusion de sang, *V. Pesnelle, sur l'art. 25. de la Coût. de Normandie.*

507 Inventaire de biens, partages, dotions de tutelle, appartiennent aux hauts Justiciers. Arrêt du Parlement de Paris du 15. Janvier 1579. en faveur des Chanoines de l'Eglise de Troyes, sieurs de Macey & Magny-Vallon, contre le sieur de Montgueux, qui avoit acquis les Droits Royaux de ces lieux. Il fut ordonné que l'Arrêt seroit publié au Bailliage de Troyes. *Bibliotheque du Droit François, par Bouchel,* verbo, *Police.*

Vuu iij

508. Police & réalité sont de simple Jurisdiction, & non de haute Justice, comme marquet le ban des vendanges. Arrêt du 22. Juin 1600. en faveur des Religieux de *Clairvaux*, prenans le fait & cause pour leurs Officiers sur les Terres de Bougny, Barroville & Colombey. *Ibidem*.

509. Le moyen Justicier peut faire *Papier Terrier*, & obtenir Lettres à cette fin pour contraindre ses Censitaires à reconnoître les redevances, & s'inscrire à son papier ; mais il ne peut faire proclamer ses Tenanciers à cry public & son de trompe au Territoire du Seigneur haut Justicier, dans lequel le Fief est situé, ni prendre le nom du Fief du Seigneur haut Justicier. Arrêt du 10. Avril 1607. *Chenu*, 2. *Cent. quest.* 31.

510. Le Seigneur moyen & bas peut faire un Papier Terrier. *Bacquet*, *des Droits de Justice*, ch. 27. nomm. 20. Les espaves ne luy appartiennent pas, mais bien au haut Justicier. *Bacquet*, *des Droits de Justice*, chap. 33. nombre 11.

511. Bas Justicier doit plaider devant le Juge du Seigneur haut. Jugé au Parlement de Toulouse le 13. Decembre 1622. pour M. Ydriard, Conseiller au Sénéchal, Seigneur haut & moyen du lieu des Cassés, contre les bas Justiciers. Il fut aussi arrêté en cette affaire, que lesdits bas Justiciers ne pourroient prendre la qualité que de Conseigneurs en la basse Justice, non de Conseigneurs simplement. *Cambolas*, *liv.* 4. *ch.* 44.

512. Un Seigneur haut Justicier ne peut donner à son Vassal la moyenne & basse Justice en sa Terre, qu'il tient en Fief de luy, d'autant qu'il n'appartient qu'au Roy seul à donner & établir les Justices & Jurisdictions. *C. M. Coutume de Paris*, tit. 1 §. 1. glos. 5. n. 62.
Arrêt du 3. Juillet 1625. *Du Frêne*, *liv.* 1. chap. 61. Voyez *les Notables Arrêts des Aud. Arr.* 119.

513. Celuy qui a haute & moyenne Justice, peut en affeageant stipuler la reconnoissance des mêmes Justices, sur son nouveau Vassal ; ce qu'il ne pourroit pas faire, s'il n'avoit droit de Justice avant l'affeagement. Arrêt du Parlement de Bretagne du mois de Janvier 1626. rapporté par *Frain*, p. 357. Voyez l'annotation d'*Hevin*, *sur les Justices Féodales*.

514. Si les Officiers des Seigneurs hauts Justiciers, peuvent connoître des Contracts passez sous seel Royal, entre les sujets desdits hauts Justiciers ? La cause appointée le 5. Janvier 1626. *Du Frêne*, livre 1. chapitre 77.

515. Au procés de Messire de Pellevé, Comte de Flers, contre les Officiers de Vire, pour la moyenne Justice, qu'il disoit avoir en sa Comté de Flers ; on traita la question, s'il y avoit *moyennes Justices en Normandie*, & quelle pouvoit être leur competence, la Coûtume n'en faisant aucune mention, & n'en trouvant d'autres exemples que ceux de l'Abbesse de Caën, dans le fauxbourg de Saint Gilles, de Jumieges, & de quelques autres. La Cour ne décida point s'il y avoit moyenne Justice ; il fut dit seulement par Arrêt du mois de Février 1634. qu'il auroit telle Justice qu'elle étoit déclarée par ses aveus, & qu'il l'avoit possedée auparavant. L'affaire parut si obscure, que la Cour ne trouva pas à propos de s'en expliquer autrement, ni de décider ce que c'étoit que moyenne Justice. *Basnage*, tit. *de Jurisdiction*, article 37.

516. En la Province de Normandie, les moyennes & basses Justices n'ont aucun exercice ordinaire réglé de Jurisdiction, & toute leur fonction ne consiste qu'en la conservation & perception des droits Seigneuriaux, à l'exception de quelques extraordinaires, declarez dans les articles 24. 25. 26. 27. 28. 29. 30. 32. 36. & 37. les Justices semblent être de la qualité de celles qui, les Auteurs appellent Foncières & Censives : d'autant plus qu'il n'y a point de Fiefs en Normandie qui n'ayent cette Justice, qui est inherente ; de maniere que tout Seigneur de Fief peut commettre un Juge, un Greffier & un Prévôt, pour tenir les plaids & gages-pleges, aux fins de la manutention & jouïssance de ses droits ordinaires & casuels. *Voyez Pesnelle*, *sur la Coûtume de Normandie*, art. 13.

517. Il faut observer que la prestation de divers hommages, énonçant qu'ils sont faits pour la Justice d'un lieu, l'établissent, pourvû qu'ils soient fort anciens & toujours renouvellez sous la même énonciation. Jugé à Toulouse le 30. Août 1645. pour le sieur Marquis de Calvisson, lequel fut maintenu en la haute Justice du lieu de Clarensac, en consequence des hommages que ceux qui l'avoient precedé, avoient souvent rendus depuis le 17. Juillet 1400. à plusieurs Rois. *Graverol*, *sur la Roche-flavin*, *des Droits Seigneuriaux*, ch. 36. art. 1.

518. Les Seigneurs hauts Justiciers ayant un Bailly d'ancienneté dans leur Justice, n'y peuvent établir un Lieutenant ou autre Officier nouveau. Arrêt du P. de Paris du 19. Juin 1652. *Du Frêne*, liv. 7. ch. 7.

519. Le 29. Janvier 1657. il fut jugé à Rouen qu'un bas Justicier peut pour son interest connoître d'un treiziéme pour s'en faire payer, & faire ordonner la saisie ; ce qu'il ne peut faire quand il s'agit de la liquidation du treiziéme, & qu'il y a diversité de tenures. *V. Basnage*, titre *de Jurisdiction*, art. 18.

520. Seigneur haut Justicier ne peut instituer deux Juges, l'un en chef, & l'autre par subrogation generale. Jugé au Parlement d'Aix le 13. Février 1672. *Journal du Palais*.

521. Les Seigneurs hauts Justiciers qui n'ont point d'Auditoire pour rendre la justice, seront tenus d'en donner dans six mois, avec défenses aux Juges subalternes de rendre la justice sous les Porches des Eglises, dans les Cimetieres, & dans les Cabarets. Arrêt du 28. Avril 1673. *De la Guess.* tome 3. liv. 7. ch. 4.

518. Declaration du Roy du 26. Janvier 1680. qui porte que les Juges des Justices Seigneuriales, seront Avocats. Voyez *Boniface*, tome 3. liv. 2. tit. 1. chap. 11.

521 bis. Matiere dont les hauts, moyens, & bas Justiciers, peuvent connoître.

Le haut Justicier *habet jus gladii* ; il connoît de toutes matieres Civiles & Criminelles, & peut suivant l'exigence des cas prononcer telle condamnation de mort ou de bannissement qu'il juge raisonnable, observant dans ses jugemens les formes prescrites par les Ordonnances : il est neanmoins exclus de connoître des cas Royaux, qu'il doit renvoyer au Juge Royal ; les desherences appartiennent au Seigneur haut Justicier, les espaves, confiscations des meubles & immeubles étant dans l'étenduë de sa haute Justice, excepté dans les cas de Leze-Majesté, divine & humaine, entre lesquels est la fausse monnoye, pour raison desquelles desherences, espaves, amendes & confiscations, le Procureur Fiscal se pourvoit pardevant le Juge de la haute Justice, laquelle est composée d'un Juge, d'un Lieutenant, d'un Procureur Fiscal ; d'un Greffier, Sergent, & doit avoir des prisons, & peut faire dresser fourches patibulaires, à deux pilliers.

Le Juge de la haute Justice connoît de la voirie dans l'étenduë de sa Justice par les chemins publics ; mais non pas des grands chemins Royaux, dont la connoissance appartient aux Grands Voyers Royaux, privativement à tous autres, même la concurrence pour les chemins non Royaux avec les hauts Justiciers, en cas de negligence des hauts Justiciers.

S'il se trouve un *tresor* caché de memoire d'homme, dont le proprietaire du lieu qui le trouve, en doit avoir la moitié, le haut Justicier l'autre, suivant l'ancien usage : & si un étranger (c'est-à-dire, autre que le proprietaire) le trouvoit, il devoit se partager par tiers ; sçavoir, un tiers à celuy qui le trouve, un tiers au proprietaire, & le troisième tiers au Seigneur haut Justicier ; & de ce fait le Juge du haut Justicier en connoît, à l'exclusion du moyen & bas Justicier : & à l'égard du Seigneur qui a le droit d'une moyenne Justice, son Juge pourra connoître. 1°. De toutes les actions civiles, personnelles, réelles & mixtes. 2°. Il connoîtra de tous les delits qui se commettent dans l'étendue de son teritroite, quand la condamnation ne doit être que d'une amende de 60. sols, & au dessous, & il peut avoir Juge, Greffier, Procureur d'Office, Sergent & Prisons, & si l'amende excedoit 60. sols, il doit renvoyer la cause au haut Justicier.

Il a le droit de faire les Tutelles, Curatelles, Inventaires, & apposer les scellez.

Il a le droit de faire arpenter & mesurer les heritages, & planter les bornes par les Sentences qu'il rendra ; l'élection des Messiers se fera devant le Juge du moyen Justicier, & taxera leurs salaires ; mais il n'a aucun droit sur la voirie des grands chemins publics, ce qui appartient au haut Justicier, aussi-bien que l'étalonnage des mesures de grain & de vin.

Le Seigneur qui *a moyenne Justice*, ou son Procureur Fiscal peut faire appeller les Censitaires devant son Juge pour être condamnez à payer les cens, & peut prononcer l'amende contre les redevables, telle que la Coûtume des lieux l'a ordonné.

En matière criminelle, le moyen Justicier peut informer, même decreter, & dans les 24. heures, pourroit faire l'instruction, jusqu'à Sentence diffinitive exclusivement ; & ensuite il doit faire transferer les prisonniers dans les prisons du haut Justicier, & y faire porter le procés ; & si la condamnation, l'amende de 60. sols sera ajugée au moyen Justicier ; mais après les 24. heures, il ne peut plus en prendre connoissance, ni faire aucune instruction.

Le Juge du *bas Justicier*, peut connoître de toutes les actions personnelles, pourvû que le principal de l'amende n'excede pas 60. sols parisis, & des delits, dont la condamnation d'amende est de 10. sols, & au dessous ; le bas Justicier peut informer & arrêter les Délinquans & les renvoyer, avec l'information au haut Justicier, sans pouvoir decreter : il peut aussi ordonner & faire planter les bornes sur les heritages de son Territoire, pourvû que ce soit du consentement des parties interessées.

Le Seigneur Censier qui a la basse Justice, peut assigner pardevant son Juge pour le payement des cens, & condamner les refusans en l'amende, lorsque la Coûtume l'a ordonné.

Les Memoires qui furent donnez lors de la réformation de la Coûtume, étoient conformes à ces Décisions, & quoyque ceux qui ont travaillé à la réformation n'ayent pas jugé à propos d'en faire un Titre dans la Coûtume de Paris, l'usage a toûjours été de les suivre. Acte de Notorieté donné par M. le Lieutenant Civil du Châtelet de Paris le 29. Avril 1702. *V. les Actes de Notorieté*, page 145.

SEIGNEUR ABUSANT DE LA JUSTICE.

523 Des divers cas esquels les Seigneurs Justiciers sont privez de leurs droits de Justice. *V. Despeisses*, tome 3. *des Droits Seigneuriaux*, tit. 6. art. 6.

524 Seigneurs hauts Justiciers ne doivent molester leurs justiciables, ni abuser de leur Justice. *Voyez Bacquet, des Droits de Justice*, chap. 18. où vous trouverez plusieurs Arrêts.

525 De la perte de la Jurisdiction encouruë par le Seigneur qui maltraite ses justiciables. Il y en a plusieurs Arrêts rapportez par *Guy Pape*, en sa quest. 62.

526 Le Duc de Bretagne ayant abusé de sa Justice, contre la Dame de Rieux ; par Arrêt du Parlement de Paris de l'an 1394. elle fut declarée pendant sa-vie & celle du Duc, exempte de sa Justice, & qu'elle dépendroit de celle du Roy. Seigneur qui abuse de sa Justice contre son Sujet, en doit être privé. Arrêt du Parlement de Paris du 21. Novembre 1558. Papon, liv. 23. tit. 5. nomb. 1. Le Caron, au 2. liv. de ses Rép. chap. 17. Guy Pape, quest. 62. Boyer, quest. 304. Chopin, au 2. liv. du Domaine de France, tit. 8. art. 10.

527 Arrêt du Parlement de Paris du 9. Juin 1455. par lequel un nommé Albie a été adjugé exempt de la Jurisdiction, foy & hommage dûs à l'Evêque de Nantes son Seigneur Féodal & Justicier, durant la vie d'iceluy Evêque, parce qu'il l'avoit maltraité. Arrêt semblable du 3. Decembre 1551. au profit du sieur de Boisvert, contre le sieur de Chambon son Seigneur, qui l'avoit calomnieusement accusé ; le sieur de Boisvert & ses descendans furent affranchis de sa Jurisdiction. Papon, liv. 23. tit. 5. n. 2.

528 Arrêt du Parlement de Paris de l'année 1549. pour le Vicomte de Miremont, contre le nommé Crespat son Vassal, qui avoit malversé en la Justice de son Fief ; elle fut ajugée au Seigneur Vicomte, pour la tenir en son nom durant la vie de Crespat, la proprieté reservée aux enfans, ausquels elle étoit acquise avant les malversations. Papon, liv. 14. tit. 2. n. 8.

JUGES DE SEIGNEURIES.

529 Les Comtes & Barons de France tenant du Roy leur principales Seigneuries, quoyqu'ils ayent d'autres tenuës d'autres Seigneurs, doivent être justiciez pour le fait de leurs personnes, par le Juge Royal, & ne peuvent demander leur renvoy pardevant les autres Seigneurs, encore qu'ils aillent demeurer aux Seigneuries qu'ils en tiennent. Jugé contre le Comte de Sancerre, à la Toussaints 1266. Plus de tous Officiers ou Commissaires du Roy, les appeaux sortissent au Roy seul. *Additions à la Biblioth. de Bouchel*, verbo, *Royaume*.

530 En Pays Coûtumier le Sujet ne peut decliner sans le Seigneur ; *secus*, en Pays de Droit écrit, à moins qu'il n'ait fait soûmission, au Juge duquel il veut decliner. Arrêt du Parlement de Paris du 11. May 1330. Papon, liv. 7. tit. 7. n. 17.

531 La Cour a pratiqué de tout temps que si pour attirer un procés devant le Juge Royal, on obtenoit exprés des Lettres Royaux, sans qu'il en fût besoin (comme rarement aux petites Chancelleries on refuse de la cire pour de l'argent) le Seigneur haut Justicier étoit bien fondé à demander le renvoy de la cause. Témoin l'Arrêt du Duc d'Alençon, pour sa Vicomté de Château-neuf en Timerais, de l'an 1518. par lequel la Cour infirma la Sentence du Bailly de Chartres, qui l'avoit débouté du renvoy en une cause de vendication, où le Demandeur avoit obtenu Lettres pour être relevé de la prescription. *Voyez la Bibliotheque de Bouchel*, verbo, *Lettres Royaux*.

532 C'est une maxime que les Juges Subalternes ne peuvent juger hors le lieu de leurs Jurisdictions ; *extra territorium enim jus dicenti impunè non paretur juxtà L. final. ff. de Jurisd. om. Jud.* Conformément à cela fut une Sentence renduë par le Sénéchal de Saint Gervais, hors son détroit, cassée par Arrêt d'Audience du même Parlement, du 18. Novembre 1628. comme pareillement une autre Sentence du Sénéchal de Fontaine-le-Bourg, par autre Arrêt du 16. May 1536. rapporté par *Berault, sur la Coût. de Normandie*, art. 30.

533 Par Lettres Patentes du Roy Henry II. du 23. Septembre 1552. il est ordonné que l'Edit fait par le feu Roy François au mois d'Octobre 1545. touchant la Jurisdiction des Juges ordinaires & Consuls des Villes ; & l'Arrêt donné sur la publication d'iceluy le 3. Septembre 1546. sortiront leur plein & entier effet, tant és Jurisdictions du Roy, qu'en celles de ses Vassaux, sieurs Justiciers, comme s'ils étoient compris & nommez en iceluy, contenant en consequence permission aux Seigneurs Justiciers de créer & établir Juges en leurs Jurisdictions, quoyque par la Coûtume ancienne les Consuls exerçassent leur Jurisdiction, comme il étoit porté à l'égard de la Justice du Roy. *La Rocheflavin, des Droits Seigneuriaux*, ch. 26. Art. 4.

534 Jugé au Parlement de Paris le 21. Novembre 1555. pour un Gentilhomme de Poitou, que le Seigneur ne pouvoit contraindre ses Vassaux demeurans hors de sa Jurisdiction, de venir plaider devant son Juge, même en cause féodale ; mais qu'il falloit se pourvoir au Juge Royal du domicile du Vassal, afin que le Juge dans le Territoire duquel le Fief est situé ne fût privé de sa Jurisdiction. *Voyez Rebuffé, sur le Concordat*, au tit. *de Causis*

535. Par Arrêt du Parlement de Roüen du mois de Février 1559. il fut défendu aux Juges Subalternes d'être Receveurs des Seigneurs dont ils sont Juges, rapporté par *Berault*, *sur la Coût. de Norm. art. 25.* & Jovet, *verbo* Juges, Justice, Jurisdiction, *nombre* 107.

536. L'article 27. de l'Ordonnance de Roussillon en 1564. n'est plus en usage, en ce qu'il rend les Seigneurs responsables du mal jugé des Officiers par eux établis.

537. Quand celuy qui est domicilié dans une haute Justice, est ajourné devant un Juge Royal, dans le Territoire duquel cette haute Justice n'est point enclavée; le haut Justicier n'est point tenu d'aller demander le renvoy; & même son justiciable le peut demander sans être reclamé par luy. L'article 15. de la Coûtume de Normandie, tit. de Jurisdiction, n'ayant lieu que quand on est ajourné devant le Juge Royal, dans le détroit duquel la haute Justice est enclavée; quand cela n'est pas, on peut luy opposer avec raison, que *extra territorium jus dicentis impunè non paretur*. Arrêts des 13. Novembre 1663. & 20. May 1670. rapportez par *Basnage*, *tit. des Jurisdictions, art.* 15.

538. Le Juge du Seigneur ne peut point connoître des causes d'entre le Seigneur ou le Vassal ou Tenancier, lorsque le Fief est dénié, ou lorsque la cause ne regarde pas la Seigneurie. *Clar. §. Feudum, quæst. ult. id.* Argent. *generaliter, art.* 45. gl. 2. n. 3. Vid. Loïs, *des Off. liv. 5. ch. 4. n.* 31. & *des Seign. ch.* 10. n. 77. M. Abraham la Peirere, *en ses décisions du Palais*, *lettre I. n.* 81. dit, Par Arrêt de la Chambre de l'Edit, moy plaidant pour le Seigneur de la Trimoüille, les blâmes du dénombrement baillé par le Seigneur de Biron, comme Seigneur de Brisambourg, relevant de Taillebourg, furent renvoyez devant le Juge de Taillebourg.

539. Le Juge du Seigneur est competent de connoître de la Complainte. *Chopin, Andeg. liv.* 1. ch. 2. *nomb.* 7. La Peirere, *ibid. nombre* 74. dit, Je crois que dans l'ordre de la Justice, les Senéchaux ne peuvent point s'attribuer la connoissance des simples Arrêts de querelles, à l'exclusion des ordinaires, ains seulement des réintegrandes. Il rapporte un Arrêt rendu au Parlement de Bourdeaux.

Arrêt le 18. Mars 1672. Président M. de Gourgues, plaidans Poitevin & Abbestart, entre Maître Luc David, & quelques habitans d'entre deux mers, par lequel la Cour renvoya l'action en Arrêt de querelle intentée par ledit David au Sénéchal de Guyenne, devant le Juge Royal d'entre deux mers, nonobstant la prévention dudit Sénéchal. *Ibidem.*

540. Lieutenans d'un Juge se doivent créer par le Seigneur, & non par le Juge. Arrêt du Parlement de Bourdeaux du 7. Septembre 1529. Autre Arrêt du Parlement de Toulouse. *Papon, liv.* 4. tit. 12. n. 10.

541. Arrêt du 18. Janvier 1555. qui défend aux Seigneurs Justiciers de donner l'état de Prévôt ou de Procureur de la Seigneurie à celuy qui en sera Fermier. *Biblioth. de Bouchel, verbo, Prévôt.*

542. Par l'Edit des Consignations publié en Decembre 1563. & plus exprés pour celuy de Roussillon en 1564. art. 24. il fut enjoint aux Seigneurs ayans deux degrez de Jurisdiction d'opter l'un des deux; auquel cas iceux retenans le Bailly, celuy qui étoit Prévôt, doit porter nom & qualité du Lieutenant, & se doivent regler à l'instar des Juges Royaux, pour l'exercice, profits & émolumens de leurs états, suivant l'Arrêt donné en Juillet 1574. entre le Bailly & Lieutenant de Pythiviers. Que s'il y avoit Lieutenant du Bailly, l'ancienneté & le merite seront considerez. Jugé pour le Prévôt de *Coulommier*, le 22. May 1565. de sorte que l'ancien demeure, s'il n'y a aucun reproche contre luy. *Papon, page* 1364.

543. Quand deux Consigneurs ont choisi deux diverses personnes pour le Bailly, le premier reçû & institué, demeure au préjudice de l'autre, quand même il seroit le premier pourvû, sauf à luy d'exercer l'état de Lieutenant. Arrêt du 18. Juin 1565. *Ibidem.*

544. Les Justices sont patrimoniales en France, & le Roy n'en peut disposer au préjudice des Seigneurs. Jugé pour le Chapitre de *Nôtre-Dame*, en Avril 1581. & pour le Comté d'*Eu*, en Decembre suivant. *Papon, liv.* 4. tit. 1. n. 1.

545. Les Juges des Seigneurs sont competens pour les droits Seigneuriaux, même pour le ban des *vendanges*. Arrêt du Parlement de Dijon du 26. Juillet 1602. *Bouvot, tome* 2. verbo, *Jugement, quest.* 9.

546. Pour *larcin* fait au Seigneur, son Juge est competent. Arrêt du Parlement de Bourgogne du 21. Juillet 1618. *Ibidem, quest.* 14.

547. Les Officiers des Seigneurs hauts Justiciers n'ont aucun pouvoir sur les Officiers du Roy, & la Justice temporelle des Seigneurs Ecclesiastiques, ne peut être exercée par des Prêtres. Arrêt du mois d'Avril 1606. dans M. le Bret, *liv.* 5. *décis.* 7.

548. Seigneurs Justiciers peuvent commettre leurs Avocats & Procureurs Fiscaux, pour rendre la Justice en l'absence ou recusation des Juges, à l'exclusion des autres Avocats & Procureurs du Siege. Ainsi jugé au Parlement de Paris le 17. Juillet 1641. en faveur des Officiers de Madame la Duchesse de Nevers. *Bardet, tome* 2. liv. 9. ch. 27.

549. Le Juge d'une Terre peut connoître seulement des differends qui sont entre le Seigneur & ses justiciables, pour les droits Seigneuriaux. Voyez *Salvaing, de l'usage des Fiefs, ch.* 93.

550. Arrêt du Parlement d'Aix du 22. May 1643. qui a jugé que le Seigneur de Fief ne peut faire la fonction de Juge aux causes de ses Vassaux. *Boniface, tome* 1. *liv.* 3. tit. 2. ch. 1.

551. Arrêt du 24. Octobre 1671. qui a jugé que ceux de la Religion Prétenduë Réformée ne peuvent pas exercer des Charges de Justice aux lieux des Seigneurs hauts Justiciers. *Boniface, tome* 3. *liv.* 2. *tit.* 3. *ch.* 8. Il s'agissoit aussi de sçavoir si les Juges des Seigneurs peuvent prêter le serment pardevant les Seigneurs hauts Justiciers? L'affirmative a plusieurs autoritez & préjugez.

552. Deux Juges, l'un en chef, & l'autre par subrogation generale, ne peuvent être instituez par un Seigneur haut Justicier. Arrêt du Parlement d'Aix du 13. Février 1672. *Au Journal du Palais.*

553. Les Juges des Justices ressortissans nuëment aux Cours de Parlemens, seront Avocats, & autres Reglemens concernant les degrez, avec la Declaration du Roy du 26. Janvier 1680. registrée le 12. Avril suivant. *De la Guess. tome* 4. *liv.* 3. ch. 11.

554. On ne peut faire vendre pardevant les Justices ordinaires des villages, les effets des maisons mortuaires, dont des mineurs se trouvent heritiers, quoique la vente soit volontaire. Nuls particuliers, ni même les Seigneurs des villages, ne peuvent faire vendre leurs bois, ni en passer les baux pardevant les Officiers de Justice desdits villages. Arrêt du Parlement de Tournay du 11. Decembre 1697. rendu après partage d'opinions, qui fait défenses aux Bailly, Aman, & Gens de Loy d'Esclebée, de passer de semblables Contracts, à peine de tous dépens, dommages & interêts des parties. *V. M. Pinault, tome* 2. *Arrêt* 195.

JUSTICE, PROCEDURE CRIMINELLE.

555. En matiere de delits commis en la Justice du haut Justicier, c'est chose constante par toute la Jurisprudence, que lorsqu'il y a effusion de sang, encore que ce ne soit que d'un coup de poing, la connoissance en appartient au haut Justicier, & non au moyen Justicier; comme il fut jugé au profit des Comtes de Soissons, contre les Celestins dudit lieu, par Arrêt du 24. Novembre 1561. La Cour du Parlement de Paris en la Grand-Chambre, avoit auparavant statué en Novembre 1547. qu'en toute batterie, où il y aura effusion de sang, ce seroit cas de haute Justice, non de moyenne & basse. Jovet, verbo, *Seigneurs, n.* 33. Voyez cy-dessus le nombre 522. bis.

La

JUI   JUI

556. La procedure criminelle faite par un Juge subrogé par le Fermier Seigneurial, est nulle. Arrêt rendu au Parlement de Provence le 3. Mars 1674. *Boniface, to. 5. liv. 3. tit. 6. ch. 2.*

557. Le Seigneur est obligé de payer le pain du prisonnier & les frais de la geole, quand il n'y a point de partie civile. Arrêt du 28. May 1675. contre M. le Comte de Carces. *Ibid. liv. 5. tit. 14. ch. 4.*

558. Les Officiers d'un Seigneur qui n'a qu'un jour de Jurisdiction dans le lieu, peuvent faire des procedures criminelles sur le fait de la chasse, la Jurisdiction étant indivisible. Arrêt du 3. Avril 1677. *Ibid. li. 3. tit. 6. ch. 1.*

559. Arrêt du 4. Decembre 1682. qui fait défenses aux Concierges, Huissiers & autres, d'executer & contraindre les Fermiers des Sieurs Duc & Grand Prieur de Vendôme, pour les fournitures, épices, & jugemens des procés criminels faits pour les prisonniers, durant le temps que la procedure leur est faite par la Cour, lesquels sont detenus dans les prisons du Palais. *Ibid. li. 5. tit. 14. chap. 3.*

560. Si la connoissance d'un excés arrivé dans un grand chemin, appartient au Juge du lieu où il a été commis, ou au Seigneur à qui les regales appartiennent, ou au Sénéchal? Arrêt du même Parlement de Provence du 20. Septembre 1687. qui confirme la procedure des Officiers du lieu. *Boniface, to. 5. li. 3. tit. 1. ch. 24.*

561. Les Officiers des Seigneurs hauts Justiciers, ne peuvent informer ni decreter contre les Ecclesiastiques, constituez aux Ordres sacrez, ni contre les Beneficiers. *Memoires du Clergé, tome 3. part. 4. page 54.*

JUSTICE AVEC LE ROY.

562. Voyez les Ordonnances recueillies par Fontanon, *to. 1. liv. 2. tit. 16. page 475.* M. Dolive, *liv. 2. chap. 23.* & l'Ordonnance de Roussillon.

563. Des Seigneuries & Justices que les Ecclesiastiques ont en pariage avec le Roy. Voyez les *Memoires du Clergé, tome 3. part. 3. tit. 2. ch. 2.*

564. Arrêt du 8. Mars 1605. rendu entre le Procureur General du Roy, & le Seigneur moyen & bas Justicier, du lieu de *Gignac*, dont le Roy avoit la haute Justice, par lequel il fut jugé que chacun pourroit créer un Juge pour les droits qui le concernent; sçavoir, le Roy pour l'exercice de la haute Justice, & l'autre pour la moyenne & basse; & le 23. Novembre 1584. entre le sieur Degouts, Seigneur moyen & bas, & par moitié de la haute Justice de *Barthes*, d'une part, & Nicolas Gregoire, Juge de *Villelongue*, & M. le Procureur General d'autre; sçavoir, que la Justice haute dudit lieu de Barthes, seroit exercée par ledit Gregoire, comme Juge de Villelongue, au nom & profit commun, tant du Roy que dudit Degouts; declarant aussi la Cour ne n'entendoit empêcher que la moyenne & basse Justice dudit lieu, jusques à la somme de 60. sols & au dessous, ne fût exercée par le Juge & autres Officiers dudit Degouts, lesquels il pourroit ausdites fins commettre. *Cambolas, liv. 4. ch. 2.*

565. Jugé par Arrêt du Parlement de Dijon du 9. Août 1612. entre le Roy & les Chartreux de Dijon, que les Chartreux ayant les trois quarts en la Justice, la feroient exercer par trois ans par leurs Officiers, & le Roy un an par les siens; & au bout de quatre ans, les Officiers du Roy prendroient le quart des émolumens de la Justice, & les Officiers des Chartreux les trois quarts. *Bouvot, tome 2. verbo, Justice, quest. 1.*

566. Un Juge de Seigneur, dont la Jurisdiction appartient conjointement avec le Roy, peut connoître d'un assassinat, & des excés commis dans un chemin public & Royal. Arrêt du Parlement de Bourdeaux du 12. Janvier 1672. *Journal du Palais.*

JUIFS.

De Judæis & Infidelibus. Per Marquard de Suzanis Utinens.

De Judæis, sive contra Judæos. Per Isidorum, Episcop. Hispalensem.

De Judæorum Infantibus baptisan. Per Udaltricum Zasium.

De fœnore Judæorum. Fratris Xisti Medices Veneti.

Des Juifs, & prohibition d'exercer par eux des usures. *Ordonnances de Fontanon, tome 1. liv. 3. tit. 75. page 687.*

1. Statutum fuit & ordinatum quod aliqui Christiani, seu Christianæ non morarentur in domibus Judæorum, ut eis serviant, & quod Judæi aliquos Christianos, seu Christianas, in suis domibus, ut eis serviant, retinere non præsumant. Arrêt de l'an 1280. *Biblioth. Canonique, tome 1. page 751. col. 2.*

2. Visâ inquestâ factâ, per Joannem de Caprosia, tunc Ballivum Vernolii, de mandato Magistrorum, Scacarii, pronunciatum fuit in Parlamento Pentecostes, anno Domini 1288. quod Dominus Philippus primogenitus Comitis Atrebatensis remanebit in saisinâ recipiendi censam annuam à Judæis Domini Regis, quando se transferunt apud Nonancuriam. Ex registro olim. fol. 79.

3. In eodem Parlamento dictum est quod Judæi in terris Baronum qui habent aliam justitiam, non possunt remanere contra voluntatem ipsorum Baronum. Ibid.

4. Item in eodem Parlamento dictum fuit quod Prælati, aut eorum Officiales non possunt pœnas pecuniarias Judæis infligere, nec exigere per Ecclesiasticam censuram; sed solùm modo pœnam à Barone statutam, scilicet Communionem fidelium sibi substrahere. Ibid.

5. In Parlamento octavâ sancti Martini anno Domini 1281. preceptum fuit Ballivo Vernolii, & quibusdam aliis pro Comite Alenconii, quod Judæi morantes in terrâ ipsius Comitis tempore quo fuit adeptus possessionem dictæ terræ, adhiberentur eidem. Sed si posteà Judæi Regis, ibidem, se transtulerunt, Domino Regi remanebunt. Ex registro olim, folio 59.

5. Cum Abbas & Procurator Conventûs Monasterii Beatæ Mariæ de sancto Petro super Dyvam, nobis conquesti fuissent, quod gentes nostra in præjudicium dicti Monasterii & contra statutorum Abbatis & Conventus voluntatem tenebant Judæos in dictâ villâ : Auditis super hoc dictis Abbate & Procuratore Conventûs, & Ballivo nostro Cadomensi pro nobis; in Parlamento Pentecostes anno Domini 1290. injunctam fuit dicto Ballivo, ut dictos Judæos expelleret à villâ prædictâ. Ex registro olim. fol. 84.

6. In Parlamento quindenæ Candelosæ, anno Domini 1290. ordinatum fuit, Domino Rege præsente & præcipiente, quod omnes Judæi, qui in regno Franciæ de Angliâ & Vuasconiâ venerant, à dicto Regno Franciæ infra mediam quadragesimam expellantur. Ex registro olim, folio 88.

7. An habens rem cum Judæâ comburi debeat? V. Joan. Galli. quæst. 387.

Petrus, alias Joannes Hardy, fuit combustus per Ballivum Episcopi Parisiensis, eo quia rem habuerat cum quadam Judæâ : & tamen Gauffredus Boussart, non fuit combustus, quamvis habuisset rem cum Judæâ ; sed fuit propter furtum suum suspensus, & fuit ratio in primo, ut dicunt quidam, quia in primo casu dictus Hardy habuit ex Judæâ liberos, qui Judæi remanserunt : in secundo casu non : sed hoc procedere non credo, tùm quia habere rem cum Judæâ à Christiano, est rem habere cum cane, juris interpretatione : sic comburi debet, tùm quia oportet esse regulam uniformem in hâc materiâ.

8. Præpositus Parisiens. Judæos quorum nomina sequuntur, Samuël le Ny, Bellevigne de l'Etoile, Abraham de Sannis, Moreau de Laon, Auguin du Bovre, Raphaël Abraham, Joseph Dupont de Vaulx, condemnavit per suam sententiam comburendos, & c. consultus super hoc per multos Clericos, cujus ratio fuit, quia pecuniam dederant, & consulebant cuidam nominato Denis de Machaut, quondam Judæo & facto Christiano, ut recederet à Villâ Parisiens. & reverteretur ad Judaïsmum: nec non dimitteret quemdam processum quem inchoaverat contrà Judæos Parisiens. coram reformatoribus, coram quibus tradiderat quosdam articulos contrà ipsos Judæos.

9 Item *Curia fecit congregari multos Magistros in Theologiâ & alios Clericos. 6. die Apr. ann. Dom.* 1341. *& quid fecit, ignoro, quia non interfui; tamen fuerunt propter hanc causam congregati.* Item, *septimâ die hujus mensis, & anni, Curia per Arrestum suum, & ex causis certis quæ ipsam moverunt ut sit dictum, Arrestum pronuntiando dictas appellationem & sententiam posuit ad nihilum, & dictos Judæos condemnavit*, à faire revenir ledit Denis de Machaut, par détention de leurs corps, & s'ils ne le font venir, la Cour fera de leurs corps ce qu'elle jugera à propos; en outre la Cour les condamna à être battus par trois Samedis, & en trois lieux; sçavoir, en l'Échafaut des Halles, & en un échafaut qui sera fait en Grève, & en un qui sera fait en la Place Maubert. Item, les condamna en 10000. liv. parisis, solidairement l'un pour l'autre, & à tenir prison jusqu'à plein payement, dont il sera aumôné 500. liv. à l'Hôtel-Dieu de Paris: & le surplus montant à 9500. liv. sera employé & converti à faire un pont de pierre, qui se commencera à une tour qui est à petit Pont, pour aller à la porte de derriere de l'Hôtel-Dieu, & là sera une Croix de pierre, où il sera écrit que ce Pont a été fait pour la punition des Juifs; ils furent ensuite bannis du Royaume, & leurs biens confisquez, ladite somme préalablement prise. *Bibliotheque Canonique*, tome 1. *page* 751. *& suiv.*

10 Ordonnance touchant les Juifs & les Usuriers, & la réformation du Royaume. A Reims le 21. Octobre 1363. *Ordinat. antiq.* vol. A. fol. 56.

11 D'un Juif rendu à l'Evêque de Paris, & à l'Inquisiteur conjointement, par Arrêt du Parlement de Paris du 15. Janvier 1371. *Corbin, suite de Patronage, chapitre* 41.

12 Arrêt du Parlement de Paris du 17. Janvier 1374. qui fait défenses aux Juifs d'user en ce Royaume de Nurduy, ni Samacha, ni Herem entr'eux. *Corbin, suite de Patronage, ch.* 55.

13 Edit qui abroge la coûtume de confisquer les biens des Juifs, quand ils embrassent la Religion Catholique. A Abbeville le 4. Avril 1392. *Ordon. antiq.* vol. A. fol. 130.

14 En l'an 1393. plusieurs Juifs assemblez à Paris ayant tué un Chrétien, les autres pendus, les autres fustigez, & toute leur troupe condamnée en 18000 écus, qu'ils payerent, & qui furent convertis en l'achat de la pierre, pour achever le petit Châtelet & le petit Pont, que Hugues Aubriot Prévôt de Paris, avoit commencez. *Biblioth. Canon.* tome 1. p. 753.

15 Edit portant défenses aux Juifs d'habiter dans le Royaume. A Paris le 17. Septembre 1394. *La Thaumas. page* 734.

16 Les Juifs residans en la Sénéchaussée de Poitou, commettans des insolences extraordinaires, en sont chassez par Lettres Patentes du 19. May, regitrées au Livre des Arrêts du Parlement, commençant en l'an 1520. *Corbin, suite de Patronage, ch.* 87.

17 Le Roy Henry II. pour engager les Turcs au Christianisme, leur permit, aussi-bien qu'aux Juifs, de venir à Paris, & d'assister aux Sorboniques, à la charge qu'ils ne pourront exercer l'usure. *V. Henrici Progymnasmata.* Arrêt 149. en 1556.

18 Des Juifs. *Voyez Chorier, en sa Jurisprudence de Guy Pape, page* 125. où il observe que depuis 1452. il ne leur a plus été permis de faire de résidence ni de commerce dans le Dauphiné, ni dans le ressort de son Parlement, qui permit seulement aux Juifs d'Avignon par Arrêt du 17. Juillet 1557. *de passer & repasser dans la Principauté d'Orange pour leur commerce, & d'y séjourner trois jours, à la charge de ne point dogmatiser*; mais à l'égard du Dauphiné même, on ne leur y accorde de séjour que de trois jours seulement; le Parlement l'ayant ainsi ordonné, par Arrêt du 10. Janvier 1665. de l'avis des Chambres; & cet Arrêt leur enjoint de n'en sortir aprés ce temps-là, à peine du foüet, & de confiscation de leurs marchandises, argent & meubles.

19 Les Juifs ausquels il a été permis par les Dauphins d'acquerir proprietairement des terres & domaines, ne joüissoient d'aucun privilege, ni exemption de tailles. *Voyez la quest.* 395. *de Guy Pape.*

20 Declaration qui ordonne que les Juifs sortiront du Royaume, A Paris le 23. Avril 1615. regitrée le 15. May de la même année.

JUMEAU.

DES jumeaux, & qui doit être réputé l'aîné. *Voyez* le mot, *Ainesse, nombre* 134. Henrys, tom. 1. *liv.* 6. *question* 8. & M. *le Brun, Traité des Successions, liv.* 2. *chap.* 2. *sect.* 1. *n.* 9.

JUREMENT.

1 PAr Arrêts du P. de Paris des 22. Février 1353. & 18. Juillet 1354. il est fait mention *de juramentis cum quintâ manu, quod purgationis genus*; par quelques Coûtumes anciennes, celui qui étoit accusé de crime, se pouvoit purger par son serment, & il étoit absous, ayant vingt Chevaliers de créance, qui juroient pour luy; fut ainsi excusé le Châtelain de Noyon, dans les Arrêts de Toussaints 1379. & en un Arrêt au Conseil du 16. Janvier 1384. il est fait mention des Compurgateurs qui juroient qu'un autre avoit fait bon serment & dit verité. *Voyez la Biblioth. de Bouchel*, tome 2. p. 475. où est observé un Arrêt du mois de Septembre 1260. en faveur d'un homme qui devoit se purger de crime par douze personnes.

2 Le Procureur du Roy en la Sénéchaussée de Toulouse, pour avoir en plaidant juré en colere le *sang-dieu*, fut sur le champ arrêté prisonnier en la Conciergerie; & par Arrêt donné le 29. Mars 1434. fut condamné à faire amende honorable en presence de la Cour & de l'Official de Toulouse, & ce faisant demander pardon à Dieu & au Roy, & à payer une amende à la Chapelle de 40. liv. ce qui fut executé le même jour. *Biblioth. de Bouchel*, verbo, *Injures.*

Voyez les mots, *Blasphême, Sacrilege, Serment.*

JUREZ.

1 ENtre Maître Jean le Meilleur, & François Hux Intimé; la Cour fait défenses à l'Intimé de donner aucun empêchement aux Commissaires, Jurez & Députez, d'entrer és maisons pour faire les visitations & rapports, & de vendre vin sans attacher un brandon à leurs portes; avec défenses à tous Juges du ressort de tenir les parties pour raison des devoirs d'impôts & billot en longueur de procés, mais de proceder sommairement & sur le rapport des Jurez & Commissaires, sans appointer les parties en procés ordinaire. Arrêt du Parlement de Bretagne du 26. Avril 1558. *Du Fail, liv.* 1. *ch.* 34.

2 Le 22. Mars 1576. au Parlement de Bretagne, il est dit sur l'Edit de l'élection d'un maître Juré en chacun métier que le Roy créé de nouveau, que les pourvûs seront certifiez capables & suffisans, par deux Maîtres Jurez de chacun métier, auquel ils voudront être reçus, sans que les Maîtres puissent prétendre aucuns frais, & au cas qu'il interviendroit opposition sur l'execution des Lettres, & sur la reception des pourvûs en vertu d'icelles, les parties se pourvoiront aux Juges ordinaires, & par appel en la Cour. *Du Fail*, livre 2. chapitre 515.

3 Par Arrêt du 10. Mars 1563. défenses à tous Jurez & Gardes des métiers, d'intenter procés, ni de faire frais, sinon par l'avis, & aprés en avoir communiqué à la Communauté; la cause étoit d'une taxe faite sur les Gantiers. *Biblioth. de Bouchel*, verbo, *Jurez.*

4 Les Maîtres des Métiers Jurez en la ville de Poitiers, doivent être Catholiques, sans que ceux de la Religion Prétenduë Réformée puissent y être reçus. *Voyez Filleau, en ses décisions, décis.* 72. *&* 133.

5 Par Arrêt du 19. May 1607. en l'Audience de la Tournelle, défens aux Jurez Chandeliers, & à tous

autres Jurez de métiers de prendre ni exiger aucune chose des Maîtres, sous quelque prétexte que ce soit, ni se faire traiter par eux aux cabarets, ou autrement; & eux enjoint, sous peine de punition corporelle, de garder les Reglemens & Arrêts de la Cour. *Addit. à la Biblioth. de Bouchel*, verbo, *Métiers*.

6 Si les Jurez de métiers ont droit de visite chez les Marchands Merciers, pour raison des marchandises que ceux-cy achetent? Arrêt du 28. Janvier 1689. qui appointe. M. Talon conclut en faveur des Merciers, & qu'ils ne fussent sujets qu'à la visite des Gardes seulement. *Au Journal des Audiences, tome 5. livre 5. chapitre 3.*

Voyez les mots, *Maître, Maîtrise*.

JUREURS.

Voyez cy-dessus le mot, *Jurement*.
Jureurs. *Normandie, chap. III. 112. & ailleurs, sunt testes qui jurati testimonium dicunt.* Voyez l'*Indice de Ragueau*, autrement, *le nouveau Glossaire du Droit François*, édition de 1704.

JURISCONSULTE.

Jurisconsulte. *Jurisconsultus. Jurisperitus. Juris, vel legum interpres.*
De origine juris civilis, & omnium Magistratuum, & successione prudentium. D. 1. 2. Histoire des anciens Jurisconsultes.
De responsis prudentum. C. Th. 1. 4. Décisions des Jurisconsultes, & leur autorité.
Voyez *au premier volume de ce Recueil* le mot, *Droit*, où l'on a expliqué sur cette matiere tout ce qui luy est propre.

JURISDICTION.

Voyez cy-dessus le mot, *Juges*.

JUSTICE.

Voyez ibidem, le mot, *Juges*, nombre 480. *& suiv.* où il est parlé de la Justice des Seigneurs; l'on s'étendra davantage sur cette matiere, verbo, *Seigneurs*. §. *Seigneurs, Justice*.

FAITS JUSTIFICATIFS.

Voyez cy-devant lettre F. verbo, *Faits*, nombre 10. *& suiv.* où sont rapportez les Décisions & Arrêts convenables à ce sujet: à quoy il faut ajouter l'application des articles du titre 28. de l'Ordonnance Criminelle de 1670. & la lecture du Commentaire qui en a été faite par M. *Philippes Bornier*.

Comme le desir naturel des accusez, même coupables, est d'écarter les preuves du crime, & d'obtenir leur absolution, il n'est rien qu'ils n'imaginent pour se montrer innocens; l'Ordonnance a voulu les mettre hors d'état d'abuser des moyens de défense qu'elle leur avoit jusques-là preparez; c'est pourquoy elle termine ses dispositions par ce Titre, dont l'execution est rigoureusement maintenuë. Neuf Articles composent ce dernier titre, & sont conçus en ces termes.

Article 1. Défendons à tous Juges, même à nos Cours, d'ordonner la preuve d'aucuns faits justificatifs, ni d'entendre aucuns témoins pour y parvenir, qu'après la visite du procès.

Article 2. L'accusé ne sera point reçû à faire preuve d'aucuns faits justificatifs, que de ceux qui auront été choisis par les Juges, du nombre de ceux que l'accusé aura articulez dans les interrogatoires & confrontations.

Article 3. Les faits seront inserez dans le même Jugement qui en ordonne la preuve.

Article 4. Le Jugement qui ordonnera la preuve des faits justificatifs, sera prononcé incessamment à l'accusé par le Juge, & au plus tard dans vingt-quatre heures; & sera interpellé de nommer les témoins, par lesquels il entend justifier; ce qu'il sera tenu de faire sur le champ, autrement il n'y sera plus reçû.

Article 5. Aprés que l'accusé aura nommé une fois les témoins, il ne pourra plus en nommer d'autres, & ne sera point élargi pendant l'instruction de la preuve des faits justificatifs.

Article 6. Les témoins seront assignez à la Requête de nos Procureurs, ou de ceux des Seigneurs, & oüis d'office par le Juge.

Article 7. L'accusé sera tenu de consigner au Greffe la somme qui sera ordonnée par le Juge, pour fournir aux frais de la preuve des faits justificatifs, s'il le peut faire: autrement les frais seront avancez par la partie Civile, s'il y en a, sinon par Nous, ou par les Engagistes de nos Domaines, ou par les Seigneurs hauts-Justiciers, chacun à son égard.

Article 8. L'enquête étant achevée, elle sera communiquée à nos Procureurs, ou à ceux des Seigneurs, pour donner leurs Conclusions, & à la partie Civile, s'il y en a, & sera jointe au procès.

Article 9. Les Parties pourront donner leurs Requêtes, ausquelles elles ajoûteront telles pieces qu'elles aviseront sur le fait de l'Enquête; lesquelles Requêtes & pieces seront signifiées respectivement, & copies baillées, sans que pour raison de ce il soit besoin de prendre aucun reglement, ni de faire une plus ample instruction.

JUSTIFICATION.

Justification. *Purgatio, est vulgaris, & Canonica. De purgatione Canonicâ. D. Gr. 2. q. 5. totâ, præcipuè. c. 10. & 21. §. hoc autem, usque ad fin. quæst. Extr. 5. 34.*
De purgatione vulgari. Extr. 5. 35.
De duplici purgatione. Inst. L. 4. 2. Voyez les mots *Absolution, Accusation, Crime, Delit, Procés Criminel*.

JUVEIGNERIE.

JUVEIGNERIE OU JUVEIGNEURERIE.

Voyez l'*art.* 134. *de la Coûtume de Bretagne*, le titre 17. de la même Coûtume, & l'*Indice des droits Royaux*, hoc verbo, où l'Auteur des Observations fait celles-cy.

Les cadets succedoient anciennement aux Fiefs en Bretagne; mais comme les Seigneurs recevoient de ces partages un préjudice notable, le Comte Geofroy, du consentement de ses Barons, fit une assise en 1185. par laquelle il ordonna qu'à l'avenir il ne seroit fait aucun partage des *Baronnies* & des *Chevaleries*, que la Seigneurie en appartiendroit toute entiere aux aînez, & que les aînez feroient seulement une provision sortable à leurs puînez. *Concessi, quod in Baroniis, & f odis militum, ulteriùs non fierent divisiones, sed major natu integrè obtineret dominatum, & junioribus majores providerent, & invenirent honorificè necessaria juxtà posse suum.*

L'assise laissa neanmoins au pouvoir des aînez, quand il y avoit dans les successions plusieurs Terres, outre les Baronnies & les Chevaleries, de donner quelques-unes de ces Terres aux puînez, au lieu d'une provision; mais avec cette distinction, que si l'aîné avoit donné une Terre à son puîné, à la charge de la tenir de luy à foy & hommage, ou comme Juveigneur d'aîné, si le puîné décedoit sans enfans, & sans avoir disposé de sa Terre, elle retournoit non pas au frere aîné, qui l'avoit donnée; mais au Chef-Seigneur, qui avoit la ligence, au lieu que la terre retournoit à l'aîné, quand il l'avoit donnée simplement à son puîné, sans la charge d'hommage, ou de la tenir en Juveignerie. Joignez l'article 320. de l'ancienne Coûtume de Bretagne, & l'*art*. 545. de la nouvelle. Cette derniere disposition ayant paru extraordinaire, Jean I. la corrigea en 1275. en ordonnant que quoyque l'aîné eût pris son puîné à homme, en luy donnant quelque Terre, cela n'empêcheroit pas que l'aîné n'y succedât, à l'exclusion du Seigneur de la ligence.

Jean II. qui fut Duc en l'année 1286. dérogea encore à l'assise du Comte Geofroy, en statuant que le pere pourroit diviser les Baronnies entre ses enfans ; & il ajoûta au commencement de l'article 7. tiré de son Ordonnance, tirée en partie des établissemens de France, que le Gentilhomme ne pourroit donner à ses enfans puînez plus du tiers de sa terre. Ce qui comprenoit d'autant plus les Baronnies, qu'elles étoient impartables par l'assise du Comte Geofroy.

Il faut dire que selon la constitution du Duc Jean II. les puînez étoient proprietaires de leurs Terres de quelque maniere qu'il leur fût donné par leur aîné, avec difference neanmoins, que quand les puînez avoient le tiers du Fief, ils les tenoient en même temps en parage & Juveignerie seulement, conformément à l'article 6. de l'assise ; parce que l'aîné ne pouvoit pas être pair avec ses freres, à l'égard d'une chose où ils avoient tout & eux rien. *Joignez d'Argentré, sur l'ancienne Coût. art.* 311. *gloss.* 2. n. 1. & *sur l'art.* 314.

L'Ordonnance du Duc Jean II. ne fut pas neanmoins suivie à cet égard ; car l'Anonyme qui a fait des Notes sur la tres ancienne Coûtume, a écrit sur le chap. 209. que quoyque le tiers dans les Fiefs fût donné aux puînez en proprieté, ils ne l'avoient neanmoins qu'à viage ; & en effet, les articles 547. & 563. de l'ancienne Coûtume déciderent, conformément au témoignage de l'Anonyme, que les puînez n'avoient que l'usufruit de ce tiers.

Quelle part les puînez où les Juveigneurs doivent avoir dans les Baronnies & les Chevaleries.

L'article 542. de la nouvelle Coûtume de Bretagne, dit, que *les anciens Comtes & Barons se traiteront en leurs partages, comme ils ont fait par le passé.*

Les articles 547. & 563. de l'ancienne Coûtume, qui ne donnoient que le tiers en viage aux puînez nobles, ajoûtent, *Fors & excepté les Comtes & Barons qui se traiteront en leurs partages, comme ils ont fait par le passé.*

L'article 209. de la tres ancienne Coûtume, dit que, *toute la Seigneurie doit aller à l'aîné des enfans, és Barons & és Chevaliers, & des enfans aînez, qui en sont issus, & qui noblement se sont gouvernez, eux & leurs prédecesseurs és temps, & qu'il est entendu que les Juveigneurs n'auront en plus que la moitié de l'assise, si n'est tant comme le Duc Jean II. pere du Duc Asture la corrigea, lesquelles choses doivent être gardées, accomplies & enterinées.*

Et de-là les Barons concluent, que c'est en vain que les puînez prétendent fixer le viage au tiers : les puînez opposent à cela que par les Coûtumes voisines, la portion des puînez dans les Comtez & Baronnies, est fixée au tiers.

M. d'Argentré & Hevin, qui sont souvent opposez, conviennent ensemble au sujet du tiers en leur faveur.

La Juveignerie est en parage, ou sans parage, comme on l'a touché cy-dessus. Touchant la premiere, *Voyez les art.* 330. *de la Coût. de Bretagne,* & touchant la seconde, *Voyez l'art.* 331. & 334. mais soit que la Terre tenuë en Juveignerie, soit tenuë en même temps en parage ou non, elle est toûjours tenuë à ligence du Seigneur superieur, lige & prochain de l'aîné. *Voyez les articles* 330. 331. 335. 338. &c.

IVROGNERIE.

Ebrietas an excuset ? Voyez Julius Clar. *li.* 5. §. *fin. quest.* 60. *n.* 39. & *suiv.*

K

**ALENDES.** Comme la Chancellerie Romaine a retenu, ainsi qu'il a été observé, au mot *Ides*, cette ancienne maniere de compter des Romains, il est à propos de dire quelque chose des Kalendes. Le premier jour de chaque mois étoit ainsi appellé, du mot Grec καλεῖν, qui signifioit *vocare ou calere*, appeller, convoquer; parce qu'anciennement le Pontife convoquoit le Peuple, pour luy faire sçavoir combien il y avoit de jours depuis le premier du mois jusqu'aux Nones.

Cette maniere de compter par Kalendes, Nones & Ides, ne laisse pas d'être embarassante; l'on s'y trompe même souvent, à cause que le calcul Romain se fait en retrogradant, & en donnant le nom du mois, qui suit à la moitié des jours du mois qui précede.

Laissant aux Grammairiens les difficultez qui peuvent naître à ce sujet, il est plus expedient de mettre icy la Table, qui marque la réduction du compte des Romains au nôtre, & la maniere d'exprimer les jours de nos mois, selon cet ancien calcul: au moins on trouvera facilement la date, soit des Provisions de Cour de Rome, soit des anciens Titres.

Deux choses sont necessaires pour mettre en Latin ou en François les jours qui sont avant les Calendes. 1. Il faut ajoûter deux jours à chaque mois, s'imaginant que les mois qui ont trente-un jour, en ont trente-trois: que ceux qui ont trente jours, en ont trente-deux; & que Février qui a vingt-huit jours, en a trente. Il ne faut pas en donner davantage à Février dans les années bissextiles, quoy qu'alors il ait vingt-neuf jours: parce que ces années-là on exprime le 24. & le 25. de ce mois de la même maniere, disant deux fois *Sexto Calendas Martias*; avec cette difference neanmoins, que la seconde fois qui est le 25. il faut ajoûter le mot de *bis*, & dire *bis sexto Calendas Martias*. 2. Il faut compter les jours qui sont depuis celuy qu'on propose jusqu'à la fin du mois, y comprenant les deux jours qu'on ajoûte à chaque mois, selon nôtre principe, & le nombre de jours qu'on trouvera, marquera précisément le jour que l'on cherche, tant pour la composition que pour la traduction.

JANVIER.	FEVRIER.	MARS.	AVRIL.
1. *Calendis* Januarii	1. *Calendis* Februarii	1. *Calendis* Martii	1. *Calendis* Aprilis
2. IV. Nonas	2. IV. Nonas	2. VI. Nonas	2. IV. Nonas
3. III. Nonas	3. III. Nonas	3. V. Nonas	3. III. Nonas
4. pridiè Nonas	4. pridiè Nonas	4. IV. Nonas	4. pridiè Nonas
5. *Nonis* Januarii	5. *Nonis* Februarii	5. III. Nonas	5. *Nonis* Aprilis
6. VIII. Idus	6. VIII. Idus	6. pridiè Nonas	6. VIII. Idus
7. VII. Idus	7. VII. Idus	7. *Nonis* Martii	7. VII. Idus
8. VI. Idus	8. VI. Idus	8. VIII. Idus	8. VI. Idus
9. V. Idus	9. V. Idus	9. VII. Idus	9. V. Idus
10. IV. Idus	10. IV. Idus	10. VI. Idus	10. IV. Idus
11. III. Idus	11. III. Idus	11. V. Idus	11. III. Idus
12. pridiè Idus	12. pridiè Idus	12. IV. Idus	12. pridiè Idus
13. *Idibus* Januarii	13. *Idibus* Februarii	13. III. Idus	13. *Idibus* Aprilis
14. XIX. Calendas Febr.	14. XVI. Cal. Martii	14. pridiè Idus	14. XVIII. Cal. Maii
15. XVIII. Cal. Febr.	15. XV. Cal. Martii	15. *Idibus* Martii	15. XVII. Cal. Maii
16. XVII. Cal. Febr.	16. XIV. Cal. Martii	16. XVI. Cal. Aprilis	16. XVI. Cal. Maii
17. XVI. Cal. Febr.	17. XIII. Cal. Martii	17. XV. Cal. Aprilis	17. XV. Cal. Maii
18. XV. Cal. Febr.	18. XII. Cal. Martii	18. XIV. Cal. Aprilis	18. XIV. Cal. Maii
19. XIV. Cal. Febr.	19. XI. Cal. Martii	19. XIII. Cal. Aprilis	19. XIII. Cal. Maii
20. XIII. Cal. Febr.	20. X. Cal. Martii	20. XII. Cal. Aprilis	20. XII. Cal. Maii
21. XII. Cal. Febr.	21. IX. Cal. Martii	21. XI. Cal. Aprilis	21. XI. Cal. Maii
22. XI. Cal. Febr.	22. VIII. Cal. Martii	22. X. Cal. Aprilis	22. X. Cal. Maii
23. X. Cal. Febr.	23. VII. Cal. Martii	23. IX. Cal. Aprilis	23. IX. Cal. Maii
24. IX. Cal. Febr.	*24. VI. Cal. Martii	24. VIII. Cal. Aprilis	24. VIII. Cal. Maii
25. VIII. Cal. Febr.	25. V. Cal. Martii	25. VII. Cal. Aprilis	25. VII. Cal. Maii
26. VII. Cal. Febr.	26. IV. Cal. Martii	26. VI. Cal. Aprilis	26. VI. Cal. Maii
27. VI. Cal. Febr.	27. III. Cal. Martii	27. V. Cal. Aprilis	27. V. Cal. Maii
28. V. Cal. Febr.	28. pridiè Cal. Martii	28. IV. Cal. Aprilis	28. IV. Cal. Maii
29. IV. Cal. Febr.	* Dans l'An Bissextil,	29. III. Cal. Aprilis	29. III. Cal. Maii
30. III. Cal. Febr.	24. *bis* VI. Cal. Martii	30. pridiè Cal. Aprilis	30. pridiè Cal. Maii
31. pridiè Cal. Febr.	25. VI. Cal. Martii	31. pridiè Cal. Aprilis	
	26. V. Cal. Martii		
	27. IV. Cal. Martii		
	28. III. Cal. Martii		
	29. pridiè Cal. Martii		

MAY.	JUIN.	JUILLET.	AOUST.
1. *Calendis* Maii	1. *Calendis* Junii	1. *Calendis* Julii	1. *Calendis* Augusti
2. VI. Nonas	2. IV. Nonas	2. VI. Nonas	2. IV. Nonas
3. V. Nonas	3. III. Nonas	3. V. Nonas	3. III. Nonas
4. IV. Nonas	4. pridiè Nonas	4. IV. Nonas	4. pridiè Nonas
5. III. Nonas	5. *Nonis* Junii	5. III. Nonas	5. *Nonis* Augusti
6. pridiè Nonas	6. VIII. Idus	6. pridiè Nonas	6. VIII. Idus
7. *Nonis* Maii	7. VII. Idus	7. *Nonis* Julii	7. VII. Idus
8. VIII. Idus	8. VI. Idus	8. VIII. Idus	8. VI. Idus
9. VII. Idus	9. V. Idus	9. VII. Idus	9. V. Idus
10. VI. Idus	10. IV. Idus	10. VI. Idus	10. IV. Idus
11. V. Idus	11. III. Idus	11. V. Idus	11. III. Idus
12. IV. Idus	12. pridiè Idus	12. IV. Idus	12. pridiè Idus
13. III. Idus.	13. *Idibus* Junii	13. III. Idus	13. *Idibus* Augusti
14. pridiè Idus	14. XVIII. Cal. Julii	14. pridiè Idus	14. XIX. Cal. Septembr.
15. *Idibus* Maii	15. XVII. Cal. Julii	15. *Idibus* Julii	15. XVIII. Cal. Sept.
16. XVII. Cal. Junii	16. XVI. Cal. Julii	16. XVII. Cal. Augusti	16. XVII. Cal. Sept.
17. XVI. Cal. Junii	17. XV. Cal. Julii	17. XVI. Cal. Aug.	17. XVI. Cal. Sept.
18. XV. Cal. Junii	18. XIV. Cal. Julii	18. XV. Cal. Aug.	18. XV. Cal. Sept.
19. XIV. Cal. Junii	19. XIII. Cal. Julii	19. XIV. Cal. Aug.	19. XIV. Cal. Sept.
20. XIII. Cal. Junii	20. XII. Cal. Julii	20. XIII. Cal. Aug.	20. XIII. Cal. Sept.
21. XII. Cal. Junii	21. XI. Cal. Julii	21. XII. Cal. Aug.	21. XII. Cal. Sept.
22. XI. Cal. Junii	22. X. Cal. Julii	22. XI. Cal. Aug.	22. XI. Cal. Sept.
23. X. Cal. Junii	23. IX. Cal. Julii	23. X. Cal. Aug.	23. X. Cal. Sept.
24. IX. Cal. Junii	24. VIII. Cal. Julii	24. IX. Cal. Aug.	24. IX. Cal. Sept.
25. VIII. Cal. Junii	25. VII. Cal. Julii	25. VIII. Cal. Aug.	25. VIII. Cal. Sept.
26. VII. Cal. Junii	26. VI. Cal. Julii	26. VII. Cal. Aug.	26. VII. Cal. Sept.
27. VI. Cal. Junii	27. V. Cal. Julii	27. VI. Cal. Aug.	27. VI. Cal. Sept.
28. V. Cal. Junii	28. IV. Cal. Julii	28. V. Cal. Aug.	28. V. Cal. Sept.
29. IV. Cal. Junii	29. III. Cal. Julii	29. IV. Cal. Aug.	29. IV. Cal. Sept.
30. III. Cal. Junii	30. pridiè Cal. Julii	30. III. Cal. Aug.	30. III. Cal. Sept.
31. pridiè Cal. Junii		31. pridiè Cal. Aug.	31. pridiè Cal. Sept.

SEPTEMBRE.	OCTOBRE.	NOVEMBRE.	DECEMBRE.
1. *Calendis* Septembris	1. *Calendis* Octobris	1. *Calendis* Novembris	1. *Calendis* Decembris
2. IV. Nonas	2. VI. Nonas	2. IV. Nonas	2. IV. Nonas
3. III. Nonas	3. V. Nonas	3. III. Nonas	3. III. Nonas
4. pridiè Nonas	4. IV. Nonas	4. pridiè Nonas	4. pridiè Nonas
5. *Nonis* Septembris	5. III. Nonas	5. *Nonis* Novembris	5. *Nonis* Decembris
6. VIII. Idus	6. pridiè Nonas	6. VIII. Idus	6. VIII. Idus
7. VII. Idus	7. *Nonis* Octobris	7. VII. Idus	7. VII. Idus
8. VI. Idus	8. VIII. Idus	8. VI. Idus	8. VI. Idus
9. V. Idus	9. VII. Idus	9. V. Idus	9. V. Idus
10. IV. Idus	10. VI. Idus	10. IV. Idus.	10. IV. Idus
11. III. Idus	11. V. Idus	11. III. Idus	11. III. Idus
12. pridiè Idus	12. IV. Idus	12. pridiè Idus	12. pridiè Idus.
13. *Idibus* Septembris	13. III. Idus	13. *Idibus* Novembris	13. *Idibus* Decembris
14. XVIII. Cal. Octobris	14. pridiè Idus	14. XVIII. Cal. Decemb.	14. XIX. Cal. Januarii
15. XVII. Cal. Octob.	15. *Idibus* Octobris	15. XVII. Cal. Dec.	15. XVIII. Cal. Jan.
16. XVI. Cal. Octob.	16. XVII. Cal. Novemb.	16. XVI. Cal. Dec.	16. XVII. Cal. Jan.
17. XV. Cal. Octob.	17. XVI. Cal. Novemb.	17. XV. Cal. Dec.	17. XVI. Cal. Jan.
18. XIV. Cal. Octob.	18. XV. Cal. Nov.	18. XIV. Cal. Dec.	18. XV. Cal. Jan.
19. XIII. Cal. Octob.	19. XIV. Cal. Nov.	19. XIII. Cal. Dec.	19. XIV. Cal. Jan.
20. XII. Cal. Octob.	20. XIII. Cal. Nov.	20. XII. Cal. Dec.	20. XIII. Cal. Jan.
21. XI. Cal. Octob.	21. XII. Cal. Nov.	21. XI. Cal. Dec.	21. XII. Cal. Jan.
22. X. Cal. Nov.	22. XI. Cal. Nov.	22. X. Cal. Dec.	22. XI. Cal. Jan.
23. IX. Cal. Octob.	23. X. Cal. Nov.	23. IX. Cal. Dec.	23. X. Cal. Jan.
24. VIII. Cal. Octob.	24. IX. Cal. Nov.	24. VIII. Cal. Dec.	24. IX. Cal. Jan.
25. VII. Cal. Octob.	25. VIII. Cal. Nov.	25. VII. Cal. Dec.	25. VIII. Cal. Jan.
26. VI. Cal. Octob.	26. VII. Cal. Nov.	26. VI. Cal. Dec.	26. VII. Cal. Jan.
27. V. Cal. Octob.	27. VI. Cal. Nov.	27. V. Cal. Dec.	27. VI. Cal. Jan.
28. IV. Cal. Octob.	28. V. Cal. Nov.	28. IV. Cal. Dec.	28. V. Cal. Jan.
29. III. Cal. Octob.	29. IV. Cal. Nov.	29. III. Cal. Dec.	29. IV. Cal. Jan.
30. pridiè Cal. Octob.	30. III. Cal. Nov.	30. pridiè Cal. Dec.	30. III. Cal. Jan.
	31. pridiè Cal. Nov.		31. pridiè Cal. Jan.

LAB LAD 535

L

ABOUREUR. Quand un Laboureur a d'autres meubles que les arratoires suffisans pour payer la dette, les arratoires ne doivent être saisis. Ainsi jugé par Arrêts du Parlement de Paris & de Toulouse. *Voyez Mainard, livre 8. chapitre 67.*

Arrêt du Parlement de Bourdeaux du 29. Novembre 1531. par lequel les enfans d'un Laboureur après la mort de leurs pere & mere, voulant s'aider de la possession en laquelle ils prétendoient être des terres qu'ils avoient labourées, ont été déboutez, parce que ce n'étoit pas jouïr, de faire ce qu'ils faisoient, mais servir pere & mere. *Papon, liv. 6. tit. 1. nomb. 6.*

Un Laboureur offrant du grain & autres gages, ne doit point être saisi en bêtes & autres choses servant au labour à peine de dépens, dommages & interêts. Arrêt du 12. Septembre 1551. Par ce même Arrêt la Cour enjoignit à tous les Sergens de bailler copies de leurs Exploits d'execution, sur peine de suspension de leur état. *Idem, liv. 18. tit. 5. nomb. 40.*

Declaration du 3. Novembre 1590. portant Reglement pour la seureté des Laboureurs, contenant 22. articles.

Si la contrainte par corps a lieu contre les Laboureurs? *Voyez le mot, Contrainte par corps, nomb. 8.*

Si les Laboureurs peuvent être executez? *Voyez le mot, Execution, nomb. 50.*

Edit portant exemption en faveur des Laboureurs de toutes executions en leurs corps, bestiaux, & meubles servant au labourage, à Paris le 16. Mars 1595. registré le 21. du même mois 1. volume de l'Ordonnance d'Henry IV. fol. 401. *Fontanon, tome 2. liv. 3. tit. 33. pag. 1191. Neron, pag. 444. Corbin, pag. 772.*

Laboureurs ne peuvent être établis Commissaires aux heritages saisis sur le Seigneur. *Voyez le mot, Commissaires, nomb. 38. & 39.*

M. René Chopin, *liv. 1. de privil. rustic.* dit que la Cour se trouva empêchée sur cette question, sçavoir si un Laboureur peut être établi Commissaire; témoins l'Arrêt Danglure & autres, par lesquels tels Commissaires appellans ont été déchargez, & ordonné qu'au lieu plus prochain en seroient choisis d'autres. Toutefois la Cour suit un temperament; sçavoir que si le Seigneur ne demeure sur le lieu, le sujet ne laisse d'être chargé, comme il fut jugé le 1. Octobre 1575. contre les deux habitans de Montmirel appellans de ce qu'ils avoient été établis Comimissaires aux biens du sieur de la Rochepot & Montmirel, défenses de les troubler à peine de quatre mille livres.

TERRES LABOURABLES.

Du changement des terres labourables, par rapport au droit que doivent exercer les Decimateurs. *Voyez le mot, Dîme, pag. 135. & suiv.*

LABOURS ET SEMENCES.

Les fruits des heritages propres, pendans par les racines au temps du trépas de l'un des conjoints par mariage, appartiennent à celuy auquel advient ledit heritage, à la charge de payer la moitié des labours & semences. C'est la disposition de l'art. 231. de la Coûtume de Paris. *Voyez l'art. 59. de la même Coûtume* & les Commentateurs qui expliquent toutes les difficultez qui peuvent se présenter au sujet de la repetition & restitution des frais de labours & semences.

Le Seigneur joüissant pour son droit de relief du revenu d'un an du fief de son vassal, est tenu de luy rendre, ou à ses Créanciers, les labours, semences & frais.

Arrêt rendu au Parlement de Paris le 21. May 1649. fondé sur ce que *fructus non intelliguntur nisi deductis impendiis,* suivant plusieurs loix citées au *Journal des Audiences, tome 1. liv. 5. chap. 43.*

Estimation des labours & semences, & des frais de recolte. *Voyez l'Ordonnance de 1667. tit. 30. art. 3.*

LADRE.

Voyez hoc verbo, & au mot, Service, le Glossaire du Droit François, ou l'Indice des Droits Royaux & Seigneuriaux par Ragueau.

Les Ladres sont exclus des Benefices; il est vray que si la ladrerie leur étoit survenuë après qu'ils auroient été pourvûs, & admis, ils ne seroient pas privez de leur Benefice; mais l'administration leur en seroit interdite, & on leur donneroit un Coadjuteur qui auroit sa nourriture & son entretien sur les fruits du Benefice. *Cod. fad. liv. 1. tit. 3. diff. 53.*

Arrêt du premier Juin 1446. qui condamne un Ecclesiastique du Chapitre de Carcassonne diffamé d'être ladre & déféré par le Sacristain, à se representer aux dépens des delateurs dans un mois pour être visité par Medecins & Chirurgiens & autres à ce Experts de Montpellier, pour leur visite & relation rapportée y être pourvû ainsi qu'il appartiendroit, luy défendant cependant & jusqu'à ce qu'autrement en soit ordonné de converser avec les sains. *La Rochestavin, livre 6. tit. 60. Arrêt 2.* Le même Arrêt est rapporté dans la *Bibliotheque Canon. tome 2. page 17. col. 1.*

Commandement fait par Arrêt du Parlement de Bretagne du 10. Mars 1567. à un habitant de Leon, soupçonné d'être ladre, de se retirer à part dans une maison. Défense de frequenter le peuple, jusqu'à ce que par le Medecin soit fait plus ample rapport de sa personne. *Du Fail, liv. 3. chap. 98.*

Ladre peut tester & disposer librement de son bien, & non point un Paralitique. Arrêt du Parlement de Paris. *Papon, liv. 20. tit. 1. nomb. 19.*

Lanio cujusdam oppidi honestissimam fœminam palam ac publicè leprosam vocaverat, hoc addito paratas sibi esse probationes; statuit judex qu'elle seroit visitée & pinsetée: ab omnibus parentibus cùm illa junctis sui appellatum: confirmata est sententia sub pœna multæ honoris publicæ litisque æstimationis & & quanti interfuturum esset viduæ si calumniator comperiretur lanio. Arrêt du 6. Août 1600. Mornac, *l. 5. ff. de actionibus empti, &c.*

La connoissance d'un Ladre appartient au Juge Royal privativement au Juge du lieu. Arrêt du Parlement de Dijon du 9. Juillet 1619. Bouvot, *tome 1. part. 3. verbo, Ladre, quest. 1.*

Sur la dénonciation d'un Ladre vassal faite par le Procureur Jurisdictionnel de son Seigneur; *Voyez la 4. conclusion du sieur de Roquayrols, Procureur General en la Chambre de Castres.* Le dénoncé fut declaré de bon sens & de bonne extraction, avec dépens, dommages & interêts, contre le Seigneur qui fut condamné à faire cette Declaration & en l'amende.

Un ladre peut se marier. Arrêt du Parlement de Dijon du 20. Février 1581. suivant le chapitre *quoniam extr. de conjug. leprof.* Bouvot, *tome 1. part. 3. verbo, Ladre, quest. 2.*

Lorsqu'on veut faire une compensation d'injures, celle de ladre fait toûjours tomber la balance du côté de l'injurié, parce qu'outre qu'elle luy peut nuire personnellement, pour l'établissement de sa famille, d'ailleurs elle choque & interesse toute la consanguinité. *La Rochestavin, liv. 2. lettre I. tit. 5. Arr. 1.*

LAICS.

Mémoires de quelques raisons principales en 1599. pour lesquelles Messieurs du Clergé de France ne peuvent ni ne doivent souffrir la nouvelle introduction qui se met en avant de créer des pensions sur le revenu temporel des Benefices à personnes Laïques. *V. les Ordonnances de Fontanon*, tome 4. page 1000.
Voyez le mot *Pension*, nomb. 93. *& suiv.*

LAINES.

1 ARrêt du Parlement de Toulouse du 26. Novembre 1566. qui casse des contrats de vente de laine, & en ajuge le prix aux pauvres, & fait défenses à toutes personnes d'acheter laines, d'autres que de Marchands trafiquans, ou de ceux qui ont bêtail portant laine, à peine de 4000. livres d'amende & autre arbitraire. *La Rocheflavin*, liv. 2. *lettre* L. *tit*. 1. *& 5. Arr*. 3. Le même Arrêt rapporté dans la *Bibliotheque du Droit François par Bouchel*.

2 De la dîme de laine. *Voyez* le mot, *Dîme*, nombre 338. *& suivans*.

3 Statuts & Reglemens pour les manufactures & teintures de laines & soyes. *Par*. 1669.

LANGUE.

1 SI celuy qui ignore la Langue Latine peut tester en cette Langue? *Voyez Bouvot*, tome 1. *part*. 3. verbo, *Testament*, quest. 10.

2 Que tous Contracts, Arrêts, Sentences, & autres Actes de Justice seront expediez en langage maternel François, & que l'année commencera d'être comptée du premier jour de Janvier. Ordonnance de François I. en 1539. & de Charles IX. en 1563. rapportez par *Fontanon*, tome 1. liv. 4. tit. 3. *pag*. 742.

3 Langue des bestiaux appartiennent à plusieurs Seigneurs du Lyonnois & du Forêt; mais ils ne peuvent prétendre les langues des veaux, parce que sans elles les têtes ne seroient pas de debit. Arrêt du Parlement de Paris du 21. Juin 1656. rapporté par *Henrys*, tome 2. liv. 3. quest. 9.

Il est parlé de ce droit de langue dans *Chopin*, sur la Coûtume d'*Anjou*, liv. 2. part. 2. chap. 2. titre 4. nombre 3.

LANGUEDOC.

1 DEs privileges du Languedoc. *Voyez Escorbiac*, titre 27.

2 Des Officiers du Languedoc, & Reglement de la Justice audit pays. *Ordonnances de Fontanon*, tome 1. liv. 2. tit. 6. page 242.

3 Edit fait sur la remontrance des Députez des trois Etats de la Province de Languedoc, portant que cette Province sera toûjours gouvernée, & regie suivant la disposition du Droit écrit; qu'il y aura un Parlement, pour rendre la Justice aux habitans, qui ne seront tenus d'aller plaider hors leur Province: confirmation de tous leurs Privileges; & autres Reglemens, tant pour les Tailles, que pour la Jurisdiction & le nombre des Officiers de Judicature. A Tours en Mars 1483. registré au Parlement de Toulouse le 15. Juillet 1484. *Ordonnances de Fontanon*, tome 2. page 844. Chopin sur Pat. *lib*. 3. *tit*. 2. *n*. 4.

4 En la donation du pays de Languedoc, & union à la France dont les titres sont és archives des Etats, furent accordées entre le Roy & le Pays, trois conditions tres-importantes, l'une que le Pays useroit du droit Romain, l'autre qu'il n'y auroit au Pays, Gouverneur ou Lieutenant Géneral pour le Roy qui ne fût Prince du Sang; l'autre que le Roy ne mettroit sur le Pays, Tailles ni subsides, sans le consentement de ses Etats; mais quoique sa Majesté soit tenuë de payer les Officiers de justice de son propre Domaine, le Pays fournit aux gages de la Cour de Parlement au moyen d'un subside mis sur le Sel. *Voyez Mainard*, livre 4. *chapitre* 58.

LAQUAIS.

ARrêt du Parlement de Paris du 19. Juillet 1615. en forme de Reglement qui en condamnant un Laquais d'être pendu, fait défenses à tous Seigneurs, Gentilshommes & autres, de faire porter par leurs Laquais, leurs épées ou autres armes, sur peine d'en répondre en leurs noms : enjoint au Lieutenant Criminel de Robe courte, Prévôt de l'Isle & leurs Officiers d'y tenir la main. *Bibliot. de Bouchel*, verbo, *Laquais*.

Declaration portant défenses aux Pages & aux Laquais de porter aucunes armes, à peine de la vie. A Paris le 22. Janvier 1655. registré le 23. dudit mois, 5. vol. des Ordonnances de Loüis XIV. fol. 30. Ces défenses ont été renouvellées par autre Declaration du 25. Juin 1665.

LARCIN.

VOyez hoc verbo, *La Bibliotheque du Droit François par Bouchel*, & *le second tome des Arrêts du Parlement de Dijon*, recueïllis par *M. Job Bouvot*.
Voleur & vol. L. 174. *D. de verb. sign.*
Chose volée, chose qui manque : *res qua abest*. L. 13. §. 1. 2. *& 3.* L. 14. *D. de verb. sign.*
De furtis. D. 47. 2... *Paul*. 1. 31... *Lex* 12. *tabb. t.* 24. *Extr*. 5. 18... *Extr. co*. 5. 5... *Inst. Lanc*. 4. 6.
De obligationibus quæ ex delicto nascuntur. Inst. 4. 1. Ce titre ne parle que du vol.
De vi bonorum raptorum. Inst. 4. 2... *D*. 47. 8... C. 9. 33.
De pœna furti. F. 2. 17. §. 6. 7. & 8.
De furtis & servo corrupto. C. 6. 2... *D*. 11. 3. Ceux qui débauchoient les Esclaves d'autruy, commettoient une espece de vol.
De fugitivis. D. 11. 4. Ce titre parle des Esclaves qui se sauvoient de chez leurs Maîtres; ce qui étoit un vol ou larcin de leur propre personne. *Nota* L. 1. §. 2. & L. 3. *hoc tit*. qui prescrivent comment se doit faire la recherche de la chose volée. *Voyez aussi la Loy des* 12. *tables, tit*. 24. L. 6. *& les Inst*. 4. 1. §. 4.
De fugitivorum furtis. Papin. 17.
De servis fugitivis, & libertis mancipiisque civitatum, &c. C. 6. 1.
De conditione furtiva. 13. 1... C. 4. 8. Revendication de la chose volée.
De tigno juncto. D. 47. 3... *Lex* 12. *tabb. t*. 24. L. 7. Action de vol contre celuy qui a pris des materiaux servans à bâtir, ou des échalas de vigne, & autres choses semblables. *Tignum, hic, pro omni materia, ex quâ ædificium constat, sicut & pertica seu pedamenta vinearum*.
De actione rerum amotarum. D. 25. 2... C. 5. 21. L'enlevement d'effets, la spoliation, & le recelé, par le mary & par la femme, sont effectivement un vol; mais on luy donne le nom de choses enlevées, *rerum amotarum*, pour adoucir l'expression.
De tutelæ actione, & rationibus distrahendis. D. 27. 3. Contre la soustraction & l'enlevement des effets pupillaires, par le Tuteur; ce qui est aussi une espece de vol.
Si is, qui testamento liber esse jussus erit, post mortem Domini, antè aditam hereditatem, subripuisse aut corrupisse quid dicetur. D. 47. 4. Contre l'Esclave institué heritier, avec la liberté, qui a spolié l'hoirie.
Furti, adversus nautas, caupones, stabularios. D. 47. 5... *D*. 4. 9. Les Voituriers, Cabaretiers, & autres, sont responsables du vol & du dommage fait chez eux, par leurs gens ou Commis. *Voyez* Cabaretier, Voiturier.
Si familia furtum fecisse dicatur. D. 47. 6. *Familia*, est un nom collectif, comprenant tous les Esclaves, qui appartiennent à un Maître.
De his quæ per turbam fiunt. Paul. 5. 3. Crime, vol, ou dommage fait par plusieurs personnes atroupées.
De incendio, ruinâ, naufragio, rate, nave expugnatâ.
D,

LAR

D. 47. 9. Vol ou enlevement fait pendant un incendie, naufrage, ou autre desordre & malheur public. *De furibus balnearius. D. 47. 17.*

De furibus nocturnis & diurnis, quando eos occidere liceat. Lex. 12. tabb. t. 24. Des Filoux & Voleurs de nuit. *V.* Guet.

Quando liceat unicuique, sine judice, se vindicare, &c. C. 3. 27. Il est permis de se défendre contre les voleurs.

De receptatoribus. D. 47. 16... Paul. 5. 3. §. 4. Des Receleurs.

De his qui latrones, vel aliis criminibus reos occultaverint. C. 9. 39... C. Th. 9. 29. Contre ceux qui recellent les voleurs.

De effractoribus, & expilatoribus. D. 47. 18. Vol avec fracture, & avec violence : Pillage.

De grassatoribus. Leon. N. 70. Voleurs de grand chemin.

De pœna raptoris equi, Const. Imp. Theoph. 5. Injustice & punition d'un Capitaine qui avoit pris par force un beau cheval à un de ses Soldats.

Quibus equorum usus concessus est, aut denegatus. C. Th. 9. 30. Défenses à certaines personnes d'avoir des Chevaux, à cause des vols frequens ausquels ces chevaux servoient.

De abigeis. D. 48. 14... C. 9. 37... Paul. 5. 18. Des voleurs de bétail, *qui abigeunt pecora.* Voyez ce qui a été observé sous le mot *Abigeat.*

Voleurs, quand ne sont pas sujets à la peine de mort. *Leon. N. 64.*

1. Accusation de larcin, *Voyez* le mot, *Accusation, nombre.* 48.
2. Acheteur de chose dérobée. *Voyez* le mot, *Achat, nombre* 9.
3. Des larcins domestiques & autres privilegiez. *Voyez Papon, liv. 23. tit. 6.*
4. *Furis & latronis differentia.* Voyez *Franc. Marc. tom. 2. quest. 4.*
5. *Pœna simplicis latrocinii, qualis esse debeat ? V. ibid. quest. 5.*
6. *Furtum magnum seu egregium, an mortis pœna coercendum sit ?* Voyez *Ibid. quest. 6.*
7. *De re furtivâ quam quis emit & consumpsit, vel in aliam speciem transformavit.* Voyez *Ibidem, quest. 7.*
8. *Statutum quo cavetur, ut emens rem alienam in foro publico bonâ fide restituere, non nisi pretio restituto, teneatur, an valeat ?* Voyez *Ibid. quest. 8.*
9. *Judex Juramentum deferre potest actori, super quantitate & valore rerum furto subtractarum, cui stabitur : quod & procuratori speciale mandatum habentes deferri potest.* Voyez *ibidem, quest. 9.*
10. *Furtum in summâ rerum egestate licitum, præsertim famis tempore.* Ibidem, *quest. 230.*
11. Sur un larcin de fleurs, & dégat d'un parterre. *V. la 7. Conclusion du sieur de Roquayrols Procureur General en la Chambre de l'Edit de Castres.* L'Auteur du larcin fut condamné en 10. liv. d'amende envers la partie civile.
12. Si les grandes & soudaines richesses sont presomption de larcin ? *Voyez M. le Prêtre, 4. Centurie, chapitre 55.*
13. Chasseneuz, nonobstant qu'il soit d'avis qu'on doit punir moins severement les Receleurs que les Larrons, rapporte un Arrêt de 1330. qui condamne à mort une femme pour avoir caché & recelé certaines choses, qu'elle sçavoit être furtives, quoique jamais il ne luy fût arrivé de rien receler que cette fois. Il ajoûte qu'on punit moins severement ceux qui sont receleurs, seulement aprés la chose dérobée, que ceux qui le sont, pour ainsi dire, par avance en promettant leur secours au Larron, avant même qu'il ait dérobé. *Voyez Taisand, sur la Coûtume de Bourgogne, titre 1. art. 5. note. 9.*
14. Le larcin ne doit être puni *pœnâ corporali, sed pœnâ pecuniariâ.* Arrêt du Parlement de Bourgogne du mois de Mars 1557. *Bouvot, tome 1. part. 3.* verbo, *Larcin.*

LAR 537

15. Celuy qui garde une chose qu'il a trouvée, peut être accusé de larcin, *cum retinuerit lucri faciendi animo.* Vide *Pet. Greg. in syntag. juris universi, lib. 10. c. 3. & Bouvot, tome 2.* verbo, *Larrons, quest.* 1.

16. La restitution de quelques obligations que l'on avoit soustraites, pour en fabriquer de fausses, ne peut exempter de la peine. Arrêt du même Parlement de Dijon du 17. Novembre 1607. *Ibidem, quest.* 5.

17. Si le Maître de la chose dérobée peut être contraint à rendre le prix à l'acheteur ? *V. Bouvot, tome 2.* verbo, *Revendication, quest.* 1.

18. Si celuy qui est saisi des chevaux dérobés, peut être condamné à la restitution des *chevaux*, dommages & interêts, ne faisant point appeller ceux desquels il dit avoir acheté les chevaux. *Ibidem, quest.* 5.

19. Arrêt du 23. jour d'Août 1547. qui renvoye au Viguier de Toulouse, la connoissance des larcins & malversations commis par les nommés Vinsague & Pelissier, & enjoint aux Capitouls de Toulouse de faire publier à son de trompe qu'aucune personne de quelque qualité & condition qu'ils soient, n'entrent és vignes d'autruy, jardins, vergers, ou champs garnis d'arbres fruitiers, sous quelque pretexte que ce soit, sur peine d'être corporellement punis, & fait semblable injonction aux autres Juges & Consuls ayant exercice de Jurisdiction. *Arrêts de la Rocheflavin, liv. 3. lettre P. tit. 1. arr. 2.*

20. Par Arrêt du 28. Janvier 1569. deux femmes ayant dérobé du bled à un Moulin bannal, furent bannies pour un an de la Ville & Viguerie, avec défenses de ne commettre tel larcin sur peine de la hart. *La Rocheflavin, des Droits Seigneuriaux, chap. 17. Art. 5.*

21. Arrêt de condamnation à mort, au bannissement, ou autres peines pour des larcins commis dans les Palais des Parlemens. *Voyez la Rocheflavin, des Parlemens de France, liv. 13. chap. 70.*

22. Un coupeur de bourse pris pendant la Playdoirie, ayant confessé son crime à celuy qui présidoit ; quoyqu'il n'y eût que trois livres dans la bourse volée, par Arrêt du 2. Janvier 1549. fut condamné à être pendu. Arrêt rendu en pareil cas le 18. Février 1578. portant seulement condamnation du foüet & à cinq ans de Galeres. Arrêts des Parlemens de Bourdeaux & de Paris conformes au premier des années 1582. & 3. Mars 1588. les prevenus condamnez à être pendus dans la cour, même dans la grande Salle du Palais. *Papon, liv. 23. titre 6. nombre 1.*

23. Par Arrêt du Parlement de Normandie du 10. May 1550. Un jeune garçon âgé de 18. à 20. ans, pris sur le fait ayant coupé une bourse dans la grand' Chambre du Palais durant l'Audience, fut sur le champ débouté de son privilege Clerical, & condamné à être pendu & étranglé, ses biens & heritages confisquez ; & neanmoins ayant égard à son âge, la Cour changea, suivant l'Edit du Roy la peine à perpetuel service de Galeres, avec declaration que si aprés il étoit trouvé hors d'icelles, il seroit pendu & étranglé. *Juvet*, verbo, *Crimes, nomb.* 23.

24. Le 18. Avril 1578. deux Larrons surpris en la Chambre de la Tournelle l'Audience tenant, dont un d'eux avoit tiré le mouchoir de la poche d'un homme & l'avoit jetté par terre se voyant poursuivi, furent condamnez à faire amende honorable, & ensuite condamnez à être pendus. *La Rocheflavin, liv. 2. lettre L. titre 2. Arr. 1.*

25. Le 18. Mars 1581. a été pendu un Voleur qui avoit coupé quelque Bourse dans la Chambre des Requêtes. *Ibidem, Arr.* 2.

26. Arrêt du 18. Decembre 1656. qui condamne un filou pour avoir coupé, pendant l'Audience, les boutons d'argent du manteau d'un Gentilhomme, au foüet, & au bannissement pour 10. ans du ressort du Parlement. *La Rocheflavin, Ibidem, Arr.* 1.

27 Larcin fait en une Chambre d'*Hôtellerie* par l'un de ceux qui y logeoient sans le dol de l'hôte, l'hôte a été déchargé des demandes & conclusions contre luy prises, sans dépens. Arrêt du Parlement de Toulouse du 22. Janvier 1575. *Carondas*, *liv. 7. Rép. 172.*
Voyez le mot, *Hôteliers*.

28 Encore que les *domestiques* ne prennent pas à leur Maître la valeur de dix livres, ils ne laissent pas d'être condamnez à mort pour la premiere fois; en voicy l'exemple. Une Servante de M. Morelet Maître des Comptes, fut condamnée par Sentence du Maire de Dijon, à être pendue, pour avoir derobé une cuillere d'argent avec quelques hardes aux autres domestiques du logis. Cette Sentence fut confirmée par Arrêt du 13. Janvier 1587. *Taisand*, *sur la Coûtume de Bourgogne*, *tit. 1. art. 5. note 5.*

29 Il y eut Arrêt rendu au Parlement de Bourgogne le 30 Juin 1589. par lequel Barthelemy Granger de Beaune ne fut condamné qu'à un bannissement, quoyqu'il fût accusé de plusieurs larcins faits en divers lieux, d'autant qu'il n'y avoit ni plainte, ni preuve précedente, ni aucun jugement rendu contre luy. *Taisand*, *ibidem*, *note 6.*

30 Celuy qui achete une chose dérobée, est tenu de la rendre sans aucune restitution du prix. Arrêt du Parlement de Paris du 4. Septembre 1599. contre des Orfévres & Fripiers en faveur du Maître de la chose dérobée. *Bibliotheque de Bouchel*, verbo, *Orfévres*.

31 Si un Pêcheur ayant découvert un coffre d'or & d'argent au fond de la riviere, & l'ayant clandestinement enlevé, sans le notifier comme prétendue épave, à ceux ausquels il pouvoit présumer le coffre appartenir, & se voyant découvert, le leur ayant depuis restitué peut-être puni de peine extraordinaire ? Arrêt du Parlement de Paris du 18. Février 1610. parlequel la Cour séant à la Tournelle, aprés avoir mandé les accusez, & leur avoir fait quelque remontrance, les renvoya absous & les fit sortir par en haut. *Voyez les reliefs Forenses de Rovillard*, *chap. 43.*

32 Non seulement l'acheteur de la chose dérobée doit la rendre au proprietaire, sans en demander le prix ; mais même il luy doit indiquer son vendeur : la raison est, que quand celuy qui a acheté la chose d'autruy ne fait pas en cela le profit du Maître de la chose, ce Maître peut legitimement la repeter sans en rendre le prix ; sauf à l'acheteur d'avoir recours contre le vendeur qui a vendu une chose qui ne luy appartenoit pas ; ainsi jugé au Parlement de Dijon le dernier Février 1616. contre un Orfévre de cette ville qui avoit acheté publiquement & de bonne foy un diamant, qui fut reconnu quelque temps aprés avoir été dérobé par un domestique de M. de Villars Président du Présidial de Lyon, étant certain que si cela n'étoit établi, ce seroit donner la hardiesse à toutes sortes de personnes d'acheter indifferemment toutes choses dans l'assurance que le prix leur seroit toûjours rendu, pourvû qu'ils eussent acheté de bonne foy. *Taisand sur la Coût. de Bourgogne*, *tit. 1. art. 5. note 12.*

33 Le 6. Juillet 1594. il avoit été jugé au Parlement de Toulouse que celuy qui achete du bétail au marché qui avoit été dérobé devoit être remboursé de ce qu'il avoit payé avant que de le rendre ; le contraire a été jugé le 7. May 1625. contre un Orfévre. *Cambolas*, *liv. 2. chap. 5.*

34 Arrêt du Parlement de Toulouse du 12. Juin 1634. rendu contre des gens qui avoient emporté pendant la nuit de dessus les murailles d'un jardin 500. pieds de tulippes ; sur les Conclusions de Messieurs les Gens du Roy, ils furent condamnez simplement en une amende. L'Accusateur conclut à ce que la procedure extraordinaire fût continuée. *Voyez le second Plaidoyé de M. Jean Boné.*

35 Le pere peut faire saisir les choses dérobées, où elles se trouvent ; si elles ne se trouvent pas, & que le fils soit en état de payer la valeur, le pere peut plaider contré luy à fin civile. Arrêt du Parlement de Bourgogne du 19. Mars 1635. *Taisand sur cette Coûtume*, *tit. 1. art. 5. note 6.*

36 Il est constant que celuy qui commet deux larcins, est punissable de mort en Bourgogne ; que par un Arrêt donné en ce Parlement, contre un mandiant âgé de plus de 20. ans, qui pour un larcin qu'il avoit fait d'un chandelier d'argent dans l'Eglise de S. Benigne de Dijon, & pour avoir été déja condamné à un bannissement perpetuel, aussi pour larcin, par un précedent Arrêt rendu en ce même Parlement, fut condamné par un dernier Arrêt du 27. Avril 1635. à faire amende honorable, la torche au poing, nuë tête & en chemise, crier mercy à Dieu, au Roy, & à la Justice ; & pour reparation de ce second larcin être pendu & étranglé au champ du Morimont. *Taisand. Ibidem*, *note 1.*

37 Hôte est responsable du larcin fait en la chambre & cabinet de ses hôtes, & le serment reçû jusques à 500. liv. Arrêt du P. de Paris du 12. Decembre 1654. *Du Frêne*, *livre 8. chapitre 2.*

38 Une femme qui avoit mis la main dans la poche d'un particulier pendant l'Audience, fut condamnée par Arrêt du Parlement de Paris du 25. Janvier 1659. à faire amende honorable, nuë en chemise, pieds nuds, la corde au col & l'Executeur derriere, aprés avoir été battuë & fustigée de verges par tous les carrefours du Bailliage du Palais, être marquée de fleurs de lys sur les deux épaules, ensuite bannie à perpetuité du Royaume. *Jovet*, verbo, *Crimes*, *nomb. 19.*

39 Par Arrêt du Parlement de Paris de l'année 1668. un voleur qui pendant l'Audience avoit arraché des boutons d'or à la casaque d'un Gentilhomme de Lyon, fut condamné sur le champ à faire amende honorable aux pieds des degrez du Palais, à être fustigé & fletry, banny ensuite pour neuf ans, en 24. livres Parisis d'amende au pain des Prisonniers, son procés luy fut fait au même temps. *Jovet*, verbo, *Crimes*, *nomb. 20.* dit qu'il étoit present à la prononciation de l'Arrêt.

40 Arrêt rendu au Parlement de Provence le 15. Février 1670. qui declara la procedure criminelle pour larcin d'une brebis, legitime. *Boniface*, *tome 5. liv. 3. tit. 1. chap. 8.* où il observe que Cujas fut cité pour montrer que la procedure criminelle pour larcin d'une brebis, est juridique.

41 L'acheteur de bonne foy d'une chose dérobée la doit rendre, étant remboursé du prix. Arrêt du 11. Octobre 1670. *Boniface*, *t. 5. l. 3. tit. 8. c. 4.* où sont conciliez la Loy *incivilem* C. *de furt.* qui oblige l'acheteur de la chose dérobée de la rendre à son Maître, sans aucune restitution du prix, & la Loy *Mulier. ff. de capt. & post limin. revers.* qui décide qu'une femme condamnée aux Salins prise par les Larrons, ayant été venduë & ensuite rachetée, le prix en doit être restitué. C'est qui a donné lieu à la distinction des Docteurs, si l'achat est fait de bonne foy ou non : au premier cas, ils décident que le prix doit être rendu ; secùs, au second. La même distinction se trouve établie par *Covarruvias*, & aprés luy par *Julius Clarus*, au §. *furtum*, *num. 26.* Coquille est de même avis dans son Commentaire sur la *Coût. de Nivernois*, *art. 16. des Droits & Châtels*, in verbo, *par Justice.*

42 La procedure criminelle pour le larcin d'un chien declarée nulle, par Arrêt du Parlement de Provence du 16. Juin 1674. L'on alleguoit contre le voleur la loy 3. *ff. de abig.* il opposoit au contraire les autres loix du même *titre* qui ne donnent l'action criminelle qu'aux larcins de bestiaux *gregatim abactis.* *Boniface*, *tome 5. liv. 3. tit. 8. chap. 3.*

LATRINES.

*V*Oyez les articles 191. & 217. de la *Coût. de Paris* & les Commentateurs de la même Coûtume.
S'il y a une maison joignante à une autre, dont les privez sont communs, tombant en même trou & fosse, s'ils sont pleins, & que l'une des parties dise être en possession, que de tout temps l'écurement s'est fait par la

LATTE.

1 LE droit de latte en Provence est un droit penal & odieux, introduit pour punir la demeure du debiteur. Ce droit est acquis au Roy ou à ses Fermiers, par l'exposition de la clameur faite par le Créancier au Greffe de la Cour des Soumissions. Voyez Boniface, tome 2. part. 3. liv. 2. tit. 10. chap. 1.

Il est aussi parlé de ce droit de latte dans l'Indice de M. François Ragueau, edition nouvelle de 1704. verbo, Latte.

2 Arrêt du Parlement de Provence du dernier May 1634. qui a jugé que le debiteur acclamé pour une dette prescrite, ne doit point le droit de latte. Boniface, tome 2. part. 3. liv. 2. tit. 10. chap. 5.

3 Comme la Clameur qui acquiert le droit de latte, doit être signée par la Partie ou par le Procureur, il en est de même de l'augment de demande, quand la Clameur n'a pas été exposée pour toute la dette. Arrêt du 23. Novembre 1639. qui défend aux Procureurs de donner aucun augment de demande aprés l'exposition de clameur, sans Procuration expresse & par écrit. Ibidem, chap. 3.

4 Arrêt du 11. Decembre 1640. qui a jugé que le Debiteur étant exempt du droit de latte, son fidejusseur l'est aussi. Ibidem, chap. 6.

5 Autre Arrêt du 29. Janvier 1646. qui a jugé que le Cessionnaire qui n'a fait intimer la cession, doit le droit de latte de la clameur qu'il a exposée, & non le debiteur. Ibidem, chap. 4.

6 Le 19. Novembre 1657. il a été jugé au même Parlement de Provence que le droit de latte est deu par l'exposition de clameur faite par un Mandataire présomptif. Boniface, ibidem, chap. 2.

LEGAT.

Legat. Envoyé du Pape. Legatus. De officio Legati. Dec. Gr. dist. 1. c. 9... dist. 21. c. 2... dist. 63. c. 10... dist. 94. & 97... 2. q. 1. c. 7. & q. 5. c. 8... 3. q. 6. c. 10... 11. q. 1. c. 39... 25. q. 1. c. 10... Extr. 1. 30... S. 1. 15... Extr. com. 1. 6.

De Legato. Voyez le traité fait per Gondisalvum Villa Diego.

De potestate Legati. Voyez ce qui en a été écrit par Jo. Brunellum.

Conradi Bruni, de Legationibus, lib. 5.

Dionysius Cartusianus, de officio Legati.

Silvester de Legato & Delegat.

Philo Judæus de legatione ad Caium, item ad Flaccum.

Des Legats de nôtre Saint Pere le Pape. V. les Ordonnances de Fontanon, tome 4. tit. 17. page 488.

Voyez hoc verbo, La Bibliotheque du Droit François, & Canonique, par Bouchel, celle de Jovet, le recueil de Tournet, les Définitions Canoniques, le recueil de M. Charles Emanuel Borjon, tome 2.

1 De Legato Pontificis maximi. Voyez Duluc, liv. 1. titre 4.

2 Des Legats. Voyez les decisions du Parlement de Dauphiné recueillies par Franc. Marc, tome 1. quest. 135.

Du Legat qui étoit en France pour la Ligue. Voyez Coquille, tome 1. page 258.

De la puissance du Legat. Voyez M. de Selve, 2. part. tract. quest. 3.

3 Du pouvoir des Legats, & de la forme qui se doit garder quand ils entrent en France. V. la Bibliot. Can. tome 2. page 3. & suiv. où sont aussi marquez les Cas desquels le Cardinal Legat ne se doit entremettre, comme n'étant reservez au Pape: l'ordre de ces décisions est curieux & bien rangé.

4 Il y a trois sortes de Legats, Legatus à latere, Legatus de latere, & legati nati.

Tome II.

Le Legat à latere est choisi dans le sacré College des Cardinaux.

Le Legat de latere missus, est distingué de l'autre, en ce qu'il n'est pas Cardinal, & que neanmoins il est honoré de la Legation Apostolique.

Les Legats nez sont ceux qui non mittuntur sed nascuntur, beneficio dignitatis, non persona, comme sont les Archevêques de Reims & d'Arles en France, de Pise en Italie; ceux d'Yorc & de Cantorbery, en Angleterre, desquels la puissance est beaucoup moindre que celle des Legats à latere. Févret, traité de l'abus, liv. 3. chap. 2. art. 5.

5 Le Pape Innocent III. lib. 4. reg. 16. Epist. 104. marque en peu de mots la dignité de leurs fonctions, disant qu'ils sont envoyez ad exaltationem Ecclesiæ pariter & regnorum, & il releve leur puissance, quand il dit, qu'ils sont commis, ut evellant, aut plantent, destruant & ædificent, ce qui marque un grand pouvoir. Févret, Ibid. art. 2.

6 Ex generali potestate legationis, finitâ Legatione expirant reservationes Legatorum. Voyez Franc. Marc. tome 1. quest. 974.

7 Legatorum potestas restringenda. V. Ibid. quest. 113.

8 Le Legat du Pape étant entré dans le Royaume, ne doit point user de son pouvoir, qu'aprés avoir promis au Roy, par écrit, sous son seing, & juré par ses saints Ordres, de n'user dudit pouvoir dans ledit Royaume, sinon en tant & si longuement qu'il plaira au Roi; & que sitôt que ledit Legat sera averti de sa volonté au contraire, il s'en desistera, & cessera. La Rochestavin, liv. 13. des Parlemens, chap. 44. art. 12. Servin, en ses plaidoyers, tome 4. plai l. 4. & Févret, traité de l'abus, liv. 3. chap. 2. art. 7.

9 La puissance du Legat expire par la puissance de celuy qui l'a envoyé, morte mandantis. Févret Traité de l'abus, liv. 3. ch. 2. art. 7. Cependant par la Decretale du Pape Clement IV. inserée dans le texte, tit. de offic. Legat. tirée d'une Epître qu'il écrivoit au Cardinal de sainte Cecile, Legat pour le Pape Urbain IV. son prédecesseur; ce Souverain Pontife parle ainsi; Præsenti edicto declaramus commissum tibi à Prædecessore nostro Legationis officium nequaquam per ipsius obitum expirasse. Rapporté dans les Définitions Canoniques, verbo, Legat.

Et la raison pour laquelle le pouvoir des Legats ne doit pas finir par la mort du Pape, est parce qu'ils ne sont pas tant envoyez du Pape que du Saint Siége, qui est permanent & immuable. Sedes Apostolica non moritur.

10 Le Legat envoyé en France par le Saint Pere, ne peut déroger à la regle de fondation des Benefices, non plus que proceder aux unions d'iceux, ni dispenser les Graduez du temps de leurs études, créer pensions sur Benefices, permettre l'alienation des biens Ecclesiastiques, condamner un Laïc pour crime en amende, conferer Abbayes: il peut toutefois conferer en commande, etiam non Cardinalis; ne peut conferer les grands Benefices, Dignitez & Prélatures de l'Eglise, & celles principalement dont parle Boniface VIII. in cap. deliberatione de off. deleg. pareillement il n'a rien à voir aux Benefices affectez au droit de Patronage Laïc & profane, cap. cum dilectus, de Jur. Patron. il a à la prévention contre l'Ordinaire, il ne peut déleguer Vicaire, ou Substituts pour conferer en sa place, ni conferer spreto patrono Laico non plus que le Pape, toutes lesquelles maximes ont été établis par plusieurs Arrêts rapportez par Tournet, lettre L. jusqu'à l'Arrêt 26.

11 La revocation d'un Legat faite par le Pape, opere de plein droit sans luy être signifiée, ensorte que ce que le Legat seroit depuis n'auroit aucun effet. Du Moulin, de infirmis, nomb. 193.

12 Legat ne peut user de ses facultez qu'aprés avoir promis par écrit qu'il cessera quand il apprendra, que c'est la volonté du Roy. Libertez de l'Eglise Gallicane, art. 11.

13 Les Archevêques de Reims & d'Arles sont Legats

Yyy ij

nez du Saint Siege ; trois choses font la difference des Legats nez d'avec les Legats *à Latere*. Les Legats nez sont perpetuels ; cette Dignité s'accorde *ratione Beneficii*, non *electione personâ*. Ils n'ont de pouvoir que dans l'enceinte de leur Diocese. 3°. Cette puissance s'accorde quelquefois aux Abbez, quoyqu'ils ne soient pas de l'Ordre Hierarchique de l'Eglise. *Definit. Can. page* 414.

14. Lorsque le Pape veut envoyer un Legat en France, sa Sainteté est obligée de donner avis au Roy de son dessein, luy mander le sujet de sa Legation, & luy demander son agrément pour la personne qu'il a dessein d'envoyer ; quoique ces Legats viennent en France avec Jurisdiction, pour y faire une fonction extraordinaire, ils ont besoin de l'autorité du Roy, de laquelle dépend toute Jurisdiction qui s'exerce dans son Royaume ; de maniere qu'ils doivent y avoir recours, s'ils veulent que leur pouvoir soit reconnu. *Definit. Canon.* p. 415.

15. Le Cardinal Balluë étant entré dans la France sans la permission du Roy, le Parlement voulant luy faire connoître son devoir, luy fit d'abord defenses d'user de ses facultez, c'est-à-dire, du pouvoir porté par sa Commission, & en même temps aux Sujets du Roy de le reconnoître ; de sorte qu'il fut contraint de retourner à Rome. Après l'Arrêt de la Cour qui luy fit défenses de faire aucune fonction de Legat, il fit supplier le Roy de luy permettre de faire porter la Croix devant luy, & d'user de quelques petites facultez. M. le Chancelier, par l'Ordonnance du Roy, en fit demander avis à la Cour, qui conclut que non, & que l'Arrêt seroit executé. *Ibidem*, p. 416.

16. Le Legat est tenu à son départ de laisser en France les Regîstres des expeditions faites du temps de sa Legation, pour ce qui concerne le Royaume de France, ensemble les Sceaux d'icelle, és mains de quelque fidele Personnage que le Roy députe, pour expedier ceux qu'il appartiendra ; & sont les deniers procedans desdites Expeditions convertis en œuvres pitoyables, ainsi qu'il plaît à sa Majesté d'en ordonner. *Ibid.*

17. Les Legats vouloient empêcher les Evêques de porter le Camail & Rochet devant eux ; mais cette prétention ne leur a pas réüssi. *Ibid.* p. 423.

18. Les Ordonnances & Statuts des Legats conservent perpetuellement leur vigueur, quoyqu'ils soient decedez ; leur pouvoir ne finit point, par le decés du Pape qui les a mis ; parce qu'ils ne sont pas tant envoyez du Pape que du Saint Siege, qui est immuable & permanent. *Ibidem*, p. 425.

19. Ceux de la Religion Prétenduë Réformée sont obligez de tendre devant leurs maisons à l'entrée des Legats du Saint Siege. *Voyez les décisions Catholiques de Filleau, décis.* 129.

20. Les Legats ne peuvent députer Vicaires ou Subdeleguez pour l'exercice de leur Legation, sans le consentement exprés du Roy ; mais ils sont tenus d'exercer eux-mêmes leur pouvoir tant qu'il dure. *Art.* 58. *des Libertez de l'Eglise Gallicane*.

21. Si un Legat consulte le Pape sur quelque affaire survenuë dans le Pays de sa Legation, il ne peut plus être le Juge de cette affaire, ni même passer outre aux instructions qu'on pourroit y faire ; le Pape Innocent III. l'a ainsi ordonné par la Decretale *Licet tamen de offic. Legat.*

22. Les Bulles de Legation octroyées par les Papes, doivent être vûës & examinées, avant que de permettre aux Legats l'entrée dans le Royaume ; & il a été jugé plusieurs fois, que le Pape n'a pas le pouvoir d'envoyer un Legat sans un autre sujet, & sans permission du Prince. *Biblioth. Can. tom.* 2. *p.* 6. *col.* 2.

23. Aujourd'huy par la commune pratique de la France, on ne croit point au Legat qui dit avoir *vivâ vocis oraculo*, puissance de dispenser, ou autre puissance du Pape, s'il ne justifie de son pouvoir & de ses facultez, qui soient enregistrez és Parlemens, afin que ceux qui en auront affaire, y puissent avoir recours, & en tirer des extraits du Greffe, qui feront foy comme l'original. *Biblioth. Canon. tome* 2. *page* 108.

24. *Legatus in Provinciâ sibi decretâ de omni quæstione ad forum Ecclesiasticum pertinente per viam querelæ cognoscere potest.* Voyez Franc. Marc. tom. 1. q. 342.

25. *Gesta à Legato communiter reputato Legato, licet aliter non appareat, an valeant? Legati de Latere antequam Provinciam sibi decretam ingrediantur legationis officio funguntur.* Ibid. quæst. 976.

26. *Officium Legati per Papæ mortem non expirat.* Voyez ibid. quæst. 308.

27. Declaration du Roy Loüis XI. du 14. Juin 1480. en faveur du Legat Cardinal Saint Pierre *in vinculâ*, portant pouvoir d'exercer ses facultez, quoyque le Legat ne luy en eût demandé sa permission, comme il est de coûtume, & sans qu'il soit tiré à consequence. *Preuves des Libertez tom.* 2. *ch.* 23. *n.* 5.

28. Dans le Royaume on ne permet pas que les Legats du Pape, même ceux *à Latere*, puissent rien faire de l'autorité du Pape & du Saint Siege, avant que d'avoir obtenu Lettres Patentes, qu'ils doivent faire verifier & homologuer au Parlement de la Province, où ils voudront exercer leur Legation ; M. Du Moulin, sur la regle *de Infirmis resig.* n. 340. dit que ce même Usage & cette même Coûtume s'observent encore dans les terres qui étoient sous François I. du Royaume de France, & qui ont été démembrées par ce Roy ; en sorte qu'on n'y peut rien faire sans le consentement du Comte de Flandres ; & *Du Moulin* dit qu'il a vû des Lettres Patentes de Charles-Quint Empereur, en qualité de Comte de Flandres, du 13. May 1531. qui conservoit ce droit là.

29. Par Arrêt du Parlement de Paris du 10. Mars 1547. il a été ordonné que le commencement de la puissance du Legat se prendroit du jour qu'il auroit été reçû par le Roy ; & comme le pouvoir du Legat doit d'abord passer au Parlement, les Legats sont aussi tenus de remettre tous les Regîstres de leurs Expeditions, faites en vertu de leur Legation, entre les mains d'un Conseiller de la Cour, ensemble le Seel de la Legation ; comme il a été jugé en l'an 1552. sur la Legation du Cardinal Veralde. *Biblioth. Canon. tome* 2. p. 6. col. 2. La Bibliot. du Droit François, par Bouchel, verbo, Legat, & Papon, *livre* 2. *tit.* 1.

30. Honnêteté dont le Parlement de Paris usa envers le Legat Veraldo. Le 18. Février 1551. la Cour ordonna aux Dataire & Referendaire du Legat, de l'avertir que suivant la promesse par luy faite aprés la publication des Bulles de sa Legation, il eût avant son départ à mettre entre les mains de deux Conseillers les Regîstres des Expeditions, & le Seel de la Legation, comme ont accoûtumé de faire les autres Legats ; du moins quand il seroit à Lyon de remettre le tout à l'Official ou Lieutenant General, pour les envoyer en la Cour ; autrement que l'on n'aura aucune foy aux Expeditions. Le Legat n'ayant laissé que les Expeditions & non le Scel, il y eut Arrêt, le dernier Août 1552. par lequel il fut ordonné que pour le Scel des Expeditions, le Conseiller commis se pourra aider de son seing & Scel, ou autre tel qu'il avisera, comme scel emprunté, & foy sera ajoûtée aux Expeditions. Papon, livre 1. titre 5. nombres 6. & 7.

31. Les facultez des Cardinaux d'Amboise, du Prat & autres Legats en France, ont été modifiées au Parlement de Paris, aussi-bien que celles du Cardinal Caraffe & du Cardinal de Trivulce en 1556. & 1557. Mainard, tome 1. liv. 7. ch. 47. & suiv.

32. Ordonnance d'Henry II. en 1556. pour les Lettres Patentes dont les Legats doivent être munis avant que d'user de leurs facultez. *V. Henrici Progymnasmata, Arrêt* 164.

33. Du Mardy 18. Octobre 1558. ce jour, suivant l'Ordonnance & Arrêt de Samedy dernier, est venu en la Chambre le Dataire du Cardinal Trivulce, Legat en

France, lequel a proposé en Latin & allegué des excuses pour n'être venu à la premiere, & autres injonctions à luy faites par Ordonnance de la Chambre, & après avoir été ouï sur les plaintes contre luy faites par aucuns particuliers, ensemble le Procureur General du Roy, en la presence dudit Dataire, eux retirez, & la matiere mise en délibération, la Chambre a levé les défenses faites audit Dataire d'exercer l'état de Dataire, jusques à ce qu'il fût comparu, & ordonné que les parties qui se plaignent, administreront témoins au Procureur General du Roy, pour être ouïs & examinez à sa Requête par deux Conseillers de la Cour; & neanmoins a commis M. Guillaume Viole, & N... Jaquelot, Conseillers en icelle, pour aller vers le Cardinal Trivulce, Legat en France, & luy faire entendre les plaintes faites contre son Dataire, & autres Ministres de la Legation; & sur ce a été mandé le Dataire, auquel a été prononcé l'Arrêt susdit. *Preuves des Libertez, tome 2. ch. 23. n. 63.*

34 Arrêt du Parlement de Paris du 13. Janvier 1561. qui en ordonnant l'enregistrement des Bulles de la Legation du Cardinal de Ferrare, ordonne que les Dataire & Regiſtrateur d'icelle ſeront de la Nation Françoiſe, gens reſidans à Paris; & tenus au partement du Legat hors de Royaume, laiſſer les Regiſtres des Bulles, ſignatures, conſens, procures, & autres inſtrumens ſervans pour l'expedition des dépêches de la Legation; enſemble le ſcel és mains d'un Conſeiller-Clerc de la Cour, qui ſera par elle nommé. *Voyez le 2. tome des Preuves des Libertez, ch. 22. n. 66.*

35 Afrêt du Parlement de Toulouſe du 20. Août 1569. ſur la publication des Lettres de la Legation du Cardinal de Bourbon. *La Rocheflavin, livre 6. titre 62. Arrêt 1.*

36 Le 18. Novembre 1589. M. de la Gueſle Procureur General, eſt entré en la Cour, a dit être envoyé de la part du Roy, ſur ce qu'il y a été averti qu'un nouveau Legat du Pape s'acheminoit en ce Royaume, a preſenté les Lettres, par leſquelles ledit Seigneur Roy mande, qu'il prie Meſſieurs les Cardinaux de Vendôme & de Lenoncourt, de s'aſſembler avec le Parlement pour aviſer tous enſemble, & faire ce que les Rois ſes prédeceſſeurs ont fait, quand les Papes ont voulu entreprendre contre leur autorité. La matiere miſe en déliberation, a été arrêté qu'il ſera donné avis au Roy par M. Jacques Faye, Préſident en la Cour, d'envoyer incontinent vers le Legat, perſonne ſuffiſante & capable d'entendre, concevoir & apprendre ſon intention, pour l'admoneſter du dû de ſa Charge, qui eſt de n'entrer en ce Royaume ſans le conſentement du Roy, auquel il doit au préalable preſenter ſes facultez, & prêter ſerment en tel cas requis, & pour les contraventions par luy faites, proteſter d'acte d'hoſtilité; & neanmoins au cas que nonobſtant les rémontrances, le Legat vouluſt paſſer outre, la Cour a dés à-preſent ordonné que par un Huiſſier, Trompette ou Heraut, qui à cette fin ſera envoyé, commandement luy ſera fait à la Requête du Procureur General de preſenter ſes facultez, & faire les autres ſoûmiſſions en tel cas requiſes & neceſſaires; autrement à faute de ce faire, proteſter de nullité & d'abus, & de proceder à l'encontre de luy par toutes voyes dûës & raiſonnables. *Voyez les Preuves des Libertez, tome 2. ch. 24. n. 71.*

38 Arêt de la Cour du 27. Janvier 1590. portant défenſes à tous ſujets du Roy de communiquer, ſans ſa permiſſion, avec le Cardinal envoyé Legat en France. *Ibidem, n. 73.*

39 Les Legats ſont tenus de ſe ſoûmettre à la cenſure du Parlement; tout ce que les Papes ont pû obtenir, eſt que les modifications qui ſont faites ne ſont point miſes ſur le repli des Bulles, le Parlement même a eu bien de la peine de conſentir que ces modifications ayent été enregiſtrées ſéparément.

Les Regiſtres du Parlement, des 19. & 20. Juillet 1596. apprennent que la Cour examinant les Bulles du Cardinal de Medicis, voulut reprendre ſon ancienne coûtume, parce qu'il reconnut par des repetitions ſi frequentes du Concile de Trente, que le Pape, qui tenoit alors le Saint Siege, avoit deſſein d'en tirer avantage; de ſorte qu'il voulut mettre ſur le repli les proteſtations qu'ils firent, pour marquer l'entrepriſe du Pape dans la poſterité; & il l'auroit fait ſans doute, ſi le Roy ne leur eût fait ſçavoir, que ſes intentions étoient contraires à leur deſſein.

Outre les modifications que le Parlement apporte aux Bulles des Legats, il ordonne enſuite qu'ils donneront au Roy des Lettres, par leſquelles ils promettent qu'ils n'uſeront de leur pouvoir, qu'autant de temps qu'il plaira à ſa Majeſté, & de la maniere qu'il luy plaira; c'eſt une choſe certaine, que juſqu'à ce qu'ils ayent obſervé toutes ces formalitez, leur fonction eſt ſuſpenduë, ſans quoy, tout ce qu'ils feroient feroit nul & abuſif. *Définit. Canon. p. 415.*

Voyez cy-après les nombres 54. & 91.

40 Le Roy ayant accordé au Cardinal Barberin, neveu du Pape, & Legat en France, Lettres Patentes pour proceder à la verification de ſes facultez, le Parlement voulut mettre au pied des Bulles, *ſans approbation du Concile de Trente.* Le Roy marqua à la Cour qu'il luy ſçavoit bon gré de vouloir conſerver ſes droits; mais qu'il vouloit que cette reſerve fût miſe ſeulement ſur le Regiſtre. Le 10. May 1625. il fut arrêté du tres exprés commandement du Roy, pluſieurs fois réiteré, & ſuivant les Lettres Patentes du 9. de ce mois, que ces mots, *ſans approbation du Concile de Trente,* ſeront mis au Regiſtre ſecret de la Cour, & non au pied des Bulles; & qu'en prononçant l'Arrêt, M. le premier Préſident dira aux Avocats, *ſans approbation du Concile de Trente.* A auſſi été arrêté que les Bulles ont été verifiées, à la charge que le Nonce du Pape ſera tenu fournir dans ſix ſemaines audit Seigneur Roy un Bref de ſa Sainteté, portant que l'obmiſſion faite aux Bulles & facultez, de la qualité de Roy de Navarre, a été par inadvertance, & juſques à ce que ledit Bref ait été apporté, les Bulles & facultez ſeront retenuës, & ne ſera l'Arrêt de verification d'icelles délivré. *Voyez le 2. tome des Preuves des Libertez, ch. 23. n. 85.*

41 Arrêt rendu au Parlement de Provence du 17. Février 1667. qui confirme une Commiſſion obtenuë du Sieur Vice-Legat, avant que ſes facultez fuſſent verifiées par le Parlement, executée après, addreſſée à des Eccleſiaſtiques, autres Evêques, pour juger les cauſes de mariage, ſauf de ſe pourvoir par appel, comme d'abus. *Boniface, tome 1. liv. 5. tit. 10. ch. 2.*

LEGAT D'AVIGNON.

42 Voyez le mot, *Avignon,* où il eſt parlé du pouvoir de ce Legat, & de l'anciennereé de la Vicelegation.

Du pouvoir des Legats d'Avignon, comme Evêques, Gouverneurs & Legats. *Voyez Du Moulin, ſur la regle de Infirmis, n. 182. & ſuiv.*

43 Du Vice-Legat, & de ſa puiſſance en France. *Voyez le Recueil des Arrêts de Baſſet, tome 2. liv. 1. tit. 2. chap. 2.* Il obſerve que ſans l'agrément du Roy, les Patentes ou Titres de la Legation ne peuvent être enregiſtrées; & ſur ce que le Parlement de Provence avoit eu la facilité d'ordonner que les facultez de Jacques, Cardinal de Saint Sixte *in Urbe,* appelé Roſpigliofi, neveu du Pape Clement IX. ſeroient verifiées & enregiſtrées, à la charge de rapporter Lettres de ſa Majeſté dans trois mois, le Legat voulut ſe prévaloir de cet exemple, croyant que le Parlement de Grenoble auroit la même facilité; cependant le Parlement ne voulut rien ordonner ſur la Requête du Cardinal de Saint Sixte, & ſe retira *infecto negotio.*

Le même Baſſet, *loco citato* dit, que les Proviſions du Vice-Legat avant l'enregiſtrement de ſes facultez, ſont bonnes, lorſqu'elles ſont accordées depuis qu'il a été notoirement accordé; il en rapporte un exemple.

44 Le Plaidoyé de l'Avocat du Roy Riant, en 1554. touchant un Benefice qui avoit été conferé par le Vice-Legat

d'Avignon, d'une part, & par le Cardinal de Lorraine, d'autre, où il est traité des facultez des Legats d'Avignon. *Preuves des Libertez*, tome 1. ch. 24. n. 8.

45 Le Legat d'Avignon ne peut expedier aucunes Provisions, avant que son pouvoir soit verifié en Parlement. Arrêt du mois de Juin 1591. *La Rochestavin*, liv. 6. lettre L. tit. 62. *Arrêt* 3. & la Bibliot. Canon. tome 2. p. 15. col. 2.

46 Sur la requisition verbalement faite par le Procureur General du Roy au Parlement d'Aix le 6. Février 1624. il a été resolu que le Sieur Vice-Legat en la Legation d'Avignon, rapportera Declaration du Roy, contenant approbation de ses Provisions & facultez, suivant le precedent Arrêt dans deux mois ; autrement, à faute de ce faire, ledit temps passé, ladite Cour n'aura aucun égard aux Bulles & Provisions, qui par luy seront taxées. *Preuves des Libertez*, tome 2. ch. 24. n. 16.

47 Il faut que les facultez du Legat d'Avignon soient verifiées aux Parlemens de Toulouse, Grenoble & Aix, chacun à leur égard, c'est-à-dire, pour avoir effet dans les Evêchez qui sont dans leurs ressorts. V. *Ibidem*, nombre 19.

48 Verifications des facultez des Legats & Vice-Legats d'Avignon, faites aux Parlemens de Toulouse, Dauphiné & Provence, pour ce qui est de leur ressort. V. le 2. tome des Preuves, ch. 24.

49 Arrêt du 19. Decembre 1658. qui a jugé que les Legat & Vice-Legat d'Avignon peuvent admettre les resignations avec pension, & la clause *non aliter*, quand leurs facultez verifiées le portent. *Boniface*, tome 1. livre 2. titre 1.

50 Arrêt du Parlement de Toulouse du 12. Septembre 1665. qui défend à tous les Sujets du Roy de son ressort, de s'adresser à la Legation d'Avignon pour obtenir des Bulles, Provisions de Benefices, Signatures, Dispenses, Absolutions, Commissions, Rescripts, Induls, & generalement toutes sortes de Provisions en matieres Ecclesiastiques, volontaire ou contentieuse, du nouveau Vice-Legat d'Avignon, & de tout autre qui pourroit avoir été envoyé à sa place, qu'au préalable leurs facultez n'ayent été approuvées & consenties par Lettres Patentes de sa Majesté, & enregistrées en la Cour, à peine de 10000. liv. d'amende, & autre arbitraire. *Graverol sur la Rochestavin*, livre 6. titre 62. *Arrêt* 3.

51 Arrêt du Parlement de Grenoble du 16. Février 1668. qui declare avoir été mal, nullement & abusivement procedé par le Vice-Legat d'Avignon, en la concession de Provisions de Benefices par luy accordées, en ce qu'il les avoit données avant que d'avoir fait verifier ses facultez par la Cour, & registrées au Greffe d'icelle. Arrêt contraire du 27. Avril 1671. la raison de la difference est que ce Vice-Legat avoit été notoirement agreé par le Roy, & qu'ensuite il fut conclu que l'on ne luy donneroit aucun trouble, & qu'on recevroit toutes les Provisions qu'il auroit accordées : au lieu que dans l'espece de 1668. il y avoit défenses d'aller à Avignon. *Basset*, tome 1. liv. 1. tit. 2. ch. 2.

52 Si le Vice-Legat a droit de commettre des Juges aux appellations hors le Diocese, & s'il commet abus en le commettant ; s'il y a abus en l'appel aprés deux Sentences interlocutoires, réparables en définitive ? *Voyez Boniface*, tome 3. liv. 5. tit. 4. ch. 4. Les Parties transigerent, & l'appellant comme d'abus se désista.

53 Les habitans de la ville d'Avignon sont réputez Regnicoles, & en cette qualité ils joüissent de tous les droits & privileges attachez à la Nation Françoise. Cela n'empêche pas que le Vice Legat d'Avignon ne soit réputé étranger ; il n'a pas le pouvoir de fulminer les Bulles qui sont envoyées en France. *Voyez le Recüeil de M. de Catellan* liv. 1. ch. 56. & au 1. tome de cet ouvrage, le mot, *Bulles*, n. 43.

LEGATS, BULLES.

54 Verification des Bulles des Legats. *Voyez cy-dessus le nombre* 22. & le mot, *Bulles*, n. 27. & suiv.

LEGAT, COMMANDE.

55 Si les Legats peuvent conferer en Commande? *Voyez le mot*, *Commande*, n. 21. & suiv.

LEGAT, CROIX.

56 Le Legat ne peut faire porter sa Croix devant luy, dans le Royaume, avant la verification de ses pouvoirs. *Févret, traité de l'abus*, liv. 3. ch. 2. art. 12.

Et aprés ladite verification, il la peut faire porter par tout le Royaume ; à la reserve du lieu où le Roy est en personne. *Ibidem*.

LEGAT, DELEGATION.

57 Le Legat ne peut pas subdeleguer : *Legatus in Gallia vices suas alteri mandare non potest.* Ce qui a été confirmé par l'Ordonnance de Loüis XII. *à quâ velut Lege Regiâ non licebat recedere*. *Févret, Traité de l'Abus*, liv. 3. ch. 2. art. 19.

58 C'est une maxime certaine en France, ainsi que le dit même *Armand Ruffé*, qu'un Legat ne peut subdeleguer sa puissance, ni en general, ni en particulier ; il passe plus avant : car il dit que quand même dans les Bulles de sa Legation, il auroit le pouvoir exprés de subdeleguer ; neanmoins on ne verifieroit ses Bulles & ses facultez, qu'à la charge qu'il ne pourroit substituer quelqu'un en sa place, ni se subdeleguer un Vicaire General, ou Vice-Legat ; ainsi qu'il fut arrêté & jugé par le Parlement de Paris, dans l'Arrêt de verification des facultez du Cardinal de Boisy, Legat en France en l'année 1519. *Du Moulin, de Infirmis resign.* n. 192.

59 Les Legats ne peuvent pas empêcher dans les Pays de leur Legation, qu'un Juge étant specialement delegué par le Pape pour la connoissance de certaines affaires particulieres, elles ne soient par eux executées. C'est la disposition du Chapitre *Induisti de Off. Leg.* aux Décretales.

LEGAT, DEROGATION A LA REGLE DES 20. JOURS.

60 *Legatus non potest derogare regulæ viginti dierum in præjudicium Indultorum Cardinalium. Nam si non potest admittere resignationes simplices, à fortiori non potest admittere resignationes in favorem*. *Du Moulin*, §. 101. de la regle *de Infirmis*.

60 bis Contre l'opinion de *Du Moulin*, il a été jugé que le Legat pouvoir déroger à la regle des 20. jours, au préjudice des Graduez. M. *Loüet* en cite un Arrêt n. 130. in regulam de Infirmis resign. vide *Lucium Placit*. liv. 1. tit. 4. arr. 6.

61 Arrêté que le Legat peut dispenser sur la regle des vingt jours, *si quis in infirmitate constitutus*, au préjudice des Graduez. *Papon*, liv. 1. tit. 5. n. 14. & la *Biblioth. Canon*. tome 2. p. 48.

62 Le Legat *à Latere* ne peut déroger à la regle de infirmis resignantibus, quant aux 20. jours, au préjudice des Graduez. Arrêt du Parlement de Toulouse du mois de Juillet 1583. Cependant par autre Arrêt du 12. Avril 1584. il fut dit qu'une telle Collation faite par le Legat, tiendroit ; mais il n'y avoit point de fraude, & la resignation étoit faite *à sano moribundo*. *Mainard*, tome 1. liv. 1. chap. 51. & suiv. où il observe que cette Regle n'a point lieu és Collateurs ordinaires ; ce qui s'entend seulement des Collations libres, volontaires, non des necessaires, telles que celles qui interviennent sur les permutations.

63 Lettres Patentes du mois de Septembre 1551. portant le pouvoir du Legat & Vice-Legat, pour la derogation à la regle des 20. jours, & de vray-semblable notice. *Boniface*, tome 3. liv. 5. tit. 4. ch. 6. où il observe qu'en consequence de ces Lettres Patentes la Communauté des Avocats du Parlement d'Aix, fit Acte de Notorieté, portant que le Pape & le Vice-Legat d'Avignon ne donnent point de Provisions sans la clause expresse de derogation, & que ne la donnant pas de la sorte, il y avoit lieu d'appel comme d'abus.

LEGAT, GRADUÉ.

64 Jugé au Parlement de Paris le 22. Février 1537. que le Legat avoit pû conferer à un Gradué simple qui ne

luy avoit point insinué, mais seulement à l'Ordinaire, quoyque même le Legat eût auparavant conferé le Benefice à un non Gradué. *Papon, liv. 2. tit. 5. n. 11.*

65 Provisions accordées par le Legat aux Graduez. *Voyez le mot, Graduez, n. 149. & suiv.*

66 Dérogation au préjudice des Graduez. *Voyez cy-dessus le n. 60. bis.*

LEGATS à Latere.

67 Voyez *Franc. Marc. tom. 1. quest. 317. De potestate Legati à Latere. Per Gabriëlem Biel, Nicolaum Boërium, & per Joannem Brunellum. De Cardinali Legato à Latere. Per Andræam Barbatiam.*

68 Les Legats *à Latere* sont ainsi nommez, *quia circà latus Principis agebant, & in ejus comitatu erant. L. jurisperitos, de excusat. tut. Mittendarii, quia in Provincias mittebantur; & on les appelloit, Laterales, missi de Latere.* Févret, *Traité de l'abus, liv. 3. ch. 2. art. 5.*

69 Le Legat *à Latere* ne peut exercer son droit plus loin que sa Province, ni exercer sa Jurisdiction contentieuse hors d'icelle. Févret, *Traité de l'Abus, liv. 3. chap. 2. article 16.*

70 Pour sçavoir comme le pouvoir du Legat *à Latere* s'étend hors du Territoire, pour lequel il a été établi, *Voyez* Rebuffe, sur les Concord. *chap. form. mand. Apost. in verbo, Dispensationum vers. quæro cum duob. seqq.*

71 Des Legats *à Latere* envoyez en France par les Papes; Lettres Patentes pour leur reception dans le Royaume. Arrêt de la verification de leurs pouvoirs & facultez, qui contiennent plusieurs articles, servant à la preuve des Libertez de l'Eglise Gallicane. *Voyez* les Preuves des Libertez, tome 2. ch. 23.

72 Les facultez des Legats à Latere, & des Nonces du Pape en Espagne, sont examinées par le Conseil Privé du Roy. *V. Fr. Salgado, lib. de Supplicat. Ad sanctissimum, pag. 27.*

73 Memoires de ce qui se passa en France pour le fait du Cardinal Balluë, Legat *à Latere* en 1484. *Voyez les Preuves des Libertez, tome 2. ch. 23. n. 8.*

74 Le Legat même *à Latere* n'est pas de la Cour de Rome, en tant que Legat; dés qu'il approche de Rome, il perd son pouvoir, & sa Legation. *Voyez* Du Moulin, sur la Regle *de public. n. 24.* où il parle du pouvoir des Legats, qu'il compare aux Proconsuls Romains, *Proconsul potestatem non exercet nisi in eâ Provinciâ solâ quæ ei decreta est.*

75 Les Legats *à Latere* ne sont pas ordinaires des Provinces qui leur sont commises. Du Moulin, *de Infirmis, nombre 191.*

76 Le Pape ayant donné au Cardinal d'Amboise commission de Legat *à Latere, usque ad benè placitum summi Pontificis*, il obtint Lettres Patentes du Roy pour la reception de la Legation. Quand il fut question de proceder à leur verification & enregistrement, le Procureur General & l'Université formerent opposition; le Roy écrivit plusieurs Lettres au Parlement, désavoüant son Procureur General, & enjoignant d'obéir. Arrêt du 20. Avril 1504. aprés Pâques, par lequel il fut ordonné que la reception faite par le Roy de ladite Legation *usque ad benè placitum* du Saint Pere, tiendra jusqu'au bon plaisir du Roy, pour en user és choses qui ne sont contraires aux droits du Roy & du Royaume, ni contre les saints Decrets, Conciles, Pragmatique Sanction, Libertez de l'Eglise Gallicane, & Ordonnances Royaux; & de ce faire, baillera Lettres au Roy, avant que pouvoir user de ladite Legation, lesquelles seront apportées devers la Cour pour être enregistrées. *Voyez le 2. tome des Preuves des Libertez, chapitre 23. nombre 13.*

77 On a demandé si le Legat *à Latere* pouvoit créer un Chanoine *ad effectum*: Cette question s'étant presentée au Parlement de Paris du temps de Georges d'Amboise, lors Legat en France, il fut conclu & arrêté, *retentum in mente Curiæ*, le 27. Avril 1512. que le Legat l'a-

voir pû, afin que l'argent ne fût point transporté hors le Royaume, & que les finances ne fussent en rien diminuées. *Biblioth. Canon. tome 1. p. 198. col. 2.*

78 Une des raisons principales pour lesquelles les Papes n'envoyent point de Legats perpetuels, sur tout en France, c'est qu'on ne les recevroit pas, s'ils n'étoient pour un certain temps limité, attendu le préjudice qu'apporte aux Collateurs ordinaires le voisinage d'un Legat *à Latere*, qui leur enleve les vacances des Benefices. Nous trouvons dans nos Livres les oppositions formées par l'Université de Paris, à l'enregistrement des Bulles de la Legation du Cardinal d'Amboise, avec cette clause extraordinaire, *usque ad benè placitum summi Pontificis*; elles sont rapportées dans le Livre des Preuves des Libertez de l'Eglise Gallicane; au Chapitre qui parle des Legats, où sont expliquez les inconveniens que pouvoient apporter ces sortes de Legations de longue durée. *Definit. Canon. p. 412.*

79 *Legatus de latere quod Beneficiorum quæ sunt suæ Provinciæ, resignationes admittere & illa conferre possit, & quod Legatus de latere Ordinarios prævenire & cum ipsis concurrere potest. Voyez* Franc. Marc. *to. 1. q. 318.*

80 *Legatus de latere plures Provincias habens, an Jurisdictionem contentiosam in aliâ Provinciâ exercere possit?* V. ibidem, *quest. 341.*

81 *Legatus de latere in Provinciâ sibi decretâ cum omni Ordinario immediatè concurrit.* Ibidem, *quest. 342.*

82 *Legatus de latere existens in partibus, de causis appellationum cognoscere potest.* Ibidem, *quest. 343.*

83 *Legatus de latere an possit se intromittere de causis Laicorum?* Ibidem, *quest. 350.*

84 *Legatus de latere an cum Ordinario concurrat, & causas advocare possit?* Ibid. *quest. 351.*

85 *De locum tenente Legati de latere. Voyez ibid.* en la *quest. 1180.*

86 *Legatus de latere antequam administret, an de ejus potestate fidem facere teneatur.* Ibid. *to. 1. q. 14.*

87 *De facultate D. N. Georgii* d'Amboise*, Legati de latere Delphinatûs in ejus primo adventu quo modo excipiendus sit?* V. Ibid. *quest. 35.*

88 *Legatus de latere an uti possit clausulâ decreti irritantis, impediatque ne stat. Si quis inter personas Ecclesiasticas intentetur?* Ibid. *quest. 86.*

89 *Legatus de latere in Provinciâ sibi decretâ, an absolvere possit, ab excommunicatione causatâ, propter manuum injectionem in Clericum? Voyez* Ibid. *q. 811.*

LEGAT, LEGITIMATION.

90 Le Legat par modification de la Cour, ne peut legitimer les bâtards, ni autres personnes illegitimes; sinon pour être reçus aux Ordres sacrez, ou pour pouvoir tenir des Benefices; mais non pas pour tenir des Offices Royaux, ni pour succeder. La Rocheflavin, *liv. 13. des Parlemens, ch. 44. arr. 12.*

LEGATS, MODIFICATION.

91 On peut voir sur les modifications du pouvoir du Legat, Chopin, *Polit. lib. 2. cap. 4. num. 3.* Boërius, *tract. de potestate Legat.* Libertez de l'Eglise Gallicane, *vol. 2. ch. 23.* Franciscus Marcus, *Décis. Delph. part. 1. décis. 340. 341. & seqq.* Servin, *tome 4. de ses Arrêts.* Speculator. *tit. de Legatis.* Mainard, *liv. 1. chap. 47. 48. & suiv.*
Voyez cy-dessus le nombre 39.

LEGAT, NONCES

92 Les differences qu'il y a entre les Legats & les Nonces, sont que les Legats sont bien au dessus des Nonces; & que le temps de leur Legation est bien moindre que celuy des Nonces, qui peut être prorogé, & l'autre non: ce qui se voit par les differences que l'on fait des uns & des autres. *Definit. du Droit Canon.* verbo, *Legats.*
Voyez cy-aprés verbo, *Nonces.*

PREVENTION DU LEGAT.

93 Le Legat n'a le pouvoir de prévenir les Ordinaires, que par courses regléés & ordinaires, *per vulgares dietas*, & non pas par des Couriers extraordinaires; cela

n'appartient qu'au Pape. *Du Moulin*, sur la regle *de Infirmis*, n. 139. & *suiv*.

94. La *prévention* des Legats *à Latere* au préjudice des Evêques, & autres Collateurs ordinaires, fut confirmée en faveur du Cardinal de Boissy, Legat *à Latere* en France, par Lettres Patentes de François I. de l'an 1519. par lesquelles ce Roy declare qu'il veut que ce même Cardinal joüisse de cette prévention, conformément aux termes de sa Commission, de la maniere qu'en ont joüi les autres Legats, nonobstant les oppositions des Evêques, dans l'Arrêt d'enregistrement des facultez, ou commissions du Cardinal Loüis Canosa, Evêque de Tricariques, du 21. Avril 1515. Il y a une restriction importante à remarquer, sçavoir que le même Legat ne pourroit conferer en France que soixante Benefices seulement vacans par mort : il est vray qu'il l'avoit promis au Roy, & dans l'Arrêt d'enregistrement de prorogation de la Legation de l'Archevêque de Bari, en l'an 1522. il est porté qu'il ne pourroit conferer par prévention les Benefices vacans par mort. *Définit. Canon.* p. 424.

95. M. *Charles Du Moulin*, sur la Regle *de Infirmis*, nombre 140. dit qu'il a vû, & qu'il avoit une copie des Lettres Patentes de l'Empereur Charles-Quint, en date du 3. May 1551. par lesquelles il ne permettoit pas aux Legats de pouvoir prévenir les Collateurs ordinaires dans les mois qui leur sont accordez.

96. Les Legats *à Latere* ont droit de prévention contre tous les Ordinaires pour la Collation des Benefices, pourvû toutefois qu'ils soient Cardinaux ; car s'ils n'étoient pas honorez de cette éminente dignité, ils n'ont ni droit de concours, ni de prévention avec les Evêques, ni les Ordinaires, suivant le Chapitre *Officii*, tit. *de Officio Legati*, in 6.

Le Vice-Legat d'Avignon joüit du droit de prévention sur tous les Ordinaires de sa Province. *Définit. Canon.* p. 429.

PROVISIONS DU LEGAT.

97. Voyez cy-dessus le nombre 49.

La Provision du Chapitre, *sede vacante*, ne peut préjudicier à celle du Legat, ou autre Superieur, vû que le Legat peut déroger à tout autre privilege, suivant le Chapitre *cum olim*. Voyez *Papon*, liv. 2. tit. 9. n. 6.

98. *De Collationibus Legatorum summi Pontificis*. Voyez *Pinson*, au titre *de modis adquirendi Beneficii*. §. 12.

99. *De Canonicâ formâ in Legatorum Collationibus observandâ*. Voyez *Pinson*, au titre de *Canonicis institutionum conditionibus*. §. 12.

100. *Legatus per clausulas generales, an possit conferre Beneficia vacantia in Curiâ ?* Voyez *M. de Selve*, 3. part. tract. quest. 72.

101. *Potest reservationem facere Beneficiorum in suâ Provinciâ, in Ecclesiâ Collegiatâ, vel de Beneficio spectante ad Collationem alicujus, de uno tamen Beneficio pro illâ vice. C. præsenti & final. de offic. lib.* 6. *etiam pro aliquâ certâ personâ, licet non possit dare jus ad Beneficia vacatura, quia spectat ad solum Papam*. Voyez *Franc. Marc.* tom. 2. quest. 86.

102. Le Legat *à Latere* a droit de conferer les Benefices en Patronage Ecclesiastique, sans autre Mandat. *Rebuf. en sa prat. Benef. ch. formâ Vicar. n.* 66. & 70. mais non pas les Benefices qui sont en Patronage Laïc ; & c'est de là que vient la prévention des Legats *à Latere*, au préjudice des Evêques, & autres Collateurs ordinaires. *Ibidem*.

Ce droit de prévention fut confirmé en faveur du Cardinal de Boissy, Legat *à Latere* en France, par Lettres Patentes du Roy François I. de l'an 1519. par lesquelles il declare qu'il veut que ce même Cardinal joüisse de cette prévention, conformément aux termes de sa Commission, & de la maniere qu'en ont joüi les autres Legats, nonobstant les oppositions des Evêques. *Définit. du Droit Canon. verbo, Legat*.

103. Le Legat, aprés sa Legation finie, doit, en prenant congé du Roy, remettre les Registres, Bulles, Signatures, Procures, Consens, & tous autres papiers ; ensemble, les Sceaux de sa Legation, entre les mains de qui il aura été ordonné par le Roy. *Févret, Traité de l'abus*, liv. 3. ch. 2. art. 22.

104. Par Arrêt du 11. Août 1594. sur le Plaidoyé de M. *Servin*, Avocat du Roy, toutes Provisions faites pendant la Ligue par les prétendus Legats, Cajetan & de Plaisance, furent declarées nulles, cassées & annullées. Aprés la prononciation de l'Arrêt, M. le premier President de Harlay dit ces mots, *Avocats, la Cour vous admoneste que vous n'ayez à donner conseil aux Parties, lors que leurs droits seront fondez sur telles Provisions*. Biblioth. Canon. tome 2. p. 275. col. 2.

LEGATS, PRESEANCE.

105. Les Legats *à Latere* tiennent le premier rang entre tous, comme étant ceux qui approchent le plus de la superiorité & éminence du Saint Siege, & qui representent la Dignité de celuy qui les envoye. *L. observare L. Legatis, de off. Proconsulis.* Févret, *Traité de l'Abus*, liv. 3. ch. 2. art. 1.

Quand le Roy tient son Lit de Justice au Parlement, les Legats Apostoliques précedent les Princes du Sang, & les Pairs, pour l'honneur du Saint Siege Apostolique. *La Rocheflavin*, liv. 7. des Parlemens, chap. 13.

LEGAT, RESIGNATION.

Voyez cy-dessus le nombre 49.

106. *Du Moulin*, sur la Regle *de Infirmis*, n. 116. & 184. dit qu'il n'a vû qu'un seul Legat qui ait eu la faculté d'admettre les resignations en faveur de, de conferer ces Benefices au Resignataire, & lequel joüit de cette faculté ; sçavoir, l'Archevêque de Barry qui étoit Legat en l'année 1525. & dont les Bulles se trouvent dans les Preuves des Libertez de l'Eglise Gallicane. Il est bien vray qu'il y a eu encore d'autres Legats, lesquels dans les Bulles de leur Legation avoient ce même pouvoir & cette même faculté ; mais le Parlement n'a jamais voulu verifier & enregistrer leurs Bulles qu'avec cette modification ou condition, qu'ils ne pourroient admettre les resignations en faveur.

107. Puisque la regle de la publication des resignations, ne donne qu'un mois indifferemment & sans distinction à l'égard de toutes les resignations admises autre part qu'en la Cour de Rome, & que le Legat n'est pas de la Cour de Rome, les Provisions doivent être suivies de la possession dans le mois ; quand même il y auroit quelque doute, il faudroit le terminer contre le Legat, puisque c'est la pensée & l'esprit de cette regle, & qu'il faut autant que l'on peut servir & aider la Loy, *in re dubiâ melius est verbis edicti servire*. Du Moulin, sur la regle *de publicandis*, n. 24.

108. On tient pour maxime que le Legat ne peut pas reserver à sa Collation les Benefices desquels il a admis la resignation, en sorte que les Collateurs ordinaires ayent les mains liées. *Du Moulin*, sur la même Regle *de publicandis*, n. 24.

109. De la puissance du Legat pour les dispenses & resignations *in favorem*. Voyez *Papon*, livre 3. titre 11. nombre 1.

110. Resignation *cum retentione*, peut simplement être dépêchée par le Legat, & la pension par le Pape. Arrêt du Parlement de Paris du 23. Decembre 1536. Si le Legat a pourvû purement & simplement sur une procuration faite *in favorem* ; telle Provision a été declarée bonne. Voyez *Carondas*, au 1. liv. & rép. art. 14. Papon, liv. 2. tit. 8. n. 11.

111. Par Arrêt prononcé à la Pentecôte 1537. il a été jugé que les Benefices resignez purement entre les mains du Legat, ne sont affectez au Mandataire, s'ils n'ont insinué audit Legat, attendu que les Mandats ne portent point de decret irritant ; selon la forme des Concordats. Jugé pour le sieur Bouguier, pour une Prébende de Chartres. Bibliotheque Canonique, tome 2. page 35. col. 1.

Voyez le mot, *Resignation*. §. *Resignation és mois du Legat*.

LEGAT.

LEGAT, TESTAMENT.

Si un Legat & Ambassadeur étant en Pays étranger, peut tester ? *V. Bouvot, tome 1. part. 3. verbo, Testateur, question 1.*

LEGATS, LEGS.

Dans la plûpart des Pays de Droit Ecrit, ce que nous appellons *Legs*, est dénommé *Legat*; dont on ne fera point icy un Titre particulier, le tout est reservé sous le Titre des Legs.

LEGITIMATION.

De *naturalibus liberis, & matribus eorum, & ex quibus causis justi efficiantur. C. 5. 27.*

Quibus modis naturales filii efficiantur legitimi, & sui, &c. N. 74.

De variis legitimandi modis, & effectibus legitimationis. N. 89.

Voyez les mots, Adultere, Bâtards, Etat, Grossesse, Mariage, Naissance.

De legitimatione. Per Ludovicum de Sardis. Per Antonium Rosellum, & per Matt. de Lau. *in disp. Auge.*

De matrimonio & legitimatione. Per Joannem Lupum.

1. Consultation de M. Charles Du Moulin, sur le fait des legitimations. *Voyez le 2. tome de ses Oeuvres, derniere édition, tom. 2. p. 1020. & 1021.*

2. De la legitimation des enfans naturels. *Voyez Guy Pape, quest. 482. & 580.*

3. De *spuriorum legitimatione.* Voyez *Franc. Marc. tome 1. quest. 10.*

4. Contre les legitimations des bâtards pour succeder. *Voyez les Opuscules de Loysel, page 133.*

5. *Legitimum patri factum non intelligi, nisi vivo patre solemnia omnia fuerint observata.* Vid. *Lucium, lib. 1. tit. 1. cap. 2.*

6. *Comes Palatinus legitimandi potestatem subdelegare non potest.* V. *Franc. Marc. tome 1. quest. 517.*

7. *In legitimatione spuriorum qualitate coitus reprobati cum clausula derogatoria debent exprimi.* Voyez *ibidem, tome 2. quest. 470.*

8. *Filius naturalis an in prejudicium legitimorum & naturalium legitimari possit?* Voyez *Andr. Gaill. livre 2. observat. 142.*

9. De la legitimation des bâtards ou par mariage subsequent, ou par Lettres du Prince. *Voyez le Brun des successions, liv. 1. chap. 2. & au premier tome de ce recueil le mot Adultere, nomb. 149. & le mot Bâtards, nomb. 137. & suiv.*

LEGITIMATION, AINESSE.

10. Du droit d'aînesse en cas de legitimation d'un Bâtard. *Voyez le mot, Aînesse, nomb. 12.*

LEGITIMATION, BULLES.

11. Bulles de legitimation données en Cour de Rome. *Voyez le mot, Bâtards, nomb. 164. & cy-après le nomb. 56.*

LEGITIMATION PAR LETTRES PATENTES DU ROY.

12. *Voyez Carondas, liv. 12. Rép. 17. & Pelens. quest. 36.* pour la legitimation *per subsequens matrimonium*, & du Frêne, *liv. 5. chap. 18.*

13. *Legitimati per rescriptum Principis, an sub statuto excludente fœminas comprehendantur?* Voyez *Andr. Gaill. lib. 2. observat. 140.*

14. Il n'appartient qu'au Roy de legitimer les Bâtards. V. *M. le Bret, en son traité de la Souveraineté, liv. 2. chap. 12.*

15. Le Roy seul peut legitimer *etiam natos ex adulterino & alio damnato coitu*; mais il faut que la qualité *nefarii coitus* soit exprimée dans les Lettres de legitimation. V. *Chorier en sa Jurisprudence de Guy Pape, page 101.*

16. Les enfans naturels legitimez par le Roy sont capables des donations entre-vifs, & des successions testamentaires dans la France coûtumiere, de même que dans le pays de Droit écrit ; jugé au Parlement de Grenoble en faveur du sieur de Montagnac, en infirmant une Sentence renduë aux Requêtes de l'Hôtel le 20. Decembre 1656. ceux en faveur de qui elle avoit été renduë esperant qu'elle seroit confirmée, refuserent un moment avant que l'Arrêt fût signé 40000. livres. *Voyez Chorier en sa Jurisprudence de Guy Pape, p. 101.*

17. *Etiam ex adulterio natum, posse, Principis indulgentia, fieri legitimum.* Vide *Luc. lib. 7. tit. 1. cap. 1.*

18. Par Arrêts du Parlement de Paris & de Bourdeaux, le consentement des parens n'est necessaire pour les legitimations, mais uniquement celuy du pere, le consentement des autres n'est requis qu'à l'effet de pouvoir leur succeder. *Papon, liv. 5. tit. 5. nomb. 2.*

19. Le Roy ordonna que les heritiers collateraux d'un Chanoine seroient maintenus & gardez en la possession de la succession dudit Chanoine ; & quant aux Lettres que les heritiers avoient obtenuës pour casser la donation faite au bâtard, le Roy ordonna qu'attendu la qualité d'icelle, elle seroit entretenuë ; & quant à la legitimation, qu'elle sortiroit son effet, excepté l'article pour succeder. *Nota* que par les plaidoyez des Parties, il paroissoit que la donation ne montoit pas à plus de 120. liv. de rente, & qu'elle n'étoit excessive ; il paroissoit aussi qu'elle n'étoit faite que des meubles & acquêts, & non des propres. *Voyez le recueil des Plaidoyers, & Arrêts Notables imprimez en 1645.*

20. Enfant legitimé par son pere ne peut aprés être privé de sa legitime. Arrêt du 4. Août 1565. Autre Arrêt general d'Avril 1569. par lequel il fut dit pour une fille de Prêtre legitimée, qu'elle se contenteroit de moitié de la succession, par usufruit. *Papon, liv. 5. titre 5. nombre 2.*

21. Plaidoyé de M. *Brébart* devant le Roy Charles IX. Messieurs ses Freres, tout son Conseil Privé, & les Ambassadeurs Polonois le 17. Septembre 1573. sçavoir si le fils d'un Chanoine est par Lettres de legitimation rendu capable de succeder à son pere. *Voyez le recueil des Plaidoyers & Arrêts Notables imprimez en 1645.*

22. Les Lettres de legitimation obtenuës par Jacques du Boullay verifiées, à la charge que les clauses concernant le droit de succeder, auroient lieu pour le regard des droits du Roy seulement, & non autres. Arrêt du Parlement de Bretagne du 31. Octobre 1576. Du Fail, *liv. 2. chap. 531.*

23. Legitimation des enfans sans l'exprés consentement du pere ne vaut. Arrêt au mois de Juillet 1583. M. *Louet, lettre L. somm. 7.*

24. Une fille naturelle née *ex soluto & solutâ*, obtient à l'instance, poursuite & frais de son pere, Lettres de legitimation, qui sont presentées à la Chambre des Comptes pour être verifiées ; son pere la marie comme sa fille naturelle & legitime ; & luy fait un legs de tous ses biens par son Testament, l'appellant par iceluy sa fille naturelle & legitime ; il fait quelques autres legs à des particuliers. Aprés son décés, les Lettres de legitimation sont verifiées, & les cousins paternels & maternels du défunt se rendent complaignans, de ce que la fille s'est emparée des biens avec quelques autres legataires ; les cousins prétendent être seuls heritiers du défunt, impugnent les Lettres de legitimation, comme n'étant verifiées du vivant du défunt, & que les legs portez par son Testament doivent être delivrez par eux, au cas que ledit Testament fût valable. La fille au contraire se maintient seule heritiere, quoiqu'elle en soit legataire universelle ; & sans se départir de son legs, défend à la complainte ; les autres legataires demandent délivrance de leur legs. Par Sentence des Requêtes du Palais, les cousins sont maintenus & gardez en la possession & saisine de se dire seuls heritiers du défunt ; ordonné qu'ils feront délivrance à ladite fille & autres legataires de leurs legs, sans dépens. Appel interjetté respectivement de la Sentence par la fille & les cousins. Arrêt confirmatif d'icelle sans dépens, est intervenu le 22. Decembre 1584. au rapport de M. Gillot. *V. le Vest Arrêt 179.*

25 Lettres de legitimation doivent être verifiées en la Chambre des Comptes du vivant du pere, autrement sont inutiles ; *Chopin en rapporte des Arrêts du P. de Paris sur la Coûtume d'Anjou, li. 3. ch. 3. tit. 4. art. 15.* & autre, que le pere en peut obtenir comme l'ayeule paternelle. Arrêt du 4. Août 1592. *Chopin sur la Coût. de Paris, liv. 2. tit. 5. art. 13. & du Dom. de Fr. tit. 11. nomb.* 11. *Bacquet, trait. de Bâtard. chap.* 12.

26 Si le legitimé par le Prince peut succeder aux biens substituez, & s'il est appellé par ces mots, *substitué les enfans naturels & legitimes*, & si la legitimation sans le consentement exprés du pere, vaut ? *Voyez Bouvot, tome 2. verbo, Legitimation*, où il rapporte un Arrêt du Parlement de Dijon du 16. Decembre 1613. qui a débouté le legitimé.

27 La legitimation d'un enfant naturel ne peut être demandée après la mort de sa mere. Jugé en la Chambre de l'Edit le 4. Juin 1617. contre un pere qui après avoir abusé de la femme & l'avoir laissée mourir sans vouloir l'épouser, ne poursuivoit cette legitimation que pour obtenir l'administration des biens maternels de cette fille. Par le même Arrêt une pension fut ajugée à la fille bâtarde sur les biens de sa mere pour son entretenement au dire des parens. *Voyez Boné, part. 2. Arrêt* 61.

28 Des legitimez par le Prince, *Voyez les Arrêts de M. de Catellan, liv. 2. chap.* 95. où il rapporte un Arrêt du Parlement de Toulouse du mois d'Août 1693. qui a jugé que le substitué *si sine liberis* n'est point exclus par tel legitimé.

Le même Arrêt jugea que les enfans ainsi legitimez ne succedoient point aux biens avitins ou au droit de premesse & d'avitinage qu'établit la Coûtume de *Bearn* d'où cette affaire avoit été évoquée. Dés le mois de May 1686. il avoit été jugé qu'ils ne pouvoient rien prétendre sur les biens de l'ayeule, quoique le pere naturel fût mort.

Legitimation par Mariage.

29 Des legitimations par subsequent mariage & par rescrit du Prince, & quels consentemens y sont requis ? *Voyez Coquille tome 2. quest.* 28. où il rapporte les textes des loix & distinctions relatives à la matiere.

30 *Legitimati per subsequens matrimonium ex statuto fœminas excludunt.* Voyez *Andr. Gaill, lib. 2. Observat.* 141.

31 *Liberi per subsequens matrimonium legitimantur.* V. *Franc. Marc. tome 2. quest.* 681.

32 La legitimation par subsequent mariage n'a lieu s'il n'y a Contract de mariage par écrit, soit entre Nobles ou roturiers. Arrêt du Parlement de Paris du 23. Août 1577. *Papon, liv. 21. tit. 3. nomb.* 16. & *Chopin, sur la Coûtume d'Anjou, liv. 1. chap. 41. art.* 7.

33 Enfans conçus en concubinage legitimez par un mariage subsequent, succedent avec les enfans du premier lit. Arrêt du Parlement de Paris du 12. Juin 1578. *Papon, liv. 5. tit. 5. nomb.* 2.

34 Par Arrêt du Parlement de Roüen du 23. Novembre 1582. rapporté par *Berault, sur la Coûtume de Normandie,* titre *des Successions en propre, art.* 275. il a été jugé, qu'une concubine depuis la naissance de ses enfans, s'étant mariée à un autre avant qu'épouser le pere d'iceux enfans ; ils étoient censez legitimes *per subsequens matrimonium*, la raison est, que *matrimonium intermedium non impedit legitimationem prolis per subsequens matrimonium : hanc enim vim priorem legitimandi prolem jura concedunt matrimonio subsequenti, non distinguendo an aliquod medium matrimonium intercesserit vel non, ut alia subsit legitima proles, vel non, ut patet in L. diu, & in L. cum quis, Cod. de natur. lib. §. dubitatum de incest. & nefar. nupt. in auth.*

35 Par Arrêt du Parlement de Roüen du dernier Février 1587. rapporté par *Berault sur la Coûtume de Normandie,* titre *des Successions en propre, art.* 275. in verbo, *Appellez ceux*, il a été jugé que les parens d'un bâtard legitimé, & qui n'avoit point été appellé à l'en-

therinement de ses Lettres, luy pouvoit succeder, suivant l'opinion de *Bacquet, au traité du Droit de Bâtardise, part. 2. liv. 2. chap.* 14. qui dit cela avoir été ainsi jugé par plusieurs Arrêts du Parlement de Paris par luy rapportez, & ajoûte, combien que le bâtard ne puisse succeder à ses parens qu'il n'a appellez à l'entherinement de ses Lettres de legitimation, ils peuvent toutefois luy succeder, & à l'exclusion du Roy & du Seigneur, duquel sont tenus les heritages du legitimé. La raison de la difference est que la tache de geniture qui est de la part du bâtard. n'est point du côté des parens, qui ne doit être par consequent retorquée contre eux.

36 La bonne foy de l'une des Parties suffit pour ce qui regarde la legitimation des enfans, & les rendre capables de la succession. Arrêt du Parlement de Paris du 30. Août 1597. *M. Loüet, lettre L. Somm.* 14. le Commentateur rapporte plusieurs Arrêts, entr'autres l'Arrêt de Martin Guerre, &c. *Voyez M. le Prêtre premier Cent. chap.* 1.

37 Un mariage a été declaré valable & les enfans procreées d'iceluy legitimes, sur la declaration faite par le mary, en jugement & par Acte registré au Greffe par deux differentes fois, que la femme qu'il avoit eûe en sa maison avoit été comme sa propre femme, sous la promesse qu'il luy avoit faite de l'épouser, & vouloit que la fille qu'il avoit d'elle fût sa fille & heritiere legitime. Arrêt du 22. Août 1598. rapporté par *M. A. Rob. en ses Plaidoyez, liv. 2. chap.* 17. quoiqu'il n'y eût d'autres solemnitez, mais il ne faut pas faire état de cet Acte comme d'une regle bien certaine. *Voyez les Additions à la Bibliotheque de Bouchel, verbo, Mariage*.

38 Le sieur de la Broslardiere avoit eu quatre enfans de la fille de son Fermier ; prêt de mourir, il se fait transporter à l'Eglise & l'épouse, ses enfans sont mis sous le poile. Arrêt du Parlement de Paris du 29. Mars 1599. qui les declare legitimes *per subsequens matrimonium*. *Papon, liv. 15. tit. 1. nomb.* 13.

39 Les enfans nez d'un mariage contracté publiquement entre personnes conjointes en degré defendu par le Droit Canonique, & en presence des parens, sans contredit, sont legitimes pour succeder. *Voyez Carondas, liv. 6. Rép.* 50.

40 La legitimation se fait par la celebration d'un mariage subsequent *positis ponendis.* Voyez *Carondas, liv. 12. Rép.* 16. & revoque la donation faite avant leur legitimation. Arrêt à Pâques 1606. *Montholon, Arrêt* 108. *non habet tamen jus primogeniture. Coquille, question* 28.

41 Fille née sept mois après le mariage, est legitime, nonobstant la declaration de la mere qu'elle avoit été violée. Jugé le 25. May 1620. *Bardet, tome 1. livre 1. chapitre* 82.

42 Arrêt du 15. Juin 1632. qui juge que la legitimation d'un enfant par mariage subsequent, a lieu de droit, sans qu'il soit besoin de declaration du pere. *Bardet, tome 2. liv. 1. chap.* 31.

43 Le manteau du mariage couvre beaucoup de mysteres, & suffit pour regler les successions. Arrêt du 2. Août 1649. *Henrys, tome 1. liv. 6. chap. 5. quest.* 38. Dans le doute il vaut mieux donner à l'enfant les biens du pere putatif, que de luy ôter ceux du pere legitime ; & s'il n'est pas pere *jure sœminis*, il l'est jure soli. Le même Arrêt est rapporté dans *Soëfve, to. 1. Cent. 3.c.*17.

44 Le 26. Janvier 1664. en l'Audience de la Tournelle, un enfant né pendant l'absence du mary, de sa mere, dont l'état étoit contesté par les parens du mary, a été declaré legitime. *Registre du Parlement.* & *Jovet*, verbo, *Enfans*, nomb. 48.

45 Les parens après avoir vû un enfant élevé dans la famille comme legitime, ne sont pas recevables à contester son état. Arrêt du 12. May 1665. *De la Guess. tome 2. liv. 7. chap.* 19. L'état des enfans ne peut plus être contesté, après avoir été approuvé par la famille, & après une possession de trente années. Arrêt du 6. Juillet 1666. *De la Guess. tome 2. liv. 8. chap.* 13.

46 Jugé par Arrêt du 21. Juin 1668. que la loy d'un païs étranger, qui ne veut pas que des enfans naturels puissent être legitimez par un mariage subsequent, n'a point lieu à l'égard des biens situez en France : Arrêt en faveur de l'enfant d'un François & d'une Françoise qui avoient passé en Angleterre, où le mariage subsequent ne legitime point. Soëfve, tome 2. Cent. 4. ch. 10. Le même Arrêt est rapporté par M. le Brun, en son traité des Successions, liv. 1. chap. 2. sect. 1. dist. 1.

47 Si un enfant né à six mois moins un jour après le mariage contracté, peut être reputé legitime, ayant contre luy le désaveu du mary, & la declaration de la mere? Arrêt du 16. Juin 1670. qui renvoya les parties pardevant le Juge des lieux sur le fait de la supposition de l'enfant, que l'on soûtenoit n'être pas le même duquel la femme étoit accouchée, il y avoit alors 34. ans, Soëfve, tome 2. Cent. 4. chap. 49. qui observe que cet Arrêt préjuge la legitimité.

48 Le sieur Marquis de Termes avoit eu deux enfans bâtards, Antoine de Salnove épousé ensuite leur mere. Jugé par Arrêt du 13. Février 1674. que ces enfans nez hors le mariage n'avoient pû être legitimez *per subsequens matrimonium*; l'honneur de celle dont ils étoient issus ayant reçû atteinte avant & depuis le mariage. Soëfve, ibidem, chap. 85.

49 On demande si un bâtard s'étant marié & ayant des enfans, le pere de ce bâtard épousant celle qu'il a séduite, ce mariage survenant rend ces petits enfans legitimes? Voyez Bardet, tome 2. liv. 8. chap. 12.

50 Jugé en 1603. au Parlement de Grenoble, que le fils legitimé par un mariage subsequent excluoit le substitué. Basset, tome 2. liv. 4. tit. 12. chap. 4.

51 Le fils & la femme sont censez legitimes, si le pere a declaré avoir épousé ladite femme ou dans son Testament, ou ailleurs. Arrêt du 20. Novembre 1611. Basset, tome 1. liv. 4. tit. 11. chap. 6.

52 De la legitimation *per subsequens matrimonium*. Arrêt du 18. Mars 1644. qui a jugé qu'elle avoit lieu par mariage contracté *in articulo mortis*. Basset, tome 2. liv. 4. tit. 12. ch. 4.

53 Legitimation *per subsequens matrimonium* ou par Lettres du Prince ne peut rendre les enfans adulterins capables de succeder ; mais bien ceux qui sont nez *ex soluto & solutâ*. Arrêt du 29. Janvier 1659. Basset, tome 1. liv. 4. tit. 11. chap. 7.

54 Quand on a reconnu la legitimité, on n'est plus recevable à la contredire. Arrêt du Parlement de Roüen du 15. May 1631. contre des parens qui avoient signé au contract de mariage de celle dont ils vouloient contester la qualité. Basnage, sur l'art. 235. de la Coûtume de Normandie.

55 Par Arrêt donné en la Grand Chambre à Toulouse, une donation a été declarée nulle & rompuë *per supervenientiam liberorum*, bien que le Donateur eût prévû ce cas, se reservant la faculté de legitimer ses enfans sur les biens donnez, & bien que la fille du donateur fût decedée délaissant son mari heritier, & qu'au contraire le fils du Donataire & neveu du Donateur fût en partie. Bibliotheque de Bouchel, verbo, Donation.

Voyez cy-après, verbo, Mariage. §. Mariage, Legitimation.

LEGITIMATION PAR LE PAPE.

Voyez cy-dessus le nomb. 11.

56 *De rescripto legitimationis misto*. Voyez Rebuffe, 3. part. *prax. benef.* là si parle des Lettres de legitimation accordées par le Pape & le Roy.

57 *Benedicti in cap. Raynutius fol. 70. num. 203. verb. legitimatio*, recite un Arrêt du mois de Février 1507. donné en l'Eschiquier de Roüen au profit des filles de M. Jean de Ferrieres, qui furent maintenuës en la possession de tous les biens de leur pere, lequel étant promeu aux Ordres, fut apparemment dispensé pour contracter mariage duquel ces filles étoient issuës. Le même Benedicti dit qu'il fut mandé par le Roy avec plusieurs autres grands Personnages pour opiner, & en ce

Tome II.

même endroit parlant des Docteurs & Conseillers qui flattent le Pape & les Princes, en attribuant au Pape le droit de legitimer *quo ad temporalia in terris sibi non subditis*, il les appelle *Doctores de placebo Domino*. Bibliotheque de Bouchel, verbo, Legitimation.

58 Le Pape ne peut legitimer les bâtards pour succeder. Arrêt de l'année 1461. il y a le grand Arrêt de Ferrieres donné au Parlement de Roüen le 19 Février 1507. Voyez les Preuves des Libertez, tome 1. ch. 7. nomb. 36. & Peleus, quest. 67. & 68.

59 Le Pape peut dispenser quand la legitimation *pendet à radice matrimonii contra jus positivum Ecclesiæ contracti*, mais en France, le Pape ne peut legitimer *nisi ad effectum consequendi Beneficia*. Le Roy seul peut legitimer pour les successions, même les enfans nez dans un adultere. Arrêt du Parlement de Grenoble du 10. Decembre 1622. Basset, tome 2. liv. 4. tit. 12. chap. 3.

60 Par Arrêt du Parlement de Paris du 11. Decembre 1664. jugé que des enfans d'une conjonction adulterine, & incestueuse, ne peuvent être legitimez par le mariage subsequent de leur pere & mere, fait en consequence d'une dispense de Cour de Rome, l'Arrêt fit défenses aux Banquiers de Cour de Rome de plus employer à l'avenir la clause de legitimation des enfans dans les dispenses qu'ils obtiendront en fait de mariage prohibé. Soëfve, tome 2. Cent. 3. chap. 29.

LEGITIME.

DE Triente & Semisse, & successionibus filiorum & c. N. 18. De la legitime des enfans.

De inofficiosis donationibus. C. 3. 29. Quand les peres & meres ont fait des donations immenses, leurs enfans les peuvent faire revoquer, jusques à concurrence de leur legitime. V. Rapport de biens.

De immensis donationibus in filios factis. N. 92. Detraction de la legitime sur les donations excessives.

De collatione dotis. D. 37. 7... N. 97. c. 6. Contribution de la Dot à la legitime.

De inofficiosis dotibus. C. 3. 30... C. Th. 2. 21.

Le Testament est nul, pour n'avoir pas laissé une legitime suffisante. *N. 66. c. 1. §. 4. & 5.*

Legitima potest augeri, vel minui ; non tolli. N. 101. c. 4.

De legitimâ liberis & parentibus relinquendâ. N. 115. c. 3. & 4.

Ut liceat Matri & Aviæ, & aliis parentibus, post legitimam partem liberis derelictam, quomodo voluerint residuam facultatem disponere. N. 117. Les parens ne doivent à leurs enfans que la legitime.

De legitimâ filiorum. Per Mar. Mantuum Benavidium: *in authentica novissimâ. C. de inofficioso testamento.* Merlinus *de legitimâ*, vol. in fol. Coloniæ. 1634.

De Carnalho *de legitimâ*, vol. in fol. Lugd. 1676.

Voyez hoc verbo, *Legitime*, la Bibl. du Droit François par Bouchel, Carondas, liv. 1. Rép. 102. liv. 4. Rép. 9. & liv. 10. Rép. 39. le recüeil des Arrêts de M. Job. Bouvot, tome 2. au titre de la legitime & sous la même indication, les Décisions du Palais par M. Abraham le Peirere ; M. le Brun, en son traité des Successions, liv. 2. chap. 3. sect. 1. le même Auteur en son traité des Donations, part. 3. chap. 8. Despeisses, tome 2. page 307. Henrys, tome 2. liv. 5. quest. 53. & les arrétez faits chez M. le Premier President de Lamoignon, & recüeillis dans le Commentaire de M. Barthelemy Auzanet, sur la Coûtume de Paris.

2 De la nature de la legitime, & à qui elle est dûë, de sa qualité, sur quels biens elle se prend, & comment elle se regle ? Voyez le 3. tome des Loix Civiles, liv. 3. titre 2.

3 *Aliud legitima, aliud hereditas,*

Exclusus ab hæreditate sive testamento patris, sive propriâ renunciatione, non est exclusus à legitimâ,

Jus accrescendi portioni non personæ accedit.

Portio legitima accrescit consortibus in legitimâ æqualiter, etiam si sint hæredes inæqualiter.

Zzz ij

Legitima non est Beneficium parentis sed legis. Voyez *Du Moulin*, tome 2. page 895. en son conseil 39. En son conseil 35. il y a plusieurs autres questions sur la legitime.

4 En Droit la legitime, s'il y a un enfant il a la tierce partie de 12. si deux, chacun un sixiéme ; si trois, un neuviéme ; si quatre, un douziéme ; s'ils sont cinq, un dixiéme ; s'ils sont six, un douziéme ; sept, un quatorziéme. *M. le Prêtre*, 2. *Cent.* chap. 7. in margine.

5 Si les quatre cinquiémes d'heritages propres font la legitime, ou au lieu de la falcidie ; & de la maniere de demander la legitime ? Voyez *Coquille*, tome 2. question 263.

6 *In exploranda legitima non est habenda ulla augmenti ratio quod bonis paternis accessit solo temporis accessu sine facto hæredis.* Voyez *Francisci Stephani*, décis. 85.

7 *Quod legitima fideicommisso gravari non possit.* Voyez *Andr. Gaill*, lib. 2. observat. 119.

8 *Legitima supplementum quâ actione petatur, & de ejus præscriptione?* Voyez ibid. observat. 120.

9 *Legitima an consuetudine vel statuto prorsus & tolli, vel saltem minui possit?* Voyez ibid. observat. 122.

10 Si la fille est tenuë de précompter en sa legitime, ce qui luy a été donné outre sa part & portion ? Voyez *Bouvot*, tome 2. part. 2. verbo, Substitution Compendieuse.

11 Si le Testament, par lequel est délaissé moins que la legitime au fils, est nul ? Voyez *Bouvot*, tome 2. part. 2. verbo, pere usufructuaire, quest. 1.

12 Si la legitime est dûë à l'égard des biens donnez, & si des biens donnez se distrait la legitime, & quand il y a plusieurs donations, & que l'on a égard au temps de la mort & aux ventes faites ? V. Ibid. part. 3. verbo, Substitution. quest. 2.

13 Les donations ne peuvent diminuer la legitime. Arrêt du Parlement de Dijon du 21. Novembre 1567. Ibid. verbo, Mariage, quest. 99.

14 Si le Testament est bon & valable, auquel la legitime n'a été laissée ? Ibid. verbo, Testament, q. 5.

15 Donataire de la moitié des biens presens & à venir, avec moitié des charges, est tenu aux legitimes, frais funeraires, & autres dettes. Voyez le mot, Donation, nombre 463.

16 La legitime est préferée au droit d'aînesse. C. M. §. 8. hodie li 13. Gloss. 4. n. 7. Voyez l'art. 17. de la Coût. de Paris. Pour le doüaire. Voyez *Carondas*, livre 7. Réponse 85.

17 Neveux *ex filio aut filiâ*, sont recevables à prétendre à la legitime des biens de leur ayeul, nonobstant la renonciation de leur mere ; mais ils sont tenus de rapporter ce qu'elle a receu, quoyqu'ils viennent de leur chef & non du sien. Voyez *Papon*, liv. 16. tit. 4. nombre 17.

18 *Joannes Petrus*, en ses décisions, cap. 21. traite amplement la question, si un Testateur peut charger son fils & heritier, de restituer les fruits qu'il recevra par-dessus sa legitime ; il tient l'affirmative. *Duperrier*, li. 3. quest. 3. ne l'approuve pas. L'opinion de cet Auteur est d'un grand poids ; c'est le même que le sçavant *Menage* appelle à juste titre dans une de ses Odes, *Gentis togatæ gloria, præcipuus Themidis sacerdos.*

19 Si le Testateur demeurant en Pays de Droit Ecrit, & ayant biens en plusieurs Provinces, tant Coûtumieres que de Droit écrit, institue l'un de ses enfans heritier universel, les autres prendront leur droit de legitime & portion, telle que la disposition de chacun Pays où les biens seront situés, porte, soit de Droit ou de Coûtume. *Biblioth. de Bouchel*, verbo, Testament.

20 La legitime se prend suivant la Coûtume du lieu, où se trouvent les biens situez. Arrêt du 3. Février 1541. *Papon*, liv. 20. tit. 1. n. 14.

21 La legitime ou supplément doit être pris sur les biens alienez en dernier lieu. Arrêt au Parlement de Toulouse du 13. Septembre 1543. *Bibliotheque de Bouchel*, verbo, Legitime.

22 Il y a plusieurs Arrêts, par lesquels les filles nées & mariées aux lieux où la Coûtume les exclut de la succession du pere, ont même été privées de la legitime. Jugé le 14. Février 1546. Il y a un Arrêt contraire du Parlement de Toulouse du 25. Juin 1567. Pourvû que la lezion soit notable, elles peuvent demander le supplément de legitime, *etiam si concurrant consuetudo & pactum de non succedendo.* Les Arrêts sont differens sur la question de sçavoir, si alors la legitime doit être payée ou en corps hereditaires ; le dernier du 18. Juin 1574. laisse le choix à celuy, qui la demande, & ordonne la restitution de fruits.

23 Stipulation que les enfans n'auront qu'une somme en la Communauté, si mieux ils n'aiment se tenir à leur legitime. Voyez le mot, Communauté, n. 188.

24 Il a été arrêté à la prononciation de Pâques 1549. le 13. Avril précedent, qui est le 13. Avril 1548. avant Pâques, que l'heritier en sa legitime est saisi ; il peut former complainte, soit pour sa legitime, ou pour le supplément, quoyqu'il y eût un heritier universel institué. Semblable Arrêt a été rendu *in fideicommisso*. Biblior. de Bouchel, verbo, Substitution.

25 La legitime peut être poursuivie possessoirement. Arrêt du Parlement de Paris du 13. Avril 1548. *Papon*, li. 20. t. 8. n. 9.

26 La legitime se prend sur l'heritier, & subsidiairement sur le tiers possesseur. Arrêt du 16. Mars 1555. Ibidem, nombre 8.

27 Legitime se prend, tant sur les biens laissez, que sur ceux que le pere a donnés de son vivant à ses enfans. Arrêt du 27. May 1558. *Carondas*, liv. 2. Réponse 61. Au même liv. Rép. 102. il traite plusieurs questions sur la legitime.

28 Arrêt du 29. Decembre 1568. qui débouté les Religieuses Professes *apostates*, de la demande par elles faite de la legitime & succession ; pour le Comte de Carmaing, contre la Demoiselle de Carmaing. *La Rochestavin*, liv. 6. tit. 63. Arr. 8.

29 *Legitima parentibus debita præfertur, legatis in pias causas factis.* Arrêt du 12. Février 1583. Anne-Robert, *rerum judicat*. liv. 1. ch. 1.

30 Pour les substitutions & la distraction des droits de legitime. Voyez l'Arrêt celebre de la Maison d'Uzez, du 12. May 1581. Le Vest, Arrêt 170.

31 *Si hæres legitimam præscripserit quia a liberis per longissimum tempus non fuit petita, eo casu nihil hæredi accrescit sed soli fideicommissario ; portio enim portioni, non persona accrescit : ita Tholosæ judicatum*, le 2. Avril 1597. *Mornac*, l. 21. ff. de rescind. vend. &c.

32 Voyez *Henrys*, tome 2. liv. 6. quest. 10. où il propose une question assez particuliere touchant la succession de Tournon, & où il demande si l'on peut legitimer deux fois sur les mêmes biens.

33 Le même Auteur, to. 1. li. 5. ch. 4. q. 51. examine, si une somme leguée par une pere à son fils, pour luy tenir lieu de legitime, payable quand il se mariera, ou qu'il aura atteint l'âge de 20. ans, produit des interêts avant le terme ? Il dit que la question s'étant presentée dans son Siege, elle fut jugée à l'avantage du fils, & que la Sentence fut confirmée, par un Arrêt du 2. Janvier 1609.

34 La legitime étoit laissée *titulo honorabili*. Ce n'est pas assez de dire, je laisse à mes heritiers, il faut dire, je laisse à un tel mon pere, & à une telle ma mere, autrement le Testament est annullé. Arrêts du Parlement de Dijon des 16. Janvier 1603. & 29. Mars 1604. *Bouvot*, tome 2. verbo, Mariage, quest. 101.

35 L'action de la legitime dure 30. ans, *l. 2. versiculo sed sive pro se C. de constituta pecunia* ; le même pour le supplément. Arrêt du 15. Decembre 1612. M. le Pretre, és Arrests de la Cinquiéme. Voyez *Henrys*, to. 1. liv. 4. chap. 6. quest. 76. & les 30. ans pour la legitime se comptent du jour que le pere est décedé ; mais si les enfans ont été nourris sur les biens de l'heredité, la prescription ne commence que depuis qu'ils ont cessé d'être nourris. *Dolive*, liv. 5. ch. 31.

36 La legitime & la quarte ne se doivent détraire sur les biens spécieux, mais sur les mediocres. Arrêt du 23. Février 1615. M. Expilly, Arr. 12.

37 La legitime & la trebellianique estimées aux deux tiers, sont dûës à l'heritier, encore qu'il y ait prohibition d'aliener par le Testament, & que la substitution soit faite sous condition *si sine liberis*. Arrêt prononcé à Noël 1615. *Montholon, Arr.* 127.

38 La legitime ne peut être demandée solidairement à tous les heritiers. Arrêt du Parlement de Bourgogne du 16. Février 1617. *Bouvot, tome* 2. verbo, *Legitime, question* 15.

39 En la Coûtume de Paris, article 298. la legitime est la moitié de telle part & portion que chacun enfant eût euë en la succession de ses pere & mere, ayeul ou ayeule *ab intestat*. En la Coûtume d'Anjou, des deux tiers. Arrêt du 10. Juin 1624. *Du Frêne, liv.* 1. *chapitre* 27.

40 La legitime leguée par le pere en deniers à ses enfans, le mary, à l'exclusion des parens, y succede, comme meubles. Arrêt du 14. Juin 1631. *Henrys, tome* 1. *liv.* 5. *chap.* 2. *quest.* 8. Si elle se peut assigner en deniers, ou si elle est dûë en corps hereditaire? *Voyez Henrys, tome* 2. *liv.* 5. *quest.* 33.

41 Legitime se prend, tant sur les biens de la mere, que sur ceux de la liberalité du second mary, à l'exception de la portion virile de l'augment acquis à la mere par le prédecés de son mary. Arrêts des 7. Juillet 1631. & 31. Juillet 1634. *M. Dolive, liv.* 3. *ch.* 19.

42 Par Arrêt du Parlement de Toulouse du 15. Juillet 1612. jugé que donation faite par une mere à son frere, à la charge de payer à chacun de ses enfans la somme de 600. livres pour leur legitime, seroit seulement révoquée à concurrence de la legitime des enfans; ladite somme de 600. liv. n'étant pas suffisante pour les droits que la nature donnoit aux enfans sur les biens de la mere, & ce conformément à la Loy *Titia*. §. *Imperator. ff. de Leg.* 2. & la Loy 1. *Cod. de inoff. donat.* M. *Cambolas, liv.* 6. *ch.* 32.

43 La legitime doit être laissée, tant en proprieté, qu'en usufruit. Arrêt du Parlement de Dijon du 17. Février 1633. *Taisand, sur la Coûtume de Bourgogne, titre* 7. *art.* 2. *note* 1.

44 Par Arrêt du Parlement de Roüen du 23. Septembre 1647. rapporté par *Berault, sur l'art.* 357. *de la Coût. de Normandie*, *in verbo, ains seulement demander mariage*, il a été jugé que les parens seroient les Arbitres & Juges souverains de la legitime des filles, *tanquam judices delegati: sicut enim judicium familiæ erciscundæ non erat solum familiare, sed prætorium*; de même l'arbitration de la legitime des sœurs, *dirimenda est judicio mixto parentum*; ce qui a lieu principalement, quand c'est le Parlement qui renvoye l'affaire aux parens; autrement si c'est pardevant des Baillifs, ou Senéchaux, l'appel des Jugemens que les parens rendent, est reçû.

45 Jugé au Parlement de Grenoble le 6. Septembre 1653. que la cadette peut legitimer sur la dot immense constituée à son aînée, & que les interêts luy en sont dûs dés la discussion des biens du frere aîné. *Basset, tom.* 1. *liv.* 5. *tit.* 11. *ch.* 6.

46 Si un second mary ayant fait collocation sur les biens du premier, pour la dot constituée en deniers à sa femme; la fille du premier lit doit prendre sa legitime sur la valeur des biens qui est plus grande que celle des deniers; & si l'usufruit des biens leguez au second mary par la femme, doit être retranché jusques à la legitime de la fille? *Boniface, tome* 4. *liv.* 5. *tit.* 7. *chap.* 1. remarque que les questions sont demeurées indécises.

47 Un fils qui a eû une legitime sur les biens du pere, ne peut demander un autre droit de legitime sur les mêmes biens avenus à la mere, heritiere du pere. Arrêt du 19. Avril 1655. *Boniface, tome* 5. *liv.* 1. *tit.* 17. *chapitre* 3.

48 Arrêt du 30. Janvier 1670. qui a jugé que les distractions des legitimes ajugées, peuvent être opposées en execution, sans obtenir Requête civile contre l'Arrêt d'adjudication. *Ibidem, tome* 3. *liv.* 3. *tit.* 9. *ch.* 1.

49 Arrêt rendu au même Parlement de Provence le dernier Juin 1672. qui aprés partage, a declaré les filles legitimaires préferables aux lods acquis au Seigneur par l'alienation des biens hereditaires, faite par l'heritier. *Ibid. tome* 4. *liv.* 2. *tit.* 1. *ch.* 13.

50 Le fils heritier institué ne pourra point répudier la cause du Testament, & se tenir à ses droits de legitime. *Fachin, lib.* 4. *cap.* 65. *id. Fernand, ad l. in quartam præfat.* 2. *art.* 4. *n.* 14. *si non habeat substitutum aut coheredem, id. Peregrin. art.* 36. *n.* 102. *id. Grass.* §. *legitima quæst.* 1. *n.* 4. *si non habeat substitutum.*

M. *Abraham la Peirere, en ses décis. du Palais, let.* L. *n.* 43. joint à ces autoritez l'observation suivante.

Quand le fils a un coheritier ou un substitué, le Testament substitant en leur personne, rien n'empêche que le fils ne puisse répudier ; mais quand il est seul heritier institué, il ne peut point en fraude des legataires répudier la cause du Testament, & se tenir à ses droits de legitime ; vû que sans répudier la cause du Testament, il peut demander la falcidie ou sa legitime. Il rapporte un Arrêt du mois d'Août 1660. rendu en la Chambre de l'Edit à Bourdeaux, par lequel il a été jugé qu'une fille heritiere instituée par sa mere n'étoit pas recevable à répudier, & se tenir à ses droits de legitime.

LEGITIME, ACCROISSEMENT.

51 Accroissement en legitime. *Voyez cy-devant*, verbo, *Accroissement, nombre* 36.

LEGITIME, AUGMENT.

52 Augment de la mere imputable sur la legitime des enfans. *Voyez le mot, Augment, n.* 36.

LEGITIME DES ASCENDANS.

53 De la legitime des ascendans. *Voyez Henrys, tome* 1. *liv.* 6. *ch.* 5. *q.* 16.

54 Distraction de legitime des ascendans grevez, se fait *fructibus computatis*, on précompte les fruits que l'ascendant a pris en l'heredité. Arrêt du Parlement de Grenoble de l'an 1460. *Papon, liv.* 20. *tit.* 6. *n.* 5.

55 En la Coûtume de *Chartres* la legitime n'est dûë aux ayeuls & ayeules, parce que la Coûtume ne parle que des pere & mere. *Montholon, Arrêts* 83. *& Arr.* 117. Il remarque lors qu'il n'y a que meubles & acquêts.

56 Jugé au Parlement de Toulouse que le petit-fils mourant avant son ayeule maternelle & son pere, l'ayeul maternel n'a point de legitime ni aucune part en la succession de son petit-fils, d'autant que le droit de representation n'a pas lieu entre ascendans, suivant l'avis de *Mainard, au liv.* 6. *chap.* 96. & la décision expresse de la *Novelle* 118. *ch.* 2. *M. de Catellan, liv.* 4. *chapitre* 59.

57 On demande si l'ayeule maternelle, dans le cas de l'Edit, a droit de legitime? Il y a trois opinions. La premiere, la negative; la seconde, pour l'affirmative; la troisiéme, *Ricard*, tient qu'elle luy doit être ajugée sous deux restrictions. *V. son Traité des Donations entre-vifs, part.* 3. *ch.* 8. *section* 3. *n.* 927.

58 Si la legitime dûë à un ascendant, peut être consomée en fruits, puisque celle des descendans au premier degré ne le peut être? La question est demeurée indécise. *Voyez Boniface, tome* 2. *liv.* 3. *tit.* 3. *ch.* 4.

59 Il est certain que la legitime des ascendans, se prend seulement sur les biens ausquels ils succedent *ab intestat*, c'est-à-dire, sur les biens qui viennent d'eux, & sur les meubles & acquêts faits par leurs enfans. Arrêt du Parlement de Dijon du 14. Decembre 1628. *Taisand sur la Coût. de Bourgogne, tit.* 7. *art.* 3. *n.* 10. où il ajoûte que le sieur Avocat de la Marre, des Recüeils duquel il a tiré le précedent Arrêt, dit, j'ay plaidé depuis une cause pour M. Claude Bel, Tuteur de Claudine Chanut Intimé, contre M. Pierre Guinot, Procureur à Châlons, Appellant de Sentence arbitrale, par laquelle il avoit été débouté de la legitime qu'il demandoit sur les anciens maternels de N. Guinot sa fille, & de Claudine Bel ; cette Sentence fut confirmée par Arrêt du

29. Novembre 1638. Claudine Bel avoit laissé par son Testament au même Guinot son mary, les meubles & acquêts de leur Communauté, qui n'étoit pas utile ; & de plus les anciens maternels sur lesquels il prétendoit sa legitime, étoient tous actifs & conventionnels.

61 Il faut tenir pour constant qu'au moins la legitime est duë aux ascendans à titre d'institution, aussi bien qu'aux descendans, même en Pays de Droit écrit, sans quoy le Testament est nul. Arrêt du Parlement de Dijon du 10. Decembre 1646. Taisand, sur la Coût. de Bourgogne, tit. 7. art. 3. n. 2 où il dit, sieur Avocat de la Marre, des Recüeils duquel j'ay tiré cet Arrêt, dit avoir appris des anciens Avocats que cela avoit été déja jugé par Arrêts des 29. Juillet 1594. & 29. Mars 1604. de sorte même que les legs pieux, compris dans de semblables Testamens, ne sont pas dûs. De plus, si la mere a été préterite par son fils, qui est Bourguignon, & qui a testé à Paris, son Testament, est nul. Arrêt du même Parlement de Dijon en 1657. Il en est autrement de la préterition dans une donation ; car le défaut d'institution ne l'annulle pas, sauf la legitime que la personne préterite peut demander. Nicolas Salier entrant dans l'Ordre des Peres Minimes, & sa mere étant morte, fit une donation de tous ses biens à son pere, dans laquelle il prétérit la Demoiselle Mathez, son ayeule maternelle ; elle débatit cette donation de nullité, par le défaut d'institution, sur quoy il y eut Arrêt le 22. Juin 1656. confirmatif de la donation, sauf la legitime de l'ayeule du Donateur. Même Arrêt le 13. Janvier 1670.

62 De la legitime des ascendans dans le Pays Coûtumier, & si elle peut être prétenduë par les pere ou mere sur les meubles & acquêts de leurs enfans, dont ils ont disposé, soit par donations entre-vifs, soit par testament. Suëfue, tome 2. Cent. 4. chap. 93. Il rapporte plusieurs Arrêts qui ont debouté les ascendans ; il y en a un du 22. Decembre 1676. qui appointe sur l'appel de la Sentence, laquelle avoit adjugé la legitime à la mere. M. l'Avocat General Talon avoit aussi conclu pour elle, conformément à un ancien Arrêt de l'an 1583. rendu en la Coûtume de Laon, locale de celle de Vermandois. Il n'y a que deux Coûtumes en France qui fassent mention de la legitime des peres & meres. Bourdeaux, art. 4. & celle d'Acqs, tit. 2. art. 25. parce qu'elles sont situées en Pays de Droit Ecrit.

63 Jugé au Parlement d'Aix le dernier Juin 1684. que les ascendans qui ont accepté un legs des fruits faits par l'enfant, ne peuvent pas demander la legitime. Boniface, tome 3. liv. 2. tit. 15. ch. 2.

LEGITIME, CHEVALIERS DE MALTHE.

64 Si le Chevalier de Malthe fait nombre en la legitime? Voyez le mot, Chevalier, n. 55. & suiv.

LEGITIME, COLLATERAUX.

65 En succession collaterale, il n'y a point de legitime, si ce n'est qu'une personne de vie réprochable & honteuse ait été instituée heritiere. Chopin, Coût. de Paris, liv. 2. tit. 1. n. 12.

66 Il n'est rien dû aux Collateraux, pas même la legitime, suivant l'art. 9. de la Coût. de Bourgogne, au tit. des Successions. Ainsi ils ne peuvent arguer de nullité un Testament, qui ne comprend point d'institution, ni opposer que le Testateur n'a pas survêcu les 20. jours. Arrêt du Parlement de Dijon du 2. Juin 1625. Taisand, sur cet article.

LEGITIME, BIENS CONFISQUEZ.

67 Legitime reservée sur les biens confisquez. Voyez le mot, Confiscation, n. 60. & 61.

CONTRIBUTION A LA LEGITIME.

68 De quelle maniere la contribution a lieu en fait de legitime? Voyez le mot, Contribution, n. 42. & suiv. cy-après le n. 112. & suiv. & le Traité qui a été fait sur cette matiere.

69 Si la dot des filles doit contribuer à la legitime des autres enfans? Voyez Hevin, tome 2. liv. 6. q. 4.

70 Si l'her tier a de reste, les legitimes payées, assez sans parler de la f lcidie, il doit suppléer & parfaire les legitimes ; autrement les Legataires y doivent contribuer pro rata. Jugé par Arrêt du Parlement de Bourdeaux, allegué par M. Boyer, en la décis. 145. Il en est de même des Donataires. Arrêt du Parlement de Paris du 14. Mars 1592. Chopin, sur la Coût. de Paris, liv. 2. tit. 5. art. 16. & Papon, liv. 20. tit. 7. n. 4.

71 Les biens que les Religieux de la Doctrine Chrétienne portent dans le Monastere, ne sont pas sujets à la legitime de leurs freres & sœurs, &c. Du Frêne, liv. 4. chap. 5.

72 Celuy à qui les biens sont donnez francs & quites, ne contribue pas au payement des legitimes. Arrêt du Parlement de Toulouse du 6. May 1669. rapporté par M. de Catellan, liv. 5. ch. 37.

LEGITIME EN CORPS HEREDITAIRES.

73 Si la legitime peut être demandée en corps hereditaire, & de quel temps les fruits sont dûs ? Voyez Bouvot, tome 1. part. 3. verbo, Substitution, q. 2.

74 Lorsque le payement de la legitime & de la trebellianique, doit être fait en corps hereditaires, ce sera en corps médiocrement bons, & non en ceux qui sont de grande consideration, & du plus haut prix, comme le sont les Seigneuries & les Domaines specieux. Le Parlement de Grenoble le juge de la sorte. Si on observe le Droit commun à la rigueur, ces deux quaries seroient tirées de chaque corps & de chaque chose. Voyez Guy Pape, quest. 608.

75 En matiere de Royaume, Duché, Comté, ou autre telle Dignité, la legitime ne se peut prendre en corps ; mais bien l'heritier la doit payer en argent. Guy Pape, quest. 476. n. 1. cont. Molin. in verbo, droit d'aînesse, n. 7. id. Guy Pape, quest. 487. n. 2. id. Ferrer. ibid. sed refert contraria Arresta, cont. Ferron. li. 2. tit. 5. §. 22. id. Loiseau, des Seigneuries, ch. 6. n. 17. id. Fachin, li. 4. ch. 13. quid in aliis domaniis, vid. Peregrin, art. 36. n. 71. & seq. id Papon, li. 20. tit. 7. n. 5. vid. Chopin, Parif. li. 2. tit. 5. n. 15. & de Doman. lib. 2. tit. 2. id. Fernand. ad l. in quartam, cap. 3. art. 3. num. 6. & de filiis nat. ex mat. cap. 8. n. 8. in Baroniâ. vid. Automne, art. 76.

75 bis A l'égard des Royaumes, Duchez, Marquisats, Comtez, & Terres revetuës de Dignité, la legitime ne peut être demandée qu'en deniers, pour en éviter la ruïne. Il fut ainsi jugé au Parlement de Grenoble, entre le Roy & le Duc de Savoye, pour les Comtez de Valentinois & de Diois. Voyez Guy Pape, quest. 476. & 487. Boërius, dans sa décision 204. & Papon, liv. 1. tit. 10. art. 1. & liv. 20. tit. 7. n. 5.

76 Les legitimes demandées sur les Baronnies, ou Comtez, s'ajugent en deniers & non en corps hereditaires, pour éviter le démembrement desdites Baronnies & Comtez. Jugé pour le Baron de Lescure, le 10. Février 1525. pour le Comte de Carmaing, le 4. Juillet 1566. pour le Vicomte de Bourniquel, le 27. Janvier 1584. pour le Baron de Saint Sulpice, contre le Sieur Evêque de Cahors, fils de ladite Maison, le 30. Mars 1591. auquel la legitime entiere fut ajugée, sans faire distraction ni imputation de la somme de 30000. liv. que le pere, par son testament avoit dit avoir employée pour le faire pourvoir, & luy faire obtenir les Bulles dudit Evêché, & de l'Abbaye de Belle-perche, suivant la resolution des Docteurs, même de Fernand, sur la Loy, in quartam, D. ad l. falcid. La Rocheflavin, liv. 8. tit. 63. Arrêt. 1. Bouchel, en sa Biblioth. du Droit François, verbo, Legitime, rapporte les mêmes Arrêts.

77 Quand on dit qu'on ne prend pas la legitime sur les Marquisats & Comtez, cela s'entend lors qu'il y a d'autres biens sur lesquels elle peut être prise ; car, s'il n'y a pas d'autres biens, la legitime se prend sur les Marquisats & Comtez, les enfans, non plus que les peres & meres, ne devant pas être privez de leur legitime. Chopin, de legibus And. lib. 3. tit. 2. n. 6. & 7. en rapporte des Arrêts du Parlement de Paris.

78 Lorsque la legitime est ajugée aux filles mariées, nonobstant leur quitance ; la question de sçavoir si ce doit

être en deniers ou en corps hereditaires; par Arrêts du Parlement de Toulouse de l'an 1497. & du 25. Juin 1567. la legitime a été ajugée en corps hereditaires, avec restitution de fruits depuis le décés du pere ; & par autres Arrêts des 30. Août 1519. & 8. May 1561. elle a été ajugée en deniers. *La Rocheflavin*, liv. 2. let. L. tit. 4. Arrêt 15.

79 Le 28. Mars 1543. la legitime a été ajugée en argent, en réformant le Jugement du Sénéchal, qui l'avoit ajugée en certain corps hereditaire ; parce que celuy qui la demandoit, avoit déja reçû quelque argent. *Ibidem, Arrêt* 8.

80 Arrêt du 19. Juin 1570. qui ajuge une legitime en corps hereditaire sur les biens de l'ayeule, avec restitution de fruits depuis le décés de ladite ayeule. *Ibidem*, liv. 6. lettre L. tit. 63. Arr. 3.

81 Par Arrêt du 18. Juin 1574. la legitime a été ajugée en corps hereditaire, ou argent, au choix de la fille, nonobstant la quittance, avec restitution de fruits ; ce qui avoit été jugé le 14. Novembre 1573. avec adjudication d'interets au denier quinze. *Ibidem*, liv. 2. let. L. tit. 4. Arrêt 16.

82 Legitime ajugée en corps hereditaire sur les biens de l'ayeule, avec restitution de fruits depuis le décés de l'ayeule. Arrêt du 19. Juin 1540. *Biblioth. de Bouchel*, verbo, *Legitime*.

Si le pere peut laisser la legitime à sa fille en usufruit, ou s'il faut la laisser en corps hereditaire ? *Voyez Peleus*, quest. 143. ou bien si elle peut être assignée en deniers, où si elle est dûë en corps hereditaire ? *Voyez Henrys*, tome 2. liv. 5. q. 33.

84 Les enfans legitimaires sont obligez de prendre pour le payement de leur legitime des fonds de la succession, quoyque leurs parens leur ayent legué une somme de deniers pour leur legitime. *Henrys*, tome 2. liv. 2. q. 61. La verité de cette maxime est fondée sur ce que la legitime est dûë en corps hereditaire; ainsi qu'il est observé dans la décision suivante.

85 En Pays de Droit Ecrit, un pere par son Testament, institué heritier son fils aîné, & donne à son second fils quelques heritages pour sa legitime ; les heritages sont vendus par decret pour les dettes du pere ; le cadet demande les heritages ; l'aîné offre de payer la valeur; le cadet refuse, & soûtient que sa legitime doit être payée en corps hereditaires ; les heritages doivent être estimez, & suivant l'estimation l'aîné doit bailler à son frere des heritages de la succession de leur pere. Arrêt du Grand Conseil du 9. Février 1551. *Carondas*, liv. 11. Réponse 85.

86 *Legitima ex omnibus rebus hæreditariis præstatur.* Arrêt du 12. Mars 1558. Toutefois dans les grandes Maisons, on donne choix à l'aîné de recompenser en autres heritages ou argent, comme en deux Arrêts de Châlons, pour Tonnerre. *Biblioth. de Bouchel*, verbo, *Disposition testamentaire*.

87 Par Arrêt du Parlement de Toulouse du 9. Mars 1571. pour les Carmes de Cahors, il fut préjugé que ce qui étoit advenu ou demeuré à l'heritier par caducité & prédecés du substitué, ne venoit en imputation de legitime ; ce qui semble étrange, *sed valeat quod prædicatum est*. Voyez *Mainard*, liv. 6. ch. 11.

88 Quant à la nature des biens qui doit servir au payement de la legitime des descendans, il est certain que la legitime est dûë au fils en corps hereditaires ; mais elle ne peut être prise sur les Terres qui portent titre de Duché, Marquisat & Comté ; & on ne la peut prendre que sur les Terres qui portent titre de Baronnie, & autre de moindre qualité. Arrêt du Parlement de Dijon du 13. Juin 1634. Voyez *Taisand, sur la Coût. de Bourgogne*, art. 2. n. 2.

89 Si les petits-fils, *nepotes*, peuvent demander leur legitime en corps hereditaires, répudier le legat fait en argent, se faire maintenir en leur legitime ; & si en icelle ils sont tenus de précompter ce que leur mere a rendu ? Voyez *Bouvot*, tome 1. part. 2. verbo, *Legitime*, q. 1.

La legitime se doit payer en corps hereditaires. Arrêt du Parlement de Paris du 15. Juillet 1661. *Des Maisons*, lettre L. n. 1. 90

On ne peut obliger les enfans de recevoir leur legitime en argent. Arrêt du Parlement de Roüen du 27. Août 1666. pour les enfans puînez du sieur de Pontbriant, sur une évocation du Parlement de Bretagne. Voyez *Basnage, sur l'art.* 399. *de la Coûtume de Normandie*. 91

Arrêt rendu en la Cinquiéme Chambre des Enquêtes du Parlement de Paris, le 6. Mars 1697. au rapport de M. de Lesséville, qui a ajugé à Marie Rigaud, de la ville de Montbrison, une somme de 5000. liv. leguée à un de ses fils par son mary, pour tout droit de legitime ; les parens paternels soûtenoient que la legitime, quoyqu'ainsi leguée, avoit dû être payée en corps hereditaires ; & qu'ainsi il étoit necessaire de verifier ce qu'il y avoit de mobilier dans le legs. V. M. *Jean Marie Ricard, Traité des Successions*, liv. 1. chap. 4. section 8. nombre 12. 92

LEGITIME, COTITÉ.

C'est une maxime reçûë par toute la Jurisprudence, que lorsqu'il est question de regler la legitime, & sçavoir ce qui en peut appartenir à l'enfant, qui se plaint des donations & dispositions de son pere, celuy qui la demande est obligé de rapporter en la masse hereditaire tout ce qu'il a eu en avancement d'hoirie, ou bien le déduire & précompter sur la legitime, laquelle en ce faisant luy sera baillée en corps hereditaires ; comme il a été jugé par l'Arrêt de Clermont, suivant l'authentique, *novissimâ lege*, & l'authent. *undè si parens*, Cod. *de inoff. test.* §. *hæc nos de trientæ & semisse in Auth. coll.* 3. & conformément à ce que dessus, il y a eu Arrêt, solemnellement rendu au Parlement de Paris le 15. Août 1589. pour les enfans de Guillaume Nicolas. *Jovet*, verbo, *Legitime*, n. 44. 93

Pour regler la quotité de la legitime dans les Coûtumes qui n'en parlent pas, on se conforme à celle de Paris ; non au Droit Romain. Arrêt du dernier Août 1661. dans la Coûtume de *Senlis*. Autre du 13. Mars 1672. entre Madame la Princesse de Guymenée, & M. son fils aîné, & des Créanciers, nonobstant les Conclusions de M. l'Avocat General Bignon. Autre du 6. Septembre 1674. pour les Coûtumes de *Touraine*, *Anjou*, & *la Rochelle*. Voyez M. *le Brun, des Successions*, liv. 2. chap. 3. sect. 3. numb. 13. où il ajoûte, je voudrois excepter de cette décision, les Coûtumes où regne l'esprit du Droit Romain pour les cas obmis ; comme la Coûtume de *Bourbonnois*, celles d'*Auvergne*, & de *Berry*, où j'estime que la legitime auroit lieu, suivant le Droit Romain, avec qui elles fraient presque toûjours. Cette distinction peut être autorisée d'un Arrêt du 1. Juin 1545. rendu pour la Coûtume de *Nivernois*, & rapporté par M. *Guy Coquille, sur l'art.* 7. *du titre des Donations* ; sur un du 1. Avril 1610. pour la même Coûtume, rapporté par M. *le Prêtre*, Cent. 1. chap. 83. & sur un du 4. Decembre 1640. rendu pour la Coûtume de *Ribemont* ; parce que l'article dernier de cette Coûtume renvoye à la Coûtume de *Vermandois*, pour la décision des cas obmis, & que celle-cy, art. 52. reserve aux enfans leur legitime, selon la raison écrite. Ces Arrets sont rapportez avec plusieurs autres semblables, par M. *Jean Marie Ricard, sur l'art.* 161. *de la Coûtume de Senlis*. 94

LEGITIME, DISPOSITIONS DES COUSTUMES.

Quand le Testateur a des biens en Pays de Droit écrit & Coûtumier, & que la fille n'est préterite, si outre sa legitime des biens de Droit Ecrit, elle peut demander sa portion égale des biens du Pays Coûtumier? Voyez *Peleus*, quest. 134. 95

COUSTUME D'AMIENS.

Arrêt du 20. Juillet 1634. qui appointe pour sçavoir si dans la Coûtume d'*Amiens*, qui ne détermine point la legitime, il faut la regler par celle de Paris, ou par le Droit Romain. *Bardet*, tome 2. livre 3. chap. 32. 96

Coustume d'Anjou.

97 La legitime en la Coûtume d'*Anjou*, est des deux tiers, dont il n'est permis de disposer par Testament. Arrêt du 10. Juin 1624. *Journal des Audiences,tom.* 1. *liv.* 1. *ch.* 27.

Coustume de Boulenois.

98 En la Coûtume de *Boulenois*, qui permet au pere de disposer de tous ses meubles, acquêts & conquêts, immeubles, &c. même au préjudice de ses heritiers apparens; il a été jugé que les enfans ne pouvoient prétendre le supplément de leur legitime sur iceux. Par autre article, il est permis au pere de disposer de ses Fiefs d'acquêts, jusques aux quatre quints, le quint heredital reservé aux heritiers; d'où l'on induisoit qu'és acquêts cottiers & roturiers, il n'y avoit point de quint ni de legitime. Jugé le 14. Janvier 1625. *Ibid. chapitre* 33.

Coustume de Bourgogne.

99 La legitime en Bourgogne *non est quota hereditatis, sed quota bonorum*, & les fruits de la legitime sont dûs dés le jour du décés. *V. Bouvot*, tome 2. verbo, *Legitime, quest.* 3.

100 Si en Bourgogne le Testateur n'est pas obligé de laisser au vray heritier sa legitime, tant en proprieté qu'usufruit, si le Testament est bon, ayant donné l'usufruit de tous ses biens, & institué ses heritiers en la proprieté, & si la legitime peut être détraite du fidéicommis réciproque? *V. Bouvot*, *ibid.* q. 2.

101 L'article 2. du titre 7. de la Coûtume de *Bourgogne*, dit que la legitime *est réputée la tierce partie des biens du trépassé*; à l'égard des ascendans, cela se doit entendre de la troisième partie des biens auxquels ils eussent succedé *ab intestat*, & non de tous les biens du défunt, autrement il y auroit une contrarieté évidente entre ce second article, & le quatrième du même titre, qui porte, *que succession en ligne directe ne monte point*; suivant cette interpretation, il y a eu Arrêt de ce Parlement le 16. Février 1651. *Voyez Taisand, sur la Coût. de Bourgogne, tit.* 7. *art.* 2. *n.* 1.

Coustume de Cambray.

102 En la Coûtume de *Cambray*, lors qu'il est stipulé par un Contract de mariage que *les meubles & acquêts appartiendront au survivant des deux Conjoints*; ce survivant n'est pas tenu de donner sur les biens de la Communauté la legitime ou supplément de legitime aux enfans, que le prédecedé pourroit avoir eûs d'un autre lit. Arrêt du Parlement de Tournay du 6. Octobre 1696. rapporté par *M. Pinault, tome* 1. *Arr.* 115.

Coustume de Chartres.

103 Par Arrêt donné en 1589. en un procés partagé, il a été jugé qu'en la Coûtume de *Chartres*, qui donne la legitime aux enfans, le pere & la mere ne la peuvent demander, & ce nonobstant l'Arrêt contraire, donné en la seconde Chambre, en la Coûtume de *Laon*. Bibliot. de Bouchel, *verbo*, Legitime.

Coustume de Poitou.

104 Es Coûtumes de *Poitou*, *Anjou*, *Touraine*, & la *Rochelle*, la legitime des enfans en directe, en cas de substitution, se regle suivant l'art. 298. de la Coûtume de Paris. Arrêt du 6. Septembre 1674. *De la Guess. tome* 3. *liv.* 8. *ch.* 17.

Coustume de Toulouse.

105 Quoyque la mere par Statut de Toulouse, ne puisse rien prétendre sur les biens assis au Gardiage; neanmoins elle y a sa legitime. Arrêt du 17. Avril 1575. *La Rocheflavin*, *liv.* 2. *lettre* L. *tit.* 4. *Arr.* 6.

Nota. A l'égard des autres Coûtumes, il faut voir qu'elle en est la disposition précise, & récourir aux sentimens des Commentateurs.

Creanciers du Legitimaire.

106 *Voyez les mots, Debiteurs & Créanciers.*

Legitime du fils demandée par ses Créanciers. *Voyez le mot, Fils, n.* 18. & *suiv.*

107 Quand un fils pour préjudicier à ses Créanciers ne demande point sa legitime, ils peuvent eux-mêmes la demander, comme exerçans ses droits. *Voyez La Rocheflavin, liv.* 6. *tit.* 63. *Arrêt* 16. & les *Notes de Graverol*.

108 Le fils est contraint de demander sa legitime, ou les Créanciers subrogez. Arrêt du Mardy avant Pâques 1587. M. le Prêtre, 1. *Cent. chap.* 89. Voyez Anne Robert, *rerum judicat. liv.* 3. *chap.* 12. Montholon, *Arrêt* 55. M. Loüet, *lettre* R. *somm.* 19.

109 Créancier reçu par Arrêt du Parlement de Paris du 28. Mars 1589. à demander la legitime dûë à son débiteur, exheredé par sa mere. Bibliot. de Bouchel, *verbo*, Legitime.

110 Créanciers ne peuvent demander distraction de la legitime du leur debiteur, sur les biens de la succession de sa mere, échûë avant qu'il ayent contracté avec luy, & dont la proprieté a été par elle leguée à ses petits enfans. Jugé le dernier jour d'Août 1618. *Bardet*, tome 1. *liv.* 1. *ch.* 45. Les Créanciers anterieurs & precedans le temps de l'ouverture de la succession pourroient se plaindre.

111 De la legitime qu'obtiennent les Créanciers du fils dans le cas de la Loy penultiéme *ff. de Curat. fur.* Voyez M. le Brun, des Successions, *liv.* 2. *ch.* 3. *sect.* 2. *n.* 15. Il faut que le titre des Créanciers soit autentique, & que leur dette ait été contractée avant le décés du pere. Arrêt du 17. Août 1666.

M. Scipion du Perrier, Avocat celebre au Parlement de Provence, *liv.* 3. *quest.* 12. traite celle de sçavoir si les Créanciers d'un enfant peuvent demander sa legitime par l'action de inofficios. donat. & pretendre le supplément.

Legitime, Donations.

112 *Rerum antea donatarum habetur ratio in constituendâ legitimâ?* Voyez Stockmans, *decis.* 109.

113 Si la donation étant retranchée comme inofficieuse par un legitimaire, le donataire peut agir pour son indemnité par action hypotequaire, contre les possesseurs, qui sont posterieurs en hipoteque, ou pas droit d'offrir contre les anteriers? *Voyez Du Perrier, Livre* 4. *quest.* 7.

114 Le droit de legitime ou supplément d'icelle se doit prendre sur les biens en dernier lieu alienez. Arrêt du 13. Septembre 1543. *La Rocheflavin*, *liv.* 2. *lettre* L. *tit.* 4. *Arr.* 7.

115 Si la legitime doit être déchargée des dettes; & si le Donataire des deux tiers est tenu de payer les dettes? *V. Bouvot*, tome 1. *part.* 3. *verbo*, *Legitime*.

116 Si la legitime peut être distraite des choses données entre-vifs? Arrêt du Parlement de Dijon du 7. Decembre 1579. *Bouvot*, tome 2. *verbo*, *Legitime, quest.* 1.

117 Les donations entre-vifs, les dispositions testamentaires, & toutes sortes de dots sont sujets à la legitime. Arrêt de saint Vvast du 5. Decembre 1642. *Du Frêne*, *liv.* 4. *chap.* 5. Arrêt des Favrols du 14. Mars 1675. *Journal du Palais*, Voyez Ricard des Donations entre-vifs, 3. *part. chap.* 8. *sect.* 8. & 9. Hentys, tome 2. *quest.* 4. & de la Guess. tome 3. *liv.* 9. *chap.* 5. Le *Journal du Palais* rapporte l'Arrêt de la Veydeau qui est contraire, rendu le 19. Mars 1688. & est pareillement rapporté dans le *Journal des Audiences*, tome 5. *liv.* 4. *chap.* 5.

118 En donation inofficieuse, le legitimaire se prendra sur le dernier Donataire & subsidiairement sur les premiers. *Cont. Faber de inoff. donat. def. ult.* M. Abraham la Peirere, en ses *Decisions du Palais*, *lettre* L. nombre 15. dit avoir vû deux Arrêts du Parlement de Bourdeaux conformes à la décision, l'un du 1. Juillet 1656. entre la *Salle & Sautrissi*, l'autre du 23. Mars 1661. entre les *Palots*.

119 Un Donataire de la moitié de tous biens presens & à venir, chargé de la moitié des dettes, & charges hereditaires, doit contribuer aux legitimes des autres enfans, quoiqu'il ait quitté les biens futurs. Arrêt du Parlement de Provence du 23. Juin 1667. *Boniface*, tome 4. *liv.* 7. *tit.* 2. *chap.* 1.

La

120 La legitime se prend d'abord sur les dernieres donations. Arrêt du 18. Mars 1688. autre du 5. Février 1695. V. M. le Brun, en son Traité *des Successions*, liv. 2. chap. 3. sect. 8. nomb. 24.

121 S'agissant du payement de la legitime, les derniers Donataires la doivent payer, & les premiers n'en sont tenus que subsidiairement, & à leur défaut. Arrêt du Parlement de Paris du 16. Juin 1697. *Journal des Audiences*, tome 5. liv. 13. chap. 6. où sont recueillis les Memoires, Consultations & Arrêts à ce sujet.

LEGITIME, DOT.

122 Jugé au Parlement de Toulouse que deux freres qui se prétendoient fraudez en la legitime, n'étoient pas bien fondez à demander le retranchement de la dot constituée à leur sœur par le pere commun. *Voyez La Rocheflavin*, liv. 6. tit. 63. Arr. 14.
Voyez cy-dessus les nomb. 45. & 96.

LEGITIME, DOUAIRE.

123 Si le douaire est preferable à la legitime? *Voyez le mot*, Douaire, nomb. 140. & suiv.

LEGITIME DES ENFANS.

124 Le fils ne peut prétendre legitime qu'après la mort de son pere. Jugé par plusieurs Arrêts du Parlement de Grenoble. *Papon*, liv. 10. tit. 7. nomb. 1.

125 La legitime dûë aux enfans naturels legitimez, *La Rocheflavin*, liv. 6. tit. 63. Arr. 7.

126 Un pere donne à l'un de ses enfans en faveur de mariage la moitié de tous & chacun ses biens & après vend le reste de sesdits biens; par Arrêt il a été jugé que les autres enfans pourront demander leur legitime sur les biens de ladite donation comme inofficieuse. *Ibid.* Arrêt 15.

127 Une femme instituë heritier son mary & luy donne le choix d'élire une ou plusieurs de ses filles: le mary faisant son Testament instituë ses trois filles & après distribuant ses biens par prélegat, ordonne que l'une des filles aura les biens de certains lieux qui sont les biens maternels; & en cas qu'elle voulût leur contester sa volonté, il ne leur laisse que 80. livres. Celle qui n'avoit que les biens maternels demandoit sa legitime sur les biens du pere, qui ne luy avoit rien donné du sien; par Arrêt il a été jugé qu'elle se contenteroit du prélegat, si mieux elle n'aimoit sa legitime tant aux biens paternels que maternels. *V. Cambolas*, liv. 1. chap. 10.

128 Le Statut de la Ville de Montpellier porte qu'il suffit *ut filiis pro legitimâ quid minimum relinqui possit*; mais sur l'interpretation de ce mot *minimum*, s'il y a eu grande difficulté; les uns le prennent à la lettre, les autres le prennent pour la legitime entiere, les autres plus raisonnables l'ont estimé à la moitié de la legitime, suivant l'interpretation donnée à ce mot *modicum, id est quod sint magno incommodo futurum erat in l. ff. si peculium. §. fin. ff. de statu liber.* Suivant cela les D. D. interpretant les statuts qui donnent les legitimes, disent que la diminution s'entend *usque ad enormem & immodicam læsionem* qui est de la moitié; mais cela se doit entendre, ensorte que si à Montpellier on n'a laissé au fils marié que la moitié de sa legitime, il peut nonobstant le statut faire reparer ce tort & obtenir adjudication de l'entiere legitime non pas de la moitié seulement: ainsi en cas de rescision d'une rente par le Roy verifiée, on ne se contente pas de faire suppléer la moitié du prix, mais le tout; tellement que sur les plaintes qui sont faites contre la rigueur du Statut de Montpellier, la Cour a accoûtumé avant dire droit, d'ordonner l'estimation des biens; sur lesquels on veut la legitime. Arrêt du Parlement de Toulouse, entre les Bandinellis freres & sœurs, de Montpellier. *Voyez Mainard*, liv. 7. chap. 14.

129 *Legitima non debetur abnepti in bonis abavitis.* Voyez *Francisci Stephani decis.* 83.

130 *Henrys*, tome 2. liv. 6. quest. 10. établit que les enfans peuvent legitimer deux fois sur les mêmes biens, lorsque les biens de celuy des pere & mere qui est pré-

decedé se trouvent entre les mains du survivant. Cette question ne peut se presenter que dans le pays où il est permis de disposer entre les conjoints; si le pere, par exemple a institué la mere son heritiere universelle, & reduit ses enfans en leur legitime & que la mere instituë un seul de ses enfans heritier universel, la legitime des autres enfans se prendra sur toute la masse de la succession de leur mere, dans laquelle se trouvent les biens du pere; & par consequent ils prennent deux fois la legitime sur les biens de leur pere; la raison est que les biens du pere ayant passé en la personne de la mere, ils font partie de sa succession; *mutatione personæ, mutatur rei qualitas.*

131 Un des enfans étant institué heritier universel, peut prendre encore sa legitime. *Voyez Henrys*, tome 2. liv. 6. quest. 17.

132 Si le fils aîné étant donataire de la moitié des biens de son pere, à la charge de payer la moitié des dettes & legitimes, est obligé de payer à ses freres la moitié de leur legitime, quoyqu'il s'abstienne de l'heredité de son pere? *Henrys*, tome 2. liv. 6. quest. 17. estime qu'il en est tenu, parce que les autres enfans trouvent dans la succession de leur pere cette obligation, laquelle ils prennent comme une dette active de la succession, & non pas comme une portion de leur legitime.

133 Ni les peres ni les meres ne peuvent priver leurs enfans de leur legitime; mais elle ne peut être demandée durant leur vie; le Parlement de Grenoble en a rendu plusieurs Arrêts; il a aussi jugé que les enfans qui ont renoncé & ceux qui sont emancipez ne laissent pas de faire nombre dans la fixation de la legitime. *Voyez Guy Pape*, quest. 295. & 299.

134 Une femme instituë son mary & luy donne choix d'élire un de ses enfans par Testament; elle les instituë tous égaux & leur distribuant les biens par prélegats, ordonne qu'une des filles aura les biens maternels & où ses enfans contesteroient cette disposition, elle leur laisse seulement 80. liv. la fille demande outre lesdits biens la legitime des biens du pere, d'autant que les biens maternels ne peuvent tenir lieu de legitime. Par Arrêt il a été jugé qu'elle ne pouvoit avoir tous les deux & qu'elle se contenteroit du prélegat, si mieux elle n'aimoit la legitime tant des biens paternels que maternels; par l'institution, elles étoient toutes appellées & par les prélegats ce qui leur est ôté en l'un, étoit recompensé en l'autre. *La Rocheflavin*, liv. 6. tit. 63. Arr. 9. le même Arrêt est rapporté dans la *Bibliotheque du Droit François*, verbo, *Legitime.*

135 Arrêt du Parlement de Toulouse qui a jugé qu'un pere ayant donné à son fils, à la charge de rendre la moitié à l'aîné des petits-fils, les autres petits-fils avoient leur legitime, en la succession du fils sur le total des biens donnez. *Voyez M. le Brun*, en son traité *des Successions*, liv. 2. chap. 3. sect. 8. nombre 34. & la *Bibliotheque de Bouchel*, verbo, *Legitime*, pag. 513.

136 Le 3. Février 1541. au procés d'entre le Seigneur de Lude d'une part & le Seigneur du Bonchan, d'autre, il fut arrêté que s'il avenoit, comme lors il étoit venu, que quelques-uns ayant immeubles en plusieurs territoires & situez tant en pays coûtumier qu'en pays de Droit écrit; & que demeurant au pays de Droit écrit, il eût fait Testament & institué l'un de ses enfans heritier universel, les autres enfans ayant droit de legitime seulement *in bonis patris* peuvent demander leur legitime ou supplément en chacun Bailliage ou Territoire. *Cum sint patrimonia diversa & distincta, licet ex eâdem personâ proficiscantur juxta l. si certum. ff. de test. milit.* & la décision de *Jean Fab.* & autres, *in l. cunctos populos C. de sum. Trinit. & fid. Cathol.* Ibid.

137 Legs fait à un enfant par le pere pour ses droits & legitime, à la charge de ne pouvoir rien demander ni prétendre en ses biens, n'empêche tel legataire de poursuivre le droit qu'il a ou peut avoir en tout ou partie sur les biens paternels pour supplément de legitime ou pour ses droits maternels ou autrement. Arrêt rendu

au Parlement de Toulouse en 1553. *La Rocheflavin*, liv. 6. tit. 61. Arrêt 16.

138 Par Arrêt du 14. Août 1565. donné en un procés évoqué du Parlement de Bourdeaux, jugé qu'un fils naturel legitimé du consentement de son pere, est bien fondé à demander sa legitime en la succession de son pere, contre les enfans legitimes ou naturels. *Le Vest*, Arrêt 79.

139 *Quanta sit legitima nepotum in bonis avitis*? Voyez *Francisci Stephani decis*. 2. où il rapporte un Arrêt du Parlement d'Aix du 23. Avril 1580. qui a jugé que le mois accordé pour exercer le retrait, ne court pas du jour du Contrat de vente fait à faculté de rachat, mais du jour de la faculté expirée.

140 Donation de la moitié ou autre cotité des biens, faite par le pere en mariant son fils, au premier enfant qui descendra du mariage, ne peut entrer és biens d'iceluy pere pour les legitimes des autres enfans, à moins que telle donation ne fût faite en contemplation du fils qui contractoit le mariage. Arrêt du Parlement de Toulouse du 26. Janvier 1597. les Chambres assemblées. *Carondas*, liv. 9. Rép. ch. 71. rapporte un préjugé contraire du 4. Février 1596. *Mainard* doute à cet égard de la fidelité des Memoires dont s'est servi *Carondas*. V. *Mainard*, liv. 5. chap. 89.

141 Jugé au Parlement de Paris le 14. Janvier 1625. qu'en la Coûtume de *Boullonois*, par laquelle il est permis de disposer de tous ses biens au profit de l'un de ses enfans, les autres enfans ne peuvent demander leur legitime. *Du Frêne*, liv. 1. chap. 35.

142 Le pere qui a des enfans du premier lit, convolant en secondes nôces, peut convenir que les enfans qui en naîtront, n'auront qu'une certaine somme dans sa succession, si mieux n'aiment se tenir à leur legitime. Jugé le 1. Juin 1629. *Bardet*, to. 1. liv. 3. chap. 52. le même Arrêt est cité par *Du Frêne*, liv. 2. chap. 48. mais il obmet les circonstances du fait que *Bardet*, Compilateur plus exact, a recüeillies.

143 Arrêt du 23. Mars 1634. qui appointe pour sçavoir si la legitime doit être laissée à titre d'institution, & si les enfans doivent être désignez par nom & surnom? *Bardet*, tome 2. liv. 3. chap. 15.

144 Les petits-fils qui demandent la legitime sur les biens de leur ayeul, doivent imputer ce qui a été donné à leur pere, en avancement d'hoirie, quoiqu'ils ne soient pas ses heritiers Arrêts du Parlement de Toulouse des 24. Novembre 1666. aprés partage, & 11. Avril 1681. rapportés par *M. de Catellan*, liv. 2. chap. 18.

Estimation de la Legitime.

145 Le 3. jour de Juin a été parti en la Troisiéme Chambre des Enquêtes du Parlement de Toulouse le procés sur la question de sçavoir si lors que le supplément de legitime est demandé en argent, l'estimation des biens hereditaires doit être faite eu égard au temps du decés du pere, ou bien eu égard au temps present? Depuis il a été jugé que l'estimation en devoit être faite eu égard au temps du decés du pere. *Arr. de la Rocheflavin*, liv. 2. lettre L. tit. 4. arr. 5.

146 Jugé au Parlement de Grenoble le 2. Decembre 1616. que les legitimes des enfans doivent être estimées eu égard au temps de la mort du Testateur, nonobstant qu'il y eût legs en leur faveur : car la legitime ne peut être grevée de fideicommis, suivant la loy *quoniam in prioribus C. de inoffic. testam.* Basset, tome 2. liv. 8. tit. 2. chap. 1.

147 Arrêt rendu au Parlement de Provence le dernier Juin 1648. qui a jugé qu'en liquidation de droit de legitime, il faut faire deux estimations, l'une du temps du decés, l'autre du temps present : & que la legitimaire participe à l'augment intrinseque des biens, & non à celuy qui procede des reparations. *Boniface*, tome 2. liv. 3. tit. 3. chap. 1.

Voyez le mot, *Estimation*.

Legitime Falcidie.

147 bis Si le fils heritier de son pere peut demander la legitime & la falcidie? Voyez le mot, *Falcidie*, nombres 12. & 13 & cy-après le nomb. 228.

Legitime, Fideicommis.

148 Si en fideicommis la legitime doit être distraite ? *V.* le mot, *Fideicommis*, nomb. 136. & suiv. & cy-après le nomb. 169.

149 Le pere grève son fils heritier contractuel de rendre à son premier né ; deindè le fils ayant plusieurs enfans, institué le premier né ; on demande si la legitime sera prise sur tous les biens de l'ayeul ou s'il faut distraire *fideicommissum tanquam æs alienum*, suivant la loy *pater filium D. ad L. falcid*. jugé qu'elle seroit prise sur le tout. *La Rocheflavin*, liv. 6. tit. 63. Arr. 4.

150 Les legitimes peuvent être prises sur le fideicommis fait par l'ayeul. Jugé au Parlement de Toulouse le 9. Septembre 1592. & en Février 1596. *Cambolas*, liv. 2. chap. 14.

Voyez cy-après le nomb. 256. & suiv.

Legitime de Grace.

151 Quoique M. *Cambolas* rapporte deux Arrêts qui adjugent la legitime tant sur les biens du pere que sur ceux qui ont été substituez par l'ayeul aux petits-fils, parce que dit-il, la liberalité faite au petit-fils par l'ayeul, est censée faite au pere ; neanmoins il y a quelque exception, sur tout quant aux maisons illustres ; car si les petits-fils ont un établissement d'ailleurs, on la leur refuse. M. l'Evêque de Viviers de la Maison de Suze, tous les biens de son pere étant absorbez par les Creanciers, demandoit une legitime de grace sur les biens substituez par son ayeul ; elle luy fut refusée par un Arrêt du Parlement de Toulouse de 1634. à cause de son établissement, & que les frais de ses Bulles luy en tenoient lieu : dans le même procés d'autres sœurs de cet Evêque demandant aussi une legitime, elle fut refusée à celles qui étoient mariées, & fut adjugé que 12000. liv. à une qui ne l'étoit pas, quoyqu'il y eût de grands biens dans la substitution ; si bien qu'avant que de l'ajuger il est à propos de considerer si les petits-fils sont suffisamment établis ; auquel cas, ils se doivent contenter de leur établissement ; or quand on l'ajuge, elle doit s'estimer *arbitrio boni viri*, Albert, *verbo*, Legitime, art. 1.

152 Dans les Parlemens de Droit écrit la legitime de grace est düe sur les biens substituez s'il n'y a d'autres biens dans la succession ; il y a Arrêt du Parlement de Paris du 19. May 1672. *Journal du Palais*.

Hypotheque de la Legitime.

153 La legitime a hypoteque sur les biens du pere depuis son decés tant pour le principal que pour les dépens, dommages & interêts. Voyez le mot *Hypoteque*, nombre 169.

154 Jugé au Parlement de Grenoble le 18. Decembre 1634. que la legitime a hypoteque sur les biens du pere du jour de son decés, tant pour le principal que pour les fruits indistinctement, sans reduction au double, 2. qu'il n'y a point d'hypoteque sur les biens du fils heritier pur & simple, bien qu'il eût consumé les facultez mobiliaires sur lesquelles la legitime eût pû être prise, *text. in L. Paulus respondit ff. de pignor. L. 1. C. comm. de legat. tamen quod non competat hypothica pro legitima, & ejus supplemento quia cum ist portio portionis ab intestato contingentis, & quod pro portione successionis ab intestato non competit hypotheca, sed tantum petitio hereditat. aut vendication. ergo videtur etiam non possse competere pro legitima, ne pars & totum diverso jure censeantur. Ità Peregrin. de fideicom. art. 36. nom. 147.* Basset, tome 2. liv. 8. tit. 5. chap. 3.

Legitime, Imputation.

155 Des imputations que reçoit la legitime des enfans. Voyez cy-dessus le mot, *Imputation*, nomb. 3. & suiv. & M. *Ricard*, *des Donations entre-vifs*, 3. part. chap. 8. sect. 11.

156 *An fructus imputentur in legitimam & trebellianicam ?* Voyez *M. le Prêtre*, 2. Cent. chap. 7.

157 La difficulté a été fort grande, *num si filio minus le-*

gitimâ portione relictum sit, id quod mulieri relictum est veniat computandum, habito respectu legati, aut legitimæ portionis? Baldus hanc quæstionem movet in l. hâc edictali, eamque dubiam esse existimat: attamen legitimæ rationem habendam esse ait. Ainsi jugé au Parlement de Toulouse. Voyez la Rocheflavin, liv. 2. lettre M. tit. 4. Arrêt 4.

158. Il a été souvent jugé qu'en la legitime de la mere elle imputoit ce que le pere luy avoit donné après la mort de son fils, puta quandocunque decesserit filius, uxori do centum, cela est imputé en la legitime, parce qu'étant passé par la main du fils, il est censé être de ses biens & id unum congregatur ae omnibus, patrimonium. Cambolas, liv. 2. chap. 2.

159. Quand la mere a droit en substitution tacite de distraire la legitime sur les biens de son fils, elle est tenuë d'imputer à la legitime le legat a elle fait par le testateur; ainsi jugé par Arrêts du Parlement de Bourdeaux & de Toulouse. Voyez Mainard, liv. 7. chap. 3. & 4.

160. Ce qui appartient aux enfans en vertu des secondes nôces, ne peut être imputé sur la legitime qui est dûe avant le retranchement. M. Ricard, des Donations entre-vifs, 3. part. chap. 8. sect. 11.

161. Pour la computation de legitimes, les dotes des filles y doivent être comprises, & rapportées. Arrêt du Parlement de Toulouse du mois de Juillet 1566. Papon, liv. 20. tit. 7. nomb. 10.

162. Le 3. Février 1583. il fut jugé, fructus in legitimam patri vel aliis descendentibus in bonis liberorum non imputari; suivant l'opinion de Fernand in L. in quartam. D. ad L. falcid. V. La Rocheflavin, liv. 6. lettre L. tit. 63. Arrêt 16.

163. Les fruits ne doivent être imputez en la legitime du pere, quoyque Guido Papa, en sa décision 478. soit du sentiment contraire. Jugé le 3. Février 1583. La Rocheflavin, liv. 6. tit. 59. Arr. 5. & Bouchel, en sa Bibliotheque du Droit François, verbo, Legitime.

164. Ce que les enfans reçoivent de leurs peres & meres, ayeuls & ayeules par leurs contracts de mariage ou autrement, & même ce qui leur est laissé par préciput & avantage, ne leur est imputé en leur legitime. Arrêts des 10. Décembre 1597. & 4. Mars 1599. La Rocheflavin, l. tit. 4. Arr. 3. où il est observé que l'usage est aujourd'huy contraire à l'égard de la dot. Les mêmes Arrêts sont rapportez dans Bouchel, ibid.

165. Les frais faits pour le Doctorat ne s'imputent point en la legitime. Jugé au Parlement de Toulouse au procez des Turles. Le principe de décision est qu'on n'impute pas ce qui est education, mais ce qui est établissement. Voyez les Arrêts de M. de Catellan, livre 2. chap. 64. où il marque plusieurs cas où l'imputation a & n'a point lieu.

166. Les biens qu'un pere donne en ses pactes de mariage au fils, doivent être imputez en la legitime de cet enfant. Arrêts des 6. May 1626. & 29. Août 1628. Cambolas, liv. 5. chap. 23.

167. Par Arrêt rendu au Parlement de Toulouse en Janvier 1660. après partage, il a été jugé que la somme de 1400. liv. qu'un pere avoit donnée pour faire un fils Chevalier de Malthe, devoit être imputée, en la legitime de ce fils, quoyque le pere n'y eût payant cette somme n'eût déclaré ni marqué qu'il vouloit qu'elle fût imputée. Le fils étoit majeur de 14. ans, & même de 15. ans qu'il étoit allé à Malthe, & que la somme avoit été comptée. Il avoit servi 24. ans & pris la qualité de Chevalier, tant avant qu'après le décès de son pere; mais il n'avoit pas fait profession, & disoit; pour se dispenser de l'imputation qu'on luy demandoit, que son intention n'étoit pas de faire cette profession. C'étoit un établissement que le pere avoit procuré à ce fils, & la renonciation du fils à cet établissement, ne pouvoit pas priver le pere, ou ses heritiers, de demander l'imputation de ce qui avoit été donné pour cela. Voyez M. de Catellan, livre 2. chap. 64.

168. Une niéce demanda sa legitime sur les biens de son ayeul maternel decedé, sa mere étant morte avec cet ayeul. On luy objectoit qu'elle devoit imputer la dot de sa mere, ou bien demander le supplément de legitime, eu égard au temps de la dot constituée, & non au temps de la mort de l'ayeul. Elle se défendoit, en disant que ce supplément luy étoit dû in bonis avi pour son regard, & qu'elle n'étoit tenuë d'imputer. Arrêt du Parlement de Grenoble du 3. Décembre 1626. qui a jugea le supplément de legitime, eu égard au temps de la dot. Autre Arrêt du 18. Decembre 1570. qui a ajugé le supplément de legitime, eu égard aux biens du pere au temps de la vie & mort & non au temps de la dot constituée: la raison de la difference est qu'au premier cas la fille ne survécut, il n'y eut que la niéce qui survecut & sa mere & son ayeul; au second cas le Legitimaire avoit survecu à son pere. Basset, t. 2. l. 8. tit. 5. c. 1.

169. Arrêt rendu au Parlement de Toulouse le 28. Juin 1675. qui a jugé que les biens fideicommissaires ne doivent pas être imputez à la legitime dûe par l'heritage de l'heritier grevé. Boniface, to. 5. liv. 2. tit. 17. ch. 2.

170. Si après la mort de leur pere, les enfans demandent legitime sur les biens de leur ayeul, ils imputeront ce qu'ils auront reçû de l'augment constitué à leur pere dans son Contract de mariage, parce qu'il est aussi venu des biens de leur ayeul. Cette question n'étoit pas sans difficulté a été ainsi jugée au Parlement de Grenoble le 7. Mars 1677. L'Arrêt est rapporté par Chorier, en sa Jurisprudence de Guy Pape, page 193.

LEGITIME A TITRE D'INSTITUTION.

171. La legitime doit être delaissée par les pere & mere à titre d'institution aux enfans, à peine de nullité. Bouvot, tome 2. verbo, Legitime quest. 14.

172. Arrêts du Parlement de Dijon qui ont jugé que la legitime doit être necessairement laissée à titre d'institution à peine de nullité du Testament; il y en a un du 24. Juillet 1594. & un autre du 29. Mars 1604. de maniere que les legs pieux contenus en des Testamens où la legitime n'étoit pas laissée aux ascendans à titre d'institution, peuvent être refusez aux Legataires. Il y a même un Arrêt pour la Bresse du 2. Octobre 1646. au profit d'Antoinette Berué, préterite par Jeanne de Bosq sa fille, contre Pierre Girardot son gendre; laquelle de Bosq ayant institué heritier le même Girardot son mary en tous ses biens, & ayant legué 100. livres à sa mere, sans user du mot d'Institution, le Testament fut declaré nul, à défaut par la fille d'avoir institué sa mere. Voyez Taisand, sur la Coûtume de Bourgogne, tit. 7. art. 14. note 5.

173. Henrys, tome 1. liv. 5. chap. 4. quest. 40. rapporte un Arrêt du Parlement de Paris du 4. Juin 1644. qui a cassé un testament fait dans le pays de Forêts, même entre enfans, parce que le pere n'avoit pas laissé la legitime à ses enfans à titre d'institution: il tâche de faire voir qu'il n'est pas necessaire de laisser la legitime à titre d'institution, il autorise son sentiment par celuy de M. Papon dans ses Arrêts, liv. 20. tit. 1. art. 10. lequel cite deux Arrêts du Parlement de Bourdeaux qui ont déclaré valable le Testament d'un pere entre ses enfans, quoiqu'il n'eût pas usé du mot d'institution. La Peirere, lettre L. nomb. 54. 81. & 96. assure que c'est encore aujourd'hui une Jurisprudence du Parlement de Bourdeaux.

LEGITIME, INTERESTS.

174. Interêts de legitimes. Voyez le mot, Interêts, nomb. 202. & suiv.

175. Un pere legue à sa fille pour sa legitime 6000. livres qui luy seront payees lorsqu'elle sera mariée: le frere de la marie sans luy payer sa dot, il doit les interêts liquidez à deux mille livres & les interêts desdits 2000. liv. du jour de la demande. Arrêt de relevée du 9. Janvier 1657. De la Guess. tome 2. liv. 1. chap. 2.

176. Les interêts de la legitime se payent au denier vingt, comme les interêts de la dot. Arrêt du 6. Juillet 1647. Henrys, tome 1. liv. 4. chap. 6. quest. 48. Ils sont dûs du jour du décès. Arrêt du 22. Janvier 1590. M. Louet,

lettre F. Somm. 7. demandez ou non demandez. Arrêts des Favrols le 14. Mars 1675. *Journal du Palais.*

Legitime, Inventaire.

177 Le fils pour n'avoir point fait d'inventaire n'est pas privable de sa legitime, s'il n'y a preuve entiere & concluante de divertissement & de recelé. *Brodeau, sur M. Louet, lettre H. somm.* 14. *Voyez Mornac, l. 1. ff. de officio præfect. urb. §. solent.*

178 *Nisi fiat inventarium à filio hærede instituto & gravato restituere, legitima quidem naturâ non amittitur, sed secùs in trebellianicâ & falcidiâ. Voyez Mornac, l. 1. §. solent. ff. de officio præfect. urb.*

Legitime du Mary.

179 Jugé par plusieurs Arrêts du Parlement de Toulouse que le mary ne peut prétendre de legitime sur la dot de sa femme qui étoit parvenue à ses enfans, parce qu'il ne succede point à ses enfans *ab intestat*, en cette dot, & que la legitime ne se prend que par l'heritiere. *Basset, tome 2. liv.* 6. *tit.* 5. *chap.* 1.

Legitime, Mere.

180 La mere ne peut être excluse de la legitime des biens de sa fille par une substitution. *Voyez Bouvot, tome 1. part.* 3. *verbo, Mere, quest.* 1.

Voyez cy-après le nomb. 199. *& suiv.*

Legitime, Secondes Nôces.

181 Le 17. Avril 1575. jugé au Parlement de Toulouse qu'une mere remariée dans l'an du dueil n'est point privable de la legitime de sa fille : car bien que de droit elle dût être privée de ce qui luy a été laissé par le mari, ainsi qu'il a été jugé le 5. Janvier 1575. cependant la mere a toûjours droit à la succession de sa fille. Arrêt du mois d'Août 1579. *Bibliotheque de Bouchel*, verbo, *Legitime.*

182 Le droit de legitime échû à la mere par le decés de ses enfans du premier lit est sujet à reversion *per transitum ad secunda vota*, & doit être partagé également entre les enfans de ce premier lit, au préjudice desquels elle ne peut en disposer. Arrêt du Parlement de Bourdeaux du 13. Août 1583. *Papon, liv.* 15. *tit.* 1. *nomb.* 6.

183 La moindre portion dont il est parlé en la Loy *hac edictali C. de secund. nupt.* comprend la legitime, & la femme n'est pas obligée de se contenter de ce que le pere a laissé de moins à l'un des enfans. *Mainard* avoit tenu cette opinion qui est la bonne, mais il la retracte *au liv.* 9. *chap.* 31.

184 Jugé par Arrêt du mois de Janvier 1657. que les interêts de la legitime pouvoient produire interêt pourvû qu'il y en eût demande. *Jouet*, verbo, *Legitime, nomb.* 7. dit qu'il étoit present à l'Arrêt.

185 Par Arrêt du Parlement de Toulouse du mois de Mars 1679. il a été jugé que la pension viagere, qu'un homme qui se remarie ayant des enfans du premier lit, avoit donnée dans son second contract de mariage à sa seconde femme, au cas qu'elle luy survécut, ne pouvoit pas diminuer la legitime des enfans du premier lit, & que leur legitime ne devoit pas contribuer au payement de cette pension viagere. La Sentence arbitrale qui ajugeant aux enfans du premier mariage un neuviéme pour leur legitime, avoit ordonné qu'ils imputeroient un neuviéme de cette pension viagere, fut reformée, & les enfans déchargez de cette imputation. La raison de l'Arrêt fut, qu'il ne faut pas regarder comme dette ce qui est donné dans un contract de mariage par celuy ou celle qui se remarie, ayant des enfans du premier lit, au second conjoint ; ce sont des liberalitez qui ne peuvent diminuer la legitime des enfans du premier lit ; ce qui pourtant arriveroit si leur legitime devoit contribuer au payement de ces liberalitez, ou s'il falloit les distraire du patrimoine avant de composer les legitimes. *M. de Catellan, liv.* 4. *chap.* 60.

Voyez cy-après le titre des secondes Nôces.

Legitime, Option.

186 On donne bien souvent aux filles legataires le choix d'opter ou leur legat ou leur legitime, & après l'option elles ne sont recevables à la revoquer. *Basset, tome 2. liv.* 8. *tit.* 6. *chap.* 5.

Legitime Enfans qui font part.

187 *Filius primi matrimonii vindicans hæreditatem ex dispositione l. hac edictali. C. de secund. nupt. liberorum detractâ legitimâ facit partem in legitimâ. Voyez Franc. Marc. tome* 2. *quest.* 85.

188 Si les filles appanées doivent être comptées pour la legitime ? *Voyez Coquille, tome* 2. *quest.* 164. il tient l'affirmative.

189 Le fils de famille marié, & appané qui a quitté la succession de son pere avec serment, ne laisse pas de faire nombre des enfans pour la computation des legitimes ; jugé par deux Arrêts au Parlement de Grenoble. Il y a eu un même Arrêt du Parlement de Paris, en faveur d'un Hôpital, institué heritier universel, contre une fille dotée qui prétendoit ne devoir faire nombre. *Voyez Boër. decis.* 104. & *Papon, livre* 20. *titre* 7. *nombre* 7.

190 Enfans qui ont renoncé à la succession de leur pere & mere, sont comptez au calcul de la legitime. Arrêt du Parlement de Grenoble de l'an 1461. il en seroit autrement des Religieux lesquels ne sont comptez. Arrêt du 7. Decembre 1543. *Papon, liv.* 16. *tit.* 4. *nombre* 11. & Bouchel, *en sa Bibliotheque du Droit François*, verbo, *Renonciation.*

191 *Facit partem qui non admittitur ad partem, sed admitti speratur.* Mornac, *l.* 8. §. *quoniam, ff. de inofficioso testamento & eodem titulo, l.* 17.

192 Les Religieux profez ne font aucune part pour la computation de la legitime, les filles qui ont renoncé *aliquo dato*, font nombre. *Tronçon sur la Coûtume de Paris, article* 298.

193 Un Religieux profez ne fait nombre au département de la legitime. Arrêt du 5. Mars 1558. *M. Expilly, Arrêt* 52.

194 Les fils ou filles ayant renoncé aux successions des pere & mere, sont comptez & font part au calcul de la legitime, la portion de laquelle pour un chacun demeure acquise à l'hoirie, sçavoir au profit des heritiers instituez, en rapportant neanmoins par lesdits heritiers l'estimation de ce que ceux qui ont renoncé auroient pris & reçû de leurs peres ou meres au bloc universel des autres biens paternels & maternels sur lesquels ceux qui n'ont point renoncé prétendent ou demandent leurs legitimes. Arrêt du 20. Juillet 1583. *La Rochefavin, liv.* 6. *tit.* 59. *Arr.* 4. le même Arrêt est rapporté dans *Mainard, liv.* 4. *chap.* 24. & 25.

195 Dans la computation de la legitime, le Religieux a le lieu du fils que le pere a justement exheredé, à moins que le pere ne luy eût auparavant donné en état ou une somme en avancement d'hoirie, tel seroit part, quoy qu'il n'eût reçû. Arrêt du Parlement de Paris du 14. Août 1589. *Papon, liv.* 16. *tit.* 4. *nomb.* 11. & *Chopin, sur la Coût. d'Anjou, liv.* 3. *chap.* 1. *tit.* 1. *art.* 3.

196 Le fils exheredé est reputé mort, & ne doit pas être compté, ne faisant aucune part pour regler la legitime des autres enfans, parce qu'il n'est point admis à prendre part dans la succession, dont il est exclus formellement. Arrêt du Parlement de Dijon du mois de Decembre 1671. *Taisand, sur la Coûtume de Bourgogne, tit.* 7. *art.* 7. *note* 5.

197 Arrêt du Parlement de Roüen du 11. Mars 1681. qui en ordonnant que des sœurs auroient leurs legitimes, juge que l'on n'y comprendra point la sœur decedée, ni la sœur mise en Religion avant la mort du pere. *Voyez Basnage, sur l'art.* 337. *de la Coûtume de Normandie.*

198 Dans la succession de M. Colbert, Ministre d'Etat, il a été jugé par M. Pussort Arbitre, que M. de Seignelay Sécretaire d'Etat, Legataire universel de M. son pere, devoit faire part avec précipût dans la legitime, qu'il étoit obligé de fournir à ses freres, & que l'on feroit une déduction & distraction de son droit d'aî-

nesse, après quoy la legitime seroit payée sur le surplus des biens. *Le Brun, en son Traité des Successions, liv. 2. ch. 3. sect. 6. n. 27.*

LEGITIME DU PERE ET DE LA MERE.

199 Voyez cy-dessus le nombre 53. & suiv. le nomb. 180. *Carondas, liv. 11. Rép. 23.* Voyez *M. Loüet, lettre L. somm. 1. & Carondas, même liv. 11. Rép. 84. & liv. 9. Réponse 72.*

200 Un fils par Testament fait sa mere heritiere, à laquelle par la Coûtume du lieu il ne pouvoit laisser que les meubles & conquêts immeubles, & le quart ou tiers de ses propres. Par Arrêt du Parlement de Bourdeaux, sans date, il a été jugé qu'elle n'est recevable à demander sa legitime sur le reste. *Papon, liv. 20. tit. 1. n. 12. & Bouchel, en sa Biblioth. du Droit François, verbo, Testament.*

201 Par l'expresse substitution pupillaire, la mere est privée, même de sa legitime, & par la tacite non. *Matth. de Afflict. decis. 38.* Du Moulin, en ses Annotations sur *Alex. Consil. 17. num. 11. lib. 3.* Aujourd'huy par les Arrêts du Parlement de Bourdeaux sa legitime luy est toûjours réservée. *Papon, livre 20. tit. 3. n. 6.*

202 Bien que la mere par Statut de Toulouse, soit forclose des biens assis au Gardiage, toutefois elle y a sa legitime; ainsi jugé plusieurs fois; *nam quamvis legitima per statutum minui possit, non potest tamen tolli.* Voyez *la Biblioth. de Bouchel, verbo, Legitime.*

203 Quoyque la mere préterite en l'institution ait accepté le legs à elle fait par son fils, elle est toûjours en droit de demander sa legitime. Arrêt du Parlement de Toulouse, rapporté par *Mainard, liv. 8. ch. 62.*

204 Lorsque la substitution pupillaire est expresse & précise, la mere ne peut prétendre de legitime, quoyque le substitué soit étranger. M. le Président Duranty, en sa question 72. en rapporte un Arrêt de 1544. Arrêt semblable du mois de Decembre 1665. ce qui doit avoir lieu avec plus de raison, lorsque la cause pie est substituée pupillairement. Ainsi jugé au Parlement de Toulouse. *Voyez les Arrêts rapportez par M. de Catellan, liv. 2. chap. 84.*

205 Les meres sont excluës par la Coûtume de *Toulouse* de la succession de leurs enfans; *verum legitima reservatur*, qui est la troisiéme partie de tous les biens du fils, & à luy obvenus, tant du côté paternel que d'ailleurs. Par Arrêts du 18. Avril 1565. arrêté le 28. Mars précedent, & du 14. Août 1564. arrêté le 1. Mars, & autre du 21. Août 1574. la legitime des biens du Gardiage fut ajugée à la mere, qui fut aussi declarée être la troisiéme de tous les biens, lesquels furent ajugez aux parens du côté du pere, les autres biens assis hors la Ville & Gardiage, à la mere; le même fut ordonné par Arrêt general prononcé le 15. Septembre 1584. & par Arrêt du 14. Mars 1575. il fut declaré que le Cabal de Touron, habitant de Toulouse, étoit censé des biens de la ville de Toulouse. *Biblioth. de Bouchel, verbo, Legitime, & la Rochestavin, liv. 6. tit. 63. Arrêt 10.*

206 Legs fait à la mere, a été précompté sur la legitime; par Arrêt du Parlement de Bourdeaux du 1. Juillet 1593. Il y avoit eu Arrêt contraire le 12. Juillet 1571. *Papon, liv. 20. tit. 7. n. 2.*

207 Par Arrêt du mois de Juin 1578. jugé à Toulouse qu'une mere ayant survêcu à son fils décedé *ab intestat*, trois autres de ses freres ne pouvoient laisser la voye de *intestat*, qui luy donnoit un quart des biens du défunt, pour demander la legitime & avoir le tiers, & en tout cas elle n'eût pû prendre du tout le quart ; *tertiam ejus partis quam habitura fuisset ab intestato.* Mainard, *liv. 2. ch. 87.*

208 Il n'est pas toûjours juste de réduire la legitime de la mere au tiers de ce qu'elle auroit eû *ab intestat*, suivant l'Edit des meres ; parce que cet Edit n'étant fait que pour conserver les biens dans les familles, si un fils institué un étranger en tous ses biens, tant propres que meubles & acquêts, en ce cas l'interêt de la famille cessant, la legitime de la mere doit être conforme au droit commun, & ne doit pas être reglée sur l'Edit des meres; c'est-à-dire, qu'elle doit avoir le tiers de tous les biens en proprieté; ce qui a été jugé par un Arrêt du 28. Novembre 1579. rapporté par *M. R: è Chopin, sur la Coût. d'Anjou, liv. 3. ch. 3. tit. 2. n. 55.* V. le Brun, *Traité des Successions, liv. 1. ch. 5. sect. 8.*

209 Un fils par son Testament avoit donné une partie de ses biens à l'Eglise, l'autre partie aux pauvres; le pere prétend legitime sur les biens de son fils; elle luy fut ajugée par Arrêt du 12. Février 1583. *Robert, lib. 1. de rer. cap. 1.*

210 La mere qui est privée de la succession de son fils, pour s'être remariée dans l'an du dueil, l'est aussi de sa legitime sur les biens de sondit fils décedé. Arrêt du 7. Août 1584. *La Rochestavin, liv. 2. lettre M. titre 4. Arrêt 6.*

211 Un habitant de Toulouse décedé *ab intestat*, laissa sa mere & quatre filles, & des biens assis dedans & dehors la Viguerie & Gardiage ; car ils étoient d'accord de succeder également, chacun pour un cinquiéme; mais pour les biens du Gardiage, sur lesquels la mere demandoit un tiers pour son droit de legitime, vû que la Coûtume y appelloit les freres à son exclusion, les freres luy accordoient bien sa legitime, & pour icelle un tiers d'un cinquiéme seulement, disant que la legitime devoit être reglée sur le nombre des enfans, succedant *ab intestat* ès biens assis hors le Gardiage ; ainsi jugé contre la mere le 13. Septembre 1584. *Mainard, liv. 2. ch. 86.*

212 Par Arrêt donné le 22. Janvier 1590. jugé premierement que l'Edit des meres ne dispose que des successions *ab intestat*; secondement, que la legitime de la mere en la succession de son enfant, en laquelle elle n'eût succedé avec les freres qui étoient les autres enfans, n'est que la troisiéme partie de ce qu'elle eût eu *ab intestat*, & non la troisiéme en l'heredité, & ce suivant l'opinion de *Bartole*, contre celle de *Balde*, que la Loy qui veut que les meres se remariant, n'ayent que l'usufruit des biens de leurs enfans, s'entend que la proprieté retournera aux heritiers *ab intestat* des défunts enfans du côté paternel, sans que l'heritier étranger institué par le fils puisse prétendre la proprieté des choses appartenantes à la mere pour sa legitime. 4°. Que les fruits de la legitime sont dûs du jour du décés, & non de la demande qui en est faite. *Biblioth. de Bouchel, verbo, Legitime.*

213 En Pays de Droit écrit la legitime qui est duë à la mere ou pere du bien de leurs enfans, est de la troisiéme partie des meubles & conquêts, & de la troisiéme partie de l'usufruit de la moitié du patrimoine. En Pays Coûtumier il n'est point dû de legitime, les meubles & acquêts faits par l'enfant, appartiennent au pere ou à la mere; Arrêt du 16. Janvier 1610. pour le Pays de Droit écrit. Voyez Mornac, *L. 15. ff. de inofficioso testam.* Pour le Pays Coûtumier, Arrêt du 11. Avril 1573. *Le Vest*, Arrêt 124. Voyez *M. le Prêtre, 3. Cent. chapitre 91. M. Dolive, liv. 3. ch. 9. & 10.* Voyez *Henrys, tome 1. liv. 6. chap. 5. quest. 16.* où il demande en cas de concours de freres, si c'est le tiers de l'hoirie, ou le tiers de ce qu'ils auroient *ab intestat*, & *tome 2. liv. 6. quest. 12. M. Loüet, lett. L. sommaire 1. & son Commentateur sur la même lettre L. somm. 1. nombre 27.* Il y a de la difference de la substitution faite à un descendant, ou bien à un étranger ; au premier cas la legitime de la mere n'est qu'un tiers de la troisiéme ; au second cas elle a la troisiéme de tous les biens. *Dolive, liv. 3. chap. 10.* Trois freres concourent ; la legitime du pere est réduite au deuxiéme, pour le tiers du quart que le pere eût eu si la fille n'eût point testé. Arrêt du 22. Mars 1633. *Henrys, tome 1. liv. 6. chap. 5. question 16.*

214 Jugé au Parlement de Dijon le 28. Juin 1612. suivant la Loy *hâc edictali C. de secund. nupt.* que la seconde femme ne peut avoir plus que l'un des enfans du premier lit, auquel a été le moins délaissé, pourvû qu'il n'ait moins que sa legitime, laquelle luy doit être

suppléé de droit, & jusqu'à la concurrence d'icelle, toutes les liberalitez faites à la seconde femme sont réduites. *Bouvot, tome* 1. *part.* 1. *verbo, Legitime.*

215 Arrêt general du 22. Juin 1626. prononcé en Robes rouges, les trois Chambres assemblées, portant adjudication du droit de legitime en faveur des meres, sur les biens des enfans, d'une troisiéme partie du total. *Boniface, tome* 5. *liv.* 1. *tit.* 21. *ch.* 6.

216 Pour exclure la mere de sa legitime dans les biens de son fils mort en pupillarité, la substitution pupillaire doit être directe & expresse. Arrêt du Parlement de Grenoble du 7. Août 1630. rapporté par *Chorier, en sa Jurisprudence de Guy Pape, p.* 184.

217 Jugé le 6. Decembre 1630. que la mere qui demande legitime sur les biens de son fils, n'a que *tertian tertia, si substitutus sit de suis*; au lieu qu'elle a *tertiam bonorum si substitutus sit de extraneis*. Ce qui a été ainsi resolu au Parlement de Toulouse, les Chambres assemblées, sur divers partages intervenus en la premiere & seconde Chambre des Enquêtes, quoyqu'en la Chambre de l'Edit on eût jugé de tous temps, que indifferemment *tertia bonorum debebatur*; soit que le substitué fût descendant du Testateur, ou étranger. *Voyez Boné, part.* 2. *Arrêt* 59. & *Maynard, livre* 2. *chapitre* 84.

218 La legitime d'une mere sur les biens & heritages de son fils est la troisiéme partie du total des biens; soit que les enfans fussent institués heritiers ou des étrangers. Arrêts rendus au Parlement de Grenoble les 19. Decembre 1640. & 5. May 1641. *Basset, tome* 1. *liv.* 5. *tit.* 11. *ch.* 1. & M. *Expilly, ch.* 176.

219 La mere qui n'a pas fait demande de sa legitime, n'en transmet pas le droit à son heritier. Arrêt du même Parlement de Grenoble, du 16. Juin 1681. rapporté par *Chorier, en sa Jurisprudence de Guy Pape, page* 193.

220 De la legitime de la mere sur les biens de son fils dans la Coûtume de Toulouse. *Voyez les Arrêts de M. de Catellan, liv.* 2. *chap.* 65. où il dit, La mere, quelque favorable qu'elle paroisse, est exclue de la succession de son fils mort *ab intestat*; les biens appartiennent au plus proche parent *ex parte patris*. Le Parlement a restraint la rigueur du Statut; il n'étend pas l'exclusion aux biens sis hors du Gardiage, & la mere, suivant le droit commun, succede *ab intestat* aux biens de son fils, qui sont hors de ce district. Jugé au mois de Janvier 1655. conformément à d'autres Arrêts, rapportez par *Messieurs, la Rocheflavin, titre* 63. *Arrêt* 10. & *Mainard, liv.* 2. *ch.* 84. que la mere n'est pas obligée d'imputer sur la legitime qu'elle a sur les biens de son fils, sis dans le Gardiage, les biens fis hors du Gardiage ausquels elle succede *ab intestat*.

221 Dans la Coûtume de Toulouse, où le mary gagne la dot, par le prédeces de sa femme sans enfans, la mere ne peut prétendre de legitime. M. *Mainard, liv.* 1. *chap.* 88. en rapporte un Arrêt. Le même a été jugé en 1674. La raison est que le mary ne gagne pas la dot par voye de succession; c'est une dette qu'il exige; c'est un gain que la Coûtume luy donne. V. M. *de Catellan, liv.* 2. *ch.* 96.

222 La legitime de la mere dans la disposition Testamentaire du fils, se regle diversement par la difference des heritiers institués. Si l'heritier institué est un des freres du défunt, la legitime de la mere commune, n'est en ce cas-que le tiers de ce qu'elle auroit eu *ab intestat*; mais si l'heritier est un étranger, la legitime de la mere sera un tiers de tous les biens; c'est la distinction établie par M. *Dolive, au liv.* 3. *chap.* 9. fondée sur les Arrêts qu'il rapporte. Il y en a un autre par lequel la legitime de la mere fut reglée à un tiers de tous les biens dans la disposition Testamentaire de l'un de ses fils, qui avoit institué un de ses freres, à la charge d'employer son heredité en œuvres pies; l'Arrêt est du dernier Avril 1676. rapporté par M. *de Catellan, liv.* 2. *chapitre* 84.

223 Arrêt du Parlement de Dijon en 1669. qui regle la legitime de la nommée Renard, mere de Michelle Jacob, femme de Godard, à une dix-huitiéme partie des biens de la même Michelle Jacob, autre neanmoins que les anciens, laquelle legitime étoit le tiers de ce que cette mere auroit eu *ab intestat. Taisand, sur la Coût. de Bourgogne, tit.* 7. *art.* 7. *n.* 2.

224 Il faut laisser la legitime au pere & à la mere, à titre honorable d'institution, & non pas à titre de legs, autrement la Testament est nul, quoyque le pere ou la mere ne s'en plaignent pas, & qu'ils consentent que le Testament de l'enfant subsiste. Arrêt du Parlement de Dijon du 23. Mars 1677. Aprés le prononcé, M. le premier Président Brûlart dit aux Avocats, de ne plus agiter cette question. Ainsi il faut regarder ce dernier Arrêt comme un Arrêt general, qui ne laisse aucun lieu de douter que les ascendans, aussi-bien que les descendans, ne doivent être institués, du moins en leur legitime, à peine de nullité du Testament. *Taisand, ibidem, note* 1.

225 La legitime d'une mere en Païs de Droit écrit dans la succession de sa fille décédée sans enfans, & qui a institué un étranger son heritier, *est triens omnium bonorum*, de tous les biens propres, meubles & acquets de sadite fille, avec restitution des fruits. Jugé à Paris le 9. Juillet 1683. *Journal du Palais*. Sur la cotité de la legitime dûë à la mere. *Voyez Henrys, to.* 1. *liv.* 6. *quest.* 16. & *tome* 2. *liv.* 6. *q.* 12.

226 Il n'est point dû de legitime au pere sur les biens de son fils, qui en a disposé par Testament. Arrêt du Parlement de Paris du 18. May 1687. *Journal des Audiences, tome* 5. *liv.* 3. *chap.* 4.

227 *Taisand, sur la Coûtume de Bourgogne, tit.* 7. *art.* 3. *note* 10. dit, J'ay appris de M. Espiard, Président à Mortier au Parlement de Besançon, qu'il a vû juger le 10. Juillet 1691. en l'Audience de la Grand'-Chambre du Parlement de Paris, sur les Conclusions de M. l'Avocat General de Lamoignon, au profit du nommé Etienne Basot de Forêt, qu'en Pays de Droit écrit, la legitime du pere n'étoit que le tiers de ce qu'il pouvoit prétendre *ab intestat*. Il est vray que dans l'espece de l'Arrêt, c'étoit un frere du défunt qui avoit été institué heritier. On jugea aussi par le même Arrêt, que la legitime de la mere n'étoit que le tiers de ce qu'elle auroit eu *ab intestat*.

LEGITIME, QUARTE.
Voyez *cy-dessus le nombre* 147. *bis*.

228 L'ayeule ayant le choix de retenir ou sa legitime ou la quarte trebellianique, la Cour luy ajugeant sa legitime, qui montoit à un tiers, & *sic*, plus que la quarte, luy a dénié la trebellianique, elle ne pouvoit avoir l'un & l'autre, suivant la doctrine commune des interpretes, fondée sur ce que l'un & l'autre viennent *ex causâ lucrativâ*. V. *Mainard, liv.* 5. *chap.* 11.

229 Si le pere ayant été substitué à son fils par la mere, les heritiers *ab intestat* peuvent détruire la legitime & quarte trebellianique de tous biens, tant meubles, acquêts, qu'anciens? V. *Bouvot, tome* 1. *part.* 1. *verbo, Legitime, quest.* 1.

230 La défense de la trebellianique n'a point d'effet contre les enfans du premier degré, & de quelque fideicommis, dont leur pere les ait chargez, ils n'en peuvent être privez, non plus que de la legitime, quoy-qu'ils n'ayent pas fait d'inventaire. *Voyez Guy Pape, en sa question* 51. & *suiv.* Il n'en est pas de même de la falcidie, laquelle peut être défenduë; mais il faut que la défense en soit formelle & expresse. Arrêt du Parlement de Grenoble du 7. Septembre 1674. rapporté par *Chorier, en sa Jurisprudence de Guy Pape, p.* 195.

231 Il n'y a pas de doute que les étrangers ne perdent la trebellianique si le Testateur le veut; de sorte que si dans le premier degré de substitution il l'a défenduë à son fils, cette défense a effet dans les autres degrez contre les étrangers, encore qu'elle n'y soit pas réiterée, n'y ayant point d'apparence qu'il se soit proposé

de leur accorder ce qu'il a refusé à son propre fils. V. *Guy Pape*, *quest*. 541. & 592.

232. Le legs fait par l'ayeul à sa petite-fille pour la matier, n'est imputable à la legitime & quarte trebellianique du pere, heritier grevé de l'ayeul. Arrêt du 13. Mars 1688. *Boniface*, tome 5. liv. 2. tit. 19. ch. 6.

LEGITIME, RAPPORT.

232 bis. Des rapports que les enfans Donataires sont tenus de faire pour remplir la legitime des autres. *Voyez* le mot, *Rapport*. §. *Rapport*, *Legitime*.

LEGITIMES, RELIGIEUX.

233. Les Religieuses Professes apostates, débouttées de la demande par elles faite de la legitime & succession; par Arrêt pour Messire Odet de Foix, Comte de Carmain, contre Damoiselle Marguerite de Carmain, du 19. May 1568. *Biblioth. de Bouchel*, verbo, *Legitime*.

234. Les Religieux ne font point nombre dans la computation que l'on fait de la legitime. *Voyez cy-dessus* le *nombre* 193. & *Mainard*, *liv.* 4. *ch.* 24.

RENONCIATION A LA LEGITIME.

235. *Legitima renunciasse in dubio non, nisi expressè dicatur, censetur*. *Voyez Franc. Marc. tom.* 1. *quest.* 852.

236. Damoiselle Marguerite Jupier, par Contract de mariage, fait promesse à son pere de passer renonciation valable à tous biens paternels & maternels; incontinent aprés le mariage consommé, sans faire accomplir cette promesse, le pere meurt, ayant fait Testament, par lequel par droit d'institution, il laisse à sa fille certaine somme, & laisse heritiere universelle Guillemette sa fille. Marguerite demande supplément de legitime contre elle; l'heritiere se défend de la promesse. Par Arrêt du Grand Conseil, donné le 11. d'Octobre, Marguerite fut reçuë à demander tel supplément; l'heritiere condamnée à la restitution des fruits depuis le plaid contesté, sans avoir autre égard à la promesse, que de compenser les dépens de l'Instance. *Biblioth. de Bouchel*, verbo, *Renonciation*.

237. La fille qui a renoncé à la succession des pere & mere qui l'ont dotée, ne peut demander supplément de legitime. Arrêts du Parlement de Dijon en 1518. & le 16. Juillet 1654. *Taisand*, *sur la Coûtume de Bourgogne*, *titre* 7. *art.* 21.

238. Filles mariées exclusés par la Coûtume des lieux, de la succession de leurs pere & mere, ou par quittances, contenant renonciation, peuvent demander le supplément de leur legitime, selon les biens que leurs pere & mere avoient au jour de leur décés. *Mainard*, 10. 3. *liv.* 4. *chap.* 79. dit que le contraire a été jugé à Toulouse en 1545. 1546. & 1548. il concilie les Arrêts, en observant si le pere avoit donné une dot proportionnelle, auquel cas, il n'y auroit lieu à la demande en supplément. Au même Chapitre, il cite un Arrêt qui a jugé dans le cas d'un pere qui avoit considerablement doté une fille, que le mary déliveroit sur cette dot les legitimes aux autres enfans; il ajoûte, bien que cet Arrêt semble cruel, il est équitable, & non dépourvû d'autoritez.

239. La renonciation de la fille à la succession de son pere, s'étend aux enfans de ladite fille décedée avant son pere, & lesdits enfans ne peuvent demander le supplément de legitime de leur mere aprés le décés de leur ayeul, parce qu'ils ne viennent à sa succession de leur chef, mais par representation, comme entrans au lieu & place de leur défunte mere. Arrêt du 5. Avril 1569. *Chenu*, 1. *Cent. quest.* 26.

240. Les petits enfans ne sont pas recevables à demander la legitime és biens de l'ayeul, leur mere en se mariant ayant renoncé à la succession de son pere, ni être relevez de ladite renonciation. Arrêt à Noël 1576. *Carondas*, *liv.* 4. *Rép.* 98. & *liv.* 7 *Rép.* 106.

241. Une fille n'est pas relevée d'une renonciation faite à la succession de son pere, & à sa legitime, le pere la mariant. Arrêt à la Pentecôte 1585. *Montholon*, *Arr.* 35.

242. Fille mineure & rôturiere qui renonce par Contract de mariage aux successions futures de ses pere & mere, ne peut être relevée de telles renonciations, ni demander le supplément de legitime, tant en Pays Coûtumier que Droit écrit; y venant dans les dix ans, du jour de sa majorité, si ce n'est és Coûtumes qui en disposent nommément, comme *Berry*, titre des Donations, article 10. & des Successions, §. 33. & 34. *de Sens*, §. 267. *de Montargis*, tit. des Donations en mariage, article 1. *Nivernois*, titre 23. §. 24. Arrêt du 14. Février 1585. *Chenu*, 1. *Cent. quest.* 25.

243. Quand une fille en recevant une somme de 1000. liv. renonce aux biens & successions paternels, si elle n'a point renoncé expressément au supplément de legitime; l'Ordonnance de dix ans étant odieuse, doit être restrainte à ce qui est contenu dans la quittance, & ne peut pas être étendue *ad similia*. Arrêt du 18. Janvier 1587. *La Rochestavin*, *livre* 2. lettre L. titre 4. *Arrêt*. 4.

244. La renonciation à la legitime ne vaut, & ne préjudicie aux Créanciers de celuy qui renonce. Arrêt du 28. Mars 1589. *Montholon*, *Arrêt* 55. *Voyez Mornac*, *L.* 35. §. *& generaliter*, *C. de inoffic. testamento*.

245. Par Arrêt prononcé en Robes rouges devant Pâques 1597. jugé que la débitrice qui renonçoit à une succession directe à elle écheuë, ne pourroit renoncer à la legitime au préjudice de ses Créanciers. Il a été aussi jugé que le debiteur étoit contraint de se porter heritier, & recueillir la succession à luy écheuë, en luy baillant par ses Créanciers caution. *Bibliotheque de Bouchel*, verbo, *Legitime*.

246. Par Arrêt du 18. Mars 1608. rapporté par *Tronçon*, *sur la Coût. de Paris*, *article* 310. il a été jugé que les filles mariées par pere & mere, renonçans à leurs successions, ne peuvent demander leur legitime, ou supplément d'icelle en Pays de Droit écrit.

247. Le frere heritier ne peut s'exempter de payer le supplément de legitime à son frere ou à sa sœur, sous prétexte de la renonciation que l'un ou l'autre ont faite aux droits paternels & maternels, moyennant certaine somme. Arrêt du Parlement de Toulouse du 10. Décembre 1640. Mêmes Arrêts des 23. Janvier 1645. 18. Juin 1646. 17. Janvier 1651. par lequel Arrêt il fut dit, *non-obstant la prétenduë Coûtume de Toulouse*. Autre au mois d'Août 1653. *Albert*, lettre F. verbo, *Freres*, *art.* 2.

248. Une fille qui a renoncé à la succession de ses pere & mere, a cause du grand nombre de créanciers, peut obliger ses freres & sœurs de rapporter ce qui leur a été donné en faveur de mariage, jusqu'à concurrence de sa legitime. Arrêt du 3. Decembre 1642. *Soefve*, *tom.* 1. *Cent.* 1. *ch.* 56.

249. Si les enfans d'une fille qui a renoncé à sa legitime, moyennant sa dot, peuvent, leur mere étant morte, demander le supplément, *jure proprio*, sur les biens de leur ayeul maternel? Il fut jugé que le supplément leur appartient jure proprio, non pas à l'heritier de la mere seul. Arrêt du Parlement de Toulouse du 4. Mars 1650. *Albert*, Verbo, *dot*, *art.* 13.

Voyez *au troisième volume de ce Recueil*, le mot, *Renonciation*. §. *Renonciation à la legitime*.

LEGITIME RETRANCHEMENT.

250. La diminution faite au profit des enfans du premier lit, en vertu de la loi *hâc edictali*, ne se doit point imputer sur leurs legitimes. Arrêt du Parlement de Toulouse du mois de May 1588. car ils n'auroient pas l'entiere legitime sur les biens de leur pere, si ce retranchement qui leur vient d'ailleurs, leur étoit imputé; la legitime leur appartient *ratione naturali*, & ce retranchement *ratione civili*. *Mainard*, tom. 1. liv. 3. ch. 78.

251. Arrêt du Parlement de Toulouse, prononcé en Robes rouges, contre les freres demandeurs en retranchement de la dot constituée par le pere à leur sœur, quoiqu'ils prétendissent avoir été fraudez en la legitime; il ne restoit rien pour eux, cependant ils furent déboutez du retranchement. *Bibliotheque de Bouchel*, Verbo, *legitime*.

252. Par Arrêt celebre du Parlement de Toulouse du 3. Avril 1594. donné sur l'interprétation de la Coûtume de Toulouse, par laquelle le mari survivant gagne la dot entiere en proprieté, jugé que la belle mere ne pouvoir prendre legitime sur la dot de sa fille decedée, qui fût censée *as alienum mulieris*, elle en ayant disposé par contrat de mariage. *Maynard*, liv. 2. ch. 88.

253. Le retranchement a lieu és dotes immenses en faveur des autres enfans qui demandent leur legitime. Arrêt de Toulouse du 24. Février 1627. *M. Dolive* livre 3. chap. 21.

254. Cause appointée pour sçavoir si dans la Coûtume de Sens, une donation universelle faite par des ayeul & ayeule à leur petite fille, à la charge d'une pension envers leur fille, mere de la donataire, est nulle ou inofficieuse, & sujette au retranchement de la legitime de la fille, & comment elle doit être reglée? Arrêt du 21. Juin. 1639. *Bardet*, tom. 2. liv. 8. ch. 27. M. Talon Avocat General dit que la legitime étoit dûe en corps hereditaires, que la difference étoit de sçavoir comment on la compteroit, ou si l'on ajugera un tiers des biens suivant le Droit écrit, étant fille unique, & ainsi devant avoir autant qu'eût eû encore trois freres, ou bien si on luy ajugera la moitié, suivant la Coûtume de Paris, ce qu'il ne décida point.

255. La question de sçavoir, si par la legitimation des enfans on peut retrancher les dots constituées à leurs sœurs, est traittée par *Maynard*, liv. 4. chap. 19. *Dolive*, liv. 3. chap. 21. *Cambolas*, liv. 3. chap. 44. La derniere jurisprudence établie est que les dots immenses peuvent être retranchées, mais le retranchement n'a lieu qu'après la mort du mary. Ainsi par Arrêt rendu en la Grand Chambre de Toulouse le 27. Novembre 1669. les dots constituées par Sansot Cassé à deux de ses filles, furent retranchées comme inofficieuses en faveur d'Antoine Cassé fils, demandant sa legitime sur les biens de son pere. Les maris des deux filles étoient morts, & les dots n'étoient payées que par l'engagement de quelques pieces de terre. Voyez *M. de Catellan*, liv. 4. chap. 65. où il ajoûte, il se juge néanmoins que le retranchement ne peut être fait qu'après la mort du mari, qui comme créancier est toûjours preferable aux légitimes, & qui est aloüé du jour & date de la constitution. Arrêts du mois de Janvier 1670. & 10. Avril 1677.

LEGITIME, SUBSTITUTION.

256. Voyez ci-dessus le nomb. 148. & suiv.

An legitima possit gravari fideicommisso. Si le droit de legitime peut être chargé de substitution par un pere? *Voyez Filleau*, 4. part. quest. 221.

257. Si la legitime peut être substituée, ou si elle doit être laissée en proprieté? *Voyez le Journal du Palais*, infolio, tom. 2. p. 480.

258. La substitution pupillaire exclud la mere de la legitime en consequence de l'Edit, & suivant la *l. 8. Papinianus ff. de inofficioso testam.* Prononcé au Parlement de Provence en Robes rouges, l'Arrêt est sans date. *M. du Vair*, és Arrêts prononcez en Robes rouges. Au Parlement de Toulouse ils ajugent la legitime. V. *M. Dolive*, liv. 3. chap. 9. & 10. C. M. est du sentiment de Toulouse. *Voyez M. Ricard, des Substitutions, traité* 3. *ch.* 2. *part.* 1. *nombre* 60. & *suiv.* qui tient pour l'exclusion.

259. La mere, *non excluditur à legitimâ per tacitam pupillarem*. Arrêt du Parlement de Bourgogne rapporté par *Bouvot*, tom. 1. part. 2. verbo, *Inscription en faux*. quest. 1.

260. Si la mere est exclue de la legitime de son enfant decedé en pupillarité, auquel le pere a substitué une personne étrangere, & voulu qu'il succedât à son fils s'il décedoit sans enfans? V. *Bouvot*, tom. 1. part. 2. verbo, *Substitution compendieuse*.

261. Si le fils est tenu d'imputer en legitime la substitution vulgaire? *Voyez Bouvot*, tom. 1. part. 3. verbo, *Substitution*. quest. 2.

262. Si la mere peut demander la legitime és biens de son enfant, nonobstant la substitution vulgaire, pupillaire & fidei-commissaire? *Voyez Bouvot*, tom. 2. verbo, *Substitutions*, quest. 15.

263. Si la legitime est deuë à la mere, quand il y a substitution pupillaire faite par le pere? *Voyez Bouvot*, tom. 2. verbo, *Legitime*, quest. 27.

264. La pupillarité expresse exclud la mere de la legitime de son fils. Arrêt de Toulouse du 30. May. *La Rocheflavin*, liv. 6. tit. 63. arr. 5.

265. Legitime ne se peut charger de substitution fidei-commissaire. Arrêt du Parlement de Paris du 7. Mars 1548. le même jugé à Grenoble & à Toulouse. *Papon*, liv. 20. tit. 3. n. 3. *Guy Pape*, quest. 466. & *Maynard*, liv. 7. *de ses quest*. ch. 8.

266. La mere est exclue par la substitution pupillaire ou compendieuse, faite par le pere de sa legitime en la succession de son enfant mort en pupillarité. Arrêt du Parlement de Bourgogne du 28. Juin 1612. *Bouvot*, tom. 1. part. 1. verbo, *Legitime*, quest. 4.

267. En la substitution compendieuse la legitime de la mere est la troisiéme partie des biens que son fils a, tant de son pere que d'ailleurs. En la legitime est imputé ce qu'on prend par la substitution pupillaire. Arrêt du Parlement de Toulouse du 2. Juin 1631. *Cambolas*, liv. 6. ch. 22.

268. Legitime ne peut être chargée d'aucun fideicommis, charges, ni condition, suivant le Droit écrit *l. 30. omnimodo & l. quoniam in prioribus C. de inofficioso testam.* Mornac. Elle doit être laissée à titre d'institution. Arrêt du 4. Juin 1644. *Henrys* tome 1. liv. 5. chap. 4. q. 40. autrement le testament est nul. *Voyez Ricard des Donations entre-vifs*, 3. part. chap. 8. sect. 2. nomb. 847. & *Montholon*, *Arrêt* 88.

269. Jugé le 7. Août 1647. qu'un pere ne pouvoit substituer à la legitime de ses enfans, & qu'ils la devoient prendre sans aucunes charges en corps hereditaires. *Soefve*, to. 1. Cent. 2. ch. 41.

270. Le Pere Rinsant n'avoit pû substituer la legitime de son fils, quoiqu'il luy eût laissé des biens au delà de sa legitime; l'affaire fut partagée à la Grand'Chambre, & le partage levé en la premiere des Enquêtes, le 27. Mars 1669. *Dictionnaire de la Ville*, verbo, *Legitime*.

271. Si un pere ayant fait donation de tous ses biens à son fils, en contemplation de mariage, & substitué l'un de ses petits fils mâles, les petites filles descendans de ce mariage & dotées, peuvent prétendre un supplément de legitime sur les biens donnez après le décés de leur pere au préjudice des créanciers du substitué, ou si en la liquidation de la legitime, il faut distraire le fideicommis? Sentence du Lieutenant General au Siege d'Aix, du 13. Août 1674. qui déboute de la demande. *Boniface*, to. 5. liv. 2. tit. 12. chap. 2. où il rapporte differens Arrêts du Parlement de Toulouse.

272. L'heritier chargé de substitution, ne sera point obligé de rendre les legitimes de ses freres, qui seront acquises ou prescrites. *Ferrer. quæst. 303*; *quid des dettes dont la prescription a commencé du vivant du defunt? Je crois*, dit M. Abraham la Peirère en ses décisions lettre S. nombre 66. qu'elles ne pourront point être demandées au substitué. Arrêt du 15. May 1675. en la Grand'Chambre, au rapport de M. de Sabourin. Claude Durfé par son Testament institué son heritier Jacques Durfé son fils, & le charge d'une substitution graduelle & perpetuelle, & donne & legue à Louïse Durfé sa fille, la somme de mille livres pour supplément de legitime. Les créanciers de Jacques demandent au substitué la détraction de ladite somme de mille livres. Le substitué oppose qu'il n'appert d'aucun payement, ny quittance de ladite somme faite par Jacques. Les créanciers répliquent qu'il étoit presumé après un si long-temps que Jacques avoit payé, & que la prescription tient lieu de payement. Jugé que les créanciers devoient

devoient rapporter la quittance. Il est à croire qu'il ne constoit pas que Jacques eût vécu temps suffisant pour prescrire.

273. Legitime ne peut être substituée. Jugé à Paris de relevée le 30. Juin 1678. *Journal du Palais.*

274. Si la substitution reciproque faite par le pere entre ses enfans comprend la legitime, Arrêt du Parlement de Toulouse au mois de Juin 1692. qui juge la demande en distraction de legitime bien fondée. *Voyez les Arrêts de M. de Catellan,* liv. 2. chap. 7.

275. Si la legitime des freres ou sœurs du substitué par l'ayeul ou autre ascendant, se doit prendre sur les biens substitués, ou seulement sur ceux dont leur pere pouvoit disposer? *V.* Duperrier, liv. 3. quest. 19.
Voyez au troisième tome de cet ouvrage le mot *Substitution*, §. *Substitution, legitime.*

LEGITIME, TITRES DE LA SUCCESSION.

276. Jugé par Arrêt du Parlement d'Aix du 15. Février 1647. que le demandeur en legitime peut demander exhibition du livre de raison du deffunt. *Boniface*, tom. 1. liv. 1. tit. 34. n. 3.

277. Pour liquider la legitime ou supplément d'une fille, l'heritier du pere est tenu d'expliquer tous les actes, titres & effets de l'heritage. Arrêt du Parl. de Grenoble du 28. Juillet 1654. *Basset*, tom. 1. liv. 5. tit. 11. chap. 7.

SUPPLÉMENT DE LA LEGITIME.

278. De la legitime & supplément d'icelle. *Voyez* Papon, liv. 20. tit. 7.

279. Le droit d'agir pour supplément de legitime, passe aux heritiers étrangers, bien que la querelle d'inofficiosité ne leur soit point transmise. La legitime est dûe en corps hereditaires, sauf, s'il s'agit de démembrer une Comté, Vicomté, ou Baronnie, ou s'il s'agit d'une maison illustre, & que, ou le testateur ait voulu, ou le public ait interêt qu'elle soit conservée entiere, ou si le legitimaire a commencé de prendre sa legitime en argent. *Voyez* Maynard, liv. 9. chap. 45.

280. Le payement de ce qui est ajugé pour supplément suit la qualité de la legitime. Si elle est leguée en deniers, il sera fait aussi en deniers; il n'est qu'un accessoire qui suit le principal. *Voyez la quest.* 483. de Guy Pape.

281. Les petits fils peuvent demander un supplément de legitime sur les biens de leur ayeul, lorsque le pere ou la mere prédecedez y ont renoncé. Ainsi jugé au Parlement de Toulouse, parce que ces petits fils viennent de leur chef *& ex propriâ personâ.* C'est le degré qu'ils représentent plûtôt que la personne. *Arrêts de M. de Catellan,* liv. 2. chap. 41.

282. Si la fille qui a renoncé, peut être reçûe en Bourgogne à demander le supplément de sa legitime? *Voyez* Bouvot, to. 2. verbo. *Legitime*, quest. 28.

283. L'acceptation du legs n'exclut pas le fils de demander le supplément de legitime, à moins que la quittance ne porte renonciation. Le supplément peut être demandé en corps hereditaires, mais alors il faut répudier le legs. Henrys, tom. 1. liv. 4. ch. 6. quest. 79.

284. Le fils qui a reçû la somme à laquelle sa legitime a été fixée par son pere, sans protestation de se pourvoir pour le supplément, ne perd pas le droit qu'il a d'en faire la demande. Arrêt du Parlement de Grenoble du 4. Decembre 1455. Papon, liv. 20. tit. 7. n. 6. Guy Pape, *Consil.* 203. n. 6. est d'avis contraire.

285. Le fils legataire, si le legs qui luy avoit été fait en templissoit pas sa legitime, en pourroit demander le supplément, quoiqu'il eût été payé de ce legs, & qu'il n'eût fait aucune protestation, il luy étoit permis d'exercer son action pendant 30 ans. Il y en a un Arrêt du Parlement de Grenoble du 4. Decembre 1455. rapporté par *Guy Pape en ses questions* 82. *&* 93. Chorier, *en sa Jurisprudence du même Auteur,* p. 193. observe qu'il n'y a plus de demande pure & simple de legitime.

286. Ceux à qui il a été donné ou legué, sont tenus de choisir, ou ce qui leur a été donné ou legué, ou la legitime indeterminément, & ne doivent point former de demande pure & simple de supplément. Arrêts du Parlement de Grenoble des 13. May 1634. & 9. Juin 1667. après cela ils agissent pour la legitime & non pour le supplément ace qui ne se pratiquoit pas du temps de Guy Pape, ny même du Conseiller Rabot, qui dit sur cette question 93. que, *Filius potest, pendente judicio, super supplemento legitima, petere nihilominus relictam à patre, quia sive obtinuerit, sive succumbat, relictum consequitur.*

Si l'heritier conteste sur le supplément de la legitime sans obliger le legitimaire à ce choix, l'estimation des biens se fera, & dans l'action aussi pour la legitime, par experts, *ex æquo & bono*, & non sur le pied du denier 20. simplement; & le supplément sera payé au choix de l'heritier en fonds ou en deniers. Arrêt du Parlement de Grenoble du 9. Juin 1673. entre les Robins. Si le legitimaire n'a point agi luy-même pour ce supplément, ses enfans n'y seront pas reçûs, parce que *agnovisse legitimam*, & qu'il a fait luy-même cette option.

Au reste, si la femme mariée fait cette demande, ce choix sera fait par le mary, qui sera contraint de s'y tenir. Arrêts du même Parl. de Grenoble des 13. May 1636. 4. Avril 1637. 12. Avril 1638. & 16. Juillet 1670. rapportez par *Chorier, en la Jurisprudence de Guy Pape,* p. 194.

286 bis. Quoique la legitime des enfans leur soit dûe en fonds & corps hereditaires, néanmoins si le pere par son testament a reglé à une somme de deniers, ils ne peuvent agir pour le supplément qu'en deniers, ce supplément étant accessoire doit être reglé comme le principal. Arrêt du Parlement de Grenoble de l'an 1460. Papon, liv. 20. tit. 7. n. 3. Que si le fils, au lieu de demander le supplément, renonce au legs, & prétend des heritages, l'heritier ne pourra refuser. *Voyez* Guy Pape, quest. 93. & Maynard, liv. 7. ch. 6.

287. Le supplément de legitime peut être ajugé au profit de la femme qui a renoncé contre la Coûtume de Toulouse. Arrêts du même Parlement de Toulouse des 12. Avril 1526. & 27. Novembre 1570. La Rocheflavin, liv. 2. *Lettre* L. tit. 4. *Arrêt* 2.

288. Nonobstant la Coûtume & quittances, s'il y a lezion notable, la fille peut demander supplément de legitime; *etiamsi concurrant consuetudo & pactum de non succedendo furatum.* Arrêt du 25. Juin 1567. *Ibid. arr.* 14.

En Bourgogne, la fille à laquelle est constitué dot, étant exclue tant qu'il y a mâles; peut demander (n'ayant sa legitime) le supplément. Arrêt du Parlement de Dijon du 7. Decembre 1574. Bouvot, tom. 1. part. 3. verbo. *Supplément de legitime.*

289. Les suppléments des legitimes des enfans & filles, ayant quitté & renoncé à la succession des biens paternels & maternels, appartiennent aux heritiers de ceux à qui ils auront renoncé. Jugé par plusieurs Arrêts, & entr'autres au mois de Juillet 1576. La Rocheflavin, liv. 6. tit. 63. *Arrêt* 11.

290. La constitution de la dot de 4000 liv. faite à Damoiselle Jeanne de Baravi, femme de M. Jean Fabry Conseiller en la Cour, ne pouvant suffire au payement des condamnations & amendes ajugées audit Fabry, il demande que pour ce qui reste à payer & jusqu'à concurrence, luy soit ajugée la cotité qui appartient à ladite femme sur les biens de son pere, tant pour le supplément de legitime, que pour avoir succedé à la part de son frere mort *ab intestat*, & qu'il luy soit permis de faire execution & poursuite. Par Arrêt du mois de Juillet 1588. les droits fraternels luy ont été ajugés simplement; débouté à l'égard du supplément de legitime. *Arr. de la Roch. flavin,* liv. 2. Lettre L. tit. 4. *arr.* 10.

291. La demande de supplément de legitime ne se prescrit que par trente ans. Arrêt du 8. Decembre 1597. le même Arrêt a jugé que les *interêts* du supplément de legitime ne sont dûs que du jour de la demande. *Cambolas.* liv. 2. chap. 32.

292. Une fille mariée par son pere qui l'a fait renoncer à sa future succession, & par le Contrat de mariage se reserve la faculté de disposer librement de ses biens,

cette fille ne peut demander supplément de legitime. Arrêt du 28. Mars 1605. Mornac, Loy 30. *Cod. de inofficioso testat.* Voyez Anne Robert *rerum judicat.* liv. 2. chap. 4. & 5.

293 L'action pour supplément de legitime ne se prescrit que par trente ans. Arrêt du Parlement de Paris du 15. Decembre 1612. confirmatif d'une Sentence de Lyon. *Bibliotheque de Bouchel*, verbo. *Legitime.*

294 En Boulenois il n'y a point de supplément de legitime sur les meubles & acquêts immeubles. Arrêt du 14. Janvier 1625. *Du Frêne*, liv. 1. chap. 33.

295 Si le supplément de legitime doit être baillé en argent ou en corps hereditaires? Voyez *Cambolas*, liv. 4. ch. 35. où il rapporte un Arrêt du 19. Juin 1630. qui a jugé qu'un pere ayant marié sa fille, & payé la dot constituée en deniers, le supplément qu'elle demanda après sa mort luy devoit être payé en deniers.

296 Jugé au Parlement de Grenoble le 6. Juillet 1632. que les *frais* de supplément de legitime sont dûs dés le jour du décés de celuy sur les biens de qui on les demande 2. Que c'est au legitimaire de faire proceder à ses frais mainlevables à l'inventaire des biens du deffunt. 3. Que l'heritier doit exhiber tous les titres au legitimaire, & se purger sur ce par serment de calomnie. S'il y avoit inventaire & que le legitimaire prouvât que l'heritier saisi des titres les recele, on en ordonneroit l'exhibition, & à défaut de ce, le legitimaire seroit admis à un serment en plaid, ainsi qu'il a été jugé le 28. Juillet 1654. *Basset*, to. 2. liv. 8. tit. 5. ch. 2.

297 Il faut que la renonciation au supplément de legitime soit expresse : mais une mariée mineure, qui a fait quittance de ce supplément pour une certaine somme en quoy elle se trouve lezée, ne peut après les 35. ans être relevée d'une telle renonciation expresse, sous prétexte de puissance maritale. Arrêts du Parlement de Toulouse des 4. Decembre 1643. & 23. Janvier 1645. Les renonciations faites à tels droits durant la vie du pere, ne sont pas si favorables ; car une nommée Bousquet, contre Bousquet son frere, fut reçuë à demander son supplément, quoiqu'après sa minorité elle eût fait quittance finale de sa legitime, même après les dix ans de sa majorité. Il est vray que son frere avoit consenti à un appointement d'expedient qui adjugeoit le supplément du chef du pere à cette fille, ce qui fit planche pour la legitime de la mere, de quoy il étoit question, cet Arrêt fut rendu en la seconde des Enquêtes, au mois de Mars 1645. *Voyez* Albert, verbo. *Dot. art. 12.*

298 La cession de tous les droits paternels faite par la sœur à son frere moyennant certaine somme, n'empêche pas la demande du supplément de legitime dans les trente ans. Arrêt du Parlement de Toulouse du mois de Juillet 1670. rapporté par *M. de Catellan*, liv. 2. chap. 36.

299 L'acceptation de legs fait avec condition de ne demander rien par legitime ny autrement, est une renonciation suffisante au supplément de legitime ; la prescription de semblable droit court contre la fille mineure pendant son mariage. Arrêt du Parlement d'Aix du 14. Juin 1674. *Boniface*, to. 5. liv. 2. tit. 2. ch. 1.

LEGITIME, USUFRUIT.

300 Mere ayant l'usufruit des biens de son mary ne peut être contrainte à abandonner aux créanciers de ses enfans leur legitime en la succession de leur pere, sauf à eux à faire vendre les biens à la charge de l'usufruit. Arrêt du 24. Juillet 1584. *Papon*, liv. 14. tit. 2. n. 2. & Maynard, liv. 7. *de ses quest. not. ch.* 8.

301 Si la fille étant instituée en l'usufruit de tous biens, quoique les fruits perceus ou à percevoir excedent la valeur de la legitime, nonobstant l'acceptation de l'usufruit, ne peut pas être reçuë à demander la legitime? *Voyez Bouvot*, tom. 1. part. 1. verbo. *Institution d'heritier*, quest. 6.

302 La mere prohibant à son mary l'usufruit des biens qu'elle laisse à ses enfans, ne prive pas le pere de l'usufruit de la legitime. Arrêt du Parlement de Toulouse en 1688. *M. de Catellan*, liv. 4. chap. 80. *Voyez ci-après le mot*, Usufruit.

LEGS.

Ancienne signification de ces mots, *legare*, *legatum*, *l.* 120. Dig. *de verbor. significat.* 1
De legatis & Fideicommissis. D. lib. 30. 31. & 32.
Il est aussi traité des legs en particulier dans les Livres 33. 34. 35. & 36. du Digeste.
De Legatis, Inst. 2. 20... C. 6. 37... Ulp. 24... Paul. 3. Sent. 8... Caj. 2. 5.
De Fideicommissis. C. 6. 42. Ulp. 25... Paul. 4. 1... Caj. 2. 7.
Voyez les mots *Fideicommis & substitution.*
De Testamentis & Legatis. Lex. 11. tab. t. 19. 2
Voyez cy-après le mot, Testament.
De singulis rebus per Fideicommissum relictis, *Inst.* 3 2. 24.
De annuis Legatis & Fideicommissis. D. 33. 1. 4
Voyez cy-après le nomb. 107.
Communia de Legatis & Fideicommissis ; & de in rem 5 *missione tollendâ.* C. 6. 43.
De Legatis & eorum solutione. N. 1. tota. 6
Voyez cy-après le nomb. 461. & suiv.
De usu, & usufructu, & reditu, & habitatione, & operis, per Legatum vel Fideicommissum datis. D. 33. 2. 7
De servitute legatâ. D. 33. 3. 8
Voyez au troisième volume de ce Recueil, le mot, Servitude.
De Dote prælegatâ. D. 33. 4. *Inst.* 2. 20. *de Legat.* 9 §. 15. *sed si uxori.... Cætera dicuntur Legari ; Des Prælegari : quia sua res uxori legatur.*
De optione, vel electione legatâ. D. 35. 5... J. 2. 20. 10 §. 22. & 23... L. 3. C. *Communia de Leg.*
De Tritico, Vino, vel Oleo legato. D. 33. 6. *De penu legatâ.* D. 33. 9. Des provisions de bouche ou de menage. 11
De alimentis vel cibariis, D. 34. 1. Voyez le mot, Alimens, nomb. 76. & cy-après le nomb. 103. 12
De fundo instructo, vel instrumento Legato. D. 33. 7. 13 Des meubles & des outils d'agriculture. *Instructum, latius est quàm Instrumentum, & significat quidquid instruit fundum.*
De supellectile legatâ. D. 33. 10. 14
De peculio legato. D. 33. 8. *Inst.* 2. 20. §. 20. *si pr culium.* 15
De auro, argento, mundo, ornamentis, unguentis, veste vel vestimentis, & statuis legatis. D. 34. 2. 16
Voyez cy-après les nombres 40. 110. 255. & 427.
De Liberatione legatâ. D. 34. 3... *Inst.* 20. §. *si* 17 *quis* 13.
Voyez cy-après le nomb. 253.
Legs fait sous un nom generique. L. 101. §. 3. D. *de* 18 *verb. sign.*
De adimendis, vel transferendis legatis vel Fideicommissis. D. 34. 4. 19
De ademptione legatorum, & translatione. Inst. 2. 21. 20 V. les mots *incapable*, *indigne.*
De verborum & rerum significatione. C. 6. 38. Des 21 Legs faits sous des termes obscurs. V. Douteux.
De incertis personis. C. 6. 48. Legs fait à des personnes incertaines. V. Douteux. 22
Voyez cy-après le nomb. 346. & suiv.
De his quæ pœnæ causâ relinquuntur. D. 34. 6... *Inst.* 23 2. 20. §. *pœnæ* 36... C. 8. 41. Legs fait sous une condition onereuse à l'heritier.
Voyez cy-après le nomb. 47.
Si maritus itâ reliquerit uxori, si ad secundas nuptias 24 *non transeat.* N. 22. c. 43. & 44.
Voyez cy-après le nomb. 60. & suiv.
De regulâ Catonianâ. D. 34. 7. Legs caduc. *Catoniana regula sic definit : quòd si testamenti facti tempore decessisset testator, inutile foret, id legatum, quandocumque decesserit, non valere*, L. 1. h. t.. V. Caduc. 25
Voyez cy-après le nomb. 127. & suiv.

26 *De conditionibus & demonstrationibus, & causis, & modis eorum quæ in testamento scribuntur.* D. 35. 1. Des conditions & autres clauses apposées aux Legs. Voyez cy-après le nomb. 162. & suiv.

27 *De his quæ sub modo legata vel Fideicommissa relinquuntur.* C. 6. 45.

De conditionibus incertis tam legatis quàm Fideicommissis & libertatibus. C. 6. 46... N. 22. c. 41.

28 *De lege Cornelia de falsis; & de Senatus-cons. Libomiano.* D. 48. 10. Le Senatus-Consulte Libonien soûmettoit à la peine de faux, celuy qui écrivant un testament, *sibi suâ manu hereditatem, vel legatum adscribebat.* V. Faux, & le tit. 23. du 9. liv. du Code.

29 *De falsâ adjectâ legato, vel Fideicommisso.* C. 6. 44. Inst. 2. 20. §. longè, 31. *Falsa causa non vitiat legatum.* Voyez cy-après le nomb. 285. & suiv.

30 *Ad legem Falcidiam.* D. 35. 2. & 3... C. 6. 49. Inst. 2. 22... N. 1... Paul. 3. 10... Caj. 2. 6... Ulp. 25. §. 14. & seqq... Retranchement des Legs excessifs. Voyez les mots, *Falcidie, Quarte, Trebellianique.*

31 *Quando dies legatorum vel Fideicommissorum cedat.* D. 36. 2... C. 6. 53.

32 *Si cui, plusquàm per legem falcidiam licuerit, legatum esse dicetur.* D. 53. 3. Caution que les Legataires doivent donner à l'heritier.

Ut legatorum seu Fideicommissorum servandorum causâ, caveatur. D. 36. 3. Caution que l'Heritier doit donner aux Legataires.

Ut in possessionem, legatorum vel Fideicommissorum servandorum causâ, mittatur, &c. C. 6. 53... D. 36. 4. Quand l'Heritier ne donne pas caution, le Legataire est mis en possession de la chose leguée. Voyez cy-après le nomb. 137. & suiv.

33 Sorte d'interdit par lequel le Legataire qui est en possession de la chose leguée contre la volonté de l'heritier, est obligé de l'abandonner à l'heritier qui veut falcidier.

Quod legatorum. D. 43. 3.

Quorum legatorum. C. 8. 3.

34 *De repetitione legatorum.* L. 8. D. de verb. sig.

35 *De legatis præstandis, contra tabulas bonorum possessione petitâ.* D. 37. 5. Quels legs doivent être payez quand le testament est infirmé par la possession des biens?

36 *Pro legato.* D. 41. 8. La chose leguée peut être prescrite par le Legataire.

37 *De usuris & fructibus legatorum & Fideicommissorum.* C. 6 47. Caj. 2. 7. in fine. Quand sont dûs les interêts & les fruits des legs? Voyez cy-après les nomb. 320. & suiv. & 351.

38 Legs pieux.

Ut legatum Deo relictum deputetur Ecclesiæ ubi testator domicilium habet. N. 131. c. 9.

Ut legata pro redemptione captivorum relicta, præstentur ab Episcopis. N. 131. c. 11.

Voyez cy-après les nombres 342. & 435. & suivans & 483. & suivans.

39 *Ut in piis legatis cesset falcidia.* N. 131. c. 12.

De legatis in testamento. Per Petr. Peckium Ziriczæum.

40 *De auro & argento legato.* Per Laz. Bayfium in L. vestis. ff. eo. ti.

Silvester in summa.

41 *De annuis legatis, tractatus Joannis Mariæ contra quosdam qui asserunt hæredes ad legati solutionem pro suffragiis defunctorum non obligari ultra centum annos cum consilio Hippolyti Riminaldi & Bernardi Berguntii.*

42 *Legatum est donatio quædam à defuncto relicta ab hærede præstandâ.* Voyez le Livre 2. des Instituts, tit. 20. paragrapho 1.

43 De la nature des legs, qui peut faire des legs, & à qui on peut leguer? Quelles choses peuvent être leguées, des accessoires des choses leguées, des legs d'un usufruit, ou d'une pension, ou d'alimens & autres semblables; des legs pieux, des legs d'une d'entre

Tome II.

plusieurs choses au choix de l'heritier ou du legataire; des fruits & interêts des legs; comment est acquis au Legataire son droit sur le legs; de la délivrance & garantie de la chose leguée? comment les legs peuvent être nuls, revoquez, diminuez, ou transferez à d'autres personnes. Voyez les Loix Civiles, tome 3. liv. 4. tit. 2.

Qui l'on peut faire heritier ou legataire? Voyez ibid. liv. 3. tit. 1. section 2.

44 Voyez hoc verbo, Legs, la Bibliotheque du Droit François par Bouchel, & cy-après le mot, Testament, où l'on rapporte plusieurs Arrêts contenant des décisions communes à ce titre.

44 bis *De annuis legatis.* Voyez M. Charles du Moulin, tome 2. tract. contract. Usur. de usur. testam. quæst. 73. & cy-après le nomb. 107.

45 *Legata contra bonos mores illicita.* Voyez Du Moulin, ibidem, tome 2. p. 206.

46 *Legatâ quantitate, valor inspicitur qui fuit tempore testamenti.* Du Moulin, ibidem, quæst. 97.

47 Des dispositions conditionnelles, onereuses, remuneratoires, demonstratives, causées, dilatoires & à temps. Voyez Ricard, tome 2. traité 2. & cy-après le nombre 59. 162. & suiv.

48 *De re legatâ à testatore distractâ.* Voyez Franc. Stephani, decis. 11. où il établit cette espece, *Mulier quædam filiis hæredibus institutis agrum filiæ legavit; fundo postea à matre distracto, eâ lege ut quamdiu pretium penes emptorem esset, quid certi penderet; egentique mulieri pretii partem aut integram præstaret, quærebatur an ademptum esset legatum distractione;* Arrêt du Parlement d'Aix du 7. Février 1582. en faveur de la Legataire.

49 Si le Legataire meurt avant la Testatrice, le legs est acquis à ses heritiers, ou s'il devient inutile? V. Bouvot, tome 1. part. 2. verbo, *Substitution,* quæst. 1.

50 Si en France un Legataire étant incapable des biens donnez, il y a lieu de l'accroissement, ou si les heritiers ab intestat desdits biens les recüeillant, le Testament peut valoir pour partie & non pour autre partie? V. ibid. part. 3. verbo, *Testament,* quæst. 10.

51 Si le legs fait par un Prêtre à sa servante peut avoir lieu? Voyez Bouvot, tome 2 verbo, *Testament,* quæst. 35.

52 Si les legs sont compris dans les biens sujets à la restitution? Voyez le mot, *Fideicommis,* nomb. 144. & suivans.

53 *Legatum factum sacerdoti qui non est in sacris, nullum est.* Vide Franc. Marc. tome 1. quæst. 884.

54 *Mortuo legatario ante testatorem, relictis liberis non esse locum repræsentationi; ex conjecturis non admittendam extensionem in ultimis voluntatibus.* Voyez Sthockmans, decis. 24.

55 Un testateur fait plusieurs legs, & entr'autres une maison à sa Paroisse, à la charge de certain Service; la maison est vendüe; le Créancier demande d'être payé du prix restant de la vente de la maison leguée par l'acheteur. Le Créancier jugé bien fondé en sa demande, suivant un Arrêt de l'an 1500. Carondas, liv. 4. chap. 50.

56 Par Arrêt du Parlement de Paris du 4. Octobre 1569. rapporté par Peleus en ses questions illustres quest. 19. il a été jugé qu'un testateur en pays coûtumier pouvoit donner à l'un de ses enfans une sienne maison, en récompensant ses autres enfans sur les biens de sa succession. Le pere n'avoit point contrevenu à la Coûtume par son testament, parce qu'en effet celuy à qui la maison étoit délaissée, n'étoit point plus avantagé que ses freres, qui étoient récompensez d'ailleurs sur les autres biens, & partant ils n'avoient aucun sujet de se plaindre, puisqu'ils tiroient une pareille commodité de la succession paternelle, en quoi ils étoient satisfaits au desir de la Coûtume, qui n'a jamais eu intention d'empêcher le pere de conserver ses biens en donnant à l'un de ses enfans, ce qui ne se peut commodément partager, comme la maison en question, pourvû que les autres n'en reçoivent point de dommage, & que l'égalité soit conservée.

57 Un testateur legue simplement la part qu'il a indivise dans une maison ; si le legataire desire la division, c'est à ses frais qu'elle se doit faire & non pas aux frais de l'heritier. Jugé le 17. Avril 1584. Anne Robert *rerum judicat.* liv. 3. chap. 10.

58 Arrêt du 27. Octobre 1590. contre les heritiers de Jacques del Bosc ; il a été jugé que *legata ab instituto relista consentur repetita ab instituto.* Bibliotheque de Bouchel , verbo , *Legs*.

59 En donation mutuelle , la condition apposée de payer legs testamentaires , n'annulle pas la donation. Arrêt du 13. Mars 1582. Le Caron , liv. 7. de ses *Rép*. chap. 145.

60 Si le Testateur a legué ses meubles & immeubles, les dettes actives n'y sont pas comprises ; il en est de même s'il a legué les choses qui sont à luy & qui luy appartiennent, les droits & actions ne sont point censez entrer dans ce legs , parce que c'est une expression qui signifie une possession effective , & une Seigneurie ou Domaine veritable, *Dominium. V. Guy Pape, quest.* 442.

61 L'accessoire peut être legué sans le principal qui ne suit pas l'accessoire inseparablement , desorte que si une censive ou une rente est leguée , le Legataire n'aura rien à prétendre à la directe de laquelle la censive ou la rente procede. *Voyez Guy Pape, quest.* 264.

62 Si deux legs faits à deux Executeurs testamentaires, après ces mots , *lû & relû*, mis à la fin , sont nuls , si une nullité de cette qualité peut donner atteinte à tout le Testament ? *Voyez le* 8. *Plaidoyé au recueil de ceux de M. Galand.*

63 Si un Testateur a legué un fonds chargé de droits Seigneuriaux & des arrerages , l'heritier est tenu de décharger le fond legué, des arrerages seulement échûs jusqu'au jour du decés du Testateur. Arrêt du Parlement de Toulouse du mois de Mars 1595. *La Rocheflavin, des droits Seigneuriaux ,* chap. 6. art. 8.

64 *Titius* fait son Testament , dans lequel il legue à toutes les Eglises de la ville de Crest une somme de 100. écus. Comme dans la même Ville il y a trois ou quatre Chapelles , l'on demande si ces Chapelles , qui ne sont ni Eglises Paroissiales ni Collegiales , ni Monasteres ni Hôpitaux , peuvent demander à l'heritier de *Titius* les 100. écus qu'il a legués à toutes les Eglises de la même Ville ? *Auserius* conclut affirmativement que ce legs leur doit être donné. *L'Auteur des Definit. Canoniques,* page 440. semble douter de la validité de ce legs, il raporte pour fortifier son opinion l'exemple du Testament de son grand-pere maternel.

65 *In obligatione vel legato generis venit quod nec optimum nec pessimum.* Arrêt du 19. Juin 1611. Mornac , *l.* 52. *ff. mandati.*

66 *Legatum videtur quod testamenti tempore fuit.* Arrêt du 26. Janvier 1613. Mornac, *l.* 2. §. *in hareditate. ff. de hareditate vel actione vendita.*

67 Une femme par son Testament legue aux enfans de son frere , à chacun deux cens livres. Les enfans disent que ce sont deux cens livres à chacun ; l'heritier dit que c'est seulement cent livres à chacun, & qu'il faut mettre la virgule après ces mots à chacun d'eux. Au Châtelet on avoit jugé en faveur de l'heritier , suivant la regle , *semper in obscuris quod minimum est sequimur,* Par Arrêt du 11. Mars 1616. la Cour a mis l'appellation, & ce dont est appellé au néant , en emandant , l'heritier condamné à donner deux cens livres à chacun des enfans. *Mornac ,* loy 70. *ff. de jure dotium.*

68 Un Testateur legue à chacun de ses freres la somme de 1000. écus, s'il se trouve une sœur qui soutient que le legs s'étend à elle aussi-bien qu'à ses freres , *per L. Lucius. §. quasitum D. de leg.* 3. *qnia fratris appellatione sorores continentur. L. tres fratres in princip. D. de pact. & Accurs. in d. §. quasitum.* Ainsi jugé au Parlement de Toulouse. *La Rocheflavin,* liv. 6. tit. 61. *Arr.* 1.

69 Un oncle laisse à ses nieces la somme de 300. livres lorsqu'elles se marieront & non plûtôt : voulant que jusqu'au dit temps , cette somme demeurât entre les mains de son heritiere pour l'assurance des Legataires, une de ses nieces decede âgée de dix ans , trois ou quatre ans après le pere demande ce legs comme transmissible. Par Arrêt du Parlement de Toulouse du 21. Février 1623. il fut jugé que ce legs étoit dû au pere, d'autant que si la fille eût été en vie elle eût eu 14. ans qui étoit le temps auquel le payement devoit être fait; & on jugea que ce legs étoit pur, duquel neanmoins le payement étoit differé. *Cambolas,* liv. 4. chap. 48.

70 Ce que la femme se reserve de la dot aux pactes de mariage, pour en pouvoir disposer ; si elle n'en dispose appartient à son heritier & non point au mary. Jugé au P. de Toulouse le 20. Août 1623. Et le 10. Juin 1623. il fut jugé qu'une somme que le donateur s'étoit reservée de donner, n'en ayant pas disposé appartient au plus proche parent. *Cambolas ,* liv. 5. chap. 1.

71 Jugé au Parlement de Toulouse que l'heritier ayant traité avec ses freres & sœurs qui avoient des legs paternels , & maternels, & les ayant acquis pour une moindre somme , l'heritier de cet heritier pouvoit demander sur les biens substituez les entiers legs ; mais il intervint partage pour sçavoir s'il falloit ajuger seulement les entiers legs, ou s'il falloit luy ajuger le supplement de legitime qui pouvoit competer à ces cadets avec qui l'heritier avoit traité, quoique ces cadets ne se fussent jamais plaints , & n'eussent jamais demandé aucun supplément ; le partage fut conclu à l'avis de ceux qui vouloient seulement ajuger les entiers legs & non le supplément. La principale raison fut une circonstance particuliere de ce procés , que les Legataires, bien loin de s'être plaints de la modicité de leurs legs, au contraire , l'ayant demandé , l'heritier avoit soutenu qu'ils étoient immenses , & au delà de la legitime ; & qu'il falloit les retrancher , desorte qu'on crut que l'heritier de l'heritier ne pouvoit pas tenir un langage different, & demander un supplément de legitime du chef de ces Legataires. *Voyez M. de Catillan ,* liv. 2, *chapitre* 61.

72 Deux legs declarez bons & valables , l'un de 4800. livres fait à des Religieuses qui s'établiront dans 20. ans en la ville de Troyes , & l'autre de 4000. liv. pour être distribuées par les *Executeurs* testamentaires, ainsi que le Testateur leur a dit. Arrêt du Parlement de Paris du 29. Avril 1625. *Bardet,* tome 1. liv. 2. chap. 40.

75 Le sieur de Touchelonge en se retirant de la Rochelle, peu de temps avant le siege , y laissa un fort beau cheval entre les mains du sieur de Lescure. La Rochelle ayant été reduite , le sieur de Lescure rendit ce cheval , le sieur de Touchelonge mourut à quelques mois delà & luy legua ce cheval. Le Legataire reçoit le legs purement & simplement sans protestation ni reserve. Deux années après il demanda aux heritiers 687. livres pour avoir dressé ce cheval & l'avoir nourri. Le Juge de la Rochelle condamna les heritiers à payer les nourritures & salaires jusqu'au jour du legs 1631. Appel de la part des heritiers. M. Patru fut chargé de leur cause qui fut jugée au mois de May 1631. il ne rapporte pas la décision de l'Arrêt. *Voyez son* 10. *Plaidoyé*.

76 Faits d'adultere ne sont admissibles pour annuller un legs fait par le défunt au mary, ou à la femme, ni ceux de la suppression d'un dernier Testament non specifié. Arrêt du 22. Février 1633. *Bardet,* tome 2. livre 2. *chapitre* 11.

Voyez cy-après le nomb. 100.

77 Les qualités de Legataire particulier & de Legataire universel ne sont point incompatibles dans une même personne & dans une même Coûtume. *Soefue,* tome 1. *Centurie* 3. chap. 10. L'Arrêt est du 26. Avril 1649.

78 *Legatarius testis testamentarius an testamento nocear, itemque an legatum sibi relictum petere possit?* V. *Sthockmans, decis.* 6. Le Testament est bon, mais il ne peut demander le legs, ainsi jugé en 1644.

79 Il a été jugé au Parl. de Paris le 3. Mars 1654. qu'un Testament receu par un Notaire en presence de témoins de Nogent-le-Rotrou devoit être executé, encore qu'il

contînt un legs univerſel de tous meubles, acquêts, conquêts, immeubles & du quint des propres fait par Laurent Bacquet au profit des habitans de la même ville, pour y faire l'établiſſement d'un College. *Ricard des Donations, part. 1. chap. 3. ſect. 10. nonb. 555.*

80. Arrêt du Parlement de Grenoble du 16. Decembre 1654. qui declare valable un legs de 600. liv. fait à une filleule par ſa maraine, quoique le pere de la Legataire eût écrit le Teſtament. On conſidera que le pere ne pouvoit ſe prévaloir de ce legs, la Teſtatrice ayant ordonné que les interêts en ſeroient conſervez pour la legataire. *Voyez Chorier en ſa Juriſprudence de Guy Pape, page 175.*

81. Legs de 50. liv. de rente fait par un pere à des Religieux à la charge de quelque ſervice pour le repos de ſon ame, reduit en faveur des enfans du Teſtateur à 100. liv. une fois payées. Arrêt du 27. Avril 1655.

Ce même Arrêt a encore jugé que le même Teſtateur ayant legué certaine ſomme à la fille de celuy qu'il a nommé pour l'Executeur de ſon Teſtament & qui eſt decedé incontinent aprés ſans ſatisfaire à l'execution, le legs doit être reputé pur & ſimple, & non conditionnel. *Soéfve, tome 1. Cent. 4. chap. 88.*

82. En l'Audience de la Grand'-Chambre au Rôlle de Chartres le premier Août 1657. il a été jugé qu'un pere naturel pouvoit leguer à ſes filles adulterines, non ſeulement des alimens, mais encore leur dot, ces deux neveux & arriere-neveux heritiers collateraux du Teſtateur. *Jovet, verbo, Legs, nomb. 16.* dit l'avoir oüi prononcer.

83. La preuve vocale ne peut être reçûë, lorſqu'il s'agit d'une ſomme au deſſus de 100. liv. Arrêt du 8. Août 1663. par lequel une veuve a été déchargée d'une ſomme de 260. l. fondé ſur une declaration que ſon mary avoit faite à ſon confeſſeur aprés ſa confeſſion au profit d'un tiers. *Graverol ſur la Rocheflavin, liv. 6. titre 75. Arrêt 2.*

84. 1. Si le Teſtateur legue à l'Étranger. 2. Ou à ſon fils plus que ne monte ſa legitime, & ſous la charge de ne pouvoir rien demander en ſes biens ou en ſa ſucceſſion; en ce cas le legataire ou le fils ne pourront point demander de ce que leur eſt dû d'ailleurs par le Teſtateur, ſoit des droits maternels ou pour quelque cauſe que ce ſoit. 3. Si ce n'eſt que la choſe dûë conſiſtât en meuble ou immeuble dont la poſſeſſion fût au Teſtateur, & la proprieté au Legataire : & pour ce regard il n'y aura point lieu en compenſation. *Ferrer. queſt. 93. cont. Guy Pape, ibid. ſi teſtator vetat de bonis, Ferron, liv. 2. tit. 5. §. 7. ſemper compenſat in debitore neceſſario, in legato ſimpliciter non fit compenſatio in extraneo. Faber C. de leg. def. 8. praeſumitur compenſatio in debitore neceſſario Fab. C. de leg. def. 19. 1. id. Faber C. de leg. def. 19. 22. compenſatio non fit cum inſtitutione in debitore voluntario, Mantic. lib. 4. tit. 3. n. 33. ad ſervandam aequalitatem inter liberos non praeſumitur compenſatio. Mantic. lib. 6. tit. 2. n. 5. 1. 2. id. Mantic. lib. 10. tit. 2. diſtinguendo. 2. Fachin. in legato ſimpliciter numquam compenſat, lib. 5. cap. 33. 34. id. Graſſus §. Legatum, queſt. 16. n. 12. 2. cont. Abregé de Maynard, liv. 7. chap. 11. etiamſi agnoverit legatum, non fit compenſatio cum doario, du Freſne, lib. 6. cap. 17. vid. l. 84. §. 6. de leg. 1. & l. 123. ibid. de compenſatione dotis promiſſa cum legato, vid. l. 34. §. 5. ff. de leg. 2. & l. 41. §. 11. ff. de leg. 3. & l. 4. ff. de collat. dot.* Je crois, dit *M. Abraham la Peirere, en ſes déciſions du Palais, lettre L. nomb. 2.* la déciſion tres-veritable de la compenſation du legat avec la dette neceſſaire, tel qu'eſt la legitime legale ou coûtumiere, & le doüaire coûtumier, encore bien que la clauſe de ne pouvoir prendre autre choſe ne ſoit point ajoûtée : mais comme cette clauſe eſt plûtôt du ſtile du Notaire, que la volonté du Teſtateur, j'ay toûjours fait grande difficulté que ladite clauſe pût exclure, ſoit le fils ou l'étranger de pouvoir demander les droits maternels ou autre detre volontaire outre le legat, & deſirerois une prohibition expreſſe du Teſtateur dans les legs.

Au même endroit il rapporte les deux Arrêts ſuivans qui ont été rendus au Parlement de Bourdeaux.

Arrêt du 23. Janvier 1662. plaidans Paris & Grenier, Preſident Monſieur le Prémier. Catherine Laſon par ſon Teſtament legue au ſieur Laſon Citoyen de Bourdeaux ſon frere, certaine Metairie ſituée prés de Bourdeaux; & en ce, le fait ſon heritier particulier, le priant de ſe contenter, & ſans qu'il puiſſe rien pretendre ſur ſes autres biens. La Teſtatrice étoit debitrice envers ledit Laſon ſon frere, de la ſomme de deux mille quatre cens livres par promeſſe. Iſabeau Laſon femme du ſieur Minville heritiere inſtituée audit Teſtament, ſoûtient audit ſieur Laſon ſon frere, qu'il eſt tenu de faire compenſation de ladite ſomme avec ladite Metairie à luy leguée; cette compenſation eſt ordonnée par ledit Arrêt. Il faut, obſerve *M. la Peirere,* que cet Arrêt ſe ſoit donné ſur quelque circonſtance, ou des perſonnes ou du procés.

Arrêt du premier Février 1666. Preſident Monſieur le Premier, plaidant Broſſard & Albuſſar, entre les nommez Martin: jugé qu'une tante qui par Teſtament avoit legué huit cens livres à une ſienne niéce, & à ſuite mariant ſa niéce, luy avoit conſtitué & payé douze cens livres. La Cour ajugea à la niéce ledit legs de huit cens livres. *La Peirere* ajoûte, *je ferois doute en ligne directe à cauſe de la Loy 11. C. de legat.*

85. Une même ſomme leguée par un Teſtament, & aprés donnée par actes à un même, n'eſt pourtant payable qu'une fois. Arrêt du Parlement de Grenoble du 19. Juillet 1675. rapporté par *Chorier, en ſa Juriſprudence de Guy Pape, page 221.*

86. Legs de cinq livres que l'on ſoûtenoit devoir être de 500. livres en interpretant la volonté du Teſtateur. Jugé de cinq livres, par Arrêt du Parlement de Paris du 20. Juillet 1678. *De la Gueſſ. tome 4. liv. 1. ch. 10.*

87. Lorſqu'un Teſtateur fait des legs ſur les biens ou deniers qui luy reviendront d'un procés qu'il pourſuit, & qu'il meurt avant que le procés ſoit jugé, les Legataires peuvent contraindre ſes heritiers à pourſuivre le Jugement. Arrêt du Parlement de Tournay du 23. Juillet 1697. rapporté par *M. Pinault, tome 2 Arr. 176.* Cet Arrêt ordonne que le défendeur pourſuivra le procés, en communiquant au demandeur les procedures.

88. Des legs faits *ab irato* ou *in odium,* en haine de l'heritier, où dans leſquels il eſt traité avec convice. *V. M. Jean-Marie Ricard, en ſon Traité des Donations, tom. 1. part. 1. ch. 3. ſect. 14.*

89. Si le Teſtateur a fait un Teſtament entre ſes enfans, & qu'il n'ait vécu les 20. jours, & que les enfans l'ayent accepté ; ſi aprés ils ſe ſont fait relever de l'acceptation, s'ils y ſont recevables & déchargez des legs ? *Voyez Bouvot, tome 2. verbo, Legs, queſt. 19.*

LEGS, ACCROISSEMENT.

90. Accroiſſement és legs. *Voyez le mot, Accroiſſement, nombre 27. & cy-aprés le nombre 130.*

Du droit d'accroiſſement entre les Collegataires, quoiqu'ils ne ſoient pas, *conjuncti re & verbis.* Voyez *Henrys, tome 1. liv. 5. ch. 4. queſt. 57.*

91. Un fonds ayant été legué à pluſieurs, ſçavoir ſi par le décés de l'un d'eux avant le Teſtateur, ſa part accroît aux autres? *Voyez Bouvot, tome 1. part. 2. verbo, Subſtitution, queſt. 1.*

92. En la cauſe de M. Girault Avocat, un Teſtateur legue à *Titius,* univerſellement tout ce qu'il peut leguer par les Coûtumes; aprés ſon décés la femme renonce à la Communauté, procés entre les heritiers & le Legataire univerſel, pour ſçavoir à qui cette part de la femme accroît. Jugé par Arrêt de l'an 1607. aprés en avoir conſulté les Chambres, qu'elle accroît au *Legataire. Biblioth. de Bouchel, verbo, Accroiſſement.*

LEGS D'ACQUESTS.

93. Legs des acquêts. *Voyez le mot, Acquêts, nombre 62.*

94. La diſpoſition d'un legs s'interprete ſelon la Coûtu-

me des lieux où l'on reste, d'autant qu'elle est personnelle, & que le Testateur n'avoit point de propres, & disposoit dans une Coûtume, qui permet par Testament la disposition de tous ses meubles & acquêts, & quint de ses propres; mais dans une Coûtume, comme Troyes, où l'on ne peut disposer par Testament que des meubles & acquêts, & tiers des propres, les deux autres tiers reservez aux heritiers; une femme donne par Contract de mariage à son mary l'usufruit des biens qu'elle avoit; & n'ayant enfant, fait Testament, par lequel elle legue ses meubles & acquêts, & le tiers de ses propres. Procés entre les heritiers, le mary usufruitier, & les legataires, tant pour les dettes de la défunte, que pour la décharge de l'usufruit. A l'égard de la premiere question, jugé pour le legs universel; à l'égard de la seconde, que les deux tiers des propres appartenans aux heritiers, demeureroient chargez de l'usufruit, francs & quittes de toutes dettes & charges testamentaires, dont les Legataires demeureroient chargez, & tenus d'acquitter les heritiers, en telle maniere, que si le tiers des meubles & acquêts ne se trouve suffisans pour payer les dettes, le surplus sera pris sur les deux autres tiers. Arrêt du 5. Avril 1584. *Carondas, liv. 8. Rép. 68.*

95 De l'heritage legué estimé par le Testament; qui depuis a été de beaucoup augmenté par le Testateur, qui decede sans avoir rien changé dans son Testament; le cousin legataire demande suivant le Testament, l'heritage pour les 1000. écus. L'heritier demande l'estimation suivant les augmentations; l'autre dit que *legato cedunt.* Carondas en cette espece est d'avis qu'il faut payer les augmentations. *Voyez son liv. 11. Rép. 48.*

96 Un roturier fait un tel legat à son fils puîné; *Je legue à Antoine mon second fils mes mulets & chevaux, pour continuer à voiturer & trafiquer comme j'ay fait, avec leurs bâts & harnois.* Quæribatur, si en ce legat étoient compris deux mulets, acquis par le Testateur depuis peu, qu'il n'avoit encore fait travailler, & qui n'avoient point de bâts ou harnois. Par Arrêt donné au Parlement de Toulouse en vacation, de l'an 1584. il fut dit aprés grande difficulté, que tous les mulets avoient été leguez à l'exemple de celuy qui avoit legué *servos omnes cum peculio;* car ce legat comprend les serfs *qui peculio carent,* suivant la disposition de la Loy *si cui servi omnes* 52. *ff. de legat.* La difficulté fut faite sur le mot *omnes,* qui se trouve en cette Loy, & ne se trouvoit pas autrement. *Voyez Mainard, liv. 7. ch. 12.*

97 Legs fait à l'Hôpital d'Orleans de tous les acquêts d'un défunt, portez par son Journal, s'étend aussi à tous les autres acquêts. Arrêt du 26. Mars 1615. à la charge par l'Hôpital de payer sa part des dettes de la succession, hors les frais funeraires. *Tournet, let. L. Arr. 38.*

98 Dans le legs des terres & possessions acquises en un tel lieu, ne sont comprises les acquisitions faites depuis le Testament. Arrêt du Parlement de Toulouse du 6. May 1665. Neanmoins le legs de la *liberation* de ce que le Legataire doit au Testateur, comprend les *interêts* qui ont couru depuis le Testament. *V. les Arrêts de M. de Catellan, liv. 2. ch. 79.*

Legs, Action.

99 L'action hypotecaire ne se peut exercer contre un Legataire payé. Arrêt du Parlement de Grenoble du 12. Juillet 1638. *Basset, tome 2. liv. 5. tit. 3. chap. 2.* On ne luy opposoit aucune fraude.

Legs aux Adulteres.

100 Legs faits aux Adulteres. *Voyez cy-devant le n. 76. & verbo, Adulteres, n. 129.*

Legs payable a certain age.

101 Arrêts du Parlement d'Aix des 30. Juin 1653. & 21. May 1656. qui ont jugé que le legs fait quand le Legataire aura atteint un certain âge, est dû au commencement de l'année de cet âge, sans attendre la fin. *Boniface, tome 2. liv. 2. tit. 1. ch. 1.*

102 Un Testateur ayant trois fils & une fille, institué son aîné, & legue à chacun de ses autres fils la somme de 4000. liv. payables lors qu'ils auront atteint l'âge de 25. ans, voulant que jusques à ce temps ils soient élevez & entretenus sur ses biens, si mieux son heritier n'aime leur payer l'interêt de 4000. liv. Aprés la mort du Testateur, les deux freres Legataires décedent *ab intestat;* la sœur, comme leur succedant pour la moitié, demande à son frere aîné, heritier du pere, payement de la moitié des legs, ou du moins payement de l'interêt, jusqu'au temps que ses freres decedez auroient eu l'âge de 25. ans, s'ils eussent vêcu. Par Arrêt du Parlement de Toulouse du 28. Juillet 1666. Cette sœur fut démise de ses demandes; il fut donc jugé qu'elle ne pouvoit demander ce payement qu'au temps auquel ses freres auroient eu 25. ans, conformément à la Loy 5. *ex his verbis, Cod. quand. di. Leg.* Il fut aussi jugé qu'elle ne pouvoit demander aucun interêt. *V. M. de Catellan, li. 2. chapitre 81.*

Legs d'Alimens.

103 Voyez cy-dessus le nombre 11. & suiv. le mot, *Alimens, n. 76.* Carondas, *liv. 9. Rép. 28.* & cy-aprés le nombre 478. & suiv.

Legs Alternatif.

104 Quand deux choses sont leguées alternativement, le choix appartient au Legataire & non à l'heritier, *L. Lucio* 23. *ff. de legatis.* 2. le Livre 2. des Instituts, tit. 20. §. *si generaliter.* Chopin, *Coûtume de Paris, livre 2. titre 2.*

105 Alternative en legs. *Voyez* le mot, *Alternative, nombre 25.*

106 La faveur de la conversion de l'alternative en copulative, & de la copulative en alternative, en faveur des enfans, a été étenduë aux Hôpitaux, Eglises, & autres causes pies; ainsi jugé à Toulouse par Arrêt du 26. Février 1575. comme aussi en d'autres causes, la faveur des enfans a été attribuée à l'Eglise. *Voyez Mainard, liv. 5. chap. 41.*

Legs Annuel.

Voyez cy-dessus les nombres 4. & 44.

107 Arrêt du Parlement de Provence du 25. Mars 1665. qui a jugé que le legs annuel pour racheter des Esclaves, doit être reglé à certaines années, quand les interêts annuels ne sont pas suffisans pour en racheter un. Boniface, *tome 2. liv. 2. tit. 1. ch. 7.*

Legs aux Apoticaires.

108 Legs fait à un Apoticaire, n'est valable, sauf à luy à se pourvoir pour ses salaires. Arrêt du Parlement de Dijon du 20. Juillet 1588. *Bouvot, tome 2. verbo, Testament, quest. 21.*

109 Testament fait au profit d'un Apoticaire, declaré nul; préjugé du Parlement de Dijon du 4. Février 1599. *Ibidem, quest. 2. & 21.*

Voyez le mot, *Apoticaire, nombre 12.* & cy-aprés, le nombre 388. & suiv.

Legs d'Argent.

110 Voyez cy-dessus les nombres 16. 40. & cy aprés le nom. 255. & suiv.

111 Le pere ayant institué son fils heritier, à la charge de donner à ses deux filles 400. écus, venant en âge de se marier; le fils est tenu de payer en deniers clairs, & ne peut obliger les filles de prendre des effets de la succession. Arrêt du Parlement de Dijon du 12. Juillet 1604. *Ibidem, quest.* 50.

Legs aux Avocats.

112 Voyez le mot, *Avocat, nombre 42. & suiv.*

Les donations & legs faits au profit des Avocats, Procureurs & Solliciteurs, par Testament de ceux dont ils manient les affaires, declarez nuls. Jugé à Toulouse les 12. Août 1560. & 18. Avril 1576. *Carondas, liv. 7. Réponse 166.*

113 Avocats peuvent être Legataires de leurs Clients. Arrêt du Parlement de Paris du 7. Mars 1652. *Soëfve, tome 1. Cent. 3. chap. 93.* où il est observé que dans ce Parlement la seule proposition de leur prétenduë incapacité, a toûjours été condamnée comme un paradoxe, y ayant grand nombre d'Arrêts qui ont confirmé sem-

blables dispositions faites en leur faveur. La pureté de leur ministere est détachée & exempte de toutes les mauvaises impressions, qui ont mis les Medecins & Chirurgiens Tuteurs, & autres, dans la prohibition de l'Ordonnance.

114 Legs faits à M. Abraham, ancien Avocat, que l'on disoit être un fideicommis, luy fut ajugé, en affirmant qu'il ne prêtoit point son nom directement ni indirectement. Arrêt du 2. Avril 1675. De la Guessiere, to. 3. liv. 9. chap. 7. M. l'Avocat General fit remarquer à la Cour que la probité de M. Abraham étoit exempte de tout soupçon, & sa personne recommandable par beaucoup de vertu & de capacité. M. Gondaut plaidoit pour luy, & luy appliqua ces paroles d'un ancien, *moribus meis non convenit aliud palàm, aliud agere secreto*.

Voyez cy-aprés le nombre 545. & suiv.

Legs de la chose d'Autruy.

115 De testatore legante rem alienam vel haredis qui testamentum approbavit. Voyez Franc. Marc. tom. 1. question 329.

116 Res aliena legari potest, modo sciverit testator rem esse alienam. Voyez Henrys, tome 1. liv. 5. ch. 4. quest. 43. où il explique la Loy *cum alienam rem*, Cod. de legatis. Voyez Ricard, *des Donations entre-vifs*, 2. part. ch. 4. nombre 164. & suiv.

Legs a un Banny.

117 Voyez M. Dolive, liv. 5. ch. 7. où il dit que le legs n'est pas caduc.

118 Legatum in facto potius quam in jure consistens, capitis diminutione perseverat, quia lex non considerat an possit capere ex testamento vel non, sed hoc an possit comedere, vel bibere. Mornac, Loy 10. ff. de capite minutis. Voyez la Loy *cum pater* 77. ff. de legatis.

Legs d'une Banque.

119 Le Legataire doit acquiter toutes les charges de la banque; & quoyque le Legataire particulier ne soit tenu aux dettes de l'heredité, il est tenu aux charges specialement destinées sur la chose leguée. Coquille, question 138.

Legs aux Bastards.

120 Voyez le mot, Bâtards, nombre 115. & cy-aprés le nombre 152. & suiv.

Par Arrêt general donné au Parlement de Toulouse le 13. May 1581. le legs fait par une femme au bâtard de son mary, fut cassé. La Rocheflavin, livre 1. tit. 16. Arrêt 1.

121 Arrêt du même Parlement de Toulouse du 23. Decembre 1585. qui declare un bâtard incapable, non seulement du legs à luy fait par son ayeul maternel, mais de la substitution aussi par luy faite à son profit, au cas que sa fille naturelle & legitime viendroit à deceder sans enfans; & par autre Arrêt rapporté par feu M. Coras, en ses Commentaires sur la Loy heres instituta. C. de impub. num. 5. il a été jugé que le pere naturel ne pouvoit être institué heritier par son fils bâtard; par cette raison, *quod omnis concubitus damnatus indicat in personâ tam filii quam patris incapacitatem successionis*. auth. ex complexu, C. de incest. nupt. La Rocheflavin, liv. 6. tit. 11. Arr. 2.

122 Testament holographe d'une femme, contenant legs, au profit de la fille naturelle de son frere, legitimée par le Prince, a été declaré bon & valable; & les faits de suggestion ont été rejettés par Arrêt du Parlement de Paris du 30. Janvier 1626. Bardet, tome 1. livre 2. chapitre 67.

123 Legs universel fait par une mere naturelle au profit de la bâtarde, avec substitution, jugé nul, par Arrêt du 14. Juillet 1661. qui ajugea neanmoins 12000. liv. à la bâtarde. Il y a pourtant des Arrêts qui ont confirmé semblables dispositions universelles en faveur des bâtards. Soëfve, tome 2. Cent. 2. ch. 43.

124 Un legs de 600000. liv. au profit d'un bâtard, par le sieur Hinselin, son pere naturel, Contrôleur de la Chambre au Denier, confirmé; & neanmoins que la somme de 30000. liv. seroit prise sur le legs de 600000. liv. pour être appliquée à l'Hôpital General. Arrêt du 19. May 1663. De la Guess. tome 2. liv. 5. ch. 22.

125 Le legs d'une pension fait à une bâtarde, & à sa mere, Angloise de nation, par M. de Bourdeaux, réduit à 400. liv. & celuy du Valet de Chambre, de la somme de 6000. liv. ajugé. Arrêt du 2. Mars 1665. Des Maisons, lettre T. n. 11.

126 Les bâtards, par les Arrêts, sont incapables de dons & legs universels faits par leurs pere & mere, soit qu'ils laissent le fisc pour heritier ou non; neanmoins par aucunes considerations, la Cour ajugea à chacun la somme de 15000. liv. à prendre sur les biens du défunt, ses dettes préalablement payées. Jugé à Paris le 26. Mars 1683. Journal du Palais, 9. part. fol. 63. & le 2. tome in fol. page 403.

Legs, Boutique.

126 bis. Un Marchand legue sa boutique en termes generaux, & à un autre le reste de ses meubles & acquêts. Le Legataire de la boutique prétendoit que le Livre Journal du Marchand devoit être compris dans son legs; l'autre soûtenoit le contraire, parce que le legs de la boutique n'est que d'une espece de meubles, dont la generalité appartenoit au Legataire universel. Jugé pour le Legataire universel le 11. Decembre 1557. Carondas, liv. 9. Rép. 22. Voyez Mornac, L. 34. ff. de pignoribus, &c.

Legs Caduc.

127 Voyez lettre C. au mot Caduc, & cy-dessus le n. 25.

Lorsque le legs est fait à une Communauté qui en est incapable, comme si l'on avoit fait un legs universel aux Capucins, ou un legs d'immeubles qu'ils ne peuvent posseder, quelques-uns veulent qu'il doit accroître aux heritiers, ou aux Legataires universels; & neanmoins Benedicti, sur le Chapitre Rainutius, verbo est uxorem nomine Adelasiam, num. 228 & le Cardinal Mantica, lib. 8. tit. 6. num. 28 veulent qu'il soit appliqué ou à la réparation de la maison, ou converti en alimens; ce qui dépend de la qualité du legs; parce que s'il étoit considerable par rapport aux biens du Testateur, l'on n'en ajugeroit qu'une partie. Ricard, des Donations, part. 3. ch. 5. n. 238.

128 Il a été jugé qu'un legs fait par un Ecolier à une Maison Religieuse avant l'âge de 14 ans, étoit nul. Arrêt du 5. Février 1601. rapporté par Peleus, liv. 1. art. 48.

129 Legs fait à un Serviteur domestique est caduc, par le décés du Legataire avant le Testateur. Ainsi jugé le 5. Juin 1631. contre la veuve d'un domestique de M. le premier Président de Hacqueville Testateur. V. Bardet, tome 1. liv. 4. ch. 32.

130 En cas d'incapacité de deux Legataires, jugé le 29. Mars 1640. que les legs appartiendroient non à l'heritier *ab intestat*, mais par droit d'accroissement au Legataire universel, à la charge d'executer les autres clauses du Testament. Soëfve, tome 1. Cent. 1. ch. 4.

131 Si un legs fait à une fille pour se faire Religieuse, est demeuré caduc par sa profession, lors de l'écheance du legs. Arrêt du 19. Mars 1648. qui appointe les parties au Conseil. M. l'Avocat General avoit conclu à mettre hors de Cour, sur la demande en délivrance du legs. Ibid. Cent. 2. ch. 74.

132 Un oncle ayant legué aux enfans de son frere, ses neveux & niéces, la proprieté d'une rente, l'un des Legataires s'étant trouvé decedé lors de la mort du Testateur, les enfans par luy delaissez, ne peuvent prétendre part aux legs. Arrêt du 10. Mars. 1651. Ibidem, Cent. 3. ch. 66.

Le legs fait par un frere à son frere & aux siens, le frere Legataire étant décedé avant le Testateur, n'est caduc, il passe aux siens. Arrêt du 23. Juin 1671. plaidans Fourcroy & Bistre. Voyez Henrys, tome 2. liv. 5. quest. 31. De la Guessiere, tome 3. liv. 5. chap. 12. Le Journal du Palais.

Legs, Benefice d'Inventaire.

133 Legs ne s'acceptent sous benefice d'inventaire. Voyez le mot, Benefice d'Inventaire, n. 23.

134 Legataire universel non reçû par benefice d'Inventaire; mais tenu de payer les legs particuliers. Arrêt du Parlement de Paris du 5. Mars 1602. *Bibliotheque de Bouchel*, verbo, *Legs*.

135 Par Arrêt du 15. Janvier 1603. en la Chambre de l'Edit, fut jugé que *in directa*, on ne peut être Legataire par benefice d'inventaire. Cela avoit été jugé plusieurs fois *in collaterali*. Arrêt de Flexelles du 5. Mars 1601. *V. le Plaidoyé de M. Servin*.

Legs, Capucins.

136 Legs faits aux Capucins. *Voyez* le mot, *Capucins*, nombre 2. & *suiv*. & cy-après, *le n.* 248.

Legs, Caution.

137 De la caution qui peut être demandée & qui doit être donnée *in petitione legatorum*. Voyez cy-dessus le nombre 31. & *suivans*. & le mot, *Caution*, nombre 187. & *suivans*.

138 Par Arrêt sans date, rapporté par *Berault*, à la fin du 2. tome de la Coûtume de Normandie, *sur l'art.* 412. p. 61. jugé que si les heritiers d'un Testateur, ayant disposé de tous ses meubles en faveur de sa femme, renduë Legataire, soûtiennent que le propre aliené doit être remplacé, ils peuvent obliger ladite femme Legataire se voulant saisir desdits meubles, à bailler caution, jusqu'à une somme limitée, dans un temps pour la valeur desdits meubles.

139 Si le mary insolvable est tenu de donner caution pour le legs fait à sa femme? *Voyez* le mot, *Femme*, nombre 54.

140 Un mary n'est pas obligé de donner caution pour recevoir un legs fait à une fille mineure qu'il avoit épousée, comme faisant partie de sa dot. Jugé à Paris le 15. Juillet 1678. *Journal du Palais*.

Legs, Chirurgiens.

141 Legs faits au profit des Chirurgiens. *Voyez* le mot, *Legs*, nombre 30. & *suiv*. & cy-après *le nombre* 388. & *suivans*.

Legs, Choix.

142 Chose laissée au choix du Legataire. *Voyez* cy-dessus *le nombre* 10. & le mot *Choix*.

143 Le legs est bon quand il est constant & déterminé, & quand on a seulement laissé à son heritier la liberté de choisir celui qu'il voudra dans les personnes désignées. Arrêt du Parlement de Paris du 18. May 1687. qui a ordonné l'execution d'un Testament, par lequel un fils avoit disposé d'une partie de ses biens, pour retirer des Prisonniers, racheter des Captifs, marier des Filles, & autres œuvres pieuses, telles que son Executeur testamentaire le desireroit. *Journal des Audiences, tome* 5. *liv.* 3. *chap.* 4.

Legs aux Communautez.

144 Legs fait au profit des Communautez, approuvées seulement. *Voyez* le mot, *Communautez*, *n.* 54.

Des legs faits au profit des Communautez. *Voyez Ricard*, *des Donations entre-vifs*, *part.* 1. *ch.* 3. *sect.* 13. où cette matiere est au long traitée.

145 Une Communauté ou Confrairie, non approuvée par Lettres Patentes du Roy, verifiées en la Cour, est incapable de recevoir des legs. Arrêt du 8. Avril 1647. qui retrancha pareillement ceux faits à personnes incertaines. *Soëfve, tome* 1. *Cent.* 2. *ch.* 15.

Legs, Compensation.

146 Par Contract de mariage une mere constituë à sa fille mille liv. en dot, payables un an après son décés, pour tous droits maternels, legitime & supplément d'icelle, qui pourroient luy appartenir sur les biens de la constituante. Cette mere fait ensuite son testament & nomme plusieurs Legataires; donne à cette même fille 1800. liv. & moyennant ce, elle exclud tous ses Legataires de ses autres biens; la fille Legataire des 1800. livres demande encore sa dot de 1000. liv. Arrêt du Parlement de Grenoble du 23. Juin 1644. qui en ordonne le payement, à la charge que les interêts n'excederoient le double. Il fut jugé que ce legs n'avoit été fait *animo compensandi*; dans le doute on ne présume pas que le Testateur ait voulu compenser. *Basset, &c. liv.* 8. *tit.* 6. *ch.* 8.

147 Le pere avoit donné à son fils une somme en mariage; ses Créanciers font saisir; le fils s'oppose pour être payé d'une somme de 300. liv. à luy leguée, & que le pere avoit reçûë comme son Tuteur, laquelle il demandoit avec les interêts; il en fut débouté par Sentence; appel; Je disois que le pere ayant reçû ces 300. livres, leguées à son fils, & luy ayant donné en dot une somme plus considerable, si le pere en avoit fait l'imputation, par le Contract de mariage, cette dot avoit été éteinte; mais que ne l'ayant pas faite, la dot ne pouvoit être imputée sur les legs. L'on répondoit qu'il n'étoit pas à présumer que le pere eût voulu faire une liberalité avant que de s'acquitter. On répliquoit que la dot que devoit le pere étoit plus ancienne que ce legs. Le fils se sujuget la somme avec les interêts, du jour de la demande, par Arrêt rendu en la quatriéme des Enquêtes de Paris, contre le sieur le Maire, Président en l'Election de Montfort-l'Amaury. *V. Du Perray, livre* 1. *chap.* 9. *nombre* 20.

148 Le legs par un mary à sa femme és Coûtumes qui le permettent, n'est estimé fait en compensation ou déduction du doüaire. Jugé le 30. Janvier 1651. *Du Frêne, liv.* 6. *chap.* 17.

149 Un legs fait à la charge de ne demander aucune chose sur les biens & heritages du Testateur, est censé fait *animo compensandi*. Arrêt du Parlement de Grenoble du 25. Février 1656. contre un mineur, qui prétendoit & le legs & le payement du *reliqua* de compte de tutelle. *Basset, tome* 1. *liv.* 5. *tit.* 7. *ch.* 3.

150 Legs fait par une sœur à son frere son créancier, le priant de s'en contenter, & de ne rien prétendre sur ses autres biens, est fait *compensandi animo*, & l'heritier déchargé de la dette. Jugé à Bourdeaux le 16. Janvier 1662. *Journal du Palais*.

151 Jugé au Parlement de Toulouse que le legs fait par le Testateur pour tous droits successifs & autres, que le Legataire peut avoir sur son heritage, n'est pas fait à dessein de compenser ce legs avec le fideicommis, que le Legataire avoit à prendre par le décés du Testateur. *Boniface, tome* 2. *liv.* 2. *tit.* 1. *chap.* 15.

Legs a Concubines.

152 Des legs faits au profit des Concubines, & de leurs enfans. *Voyez cy-dessus le nombre* 51. 120. verbo, *Concubine*, *nombre* 21.

153 Un Executeur Testamentaire chargé de payer une certaine somme aux pauvres, & 80. liv. de pension à la Concubine du défunt, n'ayant satisfait ni à l'un ni à l'autre, & s'étant accommodé avec l'heritier, fut par Arrêt du Parlement de Paris du 4. Février 1575. condamné à porter au Bureau des Pauvres le reste de l'argent dû par les débiteurs; & il fut dit que par le Receveur du Bureau, la Concubine seroit payée de la pension à elle leguée. M. le Procureur Général avoit requis qu'il fût privé du legs; la Cour appointa à cet égard. *Voyez Papon, liv.* 20. *tit.* 6.

154 Un legs fait à une Concubine & à son frere de 600. liv. chacun, & des meubles, acquêts, conquêts, & quint des propres, en ayant abusé pendant son mariage, étoit bon pour les 600. liv. & nul pour les meubles, acquêts, conquêts & quint des propres, qui furent adjugez au frere par droit d'accroître. Jugé le 13. Decembre 1629. *Du Frêne, liv.* 2. *ch.* 57. & 58.

155 Sur la question de sçavoir si des Legataires universels chargez par le pere Testateur de restituer les biens au fils adulterin & à la fille, pouvoient se retenir par l'incapacité des substituez, ou s'ils s'étoient rendus indignes du legs, en prêtant leur nom à un fideicommis envers des incapables? *Voyez Bardet, tome* 1. *livre* 3. *ch.* 82. La question n'a pas été décidée; il ne s'en agissoit pas tout à fait dans l'Arrêt qu'il rapporte, mais elle a été traitée.

156 *Voyez le Plaidoyé* 4. *de M. Gautier, tome* 1. où est rapporté l'Arrêt du mois de Mars 1632. qui confirme un Testament

un Testament fait par un Abbé, portant avantage à sa Concubine, & au lieu du legs fait à l'enfant de 900. livres de rente viagere, luy ajugea 600. livres de rente en proprieté. L'Avocat dit avoir fait donner pareil Arrêt au mois de Juin 1642. confirmatif de la disposition faite en faveur d'une femme suspecte par le Grand Penitencier de Rennes en deniers & meubles.

157 Jugé le 10. Janvier 1645. que le fait du concubinage entre le Testateur & la mere de celle au profit de laquelle il a disposé, n'est recevable en la bouche des heritiers du Testateur, pour annuller le legs. *Soefve*, *tome* 1. *Cent.* 1. *ch.* 73.

158 Arrêt du Parlement de Provence du 20. Février 1642. qui a jugé que l'heritier testamentaire d'un Prêtre peut opposer la turpitude du Testateur, pour faire perdre le legs fait à sa Concubine, quand il y a notorieté du fait; mais il ne peut opposer le fait de bâtardise à la Legataire âgée de 30. ans, & née sous le voile d'un mariage. Arrêt du 12. Mars 1643. qui a rejetté la preuve par témoins du fait de concubinage du Testateur avec la Legataire, quand il n'y a point de notorieté du fait. *Boniface*, *tome* 2. *liv.* 3. *tit.* 4.

159 L'heritier institué est recevable à demander de faire preuve, & ce par forme d'exception, contre une femme Legataire, qu'elle a commis adultere avec le Testateur, & cela à l'effet de la rendre indigne de son legs, son mary ne s'en plaignant pas, les parties appointées en leurs faits contraires, pour en faire preuve dans un mois. Jugé à Aix le 6. Novembre 1673. *Journal du Palais*.

160 Si aprés une constitution, le Testateur fait un legat, tous les deux sont dûs, ou s'ils doivent être compensez à concurrence? Raymond pere mariant sa fille, luy fit une constitution de son chef; la mere de cette fille luy constitua du sien 1000. liv. ensuite cette mere fit son Testament, legua à cette même fille 2000. liv. Le mary demandoit ces deux sommes, disant que l'une & l'autre étoit dûë, parce que *multiplicata fuerant*. L. *plane* 34. §. 3. ff. *de leg.* 1, & suivant la Loy *creditores* 85. ff. *de leg.* 2. & la Loy *hujus modi* 84. §. *si Sempronius*. ff. *de leg.* 1. que l'on ne devoit pas compenser un legat avec une dette, qu'il n'apparût de l'intention: or il n'y avoit pas un mot dans ce Testament qui fit entendre que cette mere eût intention de compenser; au contraire, M. Raymond, qui étoit l'heritier, disoit que tous les Docteurs tenoient que la compensation se présumoit avoir été faite *pro debito naturali*, & *in anticipamentum legitimæ*, & qu'on étoit aux termes de la Loy, *si compensandi*, *Cod. de hæred. instit.* de la Loy 18. ff. *de verb. oblig.* & de la Loy *filia legatorum*, *Cod. de leg.* Neanmoins le 2. Août 1632. au Parlement de Toulouse la Cour condamna Raymond à payer l'une & l'autre de ces deux sommes. *Albert*, verbo, *Legat*, art. 3.

161 Le 6. Février 1641. il fut jugé un cas approchant; Henry del Fajet en 1634. fit heritier un de ses enfans, legue à un autre 1500. liv. fit d'autres legats à sa femme & à ses autres enfans; en l'année 1635. il fit une donation à ce même fils, dans laquelle il diminuë les autres legats, & dit qu'il veut que son heritier paye 2000. liv. de legats qu'il a faits dans son Testament à ce même fils, quoyque par iceluy il ne luy ait legué que 1500. liv. On prétendoit que cette donation avoit été en partie executée; l'heritier fut condamné à payer 2000. liv. la Cour confirma une Sentence arbitrale. Le 16. Juillet de la même année, Arrêt contraire; il est vray que ce cas n'est pas tout à fait semblable; sçavoir en la cause de la Demoiselle de Reynes, femme de Raches; car sa belle-mere luy ayant constitué 1000. liv. de dot, & luy ayant fait ensuite un legat de pareille somme & quelques meubles, ajoûtant *payables une seule fois aprés ma mort*; il étoit question si ces deux sommes étoient dûës? La Cour jugea que non; soit qu'elle ne présumât pas tant de faveur de la part d'une belle-mere que d'une mere, soit qu'elle eût égard à ce que la Testatrice avoit dit, *payables une seule fois aprés ma mort*; jugeant qu'il étoit vray de dire que par ces mots, elle avoit eu intention de compenser. *Albert*, verbo, *Legat*, art. 3.

LEGS FAIT SOUS CONDITION.

162 Des conditions attachées aux legs. *Voyez cy-dessus les n.* 26. 47. 58. & 59. le mot *Condition*, nomb. 11. & suiv. & le *Recueil des Arrêts de M. Job Bouvot*, tome 1. page 59. verbo, *Condition*, quest. 1. & 2.
Legatum quando reddatur conditionale? Voyez *Franc. Marc.* tome 1. quest. 310.

163 Si le Legataire ayant fait choix de plusieurs choses leguées, ou accepté le legat avec sa condition, s'en peut resilir, quoyque la charge soit plus grande que le legat? Voyez le même Bouvot, tome 1. part. 1. verbo, *Legat*, question 1.

164 Si les mots *outre ce*, en un legat, sont répetitifs de la condition précedente? Voyez ibid. quest. 3.

165 Il y a difference d'entre condition, moyen & charge, comme *Je legue à un tel, s'il porte mon nom & mes armes*, ou *moyennant ce, qu'il portera mon nom & mes armes*, ou bien, *à la charge de porter mon nom & mes armes*; la condition est de necessaire observation? Voyez *Papon*, liv. 20. tit. 5. n. 3.

166 *Legatum dotis & alimentorum præstandum dum nuberet, an legitima ætatis esset, an sit conditionale*? Voyez *Franc. Marc.* tome 1. quest. 839.

167 *Legatum factum sub conditione, conditione non adimpletâ, an transferatur*? Voyez ibid. quest. 1054.

168 *Legatum factum sub conditione non, nisi conditione purificatâ, venit*. Ibid. tome 2. quest. 216.

169 Quand un legs est fait sous certaine charge ou condition onereuse, on ne peut accepter ledit legs, & rejetter ladite charge. *La Rocheflavin*, liv. 6. titre 61. Arrêt 11.

170 De la clause apposée au legs, pour sçavoir si elle est conditionnelle ou non, il faut faire difference entre *conditio & dies incertus*; *conditio semper est dies incertus, sed dies incertus non est semper conditio, sed aliquando pro morâ solutionis tantum additur*. Voyez M. le Prêtre, *Cent.* 1. *chap.* 51.

171 Le legs laissé sous condition ou à certain jour, n'est point dû avant l'évenement de la condition ou du jour; & si le Legataire avant l'évenement de la condition ou du jour, decede, le legs n'est pas transmis aux heritiers. La condition est toûjours un jour incertain. *v. g.* ce legs est conditionnel, quand le Testateur dit, *lorsque mon heritier mourra, donnez dix écus à Titius; si Titius meurt le premier, le legs ne passe pas à son heritier: Filia mea cum nupserit, conditio videtur appellatur.*

Le jour incertain n'est pas toûjours condition; mais quelquefois il est mis pour la demeure de la solution. *v. g.* mon heritier, quand Titius mourra, vous luy donnerez cent écus; le legs est pur, & est dû à l'heritier de Titius, & ainsi la condition & la demeure de la solution different; la condition suspend l'obligation & la demande; la demeure suspend la demande, & non pas l'obligation.

Autre exemple; je legue à Françoise 1000. écus que je veux & commande luy être payez quand elle se mariera; ce legs est pur, encore bien qu'il ne doive être payé à Françoise que lorsqu'elle se mariera; & ainsi si Françoise décede avant qu'être mariée, le legs passe à son heritier.

Regle, quand le legs est pur, il passe à l'heritier du Legataire, encore bien qu'il y ait clause qu'il ne pourra être demandé qu'à certain temps: *modus pro conditione*. Je legue à ma fille cent écus, afin qu'elle se marie; si elle décede avant que de se marier, le legs n'est point transmis à l'heritier de ma fille, &c. M. le Prêtre, *Cent.* 1. chap. 51. Voyez *Carondas*, liv. 10. Rép. 45. Voyez M. *Bouguier*, lettre P. n. 3.

172 Si pendant l'échéance de la condition l'heritier impose des servitudes, la condition du legs arrivant, les servitudes s'éteignent; mais si l'heritier en a acquis, elles demeurent au Legataire. *Brodeau sur M. Loüet*, lettre C. somm. 53. n. 7.

173 Le legs sous condition, les fruits ni les interêts regulierement n'en sont pas dûs jusques au jour de la condition, étant censée apposée en faveur de l'heritier; & la condition échûë, les Legataires n'ont les fruits que du jour qu'ils ont fait leur demande, les fruits pendans par les racines lors du décès du Testateur, appartiennent toûjours aux Legataires. *Ricard, des Donations entre-vifs, part. 1. chap. 3. n. 116.*

174 Si *Titius* n'épouse pas ma niéce, je luy legue cent écus, bien que *Titius* ne l'épouse pas, il n'aura pas les cent écus, *L. Titio centum §. 1. ff. de cond. & demonst.* Voyez *Bacquet, des droits de Justice, ch. 21. nomb. 320.*

174 bis. Un parent fait un legs d'une somme de deniers à une fille sa parente, avec clause que si elle décede devant luy, il donne & legue ladite somme à ses sœurs; du vivant du Testateur la fille fait profession, le Testateur vit plus de trois ans après sa Profession, sans rien changer en son Testament; les sœurs de la Religieuse demandent le legs, les Religieuses le demandent aussi. Jugé pour les Religieuses, pour en joüir la vie durant de ladite Religieuse, à la charge de le rendre après son décès à ses sœurs. Arrêt du mois de Mars 1538. *Carondas, liv. 10. Rép. 40.*

175 Un homme legue 2500. liv. à une fille pour se faire Religieuse; la fille meurt dans le cours de son noviciat; on prétend que cette somme ne luy ayant point appartenu, elle n'a pû la leguer, ou la transmettre à ses heritiers, le legs étant conditionnel. Voyez le 5. *Plaidoyé de M. le Maître.*

176 Un oncle ayant laissé à son neveu une somme pour faire ses études; le temps de les faire étant passé, étant âgé de 30. ans, le Dépositaire a été condamné, par Arrêt du Parlement de Paris, de l'an 1548. au payement, nonobstant la condition qui n'étoit qu'une cause impulsive. *Papon, liv. 20. tit. 5. n. 2. & cy-après le n. 186.*

177 Legs fait pour fonder un Prédicateur, à la charge qu'il seroit choisi par les successeurs Evêques d'Amiens, du consentement du Chapitre, & de la Dame de Gauvrain sa sœur; l'Evêque & le Chapitre choisissent sans appeller la Dame de Gauvrain, sœur du Cardinal de Crequy Fondateur. Arrêt qui confirme le choix fait par l'Evêque & son Chapitre seulement; l'Arrêt est du 24. Décembre 1578. *Peleus, quest. 7.*

178 La condition de payer les legs testamentaires, ajoûtée au don mutuel, *vitiatur & non vitiat.* Arrêt du 13. Mars 1582. *Carondas, liv. 7. Rép. 145.*

179 *Quando conditio uni legato adjecta, alteri repetita censeatur?* Voicy l'espece: *Maritus legaverat uxori omnium bonorum suorum usumfructum, aliis atque aliis oneribus adjectis, quorum hæc erant potissima; ne dotem usquam posset repetere asque omne alienum solveret. Mox ait, uxori meæ mobilia & intestina domus lego. Hæc repudiato primo legato postremum capit acceptare, quod pure relictum erat. Negabat hæres posse eam jure suo legatum uxorem retinere, rejecto onere etiam alteri legato.* Arrêt du Parlement d'Aix du 28. Avril 1584. en faveur de la femme. Voyez *Francisci Stephani, decis. 62. & Mantica, de conjectur. ult. vol. li. 10. cap. 6.*

180 En Pays de Droit écrit, un Testateur legue quelques meubles & deniers, à la charge de payer certaine dette, qu'ensuite le Testateur paye; il n'y a point de déduction à faire sur le legs que le Testateur par le payement a augmenté. Arrêt du Parlement de Toulouse du 18. Septembre 1593. *Carondas, liv. 9. Rép. 69.*

181 Par Contract de mariage les futurs conviennent que s'il n'y a point d'enfans, tous les meubles & acquêts qu'ils feront, appartiendront au survivant, à la charge de payer les dettes communes, & d'accomplir le Testament du premier décédé; le mary décede, & par son Testament il fait plusieurs legs, & entr'autres des rentes annuelles; la veuve ne doit que ses obseques & funerailles, legs pieux, & autres petits legs de sommes pour une fois payer. Arrêt du 22. Avril 1597. *Secus, si* le mary constant le mariage avoit constitué quelques rentes, la femme survivante seroit tenuë de les payer, comme chargée de la Communauté. Arrêt du 23. Avril 1598. *Carondas, liv. 13. Rép. 66.*

182 Un particulier legue par codicile des meubles à *Titius*, à la charge de bailler une somme à *Sejus*, qu'il veut être payée quand il aura atteint l'âge de 25. ans; venant à mourir devant ledit temps, l'heritier peut demander le legs. Arrêt du Parlement de Paris du 28. May 1599. La Cour ajugea les interêts au denier 15. depuis le temps que le Legataire, s'il eût vêcu, eût eu 25. ans accomplis. *Rouvot, tome 1. part. 2. verbo, Legat conditionnel, quest. 1.*

183 Un legs est fait à une fille pour luy être délivré, lorsqu'elle se mariera & non autrement; elle se fait Religieuse; jugé au Parlement de Toulouse le 1 Février 1605. que le legs seroit payé lorsque la fille se mariera, ou aura fait vœu de Religion. Voyez le 22. *Plaidoyé de Puymisson.*

184 La diction *item* repete la condition mise aux clauses precedentes, *etiam in diversis legatis.* Jugé le 18. Juillet 1605. *Peleus, quest. 72.*

Ces mots *item*, je legue ou je legue aussi mis à suite d'un precedent legs conditionnel, & payable à certain temps, ne lient pas tellement ce second legs au precedent, que le second soit présumé fait sous les mêmes conditions, & payables au même temps que le precedent, lorsque les deux legs se trouvent faits à diverses personnes. Cette question fut ainsi jugée au Parlement de Toulouse au mois de Mars 1678. entre le Procureur General, prenant le fait & cause pour les Religieuses Hospitalieres de cette ville, & le sieur la Bastide Mauleon. Voyez *M. de Catellan, liv. 1. chap. 47.*

185 Legs à une femme, sous condition qu'elle demeureroit dans un quartier, n'est dû que pendant sa résidence actuelle. Arrêt du Parlement de Paris du 15. Juin 1617. *Bardet, tome 1. liv. 1. ch. 4.*

186 Legs pour aider à faire les études du Legataire, n'est point conditionnel, mais pur, simple & transmissible à ses heritiers. *Bardet, tome 2. liv. 2. chap. 57.* rapporte l'Arrêt rendu le 16. Août 1633. *V. cy-dessus le n. 176.*

187 Legs *sub modo ut aliquid fiat*, ne laisse d'être dû, encore que la condition n'ait été effectuée dans le temps préfini quand le Legataire a fait tout devoir de l'accomplir. Arrêt du 27. Février 1640. *Du Frêne, livre 3. chapitre 60.*

188 Substitution faite à la charge de s'accorder dans deux mois, depuis le jour de la mort du Testateur, ne laisse pas d'être valable, quoyque la substituée ne se soit accordée que trois semaines après les deux mois. Arrêt du Parlement de Toulouse au mois d'Avril 1655. *Jus non fuerat factum deterius ex morâ.* V. *Albert, verbo, Testament, art. 21.*

189 Du legs pur & simple, ou conditionnel. Le sieur Favre finit son Testament holographe en cette sorte, *Je supplie M. de Saint Poüange, de vouloir prendre la peine d'executer cestuy mon présent Testament; & en cas qu'il vienne faute de luy avant moy, je supplie M. de Villacerf son fils de se vouloir donner cette peine, & le prie d'avoir agréable un diamant de dix mille liv.* M. de Saint Poüange survécut le Testateur, M. de Villacerf prétendit que le legs n'étoit pas conditionnel; mais pur & simple; Sentence & Arrêt du 10. Février 1659. qui appointent. M. Talon Avocat General, conclut en faveur de M. de Villacerf. *Soefve, tome 2. Centurie 1. chapitre 93.*

190 Un Testateur legue l'usufruit de tous ses biens à sa femme sa vie durant, en vivant viduellement. Jugé au Parlement de Toulouse le 18. Décembre 1661. que dés qu'elle se remarie, le Legataire de la proprieté a droit de demander cet usufruit. V. *M. de Catellan, liv. 2. chapitre 80.*

191 Le legs fait pour se mettre en *métier*, ou lorsque le Legataire se mettra en métier, est payable dés que le Legataire a atteint l'âge de 25. ans, ou qu'il se marie. Jugé au Parlement de Toulouse en 1662. & le 28. May 1663. rapporté *ibidem, chap. 81.*

192 Un legs est fait à une fille en cas qu'elle fût Religieuse; elle sort du Monastere, demande son legs, la délivrance luy en fut ajugée, parce que le legs étoit fait sous une condition modale à laquelle elle n'étoit pas obligée. Arrêt du Parlement de Paris du 19. Février 1677. De la Guessiere, tome 3. liv. 11. ch. 33.

193 Arrêts du Parlement de Paris du 17. Avril 1692. qui a jugé que le legs conditionnel fait à un parent collateral, par un pere, en cas que sa fille vînt à deceder avant d'être pourvûë par mariage, & qu'il meure sans enfans, est valable, & non caduc, quoyque la fille ne soit décedée qu'après son pere. V. le Journal des Aud. tome 5. liv. 8. ch. 8.

LEGS AUX CONFESSEURS.

194 Des legs faits aux Confesseurs. Voyez le mot, Confesseur, nombre 6. Boniface, tome 5. livre 1. titre 14. chap. 3. & Ricard, Traité des Donations, part. 1. ch. 3. section 9. nomb. 515. & suiv.

195 Legs de deniers fait pour être distribuez par le Curé suivant les intentions du Testateur, ne peut être contesté par les heritiers. Arrêt du Parlement de Paris du 23. Decembre 1580. contre les heritiers du sieur de la Barre; le legs étoit de trois mille écus ; le Confesseur étoit le Curé de Saint Jacques de la Boucherie à Paris; il fut même dit que le Curé ne seroit pas tenu d'affirmer, à qui il devoit distribuer la somme, parce que c'étoit un secret de la Confession. Voyez Anne Robert, rerum judicat. lib. 1. cap. 3. Papon, liv. 20. titre 6. n. 11.

196 Le legs fait à un Confesseur de peu de chose, pour récompenser les bons Offices qu'il a rendus, peut être toleré ; secus, s'il est de consequence. Arrêt du 5. Juin 1620. M. Ricard, des Donations entre-vifs, part. 1. ch. 3. section 9. n. 516.

197 Legs indefini commis à la foy & volonté d'un Religieux Confesseur, est declaré nul. Arrêt du 26. Novembre 1637. Bardet tome 2. liv. 6. ch. 30.

198 Mais si le Confesseur est de quelque Communauté, sçavoir si le Monastere dans lequel le Confesseur est engagé, est capable de legs? Plusieurs Arrêts pour l'affirmative. Voyez Henrys, tome 2. liv. 4. question 54. où l'Arrêt est du 27. Août 1650. Un autre rapporté par Ricard, du 11. Février 1648. Pour la negative, le même Henrys rapporte un Arrêt contre les Peres de l'Oratoire de la ville de Montbrison, &c. Autre Arrêt du 9. Juillet 1657. Voyez M. Ricard, des Donations entre-vifs, part. 1. chap. 3. sect. 9. n. 518. & le 48. Plaidoyé de M. d'Audiguier du Mazet.

199 Jugé le 10. Juillet 1657. qu'un Testament portant une disposition universelle & une institution d'heritier faite en faveur d'un Monastere, dont les Religieux avoient accoûtumé de gouverner la conscience de la Testatrice & la confesser, étoit nul. Soëfve, tome 2. Cent. 1. chap. 71.

200 Par Arrêt du Parlement de Paris, il a été jugé qu'un legs universel fait au profit d'un Convent, dont un Religieux étoit Confesseur, & Directeur de la Testatrice, étoit nul. 2. tome du Journal des Aud. liv. 1. chap. 19. Il en seroit autrement si le Religieux avoit simplement assisté la malade; par Arrêt du Parlement de Roüen du 28. May 1659. un legs fait aux Minimes, fut confirmé, quoyqu'un des Religieux eût assisté la malade. Basnage sur la Coûtume de Normandie, art. 412.

201 Un Confesseur suggere un Testament en faveur de son Convent, le Testament declaré nul. Arrêt du 9. Juillet 1659. Des Maisons lettre T. n. 5.

202 Legs universel fait à un Confesseur, qui declara qu'il n'entendoit point profiter du legs, & qu'il entendoit employer le tout en œuvres pies, & d'en rapporter le memoire és mains du Substitut de M. le Procureur General sur les lieux; la Cour confirma le Testament sans tirer à consequence. Arrêt du 5. Decembre 1673. De la Guess. tome 3. liv. 7. ch. 20.

LEGS, CONJONCTION.

203 De la particule Et, conjonctive dans les legs. Voyez verbo, Et.

Tome II.

En matiere de legs, il y a trois sortes de jonctions ; la premiere re & verbis, quos scilicet res & complexus nominum jungit, quorum exempla in L. 142. ff. de verb. signif. La seconde, re tantum, quibus separatim, res eadem legatur ; la troisième, verbis tantum veribus conjunctâ oratione ejusdem rei partes legantur. Cujac. observat. lib. 23. c. 31.

204 Si duobus res legata sit, hos conjungit ad societatem, non consensus, sed vet. Mornac, L. 25. §. 13. ff. familiæ erciscundæ. Voyez Coquille, Coûtume de Nivernois, chap. 33. des Testamens. Brodeau sur M. Loüet, som. 13. Henrys, tome 1. liv. 5. chap. 4. quest. 57. & 58.

205 Un Testateur s'explique en ces termes ; Si Dieu appelloit une de mes enfans à la Religion, & que l'autre se mariât, celuy qui se mariera donnera 1000. livres aux deux autres ; & s'ils se marient, ils donneront à Sœur Marguerite-Guillaume après sa Profession faite, la somme de 500. liv. le tout après le décès de moi & de ma femme. Les Religieuses demanderesses pretendirent qu'icy les Legataires étant conjoints re & verbis, il y avoit lieu au droit d'accroissement. Au contraire, on disoit que Marguerite-Guillaume ne pouvoit pretendre que les 500. liv. la volonté du Testateur est nettement expliquée. Les heritiers du défunt pretendoient même que cette somme ne devoit être payée qu'après le decès de la veuve ; cependant comme ce delay n'étoit qu'en sa faveur, elle pouvoit n'en pas user ; ainsi, par Arrêt du Parlement de Metz du 4. Octobre 1640. il fut ordonné que les 500. liv. seroient payez, en leur abandonnant par cette veuve des biens par elle tenus en usufruit jusqu'à la concurrence de la même somme ; au regard des autres 500. liv. les parties hors de Cour. Voyez le Plaidoyé 60. de M. de Corberon, Avocat General.

LEGS, CONTRIBUTION AUX DETTES.

206 Si les Legataires doivent contribuer aux dettes ? Voyez le mot, Dettes, n. 103. & suiv.

207 Qui doit payer la dette à laquelle la chose leguée est obligée, ou de l'heritier ou du Legataire ? V. Du Perrier, liv. 2. quest. 9. Il dit, c'est fort rarement que le Legataire peut être chargé de l'obligation imposée à la chose leguée, quand il ne s'agit pas d'une cause, ou autre redevance annuelle & absolument réelle & inherente à la chose.

208 Le Legataire universel conttibuë aux dettes du défunt, pro rata de la valeur des choses leguées. Arrêt du 17. Avril 1564. Le Vest, Arrêt 77. Voyez aussi l'Arrêt 74.

209 Legataires, non conferunt ad æris alieni solutionem, conferunt tantum de falcidiâ. Voyez M. le Prêtre, 1. Cent. ch. 6. in margine.

210 Legs fait par le pere ou par la mere à un de leurs enfans, pour l'égaler aux autres ; l'enfant n'est point tenu pour raison d'un tel legs, de contribuer au payement des dettes de la succession, quia leg atum relictum est ad conditio filiorum exæquaretur. Jugé en la Coûtume de Paris sur l'interpretation de l'article 334. le 10. Decembre 1616. Brodeau, sur M. Loüet, lettre D. sommaire 54.

211 Jugé en la Chambre de l'Edit de Castres que le legs d'un heritage entier, ne peut être pris que pour un legs particulier, & par consequent le Legataire ne peut être tenu d'aucunes dettes passives, suivant la Loy Fideicommissum. §. tractatus ff. de judiciis, & la Loy ex facto. ff. hærede. instituend. Cet Arrêt est rapporté sans date par Boné, part. 1. Arr. 45.

212 Un Legataire universel, ou même d'une partie des meubles, doit contribuer aux dettes de la succession mortuaire. Jugé au Parlement de Tournay le 29. Janvier 1694. Pinault, tome 1. Arr. 17.

LEGS, COUSTUMES.

213 En legs fait contre la Coûtume, il n'y a pas lieu d'ordonner la provision. Arrêt du 19. Juillet 1584. contre M. Michel de Lozon, Conseiller à Tours, legataire, heritier presomptif de l'Abbé de Cheminon son oncle. Voyez

Cccc ij

Carondas, liv. 7. Rép. 144. & Bouchel, verbo, Legataires.

COUSTUME D'AMIENS.

214 Un Legataire és Coûtumes d'Amiens, Boulonois & Ponthieu, se peut faire mettre en possession de fait sur les terres du défunt Testateur, pour seureté d'y avoir & prendre un quint heredital, suivant le legs à luy fait par le Testament du défunt. Jugé le 4. Août 1579. Le Vest, Arrêt 197.

215 Tous legs faits en la Coûtume d'Amiens, qui porte qu'ils sont acquêts : Jugé neanmoins que ce qui est donné & legué par pere & mere à leurs enfans par Testament, est propre. Arrêt du 3. Avril 1635. Du Frêne, liv. 3. chap. 19. & liv. 4. chap. 6. où il est acquêt en collaterale.

COUSTUME D'ANJOU.

216 En la Coûtume d'Anjou le mary n'ayant point d'enfans, peut leguer de ses acquêts, quoyque les acquêts appartiennent au survivant, moitié en propriété, moitié en usufruit. Jugé le 10. Juin 1602. Mornac, L. 4. ff. de usufructu & quemadmodum, &c. Idem, de la donation à cause de mort. Notables Arrêts des Aud. Arrêt 6.

217 Jugé le 15. Juin 1632. dans la Coûtume d'Anjou, que la femme peut leguer par Testament à son mary, liberis non existentibus ; ce qui faisoit de la difficulté, étoit que l'article 31. dit, le mary peut donner à sa femme, mais ce qui décide, est, que le mary n'est point exclus de la faculté de recevoir, & que correlativorum par & eadem est ratio. Bardet, tome 2. liv. 1. ch. 31.

218 Dans la Coûtume d'Anjou, art. 321. un homme ou une femme n'ayant point d'enfans, peut leguer la tierce partie de son patrimoine, ensemble tous ses meubles, acquêts & conquêts, en faveur de son second mary, quoyque par leur Contract de mariage il ait été stipulé que les acquêts, tant de sa premiere Communauté que ceux faits avant un second mariage, sortiroient nature de propres au mary ou bien à la femme, & aux siens de son côté & ligne, même tout ce qui auroit été donné par le premier mary, avec rapport des fruits & revenus des acquêts & conquêts touchez par les heritiers, &c. Jugé à Paris le 14. Juillet 1681. Journal du Palais.

COUSTUME D'AUVERGNE.

219 En Auvergne, c'est le Legataire du quart qui doit payer les legs particuliers, & auquel on doit s'adresser, & non pas à l'heritier. Arrêt du 2. Juin 1637. Henrys, tome 2. liv. 6. quest. 26.

COUSTUME DE BERRY.

220 En la Coûtume de Berry, le prélegs fait à l'un des enfans, institué heritier par Testament, ou partage, n'est sujet à rapport. Jugé le 8. Juillet 1638. Bardet, tome 2. liv. 7. chap. 33.

COUSTUME DE BOULONOIS.

221 Voyez cy-dessus le nombre 214.

COUSTUME D'ORLEANS.

222 Jugé en la Coûtume de la Rochelle, le 6. Mars 1586. qu'un legs fait au fils de l'heritier présomptif en ligne collaterale, n'étoit pas valable. Le contraire a été jugé le 10. Février de la même année, en la Coûtume d'Orleans. Autre Arrêt du 7. Février 1589. Additions à la Biblioth. de Bouchel, tome 1. page 25.

COUSTUME DE PARIS.

223 Les beaux-freres dans la Coûtume de Paris, peuvent être Donataires ou Legataires, & ne sont réputez personnes prohibées ni interposées. Arrêt du 19. Mars 1677. Journal du Palais. Idem, de la belle-mere. Arrêt du 27. Février 1647. Du Frêne, liv. 5. ch. 9.

224 Un Legataire universel de la tierce partie des biens du Testateur peut aussi être Legataire particulier en la Coûtume de Paris. Arrêt du 26. Avril 1649. Du Frêne, liv. 5. chap. 36. & 41. & Ricard, des Donations entre-vifs, part. 1. ch. 3. section 15. n. 658.

225 A Paris on ne peut leguer que le quint des propres, & tous les meubles & acquêts : un Legataire particulier d'un certain corps de propres qui excede le quint, ne peut avoir pour l'excedant son recours sur le Legataire universel. Jugé à Paris entre Messieurs Benoise, à la troisiéme des Enquêtes, le 15. Juin 1673. Journal du Palais. De la Guessiere, tome 3. liv. 7. ch. 9. rapporte le même Arrêt.

COUSTUME DE POITOU.

226 Legs fait par un pere à ses filles d'une somme d'argent pour leur portion hereditaire, à la charge que tous les biens demeureroient au fils aîné. Jugé en la Coûtume de Poitou, que l'aîné payeroit lesdites sommes, si mieux il n'aimoit se tenir à la legitime, ou abandonner à ses sœurs les meubles & acquêts, & le tiers des propres ; ce qu'il optera dans un mois aprés la signification de l'Arrêt, sinon déchû, l'Arrêt est du 9. May 1675. De la Guessiere, tome 3. liv. 9. chap. 10.

COUSTUME DE PONTHIEU.

227 En la Coûtume de Ponthieu, Amiens & Boulonois, un Legataire peut se faire mettre en possession de fait sur les terres du Testateur, pour le quint heredital. Voyez cy-dessus le nombre 214.

COUSTUME DE LA ROCHELLE.

228 Voyez cy-dessus le nombre 222.

229 Nota. Il faut sur chaque Coûtume voir les Commentateurs, aux Titres des Successions & Testaments.

CURÉ LEGATAIRE.

230 L'article 27. de l'Ordonnance d'Orleans, portant défenses aux Curez, Vicaires, ou autres Ecclesiastiques, de recevoir Testament & disposition de derniere volonté, comme codiciles, donations, n'empêche point un Testateur de donner ou leguer à l'Église ; tels Curez & Vicaires ne peuvent être Legataires ; mais si le legs est fait au Corps ou College Ecclesiastique, le Testament est valable. Jugé le 1. Août 1568. pour un Testament reçû par un Curé ; autre chose seroit, si le Prêtre n'étoit que témoin & legataire, auquel cas le legs fait à son Eglise subsisteroit. Voyez Papon, p. 1361.

231 Le Curé qui reçoit un Testament, ne peut être Legataire. Une veuve declare devant le Curé de Saint Godard, qu'elle donne 1400. liv. pour une fondation, & une robe au Vicaire du Curé ; son Testament reçû par le Curé, où elle ne fit que marquer, & on y employa pour témoins le Vicaire, le Valet du Curé, & Tilais, qui ne vint qu'aprés le Testament écrit & signé ; en même temps cette malade s'étant levée, entra dans une chambre, où elle saisit le Curé d'une cassette qu'il emporta sans en rien dire aux deux niéces de la Testatrice, quoy qu'en sortant il eût parlé à elles. Aprés sa mort, elles demanderent cette cassette ; le Curé y fut condamné. Sur l'appel, on disoit pour le Curé & les Tresoriers de l'Eglise, que la Testatrice avoit executé les intentions de son défunt mary. On répondoit pour les sœurs que ce Testament devoit être regardé comme l'ouvrage du Curé ; que cette veuve avoit reçû l'Extrême-onction, & que durant toute sa maladie, elle n'avoir fait paroître aucune volonté de tester, mais seulement le matin, aprés avoir été entretenuë toute la nuit par ce Vicaire. Arrêt confirmatif, du Parlement de Roüen, le 18. Janvier 1652. Basnage, sur l'art. 412. de la Coût. de Normandie.

DELIVRANCE DES LEGS.

Voyez le mot, Délivrance.

232 Le Legataire n'est saisi ; s'il doit être saisi réellement, pour délivrer au Legataire, ou si le Legataire doit être saisi brevi manu ? V. Coquille, tome 2. question 230.

233 Donataire ou Legataire sont tenus de demander & prendre la délivrance de l'heritier ; neanmoins s'ils sont possesseurs, ils ne sont recevables de convenir l'heritier pour en faire délivrance ; c'est assez que l'heritier, quoyqu'il soit possesseur de droit & non de fait, n'ait moyen de prétendre ni retenir la chose donnée. Arrêt du Parlement de Paris du 5. Mars 1538. Bibliotheque de Bouchel, verbo, Donation.

234 Le Legataire s'étant saisi des choses à luy leguées du vivant du Testateur, les doit rendre à son heritier, afin de les prendre de sa main. Arrêt du Parlement de Gre-

LEG   LEG   573

noble du 26. Janvier 1556. *Bosset, tome* 1. *liv.* 5. *tit.* 7. *chapitre* 2.

235 Entre les heritiers de M. de Merle d'une part, & les Legataires d'autre, il fut dit par Arrêt, que les heritiers *ab intestat* seroient saisis, si saisis n'étoient, & sur la provision requise par les Legataires *ex testamento*, ou Conseil le 1. Février 1557. la Cour ne voulut point ajuger sur le champ la délivrance des legs *ex testamento* pour l'université des legs : car il y en avoit de 1600. livres de rente, en un article, joint que les heritiers alleguoient plusieurs moyens de suggestion & de fausseté contre le Testament. *Bibliotheque de Bouchel*, verbo, *Legs*.

236 Par Arrêt du 24. Juillet 1561. donné au profit d'un Flamand, contre un nommé des Portes, jugé que l'heritier *pro parte hereditatis*, est tenu à faire délivrance du legs & hypotequairement *in solidum, quoniam concurrit personalis cum hypotecaria*. Ibidem.

237 Legataire d'une chose dont il jouit, peut s'en saisir soy-même, sans en demander la délivrance. Il en est de même si le Testateur l'avoit ordonné par son Testament. Arrêt du Parl. de Grenoble de l'an 1461. autrement l'heritier à qui la demande n'a point été faite, doit être réintegré à la charge, *brevi manu*, de rendre & restituer. Arrêt prononcé en robes rouges le 19. May 1564. Et la délivrance se doit demander au lieu où reside défendeur heritier. Arrêt du 12. Janvier de la même année 1564. *Papon*, *liv.* 20. *tit.* 5. *n.* 1.

238 Par Arrêt du 13. Juillet 1568. il a été jugé que l'heritier d'un défunt étoit tenu de faire délivrance du legs au Legataire. *Le Vest*, *Arrêt* 96.

239 Du Legataire en possession de la chose leguée; il n'est tenu d'en demander la délivrance à l'heritier ; c'est l'usage du Parlement de Toulouse. *V. Mainard*, *liv.* 7. *chapitre* 1.

240 Celuy qui a en sa possession la chose à luy leguée, n'est pas obligé d'en resaisir l'heritier pour luy en demander délivrance. Arrêt du Parlement de Paris du 9. Août 1604. *Ricard, Traité des Donations*, 2. part. ch. 1. sect. 2. M. Loüis Vrevin, *en son Commentaire sur l'article* 62. *de la Coûtume de Chauny*, fait mention de trois Arrêts des années 1569. 1591. & 17. Février 1607. qui ont autorisé cette maxime, en ordonnant que l'heritier qui prétendoit devoir être mis en possession, seroit saisi pour la forme & par fiction ; mais qu'il seroit tenu au même instant & sans rien déplacer, de faire réelle & actuelle délivrance au Legataire.

241 Pendant la dispute de la validité d'un Testament, si le procés prend trait, on peut demander par provision délivrance des legs, en baillant caution par les Legataires. Arrêt du 25. Juin 1575. *Le Vest*, *Arrêt* 141.

242 Les heritiers ne sont tenus que de faire les frais qui sont absolument necessaires, à l'effet qu'ils puissent délivrer les legs actuellement, & que les Legataires puissent joüir civilement des choses leguées ; ainsi le Parlement de Paris a jugé le 17. Avril 1584. qu'un Testateur ayant legué la part d'une maison dont il joüissoit par indivis, auparavant son décés, les heritiers n'étoient pas tenus de fournir aux frais du partage que le Legataire en vouloit faire contre les autres coproprietaires. *Ricard, des Donations*, part. 2. ch. 1. sect. 6. n. 47.

243 Un Legataire ne peut en vertu du Testament faire saisir les choses à luy leguées ; il a seulement action pour s'en faire ajuger la délivrance. Arrêt du Parlement de Mets du 20. Novembre 1637. il fut dit que le Legataire auroit 300 liv. de provision. *V. le* 25. *Plaidoyé de M. de Corberon*.

244 Jugé dans la Coûtume d'*Auvergne* le 2. Juin 1657. que les Legataires particuliers doivent former leur demande en délivrance de legs, contre l'heritier testamentaire, & qu'ils font mal fondez à l'intenter contre l'heritier *ab intestat*. V. Henrys, *tome* 2. *livre* 6. *question* 26.

LEGS DEMONSTRATIF OU LIMITATIF.

245 Voyez le mot *Assignat*.

Si les biens sur lesquels est assigné une rente donnée pour service divin, sont détruits, elle doit être remise ailleurs. Jugé en 1280. contre les heritiers du sieur Comte de Grandpré, qui avoit laissé une rente à prendre sur les moulins de Charenton. *Papon*, *liv.* 20. *tit.* 6. *nombre* 5.

246 Rente leguée à l'Eglise, mais diminuée par le temps, doit être parfaite par les heritiers, & sur les autres biens de la succession. Arrêt du 7. Juillet 1456. *Papon*, *liv.* 20. *tit.* 6. *n.* 4.

247 Arrêt du Parlement de Provence du 19. Novembre 1643. qui a jugé que le legs fait à un Ecolier étudiant, est démonstratif, & non conditionnel, & qu'il ne finit point par les études. Ce même Arrêt a jugé que dans le legs d'aliment fait à cet Ecolier, les frais du Doctorat y étoient compris. *Boniface*, *tome* 2. *liv.* 2. *tit.* 1. *chapitre* 12. & cy-dessus *les nomb.* 176. & 186.

248 Un Testateur fait aux Capucins d'Amiens un legs en ces termes, *Je donne la somme de* 3000. *liv. à prendre sur la rente que me doit Chanlatte* ; depuis le Testament la rente est vendüe ; on jugea que le legs étoit démonstratif & non limitatif ; ainsi la délivrance du legs fut ordonnée. Arrêt du Parlement de Paris du 10. Janvier 1645. *Soefve*, *tome* 1. *Cent.* 1. *ch.* 72.

249 Jugé le 26. Mars 1647. qu'une mere ayant legué aux Cordeliers de Saumur où elle avoit un fils Religieux, 600. liv. par chacun an à perpetuité, & payable de quartier en quartier par son Executeur testamentaire ; cette rente étoit demeurée éteinte par le decés du fils. *Ibid. Cent.* 2. *chap.* 10.

250 Le legs fait d'une somme à prendre sur une plus grande dûe au Testateur, n'est pas limitatif, mais jugé demonstratif, par Arrêt du 11. Avril 1647. *Ibidem*, *chapitre* 14.

251 Arrêt du 18. Mars 1655. qui a jugé que le legs fait d'une somme à prendre sur les plus clairs deniers qui se trouveroient entre les mains de l'Executeur testamentaire aprés le decés du Testateur, est demonstratif, & non limitatif. *Ibidem*, *Cent.* 4. *chap.* 84.

252 Le payement d'un legs assigné sur un effet non exigible, le Legataire a droit sur les autres biens de la succession, parce que l'effet assigné est demonstratif & non pas limitatif. Jugé au Parlement de Paris le 31. Août 1675. *Journal du Palais*.

253 Une somme leguée de 40000. liv. dûe au Testateur par les Tresoriers de l'Extraordinaire des Guerres, Charron, le Clerc & Barbe, qui on veut & entend que le Legataire retire, est un legs limitatif, & l'heritier n'est tenu d'en payer la somme qu'il en aura reçüe. Jugé au Parlement de Paris le premier Septembre 1681. Ibidem.

254 Si les biens déleguez au payement d'une rente ne produisent suffisamment, le Legataire peut demander le supplément sur les autres biens de la succession. Jugé au Parlement de Tournay le 30. Juillet 1695. *Pinault*, *tome* 1. *Arrêt* 73.

LEGS DE DENIERS.

255 Voyez cy-dessus les nombres 16. 40. 110. & cy-aprés le *nomb*. 427.

Legs fait à prendre sur une somme dûe n'empêche le Legataire de poursuivre l'heritier du Testateur, lequel ne peut se décharger en offrant d'abandonner la dette sur laquelle le legs est délegué. Arrêt du Parlement de Paris du 13. Juillet 1568. *Papon*, *liv.* 20. *tit.* 5. *nomb.* 4. autre chose seroit si la cedule eût été leguée.

256 Legataire d'une somme de deniers, n'a point d'action contre le Legataire d'un corps particulier, & ne peut demander la contribution. Jugé le 15. Mars 1632. *Bardet*, *tome* 2. *liv.* 1. *chap.* 15.

257 Le legs fait en deniers doit être payé en deniers, bien que l'heritier avec inventaire n'ait trouvé que des fonds dans l'hoirie. Arrêts du Parlement de Grenoble des 10. Decembre 1634. 22. Novembre 1635. & 3. Juin 1636. *Basset*, *tome* 1. *livre* 5. *titre* 7. *chapitre* 1.

Ccc c iij

258 Le legs d'une somme étant payable par l'heritier en effets de la succession du Testateur bons & solvables à son choix, le Legataire ne peut pas être obligé de prendre en payement de son legs un effet de la succession, tel qu'il plaît à l'heritier. Celuy-cy fut condamné à payer aux Legataires 6000. liv. en deniers comptans ou en autres effets qui pussent produire interêts. Arrêt du 10. Janvier 1651. *Soëfve*, tome 1. Cent. 3. chap. 55.

259 Legs par un pere à ses filles d'une somme d'argent pour leur portion hereditaire, à la charge que tous les biens demeureroient au fils aîné. Jugé que l'aîné payeroit lesdites sommes, si mieux il n'aimoit se tenir à sa legitime, en abandonnant à ses sœurs les meubles & acquêts, & le tiers des propres, ce qu'il optera dans un mois après la signification de l'Arrêt, sinon décheu, l'Arrêt est du 9. May 1675. *De la Guess. tome 3. liv. 9. chap. 10.*

LEGS, DETES.

260 Contribution aux dettes par le Legataire. *Voyez cy-dessus le nomb. 119. & suiv.*

LEGS AUX DOMESTIQUES.

261 Legs faits à Domestiques sont pitoyables & les heritiers en sont tenus solidairement ; Arrêt du 9. Decembre 1544. délivrance fut faite aux Legataires non-obstant les contestations en donnant telles cautions qu'ils pourroient. Même Arrêt du 14. May 1571. *Papon, liv. 10. tit. 6. nomb. 7.*

262 Le sieur de Civile fit plusieurs dispositions par son Testament en faveur de ses Domestiques pour les recompenser de leurs services ; il donna aussi à l'Eglise de saint Patrice une somme, & 700. liv. de rente rachetable de 10000. liv. aux Augustins Dechaussez, le tout à prendre sur ses biens ; tous ses Legataires prétendoient que les meubles & le revenu de la premiere année leur devoit être délaissé pour le payement de leurs legs, la Cour ayant toûjours observé de faire porter les legs pieux sur tout ce dont le Testateur pouvoit disposer par son Testament, à quoy il fut rapporté par les Demoiselles de Civile, que le Testateur n'ayant pas eu l'intention de donner la premiere année de son revenu, on ne pouvoit l'appliquer à l'acquit des legs, la Coûtume luy permettroit bien de le faire, mais ne l'ayant pas fait il falloit s'en tenir à sa volonté. Par Arrêt du Parlement de Roüen du 30. Avril 1655. il fut dit que les legs seroient portez sur les meubles seulement, parce que les legs faits aux domestiques seroient pris par privilege, & les autres legs sol la livre. *Basnage, sur la Coûtume de Normandie, art. 428.*

263 Legs fait à une domestique, la somme en blanc, le déclaré valable & arbitré. Arrêt de la Tournelle Civile du 6. Mars 1673. plaidans de Lhomneau & Jobert, & fut cité l'Arrêt de M. Maréchal Conseiller en la Cour, du 30. Mars 1624. rendu en la grand'Chambre qui avoit jugé la même chose.
Voyez cy-après le nombre 615. & suiv.

LEGS, DON MUTUEL.

264 Si le don mutuel rend les legs nuls ? *Voyez le mot, Don mutuel, nomb. 37. & suiv.*

DOT LEGUE'E.

265 *Voyez cy-dessus le nombre 9.*

LEGS, EGLISES.

266 Des legs faits aux Eglises. *Voyez le mot, Eglise, nomb. 22. & suiv.* le Titre *des Fondations*, & cy-après le nombre 483. & suiv.

LEGS FAITS AUX ENFANS.

267 Legs fait par un ayeul à trois enfans de sa fille par portions distinctes, & à condition que si l'un ou deux des trois venoit à deceder en bas âge & sans enfans, le legs viendroit à celuy ou à ceux des trois qui survivroient, ce terme est exclusif de la representation, *Avis d'Henrys, tome 2. liv. 5. quest. 41.* encore qu'au liv. 4. quest. 2. il ait soûtenu le contraire.

268 Le pere peut par son Testament, même au Pays coûtumier, ordonner que certaine maison demeurera à l'un de ses enfans, en recompensant ses coheritiers sur les autres biens de sa succession. *Carond. liv. 6. Rép. 40.*

269 Le fils auquel son pere a fait un legs qui surpasse sa legitime, pourra neanmoins demander la dot de sa mere, si le Testateur a seulement dit qu'il veut que moyennant ce legs il soit content, & ne puisse rien prétendre sur ses biens ; mais il ne le pourroit si le mot d'heritage étoit joint à celuy de biens ; la raison de la difference est que les biens ne sont dits biens qu'après que les dettes en sont acquittées, & que dans l'heritage qui signifie une universalité, les dettes passives aussi bien que les actives sont comprises. *Voyez Guy Pape, quest. 93.*

270 Legs fait à un enfant par le pere pour ses droits & legitimes à la charge de ne pouvoir rien demander ny prétendre en ses biens ; ne l'empêche de poursuivre le droit qu'il a ou peut avoir en tout ou en partie sur les biens paternels pour supplément de legitime , ou pour ses droits maternels ou autrement. Jugé en la seconde Chambre des Enquêtes de Toulouse en 1555. pour M. Dupin Conseiller, contre le Tuteur des hoirs de Benoît ouvrier Marchand, son beau-pere. *Bibliotheque de Bouchel*, verbo, *Legs.*

271 Un pere par son Testament legue à sa fille certaine somme pour la marier dans une Coûtume qui exclut les filles de la succession de leur pere, quand il y a des mâles ; mais elle n'empêche pas que le pere ne puisse donner par Testament : le pere venu en convalescence marie sa fille & luy donne la moitié de ce qu'il luy avoit legué, & meurt peu de temps après sans avoir revoqué son Testament ; la fille demande à ses freres la somme à elle leguée. Arrêt du 14. May 1561. qui l'en deboute. *Carondas, liv. 8. Rép. 18.*

272 Arrêt du 3. Juin 1564. par lequel un legs de six cens écus fait par une belle-mere aux filles de son mary du premier lit, leur est ajugé, & neanmoins la Cour ordonne suivant les offres du pere, que le decés de ses filles avenant sans avoir valablement disposé de la somme leguée, elle sera renduë aux heritiers de la Donatrice sans aucun retour au profit du pere. *Bibliotheque de Bouchel*, verbo, *Donation.*

273 Tous legs faits en ligne directe aux enfans par pere & mere, sont propres. Arrêt du 3. Avril 1635. *Du Frêne, liv. 3. chap. 19.* On excepte la Coûtume de *Ponthieu*, où ce qui est donné par pere & mere aux puinez, est acquêt. Arrêt du 13. Juillet 1602. *M. Bouguier, lett. D. n. 10.* L'Auteur du Traité des Propres, *ch. 1. sect. 6. nomb. 8.* dit que cet Arrêt resiste au Droit commun coûtumier.

274 Si l'authentique *ex causa C. de liberis præteritis*, s'étend au legs fait à un enfant pour sa legitime, & à titre d'institution ? *Voyez Henrys, tome 2. liv. 5. quest. 45.* où il dit que la disposition de la Novelle 115. n'a point de lieu *in præteritione patris*, mais doit être renfermée dans le cas d'une injuste exheredation, & que l'authentique *ex causa* tirée de cette Novelle, decide que le Testament étant annullé *cætera firma manent.* Toutefois il y a Arrêt du 3. May 1646. rapporté par *Du Frêne, liv. 4. chap. 40.* qui a cassé le Testament de M. d'Espernon, pour avoir préterit son fils, M. de la Valette condamné par contumace, &c.

275 La fille doit opter, ou doit se tenir à sa constitution du legat de son pere, ou à sa legitime. Arrêt du Parlement de Grenoble du 13. May 1634. *Basset, tome 1. liv. 5 tit. 11. chap. 4.*

276 Un legs fait à une fille de qui le pere avoit écrit le Testament, jugé bon. Arrêt du 16. Decembre 1654. Cette Legataire étoit fileule de la Testatrice, & la somme de 600. liv. leguée devoit être mise en fond pour la fille sans que le pere en pût joüir. *Ibid. tit. 7. ch. 4.*

277 Si le legs fait par l'ayeul à son petit-fils, est censé fait en consideration du pere, & doit être imputé à sa legitime ? L'affirmative a de grandes raisons. *Boniface, tome 5. liv. 2. tit. 2. chap. 8.* date l'Arrêt du dernier Juin 1660. mais il n'en rapporte pas la décision.

278 Arrêt rendu au Parlement de Provence le dernier

LEG   LEG   575

Juin 1664. qui a jugé que les enfans ayant repudié le legs à eux fait par leur pere, pouvoient varier & demander la legitime. *Boniface*, tome 2. liv. 1. tit. 19.

LEGS, A ETRANGER.

279 Si les legs faits à un Etranger ou par un Etranger, sont valables ? *Voyez* le mot, *Etranger*, nomb. 72. & suivans.

LEGS, EVICTION.

280 Si l'heritier est tenu de l'éviction de certaine chose leguée ? *Voyez* le mot, *Eviction*, nomb. 19. & suivans, & *Bouvot*, tome 1. part. 1. verbo, *Legat*, quest. 2.

281 Le Legataire ou Donataire troublé dans la possession ne doit d'abord s'adresser à l'heritier, mais contre celuy qui le trouble. Arrêt du Parlement de Paris du 3. Decembre 1535. *Papon*, liv. 11. tit. 1. nomb. 16.

282 Un Legataire particulier ne peut agir pour éviction de son legs contre un autre Legataire particulier, sans avoir cession des actions des Créanciers du Testateur. Arrêt du 10. Mars 1607. *M. Loüet, lettre L. sommaire* 20. le recours de garentie n'étant qu'entre coheritiers, ou bien entre les Legataires & l'heritier, & non entre les collegataires particuliers. *Voyez Peleus*, quest. 46. & *Ricard*, des Donations entre-vifs, &c. 3. part. ch. 3. sect. 3. distinct. 4. nomb. 315. *Brodeau sur M. Loüet, lettre L. somm.* 20. dit que le Legataire universel doit garentir le legs fait à un Legataire particulier.

283 Le Legataire particulier étant évincé de son legs ou de partie par les heritiers des quatrequints des propres, ne doit pas être recompensé de ce dont il est évincé, sur les portions des Legataires, soit universels, ou particuliers, lesquels legs ils ont abandonnez pour se tenir aux quatre quints. Arrêt du 15. Juin 1673. c'est l'Arrêt de Messieurs Benoise. *De la Guess*, tome 3. liv. 7. ch. 9.

LEGS, FALCIDIE.

284 Si la quarte falcidie se peut distraire sur les legs ? *V.* le mot, *Falsidie*, nomb. 14. & suiv.

Voyez cy-dessus les nombres 30. & 38.

LEGS, FAUSSE CAUSE.

285 Voyez cy-dessus le nomb. 29.

Legs n'est pas annullé par une fausse cause ou demonstration. Arrêt du Parlement de Paris du 21. Février 1628. *Bardet*, tome 1. liv. 3. chap. 3.

286 La fausse cause ou demonstration apposée au legs en droit, ne le rend pas inutile, *vitiatur, sed non vitiat*, cela ne se doit entendre lorsque les demonstrations ne sont qu'accessoires & superfluës, & *ratio legandi legationon coheret*; mais si elles sont necessaires & principales, il n'y a point de legs, &c. Arrêt du 5. Avril 1630. *Voyez M. Dolive*, liv. 5. chap. 17.

287 La Dame de Blanque fit un legs par son Testament en ces termes : *Je donne tous mes meubles à Mademoiselle de Belle-fosse, à qui je crois qu'ils appartiennent par la Coûtume, & suivant qu'il est permis d'en disposer; & pour mes immeubles je les laisse à ceux ausquels ils appartiennent par la Coûtume.* Cette Demoiselle de Bellefosse ne s'étant pas trouvée la plus proche & la plus habile à succeder, l'heritier luy contesta le legs, alleguant que la Testatrice ne luy avoit fait ce legs que dans la pensée qu'elle luy pouvoit succeder aux meubles, suivant la Coûtume. Le Juge avoit ajugé la délivrance du legs à Mademoiselle de Bellefosse, comme c'est une regle certaine que *falsa conditio vel impossibilis, falsus modus, falsa demonstratio, causa falsa hæc vitia non vitiant institutionem nec legatum*; il suffit que la Testatrice ait voulu leguer à la Demoiselle de Bellefosse, quoiqu'elle se soit trompée en sa qualité. Par Arrêt du Parlement de Roüen du 15. May 1653. on mit sur l'appel hors de Cour. *Voyez Basnage, sur la Coûtume de Normandie*, art. 414.

288 Jugé le 24. Mars 1681. qu'un legs universel fait à telles & telles personnes nommées & designées par le Testateur, & qualifiées ses plus proches parens du côté paternel, ne pouvoit être debatu de nullité, quoique les heritiers soutinssent que les legataires, ce qui n'étoit point par eux desavoüé, ne fussent pas les plus proches. On disoit en faveur des Legataires que la volonté du défunt étoit constante, qu'il les avoit designez & nommez, & qu'une fausse cause ou demonstration ne rend pas le legs nul. *Soëfve*, tome 2. Cent. 4. chap. 100.

LEGS, FEMME, MARY.

289 Legs faits par les maris aux femmes, & *viciffim*; *Voyez cy-dessus*, le nomb. 24.

290 *An valeat dispositio mariti in dispositione sua uxoris posita quam facit solam executricem ?* Oüi; mais outre que cela se borne dans les Coûtumes où le mary peut leguer à sa femme, comme à Orleans, Chartres, &c. *datur conductor ad vitandam suspicionem*.

Legs par le mary à sa femme des habillemens servans à son usage dans une Coûtume qui permet au mary de disposer des meubles au profit de sa femme, s'étend de tous les habillemens qui se trouvent au jour du decés du mary. Arrêt du 4. Mars 1559. *Carondas*, liv. 8. Réponse 20.

291 Si le legat d'une somme fait pour tous droits à la femme qui a sa dot reçeüe sur son mary, est censé fait par compensation ? *Voyez Bouvot*, tome 1. part. 1. verbo, *Legat*, quest. 2.

292 Si le Testateur legue une somme à sa femme, comme revenu de la dot de sa femme, si cette somme peut être demandée encore qu'elle n'ait été reçeuë ? *Voyez Bouvot*, ibidem.

293 Si le Testateur a legué pour tous droits à sa femme certains biens hors ses livres, desquels il a donné le tiers à son frere, & le tiers à d'autres, la femme repudiant le legat, & prenant la moitié des livres, les Legataires autres que le frere peuvent demander le tiers de tous les livres ou le tiers seulement de la moitié ? *Voyez le Recueil de Bouvot*, tome 1. part. 2. verbo, *Legataire*, quest. 1.

294 Femme pour être remariée à l'ennemy capital de son mary, ne perd le legs qu'il luy a fait. Arrêt rendu au Parlement de Toulouse le 28. Janvier 1579. rapporté par *La Rocheflavin*, liv. 2. lettre M. titre 4. nomb. 20. le même Arrêt est aussi rapporté dans la *Bibliotheque du Droit François par Bouchel*, verbo, *Mariage*.

295 Arrêt interlocutoire du 8. Mars 1579. sur la preuve des merites des enfans de la femme legataire du mary & la provision du legs jointe au principal : enfin, vuë la preuve des merites, le legs est confirmé. *Bibliotheque de Bouchel*, verbo, *Donations*.

296 Deux personnes residans en Pays de Droit écrit, y contractent mariage & conviennent qu'il seroit reglé suivant la Coûtume de Bourgogne, sans reserve de se pouvoir donner ; le mary legue à sa femme tous les meubles & acquêts qu'il a au Pays de Droit écrit par Testament ; tel legs est nul. Arrêt du 4. Avril 1582. *Bouvot*, tome 2. verbo, *Societé, Communauté*, quest. 3.

297 Arrêt du Parlement de Toulouse du 12. Avril 1585. qui confirme un legs de tous les meubles fait par le mary à sa femme. *Voyez la Bibliotheque de Bouchel*, verbo, *Meubles*.

298 Si la femme aprés avoir reçu le legs porté au Testament de son mary, passe à de secondes nôces *intra annum luctûs*, les heritiers du mary pourront la repeter. Arrêt du Parlement de Toulouse du 12. Juillet 1582. *Mainard*, tome 1. liv. 3. chap. 94. Bibliotheque de *Bouchel*, verbo, *Mariage*.

299 Jugé au Parlement de Roüen, le 26. Février 1587. qu'un mary qui n'avoit aucuns immeubles, n'avoit pû leguer à sa femme aucune part de ses meubles. *Berault*, sur l'art. 429. de la Coût. de Normandie.

300 Un homme laisse à sa femme par son Testament la somme qui paroissoit avoir été apportée par elle sur les biens ; par Arrêt les heritiers du mary ont été dechargez, la femme n'ayant pû justifier avoir apporté quelque chose. Arrêt du mois de Decembre 1588. *Cambolas*, liv. 1. chap. 16.

301 Le mary ayant fait un legat à sa femme que quelques heritiers agréent & les autres debattent ; telle dis-

position n'est pas valable, lorsque par le Contract de mariage il n'y a point de reserve de se pouvoir donner. Arrêt du Parlement de Dijon du mois de Juillet 1592. *Bouvot, tome 2. verbo, Testament, quest. 4.*

301 Un mary donne à sa femme par son Testament l'or & l'argent qu'il avoit, ses meubles, 100. écus & autres choses, à la charge qu'elle payeroit une dette de quatre-vingt écus, cette dette s'étant trouvée acquittée les heritiers prétendirent que le défunt avoit revoqué tacitement la donation, ou que diminution devoit être faite sur icelle de ce qu'il avoit payé. Par Arrêt du 18. Septembre 1593. l'entier legs fut ajugé à la veuve. *Cambolas, liv. 1. chap. 49.*

303 Le 2. Septembre 1613. il a été jugé au même Parlement de Toulouse que la femme à qui le mary avoit laissé pour recompense de services tout le profit qu'il avoit fait dans l'administration d'un cabal pendant leur mariage, qu'il croyoit revenir à 1100. livres, ledit cabal ayant été estimé aprés la mort du Testateur, & s'étant trouvé qu'il ne revenoit pas à la somme employée en principal, ne pouvoit rien demander. *Cambolas, liv. 1. chap. 16.*

304 A Perone la femme ne peut leguer à son second mary. Arrêt du Parlement de Paris du 19. Août 1606. *Corbin, suite de Patronage, chap. 186.*

305 Au Rôlle de Vermandois, un legs fait par une femme au fils de son mary, a été declaré nul. Arrêt du 30. Decembre 1625. *Du Frêne, liv. 1. chap. 74.* Robert *rerum judicat. liv. 2. chap. 13. secus*, en la Coûtume de Paris article 283.

306 Jugé en la Chambre de l'Edit de Castres le dernier Juin 1633. que l'augment dotal legué par le mary à sa femme, étoit reversible aux enfans du premier lit sans que ceux du second lit de la femme y puissent rien prétendre; à l'égard d'une somme de 300. liv. comprise dans les immeubles, il fut jugé que le mary ne l'avoit pû donner à sa femme en proprieté & luy remettre l'injure des secondes nôces: car il l'avoit exprimé & prévû le cas où elle se marieroit. *Voyez les Arrêts de Boné, part. 2. Arr. 27.*

307 Une femme en la Coûtume de Paris n'ayant point d'enfans, peut leguer à son frere de son mary tous ses meubles, acquets & conquets, & le quint de ses propres, & tel legs n'est reputé avantage fait au mary. Arrêt du 18. Mars 1652. *Du Frêne, liv. 7. chap. 6.* Arrêt précedent du 5. Septembre 1636. *Du Frêne, liv. 3. chap. 35.*

308 En Pays de Droit écrit, le mineur peut disposer en faveur de sa mere & tutrice. Arrêt du 1. Juin 1647. *Soëfve, tome 1. Cent. 2. chap. 23.*

309 Un legat fait à une femme dans le Testament holographe de son mary est bon. Arrêt du Parlement de Grenoble du 11. May 1649. en faveur de la veuve de Monsieur le Président du Cros; le legs étoit de 3000. écus; la consideration d'une veuve qui n'avoit pas de grands biens, rendit les suffrages unanimes. *Basset, tome 1. liv. 5. tit. 7. chap. 6.*

310 Le 30. Janvier 1651. jugé au Parlement de Paris qu'une femme que son mary avoit faite legataire universelle de ses meubles, dans l'espece de la Coûtume qui servoit à regler les parties, qui le permet ainsi, pouvoit encore demander son doüaire prefix. *Antonius Faber ad tit. C. de legat definit. 8.* témoigne aussi en general que la maxime n'est pas susceptible de difficulté & la confirme par Arrêt du Senat de Chamberi. Voyez *Ricard des Donations, part. 2. chap. 4. nomb. 175. & le Journal des Audiences, tome 1. liv. 6. chap. 17.*

311 Si la femme qui se remarie, perd la proprieté du legat que son mary luy a laissé, peut le porter à un second mary? Pour faire en ce cas que cette proprieté luy demeure, il faut que le mary ait ajoûté, *nonobstant les peines des secondes nôces*, autrement elle perd la proprieté, & n'a que l'usufruit de tel legat, comme il fut jugé au Parlement de Toulouse le 23. May 1656. en la cause de Long & de Faget; le second mary fut condamné à rendre 300. liv. aux enfans du premier lit; cela est conforme aux Arrêts de *M. Dolive, liv. 3. chap. 4. & 7.* Boër, *quest. 188. & 192.* il y a eu un autre Arrêt le Samedy d'aprés la Pentecoste 1682. en la cause de Pie, contre un autre Fageret, par lequel la mere de Fageret perdit un legat, quoyque Fageret son mary le luy eût laissé en ces termes, *quand même elle seroit remariée*, parce que telles clauses au préjudice des enfans sont censées captées. *Albert, lettre N. verbo, Nôces, art. 3.*

312 Le legs fait par le mary à sa femme dans la Coûtume de Poitou de tous meubles, & usufruit de tous immeubles fut reduit à la proprieté des meubles, & à l'usufruit des acquets immeubles & tiers des propres. Arrêts du 12. Juillet 1672. aux Requêtes de l'Hôtel en Souverain. *De la Guess. tome 3. liv. 6. chap. 11.*

313 En la Coûtume de Montdidier qui permet de faire le mary Legataire universel, une femme par les importunitez de son mary fait son Testament, & le fait son Legataire universel, & legue 75. liv. à la Fabrique de sa Paroisse; ensuite elle fait un codicile pardevant le Curé & deux témoins, elle revoque le legs fait à son mary & le donne à la Fabrique: elle décede, le mary demande son legs. Les Fabriciens répondent que par le codicile elle l'avoit revoqué. Jugé à la Grand-Chambre sur les Conclusions des Gens du Roy, que le legs testamentaire fait au mary, étoit revoqué; le codicile declaré nul, & le legs de 75. liv. ajugé à la Fabrique. Arrêt du Lundy 29. Decembre 1687. *Journal du Palais.*

314 Il se trouve dans les Registres de la Cour du Parlement de Toulouse, Arrêt jugeant qu'un simple legs fait par le mary à sa femme outre sa dot, seroit aussi pris subsidiairement sur les biens substitués, mais il est estimé paradoxe & depuis n'a été suivi. *Mainard, liv. 3. chap. 19.*

LEGS D'UN FOND.

315 Si un Testateur a legué un fond chargé de droits Seigneuriaux & des arrerages, l'heritier est tenu de décharger le fonds legué des arrerages seulement & non de la rente qui a couru depuis le decès du Testateur ou pour l'avenir. Ainsi jugé au Parlement de Toulouse en Mars 1595. *Voyez la Bibliotheque de Bouchel*, verbo, *Droits Seigneuriaux.*

316 En legs testamentaire, la Loy présume qu'avec le legs de l'heritage, le passage est octroyé pour y aller. *Coquille, Coûtume de Nivernois, chap. 8. de la servit. personn. &c.*

317 Si on legue un champ, le sien, la paille, appartiennent au Legataire, avec tout ce qui sert pour l'engraisser. *Chopin, Coûtume de Paris, liv. 1. tit. 1. n. 17.*

LEGS D'UN CHAMP.

318 Jugé au Parlement de Grenoble le 16. Mars 1607. que dans le legat de certain fonds, le bétail étoit compris. *Basset, tome 2. liv. 8. tit. 6. ch. 6.*

LEGS AUX FRERES.

319 Un Testateur legue à chacun de ses freres 1000. écus; une sœur soûtient que le legat s'étend à elle, aussi bien qu'à ses freres, *quia fratris appellatione soror continetur*, ainsi jugé. *Biblioth. de Bouchel, verbo, Legs.*

LEGS, FRUITS.

320 De quel jour sont dûs les fruits de la chose leguée? *Voyez cy-dessus le nombre 37.* le mot, *Fruits, nomb. 110. & suivans.*

321 Par la Loy *in legatis ult. Cod. de usur. & fruct. leg.* les fruits de la chose leguée ne sont dûs que du jour de la contestation en cause, & non du jour de la mort, d'autant que les legs doivent être demandez par les legataires, *L. 1. Cod. eod. tit. L. quæsitum, §. ult. de leg. 1.* Neanmoins par Arrêt du mois de Juin 1563. le contraire a été jugé. *La Rocheflavin, liv. 6. tit. 61. Arr. 14.*

322 Les fruits pendans par les racines au jour du decès du Testateur, appartiennent au Legataire, *quia parsim fundi faciunt.* Voyez *Ricard, part. 2. ch. 3. n. 117.*

323 Par la Loy *in Legatis ult. Cod. de usur. & fruct. leg.* les fruits de la chose leguée ne sont dûs que du jour de la

la contestation en cause, & non du jour de la mort; parce que les legs doivent être demandez par le Legataire; cependant par Arrêt du mois de Juin 1563. le contraire a été jugé sur une rente leguée ; les arrerages ont été ajugez au Legataire du jour de la mort du Testateur, encore qu'il n'en eût demandé la délivrance que plus de quatre ans après. *Bibliotheque de Bouchel*, verbo, *Legs*.

324 Les interêts sont dûs d'une somme leguée, & payable après le décés de l'usufruitier, dés le jour d'iceluy. Arrêt du Parlement de Dijon du 5. Decembre 1614. *Bouvet*, tome 2. verbo , *Legs*, *quest*. 10. *&* 15.

325 La proprieté de certains heritages est leguée, & jusques à ce qu'on ait atteint l'âge de 25. ans, les fruits sont leguez à un autre ; ce particulier décede, les fruits seront consolidez à la proprieté. Arrêt de l'an 1596. *Carondas*, liv. 13. *Rép*. 45.

Voyez cy-après le nombre 351.

Legs, Garentie.

326 De la garentie prétenduë par le Legataire évincé. Voyez cy-dessus le n. 280. *& suiv*.

327 Un nommé Regin avoit legué aux pauvres 200. écus de rente dûë par deux habitans de Riom; il prêta encore de l'argent à ces mêmes debiteurs, & de tout l'on fit un même Contract. Aprés le décés du Testateur, délivrance est faite par les heritiers des 200. écus, à prendre dans trois cents, portez dans le second contract. Ces habitans deviennent insolvables, les pauvres s'adressent aux heritiers, qui objectent que la rente dûë par le premier, avoit fait partie du second. Arrêt qui les décharge de la garentie. *Biblioth. de Bouchel*, verbo, *Legs*.

328 Si un legs dérisoire & inutile, dans l'évenement faute de biens, doit être pris sur les autres legs? Arrêt du 8. Février 1653. qui ordonna qu'il en seroit déliberé sur le Registre. M. l'Avocat General Bignon dit, que la Testatrice avoit crû que la stipulation de propres dans son Contract de mariage , rendoit les deniers propres, réels, à l'effet d'appartenir à ses neveux Legataires ; qu'ainsi il y avoit lieu de leur ajuger une somme considerable, qui seroit portée par tous les Legataires au *pro rata* de leur legs. *Soëfve*, tome I. *Centurie* 3. *chap*. 8. Il dit que le Testament a depuis été confirmé.

329 Le Testateur ayant disposé au de-là de ce qui luy est permis par la Coûtume, le Legataire en cas de retranchement du legs, ne peut avoir son recours pour l'excedant sur les autres biens, dont le Testateur avoit la libre disposition. Arrêt du 15. Juin 1673. *Soëfve*, tom. 2. *Cent*. 4. *chap*. 81. Il y a un Arrêt contraire du 13. Août 1575. rapporté par *Bacquet*, *en son Traité des Droits de Justice*, *chap*. 21. *n*. 162.

330 *Fachineus*, au Livre 12. *Controvers*. *chap*. 75. estime que lorsque les choses hereditaires sont déperies depuis l'adition d'heredité sans la faute de l'heritier, il ne laisse pas d'être tenu de satisfaire aux Legataires du sien , eu égard à la valeur des biens au temps de l'adition, parce que l'augmentation eût tourné à son profit; neanmoins *Bartole* & *Alexandre* , sur la Loy *in ratione*, §. *diligenter dig. ad leg. falcid*. ont interpreté plus favorablement le benefice d'inventaire.

Legs, Habitation.

331 Legs d'alimens & d'habitation. *Voyez* le mot , *Alimens*, *n*. 76. & le mot , *Habitation*.

Legataire et Heritier.

332 De l'incompatibilité des qualitez d'heritier, Legataire & Donataire. *Voyez* le mot , *Heritier* , *nombre* 128. *& suivans*.

333 Si aucun peut être heritier & Legataire, heritier & Donataire? *Voyez* le mot , *Heritier*, n. 293.

333 bis Si une personne étrange est Legataire des meubles & acquêts, à la charge de bailler une certaine somme à la fille du Testateur, cette fille ne laissera pas d'être heritiere des propres, & prendra cette somme par Testament comme la legitime *ab intestat*, des biens leguez à cette personne étrange, & l'art. 300. de la Coûtume de Paris, à été fait entre heritiers afin de les égaler, mais non pas entre l'étranger & l'heritier. *Chopin*, *Coût. de Paris*, liv. 2. tit. 4. n 17.

334 Le legs fait par l'ayeul à ses petits enfans, desquels le pere étoit vivant, & heritier en partie de l'ayeul, fut declaré bon & valable, aprés la declaration du pere, qu'il n'entendoit en rien y profiter ni succeder. *Biblioth. de Bouchel* , verbo , *Donations*.

335 Legs par une tante à sa niéce, dont la mere étoit heritiere avec d'autres , jugé bon, le 25. Septembre 1587. *Carondas* , liv. 11. *Rép*. 31.

336 Par Arrêt donné en la 5. Chambre des Enquêtes le 7. Février 1589. jugé qu'en la Coûtume de *Paris* en ligne collaterale on peut leguer au fils de l'heritier, quoique la Coûtume, art. 300. porte que l'on ne peut être heritier & legataire tout ensemble. Il y avoit un Arrêt en la même Coûtume, & un autre en celle de la *Rochelle*, contraire. *Biblioth. de Bouchel* , verbo , *Legs*.

337 On peut être ensemble heritier & legataire, quand la Coûtume n'en dispose rien. Arrêt au Rôle de Vermandois, du 7. Decembre 1648. *Du Frêne*. 5. *chap*. 36. suivant le §. 2. de la Loy 17. *qui filiabus*, *ff. de legat*. 1.

338 Les qualitez d'heritier & legataire d'une même personne en differentes Coûtumes ; ne sont point incompatibles. Arrêt du 21. Avril 1654. *Soëfve*, to. 1. *Cent*. 4. *chap*. 66.

339 Le sieur de Bourlon, legataire universel du sieur Noceau , la Demoiselle Chevalier heritiere *ab intestat* ; en cette qualité elle auroit fait tout son possible pour faire declarer le Testament nul , qui auroit été confirmé par Arrêt; ensuite la Demoiselle Chevalier auroit changé de pensée, & demandé la délivrance de son legs, qui consistoit dans la remise & liberation d'une rente de 187. liv. 10. sols par an, dont elle étoit redevable. Bourlon soûtenoit qu'ayant pris la qualité d'heritiere, elle ne pouvoit être legataire, suivant l'art. 300. de la Coûtume de *Paris* ; neanmoins le legs luy fut ajugé le 17. May 1677. *De la Guesse*, tome 3. liv. 11. ch. 23.

Legs au fils de l'Heritier.

340 En ligne collaterale, on peut leguer au fils de l'heritier. Arrêt du 7. Février 1588. *M. le Prêtre*, *és Arrests de la Cinquième*, *&* 3. *Cent*. *chap*. 89. Mais en la directe, le fils ne peut être legataire, & le pere heritier. *Voyez M. Loüet*, *lettre* D. somm. 17.

341 Legs en collaterale, quoy qu'universel & à l'heritier presomptif, est acquêt au legataire. Jugé le 23. Février 1643. *Du Frêne*, liv. 4. ch. 6. Voyez *Carondas*, liv. 7. *Réponse* 143.

Legs aux Hôpitaux.

342 Legs fait aux Hôpitaux. *Voyez* le mot, *Hôpital*, n. 87. *& suiv*. & cy-après le n. 435. *& suiv*.

Legs, Hypoteque.

343 De l'hypoteque du Legataire. *Voyez* le mot, *Hypoteque*, n 167. *& suiv*.

344 Si l'hypoteque des legataires est solidaire contre chacun des coheritiers? *Voyez* *Henrys*, tome 2. liv. 4. *quest*. 57. où il tient la négative.

Legs, Jacobins.

345 Jacobins capables de legs. *Voyez* le mot, *Jacobins*, nombre 1. & suiv.

Legs a Personnes Incertaines.

Voyez cy-dessus le nombre 22.

346 Des legs faits à des personnes inconnuës au Testateur, incertaines, & dont les noms sont mal indiquez. *Voyez Ricard, des Donations entre-vifs*, part. 1. ch. 3. section 11.

347 Legs pieux faits à personnes incertaines, *& quænam sint in re personæ?* Voyez *Du Frêne*, livre 5. chap. 14. où il date l'Arrêt du 8. Avril 1647. c'étoit le Testament de M. Gauffre.

348 Une femme qui avoit un oncle paternel, nommé Bernard, pere de Jean; & un autre oncle paternel, nommé Manaud, pere de François, avoit fait un legs d'une vigne à Jean, fils de Manaud son oncle. L'incertitude de la personne à qui le legs étoit fait, étoit grande, attendu

l'erreur de la Testatrice, qui avoit erré ou dans le nom du Legataire, ou dans le nom du pere du Legataire, qu'elle avoit voulu désigner. François, fils de Manaud, avoit joüi pendant seize ans; par Arrêt du Parlement de Toulouse de 1677. en la seconde Chambre des Enquêtes, le legs fut ajugé à Jean, quoy qu'il ne fût pas fils de Manaud. On crut que le nom du Legataire étant exprimé, la désignation de son pere étoit une fausse démonstration, qui ne nuit point au legs, suivant la Loy 17. §. 1. & la Loy 34. ff. de cond. & demonst. & que la Testatrice avoit mieux sçû le nom de celuy à qui elle vouloit faire du bien que le nom de son pere; cette consideration prévalut à celle de la joüissance faite par François, fils de Manaud, durant 16. années, & dés aprés la mort de la Testatrice, laquelle sembloit d'abord avoir déterminé & expliqué sa volonté en faveur de ce François, fils de Manaud. Cet Arrêt est conforme à la décision de la Loy 28. qui habebat, ff. de reb. dub. Voyez M. de Catellan, liv. 2. chap. 34.

349   Un ayeul maternel ayant deux petits-fils *ex filiâ*, nommez tous deux Guillaume, & tous deux ses filleuls, legue à Guillaume son petit-fils & filleul, une vigne; & en tous ses autres biens institué ledit Guillaume, & autre Guillaume ses petits-fils. Il fut jugé que ce prélegs étoit dû à l'aîné. On présuma que l'ayeul faisant ses deux petits-fils heritiers, & faisant un legs à un d'eux, c'étoit l'aîné qu'il avoit dessein d'avantager, quoyque cette famille ne fût pas noble, & qu'il n'y eût pas d'autre conjecture. Arrêt en l'Assemblée des Chambres du Parlement de Toulouse, rapporté par *M. de Catellan, liv. 2. chap. 34.*

350   Le legs n'est pas fait *incertis personis*, lorsqu'il est fait aux pauvres, sans désigner de quel lieu. Jugé en la Grand'-Chambre du Parlement de Paris, le 23. Mars 1694. *Journal des Aud.* tome 5. liv. 10. ch. 7.

INTERESTS DES LEGS.

351   Des interêts des legs. *Voyez cy-dessus le nombre* 37. *le nombre* 320. *& suiv.* le mot, *Interêts*, *nombre* 107. *& suiv.*

Les interêts du legs fait par un pere à sa fille qui a renoncé, sont dûs de droit, & sans demande faite en Justice. *V. Henrys*, tome 1. liv. 4. ch. 6. q. 64.

352   Jugé le 14. Février 1648. au P. de Paris, que du legs fait par un pere à sa fille de la som. de 18000. liv. à prendre sur ses meubles, à la charge qu'elle ne pourroit rien prétendre au surplus de ses biens, les interêts étoient dûs du jour de la mort du pere, & que les autres enfans n'étoient pas recevables à vouloir abandonner à leur sœur les meubles de la succession jusqu'à concurrence de la somme leguée ; mais qu'ils étoient obligés de la payer en deniers. *Ricard*, *des Donations*, part. 2. ch. 3. nombre 118.

LEGS, DE LIBERATION.

353   Voyez cy-dessus le nombre 17.
Un Testateur legue à un serviteur, la somme de cinquante livres, outre ses gages, & défend à son heritier de ne luy rien demander de ce qu'il a administré: *Post conditum testamentum*, il vit deux ans, pendant lesquels il souffre que le serviteur administre ses affaires, comme il faisoit auparavant. *Quæritur an ex verbis illius testamenti*, ce serviteur & legataire est quitte de l'administration faite aprés le Testament ? Il est certain que le legs ne peut regarder que l'administration faite jusqu'au jour du Testament. *Voyez la Bibliot. de Bouchel*, verbo, *Legs*.

354   Un legs de liberation n'étant écrit au Testament fait hors du Royaume, la preuve par témoins n'y est recevable. Arrêt du 17. Decembre 1587. *Carondas*, liv. 9. *Réponse* 53.

355   Legs fait à un neveu d'une quittance que le Testateur sçavoit être cancellée. Jugé le 4. Août 1604. contre les heritiers, vû la quittance. *Peleus*, q. 46.

356   Du legs de liberation & décharge de compte. *Voyez Basset*, tome 2. liv. 8. tit. 6. chap. 7. Tel legs est réductible *ad legitimum modum*. Arrêt du Parlement de Grenoble du 5. May 1671. *Liberatio à reddendis rationibus testamento relicta non impedit vindicationem ejus quod est apud legatarium, neque etiam datum remittit.* Voyez cy-aprés le nombre 415. *& suiv.*

LEGS LIMITATIF.

Voyez cy-dessus le nombre 245. *& suivans*, & le mot, *Assignat*.   356 bis.

LEGS D'UNE MAISON.

Le Créancier du prix restant d'une maison leguée à 357 la Fabrique, doit être payé par l'Executeur du Testament sur les biens de la succession, s'ils peuvent suffire, sinon il faut distraire de tous les legs au *pro rata*. Jugé en l'an 1500. *Carondas*, liv. 4. Rép. 50.

Legs à prendre sur une maison, le Testateur la vend 358 avec faculté de remeré, il la rachete & meurt, le legs est dû au Legataire. Arrêt à la Pentecôte 1582. *Montholon*, Arrêt 12.

Un pere legue à un de ses enfans certaines pieces de 359 terre, qu'il désigne & confronte par son Testament. Ensuite le Testateur qui a besoin d'argent, vend à pacte de rachat une des pieces leguées, & cependant la retient en afferme pour le temps du rachat. Aprés sa mort *quærebatur cujus onus erat*, ou de l'heritier institué, ou du legataire, de rapporter la piece venduë: Arrêt du Parlement de Toulouse qui condamne l'heritier à racheter & à faire joüir le legataire; si au contraire celui qui tient quelque lieu à faculté de rachat, le legue, il ne donne que le droit qu'il y a; cela s'entend toujours *salvo jure debitoris*, qui a faculté de racheter. *Voyez Mainard*, liv. 7. ch. 14. *& 15.*

LEGS, MARY.

Legs faits au mary ou par le mary. *Voyez cy-dessus le nombre* 289. *& suiv.*   360

LEGS, MARIAGE.

Voyez cy-dessus le nombre 24.   361
Du legs fait à une fille quand elle se mariera. *Voyez la Biblioth. de Bouchel*, verbo, *Mariage*.

Legs avec clause, quand elle se mariera, fait condition, 362 & est estimée répetée au second legs, ou au lieu des cent écus leguez par le premier legs, ils sont répetez au second legs, avec addition de deux autres cents écus, en cas que le fils meure en puberté, le substitué est chargé de payer les trois cents écus. *Voyez Carondas*, liv. 5. Rép. 52.

Legatum factum puella ut nubat: an legatum petere 363 *possit antequam nubat, & an ad hæredes transmittere valeat?* Voyez *Franc. Marc.* tom. 1. quæst. 856.

Relictum filiæ sub conditione nubendi alicui si peripsam 364 *non stet, conditio, pro impletâ habetur. Quid si conditio in viri personam apposita sit, & conditionem adimplere recusat?* Voyez ibid. quæst. 857.

Relictum pro puellis nuptui dandis in genere conditio- 365 *nale non est; secus si certa persona.* Voyez ibid. q. 858.

Puella cui dos legata est, si antè nuptias decedat, lega- 366 *tum extinguitur & evanescit. Legatum dotis ad hæredes transmittitur, si puella in ætate nubili obdormiat in domino?* *V.* Ibid. quæst. 860.

Si nepti cui relictum cum nupserit, decedat antè annos 367 *nubiles, non debetur legatum. Motnac*, ff. *quando dies usufructus legati cedat.*

Le legs fait à une fille quand elle se mariera, si elle 368 meurt sans se marier, ne sera transmissible à ses heritiers, ou bien si le legs est dit payable, quand ladite fille sera en âge de se marier *Joh. Durant*. *in suâ arte testandi*, tit. *de legat. cautela* 54. & *Mainard*, liv. 5. chap. 98. rapporte des Arrêts.

Jugé au Parlement de Toulouse que legat fait à des 369 pauvres filles à marier, n'est dû ni payable, jusqu'à ce qu'elles fussent prêtes à marier. *Voyez Mainard*, liv. 4. chap. 100. La Rocheflavin, liv. 6. tit. 61. Arrêts 15. & 17. & la *Bibliotheque de Bouchel*, verbo, *Legs*.

Un pere legue 1500. liv. à sa fille payables le jour de son mariage; institué heritier son fils par Testament, depuis lequel mariant sadite fille, il ne luy constitué que 1000. liv. Aprés le décés du Testateur, la fille, outre les

1000. liv. constituez, demande les 1500. liv. leguez; le fils dit que moyennant la constitution de 1000. livres faite en son Contract de mariage, le legat, comme fait pour cause de mariage, étoit tacitement révoqué; & par Sentence donnée par *Mainard*, comme Juge de Saint Cere, confirmée par Sentence du Sénéchal de Martel, à laquelle fut acquiescé par avis des plus celebres Avocats du Parlement de Toulouse, il fut dit que le legat de 1500. liv. sortiroit effet, à la charge de précompter les 1000. liv. constituez en dot & payez, l'heritier fut condamné à payer les 500. liv. restans. *Vide L. 3. §. si duobus, & l.penult.§. qui fratres. ff. de adim.legat.* Voyez *Mainard*, liv. 7. chap. 5.

370 Un legs est fait à une fille pour le marier; elle décede avant qu'être mariée; le legs, suivant quelques Docteurs, appartient à l'heritier du Testateur, & non à l'heritier de la fille; d'autres tiennent qu'il doit appartenir à l'heritier de la fille, parce que ce terme, POUR, *modum inducit non conditionem*, & est une cause impulsive qui regarde l'interêt du Legataire. *Voyez Carondas, liv. 7. Rép. 75.* Voyez M. *Ricard, des dispositions conditionnelles, chap. 2.* où il dit, si le temps est conjoint avec la disposition, il fait condition comme pour sa dot lorsqu'elle se mariera. *Carondas*, au lieu cy-dessus dit, si le Testateur declare expressément avec quelle personne il veut qu'elle se marie, ou s'il ajoûte cette clause taxative, & non autrement.

371 Legs fait à une pauvre fille de la somme de 100. liv. pour la marier est pitoyable; mais si cette fille décede avant que d'être mariée, le legs appartiendroit non à son heritier, mais à celuy du Testateur. Arrêt du Parlement de Bourdeaux du 20. Octobre 1520. *Papon, liv. 20. tit. 6. n. 2.*

372 Un pere legue 3000. liv. à sa fille pour sa dot & mariage; depuis il l'a mariée, & luy constitué 2000. liv. seulement. Aprés avoir long-temps survécu au Testament & au mariage, il décede sans faire une autre disposition. Par Arrêt du Parlement de Toulouse, il fut dit que la fille auroit 1000. liv. outre les 2000. livres constituez. V. *Mainard*, liv. 8. chap. 69. Il rapporte un Arrêt contraire du Parlement de Paris du 24. May 1561. mais il n'y avoit pas la circonstance d'une longue survie, sans changement de volonté. Quoyqu'il en soit, dit l'Auteur, il est impossible, au moins mal-aisé, que les Cours Souveraines se rencontrent en tout & par tout, & qu'elles-mêmes en leurs Chambres soient toûjours de même avis.

373 Les heritiers sont tenus solidairement chacun pour le tout, à payer le legs délaissé par le défunt en faveur de mariage. Arrêt du 14. May 1571. *Carondas, livre 6. Réponse 33.*

375 Legs fait par un pere à une fille d'une somme de 10000. liv. payables lors de son mariage, à la charge de ne pouvoir plus rien demander sur ses biens, ne s'entend que des biens paternels, la fille reçûë à demander 2000. liv. échûës de la succession de sa mere. Arrêt du Parlement de Toulouse en 1583. V. *Mainard, livre 7. chapitre* 11.

376 Un Testateur legue au fils de son frere 100. livres, payables quand il auroit atteint l'âge de 25. ans, & aux filles de son frere 100. liv. payables lorsqu'elles se marieroient, pourvû qu'elles se mariassent à un Gentilhomme; elles décedent avant que de se marier, & le neveu avant que d'avoir atteint l'âge de 25. ans. Leurs heritiers demandent les legs. On répond qu'ils sont faits sous conditions non arrivées. Par Arrêt du Parlement de Toulouse du 16. Février 1584. les heritiers des filles furent déboutez de leur demande, & l'heritier du neveu obtint gain de cause. *Voyez Mainard, livre 5. chapitre* 48.

377 Quoyqu'un Testament soit declaré nul faute de solemnitéz, neanmoins la somme leguée pour marier une fille, peut être demandée. Arrêt du Parlement de Dijon du 5. Février 1602. *Bouvot, tome 2, verbo, Legs, question* 21.

378 Legs fait à une fille quand elle sera mariée, ou quand elle se mariera, est pur *& transmittitur ad haeredes, quamvis decedat ante nuptias, quia dies solutionis tantum differtur;* si elle se fait Religieuse, *debetur Monasterio quia loco mariti est;* ainsi jugé en faveur d'une veuve, à laquelle son mary avoit donné une somme quand elle se marieroit; depuis elle s'étoit mise dans un Convent; le legs fut ajugé au Convent, par Arrêt du Parlement de Toulouse donné au mois de May 1602. au profit des Religieuses d'Alby. *Bibliotheque de Bouchel,* verbo, *Legs.*

379 Legs fait en faveur de mariage n'est pas conditionnel. Ainsi jugé au Parlement de Paris le 11. Mars 1614. M. le premier Président ajoûta en prononçant que les mots, *en faveur de mariage,* ne contenoient *nec conditionem, neque modum, sed causam.* Bardet, tome 1. liv. 2. chapitre 13.

380 Legs fait à une fille pour aider à la marier, ou entrer en Religion, est pur & simple, & non conditionnel; ainsi jugé le 24. Mars 1626. *Bardet, ibid. ch.* 78.

381 Legs verbalement fait par une défunte à son neveu, lorsqu'il se mariera, suivi d'une promesse de l'heritier, avec la même condition, n'est transmissible aux heritiers du neveu non marié. Arrêt du 20. Janvier 1639. *Bardet, tome 2. liv. 8. ch.* 2.

382 Un legs fait à une fille pour luy être délivré quand elle se mariera, ne peut luy être refusé si-tôt qu'elle aura 25. ans, quoy qu'elle ne soit point mariée; elle peut enfin demander les interêts du jour de sa majorité. Arrêt rendu en la Chambre de l'Edit de Castres le 10. Juillet 1645. rapporté par *Boné*, Arrêt 58. part. 2.

383 Varin donna par son Testament à Marie le Bouleur sa femme tous ses meubles, à la charge de payer 3000. liv. à ses enfans; & en cas que contre la bonne opinion qu'il avoit de sa conduite, elle passât en secondes nôces, elle seroit obligée de payer à ses enfans 6000. livres. Cette femme s'étant remariée au sieur de la Chesnaye, Bonaventure Varin, fils du Testateur, demanda les 6000. liv. au second mary, qui s'en défendit, par la raison que cette clause étoit contre les bonnes mœurs, & pour empêcher la liberté du mariage, *inhoneste est vinculo pœna matrimonia obstringi.* Par Arrêt du Parlement de Roüen du 17. Decembre 1658. la Cour condamna ce second mary à payer les 6000. liv. *Basnage, sur la Coût. de Normandie, art.* 431.

384 Il s'agissoit d'un legs fait au profit d'une fille, avec clause qu'elle en auroit la délivrance, lorsqu'elle seroit pourvûë par mariage ou autrement. La fille qui avoit atteint l'âge de 25. ans, declara qu'elle étoit resoluë de vivre dans le celibat. Jugé le 30. Janvier 1663. qu'il auroit délivrance du legs, avec interêt. V. *le Brun, des Successions, liv. 1. ch. 4. sect. 4. n.* 25. Notables Arrêts des Audiences, *Arrêt* 86. & le 2. *tome du Journal des Audiences, liv. 5. ch.* 3.

385 Arrêt du Parlement de Provence du dernier Juin, qui a jugé que le legs fait par un pere à sa fille au cas qu'elle se marie, n'est pas conditionnel; mais qu'il est transmissible à ses heritiers, quoyque le mariage n'ait pas été accompli. *Boniface, tom. 2. liv. 2. tit. 1. chapitre* 5.

386 Legs par une tante à sa niéce, payable quand elle se marieroit, & en un aprés, est pur & conditionnel; & la Legataire recevable à le demander un an aprés l'âge de 25. ans, quoyque non mariée. Jugé à Bourdeaux le 3. Juin 1668. *Journal du Palais.*

387 Arrêt du 3. Juillet 1668. qui ordonne la délivrance du legs d'une somme de 300. liv. fait par une tante à sa niéce, & payable lorsqu'elle se marieroit; jugé qu'il luy seroit payé lorsqu'elle auroit atteint l'âge de 25 ans. *La Peirere, lett. L. art.* 8. Cet Arrêt paroît le même que le précédent.

LEGS AUX MEDECINS.

388 Des legs faits aux Medecins. *Voyez Ricard, des Donations entre-vifs, part. 1. chap. 3. sect.* 9. où il traite la question dans toute son étenduë.

580 LEG   LEG

389 Le legs de cent écus fait par un pestiferé à son Chirurgien pour le traiter en sa maladie, réduit à cinquante écus. Arrêt du Parlement de Toulouse du 27. Novembre 1629. M. Dolive, liv. 5. chap. 19.

390 Legs fait par une femme malade à son Apoticaire, pour prétenduë récompense de service, jugé nul, le 1. Mars 1646. Du Frêne, liv. 4. chap. 33. M. Dolive, liv. 5. chap. 19.

391 Legs fait par un malade à un Medecin, qui n'étoit point son Medecin ordinaire, mais son amy, jugé valable le 13. Avril 1658. Notables Arrêts des Audiences, Arrêt 12. De la Guessiere, tome 2. liv. 1. ch. 41. rapporte le même Arrêt.

392 Legs fait par un malade à son Medecin qui étoit son neveu, jugé valable, le 18. Janvier 1662. De la Guessiere, tome 2. liv. 4. chap. 43. & Soëfve, tome 2. Centurie 2. chapitre 54.

On cite sur cette matiere l'art. 276. de la Coût. de Paris, avec l'art. 131. de l'Ordonnance de 1539. mais l'une & l'autre ne parlent point des Medecins nominatim; mais elles parlent des mineurs & de leurs Tuteurs, Pedagogues & Administrateurs, &c.

393 Legs fait par un malade à son Chirurgien, declaré valable, par Arrêt du 31. Août 1665. De la Guess. to. 2. liv. 7. chap. 31. M. Talon, Avocat General dit, que les Medecins, Chirurgiens & Apoticaires, n'avoient jamais été jugez par les Arrêts incapables d'accepter des legs, lorsqu'il s'est rencontré d'autres causes, que leur art seul, qui pouvoient les avoir meritez, comme en l'espece presente; car il est constant que le défunt & le Chirurgien ont vêcu ensemble pendant plusieurs années, avec une civilité & une confiance toute entiere. La qualité d'hôte rendoit la donation plus favorable; la preuve de la suggestion se trouvoit fort legere; le Testateur avoit survecu prés de deux mois depuis son Testament, & l'avoit confirmé & expliqué par son Codicile.

394 Arrêt du Parlement de Provence du 22. Decembre 1674. qui declara nul le legs fait au Medecin par son malade, & à ses enfans en ligne collaterale. Boniface, tome 5. liv. 2. tit. 2. ch 9.

Voyez cy-dessus les nomb. 108. 109. & 141.

LEGS POUR APPRENDRE METIER.

395 Une tante legue 200. liv. à son neveu, payables lorsqu'il auroit atteint l'âge de 25. ans, ou qu'il seroit en métier; le neveu étant en métier avant cet âge, les Augustins, heritiers de cette tante, refusoient de payer, disant qu'il falloit attendre les 25. ans; mais au Parlement de Toulouse, par Arrêt du 19. Juillet 1641. jugé que le legat étoit dû depuis que ce garçon étoit en métier; les Augustins condamnez à le payer avec les interêts. Albert, verbo, Legat, art. 1.

396 Les paroles par lesquelles le Testateur prescrit une profession, n'obligent point le Legataire à la suivre; l'on doit suivre son inclination; tel est propre à un art qui ne le seroit pas à un autre, autrement jus libertatis infringitur. L. Titio 71. §. 2. ff. de condit. & demonst. cela a lieu, quand même le Testateur auroit ajoûté ces paroles, & non autrement, ou qu'il y eût mis une clause irritante; comme il fut jugé au Parlement de Toulouse le 18. Février 1627. en la cause d'un nommé Egle; son pere Laboureur l'avoit institué heritier, à la charge qu'il seroit Laboureur, & en cas qu'il ne le fût pas, il le prive de l'heredité, & ne luy legue que 350. livres, & institué Marguerite Egle sa fille; ce fils au lieu d'être Laboureur fait Architecte; revenant de voyage, il demanda la maintenuë aux biens de son pere, qui luy fut ajugée, contre sa sœur. La même chose fut décidée par un Jugement des Requêtes, acquiescé (ce qui n'est pas neanmoins un préjugé) le 4. May 1640. Un Testateur ayant legué 50. liv. à un enfant, à la charge de le mettre en métier & non autrement, quoyqu'il ne s'y mît pas, & qu'il étudiât, la Cour luy ajugea les 50. liv. Il semble que si un fils ou un parent prenoit une profession qui fit deshonneur à la famille, la clause irritante

pourroit priver le Legataire du legat, à moins qu'il n'y eût d'autres raisons qui en empêchassent. Albert, verbo, Legat, art. 2.

LEGS DE MEUBLES.

397 Par Arrêt du Parlement de Toulouse, il fut jugé legato domûs & mobilium ibi existentium non contineri pecuniam in muro reconditam; vide L. si mihi fin. de legat. 3. Voyez Mainard, liv. 6. chap. 7.

398 Sous le nom de biens, meubles, & immeubles, les droits & actions ne sont pas contenus; car ils sont une espece de biens differente des meubles & immeubles, mais s'il est dit simplement mes biens, sans ajoûter meubles & immeubles, les droits & actions y sont compris. V. Maynard, liv. 9. ch. 37.

399 Legataire des meubles & acquêts, ne peut demander ceux faits depuis le Testament. V. Mainard, liv. 8. chapitre 77.

400 Legs fait par un pere à l'un de ses enfans de tous ses meubles & acquêts, n'ayant aucuns propres, encore qu'il soit porté que c'est pour récompense de service, le legs declaré nul, & que les biens seroient divisez également entre tous les enfans. Arrêt du 12. May 1570. Carondas, liv. 6. Rép. 19.

401 Un frere avoit un frere, & plusieurs neveux & nièces. Il legue à son frere tous ses meubles, dettes actives & argent monnoyé, & veut que le surplus soit divisé également entre ses heritiers. Arrêt conforme à la clause du Testament, du Lundy 15. May 1588. Tronçon, Coût. de Paris, art. 310. verbo, Neveux, &c. Voyez Henrys, tome 1. liv. 5. chap. 4. quest. 52. où il cotte un Arrêt contraire du 31. May 1642. & explique l'Arrêt rapporté par Tronçon.

402 Jugé au Parlement de Paris la surveille de Noël 1590. qu'un legs conçû en ces termes, Je donne tous les meubles qui sont en ma maison, l'argent monnoyé, ni les dettes n'y étoient pas compris. Arrêt semblable du 21. Mars 1654. Ricard, des Donations part. 2. ch. 4. n. 184.

403 Legataires universels des meubles qui ne sont pas proprement heritiers, ne peuvent payer les legs aux pepinieres. Arrêt du Parlement de Normandie du 5. Juin 1609. V. Pesnelle, sur l'article 517. de cette Coûtume.

404 Par Arrêt du 16. Janvier 1613. jugé qu'en legs de meubles par un Testament, il faut considerer le jour du décés du Testateur. Tronçon, sur la Coûtume de Paris, article 294.

405 Le legs de meubles que j'ay en ma maison, de quelque nature & condition qu'ils soient, l'or & l'argent monnoyé y est compris, sans qu'il soit besoin d'une plus particuliere désignation; Secus, si le legs est fait de tout l'argent, les autres meubles n'y sont pas compris. Arrêt du 8. Février 1614. Du Frêne, liv. 1. chap. 16. Voyez Bacquet, des Droits de Justice, chap. 21. n. 85. Voyez Ricard, des Donations entre-vifs, 2. partie chapitre 1. section 4.

406 Sous le legs de meubles meublans, & servans ordinairement en la maison, la vaisselle d'argent, tableaux & tapisseries y sont compris. Arrêt du 27. Avril 1616. Du Frêne, liv. 1. chap. 98. Voyez la Loy 9. §. ult. ff. de suppelletttile legata.

407 Le Legataire de tous les meubles, à la charge de payer les dettes, n'est tenu que jusques à la concurrence de l'Inventaire. Arrêt du 28. May 1626. Ibid. chap. 108. Voyez hoc loco suprà, Legs d'acquêts.

408 Le legs des meubles, du vin, & de la vaisselle vinaire, ne comprend les grains, le bétail du labourage, ni la cave vinaire. Arrêt du Parlement de Toulouse du 22. Mars 1628. M. Dolive, liv. 5. chap. 21.

409 Dans le legs universel des meubles & acquêts, l'office duquel le Testateur étoit revêtu, doit être compris. Jugé les 23. Mars 1638. 13. May & 6. Septembre 1653. & 12. Janvier 1655. Soëfve, tome 1. Cent. 4. ch. 77.

410 Jugé au Parlement de Paris le 8. Février 1657. que l'or & l'argent monnoyé, non plus que les promesses & obligations, n'étoient pas compris dans une dona-

tion entre-vifs faite *de tous les meubles qui se trouvoient appartenir au Donateur, au jour de son décès, consistant en meubles meublans, tapisseries, vaisselle d'argent, & autres biens meubles, de tous ses Livres & Recueils*; en consequence l'argent comptant & les obligations furent ajugez au Legataire, en faveur desquels le Donateur en avoit disposé, par un Testament qu'il avoit fait posterieurement à la donation. *Ricard, ibidem, nombre* 186.

411. Un legs fait d'un coffre, & de tout ce qui seroit dedans au jour du décés du Testateur, comprend toutes les obligations & autres papiers importans qui y furent trouvez. Arrêt du Parlement de Grenoble du 24. Juillet 1665. *Basset, tom.* 1. *liv.* 5. *tit.* 7. *chap.* 7.

412. Arrêt rendu au Parlement de Toulouse le 13. Août 1665. qui a jugé que dans un Testament qui portoit un legs de tous les meubles *qui étoient dans la maison*, les grains s'y trouvoient compris, parce que le Testateur avoit dit que les papiers & promesses qu'il y étoient, appartiendroient à son heritier. *La Rocheflavin, livre* 2. *letre* M. *tit.* 8. *Arr.* 1.

413. Sous le terme de biens meubles, sont compris l'or & l'argent monnoyé & non monnoyé, les marchandises, noms & actions, & les rentes. Jugé au Parlement de Tournai le 19. Novembre 1693. contre les heritiers d'un Testateur, qui prétendoient que les noms & actions, faisoient une troisième espece, & devoient être distraits. *Pinault, tome* 1. *Arr.* 5.

Legs aux Notaires.

414. Arrêt du Parlement de Dijon du 20. Juillet 1588. qui confirme le legs fait à un Notaire. *Bouvot, to.* 2. verbo, *Testament, quest.* 21.

Voyez cy-après le mot, Notaire. §. *Notaires, Legataires.*

Obligation leguée.

415. *Voyez cy-dessus le nombre* 353. & *suiv.*

Si quelqu'un est obligé *in solidum* avec d'autres, & que le Testateur luy legue toute la dette mobiliaire qu'il luy doit; on demande si le Legataire peut non seulement prétendre sa décharge, mais la cession d'action contre les coobligez? *V. Bouvot, tome* 2. *part.* 2. verbo, *Dette leguée*, où il dit que pour restraindre la liberation & le legat à la personne du Legataire, il faudroit qu'il en apparût par la volonté du Testateur, *quæ colligitur ex verbis*, ou que les coobligez ne pussent être communs, *que pro virili parte*.

416. Si quelqu'un legue la moitié de ce qui luy est dû par *Titius*, & que *Titius* soit insolvable pour partie du dû, si l'heritier est tenu nonobstant ce, de fournir la moitié de la somme leguée sans aucune diminution au Legataire, & le faire valoir pour ladite moitié? *Voyez Bouvot, tom.* 1. *part.* 1. verbo, *Legat*, *quest.* 2.

417. Le legat fait à quelqu'un d'une somme dûe par un tiers, est suffisamment révoqué, s'il se trouve que depuis le Testament, le Testateur ait exigé & reçû la dette, & s'il n'en a levé qu'une partie, le legat ne restera que pour la somme restante; car par la levée & exaction, le Testateur est censé avoir changé de volonté, à moins qu'il n'apparût du contraire, par autres argumens plus forts. *Voyez Maynard, liv.* 5. *chap.* 99.

418. Un Maître legue à son Serviteur 100. écus, à prendre en plus grande somme à luy dûe par telle obligation. L'heritier universel assigné par le Legataire, offre de luy ceder l'action & le droit de l'obligation jusqu'à concurrence des 100. écus. Le Legataire soûtint que le Debiteur étoit insolvable, au moins d'une discussion si difficile, qu'il aimeroit mieux perdre le legs que d'entrer en procés avec luy. Arrêt du Parlement de Toulouse au mois de Juin 1556. en faveur du Legataire, l'heritier condamné à payer les 100. écus. *Voyez Maynard, liv.* 8. *chap.* 52.

419. L'heritier est tenu de payer les legs de certaine somme, à prendre sur une autre, & il n'en est déchargé en faisant cession de la dette. Arrêt du 3. Juillet 1568. *Carondas, liv.* 7. *Rép.* 121.

420. Un Testateur avoit legué à sa Servante 30. livres, à prendre sur une cedule de 100. livres. L'heritier disoit qu'en cela, *pars chirographi & nominis legata erat*, & que la poursuite devoit se faire aux dépens de la Legataire. Elle répliquoit que *legatum non erat nomen, neque chirographum sed certa quantitas & pecunia*, & que ce legs étoit fait in alimenta *qua diminutionem pati non debent*. Par Arrêt du 12. Juillet 1568. l'heritier fut condamné à faire la délivrance de 30. liv. & aux dépens. *Bibliotheque de Bouchel*, verbo, *Legs*.

421. Il y a grande difference entre ces deux sortes de legats, *Je legue à un tel la somme de* 100. *écus*, *à prendre sur ce que me doit un tel*, ou bien, *Je legue à un tel la somme de* 100. *écus*, *à moy dûe par un tel*; car en ce cas, l'heritier est quitte en cedant l'action au Legataire, & luy délivrant l'instrument obligatoire pour en poursuivre le payement contre le Debiteur; *L. Lucius Titio*. §. *civibus de leg.* 2. *L. qui chirographum de leg.* 3. En l'autre cas l'heritier est tenu payer la somme leguée, sauf à icelle exiger du Debiteur indiqué par le Testateur; *L. Paula Callinico*. §. *Julius Severus, ff. de legat.* 3. Arrêt du Parlement de Paris du 13. Juillet 1568. en disant que les Présidiaux de Lyon avoient mal & ineptement jugé au contraire, avec dépens; & en pareil cas fut jugé de même par Arrêt du Parlement de Toulouse du mois de Mars 1560. avec dépens, & l'amende. *Voyez Maynard, liv.* 7. *chap.* 9.

422. Jean Lardat habitant de Toulouse, legue à sa femme la moitié d'une somme qui luy étoit dûe. La femme requiert que l'heritier de son mary soit tenu aller querir, lever & exiger à ses dépens la dette, & luy en délivrer la moitié. L'heritier dit qu'il n'est pas tenu; il offre de luy ceder l'action & remettre l'obligé pour poursuivre ladite dette, si elle veut. Par Arrêt du 16. Juin 1584. l'heritier fut absous de la demande, en cedant ses actions. *Biblioth. de Bouchel*, verbo, *Legs*.

423. Un mary legue à sa femme par Testament 1000. liv. à la charge de payer 800. liv. à un tiers; depuis le Testament, le Testateur paye les 800. liv. à ce tiers, & décede en cette volonté. Procés entre la femme & l'heritier du mary, pour sçavoir, si elle doit avoir les 1000. liv. entiers, ou s'il en faut déduire les 800. liv. Par Arrêt du Parlement de Toulouse du 18. Septembre 1593. il fut dit qu'elle auroit l'entier legat de 1000. liv. *Voyez Maynard liv.* 7. *ch.* 7.

424. Si le Testateur legue une telle somme qu'un tel luy doit, l'heritier n'est tenu à autre chose qu'à délivrer au Legataire les actes qu'il a pour établir cette dette, ou jurer qu'il n'en a pas. Arrêt du Parlement de Toulouse du 16. May 1651. rapporté par *M. de Catellan, liv.* 2. *chapitre* 41.

425. Si le Debiteur paye le Créancier après le Testament & avant sa mort, le Legataire perd le legs, suivant la Loy 22. *ff. de liberatione legata*. Arrêt du 21. Avril 1671. Tournelle Civile, plaidans Corbin & Maurice. *Voyez Ricard, des Donations entre-vifs, part.* 3. *chap.* 3. *sect.* 3. *distinct.* 5. *n.* 357.

Legs aux Neveux.

Voyez l'espece dans Carondas, liv. 13. *Rép.* 94.

426. Legs fait par un oncle à ses neveux, les enfans d'un des neveux décedé avant le Testateur, n'y sont compris. Arrêt du 10. Mars 1651. *Du Fréne, liv.* 6. *chapitre* 19.

Legs de l'or et de l'argent.

Voyez cy-dessus les nomb. 110. & 405.

427. *Jure Romano, qui legat aurum vel argentum, hoc legato, continetur quidquid auri argenteæve factum infectumve est, pecunia autem signata non; apud nos qui legat omne aurum & argentum, tale legatum includit solùm pecuniam legatam, vasa autem aurea vel argentea nonquod si legatum sit in hæc verba, lego omne aurum meum factum, legatarius, apud nos, nihil præter nummos petere potest; jure verò Romano debentur vasa argentea, nec verò nummi signatæve pecunia*. *Mornac, L.* 2. *C. de constitutâ pecuniâ*.

428 *Auri vel argenti appellatione monetatum non venit. Auro & argento legato debita, jura, actiones vel pignora quæ vendicari non possunt, legata non censentur.* Voyez *Franc. Marc.* 10. 1. quest. 50.

429 *Mobilibus legatis, aurum & argentum non debetur, nisi de his quæ manifesto senfisse testatorem possit ostendi Paulus*, lib. 3. *sententiarum, tit. de legat. mobilibus, cujus rei rationem reddit Constantius*, lib. 5. *Epitomes cap.* 5. *Quod, ut pretiosa, specialiter designari oporteat.*

430 Je legue mes meubles qui seront en évidence; l'argent monnoyé, cedules, promesses & obligations, & autres dettes actives, trouvez en la maison, ne sont compris dans les legs. Arrêt à Noël 1590. *Montholon, Arrêt* 65. Voyez *Mornac*, L. 34. *de pignoribus, &c.* Voyez *Carondas*, liv. 8. Rép. 19.

431 Arrêt du Parlement de Roüen du 26. Avril 1619. qui permet à une veuve, Donataire des meubles & argent de son mary, de faire abbattre les murailles de la maison, pour y chercher de l'argent qu'il luy avoit declaré avoir caché dans les murailles pendant les guerres civiles. Comme le défunt n'avoit pas abbattu sa maison pour mettre son argent, il n'y avoit pas lieu de craindre aucune ruine pour le retirer. *Basnage, sur l'art.* 419. *de la Coût. de Normandie.*

432 Legs de la moitié d'une maison, qui étoit un conquêt de la Communauté d'entre le testateur & sa femme, & de la moitié de tous les meubles, s'entend de tout le droit que le Testateur y avoit, & comprend l'or & l'argent monnoyé. Jugé au Parlement de Paris le 8. Février 1624. *Bardet*, tome 1. livre 2. ch. 5.

433 Arrêt du Parlement de Provence du 12. Mars 1652. qui a jugé que le legs d'une somme certaine étant dans les coffres, n'est pas dû de toute la somme, si elle ne s'y trouve pas entiere. *Boniface*, to. 2. liv. 2. tit. 1. ch. 11.

LEGS, PARAPHERNAL.

434 Jugé par Arrêt du 13. May que la femme qui a pris un legs par Testament de son mary, de ses hardes & caroffes, ne pouvoit prétendre de paraphernal. *Berault, à la fin de la Coûtume de Normandie*, tome 2. p. 98. *sur l'art.* 394.

LEGS FAITS AUX PAUVRES.

435 Un heritier chargé de payer un legs aux pauvres, ne doit être condamné d'anticiper le payement. Il y a des Arrêts contraires, qui bien loin d'être devenus favorables aux pauvres, ont refroidi la liberalité des Testateurs. *V. Mainard*. liv. 2. ch. 5.

436 Un particulier de la Paroisse de Saint Roch de la ville de Paris, fait son Curé Executeur de son Testament, par lequel après quelques legs particuliers, il laisse le surplus de ses biens à son Executeur Testamentaire, pour en faire un Soleil d'or à l'Eglise de Saint Roch, & le restant être distribué aux pauvres parens, & autres œuvres pies. Les parens de deux lignes se presenterent pour recüeillir le fruit de cette disposition, lesquels contesterent les genealogies les uns aux autres; mais elles demeurerent verifiées, & rapporterent tous des certificats, comme ils étoient aux charitez de leur Paroisse. Le Curé de Saint Roch incline du côté des uns, & témoigne ne vouloir rien donner aux autres: sur quoy intervint Sentence au Châtelet, qui ordonna que le Curé en disposeroit à sa volonté; dont y ayant appel, la Cour, en l'Audience de la Grand-Chambre, du Lundi 15. Mars 1655. jugea que les termes du Testament obligeoient le Curé de Saint Roch à une distribution égale au profit de ceux qui étoient de la qualité, en infirmant la Sentence du Châtelet; ce qui est conforme à la disposition de la Loy verba *D. de alim. & cib. relict.* V. *Ricard, des Donations*, part. 2. ch. 2. n. 91.

437 Les legs faits par ceux de la Religion Prétenduë Réformée aux pauvres de ladite Religion, appartiennent aux Administrateurs des Hôpitaux ou Bureaux des Pauvres des Villes, pour être employez à la nourriture des pauvres, tant Catholiques, que de la Religion Prétenduë Réformée. *V. les Décisions Catholiques de Filleau*, décision 79.

438 Plaidoyez touchant un legs de tous biens, fait aux pauvres par mary & femme, desquels le mariage a été depuis controversé. Voyez *le Recüeil des Plaidoyez & Arrêts notables*, imprimez en 1645.

439 *Titius* fait un Testament, & après son legs plusieurs legs particuliers, il ordonne à son heritier, que toutes les années, à pareil jour qu'il est décedé, il mettra six septiers de bled en pain pour les donner aux pauvres du lieu. L'on demande si l'Official du lieu peut convertir ce pain & ce bled destiné aux pauvres, pour le donner à un Prêtre, qui diroit des Messes pour le repos de l'ame du défunt. *Joannes de Inola*, & quelques autres Docteurs, répondent que *etiam consentiente hærede hujusmodi legatum ad aliam usum non potest converti per Officialem*; & la raison qui en peut être rapportée, est parce que *non agitur de utilitate hæredis cui possit renunciare, sed de voluntate defuncti adimplendâ.* Définitions Canoniques, page 440.

440 Les heritiers du défunt qui a laissé son bien aux pauvres de sa Paroisse, peuvent, s'ils le sont, quoy que d'une autre Paroisse, demander leur part. Arrêt du Parlement de Paris du 11. Decembre 1543. qui a jugé 40. livres à une pauvre veuve, à la charge de prier Dieu pour le défunt, après avoir pris le serment de sa pauvreté. Même Arrêt du 18. Mars 1575. *Papon*, liv. 20. tit. 6. nombre 8.

441 Les pauvres parens du Testateur doivent participer au legs fait aux pauvres; mais ils ne peuvent retenir la somme sous ce pretexte, elle doit être délivrée au Receveur. Arrêts des 14. Mars 1552. & 2. Mars 1581. Par celuy-cy il fut dit que les pauvres parens seroient preferez en la distribution de tels deniers. *Papon, ibidem,* nombre 10.

442 Le 4. Février 1562. M. l'Avocat du Roy du Ménil, plaida pour avoir délivrance d'un legs pour les pauvres, qui n'étoit porté au Testament ni Codicile du sieur Cardinal d'Amboise, & dont il n'avoit preuve que par un ou deux témoins. En plaidant il allegua le procés de Badauvilliers, où il étoit question d'un legs nuncupatif, fait aux pauvres par un papier non signé, sans qu'il y eût aucun témoin qui en parlât; neanmoins la Cour y trouva si grande apparence en faveur des pauvres, que le procés fut parti, & depuis les heritiers avertis que la Cour y avoit trouvé grande apparence pour les pauvres, accorderent avec les pauvres à 10000. liv. *Biblioth. de Bouchel*, verbo, *Legs*.

443 Le 20. Janvier 1569. un legs pitoyable de 500. liv. laissé aux pauvres de l'Eglise réformée, a été ajugé au Bureau des pauvres. *Papon*, liv. 250. tit. 6. n. 6.

444 Quand un Testateur laisse un legs aux pauvres sans specifier de quel endroit, on présume toûjours pour ceux du lieu où il demeuroit au jour de son décés, quand même il en auroit laissé la distribution à un homme demeurant au Pays de sa naissance. Arrêt du 7. Août 1578. au sujet d'un legs de 900. liv. fait par le Seigneur des Ursins. *Papon, ibid.* n. 8.

445 La faveur des pauvres ne rend pas un Testament valable qui n'est pas solemnel, comme s'il étoit écrit de la main du Serviteur, & signé du Maître. Arrêt du 21. Mars 1581. *Montholon, Arrêt* 3. Brodeau sur M. Loüet, lettre R. somm. 52. nomb. 14. rapporte le même Arrêt.

446 Le legs fait aux pauvres, doit se distribuer aux pauvres du domicile du Testateur, & où il est enterré, & non aux pauvres du lieu où ses heritiers demeurent, bien qu'il semble que le legs soit laissé à la disposition des heritiers du Testateur. Arrêt du 16. Février 1605. *Peleus*, quest. 111.

447 D'un legs d'heritages en faveur des pauvres, mi-lods ne sont dûs. *Voyez Henrys*, tome 2. liv. 3. quest. 16.

448 Plusieurs de la Religion Prétenduë Réformée se refugierent à Bâle; un d'eux fait son Testament, institüe un ami son heritier, & en cas de décés luy substituë les pauvres François réfugiez, étans de la même Religion. Lors de l'ouverture de la substitution, nul François de cette Religion ne se trouve à Bâle; tous s'étoient retirez

sur la foy de l'Edit d'amnistie & de pacification. Les pauvres de Bâle prétendoient la succession ; ils disent que le défunt avoit fait ce legs en consideration de la ville ; les pauvres François retirez de Bâle répondoient que le malheur commun avoit formé une espece de société entr'eux, & le Testateur qui avoit desiré de les faire heritiers. Arrêt du 11. Janvier 1606. qui ajuge le legs aux pauvres François de la Religion Prétenduë Reformée, étant refugiez à Bâle au temps de la mort du défunt. *Plaidoyers de Corbin, chap. 10.*

449 Legs de 500. liv. de rente fait aux pauvres de la Religion Prétenduë Réformée de Sedan, fut ajugé aux pauvres de l'Hôtel-Dieu & Hôpital de Sedan. Arrêt en la Chambre de l'Edit de Paris, à huis clos, du 12. Février 1610. *Corbin, suite de Patronage, ch. 229.*

450 *Legatum factum pauperibus in genere intelligitur factum pauperibus suæ Parœciæ;si aliqua Ecclesia designata sit testamento cujus plures sint in eodem oppido, pauperiori debetur ; in ambiguâ quæstione voluntatis testatoris contrâ haredes à latere,maximè faveatur pauperibus.* Arrêt du 26. Mars 1615. *Mornac, L. 24. Cod. de Episcopis & Clericis, &c.*

451 Somme de deniers baillée par un homme en extrémité de maladie à un Marchand pour employer en œuvres pies, à luy dites en secret, telle disposition est nulle, au préjudice des pauvres heritiers du défunt, à qui la succession fut ajugée. Jugé le 19. Février 1614. *Du Frêne, liv. 1. chap. 19.*

452 Legs fait aux pauvres de la Religion Prétenduë Reformée, ajugé au Bureau des pauvres, pour être distribué à ceux de l'une & l'autre Religion, quelque disposition qu'il y eût au Testament, ou autre disposition. Jugé le 7. Janvier 1626. *Bardet, tome 1. livre 2. chapitre 62.*

453 Habitans exhortez de leguer aux pauvres ; injonction aux Notaires d'en avertir le Testateur. Arrêt du Parlement de Grenoble du 13. Mars 1637. *Basset, to. 1. liv. 1. tit. 3. chap. 1.*

454 Arrêt du Parlement de Paris du 22. Juillet 1643. qui confirme un testament, par lequel la Testatrice avoit laissé une somme de 18000. liv. aux Capucins du fauxbourg Saint Jacques à Paris, & institué les pauvres, ses heritiers en tous ses biens, dont elle avoit laissé la distribution à ses Executeurs Testamentaires ; le temperament que la Cour apporta, fut que les heritiers de la Testatrice, quoyque de bonne condition, étant pauvres, elle ordonna que les biens par elle délaissez aux pauvres honteux, seroient donnez, moitié à ses parens, l'autre moitié à l'Hôtel-Dieu de Paris, & aux pauvres de l'aumône generale de Lyon. *Soëfve, tome 1. Cent. 1. chapitre 61.*

455 Le legs fut ajugé aux plus proches parens pauvres, qui n'avoient point de commerce ou d'industrie. Prononcé le 15. Mars 1655. *Des Maisons, lettre T. n. 12.*

456 Legs de 4000. liv. fait aux pauvres, ou en autres œuvres pies, sans avoir par le Testateur declaré comment, ni désigné à quels pauvres, du *reliqua* de compte, le tiers donné aux pauvres parens, & le surplus à l'Hôpital General de Noyon. Arrêt du 17. Février 1665. *De la Guessiere, tome 2. liv. 7. ch. 8.*

457 Les pauvres parens du Testateur, sont preferez aux autres, pour recueillir le legs laissé aux pauvres. Arrêt du Parlement de Provence du 17. Mars 1671. *Boniface, tome 5. liv. 2 tit. 2. ch. 10.*

458 Legs fait à des pauvres qui seroient indiquez par l'Executeur Testamentaire, quelques parens plus proches qui se disoient pauvres, demandoient d'être preferez; le legs ajugé aux parens qui avoient été marquez par l'Executeur Testamentaire. Arrêt du Parlement de Paris du 16. Juin 1681. *De la Guessiere, tome 4. livre 4. chapitre 16.*

459 Un legs universel ne peut être fait au préjudice des heritiers en directe au profit des Hôpitaux. Jugé en la Grand-'Chambre du Parlement de Paris le 23. Mars 1694. *Journal des Audiences, tome 5. livre 10. ch. 7.*

460 Des legs faits à des parens pauvres. Voyez *Henrys, tome 2. liv. 5. quest. 28.* Aujourd'huy l'on desire que les parens pauvres rapportent la preuve de leur pauvreté. Arrêt de Parlement de Paris du 16. Mars 1700. qui l'ordonne ainsi à l'égard du Testament de Dame Antoinette Charreton, veuve de M. Noël Renoüard, Maître des Comptes.

Voyez le mot, *Pauvres.*

PAYEMENT DES LEGS.

461 Voyez cy-dessus le nombre 6. & cy-après le nomb. 559. & suivans.

Payement des legs par l'heritier. Voyez le mot, *Heritier, nomb. 316. & 317.*

462 *Legatum ubi solvi debeat ?* Voyez *Coras. S. C. Tholos. 86.*

462 bis. Quelles actions les Legataires ont droit d'exercer contre les heritiers pour le payement de leurs legs ? Voyez *Ricard, Traité des Donations, part. 2. chap. 1. section 2.*

463 Quoyque le Testament soit contesté, les legs se payent par provision. Jugé au profit des Legataires de l'Archevêque de Vienne ; souvent l'on fait donner caution. Arrêt du 16. Février 1552. *Biblioth. de Bouchel,* verbo, *Provision.*

464 *An, solutio legatorum pertineat ad hæredem fideicommisso gravatum, an verò ad fideicommissationem? Accurs. in Leg. 1. §. penult. & ult. D. ad Sen. Trebelli. & in Leg. 2. C. eodem,* tient que le payement des legs in solidum appartient au fideicommissaire, quoyque des dettes ou funerailles du Testateur, il ne soit tenu d'en porter, que eu égard à la cotte des biens dont il profite, comme aussi des réparations & meliorations. *Guid. Pap. q. 269. & 497. Consil. 8.* & l'a ainsi jugé. *Bibliot. de Bouchel,* verbo, *Legs.*

465 *Solutio legatorum non pertinet ad hæredem fideicommisso gravatum, sed ad fideicommissarium ;* ainsi jugé au Parlement de Toulouse. *La Rocheflavin, liv. 6. tit. 61. Arrêt 4.*

466 Un Testateur laisse 400. écus ; vingt ans après la demande en est faite ; on soûtient que les écus étant augmentez, on ne peut être tenu de les payer que suivant ce qu'ils valoient au temps du Testament. Jugé le 2. Septembre 1580. *Ibidem. Arr. 5.*

467 Les legs payez par l'heritier grevé de rendre, sont répetez sur la portion du fideicommissaire. Arrêt du Parlement de Toulouse du 7. Decembre 1582. *Cambolas, liv. 1. chap. 6.*

468 L'heritier qui a fait quelque acte approbatif d'un Testament, payant une partie des legs, peut prendre des Lettres pour être relevé, s'il reconnoît dans la suite que le Testament a été suggeré, d'autant que ce qu'il a fait n'a été que par erreur de fait ; autre chose s'il avoit approuvé le Testament par erreur de droit. *Ricard, tome 1. page 444.*

469 *Legatum ubi solvi debeat ?* Arrêt du 29. Janvier 1633. qui juge que 12. septiers de bled leguez à l'Hôpital saint Etienne se payeroient au lieu de Malval où étoit située la terre sur laquelle ils se devoient être pris ; en sorte que les Recteurs qui prétendoient que l'heritier étoit tenu de faire la délivrance annuelle à saint Etienne, perdirent leur cause. Voyez *les Additions à la Bibliotheque de Bouchel,* verbo, *Legs.*

470 Quand un legs est remuneratoire & a été payé par le Testateur même, il ne peut être repeté après sa mort par l'heritier, ni par autre, sous quelque pretexte que ce soit. Arrêt du Parlement de Grenoble du 16. Février 1637. rapporté par *Chorier, en sa Jurisprudence de Guy Pape, page 171.*

471 Le legs d'une redevance de sel annuelle & perpetuelle, fait à l'Hôtel-Dieu de saint Etienne en Forêt, se doit payer non au prix du Marchand, mais au prix de la Gabelle. Arrêt du 23. Août 1641. *Henrys, tome 2. liv. 1. quest. 10.*

472 Jugé au Parlement de Provence le 23. Janvier 1654. que les Legataires ne sont payez de leurs legs sur les

LEGS PENAL.

473 Voyez cy-dessus le nomb. 23.
Pœna nomine legatum valet. Voyez le livre 2. des Instit. tit. 10. §. ult. pœna quoque, &c.

474 Si un Debiteur avoit laissé à son Créancier, qui est aussi son heritier, une somme à la charge qu'il ne pourroit rien prétendre de sa dette, ordonnant que le même legs appartiendroit à l'Hôtel-Dieu, en cas qu'il soit repudié par le Legataire, il a été jugé en ce cas que le legs n'étoit pas transferé à l'Hôtel-Dieu au préjudice des Legataires universels, quoiqu'il n'ait pas été accepté par le Legataire; d'autant qu'il faut que ce qui a été legué au premier Legataire soit quelque chose de réel & d'effectif, afin que la privation luy puisse tenir lieu de peine, le Testateur n'étant présumé avoir voulu donner à l'Hôtel-Dieu que ce qu'il a voulu faire perdre au Legataire, & comme ce legs luy étoit desavantageux, le second Legataire n'en doit pas aussi profiter. *Voyez Ricard des Donations entre-vifs*, 3. part. chap. 12.

475 Le mary donne à sa femme ses meubles, & où seroit empêchée par ses heritiers, les donne aux pauvres, cette peine n'est valablement stipulée, *est enim adjectio pœna in fraudem statuti*. Arrêt du Parlement de Dijon du 11. May 1587. *Bouvot*, tome 2. verbo, *Legs*, quest. 23.

476 Un Testateur ayant legué à un de ses heritiers presomptifs tous ses propres, dont il ne pouvoit disposer que jusqu'au quint, & par le même Testament ayant distribué tous ses acquêts à ses heritiers à condition qu'ils demeureroient garants du legs des propres; voulant que ses acquêts fussent affectez à cette garantie; & qu'en cas qu'aucuns des heritiers auxquels il n'avoit rien laissé, voulussent troubler le Legataire des propres, ils fussent tenus de faire cesser le trouble, sinon qu'il revoquoit dés à present les dispositions faites à leur profit & donnoit le contenu en icelles au Legataire de ses propres; jugé que cette disposition étoit valable. Arrêt du 23. Août 1662. *Soefve*, tome 2. Cent. 2. chap. 72.

477 Legs pénal, declaré nul, & les Administrateurs de l'Hôtel-Dieu furent deboutez; exemple, un oncle legue à sa niéce la somme de 12000. liv. à condition que la niéce ne pourra demander la somme de 15000. livres avec les interêts, à laquelle l'oncle avoit été condamné, & en cas que sa niéce la demandât il la prive du legs des 12000. livres & le donne à l'Hôtel-Dieu de Paris. Arrêt du premier Août 1676. *Journal du Palais.*

PENSION LEGUE'E.

Voyez cy-dessus le nomb. 103.

478 Legs qui contient une pension par chaque année ou mois; la prescription du payement de la pension de la premiere année commence plûtôt à courir que celuy de la seconde, *l. cum notissimi C. de præscriptione* 30. *vel* 40. *annorum.* Voyez *M. le Prêtre*, 1. Cent. ch. 39.

479 Le courant des pensions pour alimens préferé aux Créanciers, pourvû que les enfans n'ayent aucun bien d'ailleurs. Arrêt du 14. Août 1599. *M. Loüet, lettre A. Sommaire* 17.

480 La peine de cinq sols par jour à faute de payement d'une pension, jugée bonne en Avril 1588. Autre Arrêt du 10. Avril 1604. la Cour toutefois modera la peine pour le passé. *M le Prêtre*, 4. Cent. chap. 16. & és Arrêts de la Cinquiéme où est rapporté celuy de 1588.

481 Un legs d'une pension annuelle échet dés le premier jour de l'année commençante, de maniere que si le Legataire décede au commencement de l'année, & que le legs soit éteint par sa mort comme un usufruit, toutefois il transmet à son heritier l'année commencée de son vivant. Arrêt du 7. Septembre 1622. *M. Bouguier, lettre L. nomb.* 1. & *l. filia mea. ff. de annuis legat. & fideicomm.*

482 Une pension annuelle de sel leguée à un Hôtel-Dieu doit être payée en espece, & est la pension portable & non querable. Arrêt du 8. Août 1643. *Henrys*, tome 2. liv. 1. quest. 20. & 21.

Pension viagere au pays de *Bourbonnois*, condamné d'en payer dix années. Arrêt du 7. Septembre 1657. *Henrys*, tome 2. liv. 4. quest. 70.

LEGS PIEUX.

Voyez cy-dessus les nombres 38. 266. 342. Voyez le 483
17. Plaidoyé de *M. le Maître*, sur la faveur des legs pieux.

De la faveur des legs pieux. *Voyez le chapitre* 3. *des* 484
Amortissemens és Décisions de Monsieur le Président le Maître.

Testament destitué de solemnitez, s'il peut avoir 485
lieu pour les legs pieux? *Voyez Tournet, lettre* T. *Arrêt* 2.

Si les legs pieux sont dûs du Testament nul, par 486
preterition de la mere, comme s'il y a legat aux quatre Mendians? *Bouvot*, tome 2. verbo, *Legs*, quest. 24.

Payement des legs pieux, ordonné nonobstant la 487
nullité & cassation du Testament. Arrêt du Parlement de Dijon du 26. Juillet 1592. *Bouvot*, tome 2. verbo, *Testament*, quest. 6.

La cause pie jouït du privilege des enfans & à la 488
même faveur dans les legs, ensorte qu'un dernier Testament qui ne revoqueroit précisément un autre où la cause pie seroit instituée, ne vaudroit. *Mainard*, liv. 5. chap. 21.

Un legs pieux annuel assigné sur un certain heritage, 489
l'heritier n'en est pas quitte, pour avoir abandonné le revenu & les fruits dudit heritage au Legataire; mais il est contraint de suppléer sur les autres biens du Testateur le legs pieux annuel. *Voyez Chopin, Coûtume de Paris*, liv. 2. tit. 4. nomb. 19.

Le legs pieux de rente sur maisons de Ville est ra- 490
chetable au denier vingt en faisant faire le remploy, encore que par le Testament fût dit non rachetable. *Coûtume de Paris*, art. 122. Voyez *Brodeau sur M. Loüet, lettre* R. *somm.* 31. nomb. 5.

Si des heritiers sont obligez de payer les retribu- 491
tions des Messes que des Religieux ont dites pour satisfaire à la condition d'un legs qu'ils n'ont pas reçû? Voyez le 73. Plaidoyé de *M. de Corberon Avocat General au Parlement de Mets*; il estima qu'il y avoit lieu de dire que les arrerages de la somme de 8000. livres leguée au Dominicains ne pourroient être prétendus par eux sur autres biens que sur les biens qui leur sont délaissez par les offres des heritiers de la Testatrice.

Les legs pieux ne sont point sujets à la falcidie, *Novel.* 492
131. chap. 12. ils ne sont pas non plus sujets à reduction, quand les biens du Testateur ne sont pas suffisans pour payer tous les legs, ainsi qu'il a été jugé pour les legs pieux faits par le Testament de Dame Antoinette Charreton, veuve de M. Noël Renouard Maître des Comptes, par Arrêt du 6. Mars 1700 rendu en la Grand'-Chambre au rapport de M. Portail. *Voyez l'Auteur des Observations sur Henrys*, tome 2. liv. 5. quest. 30.

Si le legs fait à une Eglise doit être étendu ou res- 493
traint, comme par exemple, *cum in templo, non nisi aurea, aut argentea, aut area, sint dona*, la mediocrité doit servir de regle. Sentiment de *M. Cujas* sur la loy, *Titia.* §. *Seja. ff. de auro & argento legato.* Voyez *M. Ricard, des Donations entre vifs, & c. part.* 2. ch. 4. Voyez *Henrys*, tome 2. liv. 5. quest. 30.

Legatum factum Ecclesiæ vel clericis ejusdem non habet 494
locum, Ecclesiâ destructâ. Voyez *M. de Selve*, 3. partie tract. quest. 42.

L'on ne peut transferer sur un legs pieux. *Voyez Cho-* 495
pin, dans sa Pol. Eccles. & *Balde dans son Conseil* 380. & *l'Auteur des Défin. Canon. page* 438.

Es legs faits par un Testateur à sa Paroisse en 496
contemplation de la sepulture, on considere au cas qu'il décede ailleurs, si la mutation de demeure est arrivée pour une cause momentanée, comme de poursuivre un

tin procés, & alors le legs est dû à la Paroisse originelle, ou à l'Eglise nommée par le Testateur ; si la mutation est entiere & faite pour toûjours, le legs appartient à la Paroisse où il est mort & enterré. Papon. liv. 20. tit. 8. nomb. 5.

497 Par Arrêt du Parlement de Toulouse pour le sieur de Fontaville appellant du Sénéchal de Toulouse, contre le Syndic des Augustins sans avoir égard au laps du temps, un membre de certaine Baronnie démembré pour raison de certains biens en œuvres pies, où eu égard déclaré de nulle efficace & valeur, sauf certaine pension apposée & mise, pour faire continuer le service Divin. Bibliotheque de Bouchel, verbo, Baronnie.

498 Pia legata integra solido jure & sine ullâ deductione prastari debent, nec jure Falcidia ex eis quid detrahi debet. Voyez M. Loüet, lettre A. somm. 12. Voyez Chopin, Coûtume de Paris, liv. 2. tit. 4. nomb. 19.

499 La poursuite pour les legs pieux faits aux pauvres se fait d'ordinaire sous le nom de M. le Procureur General ou de ses Substituts, & ce pardevant le Juge Royal, sans que l'Evêque ou son Juge s'en puisse aucunement entremettre. Brodeau sur M. Loüet, lettre N.

500 M. de Charron habitant du Puy, avoit institué sa femme, & declaré qu'il vouloit qu'elle employât la somme de 6000. liv. en aumônes & autres œuvres pies qu'elle trouveroit à propos, dont il charge sa conscience, ajoûtant neanmoins qu'il vouloit que dans cette distribution elle fût tenuë de preferer les parens pauvres, s'il y en avoit ; elle fait ensuite un Testament, par lequel elle institué les pauvres de l'Eglise. Assignée au nom des parens de son feu mari, à ce qu'elle eût à executer la volonté du défunt sur l'article des 6000 liv. elle fait procuration pour jurer en jugement qu'elle les a employés conformément au Testament, & le jure même ainsi dans l'acte. Quelque temps après elle fait une seconde disposition, par laquelle elle institua un Chanoine du Puy, qui dans la premiere elle avoit nommé son Executeur testamentaire, & le charge d'employer son heredité en œuvres pies comme elle en avoit été chargée par son mary. Dans un codicile subsequent, elle declare qu'elle a satisfait à son obligation là dessus, & décharge son heritier de l'obligation d'employer son heredité en œuvres pies, luy permet d'en joüir & disposer à son gré ; nouvelle assignation luy ayant été donnée aux Grands-Jours tenus au Puy, par les Commissaires du Parlement de Toulouse, il y fut rendu un Arrêt d'expedient, consenti par elle avec M. le Procureur General au nom duquel elle avoit été assignée, & par cet Arrêt elle est relaxée quant à present, ce qui sembloit renvoyer la demande après la mort de cette heritiere. Aussi après sa mort les parens de Charron ne manquerent pas de former nouvelle instance contre le Chanoine heritier, & de demander que la somme de 6000. livres fût employée conformément à la volonté du Testateur. L'heritier en fut relaxé, la confiance du Testateur en la probité & en la conscience de son heritiere, confiance que l'on crut devoir toûjours suivre, & le secret que peut demander la distribution des aumônes & des œuvres pies l'emporterent sur toutes les autres considerations, même sur celle de la varieté, & de l'air de contradiction qu'on trouvoit dans les declarations, & dans les démarches de cette heritiere. Cet Arrêt est rapporté par M. de Catellan, liv. 1. chap. 24.

501 Entre Michel d'Aoust, & les Paroissiens de Monteroul, en 1516. un Prêtre legua plusieurs terres pour dire une Messe. Les appellans achetent les heritages des heritiers du Testateur, à la charge de faire dire les deux Messes pour lesquelles ils sont delaissés ; voulant s'en approprier, les Intimez s'opposent, disant que c'est un legat, que le Testament est declaré solemnel ; ils alleguent le long temps qui est de cinquante ans. Il est dit, qu'ils ont eu tort de s'opposer en préjudice, que les heritages, dont est cas, ne demeurent aux Paroissiens, pour en disposer suivant le Testament ; ce qui est confirmé par

Arrêt du Parl. de Bretagne du 26. Février 1563. Du Fail, liv. 1. chap. 181.

502 Legs pitoyables sont dûs de Testament non valable. Arrêts des 20. Janvier 1549. & 6. Avril 1581. Toutefois si la nullité étoit fondée sur la Coûtume qui défend au mineur de vingt ans de tester, le legs ne vaudroit. Arrêt du 29. May 1581. qui deboute une cousine à qui le mineur avoit fait un legs pour se marier. Papon, liv. 20. tit. 6. nomb. 1.

503 Rente donnée à l'Eglise à la charge de Divin service, doit être amortie aux dépens des heritiers, de même que s'il est legué une terre à un Hôpital, en cas de contestation, elle doit être venduë à son profit, sans que l'Hôpital soit tenu de payer aucuns droits que ceux de lods & & ventes. Arrêt du 2. Juin 1564. Papon, ibidem, nomb. 3.

504 En faveur de legs pitoyable, l'hipoteque est indivisible. Arrêt du 25. Janvier 1564. Autres Arrêts du 9. Mars 1563. & 14. May 1561. qui condamne les heritiers à payer solidairement. Ibidem, nomb. 2.

505 Titius legue à son parent, qui n'étoit pas son heritier une terre de 500. livres de revenu par an, & à charge de faire dire un anniversaire au lieu de sa sepulture ; le Legataire s'acquite de la charge ; mais le fils heritier de son pere Legataire étant de la Religion Pretendu Reformée s'excuse de continuer à cause de sa conscience. Jugé qu'il continueroit le 13. Juillet 1566. Carondas, liv. 9. Reponse 75.

506 Ce qui est introduit en faveur des enfans des Testateurs, a lieu lorsqu'il s'agit de l'interet des Hôpitaux & des Eglises, à l'égard des legs pieux. Arrêt du Parlement de Toulouse du 16. Février 1575. Mainard, tome 1. liv. 5. chap. 41.

507 Legs pitoyable peut être converti en autre usage pieux. Arrêt du 3. Janvier 1578. pour Jean Henay Apoticaire de Paris, nonobstant les oppositions de l'Evêque & Chapitre de Paris, par lequel il fut ordonné que l'Hôpital ruë d'Ursine Fauxbourg saint Marcel, seroit appliqué au lieu de la charité, pour dresser la jeunesse au fait de l'Apoticairerie. Papon, livre 20. titre 6. nombre 10.

508 L'heritier est tenu de payer ce qui est dû au Seigneur, à l'effet que l'Eglise puisse joüir de son legs. Arrêt du 23. Decembre 1581. Montholon, Arrêt 7. Pareil Arrêt à la Nôtre-Dame de Septembre 1619. Montholon, Arrêt 132. Voyez Anne Robert rerum judicat. liv. 4. chap. 2. Voyez M. Loüet, lettre A. somm. 12.

509 Un fils ayant été institué heritier par son pere à la charge de rendre le bien à ses enfans sans détraction de quarte, ayant quatre ou cinq enfans, & survivant sa femme à qui étoient dûs 3000. écus de dot & augment par son Testament, il fait aussi plusieurs autres legs pies aux Cordeliers, Carmes, Dominicains, & autres Eglises d'Alby. Par Arrêt du 27. Août 1594. les biens sujets à restitution furent declarez exempts du payement desdits legs, sauf le recours sur la legitime & autres biens appartenans au Testateur. La Rochesflavin, liv. 6. tit. 61. Arr. 10.

510 C'est une maxime que les legs pieux faits à l'Eglise ou autre cause pieuse, sont dûs, quoyque le Testament soit declaré nul ; tel est le sentiment de Guy Pape, en sa question 201. per l. 1. Cod. de fideicomm. ce qui fut ainsi jugé par Arrêt du 4. Mars 1602. rapporté par Tournet, lettre L. Arrêt 31. & lettre T. Arrêt 2.

511 Il a été jugé que les legs pieux pour être délivrez par la femme à la volonté, aut alias par les heritiers, n'étoient point dûs par la femme. Arrêt du 20. Février 1606. rapporté par Tournet, lettre L. Arr. 37.

512 La prescription ne peut courir contre un anniversaire, & legs pieux, & l'on peut toûjours demander la somme assignée sur certains fonds. Arrêt du Parlement de Dijon du 12. Juillet 1604. Voyez Bouvot, tome 2. verbo, Legs, quest. 1.

513 Les legs pieux ne sont dûs, le Testament étant nul par preterition, par defaut de deux Témoins qui ayent

Tome II. Eeee

signé. Arrêt du Parlement de Dijon du 30. Juillet 1618. Bouvot, ibidem, quest. 14.

514 Un heritier refusoit de payer un legs fait à l'Eglise, & il prétendoit que la Testatrice ayant changé de Religion, le legs étoit révoqué. Par Sentence de la Sénéchaussée de Guienne du 24. Février 1609. il fut condamné à payer le legs, & acquiesça. Voyez les Plaidoyers celebres dediez à M. de Nesmond, pag. 241.

515 Un legs pie pour dire une Messe chaque jour de la semaine sans aucun temps préfix est perpetuel. Arrêt du Parlement de Grenoble du 10. Decembre 1612. Basset, tome 1. liv. 5. tit. 7. chap. 5.

516 Legat peut être demandé à un seul coheritier, sauf son recours contre les autres. Jugé le 30. Janvier 1636. Basset, tome 2. livre 8. tit. 6. chap. 9.

517 Legat fait en faveur d'un Corps de la Religion Prétendue Reformée est comme un legat pie. Jugé à Grenoble en la Chambre de l'Edit le 17. Mars 1657. Basset, ibidem, chap. 1.

518 Pour un legs pieux en cas de doute, on panche plûtôt pour la charge que pour la liberation. Arrêt du 29. Juillet 1656. Henrys, tome 2. liv. 1. quest. 13. où il renvoye au liv. 4.

519 Arrêt du Parlement de Provence du 19. Novembre 1657. qui a jugé que le legs pieux est dû, quoyque le Testament soit revoqué par survenance d'enfans. Boniface, tome 2. liv. 2. tit. 1. chap. 10.

520 Les legs pieux sont soumis à une exacte observation des formes, & la demande n'en peut être faite en vertu d'un Testament imparfait. Charles le Duc sieur de Chiche-Bouville, Tresorier de France en la Generalité de Caën, mourut sans enfans ; comme on procédoit à l'inventaire de ses écritures, on trouva sur la table un papier en forme de Testament par lequel il faisoit plusieurs legs à des Moines & à divers particuliers ; mais cette piece étoit imparfaite, ne l'ayant point achevée ni signée, & étant sans date. Ces Legataires & principalement les Moines demanderent leur legs. Par Arrêt du 11. Juillet 1663. en la Chambre de l'Edit à Roüen, on mit sur l'action des Legataires hors de Cour & de procès, & neanmoins on condamna les heritiers à donner 2500. liv. aux Moines & aux pauvres ; ainsi la Cour jugea la question generale, mais elle se porta à faire cette liberalité par des considerations étrangeres en la cause. Basnage, sur la Coûtume de Normandie, art. 412.

521 Défunt Pierre de Sizay, Gentilhomme de Poitou, fit plusieurs legs considerables, & entre autres deux legs pieux, l'un à l'Hôpital & l'autre à son frere Chevalier de Malthe : quelque temps après sa femme étant devenuë grosse, & ensuite accouchée heureusement d'un fils, le défunt ne revoqua point son Testament par aucun acte, étant décedé, ce Testament fut debattu de nullité, sur ce que les Legataires demandoient la délivrance de leur legs, comme il est des regles.

La mere veuve comme Tutrice de son fils s'y oppose & soûtient que ce Testament ne pouvoit pas subsister, & que la naissance de son enfant le rendoit nul, sa prétention fondée sur la disposition de la loy si unquam si vulgare parmi les Jurisconsultes, & soutenuë de l'opinion des Docteurs.

Enfin après plusieurs contestations faites tant par devant les premiers Juges qu'au Parlement, intervint Arrêt le 23. Juillet 1663. par lequel il fut dit que le Testament subsisteroit, à l'égard des legs pieux seulement, Définitions Canon. pag. 934. & Des Maisons, lettre T. nomb. 6.

522 Une personne fait son Testament en sa maison de campagne prés Orleans où il décede. Il fait des legs pieux à l'Hôpital & à l'Hôtel-Dieu sans declarer de quel endroit ni de quelle ville. Jugé, moitié à l'Hôpital General & l'autre moitié à l'Hôtel-Dieu de Paris, avec les interets du jour de la demande & sans dépens. Arrêt du Parlement de Paris du 10. Janvier 1664. De la Guess. tome 2. liv. 6. chap. 2.

523 Si un Testateur ayant ordonné de mettre dans l'Eglise un tableau, c'étoit aux Legataires de faire le choix du Peintre, ou aux heritiers ; & si le tableau devoit être riche ou mediocre ? Arrêt rendu au Parlement de Provence le 12. Novembre 1669. qui donne le choix & l'ordre du tableau aux Legataires, suivant l'appretiation des Peintres. Boniface, tome 5. livre 2. titre 2. chapitre 11.

524 Legs pieux particuliers ausquels on avoit renoncé, ont été transmis & adjugé à l'Hôpital general de Paris, à l'exclusion du Legataire universel ; il y avoit quelques circonstances. Arrêt du 16. Juillet 1670. De la Guess. tome 3. liv. 10. chap. 26.

525 Le legs pieux est regardé comme dette pour le faire subsister sans diminution ; pendant que l'heritier prend sa quatre falcidie sur les autres legs ; mais il n'est pas regardé comme dette pour luy donner droit de créance sur les autres legs. Arrêt du Parlement de Toulouse du 20. Février 1679. qui deboute la table des Obits de saint Etienne, prétendant à cause de la faveur du legs être en droit de saisir les autres fonds leguez par le même Testament. Arrêts de M. de Catellan, liv. 1. chap. 53.

526 Le legs pieux fait par le fils de famille n'est valable, si le Testament a été fait sans le consentement du pere. Arrêt du Parlement de Toulouse du 27. Juillet 1679. aprés partage. La raison est que le défaut de consentement admet une espece d'incapacité dans le Testateur. Arrêts ibidem, chap. 18.

527 Les Marguilliers de saint Michel avoient cru mieux faire de rejetter absolument un legs qui avoit été fait à leur Eglise sous la charge d'un certain nombre de Messes, pour la retribution desquelles ils jugeoient la somme insuffisante, que de le recevoir pour demander ensuite la reduction du Service. Cependant les heritiers leur ayant fait un procés, de meilleur exemple que les procés ordinaires, & voulant les obliger à accepter le legs, qu'ils prétendoient même qui pouvoit suffire au Service. Arrêt le 6. Février 1681. au Parl. de Toulouse, qui cassa la déliberation des Marguilliers & ordonna qu'ils accepteroient le legs, sauf à eux à se pourvoir, si bon leur sembloit, devant l'Ordinaire pour demander la reduction du Service. M. de Catellan, liv. 1. chap. 64.

528 Un legs pieux fait pour la construction d'une Eglise de Cordeliers sous le titre de saint Sepulchre de Jerusalem, par Monsieur Turgot saint Clair, à la charge d'y apposer ses armes, l'Eglise n'ayant point été bâtie par l'autorité du Roy, le legs n'a point été déclaré caduc ; mais suivant les offres des Cordeliers, il leur fut ajugé. Arrêt du 10. Mars 1682. Voyez de la Guess. tome 4. liv. 5. chap. 7.

LEGS AU POSTHUME.

529 Arrêt du Parlement de Provence du 4. Avril 1686. qui a jugé que le Testament d'un pere qui a fait un legs à ses posthumes, est valable, quoyque ces posthumes soient descendus d'une seconde femme. Boniface, to. 4. liv. 1. tit. 5. ch. 1.

LEGS, PREFERENCE.

530 Les Legataires sont preferables sur les biens du défunt aux créanciers, soit hypothecaires ou chirographaires de l'heritier. Arrêt du 24. Septembre 1574. Autre Arrêt du 7. Avril 1595. Brodeau, sur M. Louet, lettre H. somm. 19. nomb. 4.

LEGS, PRE-LEGS.

531 Si les prélegs sont part de l'institution, & s'ils viennent entierement en la restitution ou substitution, & si un temps certain apposé en un legs vaut condition ? V. M. Bouguier, lettre P. nomb. 3.

532 Pralegata sub fideicommisso universali an comprehendantur? Voyez Andr. Gaill, lib. 2. observat. 135.

533 An pralegata sint in fideicommissi restitutione? Voyez Francisci Stephani decis. 46. où il rapporte un Arrêt du Parlement de Provence du 19. Octobre 1583. qui a jugé legatum pro eâ portione restitueretur quam hæres

juxe suo & hereditario percepit, non pro his partibus quas à coheredibus natus est.

534 En la Coûtume de *Peronne*, *Reims*, *Poitou*, *Angoulmois*, *Auvergne*, &c. l'heritier peut prendre les pre-legs *brevi manu*, *certâ viâ*, & *propriâ authoritate*, sans être obligé d'en demander délivrance à ses coheritiers. Arrêt du 9. Août 1604. *Brodeau*, *sur M. Loüet*, *lett. H. somm. 16. nomb. 2.*

535 Le 17. Mars 1632. au Parlement de Toulouse il a été jugé qu'un prelegat fait par le pere à son fils aîné pour en faire à ses plaisirs & volontez, & en pouvoir disposer tant en la vie qu'en la mort, ne venoit pas en la restitution du fideicommis. Il y avoit cette consideration, qu'après que le pere avoit fait ce prelegat à son fils, il l'instituoit avec ses sœurs en tous ses autres biens meubles & immeubles. *Cambolas*, *liv. 6. chap. 27.* au chapitre suivant, il désigne les conjectures qui peuvent faire juger que le Testateur a voulu que les prelegats vinssent en la restitution du fideicommis.

536 Arrêt du Parlement de Paris du 23. Janvier 1660. donné en la Coûtume de *Noyon*, par lequel il a été jugé qu'une fille étant Legataire d'une maison, sur laquelle elle devoit retenir par préciput une certaine somme & donner à chacun de ses freres alors mineurs leur part & portion du surplus, elle pouvoit en ce cas profiter des interets intermediaires, en cas qu'ils ne luy eussent pas été laissez expressément par préciput. *V. M. le Brun des Successions*, *liv. 3. chap. 7. nomb. 16.*

537 Entre les enfans collegataires universels, quelqu'uns d'entr'eux peuvent encore avoir un legs particulier. Arrêt du Parlement de Paris du 1. Avril 1686. *Au Journal du Palais*, in fol. *tome 2. page 591.*

538 Le fils coheritier de son pere peut en repudiant l'heredité demander le prelegs qui luy a été fait. Arrêt du Parlement de Toulouse du 6. May 1699. rapporté par *M. de Catellan*, *liv. 2. chap. 86.*

LEGS PRESCRIPTS.

539 *Fusarius*, *quest. 652.* établit que les legs qui sont nuls, caducs, ou qui ont été repudiez, accroissent à l'heredité; mais il ne parle point de ceux dont l'action est prescrite; il en faut porter le même jugement que de la legitime des enfans. *V. Henrys*, *tome 1. liv. 5. chap. 4. quest. 44.*

540 Jugé au Parlement de Grenoble le 2. Decembre 1616. que les legats prescripts sont acquis à l'heredité c'est-à-dire, au fideicommissaire, non à l'heritier grevé, parce qu'en effet, il n'est que comme usufruitier. *Basset*, *tome 2. liv. 8. tit. 2. chap. 1.*

541 Jugé au Parl. de Roüen en 1622. qu'un Legataire qui n'avoit point demandé son legs dans les 10. ans, ne pourroit en empêcher la reduction en vertu de l'article 435. de la Coûtume de Normandie, qui porte *que les heritiers peuvent revoquer les donations faites contre la Coûtume dans les dix ans du jour du décés du Donateur, s'ils sont majeurs*, & *dans dix ans du jour de leur majorité, autrement ils n'y sont plus recevables.* Il a été jugé que cet article ne s'entend que de la donation ou le Donateur est desaisi, & non des legs testamentaires, que l'heritier n'a interet de contester que lorsqu'ils luy sont demandez. *Basnage*, *sur cet art. 435.*

542 La prescription de 40. ans d'un legs pieux a lieu au profit d'un tiers. Arrêt du Parlement de Grenoble du 25. Juillet 1634. il faudroit cent ans pour les heritiers, aussi l'Arrêt reserva le recours contre eux. *V. Basset*, *tome 1. liv. 2. tit. 29. chap. 20.*

PRIVATION DU LEGS.

543 Des moyens par lesquels les Legataires demeurent privez, par la disposition de la loy, des legs faits à leur profit ? *Voyez M. Ricard des Donations, part. 3. ch. 3.*

544 Legataire qui se saisit luy même du legs, & qui est coupable de soustractions, perd le legs. Arrêts du Parlement de Roüen des 13. Juillet 1660 & 7. Mars 1679. par le premier le Testament fut declaré nul. L'art. 84. du Reglement de 1666. prononce la privation. *Basnage*, *sur l'art. 430. de la Coûtume de Normandie.*

Tome II.

LEGS AUX PROCUREURS.

Voyez cy-dessus le nombre 112. & suiv.

545 Legs fait à un Procureur, confirmé par Arrêt du Parlement de Toulouse du 1. Avril 1642. *Albert*, verbo, *Legs*, art. 4.

546 Par Arrêt rendu en la grand'-Chambre du Parlement de Paris le 22. Juin 1700. sur les Conclusions de M. l'Avocat General Joly de Fleury, entre le sieur Baron de Boëtzelaerd & autres heritiers de la Dame du Buat, le sieur de Rambucq, & M. Dumont pour François Pillon Procureur au Châtelet, la Cour confirma un legs universel, qu'on prétend être de plus de 150000. liv. fait à Pillon par cette Du Buat, dans un Testament olografe, que la Dame Testatrice trois ans avant sa mort avoit déposé entre ses mains. On justifioit que Pillon dans le temps du Testament, & depuis jusqu'au décés de la Testatrice, occupoit dans les affaires qu'elle avoit au Châtelet, & qu'il l'aidoit de ses avis, de ses sollicitations & de ses soins dans les procés qui étoient portez au Parlement. Aprés la prononciation de l'Arrêt, M. le Premier Président de Harlay, dit, que la Cour avertissoit le Barreau, qu'en confirmant la disposition faite au profit de Pillon, elle n'entendoit point autoriser les donations faites au profit des personnes qui ont l'administration des affaires d'autruy, & que les décisions de ces causes dépendent des circonstances du fait : que ce qui déterminoit la Cour dans l'espece particuliere à confirmer le legs, étoit la probité & le desinteressement de François Pillon reconnu dans le public. *V. l'Auteur des notes sur Du Plessis, Traité des Donations entre-vifs & testamentaires, ch. 3.*

Voyez au 3. vol. de ce Recueil, le mot, *Procureur. §. Procureurs Legataires.*

LEGS, PROPRES.

547 Par Arrêt du 12. Février 1575. il a été jugé que les quatre parts des propres doivent demeurer francs & quittes de tous legs & autres charges testamentaires à l'heritier du défunt ; sur la cinquième part des propres & sur les meubles, acquêts & conquêts immeubles, l'heritier fera délivrance des legs aux Legataires jusqu'à la concurrence des meubles, acquêts & conquêts, & du quint des propres seulement. *Le Vest*, Arrêt 139.

548 Par Arrêt prononcé en Robes rouges en 1575. un homme ayant legué une maison qui excedoit le quint de ses propres, il fut jugé que l'excedant se reprendroit sur les acquêts. *Bibliotheque de Bouchel*, verbo, *Legs*.

549 La femme Legataire universelle ne peut rien pretendre sur les meubles qu'aprés le remploy des rentes rachettées. Arrêts du Parlement du 12. Decembre 1594. des 7. Mars 1634. & 7. May 1644. il en est de même des Legataires particuliers, qui ne peuvent demander les legs à eux faits de partie des acquêts & des meubles qu'aprés le remploy des propres. Arrêts de 1614. & 16. Mars 1665. *Basnage*, *sur l'art. 408. de la Coût. de Normandie.*

550 Le legs d'un propre maternel ne peut être fait à l'heritier des propres paternels. Arrêt rendu entre les Joulets au Parlement de Paris le 9. Février 1610. *Ricard*, *des Donations entre-vifs*, 1. part. *chap. 3. sect. 15. nombre 688.*

551 Le legs d'un propre *in specie*, est reductible au quint, parce qu'il est *certi corporis*, & n'y a lieu de demander recompense sur d'autres biens. Arrêt du 21. Janvier 1631. *Du Frêne*, *liv. 2. chap. 80.*

552 La femme ne peut avoir les meubles leguez par son mary qu'à condition du remploy des propres. Arrêt du Parlement de Roüen du 10. Janvier 1636. rapporté par *Basnage*, *sur l'art. 419. de la Coût. de Normandie.*

553 La Coûtume d'*Amiens*, article 56. porte que les mâles à 20. ans, les femelles à 18. peuvent tester ; l'article 135. prohibe l'alienation des propres avant 25. ans, neanmoins le legs du quint des propres par un mineur de 25. ans a été confirmé. Arrêt de la 4. des Enquêtes du 30. Mars 1647. *Ricard*, *des Donations entre-vifs*, 1. part. *chap. 3. sect. 3. nombre 179.*

Eeee ij

554 Par Arrêt du 8. Mars 1659. jugé qu'un legat fait d'une somme d'argent seroit payée sur les meubles, nonobstant qu'il fût soûtenu qu'il y avoit des remplacemens à faire du propre, le remplacement étant au regard de diversité d'heritiers, & en tous cas contre tous Legataires universels, & qu'autre chose est, quand il est question d'un legs particulier qui est à acquiter, sauf à faire le remplacement sur les acquêts, s'ils ne suffisent sur les meubles restans, desquels il n'a été disposé. Berault, sur la Coutume de Normandie, à la fin du 2. tome page 100. sur l'art. 408.

555 Si un mineur peut leguer les sommes qui proviennent du rachat des rentes à luy propres ? Oüi, pourvû que le legs n'excede pas la portion des propres, dont il luy est permis de disposer, parce que ces deniers sont subrogez à la qualité de propres. V. la 29. Consultation de M. Du Plessis.

556 M. Charles Desmarets Avocat en la Cour faisant son Testament, avoit disposé de ses propres au profit de Magdelaine Desmarests sa sœur, quoyque la Coûtume ne luy permît d'en leguer que le quint ; mais il avoit donné par le même Testament à ses autres présomptifs heritiers, ses meubles & acquêts dont il avoit la liberté de disposer au profit de telles personnes que bon luy sembloit ; & prévoyant que les derniers Legataires, qui étoient habiles à luy succeder, pourroient éluder sa disposition, en renonçant au legs qui leur avoit été fait, en se portant ses heritiers, en laquelle qualité ils prendroient toûjours les mêmes biens qui seroient rentrez dans la succession, & pourroient encore demander la reduction des propres ; il ordonna qu'en cas que le legs qu'il auroit fait de ses propres à Magdelaine Desmarets, fût contesté par les autres, il revoquoit les legs qu'il avoit faits à leur profit & vouloit que tout ce dont il pouvoit disposer appartînt en ce cas à Magdelaine : ce qui fut contesté par les autres qui prétendoient que cette disposition étant pénale, ne pouvoit pas avoir d'effet ; neanmoins elle fut confirmée par l'Arrêt de la Chambre de l'Edit de Paris du 2 Août 1664. qui ordonna que le Testament seroit executé selon sa forme & teneur : & après la prononciation, ils declarerent qu'ils se tenoient aux quatre quints des propres, & abandonnoient l'autre quint, ensemble les meubles & acquêts à Magdelaine Desmarests. V. Ricard, Traité des Donations entre-vifs, 3. part. chap. 12. nomb. 1550.

557 En la Coûtume de Poitou, celuy qui veut disposer de ses meubles & acquêts sans aucun retranchement, doit non seulement avoir des propres ; mais ces propres doivent avoir quelque proportion avec les autres biens du Testateur. Ce qui doit avoir lieu aussi-bien en la collaterale qu'en la directe. Arrêt du 19. May 1668. contre les Conclusions de M. l'Avocat General Bignon qui étoient en faveur du Legataire universel. Soefve, tome 2. Cent. 4. chap. 18.

558 Quand un homme qui avoit quantité de meubles & acquêts, dont il pouvoit disposer, ne l'a pas fait, mais a disposé d'une terre de ses propres, qui excede le quint, ou bien quand ayant aussi disposé de plus du quint des propres qu'il y a en cette Coûtume, il a laissé des propres en d'autres Coûtumes, du quint desquels il n'a point disposé ; on demande si l'heritier des propres faisant reduire le legs au quint des propres, le Legataire pourra demander la recompense & le supplément sur les autres biens libres, de la succession, dont le défunt pouvoit disposer ? Cette question étoit du nombre de celles qu'on agita dans la cause entre Madame la Duchesse de Vantadour Legataire, contre Madame de Bonnelles & le sieur Marquis de Bullion heritier, sur l'execution du Testament du sieur Marquis de Fervaques, qui fut jugée à l'Audience de la Grand-Chambre du Parlement de Paris le 3. Avril 1699. conformément aux Conclusions de M. l'Avocat General Daguesseau ; il se declara en faveur de la recompense que le Legataire peut prétendre contre l'heritier qui profite d'une espece de biens, que le Testateur eût pû luy ôter en disposant. Voyez Du Plessis, Titre des Testamens, liv. 3. sect. 7.

Voyez le mot, Propres. §. Propres leguez.

LEGS RECEU.

Voyez cy-dessus le nombre 461. & suiv. Carondas, liv. 4. Réponse 60.

559 Une mere qui avoit accepté le legs fait par le Testament de sa fille, déboutée de sa demande en legitime. Arrêt du Parlement de Paris du 25. Novembre 1582. Papon, liv. 21. tit. 1. nombre 25. Probaverat mater judicium filiæ defunctæ, & ideo huic stare merito cogenda.

560 Par Arrêt du Parlement de Paris du 25. Decembre 1582. une mere, quoyque préterite & non instituée par le Testament de sa fille, ayant accepté le legs à elle fait par sa fille, quoique moindre que sa legitime, fut declarée non recevable à debattre le Testament, d'inofficiosité, & ordonné qu'elle se contenteroit du legat à elle fait. Neanmoins il a été jugé au Parl. de Toulouse qu'un fils prenant payement du legat que son pere luy avoit fait, à la charge de ne pouvoir plus rien demander, n'étoit pourtant privé du supplément de sa legitime. Abregé de Mainar l. liv. 7. chap. 6.

561 Un fils n'est pas recevable à impugner & debattre le Testament de son pere après avoir reçû le legs y contenu pour sa legitime qui a pû être chargée de substitution par le pere. Jugé le dernier Février 1615. Chenu, 2. Cent. quest. 21.

562 Legataire qui a reçû son legat, non recevable d'impugner le Testament par nullité, sauf l'inscription en faux & des Lettres royaux contre le payement. Jugé au Parlement de Grenoble au mois d'Août 1667. Basset, tome 2. liv. 8. tit. 6. chap. 5.

563 Les Jurisconsultes ont décidé que le legs reçû, ce qui paroît d'abord une approbation du Testament, n'empêche point le Legataire de l'impugner ensuite par nullité ou fausseté, quoyqu'il ne puisse pas le faire par la plainte d'inofficiosité, quasi testator non fuerit sanæ mentis. Voyez les Arrêts de M. de Catellan, liv. 2. chap. 33. où il en rapporte un du Parlement de Toulouse du 13. Février 1680. qui, avant dire droit sur la cassation d'un Testament, admet la fille de l'impugnante à la preuve des faits d'imbecillité, le legs reçû pour la fille ne pouvant fournir contre la mere une fin de non recevoir.

LEGS, RECONNOISSANCE DE DETTES.

564 Un Testateur confesse en son Testament avoir reçû en dot de sa femme certaine somme sans qu'il y en ait autre preuve. Quæritur, si la somme peut être demandée tanquam dos an vero tanquam legatum ? La femme alleguoit qu'elle avoit perdu ses pactes matrimoniaux, toutefois il fut omnium feré sententiis arrêté que telles paroles n'auroient force que de simple legat. Voyez la Bibliotheque de Bouchel, verbo, Legs.

565 La declaration d'un Testateur qu'il doit une somme de deniers à force non de dette, mais de simple legs ou de fideicommis, s'il n'en appert autrement, à moins que le Testateur n'ait joint à sa declaration le serment. Arrêt du Parlement de Toulouse du 27. Octobre 1570. qui dit que la femme n'auroit que 2500. livres contenuës au Contract de mariage, quoyque le mary eût declaré dans son Testament avoir reçû d'elle 3000. livres. Mainard, liv. 6. chap. 1.

566 Obligations portées par Testament en faveur de personnes suspectes à qui l'on ne peut directement donner, declarées nulles. Arrêt du Parlement de Paris du 7. Septembre 1558. contre la concubine d'un Chanoine qui avoit reconnu par son Testament luy devoir une somme. Papon, liv. 10. tit. 2. nomb. 1.

LEGS FAITS AUX RELIGIEUX OU PAR EUX.

Voyez cy-dessus les nombres 136. & 345.

567 Par Arrêt du Parlement de Paris du 7. Avril 1385. il fut dit que certaine pension annuelle leguée és quatre Convents Mendians, ne leur seroit payée ; mais le sort entr'eux partagé également, à la charge de s'acquiter par chacun Convent des prieres pour le salut de l'ame

du Testateur au premier an, & furent condamnez aux dépens. *Papon, liv. 1. tit. 8. nomb. 3.*

568 Jugé qu'un Religieux de saint Pierre de Melun avoit pû donner sa Bibliotheque à un Curé; le Religieux peut aussi disposer des fruits de son Benefice, d'autant que par la même raison qu'il luy est permis, soit par permission du Pape ou de son Abbé ou Superieur d'accepter un Benefice, il peut aussi disposer des fruits d'icelui, *per l. ad legatum & l. ad rem de procurat.* Arrêt du 7. Mars 1527. *Bibliotheque Canon. tome 2. page 636.*

569 Quoyque les Mendians soient incapables de legs immobiliaires, ils sont neanmoins capables de recevoir le prix & estimation, sans préjudice des conventions matrimoniales & du douaire. Jugé pour les Cordeliers Legataires de deux maisons le 19. Mars 1577. toutefois l'heritier parent ou autre y ayant interest, peut empêcher l'alienation du legs pieux; il luy est loisible de le retirer en le remboursant; autre chose est de celuy qui n'y auroit interest. Jugé le 9. May 1564. *Papon, liv. 1. tit. 8. nomb. 5.*

570 Legs de quelque usufruit fait à un Religieux Mendiant pour l'entretenir en ses études, jugé bon. Arrêts des 16. May 1565. & 14. Août 1584. au profit d'un Jacobin. *Carondas, liv. 7. Réponse 11. Montholon, Arrêt 27. M. Loüet, lettre L. somm. 8.* rapporte le même Arrêt. *Voyez M. Dolive, liv. 1. chap. 4.* & l'Auteur des *Définit. Canon. pag.* 436.

571 Un Testateur avoit laissé une somme pour être employée à entretenir un Dominicain ou un Cordelier aux études de Theologie & le faire Docteur; l'option laissée à ses Executeurs de faire cette distribution à un Dominicain ou à un Cordelier tel qu'ils aviseroient; le Testateur & les Executeurs sont morts avant que d'avoir élu; après leur décès les heritiers du Testateur ont nommé un Dominicain; les Cordeliers ont fait demande de la moitié du legs pour être distribué à un Cordelier, & pour être employé selon la volonté du défunt; le Dominicain élu par les heritiers, l'a empêché. Par Sentence, il avoit été dit que la moitié du legs seroit délivré au Dominicain élu, l'autre moitié à un Cordelier; Appel, par Arrêt donné en l'Audience de la Grande-Chambre le 29. Avril 1586. la Cour a mis l'appellation & ce dont est appelé, a neant, & en émendant le legs entier ajugé au seul Dominicain élu par les heritiers. *Bibliotheque de Bouchel,* verbo *, Legs.*

572 Par Arrêt du Parlement de Paris du 27. Juillet 1619. contre les Prêtres de l'Oratoire, sur le Testament de Messire René Potier Evêque de Beauvais, la Cour a déclaré & déclare le Testament dudit Evêque de Beauvais en ce qui concerne le legs universel de ses meubles & acquêts fait en faveur des Prêtres de l'Oratoire, nul & de nul effet, ce faisant les a deboutez de leurs demandes, & neanmoins sans dépens; fait défenses aux Prêtres de l'Oratoire d'accepter aucuns legs universels ou donations testamentaires de biens immeubles ou de sommes excessives faites par les peres & meres au préjudice de leurs enfans, ou les enfans au préjudice de leurs peres & meres, ni employer à leur profit ou des maisons de leur Congregation les choses données par Testament ou dispositions entre-vifs pour restitution ou satisfaction qui pourroit être dûë à autres Eglises ou personnes lezées; mais leur enjoint de les laisser à ceux ausquels elles doivent appartenir, & aux Hôpitaux, Monasteres des Mendians ou pauvres des lieux. *Preuves des Libertez, tome 2. chap. 33. nomb. 37. & les Définitions Canon. page 433.*

573 Sur la question de sçavoir si les Religieux peuvent être Legataires universels, la Jurisprudence à cet égard est incertaine, & la question a même été préjugée en pour les Jesuites de la Maison Professe de Paris, & ceux du College de Châlons en Champagne Legataires universels de M. Danglure Maître des Requêtes. *Voyez les Définitions Canoniques, lettre L. verbo, Legs pieux, page* 435.

574 Legs fait par une fille devote au profit des Ursulines qui s'établiroient dans vingt ans d'icy en la Ville de Troyes, ou à faute de ce aux Peres Jesuites, a été jugé bon, par Arrêt du 29. Avril 1625. *Du Frêne, liv. 1. chap. 51.*

575 Legs fait à des enfans Religieux par une mere de chose fort modique, consistant en bled, la dispensation commise non aux legataires, mais à leur Superieur, jugé valable; le même d'un legs fait à un Religieux par son frere de l'usufruit d'une maison sa vie durant, à la charge que les loyers seroient touchez par le Superieur & employez de son ordonnance. *Voyez M. Ricard des Donations entre-vifs, 1. part. chap. 3. sect. 5. nombre 336. & suivans.*

576 Rente de 50. liv. fondée par le Testament d'un Religieux fait Evêque, au profit des Cordeliers de la Fleche, pour entretenir l'un d'eux aux études à Paris, ne peut être transferée à l'Hôtel-Dieu de la même Ville, sous prétexte que les Cordeliers en sont sortis; mais doit être employée suivant sa destination pour l'un des Religieux du même Ordre de la Province d'Anjou. Jugé le 17. Juin 1636. l'Arrêt fondé sur ce que le Testateur avoit eu pour objet de faire du bien à ceux de son Ordre. *Bardet, tome 2. liv. 5. chap. 23.*

577 On legue aux Religieuses de l'Hôpital de Mondidier 300. liv. de rente, à la charge qu'elles seront en clôture lors du décès de la Testatrice, qui declare qu'au cas qu'elles ne fussent point renfermées, elle ne leur donnoit rien. Arrêt du 27. Février 1640. qui ordonne la délivrance du legs, les heritiers s'étoient en quelque sorte départis de cette condition par une sommation faite aux Religieuses d'y satisfaire dans l'an. *Soëfve, tome 1. Cent. 1. chap. 2.*

578 Arrêt du Parlement de Provence du 30. May 1642. qui a moderé le legs fait par un Novice pour la Fabrique de l'Eglise de son Convent. Le même Arrêt a déclaré valable le legs fait au Curateur *ad lites,* ou à sa femme. *Boniface, tome 1. liv. 2. tit. 31. chap. 18.*

579 Si les Religieux ou Religieuses sont capables d'un legs universel? M. l'Avocat General Bignon conclut à la reduction du legs. Arrêt du Parlement de Paris du 7. Février 1653. qui appointa les Parties au Conseil. *Soëfve, tome 1. Cent. 4. chap. 7.* il rapporte le même chapitre un Arrêt du 17. Juillet 1619. qui déclara nul un legs universel fait par l'Evêque de Beauvais aux Prêtres de l'Oratoire, mais le Testament étoit contesté par les heritiers de la ligne directe. Cet Arrêt d'entre les Prêtres de l'Oratoire est cité cy-dessus *au nombre* 572.

580 Par Arrêt du 21. Juillet 1653. un legs fait par une mere à deux de ses filles Religieuses Professes de l'Ordre de S. Dominique, ou au Convent pour elles, de quelques immeubles, déclaré bon & valable. L'Arrêt ordonna la délivrance de la maison leguée, si mieux n'aimoient les heritiers donner 1500. livres. *Soëfve, ibidem, chap. 46.*

581 Legs fait par un Novice avant sa profession, tant pour sa dot qu'au Pere Provincial des Jesuites de la Province de Champagne, pour établir un College dans Thoul, déclaré valable, sous certaines reductions. Arrêt du 25. May 1655. *Du Frêne, liv. 8. chap. 19.*

582 Si le legs fait par une Religieuse Novice la veille de sa Profession au profit de l'Agent du Monastere, ne doit pas passer pour un tacite fideicommis en faveur des Religieuses, & si en ce cas la disposition peut être autorisée ou couverte par une transaction faite entre l'heritier institué & les Religieuses, comme étant aux droits du Legataire? Arrêt du 12. Juillet 1655. qui ordonne pour aucunes bonnes considerations que la somme de 1000. livres seroit payée aux Religieuses leur demeureroit, & à l'égard des 2000. liv. restantes, qu'elles seroient payées & appliquées à l'aumône generale de Lyon. L'Arrêt rendu contre les Conclusions de Monsieur Talon Avocat General. *Journal des Audiences, tome 1. liv. 8. chap.* 98.

Eeee iij

582 Par Arrêt du Parlement de Rouen du 8. May 1659. un legs fait aux Minimes fut confirmé, quoyque l'un de ces Religieux eût assisté le malade. *Berault, à la fin du 2. tome de la Coût. de Normandie, p. 100. sur l'art. 421.*

583 Par Arrêt du 13. Mars 1657. un legs d'une somme de 1000. liv. fait par une Religieuse âgée de 16. ans, quelque temps avant sa profession, d'une somme de deniers au profit de sa Servante, déclaré bon & valable; sur le fondement de l'article 293. de la Coûtume de Paris, qui dit que *pour tester des meubles & acquêts, il faut avoir l'âge de 20. ans accomplis*, ne s'entend que des dispositions universelles. De plus, l'art. 28. de l'Ordonnance de Blois, permet à ceux qui font profession de Religion, quoy qu'au dessous de 20. ans, de disposer de leurs biens au profit de leurs parens, & autres personnes que bon leur semblera; & enfin on considera icy la faveur du legs, qui étoit une récompense. *Soëfve, tome 2. Cent. 1. chap. 63.*

584 Une somme ayant été léguée pour aider au Legataire à être pourvû ou marié, jugé que le Legataire s'étant fait Religieux, n'a pû disposer de la somme, comme à luy appartenante, au préjudice des heritiers du Testateur, & qu'elle devoit leur rétourner, le Legataire ne l'ayant point touchée à l'effet que dessus. Arrêt du 14. Mars 1664. *Soëfve, to. 2. Cent. 3. ch. 10.* où il observe que si le Legataire avoit eu 25. ans, la disposition par luy faite, auroit pû valoir, parce qu'alors la somme étoit exigible.

585 Legs faits par une Religieuse au profit du Monastere où elle fait profession, sont nuls, sous quelque prétexte que ce puisse être. Arrêt du Parlement de Dijon du 17. Mars 1664. La Cour n'eut aucun égard à l'intervention du Procureur des pauvres, fondé sur une clause penale inserée dans le Testament contentieux, au profit des pauvres, au cas que les heritiers fissent refus de l'executer. *Taisand, sur la Coût. de Bourgogne, tit. 7. art. 23. note. 6.*

586 Religieux sont capables de legs, quand il y a modicité & destination legitime. Arrêts du Parlement de Dijon des 3. Juillet 1671. & 13. Mars 1674. Il y a eu Arrêt ce semble contraire le 4. Mars 1675. qui annulle un legs de 300. liv. mais il étoit de fait que le Religieux ayant l'Infirmerie de la maison avec sa Prébende monachale, avoit un revenu plus que suffisant; d'ailleurs ce legs étoit trop fort & sans destination. *Taisand ibid. note 3.*

587 Arrêt du Parlement de Province du 23. Decembre 1667. qui a declaré les Religieux Profès capables de legs, quand il y a modicité & destination, comme de 100. liv. pour habillemens. *Boniface, tome 1. liv. 2. tit. 31. chap. 12.*

588 Les Communautez Religieuses sont capables des grands legs, au préjudice des enfans heritiers, pourvû qu'il leur reste la legitime. Sur le fondement de cette maxime, Arrêt a été rendu au Parlement d'Aix le 2. May 1673. portant qu'avant faire droit, l'état & la parcelle des biens sera donnée de l'heritage. Autre Arrêt du dernier Juin de la même année, après la parcelle donnée, confirmatif du legs. *Boniface, tome 5. liv. 2. tit. 2. chapitre 6.*

589 Si ayant été fait un legs pieux, annuel & perpetuel, aux Observantins, Cordeliers, Augustins, & à chacun d'eux à leur tour; & les Observantins ayant pris la réforme des Recolets, les Recolets doivent être admis aux legs, comme subrogez aux Observantins? Arrêt du 28. Mars 1678. qui a jugé la négative. *Boniface, tome 3. livre 7. tit. 4. chap. 5.*

590 Legs universel fait à un Monastere de Religieuses par une personne qui y avoit une fille Professe, & qui s'y étoit retirée pour vivre le reste de ses jours, déclaré nul, les legs particuliers cependant confirmez, & la délivrance d'iceux ordonnée. Arrêt du Parlement de Paris du 19. Février 1691. au *Journal des Aud. tome 5. liv. 7. chap. 10.*

Comme c'est-là la derniere & la plus seure Jurisprudence, il est bon d'observer sur quels motifs M. l'Avocat General Daguesseau fonda ses Conclusions; il dit qu'il étoit important pour le public que l'on reglât & que l'on bornât l'avidité que les Communautez avoient d'acquerir & de se faire donner; qu'anciennement les Ecclesiastiques & Communautez se contentoient des offrandes des Fideles; qu'il ne leur étoit pas permis de rien recevoir par Testament; ni à titre de donation; qu'à la verité sous l'Empereur Marc-Aurele, on leur avoit permis de recevoir des legs particuliers; que Constantin avoit encore augmenté cette permission de donner à l'Eglise; mais que Valentinien avoit absolument défendu aux Veuves & Diaconesses de rien donner; qu'enfin Justinien avoit encore permis de recevoir des Fideles; mais qu'en France nos Rois n'avoient jamais voulu permettre ces institutions d'heritiers par legs universels au profit des Communautez; qu'au contraire ils les avoient toûjours défenduës; que c'étoit l'esprit de leurs Ordonnances, & que les dispositions s'en trouvoient dans les Capitulaires de Charlemagne, dans l'Ordonnance de 1539. & dans plusieurs autres; que les Coûtumes & l'Usage general de la France étoient tres favorables pour les heritiers; que l'on pouvoit en quelque façon comparer ces Communautez aux bâtards, qui ne pouvoient être instituez heritiers; que l'Arrêt de 1658. vulgairement appellé l'*Arrêt de Charonne*, avoit encore annullé ces sortes de legs universels faits au profit de telles Communautez; qu'à l'égard des legs particuliers, rien n'empêchoit qu'ils ne subsistassent, quoyque le legs universel fût détruit.

591 Congregation non approuvée & non établie par Lettres Patentes, ne peut être instituée heritiere. Arrêt du Parlement de Toulouse en 1691. contre la Congregation des Sœurs du Tiers Ordre de Nôtre-Dame de Mont-Carmel, établie dans l'Eglise des Carmes. *V. les Arrêts de M. de Catellan, liv. 2. ch. 97.*

Voyez le mot, *Religieux.* §. *Religieux Legataires.*

RENONCIATION AU LEGS.

592 *Religiosus an legatum repudiare possit?* Voyez *Franc. Marc. tome 1. quest. 311.*

593 Celuy à qui on a fait un legs, ni luy ni son heritier ne le peuvent répudier au préjudice de leurs Créanciers. Arrêt du 8. Avril 1596. *Carondas, liv. 10. Rép. 51.*

594 La renonciation faite à un legs, est révoquée par la survenance d'enfans. Ainsi jugé au Parlement de Toulouse, quoyque le legs fût au profit de l'Hôpital General. *V. les Arrêts de M. de Catellan, livre 5. chapitre 8.*

Voyez le mot, *Renonciation.*

LEGS DE RENTE.

595 Une rente leguée, & qui ne se trouve plus existante lors de la mort du Testateur, ne doit être payée par l'heritier au Legataire, en affirmant qu'il ne possede point la rente. Arrêt en Novembre 1673. *De la Guess. tome 3. liv. 11. ch. 16.*

RESERVE DE FAIRE DES LEGS.

596 Les heritiers de la femme ne peuvent demander au mary qui a gagné sa dot suivant la Coûtume de Toulouse par le prédecés, la somme qu'elle s'étoit reservée par son Contract de mariage de disposer, pour le repos de son ame, ou autrement, étant decedée sans en avoir disposé. Arrêt du 24. Janvier 1591. L'usage est aujourd'huy contraire. *La Rocheflavin, livre 2. titre 6. Arrêt 11.*

597 En 1672. jugé au Parlement de Toulouse que le pere qui mariant son fils a promis de l'instituer heritier, à la charge de payer ses legs, peut consumer en legat les trois quarts de son heredité, d'autant qu'ayant chargé son fils de payer ses legs, il s'étoit reservé d'en faire, & que cette reservation se doit entendre, conformément au Droit écrit, & à la falcidie, qui permet au Testateur de leguer jusques aux trois quarts de son heredité, sans quoy la reservation seroit inutile; puisque sans cette reservation, celuy qui promet d'instituer heritier, a aussi-bien le pouvoir & la liberté de faire des legs moderez. *M. de Catellan, liv. 2. ch. 44.*

LEG   LEG   591

Legs, Restitution.

598 Legs fait à un particulier, ou à ses heritiers, d'une somme, qui est apparemment une restitution, appartient moitié à ses heritiers, & l'autre moitié à ceux de sa femme, commune en biens avec luy, lorsque la somme fut prise. Arrêt du Parlement de Paris du 9. Decembre 1627. *Bardet tome* 1. *liv.* 2. *ch.* 111.

599 Arrêt rendu au Parlement d'Aix le 26. Février 1644. qui a jugé que le legs fait *pro restitutione malè ablatorum & exoneratione conscientiæ*, par un fils qui n'avoit que 500. écus pour son titre Clerical, n'étoit pas bon au préjudice du droit de reversion de son pere. *Bonifaceé, tome* 2 *livre* 2. *titre* 1. *ch.* 9.

600 Legs fait par maniere de restitution, est préféré aux autres legs ; mais les dettes anterieures sont payées auparavant. Arrêt du Parlement de Paris le 21. Juin 1689. au *Journal des Aud. tome* 5. *liv.* 5. *ch.* 18.

Revocation des Legs.

601 Le legs délivré de choses mobiliaires par la main du Testateur, ne peut être révoqué par un second Testament, au préjudice du Legataire possesseur. *Chopin, Coûtume de Paris, liv.* 2. *tit.* 3. *n.* 16. où il cite Matthieu de *Afflictis*, en sa décision 275.

602 *Legata debentur ex testamento revocato.* Jean Galtier, de Castres, avoit fait un Testament avec substitution, *& à substituto legaverat prædium*, à une sœur. Ensuite par un Codicille il revoque la substitution, & fait un autre substitué: *dubitabatur, num legata relicta à substituto priore revocato deberentur à substituto in illo codicillo?* Il fut dit que oüy, par la Loy *Celsus D. de Leg.* 2. La Rocheflavin, *liv.* 6. *lett. L. tit.* 61. *Arr.* 9.

603 Si le legs fait par une femme en ses premieres nôces, est révoqué par le don mutuel qu'elle a fait en secondes nôces à son mary? *Voyez Carondas, liv.* 3. *Rép.* 74.

604 Revocation de legs se peut faire par un acte simple, pardevant Notaires, n'ayant forme de Testament, elle se peut faire *nudâ voluntate sine codicillis, quæcumque enim voluntas sufficit*, pourvû que conste de illâ *voluntate, L. fin. cod. de pactis* ; c'est pourquoy telle mutation vaut pour ademption, *cum translationem in se contineat de adim. & transfer. Leg. L. translatio. ff. cod. tit. translatio enim fit aut de re ad rem, aut de personâ ad personam.* Arrêt du 3. Mars 1612. *Arrêts de M. Bouguier, lettre R. ch.* 18.

605 Legs d'une maison échangée depuis le Testament, avec une rente constituée & subrogée au lieu de la maison, n'est censé revoqué. Arrêt du 8. Février 1614. *Du Frêne, liv.* 1. *chap.* 17. Il y avoit un Legataire des rentes qui la prétendoit.

606 Legs fait par une femme dans la Coûtume de *Vermandois* aux enfans d'un premier lit de son mary, de la part qu'elle pouvoit prétendre en la Communauté, n'étant point revoqué par elle depuis le prédecés de son mary, est valable, quoyqu'elle ait passé en secondes nôces, & se soit constituée en dot les mêmes choses leguées, cela n'opere pas une revocation du legs ; ainsi jugé le 5. Decembre 1639. *Bardet, tome* 2. *liv.* 8. *chapitre* 39.

607 Un legs executé par le Testateur de son vivant, n'est censé révoqué par un Testament posterieur, qui révoque les precedens. Arrêt du 18. Juin 1675. M. l'Avocat General Talon observa qu'il en seroit autrement, si la révocation étoit specifique & individuelle. *Soëfve, to.* 2. *Cent.* 4. *ch.* 90. où il ajoûte, que si lors de la délivrance le Testateur a declaré que c'étoit en payement du legs, quoyque le payement soit bien fait, & que le Legataire en puisse gagner les fruits du jour du payement ; neanmoins il sera au pouvoir du Testateur de révoquer le legs.

Voyez le mot, *Révocation.*

Legs, Saisie.

608 Par Arrêt du 4. Decembre 1612. rapporté par *Joly, liv.* 4. *chap.* 16. jugé que la saisie faite faute de payement d'un legs, ne peut être faite que sur les heritages desquels le défunt pouvoit disposer.

Legs, Secondes Nôces.

Voyez cy-dessus le nombre 24.

609 *Legatum factum novercæ ad instar legati facti uni filiorum primi matrimonii reducendum est, cum novercæ dare plusquam uni liberorum primi matrimonii non possit.* Voyez *Franc. Marc. tome* 1. *quest.* 848.

610 La veuve qui se remarie dans l'an du deüil, peut être contrainte de restituer aux heritiers du premier mari les legs qu'ils luy ont payés. *Idque ex L. Julianus, ff. de condict. indeb. quod nec civiliter nec naturaliter debita essent.* Arrêt du Parlement de Toulouse au mois de Juillet 1582. rapporté par *Mainard, liv.* 3. *chap.* 94. & par *M. de la Rocheflavin, liv.* 2. *let. M. tit.* 4. *Arr.* 15.

611 Le legs fait en Testament par un tiers parent du mary ou de la femme, ne doit demeurer aux enfans du premier lit, au cas que le survivant Legataire se remarie. Arrêt du 13. Juillet 1606. *Expilly, Plaidoyé* 19.

612 Femme qui passe à des secondes nôces, ne peut leguer tous ses conquêts du premier mariage aux enfans de son second, au préjudice de ceux du premier. Arrêt du 18. Juillet 1643. *Du Frêne, liv.* 4. *ch.* 8.

613 Legs fait par le mary à sa femme, à condition de demeurer en viduité ; si elle se marie elle le perd. Arrêt du Parlement de Paris du 27. Février 1674. *Journal du Palais.*

Legs par Signes.

614 Comment est-ce que se peut faire valablement un legs par signes ? *Voyez M. Dolive, liv.* 5. *ch.* 18.

Legs aux Serviteurs.

Voyez cy-dessus le nomb. 261. *& suiv.*

615 Un Testateur laisse à son Valet par son Testament la somme de 50. liv. outre ses gages, & défend à son heritier de ne luy demander rien de ce qu'il a administré : *post conditum testamentum*, il vit deux ans, pendant lesquels le Serviteur continué d'administrer ses affaires. Jugé au Parlement de Toulouse au mois de Juin 1580. que le Legataire est quitte de l'administration faite aprés le Testament. *La Rocheflavin, li.* 6. *tit.* 61. *Arr.* 3.

616 Le legs fait à une Servante, comme pieux, doit être payé, quoyque le Testament soit nul, pour avoir été fait au profit d'un Tuteur. Arrêt du Parlement de Dijon du 4. May 1602. *Bouvot, tome* 2. verbo, *Legs, question* 22.

617 Au Parlement de Toulouse le 1. Février 1626. le legs fait à un Domestique dans un Testament imparfait, fut censé valable, & jugé en Audience le 12. Mars 1612. pour les Penitens noirs de Casteinauday, le legs fait en faveur de la cause pie dans une disposition de Testament non signé par le Testateur, & sans témoins, étoit valable, & l'heritier condamné à le payer. *Cambolas, liv.* 1. *chap.* 13.

Voyez le mot , *Serviteur.*

Legs, Solidité.

618 Les heritiers sont tenus solidairement chacun pour le tout, de payer le legs délaissé par le défunt en faveur de mariage, & l'interêt du jour de la poursuite. *Carondas, liv.* 6. *Rép.* 33.

619 Les legats en deniers sont payables solidairement par l'un des heritiers convenus ce non en seul, à cause de l'hypotecaire. Jugé par Arrêt du Parlement de Toulouse en Avril 1577. *Voyez Mainard, liv.* 8. *ch.* 63.

Voyez le mot , *Solidité.* §. *Solidité, Legs.*

Legs, Substitution.

620 *Sempronius* avoit institué *Titius* son heritier ; & si *Titius* mouroit sans enfans, il luy avoit substitué *Mævius*; depuis il avoit legué à *Cajus* par Codicile, un fonds qu'il avoit ainsi tiré du corps de la succession universelle & de la substitution ; le Legataire meurt avant luy ; l'heritier prétend la possession contre le substitué ; sa raison étoit que ce fonds ayant été legué, il n'étoit plus dans le fideicommis. Le substitué répond que le legs n'avoit point eu d'effet. Jugé en sa faveur au Parlement de Grenoble. *Voyez Guy Pape, quest.* 484.

621 Si les prélegats faits avant l'institution de la plus grande part des biens , viennent & sont compris en la

substitution faite aux instituez pour le tout, ou pour la portion hereditaire? *Voyez Bouvot, tome 1. partie 1. verbo, Legat, quest. 1.*

622 Le 27. Octobre 1590. il a été jugé au Parlement de Toulouse que *legata ab instituto relicta censentur repetita ab instituto*, par Loy *licet* 74. *D. de legatis.* 1, *item à cohered. L. si Titio. 6. §. Justinianus. D. de legatis.* 2. La Rochflavin, *liv.* 6. *tit.* 61. *Arr.* 8.

623 Antoine Boissiere d'Alby, institué heritier par Jean son beau-pere, à la charge de rendre le bien à ses enfans sans détraction de quarte, ayant quatre ou cinq enfans, & survivant sa femme, à qui étoient dûs 3000. écus de dot & augment, par son Testament fait plusieurs autres legs pies aux Cordeliers, Carmes, Dominicains, & autres Eglises du lieu. Par Jugement du 27. Août 1594. les biens sujets à restitution sont declarez exempts du payement des legats, sauf le recours sur la legitime, & autres biens appartenans au Testateur. *Biblioth. de Bouchel, verbo, Legs.*

LEGS A UN TEMOIN.

624 Si les Témoins d'un Testament peuvent être Legataires? *V. M. Ricard, Traité des Donations entre-vifs, partie 1. chap. 3. section 10.* où cette matiere est traitée.

625 Le legs d'un tableau de vil prix fait à un des témoins testamentaires, le Testament confirmé. Arrêt du Parlement de Paris du 29. Mars 1677. *Journal du Palais.* Voyez *l'art.* 289. *de la Coûtume de Paris*, qui porte, Témoins & non Legataires, *& les Commentateurs sur cet article.*

LEGS, TESTAMENT NUL.

626 La préterition de l'ayeul rendant le Testament nul, sur qui les legs doivent tomber? *Voyez Henrys, tome 1. liv. 5. ch. 4. quest. 42.*

627 Si les legs sont dûs d'un Testament nul, *saltem* ceux qui sont *ad pias causas*; & si le legs peut être révoqué par une simple declaration pardevant Notaires, sans faire ni Testament ni Codicile? *V. Bouvot, tome 2. verbo, Legs, quest. 28.*

628 Testament contenant clause d'exheredation, quoyque cassé, la Cour ajugea au Legataire universel les meubles & acquêts, & le quint des propres seulement, à la charge de payer les legs pieux contenus au Testament. Arrêt du 16. Janvier 1625. *Du Frêne, liv. 1. chap. 34.*

629 Lorsqu'un Testament contenant exheredation d'un fils, est annullé; les legs faits aux étrangers subsistent; *secus*, ceux faits aux enfans; ils partagent également. *V. Bardet, tome 1. liv. 3. ch. 99.*

LEGS, TRANSMISSION.

630 On a douté si le legs d'une somme modique fait au fils naturel, lequel meurt avant que de l'avoir reçû, étoit transmis par ce fils naturel à son heritier testamentaire? L'affirmative a été jugée au Parlement de Toulouse, après partage. Voyez *les Arrêts de M. de Catellan, liv. 2. chap. 95.*

631 Arrêt du Parlement de Provence du 17. Juin 1639. qui a jugé que le legs payable après la mort de l'heritier, est transmissible aux heritiers du Legataire, décedé avant l'heritier, & qu'il n'est point conditionnel. *Boniface, tome 2. liv. 2. tit. 1. chap. 4.*

Voyez le mot, *Transmission.*

LEGS, TUTEUR.

632 Voyez *cy-dessus le nombre* 308.

De l'incapacité qui resulte de l'Ordonnance, laquelle prohibe de donner aux Tuteurs, & autres Administrateurs. *Voyez M. Ricard, Traité des Donations entre-vifs, part. 1. chap. 3. sect. 9.* où cette matiere est amplement traitée.

633 Legs faits aux Tuteurs sont de nulle valeur, excepté quand le mineur legue à son Tuteur, qui est son heritier présomptif, autant qu'il prendroit dans sa succession *ab intestat*: car celuy-là ne donne pas, qui démontre ce qui est donné par la Loy. Les Edits Royaux qui défendent de donner aux Tuteurs & Administrateurs, cessent quand c'est une administration necessaire ou momentanée, comme quand un frere ou un autre pense un malade de peste: toutefois s'étant presenté une cause semblable, elle fut appointée. *Voyez Chopin, Coût. de Paris, liv. 2. tit. 4. n. 13.* M. Dolive, *liv. 5. chap. 20.* ajoûte non seulement aux Tuteurs, mais aussi à leurs femmes & enfans. *Voyez Peleus, q. 37. & Carondas, liv. 4. Rép. 41.*

634 Legs fait par le mineur au fils de son Curateur, annullé par Arrêt du Parlement de Dijon du 14. Août 1555. *Bibliotheque de Bouchel, verbo, Tutelle,* où est rapporté un pareil Jugement rendu au Présidial de Poitiers en Juin 1557.

635 Legs fait par un mineur aux enfans de son Tuteur, jugé valable, par Arrêt du Parlement de Paris du 14. Janvier 1576. après la declaration du pere, qu'il n'entendoit en profiter. *Bibliotheque de Bouchel, verbo, Donation.*

636 *Mater excipienda est à constitutione anni* 1539. *quà prohibetur minoribus aliquid administratoribus relinquere.* Arrêt du Parlement d'Aix du 23. Mars 1584. qui confirme l'institution faite par le fils en faveur de la mere. *Voyez Francisci Stephani decis.* 58.

637 Un legs de dix écus fait à un Tuteur, Executeur du Testament, est bon & valable. Arrêt du Parlement de Dijon du 27. Avril 1595. *Bouvot, tome 2. verbo, Testament, quest. 28.*

638 Un Tuteur ayant traité avec son pupile, & le pupile ayant obtenu Lettres contre la Transaction, le Tuteur par son Testament donne une somme à son pupile, à la charge que le procès demeurera éteint & assoupi, autrement que le pupile sera exclus du legat. Le pupile est tenu d'accomplir la condition du legat, ou y renoncer. Arrêt du Parlement de Dijon du 28. Juillet 1598. *Bouvot, ibid. quest.* 1.

639 Legs fait par un mineur entrant en Religion, au profit de son oncle & tuteur, encore qu'il n'eût rendu compte, a été declaré valable. Prononcé le 30. May 1615. *Chenu, 2. Cent. quest.* 59.

640 Legs de l'enfant au pere Tuteur, declaré valable, par Arrêt du 24. May 1632. *Bardet, tome 2. liv. 1. chapitre 27.*

641 De la validité d'un Testament fait par un Gentilhomme de Poitou, âgé de 23. ans, au profit des enfans de son Procureur Fiscal, qui avoit été son Curateur, mais qui ne l'étoit plus lors du Testament. Arrêt du 7. Août 1647. *Soefve, tome 1. Cent. 2. chap.* 42.

642 Legs fait par le mineur aux enfans de son Tuteur, qui étoient ses neveux, de tous ses meubles, le Tuteur ayant rendu compte, & étant décedé; les Legataires étant encore redevables du *reliqua*, a été confirmé par Arrêt du 28. Mars 1651. *M. Ricard des Donations entre-vifs, part. 1. chap. 3. sect.* 16.

643 Legs universel fait par un mineur au profit de la sœur de son Tuteur, jugé nul, comme étant un fideicommis tacite en faveur du Tuteur. Jugé le 29. Avril 1653. *Soefve, tome 1. Cent. 4. ch.* 32.

644 Joly, Ecolier, âgé de 22. ans, fait son Testament, par lequel il institué Laramisse son oncle & son tuteur, son seul & universel heritier, il legue 6000. liv. aux enfans de Joly, son cousin & Curateur, ausquels il donne un Curateur pour administrer ces 6000. liv. avec prohibition à Joly pere d'en prendre l'usufruit; Laramisse dispute la legataire. Arrêt du Parlement de Bourgogne du 27. Avril 1657. qui déboute Laramisse. *Voyez le 9. Plaidoyé de M. Quarré, Avocat General au même Parlement.*

645 Les dispositions faites par le majeur de 25. ans, en faveur de celuy qui a été son Tuteur, ou de ses enfans, ne sont valables. Arrêt du Parlement de Toulouse du 28. Février 1664. La raison fut que le Tuteur, quoique déchargé par appointement, & condamné en même temps de rendre compte, ne l'avoit pas fait. *V. les Arrêts de M. de Catellan, liv. 2. ch.* 77.

646 Un Tuteur legue à son pupile & parent une somme, avec la clause pour tous les droits & actions qu'il peut avoir

LEGS UNIVERSEL.

647 Un Legataire universel *omnium bonorum*, peut être assigné comme un heritier, quoyque par Arrêt du 6. May 1571. il fût condamné à toutes charges hereditaires, & à reddition de comptes au payement du *reliqua* de l'administration de son Auteur, de même qu'un Donataire universel. *V. Guy Pape, quest.* 106. & *La Rochestavin, liv. 6. tit. 61. Arr.* 11.

648 Le Legataire universel, quoyqu'estimé d'être au lieu de l'heritier, n'a pas besoin d'avoir des Lettres de benefice d'inventaire. Arrêt du 5. May 1602. Mornac, *L. 1. C. de inofficioso testam.* Voyez *Carondas, liv.* 13. *Réponse* 55. où nul ne peut être Legataire par benefice d'inventaire.

649 Les meubles & acquets appartiennent au Legataire universel, quand la veuve renonce à la Communauté, & non à ses heritiers. Arrêt du 10. Avril 1607. Brodeau sur M. Loüet, lettre D. somm. 13. nomb. 2.

650 Le Legataire universel prend la Communauté entiere, quand la femme y renonce. Arrêt du 19. Avril 1607. Ricard, *des Donations entre-vifs, part. 3. ch. 4. sect. 4. nombre* 499.

651 Le Legataire universel n'est tenu que jusques à la concurrence de l'inventaire. Arrêt du 28. May 1626. Du Frêne, *liv.* 1. *chap.* 108.

652 Dans la Coûtume de *Chaumont*, jugé que le pere étant Legataire universel en directe, son fils ne peut être Legataire particulier; & l'Arrêt rendu au profit du Collegataire universel, le 6. May 1630. Bardet, *tome* 1. *liv.* 3. *chap.* 104.

653 Par Arrêt donné en l'Audience de la Grand'Chambre le 29. Mars 1640. au profit de Thomas Cantarini, Legataire universel de Laurent Vanel; jugé qu'un legs particulier de la somme de 60000. liv. fait en faveur de Jean Vanel, qui étoit demeuré caduc par l'incapacité du Legataire, devoit accroître au profit de Cantarini, Legataire universel, au préjudice de l'heritier, qui le prétendoit; encore que le legs universel fût couché en ces termes après les dispositions particulieres, *& quant au residu de mes biens, &c.* dont l'heritier prenoit grand avantage. Ricard, *des Donations entre-vifs, part. 3. ch. 4. sect. 4. nombre* 502.

654 Dans la Coûtume de *Paris* on peut être ensemble, Legataire universel en tous les biens du Testateur, & Legataire particulier. Arrêt du 26. Avril 1649. Du Frêne, liv. 5. chap. 41. Ricard, des Donations entre-vifs, part. 1. ch. 3. sect. 15. n. 658.

655 Jugé par Arrêt du 30. May 1656. qu'un Legataire universel ne peut être tenu en son nom des legs particuliers, quoyqu'il n'ait point de Lettres de benefice d'inventaire. Soëfve, tome 2. Cent. 1. ch. 31.

656 Legs universel fait par un frere au profit de son frere, & des siens & ayans cause, ne demeure caduc par le prédecès du frere Legataire, avant celuy du Testateur, le Legataire ayant laissé des enfans. Arrêt du 23. Juin 1671. Soëfve, tome 2. Cent. 4. ch. 50.

657 Testament portant legs universel en la Coûtume de *Reims*, au profit de la femme (où telle disposition est permise) par le mary, que l'on disoit imbecile, & avoir disposé en haine de ses heritiers, fut confirmé par Arrêt du 2. Decembre 1675. De la Guessiere, tome 3. livre 9. chapitre 16.

658 Un Legataire universel qui étoit heritier des propres du Testateur, ayant pris la seule qualité de Legataire universel à la levée du scellé, & dans l'inventaire prenant des Lettres, y peut renoncer dans la suite, & se tenir à la qualité d'heritier. Jugé à Paris le 1. Août 1676. Journal du Palais.

Marie de Lameth, tante de Germain de Lameth, a 659 été maintenuë comme plus proche habile à succeder à Germain son neveu, au préjudice de Jacques-François, cousin germain; & le legs universel fait par le Testament de Germain à Eleonor-Chrétien de Monsure de Graval, confirmé le 26. Janvier 1683. De la Guessiere, tome 4. liv. 6. chap. 3.

Le legs universel n'est pas nul *en ipso*, pour être fait 660 à une Communauté Ecclesiastique; mais s'il se rencontre quelque incapacité de la part du Testateur ou d'ailleurs, & si le legs est immense, & prive de pauvres parens, il peut être cassé ou réduit à une partie. Arrêt du Parlement de Paris du 14. Février 1696. Journal des Audiences, tome 5, liv. 12. ch. 8.

LEGS A LA VOLONTE' D'AUTRUY.

Des dispositions laissées à la volonté d'un tiers. *V.* 661 *Ricard, des Donations entre-vifs, part. 1. ch. 3. sect.* 12. où il établit toutes les maximes; il cite les Arrêts convenables à la matiere.

Legs laissé au Curé de Saint Jacques de la Boucherie 662 pour en disposer en œuvres pitoyables, suivant la volonté du défunt, declaré bon & valable. *Le Vest, Arrêt* 167. Voyez Anne Robert, *rerum judicat. livre* 1. *chap.* 3. où vous trouverez l'Arrêt du 23. Decembre 1580. Moniholon, Arrêt 1. rapporte le même Arrêt; il est pareillement cité dans la *Bibliot. du Droit François*, par Bouchel, verbo, Avantage. Voyez M. Loüet, *let. L. somm.* 5. où il remarque que le Curé avoit affirmé par-devant un des Messieurs, que la veuve ne participoit point au legs. Voyez *le Journal du Palais* in quarto, part. 10. p. 22. & le 2. tome in folio. où il y a Arrêt du 27. Janvier 1684. d'un legs laissé à la volonté de l'Apoticaire du Testateur. Voyez *cy-après le nombre* 669. Carondas, liv. 8. Rép. 63.

Un Procureur du Châtelet de Paris legue 100. écus 663 aux Cordeliers de Neufchâtel en-Lorraine, & ajoûte qu'il prie sa veuve & heritiers de les payer à leur commodité, bon point & aisément. Arrêt du Parlement de Paris du 29. Février 1606. qui juge que le legs ainsi remis à la discretion de l'heritier, étoit nul, & qu'on ne pouvoit le contraindre. Plaidoyers de Corbin, suite de Patronage, ch. 43.

Une somme de deniers est laissée par un homme en 664 extrémité de maladie à un Marchand pour l'employer en œuvres pies, ainsi qu'il lui a dit en secret. Jugé que la disposition n'étoit valable au préjudice des pauvres heritiers du défunt. Arrêt du 19. Février 1614. Du Frêne, liv. 1. chap. 19. Voyez M. Ricard, des Donations entre-vifs, part. 1. chap. 3. sect. 16. n. 766.

Lorsqu'un Testateur legue à son Curé pour dispo- 665 ser suivant ses intentions, les heritiers ne peuvent l'obliger de declarer à quel usage il doit l'employer; c'est une Jurisprudence au Parlement de Roüen, confirmée par Arrêts des 7. Août 1635. 7. Août 1637. 22. Février 1658. & 21. Juin 1661. La seule declaration que la Justice exige du Curé, est que *le legs n'est ni pour luy ni pour les siens*; ou que *le Testateur n'a fait ce depôt que pour la décharge de sa conscience*. V. Basnage, sur l'art. 412. de la Coût. de Normandie.

Arrêt du Parlement d'Aix du 29. Avril 1641. qui a 666 confirmé un legs fait aux Executeurs Testamentaires, pour distribuer comme a dit le Testateur, en jurant qu'ils ne feroient point la distribution à personnes prohibées de droit. Boniface, tome 2. liv. 2. tit. 1. ch. 3.

Un Legataire universel de tous les meubles & ac- 667 quets, apprend que la Testatrice a laissé quelques sommes entre les mains d'une Religieuse; celle-cy assignée declare qu'elle en a remis une partie à la défunte, & qu'elle a ordre de remettre 1000. liv. qui luy restoient, aux freres & sœurs, au profit desquels la Testatrice n'auroit point disposé. Les freres & sœurs interviennent, & disent que la reconnoissance & declaration faite en Justice par la Religieuse dépositaire, ne peut être divisée. Arrêt du 15. Decembre 1664. qui juge en leur faveur. Soëfve, tome 2. Cent. 3. ch. 30.

Ffff

668 Lorsque le Testateur a laissé une somme d'argent à une personne confidente, elle en est crûe touchant l'employ à son simple serment ; les Curez & les Religieux le font aussi. Si quelque legs leur a été fait pour dire des Messes, il ne faut pas d'autre preuve qu'ils y ont satisfait. Arrêt du Parlement de Grenoble du 26. Février 1678. qui ajuge 45. liv. aux Recolets de Toulouse, en affirmant par le Syndic que les Messes ordonnées avoient été dites, Si l'Executeur est chargé de faire dire les Messes par un tel Ecclesiastique, l'heritier doit les laisser dire à celuy qu'il aura choisi. Arrêt du 5. Août 1671. en une cause où il s'agissoit de trois mille Messes. Voyez Chorier, en sa Jurisprudence de Guy Pape, page 174.

669 Legs universel peut être laissé à la volonté de son Apoticaire, lequel, quoyqu'incapable de legs, peut être Dépositaire secret de la volonté du Testateur, & après sa declaration que le legs étoit pour être distribué aux pauvres de l'Hôtel-Dieu & de l'Hôpital General de Meaux, la délivrance leur fut ajugée. Jugé à Paris le 27. Janvier 1684. Journal du Palais in quarto, part. 10. page 22. & le 2. tome in folio.

670 Le legs est bon quand il est constant & determiné, & quand on a seulement laissé à son heritier la liberté de choisir celuy qu'il voudra dans les personnes désignées. Arrêt du même Parlement de Paris du 18. May 1687. au Journal des And. tome 5. liv. 3. ch. 4.

Legs d'Usufruit.

671 Du legs de l'usufruit de tous biens ou partie d'iceux. Voyez Usufruit. §. Usufruit legué.

Legatum usufructus omnium bonorum uxori relictum, alio haerede post ejus mortem instituto, an valeat? Voyez Andr. Gail, lib. 2. observ. 143.

672 Usufructus Titio & Maevio legatur ut alternis annis utantur, potest dici priori Titio, deindè Maevio, si verò ejusdem nominis fuerint, nisi consenserint uter eorum prior utatur, invicem se impedient. Mornac, L. 41. ff. de usufruct. & quemadmodum, &c.

673 L'usufruit die mortis inutiliter legatur, parce qu'on le legue pour avoir lieu dans un temps auquel il se perd, & demeure éteint par sa nature, L. usumfructum, 5. ff. de usu, usufructu & reditu, &c. Voyez M. le Prêtre, 2. Cent.

674 Si le legs est d'une maison, & que la maison vienne à être brûlée, le Legataire ne pourra prétendre l'usufruit de la place qui reste, L. 5. repeti potest, §. rei mutatione, & le §. si area, & L. ult. ff. quibus modis usuf. vel usus amittitur. Ricard, des Donations entre-vifs, 3. part. chap. 3. sect. 3. distinct. 5. nomb. 399.

675 L'usufruitier d'un heritage ayant legué son usufruit, inutile est legatum ; mais si avant sa mort il acquiert la proprieté, le legs est bon. Henrys, tome 2. liv. 4. chapitre 12.

676 Si quelqu'un legue l'usufruit de tous ses biens, avec le bétail ; si l'on peut dire que la proprieté du bétail est leguée? V. Bouvot, tome 1. part. 1. verbo, Usufruit, question 1.

677 En la Coûtume de Paris le legs de l'usufruit de tous les propres, n'est valable comme aux autres Coûtumes, où l'on n'en peut donner que certaine partie. Arrêt du 28. Novembre 1537. Papon, quest. 66. Voyez M. Louet, lettre V. somm. 8. Voyez Carondas, liv. 10. Rép. 53. & Coquille, Coûtume de Nivernois, titre des Testamens, chapitre 33.

678 Le Legataire d'usufruit des acquêts, le Testateur n'ayant laissé d'autres biens, n'est tenu des dettes. Arrêt au mois de Février 1543. Carondas, livre 10. Réponse 53.

679 Legs des meubles, acquêts & conquêts, & du tiers des propres, en la Coûtume de Troyes, les deux autres tiers reservez aux heritiers, l'usufruit de tous les biens de la femme constitué à son mary par Contract de mariage, fut jugé que les deux tiers des heritiers demeureroient chargez de l'usufruit ; mais francs & quittes de toutes dettes & charges testamentaires, desquelles les Legataires demeurerent chargez. Arrêt du 5. Avril 1584. Carondas, liv. 8. Rép. 68.

680 Le legs de la proprieté à l'un & de l'usufruit à l'autre qui le rend Moine ; jugé que l'usufruit appartenoit aux heritiers contre le legataire de la proprieté. Arrêt du 17. Juin 1559. Carondas, liv. 9. Rép. 29. & qu'il falloit attendre la mort naturelle. Arrêt à la Nôtre-Dame de Septembre 1620. Montholon, Arrêt 135. M. le Prêtre, 3. Cent. chap. 81. rapporte le même Arrêt ; la Jurisprudence a varié par Arrêt du 25. May 1660. qui a jugé que la profession ou mort civile, produisoit le même effet que la mort naturelle en fideicommis & substitution. Notables Arrêts des Audiences, Arrêt 46. Le 31. Janvier 1660. on avoit déja jugé la même chose. Voyez Ricard, des dispositions conditionnelles, Traité 2. chap. 5. sect. 4. nombre 371.

681 Au Rôlle d'Amiens le legs de l'usufruit de tous les propres, est réductible à l'usufruit des meubles & acquêts, & quint des propres, dont la Coûtume permet de disposer. Arrêt du 20. Janvier 1632. Du Frêne, li. 2. chapitre 104.

682 L'usufruit de quelques heritages leguez à sa femme pour luy tenir lieu de sa dot, n'emporte la proprieté, en remboursant aux heritiers de la veuve les deniers dotaux & droits d'augment. Arrêt du 21. Juin 1656. Henrys, tome 2. liv. 5. quest. 15.

683 Arrêt rendu au Parlement de Provence le 13. Février 1662. qui a jugé que l'usufruit étant legué jusqu'à un certain âge de l'heritier ; cet usufruit ne finit point par la mort de l'heritier ; mais est continué jusqu'au temps que l'âge soit arrivé. Boniface, tome 2. li. 2. tit. 1. chap. 2.

684 Un pere & une mere ayant ordonné par leur Testament , que l'un de leurs enfans joüiroit simplement, & par usufruit de sa portion hereditaire. Jugé par Arrêt du 22. Janvier 1669. que cette disposition est valable, sauf au fils à se pourvoir pour sa legitime. Soëfve, to. 2. Cent. 4. chap. 32.

685 Dans la Coûtume de la Rochelle, on ne peut leguer l'usufruit d'un propre. Jugé à Paris le 11. Août 1678. Journal du Palais.

LEPRE.

1 Sylvester, in Summa.

Joannes Nides, de leprâ morali.

2 Apud Hieronymum, tractatus de generibus leprarum.

3 Infecti pestis tempore, expelli possunt. Idem de leprâ infectis dicendum. Voyez Franc. Marc. tom. 2. q. 125.

4 En 1410. M. Baude des Bardes avoit impetré l'Office d'un homme soupçonné de lépre, & Maître Jean du Castel s'étoit fait subroger. Par Arrêt du 6. Mars 1410. la Cour absout le Titulaire de la demande, & le condamne en ses dépens, Bibliotheque de Bouchel, verbo, Lépre.

5 Quoique la maladie du lépreux soit apparente & notoire à tout le monde, il peut faire des donations, & autres contracts, lesquels sont valables, jusqu'à ce qu'il ait été ajourné, visité & débouté par Sentence, de la compagnie des hommes ; & on peut argumenter du Lépreux au Prodigue, ce dernier pouvant contracter valablement jusqu'à son Interdiction ; ce qui a été jugé au Parlement de Roüen l'an 1531. ou 1532. pour Jacques de Bouju, Maître Verdier en la Forêt de Lyons, contre Nicolas de Bouju son frere. Biblioth. Canon. tome 2. page 16. col. 2.

6 La connoissance d'un Lépreux Lay, & séparation d'iceluy, appartient au Juge Lay. S'il est Prêtre ou Clerc, non marié, il ne reconnoît que le Juge d'Eglise. Arrêt du Parlement de Paris donné és Grands Jours de Moulins, le 12. Octobre 1534.

Autre Arrêt du 31. Juillet 1453. par lequel il est défendu à une femme de converser avec son mary lépreux, sur peine de bannissement & pilory, & de vendre aucuns fruits. Autre Arrêt de Boulogne du 11. Septembre 1578. Ibidem, & Papon, liv. 7. tit. 7. n. 28.

Par Arrêt donné le 29. Novembre 1569. les Lettres en forme de Commiffion, décernée par le Bailly de Noyon, pour la recherche des Lépreux, furent défenduës, fi ce n'eft fur la plainte ou requête des parties. *Biblioth. de Bouchel*, verbo, *Lépre*.

Un nommé Paris ayant obtenu un Mandement contre Michel Piquet, Avocat à Carentan, pour le faire ajourner aux fins de faire ordonner qu'il feroit vifité & féparé comme lépreux ; & cependant défenfes d'aller autrement que tête nuë & la bouche voilée ; fur l'appel interjetté de ce Mandement, il fut dit le 11. Mars 1636. qu'il feroit vifité par fix des plus anciens Medecins, & quatre Chirurgiens, pour leur rapport fait être pourvû ainfi que de raifon ; & cependant que Paris donneroit caution de répondre des interêts. Les Medecins & Chirurgiens ayant attefté qu'il étoit fain, le Mandement fut caffé, comme injurieux, & decret de prife de corps, prononcé contre Paris. *Bafnage, fur l'art.* 174. *de la Coût. de Normandie*.

LEPROSERIES.

3 Adminiftrateurs des Léproferies. *Voyez* verbo, *Adminiftrateurs, n. 6*.

2 Léproferies fe reglent comme les Hôpitaux. *Tournet, lettre H. Arr.* 29.

3 Si les Léproferies font Benefices ? *V. Tournet, let.* H. *Arrêt* 48. & *Forget, Traité des perfonnes & chofes Ecclefiaftiques*, chap. 21.

4 De la Léproferie de *Compiegne* ; fon adminiftration appartient aux Religieux, Abbé & Convent de Saint Corneille de la même ville. Arrêt du Parlement de Paris du 18. Mars 1328. extrait du Regiftre des Jugez de 1328. n. 86. *Corbin, fuite de Patronage*, *ch.* 151.

5 Par Arrêt du Mercredy *poft Pentecoften*, jugé qu'au Roy & aux habitans de la ville de *Greffibus*, & non à l'Archevêque de Sens, appartient d'inftituer ou deftituer le maître de la Léproferie de *Greffibus*, au Diocefe de Sens, au Regiftre *olim*, feüillet 74. *Corbin, fuite de Patronage*, ch. 30.

6 *Die Jovis poft Pentecoft.* Jugé qu'il appartenoit au Roy & aux Maire & Echevins de la ville de *Saint Florentin*, conjointement, & non à l'Archevêque de Sens, d'inftituer & deftituer les Maîtres & Freres de la Léproferie de Saint Florentin ; pris du Regiftre *olim* feüillet 76. A. *Corbin, ibid. ch.* 131.

7 Arrêt du Grand Confeil du mois d'Août 1610. rendu entre Noël Beauniez, nommé par les habitans de la ville de *Conches*, à l'adminiftration de la Léproferie, & le fieur de la Serre ayant impetré la même adminiftration, d'autre, qui la declare être à la nomination du Roy, & Collation de fon Grand Aumônier ; d'où on peut conclure, que lorfque le privilege ou titre litteral manquent aux habitans, Corps & Communautez des Villes, ils ne peuvent (quelque longue joüiffance qu'ils en ayent euë) prefcrire tel droit de nomination au préjudice du Roy. *Bibliotheque Canonique*, tome 2. p. 16. colonne 2.

LETTRES.

1 LEttres Royaux, Lettres du Prince. Lettres Patentes, &c. *Regia Diplomata, Refcripta*.
De precibus Imperatori offerendis, & de quibus rebus fupplicare liceat. C. 1. 19.
Quando libellus Principi datus, litis conteftationem faciat. C. 1. 20... N. 113... N. 8, c. 13.
Ut lite pendente, vel poft provocationem, aut definitivam fententiam, nulli liceat, Imperatori fupplicare. C. 1. 21.
Si contra jus, vel utilitatem publicam, vel per mendacium fuerit aliquid poftulatum, vel impetratum. C. 1. 22.
De diverfis refcriptis & Pragmaticis Sanctionibus. C. 1. 23... C. th. 1. 2.
Ne ex divinis juffionibus à Principe impetratis, fed ex antiquis legibus lites dirimantur. N. 113.
Tome II.

Voyez les mot, *Declarations, Edits, Refcripts,* & cy-aprés, *les nombres* 172. *& fuiv. & 209. & fuiv.*

2 *De refcriptis & impetrationibus.* Voyez le 29. chap. *du Stile du Parlement*, dans *Du Moulin*, tome 2. page 488.

LETTRES D'ABOLITION.

3 Des Lettres d'abolition, remiffion, pardon, pour efter à droit, rappel de ban ou de galeres, commutation de peine, réhabilitation & revifion de procés. *Voyez l'Ordonnance de* 1670. tit. 16.

4 *Litteræ abolitionis per Clericum à principe obtentæ, coram judice fæculari verificandæ funt, & interinandæ.* Voyez Franc. Marc. tom. 1. queft. 514.

5 Les Lettres d'abolit on s'accordent pour des crimes qui ne font pas remiffibles de leur nature, mais que le Roy peut remettre par la plenitude de fa puiffance. Les Lettres de remiffion font accordées pour les homicides involontaires, ou qui font commis dans la neceffité d'une legitime défenfe. Les Lettres de pardon s'accordent pour les cas aufquels il n'échet pas peine de mort. *V. Henrys*, tome 2. liv. 4. queft. 9.

6 Lettres d'abolition ne peuvent être octroyées que par le Roy, & doivent être prefentées en perfonne par les Impetrans & non par Procureur. Arrêt du 9. Mars 1445. contre le Sieur Comte d'Armagnac & fon fils, qui en avoient fait prefenter au Parlement de Toulouse par M. Jean Tudert, Maître des Requêtes de l'Hôtel du Roy, expreffément député par fa Majefté pour pourfuivre l'entherinement des Lettres d'abolition ; elles furent entherinées le 14. Mars 1445. aprés leur avoir fait la faveur de les oüir à huis clos. *La Rocheflavin*, liv. 1. tit. 2.

7 Lettres d'abolition accordées au Raviffeur d'une fille mineure, à condition par ledit Raviffeur de remettre la mineure entre les mains de fes parens, au même état qu'elle étoit lors de l'enlevement de fa perfonne. Comme le Raviffeur avoit diffimulé qu'il y avoit eu un mariage, au moyen duquel l'execution de la condition marquée par les Lettres, étoit impoffible ; le Tuteur de la fille prit Requête Civile contre l'Arrêt qui les entherinoit. Arrêt du 28. Août 1664. qui le juge bien fondé, & ordonne que l'accufé fe mettra en état, & la fille remife dans un Monaftere, jufqu'à ce qu'il en foit autrement ordonné. *Soëfve*, tome 2. Centurie 3. chapitre 23.

Voyez cy-aprés le nombre 64. & fuiv.

LETTRES, AGE.

8 Lettres de benefice d'âge. *Voyez* le mot, *Age*, nombre 37.

LETTRES DE BENEFICE D'INVENTAIRE.

9 *Voyez* le mot, *Benefice d'Inventaire*, nombre 1. & fuivans.

LETTRES DE CHANCELLERIE.

10 Un vendeur prend des Lettres de Chancellerie du Siege Préfidial de *Tours*, fait affigner fon acheteur qui luy oppofe fin de non recevoir, parce que ce qui étoit prétendu du fupplément de jufte prix, excedoit le pouvoir de la Chancellerie. Le Demandeur obtient nouvelle Provifion de la Chancellerie de Paris ; on luy foûtient que les dix ans de l'Ordonnance font paffez, & qu'il n'eft plus recevable. Par Arrêt du Parlement de Paris donné en 1570. rendu fur l'appel de cet incident, il a été dit que le Défendeur défendroit à toutes fins, & contefteroit fans préjudice des fins de non recevoir, aufquelles il fut refervé de faire droit par même moyen. *Papon*, liv. 16. tit. 3. n. 17.

11 Les Lettres de la Chancellerie de *Dauphiné* étant fignées & fcellées par un des Greffiers, n'ont befoin d'aucun fecours étranger, & on peut faire tous ajournemens, affignations & executions en vertu d'icelles. Jugé par Arrêt fans date au Parlement de Grenoble. *Voyez Guy Pape*, queft. 275. & 487. Par l'Ordonnance du mois d'Avril 1667. il ne faut plus ni Lettres ni Commiffion que pour ajourner au Confeil & aux Juges qui jugent en dernier reffort.

LETTRES DE CHANGE.

12 Voyez le mot, *Acceptation*, nombre 28. & le mot, *Change*.

Des Lettres de Change. Voyez le 1. tome des Loix Civiles, liv. 1. tit. 16. sect. 4. L'Ordonnance de 1673, titre 5. & le Traité qui en a été fait par *Du Puys de la Serda*.

13 Si la contrainte par corps a lieu pour toutes lettres de change? Voyez le mot, *Contrainte par corps*, n. 47.

14 Par Arrêt donné à Paris le 13. Août 1592. jugé que l'acceptation d'une lettre de change du mary par la femme, est sujette à rescision, comme une autre simple promesse, en cas de rénonciation à la Communauté. Voyez la *Biblioth. du Droit François*, par Bouchel, verbo, *Marchand*.

15 Marchand auquel est presentée une lettre de change, s'il ne fait point de réponse, est présumé l'avoir acceptée, & n'y ayant point à l'instant contredit, il demeure tellement obligé, qu'il peut être contraint au payement de la somme par emprisonnement de sa personne. Voyez ibidem.

16 Arrêt de la Chambre de l'Edit de Paris du 4. Août 1611. qui défend à toutes personnes ausquelles il n'est permis par les Ordonnances de donner argent par remises ni lettres de change, de le faire, sur peine de confiscation, & autres portées par lesdites Ordonnances. *La Rocheflavin*, liv. 3. tit. 14.

17 Si les lettres de change acceptées ou protestées, acquierent hypoteque? V. *Boniface*, tome 2. liv. 4. tit. 7. chapitre 4.

18 Porteur de lettre de change, qui l'a fait accepter, & au lieu d'en exiger le payement au jour de l'échéance, la negocie, est garant de la faillite & banqueroute de celuy sur lequel elle étoit tirée, sans aucun recours contre le tireur. Arrêt du Parlement de Paris du 26. Avril 1619. *Bardet*, tome 1. liv. 1. ch. 55.

19 Lettre de change signifiée & protestée dans les dix jours du terme & échéance, est au peril de celuy qui l'a délivrée, en cas de faillite, de celuy sur lequel elle a été tirée. Jugé le 7. Juillet 1632. *Bardet*, tome 2. li. 1. chapitre 36.

20 Arrêt du 22. Février 1636. qui appointe pour sçavoir si celuy qui a accepté une Lettre de change tirée sur luy, peut en refuser le payement sous prétexte de la banqueroute du tireur survenuë depuis l'acceptation. V. *Bardet*, tome 2. liv. 5. chap. 8. Pa la Sentence des Consuls l'Accepteur fut condamné de payer. M. Bignon Avocat General distingua entre l'acceptation pure & simple, & celle faite à jour, c'est-à-dire, si lorsqu'étant signifiée & protestée, celuy sur qui la Lettre est tirée declare qu'il sera réponse à certain jour : car cela veut dire qu'il payera si lors du terme échû il se trouve avoir provision & du fond entre les mains.

21 Il y a Arrêt du Parlement de Paris du 13. Juin 1643. rendu entre M. Pierre le Clerc, Receveur des Tailles en l'Election de Laval, Appellant, & Sebastien Frain Intimé & autres, portant reglement sur le protest des Lettres de change & rechange, par lequel il a été ordonné que tous Porteurs de Lettres de change en cette Ville de Paris dans dix jours continuels après le jour de l'écheance des Lettres, compris même les Fêtes & Dimanches, seroient tenus de faire les protêts d'icelles, & que les simples sommations faites avec protêt pardevant Notaires dans le temps de dix jours seroient tenuës valables & suffisans, & que l'Arrêt seroit leu & publié au Châtelet de Paris. V. *les Chartes des Notaires*, chap. 8.

22 Le 8. Février 1645. au Parlement de Toulouse en la cause d'un nommé Raoul, un autre Marchand luy ayant promis par un billet de luy remettre une Lettre de change pour une somme qu'il luy devoit, l'appointement de la Bourse qui ordonnoit la contrainte par corps à faute de fournir cette Lettre, fut confirmé. *Albert*, lettre M. verbo, *Marchands*, article 1.

23 Mineur peut être relevé d'un simple prêt. Arrêt du Parlement de Toulouse du 2. Avril 1648. il ne peut l'être d'une Lettre de change. Arrêt du 3. Février 1650. *Albert*, Lettre M. verbo, *Mineur*, art. 2.

24 Declaration du Roy, avec Arrêt sur le fait & negoce des Lettres & Billets de change, le 26. Janvier 1664. elle porte : Voulons que toutes cautions qui seront baillées pour l'évenement des Lettres de change & Billets payables au porteur ou à ordre, qui se trouveront perdus, ne demeureront obligées & responsables que pendant trois ans : lesquels passez, l'acceptant qui aura payé le tireur, & ceux qui auront passé les ordres, en demeureront déchargez, sans qu'après les trois ans accomplis & revolus, ils puissent être recherchez ni inquietez pour raison desdits cautionnemens. Que tous Porteurs de Billets qui auront été negociez, seront tenus de faire leurs diligences contre les Debiteurs ; sçavoir, pour ceux qui seront payables à ordre ou au Porteur, causés pour valeur receuë, en Lettres de change fournies ou à fournir, dans dix jours de l'écheance : & à l'égard de ceux pour valeur receuë en marchandise, dans trois mois, & faute de payement par les Debiteurs, les Porteurs de Billets feront signifier les diligences qu'ils auront faites à ceux qui leur auront donné les Billets ou passé les ordres, & en poursuivront le payement contre eux quinze jours après, les Dimanches & Fêtes comprises dans le terme, à compter du jour & date des protêts. Et pour les billets qui seront faits par des particuliers de cette Ville de Paris, ou autres qui seront negociez à des particuliers des Provinces de ce Royaume, seront les Porteurs tenus d'en faire les diligences contre les Debiteurs après dix jours, les Fêtes & Dimanches aussi compris : lesquelles diligences ainsi faites, seront pareillement tenus de les notifier aux endosseurs ou à ceux qui leur auront donné ou passé les ordres, & d'en poursuivre le payement, sçavoir contre les domicilez de la Ville de Paris, dans quinze jours ; & contre ceux qui seront demeurans dans les villes des autres Provinces du Royaume, qui n'auront fait élection de domicile en la ville de Paris, pour les Lettres de change qui seront tirées de Lyon, Lionnois, Forêts, Dauphiné, Provence, Languedoc, Gascogne, Biscaye, Poitou, Auvergne, Anjou, Perigord, Bourbonnois, Roüergue & Maine, dans deux mois : pour celles de Normandie & Picardie, Champagne, Bourgogne, Touraine, Blesois & Orleans, dans vingt jours, fors & excepté la Ville de Roüen, pour laquelle il n'y aura que douze jours, attendu la proximité de Paris, & continuelle correspondance : d'Angleterre, Hollande & Flandre, dans deux mois : d'Espagne dans quatre mois ; de Portugal, Pologne, Suede & Dannemarc dans six mois : d'Italie, Allemagne, & Suisse, dans trois mois, après lequel temps revolu & expiré faute de diligence & poursuite faite en Justice, lesdits Porteurs de Billets & Lettres de change ne seront reçûs à intenter aucune action, ni faire aucune demande contre les Tireurs & Endosseurs ; mais demeureront pour le compte des Porteurs. Et outre que tous actes de *protests*, pour être reputez bons & valables, seront dorénavant faits pardevant Notaires, ou un Notaire & deux témoins ; lesquels Notaire & témoins seront tenus se transporter au domicile de ceux sur lesquels les Lettres de change seront tirées, ou qui auront fait les Billets, & desdits protêts laisser copie. Pourront neanmoins lesdits protêts être faits par les Huissiers & Sergens, tant du Châtelet, que des Consuls, assistez de deux Recors domicilez & connus en notredite bonne Ville de Paris, qui sçauront écrire, & qui signeront lesdits protêts. *Journal des Audiences*, tome 2. liv. 6. chap. 8.

25 Le simple seing oblige en Lettres de change. Le 29. Avril 1664. il fut jugé au Parlement de Toulouse qu'un Marchand ayant signé une promesse qu'un Marchand de saint Gaudens avoit faite pour 300 livres de marchandise à un autre Marchand, étoit obligé, quoyqu'il ne fût dit, ni qu'il fût débiteur, ni qu'il fût caution ;

& qu'il semble qu'on pouvoit le prendre pour témoin seulement. *Albert*, verbo, *Marchands*, art. 5.

26 Jugé au Parlement d'Aix le 22. Juin 1665. qu'un Créancier pour Lettres de change n'est point obligé de donner délay à son Débiteur qui incontinent après a fait faillite. *Boniface*, tome 2. liv. 4. tit. 7. chap. 4.

27 Le 17. Février 1666. il a été jugé au Parlement de Paris, que le Debiteur d'une Lettre de change payable à certain jour peut en anticiper le payement malgré le Créancier ou Porteur d'icelle, & que la consignation faite de la somme portée par la Lettre de change à faute par le Créancier de la vouloir recevoir, ne peut être par luy contestée, sous prétexte qu'elle a été faite la veille d'un décri de monnoye. *Soëfve*, tome 2. Cent. 3 chap. 65.

28 Le 7. Juillet 1667. le Reglement de la Place des Changes de la Ville de Lyon fut homologué par sa Majesté en son Conseil de Commerce, & depuis verifié en la Cour, & registré en la Jurisdiction de la conservation des Privileges Royaux des Foires de la Ville de Lyon ; lequel Reglement fut fait par les principaux Marchands, Negocians, Prévôt & Echevins de la Ville, pour obvier aux abus qui s'étoient glissez contre la bonne foy du Commerce.

I. Que cy-après l'ouverture de chaque payement se fera le premier jour non ferié du mois de chacun des quatre payemens de l'année, sur les deux heures de relevée ; par une assemblée des principaux Negocians de ladite Place, tant François qu'Etrangers, en presence de Monsieur le Prévôt des Marchands, ou en son absence du plus ancien Echevin, qui seront priez de s'y trouver : en laquelle assemblée commenceront les acceptations des Lettres de change payables en iceluy, & continueront incessamment à mesure que lesdites Lettres seront presentées jusqu'au sixiéme jour dudit mois inclusivement, après lequel & iceluy passé, les Porteurs desdites Lettres pourront faire protester faute d'acceptations pendant tout le courant du mois, & ensuite les renvoyer pour en tirer le remboursement, avec les frais du retour.

II Que pour faire les Comptes & établir le prix des Changes de ladite Place de Lyon avec les Etrangers, il sera fait pareille assemblée le troisiéme jour de chacun desdits mois non feriez, aussi en presence de M. le Prévôt des Marchands, ou du plus ancien Echevin.

III. Que les acceptations desdites Lettres de change se feront par écrit, datées & signées par ceux sur qui elles auront été tirées, ou par personnes duëment fondées de Procuration, dont la minute demeurera chez le Notaire, & toutes celles qui seront faites par Facteurs, Commis & autres, non fondez de Procuration, seront nulles & de nul effet contre celuy sur qui elles auront été tirées, sauf le recours contre l'acceptant.

IV. Que l'entrée & l'ouverture du Billan & virement des parties, commencera le sixiéme de chaque mois desdits quatre payemens non ferié, & continuera jusqu'au dernier jour dudit mois inclusivement, après lesquels iceluy passé, il ne sera fait aucun virement, ni écriture à peine de nullité.

V. Que l'on entrera pendant lesdits quatre payemens en la loge du Change, le matin à dix heures pour en sortir précisément à onze heures & demie passée, à laquelle heure ne se feront aucunes écritures, ni virement des parties, & pour avertir de ladite heure, on sonnera une cloche.

VI. Que ceux qui en leurs achats de marchandises, auront reservé la faculté de faire escompte, si bon leur semble, seront tenus de l'offrir dès le sixiéme jour du mois de chacun desdits payemens, après lequel & iceluy passé ils ne seront plus reçus.

VII. Que toutes parties virées seront écrites sur le Billan, par les Proprietaires, ou par leurs Facteurs ou Agens qui en seront les porteurs, sans qu'ils puissent être desavoüez par lesdits Proprietaires, & seront lesdites écritures aussi bonnes & valables, que si elles avoient été par eux-mêmes écrites & virées.

VIII. Que tous viremens des parties seront faits en presence de tous ceux qu'on y fait, ou des porteurs de leurs billans, à peine d'en répondre par ceux qui auront fait écrire pour les absens, & ce sur les billans & non en feüilles volantes : Et à l'égard des autres personnes de la Ville qui ne portent point de billan, ils donneront leurs ordres à leurs Debiteurs par billets qui leur serviront de décharge du payement qu'ils seront des parties au desir de leurs Créanciers ; & pour ceux de dehors pour lesquels les Courtiers disposent les parties, ils donneront auxdits Courtiers pouvoir suffisant qui sera remis chez un Notaire pour la sûreté de ceux qui payeront, & pour y avoir recours en cas de besoin.

IX. Que les Lettres de change acceptées, payables en payement, qui n'auront été payées du tout, ou en partie pendant iceluy, & jusqu'au dernier jour du mois inclusivement, seront protestées dans les trois jours suivans, non feriez, sans préjudice de l'acceptation, & desdites Lettres, ensemble les protêts envoyés dans un temps suffisant pour pouvoir être signifiez à tous ceux & par qui il appartiendra : sçavoir, pour toutes les Lettres qui auront été au dedans du Royaume dans deux mois ; pour celles qui auront été tirées d'Italie, Suisse, Allemagne, Hollande, Flandres & Angleterre, dans trois mois ; & pour celles d'Espagne, de Portugal, Pologne, Suede, & Dannemarck, dans six mois du jour & date des protêts, le tout à peine d'en répondre par le Porteur desdites Lettres.

X. Que toute Lettre de change payable esdits payemens, sera censée payée ; sçavoir à l'égard des domiciles, Porteurs de billan, sur la place du change de ladite Ville dans un an, & pour les autres dans trois ans après l'écheance d'icelle, & n'en pourra le payement être repeté contre l'acceptant, si l'on ne justifie de diligences valables contre luy faites dans ledit temps.

XI. Que si les Etrangers remettent en comptant, ou en Lettres de change, après le dernier jour du mois, on ne sera obligé de les recevoir en l'acquitement de leurs traités faits durant ledit payement.

XII. Que lorsqu'il arrivera une faillite dans ladite Ville, les Créanciers du failly qui se trouveroit être de certaines Provinces du Royaume, ou des Pays étrangers dans lesquels sous prétexte de saisie & transport, & en vertu de leurs prétendus privileges ou coûtumes, ils s'attribuent une preference sur les effets de leur debiteurs faillis, préjudiciable aux autres Créanciers absens & éloignez, ils y seront traitez de la maniere, & n'entreront en repartement des effets dudit failly, qu'après que les autres auront été entierement satisfaits, sans que cette pratique puisse avoir lieu pour les autres Regnicoles ou Etrangers, lesquels étant reconnus pour legitimes Créanciers, seront admis audit repartement de bonne foy, & avec équité suivant l'usage ordinaire de ladite ville, & de la Jurisdiction de la conservation des privileges de ses Foires.

XIII. Que toutes cessions & transports sur les effets des faillis seront nuls, s'ils ne sont faits dix jours au moins avant la faillite publiquement connuë ; ne seront neanmoins en cet article les viremens des parties faits en billan, lesquels seront bons & valables, tant que le failli ou son Facteur portera son billan.

XIV. Que les Teinturiers & autres Manufacturiers n'auront privilege pour les dettes sur les effets & biens des faillis, que des deux dernieres années, & pour le surplus entreront dans la distribution qui en sera faite au sol la livre avec les autres Creanciers.

XV. S'il arrive qu'un Mandataire de diverses Lettres de change acceptées aussi Créancier de l'acceptant, ne reçoive qu'une partie de la somme totale, & fasse dans le temps dû, protêt du surplus, la compensation legitime de sa dette étant faite, il sera obligé de

Ffff iij

repartir le reſtant à tous ceux qui luy auront fait leſdites remiſes au ſol la livre, & à proportion de la ſomme dont un chacun ſe remettans ſera créancier.

XVI. Tous ceux qui ſeront porteurs de Procuration generale pour recevoir le payement des Promeſſes & Lettres de change, remettront les originaux de leur Procuration és mains d'un Notaire, & ſeront leſdits Porteurs de Procuration obligez d'en fournir des expeditions à leurs frais à ceux qui payeront les ſuſdites Lettres.

XVII. Toute Procuration pour recevoir payement de Lettres de change, Promeſſes, Obligations, & autres dettes, n'aura plus de force, paſſé une année, ſi ce n'eſt que le temps qu'elle devra durer ſoit préciſément exprimé, auquel cas elle ſervira pour tout le temps qui ſera énoncé en icelle, s'il n'apparoît d'une révocation.

XVIII. Que les Faillis & Banqueroutiers ne pourront entrer en la Loge du Change, ni écrire & virer parties, ſi ce n'eſt après qu'ils auront entierement payé leurs Créanciers, & qu'ils en auront fait apparoir. Et pour donner moyen auſdits Faillis de payer leurs Créanciers des effets qu'ils auront à recevoir, ils le pourront faire par tranſport, procurations, ou ordres, à telles perſonnes qu'ils aviſeront; leſquels payeront à leur acquit ce qu'ils ordonneront, & ſeront nommez pour eux aux parties qui ſeront paſſées en écritures.

XIX. Les Courtiers, ou Agens de Banque & marchandiſes de ladite Ville, ſeront nommez par leſdits Prévôt des Marchands & Echevins, entre les mains deſquels ils prêteront le ſerment en la maniere accoûtumée, en juſtifiant des atteſtations des principaux Negocians, en bonne & dûë forme, de leurs vie & mœurs & capacité au fait & exercice de ladite charge; & ſeront leſdits Courtiers reduits à un certain nombre, & tel qu'il ſera jugé convenable par leſdits ſieurs Prévôt des Marchands & Echevins ſur l'avis deſdits Negocians.

XX. Que tous Banquiers, Porteurs de billan, & Marchands en gros, Negocians ſous les Privileges des Foires de Lyon, ſeront obligez de tenir livres de raiſon en bonne & dûë forme; & tous Marchands, Boutiquiers & vendant en détail, des *Livres* journaux; autrement en cas de déroute, ſeront declarez Banqueroutiers frauduleux, & comme tels condamnez aux peines qu'ils devront encourir en ladite qualité.

XXI. Que tres-expreſſes inhibitions & défenſes ſeront faites à toutes perſonnes de quelque qualité & condition qu'elles ſoient, de contrevenir à ce que deſſus, directement, ou indirectement, à peine de trois mille livres d'amende contre chaque contrevenant, applicable; ſçavoir, le quart à l'Hôtel-Dieu du Pont du Rône, le quart à l'Aumône generale, le quart au Dénonciateur, & le quart à la reparation de la Loge des Changes, pour le payement de laquelle ils ſeront contraints par corps, ſaiſie & vente de leurs biens; & pour plus exacte obſervation des preſentes, ſera permis à l'un deſdits contrevenans de dénoncer les autres contrevenans à luy, auquel cas il ſera déchargé pour la premiere fois de payer ladite peine, & tenu à ſon droit de dénonciation. Et afin que perſonne n'en puiſſe ignorer, ſeront les preſentes lûës & publiées à ſon de trompe, & cri public, & affichées au devant de l'Hôtel de Ville, en la Place des Changes, & autres lieux accoûtumez, & paſſé outre pour le tout, nonobſtant oppoſitions ou appellations quelconques, & ſans préjudice d'icelles. *Journal des Audiences*, tome 3. livre 1. chap. 33.

29 Arrêt du Conſeil d'Etat du 17. Juin 1669. qui a jugé en interpretation de l'article 4. du titre 34. de l'Ordonnance de 1667. que la contrainte par corps ſera ordonnée contre ceux qui auront ſigné des billets portant promeſſe de fournir des Lettres de change, avec remiſe de place en place, à fournir leſdites Lettres de change ou leur valeur. *Boniface*, tome 2. liv. 4. titre 6. chapitre 2.

30 Arrêt du Parlement de Provence du mois de Février 1674. qui ajuge l'hypoteque & préference aux Créanciers chirographaires pour des ſommes tirées par des Lettres de change proteſtées. *Boniface*, tome 4. liv. 8. tit. 3. chap. 8.

31 Les Lettres de change ne conſervent pas leur vigueur, à l'égard du change & rechange, lorſqu'elles deſcendent d'un ſimple prêt, quoyque fait par un Marchand, ſi le Debiteur n'eſt pas Negociant, ou autrement, ſi le prêt ne regarde pas le fait de negoce. Arrêt du Parlement de Touloufe du 25. Septembre 1675. *Graverol*, ſur la Rocheflavin, liv. 3. tit. 14.

32 L'endoſſement de Commiſſionnaire de Lettres de change, oblige le Commiſſionnaire. Arrêt du Parlement de Paris du 21. Avril 1676. *De la Gueſſiere*, tome 3. liv. 10. chap. 2.

33 On peut contraindre par corps pour les interêts, quand le principal eſt par corps, & particulierement pour les Lettres de change. Deux Arrêts du Parlement de Paris, l'un du 18. Decembre 1668. l'autre du 18. Mars 1678. *Journal du Palais*.

34 Lettre de change donnée par un particulier, qui n'eſt ni Banquier ni Marchand, faute de payement, ne le ſoûmet point à la contrainte par corps. Jugé au P. de Paris le 7. May 1681. *Journ. du Palais*. De la Gueſſ. tome 4. liv. 4. chap. 3. & chap. 12. rapporte le même Arrêt qu'il date du 7. Avril. *Voyez Carondas*, liv. 11. Réponſe 9.

35 Je proteſt d'une Lettre de change, le temps étant paſſé, quand la Lettre a été proteſtée, le porteur eſt recevable à prouver que celuy ſur qui elle eſt tirée, n'avoit point de proviſion, ni lors que le proteſt a dû être fait, ni lorſque la Lettre a été livrée. Arrêt du 12. Août 1681. *Journal du Palais*.

36 Le proteſt ſe doit faire dans les dix jours de l'écheance d'icelles, ſinon elles demeurent aux perils des Porteurs. Arrêt du 7. Septembre 1630. *Du Frêne*, liv. 2. chapitre 83.

37 Par Arrêt du 7. May 1694. jugé au Parlement de Touloufe que celuy en faveur de qui une Lettre de change de 800. liv. avoit été tirée en 1666. & qui avoit reçu divers payemens revenans à plus de 500. liv. en 1668. endoſſez à la Lettre, n'ayant demandé le reſtant qu'en 1685. devoit être deboute de ſa demande pour fins de non recevoir, priſes du laps de cinq ans, & de ſon ſilence, depuis l'Ordonnance de 1673. à la charge neanmoins par le Débiteur de jurer avoir payé l'entiere contenuë en la Lettre de change. *M. de Catellan*, liv. 7. chap. 25.

38 Il s'agiſſoit de ſçavoir ſi le Porteur de Lettres ou Billets de change, qui avoit pour obligé le Tireur, l'Endoſſeur, & l'Acceptant, qui tous trois avoient fait faillite, étoit obligé d'opter l'un des trois; & ſi ayant reçu de l'un le tiers de ſon dû, aux termes du contract que ce Debiteur avoit fait avec ſes créanciers, il devoit luy remettre les Lettres de change comme acquittées, ou s'il pouvoit les retenir pour agir contre les deux autres Debiteurs.

Cette queſtion avant l'Arrêt qui l'a décidée, étoit problematique. Le ſieur *Savary* dans ſes Pareres ſoûtient fortement que le Porteur de la Lettre de change doit opter, que par ſon option il perd le privilege de la ſolidité & qu'il eſt obligé de rendre la Lettre de change au Tireur, dont il a reçu le tiers; parce qu'autrement agiſſant contre les deux autres, il leur donneroit occaſion de revenir contre le Tireur, & par ce moyen l'on dérogeroit au contract d'union qui a reçu le failly à payer le tiers, ce qui feroit un grand préjudice au commerce. M. *Dupuis* dans ſon Traité de l'art des Lettres de change, chap. 16. ſoûtient au contraire que le Porteur de la Lettre de change en recevant le tiers du Tireur ou de l'Endoſſeur, ne déroge point à l'action ſolidaire qu'il a contre tous les autres, il appuye ſon ſentiment par la conſultation de Meſſieurs de Fourcroy, Chapé, & Perrin. Ce dernier avis a été suivi par Arrêt du Parlement de Paris du 18. May 1706. *Voyez l'Auteur des Observations sur Henrys*, tome 2. quest. 38.

LETTRES DE DEBITIS.

38 *Voyez* le mot *Debitis*.

LETTRES DE DECLARATION.

39 *Voyez* Bacquet, traité d'Aubaine, chap. 9. & le Dictionaire de pratique, page 580.

LETTRES D'ETAT.

40 Joannes Galli, question 105. dit, *vidi in eodem Parlamento quod quando Rex concedit alicui aliquas status litteras non comprehendit causas quas habet cum illo, cui concedit nisi de hoc expressè fiat mentio, quia in sententia generali non comprehenditur persona loquentis.* Voyez les Oeuvres de M. Charles du Moulin, tome 2. de la derniere édition, pag. 576.

40 bis. Des Lettres d'Etat, & autres qui sont obtenuës du Roy en fait de Justice. *Ordonnance de Fontanon*, tome 1. liv. 3. tit. 39. page 609. & le titre 5. de l'Ordonnance du mois d'Août 1669.

41 *Litterae status non impediunt inquestam fieri, nec reprisam arramentorum.* Ibidem, tome 2. p. 593.

42 *Baillivus regius non gaudet litteris status.* Ibidem, page 611.

43 *Magistri Requestarum Palatii non obediunt litteris status nisi specialiter ipsis dirigantur.* Ibid. page 630.

44 Lettres d'Etat non reçuës en matieres sommaires, ni ès ordinaires appointées en droit, & moins en matiere provisionnelle, saisine, & nouvelleté. Arrêts du Parl. de Paris des 3. May 1337. & 27. Mars 1347. *Papon*, liv. 10. tit. 8. nomb. 7.

45 Lettres d'Etat n'ont point lieu contre le Roy, s'il n'en est expressément fait mention. Arrêt du Parlement de Paris de l'an 1386. *Ibidem*, nomb. 8.

46 Lettres d'Etat ne peuvent empêcher ni différer l'enquête ni pareillement des procedures faites pour reprendre ou délaisser le procès interrompu par la mort du prédecesseur, avant la confection des enquêtes ; car ce seroit retarder l'enquête. Arrêts des années 1389. & 1390. Autre Arrêt du 14. Janvier 1552. Ibidem, nomb. 10. & 11.

47 Lettres d'Etat empêchent confection d'enquête & de figure, *nisi periculum esset in mora*. Voyez Joan. Gaill. quest. 200. & la Bibliotheque de Bouchel, lettre E. de *litteris status*.

48 Lettres d'Etat se donnent par le Prince, pour l'absence probable de l'impetrant au fait de la guerre. Si l'impetrant n'en fait apparoir par le certificat de son Capitaine, telles Lettres ne doivent être enterinées, quoyqu'elles fussent d'ailleurs civiles. Arrêt du Parlement de Paris contre le Seigneur de Tournay en 1390. *Papon*, liv. 10. tit. 8. nomb. 3.

49 Celuy qui est payé de ses frais pour son absence au fait de la guerre ou pour l'Etat, ne doit joüir de l'effet des Lettres d'Etat. Arrêt du Parlement de Paris de l'an 1391. contre le Bailllif d'Auxerre étant en Bourgogne pour une enquête pour le Roy sur les deniers duquel il étoit payé par chacun jour. Ibidem, nomb. 2.

50 Lettres d'Etat se peuvent donner pour autre absence que de la guerre, pourvû qu'elle soit pour les affaires de la chose publique & du Roy : neanmoins si l'absent est payé & salarié de son absence, il ne joüira du benefice ; car il est censé être absent pour son profit. Arrêt du Parlement de Paris du 19. Octobre 1391. *Bibliotheque de Bouchel*, verbo, *Lettre d'Etat*.

51 Il n'y a que le Roy seul qui puisse accorder Lettres d'Etat. Arrêt du Parlement de Paris de l'an 1393. qui fait défenses au Connêtable Boucicault d'en plus donner. *Papon*, liv. 10. tit. 8. nomb. 1.

52 Lettres d'Etat ne sont plus reçuës, quand le dictum d'un procès est écrit, où quand il est appointé en droit. Arrêt du Parlement de Paris du 16. Mars 1456. *Ibid. nombre 3.*

53 Lettres d'Etat sont recevables en matiere de criées. Arrêt du Parl. de Paris du 23. Février 1518. *Ibid. n. 9.*

54 Lettres d'Etat n'empêchent garnison où execution de Sentences. Arrêt du Parlement de Paris du mois de Janvier 1525. qui ordonne que le Créancier touchera en donnant caution. *Papon*, liv. 10. tit. 8. nomb. 12.

55 Lettres d'Etat ne sont reçuës à dilater la prononciation d'un jugement dont le dictum est écrit, ou bien si le procès est appointé en droit. Arrêt de Parlement de Paris du 16. Mars 1533. *Bibliotheque de Bouchel*, verbo, *Lettres d'Etat*.

56 Lettres d'Etat ne sont reçuës en matieres sommaires ni aux ordinaires appointées en droit, & moins en matieres provisionnelles ; l'impetrant doit en être débouté. Arrêt du Parlement de Paris du 3. May 1537. *Ibidem.*

57 Lettres d'Etat obtenuës en une instance de proposition d'erreur contre un Arrêt, furent entherinées au Parlement de Paris le 16. Juillet 1537. *Papon*, liv. 10. tit. 8. nombre 4.

58 Lettres d'Etat ne sont point reçuës en matiere criminelle. Jugé par Arrêt du Parlement de Toulouse du mois d'Août 1542. *Ibid.* tit. 9. nomb. 13.

59 Lettres d'Etat ne sont recevables en un procès appointé en droit, & instruit par productions, contredits & salvations jusqu'au point d'être jugé pour quelques causes que ce puisse être, même pour Ambassade. Arrêt du Parlement de Paris du 17. Mars 1546. *Ibidem*, tit. 8. nombre 5. & *Du Luc*, livre 11. titré 4. Arrêt 9.

60 Un Défendeur ne dit autre chose sinon, qu'il dénie la qualité d'heritier d'un Debiteur du défunt. Après cette dénegation il va à la guerre & obtient Lettres d'Etat. Le Demandeur répond qu'il faut appointer les parties contraires, & que le délay tendroit au déperissement des preuves. Arrêt du 14. Janvier 1552. qui déboute de l'effet des Lettres d'Etat & le procès appointé en preuve à faire que l'impetrant étant de retour pourra de nouveau, si bon luy semble, défendre & faire preuve. *Bibliot. de Bouchel*, verbo, *Lettres d'Etat.*

61 Cy-dessus verbo, *Etat*, nomb. 36. il a été parlé des Lettres d'Etat ; la derniere declaration donnée à ce sujet le 23. Decembre 1702. & enregistrée au Parlement le 5. Janvier 1703. a été citée, mais comme le service du Roy a rendu ce secours de son autorité bienfaisante necessaire aux Officiers, & qu'il y a neanmoins plusieurs cas ausquels il n'a pas paru convenable d'étendre cette grace pour empêcher qu'elle ne devînt onereuse aux sujets de sa Majesté ; il est à propos de mettre icy la Declaration dans son étenduë, afin de connoître les dispositions & les exceptions d'une loy, dont l'usage est devenu si frequent.

I. Article. Aucunes Lettres d'Etat ne seront accordées qu'aux Officiers de nos troupes, tant de terre que de mer, qui serviront actuellement à leurs charges, & aux personnes qui seront employées hors de leur residence ordinaire pour affaires importantes à nôtre service.

II. Les Lettres d'Etat ne pourront être expediées qu'après qu'elles auront été signées de nôtre exprés commandement par celuy de nos Secretaires d'Etat, dans le département duquel les impetrans seront employez.

III. Ne seront accordées que pour le temps de six mois qui sera compté du jour de leur date, & ne pourront être renouvellées plûtôt que quinze jours avant l'expiration de celles que l'Impetrant aura précedemment obtenuës, & en cas seulement de la continuation de son service actuel.

IV. Entendons que les Lettres d'Etat n'ayent aucun effet dans les affaires où nous aurons interêt.

V. Non plus qu'en matiere criminelle y compris l'inscription de faux tant incidente que principale.

VI. Nul ne pourra se servir de Lettres d'Etat que dans les affaires où il aura personnellement interêt sans que ses pere & mere ou autres parens, non plus que ses

Coobligez, Cautions & Certificateurs puissent joüir du benefice desdites Lettres d'Etat.

VII. Entendons neanmoins que les femmes puissent dans les procès qu'elles auront de leur chef contre autres personnes que leurs maris, se servir des Lettres d'Etat accordées à leurs maris, quoyque séparées de biens d'avec eux.

VIII. Les Tuteurs honoraires & les Curateurs ne pourront se servir de Lettres d'Etat qu'ils auront obtenuës en leurs noms pour les affaires de ceux qui sont sous leurs Charges.

IX. Celuy qui dans un Acte aura pour son execution renoncé au benefice des Lettres d'Etat ne pourra revenir contre cette renonciation, laquelle neanmoins ne pourra être que personnelle, & sans consequence pour ceux qui par la suite se trouveroient en ses droits.

X. Celuy qui se sera dessisté de nos Lettres d'Etat dans une affaire pour laquelle il en aura précedemment fait signifier, ne pourra par la suite se servir d'autres Lettres d'Etat dans le cours de la même affaire.

XI. Les Lettres d'Etat ne pourront empêcher qu'il ne soit passé outre au jugement du procès ou instance, lorsque les Juges auront commencé d'opiner, avant qu'elles ayent été signifiées.

XII. Nonobstant la signification des Lettres d'Etat, les Créanciers pourront faire saisir réellement les immeubles de leurs Débiteurs & faire registrer la saisie, sans neanmoins qu'il puisse être procedé au bail judiciaire; que si elles ont été signifiées depuis le bail, les criées pourront être continuées, jusqu'au congé d'ajuger exclusivement; & au cas que pendant ces poursuites le bail expire on pourra proceder à un nouveau bail.

XIII. Ceux qui auront été pourvûs des Charges de nôtre Maison, ou de Charges militaires à condition de payer une somme par forme de recompense à celuy qui en étoit précedemment pourvû, ou à sa veuve, heritiers ou ayans cause, ne pourront se servir des Lettres d'Etat à l'occasion du service d'une Charge dont ils seront pourvûs, contre ceux qui leur auront vendu cette Charge pour se dispenser d'en payer le prix.

XIV. Les Adjudicataires des biens decretez en Justice ne pourront se servir des Lettres d'Etat pour se dispenser de consigner & payer les prix de leur adjudication, non plus que les acquereurs des biens immeubles, par contracts volontaires pour se dispenser de payer le prix de leurs acquisitions.

XV. Ni pareillement ceux qui auront intenté action en retrait lignager ou feodal, pour se dispenser de consigner ou de rembourser l'acquereur du prix de l'acquisition, dont ils prétendent l'évincer.

XVI. Les opposans aux saisies réelles ne pourront se servir de Lettres d'Etat pour suspendre les poursuites du decret, ni des baux judiciaires & l'adjudication des biens saisis.

XVII. Non plus que les opposans à une saisie mobiliaire pour retarder la vente des meubles saisis.

XVIII. Ceux qui interviendront dans une instance ou procès, ne pourront faire signifier des Lettres d'Etat pour en suspendre le jugement ou les poursuites, que préalablement leur intervention n'ait été reçuë, & qu'ils n'ayent justifié du titre sur lequel leur intervention est fondée, & seront tenus de joindre copie dudit titre, avec la signification des Lettres d'Etat.

XIX. Au cas qu'ils interviennent comme Créanciers & que leur créance soit fondée sur une donation, cession, ou transport qui seront faits par contracts de mariage, ou par des partages de famille, ils ne pourront faire signifier de Lettres d'Etat que six mois après, à compter du jour que la donation aura été insinuée, ou que l'acte de la cession ou transport aura été passé & signifié, & si le titre de leur créance est sous seing privé, ils ne pourront se servir de Lettres d'Etat qu'un an aprés que ledit titre aura été produit & reconnu en Justice.

XX. Declarons toutes Lettres d'Etat qui pourront être cy-aprés obtenuës par ceux qui sont obligez ou condamnez de rendre compte, subreptices: Voulons que nonobstant la signification desdites Lettres d'Etat, l'instance du compte puisse être poursuivie & jugée; voulons aussi que ceux qui seront tenus de rendre compte puissent reciproquement faire les poursuites necessaires pour y parvenir, & se liberer, nonobstant toutes Lettres d'Etat, qui leur auroient été signifiées.

XXI. Ceux qui auront obtenu des Lettres d'Etat ne pourront s'en servir contre leurs coheritiers d'une même succession, à l'égard des procès & instances, concernant le partage de ladite succession.

XXII. Voulons que les Lettres d'Etat ne puissent avoir lieu en matiere de restitution de dot, payement de doüaire, & conventions matrimoniales, & que les veuves, leurs heritiers ou ayans cause puissent faire toutes poursuites, à cet effet nonobstant toute signification de Lettres d'Etat.

XXIII. Voulons aussi que les Lettres d'Etat ne puissent empêcher les poursuites pour le payement des legitimes des enfans puînez, pensions viageres, alimens, medicamens, loyers de maisons, gages de domestiques, journées d'artisans, reliquats de compte de tutelle, dépôt necessaire, & maniement de deniers publics, Lettres & billets de change, execution des Societez de commerce, cautions judiciaires, frais funeraires, arrerages de rentes seigneuriales, & foncieres & redevances de baux emphiteotiques.

XXIV. Confirmons l'Hôtel-Dieu, l'Hôpital General, celuy des Enfans trouvez de nôtre bonne Ville de Paris dans le privilege que nous leur avons accordé par nôtre Declaration du 27. Mars 1680. d'être exceptez de l'effet de Lettres d'Etat, nonobstant lesquelles les débiteurs desdits Hôpitaux pourront être contraints au payement de ce qu'ils doivent par les voyes qu'ils sont obligez.

XXV. Nous declarons par ces presentes, toutes Lettres d'Etat nulles dans tous les cas cy-dessus specifiés, défendons à tous Juges d'y avoir égard, leur enjoignons de passer outre esdits cas à l'instruction & au jugement des instances & procès.

XXVI. Lorsque les Lettres d'Etat pour quelque cas non specifié cy-dessus, seront debattuës d'obreption, ou subreption, les parties se retireront par devers nous, pour y être pourvû; faisons défenses à tous Juges d'en connoître, ni de passer outre à l'instruction & jugement des procès au préjudice de la signification des Lettres d'Etat, & aux parties de continuer leurs poursuites, ni de s'aider des jugemens qui pourroient être intervenus à peine de nullité, cassation de procedures, dépens, dommages & interêts.

XXVII. Entendons en outre que lorsque pour un fait particulier, nous aurons par Arrêt de nôtre Conseil d'Etat, nous y étant, ou par Arrêt de nôtre Conseil d'Etat Privé, rendu en consequence de l'Arrêt de nôtre dit Conseil d'Etat, levé la surseance des Lettres d'Etat, tant obtenuës qu'à obtenir par l'un de nos Officiers, ou gens étant à nôtre service, les Lettres d'Etat qu'il obtiendra dans la suite, sous prétexte qu'elles sont posterieures à l'Arrêt, être censées y déroger, Declarons que nôtre intention est qu'il ne s'en puisse servir que dans les procès qu'il pourra avoir d'ailleurs, & nullement dans le même fait pour lequel nous en aurions levé la surseance; défendons en ce cas à tous Juges d'y avoir égard.

XXVIII. Défendons au surplus trés-expressément aux Officiers de nos troupes, & autres qui par leur service actuel, seront en droit d'obtenir des Lettres d'Etat, de prêter leur nom ni leurs Lettres d'Etat dans les affaires où ils n'auront point veritablement ni personnellement interêt, à peine au cas que cela vienne à nôtre connoissance d'encourir nôtre indignation, d'être cassez de leurs Charges & d'être privez de leurs emplois.

LETTRES

LETTRES DE GARDE GARDIENNE.

62. Elles sont accordées par le Roy à quelques Corps ou Communautez, à l'effet de renvoyer toutes leurs causes, pardevant le juge qui en a l'attribution particuliere.

63. Lettres de Garde Gardienne ne peuvent être adressées à toutes sortes de Juges Royaux; l'adresse n'en doit être faite qu'aux Juges du ressort. Arrêt du Conseil du Roy du 12. Septembre 1692. contre le Chapitre de l'Eglise de Beauvais qui avoit fait faire l'attribution au Prévôt de Paris; il fut ordonné que les Lettres seroient rapportées, elles furent adressées au Bailly de Beauvais. *Journal du Palais in fol. tome 2. pag. 822.*
Voyez cy-dessus, verbo, *Garde*, *page* 298. où il y a plusieurs Arrêts sur ce qui concerne la Garde gardienne.

LETTRES DE GRACE, REMISSION.

64. Voyez cy-dessus le nomb. 3. & la Bibliotheque du Droit François par *Bouchel*, verbo, *Grace*, & verbo, *Remission*.

65. Des Lettres de Grace, remission ou pardon, & leur difference. Voyez la Rocheflavin des Parlemens de France, liv. 13. chap. 42. & le Recueil des Ordonnances par *Fontanon*, tome 1. liv. 3. tit. 77. pag. 671.

66. Un homicide ne peut se purger sans Lettres de grace. *Voyez* le mot homicide, nomb. 40. & suiv.

67. Ecclesiastique obtenant Lettres de Remission. *Voyez* le mot, *Clercs nomb.* 71.

68. De l'amende ou aumône dûe par les demandeurs en enterinement des Lettres de grace. *V.* le mot, *amende*, nombre 96.

69. *De abolitionibus, C. 9. 42... C. th. 9. 37. Abolitio*, dans ces titres, ne signifie pas l'abolition du crime, mais l'abolition de l'accusation: ce qui se faisoit quand l'accusateur demandoit au Juge la faculté de se desister de son accusation. *Voyez Desistement.*
De generali abolitione. C. 9. 43... Paul. 5. Sent. 14. §. 18.
De Indulgentiis Criminum. C. th. 9. 38.
Ad Senatusconsultum Turpillianum, & de abolitionibus Criminum. D. 48. 16... C. 9. 45. Pour l'explication du Senatusconsulte Turpillien, *Voyez* Desistement.
De sententiam passis, & Restitutis. D. 48. 23... C. 9. 51. ult... C. Th. 9. 43. Ceci regarde particulierement le rappel de ban; & le rappel *de Galeres*, selon nôtre usage: *Remeatus.* V. *Bannir.*

70. Il n'appartient qu'au Roy de donner des remissions, des graces & des abolitions. *Voyez M. le Bret,* Traité de la Souveraineté, liv. 4. chap. 6.

71. *Quaedam ordinationis publicatio super impetrationibus non faciendis,* cela revient à ce qui est dit dans l'Ordonnance criminelle de 1670. que si le Roy accorde des Lettres de grace contre certains crimes, il veut qu'elles soient nulles, ou qu'on luy fasse des remontrances. *Voyez Du Moulin*, tome 2. page 590.

72. La connoissance des Lettres d'innocence par prevention permise aux Juges d'Artois. *Du Moulin*, tome 2. page 681. où il observe que *judex non regius potest cognoscere de Litteris innocentia, non litteris remissionis vel gratia.*

73. Remissions se peuvent obtenir du Roy de tous crimes capitaux où il écheat mort & peine corporelle, & doivent les impetrans être deboutez pour toute autre cause: neanmoins il y a Arrêt qui a enteriné Lettres de grace pour condamnation, en amende honorable prononcée au sujet d'une accusation d'injure. *Papon*, liv. 24. tit. 17. nomb. 12.

74. De l'effet des Lettres de graces accordées par le Prince. *Voyez Julius Clarus*, liv. 5. Sententiarum, quest. 59.

75. *Reum judicatum, noxa exemptum, fama, civitati, bonisque restitutum, etiam ea recipere quae Princeps interim alteri donaverit. Vide Luc, lib. 11. tit. 10. cap. 1.*

76. *De surreptionis exceptione contra Litteras gratiae; & an sit juramento standum? V. Franc. Marc. tome 1. q. 503.*

Tome II.

77. *Gubernator delphinalis indulgere homicidiis & aliis delictis excepto laesae-Majestatis crimine potest.* Voyez *Franc. Marc*, tome 1. quest. 668.

78. Des crimes & des Lettres de grace: ceux qui les auront obtenuës, ne s'en pourront aider apres les trois mois de leur date, &c. *Ordonnance de Moulins*, article 35.

79. Leur adresse n'attribuë Jurisdiction au préjudice des Juges naturels. *Voyez Henrys*, tome 2. livre 2. quest. 5. & liv. 4. quest. 9.

80. Sur une presentation de Lettres de grace. *Voyez M. Expilly*, Plaidoyé 32. & sur les harangues desdites Lettres de graces. *Voyez ibid. Arrêt* 152.

81. En cas d'homicide, celuy qui a fait le coup, ayant obtenu Lettres de grace, il est necessaire à celuy qui a assisté d'obtenir Lettres de pardon. *Avis d'Henrys*, to. 2. liv. 4. quest. 9.

82. Seigneurs Justiciers ne peuvent empêcher l'enterinement des Lettres de grace, en disant qu'elles sont subreptices. Jugé par Arrêt du Parl. de Paris de l'an 1391. contre la Duchesse d'Orleans. *Papon, livre* 24. tit. 27. nombre 2.

83. Arrêt du Parlement de Paris du 29. Octobre 1401. sur la remontrance du Procureur General par lequel défenses ont été faites à Messieurs des Comptes de connoître de l'enterinement des Lettres de remission. Par autre Arrêt du 8. Juillet 1416. Pareilles défenses furent faites à tous Juges non Royaux. *Ibidem*, nombre 14.

84. Un Clerc tonsuré s'étant rendu prisonnier en la Conciergerie de Toulouse, & ayant presenté Lettres de remission, par Arrêt de l'an 1445. a été renvoyé à son Official pour luy faire son procez, à la charge de ne l'élargir, sans qu'auparavant la Cour ait eu connoissance de l'enterinement: le motif de l'Arrêt fondé sur ce que le fait étoit douteux, & dependoit de longues procedures qui furent laissées à l'Official. *Papon*, *ibidem*, nombre 9.

85. Le 17. Avril 1450. entre Messire Pons Guillaume Chevalier Sieur de Clermont demandeur & requerant l'enterinement de certaines Lettres de remission d'une part, & le Procureur General du Roy, & Guittault Jourdain defendeur d'autre, il sera dit que la Cour n'obtempere point aux Lettres Royaux impetrées par ledit sieur de Clermont pour être receu par Procureur à presenter les Lettres de remission & qu'il les viendra presenter & en requerir l'enterinement en personne si bon luy semble. *Bibliotheque de Bouchel*, verbo, *Grace*, & la Rocheflavin, liv. 2. lettre L. tit. 5. Arrêt 2.

86. Lettres de grace ne peuvent être presentées par Procureur ou autres, mais par l'impetrant. Arrêt du Parl. de Toulouse du 4. Juillet 1452. contre le Comte de Villars. Autre Arrêt du 1. Février 1557. contre le Syndic de plusieurs Villes & villages des Sevenes, il fut dit que les impetrans accusez de crime d'heresie viendront en personne. *Bibliotheque de Bouchel*, verbo, *Grace*, & *Papon*, liv. 24. tit 17. nomb. 4.

87. Remissions obtenuës d'un Prince pour son joyeux avenement ou entrée en une ville, se doivent lever dans six mois de la date du brevet de Monsieur le Grand Aumônier, autrement les impetrans en sont deboutez: Arrêt du Parlement de Paris du 23. Juin 1518. *Papon*, liv. 24. tit. 17. nomb. 11.

88. En enterinant les lettres de grace, l'impetrant doit avoir la restitution de ses biens confisquez ou non confisquez même contre les donataires du Roy. Arrêt du Parlement de Paris en faveur d'un Gentilhomme condamné par contumace pour avoir suivi le Duc d'Auvergne. *Idem* à l'égard des Seigneurs feodaux, car ils n'ont pas plus de privilege que le Roy. Arrêt du mois de Septembre 1527. *Ibidem*, nomb. 13.

89. On tient à la Tournelle que si quelqu'un se rend prisonnier sous l'esperance d'obtenir remission du Prince à sa nouvelle entrée en quelque ville; & que le pri-

sonnier se défiant de la puissance du Prince, à cause de l'atrocité du crime, requiert la prison luy être ouverte pour sortir, si c'est devant la presentation de ses Lettres de remission, on luy doit permettre l'issuë franche & libre; mais si c'est après avoir presenté ses Lettres, & en avoir demandé l'entherinement, affirmant qu'elles contiennent verité, alors il est contraint de demeurer en prison, jusqu'à ce qu'entierement il soit discuté des Lettres, *sive absolvendo, sive condemnando*; car par la presentation il s'est rendu sujet à la Justice du lieu, auquel volontairement il s'est rendu prisonnier, à son prosit ou dommage; ainsi pratiqué en la personne d'un Gentilhomme nommé Tricom; quoyque la Reine eût envoyé pardevant la Cour, un de ses Maîtres des Requêtes pour semblables cas que dessus, faire ouvrir la porte de la Conciergerie, toutefois il n'y fut obtemperé: ce fut le 20. Octobre 1532. Bouchel, *en sa Bibliotheque*, verbo, *Remission*, & Papon, *liv. 24. tit. 17. nombre 7*.

90 Clerc presentant Lettres de remission, pouvoit être jugé, s'il y a lieu à l'entherinement; autrement devoit être renvoyé pardevant son Juge. Arrêt du Parlement de Paris du 22. Decembre 1533. Papon, *ibid. n. 8*.

91 Une pauvre femme pour avoir tué un Capitaine qui étoit entré chez elle par les fenêtres, & vouloit violer une de ses filles, pendant que ceux qu'il avoit emmenés avec luy la gardoient; les Consuls informerent contre elle, & ensuite la condamnerent à la question; elle releve appel en la Cour, & obtient Lettres de grace, les presente sans fers. La Cour, sur le champ, à la requisition de M. l'Avocat General, ayant égard aux Lettres, casse ladite procedure, met la mere & ses filles en liberté, main-levée de leurs biens, & enjoint aux Consuls de faire enquerir contre les complices du meurtry. La Rochestavin, *liv. 2. let. L. tit. 5. Arrêt 2*.

92 Un Porteur de grace a été débouté en Audience de l'effet des Lettres, & condamné à perdre la tête le 13. Août 1540. Arrêt semblable du 24. Novembre 1542. *Ibidem, Arr. 3*.

93 Arrêt qui ordonne qu'un homme agé de 90. ans, dont l'Avocat avoit demandé qu'il fût reçû à presenter ses Lettres de rapeau par Procureur, les presentera dans trois semaines; l'Arrêt du 4. Juillet 1572. *Idem, liv. 3. lettre R. tit. 1. Arrêt 1*.

94 Celuy qui a obtenu des Lettres de grace, doit avant de les presenter resonder les dépens de contumace, & consigner les amendes esquelles il a été condamné. Arrêts du Parlement de Toulouse des 13. & 15. Decembre 1575. *Ibid. Arr. 2*.

95 Les dépens de contumace & provision, doivent être payez avant que de pouvoir presenter les Lettres de grace. Arrêt du 10. Decembre 1577. *Ibid. Arr. 4*.

96 Arrêt du 23. Février 1580. qui ordonne qu'un Païsan qui avoit presenté des Lettres de grace, payeroit à la veuve la provision ordonnée, & les dépens des défauts. *Ibidem, Arrêt 5*.

97 Un nommé Marchant, ayant donné un coup de poignard à un homme, qui ne mourut pas du coup, fut conseillé de prendre des Lettres de grace; de l'effet desquelles il fut demis en Audience par Arrêt du 13. Juin 1610. sans préjudice des confessions, resultations d'icelles, & il fut ordonné qu'il se feroit ouïr. *Ibidem, Arrêt 4*.

98 L'entherinement des Lettres de remissions & pardons des cas Prévôtaux, est de la connoissance des Baillifs & Sénéchaux, quoyque l'Impetrant fût prisonnier du Prévôt. Arrêt du Parlement de Paris du 11. Decembre 1548. Papon, *liv. 4. tit. 13. nomb. 4*.

99 Celuy qui par sa remission est tenu de servir le Roy certain temps en quelque lieu, ne perd les droits qu'il a en la ville. Arrêt au mois de Septembre 1527. Carondas, *liv. 3. Rép. 40*.

100 Tous Remissionnaires furent deboutez de leurs graces, à faute de les avoir presentées à la Cour & en personne, ou de s'être fait excuser. Arrêt du Parlement de Bretagne du 5. Octobre 1551. *V. Du Fail, livre 3. chapitre 429*.

101 Les Remissionnaires seront renvoyez en la Cour par les Juges inferieurs à certain jour, selon la distance des lieux, auquel jour ils seront tenus de comparoir en personne, sur peine d'être deboutez de l'entherinement. Arrêt du Parlement de Bretagne du 17. Septembre 1554. *Ibid. chap. 28*.

102 Par Arrêt du Parlement de Bretagne du 3. Mars 1559. la Cour commande à tous les Substituts du ressort d'envoyer incontinent après la verification & entherinement des Lettres de remissions au Procureur General, les noms & surnoms des Remissionnaires; & aux Greffiers d'envoyer pareillement les sacs, pieces & procedures faites à l'encontre des Remissionnaires, sur les peines qui y écherront. *Ibid. ch. 20*.

103 *Altus Justitiarius solus non est admittendus ad impediendam gratiam, seu remissionem*. Du Moulin, *tome 2. pages 611. & 616*.

104 D'autant que le Roy s'est reservé sur tous les hauts-Justiciers du Royaume, le droit de donner des pardons & remissions, la connoissance desquels appartient au Juge Royal & non à autre; & que lesdites remissions ne se peuvent entheriner avec autre qu'avec le Procureur du Roy, & la veuve & parens de l'homicidé, sans que le haut-Justicier puisse y intervenir, *ideò* le haut-Justicier ne peut debattre & empêcher l'entherinement de semblables Lettres octroyées par le Roy à un sujet, & domicilié dudit haut-Justicier; sous pretexte que la confiscation luy appartient; ainsi jugé par Arrêts du Parlement de Paris des 7. & 17. May 1558. & par un autre du 18. Janvier 1567. rapportez par Bacquet, *en son Traité des Droits de Justice, ch. 17*.

105 Le Seigneur du lieu, où le delit a été commis, ne peut s'empêcher ni s'opposer aux Lettres de remission & de grace. Arrêt du Parlement de Dijon du 13. Mars 1562. Bouvot, *verbo, Lettres de Remission*.

106 Le Seigneur ne peut empêcher l'entherinement d'une grace accordée par le Roy. *V. Bouvot, to. 1. part. 2. verbo, Grace*.

107 Un accusé qui obtient Lettres de grace, ne peut obliger l'accusateur de luy fournir alimens; & au contraire l'accusateur est reçû à donner faits contraires à la grace. Arrêt du Parlement de Dijon du 7. Mars 1566. *Ibidem*, verbo, *Condamnez*.

108 Arrêt du Parlement de Paris de l'an 1567. qui a débouté un Seigneur-Justicier de l'appel par luy interjetté d'une Sentence d'entherinement de remission obtenuë par un de ses sujets, & l'a condamné en 200. liv. d'amende, & à rendre aux pauvres prisonniers 30. écus qu'il avoit reçûs de l'Impetrant. Papon, *liv. 24. tit. 8. nombre 3*.

109 Arrêt du 23. Août 1577. deux Prêtres, l'un Impetrant Lettres de remission, l'autre de pardon, furent reçûs à demander l'entherinement de leurs Lettres, en la plaidoyrie de la Tournelle, quoyque la Coûtume soit de la demander en la Grand-Chambre; mais c'étoit parce qu'on ne plaide point en la Grand-Chambre depuis la my-Août jusques au lendemain de la Saint Martin. *Bibliotheque de Bouchel*, verbo, *Remission*.

110 Arrêt de Reglement general du 29. Novembre 1596. qui enjoint aux Lieutenans Criminels, & Officiers des Présidiaux, de renvoyer en la Conciergerie du Palais à Paris, les Gentilshommes, & autres personnes tenuës pour nobles, portans les armes, qui leur presenteront Letttres de grace, encore qu'il y eût en icelles clauses derogatoires à l'Ordonnance. Papon, *liv. 24. tit. 17. nombre 14*.

111 Sur la présentation des Lettres de grace impetrées pour le meurtre commis par l'exposant en la personne de son frere germain; & à luy accordées par sa Majesté, à cause de sa joyeuse Entrée en la Ville de Bourdeaux; & de son heureux Mariage, la Cour apointa sur les Lettres au Conseil, l'Impetrant demeurant en état. *V. M. Dolive, Actions forenses, 3. partie,*

ession 10. Pareil appointé sur l'*action forensé* 11. pour un meurtre commis contre une fille par celuy qui l'aimoit & recherchoit en mariage.

112 *Indulgentia quos liberat, notat, nec infamiam criminis tollit, sed pœnæ gratiam facit.* Cette Loy derniere au *Cod. de gener. abolit.* est appliquée par *Du Moulin*, en sa Regle de *Infirmis* n. 397. aux Beneficiers, qui bien qu'ils ayent obtenu des Lettres de grace ou de remission, ne laissent pas de demeurer infames, pour encourir la perte de leurs Benefices.

113 En 1593. un homme d'Eglise tua un Soldat; il obtient remission du Cardinal de Plaisance, Legat en France, & la fait entheriner par son Juge ordinaire. Appel comme d'abus, fondé sur ce que le pouvoir du Legat n'étoit point autorisé par la Cour, le Saint Siege étant alors interdit. De plus, il n'appartenoit qu'au Roy d'accorder telles graces. Arrêt du Parlement de Paris du 5. Decembre 1605. qui ordonne que le Prêtre sera renvoyé pardevant le Juge Lay, sauf à le rendre à son Juge d'Eglise, s'il y échoit. *Plaidoyers de Corbin*, *chapitre* 5.

114 Le Lieutenant Criminel à Chartres avoit ordonné que des Lettres de grace & de remission seroient publiées à son de trompe; la Cour par Arrêt du 5. Septembre 1608. luy fit défenses de plus ordonner ainsi. *Additions à la Biblioth. de Bouchel*, verbo *Grace*.

115 Lettres de remission doivent être adressées au Juge des lieux, où les crimes ont été commis. Arrêt du 15. Juillet 1617. *Bardet, tome* 1. *liv.* 1. *ch.* 5.

116 Jugé le 29. Janvier 1648. qu'un Soldat François ayant tué un autre Soldat François, & obtenu des Lettres de grace du Prince d'Orange, Souverain de la ville de *Breda*, où les Soldats étoient en garnison, ne pouvoir plus être poursuivi en France pour raison du même homicide, ni pour la réparation civile. M. Bignon Avocat General, avoit conclu à ce qu'il plût à la Cour ordonner que l'appellant seroit tenu de se retirer pardevers le Roy pour obtenir Lettres de grace, le crime étant remissible. *Soëfve, tome* 1. *Cent.* 2. *chapitre* 59.

117 Si les Elûs peuvent entheriner des Lettres de grace à eux adressées ; Arrêt du Conseil, qui renvoye pardevant le Bailly ou son Lieutenant Criminel, du 11. Juillet 1651. *Henrys, tome* 2. *liv.* 2. *quest.* 30. où il est parlé des Châtelains & premiers Juges Royaux. *Voyez* pareillement la *question* 31.

118 Une fille accusée d'avoir recelé sa grossesse, & détruit son enfant, fut condamnée d'être pendüe; le Bourreau s'étant retiré, la croyant étranglée, elle donna quelque marque de vie; on la seigna; elle revint; la Cour s'assembla pour déliberer si elle devoit être renvoyée au supplice; l'affaire fut renvoyé après les Fêtes de Pâques; elle obtint Lettres de grace de sa Majesté, qui commua la peine de mort en celle de Religion perpetuelle, au choix de la Cour. Arrêt du Parlement de Provence du 17. Avril 1654. qui entherine les Lettres. *Boniface, tome* 2. *part.* 3. *liv.* 1. *tit.* 16. *ch.* 5.

119 Les Lettres de grace adressées au Présidial de Lyon, ne sont attributives de Jurisdiction au préjudice des Juges naturels où le crime a été commis. Arrêt du Conseil Privé du 29. Août 1656. *Henrys, tome* 2. *livre* 2. *question* 5.

120 Sur la présentation des Lettres de grace des Paysans de *Castelnau* & de *Brassac*, qui tuérent, en se défendant, des voleurs publics. *Voyez la* 11. *Conclusion du sieur de Roquairols, Procureur General en la Chambre de l'Edit de Castres*. Les Lettres furent entherinées sur le champ, & on ôta aux Impetrans les fers dans le Parquet de l'Audience.

121 Lettres de remission entherinées sur le champ à l'Audience. *Voyez* l'espece dans *Carondas, livre* 7. *Réponse* 188.

123 Les Lettres de remission de tous Officiers de Maréchaussée doivent être entherinées en la Connétablie, au Siege de la Table de Marbre du Palais, à qui la connoissance en est attribuée par les Ordonnances. Ainsi jugé par deux Arrêts du Parlement de Paris des 15. May & 8. Janvier 1658. & 1659. rapportez au *Livre de la Connétablie*, *fol.* 375. & par un autre contradictoire du même Parlement, entre le Lieutenant General de la Connétablie, & le Lieutenant Criminel d'Amiens, du 28. Septembre 1660. *Ibidem*.

124 Lettres d'abolition de crime & de rappel des galeres entherinées à l'Audience, par Arrêts du Parl. de Provence des 14. May 1657. & 23. Novembre 1665. *Boniface, tome* 2. *part.* 3. *liv.* 1. *tit.* 16. *ch.* 4.

125 Arrêt du 13. Juin 1661. qui a jugé que les Lettres de grace remettent les amendes ajugées au Roy aux Seigneurs Justiciers, quand elles n'ont pas été payées ; il a encore jugé que les Lettres de grace ne seroient présentées en la Chambre des Vacations, que pour les representer en l'Audience du Parlement. *Boniface, ibidem, chap.* 2.

126 Par Arrêt du 14. Mars 1661. la connoissance des Lettres de grace est interdite aux Lieutenans. *Boniface tome* 1. *liv.* 1. *tit.* 10. *n.* 18.

127 Arrêt du 7. Mars 1667. qui a jugé que les Lettres de grace presentées par un des Impetrans, peuvent être presentées par un autre des Impetrans, quoy que surannées. *Ibid. tome* 2. *liv.* 1. *tit.* 16. *ch.* 3.

128 Les Lettres de pardon & de grace doivent être presentées en l'Audience par les *Avocats*, non par les Procureurs. Arrêt du Parlement de Provence du 27. Septembre 1670. *Boniface, tome* 5. *liv.* 5. *tit.* 1. *chapitre* 2.

129 Les Lettres de grace & remission, doivent être adressées aux Juges Présidiaux, & aux lieux esquels il n'y a Siége Présidial, aux Juges ressortissans nuëment és Cours Souveraines & non à autres ; & si le delit a été commis ailleurs, ne pourront lesdits Présidiaux entheriner lesdites Lettres, sans avertir les Juges du delit, & faire apporter les informations, &c. & ne vaudront lesdites Lettres de grace après les trois mois de la date d'icelles, & ce nonobstant les Lettres de surannation. *Ordonnance de Moulins, art.* 35. *de Blois, article* 199. *Voyez l'Ordonnance du mois d'Août* 1670. *titre* 16. & *l'Ordonnance de Crémieu, art.* 11.

130 La partie civile ne peut trois mois après la présentation des Lettres de remission, faire informer contre celuy qui en est le porteur. Jugé à Bourdeaux le 19. Janvier 1672. *Journal du Palais*.

131 Edit du mois de Juin 1678. portant qu'il ne sera expedié aucunes Lettres de remission dans les Chancelleries près les Cours, pour les homicides involontaires. *V. les Edits & Arrêts recueillis par l'ordre de M. le Chancelier en* 1682.

132 Edit en interpretation de l'art. 2. du tit. 16. de l'Ordonnance du mois d'Août 1670. portant que dans les Chancelleries établies près des Cours, les Lettres de remission seront accordées seulement pour les homicides involontaires, ou qui seront commis dans la necessité précise d'une legitime défense de la vie, sans qu'en autre cas il en puisse être expedié, à peine de nullité, & d'en répondre par les Garde-sceels desdites Chancelleries, en leurs propres & privez noms: & défenses aux Cours de proceder à l'entherinement des Lettres de remission expediées esdites Chancelleries, quand ce sera pour d'autres cas que ceux exprimez cy-dessus. A Saint Germain en Laye en Février 1681. registré au Parlement de Roüen le 21. du même mois. *V. les Edits & Arrêts recueillis par l'ordre de M. le Chancelier.*

133 L'entherinement des Lettres de graces fait par le Parlement est sans recours, ce qui n'est pas à l'égard du Juge Royal. Arrêt du Parlement de Grenoble du 16. Mars 1683. La Cour sans s'arrêter aux fins de non recevoir, proposées contre l'appel du Vice-Bailly de Graisivodan, augmenta de 300. liv. les dommages & interêts. La grace éteint le crime, & l'abolition éteint l'accusation, *abolitio accusationis, est indulgentia delicti*. *Voyez Chorier, en sa Jurisprudence, de Guy Pape, p.* 60.

134. Declaration du 22. Novembre 1683. pour obliger les Cours & Juges d'entheriner les remissions en commandement, quand elles seront conformes aux charges, nonobstant que le terme d'abolition n'y soit pas employé. *V. les Edits & Arrêts recueillis par l'ordre de M. le Chancelier en* 1687.

135. Le demandeur en excés peut ajoûter aux informations, & les continuer aprés l'enregistrement des Lettres de grace fait au Sénéchal. L'appel de l'enregistrement éteignant le jugé, amene les choses au point de la simple présentation. Arrêt du Parlement de Toulouse du 3. Janvier 1688. rapporté par *M. de Catellan, liv.* 9. *chapitre* 8.

136. Jugé qu'un seul témoin qui aggravoit l'exposé des Lettres de grace, pouvoit en suspendre l'entherinement & l'execution. *Ibidem*.

137. Declaration du 27. Février 1703. portant que l'article 35. de Moulins, & 189. de l'Ordonnance de Blois, seront executés selon leur forme & teneur, & en consequence que l'adresse des Lettres de remission, pardon, & autres de semblable qualité, obtenuës par des personnes de condition roturiere, seront faites aux Baillifs & Sénéchaux, ressortissans nuëment aux Cours de Parlement, dans le ressort desquels le crime aura été commis, sans que les Baillifs & Sénéchaux des lieux où il y a Siége Présidial puissent prétendre que l'adresse leur en doive être faite, si ce n'est lors que le crime aura été commis dans le ressort de leur Bailliage ou Sénéchaussée, dérogeant à cet égard en tant que besoin seroit, à la disposition de l'art. 13. du tit. 16. de l'Ordonnance du mois d'Août 1670. & de tous autres Edits & Declarations contraires. Le Roy veut que dans les cas où le credit des accusez seroit à craindre dans le Bailliage, dans le ressort duquel le crime aura été commis, les Lettres de remission, & autres de semblable nature, puissent être adressées au Bailliage ou à la Sénéchaussée la plus prochaine non suspecte, ce que sa Majesté n'entend avoir lieu qu'à l'égard des Lettres qui doivent être scellées en la Grande Chancellerie. *V. l'Auteur des Observations sur Henrys, tome* 2. *liv.* 2. *quest.* 31.

LETTRES DE MARQUES.

138. De l'octroy des Lettres de marque & répresailles, de la contrainte solidaire, & des privileges du bétail de labourage. *Voyez M. Expilly, Plaidoyé* 16.

LETTRES MISSIVES.

139. Argent baillé sur Lettres missives des Marchands. *Voyez le Vest, Arr.* 205.

140. *Epistola obligat, in iis quæ geri possunt per Epistolam*. Mornac, *L.* 24. *ff. de constitutâ pecuniâ*.

141. Donation par Lettres. *Voyez le mot, Donation, nombre* 405 *& suiv*.

142. Interêts promis par Lettres missives. *Voyez le mot, Interêt, n.* 98. *& 100*.

143. *Quo ad aperientem Litteras alienas, quando ostendit adversario scribentis, tunc incidit in pœnam falsi: alias si ipse solus aperiret, & nemini ostenderet, non punitur de falso, sed extrà ordinem.* Voyez Franc. Marc. tom. 1. quest. 1238.

144. *Delictum an per Litteram privatam aut Epistolam probetur?* Voyez *Ibid. tom.* 2. *quest.* 913.

145. Si une Lettre missive fait preuve contre celuy qui l'a écrite? *Voyez Bouvot, tome* 1. *part.* 1. verbo, *Lettre missive, quest.* 1.

146. Lettres missives, *etiam* reconnuës, ne sont retenuës en l'incident de récréance de Benefice, & sans y avoir égard, doit être jugé par l'Ordinaire; & ainsi a été plusieurs fois jugé au Parlement de Paris, & en l'an 1534. Papon, *liv.* 8. *tit.* 11. *n.* 7.

147. Bréhaud avoit écrit des Lettres à un nommé Leblanc, par lesquelles il paroît indiscretement d'un Conseiller; la Cour le rend prisonnier, & quelques jours aprés, sur ce qu'il demande deux heures le jour pour aller à ses affaires, il est élargi, & ordonné que les Lettres, comme témerairement & indiscretement écrites par Bréhaud,

seront lacerées en sa presence en la Chambre du Conseil, auquel elle défend tout exercice de Solliciteur, tant en causes civiles que criminelles pendantes en la Cour, sur peine de punition corporelle, & sans note d'infamie, & luy enjoint de prendre autre train de vivre à l'avenir. Arrêt du Parlement de Bretagne du 7. Octobre 1562. *Du Fail, liv.* 2. *ch.* 179.

148. Debonabry fut condamné en cent sols d'amende, pour avoir intercepté des Lettres missives de Perrin sa partie, sans note d'infamie; dans les Lettres il y avoit quelques mots indiscrets contre les Arrêts de la Cour, pour lesquels Perrin fut condamné en pareille somme de cent sols, & la missive lacerée. Arrêt du Parlement de Bretagne du 5. Mars 1574. *Du Fail, livre* 2. *chap.* 460. où il est observé que par Arrêt du 11. Juillet 1602. la Cour ordonna decret de prise de corps contre un Solliciteur, pour avoir intercepté une Lettre écrite à un Procureur; & par autre Arrêt en 1638. M. René Manchien, Lieutenant de Château-Briand ayant ouvert & supprimé un paquet qui luy avoit été mis entre les mains par Demoiselle Renée Outremer, Dame d'Epinars, adressé à M. Antoine Outremer, sieur de Rigué, Avocat, fut renvoyé devant le Juge Criminel de Rennes, pour luy être son procés fait & parfait, & condamné aux dépens de l'appel par luy interjetté, de ce qui avoit été fait par les Juges commis par le Juge Criminel pour informer.

149. M. Michel Callé, Lieutenant du Bailly de Dunois, avoit des Lettres interceptées, sur lesquelles il vouloit faire faire le procés à M. Antoine Thoaut, Avocat Fiscal. Par Arrêt du 22. Decembre 1593. il est dit que Callé comparoîtra pardevant le Commissaire, pour être ouï & interrogé sur les faits & articles qui seront baillez par le Procureur General, sur les moyens par lesquels il a recouvré la missive évoquée par Thoaut à Bigar, Bailly de Dunois, par luy presentement reconnu avoir été écrite & signée de sa main. *Bibliotheque de Bouchel, verbo, Lettres interceptées.*

150. Un particulier écrit à un amy, qu'il craignoit qu'un voleur constitué prisonnier par le Prévôt des Maréchaux de Loches, n'échappât, comme il étoit échappé déja une fois, & quelques autres propos blessans l'honneur du Prévôt; les Lettres sont interceptées, portées au Prévôt qui se plaint, & demande réparation d'honneur; ce particulier demande que le Prévôt ait à dire qui luy a donné les Lettres; il declare neanmoins que ce qu'il a écrit n'a point été en intention d'offenser le Prévôt, lequel il reconnoît pour homme de bien, & avoir été toûjours un bon Juge, mais dans la crainte qu'il avoit que le voleur n'évadât. Le Juge de Loches ordonne que préalablement le Prévôt nommera qui luy a baillé les Lettres. Appel par le Prévôt, qui dit que ces conclusions étoient plus étenduës que celles de la partie adverse, & qu'il y falloit faire droit préalablement. Mornac pour l'intimé, supplie la Cour d'évoquer le principal, & en vertu de procuration faire pareille declaration que dessus. Par Arrêt du dernier Decembre 1593. à la Tournelle, le principal évoqué, & y faisant droit aprés la declaration de Mornac, les parties mises hors de Cour & de procés. M. l'Avocat Seguier allegua l'Arrêt de Callé, donné depuis huit jours. *Bouchel ibidem*.

151. Une partie ne peut se servir des Lettres missives de sa partie adverse, prises dans l'Etude du Procureur à qui elles ont été écrites & envoyées. Arrêt du Parlement de Toulouse au mois de Mars 1666. *V. M. de Catellan, liv.* 9. *chap.* 4.

152. Lettres missives écrites familierement par les Avocats concernant les affaires des parties adverses de leurs Cliens, & perfidement baillées, la restitution en a été ordonnée par Arrêt du 9. Mars 1645. *Du Frêne, liv.* 3. *chapitre* 21.

153. Par Arrêt du 19. May 1629. rapporté par *Tronçon, sur la Coût. de Paris, art.* 289. jugé que l'institution d'heritier faite par une lettre missive, étoit nulle.

154 Testament par Lettres. *Voyez* le mot, *Testament.* §. *Testament par Lettres.*

155 Lettres missives ou closes du Roy, ne sont de nul égard en fait de Justice. *V. du Tillet*, p. 294. Voyez cy-après le nombre 209. *& suiv.*

LETTRES DE MIXTION.

156 Voyez *les Commentateurs de la Coûtume de Normandie*, article 4. où il est dit en parlant du Bailly ou de son Lieutenant, a aussi la connoissance des Lettres de mixtion, quand les terres contentieuses sont assises en deux Vicomtez Royales, encore que l'une soit dans le ressort d'un haut-Justicier.

157 Quoyque les rentes hypotequées soient réputées immobiles, & que la saisie & criées en doivent être faites en la Paroisse où les débiteurs desdites rentes, sont domiciliez ; neanmoins quand on les decrete conjointement avec les heritages, cela ne donne point lieu aux Lettres de mixtion, & on les decrete sans Lettres ou Arrêt d'attribution devant le même Juge, dans le territoire duquel les heritages saisis sont situez, encore que lesdits debiteurs soient domiciliez en d'autres Vicomtez, & même en d'autres Bailliages : ce qui a été jugé par plusieurs Arrêts. *Pesnelle*, en sa *Coût. de Normandie*, art. 4.

LETTRES DE NATURALITÉ.

158 *Voyez* le mot, *Aubaine, nombre* 31. le mot, *Etranger, nomb.* 78. *& suiv.* 118. 123. 136.

Il n'appartient qu'au Roy de naturaliser les Etrangers. *V. M. le Bret, Traité de la Souveraineté, livre* 2. *chapitre* 11.

159 Forme des Lettres de Naturalité, que les Etrangers demeurans en France, ont accoûtumé d'obtenir du Roy. Bacquet, *Traité du droit d'Aubaine*, part. 3. *ch.* 22.

160 Pourquoy les Lettres obtenuës du Roy par les Etrangers sont appellées Lettres de Naturalité ou de Civilité, avec l'effet & utilité d'icelles. *Ibid. ch.* 23.

161 En France le Roy seul peut naturaliser l'Etranger ; les Lettres de Naturalité doivent être verifiées en la Chambre des Comptes, avec l'interpretation de ces mots, *proviso quòd haeredes impetrantis sint regnicolae.* Ibidem, *chapitre* 24.

162 Les parens de l'Etranger naturalisé, nez & demeurans en France, luy succedent & excluent le Roy, encore que le défunt lors de son décés eût parens plus proches, demeurans hors du Royaume, avec les Sentences & Arrêts donnez pour ce regard. *Ibid. ch.* 25.

163 L'Etranger naturalisé ne peut par Testament disposer en faveur de ses parens, nez & demeurans hors de France, ni pareillement en faveur de l'Etranger, demeurant en France, non naturalisé, soit par legs universel ou particulier. Bacquet, *ibidem, chapitre* 26.

164 Lettres de naturalité cassées, par Arrêt prononcé en Robes rouges le 21. Mars 1563. en ce que les bâtards d'un Prêtre étoient declarez capables de luy succeder. *Biblioth. de Bouchel*, verbo, *Naturalité.*

165 Lettres de Naturalité obtenuës par un Etranger entherinées, qui decede & laisse un fils qui meurt sans heritiers en la Terre d'un Seigneur haut-Justicier, sa succession appartient au Seigneur & non au Roy. Arrêt à la Pentecôte 1569. *Carondas, liv.* 3. *ch.* 45.

166 Le Receveur prétendoit qu'il y avoit lieu au droit d'aubaine, attendu que les Lettres de Naturalité n'avoient été verifiées qu'au Siége de Nantes, & en la Chambre des Comptes, & non verifiées en la Cour. Arrêt du Parlement de Bretagne du mois de Février 1566. qui le déboute. Les heritiers avoient pendant l'appel obtenu Lettres du Roy, par lesquelles il validoit la publication, ainsi qu'il elle avoit été faite en la Cour. *Du Fail, liv.* 3. *ch.* 153.

167 Lettres de Naturalité publiées, à la charge que si l'Impetrant n'a pris parti, il ne prendra en ce Royaume. Arrêts du Parlement de Bretagne des 17. Septembre & 19. Octobre 1571. *Du Fail, liv.* 3. *chapitres* 235. *& 238.*

168 Si les Lettres de Naturalité accordées à l'Etranger, doivent être verifiées au Parlement ou en la Chambre des Comptes : si elles peuvent avoir un effet retroactif au temps de la succession ouverte au préjudice du droit acquis à un tiers, & si elles rendent un Etranger habile à succeder, lors qu'il y a des heritiers legitimes François Regnicoles avant lesdites Lettres, & si en ce cas le Roy doit profiter du droit d'Aubaine ? *Soëfve, tome* 1. *Cent.* 3. *chap.* 85. rapporte l'Arrêt sur ce rendu le 4. Août 1651. entre le Duc de Mantouë & la Princesse Palatine.

169 Lettres de Naturalité accordées à un Beneficier, ont un effet retroactif. *Voyez* le mot, *Benefices, n.* 92.

170 Lors qu'on enregistre les Lettres de Naturalité, c'est avec trois modifications.

La premiere, que celuy à qui elles sont données, fournira au Roy un Brévet du Pape, contenant consentement qu'avenant vacation par mort, résignation ou autrement, de Benefices dont il pourra être pourvû dans ce Royaume, étant à la nomination du Roy, il ne sera pourvû d'iceux sans l'agrément de sa Majesté, quoyqu'ils eussent vaqué *in curiâ*, lequel Brévet il doit mettre és mains du Chancelier de France.

2o. Qu'en cas que pour raison desdits Benefices il survienne des differends, il ne pourra les citer en Cour de Rome ; mais sera tenu les poursuivre pardevant les Juges & Officiers du Royaume, à qui la connoissance en appartient.

3o. Qu'il ne prendra Vicaires ou Fermiers qui ne soient François. *Castel, en ses matieres Beneficiales, tome* 1. *page* 21.

Au même endroit il remarque la Declaration du Roy de 1681. qui fait défenses aux Collateurs des Prieurez, Canonicats, Cures, Chapelles, & autres Benefices situez dans les Pays cedez par les Traitez de Munster, des Pyrenées, Aix-la-Chapelle & Nimegue, de nommer autres que les sujets du Roy, à peine de la saisie du temporel de leurs Benefices ; défenses aux Abbez, Prieurs Conventuels, ou Superieurs des Maisons Religieuses, d'admettre aucuns Religieux, qui ne soient Sujets du Roy.

LETTRES DE NOBLESSE.

171 *Voyez Annoblissement & Noblesse*, & les *Declarations sur ce intervenuës.*

LETTRES PATENTES.

172 Patentes du Roy, appellées par *Chopin*, en son *Traité de sacrâ Polit. lib.* 1. *tit.* 5. *n.* 1. *Diploma Principis.* Voyez *cy-dessus le nombre* 1.

173 L'usage des Lettres Patentes pour la confirmation des Declarations, est tres ancien. Dans l'*Histoire des Comtes de Poitou & Ducs de Guyenne, preuves*, p. 331. on voit des Lettres Patentes accordées par Henry I. du nom, Roy de France, le jour des Calendes de Mars 1057. à Angers, portant confirmation de la fondation du Monastere de Saint Nicolas d'Angers, faite par Foulques, Comte d'Anjou.

174 Lettres du Roy Loüis XI. en Janvier 1475. pour visiter toutes Bulles, Lettres & autres choses venans de Rome, & voir s'il n'y a rien contre les Droits du Royaume, & Libertez de l'Eglise Gallicane. *Ordonnances de Fontanon, tome* 4. *page* 1240.

175 Lettres Patentes sont necessaires pour la validité de l'alienation des biens d'Eglise. *Voyez* le mot, *Alienation des biens d'Eglise, n.* 17.

176 Bulles reçûës en France en vertu des Lettres Patentes. *Voyez* le mot, *Bulles, n.* 25. *& suiv.*

177 Lettres Patentes necessaires pour l'établissement d'une Communauté de Maîtres Jurez. *Voyez Bardet*, to. 1. *liv.* 4. *chap.* 46.

178 Si les Lettres Patentes sont necessaires pour l'établissement des Confrairies ? *Voyez* le mot, *Confrairies, nombre* 14. *& suiv.*

179 Lettres Patentes, comment suspectes de faux, & la peine de tels faussaires ? *Voyez* le mot, *Faux, nomb.* 81. *& suivans.*

Gggg iij

180 *Voyez* la Declaration du Roy du mois de Mars 1673. contenant la forme de l'enregiſtrement des Edits & Lettres Patentes, qui concernent les affaires du Roy dans les Compagnies Souveraines.

LETTRES DE RAPPEL.

181 Les Lettres de Rappel de ban empêchent celuy qui les a obtenuës d'être pourvû aux honneurs, ni d'Office Royal. Arrêt du 21. Juillet 1568. qui fait défenſes en pareil cas à un Notaire de s'ingerer jamais de ſon Office de Notaire, ni d'autre Office Royal. *La Rocheflavin*, liv. 3. lettre R. tit. 1. Arr. 2.

Voyez le mot *Rappel*. §. *Rappel de Ban*.

LETTRES DE RECOMMANDATION.

182 Les Lettres de recommandation à un Maître n'obligent. Arrêt du Parlement de Paris du 23. Decembre 1561. *Bouvot*, tome 1. part. 2. verbo, *Lettres de Recommandation*, queſt. 1.

Voyez le mot, *Recommandation*.

LETTRES DE REMISSION.

183 Voyez cy-deſſus le nombre 64. & ſuiv.

LETTRES DE REPY.

184 Des Lettres de répy. V. les Ordon. *de Fontanon*, to. 1. liv. 4. tit. 16. page 766.

185 Demandeur en Lettres de répy, doit bailler caution. Arrêt du 5. Février 1556. *Expilly*, Arrêt 41. *Sed Rebuff. ſtat contra in tractat. de Litter. obligat. art. 1. gloſ. 1. n. 49. & ſeqq.* Voyez la Coût. de Paris, art. 111. Voyez l'Ordonnance d'Orleans, article 61. avec ſes renvois. *Voyez M. le Prêtre*, 4. Cent. ch. 31.

186 Lettres de répi ne peuvent empêcher le decret, quoique celuy qui les avoit obtenuës, les fondât ſur un incendie qui avoit cauſé ſa ruine. Arrêt du Parlement de Roüen du 19. May 1661. V. *Baſnage*, ſur l'art. 546. de la Coût. de Normandie.

Voyez le mot, *Decret, n*. 58.

187 Lettres de répi priſes en Chancelleries des Parlemens, ſont nulles. Arrêt du Parlement de Provence du 4. Février 1677. *Boniface*, tome 3. liv. 3. tit. 2. ch. 3.

188 Les Lettres de répi & de ceſſion étant perſonnelles, ne peuvent ſervir aux fidejuſſeurs des Impetrans, comme il eſt expreſſément décidé au §. dernier du titre *de replicationibus* dans les Inſtituts, *Exceptiones enim quæ perſonæ cohærent, non tranſſeunt ad alios, rei autem cohærentes etiam fidejuſſoribus competunt, L. 7. ff. de exceptionibus, L. 24. ff. de re judicata*; mais les exceptions qui produiſent telles Lettres, ne ſe peuvent oppoſer contre les plèges, qui concluent à leur garentie contre les Impetrans principaux obligez, comme il a été jugé par pluſieurs Arrêts. *Voyez Pesnelle, ſur la Coût. de Normandie*, art. 20.

Voyez l'Ordonnance du 22. *May* 1673. *article* 9. & le mot, *Répi*.

LETTRES DE RESCISION.

189 Lettres de reſciſion priſes par le Créancier au nom du Débiteur. *Voyez* le mot, *Créancier, n*. 43.

190 De l'heritier qui prend des Lettres de reſciſion, contre l'appréhenſion qu'il a faite. *Voyez* le mot, *Heritier*, nombre 374. & ſuiv.

190 bis. On peut demander l'entherinement des Lettres de reſtitution contre le tiers poſſeſſeur. *Avis de Carondas*, liv. 12. Rép. 35. A la Rép. 34. il parle de celuy qui vient ſe faire reſtituer, tant à cauſe de ſa minorité que de la lézion. *Voyez la Réponſe* 71. du Liv. 4.

191 Qui obtient Lettres pour être relevé d'un Contract, confeſſe l'autre poſſeſſeur, lequel partant doit joüir pendant le procés. Arrêt du 7. Septembre 1509. *Carondas*, liv. 3. Rép. 81.

192 Pendant l'Inſtance de reſciſion les Contracts doivent être entretenus en donnant caution. Arrêt du 3. Juillet 1523. infirmatif de la Sentence du Prévôt de Paris, qui en ordonnant par proviſion l'execution du Contract, avoit omis de condamner le défendeur à donner caution. *Biblioth. de Bouchel*, verbo, *Reſciſion*.

193 Un acheteur ayant payé partie du prix, au lieu de payer l'autre, obtient Lettres de reſciſion, fondées ſur léſion & dol; & cependant nonobſtant oppoſition ou appellation quelconques, défenſes de le contraindre au payement : on debat ces Lettres pardevant le Juge, qui par proviſion ordonne qu'elles tiendront. La Cour dit qu'il a été mal jugé; en émendant condamné à garnir le ſurplus du prix, & que l'original des Lettres ſera mis ès mains de M. le Procureur General, pour prendre ſes Concluſions, comme étant les Lettres ſoupçonnées d'avoir été dérobées, ainſi que dit M. Lizet, Avocat du Roy. Arrêt du 1. Decembre 1528. *Corbin, ſuite de Patronage*, chap. 258.

194 Arrêt du Parlement de Paris du mois de May 1539. par lequel une fille qui avoit renoncé à une ſucceſſion, a été reçuë à demander partage, quoy qu'elle n'eût point pris Lettres de reſciſion. *Voyez Rebuffe, proœm. Concord.* ſur le mot, *curiis ſummat*.

195 Contracts nuls de quelque nullité que ce ſoit, ne peuvent être caſſez, ſans Lettres du Prince. Arrêt du Parlement de Paris du 14. Août 1543. Papon, liv. 16. tit. 3. nombre 11. On excepte les Contracts uſuraires ; les actes ſimoniaques, & les Contracts faits contre la Coûtume écrite & reçuë, ou contre l'expreſſe Ordonnance.

196 Lettres Royaux entherinées par Sentence, à cauſe de déception d'outre moitié de juſte prix, on ne peut s'en départir, & celuy qui a perdu ſa cauſe, en peut pourſuivre l'execution. Arrêt du 11. Juin 1550. *Carondas*, liv. 6. Rép. 8.

197 La queſtion de ſçavoir où devoit ſe traiter la reſciſion a été incertaine avant 1546. Depuis il a été jugé que quand le reſcindant a pluſieurs font cumulez, l'Impetrant a le choix de faire l'adreſſe au Juge du domicile du défendeur ou de l'aſſiette des choſes; ſoit qu'il en pourſuive l'entherinement contre celuy avec lequel il a contracté, ou un tiers détempteur. Arrêt du Parlement de Paris du 8. Juin 1557. S'il y a procés pardevant un Juge ſubalterne non Royal, où l'on obtienne incidemment Lettres, l'adreſſe en doit être faite au premier Sergent Royal, pour faire commandement au Juge de proceder à l'entherinement. *Papon*, livre 7. titre 7. nombre 14.

198 Lettres de reſciſion fondées ſur léſion d'outre moitié de juſte prix, entherinées. Arrêt du 31. Decembre 1557. *M. le Prêtre*, ès Arrêts celebres du Parlement. Les dix ans paſſez, *voyez le Journal du Palais*, dans l'Arrêt du 21. Juillet 1682. *Chenu*, 1. Cent. queſt. 22.

199 Quoique le mineur ait obtenu l'entherinement de ſes Lettres de reſciſion, il peut y renoncer. Lettres furent priſes par un Abbé contre une alienation, & entherinées. Voyant qu'il ne pouvoit payer les réparations, il preſenta Requête, pour ne s'en point aider, mais demeurer en l'état où il étoit auparavant. Jugé en 1568. qu'il étoit bien fondé. *Bibliotheque de Bouchel*, verbo, *Reſtitution*.

200 Si le pere vend les biens de ſon fils, contre la diſpoſition du Droit, le fils les peut vendiquer ſans Lettres, s'il eſt heritier de ſon pere, il luy faut des Lettres, & il doit le rembourſement à l'acheteur. Arrêt donné à la Pentecôte 1572. *Papon*, livre 16. titre 3. n. 11.

201 Le temps pour obtenir Lettres de reſciſion, ne court pendant que dure la faculté du rachat. Arrêt du 26. Juillet 1574. Autre Arrêt du 21. Juillet 1601. *M. le Prêtre*, 1. Cent. chap. 34.

202 Lettres de reſciſion obtenuës par les Religieuſes de Saint Sauveur d'Evreux, trente-deux ans aprés le Contract de vente de la Seigneurie d'Orvilliers, entherinées, par Arrêt du Parlement de Roüen du 23. Juin 1606. *Corbin, ſuite de Patronage*, ch. 300.

203 Un pere peut obtenir conjointement avec ſon fils débauché, des Lettres pour faire caſſer un Contract de conſtitution de rente paſſé par le fils mineur, quoyque marié, & pourvû d'Office qui le rendoit majeur. Arrêt du 27. Février 1648. *Du Frêne*, liv. 5. chap. 30.

204 L'Ordonnance qui permet de prendre des Lettres de reſciſion dans les dix ans, veut qu'elles ſoient auſſi

fignifiées dans ce temps, autrement elles font inutiles; c'est l'usage du Parlement de Toulouse; ce qui a été jugé au Parlement de Grenoble le 18. Decembre 1669. *Graverol fur la Rocheflavin, liv. 6. tit. 31.*

205 Mineur pourfuivant l'entherinement de Lettres de reftitution en entier contre l'appréhenfion d'une heredité, doit faire affigner tous les Créanciers intereffez. Arrêt du Parlement de Tournay du 24. Mars 1694. rapporté par *Pinault, tome 1. Arrêt 25.*

206 La connoiffance des Lettres Royaux obtenuës principalement & non incidemment, n'appartient qu'aux Juges Royaux. Jugé au Parlement de Tournay le 20. Avril 1697. Les défendeurs avoient demandé le renvoi pardevant le Juge de Saint Souplet en Cambrefis, domicile des parties, à qui les *Committimus* des Lettres devoit, difoient-ils, être adreffé; & au fond, ils avoient denié qu'il y eût aucune lezion ou fraude. Le demandeur, au contraire, foûtenoit que n'y ayant point de Juge Royal dans le Cambrefis, il n'y avoit pas lieu d'y renvoyer la connoiffance de Lettres Royaux obtenuës principalement. La Cour fans avoir égard au renvoy requis, admet le demandeur à preuve. V. *M. Pinault, tome 1. Arrêt 149.*

207 Pendant la refcifion les Contracts entretenus en donnant caution. *Du Moulin, tome 2. page 685.*
Voyez les mots, *Dol, Fraude, Lezion, Mineur, Refcifion, Reftitution.*

LETTRES DE REVISION.

208 Voyez *l'Ordonnance Criminelle de 1670. tit. 16. art. 8.* & cy-après le mot, Revifion.

LETTRES ROYAUX.

209 Voyez cy-deffus le nombre 155.
Fuit publicata in Parlamento ifto quædam ordinatio Regia data 15. die menfis Augufti 1389. per quam Rex prohibebat Advocatis, partibus, & Procuratoribus, ne impetrarent Litteras Regias in prejudicium ordinationum Regiarum ; & quod Curia non obtemperaret Litteris Regiis impetratis à partibus faltem claufis, &c. & fuit par Dominus de la Trimoüille, in caufa quam habebat Domina de Craun, contra Dominum de Suze, quia dictus de la Trimoüille impetravit Litteras ut Camera Parl. fe congregarent ad confulendum & proceffum videndum pre timore quem habebat ne condamnaretur Domina de Craun, major uxoris fuæ, & finaliter partes concordaverunt. Joan. Gall. queft. 185.

210 Si le Prince par fes Lettres accordées en faveur de quelqu'un, peut faire préjudice à un tiers? *Voyez le 8. Plaidoyé d'Ayrault, & Peleus, queft. 149.*

211 *Epiftola quam quis præfentatam effe dicit, de præfentatione an docere teneatur? Epiftola Principis quandoque vim legis habet, quandoque non.* Voyez *Franc. Marc. tom. 1. queft. 1378.*

212 *Ad refcripti fubftantiam ut Principis nomen & titulus in principio ponatur, requiritur.* Voyez ibidem, *tom. 2. queft. 53.*

LETTRES SURANNE'ES.

213 Arrêt du Parlement de Bretagne du 30. Août 1566. qui déboute de Lettres de fubrogation au Benefice, parce qu'on ne les avoit pas intimées dans l'an. Cela n'a pas lieu quand l'Impetrant a ufé de diligence. *Du Fail, liv. 3. chap. 92.*

214 Arrêt du Parlement de Provence du 18. Avril 1678. qui a déclaré n'y avoir lieu de furannalité aux Lettres de Maîtrife. *Boniface, tome 3. liv. 4. tit. 4. chap. 1.*

LEYDE.

1 Voyez *lettre D. au Titre des Droits Seigneuriaux, le nombre 81. & fuiv.*
Ce mot de Leyde, vient d'un méchant mot Latin *Leuda*, qui fignifie toute forte de preftations & de tributs. Il en eft fait mention dans les Ordonnances de Philippes Augufte, de Philippes de Valois, & en plufieurs anciennes Chartes rapportées par *M. du Cange, dans fon Gloffaire.* Sur ce mot. Voyez *Chopin, de Deman.*
li. 1. tit. 9. n. 1. & Ragueau, dans fon Indice, fur le mot, Laude.

Les habitans de Toulouse font exempts de payer 2 droit de Leude dans le Comté, des biens & marchandifes qu'on apporte dans Toulouse, fuivant le privilege donné par les Comtes, confirmé par les Rois de France, par les Arrêts du Parlement du 24. Decembre 1512. & du 27. Janvier 1546. entre le Procureur & le Syndic des Etrangers ; & par autre Arrêt du 7. Août 1588. il eft ordonné qu'ils jouïront de même exemption par toute le Comté de Lauraguois. *La Rocheflavin, liv. 6. titre 64.*

Le Comté & Pays de Lauraguois eft dans les limites 4 & enclaves du Comté de Toulouse, & fes habitans, font exempts du droit de leude & péage, de même que ceux du Comté de Toulouse. Arrêt fans date. *La Rocheflavin, des Droits Seigneuriaux, chap. 8. art. 5.*

Arrêt de la Cour des Aydes, du 25. Octobre 1655. 5 qui maintient le Chapitre de *Saint Jean* dans la poffeffion du droit de leyde fur le fel qui entre dans la ville de Lyon, qui confifte à prendre par chacun an quatre-vingt-feize minots de fel dans le Grenier à Sel de ladite ville. V. *Henrys, tome 2. liv. 3. queft. 19.*

LEZE-MAJESTE'.

LEfæ Majeftatis crimen. Perduellio.
Ad legem Juliam Majeftatis. D. 48. 4... C. 9. 8... C. Th. 9. 5... Paul. 5. 27... Inft. 4. tit. ult. §. 3... Lex Julia dicitur à Julio Cæfare, Confule, primum lata.
Si quis Imperatori maledixerit. C. 9. 7... C. Th. 9. 4. Quomodo in læfæ Majeftatis crimine procedatur. Extravag. Henr. VII. 1. vel. 19.
De Majeftatis criminis. Lex. 12. tabb. t. 27. c. 2.
Ne, præter crimen Majeftatis, fervus Dominum, vel Patronum libertus accufet. C. th. 9. 6.

Voyez cy-devant verbo, *Crime, nombre 21. & fuiv.* 1 & les Obfervations contenuës hoc verbo, *Leze-Majefté*, dans la *Biblioth. du Droit François, par Bouchel.*

Des crimes de Leze-Majefté. Voyez les *Ordonnances* 2 *recueillies par Fontanon, tome 4. p. 1357.*

De la confifcation des biens pour crime de Leze- 3 Majefté. V. *Dupuy, Traité des Droits du Roy, p. 141.* & cy-devant, *Confifcation, n. 62. & fuiv.* & le mot, *Crime, n. 21. & fuiv.*

Un Tiran, quel qu'il foit, peut & doit licitement & me- 4 ritoirement être tué par fon Vaffal ou Sujet, quel qu'il foit, par tous moyens, principalement par fecrettes embuches, trahifons, flateries & autres telles menées, nonobftant quelque foy ou ferment que le Sujet puiffe avoir avec le Tyran; fans auffi que fur ce fait le Sujet doive attendre la Sentence & le Mandement du Juge quelconque. Voyez la Biblioth. de Bouchet, verbo, *Parricide*, où cette propofition eft condamnée.

Accufateurs en crime de Leze-Majefté ne font tenus 5 que comme fimples Dénonciateurs; M. le Procureur General la feule partie. *Ita judicatum.* Bibliotheque de Bouchel, *verbo, Leze-Majefté.*

Quoy qu'en accufation de crime de Leze-Majefté 6 l'on reçoive les témoins infames, vils, cependant on n'admet point les ennemis de l'accufé. *Ibidem*, verbo, *Réproches.*

En crime de Leze Majefté, tous Fiefs font acquis & 7 confifquez au Roy; toutefois il n'y a que ceux nuëment tenus de luy qui font cenfez remis. Voyez *Du Luc, liv. 6. tit. 5. ch. 7.*

Le crime de Leze-Majefté exclud les enfans de fuc- 8 ceder à leur pere. Arrêt du Parlement de Roüen. Voyez *Bafnage, fur l'article 235. de la Coûtume de Normandie.*

Le crime de Leze-Majefté eft tel, qu'il produit dans 9 la pofterité du coupable une indignité & une incapacité perpetuelle de fucceder à la Couronne. Arrêt de la Cour des Pairs de France en l'an 1457. contre Jean II. Duc d'Alençon, en la préfence du Roy Charles VII. étant en la Ville de Vendôme ; quoyque depuis cette procedure fût abolie, & le Jugement caſſé par Lettres de reſtitution du Roy Loüis XI. enregiſtrées, publiées & regiſtrées au Parlement, les Chambres aſſemblées, du conſentement de M. le Procureur General. *Bibliot. de Bouchel*, verbo, *Leze-Majeſté*.

10 Par Arrêt donné à Vendôme contre le Duc Jean d'Alençon, le 10. Octobre 1458. par le Roy Charles VIII. il fut déclaré criminel de Leze Majeſté, & comme tel débouté de l'honneur & dignité de Pair de France, & autres dignitez & prérogatives, & condamné à ſouffrir la mort, & être executé par Juſtice, ſes biens confiſquez au Roy, ſauf toutefois & reſervé au Roy faire & ordonner ſur le tout, ainſi que bon luy ſembleroit ; & fut l'Arrêt prononcé par le Chancelier, le Roy ſéant en ſon Siège, pour avoir ledit Duc mené, conduit, & fait conduire & mener pluſieurs traitez & appointemens avec les Anglois. *Voyez ibidem*, verbo, *Pairs*.

11 Le Vicaire de Saint Nicolas des Champs, pour avoir dit en tenant un coûteau, *Il ſe trouvera encore quelque homme de bien, comme Frere Jacques Clement, pour tuer le Roy, ce ne fût-ce que moy*, a été condamné par Arrêt du 11. Janvier 1595. confirmatif de la Sentence du Prévôt de Paris, à être pendu & étranglé ; exécuté le même jour à la Porte de Paris. *Ibid*. verbo, *Leze-Majeſté*.

12 Au mois d'Octobre 1603. un Hâtier ou Potagier du Roy Henry IV. avec lequel un Gentilhomme de Dauphiné avoit parlé de luy faire gagner quelque ſomme d'argent pour empoiſonner le Roy, fut pendu, pour ne l'avoir revelé au Roy ou à Juſtice, & ce par Arrêt de la Chambre des Vacations. *Ibid*. verbo, *Leze-Majeſté*.

13 Vû par la Cour, les Grands-Chambres, Tournelle, & de l'Edit, aſſemblées, le procés criminel fait par Préſidens & Conſeillers à ce commis, à la Requête du Procureur General du Roy, à l'encontre de François Ravaillac, Praticien de la Ville d'Angoulême, priſonnier en la Conciergerie du Palais, information, interrogatoire, confeſſions, dénegations, confrontations de témoins, Concluſions du Procureur General du Roy ; oüi & interrogé ſur le cas à luy impoſez, procés verbal des interrogatoires à luy faits à la queſtion le 25. de ce mois pour la revelation de ſes complices ; tout conſideré, dit a été, que la Cour a déclaré & declare ledit Ravaillac duëment atteint & convaincu du crime de Leze-Majeſté divine & humaine au premier chef, pour le tres méchant, tres abominable & tres détestable parricide commis en la perſonne du feu Roy Henry IV. de tres bonne & tres loüable memoire ; pour réparation duquel l'a condamné & condamne faire amende honorable devant la principale porte de l'Egliſe de Paris, où il ſera mené & conduit dans un tombereau , la nud en chemiſe, tenant une torche ardente du poids de deux livres, dire & declarer que malheureuſement & proditoirement il a commis le tres méchant, tres abominable & tres déteſtable parricide, & tué ledit Seigneur Roy de deux coups de coûteau dans le corps, dont ſe répent, demande pardon à Dieu, au Roy, & à Juſtice, de-là conduit à la Place de Grève, & ſur un échafaut qui y ſera dreſſé, tenaillé aux mammelles, bras, cuiſſes, & gras des jambes, ſa main droite y tenant le coûteau duquel il a commis ledit parricide, ards & brûlé de feu de ſouffre, & ſur les endroits où il ſera tenaillé, jetté du plomb fondu, de l'huile boüillante, de la poix-raiſine boüillante, de la cire, & ſouffre fondus enſemble. Ce fait ſon corps tiré & démembré à quatre chevaux, ſes membres & corps conſomez au feu, réduits en cendres, jettées au vent : a déclaré & declare tous ſes biens confiſquez au Roy ; ordonné que la maiſon où il aura été né ſera démolie, celuy à qui elle appartient préalablement indemniſé, ſans que ſur le fonds puiſſe à l'avenir être fait autre bâtiment ; & dans quinzaine aprés la publication du preſent Arrêt, à ſon de trompe & cry public en la Ville d'Angoulême,

ſon pére & ſa mére vuideront le Royaume, avec défenſes d'y revenir jamais , à peine d'être pendus & étranglez, ſans autre forme ni figure de procés ; défenſes à ſes freres , ſœurs, oncles, & autres de porter cy-aprés le nom de Ravaillac ; leur enjoint le changer en autre ſur les mêmes peines ; & au Subſtitut du Procureur General du Roy faire publier & exécuter le preſent Arrêt, à peine de s'en prendre à luy ; & avant l'execution d'iceluy Ravaillac, ordonné qu'il ſera derechef appliqué à la queſtion , pour la revelation de ſes complices. Prononcé le 27. Mars 1610. *Ibid*. verbo, *Parricide*.

14 Si c'eſt un crime de Leze-Majeſté, d'avoir dit à une perſonne que l'on battoit , laquelle diſoit qu'elle ſe mettoit en la ſauvegarde du Roy, qu'elle ſe mît ſi elle vouloit en la ſauvegarde du Loup, qu'elle ne laiſſeroit d'être bien battuë. *V. Bouvot, tome 2.* verbo, *Leze-Majeſté*, il rapporte un Arrêt du Parlement de Dijon du 7. Decembre 1619. qui renvoyant à l'Ordinaire, juge que ce n'étoit un crime de Leze-Majeſté.

LEZION.

1 LA Lezion en arrentement de choſes Eccleſiaſtiques & autres, ſe conſidere à la valeur des choſes au temps du Contract, & non au temps que l'on pourſuit la reſciſion. Arrêt du Parlement de Bretagne du 12. Juillet 1612. *Du Fail, liv. 1. chap.* 397.

2 Quelquefois les ouvriers ſont relevez , lorſqu'ils ſe ſont laiſſez ſurprendre, encore que la lezion d'outre-moitié ne ſe trouve pas. Jean Boulanger , Orfévre de Toulouſe, avoit entrepris de refaire un Chriſt d'argent des Marguilliers de la Confrairie du Saint Sacrement de l'Egliſe Saint Etienne. Il étoit dit par Contract, que ſi le neuf peſoit plus que le vieux, ils ne payeroient le ſurplus de la matiere qu'à 21. liv. le marc ; ſi bien que cette Image peſant 28. marcs plus que l'autre, Boulanger demandoit d'être relevé de la clauſe, par laquelle il étoit porté que le marc ne ſeroit payé qu'à 21. liv. il fut ordonné que le marc ſeroit payé au dire d'Experts. Ce Jugement fut confirmé le 20. Juin 1623. *Albert, lettre M.* verbo, *Maçon*.

3 Lezion d'outre moitié de juſte prix, peut être alleguée par le Maçon, pour un prix fait pour la conſtruction d'un édifice. *M. Dolive* en rapporte un Arrêt au *liv. 4. chap.* 12. Il y en a un autre plus recent rendu le 14. Janvier 1649. au même Parlement de Toulouſe. *V. le Recüeil de M. de Catellan, liv. 5. ch. 6.*

Voyez le mot, *Bâtiment*, *nombre* 38.

4 Le vendeur peut oppoſer la lezion, quoyque la vente ait été faite au dire d'Experts, quoyqu'elle ne ſoit pas d'outre-moitié. Le 7. Avril 1650. au Parlement de Toulouſe en la cauſe de Barrault & du ſieur de Guayraud, un majeur fut reçû à oppoſer la lezion, diſant que les Experts l'avoient trompé en l'eſtimation des biens vendus ; ſur l'offre qu'il fit de faire faire à ſes frais ſans répetition une ſeconde eſtimation, & les nouveaux Experts ayant eſtimé les biens vendus à 3000. liv. au lieu que les prémiers ne les avoient eſtimez que 2000. liv. l'acheteur fut condamné à ſuppléer le juſte prix de 3000. livres. *Albert*, verbo, *Mineurs*, *article* 7.

5 Loüage d'œuvres eſt ſujet à la Loy 2. *Cod. de reſcind. vendit*. Voyez *Philippi, és Arrêts de conſequence de la Cour des Aydes de Montpellier, art.* 186.

Voyez cy-aprés le nombre 42. & ſuiv.

LEZION D'OUTRE MOITIÉ.

6 La Loy ſeconde au *Cod. de reſcindendâ venditione*, porte, *Rem, majoris pretii ſi tu vel pater tuus minoris diſtraxerit, humanum eſt, ut vel pretium te reſtituente emptoribus fundum venundatum recipias autoritate judicis intercedente: vel ſi emptor elegerit quod deeſt juſto pretio, recipias. Minus autem pretium eſſe videtur , ſi nec dimidia pars veri pretii ſoluta ſit*.

7 La Loy 2. *C. de reſcindendâ venditione*, a lieu en faveur du vendeur, au cas qu'il y ait lezion d'outre moitié

moitié de juste prix, c'eſt-à-dire, ſi le juſte prix de la choſe eſt 100. écus, & qu'elle ait été venduë moins de 50. écus. *Voyez M. le Prêtre*, 1. *Cent. chap.* 12. où vous trouverez pluſieurs exemples ; elle n'a point de lieu *in Emptore*. *Peleus, queſt.* 130.

8. Un vendeur ſe pourvoit ſous prétexte de lezion d'outre moitié de juſte prix ; l'acheteur offre le ſupplément, & demande permiſſion de vendre du bois de l'heritage dont il s'agit, pour faire la ſomme. Le vendeur s'y oppoſe, & dit que peut-être l'acheteur ne la fournira pas ; qu'ainſi il ne doit permettre que la choſe ſoit diminuée. Arrêt du Parlement de Paris du 14. Juin 1515. en faveur du vendeur. *Papon, liv.* 16. *tit.* 3. *n.* 9.

9. Si quelqu'un achete de la marchandiſe, & qu'il y ait lezion d'outre moitié, il ne peut être reſtituë, à moins qu'il n'y ait du dol, ou que ce ne fuſſent des meubles précieux. V. *Bouvot, tome* 1. *part.* 3. verbo, *Lezion*.

10. Reſtitution en lezion d'outre moitié de juſte prix, quoyque par Sentence l'acheteur eût été contraint à executer le Contract. Arrêt du 17. May, tiré du Regiſtre des Jugez du Parlement de Paris de l'an 1330. Arrêt 63. *Voyez Corbin, ſuite de Patronage*, *ch.* 169.

11. Le vendeur qui a ſpecialement renoncé au benefice de la Loy 2. *de reſcindendâ vend.* peut neanmoins être reſtitué pour lezion d'outre moitié de juſte prix. Arrêt du 9. Juin 1571. *Carondas, liv.* 10. Rép. 88.

12. Par Arrêt prononcé en Robes rouges le 23. Decembre 1572. jugé que *Lex.* 2. *Cod. de reſcind. vend.* n'a point de lieu *in hereditate venditâ*. *Voyez Chenu, queſtion* 35.

13. Par Arrêt du Parlement de Toulouſe de 1578. jugé que pour la reſciſion d'une vente, ne ſuffiſoit la lezion de moitié de juſte prix, comme ſi la piece venduë 500. livres n'eſt eſtimée que 1000. livres ; mais il faut qu'il y ait lezion d'outre moitié, ſuivant les termes précis de la Loy 2. *C. de reſcind. vendit. ſi nec dimidia pars veri pretii ſoluta ſit.* La Loy ſemble ſouffrir la déception juſqu'à la moitié du juſte prix. *Mainard, livre* 3. *chap.* 65. & la *Rocheflavin, liv.* 6. *tit.* 31. *Arr.* 1.

14. Dans une vente d'heritages, à la charge de payer toutes dettes & autres charges, & d'indemniſer le vendeur ; on ne peut alleguer une lezion, à cauſe de l'incertitude de la choſe, & du riſque que le vendeur a couru. Arrêt du Parlement de Toulouſe du 18. Decembre 1593. *Mainard, tome* 1. *liv.* 3. *ch.* 63. *Carondas*, *en ſes Réponſes*, en cite un pareil du Parlement de Paris du 29. May 1580.

15. Les lods & ventes ne font point partie du prix lors que l'on prétend une caſſation de vente, pour avoir été lezé d'outre moitié. Arrêt le 12. Septembre 1584. De même le Seigneur direct qui demande d'être reſtitué, ne peut mettre en ligne de compte les lods que l'acheteur eût payez, s'il eût acquis d'un autre, ni les déduire du prix qu'il en a reçû *Mainard, liv.* 4. *chapitre* 31.

16. Celuy qui en l'achat d'un heritage a été déçu d'outre moitié de juſte prix, en a été relevé par Arrêt du 8. Février 1592. & par d'autres Arrêts il a été jugé que la Loy 2. *C. de reſcindendâ venditione* n'auroit lieu *in Emptore*, le 7. Septembre 1593. & pour ſervir de Loy à l'avenir. *Chenu*, 1. *Cent. queſt.* 75. Autre Arrêt du 18. Mars 1613. par lequel il fut jugé que la Loy n'avoit point de lieu *in Emptore*. Voyez l'annotation ſur *M. le Prêtre, chap.* 12. *de ſa* 1. *Cent*. & *M. Loüet, lettre L. ſommaire* 10.

17. Les Creanciers du vivant de leur débiteur, n'ayant autre moyen de ſe faire payer, peuvent dans le temps de dix ans de l'Ordonnance, uſer du remede de lezion d'outre moitié de juſte prix, contre l'acheteur de leur debiteur ; comme il a été ſouvent jugé au Parlement de Toulouſe. *Carondas en ſes Rép. liv.* 9. *chap.* 25. en cite un pareil formel du Parlement de Paris.

18. La Loy 2. *Cod. de reſcind. vend.* n'a lieu en celuy qui entreprend un bâtiment, & en fait d'arrentement, parce que le profit & le revenu des fruits eſt incertain,

Tome II.

& on ne peut dire qu'il y ait de la lezion en ce qui eſt incertain. Jugé le 20. Mars 1602. contre celuy qui avoit entrepris de faire bâtir les murailles de la ville de Pezenas, dont l'adjudication luy avoit été faite par bail à l'extinction de la chandelle. Autre Arrêt de l'an 1589. Arrêt contraire du 21. Mars 1630. *Cambolas, liv.* 3. *chapitre* 18.

19. Par Arrêt du Parlement de Paris du 28. Juin 1604. il fut jugé en la Coûtume d'*Anjou* que la perſonne âgée de 20. ans, ayant par Contract alienè ſes heritages, s'en peut faire relever, en verifiant qu'elle a été lezée, encore que la lezion ſoit au deſſous de la moitié du juſte prix. Cet Arrêt a été donné ſuivant la note de *Du Moulin*, qui a mis en pluſieurs Coûtumes ces mots, *ſub ſpe reſtitutionis*, ſelon qu'il l'avoit vû de ſon temps ainſi juger. *Biblioth. de Bouchel*, verbo, *Lezion*.

20. Arrêt du Parlement de Provence du 24. Novembre 1642. qui a jugé qu'un Corps de Religieuſes Urſulines ayant acheté une maiſon, joüit du benefice de la Loy 2. au Code *de reſcindendâ venditione*, par la lezion d'outre moitié de juſte prix. Arrêt ſemblable du 9. Février 1662. *Boniface, tome* 2. *liv.* 4. *tit.* 2. *ch.* 1.

21. C'eſt une maxime en Normandie que la reſtitution pour déception d'outre moitié de juſte prix, n'eſt point reçûe pour les Contracts de Fiefs. Arrêt du Parlement de Roüen du 23. Janvier 1660. au profit du Guai, Sergent au Bailliage de Roüen. *Baſnage, ſur la Coûtume de Normandie*, *art.* 452.

22. La clauſe de donation de plus valuë que les Notaires ont accoûtumé d'inſerer és Contrats d'achats, n'empêche aucunement la reſtitution par la lezion énorme, non pas même la clauſe de renonciation expreſſe à la reſtitution par lezion ; ce qui eſt préjugé par infinité d'Arrêts, & hors de doute. V. *Mainard, liv.* 3. *ch.* 60.

23. La clameur revocatoire a le même effet en la Coûtume de Normandie, que la Loy 2. *de reſcindendâ venditione*. Voyez le mot, *Clameur*, *nombre* 15. & cy-après le *nombre* 50.

24. D'un Arrêt du Parl. de Roüen du 28. Mars 1669. l'on infere que Godefroy s'eſt trompé, quand il a dit que pour juger ſi la lezion eſt ultradimidiaire, il ſuffit de conſiderer le prix reçû par le vendeur, & que les deniers payez par l'acheteur pour les Droits Seigneuriaux, ne doivent point entrer dans cette eſtimation. L'Arrêt de Buhot en 1669. a jugé le contraire ; ce qui eſt fort juſte : car pour juger ſi l'acquereur a eu trop bon marché, on doit conſiderer ce qu'il a été obligé de débourſer pour acquerir la propriété de la choſe venduë ; de ſorte que quand il eſt chargé du treiziéme, il faut luy en tenir compte, comme d'un denier qu'il a débourſé ; & il ne faut pas argumenter des Arrêts du Parlement de Paris, à cauſe de nôtre different uſage : car en cette Province le treiziéme eſt dû par le vendeur, & à Paris il doit être payé par l'acheteur. V. *Baſnage, tit. de Juriſdiction, art.* 3.

25. Pour la lezion on a égard à la valeur de la choſe au temps du Contract. Arrêt du Parlement de Dijon du 6. Juillet 1617. *Voyez Bouvot, tome* 2. verbo, *Reſciſion, queſt.* 21. & le mot, *Vente, queſt.* 71.

LEZION, ACHETEUR.

16. Si celuy qui en l'achat d'un heritage a été déçu d'outre moitié de juſte prix, en peut être relevé ? V. *cy-deſſus le n.* 10. & *Filleau*, 4. *part. queſt.* 75.

17. Si l'acquereur peut être relevé du Contract de vente, pour déception d'outre moitié de juſte prix, ſuivant la Loy 2. *Code de reſcindendâ venditione*. Voyez *Carondas, liv.* 7. Rép. 209. & *liv.* 12. Rép. 33.

18. Si la Loy 2. *Code de reſcind. vendit. porrigatur ad Emptorem*, auſſi-bien que *ad venditorem* ? Voyez la *Biblioth. de Bouchel*, verbo, *Reſciſion*. Il obſerve qu'en une conſultation M. Nicolas du Hamel dit, que l'on tenoit au Palais *etiam pro Emptore*, & qu'il l'avoit ainſi appris depuis long-temps de ces grands Perſonnages, Maîtres *Mathieu Chartier*, *de Chappes* & *Du Moulin*. Il y a eu Arrêt au Parlement de Paris le 8. Février 1562.

Hhhh

en faveur de l'acheteur. Arrêt contraire prononcé en Robes rouges le 13. Août 1591. conformément à la nouvelle opinion du docte Cujas, *li. 16. obſerv. cap. 18. & li. 13. cap. 32.*

29 Reſtitution de l'acheteur fondée ſur lezion d'outre moitié de juſte prix, n'a pas de lieu. Arrêt du 5. Mars 1583. Secùs, s'il y avoit dol perſonnel en la perſonne du vendeur, & que le dol fût prouvé. Arrêt du 8. Janvier 1592. *Carondas, liv. 7. Rép. 209.*

30 La Loy *de reſcind. vendit.* n'a lieu *in Emptore.* Arrêt du 7. Septembre 1591. Autrefois on le jugeoit différemment au Parlement de Paris. *Papon, liv. 16. titre 3. nombre 25.*

31 L'acheteur lezé d'outre moitié de juſte prix, est reſtituable, & le vendeur contraint de prendre la terre. Arrêt du Parlement de Dijon du 6. Juillet 1602. *Bouvot, tome 2. verbo, Reſciſion, queſt. 14.*

32 Un vendeur ne peut être reçû à la preuve du fait, que l'acheteur ſur la lezion d'outre moitié, auroit promis de remettre l'heritage, en rendant le prix toutefois & quantes. Arrêt du 5. Août 1608. *Ibidem, queſt. 7.*

33 L'acheteur étant lezé d'outre moitié, peut être relevé, & reſtitué en ſon entier. Arrêt du même Parlement de Dijon du mois de May 1618. *Bouvot, tome 2. verbo, Vente, queſt. 70.*

34 On donne au vendeur la reſtitution, lorſqu'il eſt lezé, plus que de moitié, & non à l'acheteur. C'eſt la Juriſprudence du Parlement de Touloufe. *Voyez Mainard, tome 1. liv. 3. chap. 58.* L'Auteur des abregez de ces Arrêts en cite un du 19. Avril 1633. au profit de l'acheteur.

35 L'acheteur ne peut oppoſer la lezion d'outre moitié de juſte prix. Ainſi jugé au Parlement de Toulouſe. *V. Albert, verbo, Mineur, art. 5.*

36 L'acquereur n'eſt point reçû à demander la reſciſion d'un Contract, pour cauſe de lezion. C'eſt la Juriſprudence certaine du Parlement de Normandie, ſuivant l'Arrêt de Ferrieres, contre le ſieur du Montier, Lieutenant General à Valogne, rapporté par *Berault. Voyez Baſnage, tit. de Juriſdiction, art. 3.*

37 *Beneficium legis 2. C. de reſcind. vendit. ad Emptorem non produci.* Arrêts du Parlement de Grenoble des 5. Novembre 1633. 3. Decembre 1635. & 19. Juin 1655. *V. Salvaing, Traité des Fiefs, ch. 78.*

38 La Loy laiſſe en la liberté de l'acquereur de remettre l'heritage, ou de ſuppléer le juſte prix; s'il choiſit le premier parti, le vendeur ne le peut contraindre à ſuppléer le juſte prix; cette option eſt en faveur de l'acquereur. Arrêt du Parlement de Roüen du 11. Mars 1660. *Baſnage, tit. de Juriſdiction, art. 3.*

39 La Loy 2. *C. de reſcind. vend.* eſt en faveur du vendeur qui ſe trouve lezé d'outre moitié de juſte prix, & non pas de l'acquereur. Jugé à la Tournelle Civile le 10. Juillet 1675. *Journal du Palais.*

LEZION, BAIL.

40 Lezion dans les baux. *Voyez cy-deſſus le n. 5.* le mot, *Bail, n. 132. & ſuiv.*

41 Lezion n'a lieu en bail emphyteotique. *Voyez* le mot, *Bail, nombre 304.*

42 *Locationes ad modicum tempus pro mobili cenſentur, ideò ceſſare debet diſpoſitio.* L. 2. *de reſcid. venditione.* Du Moulin, *tome 2. p. 167.*

43 Le remede de cette lezion n'a lieu contre Contracts d'afferme faits à temps, moindre de dix ans; comme il fut jugé par Arrêt de l'an 1562. contre Dame Loüiſe de Bretaigne, ſur l'afferme de la Place de Caſtelnau de Bretenons, où elle ſoûtenoit avoir été lezée au quadruple, & ce ſuivant la Loy, *& ideò ff. locati.* Cette Loy n'a point lieu en vente d'Office. *Loyſeau, liv. 3. ch. 2. Voyez Mainard, liv. 3. chap. 61.*

44 La Loy 2. *C. de reſcind. vend.* n'a point de lieu en bail à loyer ou à ferme. *Voyez Carondas, liv. 12. Réponſe 37.* ni en vente de droit univerſel hereditaire, ni en la conſtitution de dot. Arrêt du 24. Juillet 1578. *Le Veſt, Arrêt 232.*

LEZION, BASTIMENT.

45 Si la lezion d'outre moitié a lieu en fait d'entrepriſe de bâtiment. *Voyez cy-deſſus les nomb. 3. & 18.* & le mot, *Bâtiment, nombre 38.*

LEZION, VENTE DE BOIS.

46 On n'eſt reſtituable pour la vente de bois & grains, quoyqu'il y ait lezion d'outre moitié. Arrêt du Parlement de Dijon du mois de Novembre 1581. *Bouvot, tome 2. verbo, Vente, queſt. 28.*

47 La lezion d'outre moitié de juſte prix, a lieu en vente de la coupe d'un bois de haute futaye; il y a un Arrêt contraire du Parlement de Toulouſe du 30. Decembre 1693. mais le vendeur ne s'étoit pourvû en reſciſion que ſix mois après la date de la vente, & après que l'acheteur eut coupé la plus grande partie du bois, & employé en charbon, tranſporté pour l'execution d'un Traité fait avec le Roy. *V. les Arrêts de M. de Catellan, liv. 5. ch. 6.*

LEZION, DECRET.

48 Si l'on peut être reſtitué contre un decret, à cauſe de la lezion & vilité du prix? *Voyez* le mot, *Decret, n. 59. & ſuiv. & cy-après le n. 53. & ſuiv.*

LEZION, ECHANGE.

49 Touchant la lezion qui ſe rencontre dans un échange. *Voyez* le mot, *Echange, n. 15. & ſuiv.*

50 Jugé au Parlement de Normandie en 1573. que la clameur révocatoire, ou autrement la lezion d'outre moitié de juſte prix, n'a lieu au Contract d'échange. C'eſt l'opinion de *Du Moulin, ſur la Coût. de Paris. §. 22. tit. 1. de matiere féodale, n. 41. quia eo contractu diſcerni non poteſt uter emptor, uter venditor ſit. Bibliot. de Bouchel, verbo, Lezion.*

51 La lezion n'a point lieu dans l'échange d'heritages, parce que la commodité tient lieu de prix. Il n'en eſt pas de même des rentes conſtituées à prix d'argent: dans les Coûtumes qui en autoriſent l'échange contre un fonds ſans payer lods & ventes, l'affection ne peut point tenir lieu de prix dans un échange de cette qualité; c'eſt la Juriſprudence du Parlement de Paris. *Journal des Audiences, tome 1. livre 4. chap 34.* C'eſt un uſage auſſi fort ancien au Parlement de Roüen. Arrêt du 17. Decembre 1573. par lequel on jugea que la Clameur revocatoire n'avoit point lieu pour les Contracts d'échange. Arrêts ſemblables des 7. Decembre 1620. 18. May 1625. 4. May 1631. & 12. Février 1658.

L'on a jugé que cette action en Clameur révocatoire, n'appartenoit pas ſeulement au vendeur, mais auſſi à ſa caution. Jugé en la Chambre de l'Edit le 12. Mars 1649. par la raiſon que les Creanciers du vendeur peuvent exercer ſes actions.

Celuy qui a pris un heritage à rente, n'eſt point reçû à ſe plaindre par cette voye. Arrêt du Parlement de Roüen du 26. Avril 1667. *Baſnage, tit. de Juriſdiction, article 3.*

LEZION, ENCHERE.

52 Si ſous prétexte de lezion l'on peut être reſtitué contre une enchere? *Voyez* le mot, *Enchere, nombre 34. & ſuivans.*

LEZION, VENTE JUDICIAIRE.

Voyez cy-deſſus le nombre 48.

53 Si la lezion d'outre moitié peut être alleguée après un Arrêt de decret? Il y a des préjugez contraires, rapportez par *Philippi, art. 43.*

54 Celuy qui a vendu quelque heritage pour certain prix à la charge du decret, ne peut être relevé de la vente pour cauſe de deception d'outre moitié de juſte prix, à cauſe que l'heritage avoit été plus vendu par le decret, la lezion ne ſe conſidere qu'en vente volontaire. Arrêt du 17. Mars 1584. *Carondas, liv. 3. Rép. 2.*

55 Le mineur ou majeur ne peut être reſtitué contre une vente faite publiquement ſous prétexte de lezion d'outre moitié du juſte prix. Arrêt du Parlement de Dijon du 22 Septembre 1600. *Bouvot, tome 2. verbo, Criées, queſt. 42.*

LEZ   LEZ 611

56 Recours sur la lézion enormissime reçû contre une vente judiciaire, par Arrêt du Parlement de Grenoble du 17. Juin 1619. On considera la pauvreté & necessité du debiteur qui demeuroit dans la montagne la plus reculée de la Province. *Basset*, tome 2. liv. 6. tit. 6. chapitre 5.

57 Arrêt du Parlement de Dijon du 11. Août 1668. qui a restitué l'acheteur aux encheres publiques pour lezion d'outre moitié de juste prix. Cela fut ainsi jugé à Dijon, à cause que l'affaire y avoit été évoquée du Parlement de Provence où l'usage est tel. *Boniface*, tome 1. liv. 4. tit. 2. chap. 2.

LEZION, VENTE DE MEUBLES.

58 La Loy *de rescind. vend.* n'a lieu en ventes de choses mobiliaires, en permutation, ni en vente de successions. Ainsi jugé. *Papon*, liv. 16. tit. 13. nomb. 15. Voyez cy-après le nombre 69.

59 En vente de meubles & fruits, le remede de lezion d'outre moitié de juste prix n'a lieu. Voyez *Mainard*, liv. 7. chap. 106.

60 En 1589. un Gentilhomme mineur achette deux Chevaux 1000. écus pour aller à la guerre; il passe obligation; après les troubles il decede, ses heritiers collateraux poursuivis obtiennent Lettres tant pour faire casser l'obligation à cause de la minorité, qu'en tous cas faire moderer la somme à 400. écus qu'ils offrent. Par Arrêt donné en la Chambre de l'Edit le 21. Juin 1603. ils furent déboutez & condamnez à tous les dépens, & sic, la question generale est jugée tant pour la minorité que pour le prétendu excés du prix. *Bibliotheque de Bouchel*, verbo, *Macedonian*.

61 Lorsqu'un vendeur prétend rentrer dans l'heritage par luy vendu pour cause de lezion, elle doit être d'outre moitié. Arrêt du Parlement de Roüen du 28. Mars 1669. qui a debouté un vendeur d'une pareille demande, parce qu'il s'en falloit 4. livres que la lezion fût d'outre moitié, les lods & ventes & pot de vin compris. *Lex dura scripta tamen*. Voyez *Basnage*, tit. *de Jurisdiction*, art. 3. où il dit, on infere de cet Arrêt que Godefroy s'est trompé quand il a dit que pour juger si la lezion étoit ultradimidiaire, il suffit de considerer le prix reçû par le Vendeur, & que les deniers payez par l'acheteur pour les droits Seigneuriaux n'y doivent point entrer dans cette estimation. L'Arrêt de Buhot a jugé le contraire, ce qui est fort juste; car pour juger si l'Acquereur a eu trop bon marché, on doit considerer ce qu'il a été obligé de débourser pour acquerir la proprieté de la chose vendüe; desorte que quand il est chargé du treiziéme, il faut luy en tenir compte, comme d'un denier qu'il a débourse, & il ne faut pas argumenter des Arrêts du Parlement de Paris, à cause de nôtre different usage; car en cette province le treiziéme est dû par le Vendeur, & à Paris les Droits Seigneuriaux sont dûs par l'Acheteur.

LEZION, VENTE D'OFFICES.

62 Lezion d'outre moitié de juste prix n'a point lieu en vente d'Office. Arrêt en la Grand-Chambre le 21. Août 1610. entre le curateur de Loüis Anceau & Mathurin Sauvageau, par lequel on pretend le contraire avoit été jugé en consequence d'un autre Arrêt du 23. Février 1596. touchant l'Office d'Avocat du Roy à Clermont, rapporté par *Carondas*, en ses observations du Droit François: mais après avoir vû ces Arrêts *Loyseau* estime qu'ils sont plûtôt fondez sur le dol ou sur la minorité de ceux à qui les Offices appartenoient que sur la lezion d'outre moitié de juste prix. V. *Loiseau* & la *Bibliot. de Bouchel*, verbo, *Lezion*.

63 Jugé au Parlement de Paris le 21. Août 1610. que la loy 2. C. *de rescind. vendit.* a lieu en vente d'office, il s'agissoit d'un état d'Elû. *Bibliot. de Bouchel*, verbo, *Rescision*.

64 L'Acheteur d'un Office n'est restituable sur le fondement de lezion d'outre moitié de juste prix. Arrêt du Parlement de Provence du 18. Février 1670. la vente étoit de la moitié d'un Office de Notaire & Greffier

de la Judicature Royale. L'Acheteur avoit joüi long-temps comme proprietaire de l'autre moitié, ainsi ayant connu & sçû la portée des émolumens, il ne pouvoit pas dire qu'il eût été surpris en l'achat de la seconde moitié; de plus on ajoûtoit que l'Office devoit être consideré comme une chose précieuse, dont le prix augmentoit par l'affection. *Boniface*, tome 4. liv. 8. tit. 2. chap. 7.

LEZION, PARTAGE.

65 Quelle deception est requise, pour rescision de partage? Voyez *Coquille*, tome 2. quest. 157. où il observe avoir été jugé par les Arrêts que pour la rescision ou la reformation du partage, il suffit qu'il y ait notable lezion sans venir à la portion d'outre moitié; il en rapporte de 1483. 1524. & 1547.

66 Lezion du quart au tout, en matiere de partage, *ut hæreditatis divisio reformetur*. Mornac, l. 3. Cod. communia utriusque judicii, &c.

67 Jugé au Parlement de Toulouse le 10. Mars 1659. que l'aîné faiseur des lots, pouvoit revenir contre la division, s'il s'en trouvoit lezé d'une lezion suffisante; l'aîné & faiseur de lots il a pû se tromper, & se tromper de bonne foy; car que gagneroit-il à la mauvaise foy dans l'inegalité des portions? il suffit qu'il se soit trompé, quoyqu'il n'ait pas à se plaindre de son frere, parce que le dol réel, ou la lezion effective suffit en pareille rencontre. Voyez *M. de Catellan*, liv. 5 chapitre 72.

68 *Henrys*, tome 2. liv. 4. quest. 59. examine quelle lezion est requise pour être restituée contre un partage fait entre majeurs? Il refute l'opinion de la Glose & des Auteurs qui tiennent qu'il faut une lezion d'outre moitié; il établit que la moindre lezion est suffisante; laquelle pourtant il dit devoir être du tiers au quart, parce qu'autrement la chose ne vaudroit pas la peine de faire les frais d'un nouveau partage.

LEZION, VENTE DE SUCCESSION.

Voyez cy-dessus le nombre 58.

69 Celuy qui a vendu une succession, ou son droit, ne peut s'en faire relever, quand même il se trouveroit qu'elle valût six fois plus que le prix de la vente. Arrêts des 19. Mars 1550. 23. Decembre 1572. Autre Arrêt prononcé à Pâques 1580. *Papon*, liv. 16. tit. 3. nomb. 18. Voyez *Carondas*, liv.3. ch. 18. & *Mainard*, liv. 3. de ses quest. chap. 63.

70 Jugé le 23. Decembre 1575. que la lezion d'outre moitié ne peut être proposée en vente d'heredité. *Le Vest*, Arrêt 143.

71 Par Arrêt du 14. Juillet 1578. jugé que la loy 2. C. *de rescind. vendit.* n'a lieu en vente d'un droit universel hereditaire ni en constitution de dot. *Le Vest*.

72 La loy 2. C. *de rescindendâ venditione* n'a point de lieu en vente de succession ou droits successifs, encore que le vendeur allegue que les forces de la succession luy étoient inconnuës. Arrêt du 23. Mars 1580. *Chenu*, 1. Cent. quest. 76. Voyez *M. Loüet*, lettre H. somm. 7: Voyez *Mornac*, ff. de hereditate vel actione venditâ. V. le *Vest*, Arrêt 143. & 161.

73 Jugé le 11. Decembre 1654. qu'en vente de droits successifs échûs, la lezion d'outre moitié de juste prix n'est d'aucune consideration pour donner lieu à la rescision du Contract. *Soefve*, tome 1. Cent. 4. chap. 73.

Voyez le mot, *Succession*, §. *Succession, vente*.

LEZION, SUPPLEMENT.

74 L'office de l'acheteur de suppléer la moitié du prix est insuffisante, il faut le supplément entier. Voyez *Mainard*, livre 3. chap. 64.

75 Le Seigneur qui veut user du droit de prélation ne peut offrir le supplément du juste prix au vendeur qui demande la rescision du contract de vente par la loy 2. C. *de rescind. vend.* Arrêt du Parlement de Grenoble du mois de Février 1540. il en seroit autrement si le Seigneur ayant executé le droit de prélation étoit en la possession de la chose vendüe. Voyez *Salvaing*, de l'usage des Fiefs, chap. 17.

Hhhh ij

76 Lorsqu'un vendeur se veut faire restituer contre une vente où il a été lezé plus que de moitié, on permet à l'acheteur de donner le surplus. Arrêt du Parlement de Toulouse du 11. Decembre 1595. Mainard, tome 1. livre 3. chap. 59.

77 En la loy 2. C. de rescindendâ venditione les interêts ne sont dûs que du jour de la publication des Enquêtes, & non du jour du contract pour le supplément du prix. Arrêt du Parl. de Grenoble du 21. Mars 1605. M. Expilly, Arrêts 130. & 137.

LIBELLE.

Libelle diffamatoire. *Libellus famosus.*
Sous ce nom sont compris les Satires, Chansons, Couplets, Vaudevilles, Placards, Affiches, Gravûres, Peintures, & autres choses qui peuvent diffamer quelqu'un.

De famosis libellis. C. 9. 36... C. Th. 9. 34...
De injuriis & famosis libellis. D. 47. 10... Lex 12. tabb. t. 25... Paul. 3. 4. §. 13. & seqq.
De poenâ libelli famosi. Dec. Gr. 5. q. 1.
De libellis, per Odof. & per Bern. Provincialem.

1 Des libelles diffamatoires. *Voyez Despeisses, tome 2. des Crimes & Causes Criminelles*, part. 1. tit. 12. sect. 2. art. 12. & le titre 13. du Reglement pour la Communauté des Imprimeurs & Libraires, fait en l'année 1686. & cy-devant le mot, *Imprimeurs*, nomb. 11. & 12. & le titre *Injure*.

2 *De famoso libello, vel agnoscendo, vel abnegando, non universos, sed singulos, esse rogandos.* Vide Luc, lib. 11. tit. 3. cap. 3.

3 *Libelli famosi poena quae?* Voyez Franc. Marc, tome 2. quest. 935.

4 Si au nom de quelques habitans & sujets, placards diffamatoires ont été publiez contre le Seigneur qui poursuit aprés l'aveu ou desaveu, ce n'est pas assez qu'on en general l'on fasse cet aveu, il faut que singulierement tous en répondent jusqu'à trouver les Auteurs qui sont punis, & non pas le corps des habitans. Arrêt du Parlement de Paris du 14. Juin 1548. *Bibliotheque de Bouchel*, verbo, *Injures*.

5 Sentence du Châtelet de Paris du 27. Janvier 1616. portant suppression du libelle diffamatoire intitulé, *Avis & notes donnez sur quelques Plaidoyez de M. Louis Servin, Avocat du Roy, publiez en France au préjudice de la Religion Catholique, de l'honneur du Roy Tres-Chrêtien, & de la paix de son Royaume*, par Louis Richeome Provençal, Religieux de la Compagnie de Jesus, imprimés à Agen chez George de la Marine, Imprimeur & Libraire en 1515. comme étant ledit libelle *de Richeome pernicieux & plein d'impostures & calomnies.* Voyez la Bibliotheque de Bouchel, verbo, *Libelle*.

6 Arrêt du Parlement de Toulouse du 23. Decembre 1572. qui défend sur peine de confiscation de biens, & d'être sévérement punis, à toutes personnes d'user de pasquils & placards diffamatoires, & permet au Procureur General faire publier Monitoire là-dessus jusqu'à revelation inclusivement. *La Rochestavin*, liv. 2. tit. 4. Arrêt 3.

7 Ceux de la Religion Prétenduë Reformée ne peuvent faire aucuns libelles diffamatoires contre l'Eglise; le faisant ils doivent être châtiez. Voyez les *Decisions Catholiques de Filleau*, Décision 29.

8 Arrêt du Parlement de Paris du 3. Avril 1680. contre un libelle intitulé, *Traité de la Regale.* Boniface, tome 3. liv. 6. tit. 1. chap. 4.

9 De la punition duë aux Auteurs des libelles diffamatoires. V. la *Bibliotheque Canon.* tome 1. page 762.

10 Livres censurez & brûlez. *Voyez hoc verbo*, *La Bibliotheque du Droit François* par Bouchel.

LIBERE'.

De l'effet de la clause *liberé & licite* exprimée dans les Indults. *Voyez* cy-devant *le titre de l'Indult*, nombre 76. bis.

Rebuffe, *sur le Concordat* au titre *de Collationibus.* §. *Praefatique ordinarii* donne plusieurs explications au mot *Liberé.*

LIBERATION.

Solutio. Liberatio.
Liberation signifie payement. L. 47. D. *de verb. sign.*
De solutionibus, & liberationibus. D. 46. 3... C. 8. 43.
De solutionibus & liberationibus debitorum civitatum. C. 11. 39.. Les quittances passées aux débiteurs des Communautez, doivent être signées par les Administrateurs.
De liberatione legatâ. D 34. 3... inst. 2. 20. §. si quis, 13.
De Acceptilatione. D. 46. 4... C. 8. 44... Inst. 3. 30. §. 1. 2.
Voyez les mots, *Payement*, & *Quittance.*

LIBERTE'.

Liberté. Libre. *Libertas, Liber, Ingenuus.*
Par le mot de Libre, on peut entendre, celuy qui n'est pas Esclave, *Liber*; ou celuy qui n'est pas en prison, *Solutus.* L. 48. D. *de verb. sign.*
Ce mot, Libre, *Liber*, signifie en général, tous ceux qui ne sont pas Esclaves, soit qu'ils ayent toûjours eu la liberté, soit qu'ils ayent été affranchis.
Ingenuus, signifie particulierement une personne née libre, & qui n'a jamais été affranchie. Ainsi, *Libertas* est opposée à *Servitus*; comme *ingenuitas* est opposée à *Manumissio.*
Faveur de la liberté. L. 20. L. 106. L. 122 L. 176. §. 1. L. 179. D. *de reg. jur.*
De ingenuis. Inst. 1. 4.
De homine Libero exhibendo. D. 43. 29. Contre ceux qui, par dol, retiennent un homme libre, & refusent de le representer.
De liberis exhibendis, seu deducendis; & de libero homine exhibendo. C. 8. 8. Contre ceux qui retiennent les enfans d'autruy.
De longi temporis praescriptione, quae pro libertate, & non adversus libertatem opponitur. C. 7. 22.
Ne de statu defunctorum post quinquennium quaeratur. C. 7. 21. D. 40. 15. Aprés cinq ans l'état du défunt ne peut être recherché, touchant la liberté.
De ingenuis qui, tempore Tiranni servierunt. C. Th. 5. 6.
Quarum rerum actio non detur. D. 44. 5. Ce titre propose plusieurs exceptions contre une demande faite en Justice: entre autres l'exception par laquelle le Défendeur soûtient que la chose demandée a été promise contre la faveur de la liberté.
Qui non possunt ad libertatem pervenire. C. 7. 12... D. 40. 13... C. 7. 18.
Pro quibus causis servi accipiunt libertatem. C. 7. 13.
De Ingenuis manumissis. C. 7. 14.
Si Ingenuus esse dicetur. D. 40. 14.
De liberali causâ. D. 40. 12... C. 7. 16... C. Th. 4. 8... Paul. 5. 1. *Liberalis causa* signifie, question d'Etat, touchant la Liberté ou l'Esclavage, l'Ingenuité, ou l'Affranchissement.
De adsertione tollendâ. C. 7. 17. Ce titre parle du ministere de celuy qui étoit nommé Procureur à une personne dont la liberté ou l'état étoient contestez. Ce Procureur s'appelloit *Adsertor*, ou *Vindex, quia asserebat, vel vindicabat libertatem.*
De peculio ejus qui libertatem meruit. C. 7. 23.
Abrogatio legis quae hominem liberum se vendere permittit. Leon. N. 59.
Ut natus ex Adscriptitio & liberâ, sit liber. N. 54. c. 1... Const. Justini unicâ... Const. Th. unicâ.
V. *Affranchi. Esclave. Etat des personnes.* Patron. Serf.

LIBERTEZ DE L'EGLISE GALLICANE.

Franciscus de Plateâ, *de Libertate Ecclesiasticâ.*
Joannes Lupus, *de libertate Ecclesiasticâ.*

Petrus Bertrandus, Cardinalis *pro libertate Ecclesiastica*.

1. Libertez de l'Eglise Gallicane. *Voyez cy-dessus le mot Eglise, nomb.* 24. *& suiv.* 30, *& suiv.* & sous ce titre, *Libertez* La *Bibliotheque du Droit François par Bouchel, tome* 2.

3. *Bouchel en sa Bibliotheque du Droit François, lett.* J. verbo, *Jurisdiction* 1, a inseré un extrait du Traité des Libertez de l'Eglise Gallicane, par M. Antoine *Hotman*, Avocat.

4. *Voyez* le Traité des Libertez de l'Eglise de France, & des droits & autoritez que la Couronne de France a és affaires de l'Eglise dudit Royaume par bonne & sainte union avec ladite Eglise. *Voyez Coquille*, *tome* 1. *page* 75. *& suiv. & page* 255. où il dit que telles Libertez ne sont privileges écrits, mais consistent en l'observation de plusieurs anciens Decrets de l'Eglise universelle, ausquels les Papes depuis 3. ou 400. ans ont voulu déroger de leur seule autorité sans Concile.

5. *Voyez* ce que M. Jean du Tillet à la fin de son *Recueil des Rois de France*, a écrit sur les libertez de l'Eglise Gallicane.

6. Eglise Gallicane & ses libertez, devant & sous la premiere & seconde lignée des Rois de France. *Bibliotheque Canon. tome* 1. *page* 543. *& suiv.*

7. Libertez de l'Eglise Gallicane. *Voyez la Bibliotheq. Canon. tome* 2. *page* 17. *& suiv.*

8. Du Pallium que le Pape Gregoire Premier envoya à quelques Prélats de France, & que l'ambition d'un côté & l'affliction des Prélats d'un autre, penserent intervertir sous la premiere lignée de nos Rois, la liberté de nôtre Eglise Gallicane. *Bibliotheque Canon. tome* 1. *page* 547.

9. Ce que nos Peres, dit, M. *Pierre Pithou*, Avocat en Parlement au commencement *de son Recueil des Libertez*, ont appellé Libertez de l'Eglise Gallicane, & dont ils ont été si fort jaloux, ne sont point passedroits ou privileges exorbitans; mais plûtôt franchises naturelles & ingenuitez ou droits communs, *quibus*, comme parlent les Prélats du grand Concile d'Afrique, écrivans sur pareil sujet au Pape Celestin, *nullâ patrum definitione derogatum est Ecclesia Gallicana*, esquels nos ancêtres se sont constamment maintenus; & desquels partant n'est besoin de montrer autre titre que la retenuë & naturelle joüissance.

10. La plus ancienne des Ordonnances faites par le Roi de France pour maintenir les libertez de l'Eglise Gallicane est la Pragmatique Sanction de saint Loüis en 1268. elle contient peu de choses, & tend à conserver la liberté des Elections aux Evêchez & autres Prélatures, suivant les anciens Canons; à maintenir le droit des Ordinaires pour la Collation des Benefices, & pour la Jurisdiction & le droit des Patronages; elle défend aussi de faire des levées de deniers pour la Cour de Rome, comme il étoit fort ordinaire, sinon en cas de pressante necessité & du consentement du Roy.

La seconde de ces Ordonnances est la fameuse Pragmatique de Charles VII. faite dans une Assemblée de l'Eglise Gallicane tenuë à Bourges en presence du Roy & des Princes, en 1437.

Suit le Concordat fait en 1516. entre le Pape Leon X. & le Roy François Premier; ce Traité abolit le nom de Pragmatique, & les articles qu'elle contenoit les plus odieux aux Papes, & confirme les autres sous le titre de Concordat. Le Parlement de Paris ne l'enregistra qu'avec une extrême repugnance, & il resolu de ne le point observer; en effet l'Evêché d'Alby ayant vaqué quelque temps aprés, le Parlement prefera celuy qui étoit éleu par le Chapitre, à celuy qui avoit été nommé par le Roy; ce qui fut cause que le Roy attribua au Grand Conseil la connoissance des Benefices qui sont à sa nomination ou à sa collation. Neanmoins dans la suite ce Concordat n'a pas laissé d'être executé. Depuis ce temps-là fut tenu le Concile de Trente; sa doctrine a été reçuë avec respect par l'Eglise de France; comme venant d'un Concile œcumenique; mais pour les Decrets qui ne sont que discipline, on prétendit qu'il y avoit quelques points qui ne s'accordoient point avec nos libertez. C'est pour cette raison qu'on ne voulut pas les autoriser ouvertement; car dans l'Ordonnance des Etats d'Orleans & sur tout dans celle de Blois, qui fut faite aprés le Concile achevé, on a transcrit plusieurs articles considerables de la discipline du Concile, ensorte que la plus grande partie s'execute.

Il y a encore quelques Ordonnances qui nous servent de regles en ces matieres; comme l'Edit de 1553. contre les petites dates; l'Edit de Moulins fait en 1580. sur les plaintes de l'Etat Ecclesiastique; celuy de 1606. celuy du Controlle en 1639. & les Declarations qui l'ont suivi, mais ces derniers ne regardent les matieres beneficiales & particulierement les expeditions de Cour de Rome. *Charles Bonnel, Institution au droit Ecclesiastique de France*, chap. 3.

11. L'an 1418. au mois de Mars *de consilio Prælatorum, & aliarum gentium Ecclesiasticarum regni propter hoc congregatorum*, fut fait une Ordonnance pour entretenir l'Eglise de France & Dauphiné en ses prerogatives, libertez & franchises, laquelle étoit conforme à l'Ordonnance de saint Loüis, faite l'an 1248. & certaines Ordonnances faites l'an 1407. & certains Arrêts prononcez le 11. Septembre de la même année 1407. & le 15. May 1408. Et par cette Ordonnance il fut dit que toutes reservations, & graces expectatives & toutes exactions de Cour de Rome cesseroient. Comme des personnes de consideration vouloient faire revoquer cette Ordonnance par Lettres de Chancellerie, le Procureur General du Roy s'opposa formellement en Parlement à ce qu'aucunes Lettres revocatoires ne fussent faites ni baillées sans qu'il fût oüi; & fut ladite Ordonnance enregistrée au Livre du Conseil du Parlement sans qu'il fût oüi le 15. Février: & sur ce que nonobstant ladite opposition, quelques grands Seigneurs (qu'on croit être le Duc de Bourgogne) firent publier lesdites Lettres, le Parlement declara cette publication n'avoit été faite de son ordonnance, déliberation & consentement, comme il paroît par ladite Sentence enregistrée audit Livre du Conseil, le 30. Mars audit an. *Bibliot. Canon. tome* 2. *page* 522.

12. Le 24. Avril 1424. fut declaré par Arrêt que les loix publiées pour la liberté de l'Eglise Gallicane seroient gardées, & que les procés qui en procederoient seroient jugez par la Cour; & en effet le 29. Mars 1582. la Cour decreta ajournement personnel contre le Nonce du Pape, entreprenant sur l'érection d'un Gardien des Cordeliers. *Papon*, liv. 1. tit. 5. nomb. 30.

12 bis. Remontrances faites au Roy Loüis XI. par sa Cour de Parlement sur les Privileges & Libertez de l'Eglise Gallicane. *Bibliot. Canon. tome* 2. *page* 256. *& suiv.*

13. Arrêt du Parlement d'Aix du 21. Avril 1627. contre Frere Chiouffe Religieux Augustin qui avoit proposé en des Theses des articles scandaleux contre les Libertez de l'Eglise Gallicane, & contre l'indépendance de la Couronne. La Cour a ordonné & ordonne que dans le parquet de l'Audience pardevant les Commissaires qui seront deputez, & le Procureur General du Roi, ledit Chiouffe assisté du Prieur, declarera que mal, inconsiderément, & indiscretement, il a fait & dressé lesdites Theses, qu'il en demande pardon à Dieu, au Roy & aux Archevêques & Evêques de cette Province, & en sa presence lesdites Theses contenant lesdites propositions seront biffées & rayées par le Greffier ou son Commis, enjoint audit Chiouffe & autres qui se trouveront saisis des autres exemplaires desdites Theses de les remettre pardevers le Greffe de ladite Cour, & au Provincial dudit Ordre de donner obedience audit Chiouffe pour six mois à tel autre Convent que bon luy semblera, a fait & fait défenses, inhibitions audit Chiouffe & tous autres, de mettre en dispute pareille

proposition & maxime, & de ne dresser aucune These de Theologie sans l'approbation des Prélats ordinaires ou leurs Vicaires Generaux dans leurs Dioceses, & les Theses des autres Facultez sans permission des Magistrats, & à tous Imprimeurs de les mettre sous la presse sans la même permission, à peine de punition exemplaire. Fait au Parlement de Provence séant à Aix le 22. Avril 1627. *Voyez* le 1. tome des Preuves des Libertez, chap. 7. nomb. 68.

LIBERTEZ DE GRENOBLE.

14 *Voyez* M. Expilly, Arrêt 3.

LIBERTEZ DES HERITAGES.

15 *Præsumitur semper pro libertate prædiorum nisi proferatur titulus.* Mornac, l. 23. ff. *de servitutibus urban.præd. Voyez* le mot *Servitudes*.

LIBRAIRES.

1 *Voyez* le mot, *Imprimeurs*. Ne pourront imprimer ou vendre aucuns Livres traduits du Vieil ou Nouveau Testament sans visitation & certification de la Faculté de Theologie, laquelle visitation se fera deux ou trois fois l'an. Henry II. 1551. art. 10. 12. 14. 15. 16. Arrêt du 1. Juillet 1542. *Bibliot. de Bouchel*, verbo, *Libraires*.

2 Par Arrêt du 8. Août après midy à huis clos, entre les Libraires de l'Université, & N. Douceur Libraire demeurant sur le Pont S. Michel, ordonné que ledit Douceur ira demeurer en l'Université ; défenses aux Libraires d'acheter aucuns Livres dont ils auront fait les inventaires & prisées. *Ibid.* verbo, *Habitation*.

3 Le Privilege des Libraires Jurez de l'Université de Paris fut confirmé par Arrêt du 3. May 1564. touchant l'exemption des droits de forains & hauts passages. Et le 8. Février 1578. Arrêt qui fait défenses à tous Forains d'exposer ni vendre Livres à autres qu'aux Marchands Libraires de Paris. Papon, liv. 5. tit. 14. n. 1.

4 *Voyez* le 4. Plaidoyé de M. Marion in oct. sur sujet de l'immunité des Livres, pour l'Université de Paris contre le Fermier General des cinq grandes Fermes unies. Arrêt du Conseil d'Etat du 2. Septembre 1587. qui les declare exempts de tous droits d'entrée, issuë, &c.

5 Les Merciers & Col-porteurs peuvent exposer leurs marchandises sans distinction de jours, dans les Villes non Jurées. Par Arrêt du Parlement de Bretagne du 4. Août 1618. ce qui a lieu à l'égard des Libraires. *V. Frain, page* 233.

6 Il y a un Edit du Roy pour le Reglement des Imprimeurs & Libraires de Paris, registré en Parlement le 21. Août 1686. avec les autoritez des anciennes Ordonnances, Statuts, Arrêts & Reglemens, imprimez chez Denis Thierry en 1687. V. ce Recüeil.

7 Les Libraires ne sont sujets pour les Livres aux mêmes droits que les autres Marchands payent au Roy pour le transport de leurs Marchandises, ils en sont exempts par la qualité de leur état par Privilege special. Arrêt du Conseil d'Etat du Roy du 15. Decembre 1694. au tome 2. du *Journal du Palais* in folio, p. 881.

8 Arrêt du Conseil d'Etat du Roy du 18. Août 1699. qui ordonne que l'Arrêt du 15. Decembre 1694. sera executé & conformément à icelui, sa Majesté a maintenu & confirmé les Imprimeurs & Libraires de Paris & de Lyon dans l'exemption de droits d'octrois de la Riviere de Saône, pour les marchandises de Librairie qu'ils y feront conduire, & fait défenses à M. Claude Mielle, Fermier des droits d'octrois, d'en exiger aucuns à l'avenir, sous quelque prétexte que ce soit, à peine de confiscation & de cinq cens livres d'amende. *Ibidem. page* 920.

LICITATION.

1 DE la licitation des biens qui ne peuvent être partagez, elle se peut faire publiquement, si un des heritiers se rend adjudicataire, les autres ne pourront y avoir part offrant leur part du prix. *Voyez* le 3. tome des Loix Civiles, liv. 1. tit. 4. sect. 1. nomb. 10.

2 Partage entre proprietaires. *Voyez* le mot *Partage*, nombre 9.

3 *Licitatio in rerum Fiscalium locatione. locum habet.* V. Franc. Marc, tome 1. quest. 565.

4 Arrêt par lequel il fut dit que les maisons communes seront, ou celles d'icelles que les parties voudront prendre pour la prisée, ajugées à celle d'elles qui offrira ladite prisée, sur laquelle l'autre des parties ou l'un de leurs autres coheritiers pourroit rencherir & qu'où ne seroit offert le prix de la prisée à la licitation, seront reçus tous *etiam* étrangers & non coheritiers. *Voyez* les œuvres de M. Charles du Moulin, derniere édition, tome 2. page 689.

5 Celuy qui a plus grande part en une maison & laquelle *alioqui* luy est commode, si celuy qui a quelque part la veut mettre hors des mains de l'autre, *audiendus non est*. Arrêt pour Bourlon Drapier étant en communauté pour sa maison avec coheritiers ou autres qui y avoient part, sçavoir un dixiéme. *Bibliotheque de Bouchel*, verbo, *Licitation*.

6 * Licitation de biens de mineurs peut être recommencée quoy qu'il n'y ait aucune nullité, mais s'il se trouve simplement un encherisseur au dessus. Arrêt du Parlement du 12. May 1564. Autre Arrêt du 13. Septembre 1443. qui resout celle faite entre un Tuteur & son Pupile, & avant faire droit sur la restitution des fruits prétendus par le mineur, permet d'informer de la fraude. Papon, liv. 18. tit. 6. nomb. 27.

7 Par Arrêt du 6. May 1515. il fut dit que les maisons communes entre les parties qui ne se peuvent commodément partir & qu'il convient liciter, seront ou celles que les parties voudront prendre pour prisée, ajugées à celuy qui offrira la prisée sur laquelle l'autre des parties de l'un de leurs autres coheritiers pourroient rencherir, & qu'où ne seroit par l'une des parties ou leurs coheritiers offert le prix de l'estimation, tous *etiam* étrangers & non coheritiers seront reçus à la licitation. *La Bibliotheque de Bouchel*, verbo, *Licitation*.

8 Le Prévôt de Paris avoit ordonné qu'une maison seroit licitée nonobstant le doüaire que prétendoit la veuve en la moitié, & que les heritiers entre lesquels la licitation étoit ordonnée seront tenus d'entretenir l'obligation du doüaire. Le 26. Septembre 1542. (il y eut cette année continuation du Parlement.) Arrêt qui prononce mal jugé, il fut dit que le loüage de la maison demeureroit licité afin que la veuve pût y demeurer, en payant le loyer de l'autre moitié. *Ibidem*, verbo, *Criées*.

9 Maison qu'on ne peut diviser, l'on en doit liciter les loyers. Arrêt du 11. Decembre 1554. *Le Vest, Arrêt* 215.

10 Une maison non divisée & commune entre deux particuliers. Sentence qui ordonne qu'elle sera loüée, la Sentence n'est point executée ; celuy qui étoit detempteur declare à l'autre qu'il n'entend occuper que sa part, & qu'il joüit de la sienne comme bon luy sembleroit ; ensuite il est ordonné que la maison sera partagée & non licitée, moitié des loyers sont demandez. Jugé que le detempteur ne payeroit les loyers de la maison commune & par luy occupée, que jusqu'au jour de la declaration ; Arrêt rendu le 29. Juillet 1595. *Carondas*, liv. 9. Rép. 27. qui ne peut être du sentiment de l'Arrêt. *Voyez* le même Carondas, liv. 3. Rép. 7. où il y a Arrêt du 14. Juillet 1582. lequel a condamné celuy qui occupoit la maison à payer les loyers.

11 L'Appellant veut une maison, l'Acquereur en joüit sept ou huit ans après lesquels paroit un legataire qui dit que la sixiéme partie de cette maison luy a été leguée, il fait appeller le detempteur pardevant le Prévôt d'Angoulême afin de se desister, le detempteur somme le vendeur ; celuy-cy pour mettre le legataire hors d'interet offre de convenir de gens pour estimer le prix de la sixiéme partie au legataire. Au contraire le legataire dit qu'il ne veut point du prix, demande que

la maison soit licitée. Le demandeur replique qu'il n'est pas raisonnable que pour une aussi petite partie qu'a le legataire, la maison soit licitée. Le Prévôt ordonne la licitation. Appel par le vendeur, pardevant le Sénéchal, lequel par sa Sentence dit mal jugé, & qu'en émendant la maison sera estimée & le legataire se contentera du prix de la sixième ; appel par le Legataire. Arrêt du P. de Paris du 12. Décembre 1595. mal jugé par le Sénéchal, en émendant que la Sentence du Prévôt sortira son effet. *Bibliotheque de Bouchel*, verbo, *Licitation*.

11. Celuy qui a deux tiers dans une maison peut contraindre l'autre qui n'a qu'un tiers à en venir à une licitation & à se contenter du prix de sa part. Arrêt du Parlement de Dijon du 28. Février 1603. *Bouvot*, tome 2. verbo, *Licitation*, quest. 1.

12. M. de Bragelonne Conseiller au Parlement avoit acheté une portion de maison appartenante à des mineurs ; l'avis des parens & l'autorité de la Justice avoient été interposez. Lors du partage il se trouva une petite difficulté ; M. de Bragelonne avoit besoin de deux pieds de place dont le voisin pouvoit l'accommoder sans s'incommoder luy même ; il ne le voulut ; mais il y fut condamné par Sentence des Requêtes du Palais, & les deux pieds de place estimez 200. écus. M. de Bragelonne les offre ; appel de la part du voisin, qui soûtient ne pouvoir être contraint à vendre. Arrêt du Parlement de Paris du 7. Décembre 1606. qui juge que la maison seroit partagée s'il se pouvoit commodement faire, sinon licitée & vendue toute entiere au plus offrant & dernier enchérisseur. *Plaidoyers de Corbin*, chapitre 71.

14. Licitation faite entre coproprietaires ou coheritiers, bien que de diverse ligne, l'action en retrait lignager n'a pas lieu. *Explication de l'art 154. de la Coûtume de Paris*, Arrêt du 3. Mars 1650. *Du Frêne*, liv. 5. chap. 57.

15. Jugé le 3. Mars 1650. qu'en cas de licitation faite entre coproprietaires ou coheritiers bien que de diverse ligne, l'action en retrait lignager n'a point de lieu, lorsque l'un des coproprietaires ou coheritiers se rend adjudicataire du total. *Soëfve*, tome 1. Cent. 3. ch. 16.

16. Dans la licitation entre plusieurs coheritiers, il n'y a de propre que la part de l'heritier seulement, quoique tout le prix ait été payé aux autres coheritiers pour les égaler. Arrêt du 23. Juin 1660. *De la Guessiere*, tome 2. livre 3. chap. 27.

17. Sentence du Châtelet par laquelle Jeanne Bulemer petite fille de Marguerin Richœur & Marie Renaut sa femme, est condamnée à payer les lods & ventes d'une maison licitée provenant de la succession de ses ayeuls ; avec la veuve de François Richœur fils dudit Marguerin ; Appel ; Arrêt du 28. Août 1666. en la quatriéme des Enquêtes, qui confirme la Sentence au profit du Doyen, Chanoines & Chapitre de saint Marcel. *V. le Dictionnaire de la Ville*, nomb. 4254.

18. Dans un partage provisionnel fait entre des mineurs des successions d'ayeul & ayeule communs, étant échûe une maison par indivis à deux branches d'entre eux, il n'est pas loisible à ceux d'une branche de demander la licitation du fonds de la maison commune, n'y ayant point de créanciers à payer ; mais il suffit de la licitation des loyers de cette maison. Arrêt du Parlement de Paris du 19. Juillet 1683. *Journal des Audiences*, tome 5. liv. 1. chap. 4.

LICITATION, LODS ET VENTES.

19. Si les lods & ventes sont dûs pour licitation ? *Voyez* le mot *Lods & ventes*, nomb. 246. *& suiv*.
Declaration faite entre coheritiers sans fraude, l'un d'iceux demeurant adjudicataire, ne sont dûs droits de lods & ventes ni autres Droits seigneuriaux, bien que les étrangers eussent été admis à encherir. Arrêt du 3. Mars 1587. *M. Loüet, lettre L. somm.* 9.

20. Le créancier du Proprietaire ayant la plus grande partie en une maison en peut demander la licitation, aussi-bien que le proprietaire de la moindre partie. Jugé le 4. Mars 1605. *Peleus*, quest. 117.

21. *In licitatione factâ inter socios* de deux maisons qui ne pouvoient se partir entre ceux de deux communautez, à cause de l'art. 80. de la Coûtume de Paris, qui ne parle que *inter coheredes*, jugé le 11. Janvier 1607. que *ex licitatione inter socios legitimè & sine fraude factâ*, il n'étoit dû lods & ventes, *non enim ex divisione debentur*. M. Loüet, lettre L. somm. 9. *Voyez Pontanus, sur la Coûtume de Blois*, art. 89. verbo, *sed his itâ præmissis*.

22. De licitation faite entre les heritiers du mary & sa femme, ne sont dûs lods & ventes, parce que c'est une espece de partage. Arrêt du 19. Août 1643. *Idem* entre des collegataires particuliers du mary & de la femme, de deux terres acquises pendant leur communauté, quoyqu'il y eût une legere soulte, parce que c'est un partage ou accommodement & non une vente. Arrêt du 19. May 1615. Le même jugé entre associez en tous biens tant meubles qu'immeubles, & que l'un des sept ayant quitté sa part & portion aux autres, moyennant une somme de deniers, il n'étoit point dû des lods & ventes au Seigneur. Arrêt du 5. Août 1619. *Brodeau, sur M. Loüet, lettre L. sommaire* 9. *nombre* 5. 6. *& 7*.

23. Pour licitation faite entre un coheritier & un étranger le droit de lods & ventes est dû, quoyque l'adjudication soit faite du total au profit du coheritier de celuy qui avoit vendu sa part & portion de la maison licitée. Jugé le 13. Decembre 1640. sur le fondement que *non erat amplius judicium familiæ erciscundæ, sed communi dividundo*. Soëfve, tome 1. Cent. 1. chap. 24. & *le Journal des Audiences*, tome 1. liv. 3. chap. 69. le même Arrêt est rapporté par *Basnage, sur l'art.* 171. *de la Coût. de Normandie*.

24. Un frere & une sœur avoient partagé les biens de leur succession, à l'exception d'une maison dont ils joüissoient par *indivis* ; le frere donne à l'Hôtel-Dieu de Paris sa moitié ; quelques années après la maison est licitée & ajugée à la sœur, le Receveur de l'Archevêché demande les lods & ventes ; Sentence au Châtelet qui la condamne à payer ; Appel ; sur l'appel hors de Cour. On tient au Palais que l'esprit des Coûtumes roule toûjours sur le premier acte de partage, & quand il y a eû partage & mutation de personne, les lods sont dûs, plaidans Marie pour l'appellante, & Condaut le jeûne pour le Receveur intimé. Arrêt de relevée du 7. Juin 1667. *Voyez le Dictionnaire de la Ville*, nombre 4250.

LICITATION DES PROPRES.
Voyez le mot *Propres*, nombre 78. *& suiv*.

LIEU.

Lieu. *Locus*.
Définition de ce mot. *L.* 60. *D. de verb. sign*.
Lieu saint, & sacré. *Inst.* 2. 1. *§.* 7. *& seqq*.
Ne quid in loco sacro fiat. D. 43. 6. *Id est, ne quid deformis, vel incommodi. V.* Eglise.
Lieu public, appartenant au public. *V.* Public.

LIEUE.

Lieüe. *Leuca. Bis mille passus*.
Délai d'un jour pour dix lieües. *L.* 3. *D. de verb. sign*.
Comment elles se mesurent. *L.* 154. *D. de verb. sign*.
On demande si pour sçavoir combien de lieües il y a d'un village à un autre l'on aura égard aux chemins à traverser à droit, ou aller par les grands chemins ? Il a été deliberé avec *saint Melais & Montholon*, en l'an 1568. pour les habitans de Bois-commun qu'il faut prendre par les chemins & non droit. *Bibliotheque de Bouchel*, verbo, *Lieües*.

LIEUTENANT.

Lieutenant de Juge *Legatus, Vicarius Judicis. Sub-juridicus*.
De officio ejus cui mandata est jurisdictio. D. 1. 21.

616 LIE

De officio ejus, qui vicem alicujus Judicis, vel Præsidis obtinet. C. 1. 50.
De officio Vicarii. C. 1. 38.
De Pontici tractatus Vicario Edit. Just. 8.
Lieutenant Civil, ou Lieutenant Général. *Prætor. Legatus rerum privatarum Judex.*

Les fonctions des Lieutenans Généraux, dans les Siéges où il y a un Sénéchal, répondent à celles des Officiers appellez chez les Romains, *Legati Proconsulum*, Lieutenans des Proconsuls.

Voyez le mot, *Juge*, nomb. 272. & suiv. &. cy-après les mots, *Préteur*, *Proconsul*, *Sénéchal*.

1 Des Baillifs, Sénéchaux, Prévôts & Lieutenans & Juges ordinaires & de leur Jurisdiction. Joly de Offices de France, tome 2. liv. 3. tit. 1. page 825. & aux additions, page 1789.

2 Des Lieutenans Principaux & Particuliers des Présidiaux, & Sénéchaussées. *Voyez Escorbiac*, tit. 4.

3 *Voyez dans Filleau*, partie. 2. titre. 4. chapitre 1. & suivans, les Arrêts de Reglemens rendus entre les Lieutenans General & Particulier du Bailliage de Sens en 1551. de Bar-sur-Seine en 1588. de *Saint Maixant* en 1592. de *Montmorillon* en 1597. de *Dorat* en 1596. de *Saumur*, *Macon*, *Perigord*, *Mondidier*, ressort du Parlement de *Toulouse*, *Lauserte*, &c.

4 Si le Lieutenant au Bailliage est Juge competent quand les défendeurs tirés en cause sont de diverse Jurisdiction? *Voyez Bouvot*, tome 1. part. 2. verbo, *Lieutenant*.

5 Le Lieutenant General en un Bailliage Royal, doit être appellé au jugement des procés des Juges Consuls à l'exclusion des Graduez. Arrêt du Parlement de Bourgogne du 14. Août 1614. mais il ne doit pas prendre plus qu'un Gradué. *Bouvot, ibidem*, verbo, *Lieutenant General.*

6 Le Lieutenant au Bailliage peut connoître des obligations reçûës par les Notaires qui ne sont du ressort de Bourgogne, comme les Notaires de Lyon, ou les Notaires qui ne sont du Royaume ; & des Obligations reçûës par les Notaires des Seigneurs. Arrêt du Parlement de Dijon du 13. Août 1619. au profit du Lieutenant privativement au Gouverneur de la Chancellerie. *Bouvot*, tome 1. part. 3. verbo, *Lieutenant*.

7 Arrêt du Parlement de Provence du 16. Mars 1671. qui a jugé que les Officiers des Siéges moins anciens ne peuvent proceder, les Lieutenans étant presens, & que les Lieutenans ne peuvent rendre des Sentences, sans prendre avis des Officiers presens. *Boniface*, tome 3. liv. 1. tit. 8. chap. 15. Ce Reglement regarde les Officiers de Digne.

LIEUTENANT CRIMINEL.

8 Des Lieutenans Criminels, de leur Jurisdiction & de leurs fonctions. *Voyez le Recüeil des Ordonnances par Fontanon*, tome 1. liv. 2. tit. 11. page 418. Joly des Offices de France tome 2. liv. 3. tit. 10. & 11. p. 1120. & aux Additions page 1863. & *Escorbiac*, tit. 3.

9 Reglement du 16. Octobre 1582. és grands-Jours de Clermont entre un Lieutenant Criminel d'un Siége principal & le Lieutenant Criminel d'un Siége particulier d'un même Bailliage pour le Reglement de leur Jurisdiction. Défenses aux Siéges Criminels des Siéges principaux de prendre connoissance des appellations interjettées en matiere criminelle d'un Siége particulier d'un même Bailliage. *Filleau*, 2. part. tit. 1. chap. 17.

10 Les Baillifs ou leurs Lieutenans Criminels ne peuvent prendre connoissance de tous homicides commis par nombre de personnes & port d'armes. Arrêt du 7. Avril 1629. *Henrys*, tome 1. liv. 2. chap. 2. quest. 6.

11 Le Lieutenant Criminel sur l'appel d'un decret ou autre Reglement, ne peut retenir la cause, s'attribuer l'instruction du procés, & faire une nouvelle procedure au lieu de prononcer sur le bien ou mal. Jugé le 6. Juillet 1629. *Henrys*, tome 1. liv. 2. chap. 2. quest. 7.

12 L'Office de Lieutenant Criminel en un Bailliage, est incompatible avec l'Office de Conseiller au même Sié-

LIE

ge ; & six mois pour opter. Arrêt du 26. Mars 1626. *Henrys*, tome 1. liv. 2. chap. 1. quest. 2. & chap. 4. quest. 24. où vous trouverez un Arrêt du Conseil Privé du 15. Novembre 1639. *Voyez l'Ordonnance de Blois*, art. 113. avec l'art. 19. de *l'Ordonnance de Moulins*.

13 Le Lieutenant Particulier Civil ayant levé l'Office de Lieutenant Assesseur Criminel, & se trouvant pourvû des deux, doit avoir double distribution & prendre deux procés ; mais étant encore premier Conseiller, il n'en peut tirer aucun avantage ni prendre sous ce prétexte un troisiéme procés. Arrêt du 5. Janvier 1646. *Henrys*, tome 1. liv. 2. chap. 4. quest. 22. & quest. 23. où vous trouverez un Arrêt rendu au Conseil d'État du Roy le 10. Août 1644. qui regle la fonction des Lieutenans Assesseurs Criminels.

14 Le Lieutenant Civil d'une Élection, doit préceder le Lieutenant Criminel, quoyque le Lieutenant Criminel ait été le premier reçû & installé. Arrêt de la Cour des Aides du 18. Septembre 1656. *Henrys*, tome 2. liv. 2. quest. 4.

15 Le même *Henrys*, tome 2. liv. 2. quest. 25. rapporte un Arrêt du Parlement de Paris du 24. Novembre 1656. qui décide que le Lieutenant Criminel peut assister aux Audiences du Civil, & à la reception des Officiers, où il a séance immediatement aprés le Lieutenant Général, avec voix déliberative ; mais il ne peut pas y présider, ni assister aux jugemens des procés qui se jugent en la Chambre du Conseil, cela se pratique de la sorte au Châtelet *de Paris*, & presque par tout ailleurs.

16 Juge Criminel ne doit instrumenter en un procés Criminel accessoire au Civil ; quoyqu'il eût informé du consentement des Parties, le tout seroit nul. Arrêt du Parlement de Paris du 19. Avril 1526. Le Lieutenant Criminel peut connoître du Civil incident au Criminel. *Papon*, livre 6. tit. 2. nomb. 23. & 27. où il rapporte un Arrêt du 2. Decembre 1569. pour les Prévôts du Bailliage *d'Amiens* qui ne connoissent que du Civil jusqu'à 60. sols d'amende.

17 Reglement du 12. Août 1600. entre le Lieutenant General & le Lieutenant Criminel de la Sénéchaussée au Siége Presidial *d'Angoulême* ; le Lieutenant Civil préside au Criminel, & quand ? Le Lieutenant Criminel ne connoît des criées ni des baux judiciaires. *Filleau*, 2. part. tit. 1. chap. 15.

18 Arrêts du Parlement de Paris des 14. Novembre 1556. & 8. May 1557. faisant Reglement entre les Lieutenans Particuliers & les Lieutenans Criminels d'*Auvergne* & *Laon* ; Quand les Lieutenans Particuliers peuvent travailler aux procés Criminels ; & les Lieutenans Criminels sont tenus les y appeller. V. *Filleau*, part. 2. tit. 1. chap. 10.

19 Un Lieutenant particulier peut instrumenter, quoyque le Lieutenant General ne soit absent, pourvû que ce soit à l'Audience. Jugé à *Bourdeaux* le 22. May 1536. Si le Lieutenant General est absent, le Lieutenant Particulier peut instrumenter en sa maison. *Papon*, liv. 6. tit. 2. nombre 22.

20 Reglement entre le Lieutenant Criminel du Bailliage de *Château-Thierry*, & le Lieutenant Criminel de Robe-Courte, du 14. Janvier 1606. *Filleau*, 2. part. tit. 1. chap. 20.

21 Reglement du 14. Juillet 1605. entre le Lieutenant Assesseur Criminel de *Dorat* & le Lieutenant de la *Basse Marche*. Ibid. tit. 2. chap. 11.

22 Les Sénéchaux ne peuvent au préjudice des Lieutenans Criminels entreprendre l'instruction & connoissance des procés criminels. Arrêt du Parlement de Paris du 19. May 1607. en faveur du Lieutenant Criminel de *Fontenay-le-Comte*. *Voyez les Reliefs Forensés de Rouillard*, chap. 28.

23 Reglement d'entre le Lieutenant Criminel du Bailliage de *Forêts*, & les Châtelains dudit Pays, confirmatif de l'Edit de Crémieu à leur égard, dans lequel se trouve traité si lesdits Châtelains de *Forêts* ne peuvent connoître

LIE   LIE   617

connoître que jusques à soixante sols, tant au Civil qu'au Criminel; & si l'incendie est un cas Royal & Bailliager ? *Voyez Henrys*, tome 1. liv. 2. chap. 2. questions 4. & 5.

24   Arrêt du Parlement de Paris du 4. Juillet 1616. qui ordonne que par le seul Lieutenant Criminel du Présidial de *Lyon*, il seroit passé outre à l'instruction d'un procès, & qu'il seroit seulement tenu d'appeller des Conseillers au nombre de quatre pour le Jugement. *V. Filleau*, part. 1. tit. 4. ch. 22.

25   Reglement entre le Lieutenant de Robe-Courte de la Prévôté de *Paris*, & le Lieutenant Criminel; il est du 6. Août 1586. Ibid. 2. part. tit. 1. ch. 19.

26   Reglement du 7. Septembre 1617. entre le Lieutenant Particulier & le Lieutenant Criminel du Châtelet de *Paris*. Ibid. chap. 23.

27   Les Lieutenans Criminels ne doivent connoître directement ni indirectement des causes où il est question des promesses de mariages, ni celuy de *Paris* renvoyer les parties pour être mariez au Curé de Saint Sulpice; mais à leur propre Curé ou à l'Official. Arrêt du 5. Mars 1613. *Du Frêne*, liv. 2. ch. 133.

28   Le 12 May 1657. en l'Audience de la Grand'-Chambre, il a été jugé que le Lieutenant Criminel au Bailliage de *Loudun*, précederoit le Lieutenant Particulier ou Civil, sans neanmoins que ledit Lieutenant Particulier puisse preceder au Civil en l'absence du Bailly, ou son Lieutenant. *Jovet*, in verbo, *Juges*, nombre 31. dit avoir oüy prononcer l'Arrêt.

29   Edit du Roy du mois de Juin 1674. qui confirme les Officiers du Lieutenant Criminel de Robe-Courte de *Paris*, dans le droit d'exploiter & mettre à execution, toutes Lettres, Decrets, Sentences, Ordonnances, & Commissions, soit des Cours de Parlemens, Prévôt de *Paris*, ses Lieutenans, & autres Juges quelconques, de faire tous Actes & Exploits concernans le Criminel seulement; ils joüissent du droit & privilege de garde gardienne, attribuez aux autres Sergens du Châtelet, & ont leurs causes commises, tant en demandant que défendant en matiere Civile pardevant le Prévôt de *Paris*, ou ses Lieutenans Civils; & pour les Criminelles pardevant son Lieutenant Criminel de Robe-Courte. *Recueil de la Maréchaussée. page* 932.

30   ✝ Il y a un Edit du 10. Février 1691. qui regle les fonctions du Lieutenant Criminel du Châtelet de *Paris*, & celles du Lieutenant Criminel de Robe-Courte, & qui veut que les conflits de Jurisdiction d'entre eux soient jugez au Parlement.

31   Reglement general du 5. Septembre 1528. entre les Lieutenans Civil, Criminel & Particulier, & le Particulier de la Sénéchaussée de *Poitiers*. Filleau, 2. part. tit. 1. chapitre 8.

32   Il a été jugé le 17. Juin 1671. entre le Lieutenant General de *S. Silvain*, & le Lieutenant Criminel du même lieu, que celuy-cy ne pouvoit prendre la qualité de Lieutenant General Criminel, & qu'il n'y avoit que le Lieutenant Criminel du Siége principal qui la pût prendre, parceque leurs Offices n'avoient pas été démembrez, mais qu'ils étoient d'origine & de création Lieutenans Generaux ; & les Offices de Lieutenans Criminels dans les Siéges particuliers, ayant été démembrez de l'Office de Lieutenant General-Criminel, ils ne pouvoient avoir la qualité de Lieutenans Generaux. *Basnage*, *titre de Jurisdiction*, art. 1.

LIEUTENANT GENERAL.

33   Les Présidens des Présidiaux doivent présider aux Jugemens des procès, instruits par les Prévôts des Maréchaux, & en leur absence les Lieutenans Generaux, à l'exclusion des Lieutenans Criminels; mais les Lieutenans Criminels ont le rapport & instruction, à l'exclusion des Lieutenans Civils. *V. Filleau*, 1. part. tit. 4. chapitre 21.

34   Ordonné que le Lieutenant d'*Amiens* s'intituleroit seul General; celuy de *Montreüil*, Lieutenant du Bailly d'*Amiens*; défenses à luy de s'appeller Lieutenant General. Papon, liv. 6. tit. 2. n. 22,

35   Par Arrêt du 5. Janvier 1574. au profit du Lieutenant General d'*Amiens*, contre le Lieutenant du Siége de *Montreüil*; & encore par un autre Arrêt donné entre M. Jacques Taron, Lieutenant General au *Mans*, & M. Pierre Bodinel, Lieutenant au Siége de *Château-du-Loir*, le 4. Février 1577. défenses furent faites audit Bodinel de prendre qualité de Lieutenant General du Sénéchal du Maine, au Siége du Château-du-Loir, mais de Lieutenant du Sénéchal du Maine audit Siége de Château-du-Loir; & pour le surplus de leur differend, les parties appointées à informer par Lettres.

Notez que cet Arrêt contradictoire ne porte pas, & en la Chambre du Conseil; aussi l'Edit des Présidiaux de l'an 1551. ne le dit pas, mais seulement pour les Audiences. *Filleau*, part. 3. tit. 11. ch. 66.

36   Reglement du 21. Janvier 1604. entre le Lieutenant Particulier, Asseseur Criminel du *Pont-de-l'Arche*, & le Lieutenant General. *Filleau*, 2. partie, titre 2. chapitre 14.

37   Il n'est permis au Lieutenant General d'ordonner quelque chose sans le communiquer aux autres Lieutenans Particuliers, Conseillers du Roy, & en ce qui concerne l'Auditoire. *Bouvot*, tome 2. verbo, *Bailifs*, question 3.

38   Un Lieutenant ne se peut dire General, qu'il n'ait des membres ressortissans devant luy. Arrêt du Parlement de Dijon du 15. Mars 1615. *Bouvot*, ibid. q. 4.

39   Arrêt du Grand Conseil du 27. Mars 1637. qui ordonne que le Lieutenant General en la Sénéchaussée de *Nîmes* & *Beaucaire*, aura voix délibérative, titre de Conseiller du Roy, & rang & séance attribuez à sa Charge. *Maréchaussée de France*, p. 559.

40   Si un Lieutenant d'un Siége particulier d'un Bailliage, peut avoir séance au Siége Présidial où ledit Siége ressortit, & en quel rang il séora ? Défenses à un Lieutenant d'un Siége particulier d'un Bailliage de prendre qualité de Lieutenant General du Bailliage. *Voyez Filleau*, part. 3. tit. 11. ch. 66.

41   Lieutenans Generaux des Bailliages & Sénéchaussées non nobles, sont imposables aux tailles. Par Arrêt de la Cour des Aydes de Paris du 31. Decembre 1631. il se voit que M. Jean Marsault, Lieutenant General de *Xaintes*, se prétendant noble, s'étoit en cette qualité exempté de la taille; & que sur l'avis qui en fut donné à M. le Procureur General, il fut ordonné sur sa Requête, que Marsault seroit assigné pour apporter dans un mois les titres en vertu desquels il se prétendoit exempt, sinon ledit temps passé, auroit été enjoint aux Collecteurs de le comprendre aux Rôlles, & au Substitut du Procureur General de tenir la main à l'execution de l'Arrêt, à peine d'en répondre en leur propre & privé nom: Marsault n'ayant pas satisfait, par autres Arrêts des 16. Mars & 4. May 1633. il auroit été ordonné qu'il satisferoit aux précedens, & par provision qu'il seroit imposé. *Memorial alphabetique*, verbo, *Lieutenans*, nombre 3.

PRÉSÉANCE DES LIEUTENANS.

42   Voyez cy-dessus le nomb. 14 & le mot, *Préséance*, nomb. 91. & suiv.

LIEUTENANS DE ROBE-COURTE.

43   Des Lieutenans, Magistrats Criminels, & Lieutenans de Robe-Courte, de leur Jurisdiction, Officiers, & suppression des Prévôts des Maréchaux. *Voyez le Recueil des Ordonnances* par Fontanon, tome 1. liv. 2. tit. 11. page 418. Joly, *des Offices de France*, tome 2. liv. 3. tit. 10. page 1704. & aux *Additions*, p. 1860. & suiv. Chenu, *Offices de France*, tit. 8. Edit de création desdits Offices en chacun Siége Présidial. *Ibidem.*

44   Les Offices des Lieutenans de Robe-Courte qui ont vaqué par plus de 40. ans, se peuvent remettre sans nouvel Edit. *Voyez Peleus*, q. 154. eû l'Arrêt est sans date.

45   Edit du Roy du mois de Mars 1554. portant création d'un Lieutenant de Robe-Courte & quatre Archers en chacun Siége Royal. *Maréchaussée de France*, page 98.

Tome II.   Iiii

46 Declaration du Roy du 2. Septembre 1555. en faveur du Lieutenant Criminel de Robe-Courte, & de ses Archers. *Maréchaussée de France*, p. 126.

47 Arrêt du Parlement de Paris du 23. Decembre 1627. portant Reglement entre les Lieutenans Criminels de Robe-Longue, & les Lieutenants de Robe-Courte. *Ibid. p.* 491.

48 Arrêt du Conseil du 29. Avril 1681. rendu entre l'Assesseur du Lieutenant Criminel de Robe-Courte, & le Lieutenant de Robe-Longue, en Reglement de Juges, qui les renvoye au Siége de la Connétablie, & par appel au Parlement de Paris, toute Jurisdiction interdite au Grand Conseil. *Ibid.* p. 1002.

49 Lettres Patentes du 11. May 1632. portant union de la qualité de Lieutenant du *Guet* à celle de Lieutenant du Vice-Sénéchal d'*Agenois*, & confirmation de survivances & privileges. *Ibid.* p. 517.

50 Arrêt du Grand Conseil du 17. Mars 1688. portant Reglement entre le Lieutenant Criminel du Présidial, & le Lieutenant Criminel de Robe-Courte de *Château-Thierry*, pour leurs fonctions. *Ibid.* p. 1047.

51 Le 23. Avril 1633. Arrêt est intervenu au Parlement de Paris, lequel porte que les Lieutenans de Robe-Courte, & Lieutenant du Prévôt de l'*Isle*, s'uniront avec le Prévôt de *Meaux*, *Senlis*, *Melun*, *Montfort*, & autres, pour tenir les chemins libres. *Ibidem, page* 521.

52 Arrêt de Conseil du 12. May 1655. pour le Lieutenant Criminel de Robe-Courte au Bailliage de *Melun*. *Ibid. page* 767.

53 Arrêt du Conseil du 23. Novembre 1656. portant Reglement entre le Lieutenant Criminel de Robe-Courte de *Mortagne*, & les Officiers, & Greffier du Siége, tant pour la préséance que pour les fonctions de leurs Charges. *Ibidem.* p. 794.

53 bis. Lieutenant Criminel de Robe-Courte de *Paris*. Voyez cy-dessus les nomb. 29. & 30.

54 Edit du Roy du mois de Decembre 1629. portant union de l'Office de Lieutenant du Prévôt de *Provins* à celuy de Lieutenant Criminel de Robe-Courte de la même ville. *Ibid.* p. 503.

55 Arrêt du Conseil du 15. Juillet 1656. qui maintient le Lieutenant Criminel de Robe-Courte de *Romorantin*, dans les fonctions & exercice de sa Charge; à la charge de ne pouvoir connoître des cas ordinaires attribuez par Edit du mois d'Août 1647. que sa Majesté ne veut avoir lieu dans l'étenduë de l'appanage de M. le Duc d'Orleans. *Ibid.* p. 791.

56 Le 2. Septembre 1654. Arrêt du Conseil qui ordonne l'installation du Lieutenant Criminel de Robe-Courte de *Saintes*. *Ibid.* p. 761.

57 Arrêt du Conseil d'Etat du 15. Juillet 1656. qui ordonne que le Lieutenant Criminel de Robe-Courte de *Saintes* sera installé en sa Charge; en cas de refus par les Présidiaux de proceder au Jugement des procés qu'il aura instruits, permis de prendre des Graduez au nombre porté par les Ordonnances. *Ibid.* p. 790.

58 Edit du mois de Juillet 1653. qui réünit la Charge de Lieutenant Criminel de Robe-Courte de *Saumur* à celle de Prévôt des Maréchaux. *Ibid.* p. 748.

59 Arrêt du Conseil Privé du Roy du 31. Août 1655. portant Reglement entre le Lieutenant Criminel de Robe Courte de *Sezanne*, & les Officiers du Bailliage & Prévôté, pour l'exercice & fonction de leur Charges, rang & préséance. *Ibid.* p. 771.

60 Reglement du 7. Avril 1606. entre le Lieutenant Criminel du Bailliage de *Troyes*, & le Lieutenant Criminel de Robe-Courte. *Filleau*, 2. part. tit. 1. ch. 21.

61 Arrêt du Conseil du 8. Juillet 1656. pour le Lieutenant Criminel de Robe-Courte és Siéges Royaux de *Vierzon* & *Meun*, défenses à ceux-cy de le troubler en ses fonctions. *Maréchaussée de France*, p. 788.

62 Le 18. Mars 1656. Arrêt du Conseil qui ordonne que le Lieutenant Criminel de Robe-Courte aux Bailliages de *Vire* & *Condé*, y aura rang & séance. *Ibid.* p. 781.

63 Arrêt du Parlement de Paris du 3. May 1659. portant défenses d'exercer la Charge de Lieutenant Criminel de Robe-Courte au Bailliage de *Vitry-le-François*. *Ibid. page* 812.

64 Arrêt du Conseil du 30. Avril 1661. portant que le Lieutenant Criminel de Robe-Courte de *Vitry-le-François* & ses Officiers, seront établis dans ladite ville. *Maréchaussée de France*, p. 832.

LIGE.

Fief lige, sa qualité & prérogatives. *Voyez* le mot, *Fiefs*, *nombre* 82. & *suivans*.

LIGUE.

1 **D**Es Marchands de Paris, ou autres demeurans en Villes rebelles, ont auparavant la Ligue prêté des marchandises à des Marchands demeurans en villes Royales. Ces Marchands Royaux sont appellez à la Requête du Procureur du Roy, pour affirmer ce qu'ils doivent aux Ligueurs. On demande ce qu'ils ont à faire. Rép. outre que le parjure est défendu, la résolution de cette question est belle en la Loy *Bonâ fidei* 31. in princip. D. depositi. *Malè meritus, inquit, publicè, ut exemplo aliis ad deterrenda maleficia sit, etiam egestate laborare debet.* Vide hanc Legem, & la Bibliotheque du Droit François, par *Bouchel*, verbo, *Ligueurs*.

2 Un habitant de Tours ayant plaidé à Paris contre les Religieuses de *Poissy*, pendant l'interdiction, gagne sa cause, par Arrêt de la Cour; la ville réduite à l'obéissance du Roy, il se veut aider de ce que par la capitulation tous Jugemens donnez *inter volentes*, sont validez. On luy dit que cela s'entend de ceux qui tenoient même parti de la Ligue; que s'il eût perdu son procés à Paris, il eût fait casser l'Arrêt à Tours. Par Arrêt du 10. May 1594. tout fut cassé, & les parties remises en tel état qu'elles étoient auparavant ledit Arrêt de Paris. *Ibidem.*

3 M. Vetus, & autres des principaux Conseillers de la Ligue, avoient contraint en 1589. le sieur Formaget, Greffier des Enquêtes du Palais, d'emprunter 10000. écus à rente pour être employés aux affaires de l'Union & du Duc de Mayenne, Lieutenant General de l'Etat & Couronne de France. Vetus & Consorts promirent à Formaget de l'acquitter & indemniser, racheter dans un an. Par Arrêt du 12. Janvier 1595. Vetus condamné racheter; & suivant les Conclusions des Gens du Roy, ordonné que cette qualité de Lieutenant General, &c. sera rayée comme fausse. *Ibid.* verbo, *Ligueurs*.

4 Du 14. Mars 1595. jugé au profit du nommé de Vaux, de la ville de *Tours*, contre Sibourg, Procureur en la Cour, que s'il y a procés entre deux Ligueurs, & Jugement, dont l'évenement tombe sur un Serviteur du Roy, cela ne se peut soûtenir, & doit être cassé suivant l'Arrêt donné au Parlement, séant à Tours, lequel *nominatim* a été confirmé par celuy-cy. *Ibid.*

5 Un habitant de Melun pendant la Ligue, accusé d'avoir dit qu'il falloit loüer Dieu de la victoire de Senlis, & que si le Roy venoit à Melun, il luy falloit ouvrir une porte, & luy livrer neuf ou dix coquins qui étoient cause de la revolte. Information par le prétendu Conseil de l'Union, à la Requête du Procureur de l'Union. Sentence par laquelle il est condamné en 100. écus d'amende, au payement desquels il sera contraint comme pour les propres affaires de la Cause, défenses à luy de plus tenir tels propos, sous peine d'encourir le crime suspect: Appel; il est dit que nonobstant, & de fait il est executé. Par Arrêt du 3. Juin 1595. à la Tournelle, tout ce qui a été fait par ce Conseil a été cassé, révoqué & annullé, comme fait par personnes privées; condamne le Procureur en son nom à rendre les 100. écus à l'appellant, & aux dépens, sauf son recours contre qui il avisera. *Biblioth. de Bouchel, ibid.*

Voyez les mots, *Guerre, Rebellion* & *Trouble*.

LIMITES.

*Ermini. Fines. Limites.
Finium regundorum. D. 10. 1... C. 3. 39... Inst.
4. 17. §. 6... Inst. 4. 6. §. 20. C. Th. 2. 26... Paul. 1. 24..
L. 12. tabb. t. 11.
De termino moto. D. 47. 21... L. 12. tabb. t. 26.*
Contre ceux qui arrachent ou déplacent les limites des champs. *Paul. 5. 20. de pœnis.* §. 1.

1. *Auctores finium regundorum, cum Rigaltii observat. & Glossis agrimensoriis.* Par. 1614.

2. Arrêt du 30. Decembre 1603. qui juge que dans les Decrets la declaration des limites est essentielle. *Tournet, Coûtume de Paris, art.* 346. *Voyez Henrys, tom.* 1. *liv.* 4. *chap.* 6. *quest.* 83.

3. Les anciennes limites ne se peuvent prescrire. Jugé au Parlement de Grenoble le 7. Septembre 1666. *Basset, tome* 2. *liv.* 7. *tit.* 12.

Voyez le mot, *Bornes*.

LION.

Voyez cy-après Lyon.

LITIGE.

*Litige. Litigieux. Controversia. Litigiosus.
De litigiosis. D.* 44. 6... C. 8. 37... C. Th. 4. 5..
L. 12. *tabb. t.* 13. *c.* 5. Suivant ces Titres, les choses litigieuses ne pouvoient être vendües, cedées, ni engagées; mais ce Droit n'est pas en usage parmy nous.
De litigiosis, & decimâ parte litis ab actore cautelâ præstandâ. N. 112.

Voyez le mot, *Cession*, p. 350. où sont rapportez les autres Titres du Droit ayant rapport à cette matiere.

1. Du vice de litige & choses litigieuses. Voyez *Papon, liv.* 12. *tit.* 2. M. Loüet, *lettre C. somm.* 5. *lettre L. somm.* 13. *Henrys, tome* 1. *liv.* 4. *chap.* 2. *quest.* 5. & *cy-après*, verbo, *Transport*, & au 1. tome de ce Recueil *lettre D.* le Titre *des Droits litigieux*, *p.* 910.

2. Les Jugemens donnez contre les vendeurs de chose litigieuse, sont toûjours executoires contre les acquereurs, nonobstant toute prescription; ainsi jugé. *Papon, liv.* 12. *tit.* 2. *n.* 5.

3. Le litige ne peut plus être opposé, s'il ne l'est par le premier acte & avant contestation. Ainsi jugé au Parlement de Paris. *Ibid. tit.* 3. *n.* 4.

4. Les Loix *per diversas & ab Anastasio, C. mandati*, reçûës en France. *Voyez Maynard, liv.* 7. *ch.* 90.

5. *Cohæres emens rem litigiosam hæreditariam videtur commune negotium gessisse.* Brodeau sur M. Loüet, *let. C. somm.* 5. Voyez *le Vest*, *Arrêt* 84.

6. Lors que l'un des défendeurs acquiert le droit de demander pendant le procés, ses codéfendeurs peuvent seulement demander communication de l'acquêt, chacun pour sa part contingente, en offrant de contribuer à la somme avancée, ce qui leur doit être accordé. Arrêt du Parlement de Paris du 14. Août 1526. *Papon, liv.* 12. *tit.* 2. *n.* 2.

7. Le vice de litige est couvert, si l'on procede en un seul acte sans s'opposer. Ainsi jugé au Parlement de Paris en Decembre 1534. *Biblioth. de Bouchel*, verbo, *Litige.*

8. Choses litigieuses peuvent être alienées à toutes personnes; on excepte celles qui peuvent avoir privilege pour attirer, ou qui ont beaucoup d'autorité. Arrêt du Parlement de Paris de l'an 1548. *Papon, liv.* 12. *tit.* 2. *nombre* 1.

9. Ce qu'on appelle *pactum de quotâ litis*, a toûjours été réprouvé, Avocats & Procureurs faisant convention de choses litigieuses pour leurs salaires, ont été condamnez. Arrêt du 14. Mars 1563. on distingue quand on ne fait que devoir d'amy, & que l'on a prêté de l'argent. Arrêt du 30. May 1564. en faveur d'un homme qui montra qu'il n'étoit pas Solliciteur de profession, A l'égard du *Tome II.*

Juge qui acquiert droit litigieux, sur tout par devant luy, il est punissable. Arrêt du 21. Mars 1563. contre le Lieutenant de Gien. *Papon, liv.* 12. *tit.* 2. *n.* 1.

10. Un coheritier qui acquiert d'un créancier une Terre litigieuse, ou se fait ceder des droits réels litigieux, peut être contraint par les autres coheritiers, de la rapporter, ou le profit à la masse de la succession, *quia cohæres emens rem litigiosam videtur commune negotium gessisse*; le même en l'espece de la vente d'une Terre, sous faculté de rachat. Arrêt du 29. Avril 1589. M. Loüet, *lettre C. somm.* 5.

11. La Loy *per diversas*, & la Loy *ab Anastasio C. mandati* n'ont point lieu, & ne sont point pratiquées en choses non auparavant litigieuses. Arrêt du Parlement de Paris du 4. Août 1607. *Corbin, suite de Patronage, chapitre* 101.

12. Le benefice des Loix *ab Anastasio, & per diversas Cod. mandati*, a lieu contre un créancier qui prend un transport d'un droit litigieux pour moindre somme. Arrêt du 7. Septembre 1627. *Henrys, tome* 1. *liv.* 4. *chap.* 2. *quest.* 6. & 7.

13. Les Chartreux ayant acheté une directe du sieur de Fossé sur certaines maisons voisines de leur Chartreuse de Toulouse pour 50. liv. & leur Syndic ayant d'abord intenté procés contre les emphyteotes, la Cour jugea qu'il y avoit de l'affectation, à cause du voisinage, & du procés précipité, & reçut les emphyteotes à rembourser le Syndic de 50. liv. & il est certain qu'en faveur de la liberté, & la cause des tenanciers de ces maisons étoit d'ailleurs favorable. Arrêt du Parlement de Toulouse du 23. Février 1640. *Albert, lettre C. art.* 6.

14. Le 4. Février 1647. un nommé Verdier s'étant fait subroger à un decret pour 2000. liv. quoyque ce fût un Paysan qui ne pouvoit être soupçonné d'autre intention que de celle de sa bienséance; Fargou, les biens duquel avoient été decretez, fut reçû à le rembourser du prix de son achat d'action, parce qu'il y alloit de la ruine de cet homme, & que son voisin n'en devoit pas profiter. *Ibidem.*

15. Lorsque l'achat n'est pas suspect, & qu'il y a des raisons qui ont pû faire la modicité du prix, la Cour ordonne de rembourser le tout; comme elle le jugea le 22. Janvier 1651. en faveur des Peres Feüillans de Toulouse, qui avoient acheté pour 65. liv. une hypoteque de 200. liv. sur une maison attenant de leur Convent; ce qui n'étoit pas à couvert de la Loy *per diversas*; mais ils s'aviserent, mieux conseillez, de passer un acte le lendemain, par lequel la veuve qui leur avoit vendu cette dette, les chargeoit de prier Dieu pour son mary; c'est pourquoy, comme les prieres étoient une chose *qua pro contemplatione salutis non potest æstimari, arg. L. si pater ff. de donat.* le substitué à qui appartenoit cette maison, fut condamné à rembourser le prix entier de 200. liv. *Ibidem.*

16. Quand il n'apparoît pas précisément de ce que l'acheteur a baillé de la dette, alors la declaration du créancier ne fait pas pleine foy, lors qu'il dit qu'il en a donné moins que ne porte l'acte, parce que telles declarations sont souvent suspectes. Arrêt du 3. Février 1651. sur une Requête Civile impetrée par M. le Duc d'Uzés, contre le sieur de Saint Sulpice, qui disoit qu'il avoit payé 3600. liv. pour une somme de 500. livres, avec les interêts depuis 1610. quoyque le Brun, créancier, déclarât qu'il avoit quitté pour 1600. liv. M. le Duc d'Uzés qui avoit été condamné à rembourser la somme de 3600. liv. par un Arrêt précedent, fut démis de sa Requête Civile envers cet Arrêt, & fut condamné de payer la moitié de la somme de 3600. liv. parce que depuis l'Arrêt, qui le condamnoit à la payer toute, il avoit fait voir qu'originairement le sieur de S. Sulpice en devoit la moitié; mais la declaration de son emphyteote, sçavoir du créancier, ne fut pas reçuë pour faire réduire la dette à la moitié de 1600. liv. Ces Arrêts sont rapportez dans le même Recueil d'*Albert, let. C. article* 7.

Iiii ij

Litige, Benefice.

17 Sur une subrogation *in jus collitigantis*. Voyez Basset, tom. 1. plaid. 12. p. 145. & suiv. & p. 162.
Inter duos collitigantes tertius gaudet. Ibid. p. 146.
Lis nunquam dicitur extincta morte collitigantis, sed per solam sententiam. Ibid. p. 147.
Dans une subrogation *in jus mortui collitigantis*, le Pape n'entend jamais donner au Subrogataire un nouveau titre, pour fortifier celuy qui seroit vicieux. Ibid. page 162.

18 Celuy qui est pourvû d'une Prébende qui luy a été renduë litigieuse, ayant obtenu la récréance, peut être pourvû d'une autre vacante après en la même Eglise, sous protestation que si la premiere luy demeure paisible, il ne prétend rien à la seconde ; cette protestation n'est pas suspensive, mais seulement resolutive. Jugé en l'an 1538. *Carondas, liv. 10. Rép. 6.*

19 Celuy qui succombe en cause Beneficiale, est souvent condamné és interêts ; mais c'est en consequence de l'induë vexation, non à raison des fruits sequestrez, & déposez en main tierce, à l'occasion du litige. La Cour Souveraine de Normandie l'a plusieurs fois jugé. Arrêt précis le 11. Juillet 1539. *Biblioth. de Bouchel*, verbo, *Election*.

20 Quand le Roy a pourvû au Benefice, la récréance luy en est dûe, si le litige n'est terminé en la presence du Procureur de sa Majesté. Arrêt du Parlement de Roüen du 13. Avril 1630. nonobstant la possession de 150. années, acquise à l'autre Présentateur. V. *Basnage, sur le 73. art. de la Coût. de Normandie*, où il ajoûte, une transaction & une possession de 150. années, sont à mon avis des titres suffisans pour finir un litige ; aussi la Cour ne jugea que sur la récréance.

21 Le litige entre deux Patrons qui ont chacun presenté, se juge selon le dernier état. Une Cure en Patronage Laïc, résignée en Cour de Rome sans le consentement du Patron, est nulle, & point de regrez pour le Résignant. Arrêt du 24. Avril 1651. *Du Frêne, livre 6. chap. 14.* Voyez *Peleus, quest. 47.*

22 Du décés arrivé pendant une possession litigieuse. V. *Du Moulin, sur la Regle, de public. Resig., n. 410. & suiv.*

Litige en Normandie.

23 Du droit de litige appartenant au Roy dans la Coûtume de Normandie. Voyez la *Biblioth. Canon. tome 2. pag. 170. & suiv.* où sont établies plusieurs maximes & préjugez.

24 Litige se finit par Sentence ou par Transaction, terminant pleinement la cause ; mais en tous les deux le Procureur du Roy doit être appellé, pour la conservation de l'interêt du Seigneur, autrement il n'est tenu pour suffisamment terminé. Jugé par Arrêt du 29. May 1506. pour Dupré, presenté par le Roy à la Cure ou Benefice de Villy. Autre Arrêt du 3. Juillet 1543. entre le sieur le Roux, au sujet du Benefice du Pré d'Aulge. *Biblioth. Can. to. 2. p. 171. col. 1. & cy-dessus le n. 20.*

25 Il a été jugé le 17. May 1532. entre les sieurs le Férant & Flambart, que quoy qu'un fief ou membre de fief de quelque Seigneurie, dont dépend le droit de présenter au Benefice, soient contentieux ; neanmoins la présentation n'en appartient point au Roy à droit de litige, mais au possesseur du fief, s'il n'y a eu Bref de Patronage, specifiquement obtenu, & procedures faites sur iceluy. Ainsi le procès où il s'agit de la proprieté generale & entiere du fief noble rendu disputable par révendication, ou autre action pétitoire, ne rendent point le Benefice sujet à la nomination du Roy ; mais il faut un litige spécial & particulier. Ibid.

26 Quand le litige est inconnu, le Pourvû ou son Representant le doit justifier par acte authentique, emportant litis-contestation ; un seul Exploit d'ajournement ou rescrit d'appel obtenu d'un incident, quoyqu'il en fit mention, ne suffiroit pas. Jugé au mois de Février 1533. pour le Benefice de *Froulleville*. Toutefois un injuste litige n'emporteroit pas effet de contestation en cause, non plus que celle opposée contre un libelle inepte ou impertinent, ne serviroit d'interruption de prescription. *Biblioth. Canon. tome 2. p. 170. in fine.*

27 Le Roy François I. donna en échange au Duc de Montpensier, les Comtez de Mortaing & d'Aulge, dépendantes du Bailliage de Cotantin en Normandie, pour récompense des Seigneuries de Luzus & de Condé, situées au Pays de Braban, qu'il a depuis délaissez à l'Empereur Charles V. Le Patronage de la Cure & Benefice de Neussey, assis dans le Comté de Mortaing, rendu litigieux entre deux Competiteurs, vient à vaquer par la mort de l'un d'eux ; le Roy & M. de Montpensier y présentent. Arrêt du Parlement de Roüen du 8. Octobre 1550. Le Roy Henry II. séant en lit de Justice, & M. le Chancelier Rivier prononçant. Par cet Arrêt le Sieur de Montpensier fut débouté, conformément à autre Arrêt du même Parlement de Roüen du 4. Août 1539. Ibid. *pag. 171.*

28 Quand un des Collitigans meurt civilement par Sentence, de bannissement ou déportation perpetuels, il y a ouverture de présentation à l'avantage du Roy. *Bibliot. Canon. ibid. pag. 171. col. 2.*

29 Il a été jugé au Parl. de Paris le 17. May 1532. que supposé qu'un fief ou membre de fief de quelque Seigneurie, ayant un droit de présenter à un Benefice, soit litigieux, si le Benefice vaque pendant l'instance, la présentation n'en appartient au Roy, a droit de litige, mais au possesseur du fief, s'il n'y a eu Bref de Patronage, spécifiquement obtenu, & procedures faites sur iceluy. Ibidem.

30 Pour rendre un Patronage litigieux, il faut qu'il y ait Bref de Patronage obtenu, signifié, & assignation donnée ; il ne suffit pas qu'un Devolutaire ait obtenu des Provisions en Cour de Rome, s'il ne les signifie à celuy sur lequel il a pris le dévolut. Arrêts du Parlement de Normandie des 18. Juillet 1647. & 9. Juillet 1660. rapportez par *Basnage, sur l'article 70. de cette Coûtume*.

31 La contestation pour le retrait féodal d'une Terre, à laquelle un Patronage est attaché dans la Coûtume de Normandie, entre le Seigneur de Fief, Demandeur d'une part, & des Mineurs, Défendeurs d'autre, ne forme un veritable litige, tel qu'il est necessaire pour donner lieu à la présentation Royale d'un Benefice dépendant de ce Patronage. Arrêt du Grand Conseil en 1686. qui maintient le Présenté par le Baron de Vertbosq Rétrayant, à l'exclusion du Brévetaire ; parce que le Rétrayant en la Coûtume de Normandie, fait les fruits siens. *Voyez le Journ. du Palais, in fol. to. 2. p. 571.*

32 Le litige est formé par un appointement en droit, & la péremption d'instance n'a lieu contre le Roy. Arrêt du Grand Conseil du 29. Avril 1695. en faveur du Brévetaire ; sauf à l'Abbesse de Préaux qui avoit nommé, à faire assigner au Conseil le Seigneur de Rouville, sur la question du Patronage. V. le *Journal du Palais*, in fol. tome 2. p. 908.

Litige, Patronage.

33 Litige en matiere de Patronage. *Voyez Tournet*, verbo, *Patronage, Arr. 38. & suiv.*

Litige, Regale.

34 L'Arrêt de partage empêche l'ouverture de la Regale, & fait cesser le litige. Jugé le Mardy 29 May 1617. *Brodeau sur M. Loüet, lettre P. somm. 7.*

35 Litige injuste ne fait vaquer le Benefice en Regale contre un possesseur paisible de trois ans, avec titre Canonique. Jugé le 1. Decembre 1639. *Bardet, tome 2. liv. 8, chap. 38.*

36 Dévolut fondé sur la confidence entre le Résignant qui demeure en possession, & le Résignataire, est un litige suffisant pour faire vaquer le Benefice en Regale, n'étant rempli de fait & de droit. Ainsi jugé le 30. May 1642. *Bardet, tome 2. liv. 9. ch. 24.*

37 La Regale a lieu pendant le litige. Jugé le 14 May 1660. *Des Maisons, lettre R. n. 10.* Voyez le *Journal du Palais*, où il y a Arrêt du 8. Mars 1672. il est dit que celuy qui a possedé trois ans paisiblement un Bene-

fice, le Regaliste ne peut l'inquieter. L'Ordonnance de 1606. est citée dans cet endroit.

38 Si le simple litige fait vaquer le Benefice en Regale ? Arrêt du 5. Septembre 1661. qui sur la demande en Regale appointa les parties en droit ; & sur la récréance demandée par le Regaliste, & empêchée par le Défendeur, à mettre dans trois jours. Soëfue, to. 2. Cent. 2. chapitre 74.

39 Le litige ne fait vaquer le Benefice en Regale, s'il n'est sérieux. Jugé le 8. Mars 1672. Journal du Palais. Voyez le même Journal, qui parle du litige & de la simple assignation, qui ne forme pas un litige, où est un Arrêt du 17. Août 1672. aussi rapporté par De la Guess. tome 3. liv. 6. chap. 14. Dans le même Journal est un autre Arrêt du 9. Janvier 1676. qui a jugé que le litige doit être juste pour donner lieu à la Regale.

40 Declaration du Roy du 10. Février, registrée le 18. Avril 1673. portant que le litige ne pourra donner atteinte à la Regale, s'il n'est formé six mois devant le décés des Archevêques & Evêques.

41 Si le seul litige donne ouverture à la Regale, sans qu'il y ait vacance du Benefice de droit & de fait, conjointement ni séparément ? Voyez le Journal des Aud. tome 5. liv. 12. ch. 2.

42 Tout litige donne ouverture à la Regale, sans qu'il y ait vacance de droit ou de fait, conjointement ou séparément, pour interpretation de la Declaration de 1673. Arrêt du 8. Juillet 1697. Ibid. liv. 13. ch. 4.

43 Si lorsque les Provisions ont été accordées en Regale à cause du litige, le Défendeur en Regale se trouvant rempli de fait & de droit, mais ayant des nullitez dans ses capacitez, cela donne une ouverture au Regaliste, pour prétendre qu'à son égard il y a vacance de droit ? Voyez Ibidem.

44 Le seul litige sérieux & formé, six mois avant le décés du Prélat, donne absolument lieu à la Regale, en execution de la Declaration de 1673. Arrêt du Parlement de Paris du 5. Mars 1698. Journal des Audiences, tome 5. liv. 14. ch. 1.

LITISPENDANCE.

Par Arrêt du Parlement de Grenoble en 1460. jugé qu'un simple ajournement donné à personne ou domicile du Défendeur, presens Records, & injonction pardevant Juge competent, contenant le fait, libellé sur la demande, pour raison de laquelle le Demandeur veut agir, fait litispendance, autrement non. Bibliotheque de Bouchel, verbo, Litispendance.

Voyez les mots, Competence, Declinatoire, Incompetence, & Renvoy.

LITRES.

Des litres & ceintures funebres. Voyez le mot, Armes, nombre 6. La lettre D. verbo, Droits Honorifiques, nombres 34. 35. & 36. Bacquet, en son Traité des Droits de Justice, chap. 20. Despeisses, to. 3. pag. 137. Le Traité des Droits Honorifiques, par M. Maréchal.

1 Si un Coseigneur peut faire l'enceinte de l'Eglise, & y mettre ses armes sans le consentement de l'autre ? Voyez Bouvot, tome 1. part. 1. verbo, Patron, question unique.

2 Les Seigneurs haut-Justiciers ont droit de litres & de ceinture funebre. M. Dolive, liv. 2. ch. 11.

3 Le Patron & le haut-Justicier peuvent avoir litres au dehors & au dedans de l'Eglise, lequel droit est du tout denié au bienfaicteur, au moyen & bas Justicier, au Seigneur féodal, & au Censier. Bacquet, des droits de Justice, ch. 20. n. 18. & seq. Loiseau, des Seig. ch. 11. nombre 46. au dehors & au dedans au Châtelain, au dedans au haut-Justicier.

4 Il n'appartient qu'aux seuls Seigneurs haut-Justiciers d'avoir litres ou ceintures funebres aux Eglises de leurs Jurisdictions ; que s'il y a deux Coseigneurs Justiciers, chacun en pourra avoir, sans effacer la premiere qui se trouvera faite, mais sous icelle. Arrêt du 17. Août 1571. entre les Conseigneurs de Beaupuy ; ce qui se doit entendre des Seigneurs égaux en Jurisdiction ; car autrement celuy qui a la plus grande part & cotité en la Jurisdiction, doit en icelle en toutes choses avoir les honneurs & prérogatives par dessus l'autre, à moins qu'il n'y eût une longue possession au contraire. La Rocheflavin, des Droits Seigneuriaux, chap. 23. art. 1. Graverol observe que les Patrons sont fondez à prétendre le droit de litres préferablement aux Seigneurs hauts-Justiciers, & que les Seigneurs moyens & bas, peuvent sur ceux-cy le prescrire par une possession immemoriale.

5 Deux Seigneurs n'ayant qu'une Eglise Paroissiale, si le Seigneur dans la Jurisdiction duquel l'Eglise n'est point assise, y peut mettre le litre ou ceinture funebre? Voyez la Rocheflavin, des Droits Seigneuriaux, ch. 23. article 3.

6 Il a été question de sçavoir si deux divers Seigneurs n'ayant qu'une Eglise Paroissiale, celuy dans la Jurisdiction duquel l'Eglise n'est point assise, y peut mettre la litre ou ceinture funebre. Par Arrêt du Parlement de Paris du 20. Mars 1587. les parties furent appointées en leurs faits contraires ; & cependant par provision, la Cour ajugea la Provision au sieur de Castets ; à luy permis de faire la ceinture funebre de telle hauteur, qu'elle ne pût empêcher de mettre par dessus une ceinture funebre du Baron d'Aspect, Seigneur de Montgauch. Bibliotheque Canonique, tome 2. p. 21. col. 2.

7 Arrêt du Parlement de Toulouse du 12. Août 1591. qui permet au sieur de Roux, Conseigneur pour la moitié de la basse Justice du lieu de Ségreville, au Comté de Carman, d'empreindre ou peindre contre la muraille au dedans de l'Eglise à l'endroit du tombeau de son pere, ses armoiries avec une bande noire de dix ou douze pans, pour marque de düil, sans aucune ceinture funebre, pour y demeurer an & jour, à compter de la sépulture, de telle hauteur, qu'elles n'empêchent la ceinture funebre du Seigneur Justicier, son décés arrivant dans l'année ; & ce pour faire difference de la sépulture de celuy qui a quelque portion de Jurisdiction, à celle des Paysans, & autres simples habitans ses Justiciables. Bibliotheque Canonique, tome 2. page 21. col. 1.

8 Arrêts du 27. May 1592. rendu entre le sieur de Records, Docteur & Avocat en la Cour, Seigneur pour la plus grande partie des lieux de Saint Leon & Lausidiers, & le Syndic & Consuls desdits lieux, qui permet audit Records de mettre & tenir litres avec ses armoiries empreintes au dedans & dehors des Eglises Paroissiales desdits lieux, avenant le décés d'iceluy ou de sa femme, & de contraindre les Consuls desdits lieux de venir assister au convoy funebre d'iceux, avec leur livrée Consulaire, le cas arrivant, & le maintient aussi aux autres droits, dont les hauts-Justiciers du ressort ou leurs heritiers ont accoûtumé d'user & jouïr pour marque de deüil durant l'année dudit décés. La Rocheflavin, des Droits Seigneuriaux, ch. 23. art. 4.

9 Le bas-Justicier peut prescrire droits de ceinture sur le haut par possession immemoriale. Par Arrêt du Parlement de Toulouse, un bas Justicier qui opposoit seulement une longue possession sans la prouver, fut condamné à effacer la ceinture qu'il avoit fait mettre autour de l'Eglise, quoy qu'elle fût plus bas que celle du haut-Justicier ; le droit de faire litre & ceinture, est reservé aux Patrons & au Seigneur haut-Justicier. Cambolas, liv. 2. chap. 23.

10 Par Arrêt du Parlement de Paris du 23. Août 1614. entre les Religieux de Saint Victor & le sieur d'Athis, il a été jugé que le Seigneur haut-Justicier a droit d'avoir litre & ceinture funebre autour de l'Eglise Paroissiale sise dans l'étenduë de sa haute Justice, tant dedans que dehors l'Eglise : & le Patron & Fondateur de les avoir autour de l'Eglise, au dedans seulement, & en concurrence du Patron avec le haut-Justicier, que celles du

haut-Justicier, seront mises dans l'Eglise au dessous de celle du Patron. *Bibliotheque Canonique*, tome 2. p. 21. colonne 1.

LIVRES.

Voyez le mot, *Bibliotheque*.

LIVRES DEFENDUS.

1. Des Livres & Libelles qui concernent le fait de la Religion, & de ne les imprimer, ni autres, sans la permission du Roy, & visitation des Docteurs en Theologie, & Prélats de France. *Ordonnances de Fontanon*, tome 4. tit. 8. p. 373.

2. Edit du Roy pour le Reglement des Imprimeurs & Libraires de Paris, registré en Parlement le 21. Août 1686. avec les autoritez des anciennes Ordonnances, Statuts, Arrêts & Reglemens, imprimez chez Denis Thierry en 1687. Ce Recueil est curieux.

3. Arrêt du Parlement de Paris du 22. Mars 1521. sur la Requête du Concile de Sens, pour la condamnation d'un Livre intitulé, *Contra Papisticas leges sacerdotibus prohibentes matrimonium Apologia Pastoris Combergensis qui nuper sine Ecclesiæ consensu uxorem duxit*, & autre Livre intitulé, *de cælibatu & viduitate, Autore Andreæ Carlostadio*. Preuves des Libertez, tome 2. ch. 35. nombre 36.

4. La Cour prend connoissance de la censure des Livres de Theologie. Arrêt du Parlement de Paris du 13. May 1523. qui ordonne que les Livres & Traitez en question seront montrez à ceux de la Faculté, en présence de deux Conseillers. *Ibid.* n. 37.

5. Un Traité intitulé, *La réponse du Peuple Anglois à leur Roy Edouard sur certains articles qui en son nom leur ont été envoyez touchant la Religion*, a été condamné par Arrêt du Parl. de Paris du 13. Février 1550. L'Ambassadeur d'Angleterre s'en étoit plaint au Roy, qui en écrivit à la Cour. *Corbin, suite de Patronage*, ch. 281.

6. Par Arrêt du Parlement de Paris du 1. Septembre 1595. il a été ordonné que les dix-neuf Vers contenus en la nouvelle édition du Livre de Torquato, au 20. Livre, feüillet 270. depuis celuy qui commence *Sisto*, jusqu'au dix-neuf, commençant *Chiama*, iceluy compris, seront rayez & biffez, tant dudit Livre, qu'exemplaires d'iceluy, qui se trouveront imprimez en cette ville, lesquels à cette fin seront saisis, pour être ladite page corrigée & remise, selon la premiere édition, a fait & fait inhibition & défense à l'Angelier, qui a fait imprimer ledit Livre, & tous autres, d'en vendre & debiter aucuns, jusqu'à ce que ladite correction en ait été faite, & imprimer ou faire imprimer, vendre & debiter aucuns Livres sans la permission de ladite Cour, ou du Juge ordinaire, à peine de confiscation d'iceux, amende arbitraire, de punition corporelle, s'il y échet, & a enjoint & enjoint à toutes personnes qui ont acheté lesdits Livres de ladite nouvelle édition, & qui en ont en leur possession de les rapporter pour être reformez; & en cas qu'ils en soient trouvés saisis, sera contre eux procedé, ainsi que de raison. *Voyez le 1. tome des Preuves des Libertez*, ch. 4. n. 42.

7. Par Arrêt du Parlement de Paris, ordonné que le Livre fait par Gaspart Schioppius, intitulé *Ecclesiasticus*, imprimé à Herbergh en 1611. seroit brûlé, à cause des blasphêmes & diffamations execrables y contenuës contre la tres heureuse, & la noble memoire du feu Roy Tres Chrétien Henry le Grand, quatriéme du nom, & autres propositions tendantes à troubler le repos de toute la Chrétienté, & contre la seureté de la vie, & Etat des Rois & Princes Souverains. Prononcé & executé le 24. Novembre 1611. *Bibliotheque de Bouchel*, verbo, *Parricide*.

8. Arrêt du Parlement de Paris du 7. Août 1612. qui ordonne la suppression du Livre intitulé, *Le Mercure François, ou suite de l'histoire de la Paix*. Voyez la Bibliotheque de Bouchel, verbo, *Mercure*.

9. Le Livre intitulé, *Apologia Adolphi Schulchenii, Geldriensis S. S. Theologiæ apud Ubios Doctoris & Professoris atque D. Martini Pastoris, pro Illustriss. Dom. Roberto ac Bellarmino, S. R. E. Card. de potestate Romani Pontificis temporali adversus librum falso inscriptum Apologia Cardinalis Bellarmini pro jure Principum, Auctore Rogero Viddringtono Catholico Anglo*, imprimé à Cologne en 1613. contenant plusieurs propositions, tendantes à troubler le repos de toute la Chrétienté, & contre la seureté de la vie & état des Rois & Princes Souverains. *Voyez le 1. tome des Preuves des Libertez*, chap. 7. n. 62.

10. Le Livre de *Jean Mariana*, intitulé, *de Rege & Regis institutione*, brûlé le 8. Juin 1610. en vertu d'Arrêt, par l'Executeur de haute Justice. *Voyez la Biblioth. de Bouchel*, verbo, *Parricide*.

11. Le Clergé de France, representant en son Assemblée l'Eglise Gallicane, avoit censuré non seulement le Livre intitulé, *Admonitio ad Regem Ludovicum XIII*. mais aussi quelques autres qu'on semoit à mauvais dessein parmi le peuple, comme un *Quodlibetaria quæstiones*, un *veritas odiosa*, & autres semblables. Les Auteurs pour énerver la censure, feignoient d'improuver la Doctrine; mais ils disoient que la censure péchoit en la forme, & blâmoient l'Assemblée, tant par défaut de puissance, que pour avoir même erré en la Doctrine qu'elle contenoit; & sur la plainte qu'en fit M. Servin, premier Avocat General du Roy le 21. Janvier 1626. est intervenu Arrêt, par lequel, vû la censure du Clergé, du 13. Decembre précedent, la Cour, les Grand-Chambre, Tournelle, & Edit, assemblées, a ordonné que le Procureur General du Roy aura commission pour informer des menées, pratiques, sollicitations & assemblées secretes faites contre l'autorité Royale & Loix de l'Etat; fait inhibitions & défenses à toutes personnes de s'assembler, écrire, imprimer, ni publier aucune autre Declaration que celle de l'Assemblée du Clergé du 13. Decembre, à peine contre les contrevenans d'être punis comme perturbateurs du repos public; ordonne que cet Arrêt sera signifié au Syndic des Libraires & Imprimeurs de Paris; & à luy enjoint de le faire sçavoir à tous les autres Libraires, à ce qu'ils n'en prétendent cause d'ignorance. Quelques-uns du Clergé tinrent une assemblée à Sainte Geneviéve les 16. & 17. Février 1626. où ils désavoüerent cette Censure, & l'Arrêt du Parlement; sur quoy la Cour, par Arrêt du 3. Mars 1626. donné les trois Chambres Assemblées, cassa & annulla tout ce qu'ils avoient fait, comme attentat; ordonna qu'il seroit informé des contraventions, réitera les défenses, & ordonna que l'Arrêt seroit signifié aux Prélats étant en la ville, & aux Agens du Clergé; à eux enjoint de se retirer chacun en leurs Dioceses. Cet Arrêt fut signifié à l'Archevêque d'Auch & répondit par l'avis unanime de tous, que Messieurs du Parlement n'ont aucune autorité sur le Clergé de France, qu'ils representent, soûmis au Roy seul, que les Arrêts dont il s'agit sont un attentat intolerable; que les Prélats ont pouvoir & obligation de tout droit divin & humain de s'assembler pour les affaires de la Religion, & qu'à present ils sont assemblés, tant pour l'ouverture du Jubilé, que pour aviser ce qu'ils peuvent & doivent faire pour obtenir du Roy la cassation des Arrêts dont il s'agit.

Le Lundy 9. Mars 1626. Arrêt par lequel il fut dit que cette réponse seroit brûlée au bas des grands degrez du Palais par l'Executeur de la haute Justice, & ajournemens personnels decernez contre les Prélats, conformément aux Conclusions des Gens du Roy; l'execution neanmoins différée au lendemain.

Le Mardy 10. Mars Lettres du Roy au Parlement, par lesquelles il étoit mandé à la Cour de surseoir l'execution de son Arrêt. On trouva une clause étrange & insolite, *sur peine d'encourir l'indignation du Roy*, attendu que ce qu'en avoit fait le Parlement, n'étoit que pour maintenir l'autorité Royale.

Arrêt le 13. Mars suivant, qui ordonne que le Livre de *Santarelli* Jesuite, imprimé à Rome en 1625. traivant *de potestate summi Pontificis*, sera laceré & brûlé en la Cour du Palais par l'Executeur de la haute Justice, ordonné que le Provincial, trois Recteurs, & trois anciens Jesuites, seront mandez venir en la Cour pour être oüis. Le 14. ils subirent interrogatoire; le 16. ils promirent de souscrire à la Censure qui seroit faite par le Clergé & la Sorbonne. Le 17. Mars intervint autre Arrêt, qui ordonna que les Jesuites seroient tenus de desavoüer & détester le Livre de *Sanctarellus*, même de faire un écrit contenant maximes & doctrine contraires à celle de *Santarellus*. Alors on signifia à Messieurs du Parlement un Arrêt du Conseil, portant évocation & surséance de l'execution des Arrêts qu'il avoit donnez contre aucuns du Clergé. Il y eut plusieurs Dissertations au sujet de la Censure qui fut faite de cet ouvrage ; ce qui obligea sa Majesté par Arrêt du 18. Juillet 1626. de faire défenses au Parlement de prendre connoissance des differends, que sa Majesté évoquoit à soy ; & avant faire droit aux Syndics & Docteurs de la Faculté de Theologie, d'envoyer closes & scellées leurs déliberations. Cet Arrêt fut signifié le 1. Decembre suivant ; & depuis, comme l'Assemblée délibereroit sur la Censure de ce Livre, un Evêque se saisit de la minute de la déliberation, & l'emporta avec violence. Quelques Docteurs en rendirent plainte à Messieurs les Gens du Roy ; il y eut plusieurs autres brigues & pratiques, desquelles le Procureur General eut commission d'informer. Il fut ordonné que la minute de la Censure de Sorbonne, violemment emportée par l'Evêque, seroit déposée au Greffe de la Cour ; la Sorbonne fit une Censure plus étenduë de cet Ouvrage de *Sanctarellus*, lequel établissoit l'authorité du Saint Siege au dépens de la puissance Royale. Tout cela est amplement écrit dans la *Bibliot. Canon.* tom. 2. pag. 297. & suiv.

11 Le 1. Avril 1626. aprés la Messe du Saint Esprit, l'Assemblée s'étant faite à l'accoutumé dans la Salle du College de Sorbonne, touchant le Livre impie de *Santarellus* Jesuite. Oüi le rapport des Docteurs que la Faculté avoit députés, lesquels ont exposé qu'és deux Chapitres qui leur avoient été marquez, étoient contenuës les propositions suivantes ; que *le Pape peut punir les Rois & les Princes de peines temporelles; les déposer & priver de leurs Royaumes & Etats, pour crime d'heresie, & délivrer leurs Sujets de leur obeïssance : & que telle a toûjours été la Coûtume de l'Eglise, & non seulement pour l'heresie, mais encore pour d'autres causes, à sçavoir pour leurs pechez, s'il est ainsi expedient ; si les Princes sont negligens ; s'ils sont incapables & inutils, &c.* La Faculté a improuvé & condamné la doctrine contenuë en ces propositions, comme étant nouvelle, fausse, erronée, & contraire à la parole de Dieu, &c. Fait en Sorbonne les jours & an que dessus, & reçûë le 4. Avril 1626. *Bibliotheque Canon.* tome 2. p. 303.

13 Arrêt du Parlement de Paris du 23. Mars 1640. rendu sur la Requête du Procureur General, les Grand'-Chambre, Tournelle & de l'Edit, assemblées, declare qu'un Livre intitulé *Optati Galli de cavendo schismate Liber paraneticus ad Ecclesiæ Gallicanæ Primates, Archiepiscopos & Episcopos*, est un Libelle diffamatoire contre l'honneur du Roy, la souveraineté de sa Couronne, tendant à sédition, & pouvant troubler le repos & la tranquilité publique : ordonné qu'il sera brûlé en la Cour du Palais au devant des grands degrez par l'Executeur de la haute Justice ; défenses de l'exposer en vente, &c. *V. les Preuves des Libertez*, to. 1. ch. 7. n. 86.

14 L'enregistrement des Lettres Patentes en forme d'Edit, sur les cinq propositions du Livre de *Jansenius*, &c. & enjoint à tous Ecclesiastiques de signer le Formulaire dressé par l'Assemblée du Clergé de France, sur les peines portées par les Lettres Patentes ; Lettre missive de M. l'Evêque d'Aleth au Roy ; Harangue de M. Talon sur cette Lettre ; Arrêt qui ordonne que la Lettre sera supprimée, ensemble les copies imprimées & non imprimées ; Copie de la Bulle d'Alexandre VII. Decla-

ration du Roy pour l'execution de ladite Bulle, avec l'Arrêt d'enregistrement du 29. Avril 1664. & 1665. *De la Guess.* tome 2. liv. 6. chap. 29.

15 Des Libelles diffamatoires, & autres Livres prohibez & défendus. *V. le Reglement pour la Communauté des Imprimeurs & Libraires*, de 1686. titre 13.

LIVRES DES FERMIERS.

16 Livres des Fermiers des Gabelles font foy. *Voyez le mot*, Gabelles, n. 13.

LIVRES DES MARCHANDS.

17 Des Livres des Marchands. *V. le Traité de la Preuve par M. Danty, Avocat en Parlement*, chapitre 8. partie 2.

18 *Libri Mercatorum an probent ? Voyez Andr. Gail*, lib. 2. observ. 20.

18 bis. Si l'on doit ajoûter foy au Livre de raison d'un Apoticaire ? *V. Bouvot*, tome 1. verbo, *Marchands*, question 4.

19 Six circonstances doivent se rencontrer pour montrer une entiere foy aux Livres des Marchands. Il faut 1. que le Marchand de l'interêt duquel il s'agit, soit dans la réputation d'être homme de bien. 2. Qu'il ait écrit luy-même l'article de la dette qu'il demande. 3. Qu'il soit en coûtume d'écrire la verité. 4. Qu'il ait remarqué la cause de la dette. 5. Qu'il ait écrit dans ce même Livre ce qu'il doit, aussi-bien que ce qui luy est dû. 6. Qu'il y ait des circonstances qui rendent la dette vraisemblable, comme est celle de la demeure du debiteur, dans le lieu où elle a été contractée, & d'autres qui peuvent se tirer de la qualité des personnes. *Voyez Guy Pape*, quest. 441.

20 Par Arrêt de la Cour à Toulouse le 26. Novembre 1566. les Contracts de laine faits par Daubuisson, furent cassez, & le prix ajugé aux pauvres ; défenses à toutes personnes d'acheter laine d'autres que Marchands trafiquans, ou de ceux qui ont bétail portant laine, à peine de 4000. liv. & autre arbitraire. *Bibliot. de Bouchel*, verbo, *Usures*.

21 Les Livres des Marchands ne font point foy contre les heritiers de ceux dont ils se prétendent créanciers pour marchandises, s'ils n'ont des arrêtez d'eux. Arrêts du Parlement de Grenoble des 18. Mars 1603. 20 Novembre 1606. 10. Mars 1609. & 17. Juillet 1618. Il a été jugé par autre Arrêt du 16. Janvier 1674. qu'il faut que par foute foy, ces Livres soient des Journaux, qui suivent l'ordre des temps, que celuy des fournitures & soit gardé ; & enfin qu'ils ne concernent que le fait du negoce & de la marchandise. *Voyez Chorier en sa Jurisprudence de Guy Pape*, page 313. où il ajoûte, *aliud autem est de libris Gabellariorum & aliorum, qui & si non sint persona publica, potestatem tamen habent de publico*, comme il a été jugé par Arrêt du Parlement de Grenoble du 30. Mars 1618.

22 Arrêt du Parlement de Toulouse du 14. Decembre 1662. qui ordonne le serment *in litem*, contre celuy qui ne represente point les Livres d'une société dont il est saisi, & la taxe à la valeur des dommages & interêts. *Boniface*, tome 1. liv. 1. tit. 39. nomb. 2.

23 Arrêt du même Parlement de Toulouse du 20. Mars 1676. qui oblige les Marchands à tenir leurs Livres de compte en papier timbré. *Boniface*, tome 3. liv. 3. tit. 15. chap. 2. il observe que les Fermiers ayant voulu y obliger les Marchands de Lyon, furent déboutez de leur demande, & que depuis ce temps les Marchands sont demeurez en paisible possession de tenir leurs Livres sans timbre.

24 Les Livres imprimez declarez exempts du droit de peage & chef-d'œuvres prétendus par le sieur de Nevers. Arrêt du Parlement de Paris du 25. Février 1610. *Corbin, suite de Patronage*, chap. 231.

LIVRES DES RECEVEURS.

25 Tous Receveurs Generaux, Particuliers, & Comptables doivent tenir Livres de raison, ainsi jugé. *V. Philippi en ses Arrêts de consequence de la Cour des Aydes de Montpellier*, art. 46.

Si les Livres de Recette sont foy pour les droits de l'Eglise ? *V. Boërius, dec.* 105. Caron, *liv.* 2. *chap.* 21. *& liv.* 5. *chap.* 21.

LODS ET VENTES.

Voyez *hoc verbo*, la Bibliothèque de *Jovet*, & *Bouvot*, *tome* 2. le Traité qui en a été fait par *M. d'Argentré*, les Décisions recueillies par *M. Lange au* 2. *tome de sa Pratique.* Despeisses, *tome* 3. *en son* Traité des Droits Seigneuriaux, *tit.* 4. *sect.* 5. *page* 51. *& suiv.* les Commentateurs de la Coûtume de *Paris sur les articles* 76. 77. *& suivans de la même Coûtume*, & les *Commentateurs des autres Coûtumes* où ce droit est établi.

1. *Laudimia ut debeantur solâ recognitione, generali non, nisi recognitionis tempore recognoscens tenebat & possidebat, probatur.* Voyez *Franc. Marc. tome* 2. *quest.* 292.

2. *Forma & modus per quem solvuntur laudimia in Comitatibus Provincia, Forcalqueriï.* Boniface, *tome* 4. *liv.* 2. *tit.* 1. *chap.* 20.

3. D'une vente faite *à non Domino non debentur laudimia, quod tamen intelligendum, si venditor non sit Dominus neque possessor feudi venditi.* Pontanus, *Coût. de Blois,* art. 81. *verbo decimo quinto.*

4. Si l'assignal emporte translation de propriété, lods & ventes ? Voyez *Coquille, quest.* 113.

5. Si l'heritage est vendu purement, mais sous condition de certain jour, lods & ventes en sont dûs ? *V. Chopin, Coûtume de Paris, livre* 1. *tit.* 3. *nomb.* 12.

6. Les lods & ventes appartiennent au Seigneur immediat, la clause étant vendu, & non au primordial. *Faber, sur le §. adeò de locato.* Boyer, *& Cujas, Cambolas, liv.* 1. *chap.* 15.

7. Arrêt du Parlement de Paris de l'an 1334. qui sur une demande de lods & ventes, déboute un défendeur d'un garand formel. Si les lods & ventes sont demandez hipotecairement au possesseur, d'autre acquêt que du sien, il peut appeller le vendeur en garantie, le Seigneur peut agir directement contre le possesseur pour l'achat par luy fait. *Biblioth. de Bouchel*, verbo, *Garantie.*

8. Lods de ventes casuelles sont dûs au Seigneur à qui elles appartenoient au temps de la vente. Arrêt du Parlement de Paris du 11. May 1545. Il s'agissoit d'une vente faite dès-lors, comme dès à present & dès à present comme pour lors, par un débiteur à son créancier, faute de payement d'une somme. La Cour jugea que le temps du contract devoit être consideré. Papon, *liv.* 13. *tit.* 2. *nombre* 27.

9. L'Acquereur ajourné pour apporter son titre & payer les lods & ventes de son acquisition, ne peut demander vûë. Arrêt du Parlement de Paris du 6. May 1552. *Biblioth. de Bouchel*, verbo, *Cens.*

10. Lods & ventes dûs d'un contract sans possession. Arrêt du Parlement de Bretagne du 20. Septembre 1565. autrement il se feroit trop de fraudes aux droits des Seigneurs. Pareille cause appointée le 10. Août 1632. *Du Fail, liv.* 2. *chap.* 260.

11. Droits Seigneuriaux sont dûs pour raison de la vente faite par le mary du propre de sa femme, encore qu'elle n'ait pas ratifié, & qu'il faut suivre la Coûtume du lieu où l'heritage est assis. Arrêts des 1. Septembre 1565. & 28. May 1574. *Carondas, liv.* 2. *Rép.* 29.

12. Lods & ventes ne sont dûs d'un Contract par lequel on donne des terres en friche pour planter en vignes dans certain temps, après lequel passé, le Colon pour ses travaux aura la moitié du fonds, où il est dit que les donations, les legs, les constitutions dotales, les divisions necessaires, &c. ne doivent lods. *M. Dolive, liv.* 2. *chap.* 16.

13. Ventes ne sont dûës d'une declaration faite *in continenti.* Arrêt du Parlement de Bretagne du 13. Août 1576. *quia nulla facta est manus mutatio*, & même si l'acheteur *ex auctione declaroit se alieno nomine emisse, duplicia non debentur.* Arrêt du 28. Août 1509. mais si la subrogation étoit faite par l'adjudicataire, un temps considérable après l'adjudication, ventes seroient dûës. Arrêt du 30. Septembre 1604. *Du Fail, liv.* 1. *ch.* 414.

14. Si de l'institution d'un heritier fiduciaire, il en est dû lods ou mi-lods ? Voyez *Henrys*, *tome* 1. *liv.* 3. *chap.* 3. *quest.* 22.

15. *An ex contractu inito cum minore, qui in integrum est restitutus, debeantur laudimia ?* Arrêt du 24. Avril 1578. qui a jugé l'affirmative. On se fonda sur le payement des lods que l'acheteur avoit déja fait. *Bibliotheque de Bouchel,* verbo, *Lods & ventes.*

16. Le Seigneur qui vend dix arpens du domaine de son fief, ne peut demander à l'Acquereur lods & ventes. Bacquet, *des nouveaux acquets, chap.* 33. *nomb.* 7.

17. Un homme prend de l'Hôtel de Ville une place à la charge de la faire bâtir & la rendre sans prix au bout de 60. ans. L'Abbé de Saint Germain des Prez demande lods & ventes. Arrêt du Parlement de Paris du 29. Novembre 1607. qui déboute l'Abbé ; *Omnis enim alienatio non est venditio.* Le même Arrêt fit défenses aux Présidiaux de juger en dernier ressort du droit de lods & ventes. *Plaidoyers de Corbin, chap.* 96.

18. Heritages vendus ne tombent en rachat par le décés du vendeur après possession prise & ventes payées par l'acquereur, quoyqu'il n'ait entré en foy, car les ventes étant payées au Seigneur emportent une formelle reconnoissance du nouveau vassal. Arrêt du Parlement de Bretagne du 9. Mars 1610. Voyez *Frain, p.* 91.

19. Lods sont dûs de vente où il y a constitut & de celles où il n'y en a point & sans saisine actuelle & délivrance, la clause de constitut represente la vraye délivrance de l'immeuble. Voyez *Papon, liv.* 13. *titre* 2. *nombre* 30.

20. Le 20. Septembre 1621. (le Parlement ayant été continué à cause des troubles qui étoient avec ceux de la R. P. R. le Roy étant en ce temps-là devant Montauban avec son armée) il a été jugé en la première Chambre des Enquêtes que d'un fonds donné *in feudum nobile & francum sub hommagio & dominio directo* n'étoient point dûs lods & ventes. *Cambolas, liv.* 4. *chap.* 30.

21. Lods & ventes sont dûs au Seigneur, lorsque le vendeur reprend les biens vendus en vertu de la clause de précaire apposée au contract. Arrêt du Parlement de Toulouse du 5. Juin 1632. *M. Dolive, liv.* 2. *chap.* 17. *& 18.*

22. Frere qui donne à sa sœur une terre paternelle pour les droits de remploy de sa mere, ne sont dûs lods, &c. Arrêt du 28. May 1641. *Du Frêne, liv.* 3. *ch.* 75.

23. Le Seigneur direct qui avoit été condamné à la vidange de la terre, par la possession de laquelle il luy avoit été payé des lods & ventes, avec restitution de fruits, fut aussi condamné en compter non seulement à l'égard de ce qu'il en avoit effectivement reçu, mais de ce qu'il avoit dû recevoir sans diminution. Arrêt du Parlement de Grenoble du 16. Janvier 1660. Voyez *Chorier, en sa Jurisprudence de Guy Pape, pag.* 134.

24. Il n'est point dû de lods de la moitié des terres complantées en vigne donnée au Colon pour ses travaux, parce que cela n'est pas regardé comme une alienation. Cela se juge ainsi au Parlement de Toulouse. *V. M. de Catellan, liv.* 6. *chap.* 1.

25. Lods sont dûs de vente pour Tailles. *Basset, tome* 2. *liv.* 3. *tit.* 12. *chap.* 1. rapporte des Arrêts du Parlement de Grenoble des 20. Mars 1618. 28. Août 1665. & 27. Juin 1665.

26. Arrêt du Parlement de Provence du 7. May 1670. qui a jugé le lods être dû d'une cession suivie du délaissement de biens. Boniface, *tome* 4. *livre* 2. *titre* 1. *chapitre* 4.

27. Jugé le 4. May 1671. que le lods n'est dû au Seigneur ou à son cessionnaire pour des arrerages de cens dûs au Seigneur. Boniface, *ibidem, chap.* 12.

LODS, ACQUEREUR.

28. L'art. 64. de la Coût. de Bretagne veut que l'acquereur paye les ventes, & d'*Argentré* au traité de *Laudimis chap.*

LOD   LOD   625

chap. 3. a été de contraire avis, parce que l'acquereur *omni utilitate contractus caret*, mais puisque le droit est une fois acquis au Seigneur par la vente, l'acquereur par le fait d'autrui ne peut être dégagé de l'obligation à laquelle il est lié par la Coûtume. Arrêt du Parlement de Bretagne du dernier Février 1643. *Du Fail*, liv. 1. chap. 2.

29 Es Coûtumes où les droits Seigneuriaux des ventes sont dûs par le vendeur & l'acheteur, sinon que la vente soit faite francs deniers, ou par decret, où la vente est toûjours présumée faite francs deniers, l'adjudicataire est tenu des droits. Arrêt du Parlement de Paris du 24. Janvier 1648. *Du Frêne*, liv. 5. chap. 27.

30 Payement de lods par l'un des acheteurs, ne se doit faire préferer, s'il est posterieur en Contrat. Arrêt du Parlement de Grenoble du 31. Juillet 1651. *Basset*, tome 1. liv. 4. tit. 12. chap. 2.

31 L'Acheteur n'est tenu de jurer ce qu'il a payé pour les lods, quand il en rapporte une quittance. Arrêt du Parlement de Grenoble rapporté par *Bouvot*, tome 1. part. 1. verbo, *Lods*, quest. 1.

32 Si les lods étant demandez de la vente de la terre feudale, l'acheteur peut demander au Seigneur communication du titre en vertu duquel il prétend les lods ? V. *Bouvot*, tome 1. part. 2. verbo, *Lods*.

33 Si les lods sont dûs selon la Coûtume des lieux des choses vendues, & à la forme du terrier ou des attestations, & s'ils sont dûs du Contract d'échange aux rentes que l'on peut rachetter ? V. *Bouvot*, tome 2. verbo, *Lods*, quest. 9.

34 Les lods peuvent être demandez d'un Contract de vente d'une chose excedante cent livres, quoyqu'il n'y ait point d'écrit, ou des rentes à prix d'argent assignées sur heritages, Arrêt du Parlement de Bourgogne du 29. Janvier 1607. *Ibidem*, quest. 12.

35 Lods ne sont point dûs d'un contract d'engagement, ou pignoratif. Arrêt du Parlement de Dijon du 1. Juillet 1610. *Bouvot*, tome 1. part. 1. verbo, *Engagement*.

36 Les lods sont dûs d'heritages donnez en payement, de deniers ajugez par Sentence arbitraire, & étant dit qu'ils en prendroient jusqu'à la somme ajugée. Arrêt du Parlement de Bourgogne du 14. Février 1613. *Bouvot*, tome 2. verbo, *Lods*, quest. 16.

37 Les lods ne sont dûs d'un simple cens, qui n'est ni Seigneurial, ni emphiteotique. Arrêt du Parlement de Dijon du 7. Janvier 1620. *Bouvot*, ibidem, quest. 19.

LODS, ALLUVION.

38 *Laudimia debentur nedum ex venditione albernagii aquagii, sed etiam ex eo quod ex aquarum decursu pretium nullum est.* Voyez *Franc. Marc.* 1. part. quest. 607.

39 Par la Coûtume de Dauphiné, le Seigneur haut-Justicier prend le tiers des lods des fonds que les petites rivieres de sa terre arrosent, soit qu'ils relevent d'autre directe que la sienne, ou qu'ils soient de francaleu. V. *Salvaing. de l'usage des Fiefs*, chap. 58.

LODS, ANTICHRESE.

40 Lods ne sont dûs en antichrese, parce que ce n'est qu'un simple engagement, à moins que le long espace ne fasse présumer la fraude. V. le mot, *Antichrese*, n. 10.

LODS, BAIL.

41 D'un arrentement à longues années, ou d'un perpetuel, le lods est dû au Seigneur, *Du Perrier*, livre 4. quest. 25.

42 Il n'est dû aucunes ventes du Bail à cens, bien qu'il y ait bourse déliée. 2. Ni ne tombe en retrait. 3. Mais à la premiere mutation de la censive. 4. Et non des choses censuelles, le Seigneur est recevable de retraire la censive avec tout l'ancien domaine d'icelle, alienée par le Bail. 5. Ou de prendre les ventes du total. 6. Si ce n'est qu'il eût reconnu la censive par l'aveu & dénombrement. *Brod. lit. R. n.* 26. 2. id. *Loüet*, lit. R. n. 16. 1. id. Argent. art. 73. gl. 2. n. 2. *sed sat in indemnitatem*, Vid. *Mornac*, ad L. 1. §. ff. *si ager. vectig. pet.* vid. *Molin.* verb. joüer de son fief, n. 13. & seq. 1. id. *Papon*, lib. 13. tit. 1. n. 4. 1. id. *Bacquet*, francfief, chap. 2. n. 8. & seq. 3. in. *Mornac*, ad L. 15. & item si ff. de rei vindic. 3. id *Catond.* resp. lib. 2. n. 14. & lib. 5. n. 65. 5. *aliud* au franc-fief, *Bacquet*, francfief, chap. 6. n. 6. 3. vid. *Chopin, Paris.* lib. 1. tit. 2. n. 20. & eum vid. *Andeg.* lib. 2. tit. 3. n. 1. & 2.part. lib. 2. tit. 2. n. 7. vid. *Maichin*, tit. 4. art. 27. cap. 5. 1. id. *Bechet* au bail à rente, *sed cont.* en la sous-inféodation, art. 60. chap. 8. 1. M. *Abraham la Peirere*, en ses *Decisions du Palais*, Lettre V. nomb. 23. dit, J'ay vû des Arrêts contraires dans nôtre Ressort: mais aussi en ce cas, si le Seigneur prend les ventes il couvre entierement le retrait feodal, & le vassal qui a baillé à cens, prendra les ventes à l'avenir ensemble le retrait.

43 Si lods & ventes sont dûs d'un bail perpetuel de 29. en 29. ans ? Arrêt du 1. Mars 1576. qui l'a ainsi jugé. Arrêt contraire donné au mois de Janvier 1599. Bibliotheque de Bouchel, verbo, *Lods & ventes*.

44 Des Baux à 29. années, lods & ventes sont dûs. Arrêt du Parlement de Toulouse du 1. Mars 1576. Arrêt contraire, contre la veuve du Seigneur de Lanta du mois de Janvier 1599. *La Rocheflavin, des Droits Seigneuriaux*, chap. 38. art. 2.

45 Pour Bail emphiteotique d'un heritage, lods & ventes ne sont dûs au Seigneur superieur, mais seulement le cens. Arrêt du 22. Août 1587. *Chopin, Coûtume de Paris*, liv. 1. tit. 2. nomb. 13 circa finem.

46 En la Coûtume d'Anjou pour bail à rente rachetable sont dûs lods & ventes. Prononcé à Pâques le 17. Avril 1601. *Montholon*, Arrêt 95. & M. *Bouguier*, lettre V. nomb. 1.

47 Pour bail à rente rachetable sont dûs lods & ventes en la Coûtume d'Anjou. Arrêt du 17. Avril 1601. *Montholon*, Arrêt 95. & M. *Bouguier*, lettre V. nom. 1. où est le même Arrêt.

48 Le bail à rente pur & simple d'un heritage, n'est sujet à lods & ventes ; mais quand il y a paction de rachetter, il y a lieu à la demande des lods & ventes. *Chopin, Coûtume de Paris*, liv. 1. tit. 3. nomb. 14.

49 Il n'est point dû de ventes pour les baux emphiteotiques à vies ou à longues années, lorsqu'il n'y a point d'argent déboursé au Contract. Arrêt celebre du 29. Novembre 1607. *Tronçon*, art. 7. *Brodeau*, art. 78. nombre 32. c'est aussi l'avis de *du Plessis*, traité des *Censives*, livre 2.

50 Lods sont dûs *de locatione in perpetuum*. Jugé au Parlement de Grenoble le 28. Juin 1613. S'il s'agit d'une antichrese, quoyque le payement ne se fasse que plus de dix années après, il n'est point dû droits de lods. Arrêt du mois d'Août 1616. *Basset*, tome 2. liv. 3. tit. 12. chap. 3.

51 Lods & ventes des baux à rente rachetable sont dus, encore que la rente ne soit rachetée. Arrêt du 17. Avril 1601. M. *Loüet*, lettre L. somm. 18. où sur cette lettre *Brodeau*, nombre 3. rapporte deux Arrêts, l'un du 10. Decembre 1621. par lequel il a été jugé que les lods & ventes pour raison d'un bail à rente, étoient dûs au Seigneur du temps du bail, & non à celuy qui étoit Seigneur au temps du rachat : l'autre du 26. Août 1626. par lequel il a été jugé que quand les lods & ventes du bail à rente rachetable ont été payez, si la rente est venduë, il ne sera dû aucuns lods & ventes, qui seroient dûs si la rente n'étoit point rachetable. Voyez l'art. 87. de la Coûtume de Paris.

52 Arrêt du Parlement de Provence du 7. Février 1639. qui a jugé que le lod n'est point dû d'un fond constitué en emphiteose à prix d'argent, *Boniface*, tome 1. liv. 3. tit. 4. chap. 5.

53 Il est dû lods & ventes lorsqu'il y a de l'argent reçû dans le rachat de la locataitie perpetuelle fait par l'emphiteote. Arrêt du Parlement de Toulouse du 7. May 1652. rapporté par M. *de Catellan*, liv. 3. chap. 17.

LODS, BOIS.

54 Si les lods & ventes sont dûs en ventes de coupe de bois de haute futaye ? Voyez le mot *Bois*, nombre 63. & suivans.

Tome II.   Kkkk

55 L'usage present du Parlement de Bourdeaux est d'ajuger les lods de la vente de la coupe d'un bois à haute futaye ; l'usage du Parlement de Toulouse est contraire. *V. M. de Catellan*, *liv.* 5. *chap.* 6.

56 Lods & ventes ne sont dûs pour vente de la coupe de bois de haute futaye. Jugé au Parlement de Paris le 26. Janvier 1638. *Bardet*, *tome* 2. *liv.* 7. *chap.* 7.

LODS, CONTRACT NUL.

57 Voyez *M. Louet & son Commentateur*, *lettre* R. *somm.* 2. & *cy-après le nomb.* 93.
Laudimia, *si contractus rescindatur*, *an repeti possint ?* Voyez *Franc. Marc.* 1. *partie quest.* 605.

58 Lods & ventes ne sont dûs de Contract nul & imaginaire. Arrêt du 2. May 1575. *Papon*, *liv.* 13. *tit.* 2. *n.* 24.

59 Jugé le 29. Novembre 1663. qu'une clause apposée dans un Contract de vente par laquelle l'acquereur stipule qu'en cas que le Seigneur prétendît plus grande somme que celle limitée par le Contract, il seroit en la faculté de l'acquereur de s'en départir, & que le Contract demeureroit nul & resolu, ne pouvoit produire aucun effet au préjudice du Seigneur pour l'obliger de se contenter de la somme, ou souffrir la resolution du Contract ; mais que nonobstant la clause, le Seigneur étoit bien fondé à prétendre contre l'acquereur le payement entier des lods & ventes sur le pied du prix porté au Contract. *Soëfve*, *tome* 2. *Cent.* 2. *chap.* 96.

DISPOSITIONS OU USAGES DES COUSTUMES.

60 Quelques Docteurs estiment qu'il n'est pas dû des lods des choses données ou échangées : Neanmoins dans l'usage de *Dauphiné* il en est dû la moitié seulement de ce qu'on en paye dans les autres alienations ; mais rien ne peut être prétendu de ce qui est donné en dot sans être estimé, ni de ce qui est legué, ni même des fonds que le coheritier remet au coheritier, sur lesquels le droit de prélation ne peut être non plus exercé ; mais lorsque dans l'échange une somme certaine est donnée avec un fond, si la somme égale la valeur du fond qu'on aura reçu en échange, un demi lod sera dû à l'égard seulement de la somme. Voyez *Guy Pape*, *question* 48. & 91.

61 Les habitans de *Figeac* declarez exempts de payer lods & ventes. Arrêt du Grand Conseil du 18. Février 1611. cependant ils ne sont exempts de payer le cens ; *quia census potest esse sine laudimiis*. Bibliotheque de *Bouchel*, verbo, *Lods & ventes*.

62 Arrêt du Parlement de Paris du 7. Septembre 1608. entre M. l'Evêque de *Langres* & M. Jacques de Vienne, qui juge que les Seigneurs ne peuvent prétendre lods & ventes, parce que la Coûtume de *Langres* ne leur donne pas ce droit en termes exprès. *Corbin*, *Traité des Fiefs*, *page* 873.

63 Lods & ventes sont dûs en consequence du cens Seigneurial, ainsi quand même le Seigneur n'en auroit jamais été payé, il seroit en droit de les prétendre. Arrêt solemnel pour le Roy de *Navarre* contre les habitans de *Limoges* qui soûtenoient être en possession de n'en point payer. Depuis les Comtez de *Limoges* & *Perigueux*, ayant été donnés en appanage à la Duchesse de Bar, ceux qui étoient préposez pour rechercher ce droit depuis 29. ans, obtinrent Arrêt le 13. Septembre 1601. Autres Arrêts du 2. Janvier 1599. au profit du Chapitre de Rheims du 15. Mars 1603. pour les Religieux de S. Pierre d'Aumont à *Châlons*, du 20. Août 1605. en faveur du Seigneur de l'Islebonne dans la Coûtume de *Vitry*, du 23. Février 1613. pour le Seigneur de Singly, Coûtume de *Vermandois*, du 18. Février 1617. pour M. le Duc de Guise, contre les habitans d'Aigny. *V. les Additions à la Bibliotheque de Bouchel*, verbo, *Lods & ventes*.

64 Arrêt du Parlement de Paris du 26. Juillet 1571. qui ajuge au Cardinal de Lorraine Abbé de *Cluny*, droit de lods & ventes de dix sols pour livre sur les terres de *Lisi* & *Peronne*. Bibliotheque du *Droit François*, verbo, *Cens*.

65 Arrêts du Parlement de Bourdeaux des 23. Decembre 1518. & 23. Decembre 1519. par lesquels le sieur de Bourdeilles fut condamné de payer les lods & ventes pour la Châtellenie de *Bernardieres* au Seigneur de *Marcuil*. *Corbin*, *Traité des Fiefs*, *loi* 22.

66 En l'an 1549. on dit y avoir eu Arrêt au profit d'un nommé Jean Boullerot de Troyes, contre le Baron de Plancy, par lequel le sieur de Plancy fut débouté de droit de lods & ventes par luy prétendu en sa Justice sur les terres non redevables de censives envers luy ; le défendeur se fondoit principalement sur la Coûtume particuliere inserée à la fin de celle de *Meaux*, qui porte exception pour la franchise des terres étant en *Champagne*, posé qu'elles soient de ce Ressort où le franc-aleu n'a lieu sans titre. Bibliotheque du *Droit François* par *Bouchel*, verbo , *Censive*.

67 Arrêt du Parlement de Paris du 11. Mars 1552. pour l'exemption des lods & ventes en la Ville & Comté de *Tonnerre*. *Corbin*, *Traité des Fiefs*, *pag.* 873.

68 Le Roy a 27. deniers de censive sur deux étaux de la Ville de *Troyes*, dont les lods & ventes appartiennent neanmoins aux Chanoines de saint Urbain de la même Ville. Arrêt du Parlement de Paris de l'an 1528. qui les confirme dans ce droit. *Bibliotheque de Bouchel*, verbo , *Cens*.

69 Arrêt du Parlement de Bourdeaux du 24. Decembre 1529. qu'il seroit informé par turbes de l'usage pour le droit de lods & ventes en la Vicomté de *Turenne*. *Corbin*, *Traité des Fiefs*, *page* 853. & *suivans*.

LODS, *Datio in solutum*.

70 Adjudication d'immeubles à un Créancier pour le payement de son dû, tient lieu de vente ; il est dû droits de lods. Arrêt du Parlement de Toulouse du 9. Février 1587. *Mainard*, *tome* 1. *liv.* 4. *chap.* 30.

71 Si par le partage des biens d'une communauté, on délaisse au mary, ou à la femme, ou aux heritiers de l'un d'eux, un heritage étant de la même communauté, en payement d'une somme stipulée propre au mary, ou à la femme, jugé par Arrêt du 14. Juin 1619. qu'il n'est point dû de ventes. Voyez *Auzanet*, sur *l'art.* 73. *de la Coûtume de Paris*.

72 Par Arrêt du 30. Mars 1621. jugé contre les Celestins de Paris, & contre le Seigneur du Fief de Coquatrix, que si une maison ou heritages sont laissez par des enfans ou heritiers à une veuve en payement de ses conventions matrimoniales ou remploy de ses heritages alienez, ce n'est point une vente, aucuns droits ne sont dûs aux Seigneurs desquels les heritages sont tenus en mouvance. Bibliotheque de *Bouchel*, verbo , *Lods*.

73 Les lods sont dûs d'un bail en payement pour dépens dommages & interêts, procedans du défaut de payer une dot & une legitime. Arrêt du Parlement de Grenoble du 11. Février 1640. *Basset*, *tome* 1. *liv.* 3. *tit.* 8. *chap.* 4.

74 Il n'est point dû de lods & ventes d'une terre paternelle, baillée en payement par un frere à sa sœur pour les droits de remploy. Arrêt du Parlement de Paris du 28. May 1641. *Du Frêne*, *liv.* 3. *chap.* 75.

75 Lods & ventes sont dûs de la vente que le pere fait à son fils, à la charge d'acquiter les dettes. Arrêt du 29. Février 1648. *Henrys*, *tome* 1. *livre* 3. *chapitre* 3. *question* 44.

76 Lods sont dûs d'un bail en payement pour dot. Arrêt du Parlement de Grenoble du 18. Novembre 1652. mais non pour la legitime. Jugé par le même Arrêt & par un autre du 28. May 1659. parce que *filii non tam acquirere de novo quam continuare bonorum paternorum dominium censentur*. *Basset*, *tome* 2. *liv.* 3. *tit.* 12. *chap.* 2.

77 Les Créanciers de *Leoni* qui avoient pris en payement des immeubles, ne devoient payer qu'une fois des lods & ventes, tant pour la prise en payement que pour la vente qu'ils feroient desdits heritages. Arrêt à l'Edit du 7. Septembre 1660. *Dictionnaire de la Ville*, *nombre* 4100.

78 Une veuve qui avoit renoncé & prenoit des immeubles de la communauté pour ses conventions matrimoniales, devoit lods & ventes à Monsieur de Bercy. Arrêt du 21. May 1666. Audience de relevée, plaidans Laurenchet & Guery : l'Arrêt contre le sentiment de tous ceux du Barreau. *Ibidem*, *nomb*. 4202.

79 Une maison des conquêts baillée par les Créanciers du mary à sa femme separée de biens, il n'en est point dû de lods & vente. Arrêt du 23. Juin 1665. *Des Maisons, lettre* L. *nombre* 2.

Il n'est pas dû de lods lorsque l'heritier du pere baille en payement du legs fait en deniers à un des enfans, un fond paternel ; mais si la mere de ce fils legataire luy a succedé avant le payement, & qu'ensuite elle prenne en payement un fonds de l'heredité paternelle, les lods en sont dûs ; l'exemption de ces lods est personnelle à ce fils, & n'est point par luy transmise à sa mere. Arrêts du Parlement de Toulouse du mois de Février 1666. rapporté par *M. de Catellan, liv.* 3. *chapitre* 20.

80 Arrêt du Parlement de Provence du 7. Juin 1686. qui adjuge le lods au Seigneur d'une collocation faite par une mere sur les biens de son mary pour les avantages nuptiaux dont ses enfans sont portionaires. *Boniface, tome* 4. *liv.* 2. *tit.* 1. *chap.* 8.

81 Le 17. Février 1687. jugé que le Seigneur de Fief ne prend point de lods de la collocation, qu'il fait pour des sommes à luy dûes, sur les biens de son vassal. *Ibidem, chap.* 7.

82 Arrêts qui ont jugé le lods n'être point dû des collocations que le fils fait sur les biens de son pere, pour ses droits paternels ou autres qu'il rapporte conservant la qualité d'heritier de son pere. *Ibidem, chap.* 9.

83 Arrêt du même Parlement de Provence du 29. Juin 1687. qui a jugé le lods être dû d'un bail en payement & d'un bail en engagement. *Boniface, ibidem, ch.* 5.

84 Il semble qu'on ne doute plus au Palais qu'à l'égard du conquêt donné en payement à la veuve, soit qu'elle ait accepté la communauté, ou qu'elle y ait renoncé, il n'en est point dû de droits ; mais si c'est un propre du mary, il y a beaucoup de variation dans la Jurisprudence des Arrêts, quoyqu'il paroisse qu'on incline toûjours à en décharger la mere. L'on prétend qu'il y a eu des Sentences pour ce dernier parti en la Chambre du Domaine, M. Mousle, Avocat portant la parole pour M. le Procureur du Roy absent ; mais en même temps il faut avoüer que l'une de ces Sentences ayant été infirmée par Arrêt dont M. le Févre, Avocat du Roy, a eu la communication, on juge presentement le contraire dans la même Chambre : cependant il est intervenu Arrêt en la Grand-Chambre le 25. May 1696. contre les Religieux de l'Abbaye de Corbie, & le sieur de Turmenie Coseigneur de la mouvance de Moreüil, par lequel fut jugée la question en faveur de Madame la Maréchale de Crequi, à qui ce fief étoit échû par une Sentence arbitrale du 30. Juin 1689. contenant le partage entr'elle & Messieurs ses enfans, de la communauté & de la succession de M. le Maréchal qui s'étoit rendu adjudicataire du même fief en qualité de Créancier de M. son pere dont il étoit aussi heritier beneficiaire. V. *Du Plessis, sur la Coûtume de Paris*, *article* 80.

85 Si le frere en payement du capital de la constitution faite à sa sœur par le pere commun, & des interets qui ont couru depuis le mariage, au profit du mary, baille un fond paternel, quoyqu'il ne soit pas dû des lods pour ce bail en payement, par rapport au capital de la constitution faite à la fille, il en est dû par rapport à ces interets qui ont couru depuis le mariage au profit du mary, pour lesquels il est bail en payement a aussi été fait. Arrêt du Parlement de Toulouse du 23. Décembre 1698. en faveur du Syndic des Religieux de Bonnecombe, rapporté par *M. de Catellan, liv.* 3. *chap.* 29.

LODS ET VENTES, DECRET.

86 L'adjudicataire doit les lods à raison du prix du decret, & du surplus s'il transige avec quelques parties interessées moyennant une certaine somme pour s'assurer la proprieté. Jugé par Arrêt du Parlement de Toulouse. *Papon, liv.* 18. *tit.* 6. *nomb.* 48.

87 L'heritier beneficiaire qui se rend adjudicataire des biens de la succession doit les lods & ventes. M. *Salvaing, o.* 80. rapporte un Arrêt du Parlement de Grenoble qui a jugé l'affirmative, fondé sur cette raison qu'il semble qu'il n'a été mis aux encheres que pour y mettre prix & pour sçavoir de combien l'heritier doit tenir compte aux Creanciers.

88 Dans les Pays du Droit écrit, dans les ventes par decrét les encheres sont reçûes jusqu'à ce que le decret soit levé & scellé, neanmoins les lods sont dûs au Seigneur ou au Fermier qui joüissoit de la terre dans laquelle les heritages vendus par decret sont situez lors de l'adjudication ; & non pas à celuy qui en joüit lors de la levée du decret. *Voyez Henrys, tome* 1. *liv.* 3. *chap.* 3. *quest.* 30. Faber, dans son Code *de jur. emphit. diff.* 30. & 38. dit que le Senat de *Chambery* pratique la même Jurisprudence.

89 Lods & ventes sont dûs pour deniers payez pour faire casser la poursuite de la nullité d'un decret ou cassation de contract de vente. Arrêt du 15. May 1563. *Carondas, liv.* 7. *Rép.* 111.

90 Si l'on fait decreter l'heritage à plus haut prix qu'il n'auroit été vendu, sont dûs les lods & ventes pour le plus, *etiam*, quoyqu'on les ait déja payez du prix accordé, & que le decret ne soit fait que pour assurance de l'acquereur. Arrêt du mois d'Octobre 1565. *Le Vest, Arrêt* 81.

91 Si la vente d'un heritage a été faite à la charge qu'il sera decreté, & que l'acquereur se rende adjudicataire, il n'est dû qu'un seul droit de lods & ventes. Arrêt du 23. Décembre 1555. *Chopin, liv.* 2. *du Domaine, tit.* 5. *nombre* 6. les droits sont dûs au Fermier lors du contract & non du decret. Si l'heritage est decreté, les lods sont dûs au Fermier du temps de l'enchere, non à celuy du temps de la délivrance du decret ; s'il y a supplément de juste prix, les lods & ventes en appartiennent au Fermier qui est lors du supplément, & non à celuy qui est lors de la vente, soit volontaire, soit judiciaire. *Chopin, de Mor. Paris. liv.* 1. *tit.* 2. *nomb.* 29. & 32. *Carondas, liv.* 6. *chap.* 63. & *liv.* 7. *ch.* 113. *Papon, liv.* 11. *tit.* 7. *nomb.* 8.

92 L'adjudicataire transigeant doit payer les lods & ventes de ce qu'il fournit, outre le prix du decret. Arrêt du Parlement de Toulouse du 17. Juin 1569. *Papon, liv.* 13. *tit.* 2. *nomb.* 35.

93 *An ex contractu inito cum minore, qui in integrum est restitutus, debeantur laudimia ?* Jugé pour l'affirmative le 24. Avril 1578. les Chambres assemblées ; cependant le contract dont il s'agissoit étoit nul, comme fait contre la teneur du titre du Code *de rebus minorum sine decreto non alienand.* or les lods ne sont dûs *ob laborem investitura, sed in recognitionem domini* ; mais il fut dit qu'on s'étoit fondé sur le payement desdits lods, que l'acquereur avoit déja faits, interpretant la theorique *ex contractu nullo non deberi laudimia habere locum quando soluta non sunt* ; *quod confirmatur L. si minor* 4. *de doli mod. & met. except.* V *Guid. Pap. consf.* 590. *ubi de commisso & contractu nullo. La Rochesiavin, des Droits Seigneuriaux, ch.* 38. *art.* 7. *Gravérol* observe que l'usage est contraire, étant certain qu'il n'est dû aucuns lods d'un decret cassé par nullité, pour avoir été mal obtenu, quoyqu'il soit accompagné de la mise en possession. Arrêt du 20. Décembre 1660. Il faut pourtant faire une distinction entre un contract nul & un contract annullé ; car le lods est dû à l'égard de celui-cy, à cause qu'il suffit que le contract ait été bon dans le commencement, parce que, comme disent les Docteurs, *causa quæ post tempus contractûs oriuntur, non possunt retrò agere in contractum perfectum.*

94 Un homme se rend dernier surdisant sur un domaine mis en criées & se fait expedier le decret ; mais avant

l'execution, il en fait cession à un tiers par acte, contenant qu'il avoit fait la surdite à son nom des deniers du tiers, auquel il avoit promis de faire sa cession; après, ce tiers fait executer le decret à son profit; le Seigneur direct demande deux lods, l'un du decret, l'autre de la cession : le cessionnaire offre de payer un seul lod & gagne sa cause, par Arrêt du Parlement de Toulouse de 1582. avec dépens. V. la Rocheflavin, *des Droits Seigneuriaux*, & *Mainard*, *liv. 4. chap. 51.*

95. Jusques à la mise en possession, l'adjudicataire ne peut pas se dire proprietaire des biens, & jusqu'à ce, il ne doit aucun lods. Arrêt du 7. May 1660. par le même Arrêt il a été préjugé que le debiteur executé après avoir obtenu le rabattement du decret, peut aliener les biens y compris, quoyqu'il n'ait pas remboursé l'adjudicataire pour un préalable, ni des sommes pour lesquelles le decret a été obtenu, ni des loyaux coûts, reparations & meliorations qui peuvent avoir été faites ausdits biens, & sans que l'adjudicataire puisse être preferé à l'acquereur. *Graverol sur la Rocheflavin*, *des Droits Seigneuriaux*, *chap. 38. art. 8.*

96. En fait de lods l'adjudicataire par decret ne peut prolonger le terme de racheter au préjudice du Seigneur direct, l'adjudicataire fut condamné au payement des lods, & aux dépens, le 26. Octobre 1596. *Expilly*, *Arrêt 117.*

96 bis. Par Arrêt du Parlement de Toulouse du 20. Juillet 1599. rapporté par *Cambolas*, *liv. 3. chap. 5.* jugé que le Seigneur qui fait decret des biens en sa Seigneurie mouvans de sa directe durant le bail qu'il a fait à un Fermier, n'en doit point payer audit Fermier les droits de lods & ventes ; *Cum res sua nemini serviat.*

97. Un pere par son Testament institué son aîné heritier & laisse au second une terre pour ses droits, partie de laquelle luy ayant été évincée, il obtint condamnation de dommages & interêts pour le payement ; il fait decreter les biens de son frere : ensuite les deux freres s'accommodent moyennant une certaine somme & consentent au rabattement du decret : le Seigneur direct des biens ajugez par le decret , demande les lods & ventes; on luy oppose que le decret n'avoit été fait que pour un droit de legitime, & qu'il n'étoit rien dû, ce qui fut jugé ainsi le 19. May 1604. Les défendeurs se servoient encore de deux Arrêts qui avoient jugé que les lods & ventes n'étoient point dûs d'un fond donné en payement de dot ni d'un decret obtenu pour un legs fait par le pere. *Cambolas, liv. 3. chap. 40.*

98. Une premiere adjudication se fait, l'adjudicataire ne consigne pas. Cependant il joüit & passe bail de l'heritage : ensuite poursuivi par les Créanciers, l'heritage est ajugé à un autre. Arrêt du Parlement de Paris du 21. May 1607. qui declare le Seigneur bien fondé à prétendre doubles lods & ventes; parce que deux decrets sont deux diverses acquisitions. *Bibliotheque de Bouchel*, verbo, *Lods & ventes.*

99. Lods & ventes ne sont dûs des frais ordinaires de criées. Arrêt du 19. Mars 1622. *M. le Prêtre*, *ès Arrêts de la Cinquième.*

100. Celuy qui recouvre ses biens decretez sur luy, doit les lods & ventes. Jugé le 16. Février 1627. *Cambolas*, *liv. 5. chap. 34.* Si ce decret cassé par nullité les lods & ventes, n'en sont point dûs , comme elles ne sont pas aussi d'un Contract nul; puisqu'en ce cas elles peuvent être répetées. *Carondas*, *liv. 3. de ses Réponses*, *chapitre 70.*

100 bis. Le decret cassé, le Recevert des Consignations n'a aucun droit ; & s'il en a reçû, le droit est restituable ; de même le Seigneur qui a reçû en tel cas des lods & ventes, doit les rendre. Jugé le 7. Septembre 1628. *Henrys*, *tome 2. liv. 4. quest. 53.*

101. Le decret des biens des mineurs ayant été cassé par quelque défaut en la forme ou autre nullité, non seulement les fonds, mais encore les droits du Receveur des Consignations, sont restituables. Arrêt du 4. Avril 1619. qui confirme celuy du 7. Septembre 1628. *Ibid.*

102. En vertu d'une enchere que quelqu'un a faite pour son ami élû ou à élire, lods ne sont dûs de la remise faite à cet ami de l'heritage censable. Arrêt du Parlement de Dijon du 26. May 1636. *Taisand*, *sur la Coût. de Bourgogne*, *tit. 11. art. 1. n. 14.*

103. Si l'acquereur pour purger les hypoteques, saisit sur soy les heritages, & ne se rend pas adjudicataire, le pouvant faire, il est dû doubles droits ; il en est de même lorsque la vente volontaire est faite à condition de faire passer l'heritage par decret, avec promesse de faire demeurer l'acquereur adjudicataire pour une certaine somme; & pour lors y ayant translation actuelle de proprieté, les droits en sont dûs, & peuvent être exigez par le Seigneur, *sed revocabiliter* ; en cas que l'acquereur ne puisse demeurer adjudicataire pour la somme convenuë : de sorte qu'en ce cas le Seigneur ne peut prétendre qu'un droit de ces deux ventes. La vente n'étant faite qu'avec la condition de decret, il n'y a point lieu à l'action du Seigneur avant l'adjudication par decret. Arrêt du Parlement de Normandie, du mois de Juillet 1644. *Basnage*, *sur l'art. 171. de cette Coûtume.*

104. En *Auvergne* les lods sont dûs du jour de l'adjudication, & non de la délivrance du decret. Arrêt du 9. Août 1647. *Henrys*, *tome 1. liv. 3. chap. 3. quest. 30. Carondas*, *liv. 12. Rép. 39.*

105. Les lods sont dûs d'une vente judiciaire, bien que l'enchere n'ait été faite que pour tenir le fonds *jure pignoris.* Arrêt du Parlement de Grenoble du 18. Juin 1652. *Basset*, *tome 1. liv. 3. tit. 8. ch. 1.*

106. Un heritier beneficiaire étant demeuré dernier encherisseur des biens du Testateur, ne doit point de lods de la délivrance qui luy en est faite ; parce qu'il semble qu'ils n'ont été mis aux encheres , que pour y mettre prix; & sçavoir de combien l'heritier doit tenir compte aux créanciers. Arrêt du Parlement de Grenoble du 8. Avril 1654. *Salvaing*, *de l'usage des Fiefs*, *chap. 70.* à la fin.

107. L'adjudicataire d'une Terre, dont un tiers avoit interjetté appel, ne doit payer les lods & ventes, ou droits seigneuriaux ; parce que l'appel étant suspensif, l'adjudicataire ne peut se dire proprietaire. Jugé à la Grand'-Chambre, plaidans Guery & Froissant le 12. Mars 1658. *Dictionnaire de la Ville*, verbo, *Droits Seigneuriaux*, *nomb. 4183.*

108. Si un heritage est vendu à la folle enchere de l'adjudicataire, il n'est pas dû doubles lods & ventes ; parce que la premiere adjudication demeure caduque, & que la seconde n'est que l'execution de la même saisie. Arrêt du Parlement de Bretagne du 6. May 1663. *Hevin sur Frain*, *pag. 464.*

109. Une Terre saisie réellement, l'heritier beneficiaire la demande en Justice pour payement de ses créances particulieres, elle luy est délaissée par tous les créanciers, il ne doit lods & ventes; comme acquereur, il en est exempt ; *secus*, si elle luy étoit ajugée par decret. Jugé à Paris le 22. Août 1685. *Journal du Palais*, où vous trouverez l'Arrêt du sieur Marquis de la Boullaye sur le même sujet.

110. Par Arrêt du Parlement de Paris du 2. Juillet 1705. il a été jugé que le Procureur qui s'est rendu adjudicataire pour son ami, élû ou à élire, ne doit pas des lods en son nom, faute d'avoir fait sa declaration dans les quarante jours, & que la partie au profit de laquelle le Procureur a fait sa declaration, pour en joüir par elle par forme d'antichrese, devoit droits de lods, pour raison de cette adjudication; d'où l'on pourroit induire que les lods sont dûs pour les adjudications par antichrese. V. *l'Auteur des observations sur Henrys*, *Henrys*, *tom. 2. liv. 4. quest. 41.*

LODS, DEGUERPISSEMENT.

111. Par le déguerpissement fait par l'acquereur de l'heritage, le premier Contract ne demeure pas anéanti ; & de fait l'heritage ne retourne pas entre les mains du vendeur ; mais il est revendu sur le Curateur à la chose

déguerpie; & par cette raison, on pourroit soûtenir qu'il est dû au Seigneur deux droits, l'un à cause de la premiere vente, & l'autre à cause de la revente faite sur le Curateur à la chose déguerpie; mais la Coûtume décide qu'il n'est dû qu'un seul droit, & que le Seigneur a le choix de prendre la vente du premier contract, ou celle de l'adjudication; & si le dernier acquereur est privilegié & exempt des droits de vente, le Seigneur peut prendre celui de la premiere vente. Arrêt du 24. Février 1604. *Auzanet, sur l'art. 79. de la Coût. de Paris.*

112 Arrêt du Parlement de Provence du dernier Janvier 1645. qui a ordonné que le tiers possesseur condamné de vuider par hypoteque, doit être remboursé du lods. *Boniface, tome 4. li. 2. tit. 1. chap. 14.*

113 Arrêt du même Parlement de Provence du 23. Mars 1687. qui a jugé que le lods n'est pas dû d'un déguerpissement. *Boniface, ibid. chap. 6.*

LODS, DESISTEMENT.

114 Si les parties avant la prise de possession se démettent de l'achat, l'annumeration du prix. 2. Prévention du Seigneur. 3. Et possession de fiction n'opereront rien pour faire devoir les ventes. *Argent. art. 59. Glos. 3. n. 19. 1. cont. Mainard, liv. 4. ch. 40. 1. id. Mornac, ad L. 58. ff. de pact. vid. Molin. verb. acheté à prix d'argent, n. 36. & seqq. 1. id Chopin, Paris. lib. 1. tit. 2. n. 29. id. Vignes, tit. 4. n. 27. rebus integris, & vid. Brod. let. R. n. 2. id. Maichin, tit. 4. art. 27. ch. 8. vid. L. 7. § 6. & L. 58. ff. de pact. traditionib. non pactis rerum dominia transferuntur;* & ainsi n'y ayant point mutation de main avant la prise de possession, le Seigneur n'a nul sujet de plainte, si les parties se départent du Contract. Arrêt du 21. Mars 1644. qui a jugé que les nommez de Lerm s'étant départis d'un Contract de vente, trois mois après la passation d'icelui, sans que rien eût été executé de part ni d'autre, le Seigneur n'en pouvoit prétendre ni lods & ventes, ni retrait. *La Peirere, let. V. nombre 34.*

LODS, DOMAINE DU ROY.

115 Jugé au Parlement de Grenoble le 15. Mars 1640. que lods sont dûs d'une acquisition du Domaine du Roy, quoy qu'à condition & faculté de rachat perpetuel. *Basset, tome 2. liv. 6. tit. 8. ch. 4.*

116 En *Dauphiné* les roturiers payent doubles lods de ce qu'ils acquierent du Fief du Roy Dauphin. Les Avocats les payent simples, quoyqu'ils ne soient pas nez nobles. *Voyez Guy Pape, quest. 412.*

LODS ET VENTES, DONATION.

117 S'ils sont dûs d'une donation faite pour cause, & contenant clause de substitution? *V. Cambolas, livre 2. chapitre 8.*

118 Donation faite à un étranger ou à un heritier, lods & ventes n'en sont dûs. *Voyez M. Charles Du Moulin, sur la Coût. de Paris, art. 55. bodié le 78. n. 108. & Mornac, L. 10. §. si Domini debitor, ff. de in rem verso.*

119 Les biens *confisquez* donnez par le Roy aux enfans du confisqué, ne doivent lods & ventes, ni aucuns droits, & tels biens s'ajugent à l'heritier des propres. Arrêt du 26. Janvier 1556. *Chopin, Coût. de Paris, li. 2. tit. 3. nombre 17.*

120 Des donations entre-vifs sont dûs my-lods au Pays de Droit écrit, comme aussi pour les successions, à cause qu'il y échet quelque reconnoissance, &c. Arrêt du 14. Février 1573. *Henrys, tome 1. liv. 3. chapitre 3. question 10.*

121 Les donations ne donnent point au Seigneur direct droit de lods & ventes. Arrêt du Parlement de Toulouse du 21. Avril 1589. *Mainard, n. 1. liv. 4. ch. 41.*

122 Le Donataire à la charge de payer les dettes, ne doit point de lods & ventes, quoyqu'il y eût Coûtume contraire, d'autant que cette donation faite à la charge de payer les dettes, est comme une derniere disposition. Arrêt du mois de Juillet 1594. *La Rochflavin, des Droits Seigneuriaux, chap. 38. art. 6.* Sur quoy Gravrol fait cette observation: Ce qui est dit cy-devant nonobstant Coûtume contraire, n'est plus en usage; car quoyque regulierement en *Languedoc* les donations ne doivent aucuns lods, il faut pourtant excepter les lieux où ils sont dûs pour donations, en vertu des titres des Seigneurs directs. Arrêt du 25. Février 1669. contre les habitans d'*Asille*, & par cette même raison, les habitans de la Ville de *Saint Gilles*, doivent au Seigneur Abbé un droit de lods pour les divisions & pour les licitations qui se font dans l'étendue du Terroir de ladite Ville, comme y étant obligés par leurs Loix municipales, & par certaine Sentence arbitrale de l'an 1257. qui les confirme, ce sont des conditions imposées lors de la tradition du fonds qu'on ne peut pas se dispenser de suivre: Le Parlement a jugé plusieurs fois qu'il étoit dû lods des heritages lors qu'il avoit été stipulé.

123 Au Parlement de Toulouse par le Statut du Pays, lods & ventes sont dûs des donations entre-vifs, mais non pas des dispositions Testamentaires. Jugé au mois de Juillet 1594. *Voyez M. Ricard, des Donations entrevifs, part. 1. chap. 4. sect. 2. distinct. 2. nomb. 1031.*

124 Des donations faites en ligne directe en la Coûtume d'*Auvergne*, à la charge de payer les dettes, n'en sont dûs ni lods ni mi-lods; c'est un accommodement de famille. *Voyez Henrys, tome 1. liv. 3. ch. 3. q. 28.*

125 Les lods ne sont dûs d'un Contract oppignoratif, & d'une donation remuneratoire, & de vente de bois de haute futaye, si le vendeur demeure en possession. Arrêt du Parlement de Dijon du 1. Juillet 1610. *Bouvot, tome 2. verbo, des Lods, quest. 3.*

126 Arrêt du Parlement de Provence du 25. Octobre 1619. qui a jugé que le lods n'est point dû de la donation universelle. *Boniface, tome 4. liv. 2. tit. 1. ch. 2.*

127 Les lods ne sont dûs d'une donation faite par l'ayeul paternel à son petit-fils. Arrêt rendu au Parlement de Grenoble le 2. Août 1647. *V. Basset, tome 1. livre 3. titre 8. chap. 15.*

128 La question si les lods sont dûs d'une donation faite en Pays de Droit écrit, est décidée par un Arrêt rendu au Parlement de Dijon entre le Fermier de la Baronnie de Gex, & le nommé Emery. Ce Fermier fut admis à la preuve par turbe, qu'il avoit alleguée, qu'en Bugey les lods étoient dûs de donation, par Arrêt du Jeudy 7. May 1657. *Taisand, sur la Coût. de Bourgogne, tit. 11. article 7. note 3.*

129 Un beau-pere fait à son gendre donation d'une Terre féodale pour demeurer quitte vers sondit gendre, d'une somme de deniers qu'il luy devoit, à cause de sa femme pour droits maternels, à la charge d'une pension viagere, l'habitation de ladite Terre donnée, & outre de l'acquitter d'une rente pour un doüaire, & de payer en son acquit à un particulier une rente, &c. Jugé au Parlement de Paris le 14. Février 1661. qu'il en étoit dû Droits Seigneuriaux, déduction faite des droits qui sont dûs par la Coûtume. *Notables Arrêts des Aud. Arr. 53.*

130 Les lods ne sont dûs d'une donation universelle faite à la charge de payer les dettes, parce que c'est une clause inutile, *Bona non intelliguntur nisi deducto are alieno*. Arrêt du Parlement de Toulouse du 3. Avril 1664. mais ils sont dûs d'une donation particuliere, à la charge de payer les dettes, les lods sont dûs jusqu'à concurrence de la somme que le donataire est obligé de payer. Ainsi jugé au Parlement de Toulouse en 1698. *V. les Arrêts de M. de Catellan, liv. 3. ch. 22.*

131 Donation d'une mere à sa fille par Contract de mariage, & en avancement de succession d'une Terre, à la charge de payer une dette de 9000. livres, même avec clause que la Terre sera un acquêt jusqu'à concurrence de cette somme, ne produit aucuns lods & ventes dans la Coûtume de *Vitry*. Ainsi jugé au Parlement de Paris le 13. May 1631. *Bardet, tome 1. liv. 4. ch. 25.*

132 Arrêts du Parlement de Provence des 17. Octobre 1667. & 5. Octobre 1677. qui ont declaré les lods être dû des donations particulieres. *Boniface, tome 4. li. 2. tit. 1. chap. 1.*

133. Dans la Coûtume de Senlis, jugé le 30. Janvier 1691. que les lods & ventes sont dûs d'une donation, dans laquelle il se trouve une telle clause ; sçavoir que tous Contracts & Actes qui ont été cy-devant faits entre le Donateur & le Donataire, demeureront nuls ; & qu'à l'égard du Donataire, il ne perdra son hypoteque qu'il avoit d'un Contract de constitution de rente sur le Donateur, de laquelle rente le principal étoit de 1600. liv. *V. le Journal des Audiences*, tome 5. livre 7. chap. 7.

LODS ET VENTES, DOT.

134. Lods ne sont dûs pour immeubles baillez en dot. *Mainard*, liv. 4. chap. 29. & liv. 7. ch. 100.

135. Il n'est point dû de droits, quand la femme se constituë en dot un heritage, quoyque cet heritage soit estimé, si ce n'est que le mary ou ses heritiers, après le mariage dissolu, retiennent l'heritage pour le prix de l'estimation. *Non ergo debebuntur laudimia nisi in fine post solutum matrimonium consummatâ venditione per electionem pretii.* Hentys, tome 2. liv. 4. quest. 50.

136. Un heritage ayant été constitué en dot par un pere, avec faculté au mary, en cas de restitution, de le retenir en rendant la somme de l'estimation, le lods n'en peut être demandé. *Voyez Henrys*, tome 2. liv. 3. quest. 26. où il explique l'article 16. du titre 16. de la Coûtume d'Auvergne, où il rapporte beaucoup d'autoritez.

137. Lods & ventes ne sont point dûs de fonds baillé par un pere à sa fille en dot & estimé. Arrêt du Parlement de Paris du 9. Juin 1548. Cette décision fondée sur ce que l'intention des contractans n'a pas été de vendre, mais seulement de contracter mariage, & que l'estimation n'est point faite pour le prix de la vente, mais pour declarer le prix de la chose donnée. Arrêt du 2. Juillet 1563. *Papon, liv. 13. tit. 2. n. 25.*

138. Lods ne sont dûs de cession casuelle, à faute de payer la dot à la sœur qui avoit droit par succession à ce qui est cedé. Arrêt du Parlement de Paris du 2. Juillet 1565. *Papon, ibid. n. 34.*

139. Lods ne sont dûs d'une somme donnée pour constitution de dot. Arrêt du Parlement de Grenoble du 5. Juillet 1561. *V. Basset*, tome 1. liv. 3. tit. 8. ch. 14.

140. Les lods sont dûs pour un bail en payement pour la dot, *non autem*, pour la répétition de la même dot, *marito vergente ad inopiam.* Arrêt rendu au même Parlement de Grenoble le 18. Novembre 1634. *Ibidem*, chapitre 13.

141. Les lods ne sont dûs des heritages donnez en payement des deniers de la dot par le pere. Arrêt du Parlement de Dijon du 30. Juin 1617. *Bouvot*, tome 2. verbo, *Lods*, quest. 18.

142. Il n'est dû lods des heritages donnez en payement d'une dot, quand ces fonds proviennent de la succession des pere ou mere de la personne mariée. Arrêt du même Parlement de Dijon du 18. Juillet 1647. En ce cas les lods ne sont dûs qu'à raison de ce qui a été payé en argent pour la plus value. *Taisand, sur la Coût. de Bourgogne, tit.* 11. art. 7. n. 3.

143. Jugé au Parlement de Provence le 17. Mars 1659. qu'il est dû au Seigneur droit de lods d'une collocation faite pour une dot constituée à une Religieuse par son pere. *Boniface*, tome 1. liv. 3. tit. 4. ch. 1.

144. Arrêt du 20. Mars 1670. qui a jugé que la femme doit lods de sa collocation, faite ensuite de la Sentence d'ordre, son titre en ce cas étant devenu irrevocable. *Ibid. tom.* 4. liv. 2. tit. 1. ch. 11. & 12.

145. Arrêt du mois de Février 1672. qui a declaré que le lods n'étoit pas dû par une femme heritiere par inventaire de son mary, se colloquant pour sa dot & droits sur le bien de l'heritage. *Boniface, ibid. ch.* 10.

146. Le fils heritier de sa mere ne doit le lods de la collocation qu'il fait pour la dot d'icelle sur les biens de son pere de son vivant, bien qu'il n'en soit pas heritier. Arrêt rendu au même Parlement de Provence le 20. Mars 1688. *Boniface*, tome 4. livre 6. titre 10. chapitre 5.

147. Les lods sont dûs du payement fait en fonds par les heritiers du mary de la dot constituée en argent ; le bail d'un fonds, en payement d'une somme étant veritablement une vente. Arrêt du Parlement de Toulouse au mois de Février 1666. rapporté par *M. de Catellan, liv.* 3. chap. 20.

148. Si le pere a constitué dot à sa fille en argent, & puis payé en fonds, il ne sera point dû vente d'un tel payement. 2. Il n'en sera non plus dû, s'il a constitué du fonds estimé ou non. 3. Le même en est, si le frere a constitué du fonds paternel ou maternel, ou iceluy baillé en payement. 4. Autre chose est quand l'étranger, ou quand la fille même se constituë un fonds estimé ; car en ce cas, s'il est du choix du mary de rendre le fonds, les ventes ne seront dûës que si le mariage ne soit fini, & retenant le fonds, que s'il n'est pas à son choix, ventes seront dûës incontinent. *Ferrerius, quest.* 48. *id. Mol.* verbo, *Saisine*, n. 41. 3. *id.* Carond. *Rép. li.* 3. n. 72. *in fundo hæreditario, contr.* Argent. art. 73. glo. 4. n. 4. *in parte & extraneo*, 4. *id. ibid, in omni constitute*, 3. *id.* Papon, *liv.* 13. *tit.* 2. n. 33. 1. *id.* Chopin, *Paris. lib.* 1. tit. 3. n. 8. 2. *id.* Chopin, *Andeg. lib.* 1. cap. 4. n. 8. 2. *id.* Mainard, *liv.* 4. ch. 29. 4. *contr.* Mainard, *ibid. vid.* Molin. verb. acheté à prix d'argent, n. 100. *& seq.* La Pèirere, *en ses décisions du Palais lettre V.* nomb. 22. rapporte les Arrêts suivans du Parlement de Bourdeaux.

Arrêt du 7. Septembre 1667. rendu en la Grand'Chambre, au rapport de M. Darche, entre les Dames Religieuses de la Visitation de Bourdeaux, & Chadirac, Fermier des rentes de l'Hôtel de Ville, sur une maison baillée en payement de l'aumône dotale de deux filles Religieuses, revenant à 8000. livres : jugé qu'il n'étoit point dû lods & ventes de ladite somme, non plus que d'une constitution de dot. La raison de douter étoit prise de ce que *pro facto*, la propriété de la somme appartenoit au Convent & non aux filles.

Arrêt du 2. Avril 1648. présidant M. le Premier, plaidant Hugon pour l'Appellant, & du Mantet pour l'Intimé. Une mere avoit constitué en dot à sa fille, la somme de 12000. liv. sçavoir 3000. sur le paternel, & 9000. sur le maternel. Le fils heritier du pere, & Donataire universel de la mere encore vivante, baille en payement ou mari pour la constitution entiere de 12000. liv. des biens venans de la succession du pere ; le Seigneur demandoit en tout cas les lods & ventes de ladite somme de 9000. liv. La Cour en confirmant la Sentence du Sénéchal de Guyenne, declara n'y avoir lieu d'aucunes ventes.

Voyez cy-après le n. 261. *& suiv.*

LODS, DOUBLES LODS.

149. Si après une vente pure & simple, par paction posterieure on baille faculté de racheter le fonds vendu lors, doubles lods & ventes en sont dûs. Chopin, *Coût. de Paris*, liv. 1. tit. 3. n. 12.

150. Si la vente est resoluë en vertu d'une faculté de rachat accordée depuis le Contract de vente, & tradition de la chose venduë, doubles lods sont dûs, à cause de la vente & revente ; cela n'est pas neanmoins suivi au Parlement de Toulouse. *Voyez M. Mainard, liv.* 4. chapitre 38.

151. L'appellant vend une Terre à condition de racquit de trois ans ; l'intimé demande trois choses à l'appellant, qu'il ait à luy payer les ventes simples du Contract, d'autant que la Terre est tenuë & mouvante de luy. 2. les ventes doubles, faute d'avoir exhibé les Contracts dans les 40. jours, suivant la Coûtume. 3. la jouïssance des heritages & adjudication des fruits de mauvaise foy, pour n'avoir fait la foy & hommage avant qu'entrer en jouïssance. L'appellant accorde les ventes simples ; quant aux doubles, il confesse l'Ordonnance, mais qu'elle est comminatoire. Arrêt du Parlement de Bretagne du 20. Mars 1568. qui absout l'appellant, & des doubles ventes, que des fruits de mauvaise foi, prétendus par l'intimé. *Du Fail, liv.* 1. ch. 267.

152. Un particulier prend une heritage à rente rachéta-

LOD   LOD   631

ble, paye les lods, & en joüit quelque temps ; ensuite il fait rétrocession de l'heritage au bailleur ; ce quittement étant volontaire, doubles lods sont dûs. Arrêts des 28. Avril 1584. & 23. Decembre 1585. *Carondas, liv.* 11. *Rép.* 26.

153 En la Coûtume d'*Anjou* la revente étant faite quatre mois aprés l'an de grace expiré, doubles lods & ventes sont dûs ; parce que *non est executio prioris contractus, sed nova venditio.* Arrêt du 14. Janvier 1606. M. *Bouguier, lettre V. nombre* 2.

154 *Titius* se rend adjudicataire de certain heritage ; faute de consigner, l'heritage est revendu & ajugé à un autre ; par Arrêt du 21. May 1607. jugé qu'il étoit dû double profit de Fief. *Bibliotheque de Bouchel,* verbo, *Droits Seigneuriaux.*

155 En la Coûtume du *Maine*, où les conditions de remeré sont ordinaires, doubles lods sont dûs, tant du premier Contract fait avec ladite faculté, que du second Contract de cession fait à un tiers, aprés la faculté toutefois expirée. Arrêt du 6. May 1608. M. *Bouguier, lettre V. n.* 3. M. le *Prêtre,* 2. *Cent. ch.* 75. rapporte le même Arrêt.

156 Faute d'avoir consigné par l'adjudicataire le prix de son adjudication, & y ayant eu une seconde adjudication à sa folle enchere, ou plûtôt à ses risques, perils & fortunes, doubles lods sont dûs. Arrêts des 21. May 1607. & 12. Juin 1609. *Brodeau sur M. Loüet, let. R. somm.* 2. *nombre* 4. Voyez *Henrys,* tome 2. *liv.* 3. *q.* 10. il est d'avis contraire.

157 Si l'alienation est volontaire, doubles lods sont dûs ; *secus,* si l'alienation est necessaire. Arrêt du 18. Mars 1610. *Brodeau, sur M. Loüet, lettre R. sommaire* 2. *nombre* 6.

158 Lods & ventes sont doubles, lorsque celuy qui a acquis pour luy & son amy, se fait seul investir, avant que de faire declaration au profit de cet amy. Jugé le 19. Mars 1620. *Bardet, tome* 1. *liv.* 1. *ch.* 80. *Brodeau, lettre R. sommaire* 2. *nombre* 6. cite le même Arrêt.

159 Vendeur qui rentre dans son heritage faute de payement du prix dans le terme fixé par le Contract, ne doit pas doubles droits Seigneuriaux, qui ne sont dûs que de la vente, non de la resolution. V. *Bardet, to.* 1. *liv.* 2. *ch.* 96. où sont rapportez plusieurs Arrêts sur la question.

160 Les lods sont dûs, tant du Contract d'achat que du Contract de revente des mêmes biens, faite par le premier acquereur au premier vendeur pour l'entier prix de la premiere vente, qui n'avoit pas été payé. Ce sont en effet deux ventes, & par consequent il est dû des lods de chacune. L'Arrêt qui le décide ainsi, a été rendu au Parlement de Toulouse le 22. Juin 1651. il est rapporté par M. *de Catellan, liv.* 1. *ch.* 18.

161 L'acquisition faite sous le nom d'un autre qui n'a jamais pris possession, la tradition faite à l'acquereur ne fait que une mutation ; ainsi point de doubles lods & ventes ; en affirmant neanmoins par l'acquereur, qu'il n'y avoit point d'acte entre luy & le nommé dans le Contract. Arrêt du 13. Février 1662. *De la Guesstere, tome* 2. *liv.* 4. *ch.* 48.

162 En la Coûtume de *Meaux,* semblable à celle de Paris, dans une année deux mutations de Vassal arrivent en succession collaterale, l'une par mort, l'autre par mariage de la sœur, heritiere de son frere ; il n'est dû qu'un seul droit de rachat. Arrêt du 20. Mars 1662. *Notables Arrêts des Audiences, Arr.* 72.

163 Arrêt du Parlement de Provence du 28. Mars 1664. qui a débouté le Seigneur de sa rescision, contre une Transaction, par laquelle sur la contention qu'il avoit avec les habitans du double lods des alienations ou du simple ; il avoit convenu de n'exiger que le simple. *Boniface, tome* 4. *liv.* 2. *tit.* 1. *chap.* 16.

LODS EN ECHANGE.

164 Lods & ventes quand sont dûs des échanges ? *Voyez Cambolas, liv.* 2. *ch.* 30.

165 En échange d'heritages sont dûs les entiers lods & ventes, si les biens permutez sont sous la directe de divers Seigneurs, & la moitié, s'ils se trouvent sous la directe d'un même Seigneur. Arrêt du Parlement de Toulouse du 20. Août 1577. *La Rochesiavin, des Droits Seigneuriaux, chapitre* 38. *article* 5.

166 On juge au Parlement de Toulouse qu'en échange ne sont dûs lods, s'il n'y a Coûtume contraire. *Maïnard, tome* 1. *liv.* 4. *ch.* 37.

167 Les lods sont dûs de l'argent donné dans un échange, *pro pluris valentia.* Arrêt du Parlement de Grenoble du 7. Decembre 1589. *Voyez Chorier, en sa Jurisprudence de Guy Pape, page* 134. où il observe qu'il a été jugé par plusieurs Arrêts, & même par un du 23. Juin 1663. les Chambres consultées.

168 Arrêt du Parl. de Paris du 11. Août 1634. qui appointe afin d'ordonner sur le Bureau une Enquête par turbes (qui ne se prononce jamais en l'Audience) pour sçavoir si dans le Maconnois lods & ventes sont dûs pour un échange de fonds, avec des rentes constituées à prix d'argent. M. l'Avocat General dit que s'agissant icy de l'usage, il falloit le rendre certain par le moyen d'une Enquête par turbes, que la Cour n'avoit point coûtume d'ordonner en Audience ; c'est pourquoy il conclut à l'appointement au Conseil. *Bardet, tome* 2. *livre* 3. *chapitre* 37.

169 Arrêt du Parlement de Provence rendu au mois de Juin 1663. qui a jugé que le lods est dû de l'arrentement perpetuel, & de la vente d'un fonds chargé du prix à pension perpetuelle, comme aussi de l'échange des biens sujets à deux divers Seigneurs. Si les fonds échangez eussent tous deux relevé d'un même Seigneur, chacun n'eût dû que la moitié du lod, suivant l'usage de Provence. *Boniface, tome* 1. *liv.* 3. *tit.* 11. *chapitre* 4.

170 Les lods entiers ne sont dûs d'un échange, mais seulement demi-lods. Arrêt du Parlement de Grenoble du 25. Juin 1665. *Voyez Basset, tome* 1. *livre* 3. *titre* 8. *chapitre* 16.

171 S'il est dû lods d'un échange ? Il faut dire que si tous les biens échangez sont mouvans d'un même Seigneur, il ne sera dû que demi-lods ; sçavoir les lods de la moitié de la valeur de chaque piece échangée. Arrêt du Parlement de Toulouse du 7. Janvier 1673. rapporté par M. *de Catellan, liv.* 3. *ch.* 25.

172 Autrefois pour l'échange on ne devoit point de quint, mais le relief en fief ; & point de lods & ventes en rotures. La Jurisprudence a varié par Edit & Declaration du Roy des mois de Mars 1673. & de Février 1674. qui dérogent aux dispositions de toutes les Coûtumes, & réduisent les Contracts d'échange, soit contre des rentes ou contre d'autres heritages, à la condition des Contracts de ventes.

173 Si le tenement est échangé avec une rente constituée, il sera dû ventes incontinent. Autre chose est si l'échange est fait avec une rente fonciere au denier 20. ou 30. 3. Si ce n'est que l'échange fût fait avec le Debiteur de la rente fonciere. *Morin. verb.* tel acheteur, n. 6. 2. 3. *id.* Argent. *art.* 73. *glos.* 1. *n.* 4. 1. *id.* Coquille, *in retractu,* q. 31. *id.* Vignes, *tit.* 4. *art.* 27. 1. *id.* Argent. *art.* 300. *n.* 1. en rente rachetable, *in retractu,* & aux ventes aprés le rachat, 1. *cont.* Carondas, *Rép. li.* 7. *n.* 17. 1. *cont.* Chopin, *Paris. li.* 1. *tit.* 3. *n.* 14. 21. & Andeg. *lib.* 1. *cap.* 4. *n.* 7. 1. *id.* Maichin, *tit.* 4. *art.* 27. *ch.* 4. Je crois, dit *La Peirere,* la décision veritable, si la Coûtume n'est au contraire.

Arrêt du 16. May 1657. rendu en la Grand-Chambre, au rapport de M. de Boucaut, entre le Syndic de la Chartreuse de Bourdeaux, & la Demoiselle Eleonarde, veuve de feu le Bailly : jugé qu'une métairie relevant de la Chartreuse, échangée pour des rentes constituées, l'échange emportoit lods & ventes, lesquelles furent ajugées audit Syndic. Par le même Arrêt, il fut jugé que ladite Eleonarde ayant coupé plusieurs grands arbres dans ladite métairie, & en ayant vendu une partie, & employé l'autre à ses usages, elle devoit les lods

& ventes des arbres vendus, & non des autres. *La Peirere, lettre V. n.* 31.

LODS, ENGAGEMENT.

174. Lods sont dûs d'un engagement qui passe dix ans. Arrêt du Parlement de Toulouse du 8. Juillet 1647. lors duquel il y eut partage, pour sçavoir s'ils étoient dûs au Fermier du temps du Contract, ou à celuy du temps des dix années échûës. V. *Albert,* verbo, *Lods, article* 1. Il se détermine en faveur du premier, parce que le Contract *dat esse rei.*

175. Les lods peuvent être demandez d'un engagement, après dix ans de joüissance, ils seront dûs, quoique le premier Contract d'engagement ne fût que pour six ans, & qu'après ces six années le même debiteur eût donné au même Créancier les mêmes biens pour la même dette ; pendant autres six années. La joüissance est présumée continuée. Arrêt du Parlement de Toulouse du 5. May 1665. lequel a pareillement jugé que si après les six ans du premier engagement, le debiteur ayant payé une partie de la dette, baille la joüissance du même bien au même Créancier pour douze années, moyennant quoy il sera payé du restant de la dette, les lods ne sont dûs ; parce que ce dernier Contract est censé un Contract de Ferme, ou Bail des fruits en payement. S'il paroit avant la dixiéme année que le Contract d'engagement est une veritable vente, le Seigneur peut d'abord en demander les lods. Arrêt du 18. Août 1665. En ce cas, ils seroient ajugez au Fermier, qui étoit lors du Contract d'engagement, & non à celuy qui l'est lors de la dixiéme année expirée. Arrêts des 8. Juillet 1648. & 5. May 1649. *V. M. de Catellan, liv.* 3. *chap.* 19.

176. Lods sont dûs d'un engagement de fonds emphyteotique, quand il peut être soupçonné titre de vente, & qu'il n'a point été qualifié tel pour éluder le droit du Seigneur. Jugé au Parlement de Grenoble le 16. Septembre 1668. *Basset, tome* 2. *livre* 3. *titre* 12. *chapitre* 4. où il observe que regulierement il n'est rien dû pour un Contract de simple engagement, bien qu'il durât mille ans, sinon en Savoye, où passé dix ans, on paye des lods.

LODS, ENGAGISTE.

177. Un Engagiste du Domaine ne doit point de lods de ses acquisitions au Mistral de la Terre à qui appartient le tiers des lods. Arrêt du Parlement de Grenoble du 13. Février 1634. On doit en effet considerer l'Engagiste comme le Roy, qu'il a l'honneur de representer. *Voyez Basset, tome* 1. *liv.* 3. *tit.* 8. *ch.* 12.

ESTIMATION DES LODS.

178. L'estimation ou quotité des lods, n'est pas uniforme & generale en *Dauphiné* ; elle est differente selon la diversité des Coûtumes locales, ou selon qu'elle est stipulée par les titres. En quelque lieu ils se payent à raison du tiers denier ; en d'autres, à raison du quart, du quint, du sixiéme, douziéme, treiziéme, vingtiéme denier, & même du quarantiéme, en quelques Terres du Briançonnois, comme à Bardonesche, à Navache, à Mantole, à Valcluson pour les Fiefs, & ne trouvant vingt pour l'emphyteose ; je ne sçai point d'endroits où ils soient moderez au cinquantiéme, suivant la Loy derniere, *C. de jure emphit.* Voyez *Salvaing, de l'usage des Fiefs, ch.* 79.

179. Arrêt du Parlement de Bretagne du 15. Mars 1560. qui condamne à payer au Chapitre de Saint Malo les lods & ventes à raison du sixiéme denier des sommes principales ; c'est un Usement local. Les Quevaisiers les payent au quart. Arrêt de 4. Juillet 1635. pour le sieur de Saint Offange, Commandeur du Paraclet, contre les Paroissiens de Maël & Tresmens de Louch. *Du Fail, liv.* 2. *chap.* 129.

180. Le sieur de Saint Just *in angulo confluentis Sequana & Alba,* prétendoit droit de lods & ventes de deux sols six deniers pour livres, tant des heritages francs que roturiers. Arrêt du 13. Juillet 1577. à son profit. *Biblioth. de Bouchel,* verbo, *Cens.*

181. Ventes ajugées à raison du huitiéme denier, par Arrêt du Parlement de Bretagne, du 9. Septembre 1569. *Du Fail, liv.* 3. *ch.* 230.

182. On ne doit avoir égard en la liquidation des lods, aux pensions imposées sur le fonds pour le rendre moindre. Arrêt du Parlement de Grenoble du 22. May 1579. Autre chose seroit si ces pensions avoient été imposées par les Seigneurs directs, *Basset, tome* 1. *liv.* 3. *titre* 8. *chapitre* 10.

LODS, EVICTION.

183. Si le lods est dû quand le tiers possesseur est évincé par l'action hypotequaire d'un Créancier qui se colloque par sa dette? Voyez *Du Perrier, liv.* 4. *quest.* 19.

184. Une Terre étant acquise, éviction pour la moitié, lods ne sont dûs, ni pour la moitié évincée, ni pour celle qui reste, parce que l'intention de l'acquereur n'a point été d'acquerir une moitié. Arrêt du 5. Septembre 1587. prononcé le 23. Decembre suivant. *Brodeau sur M. Loüet, lettre R. somm.* 2. *nombre* 10.

185. Lods & ventes ne sont point dûs pour Contracts resolus par éviction. Arrêt du Parlement de Paris du 25. Juin 1588. pour un acquereur, dont le Contract avoit été resolu, n'ayant point voulu payer le droit d'un mineur à cause de sa minorité. *Papon, liv.* 11. *tit.* 4. *n.* 16.

186. Si l'acquereur est évincé de la chose venduë, & la resolution jugée, ventes ne sont dûës. D'*Argentré, de laudim.* §. 2. *Coquille, q.* 34. & ainsi jugé au Parlement de Bretagne le 13. Octobre 1644. La provision neanmoins se donne pendant le procés. Arrêt du 19. Avril 1603. *Du Fail, liv.* 2. *ch.* 466.

187. Le Seigneur ne peut demander les droits de lods & ventes, l'éviction étant apparente, & l'acheteur empêché d'entrer en joüissance. Arrêt du 12. Mars 1605. *Carondas, liv.* 13. *Rép.* 103.

LODS, FACULTE' DE RACHAT.

188. Si les lods sont dûs d'un Contract de vente à faculté de rachat, executée dans le temps de la grace? *Voyez Salvaing, de l'usage des Fiefs, chap.* 85. où il est dit, par l'usage de *Dauphiné,* les lods se payent de la vente & faculté de rachat, mais non pas de la revente ; depuis l'Arrêt general qui en fut donné le 21. Juillet 1468 sur le refus que faisoient les acquereurs de payer les lods pendant le temps de la grace.

189. *Laudimia ex temporis redimendi prorogatione non solvenda.* Voyez *Franc. Marc. tom.* 1. *quest.* 185. *n.* 4.

190. *Laudimia an & quando ex contractu de retro vendendo debeantur?* V. *Ibid. quæst.* 570.

191. Lods sont dûs d'un Contract portant faculté de rachat, quoyque par autre Contract du même jour, l'acheteur laisse les biens au vendeur à titre d'afferme. Celuy-cy ne joüit plus *jure Domini,* mais seulement au nom de l'acquereur ; c'est donc une vraye vente. *Maynard, liv.* 4. *ch.* 39.

192. Des biens vendus à faculté de rachat, il n'est dû qu'un seul droit de lods, quand même la faculté seroit exercée. Arrêt du dernier Mars 1555. *La Rocheflavin, des Droits Seigneuriaux, ch.* 38. *art.* 4.

193. Les Arrêts ont jugé que d'un Contract de vendition faite à faculté de ravoir & racheter dans certain temps, en rendant par le vendeur le prix, & n'ayant iceluy retiré l'heritage, les lods & ventes sont dûs au premier Fermier, qui étoit au temps du Contract, & non au second du temps de la faculté expirée : car la vente est faite purement par le Contract, auquel la faculté de ravoir & racheter par le vendeur dans certain temps, ne rend la vendition conditionnelle ; ainsi il faut considerer le temps du Contract. *M. le Prêtre, Centurie* 4. *chapitre* 84.

194. Des biens vendus à pacte de rachat sont dûs les entiers lods & ventes, à la charge que lors du rachat n'en seront dûs. Arrêt du dernier Mars 1555. *Biblioth. de Bouchel,* verbo, *Lods.*

195. Lods & ventes dûs d'un Contract, portant faculté de rachat. Arrêt du Parlement de Bretagne du 7. Mars 1558. *Du Fail, liv.* 1. *ch.* 101.

L'appellant

196 L'appellant achete une Terre, à condition de raquit d'un an pendant l'année l'appellant continué cette condition, & grace d'une autre année ; mais après la premiere année finie, l'intimé, Seigneur du fief, demande les ventes. L'appellant dit qu'il ne les doit, attendu la prorogation ; en tout cas qu'il n'en doit que le tiers, d'autant que le Contract ne porte cette clause, *net & quitte de Cour*, que par la Coûtume le vendeur doit les deux parts, & l'acquereur le tiers. Le Juge le condamne au tout. Arrêt du Parlement de Bretagne du 27. Avril 1564. qui confirme la Sentence, parce que la premiere condition passée rend les ventes exigibles. *Du Fail*, liv. 1. ch. 168.

197 Une Terre est acquise avec faculté de remeré, pour quatre ans; le rachat n'est point fait ; l'acheteur joüit, & fait en 1573. un supplément de 900. liv. le Fermier qui étoit au temps du premier Contract, demande les ventes du supplément, disant que c'est *unicus contractus*. Le second Fermier prétend que les Contracts sont differens ; & qu'il a été ainsi jugé au Parlement de Paris en 1565. le 5. Janvier pour la Reine d'Ecosse Doüairée, sur le Comté de Poitou ; lors de son doüaire, fut fait un supplément de certain Contract passé du temps qu'elle n'y avoit de doüaire, & que le Roy en joüissoit. Arrêt du Parlement de Bretagne du 30. Octobre 1576. qui ajuge les ventes du supplément au second Fermier. *Du Fail*, liv. 1. chap. 410. où il est observé que si la rédaction en forme d'un Contract, a été remise, les ventes appartiennent au Fermier du temps de la celebration du Contract. Arrêt du 14. Mars 1608. si le Contract est parfait & à condition de rachat, les ventes appartiennent au Fermier du temps de la celebration, & non de la condition écheuë. *Robert*, li. 3. rer. judic. c. 18. Dargentré, *in tract. de laud.*

198 Si le Contract de vente porte faculté de remeré, & que pour en empêcher l'exercice, l'acquereur fasse un supplément, les lods appartiendront au Fermier lors du Contract, & non à celuy lors du supplément ; parce que le supplément n'est qu'une accession, & ne fait pas un Contract nouveau. Arrêt du Parlement de Bretagne du 11. Mars 1578. dans lequel est énoncé un Arrêt contraire du 10. Octobre 1576. *Du Fail*, liv. 2. chapitre 455.

199 Si la faculté de remeré n'est point exercée, les lods & ventes sont dûs à l'ancien Seigneur, qui étoit lors de la vente, non au nouveau, qui se trouve lors de l'expiration de la faculté. Jugé par Arrêt prononcé en Robes rouges le 22. Decembre 1584. *Papon*, liv. 11. tit. 7. n. 8. Chopin, liv. 2. de Dom. tit. 5. n. 7. & Robert, rer. jud. li. 3. cap. 18.

200 Vente à faculté de remeré, bien que le rachat soit executé & le Contract resolu, lods & ventes en sont dûs en la Coûtume de *Poitou*. Arrêt du 9. Decembre 1595. M. le Prêtre, *és Arrêts de la Cinquiéme*.

201 Lods & ventes sont dûs d'un Contract fait avec faculté de remeré. Arrêt du 12. Juillet 1603. M. *Louet*, lettre V. somm. 12. Le Commentateur semble faire difficulté de cette maxime : l'acquereur avec faculté de remeré pour faire décheoir son vendeur de cette faculté, doit obtenir Sentence, sinon le temps de la faculté expiré, ne rend pas l'acquereur proprietaire incommutable, mais il faut trente ans. Tronçon, *Coûtume de Paris*, article 5. verbo, *Profit*. Voyez Henrys, tome 2. liv. 3. quest. 11. & M. le Prêtre, 1. Cent. ch. 41.

202 Lods & ventes ne sont dûs d'un Contract de vente, portant faculté de rachat. Arrêt du Parlement de Paris du 7. Mars 1606. contre M. le Prince de Conty, duquel la Terre de Cherny étoit mouvante. *Bibliotheque de Bouchel*, verbo, *Lods & ventes*.

203 En la Coûtume du *Maine* Mœvius achete un heritage de *Titius*, à faculté de remeré de six ans ; pendant les six ans *Mœvius* cede son droit à *Sempronius*, avec la même condition ; la grace finie, sans que le recousse eût été faite, le Seigneur demande deux ventes ; l'acquereur soûtient qu'il n'en doit qu'une. Jugé qu'il devoit
Tome II.

doubles lods & ventes ; l'Arrêt est du 6. May 1608 M. le Prêtre, 2. Cent. chap. 75.

204 La grace étant expirée, ventes sont dûës, art. 56. de la Coûtume de *Bretagne*, même d'un Greffe vendu à faculté de rachat, la faculté étant expirée. Arrêt en Février 1610. *Du Fail*, liv. 1. chap. 267. & neanmoins par les Arrêts du Parlement de Paris, ventes ne sont dûës d'alienation de Greffe. Chop. *de Leg. And.* cap. 4. num. 21. & 22.

205 Faculté du retrait octroyée par l'acquereur en vente judicielle, est frauduleuse contre le Seigneur du Fief, & sans y avoir égard, les lods & ventes luy sont dûs. Jugé au Parlement de Bretagne au mois de Mars 1610. *Frain*, page 94.

206 Lods & ventes sont dûs au Seigneur après la faculté de remeré, quoy qu'on alleguât qu'il y avoit de l'usure & de l'impignoration dans le Contract. Arrêt du Parlement de Bretagne du 27. Juin 1619. rapporté par *Frain*, page 248.

207 En Pays de nantissement, les lods & ventes, ou autres droits payez d'une vente à faculté de remeré, ne se repetent, quoyque le remeré se fasse dans le temps de la grace. Arrêt du Parlement de Paris du 25. Janvier 1633. *Du Frêne*, liv. 2. chap. 128.

208 Lods & ventes ne sont dûs d'une vente faite sous faculté de rachat executée. Jugé le 22. Decembre 1637. *Bardet*, tome 2. liv. 6. ch. 32.

209 Les lods sont dûs faute de s'être pourvû dans les 4. mois en prorogation du delay de rachat. Arrêt rendu au Parlement de Grenoble le 15. Janvier 1638. *Basset*, tome 1. liv. 3. tit. 8. ch. 2.

210 Si les lods sont dûs d'un achat de plus valuë fait par l'acheteur sous faculté de rachat ? Oüi. Arrêt du Parlement de Toulouse du 11. May 1652. Quoyqu'il n'y ait pas nouvelle translation de proprieté, le supplément faisant le juste prix, il faut que le Seigneur reçoive son droit pour le prix entier. V. M. *de Catellan*, liv. 3. ch. 18.

211 Lods ne sont dûs de rachat. Arrêt du même Parlement de Toulouse au mois de May 1694. *jus illud non tam est acquisitorium quam conservatorium*, le rachat n'est pas tant une acquisition nouvelle, que la conservation de ce qui avoit été déja vendu. V. *ibid.* ch. 31.

LODS ET VENTES, FERMIER.

212 Quand les Terres Seigneuriales sont en Ferme, les lods sont dûs à ceux qui étoient Fermiers au temps de la mise en possession, & non à celuy qui étoit au temps de l'adjudication du fond saisi. Arrêt du Parlement de Grenoble rapporté sans date. Voyez *Chorier en sa Jurisprudence de Guy Pape*, page 134.

213 Le Seigneur direct qui se rend adjudicataire, n'ayant pas besoin d'investiture, ne doit point de lods & ventes à celuy à qui il a affermé sa Seigneurie. Jugé pour M. le Duc de Vantadour le 1. Juillet 1599. *Cambolas*, liv. 3. chap. 5.

214 Les lods sont dûs au Rentier au temps de la mise en possession du dernier encherisseur, non à celuy qui étoit au temps de la délivrance. *Basset*, tome 1. liv. 3. tit. 8. chap. 19.

215 Le Receveur au temps de l'adjudication, doit avoir les lods & ventes, & non celuy qui l'est lors de l'ordre & distribution des deniers. Arrêt du Parlement de Roüen du 22. Decembre 1552. *Basnage, sur l'art. 171. de la Coût. de Normandie*.

216 Les lods & ventes sont dûs au Fermier qui étoit lors de la vente faite à faculté de remeré, en la Coûtume du *Maine*, encore qu'il y eût un autre Fermier, ladite faculté étant expirée. Arrêt prononcé à Noël 22. Decembre 1584. *Montholon*, Arr. 30. Voyez Anne Robert, *rerum judicat.* liv. 3. ch. 18. où les raisons de part & d'autre sont rapportées.

217 Si le Seigneur doit payer les lods à son Fermier, à cause de l'acquisition qu'il a faite pendant la Ferme de quelques fonds de sa mouvance ? Arrêt du Parlement de Toulouse du mois de Juillet 1599. en faveur de M. le Duc de Ventadour, contre son Fermier. *Du Moulin*
LLL

& d'*Argentré* sont d'avis contraires. *Salvaing*, en son Traité de l'usage des Fiefs, ch. 82. embrasse leur opinion.

218 Par Arrêt du Parlement de Paris du 19. Juin 1603. rapporté par *Peleus*, en ses actions forenses, liv. 3. act. 81. jugé que l'acquereur d'une Terre qui est en un Fief saisi, ne pouvoit payer les lods & ventes au proprietaire saisi, & a été condamné de les payer au Fermier. Cet Arrêt fondé sur la Loy 11. §. *de quo palam. ff. de Institor. act.* qui dit, *de quo palam præscriptum est, ne cum eo contrahatur, is præpositi loco non habetur*, & sur la Loy 14. ff. *de solut.* où il est dit, *dico igitur quicumque ex tutoribus fuerit solutum recte solvi, nisi interdicta iis fuerit à prætore administratio, nam si interdicta est, non recte solvetur.* Ou ledit acquereur pouvoit sçavoir la saisie par les proclamations qui avoient été faites, que la Terre étoit à bailler à ferme, & par les affiches qui avoient été mises au Fief saisi prochain de la chose acquise, & par la commune renommée.

219 Ventes ne sont dûës au Fermier qui étoit lors d'une promesse faite de vendre, encore que l'acheteur eût baillé quelques deniers à valoir sur le prix convenu, *quia promissio de vendendo non est venditio.* Arrêt du 14. Mars 1608. au Parlement de Bretagne, rapporté par *Sauvageau sur Du Fail*, liv. 1. chap. 455.

220 *Henrys*, tome 1. liv. 3. chap. 3. quest. 29. décide que le lod dû pour supplément du prix d'une vente, appartient au Fermier qui exploite la Terre lors de ce supplément.

221 D'un Bail en la Coûtume de *Meaux* à rente rachetable, les lods & ventes sont dûs au Fermier qui étoit au temps du Contract, & non au Fermier du temps du rachat de la rente. Arrêt du 19. Février 1628. *M. le Prêtre, és Arrêts de la Cinquiéme*, & en la 1. Cent. chap. 41. où il rapporte dans l'annotation une espece qui paroît avoir été jugée au contraire, sans toutefois cotter l'Arrêt.

222 *Idem*, pour le Fermier touchant les institutions contractuelles, qui est lors du Contract de mariage. *Avis d'Henrys*, tome 2. liv. 5. quest. 59. & non au temps de la succession échûë.

223 *M. de Cambolas*, liv. 3. chapitre 5. cite un Arrêt du Parlement de Toulouse, par lequel il a été jugé que le Seigneur n'étoit point tenu de précompter les lods & ventes à son Fermier des biens qu'il a fait décreter durant son bail ; mais entre les raisons que le Seigneur alleguoit, il est fait mention que l'on avoit jugé que le Seigneur qui prenoit un bien par droit de prélation, devoit les lods & ventes à son Rentier, parce qu'il prenoit un droit qui étoit déja acquis au Rentier, au moyen de la vente ou du decret ; tellement que ceux dont il prenoit le bien, les eussent payez au Fermier.

224 Les lods sont dûs au Fermier par le Seigneur même, lequel luy ayant amodié tous les droits de sa Terre, acquiert ensuite des fonds mouvans de sa directe ; il fut ainsi jugé au Parl. de Dijon le 19. Mars 1684. après partage, quoique l'on dît en faveur du Seigneur, que *in generali cessione semper excipitur persona cedentis*, & que les lods ne sont dûs qu'à cause du consentement, & de l'investiture que le Seigneur donne à l'acquereur ; on alleguoit aussi un Arrêt contraire du Parlement de Toulouse, rapporté par *M. de Cambolas*, liv. 3. chapitre 5. l'Arrêt du Parlement de Dijon fut rendu sur l'autorité de *Du Moulin, tit. 2. de censives §. 78. gl. 1.* de M. d'Argentré, *tract. de laud. cap. 3. & in consult. Brit. art.* 69. nomb. 1. & sur celle de M. le Président de Boissieux *en son Traité des Fiefs*, les parties étoient M. le Marquis de Montal, & le Fermier de sa terre de Corcelles. *Voyez Taisand, sur la Coûtume de Bourgogne, titre* 11. art. 1. note 7.

225 Arrêt du Parlement de Provence du 26. Juin 1687. qui a jugé que le Fermier des droits Seigneuriaux a droit de demander les lods, quoyque le Seigneur ait donné l'investiture & quitte gratuitement les lods à l'acquereur, & qu'alors le Seigneur n'est pas garand de son quitte à l'acquereur. *Boniface*, tome 4. liv. 2. tit. 1. chap. 17.

LODS, FIEFS.

226 Si les fiefs sont sujets aux lods ? *Voyez* le mot, *Fief*, nombre 85.

227 Arrêt donné au Parlement de Paris le 22. Avril 1595. par lequel Claude & Guillaume Frontereaux freres sont condamnez payer lods & ventes au Receveur du Domaine pour raison des Fiefs nobles par eux acquis en la Châtellenie de *Bellac*. Corbin, *Traité des Fiefs*, p. 962.

228 Arrêts du Grand Conseil des 28. Juin 1606. dernier Août 1607. & dernier Avril 1608. qui ont jugé pour Fiefs nobles lods & ventes au Roy, comme Vicomte de Limoges dans le Comté de Perigord. *Ibid.* page 874.

229 Les lods ne sont dûs au Seigneur de son arriere-fief noble. Arrêts du Parlement de Toulouse dés 13. Juillet 1611. & en 1658. si bien qu'aucun Seigneur Superieur ne peut prétendre de tels lods, s'il n'a un titre, ou une Coûtume justifiée. On dit qu'au Comté de *Castres* ou en celuy de *Carcassonne*, ils sont dûs, parce que Simon de Montfort regla ces fiefs dans les titres qu'il en fit, lors qu'il vainquit les Albigeois ; mais ce sont des titres qu'il faut voir. *Voyez Albert*, verbo, *Lods*, art. 2.

230 Il est dû des lods de la vente d'un Fief noble, cela se regle par la Coûtume des lieux ; il en est dû dans la Comté de Carcassonne, suivant la Coûtume ; il fut ainsi jugé au Parlement de Toulouse le 5. May 1649. au procés de l'Evêque de Lodeve, Seigneur d'un Fief noble dans ce Comté ; mais dans les lieux où il n'y a pas de Coûtume ou Titre, on décharge les acquereurs des Fiefs nobles du payement des lods ; Arrêt du 2. Février 1658. au procés d'entre le sieur de Craux, Goin & Galimard, rapporté par *M. de Catellan*, liv. 3. chap. 21. On peut voir là-dessus Ferriere, sur la quest. 167. Guy Pape, quest. 415. Mainard, liv. 4. chap. 30. & 33.

LODS, GREFFE.

231 Jugé au Parlement de Bretagne le 26. Novembre 1655. que ventes n'étoient dûës de la revente des Greffes. *Du Fail*, liv. 1. chap. 377.

LODS HYPOTHEQUE.

232 Le Seigneur Censier pour ses lods & ventes est préferé au bailleur d'heritage. Jugé le 8. Avril 1570. Bacquet, *és Droits de Justice*, chap. 21. nombre 411.

233 Le Seigneur direct pour lods ou my-lods, est preferable aux Creanciers à l'échéance de ce droit. Arrêt du 8. Août 1626. *Henrys*, tome 2. liv. 5. quest. 57.

234 Les lods ne viennent en hypoteque que le jour du Contract d'acquisition, ensorte que si le demandeur en vuidange des fonds par action hipotecaire se trouve anterieur à ce Contract d'acquisition du possesseur, il ne rendra point de lods ; *secus*, s'il est possesseur. Et le remboursement des lods ne peut être demandé au delà de ce qui a été effectivement payé. *Basset*, tome 1. liv. 3. tit. 8. chap. 6.

235 Arrêt du 16. May 1657. qui a jugé, que le Seigneur direct est préferable des lods, au vendeur pour le prix. *Boniface*, tome 1. liv. 3. tit. 4. chap. 6.

236 Les lods n'ont point de privilege ni d'hypoteque que du jour du Contract qui leur a donné cause. Arrêt du Parlement de Grenoble du 1. Août 1672. *Basset*, tome 2. liv. 3. tit. 3. chap. 3.

LODS, INSTITUTION D'HERITIER.

237 L'heritier fiduciaire, & qui n'est institué qu'en faveur de ses enfans, lesdits enfans ne doivent my-lods. Arrêt du 1. Septembre 1640. *Henrys*, tome 1 liv. 3. chap. 3. questions 24. 25. & 26.

INTERESTS DES LODS.

Voyez le mot, *Interêt*, nomb. 218. & suiv.

238 Arrêt du Parlement de Provence du 7. Novembre 1676. qui ajuge les interets du lod d'une vente depuis la demande. *Boniface*, tome 4. liv. 2. tit. 1. chap. 19.

LODS, LEGITIME.

239 *De fructibus legitimæ non magis laudimium quàm de legitimâ debetur.* Arrêt du Parlement d'Aix du 3. Avril 1582. *Voyez Francisci Stephani, decis.* 20.

240 Des fonds donnez pour le payement de la legitime, nuls lods ne font dûs. *Voyez Chorier, en fa Jurifprudence de Guy Pape*, page 194.

LODS ET VENTES, LEGS.

241 Arrêt du Parlement de Provence du dernier Avril 1637. qui a declaré les lods être dûs du legs fait à un collateral. *Boniface*, tome 4. *liv*. 2. *tit*. 1. *chap*. 3. où il obferve que M. du Perrier eft de contraire fentiment en la *queft*. 19. *liv*. 4.

242 Si le lod eft dû de l'inftitution, ou legs de chofe particuliere qu'on doit remettre à un autre ? *Voyez Henrys*, tome 1. liv. 3. chap. 3. queft. 23.

243 Henrys dans fon premier Recueil, rapporte des Arrêts qui ont jugé que le my-lod eft dû des fucceffions *ab inteftat*, des inftitutions d'heritier, des donations & des legs: toutefois on a jugé que *in legato* fait aux pauvres, il n'en étoit point dû. *Henrys* tient que par cet Arrêt on a plûtôt jugé l'hypothefe que la thefe, & qu'on a plûtôt confideré les legataires que le legs; l'Arrêt eft du 23. Juillet 1646. *Henrys*, tome 2. liv. 3. queft. 16. Pour legs de chofes particulieres que l'on doit remettre à un autre. *Ibid*. tome 1. liv. 3. chap. 3. queft. 23.

244 Les Droits Seigneuriaux de lods ou demy-lods ne peuvent être prétendus d'une difpofition teftamentaire faite en faveur des pauvres. Arrêt du 23. Juillet 1646. *Soëfve*, tome 1. *Cent*. 1. *chap*. 94. où il obferve que fi le legs avoit été fait à d'autres perfonnes, il y auroit lieu aux droits Seigneuriaux ; il cite des Auteurs qui tiennent la negative.

245 Un legataire de meubles & acquêts & du tiers des propres du teftateur, cedant fes droits aux heritiers du défunt pour une fomme de deniers, cela ne produit point de lods & ventes au Seigneur de Fief dans la Coûtume de *Poitou*, faute par les heritiers de payer la fomme convenuë, le legataire fe faifant mettre en poffeffion des biens immeubles de la fucceffion, cela ne produit de lods & ventes que par rapport au droit qu'il avoit en vertu du legs fur les meubles. Arrêt du Parlement de Paris du 20. Juin 1689. *Au Journal des Audiences*, tome 5. liv. 5. chap.16.

245 bis. Rachat dans la Coûtume de *Poitou* par une communauté qui acquiert par donation entre-vifs un teftament, outre le droit d'indemnité, il eft dû des droits Seigneuriaux pour le même fait de mutation, la propriété de la chofe ayant été long-temps contefté, & la mutation n'étant point venuë pendant ce temps à la notice du Seigneur, on ne luy peut oppofer de prefcription pour cet intervalle de temps qu'il a differé d'agir. Fondation du College des Jefuites de Fontenay-le Comte en *Poitou*. Arrêt du Parlement de Paris du 20. Juin 1689. *Ibid*.

LODS, LICITATION.

246 Si les lods & ventes font dûs pour licitation ? *Voyez* le mot , *Licitation*, nomb. 19. *& fuiv*.

247 Si les lods font dûs de licitation comme de vente neceffaire? V. *Bouvot*, tome 2. verbo, *Licitation*,queft. 2.

248 Lods & ventes ne font dûs de licitation neceffaire. Arrêt du Parlement de Paris du Mercredy-Saint 1538. *Papon*, liv. 13. tit. 2. nombre 23. L'article 80. de la Coûtume de *Paris* diftingue, fi la maifon eft ajugée à l'un des coheritiers il n'eft point dû de lods, *fecus*, fi l'adjudication eft faite à un étranger.

249 S'ils font dûs pour licitation ? Arrêt du Parlement de Paris du 30. Mars 1574. qui appointe au Confeil M. l'Avocat General de Thou foûtenoit qu'ils étoient dûs. Bibliotheque de Bouchel, verbo , Lods & ventes.

250 La licitation faite entre coheritiers fans fraude , l'un d'iceux demeurant adjudicataire , ne font dûs droits de lods & ventes,ni autres droits Seigneuriaux , bien que les étrangers y ayent été admis. Arrêt du 3. Mars 1587. M. Loüet, lettre L. fomm. 9. Autre Arrêt du 11.Janvier 1607. rapporté par Mornac, *l*. 52. §. *penultimo.ff. familiæ ercifcunda*.

251 Licitation faite entre l'un des coheritiers d'une part, & un tiers acquereur de l'autre coheritier, lods

Tome II.

& ventes font dûs en la Coûtume de *Paris*, encore bien que l'autre coheritier s'en rendît adjudicataire , parce que *non eft amplius judicium familia ercifcunda, fed communi dividundo*. Arrêt du 13. Decembre 1640.Du Frêne , liv. 3. chap. 69.

252 Quoyque l'article 80. de la Coûtume de *Paris* ne parle que de la licitation entre coheritiers, fa difpofition a été étenduë entre le furvivant des conjoints & les heritiers du predecedé d'un immeuble s'étant rendu adjudicataire. Arrêt du 19. Août 1643. *Soëfve*, tome 1. *Cent*. 1. *chap*. 62.

253 Pour des parts & portions acquifes par un coheritier en la totalité d'une maifon de la fucceffion, ne font dûs lods & ventes. Arrêt du 15. Decembre 1648. *Soëfve*, tome 1. *Cent*. 2. chap.98.

254 Jugé par Arrêt du 30. Juillet 1669. dans la Coûtume d'*Etampes*, qu'un des coheritiers s'étant rendu adjudicataire d'un immeuble de la fucceffion, en confequence de la vente qui en avoit été faite à la Barre de la Cour, pour des dettes de la même fucceffion , il n'eft dû lods & ventes : ainfi l'on jugea que cette vente pouvoit paffer pour une licitation entre coheritiers, quoique les formalitez qui doivent preceder la licitation n'euffent point été gardées, & que la Coûtume d'*Etampes* ne fît aucune mention de l'alienation. *Soëfve*, tome 2. *Cent*. 4. chap. 39.

255 Quand plufieurs coheritiers vendent quelques heritages, & qu'un d'eux fe rend adjudicataire, il ne doit les droits de ventes que pour les parts & portions qu'il acquiert, & non de celle qu'il y avoit. Jugé au Parlement de Tournay le 19. Juillet 1694. *Pinault*, tome 1. Arrêt 34.

LODS, LOY COMMISSOIRE.

256 *Laudimia quod in pacto legis commifforiæ vel adjectionis in diem non debeantur*? Voyez *Franc. Marc*. 1. part. queft. 601.

257 En vente faite fous pacte de la loy commiffoire, fi le prix eft rendu dans le temps accordé, les ventes n'importent aucun droit de lods , à moins que le temps ne fût fi long qu'il pût faire prendre dans l'acquereur un deffein de frauder le Seigneur. *Voyez Mainard*, liv. 6. chap. 29.

258 Les lods ne font dûs d'un contract qui contient *pactum legis commifforiæ*, Arrêt du Parlement de Grenoble du 11. Août 1616. & autres.*Voyez Baffet*,tome,1. liv. 3. tit. 8. chap. 7.

LODS, MAIN-MORTE.

259 *Voyez les Arrêts des Audiences , Arrêt* 111. le Veft, *és Arrêts* 11. 103. 112. & *Henrys*,tome 2. liv. 3. queft.25.

260 Lods & ventes font dûs pour chofes venduës à gens d'Eglife & de main-morte à chaque mutation de Titulaire , ou mort de celuy qui a été baillé pour homme vivant & mourant. Arrêt du 11. Juillet 1610. pour Etienne Mutin fieur de Bellecourt, contre les Echevins de Lyon. *Additions à la Bibliotheque de Bouchel*, verbo, *Lods*.

LODS, HERITAGES BAILLEZ EN MARIAGE.

Voyez cy-deffus le nombre 134. *& fuiv*.

261 Droits Seigneuriaux ne font dûs pour heritages baillez en mariage à la fille pour droit fucceffif ou legitime, encore qu'ils foient eftimez. Arrêt du 25. Avril 1573. *Carondas*, liv. 11. Rép. 28.

262 Si un heritage a été donné, eftimé, pour partie de ce qui étoit promis en mariage, il n'en eft dû ni lods ni ventes. *Voyez Du Luc* , liv. 6. tit. 5. chap. 2.

263 M. de Lanfac marie fa fille à laquelle il donne entre autres chofes 1000. livres, quelque temps après il donne à fa fille une terre *in folutum*. M. d'Argenton duquel la terre relevoit, demande les profits & droits Seigneuriaux *quia ex datione in folutum laudimia debentur* ; par Arrêt M. de Lanfac abfous ; qu'on peut dire donné *quovis modo* par le pere aux enfans eft préfumé en avancement d'hoirie. *Bibliotheque de Bouchel*, verbo , *Droits Seigneuriaux*.

LIII ij

264 Une mere donne à sa fille une terre en avancement de mariage, à la charge d'acquiter une somme de 9000. livres, il n'est dû aucun droit pour portion de la charge, parce que ce sont des accommodemens de famille qui ne peuvent être reputez ventes. Arrêt du 12. May 1631.
Du Frêne, liv. 2. chap. 96. Voyez M. le Prêtre, 2. Cent. chap. 38.

LODS, CHOSES MOBILIAIRES.

265 Il n'est point dû de lods de la vente des choses qui participent de la nature de mobiliaires comme de vente d'un moulin à battoir sans eau. Arrêt du Parlement de Grenoble dans la cause du sieur de Rocheguerin, rapporté par *Chorier en sa Jurisprudence de Guy Pape*, page 134.

LODS, MUTATIONS PRECEDENTES.

266 Sur la question si un nouvel acquereur est tenu de payer les lods & ventes, tant de son acquisition que des precedentes, suivant l'avis de plusieurs Interpretes, & même par Arrêt du Parlement de Paris du mois d'Avril 1547. il a été dit que le Seigneur direct se doit pour les droits precedens adresser par action personnelle à ceux qui les doivent ; neanmoins au ressort du Parlement de Toulouse où les Seigneurs usent communément de Lettres *de feudis* qu'on appelle pour devoirs non payés & font des saisies en vertu d'icelles, qui en cas d'opposition se convertissent en simple action, le tenancier sera tenu de payer tous les lods vraiment dûs & non prescrits, comme tous les arrerages de censives par identité de raison, sauf son recours contre qui il appartiendra. *Voyez Mainard*, *liv. 6. chap. 30. 31. & 32. & Papon*, *liv. 13. tit. 3. nomb. 36*.

267 Pour les lods des mutations precedentes, le Seigneur direct peut agir contre un nouvel acquereur & sans discussion, & même contre le successeur au benefice. Arrêt du 30. Juin 1657. *Henrys*, tome 2. liv. 3. quest. 18. V. *Ricard*, *Coûtume de Paris, art. 73*. où il dit que les lods & ventes sont charges réelles qui affectent particulierement l'heritage, & suivent tous acquereurs jusques à ce qu'ils soient prescrits. C. M. dit qu'il faut trente ans au tiers acquereur ; le contraire a été jugé dix ans entre presens, & vingt ans entre absens. Arrêt du 15. Février 1647. *Ricard*, *ibidem*. Henrys, tome 2. liv. 3. quest. 28. tient qu'il faut trente ans.

268 L'Aumônier du Monastere de Caunes, comme Seigneur direct des biens qui faisoient la dotation d'une Chapelle, demandoit les lods & ventes de la prise de possession du Chapelain alors pourvû, & encore ceux dûs pour la prise de possession de deux predecesseurs immediats. Arrêt du Parlement de Toulouse du 7. Juillet 1667. après partage, en faveur du Chapelain ; il disoit que tout au plus le Seigneur avoit pû prétendre un droit d'indemnité, lequel même se trouveroit prescrit ; mais on eut égard au titre singulier & à l'usage. *Arrêts de M. de Catellan, liv. 1. chap. 55*.

LODS, MY-LODS.

269 Voyez *Henrys*, tome 1. liv. 3. chap. 3. quest. 10. jusqu'à 15. Voyez aussi la 21. & suiv. jusqu'à 28. & la 44. tome 2. liv. 3. quest. 3. 8. 10. 11. 14. 16. 18. 26. 31.

270 Les donations faites par le pere ou par la mere à un enfant, ne sont pas sujetes à my-lods ; on jugeoit anciennement le contraire au Parlement de Dauphiné. *Voyez Salvaing*, *de l'usage des fiefs*, chap. 81.

271 Un heritier beneficiaire qui se voit plûtôt dépouillé qu'il n'est saisi, & qui n'a rien manié, ne peut être tenu à payer un my-lods du sien propre. *Avis d'Henrys*, tome 2. liv. 3. quest. 140.

272 Droit de my-lods dû en pays de Droit écrit, & ajugé par Arrêt du 19. Août 1606. pour les fonds dépendans de la terre de Vessieu à raison du dixiéme denier du prix auquel les heritages seroient appréciez. *Corbin*, *siete de Patronage*, chap. 184.

273 La mere succedant à son enfant par la substitution pupillaire, doit un my-lod, étant censée prendre les biens *judicio patris*, comme de luy. Arrêt du 10. Juillet 1610. *Henrys*, to 1. liv. 3. quest. 14. & to. 2. liv. 3. quest. 3.

274 Celuy qui a acquis une place pour bâtir un Convent & en a fait don à des Religieux, est obligé au payement du demy-lod de dix en dix ans dû au Seigneur direct pour son droit d'indemnité. Jugé au Parlement de Provence le 27. Février 1624. *Boniface*, tome 4. liv. 2. tit. 2. chap. 2.

275 Le droit de my-lods échû par le décés de l'homme vivant & mourant, baillé par les Religieuses de Lyon pour des places par elles acquises, sur lesquelles elles auroient fait bâtir une Eglise & Monastere, se doivent estimer sur le prix porté par leur Contract d'acquisition, & non sur la valeur desdits bâtimens. Arrêt du 28. Août 1632. *M. le Prêtre és Arrêts de la Cinquiéme*.

Si le Seigneur a un titre particulier, le fils est condamné à my-lod. Arrêt du 22. Mars 1635. *Henrys*, liv. 3. chap. 3. tome 1. quest. 15.

276 Il est dû un droit de my-lod pour raison des successions qui échéent en ligne collaterale sur le pied du douziéme denier de la valeur des heritages. Arrêt du Parlement de Paris du 28. Mars 1637. *Voyez Ibidem*, quest. 23. page 268.

277 En mutation de Prebende & Benefice au pays de Lyonnois, le Curé ou Prébendier moderne ne doit que my-lods pour la reconnoissance des heritages qui dépendent de son Benefice. Arrêt du 2. Avril 1624. Autre Arrêt du 24. Avril 1637. *Ibidem*, chap. 3. quest. 13. Voyez aussi la quest. 27.

278 L'opinion la plus commune & qui passe en resolution certaine, est que le substitué succede au testateur & non pas à l'heritier. *Henrys*, tome 1. liv. 3. chap. 3. q. 25. & que par l'ouverture de la substitution on ne peut demander aux filles de l'institué, auquel elles étoient substituées, un second demi-lod. Arrêt du 1. Septembre 1640. *Ibidem*, quest. 26.

279 Le même *Henrys*, tome 1. liv. 3. chap. 3. quest 26. fait difference de la ligne directe & de la collaterale, & rapporte un Arrêt du 1. Septembre 1640. qui a déchargé le fils en ligne directe du my-lods.

280 Par la Coûtume de *Dauphiné* les Contracts de donation & d'échange sont sujets à my-lods. Arrêt de la Chambre de l'Edit de Grenoble du 23. Juin 1663. V. *Salvaing. de l'usage des Fiefs*, chap. 80.

281 Arrêt du Parlement de Provence du 2. Decembre 1686. qui ordonne que le demy-lod des biens tombez en main morte est dû sur le pied du prix convenu, & non liquidé par Experts sur le pied de la valeur. *Boniface*, tome 4. liv. 2. tit. 2. chap. 1.

LODS, OFFICIERS DU PARLEMENT.

282 Lettres Patentes du Roy en forme de Chartres, accordées en l'année 1660. à Messieurs du Parlement d'Aix, portant exemption des lods & ventes & autres droits Seigneuriaux, dont jouissent les Conseillers Secretaires de la Maison & Couronne de France. *Boniface*, tome 1. liv. 1. tit. 25. nombre 12.

LODS, OFFRES, OFFRIR.

283 Le nouveau vassal, qui outre la foy & hommage, offre les profits feodaux au Seigneur comme lods & ventes ou quint, n'est tenu de les consigner ou mettre entre les mains du Commissaire, quand le Seigneur est absent, ou qu'il refuse de les recevoir. *Chopin*, *Coûtume de Paris*, liv. 1. tit. 2. nomb. 42.

284 Les offres faites en termes generaux en la Coûtume de Senlis, de payer les lods & ventes & autres droits, empêchent la perte des fruits. Arrêt du 10. May 1661. Notables Arrêts des Audiences, Arrêt 79. fol 246. *De la Guessiere*, tome 2. liv. 4. chap. 61. rapporte le même Arrêt.

285 En cas de droit d'offrir on ne doit rembourser que les lods qui ont été effectivement payez. Arrêt du Parlement de Grenoble rendu de l'avis des Chambres le 14. May 1667. *Basset*, tome 2. liv. 5. tit. 6. chap. 2.

286 Si un Créancier a acquis ou fait vendre le gage pris sur son debiteur pour diverses sommes dont les unes sont anterieures à celles pour lesquelles un autre Creancier exerce le droit d'offrir, les autres sont posterieures, il

faut pour le remboursement des lods les regler par une ventilation de prix, & les lods doivent être remboursez sur le pied des sommes anterieures & restituables seulement. Arrêt du même Parlement de Grenoble du 17. Août 1645. *Basset, ibidem, chap. 3.*

LODS, PARTAGE ENTRE COHERITIERS.

287 *Ex divisione inter fratres an debeatur laudimium?* V. *Francisci Stephani Decis.* 30.

288 Si la chose commune est ajugée sans fraude à un des partageans, *ventes* ne seront point dûës. 2. mais il en sera dû si elle est ajugée à un tiers, par licitation à laquelle il a été appellé. *Coquille, instit. des Fiefs,* 1. *id.* Argent. art. 73. glos. 4. n. 3. *& in purâ venditione factâ socio* 1. cont. Coquille, *quest.* 32. *id.* Molin, *verb.* Droit de relief, n. 69. *& seqq. verb.* achette à prix d'argent, n. 159. *ubi putat omnino deberi si extraneus admittatur,* 1. id. Papon, *lib.* 13. *tit.* 2. *n.* 21. 1. id. Mornac ad L. 52. §. *arbiter ff. fam. ercisc. & in societate connubiali,* 2. *id.* Mornac, *ibid. id.* Loüet & Brod. lit. L. n. 9. *licet extraneus admittatur ad licitationem,* 1. *id.* Guy Pap. 48. *in coherede, cont.* Ranchin, *ibid. in socio, id.* Ferrer. ibid. *in coherede & socio,* 1. *id.* Bacquet, Franc-fief, *ch.* 7. *n.* 22. *& seq. inter coheredes & judicialiter secus si voluntariè aut si communi dividundo aut societatis connubiali,* 1. *id.* Chopin, *Andeg. lib.* 1. cap. 4. n. 7. cont. *id. ibid.* n. 9. *Si le fonds se peut diviser & qu'il n'y a point d'argent hereditaire,* 1. *id.* Vignes, *tit.* 4. *art.* 27. *id.* Mainard, *lib.* 4. *chap.* 50. *sed contrà in purâ venditione,* 1. *id.* du Frêne, *lib.* 2. *chap.* 79. id. *du Frêne,* en pure vente, *lib.* 5. *cap.* 37. id. *in socio & coherede,* Maichin, *tit.* 4. *art.* 27. *chap.* 6. 1. cont. Chopin, *Andeg. lib.* 2. *tit.* 3. *n.* 8. M. Abraham la Peirete, *en ses Decisions du Palais, lettre V. nomb.* 5. rapporte toutes ces autoritez, & ajoute; *Je n'ay jamais fait difference entre les titres familiæ erciscundæ & communi dividundo, & soit que la chose soit commune par droit universel ou singulier, Je crois qu'il n'est point du lods & ventes de la licitation faite par un des consors, voire même quand la chose se pourroit partager: mais bien si l'étranger est admis à licitation, ou si le consort fait vente à son consort volontairement.*

Par Arrêt du Parlement de Bourdeaux du 30. Juillet 1640. plaidans Mantet & Lauvergnac, il a été jugé qu'en contract de partage fait entre coheritiers, qui jouïssoient par indivis, quand bien dans le contract il seroit fait mention de vente, & transport, il n'étoit point dû ventes. *Ibidem.*

289 Pour partage fait en ligne directe entre coheritiers, il n'est rien dû. Arrêt du Parlement de Paris, du 27. May 1569. *Le Vest,* Arrêt 99.

290 Lods & ventes ne sont dûs en soulte de partage, ni en licitation entre les coheritiers. Arrêt du 11. Janvier 1607. Mornac, *Loy* 52. §. *penultimo ff. familiæ erciscundæ.*

291 Lods & ventes ne sont dûs du délaissement fait par les heritiers du mary à la veuve, d'un conquet de la communauté pour le remploy de ses Propres. Arrêt du 4. Juin 1619. Bardet, *tome* 1. *liv.* 1. *chap.* 59. Voyez cy-aprés le nombre 303.

292 Pour accommodement entre coheritiers ne sont dûs aucuns lods & ventes, quoique le Seigneur alleguât que s'agissant d'une terre qui avoit été donnée en payement d'une somme de vingt ou trente mille liv. de à l'un des coheritiers, c'étoit *datio in solutum.* Ainsi jugé en la Coûtume d'Anjou le 28. May 1641. Soefve, tome 1. *Cent.* 1. *chap.* 39.

293 Les lods ne sont point dûs d'un partage en forme de vente, faite par l'un des coheritiers à l'autre, quand les effets dont il s'agit entr'eux ne peuvent être partagez, à cause qu'ils sont indivisibles de leur nature, & qu'on ne peut en faire le partage sans de tres-grands inconveniens. Arrêt du Parlement de Dijon du 29. Decembre 1642. en faveur de Potot qui avoit acquis de ses beaux freres, conjointement avec sa femme une chambre, un chauffour & un quartier de pté, qui étoient indivisibles, & provenoient d'une succession commune. Mais s'il y a eu partage & qu'ensuite l'un vende sa part à l'autre, les lods sont dûs. Arrêt du 6. Août 1655. *Taisand, sur la Coût. de Bourgogne, tit.* 11. *art.* 7. *n.* 3. en ces cas les lods ne sont dûs qu'à raison de ce qui a été payé en argent, pour la plus value.

294 Une sœur vend & cede à sa sœur tous les droits successifs qui luy pouvoient appartenir par indivis avec elle dans les successions de ses pere & mere; tel acte est reputé partage, & n'en est dû lods ni ventes, parce que c'est le premier acte passé entre les coheritiers. Arrêt du 15. Decembre 1648. *Du Fresne, liv.* 5. *chap.* 37.

295 Lods & ventes ne sont dûs d'un premier contrat fait entre coheritiers, comme conçu en termes de vente, & moyennant un prix payé comptant. L'on considera que ce n'étoit qu'un partage avec soute entre coheritiers qui ne produisoit aucuns droits. Arrêt du Grand Conseil, du 29. Février 1692. aprés partage: L'Arrêt en faveur de Madame de Meixelbourg, contre le Fermier de l'Abbaye saint Germain des Prez. *Voyez le Journal du Palais in folio, tome* 2. *p.* 803.

LODS ET VENTES, PONT.

296 Plusieurs obtinrent du Roy la permission de bâtir le Pont de Neuilly. Sa Majesté leur accorda un droit de peage, l'un d'eux vendit sa part, les Religieux de saint Denis prétendirent les Droits Seigneuriaux, Par Arrêt du mois de Mars 1619. jugez mal fondez; car quoiqu'ils eussent un droit de censive sur les Moulins, les Moulins sont *juris privati*; & les Ponts *juris publici & regii.* Quant au peage, il appartenoit veritablement au Roy, qui n'en avoit accordé aux Entrepreneurs qu'une simple jouïssance, *ad tempus.* Le Bret, livre 5. *Decis.* 12.

297 Arrêt du 28. Juin 1640. qui juge les lods & ventes n'être point deus pour l'alienation faite du Pont du Pecq, assis sur la Riviere de Seine, au pied du Château de saint Germain, parce que le fond appartient au Roy, & que l'acquereur n'a que la superficie, & le droit de peage. Soefve, tome 1. *Cent.* 1. *chap.* 15. le même Arrêt est rapporté par M. Henry Basnage, sur la Coûtume de Normandie, art. 171.

LODS, PRESCRIPTION.

298 Lods & ventes se prescrivent par trente ans, mais le droit est imprescriptible. Brodeau sur M. Loüet, lettre C. Som. 21. Voyez Henrys, tome 1. *liv.* 4. *chap.* 6. *q.* 74.

299 Lods & ventes & autres droits d'investiture se prescrivent par 40. ans. Arrêt du Parlement de Grenoble de l'an 1460. contre Monsieur le Dauphin. Papon, liv. 12. tit. 3. n. 23.

300 La demânde des lods & ventes se prescrit dans trente ans, à compter du jour de l'intimation & notification de la vente & réquisition de l'investiture, au Seigneur direct ou dominant, pour ôter tous moyens de latitation de contrats, simulation & fiction d'iceux, aux vassaux & emphiteotes; & parce que le vassal ou emphiteote ne demandant l'investiture dans l'an est de mauvaise foy. Arrêt de Toulouse du 13. Mars 1575. *La Rocheflavin, des Droits Seigneuriaux, ch,* 38. *art.* 9. Le même Arrêt est cité par Bouchel, dans sa Biblioteque du Droit François, verbo, *Lods,* où il en rapporte un semblable, rendu le 5. Août 1570.

301 Le cens emporte lods & ventes, encore bien que le tenancier soit en possession de n'en point payer, parce que ce droit est imprescriptible en la Coûtume de Reims, en la Coûtume de Châlons, & en la Coûtume de Vitry. Arrêt du 2. Janvier 1589. du 15. Mars 1603. du 20. Août 1605. *M. le Prêtre és Arrêts celebres du Parlement.*

302 Le tiers possesseur prescrit par le laps de dix ans, les lods d'une autre acquisition anterieure à la sienne. Arrêt du Parlement de Paris en Juin 1692. *Voyez l'Autheur des Observations sur Henrys to.* 2. *liv.* 3. *quest.* 28.

LODS ET VENTES, PROPRES.

303 Il n'est dû lods & ventes à cause du délaissement

que le mary fait pour le remplacement des propres de la femme, alienez pendant la communauté. *Voyez* M. le Prêtre, 4. *Centurie*, ch. 78.
Voyez cy-dessus le nombre 291.

QUART DES LODS.

304. Le Prevôt & Receveur particulier d'une Chatellenie Royale, est fondé à prendre le quart des Lods. Arrêt du Parlement de Paris du 29. Août 1637. *Voyez* Henrys, to. 1. liv. 2. chap. 4. quest. 10. L'Auteur des Observations remarque que les Châtelains des Seigneurs ont voulu s'attribuer le même droit de rierelod ; mais leur prétention a été condamnée par Arrêt rendu en la 3. Chambre des Enquêtes le 22. Février 1682.

LODS REÇEUS.

305. Les lods & ventes reçus par le tuteur, empêchent la paction resolutoire, c'est-à-dire quand le bail a toujours été fait à condition que si le preneur l'aliene, le bailleur ou ses heritiers pourront retenir l'heritage. *Voyez* Charondas, liv. 4. *Réponse* 55.

REMBOURSEMENT DES LODS.

306. Arrêt du Parlement de Paris du premier Mars 1582. qui a jugé que lods & ventes payés de bonne foy par celuy qui a acheté une terre, seroient remboursez par le vendeur qui avoit fait réduire ce contrat pignoratif, sauf à s'adresser contre qui bon luy sembleroit. Papon, liv. 13. tit. 2. n. 29.

307. Si les lods entiers doivent être remboursez à celuy qui n'en a payé qu'une partie ? Il faut distinguer si c'est en matiere de rabattement de decret, ou de cassation de vente ; au premier cas, quoique le decretiste n'en ait payé qu'une partie, tout luy doit être remboursé, à cause que c'est une grace qui luy a été faite, & que la vente est d'autorité de Justice, & parce que ce rabattement est une indulgence de la Loy.

Au second cas, il n'en est pas de même, sçavoir en matiere de retrait ou de préference, comme il fut jugé le 9. Août 1649. au Parlement de Toulouse. Une nommée de Castanet, avoit vendu une maison au fauxbourg saint Michel de Toulouse pour le prix de 1500 liv. il promit de faire ratifier sa sœur, à qui appartenoit la moitié de cette maison ; cette sœur, au lieu de ratifier demanda la preference en toute la maison, offrit de rembourser les lods qu'il avoit payez ; or quoiqu'il n'eût payé que 25. écus il demandoit le remboursement entier des lods entiers, ce qui luy fut refusé. *Albert*, verbo, *Lods*, Arrêt 3.

308. On peut repeter contre le Seigneur direct le lod qui luy a été payé d'un contrat nul, quand la nullité a été déclarée par Sentence, & cela par l'action que le Droit appelle *condictio indebiti*, parce qu'en ce cas, il s'agit du payement d'un lod qui n'étoit pas dû suivant le sentiment general, & un Arrêt rapporté par Papon, liv. 10. arr. 6. tit. 13. Néanmoins le contraire a été jugé au Parlement de Toulouse le 31. May 1660. Graverol sur la Rocheflavin, *des Droits Seigneuriaux*, chap. 38. art. 7. à la fin.

LODS, RENTES.

309. Lods ne sont dûs de rentes venduës. M. Charles du Moulin, sur l'article 8. du chap. 6. de la Coûtume de Berry, en rapporte un arrêt, leur situation est attribuée, non au lieu des hypoteques speciales, ni au lieu destiné pour les payemens, mais au domicile du Créancier. Loyseau, *des Seigneuries*, chap. 12. nomb. 92. V. Du Fail, liv. 1. chap. 211.

310. Pour rentes constituées on ne peut demander lods & ventes. Arrêt du 10. May 1557. M. Loüet, let. L. Som. 15.

311. Maison baillée à la charge d'une rente rachetable, doit lods & ventes, à raison du principal de la rente, & ce avant le rachat. Ainsi jugé par Sentence Présidiale du Châtelet de Paris, le 3. Juin 1559. Papon, liv. 13. tit. 2. n. 22. où il est dit, qu'il eut eu Arrêt conforme du 3. Juillet 1406. Il en seroit autrement si on bailloit rente à échange.

Par Arrêt du Parlement de Paris du 10. Mars 1557.

312. il fut ordonné sur la requête du Prevôt des Marchands & Echevins, que pour rentes constituées à prix d'argent sur maisons ou autres heritages assis és Ville, Prevôté, & Vicomté de Paris, ne sont dûs aucuns droits de lods & ventes, ni autres profits Seigneuriaux, soit pour la constitution ou rachat des rentes. Il est retenu *in mente Curia*, que les rentes constituées à prix d'argent, à la charge desquelles aucunes ventes volontaires ou adjudications par decret autoient été faites sont réputées faire partie du prix, & a été arrêté qu'en ce cas les lods & ventes sont dûs, non seulement pour les deniers déboursez, mais aussi pour le sort principal des rentes constituées. *Bibliotheque du Droit François*, par Bouchel, verbo, *Lods & Ventes*.

313. Jugé le 24. Mars 1567. par Arrêt general en Robes Rouges, que celuy qui avoit acheté une maison 7000. liv. n'ayant payé que 1500. liv. & constitué rente sur luy pour le surplus, payeroit presentement les lods pour toute la somme, sans attendre le rachapt. Même Arrêt avoit été rendu dès l'année 1559. Papon, liv. 13. tit. 2. n. 24.

314. Vente de rente fonciere doit lods & ventes. Arrêt du Parlement de Paris du 17. Février 1568. en faveur des Religieux de saint Denis en France ; il en est autrement d'une rente constituée à prix d'argent. Arrêt du 10. May 1557. Papon, *Ibidem*, n. 36.

315. Pour heritage vendu à la charge entr'autres choses d'acquiter une rente viagere, sont dûs lods & ventes à raison du tiers du sort principal, comme si la rente est de cent livres au sort principal de 1200. liv. le tiers est 400. liv. Arrêt du 8. Octobre 1568. Charondas, liv. 3. Rép. 30.

316. En la seconde Chambre des Enquêtes, au mois de Juin 1587. fut produit un Arrêt parlant d'un Contrat de vente de la terre chargée d'une rente viagere, & furent adjugés lods & ventes *pro rata* du tiers du prix ou de la valeur du principal au denier 12. *Bibliotheque de Bouchel*, verbo, *Rente*.

317. Lods & ventes sont dûs de l'achat d'une rente assise sur un fond mouvant de la directe. L'Abbé de Gimont avoit donné anciennement une Metairie sous la directe de 2. liv. Long-temps après elle se trouve chargée d'une pension de 48. sepriers de bled, assignée sur cette même Metairie ; l'acquereur de cette pension est assigné par le nouvel Abbé pour payer les lods & ventes de cet achat ; il se déffend, & dit qu'il n'a acheté que la rente, & qu'il y a un autre possesseur du fond. Par Arrêt du Parlement de Toulouse du 23. May 1603. les lods & ventes furent ajugés à l'Abbé, parce que par cette vente, l'indemnité utile est transferée, que ce Seigneur utile s'étoit reservée. Cambolas, liv. 3. chap. 32.

318. En la Coûtume de Lorris, l'acquereur d'un heritage chargé d'une rente fonciere rachetable, & que l'acquereur s'est chargé par son acquisition, n'est tenu de payer les lods & ventes du prix de la rente, mais seulement des deniers actuellement déboursez. Arrêts prononcez les 15. Avril 1606. & 10. Avril 1614. Chenu 2. Cent. quest. 94.

319. Par la Coûtume de Bretagne, art. 60. en tous Contrats à titre de rente, cens, s'ils excedent 10. sols de rente, ventes sont dûës, même des choses appartenantes aux gens de mainmorte. Arrêt du 9. May 1618. Sauvageau sur Du Fail, liv. 3. chap. 377.

320. Arrêt du Parlement de Paris du 15. Mars 1633. pour sçavoir si les lods & ventes sont dûs en la Coûtume de Poitou, d'un fond & heritage baillé à rente rachetable à perpetuel ? V. Bardet, tome 2. liv. 2. chap. 17. La Sentence avoit jugé pour la negative, & l'on fondoit le bien-jugé sur l'article 27. qui porte que les lods & ventes ne pourront être demandez qu'après l'amortissement de la rente, on prétendoit qu'il avoit été ainsi décidé par Arrêt rendu en 1614.

LODS ET VENTES, RETRAIT.

321. En cas de retrait d'un fond, quels lods doivent être

322 L'acquereur d'un heritage de sa mouvance doit être remboursé des lods en cas de retrait lignager, non en cas de retrait conventionnel. Voyez Salvaing, de l'usage des Fiefs, chap. 88.

323 Les droits de lods & ventes doivent être remboursez aux acheteurs par les vendeurs, ou par ceux qui se seroient servis du retrait, ils ne pourroient demander diminution sous pretexte que le Seigneur auroit fait remise d'une partie. Mainard, tom. 1. liv. 4. chap. 32. où il observe avec Ferron §. 20. tit. de retractu, penche vers l'opinion que les privilegiez ne doivent être remboursez des lods.

324 Si les lods dont le Seigneur a fait remise à l'acquereur, doivent être remboursez par le retrayant? Au Parlement de Paris on le juge ainsi, secùs, au Parlement de Toulouse & de Grenoble. Voyez Salvaing, de l'usage des Fiefs, ch. 86. où il rapporte des Arrêts de 1642. 1644. & 1645. fondez sur ce que l'interêt de l'acheteur ne consiste qu'à être remboursé de ce qu'il a déboursé réellement.

325 Si l'acquereur sur qui on exerce le retrait, peut employer en la declaration des loyaux Coûts les lods dont il est exempt par privilege? Il y a trois opinions differentes: La premiere est, que le retrayant privilegié n'est pas recevable à former cette demande: La seconde est de M. Charles du Moulin, sur la Coût. de Paris, §. 2. n. 5. qui a soutenu qu'un lignager n'est point tenu de rendre les Droits Seigneuriaux à l'acheteur privilegié; mais qu'il les doit payer au Seigneur direct: La troisiéme est en faveur de l'acheteur privilegié. Voyez Salvaing, de l'Usage des Fiefs, ch. 87. où il distingue entre celuy qui a le don ou la remise des Droits Seigneuriaux, & celuy qui doit sur droit de sa charge, l'un n'est en aucune perte réelle, puisque c'est une liberalité qui luy a été faite; l'autre se trouveroit en perte des émolumens de sa charge, s'il n'étoit remboursé des Droits Seigneuriaux qu'il auroit payez, sans son exemption qui est personnelle, & par consequent ne doit être communiqué au retrayant lignager, ou conventionnel; & par la même consideration, il fut arrêté au Parlement de Paris, les deux Chambres des Enquêtes assemblées le dernier jour de Février 1512. que bien que le sceau d'un Committimus soit expedié gratis à un Officier de la Chancellerie, il ne laisse de venir en taxe des dépens; mais parce qu'en Dauphiné la Chambre des Comptes remet le tiers des lods à ceux qui déclarent leurs acquisitions trois mois aprés leur date, suivant l'Edit de Henry II. il me semble aussi que l'acquereur privilegié ne doit être remboursé que des deux tiers, puisque la remise de l'autre tiers est un droit commun pour toutes sortes d'acquereurs; comme il fut jugé en ce cas semblable, par Arrêt du Parlement de Rennes de l'an 1561.

326 Le Retrayant doit rembourser à l'acheteur ce qu'il n'a pas payé, à cause de son privilege. Jugé pour le sieur de la Chenaye Secretaire du Roy, le 22. ou 23. Juillet 1540. Papon, liv. 11. tit. 9. n. 2.

327 En matiere de ventes on doit s'adresser à l'acheteur, duquel on retire par promesse l'heritage vendu, sauf son recours vers celuy qui a retiré, & l'acheteur doit payer. Cet Arrêt a été rendu au Parlement de Bretagne, le 28. Avril 1556. entre le Procureur General, prenant la cause pour son Subtitut à Aulnay, & Loüis Champion. Du Fail, liv. 1. chap. 2.

328 René Bernier & Louïse Goujon sa femme, vendent en 1568. à M. de la Chapelle Conseiller, la Terre de Bernier, pour en joüir, ainsi qu'en avoient joüi leurs Auteurs. Il s'en falloit 400 liv. de rente que la Terre ne fût au même état; M. de la Chapelle met le vendeur en cause pour supplément. Par transaction la Terre de Pondouvre fut donnée pour supplément & récompense, & le sieur de la Chapelle accorde la faculté de recouvrer cette Terre, en luy donnant 10000. livres dans quatre ans. En 1574. Loüise Goujon fait assigner la veuve de l'acquereur, en demande & offre de retrait conventionnel. Le Fermier qui étoit lors de la transaction, conclut contre Loüise Goujon, au payement des ventes de cette transaction; elle disoit que c'étoit un échange, & que la faculté avoit été exercée dans le temps. Le Fermier répondoit que la grace passoit le 12. Mars, & que le remboursement n'étoit fait qu'en Avril, où la veuve du sieur la Chapelle consentoit le remboursement, à la charge que Loüise Goujon l'acquitteroit des ventes. Arrêt du Parlement de Bretagne du 6. Mars 1577. infirmatif de la Sentence des Juges de Rennes, lesquels avoient condamné au payement des ventes. Du Fail, liv. 3. chap. 138.

329 Le Grand retire par promesse un heritage que Pinçon avoir acheté: au remboursement des frais; Pinçon demande le tout des ventes, ce qui est alloüé; appel; le Grand dit que le Roy a donné aux acquereurs par Edit publié, le tiers des ventes, & il ne seroit pas raisonnable que le Retrayant qui est subrogé au droit des acquereurs, fût de pire condition. Par Arrêt du Parlement de Bretagne du 14. Septembre 1562. la Cour dit mal jugé, reformant le Jugement, condamne l'appellant rembourser les trois parts des ventes, dont les quatre font le tout; condamne l'intimé és dépens de la cause d'appel, & de l'incident devant le Juge à quo. Du Fail, liv. 1. chap. 203.

330 Lods & ventes ne sont dûs par le lignager, à qui hors Jugement & sans assignation, l'heritage est quitté. Arrêt du Parlement de Paris du 31. May 1582. Carondas, liv. 7. Rép. 216. Voyez Chopin, Coûtume de Paris, liv. 1. tit. 3.

331 Les lods & ventes ne sont point dûs par celuy qui use du retrait lignager au Seigneur, lorsque l'acheteur les a une fois payez. Arrêt du Parlement de Toulouse du mois de Juin 1583. Mainard, tome 1. livre 4. ch. 36.

332 Lods & ventes doivent être remboursez par le Retrayant à l'acquereur, bien qu'il y eût eu composition, & qu'il n'en eût rien payé. Arrêts du 9. Mars 1605. & 14. Juillet 1632. Brodeau sur M. Loüet, lettre S. sommaire 22. nombre 4.

333 Si en retrait des acquêts avec les anciens, sont dûs lods des acquêts? V. Bouvot, tome 1. part. 1. verbo, Lods, quest. 4.

334 Si les lods sont dûs des acquêts retirez avec les anciens heritages vendus, l'acheteur n'ayant voulu retroceder les anciens & retenir les acquêts? V. Ibid. to. 2. verbo, Lods, quest. 1.

335 Un Seigneur Censier qui a compris dans le bail fait à son Fermier, le droit de lods est exclu de la retenuë, quand le Fermier accepte les lods. Arrêt du Parlement de Dijon du 13. Mars. 1670. Taisand, sur la Coût. de Bourgogne, tit. 11. art. 1. n. 3.

336 Un particulier vend sa maison à credit; quelques années aprés l'acquereur abandonne ses biens à ses creanciers; le particulier vendeur rentre dans la proprieté de sa maison, en consequence de l'adjudication à luy faite par les creanciers pour le payement du prix non acquitté. Jugé à Paris, qu'il doit lods & ventes, avec les interêts, à compter du 23. Mars 1666. jour de la demande; par Arrêt du 26. Avril 1672. Journal du Palais.

Voyez le mot, Retrait. §. Retrait, Droits Seigneuriaux.

LODS, SECRETAIRES DU ROY.

337 Gilles Lezot achete certains heritages, dont le Fermier du Domaine luy demande les ventes; Lezot allegue son privilege de Secretaire du Roy; le Fermier dit que le vendeur doit les deux parts des ventes; l'acquereur un tiers, duquel il ne demande rien, mais qu'il ait à payer les deux tiers, sauf son recours contre le vendeur. Par Arrêt du Parlement de Bretagne du 3. Septembre 1576. Lezot est condamné de payer les deux tiers, sur iceux rabattu le quart des deux tiers, suivant l'Ordonnance du 26. Août 1552. Du Fail, liv. 1. chapitre 423.

338. Arrêt du Parlement de Bretagne du 7. Octobre 1578. qui condamne les heritiers d'un Secretaire du Roy, acquereur d'une Terre tenuë de sa Majesté, à payer les deux tiers des ventes, sur ce déduit & rabbatu le quart; cela ne se pratique plus; & au contraire, il a été jugé qu'un Secretaire du Roy doit être remboursé des ventes par le rétrayant, bien qu'à cause de son exemption, il n'en ait rien payé. *Du Fail, liv. 3. chap. 396.*

339. Michel Sitolle acquiert d'un nommé Alix, quelques parts de maisons en la Ville de Paris, dont il paye les lods & ventes au Receveur du Domaine. Il est poursuivi en declaration d'hypoteque par les Créanciers d'Alix, il déguerpit. Un Curateur est créé à la chose déguerpie; elle est venduë à un Secretaire du Roy, auquel Sitolle demande le remboursement des lods & ventes payez au Roy. Arrêt du Parlement de Paris du 13. Février 1604. qui décharge le Secretaire du Roy, sauf le recours de Sitolle contre le Receveur du Domaine. *Biblioth. de Bouchel, verbo, Lods & ventes.*

Voyez *lettre S.* le Titre *des Secretaires du Roy*, où il est parlé des Droits Royaux & Seigneuriaux, dont leur Charge leur procure l'exemption.

LODS, SERVITUDE.

340. Lods & ventes ne sont dûs pour vente de servitude; le vendeur d'un heritage est tenu des dommages & interêts, *& quanti minoris*, s'il n'a declaré les servitudes. Voyez *Mornac, L. 14. ff. de servitutibus.*

LODS, SUCCESSIONS.

341. Des successions testamentaires, ou *ab intestat*, en ligne collaterale, sont dûs my-lods. Arrêt du 14. Février 1573. *Henrys, tome 1. liv. 3. ch. 3. quest. 10.* Si ce n'est que les Terriers anciens portent le contraire, ou qu'il y ait un titre exprés.

342. Le frere qui succede au frere, doit le demi-lod pour les biens paternels, aussi-bien que pour les autres en Pays de Droit écrit; mais quand il n'y a point eu de partage entre les freres, l'un d'eux venant à mourir, Henrys doute qu'il soit dû. *Voyez Henrys, to. 1. liv. 3. chap. 3. quest 12.*

343. Dans le Duché de *Roüannois*, il n'est point dû de lods des successions collaterales; cela se doit entendre dans l'étenduë du Duché de Roüannois; car ailleurs l'usage est contraire. Arrêt du 17. Juillet 1621. *Henrys, tome 2. liv. 3. quest. 4.*

344. En Pays de Droit écrit, le Seigneur en succession directe, & de pere à fils, ne peut prétendre de droit de lods ou mi-lods, si ce n'est qu'il y ait des anciens Terriers ou titre exprés; ainsi qu'il a été jugé pour le sieur Dalbon de Cury, le 22. Mars 1635. ce qui ne doit être tiré à consequence. *Henrys, to. 1. liv. 3. ch. 3. q. 15.* Voyez *Tronçon, Coûtume de Paris, art. 3. in verbo*, à toutes mutations.

345. Dans le Comté de *Forêts* on ne peut demander des successions collaterales que le mi-lod. Arrêt du 9. May 1636. Autre Arrêt du 24. Juillet 1638. *Ibid. quest. 11.*

346. Par le Statut de Savoye, *non debentur laudimia de successionibus testam. vel ab intestato de fideicommisso, nec de divisionibus inter fratres, & cohæredes, lib. 3. Stat. cap. 3. & qui transigit de eo quod sibi debetur ex fideicommisso non debentur laudimia. Joh. Fab. inst. in verbo Justinus ex transactione dominii, tamen utilis debet laudimium. L. 3. C. de Jure emph. V. Bouvot. to. 2. verbo, Lods, quest. 6.*

Voyez le mot, *Succession. §. Succession, Droits Seigneuriaux.*

SUPPLEMENT DE PRIX.

347. Les lods & ventes sont dûs pour supplément du prix. *Pontanus, Coûtume de Blois, art. 81. verbo, sed juxta hanc, &c.* Ils sont dûs au Fermier qui est lors dudit supplément, parce que c'est une nouvelle acquisition. Arrêt du Parlement de Bretagne du 11. Mars 1576. Voyez *Henrys, tome 1. liv. 3. chapitre 3. quest. 29. & Carondas, liv. 6. Rép. 67. & liv. 7. Rép. 115.*

348. Le supplément de juste prix porte droit de lods des sommes suppléées aux Seigneurs ou à leurs Fermiers, qui sont lors du supplément accordées. Ainsi jugé par Arrêt du Parlement de Paris en Janvier 1563. de Bretagne en Octobre 1576. & de Toulouse au mois de Juillet 1582. Voyez *Mainard, liv. 6. ch. 28.*

349. Lods ne sont dûs d'un supplément du tiers de la lézion en vertu de l'Edit du Roy, qui permet aux roturiers le rachat des biens où il y a lézion du tiers, si mieux l'acquereur n'aime payer ce tiers. Arrêt rendu au Parlement de Grenoble le dernier Juin 1609. *Basset, tome 1. liv. 3. tit. 8. ch. 11.*

Voyez *le nombre suivant, & le Titre du Supplément.*

LODS, TRANSACTION.

350. Si les lods sont dûs de transaction & de supplément de prix? Voyez *Bouvot, tome 2. verbo, Lods, q. 5.*

351. Pour cession, transport ou transaction, ne se paye droit de lods & ventes, parti en toutes les Chambres au mois de Mars 1574. ce qui a lieu lors que les biens demeurent entre les mains de l'ancien possesseur, ou du colligitant: car si par telle transaction les biens passent aux étrangers *ne dominium transferatur*, ou bien que le Contrat soit frauduleux & feint, pour priver le Seigneur de son droit, en ce cas *debentur laudimia.* Arrêt du Parlement de Toulouse du 9. Septembre 1601. *La Rochestavin, des Droits Seigneuriaux, ch. 38. art. 3.*

352. Quand le Transigeant qui possede la chose, donne de l'argent pour la retenir, les lods ne sont dûs, parce qu'il est à présumer que l'argent a été donné pour se redimer de procés. Arrêt du Parlement de Dijon du 17. Février 1605. suivant l'opinion de Bart. *in L. si profundo, C. de transact. Bouvot, tome 2. verbo, Lods, question 8.*

353. Les lods ne sont point dûs d'une somme portée par transaction sur certains droits demandez par un tiers, sur biens emphyteotiques, qui d'ailleurs étoient acquis au possesseur. Arrêt du Parlement de Grenoble du 6. May 1607. *Basset, tome 1. liv. 3. tit. 8. ch. 9.*

354. Si le possesseur par transaction delaisse l'heritage, moyennant deniers; lods & ventes sont dûs; Sesus, pour éviter procés il transige & baille quelques deniers, afin de demeurer paisible possesseur. Arrêt du 17. Janvier 1623. *Brodeau sur M. Loüet, lettre T. somm. 5. Voyez Expilly, Arrêt 139.*

355. D'une transaction, où il y a vuidange de fonds, en payement de droits paternels, maternels, heritages, supplément de legitime, lods sont dûs. Arrêt du Parlement de Grenoble du 2. Février 1654. *Basset, tome 1. liv. 4. tit. 14. ch. 4.*

356. Jugé au même Parlement de Grenoble le 3. Juillet 1662. que d'une transaction, où il y a somme délivrée pour entrer en possession d'un fonds, on doit les lods & ventes de cette somme. *Ibidem, tome 2. liv. 6. titre 8. chap. 4.*

357. Il n'est point dû de lods & ventes, si la chose dont on a transigé, demeure à celuy qui la possedoit avant la transaction. Arrêt du Parlement de Dijon du 27. Janvier 1640. *Taisand sur la Coût. de Bourgogne, tit. 11. art. 7. n. 3.*

358. Lods sont dûs d'une transaction, lorsque les biens sont baillez à une personne qui n'avoit nulle prétention de propriété sur ces biens. Arrêt du Parlement de Toulouse au mois de Février 1666. rapporté par *M. de Castellan, liv. 3. ch. 20.*

LODS, TREIZIE'ME.

359. Pour le payement du droit du treiziéme, on considere non point le tems de la tenuë de l'état, & affinement du decret; mais celuy de la passation & adjudication des heritages: Un nommé Patey, Receveur de la Baronnie de Joüi, lors de la passation & vente judiciaire de quelques heritages, relevans nuëment de la Baronnie, fut préféré au payement & reception des reliefs, & treiziéme: ordonné qu'il les auroit à son profit, au préjudice de celuy qui en étoit Receveur au temps de l'état du decret, conformément à l'Arrêt de la Cour, du 23. Decembre 1552. *Bibliotheque du Droit François, par Bouchel, verbo, Treiziéme.*

Du

360 Du Châtel s'étoit rendu adjudicataire du Fief de Teffi, & de quelques rotures, tant à son profit particulier, qu'au profit commun; il consigna ses deniers, & prit possession, qu'il continua pendant une année. Depuis il subrogea son droit au sieur de Cleronde, qui s'obligea de faire tenir l'ordre en son lieu & place, se reservant neanmoins à se presenter pour son enchere particuliere; ce qui étoit considerable. M. Bunel, Lieutenant Criminel de Bayeux, soûtint que cette subrogation étoit une veritable vente, dont le treiziéme étoit dû. La cause portée en l'Audience, Bunel disoit que du Châtel ne pouvoit avoir prêté son nom au sieur de Cleronde, ayant luy-même consigné ses deniers, & en consequence obtenu son envoy en possession, qu'il avoit prise, & dont il avoit joüi durant une année; qu'on ne pouvoit douter qu'il ne fût adjudicataire en son nom, après avoir encheri à son profit particulier ce qui n'étoit permis qu'au Créancier du decreté. Arrêt du Parlement de Roüen du 9. Février 1665. qui appointe la question au Conseil. C'est l'usage en la Province de Normandie, que pour éviter un double droit, il faut passer la declaration avant l'ordre. *Basnage, sur l'art. 171. de cette Coûtume.*

361 Il n'est point dû de treiziéme de l'heritage que le mary ou ses heritiers, baillent à la femme pour le payement de ses deniers dotaux; elle ne doit aucuns lods & ventes pour heritages qui luy sont baillez par les heritiers de son mary, en payement de ses conventions matrimoniales; c'est l'art. 26. du Reglement de 1666. *Basnage, ibid.*

Voyez le mot, *Treiziéme.*

LODS, VENTE RESOLUE.

362 De simple traité de vente, ou d'un engagement & antichrese, lods ne sont dûs; mais si une vente parfaite est après resolue du consentement mutuel des parties, cela ne fait préjudice au droit acquis au Seigneur, & il en prendra les lods. *V. Mainard, liv. 4. ch. 40.*

363 Un Gentilhomme vend un Fief mouvant 7000. liv. dont il reçut partie comptant; on stipule que faute de payer le reste dans un certain temps, la vente sera nulle, & qu'il rentrera dans son Fief. L'acquereur n'ayant point satisfait, la veuve du Gentilhomme rentre en possession. Par Arrêt du mois de Juin 1559. les Lettres par elle obtenuës afin de restitution de la somme payée pour les lods & ventes, ont été entherinées. *Papon, liv. 12. tit. 2. nombre 30.*

364 Le 8. Mars 1574 au Parlement de Bretagne fut donné l'Arrêt, par lequel les ventes furent ajugées au Fermier General de Fougeres, d'un Contract de vente fait entre les sieurs de Bobril & de Boulande, encore que le Contract fût depuis cassé *ex capite doli*. Il se juge maintenant au contraire en même espece il fut jugé pour M. Barthelemy Gallais, Avocat en la Cour, contre le Fermier du Domaine, en Septembre 1632. *Du Fail, liv. 2. ch. 466.*

365 Il n'est point dû de lods d'une vente resoluë par la Loy 2. *C. de rescindenda vendit.* ayant été payez, ils peuvent être repetez. Cette maxime reçoit ses limitations; si l'acheteur avoit connu & concouru à la nullité de l'acte, on prétend qu'il ne pourroit pas répeter; de même s'il avoit joüi long-temps de la chose venduë. *Voyez Salvaing, de l'usage des Fiefs, chap. 89.* où il rapporte un Arrêt du Parlement de Paris cité par *Du Moulin*, qui a jugé que même si l'acheteur auroit connu la nullité de la vente, il est en droit de repeter les lods, parce qu'en qualité de possesseur du fonds, il sçavoit qu'il pouvoit être contraint à les payer.

366 Lods & ventes ne sont dûs de vente resoluë, pour cause necessaire, comme si elle a été faite à la charge du decret judiciaire dans un certain temps, à peine de nullité du contract. Le terme étant arrivé, les parties se désistent de la vente, & le vendeur vend à un autre, les lods ne peuvent être demandez que de la derniere vente. Arrêt du 20. Février 1586. *Papon, liv. 13. tit. 2. nombre 29.*

Tome II.

367 Les lods ne sont dûs d'un Contract, qui se resout par convention apposée au Contract, ou du consentement des parties, à l'instant ou le lendemain, avant que d'être entré en possession de la chose venduë. *Bouvot, tome 2. verbo, Lods, quest. 7.*

368 Les lods ne sont dûs, l'acheteur se voulant faire restituer contre l'achat, par Lettres, fondées sur dol du vendeur, luy ayant recelé le cens qui étoit dû. Arrêt du Parlement de Dijon du 5. May 1606. *Ibid. question 17.*

369 Si les lods sont dûs d'une vente resoluë du consentement des parties, ou par vertu d'un rachat accordé lors de la vente? Si la vente est volontaire, parfaite par le payement des lods, tradition & possession *& suit habita fides de pretio*, les lods sont dûs. Arrêt du 16. Juillet 1616. *Ibid. quest. 15.*

370 Il est loisible de se départir d'une acquisition, les choses étant entieres, sans que le Seigneur puisse demander des lods & ventes. Arrêt du Parlement de Paris du mois de Février 1630. rapporté par *Henrys, tome 2. liv. 3. quest. 29.*

371 Les lods ne sont dûs par celuy qui rentre dans son fond à défaut de payement du prix, encore qu'il soit convenu par le Contract de vente que l'acquereur ne pourra se dire maître ni proprietaire qu'après le payement. Il y en a plusieurs Arrêts rapportez dans le *Commentaire de la Coûtume de Bourgogne, sur l'art. 7. du titre des Cens. Taisand, sur cette même Coûtume, tit. 11. article 1. note 13.* en rapporte des 17. Decembre 1631. 9 Janvier 1674. & 12. Avril 1685. Ce grand nombre d'Arrêts rend la maxime indubitable au Duché de Bourgogne, qu'en retrocession d'heritages censables, lods sont dûs au Seigneur direct.

372 Si faute du payement du prix de la vente, le vendeur reprend les biens vendus en vertu de la clause de précaire apposée au Contract, il y a lieu à l'adjudication des lods & ventes? Il y a Arrêt du Parlement de Toulouse du 18. Mars 1633. qui a jugé au profit du Seigneur contre l'Emphyteote. *M. Dolive, liv. 2. chap. 17. & chapitre 18.*

373 Les lods sont dûs d'un appensionnement, à la charge qu'en cas de cessation du payement de la pension, le vendeur rentreroit dans son fonds. Arrêt du Parlement de Grenoble du 30. Juillet 1638. *Basset, tome 1. liv. 3. tit. 8. ch 3.*

374 Arrêt du Parlement de Provence du 22. Novembre 1638. qui a jugé que le lod n'est point dû de la resolution d'un Contract de vente & reprise de biens, ensuite d'une Sentence intervenuë à cause de l'insolvabilité du debiteur; le Seigneur n'a pû demander que les lods de la vente. *Boniface, tome 1. liv. 3. tit. 4. chap. 2.*

375 Jugé en même Parlement de Provence le 22. May 1643. que le lod n'est point dû de la resolution d'un Contract de vente & reprise de biens, procedant d'une cause antecedente & inherente aux Contracts, comme fraude, lezion, impossibilité de joüir de la part de l'acquereur, à cause de la distraction faite de quelques heritages. *Voyez Boniface, ibidem, ch. 3.*

376 Si les lods sont dûs de la resolution d'un Contract de vente du fond vendu allodial qui se trouve sujet à vente? Arrêt du Parlement de Toulouse du 1. Août 1665. en faveur du Seigneur. *M. Cambolas, livre 5. chapitre 8.* en rapporte de contraires; mais la Jurisprudence est changée. *Voyez les Arrêts de M. de Catellan, liv. 3. chap. 18.*

377 Si le Seigneur direct doit restituer le lod pris en vertu d'un Contract nul, ou si ce lod doit être compensé par la joüissance des fruits des biens, par l'acquereur durant 26. ans qui ont pû indemniser de ce lod? Arrêt du Parlement de Provence du 10. Juillet 1676. qui a ordonné qu'il seroit fait rapport de la valeur des fruits portez depuis son acquisition, déduction faite des charges. *Boniface, tome 4. liv. 2. tit. 1. ch. 18.*

378 Arrêt du Parlement de Toulouse du 18. Avril 1698. qui a décidé que les lods étoient dûs, tant de la vente

LOG

que de la resolution volontaire de la vente, en la cause du College de Maguelonne, & du Curé de S. Sernin. V. M. de Catellan, liv. 3. chap. 18.

Lods, Usufruit.

379 *Voyez* Mornac, L. 60. §. *vehiculum*, ff. *locati & conducti*, fol. 736.

380 Jugé par Arrêt du 10. May 1615. rapporté dans les *Memoires de M. Auzanet*, que l'heritage étant vendu avec reserve d'un usufruit par les vendeurs, les droits étoient dûs à l'instant du Contract, sans attendre l'execution de l'usufruit, quoyque le vendeur paroisse toûjours l'homme & le tenancier du Seigneur, & qu'il luy paye les charges foncieres & Seigneuriales, qui suivent le possesseur du fonds. *Ricard, des Donations*, part. 1. ch. 4. sect. 1. n. 921.

381 *Laudimia nunquam debentur ex usufructu vendito*. Arrêt du 16. Février 1618. Mornac, L. 60. §. *vehiculum ff. locati & conducti*.

382 La donation faite avec rétention d'usufruit, le Donataire doit les lods & ventes. *Brodeau sur M. Loüet*, lettre V. somm. 9.

383 Au Pays de Lyon, lods ni mi-lods ne sont dûs pour un simple usufruit. Arrêt du 20. Août 1650. *Henrys*, tome 1. liv. 3. ch. 3. q. 21. *Laudimia nunquam debentur ex usufructu vendito*. Arrêt du mois de Février 1618. Mornac, L. 60. §. *vehiculum*. ff. *locati & conducti*. Voyez *le Journal du Palais*, où vous trouverez Arrêt du 28 Février 1688. qui déboute le Fermier de Saint Germain des Prez de sa demande des lods & ventes pour un usufruit, avec dépens ; l'Arrêt rendu au Grand Conseil.

Lods, Utilité Publique.

384 Lods & ventes ne sont dûs pour vente faite pour la necessité publique. *Chopin, Coûtume de Paris*, liv. 1. titre 3. nombre 10.

385 Vente faite au Roy, à une Ville, pour la necessité & commodité publique, ne doit lods. *Voyez Mainard*, liv. 7. chap. 40.

386 Jugé par deux Arrêts du Parl. de Toulouse, qu'en consideration de l'utilité publique qui se rencontre dans la culture des fonds inutiles & infructueux, il n'est point dû de lods & ventes au Seigneur d'un bail à complant. *Salvaing, de l'usage des Fiefs*, chapitre 97. page 442.

387 Droits de lods ne sont dûs des alienations faites par necessité ; ainsi l'on ne doit rien pour licitation, ni dans le cas d'une vente de maison, que l'on a été forcé de consentir pour l'élargissement d'une ruë. Arrêt du Parlement de Toulouse du 17. Juin 1560. pour le Syndic de la ville de Toulouse, contre le Fermier des Oublies du Roy. *Mainard*, tome 1. liv. 4. chapitre 43. & la *Rochestavin, des Droits Seigneuriaux*, chapitre 38. article 1.

388 Les ventes ne sont point dûës d'emplacement pris pour l'édification d'un Palais de Justice. Arrêt du Parlement de Bretagne du 9. Juillet 1619. rapporté par M. Sebastien Frain, *en ses Plaidoyers & Arrêts*, chapitre LXVIII. p. 254.

LOGEMENT.

1 DU droit de logement. Voyez le mot, *Droits Seigneuriaux*, nombre 85. & suiv.

2 Par Arrêt du 27. Février 1547. rapporté par *Papon*, liv. 1. tit. 13. n. 4. un bail à rente, à la charge de loger le bailleur, *toties quoties*, fut limité à huit fois l'année.

Logement des Curez.

3 Les Paroissiens sont obligez de fournir une maison & ustenciles à leur Curé. Arrêt du 30. Juin 1567. pour le Curé de *Longjumeau*. Autre Arrêt en faveur du Curé de la ville de *Rhuë* en Picardie. Ce dernier est rapporté tout au long dans le Recuëil d'Arrêts let. R. nombre 8. *Definit. Canon*. p. 596.

Voyez le mot, *Curé*, nombre 90. & suiv. & cy-après, verbo, *Presbytere*.

LOR

Logement de Gens de Guerre.

4 Logement de gens de guerre, appellé dans le Droit, *Metata*. *De Metatis, & Epinemeticis*, C. 12. 41... C. Th. 7. 8... *Metata*. Les logemens des gens de guerre ; *Undè Metatores, qui eligendi & præparandi hospitii causâ, præcurrunt*: Maréchaux des Logis. *Epidemetica*, l'argent qu'on donnoit pour être dispensé des logemens. *Voyez* Soldat. Ustencile.

Des Mensoribus. C. 12. 28... C. Th. 6. 34. Des Maréchaux des Logis.

5 Du logement des gens de guerre, & quels Officiers en sont exempts ? *Voyez Henrys*, tome 1. liv. 2. ch. 4. question 32.

6 Arrêt du Parlement de Bretagne du 10. Février 1571. qui ordonne qu'incontinent & sans delay, les Gendarmes vuideront les maisons des Conseillers ; défenses aux Maréchaux des Logis iceux marquer. *Du Fail*, livre 2. chap. 420.

7 Arrêt du Parlement de Provence du 29. Novembre 1651. qui ordonne que les logemens des gens de guerre doivent être faits par les Consuls à tour de Rôlle des habitans, en gardant l'égalité. *Boniface*, to. 4. liv. 10. titre 1. chap. 14.

8 Autre Arrêt du 20. Decembre 1670. qui confirma la procedure criminelle faite contre les Consuls, pour avoir contrevenu aux Lettres Patentes du Roy & Arrêt de la Cour, portant défenses d'adresser des logemens de gens de guerre, aux Quêteurs de la Redemption des Esclaves, & fit défenses à l'avenir. *Ibidem*, titre 3. chapitre 24.

Logement, Gouverneur.

9 Chanoines de Chartres déchargez du logement du Gouverneur. Arrêt du 24. Mars 1604. *Tournet*, let. C. nombre 15.

LOI.

Voyez cy-après, Loy.

LOIRE.

1 HEnrys, tome 2. liv. 3. quest. 6. établit que les Seigneurs des deux côtez de la riviere de Loire, ne peuvent faire aucune entreprise au préjudice l'un de l'autre ; l'on ne peut appuyer son ouvrage sur la rive qui est d'autre côté au préjudice de l'autre Seigneur.

Voyez cy-après le mot, *Péage*, où il est parlé des droits dûs par les bateaux flotans sur la riviere de Loire.

LORRAINE.

1 FRancisci de Rosieres, *Archidiaconi Tullensis*, *stemmatum Lotharingiæ & Barri Ducum*, tom. 7.

2 Les Genealogies des Ducs de Lorraine, Marchis, par *Du Boulay*, Paris, 1549. in octavo.

3 Genealogie des Ducs de Lorraine, par *Th. Godefroy*, Paris, 1624.

4 Considerations historiques sur la Genealogie de la Maison de Lorraine, par *Chantereau le Fèvre*, Paris, 1642.

5 Traité sur les entreprises des Ducs de Lorraine sur le Domaine du Roy, qui joint leurs Etats, & sur la mouvance du Roy. *Dupuy, Traité des Droits du Roy*, pag. 324. & suiv.

6 Du Domaine de Lorraine. *Voyez* le mot, *Domaine*, nombre 62.

7 Quoyque le Duc de Lorraine soit Prince Souverain dans son Pays, nos Rois ont de toute ancienneté prétendu qu'une partie du Barrois relevoit de la Couronne de France ; & nommément nous soûtenions que la ville de Neufchâtel en Lorraine reconnoissoit le Roy pour son Souverain. La cause portée au Parlement, par Arrêt du 9. Août 1389. entre le Procureur General du Roy & le Duc de Lorraine, les parties furent appointées en contrarieté de faits ; & cependant par maniere de provision, ordonné que la ville seroit regie

fous la Souveraineté du Roy ; le Duc condamné de bailler fon aveu & dénombrement dans certain temps. Cela produifit plufieurs differends entr'eux, dont les Regiftres de la Cour font pleins; toutefois cette conteftation fut affoupie, par la relâche que le Roy Loüis XI. luy fit en l'an 1465. par Lettres qui furent verifiées au Parlement. *Bibliotheque de Bouchel*, verbo, *Execution.*

8   Le Lieutenant de Bar-le-Duc & le Procureur General de M. le Duc de Lorraine, avoient empêché l'execution d'un Arrêt de la Cour, fur le fondement que l'on n'avoit pas demandé de *Pareatis*, & que l'Arrêt ne portoit aucune claufe rogatoire. M. Marion remontra que M. le Duc de Lorraine tenoit le Duché de Bar en foy & hommage du Roy ; & qu'ainfi fon Superieur ne demandant pas de *Pareatis* à l'Inferieur, ce n'étoit là le cas de fe plaindre du défaut de cette formalité. Arrêt conforme à fes Conclufions. *Voyez* le mot, *Pareatis, nombre 7.*

9   La Lorraine ayant été conquife par le Roy, & le Duc de Lorraine rétabli par le Traité des Pyrenées, &c. fçavoir fi la petition d'heredité fe prefcrit par 30. ans, fuivant la Loy *Licet, Cod. de jure deliberandi.* Il y a Arrêt du 24. Avril 1673. à Paris, qui ne juge rien des Lorrains. *Journal du Palais.*

10   Les habitans de Nancy avant la Paix de Nimegue, joüiffoient en France du privilege des naturels François ; & la Regle *paterna paternis* a lieu dans la Coûtume de Chartres. Jugé à Paris le 11. Janvier 1683. *Ibidem.*

LOTS DE PARTAGE.

1   Des lots de partage. *Voyez* le mot, *Partage, n.* 118. *& fuiv.* & tout le Titre *des Succeffions.*

2   L'aîné noble ne peut diftribuer les lots de fes cadets ; mais ils doivent être choifis par eux, felon l'ordre de leur naiffance. Arrêt du Parlement de Bretagne du 27. Novembre 1629. rapporté par *Frain, page* 504. Quand la Coûtume de Bretagne dit qu'il fera fait affiette du tiers au puîné, c'eft en fuppofant que tous ceux aufquels il eft dû legitime, font en état d'exercer eux-mêmes leur droit ; car fi quelques-uns font morts, la Coûtume n'eft tenu que de fixer la part afferante à chacun. Arrêt de l'année 1619. Vide ibid. p. 569.

3   Arrêt du Parlement de Bretagne du 7. May 1633. qui ordonne que les lots fe feront par prud'hommes, & non par les parties intereffées. *Frain, page* 716.

4   Quand l'ufufruitier fe remarie, il perd les deux tiers de fon ufufruit ; c'eft à luy en ce cas à faire les lots, comme à la doüairiere. Jugé au Parlement de Roüen le 19. Juillet 1630. *Pefnelle, fur l'art.* 387. de la *Coût. de Normandie.*

5   La doüairiere doit faire les lots à fes frais & dépens, même quand il y a plufieurs fortes d'heritiers du mary ; elle eft obligée de faire plufieurs fortes de lots, pour ne confondre point le propre paternel avec le maternel, ni le propre avec les acquêts. Jugé au Parlement de Roüen le 27. May 1637. *Pefnelle, fur l'art.* 367. *de la Coût. de Normandie.*

6   Meffire Boutin, fieur de Victot, laiffa deux filles fes heritieres ; l'aînée avoit époufé en premieres nôces le fieur de la Luzerne, & en fecondes le fieur de Villerville-Coüillibœuf. Magdelaine Boutin la feconde, avoit époufé Jacques de Sainte Marie, Seigneur d'Aigneaux. Par les partages, le fieur d'Aigneaux mit le Fief de Victot dans un lot, & les rotures dans le fecond , qui étoit de bien moindre valeur, dans la vûë que le fief de Villerville, qui avoit des fils du premier mariage, fon fecond mary ne choifiroit point la noble, parce qu'il appartiendroit aux enfans de fa femme. Le fieur de Villerville remarquant cette rufe, vendit fes droits au fieur de Loncaunay, qui prit la roture. Le fieur d'Aigneaux déçû de fon efperance, declara devant le Juge du Pont-l'Evêque, qu'il vouloit augmenter le premier lot. Sur l'oppofition du fieur de Villerville, l'affaire portée à la Cour, les fieurs de Loncaunay & de Villerville, foûtenoient que les chofes n'étoient plus entieres, & que l'option ayant été faite, il n'étoit plus en liberté d'y rien changer ; d'ailleurs paroiffant que le fieur d'Aigneaux avoit eu le deffein de tromper fon coheritier, il n'étoit pas recevable aux Lettres de refcifion qu'il avoit obtenuës. Le fieur d'Aigneaux répondoit que l'option que le fieur de Loncaunay difoit avoir été faite, n'étoit pas confiderable, parce qu'il l'avoit faite avant que de l'avoir communiquée, & que lors qu'il en avoit donné connoiffance, le fieur d'Aigneaux avoit déja declaré qu'il vouloit augmenter le premier lot, que la lézion étoit fi énorme, qu'il offroit en luy quittant la Terre de Victot, la charger de 40000. liv. de retour envers les rotures. La Cour ordonna que le fieur de Villerville chargeroit fon lot, qui confiftoit en la Terre de Victot, de 40000. liv. envers l'autre lot, fi mieux il n'aimoit quitter fon lot au fieur d'Aigneaux, conformément à fes offres, laquelle option il feroit tenu de faire dans la quinzaine, ou à fon refus, qu'il feroit procedé à nouveaux partages. Arrêt du Parlement de Roüen du 5. May 1651. *Voyez Bafnage, fur la Coût. de Normandie, art.* 354.

7 Si à femme ayant du confentement du mary pris une fucceffion, & prefenté des lots, la choifie faite par le mary feul, eft valable ? Arrêt du Parlement de Normandie du 9. Juin 1676. qui jugea la choifie non valable. *V. Bafnage, fur l'art.* 538. *de cette Coûtume.*

LOTTERIE.

Arrêt du Parlement de Paris du 18. Janvier 1658. qui défendit l'execution d'une Lotterie, ou Blanque publique, fur l'oppofition formée par les fix Corps des Marchands de cette Ville de Paris. *Soëfve*, tom. 2. *Cent.* 1. chap. 81.

L'ufage des Lotteries eft devenu fi frequent, que la pieté s'eft enfin déterminée à y chercher une reffource pour le foulagement des pauvres.

LOÜAGE.

De la nature du loüage, des animaux qui font donnez à ce titre, des engagemens de celuy qui donne ou prend à loüage. *Voyez le* 1. *tome des Loix Civiles, liv.* 1. *tit.* 4. *fection* 1. *& fuivantes.* & les mots, *Bail & Ferme.*

LOUVETERIE.

Les manans & habitans de Villenoffe étoient appellans de l'octroy de certaines Lettres, en forme de Louveterie, & difoient qu'ils ne devoient être compris en la taxe de deux deniers pour loup, & quatre deniers pour louve ; parce que Villenoffe eft ville clofe. Par les Gens du Roy, il fut plaidé que le Pays eft fort couvert de bois, & qu'il y a force loups. Par Arrêt du 17. Avril 1554. la Cour mit l'appellation au néant, & que ce dont étoit appellé, fortiroit effet. *Biblot. de Bouchel,* verbo, *Louveterie.*

LOY.

1 Ce qu'il faut entendre par le mot de Loy. L. 6. §. 1. D. *de verb. fign.*

Abroger la Loy : déroger à la Loy. *L.* 102. *D. de verb. fign...Ulp.* 1.

De Legibus. Lex 11. *tabb. t.* 1... *Ulp.* 1.

De Legibus, Senatufqueconfultis, & longâ confuetudine. D. 1. 3.

De Legibus, & conftitutionibus Principum, & Edictis. C. 1. 14... D. 1. 4.

De mandatis Principum. C. 1. 15...C. Th. 1...3. N. 17.

De Senatufconfultis. C. 1. 16.

De veteri jure enucleando ; & de auctoritate Jurifprudentum qui in digeftis referuntur. C. 1. 17.

Ex antiquis Legibus judicandum eft, non ex juffionibus Principum. N. 113.

De infirmandis his quæ sub Tyrannis, aut Barbaris gesta sunt. C. Th. 15. 14... Abrogation des Loix faites par les Tyrans.

Voyez les mots, *Declaration, Droit, Edits, Lettres Patentes.*

2. Joannes de Salas, *S. J. Theologus de Legibus.*
3. Philo Judæus, *de Legibus specialibus.*
4. Francisci Suarez, *Soci. Jesu, de Legibus & Legislatore Deo,* lib. 10. Antuerpiæ.
5. Jacobus Latomus, *de Ecclesiâ & humanâ Legis obligatione.*
6. Jacobi Simancæ, *de republicâ Liber quartus qui est de Legibus.*

Photii nomo Canon, *& in eum* Theodorus Balsamon.

Sylvester *in summâ.*

7. Guillelmus Parisiensis, *de fide, Lege, virtutibus, &c.*
8. Theodoreti, *lib.* 9. *de Græcorum affectionum curatione: de Legibus Græcorum, & Christianorum.*
9. Legum Procheiron. Constantini Hermenopuli Latinè donatum, *per* Bernardum Arei.
10. Dominici Soti, *de Jure,* lib. 1. & 2.
11. Constantinus Rogerius, *de Legis potentiâ.*
12. Adriani Sexti, *quodlibetum sextum de transgressione præcepti humani.*
13. Gregorii de Valentiâ, *Themata de verâ & falsâ differentiâ veteris & novæ Legis.*
14. *De Legibus populi Romani,* per Franc. Hottomanum.
15. *De Legibus Civilib. quâ ætate sint instaurata,* per Jacobum Spiegel. *habes in suo Lexico.*
16. *De Legibus Romanorum à Longobarticis & Franci. ad tempus oppressis,* per Jacob. Spiegel. *in suo Lexico, in fine.*
17. *De Legibus anteferendis Medecinæ, Philosophiæque artibus,* per Ferdinandum Abduensem Mediolanensem.
18. *De Legum Commentatoribus,* per Franc. Floridum Sabinum.
19. *De potestate Legis pœnalis.* Fratris Alphonsi à Castro Zamorensis.
20. Tiraquellus, *de pœnis Legum ac consuetudinum temperandis ac remittendis.* 1559. in octavo.
21. Theodorici Regis Clotharii, *& aliorum Leges.*

S. Thomas, *in* 1. 2. *per multas quæstiones.*

22. Ansegisi Capitularia, *sive* Caroli *&* Ludovici *Imp. Leges.*
23. *Codex Legum Visigothorum,* Paris. apud Nivell. 1579.
24. *Legum aliquot ænigmata,* Jacobi Bonojour.
25. *De argumentis Legum;* per Joannem Bellonum, *Tolosatem.*
26. *De Usurp. Legum, & earum studiis,* per Jacobum Omphalium.
27. Charles le Bel fit défenses d'alleguer les Loix Romaines contre les Coûtumes. *Voyez* le mot, *Coûtume,* nombre 4.
28. Bugnon, des Loix abrogées.
29. Des Loix naturelles, arbitraires, écrites, coûtumieres, de leurs effets, autoritez, exceptions, abolition, interpretation, restriction. *Voyez* les Loix Civiles dans leur ordre naturel, au tit. 1. sect. 1. du Livre préliminaire, tome 1.
30. Il n'appartient qu'au Roy de faire des Loix dans le Royaume, de les changer & les interpreter. *Le Bret, chap.* 9. *de la Souveraineté du Roy, liv.* 1.
31. Les Rois peuvent faire des Loix en matieres Ecclesiastiques. *Le Bret, ibid. ch.* 10.
32. Rescripts, Lettres & Dispenses obtenuës contre les Loix sont nuls & de nul effet. *Voyez* cette question agitée dans la Bibliotheque du Droit François, par Bouchel, verbo, *Rescripts.*
33. *Voyez* les Opuscules de Grimaudet, où il traite de la Loy, de la temperature de la Loy par équité, de l'équité par supplément, & de celuy qui doit suppléer & declarer la Loy par équité, que les Gouverneurs en

aucun temps ne doivent garder la Loy, comme elle est écrite, & en autre ils la doivent garder.

34. *Leges in futurum non in præteritum tempus scribenda.* M. le Prêtre, 1. *Cent. ch.* 55.
35. *De interpretatione Legum. Voyez* les Opuscules de Loisel, page 306.
36. *Conjecturæ Legum, liquidissimâ probatione dicuntur. Voyez* Franc. *Marc. tom.* 1. *quæst.* 48.
37. Quand le Texte se doit expliquer par la Rubrique? *Voyez Pelens, quæst.* 139.
38. Des Loix & Statuts particuliers des grandes Maisons. *Voyez ibid. quæst.* 52.
39. Arrêt du Parlement de Paris du 4. Juillet 1331. qui condamne les Prévôt, Jurez, Echevins, Gouverneurs, & toute la Communauté de la Ville de *Tournay*, à perdre Corps & Commune, & tout l'état de ladite ville, tous les biens & droits appartenans à ladite Commune, & tous ceux qu'elle avoit & pouvoit avoir avant l'octroy & la fondation, avec toute la Justice, pour être confisqué & appliqué au Roy. Le motif de cette condamnation rigoureuse étoit qu'ils avoient osé faire Loix, Statuts & Impositions, ce qui n'appartient qu'au Prince. *Corbin, suite de Patronage,* chap. 71.
40. Par Arrêt donné l'an 1351. le 15. Juillet, il fut dit que le Roy pouvoit déroger aux Loix Civiles, pourvû que ce fût sans préjudice du droit particulier, qui est *ita judicatum, anno* 1391. *Gal. qu.* 257. part. 5. Biblioth. de Bouchel, verbo, Contracts.
41. De la Loy *Salique*, qui exclut les femelles de la Couronne. *Voyez ibid.* verbo, *Successions.*

LOY APPARENTE.

42. Le titre 3. de la Coûtume de Normandie porte, de *Loy apparoissante,* en voicy l'explication & le sens. La possession se perd par an & jour; mais elle se peut recouvrer quand le proprietaire agit dans les 40. ans, pour reprendre la possession qu'il a perduë; cette action s'appelle *Mandement de Loy apparente;* parce qu'anciennement le requerant faisoit apparoir d'un témoin, ce qui est aboli depuis 1624. que le Roy a voulu que l'on prît des Lettres Royaux à la petite Chancellerie. *Voyez* la Coûtume.
43. Si le demandeur se trompe, & qu'étant en bonne possession de la chose, il agisse par ignorance pour la proprieté, il peut changer & reprendre la voye possessoire. Arrêt du Parlement de Roüen du 30. Avril 1618. dans une affaire où il étoit question d'une Loy apparente, pour un pied & demi de terre, qu'on prétendoit avoir été usurpé en bâtissant une maison: le défendeur ne fut condamné qu'à l'estimation & aux interêts du demandeur; on trouva qu'il auroit été trop rigoureux de l'obliger à démolir un grand édifice. *Voyez* Basnage, sur l'art. 60. de la Coût. de Normandie.
44. Par Arrêt du Parlement de Roüen aux Enquêtes, du 2. Mars 1645. Nicolas Malo fut débouté des Lettres & Loy apparente obtenuës pour entrer en possession de sept acres de terre, qu'il avoit acquises de Lusse, par Contract du 7. Octobre 1607. sous signature privée, reconnu le même jour, parce qu'il n'avoit intenté son action qu'après trente ans, & qu'il ne justifioit point qu'en vertu de son Contract il eût pris possession: suivant cet Arêt il ne suffit pas d'avoir un Contract, il faut qu'il ait été executé, & que l'acquereur ait pris possession. *V.* Basnage, *sur la Coût. de Normandie, art.* 60.

LOY COMMISSOIRE.

45. *De Lege commissoriâ.* D. 18. 3... *Paul.* 2. 13. La Loy commissoire est une condition apposée au Contract de vente, quand le vendeur stipule, que si l'acheteur ne paye le prix dans certain temps, la vente sera nulle.

De pactis pignorum, & de Lege commissoriâ in pignoribus rescindendâ. C. 8. 35. La Loy commissoire dont il est parlé dans ce Titre, est une convention faite entre le Créancier & le Débiteur, laquelle porte que si celuy-cy ne paye pas dans un certain temps, la chose donnée en gage, appartiendra au Créancier.

De commissoriâ rescindendâ. C. Th. 3. 2... *Paul.* 2. 13.

De même que le Titre précedent, pour la chose donnée en gage.

46. De la Loi commissoire, elle est approuvée dans les ventes & non dans les engagemens. *Voyez Guy Pape*, question 6.

47. La Loy commissoire, *qua est pactio resolutoria contractûs*, est au choix de l'acheteur, & non du vendeur, pour se départir d'une vente casuelle. *Voyez Henrys*, tome 1. liv. 4. ch. 6. quest. 40.

48. Dans la Loy commissoire, la condition du fidejusseur n'est pas plus avantageuse que celle du Créancier, puis qu'en effet le fidejusseur *non est alius quàm verus creditor indemnitatis*. Voyez *Henrys*, tome 1. liv. 4. ch. 6. question 41.

49. *Commissoria non semper locus est præteritâ die.* Arrêt du 19. Decembre 1614. Mornac, *L.* 21. *ff. de constitutâ pecuniâ*; comme pour faire ratifier un bail à la femme dans deux mois.

50. *Pactum Legis commissoriæ etiam justo pretio reprobatur in pignoribus.* Arrêt du même Parlement de Grenoble du dernier May 1614. *Basset*, tome 1. livre 4. titre 13. chapitre 1.

51. *Pactum Legis commissoria juratum, ratificatum ex tempore nullo etiam cum juramento non valet, nec juramento firmatur quantum ad actionem & exceptionem.* Voyez *Franc. Marc.* tom. 2. quest. 166.

52. *Pactum Legis commissoria in generali hypothecâ locum non habet, nec juramento firmatur.* Voyez ibidem, quest. 468.

53. *Pactum Legis commissoria factum ex intervallo valet, quantum ad effectum excipiendi non agendi.* Ibidem, quest. 514.

INTERPRETATION DE QUELQUES LOIX.

54. Voyez cy-dessus le nombre 35. & le mot, *Interpretation*.

55. La Loy *inter causas*. §. *non omnia. ff. mandati.* Voyez *Peleus*, quest. 137.

56. Loy *diffamari C. de ingenuis manumissis* expliquée. Voyez *Henrys*, tome 2. liv. 4. quest. 34.

57. La Loy *per diversas C. mandati.* On est recevable à rembourser celuy qui a acquis un droit litigieux. Arrêt sur la fin de Juin 1596. Secùs, si le Créancier vend une rente où dette certaine, bien que le transport soit fait minori pretio, il faut tout rembourser. *Voyez M. Loüet, & son Commentateur, lettre C. somm.* 5. & 13. & *let. L. somm.* 13. Voyez *Carondas*, liv. 13. Rép. 22. Chenu 1. *Centurie*, quest. 99. rapporte deux Arrêts, l'un du 12. Juillet 1578. l'autre du 29. Juillet 1595. Si les Loix *ab Anastasio & per diversas C. mandati*, ont lieu pour toutes cessions de droits? *Voyez Henrys*, tome 1. liv. 4. chap. 2. quest. 5.

58. La Loy *dos à patre Cod. soluto matrimonio*, a été jugée pour le mary pere de la fille de son mariage, au préjudice du pere ayeul, qui l'avoit doüée, avec dommages & interêts dés le jour de l'interpellation pour ce qui restoit à payer de la dot promise. Arrêt du 23. Juillet 1602. *M. Expilly*, Arr. 125.

59. Loy *Procula*. Arrêt conforme à la Loy *Procula ff. de probationibus*, du 12. Août 1579. *Le Vest*, Arr. 163.

60. Loy *Procula ff. de probationibus*, desire trois choses, pour presumer qu'une dette a été remise contre celuy qui la demande, *consanguinitatem & conjunctionem personarum*, du Créancier & du Debiteur, *longi temporis taciturnitatem, & rationes sæpius habitas*. Voyez *M. le Prêtre*, 1. Cent. ch. 7. Mornac, sur cette Loy rapporte *ratio sanguinis, taciturnitas longi tempore & sæpius facta compensatio. ff. de probationibus, &c.*

61. De la puissance de la Loy, & de la puissance de la volonté du Testateur, laquelle des deux doit prévaloir. *Voyez Henrys*, tome 1. liv. 5. chap. 4. quest. 29. où il rapporte l'argument qu'on peut tirer des choses qui sont communes, *pluribus ut universis*, & les choses qui sont communes *pluribus ut singulis*.

62. La Loy *qui se patriæ. C. undè liberi*, abrogée. *Le Vest*, Arr. 43.

La Loy *quotiens C. de reivindicatione* d'un heritage 63. vendu à deux differentes personnes, si le second acquereur prend le premier possession, il est préferé au premier acquereur. *Voyez Carondas*, liv. 5. Rép. 19. où il parle de deux qui ont loüé séparément une maison, lequel doit être préferé.

La Loy *cum hereditate. ff. de acquirendâ vel omitt. hæ-* 64. *red. confirmata: Senatus enim Seium tertiam Æris alieni pro suâ portione hereditariâ partem creditoribus hereditariis exsolvendo liberari voluit; idemque Senatus Seio permisit hæreditariis immobilibus renuntiare eaque pro derelicto habere, sicque cum ab omni hypothecariâ persecutione absolvit.* Arrêt de 16. Juillet 1584. Anne Robert, *rerum judicat*. liv. 4. ch. 5.

La Loy *ab intestato. ff. de jure codicillorum*, touchant 65. la préterition d'un posthume, si elle peut détruire le Testament, nonobstant la clause codicillaire? *Voyez Henrys*, tome 2. liv. 5. q. 44.

Loy *Julia*. *Voyez Henrys*, tome 2. *Addition au liv.* 4. 66. où vous trouverez trois Arrêts, le 1. du 7. Septembre 1654. le 2. du 18. May 1657. & le 3. du 13. Juillet 1658. & suivans; & si la Loy *Julia* cesse quand la femme renonce à ce privilege. *Voyez ibid.* to. 1. li. 4. ch. 3. q. 8.

Explication de la Loy 3. *majoribus. C. communia u-* 67. *triusque judicii tam familiæ erciscundæ*, &c. & son rapport à la Loy seconde, *C. de rescind. vendit.* Henrys, tome 2. liv. 4. q. 59.

Loy *si pater puellæ*, & la Loy *quoniam in prioribus*, 68. *C. de inoffic. testamento*, expliquées par *Henrys*, tome 2. liv. 5. quest. 18.

La disposition de la Loy *præses*, *C. de servitutibus &* 69. *aquâ*, confirmée en une espece singuliere. *Voyez ibid.* tome 2. liv. 4. q. 75. où vous trouverez l'Arrêt du 13. Août 1644.

Explication de la Loy *sequens quæstio, ff. de legat.* 2. 70. & quand le Donateur peut substituer aux biens donnez. *Ibid.* liv. 5. q. 52.

Explication de la Loy *si fuerit. ff. de rebus dubiis*, & 71. icelle appliquée à une hypothese approchante. *Ibidem*, liv. 6. quest. 8.

Explication de la Loy *si pater puellæ. C. de inoffi. test.* 72. & il a été corrigée par la Loy *quoniam in prioribus*, du même titre. *Ibid.* liv. 5. q. 18.

Loy *si pater. C. de dotis promissione.* Ibidem, tome 1. 73. liv. 4. chap. 6. q. 51. & Peleus, quest. 160.

Explication de la Loy *si quis. C. de codicillis*, & si 74. ayant soûtenu le Testament valable on peut varier, & en vertu de la clause codicillaire du Testament, passer au codicille. *Ibid.* tome 2. liv. 5. q. 26.

La Loy *Titia.* §. *Seia ff. de auro & argento* expliquée, 75. & si le legs fait à l'Eglise doit être plûtôt étendu que restraint. *Ibid.* quest. 30.

Ex causa permittitur usus beneficii. L. per diversas & 76. *L. ab Anastasio, codice mandati.* Voyez *Stockmans, Decis.* 135.

LOY SALIQUE.

De la Loy Salique. *Voyez cy-dessus le nombre* 41. Les 77. *Opuscules de Loysel*, page 60. Dupuy, *Traité des Droits du Roy*, page 135. L'indice de Ragueau, *derniere édition*, autrement le *nouveau Glossaire du Droit François*, au mot, *Salique*.

La Loy *Salique* exclut les femmes en France de la 78. Couronne. *Voyez M. le Prêtre*, 1. Cent. ch. 72.

Arrêt de la Loy *Salique* du Lundy 28. Juin 1593. sur 79. les remontrances faites par le Procureur General, la matiere mise en déliberation; la Cour, toutes les Chambres assemblées, n'ayant comme elle n'a jamais en autre intention, que de maintenir la Religion Catholique, Apostolique & Romaine, & l'Etat & Couronne de France, sous la protection d'un Roy Tres-Chrétien, Catholique & François, a ordonné que remontrances faites cette aprés-dînée par M. le Président le Maître, assisté de bon nombre de Conseillers, à Monseigneur le Duc de Mayenne, Lieutenant General de l'Etat & Couronne de France, en la presence des Princes &

Mmmm iij

Officiers de la Couronne, étant de present en cette Ville, à ce qu'aucun Traité ne se fasse pour transferer la Couronne en la Maison des Princes ou Princesses Etrangers ; que les Loix fondamentales de ce Royaume seront gardées, & les Arrêts donnez par la Cour pour la declaration d'un Roy Catholique & François executés ; & qu'il ait à employer l'autorité qui luy a été commise, pour empêcher que sous prétexte de la Religion la Couronne ne soit transferée en la main Etrangere, contre les Loix du Royaume ; & pourvoir le plus promptement que faire se pourra au repos du Peuple, pour l'extrême necessité en laquelle il est réduit ; & neanmoins dés à present la Cour a declaré tous Traitez faits ou à faire cy-après pour l'établissement des Princes ou Princesses Etrangers, nuls & de nul effet, comme faits au préjudice de la Loy Salique, & autres Loix fondamentales de ce Royaume. *Voyez la Biblioth. de Bouchel*, verbo, *Salique*.

LOY DES DOUZE TABLES.

80 Il ne reste que des fragmens de ces Loix, qui furent apportées de la Grece à Rome, & écrites sur des Tables d'ivoire ou d'airain. Elles ont été recüeillies de divers Auteurs, & disposées suivant l'ordre du Digeste & du Code, par *Denis Godefroy*. *Voyez le mot*, *Droit*, *nombre* 19.

81 *De Legibus Romuli, & 12. Tabularum*, per Franc. Balduinum.

Per Oldendorpium.

Per Jacob. Spiegel, in suo Lexico.

LOUP-GAROU.

UN homme à qui la misere avoit fait perdre l'esprit, jusques à courir la campagne avec une peau de loup, dont il s'étoit revêtu, quoyqu'il eût devoré beaucoup de monde, & particulierement des enfans, dont il nourrissoit sa maison, étant découvert, a seulement été condamné à garder la prison, jusques à ce qu'il fût changé ; neanmoins l'an 1574. par Arrêt de Dole, un pareil loup-garou a été fait mourir cruellement. *La Rochflavin*, liv. 2. tit. 11. Arr. 9.

Voyez les mots, *Demon*, *Esprit*, *Folie*, *Fureur*, *Magie*, *Sortilege*.

LUCQUES.

DEs Preuves pour montrer les Droits du Roy sur la Cité & Comté de Lucques. V. *Dupuy*, *Traité des Droits du Roy*, p. 69. & 455.

LUXE.

DEpense superflüe en habits, meubles, &c. *Luxus*.

De vestibus holoberis, & auratis ; & intinctione sacri muricis. C. 11. 8... C. Th. 10. 21. Défense de porter des habits de soye, travaillez en or, & teints en pourpre, *Nulli licere, in frenis, & in vestibus sellis, & in balteis, margaritas & smaragdos, & hiacintos aptare ; & de artificibus palatinis. C.* 11. 11.

Ne ex auro & pretiosis lapillis quicquam consieri in universum nefas sit. Leon. N. 81. Abrogation du Titre précedent.

De vestibus externis prohibitis. Const. Imper. Joan. Ducæ. 1.

De habitu quo uti oporteat intrà urbem. C. Th. 14. 10. *Voyez le mot*, *Habit*, *nombre* 22.

LUXEMBOURG.

HIstoire des Seigneurs d'Anguien, de Luxembourg & de Bourbon, par *Colins*, *vol. in quarto*, *Tournay* 1643.

LYON.

1 LA Ville de Lyon & les Lyonnois joüissoient du Droit de Colonie Romaine, suivant la Loy derniere, au Dig. *de Censibus*. §. 1.

De Adscriptitiis, & Colonis Lugdunensibus. Const. Justin. Just. ult. Des Mortaillables.

2 Jurisdiction Consulaire de la ville de Lyon. *Voyez le mot*, *Conservateur*, *nombre* 4. & le Titre des *Consuls*, *nombre* 28.

3 Manufactures de Lyon. *Voyez les Ordonnances recüeillies par Fontanon*, tome 2. liv. 5. tit. 9. p. 1042.

4 Edit portant pouvoir au Sénéchal, & gens tenans le Siége Présidial de la ville de Lyon, de juger en dernier ressort les Ouvriers de draps d'or, d'argent & de soye, qui se fabriquent dans la même ville, quand ils seront convaincus d'avoir volé desdites étoffes. A Fontainebleau le 20. Mars 1567. *Ordonnances de Fontanon*, tome 1. *page* 1045.

5 Foires de Lyon. *Voyez le mot*, *Foires*, *nombre* 16. & *suivans*.

6 Les Marchands frequentans les Foires de Lyon, demanderent au Roy que deux Assesseurs qui seroient Marchands, & par eux élûs de deux en deux ans, fussent donnez au Juge Conservateur des Privileges Royaux, ils l'avoient obtenu du Roy ; le Juge Royal s'opposé à la verification. Arrêt le 12. Juillet 1584. qui déboute les Marchands. Anne Robert, *rerum judicat. liv.* 2. *chap.* 16.

7 Declaration portant confirmation du droit de composition aux habitans de la ville de Lyon. A Paris en Decembre 1643. registrée le 4. Janvier 1644. 1. *volume des Ordonnances de Loüis XIV.* fol. 95.

8 Recüeil des Privileges des Prévôts, Marchands, Echevins, & Habitans de Lyon. *Lyon* 1649.

9 Eloge historique de la ville de Lyon, par *le P. Menestrier*, *vol. in quarto*, *Lyon* 1669.

10 Reglement de la Place des Changes de la ville de Lyon en 1667. *Voyez cy-dessus Lettres de Change*, *nombre* 28.

11 Les mazures de l'Abbaye Royale de l'Isle-Barbe lez-Lyon, avec le Catalogue de ses Abbez, & les Genealogies de ceux qui ont eté reçûs dans cette Abbaye, par *Le Laboureur*, *Pat.* 1687. 2. *vol.*

12 Loy de fondation de l'Eglise de Lyon, établie par les Patrons. *Voyez Tournet, lettre P. Arrêt* 28.

MAG   MAG   647

M

MACEDONIEN.

E Senatus-Consulte Macedonien. *Senatus-Consultum Macedonianum, sic dictum à Macedone quodam fœneratore.*
De Senatus-Consulto Macedoniano. D. 14. 6... *C.* 4. 28... *Inst.* 4. 7. §. 7... *Paul.* 2. 10... Voyez **Fils de Famille.**

1. Du Senatus-Consulte Macedonien, il peut être opposé par les mineurs même après la mort de leurs peres; les filles aussi-bien que les mâles peuvent s'en servir ; il a autant lieu dans le prêt mutuel que dans celuy d'argent : le pecule du Fils de famille ne tombe point dans cette exemption & le Créancier peut s'adresser à ce bien particulier ; ce Senatus Consulte n'a lieu pour prêt fait de Marchandise pour s'habiller en necessité. Voyez *Papon*, liv. 11. tit. 4.
2. Le Senatus-Consulte Macedonien n'a lieu en fait d'argent prêté à un Ecolier fils de famille. Arêt du 3. Decembre 1554. *M. Expilly*, *Arrêt* 34.
3. *Filius familias non potest renuntiare Macedoniano.* Arrêt du 17. Mars 1614. Mornac, *l.* 1. *ff. ad Senatus-Cons. Macedonianum ubi affert exemplum de Santolio horribili usurario.* Voyez *l'Ordonnance d'Orleans*, art. 100. 141. & *de Blois*, art. 202. & 362. qui parlent de l'usure.

MACHINATION.

EN crime la seule Machination est punie. Ordonnance de *Blois*, art. 195. Voyez *Mornac*, l. 5. C. *de Episcopis & Clericis*, & *l'Ordonnance Criminelle de* 1670. tit. 16. art. 4.

MAÇON.

Voyez le mot, **Bâtiment**, & **Bouvot**, tome 2. verbo, *Manouvrier*.

1. De l'hypotheque & privilege du Maçon. Voyez le mot, **Hypotheque**, nombre 169. & suiv.
2. Par Arrêt du Parlement de Bourgogne du 7. Janvier 1588. la veuve d'un Maçon qui avoit fait marché de construire une maison, a été déchargée après la mort de son mary, parce que l'industrie de la personne avoit été choisie, *& sic cum personâ extincta erat actio. L. inter artifices. ff. de solut.* Bouvot, tome 2. verbo, *Manouvrier, quest.* 1.
3. Le Maçon, pour les reparations qu'il a faites en une maison, est preferable à l'Apoticaire, parce que l'Apoticaire n'a privilege que sur la personne, & le Maçon sur la maison, sur la maison & prix provenant d'icelle : il a une hypotheque privilegiée sur la maison, pour ce qui luy est dû par le proprietaire, contre toutes sortes de Créanciers, *etiam*, qu'ils soient précedens en date & hypotheque, suivant la Loy *Licet, Cod. qui potior in pig.* & un Arrêt du 12. Juillet 1592. & il n'y a que le Seigneur direct qui est preferable au Maçon, pour les droits Seigneuriaux & les frais de Justice. Tronçon, art. 125. in verbo, *Apoticaires*.
4. Statuts des Maîtres Maçons, & Reglemens concernant la Justice de la Maçonnerie. Paris. 1629. in 8.

MAGICIEN.

Magicien. *Magus. Sortilegus.*
De Maleficis, & Mathematicis, & cæteris similibus. C. 9. 18... *C. Th.* 9. 16... *Lex* 12. *tabb. t.* 27. *c.* 10. *Malefici*, sont les empoisonneurs : *Mathematici*, sont les Devins & Magiciens, qui sous le nom spécieux de Mathematique, trompent les personnes foibles, en leur faisant accroire qu'ils sont Magiciens, & qu'ils prédisent l'avenir.
De Sortilegis. D. Gr. 26. q. 1. 2. 3. 4. & 5.. q. 7. c. 13. *usque ad fin.* quest... Extr. 5. 21.
De Sortilegis, Maledicis, & sacrilegis. Inst. Lanc. 4. 5.
De Incantatorum pœnd. Leon. N. 65.
Voyez les mots, **Demon**, **Devin**, **Sorciers**, **Sortilege**, & les Traitez cy-après indiquez.
Sibyllina oracula.
Onuphrius de Sibillis & earum carminibus.
Sibyllina oracula græcol. vin. obsopæi.
Antonius Maria, de otio & Sibyllis.
Petrus Ales, de Prophetarum & Sibyllarum præconiis.
Sibyllæ cujusdam prophetia declaratur apud Antonium de Guevara, Epist. 27. *sed inepte.*
Ulricus molitor, de Lamiis & Pithonicis.
Joannes Franciscus Pouzinibius de Lamiis.
Malleus Maleficarum, seu varii scriptores adversùs maleficas in unum collecti. Ffurti 1582. in oct.
Angelus de Aretio de Maleficiis.
Albertinus Gandinus, & Bonifacius de Vitellis sur le même sujet.
Augustini, libro 2. *de Doctrinâ Christianâ à cap.* 20. S. Augustin a fait trois Sermons contre ceux qui adherent aux Magies, Sorcelleries, &c. traduits par René Benoît.
Petri Binsfeldii, de confessione maleficarum.
Thesaurus exorcismorum.
Delrio disquisitiones Magicæ, in 4. Moguntia. 1112.
Grillandus, de hæreticis & Sortilegiis, de omnifariara coitu, eorumque pœnis, de quæstionibus & torturâ, & de relaxatione carceratorum. Lugd. 1536. in 8.
Nicolai Jacquerii, flagellum hæreticorum fascinnariorum.
Hieron. Mengi, fustis & flagellum dæmonum.
Gregorii Pictorii, Epitome de speciebus magiæ ceremonialis. Item an saga comburi debeant.
Joannes Gerson, de erroribus circa artem magicam; tomi 1.
Benedictus Perrerius, disputationem scripsit de Magiâ, & copiosissimè, tomis 3.
Martinus Delcio, enumeratis etiam plerisque à selectis.
Joannes Picus, in apologiâ conclusiones quintæ de magiâ naturali.
Silvester, de hæresi tractatu 3.
Bartholomæus Spina, de Strigibus.
Bartholomæi Spinci, novus malleus maleficarum.
Jacobi Sprengeus, Malleus maleficarum, idem auctus auctoribus variis.
Tatianus, contra gentes ubi tractat contra Magos etiam illos qui se naturales vocant.
A Mago Innocens furti accusatur & horrendo scelere opprimitur, apud P. Venerabilem. lib. 6. *ep.* 27.
Joannis Trithemii, quæstiones de potestate maleficarum.
Petrus Thyræus, Soc. Jesu de infestat. dæmonum, &c.
Franciscus Victoria, de Magiâ.
Voyez hoc verbo, *la Bibliotheque du Droit François* par *Bouchel*, il rapporte un Arrêt du Parl. de Bretagne du 22. Septembre 1609. contre les Prêtres & autres convaincus de magie & sorcellerie, ils furent condamnez d'être pendus & leurs corps & leurs Livres brûlés.
Le Prince de Portugal s'étoit refugié en France avec un Gouverneur : celuy-cy voyant que le Prince s'attachoit à une femme, & que cet attachement alloit trop

loin, s'adressa à une femme qui prétendoit par un breuvage luy faire perdre les sentimens de l'amour. Ce Gouverneur est surpris broyant des herbes magiques ; il est accusé de poison, decret de prise de corps; appel; il remontre qu'il n'a agi que par loüable dessein. Arrêt du Parlement de Paris, sur les Conclusions de *M. le Bret* qui met l'appellation & decret au néant, les parties hors de Cour, & fait défenses à ce Gouverneur de plus user de charmes à quelque bonne intention que ce fût, *Plaidoyers de Corbin*, chap. 124.

MAGISTRAT.

Etimologie du mot *Magistratus*, dans la L. 57. *D. de verb. sign.*

De Magistratibus majoribus, & militaribus. Lex 12. *tabb.*

De origine juris, & omnium Magistratuum, & successione prudentium. D. 1. 2.

De Dignitatibus. C. 12. 1.

Ut negotiari, edificare, muneráque accipere, urbis Magistratibus liceat. Leon. N. 84. V. Echevin.

Communia de Judicibus, & Præsidibus Provinciarum. N. 8. 17. 82. 95. 128. 149. & 161.

Ne Consiliarii, sivè Adsessores suscipiant cognitiones absque Magistratibus. N. 60. c. 2.

De Magistratu Phœnicia Libanica. Ed. Just. 4. Du Gouverneur de la Phénicie prés du Mont-Liban.

De Comitibus vacantibus. C. Th. 6. 18. Des Magistrats honoraires, ou plûtôt, anciens.

Desinteressement des Magistrats. N. 17. *c.* 1. *&* 4.

Ils doivent veiller au repos public. N. 17. *c.* 2.

Des bas Officiers, des Magistrats. N. 17. c. 4. 8. *& 9. &c.*

Les Titres precedens traitent des Magistrats en general : à l'égard des Magistrats en particulier, les Titres qui les concernent sont rapportez sous les mots, *Consul, Dignité, Gouverneur, Juge, Officier, Préfet, Preteur*, & autres semblables.

De Magistratibus Romanis. Per Joan. Pyrrhum.

De Magistratibus, lib. 1. Per Andræam Alciatum ; cui accessit dignitatum, tam civilium, quàm militarium imperii Occidentalis index, ab ipsomet authore editus, & Orientali adjectâ.

MAGNERIUS.

Magnerius. C'est un Sergent comme nous l'apprenons de l'art. 6. *des Libertez Delphinales.* Voyez *Salvaing*, *de l'usage des Fiefs*, chap. 97. p. 491.

MAJEUR.

LE Majeur de 25. ans est appelé *Homo sui Juris.*
Quibus ex causis Majores 25. *annis in integrum restituuntur.* D. 4. 6... C. 2. 54.

Voyez *hoc verbo*, Majeur, la *Biblioth. de Jovet.*

1 Les Officiers & Beneficiers sont reputez Majeurs. Voyez *Henrici Progymnasmata*, Arrêt 83. en 1556. V. l'art. 9. du Titre 15. de l'Ordonnance de 1667. qui declare les majeurs de 25. ans, pourvûs de Benefice, capables d'agir en Justice sans l'autorité d'un Tuteur ou Curateur, en ce qui concerne le possessoire, droits & revenus des Benefices.

2 Majeur recevant le restant du prix d'une chose par luy venduë en minorité, ne ratifie point pour cela la vente; ainsi jugé au Parlement de Paris; le contraire est tenu par quelques Auteurs. V. *Papon*, liv. 16. tit. 1. nombre 5.

3 Un majeur assigné pour payer, qui allegue une minorité au temps qu'il a contracté la dette, condamné de consigner, par Arrêt du Parlement de Toulouse du 26. Janvier 1575. *Mainard*, tome 1. liv. 3. chap. 45. il ajoûte qu'en ce cas la minorité alleguée n'avoit aucune apparence.

4 *Regula, communio cum pupillo prodest majori, in individuis, idcirco præscriptioni hypothecæ locum non esse, cum majorem & minorem causa hypothecæ indivisa respi-*

ciat. Arrêt du 15. Mars 1605. *Mornac*, l. 10. ff. *quemadmod. servitutes amitt.* Brodeau sur *M. Louet*, lettre H. somm. 20. rapporte le même Arrêt. *Henrys*, tome 2. liv. 4. quest. 19. observe que la qualité du mineur où sa restitution pour profiter au majeur n'a pas lieu en une rente ou autre dette active, divisible de soy, nonobstant l'individuité de l'hypotheque. Jugé *in terminis* en Mars 1650. *Ibidem.* & tome 1. liv. 4. ch. 6. q. 24. *bis.*

5 Par Arrêt du Parlement de Bourdeaux du 14. Janvier 1664. il a été jugé qu'un mineur ayant vendu son fond pendant sa minorité, pouvoit être contraint après avoir été fait majeur, de ratifier la vente ou rendre le prix, sans attendre les dix ans de restitution. *La Peirere*, lettre M. nomb. 40.

MAJEUR, RESTITUTION.

6 *De majore petente restitui in integrum adversus stat. compulsoriarum.* V. Franc. Marc. tom. 1. quest. 302.

7 Majeur qui accepte avec deux mineurs la succession simplement, les mineurs à cause des grandes dettes se font relever de l'adition ; il a été jugé que le majeur ne seroit tenu desdites dettes que pour un tiers personnellement, & quant au surplus reçû à renoncer aux biens de ladite succession en rapportant les fruits perçûs, luy demeurant neanmoins sa part des meubles. Arrêts des 17. Janvier 1573. 31. Decembre 1583. & 16. Juillet 1584. *Carondas*, liv. 8. Rép. 44.

8 L'Ordonnance du Roy Loüis XII. de la restitution des majeurs dans dix ans, & celle de François I. concernant les mineurs qui la doivent demander dans les 35. ans ont lieu en tous Contracts, même en ceux faits entre le tuteur & son pupille pour reddition de compte. Arrêt du 19. Janvier 1604. *Carondas*, liv. 13. Rép. 45. & liv. 11. Rép. 45.

9 Un majeur qui a renoncé à une succession de son pere, ne peut pas après en être relevé, se porter heritier par benefice d'inventaire au préjudice d'un autre heritier qui l'a acceptée. Arrêt du 15. May 1614. *Chenu*, 2. *Centurie*, quest. 24.

10 Majeurs joints en mêmes interêts que des mineurs, sont restituez contre le défaut de publication & insinuation d'un testament contenant substitution à leur profit, même à l'égard des Créanciers mis en ordre sur les biens substituez. Arrêt du 24. Mars 1635. *Du Frêne*, liv. 3. chap. 16. *bis.*

MAJORITÉ COUSTUMIERE.

11 La majorité définie par les Coûtumes à 20. ans s'entend pour la simple administration. Arrêt du Parlement de Paris du 16. Janvier 1586. il y a eu plusieurs autres Arrêts semblables. *Papon*, liv. 16. tit. 2. nomb. 17.

12 En la Coûtume d'*Amiens* la majorité est reglée à 20. ans, mais cela ne s'entend que de l'administration, & non du pouvoir d'aliener, suivant la modification des Arrêts. Jugé le 29. Decembre 1609. *Plaidoyers de Corbin*, chap. 17.

13 La raison pour laquelle en la Coûtume d'*Anjou*, l'on est majeur à 20. ans, n'est pas, dit *M. Louet*, lettre C. somm. 42. qu'aux pays où les esprits étoient plus prompts, les personnes eussent une autre particularité que les autres Coûtumes ; mais parce que lors de la Coûtume redigée en 1508. cette Province étoit limitrophe à la Bretagne pays de guerre, où la vie étoit plus courte. C'est aussi ce qui a donné lieu au tenement de cinq ans pour les prescriptions.

14 Es Coûtumes d'*Anjou* & du *Maine*, à vingt ans on est majeur, & on peut aliener. M. le Prêtre, 3. Cent. chap. 47. *Contractus non est nullus, venit autem annullandus*, s'il y a lezion comme du tiers du juste prix, c'est à dire, qu'ils sont restituables *ex capite lesionis, non minoris ætatis.*

15 La majorité de vingt ans établie par la Coûtume d'*Anjou* & du *Maine*, pour l'alienation des propres, n'exclud point le benefice de la restitution, lorsqu'il y a lezion dans la vente. Arrêt du 21. Avril 1648. il y a un Arrêt contraire rendu en la Coûtume d'*Amiens* le 14. Janvier 1603. rapporté par *Peleus*, liv. 4. de ses

MAJ MAJ 649

Actions forenses, chap. 29. mais il ne s'agissoit que de meubles & acquêts immeubles, qui ne sont pas si importans que les propres. *Soëfve*, tome 1. Cent. 2. ch. 81.

16 En la Coûtume d'*Anjou*, on est majeur à vingt ans; dans l'espece proposée le mineur qui avoit reçû un remboursement de rente à dix-neuf ans, sa veuve fut reçûë quatorze ans aprés en ses Lettres. Jugé le 8. Août 1684. *De la Guessiere*. tome 4. liv. 7. chap. 20.

17 Bien qu'en *Normandie*, l'âge de 20. ans établisse la majorité sans aucun ministere de Justice, & donne la faculté de contracter valablement, neanmoins on a coûtume de prendre du Juge un Acte de *Passé-âge* pour la notorieté de sa majorité ; mais cet Acte ne se doit accorder par le Juge qu'aprés qu'il luy est apparu par une preuve valable de la naissance & de l'âge de vingt ans accomplis. Arrêt donné au Parlement de Roüen en forme de Reglement le 28. Janvier 1580. rapporté par *Berault*. Par ce même, il est fait défenses de contracter avec des mineurs & avec des Enfans de famille, sans le consentement de leurs peres ou tuteurs, sur peine de la perte des droits & d'amendes arbitraires : il faut observer qu'on peut apposer de la restriction à l'acte de *Passé-âge*, par defenses qu'on fait au majeur d'aliener ses biens qu'aprés un certain temps, pourvû qu'il y ait cause, ou d'imbocillité d'esprit ou de prodigalité & de mauvaise conduite, rapporté par les parens ; & en ce cas il faut que la restriction soit publiée en l'assise de la Jurisdiction du domicile du majeur interdit. *Voyez*, *Pesnelle*, *sur l'art*. 223. *de la Coûtume de Normandie*.

18 Par Arrêt du Parlement de Roüen, en forme de Reglement du 4. Mars 1619. rapporté par *Berault*, sur l'art. 431. *de la Coûtume*, titre *des Donations*, in verbo, *âgé de 20. ans accomplis*, il a été jugé les Chambres assemblées, sur les Conclusions de M. le Procureur General du Roy, que toutes personnes, tant mâles, que femelles, âgées de 20. ans revolus & accomplis, seroient comme ils avoient été tenus & reputez majeurs, capables & habiles d'ester en jugement, joüir de leurs droits, & contracter legitimement de leurs meubles & immeubles, & que tous Contracts & Actes legitimes par eux faits audit âge, ont été de tout temps jugez valables, sinon pour quelque cause d'incapacité, mauvais ménage, ou autre consideration particuliere des personnes, il y ait été par les parens ou par Justice, pourvû par interdiction ou restriction publique, insinuée aux assises & lieux publics, suivans les Arrêts & Reglemens, & ordonna la Cour que l'Arrêt seroit lû, publié & enregistré dans tous les Siéges de Jurisdictions, tant Royales que subalternes, & inseré à la fin de la Coûtume & pays de Normandie, comme declaratif du droit municipal, & usage du pays, de tout temps observé, & pour servir tant pour les choses passées, que pour l'avenir.

19 Un majeur de vingt ans domicilié en Normandie, peut disposer de ses biens scis dans d'autres Coûtumes. Arrêt du Parlement de Roüen du 4. Février 1666. Au contraire, par Arrêt du 14. Août 1643. un homme âgé de vingt ans accomplis, né & demeurant en Bretagne, fut restitué contre le Contract de vente de ses heritages situés en Normandie ; on jugea que pour la capacité de contracter, il faloit suivre la loy du domicile, & par consequent qu'étant mineur en Bretagne il n'avoit pû vendre ses biens situez en Normandie. *Basnage sur la Coûtume de Normandie*, art. 431.

20 Toutes personnes tant mâles que filles étant majeurs aprés 20. ans accomplis, ont une pleine disposition de leurs biens ; ces restrictions que l'on y apporte sont nulles, suivant qu'il a été jugé au Parlement de Roüen le 3. Février 1643. entre Flamand & Toqueville. Il fut jugé qu'une restriction faite à un majeur de ne pouvoir aliener ses immeubles étoit nulle, parce qu'une personne majeure qui n'est point en curatelle peut disposer de son bien. Pour donner effet à ces restrictions il faut qu'elles soient faites dans les formes, & renduës publiques & notoires. *Ibid*. art. 223.

21 Toute personne en Normandie soit mâle ou femelle, est censée majeure à 20. ans accomplis, & peut aprés cet âge vendre & hypotequer ses biens meubles & immeubles, sans esperance de restitution, sinon pour les causes pour lesquelles les majeurs peuvent être restituez. Arrêt au Parlement de Roüen, les Chambres assemblées, le 6. Avril 1666. art. 38. *Basnage*, tome 1. à la fin.

MAJORITÉ DES FILLES.

22 Le mot de majorité à l'égard des filles s'entend quand elles sont mariées. *Papon*, liv. 16. tit. 4. nomb. 19. & *Ayrault*, *Plaidoyé* 13.

23 Une femme ayant donné à son gendre par Contract de mariage la joüissance de certains heritages jusqu'à ce que son autre fille fût venuë à majorité, fut declarée quitte de sa promesse, son autre fille étant mariée. Arrêt du 19. Juin 1565. *Papon*, liv. 17. tit. 3. nomb. 13.

24 Un pere qui doit joüir des biens de ses enfans jusqu'à ce qu'ils soient en majorité, s'entend à l'égard des filles jusques au jour de leur mariage. Arrêt du Parlement de Paris en la Coûtume de *Poitou* le 20. Juin 1565. *Papon*, liv. 16. tit. 1. nomb. 16.

25 Un legs fait à une fille lorsqu'elle sera majeure, la majorité s'entend lorsqu'elle sera mariée. *Voyez la Bibliotheque de Bouchel*, verbo, *Mariage*.

MAJEUR, MARIAGE.

26 Le tuteur d'une fille de 13. à 14. ans, fait bail de quelques heritages à elle appartenans, en qualité de tuteur, pour en joüir jusques à ce qu'elle ait l'âge de majorité ; deux ans aprés la fille est mariée ; son mari veut joüir des heritages. Le Fermier l'empêche & somme son bailleur pour le faire joüir. Arrêt du 19. Juin 1565. qui le juge non recevable, parce qu'une fille mariée est reputée majeure & hors de la puissance du Tuteur. *Carondas*, liv. 4. Rép. 45. sauf pour les meliorations à se pourvoir contre le mary.

27 Age de majorité pour le mariage des fils & filles de famille sans le consentement de leurs parens, ne se compte point selon la majorité des Coûtumes, mais par la majorité de l'Ordonnance qui n'est qu'à 15. ans. M. *Blondeau*, dans ses *Additions à la Biblioth. Canon*. *de Bouchel*, tome 1. page 5. dit avoir fait juger en la Grand-Chambre du Parlement de Paris, plaidans pour le sieur de Thermois, qui à vingt ans s'étoit marié sans le consentement de ses pere & mere sans la Coûtume de Normandie, laquelle declare les personnes majeures à vingt ans. Autre Arrêt du 18 Mars 1651. *Soëfve*, tome 1. Cent. 3. chap. 70.

Voyez cy-aprés le Titre du mariage.

MINEUR, QUI SE DIT MAJEUR.

28 Quand le mineur s'est dit majeur, il faut distinguer s'il avoit apparence de majeur, & que par dol il se soit dit tel, ou s'il n'apparoissoit majeur, & que celuy avec lequel il auroit contracté l'eût induit à se dire majeur ; au premier cas il ne pourra être restitué, s'il apparoit de son dol, *secus*, s'il n'en appert évidemment. Arrêt du Parlement de Toulouse des 14. Juin & 14. Septembre 1544. *Bibliot. de Bouchel*, verbo, *Mineurs*.

29 La Loy Imperiale *si alterius circumveniendi causâ. C. si minor se majorem dixerit*, se pratique en France. Arrêt du Parlement de Paris de l'an 1560. qui deboute de la restitution un homme lequel s'étoit affirmé majeur lors du Contract. *Papon*, liv. 9. tit. 6. nomb. 24. où il parle de ceux qui se disent majeurs, s'ils le font pour tromper celuy avec qui ils contractent, ils ne sont restituables, *secus*, s'ils ont été induits par dol à faire cette declaration. *Voyez Carondas*, liv. 3. Rép. 4.

30 Un mineur qui s'étoit affirmé majeur en un Contract de vente passé à l'Intimé de bien pré, fut declaré non-recevable à prouver par témoins que lors du Contract il étoit mineur, suivant le texte formel de la loy 3. *alterius Cod. si minor se majorem dixerit*. Arrêt du 6. Avril 1609. M. *Expilly*, Arrêt 144. *Voyez*, M. *le Prêtre*, 3. Cent. ch. 43. & és Arrêts celebres du Parl. & M. *Louet*, let. M. som. 7. V. *Carond*. li. 7. Rép. 56. & l. 13. Rép. 36.

Tome II. Nnnn

31 *Qui fallaci minoris ætatis mendacio te deceperit in integrum restitui non debet.* Arrêt du 22. May 1618. *Ordo amplissimus vetuit ne Tabelliones conscribant minores se majores jurasse, & baptisterianum codicem exhibuisse, & fallaces illas fœneratorum formulas instrumentis adjiciant.* Arrêt du 9. Mars 1620. *Mornac, l. 1. & 2. Cod. si minor se majorem dixerit.*

32 Arrêt du Parlement de Paris du 9. Mars 1620. en faveur d'un mineur que le Créancier avoit engagé à se déclarer majeur & à supposer un Extrait baptistaire. Cet Arrêt porte défenses aux Notaires de plus faire mention de telles affirmations, & exhibition de Registres baptistaires, à peine d'en répondre en leurs noms. Il fut lû au Châtelet. *Voyez les Additions à la Bibliotheque de Bouchel*, verbo, *Mineurs.*

33 Mineur qui s'est dit & affirmé majeur, est restituable. Jugé le 26. Avril 1629. *Bardet, tome 1. liv. 3. ch. 44.*

34 Un particulier reçu à un Office de Verdier Royal qui s'étoit déclaré majeur, fut debouté de la restitution par Arrêt du Parlement de Normandie du 2. Avril 1637. *Basnage, sur l'art. 592. de cette Coûtume.*

35 La femme pour consentir à la vente de ses biens doit être majeure; si elle s'est déclarée majeure, elle est indigne de restitution. Arrêt du Parlement de Normandie du 14. Decembre 1645. en faveur de l'acquereur. *Ibidem sur l'art. 358. de cette Coûtume.*

Voyez cy-aprés, verbo, *Majorité* & les Décisions qui sont sous le Titre des *Mineurs.*

MAIN-LEVE'E.

MAin-levée. *Remissio. De Remissionibus. D. 43. 25. Remissio est absolutio nuntiationis operis novi, à Prætore facta:* C'est la main-levée de l'opposition, & défenses faite une construction nouvelle. *V.* Construction, Ouvrage.

Récreance ne s'ajuge que contradictoirement ou par forclusion faute de produire; mais la main-levée se fait à une partie requerante, & son titre vû sans partie adverse, elle n'est executoire nonobstant l'appel. Arrêt du Parlement de Paris du 13. Mars 1536. *Papon, liv. 8. tit. 11. nomb. 2.*

MAIN-MORTE.

MAin-morte. Main-mortable. Gens de condition serve. *Mancipium. Agricola. Censitus. Colonus. Adscriptitius. Possessor subditittius.*

De Adscriptitiis, sive Colonis. N. 162. c. 2. & 3.
De fugitivis Colonis, inquilinis & servis. C. Th. 5. 9.
De Inquilinis & servis. C. Th. 5. 10. & 11.
De Agricolis, & Censitis & Colonis. C. 11. 47.
In quibus causis Coloni censiti Dominos accusare possunt. C. 11. 49.
De Colonis Palæstinis. C. 11. 50.
De Colonis Thracensibus. C. 11. 51.
De Colonis Illyricanis. C. 11. 52.
De Adscriptitiis & Colonis Lugdunensibus. Const. Justin. Just. ult.
De Mancipiis & Colonis patrimonialium, & emphyteuticorum fundorum. C. 11. 62.
De fugitivis Colonis Patrimonialibus. C. 11. 63. Voyez Domaine.
De agricolis & mancipiis Dominicis, vel fiscalibus reipub. C. 11. 67.
De Prædiis Tamiacis, & de his qui ex Colonis Dominicis, aliisque libera conditionis, procreantur. C. 11. 68. Ce Titre est expliqué au mot Domaine.
De rusticis, qui in alienis prædiis nuptias contrahunt. N. 157... N. 162. c. 3... Du For-mariage, qui étoit défendu aux gens de serve condition, ou main-mortables. *V.* For mariage.
De prole partiendâ inter rusticos. N. 156. Forme du partage des enfans qui naissent des Main-mortables, entre les Maîtres du pere & de la mere.
Ut nemo suscipere audeat colonos alienos, & capite censitos. N. 17. c. 14... Nov. Tib. in præfat.

Ne Colonus, inscio Domino, suum alienet peculium. C. Th. 5. 11.

Voyez les mots, *Esclaves, Serfs.*

C'est un droit qui appartient au Seigneur, en cas que le vassal meure, *sine legitimis hæredibus*, le titre du Code *de bonis vacantibus* qui est le 10. du *liv. 10.* se rapporte à ce droit.

1 Dans une Chronique de Flandres, en Latin *Ferreoli Locrii, pag. 302.* il est remarqué qu'un Evêque de Liege nommé *Albero* ou *Adalbero*, mort en 1142. abolit une ancienne Coûtume, qui étoit de couper la main droite de chaque Paysan décedé, & de la presenter au Seigneur, envers lequel il étoit main-mortable, pour marquer qu'il ne seroit plus sujet à la servitude.

2 Comme le droit de main-morte a particulierement lieu dans la Coût. de *Bourgogne*, les Commentateurs de cette Coûtume se sont attachez à remarquer tout ce qui sert à sa preuve, à son interpretation. Dans le Recueil de M. *Job Bouvot*, sont les Décisions qui suivent.

Celuy qui est né de mere franche, & de pere main-mortable, & né en lieu franc, n'est main-mortable Arrêt du Parl. de Dijon du 14. Decembre 1612. *Sequitur conditionem matris non patris. L. partum C. de rescind. Inst. de Ingé. Bouvot, tome 1. part. 1. verbo, Main-mortable.*

3 Si aprés le décés d'un Main-mortable, le Seigneur peut empêcher la vente des biens pour dettes. Par Arrêt du Parlement de Dijon du 23. Novembre 1613. distraction fut faite au Seigneur des biens desquels le Main-mortable étoit mort saisi, la vente du surplus ordonnée. *Ibid. tome 1. part. 1. verbo, Main-mortable.*

4 Un Prêtre demeurant par an & jour en lieu de main-morte, ne devient pas main-mortable. Arrêt du Parlement de Bourgogne du 12. May 1614. *Ibidem, part. 2. verbo, Main-morte.*

5 Si un particulier franc étant en communauté avec les Main-mortables, peut succeder au Païs de *Bresse* à l'exclusion du Seigneur? *V. Ibid. quest. 1.*

6 Si en *Bresse* un taillable peut, au préjudice du Seigneur de la main-morte, associer un homme franc: & si le Seigneur est exclus & forclos de la succession de son homme main-mortable décedé sans enfans par l'homme franc associé & demeurant en communion? *V. Ibidem, quest. 2.*

7 Un Notaire main-mortable ne peut recevoir le Testament de son Seigneur. Arrêt du 2. Mars 1618. rendu au Parlement de Dijon. *Ibidem, part. 2. verbo, Notaire, quest. 2.*

8 Le Seigneur ne peut prétendre ouverture de main-morte, quand il y a parent du main-mortable mort, residant avec luy, quoyqu'il ne soit parent que d'un côté, & d'où les biens ne proviennent pas. Arrêts du Parlement de Bourgogne des 20. Decembre 1538. & 23. Février 1543. & 11. Juillet 1560. rapporté par *Bouvot, tome 1. part. 3. verbo, Main-morte.*

9 Le Pere de condition de main-morte, traité avec ses enfans par la Justice, que pour les meubles il leur baillera certaine somme & les nourrira; tel traité n'induit point à division, & les enfans venans à déceder, le Seigneur ne peut prétendre la main-morte, le pere succede aux meubles & acquêts. Arrêt du Parl. de Dijon du 12. May 1571. *Bouvot, tome 2. verbo, Main-morte.*

10 Une fille franche épouse un Homme de condition de main-morte; avec convention qu'elle apportera tous ses biens en la communauté de son futur mari, & de ses associez, au moyen de quoy elle seroit une tête à la maison, & communauté sans enfans. Il y a ouverture de main-morte. Arrêt du Parlement de Dijon du 7. Juillet 1572. *Ibidem, quest. 3.*

11 Mary & Femme de condition de main-morte se peuvent faire donation de tous biens par traité de mariage au survivant d'eux en cas qu'ils n'ayent enfans. Arrêt du 7. Août 1581. *Ibid. quest. 5.*

12 La paction de succeder aux uns aux autres entre associez est valable au préjudice du Seigneur *habet vim multi-*

me voluntatis. Arrêt du Parlement de Dijon du mois de Mars 1576. *Ibidem*, quest. 6.

13. Si une femme franche épouse un main-mortable, demeure en lieu franc, & qu'il y ait des enfans, si ses enfans sont francs ? *V. Ibidem*, quest. 8.

14. Un homme de main-morte va demeurer en lieu franc, acquiert des biens & y meurt sans enfans ; le Seigneur de la main-morte luy succede. Arrêt du Parlement de Dijon du 3. Juin 1588. *Ibid.* quest. 9.

15. Le Seigneur de la main-morte prend les biens de son homme main-mortable hors sa Seigneurie, francs & dégagez d'hypotheque. Arrêt du Parlement de Dijon du 21. Février 1567. *V. Ibidem*, quest. 11.

16. La donation de tous biens presens entre vifs insinuée & faite par un main-mortable à une tante de même condition, n'est valable. Arrêt du Parlement de Dijon du 14. Août 1571. *Ibidem*, quest. 13.

17. Les biens donnez par Contract de mariage à un main-mortable décedé sans enfans, appartiennent au Seigneur. Arrêt du 3. Juin 1588. *Ibidem*, quest. 16.

18. Si le Seigneur qui prétend une terre de condition de main-morte, est tenu de le prouver par écrit, & non par témoins, & s'il prétend quelqu'un être de condition de main-morte, si une seule reconnoissance suffit ? *V. Ibidem*, quest. 18.

19. Sur la question de sçavoir si les heritages de condition de main-morte peuvent être pris par décret par les Créanciers, & si le Seigneur peut empêcher la vente & les prétendre, nonobstant la renonciation faite par les enfans du défunt és biens de leur pere, à cause des dettes ? Par Arrêt du Parlement de Dijon du 13. Mars 1600. il fut dit qu'on en délibereroit au Conseil. *Ibid.* question 19.

20. Si le Seigneur a permis à un homme franc de tenir heritage en lieu de main-morte & les posseder luy & ses successeurs à la condition de mainmorte, si décedant sans enfans ni parens en communion, si les heritages appartiennent au Seigneur de la main-morte ? *V. Ibidem*, quest. 21.

21. Un homme franc qui épouse une femme main-mortable ayant meix & maison en lieu de main-morte, peut être contraint mettre en main d'homme de main-morte les heritages dedans six mois, à peine qu'ils seront acquis au Seigneur de la main-morte. Arrêt du Parlement de Dijon du 7. Janvier 1614. *Ibidem*, quest. 22.

22. Si l'homme de main-morte étant sorti du lieu de main-morte, étant allé demeurer en lieu franc, échange ses biens de main-morte contre des heritages en lieu franc, & aprés vient en la Justice du Seigneur, & aux jours plaidoyables, désavoüé son Seigneur, s'avoüant homme de Duc, les Officiers du lieu ne veulent accepter le désaveu, ce qu'il doit faire, & le Seigneur étant seulement âgé de douze mois ? Il faut s'addresser à la mere bailliste. *Ibidem*, quest. 22.

23. Si le Seigneur de la main-morte peut affranchir ses sujets de main-morte sans la permission du Roy, & si le Roy en peut prendre connoissance, & si un Prélat peut affranchir un homme de main-morte & ses biens ? *V. Ibidem*, quest. 23.

24. Le 26. Janvier 1604. Jugé que l'enfant né en lieu franc d'un homme main-mortable & d'une femme franche étoit franc, & que les biens du côté maternel appartiennent à ses parens maternels, & les biens du côté paternel au Seigneur de la main-mortable. *Ibidem*, quest. 24.

25. Le Seigneur de la main-morte ayant vendu des heritages à un homme franc, à condition de la main-morte, & l'homme franc les ayant revendus à un homme de condition de main-morte avec reserve d'hypoteque, l'acheteur venant à mourir sans enfans, la main-morte est ouverte au profit du Seigneur, & l'hypoteque éteinte. Arrêt du Parlement de Dijon du 16. May 1608. *Ibidem*, quest. 25.

26. Si un homme franc se peut dire taillable par convention, & s'il est main-mortable de deux Seigneurs, si l'un le peut affranchir au préjudice de l'autre ? *V. Ibid*, quest. 26.

27. Si plusieurs de condition de main-morte residens en un village, peuvent contracter communion, se mettre ensemble, faire donation entre-vifs de tous biens au survivant, avec reserve de pouvoir disposer jusqu'à dix livres ; & si telle donation doit être réputée à cause de mort. *V. Ibidem*, quest. 28.

28. Si les biens d'un homme main-mortable sont mis en decret, sequestre établi, & qu'il meure avant la délivrance, ils ne retournent au Seigneur de la main-morte par droit de reversion, mais doivent être vendus au profit des Créanciers. Arrêt du 8. Février 1611. parce que *jus erat quæsitum creditoribus. Ibidem.* quest. 30.

29. Si celuy qui est main-mortable sort du lieu de main-morte où il a heritages, & peut être contraint à se desister des heritages qu'il y tient, les vendre à un autre franc, sans que le Seigneur puisse l'obliger à resider dans le lieu ? *V. Ibidem*, quest. 31.

30. Si un Seigneur a acquis une Seigneurie de main-morte, & aprés la vente, achete quelques heritages de la condition, & le Contract étant resolu, si l'homme franc est tenu de se départir des heritages acquis en main de la condition, & si ne pouvant trouver acheteur, ils sont acquis au Seigneur, ou si le Seigneur est tenu de le rembourser ? *V. Ibidem*, quest. 33.

31. Si les habitans de la terre plaine de Branges étant de condition de main-morte, peuvent succeder à leurs parens pour les meubles. *V. Ibidem*, quest. 35.

32. S'il y a un main-mortable décedé hors de sa Seigneurie, & en autre Terre, à qui les biens appartiennent ? *Voyez Ibidem*, quest. 36.

33. Le main-mortable ne peut produire aucune franchise au préjudice du Seigneur de la main-morte pendant quelque espace de temps que ce soit, & en quelque endroit qu'il ait son domicile. Arrêt du Parlement de Dijon de l'année 1570. parce qu'il ne peut prescrire sa liberté qu'avec un principe de mauvaise foy ; or la mauvaise foy est un obstacle à la prescription. *Voyez Taisand, sur la Coût. de Bourgogne, tit. 9. art. 2. note 2.*

34. Jugé au Parlement de Dijon le 7. May 1619. que le droit de main-morte se pouvoit prescrire par 40. ans en Pais de Droit écrit. Le même Arrêt a jugé qu'une simple reconnoissance ne suffit pas pour rendre main-mortable une homme de condition franche. *Taisand, ibidem*, note 1. & 5.

35. Il suffit que le main-mortable qui veut faire le desaveu de son Seigneur, le cherche dans le ressort du Bailliage où la Seigneurie de main-morte est située : il n'est pas obligé de le chercher dans l'étendüe du Duché de Bourgogne. Arrêt du Parlement de Dijon du 18. Decembre 1626. *Taisand, sur l'art. 9. tit. 9. de cette Coûtume.*

36. *L'article 9. de la Coûtume de Bourgogne* au Titre *des Main-mortes* prescrit la maniere de faire un desaveu en forme de la personne du Seigneur de la main-morte par le main-mortable qui veut s'affranchir, il peut désavoüer son Seigneur, & s'avoüer homme franc du Roy. Un tel désaveu fut attaqué par le défaut de signature & de copie donnée. Cependant par Arrêt du Parlement de Dijon, il fut déclaré valable à la multiplicité des Actes : on vouloit en avertir les Avocats publiquement ; mais on eut des raisons particulieres pour ne le pas faire en cette occasion. On tient au Palais que le désaveu doit être signé par le main-mortable qui sçait signer, & qu'il faut laisser copie de l'Acte à la personne à qui on le signifie en présence de deux témoins, au défaut desquels le contrôle pourroit suppléer à présent ; mais il est plus sûr d'y faire trouver des témoins dont l'un signe, & que l'autre soit enquis de signer. La signification doit être faite au Seigneur même ou à son domicile, ou à son Châtelain ou au Juge du lieu de main-morte, à peine de nullité. *Taisand sur cet article, note 2.*

37. Il ne faut pas douter que le mariage n'asservisse la

femme franche dés le jour de son mariage, lorsqu'elle se marie avec un homme main-mortable; car comme le mariage affranchit la femme main-mortable lorsqu'elle se marie avec un homme franc, aussi la femme franche qui se marie avec un homme main-mortable perd sa franchise, & suit dés ce moment la condition de son mary. En effet, si elle meurt avant son mary avant la premiere année de son mariage, ou aprés sans avoir des parens avec elle communs en biens, alors la main-morte est ouverte au profit du Seigneur, & l'échûte a lieu. Ainsi jugé au Parl. de Dijon en faveur de la Dame Comtesse de Sevignon en qualité de Dame de Mattigny, le 9. Decembre 1650. Cet Arrêt jugea que Claude Perdon ne pouvoit rien prétendre à la succession d'Emiliande Perdon sa fille mariée avec Philippe main-mortable de la Seigneurie de Martigny, dans laquelle terre cette femme étoit décedée sans enfans ni autres communs en biens, trois mois aprés son mariage, quoique l'on soutînt que le temps de trois mois ne suffisoit pas pour contracter la main-morte, mais qu'il falloit du moins l'an & jour. *Taisand, ibidem, art.* 8. *note* 1.

38. La vente & alienation de la main-mortable veut faire de son heritage situé dans le lieu de main-morte ne doit pas être faite dans un temps suspect; s'il attend l'extrêmité de sa vie, l'Acte sera nul, comme fait pour éluder l'échûte & droit qui appartiendroit au Seigneur. Arrêt du Parlement de Dijon du 13. Juin 1633. l'alienation est valable si elle est faite dans un temps non suspect. Arrêt du 10. Mars 1636. qui a confirmé une donation de tous biens presens & à venir, faite au profit d'un main-mortable par une personne de même condition. Cet Arrêt fut rendu en presence de M. le Prince de Condé & M. le Duc d'Anguien. Arrêts semblables des 14. Juillet 1664. & 23. Juillet 1676. *Voyez Taisand, ibidem, tit.* 9. *art.* 10. *note* 1.

39. Le Seigneur de la main-morte en faveur duquel l'alienation des heritages main-mortables est defenduë, & qui a pour son indemnité l'action de defistance contre l'acquereur, a la liberté de s'en servir, & s'il ne s'en sert pas, la vente subsiste, & l'acquereur joüit jusqu'à ce que le Seigneur la rende nulle par le refus de son consentement, & en declarant qu'il la défapprouve; car l'homme franc ne peut prescrire contre l'action de defistance pendant quelque temps qu'il possede des heritages main-mortables, parce que la vente est contraire à la disposition de la Coûtume, & que les droits Seigneuriaux sont imprescriptibles. Conformément à cette maxime, il a été jugé, sur un partage arrivé à la Grand'-Chambre de Dijon aux Commissaires, entre Dame Hélene de Vilers-la Faye, Dame de Pernan d'une part, & Pierre Nyault Bourgeois à Beaune d'autre, qu'il étoit obligé de mettre en main habile les heritages main-mortables par luy acquis dans Pernan, lieu de la main-morte, nonobstant sa longue possession qui étoit d'environ 50. ans. Par Arrêt du 11. Février 1690. le partage fut levé à la Tournelle. *Voyez Taisand, ibidem, tit.* 9. *art.* 10. *note* 3.

40. Les gens de condition franche ne peuvent posseder des heritages mainmortables. Arrêt du Parlement de Dijon du 2. Mars 1666. *Taisand, ibid. note* 6.

41. Si le main-mortable donne tous ses biens entre-vifs sans aucune reserve, ensorte qu'il ne luy reste pas du moins le tiers de ses biens dont l'échûte puisse avoir lieu, le cas arrivant, au profit du Seigneur, la donation sera nulle, comme faite en fraude. Arrêt du Parlement de Dijon du 5. Février 1635. La même chose avoit été déja jugée, & encore en termes plus favorables au profit du sieur de Serecy, en ce qu'une institution de tous biens faite par une mere en faveur de son fils dans son Contract de mariage avoit été declarée nulle, le fils ne demeurant pas avec sa mere lors de son décés. On peut voir deux Arrêts semblables dans le Commentaire de 1665. sur la Coûtume de Bourgogne, il est vray qu'il s'en trouve quelques uns contraires à ceux-là dans des anciens manuscrits; mais ces derniers sont plus juridiques, puisqu'ils sont fondez sur ce qu'il n'y a point de consideration qui puisse autoriser les donations universelles, sans en excepter même la faveur du mariage, lorsqu'il n'y a point de reserve, dont le donateur puisse tester, telles donations ne pouvant être reputées que frauduleuses. *V. Taisand, ibidem, tit.* 9. *art.* 11. *n.* 2.

42. Lorsqu'un main-mortable a fait une disposition à cause de mort, sans le consentement du Seigneur de la main-morte, & qu'ensuite il se fait affranchir, la disposition est valable, parce qu'au moyen de l'affranchissement, l'obstacle est levé. Arrêt du Parlement de Bourgogne du 25. Avril 1684. *Taisand, sur la Coûtume de Bourgogne, tit.* 9. *art.* 11. *note* 3.

43. Si dans les temps de la mort de la mere donatrice, les enfans ne sont pas en communauté avec elle, ils ne peuvent avoir au prejudice du Seigneur de la main-morte, l'effet de la donation universelle qu'elle a faite en leur faveur. Arrêt du Parlement de Dijon le 9. Juillet 1627. touchant une donation universelle de la nommée Rigault de Malin en faveur de son fils par son Contract de mariage; (car à l'égard des donations particulieres entre-vifs avec reserve d'usufruit, elles doivent avoir effet comme tout autre Contract entre-vifs, pourvû qu'il n'y ait rien qui en découvre la fraude) la donation fut declarée nulle, parce que le fils au temps du décés de sa mere n'étoit pas en communauté avec elle. *Taisand, ibid. note* 12.

44. Il est sans difficulté que quand les maris & les femmes main-mortables font entr'eux des traitez & accords, de même que des personnes de franche condition par lesquels ils laissent tous leurs biens au survivant, à condition de donner une certaine somme à leurs enfans qui sont en communauté avec eux, ces traitez ne donnent pas lieu à une separation telle que la Coûtume l'entend, parce qu'avec le partage des biens il faut une separation de domicile qui comprend celle du feu & du pain. Ainsi jugé au Parlement de Dijon le 15. Janvier 1559. contre les Dames de saint Andoche d'Autun qui prétendoient l'échûte d'un de leurs main mortables, sur un semblable traité, sans qu'il y eût eu aucun changement de domicile par le décés de l'un des main-mortables qui étoit en communauté; mais le traité n'avoit pas été accepté par les enfans, & ce defaut d'acceptation conservoit l'indivision & empêchoit l'échûte; d'ailleurs il étoit nul, suivant l'art. 11. du titre 9. comme étant un acte à cause de mort fait sans le consentement de Madame l'Abbesse de saint Andoche, Dame du lieu de main-morte. *Voyez Taisand, tit.* 9. *art.* 12. *note* 3.

45. Si une fille qui étoit en communauté de biens avec son frere, s'étant mise au service chez le Seigneur de la main-morte, ayant ensuite servi ailleurs, & s'étant remise en communauté avec son frere où elle mourut sans avoir fait aucun partage entre luy & elle, la demeure separée de cette fille avoit donné lieu à une separation telle que la Coûtume la desire? Il fut jugé pour la negative au Parlement de Dijon le 23. Mars 1626. parce que c'est une maxime constante, que la personne qui est au service n'a point de domicile dans le lieu où elle sert actuellement & qu'elle conserve malgré l'absence le domicile qu'elle avoit avant que d'entrer dans le service. *Taisand, ibidem, note* 4.

46. Lorsque les gens de main-morte qui étoient en communauté de biens, de domicile, de feu, de pain, sont entierement separez, suivant la disposition de *l'article* 12. du titre 9. de la Coût. de Bourgogne, ils ne peuvent se réünir & se remettre ensemble de leur propre mouvement & sans le consentement du Seigneur; la raison est, que par la separation des main-mortables le droit de leur succeder est acquis au Seigneur preferablement à tout autre, & que l'échûte arrive quand les main-mortables sont separés. *Voyez Taisand, sur cet article*, il rapporte un Arrêt du Parlement de Dijon, du 15. Decembre 1639.

47. L'article 13. de la Coûtume de Bourgogne, tit. 9. porte, *Les gens de main-morte ne peuvent succeder l'un*

à l'autre, sinon eux demeurans ensemble & étant en communion de biens. Taisand, sur cet article observe que la communion de biens est si necessaire, que du moment qu'elle ne subsiste plus les main-mortables ne peuvent succeder ; il en rapporte un Arrêt du Parlement de Dijon du 11. Janvier 1678. & dit, cet Arrêt jugea que le reglement des droits mobiliaires à une somme certaine & la destination des revenus des propres ou anciens, étoit un vrai partage de la communauté, & que sans la communauté de biens ; quoique les main-mortables lors du décès de quelques-uns demeurent ensemble, il ne laisse pas d'y avoir échûte au profit du Seigneur ; parce que pour l'empêcher, il faut que les main-mortables demeurent non-seulement ensemble, & qu'ils n'ayent qu'un même feu & un même pain ; mais que leurs biens soient en commun ; & la communauté de biens est si necessaire pour rendre les parens main-mortables successibles entr'eux, que si plusieurs main-mortables n'étant pas communs en biens faisoient une convention entr'eux de succeder les uns aux autres, elle n'auroit aucun effet, parce qu'une semblable convention à beaucoup de rapport avec les dispositions de derniere volonté ; que les main-mortables ne peuvent faire, suivant l'art. 11. de ce titre, comme étant préjudiciable au Seigneur de la main-morte.

48 Quand le fils non marié demeure avec son pere, il est présumé être en communauté avec luy ; il en est de même, lorsque le pere a émancipé son fils pour aller au retrait lignager de ses biens vendus par decret ; ensorte que si le fils meurt ; le Seigneur de la main-morte ne peut demander l'échûte. Arrêt du Parlement de Dijon du 19. Novembre 1640. Voyez Taisand, sur la Coût. de Bourg. tit. 9. art. 13. note 2.

49 On a été long-temps dans cette erreur, que la main-morte n'avoit pas lieu en ligne directe ; mais il n'y a point de doute qu'elle n'y ait lieu comme en la ligne collaterale, lorsque les enfans ne sont pas en communauté de biens avec le pere ou la mere, & qu'ils ne demeurent pas ensemble : même en ce cas l'échûte est si complete, que l'enfant qui est séparé de son pere ou de sa mere lors du décès de l'un ou de l'autre, est exclus de la legitime de leurs biens, nonobstant l'opinion contraire de M. de Chasseneux, s'il n'est rappellé par d'autres enfans qui étoient en communauté avec leur pere & mere. Arrêt du Parlement de Dijon des 10. Decembre 1578. 9. Juin 1581. & 9. Decembre 1650. Ibidem, note 4.

50 Comme par la disposition de l'art. 14. de la Coûtume de Bourgogne, titre des Main-mortes, le Seigneur demeure saisi des biens de son homme main mortable, il peut former complainte, s'il est troublé dans la possession des biens. Arrêt du Parlement de Dijon de l'année 1531. V. Taisand, sur cet article, note 1.

51 Suivant l'article 16. de la Coûtume de Bourgogne au titre des Main-mortes, chaque Seigneur de main-morte succede aux biens qui sont dans la Seigneurie. Il a été jugé au Parlement de Dijon au mois de May 1559. que la preuve d'une Coûtume locale contraire à cet article n'étoit point admissible. V. Taisand, sur cet art. n. 2.

52 Le sieur qui succede à son main-mortable dans la terre d'un autre Seigneur de main-morte, doit remettre les biens main mortables en main habile dans l'an & jour ; s'il ne le fait pas, celuy dans la Seigneurie duquel un autre succede à l'action de vuidemain contre luy pour luy faire quitter les heritages main-mortables ; de même que le Seigneur censier, suivant l'article 19. de ce titre, peut obliger le Seigneur de la main-morte qui a pris les biens de son homme main-mortable qui luy sont censables pendant la vie de cet homme, à s'en desister dans l'an & jour, à compter du jour de la mort du main-mortable. Arrêt du 1. Juillet 1575. au profit du sieur de Chissey, contre Antoine de Cluny, Seigneur de Beire, touchant la main-morte de Pierre Girardin, qui étoit sujet originel du Seigneur de la terre de Chissey, & qui avoit acquis des biens dans la Seigneurie du sieur de Cluny, lequel quoyque Pierre Girardin ne fût pas son homme, prétendit l'échûte de ce qui étoit dans sa Seigneurie ; mais il en fut débouté, & la succession du main-mortable ajugée au sieur de Chissey. M. de Chasseneuz sur cet article verb. *va demeurer en un autre lieu de main-morte*, vers. *sed quæ remarque* un pareil Arrêt de ce Parlement donné entre les Seigneurs d'Alonne & de Villers. Ibid. art. 16. n. 3.

53 Voicy un cas particulier où le Seigneur de l'origine ne peut succeder à la femme main-mortable devenuë franche par son mariage avec un homme franc, quoy-qu'elle meure main-mortable dans un autre lieu de main-morte. Une femme originaire main-mortable de la Baronnie de Rully se marie avec un homme de franche condition ; dans la suite ils se retirent & vont demeurer en un lieu de main-morte & y meurent ; il fut question de sçavoir à qui les heritages de cette femme situez en lieu franc appartenoient, si c'étoit au Seigneur de l'origine, ou bien au Seigneur de l'habitation ? Le Seigneur de l'origine se défendoit sur l'art. 16. de la *Coûtume de Bourgogne*, au titre de *Main-morte*, & disoit que la femme originaire main mortable, quoy-qu'elle eût acquis la franchise par son mariage étoit rentrée dans sa premiere condition de main-mortable par la main morte qu'elle avoit contractée de nouveau, & où elle étoit décedée. Le Seigneur de l'habitation disoit au contraire, que la franchise une fois acquise par le moyen du mariage avec un homme franc, la femme avoit quitté son Seigneur d'origine qui ne pouvoit luy succeder non plus que si elle l'eût desavoüé ou qu'il l'eût affranchie, & qu'ainsi cette femme ayant demeuré en dernier lieu dans une terre de main-morte où elle étoit décedée, le Seigneur de l'habitation étoit préferable en ce cas au Seigneur de l'origine. Il y eut Arrêt donné à la Tournelle le 20. Novembre 1640. par lequel les biens de cette femme furent ajugez au Seigneur de l'habitation. Voyez Taisand, ibidem, art. 16. note 4.

54 Les meubles, dettes actives, & obligations du main-mortable appartiennent au Seigneur du lieu où étoit son domicile. Arrêt du Parlement de Dijon du 26. Mars 1635. Monsieur le Prince étant sur les rangs. Ce qui est immobiliaire suit le lieu de la situation. Taisand, ibid. tit. 9. art. 16. note 5.

55 Les freres consanguins ayant un domicile commun étant en communauté de biens avec leur frere main-mortable, luy succedent à l'exclusion du sieur de main-morte, quoyque le défunt eût un frere germain hors de sa communauté. Arrêt du 19. Avril 1674. Taisand, ibid. art. 17. note 2.

56 Si le défunt laisse ses pere & mere en sa communauté, & des freres & sœurs hors de la même communauté, quoique ses pere & mere ne soient habiles à succeder qu'aux meubles & acquêts de leur fils, & aux heritages provenans d'eux, ils ne laissent pas de rappeller les freres & sœurs du défunt main-mortable en ce qui concerne les biens ausquels leurs mêmes pere & mere ne peuvent prétendre aucune part, étant certain que les peres & meres qui sont en communauté avec un de leurs enfans, rappellent les freres & sœurs & même les autres parens successibles, tant du côté paternel que du côté maternel de cet enfant, qui est décedé main mortable ; la raison est, qu'à le bien prendre, les peres & meres sont les plus proches parens des enfans, & que l'on ne considere point à quels biens on succede ; mais on considere le plus proche degré de parenté. Ainsi jugé le 13. Janvier 1622. en la cause du nommé Bredot & des heritiers maternels de son fils auquel la Cour ajugea les anciens maternels & les meubles & acquêts au pere du défunt main-mortable. Voyez Taisand, ibid. art. 17. note 3.

57 Pour rendre les main-mortables successibles les uns aux autres, il ne suffit pas qu'ils soient en communauté de biens, & qu'ils demeurent ensemble ; mais il faut qu'ils soient les plus proches & habiles à succeder ;

Nnnn iij

cela refulte de *l'article 17. du titre 9. de la Coûtume de Bourgogne* où le plus proche qui doit fucceder, rappelle les autres qui font hors de la communauté, mais s'il n'eft pas au rang des plus proches, il ne fuccede pas, & il ne rappelle pas les autres parens qui font en même degré que luy, parce qu'il y auroit évidemment de l'injuftice qu'un homme qui n'eft pas parent du défunt main-mortable, ou qui eft dans un degré fort éloigné fuccedât au préjudice du Seigneur, par cette feule raifon qu'il étoit en communauté de biens avec le défunt : neanmoins quand les plus proches ne font pas en communauté, ceux qui fuivent immédiatement, & qui fe font trouvez en communauté avec le défunt luy fuccedent à l'exclufion du Seigneur, *proximus eft quem nemo antecedit*. Arrêt du Parlement de Dijon du 19. Avril 1674. Monfieur le Duc d'Anguien étant fur les rangs. *Voyez Taifand fur la Coûtume de Bourgogne, tit. 9. article 13. note 3.*

58 Entre Meffire Jean d'Amboife Evêque de Langres, & le Seigneur de Savoifi, touchant la fucceffion d'un Prêtre main-mortable Vicaire de Savoifi qui avoit caché de l'argent dans l'Eglife du même lieu, l'Evêque foûtenant que cet argent luy appartenoit, parce que, difoit-il, l'Eglife n'étoit pas de la Jurifdiction du Seigneur, qui par confequent ne pouvoit rien prétendre aux chofes qui fe trouvoient enfermées, & le Seigneur de Savoifi difant au contraire, que l'Eglife étoit fi bien de fa Jurifdiction, que le Juge feculier prenoit connoiffance des chofes profanes qui s'y paffoient & puniffoit les crimes qui s'y commettoient, cet argent fut ajugé au Seigneur de la main morte à l'exclufion de l'Evêque. *Voyez ibid. art. 20. note 2.*

59 Le droit de main-morte eft aboli en Dauphiné. *V. Salvaing, de l'ufage des Fiefs, chap. 32.*

60 En Dauphiné les gens d'Eglife ne peuvent être contraints de mettre le fief hors de leur main ; ils font feulement obligez de payer l'indemnité, ou de donner un homme vivant & mourant. Arrêt du 4. Mars 1617. *Baffet, tome 2. liv. 3. tit. 8. chap. 1.*

61 Du droit de main-morte, & comment fe doit entendre cette condition, *fi fine legitimis hæredibus* ? Voyez *Henrys, tome 2. liv. 3. queft. 25. & le Veft Arrêt 11.*

62 Les gens de main-morte hommes & fujets de corps ne peuvent tefter que jufqu'à cinq fols fans permiffion de leurs Seigneurs dans lefdits lieux ; tel droit a été ajugé à l'Abbaye de faint Pharon prés Meaux, par Arrêt du 1. May 1460. *Bibliotheque du Droit François par Bouchel, verbo, Main-morte.*

63 Il y a un Arrêt contre le droit de main-morte d'Antonnay qui eft de la Prévôté de *Chaovrée*, au profit de Pierre Mufnier & confors, complaignans contre les Religieux de Molême Défendeurs, lequel eft du 10. Decembre 1540. infirmatif de la Sentence du Bailly de Troyes, maintenant les Mufniers en poffeffion des biens de Gaultier leur frere, fans préjudice du droit de fervitude & main-morte, prétendu par les Intimez fur les autres habitans d'Antonnay, & à ces caufes défenfes au contraire. *Ibidem.*

64 La fille qui a renoncé aux fucceffions de fes pere & mere, au profit de deux de fes freres, & de leurs enfans avec cette referve, fauf de nouvelle fucceffion & loyale échûte telle que de droit luy peut appartenir, après le décès de fes pere & mere, freres & fœurs & leurs hoirs, n'eft pas recevable à demander les biens de fes pere & mere, & des enfans de fes freres au préjudice du Seigneur qui a droit de ferf mortaillable, fuivant *l'article 154. de la Coûtume de la Marche*. Arrêt du 21. Mars 1570. *Chenu 2. Cent. queft. 100.*

MAIN MORTE, GENS DE MAIN-MORTE.

65 Voyez *cy-devant lettre G. le Titre des Gens de main-morte, & le Titre de l'amortiffement.*

Heritages amortis par le Roy, appellez par Chopin, en fon Traité de *Sacra polit. liv. 3. tit. 1. nomb. 11. prædia quæ in caufam morticinæ poffeffionis ceciderunt.*

65 bis. Il n'appartient qu'au Roy de donner Lettres d'amortiffement ; d'exiger le droit de nouvel acquêt, & de franc-fief, & du pouvoir qu'a le Roy fur les main-mortes perfonnelles. *Voyez M. le Bret, Traité de la fouveraineté, liv. 4. chap. 11.*

66 Les gens de main-morte ayant été enfaifinez par leurs Seigneurs feodaux ne font cenfez & reputez aprés 96. ans être quittes & déchargez de la foy & hommage, ni des droits de reliefs & chambellage ; car tels droits ni celuy d'indemnité ne fe prefcrivent par 30. ans, ni autre temps, fi font bien les profits. Arrêt du 3. Août 1600. *Chenu, 1. Cent. queft. 81.*

67 Gens de main-morte font obligez de payer quint & requint, donner homme vivant & mourant, & encore de payer le droit d'indemnité aux Seigneurs dans la mouvance defquels ils ont acquis des fiefs. Arrêt du 6. Juillet 1685. *De la Gueffiere, tome 4. liv. 8. ch. 47.*

MAIN-SOUVERAINE.

Voyez *cy-devant Foy & hommage.*

1 En quel cas la main Souveraine eft pratiquée és fiefs ? Voyez le mot, *Fief, nombre 86. & fuiv.*

2 Une veuve ayant la garde-noble de fes enfans, voyant un combat de fief pour la mouvance du fien prend Lettres en Chancellerie pour être reçûë par main Souveraine ; les Lettres entherinées par le Bailly de faint Pierre-le-Mouftier, appel ; la Cour a dit qu'il a été bien jugé. Arrêt du 12. Janvier 1548. *Corbin, fuite de Patronage, chap. 248.*

3 Le vaffal ayant brifé la faifie d'un des Seigneurs, toute Audience luy doit être déniée fur la reception par main Souveraine, jufqu'à ce qu'il l'ait rétablie. Arrêt du 17. Juillet 1516. *Voyez Du Pleffis, titre des Fiefs, liv. 5. chap. 6.*

4 Main Souveraine eft celle du Roy, c'eft pourquoy cette reception fe doit faire par les Juges, c'eft-à-dire, les Baillifs & Sénéchaux des lieux ; il faut obtenir pour cet effet des Lettres de main Souveraine à eux adreffantes ; quelques uns ont tenu qu'elles n'étoient pas neceffaires ; mais leur opinion a été condamnée par Arrêt du 17. Avril 1577. *Voyez Du Pleffis, Traité des Fiefs, liv. 5. chap 6.*

MAINTENUE.

1 SI le Juge Royal faifant droit aux parties fur l'incident de recréance d'un Benefice appointé en droit, donne Sentence de pleine maintenuë pour l'une des parties, fans parler de recréance, telle pleine maintenuë n'eft pas executoire nonobftant l'appel, quoiqu'elle ne foit plus ample que la recréance ; neanmoins l'Ordonnance n'en parle point, mais feulement de la recréance. Jugé à Paris par Arrêt allegué par *M. du Luc*, & par autre Arrêt du même Parl. pour une main-levée donnée fur preuve de témoins, le 18. Janvier 1530. *Bibliotheque Canon. tome 2. page 30. colon. 2.*

2 Maintenuë de Benefice ne fe doit juger du confentement de partie fans voir le titre. Ainfi jugé au Parlement de Bourdeaux ; le même a été jugé par Arrêt donné aux grands-Jours de Moulins le 6. Octobre 1540. fuivant un autre Arrêt de l'an 1534. & contre l'opinion de Anton. Burrigar. *V. Ibidem.*

3 Aucune maintenuë, foit en matiere Beneficiale ou profane, ne fe doit juger executoire nonobftant l'appel. Arrêt du 17. Janvier 1564. *Papon, liv. 8. tit. 7.*

4 Celuy qui a demandé un fequeftre, peut auffi demander une maintenuë fans que la premiere demande puiffe empêcher la feconde. Jugé au Parlement de Paris, le premier Juillet 1574. *Bibliot. Canon. tom. 2. p. 30.*

Voyez les mots, *Benefice, Complainte, Petitoire, Poffeffion, Récreance, & Sequeftre.*

MAJORITE'.

1 *Cujus loci confuetudo fpectanda fit alienato prædio à minore conjugato, quod fitum eft ubi omnes conjugati pro majoribus habentur, etiam in alienando*? Voyez *Stockmans, Decif. 125.*

2 Arrêt du Parlement de Paris du 29. Decembre 1609. qui annulle un decret fait fur un heritier beneficiaire mineur, fans l'autorité de Tuteur ou Curateur, même en la Coûtume d'*Amiens*, où la majorité eſt réglée à 20. ans. Cette majorité ne s'entend pour l'adminiſtration, & non pour l'alienation. *Plaidoyez de Corbin*, chap. 17.

Voyez cy-devant le mot, *Majeur*.

3 Traité de la majorité de nos Rois, & des Regences du Royaume, avec les preuves, & un Traité de préeminence du Parl. de Paris, par *M. Du Puy*, *Paris* 1655.

MAIRES ET ECHEVINS.

1 LE privilege des Maires de *Poitiers* qui acquierent nobleſſe à leur poſterité, confirmé par un Arrêt du Parlement de Paris du 14. Août 1567. *Voyez Coquille*, queſt. 287.

2 Si le Maire de *Châlons* peut connoître de la Police à l'excluſion du Châtelain, & peut prendre & apprehender les delinquans? *V. Bouvot*, tome 1. part. 2. verbo, *Maire*, tome 1. queſt. 1.

3 Un Maire non gradué ne peut proceder à l'inſtruction d'un procés criminel, & le Juge avec les Echevins non graduez. Arrêt du Parlement de Dijon du 18. Janvier 1616. *Bouvot*, ibidem, queſt. 2.

4 Par l'Ordonnance de Moulins, art. 71. les cauſes civiles ont été ôtées aux Maires & Eſchevins des Villes, on leur a laiſſé les cauſes criminelles & de Police. Arrêt du 13. Decembre 1611. *Mornac*, l. *unica*, ff. *ſi quis jus dicenti non*, &c. *Voyez M. Dolive*, livre 1. chapitre 57.

5 Maires & Eſchevins de la ville d'*Angers*, pour les premieres places, contre les Chanoines de l'Egliſe Cathedrale de ſaint Maurice. *Voyez le Journal au Palais*, dans l'Arrêt du 7. Août 1686.

Voyez les mots, *Echevins*, & le Titre *du Prévôt des Marchands*.

MAISON.

Maiſon. *Domus. Ædificium. Voyez* le mot, Bâtiment & Maçon.

Maiſon donnée avec ſes dépendances. L. 90. L. 126. *D. de verb. ſign.*

Maiſon achevée de bâtir. L. 139. §. 1. *eod.*

Ce qui fait partie de la maiſon. L. 242. §. 2. & 4. L. 245. *eod.*

De damno infecto, & *de Suggrundis*, & *protectionibus*. D. 39. 2.. Paul. 5. 10. *De contrabendâ auctoritate*, Du dommage que peut cauſer une maiſon qui menace ruine. *Suggrunda*, ſignifie la partie du toit qui avance en ſaillie, au-delà l'entablement nommée Egout, Forjet, ou Larmier. *Protectio*, ou *Projectio*, ſe dit de toutes ſortes d'avances, qui n'appuient fur rien du côté de la ruë. L. 242 §. 1. D. *de verb. ſign*.

Maiſon Religieuſe. *V. Monaſteres*.

Maiſons Royales.

De palatiis & domibus Dominicis. C. 11. 76.

Ne quis in palatiis maneat. C. Th. 7. 10.

MAISON BRULE'E.

1 Un Valet par negligence met le feu dans la maiſon en laquelle ſon Maître avoit été reçu à coucher la nuit par ſon amy; le Maître fut condamné à la ſomme de 4000. liv. pour tous dommages, interêts & dépens. Arrêt du 3. Mars 1663. *De la Gueſſiere*, tome 2. liv. 5. chapitre 9.

MAISON CANONIALE.

2 *Voyez* le mot, *Chanoine*, & la Bibliotheque des Arrêts de *Forer*, ſous ce Titre, *Maiſon Canoniale*.

Option des Maiſons Canoniales, laiſſée au plus ancien. *Chenu*, tit. 1. chap 16. *Tournet*, let. *M. Arr*. 16. & *Bellordeau*, liv. 2. part. 2. contro. 6.

3 Archidiacre ayant une Maiſon Canoniale affectée à ſon Archidiaconé, ne peut conferer Prébende ou opter le choix d'une autre. *Voyez* le mot, *Archidiacre*, n. 4.

4 Maiſons Prébendales, quelquefois conferées par l'Evêque à tel Chanoine que bon luy ſemble. *Bellordeau*, liv. 2. part. 1. contr. 7.

5 Maiſons Canoniales ne doivent ſe loüer à autre qu'à des Chanoines. *Tournet*, *lettre M. Arr.* 18. *Chopin*, *de ſacr. polit.* tit. 3. n. 16.

6 Maiſon qui dépend du Chapitre, & qui ne peut être alienée, peut neanmoins être baillée à un des Chanoines pour tout le temps qu'il demeurera Chanoine dudit Chapitre. Jugé le 29. Octobre 1557. *M. le Prêtre*, *és Arrêts celebres du Parlement*.

7 Des Maiſons Canoniales; le plus ancien doit être préféré; elles ne peuvent être données à loüage à gens Laïs, ſi les Beneficiers de l'Egliſe y veulent demeurer. Arrêt du Parlement de Paris du 9. Juillet 1565. contre pour les Chanoines de l'Egliſe de Lyon; du 10. Juillet 1566. entre les Chanoines de Saint Honoré à Paris, Autre du 27. Août 1580. entre ceux de Saint Martin d'Angers. *Chenu*, tit. 1. chap. 16. *Filleau*, par. 1. tit. 1. chapitre 16.

8 Les Bourgeois de Lantreguier appellent comme d'abus du refus fait par l'Evêque & le Chapitre, de leur donner une maiſon Prébendale pour loger le Précepteur & Maître d'Ecole pourvû, la maiſon étoit vacante par le décés d'un Chanoine. Par Arrêt du Parlement de Bretagne du 16. Octobre 1578. il fut dit mal jugé, & abuſivement refuſé. Le Précepteur a droit à une Maiſon Canoniale; mais il ne la peut prétendre qu'à ſon tour. *Voyez Du Fail*, liv. 3. ch. 395.

9 De la diviſion des fruits des Prébendes & Maiſons Canoniales, entre un Doyen & les Chanoines; & du partage des fruits, entre les heritiers & le ſucceſſeur du Beneficier. *V. Chenu*, tit. 1. ch. 4. & 5.

10 Les Chanoines de l'Egliſe Cathedrale de Nôtre-Dame d'*Evreux* arrêterent en 1574. que les Maiſons Canoniales feroient loüées aux Chanoines particuliers, plus offrans & derniers encheriſſeurs; les deux tiers des loyers diſtribuez à chacun au marc la livre, l'autre tiers deſtiné aux réparations, qui demeureroit és mains du Locataire: c'étoit changer l'état des choſes, car ſuivant l'ancien uſage, chaque Chanoine payoit pour ſa Prébende de 10. liv. pour les réparations. Roger de l'Hôpital, l'un des Chanoines, ſe rendit adjudicataire d'une maiſon, moyennant 30. liv. de rente, outre la ſomme à laquelle elle avoit été d'abord ajugée à un autre. Le Chapitre fit ſaiſir ſes diſtributions, afin de l'obliger à reparer la maiſon. Arrêt du Parlement de Roüen du 13. Février 1608. qui confirme la ſaiſie, quoyque l'Hôpital alleguât que le Chapitre n'avoit pû changer la Coûtume. *Biblioth. de Bouchel*, verbo, *Chanoine*.

11 Défenſes aux perſonnes Laïques de prendre à loyer les Maiſons Canoniales, pour le tout ou portion. Arrêt du Parlement de Paris du 19. Janvier 1624. entre les Doyen, Chanoines & Chapitre de Saint Martin de *Tours*. Enjoint au Subſtitut de M. le Procureur General de tenir la main à l'execution de l'Arrêt. *V. le Journal des Audiences*, to. 1. liv. 1. chap. 14.

12 Un Dignitaire, & tout enſemble un Prébendé, ne peut avoir deux choix pour deux maiſons. Arrêt du Parlement de Paris du 3. Juillet 1629. contre l'Archidiacre d'Angers, qui prétendoit encore comme Chanoine Prébendé, avoir le choix d'une maiſon. *Ibidem*, tome 1. liv. 2. chap. 51.

13 Arrêt du Parlement de Paris du 11. Juillet 1629. donné au profit des Egliſes Cathedrales & Collegiales, par lequel il a été jugé que tous les ornemens faits & apoſez par un Chanoine en la Maiſon Canoniale, appartiennent au Chapitre, à l'excluſion des heritiers. *Filleau*, 1. part. tit. 1. ch. 49.

14 Si un Chanoine étudiant eſt reputé preſent, & doit être préféré, comme plus ancien à un autre Chanoine, mais Prêtre, pour être logé dans une maiſon vacante. Par Arrêt du 4. May 1665. il a été jugé que n'y ayant point de Statut ni d'Uſage qui préferât le Prêtre moins ancien à l'Ecolier non Prêtre, mais plus ancien; c'étoit un abus d'avoir préferé le Prêtre. *Journal des Audien-*

ces, tome 2. *liv.* 7. *chap.* 16. C'étoit entre des Chanoines d'Angers.

MAISON, JUGES.

15 Les Juges ne doivent rendre Sentences en leurs maisons. *Voyez* le mot, *Juge*, *nomb.* 165. 168. *&* 178.

MAISON RASE'E.

16 Maisons de certains coupables rasées. *Voyez* le mot, *Crime*, *nomb.* 44. *&* 45.

17 Arrêt du 8. Juin 1529. qui ordonne que les maisons étant aux Fauxbourgs & Barris de Sainte Catherine & Sauzat, seront démolies & abbatuës, parce qu'elles servoient de retraite aux voleurs & gens de mauvaise vie. La Rocheflavin, *liv.* 2. *lettre M. tit.* 1. *Art.* 2.

18 Un nommé du Ronchaut avoit comploté avec les Ligueurs, de faire tuer le sieur de Villeluisant ; ce qui fut executé. Par Sentence du Grand Prévôt, Ronchaut condamné en 20000. écus de réparations, 1200. écus envers le Roy, & que la maison où le complot avoit été tenu seroit rasée. Deux sœurs dudit Ronchaut s'opposent, pardevant le Sénéchal du Mans, & disent que ladite maison appartenoit à Jeanne Despinay leur mere, qui étoit vivante lors de la condamnation du fils, & par consequent que le fils n'a jamais eu rien en ladite maison ; neanmoins elles offrent de souffrir le rasement en leur payant le prix des parts qu'elles ont en la maison ; appointez à mettre ; appel : en cause d'appel, Requête presentée, afin d'évocation du principal. Par Arrêt du 14. Decembre 1595. la Cour ayant égard aux offres des Intimez & Défendeurs, a ordonné que la maison sera rasée, en payant par la veuve du sieur de Villeluisant le juste prix & éstimation des parts & portions qui peuvent appartenir aux Défenderesses. *Voyez la Biblioth. de Bouchel*, verbo, *Maison ruinée*.

MAISON RUINE'E ET REBASTIE.

19 *Domo dirutâ ac deinde refectâ & readificatâ, jus habitationis donata non durat.* Arrêt du 24. Avril 1584. Anne Robert, *rerum judicat. liv.* 4. *chap.* 8. *Voyez* Mornac, L. 10. ff. *quibus mod. usuf. Voyez Carondas*, *liv.* 8. *Rép.* 61.

SAILLIES DES MAISONS.

20 Par l'Ordonnance d'Orleans, article 96. les avances & saillies des maisons doivent être ôtées. Arrêt en Janvier 1618. Mornac, L. 5. §. *interdum. ff. de iis qui effuderunt vel, &c.*

MAISTRE.

Définition du mot, *Magister*. L. 57. D. *de verb. significat.*

Les Maîtres sont responsables du dommage causé par les Domestiques.

De his qui effuderint vel dejecerint. D. 9. 3.
De noxalibus actionibus. Inst. 4. 8... D. 9. 4... C. 3. 41.. *V.* Dommage.
De exercitoriâ & institoriâ actione. D. 14. 1. *&* 3... C. 4. 25. Le Maître est responsable de ce que font ses Commis, Facteurs, ou Préposez. *V.* Commis.
De tributariâ actione. D. 14. 4... *Inst.* 4. 7. §. 3.
Action contre le Maître, dont l'Esclave faisoit un négoce particulier.
Quod cum eo qui in alienâ potestate est, negotium gestum esse dicetur. D. 14. 5... C. 4. 26... *Inst.* 4. 7.
Quod jussu. D. 15. 4... C. 4. 26..., *Inst.* 4. 7. §. 1. De ce qui a été fait par ordre du Maître.

Il y a les Maîtres és *Métiers*, les Maîtres par rapport aux *Domestiques*, les Maîtres d'*Hôtels*, Maîtres des *Comptes*, Maîtres des *Requêtes*, &c.

MAISTRE, MAISTRISE.

1 *Voyez* les mots, *Apprentissage*, *Chef-d'œuvre*, *Jurez*, *& Bouvot*, tome 2. verbo, *Manouvrier*.

2 Des Maîtres des Métiers, & défense de leurs Confrairies & monopole. *Ordonnances de Fontanon*, tome 1. *liv.* 5. *tit.* 30. *p.* 1085.

3 Edit portant création d'un Maître de chacun Métier dans toutes les villes du Royaume, en faveur du Joyeux avenement du Roy à la Couronne. Au Camp d'Alençon le 26. Decembre 1589. registré le 17. Novembre 1590. vol. unique, &c. fol. 132. *Ordon. de Fontanon*, *to.* 1. *p.* 1100. *& suiv.* où il y en a plusieurs semblables.

4 *Magistri alicujus artis statuta condere possunt, quæ per superiorem confirmari debent, & antequam Magistri efficiantur examinari debent. Voyez Franc. Marc. tom.* 2. *quæst.* 627.

5 Suivant l'Ordonnance de Charles VII. la possession paisible de cinq ans en matiere de Maîtrise, est suffisante ; après ce temps on ne peut être inquieté. *V.* Du Fail, *liv.* 2. *chap.* 320.

6 Les Maîtres *Couvreurs* de maisons à Paris, ayant fait défenses à Pierre le Bailleur, qui sans être reçu Maître, exerçoit ; la Cour, infirmant la Sentence du Prévôt de Paris, ordonna que le Bailleur seroit experience en presence de quatre Maîtres du même Art, dont les parties conviendroient. Arrêt du 24. Novembre 1548. *Corbin, suite de Patronage*, ch. 240.

7 Arrêt du Parlement de Toulouse du 8. Juin 1575. qui défend à toutes personnes de tenir métier de *Colletier* dans Toulouse sans passer Maître, & accomplir le contenu en leurs Statuts. La Rocheflavin, *liv.* 1. *tit.* 35.

8 Un homme se fait pourvoir de l'état d'*Armurier* & *Fourbisseur*, par Lettres obtenuës de la Reine de Navarre, suivant les Lettres de don & elle octroyées par le Roy Charles IX. en faveur de son mariage, de créer un Maître nouveau de chacun Métier, en toutes les Villes du Royaume, sans faire chef-d'œuvre. Il presente ses Lettres au Sénéchal de Ponthieu, qui le reçoit, à la charge qu'il feroit une épaulette. Les Maîtres Armuriers s'opposent à sa reception ; ils appellent, & disent que ce n'est pas au Sénéchal de connoître de matiere de Police, mais au Maire & Echevins de Ponthieu. Le Senéchal ordonne qu'il sera passé outre, nonobstant opposition, &c. Appel, en adherant ; la Cour par Arrêt du 11. Avril 1585. après les remontrances du Procureur General, mit l'appellation & cela au néant, sans amende & dépens ; & en émendant le Jugement, ordonné qu'il seroit reçu, à la charge de faire experience & non pas chef d'œuvre. *Biblioth. de Bouchel*, verbo, *Maîtres*.

9 On contraignoit indifferemment tous les Artisans de prendre Lettres de Maîtrise, même des Bourgs & Villages, & en cas de refus les Sergens executeurs leur donnoient assignation au Conseil d'Etat, pour se voir condamner à prendre Lettres, ce qui étoit une grande vexation : sur les plaintes qui en auroient été faites, par Arrêt du Conseil d'Etat tenu à Paris le 30. Mars 1602. pour le regard des Maîtres créez, tant pour le Joyeux avenement de sa Majesté à la Couronne, que pour son mariage, le mariage de la Reine, & de la naissance de Monseigneur le Dauphin, sa Majesté veut qu'ils ne puissent être executés, sinon dans les Villes Capitales des Provinces de son Royaume, jurées auparavant l'Edit fait pour le Reglement des Arts & Métiers, à Saint Germain en Laye en Avril 1597. & sur ceux qui voudront prendre Lettres de gré à gré, & sans qu'il soit usé d'aucune contrainte ; avec défenses expresses à ceux ausquels l'execution des Edits est commise, soit les Juges, Officiers ou autres, leurs Commis & Députez, de contraindre par les Villes les Corps des Métiers à prendre ni acheter Lettres de Maîtrise, sous quelques prétexte que ce soit, à peine de tous dépens, dommages, & de punition corporelle ; casse & annulle toutes les contraintes & executions pour ce faites ; ordonne que les meubles, si aucuns ont été pris, seront rendus, & les deniers pris par les Maîtres, restitués ; & sera l'Arrêt lû & publié à tous les Sièges & Villes de ce Royaume, à la diligence de ses Procureurs, gardé & observé par tous ses Officiers, & a renvoyé & renvoye l'execution aux Maîtres des Requêtes de son Hôtel, cy-devant commis à cet effet, ausquels ils enjoint tenir la main, à ce que le present Reglement soit exécuté de point en point ; & suivant cet Arrêt, la Communauté des Métiers de Tonnerre ajournée au Conseil, à la Requête de M. Philbert

Philbert de la Grange, aux mêmes fins que dessus, en auroient été renvoyez, comme n'étant la ville Royale, ni capitale de Province ; par Arrêt du 4. Avril 1604. *Bibliotheque de Bouchel*, verbo, *Maîtres*.

10 Un particulier se presentant pour être reçû Serrurier, six Maîtres examinant une serrure qu'il a faite, dont il y en a trois qui disent qu'elle est bien faite, & trois autres qu'elle est mal faite ; le Juge en ce cas ne peut interposer son autorité pour recevoir le Serrurier. Arrêt du Parlement de Dijon du 13. May 1605. qui ordonne un nouveau rapport. *Bouvot, tome 2. verbo, Manoüvrier, quest.* 10.

11 Un Tuteur mettant son pupile pour apprendre un métier, à la charge & convention, que s'il sortoit avant le temps, il payeroit le prix entier, doit payer, quoyque son pupile sorte sans cause legitime. Arrêt du Parlement de Dijon du 10. May 1619. *Ibidem, verbo, Serviteurs, quest.* 7.

12 Par Sentence du Bailly de l'Evêché de Châlons, confirmée par le Bailli de Vermandois, & depuis par la Cour, défenses sont faites aux Manoüvriers *Megissiers*, d'entreprendre sur les Statuts du métier de Megissier, corroyer & passer en chamois aucune peau de chévre ou de mouton, & icelle mettre en œuvre, si ce n'est dans leurs logis, appellez les Maîtres Jurez de l'année, & pour leur usage seulement, d'éfleurer ni arracher avec chaux ni autrement, les laines des peaux, pour icelles vendre & debiter, mais seulement pour s'en aider & appliquer à leur usage, à peine de confiscation, & 20. liv. d'amende. Arrêt du Parlement de Paris du 18. Août 1607. *Corbin, suite de Patronage, chap.* 203.

13 Les Gardes, Bailles & Maîtres Jurez des Métiers, doivent être Catholiques, & ceux de la Religion Pretenduë Réformée, ne peuvent être élûs pour exercer lesdites Charges de Gardes, Bailles, & Maîtres Jurez. *Voyez les décisions Catholiques de Filleau, décision* 72. *& 133*.

14 Arrêt du Parlement de Provence du 20. Octobre 1661. qui a declaré que les Maîtres Jurez Serruriers ne peuvent être accusez par les particuliers, quand ils reçoivent sans examen les aspirans, & qu'ils prennent de l'argent. *Boniface, tome 1. liv. 8. tit. 9*.

15 Arrêt du même Parlement de Provence du 1. Decembre 1662. qui cassa la Maîtrise des Cartes, Vanes & Indiennes dans Marseille. *Ibid. tit. 3. chap. 2*.

16 Il n'y a proprement dans la Province de Toulouse, que les quatre Arts liberaux qui puissent avoir une Maîtrise reglée ; & quoyque la Maîtrise y puisse avoir lieu pour toutes sortes de Métiers ; neanmoins les autres Maîtrises ne sont pas sujettes à la rigueur des examens & des chefs-d'œuvres, à moins qu'il n'y ait des Statuts particuliers, auquel cas il faut suivre la Loy des Statuts ; ainsi qu'il a été jugé par Arrêt du Conseil d'Etat du 12. Janvier 1668. & par un Arrêt du Parl. de Toulouse du 8. Août 1673. *La Rocheflavin, liv. 1. tit. 35. Arr. 1*.

17 Arrêt du Parlement de Provence du 3. Mars 1673. qui permet à celuy qui est reçû Maître dans son Art en une ville de Parlement, de travailler de son métier dans toutes les Villes du ressort du Parlement. *Boniface, tome 3. liv. 4. tit. 17. ch. 1*.

18 Sentence de la Chambre du Tresor du 19. Mars 1673. qui fait défenses à tous les Greffiers des Jurisdictions, où se font les receptions des Maîtres des Arts & Métiers de cette Ville & Fauxbourgs de Paris, de délivrer aucunes Lettres de Maîtrise ; & aux Notaires du Châtelet de passer aucuns Brévets d'apprentissage, & aux Jurez & Syndics de les recevoir, qu'il ne leur soit apparu de la quittance du Fermier du Domaine, de laquelle ils feront mention dans lesdits Actes, &c. *Recueil du Domaine, p.* 254.

19 Les *Peintres & Sculpteurs* de Paris sont exempts des Lettres de Maîtrise. Jugé au Souverain des Requêtes de l'Hôtel, le 28. Avril 1678. *Journal du Palais*. Voyez dans le même Journal l'Arrêt du 6. Mars 1674.

20 Dans les visites que les Maîtres font les uns sur les autres, ils ne doivent point foüiller dans les lits des particuliers ; si ce n'est de l'autorité & en presence du Juge. Arrêt du Parlement de Tournay du 13. Avril 1696. contre les Cordonniers de Condé, qui demandoient la confiscation de plusieurs paires de souliers qu'ils avoient saisies chez un Savetier & trouvées dans son lit, dont main-levée luy fut faite. *Voyez M. Pinault, tome 1. Arrêt* 100.

21 Les Maîtres des Stiles & Métiers des Villes associez, se doivent recevoir les uns les autres, en payant les droits, suivant l'usage & les conventions. Jugé au Parlement de Tournay le 21. Mars 1698. contre les Maîtres Orfévres de Lille, refusans d'en recevoir un de Tournay dans leur Compagnie. *V. M. Pinault, tom. 2. Arrêt* 216.

MAISTRES DES COMPTES.

22 Maîtres des Comptes, appellez par *Chopin*, en son Traité *de sacr. Polit. lib. 3. tit. 2. n. 19. Ratiociniis principalibus præfecti.*
Voyez *Chambre des Comptes*.

MAISTRES, DOMESTIQUES.

23 Un Compagnon de Métier peut instituer son Maître heritier. Jugé au Parlement de Toulouse le 7. Février 1628. pour un Maître Serrurier, contre un cousin du Testateur. *Cambolas, liv. 5. ch.* 47.

24 Maître non reçû à poursuivre l'homicide de son Domestique, ne peut que se rendre dénonciateur, *Voyez cy-devant* le mot, *Accusation, n.* 46.

25 De la peine qu'encourent les Domestiques qui injurient leurs Maîtres. *V.* le mot, *Injure n. 108. & suiv.*

26 Le Maître, pour marchandise prise par son Serviteur sur missives falsifiées, ne peut être contraint de payer. Arrêt du Parlement de Dijon du 20. Juin 1613. *Bouvot, tome 2. verbo, Serviteurs, quest.* 2.
Voyez *cy-après le nomb.* 40. *& suiv.*

MAISTRES DES EAUX ET FORESTS.

27 Des Grands-Maîtres. *V. l'Ordonnance des Eaux & Forêts, tit.* 3.
Des Maîtres Particuliers. *Ibid. tit.* 4.

MAISTRES, ECOLIER.

28 Il faut remarquer en faveur de la science & de la doctrine, que quoyque le Disciple semble être sous la puissance de son Maître, neanmoins *licet ei donare in infinitum, quia doctrina certo modo æstimari non potest, neque est eo casu mera donatio, est quasi merces doctrinæ*. Cujas, *observat. lib. 21. cap. 37. & Cambolas, livre 5. chapitre 47.*

MAISTRES D'HÔTEL.

29 Maîtres d'Hôtel ou Argentiers des Maisons des Grands, sont obligez en leur privé nom des emprunts par eux faits pour leurs Maîtres ; jaçoit qu'ils ayent contracté en cette qualité, & assigné le Créancier sur les biens de leur Maître, & n'auront leurs heritiers le benefice d'inventaire. *Mornac. ad L. ult. ff. de Inst. act.*

30 Les Facteurs des Marchands, Argentiers, Maîtres d'Hôtels des Seigneurs, pour marchandise prise pour leurs Maîtres, sont tenus de la dette en leur propre & privé nom, si l'obligation ou la promesse n'étoit conçûe en ces termes : Je promets payer comme Argentier, ou comme Maître d'Hôtel d'un tel Seigneur, ou comme Facteur d'un tel Marchand, autrement seront condamnez en leurs noms. Ainsi jugé par Arrêt du 3. Août 1609. *in verbo*, Obligation. *Tronçon, art.* 164. *Voyez* le mot, *Argentier*, & M. Loüet, *lettre H. sommaire* 18.

MAISTRES DES REQUESTES.

31 Maître des Requêtes, *Libellorum supplicum Magister*.
De Magistris sacrorum scriniorum. C. 12. 9...
De proximis sacrorum scriniorum, cæterisque qui in sacris scriniis militant. C. 12. 19.
De Referendariis Palatii. N. 10. 113. 114. Ces Référendaires rapportoient au Prince, les Requêtes des particuliers, & portoient aux Juges les Ordonnances du Prince. *Cassiod. 6. variar. c.* 7.

32 Des Maîtres des Requêtes de l'Hôtel du Roy, & leur Jurisdiction. *Ordonnances de Fontanon, tom.* 1. *li.* 1. *titre* 24. *page* 133.

Des Maîtres des Requêtes de l'Hôtel. *Joly, des Offices de France, tome* 1. *liv.* 2. *tit.* 4. *page* 658. & aux *Add. pag.* CCCXXXVII. *& suiv.*

33 De la revocation de tous les Officiers des Cours Souveraines & Jurisdictions Royales, par toute la France, & du rétablissement de la Cour du Parlement de Paris, & des Maîtres des Requêtes de l'Hôtel. *Joly, des Offices de France, tome* 1. *liv.* 1. *tit.* 15. *p.* 199.

34 Maîtres des Requêtes. *Voyez* hoc verbo, *la Biblioth. du Droit François*, par *Bouchel.*

35 Du rang des Maîtres des Requêtes. *Voyez la Rocheflavin, des Parlemens, liv.* 7. *ch.* 28.

Des Maîtres des Requêtes de l'Hôtel du Roy, de leur antiquité, autorité, jurisdiction & rang en la Cour de Parlement, où ils n'ont que voix déliberative, non prononciative ; du nombre & de ceux qui peuvent être admis à de tels états. *V. Filleau*, 3. *part. ch.* 40.

36 Du 22. Février 1556. il fut dit au Parlement de Bretagne, que les Maîtres des Requêtes ne présideroient, sinon du temps de leur reception en la Cour. *Du Fail, livre* 3. *chap.* 343.

37 Reglement fait par la Cour pour les Maîtres des Requêtes du 8. Juin 1596. les Grand'-Chambre & Tournelle assemblées, sur la Requête presentée par M. le Menoust, pourvû d'un Office de Maître des Requêtes, par lequel il est ordonné que le Roy sera tres-humblement supplié de declarer par ses Lettres Patentes son intention, être qu'aucuns ne soient reçûs en exercice de Maîtres des Requêtes, qu'ils n'ayent exercé la Justice en Cour Souveraine l'espace de dix ans entiers ; & qu'à leur reception ils feront serment de ne rapporter à son Conseil, ni assister aux Jugemens des Requêtes, tendantes à cassation des Arrêts de la Cour, sauf aux Parties de s'y pourvoir par les voyes écrites, &c. & a été arrêté que la reception du sieur le Menoust seroit surcise jusqu'à ladite supplication faite, & de tous autres qui seroient pourvûs desdits Offices ; a encore été ordonné que les Lieutenans Generaux âgez de 40. ans, ayant exercé leurs Offices dix ans continuels, & les Avocats vingt au Bureau de la Cour, pourront être admis ausdits Offices, sans pouvoir être dispensez. *Additions à la Bibliotheque de Bouchel,* verbo, *Maîtres.*

38 Autre Arrêt sur le même sujet du 9. Mars 1602. les Grand'-Chambre, Tournelle & de l'Edit assemblées, après avoir déliberé sur la quatriéme Jussion, afin de verification sur la reception esdits Offices de Maîtres des Requêtes, de ceux qui auront servi six ans és Cours Souveraines ; Arrêté que les Lettres seront registrées ; & neanmoins le Roy supplié avoir agréable que ceux qui seront reçûs, n'auront séance à l'Audience de la Cour, qu'ils n'ayent servi dix ans en Cour Souveraine, ou ausdits Offices de Maîtres des Requêtes. *Ibid.*

39 Messieurs les Maîtres des Requêtes ne peuvent juger en qualité d'Intendans dans les Provinces, si leur Commission n'est verifiée en la Cour. Arrêt du 8. May 1627. *Du Fréne, liv.* 1. *ch.* 132.

MAISTRES, SERVITEURS.

40 *Voyez* cy-dessus le nombre 23.

An Dominus pro subdito suo agere & appellare possit? Voyez *Andr. Gaill, lib.* 1. *observat.* 125.

Domini appellatio an profit subditis ? Ibidem, *observat.* 126.

41 Les Maîtres ne doivent pas maltraiter leurs Serviteurs. La veuve de Maurus à Toulouse, soupçonnant sa Servante de luy avoir dérobé un chaudron, la battit ; cette fille de chagrin s'alla pendre au grenier. La veuve obtint & presenta ses Lettres de grace en la Cour, qui ne les voulut entheriner à l'Audience ; mais appointa au Conseil le 28. Janvier 1573. *Biblioth. de Bouchel,* verbo, *Serviteurs.*

42 *Dominus pro delicto servi tenetur regulariter & eum*

repraesentare, si in ejus potestate sit; & Domini juramento standum an servum dolo vel non possidere desierit. Voyez *Franc. Marc. tom.* 1. *quaest.* 424.

43 Le Capitaine est tenu de representer son Soldat qui a failli, le Maître son Serviteur, Clerc ou Commis. *Voyez l'Ordonnance d'Orleans, article* 115. & de Blois, *article* 299. *& 328.*

44 Le Maître qui represente son Serviteur, n'est tenu d'aucune reparation pour raison du delit de son Serviteur ; mais il doit les dépens jusques au jour de la representation. Arrêt du 16. Avril 1580. *Le Vest, Arr.* 235.

45 Maître qui a favorisé la fuite de son Domestique, accusé de delit, est tenu de le representer. Jugé par plusieurs Arrêts. *Papon, liv.* 24. *tit.* 3. *n.* 8.

46 *Domini de servis & duces de militibus suis tenentur si deliquerint.* Arrêt du 8. Février 1601. *Mornac, L.* 9. ff. *de Jurisdictione.*

47 Le Maître est répondant de son Commis. *Mornac, L.* 1. ff. *de exercitoriâ actione.* §. *est autem nobis, fol.* 567. & de son Serviteur. *L.* §. §. *idem Labeo agit.* ff. *de institoriâ actione.*

48 Maître qui retire chez soy un Serviteur, qu'il sçait être mal famé, est non seulement tenu de le representer, mais est responsable civilement & criminellement des crimes commis par luy depuis commis étant à son service. Jugé au Parlement de Grenoble le 12. Janvier 1634. *Basset, tome* 2. *liv.* 9. *tit.* 1. *ch.* 2.

49 Arrêt du Parlement de Grenoble du 12. Janvier 1651. qui a refusé à un Maître la repetition des alimens fournis à son Domestique malade. *Boniface, tome* 1. *liv.* 8. *titre* 14. *chap.* 3.

50 Arrêt du Parlement de Provence du 23. Juin 1664. qui a jugé que les Serviteurs qui quittent leurs Maîtres avant le terme, payent l'amende de 25. liv. suivant le Statut de Provence. *Boniface, tome* 1. *liv.* 8. *titre* 14. *chapitre* 1.

51 Autre Arrêt du 24. Janvier 1667. qui veut que le serment du Maître soit crû pour la validité de la denonce. *Ibid. liv.* 1. *tit.* 39. *n.* 4.

52 La fille majeure ne peut accuser en crime de rapt son Maître majeur. Arrêt du 7 Novembre 1670. qui a declara non recevable, & ordonna que le procés criminel en stupre seroit fait au Maître. *Ibid. tome* 8. *liv.* 4. *titre* 3. *chap.* 5.

53 Solidité contre les Maîtres pour le fait de leur Préposé. *Voyez le* 1. *tome des Loix Civiles, livre* 1. *tit.* 16. *section* 3.

MALADIE.

1 Explication des mots, *morbus & vitium. L.* 101. §. 2. *D. de verb. sign.*

Morbus sonticus. L. 113. *eod.*

2 S'il est vrai-semblable que les malades puissent engendrer ? *Voyez Peleus, quest.* 105.

3 Un malade est excusé de n'exercer sa Charge, & ne laisse d'être payé de ses gages pour le temps de la maladie. Arrêt du Parlement de Paris, le 15. Juin 1419. *Biblioth. de Bouchel*, verbo, *Salaires.*

4 Le mercenaire qui s'est loüé un an pour travailler, le temps de deux mois qu'il a été malade, ne doit être compté ni déduit. Arrêt du 26. May 1556. *Carondas, liv.* 9. *Rép.* 24.

5 Donations faites en maladie. *Voyez* le mot, *Donation, nombre* 471. *& suiv.*

6 La donation faite par un homme de main-morte, étant qualifié entre-vifs, étant malade, & mort six heures après, ne peut valider. Arrêt du Parlement de Dijon du 18. May 1563. *Bouvot, tome* 2. verbo, *Mariage, question* 92.

7 Si un malade peut instituer heritiere la femme qui le traite en sa maladie ? *V. Ibid.* verbo, *Testament*, *q.* 3.

8 Si le don mutuel entre conjoints, dont l'un étant alors malade, décede, est valable ? *Voyez* le mot, *Don mutuel, nombre* 41. *& suiv.*

Celuy qui a la goutte, déchargé de la Tutelle, par

MAL   MAL   659

Arrêt du Parlement de Dijon du 30. Septembre 1619. *Bouvot*, tome 2. verbo, *Tuteurs*, quest. 28.

9 Somme de deniers délivrez par un malade à son amy secretement & sans écrit, pour l'employer en œuvres pies, doit être renduë aux heritiers. Ainsi jugé au Parlement de Paris le 19. Février 1624. la somme étoit de 1300. liv. & la personne qui la demandoit étoit une pauvre femme, niéce du défunt, chargée de cinq enfans, & mendiante en la ville du Mans. *Bardet*, tome 1. liv. 2. chap. 8.

10 Arrêt du Parl. de Provence du 12. Février 1665. qui a jugé que l'obligation d'un malade envers un Medecin, est bonne après la guerison; l'obligation étoit de 230. liv. *Boniface*, tome 2. liv. 4. tit. 19. ch. 3.

11 Frais de la derniere maladie, comment & par qui sont dûs? *Voyez* le mot, *Frais*, n. 52. & suiv.

MAL CADUC.

12 *Voyez les Notables Arrêts des Audiences*, Arr. 104. où vous trouverez un préjugé en faveur de la femme du 22. May 1663.

MALADERIES.

1 Maladerie, & Gouverneurs de Maladeries, appellez par *Chopin*, en son Traité, *de sacr. Polit.* lib. 3. tit. 3. n. 6. & tit. 5. n. 27. *Nosocomium*, & *Nosocomi*. Des Maladeries, Hôpitaux, & autres lieux pitoyables. *Ordonnances de Fontanon*, tome 4. tit. 30. p. 574.

2 Declaration concernant les Hôpitaux, Maladeries de France. A Paris le 8. Mars 1587. registrée le 4. May de la même année. 7. volume des Ordonn. *d'Henry III* folio 504.

3 Des Hôpitaux & Maladeries, ou Léproseries, de leur administration & reddition de comptes. *Voyez les Memoires du Clergé*, tome 3. part. 3. tit. 4. ch. 1.

4 Arrêt pour les ouvriers de la Monnoye de Paris, touchant la Maladerie de la Réolle, du 7. Juin 1571. *Le Vest*, Arrêt 111.

5 Arrêt du Grand Conseil du 16. Octobre 1629. qui appointe la cause pour sçavoir si des Maladeries ou Léproseries sont Benefices ou administrations seulement. M. Gaulmin Avocat General, dit que quand ces Léproseries ont été possedées comme vrais Benefices, & en titre Clerical, par long-temps de 40. ans & au-delà, alors la qualité de simple administration demeure supprimée & confuse en celle du Benefice & titre Clerical; ainsi conclut à ce que la Sentence qui avoit condamné l'appellant à rendre compte de son administration, fut infirmée.

6 Les Maladeries doivent être administrées par un Oeconome, & nullement par un Titulaire, en vertu de quelque Provision. Jugé au Parlement de Grenoble par Arrêts des 14. Mars 1613. & 11. Février 1636. *V. Basset*, tome 1. liv. 1. tit. 3. ch. 4.

MALEFICE.

Jacobus Hooghstracte, *contra petentes auxilium à maleficiis*.
Voyez les mots, *Demon*, *Magie*, *Poison*, *Sorciers*, *Sortileges*.

MÂLES.

1 De statuto excludente filias stantibus masculis. De statuto quod stantibus filiis masculis filia dotata, seu maritata non succedant. *Voyez Franc. Marc.* tome 1. quest. 544. & 545.

2 De controversia inter masculum & fœminam de Beneficio. *Voyez consuetud. feud.* lib. 2. tit. 41.

3 Simpliciter loquendo appellatione descendentium masculorum venit nepos ex filia. C. M. titre des Fiefs, §. 25. nombre 7. Sed liberorum appellatione nepotes masculi ex filia non continentur. *Voyez* sur ce sujet la Loy 48. ff. soluto matrimonio, les Loix 5. 6. ff. De testamentaria tutela, & la Loy 220. ff. de verb. sign.

4 Si les mâles *ex filia* viennent ou non en la vocation des

mâles, & de leurs mâles ? *Voyez* le mot, *Fideicommis*, nombre 153. & suiv.

5 La Coûtume qui exclut les femmes des Fiefs, quand il y a des mâles, s'étend aux mâles descendans des femmes. *Voyez Carondas*, liv. 5. Rép. 47.

6 La préference des mâles aux filles dans les biens féodaux en collaterale, est reçuë non seulement dans le partage principal; mais aussi dans la subdivision entre les freres & sœurs qui ont succedé par representation de leur pere. Arrêt du 15. Janvier 1617. entre Damoiselle Marie de Fautray, & M. Marc de Fautray, Conseiller au Parlement, son frere, dans la succession de M. le Président Forget. *Voyez Auzanet, sur l'art. 25. de la Coût. de Paris.*

7 Si en cette condition *si sine liberis*, le mot des mâles est ajoûté, en ce cas les mâles sont appellez dispositivement par cette raison, que quand le Testateur a dit, *si sine liberis masculis*, les filles n'excluront pas le substitué, mais les mâles seuls; on argumente ainsi, le mâle exclud le substitué, le substitué exclud la fille ; ergo , à plus forte raison le mâle exclud la femelle, par la regle *si vinco vincentem te*, &c. *Voyez Mainard*, livre 5. chapitre 68.

8 Si par cette condition *si sine masculis* les mâles sont appellez seulement à la portion de leur pere, ou bien aux portions aussi d'autres coheritiers que leur pere pourroit avoir recueillies, en vertu d'une substitution reciproque faite entr'eux, il a été jugé au Parlement de Toulouse par Arrêt de l'an 1565. donné après avoir consulté *Fernand*, que les mâles recueilloient tout. *Voyez ibid.* chap. 69.

9 Droit de Patronage laissé au fils aîné, s'il ne reste que des filles, appartient à l'aînée des filles, & non à toutes conjointement. On disoit en faveur de l'aînée, que *filii* appellatione *filia*, *masculi fœmina* continentur; que s'il y avoit un puîné mâle, le droit pourroit luy appartenir; mais dans une concurrence de filles, il falloit considerer la disposition entiere du Testateur;qu'enfin dans la Coûtume de *Poitou*, le droit d'aînesse avoit aussi-bien lieu entre filles qu'entre mâles. Arrêt du Parlement de Paris du mois d'Avril 1567. contre les Conclusions de M. Dumesnil Avocat du Roy. *Papon*,li.10. titre 5. n. 13. & Ayrault, *dans ses Plaidoyers*.

10 Dans un Contract de mariage il est convenu que le tiers des biens appartiendra au premier mâle survivant qui descendra dudit mariage, en précipút & avantage; & au défaut des mâles à la fille aînée, qui de même se trouvera en vie; sçavoir si la fille que l'aînée a laissée, peut la representer, & exclure de ce tiers sa tante, fille puînée des pere & mere, & qui leur a survécu. Sentence arbitrale renduë par les sieurs *Didier, Auzanet, Lhôte, Martin & Langlois*, par laquelle ils ont jugé pour la negative. *Henrys* est d'avis contraire. *Voyez* son tome 2. liv. 4. quest. 2 neanmoins à la quest. 41. du livre 5. il revient à l'avis de la Sentence.

11 Arrêt du Parlement de Provence du 27. Octobre 1644. qui a déclaré que les filles qui avoient été exclusés de la succession des biens de leurs peres & meres, par le Statut *extantibus masculis*, doivent par le Statut modificatif subsequent, rentrer en la succession des biens de la mere aussi-bien que du pere, les mâles étant décedez. *Boniface*, tome 5. liv. 1. tit. 27. ch. 4. Il y a un Arrêt contraire de l'année 1615. ou 1616.

12 Un mary en Pays de Droit écrit institué heritier par sa femme, à condition de restituer l'heredité à un ou deux de leurs enfans, tels qu'il luy plairoit, les mâles qui étoient au nombre de quatre,preferez aux femelles, & lors du Testament du pere,il n'y avoit plus qu'un mâle & des filles, le pere institué le fils & la fille qui restoit à marier. Jugé à Paris le 6. May 1678. pour le fils seul à l'exclusion de la fille. *Journal du Palais*.

13 En Caux *la disposition & donation du tiers ou partie du tiers faite à tous les puînez*, est bonne en quelque temps qu'elle soit faite, art. 284. de la Coût. de Normandie. Jugé au Parlement de Roüen le 7. May 1683. que sous

Tome II.   Oooo ij

ce mot de *puinez* les filles n'étoient point comprises, mais seulement les mâles. *V. Basnage, sur cet article.*

MALTHE.

Joannis Quinti Hedui, *Insulæ Melitæ descriptio.*
Nicolaus Villagognon, *de bello Melitensi.*
Hieronymus Comes, *de eodem.*
Bellum Melitense, per Cœlium secundùm Curionem.
Voyez le mot, *Chevaliers*, nomb. 10. & suiv. & cy-après, verbo, Ordre. §. *Ordre de Malthe.*

MANDAT.

Il y a Mandat, qui est une Procuration dont on parlera cy-après; ce mot est peu en usage en François, il paroît consacré à l'expression des reserves de Cour de Rome, exercées sous le nom & le titre de Mandats Apostoliques.

MANDATS APOSTOLIQUES.

1. *De Mandatis Apostolicis, per Leobinum Dalerium. Aurelian.*

2. Des Mandats & préventions Apostoliques. Ordonnances de Fontanon, tome 4. tit. 15. pag. 484. & Joly, *des Offices de France*, tome 1. liv. 1. tit. 21. pag. 216. & aux *Additions*, p. CLXXVI. & suiv.

3. Mandats Apostoliques. Voyez hoc verbo, *la Biblioth. du Droit François*, par Bouchel, la *Biblioth. Canonique. sous le même titre des Mandats*, tome 2. M. Charles Du Moulin, sur la Regle *de Infirmis*, nomb. 250. & suiv. les *Memoires du Clergé*, tome 2. part. 2. pag. 215. 220. & suivans.

Formulaire de ces Mandats. *Ibidem.*

4. Les Mandats ont été abrogez par le Concile de Trente, sess. 24. chap. 19. la connoissance en est à present inutile, si ce n'est en ce qu'ils peuvent servir aux Indults du Parlement, qui se reglent en quelque chose suivant les Mandats.

4 bis. *De Mandatis Apostolicis, de clausulis mandatorum.* Voyez Rebuffe, 1. part. prat benef. & le même *Rebuffe, sur le Concordat*, où il explique la forme des Mandats Apostoliques.

5. *Forma Litterarum executorialium Mandati Apostolici.* Voyez les observations de Rebuffe, sur le Concordat, *hoc titulo.*

6. *Modicus defectus formæ mandati in regularibus non vitiat.* Voyez *Rebuffe*, sur le Concordat, au tit. *forma Litter. executor.* il explique aussi la forme du Mandat Apostolique pour les Reguliers.

7. *De formâ Mandatorum Apostolicorum, eorumque exhibitione & insinuatione faciendâ.* Voyez Pin̂çon, au titre *de Canonicis institutionum conditionibus. §. 6.*

8. *De mandati Apostolici gratiâ.* Voyez *Franc. Marc.* tom. 1. quest. 481.

9. *De Mandato de providendo.* Voyez *Idem*, tom. 2. quest. 117.

10. *Mandatum Apostolicum de providendo, an in dubio se extendat ad Beneficium in Ecclesiâ Cathedrali existens?* Ibid. tom. 1. quest. 525.

11. *Papa quando providet de Prebend. & reperiantur in multiplici differentia, de quâ providendum erit?* V. Ibid. quest. 1258.

12. *Papa cum mandat provideri de certâ Prebendâ, de illâ, non de aliâ providendum est.* Ibid. quest. 1259.

13. *Si clausula dummodo prioratus seu alia dignitas Conventualis vel Officium hujusmodi claustrale non existat in mandatis appellatis ad Regularia apposita vitiet ipsum mandatum, & si opus sit servare formam mandatorum in concordatis insertam & Registratam?* Arrêt que, *quod mandata pro Regularibus directâ cum clausulâ dummodo, ut sup. vitiat mandatum, & quod dicta forma in dictis concordatis contenta est servanda.* Voyez la *Biblioth. de Bouchel*, verbo, *Mandats.*

14. *Mandatarius summi Pontificis, nisi utrasque Litteras Pontificias exhibeat, nihil agit.* Il doit montrer ses deux Bulles, tant gracieuses que rigoureuses. *Tournet, let. M. Arrêt 3.*

15. *Mandatum Pontificium, his verbis, quod duxerit requirendum aut acceptandum,* non vitiari. Ibid. Arr. 4.

16. Mandats ne sont finis par la mort du Pape, *Ibidem, Arrêt 8.*

17. Si le Legat peut conferer au préjudice du Mandataire? *V. Ibid. Arr. 9.*

18. Mandataires Apostoliques tenus garder les qualitez du Benefice affecté. *Ibid. Arr. 10.*

19. Mandataire Apostolique n'est tenu accepter un Benefice litigieux. *Ibid. Arr. 12.*

20. Mandataire ne peut obtenir Benefice d'un autre, encore qu'il soit de même Regle. *Ibid. Arr. 13.*

21. Mandataire refusé par l'Ordinaire, dans quel temps se doit faire pourvoir par son Executeur? *Voyez Tournet, lettre I. Arrêt 21.*

22. Le 9. Mars 1508. il a été ordonné que dorésnavant la clause apposée aux Mandats, *quod duxerit requirendum aut acceptandum non vitiet mandatum,* mais seront reputez conditionnels, en telle façon que si les Ordinaires ou autres, ayant puissance de conferer, conferent à autres, avant la requisition ou acceptation faite par le Mandataire, telles conditions seront bonnes & valables. *Biblioth. de Bouchel,* verbo, *Mandats.*

23. Arrêt du Parlement de Paris du 7. Juillet 1525. qui condamne le Chapitre de Loudun à payer les distributions quotidiennes, avec les fruits pour les assistances, jusqu'à ce que le Mandataire de l'Evêque de Poitiers eût obtenu une Prébende. *Voyez Rebuffe,* sur le Concordat, tit. *de Mand. Apost. §. Declarantes.*

24. *In magno Consilio pronuntiatum fuit præsente Magno Franciæ Cancellario, & pluribus Magistris Libellorum, ac Consiliariis Magni Consilii in causâ Præbenda Agenen. pro Arnal. Gabrillagues,* dit du Gabre, *Mandatario, contrà Magistrum Ginestæ Canonicum Agenen, hoc anno* 1536. *in mense Januario, quod modicus defectus etiam in decisoriis, dum modo non fuerit necessarius non vitiat.* Rebuffe, sur le Concordat, tit, *forma mandat. Apost.* verbo, *ac volentes.*

25. Le Legat peut conferer au prejudice des Mandataires au Benefice resigné entre ses mains, sans fraude. Arrêt du Parlement de Paris en 1537. *die veneris ante Pentecosten.* Rebuffe, sur le Concordat, tit *de mandat. Apost. §. Declarantes.*

26. Declaration portant que tous les Mandats impetrez depuis le Concordat fait entre le Pape Leon X. & François I. Roy de France, confirmé par l'Edit du 13. May 1517. ou qui seront obtenus dans la suite, qui ne seront pas selon la forme inserée dans le Concordat, hors l'adresse qui se pourra faire à tous Collateurs, sans aucune autre augmentation, diminution, ou alteration substantielle, ou qui contiendront quelque clause insolite, ne seront reçûs ni approuvez, & qu'au contraire ils seront rejettez comme nuls, & qu'on n'y aura aucun égard, soit en Jugement ou autrement. A Paris le 29. Mars 1527. avant Pâques, registrée au Grand Conseil le 13. Juillet 1528. Ordonnances de Fontanon, tome 4. page 486.

27. Il a été arrêté le 14. Decembre 1541. que les Mandataires Apostoliques sont tenus d'insinuer aux Ordinaires ou leurs Vicaires, les Bulles gracieuses & rigoureuses; il ne suffit d'insinuer l'une d'icelles seulement, autrement l'insinuation est nulle, & les Collateurs ordinaires non reçûs à y obéïr. *Biblioth. de Bouchel,* verbo, *Mandats.*

28. Le Pape ne peut donner de Mandat particulier pour un Benefice; mais il faut qu'il soit general de tous Benefices vacans, & qu'il soit de la Collation du lieu où est adressé le Mandat. Ainsi jugé par Arrêt du Parlement de Paris sans date. *Papon,* liv. 2. tit. 6. n. 2.

29. Les Mandats du Pape expirent & finissent par la mort, nonobstant l'exhibition d'iceux, insinuation, & même fulmination de la Bulle; parce qu'il s'agit toûjours *non de gratiâ factâ, sed faciendâ;* tel est l'avis de

M. Charles Du Moulin; celuy de *Rebuff.* est contraire. V. la *Bibliot. Canon. to. 2, pag. 30. col. 2.*

30. Le Mandataire est tenu de faire requisition au Collateur ou Patron Ecclesiastique, dans le mois du Benefice vacant, s'il y a refus, il a recours aux executeurs du Mandat. Il a été jugé au Parlement de Paris que la Collation étoit bonne après les six mois. *Ibid. pag. 32. colonne 1.*

31. Un Mandat *pro religioso professo*, adressé à un Abbé, *ad primum Beneficium & adjectâ clausulâ, dummodo Claustrale non sit, nec Conventuale*, fut reputé nul, parce qu'il ne convenoit aux Concordats, même quant à cette clause, & aussi que *talis clausula notat ambitionem impetrantis, quoniam noluit Beneficium Claustrale, vel Conventuale*, quoyqu'on alleguât que cette clause n'étoit favorable au Pape, & sembloit être autant à la décharge de l'Ordinaire. *Ibid. pag. 35. col. 1.*

32. Ce qui reste du Concordat & du Concile de 1563. c'est que nous n'avons pas retenu tous les Mandats du Concordat; mais aussi ils n'ont pas tous été rejettés comme le Concile, on a seulement retenu quatre Mandats. Le 1. est l'Indult, le 2. les Graduez, le 3. le Joyeux avenement du Roy à la Couronne, le 4. le serment de fidelité de chaque Evêque; & encore le Joyeux avenement & serment de fidelité ne sont reçus qu'au Grand Conseil, & ne sont point autorisez au Parlement. *Ibidem, page 36.*

33. Les Reserves ont beaucoup de rapport avec les Mandats; par le moyen des Reserves le Pape s'attribuoit le droit de certains Benefices, pour les conferer quand ils vaqueroient; & cette reserve étoit generale ou particuliere, sur toutes les Dignitez ou sur quelque Benefice d'une Eglise : tout cela approche fort de la nature des Mandats; mais il y a cette difference, que les Mandats donnent droit, au lieu que les reserves n'en donnent aucun; quoyque, dit *Duarain*, la personne en faveur de qui est la reserve fût nommée; de sorte qu'arrivant la vacance du Benefice, le Pape peut conferer à qui il luy plaît. *Biblioth. Canon. ibid. p. 39.*

34. Si le Rescrit étoit conçû en termes generaux, sans qu'il portât aucune clause irritante, la Provision faite à un autre au préjudice du Mandat, seroit bonne & valable; mais l'Ordinaire seroit obligé de donner au Mandataire de sa Sainteté autant que pourroient valoir les fruits du Benefice qu'il eût dû conferer, pour en joüir jusques à ce qu'il l'eût pourvû d'un autre; mais si dans le Mandat il y avoit clause rescindante, tout ce qui seroit fait par l'Ordinaire au préjudice du Mandataire, seroit nul. Ainsi jugé par plusieurs Arrêts du Grand Conseil, citez par *Brodeau sur M. Loüet, lett. P. sommaire 43.*

36. Les Collateurs ne peuvent être grevez par des Mandats qu'en deux manieres; la premiere est lors qu'ils ont dix Benefices à leur Collation, la seconde est, qu'ils ne peuvent être chargez de deux Mandats, que lors qu'ils en ont cinquante, ils ne sont sujets à ces sortes de charges qu'une fois en leur vie. *Définitions Canoniques, page 443.*

37. Le Pape Leon X. avoit accordé à un certain Monastere qu'il ne pourroit être chargé de Mandats dans la Collation des Benefices Reguliers; l'on a demandé si au moyen de cette grace, ce Monastere ayant 50. Benefices à sa Collation (en y comprenant les Benefices Reguliers) pouvoit être chargé de deux Mandats pour deux Benefices Seculiers, & si les Benefices Reguliers, quoyque les Mandats ne puissent pas s'étendre sur eux, pouvoient neanmoins faire nombre pour rendre deux Benefices Seculiers sujets aux Mandats ? On répond que les Benefices Reguliers ne sont point de nombre, autrement la grace du Pape seroit presque inutile & illusoire; de plus c'est que les Benefices qui sont exempts des Mandats, & qui n'y sont pas sujets, ne peuvent faire de nombre toutefois & quantes qu'il s'agit de Mandats : *exempta enim à vinculo exempta sunt à numero.* Du Moulin, *de infirmis, n. 211.*

38. Les Mandataires ne sont pas obligez de suivre la forme qui leur est prescrite par leurs Bulles executoriales, parce que ces formalitez & cet Executeur ont été établis pour l'avantage propre des Mandataires, ils s'en peuvent donc départir quand ils le veulent, & qu'ils le jugent à propos; & consequemment si le Patron & le Collateur ordinaire leur refusent leur Collation ou leur presentation, ils ont la liberté ou de se pourvoir pardevant leurs Executeurs, & leur demander la Collation des Benefices, qu'on leur a refusée, ou bien d'attendre que l'Ordinaire change d'avis, & qu'il leur fasse justice : ils peuvent même si l'obstination ou le déni de l'Ordinaire dure tant, attendre la fin des six mois de ce Collateur, & avoir recours au Superieur, auquel la Collation de ce Benefice appartient par droit de dévolution, & ils luy peuvent & doivent faire leur requisition en consequence & en vertu de leur Mandat. *Du Moulin*, sur la Regle *de infirmis*, n. 220.

39. Un Mandataire ayant insinué son Mandat, & rempli les solemnitez ordinaires, ne demande & ne requiert point du Patron sur lequel il a mis son Mandat, un Benefice qui a vaqué dans le mois après son insinuation, mais il va droit à l'Evêque, auquel l'institution du Benefice appartenoit, & il obtient Provision, sans dire que c'est en vertu de son Mandat, ni même en faire mention ; on a demandé si sa Provision ainsi obtenuë étoit bonne ? Ce qui formoit la difficulté, étoit que ce Mandataire n'avoit pas observé la forme substantielle, essentielle & dispositive de son Mandat, qui étoit son titre. Du Moulin, *ibid. n. 211.* dit que la Provision est bonne, & doit subsister pour deux raisons.

La premiere est que le Mandataire pouvoit encore satisfaire aux formes prescrites par son Mandat, rien ne l'empêchoit, quoyqu'il eût déja pris une Provision de l'Evêque ordinaire, d'aller trouver le Patron dans les six mois, & de prendre sa presentation ou du moins le refus qu'il feroit de la luy donner, ce qui vaudroit presentation, ou enfin le consentement qu'il luy donneroit pour sa Provision, & se faire de nouveau pourvoir par l'Evêque : mais si le Mandataire laisse écouler ses six mois sans requerir la presentation du Patron, en ce cas il pourra être évincé du droit qu'il pouvoit prétendre à ce Benefice en vertu de sa Provision, par la presentation du Patron, même survenante après les six mois du Mandataire, expirez, ou bien par des Pourvûs par le Pape, ou par le Legat, desquels il aura été prévenu.

La seconde raison est que si le Patron ne presente point dans les six mois, & si le Pape ni le Legat ne préviennent pas, le Mandataire demeurera le veritable Titulaire du Benefice; mais le Mandat est consommé & rempli, & le Patron par ce moyen est délivré d'une presentation, comme aussi il en seroit délivré si le Mandataire par le défaut qu'il avoit obmis, de ne se pas servir de son Mandat, avoit perdu son Benefice, & que d'autres l'eussent emporté à son préjudice : car il se peut imputer à luy seul sa faute & sa negligence : de même s'il n'avoit point requis ou accepté un Benefice qui luy étoit dû, il est encore déchû de son Mandat, lequel demeure éteint ; c'est la disposition du Chapitre, *si Clericus de Prebend. in 6.*

40. Si plusieurs Benefices étant vacans en même temps, les Mandataires ont le choix ? Il semble par la raison opposée à celle des Indults, qu'ils devroient l'avoir, d'autant que ces Mandats sont expediez *motu proprio*, ainsi suivant la disposition du Chapitre *si pluribus de Prebend. in 6°.* ils devroient avoir la liberté de prendre des meilleurs de ces Benefices vacans. *Du Moulin* dit que cette opinion est suivie communément ; neanmoins il rapporte plusieurs raisons qui la détruisent ; la preuve est que non seulement par la disposition du Pape, & par l'article 1. de l'Ordonnance de Loüis XII. de l'année 1512. mais aussi par plusieurs Arrêts du Parlement ; enfin, par le Concordat même, les Mandats sont formez, donnez & limitez,

suivant le Chapitre *Mandatum*, & les deux Chapitres ou Decretales suivantes, *ext. de rescriptis*. La seconde est que quand le Chapitre *si pluribus* parle du *motu proprio* du Pape, il se doit entendre d'un mouvement & d'une volonté propre & naturelle au Pape, laquelle n'ait point été prévenue de quelque priere ou demande. *V. Du Moulin*. sur la Regle *de Infirmis*, n. 250.

41 Le Collateur ordinaire qui confere un Benefice de peu de valeur au Mandataire, non pas comme à un Mandataire, car en ce cas, il n'y a pas de doute qu'il en est déchargé, mais purement & simplement; il est constamment vray que ce Collateur est liberé du Mandat, quoique le Mandataire l'eût refusé: car par là il est privé pour toûjours de son Mandat, si ce n'est qu'il requît aprés ce Benefice dans l'espace de six mois, qu'il a pour faire sa requisition, & qu'il s'en sît pourvoir, & on ne luy pourra pas refuser cette Collation, sous pretexte qu'il a refusé la Provision liberale & gracieuse qu'on luy vouloit donner. *Voyez Du Moulin, ibidem, nombre* 254.

42 Si un Collateur ordinaire luy-même, & non pas par son Grand Vicaire, répond & déclare précisément au Mandataire qui luy fait la requisition d'un Benefice vacant, qu'il ne peut pas satisfaire au Mandat pour cette fois; mais qu'il veut donner & disposer du Benefice vacant en faveur d'un autre, sans que neanmoins cela puisse préjudicier & donner aucune atteinte à son Mandat pour les Benefices qui viendront à vaquer dans la suite, & que le Mandataire ait consenti à cette proposition, & qu'il l'ait acceptée avec cette protestation, que cela ne pourra luy nuire à l'avenir; neanmoins le Mandataire est réputé rempli, & doit prendre ce Benefice: car dés le moment qu'un Benefice est dû & affecté à un Mandataire, il faut qu'il luy soit conferé, & il n'est pas au pouvoir du Mandataire & du Collateur ordinaire de faire en sorte que le Mandat ait son effet, & soit rempli par la Collation d'un autre Benefice; parce que les Mandats sont de Droit écrit; de plus ce seroit proroger & étendre le droit qu'on peut avoir pour les Benefices qui vaqueront, ce qui est reprouvé comme une chose illicite. *Du Moulin, ibid.* n. 255.

43 A l'égard des Benefices qui vaquent avant ou aprés l'insinuation, mais dans le mois, le Collateur ne peut obliger les Mandataires de les accepter, ni les Mandataires les accepter; & même l'on a passé bien plus avant; car quand le Collateur ordinaire auroit conferé quelqu'un de ces Benefices au Mandataire, cela ne rempliroit pas le Mandat, lequel demeureroit encore en son entier, parce que les Mandats accordez par le Concordat ne sont pas *in formâ pauperum*, lesquels s'éteignent si-tôt que ce Mandataire a eu un Benefice, de quelque part qu'il luy vienne; ainsi qu'il est dit par le Chapitre *si pauper de Præbend. in 6. Du Moulin, de Infirmis*, n. 256.

44 Il y a un cas auquel le Mandataire ayant obtenu un Benefice par une autre voye que par son Mandat, ne laisse pas d'être déchû de son Mandat: car si aprés avoir obtenu du Pape son Mandat, il est pourvû d'un Benefice, lequel de sa nature ne se puisse posseder avec un autre, s'il prend possession de ce Benefice, & qu'il en demeure paisible possesseur, ou du moins qu'il ne tienne & n'ait tenu qu'à luy qu'il ne soit entré dans la paisible possession de ce Benefice, dés ce moment son Mandat est éteint & annullé *irreparabiliter* pour toûjours. *Ibid. nombre* 257.

45 Si le Mandat de celuy qui a impetré depuis son Mandat un Benefice non incompatible, est éteint ou conservé? *Du Moulin* répond, si le premier Benefice qui viendra à vaquer, sujet au Mandat, est incompatible avec le Benefice que le Mandataire avoit obtenu auparavant, le Mandat est éteint, parce qu'il ne pourroit avoir lieu & force que pour le premier Benefice qui vaqueroit; & il est si bien éteint, qu'il ne peut plus subsister ni servir au Mandataire, quand ensuite il viendroit à vaquer un autre Benefice, compatible avec le premier, que le Mandataire possedoit: mais aussi si le Benefice qui vaquera le premier, est un Benefice compatible avec le premier, il est dû legitimement au Mandataire, lequel n'est point encore rempli du chef de son Mandat. *Ibid. nomb.* 258.

46 La difference des deux clauses *motu proprio & pro expressis habentes*, lesquelles ont coûtume de se mettre ensemble, d'avec la dispense pour retenir les deux Benefices incompatibles est grande; d'autant que ces deux premieres clauses ôtent veritablement la subreption qui pourroit être dans le mandat & le rendre nul, si l'on n'avoit pas exprimé le Benefice que le Mandataire possedoit; mais elles ne luy donnent pas le pouvoir de retenir ces deux Benefices incompatibles ensemble; il faudroit que dans le Mandat il y eût une dispense expresse pour cela ou que d'ailleurs il fût valablement dispensé pour tenir deux Benefices incompatibles. *Du Moulin, de infirmis*, nomb. 259.

47 Le Pape ne peut pas s'exempter de l'observation des formalitez prescrites par le Concordat, cette maxime doit être rigoureusement observée, lorsqu'en obmettant ces formalitez il greveroit & chargeroit davantage les Collateurs ordinaires, qu'il choqueroit la liberté de l'Eglise Gallicane ou blesseroit la disposition des anciens Canons, au prejudice desquels il ne peut pas se départir des formalitez requises dans les Mandats: mais quand il ne s'agit que du pur interêt des Mandataires, on ne doit pas douter que le Pape ne puisse se départir des formalitez requises par les Concordats, au préjudice de ces Mandataires seulement. Sur cette proposition, il y a eu un Arrêt celebre le 13. Mars 1536. Un Moine obtient un Mandat du Pape adressant à un Ordinaire pour être pourvû du premier Benefice regulier qui viendroit à vaquer; mais dans son Mandat on avoit inseré cette clause extraordinaire, & qui n'est pas dans les termes du Concordat, *pourvû que le Benefice regulier, soit Prieuré, soit Dignité qu'on conferera au Mandataire ne soit pas conventuel, ou conventuelle, ni un Office claustral*. Il étoit aussi vray dans le fait, que le Collateur ordinaire, auquel ce Mandat étoit adressant avoit à sa Collation plus de dix Benefices de cette qualité; le Benefice de S. Clement, qui est un Prieuré Cure étant venu à vaquer, ce Mandataire l'impetra, & luy ayant été contesté par une autre personne il gagna sa cause pardevant le Bailly d'Orleans; mais sur l'appel au Parlement il la perdit sur le fondement que son Mandat étoit nul & abusif, comme contraire à la forme prescrite par le Concordat, & contenant une clause extraordinaire qui grevoit & préjudicioit au Collateur ordinaire. Ce n'est pas qu'auparavant ce Concordat la cause de ce Mandataire n'eût été trés-bonne & indubitable. *Voyez Du Moulin, de infirmis*, nomb. 260.

48 Ce qui a été dit que les Collateurs ordinaires se peuvent délivrer des Mandats par la collation de quelques Benefices que ce soient, pourvû qu'ils soient de 200. livres de revenu ne se doit pas entendre pour donner la faculté au Collateur de faire accepter & prendre un Benefice seculier à un Regulier, ou un Benefice regulier à un seculier, quand même ils seroient legitimement dispensez pour posseder toutes sortes de Benefices, tant seculiers que reguliers, d'autant que comme à l'égard des Graduez, tant simples que nommez les Collateurs ordinaires ne sont obligez de leur conferer les Benefices vacans dans leurs mois, que suivant leur condition & comme dit le Concordat *secundum condecentiam status*, c'est-à-dire, les Benefices seculiers aux Seculiers, & quelque dispense qu'eût un Gradué seculier, il ne pourroit pas impetrer un Benefice regulier en vertu de ses grades; mais si le Collateur ordinaire execute effectivement ce Mandat & confere un Benefice regulier à un Seculier dispensé pour tenir & posseder un Benefice regulier, on demande si la collation est bonne & valable? *Du Moulin, de infirmis*, nomb. 261. distingue, ou le Collateur a conferé ce Benefice regulier, attendu sa dispense: mais s'il l'a conferé en vertu

du Mandat, cette collation ne pourra pas subsister, & le Benefice se pourra impetrer tout de nouveau comme vacant, *& ita ante 37. annos semper responderi vidi per primarios in hoc Senatu consultissimos patronos.*

49 Si un Religieux de l'Ordre de saint Benoît (mais de la Congregation de Cluny) avoit obtenu un Mandat pour posseder & impetrer un Benefice dépendant du Monastere de Marmoûtier, qui est d'une autre Congregation, ce Mandat seroit nul & abusif, quoyque le Pape y eût apposé la clause pour transferer ce Religieux, d'autant que cela est contre l'Ordonnance de 1512. art. 6. & contre la disposition pieuse du Concordat, *quia est diversus ordo*, cela a été ainsi jugé au Parlement de Paris contre un Mandataire, il perdit l'Abbaye de saint Marc située dans le Diocése de Soissons, laquelle fut ajugée à un nommé *Olivier* Religieux *qui fuit Episcopus Andensis*. Du Moulin, *de infirmis nomb. 262.*

50 Les Mandats du Pape se doivent entendre, en telle sorte que *regularia regularibus, secularia secularibus conferantur*, nonobstant toute Dispense, autrement il y auroit abus, & l'Ordinaire ne seroit tenu d'y obéir : car le Mandataire doit être habile *jure communi*, tellement qu'un Moine de Cluny ne pourroit se servir d'un Mandat pour un Benefice de Marmoûtier, encore qu'ils soient de même Regle, c'est un Ordre divers. Ainsi contre un Mandataire l'Abbaye de saint Mard ou Medard de Soissons fut ajugée à *Olivier* Regulier, qui depuis fut Evêque d'Angers, comme a remarqué *Du Moulin* sur la regle *de infirmis res. nomb. 262.* Voyez Bibliotheque Canon. tome 2. page 32. colon. 2.

51 Comme les Mandats sont des graces, & que dans les Bulles gratieuses *non fit mentio de rigorosis*, afin de lier les mains à l'Ordinaire, & de faire que les Provisions qu'il pourroit donner contre le Mandat, fussent nulles, il faut presenter & insinuer à ce Collateur toutes les Bulles, tant celles du Mandat, que les executoriales, comme il a été jugé au Parl. de Paris par un premier Arrêt sans date, par lequel on confirma la collation donnée par l'Evêque contre la Provision du Mandataire, lequel à la verité justifioit bien qu'il avoit insinué & signifié les Bulles du Mandat, mais il ne pouvoit montrer qu'il eût signifié les Bulles executoriales, & par un second Arrêt rendu solemnellement au même Parlement de Paris le 23. Decembre 1541. Du Moulin, *de infirmis*, nomb. 263.

52 *In Mandatis ad ligandas manus Ordinarii necesse est ei præsentari & exhiberi utrasque Bullas. Et ita per arrestum hujus Senatus vidi judicari pro collatione Ordinarii contra mandatarium, qui non docebat se insinuavisse Bullas executoriales, quamvis constaret eum exhibuisse Bullas mandati.* Ibid. nomb. 264. & la *Bibliot. Canon.* tome I. page 731.

53 Les Mandats expirent & s'éteignent par la mort des Papes qui les ont donnez, quoyqu'ils ayent été signifiez, exhibez & insinuez aux Collateurs ausquels ils s'addressent, & que même l'Executeur ait fulminé les Bulles executoriales, parce que le Mandat regarde toûjours une grace à faire, & non pas faite, en sorte que la mort de celuy qui l'a donné arrivant, expire le Mandat. Voyez Du Moulin, *de infirmis*, nomb. 266. il cite l'autorité du Glossateur de la Pragmatique Sanction sur le mot *Mandatum. §. item voluit de Collat.* dans lequel il est dit que le Mandat expire par la mort de celuy qui l'a donné, si ce n'est que le Mandat ait eu quelque execution ; par exemple, si celuy auquel on ordonne de conferer une Prébende, a été pourvû d'un Canonicat *ad effectum* ; & *Probus* dans son addition sur cet endroit, dit que dés le moment que le Mandat a été signifié au Collateur, les choses ne sont plus dans leur entier, & qu'il n'expire plus par la mort du Pape qui l'a donné ; ainsi cette question n'est pas des mieux prouvées par *Du Moulin*, & il dit que *Rebuffe* étoit d'avis contraire.

54 Un Mandataire nommé sur l'Eglise de Mâcon, insinüé & signifie son Mandat, passe Procuration, le nom en blanc pour requerir un Benefice qui vacqueroit ; il la laisse chez le Notaire ; un mois aprés l'insinuation, dans un mois de Graduez, & pendant son absence un Beneficier meurt : par cette mort trois Benefices vacquent, sçavoir une Chanoinie, une Prébende, & une Chapelle. Le Gradué nommé requiert de l'Ordinaire la Prébende qui luy est conferée, la Chapelle fut donnée au Mandataire & acceptée par le Procureur. Le Mandataire de retour fait une nouvelle requisition & demande que la Prébende luy soit conferée. Sur le refus fait par l'Ordinaire, attendu qu'il s'étoit conferée au Gradué, il se pourvoit devers l'Official de Mâcon son Executeur : complainte entre les deux Pourvûs. Le Gradué en premiere instance obtient la récréance ; le Mandataire appelle ; les avis étoient qu'il falloit confirmer la Sentence, & maintenir le Gradué nommé en la possession de cette Prébende, parce que sa nomination étoit premiere en date ; & de plus au terme de la Pragmatique Sanction, il étoit plus favorable & devoit être préferé au Mandataire, neanmoins Du Moulin, dit que le Mandataire étoit bien fondé à demander cette Prébende, que la Sentence devoit être infirmée, & les raisons qui determinoient *Du Moulin*, étoient que la minute de la Procuration n'avoit pas été remplie du nom des Procurents, il y avoit toute apparence qu'on l'avoit remplie de personnes plus attachées aux interets du Gradué, puisque deux Benefices ayant vacqué, ils avoient opté pour le Mandataire, le moins considerable ; de plus la Procuration ne portoit point pouvoir de choisir, que supposé que le cas eût été prévû, il falloit opter le meilleur, qu'enfin il n'y avoit qu'un des deux pourvûs qui eût choisi, sans que la Procuration portât aucune solidité. L'objection du Gradué étoit qu'au temps que le Mandataire s'étoit fait pourvoir par l'Official de l'Evêque de Mâcon, l'Evêque étoit mort. L'on répondoit 1°. que le Chapitre avoit souffert que l'Official eût exercé sa charge publiquement. 2°. le Mandat estant addressant à l'Official de Mâcon nommé pour Executeur & non *à Titius* ni *à Mœvius* Official de Mâcon, cela regardoit particulierement la Dignité qui ne meurt point. *Voyez Du Moulin*, sur la regle *de infirmis*, nomb. 267. *& suiv.*

55 *Du Moulin*, sur la même Regle *de infirmis*, n. 432. *& suiv.* propose cette espece. Un Religieux profez de l'Abbaye de Bonnevert Ordre de Saint Benoît, Diocése de Chartres, obtint un Mandat sur l'Abbaye de saint Crespin du même Ordre de Saint Benoît ; mais il ne dit pas qu'il étoit Moine d'une autre Abbaye que celle sur laquelle il avoit obtenu le Mandat. Le Pourvû par l'Ordinaire objectoit, 1°. Qu'il n'avoit pas exprimé qu'il étoit Profez d'une autre Abbaye. 2°. Que l'Abbé n'avoit que quatre Benefices Reguliers à sa Collation ; mais cette seconde objection n'étoit pas bonne ; car il en avoit vingt Seculiers, & suivant le Concordat, le Mandat devoit valoir ; à l'égard de la premiere objection, elle touchoit si fort *Du Moulin*, qui dit que le Mandat *tacitò fuit ab initio nullum & subreptitium*, il ajoûte *etiamsi dictus Abbas sponte contulerit.*

56 Quoyqu'on tolere que le Legat puisse déroger à la regle des 20. jours, il ne le peut pas au préjudice d'un Mandataire, parce que de la même maniere que le Legat ne peut pas prévenir le Mandataire ni rien faire qui luy soit desavantageux, non pas même par la voye de la prévention, par la même raison, & de la même maniere, il ne peut pas déroger à la regle des 20. jours, en tant que sa dérogation tourneroit au préjudice & au dommage du même Mandataire. Ibid. nomb. 445.

57 La Dispense ne vaudroit rien si étant d'un autre Pape elle n'étoit renouvellée dans le Mandat, d'autant que le nouveau Pape porte tant de haine aux Dispenses accordées aux Religieux par son Prédecesseur, qu'il refuse de les faire expedier & délivrer aprés sa mort en la maniere qu'on nomme dans le stile de Cour de Rome *forma rationi congruit.* Mais si ce Mandataire dans son

Mandat avoit exprimé, qu'il étoit Religieux d'un autre Monastere que de celuy auquel le Mandat étoit adreſſant, mais qu'il avoit été diſpenſé par Paul III. de poſſeder deux Benefices de quelques Ordres, qu'ils fuſſent, Paul IV. eût plus difficilement accordé avec le Mandat cette nouvelle grace, que de luy avoir délivré à part les Bulles *in formâ rationi congruit*, ſur la ſignature qui portoit cette Diſpenſe ; auſſi l'on voit qu'en cela le Mandataire ne ſe peut pas ſervir & prévaloir de la clauſe *motu proprio*, miſe dans ſon Mandat, & s'en ſervir contre l'intention de celuy qui la lui a accordée *Ibidem*, *nomb.* 439.

58 Une dérogation de cette nature eſt une Diſpenſe, laquelle par conſequent ſe doit reſtraindre à la Collation, dans laquelle elle eſt appoſée, & au profit du ſeul Collataire, auquel elle eſt accordée, & ne peut être étenduë pour avoir lieu à l'égard d'autres perſonnes ni d'autres Proviſions. *Ibid. nomb.* 448.

MANDAT, PROCURATION.

59 Des Mandemens. *Voyez cy-aprés*, verbo, *Procuration.*

Arrêt du Parlement de Provence du 13. Juin 1658. qui a jugé que celuy qui a volontairement commencé une exaction de ſommes ou recouvrement ſur pluſieurs Debiteurs doit l'achever, parce que celuy qui fait action d'ami ne laiſſe pas d'être tenu *actione mandati*, la choſe n'étant plus entiere. *Boniface*, tome 2. livre 4. titre 12.

60 Arrêt du dernier Juin 1668. qui a jugé que des Lettres de recommandation avoient produit l'action de mandat entre Marchands, & que celui qui les avoit donnez étoit reſponſable de la perſonne de celui en faveur de qui elles étoient. *Boniface*, tome 4. liv. 8. tit. 6. ch. 1.

MANOIR.

1 DU Manoir appartenant à l'aîné. *Voyez* le mot, Aîneſſe, *nomb.* 71.

2 Par Arrêt du Parlement de Roüen, rapporté par *Berault*, *ſur la Coûtume de Normandie*, art. 356. in verbo, anciennement appellé, il a été jugé le 20. Juin 1614. que des maiſons tenuës par un pere avec le manoir principal, quoyque ſeparées de rivieres ne font toutefois diverſitez de manoirs, mais que le pere en doit joüir.

MANSE DE RELIGIEUX.

1 LEs Religieux ne peuvent rien aliener ſans le conſentement de leur Abbé, quoique les Manſes ſoient diſtinctes, parce que la ſeparation des manſes ne change pas l'état de la choſe ni la communauté de biens, & n'ôte pas à l'Abbé le gouvernement general. De même l'Abbé ne peut aliener ſans le conſentement des Religieux. *Chopin*, *Monaſticon*. liv. 1. tit. 2. nomb. 16. en rapporte deux Arrêts. *V.* la *Bibliotheque Canon. tome* 1. *page* 13.

2 Par Arrêt du 14. Avril 1562. il fut dit que la manſe des Religieux de ſaint Pierre en Vallée prés Chartres ſeroit baillée à ferme à un notable Marchand, & les deniers dépenſez par l'avis de l'un des Religieux, dont les parties conviendroient, & du Subſtitut de M. le Procureur General, & qu'au Fermier ſeroit baillée une clef du treſor, aux Religieux une autre, & au Prieur Clauſtral une autre. *Bibliotheque de Bouchel*, verbo, *Manſe*.

3 La ſeparation de la manſe n'ôte pas à l'Abbé l'autorité naturelle qu'il a ſur ſes Religieux ; les alienations ne peuvent être faites ſans le conſentement reciproque des uns & des autres. Arrêt du Parlement de Paris du 5. Février 1598. qui reçoit l'appel comme d'abus interjetté par M. le Cardinal de Gondy Abbé de Saint Jean aux Vignes de Soiſſons, de la permiſſion que l'Evêque leur avoit donnée d'aliener. De même les Religieux de Saint Pierre en Vallée Diocéſe de Chartres firent caſſer par Arrêt du 28. Février 1584. une alienation faite par leur Abbé de ce qui étoit de ſa manſe particuliere. Par

autre Arrêt du 12. Decembre 1599. au profit des Religieux de la Trinité de Vandôme, fut caſſé un Bail fait par l'Abbé & priſe à rente de la Châtellenie de Coulomiers, bien que ſeparée des fonds ſpecialement affectez aux Officiers Clauſtraux, & aſſignée à la manſe Clauſtrale. *Voyez ibidem*, & *Carondas*, livre 13. *Réponſe* 2.

4 Il y a eu Reglement qui diviſe le revenu des Abbayes en trois lots ; le premier pour les Religieux à leur choix ; le ſecond pour l'Abbé ; le troiſiéme pour les réparations des lieux reguliers, métairies & autres lieux dépendans ; & ce qui reſtera dudit lot employé aux réparations de l'Egliſe, Chapelles, Sacriſtie, Dortoir, Cloître, Refectoir, Infirmerie, &c. Jugé le 7. May 1650. Du Freſne, liv. 6. chap. 7.

MANUFACTURES.

1 LEs marques appoſées par Edit du Roy aux pieces de Draperies ſont neceſſaires & utiles au public pour corriger les abus qui ſe commettent en la Manufacture des étoffes de laines. *V.* la 9. Concluſion du ſieur de Roquayrols Procureur General en la Chambre de l'Edit de Caſtres.

2 Reglement touchant l'art de Manufacture de draps d'or, d'argent, & de ſoye, qui ſe feront en la ville de Lyon, & fauxbourgs d'icelle, & en tout le pays Lyonnois. *Ordonnances de Fontanon*, tome 1. liv. 5. tit. 23. p. 1042.

3 Reglemens & Statuts generaux pour les longueurs, largeurs, & qualitez des draps, ſerges, & autres étoffes de laine & de fil, & pour la Juriſdiction des Manufactures. Paris 1670. in 12.

Voyez cy-aprés, verbo, *Marchandiſes*.

MANUSCRITS.

Manuſcrits du pere doivent être ajugez au fils aîné, & non la Bibliotheque, ce qui fut ainſi jugé en la cauſe de *Corbin* Avocat, contre ſes beauxfreres, le Vendredy 14. May 1660. à la Grand'-Chambre. *Jovet*, verbo, *Manuſcrit*, dit l'avoir oüi prononcer par M. de Lamoignon Premier Préſident.

MAQUEREAU.

LEno, celuy qui favoriſe la débauche & fait un commerce de la proſtitution des femmes. *De ſpectaculis, & ſcenicis, & lenonibus. C.* 11. 40... *C. Th.* 15. 8.

De lenonibus. N. 14. Peines contre les Maquereaux ; & contre ceux & celles qui tiennent ou qui ſouffrent chez eux des lieux de débauche.

Voyez le mot, Adultere, & particulierement les *nombres* 27. 28. 36. & 63. & les mots, Concubine, Fornication, Luxure.

MARAIS.

DE alluvionibus, & paludibus, & paſcuis ad alium ſtatum tranſlatis. C. 7. 41. Des Marais deſſechez, ou autres rendus fertiles.

1 Recüeil des Edits, Declarations, Arrêts & Reglemens concernans les deſſechemens des marais, imprimé à Paris chez *Frederic Leonard*, en 1666. cette nature de biens alors nouvelle donna lieu à une infinité de procez. Comme ils ſont terminez & que les queſtions ne s'en preſentent plus, il n'a pas paru neceſſaire de compiler ces Edits & Arrêts, mais ſuffiſant d'indiquer ce Recüeil.

2 Marais communs. *Voyez Filleau*, 2. partie titre 8. chapitre 15.

3 De l'achat du ſel ſur les marais pour le fourniſſement des Greniers. *Voyez l'Ordonnance des Aydes & Gabelles au mois de May* 1680. tit. 1.

MARCHAND.

Marchand. Marchandiſe. *Mercator. Merx.* Quelles choſes ſont compriſes ſous le nom de marchandiſes. *L.* 66. *L.* 207. *D. de verb. ſign.*

De

MAR

De Commerciis & Mercatoribus. C. 4. 63.
Qua res venire non possunt, & qui vendere vel emere vetantur. C. 4. 40. Des marchandises défenduës.
Qua res exportari non debeant. C. 4. 41. Des marchandises qui ne doivent pas être transportées hors de l'Etat.
De littorum & itinerum custodia. C. 12. 45... C. Th. 7. 16. Pour empêcher la sortie de certaines marchandises.
De pœnâ illorum qui res vetitas ad hostes transvehunt, Leon. N. 63.
De Monopoliis, & conventu negotiatorum. .. Voyez *Monopole.*
De publicanis & vectigalibus, & commissis. D. 39. 4... C. 4. 61. Des marchandises de contrebande, & en contravention. *Voyez* Contravention.
Des marchandises perduës dans un naufrage. *Voyez* Naufrage.
Voyez Commerce.

1. De la nature & de l'usage du Commerce, des devoirs de ceux qui l'exercent. *Voyez le* 4. *tome des Loix Civiles, liv.* 1. *tit.* 12.
2. *De Mercaturâ.* Per Beneventum Stracham, & per Nicolaum Italum *de Aquâ pendente.*
3. *De contractibus mercatorum.* Per Joan. Nider.
4. Des Maîtres de la Marchandise de Grosserie, Mercerie, & Joüallerie de la Ville de Paris. *Ordonnances de Fontanon, tome* 1. *liv.* 5 *tit.* 24. *pag.* 1052.
5. Du droit de resne, passage, & imposition foraine. *Ibidem, tome* 2. *liv.* 2. *tit.* 14. *p.* 447.
6. Des privileges octroyez aux Marchands des Villes d'Ausbourg, Nuremberg, Ulme, Strasbourg, & autres Villes Imperiales. *Ibidem, tome* 2. *liv.* 3. *titre* 55. *page* 1193.
7. Des Marchands & marchandises, & des personnes esquelles est prohibé en faire trafic & tenir ferme. *Ibid. liv.* 5. *tit.* 21. *pag.* 1024.
8. *Pecuniarum trajectiones & permutationes quibus mercatores & trapesitæ utuntur licitæ sunt.* Voyez *Franc. Marc, tome* 1. *quest.* 889.
9. Prohibition à tous les Officiers de negocier. *Voyez La Rochestavain, des Parlemens de France, liv.* 8. *ch.* 26. & le 4. *tome des Loix Civiles, liv.* 1. *tit.* 7. *sect.* 4.
10. Défenses de porter des étoffes d'or & d'argent. *M. Dolive, Actions Forenses, premiere part. actions* 2. 5. 7. & 10.
11. *De Clerico mercatore.* Voyez *Pinson au titre de vitâ & honestate Clericorum.* §. 1.
12. Des Apprentifs Negocians & Marchands, tant en gros qu'en détail. *Voyez l'Odonnance de* 1673. *tit.* 1.
13. On a demandé si un Marchand vendant sa marchandise à crédit peut du prix faire un Contract de constitution? Les Arrêts ont distingué, si les marchandises ont été venduës en temps differens, & à prix raisonnable, il le peut ; *secus*, le Contract est reputé usuraire, si la rente est constituée sur le champ & à l'instant de la vente. Arrêt du Parl. de Paris du 2. May 1513. Autre Arrêt du 17. Juillet 1520. qui a déclaré un Contract usuraire, parce que la rente étoit constituée, partie pour vente de marchandises, l'autre partie en deniers. Le Contract est valable, s'il est fait *ex intervallo ad pias causas & inter alias personas.* Arrêts des 27. Février 1564. & 5. Août 1576. Papon, *liv.* 12. *tit.* 7. *nomb.* 8.
14. Arrêt du 1. Juillet 1540. pour les Marchands frequentans la riviere de Loire & autres Fleuves descendans en icelle, par lequel il est ordonné que l'assemblée accoûtumée être tenuë de trois ans en trois ans en la ville d'Orleans par lesdits Marchands, sera permanente & se continuëra en ladite Ville, & que les Deléguez que les Villes ont accoûtumé d'envoyer se seront perpetuels, ains triennaux & revocables. *Voyez le Recüeil des Arrêts concernans les Marchands frequentans la Loire.*
15. Arrêt du Parlement de Toulouse du 25. Janvier 1541. qui fait défenses à tous Marchands & autres personnes

Tome II.

MAR 665

de quelque qualité & condition qu'ils soient, de falsifier ni corrompre les marchandises, comme saffran, pastel, laines, draps, huiles & autres quelconques, en quelque maniere que ce soit, sur peine de confiscation de biens & autres que de droit, & enjoint à tous Juges du ressort d'informer contre ceux qui contreviendront, à peine de suspension de leurs états ; & ordonné qu'il sera publié. *Voyez La Rochestavain, lettre* M. *titre* 2. Arrêt 1.

16. Arrêt du même Parlement de Toulouse du 18. Avril 1551. portant défenses à tous Marchands du ressort de Toulouse de ne faire Contracts de vente de quantité de marchandises, à personnes qui ne soient de l'exercice & état de Marchands sur peine de bannissement, confiscation de la marchandise, & autre arbitraire, parce que des gens ayant necessité empruntoient de la marchandise à prix excessif, & la revendoient à vil prix. *Ibidem, liv.* 1. *tit.* 3. *art.* 4.

17. Un nommé Froger Marchand demeurant à Angers, avant les troubles avoit vendu & livré une grande quantité d'ardoise à un Marchand à credit & sans écrit huit ans après Froger vient à Paris, & faute de payement fait saisir son ardoise qu'il retrouve encore au logis de son debiteur ; alors Michel & Étienne Pydoux s'opposent, disant que cette ardoise leur a été cedée par l'acheteur pour un reliqua de compte ; & de fait par Sentence des Consuls, main levée leur est faite, appel par Froger ; par Arrêt du 7. Avril 1595. l'appellation, &c. & ce en emendant, la saisie fut declarée bonne & valable. *Bibliotheque de Bouchel, verbo,* Hypotheque.

18. Un navire ne peut être compris sous le nom de Marchandise, & étant vendu il ne doit aucun droit. Arrêt du 19. Janvier 1605. Peleus, *quest.* 103.

19. Un Marchand de Tours s'oblige envers un Marchand de Paris de luy fournir & livrer dans la fin de Novembre en la ville de Gien cent milliers de pruneaux ; le Marchand de Tours en fait tenir cinquante milliers au jour promis : voulant envoyer le reste, la riviere se trouve tellement enflée, qu'il ne peut être remis que le 18. Décembre ; le Marchand de Paris se pourvoit aux Consuls, demande la résolution du contract, ou des dommages & interêts, disant que s'il avoit eu la marchandise au jour promis, il l'auroit mieux venduë. L'autre soûtient que les pruneaux sont arrivés, le somme de les aller recevoir, luy fait rendre la Lettre de voiture & l'avis du Facteur de Gien qui les avoit reçus. Les Consuls ordonnent que le Contract sera resolu. Arrêt du Parlement de Paris du 22. Février 1610. qui infirme la Sentence. La raison étoit la voiture se devoit faire par eau, de Tours à Gien ; & le retardement ne venoit point de la negligence du Marchand. *Plaidoyers de Corbin, chap.* 101.

20. Dans Roüen il y a le fief du poids de la Vicomté, où toutes les marchandises sont pesées. Par Arrêt du 14. May 1610. il fut défendu à Menage jaugeur à Coûtance, d'entrer dans les maisons des particuliers sous prétexte de jauger les poids & mesures. *V. Basnage, titre de Jurisdiction, art.* 23.

21. Un Marchand ayant vendu à personne supposée à perte de finance, & fait obliger pour prêt de vin, bled ou drap vendu, ayant l'acheteur pris des Marchandises de vil prix à haut prix ; telle obligation n'est valable. *V. Bouvot, tome* 2. *verbo,* Vente, *quest.* 46.

22. Un Marchand ayant acheté dix queuës de vin à les prendre & choisir sur plus grande quantité dans certain temps, est exclus venant après le temps. Arrêt du Parlement de Dijon du 7. May 1609. *Ibid. quest.* 49.

23. Par Arrêt donné en la premiere Chambre des Enquêtes du Parlement de Paris les deux métiers d'Ouvriers & Teinturiers en soye furent séparés ; les Ouvriers en soye prétendirent qu'il n'appartenoit qu'à la Grand Chambre de faire des Reglemens, & que cette séparation étoit contraire à l'interêt public ; ces deux moyens de Requête Civile ne parurent pas suffisans.

P p p p

Arrêt du 12. Février 1618. *Le Bret, liv.* 5. *décis.* 10. il dit que l'affaire ayant été renvoyée par la grand-Chambre en la premiere des Enquêtes, ce que celle-cy ne pouvoit faire auparavant *jure proprio,* elle l'avoit fait *jure delegato.*

24 Si on peut alleguer après 4. mois que la marchandise qu'on a acheté n'est pas de la qualité requise. Un nommé Merle ayant vendu grande quantité de salicor à un Marchand de Poulignan, l'acheteur le fit porter chez les Verriers, qui dirent que ce salicor ne pouvoit servir à faire du verre; ils ne le dirent que 4. mois après; l'acheteur demanda la restitution de son argent; le vendeur disoit que *post perfectam venditionem si quid deterius contingat, periculum est emptoris. l.* 1. §. 1. *ff. de ædilitio edict.* & que *qui malè probavit de se queri debet. l. si vina* 15. *ff. de peric.* & *tom. rei vend.* & *in l. opus* 36. & *l. ult. ff. locati;* mais l'acheteur ayant répondu qu'il prétendoit qu'il y avoit d'une autre herbe mêlée, & qu'entre Marchands la bonne foy devoit regner, l'appointement du Sénéchal qui ordonnoit la verification du salicor, fut confirmé par Arrêt du Parlement de Toulouse du 14. May 1649. *Albert,* verbo, *Marchands,* art. 4.

25 Si un Marchand de soye qui a vendu dans sa boutique des marchandises de Mercerie, ayant été executé de la part des Marchands Merciers pour la cotte portée dans les Statuts de leur Maîtrise, a droit de faire casser les executions, & s'il doit opter l'un des deux métiers pour l'exercer, & quitter l'autre? Arrêt du Parlement de Provence du 16. Mars 1679. qui cassa les executions, cependant le Marchand tenu d'opter. *Boniface, tome* 3. *liv.* 4. *tit.* 9. *chap.* 1.

26 Si les Marchands ayant de l'ordre d'une personne fourni certaine marchandise à un tiers, le Marchand doit verifier l'ordre, ou le Défendeur verifier son absence? Arrêt du Parlement de Provence du 3. Juin 1683. qui ordonna que le Défendeur verifiera qu'il étoit absent de la ville six jours avant la fourniture, & n'y être retourné que six jours après. *Boniface, tome* 4. *liv.* 9. *tit.* 6. *chap.* 2.

MARCHANDS BANQUIERS.

27 Exposition d'aucuns noms usitez entre Banquiers & Marchands. *Voyez M. le Prêtre, seconde Centurie, chap.* 82.

28 Des Lettres & Registres des Negocians Marchands & Banquiers. *Voyez l'Ordonnance de* 1673. *tit.* 3.

Voyez cy-après le nombre 45.

MARCHAND DE BOIS.

29 *Voyez le mot, Bois, nomb.* 47. & *suiv.*

MARCHAND, CESSION.

30 Quels Marchands sont privez du benefice de Cession? *Voyez le mot Cession, nomb.* 126. & *suiv.*

MARCHANDS DE CIDRE.

31 Arrêt du Parlement de Paris du 24. Janvier 1660. qui enjoint aux Marchands de cidre de faire declaration au Greffe de la Ville, des cidres qui leur arriveront, & d'en mettre le tiers sur les ports & places publiques. *Voyez les Ordonnances concernant la Jurisdiction de la ville de Paris, imprimées chez Frederic Leonard en* 1676. *page* 266.

MARCHAND, COMPTES.

32 Des comptes qui se rendent entre Marchands. *V. le mot Compte, nomb.* 58. & *suiv.*

MARCHAND CONFISCATION.

33 Contravention qui donne lieu à la confiscation, des marchandises. *Voyez le mot Confiscation, nombre* 75. & *suivans.*

MARCHANDS, DISCUSSION.

34 Si la discussion a lieu entre Marchands? *Voyez le mot, Discussion, nomb.* 62.

ENSEIGNE DES MARCHANDS.

35 *Voyez le mot, Enseigne.*

MARCHANDISES, ENTRE'ES.

36 Entrée dûe pour les Marchandises. *Voyez le mot, Entrée, nombre* 2.

MARCHANDS ETRANGERS.

37 Marchand habitué en France & y faisant trafic n'ayant Lettres, fait le Roy son heritier. Arrêt du 30. Mars 1569. contre les heritiers de Pandolphe Italien, qui avoit demeuré 22. ans à Lyon. Autre chose seroit d'un Forain trafiquant & mourant en France. *Papon, liv.* 5. *tit.* 2. *nomb.* 3.

38 *Bona mobilia mercatoris exteri morientis in Galliâ sunt libera peregrinitatis nexu.* Arrêt au mois d'Avril 1584. *Mornac, l.* 19. §. 2. *ff de judiciis.*

39 Les Créanciers d'un Marchand Etranger peuvent obliger ses Facteurs, de representer leurs registres & journaux de commerce & facture pour connoître ce qu'ils ont de deniers ou d'effets à luy appartenans. Jugé au Parlement de Tournay le 2. Août. 1700. *Voyez M. Pinault, tome* 2. *Arrêt* 287.

MARCHANDS, FEMMES.

40 Femmes qui sans être autorisées, prennent des étoffes chez des Marchands. Si leur obligation est valable? *Voyez le mot, Autorisation, nomb.* 41. & *suiv.*

MARCHANDS, FOIRES.

41 Sçavoir si les biens des Marchands Etrangers venans és Foires, sont sujets au Droit d'aubaine, & que les deniers des Marchands frequentans les Foires de Lyon, n'y sont sujets, avec l'interpretation des privileges octroyés aux Marchands frequentans les Foires de Lyon, & Arrêts sur ce donnez. *Bacquet, Traité du Droit d'aubaine, part.* 1. *chap.* 14.

MARCHAND, HYPOTHEQUE.

42 De l'hypotheque entre Marchands & pour raison de marchandises. *Voyez le mot, Hypotheque, nombre* 171. & *suivans.*

MARCHAND, INTERESTS.

43 Des interêts qui se stipulent entre Marchands. *Voyez le mot, Interêts, nomb.* 220. & *suiv.*

JUGES DES MARCHANDS.

44 *Voyez les mots, Bourse, Consuls,* & *le Titre des Juges,* §. *Jurisdiction Consulaire.*

Arrêt du Parlement de Provence du 9. Novembre 1643. qui a declaré que les Juges des Marchands peuvent juger souverainement & sans appel jusqu'à la somme de 500. livres, en causes qui concernent le fait de marchandises. Cet Arrêt fondé sur l'Ordonnance de Charles IX. de l'an 1563. *Boniface, tome* 1. *liv.* 1. *tit.* 5.

LIVRES DES MARCHANDS.

Voyez, cy-dessus le nombre 28.

45 Si l'on doit ajoûter foy aux Livres des Marchands. *Voyez Bouvot, tome* 2. verbo, *Marchands, quest.* 1.

46 Arrêt du Parlement de Paris du 2. Juin 1545. par lequel il est ordonné qu'un Marchand de Lyon remettroit ses Livres de raison de l'an où le Débiteur prétendoit avoir payé, és mains d'un notable Marchand, qui feroit serment de ne rien reveler hormis le payement dont les Parties accorderoient, & que le Créancier se purgeroit par serment d'en faire autant. *Papon, liv.* 9. *tit.* 7. *nomb.* 4.

47 Les Papiers journaux ne servent que contre ceux qui les ont écrits, ou contre leurs heritiers. Arrêt du Parlement de Paris du mois de Juillet 1577. si ce n'est en petite somme & *ad liberationem naturalis obligationis,* & pour le Marchand il faut une demie preuve, s'il est de bonne reputation. *Papon, ibid.*

48 Les Livres des Marchands font foy entr'eux en Justice, quand il n'y a point de preuve contraire par le Registre de l'autre Marchand. Arrêt du 2. Decembre 1659. *De la Guessiere, tome* 2. *liv.* 2. *chap.* 46.

49 Arrêt du Parlement de Provence du 29. Avril 1671. qui a declaré le Livre d'un Marchand faire foy entre Marchands à sa décharge aussi bien qu'à sa charge, sans preuve ni écrit. *Boniface, tome* 4. *liv.* 9. *titre* 6. *chapitre* 1.

50 Arrêt du même Parlement de Provence du 29. Janvier 1681. qui a jugé que le Livre de raison d'un Marchand contenant divers articles distincts, & séparés, ne peut être divisé, & fait foy, *contra scribentem,* &

51 Un Marchand créancier d'un autre Marchand qui a fait banqueroute, est obligé de representer ses Livres pour justifier la verité de sa créance, quoyqu'il ait pour titre une reconnoissance passée pardevant Notaires. Arrêt du Parlement de Paris du 22. Juillet 1689. *Journal des Audiences*, tome 5. liv. 5. chap. 28.

MARCHANDS, MINEURS.

52 Si un mineur se disant lezé en vente de bled, peut être restitué contre la vente, étant Marchand trafiquant? *Voyez Bouvot*, tome 1. part. 1. verbo, *Mineur*, question 1.

53 Un Marchand emprunte de l'argent pour acheter des marchandises; un mineur aussi Marchand, se rend fidejusseur; il demande ensuite d'être restitué. Arrêt du Parlement de Dijon du 28. Juillet 1614. à son profit. *Nulla re magis quàm fidejussione læditur, quia nihil ad eum pervenit*. *Bouvot*, *ibidem*, verbo, *Fidejusseur*, question 3.

54 Enfant trafiquant pour son pere, & qui fait promesse de payer ou faire payer, ne peut être contraint aprés la mort de son pere, ayant renoncé à sa succession, à payer la somme en son nom, sinon sur les biens du pere, & ce dans quatre mois. Arrêt du 9. Juillet 1571. *Carondas*, liv. 6. Rép. 36.

55 Marchand mineur de 25. ans, ne peut être restitué contre les Actes concernant le fait de sa négociation. Arrêt du 4. Decembre 1585. *La Roche-flavin*, livre 2. lettre M. tit. 2. Arr. 1.

56 Un Marchand sous prétexte de minorité, obtient Lettres de répi. Arrêt du Parlement de Paris du 5. Decembre 1606. qui le condamne à payer par prison, & toutefois de grace luy accorde delai de six semaines. *Plaidoyers de Corbin*, chap. 70.

57 Le Marchand trafiquant mineur, n'est point relevé. Jugé au Parlement de Toulouse le 27. Juin 1626. quoiqu'il opposât que son pere qui l'avoit fait émanciper à l'âge de 17. ou 18. ans, ne l'avoit fait que pour l'engager & profiter des biens de sa mere, les Marchands remontrerent que le commerce n'étoit pas défendu avec les mineurs. *Cambolas*, liv. 5. ch. 26.

58 Arrêt du Parlement de Provence du dernier Juin 1633. qui a jugé que l'obligation du fils négociant, du consentement de son pere, rend le pere responsable. *Boniface*, tome 2. liv. 4. tit. 17. ch. 1.

59 Arrêt du 23. Juin 1645. qui a jugé que l'obligation passée par un Marchand négociant, est valable, quoyque mineur. *Ibid.* tome 1. liv. 4. tit. 8. ch. 7.

60 Jugé au Parlement de Paris le 18. Decembre 1647. qu'un fils de famille mineur, Facteur de son pere Marchand, est capable de l'obliger pour le fait de la marchandise qu'il achete. *Soëfve*, tome 2. Cent. 2. ch. 47.

61 Mineur qui est Marchand, ne peut être relevé. Arrêt du Parlement de Toulouse du 14. Janvier 1660. rapporté par *M. de Catellan*, liv. 5. ch. 26.

MARCHANDISES VENDUES AU MINEUR.

62 Fils de famille ne peut s'obliger pour vente de marchandise sans l'autorité de son Tuteur, autrement le tout est nul. Arrêt du Parlement de Paris de la veille de Noël 1526. lequel fait défenses à tous Marchands de bailler ou vendre à créance aucune marchandise aux fils de famille sans le consentement de leur pere, aux mineurs, sans le consentement de leurs Tuteurs ou Curateurs, à peine de perte de leur marchandise, & d'amende arbitraire. *Papon*, liv. 12. tit. 4. n. 1.

63 Arrêt du 23. Août 1542. qui défend à tous Marchands de contracter avec mineurs sans le consentement de leurs Tuteurs, Curateurs ou autres Administrateurs. *La Rochflavin*, liv. 2. lettre M. tit. 9. Arr. 4.

64 Arrêt du 16. Juillet 1560. par lequel le sieur de la Tour a été condamné à acquiter l'Evêque d'Angers des condamnations contre luy prononcées, pour avoir fait livrer à son fils aîné des étoffes pour l'habiller. Le pere se défendoit par le Senatusconsulte Macedonien, disoit que son fils étoit interdit; d'un autre côté, on consideroit que la dépense étoit necessaire, que le fils avoit porté les habits dans la maison de son pere; cependant, quoyqu'il fût condamné, la Cour prononça, *sans que l'Arrêt pût être tiré à consequence pour autres Créanciers*. *Papon*, liv. 12. tit. 4. n. 2.

65 Un Marchand prête à un Gentilhomme de Gascogne pour 400. liv. d'étoffes. Averti que ce Gentilhomme s'en alloit, il se transporte chez luy avec un Commissaire du Châtelet, & luy fait donner assignation, pour voir dire que les choses saisies seront vendues. La mere intervint, & objecta que c'étoit un prêt fait à un mineur. Le Marchand répondoit qu'il avoit vendu de bonne foy & sans excés. Arrêt du Parlement de Paris du 21. Avril 1587. qui ordonne que les choses saisies seront vendues, jusqu'à concurrence de ce qui étoit dû au Marchand sur les parties. *Bibliotheque de Bouchel*, verbo, *Macedonien*.

66 Arrêt du Parlement de Bourgogne du 28. Juillet 1628. faisant défenses à tous Marchands de prêter aux fils de famille de l'argent, des étoffes, & autres marchandises, à peine de la nullité des obligations, & d'une amende arbitraire. *Taisand*, sur cette Coûtume, titre 3. art. 3. n. 7.

67 Arrêt rendu au Parlement de Provence en forme de Reglement, le 15. Avril 1636. qui fait inhibitions aux Marchands de fournir aux mineurs & fils de famille, aucunes marchandises sans le consentement exprés des pere, mere, tuteur ou curateur, à peine de perte des marchandises. Arrêt du 12. Février 1658. qui a jugé le semblable. *Boniface*, tome 1. liv. 4. tit. 7. chap. 1.

68 Autre Arrêt du 18. May 1641. qui a jugé qu'un mineur doit payer les marchandises prises lors de son mariage, tant pour luy que pour sa femme, suivant sa qualité. *Ibid.* chap. 5.

69 Le 19. Juin 1668. Arrêt en forme de Reglement au même Parlement de Provence, les Chambres assemblées, qui défend aux Marchands de fournir des marchandises aux enfans de famille, aux mineurs, & aux femmes mariées, sans exprés consentement des peres, & ordre des tuteurs, & des maris. *Boniface*, ibidem, chapitre 2.

70 Les fournitures des Marchands aux enfans de famille, sont une espece de contravention au Senatusconsulte Macedonien. C'est pourquoy il leur a été défendu par Arrêt du Parlement de Grenoble du 9. Août 1675. de leur en faire aucune à l'insçû de leur pere. *Voyez Chorier*, en sa Jurisprudence de Guy Pape, p. 313.

MARCHANDISES NAUFRAGE'ES.

71 Arrêt du Parlement d'Aix du 20. Decembre 1660. qui ordonne que la marchandise qui a fait naufrage, peschée, doit être renduë à son maître, en payant au pescheur les frais de la pesche. *Boniface*, tome 1. liv. 8. titre 18. cap. 1. Il rapporte au même Titre un Arrêt du Conseil qui a jugé que le tiers des marchandises peries & peschées, appartient au pescheur, pour les trois parts sauvées, & les autres deux tiers aux marchands, s'ils les reclament dans deux mois.

72 Arrêt du dernier Juin 1666. qui a jugé que la perte des marchandises enlevées par une force superieure à un Commissionnaire de plusieurs Marchands, doit être supportée par le proprietaire des marchandises sauvées, en contribution, à l'exemple des marchandises jettées en mer ou prises par des Corsaires. *Boniface*, tome 2. liv. 4. tit. 18. chap. 1. où il rapporte un autre Arrêt du 12. Janvier 1638. qui ordonne la contribution sur toutes les marchandises d'un Commissionnaire, pour une taxe faite sur le négoce du Commissionnaire.

OBLIGATION ENTRE MARCHANDS.

73 Promesse de Marchand à Marchand est executoire, contre autre Marchand associé. Arrêt du Parlement de Paris du 7. Septembre 1564. contre un Marchand qui reconnoissoit que son frere avoit signé le billet, mais qui prétendoit que la societé ne subsistoit plus. *Papon*, livre 10. tit. 1. n. 5.

74 Quatre Marchands non aſſociez, achetent d'un autre Marchand quelques marchandiſes, & promettent payer l'un pour l'autre, ſans ajoûter *un ſeul pour le tout, ſans diviſion.* Jugé que la promeſſe étoit ſolidaire, par Arrêt du 19. Juillet 1590. Entre Marchands aſſociez qui font cedule ſimple & ſans addition de ces mots, *l'un pour l'autre,* il n'y a pas de lieu à la diviſion ni diſcuſſion, ils ſont tenus ſolidairement du fait l'un de l'autre. Arrêt du 29. Avril 1564. *Carondas, liv.* 8. *Rép.* 38. & Papon, *liv.* 10. *tit.* 4. *nombre* 25. Voyez *Bacquet, des droits de Juſtice, ch.* 21. *n.* 249.

75 Jugé au Parlement de Paris le 26. Février 1587. que l'article 54. de l'Ordonnance de Moulins, qui défend la preuve par témoins au deſſus de 100. livres, a lieu, même entre Marchands. On dit que la Cour pût s'arrêter à une particularité ; ſçavoir qu'ils étoient convenus que le marché ſeroit redigé par écrit ; quand ils ſe trouverent chez le Notaire, ils ne pûrent s'accorder. *Biblioth. de Bouchel, verbo, Preuves.*

76 Entre Marchands aſſociez au fait de quelque marchandiſe, il n'y a point de diviſion ni de diſcuſſion, ils ſont tous obligez ſolidairement. *Bacquet, vente ſur particuliers, ch.* 26. *ſecus in ſociis omnium bonorum.*

77 Un Marchand ayant vendu quelque marchandiſe à un autre Marchand, eſt recevable aprés les ſix mois à demander le prix, & à prouver la délivrance contre des heritiers, & la preſcription de ſix mois n'a lieu contre les Livres des Marchands. Arrêt du Parlement de Dijon du 17. May 1608. *Bouvot, tome* 2. verbo, *Marchands, marchandiſe, queſt.* 2.

78 La promeſſe ou cedule de deux Marchands, faite pour vente de marchandiſe, n'eſt point ſolidaire, s'il n'eſt convenu. Arrêt du Parlement de Paris du 14. Février 1632. *Henrys, tome* 1. *liv.* 4. *chap.* 6. *queſtion* 25. où il tient que ce préjugé ne devroit pas être ſuivi entre Marchands qui ſont en Compagnie de négoce, ni autres aſſociez. Voyez *ſon tome* 2. *liv.* 4. *queſt.* 38.

79 Un Marchand eſt obligé de payer le reſte d'une ſomme contenuë dans une Lettre de Change, transportée & cedée entierement à un & pluſieurs aprés luy, douze ans aprés ſon échéance. Voyez l'eſpece. Arrêt du mois de Juin 1660. *Des Maiſons, lettre M. n.* 27.

80 Marchands ayant fait un billet pour marchandiſes priſes en commun ſans ſocieté entr'eux, peuvent être pourſuivis ſolidairement pour le contenu du billet, & par corps. Jugé à Toulouſe le 17. Juin 1672. *Journal du Palais.* Henrys, *tome* 1. *liv.* 4. *ch.* 6. *q.* 25. rapporte un Arrêt du mois de Février 1632. qui juge le contraire.

81 Marchands obligez ſolidairement par cedule ou par Contract, n'ont point le benefice de diviſion. 2. Il en eſt de même en la diſcuſſion du plege. 3. Et ſont les Marchands reputez ſolidairement obligez lors qu'ils contractent de compagnie. *Bacquet, des droits de Juſtice, chap.* 21. *nomb.* 248. 252. 2. *cont.* Fachin, *lib.* 8. *c.* 53. 2. *id.* Boër. *dec.* 221. *n.* 13. *& ſeq.* 3. *id.* Maynard, *li,* 4. *chap.* 14. M. Abraham la Peirere, *en ſes déciſions du Palais, lettre M. nombre* 16. rapporte un Arrêt du 9. Juillet 1665. préſident M. le Premier, plaidant Faure & Comet, entre Laſoſſe, Bourgeois & Marchand de Bourdeaux, Sanſon & Guyot, Marchands : jugé qu'une promeſſe de 1800. liv. faite par leſdits Sanſon & Guyot, pour fait de marchandiſe, étoit ſolidaire.

MARCHANDISE PYRATE'E.

82 *Inter mercatores nave populata in partem à piratis collationi locum non eſſe, ſed quidquid mercium prædones abſtulerunt, perire illud ſolis earum dominis judicatum eſt,* 8. Avril 1615. & que *actiones piraticæ ſunt annales, le* 23. Février 1600. Mornac, L. 2. §. *ſi navis à piratis, ff. ad legem Rhodiam, &c.*

PRE'FERENCE SUR LA MARCHANDISE.

83 Privilege du Marchand qui trouve ſa marchandiſe en nature. Arrêt du Parlement de Paris de l'an 1306. qui en ordonne la reſtitution. Extrait du Regiſtre *olim,* des Enquêtes, & procés de l'an 1299. juſqu'en 1318. *Corbin, ſuite de Patronage, chap.* 109.

84 Marchands déboutez de l'oppoſition aux fins de diſtraire certaines marchandiſes qu'ils diſoient être encore en nature, pour reſte du prix, ils avoient aſſurance par promeſſes & obligations du débiteur, & avoient ſuivi le credit de Marchand à Marchand. *Mainard, liv.* 2. *chap.* 45.

85 Le Marchand eſt préferé ſur la marchandiſe qu'il a venduë. Voyez *Carondas, liv.* 11. *Rép.* 32. Voyez *Montholon, Arrêt* 51. qui date un Arrêt de Pâques 1588.

86 Marchand de bois de charpenterie, peut s'adreſſer au proprietaire de la maiſon, en laquelle le bois a été employé, pour le prix de ſa marchandiſe. Arrêt donné contre M. de Falernis, Maître des Comptes. Il y avoit de grandes circonſtances, qui marquoient que le Charpentier duquel M. de Falernis ſe ſervoit, ne travailloit qu'à la journée : car dans la Coûtume, quand une marchandiſe eſt venduë à credit, elle ne peut être ſuivie ſur un tiers qui l'a achetée & payée, & l'a en ſa poſſeſſion. Arrêt du 10. Mars 1605. *V. M. Auzanet, ſur l'art.* 176. *de la Coûtume de Paris.*

87 Jugé pour certains Marchands de Lyon, que trouvant leurs marchandiſes en nature és mains de leurs debiteurs, ils ſeroient préferez ſur le prix de la vente. Il y a un Arrêt general du Parlement de Toulouſe, prononcé la veille de Sainte Croix 1608. la cauſe fut départagée, les Chambres aſſemblées, aprés avoir été partagée dans les trois autres Chambres. *Biblioth. de Bouchel, verbo, Hypotheque.*

MARCHANDS, PRESCRIPTION.

88 En fait de preſcription de ſix mois contre les Marchands vendans en détail, il ſuffit que le défendeur jure ne rien devoir, aprés quoy n'eſt recevable la preuve de l'avoir interpellé, ou qu'il ait confeſſé extra-judiciellement. *Baſſet, tome* 1. *liv.* 2. *tit.* 29. *ch.* 8.

89 Arrêt du Parlement de Paris du 16. Février 1582. qui a jugé que la preſcription de ſix mois portée par l'Ordonnance, contre les Marchands en détail, a lieu contre les Marchands vendeurs de vin. Le Marchand qui étoit partie, ne s'étoit pourvû que cinq années aprés. Si celuy qui ſe prétend Créancier, veut s'en rapporter au ſerment du défendeur, celuy-cy ne pourra le refuſer, ſous prétexte qu'il y a preſcription. *Papon, liv.* 12. *tit.* 3. *n.* 35.

90 Le Marchand ne peut demander payement des marchandiſes par luy fournies que dans l'an précedent l'action. Arrêt du Parlement de Bretagne du 4. Septembre 1618. rapporté par *Frain, page* 235. Cet Arrêt eſt conforme à l'article 9. du titre 1. de l'Ordonnance de 1673.

91 Quand le débiteur prétendu a oppoſé de la preſcription de ſix mois contre les Marchands vendans en détail, & qu'il a juré qu'il ne doit rien, le Marchand n'eſt point reçû à la preuve au contraire. Jugé au Parlement de Grenoble le 30. Août 1622. & depuis par pluſieurs autres. *Chorier, en ſa Juriſprudence de Guy Pape, page* 313.

92 Un pére mariant ſa fille, promet de luy fournir ſes habillemens juſques à la ſomme de 1000. liv. Il prend pluſieurs étoffes chez un Marchand, lequel mit ſur ſon Regiſtre, *fourni à M...., tant d'étoffes pour Mademoiſelle ſa fille.* Le mariage ayant été celebré, le Marchand s'adreſſe au gendre, lequel oppoſe une fin de non recevoir, diſant que le Marchand ne vient pas dans le temps. 2. Qu'il doit s'adreſſer au pere. Le Marchand répond que la fin de non recevoir ne peut être alleguée que lors qu'on articule payement. 3. Que les marchandiſes ont tourné à ſon profit. Arrêt du Parlement de Paris du 2. Juillet 1647. qui condamne le gendre. *Soëfve, tome* 1. *Cent.* 2. *ch.* 26.

93 L'Ordonnance de Loüis XII. de 1512. qui veut que les Marchands ne puiſſent pas faire demande des comptes des marchandiſes priſes chez eux, ni les domeſtiques de leurs gages aprés trois ans, n'eſt pas obſervée au Parlement de Touloſe. *Mainard* l'a remarqué *li.* 6. *chap.* 83. Autre Arrêt le 10. Septembre 1657. Cette

Ordonnance a semblé trop severe, & la peine trop grande, pour une negligence de si peu de temps, qu'elle doit passer moins pour negligence que pour un ménagement d'honnêteté, soûtenuë par la confiance. *M. de Catellan, liv. 7. chap. 25.*

94. La prescription annale n'a lieu contre Marchand à Marchand. Arrêt du Parlement de Normandie du 5. Février 1666. *Basnage, sur l'article 534. de cette Coûtume.*

95. La prescription d'un an n'a point de lieu entre Marchands, faisant trafic de marchandises pour leurs livraisons. Arrêt du Grand Conseil du 12. Juillet 1672. *Nouvelle pratique Civile,* 1. part. liv. 4. chap. 23. ni les six mois de même. *Le Journal du Palais* rapporte le même Arrêt.

PREVOSTS DES MARCHANDS.

96. Des Prévôts des Marchands, Maires, Echevins, Consuls, Capitouls, & autres Administrateurs des Corps des Villes, & leur Jurisdiction. *Ordonnances de Fontanon,* tome 1. liv. 5. tit. 2. p. 840.
Voyez cy-aprés, *Prévôts des Marchands,* & le mot, *Echevins.*

MARCHANDS, PREUVES.

97. De la preuve admissible entre Marchands pour leurs conventions. Voyez le mot, *Preuves, nombre 97. & suivans.*

MARCHANDE PUBLIQUE.

98. De femme marchande publique. Voyez *Coquille,* tome 2. quest. 103.

99. Des Marchands publics. Voyez le 23. Chapitre de la Coûtume de Nivernois, & Coquille, en son Commentaire sur icelle, tome 2. page 281. Ils sont tenus de ce qui est fait par leurs femmes, & enfans & facteurs.
Sur les femmes marchandes publiques. Voyez les Commentateurs de la Coûtume de Paris, art. 236.

100. La Marchande publique peut renoncer à la Communauté des biens délaissez par son mary; mais cela ne la décharge pas des dettes contractées pour le fait de ses marchandises, pour lesquelles elle est obligée, aussi bien que son mary. Arrêt du mois de Juin 1579. *Carondas,* liv. 13. Rép. 85.

101. Il n'est pas besoin qu'elle soit expressément autorisée par son mary, d'autant qu'elle vend & trafique publiquement, à son vû & sçû, & apporte au ménage tout le gain qu'elle fait, dont le mary est le maître, & qui est présumé avoir tacitement autorisé sa femme pour le négoce dont elle se mêle. *Brodeau, sur M. Loüet, lettre F. somm.* 11.

102. La Marchande publique peut s'obliger pour le fait de sa marchandise seulement; mais comme l'obligation ne paroît point de marchandises, & que la femme soûtenoit qu'elle avoit répondu pour un autre sans être autorisée, elle fut condamnée payer au demandeur seulement ce qu'il justifieroit être tourné à son profit & avoir été employé au fait de sadite marchandise. Arrêt du 12. Avril 1604. *M. le Prêtre,* 3. Cent. ch. 68.

103. La Marchande oblige son mary par corps pour le fait de son commerce, encore qu'il ne parle pas en l'obligation. Arrêt du 22. Février 1628. *Brodeau sur M. Loüet, lettre F. somm.* 11. nomb. 2. *Du Frêne, livre* 2. *chap. 7.* rapporte le même Arrêt; par corps, si elle y est obligée.

MARCHANDS QUINQUALLIERS.

104. Si les Marchands Quinqualliers peuvent vendre des serrures apportées de Forêts, au préjudice des Serruriers, & si les executions faites de la part des Serruriers pour contravention à leurs Statuts, sont valables? Arrêt du Parlement de Provence du 30. May 1672. qui cassa les executions des Serruriers. *Boniface,* tome 4. liv. 9. tit. 6. ch. 5.

MARCHANDISE, RENTES.

105. Il n'est point permis de constituer rente pour prix de marchandise, si ce n'est qu'il y ait un an que la marchandise ait été livrée. Il y a Arrêt, ce requerant M. du Mesnil, Procureur General, du 20. Février 1564. par lequel il a été jugé que pour vente de marchandise on pouvoit constituer rente, pourvû qu'il y eût quelque temps, comme de trois ou quatre mois, entre la vente & le Contract. *M. le Prêtre,* 4. Cent. chap. 1. Voyez *Chopin, Coûtume de Paris,* liv. 3. tit. 2. n. 14. *Mornac, L. 25. Cod. de usuris. Carondas,* livre 11. *Réponse 25. Papon,* liv. 12. tit. 7. n. 8. *Jovet, verbo* Rentes, & cy-dessus le n. 13.

MARCHANDISE SAISIE.

106. La saisie est bonne de la marchandise faite à la requête du vendeur *re adhuc extante,* & il n'est tenu d'entrer *in tributum* pour le fait de ladite marchandise. Arrêt du 27. Novembre 1574. *Le Vest, Arrêt* 137.

MARCHANDS, SAUF-CONDUIT.

107. Arrêt du Parlement de Bourdeaux, par lequel plusieurs Marchands Espagnols qui avoient obtenu du Roy de France sauf-conduit pour trafiquer, étant convaincus d'avoir amené dans leurs navires plusieurs Pirates, qui avoient volé les François, ont été condamnez comme infracteurs de sauf-conduit, à rendre aux Marchands François ce qu'ils prouveroient & jureroient avoir veritablement perdu, & en quelques amendes envers le Roy. *Papon,* liv. 5. tit. 7.

MARCHANDS, SOLIDITÉ.

108. La solidité établie entre Marchands, ne passe point à leurs heritiers, lorsque elle n'est point stipulée. Arrêt du Parlement de Paris du 2. Juillet 1591. La raison fondée sur ce que la societé étoit finie par la mort de l'associé. *Bacquet, des Droits de Justice, ch. 21. nombre 251.*

MARCHANDS, LETTRES DE VOITURE.

109. Les Marchands qui envoyent des marchandises aux Marchands Bourgeois d'Orleans, qui ne payent ni droit de gros ni sol pour livre, sont obligez de faire passer leurs Lettres de voiture pardevant Notaires, dans les lieux où il y en a, sinon de les faire viser par les Commis, s'il y en a, ou par le Curé, Vicaire, ou Greffier du lieu. Jugé le 29. Août 1691. par Arrêt de la premiere Chambre de la Cour des Aydes de Paris. V. *le Journal des Audiences,* tome 5. livre 7. chap. 46.

MARCHÉ.

1. DE la nature des prix faits, & autres loüages du travail & de l'industrie, des engagemens de celuy qui entreprend un ouvrage & un travail, & de celuy qui le donne à faire. Voyez le 1. tome des *Loix Civiles,* liv. 1. tit. 4. sect. 7. & suiv.

2. Un Charpentier entreprit de faire un moulin pour 80. écus; il en dépense 200. pour le rendre selon son dessein. Il demande d'être restitué; du moins qu'on luy paye ses avances & fournitures, consentant de perdre son temps & sa peine. Jugé au Parlement de Paris le dernier Janvier 1606. qu'il n'étoit restituable. *Plaidoyers de Corbin,* chap. 37.

3. Tous les devis d'ouvrages & marchez, en vertu desquels un Créancier prétend avoir, un privilege contre les autres, doivent être passez pardevant Notaires, lesquels sont tenus d'en garder minutes; les ouvrages doivent y être declarez en détail, & le prix de la toise & des bois, pour la seureté de ceux qui prêtent leurs deniers, pour employer au payement desdits ouvrages; lors des quittances de payement des ouvrages, qui porteront declaration & subrogation au profit de ceux qui auront prêté leurs deniers, dont sera aussi gardé minutes par les Notaires qui les recevront, mention & décharge doit être faite des payemens, portant declaration & subrogation sur les minutes & expeditions des devis & marchez d'ouvrages; défenses aux proprietaires & autres qui font bâtir, & aux Ouvriers de donner aucunes contre-lettres pour diminuer ou changer le prix, clauses & conditions desdits devis & marchez qu'ils feront, sur peine de punition corporelle, & de tous dépens, dommages & interêts des parties, & aux Notaires de passer ni recevoir lesdits actes & contre-lettres, à peine de nullité, & aussi de tous dépens, dom-

mages & intérêts des parties. Arrêt du Parlement de Paris du 31. Juillet 1690. en forme de Reglement. V. le Journal des Aud. tome 5. liv. 6. ch. 19.

4 Lors qu'un vendeur neglige de tenir note de ses marchez, on ajoûte foy à celles de l'acheteur, ou du moins elles font un commencement de preuve par écrit contre le vendeur, pour justifier le marché. Cette preuve peut se corroborer par témoins, même en matiere, qui excede 300. florins. Jugé au Parlement de Tournay le 23. Février 1695. Pinault, tome 1. Arr. 55.

MARCHEZ PUBLICS.

5 Gubernator Delphinalis, vel locum tenens mercatum publicum concedere potest. Voyez Franc. Marc. tom. 2. quest. 513.

6 Marché ne peut être transferé au préjudice d'autruí. Arrêt du Parlement de Paris du Vendredy après la Trinité 1303. Corbin, suite de Patronage, ch. 121.

7 Lieu des Marchez ne peut être transferé. M. le Cardinal de Gondy, en qualité de Comte de Joigny, vouloit transferer le lieu du Marché, & y faire bâtir des Halles, dont il tireroit tribut. Il y avoit eu enquête faite par un de Messieurs, & le consentement de la plûpart des habitans. Neanmoins il fut dit qu'il ne pourroit faire cette translation, & qu'il seroit bâtir des Halles à ses dépens, sans en prétendre aucun droit, en la place même désignée par les Lettres du Roy. Arrêt du 10. Janvier 1616. Plaidoyers de Corbin, ch. 9.

8 Arrêt du Parlement de Provence du 19. Décembre 1637. qui a jugé qu'un Marché de Place ne peut pas être transferé, & que l'agrandissement d'une Place doit être fait aux dépens des particuliers voisins & interessez. Boniface, tome 4. liv. 10. tit. 1. ch. 11.

9 Défenses de tenir les Marchez & Foires és Fêtes solemnelles. Jugé le 3. Septembre 1667. De la Guess. tome 3. liv. 1. ch. 42.

10 Vendeur de bled en plein Marché, perd le privilege de sa dette, s'il tire une obligation du prix. Voyez le mot, Bled, nombre 4.

MARDY-GRAS.

Du bœuf violé à Bourges, non retranché. Arrêt au mois d'Août 1586. Mornac, L. 4. Cod. de Paganis & sacrificiis, &c.

Causes grasses, celles que l'on plaidoit autrefois le Mardy-gras. Voyez le mot, Cause, nombre 3.

MARECHAL FERRANT.

1 Les Lettres des Maréchaux de Nantes pour ériger leur Métier en titre, sont verifiées au Parlement de Bretagne le 7. Février 1575. à la charge que ceux qui auront tenu boutique un an, ne seront tenus faire aucun chef-d'œuvre; & ne pourront les Maîtres faire aucune assemblée que par la permission du Prévôt de Nantes, & qu'il ne soit present, ou autre par lui deputé, sans exiger aucune chose pour son assistance; les Maîtres ne prendront rien pour chef-d'œuvre, lors qu'ils en fera. Du Fail; liv. 2. chap. 500.

2 Faber ferrarius contra Chirurgum obtinuit. Arrêt du 5. Mars 1604. Mornac, L. 8. §. ult. ff. si servitus vindicetur.

3 Arrêt du Parlement de Paris de l'année 1605. contre un Maréchal, demeurant ruë de Joüi, qui incommodoit les voisins, & empêchoit la voye publique; qui enjoint de contenir ses Serviteurs en toute modestie, à peine de 60. liv. parisis, & de punition corporelle s'il y échet. Corbin, suite de Patronage, chap. 198.

4 Arrêt du Parlement de Provence du 12. Octobre 1645. qui a jugé que la charge de Maréchal à forge est libre, & ne peut être restrainte par une Communauté, au préjudice de celuy qui est originaire du lieu. Boniface, tome 1. liv. 8. tit. 12.

5 Arrêt du même Parlement de Provence du 30. Janvier 1670. confirmatif de Sentence, attendu l'acquiescement, portant que le four seroit fait au milieu de la boutique: les heures du travail reglées pendant le jour & la nuit, avec inhibitions de brûler du charbon de pierre, & d'embarrasser la ruë. Cet Arrêt rendu sur la Requête des voisins, qui se plaignoient contre un Maréchal. Boniface, tome 3. liv. 4. tit. 18. ch. 1.

Statuts & Ordonnances des Maréchaux de Paris. Parif. 1688. in octavo.

MARECHAUX DE FRANCE.

1 Des Maréchaux de France. Voyez hoc verbo, la Bibliotheque du Droit François par Bouchel.

De leur Jurisdiction, & de celle du Colonel de l'Infanterie de France. Voyez Mornac, Cod. de Officio militarium judicum; & les Ordonnances recueillies par Fontanon, tome 3. tit. 1. p. 1.

2 Le Maréchal d'Ancre fut tué par l'ordre de Loüis XIII. par le sieur de Vitry (qui fut fait Maréchal de France) le 24. Avril 1617. & sa femme eut la tête coupée en Grève, & son corps brûlé le 13. Juillet 1617. Mornac, L. 2. verbo quasi lex ff. de noxalibus actionibus.

3 Par Arrêt du 14. Août 1459. il est dit que les Maréchaux de France n'ont connoissance que du fait de la guerre; & en l'Arrêt du Duc d'Orleans, du 22. Janvier 1361. il a été jugé que les Maréchaux n'ont connoissance du crime de Leze-Majesté; & que les appellations interjettées de leurs Sentences, & celle de leurs Officiers, sont sujettes à l'amende du mal jugé, & aussi ont d'amende du fol appel; & est dit que la proprieté des Offices de Maréchaux est au Roy & de son Domaine; ils reconnoissent des differens mis sur guerre, ou pour raison de la guerre. Voyez la Biblioth. de Bouchel, verbo, Maréchaux.

4 Par Arrêts du Parlement de Paris du mois de Septembre 1651. & May 1653. il a été jugé que Messieurs les Maréchaux de France étoient Juges des Droits honorifiques, & autres prééminences des Fiefs & Seigneuries, & droits de chasse entre Nobles, & gens de profession d'armes, & sans épices, & à la charge de l'appel au Parlement Jovet, verbo, Prévôt, Connétablie, nombre 29.

Reglemens de Messieurs les Maréchaux de France, des 22. Août 1653. et 1679. sur les diverses satisfactions, & réparations d'honneur. Maréchaussée de France, page 980. & suiv.

MARECHAUX DES LOGIS.

Du Reglement des Maréchaux des Logis à la suite de la Cour. Ordonnances de Fontanon, to. 1. liv. 5. titre 15. page 938.

MARECHAUSSEE.

Voyez les mots, Archers, Assesseurs & Connétables; c'est la Jurisdiction des Prévôts des Maréchaux, dont il va être fait un Titre particulier, en ordre chronologique, par rapport aux Arrêts & Reglemens; & alphabetique, par rapport aux Villes de leurs residences.

PREVOSTS DES MARECHAUX.

De Quæstore Nov. 80. Cette Novelle traite des fonctions de l'Officier qui doit prendre garde aux mendians valides, aux faineans, vagabonds, gens sans aveu, & semblables. Ainsi le mot de Quæstor, en ce sens, peut répondre à nos Lieutenans Generaux de Police, pour les villes; & aux Prévôts des Maréchaux pour la campagne.

1 De la Jurisdiction des Prévôts des Maréchaux. Voyez l'Ordonnance de Moulins, art. 41. & l'article 12. de celle d'Amboise. Chenu, des Offices de France, tit. 7. & 13. Filleau, part. 1. tit. 3. Escorbiac, p. 306. Papon, liv. 4. tit. 23. cy-après le mot, Prévôt, nombre 20.

2 Des Prévôts des Maréchaux, Vi-Baillifs, Vi-Sénéchaux, & leurs Lieutenans, & de leur Jurisdiction ensemble de la Jurisdiction de la Maréchaussée à la Table de Marbre au Palais à Paris. Joly, des Offices de France, tome 2. liv. 3. tit. 12. page 1140. & aux Addi-

tions, *page* 1871. & le Recueil des *Ordonnances de Fontanon*, tome 1. *liv.* 2. *tit.* 10. *page* 389.

3. Declaration pour la Jurisdiction du Siége de la Connêtablie & Maréchaussée de France établie à Paris. A Paris le 15. Novembre 1617. registrée au Parlement le 13. Février, & en la Chambre des Comptes le 30. Mars 1618. 3. *vol. des Ordonnances de Loüis XIII.* folio 62. *Pinson*, p. 19.

4. Des procedures particulieres aux Prévôts des Maréchaux. *Voyez* le mot, *Procedures*, nombre 230. *& suiv.*

5. Competence des Prévôts des Maréchaux. *Voyez* le mot, *Competence*, n. 41. *& suiv.*

6. Des exemptions accordées aux Officiers de Maréchaussées. *Voyez* le mot, *Exemption*, n. 57. *& suiv.*

7. Greffiers de Maréchaussée. *Voyez* le mot, *Greffier*, nomb. 90. *& suiv.*

8. De la préseance des Officiers des Maréchaux. *Voyez* le mot, *Préseance*, n. 87. *& suiv.*

Des évocations accordées aux Prévôts des Maréchaux. *Voyez* le mot, *Evocation*, nombre 31. *& suiv.*

9. *Præpositi Marescalorum sunt ignari & tiranni.* Voyez *Com. Joan. Const.* sur l'Ordonnance de François I. *article* 139.

10. Les Prévôts des Maréchaux garands de leurs Jugemens, & pris à partie ils n'ont ni ressort ni territoire. Arrêt du Parlement de Paris de l'an 1388. *Papon, li.* 4. *titre* 13. *nomb.* 2.

11. Prévôts des Maréchaux doivent exercer leurs Offices en personne, & ne peuvent commettre leurs Lieutenans que dans la necessité. Arrêts du Parlement de Paris des 9. Février 1524. & 6. Juillet 1514. Depuis il y a eu des Lieutenans de Robes-Longues, de Robes-Courtes, & des Assesseurs. *Papon, liv.* 4. *tit.* 13. *n.* 1.

12. Declaration du Roy du 25. Janvier 1536. portant attribution aux Prévôts des Maréchaux de connoître des crimes commis par les gens de guerre. *Maréchaussée de France*, *page* 7.

13. Declaration du Roy du 3. Octobre 1544. portant attribution de Jurisdiction aux Prévôts, pour la punition des gens de guerre, tenant les champs, pillant & opprimant le peuple. *Ibid.* n. 39.

14. Prévôts des Maréchaux ne peuvent entheriner les remissions de leurs prisonniers; mais il faut s'addresser aux Baillifs & Sénéchaux. Arrêt du 11. Decembre 1548.

Incompetence des Prévôts des Maréchaux, sera jugée aux Sièges Présidiaux. *Charles IX.* 1564. *article* 5. *&* 1566. *art.* 42. *&* 1572. *art.* 14. au nombre de sept Conseillers ou fameux Avocats du Siége Présidial, ou autre Royal plus prochain.

Les Prévôts des Maréchaux ne peuvent juger de leur competence en retenant la cause, & déniant le renvoy, ni de l'incompetence en renvoyant, sinon avec le Conseil, & par l'avis des Conseillers du Présidial. Arrêt de la Tournelle du 19. Février 1575. *Bibliot. de Bouchel*, verbo, *Prévôts des Maréchaux.*

15. Lieutenant General de *Laon* n'a aucune Jurisdiction sur le Prévôt de la Maréchaussée. Arrêt du Parlement de Paris du 11. Decembre 1548. *Papon, liv.* 4. *titre* 13. *nombre* 2.

16. Declaration du Roy du 5. Février 1549. portant pouvoir aux Prévôts & Juges Présidiaux de juger par prevention & concurrence, & sans appel, les voleurs de grands chemins, sacrileges & faux monnoyeurs, & établissement de Greffier à la suite des Prévôts. Par l'Arrêt d'enregistrement, la Cour ordonne que les prisonniers qui sont actuellement, seroient jugez, tout ainsi qu'auparavant la publication de l'Edit; & qu'aux Jugemens, il sera passé de deux opinions, autrement sera le procés parti, s'il ne passe que d'une opinion. *Maréchaussée de France*, p. 69.

16. Declaration du Roy du 5. Septembre 1552. qui attribis. bue la connoissance de plusieurs crimes, & du fait des chasses aux Prévôts. *Ibid.* p. 95.

17. Edit du Roy du mois de Decembre 1554. portant suppression des Offices de Prévôts Provinciaux, leurs Lieutenans, Greffiers & Archers, & création des Lieutenans Criminels de Robe-Courte. Cet Edit designe leurs fonctions. *Ibid.* page. 99.

18. Declaration du Roy du 16. Avril 1555. qui ordonne à tous Lieutenans Criminels, ausquels les Charges de Lieutenans Criminels de Robes-Courtes creez par Edit du mois de Novembre 1554. sont unies, de prendre de nouvelles Provisions de leurs Offices. *Ibid.* p. 124.

19. Par Arrêt du 15. Decembre 1557. jugé que le Prévôt des Maréchaux, quoyqu'il ait fait executer à mort le Delinquant de son gibier, n'a pas pourtant connoissance de la vente des biens pour le faire vendre en Justice au profit de la partie interessée ; mais cela doit être renvoyé à la Justice ordinaire : car il n'a connoissance que du Criminel & de la mort. *Voyez la Biblioth. de Bouchel*, verbo, *Prévôt des Maréchaux.*

20. Declaration du Roy du 11. Juin 1558. en faveur du Prévôt de *Tours*, qui enjoint aux Lieutenans & Archers de luy obéir, à peine d'être cassez, & autres mis en leurs places, à la nomination dudit Prévôt, suivant les Edits & Ordonnances. *Maréchaussée de France*, p. 133.

21. Edit du Roy du mois d'Août 1564. portant Reglement general pour la Jurisdiction des Prévôts. *Ibidem*, *page* 152.

22. Le Prévôt des Maréchaux ne peut connoître des dépens, dommages & interêts, ajugez au profit de l'accusé, renvoyé absous. Arrêt du Parlement de Dijon du mois de Juin 1566. qui renvoye l'execution au Lieutenant. *Bouvot, tome* 1. *part.* 2. verbo, *Prévôt*, *question* 2.

23. Reglement fait par M. le Duc de Montmorency, Gouverneur & Lieutenant General pour le Roy à Paris, & Pays de l'Isle de France, du 15. Février 1568. Ce Reglement concerne les fonctions du Prévôt des Maréchaux, & de leurs Archers. *Maréchaussée de France*, p. 166.

24. Arrêt du 14. Juillet 1573. portant Reglement pour la préseance donnée au Lieutenant Criminel aux Jugemens des procés de la Maréchaussée, à l'encontre du Lieutenant Civil; que les Prévôts des Maréchaux sont tenus d'apporter les procés par eux instruits au Greffe Criminel, pour être jugez au rapport du Lieutenant Criminel, ou autre Conseiller qu'il commettra. *Filleau*, *part.* 1. *ch.* 14.

25. Arrêt du Parlement de Paris du 12. Decembre 1573. portant injonction aux Prévôts, leurs Officiers & Archers, d'aller ordinairement par les champs, pour prendre les voleurs & meurtriers. *Maréchaussée de France*, *page* 180.

26. Arrêt du Parlement de Paris du 5. Mars 1575. portant défenses aux Prévôts de prendre connoissance des procés, depuis que les parties auront été reglées en procés ordinaire, ni d'élargir les prisonniers, sans ouïr le Procureur du Roy. *Ibid.* p. 184.

27. Edit du Roy du mois de May 1581. portant création d'un Procureur du Roy en chacune Jurisdiction des Prévôts Maréchaux, Lieutenans Criminels de Robe-Courte, Vice-Baillifs & Vice-Sénéchaux. *Ibidem*, *page* 240.

28. Arrêt du Parlement de Dijon du 20. Decembre 1576. qui a ajugé au Prévôt des Maréchaux les armes & chevaux du condamné. *Bouvot, tome* 1. *part.* 2. verbo, *Prévôt*, *quest.* 3.

29. Prêtres trouvez en habit de Prêtre, & en leurs habitations, & non en flagrant délit, quoyqu'ils soient accusez de crimes de Leze-majesté, ne sont point sujets à la Jurisdiction des Prévôts. Arrêt du mois de Janvier 1580. *La Roch. flavin*, *liv.* 6. *tit.* 56. Arrêt 6. Voyez le mot, *Clerc*, n. 75. & les *Memoires du Clergé*, tom. 3. *part.* 4. *tit.* 6. *ch.* 2.

30. Edit du Roy du mois d'Août 1581. portant union des Offices de Procureurs du Roy és Maréchaussées nouvellement creez, aux Procureurs du Roy des Siéges Présidiaux & Royaux, & Reglement pour leurs fonctions. *Maréchaussée de France*, p. 243.

31. Le Prévôt des Maréchaux ne doit connoître des domiciliez, Arrêts des 20. Octobre 1584. & Juin 1585. *M. Expilly*, *Arrêts* 87. & 88.

32. Arrêt du Parlement de Paris du 24. Mars 1592. qui défend aux Prévôts de decreter hors les cas qui leur sont attribuez, & leur enjoint de renvoyer les domiciliez, quoyqu'ils ne le demandent & requierent. *Maréchaussée de France*, p. 275.

33. Un Prévôt des Maréchaux avec deux ou trois Juges, avoit absous un accusé. La partie civile appelle ; fin de non recevoir est opposée ; le Jugement est, dit-on, Prévôtal. Elle répond qu'il en pourroit être ainsi, en cas de condamnation, *in odium criminum* ; *secus in absolutione*. De plus, s'il n'y a que cinq Juges, *in causâ pecuniariâ*, il en faut sept, à plus forte raison, en matiere criminelle. Arrêt en la Tournelle le 26. Septembre 1592. défenses à tous Prévôts des Maréchaux & Présidiaux, de juger les cas Prévôtaux, en moindre nombre de Présidiaux que de sept. *Bibliot. de Bouchel*, verbo, *Prévôt*.

34. Le 29. May 1593. en la Tournelle, Dollé pour un nommé Guyot, appellant d'une Sentence donnée par le Prévôt des Maréchaux *d'Etampes*, disoit qu'il y avoit nullité en la Sentence, parce qu'elle n'étoit pas signée de sept Juges suivant l'Ordonnance, & alleguoit que depuis trois ou quatre mois il avoit été ainsi jugé en un appel d'une Sentence du Prévôt des Maréchaux de la haute Marche ; toutefois M. Seguier, Avocat du Roy, remontra que sur un premier appel d'incompetence, le Prévôt avoit été declaré competent par les Présidiaux de Chartres ; depuis il avoit été prononcé par l'avis du Conseil, que *omnia præsumuntur solemniter acta* ; par Arrêt fut dit l'appellation au néant. *Ibid.*

35. Au temps de la Ligue, & pendant le siége de Rochefort en Anjou, des Soldats de Poitiers, ville ennemie du Roy, vont à la guerre, rencontrent un Marchand d'Angers venant de la Rochelle, ayant pour 2. ou 3000. écus de marchandise. Ils le volent, portent une partie de cette marchandise en la ville de Brissac, nouvellement remise en l'obéissance du Roy ; l'autre partie à Poitiers, où le tout est declaré de bonne prise, par le Comte de Brissac son commandant. Le Marchand rend sa plainte à M. le Maréchal d'Aumont, qui envoye son Prévôt à la poursuite des voleurs ; quelques-uns sont pris & pendus sans figure de procés ; d'autres condamnez à mort par contumace ; & perquisition faite de la marchandise volée ; on en trouve une partie au logis de Simon Alaire, Tailleur d'habits, demeurant à Brissac ; une autre partie au logis de deux femmes, qui avoient leurs maris en la garnison de Poitiers, & du nombre des voleurs ; par la même Sentence contre les contumax, signée de M. le Maréchal d'Aumont, & scellée de ses armes, Alaire & les deux femmes sont condamnez à rendre & restituer la marchandise, & à 100. écus d'amende. Appel par eux comme de Juge incompetent, ensemble de toutes les procedures faites contre les formes accoûtumées en procés criminel. Par Arrêt donné à Tours le 24. Juin 1593. les appellans furent declarez non recevables, & condamnez en une amende seulement ; & avant faire droit sur la Requête du Procureur General, la Cour ordonne que la Comtesse de Brissac comparoîtra pour être ouïe ; & cependant défenses aux habitans & Capitaines qui sont en la ville de Brissac, de recevoir aucuns ennemis & rebelles au Roy, ni leur administrer feu, lieu, sous peine d'être declarez atteints & convaincus du crime de Leze-Majesté. *Voyez la Biblioth. de Bouchel*, verbo, *Maréchaussée de France*.

36. Edit du Roy du mois d'Octobre 1561. qui permet aux Prévôts de resigner leurs Offices, & leur en accorde la survivance pour une fois seulement. *Maréchaussée de France*, p. 299.

37. Declaration du Roy du 18. Juin 1598. portant que les Prévôts & leurs Lieutenans, auront & prendront la qualité de Conseillers du Roy ; & que les Prévôts auront voix déliberative, & séance aprés les Lieutenans Civils & Criminels. *Ibidem*, p. 318.

38. Arrêt du Parlement de Paris du 5. Decembre 1598. qui ayant égard aux Conclusions du Procureur General, défend au Lieutenant Criminel de Robe-Courte, & aux Présidiaux de *Reims*, ensemble à tous Prévôts des Maréchaux & Juges du ressort, d'entreprendre aucune connoissance des faits & cas commis pendant les derniers troubles ; leur enjoint de renvoyer les accusez pardevant les Juges ordinaires, à peine de nullité des procedures, dépens, dommages & interêts des parties. *Bibliotheque de Bouchel*. verbo, *Prévôt*.

39. Arrêt du Parlement de Paris du 30. Août 1602. portant que pour les Sentences d'incompetence des Prévôts des Maréchaux, ne seront prises épices ; & que les Prévôts ne pourront appeller que dix des plus anciens Conseillers du Présidial au Jugement des procés. *Ibid.* p. 341.

40. Défenses aux Prévôts des Maréchaux de saisir aucuns meubles des gens domiciliez ; & à eux enjoint quand ils saisiront les meubles des vagabonds, de les mettre au Greffe. Reglement du 10. Juillet 1604. *Peleus*, q. 5.

41. Les Prévôts des Maréchaux ne peuvent liquider les dommages & interêts, ni taxer les dépens. Arrêt du 21. Janvier 1617. Mornac, *L. 61. ff. de judiciis*, &c. ils n'ont que la simple instruction du procés.

42. Arrêt de Reglement du 22. Avril 1617. entre le Lieutenant du Prévôt des Maréchaux, Procureur du Roy, & le Greffier, sur l'exercice de leurs Charges ; défenses au Lieutenant d'informer sous le nom de Procureur du Roy, ni faire autres actes de Justice, sans avoir communiqué audit Procureur. Enjoint audit Lieutenant laisser les minutes des procés, inventaires & testamens des condamnez au Greffe ; de faire signer aucun acte de Justice, par autre que le Greffier, sinon en cas de maladie. Filleau, 2. part., tit. 3. ch. 36.

43. Arrêt du Conseil d'Etat du 26. Janvier 1619. qui confirme les Commissaires & Controlleurs à faire les montres dans leurs fonctions. *Maréch. de Fr.* p. 450.

44. Arrêt du Conseil d'Etat du 1. Juin 1625. qui regle les fonctions des Commissaires aux montres de *Melun* & *Nemours*. *Ibid.* p. 455.

45. Edit du Roy du mois de Janvier 1629. portant attribution d'augmentation de gages hereditaires aux Officiers de Maréchaussées, avec survivance de leurs Offices. *Ibid.* page 496.

46. Edit du Roy du mois de May 1631. portant attribution de la qualité de Chevaliers, de Lieutenans & d'exempts du Guet aux Officiers des Maréchaussées ; avec confirmation de la survivance de leurs Offices, & pouvoir aux Archers d'exploiter comme les Huissiers à Cheval du Châtelet de Paris. *Ibid.* p. 510.

47. Edit du Roy du mois d'Octobre 1631. qui attribuë d'abondant aux Prévôts, Lieutenans, Exempts des Archers des Maréchaussées, le titre & qualité de Chevaliers, Lieutenans, Exempts & Archers du Guet, & qui créé cinquante Offices d'Exempts, & trois cens Archers du Guet, *Ibid.* p. 513.

48. Arrêt de la Cour és Grands Jours de Poitiers du 4. Novembre 1634. portant Reglement pour l'exercice & fonction des Prévôts des Maréchaux, Vice-Baillifs, Vice-Sénéchaux, leurs Lieutenans, Greffiers & Archers. *Ibidem*, *page* 538.

49. Edit du Roy du mois de May 1635. portant suppression de plusieurs Charges, & confirmation des Privileges, Exemptions, Committimus & survivances, en faveur des Commissaires & Controlleurs des Maréchaussées. *Ibid.* page 540.

50. Edit du Roy du mois de Septembre 1635. portant attribution d'augmentation de gages aux Officiers des Maréchaussées, avec pouvoir aux Procureurs du Roy de désunir leurs Charges, & confirmation de l'exemption des Tailles, registré en la Chambre des Comptes le 20. Decembre 1635. *Ibid.* p. 549.

51. Declaration du Roy du 17. Mars 1636. portant attribution de la voix déliberative au Prévôt des Maréchaux de *Sens*. Ibid. *page* 552.

Edit

52 Edit de création d'une Maréchaussée de *Crépy en Valois*, du mois de Janvier 1638. *Ibid.* p. 569.

53 Edit de création du mois d'Octobre 1638. d'un Siége Présidial, & d'une Maréchaussée en la ville de *Valence* en *Dauphiné*. *Ibid.* p. 570.

54 Arrêt du Conseil du 10. Decembre 1642. qui attribuë aux Prévôts, Vice-Baillifs & Vice-Sénéchaux, la qualité & les mêmes honneurs & Jurisdiction qu'aux Prévôts Generaux ; rétablit la survivance de tous les Officiers ; confirme tous leurs privileges & exemptions ; créé quarante-une nouvelles residences de service aux Maréchaussées, & supprime les Prévôts Generaux, & leurs Officiers créez en 1641. *Ibid.* p. 627.

55 Arrêt du Conseil du 18. Juillet 1643. portant décharge des taxes faites sur tous les Officiers & Archers de Maréchaussée, rétablissement de leurs exemptions & privileges, & du quartier & demi retranché de leurs gages, tant anciens que nouveaux. *Ibid.* p. 640.

56 Arrêt du Conseil du 6. Août 1644. pour obliger les Officiers de Maréchaussée à la residence de service au lieu où les Compagnies sont établies, à peine d'être imposez aux tailles. *Ibid.* p. 656.

57 Les Prévôts des Maréchaux & leurs Officiers & Archers, doivent répondre en la Connêtablie, du fait de leurs Charges, soit en matiere criminelle, soit en matiere civile ; sçavoir en matiere civile, pour la Police & Discipline de leur Compagnie ; reglement de leurs Charges, taxes de leurs salaires & vacations, cassation & distribution de leurs Archers : & en matiere criminelle, des fautes & malversations par eux commises en exerçant leurs Charges, rebellions à eux faites & à leurs assistans dans les fonctions d'icelles, états & commissions : ce qui a été jugé par plusieurs Arrêts, notamment par un Arrêt du Conseil, servant de Reglement du 24. Septembre 1644 un autre du Parlement de Paris du 11. Juillet 1646. rapportez au Livre de la Connêtablie. Autre contradictoire de l'Audience du Parlement de Paris du 16. Janvier 1600. pour leurs salaires. Autre du 31. Janvier 1615. donné en execution de la Declaration du 15. Janvier 1575. pour la cassation & destitution des Archers.

58 Arrêt du Conseil du 24. Septembre 1644. portant confirmation du Reglement de Messieurs les Maréchaux de France, du 9. du même mois ; exemptions aux Prévôts & leurs Officiers, de tailles, subsistances & autres impositions. *Ibid.* p. 660.

59 Arrêt du Conseil du 12. Août 1645. en faveur des Prévôts des Maréchaux, portant moderation à la moitié de la taxe de l'avenement à la Couronne ; avec le rétablissement de leurs exemptions & privileges, & de payement de leurs gages. *Ibid.* p. 677.

60 Edit du Roy du mois de Septembre 1645. portant décharge aux Officiers de Maréchaussée de la moitié de la taxe de l'avenement à la Couronne, & de toutes autres taxes faites ou à faire. *Ibid.* p. 679.

61 Arrêt du P. du 27. Mars 1646. portant Reglement entre les Officiers de la Maréchaussée de Champagne, pour leurs fonctions, & devoir des Archers. *Ibidem*, pag. 691.

62 Edit du Roy du mois d'Août 1647. portant confirmation des privileges, exemptions & survivance aux Officiers des Maréchaussées ; attribution de la Jurisdiction ordinaire aux Prévôts & à leurs Officiers, rang, séance, & voix déliberative aux Présidiaux, création d'Exempts, Greffiers & Archers, &c *Ibid.* page 706. & Henrys, tome 2. *Additions des Offices, q.* 41.

63 Declaration du Roy du 12. Janvier 1648. qui ordonne l'execution des Edits des mois de Décembre 1641. & Août 1647. & que les Officiers des Maréchaussées y dénommés, jouïront des privileges portez par les Edits. *Maréchaussée de France*, page 714.

64 Arrêt du Conseil du 8. Juillet 1648. portant rétablissement de la survivance des Offices de Maréchaussée, & confirmation des exemptions de tailles, subsistances & autres impositions. *Ibid.* p. 617.

Tome II.

65 Declaration du Roy du 2. Juillet 1652. en faveur des Prévôts, Officiers & Archers des Maréchaussées, Lieutenans Criminels de Robe-Courte, & Chevaliers du Guet, pour la survivance de leurs Offices & jouïssance de leurs Privileges. *Ibid.* p. 743.

66 Arrêt du Conseil du 20. May 1654. qui a reglé les fonctions du Procureur du Roy de la Maréchaussée generale de Normandie. p. 759.

67 Arrêt du Conseil du 2. Septembre 1655. qui ordonne aux Officiers des Siéges Présidiaux & Royaux de proceder, toutes affaires cessantes, à la publication & enregistrement des Lettres de provision & reception des Prévôts ; avec défenses de prendre aucune Jurisdiction sur les Officiers des Maréchaussées. *Ibid.* p. 773.

68 Arrêt du Grand Conseil du 22. Septembre 1655. portant Reglement entre le Prévôt des Maréchaux, & Officiers de la Sénéchaussée, & Présidial de Lyon. Henrys, tome 2. *liv.* 2. quest. 34.

69 Arrêt du Conseil du 13. Novembre 1658. qui ordonne que le quartier & demi retranché aux Officiers des Maréchaussées pour les années 1657. & 1658. sera rétabli. *Maréchaussée de France*, p. 807.

70 Edit du Roy du mois de Février 1661. portant révocation de la Jurisdiction ordinaire criminelle attribuée aux Prévôts des Maréchaux, & permet aux Lieutenans Criminels de Robe-Longue, de lever & unir les Offices de Lieutenans Criminels de Robe-Courte. *Ibidem*, page 827.

71 Les Prévôts des Maréchaux doivent faire la montre de leur Compagnie devant les Officiers du Siége de la Connêtablie, ont rang & séance devant les Elûs & Conseillers des Présidiaux. Jugé par Arrêt du Grand Conseil, où les parties avoient été renvoyées, par Arrêt du Conseil Privé au profit du Prévôt de la *Fléche*, contre les Présidiaux & Elûs dudit lieu, du 22. Août 1662. rapporté au Livre de la Connêtablie *in fine*.

72 Edit du Roy du mois de Mars 1667. portant suppression des Officiers de Maréchaussées créez en 1647. & 1650. & qu'en attendant leur remboursement, ils pourront en faire les fonctions. *Maréch. de France*, p. 874.

73 Arrêt du Conseil du 15 May 1668. qui ordonne aux Prévôts de mettre leurs Compagnies en bon état, & d'en faire revûës pardevant les Intendans, pour être employez dans les états du Taillon. *Ibid.* p. 885.

74 Arrêt du Conseil du 10. Juin 1668. qui ordonne aux Officiers des Maréchaussées de se rendre aux lieux de leur établissement. *Ibid.* p. 886.

75 Arrêt du Conseil du 26. Février 1677. portant permission de démembrer l'Office de Lieutenant en la Maréchaussée de *Bretagne*. *Ibid.* p. 939.

76 Declaration du Roy en forme de Reglement, sur les recusations, jugemens de competence, & cassation des Sentences & procedures des Prévôts des Maréchaux, du 23. Septembre 1678. *Ibid.* p. 953.

77 Arrêt du Conseil du 23. Mars 1680. portant que les Exempts & Archers des Maréchaussées prendront des Lettres de provision du Grand Sceau, sur la nomination de leurs Chefs, & les dispense de les faire enregistrer au Bureau des Finances. *Ibid.* p. 994.

78 Arrêt du Conseil du 16. Decembre 1680. en interpretation de celuy du 6. Février précedent, pour les Maréchaussées de *Bourgogne*, permis à ces Officiers de continuer l'exercice de leurs Charges, comme ils faisoient auparavant. *Ibid.* p. 999.

79 Arrêt du Conseil Privé du 10. Juin 1681. qui a jugé que le Prévôt general en la Maréchaussée de *Provence*, peut destituer les Archers incapables, & refusans de rendre le service, en les remboursant du prix de l'Office, des frais des Provisions, survivances & loyaux coûts. *Boniface*, tome 3. *liv.* 1. *tit.* 10. *ch.* 1

80 Arrêt du 16. Octobre 1688. de la Chambre Souveraine de la réformation de la Justice, séante à Limoges, qui ordonne aux Prévôts d'envoyer au Greffe de ladite Chambre, un état de toutes les procedures qu'ils ont faites. *Maréchaussée de France*, p. 1053

Qqqq

81. Edit de création du mois de Mars 1692. des Maréchaussées en *Lorraine* & *Barrois*, Provinces de la *Sarre*, d'*Alsace* & de *Luxembourg*. Ibid. p. 1071.

82. Edit de création du mois d'Août 1692. des Maréchaussées dans le Comté de *Bourgogne*. Ibid p. 1079.

83. Edit de création du mois de Février 1693. d'une Maréchaussée au Pays & Comté d'*Artois*. Ibid. p. 1085.

84. Arrêt du Conseil du 17. Février 1693. qui ordonne que la Declaration concernant le rang & séance des Officiers des Maréchaussées, du 6. May 1692. sera executée, sans qu'elle puisse être tirée à consequence contre ceux des Officiers qui étoient en droit & possession d'un rang plus avantageux que celuy porté par ladite Declaration, ausquels sa Majesté n'a entendu préjudicier. *Ibid. p. 1084.*

85. Arrêt du Conseil du 29. Septembre 1693. portant que les Prévôts des Maréchaux, Vice-Baillifs, Vice-Sénéchaux, & Lieutenans Criminels de Robe-Courte, auront voix déliberative dans les Jugemens des procés Prévôtaux, instruits tant par eux que par leurs Lieutenans ou Assesseurs, quoyqu'ils ne soient pas Graduez. *Ibid. page 1102.*

86. Edit de création du mois d'Octobre 1693. de Maréchaussées en *Lorraine* & *Barrois*, avec attribution d'augmentations de gages. *Ibid. p. 1105.*

87. Arrêt du Conseil d'Etat du 19. Janvier 1694. qui confirme les Officiers des Maréchaussées de *Bourgogne*, *Bresse*, *Bugey*, *Valromey* & *Gex*, dans leurs droits, privileges, prérogatives & exemptions, & les décharge des taxes. *Ibid. p. 1109.*

88. Declarations du Roy du 3. Octobre 1694. qui ordonne que toutes les Sentences Prévôtales, préparatoires, interlocutoires, ou diffinitives, mêmes celles portant que les témoins seront recollez & confrontez, ne pourront être rendues qu'au nombre de sept, au moins Officiers ou Graduez. Cette Declaration a été regiſtrée au Grand Conseil le 12. Novembre suivant. *Ibidem, page 1114.*

89. Edit de création du mois de May 1696. de Prévôts des Maréchaux, Lieutenans & Exempts Diocesains en *Languedoc*. Maréchaussée de France, *page 1117.*

PREVOST DES MARECHAUX PARTICULIERS.

90. Par ordre alphabetique on va distinguer les Ressorts particuliers des Officiers de Maréchaussée.

AIX.

Voyez *cy-aprés le nombre 127.*

ALENÇON.

91. Arrêt du Grand Conseil du 28. Septembre 1612. portant Reglement entre le Lieutenant du Prévôt Geral de Normandie, resident à *Alençon*, & les Présidiaux dudit lieu. *Maréchaussée de France, page 405.*

ANDELY.

92. Voyez *cy-aprés le nombre 110.*

ANGOULESME.

93. Arrêt du Grand Conseil du dernier Septembre 1614. portant Reglement entre le Lieutenant d'*Angoulême*, & le Vice-Sénéchal, pour l'exercice de leurs Charges. *Maréchaussée de France, page 419.*

94. & 95. Arrêt du Grand Conseil du 25. Janvier 1645. portant Reglement entre le Vice-Sénéchal & les Présidens, Maire & Echevins d'*Angoulême*, sur la fonction, préséance & exercice de leurs Charges, contenant plusieurs décisions sur l'observation des Ordonnances, & regularité des procedures. *Ibid. page 668.*

ANJOU.

96. Arrêt du Parlement de Paris du 22. Avril 1617. portant Reglement entre le Lieutenant du Prévôt Provincial d'*Anjou*, résident à *Saumur* & les Procureurs du Roy & Greffier en ladite residence. *Ibidem, page 430.*

Voyez *cy-aprés le nombre 182.*

ARMAGNAC.

97. Arrêt du Conseil du 15. Novembre 1608. portant Reglement entre le Vice-Sénéchal d'*Armagnac* & les Officiers du Siege de *Leytoure*. Ibidem, *page 370.*

BAUGE'.

98. Arrêt du Grand Conseil du 15. Juillet 1655. entre le Prévôt des Maréchaux de *Baugé* & les Officiers du Siege Royal de la même Ville qui fait défenses à ceux-cy de plus entreprendre sur la Jurisdiction Prévôtale. *Ibidem, page 769.*

BLANC EN BERRY.

99. Arrêt du 21. Juillet 1629. donné en faveur des Officiers Royaux de *Loches*, contre les procedures extraordinaires, & Sentence de mort contre eux données par le Prévôt des Maréchaux du *Blanc en Berry* & autres Officiers du *Dorat*. Filleau, 2. *part. tit. 3. ch. 54.*

BOURBONNOIS.

100. Lettres Patentes du 12. Février 1567. portant Reglement entre le Vice-Sénéchal de *Bourbonnois* & les Présidens du Siege pour leurs fonctions. Enjoint au Lieutenant Civil & Juges Présidiaux de *Moulins* d'assister au Vice-Sénéchal, la Justice civile cessante; au jugement des procés criminels. Quant aux causes de recusation qui seront par les Présidiaux jugées & déclarées admissibles, à eux enjoint de renvoyer les parties pardevant celuy du Vice-Sénéchal ou de son Lieutenant qui ne sera recusé, &c. *Maréchaussée de France, page 163.*

101. Lettres Patentes du 11. Février 1580. portant Reglement entre le Vice-Sénéchal de *Bourbonnois* & son Lieutenant à *Mont-Luçon*. Ibidem, *page 238.*

BOURGES.

102. Arrêt du Conseil Privé du 26. Février 1630. portant Reglement entre les Officiers des Maréchaussées de *Bourges* & *Château-roux* Ibidem, *page 507.*

BRETAGNE.

103. Par Arrêt du Parlement de *Bretagne* du 31. Octobre 1561. François Gautier Lieutenant du Prévôt des Maréchaux, est débouté d'un Reglement qu'il prétendoit contre Mathurin du Plessis, Prévôt en chef; ordonné que sur le tour du nombre des Archers du Prévôt, Gautier Lieutenant en choisira cinq, & luy seront baillés cinq autres par le Prévôt sans qu'il les puisse révoquer ou changer avant qu'ils ayent fait le service le temps d'un an avec le Lieutenant, ni que pour ce le Lieutenant se puisse attribuer la nomination ou présentation d'autres Archers au préjudice du Prévôt, autre que luy & ses prédecesseurs en ont fait par le passé, lesquels Prévôt & Lieutenant avec dix des Archers, pour le moins, seront suivant les précedens Arrêts actuelle residence en cette ville de *Rennes*, pour l'execution des Arrêts de la Cour, & exercice de leurs états sans en pouvoir desemparer, sinon par le congé & permission d'icelle. Du Fail, *liv. 2. chap. 396.*

BRIE.

104. Arrêt du 7. Juin 1608. portant Reglement entre le Prévôt de *Brie* & *Champagne*, & l'Assesseur en la Maréchaussée de *Meaux*. Maréchaussée de France, p. 378.

BRIVES.

104 bis. Voyez *cy-aprés le nombre 131.*

CAEN.

105. Arrêt du Parlement du 30. Juin 1646. portant Reglement entre le Vice-Bailly de *Caën*, & son Lieutenant de Robe Longue. *Maréchaussée de France, p. 697.*

Voyez *cy-aprés le nombre 161. & suiv.*

CAHORS.

106. Voyez *cy-aprés le nombre 176.*

CHABLIS.

106 bis. Arrêt du Conseil du 9. Février 1657. rendu entre le Lieutenant Criminel de Robe Courte de *Chablis* & les Juges Présidiaux d'*Auxerre*, qui fait défenses au Présidial d'*Auxerre*, en jugeant les déclinatoires des accusez, ausquels le Prévôt des Maréchaux fera le procés, s'ils le jugent incompetent, d'en faire le renvoy par devant autres que pardevant luy, sauf l'appel, à peine de nullité. *Maréchaussée de France, page 797.*

CHAMPAGNE.

107. Voyez *cy-dessus le nombre 104.*

CHARTRES.

108. Arrêt du Grand Conseil du 28. Septembre 1621. por-

MAR   MAR 675

tant Reglement entre le Vice-Bailly & les Officiers Préſidiaux de la Ville de *Chartres.* Ibidem, page 457.

CHASTEAU-GONTIER.

109. En la cauſe du Lieutenant de Robe courte de *Chaſteau-Gontier*, contre le Prévôt Provincial de *Poitou*, la queſtion étoit à qui appartenoit, l'inſtitution des Archers ; & ſçavoir ſi les Lieutenans doivent porter leurs procés verbaux au Greffe du Prévôt ou les envoyer *recta* au Conſeil Privé du Roy. M. Seguier adheroit au Prévôt. Toutefois, parce que l'Edit de Création du Lieutenant de *Château-Gontier* verifié, en la Cour, luy auroit attribué l'inſtitution de ſes Archers, la Cour appointa les parties ſur le tout au Conſeil, & ordonna qu'elle verroit les Ordonnances de 59. 73. & 79. ſur le fait des Prévôt des Maréchaux. Arrêt du 11. Février 1594. Bibliotheque de Bouchel, verbo, *Prévôt des Maréchaux.*

110. Arrêt du Grand Conſeil du 30. Septembre 1648. portant Reglement entre le Prévôt Provincial, & les Officiers Préſidiaux de *Château-Gontier*, pour l'exercice & fonction de leurs Charges, rang, ſéance, &, voix déliberative. *Maréchauſſée de France*, page 718.

CHASTEAU-ROUX.

111. Voyez cy-deſſus le nombre 102.

CHASTELLERAUD.

112. Par Arrêt du 29. Avril 1600. à la Tournelle en la cauſe des Prévôts des Maréchaux de *Chinon*, & de *Chaſtelleraud*, défenſes à tous Prévôts des Maréchaux de liquider les dommages & interêts. *Voyez* la Bibliotheque de Bouchel, verbo, *Prévôts des Maréchaux.*

CHATILLON.

113. Arrêt du Conſeil du 24. Avril 1598. portant défenſes au Lieutenant Civil de *Chatillon-ſur-Indre*, de troubler le Lieutenant Criminel de Robe courte, & luy enjoint de l'aſſiſter à l'inſtruction des Procés criminels qui ſeront faits par ledit Lieutenant des cas & crimes, dont la connoiſſance eſt attribuée aux Prévôts des Maréchaux. *Maréchauſſée de France*, page 317.

CHAUMONT.

114. Voyez cy-aprés le nombre 120.

DORAT.

115. Voyez cy-deſſus le nombre 99.

S. ETIENNE EN FOREST.

116. Voyez cy-aprés le nombre 180.

EVREUX.

116 bis. Voyez cy-aprés le nombre 162.

FERTÉ-BERNARD.

117. Lettres Patentes du 9. Janvier 1613. pour la reſidence d'un Prévôt du Maine en la ville de la *Ferté-Bernard.* Maréchauſſée de France, page 409.

LA FLECHE.

117 bis. Arrêt du Parlement du 2. Août 1605. rendu entre les Prévôt, Lieutenant de Robe-longue, & autres Officiers de la Maréchauſſée de la *Fleche*, pour leurs fonctions. *Ibidem*, page 360.

FONTENAY-LE-COMTE.

118. Arrêt du Parlement du 22. Février 1659. portant défenſes au Lieutenant de la Vice-Sénéchauſſée de *Fontenay-le-Comte*, de donner aucunes proviſions d'Archers en ſadite Compagnie, faire des captures, priſes de priſonniers, & inſtruction de procés, au préjudice & ſans la permiſſion du Vice-Sénéchal. *Ibid.* page 809.

FLANDRES.

119. Edit de Création d'un Prévôt General en *Flandres* & *Hainaut* avec un nombre d'Officiers & Archers. *Ibid.* page 958.

GISORS.

120. Arrêt du grand Conſeil du 2. May 1663. portant Reglement entre le Vice-Bailly de *Gisors*, Lieutenant Criminel de Robe courte, à *Pontoiſe*, *Chaumont* & *Magny*, & les Officiers du Siége Préſidial d'*Andely*, & autres Officiers du Bailliage de *Giſors.* Ibid. p. 857.

GUYENNE.

121. Edit de Création d'un Prévôt General & Provincial

Tome II.

en la Province de *Guyenne* du mois de May 1637. *Ibidem*, page 562.

122. Edit de Création d'un ſecond Lieutenant du Prévôt General de *Guyenne* en la Sénéchauſſée de *Marſan.* Ibid. page 956.

HAINAULT.

123. Voyez cy-deſſus le nombre 119.

LANGUEDOC.

124. Arrêt du grand Conſeil du 11. Septembre 1612. portant défenſes au Prévôt General de *Languedoc*, de commettre à la Charge de Prévôt. *Maréchauſſée de France*, page 403.

125. Arrêt du grand Conſeil du 9. Mars 1637. rendu entre le Lieutenant General en la Maréchauſſée de *Languedoc*, & les Officiers du Siége Préſidial de *Niſmes.* Ibidem, page 556.

LANNES.

126. Lettres Patentes du 18. Août 1602. pour la voix déliberative, Titre de Conſeillers, & préſéance aux Prévôts de *Lannes.* Ibidem, page 338.

127. Arrêt du Grand Conſeil du 24. Mars 1618. portant Reglement entre le Vice-Sénéchal de *Lannes* & les Préſidiaux d'*Aix.* Ibid. page 434.

LAON.

128. Arrêt du Conſeil du 24. Mars 1671. pour la préſéance, & voix déliberative du Prévôt de *Laon.* V. Ibid. page 912.

LEICTOURE.

128 bis. Voyez cy-deſſus le nombre 97.

LIBOURNE.

129. Lettres Patentes du 27. Février 1663. pour les rang, ſéance, & voix déliberative du Prévôt de *Libourne.* Maréchauſſée de France, page 836.

LIMOSIN.

130. Arrêt du grand Conſeil du 30. Août 1611. portant reglement entre l'Aſſeſſeur en la Vice-Sénéchauſſée de *Limoſin*, & les Officiers du Siége Préſidial de *Limoges.* Ibidem, page 390.

131. Arrêt du Grand Conſeil du 16. Février 1677. portant Reglement entre le Prévôt, Vice-Sénéchal du bas *Limoſin*, & les Officiers du Préſidial de *Brives*, pour leurs fonctions, rangs & ſéances. *Ibid.* 940.

LOCHES.

132. Arrêt du Parlement de Paris du 4. May 1600. en faveur du Prévôt de *Tours* qui fait défenſes au Lieutenant de *Loches* de prendre la qualité de Prévôt, ordonne qu'il demeurera Lieutenant. *Ibid.* page 332.

LYON.

133. Arrêt du Grand Conſeil du 17. Juin 1622. portant Reglement entre le Prévôt & les Préſidiaux de *Lyon.* Ibid. page 469.

134. Arrêt du Conſeil & Declaration du Roy en faveur du Prévôt General de *Lionnois*, *Forêt*, & *Beaujollois*, du 18. Juin 1642.

135. Reglement notable entre le Prévôt des Maréchaux & ſon Lieutenant, d'avec les Officiers de la Sénéchauſſée & Siége Préſidial de *Lyon*; le 22. Septembre 1651. rendu au Grand Conſeil. *V.* Henrys, tom. 2. li. 2. q. 34.

MAGNY.

136. Voyez cy-deſſus le nombre 120.

MAINE.

137. Arrêt du Conſeil du 1. Septembre 1612. portant Reglement entre le Lieutenant du Prévôt Provincial du *Maine*, les Officiers Préſidiaux, & le Lieutenant Criminel du *Mans*, & autres Officiers, &c. *Maréchauſſée de France*, page 399.

138. Arrêt du Conſeil d'Etat du Roy du 21. Mars 1613. portant Reglement entre le Prévôt Provincial du *Mans* & ſon Lieutenant General. *Ibidem*, page 410.

139. Arrêt du Grand Conſeil du 20. Avril 1613. entre le Prévôt & le Lieutenant Criminel du *Mans.* Ibidem, page 411.

140. Arrêt du Conſeil Privé du 22. May 1613. portant Reglement entre le Prévôt du *Mans* & les Commiſſaires & Controleurs à faire les montres. *Ibid.* p. 414.

Qqqq ij

141 Arrêt du Parlement du 6. Avril 1617. en faveur du Prévôt du *Mans*, contre le Greffier de son Lieutenant en la résidence de *Mayenne*. Ibid. page 429.

142 Arrêt du Grand Conseil du 1. Juin 1627. entre le Prévôt du *Mans* & le Juge ordinaire qui casse l'Ordonnance du Juge ordinaire, en ce que par icelle il avoit fait défenses au Prévôt des Maréchaux de faire aucunes contraintes contre les Officiers de la Jurisdiction ordinaire. Défenses à eux de plus user de termes semblables en leurs jugemens. Ibidem, page 491.

143 Arrêt du Grand Conseil du dernier Septembre 1644. donné entre le Prévôt Provincial du *Maine* au Mans, & les Officiers du Siége Présidial dudit lieu, pour le reglement de leurs Charges, & regularité des procedures. Ibidem, page 662.

MANTES.

144 Voyez cy-après le nombre 150.

MARSAN.

145 Voyez cy-dessus le nombre 122.

MAYENNE.

146 Arrêt du Grand Conseil du premier Septembre 1612. entre le Lieutenant du Prévôt Provincial de *Mayenne*, établi à *Mayenne*; & les Officiers Présidiaux, & Lieutenant Criminel du Mans. Filleau, 2. part. tit. 3. ch. 40.

MELUN.

147 Arrêt du Conseil du 20. Decembre 1613. portant reglement entre le Prévôt des Maréchaux au Bailliage de *Melun* & *Nemours*, & les Commissaire & Controleur à faire les montres. *Maréchaussée de France*. page 471.

METS.

148 Arrêt du Conseil du 2. Juillet 1664. en faveur du Prévôt de *Metz*, *Toul* & *Verdun*, Voyez ibid. p. 860.

MEULAN.

149 Voyez cy-après le nombre 150.

MONTFORT.

150 Declaration du Roy du 24. Février 1584. en faveur du Prévôt de *Montfort*, *Mante*, *Meulan*, &c. portant défenses à ses Lieutenans, Greffiers & Archers, de faire aucune fonction, sortir la ville, & être aux champs plus d'un jour sans permission. Ibid. page 250.

151 Reglement du 15. Mars 1586. entre le Prévôt de *Montfort* & ses Officiers, enjoint aux Officiers de luy obéir, & aux Archers d'aller tous les jours à sa maison pour recevoir ses ordres, & en cas de désobéissance, à luy permis de les mulcter d'amende, les suspendre, interdire, même casser. Ibidem, page 262.

MONTLUÇON.

152 Voyez cy-dessus le nombre 101.

MONTARGIS.

153 Arrêt du Conseil du 19. Novembre 1608. portant reglement entre le Prévôt de *Montargis*, & les Commissaires & Controleurs à faire les montres. Ibidem, page 379.

MOULINS.

154 Voyez cy-dessus le nombre 100.

NEMOURS.

155 Voyez cy-dessus le nombre 147.

NEVERS.

156 Arrêt du Grand Conseil du 3. Decembre 1620. portant reglement entre le Prévôt de *Nevers*, & les Officiers Présidiaux de *Saint Pierre le Moûtier*. Ibidem, page 452.

NIORT.

157 Arrêt du Grand Conseil du 24. Septembre 1615. portant reglement entre le Prévôt & les Officiers du Siége Royal de *Niort*. Ibidem, page 421.

NISMES.

158 Voyez cy-dessus le nombre 125.

Arrêt du Conseil du 27. Avril 1640. portant défenses à toutes personnes de poursuivre le Prévôt de *Nismes* & ses Officiers ailleurs qu'au Grand Conseil, & défenses à tous Juges d'en connoître. Ibid. p. 591.

159 Arrêt du Conseil du 2. Decembre 1643. qui ordonne que le Prévôt General, & Chevalier du Guet en la Sénéchaussée de *Nismes*, son Lieutenant, Exempt, Greffier & Archers jouïront de leurs Charges, conformément à l'Edit du mois de Decembre 1639. & fait défenses au PrévôtGeneral de Languedoc, au département des Sénéchaussées de Montpellier & Beziers de le troubler ni de se pourvoir au Parlement de Toulouse; & à ladite Cour d'en prendre connoissance à peine de nullité, & de dix mille livres d'amende. Ibid. p. 641.

NIVERNOIS.

160 Arrêt du Grand Conseil du 26. Février 1622. qui ordonne que le Prévôt Provincial de *Nivernois* aura voix délibérative dans les procès qu'il instruira, & prendra la qualité de Conseiller du Roy. Ibidem, page 466.

NORMANDIE.

Voyez cy-dessus le nombre 105.

161 Edit du Roy du mois de Mars 1605. concernant les Officiers des Maréchaussées de *Normandie*. V. la *Maréchaussée de France*, page 354.

162 Arrêt du Grand Conseil, du 30. Juin 1611. portant reglement entre le Prévôt General de *Normandie*, ses Lieutenans de longue & courte Robe, & les Juges Présidiaux d'*Evreux*. Ibidem, page 387.

163 Reglement du 20. Novembre 1611. fait par M. le Maréchal de Fervaques, de l'avis de M. de Barentin & Renard, Maîtres des Requêtes, sur les differends d'entre Prévôt General de *Normandie*, & les Lieutenans établis en chacun des Bailliages de la Province. Ibid. page 392.

164 Arrêt du Grand Conseil du 7. Septembre 1612. pour le Reglement des Charges & fonctions entre le Prévôt Général de *Normandie*, & ses Lieutenans, & les Officiers du Siége Présidial d'*Evreux* & autres Siéges Présidiaux du ressort de la Cour du Parlement de Roüen, par lequel entre autres choses, il est ordonné que le Prévôt aura voix délibérative au Jugement des procès, après celuy du Siége Présidial qui présidera & ses Lieutenans de Robes longues étant Graduées. Le Prévôt aura séance après celuy qui présidera, & ses Lieutenans étant Graduez, après tous les Conseillers du Siége. Filleau, 2. part. tit. 3. chap. 20.

165 Lettres Patentes du 27. Avril 1655. portant que l'Edit d'attribution de la Justice ordinaire aux Prévôts, n'aura lieu dans la Province de *Normandie*. Voyez le Recueil de la *Maréchaussée de France*, page 765.

166 Arrêt du Grand Conseil du 31. Mars 1656. donnée entre le Procureur du Roy de la Maréchaussée Generale de *Normandie*, & les Officiers & Archers de la même Compagnie, pour les fonctions & exercice de leurs Charges. Ibid. page 783.

167 Lettres Patentes, portant démembrement de la Charge de Grand Prévôt General de *Normandie*, en deux Prévôtez Generales de haute & basse Normandie. Arrêt du Conseil rendu en consequence du 8. Octobre 1660. Ibid. page 823.

ORLEANS.

168 Arrêt du Parlement du 7. Janvier 1617. qui fait défenses aux Juges Présidiaux d'*Orleans*, de prendre connoissance des faits concernant le Prévôt dudit lieu. Ibidem, page 428.

169 Arrêt du Grand Conseil du dernier Juin 1618. portant reglement entre le Prévôt Provincial & les Officiers Présidiaux d'*Orleans*, ibidem, page 437.

PARTHENAY.

170 Lettres Patentes en forme de Reglement du mois d'Avril 1577. entre le Prévôt des Maréchaux de *Poitou* résident à *Parthenay*, & son Lieutenant. Ibid. p. 205.

PERIGORD.

171 Lettres Patentes du 20. Février 1610. qui regle les rang, séance & voix délibérative du Vice-Sénéchal de *Perigord*, il opine l'épée au côté, a séance après les Lieutenans Generaux Civils & Criminels. Ibid. p. 383.

PICARDIE.

172 Arrêt du Grand Conseil du dernier Mars 1606. portant Reglement entre le Prévôt de *Picardie*, & les Commissaire & Controleur à faire les montres. Ibid. page 364.

S. PIERRE-LE-MOUTIER.

172 bis. Voyez cy-dessus le nombre 156.

POITOU.

Voyez cy-dessus le nombre 109.

173 Declaration du Roy du mois d'Avril 1655. portant réünion de la Charge de Prevôt Général de Poitou, à celle de Prévôt Provincial. *Ibidem, page 763.*

174 Arrêt du Parlement du 28. Août 1693. rendu entre le Prévôt General de Poitou, son Lieutenant & son Exempt, pour la fonction de leurs Charges. *Ibidem, page 1699.*

PONTOISE.

175 Voyez cy-dessus le nombre 110.

QUERCY.

176 Arrêt du Grand Conseil du 30. Mars 1611. portant Reglement entre le Vice-Sénéchal de *Quercy* & les Officiers du Siége Présidial de *Cahors. Maréchaussée de France, page 386.*

RENNES.

177 Par Arrêt du Parlement de Bretagne du 29. Avril 1557. il est commandé au Procureur du Roy à *Rennes* ses Avocats, Substituts, Greffier Civil & Sergens du lieu, d'obéïr aux Ordonnances du Prévôt de *Rennes*, & sur leur refus, lui est permis de commettre qui il verra, au lieu des devant nommés. *V. Du Fail, liv. 3. chapitre 194.*

LA ROCHELLE.

178 Lettres Patentes du 17. Août 1577. en faveur de Charles de la Valade, afin d'être reçû en la Charge de Vice-Sénéchal de la *Rochelle*, quoyqu'il ne fût Gentilhomme. *Maréchaussée de France, page 207.*

179 Arrêt du Grand Conseil du 29. Juillet 1632. qui ordonne au Lieutenant en la Sénéchaussée de la *Rochelle*, de faire residence au lieu de son établissement, avec défenses de faire Chartre privée. *Ibidem, page 518.*

ROUANNE.

180 Arrêt du Conseil du 16. Septembre 1667. portant que le Prévôt des Maréchaux établi dans le ressort de *Rouanne* & saint Etienne en Forêt, par Edit du mois de Septembre 1645. sera tenu de faire juger le procés qu'il aura instruits par les Officiers démembrés du Bailliage de Montbrison, residens à *saint Etienne.* Ib. dem, *page 879.*

SAINTONGE.

181 Voyez cy-après le nombre 192.

SAUMUR.

182 Le Lieutenant de Robe courte de *Saumur*, auroit obtenu Lettres pour se qualifier Prévôt des Maréchaux. Le Prévôt Provincial de Poitou, dont il est l'un des Lieutenans s'oppose. L'autre fut débouté. Arrêt qui ordonne qu'il se contentera de la qualité de Lieutenant. *Bibliotheque de Bouchel, verbo, Prévôt.*
Voyez cy-dessus le nomb. 96.

SENS.

183 Arrêt du Grand Conseil du 2. Septembre 1624. portant Reglement entre le Prévôt & les Présidiaux de Sens. *Maréchaussée de France page 475.*

183 bis. Declaration du Roy du 17. Mars 1636. portant attribution de la voix déliberative au Prévôt des Maréchaux de Sens. *Ibidem, page 552.*

184 Arrêt du Grand Conseil du 11. May 1637. qui ordonne que le Prévôt de *Sens* jouïra de la voix déliberative & la séance attribuée à sa Charge. *Ibidem, page 566.*

SOISSONS.

185 Arrêt du Grand Conseil du dernier Septembre 1645. portant Reglement entre le Prévôt Provincial, & les Officiers Présidiaux de *Soissons*, touchant leurs fonctions & procedures. *Ibid. page 682.*

TOUL.

186 Voyez cy-dessus le nombre 148.

TOURAINE.

187 Edit du Roy du mois de Janv. 1609. portant qu'en la Province de *Touraine*, il n'y aura qu'un seul Prévôt Provincial, que les autres établis à *Chinon* & autres Villes demeureront ses Lieutenans, & l'assisteront toutesfois & quantes en seront requis. *Maréchaussée de France, page 380.*

188 Arrêt du Conseil du 11. Février 1645. portant défenses aux Présidiaux & autres de troubler le Prévôt des Maréchaux de *Touraine* en l'exercice & fonction de sa Charge. *Ibidem, page 675.*

189 Arrêt du Parlement du 22. Juin 1650. portant Reglement entre le Prévôt de *Touraine* & son Lieutenant, resident à *Montrichard*; défenses à celuy-cy de prendre autre qualité, sinon de Lieutenant du Prévôt Provincial de *Touraine*, luy enjoint de reconnoître le Prévôt comme son chef & Capitaine, l'assister en ses captures; vacation avenante des places d'Archers, le Prévôt y pourvoira; les jugemens donnez sur procés instruits par le Lieutenant, seront intitulez du nom du Prévôt, & en fin mis, Donné par nous Lieutenant du Prévôt de *Touraine* en la résidence de *Montrichard*, aux jugemens desquels le Prévôt pourra assister quand bon luy semblera avec le Lieutenant. V. *Ibid. p. 734.*

TROYES.

190 Lettres Patentes du 28. Janvier 1578. servant de Reglement entre le Prévôt General de *Champagne* & son Lieutenant en la résidence de *Troyes.* Lieutenant, Greffier & Archers tenus d'obéïr au Prévôt. *Ibidem, page 219.*

VERDUN.

191 Voyez cy-dessus le nombre 148.

XAINTONGE.

192 Arrêt du Conseil du 19. Mars 1654. portant désunion de la Charge de Prévôt de *Xaintonge*, de celle de Vice-Sénéchal. *Maréchaussée de France, page 757.*

MARGUILLIERS.

1 DES Fabriques & Marguilliers, de leur administration, & reddition de leurs comptes. *Voyez les Memoires du Clergé, tome 3. part. 3. tit. 3. Filleau, part. 1. tit. 1. chap. 10. le petit Recueil de Borjon, tome 2. & le Recueil de De Combes Greffier en l'Officialité de Paris, 2. part. chap. 3.*

2 Droit des Marguilliers és choses concernant la Fabrique. *Voyez le mot, Fabrique, nomb. 17. & suiv.*

3 Les Docteurs Regens en Droit sont exempts d'être Marguilliers. *Voyez le mot, Docteurs, nomb. 11.*

4 Les Marguilliers doivent tous ensemble presenter au Benefice, si le droit de presenter leur appartient. *Bellordeau, liv. 6. Cont. 1.*

5 Comment ils partagent avec le Curé les profits & obventions de l'Eglise; les accords qu'ils peuvent faire; les comptes qu'ils doivent rendre? *Voyez Tournet, lett. F. Arr. 1. & suiv.*

6 Marguilliers des Paroisses fondez en la perception des droits Curiaux, Foüages, & Oblations funebres. *Tournet, lettre M. Arr. 20.*

7 Les Marguilliers ne peuvent être employez pendant leur administration au recouvrement des deniers des subsides, emprunts, tailles, & autres impositions. *Memoires du Clergé, tome 3. part. 3. pag. 384. & suiv.*

8 Un Clerc qui a accoûtumé à l'Eglise d'allumer les lampes, sonner Matines, & autres choses qui appartiennent à sa charge, n'est pas recevable à se constituer demandeur & complaignant s'il est spolié; car ce n'est au plus qu'un office & non un Benefice Ecclesiastique; mais s'il est destitué injustement & pour cause infamante, *etiam* par ceux qui autrement *ex legitimâ causâ* pourroient le destituer, il peut s'en plaindre. Ainsi pratiqué le 10. Novembre 1536. par le Clerc de l'Eglise de Saint Marcel; il fut déclaré non recevable en sa complainte & mainteneue, mais parce que les Marguilliers avoient procedé à sa destitution sans appeller le Curé ni les Paroissiens, la Cour ordonna que le Clerc demeureroit en sa charge & office jusqu'à ce que les Marguilliers, Curez, & Paroissiens dûment assemblez, autrement en fût ordonné. *Papon, liv. 4. tit. 12. nomb. 13. Bibliot. Canon. tome 2. page 261. colon. 2.*

9 Les Marguilliers doivent avoir le foin des Reliques & principaux ornemens, des Vafes facrez, Calices, pierreries, lorfqu'il y en a, & de tout ce qui fert à l'ufage de l'Eglife pour le Service divin, ils en font les dépofitaires. Jugé en faveur des Marguilliers de l'Eglife Archipresbyterale de la Magdelaine de la Ville de Paris, contre le Curé de la même Eglife, par Arrêt du 8. Juillet 1538. rendu fur un appel interjetté d'une Sentence du Prévôt de Paris : le Curé prétendoit être le feul dépofitaire de toutes ces chofes ; neanmoins le même Arrêt ordonna que le Curé & les Marguilliers auroient conjointement cette charge. D'où vient qu'ils ont un homme Ecclefiaftique chargé de ce foin, qu'ils appellent vulgairement Clerc de l'Oeuvre. *Définit. Canon.* page 451.

10 Des Marguilliers, que ce n'eft point à l'Evêque à les inftituer. *Voyez Du Luc*, liv. 1. tit. 5. chap. 6.

11 Les Evêques n'ont pouvoir de créer des Marguilliers. Jugé pour les habitans de Noyon, contre l'Official qui avoit voulu contraindre un Marguillier à prêter ferment entre fes mains. Arrêt du mois de Decembre 1539. *Papon*, liv. 19. tit. 2. nomb. 14.

12 Le droit d'inftituer des Marguilliers n'appartient point à l'Evêque ; lorfqu'ils font élûs, ils ne doivent pas même prêter le ferment ni devant luy ni devant fon Official ; quoique leurs fonctions foient Eccléfiaftiques, ce font des perfonnes purement laïques & féculieres. Ainfi jugé fur un appel comme d'abus, interjetté des Lettres accordées par l'Official de Noyon, portant permiffion de faire appeller les Marguilliers d'une Paroiffe pour prêter ferment pardevant luy, cet Arrêt eft du 22. Avril 1542. Il y en a un autre du 12. Decembre 1539. *M. Mainard*, livre 2. *de fes queftions*, ch. 1. en rapporte un conforme rendu au Parlement de Touloufe. *V. les Définit. Canon.* page 451.

13 Les Marguilliers ou Treforiers des Eglifes, ne peuvent pas fubhafter, vendre & ajuger d'eux-mêmes fous titre de fermage, iffuë de grande Meffe, ou Vêpres Paroiffiales, les dîmes, ou autres droits de l'Eglife ; mais cela appartient aux Juges Royaux ordinaires, qui en feront vente publiquement, fur une feule proclamation au plus offrant & dernier enchériffeur. Arrêt du Parlement de Roüen du 5. Février 1545. *Bibliot. Canon.* tome 1. page 466. colon. 2.

14 Marguilliers. *Voyez la Bibliotheque du Droit François.* Il a été jugé par deux Arrêts du Parlement de Paris des 5. Avril 1561. pour Saint Germain Lauxerrois, & l'autre du 8. Juillet 1538. entre les Curé & Marguilliers, que ceux-ci auront tout le gouvernement de la Fabrique. *Ibidem*, page 68.

15 L'office de Marguillier *inter Beneficia Ecclefiaftica non numeratur*. Les Marguilliers convenus pardevant l'Official de Sens pour le droit de vifite, appellerent comme d'abus. Arrêt du 4. May 1565. qui declare la citation abufive. *Bibliotheque de Bouchel*, verbo, *Marguilliers*.

16 Par Arrêt du Parlement de Paris du dernier Juin 1567. il a été jugé en la caufe d'entre les Curé & Marguilliers de *Longjumeau* & les habitans, que les Marguilliers doivent fournir au Curé, fes Vicaires & Chapelains de 3. mois en 3. mois, les deniers qu'ils font tenus payer pour les Obits anniverfaires & autres Services divins ordonnez en l'Eglife. *Bibliotheque Canon*. tome 2 page 68. colon. 1.

17 Les Marguilliers font tenus des dettes de leurs prédéceffeurs, fauf leur recours contre eux ; car il ne feroit pas jufte qu'ils portaffent la peine de la mauvaife adminiftration d'autruy. Arrêt du 3. May 1577. rendu des Marguilliers de l'Eglife de Chartres. *Définit. Can.* page 451.

18 Jugé le 13. Juillet 1599. que les habitans demeurans dans le Secours d'une Paroiffe, peuvent être élûs Marguilliers en la Paroiffe principale. *Bibliot. de Bouchel*, verbo, *Marguilliers*.

19 Les Marguilliers & Fabriciens, ne peuvent accepter des fondations fans y appeller les Curez. *Ordonnances* de Blois, art. 53. & les *Memoires du Clergé*, to. 3. part. 3. page 340. n. 7.

20 Par Arrêt du 18. Mars 1602. touchant une Chapelle de Saint Germain de l'Auxerrois, il a été jugé que les Marguilliers des Eglifes ne peuvent difpofer de Chapelles par bail à vie ou autrement, au préjudice de ceux qui ont fait bâtir, ou fondé les Chapelles. *Bibliotheque Canon*. tome 1. p. 218. col. 1.

21 Marguilliers ne doivent être inftituez par les Seigneurs de Paroiffe. Arrêt du Parlement de Bretagne du 19. Octobre 1617. *Sauvageau*, liv. 2. ch. 103.

22 Si un particulier peut être contraint d'être Marguillier de fa Paroiffe, & fi pendant la conteftation formée entre luy & fes Paroiffiens, pour le refus par luy fait d'accepter cette charge, l'Eglife étant tombée en ruine, on peut l'en rendre refponfable ? Arrêt du 11. Decembre 1653. qui déchargea ce particulier, fur ce qu'il offroit une fomme de deniers pour le dédommagement de la Paroiffe ; d'autant plus qu'on reconnut que de la part des Paroiffiens il y avoit une forte animofité, *Soëfve*, tome 1. Cent. 4. ch. 50.

23 Jugé au Parlement de Touloufe le 24. Avril 1665. que les Marguilliers n'étoient point tenus de prêter ferment entre les mains de l'Evêque, quoyque l'Evêque en les rétabliffant dans l'Eglife rebâtie, les eût affujettis à l'obligation de prêter ce ferment. *Arrêts de M. de Catellan*, liv. 1. ch. 64.

24 Arrêt du 9. Decembre 1665. qui ordonne l'établiffement de Marguilliers dans les Paroiffes de la ville de Clermont. *Voyez le Recüeil des Grands Jours*, p. 273.

25 Les Marguilliers maintenus dans la poffeffion de prefenter à l'avenir des Prédicateurs, qui feront payez de leur retribution ordinaire. Arrêt du 18. Decembre 1666. *De la Gueffiere*, tome 3. liv. 1. ch. 4. Et au même lieu, il y a Arrêt du Confeil d'Etat du Roy qui ordonne le contraire ; cet Arrêt en forme de Reglement, tant au fujet de la prédication que de l'adminiftration du Sacrement de Penitence, eft du 4. Mars 1667.

26 Arrêts du Parlement d'Aix des 14. Novembre 1661. & 31. Janvier 1667. qui ont ordonné que les Marguilliers d'une Eglife voulant faire quête dans une autre, & y expofer l'image de leur Saint, verifieroient leur poffeffion. *Boniface*, tome 1. liv. 1. tit. 2. n. 4.

27 Autre Arrêt du 15. Mars 1668. qui a jugé que l'élection de Marguilliers doit être faite proprement par le Prieur fondé en coûtume, à l'exclufion du Juge & du Viguier. *Boniface*, tome 1. liv. 2. tit. 16. ch. 4. où il rapporte un Arrêt femblable du 1. Avril 1659.

28 Reglement pour les Droits honorifiques, en faveur des Officiers de Juftice, contre les Marguilliers. Arrêt du 2. Decembre 1683. *De la Gueffiere*, tome 4. livre 6. chapitre 19.

MARGUILLIERS, BANCS.

29 Marguilliers ont droit de conceder des bancs. *Voyez* le mot, *Bancs*, n. 20. *& fuiv.*

COMPTES DES MARGUILLIERS.

30 Les Marguilliers doivent rendre compte tous les ans. *Memoires du Clergé*, tome 3. part. 3. p. 332.

Ils font tenus d'avertir le Promoteur de l'Evêché, & le Syndic du Diocefe, du jour qu'ils prefenteront leur compte. *Ibid.* p. 376. *& fuiv.*

Ils doivent tenir leurs comptes prêts pour les rendre dans le cours des vifites, à faute de quoy ils font obligez de les porter au Palais Epifcopal, ou chez les grands Vicaires. *Ibid.* pag. 346. *jufqu'à* 366. *& 369. jufqu'à* 384.

31 Les Evêques ne peuvent contraindre les Marguilliers des Paroiffes à rendre compte pardevant eux, pour fçavoir s'ils ont fait dire tous les Obits & Services fondez ; ils peuvent *in curfu vifitationis* demander exhibition des comptes rendus par les Marguilliers, &c. Arrêt du 19. Novembre 1559. Autre Arrêt du 3. Avril 1560. *Bacquet*, *Droit de bâtardife*, ch. 7. n. 5.

32 Marguilliers & Echevins de l'an prefent font bien convenus pour leurs prédéceffeurs, fauf leur recours

contre iceux. Arrêt du 3. May 1577. contre ceux de la Châtre en Berry. *Biblioth. de Bouchel*, verbo, *Marguilliers.*

33 Arrêt du 11. Février 1592. qui renvoye à l'Official de Toulouse deux Ecclesiastiques pour leur faire leur procés, & enjoint aux Juges de Verdun & Grenade de proceder contre les concubines & femmes dissoluës entretenuës par les Prêtres, & de les punir, & ordonner sans préjudice de la Jurisdiction Ecclesiastique, que les deniers provenans des aumônes & oblations des Paroissiens, comme aussi les deniers & émolumens des Confrairies destinez pour le Service Divin, seront distribuez par les Bailes & Ouvriers ; à la fin de leur année rendront compte de leur administration à ceux de l'année suivante, & Consuls de la Ville, sans que pour les vacations d'icelle reddition, soit taxé aucun salaire. *La Rochestavin*, *liv. 2. lettre M. tit. 3.*

34 Marguilliers doivent rendre compte pendant dix ans de leurs administrations. Arrêt du Parlement de Toulouse du 21. Juillet 1629. *M. Dolive, liv. 1. ch. 20.*

35 Si les Prévôts doivent connoître des differends des Eglises, n'étant de fondation Royale, pour l'audition des comptes des Fabriques par eux respectivement prétendus; Jugé qu'elle appartiendroit à l'Archidiacre, faisant sa visite, à laquelle audition assisteroit le Prévôt, si bon luy sembloit. Arrêt du 4. Février 1630. *Du Frêne, liv. 2. chap. 65.* Voyez l'*Edit de Melun*, de 1579. *article 9.*

36 Reglement touchant la reddition des comptes de Fabriques des Eglises paroissiales du Diocese, & des Hôpitaux. Arrêt du 28. Avril 1673. *De la Guessiere, tome 3. liv. 7. ch. 5.* Voyez *Carondas, liv. 4. Rép. 1.*

37 Les Marguilliers sont solidairement tenus pour les sommes procedant du reliqua de leur administration. Arrêt du Parlement de Provence du 20. Octobre 1678. *Boniface, tome 3. liv. 1. tit. 8. ch. 24.*

MARGUILLIERS, FEMMES.

38 Les femmes ne peuvent être éluës Marguilliers. Mornac, *authent Diaconissam*, *Cod. de Episcopis & Clericis, &c.*

39 Arrêt du Parlement de Paris du 24. Juillet 1600. qui pour les Conclusions du Procureur General, défend de mettre filles ou femmes en la Charge de Marguilliers ; ordonné que l'Arrêt seroit lû au Siége de Riom & de Sabasac. *Bibliotheque de Bouchel*, verbo, *Marguilliers.*

Voyez cy-dessus le mot, *Femmes*, nombre 58.

MARGUILLIERS, PATRONAGE.

40 Le droit de Patronage qui appartient aux Marguilliers & Fabriciers d'une Eglise, est appellé *Ecclesiastique*, quoyque ce soient personnes Laïques ; parce qu'ils n'ont ce droit qu'à cause de leur Eglise. *Bibliot Canon. tome 2. page 278. col. 2.*

41 Benefice à la presentation des Marguilliers d'une Paroisse, est un Patronage Laïc. *Bardet, tom. 2. liv. 7. chapitre 28.*

MARGUILLIERS, PRESEANCE.

42 Arrêt du Grand Conseil du Semestre d'Avril 1641. confirmatif de la Sentence du Bailly de Dreux, qui avoit ajugé la préséance aux Marguilliers de la Paroisse de Saint Jean de la même ville, contre Guillaume Viel, Huissier de la Prévôté ; la Sentence l'avoit condamné à 3. liv. d'amende ; l'Arrêt ôta cette partie tenante au Roy. Voyez le 5. Plaidoyé de *M. Daudiguier-du-Mazet.*

43 Les Marguilliers Comptables sortis de charges, ne doivent preceder les Avocats de la Cour dans les Processions, & autres Ceremonies publiques, quoyque les Officiers veterans sortis de charge, conservent les preeminences attachées à leur dignité ; cela n'a pas lieu à l'égard des Marguilliers & un Avocat, quoyque nouveau Marguillier, élû Comptable, & ayant bien voulu l'être, doit preceder le Procureur, quoyque élû & en fonction auparavant ; il n'est pas libre au Procureur en ce cas de quitter sa fonction de Marguillier, pour se dispenser de suivre l'Avocat, si ce n'est qu'il voulût faire present d'une somme à l'œuvre, laquelle dans l'especce particuliere fut arbitrée par la Cour à 400. livres. Arrêt du Parlement de Paris du 15. Juin 1688 au *Journal des Audiences, tome 5. liv. 4. chap. 14.* où il est ajoûté : le 29. Août 1676. il y avoit eu une contestation entre un Avocat & un Procureur, Marguilliers à Saint Landry ; il fut jugé qu'un Avocat, quoyque nouveau Marguillier élû, devoit preceder le Procureur qui etoit élû & en fonction auparavant, & qu'il n'etoit pas libre au Procureur de quitter sa fonction de Marguillier pour se dispenser de suivre l'Avocat ; ce qu'il faut remarquer en cet endroit, est que si M. Laurent Avocat, a été Marguillier Comptable, c'est qu'il l'avoit bien voulu ; car il pouvoit s'en dispenser, les Avocats ne pouvant être que Marguilliers d'honneur, & ne pouvant être mis Comptables s'ils ne le veulent souffrir.

MARI.

UNde vir. & uxor. D. 38. 1... C. 6. 18. De la succession mutuelle entre mari & femme.
De solidi capacitate inter virum & uxorem. Ulp. 17. V. Titt. 15. & 16.
De Decimis. Ulp. 16. Ce Titre s'entend de la dixiéme portion que le mari ou la femme prenoient des biens l'un de l'autre : ce qui a été abrogé par les Empereurs Honorius & Theodose, au Code, *lib. 8 t. 58.*
De infirmandis pœnis calibatus, orbitatis ; & de Decimariis sublatis. C. 8. 58. Decimariis, s'entend ici de la Loy qui donnoit cette dixiéme partie.
Si quis uxorem suam flagellis castigaverit. N. 117. c. 14. Des maris qui battent leurs femmes.
De jurgio inter virum & uxorem. Lex 12. tabb.
Ne uxor pro marito, vel maritus pro uxore, vel mater pro filio conveniatur. C. 4. 12. & 13. V. Obligations des femmes, sous le mot, *Femme*.

1 *Maritus an pro uxore, sine mandato agere & appellare possit ?* Voyez *Andr. Gaill, lib. 1. observat. 133.*

2 Alimens prétendus par le mary sur les biens de sa femme. Voyez le mot, *Alimens*, *n. 70. & suiv.*

3 De la crainte maritale qui peut servir de moyen aux femmes, pour empêcher l'execution des actes qu'elles ont passez, ou le cours de la prescription qui leur est opposée. Voyez le mot, *Prescription*, *n. 200.*

4 Decret des biens du mary. Voyez le mot, *Decret*, nombre 83. & suiv.

5 Des dépens dûs par le mary. Voyez le mot, *Dépens*, nombre 123. & suiv.

6 Donations faites par le mary. Voyez le mot, *Donation, n. 478. & suiv.*

7 Legs par le mary à sa femme & vicissim. Voyez le mot, *Legs, n. 289. & suiv.*

8 Quel est l'effet de ce que la Coûtume de *Nivernois*, *article 3. au chap. des droits appartenans à gens mariez*, dit que le mary peut disposer des meubles & conquets, à son plaisir sans le consentement de sa femme ? Voyez *Coquille, tome 2. quest. 106.*

9 Si le mary peut exercer les actions réelles pour l'heritage de sa femme ; & s'il peut être convenu en action petitoire ou hypotequaire ? Voyez *ibid. quest. 107.*

10 Le mari en cette qualité n'est point Curateur de sa femme mineure. Arrêt du 24. Avril 1586. Mornac, *L. 21. Cod. de procuratoribus,* M. Loüet, *let. M. som. 1.* qui ne date point l'Arrêt ni son Commentateur.

11 Le mari tenu de payer le drap pris par sa femme, pour s'habiller. *Argumento. L. S. C. Macedon. C. ad S. C. Maced.* Bouvot, *tome 1. part. 2.* verbo, *Mary*, *question 1.*

12 Le mari ne peut repudier l'heredité deferée à la femme sans son consentement. Arrêt du Parlement de Bourgogne du 9. Mars 1616. *Ibid. part. 1. quest. 2.*

13 Mari peut demander habits de deüil. Arrêt du Parlement de Dijon du 17. May 1602. *Bouvot, to. 1. part. 1.* verbo, *Mary*, quest. 4. & *tome 2.* verbo, *Société, Communauté*, quest. 4.

14. Le mari majeur, vendant avec sa femme mineure, les Lettres de restitution de la femme ne profitent au mari, il est tenu des dommages & interêts de l'éviction. Arrêt du Parlement de Dijon du 18. Novembre 1609. *Ibid.* verbo, *Mary*, *quest.* 3.

15. L'on ne peut informer contre un mary, pour quelque leger excés fait à la femme. *Ibid.* verbo, *Mary*, *question* 1.

16. Si un mari maltraite sa femme, & pour la retenir, offre caution de la bien traiter ; telle caution n'est pas recevable. *Ibid. part.* 2. verbo, *Mary*, *quest.* 3.

17. Un mary ayant maltraité sa femme, peut être banni. Arrêt du 2. Avril 1569. *Ibid. tome* 2. verbo, *Mariage*, *question* 2.

18. Le mari ne peut disposer au profit d'un fils qu'il a d'un premier lit au préjudice de sa femme, de ses meubles & acquêts, ou de partie d'iceux. Arrêt du P. de Paris, du 14. Avril 1556. Autre Arrêt du Parlement de Bourgogne du mois de Mars 1571. *Bouvet*, tome 1. part. 3. verbo, *Mari disposant*.

19. Le mari peut demander les habits de deüil aux heritiers de sa femme. Arrêt du Parlement de Dijon du 7. Août 1573. *Ibid. quest.* 1.

20. Le mari peut demander les accoûtremens de deüil. Arrêt du Parlement de Bourgogne du 17. May 1602. *Ibid. part.* 1. verbo, *Mary*, *quest.* 4.

21. Par Arrêt du Parlement de Normandie du 22. Juin 1582. un mari a été reçû à séparer ses biens d'avec ceux de sa femme, en rendant compte aux Creanciers des biens qu'il en avoit touché, ayant reconnu deux ans aprés, qu'il luy étoit onereux d'avoir apprehendé une succession à elle écheüë, les Lettres obtenuës par le mari enterinées. Cet Arrêt est rapporté par *Berault*, *sur la Coût. de Normandie*, *tit. des Successions*, art. 235. *in verbo*, *fait acte*.

22. Par Arrêt du Parlement de Roüen du 8. Août 1609. rapporté par *Berault*, sur la Coûtume de Normandie, *article* 544. jugé que le mari étoit déchargé de la condamnation portée contre sa femme, n'ayant aucuns biens, pour excés par elle fait avant son mariage. *rub. cod. ne uxor pro marito, nec marit. pro uxore, vel mat. pro fil. conv.*

23. Le mari n'est point Curateur de sa femme mineure, si cela n'est ordonné par le Juge. *Voyez M. Loüet, lettre M. somm.* 1. & *Mornac, de procuratoribus, l.* 21.

24. S'il est toûjours veritable que pour la restitution de la dot le mari ne soit tenu que *in quantum facere potest* ? *Voyez Henrys*, tome 2. *liv.* 4. *quest.* 63.

25. Bien que le mari puisse impunément aliener les conquêts par luy seul, neanmoins quand il a retiré une heritage au droit de sa femme, il n'en peut valablement disposer, que le consentement de sa femme n'intervienne, Arrêt du Parlement de Roüen du 28. Mars 1549. rapporté par *Berault*, sur l'art. 495. *de la Coût. de Normandie*.

26. Quand un mari est insolvable, on peut demander qu'il soit tenu de donner caution pour le legs fait à sa femme, ou que l'argent soit mis en fonds. Arrêt du 8. Août 1588. *La Rocheflavin*, *liv.* 6. *tit.* 61. *Arr.* 13.

27. Le mari qui s'étoit obligé avec sa femme en une Transaction, & avoit promis de la faire ratifier, a été condamné suivant ladite transaction, bien que la femme eût été relevée par Lettres, à cause de sa minorité. Arrêt du 8. Février 1603. *M. le Prêtre, és Arrêts de la Cinquiéme.*

28. L'ancienne Coûtume de Normandie declare que le mari & la femme doivent être oüis ensemble de toutes choses qui appartiennent à leur mariage ; ce qui se doit entendre, dit *Terrien*, *liv.* 2. *chap.* 1. du cas hereditaire, auquel le mari ne peut agir ni défendre, sans procuration de sa femme ; de sorte que s'il succombe en la cause où la femme n'est point intervenuë, les dépens ne pourront point être pris sur les biens de la femme, mais seulement sur ceux du mari ; comme il a été jugé au Parlement de Roüen le 11. Decembre 1608. *Voyez Berault*, sur cette Coût. art. 538.

29. Par Arrêt du Parlement de Roüen du 8. Août 1609. il a été jugé qu'un mari ne devoit être poursuivi pour le payement des condamnations jugées contre sa femme, pour cause de crime qui precede le mariage, sinon en temps qu'il étoit saisi de biens à elle appartenans, quoyque regulierement, *qui épouse la femme, épouse les dettes*, c'est-à-dire, s'engage à les payer. *Voyez Berault, sur l'art.* 544. *de la Coût. de Normandie*.

30. *Bardet*, tome 2. *liv.* 2. *ch.* 30. rapporte un Arrêt du Parlement de Paris du 24. May 1633. qui a jugé que le crime du mary ne prive la femme de sa part en la Communauté.

31. Si la perte des droits dotaux & supplément de legitime duë à la femme, & autres droits connus au mari, quoyque dans une constitution generale, est au peril du mari ? Arrêt du Parlement d'Aix du 27. Octobre 1678. qui a rendu le mari responsable de la prescription des droits. *Boniface*, tome 4. *liv.* 6. *titre* 12. *ch.* 2.

32. Les constitutions de dot étant generales, les maris ne sont responsables de leur negligence & de la perte des droits incertains & inconnus. Arrêt du mois de Mars 1683. *Ibid. chap.* 1.

33. Acte de Notorieté donné par M. le Lieutenant Civil le 15. May 1685. que la reconnoissance du mari par le Contract de mariage est suffisante pour le charger envers sa femme, de ce qu'il a reconnu avoir en sa possession ce qui luy a été donné, pourvû que dans la suite le mariage soit valablement contracté. *Recueil des Actes de Notor.* pag. 30. *& suiv.*

MARIAGE.

L'Ample, & souvent désagréable matiere des mariages, nôces & épousailles, est traitée dans le Livre 23. du Digeste. Le 24. & le 25. traitent des dépendances & suite du mariage, comme la dot.

Dot, &c. Le Livre V. du Code, traite aussi du mariage & de ses dépendances, depuis le Titre I. jusqu'au XXVII. inclus.

Le Livre IV. des Decretales.

Le Livre II. des Institutes de Lancelot.

1. *De ritu nuptiarum. D.* 23. 2.
   De nuptiis C. 5. 4... *Inst.* 1. 10.. *N.* 22. *Lex* 12.. *tabb.* t. 17... *C, Th.* 3. 7... *L.* 30. *D. de reg. jur*... *Inst. Lanc.* 2. 11.

2. *De his qui in manu sunt. Ulp.* 9. Ce Titre parle d'une sorte de mariage qui se faisoit anciennement par une simple convention, en se donnant la main : *In manum conventione.*

3. *De sponsalibus & matrimoniis. Dec. Gr.* 27. *q.* 2... 29. *q.* 1... 30. *q.* 5. *c.* 6. *Nullum.* §. *bis omnib. usque ad fin. quæst.*.. 32. *q.* 1. 2. & 3... 33. *q.* 2. *c.* 12. & seq. 5. *sed quia, usque ad fin. quæst.*.. *Extr. toto lib.* 4... *S.* 4. 1.... *Inst. L.* 2. 9. *& seqq.*

4. *De matrimonio contracto contra interdictum Ecclesiæ.* D. Gr. 33. q. 4. à c. 8. ad c. 11... Extr. 4. 16... Inst. L. 2. 11. & seqq.

5. *De interdicto matrimonio inter pupillam & tutorem, seu curatorem, liberosque eorum. C.* 5. 6.

6. *De incestis & inutilibus nuptiis. C.* 5. 5... C. Th. 3. 12. N. 11.

7. *Si quæcumque præditus potestate, vel ad eum pertinentes, ad suppositarum jurisdictioni suæ aspirare tentaverint nuptias. C.* 5. 7... *C. Th.* 3. 11... *Léon. N.* 23.

8. *De nuptiis inter Patres & Plebeios interdictis. L.* 12. *tabb. t.* 17. §. 2.

9. *Si nuptiæ ex rescripto petantur. C.* 5. 8... *C. Th.* 3. 10. *Huc referri possunt dispensationes.* Les dispenses de mariage. *V. Cassiod. Variar.* 40. & 46. *Ubi sunt formulæ.*
   Voyez le mot, *Dispense*, nomb. 60. *& suiv.*

10. *Ut consensu matrimonium solvi possit. N.* 140. Nota hic in præfatione, laudes matrimonii... N. 117. c. 10.... N. Just. 2...

11. *Soluto matrimonio, quemadmodum dos petatur. D.* 24. 3. *C.* 5. 18... *V. Dot. Droit de reversion.*

De

12 *De muliere quæ fcite dotalibus inftrumentis nupfit.* N. 117. C. 3.
13 *De nuptiis illuftrium, ut cum dotalibus inftrumentis fiant.* N. 117. c. 4... N. 74. c. 5.
14 *Quod ante ineundum Sacerdotium, matrimonium contrahi debeat.* Leon. N. 3... V. Celibat des Prêtres.
15 *Ne filii naturales cum adoptivis matrimonium contrahant.* Leon. N. 24.
16 *Ne ante legitimum matrimonii tempus futuris conjugibus benedicatur.* Leon. N. 74.
17 *Ne matrimonia citra facram benedictionem confirmentur.* L. N. 89.
18 *Ne intra feptimum ætatis annum fponfalia ineantur; neque ante decimum quintum, maribus; aut decimum tertium fœminis, matrimonium confecretur.* L. N. 109.
19 *De fervis qui liberis in matrimonium conjunguntur.* L. N. 100.
20 *Si libertam fuam patronus uxorem habere maluerit.* N. 178. c. 3. & 4.
21 *De matrimonii folutione ob conjugis furorem.* L. N. 111. & 112... Conft. I. Nicephor. Botoniatæ 1.
22 *De filiis natis ex matrimonio ad morganaticam contracto.* F. 2. 29. Ce Titre parle d'un cas auquel les enfans ne fuccedent pas au Fief paternel: c'eft quand le mariage a été contracté *ad Morganaticam; quod verbum corruptè pro Morgengabe, vulgari lingua Germanica, matutinum munus: à Morgen, Mane, & Gabe, Donum.* C'eft le prefent de nôces, que le mary faifoit à fa femme le lendemain; ce qui luy tenoit lieu de douaire, ou d'augment; & elle n'avoit pas d'autres avantages.
23 *De nuptiis Amitæ & fratris filiæ, cum filio fratris & patrui.* Conft. I. Alex. Comn. 1.
24 *De nuptiis cum duabus fobrinis.* Conft. I. Manuel. Comn. 3. 4. & 5.
25 *De nuptiis feptimi gradûs.* Conft. I. Ifaaci Ang. 2..... & Manuel. Comn. 3.
26 *De connubio Perfarum cum Romanis.* Conftant. I. Theoph. 3.
27 *De nuptiis Gentilium.* C. Th. 3. 14.
28 *De his qui in Ofdroëna illicitas contrahunt nuptias.* N. 154... N. Juft. 3. Peines contre les Sujets de l'Empire, qui fe marioient à des Etrangers. *Ofdroëna,* Province voifine de la Perfe.
29 *De pœna Eunuchorum, fi uxores ducant.* Leon. N. 98.
30 *Ne captivorum uxoribus, aliis nubere liceat.* Leon. N. 33.
31 *De rufticis, qui in aliis prædiis nuptias contrahunt.* N. 157. Du For-mariage entre gens de ferve condition. V. Main-morte.
32 *Indulgentia illicitè contractarum nuptiarum.* N. 139.
33 Confirmation des mariages non valablement contractez, moyennant une taxe.
34 *Soluto per repudium matrimonio, quomodo & apud quem liberi alantur.* N. 117. c. 7... C. 5. 24.
35 *Si quis juraverit in domo privata, aliquam uxorem fore.* N. 74. c. 5. Promeffe de mariage: mariage clandeftin.
36 *De mulieribus quæ fe propriis vel alienis, fervis junxerunt.* C. 9. 11... C. Th. 9. 9... Inft. 3. 13... C. Th. 4. 9. Anthem. Nov. t. 1.
37 *De teftibus, & benedictione matrimonii fervorum.* Conft. I. Alex. Comn. 9.
38 *De bonis quæ filiis fam. ex matrimonio adquiruntur.* C. 6. 61,.. C. Th. 8. 19.
39 *De converfione conjugatorum.* D. Gr. 28. q. 1. & 2. 32. q. 8. c. unico... Extr. 3. 33. Des gens mariez qui entrent en Religion.
   Chofe renvoyée au mariage de quelqu'un. L. 89. §. 1. D. de verb. fign.
40 Les Auteurs fuivans font à confulter, dans les queftions de mariage.
   Chriftiani Agricolæ, *Difputatio de matrimonio.*
41 *Matrimonium juxta locos inventionis*, per Alardum.
   Ambrofius de Sifinnio, *Epift.* 42. *pietatem illius commendans, quod filio ignoraverit qui eo inconfulto uxorem acceperat* Epift. 70. *de conjugiis cum alienigenis.*
   Tome II.

S. Antoninus, *de fponfalibus & matrimoniis.*
Aponius, *in Canticum allegorico fenfu de Chrifti & Ecclefiæ nuptiis.*
Joannes Arelatanus, *de fecundis nuptiis.*
S. Auguftinus, *de bono conjugali*, tom. 6. *de nuptiis & concupifcentia*, tom. 7. Epift. 119. *de voto continentiæ conjugis.*
Antonii Bonifinis, *Dialogi tres de pudicitia conjugali & virginitate.*
De nuptiis, per Joannem Bofcheum.
Bouffart, *utrum Papa poffit difpenfare cum Sacerdote ut nubat.*
Briffonius, *de veteri ritu nuptiarum*, in 12. Amftelod. 1662.
Thomas Campegius, *an Romanus Pontifex poffit dirimere matrimonium contractum ab hereticis.*
Ambrofii Catharini, *quæftiones de matrimonio.*
Joannes Cochleus, *de matrimonio Henrici VIII.*
Conradus Coëllim, *contra nuptias Lutheri, ejufdem confutationes Epithalamii libri 6.*
Antonius Contius, *ad edictum de clandeftinis matrimoniis*, Parif. 1557.
Auguftinus Datus, *de connubiis fanctorum.*
Dionyfius Carthufianus *de conjugatorum laudabili vita*, tom. 2.
Joannis Donati, *oratiunculæ nuptiales.*
Claudius Efpenceus, *de clandeftinis matrimoniis.*
Fulgentii, *Epift.* 1. *de conjugali debito.*
De ritu nuptiarum, & difpenfatione. Jo. Genefii, Cordubenfis.
Joannis Gerfon, *fermo de nuptiis Chrifti & Ecclefiæ.*
Gentianus Hervetus, *de matrimoniis clandeftinis.*
Hieronymus, *de Monogamia*, Epift. 11.
De matrimonio, per Felicem Maleolum.
Joannis Paulini, *Sermones de matrimonio.*
Ruardus, *de matrimonio*, articulis 18, 19. & 20.
Sanches, Soc. J. *de matrimonio copiosè*, fol. Antuerp.
De pœna filiæ contrahentis matrimonium, fine parentum & fratrum licentia, per Rodericum Suates. in Legibus fori.
Tertulliani *ad uxorem*, lib. 1. *de fuis nuptiis, fecundus de matrimonio cum Gentilibus*, tom. 2. *librum vero de Monogamia in hærefi fcripfit.*
De Legib. connubialib. & matrimonio, per Andræam Tiraquellum.
Raphaël Venoftus, *de poteftate Papæ, in matrimoniis difpenfandis.*
Alphonfus Vernefius, *de matrimonio Regis Angliæ.*
Hugo de S. Victore, *de nuptiis carnalibus vitandis, & de fpiritualibus*, lib. 2. tom. 2. idem *de conjugiis tractat.*
Francifcus de Victoria, *de matrimonio.*
Bartholomæus de Ufinghen, *in nuptias Culfamcri & earum defenforem.*
Thomæ VII. Cajetani, tom. 1. *Opufculum* 29. *de debito matrimonii altero exiftente adultero* 12. & 13. *de ufu matrimonii*, 27. *de difpenfatione matrimonii in Occidentali Ecclefia*, 28. *de matrimonio*, tom. 3. *de conjugio Regis Angliæ, cum relicta fratris.*
Hieronymus Faletus, *de matrimonii dignitate.*
Joannes Antonius Campanus, *de eodem.*
Jacobus Latomus, *de eodem.*
De fponfalibus & matrimoniis, per Jo. Andræ.
Per Jo. Brunellum.
Per Antonium, Archiepifcopum Florentinum.
Rabanus, *de confanguinorum nuptiis.*
S. Thomæ, *fupplementum à quæft.* 41.
Sylveftri, *in fumma tractatus.* 10.
Voyez hoc verbo, *Mariage*, la Biblioth. de Jovet, 42 & la Biblioth. Canonique, tome 2. où font plufieurs décifions & maximes. Defpeiffes, tome 1. part. 1. titre 13. Les Ufages de France fur les mariages, par M. le Maire, in 12. Paris 1687. Le Recueil des procedures faites en l'Officialité de Paris, par Pierre de Combes, chapitre 4.

Le Traité de la preuve par *M. Danty Avocat*, ch. 4. partie 1.

43 Des droits de mariez. *Voyez Coquille*, tome 2. *Instit. au Droit François*, p. 61.

44 *Matrimonium quando dicatur consummatum, & an propter impedimentum naturæ, vel aliàs separari possit?* Voyez *Franc. Marc.* tom. 2. quest. 677.

45 *Matrimonium an per supervenientem copulam carnalem inter puberes consummetur?* Voyez ibid. quest. 680.

46 *Confessioni partium in causâ matrimoniali standum ne sit?* Voyez ibid. quest. 724.

47 *De bonis matrimonii.* Voyez ibid. quest. 725.

48 *Sponsalia de futuro qui contraxerat, si post modum contrahat sponsalia de præsenti: an teneatur sponsa de futuro ad damna, interesse, expensas & injuriam?* Voyez ibid. quest. 747.

49 *Sponsus qui contractis sponsalibus de futuro, contrahit sponsalia de præsenti cum aliâ, quæ ingreditur religionem an sponsus redire ad primam sponsam cogatur?* Voyez ibid. quest. 750.

50 *An in causâ matrimoniali juramentum suppletorium deferri possit.* Voyez *Andr. Gaill.* lib. 2. observat. 94.

51 *Quod filius in matrimonio natus, legitimus, non autem spurius esse censeatur.* Voyez ibid. observat. 97.

52 Des questions & querelles qui s'émeuvent contre les femmes après la dissolution du mariage, où il est parlé d'un mariage présumé de Philippes de Virolande, avec Leonard de Sauvaignas, & des acquisitions faites par Virolande, *Voyez le Vest, Arr.* 26.

53 Si les enfans nez d'un Religieux profez sont censez legitimes, à cause de l'ignorance de la mere pour luy succeder? & s'ils revoquent les alienations faites par le pere avant le mariage?
Si les annonces sont de l'essence du mariage; si la bonne foy de l'un des mariez suffit pour faire les enfans legitimes?
Si l'ignorance du fait & du droit produit la bonne foi entre les mariez?
Et quand est-ce qu'un mariage est declaré clandestin? Voyez *Cambolas*, liv. 6. ch. 1.

54 L'inegalité d'âge, de biens & de maison, n'empêche le mariage. *Peleus*, quest. 124.

55 Un mariage après une longue cohabitation & suite d'années, & même après la mort de l'un des conjoints, n'y ayant point eu d'enfans, ne devoit être controversé. Voyez l'espece dans *Henrys*, tome 1. liv. 6. q. 6.

56 Mariage d'un fils bâtard dont on a celé la condition, & auquel le pere a assisté & l'a nommé son fils, si la veuve peut demander son douaire & remploy aux enfans legitimes? Voyez *Carondas*, liv. 8. Rép. 31.

57 Après la dissolution du mariage, les augmentations faites sur le propre de la femme, ne touchent en rien les heritiers du mary. Voyez *Carondas*, livre 2. Réponse 79.

58 Divorce en mariage. Voyez *des Maisons*, lettre D. nombres 2. & 3.

59 Un jeune homme épouse une fille; le mariage dans la suite resolu, & permis à elle de se marier à qui bon luy semblera; elle se marie, le jeune homme se marie aussi, & de ce mariage il a des enfans; sa femme décede. Le second mari de cette fille décede, & luy laisse des enfans; tous deux étant en liberté, appellent de la Sentence, & se remettent ensemble par Sentence de l'Official; ce premier & second mary meurent; differand pour la restitution de la dot & douaire. Jugé au mois d'Août 1554. qu'il y avoit pareil droit & pareil privilege pour la cause de la femme, & pour celle des enfans, qui étoient nez de l'autre femme durant le divorce. *Carondas*, liv. 9. Rép. 36.

60 André le Maréchal fut marié avec Guillemette Menigot; ils n'ont été par an & jour ensemble, il est ajugé à le Maréchal la moitié des frais de nôces, & du traitement & pourvoyances du temps que Menigot a été avec luy, & les frais des obseques. Arrêt de Parlement de Bretagne du 24. Mars 1565. *Du Fail*, liv 2. ch. 253.

61 L'Arrêt de la succession de Carellemaison du 4. Février 1575. après avoir été parti en la 4. Chambre, & departi en la 5. par M. Duval Compartiteur, qui tenoit contre le mariage, principalement faute de celebration en face d'Eglise; la succession fut ajugée aux enfans procréez d'iceluy. *Bibliotheque de Bouchel*, verbo, *Enfans*.

62 Le 1. Avril 1586. fut prononcé l'Arrêt en l'espece qui suit. Une femme maria sa fille avec un certain, par parole de present; sa fille observe publiquement ce qui convenoit pour ce regard. La mere présupposant que sa fille ne veut plus de son fiancé, le prend pour mary, & a deux enfans; ladite femme fut condamnée, *ob violatam publicam honestatem*, à faire amende honorable, tant au present Parquet que sur le lieu, ce fait fustigée; & pour connoître s'il y a mariage, renvoyée à l'Ecclesiastique. Ibid. verbo, *Mariage*.

63 La fille mariée est hors la puissance de son pere, même en Pays de Droit écrit. Arrêts du 14. Mars 1595. & du 5. Juillet 1597. & du 6. Avril 1599. *M. le Prêtre*, 3. Cent. chap. 58. Voyez *Peleus*, q. 70.

64 Le Secretaire Moyen avoit passé Contract de mariage, & reconnu par tous Actes sa femme, *sic vivebant sic agebant*, quoyque le mariage n'eût été celebré en face d'Eglise, sa veuve obtint adjudication de son douaire contre les heritiers; ils n'avoient pas voulu solemniser le mariage en l'Eglise Romaine, parce qu'ils étoient l'un & l'autre de la Religion Prétendue Reformée; ils n'avoient pas voulu celebrer en la Religion à cause des troubles. *Bibliotheque de Bouchel*, verbo, *Douaire*.

65 *Pendente & nondum decisâ matrimonii quæstione, accusatio furti interea cessare & quiescere debet.* Arrêt du 12. Février 1583. Anne Robert, *rerum judicat.* liv. 2. chapitre 12.

66 Dix ans de mariage d'une fille hors de la maison de son pere, ne la retirent pas de la puissance paternelle. Arrêt du Parlement de Toulouse du 17. Septembre 1591. *Cambolas*, liv. 1. ch. 27.

67 Femme censée legitime *ex eo*, que son mary l'a nommée & déclarée telle dans son Testament. Arrêt rendu au Parlement de Grenoble le 15. Novembre 1611. *Basset*, tome 1. liv. 4. tit. 9. ch. 3.

68 Mariage ordonné à l'Audience & executé sur le champ. Voyez l'espece, où il y a Arrêt du 28. Mars 1659. *Des Maisons*, lettre M. n. 12.

69 Trois promesses de mariage & une Sentence de l'Official, qui condamne d'épouser, ne suffisent pour donner les effets civils. Arrêt du 24. Janvier 1662. Notables Arrêts des Audiences, *Arrêt* 68. *De la Guess.* tome 2. liv. 4. chap. 44. rapporte le même Arrêt.

Mariage d'un homme âgé de plus de 45. ans, contesté après sa mort par sa sœur, quoyqu'elle eût reconnu la femme pour veuve, sans avoir egard au faux, & sur les autres oppositions, a mis les parties hors de Cour. Arrêt du 8. Février 1663. *Des Maisons*, lettre M. n. 14.

70 Arrêt du Parlement de Provence du 7. May 1667. qui a jugé que le mariage fait entre deux Chrétiens reniez, à la façon des Turcs, étoit nul, après leur retour à la Foy Chrétienne. Ce même Arrêt a décidé, que le Juge d'Eglise ne connoît que *de fœdere matrimonii*, non de la rescision de la Transaction de désistement d'instance de mariage. Boniface, to. 1. liv. 5. tit. 5. chapitre 4.

71 Mariage celebré dans la maison d'un Ambassadeur par un Jesuite son Aumônier, à cause que dans la ville les Catholiques n'y avoient point d'Eglise, jugé valable, & en consequence la succession ajugée à l'enfant, & les freres du défunt non recevables en leur appel comme d'abus. Jugé à Paris le 29. Mars 1672. *Journal du Palais*.

72 Mariage du sieur de la Riviere avec la Demoiselle de Bussy-Rabutin confirmé, & l'enfant issu de leur mariage, sera traité comme leur enfant legitime. Arrêt du 13. Juin 1684. *De la Guess.* tome 4. liv. 7. chap. 12.

Voyez l'espece, le mariage avoit été celebré dans un Château sans proclamation de bans, & sans avoir par les contractans signé sur le Registre, ni dans l'acte de celebration.

73 Arrêt du 24. Juillet 1687. rendu au Parlement de Roüen, qui declare la fille naturelle du sieur Marcé, Secretaire du Roy, capable de succeder, quoyqu'il n'y ait jamais eu de Contract de mariage, publication de bans, ni benediction, & que son pere l'eût qualifiée sa fille naturelle, en luy donnant 1000. liv. pour la marier avec un Païsan. *Voyez le 9. Plaidoyé de M. le Noble, Substitut de M. le Procureur General au même Parlement de Roüen*.

74 Avant que de passer à aucune autre decision particuliere, suivant l'ordre alphabetique regulierement observé dans cet ouvrage, il paroît necessaire de rapporter les textes des Edits, Ordonnances, & Declarations des Rois; dont l'interpretation se trouvera dans les Arrêts qui seront marquez sous le titre singulier & convenable.

75 L'Edit du Roy Henry II. du mois de Février 1556. est conçû en ces termes.

EDIT DU ROY HENRY II.

Henry par la grace de Dieu Roy de France : A tous presens & à venir, Salut. Comme sur la plainte à nous faite des Mariages, qui journellement par une volonté charnelle, indiscrete & desordonnée, se contractoient en nôtre Royaume par les enfans de famille, au desçû & contre le vouloir & consentement de leurs pere & mere, n'ayant aucunement devant les yeux la crainte de Dieu, l'honneur, reverence & obéïssance qu'ils doivent en tout & partout à leursdits parens, lesquels reçoivent tres-grand regret, ennuy & déplaisir desdits Mariages, nous eussions (long-temps à) conclu & arrêté sur ce faire une bonne Loy & Ordonnance, par le moyen de laquelle ceux qui pour la crainte de Dieu, l'honneur & reverence paternelle & maternelle, ne seroient détournez & retirez de mal faire, fussent par la severité de la peine temporelle, revoquez & arrêtez. Toutefois pource que nôtre intention n'a été encore executée, Nous avons connu par évidence de fait, que ce mal inveteré pullule & accroît de jour à autre, & pourra augmenter si promptement n'y est par nous pourvû.

Pour ces causes, & autres bonnes & justes considerations à ce nous mouvans, par avis & deliberation de nôtre Conseil, auquel assistoient aucuns Princes de nôtre sang, & autres grands & notables personnages pour nôtre regard; & entant qu'en nous est executant le vouloir & commandement de Dieu, Avons dit, statué & ordonné, disons, statuons & ordonnons par Edit, Loy, Statut & Ordonnance perpetuels & irrevocables, Que les enfans de famille ayant contracté, & qui contracteront ci-après Mariages clandestins, contre le grè, vouloir & consentement, & au desçû de leurs peres & meres, puissent pour telle irreverence & ingratitude, mépris & contemnement de leursdits peres & meres, transgressions de la Loy & Commandement de Dieu, & offense contre le droit de l'honnêteté publique, inseparable d'avec l'utilité, être par leursdits pere & mere, & chacun d'eux, exheredez & exclus de leurs successions, sans esperance de pouvoir quereller l'exheredation, qui ainsi aura été faite.

Puissent aussi lesdits peres & meres, pour les causes que dessus, revoquer toutes & chacunes les donations & avantages qu'ils auroient fait à leurs enfans.

Voulons aussi & nous plaît, que lesdits enfans, qui ainsi seront illicitement conjoints par Mariage, soient declarez audit cas d'exheredation, & les declarons incapables de tous avantages, profits & émoluments qu'ils pourroient prétendre par le moyen des conventions apposées és contracts de Mariage, ou par le benefice des Coûtumes & Loix de nôtre Royaume, du benefice desquelles les avons privez & deboutez, privons & deboutons par ces Presentes, comme ne pouvant implorer le benefice des Loix & Coûtumes, eux qui ont commis contre la Loy de Dieu & des hommes.

Et d'abondant avons ordonné & ordonnons, que lesdits enfans conjoints par la maniere que dessus, & ceux qui auront traité tels Mariages avec eux, & donné conseil & aide pour la consommation d'iceux, soient sujets à telles peines qui seront avisées, selon l'exigence des cas, par nos Juges, ausquels la connoissance en appartiendra, dont nous chargeons leurs honneurs & consciences.

Declarons toutefois, encore que nôtre vouloir & intention soit que cette presente Ordonnance & Edit ait lieu, tant pour l'avenir que pour le passé, d'autant qu'il y a en ce transgression de la Loy & Commandement de Dieu, dont on ne se peut couvrir d'ignorance & de tolerance au contraire.

Neanmoins pour ne pas perturber les Mariages qui sont en repos, & ne donner occasion à nos Sujets d'entrer en grosses querelles & differends, n'entendons en ce comprendre les Mariages qui auront été consommez auparavant la publication de ces Presentes, par cohabitation charnelle; ains seulement les Mariages esquels on pretendoit seul consentement, soit par parole de present ou de futur, sans qu'il eût cohabitation ou conjonction charnelle.

Ne voulons aussi & n'entendons comprendre les Mariages qui auront été & seront contractez par les fils excedans l'âge de trente ans, & les filles ayant vingt-cinq ans passez & accomplis, pourvû qu'ils se soient mis en devoir de requerir l'avis & conseil de leursdits peres & meres. Ce que voulons aussi être gardé pour le regard des meres qui se remarient, desquelles suffira requerir leur conseil & avis, & ne seront lesdits enfans audit cas, tenus d'attendre leur consentement.

Si donnons en mandement à nos amez & feaux les Gens tenans nos Cours de Parlement, à tous Baillifs, Senechaux, Prevosts, Juges ou leurs Lieutenans, & autres nos Justiciers & Officiers, & chacun d'eux, si comme à luy appartiendra, que nos present Edit, Statut, Ordonnance & vouloir, ensemble tout le contenu cidessus, ils entretiennent, gardent & observent, fassent de point en point inviolablement entretenir, garder & observer, lire, publier & enregistrer par tout où il sera besoin, sans souffrir aller ne venir, directement ou indirectement au contraire, en quelque maniere que ce soit, en procedant contre les transgresseurs & contrevenans par les peines ci-dessus indictes, nonobstant oppositions ou appellations quelconques, Edits, Statuts, Ordonnances restrictions, mandemens ou défenses & lettres impetrées ou à impetrer à ce contraires: Car tel est nôtre plaisir. Et afin que ce soit chose ferme & stable à toûjours, nous avons fait mettre nôtre Scel à ces Presentes, sauf en autres choses nôtre droit & l'autruy en toutes. Donné à Paris au mois de Février, l'an de grace mil cinq cens cinquante six, & de nôtre Regne le dixiéme. Ainsi signé. Par le Roy étant en son Conseil, BOURDIN. Et scellé en lacs de soye rouge & verte, du grand Scel de cire verte. *Et sur le repli est écrit*, Visa, *& auprés*:

Lecta, publicata & registrata, audito & requirente Procuratore generali Regis, Parisiis in Parlamento, primâ die Martii, anno Domini millesimo quingentesimo quinquagesimo-sexto. Sic signatum. DU TILLET.

Du Jeudy IV. *Février* M. D. LVI.

Vûës par la Cour, les Chambres assemblées, les Lettres Patentes du Roy en forme d'Edit, données à saint Germain en Laye au mois de Janvier dernier, lesquelles ledit Seigneur, pour les causes contenuës en icelles, statué & ordonné, que les enfans mâles ou femelles, ayant contracté & qui contracteront ci-après Mariages clandestins, contre le vouloir & consentement, ou au desçû de leurs peres & meres, puissent pour l'indignité de telles offenses par leursdits peres & meres, & chacun d'eux, exheredez & exclus de leurs successions, sans esperance de legitime, & sans moyen de quereller contre ladite exheredation : puissent aussi iceux peres & meres, pour telle ingratitude, revoquer tous & chacuns les precipus, avantages & donations par eux faites à leursdits enfans, pour quelque cause & en quelque maniere qu'elles soient faites, sans que lesdits enfans s'en puissent plaindre ni douloir : Voulant en outre que les conjoints par tels Mariages, soient & demeurent incapables de tous profits & avantages qu'ils pourroient prétendre par le moyen d'iceux Mariages, soient profits conventionnaux ou coûtumiers, sans qu'ils en puissent faire aucunes demandes, ni eux aider desdits contracts ou Coûtumes en consequence desdits Mariages : davantage, que les enfans mariez par les moyens que dessus, & aussi ceux qui auront contracté tels Mariages avec eux, demeureront sujets à telles autres peines qui seront avisées, selon l'exigence des cas par les Juges ausquels la connoissance en appartiendra. Oüi le Procureur general du Roy, requerant la publication dudit Edit : La matiere mise en deliberation : Ladite Cour a ordonné & ordonne, que lesdites Lettres Patentes en forme d'Edit, seront publiées & enregistrées sous les modifications & limitations qui ensuivent, desquelles neanmoins la Cour avertira ledit Seigneur, avant que proceder à la publication : A sçavoir, que ledit Edit aura lieu pour l'avenir tant seulement, & non pour le passé ; Que du vivant des peres suffira leur consentement, & aprés leurs décés, des meres, pourvû qu'elles ne se remarient ; & en ce cas les enfans ne seront tenus attendre le vouloir & consentement de leurs meres, ains seulement les requerir de leur avis & conseil ; Que les enfans mâles excedans l'âge de trente ans & les filles de vingt-cinq ans ; aprés avoir rendu cette obéïssance dûë aux peres & meres, & leur demander leur conseil & avis pour se marier, ne seront sujets és peines portées par ledit Edit.

Et pour obvier à plusieurs grands inconveniens qui aviennent des Mariages faits par importunité de ceux qui obtiennent du Roy Lettres Patentes, ou clauses : ladite Cour a ordonné qu'elle le suppliera tres-humblement d'y pourvoir.

Du Vendredy v. *Février audit an.*

Ce jour, aprés que lecture a été faite, les Chambres assemblées, de l'Arrêt de la Cour conclu le quatre de ce mois, sur la publication de l'Edit, concernant les Mariages clandestins, faits au desçû & contre le consentement des peres & meres. La matiere mise en deliberation ; a été arrêté, Que s'il ne plaît au Roy recevoir les limitations d'icelle Cour, elle a entendu demeurer en son entier pour opiner de nouveau sur lesdites limitations.

Du Vendredy xxvi. *Février audit an.*

Ce jour les Gens du Roy ont apporté l'Edit dudit Seigneur, pour le fait des Mariages clandestins, & ont dit, Que la Cour en a été ci-devant assemblée, & remontrances faites sur icelui, & modifications. Depuis ledit Seigneur a fait resceller l'Edit en la forme qu'il est ; en demandant quant à eux la verification. Et depuis, les Chambres assemblées, la matiere mise en déliberation ; La Cour a ordonné que ledit Edit sera publié & enregistré.

ORDONNANCE DU ROY CHARLES IX.
Du mois de Janvier 1560.

76 *Article* CXI. Et parce qu'aucuns abusans de la faveur de nos Prédecesseurs par importunité, ou plûtôt subrepticement, ont obtenu quelquefois Lettres de cachet, & closes ou patentes, en vertu desquelles on a fait sequestrer des filles, & icelles épousé ou fait épouser, contre le gré des peres & meres, parens, tuteurs ou curateurs, chose digne de punition exemplaire : enjoignons à tous Juges proceder extraordinairement, comme crime de rapt contre les Impetrans, & ceux qui s'aideront de telles lettres, sans avoir aucun égard à icelles.

ORDONNANCE DE BLOIS DU ROY HENRY III.
Du mois de May 1579.

77 *Article* XL. Pour obvier aux abus & inconveniens qui aviennent des Mariages clandestins, Avons ordonné & ordonnons, que nos Sujets, de quelque état, qualité & condition qu'ils soient, ne pourront valablement contracter Mariages, sans proclamations precedentes des bans faits par trois divers jours de Fêtes, avec intervalle competent ; dont on ne pourra obtenir dispense, sinon aprés la premiere proclamation faite ; & ce seulement pour quelque urgente ou legitime cause, & à la requisition des principaux & plus proches parens communs des Parties contractantes. Aprés lesquels bans seront epousez publiquement. Et pour pouvoir témoigner de la forme qui aura été observée esdits Mariages, y assisteront quatre personnes dignes de foy, pour le moins, dont sera fait registre ; le tout sur les peines portées par les Conciles. Enjoignons aux Curez Vicaires, & autres, de s'enquerir soigneusement de la qualité de ceux qui se voudront marier. Et s'ils sont enfans de famille, ou étant en la puissance d'autruy, nous leur défendons tres-étroitement de passer outre à la celebration desdits Mariages, s'il ne leur apparoît du consentement des peres, meres, tuteurs ou curateurs, sur peine d'être punis comme fauteurs du crime de rapt.

Article XLI. Nous voulons que les Ordonnances cy-devant faites contre les enfans contractans Mariages sans le consentement de leurs peres, meres, tuteurs & curateurs, soient gardées ; mêmement celle qui permet en ce cas les exheredations.

Article XLII. Et neanmoins voulons, que ceux qui se trouveront avoir suborné fils ou fille mineurs de vingt-cinq ans, sous prétexte de Mariage, ou autre couleur, sans le gré, sçû, vouloir & consentement exprés de peres, meres, & de tuteurs, soient punis de mort, sans esperance de grace & pardon ; nonobstant tous consentemens que lesdits mineurs pourroient alleguer par aprés avoir donné audit rapt lors d'icelui, ou auparavant. Et pareillement seront punis extraordinairement tous ceux qui auront participé au rapt, & qui y auront prêté conseil, confort & aide, en aucune maniere que ce soit.

Article XLIII. Défendons à tous tuteurs accorder ou consentir le Mariage de leurs mineurs, sinon avec l'avis & consentement des plus proches parens d'iceux, tant paternels que maternels, sur peine de punition exemplaire.

Article XLIV. Défendons pareillement à tous Notaires, sur peine de punition corporelle, de passer ou recevoir aucunes promesses de Mariage par paroles de present.

Article CCLXXXI. *de la même Ordonnance de Blois.*

Défendons à tous Gentilshommes & Seigneurs, de contraindre leurs Sujets & autres, bailler leurs filles, nieces ou pupilles en Mariages à leurs serviteurs ou autres, contre la volonté & liberté qui doit être en tels contrats, sur peine d'être privez du droit de Noblesse, & punis comme coupables de rapt. Ce que semblablement nous voulons aux mêmes peines, être observé contre ceux qui abusans de nôtre faveur par importunité, ou plûtôt subrepticement, ont obtenu de Nous Lettres de cachet, closes ou patentes, en vertu desquelles ils font enlever ou sequestrer filles, icelles épousent ou font épouser, contre le gré & vouloir de pere, mere, parens, tuteurs ou curateurs.

Art. XXV. *de l'Edit de Melun, du mois de Février* 1580.

Nous défendons à nos Juges, qu'és causes de Mariages pendantes pardevant lesdits Ecclesiastiques, de faire défenses de passer outre au jugement d'icelles, sous prétexte de rapt, sans grande & apparente raison, dont nous chargeons leur conscience & honneur. Et neanmoins seront tenus les delateurs, ou parties instigantes, Juges instruire & mettre en état de juger ladite instance de rapt dans un an ; autrement & à faute de ce faire sera passé outre au jugement desdits Mariages par lesdits Juges Ecclesiastiques. Voulons neanmoins l'article XL. dudit Edit des états tenus à Blois, portant défenses aux Curez & Vicaires d'épouser aucuns enfans de famille, ou ceux qui sont en puissance d'autruy, s'il ne leur appert du consentement de pere, mere, tuteur ou curateur, être inviolablement gardé, sur les peines contenuës en icelui Edit.

ORDONNANCE DU ROY HENRY IV.
Du mois de Decembre 1606.

78 *Article XII.* Nous voulons que les causes concernans les Mariages, soient & appartiennent à la connoissance & jurisdiction des Juges d'Eglise, à la charge qu'ils seront tenus de garder les Ordonnances, même celle de Blois en l'article 40. & suivant icelles, déclarer les Mariages qui n'auront été faits & celebrez en l'Eglise, & avec la forme & solemnité requise par ledit article, nuls & non valablement contractez, comme cette peine indicte par les Conciles. Et afin que les Evêques, chacun en leurs Dioceses, & les Curez en leurs Paroisses en soient avertis, & qu'ils ne faillent cy-après contre ladite Ordonnance, elle sera renouvellée & publiée derechef, à ce que lesdits Evêques & Officiaux ayent d'oresnavant à juger conformément à icelle.

ORDONNANCE DU ROY LOUIS XIII.
Du mois de Janvier 1629.

79 *Article XXXIX.* L'Ordonnance de Blois touchant les Mariages clandestins, sera exactement observée, & y ajoûtant, Voulons que tous Mariages contractez contre la teneur de ladite Ordonnance, soient déclarez non valablement contractez, faisant défenses à tous Curez & autres Prêtres seculiers ou reguliers, sur peine d'amende arbitraire, celebrer aucun Mariage de personnes qui ne soient de leurs Paroisses, sans la permission de leurs Curez, ou de leur Evêque diocesain, nonobstant tous privileges à ce contraires, & seront tenus les Juges d'Eglise juger les causes desdits Mariages, conformément à cet article.

Article CLXIX. Desirant conserver l'autorité des peres sur leurs enfans, l'honneur & la liberté des Mariages, la reverence duë à un si saint Sacrement, & empêcher qu'à l'avenir plusieurs familles de qualité ne soient alliées de personnes indignes, & de mœurs dissemblables, avons renouvellé les Ordonnances pour la punition du crime de rapt. Et ajoûtant à icelles.

Voulons que tous ceux qui commettront rapt, & enlevement de veuves, fils & filles, étant sous la puissance des peres, meres, tuteurs & parens, ou entreprendront de les suborner pour se marier, & qui auront aidé & favorisé tels Mariages, sans l'aveu & consentement de leurs parens, tuteurs & autres qui les auront en charge, soient punis comme infracteurs des Loix, & perturbateurs du repos public, & sera procedé contr'eux extraordinairement par punition de mort, & confiscation de biens, sur iceux préalablement pris les reparations ajugées, sans qu'il soit loisible aux Juges de nos Cours souveraines & autres, de moderer la peine établie par nôtre presente Ordonnance. Enjoignons à cet effet à tous nos Juges d'informer promptement desdits crimes, si-tôt qu'ils auront été commis: Et à nos Procureurs generaux & leurs Substituts, d'en faire poursuite, encore qu'il n'y eût plainte ny partie, pour être procedé au Jugement, nonobstant oppositions ou appellations quelconques, sur peine d'en répondre en leur nom. Et outre défendons très-expressément à toutes personnes de quelque qualité ou condition qu'elles soient de favoriser, donner retraite, ou recevoir en leurs maisons lesdits coupables, ny retenir les personnes enlevées, à peine du rasement d'icelles, & de répondre solidairement, & leurs heritiers des reparations ajugées. Mêmes aux Capitaines & Gouverneurs qui commandent aux Places sous nôtre autorité, de ne les y admettre, ny recevoir sous les mêmes peines, & d'être privez de leurs Charges, lesquels en ce cas avons déclarées vacantes & impetrables, pour y être par nous pourvû, sans qu'ils y puissent être rétablis.

Et afin de faire cesser telles entreprises, & qu'à l'avenir tels crimes ne puissent être excusez & couverts; Voulons suivant les saints Decrets & les Constitutions canoniques, tels Mariages faits avec ceux qui auront enlevé lesdites veuves, fils & filles, être déclarez nuls & de nul effet & valeur, comme non valablement ny legitimement contractez, sans que par le temps, consentement des personnes ravies, leurs parens & tuteurs, prêtez avant ou après lesdits prétendus Mariages, ils puissent être validez & confirmez: & que les enfans qui viendront desdits Mariages soient & demeurent bâtards & illegitimes, indignes de toutes successions, directes & collaterales qui leur pourroient écheoir: ensemble les parens qui auront assisté, donné conseil, aidé & retraite, ou prêté consentement auxdits prétendus Mariages, & leurs hoirs à toujours incapables de pouvoir succeder, directement ou indirectement auxdites veuves, fils ou filles, & desquelles auditcas, nous les avons privez & déclarez indignes, sans que lesdits enfans puissent être legitimez, ny leurs parens rehabilitez pour recueillir lesdits biens. Et si aucunes Lettres étoient impetrées de Nous, par importunité ou autrement, défendons à nos Juges d'y avoir égard.

80 Déclaration du Roy, portant reglement sur l'ordre qui doit être observé en la celebration des Mariages; & contre ceux qui commettront le crime de rapt, du 26. Novembre 1639.

Louis par la grace de Dieu Roy de France & de Navarre: A tous ceux qui ces presentes Lettres verront; Salut. Comme les Mariages sont le Seminaire des Etats, la source & l'origine de la societé civile, & le fondement des familles, qui composent les Républiques, qui servent de principes à former leurs polices, & dans lesquelles la naturelle reverence des enfans envers leurs parens, est le lien de la legitime obéïssance des Sujets envers leur Souverain: Aussi les Rois nos predecesseurs ont jugé digne de leur soin de faire des Loix de leur ordre public, de leur décence extérieure, & de leur honnêteté & de leur dignité: A cet effet ils ont voulu que les Mariages fussent publiquement celebrez en face d'Eglise, avec toutes les justes solemnitez, & les ceremonies qui ont été prescrites comme essentielles par les saints Conciles, & par eux déclarées être non seulement de la necessité du precepte, mais encore de la necessité du Sacrement. Mais outre les peines indictes par les Conciles, aucuns de nosdits Predecesseurs ont permis aux peres & aux meres d'exhereder leurs enfans qui contracteroient des Mariages clandestins sans leur consentement, & de revoquer toutes & chacunes les donations & avantages qu'ils leur avoient faits. Mais quoyque cette Ordonnance fût fondée sur le premier Commandement de la seconde Table, contenant l'honneur & la reverence qui est dûë aux parens, elle n'a pas été assez forte pour arrêter le cours du mal & du désordre qui a troublé le repos de tant de familles, & flêtry leur honneur par des alliances inegales, & souvent honteuses & infames. Ce qui depuis a donné sujet à d'autres Ordonnances qui desirent la proclamation de bans, la presence du propre Curé, & de témoins assistans à la benediction nuptiale, avec des peines contre les Curez, Vicaires & autres, qui passeroient outre à la celebration des Mariages des enfans de famille, s'il ne leur apparoissoit des consentemens des peres & meres, tuteurs & curateurs, sur peine d'être punis comme fauteurs du crime de rapt, comme les auteurs & les complices de tels illigitimes Mariages. Toutefois quelque ordre qu'on ait pû apporter jusques à maintenant, pour rétablir l'honnêteté publique, & des actes si importans, la licence du siecle, la dépravation des mœurs, ont toûjours prévalu sur nos Ordonnances si saintes & si salutaires, dont même la vigueur & l'observation a été souvent relâchée, par la consideration des peres & meres qui remettent leur offense particuliere, bien qu'ils ne puissent remettre celle qui est faite aux Loix publiques. C'est pourquoy ne pouvant plus souffrir que nos Ordonnances soient ainsi

Rrrr iij

violées, ny que la sainteté d'un si grand Sacrement, qui est le signe mystique de la conjonction de Jesus-Christ avec son Eglise, soit indignement profané: & voyant d'autre part, à nôtre grand regret, & au préjudice de nôtre Etat, que la plûpart des honnêtes familles de nôtre Royaume, demeurent en trouble par la subornation & enlevement de leurs enfans, qui trouvent eux-mêmes la ruine de leur fortune dans ces illegitimes conjonctions, Nous avons resolu d'opposer à la frequence de ces maux, la severité des Loix, & de retenir par la terreur de nouvelles peines, ceux que la crainte ny la reverence des Loix divines & humaines ne peuvent arrêter; n'ayant en cela autre dessein que de sanctifier le Mariage, regler les mœurs de nos Sujets, & empêcher que les crimes de rapt ne servent plus à l'avenir de moyens & de degrez pour parvenir à des Mariages avantageux. A ces causes, après avoir mis cette affaire en deliberation en nôtre Conseil; de l'avis d'iceluy, & de nôtre certaine science, pleine puissance & autorité Royale, Nous avons statué & ordonné, statuons & ordonnons ce qui ensuit:

I. Nous voulons que l'article quarante de l'Ordonnance de Blois, touchant les Mariages clandestins, soit exactement gardé: & interpretant iceluy, Ordonnons que la proclamation des bans sera faite par le Curé de chacune des Parties contractantes, avec le consentement des peres, meres, tuteurs ou curateurs, s'ils sont enfans de famille, ou en la puissance d'autruy. Et qu'à la celebration du Mariage assisteront quatre témoins dignes de foy, outre le Curé qui recevra le consentement des Parties, & les conjoindra en Mariage suivant la forme pratiquée en l'Eglise. Faisons tres-expresses défenses à tous Prêtres, tant seculiers que reguliers, de celebrer aucun Mariage, qu'entre leurs vrais & ordinaires Paroissiens, sans la permission par écrit des Curez des Parties, ou de l'Evêque diocesain, nonobstant les Coûtumes immemoriales & privilege que l'on pourroit alleguer au contraire. Et ordonnons qu'il sera fait un bon & fidele registre, tant des Mariages que de la publication des bans, ou des dispenses, & des permissions qui auront été accordées.

II. Le contenu en l'Edit de l'an 1556. & aux articles 41. 42. 43. & 44. de l'Ordonnance de Blois, sera observé: & y ajoûtant, Nous ordonnons que la peine de rapt demeure encouruë, nonobstant les consentemens qui pourroient intervenir puis aprés de la part de peres, meres, tuteurs & curateurs, dérogeant expressément aux Coûtumes qui permettent aux enfans de se marier aprés l'âge de vingt-ans, sans le consentement des peres. Et avons déclaré & déclarons les veuves, fils & filles moindres de vingt-cinq ans, qui auront contracté Mariage contre la teneur desdites Ordonnances, privez & déchûs par leur seul fait, ensemble les enfans qui en naîtront, & leurs hoirs, indignes & incapables à jamais des successions de leurs peres, meres, & ayeuls, & de toutes autres directes & collaterales: comme aussi des droits & avantages qui pourroient leur être acquis par contracts de Mariages & testamens, ou par les Coûtumes & Loix de nôtre Royaume, même du droit de legitime; & les dispositions qui seront faites au préjudice de cette nôtre Ordonnance, soit en faveur des personnes mariées, ou par elles au profit des enfans nez de ces Mariages, nulles, & de nul effet & valeur. Voulons que les choses ainsi données, léguées ou transportées, sous quelque pretexte que ce soit, demeurent en ce cas acquises irrevocablement à nôtre Fisc, sans que nous en puissions disposer qu'en faveur des Hôpitaux, ou autres œuvres pies. Enjoignons aux fils qui excedent l'âge de trente ans, & aux filles qui excedent celuy de vingt-cinq, de requerir par écrit l'avis & conseil de leurs peres & meres pour se marier, sous peine d'être exheredez par eux, suivant l'Edit de l'an 1556.

III. Déclarons conformément aux saints Decrets & Constitutions canoniques, les Mariages faits avec ceux qui ont ravi & enlevé des veuves, fils & filles de quelque âge & condition qu'ils soient, non valablement contractez; sans que par le temps, ni par le consentement des personnes ravies, & de leurs peres, meres, tuteurs & curateurs, ils puissent être confirmez, tandis que la personne ravie est en la possession du ravisseur. Et neanmoins en cas que sous pretexte de majorité, elle donne un nouveau consentement aprés être mise en liberté, pour se marier avec le ravisseur, nous la déclarons, ensemble les enfans qui naîtront d'un tel Mariage, indignes & incapables de toutes successions directes & collaterales qui leur pourront écheoir, sous quelques titre que ce soit, conformément à ce que nous ordonnons contre les personnes ravies par subornation: Et les parens qui auront assisté, donné conseil, & favorisé lesdits Mariages, & leurs hoirs, incapables de succeder directement ou indirectement ausdites veuves, fils & filles. Enjoignons tres-expressément à nos Procureurs generaux & à leurs Substituts, de faire toutes les poursuites necessaires contre les ravisseurs & leurs complices, nonobstant qu'il n'y eût plainte de partie civile, & à nos Juges de punir les coupables de peine de mort, & confiscation de biens, sur iceux préalablement prises les reparations qui seront ordonnées, sans que cette peine puisse être moderée: Faisant défenses à tous nos Sujets de quelque qualité & condition qu'ils soient, de donner faveur ny retraite aux coupables, ny de retenir les personnes enlevées, à peine d'être punis comme complices: & de répondre solidairement & leurs heritiers, des réparations ajugées, & d'être privez de leurs Offices & Gouvernemens, s'ils en ont, dont ils encourront la privation par le seul acte de la contravention à cette défense.

IV. Et afin qu'un chacun reconnoisse combien nous détestons toutes sortes de rapt, Nous défendons tres-expressément aux Princes & Seigneurs de nous faire instance pour accorder des Lettres, afin de rehabiliter ceux que nous avons déclarez incapables de successions, à nos Secretaires d'Etat de les signer, & à nôtre tres-cher & feal Chancelier de les sceller, & à tous Juges d'y avoir aucun égard, en cas que par importunité ou autrement, on en eût impetré aucunes de nous. Voulons que nonobstant telles dérogations ou dispenses, les peines contenuës en nos Ordonnances soient exécutées.

V. Desirant pourvoir à l'abus qui commence à s'introduire dans nôtre Royaume, par ceux qui tiennent leurs Mariages secrets & cachez pendant leur vie, contre le respect qui est dû à un si grand Sacrement, nous ordonnons que les majeurs contractent leurs Mariages publiquement, & en face de l'Eglise, avec les solemnitez prescrites par l'Ordonnance de Blois; & déclarons les enfans qui naîtront de ces Mariages, que les Parties ont tenus jusques icy, ou tiendront à l'avenir cachez pendant leur vie, qui ressentent plûtot la honte d'un concubinage, que la dignité d'un Mariage, incapables de toutes successions, aussi bien que leur posterité.

VI. Nous voulons que la même peine ait lieu contre les enfans qui sont nez des femmes que les peres ont entretenuës, & qu'ils épousent lors qu'ils sont à l'extrémité de la vie: comme aussi contre les enfans procreez par ceux qui se marient aprés avoir été condamnez à mort, même par les Sentences de ces Juges renduës par défaut, si avant leurs decés ils n'ont esté remis au premier état, suivant les Loix prescrites par nos Ordonnances.

VII. Défendons à tous Juges, même à ceux d'Eglise, de recevoir la preuve par témoins des promesses de Mariage, ny autrement que par écrit, qui soit arrêté en présence de quatre proches parens de l'une & de l'autre des Parties, encore qu'elles soient de basse condition. Si donnons en mandement à nos amez & feaux Conseillers les Gens tenans nôtre Cour de Parlement de Paris, Baillifs, Sénéchaux, Juges ou leurs Lieutenans, & à tous autres nos Justiciers & Officiers qu'il appartiendra, que ces Presentes ils fassent lire, publier, registrer, executer, garder & observer selon leur forme & teneur. Enjoignons à nos Procureurs generaux, leurs Substituts presens & à venir, d'y tenir la main, & faire toutes les diligences requises & necessaires pour ladite execution. Car tel est nôtre plaisir. En témoin de quoy nous avons fait mettre nôtre Scel à ces presentes. Donné à S. Germain en Laye le vingt-sixiéme jour de Novembre, l'an de grace mil six cens trente neuf, & de nôtre Regne le trentiéme. Signé Louis.

81 Edit du mois de Mars 1697. concernant les formalitez qui doivent être observées dans les mariages. Louïs, &c. Les saints Conciles ayant prescrit comme une des solemnitez essentielles au Sacrement de Mariage, la presence du propre Curé de ceux qui contractent. Les Rois nos Prédecesseurs, ont autorisé par plusieurs Ordonnances l'execution d'un Reglement si sage, & qui pouvoit contribuer aussi utilement à empêcher ces conjonctions malheureuses, qui troublent le repos, & flétrissent l'honneur de plusieurs familles, par des alliances souvent encore plus honteuses par les corruptions des mœurs que par l'inégalité de la naissance ; mais comme nous voyons avec beaucoup de plaisir que la justice de ces Loix & le respect qui est dû aux deux Puissances qui les ont faites, n'ont pas été capables d'arrêter la violence des passions qui engagent dans les mariages de cette nature, & qu'un interêt sordide fait trouver trop aisément des témoins, & même des Prêtres qui prostituent leur ministere, aussi bien que leur foy pour profaner de concert ce qu'il y a de plus sacré dans la Religion & dans la société civile ; Nous avons estimé necessaire d'établir plus expressément que l'on n'avoit fait jusqu'à cette heure, la qualité du domicile, tel qu'il est necessaire pour contracter un mariage en qualité d'habitant d'une Paroisse, & de prescrire des peines dont la juste severité pût empêcher à l'avenir les surprises que des personnes supposées & des esprits corrompus ont osé faire pour la concession des dispenses, & pour la celebration des Mariages, & contenir dans leur devoir les Curez & les autres Prêtres, tant Seculiers que Reguliers, lesquels oubliant la dignité & les obligations de leur Caractere, violent eux-mêmes les regles que l'Eglise leur a prescrites, & la sainteté d'un Sacrement dont ils sont encore plus obligez d'inspirer le respect par leurs exemples que par leurs paroles. Et comme nous avons été informez dans le même temps qu'il s'étoit presenté quelques cas en nos Cours ausquels n'ayant pas été pourvûs par les Ordonnances qui ont été faites sur le fait des Mariages, nos Juges n'avoient pû y apporter les remedes qu'ils auroient estimé necessaires pour l'ordre & la police publique. A ces causes, après avoir fait mettre cette affaire en déliberation en nôtre Conseil, de l'avis d'iceluy & de nôtre certaine science, pleine puissance & autorité Royale, nous avons par nôtre present Edit, statué & ordonné, statuons & ordonnons, voulons & nous plaît, que les dispositions des saints Canons & les Ordonnances des Rois nos Predecesseurs, concernant la celebration des Mariages, notamment celles qui regardent la necessité de la presence du propre Curé de ceux qui contractent, soient exactement observées, & en execution d'iceux ; defendons à tous Curez & Prêtres, tant Seculiers que Reguliers, de conjoindre en mariage autres personnes que ceux qui sont leurs vrais & ordinaires Paroissiens, demeurant actuellement & publiquement dans leurs Paroisses, au moins depuis six mois à l'égard de ceux qui demeuroient auparavant dans une autre Paroisse de la même ville, & dans le même Diocése ; & depuis un an pour ceux qui demeuroient dans un autre Diocése, si ce n'est qu'ils en ayent une permission speciale & par écrit du Curé des parties qui contractent, ou de l'Archevêque ou Evêque Diocésain : Enjoignons à cet effet à tous Curez & autres Prêtres qui doivent célebrer des mariages, de s'informer soigneusement avant que d'en commencer les ceremonies, & en presence de ceux qui y assistent, par le témoignage de quatre témoins dignes de foy, domiciliez, & qui sçachent signer leurs noms s'il s'en peut aisément trouver autant dans le lieu où l'on célebrera le Mariage, du domicile, aussi bien que de l'âge & de la qualité de ceux qui contractent, & particulierement s'ils sont enfans de famille ou en la puissance d'autruy, afin d'avoir en ce cas les consentemens de leurs peres, meres, tuteurs, ou curateurs, & d'avertir lesdits témoins des peines portées par nôtre present Edit, contre ceux qui certifieront en ce cas des faits qui ne sont pas veritables, & de leur en faire signer aprés la celebration du Mariage, les Actes qui en seront écrits sur le Registre, lequel en sera tenu en la forme prescrite par les articles 7. 8. 9. & 10. du titre 20. de nôtre Ordonnance du mois d'Avril 1667.

Voulons que si aucuns desdits Curez ou Prêtres, tant Seculiers que Reguliers, célebrent cy-aprés sciemment & avec connoissance de cause des mariages entre des personnes qui ne sont pas effectivement de leurs Paroisses, sans avoir la permission par écrit des Curés de ceux qui contractent ou de l'Archevêque ou Evêque Diocésain, il soit procedé contre eux extraordinairement ; & qu'outre les peines Canoniques que les Juges d'Eglise pourront prononcer contr'eux, lesdits Curés & autres Prêtres, tant Seculiers que Reguliers qui auront des Benefices, soient privez pour la premiere fois de la jouïssance de tous les revenus de leurs Cures & Benefices pendant trois ans, à la reserve de ce qui est absolument necessaire pour leur subsistance, ce qui ne pourra exceder la somme de 600 liv. dans les plus grandes villes, & celles de 300. liv. par tout ailleurs ; & que le surplus desdits revenus soit saisi à la diligence de nos Procureurs, & distribué en œuvres pies par l'ordre de l'Archevêque ou Evêque Diocésain. Qu'en cas d'une seconde contravention, ils soient bannis pendant le temps de neuf ans des lieux que nos Juges estimeront à propos. Que les Prêtres Seculiers qui n'auront point de Cures & de Benefices, soient condamnez pour la premiere fois au bannissement pendant trois ans ; & en cas de récidive, pendant neuf ans. Et qu'à l'égard des Prêtres Reguliers ils soient envoyez dans un Convent de leur Ordre, tel que leur Superieur leur assignera hors des Provinces qui seront marquées par les Arrêts de nos Cours, ou les Sentences de nos Juges, pour y demeurer renfermez pendant le temps qui sera marqué par lesdits jugemens, sans y avoir aucune charge, fonction ni voix active & passive. Et que lesdits Curez & Prêtres puissent en cas de rapt fait avec violence, être condamnez à plus grandes peines, lorsqu'ils prêteront leur ministere pour célebrer des mariages en cet état.

Voulons pareillement que le procés soit fait à tous ceux qui auront supposé être les peres, meres, tuteurs, ou curateurs des mineurs, pour l'obtention des permissions de celebrer des mariages, des dispenses de bans & de main levées des oppositions formées à la celebration desdits mariages : comme aussi aux témoins qui auront certifié des faits qui se trouveront faux à l'égard de l'âge, qualité & domicile de ceux qui contractent, soit pardevant les Archevêques & Evêques Diocésains, soit pardevant lesdits Curés & Prêtres lors de la celebration desdits mariages ; & que ceux qui seront trouvés coupables desdites suppositions & faux témoignages, soient condamnez ; sçavoir les hommes à faire amende honorable, & aux Galeres, pour le temps que nos Juges estimeront juste, & au bannissement, s'ils ne sont pas en état de subir ladite peine des Galeres, & les femmes à faire pareillement amende honorable & au bannissement qui ne pourra être moindre de neuf ans.

Declarons que le domicile des fils & filles de Familles mineurs de 25. ans pour la celebration de leurs mariages, est celuy de leurs peres, meres, ou de leurs tuteurs ou curateurs ; aprés la mort de leursdits peres & meres ; & en cas qu'ils ayent un autre domicile de fait ; ordonnons que les bans seront publiez dans les

Paroisses où ils demeurent, & dans celles de leurs peres, meres, tuteurs ou curateurs.

Ajoûtant à l'Ordonnance de l'an 1556. & à l'article 2. de celle de l'an 1639. Permettons aux peres & meres d'exhereder leurs filles veuves, même majeures de 25. ans, lesquelles se marieront sans avoir requis par écrit leurs avis & conseils.

Declarons lesdites veuves, & les fils & filles majeures même de 25 & 30. ans, lesquels demeurant actuellement avec leurs peres & meres, contracteront à leur insçû des mariages, comme habitans d'une autre Paroisse, sous prétexte de quelque logement qu'ils y ont pris peu de temps avant leur mariage, privez & déchûs par leur seul fait, ensemble les enfans qui en naîtront, des successions de leursdits peres, meres, ayeuls & ayeules, & de tous autres avantages qui pourroient leur être acquis en quelque maniere que ce puisse être, même du droit de legitime.

Voulons que l'article 6. de l'Ordonnance de 1639. au sujet des mariages que l'on contracte à l'extrêmité de la vie, ait lieu, tant à l'égard des femmes qu'à celuy des hommes; & que les enfans qui sont nez de leurs débauches avant lesdits mariages, ou qui pourront naître aprés lesdits mariages contractez en cet état, soient aussi-bien, que leur posterité declarés incapables de toutes successions. Si donnons en mandement, &c.

Declaration du Roy du mois de Juin 1697. concernant les mariages faits par d'autres Prêtres que les Curez des contractans. Louis, &c. Quelques Archevêques & Evêques nous ont representé qu'ils trouvent dedans leurs Diocéses un nombre considerable de personnes qui vivent comme dans des mariages veritables, sous la foy de ceux qu'ils prétendent avoir contractés devant des Prêtres, autres que leurs propres Curés : & quelques autres qui s'imaginent que des Actes, que des Notaires ont eu la témerité de leur donner de leurs consentemens reciproques, leur ont pû conferer la grace du Sacrement de Mariage, & suppléer à la Benediction des Prêtres, que l'Eglise a observée si religieusement depuis les premiers siecles de son établissement; qu'ils esperent que l'Edit que nous avons eu la bonté de faire au mois de Mars dernier pourra empêcher à l'avenir la plus grande partie du premier de ces desordres; mais que nos Procureurs ayant eu peu d'attention jusqu'à cette heure, à obliger ceux qui les commettent de se reparer, lorsque les parens ou quelques autres personnes interessées n'ont point porté les affaires de cette nature dans les tribunaux ordinaires de la Justice, ces profanations demeurent impunies; & ceux qui se sont commises s'y endurcissant par le temps au préjudice de leur conscience, & de l'état des enfans qu'ils peuvent avoir ; Que sans desirer aucune extension de la Jurisdiction de laquelle ils joüissent sous nôtre protection, sans avoir d'autre vûë que celle de faire rendre le respect qui est dû à l'un des Sacremens de l'Eglise, & de procurer le salut de ceux dont il a plû à Dieu de leur confier la conduite, ils estiment que s'ils étoient dans une plus grande liberté d'agir à cet égard, ils pourroient contribuer efficacement de leur part, à empêcher des scandales de cette nature, sans troubler le repos des familles, dans le temps où ils ne peuvent, sans un trop grand éclat recevoir des remedes que dans le tribunal secret de la Penitence ; Qu'à l'égard des conjonctions qui n'ont d'autre fondement que les Actes délivrez par des Notaires, qui tendent à reduire le Sacrement de Mariage dans l'état où il étoit parmi les Païens, d'un simple contrat civil, l'article 44. de l'Ordonnance de Blois, & les Arrêts que nos Cours de Parlement ont rendus dans les occasions qui s'en sont presentées, n'ayant pû abolir entierement un si grand desordre, ils ne peuvent se dispenser de nous supplier, comme ils le font, d'en arrêter le cours par les moyens que nous estimerons les plus convenables & les plus efficaces. A ces causes, & considerant que toutes les Puissances qu'il a plû à Dieu d'établir dans le monde, ne doivent avoir d'autre objet que celuy de concourir à sa gloire & à son service, & reconnoissant incessamment l'obligation, encore plus particuliere dans laquelle nous sommes, d'employer à cette fin celle que nous avons reçuë de sa bonté, avec tant d'étenduë ; Nous, de l'avis de nôtre Conseil, & de nôtre certaine science, pleine puissance & autorité Royale, avons dit, declaré & ordonné, disons, declarons & ordonnons par ces presentes signées de nôtre main, voulons & nous plaît, que nôtre Edit du mois de Mars dernier, soit executé selon sa forme & teneur. Enjoignons à nos Cours de Parlement, & autres nos Juges & Officiers, d'y tenir la main ; & lorsqu'ils jugeront des causes ou des procés dans lesquels il s'agira des mariages celebrés pardevant des Prêtres, autres que les propres Curés des contractans, sans en avoir obtenu les dispenses necessaires, & même pour les poursuites que nos Procureurs en pourront faire d'office, dans la premiere année de la célebration desdits prétendus mariages, d'obliger ceux qui prétendront avoir contracté des mariages de cette maniere, de se retirer pardevers leur Archevêque ou Evêque, pour les rehabiliter, suivant les formes prescrites par les saints Canons, & par nos Ordonnances, aprés avoir accompli la penitence salutaire qui leur sera par eux imposée, telle qu'ils l'estimeront à propos. Permettons aussi aux Promoteurs desdits Archevêques & Evêques, lorsque nos Procureurs, ou des parties interessées ne feront aucunes procedures pardevant nos Juges, de faire assigner devant lesdits Archevêques & Evêques, & dans le terme cy-dessus, & aprés en avoir obtenu d'eux une permission expresse, les personnes qui demeurent & vivent ensemble, & qui n'ont point été mariées par les Curés des Paroisses dans lesquelles ils demeurent, & qui n'ont point obtenu dispenses pour être mariés par d'autres Prêtres, aux fins de representer ausdits Prélats dans un temps convenable, les Actes de célebration de leurs mariages ; Voulons qu'en cas que les Archevêques ou Evêques, trouvent que lesdits mariages n'ayent pas été celebrés par leurs propres Curés des contractans, & qu'il n'y ait d'ailleurs aucun autre empechement legitime ; ils puissent leur enjoindre de les rehabiliter dans les formes prescrites par les saints Canons, & par nos Ordonnances aprés avoir accompli la penitence salutaire qui leur sera par eux imposée, & même de se separer pendant un certain temps, s'ils jugent que cela puisse être fait, sans un trop grand éclat, ce que nous laissons à leur prudence ; & en cas que ceux qui auront été assignés ne rapportent pas les Actes de célebration de leurs mariages ausdits Archevêques & Evêques, dans le temps qui leur aura été marqué ; Enjoignons à nos Officiers dans le ressort desquels ils demeurent sur l'avis que lesdits Archevêques ou Evêques leur donneront, de les obliger de se separer par des condamnations d'amende & autres peines plus grandes s'il est necessaire, & sans préjudice aux Archevêques & Evêques, de les exclure de la participation aux saints Sacremens de l'Eglise, aprés les monitions convenables s'ils persistent dans leur desordre. Enjoignans à nos Cours de Parlement de tenir la main à ce que nosdits Officiers fassent ponctuellement executer les Ordonnances desdits Archevêques & Evêques, à cet égard, & de donner ausdits Prélats toute l'aide & le secours qui dépend de l'autorité que nous leur avons confiée ; declarons que les conjonctions des personnes lesquelles se prétendront mariées, & vivront ensemble, en consequence des Actes qu'ils auront obtenu du consentement reciproque, avec lequel ils se seront pris pour maris & pour femmes, n'emporteront n'y communauté, ni doüaire, ni aucuns autres effets civils, de quelque nature qu'ils puissent être, en faveur des prétendus conjoints, & des enfans qui en peuvent naître lesquels nous voulons être privés de toutes successions, tant directes que collaterales. Défendons à tous Juges à peine d'interdiction, & même de privation de leurs

Charges

Charges, si nos Cours le trouvent ainsi à propos, par les circonstances des faits; d'ordonner aux Notaires de délivrer des Actes de cette nature; & à tous Notaires de les expedier sous quelque pretexte que ce puisse être, à peine de privation de leurs Charges, & d'être declarés incapables d'en tenir aucunes autres de Justice dans la suite. Si donnons, &c.

MARIAGE, ABSENCE.

83 Du mariage contracté par la femme pendant l'absence de son mary. *Voyez cy-devant*, verbo, *Absent*, nomb. 47. & *suivans*.

83 bis. Une longue absence a differé l'accomplissement du mariage, & donné sujet à la future épouse de se marier; elle peut être poursuivie pour la restitution des choses données sans dommages & interêts. *M. Dolive, Actions Forenses,* 3. *part. action* 4. *Voyez M. le Prêtre*, *premiere Centurie, chap.* 1.

84 Pendant l'absence du mari la femme ne se peut remarier, à moins qu'elle n'ait preuve de sa mort, *Novelle* 7. *ut liceat matri, & avia. §. quod autem, Novella Leonis* 33. *can. in præsentia de sponsalibus*, non pas même quand il auroit été 20. ans ou plus, absent. Arrêt du 29. Janvier 1557. La mort se doit prouver par témoins qui certainement en déposent, ou par grandes & manifestes présomptions, *can. ult. §. si autem ut lite non contest*. *La Rochflavin*, *liv.* 6. *tit.* 66. *Arr.* 1.

85 *Bouvot*, tome 1. part. 2. verbo, *Femme*, quest. 1. rapporte un Arrêt du Parlement de Dijon du mois de Mars 1565. qui a jugé que la femme ne pouvoit se remarier pendant l'absence de son mari, *quantiscumque annis abfuerit*.

86 Une femme se marie pendant l'absence de son mary que l'on tient mort; les enfans sont legitimes à cause de la bonne foy. Jugé les 30. Août 1597. & 16. Janvier 1610. *M. le Prêtre*, *Cent.* 1. *chap.* 1.

87 Femme quoyqu'après une longue absence de son mary, ne peut se marier, qu'elle n'ait des nouvelles certaines de sa mort. Arrêt prononcé à la Nôtre-Dame de Septembre 1614. *Voyez de Montholon*, *Arr.* 124.

88 Jugé au Rôle d'Amiens par Arrêt du 12. Janvier 1644. qu'une femme s'étant remariée pendant l'absence de son mary, qu'elle croyoit mort; le premier mary étant de retour après douze années; le second mariage duquel il y avoit eu des enfans, étoit nul, & en consequence la femme condamnée de revenir avec son premier mari; neanmoins les enfans issus du second mariage declarés legitimes, comme étant nez dans la bonne foy. *Soëfve*, tome 1. *Cent.* 1. chap. 64.

89 Du mariage contracté par une femme pendant l'absence de son premier mary qu'elle croyoit mort; le second mary dit, que quand il n'y auroit point eu de bonne foy du côté de la mere, il suffisoit qu'il y en eût du sien : ce qui fut ainsi jugé le 13. Juin 1656. *Soëfve*, *tome* 2. *Cent.* 1. *chap.* 34.

90 Par le Contract de mariage de Claire Vallot avec Loüis Bochot, il étoit dit que le décès du mary arrivant, elle auroit un doüaire de 15. livres; Bochot va en Catalogne pour y servir le Roy dans ses armées, y demeure 4. ans, sans que sa femme apprenne de ses nouvelles; cette femme ayant dessein de se remarier, obtint un certificat du sieur Balandon étant alors au Château de Dijon, portant qu'il a oüy dire à trois hommes dénommez dans ce certificat, qu'ils avoient vû mourir & enterrer Loüis Bochot en Catalogne; mais ce certificat, d'ailleurs sans date, n'étoit pas signé des hommes dont il faisoit mention. Neanmoins n'ayant que ce certificat pour toute preuve de la mort de son mary; elle passe en secondes nôces avec le nommé Dimanche Guillot, & demande aux heritiers de son premier mary son doüaire de 15. livres par chacun an; ils le luy refusent, parce que, disent-ils, elle s'est trop pressée de se remarier, & qu'elle devoit attendre des nouvelles assurées de la mort. Elle leur répond qu'ils devoient donc aussi être certains de la mort de Loüis Bochot avant que de s'emparer comme ils avoient fait

de ses biens, & qu'elle étoit dans la bonne foy après un temps si considerable, durant lequel on n'avoit rien oüy dire de luy, sinon qu'il étoit mort. Sentence qui deboute ladite Vallot du doüaire par elle demandé. Sur l'appel, Arrêt du 19. Janvier 1671. qui confirme cette Sentence avec amende, & en outre fait defenses à cette pretenduë veuve d'habiter avec son second mary, sous peine de punition exemplaire, jusqu'à ce que l'Official d'Arnay-le-Duc, d'où étoient les parties, eût prononcé sur la validité ou invalidité du second mariage. *Taisand, sur la Coûtume de Bourgogne, tit.* 4. *art.* 6. note 2.

91 Un mary dans l'emportement tuë le pere de sa femme. On informe contre luy; il s'absente; sa femme passe à de secondes nôces; le meurtrier après une longue absence, paroît, fait enteriner les Lettres de remission qu'il avoit obtenuës, ensuite presente requête à ce que la femme qu'il avoit trouvée mariée fût tenuë de le reconnoître seul pour son mary veritable, & de venir demeurer avec lui. Cette cause est demeurée indecise, le second mary donna une somme de 800. liv. au moyen de quoy on le laissa & sept enfans qu'il avoit de ce mariage, dans la possession paisible de leur état. *Voyez* le 26. *Plaidoyer de M. le Maître*.

MARIAGE, APPEL COMME D'ABUS.

Voyez le mot, *Abus*, nomb. 871.

92 Entre Imbert Chassé & Jeanne Chomart citez à l'Instance du Promoteur de l'Evêque de Nantes, afin de solemniser leur mariage, se trouve un incident formé en jugement : cependant defenses aux parties de contracter. Chassé appelle à l'Archevêque de Tours, & obtient decret de citation contre Jeanne Chomart, laquelle appelle comme d'abus; elle le fonde sur les privileges du païs, par lesquels les sujets ne doivent être tirez hors du territoire, joint qu'il a été commandé à l'Archevêque de Tours de nommer Vicaires dans la ville de Rennes, qui jugent des appellations interjettées des neuf Evêques de ce pays, en toutes matieres civiles & criminelles. Par Arrêt du Parlement de Bretagne du 13. Septembre 1575. il fut dit mal & abusivement decreté, l'intimé condamné ès dépens. *Du Fail, liv.* 1. *chap.* 571.

93 Un mariage fait sur une condamnation au foüet, à faute d'épouser, est abusif : cette question fut plaidée au Parlement de Toulouse le 12. Février 1646. Bon Estevé rendit enceinte la sœur de son hôte plus âgée que luy de cinq ans; elle en fit sa plainte; mis en prison, il avouä le fait; le Juge ordinaire le condamna au foüet *sauf s'il l'épousoit*; il l'épousa devant un autre Prêtre que le Curé à deux lieuës de-là, pour éviter l'opposition du pere, lequel fut appellant comme d'abus de la celebration, disant que si les mariages qui se font *pœnâ causâ*, n'ont pas besoin de bans, c'est lors, que la Cour en a ordonné; les Juges inferieurs n'ont pas ce pouvoir, d'ailleurs la condamnation au foüet en tel cas étoit insolite & extravagante, cette fille avoit suborné son fils. Elle disoit au contraire, que par la hardiesse naturelle aux Ecoliers, il avoit violé le droit d'hospitalité; qu'ils étoient d'égale condition, & que le mariage de Booz avec Ruth se fit en presence des Juges. Le 19. du même mois la Cour declara ce mariage abusif, condamna le Prêtre à 5. liv. d'amende, que ce fils seroit pris au corps, decreta d'ajournement personnel contre les témoins, & fit defenses aux Consuls & autres Juges d'ordonner de pareilles Sentences. *Albert*, verbo, *Mariage*, art. 13.

94 Un pere a été reçû à interjetter appel comme d'abus de la celebration du mariage de son fils majeur de 32. ans avec une fille majeure, leur mariage celebré sans publications de bans, sans quatre témoins. Blois art. 40. repetée par l'Ordonnance de 1667. tit. 20. des faits qui gisent en preuve, art. 9. fol. 98. sans leur propre Curé, contre le Concile de Trente, section 24. chap. 1. *De reformatione matrimonii*. Jugé le 19. Août 1659. *Notables Arrêts des Audiences*, *Arrêt* 38. avec les *Arrêts* 66. & 117. *De la Guessiere*, *tome* 2. *liv.* 2.

chapitre 41. & *livré* 6. *chapitre* 14. & 20.

95. Si pendant l'appel d'une Sentence de l'Official qui condamne au mariage, le condamné meurt, la femme ne peut se dire veuve ni l'enfant legitime. Arrêt du 26. Janvier 1662. *Des Maisons, lettre O. nomb.* 5.

96. Arrêt du 16. Janvier 1670. qui declare abusive une Sentence par laquelle l'Official de Soissons avoit ordonné par défaut la dissolution du mariage, & permis à l'une des parties d'en contracter un autre. *Soefve, tome* 2. *Cent.* 4. *chap.* 45.

97. Une femme interjette appel comme d'abus de la celebration de son mariage après 14. ans d'habitation avec son mary; par Arrêt elle est condamnée de retourner avec luy, cette femme baille sa Requête, & demande que son mary soit tenu d'acquiter les dettes qu'elle a contractées pendant la poursuite de son procés pour raison de sa nourriture & de son entretien, déboutée de sa Requête, & condamnée aux dépens le 23. Mars 1672. *Journal du Palais.*

98. Jugé le 7. Janvier 1676. que des heritiers collateraux après 37. ou 38. ans n'étoient pas recevables à contester le mariage de leur parent decedé, & disputer à sa veuve la donation universelle portée par le Contrat de mariage, sous prétexte que l'acte de celebration ne s'étoit point trouvé dans les Registres de la Paroisse en laquelle la veuve prétendoit que le mariage étoit le Contrat & plusieurs actes publics. *Soefve,* t.2 *Cent.* 4. *c.* 92.

99. Un parent collateral ne peut appeller comme d'abus de la célebration du mariage d'un sien parent, sous prétexte qu'il y a des nullitez dans la célebration.

L'énonciation faite dans une Sentence de l'Officialité de l'acte de célebration de mariage, est suffisante (quoyqu'elle ne se trouve pas sur le Registre des mariages) quand il y a un nombre d'années écoulées depuis, & dans le doute il faut répondre pour l'état des personnes. Arrêt du Parlement de Paris du 17. Janvier 1692. *Voyez le Journal des Audiences, tome* 5. *livre* 8. *chapitre* 1.

MARIAGE, ADULTERE.

100. Mariage entre les personnes coupables du crime d'adultere. *Voyez le mot Adultere, nomb.* 141.

101. Un mary ne pouvant souffrir les débauches de sa femme l'abandonne; quelque temps après sans certificat de mort de son mary, elle épouse celuy avec qui elle avoit eu un mauvais commerce, dont elle avoit eu une fille qu'elle avoit fait baptiser sous le nom de son mary; ce dernier étant mort, la succession fut contestée aux enfans par les parens. Arrêt du Parlement de Roüen du 24. Juillet 1665. qui ajuge seulement le quart aux enfans, dont la mere joüissoit par usufruit; & ainsi on jugea que l'adultere seul empêchoit le mariage pour les effets civils: on avoit jugé le contraire le 30. Mars 1629. pour la succession de François Davoines; elle fut ajugée aux enfans issus de luy & de Collasse Louis qu'il avoit connuë, & dont il avoit eu des enfans du vivant de Damoiselle Anne du Buisson sa premiere femme, mais ces enfans qui eurent la succession, étoient nez depuis la mort de la premiere femme & durant le mariage. *Basnage, sur l'art.* 235. *de la Coûtume de Normandie.*

102. D'un mariage *in articulo mortis* avec une femme *quam polluerat iste maritus per adulterium,* les enfans furent declarez legitimes par Arrêt du Parlement de Grenoble du 18. Mars 1644. *Voyez Basset, tome* 1. *liv.* 4. *tit.* 3. *chapitre* 1.

MARIAGES ENTRE PERSONNES AGE'ES.

103. Fille mariée reputée majeure. *Voyez le mot Majeur, nombre* 26. *& suiv.*

104. Un homme âgé de 74. ans se marie en troisiémes nôces avec une fille de 20. ans; il y a clause au contract qu'avenant son prédecés, elle reprendra pour tout droit de doüaire & communauté 1500. livres, ses habits & joyaux, & un lit garni. Cet homme qui n'avoit pû consommer son mariage, crut avoir l'eguillette noüée, de

desespoir il se pendit. M. le Marquis de la Vieuville, Seigneur engagiste de la Terre où le délit avoit été commis, prétendoit les biens à titre de confiscation; le Receveur du Domaine formoit la même demande, les heritiers soûtenoient que le défunt étoit en démence, & opposoient à la veuve qu'elle s'étoit remariée quinze jours après. Arrêt du Parlement de Paris du 16. Mars 1630. en la Tournelle, qui évoquant le principal & y faisant droit, declare le défunt atteint & convaincu du crime à luy imposé, ses biens acquis au Roy, sur iceux pris les choses passées au Contract de mariage, comme aussi les frais de Justice & la somme de 10000. livres dont les deux tiers seront baillez au nommé & aux enfans de le Lebrun, ses heritiers, par forme d'œuvres pies; l'autre tiers au pain des prisonniers. *Journal des Audiences, tome* 1. *liv.* 2. *chap.* 69.

105. Mariage d'une femme âgée de 69. ans contesté par des collateraux, est confirmé, & l'interdiction de ne vendre & aliener. Par le même Arrêt du 29. Decembre 1639. défenses sont faites aux Notaires de sommer un Curé de proceder à la célebration d'un mariage; & pareilles défenses aux Officiaux de decreter contre les Notaires. *Bardet, tome* 2. *liv.* 8. *chap.* 43.

106. Mariage fait entre un jeune homme de 30. ans avec une femme de 72. ans, cassé, & la femme interdite. Arrêt du 1. Juillet 1661. *Des Maisons, lettre M. nombre* 5. c'étoit le sieur de la Porte, & la Dame Comtesse de Vertu. *De la Guess. tome* 2. *liv.* 4. *chap.* 29. rapporte le même Arrêt.

107. Age de 77. ans n'est point un empêchement au mariage. Arrêt du 5. Mars 1665. *Basnage, sur l'art.* 235. *de la Coûtume de Normandie.*

108. Le 18. Janvier 1666. au Parlement de Toulouse un homme de 70. ans voulant se marier, les parens voyant que cela préjudicioit à ses enfans, supposerent & prétendoient qu'il étoit en âge décrepit jusqu'à l'imbecillité; d'ailleurs il y avoit une opposition de la part d'une femme qui soûtenoit qu'il luy avoit promis mariage; mais la promesse n'étoit point par écrit, de sorte que les parens & cette femme furent démis de leur opposition avec dépens. *Albert, verbo, Mariage, art.* 11.

MARIAGE, AISNE'.

109. Du fils qui est marié comme aîné. *Voyez le mot Aisnesse, nomb.* 172.

MARIAGE, APOSTAT.

110. Par Arrêt du Parl. de Paris en la Chambre de l'Edit du 22. Août 1640. il a été jugé qu'un Prêtre ou Religieux, ayant fait profession de la R. P. R. ne peut contracter mariage; à peine de nullité & de punition exemplaire, & que l'article 40. des articles secrets ne doit avoir lieu pour le mariage des Prêtres Apostats, qui ont été faits avant l'Edit de Nantes; & non pour ceux qui ont été faits depuis. *Voyez les Décisions Catholiques de Filleau, Décis.* 20.

Voyez le mot Apostasie, nomb. 10. *& suiv.*

MARIAGE, AVOCAT.

111. Arrêt du Parlement de Provence du 7. May 1665. qui a déclaré valable le mariage du fils d'un Avocat avec la fille de sa Cliente. *Boniface, tome* 1. *liv.* 5. *tit.* 5. *chapitre* 1.

BANS DE MARIAGE.

112. *Voyez le mot Bans, nomb.* 10. *& suiv. & M. Loüet, lettre M. somm.* 6.

Mariage sans proclamation de bans, célebré par autre que le propre Curé, est declaré bon & valable. Jugé le 18. Juillet 1633. M. Bignon, Avocat General dit qu'il y avoit eu Contract publiquement passé en présence de plusieurs personnes de condition & parens, que ce mariage avoit duré trois ans sans être contesté, & qu'il avoit été suivi de la benediction de plusieurs enfans, qu'il n'étoit pas raisonnable de declarer illegitimes. *Bardet, tome* 2. *liv.* 2. *chap.* 52.

113. Le sieur de Goubiere âgé de 65. ans signe devant un Tabellion, autre que celui de son domicile, un Contract de mariage avec *la servante de laquelle il avoit eu plu-*

fieurs enfans qu'il reconnut alors ; enfuite ayant obtenu du Vice Regent, en l'abfence de l'Official, difpenfe des bans, & une permiſſion au premier Prêtre de celebrer le mariage, le Curé de Vaucelles en fit la célebration, lors de laquelle le fieur de la Goubiere reconnut encore fes quatre enfans; il vécut fix mois avec cette femme; après fa mort, fon heritier contefta le mariage, & fur l'appel d'une Sentence qui ajugeoit une provifion à la femme, on difoit que la difpenfe des trois bans étoit contraire à l'article 140. de l'Ordonnance de Blois, qu'il n'avoit pas même été au pouvoir du Vice-Regent d'accorder cette difpenfe, ni de la faire executer par le Curé de Vaucelles, qui n'étoit de fa Jurifdiction ; de plus que cette femme avoit declaré que les enfans n'étoient point de luy. On répondoit pour la veuve que l'Ordonnance ne s'obfervoit que pour les fils de famille, & que la Declaration de la femme ne pouvoit faire préjudice à la qualité des enfans. Par Arrêt du Parl. de Roüen du 12. Mars 1671. on confirma la Sentence de provifion, & faifant droit fur l'appel comme d'abus ; en tant que pour la difpenfe des trois bans, il fût dit qu'elle avoit été mal, nullement & abufivement difpenfée, la celebration du mariage fortiffant neanmoins fon plein & entier effet, la veuve condamnée en 100. liv. d'amende envers le Roy & 100. liv. envers les pauvres de la Paroiffe de Blagny. Bafnage, fur l'article 235. de la Coûtume de Normandie.

114 Sur la queſtion de ſçavoir ſi ſans publication de bans & ſans Benediction Nuptiale, des enfans peuvent ſe faire declarer legitimes, en conſequence du conſentement de leur pere & de leur mere, de vouloir ſe marier, & de la declaration qu'ils en ont paſſée à leur Curé, ſur le refus qu'il faiſoit de leur donner la Benediction. La cauſe portée pardevant le Bailly de Caën ou ſon Lieutenant à Bayeux ; Sentence intervint qui ajuge ſeulement le tiers des biens aux enfans, avec défenſes de prendre le ſurnom d'Agneaux, mais ſeulement celui de Douville. Les enfans interjetterent appel, & par Arrêt rendu au Parlement de Roüen le 23. Août 1686. l'appellation fut miſe au néant, en reformant, le tiers de la ſucceſſion du ſieur d'Agneaux, fut ajugé à Michel d'Agneaux pour luy ſervir de penſion viagere, dépens compenſez. L'Arrêt ne dit point quel nom il luy eſt permis de porter, la Cour n'ayant voulu s'en expliquer. Voyez le 8. Plaidoyé de M. le Noble Subſtitut au même Parlement de Normandie, il plaidoit pour l'Appellant.

115 Le défaut de publication de bans n'eſt pas ſuffiſant pour faire declarer le mariage d'un majeur non valablement contracté, quoique les parties ayent commencé ab illicitis. Arrêt du 15. Mars 1691. au Journal des Audiences du Parlement de Paris, tome 5. liv. 7. ch. 14.

MARIAGE, BENEDICTION NUPTIALE.

116 Voyez lettre B. le mot, Benediction nuptiale.
Matrimonia carnali copulâ non præſumuntur, ſed benedictione ſacerdotali probantur. Arrêt du 11. Février 1606. M. Loüet, lettre M. nomb. 26.

117 Le 23. Juillet 1662. jugé au Parlement de Paris qu'il n'y avoit point de mariage, bien qu'il y eût Sentence qui condamnât l'homme d'épouſer, lorſque l'homme venoit à déceder avant la Benediction nuptiale, mais on ajugea de grandes ſommes à la femme & aux enfans. Jovet, lettre M. nomb. 51.

118 Mariage ſans benediction & ſans les ceremonies de l'Egliſe preſcrites par les Canons & dans l'eſpece propoſée; il fut ordonné que les parties ſe pourvoieroient pardevers le Curé pour être procedé à un nouveau mariage à la maniere accoûtumée. Arrêt du 27. Janvier 1663. à la Tournelle. Des Maiſons, lettre M. nomb. 24.

119 Si un mariage contracté ſans benediction doit être eſtimé nul pour priver la femme & les enfans qui en ſont nez, des effets civils ? La cauſe appointée le 11. Août 1673. De la Gueſſ. tome 3. liv. 7. chap. 17. En 1674 touchant le mariage de Boyer Aſſeſſeur à Riom, on declara un mariage de cette qualité non valablement

contracté, & que les parties le reïtereroient.

120 La benediction du Prêtre eſt abſolument neceſſaire pour la validité du mariage entre majeurs, & ſur la revocation des donations que le pere avoit faites auparavant, les parties renvoyées aux Requêtes du Palais. Arrêt à Paris du 16. Juin 1674. Journal du Palais.

MARIAGE DU BENEFICIER.

121 Beneficier qui ſe marie. Voyez le mot, Beneficier, nomb. 126. & ſuiv.

122 Le mariage contracté dans les 20. jours par celuy qui avoit reſigné ne fait pas vaquer le Benefice, ainſi la reſignation ſubſiſte toûjours. Voyez le Commentaire de M. Charles Du Moulin ſur la regle de infirmit. nombre 351.

123 Clericus contrahens matrimonium tacitè videtur renunciare beneficiis, matrimonium etiam nulliter contractum privat beneficiis. Flamin. Paris. liv. 1. de reſign. queſt. 1. nomb. 11.

124 Mariage contracté par un fils de famille ſans le conſentement de ſon pere, & les reſignations de ſes benefices de luy extorquées, jugées nulles, le 23. Juin 1626. Du Frêne, liv. 1. chap. 114.

125 De la vacance d'un Benefice par le mariage d'un Titulaire contracté le lendemain d'une reſignation qu'il en avoit paſſée, & ſi ce Reſignataire pourvû, aprés un Impetrant certo modo le doit emporter ſur luy ? Le Reſignataire a été maintenu par Arrêt du Parlement de Grenoble du 13. Mars 1665. ſur le fondement que le mariage, fût-il clandeſtin & non valablement contracté, fait vaquer le Benefice de fait & de droit, auſſi bien que la Profeſſion Religieuſe. Voyez Baſſet, tome 1. liv. 1. tit. 4. chap. 8.

126 Le mariage d'une concubine enceinte & morte 13. jours aprés ſon accouchement, n'eſt point fait in extremis, & les enfans qu'elle avoit eûs auparavant de celuy qui l'entretenoit, il a pû les reconnoître lors de ſon mariage, encore qu'ils ne fuſſent point baptizés ſous ſon nom, & qu'il fût Beneficier. Arrêt qui confirme le mariage, à Paris le 5. Septembre 1675. Journal du Palais.

Voyez cy-aprés le nomb. 310.

MARIAGE, BONNE FOY.

127 Faveur de la bonne foy, l. 136. de reg. jur.

De la bonne foy qui ſe trouve dans un mariage contracté. V. lettre B. au mot, Bonne foy, nomb. 1. & ſuiv.

128 Ex matrimonio nullo, bonâ fide inito, quinam effectus civiles exiſtant quoad communionem bonorum & lucra nuptialia? Voyez Stockmans, deciſ. 62.

129 Du Tillet, en la Vie de Philippes-Auguſte, rapporte que le Roy ayant repudié Marguerite-Iſemburg ſa ſeconde femme, ſous prétexte de parenté, & cela en vertu d'une Sentence rendue par Guillaume, Cardinal Legat en France, il épouſa Agnés, dont il eut un fils, & une fille; le Pape Innocent III. ayant caſſé cette Sentence, le Roy fut obligé de reprendre Iſemburge, & laiſſer Agnés, dont les enfans furent declarez legitimes par l'Aſſemblée des Evêques & d'Archevêques, à cauſe de la bonne foy d'Agnés, fondée ſur la Sentence du Cardinal Legat.

130 La bonne foy d'un ſeul des conjoints ſuffit pour rendre les enfans legitimes. V. Henrys, tome 2. livre 6. queſtion 6.

131 Si un mariage peut être confirmé, quoyque fait au préjudice d'une appellation comme d'abus de l'enterinement d'un reſcrit? Voyez les Arrêts de M. de Catellan, liv. 1. chap. 69. où eſt rapporté l'Arrêt du Parlement de Toulouſe, qui, attendu la bonne foy du mary, ne declara pas les enfans incapables de luy ſucceder, ils furent ſeulement exclus des droits ſucceſſifs de leur mere.

132 Cauſe appointée touchant la validité du mariage de François Hilerin, fils du Prévôt des Maréchaux d'Angers, Religieux profez, & pour ſçavoir ſi les enfans qui en ſont iſſus ſont legitimes, ſous prétexte de la bonne foy de leur mere. Arrêt du 16. Juin 1629. M.

l'Avocat General Bignon avoit conclu contre le mariage. *Bardet*, tome 1. liv. 3. ch. 55.

133 Si le Prêtre. 2. Ou le marié épousent publiquement, la femme ignorante de leur condition, les enfans qui naîtront de ce mariage seront legitimes. 3. Et succederont même au pere. *Mornac, ad L. 57. ff. de rit. nupt. pro successione distinguit.* 2. *id. Bacquet, Bâtard, ch.* 9. *nomb.* 8. 1. 2. *Mornac, ad L. ult. C. de jur. & fact. ign. sufficit bona fides alterutrius. id. Peregrin. art.* 43. *n.* 35. *& presumitur ignorantia.* 2. *id. Du Frêne, li.* 7. *ch.* 23. *vid. Du Frêne, li.* 8. *ch.* 40. *vid. L. ult. ff. de leg.* 1.

Arrêt rendu au Parlement de Bourdeaux le 18. Juin 1668. Président M. le Premier, plaidant Merle, jeune Avocat, qui fit son premier plaidoyé, & David le jeune, M. Dalon, Avocat General oüi: jugé qu'une femme après une longue absence de son mary, s'étant remariée, & ayant eu des enfans d'un second mary, les enfans étoient legitimes, à cause de la bonne foy. *La Peirere, lettre M. n.* 4.

MARIAGE, CITATION.

134 Les citations *in materiâ matrimonii consummati*, déclarées abusives. Arrêts des 22. Janvier & 18. Mars 1604. *Additions à la Bibliotheque de Bouchel*, verbo, *Mariage.*

135 *Citatio in causâ matrimonii incœpti*, declarée abusive, & le jeune homme pour avoir débauché la fille, condamné à la doter, & aux dommages & interêts. Arrêt du 2. Septembre 1637. *Du Frêne, liv.* 3. *ch.* 43.

Voyez le mot, *Citation, nombre* 10. *& suiv.*

MARIAGES CLANDESTINS.

136 *Voyez le nombre* 35. & les Ordonnances qui sont rapportées sous le *nombre* 74. *& suiv.* Le Recueïl de Fontanon, *tome* 1. *liv.* 4. *tit.* 7. *page* 749. Le Traité qui est inseré dans les Arrêts de *M. le Prêtre. Papon, liv.* 15. *tit.* 1. *n.* 3. Tournet, *lettre M. Arr.* 24. *& suiv.* Le Recueïl de *De Combes*, Greffier en l'Officialité de Paris, *chap.* 3. *& 4.* Le Traité de la preuve, par *M. Danty, Avocat en Parlement, ch. 5. part.* 1.

Voyez l'Edit d'Henry II commenté par *M. Mellier*, La Paraphrase de *Coras*, & un Recueïl Chronologique de 1660.

137 De la nullité des mariages clandestins, faits par mineurs, ayant peres & meres, & de la peine de ceux qui y ont assisté ou favorisé.

Des Notaires qui ont passé le Contract de mariage; & des Curez qui les ont solemnisez. *Filleau*, 4. part. question 13.

138 Des mariages clandestins nuls, quand ils n'ont été celebrez en l'Eglise, & ont commencé *ab illicitis. Voyez ibid. quest.* 149.

139 *Sponsalia clandestina contrahentibus contrà interdictum Ecclesiæ, vel judicis prohibitionem quæ pœna imponenda sit? Voyez Franc. Marc. tom.* 2. *quest.* 716.

140 Mariage contracté par enfans de famille mineurs clandestinement, sans bannies & forme. *Voyez* plusieurs Dissertations sur cette matiere dans *Hevin*, page 468. *& suiv.*

141 Mariage clandestin nul & illicite, entre autres celuy qui est sans proclamation de bans ni annoncés, est declaré illegitime, sans le consentement & autorité de ceux qui tenoient la matiée en leur puissance, qui l'avoient en leur garde. *Mainard, liv.* 4. *ch.* 6.

142 Par Arrêt du 3. Juin entre le Seigneur de la Trimoüille & Consorts d'une part, & Dame Catherine de Clermont & Consorts d'autre, pour un mariage clandestin contracté par un mineur de 15. ans 2. mois, sans l'autorité de son Curateur, il y eut amendes contre la mere de la fille, les Notaires & ceux qui avoient assisté au Contract de mariage & fiançailles par paroles de present, & decret de prise de corps contre le Prêtre qui avoit fiancé le mineur. *Bibliot. Canon. tome* 2. *pag.* 70. *colonne* 2.

143 Mariage est reputé clandestin, & est entierement nul sans la benediction Sacerdotale; toutefois s'il n'avoit tenu à l'une des parties, le mariage ne laisse pas de subsister, & d'avoir ses effets civils. Arrêt notable du 5. Février 1576. *Papon, liv.* 15. *tit.* 1. *n.* 3.

144 Mariages clandestins, & faits hors l'Eglise, declarez nuls. Arrêts des 26. Juillet 1603. & 11. Janvier 1606. *Additions à la Bibliotheque de Bouchel*, verbo, *Mariages.*

145 Les mariages qui n'ont point été celebrez en l'Eglise, & ont commencé *ab illicitis*, sont nuls & clandestins, & la citation *in causâ matrimonii initi & jam consummati matrimonis & susceptionis partûs*, est nulle & abusive, & l'Official ne peut ajuger des alimens par provision. Arrêts du 12. Janvier 1604. du 21. Février 1606. du 4. Août 1608. *Chenu*, 2. *Cent. q.* 49.

146 Sur un second mariage accusé de clandestinité par un fils, sous pretexte que quelques ceremonies n'avoient pas été observées, & qu'il avoit été celebré à 3. heures après midy. Arrêt du 22. Janvier 1610. qui sur l'appel met les parties hors de Cour. *Le Bret, livre* 1. *decision* 4.

147 Sur un mariage clandestin. *Voyez les Plaidoyez celebres dédiez à M. de Némond*, p. 472. Par un premier Arrêt du Parlement de Bourdeaux du 12. Janvier 1613. il fut ordonné que le Prêtre & le Notaire comparoîtroient en personne, jusqu'à ce, le Notaire interdit; défenses au Geollier de permettre aux mariez de se hanter la peine de 10000. liv. & de punition exemplaire; & par Arrêt diffinitif du 3. Septembre suivant, il fut dit qu'ils comparoîtroient en la Chambre du Conseil, & à étant à genoux, demanderoient pardon à la mere du mary, & la prieroient de les vouloir pardonner; condamnez chacun en 50. liv. applicables au pain des prisonniers de la Conciergerie; permis à la mere d'user contre son fils des voyes de Droit & de l'Ordonnance concernant l'exheredation.

148 La clandestinité toute seule ne fait pas annuller un mariage, mais elle prive les enfans qui en naissent de ce mariage, & leur posterité de toutes successions. Jugé à la Grand'-Chambre pour une *Servante*, que son Maître nommé Fournier, Greffier de l'Election de Paris, avoit épousée; par leur Contract de mariage, il y avoit deux clauses tres particulieres; la premiere, qu'elle demeureroit toûjours Servante, nonobstant le mariage; le mary luy donnoit 50. liv. de gages par chacun an, avec un doüaire de 40. liv. La seconde clause portoit, que le mariage demeureroit secret; & en effet, ils avoient eu dispense de tous les bans, & permission de se marier devant un Curé de la campagne, où Fournier avoit une maison; l'acte de celebration ne se trouvoit point dans les Registres de l'Eglise, mais avoit été déposé chez un Notaire à Paris; il étoit même né un enfant de ce mariage qui avoit été élevé pendant huit années à la campagne, sous un nom étranger; après avoir été baptisé à l'Eglise S. Paul, quoyque ses pere & mere demeurassent en la Paroisse de S. Jean en Greve. Par Arrêt, le mariage fut confirmé; il fut dit qu'il n'y avoit abus, la Cour donna à la veuve une simple pension de 40. liv. & adjugea à l'enfant 600. liv. une fois payées, pour sa subsistance, sur la succession de son pere, le reste des biens ajugé à des enfans du premier lit de Fournier. Cet Arrêt a été rendu sur les Conclusions de M. Bignon, qui établit la maxime que les mariages clandestins ne sont pas nuls, quand il n'y a que la seule clandestinité, & que les autres formalitez essentielles ont été observées. *Bibliotheque Canon. tome* 2. p. 78.

149 Par Arrêt du 23. Juin 1626. le mariage clandestin d'un fils de famille sans le consentement de son pere, declaré nul. *Bardet, tome* 1. *liv.* 2. *ch.* 88.

150 Declaration du Roy sur les mariages, & notamment sur les clandestins, du 26. Novembre 1639. publiée dans Aix le 29. Février 1640. *Boniface, tome* 4. *liv.* 5. *tit.* 1. *chap.* 1. & cy-dessus le *n.* 81.

151 Lorsque l'Edit du 15. Décembre 1639. fut enregistré au Parlement de Bretagne le 18. May 1640. la Cour y apporta cette modification, *à la charge que ceux qui ont jusqu'à present tenu leurs mariages secrets seront tenus*

152 Le fils nommé heritier par la mere en l'hoirie du pere, s'en rend indigne par un mariage clandestin, & contracté avec une personne infame. Arrêt du 2. Juillet 1640. *Henrys, tome* 1. *liv.* 4. *ch.* 6. *q.* 66.

153 *Voyez le* 13. *Plaidoyé de M. Gautier, tome* 1. contre un mariage clandestin, entre Antoine Scarron & Marie Dumesnil ; il rapporte un premier Arrêt du mois de Juillet 1642. par lequel il est dit que la qualité de femme & de veuve luy demeure, & les alimens ajugez à leur fils, sans préjudice des droits pour les successions futures, & défenses au contraire ; & depuis en 1656. après la mort de M. Scarron pere, sur la demande de la Dame Dumesnil, comme mere & tutrice de son fils, en partage de la succession, comme aîné & heritier, les parties ont été mises hors de Cour ; & neanmoins par de bonnes considerations, la somme de 100000. livres franche & quitte de toutes dettes ajugée à l'enfant.

154 Il faut distinguer entre un mariage clandestin & un mariage secret ; le premier est toûjours vicieux ; le dernier souvent confirmé. *Voyez le* 15. *Plaidoyé de M. Gaultier, tome* 2. où il rapporte un Arrêt de 1646.

155 Confirmation des art. 5. & 6. de l'Ordonnance de 1639. touchant les mariages tenus secrets jusqu'après la mort, & contracté à l'extrémité de la vie ; & que les enfans issus de tels mariages, sont incapables des effets civils procedans du mariage valable & legitime. Jugé le 18. Mars 1653. *Soëfve, tome* 1. *Cent.* 4. *ch.* 27.

156 Arrêt du dernier May 1560. qui, attendu la contravention aux Edits du Roy sur les mariages clandestins, condamne le nommé Tavoines en 1000. liv. d'amende, & la fille qui s'étoit mariée à l'insçu de ses pere & mere, déchuë de toutes donations, substitutions, & autres dispositions, leur laissant neanmoins la liberté d'en faire. V. *cy-après le nomb.* 205.

157 D'un prétendu mariage clandestin fait par un Chanoine constitué en l'Ordre de *Diacre*, se disant être de la Religion Prétenduë Réformée. *Voyez Carondas, liv.* 13. *Rép.* 84.

158 Mariage clandestin pendant 30. ans, ne peut être estimé public par le temps ; ni produire les effets civils. Arrêt au mois d'Août 1662. *De la Guess. tome* 2. *liv.* 4. *chapitre* 64.

159 *Voyez le second Plaidoyé de M. Gaultier, tome* 2. contre un mariage clandestin, entre le sieur de Chévrieres & la Demoiselle Tardif. Celle-cy se fit assigner pardevant l'Official de Lyon, auquel elle exposé qu'il y a mariage entr'eux, & que le sieur de Chévrieres est sur le point d'en contracter un autre ; elle demande que défenses luy soient faites. L'Official après une enquête faite, met hors de Cour ; appel comme d'abus par la femme prétenduë ; la cause est appointée ; & par Arrêt diffinitif, le mariage a été déclaré nul. *Voyez les* 8. & 20. *Plaidoyés du même Auteur.*

160 Par Arrêt du 30. Mars 1666. jugé qu'un prétendu mariage ayant été tenu secret & caché jusqu'après la mort du sieur Comte de Noailles, Gouverneur de Perpignan, prétendu mary, ne peut produire des effets civils en faveur de celle qui se dit sa veuve ou des enfans issus de ce prétendu mariage. La Cour neanmoins ordonna pour aucunes bonnes considerations, que sur les biens délaissez par le défunt, autres que les substituez, si aucuns y a, seroit pris la somme de 30000. liv. dont la mere jouïroit par usufruit sa vie durant, la propriété réservée aux enfans. *Soëfve, tome* 2. *Cent.* 2. *chapitre* 75.

161 Un mariage tenu secret & caché jusqu'après le décès du mary, ne peut produire aucuns effets civils en faveur de la veuve & des enfans issus du mariage. L'Arrêt donna 190. liv. annuellement à la veuve, luy laissa la proprieté de quelques rentes modiques, constituées à son profit, & ajugea au fils 3000. liv. une fois payées. *Ibid. chap.* 57.

162 Un mariage ne peut être réputé clandestin, quand il paroit que celuy qui s'est marié étoit majeur de 25. ans, qu'il a observé toutes les solemnitez requises ; que même il a fait faire trois sommations à sa mere, a toûjours parû dans sa maison, & y est décédé. Arrêt du Parlement de Paris du 11. Janvier 1691. *Journal des Audiences, to.* 5. *liv.* 7. *chap.* 3.

MARIAGE, COHABITATION.

163 *Voyez cy-dessus le nombre* 55. L'Ordonnance de 1639. rapportée *au nombre* 81. & le mot, *Cohabitation.*

MARIAGE, CONCUBINE.

164 Mariage avec la Concubine. *Voyez cy-dessus les nombres* 101. & 102. & le mot, *Concubine, nombre* 25. & *suivans.*

165 Arrêt du Roy Henry II. en 1556. Le Roy consideránt que les enfans legitimes sont plus disposez à vertu que les bâtards, a ordonné que les Livres des Baptêmes seront portez à l'Hôtel de Ville, pour de tous mâles âgez de 25. ans, & filles de 14. faire commandement aux parens de les marier dans trois ans, en leur signifiant qu'autrement les Echevins de la Ville les marieront à leurs droits. S'ils n'en ont aucuns, sera délivré executoire sur leur pere & mere, ou autre plus prochain parent, pour avancer les frais nuptiaux, &c. *Voyez Henrici secundi Progymnasmata, Arrêt* 53.

166 Un hydropique passe Contract de mariage avec une Femme de Chambre qu'il avoit long-temps entretenuë, & dont il avoit eu plusieurs enfans. Trois mois après le mariage celebré en sa maison par un Prêtre, il fait un Testament, où il reconnoit les enfans : neanmoins par Arrêt du 12. Decembre 1573. sa succession, qui se montoit à 50000. liv. fut ajugée aux heritiers *ab intestat*. Les enfans n'eurent que 2000. liv. L'Arrêt ne passa que de deux ou trois voix ; la mauvaise conduite de la mere rendoit incertain l'état des enfans. *Biblioth. de Bouchel, verbo, Enfans.*

167 Le sieur de la Brossardiere *solutus*, avoit eu plusieurs enfans d'une concubine *quæ soluta erat*. Tombé malade il fit quelques dispositions en leur faveur. Peu après, quoyque moribond, s'habilla, se fit porter à l'Eglise, se confessa, ouït la Messe, épousa cette femme, & leurs enfans furent mis sous le poile. Par Arrêt du Parlement de Paris du 29. Mars 1599. cette concubine fut declarée femme, & les enfans legitimes. *Biblioth. de Bouchel, verbo, Concubines,* & *Filleau,* 4. *partie, question* 17.

168 Mariage contracté & celebré *in extremis*, avec une concubine, dont il y a plusieurs enfans ; le 30. Decembre 1632. la cause appointée, & enfin jugée à l'avantage des enfans & du mariage, entre Jean Quinot & Jeanne Tessier sa *Servante*. V. *Du Frêne, liv.* 2. *ch.* 22. & *liv.* 3. *ch.* 23. où il y a Arrêt du 4. Mars 1636. semblable ; mais depuis est survenüe l'Ordonnance de 1639. qui a changé cette Jurisprudence.

169 Avant l'Ordonnance de 1639. un mariage contracté & celebré *in extremis* avec une concubine, dont il y avoit plusieurs enfans, a été declaré bon & valable, & les enfans legitimes & capables de succeder à leur pere. Arrêt du 13. May 1633. *Bardet, tome* 2. *liv.* 1. *chapitre* 46.

170 Un mariage contracté par un Gentilhomme avec sa concubine six mois avant son décès, & contesté par une fille du premier lit, déclaré valable par Arrêt du mois d'Avril 1640. sur le fondement qu'il n'appartient point aux enfans de controler les actions de leur pere. *Soëfve, tome* 1. *Cent.* 1. *ch.* 6.

171 Arrêt du Jeudy 7. Avril 1650. qui a jugé le mariage contracté par un homme mourant avec celle qu'il a entretenuë & dont il a des enfans, est valable, & peut produire des effets civils. *Soëfve, tome* 1. *Cent.* 3. *chapitre* 30. Le mary avoit survécu dix sept jours ; d'ailleurs il y avoit eu un Contract de mariage, par lequel

172. Le sieur Aveline Receveur des Aydes à Verneüil, avoit long-temps vêcu en concubinage avec Marguerite Pingret sa Servante, dont il avoit eu des enfans ; étant à l'article de la mort il l'épousa & legitima ses enfans : la cause plaidée au Parlement de Roüen, Arrêt du 28. Mars 1651. qui priva la femme & les enfans des effets civils ; on ajugea neanmoins 15000. liv. aux enfans, & 800. liv. de pension viagere à la veuve. *V. Basnage , sur l'art. 235. de la Coûtume de Normandie.*

173. Arrêt du Parlement de Provence rendu au mois de Janvier 1654. qui a jugé que le mariage entre un Gentilhomme & sa Servante, sans publication de bans fait avant l'Edit de l'an 1639. étoit valable.

Ce même Arrêt a jugé que l'enfant conçû avant le mariage, & né aprés iceluy, joüit des avantages des enfans legitimes. *Boniface, tome 1. liv. 5. tit. 4. ch. 2.*

174. Mariage fait avec une concubine declaré nul. Arrêt en Mars 1658. *Des Maisons, lettre M. n. 9. & 10.*

175. Un particulier épouse sa concubine, & par leur Contract de mariage, outre les conventions ordinaires & particulieres, luy fait une donation de tous ses biens ; le mary décede ; point d'enfans ; les conventions matrimoniales furent confirmées, & les donations declarées nulles. Arrêt du 16. Mars 1663. *Notables Arrêts des Audiences,* tome 100. Voyez *Ricard , des Donations entre-vifs,* 1. part. ch. 3. sect. 8. n. 414.

176. Mariage avec la fille de sa concubine est incestueux. Arrêt du 20. Août 1664. *Des Maisons, lettre M. nombre 21.*

177. Le mariage de l'Alou, blessé d'un coup d'épée, avec sa concubine, & qui vêcut 54. jours aprés ; sur l'appel comme d'abus, hors de Cour ; & sur l'appel simple, l'appellation & ce , émendant, évoquant le principal , la Cour a maintenu & gardé les parties de Pousset & le Verrier en la possession des biens de défunt Charles Alou ; délivrance sera faite du legs universel à la partie de Laurenchet, sur lequel sera pris préalablement la somme de 300. liv. viagere pour la femme, & 300. liv. pour les enfans, si tant se monte, sinon sur les autres biens libres des heritiers. Arrêt du 28. Février 1667. *Des Maisons, let. M. n. 26. De la Guessiere, tome 3. liv. 1. chap. 15.* rapporte le même Arrêt.

MARIAGE CONTRACTÉ PAR UN CONDAMNÉ.

178. Mariage contracté par un homme condamné au bannissement. *Voyez* le mot , *Bannissement , nombre 23. & suivans.*

179. Mariage contracté par le condamné à mort. *Voyez* le mot , *Condamnation , nombre 21.*

180. Si un fils exheredé ayant été accusé d'inceste, le procés à luy fait, le Jugement de question intervenu, ayant confessé aux tourmens , & depuis brisé les prisons, a été serf de peine, en sorte qu'il n'ait eu la liberté de se marier.

Et si l'Arrêt de mort donné contre le fils abdiqué depuis le mariage, portant confirmation des procedures criminelles, & de ce qui s'étoit fait en execution, *appellatione ejus injustâ pronunciatâ ,* a esté retroactif, au temps du precedent crime, à cause de la bonne foi ? Non. Les enfans ont été declarez legitimes. C'est l'Arrêt des Bermondets du 24. Mars 1603. *Voyez Garondas, li. 13. Rép. 53.* & les Plaidoyers de *M. Servin, livre 2. Plaidoyé 66.*

181. Le mariage contracté entre ceux qui sont morts civilement est valable, *quoad fœdus* ; mais non pas *quoad actus & effectus civiles* ; & par consequent les enfans d'un semblable mariage ne sont pas capables de succeder à leur pere mort civilement. *Voyez Henrys, tome 1. li. 6. ch. 1. question 6.*

182. Du jour de la condamnation au bannissement perpetuel , la partie condamnée demeure privée de tous les effets civils ; & s'il contracte mariage , les enfans issus d'iceluy , sont incapables de luy succeder ; & en lieu où la confiscation des biens n'est point reçûe, les parens collateraux luy succederont, à l'exclusion des enfans issus du mariage contracté depuis la condamnation. Arrêt du 15. Juin 1618. *Auzanet, sur l'art. 183. de la Coûtume de Paris.* & Bardet, *tome 1. liv. 1. ch. 29.*

183. Condamné à mort par contumace est incapable de contracter mariage, pour ce qui est des effets civils , tant à l'égard de la femme que des enfans. Jugé le 13. Février 1625. *Du Frêne, liv. 1. chap. 39.* Voyez *Brodeau sur M. Loüet, lettre E. somm. 8.*

184. Si le mariage d'un homme qu'on va passer par les armes, & que le Conseil de guerre, qui l'a condamné, donne pour mary à une fille qui le demande, est abusif ? Un Soldat du Regiment de Navaille nommé Barrere, convaincu de desertion , avoit été condamné par le Conseil de guerre du Regiment à être passé par les armes ; il étoit déja attaché au poteau, lors qu'une jeune fille bien faite âgée de 13. à 14. ans, fendit la presse & le Bataillon , & le demanda pour mary au Commandant, qui fit quelque difficulté ; mais tous les Officiers & les Commandans ayant crié *grace*, il se laissa vaincre à l'innocence & à la modestie de cette fille ; du consentement de la mere, qui s'appelloit Cornus, ils furent mariez à la tête du Regiment par l'Aûmonier. Le pere de ce mary fut si ingrat , que voulant faire casser ce mariage , il demanda cassation de la procedure du Conseil de guerre, & fut appellant comme d'abus de la celebration de ce mariage, disant qu'il avoit été fait sans publication de bans ; quant à la cassation de la procedure, l'incompetence qu'il alleguoit étoit un mauvais moyen ; le Parlement de Toulouse declara n'y avoir point d'abus au mariage, & confirma l'appointement du Sénéchal, qui ordonnoit 100. liv. de pension à cette femme avec défenses, la taxe reservée. *Albert* , verbo , *Mariages , art. 14.* & cy-aprés, *le nombre 718.*

MARIAGE , CONDITION.

185. *Si pater rem filio relictam adimat sub conditione, si matri inobediens fuerit , an evenerit conditio si major annis nuptias contrahat invitâ matre ? Ita responsum , & judicatum* 21. Septemb. 1651. Voyez *Stockmans, decis. 70.*

186. Si le mariage ne se peut contracter ; ces mots s'entendent *quocumque casu nuptia non sequantur , ut quamvis etiam sponsalia facta fuerint, conditio tamen ademptionis existat propter verbum ,* ne se peut. Arrêt du 13. Août 1578. M. *le Prêtre, és Arrêts de la Cinquiéme* , in princip.

187. La clause, *quand elle sera mariée,* fait condition ; mais la clause, *pour la marier,* n'en fait point. *Voyez Carondas, li. 13. Rép. 52.*

188. Le legs fait à une fille, quand elle sera mariée, ou quand elle se mariera , est pur , *& transmittitur ad heredes quamvis decedat ante nuptias ; quia dies solutionis tantùm differtur.* Si elle se fait Religieuse , *debetur Monasterio quia loco mariti ;* ainsi jugé en faveur d'une veuve à laquelle son mary avoit donné une somme quand elle se marieroit, & depuis s'étoit mise dans un Convent , au profit duquel elle fut ajugée, par Arrêt du mois de May 1602. On ne doute point que le legs ne soit dû aux heritiers de la fille. *La Rochestavin, livre 6. titre 61. Arrêt 17.*

189. Si un pere par son Testament a imposé à son fils heritier la condition de ne se marier pas en un tel lieu, cette condition est bonne & valable ; & le fils ayant donné Requête pour être déchargé de cette condition, & avoir la liberté de se marier par tout, même en presence de ses parens, en a été débouté par Arrêt du Jeudy 18. May 1673. sur le fondement que cette condition ne rendoit pas le mariage impossible , ni même difficile. *Boniface, tome 4. liv. 5. tit. 1. ch. 6.* Le même Arrêt est rapporté au *Journal du Palais,* & daté du 19. May.

190. Si la permission de ne se marier sans le consentement d'un tiers apposé dans le Testament, doit être rejettée, comme contraire aux bonnes mœurs. Arrêt rendu au Parlement d'Aix le 10. Octobre 1675. qui rejetta la

condition, & permit au fils de se marier à la fille qu'il voudroit. *Boniface, tome* 4. *liv.* 5. *tit.* 1. *chap.* 7.

191 Un pere ayant par son Testament nommé un Tuteur à sa fille, & un grave Ecclesiastique pour conseil, par l'avis desquels il a voulu qu'elle fût mariée à certain âge par luy marqué, on ne peut aller au contraire par caballe entre quelques-uns des parens qui se sont avisez de la faire emanciper, sans la participation du Tuteur & conseil. Arrêt du Parlement de Paris le 24. Octobre 1687. *Journal des Audiences, tome* 5. *liv.* 3. *ch.* 14.

Une donation faite à la charge de ne pas épouser un certain particulier dénommé, declarée nulle, pour avoir été contrevenu à la condition par la Donataire. Arrêt du Parlement de Paris du 11. Decembre 1690. *Ibidem, liv.* 6. *ch.* 26.

MARIAGE, CONGREZ.

192 Défenses à tous Juges, même aux Officiers, d'ordonner dans les causes de Mariage la preuve du congrez. Arrêt du 18. Février 1677. *De la Guessiere, tome* 3. *liv.* 11. *chap.* 7.

Voyez le mot, *Congrez*.

MARIAGE, CONSENTEMENT DE PARENS.

193 Voyez cy-dessus les n. 75. 165. & les Ordonnances qui sont citées *au nomb.* 74. *& suiv.*

Du consentement au mariage, tant de ceux qui le contractent, que de leur pere & mere. Voyez *M. le Prêtre,* 1. *Cent. ch.* 53.

194 Des mariages contractez par les fils de famille sans le consentement des pere & mere, tuteur ou autres parens. V. *Basnage, sur l'art.* 369. *de la Coût. de Normandie,* & le Recueil de *De Combes, Greffier en l'Officialité de Paris, chap.* 2.

195 Alimens non dûs à un enfant qui se marie sans le consentement des pere & mere. Voyez le mot, *Alimens, nomb.* 50. *& 55.*

196 Mariage sans consentement du pere, n'empêche pas la demande d'une dot. Voyez le mot, *Dot, n.* 257. *& suiv.*

197 Le mariage des fils de famille sans le consentement des peres, est une ingratitude qui donne lieu à la revocation des donations faites; & les peres sont en droit de poursuivre en accusation de rapt ceux qui engagent leurs fils dans ces sortes d'alliances, ainsi que ceux qui ravissent leurs filles. Arrêts du Parlement de Toulouse rapportez par *Maynard, liv.* 8. *ch.* 37.

198 *Sponsus propter transductionem & detentionem puellæ, sine majoris partis parentum consensu, an in pœnam legis Flaviæ de Plagiariis; & Edicti de liberis exhibendis incidat: & an actio injuriarum detur, & quibus: & si plures agant, an omnes vel unus tantum admittatur* Voyez *Franc. Marc. tome* 2. *quest.* 71.

199 Ayeul maternel ne peut marier sa petite-fille sans le consentement du pere, quand même il luy donneroit tout son bien, autrement il y a rapt; ce qui n'est pas à l'égard de l'ayeul paternel, dont la volonté domine *contra patrem*. Arrêt du 15. Octobre 1534. *Papon, li.* 22. *tit.* 6. *n.* 5.

200 Une fille voulut se marier sans le consentement de son frere aîné qui étoit son Curateur. Pour executer son dessein, elle se transporta avec sa sœur, le futur époux, & son pere en la ville de Lyon. Le Curateur forma contre eux l'accusation de rapt. Arrêt du Parlement de Paris du 11. Mars 1538. qui condamne le fils & le pere à faire amende honorable, & la sœur conjointement avec eux à 40. liv. parisis de réparation civile. Voyez *Papon, liv.* 22. *tit.* 6. *n.* 10.

201 Une fille de Montargis s'étant mariée sans le consentement & sans y appeller sa mere; sur la plainte de celle-cy, le mary fut condamné par Arrêt du Parlement de Paris du 7. Août 1554. en de grosses amendes, banni pour trois ans des détroits de Paris & de Montargis; la fille condamnée à faire amende honorable à la mere en presence de tels qu'il luy plaira. *Papon, liv.* 22. *tit.* 6. *n.* 9. où il observe qu'aucuns trouverent cet Arrêt fort gracieux, vû la frequence de telles choses & l'indignité du fait.

202 La femme ni ses huit enfans après sa mort, ne peuvent demander la dot, si elle s'est mariée sans le consentement du pere, quand ils auroient vécu ensemble pendant plusieurs années. Arrêt du Parl. de Paris du premier Avril 1555. qui en déboutant le gendre, reserve seulement à la fille mineure née de ce mariage, à demander la legitime succession de sa mere défunte. *Ibidem, n.* 11.

203 Par Arrêt du Parlement de Roüen du mois d'Août 1556. rapporté par *Terrien, liv.* 12. *chap.* 14. un Procureur du Roy pour avoir épousé une fille sans le consentement de ses parens, fut condamné, & deux autres, pour l'avoir sollicité, à faire amende honorable, & bannis du Royaume; au lieu de quoy ils furent confinez à Avranches, leurs biens acquis & confisquez au Roy, le Lieutenant General & le Lieutenant Particulier privez de leurs états, & les Prêtres & eux condamnez en de grosses amendes.

204 Dans l'extrait historique de *Mezeray*, il est parlé de l'Edit fait par Henri II. en 1557. concernant les mariages des fils de famille sans le consentement de leurs pere & mere, à moins que les fils n'eussent 36. ans passez, & les filles 25. ans. Mezeray observe que l'interêt particulier du Connétable produisit cet Edit. Son fils aîné s'étoit engagé par parole de present avec la Demoiselle de Pienne, fort belle fille & de bonne Maison; le pere qui desiroit le dégager d'avec elle pour le marier à la fille naturelle du Roy, veuve d'Horace Farnese, s'étoit pour cela adressé au Pape, & avoir envoyé son fils pour solliciter cette affaire à Rome. Mais comme il avoit vû que le Saint Pere trop rigide, éloignoit la definitive de cette affaire, il avoit été conseillé de prendre le remede en France, & avoit obtenu cet Edit du Roy. Même afin qu'il pût servir à son dessein, il y avoit fait ajoûter qu'attendu qu'il étoit fondé sur la Loy de Dieu (*Pere & mere honoreras*,) il auroit effet retroactif. Or son fils ayant declaré en Justice que la parole qu'il avoit donnée à la Demoiselle de Pienne, n'étoit que sous condition, que son pere y consentît, ce qu'il ne vouloit faire, le Parlement declara que cet engagement étoit nul & non valable. Aprés cet Arrêt, il épousa la fille naturelle du Roy. Au sortir de ces nôces, le Connétable alla à Saint Quentin, où il perdit la bataille, la liberté, & presque sa faveur.

205 Arrêt du dernier May 1560. rendu entre Jean de Buisson & Guyon de Tavoine, par lequel la Cour pour la contravention aux Edits du Roy, aux mariages clandestins, condamne ledit Tavoine en 1000. liv. d'amende; & au surplus declare Catherine de Buisson, pour s'être mariée sans le sçû de son pere & mere, déchûë & privée de toutes donations, substitutions & autres dispositions, & met les pere & mere en liberté de disposer de leurs biens à leurs volontez. *La Rochestavin, liv.* 2. *let. M. tit.* 4. *Arr.* 36.

206 Mariage fait par un mineur ayant pere & mere, est declaré nul & clandestin; & le fils condamné à faire declaration à son pere en la Chambre du Conseil, nuë tête & à genoux, pour s'être marié à son insçû à une femme impudique; la femme bannie; ceux qui avoient favorisé ce mariage, les Notaires & Curé furent punis. Il y a d'autres Arrêts rapportez, du 27. Decembre 1601. du 31. Août 1602. & 11. Decembre 1576. *Chenu,* 1. *Cent. quest.* 13. & la *Bibliotheque du Droit François, par Bouchel*, verbo, *Mariage*.

207 La mere ne peut seule marier sa fille sans l'avis & consentement du Tuteur, & les plus proches parens assemblez pardevant le Juge des lieux, pour donner leurs avis au Tuteur. Telle assemblée ne peut être faite pardevant le Juge d'Eglise, il y auroit abus. Arrêt des Grands Jours de Troyes du 25. Octobre 1583. *Papon, liv.* 22. *tit.* 6. *n.* 10.

208 *La fille aussi-tôt doit être mariée par le consentement de ses parens & amis, selon ce que la noblesse de son lignage & valeur de son Fief le requiert; & au mariage luy doit être rendu le Fief qui a été en garde.* Sur cet article 228.

de la Coûtume de Normandie, *Berault* rapporte deux Arrêts qui doivent servir de Reglement; par le premier, qui est du 25. Janvier 1588. les parens qui avoient stipulé de l'argent, pour autoriser le mariage d'une mineure, furent condamnez à de grosses amendes, & les cedules qu'ils avoient prises au lieu de payement, furent declarées nulles. Par le second, la dispense des trois bans de mariage accordée par l'Evêque Diocesain, fut declarée abusive, & le Juge & Procureur du Roy, qui avoient permis de se marier, en levant les défenses faites par le Parlement, furent decretez en comparence personnelle; cet Arrêt est du 15. Mars 1614.

209. Filles bien qu'âgées de 22. ans, jouïssantes de leurs droits, & ausquelles leurs Tuteurs ont rendu compte, aprés avoir obtenu Lettres de benefice d'âge, ne peuvent contracter mariage sans le consentement de leurs parens, à peine de nullité; défenses à toutes personnes de solliciter telles filles, sous peine de rapt, aux Notaires de passer tels Contracts de mariage, & aux Curez de les fiancer & marier. Jugé à la Tournelle le 16. Octobre 1592. *Chenu*, 1. *Cent. quest.* 11. Voyez le *Plaidoyé* de M. *Servin*, en la cause de *Houlbronne*, & l'article 43. de *l'Ordonnance de Blois*.

210. Le fils de famille mineur de trente ans, detenu pour des dommages & interêts, ou condamné à mort, ne peut épouser la plaignante, sans avoir le consentement de son pere. Arrêt du Parlement de Toulouse qui declare abusive la celebration ; il seroit en effet dangereux de montrer aux enfans une pareille voye de se soustraire à l'autorité paternelle. *V. les Arrêts de M. de Catellan*, *liv.* 4. *chap.* 30.

211. Lors qu'il y a contestation entre les parens, que les uns consentent au mariage qu'une fille veut contracter, & les autres s'y opposent, n'y ayant inégalité entre les contractans ; si le Lieutenant ordonne que le mariage sera contracté aprés les articles accordez par les parens, si le Jugement doit tenir ? *V. Bouvot*, *tome* 2. *verbo*, *Mariage*, *quest.* 1.

212. La fille âgée de 26. ans, se peut marier sans le consentement de son pere, ayant le consentement des autres parens. Arrêt du Parlement de Dijon du 12. Juillet 1602. *Ibid. quest.* 24.

213. La veuve âgée de 25. ans retombe en la puissance de son pere aprés la mort de son mary, & elle ne peut contracter mariage sans le consentement de son pere, mere & parens. Arrêt du Parlement de Dijon du 12. Juillet 1603. *Ibid. quest.* 33.

214. La fille veuve ne peut se marier sans le consentement de ses pere & mere ; si elle fait des promesses de mariage, ils peuvent les faire declarer nulles & clandestines. Si c'est un rapt, & que la fille ait été appellée pardevant l'Official, quoy qu'elle ait dit qu'elle répondroit sur les promesses de mariage, les pere & mere en peuvent appeller comme d'abus. Arrêt du Parlement de Dijon du 18. Janvier 1607. *Ibid. quest.* 41.

215. Le consentement de la mere est requis au mariage de sa fille, & son suffrage est preferé à celuy des Tuteurs, Curateurs & parens, ayant aussi le consentement de sa fille. Arrêt du Parlement de Dijon du 21. Janvier 1611. *Ibid. quest.* 49.

216. Un ayeul peut être contraint à nourrir un enfant provenu d'un mariage que son fils a contracté contre sa volonté ; la question d'état n'empêche la provision d'alimens. Arrêt du 29. Juillet 1603. *Chenu*, 2. *Centurie*, *question* 52.

217. On ôte à un pere ruiné la tutelle de sa fille, & on luy donne un autre Tuteur ; une occasion de la marier se presente, le Tuteur l'approuve ; le pere y est appellé, il trouve le mariage sortable, fait quelque difficulté sur la constitution du douaire ; il dit ensuite qu'il a changé de volonté, & s'oppose pardevant l'Official. Par Arrêt du Parlement de Paris du 28. Novembre 1606. ordonné qu'il seroit passé outre au mariage, le pere appellé pour y prêter consentement, si bon luy semble. M. le premier Président demanda si le pere vouloit la mieux marier, & avoit trouvé parti ; il répondit que non, & ce fut une des grandes causes du Jugement. *Plaidoyers de Corbin*, *ch.* 67.

218. Par Arrêt donné à Roüen en la Chambre Criminelle 1608. une fille ayant épousé le fils d'un nommé Droüet, sans la volonté du pere, en consequence du rapt, quoy qu'ils fussent âgez, & que le mariage eût été celebré solemnellement, fut condamnée à souffrir punition corporelle, le fils exheredé, ordonné qu'il demeureroit un an prisonnier, jusqu'à ce qu'il eût été demandé par le pere, le mariage declaré nul. *Voyez la Biblioth. de Bouchel*, *verbo*, *Rapt*.

219. Une fille mariée à 14. ans, & devenuë veuve à 18. étant poursuivie devant l'Official en promesse de mariage ; fur l'opposition des parens, défenses luy furent faites de contracter mariage que par le consentement de la mere & de ses parens. Arrêt du Parlement de Normandie du 13. Decembre 1613. *Basnage, sur l'art.* 232. *de la Coûtume*.

220. Si aucuns des proches parens s'opposoient, le decret de mariage ne laisseroit pas d'être valable, au cas où la mere & la fille consentiroient avec d'autres. Arrêt du Parlement de Bretagne du 9. Avril 1619. *Du Fail, li.* 2. *chapitre* 458.

221. Mariage d'un fils de famille François, celebré en Lorraine, avec une femme du Pays, selon la forme du Concile, est bon & valable, nonobstant le défaut de consentement des pere & mere du François. Ainsi jugé au Parlement de Paris le 26. Mars 1624. M. *Servin*, Avocat General, prétendit que le fils de famille avoit été ravi & suborné ; cependant sur le crime de rapt, l'on mit hors de Cour. *Bardet*, *tome* 1. *livre* 2. *chapitre* 17.

222. Fils de famille majeur de 25. ans, qui se marie sans le consentement de ses pere & mere, peut être exheredé, & ne leur peut demander des alimens pour luy, sa femme & ses enfans. Ainsi jugé le 22. Decembre 1628. *Ibid. liv.* 3. *ch.* 20.

223. Si une fille veuve & mineure, peut contracter mariage contre la volonté de ses pere & mere, sans pouvoir être desheritée ? Cette question fut solemnellement agitée au Parlement de Paris en l'Audience de la Tournelle le 4. Septembre 1632. au sujet du mariage de Damoiselle Marguerite Girard, avec M. *Imbert Sevin*, Avocat du Roy au Bureau des Tresoriers de France de Riom. Le pere de Marguerite Girard avoit déclaré qu'il l'exheredoit, & revoquoit la donation faite lors de son premier mariage. M. *Talon* Avocat General, dit qu'il n'y avoit pas lieu de prononcer sur l'exheredation, jusqu'à ce que la succession du pere fût échuë, qu'apart à la dot de 21000. liv. il ne pouvoit la repeter. La Cour, sur l'appel comme d'abus, mit hors de Cour, declara nulle la révocation de la donation ; & à l'égard de l'exheredation, dit que la fille n'étoit recevable quant à present à en demander la cassation. Faisant droit sur le surplus des Conclusions des Gens du Roy, ordonne que *Sevin* & sa femme comparoîtront Lundy prochain en la Chambre du Conseil, & cependant demeureront en la garde d'un Huissier, tous dépens compensez. Le 7. Septembre suivant, il y fut ordonné qu'ils seront presentement admonestez de l'irreverence par eux commise en la celebration de leur mariage, & desobéïssance envers le pere ; & attendu l'absence de M. Alexandre Girard pere, ledit *Sevin* se retirera dans un mois pardevers luy, pour en état de respect & humilité luy demander pardon de la faute par luy faite d'avoir épousé sa fille sans requerir son consentement ; comme pareillement ladite Girard dans ledit temps se presentera à son pere, & étant à genoux luy demandera pardon de sa desobéïssance, dont sera dressé acte par le Juge Royal des lieux ; & en outre les a condamnez à aumôner la somme de 800. liv. aussi, au pain des prisonniers de la Conciergerie du Palais, sans neanmoins que ledit *Sevin* pour raison du present Arrêt, puisse encourir, aucune note d'infamie. *Voyez le Journal des Audiences, tome* 1. *liv.* 2. *ch.* 116.

Arrêt

224. Arrêt du dernier Juin 1633. qui appointe pour sçavoir si une veuve mineure a pû passer à un second mariage, contre la volonté de son pere; & s'il a été valablement contracté & celebré? *Bardet*, *to. 2. liv. 2. ch. 47*. Monsieur l'Avocat General Talon dit que quand deux personnes majeures ont contracté mariage *extrà parochiam*, elles doivent se presenter par-devant le propre Curé, *sed id sit tantum per modum satisfactionis, non verò per modum sacramenti*; car à leur égard le mariage est censé bon, & il ne leur est pas permis de se disjoindre : de même quand les mariez perseverent, on n'a pas coûtume de declarer leur mariage nul, quoiqu'il y ait quelques défauts ; mais pour la satisfaction du Public, on les condamne en quelques aumônes; c'est le parti qu'il prit, & ajoûta qu'il y avoit lieu de condamner les intimez à demander pardon étant à genoux à l'appellant leur pere, de l'offense & de l'injure qu'ils luy ont faite, & de luy laisser l'éducation de sa petite fille du premier mariage.

225. Fils de famille majeur de 25. ans, ayant requis son pere & la Cour, de luy permettre de se marier avec la personne dont il avoit abusé, & à qui il avoit donné promesse de mariage : L'Arrêt du 9. Mars 1634. infirme la procedure extraordinaire du pere, sauf à user des voyes & rigueurs de l'Ordonnance. *Bardet*, *tome 2. liv. 3. ch. 12*.

226. Mariage contracté par un soldat mineur sans le consentement de sa mere, confirmé, & sa succession ajugée aux enfans nez de ce mariage. Arrêt du 26. Mars 1654. Monsieur Bignon Avocat General dit, que le mariage pouvoit être bon dans le for interieur, mais qu'il n'avoit pû produire des effets civils. *Soëfve*, *tome 1. cent. 4. chap. 62*.

227. Mariage d'un fils de famille mineur de 25. ans, lors de la celebration sans le consentement de ses pere & mere, est confirmé par sa declaration qu'il y persevere, jugé le 6. Mars 1636. *Bardet*, *tome 1. l. 5. ch. 11*. L'Official de Paris avoit rendu une Sentence par laquelle il condamnoit les Parties d'accomplir les promesses de mariage; & pour cet effet au même instant les fit conduire en l'Eglise de sainte Marine. L'Arrêt sit défenses à l'Official, de plus faire semblables procedures, à peine de nullité & d'en répondre en son propre & privé nom.

228. Par Arrêt du Parlement de Roüen du dernier Juillet 1636. jugé qu'une fille s'étant mariée & remariée sans le consentement de son pere, ne devoit rien avoir en la succession de son pere. *Berault à la fin du 2. to. de la Coûtume de Normandie, page 51*.

229. Mariage d'un fils de famille mineur, sans le consentement de son pere & de son tuteur est nul. Jugé au Parlement de Paris le 4. Septembre 1637. *Bardet*, *to. 2. liv 6. chapitre 19*.

230. L'Ordonnance de Loüis XIII. de l'année 1639. qui déclare nuls les mariages contractez sans le consentement des meres, n'a pas lieu à l'égard de celles qui se comportent mal après le décez de leurs maris, quand même leurs enfans auroient été instituez heritiers pour leurs peres, sous la condition de se marier sans le consentement de leurs meres. Arrêt du Parlement de Toulouse, les Chambres assemblées. *La Rocheflavin, liv. 2. lettre M. tit. 4. Arr. 36*.

231. Mere tutrice voulant marier sa fille mineure, & l'ayeule paternelle y resistant : on ordonne l'assemblée des parens paternels & maternels. Jugé au Parlem. de Paris le 1. Août 1639. *Bardet*, *tome 2. liv. 8. ch. 32*.

232. Avant que de prononcer sur la validité du mariage d'un fils de famille majeur de 25. ans, contracté contre la volonté de son pere, on ordonne que le fils sera mis en la maison d'un parent, pour être interrogé par deux Conseillers de la Cour. Arrêt du 19. Août 1639. *Bardet*, *tome 2. livre 8 chap. 34*. Voyez les *Plaidoyez de M. Gaultier*; il plaidoit pour le Sieur Scaron pere.

233. Suivant l'article 369. de la Coûtume de Normandie, il suffit que le pere ou l'ayeule ayent consent au mariage, ou qu'ils y ayent été présens ; non seulement le consentement est suffisamment prouvé par la signature au Contrat, mais aussi par le Certificat du Curé, qui atteste leur presence. Arrêt du 19. Août 1639. en la Chambre de l'Edit à Roüen, par cet Arrêt on ajugea doüaire à la veuve sur la succession du pere. *Basnage, sur cet Article 369*.

234. La nomination faite par une mere de son fils aîné pour recueillir les biens de son pere, peut être revoquée par la mere, le fils s'étant marié sans son consentement à une personne infame. M. l'Avocat General Talon dit, que cette cause étoit fondée dans l'Ordonnance de Blois. Arrêt du 10. Juillet 1640. *Soëfve*, *to. 1. cent. 1. chap. 17*.

235. Dans une assemblée de parens en vertu d'Arrêt pour donner leur avis sur le mariage d'une mineure, le plus grand nombre y resistant avec l'ayeule paternelle, la celebration en est neanmoins permise, suivant l'intention de la mere tutrice & de la fille. Arrêt du dernier Juillet 1640. *Bardet, tome 2. liv. 9. ch. 12*.

236. Un pere après avoir fait donation à son fils *impubere* par des promesses, & en faveur du futur mariage avec une fille de son âge, ayant depuis changé de dessein & signifié à son fils qu'il ne veut plus le mariage, ne peut neanmoins se plaindre de la celebration faite au prejudice de sa déclaration, ny révoquer la donation. Arrêt du 11. Août 1642. *Bardet, tome. 2. livre 9. chap. 32*.

237. Un jeune homme ayant obtenu un Mandement de la Cour, pour faire juger que nonobstant l'opposition de son pere, il luy seroit permis de se marier avec une fille d'une condition & d'une fortune avantageuse, la Cour envoya les Parties devant les parens pour en deliberer par Arrêt de Roüen du 14. Février 1645. Le Sieur d'Aussay s'étant opposé au mariage de sa fille âgée de 25. ans, que le fils d'un Officier d'Avranches vouloit épouser, par Arrêt du Parlement de Roüen du 12. Février 1670. la Cour ordonna que pendant un mois cette fille se retireroit dans un Monastere, afin que si elle persistoit à vouloir ce parti, les pactions de mariage fussent arrêtées par trois parens paternels & trois maternels. Aprés le temps expiré la fille ayant perseveré, & le pere demeurant inflexible après plusieurs remises on permit à la fille de passer outre à la celebration de son mariage, la cause principale du refus du pere étoit qu'il n'étoit point Gentilhomme. Par autre Arrêt du 20. Décembre 1670. ordonné que la fille du Sieur de Rotot, recherchée en mariage par le Sieur de Boissmilon, fils illegitime du Sieur Baron de Montenay, qui avoit obtenu du Roy des Lettres de legitimation & d'anoblissement, se retireroit chez son pere pendant dix-huit mois, quoyqu'elle fut âgée de 25. ans ; de Boissmilon au Sieur de Boissmilon de la voir : mais ayant persisté aprés les dix-huit mois, il leur fut permis de se marier, nonobstant l'opposition du pere & des parens. *Basnage sur l'article 369. de la Coûtume*.

238. Arrêt du Parlement de Provence du 26. Janvier 1645. qui a jugé, que le mariage d'un fils de famille âgé de trente ans après avoir requis le pere, est bon sans son consentement. *Boniface*, *to. 1. liv. 5. tit. 3. chapitre 1*.

239. Sur la validité d'un mariage contracté par la fille de M. de Laffemas jeune femme, sans le consentement de son pere ; Arrêt du Parlement de Paris du 27. Février 1647. qui sans s'arrêter à l'opposition par l'Appel comme d'abus, appointa les parties au Conseil, & décreta d'ajournement personel, tant contre le Curé que le Notaire, & de prise de corps contre ceux qui avoient eu part au *rapt* & enlevement. *Soëfve*, *tome 1. cent. 2. ch. 5*.

240. Un pere & une mere ne sont recevables à reclamer contre le mariage de leur fils majeur de 25. ans, sans leur consentement : aprés un silence de cinq années, le mariage ne leur ayant point été caché, sauf à eux d'user du pouvoir d'exhereder. Arrêt du 9. Juillet 1647. *Soëfve*, *ibidem*, *ch. 29*.

241 L'Ordonnance de 1639. pour les mariages s'est pratiquée assez difficilement en Normandie, neanmoins elle l'a été dans ce cas : Gaspard Fromont fut allicié à l'âge de 20. ans, par le Sieur & Damoiselle Brunet, qui luy firent épouser leur fille ; le pere fit informer du rapt de son fils, & par Arrêt du Parlement de Roüen de 1650. le mariage déclaré nul, le pere & la mere de la fille furent bannis & condamnez en de grosses amendes; mais depuis le pere en fut déchargé n'ayant pas été trouvé coupable du rapt dont il étoit accusé. Nonobstant cet Arrêt ils continuerent de demeurer ensemble & eurent plusieurs enfans; étant parvenus en majorité, ils obtinrent permission de l'Official de se marier, après qu'ils se seroient séparez pour quelque temps, il leur donna dispense de trois bans ; & le pere & le fils étant morts, la mere déclara révoquer l'exheredation qu'elle avoit signifiée, protestant qu'elle n'y avoit consenti que pour complaire à son mary, à condition neanmoins que sa succession seroit partagée également, & que le fils de l'aînée n'y auroit aucun avantage. Gaspard Fromont sorti de ce mariage voulant prendre possession de la Terre de Forbonnois sur l'opposition des freres & sœurs, par Arrêt du Parlement de Roüen du 17. Juillet 1672. il a été dit qu'il avoit été mal, nullement & abusivement procedé par l'Official, en tant que la dispense de la proclamation des trois bans, défenses aux Officiaux de donner de pareilles dispenses, ordonné que ledit Gaspard Fromont & ses sœurs auroient 40000. livres sur la succession paternelle, si mieux Pierre Fromont n'aimoit leur en quitter le tiers, & que la succession de la mere seroit partagée également. Voyez Basnage, sur l'article 369. de la Coûtume.

242 Majorité coûtumiere non considerable pour la validité des mariages contractez par les enfans de famille, sans le contentement de leurs peres & meres. Arrêt rendu au Parlement de Paris le 18. Mars 1651. Soëfve, to. 1. cent. 3. chap. 70.

243 Quelle autorité de la mere ou du tuteur doit prévaloir, & si la mere ayant marié sa fille sans le contentement du tuteur, il en peut reclamer ? Henrys rapporte l'Arrêt du Sieur Comte de Maillé du 26. May 1655. où le mariage fait par la mere fut déclaré non valablement contracté, la fille sequestrée en une Religion, & que 12. parens s'assembleroient pour déliberer sur l'état & mariage de la fille, &c. Henrys tome 2. livre 4. quest. 18. où il remarque que M. le Maître en son Plaidoyé 27. rapporte un Arrêt qui semble contraire. Voyez l'Ordonnance de Blois article 41. 42. & 43. & Mornac loy 20. ff. de ritu nuptiarum.

244 Arrêt du Parlement de Provence du 18. Mars 1655. qui a jugé que la contravention à l'Ordonnance est un moyen d'abus, & que le consentement d'un pere au mariage de son fils doit être prouvé par écrit & non par témoins. Boniface, tome 1. liv. 1. tit. 2. n. 13.

245 Un mariage contracté par un fils de famille mineur, & soldat dans une garnison sans la participation de ses peres & meres, avec une fille de basse naissance ne peut produire des effets civils. Jugé au Parlement de Paris le 16. Juillet 1655. Soëfve, to. 1. cent. 4. ch. 96.

246 Mariage d'un fils de famille majeur celebré contre les formes du Concile, & sans l'avis de pere & de mere, recelebré avec toutes les formes, & depuis confirmé par Arrêt avec le pere contredisant, n'est censé avoir ôté au pere la liberté d'exheredation contre son fils. Arrêt du 3. Avril 1656. Du Fresne, liv. 8. ch. 36.

247 Un Gentilhomme âgé de 35. ans, fils d'un riche Auditeur de la Chambre des Comptes, recherche en mariage la fille pauvre & vertueuse d'un Avocat & petite-fille d'un hôte : le pere de ce Gentilhomme défend à son fils de contracter ce mariage, mais ce fils engagé par les caresses de sa fiancée & par sa propre pudeur, reçoit la benediction nuptiale dans une maison particuliere, consomme son mariage nonobstant les défenses du Juge seculier qui luy avoit prohibé de passer outre. Voyez le 8. Plaidoyé de M. Quarré Avocat General au Parlement de Bourgogne ; il conclut à ce que le pere fût invité, de donner son autorité & les enfans condamnez de reprendre la benediction nuptiale ; ce qui fut jugé par Arrêt du mois d'Août 1656.

248 Par Arrêt du Parlement de Paris du 27. Juillet 1657. un mariage contracté par un mineur avec une fille majeure, sans le consentement de sa mere & tutrice, & au préjudice d'un Arrêt intervenu sur la poursuite de la mere du mineur, & par lequel un premier mariage par eux contracté, avoit été déclaré non valable, & défenses de se hanter ny frequenter à peine de la vie ; a été confirmé sur les Conclusions de M. l'Avocat General Bignon. Il y avoit des circonstances ; sçavoir, l'Arrêt ne faisoit point défenses de contracter un nouveau mariage dans les formes, la mere en avoit eu depuis connoissance, & n'avoit formé aucune opposition. Soëfve, tome 2. cent. 1. chap. 66.

249 Arrêt du Parlement de Provence du 3. Decembre 1657. qui a jugé qu'au mariage d'une fille qui n'a point de pere, le consentement de la mere, celuy du tuteur & des parens suffit ; & celuy des plus proches Substituez n'est pas necessaire. Boniface, tome 1. liv. 5. tit. 3. chap. 4.

250 Mariage d'une fille sans le consentement de sa mere, âgée de vingt-quatre ans neuf mois, cassé le 21. Février 1659. à la Tournelle. Des Maisons, lettre M. nomb. 8.

251 Le consentement de la mere veuve est absolument necessaire pour la validité du mariage de son fils. Une vieille fille avoit suborné un jeune homme de vingt ans; la celebration faite par un Prêtre inconnu sans proclamation de bans, sur la plainte en rapt formée par la mere, la prétenduë femme soûtenoit que le consentement de la mere n'étoit pas necessaire comme celuy du pere, & que le fils étant majeur suivant la Coûtume, avoit pû se marier avec elle qui étoit de condition égale. Par Arrêt du Parlement de Roüen du 28. Janvier 1659. on déclara le mariage nul & non valablement contracté, & on ordonna que le Prêtre seroit pris au corps & qu'il seroit informé des moyens dont on s'étoit servi pour parvenir à la célebration de ce mariage. Autre Arrêt du 5. Février 1665. entre Langlois & le Gingois, qui avoit épousé la mere de Langlois : sur l'opposition de la mere & du beaupere, il fut dit qu'avant faire droit des parens de Langlois seroient assemblez pour déliberer sur le mariage qu'il vouloit contracter ; quoyqu'il soûtint étant âgé de 21. an il avoit la faculté de se marier à sa volonté, la Cour n'eût point d'égard à l'opposition de la mere seule, parce qu'elle étoit remariée. Basnage sur l'art. 369. de la Coûtume de Normandie.

Un jeune homme de 21. an voulant contracter mariage avec une fille de sa condition & sans reproche, sur l'opposition de sa mere & de son frere aîné, qui avoit été nommé son tuteur par leur pere, la Cour luy fit défenses par Arrêt du 27. Février 1681. à peine de la vie, de contracter mariage sans le consentement de ses parens duëment assemblez. Autre Arrêt du même Parlement de Roüen du 28. Février 1684. qui renvoye un jeune homme de 22. ans qui vouloit se marier contre la volonté de sa mere, à une fille d'égale condition, devant ses parens.

252 Un jeune homme de 24. ans passe un Contrat de Mariage ; sur l'opposition de sa mere l'Official fait défenses de passer outre : pendant le procès la fille étant devenuë grosse, sur l'appel interjetté par la fille, elle dit que le consentement de la mere n'étoit pas necessaire comme celuy du pere, que d'ailleurs c'étoit par chagrin qu'elle s'opposoit, la condition des deux parties étant égale en tout. Par Arrêt du Parlement de Roüen du 16. Mars 1683. la Sentence fut cassée, l'on ordonna qu'il seroit passé outre au mariage huit jours après, pendant lequel temps le fils seroit tenu de demander l'agrement de sa mere. Le motif de l'Arrêt fut que les choses n'étoient plus entieres, & que la fille ayant été abusée sur la foy d'un Contrat de Mariage, l'opposition de la

mere qui n'étoit appuyée que sur la seule autorité maternelle, ne pouvoit empêcher le mariage. *Basnage, ibid.*

253 Le Lieutenant de Roy de Pont-à-Mousson, se maria à l'âge de quarante ans, sans le consentement de son pere qu'il fit condamner depuis à luy fournir pension de 500. livres. Le pere & le fils décedez, la veuve poursuivit le tuteur de leurs enfans qui avoient renoncé à la succession du pere & accepté celle de l'ayeul, pour être payée de son douaire. Le tuteur luy répondit qu'elle n'en pouvoit prétendre, s'étant mariée sans le consentement du pere : la veuve offrit de prouver que la *reconciliation* avoit été faite entre le pere & le fils , qu'il avoit souhaité de voir ses petits enfans ; mais que le pere n'ayant pû quitter son gouvernement il luy en avoit envoyé les portraits qu'il avoit gardez. Par Arrêt du Parlement de Roüen du 21. Janvier 1661. on luy ajugea 200. livres de provision. Cette veuve n'avoit que ses propres enfans pour parties, ce qui rendoit sa cause favorable. *Voyez Basnage, sur l'article 369. de la Coûtume de Normandie.*

254 Aprés le décès des pere & mere, l'autorité des freres majeurs à l'effet d'empêcher le mariage de leurs sœurs, n'est pas toûjours méprisée. La recherche de la sœur des Sieurs Pesnelle ayant été agréé par les parens, le frere leur remontra que Jouvin qui la recherchoit n'étoit pas bien dans ses affaires ; ils arrêterent qu'on en informeroit. Sur l'avis qu'eut Jouvin , il obtint de l'Official de Roüen une permission de faire proceder à la celebration de son mariage sans aucune proclamation de bans , parce qu'aprés la celebration, les parties ne consommeroient le mariage qu'aprés un ban publié ; & que la celebration seroit nulle en cas qu'aprés la celebration il se rencontrât un empêchement dirimant. Les freres rendirent plainte en rapt , & appellerent comme d'abus. Par Arrêt du Parlement de Roüen du 8. Juillet 1661. sur l'appel du Bailly , on cassa la Sentence, & sur l'action en rapt hors de cour : sur l'appel comme d'abus, il fut dit qu'il avoit été mal , nullement & abusivement procedé ; défenses à l'Official de donner de pareils jugemens , & aux Curez de proceder à la celebration des mariages, qu'aprés la proclamation de bans, cependant le mariage fut confirmé, parce qu'il n'y avoit aucun empêchement dirimant , & que d'ailleurs les parens avoient donné leurs consentemens. *Ibidem.*

Une fille prétendoit qu'à cause de son âge de vingt-trois ans elle pouvoit se marier contre la volonté de ses freres & de ses parens, qui fondoient leurs oppositions sur ce que celuy qui la recherchoit , étoit un Etranger dont on ne connoissoit point les affaires , ce qui étoit préalable. Par Arrêt du Parlement de Roüen du 1. Decembre 1673. on ordonna qu'avant faire droit, elle seroit mise dans une maison dont les parties conviendroient; que le jeune homme donneroit une declaration de son bien pour être communiquée aux parens, pour ce fait & vû par la Cour, être ordonné ce que de raison. *Basnage, ibidem.*

255 Les beauxfreres n'ont pas le même pouvoir que les propres freres, pour empêcher le mariage de leurs belles-sœurs. Arrêt du Parlement de Roüen du 3. Janvier 1668. qui a debouté un beau-frere , d'un mandement qu'il avoit obtenu pour empêcher le mariage de la sœur de sa femme mineure de 20. ans. *Voyez Basnage, sur le même article 369. de la Coûtume de Normandie.*

256 Jugé au Parlement de Paris le 1. Février 1662. que la mere naturelle n'a pas le même pouvoir que la legitime , dans le mariage de ses enfans naturels mineurs. *Soefve, to. 2. cent. 2. chap. 56.* où il est observé qu'il en seroit autrement si les enfans avoient été legitimés du consentement de ses pere & mere naturels.

257 Arrêt du même Parlement de Paris du 21. Juillet 1662. qui appointe les parties pour sçavoir si la peine établie par l'article 2. de la Declaration du Roy de l'année 1639. sur le fait des mariages contractez par les

Tome II.

enfans de famille mineurs sans le consentement de leurs pere & mere, peut être par eux encouruë de plein droit, sans que les pere ou mere l'aient prononcée? Le premier Juge prononça en faveur du fils de famille. M. Talon Avocat General conclut de même , & dit que l'Ordonnance de 1639. non seulement étoit impossible dans son execution ; mais qu'étant une loy penale , elle devoit être plûtôt restrainte qu'étenduë. *Soefve, tome 2. Cent. 2. chap. 67.*

258 Un mineur contracte mariage; la celebration est faite en presence de son frere aîné dans la Chapelle d'une Commanderie voisine ; le pere demande la cassation ; les mariés le soûtinrent valable , qu'en tout cas il leur fut permis de le celebrer de nouveau, puisqu'ils avoient atteint l'âge de 25. ans, sauf à son pere à user de ses droits. Par Arrêt de la Tournelle de Roüen du 5. Août 1662. le mariage fut declaré nul & clandestinement contracté : La Cour ne prononça rien sur la permission demandée par le fils de contracter de nouveau. *Voyez Basnage sur l'art. 369. de la Coût. de Normandie.*

259 Mineure veuve ne peut se marier sans le consentement de son pere. Arrêt du 13. Mars 1663. *Notables Arrêts des Audiences , Arrêt 98. & le Journal des Audiences , tome 2. liv. 5. chap. 6.*

260 Un ayeul maternel qui a consenti au mariage projetté entre la petite fille mineure, & un Gentilhomme son parent, ne peut pas empêcher le mariage , sous prétexte d'une accusation capitale depuis intentée contre luy, & dont il a été envoyé absous. Arrêt du 30. Août 1663. *Soefve , tome 2. Cent. 2. chap. 93.*

261 Mariage d'un fils ou fille de famille sans le consentement du pere , declaré non valablement contracté. Arrêt du Parlement de Grenoble du 2. Août 1663. *Voyez Basset , tome 1. liv. 4. tit. 3. chap. 2.*

262 Le 18. Février 1664. à l'ouverture du rôlle de Paris il a été jugé qu'un pere peut faire casser le mariage de son fils, contracté sans son consentement à l'âge de 27. ans , & le faire declarer nul ; & la Cour en prononçant le mariage non valablement contracté, fit défenses aux parties de se frequenter à peine de la vie , & neanmoins condamna le fils en 400. liv. de dommages & interêts vers la fille , & en 80. liv. au pain des prisonniers : cet Arrêt est contraire à l'Ordonnance, & à la Jurisprudence des Arrêts qui ont jugé que les mariages au dessous de 25. ans ne se pouvoient marier sans le consentement de leurs pere & mere , & que se mariant sans leur consentement , les mariages venoient à casser au dessus de 25. jusqu'à 30. qu'ils pouvoient , & que les peres & meres n'avoient que la voie d'exheredation depuis 30. & au dessus , aprés avoir requis le consentement de leurs pere & mere , & alors que le mariage ne pouvoit être declaré nul , ni le fils exheredé. *Joyer , verbo , Testament , nomb. 43.*

263 Mariage d'un fils de famille au dessus de 25. ans, contracté à Bezançon , sans aucune publication ni dispense de bans , ni sans la participation du pere , avec une jeune fille de 22. ans, declaré nul & abusif, par Arrêt du 19. Février 1664. *Soefve, to. 2. Cent. 3. chap. 4.*

264 Arrêt du Parlement de Provence du 13. Decembre 1664. qui a fait inhibitions aux enfans de famille majeurs de 25. ans, & jusques à 30. de contracter mariage sans le consentement de leurs peres , à peine de nullité, & aux Curez & Vicaires de les marier sous les peines du Concile. *Boniface, tome 1. liv. 5. tit. 3. ch. 2.*

265 Une fille mineure Catholique peut contracter mariage par l'avis de ses plus proches parens , sur le refus de son pere qui fait profession de la Religion Prétenduë Reformée ; & il n'est permis au pere de l'exhereder pour ce sujet. *Voyez les Décisions Catholiques de Filleau, Décision 110.* il en rapporte plusieurs Arrêts.

Une veuve mineure de la R. P. R. son pere faisant la même profession, ne peut se marier sans le consentement de son pere. *Voyez ibid. Décision 138.*

266 Mariage fait contre le consentement de la mere par un mineur de 17. ans de la R. P. R. qui s'étoit fait Ca-

Tttt ij

269. Mariage contracté par un fils de famille mineur dans l'Isle Martinique, sans le sçû de son pere, mais de l'authorité & consentement du Gouverneur avec une fille, étant au service de la Dame sa femme, declaré bon & valable, par Arrêt du 20. May 1667. rendu contre les Conclusions de M. l'Avocat General Bignon, qui representa que l'autorité du Gouverneur n'alloit pas à empêcher l'execution des Loix les plus importantes. *Soëfve*, tome 2. Cent. 3. chap. 96.

270. Le mariage d'un fils de famille mineur sans le consentement de son pere, declaré nul, par Arrêt du Parlement de Grenoble du 12. Août 1668. lequel decerna ajournement personnel contre un Prêtre étranger pour avoir épousé les parties sans permission du Curé, publication de bans, & consentement des parens. Le pere & le fils furent aussi condamnez solidairement en 500. écus de dommages & interêts à cause de l'égale condition des parties, & que le pere sçachant la vie licentieuse de son fils ne l'avoit corrigé. *Basset*, tome 2. liv. 4. tit. 2. chap. 2.

271. De la validité du mariage d'un fils que le pere avoit remis à la volonté de la mere, à peine de privation de son heritage; ce mariage, quoique fait contre la volonté de la mere fut declaré bon, par Arrêt du 6. Juin 1670. le fils avoit 36. ans, & les autres parens approuvoient son mariage. *Basset*, ibid. chap. 3. rapporte plusieurs autoritez curieuses.

272. Arrêt du Parlement de Provence du 9. Novembre 1670. qui declare la celebration du mariage d'un fils de famille âgé de 24. ans, sans le consentement de son pere, abusive, & iceluy non valablement contracté, fait inhibitions aux mariés de se hanter, & permet au pere d'exhereder le fils, & ordonne que le Curé viendra répondre en personne sur certains faits. *Boniface*, tome 4. liv. 5. tit. 1. chap. 2.

273. Fils qui se marie sans le consentement de son pere, privé des avantages à luy faits; si le pere est tombé en démence, il faut le consentement du Curateur & de la famille. Arrêt du 17. Mars 1671. *Soëfve*, tome 2. Cent. 4. chap. 59.

274. Un oncle ne peut s'opposer au mariage de sa niéce, & demander l'assemblée de parens au préjudice du consentement de la mere & de la fille. Jugé à Toulouse le 23. May 1671. *Journal du Palais*. Pareil Arrêt à Bourdeaux du 11. Juillet 1672. rapporté dans le même Journal.

275. Mariage d'un fils de famille fait sans le consentement du pere est nul. Ainsi jugé au Parlement de Provence le 2. Juin 1672. *Boniface*, tome 4. liv. 5. tit. 1. ch. 3.

276. Mariage d'un fils mineur contre le consentement de son pere; de ce mariage étoit issu un enfant que le pere avoit tenu sur les fonts de Baptême; le mariage confirmé. Arrêt du Parlement de Paris en Decembre 1671. *De la Guess.* tome 3. liv. 6. chap. 31. le pere avoit interjetté appel comme d'abus de la celebration du mariage.

277. La Dame de Bonneville après la mort de son mary, & de sa belle-mere, demande son doüaire à ses heritiers. Ils luy opposent que le mere n'avoit point signé au Contract; elle répondoit que luy ayant depuis fait honnêteté, elle luy écrivit *que son fils s'étant marié sans son aveu & ne luy ayant pas rendu ce qu'il luy devoit, elle se contentoit de le tenir dans l'indifference, & qu'elle ne luy envoyât point son Contract de Mariage, étant autant qu'elle le pouvoit être sa tres-humble servante*; elle ajoûtoit que cette mere avoit exercé les dernieres rigueurs contre ses enfans, & s'étoit remariée, après tout que sa réponse étoit une ratification. Par Arrêt du Parlement de Roüen du 16. Février 1674. elle fut déboutée de sa demande. *Basnage*, sur l'art. 369. de la Coûtume de Normandie.

278. Mariage d'un fils de famille declaré nul; c'étoit François du Buisson fils d'un Eleu de Moulins. Arrêt du Parlement de Paris du 17. Decembre 1674. *De la Guess. tome 3. liv. 8. chap. 19.

279. La fille enceinte après l'âge de 25. ans peut se marier sans le consentement de son pere qu'elle n'a requis que depuis sa grossesse. Arrêt du Parlement de Toulouse du 22. Janvier 1678. après partage. Le motif fut que l'âge de la fille avoit été une suffisante interpellation pour le pere, & que l'honneur de sa fille & la naissance de l'enfant n'autorisoient pas son refus. V. *M. de Catellan*, liv. 4. chap. 30.

280. Le fils de famille âgé de plus de 30. ans, qui après avoir fait trois actes à son pere, passe un Contract de mariage, & ensuite refuse de l'executer pour obéir à la volonté de son pere, doit être condamné à des dommages & interêts envers sa fiancée. Arrêt du Parlement de Toulouse au mois de Janvier 1680. il est rapporté par *M. de Catellan*, liv. 4. chap. 63.

281. Un fils s'étant marié sans le consentement de son pere, le pere le fit constituer prisonnier, & après l'avoir retenu quelque temps, il permit qu'on le mit dehors; depuis, par l'entremise de quelques personnes de qualité, le fils & la femme ayant demandé pardon à leur pere, il les reçut avec joye, embrassa sa belle-fille & les reçut en sa maison & à sa table en la presence de ses gendres, & demeurerent quelque temps avec luy, & depuis, le fils mort, le pere consola sa bru, il luy donna ses habits de deüil & sa retint avec luy pendant six semaines. Après la mort du pere elle demanda à ses belles-sœurs ses heritieres son doüaire; ils la soûtintent non recevable, le pere n'ayant point signé à son Contract; la veuve offrit de faire preuve de sa *reconciliation*. Par Arrêt du Parlement de Roüen du 17. Mars 1683. la Cour ne trouva pas que les faits de preuve fussent suffisans pour faire valoir le consentement du pere, & que tout ce qu'il avoit fait ne pourroit valoir que pour détruire une exheredation s'il y en avoit une, mais que l'on ne pouvoit présumer que sa belle-fille eût eu doüaire, puisqu'il n'avoit point signé à son Contract de mariage. *Basnage*, sur l'article 369. de la Coût. de Normandie.

282. Le Parlement de Roüen comme celuy de Paris, declare nuls les mariages contractez par les enfans de famille sans le consentement de leurs pere & mere après l'âge de 30. ans, s'il est justifié qu'ils ayent eu commerce de débauche avec leurs femmes avant l'âge de 25. ans. Le sieur du Quesnoy ayant appris que son fils âgé de 24. ans & quelque mois avoit été seduit par une fille en l'année 1677. obtint un mandement de la Cour portant défenses à cette fille & à sa mere de contracter mariage avec son fils. Sur la signification de ce mandement, la mere & la fille declarerent qu'elles n'avoient point dessein de contracter mariage sans son consentement: huit jours après que le fils eut 30. ans accomplis, il fit demander à son pere la permission d'épouser cette fille; le pere remontra que quoyque par l'Ordonnance de Henry II. les fils de famille puissent après 30. ans accomplis contracter mariage sans le consentement de leurs pere & mere, cela n'avoit lieu que quand la subornation & l'habitude vitieuse n'avoient commencé pendant la minorité. La Cour par Arrêt du 30. Juillet 1683. fit défenses aux parties de contracter mariage, ni de se frequenter ni hanter, sur les peines aux cas appartenans. *Ibidem*.

283. Mariage fait d'un fils de famille âgé de 27. ans par la mere & l'avis des parens, nonobstant l'empêchement du pere, declaré valable. Arrêt du Parlement de Paris du 5. Septembre 1684. *De la Guess.* 10. 4. liv. 8. ch. 35.

284. Arrêt du Parlement de Provence du 6. Mars 1687. qui a debouté une fille qui s'étoit mariée sans le consentement de son pere, de sa requête en provision en dot, & luy a donné une pension annuelle durant la vie du pere sans prononcer sur l'exheredation. *Boniface*, ome 4. liv. 6. tit. 6. chap. 1.

285. *Voyez* le 6. Plaidoyé de *M. Erard*, pour le fils d'un Magistrat qui avoit épousé, à l'insçû de son pere, une fille de la Cour de la premiere naissance, il adheroit à l'appel comme d'abus que son pere avoit interjetté de ce mariage ; il fut dit qu'il y avoit abus & défenses aux parties de se hanter ni frequenter.

286. L'on ne peut mettre empêchement à un mariage consenti par la mere & par une partie des parens d'une fille qu'on veut marier à un parti sortable. Arrêt du Parlement de Paris le 7. Juillet 1689. *Journal des Aud.* tome 5. liv. 5. chap. 24.

287. Une ayeule maternelle ne peut contester le mariage de sa petite fille fait sans son consentement, quand le pere de la fille étant vivant luy adheroit le sien. Arrêt du Parlement de Paris du 11. Decembre 1690. *Ibid.* liv. 6. chapitre 26.

288. Un fils de famille ayant 25. ans peut se marier valablement sans le consentement de ses pere & mere. Arrêt du Parlement de Paris du 28. Novembre 1690. *Ibid.* chapitre 25.

289. Un mariage jugé valable, quoyque contracté par un mineur de 20. ans, sans le consentement de ses pere & mere, sans publication de bans, ni presence du propre Curé, parce qu'il paroissoit que ses pere & mere l'avoient depuis long-temps abandonné à sa conduite, qu'il avoit été 12, ou 15. ans à se pourvoir, & qu'il ne faisoit agir ses pere & mere, que parce qu'il avoit gagné beaucoup de bien. Arrêt du premier Mars 1691. *Ibid.* liv. 7. chap. 11.

290. Mariage declaré non valablement contracté par un fils âgé de 26. ans qui avoit supposé un consentement de son pere par un acte faux ; il avoit été passé outre à la célebration du mariage, sans faire prononcer mainlevée de l'opposition de sa mere ; les parties n'avoient aucun domicile dans la Paroisse du Curé qui les avoit mariez ; & les témoins avoient faussement attesté ce domicile. Punition de bannissement pour neuf ans, contre le fils qui avoit supposé le consentement de son pere, & contre les témoins, d'aumônes au pain des prisonniers, avec Reglement contre les Curez, Vicaires & autres Prêtres, sur ce qu'ils doivent observer dans la célebration des mariages. Arrêt du 15. Juin 1691. *Au Journal des Audiences du Parlement de Paris*, tome 5. liv. 7. chap. 31.

291. Arrêt du même Parl. de Paris du 27. Août 1692. qui a jugé que les fils & les filles, même les veuves qui voudront faire sommer leurs pere & mere aux termes de l'Ordonnance, de consentir à leurs mariages, seront tenus d'en demander permission aux Juges Royaux des lieux des domiciles des peres & meres, qui seront tenus de la leur accorder sur requête, & que les sommations seront faites en cette ville de Paris par deux Notaires, & par tout ailleurs par deux Notaires Royaux ou un Notaire Royal, & deux témoins domiciliez qui seront avec le Notaire, le tout à peine de nullité. *Journal des Aud.* tome 5. liv. 8. chap. 22. & le *Recueil de Decombes* Greffier en l'Officialité de Paris, 1. part. chap. 2. page 161.

292. Fille âgée de 23. ans peut se faire autoriser par Justice à l'effet de se marier sans le consentement de son pere, s'il refuse de le donner sans moyen legitime. Arrêt du Parlement de Tournay du 9. Decembre 1695. confirmatif de la Sentence des Mayeur & Echevins de Lisle renduë en faveur de Damoiselle Therese Angelique le Clement de Roussy fille du sieur de Saint Marc. *Voyez M. Pinault*, tome 1. *Arr.* 83.

CONTRACTS DE MARIAGE.

293. Contracts de mariage, leur forme, clause & execution, *Voyez* le mot, *Contract*, nomb. 45. & suiv. & *Carondas*, liv. 11 Rép. 87.

294. Mariage sans Contract. *Voyez M. le Prêtre* 1. Cent. chapitre 9.

Pactorum nuptialium varia species irrevocabiles. Voyez *Stockmans*, Décis. 45.

295. Arrêt du Parlement de Paris rendu le 4. Septembre 1681. qui a jugé dans la Coûtume de *la Marche*, qu'un pere ayant consenti & signé le Contract de mariage de son fils, ne pouvoit en contester l'execution à la veuve pour son doüaire, & les autres conventions matrimoniales, sous prétexte que la signature de son fils se trouvoit imparfaite, & qu'il étoit mort peu de jours après le mariage celebré, sans aucune preuve de consommation. *Jour. du Palais*, part. 9. in 4. Il y a un Arrêt du Parlement de Dijon de 1598. qui dans une pareille espece ajuge à Antoinette Charnot la moitié des meubles & le doüaire. *Voyez Du Plessis*, tit. de la *Communauté de biens*, liv. 1. chap. 1.

296. Le Contract de mariage ne peut ôter le bien qui appartient à une fille, quelque renonciation qu'elle fasse, elle en peut être relevée par Lettres. Prononcé le 5. Avril 1546. *Le Vest*, Arrêt 33.

297. On ne peut par Contract de mariage déroger à la Coûtume qui n'admet la representation en ligne directe. Arrêt du 31. Decembre 1556. *M. le Prêtre és Arrêts celebres*. Autre Arrêt à la Pentecôte 1595. *Montholon*, Arrêt 81. On ne peut aussi restraindre la donation faite en proprieté par Contract de mariage à l'usufruit, par un Contract subsequent fait entre les mariez. Arrêt à Pâques 1605. *Peleus*, quest. 100. Voyez *Chenu*, 1. Cent. quest. 62. où vous trouverez un Arrêt du 9. Avril 1543. & quest. 63. où vous trouverez un semblable Arrêt du 19. May 1589. rendu entre M. le Coigneux & Damoiselle Marie de Bailly sa femme.

298. Un pere, sa femme morte, ne fait point d'inventaire, il marie sa fille, & par le Contract de mariage il luy fait quitter les meubles & acquêts qui luy pouvoient appartenir de la succession de sa mere ; cette fille décede, & laisse un fils ; ce fils est recevable à demander à son ayeul les biens que sa mere a quittez par son Contract de mariage. Arrêt du 11. Mars 1558. *Carondas*, liv. 4. Rép. 91.

299. Majeur de 25. ans est bien fondé és Lettres Royaux pour être relevé des Contracts & accords faits contre & au préjudice des clauses de son Contract de mariage, lesquelles ne peuvent être reformées. Prononcé le 19. May 1589. *Le Vest*, Arrêt 190. Voyez *M. Loüet*, letr. *M. somm*: 4. Autre Arrêt du 5. Avril 1605. *Chenu*, 2. Cent. quest. 60. *Montholon*, Arrêts 57. & 105. *Peleus*, quest. 100.

300. *Nihil unquam reformari potest, constante matrimonio, de pactis dotalibus.* Arrêt à la Pentecôte 1589. Autre Arrêt à Pâques 1605. *Mornac*, l. 26. *ff. de pactis dotalibus.* §. 2. *cum inter.*

301. Pendant le mariage les mariés d'un commun consentement ne peuvent se départir d'un avantage porté par leur Contract de mariage, bien que ledit avantage soit reciproque & mutuel ; l'avantage étoit de tous les meubles, acquêts & conquêts au survivant en toute proprieté. Arrêts des 26. Janvier & 11. Août 1605. *M. le Prêtre, és Arrêts de la Cinquième.*

302. *Contractus matrimonii necessarius est inter illustres, non autem inter plebeios.* Arrêt du 8. Août 1613. *Mornac, L. 4. ff. de fide instrumentorum*, &c.

303. Le pere par le Contract de mariage de son fils, le fait son heritier, cela empêche de faire des prélegs aux autres enfans. Arrêt au Rôle de Vermandois du 17. Decembre 1641. *Du Frêne*, liv. 3. ch. 82.

304. Si le record de mariage a lieu pour les conventions matrimoniales, autres que le doüaire ? Un créancier ayant executé des meubles de son debiteur, ils furent reclamez par sa femme, qui étoit separée ; le créancier soûtint qu'elle étoit debitrice de son mary, à cause de la donation du tiers de ses biens qu'elle luy avoit faite ; elle dénia d'avoir rien donné, ni même qu'il se fût fait de traité de mariage. Le Vicomte appointa le créancier à faire preuve de la donation par tous les parens des deux conjoints qui avoient signé au Contract. Le Bailly cassa la Sentence ; sur l'appel, le Créancier disoit que ce qui est décidé pour le doüaire par l'article 387. de la Coûtume de Normandie, doit avoir

lieu pour toutes les autres conventions. Par Arrêt de la Chambre de l'Edit de Roüen du 7. May 1653. la Cour en réformant la Sentence du Bailly, ordonna que celle du Vicomte seroit executée; & par autre Arrêt du Parlement du 2. Août 1650. il avoit été jugé que le record de mariage se pouvoit faire pour toutes les conventions, & pour la dot, aussi-bien que pour le doüaire; il est vray qu'il n'y avoit eu aucun traité de mariage par écrit, mais de simples promesses verbales; & depuis, cette question s'étant presentée, si le Contract de mariage avoit été rédigé par écrit,& ayant été perdu, l'on admettroit le record pour la dot. 2. La question fut partagée le 1. Juillet 1659. La plus commune opinion des Juges étoit que le record ne se devoit faire que pour le doüaire & non pour la dot. *Basnage, sur cet art.* 387. où il observe que l'on ne reçoit point de preuves contre les accords de mariage portez par écrit. Arrêt du 6. May 1661.

305 Le record de mariage mentionné en l'article 386. de la Coûtume, se fait non seulement pour la reconnoissance du doüaire, mais aussi des autres conventions matrimoniales. Art. 78. des Arrêtez du Parlement de Roüen, des Chambres assemblées, le 6. Avril 1666. *Basnage, tome I. à la fin.*

306 En mariant une fille, son pere la fait renoncer à toutes successions directes & collaterales, au profit de luy & de ses enfans mâles; le fils devenu heritier de son pere, décedé sans enfans; la fille qui a renoncé demande partage avec ses sœurs dans la succession paternelle, échuë & partagée; la fille déboutée de sa prétention; les meubles provenans toutefois du côté paternel qui se font trouvez dans la succession du fils, un quart sera baillé à ladite fille, & les trois autres quarts à la mere, au nom de mere & tutrice de ses autres filles, &c. Arrêt du 5. Janvier 1671 *Journal du Palais.*

307 Un mineur representoit qu'il avoit été lezé dans le Contract de mariage, & qu'il y avoit inégalité de biens. Arrêt du Parlement de Toulouse du 23. Février 1677. qui le condamna à 2000. liv. de dommages & interêts, payables dans quatre mois. Les circonstances étoient que ce fiancé étoit un riche Bourgeois de village, & la fille étoit noble, n'ayant pourtant en dot que 2100. liv. *Albert,* verbo, *Mariage,* art. 7.

308 Contract de mariage fait depuis la celebration & le même jour: jugé que les intimez & heritiers d'Anne Pinard, veuve en secondes nôces de Lanan, auroient tous les effets mobiliers & immobiliers de la Communauté desdits de Lanan & Pinard, en payant aux appellans la somme de 13000. liv. Arrêt du 17. May 1677. *De la Guessiere, tome 3. liv. 11. ch.* 15.

309 Fille mariée mineure ne peut se faire restituer contre son Contract de mariage, pour n'avoir ses Tuteurs pris toutes les précautions possibles pour assurer la restitution de sa dot; *Secùs,* si les parens & Tuteurs avoient consenti des clauses insolites, qui fissent une lézion énorme à la mineure, & ses articles de mariage ayant été arrêtez sous seing privé, la mineure n'exclut point les Créanciers intermediaires de son mary. Arrêt du Parlement de Paris du 9. Janvier 1680. *Journal du Palais.*

310 Renonciation à la Communauté, le mary survivant ne peut être exclus & privé après la mort de la femme d'une somme de 4000. liv. donnée par son Contract de mariage pour les frais des nôces & de mariage. Arrêt du 30. May 1682. *De la Guessiere, tome 4. livre 5. chapitre* 18.

311 On ne peut disposer au préjudice de la clause d'un Contract de mariage. Arrêt du 6. Avril 1683. *Ibidem, livre 8. chap.* 30.

312 Madame la Duchesse de Mexlebourg avoit fait une disposition en faveur de M. le Duc son mary en ces termes; *Ne pouvant assez reconnoître l'amitié que j'ay pour M. le Duc de Meklebourg mon mary, je luy donne mon bien, & voudrois faire toute autre chose pour luy. Fait à Merlou ce* 15. *Septembre* 1664. La question de la validité de cet Acte se presenta pardevant Messieurs de la Chambre Imperiale de Spire. L'on demanda quel étoit l'usage du Châtelet de Paris.

Acte de Notorieté du 16. Janvier 1680. portant qu'il est libre & permis aux hommes & femmes, lors qu'ils se marient, d'apposer telles clauses & conditions que bon leur semble, & se faire telles donations qu'il leur plaît, même se donner entre-vifs tous leurs biens, soit par donation séparée, ou par le Contract de mariage, pourvû que ce soit avant la celebration dudit mariage; mais qu'il est d'usage inviolablement observé, fondé sur l'article 282. de la Coûtume de Paris, qu'après la celebration du mariage les conjoints ne peuvent s'avantager l'un l'autre, ni par donation entre-vifs, ni par Testament, ordonnance de derniere volonté, fideicommis, ni autrement, directement ou indirectement, en quelque maniere que ce puisse être; & que cet article étant négatif dans sa disposition, il ne souffre aucune exception, sinon en deux cas mentionnez dans les articles 280. & 281. 1o. Quand un mary & une femme n'ont point d'enfans, ils peuvent par une donation mutuelle & égale se donner l'un à l'autre, pour joüir par le survivant de l'usufruit pendant sa vie, de la part & portion des conquêts & meubles qui se trouveront au jour du décés du premier mourant, luy appartenir dans la Communauté. 2o. Lors qu'un mari & une femme marient leurs enfans, ils peuvent en dotant convenablement leurs enfans qu'ils marient, stipuler que le survivant du mary & de la femme, joüira de l'usufruit de la part des meubles & conquêts de la Communauté, qui appartiendra au jour du décés au premier mourant. Mais hors ces deux cas, l'on ne s'est jamais dispensé de declarer nulles toutes les donations, legs testamentaires, & autres dispositions, par lesquelles un mary & une femme se peuvent avantager, directement ou indirectement, en sorte même que tous les fideicommis sont prohibez, quand ils sont faits pour faire profiter l'un des conjoints; & que celuy qui est nommé Legataire universel par Testament, est obligé, lorsque les heritiers du premier mourant le demandent, d'affirmer en Jugement qu'il n'a prêté point son nom au survivant des conjoints. *Recüeil des Actes de Notorieté,* p. 3. *& suiv.*

313 Declaration du 21. Avril 1692. qui a jugé que les Contracts de mariage passez en presence du Roy, & reçûs par ses Secretaires d'Etat, ont même hypoteque & vertu, que s'ils étoient reçûs par des Notaires. Le Secretaire d'Etat en peut garder une minute, & en délivrer des expeditions; mais il en doit déposer une copie chez un Notaire, pour servir de minute à celuy-cy. *Voyez le Journal des Aud. tome* 5. *liv.* 8. *ch.* 10.

MARIAGE, COUSTUMES.

314 Des stipulations differentes suivant la diversité des Coûtumes. *Voyez cy-devant le nombre* 293. *& suivans.*

M. Marion, en son 8. *Plaidoyé,* in octavo, dit, nos peres sages & prudens, ont toûjours tenu que le mariage, & ce qui en dépend, suit l'usage du lieu où il est contracté, même sur ce qu'un originaire de Perigueux, marié à Paris, & depuis retourné au lieu de sa naissance, où il avoit été avec sa famille plus de trois ans, & jusqu'à son décés, y délaissant sa veuve, qui demandoit sa dot selon le Droit écrit gardé à Perigueux; l'heritier du mary disant au contraire que tous les accessoires du mariage traité à Paris, devoient être reglés par la Loy de Paris. La Cour par son Arrêt du 23. Decembre du Parlement, commençant à la Saint Martin 1329. absout l'heritier, sauf à la veuve de poursuivre les droits à elle appartenans, selon la Coûtume dont on use à Paris.

315 *Aut agitur de solemnitate contrahendi & tunc servatur consuetudo loci ubi celebratur matrimonium, etiamsi sponsus & sponsa sint extranei, aut de executione post contractum & tunc consuetudo domicilii mariti,* Mornac, *L.* 8. ff. *de ritu nuptiarum; & L.* 65. ff. *de judiciis,* où vous trouverez Arrêt du 2. Août 1611.

316 Fille noble dans la Coûtume d'*Anjou*, mariée noblement par son frere, ne peut *etiam aliquo dato vel retento nisi visis tabulis*, renoncer à des successions échûës, tant directes que collaterales. Arrêt du 16. Juillet 1661. *De la Guess. tome 2. liv. 4. ch. 34.*

317 Si le pere en *Bretagne* peut marier ses filles à plus grande ou moindre part que leur legitime. *Voyez Hevin*, p. 861. & *suiv.* où il resout plusieurs difficultez, interpretation des articles 557. 558. & 559. de la Coûtume.

318 Dans la Coûtume du *Maine* une mere mariant l'un de ses enfans, & s'étant conjointement avec luy obligée à la restitution de la dot & conventions matrimoniales de sa femme, cette obligation ne peut avoir son effet sur les parts & portions des autres enfans & détenteurs des biens de la mere, mais seulement sur la part & portion hereditaire du mary. Jugé à Paris le 21. Août 1683. *Journal du Palais*, où plusieurs Arrêts sont rapportez.

319 Le pere & la mere en la Coûtume de la *Marche*, par Contract de mariage instituënt leur fille unique, en cas qu'il n'y eût point d'autres enfans descendans d'eux ; l'un d'eux ayant des enfans d'un second mariage, l'institution à cet égard devient caduque. Arrêt du 2. Août 1676. *De la Guess. tome 3. liv. 10. ch. 27.*

320 Dans la Coûtume de la *Marche* un pere ayant consenti & signé le Contract de mariage de son fils, qui seroit décedé deux jours après, le pere fournit le deüil à la veuve, &c. ce pere ne peut luy contester l'execution pour son doüaire ni pour ses autres conventions matrimoniales, sous prétexte que la signature de son fils se trouve imparfaite, & qu'il est décedé peu de jours après le mariage celebré, sans aucune preuve de consommation. Jugé à Paris le 4. Septembre 1681. *Journal du Palais.*

321 En la Coûtume de *Normandie* la preuve par témoins n'est pas recevable, qu'un Contract de mariage sous seing privé ait été écrit, tenu & lû. Jugé à Roüen le 15. Janvier 1676. *Journal du Palais.*

322 On doit conserver à la femme ce qu'elle a apporté en mariage si elle renonce, encore qu'il n'y ait point de stipulation par le Contract, suivant la Coûtume de *Touraine*. Arrêt du 7. Septembre 1574. *Le Vest, Arrêt 136.*

323 Dans la Coûtume de *Vitry-le-François*, la restitution des propres de la mere fut ajugée aux enfans, & leurs Lettres de rescision entherinées contre la clause du Contract de mariage desdits enfans, où les pere & mere avoient inseré la stipulation, que l'enfant qu'ils marieroit, ne pourroit demander au survivant desdits pere & mere compte ou partage ; cette convention est bonne dans la Coûtume de Paris, art. 281. mais elle répugne à l'art. 113. de la Coûtume de *Vitry*. Jugé à Paris le 4. Août 1682. *Journal du Palais.*

MARIAGE, CRAINTE.

324 *De matrimonio metu contracto.* Voyez *Andr. Gaill, lib. 2. observat. 93.*

Voyez le mot, *Crainte*.

MARIAGE, PROPRE CURÉ.

325 Jugé au Parlement de Grenoble le 24. Juillet 1655. qu'il est permis de se faire réépouser par le propre Curé de l'une des parties, quand le premier mariage a été fait par un Curé étranger. *Voyez* le 16. Plaidoyé de Bassét.

326 Mariage fait par un Prêtre particulier & non par le Curé, quoyque du consentement de la mere, déclaré nul, le Prêtre condamné à declarer dans la Chambre du Conseil, que inconsiderément il avoit fait le mariage, & l'amende applicable au pain des prisonniers, la mere & le prétendu mariée à 800. livres d'amende, au pain des prisonniers, & permis de se pourvoir pardevant l'Official. Jugé le 1. Février 1659. *De la Guess. tom. 2. liv. 2. chap. 5.*

327 Un mariage qui n'est pas celebré *à proprio Parocho*, declaré nul. L'ayeule est recevable à empêcher le mariage de sa petite fille qui a encore sa mere, sous prétexte que la mere la veut marier à une personne qui ne luy est pas égale en condition & en biens lorsque ladite ayeule a un avis des principaux parens, qui destituënt la mere de sa tutelle, nomment l'ayeule en son lieu, & s'opposent au mariage.

Le Curé est recevable pour le bien public, & le scandale, en un appel comme d'abus par forme de dénonciation aux Gens du Roy, de la celebration du mariage de ses Paroissiens qui viennent se mettre dans sa Paroisse, après avoir prétendu faire celebrer leur mariage, par un Curé, dans la Paroisse duquel ils n'avoient pas leur domicile.

Les Curez & Vicaires doivent se faire certifier par les témoins le domicile des mariez. Arrêt du Parlement de Paris du 29. Janvier 1693. *Journal des Aud. tom. 5. liv. 9. chap. 3.*

328 Arrêt du Parlement de Paris du 29. Decembre 1693. qui juge qu'un Curé est non recevable à interjetter appel comme d'abus d'un mariage prétendu contracté par ses Paroissiens dans une Paroisse étrangere, attendu que le Curé n'étant pas partie capable d'interjetter cet appel, mais bien les pere & mere & Tuteur, &c. *Voyez* le Recueil de *De Combes*, Greffier en l'Officialité de Paris, 1. part. ch. 4. page 442.

MARIAGE, REFUS DU CURÉ.

329 Un Curé refuse de marier les Parties à cause des défenses de l'Evêque ; le garçon majeur, devant le grand Autel, en presence de cinq témoins, declare que devant Dieu & les Anges il prenoit pour épouse legitime une telle, & ladite telle de même pour son mary, en demandent Acte au Notaire, le 2. Août 1650. la cause appointée. *Du Frêne, liv. 6. ch. 10.*

Autres Arrêts des 16. Juin 1674. & 5. Février 1675. qui ordonnent que le mariage sera rehabilité. *Journal des Audiences, tome 3. liv. 8. chapitre 9. & liv. 9. chapitre 1.*

330 Par Arrêt du 8. Janvier 1665. jugé qu'un Curé ayant connoissance de quelque incapacité en la personne de ceux qui se presentent à luy pour recevoir la benediction nuptiale, ne peut être contraint de leur administrer le Sacrement de mariage, ni de publier les bans necessaires pour y parvenir. La cause du refus du Curé, étoit un bruit commun que le garçon étoit impuissant. Sentence étoit intervenuë, par laquelle après que le garçon interrogé, n'a point voulu contester qu'il fût Eunuque, il avoit été mis hors de Cour, sur sa demande à ce que le Curé fût condamné de le marier ; cette Sentence fut confirmée sur les Conclusions de M. l'Avocat General Talon. *Soëfve, tome 2. Cent. 3. ch. 35.*

331 Les Juges Laïcs sont incompetens de connoître du refus qu'un Curé fait de marier deux particuliers ; & en ce cas il faut se pourvoir contre le Curé pardevant l'Official ; & en cas d'appel, pardevant le Metropolitain ; ou s'il y a abus, au Parlement.

Cas de la prise à partie contre le Juge Seculier, qui veut obliger le Curé à celebrer un tel mariage, & ce par saisie de son temporel, & qui ordonne que des Notaires donneront Acte aux Parties de ce qu'ils se prennent pour mary & femme.

Cette declaration ainsi faite devant le Crucifix, que les Parties se prennent pour mary & femme, rend punissables les Juges qui l'ont ordonnée, les Notaires qui l'ont reçûë, & les Parties qui l'ont faite, lesquelles Parties doivent se retirer pardevers leur Curé, pour la celebration de leur mariage, si faire se doit. Arrêt du Parlement de Paris du 10. Juin 1692. *Journal des Audiences, tome 5. liv. 8. ch. 17.*

MARIAGE AVEC SON DEBITEUR.

332 Femme qui épouse son debiteur par obligation de la somme de 3000. liv. qu'elle apporte en dot avec autre somme, comment les heritiers doivent agir après le décès de la femme, &c. *Voyez Bacquet*, des Droits de Justice, ch. 21. n. 137.

DEFENSES DE SE MARIER.

333 *De matrimonio contracto contrà interdictum Ecclesiæ, Papæ vel judicis.* Voyez *Franc. Marc.* tome 2. question 711.

334 Les contraventions aux Arrêts qui défendent de contracter mariage, ne le rendent nul que quand il y a empêchement de droit comme de consanguinité, pupillarité, ou autre semblable, que les Canonistes appellent *impedimentum dirimens.* Voyez *Boniface*, tome 1. liv. 5. tit. 5. ch. 1.

335 Mariage fait le Mardy-gras au préjudice des défenses de la Cour, déclaré non valablement contracté; les défenses levées, & permis aux Parties de se pourvoir ainsi qu'elles verront bon être, &c. Arrêt du 1. Février 1659. c'est l'Arrêt de la fille de la veuve Cornuti avec Lhuillier. *Des Maisons*, lettre M. n. 11.

336 Une mere & un tuteur furent condamnez en grosses amendes, pour avoir marié une fille contre les défenses à eux faites, par Arrêt du 13. Mars 1614. rapporté par *Berault sur la Coûtume de Normandie*, Titre des Gardes, art. 228. in verbo, & amis; & *Jovet*, verbo, Mariage, nombre 91.

MARIAGE, AN DU DEUIL.

337 La femme s'étant remariée *intrà annum luctûs*, ne peut constituer un doüaire à son mary, ni luy laisser par Testament que la troisiéme partie de ses biens. Arrêt du 13. May 1589. pour la propre sœur de celle qui s'étoit remariée, quoy qu'elle n'eût point eu d'enfans de son premier mariage. *La Rocheflavin*, liv. 2. lett. M. tit. 4. Arrê: 17.

338 Arrêt du 5. Janvier 1575 par lequel une veuve pour s'être remariée dans l'an du deüil de son mary, a été privée de certains biens de la succession, & aussi d'un legs de la somme de 1000. liv. *Ibid. Arr.* 22.

339 Une femme pour s'être remariée dans l'an du deüil de son mary, s'étant mariée seulement un jour avant que l'an fût expiré, parce qu'elle auroit été obligée d'attendre après les Rois, a été déboutée du legs que son premier mary luy avoit fait; par Arrêt sans date. *La Rocheflavin*, ibid. Arr. 27.

Voyez le mot, *Deüil*, n. 17. & suiv.

MARIAGE D'UN DIACRE.

340 La cause portée à l'Audience, elle fut appointée, le 12. May 1676. *De la Guessiere*, tome 3. livre 10. chapitre 24.

Voyez cy dessus le n. 121. & suiv.

MARIAGE, DISPENSE.

341 Des dispenses de mariage. Voyez cy-dessus le nomb. 9. & le mot, *Dispense*, n. 60. & suiv.

MARIAGE, DONATION.

341 bis. Donation en faveur de mariage. Voyez cy-devant, verbo, *Donation*, n. 495. & suiv.

Celuy qui donne un heritage en faveur de mariage, où il n'a qu'une portion, doit garentir la totalité, ou payer les dommages & interêts pour le regard des portions qu'il ne peut livrer. Arrêt au mois de Juillet 1553. *Carondas*, liv. 2. Rép. 40.

342 *Pater invitus filio donare propter nuptias non potest cogi quod anteà liberis volens donaverat.* Arrêt du 19. Decembre 1583. *Anne Robert, rerum judicat.* livre 3. chapitre 6.

343 Don avec condition de se marier, ces mots, *si le mariage se peut contracter, s'entendent quocumque casu nuptiæ non sequantur*, &c. Arrêt du 14. Août 1587. *M. Loüet*, lettre M. somm. 3.

De ce qui est donné à l'un des conjoints pendant le mariage. Voyez l'article 246. de la Coûtume de Paris. Voyez *M. le Prêtre*, 2. Cent. ch. 91.

344 Un pere legue à sa fille 1000. écus; il la marie ensuite, & ne luy donne que 2000. liv. Jugé à Toulouse que les 1000. liv. restans luy sont dûs. V. *Mainard*, li. 8. ch. 69.

345 Par Arrêt du même Parlement du 7. Juillet 1596. rapporté par *M. Cambolas* liv. 2. ch. 21. il a été jugé que la donation faite par le pere à son fils en faveur de mariage, iceluy étant consommé, ne pouvoit être censée faite en faveur de mariage, si elle n'étoit inserée dans le Contract de mariage, & si elle n'avoit donné sujet à iceluy.

346 Par Arrêt du Parlement de Paris du 16. Mars 1662. jugé qu'une donation faite par un Contract de mariage projetté, qui n'avoit été accompli, étoit nulle, *causâ non secutâ*; c'étoit en la cause de M. le Maréchal de l'Hôpital. *Notables Arrêts des Audiences*, Arr. 71. & *Soëfve*, tome 2. Cent. 2. ch. 59.

MARIAGE, DOMMAGES ET INTERESTS.

347 Des dommages & interêts resultans d'un mariage promis & non accompli. Voyez le mot, *Dommages*, nombre 51. & suiv.

MARIAGE, DOT.

Voyez cy-dessus le nombre 11. & verbo, *Dot*.

348 La dot constituée par le pere à sa fille non émancipée, le mariage ne s'en étant pas ensuivi, n'est point acquise à la fille, en telle sorte qu'il ne soit pas au pouvoir du pere de la revoquer. Jugé au Parlement de Toulouse le 3. Septembre 1637. *M. Dolive*, liv. 3. chap. 30.

349 Si le pere par sa presence au mariage de son fils, répond de la dot de la belle-fille, & donation de survie? Arrêt du 18. Mars 1642. qui declara le pere responsable de la dot, non de la donation. *Boniface*, tome 4. liv. 5. tit. 1. ch. 4.

MARIAGE, EMANCIPATION.

350 Emancipation par le mariage. Voyez le mot, *Autorité*, nombre 6. & le mot, *Emancipation*, nombre 21. & suiv.

EMPESCHEMENS DU MARIAGE.

351 Des empêchemens du mariage. Voyez *Rebuffe*, 3. part. *prax. benef. cap. de dispens. in gradibus prohibitis.* Glos. 5.

Casus in quibus sponsalia de futuro solvuntur, tradit Glos. in C. sit quippè, 27. q. 2. scribens hos versus, & in C. quemadmodum, de jure jur.

Lepra superveniens, furor, ordo, sanguis & absens, Læsaque virginitas, membri damnum, minor ætas, Hæresis ac lapsus fideique remissio prorius Sponsos dissociant, & vota futura retractant.

Voyez *Rebuffe*, 3. part. prax. benef. sur l'explication de la 46. Regle de Chancellerie, Glos. 5. n. 51.

Multis modis prohibetur à jure matrimonium, qui his versiculis continentur.

Error, conditio, votum, cognatio, crimen, Cultûs disparitas, vis, ordo, ligamen, honestas, Si sit affinis, vel si coire nequibis.

Voyez *Rebuffe*, dans ses *Additions aux Regles de Chancellerie*, regle 50.

De impedimentis matrimonii. Voyez *Franc. Marc.* tome 2. p. 673.

MARIAGE ENCOMBRE'.

351 bis. Du mariage encombré qui a lieu dans la Coûtume de Normandie. Voyez cy-après, où l'on en fait un Titre particulier, nombre 784. & suiv.

MARIAGE EN PAYS ETRANGERS.

352 Du mariage des François en Pays étrangers, ou des Etrangers en France, & des conventions faites entre tels conjoints. Voyez le mot, *Etrangers*, nombre 81. & suivans.

353 Un François prenant femme en Lorraine, le mariage qui y est celebré selon la forme du Concile de Trente, est bon & valable, nonobstant le défaut de consentement des pere & mére du François. Arrêt du 26. Mars 1624. *Du Frêne*, liv. 1. chap. 24.

354 Mariage d'un François contracté en Savoye, declaré legitime, par Arrêt du 26. Juin 1634. Voyez le 21. Plaidoyé de *M. le Maître*.

355 Arrêt du Parlement de Provence du 24. Octobre 1644. qui a déclaré nul un mariage contracté à Avignon par un fils de famille, sans le consentement de son ayeul. *Boniface*, tome 1. liv. 5. tit. 3. chap. 3. Il est observé que cet Arrêt fut consenti.

356 Autre Arrêt rendu au même Parlement de Provence le 11. Juin 1662. qui a jugé que le mariage d'un fils de famille François fait dans Avignon, suivant les formes de

de ladite ville, sans le consentement du pere, & sans proclamation de bans, aprés dispense valable, est legitime. L'Arrêt ajoûta, *sauf au pere d'agir contre son fils, suivant les peines de l'Ordonnance.* Boniface, to. 1. liv. 5. titre 3. chap. 3.

357 Etranger naturalisé qui prend une femme hors de France, & ensuite l'y aimene, ne la rend capable du droit de Communauté. Arrêt du Parlement de Paris du 29. Mars 1640. *Du Frêne*, liv. 3. ch. 30.

358 Un François se marie avec une étrangere; son mariage est tenu secret; il ne peut produire aucuns effets civils, ni pour la femme ni pour ses enfans, sur les biens situez en France. Arrêt du 28. Mars 1647. *Ibid.* liv. 5. chapitre 12.

359 Mariage fait en l'Amerique par un fils de famille mineur sans le consentement de ses pere & mere declaré valable. Arrêt du 10. May 1667. *De la Guess. tome 3. liv. 1. chap. 23. Des Maisons, lettre V. n. 19.* rapporte le même Arrêt.

360 Mariage fait en Angleterre par un François avec une fille de la Bassée en Flandres sans Contract de mariage, dont il y avoit un fils né en France, qui fut maintenu en la possession de tous les biens en France, en qualité d'enfant legitime, sur lesquels la veuve prendroit son doüaire, suivant la Coûtume. Arrêt du 21. Juin 1668. *De la Guess. tome 3. liv. 6. ch. 17.*

361 Un François épouse une Espagnole sans Contract de mariage; depuis il vient demeurer avec sa femme à Bayonne; sa femme décede quatre mois aprés le mary sans enfans; le don du Roy fut confirmé sur la part de la femme, & la moitié des biens ajugée au Donataire du Roy, déduction des frais funeraires, legs pieux & execution testamentaire, Arrêt du 22. Août 1668. *Ibid.* chapitre 15.

362 On demande si un prétendu mariage contracté par un François dans une ville d'Alemagne en l'Hôtel de l'Ambassadeur, & qui n'est justifié que par le certificat de l'Aumônier, peut être debattu de nullité; & si la nullité de ce mariage présupposée, il a pû être rehabilité par une nouvelle celebration faite en France à l'extrémité de la vie? Arrêt du 29. Mars 1672. qui declare les appellans non recevables en leur appel comme d'abus. *V. Soëfve*, tome 2. *Cent.* 4. chapitre 71. quelques freres du défunt avoient approuvé le mariage.

363 Declaration pour empêcher les mariages des Sujets du Roy en Pays étrangers. A Versailles le 16. Juin 1685. registrée le 14. Août suivant.

MARIAGE, EUNUQUE.

364 Eunuque ne peut se marier. *Recüeil de De Combes, Greffier en l'Officialité de Paris, ch. 5. p. 677.* Voyez le mot, *Eunuque.*

MARIAGE D'EXCOMMUNIÉ.

365 *Excommunicatus matrimonium contrahere potest.* Voyez *Franc. Marc. tom. 2. quest. 726. & 735.*

MARIAGE, EXHEREDATION.

366 Si le pere peut exhereder son fils qui s'est marié contre sa volonté & consentement? Voyez le mot, *Exheredation,* nomb. 44. & suiv. & *Henrys,* tome 2. liv. 5. question 2.

367 Par Arrêt du 22. Decembre 1584. jugé qu'un ayeul n'a pû valablement exhereder ses neveux ou petits-fils, enfans de son fils predecedé, qui s'étoit marié contre ses défenses & contre son gré, attendu qu'il n'avoit exheredé son fils aprés ledit mariage, mais avant iceluy, par commination. *Le Vest, Arr.* 178.

368 Le pere peut exhereder ses enfans qui se marient sans son consentement, & les filles, à moins qu'elles n'ayent atteint 25. ans. Arrêt solemnel du 12. May 1606. contre une fille qui s'étoit mariée à 22. ans avec un Soldat contre le consentement de son pere. Ajournement personnel contre le Prêtre qui les avoit épousez clandestinement, avec défenses à tous Curez & Recteurs d'épouser dorénavant des enfans de famille sans le consentement de leurs parens. *Biblioth. Canon. tom. 2. page* 70. col. 2.
Tome II.

369 Sur la question de sçavoir si un pere peut exhereder, ou du moins reduire sa fille à la legitime, venant à se marier à une personne que le pere luy auroit défendu de prendre par son Testament, à cause qu'il étoit cousin germain? Arrêt du Parlement de Dijon du 10. Juillet 1610. par lequel il est dit qu'on en deliberera au Conseil. *Bouvot*, tome 2. verbo, *Mariage*, quest. 45.

370 Arrêt du Parlement de Paris du 29. Janvier 1615. qui declare les causes d'exheredation justes & legitimes, & en consequence declare M. Charles de Villiers déchû & privé de toutes successions paternelle & maternelle, pour s'être marié sans le consentement de son pere. *Biblioth. Canon.* tome 2. p. 71.

371 La fille peut être exheredée pour s'être mariée contre la volonté de son pere. Par Arrêt du Parlement de Toulouse du mois d'Août 1628 les pactes passés par paroles de futur & present, furent cassés, parce que la fille qui les avoit passés l'avoit fait contre la volonté de sa mere, à laquelle elle s'étoit contenté de faire trois sommations; & par autre Arrêt du 10. Juin 1632. le Testament d'un pere qui exheredoit sa fille en pareil cas, fut cassé, quoyque la fille alleguât s'être raccommodée avec son pere, & que le Testament eût été fait dix ans avant sa mort. *Cambolas*, liv. 4. ch. 6.

372 Mariage contesté par l'ayeul aprés la mort de son fils qui s'étoit marié à l'âge de 26. ans, contre la volonté de son pere qui l'avoit exheredé, il fut ordonné provision à l'enfant de 150. livres, & sur la nullité ou validité de l'exheredation, les parties quant à present hors de Cour. Arrêt du 4. Août 1664. *De la Guessiere*, tome 2. liv. 6. chapitre 42.

MARIAGE *in extremis.*

373 Voyez cy-dessus le n. 136. & suiv. & *Carondas*, li. 10. *Rép.* 64. M. le Prêtre, 2. *Cent.* ch. 11. & 4. *Centurie*, chapitre 79.

374 *Matrimonium etiam in mortis articulo iniri potest.* Voyez *Franc. Marc. tom. 2. quest. 684.*

375 & 376 Par Arrêt prononcé en Robes rouges le dernier May 1591. par M. le Président Brisson, une nommée Marie Hermon fut déboutée de la Communauté par elle prétenduë aux biens d'un nommé Musnier, sous prétexte de mariage, fait par paroles de presens, en presence du Curé de S. Germain, suivant une prétenduë promesse precedente, entre elle & ledit Musnier, étant en extremité de maladie, & le jour même qu'il fut enhuilé & decedé, & neanmoins du consentement des Executeurs, ordonné que le legs fait à ladite Marie par un Testament precedent ledit mariage, luy seroit délivré. *Bibliot. de Bouchel*, verbo, *Communauté.*

377 & 378 Mariage contracté en l'article de la mort, est valable, suivant la doctrine des Theologiens & des Jurisconsultes. Arrêt du dernier Juin 1628. M. *Dolive*, livre 3. chap. 1. où il rapporte l'Arrêt du 29. Mars 1599. mais la Jurisprudence a changé par l'Ordonnance de 1639. il est valable *ad Sacramentum*, mais non pour les effets civils.

379 & 380 Avant l'Ordonnance de 1639. un mariage contracté & celebré *in extremis*, avec une concubine, dont il y avoit deux enfans, a été declaré bon & valable, & les enfans legitimes, & capables de succeder à leur pere. Arrêt du 4. Mars 1636. M. Bignon Avocat General, avoit conclu à mettre hors de Cour l'appel comme d'abus; mais il estima qu'il y avoit lieu d'entheriner les Lettres de rescision prises contre le Contract de mariage. *Bardet*, tome 2. liv. 5. ch. 10.

381 & 382 M. *Dolive*, liv. 3. chap. 1. rapporte un Arrêt, par lequel un mariage à l'article de la mort, fut declaré valable; il en fut rendu aussi un autre en l'année 1640. en la cause de M. de Haulpoult Avocat, & de la Demoiselle d'Hennequin, contre M. de Haulpoult Conseiller en la Cour son pere, qui étoit appellant comme d'abus de la celebration du mariage de son fils. *Albert*, verbo, *Mariage*, art. 1. où il ajoûte cette question, ayant été plaidée le 16. May 1645. en la cause d'Arboust Plantiere & Carrié, il y eut partage; mais ce fut à cause que

Vuuu

Dayrague qui avoit épousé sa Servante trois jours devant sa mort, n'avoit pas signé le Contract; il est vray qu'il étoit dit qu'il n'avoit pû signer à cause de son incommodité, & encore à cause que le Vicaire General ayant le même jour donné dispense de deux annonces, il avoit ajouté cette condition ; sçavoir que la premiere seroit publiée le jour de Dimanche, & il se trouvoit qu'elle l'avoit été, non le Dimanche, mais le jour de Saint Orens, qui étoit un Mercredy. *Albert*, verbo, *Mariage*, *art.* 1.

383 & 384 Un homme declare *in extremis* qu'il veut solemniser le mariage avec sa Servante, de laquelle il avoit eu plusieurs enfans qu'il reconnoit; le mariage n'est point celebré, les enfans prétendent succeder à leur pere. Par Arrêt du Parlement de Roüen du 16. Mars 1656. on leur ajugea 200. liv. si mieux n'aimoit le frere du défunt quitter le tiers de la succession. *Basnage, sur l'art.* 235. *de la Coût. de Normandie.*

385 & 386 Le sieur de Rames, Maître des Comptes en Normandie, étant travaillé d'un ulcere, vint à Paris avec sa concubine & quatre enfans, épouse sa concubine en face d'Eglise,& dix huit jours après il decede ayant fait son Testament. La Cour maintint les heritiers en la possession de tous les biens, sur iceux distrait la somme de 120000. liv. pour les quatre enfans, pour subsister honnêtement,& 1000. liv. pour la mere sa vie durant. Arrêt du Parlement de Paris du 7. Avril 1650. *Du Frêne, li.* 6. *chapitre* 5.

387 & 388 Mariage tenu secret pendant la vie du mary, & découvert *in extremis*, declaré bon. Arrêt du 29. Mars 1664. *Des Maisons*, lettre M. *n.* 17. Voyez *l'Ordonnance de* 1639. *art.* 5. dans *Neron*.

389 & 390 Jugé par Arrêt du 28. Février 1667. qu'un mariage contracté à l'extrêmité de la vie, quoyque bon & valable *in foro conscientiæ*, n'avoit pû rendre legitimes des enfans nez dans un concubinage qui avoit duré pendant plusieurs années. précedentes le mariage. *Soëfve, tom.* 2. *Cent.* 3. *chap.* 89.

391 Un mariage contracté à l'extrêmité de la vie, par un fils de famille au dessus de 30. ans, a l'effet de valider un autre précedent mariage, fait sans le consentement du pere, & celebré par un Cordelier, en consequence d'une dispense de trois bans, ne peut produire des effets civils. Arrêt du 8. May 1668. *Ibidem, Cent.* 4. *chapitre* 16.

392 La dispense de trois bans abusive & contraire à l'Ordonnance de 1639. & le mariage fait à l'extrêmité de la vie par un Maître avec sa *Servante*, declaré nul, & les biens du prétendu mary ajugez à sa sœur, sur lesquels seroient préalablement pris la somme de 300. liv. par chacun an au profit de la prétenduë femme. Jugé à Paris le 22. Decembre 1672. *De la Guessiere, to.* 3. *li.* 6. *chap.* 16. *&* 17. *& le Journal du Palais.*

393 Si un mary après la mort de sa femme, s'étant marié à l'âge de 70. ans avec une femme qu'il avoit entretenuë, & luy ayant fait donation de 4000. liv. & douze jours après ayant fait les épousailles, & fait heritier le fils d'icelle, cette donation & institution d'heritier étoit nulle, comme le tout fait *in articulo mortis*. Arrêt du Parlement de Provence du 23. Mars 1673. qui declara la donation & l'institution d'heritier nulle. *Boniface*, *tome* 4. *liv.* 5. *tit.* 2. *ch.* 1.

394 La Declaration de 1639. contre les mariages faits à l'extrêmité de la vie, ne comprend que les mariages qui ont été précedez de concubinage. Jugé à Paris le 8. Juillet 1675. *Journal du Palais.*

395 Mariage du sieur Talon de Rouval, avec Magdelaine le Clerc, veuve d'Etienne Camus, Officier de la Maison du Roy, que l'on soûtenoit *in extremis* : La cause appointée le 18. Mars 1681. & depuis la Cour a maintenu ladite le Clerc en sa qualité de veuve, & ladite Talon en celle de fille de Jacques Talon, & luy a ajugé la possession & joüissance des biens de sa succession, avec défenses de l'y troubler. Arrêt du 14. Mars 1681. *De la Guess. tome* 4. *liv.* 4. *ch.* 13.

396 Un mariage fait *in extremis* après vingt ans de concubinage, ne laisse pas d'être valable, quant aux Sacrement; mais il ne peut produire aucuns effets civils. Arrêt du Parlement de Paris du 12. May 1689. *Journal des Aud. tome* 5. *liv.* 5. *ch.* 14.

397 Poiblanc avoit entretenu une femme, dont il avoit eu plusieurs enfans ; étant tous deux à l'extrêmité de leur vie, ils s'épouserent; ils ne laisserent aucuns biens, les parens se cotiserent pour nourrir les enfans, & même on leur institua un Tuteur ; mais quelque temps après la succession d'une tante étant échuë, ils demandoient cette succession qui valoit 500. liv. de rente; elle leur fut contestée par des parens plus éloignez, qui obtinrent Sentence à leur profit aux Requêtes du Palais. De l'appel au Parlement de Roüen, les enfans soûtenoient que toute la parenté les ayant reconnus legitimes, leur état ne pouvoit plus être contesté ; qu'en tout cas les alimens leur étoient dûs. On leur opposoit la rigueur de l'Ordonnance, & les Arrêts rendus sur ce sujet. Par Arrêt du 3. Decembre 1669. on confirma la Sentence ; & neanmoins on leur ajugea 150. liv. de rente, rachetable au prix du Roy ; si mieux n'aimoient les heritiers leur abandonner le tiers de la succession. Cet Arrêt ne peut être fondé que sur un motif de commiseration. Lors qu'il s'agit de la succession du pere, comme les alimens sont dûs par le pere à ses enfans naturels, il étoit juste en observant l'Ordonnance, & privant les enfans des effets civils, de leur donner une pension alimentaire, sur tout lors que le mariage n'est point declaré nul ; ces raisons cessent quand il s'agit d'une succession collaterale, sur laquelle les enfans ne peuvent demander de legitime, quand la succession échet après la mort de leur mere. *Basnage, sur l'article* 235. *de la Coûtume de Normandie.*

MARIAGE, FIANÇAILLES.

Sponsi de futuro an practicè cogi possint ad solemnisandum; & an sponsalibus renuntiari possit ? Voyez *Franc. bis. Marc. tom.* 2. *q.* 746. & cy-devant, verbo, *Fiançailles.*

MARIAGE, FOL.

398 Mariage d'un fol declaré valable. *Voyez* le mot,*Fol, nombre* 10.

MARIAGE, FORCE.

399 Des mariages faits par force & violence. *V. les Ordonnances de Fontanon, tome* 1. *liv.* 4. *tit.* 7. *pag.* 719. & le *Recueil de De Combes*, Greffier de *l'Officialité de Paris*, *ch.* 5.

Voyez cy-après le nombre 465.

MARIAGE DU GRADUÉ.

400 Un Gradué perd son droit de nomination par le mariage ; & la femme meurt, le Gradué doit prendre de nouvelles Lettres. Jugé le 13. Août 1672. *De la Guess. tome* 3. *liv.* 6. *ch.* 13.

Voyez le mot, *Gradué*, *n.* 119. *& suiv.*

MARIAGE, HERETIQUE.

401 Mariage contracté par un heretique. *Voyez* le mot, *Heretique*, *n.* 44.

MARIAGE DE L'IMBECILLE.

402 SI celuy qui est simple & imbecille d'esprit, peut valablement contracter mariage, & de quel effet sont les défenses qui luy ont été faites par le Juge de se marier. *Le Bret*, *liv.* 1. *décision* 5. rapporte l'Arrêt du mois de Février 1618. qui ordonna que le doüaire seroit payé à la veuve ; elle avoit eu la précaution d'interjetter appel des défenses.

MARIAGE D'IMPUBERES.

403 *Sponsa impubes transducta per sponsum quo modo repetenda sit*, *ut ad originis seu domicilii locum reducatur.* Voyez *Franc. Marc. tom.* 2. *quest.* 73.

404 S'il est vray indistinctement qu'enfans mariez soient à leurs droits ; & s'ils étoient en tutelle ? Et de la Police pour l'âge des mariez ; & de la distinction du Droit Civil & Canonique. *Voyez Coquille, tome* 2. *quest.* 134.

405 *Pueriles nuptiæ inter puerum & puellam septennes contractæ à Senatu rescissæ sunt.* Arrêt du 4. Novembre 1586. *Mornac, L.* 9. *ff. de sponsalibus.*

406 François Louvet Ecuyer, épousa Anne le Clerc, fille âgée de 8. ans 6. mois; il surprit le consentement du tuteur & beau-pere, & même força le Vicaire de donner la bénédiction nuptiale. La mere se plaignit. Arrêt du Parlement de Paris du 23. Avril 1598. sur les Conclusions de M. Marion Avocat General, qui declare le tout abusif, & contre les bonnes mœurs ; fait défenses à Louvet de prétendre ni attenter cy-après au mariage d'Anne le Clerc, sur peine de la vie ; ordonné qu'à la diligence du beau-pere & de la mere, les parens d'Anne le Clerc seront assemblez dans trois semaines par-devant le Bailly de Troyes, pour luy être pourvû d'un Tuteur, autre que celuy qui est appellant, & autre que le beau-pere. Enjoint d'en remettre le procès verbal dans un mois au Procureur General. Défenses au Tuteur qui sera élû de traiter du mariage de la fille, jusqu'à ce qu'elle ait atteint pleinement l'âge legitime, & par l'avis & consentement des principaux parens. La procedure extraordinaire évoquée, ordonné qu'elle sera communiquée au Procureur General ; défenses à François Louvet de désemparer cette ville & faux-bourgs ; enjoint aux autres Intimez de se representer en état à la Cour dans quinzaine, sous peine d'être atteints & convaincus des cas à eux imposez. *Voyez la Biblioth. de Bouchel*, verbo, *Mariage*.

407 Mariage d'une impubere par un ayeul & une ayeule sans son Tuteur, au fils impubere du Juge des lieux, où le Contract de mariage fut fait, ne peut subsister. Arrêt du 6. Juillet 1604. *Peleus*, quest. 15.

408 Une fille impubere mariée, & n'ayant 12. ans accomplis, lors du décés de son mary, le mariage ne peut être réputé valable pour les effets civils, qui sont douaire, augment de dot, gains de bagues, & autres conventions matrimoniales. Arrêt du Parlement de Paris du 4. Août 1614. contre Dame Anne de Caumont, épouse du Comte de Saint Paul, qui prétendoit douaire sur les biens de Claude Descarts, son premier mary, qui la laissa veuve, n'ayant pas encore 12. ans. Autre Arrêt du 7. Septembre 1610. *Voyez la Biblioth. de Bouchel*, verbo, *Mariage*.

409 Mariage d'une fille qui n'a accompli 12. ans est nul ; elle n'est pas capable de le contracter, elle est privée de ses conventions matrimoniales. Arrêt à la prononciation de Noël 1601. ou 1621. si ce n'est que les conjoints ayent perseveré au mariage & habité ensemble jusqu'après la pleine puberté de 12. ans accomplis, & le treiziéme commencé. *Montholon*, Arr. 138. M. Bouguier, let. *M. nombre 2.* rapporte un Arrêt contraire du 24. Janvier 1623. où il date l'Arrêt de Montholon de 1601. & 1621.

410 Une fille qui n'a accompli l'âge de 12. ans, n'est pas capable de contracter mariage, & si elle le contracte, elle doit être privée de ses conventions matrimoniales. *Montholon*, Arrêt rendu à Noël 1621. M. Bouguier let-tre *M. nomb.* 2 porte un Arrêt contraire rendu en la Premiere des Enquêtes, le 24. Janvier 1623. &c. Par le Droit Romain les mâles à 14. ans passez, & à 12. ans les femelles. *M. le Prêtre*, 3. *Cent.* ch. 61. *Henrys*, tome 1. liv. 4. ch. 6. quest. 60. où il propose la question si la renonciation faite par la fille avant l'âge de 12. ans, est valable ; il tient pour la négative.

411 Un mariage peut être declaré nul, la fiancée n'ayant pas douze ans accomplis lors des fiançailles faites *de præsenti* entre les parties. Arrêt du Parlement de Paris du 13. Mars 1636. il fut dit qu'il avoit été mal, nullement & abusivement procédé par l'Official de Toulouse, les parties remises en tel état qu'elles étoient auparavant, & la Cour declara n'y avoir mariage. *Journal des Aud.* to. 1. liv. 3. ch. 24. où il est dit, cette prononciation est extraordinaire, parce que l'on déclare n'y avoir mariage, ce qui n'appartient point au Juge laïc, mais seulement à l'Official.

412 Arrêt du Parlement de Roüen du 4. May 1632. qui declare nul un mariage fait par un pere & une mere de leur fille âgée de 9. ans avec un homme qui en avoit plus de 35. le mariage avoit été celebré dans une Chapelle, qui servoit d'aide dans l'Eglise de leur Paroisse ; quoyque le pere & la mere fussent encore vivans, sur la plainte de l'oncle paternel, que le mariage avoit été contracté contre la disposition du Droit Civil & Canonique. Le pere & la mere s'excusoient de la précipitation de ce mariage sur leur vieillesse ; & il fut ordonné que suivant l'offre de l'oncle de cette fille, elle seroit mise à ses dépens chez un de ses parens. *Basnage*, sur l'article 369. de la Coûtume.

413 Une fille ayant été mariée à l'âge de 10. ans, 2. mois 25. jours, étant morte six semaines aprés, le mary se saisit de tous les meubles, prétendant que ce mariage avoit été valablement contracté : la sœur intervint heritiere aux meubles, acquêts, soûtint au contraire que sa sœur n'étoit point dans un âge habile au mariage. Cette question ayant été bien debattuë sur ce qu'elle n'étoit point proche de sa puberté, & qu'elle ne paroissoit point capable des actes du mariage ; on jugea qu'il s'en falloit tenir à la regle generale, *nam ad ea potius debet jus aptari quæ frequenter & facilè quam ad ea quæ perrarò eveniunt. l. nam ad ea. D. de leg.* Par Arrêt du Parlement de Roüen du 15. Juin 1655. tous les meubles furent adjugez à la sœur uterine prealablement deduit 1500. liv. pour les frais funeraux payez par le mary, ce qui avoit été jugé au Parlement de Paris, par Arrêt rapporté par *Montholon*, Arr. 138. & au Parlement de Roüen pour la Dame Marquise de Neubourg. *Voyez Basnage*, sur l'art. 369. de la Coûtume de Normandie.

414 Mariage de deux impuberes declaré nul & non valablement contracté, par Arrêt du Parlement de Paris du 1. Mars 1663. *Soëfve*, to. 2. cent. 2. ch. 76. & Des Maisons, let. *M. nomb.* 19. Le mariage avoit été contracté entre le fils de M. de la Minoliere President aux Enquêtes du Parlement de Rennes, âgé seulement de 13. ans huit mois, & la Dame Lezireux âgée de 12. ans moins quelques mois ; le tuteur qui avoit donné son consentement à ce mariage fut condamné en 1200. liv. d'aumônes envers l'Hôpital General.

415 Une fille mariée impubere, le mariage reïteré en puberté, n'est pas recevable en son appel comme d'abus des deux celebrations de ce mariage ; & sur l'appel simple au neant, ordonné que la femme retournera avec son mari, aux dépens de la cause d'appel, & à l'amende ordinaire, & deboutée de sa requête de provision. Jugé à Paris Tournelle criminelle le 28. Février 1672. *Journal du Palais.*

416 *Sponsalia post septennium impuberibus permissa sunt.* Voyez *Franc. Marc.* to. 2. quest. 710.

417 *Puella donec duodecimum annum attigerit reclamare & alium virum accipere potest.* ibidem, quest. 721.

418 *Puella infans desponsata & transducta ad domum sponsi, cum quo concubuit, à quo divertit, an reclamare poterit ? Et quod remedium sponso competit, ut eam vendicet ?* Voyez ibidem.

MARIAGE, IMPUISSANT.

419 Voyez cy-dessus le nomb. 29. & le recüeil de De Combe Greffier en l'Officialité de Paris, 1. part. ch. 5. p. 675. & suivans.

420 Si un mariage étant declaré nul par impuissance, l'enfant né avant la Sentence de séparation sera bâtard ou legitime ? *Henrys*, to. 1. liv. 4. quest. 28. tient qu'il est adulterin, car quoyque le mary soit impuissant, la femme ne laisse pas d'être jointe, si non *vinculo naturæ, saltem vinculo juris*. Comme la femme ne peut pas elle-même se faire droit ni être juge en sa cause ; & comme le lien du mariage est *in suspenso*, elle ne peut aussi anticiper la Sentence de séparation.

421 Mariage dissolu pour cause d'impuissance. *Tournet*, let. *M. Arr.* 28.

422 Un impuissant épouse une fille, il est quatre ans avec elle sans accomplir le mariage ; il fut condamné en la somme de 3800. écus, tant pour la restitution des meubles par elle portez en mariage, que pour ses dommages & interêts. Jugé le 23. Août 1601. *Chenu*, 2. *Cent.*

queſt. 43. où eſt l'Arrêt qui tient lieu de la 44. *queſt.* Le même Arrêt eſt rapporté par *Févret, en ſon traité de l'Abus, liv.* 5. *ch.* 4. *nomb.* 15.

423 Jugé en faveur de M. le Duc de Vandôme fils naturel du Roy Henry IV. & de Madame Ducheſſe de Beaufort, contre Madame la Ducheſſe d'Elbœuf, qu'un enfant naturel né pendant un mariage depuis declaré nul dés ſon commencement par l'impuiſſance de l'un des conjoints, ne doit être reputé adulterin, & que ſon etat ne peut être conteſté aprés une poſſeſſion de 40. & 50. années, Arrêt du 13. Juin 1651. *Soëfve,* tome 1. cent. 3. ch. 79.

424 Diſſolution volontaire de mariage, ſous prétexte d'impuiſſance, rejettée; & défenſe au ſecond mary & à la femme de ſe frequenter, à peine de la vie. Arrêt du 15. Février 1662. *De la Gueſſ.* to. 2. *liv.* 4. *ch.* 49. Voyez *Des Maiſons,* let. O. *nomb.* 4. où il y a quelque choſe d'approchant, avec défenſes de l'Official de contracter mariage avec une autre femme: l'affaire fut appointée le 27. Mars 1666.

425 Arrêt du Marquis de Langey, contenant pluſieurs chefs particuliers, & où défenſes ſont faites d'ordonner le Congrez à tous Juges, mêmes à ceux des Officialitez. Jugé à Paris le 18. Février 1677. *Journal du Palais.* Anne Robert *rerum judicat. liv.* 4. chap. 10. parle du Congrez.

426 Impuiſſant paru aux Experts, & demandant que ſa femme demeure trois ans avec luy, l'Official ayant declaré le mariage nul, & pour reſtitution de la dot & dommages les parties renvoyées pardevant le Juge civil, où par défaut il eſt condamné à la reſtitution de la dot & en 100. liv. pour dommages, &c. appel ſimple d'abus de l'Official, & appel ſimple de l'autre Juge. Arrêt du 2. Decembre 1687. qui declare qu'il n'y a abus, & quant à l'appel ſimple, quant à preſent l'appellation au neant. *Journal du Palais.*

MARIAGE, INTERDICTION.

427 Interdiction pour cauſe de mariage avec perſonnes indignes. *Voyez* le mot interdiction. n. 17. *& ſuivans.*

MARIAGE, INEGALITE'.

428 *De imparibus nuptiis ubi duo refert placita*, des 20. Mars 1600. & Juillet 1607. *qui exhæredationem ſuſtulerunt.* Mornac, *l.* 16. *ff. de ritu nuptiarum.*

429 Jugé par Arrêt du 6. Août 1603. que le mariage contracté entre perſonnes inégales, par paroles de futur, à l'inſçû des pere & mere de la femme, eſt nul & abuſif, & pour raiſon de tel mariage, les parens peuvent intenter action de rapt contre celuy qui a ſuborné & attiré la femme à condeſcendre à telle promeſſe de mariage, quoyqu'elle ait été mariée, & ſoit âgée de plus de 30. ans. *Filleau,* 4. *part. queſt.* 151.

430 L'inégalité d'âge, de biens & de maiſon, n'empêche point le mariage. Arrêt du 16. Septembre 1603. *Peleus, queſt.* 124.

431 Un jeune homme de 23. ans avec une femme de 40. ans contractent mariage, le mariage déclaré nul à la Tournelle le 18. Février 1661. *Des Maiſons,* lettre M. nombres 4. & 18. Voyez *les articles* 5. & 6. de *l'Ordonnance de* 1639. Voyez M. le Prêtre 2. *Cent.* chap. 10. & Carondas, *liv.* 11. Rép. 12.

432 Arrêt du 2. Juillet 1661. qui a declaré nul un mariage contracté par une femme avancée en âge avec un homme de condition, mais d'âge inégal, pardevant autre que leur propre Curé; ſauf à eux à ſe pourvoir ſi bon leur ſemble pardevant le Curé de leur Paroiſſe, pour la célébration d'un nouveau mariage, & faire par eux un nouveau Contract, ſuivant la Coûtume des lieux, luy fait défenſes d'aliener ſes biens & immeubles, ni recevoir aucun rachat des principaux des rentes, ſinon par l'avis d'une perſonne qui ſera nommée par les parens. *Soefve,* tome 2. Cent. 2. chap. 45.

433 Mariage d'un fils de famille avec une perſonne d'inégale condition, debattu de nullité par la mere, comme fait ſans ſon conſentement, étant décedée pendant la conteſtation, ſçavoir ſi le fils eſt privé de ſa ſucceſſion en conſequence de l'art. 2. de l'Ordonnance de 1639. la cauſe appointée contre les Concluſions de M. Talon. Arrêt du 18. Juillet 1662. *De la Gueſſ.* tome 2. liv. 4. chap. 63.

434 Mariage d'un fils majeur avec une perſonne d'inégale condition ſans le conſentement du pere, declaré nul, quoyque le fils perſiſtât au mariage. L'Arrêt des Charlets du 16. Juin 1663. *Ibid. liv.* 5. chap. 28.

MARIAGE AVEC UNE INFAME.

435 Fils qui ſe marie avec une perſonne infame ſans le conſentement de ſa mere, peut être privé du benefice de l'élection d'heritier faite en ſa faveur. *Voyez Henrys,* tome 1. liv. 4. chap. 6. queſt. 67.
Voyez *cy-deſſus* le mot *Infame.*

MARIAGE, JUGE D'EGLISE, OU LAIC.

Voyez *cy-deſſus* le nomb. 331.

436 *Opinionum dato conflictu in dubio illa eſt tenenda, quæ favet matrimonio.* Voyez *Franc. Marc,* tome 1; queſt. 521.

437 *Judices temporales an de matrimonio cognoſcere poſſint? an ſtatuta Laicorum prohibentia matrimonia valeant & teneant?* Voyez *Franc. Marc,* tome 2. queſt. 306.

438 Des demandes en nullité de mariages portées pardevant l'Official, ſoit parce qu'ils ont été contractés par force, violence, ſuppoſition de nom de perſonne, pour bigamie, cauſe de parenté, conſanguinité, alliance & affinité, engagement dans les Ordres ſacrez, impuiſſance, mal venerien. *Voyez le Recueil de De Combes, Greffier en l'Officialité de Paris,* ch. 4. & 5. Des promeſſes de mariage dont l'Official connoît. *Voyez Ibid.* chap. 1.

439 Si les Officiaux peuvent connoître des mariages ſans abus? *Voyez cy-devant le mot Abus,* nomb. 89.
Le Juge d'Egliſe ne connoît que de la validité ou invalidité du mariage, & non des conventions. *Voyez* le mot *Juge,* nomb. 452. & ſuiv.

440 *Sententia in cauſâ matrimonii, an tranſeat in rem judicatam?* Voyez *Andr. Gaill. lib.* 1. *obſer.* 112.

441 Evêques faiſans leurs viſites ne peuvent connoître des promeſſes de mariage. Arrêt du Parlement de Bretagne du 17. Juillet 1607. *Bellordeau,* part. 2. liv. 3. *Contr.* 53.

442 Sçavoir ſi le Juge d'Egliſe prononçant ſur un Contrat de mariage, commet abus? *V. Tournet, lett. I. Arr.* 69.

443 En cas de mariage, les Officiaux ne peuvent ordonner que les parens s'aſſembleront pardevant eux. *Tournet, lett.* M. *Arr.* 23.

444 Quand il eſt queſtion du droit de mariage, *de fœdere matrimonii,* la connoiſſance en appartient au Juge d'Egliſe; mais s'il eſt queſtion du fait du mariage à cauſe des ſucceſſions debattuës & conventions matrimoniales, même des dommages & interets prétendus faute de l'accomplir, le Juge ſeculier en connoîtra. *Mainard,* liv. 1. chap. 27.

445 Le Juge d'Egliſe connoît ſeul de la demande en ſeparation *à thoro.* Arrêt du Parlement de Paris du 24. Avril 1532. *Papon, liv.* 1. tit. 4. nomb. 2.

446 Les cauſes de mariage ne doivent être traitées pardevant les Juges Eccleſiaſtiques, juſqu'à ce que l'accuſation du rapt ſoit décidée. Arrêt du 9. Mars 1541. alias, il y a abus. Autre Arrêt donné à la Tournelle le 11. Avril 1578. *Bibliotheque de Bouchel,* verbo *Mariage.*

447 Juge d'Egliſe connoît *ſuper fœdere matrimonii* & incidemment *ſuper agnitione partûs, & alimentis;* mais s'il ne s'agit que du part contre un marié ſans promeſſe de mariage, on doit ſe pourvoir pardevant le Juge Lay. Arrêts des 20. May & 4. Juin 1565. *Papon,* liv. 1. tit. 4. nomb. 5.

448 Lorſqu'il y a conteſtation au ſujet du Sacrement de mariage, toutes pourſuites doivent être ſurſiſes & les parties renvoyées pardevant le Juge d'Egliſe. Arrêt du Parlement de Paris, qui condamne neanmoins par proviſion les heritiers du mary à rendre à la femme ce qu'elle avoit apporté; *aliud eſt* d'un don fait à une fiancée, arrivant le décés du fiancé, cela étant entré

en communauté, il fut jugé qu'elle n'en rendroit que moitié. Arrêt du dernier Decembre 1568. *Papon liv. 15. tit. 1. nomb. 1.*

449 La connoissance de la validité des mariages appartient à l'Official. Arrêt du Parlement de Paris du 4. May 1577. *Papon, liv. 2. tit. 4. nomb. 2.*

450 Le Juge d'Eglise peut connoitre *super fœdere matrimonii*, mais en cas de dissolution, il ne peut ajuger des dommages & interêts, & doit renvoyer pardevant le Juge Lay. Arrêt du Parlement de Paris du 9. Juillet 1578 *Ibid. tit. 15. nomb. 16.*

451 Jugé par Arrêt du Parlement de Paris du 23. Octobre 1583. que les Officiaux ne peuvent ordonner, que les parens discordans sur un mariage s'assembleront pardevant eux. *Filleau, 4. part. quest. 12.*

452 Ecclesiastico judici de fœdere matrimonii cognoscere licet ; secus de damnis & de eo quod interest pronuntiare non permittitur. Arrêt du 17. Juillet 1584. *Anne Robert, rerum judicat. liv. 3. chap. 5.*

453 C'est une maxime tirée de la Jurisprudence des Arrêts, que lorsqu'il est question de mariage d'impubere, & de ceux qui sont sous la puissance d'autruy, le Juge d'Eglise n'en peut connoitre suivant trois Arrêts du Parlement de Dijon, du 6. Juillet 1584. 14. Mars 1585. & 29. Avril 1595. rapportez par *Févret*, en son Traité *de l'Abus, liv. 5. chap. 1. nombre 8.* Autre Arrêt du 8. Janvier 1601. & par autre du 17. Mars 1651. Ibidem : encore bien que la copule ait suivi. Arrêt du même Parlement du dernier Janvier 1628. autre du 22. Mars 1632. entre majeurs. *Ibidem*, nomb. 9. Autre du 10. Decembre 1638.

454 Par Arrêt du Parlement de Normandie du 5. Mars 1587. rapporté par *Berault, sur la Coûtume de Normandie, art. 2.* il a été jugé que le Juge d'Eglise pouvoit connoitre *de fœdere matrimonii*, & non des dommages & interêts du mariage non accomply, ce qui appartient au Juge seculier, comme il a été jugé depuis par autre Arrêt du 29. Janvier 1609. & par plusieurs autres semblables.

455 Un jeune homme âgé de 18. ans apprentif, en puissance de pere, ayant sous promesse de mariage engrossé une fille, cette fille s'étant pourvûë & l'ayant fait assigner pardevant l'Official, il le condamna par défaut à prendre cette fille pour legitime, & que le mariage seroit célébré en face de sainte Eglise & en huit écus par an de provision pour les alimens de l'enfant. Arrêt du Parlement de Dijon du 24. Avril 1595. intervenu sur l'appel comme d'abus, qui mit l'appellation & ce au neant, cassa & annulla tout ce qui avoit été fait comme nul & par abus ; défenses aux Officiaux d'admettre les parties en preuve à peine de l'Ordonnance, l'Intimé condamné en un écu d'amende, moitié applicable au Roy & l'autre moitié à la partie & aux dépens. *Bouvot, tome 2. verbo, Mariage, q. 7.*

456 Jugé par Arrêt du Parlement de Paris du 6. Decembre 1606. que les citations pardevant le Juge d'Eglise, *Super susceptione partûs, super dote, & super oneribus*, sont prohibées comme nulles & abusives, & que le Juge d'Eglise ne peut faire défenses aux parties de contracter mariage ailleurs pendant le procès, à peine d'une somme de deniers. *Filleau, 4. partie quest. 50.*

457 Sentence renduë par l'Official pour le mariage, on ne peut se pourvoir au Juge Laïc pour le faire casser, sous prétexte d'inceste ou rapt. Arrêt du 2. Janvier 1626. *Du Frêne, liv. 1. chap. 75.*

458 Les Lieutenans Criminels ne doivent connoitre directement ou indirectement des causes où il est question des promesses de mariage, ni celuy de Paris renvoyer les parties pour être mariez au Curé de saint Sulpice, mais à leur propre Curé ou à l'Official. Arrêt du 5. Mars 1633. *Du Frêne, liv. 2. chap. 133.*

459 Une veuve continua le mauvais commerce avec un fils de famille pourvû d'Office, & majeur. Elle le fit assigner pardevant l'Official *super fœdere matrimonii*, soutenant qu'il y a eu promesse de mariage. L'Official ordonna qu'il sera amené sans scandale pour répondre à la citation. Le fils de famille & son pere se pourvoyent pardevant le Lieutenant Criminel, & appellent comme d'abus de l'Ordonnance de l'Official ; la veuve appelle de la procedure du Lieutenant Criminel. Par Arrêt du Parlement de Paris du 2. Août 1634. la Cour dit, mal, nullement & abusivement, & sur la Sentence du Lieutenant Criminel, l'appellation & ce, évoquant le principal & y faisant droit, le fils condamné en 800. livres parisis au pain des prisonniers. L'Arrêt fondé non pas qu'il y eût abus en l'Ordonnance, mais pour l'exemple, parce que le principe étoit vicieux ayant commencé *ab illicitis*. *Ibidem, liv. 3. chap. 3.*

460 Le Juge d'Eglise est seul competent pour connoître *de fœdere matrimonii*, & les procedures volontaires faites pardevant le Juge Laïc, ne peuvent proroger sa Jurisdiction, ni couvrir son incompetence. Jugé le 24. Juillet 1635. *Bardet, tome 2. liv. 4. chap. 24.*

461 Le Juge d'Eglise connoit seul de la validité du mariage, lorsque le fait est constant, & qu'il s'agit de sçavoir s'il est suffisant pour l'établir, mais le fait étant contesté la connoissance en appartient au Juge Laïc. Arrêt du 10. Juin 1636. *Bardet, tome 2. liv. 5. chap. 12.*

462 Les Juges d'Eglise ne peuvent connoitre des mariages prétendus, s'il n'y a contract ou fiançailles, & moins decreter sur la plainte des filles déflorées. Arrêt du 5. Decembre 1637. *Henrys, tome 1. liv. 2. chap. 4. quest. 13.*

463 Arrêt du Parlement de Provence du 9. Janvier 1662. par lequel il fut dit que le Juge d'Eglise ne pouvoit decerner citations pour les mariages présomptifs. *Boniface, tome 1. liv. 1. tit. 2. nombre 14.*

464 Arrêt du Parlement de Roüen du 1. Mars 1667. qui a jugé que l'Official de Roüen avoit commis abus, ayant fait emprisonner le sieur de S. Vigor Tresorier au Bureau des Finances à Caën, sur la seule representation d'un Contract de mariage, quoiqu'il n'y eût apparence de grossesse ni naissance d'enfans. Par ce même Arrêt, quoyque la fille eût un Contract de mariage, elle fut déclarée non recevable à faire preuve par témoins de la consommation, pour conclure au mariage, on luy donna seulement des interêts. *Basnage, tit. de Jurisdiction, art. 1.*

465 L'Evêque ne peut recevoir le fait de force au mariage aprés la cohabitation des mariez. Arrêt du Parlement de Provence du 20. Mars 1669. *Boniface, tome 3. liv. 5. tit. 6. chapitre 6.*

Voyez cy-dessus le nombre 399.

466 On prononce assez souvent dans les Officialitez du Royaume la rehabilitation des mariages clandestins, quoyque dans plusieurs Cours Superieures on reçoive les appellations comme d'abus, & de Juge incompetent, qui sont interjettées de l'Ordonnance de rehabilitation ; la plûpart des Parlemens prétendent que l'Official ne doit connoitre & juger de la validité du mariage, s'il y a mariage ou non, que s'il est valablement contracté, il faut débouter le demandeur en nullité, de sa demande avec dépens ; que si au contraire il est defectueux, l'Official le doit declarer nul, qu'il ne doit passer outre, ni ordonner la rehabilitation du mariage, parce que pour le celebrer de nouveau, il faut un nouveau consentement des parties pour faire la matiere du Sacrement dont l'Official est competent, que l'Official ordonnant la rehabilitation, ce seroit contraindre les parties à faire un mariage forcé, prohibé par les loix. Les Parlemens croyent être encore mieux fondez à recevoir ces appellations comme d'abus depuis la Declaration du Roy du 15. Juin 1697. qui leur enjoint & aux Juges Royaux seulement de tenir la main à l'execution de l'Edit du mois de Mars precedent, touchant les mariages clandestins, & celebrez devant d'autres Curez que ceux des contractans, & aux Procureurs du Roy de ces Jurisdictions d'obliger d'office lesdits contractans, à se retirer pardevers les Evêques, pour les rehabiliter, suivant les re-

Vuuu iij

gles preſcrites par les ſaints Canons & cè dans l'an. *Voyez le Recueil de Decombes, Greffier en l'Officialité de Paris. 1. part. chap. 3. pag. 337.* il obſerve qu'il y a des Arrêts rendus en pareil cas, entre autres un du 11. Mars 1701.

MARIAGE, LEGS.

467 Legs en faveur de mariage. *Voyez* le mot, *Legs*, nomb. 361. *& ſuiv.*

MARIAGE, LEGITIMATION.

468 Des legitimations par ſubſequens mariages. *Voyez* le mot, *Legitimation*, nomb. 29. *& ſuiv.*

MARIAGE, MINEURS.

469 Mariage d'un fils de famille mineur. *Voyez le Veſt, Arr. 195. & cy-deſſus le nombre* 403. *& ſu v.*

470 Promeſſes de mariage extorquées d'un mineur. *Bouvot, tome 1. part. 2. verbo, Promeſſe de mariage.*

471 Le Juge de Coëſquen decrete un mariage entre deux mineurs pour être executé lorſqu'ils ſeront en âge. Arrêt du Parlement de Bretagne du 5. Septembre 1560. qui declare le decret nul & abuſif, caſſe la dotation & tutelle faite de la perſonne de l'Intimé pere du marié à la mineure. Même Arrêt du 27. May 1619. portant défenſes à tous Juges de decreter les mariages des enfans impuberes, *propter defectum conſenſûs & honeſtatem publicam.* Voyez *Du Fail, liv. 3. chap.* 21.

472 Défenſes à l'Evêque de Saint Malo & ſes Officiers de paſſer outre, ſur le fait d'un mariage prétendu avoir été fait d'une mineure juſques &c. Arrêt du Parlement de Bretagne du 10. Février 1574. Il faut premierement décider ce qui eſt préjudiciable, comme rapt. *Du Fail, liv.* 2. *chap.* 465.

473 Une fille mineure par l'autorité de ſa mere & autres perſonnes d'honneur, même ſon curateur que la Cour luy avoit donné, peut diſpoſer de quelque partie de ſes heritages en faveur de ſon futur époux, ſans decret de Juſtice & conſentement de ſes parens pour parvenir à un mariage avantageux & d'une grande alliance. *Voyez Carondas, liv. 2. Rép.* 36.

474 Un mineur âgé de 24. ans ayant promis foy de mariage à la fille d'un Greffier ſon parent chez qui ſon ayeule curatrice l'avoit miſe en penſion, le Greffier fut déchargé de l'accuſation de rapt, & les parties renvoyées pardevant l'Official pour la validité du mariage; & où il ſeroit declaré nul, la Cour condamna le mari à payer au pere de la fille 1000. liv. pour toute réparation, dommages & interêts. Arrêt du 3. Novembre 1582. *Papon, liv.* 22. *tit.* 6. *n.* 3.

475 Une mineure qui s'eſt remariée ſans rendre compte, ni payer le reliqua, peut être reſtituée en obtenant des Lettres Royaux. Arrêt du Parlement de Toulouſe du mois de Decembre 1587. contre une belle ſœur. *La Rocheflavin, liv.* 2. *let. M. tit.* 9. *arr.* 2.

476 Un mineur ayant été lezé par ſon Contrat de mariage, comme ayant aſſocié ſa femme en tous ſes biens, il en peut être relevé. Arrêt du Parlement de Dijon du 18. Janvier 1589. *Bouvot, to.* 2. verbo, *Mariage, qu.*17.

477 Arrêt du Parlement de Bretagne du 15. May 1618. en forme de reglement, qui fait défenſes à tous Juges du Reſſort, de decreter aucun mariage de mineurs, avant qu'ils ſoient parvenus à l'âge de puberté & diſcretion. *Voyez Frain, page* 232.

478 *Voyez le* 1. *Plaidoyé de M. Gaultier, to.* 2. pour le mariage de la Demoiſelle Doüelle avec un mineur qui ſe plaignoit d'une ſubornation & d'une quittance de dot extorquée. Arrêt intervint au Parlement de Paris le 29. Août 1630. qui ſur l'appel comme d'abus met hors de cour, & ayant égard aux Lettres, remet les parties en tel & ſemblable état qu'elles étoient avant le Contrat de mariage & quittance : ordonne que ſix des parens tant de côté que d'autre, comparoîtront pardevant deux de Meſſieurs, pour être les conventions reglées ſur ce qui ſe trouvera avoir été payé, ſans dépens.

Voyez ibid. le 6. *Plaidoyé du même Auteur*, contre le mariage d'un mineur.

479 Mineur devenu majeur eſt declaré non recevable, en l'appel comme d'abus de ſon mariage celebré en minorité, debouté des lettres afin de reſciſion du Contrat, & de l'inſcription en faux contré l'acte de celebration. Jugé le 17. Juin 1638. *Bardet, to.* 2. *liv.* 7. *chap.* 30.

480 Mariage d'un mineur de 25. ans, fils de l'Organiſte de Nôtre-Dame de Paris, avec une femme de 35. veuve de deux maris & loüeuſe de chaiſes en la même Egliſe, declaré non valablement contracté par Arrêt du 7. Janvier 1662. il n'y avoit ni proclamation de bans, ni conſentement du pere. *Soëfve, to.* 2. *Cent.* 2. *chap.* 51.

481 Le mariage d'un mineur qui n'a pas quatorze ans accomplis, & d'une mineure qui n'en a pas douze accomplis, l'Official l'avoit jugé non valablement contracté. Appel comme d'abus ; l'appellant non recevable en ſon appel comme d'abus & l'amendera, le condamne aux dépens de la cauſe d'appel, ſauf à luy à ſe pourvoir par appel ordinaire, le tuteur condamné à aumôner à l'Hôpital General la ſomme de 1200. livres payable ſans depôrt. Arrêt du 1. Mars 1663. *Notables Arrêts des Aud.* Arrêt 92. De la Gueſſ. *to.* 2. *liv.* 5. *ch.* 7. rapporte le même Arrêt.

482 La mere & les freres de la Demoiſelle de Cordoüan avoient allicié le Sieur Joüan, pour lors âgé de 18. ou 19. ans étudiant à Caën, & luy firent ſigner un Contrat de mariage en l'abſence de tous ſes parens. Ayant vécu chez eux comme s'il étoit marié avec elle, il en eut une fille : après la mort de la mere le ſieur d'Amonville ayant épouſé cette fille, demanda aux Sieurs de Cordoüan les 2100. livres qu'ils avoient promiſes à leur ſœur, aux 1900. livres pour ſon don mobil : les Sieurs de Cordoüan ſe défendent & diſent qu'ils ne doivent rien, n'y ayant point eu de celebration de mariage ; & par conſequent que l'enfant ne peut être legitime. On répondoit que puiſqu'ils avoient ſouffert les peres & meres vivre comme gens mariez dans leur maiſon, ils n'étoient non recevables. Par Arrêt du Parlement de Roüen du 14. Mars 1667. il fut dit qu'il n'y avoit mariage, & les Sieurs de Cordoüan condamnez au payement de 2100. livres & aux interêts, & en 150. livres d'amende. *Baſnage, ſur l'art.* 235. *de la Coûtume de Normandie.*

483 Si le mineur contracte mariage, quoyque ſans l'aſſiſtance d'un curateur & de ſes proches parens, à moins que la ſubornation ne ſoit prouvée par de fortes préſomptions, il doit être ſoûmis à des dommages & interêts pour l'inexecution. Arrêt du Parlement de Touloſe du 23. Février 1677. qui condamna le nommé Caulet à 2000. liv. Même Arrêt du 2. May 1679. qui condamna une fille de 18. ans à rendre tous les preſens qu'elle avoit reçûs de ſon fiancé, & en 200. livres de dommages & interêts. *V. M. de Catellan, liv.* 4. *chap.* 69.

MARIAGES NULS.

484 Les Arrêts ont deux manieres differentes de prononcer. 1°. L'on caſſe le mariage, on permet aux parties de ſe marier enſemble par une nouvelle celebration, auquel cas il eſt libre de ſe ſervir de la grace de l'Arrêt. 2°. Souvent auſſi le Juge qui declare le mariage non valablement contracté, ordonne que les parties ſeront tenûes de le celebrer de nouveau. Alors il n'eſt pas libre, mais d'une neceſſité indiſpenſable. *Bibliotheque can. tome* 2. *page* 76.

485 Mariage declaré nul, & les enfans illegitimes après trente ans. Arrêt à la Nôtre-Dame de Septembre 1611. *Montholon* Arrêt 124. *Voyez l'eſpece.*

486 Mariage nul quant au Sacrement, declaré bon & valable quant à la legitimation des enfans, & autres effets civils. Arrêt du 12. May 1633. M. Bignon Avocat General, dit qu'à la verité il y avoit défaut de ſolemnité, mais que défunt Papillon avoit tenu l'intimée pour ſa femme, & leurs enfans pour legitimes, qu'il a témoigné une volonté préciſe de ſolemniſer le mariage en la meilleure forme qu'on eût pû deſirer, s'il n'avoit été prevenu par la mort : quand celuy qui eſt condamné *in foro eccleſiaſtico* de celebrer & conſommer le maria-

ge, décede avant la celebration, les enfans nez auparavant ne laissent pas d'être legitimes. Si Papillon étoit vivant, il ne pourroit pas contester ce mariage, ni s'empécher de le celebrer de nouveau. *Bardet*, to. 2. liv. 2. ch. 28.

487 Si la mauvaise haleine du mari & un os pourri qu'il a dans le nez, peuvent donner lieu à faire declarer son mariage nul ? Arrêt du Parlement de Mets du 21. Octobre 1638. qui ordonne que la femme se retirera chez la mere pendant un an, après lequel il seroit pourvû ainsi qu'il appartiendroit : à l'égard du mariage *M. de Corberon* conclut d'une maniere à faire juger que le défaut du mari n'étoit pas un empéchement diriment, mais comme il y avoit des sevices prouvez, la Cour donna aux parties le temps de dissiper leurs préventions communes. *Voyez le* 36. *Plaidoyé de M. de Corberon.*

488 Par Arrêt du Parlement de Paris du 29. Mars 1651. mariage fait par forces & violences, entre personnes majeures après une cohabitation de plusieurs années, & la naissance de deux enfans, déclaré non valablement contracté. *Soëfve*, to. 1. Cent. 3. ch. 74.

489 *Voyez le* 17. *Plaidoyé de M. Gaultier*, to. 2. pour le mariage de Jean Lestorel aveugle, accusé de rapt par Marguerite Fortin, appellante comme d'abus de la celebration du mariage de sa fille. Arrêt du 8. Janvier 1655. qui declare le mariage nul, & neanmoins renvoye les parties pardevant l'Official de Paris, pour être procédé à nouvelle celebration.

490 Si une femme après avoir habité volontairement avec celuy qu'elle a épousé, & ensuite demandé en justice la séparation de corps & de biens, pour sevices & mauvais traitemens, est recevable à se plaindre de la nullité du mariage, comme fait par force & violence ? & si présupposant la nullité du mariage, cette femme a pû legitimement en contracter un autre, avant que le Juge d'Eglise eût prononcé sur la nullité, même avant que d'avoir par elle intenté aucune action pardevant luy à cette fin ? Arrêt du 11. Mars 1660. par lequel il fut ordonné qu'avant faire droit sur l'appel comme d'abus de la celebration du second mariage, les parties feroient diligences de faire juger l'instance sur la nullité du premier. *Soëfve*, to. 2. Cent. 2. chap. 16.

491 Arrêt du Parlement de Provence du 27. Avril 1668. qui a déclaré nul un mariage passé entre majeurs, sans proclamation de bans, & benediction nuptiale, quoyque les mariez eussent habité ensemble 38. ans, & a déclaré les enfans incapables de succeder au préjudice des enfans legitimes d'un autre mariage. *Boniface*, to. 1. liv. 5. tit. 4. chap. 1.

492 Mariage d'une fille âgée d'onze ans seulement, avec le fils de son beau-pere & proruteur, ayant été réiteré après la puberté, ne peut être debattu de nullité par la fille, après une cohabitation de plusieurs années avec son mari. Arrêt du Parlement de Paris du 28. Février 1672. *Soëfve*, to. 2. Cent. 4. ch. 65.

492 bis. Un mariage reçû par un Notaire quoyqu'en présence du Curé & en l'Eglise, n'est pas valablement contracté & celebré. Arrêt du Parlement de Paris du 20. Decembre 1688. *Journal des Aud.* to. 5. liv. 4. ch. 31.

493 Un mariage est nul pour avoir été celebré par un Prêtre inconnu dans la chambre de la prétenduë épouse, sans l'assistance ny permission du Curé des parties. Le prétendu marié n'ayant pas encore 25. ans, quand il avoit commencé de hanter la Demoiselle beaucoup plus qualifiée & plus âgée, mais moins riche que luy, & ce sans le consentement du pere, & même au préjudice de son opposition actuellement subsistante. Les parties qui abusent d'une celebration de mariage, sont condamnables pour la réparation publique, & les aumônes envers les prisonniers : le Prêtre qui abuse de son caractere en cette rencontre, doit être puni. Arrêt du Parlement de Paris du 15. Juillet 1689. les parties étoient le fils de M. de Brion, President de la Cour des Aides, & la Demoiselle de la Force qui fut condamnée en 1000. livres d'amende, le Sieur Brion fils en 3000. livres. *Ibidem*, liv. 3. chap. 25.

494 S'il y a nullité dans le mariage d'un majeur de l'âge de 27. ans, celebré hors de la présence du propre Curé, ce particulier n'ayant point le consentement de son pere, & les bans n'étant pas publiez dans la veritable Paroisse des parties ? Arrêt du Parlement de Paris du 5. May 1691. qui appointe. *Voyez ibi. liv. 7. ch. 22.*

495 Arrêt du 24. Mars 1699. qui déclare le mariage d'Antoine le Clerc Sieur de Taucourt, avec Jeanne Picard, nullement & abusivement celebré; pour avoir été celebré en autre Paroisse que celle des parties, & en l'absence du Sieur Taucourt pere, & sans sommations respectueuses préalablement à luy faites. *Traité des Contrats de Mariages*, chap. 1.

MARIAGE, OPPOSITION.

496 De l'opposition formée par une mere au mariage de son fils, avec menaces de l'exhereder. *Voyez Bardet*, to. 1. liv. 4. ch. 10.

497 Un fils âgé de plus de 30. ans veut se marier, le pere s'y oppose, Procés. La Cour jugea que nonobstant l'opposition le fils se pourroit marier : le pere appellé pour y consentir & assister si bon luy sembloit, pourvû que ce fût en lieu égal, sans reproche & suivant les Ordonnances, &c. constitutions de l'Eglise. Arrêt du Parlement de Paris du 4. Mars 1608. *Plaidoyers de Corbin*, chap. 109.

498 Les enfans peuvent s'opposer aux mariages de leurs meres, selon les circonstances : la veuve de Chantelou voulant épouser un de ses anciens domestiques, son fils Conseiller au Présidial de Coutance s'opposa à ce mariage, disant qu'il étoit indigne d'elle, & que l'inégalité de leur âge marquoit le déreglement de son esprit; elle âgée de 50. ans & ayant eû 12. ou 15. enfans, celuy qu'elle vouloit épouser n'en avoit que 24. Par Arrêt du Parlement de Roüen du mois de Juin 1617. la Cour leur fit défenses à peine de la vie de contracter mariage, & les condamna en l'amende pour s'être frequentez au préjudice des défenses; mais nonobstant ces défenses ayant contracté mariage, par Arrêt du mois de Juillet 1618. ils furent condamnez chacun en 50. écus d'amende, & la femme privée de tous les avantages qu'elle pouvoit prétendre. *Basnage, sur l'article* 369. *de la Coûtume de Normandie.*

499 Mariage celebré par un Prêtre étranger, au préjudice d'une opposition, & la femme auparavant corrompuë, est neanmoins confirmé par les fins de non-recevoir contre le mary : il avoit vécu trois mois & demi conjugalement avec sa femme, l'avoit vendiquée comme telle, & avoit luy-même interjetté appel de la Sentence de l'Official de Bourges, qui avoit déclaré le mariage nul & non valablement contracté. Jugé au Parlement de Paris le 23. Juin 1633. *Bardet*, to. 2. liv. 2. chap. 45.

500 Jugé le 10. Mars 1654 qu'un frere tuteur de sa sœur ayant agreé son mariage avec un cousin, & signé les articles avec plusieurs autres parens, n'avoit pû changer de volonté ni s'opposer au mariage, lequel étoit valablement contracté, nonobstant les oppositions, c'est pourquoy il fut condamné en l'amende de l'appel comme d'abus & aux dépens. *Soëfve*, tome 1. centurie 4. chap. 56.

501 Mariage fait au préjudice d'une opposition & au mépris des procedures Ecclesiastiques, confirmé le 20. Août 1657. *Des Maisons let. M. nomb.* 13. Opposition par l'oncle. *Voyez le Journal du Palais*, où il y a Arrêt du 11. Juillet 1672.

502 En Normandie comme par toute la France, les personnes au-dessus de 25. ans, sont réputées mineures lors qu'il s'agit de leur mariage; leurs tuteurs & parens peuvent s'y opposer lorsqu'ils en ont des moyens legitimes, avec cette difference que l'on n'oblige que fort rarement & pour de grandes considerations les peres & meres à déclarer les causes de leurs refus; & que pour peu qu'elles soient apparentes on y a beaucoup d'égard; il suffit presque aux peres & meres de dire

que le mariage ne leur agrée pas : mais l'opposition des tuteurs & parens doit avoir des motifs importans ; la seule raison du peu d'avantage que le mineur y rencontre n'est pas considerable, lorsqu'ils n'alleguent rien contre la personne, & qu'ils ne blâment point l'alliance & la condition : c'est une jurisprudence établie par Arrêt du Parlement de Roüen du 27. Novembre 1659. entre le Boulanger & les autres parens de Jean-Baptiste Basiné âgé de 22. ans & demi, & Marie le Clerot ; la Cour mit sur l'appel comme d'abus les parties hors de cour, leur opposition n'étant fondée sur aucune cause qui fût importante. Autre Arrêt du 6. Février 1671. qui fait défenses à un jeune homme de 20. ans, d'épouser la fille d'un Solliciteur de procés, sur l'opposition de son tuteur ; il objectoit que l'âge de 20. ans le tiroit de sa puissance, & que ce n'étoit que pour s'éviter de rendre compte ; d'ailleurs que la condition étoit égale : le tuteur répondoit qu'il avoit suborné ce jeune homme, & que ce Solliciteur étoit decreté pour concussions, fabrications de témoins. *Basnage, sur l'article 369. de la Coûtume de Normandie.*

503 Arêt du Parlement de Provence du 15. Juin 1671. qui a déclaré un frere, quoique de qualité illustre, non recevable à s'opposer au mariage de son frere, avec une femme de basse condition, & par luy entretenuë durant le mariage du premier mary qui avoit été son laquais. *Boniface, to. 4. liv. 5. tit. 1. chap. 9.*

504 Si un Juge seculier peut connoître d'une opposition formée pardevant un Official, à la celebration d'un mariage, & enjoindre au Curé de passer outre ? Arrêt du Parlement de Paris du 9. Janvier 1691. qui appointe. M. de Lamoignon Avocat General, dit que rien n'étoit plus de la competence de l'Official. *Journal des Aud. to. 5. liv. 7. chap. 27.*

505 Si l'opposition formée par une mere au mariage de son fils majeur de 25. ans, est bonne & valable, & en peut empêcher la celebration ? Arrêt du Parlement de Paris du mois de Nov. 1691. qui appointe les parties. M. l'Avocat General de Harlay adhera aux conclusions du fils qui prétendoit que sa majorité le rendoit maître de son choix. *Ibidem, chap. 48.*

506 Mariage jugé non valablement contracté par Arrêt du Parlement de Paris du 3. Decembre 1691. quoyque par un majeur de 32. ans, mais qui avoit negligé de faire vuider l'opposition que son pere y avoit formée au préjudice de laquelle il avoit obtenu dix mois aprés dispense de deux bans, & puis s'étoit marié. *Journal des Aud. ibid. chap. 49.* Voyez cy-aprés verbo, *opposition*, §. *Opposition, Mariage.*

MARIAGE, ORDRES SACREZ.

507 *Clerici in minoribus ordinibus constituti nuptias contrahere possunt.* Voyez *Franc. Marc. to. 2. quest. 123.*

508 Mariage d'un Soudiacre, aprés en avoir obtenu dispense non fulminée, est confirmé contre le frere heritier collateral qui est declaré non recevable en son appel comme d'abus, & la délivrance ordonnée à la veuve de son doüaire, & conventions matrimoniales. Jugé le 19. Juillet 1640. *Bardet, to. 2. liv. 9. ch. 11.*

509 De la dispense donnée aux Prêtres pour contracter mariage. *Voyez Peleus quest. 67.*

510 Si un mari & une femme, l'un s'étant fait Prêtre l'autre Religieuse, le mary peut obliger sa femme de revenir avec luy, & s'il est recevable à se faire restituer contre les Ordres sacrez qu'il a pris. *Voyez Févret, liv. 5. chap. 3. p. 80.*

511 Prêtre qui se fait de la Religion P. R. n'est pas pour cela capable de se marier. Jugé le 22. Août 1640. Le Prêtre qui étoit présent à l'Audience, fut sur le champ conduit à la Conciergerie. *Soëfve, to. 1. sent. 1. ch. 21.* Voyez cy-dessus le nomb. 121. & *suivans*, & cy-aprés le nomb. 713. & *suivans.*

MARIAGE ENTRE PARENS.

512 De l'apologie & défense des mariages entre les cousins. Voyez, *les Opuscules de Loisel. p. 39.*

513 *Pro sponsâ impubere desponsatâ puberi, & ad domum sponsi transductâ remedium possessorium datur etiam eorum judice seculari, nec consanguinitatis gradu possessorium impeditur, nisi à lege divinâ gradus prohibitus sit.* Voyez *Franc. Marc. to. 2. quest. 165.*

514 *Matrimonium qui scienter contrahunt in gradibus consanguinitatis & affinitatis prohibitis scienter, excommunicationis sententiam ipso facto incurrunt.* Voyez *Franc. Marc. to. 2. quest. 761. p. 339.*

515 Le neveu ne peut épouser la femme de son oncle. Prétextatus Evêque de Roüen, autheur, & ayant donné la benediction nuptiale à Merouée, & à la femme de son oncle, fut en une assemblée de Prelats tenuë à Paris sous le Regne de Chilperic, déposé & confirmé en perpetuel exil, dans une Isle proche la ville de Coutances en Normandie : le Roy luy ayant dit ces paroles rapportées par Gregoire Evêque de Tours, *lib. 5. cap. 2. & 18. hist. an ignarus erat quæ pro hac causâ canonum statuta sanxerunt. Biblioth. can. to. 1. p. 389.*

516 Encore qu'au premier degré de consanguinité il n'y ait point d'exemple de dispense ni de mariage ; c'est-à-dire qu'un frere ait épousé sa sœur, & que suivant la regle établie, *l'affinité suit la consanguinité quant à la prohibition des degrez* ; de sorte qu'il semble qu'on ne peut pas dispenser pour le mariage de la belle-sœur, neanmoins il y a deux exemples illustres du contraire. Marie de Cleve de Mantouë avoit épousé Windislaus Roy de Pologne, ce Roy étant decedé sans enfans, le Prince Jean Casimir obtint dispense d'épouser la Reyne sa veuve ; la veuve fit serment qu'il n'y avoit point eu de consommation du premier mariage, *quia nimis obesi ventris Rex Vvindislaus* quand même il y auroit eu consommation, l'affinité étant bien moins forte que la consanguinité, le Pape peut quelquefois dispenser d'épouser les belles-sœurs ou les beaux-freres, quoyqu'il ne dispense jamais d'épouser les freres ou les sœurs. *Biblioth. can. to. 1. p. 394.*

517 Alphonse Roy de Portugal, avoit épousé la fille du Duc de Nemours ; ce mariage déclaré nul pour cause d'impuissance d'Alphonse. Le Prince Dom Pedro frere d'Alphonse épouse la Princesse avec dispense accordée par M. le Cardinal de Vendôme oncle de cette Princesse, lorsqu'il étoit Legat en France. Cette dispense a été depuis confirmée par le Pape Clement IX. *ibid.*

518 Le Roy Chilperic étant allé à la guerre, & ayant laissé enceinte la Reine Audoüaire sa femme qui accoucha pendant son absence, elle tint son enfant sur les fonts par le conseil de Fredegonde l'une de ses Demoiselles, comme ne pouvant trouver de maraine plus digne. Le Roy de retour, Fredegonde se prévalut de sa malice, luy dit ce qui s'étoit passé, & qu'il ne pouvoit plus reconnoître Audoüaire pour femme à cause de cette alliance spirituelle, ensorte qu'il l'abandonna & épousa quelque temps aprés Fredegonde qu'il aimoit. Le prétexte recherché par Fredegonde ne pouvoit être un moyen de dissolution du mariage d'Audoüaire : car bien qu'il soit des regles qu'une femme ne sçauroit épouser le pere d'un enfant qu'elle a tenu sur les fonts, *cap. conveniens cognatione spirituali*, neanmoins le Pape Alexandre III. consulté quand le pere & la mere mariez tiennent l'un de leurs enfans sur les fonts de baptême, si pour cela leur mariage sera dissous, il répond *in cap. 2. eodem matrimonium dissolvi, si hoc ignorantiâ factum est, quod si ex malitiâ eis suam fraudem non debere patrocinari.* Ce que l'on fait dans cette rencontre, est d'obtenir des Bulles du Pape par lesquelles il remet le peché & permet désormais que le mariage ait son effet. *Biblioth. can. to. 1. page 395.*

519 Un homme épouse sa parente au troisième degré aprés publication de bans, & en présence de son frere & de ses parens. Aprés sa mort sa veuve demande à son beau frere sa dot & son doüaire, il s'en défend sous prétexte que le mariage est incertain : elle répond qu'elle étoit mineure, qu'elle n'avoit point connoissance de la parenté, que le mariage a été celebré dans les regles,

&

& que c'étoit à luy à s'y opposer dans le temps. Par Arrêt de l'an 1553. il a été dit que le Bailly de Forêt avoit bien jugé en condamnant à la restitution & au doüaire en baillant caution ; & qu'au principal il seroit informé de la connoissance de la consanguinité. *Papon, livre 15. tit. 1. n. 13.*

520   Arrêt de l'an 1553. qui déclare nul & illicite un mariage fait entre un homme & la sœur de sa premiere femme ; & ajuge seulement à la prétenduë femme, & à la fille procréée de leur mariage la somme de 15000. liv. par provision. *Papon, ibidem.*

521   Une femme condamnée à mort par Sentence, pour avoir épousé & eu deux enfans de celuy avec qui elle avoit fiancé sa fille, par Arrêt du 1. Avril 1586. a été condamné *ob violatam publicam honestatem*, à faire amende honorable, tant au Parquet que sur le lieu, & être fustigée, & pour connoître s'il y a mariage renvoyée à l'Ecclesiastique. *Arrêts de la Rocheflavin, liv. 2. let. M. tit. 4. Arr. 42.*

522   Henry d'Escars fils puiné du Sieur Comte de la Vauguyon, épousa Anne de Caumont, quoyqu'elle eût été auparavant mariée avec Claude d'Escars son frere aîné. Le Roy étant en son Conseil confirma ce mariage le 3. Juin 1586. mais il faut observer que lors du mariage avec l'aîné, la Demoiselle de Caumont n'avoit que sept ans, & n'en avoit pas douze lors de son décés. Ainsi l'on jugea que ce premier mariage n'avoit pû sortir effet. L'Arrêt porte, Sa Majesté a déclaré qu'Elle trouve bon, autorise & a agréable que le mariage se traite & soit accompli nonobstant tous empêchemens de la mere d'Anne de Caumont, attendu sa declaration, consentement & requête d'un grand nombre de parens, & pour obtenir la dispense & permission de N. S. P. le Pape, pour contracter le mariage, S. M. a commandé les Lettres à sa Sainteté pour ce necessaires. *Biblioth. de Bouchel, verbo, Mariage.*

523   Arrêt du Parlement de Roüen du 14. May 1603. qui a maintenu le Sieur de Micloye, duquel on prétendoit le pere illegitime, parce que son ayeul avoit épousé a cousine germaine, en la succession & biens de l'ayeul contre ses parens ; ce qui a aussi été jugé au Parlement de Paris le 31. Mars 1605. encore qu'on opposât que la longueur du temps n'avoit fait qu'augmenter le peché. *Biblioth. can. to. 1. page 390. col. 2.*

524   Mariage d'un oncle avec sa niece & filleule ; dit qu'il a été mal, nullement & abusivement impetré, en ce qui concerne la legitimation des enfans, les declare incapables de toutes successions, que sur les biens du défunt Charles, il sera pris à chacun des trois enfans la somme de 300. liv. de pension alimentaire par chacun an, avec défenses aux Banquiers de Cour de Rome d'y obtenir de pareilles dispenses ; Arrêt du 11. Decembre 1604. *Des Maisons let. M. nomb. 20.*

525   Quand des mariez ont demeuré long temps ensemble, & qu'ils ont des enfans, le mariage ne peut être dissolu par la prétenduë parentele des conjoints. Arrêt du 31. Mars 1605. *Peleus, quæst. 99.*

526   Le nommé Porcher ayant voulu épouser en secondes nôces la veuve de son beau pere, qui étoit la belle-mere de sa premiere femme ; & pour cet effet ayant obtenu un rescrit de Rome, adressé à l'Evêque d'Avranches, dans l'Evêché duquel les parties demeuroient ; le rescrit y fut enteriné. L'appel comme d'abus porté au Parlem. de Roüen, M. du Vicquet Avocat General du Roy, remontra que bien que les degrez d'affinité eussent été retranchez par le Concile de Latran, que la prohibition de s'épouser y eût été confirmée dans la seule affinité du premier genre ; que bien qu'il fût encore vray, que Porcher ne touchât la veuve de son beau-pere que de l'affinité du second genre ; *nempe ratione secunda persona, quæ addita fuerat prima* ; & que par la decision du Concile *ex affinitate non oriretur affinitas, nec affinitas transferet in secundam vel tertiam personam* ; cependant on ne devoit envisager que la seule honnêteté publique, & ayant demandé à être de sa part reçû appellant comme d'abus, & conclu à ce qu'il fût dit qu'il avoit été mal, nullement & abusivement prononcé, & que défenses fussent faites aux parties sous peine de punition de se frequenter : la cause appointée au Conseil, par Arrêt du 1. Mars 1607. Porcher intimé consulta les plus celebres Théologiens & Canonistes de Paris, qui déciderent en sa faveur. Il s'aida même au procés de la décision de la Sorbonne, qui est au long inserée dans Berault, & la Cour sans avoir égard à toutes les raisons specieuses qui y sont employées, ny à l'autorité du Concile de Latran, s'arrêta sur la seule honnêteté publique, & prononça qu'il avoit été mal, nullement & abusivement procedé par l'Evêque d'Avranches, cassa & annulla tout ce qui avoit été fait, avec défenses à Porcher de passer outre au mariage par luy prétendu contracté, sous peine de la vie, & le condamna à tous les dépens du procés. *Voyez le 4. Plaidoyé de M. le Noble Substitut de M. le Procureur General au Parlement de Roüen.*

527   Pierre Dubois & Marie Chatrefou, de la Religion Prétenduë Réformée demeurée en viduité presenterent au Lieutenant General de Saint Lo, une Requête dans laquelle ils énoncerent qu'ils s'étoient promis l'un à l'autre de s'épouser, & qu'ils n'avoient plus rien à faire qu'à mettre és mains des Ministres & anciens de leur Religion les annonces pour les publier par trois Dimanches consecutifs, & ensuite faire celebrer leur mariage, ainsi qu'il est prescrit par l'article 12. au titre des mariages, contenu dans leur discipline, où ils énoncent être expressement porté, que celuy qui voudra épouser la veuve du frere de sa femme, le pourra faire, y étant autorisé ; & qu'en ce cas le Ministre sera obligé de benir un tel mariage, & de déferer à l'autorité du Juge Royal.

Le Lieutenant General de Saint Lo, du consentement du Substitut de M. le Procureur General, leur accorda les fins de leur Requête, & enjoignit au Ministre de publier leurs bans, & de passer outre à la celebration du mariage.

Le beau-pere de l'un & de l'autre des parties s'oppose ; le Juge ordonne que sans préjudice de l'opposition il seroit passé outre ; il en interjette appel, & conclut à ce qu'il plaise à la Cour mettre l'appellation & ce dont au neant, réformant, dire à bonne cause l'opposition, & y faisant droit, faire défenses aux anciens Ministres, de passer outre à la celebration du mariage, & aux parties de le contracter sous telles peines qu'il plaira à la Cour ordonner avec dépens ; sauf à elles à se pourvoir de dispense ou permission du Roy, ainsi qu'ils aviseront bien : & à M. l'Avocat General de prendre telles Conclusions qu'il le jugera à propos pour l'interêt public. Par Arrêt du Parlement de Normandie du 17. Septembre 1678. sur les Conclusions de M. l'Avocat General le Guerchois, l'appellation fut mise au neant, dépens compensez. *Voyez le 4. Plaidoyé de M. le Noble Substitut de M. le Procureur General au même Parlement.*

528   Dispense accordée par le Pape à une veuve d'épouser le neveu de son mari, dont elle n'avoit point d'enfans, declarée non abusive, par Arrêt du Parlement de Toulouse du 15. Janvier 1609. *Voyez le 19. Plaidoyé de Puymisson.*

529   Un homme épouse sa cousine germaine des deux côtez : un cousin de la fille, joint avec luy le Procureur du Roy, justifie la consanguinité, & prouve que les mariez n'étoient qu'au second degré, il obtient decret de prise de corps contre le mary, qui vient à Rome vers le Pape & en obtient dispense ; il fait entendre qu'ils étoient proches parens, même cousins au second degré, avec permission adressée à l'Evêque Diocesain pour informer du contenu au rescript, & de l'ignorance qu'ils pouvoient avoir de leur consanguinité, ce qui fut executé par le Commissaire delegué. Aprés avoir le tout enteriné, il enterine la dispense & confirme le mariage. Sur l'appel comme d'abus, la Cour ayant reconnu que la dispense avoit été surprise, & qu'il avoit celé que la

Juge seculier avoit déja procedé extraordinairement contre eux, & aussi qu'il n'avoit pas exposé qu'ils fussent cousins *ab utroque latere*, ce qui étoit le principal point de la consanguinité, par Arrêt du 6. Août 1609. l'appellation fut mise au neant ; & sur le principal, la Cour cassant tacitement la dispense, (à cause de la reverence dûë au Saint Siege, ce qu'elle ne voulut declarer ouvertement) renvoya les parties proceder suivant le decret de Corps, pardevant le premier Juge qui avoit informé. *Bibliotheque canonique*, to. 1. p. 391. col. 2.

530 Gramon se maria en 1621. avec une nommée de Gaston, cousine germaine de sa premiere femme ; il y avoit un enfant du premier lit ; il y en eut deux du second. Gramon qui sçavoit l'empêchement, obtint en 1628. de Sa Sainteté l'absolution de l'inceste, à la charge que les mariez se remarieroient de nouveau en face de l'Eglise : ce rescrit fut adressé à cause de la vacance de l'Evêché de Lombés, au plus prochain Evêque ou à son Official. Gramon mourut devant l'execution de ce rescrit : sa femme six ans aprés s'adressa à l'Official de Lombés ; il declara ce mariage bon, ces enfans legitimes & les maintint aux biens de leur pere par sa Sentence. Les enfans obtinrent du Sénéchal la maintenuë des biens de leur pere. La Sentence du Sénéchal confirmée par Arrêt ; le fils du premier lit n'ayant point d'autre voye, recourut à l'appel comme d'abus de la Sentence de l'Official, & demanda cassation de celle du Sénéchal. Les moyens étoient que l'Official de Lombés n'avoit pas de pouvoir, le rescrit étant adressé à un autre. A cela on répondoit que l'adresse à un autre n'étoit qu'à cause de la vacance, & que le Pape n'avoit pas entendu priver l'Ordinaire de sa Jurisdiction ; *arg. cap. eam 7. de rescrip*. Le second étoit que les enfans incestueux étoient illegitimes, *cap. cum inhibitio de cland. desp*. l'on répondoit que ce chapitre parloit contre ceux *qui contra interdictum nupserant*, & que Gramon avoit été marié en face de l'Eglise, les bans publiez sans opposition. Le 3. que le rescrit avoit été donné à la charge de celebrer de nouveau le mariage ; & qu'aprés la mort de l'un, cela ne se pouvoit faire, parce que c'est le propre de l'Eglise *ligare & solvere super terram*. Il étoit répondu que la mort avoit empêché cette celebration nouvelle, & qu'il suffisoit qu'il eût demandé l'absolution pendant sa vie, pour être absous aprés sa mort, *cap. à nobis de sent. excomm*. Le 4. étoit de ce que l'Official avoit parlé de maintenuë : on répondoit qu'on ne s'étoit pas servy de ce chef, qu'on avoit eu la maintenuë par une Sentence du Sénéchal suivie d'Arrêts, & que l'Officíal n'avoit pas tant mis cela pour decider la maintenuë, que comme en expliquant la suite de la Sentence qu'il rendoit sur l'état du mariage. La Cour prononça qu'il n'y avoit point d'abus, & confirma la maintenuë. Il faut observer que la Cour ne prononça pas, sans avoir egard à la clause de maintenuë, comme elle a accoûtumé de faire. *Dolive, liv. 1. ch. 2.* parce qu'elle auroit semblé emporter fon Arrêt précedent de maintenuë sur l'appel de la Sentence du Sénéchal. *Albert*, verbo, *Mariage*, art. 6.

531 Messire Claude Pot Chevalier Seigneur de Rhodes, épousa Dame Louïse-Henriette de la Châtre. La question étoit de sçavoir si les parties s'étant trouvées parentes au troisième degré de consanguinité, & la dispense n'en ayant été expediée qu'aprés le décés de la Dame de la Châtre, quoiqu'elle eût été requise par elle dés son vivant, mais aprés le mariage contracté, cette dispense pouvoit valider le mariage, à l'effet que la fille qui en étoit issuë fût reputée legitime ? Cette cause fut appointée au Parlement de Paris, depuis évoquée au Conseil & renvoyée au Parlement de Toulouse : une seconde fois évoquée, & renvoyée au Parlement de Rennes, qui confirma le mariage & declara la fille legitime. *Voyez le 5. Plaidoyé de M. Galand*.

532 Mariage contracté entre proches dispensez par l'Evêque est bon & valable. Arrêt du Parlement de Paris du 4. Février 1638. *Bardet, to. 2. liv. 7. ch. 12.* M. l'Avocat General Talon, dit que telle dispense est valable quand les parties sont pauvres.

533 Cause appointée, touchant la validité d'un mariage sans Contrat, ni proclamation de bans, entre le Sieur de Rhodes & Dame Louise-Henriette de la Châtre, parens au troisième degré, & dont la dispense n'a été obtenuë qu'aprés le décés de l'une des parties. Arrêt du 10. Mars 1639. *Bardet, to. 2. liv. 8. ch. 12.* M. Talon Avocat General conclut contre le Mariage.

534 Les enfans d'un mariage entre deux proches parens, ne sont pas bâtards, quoyque la dispense ne soit fulminée qu'aprés la mort de leur pere. Il y eut partage au Parlement de Toulouse sur cette question en 1650. en l'affaire de Madame la Maréchale de la Châtre ou de sa petite fille, & de M. de Rhodes, contre M. le Maréchal de Senneterre, lequel ayant été porté au Parlement de Rennes, fut decidé en faveur de la fille de ce mariage : on dit qu'il y a eu aussi Arrêt en faveur des enfans du second lit du Sieur de Saint Paul, qui ayant obtenu une dispense de parenté, avoit negligé de la faire fulminer pendant sa vie, contre la Dame de Paule de Grandval. La raison de cette decision est que *rescripta gratiâ sunt perpetua*. *Albert, art. 5. let. B.*

535 Alliance, ou affinité spirituelle, ne rend le mariage nul. Jugé le 27. Avril 1638. *Bardet, to. 2. liv. 7. ch. 20.*

536 Deliberé sur le Registre le 7. Juin 1639. pour sçavoir si la Sentence d'un Official qui avoit declaré nul & incestueux un mariage entre personnes alliées, ayant été infirmée par Arrêt contradictoire, qui en connut une autre pour proceder à la fulmination d'une dispense obtenuë, il est libre aprés cela à l'une des parties de se retracter & refuser le mariage. *Bardet, to. 2. liv. 8. ch. 24.* M. l'Avocat General Bignon dit qu'on ne pouvoit pas contraindre l'intimée à épouser l'appellant ; mais qu'il y avoit lieu de la condamner en 15000. livres de dommages & interêts, si mieux elle n'aimoit contracter le mariage promis.

537 De la validité d'un prétendu mariage contracté entre un frere & la veuve de son frere, duquel elle avoit des enfans, & si la dispense accordée en ce cas par le Pape est abusive ? Par Arrêt du Parlement de Paris du 27. Juin 1651. suivant les Conclusions de M. l'Avocat General, la cause fut appointée sur toutes les appellations comme d'abus, & joint au procés criminel pendant en la Tournelle. *Soëfve, tome 1. cent. 3. ch. 81.*

538 Un fils de famille âgé de vingt-huit ans se marie avec sa parente au 3. degré, le pere est recevable à interjetter appel comme d'abus de la celebration du mariage. Arrêt du 6. Août 1661. *De la Guess. to. 2. liv. 4. chap. 37.*

539 Un tuteur d'une fille mineure ne peut la marier avec son fils cousin germain de la mineure, & l'ayant fait avec dispense, parce qu'ils avoient eu habitude ensemble, le mariage non valablement contracté. Arrêt du 11. Août 1663. *Des Maisons, lettre M. nomb. 22.* Voyez M. Dolive livre 3. chap. 2.

540 Dispense obtenuë en Cour de Rome du premier degré d'affinité *ex illicitâ copulâ*, jugée valable, & qu'il n'y avoit pas lieu de s'en porter appellant comme d'abus. Arrêt du 20. Août 1664. *De la Guess. to. 2. liv. 6. chap. 46.*

541 Défenses aux Banquiers de Cour de Rome d'obtenir des dispenses entre l'oncle & la niéce pour se marier. Arrêt du 11. Decembre 1664. *Des Maisons, lettre M. nombre 20.*

542 C'est une question celebre, si l'affinité dans le premier & second degré est un empêchement au mariage. Berault, sur l'article 275. a remarqué un Arrêt, par lequel on declara nul le mariage contracté entre un homme & la veuve en secondes nôces de son beau-pere, belle-mere de sa premiere femme ; nonobstant la consultation des Docteurs de Sorbonne qui approuvoient ce mariage. *Voyez Basnage, sur l'article 235. de la Coûtume de Normandie.*

543 LoüisR uaut avoit épousé en premieres nôces Elizabeth Dugué, & de ce mariage nâquit Magdelaine Ruaut, qui fut mariée à André Hulin. Loüis Ruaut, après la mort de sa premiere femme, épousa Marie Dargouges, dont il eut des enfans. Cette Marie Dargouges donna le nom à un enfant d'André Hulin, & de Magdelaine Ruaut. Loüis Ruaut étant mort, Marie Dargouges sa veuve contracta mariage avec le sieur Hulin, gendre de son mary, & de l'enfant duquel elle avoit été maraine. Henry Ruaut, Tuteur des enfans de Loüis Ruaut, argua le mariage de nullité par deux moyens; le premier fondé sur l'affinité charnelle, & le second sur l'affinité spirituelle. La cause portée au Parlement de Normandie, fut appointée au Conseil. Le sieur Hulin craignant l'évenement de son procés, l'évoqua au Conseil, sur ce prétexte, que c'étoit une matiere purement Ecclesiastique, qui ne pouvoit être traitée que pardevant le Juge d'Eglise, & que la question en étant singuliere, elle ne pouvoit être décidée que par sa Majesté. Durant les poursuites qui se faisoient au Conseil, Hulin mourut; il y eut accommodement avec la mere de ses mineurs, & les parties firent donner un Arrêt au Privé Conseil du Roy le 9. May 1670. par lequel on declara qu'il n'y avoit abus en la celebration du mariage: on se pourvût contre cet Arrêt; mais il fut confirmé par un second Arrêt du Conseil de 1676. V. Basnage, ibid.

544 Au mois de Mars 1672. au Parlement de Paris, on commença la Plaidoirie d'une cause celebre, entre René du Chêne Ecuyer, sieur de Marevitte, & Damoiselle Loüise du Chêne sa sœur, enfans de la Dame de Broc, appellans comme d'abus d'une Bulle en forme de Dispense de mariage, & de l'entherinement d'icelle, par l'Official de M. l'Evêque d'Angers, & de l'acte de celebration, & de tout ce qui avoit été fait en consequence, & Dame Marie-Magdelaine de Broc, femme autorisée en Justice au refus du sieur Marquis de Jalaine son mary, & ayant épousé en premieres nôces M. Sebastien de Broc, Vicomte de Poultourte, intimez. La question étoit de sçavoir si une dispense de mariage obtenüe par une petite niéce & un grand oncle, étoit juste & Canonique, & si le Pape pû valablement l'accorder, ayant été exprimé que les Parties étoient parens au troisiéme degré, sans explequer du premier au troisiéme. Par Arrêt du 15. Mars 1672. les appellans declarez non recevables. Les motifs furent vray-semblablement la durée & la tranquillité de ce mariage pendant huit années, suivies de sept années de viduité, sans aucun trouble d'Etat. On faisoit voir d'ailleurs qu'en qualité de veuve elle avoit recueïlly un don de la liberalité de son mary; qu'elle avoit partagé ses biens avec ses heritiers; & qu'au fonds quand il y auroit quelque défaut en son mariage, ce défaut étoit irreparable dans la condition où elle étoit, & l'on representoit qu'il n'y avoit point d'enfans, & qu'il ne s'agissoit que d'un simple douäire de 6000. liv. qui ne devoit pas luy être envié par les heritiers d'une succession de plus de 3000. livres de rente qu'elle avoit conservées dans la famille par son mariage, étant à observer que par le Contract de mariage le sieur de Broc fit une donation universelle de tous ses biens à ses neveux, à proportion de ce qu'ils pouvoient esperer de luy après sa mort. Voyez Basnage, sur l'article 235. de la Coûtume de Normandie.

545 Par Arrêt du 27. Juin 1651. jugé le prétendu mariage contracté entre le frere & la veuve de son frere, duquel elle avoit des enfans, étoient incestueux, & que la dispense accordée en ce cas par le Pape, étoit abusive; la prohibition de contracter mariage au premier degré d'affinité, lors particulierement qu'il y a des enfans du premier mariage, étant du Droit divin, puis qu'elle est portée dans le Chapitre 18. du Levitique, le Pape n'avoit pû en dispenser; & pour cette raison, dans un Chap. au tit. de rescript. aux Decretales, le Pape Alexandre III. s'étoit lié les mains, & avoit declaré ne pou-
Tome II.

voir accorder aucunes dispenses, dans les cas desquelles le Chapitre 18. du Levitique fait mention. V. Basnage, sur l'art. 235. de la Coût. de Normandie.

Appel comme d'abus d'une Bulle du Pape & d'une 546 Sentence de l'Official qui l'entherinoit, en ce qu'il avoit été permis à un homme d'épouser la bru de sa femme; appel d'une Sentence, qui la privoit de son douäire, à cause de son incontinence, sur ce que par son Contract le mary reconnoissoit que l'enfant dont elle étoit enceinte venoit de luy. Par Arrêt du Parl. de Roüen du 16. Mars 1672. la Cour, sur l'appel de la Sentence, qui la privoit de son douäire, & qui ordonnoit qu'il seroit deliberé sur la validité du mariage, mit l'appellation & ce, &c. & faisant droit sur l'appel comme d'abus, l'appellation au néant; & neanmoins la veuve condamnée en 50. liv. d'amende. Ibid. sur l'art. 377. de la Coût. de Normandie.

Le Pape peut accorder dispense pour le mariage du 547 grand oncle avec la petite niéce, à laquelle le douäire fut ajugé, & les appellans comme d'abus déboutez. Jugé à Paris le 15. Mars 1672. Journal du Palais, in quarto, 1. part. fol. 61. Pour une pension sur un Evêché, le Pensionnaire s'étant marié, la dispense jugée valable au Grand Conseil le 15. Septembre 1683. De la Guess. tome 4. liv. 6. chap. 17.

On peut épouser la veuve de son beau-frere. Arrêt 548 du Parlement de Roüen du 27. Septembre 1678. Ibid. sur l'art. 235. de la Coût. de Normandie.

La dispense au premier degré d'affinité est valable, & 549 le mariage de Vaillant confirmé, & les legs & dons faits au préjudice de Loüise Adrian declarez nuls, comme faits en haine de ce mariage. Jugé à Paris le 22. Janvier 1683. Journal du Palais. Il est à remarquer que Loüise Adrian étant décedée, Vaillant avec dispense du Pape, épousa l'autre sœur de Loüise. De la Guess. to. 4. liv. 6. chap. 2. où l'Arrêt est bien au long.

Voyez cy-dessus le nombre 341.

PAROISSE DES CONTRACTANS.

Matrimonium contrahere in alienâ Diœcesi, seu Parœciâ non nisi cum Litteris dimissoriis, seu Prælati, vel Parœsi nullius potest. Voyez Franc. Marc. to. 2. quæst. 715.

Il est nul s'il a été celebré, ou par Prêtres Reguliers; 551 ou par Seculiers, autres que le Curé de l'une ou de l'autre Paroisse des contractans. Arrêt du 16. May 1611. Biblioth. de Bouchel, verbo, Mariage.

Mariage fait hors la Paroisse des contractans, declaré 552 nul, & ajournement personnel décerné contre le Vicaire. Arrêt du 16. Janvier 1677. De la Guess. tome 3. liv. 11. chap. 2.

MARIAGE PAR PAROLES DE PRESENT.

Clement VIII. confirma en interpretation du Concile de Trente un mariage fait par paroles de present 553 devant le propre Curé & les témoins, encore que le Contract portât cette condition, si salvo honore meo fieri potest, & si fratribus meis placuerit. Ce mariage ayant été depuis consommé, il fut jugé par la Congregation des Cardinaux, assemblée pour décider la difficulté que les contractans s'étoient départis de la condition, par la consommation du mariage. Biblioth. Canonique, to. 2. page 76.

Par Arrêt du Parlement de Paris de 1576. rapporté 554 par René Chopin, dans son Livre 2. de sacra Politiâ, tit. 7. n. 7. un mariage contracté devant Notaires par paroles de present, fut declaré bon & valable; & la succession ajugée aux enfans qui en étoient sortis, bien que ce mariage n'eût point été celebré en face d'Eglise.

Par autre Arrêt rendu en la Grand'-Chambre du même Parlement, en 1592. rapporté dans les Plaidoyers & Arrêts de M. Anne Robert. il fut jugé que sans Contract de mariage, sans publication de bans, & sans benediction nuptiale, la seule declaration d'un pere suffisoit pour rendre une fille legitime, quoyque née d'une Servante, parce qu'en Justice & publiquement son Maître l'avoit avouée & reconnüe pour sa femme.

Xxxx ij

Basnage, sur l'art. 235. de la Coûtume de Normandie, au Titre *des Successions en propre*, en rapporte trois Arrêts du Parlement de Roüen; le premier du 21. Novembre 1630. il s'agissoit de sçavoir si des enfans nez sous la seule promesse de mariage, pouvoient être legitimez, & étoient capables de succeder; les parens collateraux qui leur disputoient, disoient que le mariage doit être celebré en l'Eglise, & la benediction reçûe par les Conjoints, & administré par le Prêtre; que la seule promesse & la cohabitation, ne faisoient pas le Sacrement, que le mariage ayant commencé *ab illicitis*, il ne pouvoit recevoir sa perfection, que par la benediction de l'Eglise, & qu'un homme & une femme ne pouvoient pas se la donner à eux-mêmes. Au contraire les enfans répondoient que la promesse de mariage avoit été reconnuë par le pere & la mere; qu'ils avoient avoüé pour leurs enfans legitimes, ceux dont on disputoit la condition; que les accidens fortuits & inopinez ne pouvoient ruiner l'état des enfans, *casus iniquitas non debet nocere proli*; & que bien que leur pere eût même pris des Lettres de relevement du Contract de mariage qu'il avoit signé, il s'en étoit repenti, & par son Testament avoit reconnu de bonne foy sa promesse, & que le consentement des contractans, la foy donnée, & la cohabitation faisoient le mariage. Par l'Arrêt les enfans furent legitimez, & la succession de leur pere leur fut ajugée; les noms des Parties étoient les enfans du sieur Despotis, & la Dame de Hoüetteville, qui ayant pris Requête Civile contre l'Arrêt, en fut deboutée le 18. Juillet 1631.

Le second Arrêt est de 1637. Voicy l'espece. Le sieur Vauricart ayant suborné une fille sous promesse de mariage, il en eut un enfant; sur la plainte en rapt renduë par les parens de la fille, il fut condamné à mort par contumace, & en 10000. liv. d'amende envers le Roy, autant envers la fille. Il fut blessé à l'armée; par son Testament il declara qu'il reconnoissoit celle qu'il avoit abusée pour sa femme, & l'enfant qu'il avoit eu d'elle pour son fils legitime & son heritier. Aprés son décés, elle poursuivit les parens pour nommer un Tuteur à son fils; sur leur opposition, on se pourvut au Conseil, & l'affaire renvoyée au Parlement de Roüen, la Cour ordonna, vû la reconnoissance du sieur de Vauricart par son Testament, qu'il seroit passé outre à l'institution d'un Tuteur, & ajugea la succession à l'enfant.

Le Commentateur ajoute que ce qui faisoit la difficulté étoit que par le Concile de Trente, & par les articles 41. & 42. de l'Ordonnance de Blois, il n'y avoit point de mariage sans benediction nuptiale, & sans solemnité; mais que ce qui obligea la Cour à décider en faveur de l'enfant, fut que la benediction du Prêtre, & les ceremonies de l'Eglise n'étoient point de l'essence du mariage.

Arrêt semblable du 15. Juin 1671. dans la cause des enfans de la veuve d'Antoine le Mercier, fils du sieur le Mercier, Lieutenant General à Bayeux, lequel avoit fait des promesses de mariage à Jeanne de Salem.

555 Sur des Lettres obtenuës pour faire casser un mariage contracté par paroles de present *ex eo*, que l'Impetrant soûtenoit *sponsam antè sponsalia fuisse corruptam*. Par Arrêt du 15. Decembre 1609. il fut ordonné, sans s'arrêter aux Lettres obtenuës par le demandeur, que le procés pour le rapt luy seroit fait & parfait. L'instruction faite, Arrêt intervint, qui le condamna d'avoir la tête tranchée, si mieux n'aimoit épouser la fille; ce qu'il opta. *Le Bret, liv. 1. décis. 2.*

556 De la validité d'un mariage contracté par paroles de present en face d'Eglise, & en presence de deux Notaires, pour le refus fait par le Curé de marier les parties. Arrêt du 22. Janvier 1652. qui declara les opposans au mariage non recevables en leur appel comme d'abus; fit défenses à tous Notaires de plus recevoir ni expedier des Actes de cette qualité, à peine de punition exemplaire, & sans tirer à consequence. *Soëfve, to. 1. Cent. 3. chapitre 90.*

Mariage celebré que l'on disoit être par paroles de 557
present, & si le Vice-Legat d'Avignon peut dispenser pour mariage au second degré d'affinité? *Voyez de la Guessiere, tome 3. liv. 4. chap. 6.* où vous trouverez un Arrêt du Grand Conseil du 5. Septembre 1670.

Le seul consentement des parties qui declarent en 558
presence du Curé ou Notaire & quatre témoins, qu'ils se prennent pour mary & femme ne suffit; la benediction nuptiale est necessaire pour la validité d'un mariage, qui pouvoit être verifié par témoins, lors que les Curez ne tenoient point de Registres. Jugé à Aix le 10. Février 1678. *Journal du Palais.* Voyez l'Ordonnance de Blois, art. 181.

Reglement portant défenses aux Notaires, à peine 559
d'interdiction, de passer à l'avenir aucuns Actes, par lesquels les hommes & les femmes declarent qu'ils se prennent pour maris & femmes. Arrêt du 5. Septembre 1680. *De la Guess. tome 4. liv. 3. ch. 22.*

Si un mariage fait par paroles de present pardevant 560
deux Notaires, est valable, sans observer les formalitez de l'Eglise, ou si ces formalitez sont essentielles, même entre majeurs, à peine de nullité de leur mariage? *V. le 2. to. du Jour. du Palais* in fol. p. 691. *& suiv.* où est rapporté l'Arrêt du Parl. de Paris du 29. Août 1687. qui fait defenses à la Demoiselle de Laistre de prendre la qualité de veuve, & à son fils celle de fils legitime du sieur de Berziau, & luy ajuge neanmoins à chacun une pension de 200. liv. ainsi l'on n'a pas même traité ce mariage comme les mariages clandestins, ausquels on retranche seulement les effets civils, & où on laisse les qualitez steriles de veuve & d'enfans legitimes, en ordonnant toutefois quelque somme une fois payée, ou quelque pension annuelle aux enfans.

PERE TENU DE MARIER SA FILLE.

In parentes non quarentes nuptiarum conditionem filia- 561
bus, Senatus damnavit patrem dotanda filia qua jam
nupserat, post tot expectati conjugii moras, anno 1584.
Mornac, *L. 19. ff. de ritu nupt.*

Arrêt du 13. Août 1587. qui condamne un pere, Con- 562
seiller au Sénéchal de Toulouse, à pourvoir au mariage d'une de ses filles, & luy constituer dot suffisante. *La Rochesavin, liv. 2. lettre M. tit. 48. Arr. 47.*

Fille majeure negligée par son pere, peut se marier. 563
Arrêt du Parlement de Grenoble du 19. Juin 1618. qui permet à la fille de se retirer avec une tante, & de se colloquer en mariage selon sa qualité de l'avis de ses parens, alliez & amis; elle avoit 28. ans, & de grands biens du chef de sa mere, dont l'on jugea que le pere vouloit joüir & en faire part aux enfans d'un second mariage. *Basset, tome 2. liv. 4. tit. 2. ch. 1.*

L'on sçait que la fille âgée de 25. ans, son pere est 564
obligé de la marier, suivant l'Ordonnance d'Henry II. art. 4. Un pere nommé Courdurier, ayant demandé par Lettres qu'il fût fait inhibition à sa fille de 25. ans de se marier; la Cour au contraire luy permit, & condamna le pere, qui s'étoit remarié, à luy payer la dot de sa mere. Arrêt du P. de Toulouse du 25. Juillet 1634. En 1637. il y eut un pareil Arrêt contre un nommé Bouché. Le 27. Juillet de la même année, un pere fut condamné à doter sa fille de 25. ans dans huit jours; & le 21. Mars 1648. en la cause de Jean Ginié, sieur de Bousquet, il fut jugé qu'il doteroit sa fille, non au dire d'Experts, comme le Sénéchal l'avoit ordonné, mais suivant l'estimation qu'en feroit M. Carrié, Lieutenant au Sénéchal de Lauserte, qui avoit rendu l'appointement; la mere, aussi-bien que le pere, étant vivante; il est vray que ce pere l'avoit fort maltraitée. Le 14. Mars 1640. la même chose fut jugée en la cause de Ramade, Banquier & Elû de Xaintes, contre sa fille, qui vouloit se marier avec M. de la Cieutat, Conseiller au Parlement de Bourdeaux. Ce Parlement ayant ordonné que les parens s'assembleroient pour regler la dot de la fille; les uns étoient d'avis qu'il luy donnât 20000. écus, les autres 15000. & les autres 10000. Le pere se pourvût par Requête Civile; elle fut renvoyée au Parlement de Tou-

MAR   MAR

louſe, qui ordonna que vû la declaration de la fille, qu'elle ne vouloit pas ſe marier avec M. de la Cieutat, parce que le pere ſe plaignoit de luy, il payeroit 25000. liv. de dot à ſa fille, moitié en argent, moitié en fonds; il faut neanmoins que la fille âgée de 25. ans, faſſe trois Actes de reſpect; ſi avant cet âge elle ſe marie contre la volonté de ſa mere, quoyqu'elle ait fait tels Actes, la mere peut faire caſſer le mariage. Ainſi jugé en la cauſe de Jeanne Deſtrets & de Vayſſade, le 7. May 1643. La Cour ayant declaré y avoir abus, ordonna priſe de corps contre Vayſſade, & le Prêtre qui les avoit mariés. Suivant la même Ordonnance, le fils qui a 30. ans paſſez, s'il ne fait pas trois Actes de reſpect à ſon pere, la Cour declare en la celebration du mariage y avoir abus, & permet au pere de l'exhereder; cela fut ainſi jugé en la cauſe de Philippes pere, contre Philippes fils, & une nommée Deſpiet, par Arrêt du 9. Février 1649. mais ſi le pere après le mariage de ſon fils, contracté ſans ſon conſentement, voit la femme de ſon fils, & qu'il la reçoive dans ſa maiſon, il n'eſt plus recevable à être appellant comme d'abus de la celebration d'un tel mariage; c'eſt pourquoy le 26. Mars 1675. un nommé Brun de Montpellier, s'étant aviſé après avoir reçû ſa belle-fille de faire caſſer le mariage, il fut declaré n'y avoir point d'abus, avec dépens & l'amende. *Albert*, verbo, *Fils*, art. 1.

565   Une fille âgée de 25. ans, croyant que ſon pere négligeoit de la marier, preſenta Requête au Parlement de Bourdeaux, & remontra qu'elle étoit recherchée d'un nommé Dupuis, qu'elle deſiroit avoir. Le pere declame contre Dupuis, dit qu'il eſt méchant, & prévenu de pluſieurs crimes. Par Arrêt, il fut permis à la fille de ſe marier, & neanmoins ordonné que le pere ſe pourroit rendre dénonciateur contre Dupuis. Cet Arrêt eſt rapporté comme un des faits d'une cauſe portée à l'Audience de la Grand'-Chambre du Parlement de Paris le 20. Mars 1635. *V. le Journal des Audiences*, t. 1. li. 3. chapitre 16.

MARIAGE PRESUMÉ.

566   *Matrimonium preſumitur per donationem annulli ſponſæ, & traductionem ad domum ſponſi.* Voyez *Franc. Marc.* tom. 2. queſt. 704.

567   Des querelles qui ſe meuvent contre les femmes, après la diſſolution du mariage. *Voyez le Veſt, Arr.* 26. où il eſt parlé d'un mariage préſumé entre Leonard de Sauvaignes & Philippes de Virolande.

568   Les mariages préſumez n'ont lieu en France. Arrêt du Parlement de Grenoble du 22. Juin 1631. *V. Baſſet*, tome 1. liv. 4. tit. 3. ch. 1.

MARIAGE, PREUVES.

569   Si en promeſſes de mariage, la preuve par témoins eſt admiſſible? *Voyez le mot, Preuve, n. 132. & 133.*

570   *De probatione legitimâ matrimonii & ingenuitatis.* Voyez *Anne Robert, rerum judicat. liv. 2. ch. 17.*

571   *Teſtes poſt publicationem & didiſcita teſtificata in cauſâ matrimoniali, produci an poſſint?* Voyez *Franc. Marc.* tom. 2. queſt. 152.

572   *Matrimonium probandi modus.* Voyez ibidem, queſtion 701.

573   *Matrimonium an deduci & probari poſſit coràm ſæculari judice?* Voyez ibid. queſt. 703.

574   L'article 54. de l'Ordonnance de Moulins, a lieu és promeſſes de mariage. Arrêt du 10. Mars 1573. *Carondas*, liv. 11. Rép. 60. La preuve des promeſſes de mariage reçûë par témoins. Arrêts du 6. Decembre 1606. & du 18. Juin 1611. *Chenu*, 2. Cent. queſt. 50.

575   On demande ſi l'on peut faire preuve par témoins de la celebration du mariage? Pour reſoudre cette queſtion, il faut diſtinguer, ſçavoir que l'on reçoit la preuve teſtimoniale du mariage lors qu'il a été fait ſolemnellement & publiquement, en preſence des parties, parens & perſonnes qualifiées, & qu'il a été célebré dans l'Egliſe; c'eſt le ſens de la Loy 1. *Vicini*. 9. au Code *de nupt.* citée par les Docteurs. c'eſt auſſi l'eſpece de l'Arrêt du 16. Decembre 1606. rapporté par Labbé, ſur l'art. 220. de la Coût. de Paris. Mornac, ſur la Loy 9. §. *quoniam. digeſt. de reb. cred. & ad Leg.* 4. *digeſt. de pig.* le date du 15. Decembre, & en cite un autre du mois de Février 1552. qu'il dit avoir jugé qu'une des parties ayant mis en fait que le matiage avoit été conclu & arrêté en preſence de vingt perſonnes de qualité; on l'admit à faire preuve, & il conclud, en diſant, *nec alio jam certiore jure utimur.*

576   Le 15. Juin 1573. au Rôlle de Poitou, fut plaidé un appel comme d'abus de la Sentence de l'Official, qui avoit appointé les parties contraires ſur les faits de promeſſe de mariage, par paroles de preſent, mis en avant par l'une des parties, données par l'autre; l'appellant comme d'abus fonda ſon appel ſur l'Ordonnance, verifiée en la Cour, qui défend de recevoir les parties à verifier par témoins, les faits excedans la ſomme de 100. liv. L'intimé qui ſoûtenoit le jugé, diſoit que l'Ordonnance du Roy *non ligat judices Eccleſiaſticos*, & que l'Edit n'étant fait par le Roy au ſujet des mariages, ne touche pas le fait ni la ſubſtance des mariages, mais les preuves & conventions matrimoniales, comme doüaire & autres choſes qui concernent le temporel; le Roy n'a jamais entendu toucher au ſpirituel par ſes Ordonnances, & la promeſſe de mariage par paroles de preſent, eſt pure ſpirituelle, à laquelle l'Edit du Roy ne ſe peut étendre; la cauſe fut appointée au Conſeil. *Bibliot. de Bouchel*, verbo, *Mariage.*

577   Le 14. Février 1608. il a été jugé qu'une promeſſe de mariage peut ſe prouver par témoins. Le même avoit été jugé en la Chambre de la Tournelle au mois de Decembre 1606. tellement que l'on n'en doute plus à preſent. *Ibid.* verbo, *Preuve.*

578   Du 6. Mars 1608. par Arrêt donné en la Grand'-Chambre ſur l'appel comme d'abus de ce que l'official avoit reçû l'intimé à verifier par témoins que promeſſe de mariage par paroles de preſent luy avoit été faite par l'appellant, la Cour jugea ſur le champ que mal, abuſivement, il avoit été prononcé par le Juge *à quo*; l'intimé condamné aux dépens, tant de la cauſe principale que de la cauſe d'appel. *Voyez ibid.*

579   Citations pardevant le Juge d'Egliſe, *ſuper ſusceptione partûs, dote, & ſuper oneribus geſtina*, ſont prohibées, comme abuſives, & le Juge d'Egliſe ne peut faire défenſes aux parties de contracter mariage ailleurs pendant le procés, à peine d'une ſomme de deniers: la preuve des promeſſes de mariage reçûë par témoins. Ainſi jugé par les Arrêts cy-deſſus citez *au nombre* 575.

580   Preuve de mariage rejettée par Arrêt du 11. Août 1629. qui condamna l'intimé & l'appellant pour la vie ſcandaleuſe & débauchée par eux menée enſemble, à aumôner chacun 80. liv. pariſis au pain des priſonniers, pour laquelle neanmoins l'appellante ne pourra être contrainte que par ſaiſie de ſes biens, condamnant l'intimé à payer la ſomme de 200. liv. de penſion à chacun des enfans. *V. Bardet*, tome 1. liv. 3. ch. 59.

581   Preuve d'un mariage reçûë par témoins. Arrêt du mois de Juillet 1636. qui déboute M. le Préſident du Bouchage, de l'oppoſition aux Lettres d'examen à futur, permet à la Demoiſelle de Clermont de faire oüir les témoins. Cet Arrêt fit obtenir une preuve plus forte par la propre confeſſion du mary, lequel dés le lendemain, reconnut la verité du mariage.

582   La citation d'un Official *ſuper fœdere matrimonii præſumpti*, enſemble la preuve par témoins des promeſſes de mariage ſont abuſives. Arrêt du 22. Janvier 1641. *Soëfve*, tome 1. Cent. 1. ch. 28.

MARIAGE DES PRINCES.

583   Il n'eſt permis aux Princes du Sang & Grands du Royaume de ſe marier ſans le conſentement du Roy. *Le Bret, Traité de la Souveraineté du Roy*, livre 1. chapitre 8.

584   On ne doute pas que les Princes ne doivent prendre le conſentement du Roy, pour leurs mariages, & que cette ſoûmiſſion & cette dépendance ne faſſe partie de leur devoir; mais on a douté ſi ſuppoſé qu'ils ne l'ayent

pas fait, cela emporte la nullité du mariage. La proposition en fut faite en l'assemblée des Notables, que le Roy Henry III. avoit convoquée à Saint Germain en Laye l'an 1583. non seulement pour les Princes, mais aussi pour les Officiers de la Couronne, & Gouverneurs des Provinces, s'ils contractoient mariage avec des étrangers: mais il n'est point fait mention qu'il y ait nullité dans le mariage, quoyque l'on prétendît qu'ils fussent sujets à d'autres peines; cette question fut fortement agitée en 1635. à l'occasion du mariage de Monsieur le Duc d'Orleans.

L'Assemblée du Clergé consultée sur cette question, répondit que les Coûtumes des Etats peuvent faire que les mariages soient nuls, & non valablement contractez, quand elles sont raisonnables, anciennes, affermies par une prescription legitime & autorisée par l'Eglise; que la Coûtume de France ne permet pas que les Princes du Sang, & particulierement ceux qui sont presomptifs heritiers de la Couronne, se marient contre le sentiment du Roy, beaucoup moins contre sa défense, & que tels mariages sont invalides. Les sentimens de la Sorbonne n'avoient pas été uniformes sur cette matiere. V. la Biblioth. Canon. tome 2. p. 85.

MARIAGE PROMIS.

585 *Sponsalia contracta per parentes pro liberis existentib. in cunabulis, an per temporis tractum vel per transductionem ad domum rata fiant, & an parentes per promissionem obligentur?* Voyez Franc. Marc. tome 2. q. 722.

586 *Sponsalia quibus adjecta est pœnalis stipulatio, vel aliquid simile, non tenere juris est.* Voyez ibid. q. 748.

587 Mariage, & des interêts faute de se marier. Voyez M. le Prêtre, 1. Cent. ch. 68.

588 Des promesses de mariage. V. le Traité de la Preuve par M. Danty, Avocat en Parlement, ch. 6. part. 1.

589 Si pour ne pas accomplir des promesses de mariage l'on est tenu à quelques dommages & interêts? V. Bouvot, tome 1. pari. 2. verbo, Promesse de mariage, & to. 2. verbo, Mariage, quest. 25.

590 C'étoit autrefois un usage observé dans les Officialitez, d'obliger par censures à accomplir les promesses de mariage, quand ceux qui en faisoient refus, n'étoient pas bien fondez; mais la Jurisprudence des derniers Arrêts, a changé cet usage. Definit. canon. p. 526.

591 Sur la validité d'un mariage consommé sur la foy d'une promesse reciproque, contenant *sponsalia de præsenti*, avant le Concile de Trente, & l'Ordonnance de Blois. Voyez le 14. Plaidoyé de M. Basset, to. 1. fol. 175. les parties transfigerent, ainsi il n'y eut point d'Arrêt.

592 On ne peut obliger une fille mineure qui est sous la puissance de son pere, d'executer une promesse de mariage qu'elle a donnée. Voyez le 74. Plaidoyé de M. de Corbiron, Avocat General au Parlement de Metz.

593 Voyez le 93. Plaidoyé de M. de Sainte Marthe, pour une femme qui attaquoit en appel comme d'abus le mariage de celuy de qui elle prétendoit avoir une promesse de mariage; elle en avoit eu un enfant, qu'il avoit reconnu & fait enterrer, étant mort peu de temps après. Le Plaidoyé suivant est pour le mary, de qui l'on attaquoit le mariage, sous prétexte de cette promesse.

594 Jugé que les promesses de mariage ne se pouvoient prouver par témoins. Arrêt du 25. Avril 1602. rapporté par Tournet, lettre M. Arr. 36. & lettre O. Arrêts 35. 36. & 41.

595 Un Conseiller de la Cour ayant abusé sous promesse de mariage d'une femme, & ne voulant l'épouser, parce qu'il disoit avoir été parain d'un de ses enfans, fut par censure de la Cour admonesté d'obtenir du Pape Dispense, & prendre en mariage cette femme. Arrêt du Parlement de Paris du 28. Avril 1548. Papon, liv. 22. titre 9 nomb. 9.

596 Guillaume Rouxel fait citer pardevant l'Official de Rennes, Perrine Languille en cas de mariage. Elle compare; Pierre le Couvreux maintient l'avoir legitimement épousée. L'Official ordonne que les parties écriront & produiront; & le 6. Février 1575. il donna

Sentence diffinitive, par laquelle il dit que ledit Rouxel a eû cause à demander l'entherinement des promesses de mariage faits par paroles de futur; à faute de quoy, & pour la foy violée, il l'a condamné aux dépens & interêts de Rouxel, lesquels il modera à 10. liv. faisant droit sur les Conclusions du Promoteur, il declare les nôces celebrées par Languille avec le Couvreux, clandestines, & contre les sanctions des saints Decrets, Conciles & Canons; au moyen de quoy il les declare avoir encouru Sentence d'excommunication, nonobstant certaines prétenduës dispenses de deux bannies & proclamations matrimoniales; & que le mariage de le Couvreux & Languille seroit de nouveau banni par trois Dimanches consecutifs aux Prônes des grandes Messes de leur Paroisse à haute voix; & au cas qu'il ne se trouveroit empêchement, ils seront derechef tenus repeter les solemnitez de leur mariage publiquement & à heure dûë, entre les mains de leur propre Recteur ou Curé, ayant au préalable obtenu le benefice d'absolution; faute de quoy dés à present, comme dés-lors, & dés-lors comme à present, declare les enfans issus d'eux, & qu'ils auront à l'avenir, illegitimes, & de damnable conjonction: il declaroit tous ceux & celles qui sciemment avoient assisté ausdites nôces clandestines, & qui les ont conseillées & favorisées, avoir encouru Sentence d'excommunication, & qu'ils avoient besoin du benefice d'absolution. Et à ce qu'aucun n'en prétendît cause d'ignorance, auroit enjoint au Recteur de la Cure de Marsillé, ou à son Curé, de lire publiquement au Prône, par trois Dimanches consecutifs, à haute & intelligible voix, la Sentence, sans dissimulation ou connivence, sur peine de suspense à Divinis. Appel comme d'abus de ces deux Sentences par le Couvreux & Languille. Arrêt du Parlement de Bretagne du 9. Septembre 1578. qui pour le regard de la premiere, met les parties hors de Cour & de procés. Quant à la seconde, il est dit mal, & abusivement jugé, Rouxel condamné aux dépens de la cause d'appel. V. Du Fail, liv. 3. ch. 378.

597 Le 25. Août 1581. la cause d'une femme prétendant que promesse de mariage luy a été faite, & en cette qualité ayant par an & demi conversé comme femme, & eû des enfans, fut renvoyée à l'Official, pour juger de la validité du mariage prétendu, sauf au Procureur du Roy de demander & requerir contre ce mary, qui avoit contracté un second mariage solemnel. Papon, liv. 1. tit. 4. n. 2.

598 La peine de 300. liv. apposée dans un Contract de mariage contre celle des parties qui refusera de l'accomplir, ne peut être demandée. Jugé le 12. Decembre 1596. Cambolas, liv. 2. ch. 22.

599 Par Arrêt d'Audience du Parlement de Normandie du 25. Janvier 1588. furent un Tuteur & des parens mulctez de grosses amendes; pour avoir tiré des promesses d'argent pour consentir au mariage d'une mineure; suivant le sentiment de Rebuffe, *in Concord. in tit. de publ. concub. in §. & cum omne in verbo si tamen*; ledit Arrêt rapporté par Berault, sur la Coût. de Normandie, titre des Gardes, article 228. in verbo, & Amis.

600 Un mariage contracté par promesse, sans le consentement des Tuteurs & Curateurs, ne peut être confirmé par l'Official; au contraire telles promesses sont annullées. Arrêt du Parlement de Dijon du 25. Janvier 1598. Bouvot, tome 2. verbo, Mariage, quest. 4.

601 Promesse de mariage faite peu avant le décés de celuy qui l'avoit faite, & lors qu'il étoit grievement malade, non suivie d'épousailles, n'est pas valable. Arrêt à la Pentecôte 1591. Montholon, Arr. 70.

602 Verification de promesse de mariage ne se fait par témoins. Arrêt du Parlement de Paris du 17. Février 1600. qui declare abusive la Sentence de l'Official de Paris, lequel avoit appointé les Parties à faire enquêtes. Biblioth. Canon. tome 2. p. 659. à la fin.

603 Un homme fait une promesse de mariage, & est cité pardevant l'Official pour l'accomplir; il répond que

cette promesse a été faite sous condition que la fille luy donneroit 600. écus ; mais que depuis la fille hors d'état de payer, avoit promis de ne se point aider de la promesse. Il offre de verifier ce fait par témoins ; l'Official appointe à informer ; appel comme d'abus ; l'intimé allegue en sa faveur un Arrêt donné à Tours, qui avoit admis la preuve par témoins en fait de mariage. M. Servin Avocat du Roy dit, que dans l'espece de l'Arrêt, la promesse de mariage avoit été faite en presence de parens & amis, & qu'il n'y avoit point d'écrit. Icy au contraire, & que l'on ne pouvoit admettre preuve par témoins *contra scriptum*. Arrêt du 28. Février 1600. qui prononce, mal & abusivement, renvoye les Parties pardevant l'Official de Paris, autre que celuy dont est appel, pour proceder sur les promesses de mariage. *Biblioth. de Bouchel*, verbo, *Preuves*.

604 Jugé au Parlement de Paris le 25. Avril 1602. que la preuve par témoins n'est recevable en fait de promesse de mariage. *Additions à la Biblioth. de Bouchel*, verbo, *Preuves*.

605 Jugé par Arrêt du 17. Juin 1602. que les promesses de mariage faites par le pere pour sa fille, & en son absence, n'obligent le promis à les entretenir. *Filleau*, 4. part. question 148.

606 Jugé par Arrêt du 6. Decembre 1606. que la preuve des promesses de mariage est recevable par témoins. *Ibid. quest*. 150.

607 Jugé que les promesses de mariage pouvoient se prouver par témoins. Arrêt du Parlement de Paris du 16. Decembre 1606. *Plaidoyers de Corbin*, ch. 76.

608 Le pere qui promet sa fille en mariage, & signe les articles, avec promesse de les faire accomplir, est tenu des interêts, faute d'accomplissement. Arrêt du Parlement de Dijon du 28. Juillet 1605. *Bouvot, tome 2.* verbo, *Mariage, quest*. 38.

609 Une promesse de mariage faite par une fille malade de contagion, & par son pere nommé Lamberville, à son Medecin nommé la Brosse, s'il la pouvoit guerir par son Art, fut declarée nulle, par Arrêt donné en la Chambre de l'Edit le 13. Juin 1607. *Vide L. si Medicis D. de extr. cognit.* & la *Bibliotheque de Bouchel*, verbo, *Mariage*.

610 Promesses de mariage par paroles de present défenduës; abus d'en recevoir la preuve & l'execution. Arrêt du Parlement de Paris du 6. Mars 1608. *Plaidoyers de Corbin*, chap. III.

610 bis. Par Arrêts du Parl. de Roüen des 7. Juillet 1610. 21. Mars 1615. 26. Juin 1614. rapportez par *Berault*, *sur l'art*. 369. *de la Coût. de Normandie*, il a été jugé que quand il y a eu promesse entre Parties capables de contracter, & ensuite cohabitation ; sur le refus de l'homme de proceder aux épousailles, il doit être condamné à la mort.

611 Le sieur de Sedenay avoit eu un enfant de Damoiselle Jeanne de Féal ; il luy donne une promesse de mariage, & decede huit mois aprés subitement, sans l'avoir accomplie. Arrêt du 7. Septembre 1610. contre la femme qui prétendoit la qualité de veuve. Les Juges convenoient que s'il eût été vivant, il pouvoit être poursuivi comme Ravisseur, & condamné, si mieux il n'aimoit épouser ; mais étant décedé, il n'y avoit pas lieu de declarer valable un mariage promis & precedé d'une cohabitation illicite. *Additions à la Biblioth. de Bouchel*, verbo, *Mariage*.

611 bis. Il n'est point dû d'interêts pour des promesses de mariages non accomplies, & on peut les faire resoudre sur ce que la fiancée est trouvée s'être abandonnée à un autre, avant ou pendant les fiançailles. Arrêt du Parlement de Dijon du 4. Juillet 1611. *Bouvot, tome 2.* verbo, *Mariage, quest*. 50.

612 Arrêt du Parlement de Bretagne du 15. Decembre 1611. rapporté par *Frain, page* 119. qui a declaré abusif un appointement à faire preuve sur promesse de mariage.

613 Jugé par Arrêt du 16. Avril 1613. que les promesses de mariage faites entre majeurs, doivent être entretenuës, & n'en peut l'une des parties resilier, encore qu'elle offre les dommages & interêts ; *secus* entre mineurs. *Filleau*, 4. part. quest. 147.

614 Si de deux promesses de mariage faites en divers temps, & à deux diverses personnes, la premiere doit prévaloir ? La fille qui demandoit l'execution de la premiere promesse, obtint seulement des dommages & interêts, & la Cour mit les Parties en liberté de se marier où bon leur sembleroit. Arrêt du Parlement de Toulouse de l'année 1627. *Voyez le* 5. *Plaidoyé de M. Jean Boné*.

615 Jugé par Arrêt du Parlement de Paris du 20. Decembre 1629. qu'une promesse de mariage d'un mineur ne se prouve par témoins, & l'appointement de contrarieté de l'Official est abusif. *Bardet, tome* 1. *liv*. 3. *ch*. 76.

616 Un enfant né sous la seule promesse de mariage sans aucune ceremonie de l'Eglise, déclaré capable de succeder, par Arrêt du Parlement de Roüen du 21. Novembre 1630. contre lequel il y eut Requête Civile, dont la Cour débouta. L'Ordonnance de 1639. a introduit de nouvelles regles. *Basnage, sur l'art*. 235. *de la Coût. de Normandie*.

617 Si les seules paroles d'un engagement reciproque, prononcées en la presence d'un Curé, sont valables. Le fils du Lieutenant General de Bayeux fit des promesses de mariage à Jeanne de Salem. Son pere en ayant eu avis, obtint des défenses du Juge de Bayeux, qu'il fit signifier au Curé de passer outre, ce qui ayant empêché la celebration, il déclara qu'il la prenoit pour sa femme, & en effet il demeura avec elle comme s'ils eussent été mariez, sans que le pere continuât ses poursuites. Aprés la mort du pere, la veuve du fils, comme Tutrice de ses enfans, demanda partage en la succession du pere. Par Arrêt du Parlement de Roüen du 19. Juin 1671. le mariage fut confirmé, & les enfans reçus à succeder. *Ibid*.

618 Aux appellations comme d'abus des Sentences des Juges Ecclesiastiques, par lesquelles ils condamnent à épouser celuy qui a donné promesse & foy de mariage, La Cour a de Coûtume de condamner le refusant aux dommages & interêts, s'ils sont demandez, & d'envoyer en l'appel les Parties hors de procés. Arrêts du Parlement de Bretagne des 14. Novembre 1633. & 1. Avril 1636. rapportez par *Frain, page* 814.

619 Jugé au Parlement de Paris le 9. Juin 1637. qu'on peut revoquer des promesses de mariage, faites même par Contract public. *Bardet, tome* 2. *livre* 6. *chapitre* 15.

M. l'Avocat General Bignon dit, qu'étant question d'une action intentée pour l'accomplissement d'un mariage, *super fœdere matrimonii* ; l'Official étoit competent d'en connoître ; ainsi il n'y a aucun abus en sa procedure, sinon par la consequence qui est telle, que par l'Ordonnance n'y ayant aucun mariage s'il n'est solemnisé & accompli en face de l'Eglise & en la presence du Curé ; il s'ensuit que jusques à ce que cela ait été ainsi fait & solemnisé, il est permis & entierement libre de se retracter, nonobstant toutes sortes de promesses, qui n'ont aucun effet pour obliger à la consommation du mariage : il s'ensuit que la connoissance de l'Official est à present inutile, aprés le premier appointement en la cause, par le moyen duquel il a connu si les Parties sont d'accord de contracter ensemble mariage, ou bien si l'une en fait refus ; auquel cas il ne peut prononcer autre chose, sinon sur la demande pour la consommation du mariage, mettre les Parties hors de Cour & de procés, & leur reserver à se pourvoir ainsi qu'elles verront pour leurs dommages & interêts.

La Cour dit qu'il avoit été mal, nullement & abusivement procedé & ordonné ; & sur la demande de Nicolas le Blanc, tendante à consommation de mariage, mit les Parties hors de Cour & de procés, sans dépens, dommages ni interêts : M. le premier Président prononçant.

620 Official commet abus quand il contraint par censures & Ecclesiastiques, d'accomplir & executer des promesses
621 de mariage. Jugé le 1. Juin 1638. contre l'Official de Langres. *Bardet*, tome 2. liv. 7. ch. 26.

Monsieur l'Avocat General Bignon dit, la décision du Chapitre *ex Litteris*, est une décision de rigueur & de severité, fondée sur le parjure qu'encourent ceux qui contreviennent à leur foy & à leur serment. Pour obvier à ce parjure, l'on a estimé un moindre mal, la contrainte au mariage. Depuis, les choses plus mourement examinées, l'on a trouvé que ce n'est pas un parjure de resilir des promesses d'un mariage, infailliblement il faut qu'il y ait quelque cause legitime qu'on ne veut pas exprimer. Quand il n'y auroit que le changement de volonté, il doit être suffisant; puisque la volonté doit être moins forcée au mariage qu'en aucune autre action. Pour ce sujet ont été faites les Decretales *Praetereà & requisivit*, *de sponsal. & matr.* par lesquels la liberté est laissée toute entiere pour contracter mariage, quelques promesses que l'on puisse alleguer, *cum libera debeant esse matrimonia, monenda potius est quam cogenda mulier, quæ nubere renuit, quando quidem ex actiones difficiles exitus soleant frequentare habere*, répond le Pape en ce Chapitre *Requisivit*, suivant lequel il n'y a point lieu de proceder par censures Ecclesiastiques, faute d'executer les promesses de mariage. Ainsi il y a abus en la Sentence dont est appel.

La Cour ayant égard aux Lettres & icelles entherinant, remit les Parties en tel état qu'elles étoient auparavant les promesses de mariage faites entr'eux; & faisant droit sur l'appel comme d'abus, dit, qu'il avoit été mal, nullement & abusivement ordonné & jugé, neanmoins sans dépens, dommages ni interêts; & toutefois enjoignit à l'appellante de rendre les bagues qu'elle avoit reçues.

622 Arrêt du Parlement de Mets du 23. Septembre 1638. qui a declaré nulles des promesses de mariage données par une fille mineure sans le consentement de son pere & de son tuteur, ordonné qu'elles seroient rendues. *Voyez le 31. Plaidoyé de M. de Corberon*.

623 Arrêt du Parlement de Provence du 19. Novembre 1639. qui a jugé que la promesse de mariage, sur la foy de laquelle une fille a été abusée, ne peut être rescindée, sous prétexte d'erreur de sa qualité. Ce même Arrêt condamna celuy qui avoit fait la promesse de mariage à épouser, ou à la galere perpetuelle, & à l'amende honorable. Le défendeur ayant declaré qu'il vouloit épouser la Demoiselle, M. l'Avocat General de Cormis requit que le Contract fût passé en presence d'un sieur Commissaire de la Cour, & que jusqu'à ce, le défendeur tiendroit prison; ce qui fut ordonné. *Boniface*, tome 1. liv. 5. tit. 1. ch. 2.

624 Arrêts des 14. May 1640. & 2. May 1656. qui ont jugé que les promesses de mariage ne sont point obligatoires, & ne donnent point action pour dommages & interêts. *Ibid.* chap. 1.

625 Regulierement les peines apposées dans les promesses, articles ou traité de mariage pour contraindre les Parties à l'executer sont nulles, notamment quand elles sont en faveur de l'homme contre la femme, ou en faveur de la femme contre l'homme; mais quand la cause n'est point pénale, comme une promesse d'épouser une fille dans quatre ans, & en cas de dédit de luy payer une somme de 4000. liv. declarée valable. Arrêt du 9. Février 1643. Pareil Arrêt du 28. Mars 1639. *M. le Prêtre*, 1. Cent. ch. 68. sine.

626 Si après un Contract de mariage passé, & des bans publiez, l'une des parties peut refuser de passer outre, sous prétexte qu'elle a appris que l'autre est de mauvaise vie, & si la preuve de ce fait est recevable? Arrêt du 20. Juillet 1647. qui juge l'affirmative. Le mary qui avoit eu commerce avec la fille avant le mariage, fut condamné envers elle en 80. l. de dommages & interêts; & l'un & l'autre en une aûmône applicable au pain des prisonniers de la Conciergerie. *Soëfve*, tome 2. Cent. 2. ch. 34.

617 Des dommages & interêts prétendus & ajugez faute d'executer les promesses de mariage; par Arrêt du 10. May 1650. *Ibid. Cent.* 3. ch. 33.

618 Des dommages & interêts prétendus par un garçon pour l'inéxecution des promesses de mariage faites par une fille. *Voyez ibid. Cent.* 4. chap. 41. où il rapporte plusieurs Arrêts, qui n'en ont point donné; il distingue; si la fille s'engage elle-même, on n'ajuge point de dommages & interêts contre elle; si c'est le pere qui fait la promesse, il peut être condamné à quelque somme.

619 Celuy qui a abusé d'une fille sous promesse de mariage, & eu des enfans, doit être condamné aux dépens, dommages & interêts de la fille, bien que le mariage ne soit declaré bon & valable. Arrêt du Parlement de Grenoble du 24. Juillet 1655. *Voyez le 16. Plaidoyé de Basset*, tome 1.

630 Trois promesses de mariage avec une Sentence de l'Official, qui condamne le garçon d'épouser, ne sont suffisantes pour donner les effets civils, le garçon en ayant interjetté appel comme d'abus, & étant décedé pendant l'instruction. La Cour ajugea à la fille la somme de 6000. liv. pour ses dommages & interêts, & 1200. liv. au fils naturel. Jugé le 24. Javier 1662. *Notables Arr. des Aud. Arr.* 68. *Voyez l'Arrêt* 42. *des mêmes Arrêts.*

631 Une fille nommée Loudier poursuivoit un fils de famille pour l'épouser, ou luy payer 3000. liv. suivant sa promesse; le fils & le pere qui étoient intervenans, soûtenoient cette promesse nulle, même qu'elle avoit été faite par un mineur, & que d'ailleurs cette fille s'étant abandonnée à ce jeune garçon, cette promesse n'étoit, à vray dire, qu'une taxe & une composition faite de son honneur, ce qui la rendoit honteuse & nulle; neanmoins on luy ajugea 2000. liv. pour tous interêts, dommages & dépens. *Basnage, sur la Coûtume de Normandie*, article 369. rapporte l'Arrêt du Parlement de Roüen du 10. May 1662.

632 Par Arrêt du Parlement de Roüen du 13. Juillet 1668. que j'ay oüi prononcer étant à Roüen, pour une affaire qui me concernoit, laquelle avoit été renvoyée, par Arrêt du Conseil Privé du Roy, a été une Sentence confirmée, par laquelle on avoit ajugé 5000. liv. de dommages & interêts, & des dépens à un Gentilhomme, contre un autre Gentilhomme, qui luy avoit promis sa fille en mariage, & qui s'y étoit engagé par des conventions écrites, faute d'avoir voulu satisfaire ausdites conventions, & on luy accorda deux mois pour se resoudre, ou de donner sa fille; c'est à dire, executer lesdites conventions, ou pour payer le Jugé : on allegua l'Arrêt de Richelieu, rapporté au *Journal des Audiences*. *Jovet*, verbo, *Mariage*, nombre 67.

633 Obligations des fils de famille, non competens de contracter mariage pour non accomplissement de Contract de mariage, sans le consentement des peres, sont nulles. Arrêt du Parlement de Roüen du 24. Janvier 1673. qui declare nulle une promesse faite par un fils de famille âgé de 22. ans, quoyqu'il fût stipulé que c'étoit pour argent prêté, & que l'on soûtint que la consideration du mariage promis n'y eût aucune part. *Basnage, sur l'art.* 369. *de la Coût. de Normandie*.

634 Deux promesses de mariage à Barbe le Comte par Martigny; il abuse de cette fille, en eut un fils, baptisé sous le nom de l'un & de l'autre, en qualité de mary & femme; trois Sentences conformes qui le condamnent de l'épouser, ou de la doter de trois mille florins; en vertu de ces trois Sentences les biens de Martigny sont saisis. Martigny en veut épouser une autre; opposition à la publication des bans. Sentence de l'Official d'Arras, qui ordonne l'execution des trois Sentences, & jusques à ce qu'elles soient executées, défenses à Martigny de contracter mariage : appel comme d'abus de cette Sentence, &c. Arrêt qui dit qu'il n'y a abus des trois Sentences des Officiaux de Tournay, Cambray & Ypres; mais qu'il y a abus de la Sentence de l'Official d'Arras, & de l'excommunication; & en consequence que

que l'appellant se retirera pardevers l'Evêque d'Arras, pour être absous de l'excommunication, & se pourvoira sur la réiteration de son mariage, que les deniers saisis seront baillez à Barbe le Comte. Arrêt du 5. Février 1675. à Paris. *Journal du Palais.*

635 Les promesses de mariage n'obligent ceux qui en refusent l'execution, qu'à rendre ce qu'ils ont reçû, & aux dommages & interêts ; les femmes en ce cas n'ont pas plus de privilege que les hommes. Arrêt du Parlement de Grenoble du 7. Août 1675. contre une fille de néant, qui la condamne à rendre les presens qu'elle avoit reçûs, & une somme de 100. liv. pour dommages & interêts. *Chorier en sa Jurisprudence de Guy Pape, p. 221.*

636 Le Juge d'Eglise ne peut sans abus admettre en preuve de la promesse de mariage ; cette preuve ne tendroit qu'à des dommages & interêts, qui ne sont pas de sa competence ; il ne peut aussi ordonner que les Parties, dont l'une refuse, se presenteront devant un Prêtre, pour la celebration du mariage. Arrêt du Parlement de Toulouse du 19. Avril 1679. *V. M. de Catellan, liv. 1. chapitre 61.*

637 Jacques Carré, fils de Guillaume, de la ville d'Alençon fait un Contract de mariage avec la fille d'un Procureur en la Chambre des Comptes de Roüen ; le pere signe au Contract de mariage, & promet indemniser son fils de toutes dettes. Le fils après trois publications de bans rétourne à Alençon, où il contracte mariage avec une autre personne trois ans après, sans aucune opposition de la part de la premiere : le pere intervient pareillement à ce second mariage, & promet indemniser son fils de toutes dettes : devenu veuf six semaines après, il offre d'épouser la premiere, qui le poursuivoit pour le payement d'une somme de 150. liv. à laquelle elle l'avoit fait condamner pour dommages & interêts ; & où elle ne le voudroit, il declaroit appeller de la Sentence ; cette Sentence portoit condamnation de 150. liv. d'interêts contre le fils, dont le pere seroit solidairement prénable ; recours neanmoins au fils sur le pere. L'appel porté au Parlement de Normandie, Arrêt intervint le 12. Decembre 1686. qui met l'appellation, & ce dont étoit appellé au néant, en corrigeant & réformant, déchargea Carré pere de la condamnation des interêts, le surplus de la Sentence sortissant son plein & entier effet, avec dépens contre Carré fils. M. l'Avocat General de Menilbus porta dans cette cause la parole pour la premiere fois. L'on citoit plusieurs Arrêts contraires, un du même Parlement rendu en la Grand'-Chambre le 13. Février 1681. par lequel Marguerite Lucas, fille mineure, fut condamnée en 200. liv. de dommages & interêts, pour avoir changé de volonté, après une assemblée de parens qui avoient agréé le parti, quoyqu'elle n'eût point signé les promesses de mariage ; il fut dit que le Tuteur pourroit employer les 200. liv. dans son compte. *Voyez le Recüeil des Arrêts de Normandie,* étant ensuite de l'esprit de la même Coûtume, page 11. & suiv. les moyens y sont rapportez.

638 Jugé au Parlement de Tournay le 4. Octobre 1695. qu'un garçon peut être arrêté avec permission du Juge, quoyque sans information précedente à la requête d'une fille abusée, sous promesse de mariage, & qu'il ne doit être élargi qu'en donnant bonne & suffisante caution. *Pinault, tome 1. Arr. 76.*

638 bis. Promesses de mariage faites à un Medecin avant qu'il guerit la malade, ne donnent lieu à des dommages & interêts, en cas d'inéxecution. *Voyez cy-après le mot, Medecin, nombre 40.*

Voyez cy-dessus le nombre 81.

MARIAGE, RAPT, RAVISSEUR.

639 *Sponsam impuberem ad domum sponsi traducere an licitum sit ? an sponsus pœnâ raptûs puniendus sit ?* Voyez *Franc. Marc. tom. 2. quest. 70.*

640 Arrêt du Parlement de Paris du 9. Mars 1516. par lequel il fut dit mal, & abusivement décerné & exécuté, en ce que pendant la question du crime de rapt, portée

pardevant le Sénéchal d'Anjou, ou son Lieutenant à Angers, l'on avoit fait citer la fille *sub fœdere matrimonii,* pardevant l'Official d'Angers. *Biblioth. de Bouchel,* verbo, *Appellations comme d'abus.*

641 Une pauvre fille mariée par l'entremise de sa mere à un jeune homme au-dessus de sa condition, a été par Arrêt du Parlement de Paris du 3. May 1555. renvoyée quitte du crime de rapt ; sa mere & ceux qui s'en étoient mêlez, aussi bien que les Notaires qui avoient fait le Contract par paroles de present, condamnez en des amendes vers le Roy, & les Curateurs, sauf à la fille, pour raison du Sacrement, à se pourvoir pardevant le Juge d'Eglise. *Papon, liv. 22. tit. 6. n. 4.*

642 Rapt commis en la personne de Fleury Leger qu'on avoit porté à se marier sans le consentement de son Tuteur & Curateur, puni d'amende honorable & autres peines pecuniaires. Arrêt du 26. Mars 1554. par lequel sur la Requête de M. le Procureur General, la Cour a fait défenses à toutes personnes de contracter aucun mariage sans le vouloir & consentement des pere & mere, Tuteur & Curateur des enfans qu'on voudra marier, sous peine d'être privez des profits matrimoniaux & punition corporelle s'il y échet. *Le Vest, Arr. 61.*

643 Arrêt du Parlement de Paris du 22. May 1572. par lequel en consideration du rapt commis en la personne du jeune Matillac, fut le principal appointé au Conseil, & cependant ordonné qu'il seroit mis és mains de son Tuteur, & que le Curé, les Notaires & Procureur seroient amenez prisonniers. *Papon, liv. 15. tit. 1. n. 4. & Mainard, liv. 8. chap. 37.*

644 Par Arrêt de la Tournelle du 12. Février 1583. il a été jugé que l'action du mariage est préjudiciable à l'action de fur & larcin, & qu'il faut juger *super fœdere matrimonii* avant que d'entrer au crime de larcin, & pour cet effet renvoyer les Parties pardevant le Juge d'Eglise. *Voyez Robert, rerum judicat. lib. 2. cap. 12.* Regulierement l'action civile préjudiciable fait cesser la poursuite criminelle. *Voyez Carondas, liv. 7. de ses Réponses, chap. 214. & Papon, liv. 22. tit. 6. nomb. 2.*

645 Un Clerc qui avoit engrossé la fille d'un des Présidens aux Enquêtes alleguoit promesse de mariage ; la fille soûtenoit le vouloir pour mary ; elle disoit qu'elle avoit 25. ans, & qu'il luy étoit permis par la loy *qui liberos ff. de ritu nupt.* vû la negligence & le peu de soin de son pere de choisir & prendre mary ; neanmoins il fut condamné à être pendu, & le Bourreau l'executant à la place de saint Jean en Greve, par une émotion populaire fut recous & le gibet coupé, le Bourreau fort maltraité par la pratique des certains Clercs du Palais ses compagnons, en l'an 1583. *Bibliotheque de Bouchel,* verbo, *Rapt.*

646 Une fille tres-jeune se marie en face d'Eglise ; accusation de rapt ; le mary s'absente, la femme proteste qu'elle n'a point consenti au mariage : elle passe à un second, dont elle a des enfans ; le mary décede, les collateraux prétendent la succession, disant que cette veuve *justa uxor esse non potuit* à cause du premier mariage ; elle répond qu'il n'a point été volontaire de sa part & qu'elle a toûjours été en bonne foy ; elle allegue une possession paisible de son état pendant 20. années. Arrêt du Parlement de Paris du 3. Avril 1601. qui exclut les collateraux sans dépens, à cause de la qualité des parties. *Ibidem.*

647 Arrêt du Parlement de Paris du dernier Août 1602. donné au profit d'un Secretaire du Roy sur le rapt fait de son fils par une femme impudique, le mariage declaré nul, ordonné que le fils demanderoit à genoux & nuë tête en la Chambre pardon à son pere, le fils condamné à aumôner 25. écus au pain des prisonniers ; celuy qui avoit favorisé le mariage payeroit 50. écus, la prétendue femme bannie de la Prévôté de Paris pour 9. ans, le Notaire suspendu de l'exercice de son Office pour 3. mois & que le procès seroit fait au Curé par son Official pour les avoir mariés sans présence de pa-

rens ni publication de bans, à la charge du cas privilegié, à l'inſtruction duquel aſſiſteroit le Lieutenant Criminel du Châtelet. *Papon, liv. 22. tit. 6. nomb. 4.*

648 Mariage contracté entre perſonnes inégales par paroles de futur au deſceu des pere & mere de la fille, eſt nul & abuſif, & pour raiſon de tel mariage les parens peuvent intenter action de rapt à l'encontre de celuy qui a ſuborné la femme à condeſcendre à telle promeſſe de mariage, combien qu'elle ait été mariée, & ſoit âgée de plus de 30. ans, Arrêt du 6. Août 1603. *Chenu, 2. Cent. queſt. 51.*

649 Un jeune homme envoyé à Poitiers pour étudier *dat operam liberis non libris*; il promet le mariage à une fille devenuë groſſe, elle intente action de mariage, ſon frere intente action de rapt & par contumace fait condamner à mort le raviſſeur. Le Parlement de Paris jugea que l'action de rapt ne pouvoit être pourſuivie tandis que l'action de mariage duroit, caſſa toutes les procedures du Lieutenant Criminel de Poitiers, renvoya les Parties pardevant l'Official pour proceder ſur le mariage, à la charge de ne connoître point *ſuper fœdere matrimonii conſummati*, & de juger ſelon les Ordonnances Royaux & les Arrêts de la Cour. Arrêt du 26. Novembre 1605. *Plaidoyers de Corbin, chap. 2.*

650 Si un mariage entre Païſans étoit celebré par avis de parens ſans decret, le mariage ne ſeroit pas moins valable, quoyque la mineure épouſée en fît plainte, & dit n'avoir conſenti, ni accompli le mariage. Arrêt du Parlement de Bretagne en la Tournelle le 25. May 1639. *Du Fail, liv. 2. chap. 273.*

651 Declaration portant Reglement ſur l'ordre qui doit être obſervé en la celébration des mariages, & contre ceux qui commettent le crime de rapt, pour l'execution de l'Edit du mois de Février 1556. & les articles 40. 41. 42. 43. & 44. de l'Ordonnance du mois de May 1579. contenant 7. articles, A Saint Germain en Laye le 26. Decembre 1639. regiſtrée le 19. Decembre ſuiv. 8. *vol. des Ordonnances de Louis XIII. fol. 28.* Le Prêtre, *en ſon Traité des Mariages clandeſtins.*

652 Fille majeure en puiſſance de ſon pere, ſéduite ſous promeſſe de mariage par Claude Laurent. Arrêt par lequel le pere & le fils payeroient la ſomme de 6000. liv. pour ſa dot, du 13. Juillet 1649. au Rôlle de Lyon. *Du Frêne, liv. 5. chap. 45.*

653 Arrêt du Parlement de Provence du 23. Decembre 1666. qui a declaré nulles & abuſives les épouſailles faites entre le raviſſeur & la ravie, ſans le conſentement du pere de la fille, par le propre Curé hors le lieu de ſon établiſſement. *Boniface, tome 1. liv. 5. tit. 5. chap. 3.*

Voyez cy-après le mot, *Rapt*.

MARIAGE, REHABILITATION.

654 Voyez *cy-deſſus* le nomb. 466. & le mot *Rehabilitation, nomb. 6. & 7.*

MARIAGE, RELIGIEUX.

655 Du mariage contracté par un Religieux ou des gens qui engagez dans la profeſſion du mariage, prennent d'un commun accord le parti de la Religion. Voyez cy-après le mot *Religion, nomb. 185. & ſuiv.*

656 *Sponſa de præſenti quæ religionem ingrediendi habet animum, per ſponſum violenter capta & invita cognita fuit, an ob hoc matrimonium conſummatum dicatur, ut religionis ingreſſus impediatur?* Voyez *Franc. Marc, tome 2. queſt. 731.*

657 Pour autoriſer un mariage avant la reclamation, il faut que la violence ſoit ſi publique, que ſa notorieté tienne en quelque maniere lieu de reclamation, ou que la nullité en ſoit ſi évidente, que n'étant pas ſuſceptible du moindre doute, elle ſemble avoir laiſſé le Prêtre ou le Religieux dans ſon premier état ſeculier, à la vûë même du public. *Bibliotheque Canonique, tome 2. page 74.*

658 Luc Matherot prit l'habit de Religieux au grand Prieuré du Val-des-Choux en 1574. il pouvoit alors avoir 14. ans, deux années après il fait Profeſſion, il n'en paroiſſoit aucun écrit, peu après il quitte le Prieuré & ſe marie, l'état de ſa veuve & enfans eſt conteſté. M. de Xaintonge Avocat General dit, que l'Ordonnance d'Orleans qui requeroit 25. ans pour les Profeſſions devoit ſervir de deciſion, & non l'Ordonnance de Blois qui n'avoit été faite qu'en 1579. Arrêt du Parlement de Dijon du 31. May 1617. qui le juge ainſi. V. *les Plaidoyers de M. de Xaintonge, page 401.*

659 Le dernier Mars 1626. il fut jugé au Parlement de Paris qu'une Religieuſe après avoir porté l'habit 14. ans, s'étant mariée & ayant obtenu un reſcrit entheriné, qui la diſpenſe de ſes vœux, même du défaut de reclamation dans les cinq ans, ne peut toutefois demander douïaire ni conventions matrimoniales, cependant la Cour pour aucunes cauſes & conſiderations ajugea à la veuve 600. liv. de penſion chacun an par forme d'alimens. M. l'Avocat General Bignon avoit obſervé que dans le fait il y avoit eu quelque preuve de la force & contrainte alleguée; mais qu'Iſabeau de Pienne ne s'étant pourvûë dans les cinq ans, ſuivant le Concile de Trente, on ne devoit pas douter que la diſpenſe *à voto* n'excedât la puiſſance du Pape, & qu'ainſi la puberté du mariage étoit certaine; neanmoins s'il y avoit des enfans, on les admettroit à la ſucceſſion de leur pere par équité & commiſeration, bien que leur mere veuve dût encore être privée de toutes les conventions matrimoniales, le mariage en ces caſ produiſant divers effets, les uns purement ſpirituels, les autres civils, entierement diſtincts & ſeparez. *Bardet, tome 1. liv. 2. ch. 81. Du Frêne, liv. 1. chap. 95.* & Brodeau après luy, *let. C. ſomm. 8.* citent le même Arrêt, mais le Plaidoyé de M. Bignon n'eſt point par eux rapporté.

660 Chevalier de Malthe, qui n'avoit reclamé contre ſon vœu dans les cinq ans, s'étant marié, & fait de la Religion Prétenduë Reformée, ſon mariage à été declaré nul, & luy incapable de ſucceder. Arrêt du 26. Mars 1627. *Bardet, tome 1. liv. 2. chap. 104.*

661 Mariage d'une Religieuſe faite Heretique, eſt declaré nul, elle incapable de ſucceder. Arrêt du 17. Juillet 1630. *Bardet, tome 1. liv. 3. chap. 115.*

662 Mariage d'un Religieux Profez ne peut avoir aucun effet & ſous prétexte de bonne foy, la femme n'en peut prendre la qualité, ni les enfans être reputez legitimes, ainſi jugé le 16. Février 1632. La Cour pour aucunes cauſes & conſiderations a la mouvant, ajugea aux enfans par forme de proviſion alimentaire & par uſufruit leur vie durant ſeulement la joüiſſance d'une maiſon & cinq quartiers de terre aſſiſ à Gournay. V. *Bardet, tome 2. liv. 1. chap. 5.*

663 Mariage contracté par une Religieuſe au préjudice de l'appel comme d'abus interjetté tant du reſcrit qui la relevoit du laps de cinq ans que de la Sentence d'entherinement, eſt non valablement contracté; ordonné qu'elle ſeroit renfermée en quelque autre Monaſtere pour y faire penitence le reſte de ſes jours, aux offres faites par les Religieuſes d'abandonner ſur d'icelui la penſion viagere de 150. liv. promiſe par le pere. Arrêt du 16. Février 1645. *Soëfve, to 1. Cent. 1. ch. 77.*

664 Un mariage contracté par un Religieux Profez de la Doctrine Chrétienne ſe prétendant non Religieux ſous prétexte de quelques formalitez obmiſes en l'établiſſement de ſon Ordre, eſt nul, & que l'Ordre étant établi de l'authorité du Pape, & par Lettres patentes du Roy, ne peut être conteſté pour quelques formalitez obmiſes en l'établiſſement. Arrêt du 18. May 1645. *Du Frêne, liv. 4. chap. 23.*

665 Profeſſion de Religieuſe forcée. *Voyez le 21. Plaidoyé de M. Gautier, to. 1.* il plaidoit pour la Demoiſelle Dantail qui s'étoit mariée. M. l'Avocat General Briquet conclut pour la Sentence de l'Official qui entherinoit le reſcrit & la validité du mariage. Le contraire fut jugé le 21. Février 1645. elle ſe pourvut par Requête civile, le jugement en fut renvoyé au Parlement de Mets qui l'a conſervée en la poſſeſſion de ſon mariage.

666 Du mariage contracté par un Religieux Capucin entre en premier & un second rescrit par lui obtenus en Cour de Rome pour l'annullation de ses vœux. Arrêt du 3. Avril 1647. qui fait défenses aux parties de se hanter ni fréquenter, à peine de la vie, ordonne que le Religieux rentreroit dans trois jours dans son Monastere, & à faute de ce faire ledit temps passé, permis de le saisir au corps & de l'emmener prisonnier en la Conciergerie du Palais. M. Foulé Maître des Requêtes étoit appellant comme d'abus de ce mariage contracté par son frere. Soëfve, tome 1. Cent. 2. chap. 13.

667 Défenses à toutes personnes de contracter mariage à l'avenir avec des personnes qui auront fait des vœux, & obtenu des rescrits pour les declarer nuls, qu'auparavant lesdits rescrits n'ayent été entherinés, à peine de la vie contre l'un & l'autre des contrevenans. Arrêt du 9. Juillet 1668. De la Guess. tome 3. liv. 2. ch. 19.

668 Marie Henriette de Montebenne avant l'entherinement du rescrit qui la restituoit contre ses vœux, fut mariée au sieur de la Chaussée, en consequence d'une dispense de consanguinité de Cour de Rome. L'Official de Reims rendit une Ordonnance par laquelle il leur enjoignoit de se separer. Il y eut appel comme d'abus. Arrêt du Parl. de Paris du 21. Janvier 1669. qui prononce mal, nullement & abusivement. Bibliotheque Canon. tome 2. page 351.

669 Un mariage concordant fait entre deux personnes majeures ne peut être troublé par le Promoteur en une Officialité, sous prétexte de quelque défaut de formalitez dans la célébration, lorsqu'il n'y a point de partie qui le conteste. Arrêt du 16. Février 1673. les appellans furent neanmoins condamnez en une amende de 20. liv. & eux enjoint de se retirer pardevers l'Evêque de la Rochelle pour recevoir de luy une penitence salutaire & être ensuite procedé à la reiteration du mariage, jusqu'à ce défenses de se hanter, le Prêtre qui a celebré le mariage decreté, défenses à tous Prêtres & notamment à ceux qui en font fonction dans les vaisseaux de célébrer aucun mariage sans la permission de l'Evêque ou de Curez des parties. Soëfve, tome 2. Cent. 4. chap. 79.

670 Une reclamation de vœux jugée bonne & valable, encore que la fille qui avoit reclamé soit contractée mariage avant l'entherinement du Bref qui la restituoit contre ses vœux. Arrêt rendu en la quatriéme Chambre des Enquêtes le 3. Septembre 1681. en faveur de Marie Henriette de Montebenne qui avoit fait profession dans l'Abbaye aux Bois. Cette affaire fut plaidée pendant 34. Audiences. Bibliotheque Canon. tome 2. page 349. & suiv. où est rapporté le Plaidoyé de M. Talon Avocat General.

MARIAGE DE CEUX DE LA R. P. R.

671 Voyez cy-dessus le nomb. 157. & 256.
Du mariage des Catholiques avec des Heretiques & autres, Voyez le Recüeil de Decombes Greffier de l'Officialité de Paris 1. part. chap. 4. page 667.

672 En France il n'y a eu qu'une sorte de secte tolerée, que l'on appelle encore la R. P. R. ils étoient obligez de garder les regles que la police de l'Eglise a établies & qui sont reçuës dans l'Etat particulierement pour les degrez de consanguinité, & c'est le Roy de qui les prenoient les dispenses, & les Juges Royaux qui connoissoient de la validité de leur mariage; mais si le mariage étoit entre un Catholique & une personne de l'autre Religion, c'est le Juge d'Eglise qui en connoissoit, si le défendeur étoit Catholique, & si le défendeur étoit de la R. P. R. c'étoit le Juge Royal; cela a été établi par les Edits & Ordonnances faites à Saint Germain en Laye du 17. Janvier 1561. art. 9. & 1578. art. 14. à Paris en May 1576. art. 10. & à Nantes en Avril 1598. art. 23. & art. secrets 39. 40. & 41. Bibliotheque Canon. tome 2. page 86. & suiv.

673 Jugé que les parens du mary prédecedé ne pouvoient refuser à la veuve son doüaire quoyque mariée à la mode de l'Eglise Prétenduë Reformée pendant les troubles. Arrêt du 3. Février 1563. attendu qu'il n'y avoit eu Edit contraire ni revocatoire de la permission. Papon, liv. 15. tit. 1. nomb. 2.

674 Par Arrêt du 15. Mars 1594. défenses tres-expresses aux Ministres de l'Eglise P. R. de Rochechoart, & à tous autres Ministres de passer outre à la célébration des mariages pardessus & au mépris de l'opposition ou litispendance à luy signifiée, à peine d'être procedé contre eux par telle voye que la Cour avisera. Bibliotheque de Bouchel, verbo, Mariage.

675 Des mariages de ceux de la Religion Prétenduë Reformée. S'il y a un veritable mariage lorqu'un Catholique épouse une personne de la R. P. R. L'affirmative est tenuë.
Ceux de la R. P. R. ne peuvent celebrer aucun mariage au temps défendu par l'Eglise. Les Catholiques qui ont changé de Religion ne peuvent contracter aucun mariage que six mois aprés leur changement. Voyez les Décisions Catholiques de Jean Filleau, Décis. 58. & suiv.

676 Un Prêtre allant faire profession de la R. P. R. ne peut contracter mariage à peine de nullité & de punition corporelle. Arrêt du 22. Août 1640. Du Frêne, liv. 3. chap. 68.

677 Le mariage d'un Prêtre ou Diacre qui s'est fait de la R. P. R. quoyque nul, ne peut être debattu par une personne faisant profession de la même R. P. R. à son égard les enfans pourront partager. Voyez les Décisions Catholiques de Filleau, Décis. 22.

678 L'augment ne peut être demandé par un de la R. P. R. qui sans permission ou dispense du Roy, avoit épousé la cousine germaine de sa premiere femme. Arrêt du 16. May 1656. le degré étant prohibé par les Canons, & ceux de la Religion étant obligez de les observer pour le fait des mariages, il avoit dû recourir au Roy pour avoir dispense. Ibid. chap. 7. fol. 183. art. 6.

679 Les mariages des Huguenots ne peuvent être dissous par le consentement des parties. Arrêt du P. de Toulouse du 7. Décembre 1677. la raison est que quoique ces mariages manquant des formalitez essentielles requises par le Concile de Trente soient de simples contracts, ce sont contracts que l'honnêteté publique & le bon ordre font interessé à faire regarder comme irrévocables. Arrêt de M. de Catellan, liv. 4. c. 7.

679 bis. Declaration portant qu'à l'avenir ceux qui font profession de la Religion Catholique Apostolique & Romaine ne pourront sous quelque prétexte que ce soit, contracter mariage avec ceux de la Religion P. R. declarant tels mariages non valablement contractés, & les enfans qui en proviendront illegitimes & incapables de succeder aux biens meubles & immeubles de leurs pere & mere. A Versailles en Novembre 1680. registrée au Parlement de Paris le 2. & en celuy de Roüen le 11. Décembre de la même année. Journal des Aud. tome 4. liv. 3. chap. 26. Voyez celle du 18. Juin 1685.

680 Formalitez necessaires pour les enfans dont les peres & meres & tuteurs, faisant profession de la R. P. R. sont absens. Voyez le Journal du Palais où vous trouverez la Declaration du Roy du 6. Août 1686.

SECOND MARIAGE.

681 Voyez verbo, Edit, l'Edit des secondes Nôces.
Question, num mulier quæ secundò nupsit, extantibus liberis, uno ex eis mortuo, unà cum liberis superstitibus succedat in proprietate & usufructu, an verò in usufructu tantum, etiam in legitimâ? La dispute en fut grande en la premiere & seconde Chambre des Enquêtes, tellement qu'il y eut partage; & enfin Arrêt donné au mois de Juillet 1576. en faveur de Jean de Tilletey tuteur de Lizette de Vaure, contre la Croix sa mere. Benedict. a traité de cette question, In verbo & uxorem nomine Adelasiam, num. 85. Voyez la Rocheflavin, livre 2. lettre M. tit. 4. Arr. 5.

682 Mariage second contracté avant d'avoir fait declarer le premier. Voyez de la Guess, tome 2. liv. 3. chap. 12.

683 Du mariage des veuves & du certificat qu'elles doi-

vent avoir du décès de leurs maris. *Voyez Henrys*, tome 1. livre 4. chap. 6. quest. 96.

684. En faveur du Procureur General prenant la cause pour les Religieux de saint François à Toulouse le 12. Août 1572. jugé que la mere s'étant remariée *intra annum luctûs*, est privée de l'usufruit des biens contenus au Testament de son mary, & de la legitime par la substitution pupillaire comprise en la compendieuse, *generalibus verbis facta*. Arrêt du Parlement de Toulouse du 12. Août 1572. *La Rocheflavin, li. 2. let M. tit. 4. Arr. 7.*

685. La veuve qui se remarie dans l'an du deüil, ne doit point joüir de la succession de son mary. Arrêt du 5. Janvier 1575. *La Rocheflavin, liv. 2. let. M. tit. 4. Arr. 1. & 22.*

686. La femme veuve qui se remarie dans l'an du deüil, doit être privée de l'heritage & succession de son fils, *etiam si alii filii non extent*. Arrêt du 15. Janvier 1582. ce qui a lieu pour l'augment, quoyqu'il n'y ait point d'enfans du mariage. Arrêt du 24. Janvier 1576. *Ibidem, Arr. 2.*

687. La mere qui se remarie dans l'an du deüil, perd & n'est reçuë à succeder aux enfans de son précedent mary. Arrêt du 12. Avril 1580. *Ibidem, Arr. 10.*

688. Une femme se remarie quatre mois après le décès de son mary, sans faire pourvoir de tuteur à sa fille, raison pour laquelle on veut l'exclure de sa succession : la mere allegue sa minorité. Arrêt du 3. Decembre 1579. qui l'admet à la preuve. *Bibliotheque de Bouchel, verbo, Mariage*.

689. *Uxor secunda à marito instituta sub conditione fideicommissi, in favorem liberorum secundi matrimonii, non potest turbari à filiis primi matrimonii : & hoc casu dispositio legis, hâc edictali, non habet locum*. Arrêt du Parlement de Toulouse du 23. May 1582. *La Rocheflavin, liv. 2. let. M. tit. 4. Arr. 13.*

690. Le 13. Mars 1589. jugé que la femme s'étant mariée *intra annum luctûs*, ne pouvoit constituer à son mary un doüaire, ni luy laisser par testament, plus que la troisiéme partie de ses biens. Il faut observer que cette femme n'avoit point d'enfans de son premier mary, & que sa succession étoit prétenduë seulement par une sœur. *Biblioth. de Bouchel, verbo, Mariage*.

691. Femme remariée en secondes nôces, & convaincuë de débauche, quoyque long-temps après l'an du deüil, privée de l'augment & de tous les avantages qu'elle avoit eûs de son premier mary, même de la succession de son fils du premier lit. Arrêt general du Parlement de Paris prononcé la veille Sainte Croix 1604. *Biblioth. de Bouchel, verbo, Mariage*.

692. Arrêt du Parlement de Dijon en forme de Reglement du 12. Août 1628. qui declare les femmes qui se remarient à l'avenir dans l'an du deüil, dechuës & privées de tous droits & liberalitez qu'elles pourroient prétendre de leurs défunts maris. *Taisand à la fin de son Commentaire sur la Coûtume de Bourgogne*.

693. La peine que la Coûtume de Normandie impose au mary lorsqu'il se remarie, est la perte des deux tiers de son usufruit qui retournent aux heritiers ; & comme en ce cas il faut faire partage & que les doüairieres sont obligées à faire les lots, on jugea au Parlement de Roüen le 19. Juillet 1639. qu'on le devoit pratiquer de la sorte pour les maris. *Basnage sur l'article 382. de cette Coûtume.*

694. La femme peut se remarier sans preuve expresse de la mort de son mary ; le Certificat du Capitaine sous lequel il étoit enrôlé suffit. Arrêt du Parlement de Toulouse en 1642. rapporté par *Albert, let. A. art. 10.*

695. Si une femme qui ne rapporte aucune preuve par écrit de la mort de son mary, & qui sur le seul bruit de son decès s'est remariée après l'an du deüil, peut demander la restitution de ses deniers dotaux au pere de son premier mary, qui a agréé de second mariage ? Arrêt du Parlement de Paris du 14. May 1647. en faveur de la femme. *Soëfve, to. 1. Cent. 2. chap. 20.*

696. Arrêt du Parlement de Roüen du 5. Mars 1649. qui a privé une femme de la donation à elle faite par son mary, pour s'être remariée vingt-cinq jours après sa mort, & non du doüaire comme les heritiers du premier mary l'avoient demandé, prétendants qu'elle s'en étoit renduë indigne. On citoit un Arrêt en faveur d'une veuve contre qui on avoit formé une pareille demande, pour s'être mariée trois mois après la mort de son mary qui luy avoit donné plus de 30000. liv. elle fut maintenuë quoyqu'il y eût un fort soupçon que le commerce avoit commencé du vivant du premier. Arrêt semblable du 22. Février 1650. pour une veuve qui s'étoit remariée six semaines après la mort de son mary. *Voyez Basnage, sur l'article 377. de la Coûtume de Normandie.*

697. Jugé par Arrêt du 13. May 1654. qu'une preuve testimoniale n'est point recevable en fait de mariage, au préjudice duquel l'une des parties prétend que l'autre en a contracté un second. *Soëfve, to. 1. Cent. 4. ch. 68.*

698. Un second mariage ne peut être cassé sous pretexte qu'il y en a un premier nul ; il faut attendre la décision du premier mariage d'entre le Bigot & la Tourneur. Arrêt du 11. Mars 1660. *Notables Arrêts des Audiences, Arr. 42. Des Maisons, let. M. nombre 3.* rapporte le même Arrêt.

699. Par Arrêt du Parlement de Paris du 10. Juin 1664. une femme qui s'étoit mariée trois jours après le décès de son mary, fût privée de son doüaire, & l'enfant qu'elle avoit eu dans le neuviéme mois de l'un & de l'autre mariage, fut declaré appartenir au second mary. *Jouet, verbo, Femme, n. 30.*

700. Si un fils de famille mineur ayant contracté un premier mariage apparemment nul par le défaut de consentement de son pere qu'il suppose mort, en peut contracter valablement un autre, la premiere femme qu'il a épousée étant encore vivante, & le premier mariage n'ayant point encore été declaré nul ? Le second mariage fut declaré bon, par Arrêt rendu le 11. Mars 1672. On voulut contester l'état des enfans du second mariage, sur le fondement que le premier mariage n'avoit point été declaré nul, mais on prouvoit que le mineur s'étoit plaint, que la premiere femme reconnoissant son mauvais procedé avoit transigé : La seconde étoit dans la bonne foy, & l'état des enfans étoit paisible depuis 30. ou 40. années. *Soëfve, tome 2. Cent. 4. ch. 67.*

701. Arrêt du Parlement de Roüen du 11. Février 1678. qui prive une veuve de son doüaire, pour s'être remariée un mois après la mort de son mary : quatre ou cinq jours après elle s'étoit fiancée. *Voyez Basnage, sur l'article 377. de la Coûtume de Normandie.*

702. Femme veuve remariée dans l'an de deüil que l'on prétendoit avoir commencé *ab illicitis*, ne perd en Païs coûtumier ni son doüaire ni ses conventions matrimoniales. Arrêt du 26. Mars 1680. *De la Guess. tome 4. liv. 3. chap. 8.*

703. Ce n'est pas une nullité d'avoir passé, à un second mariage, sans faire declarer le premier non valablement contracté, lorsqu'il se trouve qu'en effet ce premier mariage n'est pas valable, parce que l'autre des conjoints étoit marié avec une tierce personne. Il est plus à propos avant de passer à un second mariage de faire prononcer la nullité du premier, & pour ne l'avoir pas fait, il y a lieu à quelque peine contre celuy qui contracte en cet état un second mariage. Les témoins qui signent dans un Contrat & Acte de celebration de mariage, sont responsables des dommages & interêts que peut encourir celuy qui contracte, & pour lequel ils signent, & même peuvent-être punis comme faussaires s'il arrive qu'il soit marié avec une autre dont le mariage subsiste. Arrêt du Parlement de Paris du 28. Juillet 1691. *au Journal des Aud. to. 5. liv. 7. ch. 37.*

Voyez *cy-après, let. N. verbo, Nôces*, un titre particulier des seconds Mariages.

MARIAGE, DROITS SEIGNEURIAUX.

704. Droits Seigneuriaux dûs par les mariez. *Voyez le*

MAR

705 mot, *Droits Seigneuriaux*, n. 87. & *suivans*.
Droit d'aydes pour marier la fille du Seigneur. Voyez le mot, *Aydes*, nomb. 35. & *suivans*.

706 Les clercs mariez sont sujets aux droits de corvées. Arrêt du 23. May 1572. Le *Vest*, Arr. 119.
Mariage, avec Servantes et Valets.
Voyez cy-dessus, les nomb. 36. 113. 148. 168. 172. 173.

707 Des femmes se mariant à personnes indignes de leur qualité ou leurs valets, tous Contrats par elles faits avec eux, sont nuls. Ordonnance de Blois, art. 182. Vide *L. un. C. de mulierib. qua se propriis servis junxerunt*. Bouchel, *en sa Biblioth. du droit François*, verbo, *Mariage* p. 711. explique à ce sujet deux passages, l'un de Valere-Maxime, l'autre de Tertullien.

708 Mariage d'une femme veuve avec son valet. Robert, *liv. 1. cap. 13*. Tournet, *let. M. Arr. 30*. & Coutume de Bretagne, art. 454.

709 Des femmes qui épousent leurs valets, elles encourent l'interdiction de l'alienation de leurs biens, & la privation des avantages à elles faits par leurs défunts maris. Voyez *Filleau, part. 4. quest. 16*. & Ricard, *to. 1. p. 735*.

710 La veuve d'un homme de qualité convolant en secondes nôces avec un homme de basse condition, ne peut tester en sa faveur. Jugé au Parlement de Toulouse au sujet d'un legs de 600. écus fait par la veuve d'un Conseiller de Tarbe, à un Lancepassade à qui elle étoit fiancée, tant pour la dépense qu'il avoit faire pour elle pendant sa maladie, que pour les services qu'il luy avoit rendus. Arrêt de Noël 1597. Cambolas, *liv. 2. chap. 35*.

711 Mariage d'Henry Lescot mineur, avec Marie Mercier servante du pere, déclaré nul le 18. Décembre 1666. De la Guess. 10. 3. liv. 1. chap. 3.

712 Mariage d'un fils de famille majeur avec une servante (c'est des Charlets) déclaré nul, avec défenses de se hanter ni marier à peine de nullité; après la mort du pere réiteré, la réiteration déclarée valable, & l'exheredation confirmée. Arrêt du 26. Février 1675. De la Guess. tome. 3. liv. 9. chap. 2.
Mariage, Soldat.

712 bis. Du mariage contracté par un soldat dans une garnison. Voyez cy-dessus, le nomb. 245. & cy-aprés le mot, Soldat.

Mariage du Soudiacre.

713 Mariage contracté par un Soudiacre, ne laisse d'être valable à l'égard d'heritiers collateraux, quoyque sa dispense n'eût pas été fulminée; mais la veuve attribuoit ce défaut de fulmination à l'opposition des freres. Jugé le 19. Juillet 1640. Soëfve, *to. 1. Cent. 1. chap. 20*.

714 Guybourat Chanoine de Meaux & Soudiacre pour avoir abusé Elisabeth Regnier sous promesse de mariage, condamné à prendre l'enfant, le faire nourrir, &c. à 800. liv. parisis d'aumône, & à 6000. liv. tournois pour réparation, &c. & aux dépens. Arrêt du 15. Juillet 1664. De la Guess. to. 2. liv. 6. chap. 39. Des Maisons, let. P. nomb. 12. rapporte le même Arrêt.

715 Soudiacre marié avec une Abbesse, les enfans qui en sont issus admis au partage de la succession d'un oncle avec les autres parens. Jugé le 18. Mars 1666. Des Maisons, let. M. nomb. 25. De la Guess. to. 2. liv. 8. chapitre 6.
Voyez cy-dessus le nomb. 507. & suivans, & cy-aprés le mot, Ordre, §. Ordres sacrez.
Mariage, par Sourd et Muet.

716 Matrimonium solo consensu surdus & mutus contrahunt. Voyez Franc. Marc. to. 1. quest. 3.

717 Par Arrêt du Parlement de Paris du mois de Janvier 1658. il a été jugé qu'un sourd & un muet de naissance avoit pû valablement contracter mariage, suivant le chapitre *cum apud Sedem Apostolicam de sponsal. & matrim.* aux decretales. La raison étoit que tous ceux là peuvent contracter mariage, qui par la disposition du droit n'en sont point empêchés; ils peuvent exprimer par signes ce qu'ils ne peuvent declarer par paroles, ce-

MAR 725

la suffit pour montrer leur consentement. C. *Tua fraternitati*. Basnage, *sur l'article 235. de la Coûtume de Normandie*. Voyez Soëfve, *to. 2. Cent. 1. chap. 82*.
Voyez cy-après, verbo, *Muet*, & le mot Sourd.
Mariage, Supplice.

718 Autrefois les filles pouvoient éviter la mort d'un condamné en le demandant en mariage, comme il a été jugé par Arrêt du 12. Février 1515. pour un criminel condamné à être pendu; les Espagnols en usent ainsi: on a douté que ce fût nôtre usage, depuis longtemps il est proscrit, il faut Lettres du Prince pour remettre la peine. Chassanée a voulu se réjouir en disant que ce n'étoit point faire grace à un coupable, puisque le marier étoit peine plus grande que la mort. Voyez Papon, *liv. 24. tit. 10. n. 14*.

719 Filles de joye demandant en mariage chacune un prisonnier de deux condamnez aux galeres, & ayant baillé leur requête à cet effet, fut mis au bas, *n'y a lieu*, & soit enregistré le 6. Avril 1606. Expilly, *Arrêt 135*.

720 Mariage d'un jeune homme tiré du supplice par une femme qui le demande pour mary aux Officiers de guerre qui l'avoient condamné à la mort; se mary mort, son pere attaque ce mariage, il est declaré nul, neanmoins la Cour condamna ce pere à consigner entre les mains d'un notable Bourgeois la somme de 3000. liv. pour en faire interet pour nourrir & élever l'enfant de cette femme, &c. Arrêt en 1655. Des Maisons, *let. M. nomb. 7*.

720 bis. Des filles qui demandent en mariage leurs ravisseurs pour les tirer des mains de la Justice. Voyez cy-après, le mot, Rapt, nomb. 64. & suivans.
Voyez cy-dessus le nombre 184.
Mariage, Supposition.
Voyez cy-devant le titre du Faux.

721 Supposition d'un consentement du pere, par le fils qui veut se marier. Voyez cy-dessus, le nomb. 290.
Contrat de mariage fait par un mineur qui s'étoit dit majeur, cassé, sans dommages & interêts. Arrêt du Parlement de Paris du 28. Mars 1635. en la 1. Chambre des Enquêtes, aprés quatre audiences. Ce fils de famille avoit 22. ans, il étoit Breton de naissance, & avoit été envoyé à Paris pour faire ses études. Journal des Aud. to. 1. liv. 3. chap. 18.

722 Supposition de personne en mariage, & quelle en est la peine, la femme condamnée à faire amende honorable, & le mâle aux galeres pour 9. ans. Arrêt du 19. Mars 1681. De la Guess. to. 4. liv. 8. chap. 22.
Voyez cy-après le mot, Supposition.
Mariage, Tuteur.

723 Une fille âgée de 25. ans peut se marier sans l'autorité de son tuteur, l'ayant requis & les parens, d'assister à son mariage. Arrêt du Parlement de Dijon du 18. Février 1598. Bouvot, *to. 2. verbo, Mariage, quest. 13.* on observe qu'il y avoit égalité d'âge & de fortune.

724 Tuteurs ne peuvent marier leurs pupilles sans le consentement des plus proches parens. Arrêt du Parlement de Paris du 23. May 1598. contre un tuteur qui avoit fait fiancer sa mineure avec le frere de sa femme: il fut destitué de sa charge & ordonné qu'un autre seroit nommé, défenses à luy de contracter le mariage de la fille, sinon par l'avis commun des parens & de personnes de condition sortable, comme aussi défenses au beau-frere de l'ancien tuteur de rechercher la pupille en mariage. Papon, *liv. 15. tit. 1. n. 3*.

725 Arrêt du Parlement de Roüen du 20. Juin 1603. qui declare une fille engendrée d'un tuteur & de sa pupille, dont il avoit épousé la tante morte sans enfans, illegitime & privée de la succession de sa mere & de son ayeul maternel, laquelle fut ajugée aux sœurs de sa mere, quoyqu'il y eût Sentence de l'Official, contenant que le mariage se contracteroit, & ordonné que le procés seroit fait & parfait au tuteur. Bibliotheque Canonique, *to. 1. page 390. col. 2*.

726 Fille mariée par sa mere veuve, sans prendre qualité de tutrice, bien qu'elle le fût, & baillé à son gendre

choses de la communauté en avancement de droit successif, &c. où il parle du rapport dont le gendre a été déchargé. *Voyez* l'espece & ses circonstances dans l'Arrêt donné au Grand Conseil le 7. May 1607. *Peleus*, *quest.* 160.

727 Jugé le 16. Mars 1632. que le mariage d'un mineur sans le consentement & assistance de son tuteur ou curateur, & proches parens, est nul. *Bardet*, to. 2. liv. 1. chapitre 16.

728 *Voyez* le 27. Plaidoyé de M. le Maître, contre les violences d'un tuteur qui s'étoit opposé au mariage de sa pupille, & avoit obtenu Sentence du Lieutenant General d'Angoulême, portant défenses à la fille de contracter mariage, à la mere d'y consentir, à tous Notaires de passer aucun contrat, à tous Curez de la marier. La fille fut neanmoins mariée, le tuteur voulut troubler la paix de ce mariage. Arrêt du 22. Novembre 1634. qui casse la Sentence & condamne le procedé du tuteur.

729 Jugé par Arrêt du 5. Juillet 1651. que le tuteur peut reclamer contre le mariage de sa mineure fait par son ayeule, sans son consentement ny celuy de ses parens. Il fut ordonné qu'à la diligence du tuteur, assemblée seroit faite de douze parens paternels, & de douze maternels, pour aviser du lieu & d'une personne d'honneur où elle pût être élevée, jusqu'à ce qu'elle fût en état d'être pourvûë par mariage. *Soëfve*, tome 1. Cent. 3. chap. 83.

730 Un tuteur ne peut exiger aucunes promesses ny obligation pour consentir au mariage de sa mineure. Arrêt du Parlement de Paris du 9. Avril 1652. *Voyez Henrys*, to. 2. liv. 4. quest. 17. Guenois, dans sa Conference des Ordonnances, to. 1. liv. 5. tit. des mariages page 706. sur la fin, fait mention d'un Arrêt du Parlement de Roüen, portant défenses aux tuteurs & aux parens de prendre aucune chose, directement ou indirectement, pour donner leur consentement au mariage de leurs mineurs, sur peine d'être privez de la succession desdits mineurs, & aux peines au cas appartenantes.

731 Jugé par Arrêt du 29. May 1653. que dans le mariage d'une mineure dont le pere est decedé, l'autorité de la mere qui en a l'éducation, ne doit pas l'emporter sur le tuteur. Le mariage contracté de l'avis de la mere fut déclaré non valablement contracté, ordonné qu'il seroit procedé à nouvelle assemblée de parens, tant du côté paternel que maternel de la mineure en nombre égal, pour donner leur avis sur son état & condition, & cependant qu'elle seroit conduite aux Ursulines de Sainte Avoye, & y demeureroit jusqu'à ce que les parens eussent donné leur avis. *Soëfve*, to. 1. Cent. 4. chap. 44.

732 *Henrys* to. 2. liv. 4. q. 18. decide, que quand la mere & le tuteur ne s'accordent pas sur le choix d'un époux, pour une fille mineure, l'autorité du tuteur doit l'emporter sur l'affection de la mere, il se détermine dans le Plaidoyer 13. en faveur de la mere, & cela fut ainsi jugé dans son Siege, suivant ses Conclusions : mais ici il prend un parti contraire à cause de l'Arrêt rendu contre le Sieur Comte de Maillé ; mais dans l'espece de cet Arrêt il y avoit une circonstance aggravante, le mariage avoit été contracté au préjudice des défenses faites, par Arrêt du Parlement de Bretagne, & par un Arrêt du Conseil du Roy.

733 Le mariage fait par un jeune homme de Normandie âgé de 21. an, sans le consentement de son frere tuteur, les parties appointées au Conseil, & cependant par maniere de provision trois cens livres de pension à la veuve, & autant à l'enfant, payable nonobstant opposition ou appellation. Arrêt de 1657. *Des Maisons*, let. M. nombre 2.

734 Par Arrêt du 3. Avril 1666. Jugé que l'Ordonnance qui requiert le consentement des curateurs aussibien que des tuteurs, dans les mariages des mineurs, ne s'entend que des curateurs qui ont les mineurs en leur puissance, comme dans les Coûtumes du Maine & d'Anjou, & non des curateurs aux causes. *Soëfve*, tome 2. Cent. 3. chap. 72.

735 Par Arrêt du 18. May 1667. rendu à huis clos, il a été jugé que le droit & l'autorité d'une mere tutrice naturelle & legitime de sa fille, doit prévaloir à celle des parens ou tuteurs honoraires dans le mariage de sa fille, lorsqu'il luy est avantageux. *Soëfve*, to. 2. Cent. 3. chap. 95.

736 Mariage declaré non valablement contracté par un mineur, sans l'avis & assistance de son tuteur ou curateur, pour avoir été celebré *à non proprio parocho*, sans publication de bans, ni assistance de témoins : le Suisse d'une Eglise ne peut pas servir de témoin en cette rencontre; decret contre ce Suisse & un autre prétendu témoin, ensemble contre le Vicaire qui avoit fait une telle profanation de Sacrement. Arrêt du Parlement de Paris du 15. Mars 1687. au *Journal des Aud.* to. 5. liv. 3. chap. 3.

Voyez cy-après le mot *Tuteur*, §. *Tuteur, Mariage.*

MARIAGE, VALETS.

736 bis. Des indignes mariages contractez avec des valets. *Voyez* cy-dessus, le nomb. 707. & suivans.

MARIAGE, VEUVES.

737 Des veuves qui se remarient. *Voyez* cy-dessus, le nomb. 681. & suivans, le mot *Edit*, nomb. 90. & suivans, & cy après, let. N. le titre des secondes nôces.

MARIAGE, AVENANT.

738 Le mariage avenant est la portion arbitrée en faveur des filles dans les successions des peres & meres. Le mariage avenant suivant la definition de M. Basnage, est quelque chose moins que le partage, à cause des Charges que les mâles sont tenus de porter.

Voyez les Commentateurs de la Coûtume de Normandie, sur l'article 249. & suivans.

L'article 249. est ainsi conçu, *les filles ne peuvent demander ni prétendre aucune portion en l'heritage de leur pere & mere, contre leurs freres, ni contre leurs hoirs ; mais elles peuvent demander mariage avenant.* Basnage, sur cet article, rapporte les Arrêts qui suivent, ils seront citez non dans l'ordre chronologique, mais dans celuy qu'il a luy-même jugé à propos d'observer.

739 L'interêt de l'arbitration de mariage avenant, est dû au denier vingt avant le mariage, & après au prix du Roy, & l'arbitration de tel mariage des sœurs est de la connoissance des parens. Arrêts du Parlement de Roüen des 20. Mars 1654. & 29. Juillet 1667. Par ce dernier, il fut jugé que jusqu'au jour du mariage, un frere payeroit à sa sœur l'interêt au denier 20. de la somme de 3000. à quoy son mariage avoit été arbitré, & au denier quatorze depuis le mariage.

740 Le mariage avenant de la sœur doit être payé avant les dettes du frere, & même avant le doüaire de sa femme. Arrêt du Parlement de Roüen du 8. Février 1658. *Basnage*, *ibidem*.

741 Les sœurs pour leurs mariages avenans ne sont point obligées de saisir réellement, même contre les acquereurs des biens du frere. Arrêt du Parlement de Roüen du 8. Février 1675. *Basnage*, *ibidem*.

742 Les sœurs ne peuvent être forcées d'entrer en partage. Arrêt du Parlement de Roüen des 17. May 1664. & 13. Juin 1667. Par ce dernier, il fut dit que les filles auroient leur mariage avenant ; il fut neanmoins permis au frere de bailler des heritages de la succession en payement de l'estimation du mariage avenant. Il y a eu depuis un même Arrêt, quoyque l'on en ait un contraire rendu en 1642. ainsi la sœur a l'option d'entrer en partage ou de demander mariage avenant. *V. Basnage*, *ibidem*.

743 Ce que l'article 250. de la Coûtume de Normandie dit, *que si rien ne fut promis à la fille lors de son mariage rien n'aura*, n'est pas observé à la rigueur. Par Arrêt du Parlement de Roüen du 27. Juin 1681. jugé que la Demoiselle le Maigre, épouse du Sieur de la Blondiniere, Conseiller au même Parlement, auroit mariage

avenant, suivant l'estimation qui en seroit faite, sur la succession de sa mere, passée en secondes nôces, laquelle ne luy avoit rien donné en mariage, & avoit donné sept mille livres à sa sœur aînée. *Voyez Basnage, sur cet article.*

744 Arrêt du Parlement de Roüen du 30. Juillet 1636. qui a debouté une fille qui s'étoit mariée sans le consentement de son pere, du mariage avenant qu'elle demandoit à ses freres, quoyque le pere eût tacitement ratifié son mariage par les visites que sa fille luy avoit plusieurs fois rendués & qu'il avoit agreées. *Basnage, ibidem.*

745 Judith de Cingal demeurant chez M. le Maréchal de S. Geran, fut mariée au Sieur de la Rochelle, n'étant âgée que de 13. ou 14. ans; le pere rendit plainte en rapt, & après plusieurs procedures sur les prétentions de la fille, pour les biens de la mere, il se passa une Transaction où le pere consentit de luy rendre deux mille livres qui seroient payez par ses heritiers autres que Judith de Cingal, depuis la mort du pere elle se fit ajuger mariage avenant sur sa succession. Par Arrêt du Parlement de Roüen du 3. Février 1650. on cassa la Sentence; & sur l'action, l'on mit les parties hors de Cour. *Basnage, ibidem.*

746 Une fille âgée de vingt-neuf ans quatre mois, signe un Contrat de mariage sans le consentement de son pere. En vertu de ce Contrat le futur la fit assigner devant l'Official en parlant à la personne du pere: le mariage achevé, il tint un de leurs enfans sur les fonds. Après la mort du pere ils demanderent mariage avenant à leurs freres: par Arrêt du Parlement de Roüen du 3. Decembre 1671. on luy donna quatre cens liv. qui étoient autant que le pere avoit donné à une autre fille qu'il avoit mariée. *Basnage, ibidem.*

747 Par Arrêt du Parlement de Roüen du 23. Decembre 1551. il a été jugé qu'une fille ayant été mariée durant la minorité de son frere, ne peut pas après revenir à partage, bien qu'elle n'ait eu mariage suffisant s'il n'y a eu reservation. Si neanmoins il se remarquoit une inegalité extraordinaire entre le mariage qui auroit appartenu à la sœur, & la somme donnée par le frere, & que d'ailleurs elle fût départagée en quelque façon, il seroit juste d'écouter sa plainte; car après tout, la legitime est tres-favorable; mais il faudroit que cette lezion fut extraordinaire & considerable, & sur tout que la condition ne fût pas égale, parce qu'en ce cas il ne suffit pas au frere de l'avoir mariée, s'il l'a deparage; ce seroit deparager une fille que de la marier à un roturier, & le frere seroit inexcusable s'il l'avoit mal pourvûë pour en avoir bon marché; mais quand la sœur transige de sa legitime avec son frere avant son mariage, il n'est pas necessaire que la lezion soit grande pour donner ouverture à la sœur de demander ce qui luy appartient; car la Coûtume n'impose silence à la sœur, que lorsqu'elle a été mariée, parce qu'en ce cas elle est en quelque sorte recompensée par les avantages qu'elle acquiert par son mariage. Marguerite Vallée poursuivant son frere pour faire regler sa pension, transigea avec luy pour son mariage avenant: depuis ayant été mariée, elle obtint des Lettres de Rescision fondées sur la deception. Par Arrêt du 14. Avril 1666. les Lettres furent entherinées, ordonné qu'il seroit fait assemblée de parens pour liquider son mariage avenant. *Basnage, sur l'article 151. de la Coûtume de Normandie.*

748 Il a été jugé en la Chambre de l'Edit à Roüen le 27. Juin 1654. que les freres, quoi qu'en mariant leurs sœurs, ne se fussent pas obligez solidairement, pouvoient être poursuivis pour le tout. La même chose avoit été jugée le 8. Août 1621. entre les nommez Cabeüil; l'aîné avoit les deux tiers en Caux, & neanmoins les puinez furent condamnez solidairement. Autre Arrêt du 18. Août 1656. Autre du 16. Juillet 1636. entre le Comte, & du Moncel. Autre du 12. Avril 1646. entre François du Bosc, & Damoiselle Barbe du Bosc. Autre du 18. Avril 1666. entre Richard Tillais, ayant épousé Elizabeth Etherel, & autres. Une mere avec son fils en mariant sa fille, luy avoient promis conjointement 4000. livres pour sa part aux successions de pere & de mere; par Sentence le frere avoit été condamné par provision solidairement & subsidiairement à toute la somme. Pour moyen d'appel, il disoit que s'étant obligé conjointement avec sa mere, il ne pouvoit être obligé que pour sa part, c'est-à-dire, à proportion de ce que les biens de chacun devoient porter de la legitime; mais qu'il n'y avoit point d'obligation solidaire. Par Arrêt du Parlement de Roüen du 27. Mars 1655. le frere fut déchargé de la condamnation subsidiaire, & par consequent de la solidaire, parce que l'obligation solidaire produit la subsidiaire; après tant d'Arrêts on n'en doute plus. *Voyez Basnage, ibid.*

749 Le frere ne pouvant obliger son beau-frere à donner caution, peut donner des heritages pour la dot, suivant le Reglement de 1666. si neanmoins après la liquidation du mariage avenant le frere, au lieu de donner des heritages, se constituoit en rente, qu'il eût payée durant plusieurs années, il ne seroit pas juste de luy permettre de changer de volonté, & de donner des heritages. Arrêt du Parl. de Roüen du 20. May 1659. il y avoit cela de particulier, que la dot n'étoit que de 400. liv. & que les frais d'une estimation eussent été trop grands. La même raison d'équité se rencontreroit si la sœur avoit transporté sa rente: car on l'exposeroit à des interêts d'éviction. *Basnage, ibidem.*

750 Une bâtarde legitimée par mariage subsequent, peut demander mariage avenant. Arrêt du Parlement de Normandie du 1. Février 1646. *Basnage, sur l'article 252. de cette Coûtume.*

751 Quoyque le frere signe au Contrat de donation faite par ses pere & mere à sa sœur; il peut toûjours la faire reduire au mariage avenant. Arrêt du Parlement de Roüen du 3. Février 1654. *Basnage, ibid.*

752 Il ne suffit pas que le frere ait appellé une de ses sœurs à la confection des inventaires; il doit y appeller celles contre lesquelles il veut demander la réduction de leurs promesses de mariages. Arrêt du Parlement de Roüen du 4. Juillet 1680. il n'est pas necessaire de proceder à cet inventaire dès le moment du décés, il suffit qu'il soit fait dans le temps accordé pour révoquer, qui est un an & jour. Arrêt de la Chambre de l'Edit du 17. Decembre 1664. *Voyez Basnage, sur l'art. 254. de la Coût. de Normandie.*

753 La réduction ne peut être demandée par les freres que pour les dons & promesses faites par leurs peres: car ils ne peuvent venir contre leur propre fait, l'excés qui s'y rencontre n'étant point considerable, ayant pû donner à leurs sœurs plus ne leur en appartenoit, ce qui a été jugé même contre un mineur. Un frere étoit demandeur en rescision contre une donation de 7000. livres qu'il avoit faite à sa sœur en la mariant; il se fondoit sur sa minorité, & offroit de la recevoir à partage. La sœur remontroit qu'elle avoit été mariée du consentement de sa mere & de ses parens, qui avoient estimé son mariage avenant, que le frere ne pouvoit avoir été trompé, ayant donné depuis 6000. liv. à une autre sœur, qui étoit une condition beaucoup meilleure, parce qu'elle avoit reçû cette somme; au contraire il ne luy avoit été rien payé, & que l'article 255. de la Coûtume, s'entendoit des Peres, & non des freres. Par Arrêt du 11. Août 1612. le frere fut débouté de ses Lettres de rescision. *Basnage, sur cet article,* dit que l'Arrêt ne peut être tiré à consequence.

754 Le pere peut limiter le mariage de sa fille en meubles & heritages, ou reserver sa fille à partage par son Testament. Arrêt du Parlement de Roüen du mois de Decembre 1668. *Basnage, sur l'art. 258. de la Coût. de Normandie.*

755 Quand il n'y a que des rotures, les filles ont le tiers, lors qu'il n'y a point plus de freres que de sœurs, & on comprend dans toutes les rotures qu'il faut estimer le préciput roturier. Arrêt du Parlement de Roüen du 18.

Juin 1669. il augmente le mariage des sœurs, parce que l'aînée en doit recompense, & c'est en quoy ce préciput roturier de la Coûtume generale, est different du préciput de Caux : celuy-cy n'entre point dans l'estimation des biens pour accroître le mariage des sœurs, mais seulement pour la contribution entre les freres ; comme il a été jugé le 21. Août 1664. La raison de cette difference est que le préciput de Caux appartient à l'aîné, sans en faire aucune recompense ; or les sœurs n'ayant point plus de droit que les freres, & les freres n'ayant rien sur le préciput leur condition ne peut être plus avantageuse. *Basnage, sur l'art. 262. de la Coût. de Normandie.*

756 S'il y a des biens en Bourgogne, le mariage avenant des filles, se regle de la même maniere que sur les rotures : car elles n'ont part égale aux biens qui sont en Bourgogne, que quand elles sont reservées ou reçûës à partage.

Si dans la succession, outre les rotures, il y a un ou plusieurs Fiefs, ou que tout le bien de la succession consiste en un seul Fief, qui soit choisi par préciput, & qu'il y ait plusieurs freres & sœurs, l'arbitration du mariage avenant devient beaucoup plus mal-aisée.

S'il y a un Fief, & des rotures que le Fief soit pris par préciput, & les rotures acceptées par les puînez pour parvenir à l'arbitration du mariage avenant des sœurs, il faut regler auparavant à quoy se monte la part des puînez, déduction faite de leur contribution au mariage de leurs sœurs, suivant l'art. 269. de la Coûtume. Par l'Arrêt du sieur de Saint Saën du 30. Juin 1665. la fille ne peut avoir une plus grande part qu'un puîné ; quand il y a un Fief & des rotures, le mariage avenant de la sœur, n'est point estimé, eu égard à la valeur du Fief & des rotures pour en donner les tiers aux sœurs. On en use d'une autre maniere ; chaque sœur ne peut avoir qu'autant qu'un puîné ; ainsi lorsque les puînez ont accepté les rotures pour faire la liquidation du mariage, on regarde seulement ce que vaut la part de chaque puîné sur la roture, déduction faite de sa contribution & de celle de l'aîné à cause de son Fief. Quand il n'y a qu'un Fief, les puînez n'ont qu'une provision à vie, & les sœurs ont une part en propriété. Arrêt du 28. Mars 1642. *Voyez Basnage, sur l'art. 262. de la Coût. de Normandie.*

757 C'est un ancien usage en Normandie que le decret des biens du frere donne ouverture à la fille pour demander partage. Arrêt du Parlement de Roüen du 1. Février 1624. il fut dit que les biens du frere étant décretez pour ses dettes, les sœurs n'étoient pas tenuës de s'arrêter au mariage avenant, & que le partage leur appartenoit. Au procés du sieur Tronquay, contre ses sœurs, l'on jugea que quand le mariage des sœurs avoit été liquidé & arbitré, bien qu'il ne fût pas payé, les sœurs ne pouvoient en ce cas demander que la somme qui leur avoit été arbitrée, quoyque le bien des freres fût decreté, parce que c'étoit l'interet des freres, dont les dettes étoient payées, & qui pouvoient parvenir à une meilleure fortune.

758 On a si fort favorisé la condition des filles, qu'on leur a même ajugé leurs tiers en essence, encore que les biens fussent saisis & vendus pour les dettes du pere. Aprés la mort de Fontaines, sieur de Cardonville, ses biens furent saisis réellement pour ses dettes sur son fils, qui étoit son heritier ; aprés l'interposition du decret, & lors que l'on étoit prêt de proceder à l'adjudication, les filles qui n'étoient pas mariées, s'opposerent pour avoir leur tiers en essence ; les creanciers le contesterent, par deux raisons. 1o. Qu'elles n'étoient pas recevables à demander une distraction aprés une adjudication par decret. 2o. Que le decret étant fait pour les dettes de leur pere, elles ne pouvoient avoir conservé un mariage avenant ; elles offroient de contribuer au tiers des frais du decret, & de payer le tiers des dettes, ou de donner caution ; le premier Juge leur avoit accordé seulement mariage avenant : sur l'appel, par Arrêt du Parlement de Roüen du 13. Août 1664. on cassa la Sentence, & on leur ajugea le tiers en essence, en contribuant au tiers des frais du decret, & en payant le tiers des dettes en donnant caution : il est donc vray de dire que par le decret, soit qu'il soit fait pour les dettes du pere ou du frere, les filles deviennent capables de demander partage.

Pour l'acquereur de tous les biens du frere, le droit des sœurs n'a prévalu qu'aprés une longue contestation, les acquereurs ayant souvent obtenu des Arrêts à leur avantage. Par un Arrêt du 22. Août 1597. entre Horace le Forestier, appellant d'une Sentence qui le condamnoit à donner partage en essence à Philippine Richer, sœur de Jean Richer, dont il avoit acquis les heritages, & le Prêtre, mary de Philippine Richer, intimé, on tint que l'article 258. n'avoit lieu que quand on avoit acquis toute la succession, ou qu'il y avoit decret.

759 Par autre Arrêt du 4. Octobre 1609. on confirma la Sentence qui accordoit à la sœur le mariage avenant seulement. Autre Arrêt du même Parlement du 17. Decembre 1615. entre Plichon, Procureur en la Cour, & Charles Cavé, Tuteur d'Anne Cavé & autres, par lequel on cassa la Sentence, qui avoit ordonné le partage à ladite Cavé, sur des maisons acquises par Plichon ; on luy accorda seulement mariage avenant. En cet Arrêt le frere avoit été appellé en garantie, mais il ne voulut point parler, & bien que les droits universels n'eussent pas été vendus, le frere avoit aliené tous les heritages.

760 Cette Jurisprudence a changé ; par Arrêt du 28. Avril 1629. on confirma la Sentence du Bailly de Caën, dont étoit appellant Michel de Blais, acquereur de la portion hereditaire de Claude Huë, à condition de donner partage au mariage avenant. Par la Sentence on avoit donné le partage en essence, de Blais se prévalut de la clause de son Contract, qui luy donnoit la liberté de bailler partage ou mariage avenant. Les sœurs s'aidoient au contraire de cette clause, disant que leur frere n'étant point garand, elles étoient beaucoup plus favorables en leurs demandes. Autre Arrêt du 20. Juin 1631. pour René Hebert, à qui la Cour ajugea les tiers d'un Fief au préjudice des acquereurs ; mais nonobstant tous ces Arrêts, cette question fut nouvellement agitée en 1663. M. Jean l'Ependry acquit tous les heritages de Lambert ; par le Contract Lambert le subrogea à tous ses droits & actions ; étant poursuivi par les sœurs de Lambert pour leur donner partage, il y fut condamné par Sentence des Requêtes du Palais ; sur son appel, il soûtenoit qu'il y avoit de la difference entre le creancier subrogé & l'acquereur du frere ; que le creancier subrogé est celuy qui l'est par Justice. Par Arrêt du Parlement de Roüen du 15. Novembre 1663. on mit sur l'appel hors de Cour. *Voyez Basnage, sur l'article 263.*

761 Si de deux freres l'un avoit vendu sa portion hereditaire, & l'autre avoit conservé son bien, cet acquereur ne seroit pas obligé à donner partage si l'autre frere offroit mariage avenant : Cloüet fut reçû à donner le mariage avenant aux filles de Bouteillier, par Arrêt du Parlement de Roüen du 23. Juillet 1643. Le motif de l'Arrêt fut l'offre du frere, & l'on ne jugea pas à propos que la frere eût en partie partage, & mariage avenant en partie. *Ibid.*

762 Les acquereurs condamnez à donner partage, ne peuvent obliger les sœurs à prendre les dernieres alienations, comme pour le tiers coûtumier, & en suivant l'ordre des hypoteques, comme aussi à faire les lots. Arrêt du Parlement de Roüen du 7. Avril 1644. *Ibidem.*

763 Arrêt du mois d'Août 1692. qui a jugé qu'une sœur dont le mariage avenant avoit été arbitré par ses freres, & qui étoit morte sans avoir été mariée, avoit acquis la propriété de sa legitime, à l'effet de la transmettre à ses heritiers au préjudice des creanciers de l'un desdits freres, qui soûtenoit que cette sœur n'ayant eu qu'une simple

764 L'article 268. de la Coûtume de Normandie, porte, *La fille ayant atteint 25. ans, aura provision sur ses freres, equipollente au mariage avenant dont elle jouïra par usufruit, attendant son mariage, en se mariant elle aura la proprieté.* Une vieille fille âgée de 72. ans, ayant prétendu qu'n'étant plus en état d'être mariée, elle devoit avoir sa legitime en proprieté, forma sa demande; l'aîné y donna les mains par intelligence; mais sur l'opposition des autres freres, elle fut déboutée. Arrêt du Parlement de Roüen du 9. Decembre 1610. *Basnage, sur cet art.* 268. où il observe que ce n'est pas dans le seul cas du partage que la fille acquiert la proprieté, qu'elle en peut disposer. On a jugé la même chose pour celle qui avoit obtenu le tiers du bien au préjudice du fisc ou du créancier subrogé. Arrêt du 24. May 1659. ce qui doit avoir lieu en cas de decret.

765 Les enfans issus du mariage d'une grande tante, avec son petit neveu, sont legitimes à l'effet de succeder. Arrêt du Parlement de Roüen du 6. Février 1653. contre les parens qui prétendoient que le Pape n'avoit pû donner de dispense au troisiéme degré. *Basnage, sur l'article* 275. *de la Coûtume de Normandie.*

766 Si lors qu'il n'y a qu'une ou plusieurs sœurs, & point de freres puînez, on doit comprendre dans l'estimation du mariage avenant le préciput de l'aîné? Arrêt du Parlement de Roüen du 14. Août 1652. qui jugea l'affirmative: il y eut Requête Civile, dont la Cour débouta le 19. Août 1653. On se fondoit sur les paroles de l'art. 297. de la Coûtume de Normandie, qui contient que *si les meubles ne sont suffisans, le mariage se payera à proportion de toute la succession.* Cet Arrêt n'étoit point conforme à l'esprit de la Coûtume: aussi le contraire a été jugé le 29. Janvier 1659. & le 6. Avril 1666. *Voyez Basnage, sur l'art.* 279. *de cette Coûtume.*

767 Les aînez n'ayant pû exempter leur préciput de la contribution au mariage des sœurs, quelques-uns ont voulu se persuader qu'ils s'en pouvoient décharger, en recevant leurs sœurs à partage. Mattine l'Herminier avoit marié ses filles, pour la part qu'elles pouvoient prétendre en la succession après sa mort; son fils aîné poursuivi par ses beaux-freres pour leur payer leur legitime, offroit le partage, & declara leur abandonner, & à ses depens le tiers de la succession, retenant les deux autres tiers & son préciput, qu'il soûtenoit en cas de partage être exempt de la contribution à laquelle il n'étoit obligé, que lorsqu'il s'agissoit de mariage avenant; mais lorsque les sœurs étoient reçûës à partage, elles ne pouvoient avoir que le tiers avec les puînez; les sœurs prétendoient qu'en les recevant à partage, elles devoient emporter le tiers de tout le bien. Par Arrêt du Parl. de Roüen du 25. Juin 1663. on jugea partage aux filles reservées à partage par leur pere, & mariage avenant à ses autres filles, ausquels partages & mariage avenant, les freres contribuëroient à proportion de ce qu'ils prenoient en la succession, à condition neanmoins que la part des filles n'excederoit point celle des puînez. *Basnage, sur l'article* 279. *de la Coûtume de Normandie.*

768 Si lors qu'il y a plusieurs sœurs à marier, & quand les meubles ne peuvent porter que le mariage de l'aînée, ils doivent être employez pour le payement de son mariage; ou si étant trois filles, on prendroit la tierce partie sur les meubles, & le reste sur l'immeuble? L'affaire ayant été partagée en la Chambre de l'Edit à Roüen, & depuis départagée en la Grand'-Chambre, il fut dit au mois d'Avril 1651. que le mariage de l'aînée seroit entierement pris sur les meubles, sauf à prendre le mariage des autres sœurs sur les immeubles. *Ibidem, sur l'article* 297.

769 Jean Langlois ayant épousé Marguerite de Savigny, demanda mariage avenant à Jean-Jacques, Julien, & Jacques de Savigni ses freres; ces deux puînez qui n'avoient que des rotures, declarerent qu'ils recevoient leur sœur en partage, ce qui donna lieu au frere aîné de soûtenir que sa sœur ne pouvoit rien prétendre sur le Fief qu'il avoit pris par précipu, étant obligé de s'arrêter au partage qui luy étoit offert par les puînez; ce qui fut jugé de la sorte; dont le sieur Langlois appella. Les raisonnemens de l'aîné étoient fondez sur ce mauvais principe, que la sœur étoit tenuë d'accepter le partage; aussi la Cour n'y eut point d'égard, & il fut dit par un Arrêt préparatoire du 23. Août 1646. qu'avant de faire droit, il seroit fait une estimation par les parens des biens tant nobles que rotures; ce qui fut executé, & les parens n'ayant estimé le mariage avenant qu'à 3000. livres, Langlois s'en porta appellant; & par Arrêt la Cour, sur l'appel de la Sentence, déchargeoit l'aîné, mit l'appellation, & ce dont étoit appellé au néant; & sur l'autre appel de l'arbitration du mariage avenant, elle mit les parties hors de Cour. *V. ibidem, sur l'art.* 340.

770 Quand le pere ou les freres se sont constituez en mariant leurs sœurs, ils ne sont recevables à donner du fonds. Arrêt du Parlement de Roüen du 13. Mars 1682. Il en est de même quand la sœur a été mariée par le pere, le frere n'est pas recevable à donner du bien de la succession. Arrêt du P. de Roüen du 1. Février 1675. contre M. le Vicomte de Montivilier, dont l'offre sembloit d'autant plus favorable, qu'elle avoit saisi réellement ses heritages pour le payement de sa dot; neanmoins on n'y eut aucun égard. *Ibidem, sur l'art.* 357.

771 Encore que par l'article 47. du Reglement de 1666. le mariage avenant soit liquidé, neanmoins jusqu'à ce que les filles soient mariées, le frere ne peut les forcer à prendre des heritages; autrement ce seroit les reduire à une fâcheuse condition, si elles étoient obligées de faire valoir des terres & à tenir un ménage; il ne le peut aussi lors qu'il a traité avec elles, & qu'il s'est obligé à payer une somme ou une rente pour leur legitime. Ainsi jugé; mais quand elles ont fait arbitrer leur mariage, & qu'ensuite elles se marient, comme alors elles acquierent la proprieté, le frere peut s'acquiter en donnant du fonds de la succession suivant le Reglement.

Une sœur s'accommode avec son frere à une somme de 2300. liv. pour son mariage avenant, qu'il s'oblige de luy payer quand elle se marieroit; aprés son mariage son mary fait assigner son beau-frere pour le payement de cette somme, lequel offre de luy donner en payement des heritages de la succession. Par Arrêt du Parlement de Roüen du 24. May 1675. la Cour ordonna qu'il payeroit en argent, en donnant caution de remplacer la dot. *Ibid. sur l'art.* 357.

772 La difficulté de sçavoir de quelle maniere le mariage avenant de la sœur doit être reglé, lors qu'il n'y a qu'un Fief en la succession, lequel a été opté par précipu par l'aîné, & qu'il y a une ou deux sœurs, ou un ou plusieurs puînez, a été reglée par Arrêt du mois d'Août 1692. entre Damoiselle Jacqueline Bernard, veuve de Jacques de Grieu, Ecuyer, Tutrice de leurs enfans, appellante de Sentence, contenant l'homologation de l'arbitration faite par les parens du mariage avenant de Damoiselle Marguerite de Grieu, & Jacques de Billard Ecuyer, ayant épousé ladite Demoiselle Marguerite de Grieu. La question du procés consistoit à sçavoir de quelle maniere l'on arbitreroit le mariage avenant de ladite de Grieu sur le Fief de la Fontaine, seul bien qui se trouvoit en la succession du pere. Il avoit lors de son décés un fils aîné, deux puînez, & ladite Marguerite; le Fief qui fut opté par l'aîné par précipu, fut estimé par les parens à la somme de 38026. livres, toutes charges déduites, & arbitrerent le mariage de la fille à la somme de 7000. liv. La veuve du fils aîné & Tutrice de leurs enfans, soûtenoit que cette arbitration étoit excessive, & que le mariage avenant de la sœur ne pourroit exceder la part de l'un des puînez. La Cour regla le mariage avenant de ladite Marguerite de Grieu sur le pied de l'estimation faite par les parens à la somme de 38026. liv. du Fief de la Fontaine, à la

somme de 5000. livres, à proportion de la somme de 5432. liv. à quoy auroit monté la pension de chacun des deux puînez. V. ibid. sur l'art. 361.

773. Les freres ne peuvent obliger leur sœur de venir en partage au lieu de mariage avenant ; mais ils peuvent payer ce qui sera arbitré pour ledit mariage, en heritages ou rentes de la succession. Les freres ne peuvent prétendre la réduction du mariage de leurs sœurs, s'ils n'ont fait inventaire des meubles & titres de la succession de leur pere, mere, ou autre ascendant. Voyez les articles 47. & 48. des Arrêtez du Parl. de Roüen, les Chambres assemblées le 6. Avril 1666. Basnage, to. 1. à la fin.

774. Par Arrêt du 27. Octobre 1643. jugé qu'un frere qui n'avoit fait inventaire des écritures, & avoit fait inventaire des meubles sans avoir appellé ses sœurs ni ses voisins, étoit non recevable à faire reduire le mariage de ses sœurs. Berault, à la fin du 2. tome de la Coût. de Normandie, page 96. sur l'art. 351.

775. Si les acquereurs peuvent obliger les filles à s'arrêter aux dernieres alienations, & faisant mariage, suivre l'ordre des hypoteques? Arrêt du 7. Avril 1644. qui a jugé que la sœur n'y étoit tenuë. Berault ibid. sur l'art. 263.

776. Par Arrêt du 16. Mars 1645. jugé que le fils ne pouvoit demander le droit de sa mere du mariage avenant, qui luy pouvoit appartenir sur le bien de la mere de sa mere, n'en appartenant qu'à la fille, non à ses enfans, & ne luy ayant été rien promis. Berault, ibid. sur l'article 250.

777. Par Arrêt du 27. Avril 1656. jugé qu'une sœur ne pouvoit clamer la vente faite par son frere, laquelle avoit chargé l'acquereur du mariage avenant d'un autre sœur ; mais bien seulement pouvoit clamer sa part pour avoir son mariage en espece en son regard, à quoy l'acquereur avoit obéi, en se défendant seulement de la clameur pour la part de l'autre sœur. Berault Ibid. sur l'article 263.

778. Par Arrêt du 15. Juillet 1656. jugé que le mariage ayant été arbitré avant le décés, quoyque non payé, les sœurs ne pouvoient prétendre le partage, suivant l'article 268. comme aussi qu'au préjudice du frere, la femme n'a la propriété du son mariage arbitré, & n'en peut pas disposer, mais au cas qu'à raison du fisc on eût subrogé, suivant l'art. 263. sçavoir, si elle n'aura pas la propriété, & si elle en pourra disposer. Jugé par Arrêt du 24. May 1659. que la fille en a pû disposer, n'étant plus au cas de cet article, lequel n'est qu'en faveur des freres, mere & des freres, il avoit pû consentir & proprietaire. Berault, Ibid. sur l'art. 262.

779. Par Arrêt du 28. Avril 1657. jugé qu'une sœur demandant mariage avenant, & le faisant regler avec l'acquereur du bien de ses freres, pouvoit demander que l'arbitration en fût faite par ses parens ; la Sentence du Bailly qui avoit dit que ce seroit par des Experts convenus, fut cassée. Berault, ibid.

780. Jugé par Arrêt sans date rapporté par Berault, à la fin du 2. tome de la Coût. de Normandie, p. 104. col. 2. que le mariage avenant arbitré à une somme d'argent, les freres n'étoient recevables longues années après à demander d'être reçus à payer en heritages à estimation.

781. Les filles n'ont part égale aux meubles ni aux heritages situez en Bourgogne, que lors qu'elles sont appellées à partage ; mais en l'arbitration de leur mariage avenant : lesdits meubles & bourgages ne sont considerez que comme les autres biens situez hors Bourgages.

782. La liquidation du mariage avenant sera faite sur le pied du revenu des heritages, sans mettre en consideration les hauts bois & bâtimens, sinon en tant qu'ils augmentent le revenu, & ne seront les Terres nobles estimées qu'au denier 20. Arrêtez du P. de Roüen le 6. Avril 1666. art. 51. & 52. Basnage, tome 1. à la fin.

Question de mariage avenant. Voyez le mot, Préciput, nombre 15.

783. Methode pour les mariages avenans des filles dans la Coûtume de Normandie, in octavo, Roüen 1696.

MARIAGE ENCOMBRÉ.

784. CE terme de mariage encombré est particulier à la Province de Normandie ; il est le sujet du titre 21. de cette Coûtume. Le Bref de mariage encombré se définit une action qu'a la femme par l'autorité du Juge, pour recouvrer la possession de son bien alienée par son mary sans son consentement, dans l'an & jour du décés de son mary, lorsqu'elle a renoncé à sa succession. Voyez la Coûtume.

785. Le Bref de mariage encombré équipole à une reintegrande, pour remettre les femmes en possession de leurs biens, moins que dûëment alienez durant le mariage, ainsi qu'elles avoient lors de l'alienation : & doit être intenté par elle, ou leurs heritiers dans l'an de la dissolution du mariage, sauf à eux à se pourvoir après l'an & jour par voye proprietaire. Art. 537. de la Coûtume de Normandie, Basnage rapporte les Arrêts suivans.

786. Par Arrêt du Parlement de Roüen du 17. Mars 1638. au profit d'une femme nommée Eudes, il fut jugé que la vente faite par le mary du bien de sa femme en son absence, quelque ratification expresse que la femme en eût faite lors qu'elle étoit veuve, étoit nulle, parce que la ratification ne pouvoit valider un contract nul.

787. Si le bref de mariage encombré a lieu contre le pere, quand il a rachetté la dot qu'il avoit constituée, la femme n'ayant pas signé au contract? V. Basnage, ibidem.

788. Par le Contract de mariage d'Anne Mauduit avec Loüis de Guerpel, on ceda à celuy-cy 300. liv. de rente pour partie de la dot promise à sa femme, & il declara qu'il remplaçoit cette somme & celle de 1800. liv. sur tous ses biens ; par le même Contrat la femme demeura separée de biens d'avec son mary. Depuis les biens du sieur de Guerpel furent saisis réellement, & posterieurement, François le Sueur debiteur de la rente de 300. livres en fit le rachat, le Contract contenoit ces termes : Fut present Loüis de Guerpel, tant en son nom que comme porteur de Procuration d'Anne Mauduit sa femme separée de biens avec luy, & avec promesse de luy faire ratifier, & à de Guerpel sieur de Montchauvel, lesquels reconnoissent avoir reçû le rachat de la rente, & promettent d'en faire le remploy dans six mois. Le Sueur étant depuis executé en ses biens pour les arrerages de cette rente, il soûtint que la vente ayant été cedée au mary par la mere & les freres, il avoit pû consentir la racheter entre leurs mains, & que les freres avoient pû donner au mary le pouvoir d'en toucher les deniers, sauf le recours de leur sœur contre son mary ou contre ses freres. Par Arrêt du Parlement de Roüen du 15. Decembre 1651. La Cour en infirmant la Sentence prononça, à bonne cause l'execution.

789. Le Vasseur poursuivi par M. le Pointrel Avocat du Roy au Neufchâtel pour recevoir le rachat d'une rente faisant partie de la dot de sa femme ou d'en bailler caution ou d'en fournir un remplacement, offrit d'imputer cette somme sur son don mobil, qui consistoit au tiers de tous les biens de sa femme, dont il n'avoit encore reçû aucune chose, & cette somme étant au dessous du tiers, il n'étoit point tenu de la remplacer ni de bailler caution. Le Pointrel répondit qu'il pouvoit avoir des Creanciers ausquels le tiers pouvoit être affecté ; que l'on ne sçavoit pas même s'il n'en étoit pas payé ; quoyqu'il en soit, il n'étoit point obligé de s'exposer à ces risques, & s'agissant de la dot d'une femme qui ne peut jamais être perduë, il avoit interêt de s'assurer. Le Vicomte de Neufchâtel l'avoit jugé de la sorte. Par Arrêt du Parlement de Roüen du 20. Octobre 1654. la Sentence fut confirmée. Basnage, ibid.

790. Si la femme n'a point obtenu le bref de mariage encombré dans l'an de la dissolution du mariage, la Coûtume lui permet de se pourvoir par autre voye, sçavoir par la voye proprietaire, ce qu'elle peut faire

dans les 40. ans du jour de la dissolution du mariage. *Basnage, ibidem.*

791 Arrêt du Parlement de Roüen du premier Juin 1658. entre les nommez Robillard, par lequel un contrat d'échange fait par une femme séparée de biens, fut declaré nul, quoyqu'on alleguât que le contre échangé étoit d'égale valeur, & que par consequent elle étoit hors d'interêt. *Basnage, sur la Coûtume de Normandie, article* 538.

792 Toutes sortes d'alienations faites par la femme séparée ne sont pas nulles : si les deniers ont été employez utilement pour elle & à l'acquit de ses dettes, elle ne peut pas demander la resolution du Contract ; cela fut jugé le 20. Juillet 1630. & que le Reglement qui défend aux femmes mariées l'alienation de leurs immeubles ne s'entend point de celles dont les deniers ont été employez à l'acquit de leurs dettes, si elles ont contracté par le consentement de leurs maris. *Basnage, ibidem.*

793 Jugé au Parlement de Roüen le 16. Mars 1665. qu'une femme séparée de biens n'étoit point obligée de remployer les deniers qui luy étoient dûs à raison d'une vente d'heritages faite par son pere, dont la succession luy étoit échuë depuis la séparation ; l'Arrêt fondé sur ce que ce n'étoit qu'une somme mobiliaire qui n'étoit point sujette à remploy. *Basnage, ibidem.*

794 Reglement du Parlement de Roüen de l'année 1600. par lequel défenses sont faites aux femmes séparées d'aliener durant leur mariage leurs immeubles, à peine de nullité, si ce n'est pour redimer leur mary de prison, pour cause non civile, ou pour la nourriture d'elles, de leurs enfans & de leurs enfans, auxquels cas aprés l'assemblée & délibération des parens & l'ordonnance des Juges les alienations auront lieu & seront valables. *Basnage, ibidem.*

795 Une femme mariée au Perche, & qui possedoit des terres en Normandie conjointement avec son mary, & suivant les formes prescrites par la Coûtume de Normandie, les bailla en échange contre d'autres heritages situez au Perche : depuis le mary & sa femme vendirent & échangerent les heritages qu'ils avoient eûs en contre échange. Par la Coûtume du Perche les contracts faits en cette maniere sont bons & valables, & la femme n'en peut demander la rescision ; c'est pourquoy, cette femme ne pouvant se pourvoir contre ces contracts, & ne trouvant aucuns biens en la possession de son mary, forma action contre les possesseurs de son bien assis en Normandie, pour faire dire qu'ils luy indiqueroient des biens appartenans à son mary, ou qu'elle rentreroit en la possession de ses heritages. Jugé suivant les conclusions de la femme en 1624. *Basnage, ibidem.*

796 Les biens échûs en ligne directe sont aussi reputez dotaux, & en cas d'alienation l'hipoteque en est acquise du jour du contract de mariage. *Basnage, ibidem,* rapporte un Arrêt du Parlement de Roüen du 10. Mars 1690.

797 La signature de la femme n'assure point l'acquereur, si le mary n'a point de quoy fournir le remploy des biens alienez ; & tout l'avantage qu'il tire du consentement prêté par la femme, est que ce consentement l'engage à discuter les biens de son mary avant que puisse le deposseder : elle n'est toutefois obligée qu'à discuter les biens assis en Normandie, suivant les Arrêts remarquez par *Berault.* Voyez *Basnage, sur la Coûtume de Normandie, art.* 540.

798 Le détenteur du bien de la femme peut luy bailler une rente constituée pour remplacement, si elle l'accepte & signe au contract. Arrêt du 16. Août 1649. *Basnage, ibid.*

799 Une femme poursuivant l'acquereur de son bien de luy en payer l'estimation, ou de luy en abandonner la possession, il accepta de payer la valeur du fonds; mais il demanda que le second mary ou la femme, si elle étoit séparée de biens, eût à luy donner caution ne voulant pas tomber dans le malheur de perdre une troisiéme fois ses deniers. Par Arrêt du Parlement de Roüen du 5. Août 1645. il fut dit que faute de bailler caution, les deniers seroient proclamés en Justice ou à caution : la femme avoit signé au contract de rente fait par son premier mary. *Ibidem.*

En 1599. de S. Germain & la nommée Sauvegrain 800 sa femme vendirent aux Chanoines de Coutances 40. livres de rente appartenant à la femme ; en 1600. le Canu obligé à cette rente, en fit le rachat ès mains des Chanoines. Cette femme ayant renoncé à la succession de son mary, & ayant été dépossedée par decret du remplacement que ses heritiers du mary luy avoit baillé, elle interpella les Chanoines de se presenter au decret, & de la faire payer, à faute de quoy elle rentreroit en possession de sa rente. Par Arrêt du Parl. de Roüen du 2. Juillet 1664. les Chanoines furent condamnez au payement de la rente tant en principal qu'arrerages ; & par un second du 9. Juillet suivant, ils furent condamnez aux arrerages du jour de l'interpellation, à raison du denier quatorze. *Basnage, ibidem.*

Par l'article 121. du Reglement de 1666. *la femme ou* 801 *ses heritiers peuvent demander qu'une partie des heritages affectez à sa dot non alienez luy soient baillez à duë estimation, sans être obligez de les faire saisir réellement ;* mais comme cet article n'a lieu que quand les biens du mary n'ont point été alienez, il s'ensuit que lorsqu'ils ne se trouvent plus en la succession du mary, & qu'il les a alienez, la femme ne peut troubler les acquereurs que par la voye réelle ; & quoyqu'il arrive souvent que les heritages que la femme seroit obligée de saisir réellement seroient de si petite valeur qu'ils ne suffiroient pas pour les frais du decret, & que par ce moyen la femme seroit privée de sa dot ; neanmoins, nonobstant la faveur de la dot l'on n'a point dispensé la femme de la regle ordinaire. Cela fut encore jugé le 13. Mars 1681. *Basnage, ibidem.*

En la Chambre de la Tournelle le 30. Juillet 1635. 802 la Demoiselle de Mainiere ayant demandé la permission de vendre quelque partie de son bien pour subvenir aux frais du procés criminel que l'on faisoit à son mari qui étoit prisonnier ; M. le Procureur General s'y opposa, disant que la Coûtume ne luy permettroit ces alienations que pour retirer son mary de prison, ce qui s'entend de la détention pour des interets jugez & non point des frais de procedure : la consequence en seroit perilleuse, on dépouilleroit aisément une femme de son bien sur ce pretexte. La Cour appointa la cause au Conseil. *Basnage, sur la Coût. de Normandie, art.* 541.

Par Arrêt du Parlement de Roüen du 13. Août 1638. 803 la vente du bien d'une femme faite par un mary aprés avoir obtenu la permission du Juge, & qui étoit causée pour subvenir à la nourriture de la femme, fut declarée nulle, & les heritiers renvoyez en la possession de l'heritage vendu: l'Arrêt fondé sur deux raisons, premierement que la femme n'y avoit point signé, sa signature étant necessaire, à peine de nullité ; la seconde que la femme étoit morte dès le lendemain de la vente causée pour alimens. *Basnage, ibidem.*

Une femme en l'absence de son mary acheta un tonneau de cidre que le Marchand fit apporter en la maison 804 du mary, où il fut consumé par la famille ; elle se fit depuis separer de biens, & le Marchand l'ayant poursuivie pour le payement de son cidre, disant qu'il le luy avoit livré pour la nourriture d'elle, de son mary & de ses enfans, & que par consequent suivant l'article 541. de la Coûtume de Normandie, elle avoit pû y obliger tous ses biens, elle répondoit qu'il devoit connoître sa condition, & qu'étant pas séparée, elle ne pouvoit s'obliger ; que tout ce qu'elle avoit acheté étoit pour son mary, & pour son compte, & il s'aidoit inutilement de cet article qui n'a lieu que dans la necessité du mary, & qu'aprés tout il eût fallu un decret de Justice pour pouvoir engager son bien. Par Arrêt du Parlement de Roüen du 30. May 1656. la femme fut absoute de la demande du Creancier. *Basnage*, *ibid*.

MARINE.

1 ARrêt du 19. Janvier 1608. le Roy étant en son Conseil, concernant le fait de la Marine. *Ordonnances de Fontanon*, *tome* 4. *page* 667.

2 Les Us & Coûtumes de la mer, avec un Traité des termes de Marine, & les Reglemens de la Navigation des Fleuves & Rivieres. *Bourdeaux* 1647.

3 Texte des nouvelles Coûtumes de Bretagne, ensuite les nobles Coûtumes ou Guidon, Stile & Usance des Marchands qui mettent à la Mer, traitant des assurances, polices, avaries, lamenages, Pilotages, jet de marchandises à la mer, des rachats ou composition de délais, de barat ou baraterie, fret, cargaison, depredations, prises de Navires par les pillards, argent à profit, le devoir du Greffier des Polices, & autres choses necessaires pour la Navigation, & le Traité de la Nature & usages des marches separantes les Provinces de Poitou, Bretagne & Anjou, par *M. Gabriel Hullin* Licencié és Droits, Procureur Fiscal à *Thissanges*, in 24. *à Rennes*, *chez Jean Vatard*, & *Jean Gaisne* 1651.

Voyez cy-après les Titres, *Mer*, *Marinier*, *Naufrage*.

MARINIER.

1 MArinier, Matelot, Voiturier par Mer. *Nauta*. *De Naviculariis*, *seu Naucleris publicas species transportantibus*. C. 11. t. 1. & seqq. C. Th. 13. 5. Des Mariniers qui voiturent les tributs publics. *Voyez* Voiturier.

2 *De Nautis Tiberinis*. C. 11. 26... C. Th. 14. 21.

Par Arrêt du 2. Septembre 1550. sur la Requête presentée par le Syndic des Marchands frequentans des Rivieres de Garonne, Tarn, Lavairon, & autres navigables, est faite inhibition à tous Maîtres Batteliers, Gouverneurs & Conducteurs de Bâteaux de vendre ou trafiquer aucunes des choses à eux commises & délivrées pour conduire par icelles rivieres, ni permettre qu'aucun les emporte sans l'exprés vouloir de ceux qui les ont baillées, sur peine d'être punis comme larrons, affronteurs & infracteurs de la seureté & liberté publique du navigage; & pareillement icelle Cour a prohibé à toutes personnes d'achetter ou prendre aucune desdites choses ou marchandises en maniere que ce soit sans le vouloir de ceux qui les ont baillées, & ce sur peine d'être aussi punis corporellement, comme larrons & receptateurs de larcins. *Bibliotheque de Bouchel*, verbo, *Mariniers*.

3 Trois Hourques de Flandres ajugées par droit de bonne guerre à ceux de S. Malo, pour avoir lors de la prise ceux de Flandre contrevenu aux Ordonnances, & la rebellion par eux faite. Arrêt du Parlement de Bretagne du 6. Avril 1557. *Du Fail*, *liv*. 2. *chap*. 54.

4 Le Juge de Guercaude fait de longues procedures sur le fait de débris de Navire & restitution de biens. Par Arrêt du Parlement de Bretagne du 26. Avril 1561. la Cour fait commandement aux Juges de proceder sommairement sur le fait de la restitution de marchandises sauvées de débris & naufrage de navires, sur peine de repeter le procés sur eux. *Ibid. chap.* 120.

5 Les Mariniers sont seuls tenus des captivitez & disgraces qui leur arrivent en faisant le service, auquel ils sont sujets, & ne peuvent prétendre aucune contribution ni recompense sur les marchandises. Arrêt du Parlement de Bretagne sans date rapporté par *Frain*, *page* 334. Hevin dans son annotation cite un Arrêt du mois de Novembre 1655. dans l'espece qui suit. Les Trafiquans de S. Malo pour aller à la pêche des moruës firent partir de Compagnie 30. ou 40. Vaisseaux. Ils tinrent conseil & promirent de ne point s'abandonner. Ils furent rencontrez dans la marche par trois Fregates Angloises. Plusieurs chercherent leur salut dans la fuite, les autres resisterent, & furent si maltraitez qu'ils perdirent l'occasion du voyage. Les proprietaires voulurent faire contribuer à leur perte ceux qui avoient fait l'heureuse pêche. L'Arrêt ordonna la contribution. Il semble, dit *Hevin*, qui plaidoit pour l'empêcher, que le motif de cette rigueur fût d'obliger les sujets du Roy à faire leurs efforts pour soûtenir la gloire de ses armes.

Declaration en faveur des Pilotes, Mariniers & autres qui servent dans les armées Navales. A Paris le dernier Octobre 1647. *Coûtume de la Mer*, *pag*. 392. 6

Voyez la derniere Ordonnance de la *Marine*.

MARQUE.

1 DRoit ou Lettres de marque. *Voyez* hoc verbo, la *Bibliotheque du Droit François*, *par Bouchel*.

1 bis. Du droit de marque ou de represaille. *V. Cambolas*, *livre* 3. *chap.* 23.

2 Du droit de marque, que l'on nomme *Repressalia*. *Voyez Papon*, *liv*. 5. *tit*. 3. Ce droit de marque, ainsi appellé, parce qu'on en use principalement és marches & limites du Royaume.

3 Le Prince a retenu à luy d'octroyer contre étrangers droit de marque. La Cour avoit auparavant coutume de le donner. *Papon*, *liv*. 5. *tit*. 1. *n*. 3.

4 Droit de marque octroyé par Arrêt, n'emporte emprisonnement des personnes, mais saisie des biens seulement. Jugé au Parlement de Paris le dernier Janvier 1390. Pareil Arrêt en 1394. *Ibid.* tit. 3. *n*. 3.

5 Arrêt du Parlement de Grenoble du mois de Novembre 1448. qui accorde le droit de marque contre l'Evêque de Valence, lequel retenoit un Facteur avec 1460. écus d'or faussement fabriquez en Dauphiné, encore qu'ils fussent bons & de bon or, & ne vouloit le renvoyer, pour en faire Justice. *Ibid. n.* 1.

6 Par ce droit de marque en cas de rebellion ou resistance, l'on se peut prendre au premier rencontre de la ville ou village rebelle, sauf son recours; mais il faut justifier de la rebellion. Jugé contre le Receveur de Chartres le 16. Mars 1565. *Ibid. nomb.* 1.

MARQUISAT.

DEs Marquisats du Dauphiné. *V. Salvaing*, *de l'usage des Fiefs*, *chap*. 50.

MASQUES.

1 PAr Arrêt de la Cour de Roüen du 28. Mars 1508. il est défendu à toutes personnes de porter, vendre ou acheter aucuns faux visages, masques, nez ou barbes feintes, & autres choses déguisantes, sous peine de 100. liv. & le 7. Juin 1513. cet Arrêt fut derechef publié. *Voyez la Biblioth. de Bouchel*, verbo, *Masques*.

2 Arrêt du Parlement de Paris du 25. Avril 1514. portant défenses à tous Marchands de vendre aucuns masques, & même à Paris & au Palais. *Papon*, *livre* 23. *titre* 7. & *Du Luc*, *liv*. 6. *tit*. 13. *Arr*. 13. En Angleterre il est défendu d'en porter, à peine de la vie.

3 Arrêt du Parlement de Grenoble inscrit dans le Livre vert, qui fait défenses aux personnes masquées d'aller la nuit sans lumieres, aprés que la cloche de la rettraite aura sonné, à peine de prison, de 500. livres d'amende, & de punition corporelle. *Basset*, *tome* 2. *liv*. 9. *tit*. 6. *chap*. 4.

4 Edit du 9. May 1559. contre les gens qui vont masquez. *Fontanon*, *tome* 1. *page* 644.

5 Officiers condamnez par Arrêt en diverses amendes pour une mascarade dissoluë contre l'honneur de leur Greffier, ne sont point infames d'infamie de droit, ni destituables, l'Arrêt n'en portant rien; l'infamie de fait ne prive pas un Officier reçû, mais bien à recevoir. Jugé le 5. Juin 1628. *Du Frêne*, *liv*. 2. *chap*. 20.

MASSON.

1 LE Masson qui a bâti une maison, est fondé en hypoteque tacite & privilegiée sur la maison bâtie.

MAT   MED   733

Voyez Carondas, livre 2. Rép. 79. & la veuve doit la moitié des deniers que son mary y a employés aux heritiers de son mary.

2. Le Masson pour les réparations par luy faites, est préferé au bailleur d'heritage à rente sur les loyers. Arrêts des 23. Decembre 1597. & 15. Mars 1598. *Carondas, liv. 10. Rép. 79.*
Voyez les mots, *Bâtimens & Marchez.*

3. Un homme ayant été tué par le coup d'un moilon tombé sur sa tête d'un bâtiment où l'Architecte n'avoit point mis d'avertissement, & avoit embarassé l'autre côté de la ruë par des pierres de tailles ; la veuve demande des dommages & interêts contre cet Architecte. *Voyez le Recueil des Factums & Memoires imprimez à Lyon chez Antoine Boudet en 1710. tome 2. page 198.*

MATERIAUX.

1. Materiaux destinez pour bâtir, s'ils sont meubles ou immeubles. *Voyez* le mot, *Bâtimens, n. 57.* & Papon, *liv. 17. tit. 4. n. 6.*

2. *Quæ ex ædificio detracta sunt ut reponantur, immobilia sunt & ædificii : at quæ parata sunt ut imponantur, mobilia sunt & non ædificii.* Voyez Mornac, *L. 17. §. ult. generaliter. ff. de actionibus empti.*

3. Materiaux preparez & amenez sur le lieu pour bâtir, tiennent nature de meubles, *Ex L. fundi, §. ligna & L. garantia. §. regula. ff. de act. empt.* Quant aux pierres & materiaux d'une maison démolie pour la rebâtir, & destinés pour la réédification d'icelle, sont immeubles. *V. Chopin.* Arrêts des Grands Jours de Poitiers, du 27. Octobre 1579. *Tronçon, art. 9.* La même chose avoit été jugée par Arrêt du Parlement de Normandie, du 6. Juin 1551. rapporté par *Berault, sur l'art. 506. de la Coût. de Normandie.* Le même jugé pour materiaux d'un pressoir, par Arrêt du 17. Janvier 1630. *Ibidem, article 506.*

4. Par un ancien Arrêt du Parlement de Roüen du 9. Decembre 1655. il fut jugé que le bois d'une maison qui étoit déja chevillée, mais non bloquée, étoit un meuble; mais depuis le contraire a été jugé par un Arrêt, rapporté par M. *Josias Berault, sur l'art. 506. de la Coûtume de Normandie,* par lequel des materiaux préparez par un pere pour achever un pressoir dans son ancien manoir, qu'il avoit déja fait couvrir, & un des sommiers posé pour cet effet dans sa masure, quoyque le reste en fût encore dehors & éloigné, furent jugez immeubles, & d'une dépendance du pressoir, parce que la destination du pere avoit déja commencé à être executée. *Basnage, sur l'art. 506.*

MATERNA, MATERNIS.

1. Voyez les Observations faites sur cette regle, par M. *François Guyné, Avocat au Parlement de Paris,* dans son *Traité de la Representation, imprimé chez Simon Langlois en 1698.*

2. Quand le doüaire est réputé paternel ou maternel ? *Voyez* le mot, *Doüaire, n. 172. & suiv.*

3. La Regle *paterna paternis, materna maternis,* n'a point lieu en Pays de Droit écrit, comme est le Mâconnois. Arrêt du Parlement de Paris du 28. Février 1610. *M. le Prêtre, ès Arrêts de la Cinquiéme.*

4. Maternel est appellé ce qui provient de la mere ou de quelques-uns des ascendans d'icelle, non ce qui vient du frere ou autres parens de la mere. Arrêt du Parlement de Toulouse du Août 1627. *Cambolas, liv. 5. chapitre 45.*

Voyez cy-après lettre P. le Titre, *Paterna Paternis.*

MATIERES SOMMAIRES.

1. Arrêt du P. de Paris du 27. May 1544. par lequel il fut jugé que le Juge de Niort ayant souffert proceder ordinairement deux parties pardevant luy deux cinq sols, comparoîtroit en personne en la Cour, le procés annullé, sauf aux Parties leur recours contre leurs Avocats & Procureurs pour leurs dépens, dommages & interêts. *Papon, liv. 9. tit. 2. n. 1.*

2. Le 16. Juin 1586. Arrêt qui fait défenses au Juge *à quo* de faire procés par écrit de matiere sommaire, & fins de non proceder, & est recevable l'appel d'appointement en droit, & écrire en semblables causes. Jugé le 22. Novembre 1574. *Papon, livre 9. titre 2. nombre 1.*

3. Arrêt du Parlement de Paris de l'an 1535. par lequel il est défendu aux Juges de tenir les Parties en procés, pour raison d'une somme de 60. sols, enjoint de juger telles matieres sommairement. *Papon, livre 9. titre 2. nombre 2.*

4. Des matieres sommaires. *Voyez l'Ordonnance de 1667. titre 17.*

MATRICULE.

Matricule. *Nominum index. Album : quia erat tabula dealbata, in quâ nomina, vel leges inscribebantur.*

De Albo scribendo. D. 50. 3. Album, hîc, est matricula decurionum. En quel rang ils devoient être inscrits sur la Matricule.

MAYS.

Arrêt Criminel du 5. Juin 1582. qui défend de ne porter vendre arbres qu'on appelle *Mays,* si les vendeurs ne les ont pris en leurs biens propres. *La Rochestavin, liv. 2. lettre M. tit. 6. Arr. 1.*

MEDECIN.

DE Professoribus & Medicis. C. 10. 52.... C. Th. 13. 3. Ils sont exempts des charges publiques.
Vide Leg. 1. & 3. D. lib. 50. t. 13. de extraordin. cognit.
De Comitibus, & Archiatris sacri Palatii. C. 12. 13... C. Th. 6. 16. Des Medecins du Prince.

Il faut avoir recours aux Titres des *Apoticaires, Chirurgiens, Empiriques.*

Au mois de Janvier 1474. un Archer de Meudon prés Paris, fut condamné à mort. Les Medecins & Chirurgiens rémontrerent au Roy que plusieurs personnes souffroient de la pierre, dont le condamné avoit été aussi fort malade; & representerent qu'en incisant cet homme qui avoit merité la mort, l'on pourroit trouver le remede pour les autres. L'operation fut faite ; il récouvra la santé quatre jours après, obtint grace, & eut de l'argent. *Chronique de S. Denis, & la Biblioth. de Bouchel,* verbo, *Medecins.*

Declaration sur les Privileges des Medecins de l'Université de la ville d'Orleans. A Paris le 9. Février 1553. *Le Maire, des Antiquitez de l'Université d'Orleans, page 103.*

3. Arrêt du Parlement de Toulouse du 20. Octobre 1557. qui enjoint aux Apoticaires & Droguistes de montrer aux Magistrats & Administrateurs publics de la Faculté de Medecine si-tôt qu'ils en seront requis, toutes leurs drogues & médicamens, à peine de confiscation de corps & de biens, & ausdits Administrateurs publics & Sergens) de ladite Faculté, à faute de faire la visite chez lesdits Apoticaires chaque année, & tant de fois qu'il sera necessaire, & d'en certifier la Cour à huitaine, aprés la Fête Saint Martin pour lors prochaine, à peine de privation de leurs Privileges, & à chacun d'eux de 2000. liv. tournois d'amende, applicable à la réparation du Palais. *La Rochestavin, liv. 2. lettre M. titre 7. Arr. 6.*

4. Le 19. Avril 1560. il a été jugé que le salaire des Medecins, & les médicamens des Apoticaires seront payez avec les mêmes privileges que les frais funeraires. *Ibid. livre 6.*

5. Arrêt du 1. Août 1566. contre deux Medecins Empiriques, par lequel les Medecins, Chirurgiens & Apoticaires, se doivent assembler aux Ecoles de Medecine,

Zzzz iij

quatre fois l'an, pour aviſer des remedes qu'il convient ordonner aux maladies qui ſurviendront, afin de ſervir au public. *Le Veſt, Arrêt* 196.

6 *De Empiricis qui conceptis pretum & verborum formulis morbos curare profitentur.* Arrêt du dernier Février 1577. qui defend *agrotis potiones ullas imperare, aut medicamenta præbere, vel morborum curam publicè profiteri, niſi ab ordine & Collegio probati fuerint.* Anne Robert, *rerum judicat. liv.* 1. *ch.* 5.

7 Par Arrêt du Parlement de Paris du 12. Septembre 1598. là Cour a ordonné que l'Arrêt du mois d'Août 1536. ſera gardé ſelon ſa forme & teneur ; & ſuivant iceluy, a fait défenſes à tous Empiriques, & autres non approuvez de la Faculté de Medecine en l'Univerſité de Paris, de pratiquer ni exercer l'Art de Medecine en cette Ville & Fauxbourgs de Paris, à peine d'amende arbitraire, & de plus grande punition s'il y échet ; défenſes ſous mêmes peines à tous Apoticaires & Epiciers de donner aucune medecine aux malades ſur autres recettes & ordonnances que des Docteurs en la Faculté, ou qui ſeront approuvez d'icelle, des Medecins ordinaires du Roy, & de ceux du Sang Royal, les ſervant actuellement ; leſquelles ordonnances ſeront datées & ſignées ; & chacun an le Doyen par l'avis de la Faculté ſera un Rôlle des noms & ſurnoms des Medecins qui pourront pratiquer en la Ville & Fauxbourgs de Paris ; lequel Rôlle ſera par luy délivré aux Gardes & Jurez Apoticaires, pour en bailler copie aux Apoticaires, dont le Doyen prendra une décharge ; défenſes aux Medecins de conſulter avec leſdits Empiriques, ni bailler atteſtation de la capacité d'aucuns Etudians en Medecine pour pratiquer, & aux Juges d'y avoir égard : enjoint aux douze Medecins nommez par l'Arrêt du 12. Octobre dernier, ou à ſix d'entr'eux, en l'abſence des autres, de rediger par écrit le Diſpenſaire. Enjoint au Prévôt de Paris de tenir la main à l'execution du preſent Arrêt, enſemble de l'Arrêt donné en l'an 1536. & informer des contraventions. *V. la Bibliot. de Bouchel,* verbo, *Empiriques.*

8 Le Mardy matin 23. Mars 1599. fut plaidée la cauſe de Pompée de Gaignault Empirique, contre la Faculté de Medecine. Gaignault étoit appellant d'un decret de priſe de corps donné par le Prévôt de Paris ; par Arrêt l'appellation au néant, ſans amende & dépens de la cauſe d'appel ; évoquant le principal, défenſes à Gaignault d'exercer la Medecine, ſous peine de dix marcs d'argent & de punition corporelle, s'il y échet ; ordonné que les Reglemens portez par les Arrêts de 1536. & 1585. ſur ce fait ſeront gardez & obſervez. *V. Bouchel, ibidem.*

9 Reglemens d'entre les Medecins & les Chirurgiens. *Voyez les Ordonnances recueillies par Fontanon, tom.* 4. *titre* 12. *page* 458.

10 Le 7. Février 1660. intervint Arrêt au Parlement de Paris, lequel pour terminer les differends qui étoient entre les Medecins & Chirurgiens, ceux-cy prétendant compoſer une cinquiéme Faculté, ordonna que les deux Communautez de Chirurgiens & Barbiers demeureroient ſoûmiſes à la Faculté de Medecine ; défenſes à eux de prendre la qualité de Bacheliers, Licentiez, Docteurs & College ; mais ſeulement celle d'Aſpirans, Maîtres & Communauté ; comme auſſi de faire aucune lecture & actes publics ; pourront ſeulement faire des exercices particuliers pour l'examen des Aſpirans, même des démonſtrations anatomiques à porte ouverte, ſans que pas un deſdits Chirurgiens-Barbiers puiſſe porter la Robe & le Bonnet, que ceux qui ont été & ſeront reçûs Maîtres és Arts ; & neanmoins pourront ceux qui ont été reçûs avec la Robe & le Bonnet juſqu'à ce jour, les porter pendant leur vie. *Journal des Aud. tome* 2. *livre* 3. *chap.* 5.

11 Défenſes à tous Medecins & Chirurgiens d'exercer la transfuſion du ſang, à peine de punition corporelle. Jugé le 10. Janvier 1670. *De la Gueſſiere, tome* 3. *livre* 10. *chap.* 15.

12 Le treiziéme & droits Seigneuriaux remis par le pere à un de ſes enfans, la dépenſe pour l'éducation, & les frais pour la reception d'un métier ou autre profeſſion, ne ſont point ſujets à rapport, non plus même ceux faits pour paſſer Docteur en Medecine à Paris, quoyque la dépenſe en ſoit tres-conſiderable. *Baſnage, ſur l'article* 434. *de la Coût. de Normandie.*

MEDECINS, CLERCS.

13 *Interdicta debet eſſe Chirurgica imperitia ; Clerici poſſunt eſſe Medici non autem Chirurgi propter emiſſionem ſanguinis à quâ abſtinere debent.* Mornac, *L.* 6. §. *ſicuti Medico, ff. de officio Præſidis.*

14 Il eſt défendu aux Eccleſiaſtiques de faire la medecine & la Chirurgie. Arrêt du 11. Septembre 1602. *Bellordeau, lettre M. cont.* 48. Ils peuvent neanmoins remboiter les os, & guerir les nerfs treſſaillis, ſans autre exercice de Chirurgie. *Du Fail, liv.* 1. *chap.* 67.

DONATION AUX MEDECINS.

15 Donations faites aux Medecins. *Voyez* le mot, *Donation, n.* 518. *&* 519.

15 bis. Toutes donations, obligations, rentes, & autres ſemblables actes, au profit des Medecins, Chirurgiens & Apoticaires par des malades, ſont nuls, & ne peuvent devenir valables que par le laps de 30. ans. *V. Mainard, liv.* 3. *ch.* 73.

16 Donation faite à un Medecin de Vannes par une perſonne malade, a été infirmée au Parlement de Bretagne. *Du Fail, liv.* 2. *ch.* 249.

17 Les promeſſes exceſſives faites aux Medecins par les Communautez pour traiter & ſervir les malades, atteints de peſte, ſont illicites & reductibles. Arrêt du Parlement de Provence du 19. Novembre 1633. *Boniface, tome* 4. *liv.* 8. *tit.* 14. *ch.* 1.

Dans l'eſpece, les habitans d'Aix étant en de grandes allarmes, à cauſe du mal contagieux, paſſerent au profit de M. Dupuy Medecin, une obligation de 50. piſtoles par mois, & 1500. écus, s'il y venoit à déceder atteint du mal contagieux. Le Medecin mourut un mois & demi après, atteint du mal contagieux ; ſon pere demanda la ſomme de 1500. écus ; les Parties compromirent ; Sentence arbitrale, qui réduiſit l'obligation à 1000. écus. Appel reſpectif. Les habitans diſoient que ces ſortes de pacts exceſſifs étoient illicites, & avoient été declarez tels par un Arrêt celebre du Parlement de Paris, rapporté par *Mornac*, ſur la Loy 1. §. *prator ait ff. depoſ.* où il dit qu'un Charretier ou Roulier ſe ſervant de l'appréhenſion qu'un Bourgeois de Paris, & tout le reſte de la ville s'étoient retirez à la venuë de l'Empereur Charles-Quint, & ayant extorqué une obligation de 40. écus pour le port de quelques meubles, elle fut réduite à ſon legitime prix. Ils citoient un autre Arrêt ſemblable, rapporté par *Rebuffe*, en ſon Traité des *Reſciſſions de Contracts, n.* 30. *&* 31. en la Préface, contre un Chirurgien, qui s'étoit fait promettre 200. écus, au cas qu'un malade de peſte gueriſt, la promeſſe ayant été réduite à 30. écus. Ils ajoûtoient pour derniere raiſon, que les Medecins étant obligez au ſerment qu'ils font en prenant leur degré de promettre leur ſervice à toute ſorte de malades ſans ſalaires & ſans pacte, *ex juramento Hypocratis*, il ne faut pas demander des reconnoiſſances extraordinaires pour leſdits Medecins, obligez de ſervir ſans ſalaire & ſans pacte, comme le diſent tres-bien les Loix, *Archiatri C. de profeſſor. & ſi medicus ff. de extraordin. cognit.* Ils citoient enfin l'exemple de pluſieurs Medecins morts dans un même peril, & dont neanmoins les heritiers n'avoient reçû aucune demande en Juſtice.

L'exemple d'un tel déſintereſſement eſt beau, & il n'eſt point ſi rare. Il y a deux profeſſions, dont la nobleſſe & la generoſité peuvent donner matiere à la reconnoiſſance & aux éloges du public ; la profeſſion d'Avocat, & celle de Medecin. L'on eſt fort heureux de devoir à l'un ſa fortune, & à l'autre ſa ſanté ; mais il faut l'avoüer, les plus obligez & les plus redevables ne ſont pas les plus empreſſez à la gratitude.

MEDECINS, EXAMEN.
18 De l'examen de Medecins; il est necessaire à Paris pour y professer & exercer la Medecine. *Voyez* le mot, *Examen*, nombre 18.

19 Le 4. Janvier 1499. fut mis par la Cour, *lecta, publicata & registrata*, à certains Privileges octroyez à l'Université de Montpellier, en la Faculté de Medecine, Docteurs Regens, & Suppôts d'icelle, par lesquels Privileges, il est entre autres choses prohibé à toutes personnes de pratiquer la Medecine en Languedoc sans être approuvé de l'Université, sous peine de deux marcs d'argent; l'un appliqué au Roy, l'autre à la commodité de l'Université, & que les Etudians sont en protection & sauve-garde du Roy. *Voyez la Bibliotheque de Bouchel*, verbo, *Mariage*.

20 Les Medecins ont été reglez par Arrêts des 2. Mars 1535. 3. Août 1536. & 1. Août 1566. défenses d'exercer la Medecine sans avoir subi l'examen, & sans avoir le titre de Docteur; & défenses à tous Apoticaires de recevoir aucun *recipe* d'autre que de cette qualité. *Ibid.* verbo, *Medecins*.

21 Au mois de Juin 1540. Arrêt du Parlement de Paris, qui regle la forme à garder, & la Doctorande des Medecins. La Cour dit qu'en faisant droit sur la Requête presentée par les Licentiandes en la Faculté de Medecine; & Conclusions prises par le Procureur General du Roy, elle a ordonné que doresnavant à certain temps; sçavoir au Jeudy de la mi-Carême la Faculté de Medecine s'assemblera en la Salle de l'Evêque de Paris, où l'on a accoûtumé faire les Docteurs en Theologie, & s'y trouvera & assistera, comme Juge de la Licence, le Chancelier de l'Université en l'Eglise de Paris; & à ce jour seront tenus les Docteurs Regens en la Faculté de Medecine en ladite Université, apporter les Rôlles particuliers des Licentiandes, & les mettre au chapeau en la maniere accoûtumée, & prêter le serment entre les mains du Chancelier, comme Juge principal de la Licence, qu'ils ont fait lesdits Rôlles particuliers selon Dieu & en leurs consciences, n'ayant égard sinon à la Doctrine, & sans aucunes brigues & stipulations; & ledit serment fait, seront tirez lesdits Rôlles particuliers dudit chapeau par le Scribe, present & assistant le Chancelier: & ce fait sera fait desdits Rôlles particuliers, le Rôlle commun & general, auquel seront mis les Licentiandes en leur ordre à la pluralité des voix des Docteurs; & où il y aura diversité de voix, & que les Docteurs seront en égalité de voix, *hinc indè*; la Cour a ordonné & ordonne pour aucunes considerations à ce la mouvans, qu'en ce cas le droit de gratifier appartiendra au Chancelier, comme Juge principal de la Licence; & pourra préferer celuy des Licentiandes, entre lesquels il y aura égalité de voix à l'autre, comme il peut faire en la Faculté de Theologie; & quand au jour assigné, le Chancelier aura legitime empêchement, ou sera hors de cette ville, en sorte qu'il ne se pourroit trouver audit jour assigné, l'on sera tenu l'attendre trois jours, pour éviter qu'en son absence ne soient faites aucunes brigues ou stipulations; & en défaut de s'y trouver & comparoir, les trois jours passez, la Cour a permis à la Faculté de faire leur Rôlle commun & general, selon l'ancienne coûtume. Au surplus, la Cour a fait défenses, tant au Chancelier qu'aux Docteurs, de prendre & exiger *etiam ab ultro offerentibus*. *Voyez les Plaidoyers & Arrêts notables imprimez en 1645.*

22 Le 6. Juin 1553. vû la Requête donnée par M. Jean Escuron, ordonné qu'aucun ne sera reçû à pratiquer la Medecine à Toulouse, qu'auparavant il n'ait soûtenu Conclusions publiques, & qu'on ait enquis de ses mœurs & experience par dictum. *Bibl. de Bouch.* verbo, *Medecins*.

23 Arrêt du Parlement de Toulouse du 16. Juin 1554. qui ordonne que personne ne sera reçû à professer la Medecine à Toulouse, qu'auparavant il n'ait soûtenu Conclusions publiques, & qu'on n'ait enquis de ses mœurs & experience par dictum. *La Rochejlavin, li.* 2. *lit. M. titre* 7. *Arr.* 5.

24 La Cour ordonna que Maître Bertrand de Causaiges, prétendant être Medecin, apporteroit attestation de sa capacité de quelque Université fameuse, & qu'il soûtiendra Conclusions de l'art de Medecine, qu'il fera attacher aux lieux publics de cette Ville, contre lesquelles seront reçûs à disputer tous ceux qui disputer voudront; ausquelles disputes présidera un Docteur fameux, & pratiquant en une des Villes de ce Royaume, autre que de la Ville de Nantes. Arrêt du Parlement de Bretagne du 16. Octobre 1557. *Du Fail, liv.* 1. *chapitre* 67.

25 Arrêt du Parlement de Toulouse du 3. Juillet 1558. qui confirme le Jugement rendu par le Gouverneur de Montpellier, contre une femme Empirique, s'entremêlant de l'Art de Chirurgie, & Medecine; & défend à toutes sortes de gens d'entreprendre d'exercer l'Art de Medecine ni Chirurgie, donner aucuns breuvages ou médicamens s'ils ne sont Graduez, commis & approuvez par la Faculté de Medecine en l'une des Universitez fameuses de ce Royaume, & ce sur peine de bannissement des lieux & Provinces, esquels ils se trouveroient pratiquans, & aux Apoticaires d'entreprendre de dispenser aucunes recettes & ordonnances, ni en prendre par Medecin ou Chirurgien en ce qui concerne l'Art de Chirurgie, commis & approuvez, lesquelles recettes & ordonnances, lesdits Medecins & Chirurgiens seront tenus signer de l'an & jour & mois, & nommer ceux pour qui elles seront faites, ce qu'ils réitereront dans toutes celles qu'ils donneront; & enjoint au Chancelier, Recteur, Docteurs & Regens des Universitez en la Faculté de Medecine, visiter une fois par an pour le moins les drogues des Apoticaires, & réjetter celles qui se trouveront défectueuses. *La Rochejlavin, liv.* 2. *lettre M. tit.* 7. *n.* 2.

26 Arrêt du même Parlement de Toulouse du 21. Novembre 1562. qui défend & enjoint à tous Magistrats & Juges de ne permettre à aucun d'user de l'Art de Medecine & Chirurgie sans être approuvé. *La Rochejlavin, ibid. Arr.* 4.

27 *Medicus vulnerarius in obsidione illa celebri Sylvanecti cives ac milites regios vulneratos egregia opera sanavit & à Senatu obtinuit, ut in suburbiis quibus vellet Parisiensibus & in Regina Nosocomio citrà ullum Chirurgorum examen Chirurgiam faceret.* Arrêt du 3. Decembre 1604. Mornac, *L.* 33. §. *ult. militum ff. ex quibus causis majores, &c.*

28 Celuy qui ne peut faire apparoir de ses Lettres de degré, ne doit pas exercer la Medecine. Arrêt du Parlement de Paris du 10. Juin 1606. contre M. G. R. qui se disoit Medecin de M. le Prince. *Voyez les Reliefs forenses de Rouillard, ch.* 10.

29 La convention faite par les Maire, Echevins d'une Ville à un Medecin, qu'il ne payera taille ni subside, ni sera guet ni garde, doit tenir & ne peut être revoquée par les autres Maire & Echevins. Arrêt du Parlement de Dijon du 30. Juin 1617. Bouvot, *tome* 2. verbo, *Medecins, quest.* 5.

30 Arrêt du Parlement de Bretagne du 16. Mars 1620. qui fait défenses à toutes personnes d'exercer la Medecine en la Ville de Rennes sans faire apparoir d'attestation valable, & d'avoir étudié en Medecine l'espace de cinq ans en une Université fameuse, & de Lettres de Bachelier, Licentié & Docteur, obtenuës par les formes, & après y avoir fait les Actes & Disputes requises. Autre Arrêt du 9. Septembre 1632. qui fait défenses à un Medecin d'exercer la Medecine jusqu'à ce qu'il eût étudié en icelle le temps requis & préfix par l'Ordonnance & Statuts de Medecine, & de ce apparu attestations valables, quoy qu'il offrît d'être reçû à l'examen. Frain, *page* 724. L'Arrêt du 16. Mars 1620. est aussi rapporté par *Du Fail, liv.* 1. *ch.* 67.

31 Les Maire & Echevins de la Ville de Dijon, firent une déliberation le 21. Août 1626. & ordonnerent que ceux qui exerçoient la Medecine depuis dix ans, soûtiendroient des Theses publiques, & que nul ne seroit

reçû à pratiquer cette profession sans avoir fait pareille tentative. Par une seconde deliberation, il fut dit qu'outre la these, il y auroit examen à subir par les Medecins déja installés; & par une troisiéme deliberation quelques-uns furent condamnez en dix livres d'amende pour avoir usé de termes irreverens en la réponse faite lors des significations. Les Medecins établis depuis 10. ans interjetterent appel. Arrêt du Parlement de Dijon, M. le Prince seant en l'Audience, le 18. Février 1627. qui met au neant l'appellation concernant la deliberation du 21. Août, en ce que ceux ayant pratiqué dix ans & au dessus sont dispensez de la tentative, ordonné qu'ils la feront comme les autres, le surplus des deliberations sortissant effet. Cet Arrêt est rapporté par M. de Xaintonge en ses Plaidoyers, chap. dernier.

32 Arrêt du Parlement de Paris du 1. Mars 1644. pour les Doyen, Docteurs, Regens, de la Faculté de Medecine de Paris, contre Theophraste Renaudot, gazetier, soi disant Medecin du Roy & de l'Université de Montpellier, les Docteurs en Medecine dudit Montpellier, & d'autres Universitez, ses adherans, & les Chanceliers, Professeurs, & Docteurs Regens, en ladite Faculté de Medecine de Montpellier, intervenus en cause avec luy; la Cour a ordonné & ordonne, que dans huitaine la Faculté de Medecine s'assemblera pour faire un projet de Reglement pour les Consultations charitables des pauvres, & l'apporter à la Cour, pour iceluy vû, ordonner ce que de raison; & sur les Conclusions du Procureur General, a ordonné que Renaudot présentera à la Cour les Lettres Patentes adressées à icelle par luy obtenuës pour l'établissement du Bureau, & permissions de vendre à grace. Voyez le Recueil des Plaidoyers & Arrêts Notables imprimez en 1645.

FAUTE DES MEDECINS.

Voyez Papon, page 1296.

33 De Medico qui locavit operas suas, qui de culpâ levi tenetur: si vero gratis mederetur, teneretur de levissimâ culpâ secundum aliquos. Voyez Franc. Marc. tome 1. question 522.

34 Medicus an de imperitiâ teneatur? Voyez ibidem questio 144.

35 In medicum si quid audacius ac vehementius constituerit, animadvertendum. Vide Luc, liv. 6. tit. 15.

36 Arrêt du Parlement de Paris du 25. Avril 1427. par lequel un Medecin a été admonesté pour la premiere fois, pour avoir ordonné un remede violent qui pouvoit guerir ou causer la mort en peu d'heures au malade; & défenses de plus recidiver, à peine d'être puny plus griévement. Lucius, liv. 6. tit. 15. art. 1. & Papon, liv. 23. tit. 8. n. 1.

37 Le Roy Henry II. ordonna en 1556. que les Medecins porteroient chapes bleuës de la couleur de tapis funebres, & que sur les plaintes des heritiers des personnes décedées par la faute des Medecins, il en sera informé & rendu justice, comme de tous autres homicides. Voyez Henrici Progymnasmata, Arr. 209. Cet Arrêt n'est pas suivi, soit parce que des heritiers qui n'ont qu'une douleur hypocrite de la mort de ceux à qui ils succedent, ne regardent pas comme un crime la faute du Medecin, qui leur procure une succession opulente, soit parce que les heritiers dont la douleur seroit plus sincere, auroient trop de plaintes à faire contre l'ignorance de certains Medecins. La Justice en seroit accablée, elle est assez occupée des suites des morts naturelles, sans en rechercher scrupuleusement la cause.

MEDECINS, FEMME.

38 Défenses à une femme d'Anjou d'exercer & pratiquer l'Art de Medecine. Arrêt du 12. Avril 1578. Le Vest, Arr. 157.

Voyez cy-dessus, le mot, Femme, n. 61.

MEDECINS, LEGS.

39 Des legs faits aux Medecins. Voyez le mot Legs, n. 388. & suivans.

MEDECINS, MARIAGE.

40 Promesses de mariage faites par une fille malade à son Medecin, declarées nulles. Arrêt du Parlement de Paris rendu en la Chambre de l'Edit, le 13. Juin 1607. qui deboute la Brosse Medecin de son opposition & demande en dommages & interêts: on luy avoit promis la Demoiselle de Lamberville en mariage s'il la guerissoit par son Art. Plaidoyers de Corbin, chap. 3.

MEDECINS, PRÉSÉANCE.

41 Les Docteurs Medecins des Universitez qui iront s'habituer dans la Ville de Châlons, ou autres, prendront rang & séance au jour de la date de leurs titres de Docteurs, dépens compensez le 30. May 1686. Journal du Palais.

Voyez cy-après le mot, Préséance, nombre 101. & suivans.

MEDECINS, PRIVILEGES.

42 Sur les Privileges que le Droit Romain accordoit aux Medecins, & qui n'ont point lieu dans ce Royaume. Voyez la 22. action de M. le Bret.

MEDECINS, RAPPORTS.

43 Rapport de Medecins & Chirurgiens. Voyez le titre 5. de l'Ordonnance criminelle de 1670. avec le Commentaire de M. Philippes Bornier.

MEDECINS, RESIGNATION.

44 Arrêt rendu en la Grande Chambre du Parlement de Paris le 26. Avril 1695. qui a declaré nulle une resignation faite par un malade en faveur du fils de son Medecin Le Sieur Raimbault, Chanoine de Saint Thomas du Louvre, dans les cours d'une maladie, resigne son Canonicat au Sieur le Long, fils du Medecin qui le traitoit; la resignation est admise en Cour de Rome, avant la mort du Resignataire. Aprés sa mort M. l'Archevêque de Paris pourvût le Sieur le Normand. Contestation au Châtelet pour la maintenuë: La cause plaidée en l'appointé, appel, évocation consentie. M. Noüet pour le Sieur le Normand s'arrêta principalement à l'incapacité du Sieur le Long, par sa qualité de fils de Medecin du Resignant. M. le Barbier pour le Sieur le Long, disoit, 1º. que la resignation avoit pour motif une ancienne amitié. 2º. Qu'il ne falloit pas argumenter du legs d'une chose profane, à une resignation de Benefice, chose spirituelle. 3º. Que cette resignation ne tournoit point au profit du pere du Resignataire, & qu'elle ne diminuoit point les droits de l'heritier legitime. M. de la Moignon écarta d'abord les soupçons de suggestion & de surprise, qu'on avoit répandus sur la conduite du Sieur le Long Medecin, parce qu'il n'y en avoit point de preuve. Il distingua ensuite pour la question de droit; ou il y a une liaison, soit de parenté, soit d'amitié, bien établie entre le Medecin & le Resignant; ou ce n'est que la necessité & le besoin de Medecin, qui a fait avoir recours à luy. Dans le premier cas, la resignation doit être autorisée, à moins que celuy qui la combat ne prouve qu'elle est l'effet de la suggestion & de la surprise. Dans le second cas, comme les mêmes inconveniens qu'on craint dans les legs, sont à craindre dans les resignations, il y a lieu de les rejetter de la même maniere que les autres dispositions: appliquant cette distinction, il dit qu'il ne se trouvoit point dans l'espece entre le resignant & son Medecin, de liaisons ni particulieres, ni anciennes: ainsi les Conclusions & l'Arrêt furent contre le Sieur le Long fils du Medecin. Voyez l'Auteur des notes sur M. Du Plessis, Traité des Donations.

MEDECINS, SALAIRES.

45 Les Medecins, Chirurgiens & Apoticaires doivent intenter leurs actions dedans un an, & aprés ledit an ne sont recevables. Art. 125. de la Coûtume de Paris. Voyez les Commentateurs.

46 Arrêt du Parlement de Grenoble du 10. May 1678. qui arbitre à un Medecin une somme de cent cinquante livres pour une cure, sans renvoyer aux Experts. Chorier en sa Jurisprudence de Guy Pape, p. 76.

47 Voyez le 96. Plaidoyé de M. de Sainte Marthe, pour un Medecin à qui on refusoit le payement de ses salaires, sous prétexte de ce qu'il s'étoit servi de remedes

de Chimie & extraordinaires, & qu'il avoit avancé les jours du malade.

MEDECINS, TAILLES.

48. Si les Medecins sont exempts de la Collecte des Tailles? Voyez le mot, Collecteurs, nomb. 9.

On a toûjours contesté aux Medecins l'exemption des Tailles, & lorsqu'ils ont obtenu des Lettres, il a été ordonné qu'avant faire droit sur la verification, les habitans seroient oüis. Arrêt de la Cour des Aides du 23. Février 1552. Autre Arrêt du 30. Decembre 1553. sur pareilles Lettres accordées à Jean Ferrand Medecin de la Reine, demeurant à Châtelleraud. Biblioth. de Bouchel, verbo, Medecins, où est observé un Arrêt de 1585. qui les exempte de la Collecte.

49. Le consentement des Habitans pour exempter un Medecin des Tailles n'est pas valable; la Cour des Aydes avoit trouvé un temperament par son Arrêt du 9. Août 1629. qui fut cassé par Arrêt du Conseil Privé, du 27. Août 1631. avec défenses à la Cour des Aydes de donner de semblables Arrêts. Voyez Henrys, to. 2. liv. 4. quest. 51.

50. Medecin déchargé de la Collecte des Tailles. Arrêt de la Cour des Aydes de Paris en 1657. contre les Habitans de Saint Agnan. Voyez les Plaidoyers compris dans le Recueil de ceux touchant la cause du Gueux de Vernon. M. Fourcroy plaidoit pour le Medecin.

MEDECINS, TEMOINS.

51. L'Avocat, le Medecin & le Procureur, ne peuvent être contraints de déposer, ne propter eorum munus prævaricatores habeantur. liv. 1. de procurat. Specul. in tit. de Advocat. §. nunc tractemus. col. fin. vers. caveant.

MEDECINS, TESTAMENS.

52. Si les Testamens qui sont faits au profit des Avocats, Procureurs, Medecins, Maîtres Pedagogues & aux Convens, sont valables? Voyez Bouvot, to. 1. part. 3. verbo, Testament, quest. 10.

Voyez cy-dessus, le nombre 15. & suivans, & le nombre 39.

MEDECINS, TUTELLE.

53. En 1664. le Sieur Charpentier Docteur en Medecine & Professeur de Philosophie, obtint exemption de tutelle, par Arrêt du Parlement de Paris; il est dit dans l'Arrêt sans le tirer à consequence. Papon, liv. 15. tit. 5. n. 11. & 17.

54. Les Docteurs en Medecine qui en font profession, ne sont exempts de tutelle ou autres Charges publiques, les Loix Romaines en ce chef n'ont point de lieu en France. Arrêt du 2. Decembre 1651. Du Frêne, liv. 7. chap. 9.

MEDICAMENS.

Voyez les mots, Apoticaires, Chirurgiens, Medecins.

Sous le mot de médicamens, on comprend tout ce qui est necessaire pour faire traiter & penser le blessé. Les frais du Medecin, Apoticaire, Chirurgien & autres personnes qui le servent. Voyez le Commentaire de M. Philippes Bornier, sur l'article 1. du titre 12. de l'Ordonnance criminelle de 1670.

1. Arrêt du Parlement de Provence du 27. Février 1640. qui a jugé que les veuves ne sont point subsidiairement tenuës des médicamens fournis pendant leur mariage, tant à elles qu'à leurs enfans & maris. Boniface, to. 2. liv. 4. tit. 20. ch. 11.

2. Reglement à l'égard des Apoticaires & Epiciers touchant la vente qu'ils font d'arsenic, sublimé, & autres drogues dont on peut faire un mauvais usage. Arrêt du 27. Février 1677. De la Guessiere, tome 3. livre 11. chapitre 9.

3. S'il est permis à un Operateur de donner à son médicament, le nom du médicament inventé par un autre à son préjudice. Arrêt du 20. May 1678. Boniface, tome 3. liv. 4. tit. 14. chap. 1. même Arrêt en 1686.

4. Provision des médicamens. Voyez le mot, Provision, n. 50. & suivans.

Tome II.

MELIORAMENTUM.

Ce mot à deux significations, selon la nature des Contrats où il est employé, le plus souvent c'est un sinonyme avec celuy d'emphiteose; mais nos ancêtres s'en servoient aussi pour signifier l'augment donné par le mari à sa femme. Voyez Salvaing, de l'usage des Fiefs, chap. 97. page 491.

MEMOIRE.

Discours notables pour conserver & augmenter la mémoire, avec la phisionomie, traduit du latin de Gratarol, Paris, 1577. in 18.

MEMOIRE DU DEFUNT.

2. De la maniere de faire le procés à la mémoire d'un défunt. Voyez le mot, Procedure, nomb. 215. & suivans.

3. Mineur reçû à purger la mémoire de son pere mort dans les cinq ans: il ne fut obligé à faire aucune consignation. Voyez le mot, Contumace, nomb. 22.

4. Un heritier est reçû à purger la mémoire & justifier l'innocence du défunt. Arrêt du 15. Decembre 1576. Le Vest, Arr. 150.

Voyez l'Ordonnance criminelle de 1670. tit. 27.

MENACES.

1. De mandatis de non offendendo. Minantis persona consideranda. Minæ vanæ timendæ non sunt. Voyez Andr. Gaill, liv. 1. observat. 4.

2. Securitas & cui mors minata est non solum concedenda venit, sed is qui minatus est carceri mancipari debet. Voyez Franc. Marc. to. 2. quest. 586.

3. Des menaces employées pour extorquer des Actes. Voyez le mot, Contrat, nomb. 39. & 40.

4. Quoyqu'en crime l'on puisse faire défenses de menacer suivant la loy diffamari; cela n'est point reçû au civil. Arrêt du Parlement de Paris du 7. Janvier 1578. Papon, liv. 24. tit. 5. n. 16.

Si quelqu'un a menacé un autre de le battre, & outrager; s'il est battu quelques jours après, telles menaces ne suffisent pour le condamner, qu'il mettre à la torture? Voyez Bouvot, to. 2. verbo, Criminel, quest. 8. Claræ debent esse probationes, & metus non ex jactationibus tantum probatur sed atrocitate facti.

MENDIANS.

1. Il y a les mendians qui composent certains Ordres Religieux, & les mendians qui sont pauvres.

MENDIANS, RELIGIEUX.

Voyez ce qui a été observé sur les titres, Augustins, Carmes, Cordeliers, Jacobins.

Alphonsi de Cassarrubio compendium privilegiorum mendicantium.

S. Bonaventuræ epistola quales esse debeant fratres mendicantes erga prælatos & clerum.

Engelberti Cultificis defensio mendicantium contra pastores quosdam.

Em. Rodriguez qu... regulares, & collectio privilegiorum Mendicant. ... Antuerp. & Lugd.

Joannis Gerson, sermo contra bullam Mendicantium.

Manuale Prælatorum, Ludovici Mirandi, fol. Venet. & Colon.

Richardi Almachani contra Mendicantes defensorium curatorum.

Rogerius Chonnoc pro mendicantibus contra armachanum.

2. De sacris mendicantium familiis. Voyez Luc. livre 1. titre 6.

3. Non sunt recipiendi mendicantes ad petendum reditum sibi datum per eos perpetuo tenendum. Voyez la nouvelle édition des Oeuvres de M. Charles Du Moulin, to. 2. p. 566. contre des Religieux mendians qui vouloient obliger des heritiers de leur continuer une rente liberalement payée par le défunt.

4. Mendicantes an possint instituti hæredes? Voyez Tournet, let. M. Arr. 43.

AAaaa

Mendians incapables d'accepter succession. *Tournet*, *let. M. Arr.* 44.

5. *De erectione & translatione loci religionis mendicantium.* Voyez *Franc. Marc.* to. 1. quest. 533.

6. *Religiosus Ordinis Mendicantium Vicarius ab Episcopo constitui non potest.*
Episcopus unum Monachum de suo Monasterio ut sibi adsit in cubicularius extrahere non potest. Voyez ibidem quest. 1285.

7. *De electione & destitutione ministrorum provincialium mendicantium.* Voyez ibidem, quest. 1358. & 1359.

8. Mendians de toute ancienneté sont incapables de succeder. Arrest au Parlement de Toulouse l'an 1393. contre les Cordeliers de Montpellier, qui se disoient heritiers instituez par testament. Item par Arrêt du Parlement de Paris du 24. Mars 1385. suivant le Concile de Vienne, tenu en l'an 1310. Et contre les Augustins d'Amiens, par Arrêt du Parl. de Paris du 5. Decembre 1371. neanmoins par Arrêt des Grands Jours de Lyon de l'an 1541, il a été jugé que les Carmes pouvoient posseder des propres. *Biblioth. Canonique* to. 2. p. 89. col. 1. & Tournet, *let. M. Arr.* 44.

9. Mendians incapables d'accepter une heredité, rente ou autre bien immeuble. Arrêt du Parlement de Paris pour les quatre Ordres, du 7. Avril 1385. Arrêt du Parlement de Toulouse de 1393. Arrêt contre les Cordeliers de Montbrison du 10. May 1530. Arrêt contre ceux du Mans en 1558. *Bibliotheque de Bouchel*, verbo, *Mendians*.

10. Mendians sont incapables, d'accepter une succession. Arrêt du Parlement de Toulouse de l'an 1393. contre les *Cordeliers* de Montpellier, se disans heritiers instituez par testamens. *Papon*, *liv.* 1. *tit.* 8. *n.* 2.

11. Arrêt du Parlement de Paris du 10. May 1530. portant condamnation de payer la somme de 500. livres pour le principal d'une rente dûe aux *Cordeliers* : il fut dit qu'elle seroit mise, non és mains du leur ami spirituel ainsi qu'ils le prétendoient, mais és mains de deux personnes leurs amis autres que Religieux, présent, ou appellé le Procureur du Roy, pour estre employée aux réparations & autre chose necessaire du Convent. *Papon*, *liv.* 1. *tit.* 8. *n.* 4.

12. Par Arrêt du Parlement de Paris, il a été jugé que le fond d'une pension annuelle donnée par Testament aux quatre Convens Mendians seroit partagée entre eux également à la charge de s'acquitter par chacun d'eux des prieres pour le salut de l'ame du Testateur au premier an, & furent condamnez aux dépens à quoy se rapporte l'Arrêt de Labessée, du 10. May 1530. rapporté par *Papon*. Voyez la *Bibl. Canon.* tome 2. p. 89. colon. 2.

13. Arrêt du 10. May 1541. qui declare nulle une donation faite à un *Carme* par un de ses freres, sauf au Convent d'en faire action & poursuite pardevant le Juge ordinaire. Ibidem, & la *Bibliotheque de Bouchel*, verbo, *Mendians*.

14. Les Carmes peuvent posseder propres. Arrêt donné aux Grands Jours à Lyon en l'an 1541. & pour ceux de l'Isle Jourdain, il a été jugé par Arrêt du 19. Juin 1565. qu'ils peuvent être Administrateurs de quelque Hôtel-Dieu. Ibidem.

15. Le Procureur General du Roy par luy ou par ses Substituts, plaide, agit, & défend en France pour les quatre Mendians. Arrêt du Parlement de Paris du 10. May 1541. rapporté par *Mainard*, tome 1. *liv.* 1. *chap.* 20. qui dit que tel est l'usage du Parlement de Toulouse ; les Mendians n'ont point d'action par eux-mêmes.

16. Les Freres Prêcheurs & Religieux Mendians ne doivent contribuer aux décimes avec le Clergé. Arrêt du 17. Novembre 1544. *M. Expilly*, *Arrêt.* 18.

17. Arrêt du Parlement de Toulouse du 29. Avril 1549. qui ordonne aux Religieux Mendians de poursuivre leurs actions au nom du Procureur du Roy, & défend à tous Juges, Notaires, Greffiers, de prendre aucune chose d'eux pour les procedures, Actes & rapports,

leur ordonne de rendre ce qu'ils auront reçû. *La Rochéflavin*, *liv.* 2. *lettre G. tit.* 8. *Arr.* 2.

18. Bien que les Cordeliers ne puissent regulierement rien posseder, en propre, soit en commun ou en particulier, à cause de leur voeu de pauvreté & mendicité, toutefois leur Pere spirituel le peut, & en fait demande officio judicis, au nom du Procureur General prenant la cause pour leur Syndic ; ainsi jugé par Arrêt du Parlement de Paris des années 1562. & 1584. & se juge aussi à Toulouse pour toutes sortes de Religieux Mendians. Voyez *Mainard*, *liv.* 7. *chap.* 13.

19. Par Arrêt du Parlement de Toulouse du 13. Mars 1566. les Cordeliers Mendians ont été declarez capables d'hoiries, de tenir & posseder biens immeubles, (excepté les Capucins & les Freres Mineurs de l'Observance) à la charge dans l'an & jour d'en vuider leurs mains. *Bibliotheque Canonique*, tome 2. page 89.

20. Quoyque les Mendians soient incapables de legs immobiliaires, neanmoins ils sont capables du prix & estimation, sans préjudice des conventions matrimoniales & du Domaine. Jugé au Parlement de Paris le 9. Mars 1577. mais l'heritier parent ou autre y ayant interest peut empêcher l'alienation du legs pieux, en appellant de l'homologation & il peut la retirer en remboursant. Jugé le 9. May 1564. suivant le *Can. filii*. Voyez la *Biblioth. Canon.* tome 2. *pag.* 89. *colon.* 2.

21. Les Mendians ne peuvent posseder aucunes rentes. Jugé par Arrêt du 24. Mais 1585. Par autre Arrêt il a été dit qu'on leur payeroit par forme d'aumône. *Papon*, *liv.* 8. *nomb.* 5. Le Concile de Vienne de l'an 1310. défendit aux Mendians de posseder aucuns revenus & immeubles.

22. Jugé par Arrêt du 10. Decembre 1597. qu'il n'y a peremption d'instance contre les Religieux Mendians Administrateurs du bien des pauvres. *Filleau*, 4. *part.* quest. 93.

23. Il n'y a point de peremption contre les Religieux Mendians Administrateurs des biens des pauvres. *V. M. le Prêtre* 1. *Cent. chap.* 56.

24. Si les Evêques peuvent empêcher la quête & la Prédication aux Religieux Mendians ? Voyez *Henrys*, tome 1. *liv.* 1. *chap.* 3. *quest.* 46. où il cotte plusieurs Arrêts qui ont apporté quelque temperament.

25. *Hodie ex Tridentinâ synodo Mendicantium coetus, possessiones rerum immobilium, communi nomine capaces sunt.* Brodeau sur M. Loüet, lettre L. sommaire 8. nombre 3.

25 bis. Le Concile de Trente, sess. 25. chap. 3. *de regularibus* leur a permis de posseder des biens immeubles, il n'en a excepté que les Mineurs de l'Observance de saint François & les Capucins, *exceptis domibus sancti Francisci Capucinorum & eorum qui Minores de observantiâ vocantur.*

26. *Circuit cauponas Religio mendicans*, M. Dolive, *Actions Forenses*, 3. part. Act. 1.

27. Les Religieux Mendians de Paris, Docteurs en Theologie ne peuvent députer aux Assemblées de la ladite Faculté que deux Docteurs. Jugé le 14. Juillet 1626. *Du Frêne*, livre 1. chapitre 124. & livre 5. chapitre 35.

28. L'article 15. du Statut de l'Université pour la Faculté de Theologie, concernant les Religieux Mendians, exécuté, &c. Arrêt du 11. Août 1648. *Du Frêne*, liv. 5. chap. 35. Cet art. porte, *Ordinis Prædicatorum quinque, Minorum quatuor, Augustinorum tres, Carmelitarum tres, & si quis eorum ex hâc vitâ decedat nullus in demortui locum sufficiatur.*

29. Les Religieux Mendians sont incapables de Bénéfices Cures. Arrêt du 8. Mars 1660. *De la Guesse.* tome 2. liv. 3. chap. 10.
Voyez le mot, *Cures*, *nomb.* 115.

30. Ce qui donna occasion d'ordonner que deux Docteurs seulement de chacun College des Mendians entreroient és Assemblées de la Sorbonne, fut que plusieurs Moines s'étoient liguez pour empêcher la censu-

MEN

ce du Livre de Sanctarellus Jesuite, qui soûmettoit la puissance du Roy à celle du Pape & établissoit plusieurs propositions dangereuses & impies. *Voyez la Biblioth. Canon. tome 2. page 325. colon. 1.*

31 Reglement pour la reformation des quatre Ordres des Mendians, faisant défenses aux Superieurs & Superieures des Monasteres de recevoir aucune chose pour la reception des Novices, à l'habit ou à la Profession. Arrêt du 4. Avril 1667. *De la Guess. tome 3. liv. 1. chapitre 26.*

32 Le Roy fit non seulement un Edit par lequel il ordonna le dénombrement des Religieux de l'un & de l'autre sexe, & de leurs biens ; mais informé qu'il y avoit plus d'abus dans les quatre Ordres des Mendians, il desira que les quatre Generaux vinssent eux-mêmes en France pour remettre leurs Religieux dans l'ancienne discipline de leurs Statuts & de leur Regle ; pour cela il écrivit au Pape Clement IX. & le pria d'envoyer ces quatre Generaux des Mendians, lesquels arriverent à Paris vers le mois de Novembre 1668. Aprés avoir salié sa Majesté, & l'avoir assurée que le Pape ne les avoit envoyés que pour venir recevoir ses ordres, ils montrerent leurs Brefs ; & afin de leur donner plus de force & d'autorité, lorsqu'ils voudroient exercer leur jurisdiction, il leur accorda à chacun des Lettres d'attache adressantes au Parlement suivant la Coûtume de France, leurs Brefs y fussent enregistrez, pour leur donner toute la force & la vertu qui leur étoit necessaire. Le Parlement vouloit y apporter des modifications ; comme elles alloient à détruire en partie l'autorité qui leur étoit donnée par leurs Brefs, & par les Lettres Patentes d'attache du Roy, les voulant soûmettre, & leur voulant donner, pour ainsi dire, pour Adjoints, le Doyen de Nôtre-Dame de Paris, le Pere Boulard cy-devant Abbé de sainte Geneviéve, & quelque autre de cette qualité, ces quatre Generaux instruits de leur pouvoir, s'éleverent contre cet Arrêt, & protesterent qu'ils s'en retourneroient à Rome sans faire aucunes fonctions, plûtôt que de se soûmettre à des personnes qui leur étoient inferieures, & qu'étant Commissaires Apostoliques (comme il paroissoit par les termes de leurs Brefs)ils ne se soûmettroient pas même à un Cardinal étant en France, qui n'auroit pas été commis. De maniere qu'ayant fait leurs plaintes au Roy, ils obtinrent la verification de leurs Brefs purement & simplement ; & conformément aux termes dans lesquels ils étoient conçus, & à l'intention du Roy, la Cour fit défenses à tous Provinciaux, & autres Superieurs des quatre Ordres des Mendians de recevoir aucuns Novices, sous quelque prétexte que ce fût, jusqu'à ce que les mêmes Generaux eussent entierement executé leurs Brefs, & enjoignit à tous Baillifs & Sénéchaux de son ressort de donner aide, & le secours dont ils pourroient avoir besoin. Les défenses à l'égard de la reception des Novices, portent jusqu'à ce qu'ils auront achevé leurs visites, & rapporté ou renvoyé les Reglemens apparents qu'ils auront faits pour la reforme de leur Ordre, & les decrets qu'ils auront donnez pour supprimer les Monasteres sujets à suppression. Aprés cette verification, ces quatre Generaux se sont mis en état de faire leurs visites dans tous les Monasteres de leur Ordre. *Définit. Canon. page 463.*

33 La préseance jugée en faveur des Peres de saint Antoine de Marseille, contre les Freres Prêcheurs & autres Mendians, neanmoins qu'ils ne pourront joüir du dit droit de préseance aux Processions & céremonies publiques où ils n'ont pas accoûtumé d'assister. Jugé au Parlement d'Aix le 22. Juin 1672. *Journal du Palais.*

Aux Décisions & Arrêts cy-dessus il faut joindre ce qui sera cy-aprés observé sous le titre *Religieux.*

PAUVRES MENDIANS.

34 Des pauvres Mendians de la Ville de Paris. *V. les Ordonn. de Fontanon, tome 1. liv. 5. tit. 9. pag. 908.*

35 Declaration portant que les Mendians valides qui au-
Tome II.

MEN 739

ront été menez trois fois à l'Hôpital General, seront condamnez au foüet & aux Galeres. A Fontainebleau en Août 1661. registrée le 2. Septembre suivant. *8. vol. des Ordonnances de Loüis XIV. fol. 430.*

36 Declaration du Roy du 12. Octobre 1686. dont l'execution a été ordonnée, par autre du 28. Janvier 1687. portant attribution aux Prévôts de condamner les Mendians valides aux Galeres. *Maréchaussée de France, page 1035.*

37 Declaration, portant Reglement pour la punition des Mendians valides, en execution de celle du mois d'Octobre 1686. A Versailles le 8. Janvier 1687. reg. le 14. Février de la même année.

38 Declaration portant que les Mendians valides seront condamnez aux Galeres. A Fontainebleau le 12. Octobre 1686. Registrée en la Chambre des Vacations le 16. du même mois. *Voyez celle du 28. Janvier 1687.*

Voyez cy-aprés le mot *Pauvres.*

MENSONGE.

De pœna mendacii. Voyez Moinac, *l. ult. ff. de rei vindicatione.*

Mendacium vitiat privilegium. Moinac, *l. 5. Cod. si contra jus, &c.*

Voyez les Observations faites par M. Philippes Bornier sur l'article 27. du tit. 16. de l'Ordonnance criminelle de 1670. où il est dit que *si les Lettres de Remission & pardon ne sont pas conformes aux charges les impetrant en seront deboutez.*

MENUISIERS.

1 Privileges des Menuisiers de Nantes. Par Arrêt du Parlement de Bretagne du 10. Avril 1570. il est dit que ceux qui ont levé boutique avant les deux derniers ne feront chef d'œuvre, & qu'il ne sera rien pris pour les receptions des Maîtres. *Du Fail, liv. 2. chap. 345.*

2 Reglement est fait entre les Jurez Maîtres Menuisiers de saint Germain des Prez d'une part, & les Jurez Maîtres Tourneurs d'autre, par lequel il est dit que les Menuisiers ne pourront faire & parfaire toute sorte de leurs ouvrages, tant en assemblage, tourneure, taille à la vieille mode, antique, moderne, Françoise, ou autres inventions nouvelles de telle sorte & maniere que ce soit au choix de ceux qui les commanderont, & à cette fin pourront avoir tours en leurs maisons & boutiques sans qu'ils soient tenus mendier le secours des Tourneurs, ausquels neanmoins quand bon leur semblera pourront leur bailler à tourner leurs ouvrages. Sentence du Bailly de Saint Germain confirmée par Arrêt du Parlement de Paris du 24. Novembre 1606. *Corbin suite de Patronage, chap. 254.*

3 Par Sentence du Prévôt de Paris confirmée par Arrêt de la Cour du 1. Septembre 1607. défenses ont été faites au Principal de la Communauté & Jurez du métier de Menuisiers de prendre aucune chose des apprentifs qu'ils passeroient Maîtres par dessus ce qui est porté par les Ordonnances du Métier à peine de cinquante écus d'amende & demission de leurs Charges ; rendront compte de l'administration des deniers de leur Communauté, seront rapport à Justice des malversations faites en leur Métier 24. heures aprés la saisie par eux faites sur peine de punition. *Corbin, suite de Patronage, chap. 209.*

4 Pour les faiseurs de sabots demeurans en la Jurisdiction de Clerac, contre lesquels les Menuisiers du même lieu avoient présenté Requête en la Chambre de Nerac, à ce qu'il leur fût inhibé d'employer le corps de noyer en sabots, & que cela fût reservé pour la menuiserie. Arrêt en 1610. qui deboute les Menuisiers. *Voyez les Plaidoyers de Brodeau, dediez à M. de Nesmond, page 186.*

5 Arrêt du 10. Decembre 1611. qui fait défenses aux Marchands Frippiers de faire aucuns ouvrages neufs de Menuiserie pour les exposer en vente ; toute-

A Aaaa ij

fois leur a permis d'acheter des ouvrages neufs de menuiserie qui seront contraints de vendre pour leurs necessitez, ou bien des ouvrages neufs de Menuiserie qui seront exposez en vente per autorité de Justice, iceux ouvrages préalablement visitez & marquez par les Jurez Menuisiers, ou de ce faire deüment interpellés par ceux qui les voudront, ou bien par les Marchands Frippiers qui les acheteront incontinent que la vente & délivrance leur en aura été faite, sans que pour ce les Menuisiers puissent prendre aucun salaire. *Voyez la Bibliotheque de Bouchel*, verbo , *Menuisiers*.

6   En interpretant leurs privileges par Arrêt du 10. May 1634. il fut dit mal jugé par le Sénéchal de Rennes qui avoit ordonné que certaines fenêtres de menuiserie faites par un Compagnon Menuisier de village qui travailloit chez Maître Jean Mouton Procureur en la Cour, seroient cassées & mises en pieces, ce que les Maîtres Menuisiers auroient fait executer *furoris audaciâ*, les Menuisiers condamnez à payer l'ouvrage , d'autant qu'il est permis à un chacun de faire travailler chez soy de toutes sortes de bois & par tous ouvriers, & que les Statuts ne s'entendent que de ce qui se vend dans les boutiques. *Du Fail , liv. 2. chap. 345.*

MER.

1   MEr. Marine. Commerce maritime.
De exercitoriâ actione. D. 14. 1... C. 4. 25... *Inst.* 4. 7. §. 2. Cette action est donnée contre le Maître d'un Vaisseau marchand, aux personnes qui ont contracté avec celui qui préside à la navigation. *Voyez* Commis.

De lege Rhodiâ , de jactu. D. 14. 2 ,. Paul. 2. 7. Quand les marchandises ont été jettées en mer pour décharger le Vaisseau , ce dommage doit être supporté par contribution. *Lex Rhodia , dicta a Rhodis , olim in mari potentioribus.*

De nautico fœnore. D. 22. 2... C. 4. 33. &c. *Voyez* Usure maritime.

Rivage de la Mer. L. 96. D. *de verb. sign.*

De oris maritimis. Leon. N. 56. Ce Titre concerne particulierement la Pêche. *Voyez* Eaux & Forêts.

De novi operis nuntiationo maritimi aspectûs. N. 63. & 165. Contre ceux qui bâtissent pour empêcher la vûë sur la Mer.

2   *Voyez cy-devant* , *Assurance* , *Marine* , & *cy-aprés* Naufrage & Navigation.

Quelle puissance & quels droits a le Roy sur la Mer? *Voyez M. le Bret* , au Traité *de la Souveraineté*, livre 2. chapitre 14.

3   Declaration portant Reglement sur le fait de la navigation, armement de Vaisseaux, & des prises qui se font en mer , contenant 14. articles. A Paris le 1. Février, 1650. *Coûtume de la mer , page* 358.

4   Le Consulat contenant les Loix, Statuts , & Coûtumes , touchant les Contracts , marchandises , & negotiation maritime ; ensemble la navigation , tant entre Marchands , que Patrons de Navires , & autres Mariniers , le tout traduit de langage Espagnol , & Italien , en François ,*in* 4. A Aix , chez *Etienne David.* 1635.

5   Us & Coûtumes de la mer , divisées en trois parties. Premierement , de la Navigation. Secondement du Commerce naval , & Contracts maritimes. Troisièmement , de la Jurisdiction de la Marine , avec un Traité des termes de Marine & Reglemens de navigation , des fleuves & rivieres , par *M. Etienne Cleirac*, Avocat en la Cour de Parlement de Bourdeaux , le tout revû , corrigé & augmenté par l'Auteur en cette derniere édition , *in* 4. à Bourdeaux 1661.

6   Edits , Declarations , Reglemens & Ordonnances du Roy sur le fait de la marine, *in* 4. à Paris , *de l'Imprimerie Royale*, 1675.

Ordonnance de Loüis XIV. Roy de France & de Navarre, donnée à Fontainebleau au mois d'Août 1681. touchant la marine , avec une explication ou Dictionnaire des termes de la Marine , *in* 4. ou *in* 12. à Paris, chez *Denis Thierry* 1682.

7   Des Testamens & de la succession de ceux qui meurent en mer. *Voyez l'Ordonnance de la Marine du mois d'Août* 1681. *liv.* 2. *tit.* 11.

8   Les jugemens d'Oleron sont imprimez , *fol.* 177. *verso* de la trés-ancienne Coûtume de Bretagne de 1531. & ils sont precedez de deux chapitres pour la mer , *fol.* 176. *verso*, 177. *recto.*

9   Dans toutes sortes de Commerces, comme en celuy de la mer , la Coûtume ayant eu beaucoup de part aux loix & aux décisions , principalement dans l'usage des Lettres de change , on devoit faire une compilation des regles qu'on suit entre les Negocians sous le même titre de *Coûtumes*, qu'on pourroit tirer des Traitez de change de *Maréchal, Cleirac*, & *Savary* , pour joindre ces regles aux Ordonnances de 1673. appellées le Code Marchand.

10   *Voyez le* 9. *Plaidoyé de M. de Sainte Marthe* , pour un Capitaine de Vaisseau à qui on contestoit une prise faite sur des Espagnols trafiquans sous le nom d'un Capitaine Allemand.

MERCIERS.

1   ROy des Merciers, est celuy que le grand Chambrier de France commettroit pour avoir autorité sur les Merciers, pour visiter leur marchandise , leur poids & aulnage , & dont est fait mention au plaidoyé du Duc Jean de Bourbon Grand Chambellan de France du 6. Mars 1480 au Parl. de Paris & en un plaidoyé du Parlement tenu à Poitiers le 25. Juin 1431. il est fait mention du Roy des Merciers au Bailliage de Mâcon. A present cet Officier est pourvû par le Roy & s'appelle Visiteur. *Bibliotheque de Bouchel* , verbo , *Roy des Merciers.*

2   Arrêt du 9. Avril 1532. portant Reglement entre les Merciers & les Eguilletiers , & que la marchandise non loyale ne doit point être brûlée. *Ibidem*, verbo , *Merciers.*

3   Merciers vendans devant les maisons non cottisables aux Tailles imposées sur les habitans de la ville de Grenoble , le fondement qu'ils n'avoyent point de domicile dans la ville, & que cette imposition étoit contre la liberté du commerce. Arrêt du Parlement de Grenoble du 25. Février 1619. *Basset*, tome 2. liv. 3. tit. 2. chap. 3.

4   Les Merciers peuvent acheter & vendre des menus ouvrages d'or & d'argent , doivent faire marquer les ouvrages par ceux qui les ont faits , sur peine d'un marc d'argent, ils sont responsables des ouvrages qu'ils vendent ; ils les doivent faire faire par les Maîtres Orfévres & doivent connoître ce qu'ils vendent. *Voyez les Statuts & Ordonnances concernant les Orfévres* , à la table , verbo , Merciers.

MERCURIALES.

1   DEs Mercuriales, elles ressemblent à la censure des Romains & conservent la discipline du Palais. *V. La Rocheflavin des Parlemens de France* , liv. 11.

2   Reglement pour l'execution des articles des Mercuriales arrêtées en Parlement , le 23. Mars 1660. *De la Guess*, tome 2. liv. 3. chap. 17.

3   Resultat des déliberations des Commissaires du Parlement de Provence prises au sujet des Mercuriales presentées à la Cour par Messieurs les Gens du Roy au mois d'Octobre 1676. & 22. Octobre 1677. pour la police du Barreau. *Boniface*, tome 3. liv. 1. tit. 3. ch. 4.

4   Edit du mois d'Avril 1684. portant qu'il sera tenu des Mercuriales par le Parlement de Paris , de six mois en six mois , dans lesquelles il sera pourvû à l'observation des Ordonnances , & sur tout à ce qui regarde l'ordre & la discipline de la Compagnie ; sur les articles qui seront proposés en la maniere accoûtumée : Enjoint aux Avocats & Procureurs Generaux de les promouvoir , & d'en poursuivre le jugement , & au Procureur General d'envoyer les resolutions qui y seront

prises à M. le Chancelier pour en informer sa Majesté; qui veut & entend que les Officiers des Présidiaux principaux Siéges Royaux observent à leur égard ce qui est prescrit pour les Officiers de la Cour de Parlement. *Voyez les Edits & Arrêts recüeillis par l'ordre de Monsieur le Chancelier, en* 1687.

MERE.

Comment les meres succedent à leurs enfans. *De Senatus-consulto Tertulliano. Inst.* 3. 3... *D.* 38. 17... *C.* 6. 55... *Paul.* 4. 9. *Ulp.* 26. §. 7.

De jure liberorum. C. 8. 59. Ce titre reçoit les meres à la succession de leurs enfans, quelque nombre qu'elles en ayent, comme ayant *jus liberorum.* i. e. *jus trium liberorum.* Voyez Enfant.

Vide Nov. 118. *c.* 1. & 2... *N.* 22. *c.* 2. 46. & 47... *N.* 68.

Qualiter secundò nubentes ad filiorum successionem vocentur. N. 2. *c.* 3... *N.* 22. *c.* 46. & 47... *N.* 68.

Biens des meres échus à leurs Enfans. *Voyez* Biens maternels.

Mere de famille : ce qu'on entend par ce mot. *L.* 46. *D. de verb. sign.*

Mere Tutrice.

Quando mulier tutelæ officio fungi potest. C. 5. 35.

Si mulier filiorum suorum tutelam administraverit, & ad secundas migraverit nuptias. N. 22. *c.* 40.

Ut sine prohibitione matres debitrices & creditrices tutelam gerant minorum, neque jusjurandum præstent quòd non venient ad secunda vota. N. 94.

De legitimâ tutelâ liberorum; & de Matre & Aviâ. N. 118. *c.* 5.

Si mater indemnitatem promisit. C. 5. 45... *Paul.* 2. 11. §. 2. La mere peut s'engager de garantir le Tuteur à ses Enfans, pour avoir elle-même l'administration. *Ut matres, etiam tutela rationibus obnoxiæ sint. N.* 155. *V.* Compte. Reddition de compte.

Ut mater, etiam naturalium liberorum tutelam possit gerere. N. 89. *c.* 14.

V. Tutelle.

1 Si les meres par l'Edit doivent succeder en tous les meubles, quoyqu'ils proviennent du côté paternel? *V. Henrys, tome* 1. *l.* 6. *ch.* 2. *quest.* 7. où l'Auteur des Observations rapporte une consultation de *Mrs. Dupré, le Brun, de Riparfond, Braquet, du Cornet & Vesin,* sur le chef de l'Edit des meres concernant les meubles.

2 Si en pays de Droit écrit où l'Edit des meres n'a point lieu, comme en Bresse, la mere n'exclud pas en succession les freres consanguins ? *Voyez Bouvot, tome* 1. *part.* 2. *verbo, Mere, quest.* 2.

3 Contre une mere, qui ayant vû son fils pendu en effigie devant sa porte, auroit arraché la potence & le tableau, & les auroit brûlées. *Voyez la* 5. *Conclusion du sieur de Roquayrols Procureur General en la Chambre de l'Edit de Castres.* Les Conclusions tendoient à confirmer la Sentence qui avoit ordonné que sa faute seroit reparée à ses frais, non le jugement qui portoit que la mere elle même en procureroit la reparation.

4 Filles dotées par pere & mere. *Voyez le mot, Dot, nomb.* 129. *& suiv.*

MESSAGER.

Messager. *Nuntius. Tabellarius.*

Publica lætitia, vel Consulum nuntiatores, vel insinuatores constitutionum, & aliarum sacrarum vel judicialium litterarum, ex descriptione, vel ab invitis, ne quid accipiant immodicum. C. 12. 64. *ult... C. Th.* 8. 5. Contre les exactions des Messagers, & porteurs des Ordres, Ordonnances & Nouvelles publiques. Nous appellons leur salaire, vin de Messager.

1 Des Messagers ordinaires établis és Bailliages & Senéchaussées. *Joly des Offices de France, tome* 2. *liv.* 3. *tit.* 38. *page* 1929. & *aux additions, page* 1925.

Voyez Filleau, *part.* 3. *tit.* 2. *page* 410. & *suiv.* & le mot, *Competence, nomb.* 34.

Droits dûs aux Messagers pour la part des procés. *V.* le mot *Procés, nomb.* 1.

Par Arrêt du Parlement de Dijon du 9. Février 1577. rapporté par *Bouvot, tome* 1. *part.* 2. *verbo, Voiturier, quest.* 1. jugé que deux Voituriers associez étoient tenus *in solidum*, parce qu'ils exercent un état necessaire, *& quia fidem nautarum sequi necesse est & res committere eorum custodiæ. l.* 1. *naut. caup. stab. potestque convenire actione oneris aversi. L. in nave loc. & le Juge* où la marchandise devoit être délivrée est competent. *L. hæres absens.* §. 1. *ff. de jud.*

Arrêts & Reglemens donnez au Parlement de Paris en 1601. & 1609. au profit des Messagers ordinaires, contre les Cochers & commis des Coches, portant défenses aux Cochers de troubler les Messagers, ni porter aucuns sacs, procés ou paquets, & lettres missives à peine de 50. écus d'amende. *Voyez la Biblioth. de Bouchel, verbo, Messagers.*

Le Messager de Troyes fut tué sur le chemin en faisant sa fonction : question de sçavoir qui disposeroit de sa place, ou les Echevins, ils prétendoient que ce droit étoit inherent à leur Communauté, ou l'Université de Paris, à cause des privileges, ou la veuve *in solatium mariti amissi?* Arrêt du 20. Janvier 1606. qui ordonne que la veuve nommera tel que bon luy semblera dont elle sera responsable, & le fera pourvoir par l'Université. *Plaidoyers de Corbin, chap.* 30.

Arrêt de la Cour des Aydes de Paris du 9. Janvier 1619. pour le droit des Messagers, contre les Greffiers, touchant le port des procés. *Voyez Corbin, en son Traité des Aides, page* 1492.

Le Messager n'est point tenu d'un vol fait en son Bureau nuitamment & par effraction, ni l'hôtesse du logis. Arrêt du 15. Mars 1629. *Du Frêne, livre* 2. *chapitre* 39.

Arrêt du Parlement de Bretagne du 28. Septembre 1632. qui ordonne l'execution de celuy du 19. Mars 1630. portant reglement du salaire des Messagers. Défenses à eux d'exiger des Substituts du Procureur General aucuns devoirs pour le port des lettres concernant les affaires du Roy. *Voyez les Arrêts qui sont à la suite du Recüeil de Du Fail, pag.* 53.

Messagers sont tenus de rendre les paquets en la même forme qu'ils leur ont été délivrez. Jugé au Parlement de Paris le 20. Février 1637. *Bardet, tome* 2. *liv.* 6. *chap.* 3.

Les Messagers sont responsables des vols qui leur sont faits, même entre deux soleils, s'ils ne rapportent une plainte faite pardevant le plus prochain Juge des lieux, quoy que subalterne, & procés verbal de l'état des marchandises qui restent. Arrêt du 5. Juin 1659. *Des Maisons, lettre M. nomb.* 16.

Des Messagers volez. *Voyez Mornac, l.* 20. *ff. commodati.* & *Chenu, Offices de France, tit.* 38.

Reglement des Messagers touchant les Lettres, argent & pacquets, & ce qu'ils doivent faire pour en être valablement déchargez. Arrêt du 13. Decembre 1676. *De la Guess, tome* 3. *liv.* 10. *chap.* 31.

Les Messagers & Maîtres des Coches ne sont pas responsables du fait des leurs Cochers, pour tenir compte des paquets qui leur sont remis entre les mains, pour en charger leurs Magasins. Jugé par Arrêt de la Grand-Chambre du Parlement de Paris du dernier Janvier 1693. *Journal des Aud. tome* 5. *liv.* 9. *chap.* 4.

MESSES.

De sacrificio Missæ. Voyez le Traité fait *per Nicolaum Plovium.*

Arrêt du Parlement de Paris du 11. Juillet 1531. qui a jugé qu'un Prêtre peut demander le salaire de ses Messes pardevant le Juge Laïc. *Papon, liv.* 1. *titre* 1. *nombre* 2.

Les Coûtumes abusives qui se glissent dans les Eglises, doivent être retranchées par les Evêques. Les Prêtres d'Aurillac à la premiere Messe d'un autre Prê-

A A a a a iij

tre, faisoient sonner les tambourins, & dansoient parmi les ruës en public ; cela fut défendu par Arrêt du 22. Mars 1547. *Henrys, tome 2. liv. 1. quest. 25.*

4   Les Paroissiens peuvent sans le consentement des Curez faire celebrer la Messe à Diacre & Soûdiacre, suivant leur devotion és Chapelles particulieres, & en és jours solemnels & le Dimanche, Arrêt du 1. Octobre 1555. contre le Curé de la Paroisse de S. Benoît de la Ville de Paris. *Papon, liv. 1. tit. 1. nomb. 4. & Tournet, lettre E. chap. 4.*

5   Les Prêtres qui acquittent les Messes de fondation sont destituables *ad nutum*. Voyez *le mot, Fondation, nomb. 63. & suiv.*

6   Fondation de quelques Messes à laquelle le Testateur a mis un terme incertain, est reductible à quelques années. *Voyez le mot, Fondation, nomb. 65.*

7   Dom Nicolas Paygeault est condamné laisser la taxe, à la charge qu'elle demeurera obligée pour l'entretenement & continuation des Messes dont est cas, le salaire desquelles sera payé à Paygeault depuis le deceds du Testateur, sans dépens, tant de l'instance principale que d'appel. Arrêt du Parlement de Bretagne du 19. Mars 1567. *Du Fail, liv. 2. chap. 287.*

8   Par Arrêt du même Parlement de Bretagne du 19. Avril 1567. la Cour ordonne que le Prêtre aura sa vie durant seulement neuf livres monnoye pour le salaire de deux Messes sur le lieu de la monnoye. *Du Fail, livre 2. chap 284.*

9   Curé contraint de dire les Messes de fondation, sur peine de saisie de son revenu. Arrêt du Parlement de Paris du 3. Février 1605. *Tournet, lettre C. n. 182.*

10   *Missâ magnâ durante, Missa bassa, seu peculiares cessare debent & quare. Fallit in cœnobiis qui lege Diœcesanâ non subjiciuntur.* Voyez *Franc. Marc. tom. 2. question 158.*

11   L'Official Metropolitain de Sens, ayant réformé la Sentence de l'Official de Paris, contenant permission à un Prêtre particulier de dire la Messe pendant la celebration de celle de la Paroisse ; sur l'appel comme d'abus, émis de ce Jugement dudit Official Metropolitain, le Parlement de Paris dit, bien jugé, mal appellé, avec l'amende, pour l'abus & les dépens, & ce conformément à la Pragmatique Sanction & au Concordat, titre *quomodo divinum officium sit celebrandum*, qui ne permet pas que pendant la celebration de la Messe Paroissiale le peuple puisse être diverti de l'attention qu'il doit à celle de son Pasteur ordinaire. *Févret, de l'abus, tome 1.* en rapporte plusieurs autres exemples.

12   Les Gentilshommes & autres personnes puissantes, ne pourront violenter ni obliger les Curez à dire leurs Messes à autres heures que celle qui est prescrite par les Ordonnances, Arrêts & Reglemens de la Cour, des Grands Jours de Clermont du 30. Octobre 1665.

13   L'Evêque donne des *Biscantando*, c'est-à-dire, dispense de dire deux Messes par jour, quand les Paroisses sont si voisines que le Curé y peut aller en peu de temps, ou que les Paroissiens sont si pauvres, qu'ils ne peuvent entretenir un Curé ; mais ce que l'Evêque peut faire de mieux, c'est d'unir. Voyez les *Définit. du Droit Canonique,* verbo, *Eglise dotée.*

14   Les Curez ne peuvent être contraints de publier aux Prônes des Messes Paroissiales les proclamations & encheres des biens qui sont en decret ; & les publications qui en seront faites par Huissiers ou Sergens aux portes des Eglises à l'issuë desdites Messes, seront de pareille vertu que si elles avoient été faites aux Prônes. Par Arrêt du Conseil Privé du 3. Juillet 1640. rapporté dans les *les Memoires du Clergé, tome 1. tit. 2. chap. 4. article 14.*

Voyez le mot, Prônes.

15   Arrêt en 1647. qui fait défenses aux Prêtres de danser à leurs premieres Messes. *V. Filleau, part. 1. tit. 1. chap. 15.* Cet abus a eu lieu en Albigeois jusqu'à l'année 1604. que M. Delbene l'a réformé au Synode de son Diocese.

Voyez cy-après au troisiéme volume de ce Recueil à la lettre S. le Titre, *du Service divin*.

MESSIERS.

Voyez *Bouvot, tome 2.* verbo, *Mesus.*

Bien que les Messiers & Sergens soient également obligez comme Ministres de la Justice, à prêter le serment, lors qu'ils sont élûs à la forme ordinaire, toutefois leurs fonctions sont differentes : car proprement les Messiers sont établis pour garder les fruits pendans par racine ; leur emploi finit chaque année après la recolte ; mais avant que les fruits soient recuëillis, ils doivent veiller à leur conservation, & ils sont responsables envers les proprietaires des dommages qui se commettent à leur préjudice, suivant qu'il fut jugé en dernier lieu le 26. Février 1677, Au contraire les Sergens ne sont pas responsables des mesus, pourvû qu'il ne paroisse pas de fraude ni de dissimulation affectée de leur part ; & ils ne peuvent demander leur décharge de l'emploi qu'après trois ans, à moins qu'ils n'ayent une cause legitime. Ainsi jugé le 2. May 1608. *Taisand sur la Coûtume de Bourgogne, titre 1. article 6. nombre 1.*

Voyez cy-après au troisiéme volume le mot, *Vendanges.*

MESURE.

1   Fausse mesure. *L. 221. D. de verb. significatione.*
De mensuris & ponderibus. Alexander ab Alex. *Lib. 2. c. 10. Genial. dier.*

2   Epiphanius, *de mensuris, ponderibus, usterisco & obolo, deque notis & characteribus in divinâ scripturâ interpretibus per originem usurpatis.*

Andreæ à Lucana, *de mensuris & ponderibus.*

Roberti Cœnalis, *de verâ mensurarum ac ponderum ratione.*

Jacobus Capellus, *de mensuris & ponderibus.*

Jordani Nemorarii, *de ponderibus propositiones 13.*

Leonardi de Portis, *de sestertio pecuniis & mensuris antiquis.*

Gualteri Rivii, *de libris & varia ponderum ratione.*

Stanislaus Gressius, *de mensuris Hebraicis.*

De ponderibus, & mensuris, lib. 1. Pontificiale Romanum, per Andræam Alciatum.

De mensuris, per Joan. Raynandi.

MESURE DE FROMENT.

3   *Si frumentum venditum sit ad mensuram, puta Lutetia, tunc enim in suburbiis, pagique, & locis vicinis, mensurâ regiâ utendum est, non autem eorum in quorum territoriis tradendum sit frumentum.* Jugé le 26. Février 1618. Mornac, *L. 28. §. de eo ff. de dolo.*

4   Mesures des grains és Châtellenies du Duché de Bourgogne. *Voyez le Commentaire de Taisand, page 868.*

MESURES D'HERITAGES.

5   *Venditio facta de terrâ sitâ intrâ certos confines pretio convento de qualibet sessariatâ, & soluto : an antequam mensuretur, perfecta dicatur ?* Voyez *Franc. Marc. to. 2. quest. 451.*

6   Observations sur la mesure des terres de la Province de Saintonge, par *M. Côme Bechet, Avocat en Parlement ; 2. édition,* in quarto, *à Saintes, chez Charles Bichon* 1687.

7   *Mesures anciennes de la ville de Toulouse, & environs d'icelle.*

L'arpent contient	24. perches carrées.
La perche	14. pans carrez.
Item, l'arpent contient	4. mezeillades ou pugnerades.
La mezeillade *ou* pugnerade	2. pogesats.
Le pogesat	4. boisseaux.

Il faut noter que l'arpent vieil n'étoit que de trois mezeillades ou pugnerades. *La Rochestavin, livre 2. lettre M. tit. 7. Arr. 7.*

8 En un decret on avoit employé dans la declaration qu'il y avoit une acre, ou environ, quoyque la continence fût d'une acre & demie ; le decreté ou son heritier prétendant repeter le surplus d'une acre; l'encherisseur soûtenoit que la declaration contenant les bornes & les aboutissans, il n'y avoit point lieu à la repetition; ainsi jugé par un ancien Arrêt de l'an 1527. *Basnage, sur l'article 547. de la Coûtume de Normandie.*

9 Le 11. Septembre 1571. il a été jugé au Parlement de Toulouse que certaine arpentation & pagellation de Terroir sera faite aux dépens du requerant. *La Rochelavin, des Droits Seigneuriaux, ch. 34. art. 1.*

10 La mesure d'heritages qui n'est point declarée par le Contract de vente, s'entend selon la mesure des lieux où les heritages sont assis, & non pas du lieu où le Contract a été passé. Arrêts des 6. Février 1563. & 4. Juillet. 1585. *Papon, liv. 17. tit. 2. n. 9. Carondas, liv. 7. Rép. 83. & liv. 8. Rép. 54. Voyez C. M. liv. 1. tit. 1. in verbo conclusiones de statutis.*

11 Si la vente d'un fond est faite & conçûë *per modum quantitatis & mensuræ*, le vendeur est tenu de parfaire la quantité ; *secus*, si elle est faite *per modum corporis*. Arrêt du Parlement de Toulouse au mois de Février 1580. *Maynard, liv. 4. ch. 28.*

12 Jugé au Parlement de Toulouse le 5. Juillet 1646. que celuy qui en baillant le Fief avoit commencé par nombre en s'exprimant, & disant qu'il bailloit huit septrées de terre à raison de tant la septrée, quoyque la piece fût d'ailleurs limitée, pouvoit redemander le surplus. *Albert, lettre R. verbo, Rente, art. 2.*

13 Celuy qui vend cinq soitures de pré ou environ, la quantité ne se trouvant par arpentage, n'est tenu parfournir, mais seulement déduire le prix. Arrêt du Parlement de Dijon du 18. Juin 1603. *Bouvot, tome 2. verbo, Vente, quest. 34.*

14 Cinq Journaux sont vendus ; l'acheteur évincé demande la resolution de Contract ; les offres d'en donner un autre de même bonté, ou bien de payer la valeur, ne sont suffisantes. Arrêt du Parlement de Dijon du 25. Janvier 1609. car le vendeur *non erat nisi totum emptruus*. *Bouvot, tome 2. verbo, Vente, quest. 60.*

15 Jugé, le 10. Decembre 1647. qu'un fils auquel son pere a donné par Contract de mariage une certaine quantité d'heritages, pouvoit 27. ans aprés qui contre ses freres & sœurs pour la mesure desdits heritages, & les obliger à la luy fournir. *Soëfve, to. 1. Cent. 2. ch. 45.*

16 *Cujus sumptibus*, ce decret de mensuration d'un fond vendu se doit faire? Il faut distinguer *aut venditio incipit à mensurâ aut à corpore* ; au premier cas, c'est le fait du vendeur ; au second, c'est celuy de l'acheteur. Ainsi jugé au Parlement de Grenoble le 10. Juillet 1660. *Basset, tome 2. liv. 4. tit. 1. ch. 6.*

17 Par Arrêt du Parlement de Roüen du 13. Decembre 1670. entre Guillaume Osmont, Escuyer sieur Daubry, Jacques de la Motte, opposant au decret de la Terre de Belhôtel, Charles & Antoine Dubois, M. René de Tiremois, sieur de Sassi, Maître des Comptes, qui s'étoit rendu adjudicataire de Belhôtel, sur une declaration mise au Greffe, contenant la mesure & les bornes des terres, il fut dit que le sieur de Sassi payeroit la valeur d'une sur-mesure de 65. acres plus que la declaration ne contenoit ; une si grande quantité de terres ne pouvant être sous-entendu par le terme d'*environ*, quoyque la plûpart fussent bornées & déignées. *Basnage, sur la Coût. de Normandie, art. 547.*

18 Bomphaire-le Monnier avoit acquis de Rauline Enouf des heritages ; les termes du Contract étoient qu'elle vendoit deux pieces de terres, contenant 90. verges, bornées de telle & telle maniere ; mais par la mesure on n'en trouvoit que 78. ce qui causoit une diminution de 1200. liv. sur le prix de la vente ; & neanmoins le Juge de Saint Lo débouta l'acquereur de la diminution qu'il demandoit. Par Arrêt du Parlement de Roüen du 18. Janvier 1674. la Sentence fut confirmée. *Ibidem.*

19 Acheteur par decret d'un heritage dont la mesure est mal énoncée dans les criées, perd ou gagne le plus ou le moins, s'il s'en trouve, lors que l'excés n'excede pas une douzieme ou dixieme partie. Jugé au Parlement de Tournay le 30. Juin 1696. *V. M. Pinault, tome 1. Arrêt. 107.*

20 Acte de Notorieté de M. le Lieutenant Civil du Châtelet de Paris du 23. Août 1701. portant que le tour de l'*échelle* est de trois pieds de distance, du pied du mur au rez-de-chaussée, à laquelle distance l'échelle doit être mise pour être posée au haut du mur, lequel tour d'échelle ne s'établit pas sans titre entre voisins, d'autant que celuy qui bâtit, peut bâtir son heritage jusqu'à l'extrémité d'iceluy ou un mur mitoyen, auxquels cas il n'y a point de droit pour le tour de l'échelle ; & s'il convient faire quelque rétablissement à un mur mitoyen, mais bâti entierement sur l'heritage de celuy qui le peut faire rétablir, il doit faire le service & les ouvrages de son côté, & s'il est mitoyen des deux côtez, respectivement : & si une personne en bâtissant un mur s'est retirée sur soy de trois pieds, comme il est proprietaire de ces pieds, c'est en ce cas qu'il a droit du tour de l'échelle, ce qui n'est pas une servitude, mais une jouïssance du droit que chaque proprietaire a droit de joüir de son heritage. *V. le Recueil des Actes de Notorieté, p. 139.*

21 L'adjudicataire qui ne trouve pas la quantité exprimée dans les affiches, a droit de demander un dédommagement, & de prendre sur le prix par luy consigné. Arrêt du Parlement de Paris du 26. Mars 1705. *Henrys, tome 1. livre 4. chapitre 6. question 85.* où il est parlé de la vente *quæ incipit à corpore vel à mensurâ.*

Voyez le mot, *Arpentage.*

MESURE DE MARCHANDISES.

22 *De falsis mensuris. Voyez Franc. Marc. tome 1. question 279.*

23 De la réduction des poids & mesures à une façon & grandeur par tout le Royaume de France. *Ordonnances de Fontanon, tome 1. liv. 5. tit. 12. p. 974.*

24 Poids & mesures. *Voyez le mot, Droits Seigneuriaux, nombre 111.*

25 Si l'on peut proceder criminellement contre celuy qui a vendu vin à fausse mesure par luy empruntée, ignorant le défectuosité? *Voyez Bouvot, tome 1. part. 2. verbo, Mesure fausse.*

26 Le droit d'aulner en la Baronnie de Châteauroux, & de marquer les aulnes à drap, a été ajugé au Seigneur Baron du lieu, par Arrêt du 1. Avril 1544. *Bibliot. de Bouchel, verbo, Mesures.*

27 Le Roy Henry II. ordonna en 1556. pour obvier aux fraudes du commerce, que dorésnavant par toutes les Villes de son Royaume il n'y auroit qu'une mesure, même poids & même aulnage. *V. Henrici Progymnasmata, Arrêt 196.*

28 Du 18. Avril 1570. le Roy établit un poids à S. Malo ; la livre contiendra 16. onces ; pareil devoir pour peser toutes marchandises qui est dû à Rennes, & suivant la pancarte du lieu. *Du Fail, liv. 3. ch. 220.*

29 Les poids & mesures étant des choses necessaires & importantes dans le commerce, qui font subsister la vie civile, & d'ailleurs la police appartenante au Roy seul par le droit commun ; c'est avec raison que l'article 23. de la Coût. de Normandie, attribué aux Juges Royaux la connoissance des poids & mesures, même par prevention, aux Terres des hauts-Justiciers. Il a été défendu par Arrêt du 14. May 1610. aux Visiteurs des poids & mesures d'entreprendre de faire leurs visites dans les maisons des particuliers qui ne vendent point en détail. *Pesnelle, sur cet article.*

30 Arrêt du 18. Janvier 1679. qui condamne le Fermier de la Terre de Besse, parce qu'il se servoit d'une mesure non marquée & foible, sans qu'il y eût de mauvaise foy, en 10. liv. d'amende seulement, sans note d'infamie, & à aumôner 20. liv. aux pauvres du lieu, avec

défenses, &c. *Voyez Chorier, en sa Jurisprudence de Guy Pape, page 138.*

31. Arrêt de Reglement du 9. Janvier 1666. par la Cour des Grands Jours séante à Clermont pour l'égalité des poids & mesures dans les Provinces du haut & bas Auvergne & Bourbonnois. *Voyez le Recueil des Grands Jours, pag. 173. & 263.*

32. Si la délibération des Consuls & Communauté de mesurer les grains au chevalet, au lieu de la mesure ronde, est legitime, attendu l'abus? Arrêt du Parl. de Provence du 9. Juillet 1672. qu'il seroit fait rapport de la commodité ou incommodité des mesures sans retardement de la délibération. *Boniface, tome 4. livre 10. titre 1. chap. 6.*

33. Si les Consuls ont le soin de l'égalité des poids & des mesures, & si la délibération des Consuls, portant que les poids appellez *Memisiers ou petites Romaines*, seroient ajustez avec les grosses Romaines pour éviter les abus & garder l'égalité, étoit legitime? Arrêt du même Parlement de Provence du 3. Juillet 1677. qui confirma la délibération. *Boniface, tom. 4. liv. 10. tit. 1. ch. 8.*

MESURAGE, MINAGE.

34. Arrêt du 9. Août 1572. portant Reglement du droit de minage & mesurage en la Ville de Pontoise, pour les Religieuses de Maubuisson. *Le Vest, Arr. 122.*

MESURE, REDEVANCES.

35. Les Sujets sont tenus de payer les redevances & rentes qu'ils doivent au Seigneur à la mesure qu'il a en sa Terre, encore qu'il y ait autre mesure au lieu de la Seigneurie, dont ladite Terre releve. Jugé au Grand Conseil en l'an 1565. *Carondas, liv. 11. Rép. 85.*

36. A l'égard de la mesure suivant laquelle les rentes doivent être payées, quoyque le Seigneur soit en possession immémoriale de percevoir sur un certain pied, neanmoins si le Vassal rapporte des titres & justifie qu'elle doit être réduite, on y a égard. Arrêts du Parlement de Roüen en 1678. & 1680. quand les titres anciens vont à la liberation, ils servent contre la possession que l'on présume n'être fondée que sur une usurpation. *Voyez Basnage, tit. de Jurisdiction, art. 34.* Voyez cy-après le Titre, *Redevance*.

MESUS.

LE Mesus est un abus & une dégradation qui se fait dans les bois, pâturages & communes. *V. Bouvot, tome 2. verbo, Mesus.*

1. Par Arrêt du Parlement de Dijon sans date, rapporté par *Bouvot, tome 1. part. 3. verbo, Messier.* Jugé qu'un Messier n'est point crû en ce qui est *extra officium*, & que le rapport six mois après que le mesus a été fait, n'est valable.

2. Les Arrêts du Parlement de Bourgogne ont jugé que les mesus étant quelquefois graves, par les circonstances qui les accompagnent, alors il y a lieu à l'obtention du Monitoire, quand on n'a pû en avoir la preuve par d'autres voyes. Ainsi jugé le 28. Janvier 1573. & par autre Arrêt du 26. Avril 1678. y ayant eu un Monitoire accordé & publié, touchant un mesus commis pendant la nuit, & à garde faite, sur l'appel comme d'abus, de la concession & publication de ce Monitoire, l'appellant comme d'abus fût condamné avec dépens. *Taisand, sur la Coûtume de Bourgogne, titre 1. article 6. note 13.*

3. Le rapport de mesus n'est pas regulier, s'il n'est fait par autorité du Juge, & si la partie dont les bêtes ont causé le mesus, n'est appellée pour agréer les prud'hommes, qui doivent déclarer & reconnoître en quoy consiste le dommage. Ainsi jugé au Parlement de Bourgogne le 6. Juillet 1579. Par autre Arrêt general du 3. Avril 1678. donné sur la Requête du Syndic du Pays, les Messiers sont obligez de faire leur rapport des prises en mesus au Greffe des Justices où ils sont établis, dans dix jours, après la prise, à peine de nullité. Le premier de ces deux Arrêts, a jugé qu'en matiere de mesus, lorsque les bêtes appartiennent à plusieurs personnes, avoient mesusé, l'un des proprietaires ne pouvoit être convenu solidairement, mais que chacun devoit payer sa part du dommage. En conformité de ces Arrêts, il y en a eu d'autres les 17. Mars 1617. & 4. May 1629. Il semble que si le mesus avoit été commis en consequence d'une partie faite entre plusieurs particuliers, les interêts devroient être solidaires. Arrêt du 5. Août 1672. qui a jugé solidaire l'interêt d'un mesus fait dans un pré à Longeau. *V. Taisand, ibid.*

4. Les Messiers & Sergens, envoyez & commis, pour la garde des bleds, ou moisson, prez & vignes, & pour empêcher les mesus, qui se peuvent commettre, sont crûs en leurs *rapports*, des prises qu'ils y font, jusqu'à sept sols tournois, quoyqu'ils ne soient assistez d'aucuns témoins ou recors. *uni testi creditur in levibus.* Arrêt du Parlement de Bourgogne du 19. Juin 1670. *Ibidem, note 1.*

5. Jugé au Parlement de Bourgogne le 4. Février 1675. qu'un Maître particulier des Eaux & Forêts avoit pû condamner à une amende de 15. sols, sur un simple rapport de Sergent-Forestier, pour mesus commis dans les forêts de Saux-le-Duc, conformément à l'Ordonnance des Eaux & Forêts, où la moindre peine est de 20. sols; & par un Arrêt du 27. Mars 1676. plaidant M. Grulot pour Madame de Longueval, Dame de Minot, & M. Joly, pour un habitant du même lieu, appellant d'une Sentence qui l'avoit condamnée à deux amendes de 3. livres 5. sols chacune, sur le rapport de deux Sergens-Forestiers; cette Sentence fut confirmée; ainsi l'on jugea que les mesus dans les bois étoient d'une autre qualité, que ceux faits dans les champs & prez. *Taisand, ibidem, note 1.*

6. Les Arrêts rendus en ce Parlement, font connoître l'usage de la Province de Bourgogne touchant les mesus qui se commettent dans les prez, terres & vignes; ils ordonnent qu'il sera procedé extraordinairement au sujet des mesus, qui seront faits en temps de garde. Outre un ancien Arrêt du P. de Dijon du 4. Avril 1570. Il y a entre autres un Arrêt general intervenu sur la requête du Syndic des Etats, il est du 2. May 1608. *Taisand, sur la Coût. de Bourgogne, titre 1. art. 6. note 9.* rapporte l'Arrêt du 10. Juin suivant, en ces termes, sur les Conclusions du Procureur General du Roy, à ce qu'il soit pourvû aux forces, violences & exactions qui se commettent sur les habitans du plat-Pays, Pasteurs & autres, ayant la garde du bétail, sous prétexte de l'Arrêt, du 2. May dernier; la Cour, les Chambres consultées, a fait & fait inhibitions & défenses à tous Juges, Sergens, Messiers, & autres Officiers, de Justices inferieures, d'ajuger, prendre ni lever les amendes portées par ledit Arrêt, sinon contre ceux qui malicieusement & à garde faite feront pâturer leur bétail és prez d'autruy, vignes & terres ensemencées; & pour le regard des simples mesus, & eschapées, ne pourront lesdits Officiers ajuger plus grandes amendes, que celles qui se souloient lever par le passé.

7. Sur les Conclusions du Procureur General du Roy, ayant remontré les grands dégâts qui s'y faisoient dans les prez à l'interêt du public, & des particuliers, dont il auroit reçû des plaintes de divers endroits: la Cour a fait inhibitions & défenses à toutes personnes de quelque qualité & condition qu'elles soient, de faire ni souffrir pâturer leur bétail dans les prez, depuis qu'ils sont en ban, jusqu'à ce que la premiere herbe soit fauchée & levée, à peine de 500. liv. d'amende vers le Roy, punition corporelle, confiscation du bétail, & de tous dépens, dommages, & interêts des particuliers, outre l'amende ordinaire des Seigneurs, ausquels Seigneurs, Communautez, & autres ayant droit d'établir des Sergens & des Messiers pour la garde des prez; elle enjoint d'y commettre des personnes suffisantes & solvables, à peine d'en répondre en leur propre & privé nom, & aux Messiers & Sergens de proceder aux prises & rapport du bétail qu'ils trouveront mesusant, à peine de 100. liv. d'amende, d'être puni corporellement, & de payer

les dommages & interêts des particuliers, ordonné qu'il sera informé des contraventions. *Taisand, sur la Coût. de Bourgogne, titre 1. art. 6, tit. 9.* rapporte cet Arrêt, qui est du 22. Avril 1622.

METAL.

DE metallariis & metallis, & procuratoribus metallorum. *C. 11. 6... C. Th. 10. 19.*
Dîmes de métaux. *Voyez* le mot, *Dîmes, n. 356.*
Voyez cy-après, verbo, *Mines.*

METROPOLE.

Metropole. Metropolitain. *Metropolis. Metropolitanus. Metropolites.*
De *Metropoli Beryto. C. 11. 21.* Privilege de Metropole accordé à la Ville de Berite, dans la Syrie Phenicienne.
De *Metropolitanis. N. 113. c. 9. & 10.*
De *Metropolitanis revocantibus ad se pertinentes Episcopas, jure Metropolis aut Archiepiscopatûs honoratas. Const. Isaaci Ang. I.*
Voyez les mots, *Archevêque, Evêque & Primat.*

METS.

1 DEs Ville & Evêché de Mets, & Abbayes de Saint Arnoul & de Gorze. *V. Du Puy, Traité des Droits du Roy, page 361.*
2 Ordonnances de la Ville de Mets & Pays Messin, *Mets 1565.*
Coûtumes de Mets & Pays Messin. Mets 1613. avec les corrections manuscrites du sieur Ancillon, Avocat au Parlement sur l'exemplaire qui est au Greffe.
3 L'auguste Basilique de Saint Arnoul de Mets, par *Valladier*, Paris, 1615.
4 Des differens états dans lesquels s'est trouvé Mets & ses dépendances, depuis le commencement de la Monarchie Françoise ; anciens droits de Souveraineté du Roy sur les trois Evêchez de Mets, Toul & Verdun, avec confirmation de cette Souveraineté par le Traité de Munster. *Voyez le Journal des Audiences, to. 5. li. 5. chapitre 11.*

MEUBLE.

MEubles. *Supellex. Instrumentum domesticum. Res moventes, mobiles.*
Effets mobiliers, ce que c'est. *L. 93. D. de verborum significatione.*
De *supellectile legatâ. D. 33. 10.*
De *instructo, vel instrumento legato. D. 33. 7. Voyez Outil.*
De *auro, argento, mundo, ornamentis, unguentis, veste vel vestimentis, & statuis legatis. D. 34. 2.*
De *utrubi. D. 43. 31... Inst. de interd. 4. 15. §. 4... C. Th. 4. ult.* Sorte d'interdit pour être maintenu en la possession d'une chose mobiliaire. *V. Possessoire.*
De *migrando. D. 43. 32.* Le Locataire ne peut enlever ses meubles sans payer les loyers : Privilege du Proprietaire de la maison sur les meubles du Locataire.
De *Salviano interdicto. D. 43. 33... C. 8. 9. Inst. 4. de interd. §. 3.* Privilege du Proprietaire sur les meubles du Fermier ou Grangier, *Coloni. Salvianum, à Salvio Juliano.*
1 Voyez le 1. tome des Loix Civiles, au Livre préliminaire, titre 3. sect. 1. n. 4.
Meubles & immeubles. *Voyez la Bibliot. du Droit François, par Bouchel,* verbo, *Meubles,* & cy-devant, verbo, *Immeubles,* & le *Traité de la Communauté, par M. le Brun, liv. 1. ch. 5. sect. 1. dist. 1.*
Ce Titre a beaucoup d'affinité & de relation avec celuy des immeubles, il faut dans le concours des difficultez examiner les décisions de l'un & de l'autre Titre.
2 Si en tous cas les meubles doivent être reglez par la Coûtume du domicile de celuy à qui ils appartiennent? *V. Coquille, tome 2. quest. 159.*
Tome II.

3 Meubles précieux des grandes Maisons sont tenus pour immeubles, *quæ non in præsentem modo speciem, sed in perpetuum usum servantur. Loisel, Observations du Droit Civil, p. 132.*
4 *Nomine mobilium, quatenùs comprehendantur actiones ad res immobiles, itèm consuetudo quando extrà territorium porrigatur? Voyez Stockmans, decis. 121.*
5 Matieres de complainte ne s'intentent pour meubles, sinon au cas qu'ils fussent compris sous chose universelle, comme de tous & chacuns les biens délaissez par tel, ou autrement. Arrêt du Parlement de Paris du 14. Juillet 1537. *Biblioth. de Bouchel,* verbo, *Complaintes possessoires.*
6 Par Arrêt du Parl. de Dijon du 27. Janvier 1557. il fut dit que *sub loco mobilium in loco designato existentium comprehenduntur nomina & actiones, Vide Imb. in enchir. in verbo bonorum differentiâ. Chass. in §. 2.* in verbo, *Meubles, tit. des droits appart.*
7 Arrêts des 17. Juin 1596. & 30. du même mois 1621. qui ont déclaré meuble l'or & l'argent délaissé par la fille, pour en avoir tel être compris en l'Edit des meres, sous le nom de *meubles.* Ces Arrêts sont rapportez par *Boniface, tome 2. liv. 1. tit. 17. ch. 1.*
8 Par Arrêt du Parlement de Roüen du 16. Janvier 1609. les deniers provenans de la vente d'un Office furent declarez meubles, & comme tels furent ajugez à la veuve. *Berault, sur la Coûtume de Normandie, article 514.*
9 *Gemma inclusa, vendi debet formulis in auctione mobilium solitis, neque ut mos est, in immobilibus.* Arrêt du 4. May 1611. Mornac, *L. 6. ff. ad exhibendum.*
10 Par Arrêt du Parlement de Roüen du 1. Juillet 1611. rapporté *sur la Coût. de Normandie, art. 107.* il a été jugé que les deniers consignez pour le rachat d'une rente hypotequée étoient meubles. *Jouet,* verbo, *Meubles, nombre 11.*
11 Les deniers qui procedent de la vente d'un fonds ou d'une rente rachetée entre majeurs sont meubles ; on excepte les rentes duës aux mineurs & à l'Eglise : les deniers entre coheritiers pour soulte ou supplement de partage, regulierement, sont reputez immeubles, le prix tenant lieu d'heredité ; cela a lieu seulement entre mary & femme, & ceux qui les representent, & ne passe à des personnes plus éloignées en degré ni à leurs successeurs : de cette regle sont exceptez les deniers dotaux, quand on est convenu qu'ils seront propres de côté & ligne. Jugé au mois de Mars 1647. *M. le Prêtre, 3. Cent. chap. 59.* Si la vente ou le rachat des rentes regarde des mineurs, les deniers tiennent la même nature & sont immeubles, art. 94. de la Coûtume de Paris. *Voyez M. Bouguier, lett. R. n. 1.*
12 En la Coûtume d'*Anjou* les deniers d'un heritage vendu & dûs sont meubles. Jugé le 20. Février 1660. *Notables Arrêts des Aud. Arr. 39.*
13 Dans la vente d'une maison, les meubles y attachez *ad perpetuum usum,* font partie de la vente. Arrêt du Parlement de Provence du 14. Avril 1671. *Boniface, tome 4. liv. 8. tit. 2. ch. 1.*
14 Une *Barque* a été jugée meuble n'ayant suite par hypoteque. Arrêt du Parlement de Toulouse du 14. Janvier 1677. rapporté par *M. de Catellan, liv. 5. ch. 33.*
15 Si par Contract de mariage il est convenu que le survivant joüira de tous les meubles & acquêts en quelque lieu qu'ils soient acquis, le survivant doit avoir les meubles & acquêts, étant és autres lieux où telle Coûtume n'est observée, &c. *Voyez Carondas, liv. 5. Rép. 38. Voyez le Journal du Palais,* où il y a Arrêt du 31. Août 1679.
16 Les droits de *caleches, carosses & coches* établis à Paris & à la suite de la Cour, sont mobiliers. Jugé à Paris le 30. Mars 1685. *Journal du Palais.*
17 Quoy qu'une Coûtume répute pour meubles certains édifices & arbres, dits Catheux, étant sur les heritages ; neanmoins après la mort du Proprietaire, le partage de tels *Catheux* se regle suivant la Coûtume

BBbbb

de leur situation, & non suivant celle du domicile du défunt. Jugé au Parlement de Tournay, le 3. Decembre 1700. *Consultis Classibus. Voyez M. Pinault,to.*2. *Arr.* 293.

MEUBLES, COMPLAINTE.

18 Complainte ne s'intente pour meubles. *Voyez* le mot *Complainte, nombre* 37.

MEUBLES, CONTRAT DE MARIAGE.

19 La veuve qui prend tous les meubles suivant son contrat de mariage, ne peut être tenuë d'acquiter l'heritier des dettes personnelles & mobiliaires créées par le défunt, depuis le mariage consommé, de la part & portion qu'il en peut devoir. Arrêt du 18. Novembre 1581. Charondas, liv. 5. *Réponse* 69.

20 Meubles donnez par le mary à la femme en se mariant, s'entend les conventions prises préalablement sur tous les biens de la Communauté. Arrêt du 14. Juillet prononcé le 18. 1587. M. Loüet, lettre M. Som. 2.

21 Le mary peut disposer des meubles & conquêts immeubles par luy faits, durant & constant le mariage de luy & sa femme. *Voyez l'article* 225. *de la Coûtume de Paris*, & Charondas, *liv.* 6. *Rép.* 73.

22 Sur l'interpretation de l'article 238. de la Coûtume de Paris, & sur la question de sçavoir, si le survivant des conjoints Nobles, peut prendre les meubles qui sont hors du ressort de la Coûtume. *Voyez* la 24. *Consultation de M. Duplessis,* il décide pour l'affirmative, & que tous les meubles, argent, & les pierreries sont compris.

23 Les meubles servans à l'exploitation d'un heritage, ne doivent être délivrez en espece à la veuve commune en biens ou donataire de son mary, mais bien la juste valeur d'iceux. Arrêt du 21. Février 1663. *Notables Arrêts des Audiences, Arrêt* 90.

24 Si les meubles échûs à la femme constant son mariage, appartiennent au second mari, quand elle a des enfans de son premier mariage ? Diane de Beaulard, veuve, & ayant des enfans du sieur de S. Lambert son premier mari, épousa le sieur de la Cour, à qui elle donna par son contrat de mariage ce que la Coûtume permet de donner de ses biens présens & à venir, meubles & immeubles pendant ce mariage ; elle devint heritiere de son pere, & elle eut pour sa part des meubles 1550. l. En 1670. le mari deceda. En 1678. elle mourut aussi, laissant six enfans, sçavoir deux de son premier mariage, & quatre du second, deux fils & deux filles que la mere avoit reservées à partage ; elles demanderent une septième part chacune aux 1550. l. échus pour la part de leur mere en la succession de son pere; un créancier adjudicataire du sieur de la Cour s'y opposa, prétendant que le silence de leur mere qui avoit survécu son mari de huit années, sans faire aucune demande des 1550. liv. & celuy des filles qui n'avoient fait cette demande qu'en 1683. à l'ordre des deniers du decret, 5. ans après le decés de leur mere les rendoit non-recevables. Par Arrêt de Roüen du 25. May 1689. il fut jugé que de cette somme de 1550. l. le mary ou ses créanciers en auroient la moitié, en vertu de l'art. 390. de la Coûtume de Normandie, & une septiéme part de l'autre moitié en vertu de l'art. 405. & de la clause du contrat de mariage. Il fut aussi jugé que sur le restant les filles qui étoient au nombre de trois, ne devoient avoir qu'un tiers, cette somme étant censée remplacée sur les biens du sieur de la Cour, du jour de la reception des meubles, & en consequence on leur ajugea cinq années des interets au denier 14. de ce qui leur revenoit, échus avant la saisie réelle des biens de leur pere, en l'hypoteque du contrat de mariage de leur mere, avec le sieur de la Cour. *Voyez Basnage, sur cet article.*

25 Dans le cas de la prohibition à celuy ou celle qui se remarie de disposer de ses conquêts en faveur du second mary, ou de la seconde femme, & au préjudice des enfans d'un premier ou précedent lit, les meubles sont compris sous le mot de conquêts. *Journ. des Aud.* to. 5. liv. 13. chap. 1.

MEUBLES, DECRET.

26 Les meubles ne se decretent. Arrêt du Parl. de Touloufe du 7. May 1575. *La Rocheflavin*, liv. 2. tit. 1. Arrêt 30.

MEUBLES, DENIERS.

27 Des deniers qui sont reputez meubles. *Voyez* le mot *deniers* n. 27. *& suiv.*

MEUBLES, DEPÔT.

28 Si le depositaire de meubles est déchargé, faute de poursuites dans certain temps ? *Voyez* le mot *dépôt* n. 45. *& suiv.*

MEUBLES, DETTES.

29 Ceux ou celles qui prennent les meubles par convention de contrat de mariage, sont tenus de payer les dettes mobiliaires, de même que ceux qui les prennent par la Coûtume. Jugé le 14. Avril 1615. *Tronçon Coût. de Paris* art. 238. *Verbo, Payer les dettes mobiliaires.*

MEUBLES, DONATION.

30 De la donation de meubles? *Voyez* le mot *Donation,* nomb. 530. *& suiv.*

31 Si l'heritier est reçu à encherir les meubles sujets au don mutuel. *Voyez* le mot *Don mutuel*, n. 48. *&* 49.

32 Le 27. Avril 1616. Arrêt qui ordonna que le legs de meubles meublans, comprend la vaisselle d'argent & tapisseries, non les bleds ni l'argent monnoyé. *Bardet,* to. 1. liv. 2. ch. 82.

Voyez cy-après le nombre 40.

33 Si la donation faite de tous les meubles meublans, linge, tapisserie, argenterie, & autres meubles qui se trouveront appartenir au Donateur, lors de son décez, comprend l'or, l'argent monnoyé, les promesses & obligations. Arrêt du 8. Février 1657. qui sur la demande du Donataire, mit les parties hors de Cour. *Soëfve,* to. 1. Cen. 1. chap. 53.

MEUBLES, DOT.

34 La récompense des deniers donnez pour la dot de la fille, est mobiliaire. Arrêt du Parl. de Normandie du 2. Juillet 1687. *Basnage, sur l'art.* 511. *de cette Coût.*

MEUBLES, FIDEICOMMIS.

34 bis. Si les meubles, & quels meubles sont sujets au fideicommis? *Voyez* le mot *Fideicommis*, n. 161. *& suiv.*

MEUBLES, FRUITS.

35 Si les fruits pendans par les racines sont meubles ou immeubles ? *Voyez* le mot *Fruits,* n. 123.

MEUBLES, GARDIEN.

36 Un Gardien de meubles ne peut être emprisonné qu'en vertu de Sentence des Juges, ausquels la connoissance en appartient. Arrêt du 28. Août 1676. *De la Guessiere,* tom. 3. liv. 10. chap. 13.

MEUBLES, HIPOTEQUE.

37 Quel effet a le mot vulgaire, *meuble n'a suite par hipoteque*, & si cela est indistinctement? *Voyez* le mot *Hypoteque*, n. 175. *& suiv.*

38 Qui doit être préferé sur les meubles ? *Voyez* le mot *Préference*, n. 15. *& suiv.*

MEUBLES, HERITIER.

39 De l'heritier des meubles. *Voyez* le mot *Heritier,* n. 320. *& suiv.*

MEUBLES, LEGS.

40 Legataire des meubles. *Voyez cy-dessus le nomb.* 32. le mot *Legs*, n. 397. *& suiv.*

MEUBLE, MINEUR.

41 Que les meubles perissables des Pupilles, seront vendus par les Tuteurs & Curateurs, & les deniers employez en rente ou heritage. *Ordonnances de Fontanon,* to. 1. liv. 4. tit. 21. p. 769.

42 Si la discussion des meubles d'un mineur est necessaire ? *Voyez* le mot *Discussion*, n. 64.

43 Arrêt du 4. Juillet 1701. rendu en la Grand'-Chambre, au rapport de Monsieur Thibeuf de Saint Germain, qui a jugé que des deniers realisez, & même des heritages donnez en payement de deniers realisez, étant échus à un Mineur, devoient être considerez

comme un effet mobilier en la succession de ce mineur, & comme tels devoient appartenir au pere de ce mineur, comme son heritier des meubles & acquêts. *Voyez le Traité de la Communauté* par *M. le Brun*, p. 584.

MEUBLES, NEGRES.

44 Acte de Notorieté donné par M. le Lieutenant Civil du Châtelet de Paris, le 1. Novembre 1705. portant que dans l'Isle de Saint Dominique en Amerique, les Esclaves Negres sont meubles. *Recüeil des Actes de Notorieté*, p. 215.

MEUBLES, PROPRIETAIRE.

45 Privilege du Proprietaire sur les meubles, étant dans la maison loüée. *Voyez* le mot *Bail*, nombre 180. & suivans.

MEUBLES, REMPLOY.

46 Du remploy des meubles. *Voyez* le mot *Remploy*, n. 51. & suiv.

MEUBLES, RENTE RACHETÉE.

47 Deniers remboursez, même à un mineur, par faculté de remeré, sont meubles. Arrêt du Parlement de Bretagne du 2. May 1619. rapporté par *Frain*. Arrêt contraire du 19. Octobre 1654. rapporté par *Hevin*, en sa *Note au même endroit*, p. 246.

48 Sur la question si les deniers procedans du rachat d'une rente faite trois jours avant le décez du mary, dont une partie se trouvoit en essence & le reste en une obligation, étoient meubles ou immeubles, les opinions furent partagées au Parlement de Roüen : il passa à la Grand-Chambre à dire que c'étoit un meuble ou la femme prendroit part, si le remploy pouvoit en être fait sur les acquêts. Depuis on a jugé que c'étoit un immeuble. Un pere promet en mariage à son fils une somme de 2000. l. par avancement de succession ; faute de la payer avant les Epousailles, il s'obligeoit d'en payer l'interêt. Le pere étant mort & ayant laissé un fils qui mourut peu de temps aprés, Barbe de l'Isle heritiere aux meubles & acquêts de sa fille, prétendit de son chef la moitié de cette somme, comme étant un meuble, & l'autre moitié comme heritiere de sa fille aux meubles ; tout ce que la mere pouvoit prétendre, étoit un tiers en doüaire. Les premiers Juges l'ayant ordonné de la sorte, la Sentence fut confirmée le 5. Juillet 1646. *Basnage*, *sur l'art. 393. de la Coûtume de Normandie*.

49 Sur la question de sçavoir si les deniers provenans du remboursement d'un ancien propre, sont reputez mobiliers : le sieur de Breteville étant mort avant la liquidation, & le remboursement de 1231. liv. de rente qui luy appartenoient propre sur les Gabelles de Normandie, supprimées en 1669. les heritiers aux meubles & acquêts prétendoient que la somme de 6500. l. à laquelle le remboursement avoit été liquidé, leur appartenoit comme purement mobiliaire. Les opinions se trouverent partagées le 7. Decembre 1573. au rapport de M. du Laurens, dont l'avis étoit que les deniers du remboursement étoient un propre. *Voyez Basnage, sur l'article 409. de la Coûtume de Normandie*, où il rapporte un Arrêt du 11. Août 1665. aprés partage, qui a reputé meubles les deniers provenans du rachat d'une rente aprés le remploi fait. Il semble, dit-il, que l'on n'ait reputé immeubles les deniers provenans du rachat d'une rente qu'en faveur de l'heritier au propre seulement, & non lorsque la contestation arrive entre l'heritier aux acquêts, & la veuve ou les legataires.

MEUBLES, RESTITUTION.

50 En achat de meubles, quoyqu'il y ait lezion d'outre moitié, il n'y a pas lieu à la restitution, si ce n'étoient des diamans, pierres précieuses, & que *quadruplum excederent* en valeur. Arrêt du Parlement de Dijon du 6. Decembre 1583. *Bouvot*, tome 2. verbo *restition*, quest. 2.

MEUBLES, RETRAIT.

51 En la Coûtume d'Anjou, les meubles & l'heritage vendus par un même contrat, ne sont sujets à retrait quand le prix des meubles est distingué des immeubles. Jugé le 16. Juin 1657. *Notables Arrêts des Aud. Arrêt 3*.
Tome II.

MEUBLES, SUCCESSION.

52 L'aîné heritier en plusieurs Coûtumes, *ut omnia omnino debita solvat, non tenetur censûs vectigal, aut pensiones emphyteuticas solvere, sequuntur enim rem ob quam debentur; cætera vero debita, etiamsi ex hujusmodi reditibus generalibus profluant, debent tamen personam sequi debitoris, & secundùm statuta sui domicilii regi in successionibus, nam cùm nullius loci sunt, sequuntur personam creditoris de cujus successione agitur; secus, si agatur de re quæ respiciat personam debitoris*. Mornac ad rubricam *ff. de heredit. vel act. vendita*.

53 Les meubles sont reglez par la Coûtume du domicile. *Voyez Peleus, quæst. 136.* où il traite amplement des meubles en la Coûtume de Touraine, & comment ils doivent être partagez, & *quest. 139*.

54 Les Marchands étrangers qui trafiquent à Paris, n'y ont pas leur domicile, quoyqu'ils soient sujets aux charges réelles ; & les meubles qu'ils ont en ladite Ville, sont reglez par la Coûtume du lieu où ils resident. *Chopin Coûtume de Paris liv. 1. tit. 1. n. 12*.

55 Les meubles d'un Cardinal François demeurant à Rome, ceux qu'il a en France se reglent par la Coûtume de son païs, & ceux qui sont à Rome par les loix des Romains. *Chopin Coûtume de Paris, li. 1. tit. 1. n. 11*. *Voyez M. Loüet lettre C, som. 17. & lettre R. somm. 31*.

56 Un pere demeure en une Coûtume, où tous les meubles appartiennent à l'aîné ; il le marie avec cette declaration de le faire son heritier universel ; ensuite le pere transfere son domicile en une autre Coûtume, où les meubles n'appartiennent pas à l'aîné, il ne laissera pas de les avoir à cause de la declaration : mais si au contraire le pere demeure dans une Coûtume, où l'aîné n'a point de privilege sur les meubles, & que le pere aille demeurer en une Coûtume où l'aîné a privilege, si le pere meurt *ab intestat*, l'aîné a tous les meubles; *secus*, si le pere en a disposé par testament. *Ricard des Donations entre-vifs. 1. part. ch. 4. sect. 2. dist. 3. n. 1066*.

57 La Cour a quelquefois jugé, & même pour le Comte de Gruyeres, & le Sieur de Tancarville, auquel M. de Longueville a succedé en partie, que les meubles seroient reglez selon le lieu où ils se trouveroient ; le domicile de la femme doit être censé au lieu où le mary a son domicile, quand par le contrat même il y a Communauté. *Biblioth. du Bouchel, verbo, Meubles*.

58 Meubles se partagent regulierement entre le survivant & l'heritier du trepassé. *Æquum est consortem potiùs solatium quam ad personam aliam partem decedentis pervenire*, comme il est dés Nobles en Champagne. Ce qui a lieu *si carnalis copula intercesserit*. Et suivant ce au vieil Coûtumier du Châtelet, fol. 217. est allegué un Arrêt de la Coûtume de Champagne, par lequel un mary qui n'avoit fait devoir à sa femme, fut privé de ce droit. *Ibid*.

59 Succession de meubles en Pays de Droit écrit, appartient à la mere & non à l'ayeule. Arrêt du 1. Février 1600. *M. le Prêtre és Arrêts de la Cinquième*.

60 Les meubles se divisent en deux lignes és successions collaterales és Coûtumes de Poitou, d'Anjou, le Maine, Touraine, Lodunois, Bretagne, &c. les nés cas des ascendans & des freres germains, consanguins, uterins, ou leurs descendans directs. Arrêt du 2. Juin 1657 *De la Guess. tome 2. liv. 1. chap. 15.* sans que les plus proches des deux lignes y succedent à l'exclusion de l'autre ligne plus éloignée, encore que les representez ne se trouvent en pareil degré.

61 *Mobilia personam sequuntur*. *Voyez M. Loüet, lettre D. somm. 24*.

62 Par Arrêt du Parlement de Roüen du 11. Mars 1655. jugé que la femme & le mary ayant été noyez ensemble, ensorte qu'il n'apparoissoit pas si la femme eût survecu, ses heritiers ne pouvoient reclamer la moitié desdits meubles que la Coûtume donne aux veuves lorsqu'il n'y a enfans, & qu'elle ne les avoit transmis, elle qui ne pouvoit dire les avoir eûs. *Berault*, à la fin du 2. tome de la *Coûtume de Normandie*, page 98. sur l'art. 392.

BBbbb ij

63 Sur la question de sçavoir que le mary ayant renoncé à la succession aux meubles échûs à sa femme, que la femme autorisée par Justice avoit apprehendée, en sorte neanmoins que n'étant séparée, tout auroit été confondu dans la maison, le mary ayant reçû & payé, la femme étant décedée avant son mary, & long-temps aprés les enfans de cette femme du premier mariage prétendent les meubles, & offrent de tenir compte des frais faits par le mari; les heritiers du mari au contraire, que suivant l'art 390. de la Coûtume de Normandie en quelque façon que ce fût, les meubles de la femme appartenoient au mary, principalement n'étant séparée ; Arrêt du 12. Juillet 1658. qui appointe , & depuis par Arrêt du 14. Août suivant, la cause fut jugée pour les heritiers de la femme. Autre Arrêt au mois de Juin 1654. qui l'avoit ainsi jugé. *Berault, ibid. sur l'art.* 390.

64 Si les meubles promis à un fils par Contract de mariage en cas d'insuport, doivent être pris de ceux de l'heritage, le cas d'insuport arrivant, ou des meubles à la moderne. Arrêt du Parlement de Provence du 21. Janvier 1671. qui declara devoir être donné des meubles de l'heritage par Experts. *Boniface, tome* 4. *liv.* 5. *titre* 1. *chapitre* 11.

MEUNIERS.

1 DE inquisitione factâ contrà molendinarios ob malam eorum versationem in officio. Voyez *Franc. Marc.* tome 2. quest. 795.

2 Par Arrêt du Parlement de Roüen du 21. Mars 1603. enjoint à tous Meûniers de cette Province, de se fournir de banquarts bien ajustés, & de poids jaugés, & marquez de la marque du Jaugeur ordinaire, & suffisants pour peser le bled , & les farines des personnes qui iront moudre à leurs moulins ; ensemble d'un seiziéme de cuivre pour émoûter , un boisseau , quarte , & demie quarte , le tout bien & dûëment jaugé. La Cour en l'année 1661. a renouvellé le Reglement. V. *Basnage, sur l'art.* 210. *de la Coûtume de Normandie.* Voyez cy-devant au premier volume le mot *Bannalité*, & cy-aprés le mot *Moulin*.

MI-DENIER.

1 DU mi-denier pour acquêt fait durant le mariage, en vertu d'un droit anterieur au mariage. Voyez M. le Brun, Traité *de la Communauté, liv.* 3. *chap.* 2. *sect.* 1. *dist.* 8.

2 Du mi-denier pour Office. Voyez *ibid. dist.* 9.

3 Du mi-denier pour soûte, ou pour échange de partage & autres actes. Voyez M. le Brun, *ibid. dist.* 10.

MILAN.

DUx Mediolani in Ducatu potestatis plenitudinem habet. Voyez *Franc. Marc. tome* 2. *quest.* 362.
Des droits du Roy sur le Duché de Milan & Comté d'Ast. Voyez Dupuy, *Traité des Droits du Roy, p.* 77.

MILICE.

Milice. Militaire. *Militia. Res militaris.*
De re militari. Lex 12. *tabb.*
De officio militarium judicum. C. 1. 45. Jugement militaire.
Testament militaire. Voyez Testament. §. *Testam. militar.*
Voyez les mots , *Guerre. Officiers de Guerre. Soldat.*

MI-LODS.

L'Heritier fiduciaire & qui n'est institué qu'en faveur de ses enfans , lesdits enfans ne doivent my-lods. Arrêt du 1. Septembre 1640. *Henrys, tome* 1. *liv.* 3. *chap.* 3. *quest.* 24. 25. & 26. Voyez Lods, nomb. 209. & suivans.
En Pays de Droit, des successions testamentaires, ou *ab intestat* en ligne collaterale, sont dûs mi-lods. Voyez le mot, *Lods & ventes,* nomb. 341. & suiv.

MIN

MINAGE.

1 SAbbat. post Epiphan. 1306. jugé pour le Roy & l'Abbé & Convent de Pynn, contre les Maire & Jurats de Poitiers, qu'ils ont droit de prendre le minage à Poitiers, pris du Registre olim, feüillet 84. B. *Corbin, suite de Patronage*, chap. 133.

2 Sextelage, Stellage ou Minage. ce droit se paye pour raison des grains vendus aux halles ; quelques-uns l'ont étendu au bled vendu és greniers ou ailleurs, pour raison de quoy y a procés au Parlement de Paris entre les habitans d'Estampes , contre M. de Vendôme , & un autre entre les habitans de Soissons , contre Monsieur le Comte.

3 Il y a Arrêt du 9. Août 1572. entre les Abbesse & Religieuses de Maubuisson & les habitans de la ville de Pontoise, par lequel, aprés enquêtes respectivement faites , il est dit , que les habitans de Pontoise payeront le droit de minage de tous grains, fors des pois & féves, qui seront vendus & mesurés à mesure & boisseau, soit au marché de ladite ville, maisons, greniers, & fauxbourgs d'icelle, ou sur le port de la Riviere d'icelle ville, avec specification de la mesure pour ledit droit.

4 Il y a encore un autre Arrêt du 17. Mars 1635. conforme , entre Simon le Vasseur Fermier du droit de minage desdites Religieuses de Maubuisson , & Jean le Clerc Receveur du College de Pontoise.
Voyez cy-aprés Sextelage, & hoc verbo, *L'indice de Ragueau, neuviéme édition.*

MINES.

1 DEs Mines & Minieres de France. *Ordonnances de Fontanon, tome* 2. *liv.* 2. *tit.* 13. *page* 445.

2 Des Privileges & franchises concedez aux ouvriers , & à ceux qui serviront & travailleront aux mines & minieres. *Ibidem, liv.* 3. *tit.* 25. *page* 1161.

3 Des minieres d'argent à qui elles appartiennent, & que la possession pendant le procés en appartient à celui qui l'a par an & jour avant la procés ; tiré du Registre des jugez du Parlement de Paris de l'an 1329. nomb. 102. Voyez *Corbin, suite de Patronage*, chap. 167.

4 Edit touchant les mines , aux Montils-les-Tours, en Novembre 1471. registré le 27. Juillet 1475. 2. *vol. des Ordonnances de Louis XI. folio* 22.

5 Le 29. Avril 1539. furent entherinées & verifiées à la Cour des Aydes à Paris les Lettres Patentes en forme de Chartes obtenuës par les Mineurs , pour joüir des exemptions & privileges pareils que ceux des Monnoyeurs , comme étant leurs vacations aucunement annexées, étant par les Mineurs la matiere des métaux tirée des entrailles de la terre, & formée par les Monnoyeurs, à la charge qu'ils seroient demeurans & actuellement residans & travaillans , ou faisant travailler aux mines à leurs propres coûts, mises & depens, faisant feu , lieu & residence en icelles sans fraude , & ne faisant autre negoce , ou train de marchandise. *Biblioth. de Bouchel,* verbo , *Mineurs*.

6 Voyez les Ordonnances de Charles IX. de 1563. & autres sur le fait des mines , les particuliers n'y ont aucun droit , & le Titre 6. *de metallariis & metallis* au 11. livre du Code, tit. 6. & le Code Theodosien 10. 19.

7 Il y en a qui prétendent avoir droit d'aller chercher en la terre d'autruy, mines de fer , & meules en payant, il y a neanmoins un Arrêt contraire du Parlement de Bourdeaux du 3. Juin 1585. *Papon, liv.* 18. *titre* 9. *nombre* 2.

8 Il y a quelques Coûtumes qui veulent que les mines d'or & d'argent n'appartiennent ni au proprietaire du fonds où elles se trouvent , ni à l'usufruitier, reservant les mines d'or au Roy & les mines d'argent au Seigneur qui a titre de Comté , Vicomté ou Baronnie. Sic Anjou, art. 61. & Maine art. 7. Voyez *Renusson*, Traité *du droit de garde, page* 95.

MIN   MIN   749

MIÆRIÆ.

C'Est un bois destiné pour les clôtures, ou à faire des échalas pour les vignes. *Salvaing, de l'usage des Fiefs, chap. 97. pag. 491.*

MINEUR.

LE mineur de 25. ans est appellé *Pupillus.*
Sens & définition de ce mot Pupille. *L. 161. & 239. D. de verb. sign.*
Pupille peut contracter sous l'autorité du Tuteur. *L. 5. L. 110. §. 2. & L. 189. D. de jur.*
De pupillis. L. 110. §… L. 111. D. de reg. juris.
Ubi pupillus educari vel morari debeat, & de alimentis ei præstandis. D. 27. 2.
Ubi pupilli educari debeant. C. 5. 49.
De alimentis pupillo præstandis. C. 5. 50.
Quando Imperator inter pupillos, vel viduas, vel miserabiles personas cognoscat, & ne exhibeantur. C. 3. 14.
Voyez *Alimens. Deniers pupillaires. Impubere. Mineur. Tuteur.*
De minoribus viginti quinque annis. D. 4. 4… Paul. 1. 9.
De in integrum restitutione minorum. 25. annis. C. 2. 22.
De filio familias minore. C. 2. 23.
De fidejussoribus minorum. C. 2. 24.
Si Tutor vel Curator intervenerit. C. 2. 25. L'intervention du Tuteur n'empêche pas la restitution du mineur lezé.
Si in communi eâdemque causâ in integrum restitutio postuletur. C. 2. 26. Si le mineur releve le majeur.
Si adversus rem judicatam restitutio postuletur. C. 2. 27. Ce Titre XXVII. du second Livre du Code, & les Titres suivans, jusqu'au Titre XLVI. inclus du même Livre, comprennent les diverses causes pour lesquelles les mineurs peuvent être restituez. Tous ces Titres sont rapportez en particulier cy-après, *au mot, Rescision.*
Qui legitimam personam standi in judiciis habeant, vel non. C. 3. 6. Les mineurs ne peuvent pas paroître en Justice.
Biens des mineurs.
De rebus eorum qui sub tutelâ vel curâ sunt, sine decreto non alienandis, vel supponendis. D. 27. 9.
De prædiis, & aliis rebus minorum sine decreto non alienandis, vel obligandis. C. 5. 71.
Quando decreto opus non est. C. 5. 72.
Si quis ignorans rem minoris esse, sine decreto comparaverit. C. 5. 73.
De prædiis curialium sine decreto non alienandis. C. 10. 33… C. Th. 12. 3. Ce Titre peut être appliqué à la vente des immeubles des mineurs. *V. Vente.*
Si major factus alienationem factam sine decreto ratam habuerit. C. 5. 74… C. 2. 46.
Quo tempore, & à quibus rerum suarum adultis administratio concedi debeat. Leon. N. 28. V. Benefice d'âge.
Voyez hoc verbo, *Mineur,* la Bibliotheque de *Jovet. Papon, liv. 16. tit. 1.*

1 Preuve de l'âge. Voyez le mot, *Age, nombre 34.*
2 *De minoribus vigintiquinque annis. Vide Luc. lib. 7. titre 4.*
3 *Minor quinque & viginti annis à sistâ non verâ contumaciâ excusatur, ut adversus ipsum multa non declaretur.* Voyez *Franc. Marc. tom. 2. quest. 74.*
4 *Contractus pupilli juramento non firmatur.* Voyez *ibid. quest. 122.*
5 *Melius est intacta minorum jura servari, quam post causam vulneratam remedium quærere. Mornac, L. ult. Cod. in quibus caussis restitutio in integrum, &c.*
6 Comment en la lézion du mineur se doit entendre ce qu'on dit que les deniers doivent être tournez à son profit. Voyez *Carondas, liv. 12. Rép. 56.* où il distingue du mineur qui est en pleine puberté, ou bien qui n'y est pas. Voyez *M. Loüet, lettre M. somm. 19.*
7 Dans les Pays de Droit écrit les mineurs peuvent disposer en faveur de leur mere Tutrice. Voyez *Henrys, tome 1. liv. 5. ch. 4. quest. 38.*

8 Si le mineur qui est devenu majeur, fait quelque acte de ratification de son Contract, il n'en peut être relevé. Voyez *Carondas, liv. 4. Rép. 42.*
9 Mineur ne peut être jugé serf ou main-mortable, qu'il ne soit âgé de 15. ans. Arrêt du Parlement de Paris de l'an 1394. *Papon, liv. 7. tit. 1. n. 8.*
10 Lors qu'un Contract fait avec mineur est nul, faute de solemnitez, celuy avec lequel il a contracté, demeure chargé de faire preuve comme l'argent à luy baillé a été converti au profit du mineur; mais si le Contract n'est pas nul, c'est au mineur à faire preuve que l'argent est converti ailleurs, & *quod in rem suam versum non est.* Arrêt des Grands Jours de Moulins du 16. Octobre 1540. *Papon, liv. 16. tit. 1. n. 9.*
11 Arrêt du Parlement de Toulouse du 25. Août 1542. qui défend à tous Marchands de contracter avec mineurs, hors la presence des Curateurs. *La Rocheflavin, liv. 2. lettre M. tit. 9. Arr. 4. Biblioth. de Bouchel, verbo, Mineurs.*
12 Un mineur, quoyque par-là il semble se mettre à couvert d'une action intentée contre luy, ne peut donner quittance d'une substitution, à laquelle il est appellé. Arrêt du 9. Janvier 1556. qui entherine les Lettres obtenuës contre une telle quittance. *Papon, livre 16. titre 3. nombre 13.*
13 C'est à celuy qui a acquis sciemment du mineur à justifier ce qui est tourné à son profit du prix de la vente, & le mineur ne sera tenu de rendre que ce qu'il verifiera *in rem versum.* Arrêt du 16. May. 1568. *M. Loüet, lettre M. somm. 19.*
14 *Nulla omnino minoris ætatis habetur ratio, ubi decursæ hastæ fuerunt, & res ultimo licitanti addicta.* Jugé à Pâques 1597. & le 22. Janvier 1612. *in feudis. Mornac, L. 36. ff. de minoribus 25. annis.*
15 Arrêt du Parlement de Paris du 15. Janvier 1602. confirmatif de la Sentence du Bailly d'Amiens qui juge qu'un mineur âgé de 20. ans seulement peut s'obliger jusqu'à la concurrence de ses meubles & acquêts. C'est la disposition de l'article 135. de la Coûtume. *Biblioth. de Bouchel, verbo, Restitution.*
16 Quand l'action est indivisible, l'exception l'est aussi, de maniere que la faveur du mineur partie avec son tuteur ou tutrice, leur profite pour empêcher la prescription. Jugé le 15. Mars 1605. *Peleus, quest. 118.*
17 Les mineurs sont sujets aux commises, aux formes & aux prescriptions portées par les Coûtumes. Arrêt du 23. Janvier 1612. au sujet d'un retrait feodal dont le Seigneur avoit cedé le droit, le fief retiré appartenoit à un mineur. *Le Bret, liv. 5. Décis. 14.*
18 L'heritage étant commun & indivis entre des majeurs & des mineurs, tous obligez & debiteurs, si le Créancier a fait saisir sans discuter les meubles des mineurs, la saisie declarée valable pour le tout. *Bilordeau, observ. forens. liv. 4. part. 2. art. 1.* rapporte l'Arrêt du 19. Janvier 1616. *Gouget au Traité des Criées* rapporte un Arrêt contraire du Parlement de Paris du 13. Mars 1574. Voyez *Hevin sur Frain, page 443.*
19 A dix-sept ans, le mineur Bourgeois ou autre de bas état a l'administration de ses biens; on peut negocier en choses mobiliaires après cet âge, par l'article 493. de la Coûtume de Bretagne; s'il est Marchand, & a obligé ses immeubles, l'obligation est valable. Arrêt du 10. Juillet 1619. sur un procés party aux Enquêtes, & même s'il trafique avec son pere; Arrêt du 28. Novembre 1602. & la femme mineure qui debite le vin acheté par elle & son mary; Arrêt aux Enquêtes : mais il ne peut être fidejusseur, quoyque Marchand, bien que proche de sa majorité. Arrêt du 30. Septembre 1613, s'il achete chevaux quoyque lezé, il doit payer le vray prix à dire d'Experts; Arrêt contre le sieur de la Touche Laval du 15. Juillet 1624. Voyez *le Plaidoyé de M. Jean Boüé*, Advocat à Toulouse qui traite au long cette matiere, de même pour habits sortables & sans excés

BBbbb iij

à dire de Marchands convenus, pourvû que ce ne soit à perte de finance. *Sauvageau sur Du Fail, liv. 1. chapitre 223.*

20 Arrêts du Parl. de Provence des 14. Février 1644. & 10. Février 1661. qui ont jugé que le prêt fait au mineur absent est présumé fait en nécessité. *Boniface, tome 1. liv. 4. tit. 7. chap. 3.*

21 En matiere de mariage, les conventions à cause de nôces faites avec moderation convenable, comme aussi la donation mutuelle, ne peuvent être revoquées sous prétexte de minorité. *Brodeau sur M. Louet, lettre M. somm. 49.* où il cite un Arrêt du 9. Mars 1628.

22 En l'hypoteque, quoyqu'individué, le mineur ne releve point le majeur. Arrêt du 23. Mars 1660. *De la Guess. tome 2. liv. 3. chap. 16.*

23 La faveur des mineurs doit être préferée à d'autres créanciers. *Voyez l'Arrêt du 28. Février 1665. Ibidem, liv. 7. chap. 10.*

24 L'heritier du mineur qui, après avoir fait une donation pendant sa minorité en faveur d'un étranger, est mort fait majeur, mais avant les 35. ans de son âge, sans s'être pourvû contre la donation, ni donné aucune marque d'en avoir le dessein, est reçu à debattre & faire annuller la donation par le moyen de minorité, pourvû qu'il fasse cette demande dans le temps auquel le défunt n'auroit pas encore 35. ans achevez. Arrêt du Parlement de Toulouse du 21. Février 1669. rapporté par *M. de Catellan, liv. 5. chap. 14.*

25 La minorité ne pouvant pas être prouvée par un baptistaire attesté & signé en la forme qu'il faut, ni par la declaration du pere de l'enfant, couchée dans son livre de memoires, peut être prouvé par témoins. Jugé le 2. Mars 1675. pour un nommé la Garde, contre M. le Procureur General conformément à l'article 14. du tit. 20. de l'Ordonnance de 1667. *Graverol sur la Rocheflavin, liv. 6. tit. 10. Arr. 3.*

26 Un Contrat passé par un mineur n'est pas nul de plein droit, mais il peut être annullé, s'il y a lezion; en ce cas il est besoin de lettres de rescision. Un mineur qui s'est dit majeur & qui a rapporté un faux extrait baptistaire n'est pour cela déchu du benefice de restitution; un Vicaire qui a délivré un extrait baptistaire autrement qu'il n'est porté sur son Registre, & qui fait paroître celuy qui a requis majeur, n'est pas responsable de l'évenement de ce fait, s'il a agi simplement par pure méprise, autre chose seroit s'il se trouvoit du dol dans son procedé. Arrêt du 6. Février 1691. *Journal des Audiences du Parlement de Paris tome 5. liv. 7. chapitre 9.*

27 Un mineur marié depuis long-temps, peut rentrer dans ses biens immeubles, qu'il a vendus en minorité pendant son mariage par des Contrats volontaires, où il a pris la qualité de Marchand qui luy a aussi été donnée dans les procedures faites par des Creanciers, avant & depuis les mêmes Contracts de vente. Arrêt du Parlement de Paris du 27. Avril 1701. *Voyez Henrys, tome 1. liv. 4. chap. 6. quest. 22.*

MINEUR, AUTORISATION.

28 Mari mineur qui autorise sa femme. *Voyez le mot Autorisation, nomb. 58.*

MINEUR, BAIL.

29 Baux des biens du mineur, passez par luy ou son tuteur. *Voyez le mot Bail, nomb. 145. & suiv.*

MINEUR, BENEFICE.

30 *Minori viginti quinque annis quandoque subvenitur in beneficiis Ecclesiasticis.* Cette maxime souffre deux exceptions. 1. Elle n'a point lieu, *nisi in amittendis secus in quærendis.* 2. *in his non restituitur minor nisi ea quibus causis etiam majori subveniretur, puta metus vel dolì, nisi quod leviores causæ sufficiunt in minore. Du Moulin, de publicandis, nomb. 240.*

31 Le mineur Beneficier qui a interjetté appel comme d'abus & relevé ensuite, ne peut plus se desister pour éviter l'amende; si c'est le curateur, le mineur sera condamné, sauf son recours contre le curateur. Arrêt du Parlement de Paris du 16. Août 1549. *Papon, livre 16. tit. 1. nomb. 10.*

32 Arrêt du Parlement de Paris du 6. Juillet 1665. qui declare n'y avoir abus dans les provisions obtenuës sur la resignation faite en l'Eglise saint Martin de Tours par M. Dalus fils mineur sans le consentement de son pere. M. Talon Avocat General dit, qu'il ne falloit pas s'arrêter à la Jurisprudence ancienne qui étoit presque toute changée par les soins qu'on prenoit de retrancher les abus & qu'il étoit inoüi qu'un fils de famille qui valablement recevoit un Benefice, & ne peut l'abdiquer, s'il ne trouvoit en luy les qualitez necessaires pour le desservir avec liberté, puisqu'il ne devoit pas avoir moins de liberté en l'un qu'en l'autre. *Definit. Can. p. 813.*

32 Le mineur au dessus de sept ans peut nommer au Benefice au préjudice de son Tuteur. Ainsi jugé au Parlement de Normandie. *Basnage, sur l'art. 69. de la même Coûtume.*

33 Beneficier mineur comment reputé majeur? *Voyez le mot Benefice, nomb. 123. & 124.*

34 Beneficier mineur, s'il peut plaider? *Voyez le mot, Depens, nomb. 72.*

Voyez cy-après le nomb. 122.

MINEUR, CAUTION.

35 Caution du mineur, ou le mineur caution? *Voyez le mot, Caution, nomb. 198. & suiv.*

MINEUR, COMPROMIS.

36 Mineur qui passe un compromis. *Voyez le mot, Compromis, nomb. 21. & suiv.*

37 Un mineur peut être restitué contre un compromis. Arrêt du Parlement de Dijon du mois de Juillet 1561. *Bouvot, tome 1. part. 3. quest. 4.*

38 Les mineurs peuvent compromettre. Arrêt du 18. Février 1590. qui confirme une Sentence arbitrale renduë entre un mineur. *La Rocheflavin, liv. 6. tit. 6. Arr. 1.*

MINEUR, CONSIGNATION.

39 Arrêt du Parlement de Toulouse du 26. Janvier 1575. qui confirme la consignation ordonnée par le Sénéchal de Toulouse en vertu d'un instrument garantigié, sans avoir égard aux Lettres de recision prises par le debiteur contre le contract, fondées sur minorité. *La Rocheflavin, liv. 6. lett. C. tit. 29. Arr. 1.*

MINEUR, CONTRAINTE PAR CORPS.

40 Si un mineur peut être contraint par corps? *Voyez le mot Contrainte par corps, nomb. 51. & suiv.*

41 Si le pupille mis par une Sentence donnée contre son tuteur, étant hors de tutelle, peut être emprisonné après les quatre mois? *V. Bouvot, tome 1. part. 3. verbo, Pupille, quest. 2.*

42 Jugé au Parlement de Dijon le 31. May 1568. qu'un mineur ne peut être emprisonné pour dette civile, & ajugée par Sentence après les quatre mois. *Bouvot, ibidem, quest. 3.*

MINEUR, CURATEUR.

43 Du Curateur donné au mineur. *Voyez le mot, Curateur, nomb. 30. & suiv.*

MINEUR, DECRET.

44 Biens du mineur mis en criées. *Voyez le mot, Criées, nomb. 77. & suiv. & le mot Decret, nomb. 67. & cy-après le nomb. 195.*

45 Des mineurs adjudicataires. *Voyez le mot, Decret, nomb. 12.*

MINEUR NON DEFENDU.

46 Quand un mineur appellant n'allegue autres griefs que la nullité de n'avoir été défendu par un Procureur, la Cour lui pourvoit d'un curateur, qui est ordinairement son Procureur. *Mainard, liv. 3. chap. 44.*

47 Un mineur qui n'a été défendu en nulle maniere, peut être restitué par Requête Civile, contre un Arrêt, sans préalable parfournissement. Arrêt du Parlement de Grenoble du 7. Avril 1634. mais si ce mineur avoit été défendu par son Curateur, & que dans son recours il eut fait les mêmes exceptions, sur tout en droit auquel la Cour est censée suppléer, il ne seroit reçu en sa Requête civile sous prétexte de n'avoir été défendu.

Ainsi jugé le 3. Avril 1637. *Voyez Basset, tome 2. livre 2. tit. 13. chap. 2.*

48 Si le mineur non défendu par son Curateur, peut être restitué envers l'Arrêt qui l'a condamné; C'est une question qui en these ne souffre point de difficulté; il y a une infinité de prejugés & même quoy qu'un mineur soit coheritier d'un majeur, & que le majeur se soit défendu, le mineur peut être relevé, comme il fut jugé au Parlement de Toulouse le 11. Août 1643. car un heritier mineur fut relevé, quoyque son frere aîné son coheritier eût bien défendu une affaire de l'heredité commune; neanmoins quand la Cour voit manifestement que le mineur a été bien condamné, se départ de la rigueur du droit. Arrêt du Parlement de Toulouse en Mars 1648. en la cause de la Demoiselle de sainte Colombe & du sieur de Saint Cere, cette Demoiselle voulant, sous prétexte de minorité, & de n'avoir pas été défenduë, être relevée d'un Arrêt qui ordonnoit que son pere assisteroit au payement de 15000. livres, qu'elle devoit être faite à cette mineure, elle fut demise de sa Requête civile, parce que la Cour ne favorise point l'opiniâtreté & la chicane des mineurs. *Albert, verbo, Mineurs, art. 9.*

49 Un mineur de 25. ans a été restitué contre un Arrêt donné contre luy par ce seul défaut, qu'il n'avoit pas été défendu par un Curateur, quoyqu'il fût *proximus pubertati*, que l'Arrêt attaqué fût aussi donné contre un de ses freres majeur qui ne se plaignoit pas de la condamnation, qu'il n'alleguât aucune nouvelle raison, qu'on ne trouvât pas l'Arrêt injuste, & quoyqu'on opposât à ce mineur, qu'il s'étoit dit majeur entr'autres personnes *per consequentias*, en ce que 11. ou 12. ans auparavant, il avoit demandé certaine pension, disant qu'il avoit atteint l'âge de 15. ans. Les Juges crurent que ce n'étoit pas une assertion de sa majorité, & que d'ailleurs cette assertion n'étant pas faite à la partie, elle ne pouvoit s'en servir. Il est même rapporté *Loüet & Brodeau, Lettre M. nomb. 7.* qu'on n'a plus d'égard à l'assertion de majorité que les mineurs font dans les Contracts, & ils rapportent un Arrêt du Reglement du Parlement de Paris qui défend aux Notaires d'inserer de telles Declarations; on demeura aussi d'accord qu'on ne suit pas l'avis de *Ferrieres*, qui dit, *sur la quest. 35. de Guy Pape*, que le mineur de 25. ans qui approche de la puberté, n'est pas restitué envers les Arrêts ou Sentences, par ce seul défaut qu'il n'a pas été pourvû de Curateur, l'Arrêt rendu au Parlement de Toulouse aprés partage le 10. Juin 1665. rapporté par *M. de Catellan, liv. 9. chap. 2.*

MINEUR, ET DE SES DENIERS.

50 Un Curateur est condamné à faire profiter les deniers de son mineur jusqu'à l'âge de 25. ans. Arrêt prononcé le 23. Decembre 1550. *Le Vest, Arrêt 47. V. Deniers pupillaires.*

MINEUR, DOMICILE.

51 Du domicile d'un mineur. *Voyez le mot, Domicile, nomb. 31. & suiv.*

MINEUR, DONATION.

52 Si la donation faite par un mineur est valable? *Voyez le mot, Donation, nomb. 541. & suiv.*

53 Don mutuel entre conjoints mineurs, est valable. *Voyez le mot, Don mutuel, nomb. 50. & suiv.*

MINEUR, GREFFIER.

54 Greffier mineur est reputé majeur. *Voyez le mot, Greffier, nomb. 93. & cy-aprés le nombre 94.*

MINEUR HERITIER.

55 Mineur qui se porte heritier. *Voyez le nombre 325. & suivans.*

MINEUR QUI S'EST DIT MAJEUR.

56 Du mineur qui en contractant s'est dit majeur. *Voyez cy-devant le mot Majeur, nomb. 26. & suiv. & Filleau, part. 4. quest. 36.*

57 Si le mineur s'est dit majeur, il faut distinguer s'il avoit apparence de majeur & que par dol il se soit dit tel, ou s'il n'apparoissoit majeur & que celuy avec qui il auroit contracté l'eût induit à se dire majeur; pour le premier il ne pourra être restitué, s'il n'appert de son dol, & s'il appert évidemment de son dol il sera restitué. Arrêts des 14. Juin & 14. Septembre 1544. *La Rocheflavin, livre 6. tit. 62. Arr. 2.*

58 Celuy qui s'est dit & affirmé majeur par le Contract n'en peut être relevé par restitution à cause de minorité seulement. Arrêt de l'an 1560. *Carondas, livre 3. Réponse 4.*

59 Maître Isaac Laffemas, Avocat en la Cour, s'étant obligé pour son pere prisonnier & juré être majeur, quoyqu'il fût mineur, a été restitué, preuve faite de sa minorité, nonobstant son serment, d'autant qu'il n'avoit juré pour tromper & profiter, mais pour sortir son pere de prison. Arrêt en l'Audience de la Grand-Chambre plaidant Lamet pour Laurent Vanelly appellant, Brodeau pour Laffemas, & M. le Bret pour le Roy, le 4. Février 1610. *Corbin suite de Patronage, chapitre 226.*

60 Un mineur Marchand âgé de 22. ans, s'étant rendu caution, peut s'en faire relever par Lettres du Prince, quoyqu'il se soit dit majeur. Arrêt du Parlement de Dijon du 18. Juillet 1614. *Bouvot, tome 2. verbo, Mineur, quest. 19.*

61 Si le mineur qui non seulement s'est dit majeur, mais pour preuve de sa majorité a representé l'Extrait du baptistaire de son frere aîné de même nom, est restituable? Arrêt du Parl. de Paris du 5. Avril 1656. qui appointa les parties au Conseil. M. l'Avocat General Talon conclut à confirmer la Sentence des Requêtes du Palais en faveur des Créanciers. *Soëfve, tome 2. Cent. 1. chapitre 24.*

62 Deux freres nommez le Noble, dont l'aîné étoit tuteur de son frere âgé de 19. ans 11. mois, prirent en rente d'une vieille femme une somme de 800. livres. Par le contract, le puîné s'étoit dit majeur, & il s'étoit obligé solidairement avec son frere; depuis il se pourvût de Lettres de rescision fondées sur sa minorité, qui furent entherinées par le Bailly. La Cour en emendant la Sentence, debouta le Noble de ses Lettres de restitution. Arrêt du Parlement de Roüen du 10. Juillet 1662. *Basnage, sur la Coût. de Normandie, art. 592.*

MINEUR, MARIAGE.

63 Mariage contracté par un mineur. *Voyez le mot, Mariage, nomb. 469. & suiv.*

64 Un mineur ayant pere & mere, ne peut promettre mariage, & s'il le fait le mariage est nul & clandestin. *Voyez l'Ordonnance de Blois, art. 40. 41. & 42.* le Concile de Trente, session 24. *de reformat. matrim.* chap. 1. expliqué. Arrêt du 11. Decembre 1576. *Chenu, 1. Cent. quest. 13.*

65 Le mineur dont les biens consistent entierement en meubles, se mariant avec l'autorité de son Curateur, qui obmet de stipuler l'employ en heritages, il n'en entre que le tiers en la communauté. Arrêt du 9. Avril 1591. *M. Loüet, lettre M. somm. 20.* Autre Arrêt du mois de Janvier 1598. rapporté au même lieu.

MINEUR, MEUBLES.

66 Mineurs ayant passé dix-huit ans ne sont plus reçûs à revenir contre les achats de meubles par eux faits, quoyqu'il y ait lezion. Jugé par plusieurs Arrêts. *Papon, liv. 16. tit. 3. nomb. 7.*

67 Mineur peut être relevé pour meubles, par luy achetez, s'il y a lezion d'outre moitié. Arrêt de M. Corbin Conseiller au Grand Conseil, pour un cheval & une mulle follement achetez en minorité, ce qui a lieu encore plûtôt, si les meubles sont précieux. Arrêt du Parlement de Paris du 21. Juin 1510. pour le Seigneur d'Aiglure qui avoit acheté un diamant 4000. liv. *Papon, ibid.*

Voyez cy-aprés le nomb. 77.

68 Arrêt du Parlement de Provence du 18. May 1643. qui a jugé que le mineur peut avoir l'administration de ses meubles, sans l'assistance de son Curateur. *Boniface, tome 1. liv. 4. tit. 6. chap. 4.*

MINEUR, OBLIGATION.

69 Du mineur qui emprunte, & de la preuve que doit faire le créancier du bon usage des deniers prêtez. *Voyez* au mot, *Employ*, *n*. 12.

70 De l'obligation faite par un Ecolier pour sa pension & entretien. *Voyez* le mot, *Ecolier*, *n*. 36.

71 Mineur restituable contre l'acceptation & adition d'heritage, même envers la constitution dotale faite au profit de sa sœur, supposé qu'après l'estimation des biens du pere, elle parût immense, *& ultra vires patrimonii*. Cambolas, *liv*. 3. *ch*. 14.

72 Henrys, *tome* 2. *livre* 4. *question* 68. dit que c'est au créancier à justifier de l'emploi des deniers, & à faire voir qu'ils ont tourné au profit du mineur, parce que celuy qui a contracté avec un mineur, *curiosus esse debet de versione in rem*.

73 Un Ecolier mineur ayant acheté une mulle, à condition d'en payer le prix quand il seroit Docteur ; ce cas étant arrivé, par Arrêt du Parlement de Paris du 2. Avril 1526. il a été condamné à payer la mulle, suivant sa juste valeur, au temps de la vente. Papon, *livre* 16. *titre* 1. *nombre* 8.

74 Il y a certains cas où le mineur peut s'obliger valablement ; s'il a été reçû Maître de quelque métier, & qu'il se soit obligé pour marchandises concernant son métier, il ne seroit pas restituable. Arrêt du Parlement de Roüen du 10. Mars 1533. *Basnage, sur la Coûtume de Normandie*, *art*. 592.

75 Les obligations du mineur juré, reçû & passé Maître d'un état ou metier sont valables, pour ce qui regarde sa vacation, suivant l'avis de Bartole, *in L. si filius. Cod. ad Vellcian*. & à l'Arrêt du Parlement de Roüen du 10. Mars 1533. entre du Clos & le Clerc. *Biblioth. Canon. tome* 2. *p*. 208. *col*. 1.

76 Le mineur qui a passé 18. ans, ne peut être relevé d'un contract ou obligation faite pour meubles, s'il n'y a eu dol ou force. Arrêt en Juin 1548. Carondas, *liv*. 2. *Réponse* 87.

77 En 1598. le sieur de Marsilly, Ecuyer chez le Roy, vend un cheval au sieur de Cheny, jeune Gentilhomme, & luy prête 200. écus, dont il tire une obligation de 1000. écus. En cette obligation il est dit que le cheval a été vendu pour faire service au Roy ; & pour plus grande seureté, intervient la mere du sieur Cheny. Celuy-cy treize mois après, demande que le sieur de Marsilly ait à reprendre ce cheval, si vicieux, que personne n'en oseroit approcher, & duquel on ne sçauroit se servir. Le sieur de Marsilly répond, qu'il est trop tard d'alleguer le vice du cheval après treize mois, il refuse de le reprendre. Procès aux Requêtes du Palais, où le sieur de Cheny prend Lettres pour faire casser l'obligation, fondées, non seulement sur la minorité & la lézion énorme, mais aussi sur le dol du sieur de Marsilly, qui a sçu le vice du cheval, *sed dissimulavit*. Le sieur de Marsilly dit qu'entre Gentilshommes qui achetent chevaux pour le service du Roy, la minorité n'est point considerable ; quant à la lézion, outre qu'il prétend qu'il n'y en a point, elle n'a pas lieu, *in re mobili* ; il ajoûte l'intervention de la mere, de laquelle le sieur de Cheny est heritier, *deinde*, le long-temps, il demande la provision pendant le procés. Par Sentence des Requêtes, le sieur de Cheny est condamné par provision à payer 200. écus, & pour le surplus les parties reglées à informer : appel par le sieur de Marsilly ; par Arrêt du 7. Janvier 1600. l'appellation au néant, dépens réservez. *Biblior. de Bouchel, verbo, Mineur*.

78 La condamnation contre un majeur, n'a effet de ratification de l'obligation par luy passée en minorité, & n'empêche qu'étant appellant de la Sentence, il n'en puisse être relevé venant dans les dix ans de la majorité ; les Loix qui parlent de la ratification, s'entendent de la volontaire, & non de la forcée. Arrêt du 24. Février 1600. Carondas, *liv*. 13. *Rép*. 24.

Voyez cy-après le nombre 134.

79 En la Coûtume d'*Amiens*, *art*. 135. jugé qu'un mineur âgé de 20. ans seulement, put s'obliger jusqu'à la concurrence de ses meubles & acquêts. Sentence du Bailly d'Amiens du 11. Octobre 1601. confirmée par Arrêt du 15. Janvier 1602. *Bibliot. de Bouchel, verbo, Mineurs*.

80 Mineure qui oblige ses meubles, dont elle peut disposer par la Coûtume, & les immeubles dont elle ne peut disposer, l'obligation est nulle pour le tout. Arrêt du 22. Avril 1608. *Brodeau sur M. Loüet, lett. F. sommaire* 30. *nombre* 3.

81 Le créancier qui a prêté de l'argent à un mineur âgé de 18. ans, hors son Pays, ne doit prouver que les deniers ont tourné à son profit. Arrêt du Parlement de Dijon du 15. Mars 1612. qui condamne par provision le pere à payer. *Bouvot, tome* 2. *verbo, Mineur, question* 15.

82 Le mineur qui s'est obligé pour faire sortir son pere de prison, n'est pas relevé. Arrêt à la Nôtre-Dame de Septembre 1618. *Montholon, Arrêt* 130.

83 Arrêt du Parlement de Provence du 8. Février 1639. qui a jugé qu'un mineur fils de famille, ayant acheté un cheval pour un prix, payable quand il sera *Prêtre*, *mort ou marié*, doit la juste estimation du cheval. *Boniface, tome* 1. *liv*. 4. *tit*. 7. *ch*. 4.

84 Par autre Arrêt rendu au même Parl. de Provence du mois d'Octobre 1658. en semblable obligation passée par un fils de famille mineur, pour l'achat d'un cheval, les parties furent appointées contraires sur l'ordre donné par le pere de l'acheteur. *Ibid*.

85 Le mineur mis en ses biens peut s'obliger pour sa pension, prendre avance d'un an ; & même pour cause legitime, acheter bagues & hardes de prix non excessif. Arrêt du Parlement de Bretagne contre le nommé Coulon, en Février 1641. *Du Fail, liv*. 2. *chap*. 249. Mais on ne peut proceder criminellement pour Contracts faits avec mineurs pour quelque lézion que ce soit, bien que la chose d'autruy soit venduë : Arrêt en *Peleus, liv*. 4. *ch*. 44.

86 Une obligation faite par un mineur *pour argent cy-devant prêté*, met le créancier dans la nécessité de prouver l'emploi. Arrêt du Parlement de Toulouse du 27. Février 1646. un Boulanger ayant capté un Testament d'une fille mineure, ne trouvant pas trop de seureté dans ce Titre, il luy fit passer une obligation de 200. liv. *pour argent cy-devant prêté* : ordonné qu'il prouveroit l'emploi. *Albert, lettre* O. *verbo*, *Obligation*.

87 Une obligation faite par un mineur à l'armée pour fournitures utiles, est valable. Arrêt du Parlement de Grenoble du 26. Juin 1674. contre les heritiers du sieur de Saint Gervais, qui contestoient une obligation de 1200. liv. par luy faite en minorité à l'armée. *Chorier, en sa Jurisprudence de Guy Pape, p*. 251.

88 Le mineur ayant emprunté d'un majeur, le majeur doit verifier l'emploi des deniers au profit du mineur. Arrêt du Parlement de Provence du 23. Avril 1674. *Boniface, tome* 4. *liv*. 4. *tit*. 4. *ch*. 1.

MINEUR, OFFICIER.

89 Par Arrêt prononcé en Robes rouges au Parlement de Toulouse le 13. Decembre 1556. un Notaire fut débouté des Lettres de Rescision par luy obtenuës, fondées sur sa minorité, & le fait de l'obligation jugé non recevable en sa personne. *Biblioth. de Bouchel, verbo, Notaires*.

90 Le 27. Janvier 1559. Arrêt qui entherine les Lettres obtenuës par M. François de Hacqueville, Maître des Comptes ; il alleguoit la minorité, & se fit relever d'une vente de coupe de bois de haute futaye. *Ibid. verbo, Restitution*.

91 Jugé au Parlement de Paris le 18. Novembre 1563. qu'un mineur qui a emprunté deniers par obligation, pour se faire pourvoir d'un état, ne peut être restitué contre l'obligation par luy faite, si ce n'est que l'état *ex eventu*, ait été perdu par son décés, arrivé bien-tôt après. Filleau, 4. *part. quest*. 171.

92 M. Daigua Procureur General au Parlement de Toulouse

Toulouse, restitué contre un acte pour cause de lézion & de minorité. On luy opposoit qu'il ne pouvoit avoir été reçu en cette charge sans affirmer, & verifier qu'il étoit majeur, en quoy il avoit surpris les Juges & ses créanciers, mais la Cour n'eut aucun égard à ce moien. C'étoit à la verité un abus, mais un abus que la necessité & les malheurs des temps obligent de favoriser. V. *Maynard*, *liv.* 3 *ch.* 39. Il demande pour la restitution des Magistrats la preuve d'une grande lézion, & ne la leur accorde que dans leurs affaires domestiques, non dans celles de leurs Charges.

93 Le mineur Officier ne peut être relevé de la promesse par luy faite. Arrêt du 23. Décembre 1574. *Carondas*, *liv.* 8. *Rép.* 49.

94 Le mineur Officier, comme un Greffier, ne peut être relevé d'un Contract de vente de ses immeubles, parce qu'exerçant le Greffe, sa qualité le rend majeur: un Notaire n'est restituable ni recevable à se prétendre mineur ; Officier du Roy mineur, quoyqu'estimé majeur par sa qualité, ne peut disposer de ses propres par Testament. Arrêt du 27. Février 1593. *M. Loüet*, *let.* G. *somm.* 9. *& ibi.* Brodeau. *Voyez M. Ricard*, *Traité des Donations entre-vifs*, 1. partie chapitre 3. section 3. nombre 184.

95 Un mineur qui a obtenu Lettres d'émancipation, & auquel compte a été rendu, assisté de son curateur, le compte clos par le Juge, les parties transigent sur quelques débats ; ce jeune homme exerçant Office, obtient Lettres contre la transaction. Arrêt du 20. Janvier 1596. qui deboute des Lettres. *Charondas*, *livre* 9. *Rép.* 47.

96 Arrêt du Parlement de Paris du 20. Janvier 1605. qui condamne un Auditeur des Comptes, à payer son obligation. Il se fondoit sur la minorité. *Bibl. de Bouchel*, *verbo*, *Mineur*.

97 Les Officiers qui doivent avoir l'âge de 25. ans pour l'exercice de leurs Charges, ne peuvent être relevez, non pas même les Châtelains. Arrêt du Parlement de Grenoble de l'an 1606. s'ils ont été reçus avant cet âge, ou par grace ou par surprise, la grace ne doit pas nuire au tiers, ny la surprise leur profiter ; il a été jugé en conformité de ce sentiment. Arrêt du 7. May 1661. contre le sieur Brillant Conseiller au Parlement d'Aix, & par Arrêt du 28. Août 1670. contre le sieur Bernier Tresorier de France ; tels Officiers, encore qu'ils soient mineurs, sont estimez majeurs, & ne sont pas obligez de se nommer des Curateurs dans leurs causes. Arrêt du 13. Juillet 1642. rapporté *par Chorier, en sa Jurisprudence de Guy Pape, p. 322.*

98 *M. Dolive*, *liv.* 4. *chap.* 15. rapporte un Arrêt general, par lequel M. Depins, quoy qu'Avocat General, fut restitué en entier, & en l'année 1641. le sieur de Ranchin, Conseiller en la Cour des Aydes de Montpellier, fut aussi à cause de sa minorité. *Albert*, *verbo*, *Mineurs*, *art.* 1.

99 Le 13. May 1637. Marqués Notaire, fut relevé contre M. de Montrosier Avocat, quoyque suivant l'Ordonnance d'Orleans, art. 81. les Notaires doivent être âgez de 25. ans ; néanmoins le 18. Février 1642. en la cause de Chanroger, & de Berenguier, un Notaire mineur ne fut pas relevé d'un achat qu'il avoit fait; mais il s'étoit dit majeur. *Albert*, *verbo*, *Mineurs*, *art.* 1.

100 Un fils de Famille mineur, prenant qualité d'Avocat du Roy au Bureau des Tresoriers de France à Montpellier, debouté de l'entherinement des lettres de rescision prises contre une obligation de la somme de 500. l. au profit d'un Marchand. Arrêt du Parlement de Paris, du dernier Janvier 1648. sur le fondement que les marchandises avoient tourné à son profit. *Soifve*, *to.* 1. *Cent.* 2. *chap.* 61.

101 Un mineur marié & pourvû d'Office, n'est reputé majeur, & son pere conjointement peut avec son fils débauché obtenir des Lettres pour faire casser le contrat de constitution de rente. Jugé le 27. Février 1648. *Du Fresne*, *liv.* 5. *chap.* 30. Voyez *M. Dolive*, *liv.* 1. Tome II.

chap. 30. *& liv.* 4. *chap.* 15. & Loyseau, *liv.* 3, *des Offices*, *chap.* 2. *n.* 28.

102 *M. Dolive liv.* 1. *chap.* 30. rapporte un Arrêt, par lequel la minorité ne fut pas considerée pour faire casser la vente d'un Office de Conseiller au Sénéchal. Arrêt du 4. Avril 1650. qui a debouté un mineur de la restitution contre la vente que sa mere avoit faite d'un Office de Notaire. Il y avoit du danger & de l'inconvénient de dépoüiller un Titulaire : *omnis destitutio est ignominiosa*. Albert, *verbo*, Mineur, art. 6.

103 Mineur qui avoit traité d'un Office d'Huissier, que depuis il avoit exercé en majorité, debouté de la restitution. Arrêt du Parlement de Normandie du 12. Février 1669. il fut seulement déchargé de la contrainte par corps. *Basnage*, *sur l'article* 592. *de cette Coûtume.*

104 Un mineur qui est Officier principal du Siege, restitué envers une transaction, fut caution déchargée par Arrêt du Parlement de Provence du dernier May 1670. *Boniface*, *to.* 4. *li.* 4. *tit.* 8. *ch.* 1.

105 La reception du mineur à un Office, ne le fait pas présumer majeur. Macé Procureur en l'Election de Caën, s'étoit obligé conjointement avec son beaupere en 50. liv. de rente, il ne restoit que trois semaines jusqu'à sa parfaite majorité ; cependant par Arrêt du Parlement de Normandie du 2. Juillet 1671. il fut restitué. Voyez *Basnage, sur l'article* 592. *de cette Coûtume.*

106 Un mineur faisant marchandise ou exerçant un métier, peut valablement s'obliger pour le fait de marchandises, ou pour ce qui est necessaire pour l'exercice ou les ouvrages de son métier, de la même maniere qu'un Officier mineur n'est restituable contre les actes dépendans de la fonction de son Office. Anciennement, les Officiers qui ne peuvent regulierement exercer leurs Charges qu'après la pleine majorité, n'étoient point restituables contre les contrats qu'ils avoient faits depuis leur reception, pour cause de minorité. *Loüet lett.* G. *n.* 9. mais depuis qu'on s'est relaché de l'ancienne discipline, en accordant trop facilement, & souvent pour de l'argent les dispenses d'âge pour les provisions des Offices ; comme il n'est pas necessaire qu'un Officier soit majeur, il ne s'ensuit pas, que parce qu'il a été admis à l'exercice d'un Office par une dispense donnée contre les regles, il a été autorisé de passer toutes sortes de contrats, comme ayant assez d'experience & de solidité de jugement pour se bien conduire dans toutes les affaires, ce qui ne s'acquiert que par le temps & un long usage : jugé à l'égard d'un Procureur par un Arrêt du 2. Juillet 1671. & à l'égard d'un Commissaire du Châtelet de Paris, par un Arrêt du 22. Juin 1673. rapporté dans la troisiéme partie du Journal du Palais ; ces mineurs furent restituez pour cause de leur minorité, contre les contrats qu'ils avoient faits avant l'âge de 25. ans, qui est le temps de la majorité en la plûpart des Coûtumes. Voyez *Pesnelle, sur l'art.* 592. *de la Coûtume de Normandie*.

107 Arrêt du Parlement de Roüen du 29. Juillet 1680. qui deboute un jeune Procureur reçu par dispense, de l'entherinement des Lettres prises contre la vente de son Office; l'acquereur fut condamné suivant ses offres de suppléer 200. liv. Cet Arrêt n'étoit pas tout-à-fait dans les regles, il ne fut aussi donné qu'à la pluralité des voix, *sed multis & magni nominis Senatoribus contradicentibus*. Voyez *Basnage*, *sur l'art.* 592. *de la Coûtume de Normandie.*

MINEUR, PAYEMENT.

108 Payement fait à un mineur ayant un Curateur, est nul, sauf à repeter ce qui sera justifié avoir tourné à son profit. Arrêt du Parlement de Toulouse, donné és Grands Jours du Puys, le 25. Octobre 1548. *Papon*, *li*. 16. *tit.* 1. *n.* 6.

109 Arrêt du Parlement de Provence, du 26. Janvier 1646. qui a jugé, que le payement d'une dette fait à un mineur, en presence de son Curateur *ad lites*, est valable, quand il a employé les deniers suivant le droit

CCccc

commun, & comme un majeur prudent. *Boniface*, to. 1. li. 4. tit. 6. chap. 5.

110 Le 6. Février 1661. il a été jugé qu'un mineur peut exiger un sort capital, étant autorisé par son Curateur créé par Justice. Autre Arrêt du 21. Novembre 1658. qui ordonne pour l'asseurance du mineur que les deniers de la dette seroient mis sur une Communauté solvable. *Boniface*, to. 1. li. 4. tit. 6. chap. 5.

MINEUR, PERE EMPRISONNÉ.

111 Arrêt du Parlement de Paris du 18. Décembre 1564. qui accorde la restitution à un Fils de famille, mineur de 25. ans non émancipé, qui s'étoit obligé corps & biens immeubles, pour racheter son pere captif, de prison. *Papon*, li. 16. tit. 1. n. 17.

112 Jugé au Parlement de Paris, le 1. Avril 1585. qu'un mineur n'avoit pû s'obliger pour son pere prisonnier, il s'agissoit d'une obligation de 290. écus. M de Thou Avocat du Roy, dit que l'authentique s'entendoit seulement *de captivis apud barbaros*; ainsi les Lettres furent entherinées. *Bibliotheque de Bouchel*, verbo, *Mineur*.

113 Fils de famille ne peut être relevé de l'obligation & cautionnement, pour délivrer son pere de prison. Arrêt du Parlement de Toulouse du 10. Juillet 1637. *Voyez Albert*, verbo, *Mineur*, art. 8. où il observe que s'il se trouve des Arrêts contraires, c'est lorsque le pere pouvoit faire casser l'emprisonnement, ou qu'il avoit des exceptions contre la dette.

114 Un mineur qui s'est obligé solidairement envers un Huissier, à la garde duquel le pere dudit mineur a été mis, & par le moyen duquel il a eû sa liberté, à la charge de se representer quand besoin seroit, ce mineur ne peut pas se faire relever de la promesse qu'il a faite de payer une somme par jour audit Huissier, pour la garde de son pere. Arrêt du Parlement de Paris, du 10. Décembre 1687. *Au Journal des Audiences*, to. 5. li. 3. chapitre 15.

MINEURS, PEREMPTION.

115 La Peremption d'Instance court contre le mineur, sauf son recours contre son Tuteur. *Voyez* le mot *Péremption*, n. 87. & suiv. & cy-après les nombres 127. & 128.

MINEUR, PRESCRIPTION.

115 bis. De la prescription opposée aux mineurs. *Voyez* le mot *Prescription*, nombre 252. & suiv.

116 Si la prescription de 30. ans, court contre les mineurs. *V. Henrys*, to. 2. li. 4. quest. 21.

117 Si la prescription legale court dés l'âge de 25. ans, contre celuy qui étoit mineur auparavant. *Voyez Bouvot*, to. 2. verbo, *Mineur*, quest. 3.

118 Le mineur ne peut être restitué contre la prescription des cinq ans, pour les arrerages d'une rente constituée, ni contre les trois ans de la peremption. *Voyez Charondas*, liv. 3. Rép. 62.

119 Un mineur parvenu à l'âge de 35. ans, ne peut plus se faire relever des actes passez en sa minorité: cette disposition de l'Ordonnance de François I. est suivie au Parlement de Toulouse. *Voyez Mainard*, to. 1. liv. 3. chap. 56.

120 L'Ordonnance de Loüis XI. qui donne 10. ans aux mineurs, du jour de la majorité acquise, n'est point suivie au Parlement de Toulouse. Les dix années y sont comptées *a tempore contractûs*, & non *a tempore minoris ætatis perfecto*. *Mainard*, li. 3. chap. 68.

121 Arrêt du Parlement de Provence, du 14. Janvier 1667. qui a jugé que la prescription de trente ans court contre le mineur, mais qu'il en est restitué. *Boniface*, to. 1. li. 8. tit. 2. chap. 4.

MINEUR, PRESTRE.

122 Un Prêtre mineur, a les mêmes avantages pour se faire restituer, qu'un autre mineur. Arrêt de Toulouse du 27. Janvier 1583. quoyque les Prêtres ne puissent être ordonnez avant 25. ans, cependant comme *in honoribus annus captus habetur pro completo*, ou que le Prêtre a reçû l'ordination par dispense, il faut toûjours revenir à la preuve; *semper veritati locus est*. *Mainard*, to. 1. li. 3. chap. 37.

Voyez cy-dessus, le nombre 30. & suiv.

MINEUR, PROCEDURES.

113 De la procedure faite avec un mineur. *Voyez* le mot *Procedures*, n. 57. & suiv.

114 Jugement contre un mineur. *Voyez* le mot *Juges*, n. 135. & suiv.

125 Mineur appellant sans l'authorité de son Tuteur, s'il se trouve mal fondé, sera condamné aux dépens, sauf son recours contre celuy qui luy aura conseillé d'appeller. Arrêt du 7. Août 1549. *Biblioth. de Bouchel*, verbo, *Minorité*.

126 Un mineur ne peut faire retracter un Arrêt donné contre son Tuteur ou Curateur, qui a fait son devoir. Arrêt du Parlement de Paris, du 23. May 1561. *Papon*, li. 16. tit. 1. n. 11.

127 Jugé par Arrêt du 25. Juin 1571. que la peremption d'instance a lieu contre les mineurs, sauf leur recours contre leurs Tuteurs ou Curateurs. *Voyez Filleau*, 4. part. quest. 91.

128 Le mineur ny la femme en puissance de mary, ne peuvent être relevez de la péremption d'Instance. Jugé par deux Arrêts, l'un du 19. Janvier, & l'autre du 2. Mars 1574. par ce moyen le Roy a gagné autrefois le Comté de Blois. *vid. Chop. li. 3. de privil. rustic.* Voyez ci-dessus, le nombre 115.

129 Un mineur gagne sa cause, voulant nonobstant l'appel faire executer le jugement, la partie s'y oppose. On plaide sur l'incident, le mineur succombe, il appelle à son tour sur le fondement qu'on ne luy a point pourvû de Curateur. Arrêt qui le déboute. *Papon*, liv. 16. tit. 1. n. 12.

130 Du mineur devenu majeur pendant le cours de l'instance. *Voyez les Arrêts de M. de Catellan*, li. 9. ch. 3. La question fut agitée au Parlement de Toulouse, le 21. Janvier 1680. il peut être restitué lorsque sa défense a été parfaite & complette avant la majorité, & que le mineur devenu majeur ne paroît pas l'avoir approuvée. *Secus*, si la défense étant incomplette & imparfaite, le mineur y ajoûte quelque chose après sa majorité, si ce n'est que par le dol de la partie, le Jugement ait été poursuivi jusqu'après la majorité.

131 Arrêt du Parlement d'Aix du 14. Octobre 1677. qui déclare valable le jugement rendu en cause de complainte, & momentané contre le mineur, sans assistance de Tuteur & Curateur. *Boniface*, to. 4. l. 4. tit. 3. ch 1.

132 Arrêt du 9. Juin 1687. qui a déclaré qu'un Jugement donné contre un mineur, quoy qu'Avocat sans Curateur, est nul. *Boniface, ibidem. chap.* 4

133 *Boniface*, to. 5. li. 3. tit. 19. rapporte un Arrêt du 3. Novembre 1685. qui a jugé que le mineur ne peut être restitué envers les acquiescemens à execution de Sentence en matiere criminelle.

MINEUR, RAPT.

134 Si la fille mineure peut être accusée de rapt, ou si elle peut accuser de rapt un mineur? *Voyez* le mot *Rapt*, nomb. 74. & suiv.

MINEUR, RATIFICATION.

134 bis. *Voyez* cy dessus *les nombres* 8. 78. & cy - après *le n.* 205. & le mot *Ratification*.

MINEUR, RENTES.

135 Rente créée par, ou au profit d'un mineur. *Voyez* le mot *Rente*, n. 190. & suiv.

136 Un mineur seulement âgé de 23. ans sans curateur, avoit constitué rente sur luy, & depuis poursuivi pour les arrerages, il prend Lettres de rescision, alleguant sa minorité pour la nullité du contrat, en rendant ce que l'on montreroit avoir été tourné à son profit. Le contrat a été cassé, sans en rendant le sort principal sans restitution de fruits, & sans dépens. La rente avoit été constituée au denier vingt. *Biblioth. de Bouchel*, verbo, *Usures*.

137 Arrêt du Parlement de Paris du 8. Mars 1549. qui a cassé un contrat de constitution fait par un mineur, à la

charge néanmoins de rendre le fort principal, sans restitution d'arrerages ni dépens; autrement & les six mois passez le contrat entretenu. Il faut observer que la rente étoit constituée au denier vingt, & que les parties avoient des liaisons d'amitié qui écartoient tout le soupçon d'usure. *Papon, livre 12. titre 7. nombre 12.*

MINEUR, RESTITUTION.

138 *An minor contrà contractum juratum restitutionem in integrum petere possit?* Voyez *André Gaill, liv. 2. Observat. 41.*

139 *Minor an cessante restitutione in integrum, super nullitate contractûs agere possit?* Voyez *ibid. Observat. 65.*

140 Mineur debouté des Lettres de rescision prises contre la vente à luy faite d'un Cheval de prix. Voyez le mot *Cheval, nombre 13. & suiv.*

141 Si un Docteur mineur est restituable? Voyez le mot *Docteur, n. 14.*

142 Si les mineurs sont restituables contre la Faculté de rachat? Voyez le mot *Faculté de rachat, n. 46.*

143 Mineur restitué en l'échange, est tenu de rendre ce qu'il a reçu dans le même état qu'il l'a reçu: si la chose est dereriorée simplement par sa negligence, comme un fond qu'il n'auroit cultivé mais laissé en friche, en ce cas, celuy qui a contracté avec luy doit reprendre le bien en l'état, & s'imputer de ce qu'il a contracté avec un mineur. *Maynard, livre 3. ch. 36.*

144 La jouïssance doit être par provision accordée à l'Impetrant de Lettres de Rescision pendant le procés: s'il a acquis une Terre, il en doit jouïr : car quoyque cette demande provisionnelle semble contraire au fait de la demande principale en restitution, elle est neanmoins conforme au Droit, qui veut *postulatâ in integrum restitutione omnia in suo statu manere donec lis finiatur. L. 1. C. de in integ. rest. post. ne quid novi fiat.* mais telle provision peut être empêchée, si celuy qui allegue les moyens de restitution defere le serment au défendeur. *V. Mainard, liv. 3. ch. 46.*

145 C'est chose resoluë au Parlement de Toulouse que le mineur restitué n'est tenu rendre au créancier ou acheteur, l'argent ou prix qu'il a reçu, si l'on ne montre qu'il a été converti à son profit; toutefois si la restitution reçoit grande difficulté, parce que le mineur paroissoit majeur, & s'est dit tel, ou pour autre circonstance du procés, le Juge se peut dispenser d'ordonner absolument la restitution des sommes reçuës, sauf à charger le créancier ou l'acquereur de la preuve de l'emploi des deniers au profit du mineur. Voyez *Mainard, liv. 3. chapitre 52.*

146 Le Contrat passé avec un mineur, encore qu'il se trouve validé par autres actes faits en consequence depuis la majorité, est toûjours sujet à rescision par le beneficie de la minorité : le vice du premier Contrat passe jusqu'au suivant, sinon que depuis la majorité, il ait été expressément transigé, & convenu des moyens de la rescision ausquels le majeur ait renoncé. *liv. 3. §. scio. ff. de minor. Maynard, ibidem ch. 57.*

147 Quoyque donner de l'argent à un mineur, *hoc sit dare perditurο*, neanmoins il n'y a pas lieu pour les mineurs à la restitution, s'il s'agit de papiers qu'on leur a remis de bonne foy. Voyez *Ayrault, Plaidoyer 15.*

148 La preuve de la minorité pour la rescision d'un Contrat, se peut faire par temoins, quand on articule & prouve la perte des Actes & Registres baptistaires de la Paroisse, & que les temoins qui déposent de l'âge en parlent fort précisément. Voyez *Henrys, tome 1. liv. 4. ch. 6. quest. 95.*

149 Un mineur ayant apparence de majeur, qui s'est volontairement constitué caution ou certificateur d'un Receveur ou autre comptable de deniers Royaux, en peut être restitué. Voyez *Charondas, liv. 1. réponse 66.*

150 L'heritier du mineur ne peut être restitué envers le payement qui luy a été fait, d'une somme qu'il a employée à un Office tombant ensuite aux parties casuelles. Arrêt du Parlement de Toulouse rapporté par *M. de Catellan, liv. 5. ch. 67.*
Tome II.

151 Mineur contre mineur restitué, & la restitution faite au profit des deux. Arrêt du 19. Février 1498. Voyez l'espece dans *Charondas, liv. 5. Réponse 26.*

152 Le mineur restitué est tenu de rendre l'heritage qui luy a été baillé, en faisant le Contrat, duquel il est relevé. Arrêt du 23. Mars 1559. *Charondas, liv. 3. Réponse 64.*

153 Un mineur émancipé par mariage, qui vend un heritage indivis, lequel est licité pour ne se pouvoir commodément partir, ne peut être restitué contre cette vente : *idem* de celuy qui est pourvû d'un Office Royal : *idem*, du mineur qui en contractant s'est dit majeur. Jugé le 23. Decembre 1574. le 30. Avril 1575. le 5. Novembre 1583. és Grands Jours de Troyes, & depuis le 25. Février 1593. *Chenu, 11. Cent. quest. 35. 36. & 37.*

154 Arrêt du Parlement de Toulouse de l'an 1563. & du 18. Juillet 1579. par lequel des mineurs ont été relevez des Contrats emphyteoticaires & Baux à nouveau Fief par eux faits, où ils étoient lezés d'outre moitié de juste prix. *La Rochestavin, liv. 6. tit. 68. Arr. 1.*

155 Un frere mariant sa sœur la fait renoncer, & son futur époux promet en son nom de la faire ratifier sur certaine peine d'argent. Cette sœur devenuë majeure, obtient des Lettres fondées sur minorité & lezion d'outre moitié de juste prix, son mary en obtient aussi, les Lettres entherinées par Arrêt du 8. Février 1567. *Charondas, liv. 9. Rép. 11.*

156 On dit que *minor uti restitutione impetratâ non cogitur*; le contraire a été jugé le 28. Novembre 1576. Une mineure ayant obtenu restitution, demanda depuis à être remise en tel état qu'elle étoit avant la cassation ; elle fut déboutée. *Biblioth. de Bouchel, verbo mineur.*

157 Un mineur s'étant obligé avec son tuteur, quoyqu'il ait obtenu des Lettres de restitution, peut être condamné par provision, le creancier justifiant que les deniers sont tournez au profit du mineur. Arrêt de Dijon du 5. Juin 1603. *Bouvot, to. 2. verbo mineur quest. 11.*

158 Si le Contrat est passé par le mineur avec autorité de curateur, il faut justifier la lezion. Si l'autorité du curateur n'est intervenuë, il suffit de justifier la minorité. Arrêt du Parlement de Paris du 14. Mars 1608. *Plaidoyers de Corbin, ch. 117.*

159 Le mineur qui contracte societé de tous biens, ne peut être restitué. Arrêt du Parlement de Dijon du 29. Novembre 1613. *Bouvot, to. 1. verbo, mariage quest. 30.*

160 Mineur pour être restitué, doit venir dans les trente-cinq ans. Arrêt du 16. May 1610. *M. Bouguier, let. R. nomb. 14.* Voyez *l'Ordonnance de 1539. art. 134.*

161 Il faut considerer si les moyens de restitution, à l'égard des mineurs & des majeurs, regardent plûtôt la chose que la personne, le fait que l'âge, & le dol que la lezion, en ce cas le mineur releve le majeur. Arrêt du 4. Juin 1639. *Henrys, tome. 1. livre 4. chapitre 6. question 25.*

162 Arrêt du Parlement de Provence du 2. May 1645. qui a jugé que le mineur n'est point restituable contre l'arrentement par luy fait des fruits de ses domaines pour cinq ans, parce que ce n'est point une alienation. Voyez *Boniface, to. 2. liv. 4. tit. 2. ch. 3.*

163 Le mineur ne peut être relevé du défaut d'insinuation. *Chopin, Parif. lib. 2. tit. 3. n. 6. id. Olive, lib 4. ch. 1. id. Maynard, lib 6. ch. 66.* Arrêt rendu au Parlement de Bourdeaux en l'année 1646. en la premiere des Enquêtes, qui a jugé qu'une donation faite par le pere, par Contrat de mariage à son fils mineur étoit nulle à l'égard des creanciers, faute d'insinuation ; & fut le mineur debouté des Lettres par luy obtenuës. *La Poierere, lettre M. n. 37.*

164 Par Arrêt du Parlement de Rouën du 2. Mars 1657. jugé qu'un mineur âgé de 19. ans, ayant transigé avec son aîné sur des partages, & s'étant contenté de quelques terres, avec clause qu'il seroit en sa liberté de s'y tenir ou se resilier à sa pleine majorité, étoit recevable de s'en retenir en cas de lezion notable dans *les*

CCccc ij

756 MIN

35. de son âge, & après les dix ans de sa majorité de vingt ans. *Berault, à la fin du 2. tome de la Coûtume de Normandie page 101.*

165. Quand le mineur demande d'être restitué contre son obligation, le creancier est obligé de justifier de l'employ. Arrêt du P. de Grenoble du 1. Janvier 1674. rapporté par *Chorier en sa Jurispr. de Guy Pape, page 322.*

MINEUR, RETRAIT.

166. Un mineur ajournant en retrait lignager, sans l'autorité de son tuteur ou curateur qui approuvoit ce qui avoit été fait par son mineur, jugé valable par Arrêt prononcé le 3. Juin 1589. *M. Loüet, let. M. som. 11. Brodeau, sur cette même lettre,* rapporte un Arrêt contraire, qu'il date du 29. Avril 1614.

167. Arrêt du Parlement de Provence du mois de Février 1645. qui a jugé que le fils de famille & mineur, peut retirer par retrait lignager. *Boniface, to. 1. livre 8. tit. 1. ch. 1.*

168. Jugé au Parlement de Roüen le 19. Mars 1631. qu'en matiere de retrait un mineur après l'âge de 35. ans, n'est point restituable, soit en demandant ou en défendant ; & que l'Ordonnance est generale. *Basnage, sur l'article 457. de la Coûtume de Normandie.*

Voyez cy-après, au 3. volume de ce Recueil, le mot *Retrait §. Retrait, Mineur.*

MINEUR, SUCCESSION.

169. *Quædam de restitutione minoris contrà aditionem hæreditatis.* Voyez *Sthokmant, decis. 112.*

170. Mineur recevable à renoncer à une succession que son tuteur a apprehendée. Voyez le mot *renonciation n. 227. & suivans.*

171. Si un fils prend par les mains de la Justice les biens de l'heredité de son pere, au temps qu'il étoit mineur, & après fait majeur, vend les biens de son pere, peut être relevé par Lettres du Prince fondées sur minorité ? V. *Bouvot, to. 1. part. 1. verbo, Mineur, quest. 2.*

172. Fils ou fille qui déchargent la succession de leur pere ou frere vivans, moyennant une somme d'argent comptant, ne peuvent se faire restituer quoyque mineurs au temps de leur renonciation. Jugé par plusieurs Arrêts. *Papon, liv. 16. tit. 1. n. 13. & Du Luc, au titre des mineurs.*

173. Le mineur restitué contre l'adition de l'heredité, peut demander les heritages sujets au fideicommis, & revoquer les alienations que son pere en avoit faites, mais il doit faire dans la restitution appeller ceux qui ont acheté les heritages de son pere. Voyez *Charondas, liv. 12. Rép. 51.*

174. Un mineur qui a accepté une succession & depuis fait plusieurs actes d'heritier en majorité, ne laisse pas d'être restituable. L'action d'heredité est une chose qui se commence & qui s'acheve dans le même temps ; c'est un acte qui n'est point discontinué, *perfecta res est,* ainsi on regarde le commencement & la fin. Voyez le 87. *Plaidoyé de M. Corbin Avocat General au Parlement de Metz*: il ne rapporte point l'Arrêt, mais il fondoit son avis sur de trop bons principes, pour l'exposer à ne pas être suivi.

175. Le mineur qui veut être relevé de l'acceptation par luy faite d'une succession, doit prouver la lezion. Arrêt du Parlement de Grenoble contre le Seigneur de Clermont : autre Arrêt du 22. Septembre 1457. Voyez *Guy Pape, quest. 142. Papon, liv. 16. tit. 3. nom. 2.* rapporte le même Arrêt, mais il le date du 22. Decembre 1457.

176. Partage ne peut être demandé par un mineur ; s'il le fait, & qu'on y acquiesce, il peut en être relevé, quoyqu'il n'y ait lézion ; mais l'accord de partage est une espece d'alienation. Arrêt du Parlement de Paris du 6. Août 1543. *Papon, liv. 16. tit. 1. n. 7.*

Voyez cy-après le mot, *Succession. §. Succession, Mineur.*

MINEUR, TAILLES.

177. *Du Crot* p. 406. *de son Traité des Aydes & Tailles,* dit que si les mineurs se marient, prennent Offices, font trafic, ou sont émancipez, & demeurent à part, ils sont taillables après l'âge de 20. ans ; suivant qu'il a été jugé par Arrêt de la Cour des Aydes à Paris, du 1. Decembre 1602.

178. Par Arrêt de la Cour des Aydes de Paris du 21. May 1653. des mineurs ayant été imposez au Rôlle des Tailles sous le nom du Commissaire, sur les fruits des biens du défunt leur pere, leur mere & tutrice en auroit appellé, & l'appel converti en opposition, sur laquelle faisant droit, la taxe auroit été rayée ; & ordonné que ce que la tutrice auroit été obligée de payer, seroit rendu & restitué, & à cette fin réimposé. *Memorial alphabetique, verbo, Mineurs.*

179. Declaration donnée en 1670. & registrée en la Cour des Aydes de Paris, qui porte précisément que tout particulier au dessous de 24. ans (on ne dit point marié ou non marié) peut trafiquer & faire un métier, sans être imposable à la taille jusqu'à 24. ans & un jour, pourvû qu'il ne prenne point de Ferme ; cela est ainsi jugé par Arrêt de la troisième Chambre, le 17. Juillet 1692. *Ibidem.*

Voyez cy-après le mot, *Tailles.*

MINEUR, TRANSACTION.

180. Un mineur qui a passé une Transaction, par laquelle il se désiste des dommages & interêts, moyennant certaine somme, pour excès commis en leurs personnes, ne peut plus esperer de rescision. Arrêt du Parlement de Toulouse rapporté par *Mainard, tome 1. liv. 3. ch. 51. & la Rocheflavin, liv. 6. tit. 68. Arr. 2.*

181. Le mineur qui a transigé avec son Tuteur sur la reddition de son compte, doit venir contre cette Transaction dans les dix ans de sa majorité. Arrêt du 19. Janvier 1601. *Chenu, 1. Cent. quest. 28.* Voyez *l'Ordonnance de Loüis XII. de 1510. art. 44. & de François I. de 1539. art. 134.*

182. Le 1. Juillet 1641. il fut jugé au Parlement de Toulouse qu'un nommé Samuel Tribes du Pays de Gevaudan, ayant renoncé à la poursuite du meurtre de son pere, moyennant 1500. liv. contre Ticier, present seulement à ce meurtre, ne pouvoit, quoyque mineur, demander cassation de l'acte, qui contenoit ce Traité, & la quitance ; les Lettres de grace obtenuës par Ticier, furent entherinées. *Albert, verbo, Transaction, art. 4.*

183. Si la Transaction passée par un mineur sans assistance d'un Curateur, portant alienation d'un fonds, est nulle *ipso jure,* sans enquerir de la lézion : Arrêt du Parlement d'Aix du 29. May 1657. qui ordonna l'estimation du bien. *Boniface, tome 4. livre 8. titre 4. chapitre 2.*

184. Arrêt du 14. Janvier 1666. qui a déclaré nulle une Transaction passée entre une mineure & un coheritier en forme de partage, sans solemnitez, quoyque faite sur l'avis des parens *Boniface, tome 1. livre 4. titre 9. chapitre 2.*

185. Le mineur transigeant avec un autre mineur, est restitué envers la Transaction, étant lesé. *Ibid. tome 4. li. 4. titre 6. ch. 1.* où est rapporté l'Arrêt rendu au même Parlement de Provence le dernier Janvier 1674.

Voyez cy-après le mot, *Transaction. §. Transaction, Mineur, & le §. Transaction, Tuteur.*

MINEUR, TUTEUR.

186. *Matre pupilli existente minore quinque & viginti annis, an locus sit legitimæ vel dativæ tutelæ ?* Voyez *Franc. Marc. tom. 2. quest. 75.*

187. Par l'Ordonnance de François I. de l'année 1539. & du Roy Henry du mois de Mars 1549. il est declaré que toutes donations faites par mineurs au profit de leurs Tuteurs, Curateurs, ou autres Administrateurs, pendant leur administration, sont nulles, ainsi que celles faites à personnes interposées. Il y a neanmoins Arrêt solemnel du Parlement de Paris du 27. Juin 1547. qui a déclaré que lors qu'on est empêché de donner à aucuns, on peut le faire en faveur de leurs enfans : il y en a d'autres semblables ; mais il y en a un contraire du 24. Septembre 1588. ce qui fait croire que le premier Arrêt de 1547. se doit entendre des donations &

188 Arrêt du Parlement de Dijon du 14. Août 1555. qui a déclaré nul un Testament fait par un mineur au profit des enfans de son Curateur. *Papon, liv. 15. titre 5. nombre 9.*

189 Arrêt du Parlement de Bretagne rendu sur les Conclusions du Procureur General, le 9. Octobre 1566. qui fait commandement aux Juges, lorsqu'ils procederont aux dations de tutelles & curatelles, de declarer l'âge des mineurs sur les peines qui y échéent; le motif de l'Arrêt est que l'on ne sçache le temps de pourvoir de Curateur le mineur; sçavoir le mâle à 14. ans; la fille à 12. & quand le Curateur devra être déchargé, suivant les articles 515. & 516. *Du Fail, liv. 3. ch. 89.*

190 Le Contract de Transaction fait par le Tuteur avec son mineur sur la reddition de son compte, sans avoir representé l'Inventaire de ses biens, est nul; & le mineur ou majeur a 30. ans pour s'en faire relever. Arrêt du 1. Février 1567. *Chenu, 1. Cent. quest. 27.*

191 Arrêt du 3. Decembre 1579. qui permet à une femme qui s'étoit remariée quatre mois aprés le décés de son mary, sans faire pourvoir Tuteur à sa fille, de prouver sa minorité, contre une des parentes de sa fille, qui demandoit à luy succeder. *La Rocheflavin, liv. 2. lettre M. tit. 4. Arr. 28.*

192 Lors qu'un mineur ne peut trouver de Tuteurs pour agir & poursuivre ses droits, le Juge doit luy en établir d'office, ou du moins l'autoriser, afin qu'il ne demeure pas sans défense & hors d'état de faire ses affaires. Arrêt du Parlement de Tournay du 27. Juillet 1697. rapporté par *M. Pinault, tome 2. Arr. 177.*

193 De quel jour le Tuteur a hypoteque sur les biens du mineur, ou le mineur sur les biens du Tuteur? *Voyez* le mot, *Hypoteque, n. 185. & suiv.*

MINEUR, VENTE.

194 De la vente des biens du mineur. *Voyez au premier volume de ce Recueil le mot, Alienation, nomb. 67. & Franc. Marc. tome 1. quest. 477.*

195 De la vente & adjudication par decret des immeubles appartenans aux mineurs. *Voyez cy-dessus le n. 44. & Filleau, part. 4. quest. 30. & suiv.*

196 Cinq choses requises avant que de pouvoir vendre & aliener les immeubles des mineurs. *Chenu, 1. Centurie, question 29.*

197 Si le mineur aliene sans decret, il n'est reçu à rentrer, sinon en rendant les deniers qu'il a reçus; d'autant que par l'article 85. de la Coûtume de Troyes, il semble majeur à l'effet de recevoir deniers; *& in dubio præsumitur,* qu'il les a bien employez, s'il n'apparoît du contraire, de laquelle preuve il est chargé; & ainsi, dit-on, avoir été souvent jugé au Bailliage de Troyes. *Voyez la Bibliotheque du Droit François par Bouchel, verbo, Mineur.*

198 Un mineur ne peut être restitué contre un Contract de vente fait pendant sa minorité dans toutes les formes prescrites par les Loix, aprés avoir souffert, étant devenu majeur, que le decret se fit en consequence du même Contract. *Voyez le 77. Plaidoyé de M. de Corberon, Avocat General au Parlement de Metz.*

199 Les mineurs sont facilement relevez des ventes faites par leurs Tuteurs. Arrêt prononcé le 14. Août 1536. *Le Vest, Arrêt 103.*

200 Mineurs des deux sexes émancipez ne peuvent aliener leurs immeubles sans decret, & doivent être assistez de Curateur en plaidant. Arrêt du Parlement de Paris contre M. le Vidame de Chartres du 20. Juillet 1546. *Papon, liv. 16. tit. 3. n. 3.*

201 Mineur ayant obtenu Lettres de cassation d'un contract, s'il ne fonde ses Lettres que sur la lézion, non pas sur la nullité *ob minorem ætatem*, ne peut demander autre chose qu'un supplement, comme il fut remontré par M. Brisson Avocat du Roy, le 12. Decembre 1577. en la cause d'un nommé Bocquet, qui avoit été Echevin de Paris, lequel avoit fait faire un retablissement conventionnel des heritages de quelques mineurs. *Bibliotheque de Bouchel, verbo, Minorité.*

202 La vente faite par un Tuteur des biens immeubles du mineur, sans autorité de Justice, peut être annullée sans Lettres, sauf le recours de l'acquereur contre le Tuteur. Arrêt du Parlement de Dijon du 19. Février 1573. *Bouvot, tome 2. verbo, Vente, quest. 3.*

203 Un Tuteur sur une Requête presentée au Juge, ayant vendu quelque bien pour la nourriture du mineur, & apparoissant que partie du prix y a été employée, le mineur peut neanmoins demander le désistement des fonds vendus, en précomptant sur les fruits ce qui étoit tourné à son profit. Arrêt du Parlement de Dijon du 14. Juin 1588. *Ibid. quest. 14.*

204 Un mineur ayant part en une maison qu'il a venduë avec son Tuteur, se faisant restituer, ne peut être contraint par l'acheteur à prendre le tout. Arrêt du Parlement de Dijon du 6. Février 1582. *Ibidem, verbo, Mineur, quest. 12.*

205 Un majeur de 20. ans, mais mineur de 25. vend une métairie; il est dit qu'il ratifiera dans sa majorité; il ne ratifie point, parce qu'il n'en est point requis; vingt-cinq ans aprés il appelle l'acquereur en désistement; celuy-cy oppose l'Ordonnance de 1539. & dit qu'aprés les 25. ans il y a fin de non recevoir. L'affaire fut partagée au Parl. de Toulouse. Arrêt du 5. Août 1586. qui declare le vendeur non recevable. *Bibliot. de Bouchel, verbo, Mineur.*

206 Défenses d'ajuger par decret les biens des mineurs à la chandelle éteinte. Jugé le 8. Septembre 1579. *Chenu, 1. Cent. quest. 31.*

207 Encore bien que les mineurs ne soient point déçus, & qu'ils profitent de la vente de leurs heritages, la vente n'en est pas valable. Jugé le 8. Janvier 1590. *Ibidem, question 33.*

208 Semblables défenses d'ajuger par decret les heritages, sinon à la charge des frais des criées payables par l'adjudicataire. Jugé le 4. Novembre 1579. & le 16. Février 1602. *Ibid. quest. 32.*

209 Le mineur peut rentrer dans ses biens qui ont été vendus sans connoissance de cause, sans restitution du prix, amelioration ni réparation, sauf à l'acheteur de se pourvoir contre le Tuteur son auteur. Arrêt du Parlement de Dijon du 5. May 1605. *Bouvot, tom. 2. verbo, Mineur, quest. 4.*

210 Si les biens des mineurs peuvent être alienez sans observer les formalitez requises de droit? & si un mineur peut ameublir son immeuble ou donner par Contract de mariage? *V. Ibid. quest. 16.*

211 Celuy qui dit avoir acheté du bien d'un mineur par autorité de Justice, étant assigné en désistement, & alleguant la perte des Registres, doit prouver la vente, la délivrance à luy faite, & les formalitez observées. Arrêt du Parlement de Dijon du 26. Février 1616. *Ibid. quest. 21.*

212 Un Tuteur vendant les biens de son mineur, sans y observer les qualitez requises par le droit, *& in L. magis puto, §. ne passim de reb. eorum qui sub tut.* le mineur venu en âge peut contraindre à luy remettre les biens, en le remboursant du prix de l'achat, frais & loyaux coûts, qui sont les réparations necessaires. Arrêt du Parlement de Dijon du 7. Juin 1618. *Ibidem, question 23.*

213 Si la vente des biens des mineurs est faite sans necessité, l'on peut appeller. *Ibid. quest. 26.*

214 L'acheteur du bien du mineur sans autorité de Justice, est tenu à la restitution des fruits. Arrêt du Parlement de Dijon de l'an 1623. *Bouvot, ibid. quest. 17.*

215 Mineur aprés ses 35. ans, non recevable de vendiquer les fonds vendus par son Tuteur pendant sa pupillarité. Arrêt du Parl. de Grenoble du 1. May 1616. *Basset,*

CCcc iij

tome 2. liv. 6. tit. 3. chap. 3. Il cite *Expilly,chap.* 206. & Peleus, *liv.* 7. *art.* 13. & ajoûte,*Ordinatio ut post* 35. *ann. minor non restituatur contrà tutor. aut curat, agere de malâ administrat. intelligitur etiam de distractib.* Rebuffe, *de restitut. Arr.* 2. *Glos.* 5. *n.* 3. Item *habet locum licet minor aliquo impedimento dicat se non potuisse agere ut se didicisse à D.D. Poyeto,scribit id. ibid. n.* 4. *addit. n.* 5. *quod decem anni rescisionis, qui dantur majoribus currunt tantùm in minoribus, post.* 35. *annos* Item *n.* 6. *quod post* 35. *ann. etiam op. exception. non potest minor rescision. contractûs peter. & gl.* 6. *n.* 10. *quod & post* 35. *annos.*

216 On a demandé si le mineur étoit tenu de se pourvoir par Lettres de Rescision dans l'année 35. de son âge, contre l'alienation faite de ses heritages par son Tuteur sans solemnité & sans utilité, ou s'il étoit tenu d'agir par la voye de la Loy apparente? Il a été jugé au Parlement de Roüen au mois d'Août 1626. qu'il pouvoit y venir par la Loy apparente. *Basnage,sur la Coûtume de Normandie, art.* 592.

217 En vente de biens de mineurs, l'avis de parens donné & homologué en Justice, ne suffit; mais il faut qu'il y ait des publications & affiches en l'Auditoire du lieu, & que les choses soient baillées par le Juge au plus offrant; celuy qui avoit acquis, fit des offres qui furent reçûës. Arrêt du 9. Avril 1630. *Du Frêne,liv.* 2. *ch.*71. Voyez le *Vest, Arr.* 123. & Hentys, tome 1. livre 4. *chap.* 6. *quest.* 22.

218 Arrêt du Parlement de Mets du 22. Novembre 1638. qui condamne un tiers détenteur adjudicataire d'une maison appartenante à des mineurs, à se désister & départir au profit de l'ayeule desdits mineurs de la possession & joüissance de la maison en question, luy en rendre & restituer les loyers depuis le jour de l'adjudication, en remboursant le prix que les adjudicataires justifieront être tourné au profit des mineurs; ensemble les impenses, meliorations & loyers, suivant l'estimation. Il y avoit eu de la précipitation, point d'avis de parens, de consignation, ni d'ordre. *Voyez le* 84. *Plaidoyé de M. de Corberon, Avocat General.*

219 Mineur peut être relevé des ventes que sa mere pour payer les dettes du pere a faites, même avec les solemnitez de Justice. Arrêt du Parlement de Toulouse du 9. Septembre 1654. en faveur du fils, qui offrit de rembourser ce qui avoit été legitimement payé. La principale raison fut que les decrets des Juges en ces matieres, quand il n'y a point de saisie generale, ne sont pas considerables. *Albert, lettre M.* verbo, *Mineur, article* 3.

220 Jugé au Parlement de Toulouse le 7. Février 1657. que deux freres, dont l'un étoit mineur & l'autre majeur, ayant comme heritiers égaux de leur pere,vendu une métairie; la vente valloit pour la moitié de celuy qui étoit majeur, & que cette moitié venduë n'entroit pas dans la division & partage des biens paternels, suivant la Loy 54. *ex hereditate ff. famil. erciscundæ.* Même Arrêt rendu en la Grand'-Chambre le 20. Novembre 1694. les sieurs de Pompignac cadets,avoient passé une Transaction avec leur frere aîné, par laquelle la legitime étoit reglée à 1500. liv. Les cadets se pourvurent en cassation de cette Transaction; l'Arrêt déboute celuy qui étoit majeur lors de cette Transaction; & à l'égard des deux autres qui étoient mineurs,il fut interloqué, & ordonné une estimation des biens délaissez par le pere commun. *M. de Catellan, liv.* 5. *ch.* 12.

221 Mineurs reçûs à rentrer dans leurs biens vendus conventionnellement, quoyque par autorité de Justice. Arrêt du 28. Avril 1664. *De la Guessitre,tome* 2. *liv.*6. *chapitre* 28.

222 Si la vente du bien d'un mineur faite sans necessité & formalité est nulle? Arrêt du Parlement de Provence rendu au mois de Juin 1675. qui ordonna de nouvelles estimations du bien du mineur vendu. *Boniface,* 10. 4. *liv.* 4. *tit.* 9. *ch.* 1. où il observe que le motif de l'Arrêt peut avoir été sur les formalitez gardées.

223 Arrêt du même Parlement de Provence du 28. Juin 1675. qui a restitué un mineur envers la vente faite par son Curateur d'un sien fond sans formalitez, aprés l'âge de 35. ans. *Ibid. tit.* 7. *ch.* 1.

224 Les ventes volontaires des biens des mineurs, doivent être déliberées & apptouvées par leurs parens assemblez; les certificats de leurs consentemens & de leur ratification, sous prétexte de leur absence & de leur residence ne suffiroient pas,parce qu'il n'y auroit pas eu de traité entr'eux, & leur assemblée n'est ordonnée que pour cela. Arrêt du Parlement de Grenoble du 6. Juillet 1677. mais les ventes qui en sont faites par l'ordre du Testateur subsistent *etiam sine decreto.* C'est en ce cas une présomption du droit,qu'il vend luy-même *per alium.* Voyez *Chorier,en sa Jurisprudence de Guy Pape, page* 237.

225 Les Commis de la Garde Orpheline d'Ypres, peuvent proceder pardevant eux à la vente des biens des mineurs. Jugé au Parlement de Tournay le 2. May 1698. contre le Tabellion de la même Ville. *V. M. Pinault, tome* 2. *Arr.* 219.

Voyez *cy-aprés le mot, Vente.* §. *Vente de biens de Mineurs.*

MINIMÉS.

Declaration portant confirmation des Privileges des Religieux Minimes de l'Ordre de Saint François de Paule. A Paris en Avril 1594. registrée le 11. Août de la même année. 1. *vol. des Ordonnances d'Henry IV. folio.*176.

MINISTRES DE LA R. P. R.

1 Touchant le Prêche, & exercice de la Religion Prétenduë Réformée, & de ses Ministres. *Voyez les Memoires du Clergé, tome* 6. *part.* 9. *ch.* 7.

2 Les étrangers ne peuvent faire en France la fonction de Ministres de la Religion Prétenduë Réformée. Voyez *Filleau, en ses Décisions Catholiques, Décision* 66.

3 Les Ministres de la Religion Prétenduë Réformée, de nouveau élûs, ne peuvent s'ingerer en ladite fonction, sans avoir auparavant prêté le serment entre les mains des Officiers du Roy, & en présence du Procureur du Roy sur les lieux; & que les Ministres qui sortent hors du Royaume ne peuvent reprendre leur ministere sans faire nouveau serment. Voyez *Filleau, ibidem, Décision* 67.

4 Les Ministres de la Religion Prétenduë Réformée sont obligez à la residence au lieu de leur établissement, sans pouvoir faire l'exercice de ladite Religion en divers endroits, sous prétexte d'enclaves, annexées ou autrement. *Ibid. décision* 68.

5 Les Ministres de la Religion Prétenduë Réformée doivent être imposez aux Rôlles des Tailles & subsistances, & autres charges publiques. *Voyez ibidem, décision* 109.

6 Les Ministres de la Religion Prétenduë Réformée,ne peuvent porter robes & soutanes à manches, & paroître en habits longs hors leurs Temples. *Filleau, ibid. décision* 130.

7 Ministres convertis déchargez de la taille. *Voyez les Memoires du Clergé, tome* 6. *Addition à la* 9. *partie, page* 741. *n.* 15. *& seq.*

8 Des Comptes des Ministres convertis, & autres Pensionnaires du Clergé. *Voyez les Memoires du Clergé, tome* 5. *part.* 7. *ch.* 4.

9 Edit portant peine d'amende honorable & de bannissement contre les Ministres qui recevront les Catholiques à professer la Religion Prétenduë Réformée. A Compiegne en Mars 1683. registré au Parlement de Roüen le 9. Avril, & en celuy de Paris le 5. May de la même année.

10 Voyez *cy-aprés au* 3. *volume de ce Recueil,* le Titre de *la Religion Prétenduë Réformée.*

MINUTE.

1. Voyez cy-après Notaires.
Les Notaires ne doivent montrer la minute des Contracts ni en donner copie, si ce n'est à ceux qui ont contracté ou à leurs heritiers, & à ceux qui y ont interêt; à tous autres par ordre du Juge. *Ordonnance de 1539. art. 177.* Voyez Mornac, *L. 6. §. 4. verba hæc notanda sunt ff. de edendo.*

2. Boudin dit que Choüart luy a resigné son Benefice; Choüart le nie, & requiert que Boudin apporte la procuration & minute d'icelle; Boudin apporte la resignation en forme; Choüart ne se veut contenter, & requiert que Boudin apporte la minute; & enfin obtient Sentence, qui la repute fausse, faute par Boudin de l'avoir rapportée; par Arrêt du 4. Decembre 1531. il est dit mal jugé, bien appellé, l'Intimé condamné aux dépens. *Bibliot. Canon. tome 2. p. 268. col. 1.*

3. Par Arrêt du 21. Juillet 1564. un Notaire fut condamné à faire grossoyer un Contract, dont le Clerc avoit égaré la minute. *Papon, liv. 4. tit. 14. n. 15.*

4. Arrêt du Parlement de Paris du 9. Avril 1565. portant que la minute de l'Inventaire demeurera au plus ancien des Notaires qui vaqueront en iceluy. Sentence des Requêtes du Palais conforme, du mois d'Avril 1648. Voyez *les Chartres des Notaires, ch. 20. p. 890.*

5. Un Notaire sans inscription en faux, peut être contraint de representer la minute. Arrêt du Parlement de Dijon du 2. Decembre, 1566. *Bouvot, tome 1. part. 2. verbo, Notaire, quest. 3.*

6. La minute étant signée chez le Notaire, sans que le Notaire l'ait signée, parce que les parties pretendoient d'avoir quelque composition des arrerages, & n'en ayant pû avoir, jugé au mois de Février 1597. que le Contract étoit imparfait. *M. le Prêtre, 2. Cent. ch. 50.* Voyez Mornac, *L. 16. C. de fide instrument.*

7. Arrêt du Parlement de Paris du 26. Janvier 1647. par lequel sur la demande contre l'un des Notaires pour la representation de la minute d'un Contract que l'on pretendoit avoir été par luy passé, dont on rapportoit l'extrait des notifications, les parties ont été mises hors de Cour & de procés. Voyez *les Chartres des Notaires, chap. 19. p. 869.*

8. Jugé par Arrêt du 8. Août 1656. qu'il est au pouvoir du Notaire de rendre au Testateur la minute du Testament qu'il a reçu, & pour l'avoir fait on ne peut pretendre contre luy aucuns dommages ni interêts. *Saëfve, tome 2. Cent. 1. ch. 44.*

9. Arrêt du Parlement de Paris du 19. May 1651. portant que l'expedition d'un Testament dont la minute avoir été soustraite en l'étude d'un Notaire, tiendroit lieu de minute. Voyez *les Chartres des Notaires, ch. 19. page 838.*

10. Arrêt du Parlement de Paris du 7. May 1660. portant décharge de laisser par les Notaires leurs minutes de comparaison au Greffe. Voyez *ibid. p. 855.*

11. Reglement pour obliger les heritiers, ou ceux qui succedent aux Offices des Notaires, de garder les minutes; il est du 28. Février 1662. *De la Guess. to. 2. li. 4. chapitre 50.*

12. Les Notaires ne pourront délivrer aux parties les minutes des procurations *ad resignandum*, ni les Banquiers les envoyer en Cour de Rome. Arrêt du 20. Mars 1663. *Des Maisons, lettre N, nombre 6.* à peine de 500. liv. d'amende, &c.

13. Reglement portant l'execution de l'Edit du mois d'Octobre 1646. pour raison des minutes des Actes concernans les tittres & possessions des Benefices, & même les revocations qui doivent demeurer chez les Notaires; & défenses aux Greffiers d'instrumenter comme Notaires en aucun Acte qui sera sujet à l'insinuation dans son Registre, à peine de nullité du Reglement est du 10. Août 1668. *De la Guess. tome 3. liv. 4. ch. 24.*

14. L'article 17. de la Declaration du Contrôle, enjoint aux Notaires de garder soigneusement les minutes des Procurations *ad resignandum*, & leur défend de les livrer aux Parties, à peine de faux & de nullité des Actes, & des dépens; dommages & interêts des Parties; mais quoyque la Declaration du Contrôle prononce cette nullité dans l'article 8. le Parlement & le Grand Conseil jugent au contraire, quand d'ailleurs il n'y a point de presomption de fraude, & que les minutes ont été déposées chez d'autres personnes publiques, comme des Notaires qui en ont délivré des expeditions. Il y a neanmoins un Arrêt du Conseil Privé, qui condamne cet usage pour la Cure de Bonnêtable, dans la Province du Maine; mais cet Arrêt est fort singulier, & ne peut être tiré à consequence. Il y a un Arrêt contradictoire du Parlement, qui a jugé que la minute d'une Procuration apportée du Pays du Maine, & mise chez un Notaire de Paris, étoit valable. *Bibliotheque Canonique, tome 1. p. 284.*

15. Reglement pour les minutes des Commissaires du Châtelet lors qu'ils vendent leurs Offices & Pratiques; ceux qui en traiteront se chargeront des minutes par inventaire, de même maniere que les Notaires du Châtelet; il est du 19. Janvier 1682. & parce que le Notaire Loyseau avoit affirmé n'avoir la minute demandée, & s'en étant trouvé la preuve depuis, condamné à 500. liv. d'aumône pour s'être parjuré. Arrêt du 9. Mars 1682. *De la Guessiere, tome 4. liv. 5. ch. 1.*

16. Des minutes des Jugemens Prévôtaux. Voyez *l'art. 25. du tit. 2. de l'Ordonnance Criminelle de 1670. & la Note de M. Philippes Bornier, sur cet article.*

MIRACLES.

Procedures qui se font au sujet des miracles. Voyez *le Recueil de De Combes, Greffier en l'Officialité de Paris, part. 2. ch. 2. p. 311.*

Voyez cy-après le mot, *Reliques.*

MIREPOIX.

1. Par Arrêt du Parlement de Toulouse du 16. Janvier 1607. il a été défendu aux Consuls de Mirepoix de porter manteau, robes & chaperons mi-partis, & à Messire Jean de Lévis, Conseigneur dudit Mirepoix, en tous Actes & Expeditions de Justice, prendre qualité que de Seigneur par moitié dudit Mirepoix; & en outre ordonné que les armoiries du Roy qui se trouveroient avoir été par le temps effacées, seroient remises sur les portes principales de la Ville, & sur les portes des autres Villes & lieux de la Baronnie dudit Mirepoix. *La Rocheflavin, des Droits Seigneuriaux, chap. 21. art. 13.*

Défenses à la Marquise de Mirepoix de se dire Fondatrice de l'Eglise Cathedrale de Mirepoix, & de s'attribuer les Droits Honorifiques en cette qualité. *Memoires du Clergé, tome 12 part. 1. p. 605. & suiv.*

MOINE.

Moine Moinesse. *Monachus. Monialis. Sanctimonialis. Ascetria.*
De Monachis, C. Th. 16. 3... N. 5... 76... 123... 133.
De regularibus, & transeuntibus ad religionem. D. Gr. 1. q. 2... 17. q. 1. 2. 3. & 4... 19. q. 1. 2. & 3... 20. q. 1. 2. & 4... 27. q. 1. & 2., Extr. 3. 31. S. 3. 14... Cl. 3. 9... Extr. co. 3. 8.
De capellis Monachorum. Inst. L. 2. 22: Il est parlé icy de la Jurisdiction des Evêques sur les Moines.
De Episcopis & Clericis... & Monachis, &c. C. 1. 3... N. 113.
Apud quos oporteat causas dicere Monachos, & Ascetrias. N. 79.
Quomodo oporteat Monachos vivere. N. 133... N. 123. c. 27. 34. & seqq.
De bonis Monachorum. C. Th. 5. 3.
De his qui ingrediuntur Monasterium, & de substantiis eorum. N. 76... Leon. N. 5. & 6.
Ne liceat parentibus exhæredare liberos qui ingrediuntur Monasterium. N. 123. c. 41

De converſione conjugatorum. D. Gr. 27. q. 2. à c. 19. ad 26... 33. q. 5... Extr. 3. 31. Des perſonnes mariées qui entrent en Religion.

Ne Monaſteriorum prædia deſcribantur. Conſt. I. Alex. Comm. 1. Exemption des Taxes & Impôts.

Les Moines peuvent être comparez aux Eſclaves, en pluſieurs choſes, pour les effets de la vie civile : ainſi on peut appliquer aux Moines, ce qui eſt dans le Droit Romain touchant les Eſclaves. *V. Eſclave.*

Des Moines & Monaſteres. *Voyez les Definit. Canoniques, pag. 470. & ſuiv.*

Monachus mantionarius in Prioratu clauſtrali acquirit monaſterio, nec poteſt Abbas dare licentiam diſponendi de talibus bonis. Voyez Franc. Marc, tome 1. queſtion 104.

Bona omnia Monachi, qui Epiſcopus factus eſt conſanguineis debentur, excluſo Monaſterio in quo profeſſio facta eſt, atque novo Epiſcopo. A Pâques 1585. Mornac, *l. 33. ff. de peculio.*

L'habit ou profeſſion tacite ne fait pas le Moine, mais la profeſſion par écrit. Arrêt du 28. May 1603. *M. Bouguier*, lettre *M.* nomb. 3. Voyez l'Ordonnance de Moulins, art. 55.

Voyez cy-devant le Titre *Mendians,* & cy-après, verbo, *Religieux*

MOINS-VALUE.

CE qu'on entend par ce mot, *quanto minus. L.* 150. *D. de verb. ſignificat.*

MOIS.

UN delai donné pour faire preuve, le mois reglé, non à trente jours, mais à 28. qui font quatre ſemaines. Arrêt du Parlement de Dijon du 1. Mars 1584. *Bouvot*, tome 2. verbo, *Mois,* queſt. 1.

Voyez cy-après lettre Q. verbo, *Quatre mois,* pour la contrainte par corps après une condamnation de dépens, ou pour l'inſinuation des Donations.

Les Uſances pour le payement des Lettres de Change, ſeront de trente jours, encore que les mois ayent plus ou moins de jours. Voyez le Commentaire de M. Philippes Bornier, ſur le 5. article de l'Ordonnance de 1673.

MOISSON.

MOiſſon. Bled coupé qui n'eſt pas en gerbes. *Stipula illecta. L. 30. §. 1. D. de verb. ſign.*

Voyez le mot, *Bled,* & le Titre *Fruits.*

MONASTERE.

1 TOus Monaſteres en France tenus de reconnoître une Congregation de leur Ordre, & ſujets à viſitation. Ordonnance de Blois art. 27.

2 Monaſtere donné pour peine. Arrêt du 12. Juillet 1600. Peleus, queſt. 2.

3 Donations faites aux Monaſteres. Voyez le mot *Donation,* nomb. 565. *& ſuiv.*

4 Une Religieuſe ne peut diſpoſer au profit du Monaſtere, quoyque la Coûtume du lieu le permette. Jugé le 27. Juillet 1626. *Du Freſne,* liv. 1. chap. 120.

5 Declaration du Roy du 21. Novembre 1629. portant defenſes de faire aucun établiſſement de Monaſtere, Maiſon, & Communauté Reguliere & Religieuſe de l'un ou l'autre ſexe, en quelque ville & lieu que ce ſoit de ce Royaume, même des Ordres cy-devant établis, ſans expreſſe permiſſion de ſa Majeſté. *Filleau,* 1. part. tit. 1. chap. 71.

MONITIONS.

VOyez *Tournet,* lettre M. Arrêt 83. *& ſuiv.* & les *Memoires du Clergé,* tome 2. part. 1. titre 2. chapitre 19.

Des Monitions Canoniques & Monitoires. *Voyez les Memoires du Clergé,* tome 2. part. 1. tit. 2. ch. 19.

Le Titre ſuivant a beaucoup d'application à celuy-cy, quant aux Monitions, qui ſont des Cenſures Eccleſiaſtiques.

Des Monitions, qui ſont des avertiſſemens pour engager les Beneficiers à la reſidence avant que de prononcer contr'eux la peine de la non-reſidence, qui eſt la privation du Benefice. Voyez le mot, *Reſidence.*

MONITOIRE.

MOnitions, Monitoires. *Voyez* cy-deſſus les mots, *Excommunication,* & *Monitions,* & hoc verbo, la Biblioth. du Droit François, par Bouchel, les Arrêts de Bouvot, & *l'Ordonnance Criminelle de* 1670. tit. 7. & les *Memoires du Clergé,* tome 2. partie 1. titre 2. chapitre 19.

1 *Monitorium Apoſtolicum an deroget decreto pragmaticæ Sanctionis in tit. de cauſis? Voyez Franc. Marc.* tome 2. queſt. 249. où il dit, *ex deliberatione Curiæ fuit ordinatum concedi litteras placitatorias, quod dictum monitorium exequatur per Dominos Officiales, Viennæ & Gratianop. ut fulminentur proceſſus ipſos, pro ut quemlibet ipſorum tangere poteſt, & quod facta declaratio remittantur laici coram eorum judicibus extraordinariis.* Voyez *Ibidem,* queſt. 250.

2 *De monitorio generali in formâ malefactorum publicato & executioni demandato, per eum qui maleficium fecit, qui non ob hoc à divinis celebrandis ſuperſedit.* Ibidem, queſt. 801.

3 *De monitorio generali in formâ malefactorum. Ibidem,* queſt. 803.

4 *Sub monitorio generali, qui comprehendantur?* Voyez ibidem, queſt. 856.

5 *Monitorium propter ſubjunctivam ſeu, in certum diei poteſt.*

Verbum dubium in judiciis declarari debet. Voyez ibidem, queſt. 871.

6 Autrefois és monitoires *ad finem revelationis,* les parties, leur conſeil & témoins déja examinez étoient excluſ de venir à revelation; depuis l'Ordonnance de 1539. le contraire s'eſt pratiqué. *Bibliot. de Bouchel,* lett. N. verbo, *nomine dempto.*

7 Les anciens Monitoires contenoient la cauſe, *dempta parte & conſilio;* maintenant ſi un Monitoire le contenoit, on en pourroit appeller comme d'abus; ainſi le tient *M. le Maitre,* en ſon Traité des *Appellations comme d'abus.*

8 Permis de recommencer de nouveau le cours d'un Monitoire qui avoit été jugé abuſif. *Peleus,* livre 3. des *Actions Forenſes,* action 95. Appel comme d'abus de la ſignification d'un Monitoire declaré bon, parce que c'étoit une taiſible denomination. Arrêt du 26. Janvier 1597. *Peleus,* livre 4. action 81.

9 Par Arrêt du 15. Mars 1536. entre M. Jean Carré & un nommé Serre, jugé qu'une Monition obtenuë par permiſſion du Juge laïc pour execution de ſon jugement ne doit point contenir la clauſe, *niſi cauſam;* cette clauſe y étant, la monition fut jugée abuſive, parce que ce ſeroit mettre en fait devant le Juge d'Egliſe ce qui a été une fois jugé par le Juge Laïc. *Bibliotheque de Bouchel,* au mot, *Appellations & lettre N.* verbo, *Niſi cauſam.*

10 Arrêté au Parlement de Bretagne en 1544. que les Monitoires ſeroient intimez generalement, & qu'ils ne ſeroient delivrez ſinon *in formâ malefactorum.* Du Fail, liv. 3. chap. 415.

11 & 12 L'Official de Vannes ayant pris connoiſſance d'un Monitoire émané par la permiſſion de la Cour, cette connoiſſance a été declarée abuſive, & l'appellant condamné aux dépens des procedures volontaires faites par devant l'Official. Arrêt du Parlement de Bretagne du 29. Septembre 1557. *Du Fail,* liv. 1. chap. 139.

13 Monition avec clauſe, *Elapſis octo diebus renuntietis excommunicamus,* declarée abuſive. Arrêts du Parlement de Bretagne du mois d'Août 1609. & 8. Mars 1610. dans cette derniere monition, il y avoit un autre moyen d'abus

d'abus, le Monitoire étoit injurieux & rempli de plusieurs faits inutiles au procès. *Voyez Frain, page 90. & Févret, Traité de l'Abus, liv. 7. chap. 2.*

14 & 15 La Monition Ecclesiastique ne peut être octroyée sans qu'il y ait instance commencée, & il y a abus dans l'obtention, & fulmination. Arrêt du Parlement de Grenoble du 30. Juin 1661. *Voyez Basset, tome 1. liv. 2. tit. 13. chap. 4. Févret, liv. 7. chap. 2. nomb. 28.* rapporte deux Arrêts contraires rendus aux Parlemens de Dijon & de Paris; les motifs furent que ces Monitoires étoient comme un interrogatoire de conscience pour avoir preuve de la verité.

16 Il n'est pas permis à l'Official de faire publier un Monitoire sans la permission du Juge Laïc. *Bouvot, tome 2. verbo, Monitoire, quest. 4.* en rapporte plusieurs Arrêts.

17 Le Juge ne peut ordonner que les memoires donnez par l'instigant seront communiqués à l'accusé. Arrêt du Parlement de Dijon du 11. Mars 1606. *Ibid. verbo, Monitions, quest. 15.*

18 L'Intimé est tenu de communiquer le Monitoire, dont il y a appel. Arrêt du Parlement de Dijon du 13. Juin 1608. *Ibid. quest. 17.*

19 Le Monitoire doit être publié par le Curé ou Vicaire seulement sur le contenu de la commission faite par le Juge Laïc, & non contre ni outre les termes y portez. Arrêt du Parlement de Dijon du 7. Août 1608. *Bouvot, tome 2. verbo, Monitions, quest. 21.*

20 Par Arrêt du Parlement de Dijon du 18. May 1579. jugé que l'on ne pouvoit obtenir un second Monitoire. *Bouvot, ibid. quest. 32.*

21 Enjoignons aux Officiaux, à peine de saisie de leur temporel, d'accorder les Monitoires que le Juge aura permis d'obtenir, article 2. du tit. 7. de l'Ordonnance criminelle. M. *Philippes Bornier*, observe sur les mots, *le Juge aura permis d'obtenir*, c'est-à-dire, le Juge Ecclesiastique entre personnes Ecclesiastiques, & le Laïc entre personnes laïques; d'autant qu'il n'est pas juste qu'on entreprenne rien contre les personnes seculieres sans la permission & congé du Juge qui a jurisdiction sur elles, autrement le Monitoire ne se doit ni ne se peut legitimement obtenir, suivant la Nov. 123. & le tit. *de Sentent. excom. cap. nemo 11. quest. 3.* non pas même de l'autorité de l'Official, ni de l'Evêque, qui ne peuvent pas accorder cette permission, comme il a été jugé par deux Arrêts de la Cour des Aydes, rapportez par *Desp. tome 2. tit. 10. sect. 2. art. 2. des Témoins, nomb. 16. versic. 5.* si ce n'est qu'il s'agit de l'execution de jugemens & contumaces par eux donnez, auquel cas les Juges Ecclesiastiques peuvent proceder par censures Ecclesiastiques, suivant l'Edit du Roy Henry III. de l'an 1585. Il faut remarquer encore, que quoy-que la publication du Monitoire ne puisse être déniée à la partie requerante, de quelque qualité qu'elle soit, il a été jugé en la Chambre de l'Edit de Normandie, le 28. May 1603. qu'une personne qui fait profession de la R.P.R. ne peut user des Monitions ou Censures Ecclesiastiques, & qu'il faut qu'elle se serve du ministere du Procureur du Roy, n'étant pas juste que ceux qui n'ajoûtent pas foy aux cérémonies de l'Eglise, en profitent, suivant le chap. *uti de immunitate Ecclesia, & le chap. 1. ne Cler. vel Monach. ext. & le Canon Frater & Coepiscopus 17. quest. 4. Voyez Forget* en son Livre 1. chap. 12. A l'égard du crime de duël & de rencontre, il n'est pas necessaire d'avoir la permission du Juge, il est porté par l'Edit du Roy, de Reglement general sur les duëls, du mois de l'année 1679. art. 23. que *sur la simple requisition qui sera faite par les Procureurs Generaux ou leurs Substituts, il sera décerné les Monitoires par les Officiers des Evêques des lieux, lesquels seront publiez & fulminez selon les formes Canoniques, contre ceux qui refuseront de venir à revelation de ce qu'ils sçauront touchant les duels & rencontres arrivez.*

MONITOIRES, ABBÉ DE SAINTE GENEVIÉVE.

22 Si l'Abbé de Sainte Geneviéve de Paris, peut décerner Monitoires? *Voyez les Memoires du Clergé, tome 2. part. 1. page 90. & suiv. & tome 1. part. 1. p. 8. jusqu'à 25.*

22 bis Défenses à l'*Abbé de sainte Geneviéve* de donner aucuns Monitoires, sinon dans les causes qui luy seront renvoyées par Arrêt ou par Sentence du Juge Seculier, ou qui luy seront dévoluës. Jugé le 4. Juillet 1668. *De la Guess. tome 3. liv. 2. chap. 18. & au Journal du Palais.*

MONITOIRE, ADULTERE.

23 Monitoires en cas d'accusation d'adultere ne doivent porter le mot *adultere*, mais simplement énoncer les faits necessaires à la preuve de ce crime. Ainsi jugé plusieurs fois au Parlement de Roüen, *Voyez Basnage, sur l'article 143. de la Cout. de Normandie.*

24 Une permission de fulminer un Monitoire, obtenuë par le mary, afin d'avoir revelation des mauvais déportemens de sa femme, s'étant retirée d'avec luy, fut cassée, attendu qu'elle n'avoit été précedée d'une plainte en Justice. Arrêt du mois de Juillet 1609. *Bibliotheque Canon. tome 1. page 597. initio. & cy-après le nomb. 74.*

MONITOIRE, BOIS COUPEZ.

25 Il y avoit eu complainte formée par devant le Sénéchal de Poitou pour raison de la coupe de quelques arbres plantez sur les bornes & limites des terres des Parties; elles furent appointées au contraire, permis de se pourvoir par censures & monitions Ecclesiastiques. Jugé qu'il avoit été mal & abusivement octroyé, fulminé & executé, quoyqu'il n'y eût point d'appel en ce chef de la part des parties. Le motif de l'Arrêt fut l'article 18. de l'Ordonnance d'Orleans pour les Censures & Monitions Ecclesiastiques, portant que nul n'en pourra user, sinon pour crime ou scandale public. 14. *Plaidoyé d'Ayrault.* Il étoit Avocat en la cause.

MONITOIRE, CONTRAT FRAUDULEUX.

26 On ne doit accorder de Monitoire pour un contract frauduleux. Arrêt du Parlement de Dijon du dernier Avril 1584. *Bouvot, tome 1. part. 3. verbo, Monitoires, question 3.*

MONITOIRE, DONATION.

27 L'on ne peut obtenir Monitoire, sur ce que l'on dit que le Donataire avoit suggeré & pressé la donatrice à luy faire donation, & que depuis il l'auroit injuriée, appellant la Donatrice folle & yvresse; sur tout, la Cour l'ayant reçuë à la preuve de telles injures, sur l'action en revocation de la donation intentée par la Donatrice. Arrêt du Parlement de Dijon du 19. Juillet 1612. *Bouvot, tome 2. verbo, Monitions, quest. 3.*

MONITOIRE, EXEMPTS.

28 La Monition publiée par l'Official des Exempts de saint Denis en l'Abbaye, & décernée par l'Evêque de Paris, député par la Cour, pendant les defenses d'aller à Rome, fut declarée bonne & valable, nonobstant les grands privileges de saint Denis, par Arrêt du mois de Février 1596. *Biblioth. Canonique, tome 2. page 107. colonne 2.*

MONITOIRE, FAITS JUSTIFICATIFS.

29 Si l'accusé pour faire preuve de ses faits justificatifs peut obtenir Monitoire, & si l'instigant le peut empêcher? *Voyez Bouvot, tome 1. verbo, Monition. question 14.*

30 L'Accusé ne peut obtenir Monitoire pour avoir revelation & preuve de ses faits justificatifs. Arrêts du Parlement de Dijon des 26. Decembre 1605. & 5. Avril 1609. *Ibidem, quest. 6.*

MONITOIRE, IMPOSITION.

31 Les Monitions & Censures Ecclesiastiques ne doivent être employés pour les Aydes ni pour autres semblables impositions. *Memoires du Clergé tome 2. part. 1. page 79.*

MONITOIRE, EN INJURES.

32 Un Monitoire ne peut être octroyé pour injures verbales proferées publiquement contre l'honneur du mari & de la femme. Arrêt du Parlement de Dijon du 13. May 1580. *Bouvot, tome 1. part. 2. verbo, Monitoire, quest. 1.*

DDddd

33. L'on peut obtenir Monitoire de l'injure verbale, lorsqu'il y a excés & outrage à personne publique. Arrêt du Parlement de Dijon du 18. Janvier 1592. *Bouvot, tome 2. verbo, Monitions, quest. 36.*

34. L'on ne peut obtenir Monitoire pour prouver qu'un homme a appellé sorcier un autre. Arrêt du Parlement de Dijon du 4. Juillet 1598. *Ibidem, quest. 37.*

35. L'on ne peut octroyer cours de Monition pour injures verbales. Arrêt du Parlement de Dijon du 29. Janvier 1583. *Bouvot, tome 1. part. 3. verbo, Cours de Monition, quest. 3.*

35 bis. L'on ne peut obtenir Monitoire sur injures generales non specifiées ni declarées. Arrêt du Parlement de Dijon du 15. Decembre 1599. la raison est que *non licet vagari in crimine. Ibidem, tome 2. quest. 42.*

MONITOIRE, MARIAGE.

36. Un Conseiller du Mans âgé de 30. ans avoit promis mariage à une fille : cité pardevant l'Official, il répond qu'il n'a promis que sous le bon plaisir de son pere, qui ne veut consentir. L'Official permet à la fille de faire publier Monitoire ; elle le fait imprimer, & signifier au pere avant la publication. Appel comme d'abus, tant de la Monition que de l'execution. Arrêt du Parlement de Paris du 16. Janvier 1597. qui met hors de Cour sur l'appel comme d'abus de la Monition, à l'égard de l'execution, comme elle étoit scandaleuse, on dit mal & nullement exécuté. *Bibliotheque Canonique, tome 2. page 107. colon. 2.*

37. Si celuy qui contracte mariage avec une veuve avec pacte de prélever 1000. liv. de 1300. livres qu'il avoit en obligations, cedules & constitutions de rentes feintes & simulées, peut être contraint par Monitoire & serment cathegorique à répondre sur tel fait ? *Voyez Bouvot, tome 1. part. 3. verbo, Monitoire, quest. 1.*

PERSONNES NOMMÉES ÈS MONITOIRES.

38. Monition scandaleuse est abusive, comme si celuy contre lequel on l'a obtenu est nommé, ou dépeint d'une maniere à ne pas demeurer inconnu. Arrêt du Parlement de Paris du 5. Février 1564. contre un Monitoire où un débiteur étoit nommé ; cependant on pouvoit dire qu'il n'y avoit pas lieu à l'appel comme d'abus, sous prétexte d'infamie & de note puisqu'il ne s'agissoit que d'une dette civile. *Voyez Papon, liv. 18. tit. 7. nomb. 17.*

39. Quand quelqu'un a été nommé dans les Monitions, & qu'il y a eû appel en la Cour. Par Arrêt il a été dit bien appellé de l'octroy & publication desdites Lettres, même avec dépens, le 10. Decembre 1570. *Biblioth. de Bouchel, verbo, Usures.*

40. Quoyque par le narré ou mandement du Monitoire le nom de Parties contre qui il est obtenu, soit porté s'il n'est scandaleux pour être déclaré abusif, du moins l'appellation est mise au néant, & on n'y a aucun égard, sauf à en reprendre & lever une autre en meilleure forme. Arrêt du Parlement de Paris du 27. Decembre 1570. Quand la faute vient de l'Official qui s'est mal exprimé dans les Lettres, & exprimé sans cause les Parties & le procés au deshonneur de quelqu'un, en déclarant l'abus on lui a donné à l'impetrant son recours pour ses dommages & interêts contre l'Official en son propre & privé nom. Arrêt des Generaux des Aydes du 18. Decembre 1573. *Papon, page 1360. tiré des Memoires de M. Bergeron.*

41. Monitoire où la personne est nommée, déclaré abusif. Arrêt du Parlement de Bretagne du 14. Avril 1572. *Du Fail, liv. 1. ch. 336.*

42. Permis dans les Monitoires de nommer les usuriers, comme en crime de concussion, de peur de mépriser à l'égard des témoins, les Arrêts l'ont ainsi jugé *Du Fail, liv. 3. chap. 368.*

43. Il n'est pas permis de nommer dans un Monitoire, la personne que l'on dit avoir soustrait quelques meubles. Arrêt du Parlement de Dijon du 27. Mars 1575. *Bouvot, tome 1. part. 3. verbo, Monitoire, quest. 2.*

44. Monitoire où les personnes sont dénommées ou démontrées, est abusif. *Bouvot, tome 2. verbo, Monitions, quest. 14.*

45. Il n'est pas permis de nommer dans un Monitoire la personne que l'on dit être debitrice d'une constitution de rente sans qu'elle le soit, car c'est une injure. Arrêt du Parlement de Dijon du 7. Février 1611. *Ibidem, quest. 25.*

46. On peut nommer la maison où le larcin a été fait, & non le larron. *Ibid. quest. 41.*

47. S'il est permis de nommer les personnes dans un Monitoire? *Ibid. quest. 43.*

48. Jugé par Arrêt du Parlement de Paris du 16. Juin 1615. que les Monitoires sont abusifs lorsqu'ils désignent & font connoître la personne. *Bardet, tome 1. livre 2. chap. 48.*

49. Arrêt du Parlement de Provence du 23. Novembre 1664. qui declare que le Juge d'Eglise commet abus, quand il nomme la personne dans le Monitoire. *Boniface, tome 1. liv. 1. tit. 2. nomb. 5.*

50. Si un Monitoire est abusif quand la personne y est aussi marquée par signes ou conjectures, que par son nom propre. *Voyez les Reliefs Forenses de Rouillard, chap 14. & cy-après verbo, Nom., nomb. 22. & 23.*

MONITOIRES, OPPOSITIONS.

51. Par plusieurs Arrêts du Parlement tous conformes, il a été jugé que quand les opposans à Monitoires & Censures que l'on publie sont laïcs, il les faut ajourner devant le Juge seculier qui est leur Juge, pour dire leurs causes d'oppositions, eux oüis le Juge Seculier permettra le cours de la Monition, ou prohibera de passer outre à la publication. *Biblioth. de Bouchel, verbo, Oppositions à Monitions.*

52. Monition en laquelle étoit cette clause, *& en cas d'opposition, jour pardevant nous*, fut declarée abusive, par Arrêt du 6. Juillet 1545. quoy que celuy contre qui elle étoit obtenuë fût Prêtre, car le Juge d'Eglise connoissant de l'opposition, pourroit faire préjudice à la litispendence pardevant le Juge Seculier. *Biblioth. Can. tome 2. pag. 107. colon. 2.*

53. Le Juge Ecclesiastique ne connoît point de l'opposition aux Monitoires. Arrêt du 24. Juillet 1581. *La Rocheflavin, liv. 6. tit. 56. Arr. 2. & la Biblioth. Canon. tome 1. p. 322. col. 2.*

54. Il y a abus quand les Juges d'Eglise prennent connoissance de la suspense d'un Monitoire obtenu sur la permission des Juges Royaux, & autres Seculiers. Arrêt du Parlement de Bretagne du 18. Février 1584. *Du Fail, liv. 1. chap. 359.*

55. L'Official ne peut inserer dans le Monitoire cette clause, *en cas d'opposition seront assignez pardevant nous.* Arrêt du Parlement de Dijon du 12. Juillet 1614. *Bouvot, tome 2. verbo, Monitions, quest. 26.*

56. Clauses generales aux Lettres monitoires octroyées par le Juge d'Eglise ensuite de la permission du Juge Laïc, sont abusives. Arrêt du 27. Avril 1617. il faut que dans la clause d'assigner les opposans il soit ajoûté *qui fori nostri sunt.* V. *Basset, to. 2. liv. 2. tit. 13. ch. 2.*

57. L'article 8. du tit. 7. de l'Ordonnance Criminelle de 1670. porte, *Les opposans à la publication du Monitoire seront tenus élire domicile dans le lieu de la Jurisdiction du Juge qui en aura permis l'obtention, à peine de nullité de leur opposition ; & pourront sans commission ni mandement y être assignez, pour comparoir à certain jour & heure dans les trois jours pour le plus tard, si ce n'est qu'il y eût appel comme d'abus.* Sur ces derniers mots, qu'il y eût appel comme d'abus, M. Philippes *Bornier* observe, c'est-à-dire, que le Monitoire ait été publié pour un fait, dont la preuve ne puisse être reçûë par témoins, suivant la disposition des Ordonnances Royaux. Ce fut par ce moyen que Vacher se pourvut au Parlement de Dijon contre la concession & expedition d'un Monitoire octroyé à Sicier pour avoir des revelans, sur ce qu'il prétendoit que Vacher avoit dit en divers endroits, qu'il s'étoit servi de l'argent que Sicier luy avoit donné en garde, & que cette preuve n'étoit

aucunement contraire à l'Ordonnance de 1667. art. 2. tit. des faits qui gisent en preuve, lequel exclud la preuve par témoins en un dépôt volontaire, qui excede la somme de 100. livres; & par l'Arrêt qui intervint le 5. Juillet 1670. il fut jugé que le Monitoire, dont étoit question, avoit été mal concedé, expedié & fulminé, & sur le tout, les Parties mises hors de Cour & de Procés.

MONITOIRE, PERTE D'ACTES.

58 Si l'on peut obtenir Monitoire pour revelation de la perdition d'une quittance endossée sur obligation prétenduë être dûë, d'avoir vû faire le payement & avoir oüi dire au Créancier avoir été payé d'icelle, & sur la recelation. Arrêt du Parlement de Dijon du 21. May 1607. qui fut l'appel comme d'abus, met hors de Cour. *Bouvot*, tome 2. verbo, *Monitions*, quest. 18.

MONITOIRE E'S PROCES CIVILS.

59 Monitoires ne doivent point parler des choses immeubles ou realité, autrement il y auroit abus. Arrêt du Parlement de Paris du 14. May 1530. *Papon*, livre 18. tit. 7. nomb. 11.

60 Arrêt donné le 2. Mars 1544. en la Grand'-Chambre, entre les Religieuses, Abbesse & Convent de Chantelou prés Montlhery, & un nommé Quentin. Il fut dit que nonobstant le procés petitoire pendant pardevant le Prevôt de Paris, pour raison d'une Terre que les Religieuses prétendoient avoir été baillée à vie par leur predecesseur, aux predecesseurs dudit Quentin, & que Quentin denioit, se disant proprietaire, elles auroient permission de proceder par Censures, *nullo excepto*, contenant ceux qui detenoient les lettres & titres du bail, & qui en sçavoient aucunes choses; ordonné que le serment deja fait par Quentin, ne luy prejudicieroit. Autre Arrêt semblable du 24. Avril 1540. aprés Pâques, entre M. Jean Malingre & Marie Crozon sa femme, & autres leurs consors, contre M. François Cartault, par lequel il fut permis à un prétendant une servitude de proceder par Censures, *nullo excepto*. Voyez la *Biblioth. de Bouchel*, verbo, *appellations comme d'abus*.

61 *Monitio de occultis impetrari non potest pro re immobili quia est nota & concessa ad revelandum censum & reditus;fuit annullata in Senatu Parisiensi 18. Julii 1541. fuit tamen approbata 10. Febr. 1544. contra quemdam condemnatum ad expensas, & ut eas solveret fuit interrogatus, ut bona indicaret, qui domum alienam indicavit, postea judex facta inquisitione permisit uti censuris, quod Curia approbavit, appellantemque ab abusu non recipiendum dixit, eumque ad emendam condemnavit.* V. Rebuffe sur le Concordat, tit. *de Collationibus*. §. *Monemus*.

62 Arrêt du Parlement de Paris du 3. Juillet 1565. qui a déclaré abusives des Lettres Monitoires accordées à un complaignant *propter confinem arborem*, arbres plantez és bornes de ses terres, contre les termes de l'Ordonnance d'Orleans, prohibitive de décerner Monitoires, fors pour crime & scandale public, & condamne l'impetrant intimé, aux dépens de la cause d'appel. *Papon*, li. 18. tit. 7. n. 16.

63 Lettres Monitoires ne doivent rien contenir dont on puisse avoir connoissance par titre. Arrêt du 14. Decembre 1532. pour un appellant comme d'abus de telles Lettres, contenant clause d'exhiber certains meubles leguez par testament à l'impetrant. Autre Arrêt semblable du 15. Avril 1567. contre une monition, afin d'avoir revelation des heritiers & détenteurs. *Ibidem*, nombre 12.

64 Les Monitoires ne doivent être accordez pour faire preuve en matiere civile, parce que les parties se peuvent faire interroger & faire enquête, pour faire sçavoir, par exemple, qui seroient les heritiers & détenteurs, &c. ou si un tel s'est enrichi au préjudice d'un tel. Arrêt pour le premier cas, du 16. Avril 1567. & pour le second, le 7. Juin 1574. par lesquels il fut dit mal & abusivement procedé, permis de se pourvoir par voye ordinaire. *Papon*, pag. 1360. tiré des *Memoires de M. Bergeron*.

65 L'on ne peut demander cours de monition pour chose n'excedant 10. liv. civilement demandée. Arrêt du Parlement de Dijon du 12. Octobre 1572. *Bouvot*, to. 1. part. 3. verbo, *Cours de monition*.

66 En une action directe *mandati*, monition peut être permise à cause de la perfidie. Arrêt du Parlement de Grenoble du 4. Février 1630. *Basset*, tome 2. livre 2. tit. 2. chap. 2.

67 Il n'y a abus quand le Juge d'Eglise accorde une monition sur faits articulez dans une Instance civile, pardevant la Cour, qu'elle a reçûs, & dont elle a permis la preuve par Monitoire, quoyque dans ces faits partie adverse soit tellement designée qu'on la connoissoit tres-facilement. Arrêt du Parl. de Grenoble du 30. Mars 1650. *Ibidem*, tit. 13. chap. 1.

68 L'on ne peut obtenir Monitoire en cause civile. Arrêt du Parlement de Dijon du 3. Février 1611. *Bouvot*, to. 2. verbo, *Monitions*, quest. 8.

69 Le Monitoire ne doit être accordé en causes civiles, & esquelles la chose étant prouvée, il n'écheroit punition. Arrêt du Parlement de Dijon du 10. Juillet 1608. *Ibid.* quest. 20.

70 Un Monitoire ne doit être accordé pour causes criminelles en action intentée civilement, comme pour avoir envoyé paître des bêtes en un bois. Arrêt du Parl. de Dijon du 18. Avril 1611. *Ibid.* quest. 27.

71 L'on peut obtenir Monitoire pour le dépôt d'une somme, pour donner à une fille quand elle se mariera. Arrêt du Parlement de Dijon du 3. Mars 1578. *Ibid.* quest. 28.

72 L'on peut obtenir Monitoire, pour prouver que l'on a fait pâturer le bétail en l'heritage d'autruy. Arrêt du Parlement de Dijon du 26. Janvier 1573. *Ibidem*, question 19.

73 Si en matiere civile le procés étant instruit, l'on peut demander Monitoire? *Voyez ibid.* quest. 46.

74 Arrêt du Parl. d'Aix du 12. Juin 1674. qui a déclaré l'octroy de monition en cause civile de consequence n'être pas abusif, quoique l'on prétendît que la personne fût designée. Il s'agissoit de faits d'adultere & de concubinage, à l'effet d'aneantir une demande en délivrance de legs, sous prétexte d'indignité. *Boniface*, to. 3. li. 1. tit. 3. chap. 9.

75 Le Monitoire n'est regulierement permis en fait civil, suivant l'Ordonnance d'Orleans, article 18. si ce n'est en fait important; auquel cas la Cour en accorde. Arrêt du Parlem. de Grenoble du 11. Septembre 1684. pour un fideicommis de 45000. l. qui dépendoit de la preuve d'un prédecés contre la Dame de Laneau. *Voyez Chorier en sa Jurisprudence de Guy Pape*, p. 311.

MONITOIRES E'S PROCE'S CRIMINELS.

76 Excommunication en matiere criminelle, ne comprend l'accusé, lequel ne peut être tenu de s'accuser lui-même. Arrêt des Grands Jours de Moulins, du 10. Octobre 1550. & s'il y est compris, l'Official doit être condamné en son propre & privé nom. Arrêt du 18. Decembre 1573. *Papon*, li. 18. tit. 7. n. 13.

77 En un procés criminel en matiere de rapt, la mere de la fille veuve de Simon, demandoit monition contre l'accusé, *ad finem revelationis nomine dempto*. L'accusé remontroit qu'il devoit être excepté & son conseil; à laquelle les témoins qui avoient déja été examinez. Par Arrêt du 6. Juin 1556. il fut dit qu'elle auroit monition, *dempta parte & testibus juratis*. Bibliotheque de Bouchel, verbo, Monition.

78 Pour faire cesser toute difficulté en l'article 18. des Ordonnances faites à Orleans, l'an 1560. Par autre Ordonnance du 16. Avril 1571. il est ordonné que les Prélats, Pasteurs & Curez, pourront user des monitions & censures Ecclesiastiques, és cas qu'il leur est permis par les saints Decrets & Conciles. Cet article a été verifié, à la charge que les Ecclesiastiques ne pourront être excommuniez pour argent par eux dû, sauf à leurs

creanciers à proceder par voye d'execution sur leurs biens meubles. Par Arrêt du Parlement de Paris du 22. Septembre 1571. il a été jugé que les gens d'Eglise peuvent proceder par censures Ecclesiastiques, pour l'execution des jugemens par eux donnez. *Bibliotheque Canon.* to. 2. *pag.* 106. *col.* 1.

79 Voyez dans le 14. Plaidoyé d'Ayrault, un Arrêt du 3. Juillet 1565. confirmatif de l'article de l'Ordonnance d'Orleans, portant qu'on ne pourra user de censures Ecclesiastiques, que pour crime ou scandale public.

80 L'on peut faire publier Monitoire, quoyqu'un crime soit confessé, les témoins ne voulans venir à déposition, pour être intimidez. Arrêt du Parlement de Dijon du 27. Novembre 1608. *Bouvot*, to. 2. verbo, *monitions*, *quest.* 23.

81 *Les Archevêques ou Evêques & leurs Officiaux, ne pourront décerner des Monitoires, que pour des crimes graves & scandales publics, & nos Juges n'en ordonneront la publication que dans les mêmes cas, & lorsque l'on n'en pourroit avoir autrement la preuve.* Art. 26. de l'Edit concernant la Jurisdiction Ecclesiastique du mois d'Avril 1695.

MONITOIRE, PROFESSION.

82 Monitoire obtenu pour prouver la profession est abusif. *Ordonnance de Moulins*, art. 55.

Voyez cy-après, verbo, *profession*.

PUBLICATION DE MONITOIRES.

83 Injonctions ayant été faites par le Bailly de Blois, à Maître François le Maistre Curé de Sourfins, de publier & fulminer certaine monition; la Cour infirmant la Sentence du Bailly de Blois, a renvoyé les parties pardevant l'Archevêque de Bourges ou son Official. Arrêt du 26. Août 1606. *Corbin*, *suite de Patronage*, chapitre 192.

84 Un Curé ne peut refuser la publication d'un Monitoire, sous prétexte que le coupable du crime s'est venu confesser à luy, & luy a donné charge d'offrir les dommages & interêts. Arrêt du 29. Juillet 1630. fondé sur ce qu'il n'est pas permis à un Curé, ou autre Ecclesiastique d'éteindre & supprimer la preuve d'un crime qui va à la discipline publique, sous prétexte de confession, & de quelque satisfaction offerte; la décision en est formelle au Chapitre *de officio judicis ordinarii*, qui dit expressément *potest excommunicare authorem damni licet etiam ei confessus, sed tamen non nominatim, quia non ut judex sciat, sed ut Deus.* Bardet, to. 1. li. 3. ch. 116. il observe que l'Arrêt est cité dans du Frêne, li. 2. chap. 79. de la derniere édition du 29. Juin, mais que c'est une faute de l'Imprimeur.

85 Arrêts du Parl. d'Aix des 12. Decembre 1644. & 13. May 1647. qui ont déclaré abusif l'octroy de monition fait par le Juge d'Eglise, sans permission precedente, & sans instance. *Boniface*, to. 1. li. 1. tit. 2. n. 6.

MONITOIRE, RAPT.

86 En crime de rapt, l'on peut obtenir Monitoire, mais l'Official ne peut ordonner qu'il sera signifié à certaine personne. Arrêt du Parlement de Dijon du 11. Mars 1610. *Bouvot*, to. 1. part. 1. verbo, Rapt.

MONITOIRE, REAGGRAVE.

87 Le Juge ne peut ordonner que le Monitoire sera aggravé, sans avoir vû les revelations mises entre les mains sur spoliation d'hoirie, pour sçavoir si elles sont suffisantes. Arrêt du Parlement de Dijon du 18. Juillet 1609. *Bouvot*, to. 2. verbo, *Monitions*, *quest.* 11.

MONITOIRE, RECELEZ.

88 Arrêt du 15. May, par lequel il est dit que monitions, *ad finem revelationum* pour biens recelez entre coheritiers, quoyqu'ils fussent en procez, se peuvent publier *nomine dempto*. Bibliotheque de Bouchel, verbo, Appellations; & verbo, *Nomine dempto*.

89 Une partie qui se plaint de substraction ou latitation de pieces servans au procez pendant, comme en une matiere de servitude peut quelque fonds prétendu, elle peut demander, & on luy doit accorder de faire publier monition *nomine dempto*. Arrêt du P. de Paris du 4. Avril 1540. ce qui a lieu aussi contre ceux qui recelent les effets d'une succession. Jugé par autre Arrêt du 4. Août 1543. *Bibliotheque Canonique*, to. 2. p. 106. col. 1.

90 Permis de faire publier Monitoire pour soustraction de biens meubles. Arrêt du Parlement de Bretagne du 24. Mars 1562. *Du Fail*, liv. 2. chap. 208.

Voyez cy-après Recelé.

MONITOIRE, RECUSATION.

91 Le Curé qui se trouve parent, peut être recusé par l'une des parties. Arrêt du Parlement de Dijon du 28. Septembre 1609. *Bouvot*, to. 2. verbo *Monitions*, qu. 9.

MONITOIRE, REVELATION.

92 Si sur un Monitoire les témoins sont venus à revelation, le Juge doit de nouveau rediger leur déposition par écrit, sans s'arrêter à la premiere. Ainsi jugé. *Voyez Bouvot*, to. 2. verbo. *Enquête*, *quest.* 1.

93 S'il y a un Monitoire, & que les témoins soient venus à revelation, & que les revelations ayent été redigées par écrit par le Curé, & qu'après elles soient portées au Juge, il faut que le Juge redige par écrit, ce que le témoin a dit, autrement la procedure est nulle. Arrêt du Parlement de Dijon du 12. Avril 1606. *Bouvot*, to. 2. verbo, *Information*, *quest.* 6.

94 Il n'est pas permis au Curé de refuser les Sacremens, ou expulser de l'Eglise, celuy qui n'est venu à revelation, s'il n'est excommunié par Sentence. Arrêts du Parlement de Dijon des 22. Mars & 21. Octobre 1608. Ibid. verbo, *Monitions*, *quest.* 22.

95 En matiere criminelle, nos Procureurs & ceux des Seigneurs, & les Promoteurs des Officialitez, auront communication des revelations des témoins, & les parties civiles de leur nom & domicile seulement. M. Philippes Bornier, *sur cet art.* 11. du tit. 7. dit, On ne peut pas induire de cet article, que la partie civile soit obligée de faire recenser tous ceux qui viennent à revelation; si ç'eût été l'esprit de l'Ordonnance, elle n'eût pas oublié un point si important. Il n'est pas aussi permis à l'accusé, faute par la partie civile d'y proceder, de les faire oüir à sa Requête, sauf à l'accusé à nommer les témoins mis en la procedure de revelation, pour déposer en son Enquête d'Office, lorsqu'il sera admis à la preuve des faits justificatifs, comme il a été jugé par un Arrêt d'audience, donné en la Grand'-Chambre du Parlement de Grenoble le 8. Avril 1680. en faveur du sieur Baron du Molard, contre la Demoiselle d'Yseran, au sujet du testament fait par le sieur Desloges aux Eaux de Vichy; contre lequel ledit sieur du Mollard s'étoit inscrit en faux, & pour la preuve du faux avoit fait fulminer un Monitoire. Cet Arrêt est rapporté dans la dixiéme partie du Journal du Palais, & il a été donné sur le fondement des precedens Arrêts du même Parlement des années 1669. & 1677. par lesquels l'accusé qui vouloit forcer celuy qui avoit obtenu un Monitoire, à faire recenser tous ceux qui avoient revelé, avoit été débouté de sa demande.

96 Arrêt du Parlem. de Provence du 18. Janvier 1646. qui a jugé qu'après les articles & l'enquête reçûë, on peut faire publier Monitoire aux fins des revelations de preuve. *Boniface*, to. 1. li. 1. tit. 36. n. 1.

97 Arrêt du Parlement de Paris du 18. Février 1699. qui enjoint au Prevôt d'Andresy, lorsqu'il procedera à l'avenir à l'audition des témoins venus à revelation, en consequence des Monitoires publiez, de rediger mot à mot tous les faits desquels chacun des témoins pourra avoir connoissance, sans pouvoir se servir desdites revelations, que comme memoire seulement; & en procedant au jugement du procez du nommé Roy, d'entendre préalablement tous les témoins venus à revelation contre luy, en la forme cy-dessus prescrite, à peine de nullité, & de répondre en son propre & privé nom des dommages des parties. *Pratique des Officialitez*, par *Horry*, p. 95.

MONITOIRE, DROITS SEIGNEURIAUX.

98 Un Seigneur peut faire proceder par censure *nemine*

dempto, si son vassal adjourné pour exhiber ses titres affirme n'en avoir aucuns. Arrêt du 5. Juillet 1558. *Charondas, liv.* 2. *Rép.* 28.

MONITOIRE, SIGNIFICATION.

99 Le Juge ne peut ordonner que le Monitoire sera publié & signifié à la partie. Arrêt du Parlement de Dijon du 11. Octobre 1610. *Bouvot*, to. 2. verbo, *Monitions*, *quest.* 10.

99 bis. Sa Majesté ayant été informée qu'au Parlement de Guienne, lorsqu'il y avoit un Monitoire publié, on le faisoit signifier par un Prêtre à ceux que l'on croyoit pouvoir déposer; par Arrêt du Conseil d'en haut du 10. Août 1679. *a défendu les significations des Monitoires, soit par des Prêtres ou d'autres personnes que ce soit*. Le motif de cet Arrest est, d'autant que c'est contre l'ordre, qu'un Prêtre fasse une signification comme un Sergent, n'ayant point de serment à Justice, ny de pouvoir émané d'icelle. *Voyez Bornier sur l'art.* 5. *du tit.* 7. *de l'Ordonnance criminelle de* 1670. Le même Arrêt est rapporté dans *le Recueil des Edits & Arrêts, imprimez par l'ordre de M. le Chancelier*, p. 68.

MONITOIRE, Significavit.

100 *Significavit*. C'étoit un Monitoire qui s'obtenoit anciennement en Cour de Rome, & qui fut ainsi nommé à cause que ce mot y étoit employé ; car au lieu que dans les provisions de Benefices les mots *supplicat & orator* sont ordinaires, dans cette sorte de Monitoire, il y avoit toûjours les mots *significavit* que le Pape s'appliquoit, & *significans* qu'il appliquoit à l'impetrant. *Voyez*, touchant ces Monitoires, M. *Hevin sur Frain*, page 133.

101 Défenses au Prieur de saint Eloy, de faire publier un *Significavit* qu'il avoit obtenu de Rome, contre ceux qui avoient acquis en sa Censive, & luy devoient lots & ventes ; les Notaires & Procureurs de la Ville s'y opposerent. Arrêt du 7. Avril 1500. au Registre du Conseil. *Voyez la Biblioth. de Bouchel*, verbo, *Appellations comme d'abus*.

101 bis. Arrêt du Parlement de Bretagne en 1613. qui a déclaré abusives des Lettres monitoriales, en forme de *significavit*, même aprés le procez & jugement de *quousque*. On appelloit ainsi ces Lettres à cause qu'elles commençoient par ces *significavit*, elles s'obtenoient en Cour de Rome ; comme les Ordinaires ont une Jurisdiction, il faut s'adresser à eux. *Voyez Frain*, page 148. Hevin rapporte au même endroit un Arrêt ancien, qui fait défenses à tous Evêques & Curez de jetter, en faisant fulmination de *significavit*, le Livre & la Croix contre terre.

MONITOIRE, TÉMOINS.

101 *Abusiva non est monitio ex verbis* (*nemine dempto, nec consilio*) *oegique possunt patronus ac procurator ad testimonium*, Arrêt du 1. Decembre 1601. *Mornac, leg.* 2. *Cod. de testibus.*

103 Les témoins se revelans ensuite d'un Monitoire qui avoit été permis pour d'autres témoins, ne doivent être recensez. Jugé au Parlement de Grenoble le 5. Mars 1632. *Basset*, to. 1. li. 6. tit. 10. chap. 3.

104 Un recensement de témoins revelez sur un Monitoire, doit contenir au long toutes les dépositions des témoins. Arrêt du 15. Juillet 1644. de l'avis des Chambres, qui à faute de ce déclara la procedure nulle, parce qu'il n'en eût été opposé en premiere instance ny en la seconde, qu'après le procés remis. *Basset*, Ibidem, chapitre 2.

105 Du recensement de témoins qui se sont revelez. Jugé à Grenoble le 18. Decembre 1673. que l'accusateur qui a fait publier Monitoire, ne pouvoit être contraint de faire recenser que les témoins revelezque bon luy sembloit, parce que ce recensement sert lieu d'information; & on ne peut obliger un accusateur de se servir des témoins qu'il ne veut pas produire. *Basset*, to. 2. 9. tit. 3. chap. 1.

106 La partie civile n'est pas obligée de faire recenser tous les témoins, & ne le faisant pas, l'accusé ne peut les faire oüir en sa Requête, mais il doit attendre de les indiquer pour être oüis en son enquête justificative. Jugé à Grenoble le 8. Avril 1680. *Journ. du Palais.*

MONITOIRE, TESTAMENT.

107 Le Monitoire peut être octroyé sur l'empêchement que l'on dit avoir été donné de tester, comme étant un crime qualifié. Arrêt du Parlement de Dijon du 17. Juillet 1606. *Bouvot*, to. 2. verbo, *Legs*, qu. 3. *à la fin*.

108 L'on peut obtenir Monitoire sans proceder criminellement sur la supposition & suggestion d'un testament ou recelation. Arrêt du Parl. de Dijon du 28. Novembre 1611. *Ibidem*, verbo, *Monitions*, quest. 1.

MONNEAGE.

Voyez *l'Indice des Droits Royaux & Seigneuriaux* de M. François Ragueau, nouvelle édition de 1704. sous le titre de *Glossaire du Droit François*, verbo, *Monneage*, où il est dit, que c'est une aide de douze deniers pour feu, qui est dûë au Duc de Normandie, de trois ans en trois ans, afin qu'il ne fasse changer la Monnoye qui court en Normandie, au préjudice des Sujets & des Marchands étrangers : il est fait mention de ce Droit en la Chartre aux Normands, qui est du Roy Loüis Hutin, en l'an 1315.

MONNOYE.

DE *falsa Moneta.* C. 9. 24. ... C. Th. 9. 21. Paul 5. 23. §. 13.

Si quis solidi circulum exteriorem inciderit, vel adulteratam in vendendo subjecerit. C. Th. 9. 22. Contre les rogneurs de monnoye, & ceux qui exposent de fausses especes dans le Commerce.

Si quis pecunias conflaverit, vel mercandi causâ transtulerit, aut vetitas contrectaverit. C. Th. 9. 23. Contre les fabricateurs de monnoye, & ceux qui la transportent dehors, &c.

De murilegulis, & de Monetariis. C. 11. 7. ... C. Th. 10. 10.

De veteris numismatis potestate. C. 11. 10. Prix des anciennes especes.

De Ponderatoribus, & auri illatione. C. 10. 7t. C. Th. 12. 7. Officiers préposez pour peser les Especes.

De Monetariis, & Ponderatoribus apud Ægyptios. Edit. Just. 11. Devoirs des Monnoyeurs.

De mutatione Monetæ. Const. Justin. Just. 10.

Ut tam veterum principum, quam recentiorum numismata, modo justi ponderis, probaque materia sint, valeant. Leon. N. 51.

A qui appartient le droit de battre monnoye. *Lex* 12. tabb. *De triumviris monetalibus.*

Gabriëlis Biel, *Tractatus de potestate & utilitate monetarum cum variis Jurisconsultorum de monetis tractatibus.* col. 1574. in 8.

Guillelmus Orem *de monetis.*

Joannis de Capistrano *tractatus de monetis.*

Ant. Thesauri *de Variat. monetarum.*

De augmento & diminutione monetarum. Pet. Albert. Brunum.

De Monetis... Per Martin. Garrat. Landenseth. Per Franciscum Curtium.

De monetis & ipsorum valore. Per Joan. Raynandi.

De Monetarum potestat. atque utili. Per Joan. Aquilæ.

Grimaudet, Garraut, Badin & Malestroit, des Monnoyes, *in* 8. Paris.

Des privileges, franchises, libertez, & exemptions, octroyées aux Prevôts, Ouvriers, Monnoyers, & Officiers des Monnoyes du serment de France. *Ordonnances de Fontanon*, to. 2. li. 3. tit. 24. p. 1159.

Dissertation Historique sur quelques Monnoyes des Rois de France, vol. in 4. Paris 1689.

Traité des Monnoyes de France, par le Blanc, vol. in 4. Paris 1690.

Traité des Monnoyes, par Boissart, in 12. Paris 1691.

2 Voyez *Grimaudet* en *son Traité des Monnoyes*, où il parle de l'invention de la monnoye, de celuy à qui appartient le droit de la faire, de sa matiere, poids, marque, valeur, noms de ceux qui doivent l'approuver, qui la négocient, de ses changemens & mutations; comment se doivent payer les rentes, & du crime de fausse Monnoye.

3 Il n'appartient qu'au Roy de faire battre Monnoye, & quand & comment il peut la changer ? *Voyez M. le Bret*, en *son Traité de la Souveraineté*, li. 2. chap. 13.

4 Des Fabriques des Monnoyes ; c'est un Droit Royal qui n'est pourtant pas incommunicable ; les Ducs de Bourgogne & de Savoye, l'Archevêque d'Ambrun, les Evêques de Valence & de S. Pol-Trois-Châteaux, en joüissent. *Voyez Guy Pape*, quest. 39. 401. & 402. & *Papon*, li. 5. tit. 1. nomb. 1.

5 Le 13. Février du Parlement 1320. le Comte de la Marche frere du Roy, le Comte de Valois oncle du Roy, les Comtes de Clermont, du Mans, de Blois, & de Beaumont, se soûmirent au Jugement du Roy & de sa Cour de Parlement, pour réformer l'abus de leurs Monnoyes. Le 18. du même mois le Comte de Savoye pour son fils, le Comte d'Auxerre, le Seigneur de Scaly pour sa mere comme son Procureur ; le 23. Février, le Seigneur de Châteauroux pour luy & pour son pere ; le 24. Février, les Comtes de Sancerre de Vendôme, Loüis de Bronce & la Dame de Vicchon. *Corbin, suite de Patronage*, chap. 13.

6 En l'année 1463. le denier valoit, suivant l'Ordonnance du Roy, supputation faite de l'écu qui valoit en ladite année vingt-sept sols & six, la somme de deux sols trois deniers, & en l'année 1531. & 1532. l'Ecu au Soleil valoit la somme de quarante sols, & en 1538. par Ordonnance du Roy Henry du 23. Janvier audit an, jusqu'en l'année 1549. les écus furent mis à quarante-cinq sols, & depuis par Ordonnance du Roy Charles, du 17. Août 1561. furent mis à prix de cinquante sols ; & le denier d'or à raison de cinquante sols, valoit dix-neuf sols : & depuis, par autre Ordonnance du Roy Henry III. du 22. Septembre 1574. les écus furent mis à cinquante-huit sols, & le denier valoit vingt-un sol neuf deniers : par autre Ordonnance de l'année 1577. les écus furent mis à prix de soixante sols. A raison de quoy, supputation faite de l'écu & denier, le denier d'or valoir vingt-deux sols six deniers, comme de ce plus à plein, attestent lesdites Ordonnances, acte & Registre de la Monnoye. Fait à Toulouse dans le Bureau de la Monnoye, le 22. Janvier 1600. *Voyez La Rocheflavin*, liv. 2. lettre M. tit. 10. art. 1.

7 *Monetarum exterarum usum in suâ ditione prohibere, & pretium minuere an princeps possit ? Voyez Franc. Marc.* to. 1. quest. 152.

8 *Princeps, an nullus aliâ monetâ præter quam suâ utatur, an salvâ conscientiâ facere potest. Ibidem*, tome 1. quest. 186.

9 *Cudere monetam ad solum principem spectat, qui solus regalitis gaudet. Et si cui ex privilegio per viam contractûs concessum sit, revocari non potest. Voyez Ibid.* to. 2. quest. 206.

10 *Moneta falsitas quo modo detegatur? In monetâ quatuor principaliter exiguntur: videlicet, quantitas, pondus, materia & forma publica. Ibidem*, quest. 261.

11 *Rationum redditio non impedit quin nummi adulterini rejiciantur. Voyez Ibidem*, quest. 265.

12 *Princeps nummos externos neque minuere, neque usum prohibere sine magnatum consensu potest. Ibidem*, question 614.

13 *Monetam cudere, curare, & cursum monetæ dare, solius est principis. Voyez Ibid.* quest. 648.

14 *Consensus populi in monetarum retardatione vel proclamatione seu approbatione requiritur. Voyez Ibidem*, quest. 649.

15 *Nummorum experimentum facere, quibus liceat? Voyez Ibid.* quest. 650.

16 *Rex rescribendo provinciæ super reprobatione monetæ libertatibus dictæ derogare non videtur.* Voyez *Ibidem*, quest. 651.

AUGMENTATION OU RABAIS DES MONNOYES.

17 *Nummi redacti ex auctione publicâ, consignaticæ creditoribus pereunt, non debitori.* Arrêt du 3. Decembre 1594. *Mornac*, l. 21. ff. *de pignoribus, &c.*

18 Le creancier n'est tenu de recevoir des Monnoyes de son debiteur qui veut le rembourser qu'au prix de l'Ordonnance, qui lors du payement a cours. Arrêt du 9. Janvier 1584. *Charondas*, liv. 7. Rép. 211. Pour rabais des Monnoyes, il y a Arrêt du 17. Février 1666. Dans *de la Guessiere*, to. 2. li. 8. chap. 4.

19 Décry ou rabais des Monnoyes, tourne au péril du debiteur, qui a emprunté sous promesse de passer contrat de constitution. Arrêt du 19. Decembre 1634. qui condamne le debiteur à passer contrât de constitution, si mieux il n'aimoit payer la somme de 3000. liv. en monnoye, ayant cours & suivant le prix commun. *Bardet*, to. 2. li. 2. chap. 39.

20 Augmentation ou rabais des monnoyes, tourne au profit ou tombe à la perte du debiteur. Ainsi jugé le 2. Avril 1637. *Ibidem*, liv. 6. chap. 11.

21 Augmentation des monnoyes tourne au profit du debiteur, même d'un Banquier par Lettres de change. Arrêt du 3. Janvier 1638. *Ibidem*, li. 7. chap. 4.

COUR DES MONNOYES.

22 Des Generaux Provinciaux sur le fait des monnoyes. *Voyez Du Luc*, liv. 6. tit. 2. & *Filleau*, part. 2. titre 10.

23 De la Chambre des Monnoyes, & Jurisdiction. *Ordonnances de Fontanon*, tome 2. livre 2. titre 3. page 109.

24 Edit du Roy Charles IX. en Septembre 1570. du rétablissement & confirmation de la Cour des Monnoyes. *Ibid.* to. 4. p. 682.

25 Traité de la Cour des Monnoyes par *Constan*, 1. vol. in folio Paris 1658.

26 Voyez au *Recueil des Statuts & Ordonnances*, concernant les *Orfevres* p. 1024. & suivantes, plusieurs Arrêts pour & contre la Cour des Monnoyes.

27 Par l'Edit de la Souveraineté de la Cour des Monnoyes du mois de Janvier 1551. & l'Arrêt du Conseil Privé du 5. Septembre 1555. les Sujets du Roy peuvent être tirez des ressors des Parlemens. Voyez *la Rocheflavin*, li. 2. lettre M. tit. 10. où il explique la valeur des Monnoyes anciennes.

28 Un Juge subalterne & non Royal ne peut connoître de fabrication de fausse monnoye, mais bien de l'exposition ; ainsi jugé par plusieurs Arrêts. *Papon*, liv. 5. tit. 8. nomb. 1.

29 Les Ecclesiastiques qui commettront le crime de fausse monnoye, ou qui delinqueront dans les offices qu'ils tiennent du Roy, ne pourront s'aider de leur privilege pour ce regard. Ordonnances de François I. 1540. art. 98. Henry II. 1549. art. 20. le Conseil du Roy donna un Arrêt le 20. Septembre 1675. conformément à ces Ordonnances, entre le Procureur General du Roy en la Cour des Monnoyes, & le Promoteur de l'Official de Paris, sur le procés fait par le Prévôt General des Monnoyes, à deux Religieuses Professes de l'Ordre de S. Augustin, accusées du crime de Fausse-monnoye, lesquelles demandant leur renvoy pardevant leurs Juges, ont été renvoyées à la Cour des Monnoyes, pour être le procés instruit & jugé, à la visite & jugement duquel le Prévôt General des Monnoyes, pourra assister si bon luy semble, à la maniere accoûtumée, & sauf aprés le jugement du procés être par la Cour des Monnoyes fait droit sur le renvoy requis par le Juge d'Eglise pour le délit commun s'il y échet. *Borjon*, tome 3. page 1467.

30 Arrêt du Parlement de Provence du 2. May 1679. qui a jugé que le general des Monnoyes est incompetent à faire défenses aux Marchands Merciers de vendre & d'acheter des petits ouvrages d'or & d'argent &

de filagrame. *Boniface, tome 3. liv. 1. tit. 11. chap. 1.*

MONNOYE FAUSSE.

31 De la fausse-monnoye. *Voyez* le mot *Faux, nombre 87. & suiv.*

32 Le procés ne peut être fait à un homme qui use d'alchimie, qui change les métaux en autre matiere, comme de l'étain en argent, du cuivre en or. Arrêt du Parlement de Dijon sans date, rapporté par *Bouvot, tome 2. verbo, Monnoye, quest. 7.*

OFFICIERS DES MONNOYES.

33 Du Reglement des Monnoyes & Officiers d'icelles. *Ordonnances de Fontanon, tome 2. liv. 2. tit. 4. p. 109. De officiis Monetariorum.* Voyez *Franc. Marc. tome 2. quest. 263.*

34 Par Arrêt du 29. Novembre 1531. un Monnoyeur ayant eté institué Tuteur par Sentence des Présidiaux de Nantes, la Sentence fut confirmée sur la notorieté que la Monnoye n'étoit ouverte, & que les Monnoyeurs n'y travailloient. Jugé pareillement au Parlement de Paris qu'un Officier de la Monnoye de Paris demeurant à Nantes, ne joüiroit de l'exemption, s'il n'étoit actuellement resident, bien qu'on alleguât qu'il servoit par quartier. *V. Peleus, liv. 5. art. 47. le 18. Plaidoyé de Puimisson & Du Fail, liv. 2. chap. 152.*

35 Les Paroissiens de Vern contre les Monnoyeurs. Le jugement du Sénéchal de Rennes est confirmé, par lequel il débute les Paroissiens qui concluoient à contribution de foüage, & ordonne suivant les lettres obtenuës par les Monnoyeurs en Janvier 1544. qu'ils seront exempts pendant le temps qu'ils seront actuellement travaillans aux Monnoyes, & demeurans dans les fins & metes contenuës par les Lettres; défenses aux Maître, Garde, & Officiers des Monnoyes de n'en abuser. Arrêt du Parlement de Bretagne du 18. Mars 1555. *Du Fail, liv. 2. chap. 32.*

36 Pour les Ouvriers de la Monnoye de Paris. Arrêt du 7. Juin 1571. touchant la maladerie du Recolle. *Le Vest, Arrêt 111.*

37 Le 16. Avril 1576. au Parlement de Bretagne, il fut ordonné que les Lettres de confirmation des privileges obtenus par les Prévôts, Ouvriers, & Monnoyers de ce pays, seroient enregistrées ainsi que par le passé, à la charge que suivant les Arrêts des dernier Septembre 1548. & 27. Octobre 1553. les Monnoyers, & Ouvriers reçûs au serment des Monnoyes de Rennes & Nantes seront demeurans en icelles villes & fauxbourgs ou jusques à trois lieües prés & non plus loin, & qu'à-venant ouverture des Monnoyes, ils seront tenus y venir actuellement travailler en personne, & sans approbation de la clause par laquelle le Roy declare les impetrans, leurs femmes, & familles, francs & quittes, & exempts de Jurisdiction de tous Juges autres que la Jurisdiction des Aydes à Paris ou Prévôt dudit lieu, excepté le cas de larcin, rapt, meurtre, nonobstant laquelle clause la Cour a ordonné que les impetrans seront tenus répondre & procéder pardevant leurs Juges ordinaires de Rennes ou Nantes, en toutes causes, matieres Civiles & Criminelles, & en cas d'appel en la Cour. *Du Fail, liv. 2. chap. 559.*

38 Les Monnoyers furent declarez exempts du devoir du sel & liard pour pot de la ville de Rennes, par Arrêt du Parlement de Bretagne du 8. Janvier 1604. mais ils furent condamnez payer le devoir des Etats, par Arrêt du 11. May 1608. *Sauvageau sur Du Fail, liv. 2. chap. 207.*

39 Aprés plusieurs Arrêts contraires tant au Parlement de Toulouse qu'en la Cour des Aydes de Montpellier Arrêt est intervenu au Conseil d'Etat, le 8. Mars 1608. portant que les Monnoyers joüiront des exemptions des Tailles-personnelles, peages, passages & cotisations qui se levent és villes de leurs demeures, Tutelles, Curatelles, sequestres & dépôts, & autres privileges, excepté des tailles qui s'imposent sur les biens ruraux, équivalent, droit forain, traite Domaniale & d'entrée en la Province. *Voyez le 18. Plaidoyer de Puimisson.*

MONNOYE, PAYEMENT.

Voyez cy-dessus le nombre 17. & suiv.

40 Le changement qui arrive au prix des monnoyes, fait souvent naître des difficultez : celuy qui a promis 100. florins, si le terme du payement étant échû, le prix des florins est diminué, doit neanmoins payer 100 florins en ajoutant pour remplir le prix qu'ils avoient au temps de la promesse. On considere en ces payemens, qui ne sont pas reiterables, le temps où la dette a été conçuë, tellement que ni par le rehaussement ni par le rabais du prix de ces especes, le Creancier ne doit ni gagner ni perdre; mais aux payemens reiterables, comme aux ventes, aux censes & aux pensions, en quelque espece de monnoye que le payement soit promis, elle ne peut être refusée de quelque prix qu'elle soit alors; on l'observe ainsi. *V. Guy Papé, qu. 492. & 493.*

41 L'Abbé de Cluny avoit Coûtume & possession d'exiger & lever sur ceux qui luy devoient rentes annuelles en forte monnoye, & ayant égard à la valeur intrinseque. La Cour par Arrêt de 1393. reforma cette Coûtume, retrancha à l'Abbé ce qu'il levoit outre la valeur commune, & taxa le sol à 12. deniers, le franc à 16. sols parisis, le blanc à 4. deniers parisis, ce qui causa de perte à l'Abbé 1000. liv. de rente. *Papon, liv. 10. tit. 5. nombre 5.*

42 Le Receveur de Laon avoit vendu à M. Jean Bodin, une maison sise à Laon 1500. liv. que Bodin devoit fournir au solliciteur des restes de l'acquit du Receveur, paction faites entre-eux, *sine scripto*, que de l'argent délivré au Solliciteur selon l'Edit du Roy, le surplus seroit baillé au vendeur au fur & raison du cours que la monnoye avoit pour lors ; Arrêt du 21. Novembre 1581. qui met les parties hors de Cour & de procez, parce que cette paction est contre l'Ordonnance. *V. la Biblioth. de Bouchel, verbo, Monnoye.*

43 La dot se doit rendre eu égard à ce que les especes valoient au temps du mariage. Arrêts des 1. Juillet 1577. & 26. Mars 1583. *La Rochestavin, liv. 6. tit. 41. Arrêt 8.*

44 On est obligé de se payer de la monnoye ayant cours, bien que foible. Arrêt du Parlement de Grenoble du 4. Novembre 1593. Autres Arrêts des 21. Février & 17. Mars 1607. qui ont jugé que le payement ayant eté fait en monnoye foible, d'une somme prêtée en bonne & forte monnoye, le Créancier pouvoit demander le supplément. *Voyez Basset, tome 1. liv. 4. tit. 17. chap. 2.*

45 En Contracts de constitution de rente ou obligation en écus d'or, bien que rachetables par clause expresse en mêmes especes d'écus d'or, le rachat peut être fait à raison de 60. sols; ainsi jugé en conformité de l'Edit de Monceaux en 1602. au Parlement de Paris le 21. Janvier 1626. Le même jugé à Bourdeaux. Ces Arrêts & cet Edit n'ont lieu que pour les rentes constituées en écus d'or au soleil monnoye de France qui a son prix ordinaire, & non pour celles qui sont constituées en pistoles ou écus d'or, monnoye d'Espagne qui est étrangere. *Basset, tome 2. liv. 6. tit. 9. chap. 6.*

48 Arrêt du Parlement de Paris du 17. Janvier 1613. qui declare nulles les offres faites en monnoye étrangere, & qui fait defenses aux Juges de Boulogne d'en permettre le cours, à peine d'en répondre en leurs noms. *Bardet, tome 1. livre 1. chapitre 107.*

49 Dans les payemens on peut donner les monnoyes comme elles ont cours, quoyque le pied en soit plus haut que celuy des Edits. Jugé au Parlement de Mets le 2. Janvier 1638. contre un Marchand qui refusoit de les prendre, quoyqu'il en eût exposé au même prix, dont la preuve fut admise. *Voyez le 17. Plaidoyé de M. de Corberon,* il conclut à ce que le debiteur fut tenu de délivrer les especes aux taux des Edits.

50 Il faut payer en même monnoye qu'on a promis s'il importe au Créancier, *l. 3. ff. de reb. cred.* c'est pourquoy en la cause d'Aytal & Mazars Marchands de Toulouse, le debiteur fut condamné à payer en Valen-

ciennes, qui étoit une monnoye d'Espagne qui valoit 29. sols, par Arrêt du Parlement de Toulouse du 5. Juin 1640. si mieux il n'aimoit payer la valeur des valenciennes à 29. sols, parce que le prix y étoit fait. Le débiteur disoit qu'elles ne valloient que 21. sols & ne les vouloit payer qu'à ce prix-là. *Albert*, verbo, *Monnoye*.

51. Le 16. Avril 1642. en la cause de Lafont Marchand de Toulouse, contre un Marchand de S. Girons que Lafont avoit payé audit lieu en pieces de Catalogne le 5. du mois après que ces pieces avoient été décriées à Toulouse le 2. du même mois; Lafont disant qu'il ignoroit ce décri, & soûtenant qu'il avoit voulu payer en or; mais que le Marchand avoit mieux aimé de la monnoye de Catalogne pour son commerce, il y eut partage lequel ne fut pas jugé à cause que les Parties s'accorderent. *Ibidem*.

52. Si on est recevable à payer en monnoye décriée, le jour avant que le décri doit commencer? Arrêt du Parlement de Toulouse du 7. Février 1640. en faveur d'un débiteur emprisonné, lequel alleguoit que l'Edit qui décrioit certaines monnoyes, n'étoit pas encore publié lorsqu'il avoit offert le payement. Autre Arrêt du 20. May 1654. qui a jugé contre Cardon Banquier, qu'on pouvoit anticiper le payement d'une Lettre de change, quoyque la monnoye dût diminuer huit jours après. Neanmoins il a été jugé le 4. Février 1666. que la consignation de 3000. liv. n'étoit pas bonne; il y avoit cette différence qu'elle avoit été faite le jour auquel la publication du rabais des écus avoit été faite à 58. sols, & le debiteur n'étoit pas prisonnier. *Albert, ibidem*.

53. Si le payement d'une obligation ou cause de prêt, ou d'une constitution de pension en écus d'or sol & de poids se doit faire en même espece, ou à la valeur d'icelle au temps du Contract ou des payemens? *Voyez Basset*, tome 2. liv. 6. tit. 9. chap. 6.

Voyez les mots, *Especes* & *payement*.

54. Le Parlement de Dauphiné avoit suivi cette distinction avant l'Edit de Poitiers, qu'au cas que les écus eussent été estimez par le Contract, *verbi gratiâ*, s'il y avoit été dit qu'ils valoient certaine quantité de livres ou florins, *quæ nomina sunt quantitatis potius quàm speciei*, en ce cas l'estimation portée par le Contract avoit lieu. Après l'Edit de Poitiers on en a jugé autrement, on a seulement eu égard à la valeur extrinseque de l'écu, *non autem* à ce que le Contract portoit que le debiteur payeroit *in certâ nummorum specie*. Arrêt du 21. Juillet 1618. Depuis la Cour a condamné le debiteur à payer les especes contenuës dans l'obligation à la valeur du temps present lors de l'Arrêt avec intérêts depuis la demande, sur le pied de la valeur au temps de l'obligation. Arrêts des 13. Novembre 1620. & 11. Mars 1643. *Voyez Basset*, tome 2. liv. 6. tit. 9. chap. 6.

MONNOYE, RENTES.

55. Monnoye en laquelle se fait ou doit faire le payement des rentes? *Voyez* le mot, *Rentes*, nombre 194. & suivant.

56. La rente se doit payer en la monnoye convenuë quoyqu'elle soit depuis décriée. Arrêt du Parlement de Paris du 11. Février 1328. Extrait des *jugez de l'an 1328.* nombre 2. & *Corbin*, suite de Patronage, chapitre 149.

57. Arrêt rendu au Parlement de Grenoble le 8. Août 1656. qui permet de racheter au prix de trois livres pour écu une pension constituée en écus d'or sol. *Voyez Basset*, tome 1. liv. 4. tit. 17. chap. 2.

58. Quoyque des rentes ayent été créées au temps du desordre des monnoyes, la reduction n'en peut être demandée, s'il paroit qu'elles ont été constituées en argent permis par les Reglemens du Prince. Jugé au Parlement de Tournay, contre le sieur Baron de Landas, le 22. Decembre 1693. *Pinault*, tome 1. Arrêt 16.

59. Un débiteur poursuivi en reconnoissance d'une rente créée au temps du desordre des monnoyes, s'il n'est fait mention dans le Contract que les monnoyes étoient de celles permises, peut avant de consentir à la reconnoissance, demander la reduction de la rente aux termes des Edits. Jugé au Parlement de Tournay le 10. Janvier 1696. *Voyez M. Pinault*, tome. 1. *Arr.* 84.

MONOPOLE.

DE Monopoliis. Lex 12. *tabb*. *t*. 13. *c*. 4. *De Monopoliis, & conventu negotiatorum illicito, vel Artificum, Ergolaborumque, nec non Balneatorum prohibitis illicitisque pactionibus*. C. 4. 59. Ce Titre a trois parties; la premiere est des Monopoles ou accaparemens de marchandises; la seconde defend aux Marchands une intelligence & conspiration pour vendre trop cher certaines choses; & la troisiéme regarde les Ouvriers & Artisans. *Ergolaborum nomen significat Redemptores*, *qui opus conducunt faciendum*: Ouvriers, Entrepreneurs.

De lege Juliâ de annonâ. D. 48. 12... *Inst*. 4. *ult*. §. *ult*. Des monopoles & amas de denrées pour les faire encherir.

Celuy qui veut acheter par decret & qui promet une somme à un autre qui veut encherir, est reputé être monopole. Arrêt du 26. Novembre 1569. *Carondas*, liv. 4. *Réponse* 81. Voyez les mots, Concussion, Exaction, Peculat.

MONSTRE.

MOnstre. *Monstrum*. *Portentum*. *Ostentum*. Définition de ce mot. *Ostentum*. L. 38. D. de *verb. sign*... L. 135. *eod*.

De partu deformi & monstroso. L. 135. D. de *verb. sign*... Lex 12. *tabb*... Par la Loy des douze Tables, il étoit permis au pere de faire mourir l'enfant monstrueux.

Les monstres qui n'ayant pas la forme humaine, sont incapables de succeder, & neanmoins sont comptez au nombre des enfans, pour conserver aux peres des privileges & exemptions. *Voyez le* 1. *tome des Loix Civiles*, *au Livre préliminaire, tit*. 2. *sect*. 1. n. 14.

Arnaldus Sorbinus, *de monstris quæ à temporibus Constantini tunc usque ortum habuerunt*.

MONT.

MONT DE PIETE'.

Pieuse & avare invention, qui a ses partisans & ses critiques.

Mont de Pieté: Bourse & Magasin public, pour prêter sans usure de l'argent & autres choses necessaires, à ceux qui sont dans le besoin. Plusieurs croyent que le Pape Leon X. fut le premier qui autorisa cette pieuse invention pour soulager les pauvres, par une Bulle qu'il donna en 1515. Mais ce Pape y fait mention de Paul II. qui avoit approuvé l'établissement des Monts de Pieté, avant luy. Il y en a de deux sortes: quelques-uns ne sont établis que pour un temps, & d'autres à perpetuité; parce que l'on fait un fonds suffisant, qui se conserve toûjours, en observant un Reglement qui empêche la dissipation. Les conditions les plus ordinaires sont. 1. Que le Mont de Pieté ne serve qu'aux personnes du lieu où il est établi, & non pas aux étrangers. 2. Que le prest ne se fasse que pour un temps limité. 3. Que ceux qui empruntent donnent des gages, que l'on puisse vendre après l'expiration du temps, pour la conservation du fonds. 4. Que ceux à qui l'on prête, donnent quelque peu de chose pour les appointemens des Officiers necessaires, le loyer du Magasin, & autres frais inévitables. Il y a aussi des Monts de Pieté, dont les Directeurs empruntent de grandes sommes, à la charge d'en faire une rente mediocre; & ces sommes font un fonds capable de fournir aux besoins de toutes sortes de personnes, qui remboursent la rente, à proportion des sommes qu'ils ont empruntées: & cet établissement se fait par l'autorité du Prince. Le plus ancien Mont de Pieté, dont il soit parlé dans l'histoire, est
celuy

celui que l'on établit à Padoüe l'an 1491. où l'on fit fermer douze Banques de Juifs, qui exigeoient le quint, ou la cinquiéme partie du principal pour usure, au lieu de quoy on ne prit que la vingtiéme partie. Cette coûtume, qui a commencé en Italie, a passé ensuite dans les autres Pays; & il y a plusieurs de ces Monts de Pieté dans les Pays-Bas, comme à Bruxelles, à Anvers, à Gand, &c. Il y en a mesme à Bruges, à Ypres & à Lille, où ceux qui empruntent donnent seulement des gages, parce que les Fondateurs ont laissé des sommes pour fournir aux frais. Zechus, *de usuris.* Scardeoni, *Hist. Patav.* Beyerlink, *tome 5.*

3 *De monte Pietatis*, per Thom. de Vio-Cajetanum.
Per Franc. Papafava Patavinum.
Per Fratrem Vicentium Zacharum.
Per Fratrem Fortunatum Peresinum.
Per Fratrem Ludovic. de la Turre.
& per Fratrem Philippum de Rotingo.

4 Bernardi de Busto, *defensorium.*
Laurentius Rodulphus, *de usur. sive defensorium montis pietatis.*

5 Joannis Baptistae de Rosellis, *de sacro monte pietatis consilia.*

6 M. Philippes Bornier, en son *Commentaire & Conference des Ordonnances,* tit. 6. de l'Ordonnance de 1673. art. 9. parle du Mont de Pieté d'Amsterdam.

7 De l'établissement d'un Mont de Pieté dans toutes les Villes & Justices du Royaume, par Loüis XIII. au mois de Février 1626. V. Joly *des Offices de France,* tome 2. page 1496.

8 Par l'Edit de création des Offices de Commissaires aux Saisies Réelles, verifié au Parlement le 6. Mars 1626. il y a eu établissement de Mont de Pieté, sous certaines limitations, que l'on croyoit devoir apporter quelque sorte d'utilité; mais l'effet s'étant trouvé contraire à ce que l'on en attendoit, cet établissement n'a pas subsisté: au contraire, l'Edit a été révoqué par l'article 19. d'une Declaration du 24. Mars 1627. sur le même Edit, & par un Arrêt du Conseil d'Etat du dernier Juillet ensuivant.

9 Dans le cas de conscience, il faut renvoyer la décision *ad Theologos, & non ad Jurisconsultos.* Voyez cy-aprés, *Usure,* crime qui est de la competence de ceux-cy, & sur la punition duquel le grand nombre des coupables a beaucoup fait relacher. Il y a des vices de mode, & des passions dont les hommes s'accoûtument enfin à ne plus rougir.

MONTAGNES.

Princeps in suo territorio de jure communi fundatus est quo ad montes & alia vacantia. Voyez Franc. Marc. tom. 1. quest. 297.

MONTAUBAN.

LA Ville de Montauban, bâtie au mois d'Octobre 1144. & parvenuë au Domaine de la Couronne en 1277. *Extr. des Registres des Jugez du Parlement de l'an 1320. fol. 135.*

MONTBRISON.

LE Seigneur Engagiste de la Ville de Montbrison a la nomination des Prébendes & Chanoinies de l'Eglise de Nôtre-Dame de la même Ville; mais le Roy a la Collation. Arrêt du Conseil Privé du 16. Février 1655. rapporté par Henrys, *tome 2. liv. 1. q. 4.*

MONTPELLIER.

LE Gouvernement de Montpellier n'est compris sous la Sénéchaussée de Beaucaire. V. Philippi, *és Arrêts de consequence de la Cour des Aydes de Montpellier,* art. 68.

MORT.

1 DE *mortuis coemeterio restituendis.* Voyez le Traité fait per *Laurentium Belum Romanum.* Tome II.

Voyez les mots, *Cimetiere, Enterrement, Sepulture.*

2 *De morte, quando & qualiter probetur*, per Bartholum à Saxo-Ferrato.

MORT NATURELLE.

3 On ne peut présumer la mort d'un homme par l'absence de sept, huit, & neuf ans, & celuy qui agit demandant la succession, fondé sur la mort, est tenu la prouver, *actore non probante, reus est absolvendus.* Arrêt du Parlement de Bourgogne de l'an 1576. Bouvot, *to. 1. part. 3. verbo, Mort.*

Voyez le mot, *Absent.*

4 En matiere de conventions & conditions de stipulations, le cas de mort s'entend de mort naturelle, & non de mort civile, & encore que par le droit, en quelque cas, la mort civile soit comparée à la naturelle, *ut in L. 13. sed & si mors. ff. de donat. inter. vir. & uxor.* toutefois en matiere de stipulations, regulierement *mortis appellatione, naturalis tantum intelligitur*; tellement que le bail fait à vie de certaines personnes, n'est point fini par la profession Monastique d'un d'iceux, *licet alioqui solâ capitis minutione finiatur etiam usufructus; scilicet maximâ & mediâ.* Instit. de usuf. parce qu'en ce cas, quand quelqu'un change la vie seculiere en monastique, *neque capite minui, neque mori vera intelligitur*; & bien qu'on dise que les Religieux soient morts au monde, cela s'entend pour n'être plus habiles à succeder & contracter, & faire tous autres Actes seculiers; mais non pas qu'ils semblent être *capite minuti,* ni être morts civilement. Ainsi jugé au Parlement de Paris le 8. Juillet 1603. M. Bouguier, *lettre M. n. 4.*

5 Arrêt du Parlement de Provence du 8. Avril 1688. qui a jugé que l'heritier fideicommissaire doit prouver la mort de l'heritier grevé, & que la mort n'est pas présumée par l'âge de 70. ans de l'heritier grevé, mais par celle de 100. ans. Boniface, *tome 4. livre 9. titre 2. chapitre 7.*

MORT DU BENEFICIER.

6 De la mort du Beneficier qui donne lieu à la vacance du Benefice, comment elle s'entend, & de quelle maniere elle se prouve? V. Lotherius, *de re Beneficiariâ, li. 3. quest. 10.* Au nombre 61. il établit cette maxime, *magis creditur testibus affirmantibus aliquem esse vivum quam afferentibus esse mortuum.*

VENGER LA MORT.

7 Factum pour Messire Arnaud d'Hosten, Conseiller du Roy en ses Conseils, second Président en la Cour des Aydes de Guyenne, intimé & appellant d'une Sentence.

Contre Ambroise & Gregoire d'Hosten, appellans de la même Sentence.

Un homme n'est point indigne de la succession de son frere, dont il a été institué heritier universel, pour n'avoir point vengé sa mort, & quoy qu'il l'ait fait mettre en prison par ordre des Maréchaux de France. Voyez le *Recueil des Factums & Memoires imprimez à Lyon chez Antoine Boudet en 1710. tome 2. page 73.*

MORT CIVILE.

8 DE ceux qui sont morts civilement. Voyez le 1. to. des *Loix Civiles, au Livre préliminaire, tit. 2. sect. 2. nombre 12. & Papon, liv. 24. tit. 15.*

9 De l'ouverture des successions qui arrivent par la mort civile. Voyez le Brun, *des Successions, liv. 1. chapitre 1. section 2.*

10 Mort civile du Donateur ou Donataire. Voyez le mot, *Donation, n. 666. & suiv.*

11 Factum, pour Jacques de Netz Ecuyer, sieur de la Veroniere, Demandeur.

Contre Maître Jean Trahan, cy-devant Procureur en la Cout, & Damoiselle Magdelaine le Gendre sa femme, &c. Défendeurs.

I. Question. Si une veuve, qui fait profession de la Religion Prétenduë Réformée, étant sortie du Royau-

EEeee

me, est morte civilement, & a donné lieu à l'extinction de son doüaire?

II. Question. En supposant la mort civile de cette veuve, si son doüaire est seulement confisqué, ou s'il est éteint? Voyez le Recüeil des Factums & Memoires imprimez à Lyon chez Antoine Boudet en 1710. tome 1. page 270.

12 La femme perd son doüaire par la mort civile. Voyez le mot, Douaire, n. 156.

13 S'il y a ouverture au fideicommis par la mort civile? Voyez le mot, Fideicommis, n. 165. & Henrys, tome 2. liv. 4. quest. 36.
Voyez cy-aprés le nombre 30.

14 Les enfans morts civilement, n'excluront point celuy qui est substitué au cas du décés sans enfans; autre chose est si les enfans sont exheredez par le pere grevé, ou répudient son heredité. Peregrin. art. 28. n. 51. & 52. Vid. Mornac, ad L. ult. C. de his qui ven. atat. impet. ubi des Galeres perpetuelles, id. Grassus. §. fideicommissum, quest. 32.

15 La mort civile de l'homme vivant & mourant, ne fait point ouverture au Fief. Voyez le mot, Fief, n. 90.

16 Si la mort civile par la condamnation aux galeres, a pareil effet que la naturelle? Voyez le mot, Galeres, nombre 20. & suiv.

17 Si la mort civile d'un Religieux est égale à la naturelle, & si le substitué au cas qu'il decedât sans enfans, peut prétendre les biens? V. Bouvot, tome 1. partie 3. verbo, Testament, quest. 1.

18 Mors civilis morti naturali, non, nisi in casibus à jure expressis, comparatur. Voyez Franc. Marc. tom. 1. question 911. n. 5.

19 La mort civile n'est pas comparable à la mort naturelle. V. Philippi, és Arrêts de la Cour des Aydes de Montpellier, art. 155.

20 La mort civile n'est pas en tout comparée à la mort naturelle, entre les conjoints par mariage; ce qui dépend de la mort, s'entend de la naturelle ; ainsi le doüaire ne peut être demandé avant qu'elle soit arrivée, & le mari retient la faculté de revoquer la donation faite constante matrimonio, jusqu'au moment de sa mort naturelle. L. sed si mors ff. de Donat. int. vir. & ux.

21 Ce qui a lieu dans le cas de la mort naturelle, ne s'étend point aux cas de la mort civile ; c'est une maxime reçûë par tous les Docteurs. Voyez Du Moulin, sur la Regle de publicandis, n. 47. & suiv. Il y a pourtant des cas où il faudroit l'étendre ; la mort naturelle n'ayant été prévûë, & marquée que comme la plus ordinaire.

21 bis. La mort civile n'est pas toûjours semblable à la naturelle. Voyez Charondas, li. 13. Rép. 61. & Anne Robert rerum judicat. liv. 4. chap. 16. où il traite an mors civilis eundem sortiatur effectum quem mors naturalis. Voyez M. Loüet lettre C. som. 26. où il est dit qu'elle donne ouverture à la repetition des conventions matrimoniales de la femme ; autre chose est des conventions conditionnelles qui sont stipulées en cas de prédecés. Voyez Brodeau sur M. Loüet lett. F. somm. 11.

22 Le Roy Henry II. tenant son lit de Justice, il fut jugé que l'absent condamné à mort par contumace étoit reputé vivant, & que la convention portée par le contrat de mariage, ne s'entendoit que la mort naturelle & non de la mort civile. Jugé le 4. Juin 1549. Tronçon Coût. de Paris art. 280. In verbo du premier mourant.

23 Mort civile a même effet que la naturelle, à l'égard des conventions matrimoniales, dons, doüaire & dot, usufruit. Arrêts du Parlem. de Paris du 14. Avril 1567. & 4. Août 1550. Papon, liv. 4. tit. 15. où il cite l'Arrêt du mois de Juin 1549. mais il le date du 20.

24 Si la reprise d'une somme est stipulée par une femme avenant le décés de son mary, elle peut être demandée en cas de separation de lieu ? Arrêts des 3. May 1575. & 7. Janvier 1605. Bibliotheque de Bouchel, verbo, Mort civile.

Donation en faveur de mariage, ne retourne point 25 au pere par mort civile, si donatarius verè supervixit. Arrêt du 5. Juin 1579. La Rocheflavin, liv. 2. lettre M. tit. 4. Arr. 33.

L'art. 20. du tit. 4. de la Coût. de Bourgogne por- 26 te, si la femme veut demeurer quitte & déchargée de payer la moitié des dettes, elle sera tenuë de soy descindre, & laisser sa ceinture sur la fosse de sondit mari, incontinent aprés l'enterrement d'icelui, &c. il semble que ces derniers mots s'entendent uniquement de la mort naturelle; cependant il a été jugé au Parlement de Dijon, le 20. May 1588. que cet article avoit lieu au cas de la mort civile du mari condamné par contumace en dernier ressort. Taisand, sur cet article, n. 2.

Un condamné par contumace est reputé vivant, & 27 n'a lieu la convention stipulée par contrat de mariage, si tel décede le premier, d'autant qu'il n'est à présumer, qu'en contrat de mariage, la stipulation du décés ait été entenduë par les parties, d'une condamnation civile, melius ominandum. Arrêt du 14. Juin 1613. Autres auparavant des 7. Janvier 1605. & 13. Mars 1605. M. Loüet, lett. C. som. 26.

Par Arrêt de la Nôtre-Dame de Septembre 1630. 28 rapporté par Montholon, Arr. 155. il a été jugé qu'en fideicommis, ou substitution la mort civile n'est reputée pour mort naturelle, suivant la Loy si status foras. §. Cornelio felici. Cod. de jure fisci, & la Loi in stipulatione L. ex eâ parte. §. insulam de verb. obligat. ubi deportato reo promittendi stipulatio in ejus mortem concepta, committitur.

Un Demandeur en excés pour amendes à luy aju- 29 gées contre un homme condamné aux Galeres perpetuelles, se pourvut par voye de saisie sur les biens du fils, prétendant que l'usufruit en appartenoit au pere. Arrêt de la Chambre de l'Edit de Castres du 3. May 1631. qui fait main levée au fils, attendu que par la mort civile du pere, l'usufruit étoit consolidé à la proprieté. Cet Arrêt est rapporté par Boné, part. 2. Arr. 21.

La mort civile ne suffit pas pour donner lieu à l'ou- 30 verture d'un fideicommis, il faut attendre la naturelle. Arrêt du Parlement de Grenoble du 17. Février 1633. Basset, to. 1. li. 5. tit. 9. chap. 6. il cite M. Dolive, li. 5. chap. 16.
Voyez cy-dessus le nombre 13.

La mort civile fait échoir toutes conventions matrimoniales. 1. fors l'ajancement. M. Coquille, inst. de doüaire, id. Loüet & Brod. lit. C. n. 26. & lit. L. n. 14. id. Bacquet just. ch. 15. n. 61. in doario, id. Coquille quest. 150. in doario, id. Mornac ad l. ult. C. de his qui ven. atat. in doario, 1. id Coquille quest. 11. id. Peleus in doario lib. 6. chap. 34. id. Maichin. in doario tit. 9. art. 2. ch. 1. vid. l. 121. §. 2. ff. de verb. oblig.

Pat Arrêt du 8 Février 1638. President M. le Premier, 31 plaidans la Roche le jeune & Boisson, jugé à Bourdeaux que la mort civile du mary ne faisoit point échoir l'ajancement ; & jugé aussi que quoyque la femme fût morte dans les cinq ans de la condamnation à mort du mary par défaut, neanmoins le mary ne s'étant point representé dans les cinq ans, l'ajancement ne luy étoit point acquis. La Peirere, lettre M. n. 53.

Par Arrêt du Parlement de Paris, du 6. Février 1642. 32 rapporté par Du Frêne en son Journal des Audiences, li. 3. chap. 85. jugé qu'il n'y avoit point d'ouverture au fief par la mort civile de l'homme vivant & mourant. Et par autre Arrêt du 25. May 1660. jugé en l'Audience de la Grand'-Chambre, qu'en matiere de fideicommis ou substitution, la mort civile étoit reputée pour mort naturelle, & qu'elle produisoit le même effet. L'Arrêt du 6. Février 1642. est aussi rapporté par Bardet, to. 2. li. 9. ch. 20.
Voyez Brodeau, sur M. Loüet lett. L. somm. 14.

La mort civile ne dispense point les enfans de pren- 33 dre les consentemens de leurs peres condamnez. Arrêt du 14. Août 1673. qui a cassé un mariage, parce que la fille n'avoit pas pris le consentement de son pere condamné par défaut. *La Rocheflavin, livre 2. lettre M. Arr. 36.*

34 La mort civile ne fait point ouverture à la substitution, & celuy en faveur de qui les biens sont substituez, doit attendre la mort naturelle du condamné. Arrêts des années 1666. & 6. Mars 1671. *Ibidem, lettre M. titre 4. Arr. 33.*

35 Si une femme refugiée en Hollande, à cause de sa Religion, est réputée morte civilement? Si au cas de cette mort civile le doüaire préfix de cette femme est éteint, en sorte que les creanciers ou parens, en vertu de la Declaration du mois de Mars 1689. n'en puissent prétendre les arrerages échus & à échoir pendant sa vie naturelle? Arrêt du 13. Mars 1692. qui appointe les parties. *Journal des Audiences, to. 5. liv. 8. chap. 6.*

36 La prison perpetuelle emporte morte civile de la personne du Beneficier. *Voyez M. Charles Du Moulin, sur la Regle de public. n. 111.*

De la mort civile qui arrive par la profession Religieuse. *Voyez Hevin sur Frain, page 887.*

La Regle *de Infirmis Resignantibus*, ne se doit & ne se peut entendre que de la mort naturelle & non de la mort civile du Resignant. *Voyez M. Charles Du Moulin sur cette Regle, nombre 351.*

Voyez cy-aprés lettre R. le Titre des Regles de Chancellerie Romaine, *n. 63. & 64.*

37 Les cas de la mort civile du Beneficier sont marquez par *Du Moulin, ibid.*

38 La Regle *de publicandis* n'a point lieu au cas de la mort civile du Resignant; en sorte que bien que le Resignataire n'ait fait aucunes diligences pendant les six mois, qu'il n'ait point fait publier la resignation, ni pris possession, & qu'aprés ce temps le Resignant encoure la mort civile, le Resignataire conservera toûjours son droit; c'est l'opinion de *Du Moulin*, sur la Regle *de publicandis, n. 47. & suiv. & de Gomez, en sa q. 10. sur la même Regle.*

MORT-NÉ.

39 DEs enfans mort-nez. *L. 129. D. de verborum significatione.*

Voyez le mot, *Enfans, n. 60. & 61.*

MORT, PEINE.

40 SI l'Ordonnance ne prononçant point de peine contre un crime, le Juge peut de son autorité condamner à mort? Il y a pour & contre. *Journal du Palais, fine, quest. & Arrêts sans date.*

41 Mort de l'accusé avant la condamnation. *Voyez* le mot, *Confiscation, n. 96. & suiv.*

42 *Quando judex per imprudentiam condemnavit hominem ad mortem injustè, an teneatur causâ mortis? Et dicendum est quod non, sed tenetur arbitrio judicis.* Voyez *Franc. Marc. tom. 1. quest. 522.*

MORT, HOMICIDE.

43 Voyez le mot, *Homicide.*

De præsumptionibus ex quibus moriens ex intervallo, an dicatur moriens ex illis, per Bartolum à Saxo Ferrato.

44 *Geraldus Bucoldianus, de puellâ quæ sine potu & cibo vitam transegit, & medici nonnulli.*

45 De ceux qui se font de certaine science précipitez. *Voyez Papon, liv. 12. tit. 10.*

46 De ceux qui se donnent la mort; la forme est telle en France, que l'on condamne le corps à être trainé sur une claye en la voyrie, & de-là pendu par les pieds en une potence dressée au même lieu. Lors qu'une pauvre femme par pauvreté & indigence s'est pendüe, on n'use pas de cette rigueur; on dit que son corps sera privé de sépulture en terre Sainte, & mis en terre profane. *Voyez Basset, tome 2. liv. 9. tit. 11.*

47 Un Prieur de Sainte Croix s'étant pendu, & son défenseur ayant soutenu qu'il étoit en fureur; Arrêt du Parlement de Paris de l'an 1390. qui ordonne qu'il sera rendu à ses parens pour être mis en Terre Sainte. *Papon, liv. 22. tit. 10. n. 1.* où il est observé avoir été jugé que Clercs ou Prêtres qui se pendent ou précipitent, doivent être renvoyez à l'Official, sans que la Justice temporelle puisse mettre la main sur eux pour leur faire leur procés.

48 Avant que d'ordonner aucune chose contre le corps & les biens de celuy qui s'est précipité, les Juges doivent faire appeller & oüir les héritiers, s'ils sont au lieu, autrement à son de trompe, & à leur défaut créer un Curateur, lequel étant oüi, il doit être procédé à la condamnation ou absolution; les procedures faites autrement seroient nulles, & les Juges bien pris à partie. Arrêt du Grand Conseil tenu à Château-Thierry le dernier Mars 1551. *Papon, liv. 22. tit. 10. n. 2.*

49 *De bonis eorum qui sibi mortem consciverunt in Andegavensi Provinciâ ubi confiscationes duobus tantum casibus admittuntur hæresi & crimine læsæ majestatis, Senatus nullâ habitâ confiscationis ratione defuncti bona legitimis hæredibus adjudicavit.* Arrêt du 13. Février 1588. *Anne Robert, rerum judicat. liv. 1. chap, 12. Voyez Bacquet, des Droits de Justice, chap. 7. nomb. 16. & 17. Voyez M. le Prêtre, 4. Cent. chap. tre 64. & Dolive, liv. 1. chap. 40.*

MORT SAISIT LE VIF.

50 Voyez *les Commentateurs de la Coûtume de Paris, article 318.*

De consuetudine, mortuus seysiat vivum. Voyez Franc. Marc. tom. 1. quest. 65.

51 L'heritier présomptif n'est pas si absolument saisi de la succession, que faute de passer declaration d'hereditè, il n'en puisse être dépossedé par la naissance posterieure, d'un parent plus proche. Pierre la Caille avoit deux enfans, Robert & Jossine. En mariant son fils, il le reçut en communauté, durant laquelle ils firent quelques acquêts. Robert étant mort sans enfans, son pere contracta un second mariage, dont il eut Pierre. Jossine la Caille au temps de la mort de son frere, étoit seule capable de luy succeder, Pierre la Caille n'étant venu au monde que long-temps aprés: or pour regler le droit & la capacité de succeder, on regarde le temps de la succession ouverte. Pierre la Caille répondoit que les freres excluent les sœurs, que l'adition d'hereditè ne consistoit pas en une pure faculté; qu'il étoit vray que la succession appartenoit à Jossine de la Caille, si elle avoit voulu la prendre, ou au moins qu'elle eût témoigné par quelque Acte ce n'étoit de son intention de l'accepter, ce que n'ayant pas fait, & trouvant cette succession encore jacente, il pouvoit la prendre, comme étant plus habile. La raison de douter étoit si l'on devoit réputer la succession jacente: car puisque le mort saisit le vif, Jossine étoit saisie; d'autre côté, le mort ne saisit le vif que quand il agrée cette saisie. Arrêt du Parlement de Roüen du 1. Août 1618. en faveur de Pierre. *Voyez Basnage, sur l'article 235. de la Coûtume de Normandie.*

DE COMMORIENTIBUS.

1 DU cas où le pere & le fils, la mere & l'enfant à la mamelle, meurent en même temps, & de ceux à qui la succession appartient. *Voyez les Loix Civiles, to. 3. li. 2. tit. 1. sect. 2. n. 11.*

2 Voyez *M. Ricard en son Traité des dispositions conditionnelles, traité 2. chap. 5. sect. 5. n. 569. & suiv. & M. le Brun en son Traité des Successions, liv. 1. chap. 1. sect. 1. n. 13. & suiv.*

3 Le premier dit qu'il y a deux opinions principales, par lesquelles toutes les autres se terminent. La premiere opinion est, que pour juger lequel des deux on doit présumer avoir survêcu l'autre, on doit considerer la force, l'âge, le sexe, pour décider que celui qui étoit d'un âge ou d'un sexe plus robuste, a resisté plus long-temps à la mort.

EEeee ij

La seconde opinion est, que dans une si grande obscurité, on ne doit pas avoir d'égard à des considerations si foibles, mais juger indistinctement en faveur du fideicommissaire.

M. le Brun, dit d'abord que ces sortes de causes dépendent principalement des circonstances, & que les décisions que le Droit nous a données sur cette matiere, & qui nous renvoient à considerer l'âge & la force de ceux qui sont péris par un même accident, ne sont que subsidiaires aux circonstances particulieres du fait.

Les préjugez & Arrêts que l'un & l'autre cite, seront ci-après rapportez dans l'ordre chronologique.

3 Bartole sur la fin de la Loy *Quod de pariter* 16. ff. de reb. dub. si l'heritier d'un de ceux qui sont morts dans un même naufrage, soûtient que la donation faite par celui dont il est heritier, est censée revoquée par le predécés de l'autre ; en ce cas, il doit prouver le predécés. C'est l'espece d'un Arrêt rapporté par Automne sur la Loy 8. ff. de reb. dub. par lequel le Parlement de Bourdeaux jugea, qu'un mari donateur & une femme donataire, étant morts dans un même naufrage, la donation devoit avoir effet, & n'étoit pas censée revoquée par le predécés de la femme, nonobstant la foiblesse du sexe.

4 Sur la question *de Commorientibus*, & si les principes du droit Romain à cet égard, s'appliquent indistinctement, soit dans les successions, soit dans les legs? *Voyez les Consultations de M. Duplessis.*

5 La mere & le fils impubere, massacrez ensemble dans un Château, il fut jugé au Parlement de Toulouse, que la mere avoit survécu & recuëilli la substitution pupillaire du Fils. *Voyez Maynard, li. 3. chap. 83.*

6 Les circonstances ont donné lieu de se relâcher quelquefois de la régle, comme en l'espece de l'assassinat commis en la personne de la fille de Maître Charles Du Molin, femme du nommé Bobé, laquelle avoit été massacrée par des voleurs la nuit du Samedy 19. Février 1572. car ne s'agissant point en cette espece, qui de la mere ou des enfans étoit présumé decedé le dernier selon les forces de la nature, mais bien selon l'interêt & le premier instinct des assassins, l'on présuma qu'ils avoient tué la mere, qui leur faisoit plus d'obstacle, avant les enfans ; & quoyque les enfans fussent seulement âgez, l'un de huit ans, & l'autre de vingt-deux mois, la Cour étant persuadée qu'ils avoient survécu à leur mere, ajugea à Simon Bobé les meubles de la mere. Voilà quelle fut la décision de cet Arrêt appellé au Palais l'Arrêt de Bobé ; & voilà l'histoire de cet horrible crime, par lequel la posterité de M. Charles Du Molin fut éteinte, & qui nous fit perdre les dernieres traces d'un sang qui pouvoit encore profiter au Public, puisque la source luy en avoit été si salutaire. M. le Brun, *Traité des Successions, li. 1. chap. 1. sect. 1. n. 17.*

7 Le nommé Thomas Joly, Marchand, ayant été tué avec son fils, qui étoit pubere, à une attaque qui se fit de quelques retranchemens vers la porte saint Marcel de cette ville de Paris, le jour de la Toussaints 1589. sans que l'on pût distinguer d'ailleurs, qui étoit mort le premier des deux, la Cour ajugea à la mere la succession mobiliaire du pere, qui luy étoit contestée par un cousin paternel du fils, & jugea que le fils pubere avoit succedé au pere : Cet Arrêt fut prononcé en Robes rouges le 14. Avril 1591. *Ibid. nombre 16.*

8 *In commorientibus* le plus jeune est présumé être decede le premier, & l'enfant à six mois est reputé viable & capable de transmettre à son pere le droit de la succession mobiliaire. M. Bouguier lettre C. nomb. 4. *Voyez M. le Prêtre, premiere Cent. chap. 96. & Charondas, liv. 5. Rép. 53. & liv. 10. Rép. 61.*

9 *De commorientibus naufragio ubi affert placitum Curia quo bona de quibus agebatur deberi appellantibus ut avia sua hæredibus.* Jugé le 5. Janvier 1599. *Mornac, l. 26. ff. de pactis dotalibus, & l. 32. §. si ambo ff. de donationibus inter virum, &c. Voyez Charondas, liv. 8. Rép. 55. & liv. 10. Rép. 61.*

10 Un nommé Jean Baudoüin, qui avoit été marié trois fois, avoit été enseveli sous les ruines du Pont-aux-Meusniers, aujourd'hui le Pont-au-Change de la ville de Paris, avec la mere de sa premiere femme, & une fille qui étoit un des trois enfans de son premier lit. Ce qui donna lieu aux enfans des deux derniers lits de prétendre que cette petite fille avoit survécu son ayeule, étant morte avec elle en puberté, que par consequent elle avoit été son heritiere, & que les meubles de l'une & de l'autre succession, devoient être partagez entre les trois lits : ce qu'ils avoient déja fait juger par Sentence du Châtelet de Paris, dont y ayant eu appel en la Cour, elle infirma la Sentence ; & par cet Arrêt cité *au nombre précedent*, qui est du 5. Janvier 1599. elle ajugea les meubles en question aux deux autres enfans du premier lit ; & jugea par consequent que cette petite fille, quoyqu'en puberté étoit morte avant son ayeule dans un commun naufrage, sur cette raison d'équité, qu'il étoit plus à propos de faire succeder à cette ayeule les enfans du premier lit, qui étoient ses petits fils, que ceux du second & troisième lit de Jean Baudoüin, qui luy étoient entierement étrangers. Car il faut demeurer d'accord, que par dessus toutes les régles de ces matieres, soit qu'il s'agisse de fixer la mort d'un absent, soit qu'il soit question de développer le dernier moment de ceux qui perissent dans un même naufrage, on doit toûjours avoir beaucoup d'égard aux causes qui sont fondées sur l'équité naturelle, comme il resulte de la Loy *Cum hic status §. 14. ff. de donat. inter.* de la Loy *Qui duos §. cum bello, vers. si cum, & §. si maritus ff. de captivis,* & de la Loy *si fcerit. 10. §. plané ff. de reb. dub.* & des Arrêts rapportez par M. Bouguier, *lett. C. n. 4.*

11 D'un pere âgé de 35. ans ou environ, & d'un fils âgé de 7. à 8. ans, tous deux morts de peste en une même nuit, lequel sera présumé avoir survécu à l'effet de sçavoir qui sera leur heritier ? Arrêt du Parlement de Paris du 30. May 1609. fondé sur ce que le Juge dont la Sentence fut confirmée peu avant le trepas de la mere causé par la même maladie, s'étant transporté avec son Greffier dans une maison voisine, d'où la femme pouvoit l'entendre, elle luy avoit déclaré que son fils étoit mort deux heures aprés son mari. *Voyez les Reliefs Forenses de M. Roüillard, chap. 44.*

12 Un batteau ayant peri sur la Loire, & une mere & sa fille âgée de quatre ans seulement, ayant été noyées ; par Arrêt rendu en l'Audience de la Grand'-Chambre, le Vendredy de relevée 9. Février 1619. qui est rapporté dans le *Journal des Audiences, tome 1. li. 2. ch. 33.* la Cour ajugea la succession mobiliaire de la mere à ses heritiers collateraux au préjudice du pere, & jugea par consequent que la fille de quatre ans étoit présumée morte la premiere dans le commun naufrage.

13 L'homme & la femme s'étant noyez dans un même moment, l'heritier de la femme ayant prétendu qu'à cause de sa jeunesse elle devoit avoir resisté plus long-temps que son mary, & par consequent qu'elle avoit succedé pour une moitié aux meubles ; par Arrêt du Parlement de Roüen du 11. May 1655. l'heritier fut debouté : il y avoit des témoins qui déposoient avoir oüi le mary crier, *mon Dieu, sauvez-moy* ; d'ailleurs les heritiers du mary étans saisis, & l'heritier de la femme étant demandeur *incumbebat ei onus probandi.* Basnage, *sur l'art. 392. de la Coût. de Normandie.*

14 Qui sera présumé être décedé le premier de la mere ou de la fille noyées conjointement, pour la succession de l'une ou de l'autre ? Par Arrêt du 10. May 1655. il fut ordonné que les successions seroient partagées, comme la fille étant présumée avoir survécu la mere. *Soefve, to. 1. Cent. 4. chap. 90. Le même Arrêt est rapporté par les Maisons, lett. N. nomb. 2.*

15 Maître Scipion du Perrier, en ses *Questions de Droit liv. 4. quest. 9.* autorise le sentiment de M. J. M. Ricard, & tient qu'encore que les Jurisconsultes n'ayent établi aucune autre regle que celle de la pupillarité ou

de la puberté, pour faire présumer lequel des deux qui meurent en même temps a survêcu, l'on ne doit pas laisser de juger par les circonstances de l'âge, du sexe, de l'indisposition du corps ou des particularitez de l'accident.

Cet Auteur ajoute, que les Loix sur lesquelles M. Ricard fonda son opinion pour égaler sur ce sujet les dispositions de l'homme à celles de la Loy, c'est-à-dire, aux successions legitimes, n'ont parlé que dans le cas de la pupillarité des personnes qui meurent ensemble : mais que l'on en peut induire, que comme elles n'ont pas jugé les dernieres dispositions assez favorables pour l'emporter sur la foiblesse de l'âge, elles doivent aussi être étenduës aux autres cas, où il se trouve des circonstances aussi fortes que celles de la pupillarité.

Il remarque encore, que l'Arrêt du Parlement de Bourdeaux, dont parle Automne sur la Loy 8. *de rebus dubiis*, a jugé, que la foiblesse du sexe ne pouvoit pas faire présumer que la femme qui a fait naufrage avec son mary fût morte la premiere, & que la donation que son mary luy avoit faite, fût adjugée à ses heritiers, d'autant que c'étoit une donation entrevifs & parfaite : & ainsi, que c'étoit aux heritiers du mary à prouver que la femme étoit decedée la premiere ; à la difference des testamens qui ne prennent leur force qu'au moment de la mort, & par cette regle que tout heritier ou legataire doit prouver qu'il a survêcu le testateur ; ce qui est fondé sur la doctrine de Covarruvias *variar. resolut. li.* 2. *cap.* 7. *n.* 10. Mais hors ce cas, l'on peut présumer qu'une femme, dans un pareil accident, n'a pas tant de courage, ny tant d'adresse pour prolonger sa vie, qu'un homme accoûtumé au peril.

16 M. Ricard en son 2. Traité des Dispositions conditionnelles, ch. 5. sect. 5. nomb. 596. dit, j'ay assisté à une consultation dont le fait étoit fort singulier, & qui formoit une question difficile. Un Gentilhomme de la Province d'Auvergne s'étoit trouvé au combat des Dunes, commandant un Regiment de Cavalerie dans l'armée : il avoit son fils, lequel avoit aussi commandement dans les Troupes de Monsieur le Prince, qui étoient engagées dans l'armée d'Espagne ; le pere & le fils éprouverent un même sort & moururent tous deux dans le combat. Il arriva aussi que le même jour une fille de ce Gentilhomme fit Profession de Religieuse dans sa Province. On demandoit laquelle de ces trois personnes étoit présumée avoir survêcu les deux autres? Ils demeurames tous d'accord que la fille devoit être reputée morte civilement la premiere, par deux considerations ; l'une, que l'heure de sa Profession étoit certaine, & que l'on avoit nouvelle qu'elle avoit été faite à midy, au lieu que le combat avoit duré depuis ce temps-là : & l'autre, que la mort de la fille avoit été volontaire & consommée en un moment, & celles du pere & du fils ayant été violentes, il se pouvoit faire qu'ils eussent survêcu quelque temps depuis leurs blessures. Pour ce qui concernoit la question entre le pere & le fils, nous nous trouvâmes de differens avis ; il y en eut un qui tint pour la survie du fils, par cette raison que s'étant rencontré dans l'armée qui avoit été défaite, il y avoit eu constamment plus de morts. Mais les deux autres qui étoient d'un avis contraire à cette opinion, soûtenoient que cette consideration n'étoit point suffisante, pour donner atteinte à la regle generale : parce que la victoire s'acquerant en combattant de part & d'autre, les gens de guerre qui composoient les deux armées, y rencontrerent la mort en même temps, & qu'il n'y avoit que cette difference, qu'il se trouvoit ordinairement plus grand nombre de corps morts dans l'armée du vaincu, que dans celle du victorieux, ce qui ne faisoit rien pour l'heure des morts de part & d'autre : & même au contraire, qu'il arrivoit souvent que la plus grande partie de ceux qui avoient été mis par terre dans l'armée défaite, avoient été tuez depuis la déroute de leur armée, en un temps auquel l'armée victorieuse ne souffroit aucun peril. De sorte que par ces raisons nous prîmes la resolution qu'il en falloit demeurer à la regle, & que les deux étant morts dans un même peril, sans qu'il y pût avoir aucune circonstance certaine pour reconnoître le prédecés de l'un ou de l'autre, on devoit présumer que le fils, qui avoit passé la puberté, avoit survêcu son pere.

MORT-BOIS.

COmmunement parlant, le mort-bois est le bois vert qui ne porte point de fruits, comme est le bois blanc.

Voyez Coquille, en sa *question* 81. où il examine ce que c'est que le mort-bois, non portant fruit en usage. Il observe que la Coûtume de Nivernois de l'an 15 4. au Chapitre des Bois, art. 12. definit le mort-bois, être le bois vif, qui ne porte fruit.

Au premier volume de ce Recueil, verbo, *Bois*, nombre 50. & *suiv*. il est parlé du mort-bois & bois-mort.

MORT-GAGE.

DU mort-gage, vif-gage, gage-vif. *Voyez* le mot, *Gage*, nombre 33. & *suiv*. où toutes ces differences sont expliquées.

Le mort-gage est une ancienne maniere de parler, pour exprimer l'antichrese. *Voyez* le mot, *Antichrese*.

MORT-TAILLABLES.

QUi quasi servi, qui tributarii, & censibus adscripti, & Dominum habent.

Les morttaillables sont certaines personnes à qui des terres sont données à la charge & condition de les cultiver. Ils ne peuvent les quitter sans la permission de leurs Seigneurs, lesquels ont droit de suite ; cela a particulierement lieu dans la Coût. de Bourgogne. *Voyez les Commentateurs de cette Coûtume.*

MORTUAGE.

C'Est un droit que les Curez de la Province de Bretagne levent sur les Paroissiens décedez ; la neuviéme partie, autrement appellée *Droit de neufme*. *Voyez le Glossaire du Droit François*, ou *la nouvelle édition des Droits Royaux & Seigneuriaux*, par *Ragueau*, verbo, *Neufme*, & cy-après le même mot, *Neufme*.

MOTU PROPRIO.

1 DE l'effet de la clause *Motu proprio*. *Voyez* le mot, *Clause*, nombre 79. & *suiv*. & Rebuffe, sur le Concordat, tit. *de formâ mandat. Apost.* au mot, *Motu proprio*.

2 De l'effet de la clause *Motu proprio*. *Voyez* Rebuffe, 1. *part. prax. Benef.* nomb. 20. Du Moulin, *de Infirmis*, nombre 251. & Lotherius, *de Beneficiis*, liv. 3. quest. 1. nomb. 40. & *suiv*.

3 La clause *motu proprio* n'est qu'une dérogation tacite pour empêcher que la provision ne soit subreptice ; mais elle ne peut ôter les autres vices qui s'y rencontreroient, comme l'incompatibilité. *Voyez M. Charles Du Moulin*, sur la Regle, *de Annali possessore*, n. 113.

4 Le Pape Gregoire XV. ayant érigé l'Evêché de Paris en Archevêché, avec la clause, que c'étoit *motu proprio*, le Parlement de Paris procedant à l'enregistrement des Lettres Patentes, confirmatives de la Bulle, ordonna par son Arrêt du 8. Août 1623. que cy-après aux érections des Archevêchez & Evêchez du Royaume, au lieu des mots *motu proprio*, il seroit mis qu'elles auroient été obtenuës à la requisition du Roy. *Journal du Palais in quarto, part.* 9. *page* 275.

5 Les unions faites *motu proprio* du Pape, ou en forme gracieuse, ne sont point admises en France ; l'abus en est indubitable. *Voyez* le mot, *Union*.

MOULIN.

LA Coûtume de Nivernois a un titre exprés des Moulins. *Coquille*, sur ce titre, traite les questions de la matiere, comme aussi *Brodeau, sur la Coûtume de Paris*, art. 71. & dans son Commentaire sur les Arrêts de M. *Loüet*, lettre M. ch. 17. Voyez *Henrys*, tome 1. liv. 3. chap. 36.

2 *Barones & bandareti molendina construendi in publicis fluminibus facultatem impartiri possunt.* Voyez *Franc. Marc.* tom. 1. quest. 386.

3 *Molendina in publico flumine construere, Principe inconsulto, an licitum sit ? V.* Ibidem.

4 *Molendina in publico flumine construere an licitum sit.*

Licentiam allegandi usum aquæ fluminis publici & navigabilis seu construendi molendina in flumine publico, ad principem spectat dare. Ibid. quest. 417.

5 *Ædificanti molendina de novo in riparia, opus novum nunciari potest, ab eo qui ab antiquo & ex principis privilegio molendina ibi habet.* Ibidem, tom. 2. question. 106.

6 *Molendina in flumine publico construere non nisi cum principis rescripto, nulli licet.* Ibid. quest. 348.

7 Eau servant aux moulins. Voyez le mot, *Eau*, nombre 24. & suiv.

8 Le proprietaire d'un moulin ne peut empêcher le Seigneur de conceder le droit d'en faire un autre. Voyez M. *Henrys*, tome 1. liv. 3. chap. 3. quest. 34. où il rapporte l'Arrêt sans date ni année.

9 Par Arrêt du mois de Mars 1550. il fut inhibé aux Pariers du moulin du Château Narbonnois, d'entreprendre connoissance des crimes qui se commettent dans les moulins. *Bibl. de Bouchel*, verbo, *Moulins*. page 801.

10 En construisant un moulin neuf, il n'est pas loisible d'endommager le cours de l'eau du precedent moulin. Arrêt du 27. Mars 1536. *Le Vest*. Arrêt 10.

11 Arrêt du Parlement de Toulouse du 20. Septembre 1543. par lequel le Seigneur d'Abret, Officier de M. le Duc de Lorraine, a été condamné à réédifier dans certain temps un moulin qu'il avoit fait abbattre sans autorité, disant qu'il étoit bâti de nouveau, & qu'il luy faisoit préjudice ; & ordonné que sur le criminel il seroit procedé. *Papon*, liv. 23. tit. 5. n. 3.

12 Par Arrêt du 14. Août 1559. jugé que le proprietaire du moulin superieur ne peut être empêché par autre moulin construit au dessus ; & pour le trouble fut la complainte declarée bonne & juste. Voyez *La Bibliot. du Droit François par Bouchel*, verbo, *Moulins*.

13 Le Seigneur superieur qui a un moulin en sa Seigneurie, ne peut empêcher le Meûnier de son Vassal d'aller chasser du bled en sa Terre, s'il n'a droit de bannalité. Arrêt du 23. May 1561. *Carondas*, liv. 2 Rép. 12. Il est fondé de conceder le droit de faire des moulins sur les petites rivieres non navigables, & au préjudice des particuliers qui ont moulins, les rivieres étant dans sa Justice ; l'Arrêt n'est point daté. *Henrys*, tome 1. liv. 3. chap. 3. quest. 34.

14 François Bernard fait un moulin prés l'Abbaye de Saint Mahé ; l'Abbé & les Religieux s'opposent ; le Sénéchal de Saint Renan les deboute. Arrêt du Parlement de Bretagne du 13. Août 1562. par lequel il est dit que pour le regard des parties privées elles sont mises hors de Cour & procés, & le Procureur General tenu pour bien & dûëment relevé ; ce faisant prohibitions à Bernard de parachever son moulin, & où parachevé seroit, enjoint de le démolir ; l'Abbé & les Religieux condamnez de mettre en bon & dû état les moulins de l'Abbaye pour la necessité de leurs Sujets, sur peine de saisie de leur temporel. *Du Fail*, liv. 2. ch. 192.

15 Par Arrêt du 28. Janvier 1569. deux femmes ayant dérobé du bled dans les moulins, furent bannies pour un an de la Ville & Viguerie, avec inhibition de commettre tels larcins, sous peine de la hart. *Bibliot. de Bouchel*, verbo, *Moulins*.

16 Les Lettres des habitans de Nantes, par lesquelles le Roy leur octroye deux moulins à draps aux ponts de Nantes, & les décharge du devoir des francs fiefs & nouveaux acquêts, sont publiées & enregistrées. Arrêt du Parlement de Bretagne, du 1. May 1574. *Du Fail*, liv. 2. chapitre 462.

17 Il est permis à chacun de construire des moulins dans son fonds, lorsque les rivieres ne sont navigables : car

18 en ce cas il faut permission du Roy. Quoyque par la Loy *si quis C. de pascuis*, il soit dit que *prata privatorum non possint devastari*, la construction des moulins est cependant permise, quoyqu'ils apportent de l'incommodité à quelques particuliers ; les Seigneurs des lieux peuvent à plus forte raison, *traducere aquas quocumque velint, dum tamen hoc faciant, ut sibi proficiant, etiamsi prata vicini siccitatem aquæ patiantur.* V. *La Rochflavin, des Droits Seigneuriaux*, ch. 17. art. 7.

19 Il n'est pas au pouvoir des proprietaires des moulins à nef de les attacher dans les terres des particuliers sans leur permission. Arrêt du Parlement de Toulouse du 28. Juin 1578. *Ibidem*, Article 2.

20 Par la disposition du Droit, il n'est pas loisible de bâtir sans la volonté du Seigneur en son fonds, *facit textus in L. si quis cum ff. de diversis temporal. præscript.* Arrêt de l'an 1585. pour la Comtesse d'Alés, contre son Vassal, qui vouloit faire un moulin sur une riviere passant en sa Jurisdiction. *Ibid.* art. 1.

21 Arrêt du Parlement de Toulouse du 27. Mars 1597. qui ordonne que dans un mois les proprietaires du moulin de Bazacle remettront és mains du Syndic & Regens de ce moulin la somme de 150. écus, ensemble les arrerages de 20. écus imposez pour faire la réparation & réédification necessaires audit moulin, autrement & à faute de ce faire, ledit temps passé, permis au Syndic de faire vendre les parts des proprietaires, sur une simple proclamation qui en sera faite aux Prônes des Eglises, & ce à raison de 150. écus pour chacun, desquelles sommes les acquereurs seront remboursez avant que de pouvoir être dépossedez par le rachat des proprietaires, & interêts des sommes, à raison du denier douze, depuis le jour de leur achat, jusqu'à la réparation parfaite, aprés lequel temps les revenus & profits des moulins tiendront lieu d'interêts, à la charge que les acquereurs payeront toutes charges ordinaires & extraordinaires, pendant qu'ils joüiront le temps du rachat courra contre les proprietaires du moulin, du jour de la réparation entierement parfaite jusqu'à 30. ans, nonobstant minorité ou autre privilege. *La Rocheflavin*, ibid. art. 8.

22 Jugé par Arrêt du Parlement de Roüen du 26. Juin 1534. qu'il devoit être permis à un particulier de bâtir un moulin à vent, encore qu'il y en ait jamais eu dans l'étenduë de la Seigneurie d'un Seigneur, qui avoit droit de moulin bannal ; le particulier étoit que celuy qui vouloit bâtir, avoit un Fief dans ladite Seigneurie, disant que c'étoit droit Seigneurial, dont il ne pouvoit être privé. *Berault sur la Coût. de Normandie*, titre des *Fiefs*, art. 210.

23 Par Arrêt du Parlement de Roüen du 5. Juin 1548. en l'Audience, un particulier fut declaré absous d'aller moudre ses grains au moulin de certains Religieux, encore qu'ils eussent crû sur leurs Fiefs, & qu'il fût leur homme, attendu qu'il n'y avoit servitude de ban. Le Seigneur donc qui prétend ce droit, le doit verifier par titres valables, comme reconnoissances, promesses ou obligations, ou prouver possession de tout temps ; comme il a été jugé par Arrêt du même Parlement du 30. Juillet 1549. *Ibid.*

24 Autre Arrêt du Parlement de Roüen du 22. Février 1602. qui a jugé que la pluralité des tenanciers sujets au ban des moulins, y oblige les autres qui ne montrent exemption ; de même que par autre Arrêt de 1607. comme il avoit été encore jugé par un ancien Arrêt du 21. Juillet 1514. rapporté par *Berault, sur la Coût. de Normandie*, titre des *Fiefs*, art. 210. où il se voit que la même question ayant été agitée en l'année 1610. elle a été jugée au profit du Seigneur, contre ses Sujets, comme encore qu'ils étoient obligez de charier les meules de son moulin, par Arrêt du 18. Decembre.

25 Par Arrêt du même Parlement du 13. Avril 1612.

rapporté par *Berault sur l'art.* 356. *de la Coût. de Normandie,* in verbo, *la Cour, Clos & Jardin,* il a été jugé que les moulins qui sont dans l'enclos de la cour & manoirs, sont à l'aîné par préciput.

26. En donnant un moulin à rente, quoyqu'on ait stipulé la mouture, ce droit n'est point réel ; mais bien personnel, & celuy qui achete cette rente ne peut prétendre ce droit. Arrêt du Parlement de Dijon du 3. Mars 1570. *Bouvot, tome* 1. *part.* 3. verbo, *Moulin baillé à rente, question unique.*

27. S'il est permis à celuy qui a un moulin au dessous d'un autre, de hausser les graviers & empalemens de son moulin au préjudice du proprietaire du moulin qui est au dessus ? *Bouvot, tome* 1. *part.* 3. verbo, *Moulin, question unique,* répond qu'il est permis de faire sa condition meilleure, en reparant son fonds, mais non pas en envoyant de l'eau sur son voisin. *L. Fluminum. §. fin. L. Proculus ff. de damno inf.* le Titre *de aquâ pluviali arc.* y est exprés. Ainsi les proprietaires des moulins & prez sont recevables à faire reduire les graviers & pales au pied qu'ils étoient auparavant, & à la forme ancienne, avec adjudication de dommages & interêts ; c'est ce qui est dit *in L. si manifestè C. de servit. & aquâ,* que *Præses Provinciæ providebit ne quid contrà veterem formam innovetur.*

28. Les moulins sur bateaux se doivent decreter, bien que par la Coûtume ils soient entre les meubles, parce qu'ils gisent en revenu ordinaire & annuel. Arrêt du 23. Octobre 1582. *M. Loüet,* lettre *M. somm.* 13.

29. Meules de moulins ne peuvent être saisies pour dettes publiques ou particulieres. Arrêts des 27. Juillet 1595. & 17. Juillet 1597. *M. Expilly, Arr.* 119.

30. *De aquis & rivis communibus vicinorum plurium, deque molendinis superioribus ac inferioribus ; judicatum,* le 16. Juillet 1605. *nemini licere variis hinc illinc sinuosis recurvatisque flexibus, ferè totam aquam absumere.* Mornac, *Leg.* 6. *§. si initium ff. de edendo.* Voyez Le Vest, *Arrêt* 10.

31. Par Arrêt du Parlement de Bretagne du 15. Mars 1631. la Cour faisant droit sur les Conclusions du Procureur General a fait commandement à tous les Meûniers d'avoir en leurs moulins en lieu éminent poids & balances pour les bleds & autres grains qui leur seront baillez pour moudre, & rendre la farine qui proviendra des grains au même poids, sans exiger ou prendre plus que le seizième, suivant les Ordonnances & Coûtumes de ce pays, n'en changer les grains & farines, & mettre les farines en lieux humides pour augmenter le poids, sous peine de punition corporelle & de 50. livres d'amende declarée acquise au Roy, en cas de contravention. Ordonné que par le premier des Conseillers de la Cour trouvé sur les lieux, Juges Royaux & subalternes des lieux, il sera à la Requête du Procureur General informé des exactions des Meûniers & contraventions au present Arrêt, pour ce fait, & le tout rapporté en la Cour, & communiqué au Procureur General, être ordonné ce qu'il appartiendra ; le present Arrêt sera lû & publié aux Prônes des grandes Messes, & marchez des lieux, & Acheteur d'iceluy affichées aux principales portes des Eglises, heures des marchez & aux moulins, à ce qu'aucun n'en prétende cause d'ignorance. Voyez Sauvageau, sur *Du Fail, liv.* 2. chap. 4.

32. Un pere donne à fiefe un moulin à condition de franche-mouture pour sa maison & sieurie dont ce moulin relevoit & depuis le partage de sa succession l'aîné ayant pris le fief par préciput, laissé aux puînez le moulin & les autres roturés ; l'aîné voulant joüir du droit de franche-mouture imposé par le Contract de la fiefe, les puînez s'y opposerent disant que ce droit avoit été eteint & confus par l'achat que leur pere avoit fait du moulin, par Arrêt du Parlement de Roüen du 28. Juin 1631. il fut dit que le moulin ne devoit plus de franche-mouture. *Basnage sur l'art.* 178. *de la Coûtume de Normandie.*

33. Le 9. Août 1633. il a été jugé au Parlement de Toulouse qu'un moulin ayant été donné en fief avec le lieu sur lequel il étoit bâti, quoyque le moulin fût ruiné, la terre seule devoit l'entiere rente, sauf à l'emphiteote de rebâtir le moulin en l'état qu'il luy a été donné, si mieux il n'aime déguerpir. *Cambolas, liv.* 6. *chap.* 46.

34. En la cause de noble Loüis de Falaise, sieur de Bellegarde, & de noble Abel de Loras sieur de Chamagnieu, il fut jugé au Parlement de Grenoble par Arrêt rendu au rapport de M. de la Baulme le 19. Décembre 1635. que les habitans d'un lieu s'étoient pû assujettir au moulin, fait par leur Seigneur à leur priere, bien qu'il en eût d'autres auparavant dans ce même terroir. En deuxième lieu, que le Gentilhomme étoit tenu d'aller audit moulin, à raison des moulins qu'il tient de quelques uns des habitans qui s'y étoient soûmis, bien que ni luy, ni les autres Nobles ne se fussent soûmis à cette bannalité, par où il fut jugé que le droit de bannalité est réel ; ce qui est suivant l'avis d'*Heringius, tract. de molendinis, c.* 11. *n.* 43. où il tient, *jus molendini bannareti servitutem prædialem esse.*

Il fut jugé par le même Arrêt que les habitans s'étoient pû soûmettre à cette bannalité, nonobstant ce qui étoit dit, que cette terre de Chamagnieu étoit tenuë du Roy, & que dans le terroir d'icelle, le sieur de Falaise avoit d'autres moulins, au préjudice desquels on soûtenoit que l'on n'y en avoit pû construire d'autres, notamment pour y assujettir les habitans, & les distraire par ce moyen des anciens moulins suivant le Statut Delphinal, par lequel le Dauphin s'étoit lié les mains, de ne point faire de nouveaux moulins dans ses terres au préjudice de ceux qui y en avoient précedemment, mais on soûtenoit *ex adversò,* que les moulins du sieur de Falaise ne pouvoient moudre que le quart de l'année, & que le Dauphin avoit vray semblablement entendu des moulins qui pussent fournir suffisamment aux necessitez des habitans : que d'ailleurs il s'étoit bien voulu lier les mains pour ne pas user de son autorité ; mais il n'avoit jamais eu intention d'empêcher que les habitans se soûmissent volontairement à tels moulins que bon leur sembleroit : de maniere que n'y ayant point de moulins suffisans dans le mandement de Chamagnieu, les habitans prierent M. de Montplaisant d'y en faire bâtir un, avec declaration de s'y soûmettre ; ce que la Cour jugea raisonnable, & l'autorisa par son Arrêt, d'autant que l'utilité publique de droit emporte toûjours sur celle du particulier. *Basset, tome* 1. *liv.* 3. *tit.* 10. *chap.* 1.

35. Arrêt du Parlement de Provence du 5. Février 1638. qui a jugé qu'une Communauté ne peut déliberer de moudre franc à ses moulins au préjudice des moulins des habitans. *Boniface, tome* 2. *partie* 3. *liv.* 2. *titre* 14. *chapitre* 2.

36. Autre Arrêt du premier Juin 1644. qui a jugé qu'au préjudice d'un moulin à vent, une tour pour servir de guide aux Mariniers ne peut être bâtie sur mer, si la tour incommode le moulin. *Ibidem, chap.* 1.

37. Arrêt du 5. Avril 1666. qui a jugé que le Créancier peut agir par regrez sur les engins d'un moulin dépecez par l'Acheteur, comme immeubles. *Boniface, tome* 2. *livre* 4. *tit.* 3. *chap.* 5.

38. Arrêt du même P. d'Aix du 22. Juin 1678. qui a jugé que le Seigneur universel ayant été declaré exempt du droit de mouture, les Coseigneurs successeurs en sont tous exempts à proportion de leur Jurisdiction, la Seigneurie ayant été divisée entre plusieurs. *Boniface, tome* 4. *liv.* 3. *tit.* 2. *chap.* 1.

MOULIN, BANNALITÉ.

39. Arrêt du Parlement de Roüen du 26. Juin 1514. qui permet à ceux qui possédent des fiefs quoyqu'assis dans l'étenduë de la bannalité d'un Seigneur, de bâtir des moulins à vent. Autre Arrêt du même Parlement du 17. Juin 1611. qui a jugé que le Seigneur cedant son moulin bannal n'en peut bâtir un autre. Voyez *Basnage, sur l'article* 210. *de la Coûtume de Normandie.*

40. Par Arrêt du Parlement de Bourgogne rapporté sans

date par *Bouvot* tome 1. part. 2. verbo, *Seigneur bannal*. Jugé que le Seigneur bannal est tenu de faire moudre ses sujets dedans vingt-quatre heures.

41. Le corps du moulin bannier qui est dans l'enclos du préciput appartient à l'aîné ; mais le profit se partage, comme le reste du fief. Arrêt du 5. Août 1550. Voyez M. *Loüet & son Commentateur*, lettre M. sommaire 21. Voyez *la Coûtume de Paris* article 14.

42. Le Seigneur Justicier qui a moulin à bled ne peut empêcher les Meûniers de son vassal d'aller chercher du bled par sa Terre pour le moudre au moulin de leur Maître. Arrêt du Parlement de Paris du 23. May 1561. il y a depuis eû deux Arrêts semblables. *Papon*, liv. 13. tit. 8. nomb. 1. & *Le Vest*, Arr. 70.

43. Le Seigneur feodal ne peut empêcher les Meûniers de ses Vassaux de chasser sur sa terre. Arrêt du 28. Juin 1597. M. *le Prêtre, ès Arrêts de la Cinquième*, Voyez *Carondas*, livre 2. *Rép.* 12. & liv. 4. *Rép.* 65.

44. Il faut que le Seigneur qui veut obliger ses vassaux d'aller moudre à son moulin, entretienne le chemin & le rende pratiquable. Jugé par Arrêt du Parlement de Bretagne du 19. Octobre 1620. rapporté par *Frain*, page 264.

45. Par Arrêt du Parlement de Roüen du 10. May 1632. entre les Prieur & Religieux du Menil-Gatnier & le sieur de saint Denis le Gast, jugé que les Religieux ayant le moulin bannal & la Seigneurie, ne pouvoient bâtir un autre moulin sous le même toit. Cet Arrêt paroît contraire à celuy donné au profit du Baron du Neubourg ; car on luy permit de bâtir un moulin, non-obstant la donation par luy faite aux Religieux du Becq de son droit de bannalité ; mais il y avoit cette difference, que les Religieux avoient eu ce droit par la seule liberalité du Baron de Neubourg, & dans l'espece du dernier Arrêt, le Marchand possedoit ce droit à titre onereux. Voyez *Basnage*, sur l'article 210. *de la Coûtume de Normandie*.

46. Arrêt du Parlement de Provence du dernier Juin 1656. qui a jugé que les Forains doivent payer le droit de fournage & de mouture, & de detritement des os des olives, pour les biens qu'ils font cultiver, au Seigneur, où les biens sont situez, les moulins étant bannaux aux Seigneurs. *Boniface*, tome 4. liv. 3. tit. 8. chapitre 1.

Voyez le mot *Bannalité*, nombre 32. & suivant & le mot, *Meûnier*.

47. Memoire pour Mr. le Duc de la Tremoille, prenant le fait & cause pour Mathurin le Comte son Meûnier à Laval, contre Jean Decrez Meûnier du moulin de Chantelou prés Laval, les proprietaires des moulins, les Gentilshommes, les Ecclesiastiques & les Boulangers de la ville de Laval.

La question examinée est de sçavoir si des Meûniers étrangers peuvent venir chercher du bled dans la ville de Laval, pour le moudre dans leurs moulins, au préjudice de la bannalité, qui appartient à Monsieur de la Tremoille, & quels sont les exempts de la bannalité. Voyez *le Recueil des Factums & Memoires imprimez à Lyon chez Antoine Boudet*, en 1710. tome 2. pag. 467.

MOULIN, NAVIGATION.

48. Arrêt du 7. Juillet 1565. par lequel il est enjoint à toutes personnes qui ont moulins sur la riviere de la Loire & autres fleuves descendans en icelle, de les mettre en telle maniere que la voye navigable demeure de la largeur de huit toises au droit fil de l'eau, & aussi d'ôter les gourds, ancres, duicts, roüils, pieux, cordages & toutes autres choses qui empêchent la navigation de ladite riviere & fleuves, sur les peines contenuës audit Arrêt. Voyez *le Recueil des Arrêts concernant les Marchands frequentans la Loire*.

49. Arrêt de la Cour de Parlement du 23. Decembre 1625. contre Bulleau, Champion & Ballisson, par lequel ils sont condamnez au remboursement des frais du déplacement de leurs moulins, étant en la voye navigable. *Voyez ibidem.*

50. Arrêt du Parlement de Paris du 11. Avril 1631. portant défense aux Meûniers & proprietaires des moulins de tenir leurs moulins autrement que hors de la voye navigable ; & à eux enjoint de laisser un espace de huit toises de largeur en droit fil & parfond du cours de l'eau, & iceux moulins tenir cul à cul, suivant les Reglemens cy-devant faits par la Cour, à peine de 400. livres parisis d'amende contre les contrevenans, dont sera fait procés verbal par le premier Sergent sur ce requis assisté d'un Balizeur de ladite riviere. V. *ibid.*

Voyez cy-après le mot, *Navigation*.

MOULINS, TAILLES.

51. Les artifices des moulins à épées, acier, &c. ne sont sujets aux tailles qu'à raison de la situation, proprieté & aptitude naturelle du sol sur lequel ils sont construits, de sorte qu'il ne faut pas mettre en consideration les revenus desdits artifices au sujet de la taille : & on tient qu'en Dauphiné il n'en a pas été usé autrement, mêmes à Briançon, Oysans, & autres pays cadastrez de tous temps. Aux villes on ne fait état des fruits civils, qui sont les loüages des maisons, ains seulement du sol, & on a jugé que cet usage devoit aussi être suivi au fait des moulins, suivant ce qu'en écrit *Joannes Herringius de molendinis*, quest. 22. n. 14. & 15. Voyez dans *Basset*, tome 1. liv. 3. tit. 10. ch. 2. plusieurs Arrêts conformes du Parlement de Grenoble. Il observe que la Cour des Aydes de Montpellier n'a pas égard au sol, mais au revenu, comme l'a remarqué *Despeisses*, en son Traité *des Tailles*, tit. 3. sect. 1. du Compas terrier, il y a un beau texte, in l. 2. C. *de præd. & omnib. reb. navicularior.* C. liv. 11. ibi : *ubi verò spatium loci, & exiguitas nullam habuerit pensionem, aut extractio cujus est ardua difficilisque molitio, aut decus sumptuosum, nolumus munificentiam, quæ posteà addita est improbam licitationem æstimationis excipere, sed vetusta potiùs loci species & pensio cogitetur.*

52. Un Meûnier sortant d'une Paroisse & venant faire valoir un moulin dans une autre, doit être imposé dès la premiere année en son nouvel établissement sans qu'il puisse être imposé dans son ancienne demeure que l'année en laquelle il est sorti. C'est une maxime certaine fondée sur ce que l'exploitation d'un moulin est journaliere, à la difference des autres biens dont le revenu n'est qu'annuel. *Memorial alphabetique*, verbo, *Moulin*.

53. Un moulin possedé par un Bourgeois de Paris est consideré comme une metairie, ensorte que le Bourgeois proprietaire, peut tenir par ses mains son moulin, & vendre les moutures sans qu'il déroge à son privilége, & puisse être pour cette espece de commerce imposé à la taille. Ainsi jugé par Arrêt du 15. Octobre 1688. rendu pour Catherine de Freville, veuve de Roger, Bourgeois de Paris, contre les habitans de Creteil. Par autre du mois d'Octobre 1691. il a été jugé qu'un Marchand Taneur du Fauxbourg S. Marcel, proprietaire d'un moulin à tan, sis à Essonne, pouvoit y faire moudre ses écorces & en faire venir le tan à sa Tannerie par ses domestiques, sans que pour cette espece de commerce il pût être imposé & encore qu'il eût pris une grange à loüage dans ledit lieu d'Essonne pour mettre les écorces. *Ibidem.*

Voyez cy-après verbo, *Tailles*, §. *Tailles*, *Moulin*.

MOUTONNAGE.

C'Est un droit Seigneurial qui se prend sur ceux qui vendent & achetent betail ou autre marchandise sur le fief d'un Seigneur. Voyez hoc verbo, *Moutonnage*, *l'indice de Rageau*, nouvelle édition de 1704.

MOUTURES.

DRoit de moutures. Voyez cy-dessus verbo, *Moulin*, nombre 38.

C'est ce que le Meûnier peut retenir. En certains lieux quelques-uns sont exempts de ce droit de mouture, dont il est fait mention en un Arrêt donné à la

Toussaint

Touffaint 1262. auffi en quelque lieu le droit de moulage eft le droit du Seigneur, qui a moulin bannier. *Voyez le Gloffaire du Droit François*, ou la nouvelle édition des Droits Royaux & Seigneuriaux, par Ragueau, verbo, *Moulture*, où font citez les articles des Coûtumes de Tours, Lodunois, Bourbonnois, Normandie, & Bretagne, qui admettent ce droit.

MOUVANCE.

1 LA declaration du vendeur que le fond qu'il vend eft de la mouvance de l'Emphyteofe d'un Seigneur qu'il nomme, n'eft une fuffifante preuve ni de mouvance ni d'Emphyteofe. Ainfi jugé au Parlement de Grenoble. *Voyez Guy Pape*, queft. 24.

2 Arrêt du Grand Confeil du 24. Septembre 1663. entre M. de la Molle, Avocat General au Parlement de Provence, contre la Dame Marquife de Grimaud, qui a jugé que la mouvance d'une Seigneurie peut être prefcrite par un Vaffal *à die contradictionis*. La Terre de la Molle fut declarée être de la mouvance du Roy, à qui les hommages avoient été portez. *Bonifacc, to. 1. liv. 3. tit. 3. chap. 1.*

3 Le Vaffal ou Emphyteote ne peut jamais prefcrire la mouvance contre fon Seigneur, quoyque le Vaffal ou Emphyteote ou fes Auteurs ayent acheté la Terre franche & quitte de toute redevance, & enfuite poffedé en cette qualité pendant plus de deux fiecles. Arrêt du Parlement de Touloufe du 20. Decembre 1675. en faveur de M. l'Evêque de Rhodez. Autre Arrêt du 10. Février 1694. rapporté par *M. de Catellan*, livre 3. chapitre 29.

3 bis. L'Arrêt du 20. Decembre 1675. rendu en la troifiéme Chambre des Enquêtes, au rapport de *M. de Catellan*, a encore jugé que la dénegation de la mouvance néceffaire pour l'interverfion de poffeffion, & pour la peremption, doit être expreffe & faite en jugement ou dans le procès intenté.

A l'égard de la premiere décifion, que le Vaffal ou Emphyteote ne peut jamais prefcrire la mouvance contre fon Seigneur, elle eft fondée fur la maxime; Que le Vaffal & l'Emphyteote poffede au nom du Seigneur, *non fibi fed Domino poffidet*, & qui ne peut jamais changer la caufe de cette poffeffion, *non poteft fibi mutare caufam poffeffionis*. On oppofe que cette maxime ne doit être appliquée qu'au Vaffal ou à l'Emphyteote à qui le bail a été fait, ou à celuy qui a rendu quelque hommage ou reconnoiffance, ou à leurs fucceffeurs; mais cette maxime ne convient point à un acquereur à titre onereux, à qui la Terre a été venduë quitte & franche de toute rente, qui par confequent ne l'a pas poffedée fur la Loi du bail, hommage ou reconnoiffance, ni au nom du Seigneur, mais en fon nom, & comme franche, en confequence de la vente qui luy a été faite. Mais à cela il eft répondu, que la Loy & la convention du bail, qui foûmet la Terre à la mouvance du Seigneur, eft tellement inherente & attachée à la Terre, qu'elle n'en peut être détachée par aucun fait du poffeffeur, autre que la dénegation de la mouvance faite en Juftice; mais non par aucun changement de main, l'acquereur n'a pû la poffeder qu'en la même qualité que la poffedoit fon vendeur, ce vendeur n'ayant pû luy tranfmettre un droit qu'il n'avoit pas. *M. de Catellan, ibid.*

MOUVANCE DU ROY.

4 *Factum*, pour les Doyen, Chanoines & Chapitre de l'Eglife de Chartres, Appellans & Défendeurs.

Contre Claude Bouraine, Receveur du Domaine de Chartres, Intimé; & contre Monfeigneur le Duc d'Orleans, Intervenant.

Le droit d'amortiffement produit à l'égard du Roy, & pour les Fiefs qui font dans fa mouvance immediate, une décharge pleine & entiere de tous droits & devoirs Seigneuriaux. *Voyez le Recuëil des Factums & Memoires imprimez à Lyon chez Antoine Boudet en 1710. tome 2. page 280.* Les raifons apportées pour établir cette propofition, font que les biens amortis par le Roy, ont toûjours été regardés comme des biens allodiaux & confacrez à Dieu, francs & libres de toutes fortes de devoirs & de preftations, excepté de la foy hommage, du rachat, & de l'obligation de donner aveu & dénombrement.

Cela eft prouvé par M. le premier Préfident le *Maitre, en fon Traité de l'Amortiffement*, art. 11. par *M. le Bret*, Avocat General du Parlement de Paris, en fon *Traité de la Souveraineté, liv. 4. chap. 11.* & par le fieur *Bacquet*, Avocat du Roy au Trefor, en fon *Traité du Droit d'Amortiffement*, chap. 50.

Plufieurs autres Auteurs, comme *Defpeiffes*, ont embraffé ce même fentiment.

L'on convient que l'amortiffement ne produit pas un effet femblable pour les Fiefs qui relevent des Seigneurs particuliers; parce que le Roy ne remet par l'amortiffement, que les droits qui luy appartiennent, & ne difpofe point de ceux d'autruy.

A la verité, les Ecclefiaftiques reftent dans la Souveraineté, dans le reffort, dans la Jurifdiction du Roy; mais tous les autres effets de la mouvance font fufpendus, & comme éteints, tant que le fief ou l'heritage demeure entre les mains & dans la poffeffion des Ecclefiaftiques.

Tous les Edits & Declarations du Roy font conformes à ces principes.

La Declaration du Roy Charles IX. du 12. Février 1574. difpenfe en ce cas les Ecclefiaftiques de donner au Roy aveu & dénombrement.

L'Edit du Roy Henry III. du mois de Mars 1575. oûtre cette exemption, leur donne celle de payer les droits de rachat & de reliefs.

Cet Edit a été confirmé par autre Declaration donnée dans l'Affemblée des Etats tenus à Blois le 20. May 1577.

L'exemption de ces droits & de ces devoirs, eft une fuite naturelle & neceffaire de l'amortiffement.

Les Edits & Declarations du Roy confirment cette interpretation.

La Declaration du 19. Avril 1639. qui a fervi de fondement à l'amortiffement general accordé en 1641. s'exprime clairement, en difant que par le moyen de l'amortiffement le Roy demeure pour toûjours privé des droits Royaux & Seigneuriaux qui luy appartiennent, à caufe defdites poffeffions.

L'amortiffement general accordé au Clergé par le Contract de 1641. eft relatif à cette Declaration.

Il eft vray que ce Contract exprime plufieurs autres graces accordées au Clergé, telles que l'exemption des taxes du Ban & Arriere-ban, une confirmation de la décharge des Tailles, & du logement de Gens de Guerre; mais ces exemptions contenuës dans des articles féparez, qui par elles-mêmes ne font pas neceffairement attachées à l'amortiffement accordé par le Roy, avoient befoin d'une expreffion finguliere; au lieu que la décharge des droits & devoirs Seigneuriaux, ne devoit pas être particulierement exprimée, puifqu'elle dérive naturellement & neceffairement de l'amortiffement accordé.

Voyez les mots, *Cenfive, Directe*, & auffi à *la lettre D*. le Titre *des Droits Seigneuriaux*, & les mots, *Fief, Foy & Hommage, & Seigneur*.

MOUZON.

DEclaration portant confirmation des Privileges des habitans de la Ville de Mouzon, fur la Meufe. A Saint Germain en Laye en May 1594. regiftrée le 19. Octobre de la même année. 1. *Volume des Ordonnances d'Henry IV*. fol. 244.

MUET.

1 DE *bonorum poffeffione, furofo, infanti, muto, &c. competere. D.* 37. 3. Les muets, & autres, peuvent être admis à l'heredité.

MUET, FIDEICOMMIS.

2 En matiere de fideicommis au profit des mâles, il y a un cas où le petit-fils aîné de la fille, exclud le petit-fils né du fils ; sçavoir quand celuy-cy est né sourd & muet. Arrêt du Parlement de Grenoble du 8. Septembre 1685. pour les enfans mâles du sieur de Pradenes, nez d'une fille de la Maison de Tuffel. Voyez Chorier en sa Jurisprudence de Guy Pape, p. 181.

MUET, FIEF.

3 *An mutus vel aliàs imperfectus feudum retineat?* Voyez *consuetud. feud. li. 2. tit. 36.*

MUET, MARIAGE.

4 Jugé par Arrêt du Parlement de Paris du 16. Janvier 1658. qu'un sourd & muet de naissance peut valablement contracter mariage. L'Arrêt fondé sur ce que cet empêchement n'est point marqué dans le Droit Canonique ou Civil. Soëfve, to. 2. Cent. 1. ch. 82. Voyez cy-dessus le mot, *Mariage*, n. 716. & suiv. & Basnage, sur l'art. 235. de la Coût. de Normandie.

MUET, PROCEZ CRIMINEL.

5 Reglement pour instruire les procés criminels aux accusez muets volontaires, quand ils ne veulent répondre pardevant les Juges. Arrêt du 1. Decembre 1663. De la Guess. tome 2. liv. 5. ch. 41.

6 Ce qu'on doit observer l'accusé faisant refus de répondre & y persistant, & ce que c'est de luy faire son procés comme à un muet? Voyez Henrys, tome 2. li. 4. quest. 67. folio 142. Voyez le titre 18. de l'Ordonnance Criminelle de 1670.

Voyez cy-après le mot, *Sourd*.

MUNICIPAL.

Municipal. Municipe. Charges Municipales. *Municipium*, signifie en particulier, la Ville où l'on est né : & en general, les Villes que le Peuple Romain avoit associées à ses Privileges.

Municipes dicuntur propriè, quasi munerum seu muniorum participes : abusivè autem, suæ cujusque civitatis cives, Concitoyens. L. 1. §. 1. ff. *ad municipalem.*

Municeps, municipium, municipalis. L. 18. & 228. D. *de verb. signific.*

Ad municipalem, & de incolis. D. 50. 1. *municipalem, supp. legem vel potius, ad municipes*. Des Bourgeois & habitans, & des charges municipales.

De municipibus, & originariis. C. 10. 38.

De incolis, & ubi quis domicilium habere videtur, &c. C. 10. 39. *Incola*, est celuy qui demeure dans un autre lieu que celuy de sa naissance. V. Domicile.

De magistratibus municipalibus. C. 1. 56.

De muneribus & honoribus. D. 50. 4. Des Charges & Dignitez : il y est parlé des charges municipales.

Quemadmodum civilia munera indicuntur. C. 10. 42.

De his qui spontè publica munera subeunt. C. 10. 43.

De magistratibus non vendendis. Const. I. Zoé 1. Contre la venalité des charges municipales.

De defensoribus civitatum. C. 1. 55... N. 15... N. 8. c. 15. Des Conservateurs des Privileges.

Ut non liberentur curiali fortuna Judæi, nec Samaritani, aut hæretici, &c. N. 46. Les heretiques sont sujets aux charges communes & publiques, sans joüir des Privileges.

De legationibus. D. 50. 7... C. 10. 63. Privileges dès Députez pour les affaires municipales.

De administratione rerum ad civitates pertinentium. D. 50. 8... C. 11. 31. Les Administrateurs du bien des Villes, sont Officiers municipaux, & sont regardez comme des Curateurs.

Biens & revenus des Villes. L. 15. & 17. D. *de verb. significatione*.

Voyez les mots, *Bourgeois, Charges, Communautez d'habitans, Domicile, Magistrat, Officiers, Ville*.

MUR.

1 Définition de ce mot *Murus*, dans la Loy 157. au Digeste *de verb. significatione*.

De crassitudine parietis communis. Lex 12. tabb. t. 1. cap. 7.

Quibus indiciis & probationibus paries inter vicinos communis censendus sit? Voyez Frain, p. 856.

2 *In muro communi marletos, aquarium, fenestras ad instar armaria necessaria vel cloacas & similia facere, an licitum sit*. Voyez Franc. Marc. tom. 2. quest. 460.

MUR MITOYEN.

3 Si dans un village il y a contre deux maisons une muraille, si l'on peut contraindre l'autre aux frais, & à la surhausser jusqu'à dix pieds? Voyez Bouvot, to. 1. part. 1. verbo, *Muraille*, quest. unique.

4 Le 10. May 1561. au Parlement de Toulouse, sur la demande à fin de remboursement de la moitié des frais faits pour bâtir une muraille au sol commun, il a été jugé que la défenderesse ne seroit tenuë de payer ladite moitié qu'à raison de quatre pans de fondemens, & douze pans, sur terre ; sauf de payer le surplus, ou à l'avenir elle se voudroit servir de la muraille ; & au surplus que le demandeur seroit tenu de mettre les vûës à dix pans de terre, ou du solier où elles sont, & les faire garnir de treillis de fer, & verres dormans, suivant la Coûtume de Toulouse. La Rocheflavin, liv. 6. titre 42. Arrêt 5.

5 Quand le voisin veut se servir d'une muraille mitoyenne, l'estimation en doit être faite suivant le temps auquel il s'en veut servir. Arrêt du 15. Mars 1582. La Rocheflavin, liv. 2. lettre M. tit. 1. Arr. 3.

6 Celuy qui veut se servir de la muraille de son voisin, est obligé à la moitié, suivant l'estimation du temps auquel elle se trouve, & non de ce qu'elle a coûté. Arrêt du 12. Decembre 1592. La Rocheflavin, ibid. Arr. 6.

Voyez l'art. 188. & suiv. de la Coût. de Paris, & les Commentateurs du Titre *des Servitudes*.

7 Aux maisons des champs le voisin est tenu de contribuer à l'édification d'un mur. mitoyen, sans qu'il soit recevable à abandonner le mur & place, sur laquelle il est bâti. De même si un puits est commun entre plusieurs voisins, l'un des voisins ne peut renoncer à l'usage dudit puits commun, pour s'exempter de la réparation d'iceluy, s'il ne quitte sa maison qui est proche du puits ; c'est l'opinion de *Guy Papé* ; car la renonciation de l'usage du puits ne seroit suffisante. Arrêt du 19. Mars 1612. *Tronçon*, art. 211. de la Coûtume de Paris ; qui s'entend des murs des villes & non des champs, comme le même *Tronçon* rapporte un Arrêt du 22. Mars 1622. Ibidem.

8 Un mur étant mitoyen entre deux voisins, l'un d'eux bâtit sur iceluy, & l'ayant exhaussé, y pose des pontes sans y faire aucun jambage de pierre de taille, & y ouvre des fenêtres. Les choses demeurent long-temps en cet état ; ensuite le voisin le fait assigner pour voir dire qu'il sera tenu de mettre des jambages de pierres de taille sous ses poutres, & après les offres de rembourser, qu'il sera pareillement obligé de boucher ses vûës. Arrêt du Parlement de Paris du 15. Février 1655. qui en infirmant la Sentence du Châtelet, ordonne conformément au rapport des Experts, qu'il seroit mis des jambages de pierres sous les poutres, & pour les vûës, qu'elles seront seulement réduites & ne pourront être bouchées. *Journal des Audiences*; tome 1. liv. 3. chapitre 13.

9 Jugé par Arrêt du 5. Février 1658. que l'article 195. de la Coûtume de Paris touchant le réhaussement du mur mitoyen par l'un des voisins, doit être entendu purement & simplement sans aucune limitation ou restriction ; en sorte que le mur peut être réhaussé, quoy que le proprietaire n'ait aucun dessein de bâtir ; il y a un Arrêt du 4. Février 1559. qui a jugé que le voisin ne pouvoit ainsi de gaieté de cœur entreprendre d'obscurcir les jours du voisin, & rendre sa maison impraticable. Soëfve, to. 2. Cent. 1. chap. 1.

Jugé par Arrêt du 12. Juillet 1670. en explication des articles 99. 200. 211. & 212. de la Coûtume de Paris, que le voisin qui a fait élever à ses dépens le mur miroyen, faisant separation de son heritage d'avec celuy de son voisin, pour édifier contre ledit mur, & dans iceluy fait faire des lumieres ou vûës, aux Us & Coûtumes de Paris, c'est à sçavoir de neuf pieds de haut au dessus du rez-de-chaussée, quant au premier étage; de sept pieds quant aux autres, le tout à fer maillé, & de verre dormant, peut être obligé par son voisin de faire boucher lesdites vûës, en luy remboursant la moitié de la valeur du mur, depuis l'élevation faite d'iceluy, sans que le voisin soit obligé de bâtir & édifier contre le mur, quoy qu'aux termes de l'article 198. de la même Coûtume, portant qu'il est loisible à un voisin de se loger ou édifier au mur commun & mitoyen d'entre luy & son voisin, si haut que bon luy semblera, en payant la moitié dudit mur mitoyen; il semble qu'il y ait necessité par le voisin de bâtir contre le mur pour obliger l'autre à boucher les vûës. *Voyez Soëfve, tome 2. Centurie 4. chapitre 51.*

11 Un nommé Bence qui possedoit un jardin dans la ville de Roüen, avoit fait ajourner devant le Bailly, le sieur Simon, qui avoit un jardin de l'autre côté du sien, pour se voir condamner à contribuer pour une moitié à la construction d'un mur mitoyen pour separer leurs jardins, si mieux n'aimoit ledit Simon pour abandonner de son fonds pour en construire un dessus à ses frais, ou consentir de prendre du fonds dudit Bence pour en faire construire un à ses dépens: le Bailly l'avoit jugé de la sorte. Par Arrêt du Parlement de Roüen du 2. May 1687. la Cour en intervenant, la Sentence ordonna qu'il seroit fait un mur mitoyen aux frais communs des Parties; en y contribuant chacun pour une moitié. *Basnage, sur la Coûtume de Normandie, art. 617.*

12 Dans les quartiers peu habitez des Villes, comme Beauvais, & Senlis, il n'est pas juste que l'on oblige de faire faire des murs de separation entre les jardins où il n'y en avoit pas, il en doit coûter à celuy qui veut se faire fermer; il suffit qu'on luy cede la place du mur; cependant il y a eu plusieurs Sentences qui ont ordonné la fermeture du mur, dans les quartiers quoyque éloignez. Par Arrêt du 23. Avril 1709. en la seconde des Enquêtes, au rapport de M. le Clerc de Lesseville, jugé que l'on n'étoit pas obligé en cette Coûtume de se fermer contre le palis appartenant au voisin, si ce n'est dans les cas exprimez par la Coûtume de Paris, nonobstant un ancien usage observé à Beauvais, d'obliger à contrefermer indistinctement; d'autant que la Coûtume oblige à contribuer à une clôture, & non à faire deux clôtures; & la Cour ne s'est aucunement arrêtée à un moyen de destination, que nous voulions induire de ce que les deux bâtimens étoient sur un même assemblage; que les deux maisons étoient chargées solidairement des mêmes cenfives, & de quelques surcens, de l'engagement des lieux, de plusieurs tolerances respectives, & de plusieurs autres marques évidentes, que les deux maisons avoient appartenu à un seul & même proprietaire, pour faire demeurer les choses au même état où elles étoient, attendu que ce moyen ne suffiroit pas pour nous exempter de la contrefermeture, si nous y eussions été obligez, mais bien pour la continuation des servitudes. *Voyez la nouvelle Observation faite sur le Commentaire de M. Jean-Marie Ricard, sur l'art. 269. de la Coût. de Senlis, réimprimée avec ses autres Oeuvres en l'année 1701. par Nicolas Gosselin.*

Murs des Villes.

13 An possit quis se exemptare à refectione murorum? Non. Voyez la nouvelle édition des Oeuvres de M. Charles du Moulin, tome 2. quest. 40. page 561. où il rapporte un Arrêt rendu contre les Notaires de la ville d'Orleans, qui ne furent point reçûs à proposer la prescription qu'ils prétendoient avoir acquise pour se procurer une telle exemption.

14 De la réparation des murs des Villes. *Voyez Franc. Marc. tome 1. quest. 469.*

15 Ostium in muro facere licitum ne sit? *Voyez Ibidem, quest. 24.*

16 Latomo parietem instauranti ostium facere super domus ambulatorio vicini, quatenus stillicidium protenditur, licet ne? *Voyez ibid. tom. 2. quest. 484.*

17 Extrait d'un Plaidoyé fait par M. François Pithou, touchant les anciens murs de Paris, & qu'ils sont du Domaine du Roy. *Voyez les Opuscules de Loisel, p. 431.*

18 Murs & fossez des Villes doivent être entretenus en temps de paix; si les particuliers habitans contredisent & opposent qu'il n'y a guerre ni danger, ils doivent payer par provision. Jugé au Parlement de Paris, entre les habitans d'Orleans le 15. Mars 1522. *Papon, liv. 6. titre 1. nombre 3.*

19 Les murs des Villes sont comme sacrez; la peine capitale contre les infracteurs de cette sainteté des murs, a lieu seulement en temps & en Ville de guerre, & non autrement. Jugé à Bourdeaux le dernier Avril 1530. *Papon, liv. 6. tit. 1. n. 5.*

20 Par Arrêt du 1. Decembre 1603. fut appointé au Conseil; sçavoir, si les murs & portes de la Ville de *Noyon* sont au Roy ou au Comte de Noyon: en un fait de deux hommes qui se soir trouvant les portes de la ville fermées, sauterent par dessus les murs de la ville. *Biblioth. de Bouchel, verbo, Mur.*

21 Jugé au Parlement de Provence le 21. Avril 1644. que le Seigneur peut faire une posterle aux murailles du lieu pour sortir quand il voudroit; mais que les habitans qui ont des maisons contre les murailles du lieu, doivent treillisser les fenêtres aux formes du Statut. *Boniface, tome 1. liv. 3. tit. 2. ch. 6.*

MUTATION.

1 Il est important de connoître ce qui est dû dans les mutations qui arrivent, soit dans les successions directes ou collaterales, soit dans les donations faites à des heritiers présomptifs ou à des étrangers, soit en cas de mariage ou de mort, baux, échanges; en un mot, dans toutes sortes de mutations.

Les cas les plus ordinaires sont ceux qui suivent, & voicy ce qui est dû à chaque espece de mutation.

En succession directe ascendante, ou même en succession directe descendante,

Foi seulement.

En succession collaterale,

Foi & relief.

En donation directe,

Foi seulement.

En donation, soit celle faite à des collateraux ou à des étrangers,

Foi & relief.

Mariage de femelles,

Foi seulement pour le premier.

Foi & relief pour les seconds mariages, & autres subsequens.

Dissolution de Communauté pour la femme,

Foi seulement.

En cas d'échange,

Foi & relief.

Bail à rente rachetable,

Foi & quint.

Contract de vente,

Foi & quint.

Bail Emphyteotique,

Foi & relief.

En cas de mort de celuy donné pour homme vivant & mourant,

Foi & relief.

Au cas de mutation de celuy qui étoit le Titulaire du Benefice,

Foi & relief.

Voyez les mots, Dénombrement, Fief, Foi, Quint, Rachat, & Relief, & la nouvelle édition du Commentaire de M. Claude du Plessis, Avocat au Parlement, sur la Coûtume de Paris, p. 14. 15. 57. 87. 324. & 327.

Il faut joindre aux Observations contenuës sous tous ces Titres, la lecture des Commentateurs des autres

780 MUT MY-L

Coûtumes, qui toutes ont un Titre singulier, des droits Féodaux & Seigneuriaux, & disposent par consequent de ce qui est dû à chaque mutation, de quelque maniere qu'elle arrive, & puisse arriver.

2 Lods des mutations précedentes. *Voyez le mot, Lods & Ventes, n. 266. & suiv.*

3 *Double mutation de Fief par vente, échange, donation, mutation, ou autre alienation volontaire, doubles droits sont dûs; secus, si l'une des mutations est necessaire, comme par mort, mariage & succession.* Arrêt en la Coûtume de Poitou, du 18. Mars 1610. *Brodeau sur M. Loüet, lettre R. somm. 2. n. 6.*

Dans l'espece de l'Arrêt, il y avoit eu une premiere mutation, par le décès du pere, arrivé le 22. May. La seconde mutation étoit arrivée par le mariage de sa fille, du 14. Août de la même année : y ayant eu composition pour le premier, le Seigneur fut débouté de sa demande pour le second.

4 *Memoire pour son Altesse Royale Monsieur, Fils de France, Frere Unique du Roy; & M. le Duc de la Tremoille.*

Contre François de Fougeres, sieur du Colombier, & Consorts.

Les devoirs du Vicomté de Brosse, à chaque mutation de Vassal par mort ; & l'on montre en même temps que ce rachat est de droit commun dans le Pays Coûtumier, & qu'on ne peut opposer contre le droit de la Coûtume de Poitou; ni Acte de Notorieté, ni prescription.

Articles de la Coûtume de Poitou, pour prouver que le rachat ou un devoir qui tient lieu de rachat, y est de droit commun. *Voyez le Recüeil des Factums & Memoires imprimez à Lyon chez Antoine Boudet en 1710. tome 2. pag. 330. & 349.*

5 *Factum pour les Proprietaires des grandes Halles, Loges couvertes, & Préau de la Foire de S. Germain, Défendeurs.*

Contre Monsieur le Cardinal de Furstemberg, Abbé de Saint Germain des-Prez, Demandeur.

Les Halles & les Loges où l'on tient tous les ans la Foire de Saint Germain à Paris, appartiennent en proprieté aux Marchands, à charge de lods & ventes en cas de mutation : en sorte qu'elles ne sont pas de simples cessions, qu'un Fermier fait de son droit à un autre. Arrêt rendu pour maintenir les Marchands dans cette possession. *Voyez le Recüeil des Factums & Memoires imprimez à Lyon chez Antoine Boudet en 1710. tome 2. page 563.*

MY-LOD.

Quelles sortes de Contracts sont sujets à my-lods. *Voyez cy-devant le mot, Lod, nombre. 269. & suivans.*

N

NAISSANCE.

1. *De filiis non legitimè natis.* Voyez le Traité fait *per Benedictum de Barzis.*

2. *De filio nato ex uxor. absente marit. per Franc. Niconitium.*

3. D'un enfant né dix mois quatre jours après la mort de son pere. *Voyez le mot, Batard, nombre* 245. *&* 248.

4. *Signa vitæ posthumi seu partûs cæsi vel abortivi quo modo probentur? Et an baptismus necessarium vitæ signum infrat?* Voyez *Franc. Marc. tom.* 2. *quæst.* 168.

5. Il ne faut considerer si l'enfant a vécu un peu, mais s'il pouvoit vivre; autrement sa naissance n'est pas réputée parfaite & suffisante pour le rendre capable de succeder. *V. Mainard, liv.* 5. *ch.* 77.

6. Si la naissance de l'enfant *antè-septimum mensem*, est utile & consideree à l'effet de transmettre sa succession mobiliaire à son pere survivant, ou pour acquerir les privileges & autres avantages. *Voyez Hevin sur Frain, page* 229. où plusieurs Arrêts sont rapportez.

7. La nature ne désavoüe jamais son sang; celuy qui vient au monde vingt ans après la mort de son ayeul, est dans l'ordre des descendans; mais la Loy dans les effets civils ne luy fait point de part, il n'est pas compté dans le nombre des petits enfans. *Ricard, des Substitutions, traité* 3. *chap.* 8. *sect.* 2. *part.* 1. *nomb.* 556. & *des Donations entre-vifs*, 1. *part. ch.* 4. *sect.* 1. *nomb.* 867.

8. Quand celuy qui naîtra d'une fille est institué heritier, & au défaut de luy, celuy qui naîtra d'une autre, &c. *Voyez Peleus, question* 143. & cy-après le mot, *Substitution*. Si celuy qui n'est né ni conçu au temps de la succession échûë, y peut prétendre droit? *Voyez Carondas, livre* 5. *Rép.* 63.

9. *Qui in rebus humanis non est, an revocari & substitui possit in testamentis & contractibus?* Voyez *M. Valla, de rebus dubiis, &c. tract.* 4.

10. *Qui non est natus, neque conceptus tempore mortis testatoris, atque alienationis factæ, contrà testatoris prohibitionem, potest vindicare prædium ab eo prohibitum alienari.* Sentiment de *Carondas, liv.* 11. *Rép.* 14. où il cite *Valla*, qui est d'avis contraire, &c.

11. Celuy qui est né en France ne perd droit de naturalité pour demeurer hors du Royaume en une ville confederée. C'est l'Arrêt de Cenamy, donné à la Nôtre-Dame d'Août 1554. *Carondas, liv.* 2. *Réponse* 5. & *liv.* 4. *Rép.* 75. Voyez l'*Edit du Roy du* 13. *Août* 1669.

12. Celuy qui n'est ni conçu au temps de la succession échûë, n'y peut prétendre droit. Arrêt de l'an 1572. *Carondas, liv.* 5. *Rép.* 63. Il faut être capable lors de l'échéance de la succession. *Henrys, tome* 2. *liv.* 6. *q.* 15. & M. Loüet, *lettre R. somm.* 38.

13. *Substitutio, si sine liberis decedat, nati extrà regnum pro non natis habendi sunt, & à substitutis summoti fuerunt.* Jugé à Pâques 1599. Mornac, *L.* 5. *ff. de capite minutis*, où il rapporte d'autres Arrêts touchant les François rétournez.

14. L'enfant qui n'est né ni conçu lors de la substitution échûë, n'y peut prendre part, les biens passent à l'heritier, sans charge de restitution. Arrêt du 23. Août 1607. *M. Bouguier, lettre F. n.* 1.

15. La naissance d'un fils à onze mois parfaits & accomplis, dés la mort de son pere, n'est présumé legitime. Arrêt du 22. Août 1626. *M. Bouguier, let. E. n.* 4.

16. Fille reçûë à justifier sa naissance sur de simples présomptions, & à soûtenir sa condition & son état contre les paroles mourantes de son pere, & le témoignage vivant de sa mere qui la désavoüoit. Arrêt du 29. Mars 1632. *Bardet, tome* 2. *liv.* 1. *chap.* 19. rapporte le Plaidoyé de M. l'Avocat General Bignon. *Voyez le* 23. *Plaidoyé de M. Gaultier, tome* 1. & le 7. Plaidoyé de *M. le Maître*, ils étoient Avocats en la cause.

17. Mary est reçû à prouver que l'enfant né quatre mois & demi après son mariage, est du fait du Maître, où sa femme demeuroit servante domestique, & par provision le Maître est condamné de le nourrir, par Arrêt du 18. May 1632. *Bardet, tome* 2. *liv.* 1. *chap.* 25. M. Bignon, Avocat General dit que le mary ayant été trompé, doit être reçû à se plaindre; si c'est constant le mariage, il peut accuser sa femme d'adultere; si c'est auparavant, il y a lieu de faire declarer l'enfant bâtard. Une circonstance grave est que le Maître avoit donné à cette fille une somme extraordinaire pour un homme de sa qualité.

18. Arrêt du Parlement de Provence du 12. Juin 1634. qui a jugé qu'un part de sept mois lunaires peut avoir vie. Autre Arrêt du 17. May 1653 qui a jugé qu'un part ne peut pas être de quinze mois. *Boniface, tome* 2. *liv.* 3. *tit.* 8.

19. Enfant né quatre mois après la celebration du mariage, declaré illegitime & incapable de la succession du mary. Arrêt du Parlement de Paris du 21. Juin 1638. *Bardet, tome* 2. *liv.* 7. *ch.* 32.

20. D'une fille née à onze mois depuis l'absence du mary. Arrêt du 6. Août 1649. qui la declare legitime. *Voyez le* 23. *Plaidoyé de M. Gaultier, tome* 1. M. Talon Avocat General, remontra que les appellans n'entreprenoient pas d'accuser la mere d'adultere; que d'ailleurs n'y étant pas recevables après la mort de son mary, il s'ensuivoit que l'enfant ne pouvoit être illegitime. *Voyez* son Plaidoyé dans *Du Frêne, liv.* 5. *ch.* 46.

21. Un enfant né dans le septième mois, est viable, à l'effet de pouvoir recueillir une succession. Arrêt du mois de Février 1655. *Des Maisons, lettre N. n.* 1.

22. De la naissance d'un enfant entre deux femmes, dont celle qui est la mere, veut attribuer à l'autre cette qualité. *Voyez De la Guessere, tome* 2. *liv.* 2. *chap.* 34. où vous trouverez un Arrêt du 2. Août 1659.

23. Pour les preuves d'une naissance inconnuë. *Voyez le* 26. *Plaidoyé de M. Gaultier, tome* 1. L'Arrêt rendu en la Chambre de l'Edit à Paris le 27. Janvier 1660. défenses à la fille d'en prendre la qualité; il mit sur la Requête Civile du sieur du Challard, les parties hors de Cour, & de procès, & le condamna au payement de la somme de 6000. liv. Le même Arrêt est rapporté au *Journal des Aud. tome* 2. *liv.* 3. *ch.* 3.

24. La naissance d'un enfant ne rompt pas le Testament d'un pere entierement, puisque la Cour a ordonné qu'il seroit exécuté pour les legs pieux, & pour la pension d'un Chevalier de Malthe; l'Arrêt est du 23. Juillet 1663. *Des Maisons, lettre T. n.* 6.

25. Par Arrêt du 16. Février 1667. jugé que la naissance d'un enfant qui n'a point été reconnu par aucun Acte public du vivant de celuy qu'on prétend être le pere, ne peut être prouvée par témoins; & que cette naissance présupposée pour constante & veritable, le mariage contracté entre le cousin germain & la cousine germaine, ne peut rendre l'enfant legitime, issu d'eux avant le mariage, & avant la dispense obtenuë en Cour de Rome pour le contracter. *Soëfve, to.* 2. *Cent.* 3. *ch.* 87.

FFfff iij

NAMPS.

LE titre 4. de la Coûtume de Normandie, porte *de délivrance de Namps*, & marque les formules & les causes des saisies & executions. *V.* les Commentateurs de cette Coûtume. *M. Henry Basnage* observe que suivant l'usage pratiqué, celui dont les biens ont été vendus, peut les retirer en payant le prix de la vente dans la huitaine du jour de la vente, ce qui s'appelle *forgage*. Il peut même ceder ſon droit à un tiers pour en tirer quelque profit, ſi ſon impuiſſance ou la crainte qu'ils ne ſoient derechef ſaiſis par ſes creanciers, l'empêchent de le faire pour eux-mêmes.

Il eſt auſſi parlé de ce droit dans l'article 8. de la Coûtume de *Valenciennes*, & dans la Somme rurale: *Sunt mobilia, ſive moventia*, vifs-namps & morts-namps. *Voyez Ragueau*, verbo *Namps*.

NANTISSEMENT.

1 Voyez *Hoc verbo*, la Bibliotheque des Arrêts recüeillis par *Jouet*, & le Gloſſaire du Droit François, ou la nouvelle édition des Droits Royaux & Seigneuriaux par *Ragueau*.

2 Pour apprehender la poſſeſſion en païs de nantiſſement comme en Picardie, l'action ne ſuffit, il faut uſer de miſe de fait & decret de droit, ſuivant les Coûtumes. *Papon*, li. 8. tit. 6. n. 9.

3 Du Halde avoit donné à ſa fille 25000. liv. de rente en faveur de mariage; depuis il emprunte 6000. écus de le Grand, lequel ſe fait nantir ſur les terres que du Halde avoit en Ponthieu: procez pour la préference entre la fille du Halde & le Grand. Celuy-cy dit qu'en Ponthieu ſon contrat étant realiſé par le nantiſſement il a acquis hypotheque par la Coûtume. L'autre, au contraire, ſoûtient que ſa donation en faveur de mariage, n'eſt point ſujette à nantiſſement, & qu'elle a hypotheque du jour de ſon contrat de mariage. Le Juge de Ponthieu préfere le Grand. Appel. Arrêt qui appointe au Conſeil. *Bibliotheque de Bouchel*, verbo *Nantiſſement*.

4 Soulte de partage non ſujette au nantiſſement. Arrêt du 2. Juillet 1551. *Mornac, l. 26. ff. de pignoratitiâ actione.*

5 Creancier par Sentence, quoyque non nanti, anterieur au contrat de mariage, préféré au doüaire de la femme, ledit contrat étant poſterieur. *Brodeau ſur M. Loüet, lett. H. ſomm. 25, nomb. 7.*

6 En la Coûtume de Ponthieu, la femme pour ſa dot & conventions matrimoniales, eſt ſujette au nantiſſement. Arrêt du 5. Août 1601. *Peleus qu. 106.*

7 La femme a hypotheque ſur les biens de ſon pere pour ſes conventions matrimoniales ſans être nantie, auſſi bien que ſur les biens de ſon mary tant pour la reſtitution de ſa dot que de ſon doüaire ſoit coûtumier ou préfix, le même pour les donations faites par le contrat & en faveur de mariage. Les mineurs ſans être nantis ont pareillement hypotheque ſur les biens de leurs tuteurs. Arrêt du 7. Septembre 1602. *M. Loüet & ſon Commentateur lett. H.* en la Coûtume d'*Amiens*, Ponthieu & Boullenois. Voyez *M. le Prêtre ès Arrêts celebres.* Voyez *Peleus, qu. 106.* Voyez *M. Loüet lett. H. Som. 25. & 26.* & le preſent volume, le mot *Hypotheque*, nomb. 191. & ſuiv.

8 Rentes en la Coûtume d'*Amiens* ſont reputées immeubles entre les heritiers du debiteur, encore qu'elles ne ſoient realiſées & nanties. Jugé le 18. Septembre 1604.

9 Un creancier qui a compoſé des droits dûs au Seigneur au Païs de nantiſſement, le debiteur rembourſant la rente ne paye que ce qui a été actuellement payé au Seigneur. Arrêt du 22. Juillet 1606. *M. Bouguier, lettr. N. nomb. 1.*

10 Jugé le 8. Janvier 1607. pour les Chevaliers de Malthe, en conſequence d'autres Arrêts, même de celuy contenant l'ordre des creanciers de la Maiſon de Humieres, qu'en pays de nantiſſement comme de Picardie, la Sentence donnoit hipotheque ſuivant l'Ordonnance. La raiſon de douter n'étoit dénommée aux formes preſcrites pour avoir hipotheque. *Bibl. de Bouchel*, verbo *Nantiſſement*.

11 En païs de nantiſſement le creancier qui s'eſt fait nantir ſur la part que poſſedoit ſon debiteur par indivis en un heritage commun de la ſucceſſion avant le partage d'icelle, ne pouvoit perdre l'hipotheque acquiſe par ſon nantiſſement ſur ledit heritage pour la part qui appartenoit à ſon debiteur, encore que par partage tout l'heritage fût avenu au lot des copartageans, parce que par le nantiſſement on ſe fait proprietaire de la choſe ſur laquelle on s'eſt nanti juſques à la concurrence de ſon dû, autrement le creancier ſe trouveroit ſans nantiſſement ſur la part avenuë à ſon debiteur, & par conſequent ſans hipotheque. Arrêt du 6. Septembre 1608. *M. le Prêtre 4. Cent. chap. 3. fine.* Voyez *l'Ordonnance de Neron*, où le même *Arrêt eſt rapporté*.

12 Par Arrêt du 22. Février 1611. en la cauſe des Chartreux d'Abbeville, jugé que ce qui eſt adjugé par Arrêt, n'eſt point ſujet à nantiſſement. *Biblioth. de Bouchel*, verbo *Nantiſſement*.

13 En la Coûtume de *Boullenois*, tous droits réels comme nantiſſemens excluent les droits perſonnels. Arrêts des 21. Mars 1617. & 6. Mars 1622. *M. Bouguier let. N. nombre 2.*

14 Nantiſſement n'eſt pas nul par le défaut de ſignature des témoins, lorſque la Coûtume ne l'exige point. Arrêt du 11. Decembre 1629. dans la Coûtume de *Vermandois*. *Bardet, to. 1. liv. 3. chap. 70.* L'on obſervoit que cette Coûtume étoit exorbitante du droit commun qui ne connoît point de nantiſſement; au lieu de l'étendre & d'y ajoûter il falloit plûtôt la reſtraindre.

15 En Païs de nantiſſement, les droits Seigneuriaux payez d'une vente à faculté de remeré ne ſe repetent, le remeré s'en faiſant dans le temps de la grace. Arrêt du 25. Janvier 1633. *Du Frêne, liv. 2. chap. 128.*

16 Le défaut de nantiſſement ne ſeroit pas conſiderable en la Coût. d'*Amiens*, dans une donation faite par un pere à ſa fille qu'il marie. Ce fut l'avis de M. l'Avocat General Talon, dans une cauſe qui fut plaidée le 17. Janvier 1634. la Cour appointa les parties au Conſeil. Voyez *Bardet, to. 2. liv. 3. chap. 2.*

17 Es Païs de nantiſſement, les traitez & articles de mariage ſignez des parties emportent tacite hypotheque pour ſureté des donations contenuës en iceux, & de la revocation du pere touchant la donation de tous ſes biens à ſa fille comme une démiſſion. Arrêt du 11. Février 1647. *Du Frêne, liv. 5. chap. 5.*

18 Si dans la Coûtume d'*Amiens* le debiteur ou ſon heritier peut objecter au creancier le défaut de nantiſſement pour dire qu'il n'a point d'hypotheque? La cauſe appointée le 25. Janvier 1661. *Notables Arrêts des Audiences, Arrêt 52.* Voyez *Charondas liv. 13. Rép. 19.*

19 Dans la Coûtume de *Rheims*, païs de nantiſſement, un Locataire de maiſon n'eſt pas obligé de ſouffrir le nantiſſement ſur ſes heritages pour ſureté des loyers. Jugé à Paris le 19. Juillet 1681. *Journal du Palais, in 4. part. 8. p. 117. & le 2. to. in folio.*

20 Le 13. Decembre 1695. Arrêt a été rendu au Conſeil d'Etat, portant défenſes à tous Juges d'admettre aucuns nantiſſemens ſur les immeubles, en conſequence des Sentences ou Arrêts, s'ils ne ſont fondez ſur contrats paſſez pardevant Notaires, ou ſur actes reconnus pardevant iceux, & ce à peine d'interdiction des Juges, & 200. liv. d'amende. *Journal des Aud. tome 5. liv. 11. chap. 20.*

NAPLES.

1 TRaité du droit hereditaire appartenant au Duc de la Tremoille au Royaume de Naples. Par. 1648.

De Regni Neapolitani Jure, pro Tremollio Duce. Par. 1648.

2 Traité des droits du Roy ſur le Royaume de Naples,

NAV   NAU   783

avec les Genealogies. *Voyez Dupuy, Traité des Droits du Roy*, p. 1.

3 A Naples, il faut que les Bulles ou Lettres Apostoliques soient contresignées d'un Secretaire d'Etat pour justifier l'examen d'icelles, avant que de les executer. *Févret, Traité de l'Abus*, liv. 1. ch. 1. n. 11.

4 A Naples, quand les Juges d'Eglise entreprennent sur les Droits du Roy, le Conseil lateral fait avertir *in formâ hortatoriâ*, l'Evêque ou son Official de cesser leurs entreprises ; faute dequoy ils seront déchûs de la bonne grace de Sa Majesté, & s'ils n'obéïssent il est procedé à la saisie de leur temporel. *Ibid. ch.* 3. p. 28.

5 Le Roy peut sans permission du Pape, tirer secours du Clergé de Naples pour les besoins de l'Etat. *Févret ibidem*, ch. 8. p. 85.

NATION.

Déclaration du mois de Juin 1616. portant confirmation des privileges de la Nation Germanique en l'Université d'Orleans. Cette Declaration enregistrée le 19. Avril 1625. 4. vol. *des Ordonnances de Louis XIII. fol.* 227. Le Maire, *des Antiquitez de l'Université d'Orleans*, p. 96.

NATURALITÉ.

1 Lettres de naturalité. *Voyez cy-dessus* le mot *Lettres*, nomb. 158. & suiv. L'Indice des Droits Royaux par Ragueau, ou le nouveau Glossaire du Droit François, verbo Naturalité.

Les Etrangers naturalisez sont ceux *qui Civitatis jure sunt donati*, ou qui *Gallica Provincia jus adepti sunt*. M. René Chopin, *en son Traité de la Police Ecclesiastique*, liv. 3. tit. 1. n. 18.

2 Declaration, portant que les Lettres de naturalité obtenuës par les Etrangers, seront enregistrées en la Chambre du Tresor, &c. à S. Maur-des-Fossez le 17. Septembre 1582. registrées le 7. Septembre 1583. 6. vol. *des Ord. d'Henry III. fol.* 69. Bacquet, *de la Jurisd. du Tresor*. p. 114.

3 Le droit de naturaliser n'appartient qu'au Roy. *Voyez Loysel en ses Observations mêlées*.

4 Factum, pour Adrien de Bie, appellant.

Contre Guillaume Vanissandoren, Jean de Ziernel, & Adrienne Vanissandoren sa femme, Intimez.

Si les enfans d'une Etrangere, naturalisez en France, y peuvent succeder à leur oncle, comme representans leur mere ?

Ou si, pour la succession de l'oncle, la representation de la mere étrangere, a lieu en faveur de ses enfans naturalisez en France ? *Voyez le Recüeil des Factums & Memoires imprimez à Lyon, chez Antoine Boudet en* 1710. to. 1. p. 292.

5 Factum, pour le sieur Vanissandoren & Dame Adrienne Vanissandoren, épouse du sieur de Ziernel, heritiers par moitié de Messire Guillaume de Bie leur oncle, &c. Demandeurs à fin de partage.

Contre Adrien de Bie, frere du défunt sieur de Bie, & son heritier aussi par moitié, défendeur.

Et contre le sieur Herinx, se disant creancier du sieur Adrien de Bie, & joint avec luy, aussi défendeur.

Que l'incapacité de la mere étrangere n'empêche pas que ses enfans naturalisez en France, ne puissent succeder à leur oncle, par representation de leur mere. *Voyez ibidem*, p. 312.

NAVARRE.

1 Des droits au Royaume de Navarre, contre les prétentions des Espagnols, avec les Genealogies. *Voyez Dupuy, Traité des Droits du Roy*, p. 111.

2 Des Cours Souveraines du Royaume de Navarre. *Voyez Joly des Offices de France*, to. 1. li. 1. tit. 62. p. 594. & *aux additions*, p. CCXIV.

3 Edits d'union de la Navarre & pays de Bearn à la Couronne de France, en 1607. & 1620. V. *Escorbiac*, tit. 30.

4 Edit portant confirmation de celuy du mois d'Octobre 1620. par lequel le Royaume de Navarre & la Principauté de Bearn, ont été unis au Domaine de la Couronne de France, à Compiegne en Juin 1624. *Joly*, to. 1. addit. p. 217.

5 Bulles du Cardinal Barberin, neveu du Pape & Légat en France, verifiées, à la charge que le Nonce du Pape sera tenu de fournir dans six semaines au Roy un Bref de Sa Sainteté, portant que l'omission faite aux Bulles & facultez de la qualité de *Roy de Navarre*, a été par inadvertance ; & jusqu'à ce que ledit Bref ait été apporté, les bulles & facultez seront retenuës, & ne sera l'Arrêt de verification délivré. *Voyez les preuves des libertez de l'Eglise Gallicane*, to. 2. chap. 23. nomb. 85.

6 Les Navarrois ne sont étrangers, ils peuvent tenir Benefices en France. Jugé à Pâques 1606. Montholon. Arrêt 107. & le Recueil des Arrêts de Tournet lett. B. nomb. 56. & lett. N. Arr. 1.

NAUFRAGE.

1 De naufragiis. C. 11. 5... C. Th. 13. 9... Const. Frid. I. c. 9. Des Vaisseaux, Batteaux & Marchandises qui ont fait naufrage.

De incendio, ruinâ, naufragio, rate, nave expugnatâ. D. 47. 9. Vol fait pendant un incendie, naufrage, ou autre malheur & desordre public.

De pœnâ eorum qui naufragium suppresserint. Leon. N. 64.... Extr. 5. 17. c. 3.

1 De quelle maniere se fait la contribution pour la perte de ce qu'on jette à la mer dans la crainte du naufrage ? *Voyez le* 2. tome *des Loix Civiles*, liv. 2. tit. 9. sect. 2. n. 6.

2 A qui appartient ce qui se tire de mer à terre aprés un naufrage ? *Voyez les Loix Civiles*, to. 4. liv. 1. tit. 8. sect. 2. L'Ordonnance du mois de Février 1543. en donne un tiers au Roy, un tiers à l'Amiral, l'autre tiers à celuy qui a tiré.

3 Des naufrages, bris & échouëmens. *Voyez l'Ordonnance de la Marine du mois d'Août* 1681. livre 4. titre 9.

4 Pœna quæ maneant eos qui naufragii & incendii bona occupant & detinent, & qui novas exactiones imponunt. Voyez Franc. Marc. to. 2. quest. 893.

5 De naufragio, an bona quæ erant in navi, cadant in commissum, & de mandatis pœnalibus. Voyez Andr. Gaill, lib. 1. Observat. 18.

6 De la perte des marchandises naufragées, & qui la doit supporter ? *Voyez* le mot *Marchand*, nomb. 71. & suiv.

7 An & jour pour les choses perduës par naufrage pour les reclamer. *Mornac l.* 4. §. sed si navis ff. ad legem Rhodiam.

8 Deux mois pour les poursuivre, & les deux mois passez, si les plongeurs en trouvent, le tiers au fisc, le tiers à l'Amiral, & le tiers au plongeur. *Mornac l.* 2. §. res jacta ff. ad legem Rhodiam.

9 Au naufrage, ce qui est jetté au bord de la mer, est au Haut-Justicier, ce qui est pesché dans la mer est au Roy. V. *Rebuffe, proëm. gl.* 5. n. 74.

10 Défenses à toutes personnes, même aux Capitaines qui ont la garde des Places fortes, de prendre les Navires, biens, & marchandises des Habitans de S. Malo, ou autres quelconques, qui auront pris & payé les briefs, sous couleur de bris, naufrage, & droit de sauvelage ; auquel cas de bris & naufrage, sera seulement baillé salaire raisonnable à ceux qui auront aidé à sauver les biens & marchandises ; sauf toutefois si le bris étoit venu en pleine mer, & le Navire rompu en pieces, & du tout abandonné des mariniers. Pour ce regard, ordonné que les anciennes Loix & Ordonnances de la Marine seront observées. Arrêt du Parlement de Bretagne du 22. Septembre 1573. Du Fail, livre 2. chapitre 451.

11 Par Arrêt du Parlement de Bretagne du 28. Mars 1575. il fut défendu d'entrer aux Navires & Vaisseaux, qui

par fortune ou autrement, se rangeront & prendront port en ce païs, jusques à ce que les Officiers de la Justice y soient descendus, & que la Declaration du Roy faisant mention des bris & naufrages qui adviennent ordinairement en la côte de la mer, & rivieres prés les Ports & Havres, publiée en la Cour le 26. Octobre 1573. sera lûë & publiée au Siege de Nantes, & proclamée aux Ports & Havres de ce païs, à ce qu'aucun n'en prétende cause d'ignorance. *Du Fail, ibid. ch.* 497.

12 Un Batteau étant péri au Pont de saint Cloud, Loüis de la Garde Maître du Pont a été condamné de payer la perte aux Marchands, jusqu'à la valeur de six mille livres; ordonné que tous les Maîtres des Ponts seroient tenus de prendre soigneusement garde quand il se presenteroit des Batteaux chargez de marchandise, pour monter ou avaler les Ponts; qu'iceux Batteaux fussent bien équipez de corde, d'hommes, & d'autres ustencilles, ensorte qu'il en arrivât aucun inconvenient, à peine par les Maîtres des Ponts de répondre en leurs propres & privez noms. Sentence du Prevôt des Marchands & Eschevins de Paris, confirmée par Arrêt du 26. Août 1606. *Corbin, suite de Patronage, chap.* 191.

13 Navire donné par un pere à un de ses fils par avancement, quoique péri par naufrage, doit se rapporter, comme il fut jugé par Arrêt du Parlement de Roüen, du 9. Decembre 1653. *Basnage, sur la Coûtume de Normandie, art.* 434.

14 La fille presumée avoir survêcu la mere dans un naufrage. Arrêt du Parlement de Paris du 10. May 1655. pris dans les *Registres du Parlement*, & rapporté par *Jovet lettre E. nombre* 12.

15 Droit d'entrée n'est dû pour marchandises naufragées qui ont été sauvées, & qui étoient dans un navire Anglois pour être portées en Hollande. Arrêt de la Cour des Aydes de Paris, du 4. Juillet 1664. *De la Guess. to.* 2. *liv.* 6. *chap.* 37.

16 Arrêt du Parlement de Provence du mois de Novembre 1664. qui confirma une procedure criminelle contre celuy qui avoit pris une chose périe par naufrage, à dessein de la dérober. *Boniface, tome* 1. *liv.* 8. *tit.* 18. *chapitre* 3.

NAVIGATION.

1 Voyez *le Traité de la Navigation*, fait par M. Charles de Salligny Avocat au Parlement, dans la quatriéme édition de son Commentaire sur la Coûtume de *Vitry le François*, in 4. à Châlons chez *Jacques Seneuze* 1676.

2 Il n'est pas permis d'équiper des Vaisseaux de guerre ou marchands, sans la connoissance & le congé des Officiers de mer, ni de rien mettre dans les rivieres qui nuise à la navigation. *Voyez le* 4. *tome des Loix Civiles, liv.* 1. *tit.* 8. *sect.* 2.

3 *De usu navigationis per flumina.* Voyez *Franc. Marc. tom.* 2. *quest.* 38.

4 Arrêts generaux de la Cour du Parlem. des 8. Août 1552. & 22. Août 1554. pour les marchands frequentans la riviere de Loire, & autres fleuves y descendans; portant Reglement sur la navigation, même contre les mariniers. *Voyez le Recüeil des Arrêts concernant les Marahands frequentans la Loire.*

5 Arrêt du Parlem. de Paris du 19. May 1580. par lequel défenses sont faites au Bailly de Blois, ou son Lieutenant, d'entreprendre aucune connoissance sur le fait de la navigation de la riviere de la Loire. *Voyez Ibid.*

NAVIRE.

1 Voyez les mots *Assurance, Marine & Mer.* Des gens & des bâtimens de mer. *Voyez l'Ordonnance de la Marine du mois d'Août* 1681. *liv.* 2.

2 *Ex delicto & furto magistri navis quando exercitor, & pro quâ parte, si plures navem exerceant, teneatur?* V. *Francisci Stephani décis.* 72. on favorise autant que l'on peut le Maître du navire, *ne homines à contractibus nauticis revocentur.*

3 Un navire recous sur les ennemis qui appartenoit à un François, n'est sujet au droit de guerre, ains doit être rendu avec les marchandises à ceux à qui elles appartiennent, en payant les frais de la recousse. Arrêt à Roüen, du 14. Février 1553. *Bibliot. de Bouchel*, verbo *Amiral.*

4 Par Arrêt du Parlement de Bretagne du 14. Avril 1578. la Cour faisant droit sur les conclusions du Procureur General, au procez pendant entre les Fermiers Generaux & des briefs, & le Sous-fermier, ordonna, que les Maîtres des navires & mariniers, qui auront pour leur voyage pris briefs selon le port de leurs navires, aux Ports & Havres dont ils seront partis, ne seront tenus de prendre autres briefs és autres Havres & Ponts où ils aborderont ou déchargeront; mais leur voyage vaudront acquit par tout, tant pour leur voyage, que retour; avec défenses aux Fermiers & Receveurs des briefs, sur peine d'être punis comme exacteurs & concussionnaires, de prendre & exiger plus grandes sommes, que celle portée par l'Arrêt du 22. Septembre 1573. sçavoir pour Vaisseau de port de cinq tonneaux, pipe & busse & au dessous, brief d'année, & pour icelui sept sols six deniers monnoye; pour Vaisseau du port de cinq tonneaux, & au dessus jusqu'à dix tonneaux; briefs de victuaille, & pour icelui quinze sols monnoye; & pour Vaisseau du port de dix tonneaux jusqu'à vingt, briefs de victuaille & conduite, & pour iceux cinquante-deux sols six deniers monnoye; & pour Vaisseaux de vingt tonneaux & au dessus de quelque port que ce soit, briefs de victuaille, conduite & sauveté pour tous briefs, & pour iceux cent cinq sols monnoye, sauf pour le regard des Vaisseaux chargez de bleds, sel, & autres marchandises, qui ne peuvent être sauvez, avenant bris & naufrage des Vaisseaux, pour lesquels étant du port de vingt tonneaux & au dessus, ne sera pris que brief de victuaille & conduite pour demy brief, & pour icelui cinquante-deux sols six deniers monnoye : & outre que doresnavant en tous baux à fermes qui seront des briefs, les sommes seront specifiées par le menu, sans user de ces mots, *pour en joüir en la firme & maniere accoûtumée*; & ce à peine de nullité des contrats, dommages & interêts des Parties, & peine arbitraire. *Du Fail, liv.* 2. *chapitre* 586.

5 *Navis non venit appellatione mercis, licet sit mobilis.* Arrêt du 17. Janvier 1605. *Mornac l.* 1. §. *navem ff. de exercitoriâ actione.*

6 Les Navires & Batteaux, quoyqu'ils se puissent decreter comme les choses immeubles, neanmoins ils sont reconnus être meubles par l'art. 519. de la Coûtume de Normandie, & partant ne sont sujets à retrait, non plus que les Offices venaux & hereditaires, suivant deux Arrêts rapportez par *Berault, sur l'art.* 452. *de ladite Coûtume*, un du 29. Juillet 1611. & l'autre du 7. Février 1619.

7 Par Arrêt du 22. Avril 1624. aprés trois matinées de plaidoyers doctes & solemnels, & contre les conclusions de M. l'Avocat general Servin, il fut jugé, en confirmant la Sentence du Juge de l'Amirauté de Calais, que si un Navire Chrêtien, est pris par le Turc, & qu'il soit recous par un autre Navire Chrêtien, non-seulement le Navire Turc, mais aussi le Chrêtien, avec toute la marchandise, appartient à celui qui l'a recous. Cela est fondé seulement sur les Loix de la mer. *Bibliot. de Bouchel*, verbo *Recousse.*

8 Un particulier avoit acquis la part d'un Navire, les autres qui l'avoient voulu rembourser, furent déboutez par Sentence. Par Arrêt du Parlem. de Roüen du 9. Juin 1628. la Sentence fut cassée, & les proprietaires reçûs à leur offre, si mieux cet acheteur ne vouloit prendre leurs parts au même prix, & sans tirer à consequence, entre Blondel & ses associez, & Teinturier. On prétend que c'est un usage en l'Amirauté, que si le proprietaire d'une part de Navire la vend, celui qui a l'autre moitié est préferable, pourvû qu'il vienne dans les 24. heures; & par Arrêt entre Persil & Boscheron on

On confirma une Sentence de l'Amirauté qui l'avoit jugé de la sorte. *Basnage sur la Coûtume de Normandie, article 452.*

9 Jugé par Arrêt du Parlement de Roüen du 18. Mars 1638. qu'encore qu'un navire eût été saisi en Picardie, & que l'on y eût établi un Commissaire, toutefois le Maître du navire l'ayant mené à Dieppe, & le proprietaire l'ayant vendu, l'acheteur qui étoit en bonne foy, ne pouvoit en être dépossedé ; la saisie ayant été faite hors la Province, le Créancier se devoit imputer la faute de n'avoir point établi des gardiens plus vigilans. *Basnage, ibid. art. 519.*

10 Le decret des navires & gribanes qui vont en mer, se fait devant les Juges de l'Amirauté, & celles qui vont sur la riviere de Seine, devant le Vicomte de l'eau. Arrêt du Parlement de Roüen du 10. Juillet 1670. *Ibid. article 581.*

11 Les assureurs du corps d'un navire, tant du peril de mer, feu, vents, amis ou ennemis, furent condamnez suivant la Sentence arbitrale à payer les sommes de 17000. livres, & 16000 livres contenuës aux deux polices d'assurances, le feu s'étant pris en la chaudiere de l'huile des baleines & consumé le bateau. Arrêt du 26. Mars 1672. *De la Guess. tome 3. liv. 6. chap. 21.*

12 Edit du mois de Decembre 1666. qui declare les navires & vaisseaux, meubles & non susceptibles d'hypoteques. *Boniface, tome 4. liv. 9. tit. 7. chap. 1.*

13 Le Créancier qui prête ses deniers pour l'achat des cables, voiles & autres attraits necessaires du navire que le Capitaine fait bâtir, ne peut être obligé de verifier l'employ n'y ayant point d'excés. Arrêt du Parlement de Provence du 30. Mars 1672. *Boniface, tome 4. liv. 8. tit. 7. chap. 1.*

14 Si les vaisseaux de mer venant du Levant, ou des lieux suspects de peste, peuvent être arrêtez par les Consuls, pour faire quarantaine ? Arrêt du même Parlement de Provence du 5. Juin 1673. qui permit l'arrêtement. *Boniface, ibidem, liv. 9. tit. 7. chap. 2.*

15 Le loüage des vaisseaux & des navires aussi bien que le port, ne peut être demandé aprés trois ans à compter du retour, parce qu'on le regarde comme le salaire du Patron, sujet par consequent à la prescription de trois ans. Arrêt du Parlement de Toulouse du 12. Septembre 1672. contre un demandeur de la somme de 300. livres pour le droit de *nolis* d'une barque. *Graverol sur la Rochestavin, livre 6. lettre L. tit. 65. Arrêt 1.* où il ajoûte, cette Jurisprudence a lieu non seulement aux fretemens qui se font *per aversionem*, c'est-à-dire, pour pouvoir charger le vaisseau entierement, sans aucune reserve, *cap & queuë*, comme on dit ; ce qui est le cas de la *charte partie* en termes de Contracts maritimes ; mais mêmes aux fretemens qui se font non de la totalité du Navire, mais pour y mettre de la marchandise passagere : ce qui est le cas du *connoissement*, en termes des mêmes Contracts maritimes.

16 Le fret n'entre en contribution lors de la perte ou prise de navire qui a été sauvé ou racheté ; l'estimation des marchandises sauvées sujettes à contribution avec le navire doit être faite suivant le prix de leur achat. Arrêt du 13. Août 1679. *De la Guess. tome 3. liv. 10. chap. 12.*

17 L'Ordonnance de 1681. touchant la marine, au titre de la vente & saisie des vaisseaux, a prescrit les formes que l'on doit garder pour le decret des navires & vaisseaux.

NECESSITE'.

L'On dit ordinairement que la necessité ne fait pas Loi. *Voyez la Loi 162. D. de reg. jur.*

NEVERS.

1 C'Est un Duché Pairie qui seul a Province & Coûtume, les criées peuvent y être faites. *Voyez Bardet, tome 1. livre 1. chapitre 22. & tome 2. livre 3. chapitre 10.*

Tome II.

Discours des droits appartenans à la Maison de Nevers, és Duchez de Brabant, Limbourg, & Ville d'Anvers. *Par. 1581.*

NEUF-CHASTEL.

SEntence arbitrale renduë par le Roy Loüis XIV. par laquelle la proprieté de la Souveraineté & Comté de Neuf-Châtel & Valengin, ses annexes & dépendances, appartient à nôtre Cousin Jean Loüis d'Orleans, Duc de Longueville, & l'administration à nôtre Cousine Duchesse de Longueville sa mere, en qualité de Curatrice, suivant & conformément à nos Lettres patentes, du 22. Novembre 1672. données à Versailles au mois d'Avril 1674. Il y a six questions traitées au long. *Au Journal du Palais, in 4. part. 4. page 182. & au 2. tome in fol. page 533. & suiv.*

NEUFME.

1 DRoit de neufme, ou de mortuage ; qui est prétendu par le Curé de S. Denis à Nantes, dont est fait mention au Recüeil des Arrêts de l'Audience du Parlement de Bretagne du 22. Mars 1575. la neufme & terrage que les Paroissiens doivent à leur Curé, au Recüeil des Arrêts des Chambres du 22. Août 1556. qui est *la neuviéme partie* en un tiers des meubles de la communauté du decedé, comme il est reglé par Arrêt des Chambres du 16. Mars 1559. pour le Recteur, de l'Eglise Paroissiale de Serent : & par Arrêt du dernier jour d'Avril 1561. pour le Recteur de Sarzeau : & par autre Arrêt du 28. Août 1562. pour le Curé de Plestin : & autre du 12. Septembre 1566. Les Curez levent plusieurs autres droits rectoriaux, comme le droit de Nopsages, autrement dit le past-nuptial, de prémices, de dîmes, d'Extrême-onction, de Sepultures, de Novales ; en quoy il faut éviter l'abus & l'exaction, aussi bien qu'aux droits que les Evêques prétendent. *Voyez le Glossaire du Droit François, ou la nouvelle édition de l'Indice des Droits Royaux & Seigneuriaux par Ragueau, en 1704.*

2 Du droit de neufme prétendu par le Recteur sur les meubles des défunts roturiers. *Tournet, lettre N. Arrêt 2.*

3 Du droit de neufme. *Voyez Du Pail, liv. 2. chap. 48.* où il est marqué qu'il a été reduit par le Parlement de Bretagne à un tiers des biens meubles de la communauté.

4 Les Nobles sont exempts du droit de neufme : car c'est une espece d'exaction & un devoir exorbitant contre lequel les Nobles se sont toûjours opposez, que le Duc même empêchoit, comme il se voit dans M. d'Argentré, au liv. 4. de son Histoire, ch. 35. & autres endroits. *Voyez aussi Bellordeau, N. Cont. 13.*

5 Entre les Paroissiens de Sarzeau, demandeurs en Lettres prohibitives & le Recteur. Par Arrêt du Parlement de Bretagne du 28. Août 1559. la Cour reformant le jugement, maintient le Recteur en possession de prendre pour droit de nôces, ou de bailler congé à l'un des Paroissiens de Sarzeau, d'épouser ailleurs, trois sols des deux mariez, qui auront en biens meubles vallant 50. liv. au plus, & de ceux qui passeront 30. liv. au dessous de 50. liv. deux sols monnoye seulement, sans pouvoir demander aucune chose à ceux dont les biens meubles sont au dessous de 30. livres ; les mariez ne sont tenus de fournir aucune dépense ni autre devoir, sinon à leur volonté, & seront crus par serment de la valeur de leurs biens meubles, sans qu'à l'avenir puisse être fait aucun inventaire de leur possession, de prendre pour le droit de neufme, la neuviéme partie en un tiers des biens de la communauté de celuy qui sera decedé, les obseques, funerailles, & tiers des dettes préalablement payés, & pourvû qu'iceux biens à départir tiers à tiers, suivant la Coûtume, les dettes payées & déduites, se trouvent valoir 40. liv. duquel droit seront exempts ceux desquels les biens meubles se trouveront au dessous de 40. liv. pour verification

de quoy sera fait inventaire par le Juge Lay, à la requête du Recteur; de l'inventaire seront distraits les bleds & fruits qui se trouveront en essence de l'année en laquelle seront decedez ceux desquels on prétend le devoir, desquels fruits ils auroient payé ou dû payer la dîme: En possession de prendre pour le devoir d'Extrême-onction huit deniers, sinon de ceux qui sont notoirement pauvres: en possession & saisine de prendre à chacune Fête de Pâques cinq deniers de chacun qui reçoit le *Corpus Domini*, & pour le devoir de prémice de chacun ménage, ayant labour, une gerbe de bled, quoyque plusieurs ménages demeurassent en même maison, le Curé ne prendra qu'un seul devoir de prémice: En possession de prendre des agneaux, & de tout autre nombre qu'il y ait au dessus d'un agneau seulement, & au dessous de dix, un denier pour agneau: en possession & saisine de prendre les dîmes des terres novales en la Paroisse, à la raison de dix gerbes une, & les oblations du baise-main en l'Eglise de Sarzeau. Et quant aux oblations qui se font en autres lieux ésquels les Paroissiens prétendront être en possession de prendre ce qui est presenté & donné és troncs, Chapelles, & autres lieux d'icelle Paroisse, les Recteurs & Paroissiens les diviseront moitié par moitié, & seront tenus reparer & entretenir les Chapelles à communs frais; & quant au denier prétendu pour devoir aux quatre Fêtes solemnelles de l'année sur chacun ménage, il ne le pourra exiger, mais prendra de ceux qui volontairement l'offriront: & en tant que touche la truellée d'avoine, & le salaire de celui qui va querir la Crème, & farine, feu & salaire de ceux qui font les hosties, pour devoir d'échinée de demi, pieds & oreilles de pourceaux, & une pinte de vin Breton de sept ans en sept ans, de ceux de la Frairie de S. Jacques, & devoir d'un denier prétendu par le Recteur des Confreres de cette Frairie, qui se trouvent à l'enterrement de l'un des Confreres, & devoir de fossage demandé par le Recteur, la Cout en a absous les Paroissiens, défend au Recteur, ses Vicaires & Fermiers de prendre & exiger autres droits ni devoir, & de proceder par censures à l'encontre de ceux qui seront défaut de payer, sauf au Recteur se pourvoir par Justice, ainsi qu'il verra être à faire par raison: Enjoint au Recteur d'annoncer & faire annoncer la Parole de Dieu à ses Paroissiens. *Voyez Du Fail*, liv. 2. chap. 116.

6 Entre Pierre Guillemin, & Maître François de la Tour, Prieur Curé de saint Mahé, prés Morlaix, Arrêt du Parlement de Bretagne du 24. Avril 1567. qui a jugé le droit de neufme suivant la Clementine, Cette Clementine est la Bulle de Clement V. obtenuë par le Clergé de Bretagne en 1307. sous Artus II. Duc de Bretagne, qui reduisit le tiersage, qui étoit le tiers des meubles du decedé *intestat*, sans rien leguer à l'Eglise, au neuvième appellé neufme qui n'a point été executé contre les Nobles; mais entretenuë en quelques lieux par le menu peuple, non sans contradiction, & dont quelques Recteurs jouïssent sur les Paroisses dont ils sont en possession, sans laquelle nul autre Recteur n'est fondé. *Voyez d'Argentré*, au livre 4. de son *Histoire*, chap. 35. & Bellordeau, en ses *Observations*, liv. 3. part. 2. art. 2. qui rapporte un Arrêt de 1602. Ce droit a été limité à la neuvième partie des meubles. *V. Du Fail*, livre 3. chap. 99.

NICE.

Nicia est de Comitatu Provinciæ & pertinet ad Regem. *Voyez la nouvelle édition des œuvres de M. Charles du Moulin*, tome 2. page 931. conseil 42.

NOBLE, NOBLESSE.

1 DE *Nobilitate*. Voyez *les Traitez faits*, per Joannem Raynandi.
Per Bonum à Curtili.
Per Jodocum Cloroveum.
Per Platinam, *post vitas Pontific.*
Per Joan. Bapt. Nenam de Barri.
Per Andræam Tiraquellum.
Et per Felicem Maleolum.

2 Gerdesianus de Nobilitate, in 12. *Lipsiæ* 1617.

3 Mathæus *de nobilitate*, volume in 4. *Amstelodami* 1686.

4 *De nobilitate rerum*, per Ambrosium Leonis Nolanum.

5 De la Noblesse, & actes dérogeans à icelle. *Ordonnances de Fontanon*, tome 3. tit. 6. page 56.

6 Articles concernant le fait de la Noblesse. *Ibidem*, tome 4. page 1357.

7 Noble, Noblesse. *Voyez* hoc verbo, l'*Indice des Droits Royaux*, ou le nouveau *Glossaire du Droit François*, imprimé en 1704. & dans le présent Recueil, les mots, *Amortissement, Aîné, Fief, Roture, Seigneur, &c.*

8 *Voyez* trois Traitez sçavoir de la Noblesse de race, de la Noblesse civile, des immunitez des ignobles, où toutes les questions touchant les exemptions & droits des Nobles & ignobles sont redigées en un bel ordre, & décidées par la conference du Droit Civil & Romain, Canons, Ordonnances, Arrêts, Coutumes, selon les opinions des Jurisconsultes, tant anciens que modernes, par *François de Thierriat*, imprimé à Paris chez Lucas Bruneau, ruë saint Jean de Latran à la Salemande en 1608.

9 Voyez M. Jean Bacquet, en sa premiere partie du *Droit des francs-fiefs*, chap. 11. & le Traité fait par M. de la Roque.

9 bis. Un Espagnol qui a commencé les regles de la Chevalerie, rapporte six degrez de Noblesse d'Espagne, *Parvam, minoretu, minimam, magnam, majorem, maximam; parvam scilicet non habentem Jurisdictionem; minorem non habentem Jurisdictionem, sed tantum sanguinem nobilitare; minimam eorum qui licet genere sint ignobiles nobiliter tamen & ex suis redditibus vivunt; magnam Baronum; majorem Ducum, Maximam denique Regum & Imperatorum*. Du Fail, liv. 2. chap. 490.

10 Enquête par Turbes, pour sçavoir si le mot de Noble & qualité de Noble depuis l'année 1450. jusques en l'année 1550. a été prise au lieu de la qualité d'Ecuyer. *Voyez Henrys*, tome 2. liv. 4. quest. 47.

11 Nobles de Bretagne ne dérogent à la noblesse, quoy qu'ils se mêlent d'Office de Judicature, de postuler & plaider, & prennent argent ou salaire en servant le Roy au ban & arriere-ban, comme les autres Nobles du pays, pourvû qu'ils ne fassent actes dérogeans à noblesse. Arrêt donné au Conseil du Roy le 4. Mars 1547. *Voyez le Vest, Arrêt* 35.

12 Noble s'entend de celuy qui vit noblement. Jean de Nettencourt, sieur de Bettencourt prétend une certaine redevance sur les habitans non nobles dudit lieu; plusieurs particuliers se prétendent Nobles, & par conséquent exempts. Le Seigneur replique, encore qu'ils soient extraits de noblesse, qu'ils ne vivent noblement. Par Sentence du Bailly de Vitry ces particuliers & chacun d'eux condamnez tant & si longuement qu'ils exerceront art mechanique & feront acte dérogeant à leur prétenduë noblesse, payer l'amende & la redevance. Appel; par Arrêt du 30. Octobre 1554. il est dit, bien jugé. *Bibliotheque de Bouchel*, verbo, *Noblesse*.

13 Des cas pour lesquels aucun perd sa noblesse à temps ou perpetuellement. *Voyez Coquille*, tome 2. quest. 256. il rapporte plusieurs Arrêts qui ont dégradé des Gentilshommes coupables de lâcheté à la guerre, ou de rebellion contre les Officiers de la Justice.

14 La provision s'accorde à celuy qui se prétend noble. Arrêt du Parlement de Bretagne du 7. Octobre 1557. qui ordonne que pendant le procés de la qualité de noblesse le défendeur ne sera imposé à la taille. *Du Fail, liv. 3. chap. 193.*

15 En France les Roturiers achetant Fief ne sont pas annoblis. Ordonnance du Roy Henry III. en l'an 1579. toutefois si un Roturier acqueroit une Baronnie, Comté, ou Châtellenie, *quod raro accidit*, il est fait noble

& peut prendre le nom, titre, autorités & prééminences attribuez à telles Seigneuries, *nam honoraria fundi nobilis præeminentia est realis & non personalis, & qualicumque ejus fundi possessori competit*, comme il a été jugé au profit de M. Marion Avocat General au Parlement de Paris, Baron de Druy en Nivernois, par Arrêt du 9. Décembre 1595. *Ibidem*, verbo, *Baronnie*.

16   Nobles'entend de celuy qui vit noblement. Arrêt en la Coûtume de Vitry & Vermandois, à Châlons du 18. Novembre 1594. contre plusieurs habitans du Tilloy. Autres du 7. Septembre 1607. 29. Août 1615. 14. May 1616. 7. Septembre 1621. 15. Mars 1625. 18. Juin 1632. rapportez *aux additions de la Biblioth. de Bouchel*, verbo, *Noble*.

17   *Nobilis cui addicta est conductio publica, irrita facta est*. Arrêt du 2. Mars 1605. Mornac, *l. 50. ff. locati & conducti*.

18   Ce qui est dit de l'homme noble en l'art. 258. de la Coûtume du Maine ne s'étend à la femme noble. Jugé à la Nôtre-Dame de Septembre 1611. *Montholon, Arrêt* 117.

19   Declaration du Roy en faveur de la Noblesse pour la conservation de leurs droits, du 8. Novembre 1650. regiſtrée au Parlement le 16. Janvier 1651. *Henrys, tome 2. liv. 4. quest. 29.*

20   Les Nobles d'une Paroisse sont contribuables à la reparation de l'Eglise, mais non aux dépens. Arrêt du Parlement de Dijon du 10. Mars 1603. *Bouvot*, tom. 2. verbo, *Eglise*, *quest. 2*.

21   Une Communauté ne peut compromettre sur la qualité de noble prétenduë, d'autant que telles causes *sunt juris publici*. Voyez Bouvot, *tome 2*. verbo, *Noblesse*, question 3.

21 bis.   Le Juge du lieu peut informer d'un crime & délit commis par un Noble ; mais il fut dit que sur les informations, il seroit amplié pardevant le Lieutenant Criminel. Arrêt du Parlement de Dijon du 10. Février 1607. *Ibidem*, verbo, *Noblesse*, *quest.* 1.

22   Si pendant deux generations, le Fief de dignité est possedé par Roturiers, la *Noblesse* est prescrite par telle possession, quand même il paroîtroit de la roture des predecesseurs. *Loisel, des Seigneuries, chapitre 8. nombre 24.*

22 bis.   Le fils du Roturier né avant que son pere ait obtenu Lettres d'annoblissement, n'est point reputé Noble, s'il n'est luy-même compris dans les Lettres. *Mornac, ad L. 5. ff. de Senatoribus.*

23   Rente fonciere & directe se partage noblement, autre chose est de la fonciere, si ce n'est qu'elle ait été inféodée. *Chopin, Parif. lib. 1. tit. 3. nomb. 15.*

23 bis.   Edit portant revocation des Lettres de Noblesse accordées à des particuliers depuis l'année 1634. à Vincennes en Septembre 1664. regiſtré en la Cour des Aydes le 11. Decembre suivant.

NOBLE, AÎNESSE.

24   S'il faut être Noble pour prendre le droit d'aînesse ? Voyez le mot, *Aînesse*, nomb. 7.

NOBLESSE, AUDITEUR DES COMPTES.

25   La succession d'un Auditeur des Comptes qui n'étoit qu'honoraire lors de la Declaration du Roy de 1639. devoit être partagée noblement. Arrêt du 6. Mars 1675. *De la Guess. tome 3. liv. 9. chap. 3.* le Roy en son Conseil ordonne, sans s'arrêter à l'Arrêt du Parlement, que le partage sera fait également ; l'Arrêt est du 11. Août 1677. *Ibid. liv. 11. chap. 18.*

NOBLESSE, AVOCATS.

26   Avocats nobles, & noblesse de leur profession. Voyez le mot, *Avocat*, n. 130. & suiv.

27   Les Avocats ne perdent les privileges de Noblesse. Arrêt du 1. Février 1545. Autre Arrêt du Conseil Privé du 4. Mars 1543. qui casse la cotisation faite par les Gens du tiers Etat de Bretagne, des Nobles tenans Offices de Judicature & postulans pour les Parties : il fut ordonné qu'ils joüiroient des droits de Noblesse.

Tome II.

Cet Arrêt fut confirmé par le Roy Henry II. Duc de Bretagne, le 19. Juillet 1554. *Biblioth. de Bouchel*, verbo, *Avocats*.

28   On ne déroge point à Noblesse pour tenir un Office de Judicature, ou exercer l'état d'Avocat postulant. Jugé par Arrêt du Privé Conseil du 4. Mars 1547. *Papon, liv. 5. tit. 4. n. 4.*

29   Arrêt de la Cour des Aydes à Paris du 10. Juin 1619. qui permet à M. Jean le Meûnier, attendu sa qualité d'Avocat au Parlement, & ancien Officier en la Prévôté de Chartres, de prendre en tous Actes la qualité de Noble, sans neanmoins que cette qualité puisse luy attribuer aucune exemption des tailles, ni autres privileges dont les Nobles & Gentilshommes du Royaume joüissent. *Bibliot. du Droit François, par Bouchel*, verbo, *Noblesse.*

30   Les Avocats qui exercent conjointement la Procure dans les lieux où il n'y a point d'autres Procureurs, ne dérogent à Noblesse. Jugé le 13. Juin 1665. *De la Guess. tome. 2. liv. 7. ch. 23.*

31   La profession d'Avocat au Parlement de Dauphiné, acquiert la qualité, le titre & les privileges de Noblesse. Messieurs du Conseil formerent la deliberation & les ordres par écrit qu'ils firent envoyer au Traitant par M. Marin, dont voicy les termes. *Il auroit été à souhaiter que Messieurs les Avocats n'eussent point été assignez, mais puis qu'ils l'avoient été, il falloit y remedier, en leur rendant les originaux de leurs assignations, & en rayant leurs comparans & presentations des Registres, ce que le Traitant a executé.* Arrêt du Conseil d'Etat du 25. Janvier 1670. *Journal du Palais*. Voyez *l'Auteur des Observations sur Henrys, tome 2. liv. 4. quest. 47.*

NOBLESSE, COUR DES AYDES.

32   Declaration portant que les Officiers de la Cour des Aydes de Paris joüiront du privilege de Noblesse, &c. à *l'instar* de ceux du Parlement. A Paris en Septembre 1645. regiſtrée le 19. Août 1658. 6. vol. *des Ordonnances de Louis XIV. fol. 522.*

NOBLES, BASTARDS.

33   Si la succession des bâtards des Nobles se partage noblement, & s'ils joüissent des autres avantages accordez aux fils legitimes des Nobles ? Voyez le mot, *Bâtards*, n. 172. & suiv.

NOBLESSE, BENEFICE.

34   Si par la Loy de la fondation d'un Benefice, il est dit que pour le posseder il faut être Noble, le Pape pourra annoblir l'Impetrant ? Voyez le mot, *Benefice*, nombre 103.

35   *De rescripto nobilitatis misto*. Voyez Rebuffe, 3. part. *praxis Benef.* où il montre que si la fondation porte, qu'aucun *nisi nobilis* ne sera reçû au nombre des Chanoines, *poterit Papa creare impetrantem nobilem ad effectum obtinendi Beneficium sicut videmus de Canonico ad effectum habendi dignitates.* Au même endroit il parle de l'effet des Lettres de Noblesse.

36   De la preuve de Noblesse à l'égard des Graduez. V. Rebuffe, sur le Concordat, au tit. *de Collationibus*. §. *cum verd.*

37   Un Religieux né Gentilhomme, conserve l'avantage de sa noblesse dans l'obtention des degrez de l'Université, à l'effet d'obtenir des Benefices de son Ordre par la voye des degrez. *Chopin, des Religieux, liv. 1. tit. 3. nombre 24. & la Bibliotheque Canonique, tom. 2. page 459.*

NOBLESSE, CHANOINES.

37 bis.   Il y a des Eglises & Chapelles où nul n'est admis sans faire preuve de Noblesse. Les Canonicats & Prébendes de l'Eglise de Saint Jean de Lyon, par Bulles des Papes, confirmées, homologuées & enregistrées au Grand Conseil, ne peuvent être conferez qu'à des Gentilshommes d'extraction, Nobles au quatrième degré. Voyez Févret, de *l'Abus, liv. 3. ch. 1. n. 6.* & Henrys, *tome 1. liv. 1. ch. 3. question 44. & tome 2. liv. 1. question 18.*

GGgg ij

NOBLE COMMERÇANT.

38. Si les Nobles dérogent en faisant le commerce? *Voyez* le mot, *Commerce*, n. 3. & 6.

39. Celuy qui fait trafic ne déroge à Noblesse, s'il a obtenu Lettres du Roy. Arrêt de la Cour des Aydes du 15 Mars 1507 qui enterine pareilles Lettres accordées à un Grenetier, & condamne aux dépens, les habitans de la ville de Reims opposans. *Biblioth. de Bouchel*, verbo, *Noblesse*.

40. Versoris plaidant en la Cour des Aydes le 25. Janvier 1565 pour un nommé Gaspard, soi-disant Noble, quoique quelques-uns de ses prédécesseurs eussent été Marchands; il fut allegué un Arrêt, par lequel il fut permis à un nommé le Vergeur qui étoit de Reims, Noble & Gentilhomme pour sa pauvreté, exercer la marchandise, sans que cela pût préjudicier à sa Noblesse. *Voyez la Biblioth. de Bouchel*, verbo, *Marchandise*.

41. Edit du Roy du 13. Août 1669. portant que les Nobles pourront faire le commerce de mer sans déroger à la Noblesse. *Boniface*, tome 4. liv. 3. tit. 12. ch. 1.

42. L'exercice de l'Art de Verrerie ne déroge à Noblesse. *Voyez* plusieurs Arrêts rapportez dans le 38. action de M. le Bret.

NOBLESSE DES CONSEILLERS.

43. Noblesse des Conseillers au Parlement. *Voyez* le mot, *Conseillers*, nombre 42.

Le fils d'un Conseiller de la Cour tenu pour Noble; ordonné par Arrêt prononcé en Robes rouges le 8. May 1573. que le Fief sis en la Coûtume de Touraine, se partageroit noblement. *Bibliotheque de Bouchel*, verbo, *Noble*.

44. Noblesse des Conseillers de la Cour de Parlement à Paris. Leur succession doit être partagée noblement. Jugé à la Pentecôte 1573. ce qui doit être pris suivant la situation des biens & la disposition des Coûtumes. Jugé le 22. Decembre 1607. *Mornac*, L. 1. tit. 9. ff. de *Senatoribus*.

45. Arrêt du Conseil d'Etat du Roy, donné sur les remontrances du Procureur-Syndic des Etats du Pays & Duché de Normandie, le 13. Avril 1641. en faveur de la Noblesse, & des Officiers du Parlement de ladite Province. *Voyez Berault*, à la fin du 1. tome de la Coûtume de Normandie, page 43. sur l'art. 77.

46. Pour la noblesse de Messieurs du Parlement. *Voyez* le 22. Plaidoyé de *M. Gaultier*; il rapporte l'Arrêt du 15. Mars 1645. qui appointe.

Voyez cy-après le Titre des *Parlemens*.

NOBLES, CORVÉES.

47. Les Nobles sont exempts des Corvées personnelles, non des réelles, dont ils doivent l'estimation; en sorte que succedant à un fond roturier asservi à pareilles Corvées, ils doivent fournir un homme qui satisfasse, sinon payer l'évaluation. Arrêt rendu au Parlement de Grenoble le 6. Septembre 1663. *Basset*, tome 2. liv. 3. tit. 11. chap. 4.

NOBLESSE, DAUPHINÉ.

48. Remontrance au Roy sur le procés intenté par le tiers Etat contre la Noblesse du Pays de Dauphiné. *M. Expilly*, Plaidoyé 31.

NOBLE DEROGEANT.

49. *Nobilis furta exercens vel alia crimina gravia, potest privilegiis nobilitatis privari, & vilis declarari, & deinceps inter villanos numerabitur.* Arrêt du Parlement de Paris du 22. Novembre 1528. rapporté par *Rebuff*, sur le Concordat, au tit. de *Collationibus*. §. *cum verò*.

50. Par Arrêt du Conseil Privé donné à Paris le 4. Mars 1547. entre les habitans de Rennes, & les gens du tiers Etat, le Roy casse l'imposition faite sur ceux des Nobles qui tiennent Offices de Judicature, & exercent l'état de postulant pour les Parties, & pour ce faire prennent salaire, declare qu'ils ne contreviennent à la Noblesse, & que ce qu'ils ont payé, leur sera rendu. Quelques-uns disent que cet Arrêt fut donné en faveur des puînez nobles de Bretagne, qui ne succedent aux grandes Maisons, & pour ce sont contraints de faire l'état d'*Avocat*, qui ne leur ôte le droit de Noblesse, quant à ceux des Cours Souveraines, *non dubitatur*, même depuis l'Arrêt de M. Anne de Terrieres, sieur de Chappes, Avocat en Parlement. *Voyez la Biblioth. de Bouchel*, verbo, *Noblesse*.

51. On a demandé si la femme qui ne tenoit sa Noblesse que du mary, l'a perduë par sa condamnation, emportant peine capitale, perte de Noblesse, & confiscation de biens. 20. Si en prenant les biens de son mary à ferme & bail judiciaire, elle a fait Acte dérogeant? En l'un & l'autre jugé en faveur de la femme, en la Cour des Aydes de Paris le 27. Août 1608. *Plaidoyers de Corbin*, chap. 125.

52. Le Noble qui laboure dans ses terres, & qui cultive luy-même ses fonds, ne donne aucune atteinte à sa noblesse. Ainsi jugé au Parlement de Grenoble. *Voyez Guy Pape*, quest. 41. & 392.

53. Un Noble succede à un cousin roturier, qui tenoit plusieurs fermes non encore expirées; le Noble les continuë: déroge-t-il? Jugé pour la négative en faveur du Noble, par Arrêt en la Cour des Aydes d'Auvergne. *Biblioth. de Bouchel*, verbo, *Noblesse*, p. 813. à la fin.

L'on appliquoit à ce Gentilhomme les mêmes raisons que l'on dit, *de Decurione, qui licet prohibeatur quædam conducere, si tamen jure successerit in conductione, usque ad præfinitum tempus in eâ remanebit.* Tout ainsi que l'on dit d'un homme d'Eglise, *qui licet secularium rerum conductor esse prohibeatur, si tamen Clericus ipse succedat conductori, poterit stare in conductione, usque ad præscriptum tempus.* Et à ce propos fait une décision de Droit, laquelle veut, *quod si statutum disponat nobilem adversus popularem cessionem recipere non posse, si fortè ipse nobilis in aliquâ actione jure hæreditario successerit, tamen per hoc incidet in statutum.* Ainsi fut jugé par Arrêt en la Cour des Aydes d'Auvergne.

NOBLES, DISMES.

54. Si les Nobles sont exempts de la dîme? *Voyez* le mot, *Dimes*, n. 359. & suiv.

NOBLE, DONATION.

55. Le 11. Mars 1634. il a été jugé en interpretant l'art. 320. de la Coûtume d'Anjou, qu'entre Nobles, l'oncle peut donner à son neveu dont le pere est vivant, & qui est son principal heritier présomptif. *Journal des Aud.* tome 2. liv. 5. ch. 12.

NOBLESSE, ECHEVINS.

56. Par Charte de l'an 1372. verifiée au Parlement & en la Chambre des Comptes, le Roy Charles V. a donné le privilege de Noblesse aux Maire & Echevins de la Ville de *Poitiers*.

Edit portant concession de Noblesse en faveur de ceux qui ont été Prévôts des Marchands, & Echevins de la ville de *Paris*, depuis vingt ans, & de ceux qui le seront cy-après, du Titre de Chevalier, aux Prévôts des Marchands, & autres Privileges. A Blois en Janvier 1577. *Privilege de la Ville de Paris*, page 249. Cet Edit avoit été révoqué; mais par autre du mois de Novembre 1706. la Noblesse a été accordée aux Echevins de la Ville de Paris.

Sur la Noblesse des Echevins. *Voyez* cy-dessus le mot, *Echevins*, nombre 29.

NOBLESSE, FIEF.

57. De la Noblesse du Fief. *Voyez* le mot, *Fief*, n. 95. & suivans.

HERITAGE NOBLE.

58. Heritage roturier réüni à son fief dominant, n'est Noble que tant que le Seigneur le possede; s'il en vuide ses mains, il demeure roturier, comme il étoit avant la réversion. Arrêt du Parlement de Bretagne du 5. Juillet 1621. *Frain*, page 800.

59. L'annoblissement arrivé au fond par la qualité du possesseur, condamné à le déguerpir, doit entrer en l'estimation des meliorations, sur le pied moyen des dix dernieres années de la taille avant la vidange, & qu'en compensation des fruits que ce Gentilhomme devoit rendre, on feroit compte avec les rentes par luy

payées, des sommes ausquelles ledit fond auroit été cottisé. Arrêt du Parlement de Grenoble du 10. Juillet 1655. Basset, tome 1. liv. 2. tit. 34. ch. 10.

JUGES DES NOBLES.

60. Les Gentilshommes pourront demander en tout état de cause d'être jugez, toute la Grand'-Chambre du Parlement, où le procez sera pendant, assemblée, pourvû toutefois que les opinions ne soient pas commencées; & s'ils ont requis d'être jugez à la Grand'-Chambre, ils ne pourront demander d'être renvoyez à la Tournelle. Art. 21. du tit. 1. de l'Ordonnance Criminelle de 1670.

61. Arrêt du Parlement de Provence du 7. Mars 1671. qui renvoye au Juge d'un Seigneur haut-Justicier, la cause d'un Noble son vassal. Boniface, to. 3. li. 2. tit. 3. chapitre 9.

62. Recherche du privilege des Nobles pour le jugement de leurs procez criminels en la Grand'-Chambre, par Jobert, Paris 1665. in 8.

63. Si les Nobles habitans dans la Justice d'un Seigneur, doivent plaider devant le Juge Banneret. Voyez les Arrêts de M. Catellan, l. 3. ch. 26. où il dit, Nôtre usage est pour les Seigneurs. Il y en a entr'autres un Arrêt du 6. Mars 1693. en l'Audience de la Grand'-Chambre, en la cause de Jeanne du Serre, veuve de Raymond Gigord, Juge-Mage du Sénéchal Ducal de Joyeuse, appellante, & Marie du Budier, veuve de Pierre Gigord Sieur de la Rochette, appellée.

NOBLESSE, MEDECIN.

64. Si la qualité de Noble & égrege-homme donnée à un Medecin dans son contrat de mariage, fait souche de Noblesse de race : Arrêt du Conseil d'Etat du 7. Mars 1676. qui le déclara Noble. Boniface, to. 4. li. 3. tit. 12. chap. 2.

65. Arrêt du Conseil d'Etat du 4. Janvier 1699. approbatif de l'usage, où sont les Avocats & Medecins de Lyon, de prendre la qualité de Noble. Voyez le Journal du Palais, in folio, to. 2. p. 917. Il y a un Recüeil de toutes les pieces concernant ce procez, contre le Traitant de la recherche des faux Nobles ; il compose un volume in quarto, & se vend à Lyon chez L. Plaignard, rüe Merciere, au Grand Hercule.

Voyez l'Auteur des Observations sur Henrys, to. 2. liv. 4. quest. 47.

NOBLESSE, MARIAGE.

66. Femme noble qui se remarie à un roturier, perd sa Noblesse. L. fœmina, De Senat. L. filii. §. Vidua ad municipalem. Expilly, Plaid. 1. Cependant, potest restitui natalibus à Principe & facilè res redit ad sui naturam.

NOBLESSE DE LA MERE.

67. Aprés une grande défaite des Nobles de Champagne, aux Fossez de Jaulnes, prés Bray, le Comte permit à leurs veuves de se matier à roturiers, & déclara que les enfans seroient Nobles. Voyez le 20. article de la Coûtume, confirmé par plusieurs Arrêts rendus en 1515. & autres années suivantes. Bibliotheque de Bouchel, verbo Nobles; où il est observé que cette Noblesse n'a lieu que pour les partages & successions, & non pour les droits du Roy. Ainsi jugé. M. Jean Bacquet en sa premiere partie du droit des Francs-fiefs, ch. 11. fait une interpretation de la Coûtume de Champagne, par laquelle on prétend que le ventre annoblit.

68. La mere n'annoblit point les enfans. Arrêt du Parlement de Bourdeaux du 7. Septembre 1528. Papon, liv. 5. tit. 4. n. 3. le contraire a lieu en Champagne.

69. La noblesse de la mere ne sert que pour le contenu en la Coûtume, & non quant aux droits du Roy. Arrêt du 23. Decembre 1566. Pithou sur la Coût. de Troyes, tit. 1. art. 1.

70. En la Coûtume de Bretagne art. 570. il est dit que les annoblis par leurs merites sont vrayement nobles, mais que leurs successions pour la premiere fois ne se partagent noblement. Le pere meurt, un des enfans meurt, & laisse un enfant qui meurt ensuite, sçavoir si sa succession se devoit partager noblement entre ses oncles ? La cause appointée le 6. Avril 1628. Voyez Du Frêne, livre 2. chapitre 16.

NOBLES, PRECIPUT.

71. Il y a le préciput de l'aîné, dont il est parlé au titre du droit d'aînesse.

71 bis. Il y a un autre préciput que l'article 238. de la Coûtume de Paris accorde aux conjoints-nobles, en disant, Quand l'un des deux conjoints nobles demeurans, tant en la Ville de Paris, que dehors, & vivans noblement, va de vie à trépas ; il est en la faculté du survivant de prendre & accepter les meubles étans hors la Ville & Fauxbourgs de Paris, sans fraude : auquel cas, il est tenu payer les dettes mobiliaires & les obseques & funerailles d'iceluy trépassé, selon sa qualité ; pourvû qu'il n'y ait enfans. Et s'il y a enfans, partissent par moitié. Voyez les articles 226. 267. & 286. de la Coûtume de Paris, & les Commentateurs.

NOBLE, PREVÔT.

Arrêt de la Cour des Aydes du 14. Janvier 1627. qui permet au Prevôt de Meaux de prendre la qualité d'Escuyer. Maréchaussée de France, p. 486.

PREUVES DE NOBLESSE.

72. Pour établir la qualité de Noble ; il suffit de prouver deux degrez comme d'ayeul & de pere. Arrêt du Conseil d'Etat du 13. Avril 1641. donné, sur ce qui fut remontré au Roy par le Procureur-Syndic des Etats de Normandie, que la prétention de Jean-Baptiste Paleologo, qui avoit traité avec Sa Majesté du droit de Francsfiefs, que tous ceux qui ne vérifioient pas leur noblesse de quatre Races, les Officiers des Cours Souveraines & tous les Nobles par Lettres, les veuves & les descendans des uns des autres, étoient sujets au payement dudit droit, étoit contraire aux anciens droits de la Noblesse, & contre la Loy commune du Royaume, qui tient pour Nobles tous ceux qui sont descendus de pere & ayeul qui ont vêcu noblement, les annoblis par Lettres, & tous les Officiers des Compagnies Souveraines. Le Roy en son Conseil, ayant égard aux remontrances, ordonna que tous les Gentilshommes de la Province, dont le pere & ayeul auroient vêcu noblement, & été en possession de Noblesse, & ceux dont l'ayeul auroit obtenu des Lettres de Noblesse, dûëment verifiées, & qui n'auroient point dérogé à Noblesse, seroient exempts des taxes de Franc-Fief.

La même question ayant été renouvellée devant les Commissaires députez pour la recherche des usurpateurs du titre de Noblesse, par un Arrêt du Conseil d'Etat, au profit de Jacques, François & Claude Frontin freres, qui comme issus d'ayeul & de pere, Auditeurs en la Chambre des Comptes à Roüen, furent maintenus en la qualité de Nobles & Ecuyer, le 16. Novembre 1672. Voyez Basnage, sur l'art. 142. de la Coûtume de Normandie.

73. Mathurin d'Avonciban Gentilhomme Espagnol, a Lettres pour joüir des privileges des autres Nobles natifs de ce Royaume, pourvû qu'il informe qu'il est de ligne & race Noble, & qu'il n'a fait acte dérogeant à la Noblesse. Arrêt du Parlement de Bretagne du 11. Avril 1570. qui le renvoye devant les Juges de Nantes, pour informer de ces faits. Du Fail, livre 2. chapitre 344.

74. La Noblesse se doit prouver jusqu'au bisayeul, ayant vécu noblement ; autrement sans Lettres d'annoblissement, on n'est recevable, quoyque de pere en fils on soit trouvé Noble. Arrêt du Parlement de Paris du 30. Juillet 1575. Papon, liv. 5. tit. 4. n. 4.

75. Pour justifier une Noblesse du sang, il faut montrer que le pere & l'ayeul ayent vécu noblement. Arrêt du mois d'Avril 1593. en faveur du fils d'un Conseiller au Grand Conseil. Le Bret, art. 7.

76. Comment la Noblesse doit se vérifier ? Arrêt du mois de Juin 1599. qui ordonne que les faits de Genealogie & de Noblesse, seront articulez & vérifiez, tant par Lettres, que par témoins. Voyez la 36. Action de M. le Bret.

GGggg iij

77 Si en fait de Nobleſſe on eſt recevable en Requête civile, ſous prétexte de pieces nouvellement recouvrées & autres queſtions notables traitées incidemment? Arrêt du mois de May 1601. qui met hors de Cour. *Voyez* la 37. *Action de M. le Bret.*

78 C'eſt une maxime uniforme en la Cour des Aydes de Paris, qu'il n'y a point de partage en fait de cire ; c'eſt-à-dire que lorſque Meſſieurs ſont partagez en inſtance de Nobleſſe, & qu'il s'agit de Lettres de Nobleſſe, ou rehabilitation d'icelle, il faut que le Noble prétendu juſtifie plus amplement. Il n'en eſt pas de même des inſtances de confirmation de Nobleſſe de race, à laquelle le Noble n'a point dérogé ; autrement la ſuſdite maxime ne ſeroit pas veritable, ou du moins, elle auroit ſouffert une atteinte en l'inſtance entre le Sieur Briſſic Noble d'extraction, & les Habitans de Loudun, parce que ladite inſtance ſe trouva partagée à la ſeconde Chambre, & fut départie en la Troiſiéme ; & quoique le compartiteur prétendît que le Noble devoit juſtifier plus amplement, neanmoins le Noble fut confirmé par un Arrêt du mois d'Août 1693. *Memorial alphabetique*, verbo *Partage*.

NOBLESSE, PROCUREURS.

79 Les Procureurs & les Notaires dérogent. *Voyez* Chorier en ſa *Juriſprudence de Guy Pape*, p. 112. exception à l'égard des Notaires du Châtelet de Paris. *Voyez cy-aprés* verbo *Notaires*.

80 Les Nobles de Bretagne ne dérogent à leur Nobleſſe, quoyqu'ils ſe mêlent de poſtuler & de plaider. Arrêt du Conſeil Privé du 4. Mars 1547. *Le Veſt*, Arrêt 35.

81 Procureurs exerçans au Parlement de Bretagne & Toulouſe, ne dérogent à Nobleſſe, & joüiſſent des exemptions des Nobles. *Du Fail*, livre 2. chapitre 72. rapporte un Arrêt du Parlement de Bretagne du 20. Février 1558.

82 Procureurs ne ſont point exempts de la Taille, & ne peuvent joüir de leurs privileges, quoyqu'ils ſoient Nobles, car leur état eſt vil. Jugé à Grenoble. *Papon*, liv. 5. tit. 11. n. 30.

LE ROY FAIT LES NOBLES.

83 Il n'y a que le Roy qui puiſſe faire des Nobles. *Voyez M. le Bret, au Traité de la Souveraineté*, liv. 2. chapitre 10.

84 Le Roy ſeul peut faire des Nobles. Philippes de Bourbon, ainſi ſurnommé parce que luy & ſes ancêtres étoient nez en la Ville de Bourbon, n'étant point Gentilhomme avoit deux fils : Le Comte de Flandres en fit un Chevalier, & le Comte de Nevers ſon fils, l'autre ; les deux Comtes furent condamnez aux Arrêts de la Touſſaints 1269. & de Pentecôte 1280. & les freres chacun à mille livres d'amende envers le Roy, par l'Arrêt de la S. Martin 1281. neanmoins ils demeurerent Chevaliers par la grace du Roy ; ce que deſſus a lieu s'il n'y a Coûtume contraire, comme à Beaucaire en Provence, où ſans congé du Roy les Bourgeois peuvent être faits Chevaliers, & les Prélats Barons & Nobles. *Voyez la Bibliotheque du Droit François par de Bouchel*, verbo *Chevaliers*.

85 Villains ne ſe peuvent faire Chevaliers ſans congé du Roy. *Quia duo filii Philippi de Borbonio non exiſtentes adeò nobiles ex parte patris, quod milites fidei deberent, ſe fecerunt fieri milites, emendaverunt hoc Domino Regi & ſolvit eorum quilibet mil. lib) Turo, & c. milites remanſerunt.* Arrêt de l'an 1287. *Biblioth. de Bouchel*, verbo *Vilain*.

86 Le Roy peut faire d'un Roturier un Chevalier, & nul autre ayant ſuperieur, n'a ce droit ; ainſi jugé en 1280. contre le Comte de Flandres. *Papon*, li. 5. tit. 3. nombre 1.

87 Comte ne peut faire un Chevalier d'un vilain. *Nonobſtante uſu contrario ex parte Comitis Flandren. dictum & pronuntiatum fuit contra dictum Comitem quod non poterat nec debebat facere de vilano militem ſine autoritate Regis, & hoc fuit dictum pro filio Philippi de Borbonio.* Arrêt de 1580. *Bibl. de Bouchel*, verbo *Vilain*.

88 Lettres d'annobliſſement n'ont effet que du jour qu'elles ſont verifiées en la Chambre des Comptes. Par Arrêt du mois de Février 1543. ordonné que la ſucceſſion d'un homme qui avoit obtenu Lettres d'annobliſſement pour luy & ſes enfans, & ne les avoit fait verifier de ſon vivant, mais ſa veuve aprés ſa mort, ſeroit partie comme de roturier. *Bibliot. de Bouchel*, verbo *Nobleſſe*.

89 Arrêt du Parlement de Provence du 28. Avril 1638. qui a jugé que les Lettres de Chevalerie accordées par le Roy, donnent la parfaite Nobleſſe. *Boniface*, to. 1. liv. 3. tit. 6. chap. 1.

NOBLESSE DES SECRETAIRES DU ROY.

90 De la Nobleſſe des Secretaires du Roy. *V. Roüillard en ſes Reliefs Forenſes*, chap. 20.

91 Enfans de Secretaires du Roy, nés avant que leur pere eût acquis la Nobleſſe, & qui ſont reſtez en l'état roturier juſqu'aprés le decés de leur pere, peuvent joüir de la Nobleſſe. Renée Sourdille fille de Gabriël Sourdille fut mariée pendant la roture de ſon pere à Maître Pierre Trochon Sieur de Champagne, Préſident au Préſidial de Châteaugontier, qui n'étoit pas Noble. Durant ce mariage, le Sieur Sourdille ſe fit Secretaire du Roy, & mourut, ſon gendre encore vivant. Le Sieur Trochon étant décedé dans la roture, & n'ayant par ſa Charge l'exemption de taille, Renée Sourdille ſa veuve fut impoſée, & pour ſe redimer de cette impoſition elle excipa de la Nobleſſe acquiſe par ſon pere, en vertu de ſa Charge. Les Echevins de Châteaugontier prétendirent que ſon pere n'avoit pû luy tranſmettre la Nobleſſe, d'autant qu'elle n'étoit née roturiere, & mariée à une perſonne qui n'étoit pas Noble, dont elle n'étoit devenuë veuve que long-temps aprés le decés de ſon pere ; & que par conſequent, elle étoit incapable de l'impreſſion de la Nobleſſe, la femme ſuivant toûjours la condition du mari ; joint que quand avant ſon mariage, elle auroit été de condition Noble, elle ne pouvoit ayant épouſé un roturier, prétendre de joüir de l'exemption des tailles & autres impoſitions, ſans avoir obtenu auparavant du Prince des Lettres de rehabilitation. Par Arrêt intervenu ſur cette conteſtation à l'Audience de la premiere Chambre de la Cour des Aydes de Paris le 9. Août 1702. cette veuve fut déchargée de l'impoſition faite de ſa perſonne aux rolles des Tailles & du Sel de Châteaugontier, & autres impoſitions ; avec défenſes de l'impoſer à l'avenir tant qu'elle vivroit noblement, & ne ſeroit acte dérogeant à Nobleſſe. Cet Arrêt juge auſſi qu'il ne faut point de Lettres de rehabilitation à une remme noble, qui a épouſé un roturier, pour joüir de ſa Nobleſſe aprés le decés de ſon mary. *Memorial alphabetique*, verbo, *Enfans*, nombre 5.

Voyez cy-aprés *lettre* S. le titre des *Secretaires du Roy*.

NOBLESSE, SUCCESSION.

92 Dans la Coûtume du *Maine*, la ſucceſſion des annoblis par Etats & Offices de Robe longue, eſt differente de celle des Nobles d'extraction ; c'eſt pourquoy leur ſucceſſion ſe partage roturierement pour la premiere fois. Jugé le 9. Decembre 1607. *M. Loüet lettre N.* ſom. 4. *Voyez M. le Prêtre en Arrêts celebres du Parlement*, qui rapporte le même Arrêt.

93 *Si quis habet patrem & avum nobiles, & ex illis orta ſit filia quæ nobili ſe junxit, poſteà nupſit plebeio ; partienda eſt bona ut inter nobiles, quia liberi non à matre, ſed ab avis & atavis nobilitatem generis accipiunt.* Prononcé le 3. Juin 1618. *Mornac, l. 7. §. ulmo ff. de Senatoribus.* Les Dames ſe remarians à ſimples Gentilshommes ne dédalent point. *Mornac l. ult. ff. eodem.*

94 Dans la Coûtume de *Touraine*, la ſucceſſion d'une femme noble mariée à un roturier, ſe partage noblement. Jugé le dernier Juin 1634. *Bardet, to. 2. liv. 3. chapitre 25.*

95 Jugé au Parlement de Mets le 12. Janvier 1639.

contre le Sieur Comte de Fontenay, en la succession de son beaupere, que l'article 2. de la Coûtume de *Lorraine*, au titre des Successions qui introduit l'apportionnement, ne doit pas être restraint aux Gentilshommes de l'ancienne Chevalerie, mais que pour être reputé Gentilhomme, il suffit d'être issu de pere & ayeul noble, & qui ayent vêcu noblement, sans que la race & l'estoc des femmes soit consideré. *Voyez le 86. Plaidoyé de M. de Corberon Avocat General.*

Voyez cy-après le Titre Succession. §. Succession des Nobles.

NOBLESSE, TAILLES.

De excusatione nobilium, aut nobile feudum tenentium à muneribus & collectis. Chassan. Consil. 4.

96 Le payement inconsideré de la Taille durant quelques années, ne nuit point au Noble qui l'a fait par erreur. *Voyez Guy Pape, quest. 387.*

97 Un seul hommage suffit pour prouver une chose & piece Noble, & exempte des Tailles. Arrêts de la Cour des Aydes de Montpellier, rapportez par *Philippi*, article 29.

98 Si en Bresse un Noble achetant un heritage, imposé à la Taille, doit la payer, & si la Noblesse se prouve par Lettres du Prince? *Voyez Bouvot, to. 2. verbo Taille, quest. 1.*

99 Si les biens nobles ayant été leguez par un pere à son fils sans Jurisdiction, & ainsi devenus roturiers & taillables, reprennent leur Noblesse, ayant été donnez à un Coseigneur? *Voyez Boniface, to. 4. liv. 3. tit. 11. chap. 2.* il rapporte des Arrêts qui jugent la négative.

100 La veuve d'un Noble, quoyque roturiere avant son mariage, si elle ne se remarie point à roturier, doit joüir du privilege de Noblesse, & ne peut être imposée à la Taille. Arrêt du Parlement de Grenoble du mois d'Avril 1461. *Papon, liv. 5. tit. 11. n. 27.*

101 Arrêt du Parlement de Bretagne du 3. Septembre 1569. qui confirme le jugement du Sénéchal de Rennes, contenant défenses aux Fermiers du devoir de lignage, qui se prend en cette Ville, de l'exiger de personnes Nobles, lorsqu'ils feront de par eux ou leurs métayers, conduire bois en cette Ville pour leurs usages, & les délivrer à leurs acheteurs sans fraude. Ordonne la Cour que la pancarte du devoir sera réformée sur les vieux écriteaux & pancartes, inserée en un Tableau, qui sera mis au lieu où se leve le devoir. Ainsi jugé par autre Arrêt du 7. Juillet 1635. *Du Fail, liv. 2. chap. 387.*

102 Si une Demoiselle de race, veuve d'un Docteur Avocat non Noble d'extraction, mais qui joüissoit d'exemption de taille durant sa vie, décede avant l'Arrêt du Roy du 15. Avril 1602. retient la qualité de Demoiselle? La cause appointée par un Arrêt du mois de Mars 1604. *M. Expilly Plaidoyé premier.*

103 Les Nobles ne sont contribuables aux Tailles, imposées pour les cas imperiaux & droits Seigneuriaux. Arrêt du Parlement de Grenoble du 8. Mars 1659. en la cause de Noble Guy Balthasar le Maître, & des Consuls de Sassenage. *Basset, tome 1. liv. 3. titre 2. ch. 14.*

104 Arrêt du Parlement de Provence du 15. Juin 1668. qui maintient les Nobles de Provence, au droit de compenser les biens roturiers par eux acquis depuis l'année 1556. avec les biens par eux alienez depuis ledit temps jusqu'à present, comme ils auroient pû faire avant la Declaration du mois de Février 1666. que Sa Majesté a revoquée par ses Arrêts. *Boniface, tome 4. liv. 3. tit. 13. chap. 1.*

105 Le 15. Juin 1668. Arrêt interpretatif de celuy du 23. Juin 1666. par lequel il est déclaré que les Nobles ne sont contribuables aux tailles negociales, & frais municipaux, pour raison des biens roturiers qu'ils possedent dans leurs Fiefs, à raison de leurs Seigneuries & Coseigneuries. *Ibid. chap. 2.*

106 Arrêt du 10. Octobre 1670. sur diverses questions de la compensation des biens Nobles des Seigneurs Feodataires, avec les roturiers acquis. *Ibid. ch. 4.*

107 C'est une maxime certaine en la Cour des Aydes, qu'un Gentilhomme de quelque nature que soit sa Noblesse, étant imposé à la taille, pour se faire rayer, doit articuler ses faits de Genealogie & de Noblesse, & en faire preuve, tant par titres, que par témoins, à moins que le pere du Noble n'ait obtenu un Arrêt de confirmation de sa Noblesse ; auquel cas, il n'y a pas de necessité d'articuler. Mais si l'Arrêt n'a été obtenu que par l'ayeul ou autre ascendant de celuy qui a été imposé, il faut qu'il articule necessairement. *Memorial alphabetique, verbo Articuler.*

Voyez cy-dessus le mot Exemption, n. 101. & suiv. & cy-après verbo Tailles. §. Tailles, exemption.

NOBLESSE, VEUVE.

108 La femme Noble perd sa Noblesse en se mariant avec un roturier, & après la mort de son mary elle ne peut s'en servir. Arrêt du Parlement de Grenoble de l'an 1459. *Papon, liv. 5. tit. 11. n. 25.*

109 La femme noble qui a épousé un roturier, peut après la mort de son mary, obtenir Lettres du Roy de la Grande Chancellerie *ex motu principis*, pour être restituée en sa Noblesse, sans autre solemnité que de les presenter aux Elûs ; & il n'est pas necessaire de les presenter à la Chambre des Comptes, pour joüir de l'exemption des Tailles. Ainsi jugé. *Ibid. nombr. 26.*

110 La veuve d'un Noble joüit des privileges de la Noblesse, suivant le Reglement du Parlement de Grenoble de 1461. & au contraire la veuve d'un roturier, quoyqu'elle soit de naissance Noble, est contribuable aux Tailles. Ce qui avoit été jugé en l'an 1459. *Guy Pape, questions 349. 379. & 380. & Chorier en sa Jurisprudence du même Auteur, p. 118.* où il observe avoir été déclaré par Arrêt du Conseil pour la Demoiselle de Vergeron, que la femme Noble mariée à un Medecin, & après à un Avocat, non Nobles par leur naissance, ne perdoit point le privilege de la sienne. Le Doctorat donnoit autrefois la Noblesse ; aujourd'huy il peut seulement la conserver.

111 Par Arrêt de la Cour des Aydes de Paris du 17. Janvier 1676. rapporté au *Journal du Palais*, in fol. to. 6. p. 256. il a été jugé qu'une veuve de roturier, laquelle étoit noble par sa Naissance, ne rentre pas de plein droit dans sa Noblesse au moment de son veuvage, mais qu'elle doit obtenir du Roy des Lettres de rehabilitation ; parce qu'au moyen d'une alliance aussi étroite que celle du mariage d'une femme noble avec un roturier, elle a commis une dérogeance d'autant plus considerable, qu'elle blesse davantage qu'aucune autre, la pureté du Sang de son origine ; neanmoins on prétend qu'il y a plusieurs Arrêts contraires à celuy de 1676. qui ont jugé la rehabilitation inutile, ce qui a été jugé le 27. Juin 1698. au rapport de M. Boucher, en faveur d'Elizabeth de Mazenod, veuve du sieur Pelard Avocat de Provins. Autre Arrêt du 9. Août 1702. *Memorial alphabetique, verbo Veuve, n. 10.*

USURPATEURS DE NOBLESSE.

112 De ceux qui usurpent le Titre de Noblesse, se font appeller *Messire*, & leurs femmes *Madame*, & *de titulo clari & clarissimi*. Vide *Brisson. l. 3. select. antiq. c. 18.*

De nobilitate supposita. Vide *Hotoman. Consil. 101.*

113 Noble poursuivi comme usurpateur, à la Requête de M. le Procureur General de la Cour des Aydes, quelle procedure il doit tenir pour sa confirmation ? *Memorial alphabetique, verbo Noble, n. 14.*

114 Mineur prenant la qualité d'*Ecuyer* qu'avoit prise son pere qui l'avoit usurpée, s'il est amendable comme usurpateur? Par Arrêt de la Cour des Aydes de Paris du 14. Mars 1664. il a été fait défenses à ce mineur dont le pere n'étoit point noble, de prendre la qualité d'Ecuyer ; & neanmoins la Cour l'a déchargé de l'amende & sans depens. *Ibid. verbo Mineur.*

115 Si le fils qui a pris qualité d'Ecuyer, en vertu d'Arrêt obtenu par son pere, doit payer l'amende prononcée contre les usurpateurs de noblesse? La cause appointée le 23. Janvier 1664. *De la Guess. to. 2. liv. 6. ch. 6.* où vous trouverez la Declaration du Roy pour la re-

cherche des usurpateurs de noblesse, &c. donnée à Paris le 8. Février 1661. avec l'Arrêt de verification de la Cour des Aydes du 31. Août 1661. ajoûté à ce que dessus le chap. 19. du même Livre.

116 Declaration du Roy du 27. Février 1665 verifiée à Aix le 2. Juin suivant, qui veut qu'au païs de Provence, où les Tailles sont réelles, & où la qualité de Noble ne donne aucune exemption, les roturiers qui ont pris la qualité d'Ecuyer, ou de Chevalier, soient condamnez en l'amende de 1000. liv. leurs qualitez rayées des contrats, & le timbre apposé à leurs armes, laceré & rompu. *Boniface, tome 1. liv. 3. tit. 6. chap. 2.*

117 Autre Arrêt du Conseil d'Etat du 19. Mars 1667. verifié le 13. Avril suivant, qui ordonne que ceux qui soûtiendront être Nobles, justifieront leurs peres ou ayeuls avoir pris la qualité de Chevalier ou d'Ecuyer, depuis l'année 1560. jusqu'au jour de la Declaration du Roy; prouveront leurs descentes & filiations, avec possession de Fiefs, Emplois & Services de leurs Auteurs par contrats, sans avoir aucunement derogé; & qu'en cas qu'il soit rapporté aucunes pieces que leurs Auteurs ayent été roturiers avant 1560. les Commissaires n'auront aucun égard aux qualifications portées par ces contrats. *Ibidem, chap. 3.* Dans les autres Provinces, il suffit de prouver que le pére & l'ayeul ont vécu noblement.

118 Arrêt du Conseil d'Etat du 4. Juin 1668. sur les difficultez qui se rencontrent aux Jugemens, en la recherche des usurpateurs de Noblesse. *Ibid. chap. 4.*

119 Arrêt du Conseil d'Etat du 15. Mars 1669. qui a ordonné, que tous les veritables Gentilshommes de quelque qualité & condition qu'ils soient, seront tenus de representer leurs Titres de Noblesse & leurs Armes, pardevant les Commissaires députez, pour être compris dans les listes & catalogues de ceux qui auront été jugez être de la qualité requise. *Ibid. chap. 5.*

Voyez *les Observations de M. B. J. Bretonnier*, Avocat en Parlement sur *Henrys, to. 2. liv. 4. quest. 47.* Il en veut un peu à l'avidité des Traitans, qui ne se rebutent point du mauvais succés des poursuites qu'ils font contre les Nobles; il invoque contre eux l'autorité des Loix, en s'écriant, *quanta audacia, quanta temeritatis sint publicanorum factiones, nemo est qui nesciat, L. 12. de publicanis & vectigalibus.*

Pour moy, sans être d'un sentiment trop opposé, j'improuve moins l'avidité du Partisan, que la fausse vanité de ceux qui veulent paroître Nobles à travers l'obscurité de leur roture, ou qui ambitionnent de le devenir à la faveur de certains emplois que l'argent & non le mérite procure.

Les nouveaux Edits qu'il n'a pas paru necessaire de compiler en cet endroit, font la décision de ces matieres.

Voyez cy-après le mot *Usurpation.*

NOCES.

Voyez cy-après *Nopces.*

NOM.

SI quis alteri, vel sibi, sub alterius nomine, vel aliâ pecuniâ emerit. *C. 4. 50.* Des ventes & adjudications faites pour soi, ou pour son ami élû ou à élire.

De his qui potentiorum nomine titulos prædiis affigunt, vel eorum nomina in lite prætendunt. C. 2. 15... C. Th. 2. 14. Contre ceux qui se servent du nom & des privileges d'autrui.

Ne liceat potentioribus, patrocinium litigantibus præstare, vel actiones in se transferre. C. 2. 14. Contre ceux qui prêtent leur nom, & qui interviennent sans intérêt.

De mutatione nominis. C. 9. 25... Paul. 5. 23. §. 9. C'est une espece de fausseté.

Les noms sont donnez pour signifier les choses. *L. 4. & 6. D. de verb. sign.*

1 *De nominum diversitate & mutatione.* Voyez *Franc. Marc. to. 1. quest. 211.*

Nom accommodé pour empêcher un retrait; Arrêt 2 entre M. Jean du Tillet & la Dame de S. Mesmin, qui avoit accommodé son nom pour empêcher le retrait de la Terre de Goix; du 25. Janvier 1556. à huis clos; & tous deux condamnez à quarante livres parisis envers les pauvres de l'Hôtel-Dieu. *Bibliotheque de Bouchel, verbo Nom.*

L'Avocat Cartier habitant d'Authun, avoit mis en 3 cause Denis Tiroux, pour voir dire que les lettres D. & T, & ce monosyllabe *Tyr*, avec un accent circonflexe dessus, gravez en quelques pierres des tours & ouvrages publics des Forteresses d'Authun, seroient effacées comme apposées par induë entreprise, pendant que Tiroux & son pere étoient Echevins. Sentence qui déboute Cartier, sauf au Procureur du Roy de se pourvoir, s'il jugeoit y avoir entreprise; Cartier appelle. Arrêt du Parlement de Dijon du 23. Juin 1616. qui met hors de Cour; il est rapporté par *M. de Xaintonge, p. 324.*

Les Religieuses Hospitalieres de la Place Royale, mi- 4 rent sur le frontispice de leur Maison, *l'Hôpital de la Charité Nôtre-Dame*; les Freres de l'Hôpital de la Charité les firent assigner, demanderent la suppression du titre de cette inscription, & concluent à ce qu'il fût fait défenses aux Religieuses de prendre autre qualité que de Religieuses Hospitalieres, la cause n'a point été poursuivie. M. le Maître s'étoit disposé à plaider pour les Religieuses. Voyez son 11. Plaidoyé.

NOM ET ARMES.

De la condition de porter le nom & les armes du 5 testateur. Voyez *Guy Pape, quest. 251. Papon, liv. 20. tit. 1. n. 18. & Peleus, quest. 143.*

Donation, à la charge de porter le nom & les armes 6 du Donateur, confirmée. Voyez le mot *Donation, nombre 620.*

Un oncle fait un don à son neveu entre-vifs de cer- 7 tains heritages, à la charge de porter son nom & ses armes; le donataire suivit; il joüit des terres qu'il délaisse à ses enfans; l'aîné des mâles prétend les heritages, tant à l'exclusion de ses autres freres, que des filles ses sœurs. Jugé pour les filles par Arrêts des mois de Mars 1542. 16. Avril 1585. & 15. May 1591. *Charondas, liv. 10. Rép. 38.*

Quand le testateur charge son heritier de faire por- 8 ter à celuy qu'il fera le sien, son nom & ses armes, les mâles dudit heritier mourant, ne sont substituez à l'exclusion des filles. De la condition de porter le nom. Arrêt du 16. Avril 1585. *Peleus, quest. 35. & quest. 51.* où il remarque que porter le nom & les armes, ne fait pas une substitution de pais coûtumier. *V. la qu. 58. Mantholon, Arrêt 34. M. le Prêtre 3. Cent. chap. 6. Ricard des Substitutions, traité 3. chap. 7. part. 1. nomb. 314.* Voyez *Charondas, liv. 10. Rép. 71.*

Arrêt confirmatif d'une donation faite par un oncle 9 à un sien neveu, à la charge de porter son nom & ses armes. Prononcé à la Pentecôte le 4. Juin 1579. *Le Vest, Arrêt 234.*

Une Demoiselle de Champagne, épouse un Soldat de 10 fortune nommé Duval; de ce mariage naît un fils qu'elle institue son heritier universel, à la charge de porter le nom de Duval. Un Gentilhomme parent de la femme l'empêche, & dit que ce fils est issu d'un homme de néant, dont les parens peuvent avoir fait quelque action indigne, & qu'à l'avenir on pourroit dire, *c'est le parent de Duval, qui a été puni*, &c. Le Bailly de Sens avoit fait défenses au fils de prendre le nom de sa mere. Appel par le fils qui prend Lettres du Prince, pour avoir la permission de changer son nom. Par Arrêt de Noël 1599. prononcé en robes rouges, l'appellation & ce, ayant égard aux Lettres, permis au fils de prendre le nom de sa mere. *Bibliotheque de Bouchel, verbo Nom.*

On est reçû à prendre le nom & les armes de la 11 mere noble, le pere étant roturier, avec Lettres Royaux. Arrêt à Noël 1599. *Mantholon, Arr. 91.*

Titre pour le nom, cry & armes de la Maison 12 de Laval. Voyez *M. le Prêtre, 3. Cent. chap. 6.* Requête

12 bis. Requête au Roy, & à Nosseigneurs de son Conseil, pour Loüis de Rohan Chabot, Duc de Rohan, Pair de France.
Contre M. le Prince de Soubise.
Touchant le nom & les armes de Rohan. *Voyez le Recueil des Factums & Memoires,* imprimez à Lyon chez Antoine Boudet, en 1710. *to.* 1. *p.* 636.

NOM EN BLANC.

13 *Quis effectus sit imperfectæ traditionis, ubi acquirentis nomen vacuum, seu ut dicimus, in Blanco relinquitur?* Voyez Sthokmans, *decis.* 141.

CHANGER DE NOM.

14 La mutation de nom n'est pas punissable, si elle n'est faite par fraude, & pour nuire à quelqu'un, *sed innocentibus periculosa esse non debet, l. unica Cod. de mutatione nominis.* Ainsi jugé à l'Audience de la Tournelle le Samedy 27. Juin 1556. Charondas, liv. 9. Rép. 48. Voyez de la *Guess. to.* 2. *li.* 2. *chap.* 24. où il rapporte un Arrêt du 28. May 1659. touchant le nom & le Duché d'Halleuvyen, qui a apointé les parties.

15 Gilles Macé Sieur de Fallaiche, obtient Lettres pour changer son nom, & être appellé de Fallaiche. Par Arrêt du Parlement de Bretagne du 28. Septembre 1564. la Cour ordonne avant de les publier, qu'elles seront lûes & proclamées à l'issuë de la grande Messe de Paroisse, dont il est originaire, au prochain marché, jour de plaids généraux, au plus prochain Siege Royal, pour ce fait, être, &c. Autant en est dit pour Arnault Mestrins Sieur du Pouldu, qui change son nom en celui de la Ville Ernauld; pareil interlocutoire. Du Fail, *li.* 2. *ch.* 241.

16 Pierre l'Evêque Sieur de Kermaquer, a Lettres en cette Chancellerie pour changer son nom, & être appellé en surnom Arrel. Est dit qu'elles seront bannies aux prochaines Paroisses, & en l'Audience du prochain Siege Royal, jour d'Audience, les plaids tenans, & le Substitut du Procureur General, & opposans si aucuns sont, oüis ; les bannies & publications rapportées, il est dit qu'elles seront registrées au Greffe de la Cour, pour en joüir par l'impétrant bien & dûement, à la charge de les faire enregistrer au Greffe du plus prochain Juge Royal de sa demeurance, à ce que personne n'en prétende cause d'ignorance. Arrêt du Parlement de Bretagne du 28. Avril 1571. *Ibid. chap.* 410.

17 Guillaume & Michel de Noval, ont Lettres pour changer leur nom. Il est ordonné au Parlement de Bretagne le 24. Octobre 1575. avant de proceder à la verification, qu'elles seront signifiées aux Seigneurs de Fief, desquels les impétrans tiennent heritages, & proclamées aux prochaines Paroisses, pour ce fait & rapporté, & les opposans, si aucuns sont, oüis, être fait droit, ainsi qu'il appartiendra par raison. Du Fail, *ibid. chapitre* 485.

18 Par Arrêt donné aux Grands Jours de Troyes, le 12. Octobre 1583. en faveur de l'Evêque de Châlons, jugé contre le Boutillier de Châlons, qu'il ne pouvoit changer de nom, ny prendre celui de Vicomte. *Voyez la Bibliotheque de Bouchel,* verbo *Nom;* où il est observé que les anciens noms doivent demeurer. Arrêt contre le Roy de Navarre pour le nom de Connétable de Châteaugontier.

19 Le Mercredy 7. Mars 1635. en la Chambre de l'Edit un nommé Sebastien Massé, natif d'Iliers en Beausse, fut condamné en deux cens livres d'amende, pour avoir changé son nom, se faisant appeller Jean-Baptiste, Chevalier, Ecuyer sieur de Poigni : il étoit allé s'habituer en basse Bretagne, où il usurpoit la qualité de Gentilhomme; défenses luy furent faites de plus prendre ce nom, mais seulement de se faire appeller Sebastien Massé; plaidant Hilaire, Desmarêts & Pousset pour la Dame de Briquemont qui demanda que défenses luy fussent faites de se dire issuë de cette Famille du côté maternel. *Journal des Audiences,* tome 1. livre 3. chapitre 12.

20 Lettres Patentes portant permission à Messire Armand Charles de la Porte Duc de la Meilleraye de Tome II. changer son nom de la Porte en celuy de Mazarin ; à Fontainebleau en Juin 1661. registrées le 5. Août suivant, 8. *vol. des Ordonnances de Loüis XIV. fol.* 374.

ERREUR DE NOM.

21 De l'erreur de nom. *Voyez* le mot *Erreur,* nomb. 16. & *suivans.*

NOM E'S MONITOIRES.

22 Personnes dénommées és Monitoires ; ce qui est défendu par les Arrêts comme un abus. *Voyez cy-dessus,* verbo *Monitoire, n.* 38. & *suiv.*
Monition en laquelle quelqu'un est nommé, *etiam* en matiere civile, jugée abusive par Arrêt du 5. Février 1564. suivant le chap. *si sacerdos de off. jud. ord.* Bibl. de Bouchel, verbo Monition. *Voyez Ayrault,* il plaidoit en la cause.

23 Arrêt de la Cour des Aydes de Paris du 18. Decembre 1573. sur une appellation comme d'abus de la monition octroyée par l'Official de Rheims, portant les noms & qualitez des parties qui étoient en procez ; il fut dit mal & abusivement procédé, & l'Intimé condamné és dépens, dommages & interêts, sauf son recours contre l'Official, non en qualité d'Official, mais en son nom privé, qui fut condamné sur le champ. *Bibliot. Canon. to.* 2. *p.* 107. *col* 2.

SUPPOSITION DE NOM.

24 Berault rapporte *sur l'article* 137. *de la Coût. de Normandie,* un Arrêt du 6. May 1547. par lequel il est défendu de s'attribuer le nom d'un Fief, quand on n'en est pas proprietaire. *Voyez Pesnelle sur cet article.*

25 Arrêt du Parlement de Paris, du 19. Janvier 1658. qui condamna un Ecclesiastique qui se disoit fils de M. de la Porte Conseiller d'Etat, de comparoir en la Chambre, & là étant à deux genoux, déclarer en sa presence que témerairement, malicieusement, & sans preuve, il avoit pris le nom dudit Conseiller d'Etat, qu'il luy en demande pardon & à la Justice, luy fit défenses d'en plus porter le nom, à peine de punition exemplaire; & le condamna en 500. liv. de séparation civile, & aux dépens du procez. *Soëfve, tome* 2. *Cent.* 1. *chapitre* 85.

26 Arrêt du Parlement de Provence du 23. Avril 1664. qui condamna à mort un imposteur qui avoit supposé son nom pour avoir une succession. *Voyez* les circonstances de cette affaire amplement traitée dans *Boniface, to.* 2. *part.* 3. *liv.* 1. *tit.* 18.

NOMBRE.

Nombre singulier, mis pour le pluriel. L. 158 D. de verb. significatione.

NOMINATION.

Nomination aux *Benefices,* nomination d'*Experts,* nominations *Royales,* nomination de *Tuteurs* ; ce sont les subdivisions que ce terme embrasse.

NOMINATION, BENEFICE.

1 *De Electione Inst.* Lanc. 1. 6. Nomination d'un Evêque.
Qui eligere eligi-ve possunt. Inst. L. 1.7.
De postulatione. J. L. 1. 8.
De confirmatione. J. L. 1. 9.
De consecratione. J. L. 1. 10.

2 Arrêt en la Cour de l'Echiquier de Normandie tenu en 1309. qui décide que lorsqu'un Abbé ou autres gens de main-morte presentent une personne indigne, ils ne pourront cette fois nommer un autre, mais en leur place le Diocesain y pourvoira. Cela n'a point lieu pour les Patrons Laïcs qui ne connoissent pas si le nommé est capable ou non. Même Arrêt le 13. Août 1529. *V. la Bibliotheque de Bouchel,* verbo, *Nomination.*

3 La collation d'un Benefice faite par un Chapitre qui se prétend Collateur ordinaire, quoyqu'il ne soit que Présentateur n'étant pas valable, ne peut valoir comme nomination. *V. la Bibliotheque Canonique, tome* 2. page 193.

4 *Capacitas personæ nominatæ consideratur & requiritur*

H H h h h

tempore vacationis Beneficii & non nominationis ; in Religioso nominato , translatio sufficit tempore vacationis Beneficii : nec superveniens capacitas confirmat , quod ab initio non valuit. Arrêt du 19. Février 1537. *M. Loüet, lettre B. somm.* 6. Voyez *M. le Prêtre* , 3. *Centurie*, *chapitre* 11.

5 Arrêt rendu au Parlement de Provence le 13. Décembre 1674. qui a jugé que le Vicaire perpetuel doit avoir la nomination des Prêtres & des Secondaires, non le Prieur primitif qui est uni à une mense. *Boniface , tome* 3. *liv.* 5. *tit.* 15. *chap.* 3.

5 bis Autre Arrêt du même Parl. de Provence du 13. Avril 1679. qui donna la nomination des Secondaires, le choix & direction du Clerc , au Vicaire , non au Prieur. *Boniface , ibidem , chap.* 4.

6 Nominataires des Universitez appellez par Chopin, *Scholarum candidati* , en son *Traité de Sacr. polit. lib.* 1. *tit.* 5. *nomb.* 6.

Voyez cy-devant le mot , *Graduez* , & cy-après le Titre , *Université.*

6 bis Voyez cy-après le nomb. 8. & ce qui a été observé sous le Titre *Benefice*.

NOMINATION D'EXPERTS.

7 Jugé au Parlement de Provence le 5. Juin 1683. que la nomination des Estimateurs appartient aux Communautez, non au Seigneur. *Boniface, tome* 4. *livre* 3. *titre* 1. *chapitre* 6.

Voyez le mot, *Experts, no.* 5. *& suiv.* où il est parlé de la nomination de ces sortes de personnes.

NOMINATION ROYALE.

Voyez *la Bibliotheque Canonique, tome* 2. verbo, *Nomination.*

8 *De Regiâ ad Prælaturas nominatione faciendâ.* Voyez Rebuffe , sur le Concordat , Chopin , en son *Traité de la Police Ecclesiastique , tit.* 7. *nombre* 21. *& suivans* , & Pinson , *de modis adquirendi Beneficii.* §. 2.

9 *Nominationis Regiâ ad Episcopatus & Abbatias , quis usus in Galliâ.* Joan. Filesac , *de sacr. Episcop. auctor. cap.* 7. *fol.* 74. *& seqq.*

In Hispaniâ nominatio Regia an locum habuerit ? Ibidem , *fol.* 76.

In Electione summi Pontificis quod Imperatores & Reges præstiterint. Ibidem.

In Oriente quæ authoritas Imperatoris Constantinop. in nominandis Episcopis, & rebus Ecclesiasticis tractandis. Ibid. *fol.* 78.

Flori Magistri sub Ludovico pio locus elegans de nominatione Regiâ , fol. 81.

10 *De nominatione Regiâ in ordinandis antistibus & quales Regis candidatos esse oporteat.* Duaren. *lib.* 6. *de sacr. Ecclesiast. minist. cap.* 13.

De scholasticâ nominatione, quâ nunc in Galliâ ferè utimur , compendiosâ , sed accurata commentario. Ibidem, *cap.* 13.

Quis nominare possit ? Ibid.

Quas possit nominari ? Ibid.

Quomodò sit concipienda nominatio , apud quos nominare oporteat ? Ibid.

De professione ac denunciatione , quam insinuationem vocant. Ibid.

De effectu nominationis. Ibid.

11 *De Regis prærogativâ in electivis dignitatibus & Pontificialibus, ac Regum Christianorum & Paganorum nomina.* Per Gulielmum de Monteferrato , *in Pragmaticâ Sanctione.*

12 Des Benefices à la nomination du Roy. Voyez les *Memoires du Clergé , tome* 2. *part.* 2. *tit.* 7.

13 Du droit du Roy és Elections. Voyez le mot , *Election , nombre* 146.

14 Si le Roy a la nomination des Doyennez ? Voyez le mot , *Doyen , nomb.* 23. *suiv.*

15 Noms des Benefices de la France qui sont en la nomination & collation du Roy, les taxes qu'ils se payent en Cour de Rome pour les annates ou provision. Voyez *Joly, des Offices de France, tome* 1. *liv.* 1. *tit.* 24. p. 249.

16 De la nomination appartenante au Roy sur certains Benefices de son Royaume. *Voyez Tournet , lettre N. Arrêt* 3. *& suiv.*

17 Encore que le Pape ait une juste raison de refuser les Provisions au nommé par le Roy , neanmoins il ne luy doit pas faire ce refus de son seul avis ; il faut qu'il le communique au College des Cardinaux en plein Consistoire ; mais si le Pape n'étoit pas appuyé dans son refus d'une raison legitime, en ce cas il ne pourroit pas le donner , quand même ce seroit de l'avis & du consentement de tous les Cardinaux : & après que le Pape a déclaré en plein Consistoire la cause pour laquelle il ne peut conferer , soit Evêché , Abbaye ou Prieurez Conventuels à celuy qui luy est nommé par le Roy , & que le College des Cardinaux a approuvé cette raison , ce n'est pas à dire pour cela que le Roy soit privé pour cette fois-là du droit de nomination , quand même il auroit nommé au Pape une personne tout à fait indigne , & qu'il auroit sçû cette indignité ; au contraire, le Roy a encore trois autres mois à compter du jour que le refus fait par le Pape en Consistoire aura été signifié & notifié à celuy lequel sollicitoit l'expedition. Voyez *M. Charles du Moulin* sur la regle *de Infirmis , nombre* 405. il dit en cet endroit que le Pape dans le Concordat s'est reservé le droit de conferer seul ces Dignitez , c'est-à dire , les Evêchez , Abbayes & Prieurez Conventuels qui sont à la nomination du Roy s'ils venoient à vaquer en Cour de Rome, mais il dit qu'il n'a eû & n'a usurpé ce droit que par le moyen d'une clause interjective & inserée aprés coup, & qu'il a fait glisser dans le Concordat par artifice , & par un nouvel attentat & une nouvelle disposition , puisqu'il soûtient que ces sortes de Benefices ne peuvent pas vaquer en Cour de Rome , &c. conformément à la glose , sur le mot *dignitatum* du chapitre 2. *de Præbend. in* 6. où il est prouvé que les Evêchez ne vaquent pas *in curiâ* ne sont pas compris dans la disposition de ce chapitre *quia ea quæ sunt notâ specialis digna nisi specialiter notentur , neglectâ intelliguntur , est enim (Episcopatus) non dignitas, sed dignitatum culmen*, & il étend aussi cette opinion à l'égard des Abbayes mêmes ; mais enfin , pour demeurer aux termes du Concordat, & laisser la vacance *in curiâ* aux Papes , à l'égard même des Evêchez & Abbayes , elle ne se doit pourtant entendre que de la vacance par mort.

18 Par ces raisons l'on voit que cette maxime est tres-bien établie , sçavoir que pour la Collation des Benefices qui sont à la nomination du Roy, il faut la nomination du Roy avant que le Pape en puisse disposer : si le Pape en usoit autrement , & qu'il n'attendit pas la nomination du Roy, en ce cas on pourroit appeller comme d'abus de la concession ou de l'impetration & de l'execution de ces Bulles de Provision, & de la possession , & generalement de tout ce qui s'en seroit ensuivi , & relever son appel comme d'abus au Grand Conseil ; dans lequel *Du Moulin,* dit qu'il sçavoit de bonne part depuis quinze années il avoit été jugé & arrêté que le consentement & la nomination du Roy pour les Collations expediées & données par le Roy sur des resignations pures & simples , en faveur ou pour cause de permutation étoient necessaires *Ibid.* nombre 408.

19 A l'égard des graces du Roy , l'on y observe cette grande regle, *qui potior est tempore, potior est jure,* & *Du Moulin* dit, qu'il fut ainsi jugé en l'année 1539. pour l'Abbaye de la Charité , aprés neanmoins qu'on eut sçû la volonté du Roy qu'elle n'avoit pas eû dessein de revoquer sa premiere nomination , en donnant une seconde : ce n'est pas que si avant que la nomination ait été portée à Rome, ou que les choses soient encore en leur entier , le Roy qui l'avoit donnée, vient à mourir, elle est revoquée de plein droit, particulierement cette nomination n'ayant pas coûtume de se faire d'une personne qualifiée, suivant le Concordat , mais d'un autre

Ordinaire en quoy il faut une Dispense & une grace nouvelle. *M. Charles du Moulin*, sur la même regle *de infirmis*, dit que suivant ces avis, il donna une consultation sur la fin du mois de Mars de l'année 1546. laquelle fut souscrite par les plus sçavans Avocats.

20 Il a été jugé que nonobstant la clause dérogatoire mise par le Pape dans les Bulles de Provision du Résignataire lequel avoit eû la nomination du Roy, mais dont le Resignant étoit decedé dans les 20. jours, ce Benefice avoit vaqué par mort; & ainsi l'on maintint celuy qui avoit obtenu une seconde nomination du Roy, pour être pourvû de ce Benefice, comme vacant par mort; & depuis une pareille chose a été jugée au Grand Conseil, ce qui fait voir que ce n'est pas au Pape qu'il faut demander cette clause dérogatoire, ou pour mieux dire, qu'il faut demander l'ampliation de la nomination pour faire qu'elle soit irrevocable, quelque chose qu'il arrive dans la suite, quand bien même le Resignant mourroit dans les 20. jours, mais que c'est du Roy seul qu'il faut obtenir cette grace. *Ibid.* nombre 411.

21 Si le Roy dans son Brevet n'a pas mis cette clause favorable & que le Resignant soit mort dans les vingt jours, s'il n'en veut pas nommer un autre, ni se servir de l'avantage & du droit que le décès du Resignant arrivé dans les 20. jours luy procure, la premiere nomination sera valable.

Et de la même maniere qu'il faut obtenir du Roy la grace que sa nomination demeure valable, quoyque le Resignant meure dans les 20. jours, & non pas du Pape, il faut pareillement obtenir de sa Majesté les clauses *per obitum aut aliàs quovismodo*, & autres clauses qui s'étendent une Provision & la font valoir; de quelque maniere qu'un Benefice puisse vaquer. Si le Pape seul avoit mis ces clauses, sans que le Roy les eût exprimées dans ses Lettres de nomination, elles seroient absolument inutiles; mais si le Roy dans la nomination qu'il donne du chef de la résignation, a mis & apposé ces clauses pour declarer & augmenter sa volonté; en ce cas les provisions que le Pape donnera au Résignataire seront valables, quand bien même le Résignant seroit decedé au temps de ces Provisions, ou que le Benefice vaquât de quelque maniere que ce fût. *Ibidem*, nombre 411.

22 *Menaldus*, Evêque de Consérans & Abbé de Gaudron, étant malade voulut résigner, tant son Evêché que son Abbaye, en faveur d'un de ses neveux nommé *Pierre* : le Roy luy donna son consentement & sa nomination pour l'Abbaye ; mais il n'en voulut rien faire à l'égard de l'Evêché, duquel il disposa autrement & en faveur d'un autre. Il donna donc son Brevet de nomination à ce neveu le 16. Novembre 1548. par lequel il prioit le Pape qu'après avoir admis la résignation de cette Abbaye il la conférât & en pourvût en commande *Pierre* neveu du Resignant, & qu'il luy en fit expedier toutes sortes de Bulles, & toutes les Dispenses & Provisions requises & necessaires, suivant & conformement à la Procuration *ad resignandum*, & aux memoires & à la supplique qui luy seront faites & presentées de la part de *Pierre*; en consequence de cette nomination *Pierre* Resignataire envoye en Cour de Rome pour se faire pourvoir de cette resignation, tant du chef de la resignation, que par la mort du Resignant ou de quelque autre maniere que cette Abbaye pût vaquer. Le Pape, suivant la nomination, luy donne & accorde les Bulles de Provision, suivant & avec les clauses contenuës dans la supplique dressée par *Pierre*, Resignataire ; mais pendant ce temps-là & avant la date de la signature de la Bulle, le Resignant étoit décedé : en consequence de ce décès le Roy nomma à cette Abbaye, comme vacante par mort, le fils de son Medecin ou son neveu. *Pierre*, & le fils ou le neveu du Medecin plaident au Grand Conseil.

Pierre faisoit valoir la priorité de son Brevet & de ses Provisions. 2. Il disoit que le Roy doit être stable *ut*

polus arcticus. 3. Que le Roy est fondé en droit de Patronage, & qu'on doit considerer sa nomination comme une présentation, or le Patron ne peut varier. 4. Le Roy a succedé aux Electeurs, sa nomination fait tenir lieu d'élection, la variation n'y est point admise. 5. Il faut interpretér *quam plenissimè*, le bienfait du Prince. 6. La nomination du Roy en sa faveur n'étoit pas simple pour la résignation seulement, comme contenoit des clauses generales, *& prægnantes*, pour faire expedier toutes sortes de Bulles & de Dispenses. 7. Le Pape a accordé la clause *aut aliàs quovismodo*, comme elle est apposée dans la supplique, elle se rapporte à la nomination, & y est censée comprise. Enfin il pretendoit que cette Abbaye n'avoit pas vaqué par mort, mais par la résignation approuvée du Pape. Du Moulin consulté sur cette question, répondit que la premiere nomination ne pouvoit avoir lieu qu'à l'égard de la résignation, & non pas s'étendre à la vacance par mort : car cette nomination commence par la résignation, & c'est la résignation qui l'a fait donner, *nec cogitatum fuit*. Si dans la premiere nomination donnée au Resignataire, le Roy avoit employé la clause *etiam si per obitum vel aliàs quovismodo*, ou que le Roy l'eût ensuite accordée, *Pierre* auroit été bien fondé. *Du Moulin*, dit que le Grand Conseil rendit Arrêt en faveur du Medecin. *V.* la regle *de infirmis*, nombre 412. *& suiv.*

Du Moulin sur la même regle *de infirmis*, nombre 23 417. parle des Benefices qui sont à la libre Collation du Roy, & dit qu'ils sont plûtot *secularia & prophana quam Ecclesiastica*, quoyqu'ils ne puissent être possedés que par des Clercs, mais ils n'ont aucune administration *Clavium vel Sacramentorum, nec in his si vendantur committitur simonia de jure divino, sed tantùm de jure positivo*.

La difference de la nomination du Roy, *jure concor-* 24 *dati & jure collationis seu jure fundationis*, est que le Roy nomme simplement aux grands Benefices appellez Consistoriaux ; mais il confere de plein droit ceux dont il est reconnu Patron & Fondateur, *Définitions Canoniques*, page 228.

Aujourd'huy que les Abbayes sont à la nomination 25 du Roy, les Arrêts jugent que quand un Abbé a mis sa démission entre les mains de sa Majesté, & que le Roy sur cette démission a donné son Brevet de nomination à un autre, il n'y a plus lieu au repentir ou regrez, parce que la chose étant consommée de la part du Roy, le défaut de la Provision du Pape, qui confere necessairement, ne peut point servir de raison. *Bibliotheque Canon.* tome I. page 18.

Par le Concordat fait entre le Roy François I. & le 26 Pape Leon X. le Pape peut pourvoir aux Benefices vacans *in Curiâ* pleinement & sans attendre la nomination du Roy, qui n'y peut rien prétendre ; neanmoins si le Roy craignoit pour les affaires d'Etat, comme trahison, conjuration, que l'Etranger nommé par le Pape luy fût suspect, il peut s'opposer. *Ibidem*, tome 2. page 147.

Quâ formâ fieri debeat Regiâ nominatio ad Prælaturas? 27 Voyez *Pinson*, au Titre *de Canonicis institutionum conditionibus*. §. 2.

Dans la nomination faite par le Roy à un Evêché 28 vacant par resignation, on doit exprimer *vel aliàs quocumque modo vacet, cum derogatione reg. de viginti diebus*, autrement & nonobstant la dérogation faite par le Pape seul, le Roy pourroit nommer une seconde fois en cas de mort. Ainsi jugé au Grand Conseil, dans la cause de l'Abbaye de Villelonge. Voyez Rebuffe, sur le Concordat, tit. *de Regiâ ad Prælat. nomin.* où il rapporte un autre Arrêt en faveur de Jean Gay, quoyque son competiteur eût obtenu la Provision par resignation avec le consentement du Roy ; mais il n'avoit pris possession que six heures avant la mort du Résignant, *& videbatur quædam fraus*.

Nomination du Roy n'a lieu aux Abbayes, ou Prieu- 29

rez des Religieuses de sainte Claire. *Peleus, liv. 1. act. 7.* Chopin, *monasticon, liv. 1. tit. 1.* Tournet, *lettre N. Arr. 10.*

30 Nomination du Roy, en quelques Monasteres & Abbayes, n'a point de lieu, & specialement sur l'Abbaye de Lerins, unie à l'Abbaye de Mont Cassin. *Chopin, liv. 1. monasticon, tit. 1. nomb. 3* Tournet, *lettre N. Arr. 6.*

31 Nomination du Roy, n'a lieu sur les Prieurez de l'Ordre de saint Jean de Jerusalem. *Chopin, ibidem, nomb. 4.* & Tournet, *lettre N. Arr. 9.*

33 Nomination du Roy n'a lieu sur les Prieurez des Guillelmites, ou Blancs-Manteaux. *Chopin, ibidem, nombre 6. & 7.*

34 Nomination du Roy n'a lieu aux Monasteres fondez en exprés privilege d'Election. *Chopin, Monasticon, tit. 1. nombre 12.* Tournet, *let. N. Arr. 11.*

35 Si la nomination du Roy a lieu sur les Prieurez de l'Ordre du Val-des-Ecoliers ? V. *Chopin, ibid. nomb. 13.* Tournet, *ibid. Arrêt 13.*

36 Si la nomination du Roy, a lieu sur les Abbayes de Nonains. V. *Chopin, ibidem, nombre 21.* & Tournet, *lettre N. Arrêt 14.*

37 Nomination du Roy n'a lieu aux Abbayes de Chefs-d'Ordre, & quelques autres. *Chopin, liv. 1. de sacr. polit. tit. 2. nomb. 15.* Tournet, *lettre N. Arr. 5.*

38 La nomination du Roy sur les Monasteres de la Case-Dieu. *Voyez Tournet, lettre N. Arr. 7.*

39 Nomination du Roy, premiere, ne déroge à la derniere assistée de la pluralité des voix. *Chopin, Monasticon, lib. 1. tit. 1. nomb. 21.* Tournet, *Ibid. Arr. 15.*

40 Si la nomination du Roy a lieu sur les Doyennez electifs des Eglises Collegiales. *Voyez Tournet, lettre N. Arrêt 16.*

41 Nomination Royale sur plusieurs Doyennez de fondation Royale. *Chopin, de sacr. polit. tit. 1. nomb. 18.* Tournet, *ibid. Arr. 18.*

42 Si la nomination du Roy a lieu sur les Commanderies de l'Ordre de saint Antoine. *Chopin, ibid. tit. 2. nomb. 5. & suiv.* Tournet, *ibid. Arr. 20.*

43 Nomination du Roy sur les Abbayes Seculieres. *Peleus, livre 1. art. 1.* Tournet, *lettre N. Arr. 19.*

44 Nomination du Roy aux Benefices consistoriaux, situez dans le Roussillon. *Memoires du Clergé, tome 2. part. 2. page 263.*

45 Les Chefs d'Ordre & quelque autres Benefices consistoriaux, ne sont pas sujets à la nomination du Roy. *Ibidem, page 274.*

46 Divers Reglemens touchant la nomination du Roy aux Benefices. *Ibid. page 249. & suiv.*

47 Les Prieurez de l'Ordre de Grandmont sont à la nomination du Roy, à la reserve des quatre premiers qui viennent à vaquer aprés l'élection de l'Abbé de Grandmont, qui les confere de plein droit. *Ibid. pag. 509.*

48 Si le Roy ayant nommé pour son joyeux avenement à la Couronne, cette nomination peut comprendre une Prebende qui a une dignité annexée ? *Voyez les Reliefs Forenses de Rouillard chap. 9.* où il est parlé des nominations Royales, tant celles autorisées par le Concordat que par le Joyeux avenement.

49 Le Roy a droit de nommer indistinctement à toutes les Prélatures de son Royaume par le seul titre de sa Couronne. *Voyez le 17. Plaidoyé de M. Patru,* pour Dame Claire Charlote de Rotondis de Biscaras, Religieuse de saint Pierre de Reims, Ordre de Saint Benoit, nommée par le Roy à l'Abbaye de Saint Jean-Baptiste du Montcel, Ordre des Urbanistes de sainte Claire au Diocése de Beauvais, contre la Communauté des Religieuses opposantes, à l'execution du Brevet de sa Majesté, & contre les Dames Religieuses de Long-champs & autres Communautez du même Ordre. Il fait voir qu'aux termes même du Concordat, la nomination se peut étendre aux Monasteres des Filles, parce que le Concordat n'a pû ni voulu donner atteinte aux nobles prérogatives de la Monarchie.

50 Le droit de nomination du Roy ne peut convenir qu'aux superioritez perpetuelles qui sont titres des Benefices, & non aux administrations amovibles à volonté, par trois raisons invincibles. 1. Le Provincial ayant droit par la regle de changer de Superieure, quand il le Juge à propos, la nomination de sa Majesté demeureroit sans effet & sans execution. 2. Par l'avis de M. Charles du Moulin, Rebuffe, Chopin, & tous ceux qui ont traité cette matiere. 3. Par les Arrêts solemnels contradictoirement intervenus qui ont décidé la question. *Voyez le 17. Plaidoyé de M. Patru.*

51 Du droit qu'a le Roy de nommer aux cinq Abbayes de la Congregation de Chezal-Benoît, dont l'érection est posterieure au Concordat. *V. la Bibliot. Canonique, tome 2. page 680. & suiv.*

52 La connoissance des Benefices qui sont à la nomination du Roy, appartient au Grand Conseil, à cause de l'Evêché d'Alby sous François premier & Leon X. *M. le Prêtre. 2. Cent. chap. 37.*

53 Les nommez par le Roy seront tenus dedans neuf mois, aprés la délivrance de nos lettres de nomination de laquelle sera fait registre, obtenir leurs Bulles & Provisions, ou faire apparoir à l'Evêque Diocesain de diligences suffisantes, sinon déchûs de ce droit de nomination, sans qu'il soit besoin d'autre declaration de la nomination que nous ferons d'autres personnes, &c. Et pour le regard de ceux que nous avons cy-devant nommez, nous leur enjoignons sous mêmes peines, d'obtenir leurs Bulles & Provisions dans six mois, aprés la publication de la presente Ordonnance pour toutes prefixions & délais. *Ordonnance de Blois, art. 5.*

Voyez cy-aprés le mot, *Procuration, nomb. 47.*

54 L'Abbaye de saint Pierre de Serches est exempte de la nomination du Roy. Arrêt du 8. Novembre 1522.

Arrêt semblable du 15. Mars 1524. pour celle de saint Pierre de Mannes du même Ordre, parce que les Monasteres qui ont privilege special d'élire, sont exempts de la nomination Royale, suivant le §. *per præmissa* au Concordat. *Voyez Chopin, de la Police Ecclesiastique, liv. 1. tit. 2. nomb. 15. & la Bibliot. Canonique, tome 1. page 581.*

55 Les Prieurez Seculiers ne sont point sujets à la nomination du Roy. M. le Procureur General du Grand Conseil avoit interjetté appel comme d'abus de l'élection du Prieur Seculier de Pontmone, Diocése de Bazas Province de Guyenne. Arrêt du 10. Septembre 1516. qui le declare non recevable en son appel comme d'abus, sur le fondement que les dignitez Seculieres ne tombent point dans la disposition du Concordat qui ne parle que des Eglises Cathedrales, Abbayes, & Prieurez Conventuels. *Definit. Canon. page 707.*

56 Si le Pape acceptoit une nomination faite par le Roi aprés les six mois il ne pourroit plus se repentir, & conferer le Benefice à un autre. Jugé le 29. Decembre 1539. *per Dominum Cancellarium* pour un nommé par le Roy aprés neuf mois. *Voyez Rebuffe, sur le Concordat, au Titre de Regiâ ad prælat. nomin.*

57 Si plusieurs obtiennent le Brevet du Roy, *non est Papæ gratificatio sicut in privatis & inferioribus patronis, sed prior in data præfertur, Hoc enim ad dignitatis culmen spectat, ut varietas non possit. Stabilis enim esse debet ut polus arcticus & immobilis, sicut lapis angularis, & ita super Abbatiâ charitatis post declarationem tamen Regis quod non intenderat, revocare priorem nominationem, judicatum fuit; tamen reintegra antequam nominatio pervenerit Romam, morte Regis expirat.* Du Moulin *sur la regle de infirmis, n. 408.* en rapporte un Arrêt de l'année 1519.

58 Le Roy Henry II. sur la remontrance qui luy fut faite par le Pape Jule III. fit une declaration en l'année 1550. par laquelle il declara qu'il n'entendoit point user à l'avenir de son droit de nomination aux Abbayes, Chefs d'Ordres, ni aux Monasteres des Religieuses ni aux Dignitez des Eglises Cathedrales & Collegiales. *Definit. Canon. page 508.*

59 Le Doyenné de l'Eglise de S. *Vulfran* d'Abbeville, est à la nomination du Roy. Arrêt du Grand Conseil du 8. ou 10. Mars 1586. *Voyez les Définitions Canoniques*, page 228.

60 Le Roy ne peut varier aux nominations qu'il auroit faites des Prélats. Arrêt du Conseil Privé du 18. Novembre 1588. rapporté par Chopin, *li. 2. de Dom.tit.10. n. 15*. C'est aussi le sentiment de *Rebuffe*, sur le §. 1. du Concordat, *in verbo, vacantibus*.

61 Arrêt du Grand Conseil du mois de Juin 1594. par lequel le Prieuré de Sainte *Catherine* de Paris, a été déclaré sujet à la nomination du Roy. Frere Godefroy Hardy, qui avoit été élu par les Religieux, fut débouté. Par le même Arrêt le Nominataire de Sa Majesté fut condamné à employer le tiers du revenu aux réparations. *Voyez Semestr. placit. mag. Consilii*. recueillis par M. *Bouteraye*.

62 Les Prieurez de l'Ordre de Saint Jean de *Jerusalem*, ne sont à la nomination du Roy. Arrêt du Conseil Privé du 30. Janvier 1595. pour le Grand Prieur d'Aquitaine. *Biblioth. Canon. tom. 2. p. 244. col. 2*.

63 Mornac, *ad Leg. 3. §. ingressus. ff. de Officio Proconsulis*, rapporte un Arrêt rendu en robes rouges du mois de Decembre 1616. prononcé par M. le Président Verdun, qui dit aux Avocats, après la prononciation de l'Arrêt que le Parlement ne reconnoissoit que trois nominations du Roy aux Benefices. La premiere, en vertu du Concordat, s'il s'agit des Archevêchez, Evêchez, Abbayes & Prieurez Conventuels. La Seconde, est pour le droit de Regale, le Siege Episcopal vacant. La derniere, pour les Benefices de fondation Royale. *Biblioth. Canon. tome 2. p. 50*.

64 M. Miton Evêque d'Angers, ayant été transferé par le Pape à l'Archevêché de Lyon, sans nomination préalable de Sa Majesté, M. le Procureur General protesta contre la Bulle; & par Arrêt du Parlement de Paris du 6. Juillet 1628. faisant droit sur les Conclusions du Procureur General, il luy fut donné Acte de la protestation par luy faite que la Bulle obtenuë par l'Archevêque de Lyon, pour n'avoir été expediée sur la nomination du Roy, ne pourroit nuire ni préjudicier aux droits dudit Seigneur. *Voyez les Preuves des Libertez, tom. 1. chapitre 16. nomb. 58*.

65 Arrêt du Parlement de Paris du 6. Août 1635. qui appointe pour sçavoir si un Abbé qui n'a que le simple Brevet de nomination du Roy, & n'a encore obtenu ses Bulles de Provisions, peut presenter à un Benefice vacant. *Baraet, tome 2. liv. 4. chap. 16*. La Sentence des Requêtes de l'Hôtel, avoit donné la récreance au Pourvû par l'Ordinaire. M. l'Avocat General Bignon fut d'avis de la confirmer.

66 Il a été jugé le 19. Juin 1669. que la nomination d'une Prébende affectée de 15. ans en 15. ans à une Abbaye de Religieuses, a lieu, en cas de vacance, non seulement par mort, mais par resignation ou permutation, & en quelque maniere que ce puisse être. *Journal des Aud. tome 3. liv. 3. ch. 13*. Il y avoit un cas particulier, les Religieuses qui avoient le droit de nomination, avoient anciennement le droit de conferer toutes les Prébendes.

67 Le Roy peut nommer par dévolut à un Canonicat de l'Eglise Cathedrale de *Verdun*, vacant par mort dans un mois affecté à l'Ordinaire, & conferé à des personnes indignes ou incapables. Arrêt rendu au Grand Conseil le 22. Mars 1684. *Journal du Palais* in quarto, part. 11. page 321. & le 2. tome in fol. page 498. & *suiv*. où le Lecteur est renvoyé aux Arrêts des 22. Mars 1669. 14. Mars 1679. & 29. Avril 1695. qui sont rapportez au même *Journal du Palais* in fol. *tome 1. & second dans l'ordre de leurs dates*.

68 Par Arrêt du Grand Conseil du 20. Avril 1671. on a jugé que dans les mois reservez du Pape, & cedez au Roy, les Chanoines de la Cathedrale de *Toul* pouvoient nommer librement *in turno*: les Parties étoient M. Jean Haraucour, nommé par le Roy, & M. Gerard Fourail,

pourvû par le Chapitre de Toul; ce dernier fut maintenu avec restitution de fruits.

Par Lettres Patentes du 14. Août 1675. les Arrêts du Grand Conseil touchant le droit des Tournaires dans les mois des Graduez, furent cassez, & les Nommez par le Roy maintenus. *Bibliotheque Canonique, tome 1. pag. 728*.

69 Le Prieuré de Saint *Nicolas*, de l'Ordre de Saint Augustin, est Conventuel électif, & par consequent à la nomination du Roy, suivant la disposition du Concordat. Il a été jugé Conventuel électif à la nomination de Sa Majesté, par Arrêt du Conseil d'Etat en l'année 1671. dans ce Prieuré il y avoit une Maladerie, qui a été distraite, & unie à l'Hôpital de Bayeux. *Défin. Canon. page 702*.

70 Arrêt du Conseil d'Etat du Roy du 9. Juillet 1677. pour le Prieuré Conventuel de Saint *Etienne* d'Ars, en l'Isle de Ré, dépendant de l'Abbaye de Saint Michel en l'Herme, uni au College des Quatre Nations, dont la disposition appartient au Roy.

Arrêt semblable du 8. Octobre suivant, pour le Prieuré de Saint *Pierre* de Mortagne, pour le sieur de Theligny-Barjot. *Définit. Canon. p. 917*.

71 Arrêt du Conseil d'Etat du Roy du 26. Novembre 1677. au sujet du Prieuré de Saint *Nicolas* de Gruë, dépendant de l'Abbaye de Saint Michel en l'Herme, par lequel le Pourvû par le Roy a été maintenu & gardé, contre des Pourvûs en Cour de Rome par l'Evêque de Luçon, comme Ordinaire, & comme Gradué, & tenant l'Indult. *Ibid*.

72 Les Abbayes du *Val-des-Vignes*, des *Rosiers*, la *Joye* & *Belleau*, de l'Ordre de Cîteaux, ne sont point à la nomination du Roy. Jugé le 16. Août 1681. *V. le Journal du Palais*, où toutes les raisons sont rapportées de part & d'autre.

73 Arrêt du Parlement de Paris du 17. Decembre 1691. qui a jugé que quoyque le Roy soit en droit de pourvoir aux Prieurez & Canonicats de l'Eglise de *Nôtre-Dame* du Château de Loches, neanmoins il n'a pas droit de pourvoir à la Chantrerie de la même Eglise; mais c'est le Chapitre qui en est le Collateur. *Journal des Aud. tome 5. liv. 7. ch. 50*.

NOMINATEURS DE TUTEURS.

74 Parens qui donnent leurs voix pour la nomination d'un Curateur. *Voyez* le mot, *Curateur, n. 35*.

75 Il suffit aux électeurs & nominateurs d'un Tuteur, de l'avoir élû suffisant, & apparemment riche au temps de la nomination, pour n'être subsidiairement tenus en cas qu'il devienne insolvable, & le soit *tempore finita tutelæ*. Arrêt du 14. Août 1587. *Chenu, 1. Cent. qu. 21*. Voyez *Carondas, liv. 12. Rép. 42*.

76 Au Pays de Dauphiné, les Nominateurs du Tuteur sont responsables *in subsidium*, & solidairement en cas d'insolvabilité les uns des autres. Il est vray que si le Tuteur lors de la nomination étoit apparemment solvable, ces Nominateurs ne sont tenus de son insolvabilité depuis survenuë; car en ce cas ils ne peuvent être suspects de dol. Arrêt du Parlement de Grenoble du 15. Janvier 1659. qui ordonne que les portions des Nominateurs trouvez insolvables, seront supportées par les solvables par égales portions. Autre Arrêt du 14. Août 1659. par lequel il fut jugé que l'action subsidiaire contre les Nominateurs, n'est pas solidaire, mais seulement *in viriles*. *Basset, tome 2. liv. 4. tit. 12. ch. 6*.

Voyez cy-après au troisième volume de ce Recüeil, le mot, *Tuteur*.

NONCE.

Arrêt du Parlement de Paris du 17. Août 1591. lors séant à Tours, qui ordonne que Bouchet & Hercoüel, trouvez chargez d'Expeditions de Benefices faites par le Nonce du Pape Landrianus, declareront à l'Audience, nuds têtes & à genoux, que témerairement, indiscretement & comme mal avisez, ils ont poursuivi & obtenu dudit Landrianus, prétendu Nonce de Gregoire, soi-disant Pape XIV. de ce nom, declaré ennemi de ce Pays, lesdites Provisions, ce fait, icelles rompuës & lacerées ; défenses à tous autres d'en obtenir ; François Sansay Banquier decreté de prise de corps. *Voyez les Preuves des Libertez, tome 2. chapitre 20. nombre* 40.

2 Le pouvoir des Nonces est bien inferieur à celuy des Legats, aussi ils reçoivent des honneurs par tout où ils passent, que les Nonces n'oseroient pretendre ; il ne faut que se ressouvenir de l'entrée magnifique qui fut faite à Lyon & ensuite à Paris au Cardinal Chigi, neveu du Pape Alexandre VII. dernier Legat *à Latere*, qui est venu en France. *Définit. Canon. p.* 413.

3 Le Nonce n'est qu'Evêque ou Archevêque, & le Legat Cardinal.

Il y a une autre difference entre les Legats & les Nonces du Pape, c'est que les Nonces n'ont aucune autorité ni jurisdiction en France, non plus que les Ambassadeurs des autres Souverains & Princes temporels; mais les Legats ont autorité Ecclesiastique, & Jurisdiction volontaire & contentieuse, limitée à la verité, & restrainte, suivant les modifications de leurs facultez. *Ibidem.*

4 Dans l'Assemblée des Notables tenuë à Roüen en l'an 1617. il fut fait défenses aux Sujets du Roy d'avoir communication avec les Ambassadeurs ; cela donna occasion au Nonce de representer que les Ministres de Sa Sainteté ne devoient pas être compris dans la severité de ces défenses, par la raison qu'ils ne sont point Ambassadeurs ; ce qui a fait pendant quelque temps, cette Loy si raisonnable & si necessaire au repos de l'Etat, demeura sans execution. Mais on voit par une autre Assemblée de Notables tenuë à Paris en l'an 1626. que les mêmes pretentions du Nonce du Pape ayant été de nouveau examinées, on trouva que les raisons qui avoient été avancées à l'Assemblée de Roüen, n'étoient pas recevables, & elles furent même traitées d'impertinentes ; de maniere que ceux qui composoient l'Assemblée de Paris arrêterent que les défenses de celle de Roüen seroient executées sans distinction pour tous les Ambassadeurs. *Ibidem.*

5 Ordonnance du Roy du 16. Decembre 1639. qui défend aux Archevêques & Evêques de communiquer avec le Nonce du Pape. Il est dit que Sa Majesté luy ayant fait sçavoir par le sieur de Chavigny, Secretaire d'Etat, & de ses Commandemens, que l'offense que son Ambassadeur avoit reçuë à Rome, par l'assassinat commis en la personne d'un de ses Domestiques, ensuite des grands mécontentemens qui ont été donnez à Sa Majesté sur le fait de la Trinité du Mont, & de la memoire de feu M. le Cardinal de la Vallette, l'ayant contraint à ne desirer plus que sondit Ambassadeur allât à l'Audience de Sa Sainteté, jusqu'à ce que l'injure qu'il avoit reçuë eût été reparée, elle ne pouvoit aussi la luy donner jusqu'au même temps. Au lieu de recevoir cét expedient avec le respect qu'il devoit, en tant qu'il ouvroit le chemin à un accommodement, il fut si peu consideré de dire audit sieur de Chavigny, qu'il avoit cœur & esprit pour agir, & qu'il le feroit ; en sorte que la plûpart des Evêques se trouveroient pour Sa Sainteté contre le Roy ; ensuite de quoy Sa Majesté n'a pû moins faire que de défendre ladite communication à tous les Prélats de son Royaume, non par aucune méfiance qu'elle ait de leur affection & de leur zele à son service, dont elle est tres-asseurée ; mais pour faire voir au sieur Scoty, que non seulement la bonne intention desdits Prélats rendra ses mauvais desseins vains & inutiles, mais que même il n'aura pas lieu de tâcher de les mettre à execution, ni par consequent de se divertir des seules pensées qu'il doit avoir pour l'avancement de la paix qui est tant désirée de Sa Majesté, que nonobstant l'offense reçuë par son Ambassadeur à Rome, & le mauvais procedé du sieur Scoty en cette Cour, elle ne laisse pas de luy laisser la liberté de faire faire audit sieur de Chavigny par son Auditeur toutes les propositions qui pourront avancer un si bon œuvre. *Voyez le* 1. *tome des Preuves des Libertez, ch.* 7. *n.* 85.

Informations de vie & mœurs de ceux qui seront 6 nommez aux Archevêchez, se feront à l'avenir par les Evêques Diocesains des lieux où ils auront fait leur demeure les cinq années precedentes, suivant l'Ordonnance de Blois, art. 1. & non point par le Nonce du Pape. Jugé le 12. Decembre 1639. *Henrys, tome* 1. *liv.* 1. *chap.* 3. *quest.* 45

Voyez le mot, *Archevêques,* nomb. 1.

Les Nonces du Pape n'ont point de droit de visiter 7 les Monasteres ou Eglises du Royaume, soit exemptes ou non ; parce que c'est un Acte de Jurisdiction.

Dame Loüise de Bourbon, Duchesse de Longueville, ayant fondé & doté, ensuite des Bulles du Saint Siege, & Lettres Patentes de Sa Majesté, un Monastere de Religieuses de Saint Augustin dans la Ville de Paris, le Parlement par son Arrêt de verification des Patentes de Sa Majesté du 28. May 1653. y ajoûta, sans que le Nonce du Pape puisse exercer aucune Visitation, Jurisdiction ou Correction, conformément aux Droits & Libertez de l'Eglise Gallicane. *Fevret, Traité de l'abus, liv.* 3. *chap.* 4. *n.* 7. *p.* 286.

NONES.

LEs Romains appelloient ainsi le jour qui servoit à compter ceux écoulez depuis les Calendes. Les Nones tomboient sur le cinquiéme jour dans tous les mois de l'année, excepté dans ceux de Mars, May, Juillet & Octobre, qui n'avoient leurs Nones que le septiéme. Voicy de quelle maniere se faisoit ce calcul, dans le mois de Janvier, & semblables.

Le 1. Janvier,	*Calendis.*
Le 2.	*Quarto Nonas, suppl. ante.*
Le 3.	*Tertio Nonas.*
Le 4.	*Pridiè Nonas.*
Le 5.	*Nonis.*

Mais dans les mois exceptez, tels que Mars, May, &c. parce que les Nones n'arrivoient que le septiéme, on datoit ainsi.

Le 1.	*Calendis.*
Le 2.	*Sexto Nonas.*
Le 3.	*Quinto Nonas.*
Le 4.	*Quarto Nonas.*
Le 5.	*Tertio Nonas.*
Le 6.	*Pridiè Nonas.*
Le 7.	*Nonis.*

Voyez cy-dessus, verbo, *Kalende,* où l'on a expliqué cette maniere de compter & dater, par rapport aux Provisions de Cour de Rome.

NONOBSTANCE.

DE *non-obstantibus generalibus. Voyez* Rebuffe, *practica Cancellariæ Apostolicæ.*

Voyez cy-aprés le mot, *Provisions.* §. *Provisions de Cour de Rome.*

NOPCES.

Voyez cy-dessus les mots, *Fiançailles & Mariage.* 1 Des nôces tant premieres que secondes. *Voyez* Papon, *liv.* 15. *tit.* 1.

Nuptiæ quo tempore prohibeantur? Voyez Franc. Marc. 2 *tom.* 2. *quest.* 710.

Present de Nopces.

Deniers envoyez pour present de nopces par M. Hebert, Maître des Requêtes, à la Demoiselle Despinoy, 3 le Contract de mariage fut declaré nul, & sur vingt-deux mille livres envoyées pour present de nopces, avec une cassette & des bourses, huit mille liv. seroient renduës, & le surplus demeureroit à la fille, & à ses pere & mere, pour dommages & interêts, & sur le surplus des demandes, les parties hors de Cour. Jugé à Paris le 20. Août 1680. *Journal du Palais.*

Voyez les mots, *Bagues, Joyaux, & Fiançailles.*

Ex Senatusconsultis judicatum in publicis causarum actionibus sponsa cujus sponsus decesserit relinquenda esse dona sponsalitia; secus, si de arrhis sponsalitiis agerretur restituenda sunt. Jugé le 4. Avril 1601. Mornac, *L. si puella.* 3. *ff. de sponsalibus.*

SECONDES NOPCES.

5 Secondes nopces. *Secunda, tertia, & ulteriores Nuptiæ.*
De secundis nuptiis. C. 5... C. Th. 3. 8.... N. 22. cap. 22.
Dec. Gr. 2. quæst. 3. c. 7. §. *hinc tollitur*... 31. q. 1. in *mult. can.*... 34. q. 1. & 2... *Extr.* 4. 21.
De secundis nuptiis intra annum luctus contractis, & earum pœna. N. 22. c. 22. & 40.
De secundis nuptiis, post annum luctus contractis, & earum pœnis quindecim. N. 22. à cap. 22. ad finem.... N. 2. *integra.*
De favore viduitati attributo. N. 22. c. 20... N. 127. c. 3.
De muliere quæ parit undecimo mense post mariti mortem. N. 39. c. 2.
Si secundò nupserit mulier cui maritus usumfructum reliquit. C. 5. 10... C. Th. 3. 9... N. 22. c. 32.
De administratione donationis propter nuptias, si mulier ad secundas nuptias transierit. N. 2. c. 4... N. 68. V. *Augment.*
Si maritus ita reliquerit uxori, si ad secundas nuptias non transeat. N. 22. c. 43. & 44.
Ut qui tertium matrimonium contrahunt, sacri Canonis pœna obnoxii sint. Leon. N. 90. Contre les secondes & troisiémes nopces.
De polygamis. Const. Imp. Const. Porp. 2. Contre les secondes, troisiémes, & quatriémes nopces.
Voyez le mot, *Mariage,* nomb. 681. & suiv.

5 bis. Des dispositions de ceux qui ont convolé en secondes nopces, droits des enfans sur les biens que leur pere ou mere qui se remarie, avoit acquis du predecedé; des dispositions que peuvent faire de leurs biens propres les personnes qui ont convolé en secondes nopces. *V.* le 3. tome des Loix Civiles, liv. 3. tit. 4.

6 *Autores varii de secundis nuptiis,* in octavo, Coloniæ 1600.

7 *De bonis maternis, & secundis nuptiis,* in octavo, Hanov. 1606.

8 *A. Someren, de jure novercarum,* in octavo, Ultrajecti 1668.

9 *De pœnis secundarum nuptiarum.* Voyez *Andr. Gaill,* lib. 2, *Observat.* 98.

10 Des secondes nopces, & de la nullité des conventions matrimoniales. Voyez les Ordonnances recüeillies par Fontanon, tome 1. liv. 4. tit. 8. p. 751.

11 Voyez le Traité des secondes nopces fait par *M. Côme Bechet, Avocat au Parlement de Paris, & au Siege Présidial de Senlis,* in quarto, *A Saintes, chez Jean Bichon* 1647.

12 Secondes nopces. Voyez sous ce Titre, *la Bibliot. du Droit François,* par *Bouchel,* & *la Biblioth. de Jovet,* lettre N. verbo, *Secondes nopces.*

13 Le mary ou la femme qui passent à un second, troisiéme ou autre mariage, ne peuvent se faire l'un à l'autre de plus grands avantages qu'à celuy des enfans d'un mariage precedent qui a le moins; pourvû toutefois que cet enfant n'ait pas moins que sa legitime ; c'est la disposition de la Loy, *Hac edictali,* au Code *de secundis nuptiis,* qui dit, *sin autem non æquis portionibus ad eosdem liberos, memorata transierint facultates, tunc quoque non liceat plus eorum novercæ vel vitrico, testamento relinquere vel donare seu dotis vel ante nuptias donationis titulo conferre, quàm filius, vel filia habet, cui minor portio ultima voluntate derelicta, vel data fuerit aut donata; ita tamen ut quarta pars, quæ eisdem liberis debetur ex legibus, nullo modo minuatur.* Cujas rend la raison de cette Loy en ces termes, *quoniam sæpe evenerit ut ineuntes secundas nuptias, & irruentes amore obscurante pec-*

tus, nullam haberent rationem liberorum, prioris matrimonii. L'Edit de François II. de 1560. touchant les femmes veuves qui passent à de nouvelles nopces, est conforme à cette Loy.
Voyez cy-aprés le nombre 65. & suiv.

14 Le retranchement de la Loy *hâc Edictali,* C. *de secund. nupt.* est reglé à la legitime de l'un des enfans du premier lit. *Basset,* tome 1. liv. 4. tit. 4. chap. 2. rapporté plusieurs Arrêts. Ce retranchement a lieu, bien que le défunt ou la défunte ait permis à sa femme ou à son mary de se remarier; & l'augment donné à la seconde femme est sujet à ce retranchement. *Ibidem,* chap. 3. & 4.

15 Le retranchement de la Loy *hâc Edictali,* doit être laissé aux enfans du premier lit, au préjudice desquels le second mary ni ses enfans ne peuvent être avantagez. Arrêt du Parlement de Paris du 15. May 1535. *Papon,* liv. 15. tit. 1. n. 9.

16 Le retranchement de la Loy *hâc Edictali,* n'a lieu contre les enfans issus de deux conjoints. Arrêt solemnel du Parlement de Paris du 7. Septembre 1575. Une femme ayant des enfans du premier lit, se remarie; & par Testament legue à son second mary, & au fils de ce second mariage ses meubles, acquêts & conquêts, permis par la Coûtume de *Peronne*; legs contesté, le pere declare qu'il se contente de la part d'enfant; à l'égard du fils, il fut dit qu'il auroit son legs entier. *Ibidem.*

17 Par Arrêt du Parlement de Toulouse du 18. Janvier 1588. jugé que le retranchement de la Loy *hâc Edictali,* C. *de secund. nupt.* ne doit pas être entendu *de facto,* c'est-à-dire, du legat, qui n'est quelquefois que de cinq sols; mais *de jure,* c'est-à-dire, eu égard à la legitime, qui appartiendra de droit à celuy des enfans à qui le défunt a laissé le moins; divers Arrêts de Paris contraires. Voyez *Mainard,* liv. 9. ch. 11.

18 Il y a des cas où pere & mere se remariant, ne perd rien, si le Prince ou la Cour le permet, si le pere l'a permis par son Testament, & que les enfans y consentent. Voyez *Papon,* liv. 15. tit. 1. n. 8. où il est observé que si les biens sont maternels au fils défunt, le pere convolant à secondes nopces, perd la proprieté; mais s'il les a eus d'ailleurs, comme de son ayeul ou frere, ou s'ils sont profectifs, alors il ne perd rien, & viennent au pere de plein droit. Ainsi jugé à Bourdeaux. *V. M. Boyer,* quæst. 192. n. 5.

19 Les freres & sœurs qui durant une longue suite d'années n'ont rien demandé à leur pere remarié, & l'ont laissé joüir entierement des portions qu'ils avoient gagnées par le decés de leur frere, ne luy en peuvent demander les arrerages. Voyez *Du Perrier,* liv. 1. question 19.

20 En cas que le pere remarié doive restituer les arrerages à ses enfans, des portions qu'ils avoient gagnées par le decés de leur frere, il en faut déduire ce qu'il leur a fourni pour leur nourriture & entretien. Voyez *Du Perrier,* liv. 1. quæst. 19.

21 Les enfans n'ont point d'hypoteque sur les biens de leur pere remarié, pour la restitution des portions qu'ils ont gagnées par le decés de leur frere. *V. Du Perrier,* liv. 1. quæst. 20. où il est dit que les interêts dont il est question, ne sont pas dûs aux enfans en vertu de la constitution de dot, & de la promesse faite par le pere, de les restituer en temps & lieu, & comme representant la personne de leur mere; mais bien de leur propre chef, & par un nouveau droit qui leur arrive, à cause de la portion que le pere prend en la succession.

22 Si la convention, qu'aprés le decés du mary la femme prendra la moitié aux meubles & acquêts qui seront faits durant le mariage, ou bien 6000. liv. déchargées de toutes dettes, & la femme ayant fait choix des 6000. liv. au lieu de communauté, & étant convolée en secondes nopces, les 6000. liv. sont reputés liberalité du mary; & s'ils doivent être donnez & reservez aux en-

fans du premier lit, à l'exclusion des enfans du second. *Voyez Bouvot, tome* 1. *part.* 1. *verbo, secondes Nopces, question* 3.

SECONDES NOPCES, CHOIX.

Les secondes nopces n'ôtent pas la liberté de faire un choix. *Voyez* le mot *Choix*, nomb. 21. *& suiv.*

23 Enfans d'un second mariage demandans le retranchement de la dot constituée à l'une des filles du premier, sous prétexte qu'il ne restoit aucuns biens, furent déboutez par Arrêt rendu au Parlement de Toulouse la veille de la Sainte Croix 1604. *La Rocheflavin, liv.* 2. *lett.* M. *tit.* 4. *Arrêt* 26.

24 Une femme ayant deux enfans d'un premier mariage, & 15000. l. se remarie, & constitué en dot à son second mary la somme de 10000. liv. elle meurt *ab intestat*; ses deux enfans du premier lit luy demandent retranchement de la constitution, disant qu'elle doit être réduite à 2500. liv. puisque chacun d'eux par la succession *ab intestat* de leur mere, ne recueilloit que 2500. l. & que c'étoit ce que leur mere devoit être présumée leur laisser, ne faisant pas testament. Le mary prétend que n'y ayant pas de chose certaine laissée aux enfans du premier lit expressément, il faut partager également les 15000. liv. entre luy & les deux enfans du premier lit; en sorte que chacun d'eux trois, ait 5000.l. Puisque la loy *hâc Edictali*, ne parle que de la femme qui donne plus à un second mary qu'elle ne donne par testament ou entre-vifs à un des enfans du premier lit, il n'est pas juste que les loix penales soient étendues au de-là de leurs cas précis; & c'est donc assez que dans le cas présent l'égalité gardée le mary n'ait pas plus que chacun des enfans. Arrêt du Parlement de Toulouse le 10. Mars 1694. après partage, en faveur des enfans, rapporté par *M. de Catellan, li.* 4. *chap.* 60.

SECONDES NOPCES, AVANTAGES.

25 Avantages faits aux enfans d'un premier, second ou autre mariage. *Voyez* le mot *Avantage*, nombre 30. *& suivans.*

26 Institution d'heritier faite par la femme de la personne de son second mary. *Voyez* le mot *Heritier, n.* 269. *& suiv.*

27 La mere qui se remarie perd la propriété des avantages à elle faits par la premier mary dés-lors du convol, & sans espoir de les gagner par le prédecés *ab intestat* des enfans du premier lit. *Voyez Henrys, tome* 1. *liv.* 4. *chap.* 4. *quest.* 13.

28 Une femme convole en secondes nopces; elle a une fille du premier lit, & trois enfans d'une autre fille du premier lit; elle fait avantage à son second mary, & meurt *ab intestat*; question de sçavoir si cet avantage doit être réduit à la portion de l'un des trois enfans de la fille qui ont un sixième *ab intestat* en la succession de leur ayeule? *Voyez Bouvot, to.* 1. *part.* 1. *verbo Secondes nopces*, *quest.* 2.

29 Une veuve qui se remarie après l'année du deüil avec l'ennemi de son premier mary, n'est pas privée pour cela des avantages qui luy ont été faits par son premier mary. Arrêt du Parlement de Toulouse du 1. Septembre 1579. *Mainard, to.* 1. *li.* 4. *chap.* 85.

30 Les biens étant confisquez au profit d'un Seigneur, distraite la huitième partie au profit de la femme & enfans, & des amendes ajugées en œuvres pies, elle doit être déchargée de tout. Arrêt de l'année 1580. Ce même Arrêt a jugé que la femme ne perd point par les secondes nopces, ce qui luy est échû par ce moyen. *La Rocheflavin, liv.* 1. *tit.* 37. *arr.* 5.

31 Une femme qui convole en secondes nopces pendant l'année de son deüil, ne peut avantager son second mary que de la troisième partie de ses biens, les deux tiers ajugez aux plus proches heritiers. Arrêt du Parlement de Toulouse du 13. May 1589. *Mainard, to.* 1. *liv.* 3. *chap.* 89.

32 Les enfans du second lit ne peuvent se plaindre de ce que leur sœur d'un premier lit, emporte tous les biens par sa dot, & en demander le retranchement.

Arrêt de la veille de Sainte Croix 1604. *La Rocheflavin, li.* 2. *lett.* M. *tit.* 4. *Arr.* 26.

33 Par Arrêt du Parlement de Toulouse du 26. Janvier 1624. il fut jugé que la loy *hac Edictali. Cod. de secund. nupt.* & l'Ordonnance de François II. de l'an 1560. n'avoit lieu au premier fils du premier lit de la femme. *Cambolas, liv.* 5. *chap.* 43.

34 Veuve en se remariant perd la propriété de ses avantages nuptiaux, dés le moment de son second mariage, & que cette même propriété ayant passé dés-lors incommutablement en la personne de son fils du premier lit, ses creanciers y avoient leur hypotheque. Jugé à Paris le 27. Août 1672. *Journal du Palais.*

35 Suivant la remarque de M. *Dolive, li.* 3. *ch.* 20. une mere qui se remarie ayant des enfans du premier lit, perd dés ce moment la propriété des avantages que son mary luy avoit faits, mais non pas sans retour; car la propriété demeure en suspens, à cause de l'incertitude du prédecez des enfans, lequel arrivant, la propriété luy retourne contre l'usage du Parlement de Paris, remarqué dans le Journal du Palais du 23. Mars 1673. *Graverol sur la Rocheflavin, liv.* 6. *tit.* 41. *Arr.* 3.

36 La stipulation faite par une femme se remariant, que *tous ses meubles entreront en Communauté*, est un avantage indirect. *Voyez* le mot *Avantage*, nomb. 24.

37 La disposition de la loy *hâc Edictali C. de secundis nuptiis*, a lieu en l'augment de dot, & ne peut exceder ce que le pere laisse à l'un de ses enfans de son premier mariage. *Voyez Charondas, livre* 7. *Rép.* 163.

38 Dans le cas de la prohibition à celuy ou celle qui se remarie de disposer de ses conquêts en faveur du second, ou de la seconde femme, & au préjudice des enfans d'un premier ou précedent lit, les meubles sont compris sous le mot de conquêts, & le mari est compris dans la prohibition que fait l'article 279. de la Coûtume de Paris, de disposer de ses conquêts au préjudice de ses enfans, & en faveur de la seconde femme pour une part. Arrêt du Parlem. de Paris du 4. Mars 1697. *Journal des Aud. to.* 5. *liv.* 13. *ch.* 1.

SECONDES NOPCES, AUGMENT.

39 La faculté accordée à la femme par le contrat de mariage, de disposer de l'augment en faveur d'un de ses enfans, se perd par les secondes nopces. *Voyez* le mot *Augment*, nomb. 72.

40 L'augment de dot est sujet à l'Edit des secondes nopces. *Voyez* le même mot *Augment*, nombre 66. *& suivans.*

41 L'augment dû par la Coûtume de Toulouse, la veuve se remariant, retourne & appartient après son decés aux enfans du premier mariage; & en cas de prédecés desdits enfans, ledit augment luy est acquis, à moins qu'elle ne soit remariée dans l'an du deüil; auquel cas, elle perdroit l'usufruit même. Ainsi jugé au Parlement de Toulouse le 24. Janvier 1576. *La Rocheflavin, liv.* 6. *tit.* 41. *Arr.* 3. & Mainard, *liv.* 3. *chap.* 91.

42 La femme qui s'est remariée dans l'an du deüil, perd son augment sans que pour cause de minorité en obtenant Lettres Royaux, elle s'en puisse faire relever. Arrêt de la Pentecôte 1581. *La Rocheflavin, liv.* 6. *tit.* 41. *Arrêt* 4.

43 Pierre Roussel de son premier mariage avoit un fils nommé Pierre; par son contrat de mariage avec Marguerite de Nupces, il luy fut constitué en dot 5000. l. pour l'augment de laquelle il promit 2500. l. en cas de prédecés suivant la Coût. de Toulouse; & étant décédé ses biens furent mis en général distribution par Pierre son fils du premier lit; le procez pendant en la Cour sur le jugement de l'allocation des creanciers, les pactes de mariage desdits Roussel & Nupces, s'étant trouvez anterieurs à toutes leurs obligations, ladite Nupces fut alloüée la premiere, tant pour sa dot, que pour son augment; mais sur la difficulté de sçavoir quel augment on luy donneroit, il fut jugé qu'elle n'auroit pour son augment qu'autant que l'enfant du premier mariage, & que le retranchement de la loy *hac Edictali*, avoit lieu

lieu en ce cas. Arrêt du 12. Septembre 1598. même Arrêt le 3. Juin 1613. *Cambolas, liv. 2. chap. 46.*

SECONDES NOPCES, BAGUES ET JOYAUX

44 Arrêt donné au Parlement de Dijon le 21. Juillet 1632. par lequel une veuve qui s'étoit remariée, fut condamnée de reserver à ses enfans du premier lit les bagues & joyaux que son premier mary luy avoit donnez, & les autres précipuitez qu'il luy avoit faites par son contrat de mariage. *Taisand sur la Coûtume de Bourgogne, tit. 6. art. 1. n. 7.*

SECONDES NOPCES, CAUTION

45 Le mary qui convole avec la femme majeure & maîtresse de ses droits, ne peut pas neanmoins recevoir les droits de sa femme sans bailler caution, quelque clause qu'il y ait dans le contrat de mariage, si elle a des enfans d'un premier lit. *Argum. Nov. 22. cap. 31. & ibi. gloss.* M. Abraham la Peirere, *en ses décisions du Palais, lett. N. nomb. 32. dit*, les Arrêts de ce Parlement de Bourdeaux sont conformes à la décision, bien qu'il y en ait été donné quelqu'un de contraire. Au même endroit il cite les Arrêts qui suivent.

Arrêt du 21. Février 1663. Président Monsieur de la Trene, plaidans Boulmey & Dalon jeune : Oüi Monsieur de la Vie Avocat General, jugé qu'une femme majeure & maîtresse de ses droits, ayant des enfans d'un premier lit, convolant en secondes nopces, ne pouvoit constituer son mary Procureur pour lever ses dettes, & que le mary ne les pouvoit lever sans bailler caution.

Par Arrêt du 15. Février 1663. Président M. le Premier, plaidans Canot & Bretous, jugé qu'une veuve majeure & maîtresse de ses droits, qui avoit porté en dot tous ses biens à un second mary, n'avoit pû constituer son mary Procureur, pour recevoir les sommes à elle dûës sans bailler caution, & que le mary étoit obligé de bailler caution.

46 Arrêt du 23. Avril 1666. Président M. le Premier, qui charge le sieur Duval second mary de la Demoiselle Barbarin qui avoit un fils du premier lit, de bailler caution de la dot de ladite Barbarin. *Ibidem.*

SECONDES NOPCES, COMMUNAUTÉ

47 De la Communauté conjugale & de ses avantages ou restrictions, par rapport aux secondes nopces. *Voyez* le mot *Communauté, nomb. 187. & suiv.*

48 Convention faite par une femme convolant en secondes nopces ayant enfans, que tous ses biens entreroient en communauté, est réductible, suivant l'Edit des secondes nopces. Arrêt du Parlement de Paris du 28. Avril 1623. *Du Frêne, liv. 1. chap. 2.*

49 Femme notée de legereté par le Testament de son mary, convolant en secondes nopces dans l'an du deüil, peut être interdite d'aliener les meubles de la communauté opulente de son défunt mary. Jugé en May 1629. *Ibid. liv. 2. chap. 49.*

SECONDES NOPCES, DEÜIL

50 De la femme qui contracte un second mariage dans l'an du deüil. *Voyez* le mot *Deüil, nombre 27. & suivans.*

SECONDES NOPCES, DONATION

50 Donation pour cause de nopces. *Voyez* le mot *Donation, n. 621. & suiv.*

51 Des donations faites par les veuves à leurs seconds maris, ayant enfans du premier lit. *Voyez* le même titre des *Donations, nomb. 815 & suiv.*

52 La femme qui se remarie dans l'an du deüil, peut prendre d'un étranger par donation entre-vifs. *Cambolas, liv. 5. chap. 11.*

53 Femme remariée ne peut donner au second ou troisiéme mary, plus que ce qu'elle a donné à l'un des enfans, & ne vaut le legs fait à personne conjointe du second mary. Arrêt du 7. Septembre 1551. *Papon, li. 15. tit. 1. n. 11.*

54 L'Edit du Roy François II. des secondes nopces du mois de Juillet 1560. a lieu, tant pour le regard des donations faites par les femmes à leur second mary, que pour les donations faites par les maris à leurs femmes, & n'a point d'effet retroactif aux dispositions faites avant ledit Edit. Arrêt du 16. May 1578. *Chenu 1. Cent. quest. 64.* & Papon, *liv. 15. tit. 1. nomb. 11.* qui cite un Arrêt semblable de l'année 1581.

55 La femme ne peut donner à son second mary les avantages qu'elle a reçus du premier, ils doivent appartenir aux enfans du premier lit. Arrêt du 16. Decembre 1578. *Papon, Ibidem. nomb. 6.*
Voyez cy-après le nombre 69.

56 L'Edit a lieu, tant pour le mary, que pour la femme, & tant és donations simples, mutuelles, que reciproques, que pour la réduction des donations immenses ; il faut considerer le nombre des enfans au temps du decés & non du contrat de mariage. Arrêt du 23. May 1586. *Chenu 1. Cent. quest. 65.*

57 Par Arrêt de 1586. rapporté par *Montholon,* Arrêt 42. il a été jugé qu'une donation mutuelle faite par le mary à sa seconde femme, devoit être réduite à la portion de l'un des enfans, qui se trouve lors de la dissolution du second mariage, suivant la loy *hâc Edictali. Cod. de secund. nupt.*

58 On ne peut donner par contrat de mariage aux enfans qui viendront du second lit, plus que l'on pouvoit donner à la seconde femme. Arrêt solemnel à Noël 1588. telle donation seroit faite contre la Loy, contre l'Ordonnance, & contre la Coûtume, ainsi qu'il fut remontré par M. le premier Président de Harlay, prononçant l'Arrêt. *V. Montholon.*

59 *Titius* & *Mævia* contractent mariage, & par le contrat ils font donation *au survivant*, avec cette clause que s'il se remarie la donation sera nulle. *Titius* decéde ; *Mævia* passe à des secondes nopces, le 24. Mars 1592. *Senatus donationis legem observari voluit.* Anne Robert *rerum judicat. liv. 2. chap. 7.*

60 Donation faite au mary par la femme se doit réduire, eu égard au nombre des enfans, tant du premier, que du second mariage, vivans lors du decés de la femme donatrice. Arrêt du 18. Juin 1614. *M. le Prêtre és Arrêts de la Cinquiéme.*

61 Jugé le 18. Juillet 1645. qu'une mere ayant convolé en secondes nopces, n'avoit pû donner aux enfans issus du second mariage, ses meubles acquêts & conquêts immeubles, au préjudice de ceux du premier lit, quoyqu'ils eussent au-delà de leur legitime. *Soëfve, to. 1. Cent. 1. chap. 84.* partage égal fut ordonné entre tous les enfans.

62 Ce que les parens du mary donnent à la femme, n'est sujet aux peines des secondes nopces. Arrêt du même Parlement de Paris du 7. Mars 1648. *Henrys, tome 1. liv. 5. chap. 4. quest. 64.*

63 Si la femme a tout donné au second mary & rien au fils du premier, le mary aura seulement la valeur de la legitime du fils. 2. Que si elle a donné au fils moins que sa legitime, la portion du mary sera réduite à la portion du fils, *de facto.* Boër. *dec. 201. n. 56.* Brod. *lit. N. n. 3. dat legitimam de jure indistincte,* 2. id. Coquille *instit. des droits des mariez, indistincte* Fachin, *dat legitimam de jure,* 2. Maynard, *lib. 3. chap. 74. dat legitimam de jure indistincte* : M. Abraham la Peirere, *qui en ses décisions du Palais lettre N. nombre 9.* rapporte toutes ces autoritez, ajoûte, *Nous pratiquons la décision dans le Ressort de Bourdeaux.*

Arrêt du mois d'Avril 1671. en la premiere des Enquêtes, au rapport de M. de Brousse, entre la Dame de Losse veuve d'un second mariage du feu sieur de la Serre Lieutenant General de Martel, & le Sieur de Pierre-Taillade, qui avoit épousé une fille du premier lit dudit feu Sieur de la Serre. Ledit Sieur de Pierre Taillade prétendoit réduire la donation de dix mille livres qu'avoit faite ledit sieur de la Serre à ladite Losse, en convolant avec elle à l'aumône dotale qu'avoit faite ledit sieur de la Serre à une fille de son premier lit: jugé que l'aumône dotale ne pouvoit regler le *cui minus de facto*, & fut ladite donation de dix mille livres confirmée. Le motif de l'Arrêt pouvoit être que l'aumône dotale n'étoit que simples alimens, dont la proprieté appartenoit au Convent, & non pas à la fille.

Arrêt du 9. Août 1664. rendu en la Grand'-Chambre au rapport de M. Sabourin. Etienne Berard après avoir convolé à secondes nôces, fait son Testament, par lequel il legue à Jeanne Berard sa fille du premier lit, la somme de trois mille livres. Catherine Bernada femme du second lit, soûtient ce legs immense, n'avoir pû être fait au préjudice des enfans ; neanmoins le legs fut confirmé, parce que ledit Berard n'avoit point fait Inventaire après le decés de sa premiere femme. *La Peirere, lettre N. n. 9.*

SECONDES NOPCES, DOÜAIRE.

64 Du doüaire en secondes nopces. *Voyez au premier volume de ce Recüeil, le mot Doüaire, n. 144. & suiv. & cy-après le nomb. 99.* où est un Arrêt du Parlement de Bourdeaux du 30. Janvier 1646.

EDIT DES SECONDES NOPCES.

65 Voyez cy-dessus le n. 13. & le mot *Edit, n. 37. & suiv.* où le texte de l'Edit des secondes nopces, est rapporté avec les décisions qui luy conviennent.

L'Edit des secondes nopces de l'an 1560. a lieu aussi-bien pour les hommes que pour les femmes. *Papon, liv. 15. tit. 1. n. 9.*

66 *Suppletur quod orationi deest, ut in edicto secundarum nuptiarum, loquenti tantum de fœminâ & non de viro.* Arrêt au mois de Juin 1577. *Mornac, l. 16. ff. de sponsalibus.* Voyez *M. Loüet lettre N. som. 20.*

67 Doüaire coûtumier & préciput, ne sont sujets à la réduction de l'Edit des secondes nopces. Jugé le 11. Août 1637. *Bardet, to. 2. liv. 6. chap. 28.*

68 L'Edit des secondes nopces a lieu, tant en païs où la Coûtume est contraire, quoyqu'elle ait été reformée depuis l'Edit, qu'en donations faites, non seulement par le contrat de mariage, mais aussi des donations faites depuis & par testament. Arrêt du 16. May 1578. lequel a encore jugé que ce que le second mary doit avoir, ne se doit pas régler à la portion que l'un des enfans auroit *ab intestat*, mais à ce qui luy est laissé par le testament de la mere. *Voyez Papon, livre 15. titre 1. nombre 11.*

69 L'Edit des secondes nopces a lieu en païs où la Coûtume est contraire, encore qu'elle ait été reformée depuis l'Edit ; il s'entend non seulement des avantages faits par contrat de mariage, mais aussi des donations faites depuis & par testament ; la portion du second mary se regle à ce qui est delaissé par la mere par son testament à l'un de ses enfans, & ne peut la mere donner les biens qu'elle a eus de la liberalité de son premier mary ; elle doit les conserver pour les enfans du premier lit. Arrêt prononcé le 16. Decembre 1578. *Chenu, 1. Cent. quest. 66.*

70 La Coûtume du pays peut déroger à l'Edit des secondes nopces. Arrêt du 30. Janvier 1593. *Charondas, liv. 10. Rép. 80.*

71 La réduction de l'Edit des secondes nopces n'a pas lieu dans les avantages reciproques que se font ceux qui passent à un second ou autre mariage, comme il fut jugé au Parlement de Dijon le 11. May 1648. cet Arrêt ayant décidé que la Chambre garnie, qui est un avantage mutuel, & qui dépend d'un évenement douteux, n'étoit pas imputée à la part où sont réduits les avantages que le mari peut faire à sa seconde femme, parce que ce n'est point une donation purement utile, mais une stipulation reciproque, dont le mari pouvoit profiter luy-même au cas qu'il eût survêcu la seconde femme ; & dont par consequent les enfans de son premier lit eussent profité conjointement avec leur pere ; neanmoins il est encore à propos d'observer que le 21. Juillet 1632. il a été jugé non seulement que les bagues & joyaux de la femme, mais encore les autres précipuitez, quoique reciproques, sont soûmises aux reductions des secondes nopces ; il y a encore deux Arrêts posterieurs à celuy du 11. May 1648. qui ont aussi jugé que les précipuitez mutuelles sont sujettes aux mêmes peines, & cette Jurisprudence paroît la plus saine & la mieux établie. *Voyez Taisant sur la Coûtume de Bourgogne, tit. 6. art. 1. n. 3.*

ENFANS DU PREMIER LIT.

72 Par Arrêt du Parlement de Dijon, sans date, rapporté par *Bouvot, to. 2. verbo Tuteurs, quest. 3.* jugé que la mere convolant en secondes nopces, est privée de la nourriture de son enfant.

73 La femme remariée qui a perdu la proprieté des gains nuptiaux, & des liberalitez de son premier mary, la recouvre par le prédecés de tous ses enfans du premier lit, quoyqu'ils laissent des enfans, si ces enfans meurent après & avant leur ayeule. Arrêt du Parlement de Toulouse, rapporté par *M. de Catellan, liv. 4. chapitre 59.*

74 Si le legs fait en testament par un tiers parent du mary ou de la femme, doit demeurer aux enfans du premier lit, au cas que le survivant legataire se remarie ? *Voyez M. Expilly Plaidoyé 19.*

75 Femme se remariant doit laisser aux enfans de son premier lit les successions à elle échûës ; tant avant le second mariage, qu'après *ab intestat*, par la mort de ses enfans du premier lit ; même tous avantages, gains, donations, & autres profits qu'elle a eus du premier lit. Arrêts du Parlement de Bourdeaux de l'an 1531. & 7. Septembre 1534. & 1537. *Papon, livre 15. titre 1. nombre 6.*

76 Enfans du premier lit quoyque non heritiers de leur pere, peuvent demander la proprieté des gains & profits, l'usufruit demeurant à la mere, quand elle se marie. Arrêt du Parlement de Bourdeaux du 1. Février 1532. *Papon ibidem, n. 7.*

77 Le *cui minus* porté en la loy *hâc Edictali, Cod. de secund. nupt.* se regle selon la legitime d'un des enfans du premier lit. Jugé au Parlement de Grenoble le 14. Mars 1618. par Arrêt rendu de l'avis des Chambres. *Basset, to. 2. liv. 4. tit. 7. chap. 2.*

78 Arrêt du Parlement de Provence du 23. Decembre 1655. qui a jugé que le pere remarié joüissant de la dot de sa premiere femme, doit au fils du premier lit ses alimens hors la maison ; & sur la question s'il devoit restituer sa dot, la Cour appointa les parties. *Boniface, to. 1. liv. 5. tit. 7. chap. 4.*

79 A Tournay, les enfans du premier lit d'un défunt, agissans du chef de leur mere pour l'execution de son traité nuptial, sont preferés à la seconde femme agissant pour l'execution du sien. Jugé au Parlement de Tournay le 18. Juillet 1696. *Voyez M. Pinault, to. 1. Arrêt 110.*

80 Le retranchement des avantages faits à une seconde femme ou au second mary, appartient aux seuls enfans du premier lit. Arrêt du Parlement de Paris du 15. Juillet 1702. *Voyez Henrys, tome 1. livre 4. chapitre 6. question 59.*

81 Au Châtelet de Paris l'on observe l'Edit de 1560. & les articles 253. 254. & 279. de la Coûtume de Paris ; & pour fixer la part du mary qui a droit de prendre autant que l'un des enfans le moins prenant dans la succession d'une femme qui convolant en secondes ou autres nopces, auroit fait cet avantage à son second ou autre mary, l'on fait distinction quand il s'agit de partager la succession d'un mary ou celle d'une femme ; & l'on observe à l'égard de la femme si elle a accepté ou renoncé à la premiere Communauté.

En cas de renonciation faite par la femme à la premiere Communauté, pour partager sa succession après son decés, il faut distraire de son bien ce qu'elle a eu de la liberalité de son premier mary, & le préciput pour être partagé entre ses enfans, sans que le second mary y ait aucune part ; mais il aura la part d'enfant le moins prenant dans tous les autres biens meubles, propres & acquêts de la succession de la femme.

En cas que la femme qui convole en secondes ou autres nopces, ait accepté la premiere Communauté, pour fixer la part que le second mary peut avoir dans sa succession, il faut faire une masse; & pour la faire, 1o. sera prélevé sur la moitié appartenante à la femme dans la premiere Communauté, ce qu'elle a apporté en mariage, en biens meubles & biens ameublis. 2o. Ce qui luy a été donné pendant le mariage, pour luy tenir nature de propre par autre que son premier mary. 3°. Les acquets faits avant le mariage ou pendant la viduité. 4°. Tous ses biens propres & immeubles qu'elle possedoit lors de son premier mariage; lesquels biens seront partagez entre tous les enfans de differents lits, & le mary qui aura dans lesdits biens la part de l'un des enfans le moins prenant.

Sera fait une seconde masse composée 1°. de ce qui reste de la moitié de la premiere Communauté, dont la femme aura profité, après que la susdite distraction aura été faite; 2o. des conquets de ladite premiere Communauté; 3°. du préciput; 4°. de tout ce que la femme aura eu par la liberalité de son premier mary. Tous lesquels biens seront partagez entre les enfans des differens lits, sans que le second mary y puisse avoir aucune part d'enfant.

A l'égard du partage de la succession du mary qui a convolé en secondes ou autres nopces, l'on observera si par le contrat du premier mariage ou autre acte, il a fait un inventaire des meubles & effets mobiliers qu'il avoit lors du premier mariage, ou s'il n'en a pas fait, ausquels cas il faudra faire une masse differente; car s'il n'a pas fait d'inventaire, il suffira de prélever sur les biens de la succession du mary tout ce qu'il a eu des dons & liberalité de sa premiere femme, le préciput & les conquets immeubles de la premiere Communauté, pour être partagez entre les enfans des lits differens, sans que la femme y ait aucune part.

Ensuite il sera fait une masse des propres du mary, de tous ses autres meubles & acquêts immeubles, pour en être fait partage entre tous les enfans des lits differens, dans lesquels la seconde femme prendra la part de l'enfant moins prenant dans sa succession; sur lesquels conquets du mari de la premiere Communauté, s'il y en a dans la succession, la femme aura son doüaire coûtumier, suivant les articles 253. & 254. de la Coûtume.

Si le mary avant le premier mariage a fait un état ou inventaire de ses meubles & effets mobiliers, la masse dans laquelle la seconde ou autre femme aura la part, sera composée de propres, des biens meubles, & effets mobiliers compris dans ledit inventaire, & des acquêts immeubles faits depuis le décès de la femme.

Et celle où elle n'aura pas de part, sera composée des conquets immeubles, des meubles & effets mobiliers dont la Communauté aura été augmentée après la distraction du contenu en l'inventaire, du préciput, & de ce dont le mari aura profité de la liberalité de sa premiere femme, dont le partage sera fait entre les enfans des differents lits seulement.

A l'égard du doüaire, s'il a été convenu préfix, il sera réductible à la valeur du doüaire coûtumier, de maniere que si lors du mariage il n'y avoit point dans les biens du mary d'immeubles sujets au doüaire coûtumier, suivant les articles 253. & 254 de la Coûtume le doüaire préfix deviendroit caduc; car le doüaire n'est pas regardé comme un avantage que le mary fait à la femme, parce qu'il se donne par la Loy lorsqu'il y a des immeubles; au contraire l'on présume que ce qui vient de la convention des parties, est un avantage prohibé par la Loy, quand dans les biens de la succession il ne s'en trouve point sujets à la disposition de la Coûtume ; de sorte que s'il y avoit, lors du second mariage des immeubles, ou s'il en étoit échû pendant les mariages, sujets au doüaire coûtumier, le préfix sera reduit à la valeur du coûtumier; & les arrerages seront payez par tous les enfans ; & la femme y contribuëra à proportion de ce qu'elle aura amendé dans la succession pour la part de l'enfant moins prenant; ce que nous certifions être l'usage & la maniere dont les partages se

Tome II.

doivent régler en execution de l'Ordonnance de François II. & des articles de la Coûtume, après en avoir conferé avec les Juges du Siege, communiqué aux gens du Roy, & entendu les Avocats & anciens Procureurs. Ce fut fait & donné, &c. le 1. jour de Mars 1698. *Recüeil des Actes de Notorieté du Châtelet de Paris, page 91.*

FRAIS DE NOPCES.

82 Le 30. May 1682. il a été jugé en la Premiere Chambre des Enquêtes du Parlement de Paris, au rapport de M. Hennequin, que par la séparation de biens faite pendant le mariage, & par la renonciation à la Communauté le mary étoit bien fondé de retenir sur la dot de sa femme la somme de 4000.l. pour ses frais de nopces, suivant la clause de son contrat de mariage.

Le même Arrêt a jugé que le mary n'étoit point obligé de luy payer les interêts de ce qu'il pourroit luy devoir de sa dot ; parce qu'elle devoit les consumer dans leur nourriture & dans leur entretien commun. *Voyez le Journal des Audiences, tome 4. livre 5. chapitre 14.*

GAINS NUPTIAUX.

Des gains nuptiaux ? *Voyez lettre G. verbo Gains* 83 *nuptiaux.*

SECONDES NOPCES, LEGITIME.

84 Si la veuve qui se remarie perd la legitime de ses enfans ? *Voyez* le mot *Legitime*, n. 181. & suiv.

85 Femme qui passe à de secondes nopces, ne succede ny en proprieté, ny en usufruit *etiam in legitimâ*, à l'un des enfans du premier mariage. Arrêt du mois de Juillet 1576. *Bibliotheque de Bouchel*, verbo *Mariage.* Benedicti a traité cette question, in verbo uxorem nomine *Adelasiam.* nomb. 83.

86 Des effets des secondes nopces, & de l'institution faite au profit d'une troisiéme femme & d'un enfant commun, par un pere qui avoit des enfans des deux autres lits. *Voyez le Recüeil de Maynard*, liv. 10. Arrêts 4. où est rapporté l'Arrêt du Parlement de Toulouse du 14. Août 1596. qui réduisit cette troisiéme femme à la legitime telle que de droit.

87 Veuve nommée Teulé ayant une fille du premier lit, épousa Atrac, auquel elle constitua tous ses biens; étant décedée, sa fille demandoit legitime *jure naturæ*; outre cela, le retranchement suivant la Loy *hâc Edictali Cod. de 2. nup.* La Sentence arbitrale ne luy ayant adjugé que la moitié des biens de sa mere, fut confirmée par Arrêt du Parl. de Toulouse du 4. Août 1645. contre l'opinion de Balde sur cette Loy. *Voyez Albert*, verbo, *Nopces*, art. 1.

SECONDES NOPCES, FEMME PAUVRE.

88 La quatriéme partie accordée par Justinien, sur les biens du mary riche & opulent, à une femme pauvre & sans dot, se perd lorsque cette femme convole en secondes nopces dans l'an du deüil. Arrêt du Parlement de Toulouse du mois de Février 1579. *Mainard*, to. 1. *liv. 3. chap. 97.*

Voyez cy-après le mot Pauvres, nomb. 21. 25. & 26.

PEINES DES SECONDES NOPCES.

89 Des peines des secondes nopces. *Voyez Despeisses, to. 1. tit. des Contrats*, part. 1. *du Mariage, section 6. page* 315.

90 *Pater non potest remittere pœnas L. fœmina C. de secund. nupt. Voyez Francisci Stephani, droit.* 33.

91 Les peines de droit contre les secondes nopces exactement prononcées au Parlement de Toulouse. *Voyez Mainard, liv. 3. chap. 92.*

92 Il suffit pour les veuves d'avoir été onze mois entiers & quelques jours du douziéme, pour être à couvert des peines des secondes nopces. Arrêt du Parl. de Toulouse du 21. Août 1576. après un partage. L'Arrêt fondé sur ce que l'année étoit anciennement composée de dix mois; 2°. après ce temps il n'y a plus lieu de craindre la confusion du sang, 3°. *Mensis cœptus debet haberi pro completo.* Ibid. chap. 93.

93 Le Parlement de Toulouse pour reprimer l'inconti-

nence des veuves qui se remarient dans l'an du deüil, a augmenté les peines déja prononcées contr'elles. Arrêt du mois d'Août 1579. qui prive une fille veuve de la succession, même jusqu'à la legitime des enfans impuberes, quand même il n'en resteroit plus du premier lit. *Voyez* Ibid. *liv.* 6. *chap.* 54.

94. Les peines introduites contre les femmes qui convolent en secondes nopces, si jeunes qu'elles soient, ne peuvent être moderées par le consentement du mary. Arrêt du Parl. de Toulouse du mois de Février 1583. Autre au mois de Juillet 1585. *Ibidem, livre* 3. *chapitre* 95.

95. Celuy qui se remarie perd la proprieté des biens de sa premiere femme, à luy échûs par la mort des enfans du premier lit. Arrêt du 26. Janvier 1598. *Cambolas, liv.* 2. *chap.* 40.

96. Les peines des secondes nopces regardent les maris autant que les femmes ; l'un ou l'autre se remariant perd la proprieté des biens à luy avenus de la succession d'un enfant du premier lit qui laisse des freres du même lit, desquels biens neanmoins le pere & mere joüissent leur vie durant, & s'ils survivent aux autres enfans du premier lit, ils conservent la proprieté. *Voyez Mainard, liv.* 7. *chap.* 55.

97. Le Créancier des enfans peut faire valoir la peine des secondes nôces, parce que *certat de damno vitando*, & l'heritier ne peut la remettre à la veuve qui se remarie dans l'an du deüil ; s'il la remet, tels avantages sont acquis aux plus proches parens du défunt mary. Arrêt du Parlement de Grenoble du 11. Août 1611.

98. Les dommages & interêts, ou amende ajugez à la veuve & aux enfans, conjointement pour le meurtre commis en la personne du mary & du pere, ne sont point sujets aux peines des secondes nopces. *Mainard, liv.* 3. *ch.* 77. idem, *Bechet, des secondes nopces, ch.* 12. En citant cette décision, M. *Abraham la Peirere, lettre* N. *nomb.* 9. rapporte un Arrêt rendu au Parlement de Bourdeaux le 13. Juillet 1643. au rapport de M. Moneins, entre les petits enfans de Pierre la Roque, & la nommée de Grosse leur mere, qui avoit épousé en premieres nopces de ladite de Grosse ne la privoit pas d'avoir part à la condamnation des dommages, interêts & amendes, ajugez pour le meurtre de son premier mary.

99. Peines des secondes nopces dans l'an du deüil, n'ont point lieu en France. 2. Mais se pratiquent, si dans l'an du deüil la femme forfait son corps. *Molin. verb. qui denie le fief, nomb.* 143. idem, *Clar. sent. lib.* 5. §. *stuprorum, n.* 6. 1. idem. *Boër, dec.* 186. *nomb.* 3. 2. idem. *Brodeau, lit.* l. *nom.* 4. *si fornicavit.* Vid. *Mainard, liv.* 3. *chap.* 86. 2. Idem. *Coquille, quest.* 147. *ubi & post annum privat doario.* 2. cont. *Boër. dec.* 338. *nomb.* 10. 11. idem. *Faber. C. de jur. dot. def.* 7. *sed non in dote*, idem, *Olive, chap.* 11. 12. 2. idem, *Automne, art.* 47. Voyez *Du Frêne, liv.* 5. *chap.* 26. 2. id. *in doario.* Maichin. *tit.* 9. *art.* 2. *chap.* 1. 2. idem. *Bechet, des secondes nopces, chap.* 6.

A ces autoritez, *La Peirere en ses mêmes Décisions du Palais, lettre* N. *nomb.* 6. joint l'espece qui suit. Le sieur de la Palme entretenoit la femme du sieur de la Fregonniere, lequel étant mort de mort soudaine, & dans ses vomissemens, il fut informé contre Palme & la femme, & le procés porté à l'égard de Palme au Parlement, & à l'égard de la femme en la Chambre de l'Edit ; le procés leur fut fait & parfait par confrontations de témoins accusez de poison, & après une longue détention dans les prisons, finalement ils furent déchargez. Le fils du sieur de la Fregonniere ou son curateur conteste à la femme le doüaire, parce qu'il se justifioit à la lettre par le Contract de mariage, que dix jours après le décés dudit sieur de la Fregonniere, ledit Palme & la femme s'étoient mariez ensemble : Neanmoins Messieurs de la Chambre en ayant demandé avis au Parlement, il y eut Arrêt qui confirma le doüaire.

Par autre Arrêt du Parl. de Bourdeaux du 30. Janvier 1646. President Monsieur le Premier, plaidans Fayer & Boulmey, les heritiers du mary plaidans contre la veuve qui demandoit son ajancement, furent reçûs à verifier que la veuve avoit malversé pendant l'an du deüil. *La Peirere, ibid.*

100. Arrêt de Parlement de Provence du 14. Janvier 1647. qui a jugé que les peines des secondes nopces, peuvent être remises tacitement à la mere par les enfans. *Boniface, tome* 1. *liv.* 5. *tit.* 7. *chap.* 2.

101. Si le mary par son Testament permet à la femme de se remarier, les peines des secondes nopces n'auront point lieu contre elle. *Faber, liv.* 5. *tit.* 5. *déf.* 5. & 8. idem. *Graff.* §. *successio, quest.* 17. n. 6. & *quest.* 25. *n.* 9. cont. *Fachin, liv.* 3. *chap.* 65. la raison de douter est prise de ce que les peines sont acquises aux enfans par la loy : mais comme l'injure du convol est faite au pere, il la peut remettre par sa disposition. Arrêt du Parlement de Bourdeaux du 26. Août 1663. au rapport de M. de Mirat. Le nommé Teissandier avoit legué à Marguerite du Lac sa femme, ses meubles & obligations, pour en faire à son plaisir & volonté, soit qu'elle se remariât ou qu'elle demeurât en viduité. Elle se remaria avec un nommé Phelip ; les enfans de son premier lit luy contestent le legs, comme sujet à la peine des secondes nopces. Jugé que le legs n'y étoit pas sujet, attendu les termes du Testament, *La Peirere, let.* N. *no.* 14.

102. Arrêt du Parlement de Grenoble du 11. Août 1673. par lequel il a été jugé que le mary a pû remettre tacitement à sa femme les peines des secondes nopces, quant à son interêt particulier ; mais quant à celuy de son fils il falloit un consentement exprés ; que si ce fils en a donné un par écrit dans sa minorité, la restitution a lieu, & le met en état de se retracter. Enfin que la maintenuë dans l'heritage du mary, est dûë à la femme remariée, quant à l'usufruit, & que cet heritage devoit faire retour au fils du premier mary, après le décés de sa mere. *Basset, tome* 2. *liv.* 4. *tit.* 7. *chap.* 1.

SECONDES NOPCES, RAPPORT.

103. L'article 279. de la Coûtume de Paris n'a pas lieu dans la Coûtume de Clermont en Beauvoisis, mais bien l'Edit des secondes nopces, & les enfans d'un premier lit obligez à rapporter ce que leur mere leur avoit donné avant son second mariage, ou moins prendre dans le partage avec le second mary donataire de leur mere. Arrêt du Parlement de Paris du 2. Avril 1683. *Journal du Palais.*

SECONDES NOPCES, REDUCTION.

104. Arrêt du Parlement de Bourdeaux du 12. May 1646. qui a jugé que l'ajancement promis par le conjoint qui a convolé est sujet ainsi que toute autre donation à la peine des secondes nopces & reductible à la paction, *Cui nimis de facto.* La Peirere, *lettre* N. *nomb.* 15.

105. L'institution d'heritier faite par la femme au second mary à la charge de rendre après son décés l'heredité aux enfans de luy & d'elle, n'est point sujete au retranchement des secondes nopces, en faveur des enfans du premier lit de la femme. Il en est de même de l'institution faite par le mary de la femme, avec la même charge de fideicommis. *Mainard, liv.* 3. *chap.* 75. 76. Vide *L.* 57. *ff. ad L. falc. & L.* 16. §. 15. *ff. ad Trebell. & L.* 3. §. 5. *ff. de legat. præstand.* La Peirere, *lettre* N. *nomb.* 20. en citant ces autoritez, rapporte un Arrêt de la Chambre de l'Edit de Bourdeaux, au rapport de M. de Mirat, du mois de Mars 1659. en confirmant une Sentence arbitrale renduë contre Gertrude de Vendasme, fille du premier lit de Troilus Vendasme qui a jugé qu'un legat fait à Marie Labatut, seconde femme dudit Troilus Vendasme, dans le Testament dudit Troilus la charge de la reversion dudit legat aux filles du second lit dudit Troilus, & de ladite Labatut, instituées heritieres par ledit Testament, n'étoit point sujet au retranchement de la Loy des secondes nopces.

Arrêt du 8. Avril 1664. au rapport de M. de Mirat. Le nommé Tartas ayant épousé en secondes nopces la nommée Daulonette, il l'inſtitua ſon heritiere univerſelle, à la charge de rendre aprés ſa mort ſon heredité aux enfans d'elle & de luy. Les enfans du premier lit, demandent la reduction de ladite inſtitution, ſuivant la Loy des ſecondes nopces ; jugé que ladite inſtitution n'étoit pas reductible.

Voyez cy-deſſus le nomb. 65. *& ſuiv.*

SECONDES NOPCES, RELIEF.

106 Relief dû pour le ſecond mariage. *V.* le mot *Relief, nomb.* 26. *& ſuiv.*

SECONDES NOPCES, SUBSTITUTION.

107 Si celuy qui a convolé ſubſtituë pupillairement ſa femme à leur fils commun, pupille par luy heritier inſtitué à l'excluſion des enfans de ſon premier lit, le cas de la ſubſtitution arrivant, ce qui ſera recueïlli par la mere de la ſubſtance du pere ſera ſujet au retranchement des ſecondes nopces. *Olive, liv.* 3. *chap.* 14. *cont. Mainard, liv.* 3. *ch.* 81. *La Peirerie, lettre N. nomb.* 21. dit à ce ſujet, *La raiſon de douter ſe prend de ce que la ſubſtitution pupillaire eſt Teſtamentum filii : mais neanmoins la choſe venant, & de la liberalité, & de la ſubſiſtance du pere, je crois la déciſion bonne; & par un effet merveilleux, il ſe trouve que le mary au lieu d'avantager ſa femme, luy fait préjudice, parce que ſans la ſubſtitution, elle eût recueïlli la ſucceſſion de ſon fils à l'excluſion des enfans du ſecond lit.*

108 Henrys, *tome* 1. *liv.* 5. *queſt.* 21. décide que les avantages qui reviennent à la femme par la ſubſtitution pupillaire faite à ſon profit par ſon mary, ſont ſujets à la peine des ſecondes nopces, c'eſt-à-dire, que le mary qui paſſe en ſecondes nopces ne peut avantager ſa ſeconde femme plus qu'un de ſes enfans du premier lit, non pas même en la ſubſtituant pupillairement à leurs enfans communs ; ſi le cas de la ſubſtitution arrive, l'avantage que la ſeconde femme en retire ſe reduit à la portion d'un des enfans du premier lit.

109 Par Arrêt du Parlement de Touloufe du 19. Janvier 1587. en la cauſe d'un ſecond mary inſtitué également avec le fils du premier lit, jugé n'y avoir lieu de retranchement ſous prétexte de la legitime que le fils vouloit diſtraire de ſa portion hereditaire, comme à luy acquiſe par droit de nature ; & retrancher de la portion du parâtre autant que montoit la legitime. Par le même Arrêt il fut dit que le parâtre rendroit compte au filiâtre de l'entiere adminiſtration de ſes biens, faîte par la teſtatrice, quoiqu'il ſoûtint n'être tenu que pour la moitié ; l'autre moitié demeurant confuſe en la perſonne du fils également inſtitué avec luy. La Cour préjugea que ce que la mere devoit au fils, étoit le plus, qui en effet avoit été donné au ſecond mary, s'il n'étoit obligé à rendre en compte. *Voyez Mainard, liv.* 3. *chap.* 79.

110 Une femme veuve n'ayant que des enfans d'une jeune fille décedée, & ſon gendre remarié, fait teſtament, inſtitué les enfans de la fille qui étoient au nombre de quatre, & au cas qu'ils ou l'un d'eux décederoient ſans enfans, ſubſtituë ſon beau-fils pere deſdits enfans ; étant aprés décedé, l'un des quatre enfans inſtituez ſans enfans, ſon pere ſurvivant, lequel décedant inſtituë les enfans du ſecond lit, qui prétendent comprendre en la ſucceſſion de leur pere ſes biens à luy acquis par la ſubſtitution contenuë au Teſtament de ſa belle-mere du premier lit, concernant la portion de l'un des enfans dudit lit prédecedé au pere, & s'aidoient du texte exprés de la ſubſtitution & des mots, *au cas qu'ils ou l'un d'eux*, que le ſecond mariage du beau fils precedant au Teſtament n'avoit été ignoré par la belle-mere, & qu'il ne falloit faire extenſion des peines contre les ſecondes nopces ; mais nonobſtant ces raiſons, l'équité l'emporta en faveur des autres enfans du premier lit pour être preferez à la ſucceſſion de leur frere germain, ou aux enfans du ſecond lit : il fut jugé que telle ſubſtitution faite par la belle-mere en faveur du beau-fils avoit été faite à la conſideration de ſa fille décedée, & ſic, que le mary par ſon ſecond mariage

avoit perdu ſon avantage, comme provenant de ſa premiere femme : car auſſi il avoit été ſubſtitué & appellé ſous le nom de beau-fils, & ainſi fut jugé aprés un partage, par Arrêt du Parlement de Touloufe du mois de May 1582. *Voyez Mainard, liv.* 5. *chap.* 18.

111 Une mere remariée ayant inſtitué ſon ſecond mary heritier, à la charge de rendre à leurs enfans communs, ceux du premier lit de cette femme, furent déboutez du retranchement par eux demandé de l'uſufruit qui étoit acquis au ſecond mary, en conſequence de cette inſtitution. Arrêt du Parl. de Touloufe le 17. Août 1695. ainſi lors que la femme donne à ſes enfans d'un ſecond lit, comme la loy ne l'empêche point de faire, elle donne & legue conſequemment l'uſufruit de ſes biens à ſon mary, & il n'y a point de retranchement, *hoc Edictum*, dit *Cujas* ſur la Loy *hâc Edictali, uſum fructum rerum donatarum non invidet novo conjugi.* M. de Catellan, *liv.* 4. *chap.* 61.

SECONDES NOPCES, SUCCESSION DES ENFANS.

112 Si le pere par les ſecondes nopces, eſt privé de la ſucceſſion de ſes enfans ; & ſi les biens doivent être ajugez aux enfans du premier lit, à l'excluſion de ceux du ſecond & troiſiéme lit ? *Voyez Bouvot, tome* 1. *part.* 1. *verbo, Secondes Nopces, queſt.* 1.

113 Si la mere qui a ſuccedé à ſon enfant eſt privée par les ſecondes nopces de la propriété? *Voyez Bouvot, tome* 1. *part.* 2. verbo, *Mere, queſt.* 3.

114 Si la mere convolée en ſecondes nopces ſans avoir fait faire inventaire, pourvû de Tuteur à ſes enfans, rendu compte, ni prêté le reliqua de l'adminiſtration, eſt privée des droits à elle acquis par traité de mariage, & de la ſucceſſion de ſes enfans décedez en pupillarité & les biens aſſis en pays de droit écrit? *V. Bouvot, ibid.*

115 Les peines des ſecondes nopces, n'ont lieu qu'en ce qui vient de la ſubſtance du conjoint décedé, & non de ce qui a été donné à ſa contemplation. *Faber, liv.* 5. *tit.* 5. *déf.* 2. id. *Brodeau, lett. N. nomb.* 3. Arrêt du Parlement de Bourdeaux du 4. Septembre 1657. aprés partage fait en la Grand-Chambre. Une mere ayant une fille de ſon premier lit, convole à ſecondes nopces ; la fille ſe marie & a des enfans, & enſuite meurt laiſſant ſa mere ſurvivante. Un des enfans meurt laiſſant ſes freres & ſœurs ſurvivans & leur ayeule : jugé que l'ayeule ne pouvoit ſucceder avec ſes petits enfans, aux biens venans de ſon premier mary. *La Peirere, lettre N. nomb.* 74.

116 Une veuve qui convole en ſecondes nopces pendant l'année de ſon deüil ſe rend indigne de la ſucceſſion de ſon fils du premier lit. Arrêts du Parlement de Touloufe és années 1580. & 1582. *Mainard, livre* 3. *chap.* 86.

117 Une femme qui ſe remarie dans l'année de ſon deüil perd la ſucceſſion de ſes enfans mineurs quoyque morts impuberes avant qu'elle ſe remariât, elle perd même juſqu'à la legitime. Arrêt du Parlement de Touloufe du mois d'Août 1584. *Mainard, ibid. chap.* 87.

118 Le 7. Juillet 1599. il a été jugé ſuivant pluſieurs autres préjugez, que la femme qui s'eſt remariée dans l'an du deüil perd la ſucceſſion de ſon fils, quoyque décedé aprés la puberté, bien qu'il n'y ait d'autres enfans du premier lit, qui diſputent la ſucceſſion, mais ſeulement des parens du premier mary au profit deſquels ; en défaut d'enfans, l'utilité des peines de celles qui ſe remarient dans l'an, eſt appliquée. Neanmoins la legitime luy eſt reſervée ſur ſes biens, comme il a été jugé le 17. Avril 1575. le contraire a depuis été jugé. *Cambolas, liv.* 3. *chap.* 4.

119 Si la mere peut être inſtituée heritiere par ſon fils, quoyqu'elle ſe ſoit remariée dans l'an du deüil. Jugé au même Parlement de Touloufe le 17. Decembre 1599. *Cambolas, ibid. chap.* 6.

120 Une mere tutrice à Lyon d'un enfant de ſon premier lit, ayant paſſé à des ſecondes nopces, peut être inſtituée heritiere par ce même enfant, & l'acceptation

d'une heredité est necessaire au païs de Droit écrit. Jugé à Paris en la 3. des Enquestes le 6. Septembre 1673. *Journal du Palais*, in 4. *page* 257. & le 1. *tome* in fol.

121. Arrêt du Parlement de Provence du 27. Juin 1687. qui a declaré que la veuve qui s'est remariée dans l'an du deüil est incapable de la succession de son fils. *Boniface, tome* 5. *liv.* 1. *tit.* 27. *chap.* 5. il observe que plusieurs de Messieurs avoient été d'opinion contraire.

SECONDES NOPCES, TIERS COUTUMIER.

122. Les enfans sortis des dernieres nopces peuvent prendre leur tiers, eu égard au temps des premieres nopces, encore qu'il n'en reste aucuns enfans, pourvû qu'ils soient nez avant la mort des enfans des precedentes nopces. *Voyez* l'art. 86. des *Arrêtez du Parlement de Roüen du* 6. *Avril* 1666. *Voyez Basnage, to.* 1. à la *fin*.

SECONDES NOPCES, TUTEUR.

123. Il y a grande difference entre la femme qui se marie dans l'an du deüil, & celle qui se remarie sans faire pourvoir de tuteur à ses enfans. La premiere n'est point excusée par prétexte de minorité, ayant delinqué *in committendo*; mais l'autre est excusée par la consideration de l'âge, ayant failli seulement *in omittendo*; elle n'est pour cela privable de la succession de ses enfans, ni même de l'augment, suivant la disposition de la Loy seconde. *C. si adversus delict.* Arrêt du Parl. de Toulouse à la prononciation de la Pentecôte 1581. *Mainard, liv.* 3. *chap.* 91.

124. La mere qui se remarie sans avoir fait pourvoir de Tuteur à ses enfans, ensemble les enfans du second lit sont privez de la succession des enfans du premier mariage. Jugé le premier Janvier 1617. au Parlement de Toulouse, lequel fut confirmé le 26. May suivant, les enfans du second lit ayant pris Requête Civile. Arrêt semblable du 8. Juin 1633. *Cambolas, livre* 5. *chapitre* 31.

125. La femme qui se remarie après l'an du deüil *non petitis tutoribus*, à son enfant du premier lit, n'est privée de sa succession *ab intestat*; lors qu'il ne reste aucuns autres enfans du même lit *quibus injuria facta est*; ainsi jugé en la Chambre de l'Edit de Castres le 23. Decembre 1634. entre une mere & un cousin germain du défunt, & ce par la Coûtume de France, rapporté par des anciens, D. D. contre la disposition du droit en la Loy *omnem, C. ad. Tertullianum*, & à la Novelle 22. chap. 40. *Voyez Mainard, liv.* 6. *ch.* 19.

126. Arrêt du Parlement de Provence du 5. Avril ou May 1656. qui a jugé que la mere tutrice de ses enfans, se remariant sans leur faire pourvoir de tuteur, ni rendre compte, & payer le *reliqua*, perd sa dot, & biens acquis jusques à ce second mariage. Ce même Arrêt a jugé que les enfans du second mariage ont un droit de legitime sur les biens confisquez par le second mariage. *Boniface, tome* 1. *liv.* 5. *tit.* 7. *ch.* 3.

127. La peine de la confiscation de dot contre les femmes qui se remarient sans faire pourvoir de tuteurs à leurs enfans, est transmise aux petits-fils par le predecés des peres. Ainsi jugé au même Parlement de Provence. *Boniface, tome* 4. *liv.* 6. *tit.* 13. *ch.* 1.

128. Une femme qui convole en secondes nopces, sans avoir rendu compte à un enfant du premier lit dont elle étoit tutrice, son second mary est tenu de répondre des effets de cette tutelle non exigez, suivant la Loy 2. *Cod. arbitrium tutela*, & la Loy 6. *Cod. in quibus causis pignus, &c.* Mornac, sur cette Loy. Jugé à Aix le 3. May 1692. *Journal du Palais*, en verifiant l'autorité de Mornac sur cette Loy 6. j'ay trouvé qu'il n'avoit écrit que sur les quatre premiers Livres du Code, & que la Loy 6. *C. in quibus causis pignus, &c.* étoit du Livre 8. tit. 15. *Voyez cy-après* le mot, *Tutelle*. §. *Tutelle*. *Secondes Nopces*.

SECONDES NOPCES, USUFRUIT.

129. Les peres & meres passans à secondes nopces, perdent la proprieté des biens de leurs enfans predecedez, qui leur ont été déferez par la Coûtume. *Automne, article* 47. *cont.* Loüet, *let. N. n.* 8. M. Abraham la Peirere, *en ses décisions du Palais, n.* 5. dit, Nous pratiquons la decision dans nôtre ressort.

130. Pour faire perdre au pere remarié l'usufruit qu'il avoit sur les biens de son enfant predecedé, il faut prouver qu'il a accepté l'heredité de cet enfant; & il ne suffit pas que le pere ait toûjours joüi des biens & droits de cet enfant sans en faire part à ses freres & sœurs. *Du Perrier, liv.* 1. *quest.* 17.

131. Les secondes nopces privent bien le pere de la proprieté des biens maternels des enfans du premier lit és cas qu'elle luy pourroit être desferée; mais non pas de l'usufruit d'iceux sa vie durant. *L. fin. C. de bonis maternis*, sinon en cas certains & particuliers, *in* §. 1. *auth. ut liceat matri & avia coll.* 8. Comme aussi par Arrêt du Parlement de Toulouse, il fut dit que le pere seroit tenu communiquer cet usufruit des biens maternels à un fils du premier lit, marié de son consentement, & vivant *seorsim à patre*. *Voyez Mainard, livre* 8. *chapitre* 7.

132. Une femme qui convole en secondes nopces dans l'année de son deüil, perd l'usufruit des biens que son mary luy a laissés par Testament, & même sa legitime. Arrêt du Parlement de Toulouse du 12. Août 1572. *Mainard, tome* 1. *liv.* 3. *ch.* 88.

133. Par l'ancienne Coûtume de *Touraine*, l'usufruit des propres appartenoit au survivant des Conjoints. Un pere ayant deux filles du premier lit, se remarie. Arrêt du 26. Mars 1584. qui en haine des secondes nopces, & en vertu de la Coûtume de Paris reformée, luy ôte cet usufruit, & ajuge tous les biens de la mere aux filles, conformément à la Coûtume de Chartres. *Papon, li.* 15. *titre* 1. *nombre* 6.

134. Arrêts du Parlement de Provence des dernier Juin 1595. & 10. Decembre 1634 qui ont jugé que le pere ayant perdu la proprieté par son second mariage, conserve l'usufruit, & que la Novelle 118. n'avoit pas lieu pour le pere remarié. *Boniface, tome* 1. *livre* 5. *titre* 7. *chapitre* 1.

135. Si le pere ayant perdu la portion virile de sa fille par son second mariage, peut recouvrer l'usufruit de l'heritage de sadite fille. Arrêt du 18. Mars 1656. qui ajugea au pere le troisiéme des fruits de l'heritage. *Ibid. tome* 4. *liv.* 6. *tit.* 1. *ch.* 2.

136. Arrêt du 16. May 1651. qui a jugé que le pere succede à son fils également avec ses freres du même lit, qu'il est au choix du pere non remarié, de prendre sa portion virile, ou de s'en désister, & prendre l'usufruit de la succession, & laisser la proprieté aux enfans. Mais n'ayant pas fait le choix de l'usufruit avant son second mariage, il ne peut recouvrer l'usufruit de la portion des enfans. Arrêt semblable du 18. May 1656. *Ibid. to.* 1. *liv.* 5. *tit.* 7.

137. Si un mary ayant fait legs à sa seconde femme d'une pension sa vie durant, & institué heritiers ses trois enfans par égales portions, cette pension viagere devoit être reduite, suivant la Loy *hâc Edictali*, ne s'agissant que des fruits; ou si étant sujette à reduction, la marâtre devoit succeder pour une quatriéme également avec les trois enfans? Arrêt du Parlement de Provence du mois de May 1663. qui declara que la marâtre devoit succeder à une quatriéme, si mieux les heritiers n'aimoient qu'elle joüit de la pension. *Boniface, tome* 4. *liv.* 5. *tit.* 12. *ch.* 1.

Voyez, cy-après le mot, *Usufruit*. §. *Usufruit, secondes Nopces*.

NORMANDIE.

Des Officiers de Normandie, & Reglement de la Justice audit Pays. *Ordonnances de Fontanon, to.* 1. *liv.* 2. *tit.* 5. *pag.* 232.

Declaration concernant les Privileges des habitans de la Province de Normandie. A le 4. Janvier 1461. *Chopin, sur Paris, liv.* 3. *tit.* 2. *n.* 24.

Voyez cy-après, verbo, *Parlement*, nombres 48. & 49.

NORVEGE.

Alberti Crantii, *Chronicon Regnorum Aquilonarium Dania, Suetia & Norvegia.*

NOTAIRES.

1. Notaire. *Tabellarius. Tabellio.*
 De Tabellionibus, & ut protocolla dimittant in chartis. N. 44. Du devoir des Notaires dans la confection & reception des Actes. *Protocollum est nota chartæ.* Cujac.
 Quomodo Tabelliones cautè debeant instrumenta componere. N. 73. c. 4. 5. 8. & 9.
 Ut præponatur nomen Imperatoris, & ut Latinis litteris apertius tempora inscribantur. N. 47. V. *Acte.*
 De fide instrumentorum. Cod. li. 4. tit. 21.
 De Lege Corneliâ de falsis, & de Senatus-consulto Libonianio. D. 48. 10. C. 9. 23. Ce Senatus-Consulte soûmettoit à la peine de faux celuy qui écrivant un Testament, *sibi suâ manu hæreditatem, vel legatum adscribebat.* Cela se peut appliquer à nos Notaires, & aux Curez & Vicaires, qui reçoivent des Testamens.
 De tabulariis, scribis, logographis, & censualibus. C. 10. 69. C. Th. 8. 2. Des Notaires, & de ceux qui tiennent les Registres & Comptes publics.

2. *De Notariorum excessibus, erroribus, atque peccatis,* per Ant. Tassata.

3. Des Notaires, Tabellions & Contrôlleurs des Contracts. Ordonnances de Fontanon, tome 1. liv. 4. tit. 2. pag. 705.

4. Reglemens pour les Notaires & Tabellions du Royaume. *Voyez les Ordonnances recueillies par le même Fontanon*, to. 4. pag. 651. & suiv.

5. Des Notaires & Secretaires du Roy, Maison & Couronne de France. Joly, *des Offices de France*, tome 1. liv. 2. tit. 5. pag. 680. & aux Additions, pag. CCCXL. & suivantes.

6. Des Notaires, Tabellions & Gardenotes établis aux Bailliages, & autres Jurisdictions Royales. Joly, *des Offices de France*, tome 2. liv. 3. tit. 41. p. 1707.

7. Des Notaires & Tabellions & Gardenotes, & de leur pouvoir. *Voyez Filleau*, part. 3. tit. 5. où tout ce qui regarde leurs droits, fonctions & privileges, est rapporté.

8. Des Notaires, de leur pouvoir, & Reglemens donnez entr'eux. *Voyez Papon*, liv. 4. tit. 14. & Loyseau, liv. 2. des Offices hereditaires, ch. 5. des Greffiers & Tabellions.

9. Des Notaires de la Cour. *Voyez Du Luc*, livre 4. titre 10.
 Des Notaires & Tabellions. *Voyez Du Luc*, liv. 6. titre 9.

10. Des Notaires. *Voyez Carondas*, liv. 12. Rép. 44. les Opuscules de Loisel, pag. 147. & 414. & M. Antoine Bruneau, en son Traité des Criées, 2. part. page 443. & suivantes.

11. Du devoir des Officiers, notamment des Notaires. *Voyez Despeisses*, tom. 3. pag. 167. & suiv. où il est parlé de ce qui leur est enjoint par les Ordonnances, & de ce qui est necessaire pour la validité des Actes qu'ils reçoivent.

12. Notaires. *Voyez* hoc verbo, la Biblioth. du Droit François par Bouchel, celle de Jovet, l'*Indice des droits Royaux & Seigneuriaux*, par Ragueau, réimprimé en 1704. sous le Titre de Nouveau Glossaire du Droit François. *Notarii dicti à notis litterarum quibus utuntur, ut per unam litteram aliquid significent.*

13. De Prothonotariis. *Voyez* Franc. Marc. tom. 1. question 1095.
 Notarii S. A. sive Protonotarii unde profluxerint? quodnam antiquitus, & quodnam hodiè eorum sit munus, & eorum beneficia qualiter reservata sint? Beneficia Protonotariorum creatorum à Legatis an sint reservata?

Voyez Lotherius, *de re Beneficiariâ*, lib. 2. questio. 28. & 29.

14. *Instrumenti copia parti data, Notarius addere, vel extendere notam non debet.* Voyez Franc. Marc. tom. 1. quest. 289.

15. *Notarius tenetur ad interesse si instrumentum defectus sum fecerit.* V. Com. Joan. Const. sur l'Ordonnance de François I. art. 178.
 Voyez cy-après le nombre 115. & suiv.

16. Les Notaires sont obligez avant que de recevoir les Actes de les écrire devant les Parties contractantes & témoins, & de leur lire. Arrêt du Parlement de Paris du 4. Septembre 1423. Papon, liv. 4. tit. 14. n. 11. & la Bibliotheque du Droit François, par Bouchel, verbo, *Notaires.*

17. Arrêt du Parlement de Brétagne du 30. Avril 1571. qui fait défenses aux Notaires Royaux de Nantes, rapporter en Jugement, ou dehors, aucunes expeditions judicielles, sinon en l'absence ou recusation des Greffiers ou leurs Commis. Du Fail, liv. 2. ch. 409.

18. Les Notaires, outre la qualité, demeure & Paroisse des Parties, doivent mettre la maison où les Contracts seront passez, & le temps de devant ou après midy. Ordonnance de 1539. art. 67. de Blois, art. 167. Voyez l'Ordonnance de 1667. tit. 19. des Sequestres, &c. art. 15. où il faut declarer si les executions ont été faites avant ou après midy. Idem, tit. 33. des Saisies, art. 4.

19. Les Notaires de Castelnaudari au nombre de douze, avoient fait certains Statuts ou Conventions entr'eux; la premiere étoit, qu'attendu que les papiers de leurs devanciers, disoient-ils, avoient été vendus aux Chandeliers, & leurs Registres seroient remis entre les mains du plus ancien; la seconde, que deux d'entr'eux tiendroient un Bureau, où ils iroient de deux mois en deux mois tour à tour; & la troisième, que les émolumens seroient partagez entr'eux. Les habitans s'étant sindiquez au nombre de dix-sept des principaux, & les Magistrats Présidiaux s'étant pourvûs en opposition contre un Arrêt qu'ils avoient surpris, qui confirmoit ces Statuts & Conventions, l'opposition fut reçuë; ordonné que chacun garderoit ses papiers, à peine de répondre aux Parties de tous dommages & interêts. Mornac, ad L. quod autem 53. ff. pro socio, rapporte un semblable Arrêt du Parlement de Paris, contre les Notaires de Beauvais, parce que cela tendoit au monopole, & étoit contre l'utilité publique. Albert, verbo, *Notaires*, article 1.

20. Le Bref d'un Notaire, certifiant qu'en tel an, tel jour, tel present, en tel lieu, il a reçû contract d'entre tels, & portant substance du contenu, avec la signature du Notaire, n'est suffisant; car quoyqu'il fasse preuve pour après le mettre en forme & y contraindre le Notaire, cependant il ne peut faire foy en Justice, ni être executoire. Arrêt du Parlement de Grenoble en 1447. Papon, liv. 9. tit. 8. n. 5. & la *Bibliotheque de Bouchel*, verbo, *Instrument*.

21. Notaire recevant Contract de chose reprouvée de Droit, comme simonie, conjuration ou autre, doit être privé de son Office, & banni perpetuellement. Arrêt du Parlement de Grenoble en 1460. *Bibliot. de Bouchel*, verbo, *Notaire*.

22. Notaire non Royal ne peut recevoir soûmission sous sceel Royal. Arrêt du Parlement de Bourdeaux du 3. Février 1530. Papon, liv. 7. tit. 8. n. 3.

23. Arrêt du Parlement de Toulouse du mois d'Août 1547. qui enjoint aux Notaires de mettre dans les Actes qu'ils passeront, la demeure des Parties. La Rocheflavin, liv. 2. lettre N. Arr. 3.

24. Arrêt du même Parlement de Toulouse du 12. Juillet 1543. qui condamne un Notaire pour avoir expedié Lettres de rigueur pour 3. liv. en l'amende; & défenses de ne dépecher telles Lettres, ou autres contrarians aux Ordonnances, qui ne soient signées du Juge, suivant l'Ordonnance de Charles VIII. du 27. Avril 1490. faite sur le fait de la Justice au Pays de Languedoc, qui

défend de ne donner pareille contrainte pour moindre somme que de 10. liv. *La Rocheflavin, liv. 3. titre 11. Arrêt 1.*

25 Les Notaires ne doivent montrer les Actes qu'aux Contractans. Le Juge *ex causâ*, peut ordonner l'exhibition à d'autres Parties qui ont interêt. Arrêt du Parlement de Paris de l'an 1548. *Papon, livre 4. titre 14. nombre 9.*

26 Par Arrêt du Parlement de Bretagne du 8. Mars 1557. la Cour fait défenses à tous Notaires du reffort de délivrer les Contracts à autres qu'aux Parties contractantes; leurs enjoignant tres-expreffément d'écrire & parapher de leurs mains en la marge des Contracts le nom de la partie à laquelle ils auront été délivrez, avec le jour de la délivrance. *Du Fail, liv. 1. ch. 41.*

27 Le 4. Juin 1569. par Jugement Préfidial de Touloufe, défenses furent faites à tout Notaire Royal de ne dépêcher aucunes Lettres à la rigueur du petit fcel de Montpellier, ni mettre l'obligation que ce ne soit du confentement & requifition des Parties; & aprés leur avoir déclaré l'impetration; neanmoins enjoint au nommé Chapelle de tenir le tabellier en une feule part, & non en plufieurs. *La Rocheflavin, liv. 2. let. N. Arr. 2.*

28 Arrêt du 11. Novembre 1571. qui fait inhibition & défenses à tous Matriculez d'exercer la Charge de Notariat aprés l'an, fans avoir expreffe Provifion du Roy. *Ibid. Arr. 4.*

29 Arrêt du 19. Novembre 1571. qui fait défenses au Juge-Mage, & autres Officiers & Magiftrats de la Sénéchauffée de Touloufe, de recevoir qui que ce foit en la Charge de Notaire, fans au préalable avoir été enquis & informé de fes vie & mœurs, & capacité; & même la Cour fait inhibition à ceux aufquels ont été baillées Lettres de Matricule, refider ni retenir Contracts ailleurs qu'aux lieux à eux deftinez, & enjoint aufdits Mages de proceder à la réduction, tant des Notaires que Sergens Royaux, neceffaires en cette Ville & Sénéchauffée de Touloufe, & informer des abus & indües exactions. *Ibid. liv. 2. lettre N. tit. 1. Arr. 1. pag. 231.*

30 Arrêt du 1. Juillet 1572. qui défend aux Magiftrats d'adreffer Commiffions aux Notaires pour faire enquêtes principales. *V. La Rocheflavin, livre 6. titre 46. Arrêt 9.*

31 Les mots de *Notes*, *Minutes*, *Protocoles*, font synonimes, dont les Teftamens font tirez, *Decius conf. 447. Bal. in L. Chirographis de adminift. tut. Bouvot, tom. 1. part. 2. verbo, Note.*

32 Le Notaire d'un Marquis ne peut recevoir une donation. Arrêt du Parlement de Dijon du 5. Août 1519. *Ibid. part. 3. verbo, Notaire, queft. 1.*

33 Les Notaires font tenus de faire lecture aux parties & témoins, de tout ce qui eft contenu au Contract. Arrêt du Parlement de Dijon du 16. Février 1568. *Ibid. queftion 2.*

34 Un Contract n'étant figné par le Notaire, mais feulement par les parties & témoins, n'eft valable, & n'emporte hypoteque; il en eft de même s'il avoit été reçû par un Notaire d'Eglife, ou hors le reffort. Arrêt du Parlement de Dijon du 10. Decembre 1610. *Bouvot, tome 1. verbo, Notaires, queft. 8.* Voyez cy-aprés le nombre 181. & fuiv. & le nombre 207. & fuiv.

35 Si un Notaire eft tenu d'écrire de fa main les Teftamens. Obligations, Contracts, & s'il eft obligé de declarer aux créanciers les hypoteques contenuës aux précedens Contracts reçûs par luy, de celuy qui vend fes heritages francs d'hypoteque? *V. Bouvot, ibid. verbo, Notaires, queft. 10.*

36 Si le Notaire ayant droit de reachetter une chofe venduë, reçoit le Contract de vente de la même chofe qui eft venduë par l'acheteur, franche, quitte, & déchargée de toutes charges, hypoteques, fervitudes quelconques, fans faire mention du droit de rachat, s'il fe préjudicie, & à celuy auquel il a cedé le droit de rachat? *V. Ibid. queft. 12.*

37 Défenses aux Notaires de paffer aucuns Contracts fans déclarer par exprés en quel fief ou cenfive font les chofes cedées, & à quelles charges, &c. envers les Seigneurs féodaux & cenfuels, qui feront auffi fpecialement déclarez. *Ordonnance de Blois, art. 180.* Voyez cy-aprés le nombre 207. & fuiv.

38 Arrêt du Parlement de Paris du 28. Janvier 1579. qui enjoint aux Notaires d'obéir à l'Ordonnance d'Orleans, & en confequence de faire figner les parties, ou en faire mention, & de tenir bon Regiftre outre les minutes. *Papon, liv. 4. tit. 14. n. 12.*

39 Par Arrêt du 15. Février 1590. il a été jugé qu'un Notaire qui a follicité un tiers d'acquerir une maifon, d'un qu'il fçavoit n'être bon vendeur, & n'avoit moyen de la garentir, eft tenu des dommages & interêts de l'acquereur évincé. *Filleau, 4. part. queft. 169.* Voyez cy-aprés le nombre 115. & fuiv.

40 Le Notaire qui reçoit un Contract de celuy dont il eft créancier, où il déclare les biens francs & quittes, fe fait préjudice. Jugé à Pâques 1581. *Montholon, Arrêt 2. Brodeau fur M. Loüet, lettre N. fomm. 6. Le Veft, Arr. 168.* Hors le fait du Notaire, il n'eft point garent de ce qui eft dit dans le Contract par luy reçû, étant obligé de garder le fecret des parties. Ainfi jugé pour le Notaire Réperant, le 23. Decembre 1592. *Voyez Chenu, 1. Cent. queft. 67. & 68.*

41 Arrêts des 23. Decembre 1592. & 16. Juillet 1633. qui ont déchargé les Notaires du Châtelet fur l'omiffion de n'avoir par eux déclaré en paffant des Contracts de vente & de conftitution les dettes dont ils avoient paffé les Actes au précedent. *Voyez les Chartres des Notaires, chap. 19. p. 801.* Voyez cy-aprés le nombre 114.

42 Les Notaires doivent connoître les parties & les témoins. Arrêt du Parlement de Bretagne du 16. Septembre 1599. *Frain, en fes Plaidoyers, Plaid. 3.*

43 Un Contract fait en l'abfence du Notaire, auquel on l'avoit porté pour le figner, déclaré nul, par Arrêt du 2. Decembre 1599. *Cavondas, liv. 10. Rép. 66.*

44 Les Notaires ne pourront recevoir aucune promeffe, le nom du créancier *en blanc*; par Sentence fervant de Reglement, du Châtelet de Paris du 12. Decembre 1615. rapportée par *Neron*, Dans leurs protocoles il n'y doit rien avoir en blanc ni entre ligne, ni croifé en texte. François I. à Iffurthille en Octobre 1535. att. 8. *Conference des Ordonnances, liv. 12. §. 12.*

45 Le Notaire ne peut donner l'exercice de fa Charge à titre de ferme. Arrêt du Parlement de Bretagne du 15. Octobre 1618. rapporté par *Frain, page 236.*

46 Arrêt du Parlement de Provence du dernier Janvier 1641. qui a fait inhibitions aux Greffiers des foumiffions de Provence de bailler aucunes Lettres de Clameur, fur Contracts reçûs par Notaires étrangers du Royaume, ou par Notaires non Royaux. *Boniface, tome 2. liv. 4. tit. 5. chapitre 4.*

47 Arrêts du Parlement de Paris des dernier Decembre 1647. & 13. Février 1648. pour les encheres & ventes d'Offices en l'étude de l'un des Notaires. *V. les Chartres des Notaires, ch. 19. p. 832.*

48 Défenses font faites aux Notaires par Arrêt de Reglement du 9. Mars 1620. de plus inferer dans les Contracts & Obligations conçuës pour prêt les declarations de majorité & extraits baptiftaires, fur peine de nullité, & d'en répondre en leur propre & privé nom. *Brodeau, fur M. Loüet, lettre M. Sommaire 7. nombre 4.*

49 Un Notaire a été déclaré incapable de jamais exercer la Charge de Notaire, pour avoir retenu une donation fans connoître celle qui donnoit, & fans que les témoins numeraires luy euffent certifié que c'étoit le nom de la contractante. Cet Arrêt du Parlement de Touloufe du 21. Septembre 1664. eft fondé fur les Ordonnances Royaux de Loüis XII. de 1498. art. 65. & de 1507. art. 246. & de François I. en 1535. att. 19. Il y avoit eu un Arrêt précedent, qui ordonnoit l'audition du Notaire

Notaire & des témoins numeraires. *M. de Catellan, l. 5. ch.* 45.

50. Défenses aux Notaires de *déchirer* aucun Acte, non pas même du consentement des parties, s'il n'y en a un Acte séparé. Arrêt de Reglement du 21. Mars 1659. *Des Maisons*, lettre *N*. nombre 5. De la Guess. tome 3. liv. 11. chap. 11. rapporte un Arrêt du 3. Avril 1677. qui sert de Reglement sur le même sujet.

51. Défenses aux Notaires de recevoir des particuliers des declarations & *subrogations* d'emprunts de deniers, sinon par les quittances & rachat des dettes, à peine de nullité. Jugé le 31. Août 1676. *De la Guessiere, tome* 3. liv. 10. chap. 14.

52. Défenses aux Notaires à peine d'interdiction de passer à l'avenir aucuns Actes, par lesquels les hommes & les femmes déclarent qu'ils se prennent pour *mary & femme*. Jugé le 5. Septembre 1680. *De la Guessiere*, tom. 4. liv. 3. chap. 22.

53. Il est incompatible que le même qui reçoit le Contract soit aussi la partie contractante ; il doit y avoir de la différence entre le stipulant & le promettant : c'est pourquoy l'opinion de *Bartole*, est que le Notaire ne peut recevoir ni écrire comme Notaire *v. g.* une procuration qu'il donne à un autre ; neanmoins ces Actes sont tolerez dans le Dauphiné, par la force d'une Coûtume, reçûe generalement dans toutes ses Jurisdictions. *Voyez Guy Pape*, *quest.* 318. & *Chorier*, *en la Jurisprudence du même Auteur*, *p.* 211.

54. Declaration du Roy du 19. Novembre 1681. sur les faussetez qui se commettent en Gevaudan ; elle porte, Voulons qu'aucun Notaire ne puisse faire aucune fonction de sa Charge qu'il n'ait été reçu & fait enregistrer ses Provisions dans les Sénéchaussées de son détroit, à laquelle reception lesdits Sénéchaux ou leurs Lieutenans seront tenus de proceder, & de taxer moderément les droits de ladite réception ; faisons défenses ausdits Juges de recevoir aucun Notaire sur les Contracts d'acquisitions de l'Office ou autrement, s'il n'est pourvû par Lettres de Provision de Nous, scellées de nôtre grand Sceau, à peine de nullité des Actes qui seront faits & passez pardevant lesdits Notaires, & en outre de répondre par les Juges en leurs propres & privez noms, des dommages & interets qu'en souffriront les parties : Voulons que lorsque la partie contractante ne sçaura pas signer, le Notaire soit tenu d'appeller deux témoins au moins qui sçachent signer, & les faire actuellement signer ausdits Actes, aussi à peine de nullité. *Voyez les Edits & Arrêts recueillis par l'ordre de M. le Chancelier en* 1682.

55. Arrêt de la Cour du Parl. en forme de Reglement, du 2. Juillet 1708. faisant défenses à tous Notaires de se servir dans les Contracts, Actes & Testamens qu'ils recevront, de témoins qui soient leurs Clercs, ni qui soient au dessous de l'âge de 20. ans accomplis, sous peine de faux & de nullité desdits Contracts & Testamens. *Voyez cy-aprés le nombre* 242. *& suiv.*

NOTAIRES POUR LES ABSENS.

56. Notaires acceptans pour les Donataires absens. *Voyez verbo*, *Acceptation*, *n*. 11.

Les Notaires ne peuvent accepter une donation entre-vifs pour les absens. *Ordonnance de* 1539. *art.* 133. *Voyez Ricard*, *des Donations entre-vifs*, 1. part. ch. 4. sect. 1. nombre 865. Toutefois ils peuvent en qualité de personnes publiques accepter une donation par Contract de mariage aux enfans qui naîtront du mariage, & non autrement. *Voyez M. Loüet*, *lett. D. sommaire* 51. *M. Ricard*, *des Donations entre-vifs*, *ibidem. nombre* 888.

Notaires Apostoliques ont été créez de nouveau par Henry II. à Fontainebleau en Septembre 1547.

ACTES DES NOTAIRES.

57. *Voyez* le mot, *Acte*, *nombre* 1. *& suiv.*

ACTE IMPARFAIT.

58. *Scriptura cautionis sine data, subscriptione & signo reperta inter notas Notarii defuncti, quod neque suppleri, Tome II.*

neque grossari, neque in publicam formam redigi potest. Voyez Franc. Marc. tom. 1. *quest.* 517.

NOTAIRE, ACTE PERDU.

59. *Quando Notarius causa sua defensionis allegat amissionem seu deperditionem instrumenti, debet allegare casum fortuitum amissionis seu deperditionis, & de causis verisimilibus ; alias praesumeretur culpa contra ipsum, secundum glo. Bar. & caeteros, & maxime in casibus fortuitis clandestinis, ubi in dubio praesumitur negligentia, quando non apparet de fractura ostiorum, vel alia verisimili causa. Voyez ibid. tom.* 2. *quest.* 193. *n.* 3.

60. *Notarius potest partem compellere, ut exhibeat instrumentum ad imbreviaturam faciendam.* Voyez *Com. Joan. Const.* sur l'Ordonnance de François I. *art.* 178.

NOTAIRE, AGE.

61. Le Notaire doit avoir 25. ans, dont il doit faire apparoir à M. le Chancelier, avec attestation de sa bonne vie, mœurs & experience. *Ordonnance d'Orleans*, article 82.

NOTAIRES APOSTOLIQUES.

62. Des Notaires Apostoliques, & que le pouvoir d'iceux sera limité & arrêté. *Voyez les Ordonnances recüeillies par Fontanon*, tome 4 *tit.* 22. *p.* 309. & *Joly*, *des Offices de France*, tome 2. liv. 3. tit. 42. *p.* 1774. & aux Additions, *page* 1946.

63. Notaires Ecclesiastiques. *Voyez Tournet*, *lettre N. Arrêt* 24. *& suiv.* & le petit Recüeil de *Borjon*, to. 4. *page* 390.

64. *Notarius si ad sacros ordines promoveatur, Notariatus Officio privatur, visi Papae, vel Episcopi Notarius esset. Voyez Franc. Marc. tom.* 2. *quest.* 194.

65. Le 28. May 1415. en la cause de Maître Raoul le Maire, jugé qu'une Procuration passée par un Notaire ou Tabellion Apostolique ou Imperial, est bonne en Cour Laïque, quand la partie est du Pays de l'Empereur. *Bibliot. de Bouchel*, verbo, *Tabellion*.

66. Lettres obligatoires reçûes par un Notaire Ecclesiastique, & sous le sceel de l'Evêque, ne peuvent avoir execution contre les gens Laïcs, ni porter hypoteque ; mais sont reputées écritures non connuës. Arrêt du Parlement de Bourdeaux du 26. Janvier 1522. *Bibliot. de Bouchel*, verbo, *Notaires*.

67. Notaire Royal s'il n'est Ecclesiastique, ne peut obliger les Prêtres & autres Ecclesiastiques à la coërcition spirituelle, quoyque les contractans y consentent. Arrêt du Parlement de Bourdeaux au mois de Février 1534. *Ibidem*.

68. Les obligations passées par Notaires Apostoliques, ne sont sujetes à aucune Provision : car l'Evêque n'est Seigneur de son Diocese, mais le Roy. Arrêt du 12. May 1533. Autre Arrêt du 2. Janvier 1421. qui défend aux Notaires de faire Inventaire. Par Arrêt du 4. Juillet 1492. jugé qu'une presentation au Parlement étoit nulle, en vertu d'une Procuration passée par un Notaire Apostolique. *Voyez Galli, quest.* 259. Par Arrêt du mois de Juin 1569. testament reçu par un Notaire Apostolique declaré nul. *Voyez Boerius*, *décision* 242. *&* 245. V. les Preuves des Libertez, *to.* 1. *ch.* 7. *n.* 45.

69. Contracts entre Laïcs passez & reçûs par Notaires Apostoliques, n'ont aucune foy, preuve ni execution, l'Ordonnance y est formelle ; ainsi jugé par Arrêt du Parlement de Paris du 24. Mars 1534. avant Pâques. *Biblioth. de Bouchel*, verbo, *Notaires*.

70. Notaire Apostolique ou Ecclesiastique ne peut recevoir Testament, *etiam in piam causam*, s'il n'est Curé ou Vicaire du Testateur, on n'ajoûte point foy aux témoins. Arrêt du Parlement de Bourdeaux du 19. Janvier 1537. Arrêt contraire du mois de Septembre 1538. mais le Testateur étoit Prêtre. *Papon*, *liv.* 4. *titre* 14. *nombre* 3. *& * 4.

71. Notaires Apostoliques n'ont puissance de recevoir Contracts entre Laïcs. Arrêt du Parlement de Bourdeaux du 14. Mars 1537. *Papon*, *liv.* 4. *tit.* 14. *num.* 6. *& * 7. où il rapporte plusieurs Arrêts semblables ; il y en a un du Parlement de Paris de l'an 1520.

72 Notaires Apostoliques doivent être arrêtez & examinez par les Evêques, Vicaires ou Officiaux; ils seront immatriculez au Greffe de chacun Bailliage ou Jurisdiction; ne pourront passer aucune procuration à résigner sans appeller deux témoins qui signeront, ils seront Registre de ce qu'ils instrumenteront, & en mettront une copie au Greffe des Evêchez. *Conférence des Ordonnances*, liv. 12.

73 Les Notaires Apostoliques ne pourront recevoir aucun Contract ni Testament entre les Laïcs pour choses temporelles & profanes. *M. Loüet, lettre N. somm.* 5. rapporte un Arrêt du mois de Novembre 1530. qui a jugé un Testament reçû par deux Notaires de Cour de l'Eglise, bon & valable; mais il appuye sur l'Ordonnance de 1539. art. 1. & 2. a diminué la Jurisdiction Ecclesiastique. *Voyez Carondas, liv.* 1. *Rép.* 56. Voyez *M. Ricard, des Donations entre-vifs*, 1. part. ch. 5. sect. 8. si ce n'est que la Coûtume le permette expressément.

74 Un Notaire Royal ne peut obliger Prêtres ni autres personnes Ecclesiastiques à la coërcition spirituelle, s'il n'est Ecclesiastique; car il n'en a pas le pouvoir, quoyque les Contractans donnent leur consentement. Arrêt du Parlement de Bourdeaux. *Papon, liv.* 4. *titre* 14. *nombre* 5.

75 Peleus, *quest*. 20. rapporte un Arrêt, par lequel un Testament fait pardevant un Notaire Apostolique, fut déclaré nul; l'Arrêt est du mois de Juin 1569.

76 Arrêts du Parlement de Paris des 16. Juillet 1622. & 4. Février 1614. portant défenses aux Notaires Apostoliques, de passer aucuns Actes & Contracts, dépendans de la fonction des Notaires du Châtelet, ni Procurations pour affaires laïques & seculieres. *V. les Chartres des Notaires*, ch. 12. p. 737.

77 Arrêt du Parlement de Normandie du 6. Juillet 1632. qui juge que les Notaires Apostoliques sont incapables de recevoir aucuns Testamens, soit de personnes Ecclesiastiques, soit de personnes Laïques. Berault, à la fin du 2. tome de la Coût. de Normandie, sur l'art. 412. p. 59.

Les Notaires du Châtelet de Paris réünissent en leurs personnes les fonctions des Notaires Apostoliques, en vertu des nouveaux Edits.

77 bis. Il y a un Livre intitulé, *le nouveau stile general des Notaires Apostoliques*, dont la lecture est conseillée. Ces sortes de Protocoles qui renferment le stile invariable de certains Actes, ne sont point des ouvrages à negliger.

NOTAIRES D'AVESNES EN HAYNAULT.

78 Permis aux Notaires Royaux d'Avênes en Haynaut de recevoir toutes sortes de Contracts & d'Actes, tant pour droits personnels que réels, sans neanmoins qu'en vertu desdits Contracts & Actes, aucun droit réel soit acquis aux parties, qu'elles n'ayent fait réaliser lesdits Contracts pardevant le Bailly & homme de Fief pour les Fiefs, & pardevant les Maires & Gens de Loy pour les mains-fermes ou rotures. Jugé à Mets le 29. Octobre 1674. *Journal du Palais*.

NOTAIRE, AVOCAT.

79 Arrêt du Parlement de Provence du 26. Janvier 1640. qui a jugé qu'un Notaire peut être Avocat aux causes où il n'a point pris d'Acte. *Boniface, tome* 1. *livre* 1. *tit.* 20. *nombre* 1.

NOTAIRE, DATE.

80 Dates des Actes de Notaires. *Voyez* le mot, *Dates*, *nombre* 1. *& suiv.*

80 bis. Un Notaire ayant obmis la date d'un Acte, ou autre chose, le Juge doit ordonner à la requisition de l'une des parties, les autres neanmoins préalablement oüis, que l'erreur sera corrigée, après avoir oüi deux témoins instrumentaires, quoyqu'ils fussent dix ou douze. Arrêt du Parlement de Grenoble de l'an 1457. *Papon, liv.* 17. *tit.* 1. *n.* 1.

81 L'Ordonnance veut que les Notaires fassent mention aux Contracts & Actes qu'ils passent, & qu'ils marquent si c'est devant ou après midy; il seroit tres-à-propos d'y ajoûter l'heure. *Voyez Carondas*, livre 12. *Réponse* 26.

CONTRACTS.

82 Des Contracts que passent les Notaires. *Voyez* le mot, *Contract*, n. 74. *& suiv.*

NOTAIRES EN DAUPHINE'.

83 *Notario Delphinali prohiberi non potest, ut instrumenta inter Laicos ad Curiæ Ecclesiasticæ submissionem recipiat.* Voyez *Franc. Marc. tom.* 1. *quest.* 82.

84 *Notariis Delphinalibus submissiones recipere præterquam Delphinales vetitum. Ibid. quest.* 158.

85 *Notariis Delphinalibus instrumenta inter Laicos ad Ecclesiasticæ Curiæ submissionem recipere prohibitum est. Ibid. tom.* 2. *quest.* 544.

NOTAIRE, DELIT.

86 *Notarius manifestans secretum sibi injunctum pœnam falsi incurrit.* Voyez *Franc. Marc. tom.* 1. *quest.* 20.

87 *Judex quando Notarius falsum commisit, an considerandi instrumenta sibi ipsi reservare possit.* Voyez *Ibidem, quest.* 909.

88 *Notarius condemnatus de furto qualificanto, an officio Notariatûs privatus sit, vel privandus?* V. *Ibidem, to.* 2. *quest.* 116.

89 *Notarius licet de falso condemnatus sit, instrumenta antè condemnationem recepta redigere in formam publicam potest. Ibid. quest.* 299.

90 *Notarius licet de falso commisso extrà officium condemnatus sit, Tabellionatûs tamen officium exercere potest. Ibidem, quest.* 300.

91 *An Notarius qui commisit falsum in officio, licitè possit condemnari secretè in cameræ judicii, pro solvendo honorem Notarii & suorum parentum ne fiat publice?* V. *Ibid. quest.* 301.

92 *Notarius manifestando secretum sibi injunctum falsi pœnam incurrit. Ibid. quest.* 480.

93 *Si de fide instrumentorum dubietas oriatur, poterit poni Notarius ad torturam, si non reperiatur imbreviatura apud eum, quia est præsumptio falsitatis.* V. *Com. Joan. Const. sur l'Ordonnance de François I. art.* 173.

94 Un Notaire ayant délivré une expedition d'un Contract de Vente au vendeur, dans lequel il est fait mention de la faculté de remeré, & à l'acheteur une expedition pure & simple, sans en faire mention, a été déchargé de l'accusation de faux contre luy formée, par Arrêt du Parlement de Bourdeaux du 4. Mars 1529. *Papon, liv.* 11. *tit.* 6. *n.* 2.

95 La faute du Notaire qui ne declare la verité, est punissable; le nommé Payen perdit son hypotheque pour l'avoir dissimulée dans un Acte qu'il reçut. Arrêt de 1581. qui en outre le condamne aux dépens. *Papon, liv.* 17. *tit.* 1. *n.* 1. & cy-après le *nomb.* 101.

NOTAIRE, ET DE SA DEMEURE.

96 Un Tabellion du Seigneur haut-Justicier de Charenton-Saint Maurice, peut faire sa demeure en l'étendüe de la Seigneurie d'un autre Seigneur, declarant ne vouloir instrumenter entre ses Sujets, ni recevoir aucun Contract dans le ressort de sa Justice. Ainsi jugé le 26. Novembre 1615. Depuis sur l'appel interjetté de la Sentence du Juge de Senlis, du 30. Janvier 1624. Arrêt contraire, qui enjoint au Tabellion de Marly, d'aller demeurer à Marly, ou autre lieu en dépendant. *Brodeau sur M. Loüet, lettre N. somm.* 10. *n.* 8.

97 Les Notaires ayant été fixez par Edit pour les Villes & pour les Communautez, ne peuvent se dispenser de faire leur residence ordinaire dans les lieux de leur établissement. Arrêt du Parlement de Grenoble du 16. May 1683. pour les Notaires de Valence, contre un Notaire d'une Communauté voisine de Montoison, quoyqu'il fût porté par ses Provisions qu'il joüiroit des mêmes droits que les Notaires de cette Ville-là, dans laquelle il prétendoit habiter. *Voyez Chorier, en sa Jurisprudence de Guy Pape*, p. 122.

NOTAIRES, DOMMAGES.

98 Les Notaires ne sont tenus des dommages & interêts des parties pour obmission faite és Contracts. *Voyez*

NOT NOT 811

M. Louet, lettre N. *somm.* 9. Voyez la Loy 24. *ambiguitates Cod. de testamentis & quemadmodum, & modo dolus absit.* Le Notaire nommé le Gendre, sollicite un tiers d'acquerir une maison d'un qu'il sçavoit n'être bon vendeur, & n'avoit moyen de la garantir, il a été condamné aux dommages & interets de l'acquereur évincé. Arrêt du 15. Février 1590. *Chenu*, 2. *Cent. quest.* 69. & *quest.* 67. & 68. & *Papon*, *liv.* 11. *tit.* 3. *n.* 20.

99 Si les heritiers du Notaire sont tenus aux dommages & interets d'une partie, pour être le Contract debattu de nullité, à faute de n'avoir fait signer les témoins & parties contractantes, ou pour n'avoir enquis s'ils sçavoient signer? *Voyez Bouvot*, tome 2. verbo, *Notaires*, question 3.

100 *Notarius qui reddit parti instrumentum deffectuosum tenetur ad interesse.* V. *Com. Joan. Const.* sur l'Ordonnance de François I. *art.* 67.

101 *Qui præsens est & non contradicit, juri suo renuntiare censetur; ita judicatum contra Notarium Payen; Senatus Seium posteriorem creditorem præferri Notario, licet antiquiori creditori, voluit.* Arrêt du 21. Mars 1581. *Anne Robert*, *rerum judicat. liv.* 4. *chap.* 14. Voyez *M. le Prêtre*, 1. *Cent. chap.* 29.

102 Un Notaire qui a passé un Contract d'une femme comme autorisée par l'Arrêt, qui n'étoit pas veritable, n'est point tenu en son nom de la validité de l'Acte. Arrêt du 7. Mars 1684. *De la Guess. to.* 4. *liv.* 7. *ch.* 4.

NOTAIRE, ERREUR.

103 *Notarium ex solo judicis præcepto nudo, errorem corrigere non nisi parte vocatâ debere.* Voyez *Franc. Marc.* 1. *part. quest.* 664.

104 *Notarius instrumenti errorem an corrigere possit & quando? Voyez ibid. quest.* 743.

105 Si un Notaire a manqué, soit dans la date ou dans une clause, la partie peut, les autres appellées, requerir la réformation de l'erreur. Jugé au Parlement de Grenoble le 2. Août 1457. *Biblioth. de Bouchel*, verbo, *Notaires.*

106 Notaire recevant des Actes reprouvés de droit, comme simonie, conjuration, doit être privé de son Office & banni à perpetuité. Arrêt du Parlement de Grenoble de l'an 1460. par lequel un Notaire ayant reçu par ignorance un pacte d'une assemblée de conspiration défenduë, a été condamné à une amende. Autre Arrêt du P. de Paris du 8. Mars 1581. par lequel un Notaire a été condamné à être pendu pour avoir antidaté une Obligation. *Papon*, *liv.* 4. *tit.* 14. *nomb.* 8.

107 Deux Arrêts du Parlement de Paris, le premier du 21. Janvier 1605. par lequel sur la sommation de François Rançon, contre un Notaire de faire valider l'obmission en un Testament des mots *lû & relû*, ce Notaire a été renvoyé absous. Le second rendu en 1610. par lequel sur la demande en sommation du sieur de Clermont d'Amboise, contre deux Notaires, pour une obmission par imperitie en un Testament, les Parties ont été mises hors de Cour & de procès. *Voyez les Chartres des Notaires*, *chap.* 19.

NOTAIRE, FAUSSETE'.

108 Des faussetez commises par un Notaire. *Voyez cy-dessus le nombre* 87. & le mot, *Faux*, nombre 94. & *suivans.*

109 Acte de Notorieté donné par M. le Lieutenant Civil le 30. Mars 1686. portant que lorsqu'il y a inscription de faux contre les Actes reçus par les Notaires du Châtelet de Paris, ils ne peuvent être traduits en premiere instance qu'au Châtelet, & par appel au Parlement de Paris pour l'instruction & jugement de faux, & ce par une Declaration du mois de Juillet 1676. verifiée le 28. *Recüeil des Actes de Notorieté*, page 33. imprimé en 1709. chez *Jean Baptiste Coignard.*

NOTAIRE GARANT.

110 Voyez cy-dessus le nombre 39. 98. & *suiv.*

NOTAIRES, GREFFIERS.

111 Les Greffiers ne peuvent faire fonction de Notaires. *Voyez* le mot *Greffier*, nombre 94. & *suiv.*

Tome II.

NOTAIRE, HERITIERS.

112 Le Créancier innovant les Obligations nulles par défaut de signature, en passant constitution, ne peut après agir contre les heritiers du Notaire. Arrêt du Parlement de Dijon du premier Février 1610. *Bouvot*, tome 2. verbo, *Notaire*, *quest.* 6.

113 Les heritiers des Notaires sont hors de recherches sinon en deux cas. 1. *Quando facti sunt ex eâ locupletiores.* 2. *Quando lis est contestata cum eorum patre.* Arrêt du Parlement de Grenoble du 25. Juin 1622. Voyez *Basset*, tome 1. *liv.* 2. *tit.* 14. *chap.* 2.

Voyez cy-dessus le nomb. 99.

NOTAIRE, HYPOTHEQUE.

Voyez cy-dessus le nomb. 39.

114 Le Notaire ayant hypotheque sur des biens, s'ils sont hypothequez posterieurement par Actes passez pardevant luy, perd son hypotheque à l'égard du nouveau contractant. Arrêts du 21. Mars 1581. & du mois de Decembre 1598. *Papon*, *liv.* 11. *tit.* 3. *nomb.* 19. & cy-dessus le mot *Hypotheque*, *nomb.* 196.

NOTAIRE, IMPERITIE.

115 Les Notaires ne peuvent être poursuivis ni condamnez pour une faute commise par imperitie de leur art, *si dolus absit.* Jugé le 21 Janvier 1605. *M. Bouguier*, lettre *N. nomb.* 3.

Voyez cy-dessus le nombre 15. & le nomb. 103. & *suiv.*

NOTAIRES, TABLEAU DES INTERDITS.

116 Le nom & surnom des interdits, prodigues, &c. doit être écrit dans l'Etude des Notaires. Arrêt du 18. Mars 1614. *Mornac*, *l.* 11. *ff. de institoriâ actione.*

116 bis. Arrêt du 11. Février 1633. qui décharge un Notaire de l'assignation à luy donnée pour le fait d'un interdit. *Voyez les Chartres des Notaires*, *chap.* 21. *p.* 920.

117 Les Notaires sont responsables des Actes qu'ils passent pour les interdits; c'étoit Motelet Notaire. Arrêt du 17. Janvier 1662. *De la Guess.* tome 2. *liv.* 4. *chap.* 42. Voyez cy-dessus le mot, *Interdiction*, nombre 21. & *suivans.*

NOTAIRES, INVENTAIRES, PARTAGES.

118 Inventaires sont faits par les Notaires. *Voyez* le mot *Inventaire*, *nomb.* 96. & *suiv.*

Arrêt du Parlement de Paris du 29. Novembre 1382. en forme de confirmation des Notaires du Châtelet, & des privileges à eux concedez, rendu entre eux & les Commissaires pour le fait des Inventaires : même Arrêt du 20. Juillet 1384. *Voyez les Chartres des Notaires*, *chap.* 7. *page* 315. & *suiv.*

119 Arrêt du 8. Juin 1397. entre M. l'Evêque de Paris & les Notaires du Châtelet, qui ordonne que l'Exploit fait par les Notaires sera parachevé & tiendra, que l'Evêque fera ôter les sceaux apposez par ses Sergent & Gardiateur, autrement que la Cour les fera ôter. V. *Ibidem*, *chap.* 11. *page* 609.

120 Les partages volontaires se font par les Notaires; mais s'ils sont contradictoires & faits en execution des Sentences du Prévôt de Paris, ce sont les Commissaires du Châtelet. Arrêts des 3. Decembre 1569. & 4. Avril 1573. *Bacquet*, *des Droits de Justice*, *chap.* 25. *nombre* 41.

121 Les Procureurs du Châtelet avoient coûtume, bien que les Parties fussent d'accord de faire partages volontaires, de faire dire par un jugement où appointement qu'ils accordoient entr'eux que partages seroient faits. Sous ombre que ce n'étoit un partage volontaire, mais ordonné par jugement, ils s'adressoient aux Examinateurs du Châtelet; qu'ils vouloient favoriser, & fraudoient ainsi les Notaires. Arrêt du 3. May 1584. qui ordonnant l'execution de ceux des 3. Decembre 1569. & 4. Avril 1573. porte défenses d'expedier aucuns jugemens & Sentences volontaires sur instances supposées pour le fait des partages. *Voyez les Chartres des Notaires*, *chap.* 8. *page* 521.

122 Notaires de la Cour n'ont droit de faire Inventaires;

KKkk ij

cela est de la fonction des Notaires du Châtelet. *Voyez* le mot *Inventaire*, *nombres* 107. 108. 113.

123 Arrêt du Parlement de Paris du 25. Février 1599. en faveur des Notaires de la Ville d'*Orleans* pour la confection des Inventaires & partages. *Chartres des Notaires*, *chap*. 3. *page* 288.

124 Arrêt du Parlement de Paris du 7. Septembre 1607. par lequel il est défendu à tous Commissaires, Huissiers, Sergens, & Greffiers du Tresor, Bailliage du Palais & autres, de ne faire aucun Inventaire, encore qu'ils y fussent condamnez par le Prevôt de Paris ou son Lieutenant, Juge du Tresor & Bailly du Palais, & aux Commissaires de faire aucuns partages, qu'aprés qu'il aura été ordonné par Sentences & jugemens contradictoirement donnés par Juges competens, sans fraudes, ni supposition d'instance : & encore aprés telle Sentence donnée, pourront les Notaires faire les partages, si les Parties le requierent. *Ibid*. *chap*. 7.

125 Arrêt du Parlement de Paris du 18. Juin 1638. portant défenses aux Commissaires & Greffiers de faire autre chose que procez verbal des levées de scellez & contestations des Parties, & que les Inventaires & descriptions seront faits par les Notaires & non autres. *Ibid*. *chap*. 3. *page* 294.

NOTAIRES LEGATAIRES.

126 Des legs faits aux Notaires. *Voyez* le mot *Legs*, *nombre* 414. & cy-aprés le *nomb*. 246. *& suiv*.
Un Notaire peut être legataire. Arrêt du Parlement de Dijon du 10. Juillet 1588. *Bouvot*, *tome* 2. verbo, *Testament*, *quest*. 21.

NOTAIRE, MINEUR.

127 Notaire est reputé majeur aussi bien qu'un Procureur du Roy, & ne peuvent se servir de Lettres de rescision, le Roy ne se servant point de mineurs. Arrêts du Parlement de Paris des 23. Decembre 1594. & 21. Novembre 1576. Par celui-cy un Procureur du Roy fut déchargé de donner caution ; il fut dit que compte seroit rendu purement, & que l'Arrêt serviroit de décharge au Tuteur. *Papon*, *liv*. 4. *tit*. 14. *nomb*. 12.

128 La qualité de Notaire le rend majeur pour ce qui est de l'exercice de sa Charge, mais non pour les affaires d'autruy, & lorsqu'il y va de l'interêt d'un tiers ; il ne peut disposer par Testament du quint de ses propres. Arrêt du 28. Février 1611. *Brodeau sur M. Loüet*, *lettre G. somm*. 9. *nombre* 5.

129 Un Notaire mineur ne peut se faire relever d'une vente. Arrêt du Parlement de Bourdeaux du 16. Juin 1656. *La Peirere*, *lettre M. nomb*. 9.

NOTAIRES, MINUTES.

130 *Voyez* cy-dessus le *n*. 60. *& 93*. & cy-aprés le *n*, 171. *Abreviaturas Notarius propriâ manu scribere tenetur*. *Voyez Franc. Marc*, *tome* 1. *quest*. 231.

131 L'on peut sur une copie donnée par un Notaire demander l'exhibition de la minute sans s'inscrire en faux. Arrêt du Parlement de Dijon du 9. Decembre 1566. *Bouvot*, *tome* 2. verbo, *Notaire*, *quest*. 1.

132 Les Notaires peuvent faire minutes d'obligations, & les copies font foy pour être colloquées à la date. Arrêt du Parlement de Dijon du 28. Janvier 1606. *Bouvot*, *ibid*. *quest*. 2.

133 Arrêt du Parlement de Provence du 15. Octobre 1643. qui a condamné un Notaire à remettre les minutes au Greffe de la Cour afin que celuy qui plaidoit contre luy en pût prendre des extraits. *Boniface*, *tome* 1. *liv*. 1. *tit*. 20. *nomb*. 5.

134 Arrêt du Parlement de Paris rendu en la quatriéme Chambre des Enquêtes le 14. Mars 1663. & prononcé le 20. portant défenses aux Notaires de délivrer aux Parties les minutes des Procurations *ad resignandum*, & aux Banquiers de les envoyer en Cour de Rome, conformément à l'article de la Declaration de 1646. sur un procés par écrit dévolu en la Cour, par appel d'une Sentence des Requêtes du Palais, touchant le possessoire du Prieuré de Nôtre-Dame des Rosiers,

Diocése de Reims. *Voyez les Plaidoyers imprimez chez Jean Guignard en* 1687.

NOTAIRE MORT.

135 Quand un Notaire est mort, le Juge du lieu de son établissement doit commettre un ou plusieurs Notaires pour expedier aux Parties les actes qu'il a reçûs ; & dans le Dauphiné ce droit appartient aux Juges des Seigneurs Bannerets à l'exclusion des Juges Delphinaux. Arrêt du Parlement de Grenoble pour le Juge de Savoye. *Voyez Guy Pape*, *quest*. 2.

136 Regulierement l'heritier du Notaire ne peut sans être commis faire ces expeditions ; neanmoins les anciennes font foy, quoyqu'il n'y paroisse pas que le Notaire heritier de celuy qui a reçû les Actes ait été commis, & qu'il n'y ait pas apparence d'en voir jamais de commission, en tout cas il suffit qu'il y soit dit qu'il a été commis par le Juge. Arrêt du Parlement de Grenoble du 19. Mars 1458. mais si dans le procés ce défaut de commission n'est point opposé, on ne doit point s'y arrêter. Arrêt de l'an 1460. *Voyez Guy Pape*, *questions* 118. *& 404*.

137 Arrêt de Reglemens pour les Notaires dépendans du Domaine, du 10. Janvier 1565. par lequel les Registres, minutes, ou papiers de l'ancien destitué ou défunt doivent être baillez au Tabellion pour en être délivré expedition aux Parties. *Papon*, *liv*. 5. *tit*. 10. *nomb*. 10.

138 Arrêt du Parlement de Paris du 12. Janvier 1590. qui ordonne que le Tuteur des enfans mineurs & la veuve d'un Notaire au Châtelet, mettront dans quinzaine és mains d'un Notaire tel qu'ils voudront choisir, les Registres & minutes, lequel s'en chargera au Registre de la Communauté. *Voyez les Chartres des Notaires*, *chap*. 19. *page* 800.

NOTAIRES, NOBLESSE.

139 Si les Procureurs & les Notaires dérogent à leur noblesse ? *Voyez* le mot, *Noblesse*, *nomb*. 79. *& suivant*, & la 2. partie du Traité *des Criées* fait par *M. Bruneau*, *page* 444.

NOTAIRES EN NORMANDIE.

140 Edit portant Reglement pour les Notaires de la Province de Normandie, en interpretation de ceux du mois de Juillet 1677. & Juin 1685. à Versailles en May 1686. registré au Parlement de Roüen le 20. dudit mois.

NOTAIRES, PARENS.

141 Arrêt du 22. May 1550. portant défenses aux Notaires de prendre pour Compagnons, leurs peres, beaux-peres, leurs freres, leurs oncles. *Papon*, *liv*. 4. *tit*. 14. *nombre* 14.

142 Si un Notaire pere peut recevoir un Contract pour son fils, le gendre pour son beau-pere, l'oncle pour le neveu, & si le Tabellion peut commettre en son lieu pour recevoir des Actes ? *Voyez Bouvot*, *tome* 2. verbo, *Notaires*, *quest*. 7.

143 Arrêts du Parlement de Provence des 23. Janvier 1609. & 1635. qui défendent aux Notaires de recevoir les Contracts passez en faveur de leurs parens, à peine de faux. *Boniface*, *tome* 1. *liv*. 1. *tit*. 10. *nomb*. 2.

144 Arrêt du même Parlement de Provence du 14. Février 1641. qui permet à un Notaire parent de recevoir une Procuration *ad resignandum*. *Boniface*, *ibid*.

145 Reglement portant défenses aux Notaires de recevoir les Contracts où leurs cousins germains & autres parens plus proches se trouveront interéssez. *Mornac*, l. 17. *ff*. *de testibus*, où il date l'Arrêt rendu à la Chambre de l'Edit, du 10. ou 11. Août 1606. Arrêt contraire du 9. Juillet 1659. Chambre de l'Edit, rapporté *au Livre de la Science des Notaires*.

NOTAIRES DE PARIS, ET DE LEUR POUVOIR.

146 Des Notaires du Châtelet de Paris, & de leur pouvoir pour la confection des Inventaires & partages. *Voyez les Ordonnances recueillies par Fontanon*, *tome* 2. *liv*. 3. *tit*. 30. *page* 1183. Joly, *des Offices de France*, *tome* 2. *liv*. 3. *tit*. 40. *page* 1647. & aux additions *page* 1935.

& Chenu, *Offices de France*, titre 32.

Les Notaires reçus au Châtelet de Paris peuvent instrumenter par tout le Royaume de France. Loüis XII. à Troyes en 1510. Conference des Ordonnances. §. 6. Ceux d'Orleans, de Montpellier ont le même droit, à l'exception de la Ville de Paris. Ordonnance de Neron. *Voyez Brodeau sur M. Loüet*, lettre N. *somm*. 10. Voyez Mornac, *l. ult. ff. de Jurisdictione*.

147 Arrêt du Conseil Privé du 19. Août 1587. en faveur des Notaires du Châtelet contre les quatre Notaires du Bailliage du Palais, par lequel le Roy renvoye leurs differends au Parlement, & cependant défenses aux quatre Notaires du Bailliage d'exercer leurs états. Le 23. Juillet 1594. il fut ordonné au Parlement, que l'Edit de Création nouvelle de quatre Notaires en chacun Bailliage n'aura lieu en celuy du Palais, sauf aux Intimez à se pourvoir ainsi qu'ils verront être à faire pour le remboursement de la finance par eux payée; ils se pourvûrent en cassation, & furent deboutez par Arrêt du Conseil Privé du 9. Février 1624. *Voyez les Chartres des Notaires*, chap. 10. nomb. 592.

148 Arrêts du Conseil Privé du Roy des 9. Novembre 1602. 12. Avril 1622. portant défenses aux quatre Secretaires de la Cour de Parlement de troubler les Notaires du Châtelet de Paris dans l'exercice & fonction de leurs Offices. *Ibidem*, chap. 1. page 205.

149 Par Arrêt du Conseil Privé du 16. Mars 1607. un Notaire du Châtelet de Paris a été relevé d'une assignation en la Chambre de l'Edit de Nerac, sauf à la Partie à se pourvoir pardevant le Prévôt de Paris, ainsi qu'il avisera bon droit. *Voyez ibid.* chap. 19. page 810.

150 Arrêt du Conseil Privé du Roy du 23. Decembre 1611. au profit de la Communauté des Notaires du Châtelet qui ordonne que les Receveurs des Consignations seront tenus prendre & recevoir sans refus toutes Quittances & Actes concernans les Consignations passez pardevant les Notaires du Châtelet indifferemment, sans que Comtesse & Bourgeois, (qui étoient les Notaires affectez par lesdits Receveurs puissent passer aucuns Actes en la maison & Bureau desdits Receveurs, à peine de nullité des Actes, dommages, & interêts de la Communauté, & d'amende arbitraire. V. *Ibidem*, chap. 5. page 305.

151 Arrêt du Parlement de Paris du 20. Janvier 1623. contre le Greffier en Chef du Châtelet, portant permission aux Notaires de faire telles Quittances, Collations & Actes sur telles pieces & Sentences qui leur seront présentées en tel état qu'elles se trouveront. *Ib.* chap. 3. page 291.

152 Officiers de la Prévôté de l'Hôtel & grande Prévôté de France, sont établis pour empêcher & connoître des désordres & délits qui peuvent arriver dans le Louvre; ils n'ont dans la Ville & Fauxbourgs de Paris aucune possession, droit & attribution de Jurisdiction ni de recevoir, faire, & passer aucuns Contracts, Testamens, Inventaires, partages, & Actes volontaires qui sont de la fonction des Notaires. Arrêts du Parlement de Paris du 7. Decembre 1658. & 17. Avril 1662. *Ibid.* chap. 13. page 741.

153 L'usage du Châtelet est de renvoyer les differends d'entre les Notaires pardevers les Syndics de la Communauté; il y en a plusieurs Sentences dans les Chartres des Notaires, chap. 20. page 896.

154 Arrêt du Parlement de Paris du 19. Juillet 1644. contre l'un des Notaires qui ne vouloit accepter la charge de Syndic en laquelle il avoit été nommé. Ordonné qu'il l'acceptera & fera le serment. *Voyez les Chartes des Notaires*, chap. 10. page 902.

155 Arrêt du Conseil d'Etat du 21. Août 1645. par lequel la Communauté des Notaires du Châtelet de Paris a été maintenue en la passation des Contracts de constitution sur la Ville, contre quatre des Notaires qui en avoient usurpé la commission. *Ibidem*, chapitre 19. page 825.

156 Arrêt du Conseil d'Etat, portant que les Notaires du Châtelet de Paris seront reçus à payer le prêt pour être admis au droit annuel sur le pied du sixiéme denier de l'évaluation de leurs Offices, ainsi que les Présidiaux. *Ibidem*, page 837.

157 Par Arrêt du Conseil Privé du Roy, du 12. Decembre 1659. un Religionaire a été débouté des provisions qu'il poursuivoit d'un Office de Notaire au Châtelet de Paris avec dépens. *Ibidem*, page 851.

158 Arrêt du Parlement de Paris du 1. Avril 1661. contre un particulier qui se disoit Notaire Royal au Châtelet, residant à Chaliot. Autre Arrêt du Conseil Privé du 22. du même mois qui luy défend de prendre cette qualité à peine de faux & de 3000. liv. d'amende, & de tous dépens, dommages & interêts. *Ibidem*, chap. 18. page 785.

159 Le Sénéchal de Guyenne avoit refusé d'homologuer le Reglement que les Notaires de la Ville de Bourdeaux avoient fait entr'eux, portant qu'étant créés à l'instar des Notaires du Châtelet, ils porteroient la robe. Ils prirent un Acte de Notorieté le 17. Juillet 1688. par lequel M. le Lieutenant Civil atteste que les Notaires du Châtelet de Paris, sont reçus & prêtent le serment en robe & bonnet, & sont en possession de porter la robe dans les assemblées publiques & particulieres, & par tout ailleurs où bon leur semble, que lorsqu'ils sont mandez, ou qu'ils comparoissent devant les Magistrats, ils sont même obligez d'être revêtus de leur robe; & que sion les souffre sans en avoir, c'est par tolerance. *Recueil des Actes de Notorieté*, page 44.

NOTAIRE, PARTAGES.

160 Notaires ayant droit de faire les partages. *Voyez cy-dessus* le nomb. 118. & *suiv*.

NOTAIRES, PRESEANCE.

160 bis. La préseance des Notaires de Chaumont en toutes Assemblées publiques & particulieres sur les Procureurs. Arrêt du 4. May 1669. De la Guess. tome 3, liv. 3. chap. 9.

NOTAIRES, PREUVES.

161 Acte de Notorieté donné par M. le Lieutenant Civil le 21. Avril 1691. que l'on n'est point reçu à prouver par témoins le contraire de ce qui est énoncé par les Actes passez pardevant Notaires. *Recueil des Actes de Notorieté*, page 73. & *suiv*.

162 Acte de Notorieté donné par M. le Lieutenant Civil le 19. Août 1701. portant que l'on ne peut être admis à la preuve par témoins contre un Contract ou autres Actes passez pardevant deux Notaires ou un Notaire & deux témoins, & que pour détruire ces sortes d'Actes qui emportent hypotheque, il faut passer à l'inscription de faux, ou avoir un commencement de preuve par écrit qui induit la fraude, & qui y puisse donner lieu. *Ibidem*, page 134. & *suiv*.

NOTAIRES, PROCURATION, PROCUREUR.

163 Les Notaires peuvent être Procureurs, pourvû qu'ils n'occupent pas dans les causes où ils auront fait Offices de Notaires. Arrêt du Parlement de Paris du 17. Avril 1584. Papon, liv. 4. tit. 14. nomb. 9.

164 Par plusieurs Arrêts donnez à Paris, il est défendu aux Procureurs d'être Notaires, il faut opter. *Bibliot. de Bouchel*, verbo, *Avocat*, où il date un Arrêt des Grands-Jours tenus à Angers le 16. Septembre 1539.

165 Offices de Procureurs & Notaires sont incompatibles aux Siéges Royaux, Arrêts en 1541. & le 15. Octobre 1557. Le contraire a été jugé le 17. Avril 1584. pour les Officiers des Siéges subalternes. *Voyez Filleau*, part. 2. tit. 7. chap. 7.

166 Par Arrêt du 26. Janvier 1561. jugé au profit de M. Jean Laurent, qu'il seroit reçû en l'état de Procureur, quoy qu'il fût Notaire; à la charge neanmoins qu'il ne pourroit instrumenter ni faire Acte de Notaire dans les causes où il seroit Procureur. *Bibliotheque de Bouchel*, verbo, *Procureur*.

f. Arrêt du Parlement de Paris du 6. Juillet 1577. qui enjoint aux Notaires d'inserer aux Contracts qui seront passez pardevant eux les Procurations des Parties contractantes en qualité de Procureur. Le 13. Septembre suivant, autre Arrêt en interpretation, qui ordonne que si les Procurations contiennent plusieurs chefs, la clause relative aux Actes y sera seulement inserée. V. les Chartes des Notaires, chap. 21. page 912.

168. Défendu aux Procureurs des Bailliages & Siéges du ressort de la Cour, d'exercer Offices de Notaire; cela n'a pas lieu aux simples Siéges Royaux. Voyez Papon, liv. 6. tit. 4. nomb. 8.

169. Notaire ne peut être Procureur, il faut qu'il opte. Jugé en une cause de Langres, par Arrêt du 14. May. 1596. Bibliotheque de Bouchel verbo Notaires.

PROTONOTAIRES.

170. Voyez cy-dessus. le nomb. 13.

REGISTRES DES NOTAIRES.

171. Protocoles & Registres des Notaires deffunts dependans du domaine, sont du domaine du Roy. Papon liv. 5. tit. 10. n. 10.

172. *Notarii quod notas penes se retinere, & in prothocollo redigere teneantur.* Voyez Franc. Marc. to.1. quest. 369.

173. Si un acte est suspect, on peut obliger le Notaire qui l'a passé, de rapporter son Protocole, quand même il auroit donné un certificat. Arrêt du Parlement de Grenoble de l'an 1447. Voyez Guy Pape quest. 19.

174. Le Prévôt de Paris avoit ordonné que Cottereau Notaire qui avoit reçu le Testament de la femme d'Oronce, exhiberoit & representeroit le broüillard ou minute qui luy avoit été baillé sur lequel on avoit dressé & expedié le Testament. Cottereau Notaire disoit qu'il avoit inseré, & mis le contenu au memoire en son registre, lequel registre il est tenu de garder par l'Ordonnance de 1539. & exhiber quand besoin sera; mais quant au memoire ou broüillard qu'il ne l'a point gardé, comme aussi il n'est point tenu le garder. Par Arrêt du 21. Février 1558. la Cour mit l'appellation, & ce dont est appellé, au néant; & en emendant le Jugement, il est dit que les Notaires seront tenus d'exhiber seulement leurs registres, sans qu'ils soient tenus de garder les memoires ou broüillards pour lesquels ils ont fait ledit registre. Bibl. de Bouchel, verbo Notaires.

174. bis. Par Ordonnance de François I. publiée l'an 1539. article 177. un Notaire ne doit montrer ny faire communication de ses registres ou protocoles, ny dépéche d'un Contrat par luy reçu, à autre qu'aux contractans ou leurs heritiers, successeurs ou autres, ausquels le droit de tels Contrats appartient notoirement, ou qu'il fût ordonné par Justice. Arrêt du Parlement de Paris en 1548. Bibliot. de Bouchel, verbo Notaires.

175. Commissaire & garde de Protocole d'un Notaire défunt, ne peut délivrer expedition d'un contrat trouvé au protocole. S'il y a opposition de la part des deux parties, le Juge ne doit simplement ordonner que l'expedition sera faite; mais doit dire que la note ainsi qu'elle est, sera jointe au procez pour y avoir tel égard que de raison. Arrêt du Parlement de Paris de l'an 1545. Papon, liv. 4. tit. 14. n. 13.

176. Le 24. Novembre 1575. il y eut Arrêt au Parlement de Grenoble, à la Requête de M. le Procureur General, par lequel il fut enjoint à tous Notaires de tenir Registres de tous actes qu'ils recevroient, & de les enregistrer dans leurs protocoles dans la huitaine, aprés qu'ils les auroient reçus, sans laisser les actes en liasse & cartes volantes, à peine de 50. liv. d'amende pour chacune contravention & de privation de leurs Offices, s'ils étoient coûtumiers d'y contrevenir. Basset, to. 2. liv. 2. tit. 7.

177. *Tandem obtinuit, ut qui producit instrumentum, quod arguitur, teneatur Protocollum exhibere.* Arrêt du 3. Septembre 1616. rapporté par Chorier en sa Jurisprudence de Guy Pape. p.215. Il y a eu depuis plusieurs Arrêts semblables.

178. Il est prohibé aux Notaires de communiquer leurs Registres, sinon aux parties interessées ou par ordre de Justice; s'ils en font refus aprés l'intérêt verifié, ils doivent être condamnez, quoyqu'ils alleguent que le contrat est contre les bonnes mœurs. Arrêt du Parlement de Bretagne du 29. Avril 1608. Du Fail, livre 1. chapitre 4.

179. Arrêt du Parlement de Provence du 20. Decembre 1661. qui a condamné un Notaire à l'amende de 10. l. envers le Roy, & de 20. liv. envers la partie, & aux dépens du procez, pour avoir laissé un feüillet blanc dans les Registres. Boniface, tome 1. livre 1. titre 20. nombre 12.

180. Si c'est un crime de faux à un Notaire, de laisser dans ses Registres des actes imparfaits & des feüillets blancs & vuides, & si la procedure criminelle en appartient aux Juges des Seigneurs ou aux Sénéchaux? Arrêt du 30. Septembre 1686. qui a jugé que la procedure criminelle compete, & que la connoissance en appartient aux Sénéchaux, privativement à tous Juges, & que les Juges des Seigneurs, peuvent faire les visites des Registres, dresser procez-verbal, informer & decreter, le 27. Novembre suivant intervint l'Arrêt definitif, qui condamna le Notaire à être interdit de l'entrée & frequentation du sieu lieu & terroir pendant une année, le déclara indigne & incapable d'exercer la Charge de Notaire, & autres publiques, luy enjoignit de se démettre de la sienne dans trois mois, autrement venduë à la diligence du Procureur General; le condamna en 50. liv. d'amende envers le Roy, 100. liv. envers la partie, & fait un Reglement à l'avenir contre les Notaires. Boniface, tome 5. liv. 3. tit. 2. chap. 13.

NOTAIRE, RESSORT.

181. Notaires instrumentans hors leur ressort. Voyez cy-dessus le nomb. 34. & le mot Contrat, nombre 83. & suivans.

Des Notaires, & qu'ils doivent instrumenter en leur territoire. Voyez Du Fail, liv. 1. chap. 1. Comme les derniers Edits ont réglé leurs fonctions, leurs droits & ressorts, l'ancienne Jurisprudence est à cet égard peu importante.

182. Un arrentement reçu par un Notaire de la Rochefoucault au Village de Maranthon, hors son ressort & détroit, encore que les deux lieux fussent sujets au Sieur de la Rochefoucault, fut déclaré nul par Arrêt donné à Tours. Bibliotheque de Bouchel, verbo, Notaires.

183. Un acte volontaire reçu par deux Notaires Royaux, dont l'un est dans son ressort, l'autre non, est nul. Bacquet des Droits de Justice, chap. 25. nomb. 31.

184. *Notariis non licet conficere instrumenta extra territorium, ubi affert constitutiones regias quibus singulari jure Notariis præfectura Parisiensis, hoc est indultum, ac Aurelianensibus, ac Monspessulanis, &c. ac plurima exempla jungit de testamento, de actore, de obligatione extra Galliam, de privilegio contractus matrimonii, de hypotheca & differentia judicis Regii & dominici. Motnac, l. ult. ff. de Jurisdictione.*

185. Les Notaires de Cour Laie, soit Royaux ou subalternes, ne peuvent recevoir un testament hors des limites de leur ressort; secus, dans leurs limites, même entre personnes domiciliées. M. Ricard des Donations entrevifs, 1. part. chap. 5. sect. 8. nomb. 1578.

186. Entre les trois Notaires de nouveau établis à S. Malo, requerans défenses être faites aux trois Notaires Royaux Bailliagers de Châteauneuf, d'instrumenter hors le Bailliage. Ceux de Châteauneuf disoient qu'ils ont de coûtume de passer & recevoir tous Contrats en la Ville de Saint Malo, & que par le Reglement de Nantes Bailliagers, il est dit qu'ils passeront les Contrats indifferemment par forme de fraternité, suivant l'ancienne réduction, offrans que ceux de S. Malo instrumentent aussi au Bailliage & ressort de Châteauneuf. La Cour sans avoir égard à la Requête presentée par les Notaires de nouveau établis à S. Malo, ordonne qu'ils joüiront de leurs états en la forme & maniere que les autres Notaires-Bailliagers, suivant l'ancienne réduction faite en ce pays; c'est-à-

NOT　　　　　　　　　NOT　815

dire qu'ils pourront paſſer Contrats à Châteauneuf, & ceux de Châteauneuf à S. Malo, par forme de fraternité. Arrêt du Parlement de Bretagne du 8. Mars 1556. Du Fail, liv. 1. chap. 31.

187　Arrêt du Conſeil Privé du 14. Mars 1608. qui ordonne qu'un Notaire Royal de Neufville ſur Oyſe, ne pourra exercer ailleurs. Voyez les Chartres des Notaires, chap. 18. p. 767.

188　Notaires Royaux ne peuvent inſtrumenter dans l'étendue de la Seigneurie des Hauts-Juſticiers. Jugé le 8. May 1618. Bardet, to. 1. li. 1. chap. 21.

189　Les Contrats paſſez par des Notaires ſubalternes dans le détroit de leur reſſort, & entre perſonnes qui ne ſont ni juſticiables ni demeurantes dans le territoire des Seigneurs, n'emportent hypoteque. Arrêt du Conſeil du 7. Août 1619. Ordonnance de 1539. art. 66. Coût. de Paris, art. 165. Ordonnance de Neron. M. Loüet, lettre N. ſom. 10. Du Frêne, liv. 5. chap. 4. où il rapporte un Arrêt du 9. Février 1647. qu'Henrys rapporte, to. 1. li. 4. chap. 6. qu. 34. qui l'a jugé de la ſorte; & tels contrats ne peuvent avoir force que pour écriture privée. M. Bouguier, lettre C. nombre 7. Brodeau ſur M. Loüet lett. N. ſomm. 10. nomb. 11.

190　Les Notaires Royaux ou ſubalternes, ne peuvent inſtrumenter ni recevoir aucuns Contrats inter volentes, ſinon au dedans de leur reſſort, hors duquel ils ſont perſonnes privées, à peine de nullité, & de répondre en leur propre & privé nom des dépens, dommages & interêts des parties. Brodeau ſur M. Loüet, lettre N. ſomm. 10. nomb. 10. Voyez Neron, qui rapporte l'Arrêt du Conſeil du 7. Août 1619. pour les ſubalternes ſeulement. M. le Prêtre, 4. Cent. chap. 34.

191　Arrêt du Conſeil d'Etat, publié au Châtelet de Paris le 4. Octobre 1619. portant inhibitions à tous Notaires ſubalternes non Royaux, de recevoir ou paſſer aucuns Contrats, Inventaires, Partages, Teſtamens & autres Actes, ſinon dans leurs territoires, à peine de faux & de nullité. Bibliotheque de Bouchel, verbo, Notaires.

192　Arrêt du Parlem. de Provence du 29. Janvier 1652. par lequel il a été jugé qu'un Notaire ne peut contracter hors le lieu de ſon établiſſement, quoyqu'il ſoit en poſſeſſion de ce titre, & ſes predeceſſeurs. Boniface, to. 1. liv. 1. tit. 10. n. 7.

193　Par Arrêt du Parlement de Dijon du 3. Juillet 1659. il a été jugé ſolemnellement qu'un Notaire ne peut faire ſes fonctions hors le reſſort de ſon Bailliage, à peine de nullité. Taiſand, ſur la Coût. de Bourgogne, tit. 7. art. 6. note 10.

194　Il a été jugé depuis que les Contrats paſſez par des Notaires ſubalternes dans leurs reſſorts, entre perſonnes non domiciliées, emportoient hypoteque. Arrêt du 7. Juin 1659. M. le Prêtre és Arrêts celebres du Parlement. Voyez M. Bouguier, lett. C. nomb. 7.

195　Cette Juriſprudence a encore changé par Arrêt du Parlement de Paris du 10. Juillet 1660. qui fait défenſes à tous Notaires ſubalternes de plus paſſer à l'avenir aucuns actes entr'autres perſonnes que de leur Juriſdiction, à peine de nullité. De la Guiſſ. to. 2. liv. 2. chap. 26. & liv. 3. chap. 29.

NOTAIRES, RESTITUTION.

196　On laiſſe aux Caſuiſtes à décider les cas, dans leſquels un Notaire eſt ſujet à reſtituer male parta; à l'égard de la reſtitution en matiere de lezion, il appartient aux Juriſconſultes d'en parler. Voyez le mot Mineur, nomb. 94. & 99.

NOTAIRE, RETRAIT.

197　Retrait lignager n'a point lieu dans un Office de Notaire, quoyqu'il ſoit hereditaire. Jugé au Parlement de Grenoble le 5. Juillet 1622. Baſſet, tome 2. livre 6. tit. 7. chap. 2.

NOTAIRES, ET DE LEURS SALAIRES.

198　Voyez l'Ordonnance d'Orleans, art. 85.
199　Creditor inſtrumentum à Notario debet redimere. Sed cum utrumque concernat, plerumque & debitor actuario

ſatisfacit. Voyez Franc. Marc. to. 2. queſt. 233.

Notaire ne peut point obliger le contractant de retirer de luy ſon expedition. Arrêt du Parlement de Paris du 14. Octobre 1556. Papon, livre 4. titre 14. nombre 15.　　200

Un Notaire de Bonac a été débouté à la Requête du Syndic du lieu de la demande qu'il faiſoit à chaque habitant du droit de deux reconnoiſſances; ſçavoir d'une pour la retention, & l'autre pour l'expedition, & il a été jugé qu'ils n'en payeroient qu'une. L'Arrêt rendu à Toulouſe le 23. Juin 1561. La Rocheflavin, des Droits Seigneuriaux, chapitre 1. article 21.　　201

Notaires de Dinan condamnez par Arrêt du Parl. de Bretagne du 28. Avril 1568. de rendre les profits qu'ils ont faits, vacans aux Commiſſions dépendantes du Greffe, depuis l'inſinuation à eux faite; car ils étoient en mauvaiſe foy. Du Fail, liv. 2. chap. 309.　　202

Edit portant reglement pour le ſalaire des Notaires & Tabellions à S. Maur des Foſſez en Juillet 1580. Regiſtré le 26. du même mois, 4. vol. des Ord. d'Henry III. fol. 231. Fontanon, to. 1. p. 720. & Joly, des Offices de France, to. 2. p. 1724.　　203

Les Notaires, Procureurs & Greffiers ne peuvent demander le payement de leurs ſalaires aprés deux ans. Arrêt du Parlement de Grenoble, rapporté par Expilly, chap. 140.　　204

Salaire des Notaires eſt preſcrit par deux ans aprés la date des inſtrumens par eux reçus. Cela eſt conforme à ce qui a été ordonné pour les Procureurs & Avocats, par l'Ordonnance d'Abbeville, article 16. Ainſi jugé à Grenoble le 17. May 1607. En Languedoc les ſalaires & patronage des Avocats, Procureurs & Notaires ſont preſcrits aprés 5. ans. En leurs Ordonnances article 27. En Flandre par deux ans. Expilly. Arrêt 140.　　205

Arrêt du Parlement de Provence du 15. Février 1652. lequel a confirmé l'uſage des Notaires qui ne donnent point copie des ſommations ou ceſſions, ſi ce n'eſt aux dépens des parties ſommées, ou des debiteurs cedez. Boniface tom. 1. liv. 1. tit. 20. n. 10.　　206

Voyez cy-aprés le mot Salaire. nomb. 18. & ſuiv.

NOTAIRE, SEIGNEUR.

Voyez cy-deſſus le nomb. 37.

Voyez l'Arrêt de Suilly donné au profit du Roy contre M. de Longueville, que le Roy peut ériger un Notaire Royal en la Châtellenie en laquelle le Seigneur ne montre point avoir droit de Tabellionage. Bibliotheque de Bouchel verbo Notaire.　　207

Le Siege Préſidial de Rennes dit que les quatre Notaires Royaux établis à Vitré ſeront tenus exhiber les cedes de leurs Contrats au Seigneur de Vitré, en la maiſon des Notaires & avec ſalaires. Le Baron de Vitré appelle; il eſt dit, bien jugé. Arrêt du Parlement de Bretagne du 20. Mars 1556. Du Fail, liv. 1. chap. 4.　　208

Seigneurs Juſticiers ne peuvent défendre aux Notaires de mettre dans les Contrats qu'ils paſſent ſous leurs ſceaux, clauſe portant ſoumiſſion aux Juſtices Royales. Arrêt du Parlement de Toulouſe de l'an 1279. Papon livre 5. tit. 8. n. 5.　　209

Les Notaires Royaux ne peuvent à la diminution des droits des Seigneurs, inſtrumenter en leur Juſtice ſans leur conſentement. Arrêts du Parlement de Paris des 20. Septembre 1575. & 11. Février 1590. Papon livre 4. tit. 14. nombre 16. Bacquet traité 5. chapitre 25. il en eſt de même des Sergens.　　210

Jugé que les Notaires Royaux demeurans au dedans des Seigneuries des Ducs, Comtes & Barons, ne peuvent inſtrumenter ni paſſer aucuns Contrats entre les habitans & demeurans, ny même entre l'un d'iceux & un Etranger, Par Arrêt du 23. Août 1613. au profit de Me. Adrien de Montlac, contre Charles de la Prade Notaire Royal. Additions à la Bibliotheque de Bouchel verbo Soumiſſion.　　211

Les Seigneurs ont le choix du Notaire pour la faction & retention de leurs reconnoiſſances, ſans que le　　212

Notaire du lieu puisse s'en plaindre. Arrêt du Parlement de Toulouse du 24. Mars 1695. en faveur du sieur de Ferrier Seigneur de Pompignan rapporté par M. de Catellan, liv. 3. ch. 33.

NOTAIRES SERGENS.

213 En Bretagne les Notaires peuvent exercer la charge de Sergent, conjointement avec la charge de Notaire, à l'exception des actes par eux passez. *Voyez Frain, Plaidoyé 122.*

214 L'Office de Notaire Royal & de Sergent, peuvent être exercés par une même personne. Arrêt du Parlement de Bretagne du 16. Septembre 1632. Il y avoit cette restriction, *à la charge neanmoins que ledit Bruneau ne pourra mettre à execution les actes qu'il aura rapportez comme Notaire.* Voyez Frain p. 744.

215 Arrêt du Parlement de Paris du 20. Juin 1662. qui declare nulle une quittance reçuë par un Sergent à verge en forme d'accord volontaire. Deffenses à tous Huissiers, Sergens & Officiers, de recevoir & passer aucunes quittances, Contrats & actes volontaires, par forme d'accord ou autrement, encore qu'ils en fussent requis par les parties, ni d'entreprendre sur la fonction des Notaires, sur peine de faux & d'amende arbittraire. *Voyez les Chartres des Notaires, chapitre 9. page 576.*

216 Non seulement les Sergens Royaux ne peuvent faire l'exercice de leurs Offices dans les terres des haut-Justiciers, sans avoir mandement ou commission du Roy ou des Juges Royaux dont ils doivent faire apparoir s'ils en sont requis, sauf pour les dettes du Roy & autres cas énoncées en l'article 17. Ils ne peuvent pas même faire leur résidence, à moins qu'ils n'y soient nez, ou qu'ils ne s'y soient mariez ; cela leur ayant été deffendu par une Ordonnance de Philippes le Bel, laquelle contient la même défense à l'égard des Notaires Royaux. On a néanmoins jugé que les Notaires Royaux, pouvoient avoir leur domicile & faire leur résidence dans la ville de Dieppe, quoyque cette ville soit dépendante de la Haute-Justice de l'Archevêque de Roüen ; mais ils n'y peuvent faire aucune fonction de leurs charges, ni avoir aucun tableau, pour marquer leur qualité ; ce qui a été ordonné par le même Arrêt qui est du 17. Janvier 1676. Il faut de plus remarquer que les Juges Royaux ne peuvent donner de commission d'exploiter dans le district des Hautes Justices, sinon pour les causes dont la connoissance leur appartient, autrement on peut appeller de leur mandement. *Voyez Pesnelle sur la Coutume de Normandie art. 14.*

NOTAIRES, SIGNER.

217 Voyez cy-dessus les nombres 34. 38.

L'expedition d'un Contrat faite par un Notaire de deux qui l'ont reçu est bonne & executoire, pourvû que l'on fasse promptement apparoir, en cas de contredit que la minute est signée de deux. Arrêt du Parlement de Grenoble du mois de Juillet 1457. *Papon l. 9. tit. 8. n. 4.*

218 Lorsque deux Notaires reçoivent un Contrat, il doit être signé par tous les deux à peine de nullité, à moins que les parties ne soient convenuës qu'il pourra être signé par l'un d'eux. Arrêt du Parlement de Grenoble 15. Juillet 1531. *Basset to. 2. liv. 2. tit. 7.*

219 Par Arrêt du Parlement de Paris du 7. Juillet 1575. sur la demande contre la veuve d'un Notaire, à ce qu'elle fût tenuë garantir un Contrat reçû par feu son mary, lequel pour n'être signé de toutes les parties & témoins instrumentaires, avoit été declaré nul, étant soûtenu la faute proceder du Notaire qui étoit tenu & astraint par l'Ordonnance, de faire signer toutes les parties & témoins, la veuve a été envoyée quitte & absoute des demandes & conclusions contre elle prises. *Voyez les Chartres des Notaires. ch. 19.*

220 Les Notaires seront tenus de faire signer aux parties & aux témoins tous actes & Contrats s'ils sçavent signer, ou faire mention qu'ils ne sçavent signer. Ordonnance d'Orleans art. 84. & ce à peine de nullité : de Blois art. 165. *M. Loüet lettre E. Somm. 3. M. le Prêtre 2. Centurie chap. 4.* l'article 106. de Blois desire qu'un témoin des deux signe avec le Notaire, lorsque la partie ne sçait signer.

221 Tout ce qui est écrit en la marge des Actes & Contracts, doit être signé des parties, témoins & Notaires, sans quoy l'on n'y doit ajoûter foy. Arrêt du 11. May 1604. qui decerne ajournement personnel contre un Notaire de Bourges, l'interdit jusqu'à ce, & declare nul l'Acte qu'il n'avoit pas signé. *Papon, liv. 9. tit. 8. nombre 10.*

222 Les Notaires doivent signer les Actes, & les faire signer par les parties & par les témoins, ou faire mention qu'ils ne le sçavent, en étant par eux enquis. V. *Basset, tome 1. liv. 2. tit. 14. ch. 1.* Il rapporte plusieurs Arrêts qui ont confirmé des Actes non signez par les Notaires ; mais où il y avoit commencement d'execution par les parties, ou ne s'agissant que de 100. liv. la preuve étoit permise.

223 Sur ce qu'un Notaire ne vouloit pas délivrer à une partie une quittance qu'avec tous les apostils, & même un qui n'avoit pas été approuvé ni paraphé de la partie, il fut ajourné pardevant le Prévôt de Paris, lequel par sa Sentence ordonne que la partie produiroit la quittance avec tous les apostils ; appel ; la Cour mit l'appellation, & ce, ordonna que le Notaire délivreroit la quitance à luy demandée par l'appellant, avec les apostils signez & approuvez des parties, sans y inserer celuy dont étoit question ; faisant droit sur les Conclusions du Procureur General du Roy, a fait défenses à tous Notaires de mettre ni inserer aucune chose és Actes qu'ils recevront, hors la presence des parties, & sans le leur faire approuver & signer ; par la quitance, les mots en interligne non approuvez étoient, *& tous autres qu'il appartiendra.* Arrêt du 17. Decembre 1627. *Voyez le 1. tome du Journal des Audiences, livre 2. chapitre 3.*

224 Arrêt du Parlement de Provence du 24. Octobre 1639. qui enjoint aux Notaires de faire signer les parties & les témoins, & de les interpeller de signer, & déclarer la cause pourquoy ils n'ont pû signer. *Boniface, tome 1. liv. 1. tit. 20. n. 3.*

225 Arrêt du 10. Novembre 1642. qui a declaré que l'interpellation n'est pas necessaire quand le Notaire declare la cause pourquoy les parties & les témoins n'ont pû signer. *Ibid. n. 4.*

226 Au mois de Février 1647. autre Arrêt est intervenu au même Parlement de Provence, qui défend aux Notaires de rayer des lignes ou des mots aux Actes qu'ils reçoivent, ni faire des additions ou renvois, qu'ils ne soient certifiez par les parties ou les témoins. Le Notaire qui par l'addition avoit donné lieu au procès, fut condamné aux dépens des deux parties. *Boniface, to. 1. liv. 1. tit. 20. n. 8.*

227 Arrêt du Parlement de Paris en forme de Reglement, du 21. Mars 1659. qui enjoint aux Notaires de ne signer aucuns Actes que toutes les parties n'ayent signé, ni même rompre ni déchirer aucuns d'iceux, qu'il n'y soit pourvû par un Acte subsequent entre les parties. *Voyez les Chartres des Notaires, chapitre 21. page 932.*

228 Sentence du Châtelet de Paris du 29. Novembre 1662. pour la validité d'un brevet d'obligation qui n'étant signé que d'un Notaire, étoit argué de nullité. *Ibid. chap. 19. p. 867.*

NOTAIRES, SOCIETÉ.

229 *Societas inter Notarios rejetta, ut bonis moribus contraria.* Arrêt du 8. Février 1612. Mornac, *L. 54. ff. pro socio.*

230 Arrêt du Parlement de Paris du 10. Février 1615. qui ordonne que deux Notaires seulement demeureront associez pour la reception des Actes & Contracts. *Voyez les Chartres des Notaires, ch. 20. p. 901.*

231 Arrêt du Parlem. de Paris du 4. Juillet 1662. contre Antoine

Antoine Huart, Notaire au Châtelet, qui vouloit associer avec luy Salomon de Manchin ancien Clerc : défenses aux Notaires de s'associer avec aucunes personnes, à peine de 3000. liv. d'amende, & des dommages & interêts des parties. *V. les Chartres des Notaires, chap.* 19. *p.* 855.

NOTAIRES SUBALTERNES.

232 Les Contracts reçûs par les Notaires subalternes, n'ont point d'execution parée, ni garnison de main contre les non domiciliez, ils ne produisent qu'une simple action. *Ordonnance de* 1539. *art.* 66. Brodeau sur M. Loüet, *lettre N. som.* 10. *Coûtume de Paris, art.* 165. Voyez *Henrys, tome* 1. *lev.* 4. *ch.* 6. *q.* 34.

233 Une obligation pour argent prêté pardevant un Notaire subalterne dans son ressort au profit d'un particulier qui y est domicilié, porte hypoteque sur les biens du debiteur demeurant ailleurs. Jugé à Paris en la cinquiéme des Enquêtes, le 14 Juillet 1672. *Journal du Palais.*

NOTAIRES, SUPPOSITION.

234 Les Notaires doivent connoître les parties, & les Prud'hommes ceux pour qui ils signent. Jugé par Arrêt du Parlement de Bretagne du 16. Octobre 1606. par lequel les deux Notaires & le Prud'homme ont été condamnez aux dommages & interêts d'un particulier supposé. On rapporte deux autres Arrêts semblables de 1599. & de 1614. & un troisiéme de 1659. par lequel une femme qui avoit supposé un homme au lieu de son créancier, pour consentir une quittance, étant arrêtée par le Notaire, fut condamnée au foüet, & l'homme à faire amende honorable. *Frain, p.* 14.

NOTAIRES, TABELLIONS.

235 Les Tabellions en la Coûtume de Chartres, parce que le Tabellionage se peut bailler à ferme, peuvent commettre à leur charge pour instrumenter ; mais tels Commis doivent prêter le serment en Justice. Arrêt du 14. Octobre 1593. M. Loüet, *lettre T. somm.* 11.

236 Reglement entre les Tabellions & les Notaires de Crépy. *Chenu, Offices de France, tit.* 33.

237 Arrêt du Parlement de Roüen du 20. Mars 1649. qui enjoint tant aux Tabellions Royaux qu'à ceux du Duché de Longueville, de faire actuelle residence sur leur détroit, & leur fit tres-expresses défenses d'aller dans le détroit les uns des autres passer aucuns Contracts, à peine de 300. liv. d'amende, à laquelle fin l'Arrêt seroit publié & affiché. *Basnage, titre de Jurisdiction, article* 17. *de la Coût. de Normandie.*

238 M. l'Evêque de Lisieux prétendit que les Tabellions Royaux d'Orbec ne pouvoient demeurer dans le Territoire de sa haute Justice ; il le fit juger de la sorte sur ses Officiers ; sur l'appel, les Tabellions Royaux representerent que depuis un temps immemorial ils y avoient fait leur residence ; par Arrêt du Parlement de Roüen du 17. Février 1652. en émendant la Sentence, on ordonna par provision qu'ils y continüeroient leur demeure. *Ibidem.*

239 Arrêt du Parlement de Roüen du 17. Janvier 1676. rendu sur l'appel d'une Sentence des Requêtes du Palais, portant défenses à Guillaume du Busc, & Laurent Hedin, Tabellions à Argues, & à tous autres Tabellions de prendre la qualité de Tabellions de Dieppe, d'y passer aucuns Contracts, & d'y resider pendant leur fonction, à peine de nullité, avec restitution des émolumens, si aucuns ont été par eux perçûs. La Cour a mis l'appellation, & ce dont a été appellé au néant, en tant qu'il est fait défenses aux Notaires Royaux de demeurer dans Dieppe ; le surplus de la Sentence sortissant son plein & entier effet ; a fait défenses aux Notaires Roïaux de faire aucunes fonctions dans la Ville de Dieppe, à peine de 300. liv. d'amende, dont le tiers sera pour le Dénonciateur, & de la restitution du quadruple des émolumens ; à eux enjoint de transferer leurs Ecritoires & Tableaux au fauxbourg de la Barre de Dieppe. Cet Arrêt au long rapporté par *Basnage sur l'art.* 17. *tit. de Jurisdiction.*

Tome II,

240 Le 3. Decembre 1682. cette question s'offrit en l'Audience de la Grand'-Chambre de Roüen : un Notaire du Pont-de-l'Arche fit ajourner devant le Juge du même lieu, un Tabellion de la haute Justice de Loüviers, pour le faire condamner à representer tous ses Registres, pour sçavoir s'il n'entreprenoit point sur ses droits ; & comme ce Tabellion servoit aussi d'Ajoint à un Notaire Royal de Vironné ; il prétendit qu'il ne pouvoit être Tabellion dans une haute Justice, & Ajoint d'un Notaire Royal, & qu'il étoit tenu d'opter. Le Juge du Pont-de-l'Arche l'ayant jugé de la sorte, sur l'appel de ce Tabellion de Loüviers, Arrêt qui casse la Sentence ; le Notaire Royal débouté de ses demandes ; & sur ce que l'Avocat de M. l'Archevêque de Roüen soutint que cette action avoit dû être portée en sa haute Justice, l'on n'y eut point d'égard, ces actions appartenantes au Juge Royal. *V. Basnage, titre de Jurisdiction, article* 17.

NOTAIRES, TAILLES.

241 Notaire Royal est chargé de la collecte des Tailles, *quia non est dignitas officium Notarii.* Arrêt de la Cour des Aydes de Montpellier du 7. Février 1587. *V. Philippi, art.* 134.

NOTAIRES, TE'MOINS.

242 Un seul Notaire ou Tabellion ne recevra aucuns Contracts sans qu'il y ait deux témoins. *Conference des Ordonnances, liv.* 4. §. 2.

243 A Paris deux Notaires équipolent aux témoins ; *secus*, aux autres Coûtumes qui desirent un Notaire & deux témoins ou trois témoins, l'Acte passé pardevant deux Notaires ne seroit pas recevable. Voyez *l'Ordonnance de* 1539. *art.* 133. & Brodeau sur M. Loüet, *let. R. somm.* 52. *nomb.* 18. De même pour un Testament. *Ricard, des Donations entre-vifs*, 1. *part. chap.* 5. *sect.* 8. *nombre* 1583.

244 *Notarius ad verificationem instrumenti, quod recepit, testificari potest.* Voyez *Franc. Marc. tom.* 2. *question.* 605.

245 Sentences du Châtelet de Paris des 21. Octobre 1609. & 8. Janvier 1647. & Arrêts du Parlement des 7. Mars 1644. & 20. Août 1650. qui ont dispensé les Notaires de porter témoignage, & déposer des choses concernantes le fait de leurs Charges, & de reveler le secret des parties. *V. les Chartres des Notaires, chap.* 19. *page* 812. *& suiv.*

Voyez cy-dessus le nombre 55.

NOTAIRES, TESTAMENT.

Voyez cy-dessus le nombre 126.

246 Les Notaires ne peuvent recevoir les Testamens, dans lesquels il y a quelque legs en leur faveur, quoique l'Ordonnance d'Orleans, art. 17. & celle de Blois, art. 64. ne parlent que des Curez, & Vicaires, ou autres gens d'Eglise & témoins ; la Coûtume de Paris, art. 289. ne parle que des témoins. *M. Ricard, des Donations entre-vifs*, 1. *part. ch.* 3. *sect.* 10. *n.* 539.

247 Si un Testament est nul, auquel le Notaire a écrit un legat à luy fait ? *V. Bouvot, tome* 1. *part.* 2. *quest.* 1.

248 Un Notaire grossoyant un Testament, met aux clauses dérogatoires plus qu'il n'y a dans sa note ; s'il est homme de bien, on doit présumer qu'il n'a rien écrit qui ne luy ait été ordonné par le Testateur. Le Parlement de Grenoble l'a jugé de la sorte. *Voyez Guy Pape, question* 19.

249 *Notarius quando fecit plures scripturas de uno testamento discrepantes, quod pleniori sive prothocollo standum sit, & pluribus quæstionibus ad id facientibus.* Voyez *Franc. Marc. tom.* 2. *quest.* 63.

250 Si les Notaires ont obmis à faire mention des solemnitez requises pour la validité d'un Testament, les parties ne le peuvent verifier par témoins. *M. Louet, let. T. sommaire* 12.

251 Si un Notaire peut recevoir un Testament où son cousin est institué heritier universel, y ayant une mere & un frere successibles à l'heritier institué ? *V. Bouvot, tome* 1. *part.* 3. verbo, *Testament, quest.* 3.

LLlll

252 Un Notaire n'est tenu de répondre par serment que le Testament dont est question, ne luy a été dicté par le Testateur, mais seulement transcrit sur une copie à luy apportée ; & une révocation écrite d'une main étrangere souscrite par la Testatrice, ne suffit pour annuller un Testament. Arrêt du 9. Juillet 1603. Bouvot, tome 2. verbo, Testament, quest. 77.

253 Arrêt du Parlement de Provence du 14. Janvier 1621. qui fait défenses aux Notaires d'écrire aucune chose en leur faveur, de leurs enfans, & domestiques dans les Testamens. Boniface, tome 2. liv. 2. tit. 1. ch. 8. où il rapporte un autre Arrêt du 25. Février 1647. qui a declaré nul un legs fait au pere du Notaire.

254 Un frere ayant institué freres pour ses heritiers dans son Testament, reçu par l'un d'eux qui étoit Notaire, ce Testament ayant été soûtenu nul, il fut seulement ordonné que les témoins seroient recusez, ce Testament étant nuncupatif. Arrêt du Parlement de Grenoble du 27. Juillet 1639. rapporté par Chorier, en sa Jurisprudence de Guy Pape, p. 150.

255 Arrêts du Parlement de Provence du 17. Decembre 1643. & 1646. qui ont jugé que les Notaires ne peuvent recevoir un Testament hors le lieu de leur établissement, excepté en deux cas ; sçavoir dans les Testamens solemnels, qui pouvant être écrits par le Testateur & par autres, toute sorte de Notaire peut en conceder l'Acte ; l'autre cas est, quand il y a nécessité d'appeller un Notaire étranger, celuy du lieu étant suspect, en procés avec le Testateur, ou si c'est en temps de peste. Boniface, tome 1. liv. 1. tit. 20. n. 6.

256 Le 11. May 1646. Arrêt qui fait défenses aux Notaires de recevoir aucuns Testamens nuncupatifs, codicilles, & donations à cause de mort, hors les lieux de leur établissement, à peine de nullité, & de 1000. liv. d'amende, laquelle nullité ne pourra être opposée aux Testamens solemnels. Voyez Boniface, tome 2. liv. 3. tit. 1. chapitre 3.

257 Arrêt du même Parlement de Provence du 14. Février 1664. qui a jugé que les Notaires ne peuvent contraints de donner des extraits ni connoissance des Testamens, pendant la vie des Testateurs, sans leur consentement. Boniface, tome 1. livre 1. titre 20. n. 11.

258 Arrêt du Parl. de Paris du 2. Decembre 1669. qui a jugé valable un Testament passé pardevant un Notaire & deux témoins, l'un desquels étoit frere du Notaire. Ainsi, quoyque deux Notaires, parens ou alliez, comme le pere & le fils, l'oncle & le neveu, & le beau-pere & son gendre, ne puissent pas instrumenter conjointement, ainsi qu'il a été jugé le 22. May 1550. cela n'est point étendu aux témoins, les Testamens ne sont déja sujets qu'à trop de formalitez. Soëfve, tome 2. Cent. 4. chapitre 42.

NOTAIRES DE TOULOUSE.
259 Voyez cy-dessus les nomb. 27. 28. 29. & 30.

NOTAIRES, RENONCIATION AU VELLEÏAN.
260 Les Notaires doivent declarer aussi-bien en la minute qu'en la grosse les renonciations faites au Velleïan, & authentique si qua mulier. Arrêts des 29. Juillet 1595. & 3. Juin 1660. Carondas, liv. 11. Réponse 38. Henry IV. a aboli cette rénonciation au Velleïan & à l'authentique si qua mulier, en 1606.

261 La renonciation au Velleïan & à l'authentique, doit être énoncée dans la minute d'une obligation, afin que la femme sçache l'étendue de son engagement. S'il n'y avoit qu'un & cetera en la minute, quoyque la grosse fût étendue, l'obligation seroit nulle à l'égard de la femme, sauf contre le Notaire les dommages & interêts du créancier. Arrêt du Parlement de Paris du 28. Février 1602. qui décerna un ajournement personnel contre un Notaire de la Fléche, pour avoir fait la minute & la grosse d'un Contract, differentes. Quant à ces renonciations, V. Papon, liv. 12. tit. 5. n. 1. Carondas, liv. 2. ch. 43. de ses Réponses, rapporte d'autres Arrêts. Notarius sicut judex tenetur de imperitia.

NOTAIRE, ET DE SA VEUVE.
262 La veuve d'un Notaire poursuivie pour garantir un Contract reçu par son défunt mary, qui avoit été déclaré nul, pour n'être signé des parties & témoins instrumentaires, fut renvoyée absoute, par Arrêt du Jeudy 7. Juillet 1575. Brodeau sur M. Loüet, lettre N. som. 9. nombre 4.

NOTAIRES, USURES.
263 Les Notaires ne doivent recevoir aucuns Contracts usuraires, sur peine d'être privez de leurs états, & d'amende arbitraire. Loüis XII. à Lyon 1510. article 64. Conference des Ordonnances, liv. 4.

Voyez cy-aprés, Usure ; c'est un Titre où plusieurs Notaires moins attachez au Contract qu'au commerce de l'argent, meriteroient aujourd'huy d'avoir place.

NOTORIETÉ.

1 DE la Notorieté publique, & en quels cas elle a lieu. Voyez Julius Clarus, li. 5. sententiarum, §. finalis, quest. 9. Notorietas delicti non modo aperit judiciviam ad inquirendum, sed etiam facit, ut possit etiam usque ad executionem procedere juris ordine non servato. Voyez les Additions qui sont à la fin de l'ouvrage du même Auteur, où il est marqué, quomodo in notorio crimine procedatur.

2 Déliberation du Parlement d'Aix du 18. Janvier 1606. qui a jugé que les Certificats sur Usages des Jugemens, doivent être donnés par la permission de la Cour. Boniface, tome 3. liv. 1. tit. 1. ch. 9.

3 Si l'on ne peut opposer contre le droit d'une Coûtume Acte de Notorieté & prescription ? Voyez le Recuëil des Factums & Memoires imprimez en 1710. chez Antoine Boudet à Lyon, tome 2. page 339. & suiv. où la negative est tenuë ; il s'agissoit d'un tout de rachat prétendu à chaque mutation de Vassal droit de la Coûtume de Poitou : ce n'est qu'un Memoire, l'Arrêt n'est point rapporté.

Voyez au 1. volume de ce Recuëil les mots, Acte & Certificat.

4 Recuëil des Actes de Notorieté donnez par M. le Camus, Maître des Requêtes, & Lieutenant Civil, de l'usage qui s'observe au Châtelet de Paris en plusieurs matieres importantes, chez Jean-Baptiste Coignard, Imprimeur & Libraire ordinaire du Roy, ruë S. Jacques à la Bible d'or, 1709.

NOVALES.

1 Voyez le mot, Dîmes, nombre 361. & suivans. Tournet, lettre N. Arrêt 27. & suiv. & Févret, en son Traité de l'Abus, livre 6. chapitre 1. nombre 10. & suivans.

Novales. Voyez les Memoires du Clergé, to. 3. part. 3. page 72. & suiv. & 132. jusqu'à la page 138.

Novales des marais dessechez, & d'autres terres nouvellement mises en culture. Ibidem, page 132. & suivantes.

2 Novales des terres nouvellement défrichées & cultivées par les mains des Religieux exempts de dîmes, ou qui sont Décimateurs. Ibid. p. 138.

3 Novales & fruits décimaux attribuez aux Abbayes & Monasteres. Chopin, de sacr. Polit. li. 3. tit. 4. n. 2. Tournet, lettre N. Arr. 28.

4 Des dîmes novales, & de leur usage. Voyez Henrys, tome 1. liv. 1. ch. 3. quest. 43.

L'Auteur des Observations distingue entre les heritages qui n'ont jamais été cultivez, ou du moins dont il n'y a aucune memoire, & ceux qui ont été autrefois en culture ; mais qui ont été en friche pendant quarante ans.

Dans le premier cas, la dîme appartient au Curé à perpetuité, sans contredit.

Dans le second cas, le Curé ne leve la dîme que sur les fruits de la premiere recolte ; les années suivantes, la dîme appartient au gros Décimateur.

Cette distinction est en usage dans toute la Province du Lionnois, Forêts & Beaujolois : cet usage semble general dans tous les Pays où il y a des montagnes que l'on défriche de temps en temps. Aprés que la terre a porté du grain pendant quelques années, on y laisse venir du bois & des brieres, que l'on défriche derechef aprés plusieurs années. Pour connoître si autrefois la terre a été cultivée, l'on regarde si la trace des sillons paroît encore ; ce qui n'exclut pas les autres preuves que l'on peut avoir : comme si l'ancien possesseur a reconnu sur le papier terrier la qualité de l'heritage, & autres semblables. Dans le doute, il paroît qu'il faut se déterminer en faveur du Curé, par deux raisons ; la premiere, de droit toutes les dîmes luy appartiennent ; la seconde, toute terre défrichée, dont il ne paroît aucune marque de culture, est réputée Novale de sa nature.

5 A qui appartiennent les dîmes des Novales ? *Voyez le Vest, Arr.* 21. les Novales appartiennent entierement aux Curez. Jugé le 12, Mars 1565. *Carondas, li.* 1. *Rép.* 28. Voyez *Chenu*, 2. *Cent. quest.* 9. & *Filleau*, part. 4. quest. 109. & *Tournet*, lettre D. nombre 65. & 63.

6 Si les Rompeis & Novales sont sujetes à suite, au préjudice du Curé ? *Voyez Coquille*, tome 2. quest. 78. où il observe qu'ainsi sont appellées les terres réduites de nouvel à culture, qui de memoire d'homme ni par apparence exterieure, n'avoient jamais été labourées, qui est, ce que la Coûtume de Nivernois appelle *Rompeis*. M. du Cange, *en son Glossaire*, appelle le Rompeis, *Rupticium, id est ruptura*. En quelques lieux les Novales sont appellées *Champs frais* ; & dans la basse Latinité *Fractitia*.

6 bis. La Coûtume de Nivernois a deux articles qui ont quelque rapport à cet usage, ce sont les articles 5. & 6. du titre des Dîmes.

Le premier dit que les dîmes des Rompeis appartiennent aux Curez des Paroisses, és fins desquelles sont situez lesdits Rompeis : posé qu'ils ne soient Dîmeurs des lieux circonvoisins desdits Rompeis ; & quant aux dîmes des Rontes, elles n'appartiennent ausdits Curez, sinon pour les trois premieres années, si lesdits Curez ne sont Dîmeurs des lieux circonvoisins ausdites Rontes, s'il n'y a titre ou privilege au contraire.

Le second dit que les Rompeis sont terres nouvellement cultivées, esquelles n'y a apparence ou memoire de culture faites autrefois. Rompeis sont terres qui de long-temps n'ont été labourées, & esquelles y a apparence ou memoire de culture ancienne.

Coquille, dans son Commentaire sur la Coûtume de Nivernois, explique fort judicieusement à son ordinaire ces deux articles. M. du Cange, sur le mot *Rupticium*, en parle aussi.

7 Le sens grammatical de ce terme *Novale*, est une terre vierge & neuve, *primum aratrum experta*, comme dit *Cujas*, sur la Loy 30. ff. de verborum significatione. Dans ce sens quelques-uns croyent, qu'il faut que pour être Novale, une terre soit nouvellement défrichée, & qu'il n'y ait ni marque ni memoire d'une précedente culture. Le Chapitre *Novale, extr. de verb. significat.* décide qu'il ne faut pas qu'il y ait de memoire de culture précedente ; d'où ces mêmes Auteurs concluent qu'il faut que dans la terre nouvellement défrichée, il n'y ait nulle marque d'anciens sillons, puisque les sillons sont plus que conserver & entretenir la memoire d'une culture, qu'ils offrent & qu'ils exposent en quelque maniere à la vûë. D'autres veulent s'en tenir précisément à la Glose, sur le Chapitre *venient, de verborum significatione in 6.* qui dit, que la terre nouvellement défrichée, quoyque marquée d'anciens sillons, peut n'en être pas moins Novale, parce que ces sillons même peuvent être anciens, jusqu'à être d'un temps qui excede la memoire des hommes ; ce qui suffit par le Chapitre *Novale*, qu'il faut, ajoûtent-t-ils, se garder

d'inserer dans l'interpretation qu'il donne au terme *Novale*, dont au contraire l'extension par les consequences qui s'en ensuivent, est extrêmement favorable. Un mouvement singulier & extraordinaire de faveur & de bonne volonté, pour des personnes chargées de tout le poids & de toute la fatigue des fonctions Pastorales, fit passer les Juges plus avant que tout cela, sur l'interpretation du terme ; & il fut décidé dans un Arrêt du Parlement de Toulouse que toute la terre qui avoit auparavant été dans une inculture de quarante années, venant à être ouverte de nouveau, devoit être réputée Novale. *Voyez le Recueil des Arrêts de M. de Catellan*, liv. 1. chap. 71.

8 Si une terre demeurée sans culture est défrichée depuis 40. ans & porte d'abord des fruits non decimables, qu'ensuite on y seme des grains sujets à la dîme, elle devra les novales. *Voyez le Docteur Zabarella sur la Clementine 1. de Clement*, & l'Auteur des Définitions Canon. page 238.

9 Le privilege de joüir des novales défrichées depuis 40. ans ne s'étend aux Laïcs, quelque possession qu'ils ayent eü des anciennes dîmes. *Voyez M. le Prêtre*, 1. *Cent. chap.* 15. nomb. 6.

10 Le Parlement a toûjours maintenu les Curez & Vicaires perpetuels dans la perception & joüissance des novales ; mais le Grand Conseil juge le contraire en faveur des Religieux de l'Ordre de Cluny, qui se prétendent fondez en droit commun pour joüir des dîmes anciennes & des novales dans les Paroisses, dont ils sont Curés primitifs ; & par les Arrêts du Grand Conseil ils sont maintenus dans la perception des novales au préjudice des Vicaires perpetuels. *Définit. Canon.* page 239. Ce qui dépend de la possession ; car le Vicaire perpetuel à la faveur de la possession prescrit contre le privilege.

11 Jugé au Parlement de Toulouse que le droit sur les dîmes novales passoit tout entier au successeur, lorsque le predecesseur n'en avoit ni joüi ni fait nulle demande ; on convenoit bien que pour les dîmes des novales, dont le Predecesseur avoit commencé de joüir il falloit que le successeur déduisit des 10. années celles de la joüissance que son predecesseur avoit faite. Autre Arrêt semblable ; & si un Arrêt intermediaire en donnant les novales du temps du défrichement, semble avoir détruit le fondement de deux autres Arrêts à cet égard, il ne l'a pas fait neanmoins, puisqu'il n'ajugea les novales du temps du défrichement, que parce que le temps du défrichement étoit à peu prés le temps de la demande ; mais cette joüissance de 10. années étant une fois finie, ou les 40. ans passés, le droit des Curés ou Vicaires perpetuels est consommé ou perdu, & les novales perdant leur qualité & leur distinction de novales rentrent ou demeurent dans le droit commun, & le partage ordinaire des dîmes ; ce qui doit être entendu dans le cas où la dîme des novales est disputée entre le Curé primitif & le Vicaire perpetuel, ou le Curé & les autres fruits-percevans Ecclesiastiques ; car si le Curé la dispute avec le possesseur de la dîme infeodée, le Curé l'a contre luy absolument & sans limitation de temps de joüissance. *Voyez M. de Catellan*, li. 1. ch 71.

12 Quoique par la disposition de droit, les novales soient dûës au Curé *privative* sur tous autres en sa Paroisse, neanmoins, par Arrêt du Parlement de Paris de l'an 1534. il fut jugé qu'un tiers seulement des novales seroit laissé au Curé, avec restitution de fruits pour dix ans. *Papon*, liv. 1. tit. 12. nomb. 7.

13 Le Curé doit être maintenu en la possession de toutes les novales de la Paroisse ; jugé par Arrêt du Parlement de Paris du 30. Octobre 1535. quoyqu'il y ait un Arrêt de la Pentecôte 1534. par lequel il a été qu'un tiers seulement des novales seroit laissé au Curé avec restitution de fruits pour dix ans ; car le Curé est fondé en droit commun en la perception des dîmes de sa Paroisse, sans être tenu de montrer qu'elles luy appartiennent. *Biblioth. Canon.* tome 2. page 120. colon. 1.

14 Les novales appartiennent toûjours au Curé, à moins qu'il n'y ait un Curé primitif audessus de luy. Jugé au Parl. de Normandie par 4. Arrêts, le premier l'an 1520. entre le Curé d'Epiné, & les Religieux de Jumieges. Le 2. du 3. Decembre 1535. pour le Curé de S. Vaast, contre les Religieux de Lire. Le 3. du 21. Juin 1545. Le 4. du 15. Février de même année, pour le Curé de Nôtre-Dame de la Ronde au Fauxbourg d'Evreux, contre les 8. Chanoines fondez en l'Eglise Cathedrale, & M. Regnaud le Vicomte, Prieur de la Leproserie du même lieu ; ce qui s'observe, encore que lors du défrichement des heritages, il n'y eût dessus aucuns bâtimens ; non s'attache à la faculté & volonté presumée des proprietaires, d'en construire & édifier toutefois & quantes qu'ils en auront volonté, laquelle intention présomptive est tenuë & reputée comme accomplie. *Bibl. Canon.* tome 1. page 454.

15 Le Curé doit avoir les novales privativement sur tous autres, à moins qu'il n : soit Vicaire perpetuel, auquel cas il ne peut avoir que la portion congruë ; si autres que le Curé primitif possedent les novales par privilege, on admet le Vicaire perpetuel à les partager par moitié. Arrêt du Parlement de Paris du 23. Decembre 1545. suivant la disposition du chap. *Statuto*, §. *Statuimus de decimis in sexto*. Papon, livre 1. titre 12. nombre 11.

16 Un Paroissien défriche son bois, & y plante une vigne, le Curé veut prendre la dîme ; le Sacristain du Convent dit qu'il a droit à cause de son Office Claustral de prendre la dîme & demande la novale. Arrêt du Parlement de Paris du 30. Octobre 1555. qui déboute le Sacristain. Autre Arrêt semblable en faveur du Curé de Champs prés Paris. Papon, livre 1. tit. 11. nomb. 14. & la *Bibliotheque du Droit François* par Bouchel, verbo , *Novales*.

17 Les Curez sont recevables à former complainte pour les novales, si ceux qui en jouissent ne justifient par titres qu'ils sont Curez primitifs. Arrêt du 3. Mars 1574. *Carondas*, liv. 1. Rep. 27.

18 Les Novales ajugées aux Evêques, Prieur, Recteur, & Vicaire perpetuel à proportion de la cotte qu'ils prenoient des fruits decimaux. Arrêt du Parlement de Toulouse du 12. Janvier 1582. *Mainard*, tome 1. liv. 1. chapitre 30.

19 Par Arrêt du Parlement de Paris du 3. Mars 1605. entre les Religieux de Nemours Curez de Saint Pierre & d'Ormeçon, & le sieur du Puiselet, il a été jugé que le Seigneur auquel appartiennent les dîmes inféodées, ne peut avoir inquieté pour les novales des terres défrichées quarante ans avant le jour de la demande, dont il avoit joüi, comme étant le Seigneur feodal fondé au titre de son inféodation, & ce en cas, au lieu de l'Ecclesiastique qui peut prescrire les dîmes ou novales par 40. ans, suivant le chap. *ad aures*, & le chapitre dernier *extr. de præscript.* neanmoins si le Curé avoit joüi pendant 40. ans de quelques novales, & depuis quelque temps que lesdites terres eussent été défrichées, en ce cas le Curé y seroit bien fondé. *Bibliot Canonique*, tome 2. page 120. colon. 1.

20 Les novales & droits de sequelle se peuvent prescrire contre le Curé par le Chapitre, & les dîmes novales appartiennent au Curé privativement à tous Seigneurs des dîmes inféodées. Arrêt du Parlement de Dijon du 10. Mars 1614. *Bouvot*, tome 2. verbo , *Novales & droits de sequelle*.

21 Les novales appartiennent de droit commun aux Curez. Arrêt du 7. Septembre 1615. contre le Chapitre de Clermont, pour le Curé de Saint Remy. Autre du 14. Août 1627. pour le Curé de Brugeres lez Beaumont, contre le Chapitre de Beauvais. *Additions à la Bibliotheque de Bouchel*, verbo , *Novales*.

22 Les novales n'entrent point dans l'estimation de la portion congruë. Jugé le 4. Janvier 1615. Brodeau sur M. Loüet, Lettre D, somm. 8.

23 Une partie de la forêt de Montech ayant été donnée par les Commissaires à ce députez par le Roy pour l'ouvrir & mettre en culture, il y eut dispute à qui appartiendroit la dîme de ces novales & terres ouvertes, entre M. le Cardinal de la Valette, Abbé de Grandsilve, le sieur de Murviel Evêque de Montauban, les Chartreux de Cahors, & les Recteurs de Montech, Monbertier & Fignan. On convenoit que les terres ouvertes étoient en la Jurisdiction de Montech ; mais ayant été en bois jusqu'alors, la difficulté étoit de sçavoir à qui il falloit donner la dîme de ces novales. Par Arrêt du Parlement de Toulouse du 22. Novembre 1625. la Cour ajugea les dîmes de ces novales au sieur Evêque, Chartreux, & Recteur de Montech pour en joüir suivant les portions qu'ils avoient au surplus des dîmes dudit lieu. *De Cambolas*, liv. 5. chap. 19.

24 Jugé le 4. Decembre 1636. que les dîmes des novales appartiennent entierement aux Curez primitifs. *Bardet*, tome 2. liv. 5. chap. 30. M. Talon Avocat General dit, que quand le Curé primitif, & le Vicaire perpetuel exercent leurs fonctions *sub eodem tecto*, en ce cas le Curé primitif ayant sa part du soin & du travail, & aidant à administrer les Sacremens, il est raisonnable qu'il perçoive non seulement les dîmes communes, mais aussi celles des novales, c'est à dire, des terres nouvellement défrichées, & qui 40. ans auparavant n'ont point porté de fruits sujets à la dîme.

25 Les novales aussi bien que les menuës dîmes appartiennent regulierement & de droit commun aux Curez & Vicaires perpetuels. Jugé le 13. Mars 1601. *M. le Prêtre*, 1. Cent. chap. 15. & sur la fin de ce chapitre on peut voir trois Arrêts d'annotation touchant les menuës dîmes, le premier du 16. Juillet 1642. le second & troisième des 12. May & 10. Decembre 1643.

26 Les Novales appartiennent aux Curez primitifs qui possedent les anciennes dîmes, & si les Vicaires perpetuels ont part dans les anciennes, ils la doivent avoir dans les novales à proportion. Arrêt du Parlement de Grenoble de l'an 1652. pour le Chapitre de l'Eglise Cathedrale de Vienne, contre le Vicaire perpetuel de la Paroisse de Crachiez. Autre Arrêt du mois de Septembre 1667. pour les Curez primitifs de Bievenays. *Jurisprudence de Guy Pape*, par Chorier page 30.

27 Par l'article 7. de l'Edit du mois de Février 1657. pour la levée & perception des dîmes, il est dit dans les Paroisses où les Evêques joüissent d'une portion de la grosse dîme, ils seront maintenus en la possession & joüissance de la portion égale en la dîme des novales, comme les Curez en la possession de la quatriéme partie des novales aux lieux où les Evêques joüissent de toute la grosse dîme. *Bibliotheque Canonique*, tome 1. page 477.

28 Diversité d'Arrêts du Parlement de Grenoble sur la question de sçavoir, qui doit percevoir les novales, ou le Curé actuellement servant, ou le Seigneur decimateur. Arrêt du 21. Juin 1652. en faveur du Chapitre de Saint Maurice de Vienne. Autre Arrêt du 7. Septembre 1667. en faveur du Prieur d'Oyeux. Arrêt du 16. Decembre 1650. au profit du Curé de Cedueniéres. Arrêt du 11. Août 1660. qui les a partagées par moitié entre une Abbesse decimatrice & les Curez. *Basset*, tome 2. liv. 1. tit. 1. chap. 3.

29 Les Curez qui ne sont point Vicaires perpetuels, doivent percevoir toutes les novales & menuës dîmes dans l'étenduë de leurs Paroisses, nonobstant les privileges accordez à l'Ordre de Malthe, par lesquels les Papes leur donnent le droit de percevoir les novales pour la même portion qu'ils perçoivent les anciennes dîmes. Jugé au Grand Conseil contre le sieur Descluzeaux Agent General de l'Ordre, le 31. Mars 1655. en faveur du Curé de Barbonne. *Bibliotheque Canonique*, tome 1. page 500.

30 Les dîmes novales appartiennent au Curé à l'exclusion des gros Decimateurs Ecclesiastiques, quelque privilege & possession qu'ils puissent avoir, même nonobstant leur qualité de Presentateurs à la Cure. Jugé

par Arrêt du 16. Avril 1655. Soëfve, tome 1. Cent. 4. chap. 86.

31 Le Curé dans sa Paroisse prend les novales au préjudice des privileges d'un Commandeur de Malthe. Jugé le 24. Avril 1663. Notables Arrêts des Audiences. Arrêt 102. & Arrêt 105.

32 Des novales, & à qui elles appartiennent, ou au Seigneur décimant ou au Curé. Il y a plusieurs Arrêts contraires. Voyez Basset, tome 1. liv. 1. tit. 6. chap. 9.

33 Le Curé primitif de la Paroisse de Bevenez a été maintenu en la perception des dîmes novales à l'exclusion du Vicaire perpetuel auquel il a été chargé de fournir sa portion congruë, à la forme du Reglement de Vienne, par Arrêt du 13. May 1666. Basset, tome 1. liv. 2. tit. 39.

34 Le Curé d'Andresi maintenu contre le Chapitre de l'Eglise de Nôtre-Dame de Paris en la possession des novales, menuës & vertes dîmes de sa Paroisse. Jugé le 25. Février 1671. De la Guesse, tome 3. liv. 5. chap. 5. & liv. 10. chap. 4. où il a rapporté un Arrêt du 27. Mars 1676. qui juge la même chose.

35 Les anciens Arrêts ont ajugé les novales au Curé primitif, les derniers les ont données au Vicaire perpetuel. Voyez Albert, verbo, Novales; le plus recent qu'il cite est du 13. Août 1671. où il observe conformément à l'opinion de Rochette Avocat de Troyes, tit. de la portion congruë, que les novales n'ont été ajugées aux Curez primitifs que lorsqu'ils ont rapporté des titres où ils avoient eû la précaution de se reserver.

36 Les Chartreux ont droit de prendre la moitié des novales dans les Paroisses où ils ont toute la dîme. Ainsi jugé par plusieurs Arrêts du Grand Conseil, & notamment par Arrêt du 15. Novembre 1688. en faveur des Religieux, Prieur & Convent de S. Etienne de Nevers, Ordre de Cluny, par lequel il fut dit que sans s'arrêter aux demandes de Messire Loüis d'Aglon Curé de . . . . lesdits Religieux, conformément à leurs privileges, joüiroient des novales, qui sont arrivées depuis la Declaration de 1686. & à l'avenir à proportion des dîmes dont ils ont joüi jusqu'à l'abandonnement fait par ledit Curé. Borjon, tome 1. page 67.

37 Arrêt du Parlement de Paris du 23. Mars 1690. qui sans avoir égard à la demande du Curé de Ruel, maintient le sieur Delpêche en qualité d'œconome, en totalité des dîmes novales dans toute l'étendue de la Paroisse de Ruel, & condamne le Curé aux dépens. Voyez le 2. tome du Journal du Palais, page 778.

38 Par Arrêt rendu au Parlement de Toulouse le 11. Juillet 1693. la joüissance de toutes les terres nouvellement défrichées fut indistinctement donnée aux Curés ou Vicaires perpetuels, parties au procez, pour l'espace & temps de 10. ans. Il est vray que par un Arrêt posterieur du 9. Août 1697. cette joüissance fut bornée à 5. années utiles, mais c'étoit dans le cas des terres d'une nature tout à fait singuliere, & qui aprés avoir été cultivées quelques années devoient en demeurer plusieurs autres dans le repos, de maniere que les cinq années utiles portoient bien plus loin que les dix années; mais depuis en 1698. il fut rendu un autre Arrêt aussi indistinctement donné au Curé de Merville, contre M. l'Evêque de Rieux, 10. années de joüissance des terres nouvellement défrichées, parmi lesquelles il y en avoit qui produisoient tous les ans des fruits sujets à dîme. Voyez M. de Cattellan, livre 1. chap. 71.

NOVATION.

1 DE Novationibus, & delegationibus. D. 46. 2. C. 8. 42.
De Novatione. Inst. au titre quibus modis tollitur obligatio. §. praeterea. v. tunc solum.

1 bis. Des novations, de leur nature & effet, qui peut faire une novation, & de quelles dettes? Voyez le 2. tome des Loix Civiles, liv. 4. tit. 3.

2 De novationibus. per Alber. Brunum, in tract. de aug. Voyez Tretitacinquium Doctuer Venitien, livre 3. page 165.

3 Novatio an ope exceptionis inducta esse intelligitur? V. Andr. Gaill, liv. 2. observat. 30.

4 Voyez Despeisses, tome 1. des Contracts, part. 4. tit. 5. page 731. & Renusson, Traité des Propres, chap. 5. sect. 8. nomb. 7. page 452.

5 Voyez Franc. Marc. en ses décisions du Parlement de Dauphiné, tome 1. quest. 412.

6 Obligatio secunda inter easdem partes facta quantitatis diversa, & alio tempore, quod posterior ex causâ quâ prior obligatio facta est non censeatur; nec prior obligatio per secundam novatur: imò peti possunt ambæ. Voyez Franc. Marc, tome 1. quest. 437.

7 Debiti novatio, an videatur facta quando fidejussor de judicando solvendo debitum in se assumit cum sponsione ne in posterum debitorem conveniret. Voyez Ibidem, question 1062.

8 Lex ultima, Codice de novationibus non est usu fori recepta. Voyez Stockmans, Décis. 147.

9 Si quelqu'un prête argent, & fait plusieurs Contracts avec un jeune homme en puissance de Tuteur ou Curateur, si les Contracts sont valables, & s'il y a obligation, & que par autre Contract il soit dit que moyennant ce qui est porté par le dernier Contract, l'obligation demeure nulle, il y a novation de l'hypotheque? Voyez Bouvot, tome 2. verbo, Obligations, quest. 3.

10 Un Receveur fait constituer à son profit une rente par le débiteur des deniers du Roy, moyennant quoy l'obligation est cassée, sçavoir s'il y a novation, & si le privilege des deniers Royaux cesse? Voyez Pileus, question 131.

11 Semel liberatus fidejussor adversus eum obligatio convalescere non potest, Titius obligatus est Caio cum fidejussore, commutavit obligationem in constitutionem annui redditus eidem Caio, non liberatur fidejussor. Mornac, l. ult. ff. de pactis.

12 La novation faite avec l'un des coobligez solidairement, profite à l'autre. Voyez Carondas, liv. 3. Rép. 33. & livre 7. Réponse 74. où il y a Arrêt du 26. Avril 1558.

13 Il y a novation par prolongation du terme accordé par le Créancier au Detteur principal, & les fidéjusseurs sont déchargez. Arrêt du Parlement de Bourgogne du 2. Août 1596. Bouvot, tome 2. verbo, Detteur, question 8.

14 Quand un Contract de rente est échangé avec ce terme, & moyennant ce, le premier Contract demeure nul & de nul effet, il n'y a point de novation. Arrêt du dernier Avril prononcé le 4. May 1602. M. Loüet, lettre N. somm. 7.

15 Lorsque le Créancier change une obligation ou une simple dette en une constitution de rente, le fidéjusseur est déchargé, attendu que par ce changement le Creancier innove la dette; & la raison pour laquelle il y a une novation, est que d'une dette qui étoit exigible il en fait une qui ne se peut plus exiger par l'alienation qu'il fait du sort principal: c'est pour cela que le fidejusseur est déchargé par une semblable novation. Ainsi jugé au Parlement de Bourgogne le 28. Novembre 1623. le même Arrêt le 17. May 1624. Taisand, sur cette Coûtume, tit. 5. art. 3. note. 9.

16 Quand les parties par un nouveau Contract ont exprimé que les precedens Contracts demeurent nuls, le Créancier ne peut prendre droit que par le dernier Contract à cause de la novation, & les hypotheques précedentes sont éteintes, quia nova debiti obligatio pignus perimit. Arrêt du 23. Decembre 1624. Additions à la Bibliotheque de Bouchel, verbo, Novation.

17 L'interet pris du Receveur des Consignations, ne fait pas novation, parce que la novation de droit nouveau doit être expresse. Arrêt du 7. Septembre 1617. Henrys, tome 1. liv. 4. chap. 2. quest. 7.

18 De la novation, & si le fidejusseur du préposé en une société de negociation, peut être censé liberé par un Contract posterieur & de dissolution ? Jugé aux Requêtes du Palais le 21. Août 1631. pour l'affirmative. *Henrys, tome 2. liv. 4. quest. 43.* dont il n'y a point eû d'appel de la Sentence.

19 Reserve de l'hypotheque d'une obligation exigible convertie en Contract de constitution, empêche la novation. Arrêt du 10. May 1633. *Bardet, tome 2. liv. 2. chap. 27.*

20 L'obligation n'est pas novée par une seconde obligation de la même dette stipulée, d'un autre que du premier debiteur, sans reservation de la premiere obligation ou hypotheque. Arrêt du Parlement de Toulouse au mois de Juin 1666. rapporté par *M. de Catellan, liv. 5. chap. 481.*

21 Transaction où il n'y a point de reserve d'hypotheques, emporte novation. Arrêt du 19. Juin 1645. *Basset, tome 1. livre 4. titre 14. chapitre 2.* Voyez cy-aprés le nombre 23.

21 bis. La Transaction ne fait pas novation de la premiere obligation, si la novation n'est expresse. Jugé au Parlement de Provence le 14. Février 1667. *Boniface, tome 2. liv. 4. tit. 11. chap. 1.*

22 Quand la novation a lieu? *Voyez Basset, tome 2. liv. 6. tit. 4. chap. 1.* il rapporte un Arrêt du Parlement de Grenoble qui a jugé qu'elle n'a lieu quand il y a une prorogation de terme avec une reserve des anciennes hypotheques.

23 Jugé au Parlement de Grenoble le 6. Mars 1671. qu'une simple transaction sans novation expresse, n'innovoit point, bien qu'il n'y eût reserve d'hypotheques; les mouvemens de l'Arrêt furent que ces termes, *& moyennant ce*, emportent condition ou la cause de l'acte, sans laquelle condition l'on n'auroit contracté ; de sorte que le stipulant ne s'estant départi que moyennant ce qu'on luy promettoit, n'a été jugé avoir abandonné ses anciennes hypotheques, ains se les avoir reservées, *conditio etenim illa habet effectum retroactivum*. La novation devant être faite expressément, on ne la doit presumer autrement par aucuns termes qui peuvent souffrir de contraires interpretations. *Voyez Basset, tome 2. liv. 6. tit. 4. chap. 2.*

Voyez cy-dessus le nomb. 21. mais ni l'espece, ni les motifs de l'Arrêt ne sont rapportez.

24 Il faut une declaration expresse des parties pour produire la Novation. Arrêt du Parlement de Paris du 23. Janvier 1698. *V. l'Auteur des Observations sur Henrys tom. 2. liv. 4. quest. 43.*

25 Si la femme a introduit instance pour la repetition de sa dot, & qu'il y ait eu contestation en cause ; en ce cas le privilege d'icelle ne s'éteint pas par sa mort, mais passe à ses heritiers quoyqu'étrangers : *Omnes enim actiones qua morte aut tempore pereunt, semel inclusa judicio salva permanent*, dit le Jurisconsulte, *in L. omnes. 139. de regul. jur.* Et c'est la difference qu'il y a entre la Novation volontaire, & necessaire ; par la premiere, qui se fait par Contrat, le privilege de la dot, & de la tutelle se perd : par la derniere, qui se fait en jugement, il se conserve en son entier, comme il est decidé en la Loy, *Aliam 29. de Novationibus*. V. *l'observation sur le ch. 23. du liv. 3. des questions notables de M. d'Olive.*

NOVELLES.

LEs Novelles sont les Constitutions des Empereurs. *Voyez les observations & explications faites à ce sujet*, au mot *Droit. nomb. 31. & suiv.*

Monsieur Cujas *liv. 17. de ses observations chapit. 31.* dit que les Novelles de l'Empereur Leon sont un Droit peu usité.

NOVICES.

NOVICIAT.

1 NOviciat & Novices, quand finissent, & en quelle forme ? *Voyez Tournet Lett. N. Arr. 29.*

2 La Profession *Intrà annum probationis*, est nulle. *Voyez* le mot *Profession n. 30. & suiv.*

3 Bien que le Noviciat ne doive pas être interrompu, si un Novice étoit infirme, & qu'il fût obligé de prendre les bains ou autres remedes hors de son Convent, & ce avec la permission de ses Superieurs, s'il revient dans la même année de probation, il peut faire sa profession à la fin de la même année, sans être obligé de recommencer sa course. V. *les Definit. du Droit Canon*. verbo *Novice*.

4 Les transferez obtiennent ordinairement une dispense & abreviation de leur Noviciat à six mois qui est frequente & reçeuë par l'usage de la France, dans le cas de la translation d'un Religieux, qui a déja fait une année entiere de Noviciat dans un autre Ordre. Mais on a prétendu qu'il n'est pas permis aux Seculiers qui entrent en Religion, d'obtenir de pareilles dispenses, & d'abreger ainsi leur Noviciat, contre le Concile de Trente & l'article 28. de l'Ordonnance de Blois, portant que la Profession ne se fera devant un an de probation aprés l'habit pris. Cette question s'est presentée dans l'affaire du Prieuré de la Celle, Ordre de saint Benoît Diocése d'Aix en Provence, entre Dom Melchior Limon, Religieux dudit Ordre, & François Duquesnel appellant comme d'abus de la dispense qui reduisoit à six mois le Noviciat du sieur Limon : elle avoit déja été auparavant attaquée au grand Conseil, où par Arrêt il avoit été dit n'y avoir abus. Il paroit aussi que le Parlement ne s'est pas arrêté à ce moyen, & par Arrêt rendu au rapport de M. Bochard de Sarron en l'année 1698. le sieur Limon a été maintenu au Prieuré de la Celle, contre ledit Duquesnel. *Voyez l'Auteur des Defin. Can. p. 865.*

5 Par Arrêt du Parlement de Roüen, une Sentence de l'Official de la même ville fut declarée abusive, qui avoit déclaré une profession tacite dans le Convent des Augustins, pour avoir le Novice porté l'habit treize mois aprés son an de Noviciat, autrement valable, a condamné le Prieur à l'admettre à recevoir la Profession expresse. Berault à la fin du second tome de la *Coûtume de Normandie p. 96. sur l'article 173.*

6 Les Religieux de l'Abbaye d'Ambornay firent un statut, que nul ne seroit receu Novice qu'il n'eût au dessous de douze ans, afin de rendre service plus longtemps à l'Eglise. Pendant la vacance du Siége ils en receurent même au dessous de sept ans. Appel comme d'abus par le nouvel Abbé commendataire. M. de Xaintonge Avocat General dit qu'il n'y avoit rien en cela de contraire aux droits du Roy, parce que cette Abbaye ne tombe point en regale, mais seulement en garde pendant la vacance, ce droit de garde ne prive pas le Chapitre d'user de ses droits. De plus les formalitez requises ont été observées dans la reception des Novices. Arrêt du Parlement de Dijon du 7. Août 1615. rapporté par *M. de Xaintonge*. p. 279.

Il s'est presenté une autre difficulté. Un Prêtre obtient en Cour de Rome provision d'un Benefice qui luy avoit été conferé par l'Abbé d'Ambornay, avec cette condition de prendre l'habit de l'Ordre de saint Benoît dans six mois : le Prieur de l'Abbaye le luy donne, les Religieux interjettent appel comme d'abus. M. l'Avocat General dit que ce statut n'étoit point homologué, que le Prieur y a pû déroger, & enfin que la raison du statut étant de former les jeunes gens au service divin, un Prêtre étoit un sujet capable, & devenoit d'autant plus necessaire, que les Religieux d'Ambornay sont obligez à plus grand nombre de Messes qu'ils n'ont de Prêtres. Arrêt du Parlement de Dijon du 17. Avril 1617. qui confirme ce qui avoit été fait. *V. ibid. p. 372.*

7 La profession du Novice avancée ne peut équipoller à la profession ordinaire & Canonique. C'est pourquoy les Religieux ne peuvent faire demande de la somme promise par les parens du Novice. Arrêt de Gabrielle de Beaumont du 24. Mars 1650. *Ricard des Donations entre-vifs part. 1.*

NOV   NOU   823

8. Reglement pour les receptions des Novices, tant en l'Ordre des Carmes, Freres Prêcheurs, qu'Augustins, du 6. Février 1671. *De la Guessiere tome* 3. *livre* 5. *chapitre* 2.

9. Un Novice du Tiers Ordre de saint François ne peut se reserver une rente viagere sur ses biens pour en joüir après sa profession. Jugé à Toulouse le 24. May 1672. *Journal du Palais*.

10. Le Sieur d'Espernon & la Dame d'Estampes son épouse eurent deux filles; la cadette âgée de 15. ans, de leur consentement prit le voile de Novice; l'aînée mourut six mois après. Le pere & la mere qui avoient signé l'acte de son Noviciat, resolurent de la faire revenir dans leur maison; elle y consentit; mais obsédée par les Religieuses elle changea de sentiment, elles font refus de la rendre. Aux Requêtes du Palais jugé le 12. May 1685. qu'avant faire droit au principal la Novice seroit transferée du Prieuré de Haute-Briere dans cette Ville de Paris en la Communauté seculiere de la Dame Miramion par le Doyen de la Chambre, assisté des deux plus proches parens de la Novice par forme de sequestre pendant six mois, pendant lesquels ses pere & mere la pourront voir. Cela fut executé; deux jours après, la Novice quitte son voile, & quelques jours ensuite elle quitte son habit de Novice, & retourne chez ses pere & mere. *Journal du Palais*.

11. Les Superieurs qui veulent faire leur devoir dans leur charge, ne doivent pas souffrir que les Novices demeurent plus d'un an dans leur état, parce que c'est un abus qui entraîne toûjours du désordre; comme il s'est vû autrefois: ce qui donna lieu au Parlement de Paris, en prononçant en une cause d'une Religieuse de Sales, qui avoit demeuré 29. années en état de Novice dans le même Monastere de Sales, de faire un reglement pour les maisons Religieuses, où la discipline reguliere n'est pas observée. Cet Arrêt est du 28. Juin 1664. il y a eu depuis un autre Arrêt rendu au Parlement en faveur de Frere Julien Coustard Frere Religieux Convers de l'Ordre des Freres Prêcheurs, contre les Prieur, & Religieux du Convent des Jacobins du Mans, par lequel il leur est enjoint de recevoir ledit Frere Julien Coustard, & de le traiter charitablement, & enjoint aux Provinciaux & Superieurs des Convents de l'Ordre de saint Dominique, de recevoir à la Profession ceux qui en auront été jugez capables, & de renvoyer ceux que l'on n'aura pas estimé devoir être reçûs, après l'année du Noviciat faire selon les saints Decrets & Constitutions Canoniques. L'Arrêt fut rendu à l'Audience de la Grande Chambre le 14. Mars 1697. *Definit. Can.* p. 513.

DONATIONS, ET TESTAMENS DES NOVICES.

12. Celuy qui est au Noviciat ne peut donner ses biens, se rendant Religieux, au Monastere ni aux Religieux. Arrêt du Parlement de Dijon de l'an 1582. *Bouvot tom.* 2. verbo, *Monastere, quest.* 22.

13. *Chopin* sur la Coûtume de Paris livre 2. tit. 2. n. 4. fait mention d'un Arrêt rendu en la seconde Chambre des Enquêtes le 26. Janvier 1602. touchant une donation entre-vifs entre Marguerite de Here Religieuse au Convent de l'*Ave Maria*, par lequel il dit que la Cour confirma cette donation purement & simplement. M. *Ricard, traité des Donations part.* 1. *chap.* 3. *sect.* 1. *n.* 118. ne se rend point à l'autorité de ce préjugé, & dit qu'il resiste aux principes, & en effet le 11. Mars 1681. il a été rendu Arrêt au même Parlement de Paris qui a jugé que deux donations faites l'une la veille, l'autre le jour même que les Donateurs sont entrez en Religion pour faire leur Noviciat qui a été suivi de Profession, ne devoient être reputées entre-vifs, telles qu'elles auroient été stipulées, mais qu'elles devoient être regardées comme donations à cause de mort. *Journal du Palais in* 4°. *part.* 8. p. 23. & le 2. *tome in folio.*

14. Les Novices qui font profession à 16. ans suivant l'article 28. de l'Ordonnance de Blois, ne peuvent disposer de leurs biens quand la Coûtume des lieux desire un plus grand âge. Voyez le procès verbal de la Coûtume de Paris sur l'article 293. ainsi jugé le 20. Février 1603. *Charondas* livre 13. *Réponse* 61. & par un autre Arrêt du 3. Août 1627. rapporté par *Ricard és Donations entre-vifs*, prem. Part. chap. 3. sect. 3. nomb. 186. & suivans.

15. Par la Jurisprudence des Arrêts, les Novices ne peuvent tester ny disposer en faveur du Monastere. *Theveneau Commentaire sur les Ordonnances* tit. 10. article 1. rapporte deux Arrêts qui l'ont ainsi jugé, l'un du 17. Août 1605. & l'autre du 7. Septembre 1612. contre les Chartreux de Lyon, & un troisiéme depuis rendu contre les Chartreux de Toulouse le 5. Février 1619. Il y en a eu plusieurs depuis ce temps-là, & entre autres un rapporté par *Bardet*, tom. 1. liv. 1. chapitre 75. du 10. Février 1620. rendu contre les Capucins de Châtellerault; ce qui est fondé sur les articles 19. & 28. des Ordonnances d'Orleans & de Blois, qui défendent aux Religieux Novices de tester ou disposer en faveur des Convents ou Monasteres de l'Ordre où ils font profession, directement ou indirectement. *Voyez les Definit. Can.* p. 599.

16. Testament d'une jeune Demoiselle fait pendant l'année de son Noviciat au profit du frere de son tuteur qu'elle n'avoit jamais veu, & qui n'ayant pas d'enfans avoit pour habile à luy succeder son frere tuteur de la Novice, fut declaré nul sur ces conjectures. Arrêt du 5. Decembre 1644. & autre du 29. Avril 1653. en la Coûtume de Nevers; *Secus*, si les conjectures n'étoient pas violentes comme en l'Arrêt de M. Eleonor Lhôte du 18. Mars 1652. *Ricard des Donations entre-vifs* prem. Part. chap. 3. sect. 16. nomb. 746. & suivans.

17. Une Novice ne peut donner ses biens par testament au Monastere où elle fait profession la veille de l'émission de ses vœux. Arrêt du 12. Juillet 1658. *Des Maisons lettre T. nombre* 2. Voyez *Ricard des Donations entre-vifs*. 1. Part. chap. 3. sect. 9. nomb. 486. & suivans.

18. Les Prêtres de l'Oratoire sont compris dans la prohibition des Ordonnances d'Orleans article 19. de Blois article 28. qui font défenses aux Novices de donner aux Monasteres dans lesquels ils font profession. Jugé à Aix par renvoy du Parlement de Grenoble le 22. May 1675. & furent les testament & codicille cassez; neanmoins que sur la succession il seroit distrait la somme de 8000. livres en faveur du Syndic des Prêtres de l'Oratoire qui sera employée à prier Dieu pour le défunt & pour sa famille. *Journal du Palais*. Voyez cy-après le mot *Religion*, nomb. 259. & suiv.

19. Sera tenu Registre des Tonsures, des Ordres Mineurs, & sacrez, Vêtures, Noviciats, & Professions de Vœux; sçavoir aux Archevêchez, & Evêchez, pour les Tonsures, Ordres Mineurs & sacrez, & aux Communautez Regulieres pour les Vêtures, Noviciats & Professions, lesquels Registres seront en bonne forme, reliez, & les feüillets paraphez par premier & dernier, par l'Archevêque ou Evêque, ou par le Superieur ou la Superieure des Maisons Religieuses, chacun à son égard; & seront approuvez par un acte capitulaire inseré au commencement du Registre. Article 15. du tit. 20. de l'Ordonnance du mois d'Août 1667.

20. Chacun acte de Vêture, Noviciat & Profession, sera écrit de suite, sans aucun blanc, & signé, tant par le Superieur ou la Superieure, que par celuy qui aura pris l'habit ou fait profession, & par deux des plus proches parens ou amis qui auront assisté; dont le Superieur ou la Superieure seront tenus de delivrer extrait vingt quatre heures après qu'ils en auront été requis. Article 16. de la même Ordonnance.

NOURRICE.

Nourrice. Nourricier. *Nutrix. Nutritor. Ne pastoribus dentur filii nutriendi.* C. Th. 9. 31.

1. Nourrice qui a étouffé son enfant. Voyez le mot *Enfant nombre* 45.

2   La Nourrice qui par sa faute suffoque l'enfant dont elle a été chargée, a été condamnée faire amende honorable, & à être battuë de verges & bannie pour cinq ans, avec défenses de plus prendre charge de nourrir enfans à la mamelle. Jugé à Toulouse le dernier Février 1566. *Charondas livre 7. Rép. 116.*

3   La femme accusée de crime étant nourrice, peut être detenuë aux Arrêts, mais le Juge doit ordonner qu'elle fera apporter son enfant pour l'allaiter. Arrêt du Parlement de Dijon du premier Février 1569. *Bouvot to. 2. verbo mari & femme quest. 5.*

4   Les Sages-femmes & Matrones tenuës de nommer le pere & la mere de l'enfant auquel elles ont trouver nourrice, & tenuës de payer les arrerages de la pension de l'enfant à nourrice, jusques à ce qu'elles ayent fait apparoir du pere & de la mere. Arrêt du 21. Avril 1625. *Du Fresne liv. 1. chap. 47.*

5   Au mois d'Août 1705. Arrêt du Parlement de Paris, qui défend à tous Aubergistes de retirer les Nourrices, enjoint à icelles d'aller aux Recommandaresses.

NOURRITURE.

1   *Voyez le mot* aliment. Les habits & l'entretien sont compris sous le nom d'alimens & nourritures. *Voyez* alimens *nomb.* 45.

2   La nourriture des mineurs & leur entretien doit être compensé avec les levées des heritages & interêts des deniers des meubles. Arrêt du Parlement de Dijon du 15. Decembre 1611. *Bouvot tom. 2. verbo, tuteurs question 26.*

NOURRITURE, AYEUL.

3   Jugé par Arrêt du 29. Juillet 1603. que l'Ayeul peut être contraint à nourrir un enfant, provenu d'un mariage que son fils a contracté contre sa volonté. *Filleau 4. Part. quest. 152. & Loüet, Lettre D. Som. 1.*

4   Arrêt du Parlement de Roüen du 9. Mars 1638. qui a jugé qu'un Ayeul ne peut mettre en compte la nourriture qu'il avoit fournie à ses petits enfans, & qu'ils n'avoient pas un revenu suffisant pour la payer. *Basnage sur l'article 384. de la Coûtume de Normandie.*

NOURRITURES, CORVE'ES.

5   Les Seigneurs ne sont tenus de nourrir ceux qui font les Corvées à eux deuës. Arrêt prononcé en robes rouges le 23. Decembre 1578. contre les habitans de Maugny en Vermandois. *Voyez Pithou sur la Coûtume de Troyes article 4.*

6   Les Corveables hors le Pays de droit écrit, & les Coûtumes de la Marche & d'Auvergne se nourrissent à leurs dépens, à moins qu'il ne soit porté autrement par les titres, ou que ce ne soient personnes miserables. *Mornac L. penult. si operas, ff. de præscriptis verbis.*

NOURRITURE, DONATION.

7   Donation faite à la charge de nourrir la Donatrice, est nulle par defaut de nourriture. Arrêt du P. d'Aix du 22. Juin 1675. *Boniface tom. 4. liv. 7. tit. 11.*

8   Cette clause (qu'en cas de prédécés du mary la femme sera nourrie & entretenuë sur les biens suivants leur porté) apposée dans un Contract de mariage, ne donne aucun privilege à la femme pour cette nourriture, & pour cet entretenement, les biens du mary étant en distribution, elle est toute tournée vers l'avenir, & relative au temps du décés du mary, & aux biens qu'il aura alors, il n'a point de biens, *nisi deducto ære alieno*; ainsi cette femme ne doit être alloüée pour ces choses qu'aprés tous les créanciers de son mary, même aprés tous les créanciers posterieurs au Contract de mariage. Arrêt du Parlement de Toulouse du 5. Janvier 1676. aprés partage, il est rapporté par *M. de Catellan, liv. 6. chapitre 27.*

NOURRITURE, ENFANS.

9   De la nourriture des enfans. *Voyez* le mot, Enfans, *nombre* 62. *& suiv.*

10   Un homme promet de nourrir les enfans du premier lit de la femme qu'il épouse sans aucune pension. Jugé le 9. Février 1595. qu'il ne pouvoit rien demander pour les vêtemens, & qu'ils étoient compris sous le térme de nourritures. *Biblioth. de Bouchel, verbo, Nourriture, & Papon, liv. 17. tit. 4. n. 14.*

11   Si le pere est obligé de donner pension à ses enfans, quand ils n'ont aucun bien du côté de leur mere. Arrêt du Parlement de Normandie du 10. Février 1623. qui ajuge aux enfans du sieur d'Angranville-le-Chevalier, 1200. livres par an. *Basnage, sur l'art. 384. de cette Coûtume.*

12   Le fils ne peut demander aprés la mort de son pere, les nourritures promises par son Contract de mariage. *Basnage, sur la Coûtume de Normandie, art. 434.*

13   Si les enfans du premier lit n'ont point de bien du côté de leur pere, le second mary ne peut se dispenser de leur donner une pension, ou de leur donner le tiers, auquel tiers les enfans du second mariage peuvent demander part. Arrêt du Parlement de Roüen du 23. Juillet 1682. *Ibidem. art. 384.*

14   Il arrive souvent qu'une femme en se remariant, stipule que les enfans de son premier lit seront nourris sur leurs revenus jusqu'à un certain âge. Que si le second mary continuë aprés cet âge de les nourrir & entretenir, quoyque les revenus ne suffisent pas, il luy est dû une recompense de communauté : car c'est la dette de la mere qu'il a acquittée. Autre chose est quand il y a continuation de communauté. *V. M. le Brun, Traité de la Communauté, liv. 3. ch. 2. & ch. 3. sect. 4. nombre 15.*

NOURRITURE DES EXPOSEZ.

15   Reglement pour la nourriture des enfans exposez en la ville de Paris, qui regle ce que chacun des hauts-Justiciers doit contribuer ; il est du 3. May 1667. *De la Guess. tome 3. liv. 1. ch. 27.*

NOURRITURE, MERE.

16   Si une mere peut repeter les nourritures administrées à ses enfans ? *Voyez Bouvot, tome 1. verbo, Alimens, question 3.*

17   Une mere ayant promis de nourrir ses enfans jusqu'à l'âge de discretion, cela s'entend jusqu'à l'âge de 20. ans. Arrêt du Parlement de Dijon du 2. May 1575. *Voyez Bouvot, tome 2. verbo, Tuteurs & Curateurs, question 4.*

18   Par Arrêt du Parlement de Roüen de l'an 1644. rapporté par *Berault, sur la Coûtume de Normandie, tit. des Successions, art.* 250. in verbo, *rien n'aura*, il a été jugé qu'une mere n'étoit recevable à demander au Tuteur de ses enfans leur nourriture parfournie, suivant la Loy *alimenta quidem qua filiis tuis præstitisti, tibi reddi non justa ratione postulas, eum id exigente materna pietate feceris*; il fut dit par l'Arrêt que le Tuteur ne commenceroit à payer les nourritures que du jour de l'Arrêt.

19   Si le mary est tenu de nourrir les enfans de sa femme quand elle est vivante ? Le beau-pere disoit que l'article 384. de la Coûtume de Normandie, n'avoit lieu qu'aprés la mort de la mere, quand les enfans n'avoient pas de biens suffisans; mais qu'il prétendoit que ceux du pere pouvoient les nourrir; que d'ailleurs étant en âge de gagner leur vie, ils pouvoient s'entretenir de leur travail ; qu'en l'Arrêt du Venois, il étoit constant qu'il y avoit d'autres biens; que c'étoient des Gentilshommes, qui ne pouvoient faire profession des Arts mécaniques. Les enfans répondoient qu'ils étoient cinq, & qu'ils abandonnoient le bien de leur pere pour 200. liv. par an ; qu'encore qu'ils ne fussent pas Nobles, ils étoient d'une famille honnête, étant enfans d'un Officier. Le Juge avoit ordonné 150. liv. de pension ; sur l'appel au Parlement de Roüen, l'on mit hors de Cour le 1. Mars 1657. *V. Basnage, sur cet art. 384.*

NOURRITURE, OBLIGATION.

20   Par Arrêt du Parlement de Roüen du 13. Juillet 1668. il a été jugé qu'une femme séparée de biens d'avec son mary, qui s'étoit obligée à des nourritures, qui avoient été conferées à sondit mary par un Geollier pendant qu'il étoit prisonnier, ne pouvoit en être relevée, &
fut

NOU NOU 825

fut déboutée des Lettres qu'elle avoit obtenuës à cette fin. J'étois aussi present à la même prononciation. M. le Président Bigot présidoit, dit Jovet, verbo, *Mariage*, *nombre 68*.

NOURRITURE, PARAINS.

21 Les parains & maraines ne sont tenus de nourrir leurs filleuls contre leur volonté, ils n'ont point d'action pour cet effet, autrement il ne se trouveroit personne qui voulût rendre à des enfans cet office de pieté & de charité. Arrêt du 4. Mars 1585. Autre du mois de Février 1635. Brodeau sur M. Louet, lettre F. som. 29. nombre 5.

22 Le Jeudy 8. Février 1635. en l'Audience de la Grand'-Chambre, il fut jugé qu'un parain n'étoit point tenu des nourritures, entretenemens & payement des mois de la Nourrice, pour un petit enfant qu'il a tenu sur les fonts. Voyez le Journal des Audiences, tome 1. livre 3. chap. 9. & Chopin, lib. 2. de moribus Parisior. tit. 7. num. 19.

NOURRITURE, PATRON.

23 Par Arrêt du Parlement de Toulouse du dernier Juillet 1662. un nommé Lartigue ayant fait serment de pauvreté, le Chapelain de la Chapelle qu'il avoit fondée, laquelle n'étoit que de 80. liv. de rente, fut condamné à luy bailler le tiers du revenu, contre l'opinion de *Mornac*, qui dit que le Chapitre *nobis, de jure patron.* n'est pas observé en France. Panorme sur ce Chapitre dit que le Patron doit être nourri, distrait le service ; mais au cas de l'Arrêt, n'y ayant qu'une Messe à dire chaque semaine, le revenu étoit encore suffisant pour faire ce service. *Albert*, verbo, *Patronat*, article 2.

NOURRITURE, PERE.

24 Le fils est tenu de nourrir son pere, & la femme son mary, s'il est pauvre, & s'ils ont de quoy le faire. Arrêt du 17. Novembre 1583. Expilly, Arrêt 84.

25 Jugé au Parlement de Toulouse qu'un gendre qui avoit eu 1500. liv. de la dot d'une nommée Fabre, n'étoit pas obligé de nourrir son beau-pere, étant chargé de famille : la raison fut que si l'on ouvroit cette porte pour diminuer les dots, bien des beaux-peres mangeroient leur bien sur cette esperance ; neanmoins je crois que cela doit se regler sur les circonstances, & que si le beau-pere est devenu pauvre non par sa faute, mais par malheur, le gendre & la fille ne luy doivent pas refuser *modicum vitæ subsidium*, à moins qu'ils ne soient aussi pauvres ; & que ceux qui sont riches y doivent être condamnez indistinctement. *Albert*, verbo, *Dot*, article 20.

NOURRITURE, RAPPORT.

26 La nourriture payée par le beau-pere à son gendre, suivant les pactes de mariage, n'est repetée par les heritiers de la femme sur les biens du mary mis en generale distribution. Jugé le 5. Septembre 1602. Cambolas, liv. 3. chap. 26.

27 Si la nourriture délaissée à une mere sur les biens du Testateur avec ses heritiers, en rapportant le revenu de ses biens ou la communion, & où ses heritiers ne le voudroient souffrir, ou qu'elle voulût se départir, il y a legat de certaine somme, si la mere peut sans sujet de partir, & avoir le legat ? Voyez Bouvot, tome 1. part. 2. verbo, *Nourriture*.

NOURRITURE, SEIGNEUR.

Vassal tenu de nourrir le Seigneur. Voyez le mot, *Cens*, nombre 22.

NOUVEAUTEZ.

Nouveautez défenduës. *Carolus. Mag. cap. 282. lib. 6.*
Ea quæ circa Catholicam Legem vel olim ordinavit antiquitas, vel parentum nostrorum auctoritas Religiosa constituit, vel nostra serenitas roboravit, novella superstitione sub motâ, integra & inviolata custodiri præcipimus. Idem, li. 7. cap. 31.
Tome II.

Si studere incipimus novitati, traditum nobis à Patribus ordinem calcabimus. Item, *novitates pariunt discordias, & reprehendendus est qui novitates inducit.* Rebuff. in tract. nominationum. qu. 5. num. 34.

Voyez les mots, *Heresie*, *Religion Prétenduë Réformée*, & *Schisme*.

Ut lite pendente nihil innovetur, li. 2. Decr. tit. 16. & li. 2. sext. tit. 8. & lib. 2. Clement. tit. 5. & Extravag. Joan. XXII. & Extravag. Com. lib. 3.
Ne sede vacante aliquid innovetur. li. 3. Decr. tit. 9. & lib. 3. sext. tit. 8. & Extravag. Joan. XXII. tit. 5. & Extravag. Com. lib. 3.
Novitas ab Ecclesia explodenda. D. Paul. I. Tim. 6. Profanas vocum novitates devita. Vide relationem Dioscori, quæ extat inter Epistolas Hormisdæ Papæ. tom. 1. Epist. Roman. Pontificum apud Baronium, ad annum 519.

NOUVEAUX ACQUESTS.

1 Voyez les Ordonnances recueillies par Fontanon, tome 2. liv. 2. tit. 11. page 419. le Recueil des Edits & Ordonnances concernant le Domaine, fol. 28. le Traité qui en a été fait par M. Jean Bacquet, Avocat du Roy en la Chambre du Tresor.

2 Nouveaux acquêts, signifient tous les heritages, tant féodaux, roturiers qu'allodiaux, & autres droits immobiliers, appartenans à gens de main-morte, non amortis par le Roy.

3 Ils sont appellez nouveaux acquêts, parce qu'ordinairement les gens de main-morte, comme Ecclesiastiques, Communautez, font amortir par le Roy les heritages situez en France qui leur appartiennent, à cause de la fondation & anciennes dotations de leurs Benefices, Monasteres, Colleges ou Hôpitaux ; s'ils ne les avoient fait amortir, ils seroient sujets au droit de nouveaux acquêts, en ce que les heritages donnez aux Eglises pour leur fondation & dotation, sont ordinairement amortis par le titre de fondation. *Voyez Bacquet, chapitre 24.*

4 Pour la tolerance de la possession & jouïssance, que les Ecclesiastiques & gens de main-morte ont euë de tels heritages, contre les Ordonnances & anciens Statuts du Royaume, par lesquels ils ne peuvent posseder immeubles sans amortissement, ils sont tenus payer au Roy certaine finance ; c'est ce qui s'appelle *Droit de nouveaux acquêts.* Bacquet, ibid.

NOUVELLE OEUVRE.

1 Denonciation de nouvelle Oeuvre. *Novi operis nunciatione. Cod. li. 8. tit 11. Novel. Inst. 63.*
De novis operibus. Zenon. Imp. Const. Voyez ce Titre dans la *Biblioth. du Droit François*, par Bouchel.

2 De la nouvelle Oeuvre, de celle qui est défenduë & autorisée. Voyez le 2. tome des *Loix Civiles*, liv. 2. tit. 8. sect. 3. nombre 8.

3 *De novi operis nunciatione. Vide Luc. li. 9. tit. 7.*

4 *De novi operis nunciatione, & mandatis inhibitoriis.* Voyez Andr. Gaill. lib. 1. Observat. 16.

5 Nonciation de nouvelle Oeuvre est un Acte par lequel on dénonce à celuy qui fait élever un bâtiment, ou aux ouvriers qui y travaillent, qu'ils ayent à cesser jusqu'à ce que par Justice en ait été ordonné, à peine de tous dépens, dommages & interêts.

6 Cette maniere de proceder des Romains inventée par le Préteur, est aussi en usage parmi nous ; c'est pourquoy en rapportant leur Jurisprudence, nous établissons en même temps nos Regles.

7 Or toutes les fois qu'on s'apperçevoit qu'un voisin faisoit une entreprise, soit en élevant sa maison, soit en la démolissant, en sorte que l'ancienne face étoit changée, & qu'on en recevoit de l'incommodité, on pouvoit par une simple sommation, sans avoir permission du Préteur, luy dénoncer, ou aux ouvriers, l'empechement que l'on y formoit, *L. 1. §. nunciatio ff. de novi operis nunciat.* On étoit reçu à former cet empeche-

M M m m m

ment, lorsqu'on avoit interêt que l'entreprise cessât, ou que le public en souffroit. *Juris nostri conservandi, aut damni depellendi, aut publici juris tuendi gratiâ, L. 1. §. nuntiatio, 16. eod.* Pour ce qui regardoit les choses en particulier, il n'y avoit que ceux à qui l'entreprise pouvoit nuire, qui eussent droit de s'y opposer, *§. juris 19. eod.* comme sont les Proprietaires, les Emphyteotes, les Usagers, le Tuteur, le Curateur, le Créancier hypotequaire, celuy qui a droit de servitude, *Cujac, lr. 1. Observat. 17.* & l'Usufruitier, pourvû que ce fût au nom du Proprietaire.

A l'égard des entreprises qui interessoient le public, il étoit indifferemment permis à tous les Citoyens d'user de la nonciation de nouvelle Oeuvre ; ce qui ne se pratique pas en France, où il seroit necessaire en pareil cas d'avertir le Grand Voyer.

Il n'importoit pas à qui on s'adressât pour donner l'exploit, qui contenoit la nonciation de la nouvelle Oeuvre, pourvû que ce fût dans le lieu même, où les Ouvriers étoient employez à bâtir, & à des personnes qui en pûssent donner avis au Proprietaire.

L'effet de cet Acte étoit que si nonobstant les defenses on vouloit continuer l'ouvrage, il falloit donner bonne & suffisante caution de remettre les choses en état, en cas que par Justice il en fût ainsi ordonné ; ce qui se devoit terminer dans trois mois, *L. unica, Cod. de novi oper. nuntiat. cap. penult. & ult. extr. de novi oper. nuntiat.*

Si la maison appartenoit à plusieurs Proprietaires, & qu'elle fût possedée par indivis, la nonciation faite à l'un des Coproprietaires, étoit censée faite à tous, à cause que chaque partie d'une chose indivise represente le tout ; neanmoins si depuis l'empêchement formé un des Coproprietaires continuoit le bâtiment sans la participation des autres, c'étoit sur luy que tomboit tout le dommage. *Si plurium res sit, in quâ opus novum fiat, & uni nuntietur, rectè facta nuntiatio est, omnibusque Dominis videtur nuntiatum ; sed si unus ædificaverit post operis novi nuntiationem, alii qui non ædificaverunt, non tenebuntur, neque enim debet nocere factum alterius ei qui nihil fecit. L. de pupillo, §. si plurium, ff. de operis novi nuntiat.*

5. *Novum opus nuntians an de dominio docere teneatur ?*
bis. Voyez *Franc. Marc. tom. 1. quest. 229.*

6. *Jus sibi dicere authoritate propriâ, nec opus novum tollere nulli licet. Ibid. tom. 2. quest. 499.*

7. Suivant la Loy 5. *de nov. oper.* nonobstant la dénonciation de nouvelle Oeuvre, l'on peut bâtir en donnant caution de démolir.

8. *Summa eorum quæ habentur in titulis de operis novi nuntiatione, de damno infecto, de aquâ pluviâ arcendâ, & de arboribus cædendis cum explicatione L. ultima ff. finium regundorum & L. quinque pedum C. finium regundorum. Valla de rebus dubiis, & c. tractat. 8.*

9. Nouvelle œuvre, dénonciation, & quand on peut passer outre au prejudice d'icelle ? Voyez *Henrys, tome 1. liv. 4. chap. 5 quest. 82.*

10. De la dénonciation de nouvelle œuvre. Voyez *Basset, tome 2. liv. 7. tit. 11.* elle doit se terminer dans trois mois. Ainsi jugé.

11. Si le bâtiment construit aprés la dénonciation de nouvelle œuvre, doit être démoli ? V. *Bouvot, tom. 2. verbo, Nouvelle Oeuvre.*

12. Dénonciation de nouvelle œuvre est differente de la complainte, en ce que celuy à qui la dénonciation est faite est reçû, en baillant caution de remettre le tout en son premier état, s'il est ainsi ordonné en fin de cause. Arrêt du Parlement de Paris du 26. Septembre 1439. Depuis, par deux autres Arrêts des 26. Novembre 1513. & 17. Novembre 1514. il a été jugé au contraire. Telles provisions de bailler caution ont été déclarées inciviles & impertinentes ; les Demandeurs déboutez avec dépens ; la raison étoit qu'il vaut mieux obvier à une injure, que d'en attendre la réparation. *Bibliotheque de Bouchel, verbo, Complainte.*

13. L'Intimé ayant acquis une Terre noble appellée la Haye, y veut faire un moulin neuf, disant qu'il a bons titres, & qu'il est Noble, Sieur de Fief. L'appellant joint au Procureur du Roy à Nantes, dénonce nouvelle œuvre, conclut à démolition. Les Juges de Nantes ordonnent que les parties écriront plus amplement. Appel ; par Arrêt du Parlement de Bretagne du 27. Octobre 1569. il est dit mal jugé, l'Intimé condamné à démolir le moulin dans huitaine ; permit à l'appellant, ce temps passé, d'iceluy démolir. *Du Fail, livre 1. chapitre 286.*

14. Arrêt rendu au Parlement de Provence le 30. May 1639. qui a jugé que la voye de fait doit être réparée. Il fut ordonné que la nouvelle œuvre démolie seroit refaite par la Communauté dans quinzaine, autrement permis aux Intendans de la refaire aux dépens de la Communauté, le Consul & son fils qui avoient assisté à la démolition, ajournez en personne ; le Greffier de la Communauté tenu de remettre au Greffe de la Cour la déliberation des Consuls, la Communauté condamnée aux dépens, sauf la deliberation vûë, de les rejetter sur les déliberans. *Boniface, tome 1. liv. 8. titre 16. chapitre 14.*

15. Le 26. Février 1671. il a été jugé que le statut de querele ou dénonçant la nouvelle œuvre ou édifice fait sur la rue, ou lieu public, est de la connoissance du Lieutenant. *Boniface, tome 3. livre 3. titre 12. chapitre 2.*

L'on disoit que la procedure en dénonciation de nouvelle œuvre, n'étoit pas legitime, puisque suivant le §. 9. *Et bellè Sextus Pedius*, & la *L. de pupillo, ff. de nov. oper. nuntiatio.* y ayant trois sortes de causes pour intenter cette action ; sçavoir, la naturelle, la publique & l'impositice, le Seigneur ne peut pas dire d'avoir aucune de ces trois causes : ni la naturelle, puisque l'édifice n'a pas été fait dans le sien ; ni l'impositice, puisqu'il n'y a point de servitude ; ni la publique, puisque suivant la certification des Consuls, la ruë n'est point endommagée, ayant même été décidé par le §. 17. *si quis nomine prohibente*, de la Loy 2. *ff. ne quid in loc. public. vel itin. fiat.* que si l'édifice a été fait au lieu public, *nemine prohibente*, on ne peut pas être contraint de le démolir : la raison du Jurisconsulte est, *quia interdictum est prohibitorium, non restitutorium.*

Le même §. décide, que si l'édifice nuit au public, on doit mettre sur le sol de l'édifice une cense, mais il ne faut pas le démolir, par la raison que dessus : mais il fut representé au contraire, que la procedure de statut de querele & de dénonciation de nouvelle œuvre, étoit legitime, puisque le Seigneur avoit des titres des Regales par son inféodation des Comtes de Provence, qu'il n'a pas été loisible à l'appellant d'occuper ; & que par l'Edit de Crémieu, la connoissance du statut de querelle ou complainte, appartient au Lieutenant.

16. Arrêt du même Parlement de Provence du 14. Juillet 1674. qui a jugé que le statut de querelle ou de complainte, compete contre celuy qui fait une nouvelle œuvre dans son fonds pour se défendre des eaux pluviales, nuisibles aux voisins. *Boniface, Ibidem, ch. 1.*

L'on disoit que par la Loy 1. §. 2. *Neratius ff. de aquâ pluv. & aqu. pluviæ arcend.* si un ouvrage a été fait pour retenir l'eau, en façon qu'elle préjudicie aux champs voisins, l'action *in factum aquæ pluv. arcend.* seule compete, qui est l'action ordinaire ; mais non pas celle du statut de querelle, qui est l'extraordinaire, appellée *interdictum, unde vi, aut interdictum quod vi aut clam*, à quoy il y a plusieurs autres textes semblables. Au contraire, l'on disoit que la nullité n'étoit point en la procedure : car outre qu'elle avoit été faite de l'autorité de la Cour, la Loy a décidé, que si un Fermier a fait une nouvelle œuvre à l'insçû du Maître, qui porte préjudice au voisin, le Maître du fonds est tenu par l'action *aqua pluvia arcenda* ; mais si la nouvelle œuvre a été faite *jussu Domini*, le Maître du fonds étoit tenu *interdicto* ; & ainsi Roux ayant fait ou fait faire

NUL

luy-même cette nouvelle œuvre, nuisible aux champs du sieur de Sainte Marguerite, l'action *d'interdit*, ou de *nouvelleté & complainte*, appellée en Provence, *Statut de querelle*, étoit legitime.

NOUVELLETÉ.

1. Nouvelleté, innovation, nouveau trouble. *Voyez* l'Edit de Charles VII. de l'an 1453. art. 63. 70. 72. 73. & 74. La Coûtume de Blois, articles 11. & 12. Sedan, *art.* 163. Amiens, *art.* 220. Lille, *article* 20. Le grand Coûtumier, *liv.* 2. *chap.* 21. & 22. & Bouchel, en sa Bibliotheque Canonique, tome 2. page 120. & suivantes.

2. *De casu novitatis secundùm Borbonios.* Voyez Franc. Marc. *tom.* 2. *quest.* 517.

Voyez au premier volume de ce Recüeil, le mot, *Complainte*, & cy-après les Titres, *Reorcance, Reintegrande, & Saisine.*

NUIT.

1. Ripa *de iis quæ noctu veniunt.* in octavo, Francofurti, 1602.

2. Si une procedure faite de nuit est valable ? la cause ne fut point jugée. Boniface, tome 1. livre 1. titre 27. nombre 6.

3. Défense de juger la nuit. *Voyez* le mot, *Jugement*, nombre 112. bis.

4. Arrêts ne doivent être donnez ni executez de nuit. La Rocheflavin, *des Parlemens de France*, liv. 8. chapitre 53. art. 5.

5. Les nuits, en certaines Coûtumes, sont les assignations & les délais ordinaires qui doivent avoir lieu dans les ventes des biens saisis & executez, faites par autorité de Justice. L'article 439. de la Coûtume d'Orleans dit, *un acheteur de biens vendus à l'encan, la solemnité de Justice gardée, peut être contraint par prison, & ses biens vendus sans solemnité, ne attendre les nuits*.

L'article 4. de l'ancienne Coûtume de Dijon, publié par M. Perard, se sert aussi de ce terme, *après les sept nuits*.

L'article 3. du tit. 13. des Coûtumes generales de la Ville de Mets & Pays Messin, dit pareillement, que *meubles pris par execution ne peuvent être vendus avant les sept nuits expirées.*

Anciennement en France, les Laïcs comptoient par nuits, les temps & les délais judiciaires, ainsi qu'on peut voir dans la Loy des Allemans, dans la Loy Salique, & dans un Jugement tiré du Tresor de S. Denis, rapporté par Ragueau, en son Indice des Droits Royaux & Seigneuriaux, verbo, *Nuits*, où il cite les Auteurs qui ont fait des dissertations historiques sur ce mot, & cet usage de compter le temps par le nombre des nuits.

NUL, NULLITEZ.

1. DE nullitatibus. Voyez le Traité fait *per Sebastianum Vantium.*

De la nullité des actes & conventions, par rapport aux personnes, ou aux choses. *Voyez le 1. tome des Loix Civiles, liv. 1. tit. 1. sect. 5.*

2. Les voyes de nullité n'ont point lieu en France, sans Lettres du Prince. *Voyez* Févret, *en son Traité de l'Abus*, liv. 1. ch. 7. n. 5.

Ragueau, en son Indice des droits Royaux & Seigneuriaux ; édition de 1704. verbo, *Nullité*, explique cette maxime : *qu'en France, en Cour Laie, les voyes de nullité n'ont point de lieu.* Il observe qu'en Lorraine les voyes de nullité sont reçûës sans relief.

Quand on dit que voyes de nullité n'ont point de lieu en France, cela s'entend des nullitez introduites par le Droit Romain, & non de celles qui sont irrogées par les Ordonnances ou Coûtumes, qui produisent leur effet sans Lettres Royaux. *Biblioth. de Bouchel*, verbo, *Nullitez.*

Tome II.

NUL 827

Voyes de nullité & protestations *in formâ infractionis Canonum Pragmatica*, anciennement pratiquées en France. Cette protestation de nullité n'étoit qu'une forme d'opposition qui se pouvoit traiter au Conseil du Roy, ou pardevant ses Juges. *Voyez* Févret, *en son Traité de l'Abus*, liv. 1. ch. 1. n. 16. 3

Nullitatis quæstio per libelli & actionis modum deducta judicati executionem non impedit. Voyez Franc. Marc. bis. tom. 2. quest. 315. 3

Quod nullum est, nullum producit effectum nec potest confirmari. M. le Prêtre, 4. Cent. ch. 45. 4

Un Fermier ou Locataire peut alleguer la nullité d'un Contract de vente pour entretenir son bail, lors que la vente est faite par le Tuteur seul & sans avis de parens. *Voyez* Carondas, *liv.* 6. Rép. 32. 5

Contracts nuls de quelque nullité que ce soit, ne peuvent être rescindez sans Lettres Royaux. Arrêt du Parlement de Paris du 14. Août 1543. *Bibliotheque de Bouchel*, verbo, *Restitution.* 6

Le consentement des parties ne couvre point la nullité de la procedure criminelle. Arrêt du Parlement de Bourdeaux du 26. Février 1550. Papon, liv. 24. tit. 5. nombre 6. 7

Formalitez essentielles ômises, rendent l'acte nul, les parties n'en peuvent être relevées par un relief précis. Jugé au Parlement de Tournay le 26. Juillet 1694. contre une Enquête faite sans partie appellée. Pinault, tome 1. *Arrêt* 38. 8

Les approbations & consentemens donnez à des actes nuls, les confirment, sans qu'on puisse ensuite les arguer de nullité. Ce fut une des questions jugées par l'Arrêt du Parlement de Paris du 9. Juillet 1698. *Journal des Aud.* tome 5. liv. 1. 4. ch. 8. 9

NULLITÉ DES ADJUDICATIONS.

Nullité des adjudications & décrets. *Voyez* le mot, *Adjudication*, nomb. 12. & suiv. 10

NULLITÉ DES CRIÉES.

Voyez le mot, *Criées*. 11

NULLITEZ, DECRET.

Des nullitez d'un Decret. *Voyez* le mot, *Decret*, nombre 88. & suiv. 12

NULLITEZ, DEGREZ.

Nullitez des Degrez. *Voyez* le mot, *Gradué*, nombre 125. & suiv. 13

NULLITÉ, DONATION.

Nullité des donations entre-vifs, & du Testament du sieur Nicole, par rapport au fideicommis tacite qui en resulte, & à l'incapacité des personnes en faveur desquelles il a été ordonné. *Voyez le Recüeil des Factums & Memoires imprimez à Lyon chez Antoine Boudet en 1710. tome 1. p. 712.* 14

NULLITÉ, ELECTION.

Nullité des Elections. *Voyez* le mot, *Election*, nombre 98. & suiv. 15

NULLITÉ, ENQUESTE.

Nullitez de l'enquête. *Voyez* le mot, *Enquête*, n. 36. & suivans. 16

NULLITÉ, EXPLOITS.

De la nullité des Exploits. *Voyez* le mot, *Exploit*, nomb. 16. & suiv. 17

NULLITÉ, PRISONNIERS.

De la nullité des Actes passez par les prisonniers. *Voyez* le mot, *Prisonnier*. n. 37. & suiv. 18

NULLITÉ, PROCEDURES.

De nullitatibus processûs & Jurisdictionis. Voyez And. Gaill, *lib.* 2. Observat. 42. 19

Causa nullitatis, an devolvat causam principalem, & quis sit judex nullitatis ? Voyez Andr. Gaill, lib. 1. Observat. 127. 20

Appel fondé sur nullitez. *Voyez* le mot, *Appel*, nombres 145. & 146. 21

Nullitez proposées contre un Arrêt, ou contre un Acte, qui a servi de fondement à la décision. *Voyez* le mot, *Arrêt*, nombres 30. & 31. 22

MMmmm ij

NUL

NULLITE', PROVISION.

23 Provisions nulles. *Voyez* le mot, *Provision*, n. 117. & *suivans*.

NULLITE', TESTAMENT.

24 Testament nul. *Voyez* le mot, *Legs*, nombre 626. & *suivans*.

25 Nullitez qui peuvent être opposées contre un Testament. *Voyez Bouvot*, tome 2. verbo, *Testament*, question 67.

26 *Factum*, pour Messire Charles-Marie de Saulx, Chevalier Comte de Tavanne; & pour Messire Henry de Saulx, Chevalier Comte de Saulx, heritiers en partie de défunte Dame Marguerite le Bourgeois Dorigny, veuve de Messire Herard du Châtelet, Chevalier Marquis de Trichateau, Appellans.

Contre les Administrateurs de l'Hôpital de Semur, & Consorts, Intimez.

Nullité d'un Testament fait par une femme, d'abord fait avec toutes les formalitez requises en faveur d'un Hôpital, mais rayé & biffé dans la suite par la Testatrice, & n'ayant plus depuis les ratures, ni date, ni signature, ni institution d'heritier, ni autorisation de mary, ni declaration devant Notaire, &c. *Voyez le Recueil des Factums & Memoires imprimez à Lyon chez Antoine Boudet en 1710. tome 2. p.* 449.

NUM

Voyez cy-après au 3. volume de ce Recueil, le mot, *Testament*. §. *Testament nul*.

NUMERATION.

Numeration. Défaut de Numeration d'espèces *Non numerata pecunia*.
De non numeratâ pecuniâ. C. 4. 30.
Si pignoris conventionem numeratio secuta non sit. C. 8. 33.

Voyez cy-dessus le mot, *Exception*, nomb. 9. & *suivans*, où il est parlé de l'exception de pecune non nombrée.

On peut obliger un créancier après deux ans de jurer *super exceptione pecuniæ numeratæ contrà, L. in contractibus*. C. *de non numeratâ pecun*. Arrêt du Parlement de Paris du 29. Janvier 1544. *Papon, livre* 9. *titre* 6. *nomb*. 20.

Le créancier qui a obligation de la reception des deniers, est tenu de répondre cathegoriquement, s'il a compté les deniers. *Bouvot*, tome 1. part. 2. verbo, *Créancier*, quest. 2.

Voyez cy-après les mots, *Obligation, Payement & Quittance*.

OBJ OBJ

OBEDIENCES qui sont données aux Religieux. *Voyez cy-dessus* verbo, *Mendians*, & *cy-aprés au troisième volume de ce Recueil*, le mot, *Religieux*.

On appelle *Pays d'Obedience* celuy dans lequel les reserves ont lieu, & où la Pragmatique Sanction & le Concordat n'ont point été reçus. *Voyez M. Charles Du Moulin*, sur la regle *de verisimili notitiâ*, nomb. 67.

Voyez *cy-aprés*, le mot *Pays*.

Les Abbez & Prieurs qui sont Collateurs sont sujets à la regle des huit mois qui a lieu dans le Pays d'Obedience. Jugé au Parlement de Bretagne le 4. Septembre 1663. au profit de Lauprìac pour le Prieuré de la Dauphinais dépendant de l'Abbaye de la Reul, Ordre de Saint Augustin, contre Jacques Lorry. *Bibliotheque Canon.* tome I. page 277.

OBEISSANCE.

L'Article 492. de la Coûtume de Normandie se sert de ce terme pour marquer un acquiescement.

La Coûtume d'Anjou art 216. du Maine article 231. & de Loudunois, chap. 12. art. 8. employe le même mot pour exprimer celuy de Jurisdiction, en disant, *Retourner* à l'obéissance *de son Parageur*, *id est*, aller à la cour du Parageur, & reconnoître sa Jurisdiction.

OBJETS.

1 Les reproches contre les témoins s'appellent *objets* dans plusieurs Coûtumes. Il y a pourtant une distinction à faire entre ces deux mots que l'on confond ordinairement. Les objets *non respiciunt turpitudinem testis*, *putà est compater*, *affinis*, *advocatus*, *&c.* les reproches au contraire, *respiciunt hanc turpitudinem*, *videlicet est homo malæ vocis*, *adulter*, *perjurus*, & cette distinction est établie sur la Glose, *in cap. præsentium. §. fin. in verbo & aliorum de test. in 6. & sur l'avis des Docteurs in la Loy admonendi, ff. de jurejurando*.

2 Reproches de témoins. *Voyez* hoc verbo, *la Bibliotheque du droit François par Bouchel*.

3 Des reproches des témoins. *Voyez les Ordonnances recueillies par M. Antoine Fontanon*, tome 1. liv. 3. tit. 47. page 619.

4 Des reproches de témoins. *Voyez le titre* 23. *de l'Ordonnance du mois d'Avril 1667*. le Commentaire de *M. Philippes Bornier*, & le procés verbal nouvellement imprimé à Paris, en l'année 1709.

5 Des reproches & reproches des témoins & de leurs salvations. *V. les œuvres de M. Antoine Despeisses*, tome 2. *de l'ordre judiciaire és causes Civiles*, tit. 10. sect. 2. article 4.

6 Quant à la pertinence des objets & force d'iceux, la Cour de Parlement de Toulouse en use ainsi ; si l'objet ne vaut rien, on met *non bona* ; s'il balance à demi, *dubia* ; si on n'en prend qu'un quart, *notetur*, & la déposition demeure pour les trois quarts ; si on y a ajouté, *nota forti*, elle demeurera pour deux quarts & demi ; si la preuve est pleine & est mise *probata*, si douteuse, *dubiè probata*, si nulle, *non probata*, & quand l'objet ou la preuve d'iceluy a quelque chose de commun avec le principal on y met, *in judicandis* ; mais quand on reçoit une partie à vérifier les objets, c'est en termes generaux sans leur donner connoissance de ceux qu'elle a jugez bons, ou mauvais. *V. Mainard*, livre 4. chapitre 69.

7 Les reproches fondez sur crimes même capitaux ne sont point recevables à moins que ceux contre qui ils sont donnez n'en ayent fait une confession judiciaire ou publique par écrit, composition, ou accord fait avec la partie. *Mainard*, tome I. liv. 4. chap. 75. où il observe qu'en un procés où le mary & la femme témoins étoient reprochés, sçavoir le mary *tanquam uxoris leno*, & la femme comme pratiquant un mauvais commerce *marito favente*, il fut jugé au Parlement de Toulouse, les Chambres assemblées, que l'objet du mary étoit bon, celuy de la femme nul, contre l'avis de M. Mainard Rapporteur, & de M. le Président Durand.

8 Par Arrêt du Parlement de Toulouse du mois d'Avril 1593. fut reçû l'objet d'un prévenu contre deux domestiques du demandeur en excés qui avoient été congediez de son service deux mois avant la déposition ; mais depuis le crime commis, auquel temps ils étoient à ses gages ; on crut qu'ils avoient été congediez afin de servir de témoins. Il étoit prouvé qu'ils manioient encore secretement les affaires de leur Maître. *Voyez Mainard*, liv. 4. chap. 84.

9 Témoin qui a donné son enfant à porter au Baptême à la Partie qui le produit en témoignage, est reprochable, & non au contraire si la Partie qui produit a baillé son enfant à porter au Baptême. *Mainard*, liv. 1. chap. 89.

10 Si un homme condamné à quelque peine corporelle, comme du foüet, ou bannissement, & la Sentence executée, a obtenu Lettres du Prince qui le rétablissent en sa bonne renommée, il pourra toutefois être reproché en témoignage. *Mainard*, liv. 4. *des ses questions*, chapitre 93.

11 Il a été douté si l'objet pris d'une condamnation donnée par defaut étoit recevable ? & enfin il a passé au Parlement de Toulouse, à dire que si le condamné a laissé passer les cinq ans de la condamnation qui est le délay prescrit par l'Ordonnance de Moulins, art. 28. l'objet est pertinent. Mais cinq ans avant, c'est que si la condamnation par défaut est pour quelque cas fort infamant, comme de fustigation de verges pour latcin, encore que le condamné ait été rehabilité par le Roy, & la playe guerie, la cicatrice demeure, ensorte que l'on met sur l'objet, *partim*, ou *dubiè elisa* ou on le reserve *in judicandis*, *Voyez Mainard*, ibidem.

12 Objets pris de l'excommunication du témoin est bon, s'il a demeuré un an entier sans poursuivre son absolution, sinon que ce fût pour cause legere, auquel cas on se contente d'y mettre un *dubia*, ou un simple, *notetur*. Voyez ibidem, chap. 96.

13 Les témoins ne peuvent prendre l'objet à injure, & en demander reparation, même si l'objectant a fait les protestations ordinaires, qu'il n'entend injurier les témoins, & ne les objecte que pour la conservation de son droit. Toutefois en un fait particulier d'une Demoiselle d'honneur objectée de malversation avec un Chanoine aussi de bonne réputation, la Cour sur la plainte du Chanoine ordonna que l'objectant viendroit à avoüer les faits alleguez devant Commissaire. *V. ibidem*, ch. 99.

14 Le reproche d'inimitié affectée n'est recevable, ni d'ennemi reconcilié, ni que le témoin est ami intime de l'ennemi de celuy contre lequel il est produit. *Mainard*, liv. 4. *de ses questions*, chap. 84. 85. *& 98*. *Papon*, liv. 9. tit. 3. nomb. 16.

15 M. *Mainard*, liv. 4. *de ses questions*, chap. 75. & 76. rapporte qu'au Parlement de Toulouse, si un témoin est reproché pour favoriser la débauche de sa femme, tel reproche est reçû, bien qu'il n'y ait Sentence à cause de l'énormité du fait ; de même si l'on

M M m m m iij

objecte au témoin qu'il a battu son pere ou sa mere, ou qu'il a deux femmes, ou qu'il est blasphemateur; cela n'est point observé dans le ressort du Parlement de Paris, *Papon, liv. 9. tit. 3. nomb. 12.*

16 Reproches ne sont point reçûs en incident de recréance. Arrêt du Parlement de Paris, toutes les Chambres assemblées, de l'an 1497. *Papon, ibid. nomb. 19.*

17 Reproches, des témoins ne sont recevables en termes generaux, d'être infame, parjure, adultere, homicide, voleur, domestique, ou autrement sans specialement exposer le lieu & le temps du délit commis, ou de la Sentence sur ce intervenuë. Jugé par Arrêts du Parlement de Bourdeaux des années 1528 & 1529. *Ibid. nomb. 10.*

18 Jugé par Arrêt du Parlement de Paris donné au mois d'Août 1532. qu'un mendiant par les ruës, n'est témoin capable, parce qu'il est trop facile à corrompre, à cause de sa grande pauvreté *Papon, livre 9. titre 3. nombre 15.*

19 Réproches contre témoins de crimes quelconques ne sont recevables ni valables, si les témoins contre qui ils sont proposés, n'en ont fait confession, & composé, ou été condamnés par Sentence: car ce n'est pas assez qu'ils en ayent été convaincus, d'autant qu'il peut souvent arriver que le crime leur est imposé par faux témoins, & aussi que le Prince les peut par permission restituer aux honneurs & renommée telle qu'auparavant. Arrêt du Parlement de Paris, toutes les Chambres assemblées, le 12. Août 1538. *Ibidem, nomb. 12.*

20 Objets donnez contre un témoin oüi en deux enquêtes peuvent être bons pour l'une seulement. Jugé le 8. Janvier 1602. Par Arrêt du 20. Juillet 1605. il a été jugé qu'aprés avoir donné des objets aux Requêtes, on ne devroit pas être reçû à donner des additions ausdits objets en la Cour, quoyqu'on eût protesté n'avoir vû l'enquête, & qu'il falloit juger en la Cour les objets donnez devant les requêtes. *Cambolas, liv. 3. chap. 11.*

21 S'il est permis au témoin injurié par reproche, le reproche n'étant prouvé, d'agir en action d'injure? *V. Bouvot, tome 2. verbo, Reproches, question 1.*

22 Aprés les reproches de fait donnez à la confrontation, l'on peut être reçû à bailler reproches de droit par écrit, sçavoir qu'il y a Sentence infamante. Arrêt du Parlement de Dijon du 13. Mars 1604. *Bouvot, ibid. question 5.*

23 Le reproche de témoins est personnel, & *stricti juris*, & ne passe de la femme au mary, ni du mary à la femme, si ce n'est pour parenté. *M. le Prêtre, Cent. 1. chapitre 66.*

24 *Voyez les questions notables de M. Dolive, liv. 4. chap. 18.* où l'on examine si en fait de Contracts, il y a lieu de recevoir pour témoins, ceux qui ont été declarez prodigues d'autorité de Justice. L'Auteur des Additions rapporte un Arrêt du 13. Mars 1641. au procez de Masen, & du Syndic de l'Hôpital de Rhodes en partage porté de la Premiere à la Seconde, Rapporteur M. Douvrier, Compartiteur M. de Richard, que l'objet proposé contre un témoin, qui a déposé faussement, pour avoir été corrompu pour de l'argent, ou pour somme d'argent, n'est pas recevable, par ce que la somme n'a été exprimée.

25 Si les reproches sont necessaires en Enquêtes? *Voyez le mot, Enquête, nomb. 60. & suiv.*

26 Reproches de témoins en preuve de recusations, ne sont reçûs. *Voyez le mot Recusation, nomb. 180.*

27 Voyez cy-aprés, verbo, *Reproches*, & ce qui est observé sous le titre *des Témoins au §. Témoins reprochez.*

OBITS.

Voyez cy-dessus les mots, *Benefices, Chapelle, Ecclesiastiques, Fondation*, & l'Auteur des *Définitions Canoniques*, lettre O. verbo, *Obits, & fondations obituaires.*

De la faveur des fondations pies & rentes obituaires.

Voyez les questions notables du Droit, traitées par *M. Dolive, liv. 1. chap. 6.*

OBLATIONS.

1 DE oblationibus. Voyez les Traitez qui ont été faits per Marianum Sozinum, & per Troylum Malvitium.

2 Il y a un petit Traité des Oblations fait par le Curé de saint Sauveur de la ville de Beauvais, dans lequel il agite toutes les questions qui concernent les oblations, il soûtient qu'elles appartiennent toutes aux Curez, privativement à tous autres, il plaide en sa propre cause.

3 Voyez ce qui a été écrit & observé par M. Bellordeau, sur le sujet des Oblations, tome 2. de ses Controverses, liv. 4. Contr. 1. & 2. & en ses Observations Forenses, liv. 3. part. 4. art. 7.

4 Oblations düés au Curé. *Voyez* le mot, *Curés, nomb. 105. & 106.*

5 *De tertia vel quarta parte oblationum. Voyez Pinson, au titre de Censibus. §. 2.*

6 *Oblationes hospitales vel capella nova ipsorum rectoribus erunt. Voyez Franc. Marc. tome 1. quest. 1006.*

7 *Oblationes quæ in ædibus sacris offeruntur itá de jure parœciali & spirituali esse censentur, ut etiam ex præscriptione vel consuetudine laïcis non competant. Voyez Franc. Marc. to. 2. quest. 385.*

8 Des oblations faites dans une Chapelle particuliere, *ant imagini in aliquo oratorio*, à qui elles appartiennent? *Voyez Lotherius de re Beneficiariâ, liv. 1. quest. 30.*

9 Des oblations faites aux Eglises & Chapelles, & à qui elles appartiennent? *Voyez Filleau, part. 4. quest. 110.*

10 Si les oblations appartiennent au Curé ou à l'Eglise, & s'il y a lieu de contraindre ceux qui refusent de les payer? *Voyez la Bibliot. Can. to. 1. p. 457.*

11 Si les oblations peuvent appartenir à d'autres qu'aux Curez. *Chopin de sacr. polit. liv. 3. tit. 4. n. 11.*

12 A qui appartiennent les oblations faites aux Eglises? *V. Tournet, lett. O. Arr. 2. & 4.*

13 Les Curez tant des Villes qu'autres lieux, seront conservez dans les droits d'oblation, & autres droits Paroissiaux, qu'ils ont accoûtumé de percevoir, selon les anciennes & loüables Coûtumes, nonobstant l'Ordonnance d'Orleans, à laquelle il a été dérogé par l'article 51. de celle de Blois. *Bibliot. Can. to. 1. p. 369.*

14 Des offrandes; le Recteur ou Curé a été par quelques Arrêts du Parlement de Bretagne, maintenu dans les offrandes des Chapelles construites dans l'enclos des maisons; cette Jurisprudence a changé, à l'égard des offrandes données à l'Autel de la Paroisse, elles luy appartiennent sans aucun partage. *Voyez Hevin sur Frain, p. 54.*

15 Du Regne de Charles *le Chauve*, les Chanoines de S. Martin emporterent à Orleans le corps de leur Patron; & d'Orleans ils le transfererent à Auxerre, pour le sauver de la fureur des Normans qui ravageoient la Province de Touraine, ils le déposerent au Monstier S. Germain; il s'y fit plusieurs miracles & les oblations des Pelerins étoient considerables. Les Chanoines de S. Martin prétendirent que les miracles arrivant par l'intercession du Saint qu'ils avoient apporté, les oblations leur appartenoient. Ceux de Saint Germain soûtenoient au contraire, & attribuoient tout à ses merites; on convint de mettre un Ladre entre les deux Saints, ce qui fut executé. Le Ladre se trouva d'abord guéri du côté de Saint Martin, & ayant été retourné la nuit suivante il fut entierement guéri; par ces considerations les oblations furent ajugées aux Chanoines de Saint Martin; non pas qu'on voulût conclure que le Ladre n'eût été bien guéri par les merites & par l'intercession de S. Germain; mais ce Saint vouloit faire & attribuer l'honneur à son hôte Saint Martin qui l'étoit venu visiter. *Tiré de Nicolas Gilles.*

16 Le Juge séculier & non Ecclesiastique, juge des

oblations, comme de tous droits Curiaux. *Févret, en son Traité de l'Abus, liv.* 4. *chap.* 8. *p.* 391. *col.* 1. rapporte des Arrêts des Parlemens de Paris & de Dijon.

17 L'Evêque & le Chapitre ne peuvent rien prétendre és oblations des Curez. Arrêt du Parlement de Paris du 12. Juillet 1376. en faveur du Curé de S. Mathurin de Larchant, il obtint la reſtitution de celles perçues. *Corbin ſuite de Patronage, chap.* 103.

18 Par Arrêt du Parlement de Toulouſe du 13. Avril 1540. entre le Curé de Rieupeyroux en Rouergue, & le Doyen de cette Egliſe, il a été jugé qu'au droit de prémices ne ſont compris les Droits Seigneuriaux, ſçavoir les quarts, quints, cenſives & directitez de l'Egliſe; & par autre Arrêt du 22. Mars 1556. entre le Syndic du Chapitre de Beaumont & le Curé, il a été jugé qu'en la quatriéme partie ajugée aux Curez doit être précompté le droit de prémice qu'ils ont coûtume de prendre hors les oblations & offrandes. *Bibliot. Can. tom.* 1. *p.* 468. *col.* 1.

19 Entre Mathieu Corvée Abbé de la Confrairie des Texiers de Diruillac, & le Curé de Diruillac, Arrêt du Parlement de Bretagne du 11. Avril 1556. qui ordonne que le Curé aura une partie des oblations, & les deux tierces parties ſeront employées à la nourriture des pauvres de la Paroiſſe, divin Service, réparations d'Egliſe, & autres choſes pitoyables. Enjoint aux Juges de faire abolir & ſupprimer les Frairies & autres, ſuivant l'Ordonnance de l'an 1539. depuis, elles ſont remiſes par l'Edit d'Orleans. *Voyez Du Fail, livre* 3. *chapitre* 182.

20 Les oblations ou offertoires preſentées aux Prêtres lors de la celebration du Service divin, appartiennent entierement aux Curez, & non à la Fabrique ny aux décimateurs de la Paroiſſe. Jugé au Parlement de Rouen le 23. May 1561. pour le Curé de Saint Aubin de Scellon contre le Chapitre de l'Egliſe Cathedrale de Lizieux. *Bibliot. Can. to.* 1. *p.* 457. *col.* 1.

21 Il s'agit des oblations que le peuple donne & fait à l'image de S. Méen, & du partage qui ſe fera en quatre, le Recteur en aura trois parties, la Fabrique l'autre: il y aura deux clefs aux troncs de l'Egliſe, l'une au Recteur, l'autre aux Marguilliers, leſquels employeront leur part aux réparations de l'Egliſe & Chapelle S. Méen, & de leur Maiſon Presbiterale, à la charge que le Recteur réſidera ſuivant les Edits, ſans dépens d'une part, ny d'autre. Arrêt du Parlement de Bretagne du 12. Avril 1568. Autre Arrêt ſemblable du mois d'Août 1608. Secus, des oblations qui ſe font aux Chapelles non conſacrées, qui appartiennent toutes au Recteur. Arrêt du 18. Février 1602. *Voyez* ſur cette matiere *Chenu*, *queſt.* 10. *Cent.* 2. où pareille queſtion eſt traitée. *Peleus, liv.* 2. *art.* 63. *Bellordeau, livre* 3. *de ſes Obſerv. part.* 4. Quant aux oblations qui ſe font à la taſſe & à l'œuvre, elles ſont à la Fabrique; & celles de l'Autel au Recteur. Arrêt du 14. Novembre 1622. *Voyez Du Fail, liv.* 2. *chap.* 311.

22 Oblations appartiennent au Curé du lieu où ſe fait le ſacrifice. Arrêt du Parlement de Paris du 2. Mars 1570. en faveur du Curé de S. Euſtache, contre les Chanoines de S. Germain l'Auxerrois qui ſe prétendoient Curez primitifs. On allegua un même Arrêt en faveur du Curé de S. Sauveur, contre ceux de S. Martin des Champs; il fut dit que le Curé percevroit toutes les oblations, & autres droits Parochiaux, à la charge de payer annuellement 20. liv. à S. Martin, comme premiers Auteurs de l'établiſſement de la Cure. *Bibliotheque du Droit François par Bouchel*, verbo, *Oblations*.

23 Par Arrêt du dernier Juillet 1599. entre le Prieur de l'Egliſe Saint Pierre de Tonnerre, & les Marguilliers de la même Egliſe, les oblations ont été exceptées de la contribution aux neceſſitez de l'Egliſe, ſuivant la diſpoſition du premier Concile d'Orleans, *C.* 3. *M. Louet, lettre O. ſomm.* 6.

24 Au Dioceſe de Clermont en l'Egliſe de Maillac, où les offertes & oblations qui ſe donnent à certains jours de fêtes, étoient entierement levées par les Marguilliers; & aux autres jours elles étoient diviſées entre le Curé & les Marguilliers, & de ce ils avoient joüi de temps immemorial juſques en 1608. qu'un Curé attaqua les Marguilliers. Jugé par trois Sentences des Officiaux que le Curé étoit non recevable en ſa demande; la premiere du 9. Juin 1608. la ſeconde du 27. Janvier 1609. & la troiſiéme au mois de May 1609. *Chenu*, 2. *Cent. queſt.* 10.

25 Les offrandes ne ſont point imputées dans la portion congruë. *M. Dolive, livre* 1. *chap.* 2. apporte quelque diſtinction.

26 Faute d'oblation de pain, le Curé ne peut demander un bichet de bled. Arrêt du Parlement de Dijon du 10. Juin 1614. *Voyez Bouvot, to.* 1 *part.* 1. verbo *Oblation, queſt.* 1.

27 Le Curé de Saint Leu prétendant que ceux qui n'offrent des pains pendant l'annuel d'un défunt, luy doivent payer un bichet de bled, & ſe fondant ſur une tranſaction paſſée entre les Habitans & un de ſes prédeceſſeurs, obtint condamnation de l'Official de Châlons contre une veuve nonobſtant ſon déclinatoire. Par Arrêt du P. de Dijon du 10. Juin 1614. il fut dit qu'il avoit été mal, nullement & abuſivement procedé, & tout ce qui avoit été fait par l'Official, caſſé & annullé; faiſant droit au principal, les parties hors de Cour. Cet Arrêt eſt inſeré dans le *Recueil des Arrêts de Tournet, lettre O. nomb.* 3.

28 Offrandes preſentées dans les Chapelles ſituées dans l'encloſ & cour des maiſons particulieres, n'appartiennent au Recteur ou Curé de la Paroiſſe. Arrêt du Parlement de Bretagne du 5. May 1620. rapporté par *Servin*, *p.* 825. l'Arrêt ajoûte, à la charge que les offrandes ſeront appliquées au Prêtre qui fait le ſervice dans la Chapelle.

29 Les offrandes & oblations ſont volontaires, & le Curé n'a pour les percevoir aucune action contre les Paroiſſiens. Arrêt du Parlement de Paris du 7. Juin 1632. lequel déclare abuſive la Sentence de l'Official de Troyes, qui avoit jugé le contraire. *Pinſon de Cenſibus* §. 2.

30 Sentence de l'Official, qui admet le Curé de la Paroiſſe des Chapelles au Dioceſe de Troyes, à demander à ſes Paroiſſiens l'offrande d'une écuelée de grains trois jours de l'année, & d'obtenir Monitoires pour prouver la Coûtume, eſt abuſive. Jugé au Parlement de Paris le 7. Juin 1632. *Bardet to.* 2. *liv.* 1. *chap.* 30. M. l'Avocat General Bignon, dit qu'en France on ne ſuivoit les maximes des Docteurs Canoniſtes, qu'autant qu'elles ſe trouvoient conformes à nos mœurs, & aux droits, & privileges de l'Egliſe Gallicane. Il eſt vray que l'Ordonnance de Blois a maintenu & gardé les loüables Coûtumes, pour la preſtation & payement de ſemblables droits; mais ces droits ſe doivent entendre de ceux qui ſont deſtinez pour les alimens & entretien du Curé ou autres Prêtres. *Du Fréne, liv.* 2. *chap.* 110. rapporte le même Arrêt; mais il ne touche ni le fait précis, ni les moyens dans leur étenduë, ainſi que M. Pierre Bardet.

31 De l'offrande que le Roy donne au Curé dans la Paroiſſe duquel il couche, le Chapitre Cathedral de Senlis, prétendoit qu'elle luy appartenoit. Arrêt du 10. Février 1633. qui l'ajuge au Curé de Nôtre Dame, & condamne le Chapitre en l'amende & aux dépens. *Voyez le* 9. *Plaidoyé de M. le Maître*.

32 Partition faite par M. l'Evêque de Clermont, des offrandes & oblations preſentées dans une Chapelle particuliere, eſt bonne & valable. Jugé au Parlement de Paris le 19. Mars 1637. *Bardet, to.* 2. *liv.* 6. *ch.* 9. Comme M. l'Evêque de Clermont avoit luy-même informé & décreté, cette procedure fut declarée abuſive.

33 Par Arrêt du Parlement de Bretagne, du 16. Octobre 1637. la tierce partie des oblations de la Chapelle Sainte Anne en Romagne, fut ajugée au Recteur, le

OBL

tiers à la Fabrique, & l'autre tiers aux réparations. *Du Fail, liv.* 3. *chap.* 182.

34. Tout ce qui est donné à une Eglise Paroissiale à certains jours de Fêtes, & offert aux Autels où il y a image des Saints dont la Fête est celebrée, n'appartient pas au Curé seul, à l'exclusion des Marguilliers. Jugé par Arrêt du Parlement de Bretagne le 4. Juillet 1639. qu'il en auroit le tiers. *Sauvageau, liv.* 2. *chap.* 116.

35. Les oblations appartiennent au Prêtre Chapelain de la Chapelle de Nôtre-Dame de l'Hermirage Diocese de Clermont, contre Antoine de Chal Curé de Noiretable qui les prétendoit. Arrêt du 8. Août 1643. *Henrys, to.* 1. *liv.* 1. *chap.* 3. *quest.* 20.

36. Saint Cerase Martyr Archevêque d'Auch, fut enterré en une Eglise Champêtre à demi-lieuë de l'Abbaye de Simorre; son Corps fut transferé en cette Abbaye: une source qui passe à l'endroit ou étoit son tombeau guérissoit les malades; le concours étoit grand, les offrandes considerables. Les Religieux qui avoient augmenté le bâtiment de cette Chapelle les prétendoient; le Vicaire perpetuel les demandoit; le Sacristain de l'Abbaye disoit qu'elles luy appartenoient en vertu d'une certaine transaction. Arrêt du Parlement de Toulouse du 19. Avril 1644. qui renvoye les parties devant M. l'Archevêque d'Auch; & cependant par provision leur ajuge à chacun le tiers des oblations. *Albert, lettre* O. verbo, *Oblations.*

37. Le 17. Juillet 1646. il a été au Parlement de Toulouse que le Curé de Serignan, faisant certains jours de l'année la procession à la Chapelle de Nôtre-Dame de Liesse dans cette Paroisse, y pourroit dire la Messe & prendre les offrandes; défenses aux Peres Cordeliers de le troubler. *Albert*, verbo *Oblations.*

38. Oblations appartiennent au Curé ou Recteur. Arrêt du Parlement de Grenoble du 3. Août 1647. entre les Cordeliers de Bourgogne, d'une part, & le Curé d'Alize en Auxois Recteur de la Chapelle de sainte Reine, d'autre, où il s'agissoit des oblations qui se font dans la Chapelle consacrée à l'honneur de cette grande Sainte & Martyre, où il y a concours de personnes pour y impetrer guérison par son intercession, principalement ceux qui sont affligez de la galle; ils y boivent de l'eau d'une Fontaine qui y est, & que l'on dit être miraculeuse dans l'endroit où la tête de la Sainte tomba, lorsqu'elle souffrit le martyre, & que sa tête fut separée de son corps par le glaive du Bourreau. *Basset, to.* 1. *liv.* 1. *tit.* 1. *chap.* 13.

39. En fait d'oblations, la provision est dûë aux Curez. Arrêt du Parlement de Toulouse entre le Vicaire perpetuel contre le Prieur Commendataire d'Auch, qui soûtenoit qu'en cette qualité, il pouvoit aller officier le jour de la Fête votive dans la Chapelle de sainte Radegonde, comme en étant Seigneur Justicier & Patron, & d'en prendre les offrandes; il ajoûtoit qu'il étoit obligé de traiter ce jour-là le sieur Baron de Noë, & qu'il étoit aussi obligé de faire garde devant son Prieuré ou sa Maison, pendant qu'il disoit la Messe; comme le Vicaire perpetuel l'en avoit empêché, il avoit fait informer contre luy; surquoy la Cour le 12. Avril 1663. quant à l'instance d'excés, mit les parties hors de Cour & de procez, reçut le Prieur à prouver ses faits, & le Vicaire perpetuel le contraire, & maintint cependant par provision le Vicaire aux offrandes. *V. Albert*, verbo *Oblations.*

40. Ce que l'on a coûtume de donner aux Curez pour la passion, & autres prieres qu'ils font pour la conservation des fruits, n'est point obligatoire; mais dépend de la liberalité des Paroissiens. *V. Henrys, to.* 1. *li.* 1. *ch.* 3. *quest.* 21. Il renvoyoit au Commentaire de *Pontanus* sur la Coûtume de *Blois*, où il agite une question pareille & la décide de la même sorte, & en faveur de la liberation.

41. Les Curez des Villes murées ayant 500. l. de revenu de leurs Cures, tant en Casuel, qu'autrement, ne sont pas recevables à prétendre les oblations dans leurs Eglises appartenantes aux Curez primitifs ou autres, dont ils étoient en possession avant la Declaration du 29. Janvier 1686. pour les portions congruës. Arrêt du Grand Conseil du 11. Février 1687. *Au Journal des Aud. to.* 5. *liv.* 3. *chap.* 1. & *Boniface, to.* 3. *li.* 6. *tit.* 5. *chapitre* 8.

42. Un Prieur est condamné de fournir & contribuer à la réédification & réparation d'une Eglise Paroissiale, jusqu'à la concurrence du tiers des Dîmes. Dans cette contribution, l'on ne comprend la valeur des oblations. *Voyez, cy-aprés* le mot, *Réparations, nomb.* 18.

Même décision *au nombre* 54. en faveur du Prieur Curé primitif de la Paroisse de Cayeu.

OBLATION, DROIT SEIGNEURIAL.

43. De ce droit d'oblation que les Seigneurs levoient sur certains hommes, il est parlé dans l'*Indice des Droits Royaux & Seigneuriaux de Ragueau*, verbo *Oblation*; il n'en détermine ni la qualité ni l'usage.

Verbo *Obliage*, aux notes il est plus particulierement parlé de ce droit, ainsi appellée *ab offerendo, quasi oblationes vel munera oblata.*

OBLATS.

1. C'Etoient ceux ausquels le Roy assignoit alimens sur quelques Abbayes ou Monasteres, pour être demeurez estropiez ou perclus de quelque membre au service de la guerre.

Quoique les oblats ayent été supprimez par la réünion des revenus qui leur étoient affectez, à l'Hôtel Royal des Invalides, où la pieuse magnificence du Roy leur a donné un asile sûr & honorable, on ne laissera pas de citer les Arrêts intervenus en cette matiere, d'autant plus qu'ils servent encore à faire connoître la qualité de certaines Fondations anciennes, Royale, Ducale ou Comtale, sujettes à la nomination du Roy, ayant au moins 1200. liv. de revenu. Les oblats vivoient le reste de leurs jours dans ces Monasteres, en y rendant quelque leger service, comme d'être portier, ou faisant quelque autre exercice semblable.

2. Des oblats ou Religieux lais. *Voyez Chopin, Monasticon, liv.* 1. *tit.* 3. les Memoires du Clergé, *to.* 3. *part.* 3. *tit.* 4. *ch.* 3. Les definitions Canoniques, verbo *Oblats.* La Bibliotheque de Jovet, sous ce titre, *Tournet lettre* N. *Arrêt* 7. *& suiv. & lett.* O. *Arrêt* 5. *& suiv. &* le petit Recueil de *Borjon, to.* 3. *p.* 255.

3. Des oblats, Religieux lais, de leur institution, alimens, & quelles Abbayes en sont exemptes? *Voyez Filleau, part.* 1. *tit.* 1. *chap.* 8.

4. De oblatis quando regio nomine in Monasteriis recipiendi sunt? Voyez Rebuffe 3. *part. praxis benef.*

5. De jure Regio oblatorum, in Abbatias immittendorum. Voyez Pinson au titre *de oneribus Ecclesiarum.* §. 18.

6. Quelques-uns disent que l'origine de ce droit vient de celuy de Patronage, que le Roy a sur toutes les Eglises de son Royaume; comme par disposition de droit les alimens doivent être fournis aux fils du Patron de l'Eglise qu'il a dotée, ou fondée, lorsqu'il est tombé dans la pauvreté, il semble que les Soldats estropiez qui sont en quelque maniere les enfans de l'Etat, étant tombez dans l'indigence, doivent être nourris & alimentez par les Eglises que les Rois ont fondées.

L'origine du droit d'oblat viendroit plûtôt des Fiefs que l'Eglise possede, à cause desquels les Ecclesiastiques étoient obligez de servir à la guerre. *Pasquier dans ses Recherches*, en tire l'origine de la troisiême race des Rois. *Voyez l'Auteur des Definit. Can. p.* 523.

7. M. Jean le Cocq, dit que par Arrêt du Parlement de Paris en 1274. les Nonnains de Casset en Auvergne, furent contraintes de recevoir une Religieuse laïque, comme les Monasteres de fondation Royale, un Religieux ou Moine laïc. *Bibl. Can. to.* 2. *p.* 126. *col.* 1. Rebuffe, Pasquier & Chopin qui rapportent un Arrêt de 1274. qu'ils disent avoir été rendu pour les oblats, se sont trompez, & tous les Autheurs qui les ont suivis

en

en cela: car cet Arrêt n'a été rendu que pour le droit de joyeux avenement à la Couronne; ainsi qu'il paroît par la teneur dudit Arrêt, *cùm Dominus Rex utendo suo jure proprio in principio sui, regiminis post suam coronationem in Abbatiâ sui Regni de gardiâ suâ possit ponere*. Voyez la nouvelle remarque 400. sur l'*Auteur des Définit. Can.* p. 523.

8   Le Roy ayant mis *jure suo* un homme d'Eglise en l'Abbaye de Beaulieu en Bretagne, les Abbé & Religieux ne vouloient le recevoir; premierement ils disoient n'être de fondation Royale; ils ajoûtoient que le nommé étoit vicieux, & que le Roy en mît un autre; enfin le premier est conservé par Arrêt du 25. Février 1323. aux Arrêts feüillet 181. *Corbin, suite de Patronage*, chap. 90.

9   Le Roy a droit de mettre un homme invalide en une Abbaye de fondation Royale, Ducale ou Comtale; en cas de contestation sur la fondation, il y eut Arrêt le 17. Février 1550. qui ordonne que le pauvre homme sera nourri par provision: les Religieux contestoient toûjours l'execution de ces Mandemens; par Arrêt Sa Majesté a ordonné que ceux qui en seroient pourvûs auroient la somme de 60. liv. par an, pour laquelle le revenu du Monastere sera saisi. *Papon, li.* 18. *tit.* 1. *n.* 14.

10 Le Roy peut pourvoir un Soldat ou autre, pour services faits à la Couronne, d'une pension comme l'un des Religieux de chacun Prieuré de son Royaume, quoyqu'il ne soit de fondation Royale. Arrêt du Parl. de Toulouse du 20. Février 1567. Même Arrêt au Parlement de Paris, la pension fut taxée à 60. liv. en faisant par le Soldat tel service qu'il pourroit au Convent. *Ibid. liv.* 5. *tit.* 1. *n.* 6. & 7.

11 Pour posseder places d'oblats, il faut être pauvre & ne rien posseder; car si on a dequoy se secourir, & vivre d'ailleurs, on n'en est point capable, comme il fut jugé par Arrêt du Parlement de Dijon du 7. Août 1567. C'est aussi une maxime qu'en matiere de places d'oblats, elles ne changent jamais, encore bien que les Benefices sujets à icelles, soient changez par la secularisation, & que ce changement se fasse avec le Roy, & de son consentement, parce que le Roy n'est jamais censé remettre les droits Royaux qui luy sont acquis. *L. obligatione generali. de pign.* Jugé par Arrêt du Parlement de Paris, du 22. Juillet 1600. rapporté par *Fevret*, en son Traité de l'*Abus, liv.* 2. chap. 5. *n.* 41.

12 Quoyque *Pasquier* dans ses Recherches, *Rebuffe* dans sa Pratique, & *Chopin* dans son Traité du Domaine, ayent fait un Chapitre exprés du droit des oblats, & ayent avancé que ce droit est fort ancien, & contraire au Concordat passé entre le Pape Jean X. & le Roy François I. cependant qu'on ne voit point que nos Rois en ayent usé auparavant; les Arrêts rendus au sujet des oblats, sont posterieurs au Concordat.

12 bis. Le droit d'oblats a été reglé par l'Edit du 28. Octobre 1568. qui en décharge les Abbayes & Prieurez, dont on ne leve point de Bulles sur les Brevets du Roy; car avant l'Edit, c'étoit la fondation Royale, Ducale ou Comtale, qui donnoit lieu au droit d'oblats; ainsi on peut considerer ce droit comme une suite du Concordat: c'est pourquoy les Chefs d'ordre n'y sont pas sujets, & le Parlement de Paris l'a ainsi jugé pour l'Abbaye du Val des Ecoliers, ce qui a été confirmé par Arrêt de la Chambre Royale; aussi les Abbayes exceptées du Concordat où l'Election a été conservée par l'article 3. de l'Ordonnance de *Blois*, en sont exemptes. Le Roy Charles IX. par ses Lettres Patentes, en a exempté les cinq Abbayes de Chezal-Benoist. Les quatre premiers Prieurez de l'Ordre de Grammont, en sont pareillement exempts par Arrêt de la Chambre Royale. *Définir. Can.* p. 522.

13 La prérogative de nommer un oblat, appartient au Prince Souverain, sur les Abbayes & Prieurez de fondation Royale, Ducale ou Comtale: bien que tels fiefs ayent été primitivement & continuellement possedez, ou soient ensuite retournez à la Couronne: soit que les Monasteres ou Eglises du commencement regulieres, ayent été depuis secularisées, ce changement n'apporte point de préjudice aux droits du Roy. Jugé au Parlement de Paris le 22. Janvier 1600. en confirmant la Sentence du Sénéchal du haut pays d'Auvergne, dont les Chanoines de l'Eglise Collegiale de Saint Geraut d'Aurillac étoient appellans. *Chenu, titre* 1. chap. 8.

14 Par Arrêt du Parlement de Paris du 22. Février 1600. il fut jugé que pour charger un Prieuré d'une place d'oblat, il faut qu'il soit Conventuel de fondation Royale, Ducale ou Comtale, & à la nomination du Roy, aprés avoir pris l'avis des Chambres, & communiqué au Procureur General. *Bibliot. Canon. tome* 2. p. 124. col. 2.

15 Les oblats se prennent seulement sur les Abbayes de fondation Royale ou Ducale, à la nomination du Roy. Arrêt du 12. Avril 1603. *M. Bouguier, lettre O. nomb.* 1. Autre Arrêt du 22. Février 1600. *M. le Prêtre és Arrêts de la Cinquiéme. M. Loüet, lett. O. som.* 7. rapporte le même Arrêt, mais il le date du 23. Février.

16 Les Abbayes ou Prieurez électifs, qui sont à la nomination du Roy, peuvent être chargez d'oblats ou Religieux laïcs. Jugé les 26. Mai 1569. & 19. Avril 1603. *Secus*, si les Prieurez sont collatifs. Jugé le 26. May 1614. *Brodeau sur M. Loüet, let. O. somm.* 7. *nomb.* 3.

17 Par Arrêt du Parlement de Normandie de l'an 1625. rapporté par *Terrien, liv.* 2. *du Droit, & état des Personnes, chap.* 8. *in fine*, il a été jugé qu'un oblat ne pouvoit être contraint de faire vœu de pauvreté & obedience, d'avoir la tête rase, prendre le Scapulaire & le chaperon noir, & avoir de grosses patenôtres de bois penduës à sa ceinture; seulement il luy fut enjoint de porter habit décent, & qu'il ne pourroit sortir sans congé des Superieurs, qu'il seroit tenu user sa portion dans le Monastere, sans pouvoir la vendre, n'y en faire don ailleurs; & luy furent faites défenses de porter épée ny autre bâton invasif.

18 C'est une maxime que l'on peut contraindre le Religieux Lay nommé sur quelque Monastere, d'y demeurer; c'est pourquoy il dépend de la volonté du Beneficier, ou de délivrer la Prébende laye dans l'Abbaye ou le Prieuré, en y résidant, & rendant le service en tel cas accoûtumé par l'oblat; ou de luy payer pension hors le Monastere, laquelle est d'ordinaire reglée à 60. l. par an. Le Parlement de Dijon par Arrêt du 3. Juillet 1571. condamna l'Abbé de Fontenay, Ordre de Cîteaux, de payer la prébende laye à l'oblat nommé sur son Abbaye, si mieux n'aimoit ledit Abbé luy fournir sa pension hors le Monastere. *Jovet*, verbo *Oblat, nombre* 14.

19 Les Monasteres déclarez sujets au droit d'oblat, ou qui en ont été dechargez, sont cy-aprés designez dans l'ordre alphabetique.

A M I E N S.

20 Arrêt du Parlement de Paris du 22. Decembre 1533. par lequel les Religieux d'*Amiens* sont condamnez à recevoir chez eux un vieux Gendarme, & à l'habiller autrement qu'eux, à la charge de servir en l'Abbaye, vivre comme eux, & sous la même discipline, & qu'il luy sera donné par provision 3. liv. par semaine, en attendant le jugement du procez. *Papon, li.* 18. *tit.* 1. *n.* 15.

B O I S G E N C Y.

21 M. Loüet rapporte un Arrêt du 23. Février 1600. par lequel le Prieuré de *Boisgency* fut déchargé de la reception d'un oblat qu'on luy vouloit donner, sur ce qu'on alleguoit que les Comtes de Boisgency l'avoient fondé. *M. Loüet, lettre O. somm.* 7. Voyez cy-dessus au nombre 15. l'observation faite au sujet de cet Arrêt.

C E L E S T I N S.

22 Les *Celestins* sont exempts de recevoir & nourrir les Soldats, par Lettres Patentes du Roy Charles IX. du mois d'Avril 1563. aussi-bien que les Religieux de Saint Germain des Prez de Paris, par un rescrit de l'an 1599. verifié au Parlement le 2. Juin de l'année suivante. *Voyez la Bibl. Canonique, to.* 2. p. 126. col. 2.

23. Declaration du Roy Charles IX. du 12. Septembre 1563. par laquelle les Convents de l'Ordre des Celestins à qui on n'a jamais attribué le titre d'Abbaye, font déclarez exempts d'Oblats, mais non les Abbayes secularisées, à moins que le Roy prêtant son consentement à la Secularisation n'ait nommément quitté & remis ce droit. *Voyez ibid. page* 127. *& Chenu, en ses Reglemens, tit.* 1. *chap.* 8. *sur la fin.*

CHARTREUX.

24. L'Ordre des *Chartreux* est exempt du droit d'Oblat; parce qu'ils font profession d'une vie solitaire à l'exemple des Anachoretes du desert. Arrêt du 19. Janvier 1553. *Definit. Canon. page* 524.

CHEFS D'ORDRE.

25. Arrêt du 16. Février 1635. qui juge que les *Chefs d'Ordre* ne sont point sujets aux Oblats ou Soldats estropiez. *Bardet*, tome 2. liv. 4. chap. 4. M. l'Avocat General Bignon dit, que les Rois de France avoient anciennement une place & Prébende au Chœur des principales Eglises, ainsi qu'il se remarque dans les registres de la Cour, & même ainsi qu'il s'observoit du temps de Saint Louis. Touchez de pieté, ils ont accordé cette place & cette Prébende aux pauvres Soldats estropiez. Le privilege des Chefs d'Ordre n'est pas écrit, mais il est fondé en usage & en coûtume; ils rapportent un Arrêt du Grand Conseil dés l'an 1610. qui a expliqué leur exemption en disant, *comme étant Chefs d'Ordre*; il est raisonnable de favoriser les Maisons de cette qualité qui sont les colonnes de la Religion. Pour cette consideration, par l'Ordonnance de Blois les Rois se sont départis d'y nommer, afin d'y mieux maintenir la discipline reguliere.

CLUNY.

26. Charles IX. fit un Edit le 28. Octobre 1568. verifié au mois de Novembre suivant, par lequel sa Majesté declare les Prieurez de *l'Ordre de Cluny* déchargez de la nourriture d'aucun Oblat; ce qui n'étoit qu'une confirmation des Lettres Patentes de Loüis le Gros de l'an 1119. & de Charles VI. en 1397. & l'on remarque que Loüis le Gros declare & même reconnoît que tous les Prieurez de l'Ordre de Cluny ont été acquis par les Abbez, & qu'ils ne sont point de don ni de fondation Royale, & veut que les Abbez puissent conferer les mêmes Prieurez sans la requisition ni la representation d'aucune autre personne; c'est ce qui a donné lieu aux Arrêts qui sont intervenus, & entr'autres un de l'année 1519. pour Philippes de Biragues de Sormigny en Boubonnois, par lequel il est dit que les Prieurez de l'Ordre de Cluny, & dépendans de Cluny, ne sont point sujets de recevoir aucun Oblat. *Définitions Canoniques, page* 708.

27. Les Prieurez Conventuels de l'Ordre de Cluny sont exempts de recevoir les Oblats, par titres particuliers, ce qui fut confirmé par Arrêt du 26. Février 1599. rapporté par *Chopin, ae polit. lib.* 3. *tit.* 2. *n.* 13. où il dit neanmoins que si *sit locupletissimum Cluniacense sacerdotium, si præfectum aliquando urgeri ad alendum veteranum ut reipsâ factum est in Martiniano Prioratu Lutetiano Cluniacensis Ordinis.*

SAINT DENIS.

28. Le 4. Janvier 1593. un Oblat débouté de ses Lettres par lesquelles il avoit assignation sur le Prieuré de *Saint Denis de* . . . . . dépendant de l'Abbaye de Cluny, parce que le Prieuré n'est Royal ni Ducal ni Comtal. *Bibliotheque de Bouchel*, verbo, *Oblats.*

PRIEURÉ DE FRESNOY.

29. Jugé par Arrêt du 27. Janvier 1603. que *le Prieuré de Frénoy* prés Compiegne pour n'être Conventuel, n'étoit sujet à recevoir un oblat; ce qui faisoit la difficulté, étoit qu'il y avoit plus de 40. ans qu'il y avoit toûjours eû un oblat nommé Rieux, lequel avoit toûjours été payé de sa pension & encore un autre avant luy; & il y avoit cinq ans & plus que Vigneron duquel étoit question, avoit été payé de 6. écus de pension à luy assignée, par les mains des Fermiers & Receveurs du Prieuré qui luy avoit été alloüée en ses comptes; on ajoûtoit que le Prieuré valloit 900. écus, toutes charges déduites. *Biblioth. de Bouchel*, verbo, *Oblats.*

HÔPITAUX.

30. Les *Hôpitaux* sont exempts des oblats. Arrêt du Parlement de Paris du 3. Février 1600. en faveur de l'Hôpital de Nôtre-Dame de Fonteville de Tonnerre. *Filleau*, 1. part. tit. 1. chap. 8.

PRIEURÉ DE LIVRÉ.

31. Arrêt du Parlement de Bretagne du 16. Octobre 1570. qui ajuge à Frere Simon Regnault Frere Lay 60. livres par provision sur le Prieuré de *Livré*. *Du Fail*, liv. 2. *chap*. 357.

SAINT MELAINE.

32. Arrêt du Parlement de Bretagne du 13. Mars 1561. qui ajuge à un Soldat estropiat sur l'Abbaye *Saint Melaine* prés Rennes 60. liv. monnoye par an. *Du Fail*, ibid. *chapitre* 202.

PRIEUREZ-CURES.

33. Arrêt du Parlement de Paris du 4. Juin 1565. qui juge en faveur du Prieur du Prieuré Cure de la Ferté-Gaucher, Diocese de Meaux, que les *Prieurez-Cures* sont exempts de la nourriture des Oblats. *Définitions Canon. page* 700.

PRIEURÉ DE SELLES.

34. Les Benefices qui ne sont point de fondation Royale, Ducale, ou Comtale, ne sont pas sujets à être chargés d'un Oblat. Arrêt du 12. Avril 1603. pour le Prieur de *Selles*, Ibid. *page* 523.

ABBAYE DE VILLENEUVE.

35. Arrêt du Parlement de Bretagne du 15. Septembre 1558. qui assujettit *l'Abbaye de Villeneuve* au droit d'oblat, & ordonne que Simon Hoquinel Frere Lay y demeurera, & sera traité humainement, suivant les Lettres du Roy. *Du Fail*, liv. 1. chap. 86.

DECISIONS PARTICULIERES.

36. Les Oblats ou Religieux Lays ont pouvoir de disposer de leurs biens. Arrêt du 17. Juillet 1518. rendu au Parlement de Bourdeaux, contre le Syndic de l'Hôpital de Saint André de Bourdeaux, en faveur du nommé la Planche. *Chopin*, traité des *Religieux*, liv. 1. tit. 3. nomb. 22.

37. Les Religieux Laïcs sont tenus porter honneur & respect aux Chefs du Monastere, vivre en l'Abbaye sans murmurer, ni faire scandale, ne point frequenter les Cabarets & lieux dissolus, ensemble de porter épées, dague, longue barbe, habit de guerre ni autres semblables accoûtremens bizarez, sur peine de privation de leurs vestiaires, & alimens. *V*. l'Arrêt rendu au Parlement de Roüen de l'an 1534. à la requisition des Abbé & Religieux de Morte-mer en Lyons, contre Jean Guelde, Moine Laïc, & par autres Arrêts du même Parlement des 1. Decembre 1551. 22. Octobre 1555. lesquels Arrêts enseignent ce que les Moines Laïcs sont tenus de faire en l'Abbaye. *Bibliotheque Canonique*, tome 2. *page* 125. colonne 2.

38. Transactions alimentaires sont nulles. Jugé au Parl. de Paris le 27. Septembre 1555. contre un Abbé de Picardie, qui pour ne point être chargé d'un Oblat disoit avoir transigé avec celuy que le Roy avoit précedemment nommé. *Papon*, liv. 5. titre 1. nomb. 5.

39. Lorsqu'il y a plusieurs Competiteurs d'une place d'Oblat le premier pourvû & le plus impotent, est preferable aux autres qui se seroient presentez les premiers au Monastere. Jugé au Parlement de Roüen le 10. Juillet 1561. pour un pourvû sur l'Abbaye de Valasse. Arrêt semblable donné entre Bolleville, le 27. Janvier 1557. *Biblioth, Canonique*, tome 2. page 126. colon. 2.

40. Les Oblats doivent avoir pareille portion de vivres comme un Religieux Prêtre de la même Abbaye, à commencer & compter depuis la presentation de leurs Lettres de provisions. Jugé au Parlement de Paris le 30. Janvier 1561. pour un pourvû d'une place de Moine Laïc en l'Abbaye de Grêtain, contre les Religieux. *Bibliotheque Canonique*, tome 2. page 126. colon. 2.

OBL   OBL   835

41. Par Arrêt du 22. Avril 1567. ordonné que tous Oblats & estropiats, seroient tenus de venir en personne en l'Audience, quand leurs causes seroient plaidées. *Bibliotheque de Bouchel*, verbo, *Oblats*.

42. En 1565. Sentence qui condamne par provision l'Abbé de la Chaulne à payer à l'Oblat quatre sols par jour sa vie durant. En 1576. l'Oblat ne connoissant point l'Abbé moderne, s'addresse au Fermier qui est condamné à payer 7. années d'arrerages de la pension. L'Abbé dit en cause d'appel que l'Oblat devoit montrer la fondation, rapporter Lettres du grand Sceau, & justifier de ses playes. L'Oblat dit avoir perdu ses Lettres, mais que la Sentence renduë avec le Procureur du Roy les a pour fondement; à l'égard de ses playes, la seule inspection de sa personne les prouve. Arrêt du Parlement de Bretagne du 19. Septembre 1577. qui condamne l'Abbé, sans préjudice des droits du Baron de Rets, lequel se prétendant Fondateur étoit intervenu. *Du Fail*, *liv. 1. chapitre 438*.

43. Le Soldat préferé aux Archers du Prévôt des Maréchaux. Arrêt du 6. Juin 1581. Mornac, *l. 11. ff. de evictionibus, & c.*

43 bis. Declaration portant que toutes les Abbayes du Royaume payeront chacune 100. livres pour la nourriture & entretien d'un Soldat estropié. A Paris en Mars 1624. Voyez *l'Edit du mois de Novembre 1633*.

44. Soldat estropié pourvû d'une place de Religieux Oblat, doit rapporter certificat de ses blessures. Jugé le 30. Juillet 1630 La Cour ordonna que les Parties seroient vûës & visitées par Chirurgiens que M. le Procureur General nommeroit. *Bardet*, tome 1. livre 3. chapitre 118.

45. Arrêt du Parlement de Mets du 10. Septembre 1637. qui appointe au Conseil la question de sçavoir, si pour être Oblat dans une Abbaye il faut qu'un Soldat rapporte le certificat des blessures qu'il a reçuës au service du Roy, ou s'il suffit qu'il allegue qu'il a servi dans les armées? Voyez le 14. Plaidoyé de M. de Corberon.

46. Oblat exempt de toutes sortes de Charges, lorsqu'il ne fait point de trafic. Arrêt du 19. Mars 1659. *Des Maisons*, lettre O. nomb. 1.

47. Un Enseigne du Regiment de M. le Prince de Condé, ayant perdu un bras à la bataille de Lens, dont il rapportoit un attestatoire de M. le Prince même & de son Mestre de Camp, fut preferé à celuy dont l'attestatoire donné par M. de Villeroy ne marquoit pas l'endroit où il avoit servi, outre qu'il ne paroissoit pas qu'il eût jamais été blessé. Arrêt du Parlement de Toulouse du 22. Juin 1660. *Albert*, verbo, *Oblat*.

48. Religieux obligez de payer la pension de l'Oblat, quoyqu'ils n'eussent qu'une portion pour vivre. Arrêts du Parlement de Toulouse des 4. & 8. Août 1661. mais on leur donna recours contre l'Abbé. *Albert*, verbo, *Oblat*, où il observe que les Soldats de la Religion Prétenduë Reformée ne peuvent obtenir de telles provisions.

49. Arrêt du Parlement de Provence du 10. Decembre 1663. qui a jugé que les Oblats doivent être nourris par les Communautez de fondation Royale, & qu'ils sont restituez contre la transaction, pour laquelle ils s'étoient départis des alimens. *Boniface*, tome 1. liv. 2. tit. 31. chap. 19.

50. Il y a un Arrêt de la Cour des Aydes dans le recüeil d'Arrêts de 1667. qui condamne un Oblat à payer 6. livres par chacune année de tailles à cause du grand trafic de vin qu'il faisoit; ainsi cette Cour en prononçant l'Arrêt se servit de ces mots *& pour certaines considerations*. Definit. Canon. *page 523*.

Oblat de la R. P. R.

51. Le 18. Février 1621. un Soldat de la R. P. R. troublé en une place d'Oblat qu'il avoit obtenuë du Roy sur un Prieuré assis prés de la Rochelle, fut débouté du renvoy que luy requis en la Chambre de l'Edit. M. Servin, Avocat General remontra que le Roy ne donne jamais de privilege contre luy. En évoquant le principal, la Cour déclara le Soldat, à cause de sa Religion, incapable de tenir une place d'Oblat. *Bibliotheque Can. tome 2. page 124. colon. 2.*

52. Un Soldat de la R. P. R. est incapable de place d'Oblat ou de Religieux lay és Abbayes. Arrêt du 7. Decembre 1623. *Du Frêne, liv. 1. chap. 8.*

53. Depuis l'établissement de l'Hôtel des Invalides qui est du mois d'Avril 1674. il faut absolument retrancher la Jurisprudence des Oblats, parce que tous les Soldats estropiez à la guerre, & qui par leurs longs services sont hors d'état de porter les armes, y sont entretenus de toutes choses, & nourris.

54. Les Invalides ont deux sortes de revenus; le premier consiste en deux deniers pour livres de tout ce qui se paye dans les armées du Roy; le second comprend les pensions qu'on faisoit autrefois aux Oblats, mais avec cette difference qu'originairement les seules Abbayes, encore falloit-il qu'elles fussent de 3000. liv. de revenu, payoient chacune d'elles 100. livres pour la place d'Oblat. Aujourd'huy & les Abbayes & tous les Prieurez à la nomination du Roy, sont contribuables non simplement de 100. liv. mais de 150. liv. pour chaque Benefice *Bibl. Can. tome 2. pag. 117. Voyez cy-dessus le mot Invalides.*

OBLIAGE.

Droit d'obliage est Seigneurial par la Coûtume de *Blois*, art. 40. L'Interprete de cette Coûtume dit, que l'obliage est l'amende que le sujet doit à son Seigneur pour ne luy avoir pas payé sa rente ou devoir annuel au jour accoûtumé & pour s'en être oublié. V. *l'Indice des droits Royaux & Seigneuriaux*, par François Ragueau, autrement *le nouveau Glossaire du Droit François*, imprimé en 1704.

OBLIE.

L'Oblie, oublier, ou oblial est un droit Seigneurial établi en argent ou en volaille, sur un fonds, par les baux & par les reconnoissances par dessus les censives annuelles, avec laquelle il est censé vendu, quand le Seigneur en vendant la censive annuelle (qui dégenere en rente seche) s'est reservé la Seigneurie directe; telle rente & l'oublier furent ajugés au Chapitre de Villefranche de Rouergue, contre des habitans de Saint Igest le 6. ou 16. Juillet 1661. En plusieurs endroits des Sevennes, elle est appellée *droit de tolte*, comme dans la Baronnie de Sauve, & du coté de Valeraugue. Arrêt du 28. Janvier 1672. contre les habitans du Mas de Sarrils qui furent condamnez au payement de ce droit avec la 17. partie des dots des hommes & femmes entrant ou sortant dudit Mas pour leur mariage. *Graverol sur la Rochestavin*, *des Droits Seigneuriaux*, chap. 35. art. 2.

OBLIGATION.

C'Est un terme generique, qui signifie toutes sortes d'engagemens de faire ou de donner. *L. 7. D. de verb. sign.*

Il est traité des Obligations ou engagemens dans le Digeste, depuis le dernier Titre du Livre XLIV. jusqu'à la fin du XLV. Et dans les Institutes, depuis le XIV. Titre du troisiéme Livre, jusques au Titre VI. du Livre quatriéme.

De obligationibus. Instit. 3. 14... Cajus. 2. 9... Paul. 5. 7.
De obligationibus & actionibus. D. 44. 7. C. 4. 10.
Quibus modis re contrahitur obligatio. Inst. 3. 15.
De verborum obligationibus D. 45. 1... Inst. 3. 16.
De contrahendâ & committendâ stipulatione. C. 8. 38.
L'obligation est souvent appellée *stipulation*, en prenant ce nom de la principale partie du Contract; car *stipulari, est interrogare, & per interrogationem obligare sibi respondentem.*

De duobus reis stipulandi & promittendi. Inst. 3. 17. D. 45. 2... C. 8. 40... N. 99. Duo rei sunt, qui vel singuli debent in solidum, vel quibus singulis in solidum debetur: Deux Débiteurs ou deux Créanciers solidaires.

De stipulatione servorum. D. 45. 3... *J.* 3. 18. Les Esclaves & les fils de famille ne peuvent stipuler qu'au profit de leur Maître ou de leur Pere.

De divisione stipulationum. J. 3. 19.

De inutilibus stipulationibus. J. 3. 20.

De stipulationibus Prætoriis. D. 46. 5... *J.* 3. 19. §. 2. Des engagemens qui se font en presence & de l'autorité du Juge, ou Préteur.

De litterarum obligationibus. J. 3. 22.

De obligationibus, ex consensu. J. 3. 23. Des engagemens qui sont parfaits par le seul consentement des parties : comme la vente, le loüage, la société, &c.

De obligationibus quæ ex quasi contractu nascuntur. *J.* 3. 28.

Per quas personas nobis obligatio acquiritur. J. 3. 29.

Quibus modis tollitur obligatio. J. 3. 30... *Caj.* 2. 10... *L.* 35. *L.* 153. *D. de reg. jur.*

De obligationibus quæ ex delicto nascuntur. J. 4. 1... *Cajus* 2. 11.

De obligationibus quæ ex quasi delicto nascuntur. J. 4. 5.

Ne uxor pro marito, vel maritus pro uxore ; vel mater pro filio conveniatur. C. 4. 12.

Ne filius pro patre, vel pater pro filio emancipato ; vel libertus pro patrono, vel servus pro Domino conveniatur. C. 4. 13... *N.* 134. *c.* 7. Ce Titre & le précedent concernent la regle, que nul n'est engagé par l'obligation d'un tiers. Neanmoins le Titre 60. du Livre 10. au Code, fait une exception à cette regle.

Ut non fiant pignorationes pro aliis personis. N. 52... *N.*134. *c.* 7. *Pignoratio*, est la saisie que l'on fait par represailles : *jus alium pro alio retinendi*.

An servus, pro suo facto, post manumissionem teneatur. C. 4. 14... *L.* 146. *D. de reg. jur.* Si un Affranchi demeure obligé pour l'obligation contractée dans la servitude ?

De rebus creditis, si certum petatur. C. 4. 2. Ce Titre & le précedent traitent de l'obligation que contractent le Débiteur envers son Créancier.

De pecuniâ constitutâ. D. 13. 5... *C.* 4. 18... *J.* 4. 6. §. 9... *N.* 115. *c.* 6. Promesse, Obligation ou engagement fait par quelqu'un de payer ce qu'il doit déja, ou ce qu'un autre doit, & dont il n'y avoit point d'engagement par écrit.

De pollicitationibus. D. 50. 11. Engagement de faire quelque chose. Le pacte est une convention reciproque, la pollicitation est l'engagement d'une seule personne.

Terme de l'obligation. *L.* 14. *D. de reg. jur.* Voyez *Payement*.

1 *De obligationibus.* Voyez le Traité fait *per Nicolaum Vigelium.*

2 *De Chirographo amisso : eodem vendicando, & renovatione instrumenti.* Voyez *Andr. Gaill*, livre 2. *observat.* 37.

3 *De vi metûve extorto, vel aliàs illicito juramento, an opus sit absolutione juramenti ?* Voyez *Ibid. observ.* 42.

4 *An obligatio sub pœnâ obstagii aut carceris valeat ?* Voyez ibidem, *observat.* 45.

5 *Uxorem quandoque pro marito obligari, & vice versâ maritum pro uxore.* Voyez ibidem, *observat.* 90.

6 *Obligatio debitoris sub pœnâ Banni an valeat ?* Voyez *Andr. Gaill*, *tract. de pace publicâ*, lib. 2. cap. 2.

7 *De majore* XLIIII. *annorum efficaciter obligando.* Per *Marcum Mantuum Benavid. in auct. Sacramenta puber. C. si adver. vendition.*

8 Des obligations dont l'original ne se trouve pas, & autres Ac..s semblables. Voyez le Traité de la *Preuve* par *M. Danty* Avocat en Parlement, *chap.* 11. part 1.

9 Des obligations qui ne sont point redigées par écrit, & qui se contractent pour raison des choses prises en détail, par certaines marques appellées vulgairement C , Tailles & Mereaux. V. *Ibid. chap.* 9. part. 1.

10 Obligation de payer le double de la somme en cas de retardement & refus de payement. Voyez le mot *Religieux*, nomb. 78.

11 La somme promise par une personne voulant achetter par decret quelque maison ou heritage à un particulier qui prétendoit aussi encherir, est réputée être monopole, & fut ajugée comme faisant portion du prix principal pour être distribuée aux Créanciers. Jugé le 26. Novembre 1569. *Carondas*, livre 4. Réponse 81. Le Vest, *Arrêt* 102.

12 Celuy qui est obligé à faire quelque chose n'est précisément tenu au fait par luy promis & n'y peut être contraint s'il offre des dommages & interêts. Toutefois si telle promesse est jurée, il y sera contraint, & n'en sera quitte pour offrir des dommages & interêts, en cas qu'il y ait possibilité dans l'execution. Ainsi jugé au Parlement de Grenoble le 12. Septembre 1460. & le 11. Juillet 1585. autre chose est si elle est impossible. Arrêt du mois de Juin 1532. contre un homme qui avoit promis de bâtir un moulin dans un certain temps, lequel passé ayant declaré qu'il ne pouvoit, il fut condamné aux dommages & interêts. *Papon*, liv. 10. tit. 1. nombre 3.

13 Obligation qui porte promesse du fait d'autruy, est nulle. Jugé le 25. Janvier 1565. *Papon*, liv. 10. titre 2. nombre 1.

14 Arrêt du Parlement de Toulouse du mois de Juillet 1585. qui a declaré valable une promesse faite par un neveu à son oncle de ne plus joüer, ou de luy payer 100. écus, & en consequence pour y avoir contrevenu a été condamné au payement de la somme. *Papon*, liv. 8. tit. 2. nomb. 10. & *Mainard*, livre 3. de ses questions, chapitre 68.

15 Par Arrêt du 28. May 1601. une Obligation passée à Verdun, est declarée executoire à Chaumont. Gontier plaida que Verdun étoit en la protection du Roy & que dans cette Ville il y avoit un Bureau d'Officiers du Roy étably. *Bibliotheque de Bouchel*, verbo, *Obligation*.

Un homme promet dix pistoles à qui voudroit en tirer un autre de l'eau qui se noyoit ; il fut par Arrêt du Parlement de Grenoble du 22. Juillet 1639. condamné à payer, sauf son recours contre celuy qui avoit été sauvé. *V. Chorier, en sa Jurisprudence de Guy Pape, p.* 251.

16 La clause d'avertir six mois avant de rendre l'argent prêté, est licite. Arrêt du Parlement de Grenoble du 19. Avril 1627. *Basset*, tome 1. liv. 4. tit. 1. ch. 6.

17 Lorsqu'un debiteur oppose exception, qui resulte visiblement de l'obligation, le Juge la doit recevoir, comme si le creancier doit faire quelque chose qu'il n'a pas fait, ou si l'obligation est conditionnelle, ou à la charge d'aucune chose, ou bien que la liquidation ne soit entiere. Arrêt du Parlement de Paris du 19. Février 1644. *Papon*, liv. 10. tit. 1. *n.* 2.

18 Tous billets ou promesses pour argent, doivent être causées & contenir le nom du créancier, à peine de nullité. Arrêt du 16. May 1650. *Du Frêne*, liv. 6. chap. 8.

Je confesse devoir & promets payer à . . . . la somme de 400. liv. Fait ce tel jour, telle promesse jugée bonne, par Arrêt du Parlement de Paris du 4. Mars 1659. *De la Guess.* to. 2. liv. 2. chap. 10.

19 *Obligatio confessione extinguitur.* V. M le Prêtre, 2. *Cent. chap.* 83.

OBLIGATION, ACCUSATION.

20 *Obligatio facta accusationis instituta vel instituenda pratextu, an valeat : & si soluta sit, an repeti possit ?* Voyez *Franc. Marc.* tome 2. quest. 116.

Voyez le mot, *Accusé*, & le mot, *Alimens*, nomb. 3. & le mot, *Condamnez*, nomb. 15. *& suiv.* où il est parlé des Accusez & Condamnez, qui contractent des obligations, & font des alienations *post contractum capitale crimen*, ou *pendente accusatione*.

Voyez cy-aprés le nombre 38.

OBLIGATION, ASSOCIÉ.

21 L'obligation faite par un Associé est executoire contre l'autre. Arrêt du 7. Septembre 1564. *Carondas*, liv. 7. *Rép.* 103.

22 Les obligations faites par un frere vivant & habitant

avec l'autre par indivis & en société tacite, ne peuvent être executées sur les biens communs, mais seulement sur la part du debiteur, encore bien que la dot de la femme de l'un des freres, eût été employée en commun. Arrêt du 4. Juin 1587. *M. Expilly*, *Arr. 95.* Voyez *Anne Robert*, *rerum judicat. liv. 3. ch. 19.*

Voyez cy-aprés le mot, *Societé*.

Obligation en Blanc.

23 Les promesses en blanc où le nom du créancier ne paroît point, sont défendües, & notamment par un Reglement du Parlement de Roüen de l'année 1624. donné, les Chambres assemblées, par lequel défenses furent faites à tous Banquiers, Courtiers, ou autres personnes de quelque condition qu'elles fussent, de faire des promesses en blanc, bailler ou remettre l'argent en change, qu'en personne fréquentant les Foires de Lyon : quoyque *Brodeau* ait estimé qu'entre Marchands telles promesses ou billets sont valables ; neanmoins dans le *Journal des-Aud. liv. 6. c. 7.* de l'impression de 1652. on trouve un Reglement du Parlement de Paris du 16. Mars 1650. par lequel aprés avoir entendu des anciens Marchands, tels billets en blanc sont défendus, pour les causes contenuës dans le Reglement. *V. Basnage, sur la Coût. de Normandie, art. 546.*

Obligation contre les bonnes Mœurs.

24 Les obligations qui offensent les bonnes mœurs, n'ont jamais de force. François Petillon de Grenoble s'étoit soûmis à perdre le poing s'il ne disoit la verité ; il fut convaincu de mensonge ; & neanmoins le poing ne luy fut pas coupé. Voyez *Guy Pape, quest. 278.*

Obligation, Cabaret.

25 Des obligations contractées pour dépenses faites au Cabaret. Voyez cy-aprés les nomb. 106. & 107.

26 Les obligations sans déclarer les circonstances particulieres, ne sont pas valables. Voyez *Coquille*, *tome 2. question 308.*

27 Obligation sans cause est nulle par l'Ordonnance, ce qui doit être entendu pour être payée par provision ; mais elle vaut pour confession de dette, & il faut informer de la cause, quoyqu'elle excede 100. liv. Jugé par Arrêts rapportez par *Carondas*, *liv. 3. de ses Rép. chap. 53.* & *Papon*, *livre 8. titre 2. n. 9.*

28 Des obligations nulles & déguisées, faites sans causes & durant les troubles ; en tel cas la preuve par témoins peut être reçuë, nonobstant l'Ordonnance de Moulins, qui n'ôte les preuves des dols & fraudes. Voyez *Carondas*, *liv. 3. Rép. 3.*

29 Obligation sans expression de cause de prêt, vente, dépôt, ou autres, ne sont executoires & sont nulles ; le Juge ne doit ajuger aucune provision à la Partie ; mais il peut sur la dette oüir les Parties. Arrêt du Parlement de Paris du 13. Février 1511. *Papon, liv. 10. tit. 2. n. 1.* Il faut excepter les cedules des Financiers, qui sans expression de causes sont valables. Arrêt du 12. Mars 1576.

30 Obligation sans expression de cause, est valable, parce qu'on prend les causes selon les qualitez du créancier du debiteur, comme si un Ecolier fait une promesse au Recteur du College ; un malade à un Medecin ; un Client à son Procureur ; s'il y a du doute, le créancier est reçu à prouver, & le debiteur condamné à garnir. Jugé par Arrêt du Parlement de Paris du 2. Décembre 1544. *Papon, liv. 10. tit. 2. n. 2.*

31 Voyez *Mainard, liv. 7. chap. 66.* où il rapporte un Arrêt du Parlement de Toulouse du mois de Février 1574. qui en appointant les Parties contraires, ordonna que le debiteur consigneroit la somme. Il opposoit que la promesse étoit sans cause, & le Gentilhomme offroit de verifier que la somme étoit pour la vente d'un cheval. La Cour ne s'arrêta point aux subtilitez de Droit de la Loy 2. §. *circà, ff. de doli mali exceptione.*

32 L'obligation attaquée de nullité, & *ex falsâ causâ*, & par supposition faite sans cause, & où il n'y a grande apparence, n'est sujette à garnison ; c'est à-dire, qu'on n'en doit ordonner provisoirement le payement, ni permettre d'executer. Arrêt du Parlement de Paris du 24. Mars 1575. *Papon, liv. 10. tit. 2. n. 1.* & *Carond. liv. 3. de ses Rép. ch. 3.*

33 Jugé par Arrêt du 4. Mars 1659. qu'une cedule ou promesse sans cause, ne laisse pas d'être valable. *Soëfve, tome. 2. Cent. 1. chap. 96.* qui rapporte au même Chapitre des Arrêts differens ; la qualité des personnes détermine beaucoup à faire valoir ou à infirmer telles obligations.

34 La promesse non causée, jugée valable, en affirmant. Arrêt du 16. May 1664. *De la Guessiere, tom. 2. liv. 6. chap. 31. Je payerai à tel la somme de 600. liv. Fait à Paris, &c.*

Voyez cy-dessus le nombre 18.

35 Une obligation faite par une femme de qualité, pour services dans ses affaires, bien prouvez, a une cause valable. Arrêt du Parlement de Paris du 9. Juillet 1698. *Journal des Aud. tom. 5. liv. 14. ch. 8.*

Obligations sans cause.

35 bis Des obligations nulles faute de causes exprimées ou legitimes. *Papon, liv. 10. tit. 2.*

Obligation, Concubinage.

36 *Obligationum restit non contrahi, inter eos, qui libidinis inter se commercium habuerint.* Vid. *Luc. li. 10. tit. 1.*

Voyez le mot, *Concubine.*

37 Arrêt du 3. Juin 1632. qui appointe, pour sçavoir, si la reconnoissance faite par un Prêtre par son Testament à sa *Concubine*, de luy devoir une somme de 3600. liv. est une donation prohibée. M. Talon Avocat General, estima qu'elle n'étoit pas valable. *Bardet, tom. 2. liv. 1. chap. 29.*

Obligation du Condamné.

38 Jugé par Arrêt du 14. Avril 1575. que le condamné aux galeres ne se peut obliger, & n'est capable de succession, & ne peut faire part en icelle. *Filleau, 4. part. question 45.*

Voyez cy-dessus le nombre 20.

Obligation Conditionnelle.

39 La promesse de bailler certaine somme, si quelqu'un se marie dans trois années, n'est pas valable. Voyez *Bouvot*, *tome 1. part. 2.* verbo, *Promesse conditionnelle, quest. unique.*

40 Obligation conditionnelle n'est executoire, jusqu'à ce que la condition soit accomplie. Jugé par Arrêt du Parlement de Grenoble de l'an 1445. pour le Prince d'Aurace. Il avoit passé un Contrat portant promesse de payer mille florins au cas que l'autre partie fît ratifier sa femme dans la Fête Saint Jean-Baptiste prochain ; la ratification ne fut point faite, on ne laissa pas d'executer le Prince ; il dit que l'obligation n'étoit executoire avant la condition remplie ; il fut débouté par deux Sentences ; l'Arrêt prononça mal jugé. *Papon, liv. 10. tit. 1. nomb. 1.*

41 Un cheval est vendu 60. écus, avec cette convention, que la somme ne sera payée par l'acheteur que lorsque sa femme aura enfant ; quelque temps aprés la femme decede sans enfans ; le vendeur demande son payement ; l'acheteur soûtient qu'il est déchargé de l'obligation. Jugé le 1. Août 1582. que l'acheteur payera la juste valeur & estimation du cheval, selon qu'il valoit lors de la vente, avec défenses à toutes personnes de plus faire telles promesses. *Carondas, liv. 7. Rép. 230.*

42 Arrêt du Parlement de Toulouse du mois de Juillet 1585. qui juge nulle une execution faite en vertu d'une obligation de 60. écus pour vente d'un cheval, payable lorsque l'acheteur iroit à la taverne ou jouëroit aux dez ; & qu'il y falloit venir par action, & faire preuve que la condition étoit arrivée. Telles stipulations semblent bonnes, qui tendent à empêcher un mal ; le debiteur se défendoit par la Loy *Juris gentium. §. si ob maleficium, D. de pactis*, par laquelle une promesse faite de ne faire mal, ne produit aucune obligation, neanmoins il fut condamné de payer. *Papon, liv. 10. tit. 1. n. 1.* Mainard, *liv. 2. ch. 68.*

43 Un debiteur étant mort chez son créancier, celuy-cy ne voulut rendre au fils le corps de son pere pour l'inhumer, qu'au cas qu'il s'obligeât au payement de la dette. Le fils qui avoit renoncé à la succession, promet payer, pour éviter que la sepulture ne fût differée, au moyen de laquelle promesse il est dit que le corps luy a été rendu. Arrêt du Parlement de Paris du 11. Février 1608. qui pour les causes contenuës en la cedule, déboute le créancier ; il s'appelloit de Castre, Marchand de Lyon. *Bibliotheque de Bouchel*, verbo, *Créancier*.

44 Le debiteur en l'absence du créancier, luy ayant passé obligation, le défaut de signature ni autres qui pourroient s'y trouver, ne peuvent être opposez, ni par le debiteur ni par ses heritiers. Arrêt du Parlement de Dijon du 4. Juillet 1613. *Bouvot*, tome 2. verbo, *Notaires*, quest. 11.

45 Arrêt du Parlement de Paris du 18. Août 1665. qui a reduit à 300. liv. une promesse de 2000. liv. conçuë pour reconnoissance des peines de celuy qui devoit s'entremettre pour faire réüssir un mariage, lequel dans la suite a reçû son accomplissement. *Soefvt*, to. 2. Cent. 3. chapitre 62.

46 Jugé *multis contradicentibus*, qu'une promesse faite par un fils de payer une somme dûë par un de ses freres, au cas que son frere le prédecede, & qu'il jouïsse des biens de sa succession, n'est pas une simple démonstration du temps & de la maniere du payement, mais une vraye condition resolutoire de l'obligation, laquelle condition n'est pas censée accomplie, parce que le pere a fait une donation universelle, & démission de tous ses biens à son fils, qui les trouvant chargez d'une infinité de dettes, & en étant luy-même créancier, ne les a conservez qu'à titre onereux. Arrêt du Parlement de Paris du 12. Juillet 1687. *V. le Journal des Aud. tome* 5. *liv.* 3. *chap.* 9.

Voyez le mot, *Condition*.

COOBLIGEZ.

47 M. Charles Du Moulin, en son *Sommaire des Contracts & Usures*, nomb. 145. dit que l'obligation est solidaire, quand elle porte, *se sont obligez chacun d'eux seul & pour le tout, sans division*; mais quand ces mots, *sans division* sont obmis, il n'y a point de solidité, si ce n'est lorsque de deux cooblige, l'un est naturel & l'autre étranger. *M. le Prêtre*, 1. Cent. ch. 76. & és Arrêts de la Cinquiéme. Voyez *Henrys*, tome 1. liv. 4. q. 40. où il conseille de faire élire à tous un même domicile, &c.

48 L'obligation contractée par deux ou trois, qui s'obligent conjointement au payement d'une certaine somme, ou à un bail judiciaire à eux fait, s'ils n'ont dit expressément par tiers ou par moitié, s'entend être solidaire *ratione* du créancier. Jugé le 6. Août 1622. *M. Bouguier*, lettre O. nombre 3. Voyez *Henrys*, tome 2. liv. 4. q. 38. Le même Henrys, to. 1. li. 4. ch. 6. q. 25. rapporte un Arrêt contraire à celuy de *M. Bouguier*, entre Marchands, du 4. Février 1632.

49 Un coobligé qui avoit payé le total de la dette, & avoit pris cession des droits & actions des créanciers, avec subrogation, ne pouvoit agir contre l'un des autres coobligez que pour sa part & portion, sauf à porter également entr'eux la perte de deux autres coobligez. Jugé le 22. Février 1650. *Du Frêne*, liv. 5. chapitre 55. Arrêt semblable pour un codonataire le 5. Septembre 1674. *Journal du Palais*. Il y a eu autrefois plusieurs Arrêts contraires rapportez par *Bacquet, des droits de Justice*, chap. 21. nomb. 242. Anne Robert, *rerum judicat. liv.* 4. chap. 7. Cette Jurisprudence a varié, & ce pour éviter le circuit d'action. *Voyez M. le Prêtre*, 1. Cent. chap. 8. & 2. Cent. ch. 56. Voyez *M. Loüet*, lettre R. somm. 11. Voyez *M. Brodeau sur M. Loüet*, lettre F. *Sommaire* 27.

50 Deux coobligez par obligation, l'un sans la participation de son coobligé, mais se faisant fort pour luy, convertit l'obligation en Contract de constitution. Le coobligé soûtenoit qu'il étoit liberé par la novation de l'obligation que le créancier s'étoit reservée pour grande seureté & hypotheque de sa rente. Le coobligé qui n'avoit pas été appellé à la conversion de l'obligation, condamné au payement de la somme contenuë en l'obligation, si mieux n'aimoit ratifier le Contract de constitution. Jugé en la troisiéme des Enquêtes le 13. Avril 1685. *Journal du Palais*.

Voyez le mot, *Coobligez*.

OBLIGATION E'S MAINS DU DEBITEUR.

51 *Chirographum seu instrumentum obligationis redditum inducit tantum præsumptionem liberationis*. Voyez *M. le Prêtre*, 4. Cent. chap. 21. & Mornac, *L.* 3. ff. *de pactis*. & *L.* 24. ff. *de probationibus*.

52 Cedule trouvée *penes debitorem*, fait présumer le payement. Voyez *Papon*, liv. 8. tit. 2. n. 3. & la Loy 2. *de pact. L. si Chirograph. de probat. aliud in pignore, potest enim pignoris aliquis esse usus, redditi vero Chirographi nullus*.

53 Le 17. Avril 1561. *debitor qui cautionem debiti penes se habebat*, fut condamné, *quamvis honestè vitæ esset*, à affirmer sur le fait que le créancier le mettoit sus; sçavoir, comment il n'avoit point payé, combien que le billet fût *penes ipsum debitorem*; & Manseroul Président remontra, *quod quamvis præsumptio sit pro debitore quod solverit, si penes ipsum cautio debiti reperiatur, hoc intelligendum est si nec vi nec dolo penes debitorem cautio illa esset, dicatur*. La Rocheflavin, *li.* 3. *lett. S. tit.* 2. *Arr.* 2.

OBLIGATIONS DIVERTIES.

54 Celuy qui a diverti des obligations, bien qu'il montre luy être dû quelque chose, est présumé avoir diverti la quittance de ce qu'il dit luy être dû. *V. Peleus, question* 159.

55 Obligation passée par un Notaire de Beaumont à Brioude, dépendance de Beaumont, jugée bonne & solvable; & sur la question de soustraction de ladite obligation, le Procureur condamné en son-nom & par corps à faire valoir & rendre exigible ladite obligation. Arrêt du 31. Août 1682. *De la Guessiere* tome 4. livre 5. chapitre 28.

OBLIGATION EN PAYS ETRANGER.

56 Obligation passée en Levant pardevant le Chancelier de la Nation Françoise, est executoire en France. Arrêt du Parlement de Provence du 18. May 1679. *Boniface*, tome 4. liv. 8. tit. 3. ch. 13.

OBLIGATION, EXECUTION.

57 Obligation doit être executée, sans que celuy qui l'a contractée puisse s'en affranchir, sous l'offre de dommages & interêts. Arrêt des Grands Jours d'Angers du 15. Octobre 1539. *Biblioth. de Bouchel*, verbo, *Obligation*.

Voyez cy-dessus le mot, *Execution*.

58 Obligation prétenduë faite par force & violence annullée, sur la difficulté de l'executer, à cause de la guerre survenuë, qui en rendoit l'execution presque impossible. Il s'agissoit de fournir à Helvetius, Medecin Hollandois, vingt-cinq livres pesant d'une racine, qui ne se trouvoit qu'à Cadis. Arrêt du 30. May 1690. *Journal des Aud. tome* 5. *liv.* 6. *ch.* 13.

OBLIGATION, FEMME.

59 Des obligations contractées par la femme. Voyez *cy-dessus* le nombre 35. & le mot, *Femme*, nombre 64. *& suivans*.

60 La femme ne peut s'obliger sans l'autorité de son mary, & la présence du mary ne suffit pour rendre l'obligation valable, si l'autorité n'y est expresse. Voyez *M. le Prêtre*, 2. Cent. ch. 20. M. Loüet, lettre M. *sommaire*. 25. Voyez *Carondas*, liv. 7. Rép. 101.

61 L'obligation de la mere contractée de ses biens propres pour ses enfans qui sont sous sa tutelle, est sujette au benefice du Velleïan. *M. Dolive*, liv. 4. ch. 13.

L'addition nouvelle qui est à la fin de ce Chapitre contient l'observation qui suit.

Le Velleïan *mulieri non competit in obligatione descendenti ex debito*. Jugé en la premiere Chambre des Enquêtes du Parlement de Toulouse, au rapport de M.

de Fermat, le 24. Février 1640. au procés de Malue & Geraude Lanes. Le fait étoit que Malue avoit fait informer de larcin contre Geraude Lanes, & deux autres femmes, & avoit obtenu decret contre elles. Depuis, ladite Lanes seule avoit transigé avec Malue,& dans la transaction s'étoit obligée, tant pour elle que pour les autres,solidairement,à la restitution des choses prises à Malue. Contre cette obligation elle s'étoit pourvûë par Lettres, & alleguoit le Vellcïan, dont elle fut démise par ledit Arrêt.

62 Femme non autorisée, ne peut s'obliger pour son fils. Arrêt du mois de Février 1558. *Bouvot, tome 1. part. 3. verbo, Femme, question 2.*
Voyez le mot , *Autorisation*.

63 La femme qui s'est obligée avec son mari pour le mariage de la fille que le mary avoit euë d'une premiere femme, est réputée faire avantage au mary, & la femme obligée en peut être relevée. Arrêt du 5. Juin 1584. *Carondas, liv. 8. Rép. 34.*

64 Obligation faite pendant le divorce par la femme est nulle, sauf aux créanciers à se pourvoir pour les deniers, qu'il montra avoir été convertis à son profit. Arrêt du 14. Juillet 1584. *Papon, liv. 15. t. 3. n. 2.*

65 L'heritier du mary ne peut être contraint pour l'Obligation sous seing privé de la femme, contractée avant le mariage Arrêt du Parlement de Normandie du 2. Mars 1629. autrement une veuve pourroit charger la succession de son mary de telles dettes qu'il lui plairoit. *Basnage, sur l'article 544. de cette Coutume.*

66 La femme qui s'oblige avec son mary renonce à l'hypotheque de ses conventions matrimoniales. Arrêt du 1. Février 1602. *M. le Prêtre 3. Cent. chap. 69.*

67 Ces mots, *de pouvoir s'obliger par la femme séparée sans l'autorité de son mary*, ne s'entendent que d'une simple obligation, & non pas des Contracts des alienations perpetuelles. Arrêt du 30. Juin 1603. *M. Bouguier, lettre O. nombre 2.*

68 La femme peut obliger son mary, faisant une promesse pour marchandise prise. Arrêt du Parlement de Dijon du 4. Juillet 1605. *Bouvot, tome 2. verbo , Mariage, quest. 67.*

69 Une femme séparée de biens s'étant obligée, & par le Contract declarée authorisée, n'étant pas; si le Contract est valable à l'égard de ses heritiers? La cause appointée le 17. Decembre 1625. M. Talon avoit conclu contre les heritiers. *Du Frêne, livre 1. chap. 72.*

70 Femme mineure qui s'oblige avec son mary, & par le Contract s'est declarée majeure, & a supposé un extrait baptistaire, est restituable. Arrêt du 16. Avril 1629. *Du Frêne, liv. 2. ch. 43.*

71 Une femme peut valablement s'obliger sans l'autorité de son mary pour ses alimens & pour fournir aux frais du procés qu'elle a contre luy. Arrêt du 16. Juillet 1643. *Soëfve, tome 1. Cent. 1. chap. 60.* M. l'Avocat General Briquet observa que dés l'année 1638. il y avoit eu Arrêt qui avoit préjugé la difficulté en termes bien moins favorables pour dettes faites & contractées par la femme auparavant l'action ; & quoyqu'il porte sans tirer à consequence, cela ne doit préjudicier en ce cas pour la difference qui s'y rencontre, les deniers ayant été prêtez pour subvenir aux necessitez de la femme obligée pendant la sollicitation de cette affaire.

72 Arrêt du 21. Juin 1644. qui a jugé que la femme colloquée *marito vergente ad inopiam* sur les biens de son mary , peut s'obliger pour des choses à elle necessaires. *Boniface, tome 4. liv. 6. tit. 10. ch. 5.*

73 Le 8. Mars 1661. jugé au Parlement de Paris,que l'obligation consentie par une femme séparée de biens d'avec son mary, se disant de luy porteur d'une procuration, & dont il est fait mention dans l'obligation que la femme a representée, & qu'elle luy a été renduë, étoit nulle, faute par le créancier de rapporter ladite procuration. *Journal des Audiences , tome 2. livre 4. chapitre 13.*

74 Declaration du Roy portant que toutes les obligations cy-devant passées, & qui se passeront à l'avenir, sans aucune force ni violence par les femmes mariées dans la Ville de Lyon, Pays de Lyonnois, Mâconnois, Forêts & Beaujolois, sur lesquelles aucun Arrêt n'est encore intervenu, seront bonnes & valables : & que par icelles les femmes ayent pû par le passé, & puissent à l'avenir obliger valablement sans aucune distinction, tous & chacuns leurs biens dotaux & paraphernaux, mobiliaires & immobiliaires, sans avoir égard à la disposition de la Loy *Julia*, qui est abrogée à cet égard, &c. A Paris en Avril 1664. registrée le 20. Août de la même année. 10. *volume des Ordonnances de Louis XIV. fol. 150. & de la Guessiere , tome 2. liv. 6. ch. 47.*

75 Les grandes Dames & *Princesses* se peuvent obliger sans l'autorité de leurs maris, pour choses qui vont à la dépense de leurs maisons, principalement celles qui ont leurs Hôtels séparez, & qui font leur dépense à part, *V. Gloss. in L. nihil interest. ff. rerum. amot. verbo, separatim.* Tel est l'usage en France entre les Grands. *Tronçon, art. 223. de la Coût. de Paris.*

76 Jugé au Parlement de Provence le 23. Juin 1665. que l'obligation d'une pauvre femme décrepite pour sommes fournies, resultantes de promesses privées, étoit nulle, sauf au créancier à prouver les fournitures. *Boniface, tome 2. liv. 4. tit. 19. ch. 5.*

76 *bis.* Une fille aprés ses fiançailles peut contracter, & s'obliger,pourvû que ce ne soit en fraude de son futur époux. *Voyez* le mot , *Fiançailles , n. 18.*

Obligation des femmes en Normandie. *Voyez* le mot, *Mariage, nomb.* 784. *& suiv.* où est le Titre du Mariage encombré.

OBLIGATION , FIDEJUSSEUR.

77 Le benefice de discussion baillé au fidejusseur par l'Authentique, n'a lieu és cautions & certificateurs judiciaires. *Voyez M. Loüet, lettre F. somm. 23.*

78 Le renouvellement du terme accordé au debiteur,ne préjudice point le fidejusseur de l'obligation, parce que la premiere obligation dure encore. Arrêt du 27. May 1561. *Carondas, liv. 12. Rép. 41.*

79 Un fidejusseur peut contraindre son cofidejusseur à contribuer au rachat d'une rente. Arrêt au mois de Mars 1596. mais le fidejusseur ayant indemnité du debiteur ne peut contraindre un tiers possesseur. Arrêt du 11. Février 1584. *Carondas, liv. 13. Rép. 44.*

80 Le fidejusseur condamné à contribuer sa part & portion pour le rachat de la rente. Arrêt du Lundy 17. Mars 1597. La même question s'étant présentée à la même Audience, fut appointée le 15. Juin 1607. *Brodeau, sur M. Louet, lettre F. somm. 27. n. 5.*

81 L'obligation passée par un faux Procureur étant nulle au regard du principal obligé, elle ne l'est pas neanmoins pour sa caution. *Du Perrier, liv. 4. quest. 1.*
Voyez les mots , *Caution & fidejusseur.*

OBLIGATION DU FILS.

82 Obligation du fils de famille. *Voyez cy-dessus à la let. F.* le mot, *Fils de Famille, nombre 21. & suiv.* où sont marquez les cas dans lesquels le fils de famille peut,ou ne peut pas s'obliger valablement.

83 Obligation du mineur pour tirer son pere de prison. *Voyez* le mot , *Mineur , n. 111. & suiv.*

Le fils qui s'est obligé pour sommes dûës par son pere, quoy qu'il soit dit pour prêt à luy fait, ne peut s'exempter du payement,sous prétexte qu'il dit que l'obligation a été passée pour fausse cause. Arrêt du Parlement de Dijon du 13. Juin 1608. *Bouvot,to. 2. verbo, Obligations, quest. 2.*

Voyez cy-aprés le nomb. 105. *& suiv.*

OBLIGATION EN FOIRE.

84 Pour donner lieu au privilege des Foires, il faut que l'obligation soit passée en Foire, c'est-à-dire, au lieu & ville de la Foire dans le temps & les jours de Foire, pour marchandise prise en Foire; autrement si c'est hors de la ville, quoyque ce soit és jours de Foire, ou hors de la ville, mais aprés la Foire, ou bien durant la Foire, ou dans la ville, mais pour chose autre que de la Foire,

le privilege n'a lieu ; ainſi jugé au Parlement de Paris, en la Grand'-Chambre le 13. Juillet 1542. *Papon,li.* 10. *titre* 7.

Voyez cy-deſſus le mot, Foire. §. *Foires*, Obligations, *nomb.* 37. *& ſuiv.*

Obligation, Garantie.

85 *Commendatio ſeu per Epiſtolam,ſeu verbis,non inducit obligationem.* Jugé le 23. Decembre 1575. *Mornac, L.* 12. §. *cum quidam ff. mandati.*

86 Le pere eſt tenu des dettes de ſon fils par luy empruntées, comme fondé de ſa procuration & pour ſon négoce. Jugé en la Chambre de l'Edit de Caſtres le 27. May 1631. contre un pere qui vouloit renvoyer les créanciers à l'ordre & diſtribution des biens de ſon fils. *Voyez Boné, part.* 2. *Arr.* 75.

87 Le pere ne peut être valablement pourſuivi pour le payement d'une dette contractée par ſon fils dans une garniſon, quoyque la dette ſoit pour nourriture & autres neceſſitez ſervant à ſon entretien. Le pere ſe défendoit, en diſant qu'il n'avoit point envoyé ſon fils en la garniſon, & de plus qu'étant en garniſon il avoit reçû de quoy payer ſa nourriture. Arrêt du Parlement de Paris du 19. Juillet 1650. *Soëfue, to.* 1. *Cent.*3. *ch.* 48.

88 Un pere ayant prépoſé ſon fils aux Parties d'Egypte pour y négocier, & ce fils ayant emprunté une ſomme d'argent, qui n'étoit pas pour le négoce du pere ; jugé que le créancier n'a pû faire des executions contre le pere. Arrêt du Parlement de Provence du 7. May 1668. *Boniface, tome* 4. *livre* 9. *titre* 4. *ch.* 6.

89 Un créancier avoit mandé à un autre du même debiteur, qu'il ne devoit point ſe mettre en peine de ſa dette, & qu'elle étoit tres-aſſeurée. Cette Lettre ralentit les pourſuites de ce créancier contre le debiteur, qui devint inſolvable ; l'autre ſe pourvût en vertu de la Lettre, contre celuy qui l'avoit écrite. Par Arrêt de la Chambre de l'Edit de Caſtres, du mois de Juillet 1650. il obtint ſon recours, par la raiſon de la Loy *is qui ſe obtulit. ff. de reivend. & L.* 44. *de judic.* Voyez les *Arrêts de Boné, Arr.* 17. Mainard, *liv.* 8. *chapitre* 29. ſur une hypotheſe preſque ſemblable, rapporte un Arrêt contraire du Parlement de Toulouſe.

Voyez le Titre de la garantie, & cy-après, verbo, Recommandation.

Obligation, Grosse.

90 Le créancier d'un défunt n'eſt pas obligé de rapporter une premiere groſſe contre le créancier de l'heritier dans l'eſpece rapportée en cet endroit. Jugé au Parlement de Paris le 20. Juillet 1677. *De la Gueſſ. tome* 4. *li.* 1. *ch.* 3. où il eſt obſervé que cette affaire ayant été vûë par Commiſſaires en la quatriéme des Enquêtes, le procés fut parti, & enſuite départi en la troiſiéme.

Voyez cy-deſſus lettre G. *verbo*, Groſſe d'Obligation.

Obligation, Hypoteque.

91 *Voyez ce qui a été obſervé ſous le Titre des Hypoteques.*

Un Receveur des Tailles qui paye le Roy, & prend une obligation des particuliers, change la nature, & le privilege des tailles, & vient en ordre du jour de l'obligation. Arrêt du 31. Janvier 1604. *De Lommeau, des Saiſ. Criées, & c. liv.* 3. *max.* 400.

92 Les obligations ou contracts paſſez pardevant les Notaires & Tabellions des Seigneurs dans leur détroit entre perſonnes non juſticiables, ni demeurans dans le Territoire deſdits Seigneurs, n'emportent point hypoteque. Arrêt du 9. Février 1647. *Du Frêne, liv.* 5. *chapitre* 4.

Voyez cy-deſſus le mot, Notaire, *nomb.* 181. *& ſuiv.* où ſont les déciſions concernant les Notaires qui inſtrumentent hors leur reſſort, & qui reçoivent des obligations entre perſonnes, leſquelles n'y ſont domiciliées.

93 Les obligations des Partiſans ont un droit retroactif, juſques au jour de leur traité à ce qu'ils ont fait. Arrêt du 13. Juin 1658. *Des Maiſons lettre* O. *n.* 2.

Voyez le mot, Financier.

Obligation pour Jeu.

94 La promeſſe de payer une ſomme gagnée en jeu défendu, eſt nulle ; mais on n'eſt pas reçû à la preuve, que celle qui eſt pure & ſimple pour cauſe de prêt, procede du jeu, & le créancier ne peut être condamné qu'à jurer litis-déciſoirement ſur la verité de la cauſe. Arrêt du Parlement de Grenoble du 16. May 1664. pour le ſieur Comte de Laubeſpine, contre Etienne Richard ; il eſt rapporté par *Chorier, en ſa Juriſprudence de Guy Pape, p.* 251.

Voyez le mot, Jeu, *nomb.* 10. *& ſuiv.* & *cy-après, le nombre* 130.

Obligation, Inventaire.

95 *Ex ſolo inventario inſtrumentorum alicujus familiæ, aut Eccleſiæ, conveniri debitores poſſunt ex Lege Chirographis. ff. de adminiſt. tutorum ; tamen ſi totius inſtrumenti tenorem inventarium referat.* Mornac, L. 2. *ff. de fide inſtrumentorum.*

Obligation Leguée.

96 Le Teſtateur fait un legs à *Titius* de certaine ſomme, à prendre ſur un autre qui étoit debiteur de plus grande ſomme. *Titius* pourſuit l'heritier, & celuy-ci offre de ceder l'obligation juſques à la concurrence de ladite ſomme. Arrêt du 13. Juillet 1568. qui condamne l'heritier au payement du legs. *Voyez Carondas, livre.* 7. *Réponſe* 121.

Voyez le mot, Legs, *nomb.* 353. *& ſuiv.*

Obligation, Malade.

97 L'acte par lequel un malade défend à ſon heritier inſtitué, de rien demander à un debiteur preſent & acceptant, ſe reſervant neanmoins d'en faire demande en cas de reconvaleſcence, n'eſt pas une ſimple declaration, mais une donation à cauſe de mort, & il faut cinq témoins. Arrêt du Parlement de Toulouſe, aprés partage. *Voyez M. de Catellan, liv.* 2. *ch.* 22.

Voyez cy-deſſus le mot, Maladie, & *cy-après, le nombre* 109.

Obligation, Marchands.

98 Obligation entre Marchands. *Voyez le mot,* Marchand, *nomb.* 73. *& ſuiv.*

99 Facteur ayant promis payer ou faire payer par ſon Maître au Marchand une ſomme pour marchandiſes par luy priſes, ne peut être contraint perſonnellement au payement de la ſomme. Arrêt du Parlement de Paris du 2. Juin 1551. qui ordonne que le créancier s'adreſſera contre le Maître, ſauf que ſi le Facteur étoit déſavoüé, il ſe pourroit adreſſer à l'encontre de luy. *Papon, liv.* 6. *tit.* 5. *n.* 5.

100 Promeſſes & obligations de deux ou pluſieurs Marchands ſont ſolidaires. *Voyez Henrys, tom.* 1. *liv.* 4. *chap.* 6. *queſt.* 16. il cite un Arrêt du 4. Février 1632. cette Juriſprudence eſt devenuë encore plus certaine, depuis l'Ordonnance de 1673. l'art. 7. du titre des Societez eſt précis.

101 Jugé au Parlement de Paris le 18. Janvier 1633. qu'une promeſſe ou cedule ſous ſignatures privées, de deux Marchands au profit d'un Marchand, eſt ſolidaire, quoy qu'on ne l'ait pas ſtipulé. *Bardet, tom.* 2. *liv.* 2. *chap.* 3. L'on diſoit que bien que la ſolidité ne fût pas exprimée, elle ſe ſuppléoit entre Marchands, & demeuroit toûjours ſous-entenduë ; que tel étoit l'uſage de toutes les Juriſdictions des Marchands ; par là ils ont renouvellé & introduit l'ancienne Juriſprudence, qui en diſpoſoit de la même ſorte.

102 Les Maîtres ne ſont point tenus de payer aux Marchands ce que leurs Maîtres d'Hôtel ou Cuiſiniers prennent pour la proviſion de bouche de leur maiſon, lorſque les Maîtres affirment avoir donné toutes les ſemaines de l'argent pour leur dépenſe. Arrêt du 26. May 1691. *Journal des Audiences du Palement de Paris, to.* 5. *liv.* 7. *chap.* 16.

Obligation, Meubles.

103 Le tranſport ne peut changer la condition d'une obligation qui eſt meuble. Arrêt du 16. Février 1543. *Dictionnaire de la Ville,* verbo, Obligation,

104 Les obligations font meubles ou immeubles; meubles quand elles font pour une somme de deniers, pour du grain ou pour un cheval, &c. immeubles quand elles contiennent un heritage, une rente constituée, un droit de censive, ou autres choses réelles. Voyez M. le Prêtre, 3. Cent. chap. 56.

OBLIGATION PAR MINEUR.

105 Obligation faite par un mineur. Voyez cy-dessus le nomb. 82. le mot, Mineur, nomb. 69. & suiv. & 111. & suivans.

106 Obligation faite en un Cabaret, notamment par mineurs, declarée nulle. Arrêt du 17. Décembre 1584. Papon, livre 10. tit. 2. nomb. 1.

107 Les promesses faites par jeunes gens aux Taverniers & Marchands, sont nulles. Arrêt du Parlement de Grenoble du 5. Février 1638. depuis il y a eu encore un Reglement general du 9. Avril 1644. Basset, tome 2. liv. 4. tit. 1. chap. 2. où il rapporte un Arrêt du Parlement de Dijon du 22. May 1617. qui condamne des Taverniers en pareilles sommes d'amende que celles qu'ils prétendoient leur être dûës, en vertu des promesses des jeunes gens, applicables par tiers, aux Seigneurs, aux Fabriciens des Eglises, & aux Dénonciateurs.

108 Dans la Coûtume de Rheims le mineur ne peut disposer de ses meubles; c'est pourquoy une promesse faite entre trois jeunes hommes, que le premier marié payeroit aux deux autres à chacun un habillement de satin, a été jugée nulle. Arrêt du 6. Février 1595. M. Prêtre, 4. Cent. chap. 19.

109 Obligations passées par un fils de famille mineur à l'agonie, de l'avis de son Confesseur, auquel elles furent déposées, au profit de deux Marchands, dont il avoit été Facteur, ont été jugées valables contre le pere, qui étoit seulement sa caution pour l'apprentissage. Ainsi jugé le 29. Mars 1618. il fut ordonné que les termes portez par les obligations, ne courroient que du jour de l'Arrêt. Bardet, tome 1. liv. 1. ch. 16.

110 Une obligation pour argent prêté, pour désinteressement de promesse de mariage faite par un mineur de l'Ordonnance, n'est valable dans la Coûtume de Normandie. Arrêt du Parlement de Roüen du 24. Janvier 1673. Journal du Palais.

OBLIGATION D'OFFICIERS.

111 Jugé en la Chambre de l'Edit de Castres le 12. Juin 1629. contre les Officiers du Présidial de Montpellier, qu'ils étoient tenus dès frais que leurs prédécesseurs, quoyqu'ils ne fussent point leurs heritiers, s'étoient obligez de rembourser pour les affaires de la Compagnie. Voyez Boné, partit 2. Arrêt 76. & Guy Pape, Décision 279.

112 Si des Officiers qui s'obligent en cette qualité de payer une somme de deniers des amendes & confiscations, sont obligez personnellement ? Par Arrêt rendu à Paris en la Chambre de l'Edit le 6. Avril 1661. la Cour a mis les Parties hors de Cour, sur la demande faite par la veuve d'un Peintre, afin de payement d'une somme de 1500. liv. restant à payer pour peintures faites par son mary il y avoit plus de quinze ans, dans l'Auditoire du Bailliage de Saint Germain-des-Prez, cette demande étoit intentée depuis un an contre le Procureur Fiscal, lors en charge, lequel avec le Bailly s'étoit obligé par écrit de payer au Peintre cette somme, sur les amendes & confiscations; faisant droit sur sa Requête contre les Officiers de present en charge; a ordonné qu'ils feront leurs diligences pour la faire payer dans un an; ainsi il a été jugé que les Officiers obligez par écrit n'étoient obligez qu'en cette qualité, nonobstant que la veuve alleguât qu'ils étoient obligez personnellement, & que ce n'étoit qu'un assignat indiqué sur les amendes & confiscations. Journal des Aud. tome 2. liv. 4. ch. 21.

Voyez cy-aprés le mot, Restitution.

PEINES CONTENUËS E'S OBLIGATIONS.

113 Peine conventionnelle ne doit exceder l'intêret; en Tome II.

sorte que celuy qui s'oblige à une somme de 100. liv. ne peut, faute de satisfaire, s'obliger à payer 200. liv. Arrêt du Parlement de Paris du mois de Mars 1525. Bibliotheque du Droit François par Bouchel, lettre P. verbo, Peine conventionnelle.

114 Un débiteur s'oblige de payer 300. liv. dans certain temps, ou bien de se rendre prisonnier, à peine de 500. liv. moitié au Roy, moitié à Partie. Il prend Lettres de rescision, & dit que l'obligation est usuraire. Arrêt des Grands Jours de Moulins du 30. Septembre 1550. qui dit que le debiteur garnira la main pour 300. liv. tiendra prison; & pour la peine, renvoye les Parties avec le principal pardevant le Bailly de Montferrand; tous dépens reservez en définitive. Bouchel, ibid. M. Charles Du Moulin rapporte un Arrêt du 14. Mars 1531. qui a jugé que la peine n'étoit pas dûë. Ibid.

115 Un Gentilhomme emprunte 500. écus, & promet que s'il ne les rend dans un an, le Fief hypothequé, demeurera vendu au créancier dés-à-present, comme dés-lors, & dés-lors comme dés-à-present. Celuy cy veut, après le délay expiré, se mettre en possession; le Gentilhomme dit que le pacte legis commissoria est reprouvé. L'Arrêt du Parlement de Paris du 19. May 1552. declare la vente nulle, & ordonne que si dans seix mois le Gentilhomme ne satisfait à la somme, la Terre étoit dés-lors vendue au créancier à tel prix que les Experts estimeroient. Papon, liv. 11. tit. 3. n. 2.

116 Par Arrêt du 10. Avril 1604. entre les Abbé, Religieux & Curé de Saint Germain d'Auxerre, Demandeurs, & Lauret, Curateur aux biens vacans de défunt Guillaume le Court, Défendeur, la peine de douze deniers tournois par jour à faute de payement de cent écus de rente, & douze deniers de cens par an, a été confirmée, les arrerages toutefois moderez, à cause des troubles. V. M. le Prêtre, Cent. 4. chap. 16. L'affaire fut jugée à son rapport.

117 Le Vicomte de Polignac avoit promis, au cas qu'il ne payât dans certain temps 9000. liv. au Vicomte de Tavannes, de payer 1200. liv. de peine. Il prit Lettres contre ce consentement. Arrêt au Parlement de Paris du 3. Juillet 1606. qui sans avoir égard, le condamne au payement. Bibliot. de Bouchel, verbo, Peine Conventionnelle.

OBLIGATION PERDUË.

118 Un créancier demandant permission de lever une expedition d'une obligation qu'il avoit perduë, le debiteur soûtenant l'avoir acquittée au dos; le premier Juge avoit ordonné l'expedition : par Arrêt du Parlement de Paris de l'année 1564. permis aux Parties de faire preuve; sçavoir par le créancier, comme il l'a perduë, & par le debiteur comme il l'a acquittée. Papon, liv. 10. tit. 1. n. 6.

Voyez cy-aprés le mot, Perte.

OBLIGATION.

PRESTRE MORT OU MARIE'.

Voyez le mot, Mineur, nombre 83.

119 Pactiones istæ de casu mortis, sacerdotii, vel nuptiarum sunt aleatoriæ. Voyez Mornac, L. ult. §. sin autem miles filius famil. C. ad Senat. Maced.

120 Cum quis morietur, uxorem ducet vel erit Presbyter, Voyez Mornac, L. 17. ff. de condict. indebiti.

121 Promesse de payer Prêtre, mort, ou marié, jugée valable au Parlement de Toulouse : il s'agissoit d'une somme de 60. écus de reliqua de compte, entre deux associez; la Cour y eût pû faire difficulté, si les Parties eussent été mineurs ou fils de famille. V. Mainard, li. 7. chapitre 67.

122 Arrêt du 3. Juin 1597. qui declare valable l'obligation faite par le Loureux montant à 250. écus sol, à payer lors qu'il seroit Prêtre, mort, ou marié; ce qui a lieu specialement quand lors de la stipulation l'obligé est majeur non mineur, que le corps de la chose pont laquelle la promesse est intervenuë, luy a été fidellement & actuellement livré, & qu'il n'y a quant aux prix déception énorme. Voyez la Biblioth. du Droit

François par *Bouchel*, *lettre* P. *verbo*, *Prêtre*, *mort, ou marié*.

123 L'obligation, cedule ou promesse de payer certaine somme lorsque le promettant sera Prêtre, mort ou marié, a été declarée valable, & en consequence celuy qui l'avoit faite, condamné. *La Rocheflavin*, *liv*. 6. *tit*. 69. *Graverol* fait cette observation; en general, telles obligations sont valables, parce que les conditions sous lesquelles elles sont stipulées, ne sont pas contraires au Droit; *D. D. ad L. scrupulosam. C. de contrah. & committ. stipulat*. & *Mainard*, *L*. 7. *chap*. 67. quoyque *Bouvot* rapporte un Arrêt dans son second tome, *pag*. 1180. *quest*. 27. qui a préjugé qu'on peut venir contre l'obligation, en ce seulement qu'on n'est pas tenu d'attendre l'évenement de ces conditions, comme illicites, ainsi qu'il les qualifie; il est certain neanmoins que telles obligations doivent être présumées usuraires, il les faut reduire au juste prix du prêt ou de la vente, quand il peut être connu, *rescisâ aleatoriâ captione*; à quoy se trouve conforme l'Arrêt de Reglement du Parlement de Paris, rapporté par *Loyseau*, *en son Traité du Déguerpissement*, *liv*. 4. *ch*. 3. *n*. 13.

124 Le Baron de Sainte Olive vend un beau cheval au General des Galeres, 2100. écus, payables quand il seroit Moine, mort, ou marié. Le General poursuivi après son mariage, dit que le pacte est contre les bonnes mœurs, & le prix excessif; il offre de payer la juste valeur suivant l'estimation, avec les interêts, depuis le jour de la vente. L'offre jugée raisonnable, par Arrêt du Parlement de Paris du 24. Novembre 1605. *V. les Plaidoyers de Corbin*, *ch*. 53.

125 Par Arrêt du Parlement de Paris du 13. Decembre 1618. rendu entre Tannegui de Chambray, Appellant & Demandeur en Lettres, & Jean Danfrenel sieur du Pont, Intimé & Défendeur; il a été jugé qu'une cedule ou promesse faite avec cette clause, *à payer la somme y contenuë, Prêtre, mort, ou marié*, étoit nulle; défenses furent faites à toutes personnes de plus faire telles promesses ou obligations. *M. le Prêtre*, *Cent*. 4. *chap*. 19. M. *Charles Du Moulin*, *dans son Traité des Usures*, *quest*. 100. tient que toutes sortes de Contracts aleatoires, & autres de même nature, sont nuls & reprouvez.

126 La promesse de payer une somme prêtée, mort ou marié, declarée nulle, par deux Arrêts du Parlement de Grenoble, l'un de l'an 1620. & l'autre du 30. Juillet 1636. rapportez par *Chorier*, *en sa Jurisprudence de Guy Pape*, *page* 251.

127 Par Arrêt du Parlement de Normandie du 12. Mars 1630. rapporté par *Berault*, *sur l'art*. 504. *de la Coûtume de Normandie*, il a été jugé qu'une promesse de payer, Prêtre, mort, ou marié, étoit illicite; il fut ordonné par l'Arrêt que l'estimation d'un cheval seroit faite par personnes, dont les parties conviendroient, l'acheteur condamné d'en payer le prix, avec les interêts, du jour de la vente, & défenses à toutes personnes de faire telles pactions, *juxtà Molin. in tract. de usur*. ce qui avoit été jugé auparavant au Parlement de Paris, par Arrêt du 6. Février 1595. rapporté par *M. le Prêtre*, 3. *Cent*. *chapitre* 11.

128 Promesses ou obligations payables, Prêtre, mort, ou marié, jugées nulles par Arrêt du 30. Juillet 1636. *Basset*, *tom*. 2. *liv*. 4. *tit*. 1. *chap*. 3. où il observe qu'au Parlement de Provence on prend alors connoissance de la cause de l'obligation & de la qualité des personnes, & suivant les circonstances ou l'on regle les parties contraires en leurs faits, ou l'on ajuge seulement l'estimation des choses vendues, nonobstant cette clause. Il cite *Boniface*, *tome* 1. *livre* 7. *chap*. 4. lequel allegue quelques Arrêts du Parlement de Provence.

Obligation
PREUVE PAR TÉMOINS.

129 Titius demande 50. écus à Mœvius, qu'il offre verifier par témoins, luy être dûs, & par commencement de preuve, dit avoir une Lettre missive, par laquelle Mœvius mande, *un tel vous baillera les 50. écus que je vous dois*. Mœvius répond que cette Lettre ne peut servir, parce qu'elle n'est point reconnuë. M. *Servin*, Avocat du Roy dit, que cette Lettre non reconnuë, ne peut donner atteinte à l'Ordonnance. Par Arrêt du 13. Novembre 1599. la Cour pour aucunes bonnes causes & considerations, ordonne avant que decider de l'appel, que la Lettre sera reconnuë, pour après ladite reconnoissance être fait droit. Ainsi elle a jugé que la Lettre *etiam* non reconnuë suspendoit la fin de non recevoir. *Bibliotheque de Bouchel*, *verbo*, *Preuve*.

130 On ne peut être reçû à prouver par témoins qu'une obligation soit usuraire, sous prétexte qu'on soûtient qu'apparemment elle est composée d'interêts; mais pourtant elle étoit conçuë pour argent reëllement prêté. *Ita judicatum* au Parlement de Grenoble, par Arrêt du 2. Mars 1656.

Item, jugé le 16. May 1664. qu'une obligation étant conçuë pour argent prêté, on n'est pas recevable de prouver par témoins qu'elle avoit procedé pour argent de jeu. On soûtenoit que le changement de cause induisoit une veritable simulation, dont la preuve étoit permise; mais comme ce fait alloit à l'anéantissement de l'acte, dont la cause auroit été reprouvée, il fut jugé que la preuve par témoins ne devoit être accordée, sauf à venir par inscription en faux, outre que les preuves litterales prévalent aux testimoniales. La cause étoit entre le sieur Richard de Saint Marcellin, d'une part, & le sieur Marquis de Laubespine d'autre : il s'agissoit d'une promesse passée par Richard en 1645. pour cause de prêt dans le Camp devant Arras; on disoit qu'elle avoit été faite pour argent gagné au jeu, & on offrit de ne le prouver que par des Officiers, dont le moindre étoit Capitaine de Chevaux-Legers, la Cour n'y eut point d'égard. *Basset*, *tom*. 1. *liv*. 2. *tit*. 28. *ch*. 9.

131 Jugé au Parlement de Paris le 15. Juin 1667. que la preuve par témoins de plusieurs faits tendans à détruire la verité d'une obligation de 10000. liv. passée par devant Notaires, n'est pas recevable. *Soësve*, *tome* 2. *Cent*. 3. *chap*. 98.

Voyez cy-après le mot, *Preuves*.

OBLIGATION, PRINCESSES.

132 Obligations contractées par Princesses & femmes de qualité. *Voyez cy-dessus le nombre* 75.

OBLIGATION
POUR TIRER DE PRISON.

133 L'obligation d'une femme pour tirer son mari de prison où il étoit détenu pour dettes, est nulle; parce que le mary pouvoit joüir du benefice de cession. Autre chose seroit, si l'emprisonnement étoit pour crime, auquel ce il y auroit l'infamie à éviter. Arrêt du Parlement de Grenoble du 26. Avril 1652. *Basset*, *tome* 1. *liv*. 4. *tit*. 9. *ch*. 2.

134 L'obligation d'une femme pour tirer son mary de prison, détenu pour rente, est valable. Arrêt rendu au Parlement de Provence le 15. Septembre 1668. qui débouta la femme de sa rescision. *Boniface*, *to*. 4. *liv*. 6. *tit*. 9. *chap*. 2.

135 De l'obligation de la femme pour délivrer son mary de prison. *Voyez les Arrêts de M. de Catellan*, *liv*. 4. *chap*. 1. où il en rapporte un du Parlement de Toulouse du 23. Août 1677. qui déboute une femme de l'enterinement des Lettres prises contre une telle obligation. Arrêt du 24. Janvier 1680. qui permet en ce cas à une femme d'obliger sa dot; ce qui a lieu encore plus, pour le tirer d'une prévention capitale. La même Jurisprudence s'étend au fils mineur pour son pere.

136 Si l'obligation passée par une femme pour tirer son mary de la prison, detenu pour avoir deserté la milice, & le tirer des peines de la desertion, est valable? Arrêt du Parlement de Provence du 23. May 1678. qui rescinda l'obligation, comme passée par la fraude & supposition de la desertion. *Boniface*, *tome* 4. *liv*. 6. *tit*. 9. *chapitre* 1.

137 Arrêt du même Parlement d'Aix du 1. May 1646.

OBL   OBL   843

qui a jugé qu'un fils de famille peut s'obliger pour tirer son pere de prison, & que l'obligation passée dans la prison est valable. *Boniface, tom. 2. liv. 4. tit. 20. ch. 5.* Au chapitre suivant il rapporte un Arrêt semblable du 17. Mars 1667. *Voyez cy-dessus le nomb. 83. & cy-après le mot Prison, nomb. 37. & suiv.*

OBLIGATIONS PAR PRISONNIERS.

138   Obligations faites en prison sont nulles. Arrêt du 22. Janvier 1413. toutefois *si justus sit carcer*, & qu'il y ait offres de la part du Défendeur, le Prisonnier n'est relevé. *Papon, liv. 10. tit. 2. n. 1.*

139   Arrêt du 3. Decembre 1537. entre l'Abbé de Pont-Levoy, & un nommé de Maubuisson, ayant droit par transport de son pere, par lequel une cedule faite par l'Abbé qui avoit été prisonnier au bois de Vincennes, de la somme de mille livres pour composition avec le pere du cessionnaire qui étoit Concierge, fut cassée; la Cour se fonda sur ce qu'elle étoit faite par le prisonnier au Concierge; il fut dit qu'il seroit fait taxe au Capitaine & Concierge de sa garde, gîtes & geolages. *Bibl. de Bouchel*, verbo *Dépens*.

140   Jugé en la Chambre de l'Edit de Castres le 22. Février 1635. que les prisonniers peuvent valablement s'obliger, pourvû qu'ils soient emprisonnez d'autorité de Justice, & pour cause juste; suivant la doctrine de *Bartole* sur la loy *qui in Carcerem ff. de eo quod metus causa*. Voyez *Boné, part. 2. Arr. 64.*

Voyez *cy-après le mot Prisons, nomb. 37. & suiv.* où sont marquez les cas esquels les prisonniers peuvent valablement s'obliger & contracter.

OBLIGATION A PROCUREURS.

141   Obligations faites entre Procureurs & cliens, sont seulement permises après le procés fini; mais auparavant elles sont nulles. Arrêt du Parlement de Paris du 28. Novembre 1545.

142   Juges & autres Officiers, ne peuvent faire obliger les personnes pour leurs salaires & vacations, mais les faire taxer par ceux à qui il appartient. Arrêt du Parlement de Paris du 2. Septembre 1564. qui casse telles obligations. *Papon, li. 6. tit. 12. nomb. 12.*

143   Par Arrêt de la Chambre de l'Edit de Beziers, une obligation faite à un Procureur par sa partie, pour ses peines & vacations fut cassée; & ordonné qu'il donneroit son memoire, pour luy être taxé: & par autre Arrêt de la Chambre séant à Puy-Laurens du 20. Decembre 1629. il fut jugé que les contrats & transactions sont permises entre les Procureurs ou solliciteurs, & leurs parties, après le procés terminé, & non pendant iceluy; suivant la Sentence de Cujas, sur la loy *cuique C. de suffrag.* Il fut décidé en la même Audience, que pour frais, fournitures & dépenses, la partie se peut obliger envers son Procureur ou solliciteur, *in quâcumque parte litis*, & la Dame de Montaut fut demise & déboutée des Lettres qu'elle avoit obtenuës en cassation d'une obligation qu'elle avoit passée au profit de son solliciteur pour frais & fournitures. Voyez *Boné, Arrêt 65.*

Voyez *cy-après le mot Procureurs.*

OBLIGATION, PROMESSE DE MARIAGE.

144   Voyez *cy-dessus le mot Mariage, nomb. 347. & le nombre 385. & suiv.*

Un majeur n'est point restituable contre une obligation de 3000. liv. par luy passée dans la maison d'un Commissaire, au profit d'une Demoiselle, pour les dommages & interêts par elles prétendus contre luy, pour en avoir été abusée pendant quelque temps. Arrêt rendu au Parlement de Paris le 23. Février 1654. contre les conclusions de M. l'Avocat General Bignon. *Soëfve, to. 1. Cent. 4. chap. 54.*

Ce qu'il y avoit de particulier en la cause, (dit M. Lucien Soëfve,) & qui peut avoir servi de fondement à l'Arrêt qui a semblé étrange a beaucoup de personnes, ce qu'il a jugé à une fille la récompense & le prix de sa prostitution, vû les termes de ladite obligation, par lesquels la Demoiselle de Verneüil reconnoissoit, que cette somme de 3000. liv. étoit pour les dommages & interêts qu'elle auroit pû prétendre contre le sieur Fonbonne, Avocat au Parlement de Grenoble, pour avoir abusé d'elle pendant trois mois, est qu'il y avoit quelque commencement de preuve du mariage projetté entr'eux, & que ladite Demoiselle soûtenoit avoir servi de fondement à la faute en laquelle elle étoit depuis tombée, ainsi qu'il étoit justifié par l'acte de publication d'un ban faite en l'Eglise de S. Barthelemy, où les parties étoient demeurantes, & la dispense des deux autres, obtenuë de l'Official de Paris, à la Requête desdites parties conjointement, & par la permission qui leur avoit été donnée par le Curé de St. Barthelemy de s'aller marier au Village de Charonne, qui fut le lieu dans lequel ledit Fonbonne fut pris avec ladite Demoiselle de Verneüil, par le Commissaire Meusnier, qui s'y étoit transporté sur la requisition de la mere de cette Demoiselle; que d'ailleurs ladite obligation avoit été faite & passée par un homme majeur pour se racheter d'un mariage, dans lequel il se trouvoit en quelque façon engagé par la frequentation & les habitudes qu'il avoit euës avec cette Demoiselle, de laquelle il avoit abusé sous ce prétexte: bref, que de tous les faits qui avoient été avancez contre l'honneur & la réputation de cette Demoiselle, il n'y en avoit aucun de justifié; de façon qu'on ne pouvoit, à vray dire, la considerer comme une fille de mauvaise vie, dont la condition ne peut être favorable en Justice, lorsqu'elle demande le prix & la récompense de sa débauche. Ce n'est pas que toutes ces circonstances soient assez fortes pour me faire pancher du côté de l'Arrêt; mon sentiment dans ces rencontres ayant toûjours été, pour retrancher le cours de ces desordres, qui ne sont que trop frequens au temps present, de fermer la porte à des actions & demandes de cette qualité, & de renvoyer avec honte & infamie celles qui s'abandonnent ainsi pour corrompre les jeunes gens, & tirer d'eux, sinon un contrat de mariage suivi de la solemnisation d'iceluy, du moins quelque somme notable de deniers, pour récompense de leur pudicité perduë; mais comme je n'ay pas eû dessein, en remarquant cet Arrêt, d'en tirer une décision generale, j'ay bien voulu remarquer ces particularitez, afin qu'elles puissent servir de réponse aux consequences que l'on voudroit tirer dudit Arrêt.

OBLIGATION, PROMESSE DE VENDRE.

145   Une obligation de certaine somme portant promesse à faute de payer dans quelque temps, de vendre & bailler en payement par le debiteur quelques heritages ou rentes, ne contient une alternative. Arrêt du 19. Février 1571. *Charondas, liv. 4. Rép. 83.*

Voyez *cy-après le mot Promesse, nombre 12. & suiv.* & le mot *Vente, §. Promesse de vendre.*

OBLIGATION QUITTANCE'E.

146   Un créancier avoit mis au dos d'une obligation, j'ay baillé quittance de six vingt livres, *ce me semble*. Le debiteur que l'heritier du créancier poursuivoit s'opposa. Sentence des Requêtes du Palais qui ordonne qu'il sera passé outre. Appel: l'Avocat du debiteur, dit qu'à calculer les 120. liv. avec les sommes écrites pour l'obligation, il ne restoit plus rien à payer, que le doute du défunt n'étoit pas s'il avoit receu la somme, mais s'il en avoit donné quittance. Arrêt qui appointe la cause au Conseil. Voyez *Ayrault*, il interprete cet Arrêt pour une liberation; disant qu'outre qu'il n'a plus été parlé de l'affaire, c'est quelquefois une façon de juger ou d'absoudre, que d'ensevelir la cause & la matiere au Conseil. Voyez *le 7. Plaidoyé d'Ayrault*.

Voyez *cy-après les mots, Payement & Quittance.*

OBLIGATION POUR RANÇON.

147   Obligations & promesses de rembourser ce qui a été payé pour la rançon de son compagnon, déclarées bonnes. Arrêts du Parlement de Paris du 26. Juillet 1569. & 1590. *Papon, li. 16. tit. 2. n. 4.*

Voyez *cy-après le mot Rançon.*

Tome II.   OOooo ij

OBLIGATION, PAR RECOMMANDATION.

148 *An litera commendaticia obligent pro pecuniâ exburſatâ, pro impetratione officii, quæ non fuit ſortita effectum? Voyez Franc. Marc. to. 1. queſt. 227.*

149 Recommandations faites à quelqu'un pour autruy, n'induiſent aucune obligation. Arrêt prononcé en Robes rouges le 23. Decembre 1575. *Maynard, liv. 8. chap. 29.* A l'égard des Lettres, *commendandi magis hominis quam mandandi cauſâ ſcripta ſunt.*

Voyez cy-après verbo *Recommandation.*

OBLIGATION DE RELIGIEUX.

150 Une promeſſe paſſée par le Provincial & Deffiniteurs des Carmes Déchauſſez de la ville de Paris, pour argent prêté, ſans aucune aſſemblée de Chapitre, peut obliger la Communauté, le Prieur de la Maiſon étant frere du creancier dans le temps de la promeſſe. Arrêt du Parl. de Paris du 22. Février 1653. qui neanmoins accorda une ſurſeance de trois ans ; la ſomme étoit de 4500. l. *Soëfve, to. 1. Cent. 4. chap. 14.*

Voyez cy-après les Titres *Pecule & Religieux.*

OBLIGATION SOCIETÉ.

151 Des obligations contractées entre aſſociez, & pour la Société. *Voyez cy-deſſus les nomb. 21. & 22. le mot Marchands,* & cy-après le Titre *de la Société.*

OBLIGATION SOLIDAIRE.

152 Obligation ſolidaire cedée. *Voyez Charondas, livre 4. Rép. 66.* où vous trouverez une eſpece particuliere.

153 Deux obligez l'un pour l'autre & un ſeul pour le tout : ſi l'un des deux eſt abſent hors le pays, l'autre peut être contraint à payer toute la ſomme, encore que le Contract ne porte renonciation au benefice de diviſion. Arrêt du 14. Mars 1563. *Charondas, livre 3. Réponſe 69.*

154 Le creancier n'eſt reputé avoir diviſé la dette pour en avoir reçû de l'un des obligez une ſomme faiſant moitié de la ſomme portée par l'obligation. Arrêt du 27. Novembre 1570. *Ibid. li. 4. Rép. 84. & li. 8. Rép. 43.*

155 L'un des obligez ſolidairement pourſuivi pour toute la ſomme peut ſommer ſes cobligez afin de l'acquiter chacun d'eux pour leur part & portion. Arrêt de la my-Août. 1584. *Charondas, liv. 7. Rép. 131.*

156 Trois s'obligent conjointement au payement d'une ſomme ou à un bail judiciaire, s'ils n'ont dit expreſſement par tiers ou par moitié s'entend être ſolidaire *ratione* du creancier. Arrêt du 6. Août 1622. *M. Bouguier, lettre O. nombre 3.* Voyez *Henrys, tome 2. liv. 4. queſt. 38.* le même *Henrys, to. 1. liv. 4. ch. 6. queſt. 26.* rapporte Arrêt contraire à l'Arrêt de *M. Bouguier,* entre Marchands, du 4. Février 1632.

157 Deux particuliers debiteurs ſolidaires d'une rente conſtituée, l'un ayant depuis emprunté de l'autre une ſomme par obligation, ne peut être contraint de la luy payer, offrant de l'employer au rachat de la rente, qui eſt la dette commune. Arrêt du 22. Janvier 1630. *Bardet, to. 1. li. 3. chap. 83.*

M. Claude Berroyer fait l'obſervation qui ſuit.

157 bis. Dans la derniere édition de *du Freſne,* on a mis trois lignes pour citer cet Arrêt. L'on dit qu'il a jugé qu'un cobligé à une rente, ayant ſon argent prêt, peut contraindre ſon cobligé au rembourſement de la rente dont ils ſont codebiteurs ; cependant l'eſpece eſt toute ſinguliere, & ne peut être tirée à conſequence pour cette queſtion generale, qui n'a point été pareillement préjugée par l'Arrêt de 1584.

M. Claude Berroyer, dans ſes additions aux Notes, p. 609. à la fin ſur le chap. 83. fait encore l'obſervation qui ſuit.

L'Arrêt du 22. Janvier 1630. ordonne l'employ de la ſomme entiere de 300. liv. qui excedoit la moitié du principal de la rente ; ce qui donne lieu de croire que l'appellante avoit payé des arrerages en l'acquit de l'intimé, juſques à concurrence de 50. livres ; c'eſt une omiſſion de *M. Pierre Bardet* nôtre Auteur, qui ne change rien à la queſtion.

M. René Chopin en ſon Commentaire de la Coûtume d'*Anjou, liv. 3. chap. 3. tit. 4. nom. 13 in margine,* prétend que l'Arrêt du 14. Août 1584. a décidé qu'un debiteur d'une rente conſtituée, qui a pluſieurs cobligez, ayant payé la totalité au creancier, ſur ſa ſimple quittance, ſans ceſſion d'actions, a recours contre chacun des autres cobligez pour ſa part virile ſeulement, & non pas ſolidaire, par le défaut de ceſſion.

Il ne dit point ſi le payement fait par ce cobligé, étoit des arrerages ſeulement, ou du principal ; & au dernier cas ſi le rachat entre les mains du créancier étoit volontaire, ou après condamnation de payer les arrerages.

On trouve le même Arrêt cité d'une autre maniere par *M. Antoine Mornac* ſur la Loy 18. §. *Celſus ff. famil. ercisc.* où après avoir remarqué la queſtion formée de ſon temps au Palais, entre coheritiers debiteurs d'une rente, pour ſçavoir ſi l'un d'eux pouvoit contraindre les autres à rapporter chacun leur part du principal, afin d'en faire le rachat entre les mains du creancier, il dit que la négative fut décidée par Arrêt du 7. Janvier 1603. parce que la Communauté n'étoit pas volontaire, mais neceſſaire.

Il ajoûte par conſequence, qu'il ne dit pas être décidée par cet Arrêt, que l'heritier qui a payé, a ſon recours ſolidaire contre l'heritier qui n'a rien payé de cette charge hereditaire : l'eſpece paroît differente, & il ſemble qu'il ne l'ait inſerée, que pour dire ſon avis ; mais il eſt demeuré auſſi court que Chopin, n'ayant point encore marqué s'il entend de l'heritier avoit payé le principal, ou ſeulement les arrerages ; ſi avec ceſſion du créancier, ou non ; & s'il auroit pû exiger le même principal, ou ſeulement ſe faire continuer la rente par l'action ſolidaire. Enſuite, il fait mention de l'Arrêt de 1584. en ces termes : *Secùs ſi condamnatio anteceſſerit, ut pronunciatum in purpuris anno 1584. prid. Aſſumpt. Virgin. inter vocatos* les Coupes & Gravelle, *& viduam* Charles : il ne cite comme une exception à ce qu'il dit avoir dit auparavant, qui préſuppoſe que c'étoit entre coheritiers ; mais on peut douter, s'il a voulu l'appliquer à la premiere ou à la ſeconde eſpece ; & même il devoit exprimer de quelle condamnation il entend parler.

Comme cette Note de *M. Berroyer* eſt tres-étenduë & fort curieuſe, le lecteur y eſt renvoyé.

158 Il n'eſt point neceſſaire que ceux qui s'obligent conjointement & ſolidairement renoncent au benefice de diviſion & diſcuſſion. Arrêt du 8. Février 1642. *Henrys, to. 2. liv. 4. queſt. 38.*

159 Un des obligez ſolidairement eſt pourſuivi ; il paye le tout avec ſubrogation du creancier ; il ne peut agir contre les autres cobligez, que pour leur part. Arrêt du 22. Février 1650. de relevée. *Du Freſne, livre 5. chapitre 55.* & ce pour éviter le circuit d'action.

160 Le creancier de deux obligez ſolidairement qui appelle en declaration d'hypotheque le tiers détenteur, acquereur de l'un deſdits obligez, n'eſt tenu de diſcuter autres biens que ceux du vendeur, & non de l'autre obligé. Arrêt du dernier Février 1657. *M. le Prêtre és Arrêts de la Cinquiéme. Henrys, tome 2. livre 4. queſt. 38.* Mornac, *l. 3. C. de conſtitutâ pecuniâ, & l. 3. C. de probationibus.*

Voyez cy-après le mot *Solidité.*

OBLIGE' SUBSIDIAIREMENT.

161 L'obligé ſubſidiairement ne peut demander reduction d'une rente conſtituée au denier dix par le principal debiteur demeurant en Normandie, même après diſcuſſion de tous les biens hypothequez, ſituez en Normandie, pour n'en être plus tenu qu'au denier douze. Arrêt du 25. Février 1605. *M. Bouguier, lettre R. nombre 6.*

OBLIGATION, VEUVE.

162 L'obligation paſſée par une veuve le lendemain de la mort de ſon mary, ne peut être reſcindée ſur le fondement que le mary étant le debiteur, elle n'a paſſé

l'obligation qu'en fraude, du Senatus-Consulte Velleian. Arrêt du Parlement de Provence du 14. May 1678. *Boniface. to. 4. liv. 6. tit. 10. chap. 6.*

163 Obligation faite par une femme veuve au profit de celuy avec lequel elle vivoit mal, déclarée nulle par Arrêt du Parlement de Paris du 3. Juillet 1685. *De la Guess. tome 4. liv. 8. chap. 46.*

Voyez cy-dessus le nombre 56.

OBOLE.

1 Il est parlé dans la Coûtume de Sens art. 246. & suiv. du Droit d'Obole qui est dû pour le Tabellionage du Roy, & est de chacune livre une obole, à sçavoir de Tournois le Tournois, & de Parisis le Parisis, pour raison des obligations de deniers prêtez, & contrats de vente excedans quinze livres tournois, pour une fois. *Ne litteratores quidem ignorant quid sit ὀβολός, pleraque nomina à Græcis accepimus, quorum hoc proprium est.* Comme aussi en plusieurs lieux le Roy a droit pour l'émolument du sceel aux contrats: & à cette fin en chacun Siege du Bailliage, Prévôté ou Sénechaussée Royale, a été érigé un garde du sceel. *Voyez hoc verbo Obole, l'indice des droits Royaux & Seigneuriaux par Ragueau.*

2 L'obole ne vaut qu'un demi-denier: & quand il est parlé de mesure, c'est la mesure du lieu qui doit être prise. Arrêt du Parlement de Dijon du 20. Mars 1614. *Bouvot tom. 1. part. 1. verbo Obole.*

OBREPTION.

1 *Si per obreptionem fuerint impetrata. C. Th. 11. 13.* Revocation des Privileges surpris. *Voyez les mots Bulles, Exemption, Expression, Pape, Privilege, Provisions, Rescripts.*

2 L'obreption est l'exposition d'un fait faux, la subreption est la suppression d'un fait veritable. *Definit. Can. p. 709.*

3 *Quæ narrari debeant, ut evitetur obreptio in provisionibus Apostolicis.* Voyez *Lotherius de re beneficiariâ. liv. 3. quest. 3.*

4 *An Mandata sine clausulâ admittant exceptionem sub & obreptionis.*

Rescripta Principis habent clausulam, si preces veritate nitantur. Voyez *Andr. Gaill. lib. 1. observat. 14.*

5 Clausula motu proprio, vel cum prærogativa anteferri, quomodo ponitur ad tollendam subreptionem & ad validandam gratiam? Voyez *M. de Selve 3. part. tract. quest. 31.*

6 Subreptio in beneficialibus vitiat ipso jure. V. *Franc. Marc. tom. 1. quest. 982.*

7 Subreptio in parte non vitiat in totum. Ibidem *quest. 984.*

8 Subreptio etiam minima rescriptum Apostolicum vitiat. Voyez ibidem *quest. 1262.*

9 Subreptio vitiat rescriptum gratiæ, quamvis quis ignorans tacuerit. Voyez *Rebuffe 1. part. prax. benef.* au ch. *differentia inter rescripta gratiæ & justitiæ. n. 7. & suiv.*

10 La Clausule *non obstante, & c. non tollit vitium subreptionis in non expressis.* Voyez *Rebuffe 1. part. prax. benef.* au chap. *de Clausulâ mandatorum. n. 49.*

11 Un Resignataire exprime dans sa provision qu'il est Docteur en Theologie, & neanmoins il ne l'est pas; on prétendoit qu'il n'y avoit aucune obreption, parce que le Benefice ne requeroit pas cette qualité, mais Du Moulin sur la regle *de Infirmis* n. 146. dit qu'à la verité ce ne seroit pas une nullité dans la provision de l'ordinaire, *Secus* dans celle du Legat. Cette distinction est tirée de la Clementine *de Offic. Ordin. cap. 2.*

12 Voyez Du Molin sur la regle *de publicandis n. 375.* où parlant du vice de la subreption, il dit qu'il ne suffit pas que ceux qui dressent les Bulles ayent connoissance de la qualité des Actes, & étendent la grace, mais *ipsi concedenti au Pape même, liquere debent omnia quæ possunt animum ejus in contrarium inclinare.*

13 La Clause *motu proprio*, n'ôte pas le moyen ni même le terme de *subreption* contre les provisions d'un Collateur inferieur au saint Siege, ny aussi contre les provisions d'un Legat *à Latere*, parce que la puissance du Legat étant extraordinaire & à la charge des Collateurs ordinaires, on la doit restraindre autant qu'on peut, c'est l'opinion de Coras. *Voyez la Bibliotheque Canonique tom. 2. p. 27.*

14 Quand le Pape confere *motu proprio*, la subreption n'est pas présumée, mais s'il s'en trouve dans la grace, elle ne peut pas nuire au droit d'un tiers, sur tout quand un Benefice est à la nomination d'un Laic. *Castel, matiere benef. tom. 1. p. 68.*

15 Expression du Resignataire de la Tresorerie d'une Cathedrale, qu'il étoit pourvû de la Custode dans la même Eglise jugée suffisante, & ses provisions ne sont obreptices ni subreptices pour n'avoir exprimé qu'elle exige résidence personnelle, parce que cela s'entend. Arrêt du Parlement de Paris du 29. Novembre 1633. *Bardes to. 2. liv. 2. ch. 59.* Il est observé que Du Frêne qui a extrait cet Arrêt *liv. 2. ch. 142.* ne met ni la fin ni les moyens, suppose que les provisions sur la resignation étoient nulles par le defaut d'expression de la résidence personnelle que demande la Custode. Cependant M. l'Avocat General Bignon fut d'avis contraire, sur le fondement qu'il n'est pas necessaire d'exprimer les Benefices que l'on possede, quand de droit cela s'entend sans autre expression, comme qui dit Eglise Paroissiale, dit assez, ayant charge d'ames; qui dit Custode, dit assez résidence personnelle.

16 Par la subreption & obreption la provision est nulle: par exemple un Benefice Conventuel, Cure, Sacerdotal ou autre, doit être exprimé Conventuel, Cure, ou Sacerdotal, à peine de subreption ou d'obreption qui rend la grace nulle, quand même l'impetrant seroit de bonne foy, & auroit eu cause legitime d'en ignorer la qualité; même la Conventualité habituelle doit être exprimée dans les provisions obtenuës en Cour de Rome à peine de subreption: *nisi fiat mentio de qualitate habita subreptitia sunt*, dit Me. Charles Du Moulin dans sa note sur le 73. *Conseil d'Alexandre liv. 4.* ce qui a été ainsi jugé au Grand Conseil en la cause du Prieuré Conventuel de Nôtre-Dame de la Grace, Ordre de Cluny Diocése de Gap, pour Philippes Giraud contre Barthelemy Loubat Carlas qui en avoit été pourvû en Cour de Rome comme d'un Prieuré, *curâ & Conventu carens*. L'Arrêt a été rendu au Grand Conseil au mois de Février 1695. & est rapporté par l'Autheur des *Définitions Canoniques p. 709.*

OBSEQUES.

1 Aux Religieuses de la Saulsaye prés Villejuifve, (fondées premierement pour Maladerie,) appartiennent les linges tant des corps que de table, sceels d'or & d'argent, tous les Mulets, Mules, palefrois, chevaux d'honneur, des offices & autres, tant de ceux qui ont conduit & mené les Chariots des Rois & Reines, que ceux qui ont porté sommage à leurs exeques, avec les harnois, colliers & accoutrements d'iceux; jugé par plusieurs Arrêts contre les Grands & autres Ecuyers. *Du Tillet. V. la Bibliotheque Canonique tom. 2. p. 131. à la fin.*

2 Il n'est pas permis à un Boucher ni à ses enfans de porter une robe longue aux obseques de sa femme. Arrêt du Parlement de Dijon du 12. May 1614. *Bouvot, tome 1. part. 2. verbo, Obseques.*

3 Les Procureurs du Parlement sont appellez aux obseques des Présidens pour y porter des marques d'honneur. Arrêté du Parlement de Grenoble du 17. May 1650. *Voyez Chorier en sa Jurisprudence de Guy Pape, page 72.*

4 Arrêt du Parlement de Paris du 14. Juillet 1637. qui confirme la Sentence des Prévôt des Marchands & Echevins, par laquelle défenses sont faites aux Mar-

chands Drapiers & Maîtres Fouleurs & Applaneurs de draps, de fournir aucune tenture de draps ou serges pour servir aux obseques & funerailles des défunts. *Voyez les Ordonnances concernant la Jurisdiction de la Ville de Paris, imprimez chez Frederic Leonard en 1676. page 328.*

Voyez les mots *Deüil, Enterrement, Frais funeraires, Funerailles, & Sepultures.*

OCTROYS.

1. Deniers d'Octroy. *Voyez* le mot *Deniers*, nombres 24. & 25.

2. Du revenu des deniers provenans de l'octroy de cinquante mille hommes de pied, des decimes & deniers extraordinaires & casuels, & autres impositions accordées aux Villes du Royaume. *Ordonnances de Fontanon, tome 2. liv. 3. tit. 13. page 889.*

3. Exemptions des emprunts, subventions, deniers d'octroy, & dettes communes des Villes. *V. les Memoires du Clergé, tome 3. part. 4. tit. 6. chap. 6.*

4. *Voyez Bouvot, tome 2. de son Recueil d'Arrêts, lettre S. verbo, Subsides, Tailles.*

5. L'octroy du Roy étant de prendre sur chacune émine de bled sur les Boulangers, les Paticiers n'y furent censez compris. Arrêt du Parlement de Dijon du 3. Février 1606. *Bouvot, tome 2. verbo, Subsides, quest. 5.*

6. L'octroy du Roy à une Ville de prendre dix sols pour chacune queüe d'entrée de vin, s'entend même du vin tourné & gâté, duquel les Vinaigriers disent vouloir faire du vinaigre. Arrêt du 18. Juin 1610. *ibid. quest. 4.*

7. La délivrance de l'octroy du Roy, doit être faite après proclamation aux Eglises de la Ville, & aux Prônes & jours de Dimanche, & aux Eglises des Faux-bourgs. Arrêt du 26. Janvier 1615. *Ibidem, quest. 2.*

8. Les deniers levez pour l'acquittement des dettes, & par octroy du Roy doivent être reçûs par le Receveur de la Ville, & le compte se doit faire pardevant les Maire & Echevins. Arrêt du même Parlement de Dijon du 21. Mars 1616. *Bouvot, ibid. quest. 3.*

9. Le 2. Août 1619. fut plaidé une cause entre les Brasseurs de Tournay, appellans du Maire & Jurez de la même Ville. Il étoit question d'un impôt fait durant que le Roy d'Angleterre tenoit Tournay, sur les bieres & servoises qui y seroient faites & brassées; & par l'Arrêt il a été dit que par provision cet octroy seroit parachevé, & que le Bailly de Tournay mettra prix à la vente des bieres & servoises, eû égard aux frais, & quant à l'octroy dessus dit & payement d'iceluy, & au principal, contraires. *Biblioth. de Bouchel, tome 3. verbo, Servoises, page 521. à la fin.*

OECONOMES.

1. Les Oeconomes spirituels étoient certains Officiers que la necessité avoit introduits pendant les troubles de la Ligue en France, pour conferer les Benefices vacans, *ad instar* des Ordinaires; pendant ce temps les Collations & Provisions du Pape étoient nulles en ce Royaume. Autres, sont les œconomes que la Justice ordonne, quand l'Evêché ou Abbaye est vacante, pour en regir les fruits. *Raguxau, en son Indice des droits Royaux & Seigneuriaux, verbo, Oeconomes. page 542.*

2. Des œconomats & œconomes és Dioceses de France. *Ordon. de Fontanon, tome 4. tit. 31. page 585.*

3. Des œconomes des revenus Ecclesiastiques. *Voyez les Définit. Canon. page 536. verbo, Oeconomes, & M. du Perray, en son Traité de l'Etat. & de la capacité des Ecclesiastiques pour les Ordres & Benefices, livre 1. chapitre 16.*

4. Oeconomat n'a lieu proprement, sinon durant le debat & vacance par Regale, il ne peut changer ni renouveller les baux. Arrêts des 12. Août 1568. 4. Mars & 29. Juillet 1575. il peut cependant retirer les biens alienez. *Papon, liv. 2. tit. 3. nomb. 14.*

5. Quand pour s'être retiré du Royaume, ou être étranger, ou avoir fait faute, il y a suspension du Benefice par délation, & que le Pape a declaré l'interdiction, le Roy peut alors commettre un Oeconome, mais le Pape ne peut donner lieu à l'œconomat sans verification du Roy. *Papon, livre 2. tit. 3. nomb. 14.*

6. Edit portant création d'un Office d'Oeconome, & Commissaire General de chacun Diocése du Royaume, pour la perception des fruits des Benefices vacans, dont la nomination appartient au Roy, pour en joüir par ceux qui en seront pourvûs aux mêmes honneurs que les autres Officiers comptables, &c. Et l'Arrêt en Mars 1578. registré en la Chambre des Comptes le 22. Août de la même année. *Ordonnances de Fontanon, tome 4. page 585. Voyez les Lettres de Jussion du 20. Septembre suivant*, cet Edit est révoqué par *l'art. 12. de celuy du mois de Février 1580.*

7. Arrêt du Grand Conseil du 5. Septembre 1590. lors séant à Tours, sur le pouvoir des Oeconomes Ecclesiastiques de Benefices électifs, pour les Provisions des Benefices collatifs, pendant les empêchemens d'aller à Rome. Il fut ordonné que l'Arrêt seroit lû dans toutes les Cours des Bailliages & Sénéchaussées du Royaume. *Voyez les Preuves des Libertez, tome 2. chap. 20. nom. 39. & les Ordonnances recueillies par Fontanon, tome 4. page 1273.*

8. Edit portant suppression des Oeconomats spirituels établis dans le Royaume. Au Camp devant la Fere le 1. May 1596. registré au Grand Conseil le 20. du même mois. *Ordonnances de Fontanon, tome 4. page 1013.*

9. Du moment que le Roy nomme quelque personne à un Evêché, Abbaye, ou autre Benefice sa nomination, il luy donne en même temps des Lettres d'Oeconomat qu'elle peut remplir du nom de qui bon lui semble, par le moyen desquelles la personne nommée joüit des fruits du Benefice jusqu'à ce qu'elle ait obtenu ses Bulles de Provision de Cour de Rome. *Définit. Canoniques, page 537.*

10. Comme il arrivoit que les Abbez à qui le Roy accordoit des Lettres d'Oeconomat negligeoient d'obtenir des Bulles de Cour de Rome, & se contentoient de percevoir les fruits sous le nom d'Oeconomes qu'ils faisoient nommer à leur devotion, abus dont les Officiers de Cour de Rome se sont souvent plaints, puisque par ce moyen ils étoient privés des frais des expeditions de plusieurs Abbayes & Prieurez Conventuels à la nomination du Roy, le Roy a trouvé un expedient pour les obliger à faire la dépense de l'expedition de leurs Bulles. On ne donnoit plus d'Oeconomats qu'à conditionque le tiers du revenu des Benefices seroit employé pour la subsistance des nouveaux Convertis. *Ibid. page 538.*

11. Un Evêque se retirant du Royaume pour éviter l'indignation du Roy, donne lieu à l'Oeconomat. Il y a cela de particulier, que le Pape ne peut donner lieu à l'Oeconomat, sans verification du Roy, ce qui se doit entendre de ceux qui auroient déplû au Pape seul, & non au Roy. *Ibidem, page 542. & cy-dessus le nom. 5.*

12. Un Oeconome peut retirer les biens de l'Eglise alienez par les précedens Titulaires. Jugé contre un acquereur de *Burgensis* Evêque de Châlons. *Définit. Canon. page 542.*

13. Si l'Oeconome peut instituer Officier, & s'il est preféré à celuy institué par les Religieux? *Voyez Bouvot, tome 2. verbo, Officiers, quest. 3.*

14. Baux des biens des Evêchez & Abbayes faits par l'Oeconome. *Voyez* le mot *Bail, nomb. 267. & 268.*

15. Oeconome de l'annate ne peut expulser le Fermier de l'Evêché vacant. Arrêt du Parlement d'Aix du 16. Juin 1644. *Boniface, tome 1. liv. 2. tit. 5. chap. 3.*

16. Les Oeconomats ne seront renouvellez plus d'une fois ni continuez pour plus d'un an en tout, & ne s'en expediera aucuns pour les Benefices des Religieuses, ni pour tous autres Benefices vacans par résignation. C'est la disposition d'un ancien Reglement. *V. la Biblioth. Canon. tome 1. page 171. colon. 1.*

Edit du Roy, du mois de Decembre 1691. portant creation d'un Conseiller de sa Majesté, Oeconome Sequestre dans chaque Diocése du Royaume. Registré au Parlement le 21. Janvier 1692. & en la Cour des Aydes le 22. du même mois de Janvier. LOUIS par la Grace de Dieu Roy de France & de Navarre : A tous presens & à venir ; salut. La Regale temporelle sur tous les Archevêchez & Evêchez de nôtre Royaume, Terres & Païs de nôtre obeïssance, étant un des plus anciens droits de nôtre Couronne, & la garde des Eglises vacantes Nous appartenant, comme Patron & Fondateur d'icelles ; quelques-uns des Rois nos Predecesseurs en ont fait percevoir le revenu par les Receveurs de leurs Domaines, qui en ont compté en nôtre Chambre des Comptes de Paris ; plusieurs autres en ont fait cession à temps ou à vie, au profit de nôtre sainte Chapelle du Palais à Paris, pour y faire célébrer le Service avec dignité ; & le feu Roy nôtre très-honoré Seigneur & Pere a revoqué cette cession, & ordonné par ses Lettres Patentes du mois de Decembre 1641. que vacation avenant des Archevêchez & Evêchez, il seroit commis de ces personnes solvables pour en administrer le reyenu pendant l'ouverture de la Regale, à la charge qu'icelle close, le revenu seroit remis par l'Administrateur entre les mains de celuy qui auroit été pourvû sur sa nomination, en execution desquelles Lettres ceux qui auroient été par Nous nommez aux Archevêchez & Evêchez vacans, auroient le plus souvent fait commettre un de leurs domestiques pour en regir le temporel ; & d'autant que cette commission ne doit être donnée, suivant nosdites Lettres Patentes de 1641. qu'à des personnes solvables qui puissent répondre des dégradations, & autres Actes de mauvaise administration qui se commettent durant les vacances, particulierement lorsqu'elles sont longues, Nous avons jugé necessaire d'ériger lesdites Commissions en titre d'Office, & de donner par la même raison à ceux qui en seront pourvûs, le pouvoir de gouverner le temporel des Abbayes & Prieurez Conventuels vacans qui sont à nôtre nomination ; comme aussi de leur attribuer la fonction de Sequestre pour les Benefices litigieux, dont les fruits auront été sequestrez par Sentence ou par Arrêt. A ces causes, & autres à ce Nous mouvans, de l'avis de nôtre Conseil, de nôtre certaine science, pleine puissance & autorité Royale, Nous avons par le present Edit perpetuel & irrevocable, créé, érigé & étably, creons, érigeons & établissons en titre d'Office formé & hereditaire en chacun des Diocéses de nôtre Royaume, Païs & Terres de nôtre obeïssance, des Offices de nos Conseillers Oeconomes Sequestres, pour avoir la direction & administration du temporel des Archevêchez, Evêchez, Abbayes & Prieurez Conventuels, étant à nôtre nomination, qui vaqueront cy aprés par mort ou démission pure & simple ; ensemble des Benefices, étant à la presentation ou Collation des Ordinaires, Patrons & Collateurs Laïcs, lorsque les fruits en auront été sequestrez par Sentence ou par Arrêt : le nombre desquels Offices sera reglé par les Rôlles qui seront arrêtez en nôtre Conseil.

I. Seront lesdits Oeconomes Sequestres par Nous pourvûs, & ensuite reçus, aprés avoir donné caution & fait information de vie & mœurs, en prêtant serment devant nos Baillifs & Sénéchaux, au ressort desquels sera le lieu de leur résidence.

II. Ceux qui seront par Nous commis à l'exercice desdites Charges, en attendant qu'il y ait des Officiers pourvûs, seront reçus en prêtant seulement serment entre les mains des Baillifs & Sénéchaux, ou Juges Royaux, dans la Jurisdiction desquels sera situé le Diocése de leur établissement.

III. Ils tiendront deux Registres dans l'un desquels ils écriront leur recepte & dépense, & dans l'autre ils feront mention par Extrait de chaque Acte qu'ils auront fait & passé, ou qui leur aura été signifié, concernant la fonction de leur Charge, & garderont les expeditions desdits Actes, pour les representer à qui par Justice sera ordonné.

IV. Les feüillets desdits Registres seront cottez par premier & dernier, & paraphez par le Juge Royal, dont sera fait procés verbal en la premiere page de chacun desdits Registres ; & pour tout droit d'avoir cotté & paraphé ces deux Registres, de quelque grossier qu'ils soient, ensemble pour le procés verbal, le Juge recevra la somme de quatre livres.

V. Pourront lesdits Oeconomes commettre telles personnes que bon leur semblera pour vaquer à l'exercice de leurs Charges dans les lieux où ils ne pourront agir par eux-mêmes, & ils demeureront responsables civilement de ceux qu'ils auront commis.

VI. Voulons que vacation arrivant de quelques Prélatures, nos Oeconomes Sequestres fassent apposer à leur requête le Scellé dans les Hôtels des Archevêchez, Evêchez, Abbayes, Prévôtez, Prieurez Conventuels, Treforeries de nos saintes Chapelles, & autres Dignitez de nôtre nomination ou collation, pour lesquelles nos Lettres d'Oeconomat ont coûtume d'être expediées ; & en cas qu'il ait auparavant été apposé à la diligence de l'heritier du Prelat, de son Executeur Testamentaire, ou de ses Créanciers, lesdits Oeconomes s'y opposeront pour la conservation des meubles, titres & revenus du Benefice, & assurance des reparations, si aucunes y a.

VII. Lorsque le Scellé aura été apposé à la requisition de nos Oeconomes, inventaire sera fait à leur requête des meubles étant dans le Benefice, & maisons en dependantes, l'heritier, & opposans au Scellé dueëment appellez ; & si le Scellé a été mis à la poursuite de l'heritier du Prelat, l'Oeconome assistera seulement à l'inventaire sans pouvoir prétendre aucune vacation.

VIII. Enjoignons à nos Oeconomes, incontinent aprés le décés des Prelats, de faire proceder par voye de saisie entre les mains des Receveurs & Fermiers, sur tous les deniers, grains, vins & autres choses procedant des revenus du Benefice, qui se trouveront par eux dûës ; & ausdits Receveurs & Fermiers d'en vuider leurs mains en celle desdits Oeconomes, à la charge d'en tenir par eux compte, & de les délivrer à qui il appartiendra.

IX. Seront tenus les Oeconomes Sequestres d'entretenir les Baux faits par le dernier possesseur pour l'année courante, & de les continuer, ou en faire de nouveaux pour deux ou trois années devant Notaires, de l'avis du Substitut de nôtre Procureur General ses lieux, aprés trois publications faites par trois Dimanches consecutifs, aux Prônes des Paroisses dans lesquelles les Fermes seront situées.

X. Les Eglises, maisons, Fermes & bâtimens dependans du Benefice vacant seront visitées de l'Ordonnance du Juge Royal des lieux, à la requête de l'Oeconome, en presence de l'heritier du Prelat, ou dueëment appellé, par deux Experts Jurez qui seront nommez d'office par le Substitut de nôtre Procureur General ; & seront lesdits Experts Jurez, tenus de faire mention dans leur rapport, du temps auquel ils estiment que lesdites réfections & ruines seront arrivées, des causes qui y ont donné lieu, de la necessité ou inutilité des bâtimens & édifices à réparer, & de priser & estimer les refections & réparations, pour leur rapport vû, être ordonné ce qu'il appartiendra.

XI. Seront tenus les heritiers du Prelat de remettre dans les six mois aprés la visite, les lieux en bonne & suffisante reparation, sinon l'Oeconome sera baillée lesdites réparations au rabais ; & à l'égard des réparations qui surviendront pendant l'Oeconomat, Voulons que la visite en soit faite par un Expert Juré qui sera nommé d'office par le Substitut de nôtre Procureur General ; & que sur son rapport l'Oeconome passe marché par l'avis dudit Substitut devant Notaires, avec les Ouvriers & Entrepreneurs desdites réparations.

XII. Les Oeconomes Sequestres recevront tous les revenus des Archevêchez, Evêchez, Abbayes, Prévôtez, Prieurez Conventuels, Treforeries de nos faintes Chapelles, & autres dignitez qui ont coûtume d'être regies par Oeconomat, jufqu'à ce que le fucceffeur par Nous nommé ou pourvû, ait pris poffeffion en vertu de Bulles, ou de nos Provifions : comme auffi ils percevront les Fermes & revenus de tous les Benefices dont les fruits auront été fequeftrez par Sentence ou par Arrêt.

XIII. Et d'autant qu'il y a des Benefices dont les fruits font déja été fequeftrez, Nous voulons qu'un mois après la publication de nôtre prefent Edit, dans les Siéges où le Sequeftre a été ordonné, ceux qui ont été commis pour regir le temporel defdits Benefices, remettent és mains de nos Oeconomes Sequeftres, ou de ceux qui feront par Nous commis pour faire leurs Charges, en attendant qu'il y ait des Officiers reçûs, les Sentences ou Arrêts de Sequeftres: les baux à ferme, pieces & procedures, concernant leurs Commiffions ; enfemble les deniers dont ils fe trouveront redevables par le compte qu'ils feront tenus de rendre à nofdits Oeconomes, les parties qui plaident les Benefices, appellées; & en cas de refus, les défaillans, ledit temps paffé, y feront contraints comme dépofitaires de biens de Juftice : & du tout lefdits Oeconomes Sequeftres, ou ceux par Nous commis, fe chargeront au bas d'un inventaire fommaire qui en fera fait devant un Notaire Royal & Apoftolique ; quoy faifant les anciens Sequeftres en demeureront bien & valablement déchargez.

XIV. Et pour faire ceffer les difficultez qui arrivent entre nos fujets à la convention ou nomination d'Office d'un Sequeftre, quand il y a des dîmes Ecclefiaftiques ou pretenduës infeodées, dont le Sequeftre a été ordonné par Sentence ou par Arrêt, Voulons que lefdites dîmes foient pareillement fequeftrées entre les mains de l'un de nos Oeconomes Sequeftres.

XV. Lorfqu'il y aura des revenus de Benefices ou arrerages de penfions créées en Cour de Rome, faifis, & inftance de préference entre les Créanciers faififfans. Ordonnons que lefdits revenus & arrerages de penfion, foient portez entre les mains de l'Oeconome, & les droits de Sequeftres payez à raifon de fix deniers pour livre, préferablement à tous Créanciers, même aux frais de Juftice.

XVI. S'il furvient quelques faifies ou oppofitions fur les fruits ou arrerages de penfion, fequeftrez és mains de nos Oeconomes Sequeftres, feront lefdites faifies ou oppofitions enregiftrées, à peine de nullité dans le Regiftre defdits Oeconomes, & par aux paraphez, il leur fera payé dix fols pour l'enregiftrement.

XVII. Chaque Oeconome fera obligé, durant le temps de fon adminiftration, d'acquiter toutes les charges ordinaires de la Dignité vacante, fur les revenus en dépendans, fpecialement celles qui concernent l'entretenement du Service divin, les aumônes, les penfions des Religieux, les réparations, les decimes ordinaires & extraordinaires, la taxe du don gratuit, & autres preftations accoûtumées : & ne pourra aucun Oeconome couper des arbres de fûtaye ou balliveaux fur taillis, ni toucher au quart mis en referve, ni rien entreprendre au delà des coupes ordinaires & reglées, fous les peines portées par nos Ordonnances.

XVIII. Rendront lefdits Oeconomes compte par chacun an, à l'amiable, de tous les revenus qu'ils auront perçûs des Evêchez & autres Benefices vacans, & en payeront le reliqua à ceux que Nous aurons commis pour oüir ledit compte ; & à l'égard du revenu qu'ils auront reçû des Benefices & dîmes mis en fequeftre, Voulons qu'ils en rendent pareillement compte un mois après la Sentence, ou Arrêt, ou de pleine maintenuë ajugée à l'une des Parties ; & en cas de conteftation fur lefdits comptes, elle fera jugée pour le fait de l'Oeconomat par le Juge Royal, au reffort duquel fera fitué le chef-lieu de la Prélature vacante ; & en ce qui concerne le Sequeftre, par le Juge qui l'aura ordonné, fans que fous prétexte de faifie, ou intervention de Créanciers privilegiez, lefdits comptes puiffent être évoquez, ou renvoyez en une autre Jurifdiction.

XIX. Voulons que lefdits Oeconomes employent au chapitre de dépenfe dans leurs comptes, deux fols pour livre de toute leur recepte, qui leur feront paffez & alloüez, & qu'ils retiendront par leurs mains pour tous frais de leur adminiftration, recouvrement, façon, & reddition de compte ; leur défendons de prendre plus grands droits, à peine du quadruple de ce qu'ils auroient indûëment reçû, & de cinq cens livres d'amende.

XX. Et pour leur donner moyen de vaquer avec plus de foin à l'exercice de leurs Charges, nous leur avons attribué & attribuons cinq cens livres de gages, dont ils feront payez annuellement de deux quartiers, montant à deux cens cinquante livres, defquels les fonds feront laiffez dans les Etats de nos Domaines pour leur être payez par les Fermiers d'iceux ; & feront exempts de la Collecte de la Taille, logement effectif de Gens de guerre, Guet & Garde, Tutelle & Curatelle.

Si donnons en Mandement à nos Amez & Feaux Confeillers, les Gens tenans nôtre Cour de Parlement, Chambre des Comptes & Cour des Aydes à Paris, que nôtre prefent Edit ils ayent à faire lire, publier & regiftrer, & le contenu en iceluy garder & obferver felon fa forme & teneur, ceffant & faifant ceffer tous troubles & empêchemens qui pourroient être mis ou donnez, nonobftant tous Edits, Declarations, Ordonnances, Reglemens & autres chofes à ce contraires, aufquels nous avons dérogé & dérogeons par nôtre prefent Edit ; aux copies duquel collationnées par l'un de nos amez & feaux Confeillers-Secretaires, Voulons que foy foit ajoûtée comme à l'Original : Car tel eft nôtre plaifir. Et afin que ce foit chofe ferme & ftable à toûjours, Nous y avons fait mettre nôtre Scel. Donné à Verfailles au mois de Decembre l'an de Grace 1691. &c.

Edit du mois d'Août 1707. Loüis par la grace de Dieu, Roy de France & de Navarre : A tous prefens & à venir, Salut. La Regale temporelle fur les Archevêchez & Evêchez de nôtre Royaume, Pays, Terres & Seigneuries de nôtre obéïffance, étant un des plus anciens Droits de nôtre Couronne, & la garde des Eglifes vacantes nous appartient, comme Patron & Fondateur d'icelles, Nous aurions par nôtre Edit du mois de Decembre 1691. créé des Oeconomes Sequeftres dans chacun des Diocéfes de nôtre Royaume, pour avoir la direction & adminiftration du temporel des Archevêchez, Evêchez, Abbayes & Prieurez Conventuels étant à nôtre nomination, qui vaqueront cy-après par mort ou démiffion pure & fimple ; enfemble des Benefices étant à la Prefentation ou Collation des Ordinaires, Patrons & Collateurs Laïcs, lorfque les fruits en auront été fequeftrez par Sentence ou par Arrêt, pour empêcher les abus qui s'étoient introduits dans cette adminiftration, & très-fouvent même la diffipation qui s'en faifoit à nôtre préjudice, & de ceux qui pouvoient y avoir interêt. Nous aurions même depuis pour rendre cet établiffement plus regulier, par autre nôtre Edit du mois d'Octobre 1703. créé & étably des Controlleurs aufdits Oeconomes, lefquels lefdits Oeconomes ayant depuis réüni à leurs Charges, ils fe font tellement rendus les maîtres defdits fruits & revenus, qu'il eft comme impoffible de connoître les avantages qu'ils en retirent, fort au deffus de ceux qu'ils doivent juftement avoir, par rapport au prix que ces Charges leur ont coûté, & au peu de finance que nous en avons reçûë. Ces confiderations jointes à l'impoffibilité qu'il y a qu'un Oeconome dans un grand Diocéfe, & quelquefois dans deux ou trois, puiffe

remplir

remplir tous ses devoirs & toutes les obligations d'une administration si vaste & si étenduë, & au peu de sureté que ces Charges peuvent donner par rapport au maniement considérable que font lesdits Econnomes Sequestres, qui excede de beaucoup le prix qu'ils en ont payé, nous ont obligé de chercher les moyens de rectifier l'établissement que nous en avons fait par nos precédens Edits, en sorte que le Public & les particuliers y puissent trouver les avantages que nous avons eu intention de leur procurer, & à nous celuy d'une finance qui puisse nous aider à supporter les dépenses extraordinaires de la guerre, & pour cet effet de supprimer lesdits Oeconomes Sequestres & leurs Controlleurs créez par lesdits Edits des mois de Decembre 1691. & Octobre 1703. & au lieu de ces Offices en créer de nouveaux, sous les titres d'anciens, alternatifs & triennaux, pour composer deux corps d'Offices en chaque Diocèse, sous le titre d'ancien & my-triennal, & d'alternatif & my-triennal, avec de nouvelles attributions qui puissent les mettre en état de remplir dignement ces Offices, & d'avoir soin de cette administration avec toute l'exactitude & le desinteressement qu'elle demande. A CES CAUSES & autres à ce nous mouvans, de l'avis de nôtre Conseil, & de nôtre certaine science, pleine puissance & autorité Royale, Nous avons par le present Edit perpetuel & irrevocable, éteint & supprimé, éteignons & supprimons lesdits Offices d'Oeconomes Sequestres créez par nôtre Edit du mois de Decembre 1691. sauf à être par nous pourvû à leur remboursement, suivant la liquidation qui en sera faite en nôtre Conseil, à l'effet de quoy ils seront tenus de remettre ès mains du Controlleur General de nos Finances, les quittances de la premiere finance qu'ils en ont payée entre les mains du Tresorier de nos revenus casuels; lequel remboursement ne sera liquidé & fait, qu'après qu'ils auront rendu compte pardevant les Commissaires par Nous départis dans nos Provinces, des deniers qu'ils ont reçus depuis qu'ils sont pourvûs desdits Offices jusqu'à present, payé & remis les sommes qu'ils se trouveront avoir entre leurs mains en celles des Oeconomes qui seront cyaprès créez, à la déduction des droits à eux attribuez: & au lieu desdits Offices, Nous avons créé & érigé, créons & érigeons en titre d'Offices formez hereditaires en chacun des Diocèses de nôtre Royaume, Pays, Terres, & Seigneuries de nôtre obéïssance, trois Offices de nos Conseillers Oeconomes Sequestres ancien, alternatif & triennal, pour être possedez sous le titre d'ancien & my triennal, & d'alternatif & my-triennal, pour être lesdits Offices exercez alternativement d'année en année, à commencer du premier Septembre prochain, & avoir par chacun de ceux qui seront en exercice la direction & administration du temporel des Archevêchez, Evêchez, Abbayes & Prieurez Conventuels étant à nôtre nomination, qui vaqueront cyaprès par mort ou démission pure & simple, ensemble des Benefices étant à la presentation ou collation des Ordinaires, Patrons & Collateurs Laïcs, lorsque les fruits en auront été sequestrez par Sentence ou par Arrêt.

Ils tiendront deux Registres, dans l'un desquels ils écriront leur recette & dépense, & dans l'autre ils seront mention par extrait de chaque Acte qu'ils auront fait & passé, ou qui leur aura été signifié, concernant la fonction de leurs Offices, & garderont les expeditions desdits Actes, pour les representer à qui Justice sera ordonné; les feüillets desquels Registres seront cottez & paraphez par premier & dernier par le Juge Royal de leur établissement: & pour tout droit de cotte & paraphe de ces deux Registres de quelque grosseur qu'ils soient, il leur sera payé quatre livres.

Voulons que vacation arrivant de quelque Prélature, Abbaye ou Prieuré Conventuel, lesdits Oeconomes Sequestres fassent apposer à leur Requête le scellé dans les Hôtels des Archevêchez, Evêchez, Abbayes, Prevôtez, Prieurez Conventuels, Tresoreries de nos saintes Chapelles, & autres Dignitez de nôtre nomination ou collation, pour lesquels nos lettres d'Oeconomat ont coûtume d'être expediées: & en cas qu'il ait auparavant été apposé à la diligence des heritiers du Prélat, de son executeur testamentaire, ou des créanciers, lesdits Oeconomes s'y opposeront pour la conservation des meubles, titres & revenus du Benefice, & assurance des reparations, si aucunes y a; & seront lesdits Oeconomes payez des mêmes & semblables droits & vacations qui ont été payez jusqu'à present ausdits anciens Oeconomes supprimez par le present Edit.

Lorsque le scellé aura été apposé à la requisition de nos Oeconomes créez par le present Edit, inventaire sera fait à leur Requête, des meubles étant dans le Benefice & maisons en dépendantes, les heritiers ou opposans au scellé duëment appellez; & si le scellé a été mis à la poursuite des heritiers du Prélat, l'Oeconome assistera seulement à l'inventaire.

Enjoignons à nos Oeconomes incontinent après le décés des Prelats, de faire proceder par voye de saisie entre les mains des receveurs & fermiers sur tous les deniers, grains, vins, & autres choses procedans des revenus du Benefice, qui se trouveront par eux dûs, & ausdits receveurs & fermiers d'en vuider leurs mains en celles desdits Oeconomes, à la charge d'en tenir par eux compte, & de les délivrer à qui il appartiendra.

Seront tenus les Oeconomes Sequestres d'entretenir les Baux faits par le dernier Possesseur pour l'année courante, & de les continuer ou en faire de nouveaux pour deux ou trois années devant Notaires, de l'avis du Substitut de nôtre Procureur General sur les lieux, après trois publications faites par trois Dimanches consecutifs aux Prônes des Paroisses dans lesquelles les fermes seront situées.

Les Eglises, maisons, fermes & bâtimens dépendans du Benefice vacant, seront visitez de l'Ordonnance du Juge Royal des lieux à la Requête de l'Oeconome, en présence des heritiers du Prélat, ou eux duëment appellez, par deux Experts Jurez qui seront nommez d'Office par le Substitut de nôtre Procureur General; & seront lesdits Experts Jurez tenus de faire mention dans leur rapport, du temps auquel ils estiment que les refections & ruines seront arrivées, des causes qui y ont donné lieu, de la necessité ou inutilité des bâtimens & édifices à reparer, & de priser & estimer les refections & reparations, pour leur rapport vû être ordonné ce qu'il appartiendra.

Seront tenus les heritiers du Prélat de remettre dans les six mois après la visite, les lieux en bonnes & suffisantes reparations, sinon l'Oeconome fera donner lesdites reparations au rabais: & à l'égard des reparations qui surviendront pendant l'Oeconomat, Voulons que la visite en soit faite par un Expert Juré qui sera nommé d'Office par le Substitut de nôtre Procureur General, & que sur son rapport l'Oeconome passe marché par l'avis dudit Substitut devant Notaires, avec les ouvriers & entrepreneurs desdites reparations.

Les Oeconomes Sequestres presentement créez recevront chacun dans l'année de leur exercice tous les revenus des Archevêchez, Evêchez, Abbayes, Prevôtez, Prieurez Conventuels, Tresoreries dans nos saintes Chapelles, & autres Dignitez & Benefices qui ont coûtume d'être regis par Oeconomat, jusqu'à ce que le successeur par nous nommé ou pourvû, ait pris possession en vertu des Bulles ou de nos Provisions: comme aussi ils percevront les fermes & revenus de tous les Benefices dont les fruits auront été sequestrez par Sentence ou par Arrêt.

Et d'autant qu'il y a des Benefices dont les fruits sont dés à present sequestrez, Nous voulons qu'un mois après la publication de nôtre present Edit dans les Sieges où le sequestre a été ordonné, ceux qui ont été commis pour regir le temporel desdits Benefices, remettent és mains de nos Oeconomes Sequestres, ou de ceux qui seront par nous commis pour faire leurs Charges, en attendant qu'il y ait des Officiers reçûs, les Sentences ou Arrêts de Sequestres, les Baux à ferme, Pieces & Procedures concernant leurs commissions, ensemble les deniers dont ils se trouveront redevables par le compte qu'ils seront tenus de rendre à nosdits Oeconomes, les Parties qui plaident les Benefices appellées ; & en cas de refus, les défaillans, ledit temps passé, y seront contraints comme dépositaires de biens de Justice, & du tout lesdits Oeconomes Sequestres, ou ceux par nous commis, se chargeront au bas d'un inventaire sommaire qui en sera fait devant un Notaire Royal & Apostolique, quoy faisant les anciens Sequestres en demeureront bien & valablement déchargez.

Voulons pareillement qu'un mois après la signification de nôtre present Edit, les anciens Oeconomes créez par celuy du mois de Decembre 1691. remettent és mains de nos Oeconomes Sequestres presentement créez, ou de ceux qui seront par Nous commis pour en faire les fonctions en attendant la vente, les deux Registres de recette & de dépense, & autres par eux tenus, les Sentences, Arrêts, les Baux à ferme, Actes & autres Pieces & Procedures concernant leurs Offices, ensemble les deniers qu'ils se trouveront avoir entre les mains depuis le jour de leur reception jusqu'à celuy de leur dépossession, dont ils se chargeront au bas d'un inventaire qui en sera fait, quoy faisant les anciens Oeconomes Sequestres en demeureront bien & valablement déchargez ; & faute de ce faire dans ledit temps & iceluy passé, ils y seront contraints par corps comme pour nos propres deniers & affaires, pour du tout en être par lesdits Oeconomes créez par le present Edit, rendu compte toutefois & quantes qu'ils en seront requis.

Et pour faire cesser les difficultez qui arrivent entre nos sujets sur la convention ou nomination d'Office d'un Sequestre, quand il y a des dîmes Ecclesiastiques ou prétendues inféodées, dont le Sequestre a été ordonné par Sentence ou par Arrêt, Voulons que lesdites dîmes soient pareillement sequestrées entre les mains de l'un de nos Oeconomes Sequestres.

Lorsqu'il y aura des revenus des Benefices, & arrerages de pensions, créées en Cour de Rome, saisis, & instances de preference des Creanciers saisissans, ordonnons que lesdits revenus & arrerages de pensions soient portez entre les mains de l'Oeconome en exercice, & les droits de sequestre payez, à raison de six deniers pour livre, preferablement à tous Creanciers, même aux frais de Justice.

S'il survient quelques saisies ou oppositions sur les fruits ou arrerages des pensions sequestrées és mains de nos Oeconomes sequestres, seront lesdites saisies ou oppositions enregistrées dans le Registre desdits Oeconomes, & par eux paraphées, à peine de nullité, & il leur sera payé dix sols pour l'enregistrement.

Chaque Oeconome sera obligé durant le temps de son administration d'acquiter toutes les charges ordinaires de la Dignité vacante, sur les revenus en dépendans, specialement celles qui concernent l'entretenement du Service Divin, les aumônes, les pensions des Religieux, les réparations, les décimes ordinaires & extraordinaires, la taxe du don gratuit, & autres prestations accoûtumées ; & ne pourra aucun Oeconome couper des arbres de futaye ou baliveaux sur taillis, ni toucher au quart mis en reserve, ni rien entreprendre au de-là des coupes ordinaires & réglées, sur les peines portées par nos Ordonnances.

Rendront compte par chacun an à l'amiable de tous les revenus qu'ils auront perçûs des Evêchez & autres Benefices vacans, & en payeront le reliqua à ceux que nous aurons commis pour ouïr ledit compte. Et à l'égard du revenu qu'ils auront reçû des Benefices & dîmes mis en sequestre, voulons qu'ils en rendent pareillement compte un mois après la Sentence de récreance ou de pleine maintenuë ajugée à l'une des parties : & en cas de contestation sur lesdits comptes, elle sera jugée pour le fait de l'Oeconomat, par le Juge Royal, au ressort duquel sera situé le Chef-lieu de la Prélature ou du Benefice vacant ; & en ce qui concerne le sequestre, par le Juge qui l'aura ordonné, sans que sous pretexte de saisie ou intervention de créanciers privilegiez, lesdits comptes puissent être évoquez ou renvoyez en une autre Jurisdiction.

Et de la même autorité que dessus, Nous avons pareillement supprimé & supprimons par le present Edit, les Offices de Contrôleurs desdits anciens Oeconomes Sequestres, créez par nôtre Edit du mois d'Octobre 1703. sauf à être pourvû à leur remboursement, suivant la liquidation qui en sera faite au Conseil, sur la representation qu'ils feront au Contrôleur General de nos Finances, de la quittance de la premiere finance qu'ils auront payée és mains du Tresorier de nos Revenus Casuels. Et au lieu desdits Offices, Nous avons aussi créé & érigé, créons & érigeons en titre d'Offices formez hereditaires dans chacun Diocese de nôtre Royaume, Pays, Terres & Seigneuries de nôtre obéïssance, trois Offices de nos Conseillers-Contrôleurs desdits Oeconomes Sequestres, ancien, alternatif, & my-triennal, pour être possedez & exercez sous le titre d'ancien & my-triennal, & alternatif & my-triennal, alternativement d'année en année, à commencer audit jour premier Septembre prochain, & contrôler par chacun de ceux qui seront en exercice, toutes les quittances qui seront délivrées par lesdits Oeconomes Sequestres de tous les deniers de leurs recettes ; ensemble celles des payemens qui seront faits à l'avenir par lesdits Oeconomes Sequestres, tant pour l'acquit des Charges, que pour réparations des biens temporels des Archevêchez, Evêchez, Abbayes, ou autres Benefices, & autres dépenses, de quelque nature qu'elles soient, pendant que durera l'Oeconomat ; ensemble tous les baux à faire, ou qui seront faits cy-après par lesdits Oeconomes Sequestres, & ceux cy-devant faits, lesquels ne seront pas encore expirez ; & ce, sçavoir pour les baux cy-devant passez, dont les termes ne sont pas encore expirez, un mois après la publication du present Edit ; auquel effet ils leur seront representez dans ledit temps par lesdits Oeconomes, à peine contre eux de trois cens livres d'amende pour chacune contravention ; & à l'égard des quittances & baux qui seront faits à l'avenir, dans la quinzaine du jour & date desdits baux & quittances, à peine de nullité & de pareille amende de trois cens livres pour chacune contravention, applicable un tiers aux Hôpitaux des lieux, un tiers au Dénonciateur, & un tiers au Contrôleur, sans que ladite peine puisse être réputée comminatoire, sursise & moderée par aucuns de nos Juges & autres Officiers, à peine d'en répondre en leurs propres & privez noms.

Voulons que lesdits Contrôleurs tiennent de bons & fideles Registres de Contrôle de toutes lesdites quittances, baux & actes qui seront faits par lesdits Oeconomes Sequestres, pour y avoir recours en cas de besoin ; lesquels Registres seront cottez & paraphez par le premier de nos Juges & Officiers des lieux de leur établissement, auquel il sera payé pour tous droits de cotte & paraphes la somme de trois livres, de quelque grosseur que puissent être lesdits Registres.

Lesdits Contrôleurs seront payez des mêmes & semblables droits de Contrôle, dont ont joüi jusqu'à present les Contrôleurs supprimez par le present Edit.

Et pour donner moyen à ceux qui acquereront, tant lesdits Offices d'Oeconomes Sequestres, que ceux des Contrôleurs, d'en remplir les fonctions, avec tout le soin & l'application necessaire ; Nous leur avons attribué & attribuons soixante mille liv. de gages effectifs, à repartir entr'eux, suivant les Etats qui seront arrêtez en nôtre Conseil ; dont les deux tiers tiendront lieu de gages de la finance desdits Offices, & l'autre tiers sera réputé augmentations de gages ; desquels gages & augmentations de gages, le fonds sera laissé dans les Etats des Charges de nos Domaines, à commencer du premier du présent mois d'Août, sans qu'il puisse cy-aprés leur être attribué aucuns autres gages ni augmentations de gages, sous quelque prétexte que ce soit, dont nous les déchargeons pour toûjours.

Voulons que dans chacun des Diocèses seulement, dont les Clergez avoient acquis les Offices d'anciens Oeconomes Sequestres, & de leurs Contrôleurs, créez par les Edits des mois de Decembre 1691. & Octobre 1703. pour les supprimer & en éteindre les droits, & dans lesquels Diocèses lesdits droits ne se perçoivent plus, en quelque sorte & maniere que ce soit, il y soit seulement établi un nôtre Conseiller Oeconome Sequestre alternatif, & un nôtre Conseiller Contrôleur dudit Oeconome aussi alternatif, sans qu'il y puisse cy-aprés être créé d'Oeconomes Sequestres, ni de Contrôleurs Triennaux, sous quelque prétexte que ce puisse être ; aux mêmes fonctions attribuées par le présent Edit à tous les Oeconomes & Contrôleurs créez par iceluy, lesquels Oeconomes & Contrôleurs alternatifs seront toûjours en exercice, attendu la suppression faite dans lesdits Diocèses desdits anciens Offices, & des droits qui y étoient attribuez, & joüiront des gages qui leur seront attribuez par l'état qui en sera arrêté en nôtre Conseil, & lesdits Oeconomes d'un sol pour livre de leur recette, & les Contrôleurs de six deniers pour liv. de ladite recette, ainsi & de la même maniere qu'il est porté par ledit Edit, & en outre des mêmes & semblables droits & émoluments, privileges & exemptions cy-dessus & cy-aprés accordez aux Oeconomes & Contrôleurs créez par le présent Edit, sans aucune difference ni exception.

Pourront lesdits Oeconomes & leurs Contrôleurs, commettre telles personnes que bon leur semblera, pour vaquer à l'exercice de leurs Charges, sur leurs simples Procurations, sans qu'il soit besoin de Commission de Nous dans les cas où ils ne pourront agir eux-mêmes, à la charge d'en demeurer civilement responsables.

Permettons à toutes sortes de personnes Graduées & non Graduées, Nobles ou autres, d'acquerir un ou plusieurs desdits Offices, & de les exercer & posseder sans aucune incompatibilité avec toutes autres charges, trafic & négoce en gros ou emplois, & sans dérogeance, pourvû qu'ils ayent atteint l'âge de vingt-deux ans accomplis, dont ils joüiront hereditairement, sans qu'avenant leur décés ils puissent être déclarez vacans, & seront conservez à leurs heritiers ou ayans cause, qui en pourront disposer au profit de telles personnes qu'ils aviseront, ausquelles seront expediées des Lettres de Provisions sur les démissions des Pourvûs, leurs veuves & ayans cause, sans que lesdits Offices puissent être déclarez domaniaux, ni sujets à aucune revente, pour quelque cause que ce soit ; & joüiront les veuves de ceux qui décederont pourvûs desdits Offices, pendant le temps qu'elles demeureront en viduité, des mêmes privileges & exemptions dont leurs maris auront joüi avant leur mort.

Voulons qu'il soit expedié aux acquereurs desdits Offices des Provisions en nôtre Grande Chancellerie, sur les quittances du Trésorier de nos Revenus Casuels, en payant les droits de Sceau & de Marc d'or, reglez par les Tarifs qui en ont été arrêtez, & huit liv. par chacun des Oeconomes, & cinq livres par chacun des Contrôleurs pour le Garde des Rôles. Dispensons neanmoins ceux qui acquereront un ou plusieurs desdits Offices, & dont la finance sera au-dessous de 1000. liv. de prendre des Provisions, à la charge par eux de faire enregistrer les quittances de Finance qui leur seront délivrées par le Trésorier de nos Revenus Casuels, au Greffe du Bureau des Finances de la Generalité de leur établissement, pour lesquels enregistremens ils ne seront tenus de payer ; sçavoir, les Oeconomes que neuf liv. pour tous droits ; & les Contrôleurs six livres aussi pour tous droits, y compris ceux du Greffe, sur lesquelles quittances de Finance dûement contrôlées, & celles de deux sols pour livre, lesdits acquereurs pourront exercer lesdits Offices.

Permettons pareillement aux Ecclesiastiques, Clergez des Diocèses & Communautez, d'acquerir lesdits Offices, tant d'Oeconome, que de Contrôleurs, & d'en joüir sur les simples quittances de finance qui leur en seront expediées, avec faculté de les unir au Clergé des Diocèses & Communautez, & de les revendre à leur profit quand bon leur semblera.

Seront lesdits Oeconomes Sequestres, & leurs Contrôleurs reçûs ; sçavoir, lesdits Oeconomes sans être obligez de donner caution, attendu la finance qu'ils nous payeront pour le prix desdits Offices, & lesdits Contrôleurs aprés une simple information de vie & mœurs pardevant le Juge Royal du lieu de leur établissement, en payant douze livres par les Oeconomes, & six liv. par leurs Contrôleurs pour tous frais de reception, y compris les droits du Roy & du Greffier.

Et afin que ceux qui acquereront lesdits Offices d'Oeconome ou de Contrôleurs, ou ceux qui seront commis à l'exercice d'iceux, en attendant la vente, ne puissent être divertis de leurs fonctions, Voulons qu'ils soient exempts de logemens de Gens de Guerre, de la Collecte des Tailles & du Sel, Guet, Garde, Tutelle, Curatelle, & nomination à icelles, & autres Charges publiques ; & ne pourront être augmentez à la Capitation ni à la Taille, sous prétexte de l'acquisition desdits Offices, ni être nommez ni leurs enfans à la Milice, dont nous les dispensons pour toûjours.

Ne pourront tous lesdits Officiers créez par le présent Edit, sous quelque prétexte, & pour quelque cause & raison que ce soit, être contraints ni obligez de prendre du franc-salé, en execution de nos Declarations des 11. Août 1705. & 12. Janvier 1706. dont nous les déchargeons pour toûjours : Comme aussi ne pourront être taxez, soit pour supplément de finance, gages ou augmentations de gages, confirmation de leurs droits, privileges & exemptions, ou de l'heredité de leurs Offices, dans laquelle heredité, en tant que besoin seroit, nous les confirmons dés-à-present par le présent Edit, ensemble leurs veuves, heritiers ou ayans cause.

Permettons aux acquereurs desdits Offices d'emprunter les sommes necessaires pour en payer le prix, & les deux sols pour livre : Voulons que ceux qui leur prêteront ayent un privilege special sur lesdits Offices, sans qu'il soit besoin d'en faire mention dans les quittances de finance, mais seulement dans les Contracts & Actes d'emprunts qui en seront pour ce passez, &c. Donné au mois d'Août 1707.

Registré, oüi & ce requerant le Procureur General du Roy, pour être executé selon sa forme & teneur, suivant l'Arrêt de ce jour. A Paris en Parlement le 7. Septembre 1707. Signé, DONGOIS.

19 Edit du Roy, portant rétablissement des Oeconomes Sequestres, & de leurs Contrôleurs. Création d'un Office d'Oeconome Sequestre, Alternatif & Triennal & d'un Office de Contrôleur aussi Alternatif & Triennal en chacun des Diocèses du Royaume ; & union desdits Offices d'Oeconomes Sequestres, & Contrôleurs Alternatifs & Triennaux aux anciens. Donné à Fontainebleau au mois de Juillet 1708.

20 Arrêt du Conseil d'Etat du Roy, qui ordonne que les Oeconomes Sequestres, & leur Contrôleurs, créez par les Edits des mois de Decembre 1691. & Octobre 1703. ausquels les Offices d'Oeconomes & de Contrôleurs, Alternatifs & Triennaux, ont été ou seront employez dans les Rôles arrêtez au Conseil, joüiront, outre les droits qui leur ont été attribuez par les Edits, de ceux portez par l'Edit du mois de Juillet 1708. & en conséquence, qu'il leur sera payé ; sçavoir, ausdits

Oeconomes quatre sols de leur recette, & ausdits Contrôleurs deux sols pour liv. Du 2. Octobre 1708.

OEUVRE.

Clerc de l'Oeuvre ne peut être destitué par les seuls Marguilliers ; il faut le consentement du Curé & des Paroissiens. Arrêt du 20. Novembre 1536. *Papon, liv. 4. tit. 12. nomb. 13. & la Biblioth. Canon. tome 1. page 261.*

OFFICE.

1 Sous ce mot, l'on comprendra ce qui concerne les Offices Claustraux, l'Office Divin, les Offices de Judicature, & les Officiers de toutes les Jurisdictions, soit par rapport aux fonctions de leurs Charges, soit par rapport aux Reglemens singuliers rendus entre plusieurs. On fera ensuite & dans l'ordre alphabetique un Titre particulier des Officiers.

OFFICES CLAUSTRAUX.

2 Les Offices Claustraux appartiennent par préciput aux Religieux outre leur lot ou tiers. *Memoires du Clergé, tome 1. part. 1. pag. 285. & suiv.*

3 Union des Offices Claustraux aux Menses Conventuelles, en faveur des Congregations Réformées. *Ibid. page 353. & suiv.*

4 L'Office Claustral est en l'élection des Religieux de l'Abbaye, & non de l'Abbé Commendataire. *Bellordeau, to. 2. Contr. 27. & li. 3. des Observations, part. 4. article 9.*

5 *Papa licet praeceptorias manuales confirmet, proptereà ab Abbatis obedientiâ non avocantur.* Voyez *Franc. Marc. tom. 1. quest. 1070.*

6 On demande si un Abbé peut déposseder son Religieux, nonobstant la triennale possession ? Oüi, quand il ne s'agit que de simples Commissions; mais non quand il s'agit d'Office Claustraux, qui tiennent nature de Benefices, & qui sont possedez en titre de Benefices perpetuels. *Definit. Canon. p. 643.*

7 La reserve des mois du Pape ne s'étend pas aux Benefices électifs, ni aux Offices Claustraux. *Boyer, qu. 2. nomb. 3. Cod. fab. li. 1. tit. 3. deff. 44. & 47.*

8 Au Sequestre d'un Office Claustral, on doit commettre un Religieux pour le service du Monastere, & Divin ; & un homme Lay, pour la perception du temporel. Si le tout est de la table du Convent, & inseparable d'avec le service, on commet un Religieux, qui se chargera, de l'autorité de son Abbé ou Prieur, de rendre compte, & *reliqua* à celuy à qui il appartiendra. Arrêt du Parlement de Paris du 29. Janvier 1534. *Papon, liv. 8. tit. 10. n. 4.*

9 Arrêt du Grand Conseil du 23. Mars 1652. qui condamne le Prieur Commendataire de l'Abbaye de la Chaize-Dieu en Auvergne, de payer à l'Abbaye en deniers ou quittances vingt-neuf années d'arrerages, des redevances à elle düés, à cause des Offices de Sacristain & Chambrier. *Biblioth. Canon. tom. 1. verbo, Abbez, page 20.*

10 Arrêt du Parlement de Paris du 25. Juin 1657. rendu pour un Religieux de l'Abbaye de la Coûture du Mans, pourvû d'un Prieuré ; contre les anciens Religieux non encore réformez de la même Abbaye : il fut jugé qu'il pourroit demeurer en l'Abbaye, & y avoir sa pension Monachale, en rapportant à la Mense Conventuelle des Religieux les revenus de son Prieuré ; & qu'à la Requête du Procureur General du Roy, les autres Religieux tenans Benefices, seront appellez, pour eux oüis, être ordonné ce que de raison & sans frais. Dans la même espece est intervenü autre Arrêt, le 13. Juillet 1658. entre un Religieux Profez de l'Abbaye de Saint Martin de Pontoise, pourvû d'un Office Claustral, demandeur en pension Monachale, d'une part, & les Religieux de l'Abbaye & l'Abbé Commendataire, par lequel le Religieux a été débouté de sa demande, attendu son Office Claustral. *Bibliot. Canon. tome 1. page 20.*

OFFICE DIVIN.

11 Voyez le mot, *Juge*, nomb. 474. & suiv.

  Du service Divin, établi par les Bienfaicteurs & Fondateurs. Voyez le mot, *Fondation*, nomb. 122.

12 Reglement du 7. Août 1543. pour le Service divin, qui doit être celebré en la Sainte Chapelle à Bourges, que les Chapelains & Vicaires d'icelle sont révocables *ad nutum*, du Trésorier. *Voyez Filleau, part. 1. tit. 1. chapitre 5.*

13 Arrêt du Parlement de Paris du 9. Août 1611. par lequel suivant les Lettres du Roy, est ordonné que le Service sera fait en l'Eglise de S. Maxime *de Chinon*, à l'usage de Rome, à la charge du *proprium Sanctorum*. *Preuves des Libertez, tome 2. ch. 31. n. 14.*

14 Arrêt du Parlement de Paris du 20. Février 1542. qui ordonne le rétablissement du Service Divin en l'Eglise Collegiale de Notre-Dame de *Montbrison* en Forêt, & que tout le contenu au Decret *qualiter divinum Officium sit celebrandum*, aux trois suivans, sera observé sur peine de cent marcs d'argent, à appliquer au Roy, Conservateur des saints Decrets, & autre amende arbitraire, à la discretion de la Cour. *Preuves des Libertez, tome 2. ch. 35. n. 55.*

15 Arrêt de Reglement du Parlement de Paris du 5. Août 1535. entre les Chanoines de l'Eglise Cathedrale d'Orleans, pour la celebration du Service divin. *Voyez Filleau, part. 1. tit. 1. ch. 22.*

16 Arrêt du Parlement de Paris du 2. Janvier 1551. qui ordonne de la discipline & celebration du Service divin dans l'Eglise Cathedrale d'Orleans, avec injonction de publier l'Arrêt en pleine Congregation Capitulaire. *Preuves des Libertez, tome 2. ch. 35. n. 63.*

17 Arrêt de Reglement du 12. Octobre 1535. pour le Service divin entre les Chanoines de l'Eglise Collegiale de Saint Étienne de Troyes. V. *Filleau, partie 1. tit. 1. chap. 25. & le Vest, Arr. 102.*

18 Le 11. Février 1543. il fut jugé au Parlement de Paris que l'Evêque donnant permission de servir *in Divinis*, doit examiner si le titre de celuy à qui il la donne, est valable ou non. *Voyez la Biblioth. de Bouchel,* verbo, *Appellations comme d'abus.*

19 Bail par lequel la direction du Service divin est donnée aux Fermiers. Cette clause jugée insolite le 22. Avril 1621. *M. D'Olive, livre 1. de ses Questions, chapitre 13.*

20 Le quart du revenu des Chapelles & Prébendes, se doit prendre pour le Service divin. Reglement du Grand Conseil du 23. Octobre 1649. & du 6. Septembre 1650. *Henrys, tome 2. livre 1. question 17.*

21 Service divin doit être rétabli en toutes les Eglises & Chapelles, détenuës par ceux de la Religion Prétenduë Réformée, ou par eux démolies. *Voyez les décisions Catholiques de Filleau, Décis. 13.*

22 L'Evêque de Grasse faisant sa visite, quelques habitans luy rémontrerent que le Service divin étoit rarement celebré dans leur Eglise ; il commit un Prêtre pour faire les fonctions Curiales aux dépens du Prieur, celuy-ci qui prétendoit que ce n'étoit pas la Paroisse, mais une simple Chapelle, interjetta appel comme d'abus. Arrêt du Parl. de Provence du 8. Février 1666. qui ordonne avant faire droit, que par un Juge Royal, il seroit fait rapport de l'état & qualité de cette Eglise, des vestiges des fonts baptismaux, & autres, du nombre des Paroissiens, & de l'incommodité & distance des lieux voisins. *Boniface, tome 1. livre 2. titre 2. chapitre 9.*

OFFICE DIVIN, ABBEZ.

23 Les Abbez peuvent officier *in Pontificalibus* sans la permission des Chapitres dans les Eglises dépendantes de leur Patronage. Arrêt du 24. Janvier 1681. *De la Guessiere, tome 4. liv. 4. ch. 2.*

OFFICE DIVIN, CHANOINES.

24 Du Service divin accoûtumé d'être fait par les Chanoines, & qui demande leur presence. *Voyez* le mot *Chanoines*, nombre 144. *& suiv.*

25 Aux Grands Jours de Troyes, Reglement concernant le Service divin és Eglises Collegiales, & comme les Chanoines y doivent assister. *Voyez* le *Vest*, *Arr*. 102. Voyez *Chenu*, *Offices de France*, tit. 1. chapitre 1. touchant le Service divin en l'Eglise Cathedrale de Clermont.

26 Arrêt de Reglement du Parlement de Paris du dernier Juin 1542. entre les Chanoines & l'Archevêque de *Bourges* pour la célébration du Service divin. *Voyez Filleau*, part. 1. tit. 1. chap. 2.

27 Reglement pour le Service divin en l'Eglise Cathedrale de *Clermont*. L'Arrêt est du 5. Septembre 1597. *Ibidem*, chap. 21.

28 Arrêt du Parlement de Paris du 4. Août 1618. prescrivant l'ordre qui doit être observé au Service divin en l'Eglise Collegiale de Nôtre-Dame du Port de la ville de Clermont ; il est dit que les Chanoines & Chapitre assisteront aux Processions generales qui se feront en la Ville de Clermont, esquelles ils marcheront avec leurs Croix, faisant corps separé avec Aumusses noires, & ce avant les Doyen, Chapitre, & Chanoines de l'Eglise Cathedrale dudit Clermont, leurs Choristes & habituez servant actuellement, le dernier & le plus honorable lieu demeurant à ceux de ladite Eglise Cathedrale ; & neanmoins où il se trouvera des Habituez de l'Eglise Cathedrale qui soient Chanoines és Eglises Collegiales, ils seront tenus se retirer és Corps & Compagnies Collegiales dont ils sont Chanoines pour y marcher à leur rang, & lorsque la Procession ira à l'Eglise de Nôtre-Dame du Port & que l'Image Nôtre-Dame sera portée, le Service sera fait par l'un des Chanoines de l'Eglise Cathedrale. Il est aussi ordonné par le même Arrêt que les Officiers de l'Eglise Cathedrale sont & demeureront Paroissiens des Eglises & Paroisses esquelles ils sont demeurans, & que lors des enterremens de ceux qui demeurent en leur Paroisse & qui sont neanmoins habituez en l'Eglise Cathedrale, le Service se fera par les Chanoines de ladite Eglise Nôtre-Dame du Port. Comme aussi sera le Service fait par lesdits Chanoines de Nôtre-Dame du Port en tous les enterremens qui se feront en ladite Eglise du Port, le tout sans dépens. *Preuves des Libertez*, tome 2. chap. 35. *nombre* 81.

29 Défenses aux Chanoines de sortir du Chœur de l'Eglise pendant la célébration du Service divin, sinon par la permission du Doyen. Enjoint aux Chanoines de garder le Decret, *Quomodo divinum Officium sit celebrandum*. Arrêt du 25. Février 1614. *Filleau*, 1. part. tit. 1. chap. 26.

30 Les Chanoines sont obligez d'assister au service de l'Eglise : & une possession contraire, jugée abusive le 6. May 1621. Il n'y a que les Cours Souveraines qui en soient dispensées. Jugé le 20. Juillet 1627. M. *L'Olive*, liv. 1. quest. 10. & 11.

31 On a cassé par Arrêt du 7. Février 1667. un Statut fait par le Chapitre de l'Eglise Cathedrale de Senlis portant que les semi-Prebendez au nombre de six seroient le Service à l'Autel pour les Chanoines absens ou refusans ; & l'on a ordonné que le Service seroit fait par tour, par tous les Semi-Prebendez ; qu'à cet effet il seroit mis une table où seroit écrit le nom du Chanoine en semaine, & qu'au défaut de ce Chanoine pour faire l'Office, l'un des Semi-prebendez feroit l'Office pour luy, pour lequel il seroit payé de toutes les distributions de la semaine du Chanoine. *Journal des Audiences*, tome 3. liv. 1. chap. 11.

OFFICE DIVIN, CHANT.

31 Arrêt en 1556. portant qu'aux Eglises non Cathedrabis. les ni Collegiales, l'Office Divin ne sera chanté de plein chant; mais prononcé simplement & sans note les jours ouvriers, afin d'exciter une plus grande veneration les jours de fêtes. *V. Henrici Secundi Progymnasmata*, Arrêt 93.

32 Arrêt du Parlement de Provence du 15. Février 1659. qui declare que les Chapitres sont obligez de faire chanter en musique, & joüer les orgues dans l'Eglise. *Boniface*, tome 3. liv. 5. tit. 16. ch. 3.

OFFICE, CURE' PRIMITIF.

33 Du droit d'officier les jours solemnels, qui appartient aux Curez primitifs. *Voyez* le mot, *Curez*, nombre 116. *& suiv.*

OFFICIER, EVESQUE.

34 De la maniere d'officier par les Evêques. *Voyez* le mot, *Evêque*, n. 185. *& suiv.*

OFFICE, RELIGIEUX.

35 Touchant l'Office qui se celebre és Eglises des Religieux. *Voyez* le mot, *Religieux*, n. 190. *& suiv.*

TROUBLER LE SERVICE DIVIN.

36 *Divini cultûs perturbationem mixti fori crimen esse annotat Baldus in L. si quis in hoc genus, C. de Episc. & Cler.* en sorte que si c'est un Lay qui a troublé le service Divin ou le repos de l'Eglise, la connoissance du crime en appartient au Juge Lay : si c'est un Clerc, au Juge d'Eglise. Jugé par Arrêt du dernier Decembre 1549. neanmoins pareille question s'étant presentée en 1551. la Cour appointa les parties au Conseil. *Biblioth. Canon.* tome 2. p. 600. col. 2.

37 L'Official connoît du trouble du Service divin. Arrêt du Parlement de Paris qui renvoye à l'Official un homme qui avoit proferé paroles scandaleuses contre les Chantres & Prêtres passant en Procession devant sa porte. *Papon*, liv. 1. tit. 4. nomb. 11.

OFFICES DE JUDICATURE.

38 *De diversis officiis, & apparitoribus, & probatoriis eorum. C. Th. 8. 7.*
Jus-jurandum quod præstatur ab his qui administrationem accipiunt. N. 8. t. 3. Forme du serment que prêtent les Officiers pour leurs Charges. *Vide eand. Nov.* t. 2. c. 7. *&* 14.
De lucris officiorum. C. Th. 8. 9.
Officier de Justice, ou de Robe, Magistrat.
De his qui in exilium dati, vel ab ortine moti sunt. C. 10. 59. Les Officiers interdits, chassez de leurs Corps, ou bannis pour un temps, peuvent rentrer dans les fonctions de leurs charges.
Abrogatio legis quæ Senatui Prætores, Decurionibus verò Præfectos constituere concedebat. Leon. N. 47. Les Officiers de Justice seront nommez par le Prince.
De Officio civilium judicum. C. 1. 44.
Ubi quis de curiali, vel cohortali, aliáve conditione, conveniatur. c. 3. 23. Des bas Officiers des Juges, comme Huissiers, &c. *Cohortales, erant apparitores præsidis.*
De numerariis, actuariis, & adjutoribus, scriniariis & acceptoribus sedis excelsæ, cæterorumque judicum tam militarium quàm civilium. C. 12. 50... C. Th. 8. 1. Des bas Officiers de Justice.
De administratoribus. N. 95. Des Officiers qui ont eû l'administration d'une Province, en qualité de Juges, ou autrement : & de ce qu'ils doivent faire aprés leur administration.
De comitibus vacantibus. C. Th. 6. 18. Des Officiers honoraires, ou plûtôt, anciens.

Officiers de Ville.

39 *De Magistratibus municipalibus. C. 1. 56.*
De Officio præfecti urbi. D. 1. 12.
De defensoribus civitatum. C. 1. 55... C. Th. 1. 10... N. 15... N. 8. t. 2. c. 1. in princ. & §. 49.
De periculo nominatorum. C. 11. 33. Engagemens des Officiers qui nomment des successeurs à leurs Charges.
De periculo eorum qui pro Magistratibus intervenerunt. C. 11. 34.
Ut negotiari, ædificare, munerâque accipere, urbis Magistratibus liceat. Leon. N. 84.
De tabulariis, logographis & censualibus. C. 10. 69.

PPppp iij

C. Th. 8. 2. De ceux qui tiennent les Registres & comptes publics.
De curatoribus Kalendarii, & fidejussoribus eorum. C. Th. 12. 11. *Curator Kalendarii*, Celui qui avoit soin des deniers & des comptes publics.
Voyez les mots, *Charge*, *Consul*, *Echevin*, *Juge*, *Magistrat*, *Municipal*.

40 Des diverses sortes d'Offices & autres Chargés, distinctions des Officiers par leurs differentes fonctions, de l'autorité, dignité, droit, rang & privileges des Officiers; des devoirs en general de ceux qui exercent les Charges, de leur capacité, probité & application. *Voyez* le 5. tome des *Loix Civiles*, liv. 2. titre 1. & suivans.

41 Qu'il sera procedé par election & nomination aux Offices de Présidens & Conseillers en la Cour, & que les Offices de Judicature ne seront plus venaux. *Ordonnances de Fontanon*, tome 1. liv. 1. tit. 4. page 9.

42 Qu'il sera procedé par election & nomination aux Offices de Judicature des Jurisdictions inferieures, & subalternes. *Voyez les Ordonnances de Fontanon*, tome 1. liv. 2. tit. 2. page 209. & *Joly des Offices de France*, tome 2. liv. 5. tit. 2. page 901. & *aux additions*, page 1803. 1816.

43 Des survivances de tous les états & Offices, & permission de les resigner, & de la dispense des 40. jours. *Ordonnances de Fontanon*, tome 2. livre 2. titre 18. page 560.

44 De la suppression de tous Offices en general créés depuis le decés de Loüis XII. & rétablissement d'iceux, & qu'il sera pourvû gratuitement à ceux de Judicature, sans qu'ils soient plus venaux. Ibidem, titre 19. page 579.

45 Traité de la nature des Offices dans la Coûtume de Paris, *par de* Lescornay. Par. 1648.

46 Des Offices. *Voyez* ce qui en a été écrit par *M. Charles Loyseau*, *M. le Brun*, *Traité de la Communauté*, liv. 1. chap. 5. sect 1. dist. 4.

47 *Voyez* hoc verbo, *Office*, la *Bibliotheque de Jovet*, *M. Barthelemy Auzanet*, en son *Commentaire sur la Coûtume de Paris*, art. 95. Ricard en son *Traité des Donations*, part. 3. chap. 10. sect. 1. où il examine de quelle nature sont reputez les Offices à l'égard des Testamens, des donations, & successions.

48 Offices en trois classes. *Voyez* le Traité *des Propres*, chap. 5. section 4. nomb. 30.

49 Touchant les Offices qui deviennent propres à ceux auxquels ils sont échûs par succession. *Voyez Ibidem*, page 487.

50 *De Officio Baillivorum, Seneschallorum, Judicum, Prepositorum, & aliorum Officiariorum.* Voyez *la nouvelle edition des Oeuvres de M. Charles du Moulin*, tome 2. page 493.

51 *Gubernator patriæ delphinalis an officia curiæ supremæ & cameræ Computorum conferre possit?* Voyez *Franc. Marc*, tome 1. quest. 615.

52 *Officia collata per Gubernatorem alicujus provinciæ per illius mortem non vacant.* Voyez *Franc. Marc.* tome 2. quest. 308.

52 bis. *Declarationi principis factæ de Officiis temporalibus per ipsum collatis standum est.* Voyez ibidem, quest. 363.

53 Paction avoit été faite entre Quentin Aubé & Maître Jean Bouges pour l'Office de Substitut de M. le Procureur General au Gouvernement de Peronne, Montdidier & Roye; par Sentence du Gouverneur ou son Lieutenant du 13. Janvier 1545. les Parties avoient été respectivement condamnées à l'entretien d'icelles, dont appel. La Cour a déclaré les pactions illicites, nulles & reprouvées, par Arrêt du 24. Novembre 1548. *Corbin, suite de Patronage*, chap. 237.

53 bis. Deux particuliers s'étant associez en l'état de Receveur d'une ville, & ayant promis de ne rien faire l'un au préjudice de l'autre directement ni indirectement, l'un s'étant fait pourvoir dudit Office depuis érigé en Etat par le Roy, l'autre n'est pas recevable à demander la peine stipulée. Arrêt du Parlement de Dijon du 17. Decembre 1607. *Bouvot*, tome 2. verbo, *Officiers*, question 27.

54 On peut être simple confidentiaire d'un Office d'Huissier par un Traité pour le conserver à la famille du precedent Titulaire, sans que par le décés du dernier Pourvû, qui a prêté son nom les Créanciers puissent prétendre qu'il en ait eû la proprieté. Jugé au Parlement de Paris le 7. Avril 1631. *Bardet*, tome 1. liv. 4. chap. 21.

55 L'étreine du prix d'un Office, quoyqu'excessive, n'est restituable par la veuve du défunt Officier, qui avoit substitué ses biens à son fils. Arrêt du 11. May 1649. On considera que le prix n'en eût pas été moindre, & que l'acheteur étoit chargé de rendre l'Office dans 20. ans en rendant le seul prix. *Basset*, tome 1, livre 4. tit. 12. chap. 7.

56 Tous les Offices sont censés immeubles. 2. Et en l'Office domanial, le Créancier de l'Office a suite par hypotheque sur iceluy tenu par le tiers acquereur, soit par achat seulement. 3. Ou par provision du Roy. 4. Et dure l'hypotheque jusques au rachat & remboursement actuel fait par le Roy. 5. Autre chose est en l'Office non domanial quoy qu'hereditaire, l'acquereur duquel qui en a payé le prix ne peut être inquieté pour les hypotheques de son prédecesseur, aprés les provisions obtenuës sans opposition. 6. Si ce n'est que le Roy poursuivît ses deniers sur l'Office comptable. 7. Ce qu'il pourra faire quand bien l'acquereur seroit possesseur par decret. 1. 2. 3. 4. *Loiseau*, *des Offices*, liv. 3. chap. 7. nomb. 39. 45. 1. id. Chopin, Paris, liv. 3. tit. 4. nomb. 17. au Greffier, 2. id. Chopin, Paris, liv. 1. tit. 1. n. 33. *in hereditario, secus in non hereditario*. 2. 5. 6. id. Brodeau, lett. D. nomb. 63. 5. id. *Loiseau*, des Off. liv. 3. chap. 5. nomb. 53. 55. 7. id. *Loiseau*, des Off. liv. 3. chap. 8. nomb. 91. M. Abraham La Peitere en ses *décisions du Palais*, lett. O. nombre 65. joint à toutes ces citations un Arrêt du 24. Juin 1651. donné en la Seconde des Enquêtes du Parlement de Bourdeaux, au rapport de M. Duval, entre Maître Jean Reboul Notaire Royal, & Catherine Bouquier; par cet Arrêt il fut jugé que ladite Bouquier avoit suite par hypotheque sur ledit Office de Notaire, possedé par ledit Reboul, lequel luy avoit été constitué en dot.

57 Le Titulaire d'un Office d'une Election créé de nouveau, & qui a été reçû, est préferable au porteur des Lettres de Provision & quittance de Finance du même Office de création ancienne. Arrêt de la Cour des Aydes à Paris du 29. May 1637. *Henrys*, tome 2. livre 2. question 36.

58 Edit du Roy concernant la vente des Offices & la distribution de leur prix, du mois de Février 1683. registré au Parlement de Paris le 23. Mars suivant. Voyez cy-aprés le nomb. 106.

ALTERNATIVE ES OFFICES:
59 Officiers alternatifs. *Voyez* le mot *Alternative*, nombre 26.

OFFICE, ANNUEL.
60 Droit annuel qui se paye pour la conservation des Offices. *Voyez* le mot, *Annuel*, & cy-aprés les nomb. 66. 86. 90. 119. & 120.

OFFICE, APPEL.
61 L'appel d'un prétendant droit en quelque Office le conserve, nonobstant la joüissance de son contredisant, & confirmation par luy cependant obtenuë du nouveau Roy. Arrêt au mois de Juin 1494. *Carondas*, liv. 5. Réponse 17.

OFFICES, BATARDS.
62 Comment les bâtards sont rendus capables de posseder des Offices? *Voyez* le mot *Bâtards*, nombre 180. & 181.

OFFICES, COMMISSAIRES AUX SAISIES REELLES.
63 Reglement pour la fonction des Charges & Offices de Commissaire general des Saisies Réelles du Parlement, & autres Justices de l'enclos du Palais & Châ-

telet, & de celles qui font dans l'enclos de la Ville, du 11. Août 1664. *De la Guessiere*, tome 2. livre 6. chapitre 45.

Voyez le mot *Commissaire*, nomb. 3. & le mot *Consignation*, nomb. 54. & suiv.

OFFICE, COMMUNAUTÉ CONJUGALE.

64 Des Offices par rapport à la Communauté conjugale. *Voyez* le mot, *Communauté*, nombre 145. & suiv. & M. Abraham la Peirere, *en ses décisions du Palais, lettre* C. nomb. 26. & suiv.

65 Des Offices sous le titre de la Communauté. Voyez les Arrêtez de M. de Lamoignon, recüeillis dans le Commentaire de M. Barthelemy Auzanet, *sur la Coûtume de Paris*, page 60.

66 La femme ne peut point reprendre sur la Communauté les deniers du droit annuel, payez par le mary, parce que les revenus de l'Office entrent en communauté. Loiseau, *des Offices*, liv. 2. chap. 10. nomb. 44. La Peirere, *lett.* C. nomb. 26. dit, mais je croirois le contraire au prêt, lorsque l'Office n'est pas de la communauté.

67 Un Office de Maître des Comptes ayant été acheté, dont partie du prix a été payé constant le mariage, les heritiers de la femme ne peuvent demander remboursement du prix payé, ni par consequent tenus au payement de la moitié de ce qui est encore dû. Arrêt du Parlement de Dijon du mois de Juin 1561. Bouvot, tome 2. verbo, *Société, Communauté*, quest. 22. Cet Arrêt a été rendu avant la reformation de la Coûtume.

68 Office venal acheté pendant le mariage, est reputé des deniers de la Communauté, & vendu pendant iceluy, les deniers entrent en la Communauté. Arrêt du 7. Decembre 1577. Carondas, liv. 7. Rép. 13.

69 Le Prévôt des Maréchaux de Melun pendant la communauté de luy & sa femme, est pourvû en don par le Roy de cet état; après le decés de sa femme les heritiers de sa femme demandent que l'état soit vendu pour la moitié des deniers leur être baillée, si mieux le mari n'aime leur bailler 500. écus ou ce prendre pour la moitié. Il remontre que l'état n'est venal. Par Arrêt les heritiers déboutez, depuis l'Arrêt il vend son état. Les heritiers de la femme demandent la moitié du prix; le mary dit, *Judicatum* par Arrêt que l'état n'est point venal par Arrêt du 3. Mars 1596. les heritiers *iterum* déboutez. Biblioth. de Bouchel, verbo, *Offices*.

70 Office acquis pendant la communauté appartient au mary, les heritiers de la femme n'ont qu'une action de my-denier qui est pure mobiliaire, même en la personne du mineur, qui venant à décéder après sa mere, le pere succede à l'action de my-denier. *Voyez* Brodeau, *sur la Coûtume de Paris*, art. 95. nomb. 17. Secus, de l'Office domanial acquis pendant la communauté, c'est un conquêt de la communauté; le mary survivant ne peut se l'approprier & rendre aux enfans la moitié des deniers pris en la communauté, les enfans ont la moitié dans l'Office. Arrêt du 8. Juin 1602. pour le Greffe de Fontenay. M. *de Renusson*, Traité des Propres, chap. 5. section 4. nombre 40.

71 Office étant acquis pendant la communauté. Il a été jugé que l'Office ayant été vendu, la moitié du prix de la vente appartiendroit au fils qui avoit renoncé à la succession de son pere, & se tenoit à la succession de sa mere. Arrêt du 8. Septembre 1621. M. Bouguier, *lett.* O. nomb. 5. Voyez Peleus, quest. 97. où il rapporte l'Arrêt du Conseil du 15. Février 1605. concernant l'Office de Maître des Requêtes de M. de la Proutiere.

72 Par Arrêt prononcé en Robes Rouges le 7. Septembre 1607. Jugé que les Offices du mary acquis auparavant & vendus pendant le mariage, n'entroient point en communauté; il fut dit que la somme de 10000. écus provenans de la vente d'une Charge de Tresorier d'Orleans seroit mise és mains de la veuve comme tutrice, laquelle elle employera au profit des mineurs sans qu'elle y puisse rien prétendre. Après la prononciation M. le Premier Président fit remontrance aux Avocats qu'ils eussent à tenir desormais pour maxime infaillible que les Offices appartenans au mary auparavant le mariage, n'entroient point en la communauté. *Plaidoyers de Corbin*, chap. 93.

Montholon, *Arrêt* 111. rapporte le même Arrêt rendu à la Nôtre-Dame de Septembre 1607. l'Office est reputé le propre du mary & n'entre point dans la communauté, encore qu'il soit vendu durant le mariage. Peleus, quest. 6. & quest. 152. Chenu, 2. Cent. quest. 28. rapporte l'Arret de *Montholon*, Du Frêne, liv. 2. chap. 36. rapporte un Arrêt du 5. Mars 1619. qui a appointé la cause, & chap 134. il rapporte un Arrêt du 14. Mars 1633. qui a jugé que l'Office est reputé immeuble paternel, & les deniers en provenans & échus aux mineurs qui décedent mineurs, la mere en est excluse. M. Bouguier, lettre O. nombres 6. & 7. 72 bis

L'Office dont le mary étoit pourvû avant son mariage luy est propre, & en cas d'augmentation pendant icelui, la femme ne peut prétendre que la moitié des deniers fournis par icelle; ce qui a lieu quand même l'Office auroit été acquis pendant le mariage, auquel cas le mary ne doit rendre compte que de la moitié des deniers. Arrêts du Parl. de Bretagne des 31. Octobre 1611. & Decembre 1630. rapportés par *Frain*, p. 113. 73

Le mary survivant retient l'Office, dont il est pourvû au jour de la dissolution de la communauté, en rendant aux heritiers de la femme la moitié des deniers tirez de la communauté pour l'acquisition dudit Office. Arrêt en la Première Chambre des Enquêtes du Parl. de Paris en l'Audience, plaidant Garnier & Talon le 21. Decembre 1617. entre Demoiselle Marie Liodet, veuve de Gilles Durant, comme tutrice de ses enfans, & M. le Coigneux, lors Président aux Requêtes du Palais, & Messire Pierre Brulard, Conseiller d'Etat. Auzanet, *sur la Coûtume de Paris*, art. 95. 74

Mary ayant acheté une Office des deniers de la communauté, n'est obligé après le decés de sa femme de rendre que la moitié du prix qu'il a coûté, & non la moitié de ce qu'il valoit lors de la dissolution. Arrêt du 23. Février 1627. rapporté par *Bardet*, tome 1. liv. 2. chap. 97. il observe que cet Arrêt est le même qui est cité dans *Du Frêne*, & dans Brodeau sur M. Loüet, lettre E. somm. 2. qui le datent du 16. Janvier. *Voyez Du Frêne*, liv. 1. chap. 115. & 127. M. Talon Avocat General dont les Conclusions furent suivies, dit que cette cause étoit toute publique & de grande consequence, & qu'il ne falloit pour la décider ni feüilleter les Loix, ni lire les Livres des Jurisconsultes, des Docteurs qui n'ont point traité semblables questions, mais seulement recourir à la doctrine des Arrêts. La Cour a fait une distinction, quand un homme pourvû d'un Office se marie; tel Office n'entre point en communauté; mais quand pendant le mariage il traite d'un Office, en cas de prédecés de la femme, le mary ne peut être dépossedé, il est seulement obligé de rapporter le midenier qui est la moitié des deniers pris dans la communauté. 75

Mary ne doit à ses enfans que le mi-denier de l'Office acquis pendant la communauté, quoyque depuis la dissolution, & avant le partage, il l'ait vendu une somme plus considerable que ce qu'il avoit coûté. 76

L'action de recompense, qui est appartenoit à l'un des enfans heritier de sa mere, & depuis décedé, est confuse en la personne du pere son heritier mobilier. Arrêt du 1. Mars 1627. *Bardet*, tome 1. liv. 2. chap. 99. M. l'Avocat General Talon, dit que ce droit des Offices étoit un droit tout nouveau, nouvelle Jurisprudence auparavant inconnuë. On peut dire des Offices que c'est une cabale découverte de nos jours, un mauvais tresor, un malheur du siécle qui nous contraint de souffrir & de tolerer ce que nous ne pouvons empêcher. M. Talon observa les maximes établies à cet égard par les Arrêts.

77 Office après la mort de l'Officier ne tombe point en partage de la communauté, mais seulement le prix qu'il a coûté, & non pas ce qu'il vaut lors de la dissolution. Arrêt du 4. Mars 1628. *M. Bouguier*, lettre D. nombre 13.

78 Jugé au Parlement de Paris le 14. Mars 1633. que les deniers d'un Office de Conseiller au Grand Conseil dont M. de la Rutrie étoit pourvû avant son mariage, luy étoient propres, & par son décès avoient appartenu à ses enfans : ensorte que l'un d'eux étant décédé, la mere en qualité d'heritiere mobiliaire n'y pouvoit succeder, ils étoient dûs à la sœur survivante. *Additions à la Bibliotheque de Bouchel*, verbo, *Office*.

Voyez cy-après le nombre 109. & suiv.

79 Office de Procureur dont le mary étoit pourvû avant son mariage, étant rendu hereditaire pendant la communauté, sous une finance, est entré en la même communauté ; la moitié du prix ajugé à la veuve, & l'autre moitié pour en jouir par don mutuel. Jugé le 9. Mars 1635. *Bardet*, tome 2. liv. 4. chap. 8.

80 Quoyque l'Office, dont le mary étoit pourvû avant le mariage soit mis en communauté par clause expresse, toutefois la veuve & commune ne se peut plaindre de ce qu'il en a disposé par Testament en faveur de leur enfant commun, à une somme moindre que sa juste valeur. Ainsi jugé le 7. Avril 1636. il s'agissoit d'un Office de Conseiller au Châtelet qu'on disoit valoir 50000. liv. & que le pere n'apprecia que 10000. liv. *Ibidem*, liv. 5. chap. 14.

81 Un Office acquis par le pere pendant sa premiere Communauté, retenu par luy après le décès de sa femme & pendant un second mariage, luy est toûjours demeuré propre & attaché à sa personne ; & étant diminué de prix qui avoit été pris dans la premiere Communauté, la moitié en appartient aux enfans du premier lit au temps de l'achat, & non de ce qu'il vaut au temps du décès. Arrêt du 27. Février 1655. *Du Frêne*, liv. 8. chap. 11.

82 Jugé le 17. Février 1660. que la maxime qu'en matiere d'Offices le mary survivant n'est obligé que de rendre aux heritiers de sa femme le mi-denier de l'Office acquis pendant la Communauté, n'avoit point lieu pour un Office de Chargeur de bois en charette. Cet Arrêt est contraire à ceux jusques-là rendus, qui n'avoient fait aucune distinction entre les Offices de Judicature & les autres. *Soëfve*, tome 2. Centurie 2. chapitre 10.

83 Il semble que le mary qui veut conserver l'Office, en doit faire sa declaration, autrement il demeure un conquêt ; ce qui a été jugé en la quatriême Chambre des Enquêtes, au mois de Février 1695. au rapport de M. Cadot, pour un Office de Contrôleur des Decimes. Il y a un Arrêt contraire du Mardy 28. Juillet 1705. rendu en la Grand' Chambre, au rapport de M. pour une Charge de Mouleur de Bois. V. *M. le Brun*, Traité de la Communauté, liv. 1. chap. 5. nombre 47.

Voyez cy-après le nombre 193. & suiv.

OFFICE, CONFISCATION.

84 Un Sergent de Ponthieu fut condamné à mort. Ses biens confisquez, sur iceux l'amende & quelques dettes prises. Madame d'Angoulême Comtesse de Ponthieu, pourvoit de cette Sergenterie un particulier ; les Creanciers & la veuve du condamné s'opposent à sa reception. Arrêt du 18. Decembre 1565. en faveur du Pourvû, sauf aux opposans leurs recours sur les autres biens confisquez. Ainsi il fut jugé que l'état appartenoit à Madame d'Angoulême par droit de réversion, non de confiscation. *Bibliot. de Bouchel*, verbo, *Offices*.

85 Si les deniers procedans de la vente d'un Office perissable de sa nature, qui a été remis par le Roy à la veuve & aux enfans de l'Officier décedé, peuvent être pretendus par ses creanciers ? Il s'agissoit de l'Office de Procureur Général de la Reine mere. Arrêt du 17. Février 1651. qui appointe au Conseil ; M. Talon avoit conclu en faveur de la veuve & des enfans. *Soëfve*, tome 1. Cent. 3. chap. 63.

OFFICES, CONVENTIONS ILLICITES.

86 Concordat pour Office de Président aux Enquêtes, & peine stipulée, ont été declarez nuls, dans un temps que le Roy avoit revoqué le droit annuel, quoyque la revocation fût posterieure au Concordat. Arrêt du 22. Juin 1618. qui sur la demande de la peine, mit les Parties hors de Cour sans dépens. *Bardet*, tome 1. livre 1. chapitre 31.

87 Une promesse de la moitié de la valeur d'un Office, en consideration de l'avis qu'on donneroit de la mort du Titulaire, a été declarée nulle, par Arrêt du Parlement de Grenoble, du 23. Juillet 1621. *V. Basses*, to. 1. li. 4. tit. 1. ch. 5. Il ne marque aucunes circonstances, & n'explique aucuns motifs de décision.

OFFICES,
DECRET, SAISIE REELLE.

88 Des Offices decretez. *Voyez le mot*, Decret, nombre 108. & suiv.

Des criées d'Offices comptables en la Chambre des Comptes, Coûtume de Paris, art. 350. *M. Bruneau*, en son Traité des Criées, page 472.

89 Des Criées & ventes des Offices de Judicature. *Voyez les Commentateurs de la Coûtume de Paris*, article 351. & *M. Bruneau*, en son Traité des Criées, page 474.

90 Si pendant la poursuite des criées & avant l'adjudication, le debiteur qui étoit proprietaire de l'Office, vient à déceder, l'Office se perd sur sa mort au profit du Roy, nonobstant la saisie des creanciers, & n'y ont plus de droit, sinon que le droit annuel eût été payé par celuy qui en étoit pourvû, ou autres pour luy. *Voyez M. le Prêtre*, 2. Cent. chap. 13. & *Tronçon*, Coût. de Paris, art. 350. in verbo, *Office saisi*.

91 Saisie ni vente d'Office venale, ne se devoit faire sans préalable discussion. Arrêt du 3. Mars 1563. pour une Charge d'Huissier. *Papon*, liv. 10. tit. 4. n.27.

92 Les criées d'un Office de Sergent au Châtelet de Paris, doivent être faites audit Châtelet, quoyque le saisi soit demeurant hors de Paris, & outre en la Paroisse du saisi. *Tournet*, Coût. de Paris, art. 350.

93 Arrêt du Parlement de Bretagne, du 19. Février 1568. qui permet de faire saisir l'état de Sergent dont étoit pourvû le debiteur. *Du Fail*, liv. 2. ch. 323.

94 Jugé en 1600. qu'un Office de Receveur des Aydes & Tailles de Langres, avoit suite par hypotheque, & étoit valablement saisi à la Requête du Receveur General. *Le Bret*, action 47.

95 Offices de Judicature ne pouvoient être vendus par decret ; mais le debiteur étoit condamné de passer procuration pour resigner. Arrêt rendu le 18. Avril 1625. *Bardet*, tome 1. liv. 2. ch. 37.

96 Les deniers d'un Greffe se distribuent suivant l'ordre d'hypotheque. Jugé le 12. Juillet 1625. *M. le Prêtre*, ès Arrêts de la Cinquième.

97 Saisie réelle d'un Office de Lieutenant General, declarée nulle ; & toutefois le debiteur condamné de passer procuration pour resigner, & au payement des sommes dûes, autres qu'arrerages de rentes, contraint par corps les quatre mois passez. Arrêt du dernier Avril 1629. *Bardet*, tome 1. liv. 3. ch. 46.

98 Le même Arrêt du 30. Avril 1629. est rapporté au 1. tome du Journal des Audiences, livre 2. chapitre 44. Voyez le liv. 1. ch. 8. de *l'Auteur des Observations sur Henrys*, tome 2. liv. 1. question 19. Cette Jurisprudence a changé par l'Edit du mois de Mars 1683.

99 Jugé le 16. Février 1634. qu'un Office de Président en l'élection, peut être saisi, crié, vendu & ajugé par decret. Ce n'est point un Office de Judicature, mais de finance, mais de la Judicature qu'incidemment annexé & pour certaines causes. *Voyez Bardet*, tome 2. liv. 3. chapitre 10.

100 Arrêt du 17. Mars 1639. qui a jugé qu'il faut discuter les biens de l'Officier avant que saisir l'Office. *Boniface*, tome

tome 3. liv. 3. tit. 1. chap. 17. Depuis la Jurisprudence a varié ; & enfin la Declaration de 1683. a reglé la maniere de la vente & distribution du prix des Offices.

101. La saisie réelle ne dépossede point le decreté, jusqu'à ce que l'adjudication soit faite, il peut pourvoir aux Offices, & recevoir ou donner aveu. Jugé au Parlement de Roüen le 21. Juin 1640. contre les Créanciers de la Baronne d'Enneval, pour l'Office de Bailly, auquel elle avoit nommé ; il fut ordonné qu'il jureroit n'avoir point baillé d'argent. *V. Basnage, tit. de Jurisdiction, art. 13.*

102. Les saisissans sur le prix d'un Office entre les mains de celui qui a traité, ne laissent de venir à contribution avec les opposans au Sceau : un Office saisi réellement ne peut être resigné. Arrêt du 22. Janvier 1647. *Du Frêne, liv. 4. chap. 46.*

103. Un Office saisi réellement ne peut être resigné, ni le Resignataire s'en faire pourvoir valablement, encore que le saisissant ne se fût opposé au Sceau. Arrêt du Samedy 22. Avril 1651. *Du Frêne, liv. 6. chap. 23.* Henrys, *tome 2. liv. 2. quest. 9.* rapporte le même Arrêt, mais il le date du 24. Avril. *Voyez* encore *Du Frêne, liv. 4. chap. 46.*

104. Un Officier dépouillé de sa Charge par la saisie réelle, vente & adjudication par decret, qui en a été faite, reçu à y rentrer en payant les causes de la saisie. Arrêt du 10. Juin 1656. aucuns dommages, interêts, ni frais, ne furent ajugez à l'acquereur, quoyqu'il le fût de bonne foy. *Soesve, tome 2. Cent. 1. ch. 33.*

105. Arrêt du Parlement de Provence du 16. Février 1682. qui a jugé que le Créancier peut saisir & faire vendre l'Office de son debiteur, sans discuter les autres biens en état. *Boniface, tome 4. liv. 8. tit. 3. ch. 5.*

106. Edit du Roy du mois de Février 1683. portant Reglement, tant pour la vente des Offices & distribution du prix d'iceux, que la préference entre les créanciers opposans au Sceau & expedition de Provisions desdits Offices, privilegiez & hypotequaires, registré au Parlement & Cour des Aydes.

Plusieurs questions qui se presentent journellement étant décidées par cet Edit, il est expedient de le mettre icy dans son étenduë.

LOUIS, &c. Bien que le droit des Créanciers opposans au Sceau sur le prix provenant de la vente des Offices, pour être payez preferablement à tous autres Créanciers non opposans au Sceau, soit établi de tout temps par les Arrêts de nôtre Conseil, & que cette Jurisprudence ait été suivie quasi par toutes nos Cours ; neanmoins quelques autres de nosdites Cours ont rendu des Jugemens contraires, qui ont obligé les Parties à se pourvoir en nôtre Conseil, pour y demander la cassation desdits Arrêts, & même de faire encore de nouveaux frais pour proceder à de nouvelles distributions du prix desdites Charges ; & d'ailleurs il y a tous les jours une infinité de procès entre nos Sujets en plusieurs Jurisdictions, sur la distribution des deniers provenans du prix desdits Offices, ou par ordre d'hypotheque, ou par contribution, ou suivant les saisies, selon les differentes Coûtumes des lieux. A quoy voulant pourvoir, & établir à cet égard une loy certaine & uniforme, pour le bien & avantage de nos Sujets; d'autant plus que le prix des Charges fait à present la principale partie du bien de plusieurs familles : Sçavoir faisons, que Nous, pour ces causes & autres à ce nous mouvans, de l'avis de nôtre Conseil, & de nôtre certaine science, pleine puissance & autorité Royale, avons dit, statué & ordonné, disons, statuons & ordonnons par ces présentes, signées de nôtre main, voulons & nous plaît ce qui ensuit.

I. Que les Créanciers opposans au Sceau & expedition des Provisions des Offices, seront preferez à tous autres Créanciers qui auront obmis de s'y opposer, quoyque privilegiez, & même à ceux qui auront fait saisir réellement les Offices, & seroient opposans à la saisie réelle.

II. Les Directeurs valablement établis par les Créanciers de l'Officier, pourront s'opposer au Sceau au dit nom de Directeurs, & conserveront les droits de tous lesdits Créanciers.

III. Entre les Créanciers opposans au Sceau, les privilegiez seront les premiers payez sur le prix des Offices ; après les privilegiez acquitez, les hypothequaires seront colloquez sur le surplus dudit Office, selon l'ordre de priorité ou posteriorité de leur hypotheque ; & s'il en reste quelque chose, après que les Créanciers privilegiez & hypothequaires opposans au Sceau auront été entierement payez, la distribution s'en fera par contribution entre les Créanciers Chirographaires opposans au Sceau.

IV. Si aucun des Créanciers ne s'est opposé au Sceau, ou si tous les Créanciers opposans au Sceau, étant payez, il reste une partie du prix à distribuer, la distribution s'en fera ; premierement en faveur des Créanciers privilegiez, ensuite au profit des créanciers hypotequaires, suivant l'ordre de leurs hypotheques ; le surplus sera distribué entre tous les autres Créanciers par contribution, sans avoir égard à aucunes saisies de deniers faites és mains de l'Office du Receveur des Consignations, ou autre depositaire du prix d'iceluy, ni à la saisie réelle & oppositions, dont les frais de poursuite seulement seront rembourfez par preference.

V. Après la saisie réelle enregistrée, le Titulaire de l'Office ne pourra traiter qu'en presence des saisissans & opposans, ni à aucun y a, ou eux dûement appellez, & le traité fait par l'Officier, sera nul, quoyque les oppositions ne fussent que pour conserver, & non au titre, si ledit traité n'est homologué avec les Créanciers.

VI. Le Créancier qui aura saisi réellement l'Office, sera tenu de faire enregistrer la saisie réelle au Greffe dudit lieu où dépend, & où se fait la principale fonction de la Charge, quand même l'adjudication seroit poursuivie en une autre Jurisdiction, & six mois après l'enregistrement signifié à la personne ou domicile de l'Officier, quand il sera d'une Compagnie Superieure ; & trois mois à l'égard d'un Officier d'une Compagnie Subalterne, & de tout autre, le Créancier pourra faire ordonner que le Titulaire de l'Office sera tenu de passer Procuration *ad resignandum* de ladite Charge, sinon que le Jugement vaudra Procuration, pour être procedé à l'adjudication, après trois publications qui seroient faites de quinzaine en quinzaine aux lieux accoûtumez, & même au lieu où la saisie réelle aura été enregistrée.

VII. Après les trois publications, il sera encore donné deux remises de mois en mois, avant que de proceder à l'adjudication de ladite Charge.

VIII. Quand il aura été ordonné par un Jugement contradictoire, ou même, partie dûement appellée, dont il n'y aura point d'appel ; ou qui aura été confirmé par Arrêt, que le Titulaire de l'Office sera tenu de passer sa Procuration *ad resignandum*, sinon que le Jugement vaudra Procuration, l'Officier demeurera de plein droit interdit de la fonction de sa Charge, trois mois après la signification dudit Jugement faite à personne ou domicile dudit Officier, & au Greffe du lieu d'où dépend, & où se fait la principale fonction de la Charge saisie, & en vertu dudit Jugement; sans qu'il puisse être réputé comminatoire, ni qu'il en soit besoin d'autre, & sans que les Juges, pour quelque cause que ce soit, puissent proroger ou renouveller ledit delay.

IX. L'adjudication faite en Justice, & la Sentence ou Arrêt, portant que l'Officier sera tenu de passer Procuration *ad resignandum*, sinon que ledit Jugement vaudra Procuration ; au cas où il ne sera besoin d'adjudication, tiendront lieu de la Procuration de l'Officier, & seront en consequence les Lettres de Provision expediées.

X. Ce qui regarde la preference des Créanciers opposans au Sceau sur ceux qui ont obmis de s'y opposer, sera executé, tant pour le passé que pour l'avenir ; la distribution du prix des Offices par ordre d'hypotheque entre les Créanciers hypothecaires, aura lieu à l'égard des Charges qui seront vendues aprés la date des presentes, soit par Contract volontaire ou autorité de Justice, & la forme de proceder à la vente des Charges, sera observé seulement à l'égard des Charges qui seront saisies depuis la date de nôtre present Edit, lequel nous voulons être executé, nonobstant le contenu en la Coûtume de Paris, même l'article 95. & toutes autres Coûtumes, Stiles & Ordonnances, ausquelles nous avons expressément dérogé & dérogeons par ces presentes.

XI. N'entendons neanmoins comprendre au present Edit les Offices Comptables, à l'égard desquels voulons que celuy du mois d'Août 1669. soit executé, tant pour la forme de proceder à la vente, que pour le Jugement de l'ordre & distribution du prix. Si donnons, en mandement, &c.

Voyez cy-aprés le nombre 108.

107 Dans les saisies, ventes & decrets des Offices de Judicature, il faut se conformer au Reglement de l'Edit du mois de Février 1683. Arrêt du Parlement de Tournay du 21. May 1695. par lequel plusieurs procedures faites sans les formalitez prescrites pour parvenir à l'adjudication de l'Office de Procureur du Roy au Bailliage de Tournay, ont été declarées nulles. Neanmoins, depuis par Arrêt du Conseil d'Etat, rendu au rapport de M. le Controlleur General, le 26. Juillet 1695. il a été permis à François de Grand-Champs demandeur, de faire proceder à la vente aprés trois publications, de quinzaine en quinzaine, sans autre remise, dérogeant pour cette fois seulement au Reglement de l'Edit. *Pinault, tome 1. Arr. 67.*

108 LOUIS, &c. Nous avons par nôtre Edit du mois de Février 1683. ordonné entre autres choses, que les Créanciers opposans au Sceau & expedition des Provisions des Offices, seroient preferez à tous autres Créanciers qui auroient obmis de s'y opposer: Quoyque cette disposition ne fût pas nouvelle, & qu'elle se trouvât dés-lors établie par plusieurs Arrêts, tant de nôtre Conseil que de nos Cours, elle n'a pas laissé de recevoir plusieurs difficultez, particulierement dans les Provinces de nôtre Royaume, où l'on a accoûtumé de faire l'Ordre, avant ou en même temps que le Decret; les Créanciers colloquez par ces Ordres, qui ont eu par-là une espece de droit acquis, ont crû n'avoir plus aucune autre diligence à faire; & ceux qui en consequence de ces collocations avoient touché le prix des Offices par les mains des adjudicataires, ou des Receveurs des Consignations, ont prétendu être encore en plus forts termes, tout étant consommé à leur égard; quelques-unes de nos Cours l'ont même ainsi jugé en leur faveur, & les ont déchargez des demandes en rapport contre eux intentées par d'autres Créanciers, qui s'étoient opposez au Sceau, posterieurement aux Ordres, ce qui a servi de matiere à plusieurs Instances formées en nôtre Conseil en cassation d'Arrêts, & nous a fait juger sur le compte qui nous a été rendu, qu'il étoit necessaire de prendre de nouvelles précautions pour asseurer & faciliter l'execution de nôtre Edit du mois de Février 1683. même dans le cas où les Ordres se font avant le Sceau des Provisions; en sorte que ces précautions étant renduës publiques, les Parties puissent veiller à la conservation de leurs droits sur les Offices par les voyes que nous avons établies, prévenir les surprises où elles pourroient tomber faute d'en être instruites, & éviter la multiplicité & les frais des procés & des nouvelles distributions du prix des Charges. A ces causes, & autres à ce nous mouvans, de nôtre certaine science, pleine puissance & autorité Royale, Nous avons par ces presentes signées de nôtre main, dit, declaré & ordonné, disons, declarons & ordonnons, Voulons & nous plaît.

I Que suivant nôtre Edit du mois de Février 1683. tous Créanciers, même ceux qui auront été deleguez par le Contract de vente de l'Office, & ceux ausquels le débiteur l'aura abandonné pour le payement de leur dû, soient tenus de s'opposer au Sceau des Lettres de Provisions pour la conservation de leurs droits.

II. Pourront neanmoins les Directeurs valablement établis par les Créanciers de l'Officier, s'opposer au Sceau pour la conservation des droits de tous les Créanciers, conformément à l'art. 11. de nôtre Edit du mois de Février 1683.

III. Ordonnons que ceux qui seront opposez, & dont les oppositions seront subsistantes dans le temps du Sceau des Provisions, soient preferez à ceux qui ne seront pas opposez, où dont les oppositions ne se trouveront pas actuellement subsistantes audit temps, encore qu'ils eussent été colloquez anterieurement à eux & qu'ils eussent même reçû les deniers du prix de l'Office. Voulons à cet effet que les Ordres qui en ont été ou seront faits en Justice, ou à l'amiable avant le Sceau des Provisions, ne soient réputez que provisoires, & que les Créanciers utilement colloquez ne puissent toucher leurs collocations, qu'en donnant bonne & suffisante caution.

IV. Défendons à nos Cours, & à tous nos autres Juges qui auront fait l'Ordre avant l'adjudication de l'Office, ou le Sceau des Provisions d'en faire un second, aprés que lesdites Provisions auront été scellées. Voulons que les contestations qui pourront survenir sur le défaut d'opposition au Sceau, entre les Créanciers colloquez dans l'Ordre, soient jugées à l'Audience. Faisons défenses de les appointer, à peine de nullité; & neanmoins en cas qu'il survienne plus de deux Créanciers opposans au Sceau, qui n'ayent pas été colloquez dans l'Ordre, les Juges pourront appointer les Parties à écrire & produire, s'ils le jugent necessaire, dont Nous chargeons leur honneur & conscience, & seront les Parties qui succomberont, condamnez aux dépens en leur nom, sans que dans aucun des cas compris dans le present article, les frais puissent être pris sur les deniers provenans du prix de l'Office.

V. Voulons que conformément à l'Arrêt de nôtre Conseil du 31. May 1631. les oppositions qui seront faites pour deniers au Sceau des Provisions des Offices, demeurent nulles & sans effet aprés l'an expiré, à compter du jour qu'elles auront été signifiées aux Gardes des Rôlles de nôtre Grande Chancellerie, & celles qui regardent le titre des Offices aprés six mois seulement, sauf à les renouveller aprés ledit temps expiré; & neanmoins avant le Sceau des Provisions, declarons nulles toutes celles qui pourroient être formées ou réiterées aprés l'expedition des Provisions.

VI. Ordonnons que la vente des Offices saisis réellement, sera poursuivie séparément de celle des autres biens du debiteur, même dans les cas de discussions generales qui se pratiquent en aucunes de nos Provinces, & au surplus sera nôtre Edit du mois de Février 1683. executé selon sa forme & teneur, dérogeans à tous Usages, Loix & Coûtumes à ce contraires. Si donnons, &c.

Registré au Parlement le 28. Juin 1703. & en la Cour des Aydes le 9. Juillet suivant.

Voyez cy-dessus le nombre 106. où est la Declaration du mois de Février 1683.

OFFICE, DENIERS.

Voyez cy-dessus le nombre 78.

109 Les deniers provenus de la vente d'un Office acquis pendant le mariage, la moitié appartient aux enfans heritiers de leur mere; & si les enfans décedent ensuite, ces deniers appartiennent au pere & non aux heritiers des propres. Arrêt du 22. Decembre 1617. *Chenu, 2. Cent. quest. 85.*

110 Les deniers de l'Office du mary prédecedé, sont réputez meubles, & comme tels ajugez à la femme, en vertu de son don mutuel, en baillant caution contre les heritiers du mary. Prononcé le 30. Juin 1618. *Ibid. question 86.*

OFF   OFF   859

111 Si les deniers procedans de la composition de l'Office du pere, sont immeubles en la succession de l'enfant decedé mineur? *Voyez Bardet*, tome 1. liv. 3. chapitre 30. où est l'Arrêt du 5. Mars 1629. qui appointa les Parties au Conseil. M. l'Avocat General Bignon dit, qu'il faudroit introduire une double fiction contre l'expresse prohibition du Droit, si l'on vouloit donner la qualité de meubles aux deniers procedans de la composition des Offices. *M. Claude Berroyer*, en ses judicieuses reflexions sur *Bardet*, observe que *Du Frêne* s'est trompé au nom de l'ayeule; *& Brodeau*, mieux instruit, *lettre O. somm. 5.* rapporte plusieurs Arrêts, qui ont depuis decidé la question, & jugé que les deniers procedans de la composition de l'Office du pere, sont immeubles en la succession de l'enfant qui est decedé mineur.

112 Arrêt du 14. Mars 1633. par lequel les deniers procedans d'un Office de Conseiller au Grand Conseil, furent jugez propres en la succession du fils au profit de sa sœur, à l'exclusion de la mere. *Voyez le 6. Plaidoyé de M. Gaultier*, tome 1.

M. *Auzanet*, en son *Commentaire sur la Coûtume de Paris*, note 95. cite cet Arrêt, & ajoûte, à plus forte raison si l'Office a passé du pere, oncle ou frere à ses heritiers, mais cela n'a lieu qu'à l'égard des mineurs, en faveur desquels la qualité de propre est conservée, à cause que dans les familles les Offices sont de grande consideration, & sont le principal bien des maisons. Mais au surplus les Offices ne doivent être considerez de nature propre, encore qu'ils ayent passé par succession du pere au fils, de frere à frere, & d'oncle à neveu; pour ce que chaque Officier prenant un nouveau titre du Roy, il est impossible de feindre & se persuader que ce soit un propre de ligne. Et par Arrêt du 26. Mars 1638. donné en l'Audience de la Chambre de l'Edit. plaidant Doublet & Jobert, touchant l'Office de Maître des Comptes de M. de Brion, il fut jugé qu'un frere qui avoit été pourvû de l'Office, par la resignation de son frere, avoit pû en disposer par Testament pour le tout, & non seulement du quint. Il se trouve neanmoins quelques Arrêts differens, & même contraires.

113 Jugé en la Coûtume d'*Anjou* que le prix des Offices de Judicature seroit distribué aux Créanciers privilegiez par préference, & ensuite aux hypothequaires. Arrêt du 13. Août 1677. *De la Guessiere*, tome 4. liv. 1. chap. 5. Ensuite est intervenuë la Declaration du Roy au mois de Février, registrée au Parlement le 23. Mars suivant 1683.

114 Les deniers d'Offices se distribuent à present par ordre d'hypotheque, on ne suit plus l'ancienne Jurisprudence, ni l'article 95. de la Coûtume de Paris; les opposans au Sceau, les privilegiez & les hypothequaires payez; s'il reste des deniers, ils sont distribuez entre tous les autres Créanciers par contribution, sans avoir égard à aucune saisie, &c. suivant l'Edit du Roy, donné à Versailles au mois de Février 1683. registré au Parlement le 23. Mars suivant. *De la Guessiere*, tome 4. liv. 1. chap. 5. & cy-dessus les *nombres* 106. *&* 108.

OFFICE, DISPENSE.

115 De la dispense pour posseder un Office. *Voyez* le mot, *Dispense*, nomb. 87. *& suiv.* & cy-après, *le nombre* 349.

OFFICE, DONATION.

116 Jugé qu'un Office donné à la veuve & aux heritiers, n'est point affecté aux Créanciers du mary. *Bibliot. de Bouchel*, verbo *Office*.

OFFICE, DOUAIRE.

Voyez le mot, *Douaire*, nomb. 159. *& suiv.*

117 *Voyez* le Plaidoyé de M. Talon Avocat General, rapporté dans *Bardet*, tome 1. liv. 2. chap. 99. où sont citez des Arrêts qui ont diversement jugé la question de sçavoir si les Offices sont sujets au douaire, soit préfix ou coûtumier. *Voyez le* Plaidoyé du même Magistrat, *ibid. liv. 3. chap. 30.*

Tome II.

118 Par Arrêt du 27. Juin 1658. donné en la Cinquiéme des Enquêtes, après que deux Conseillers de la Grand'-Chambre & de chacune Chambre des Enquêtes ont assisté au Jugement du procés; il fut jugé que Dame Jeanne Pinon, veuve de Messire Loüis Charpentier, Maître des Comptes, n'avoit point de privilege sur l'Office de son mary pour son doüaire préfix; & que sur le prix d'iceluy elle viendroit par contribution avec tous les autres Créanciers, tant pour son doüaire que pour la restitution de sa dot, & pour son précipur, & interêts d'iceux, nonobstant les Arrêts contraires donnez en la Grand'-Chambre, l'un en l'Audience de la Grand'-Chambre du 23. May 1652. au profit de Françoise Foüin, veuve de Philippes Berault, Trésorier de France à Soissons; & l'autre du 7. Septembre 1652. donné au profit de Catherine Pietre, veuve de François Goüel, pourvû d'un Office de Vendeur de Marée; & le troisiéme du 1. Août 1653. au profit de Catherine le Grand, veuve de François Tardif, Trésorier de France à Orleans. *Voyez Auzanet, sur la Coûtume de Paris, art. 95.*

OFFICE, DROIT ANNUEL.

119 Le Titulaire d'un Office étant decedé sans payer le droit annuel, & le fils en ayant été neanmoins pourvû sur la procuration du pere, les Créanciers n'ont droit de suite contre luy. *Voyez Henrys*, tome 1. liv. 2. chapitre 4. quest. 26.

Voyez cy-dessus le nombre 60. *&* 66.

120 Si un Office ayant été perdu faute d'avoir payé le droit annuel, la femme peut avoir recompense sur les autres biens du mary, lorsqu'elle est heritiere? Cette question s'est presentée au Parlement de Roüen le 12. Mars 1671. & n'a point été decidée; on prononça seulement qu'elle auroit doüaire, sauf les contributions pour le remploi des propres. *V. Basnage, sur l'art. 367. de la Coût. de Normandie.*

ESTIMATION D'OFFICE.

De l'estimation des Offices. *Voyez cy-dessus* le mot,
121 *Estimation*, nombre 55. & Carondas, livre 13. *Réponse* 50.

122 Après la dissolution de la Communauté, l'estimation de l'Office commun se prendra du jour du décés de la femme, & non du jour de l'achat. 3. ou du partage. 4. depuis ledit jour si le mary veut garder l'Office, il en courra les risques. *Loiseau, des Offices, liv. 3. ch. 3. nomb. 6. & suiv.* 4. Id. Chopin, *sur la Coûtume de Paris, liv. 2. tit. 1. nomb. dernier, ubi excipit casum fortuitum.* 4. M. Abraham la Peirere, *en ses Décisions du Palais, lettre C. n. 28.* dit en citant ces Auteurs, *Je ne voudrois pas excepter le cas fortuit venant du Prince*.

123 Jugé au Parlement de Paris le 1. Septembre 1663. qu'un Testateur peut ordonner par son Testament que l'Office dont il est pourvû appartiendra à l'un de ses heritiers pour une certaine somme, à laquelle il a estimé l'Office. Il s'agissoit d'une Charge de Lieutenant Particulier au Présidial de Sens, que l'on disoit valoir plus de 40000. liv. mais on representoit d'un autre côté qu'elle n'avoit coûté en premier lieu que 3000. livres, & qu'elle étoit dans la famille depuis plus de quatre-vingt ans. *Soefve*, tome 2. *Centurie* 2. chapitre 94.

124 Arrêt du Parlement de Provence du 23. Juin 1667. qui a jugé que l'Office compris dans le partage des biens donnez, doit être estimé à la valeur du temps de la donation, non du décés du Donant. *Boniface*, tom. 3. *liv.* 2. *tit.* 1. *chap.* 5.

OFFICE, EXEMPTION.

125 De l'exemption attachée aux Offices de Judicature. *Voyez* le mot, *Exemption*, n. 48. *& suiv.*

DROIT DES FEMMES SUR LES OFFICES.

Voyez cy-dessus le nombre 117.

126 Jugé que la femme ne peut avoir part en l'état de Judicature, dont le mary a été pourvû pendant la Communauté. Arrêt du 15. Février 1605. *Peleus, question* 97. *Voyez aussi la quest. 6.*

QQqqq ij

127 A qui appartient la presentation des Offices du bien d'une femme? Arrêt du mois d'Août 1610. qui confirme le Procureur Fiscal nommé par la Dame Comtesse de Maur, quoyque le Seigneur de Mortemar son mary l'eût révoqué. *Voyez Frain, page* 851.

128 Les augmentations de nouveaux droits attribuez aux Offices d'Elus de Receveurs des Tailles & autres, sont de la même nature que les Offices, & n'augmentent point le tiers par usufruit des femmes. Arrêts du Parlement de Roüen des 20. May 1639. & 12. Juillet 1649. Arrêt semblable du 7. Juin 1665. *Basnage, sur l'art.* 329. *de la Coût. de Normandie.*

129 Sur les Offices de Judicature & Domaniaux, lorsque l'exercice s'en faisoit en des villes, & autres lieux de bourgage, les femmes n'avoient que le tiers par usufruit, & les y prétendoient la moitié en propriété. Arrêt du Parlement de Roüen du 15. Juillet 1642. *Ibidem.*

130 Le Roy en 1634. avoit créé des Offices de Contrôleurs hereditaires des Aydes, qui furent supprimez en l'année 1648. au lieu de remboursement, le Roy se constitua en 418. liv. de rente : la veuve prétendit une moitié en cette rente. Par Arrêt du Parlement de Roüen du 10. Juin 1664. on a jugé deux questions ; la premiere, que ces droits hereditaires, bien qu'ils soient distraits & détachez de l'Office, ne laissent pas de tenir la même nature ; ce qui fait que la femme n'y prendra qu'un tiers par usufruit : la seconde, qu'il n'y a proprement d'Offices hereditaires que les Domaniaux, comme les *Greffes & les Tabellionages* ; & bien que les autres par leur création soient qualifiez hereditaires, on ne les répute point de cette qualité, lors qu'il s'agit de regler les droits entre la veuve & les heritiers. *Ibidem.*

131 L'Arrêt du sieur Daurai a jugé que la femme n'avoit qu'un tiers par usufruit sur un Office de Receveur des Tailles, encore, qu'à proprement parler, ce ne soit pas un Office de Judicature. Arrêt semblable du 12. May 1650. pour un Office de Receveur des Decimes, qui est hereditaire, par lequel on ajugea le tiers par usufruit à la veuve. Autre Arrêt semblable du 17. Février de la même année, pour un Office de Procureur en la Cour, par lequel n'eut qu'un tiers par usufruit, sur le prix de l'Office. *Basnage, sur l'art.* 329. *de la Coût. de Normandie.*

132 Par Arrêt du Parlement de Roüen du 2. Decembre 1655. en émendant la Sentence, il fut ordonné que la veuve rendroit aux heritiers ce qu'ils avoient payé, parce qu'elle auroit part au revenu des droits attribuez à l'Office de Président en l'Election d'*Evreux.* Ibidem. *sur l'art.* 504.

133 Entre un Legataire aux meubles & heritier aux immeubles, lequel doit payer la taxe imposée sur un Office ? *Ibidem.*

134 L'Office perdu par negligence, n'empêche pas la femme de demander son doüaire sur les autres biens du mary. Arrêt du Parlement de Roüen du 7. Juillet 1664. Autre du 21. Juin 1673. pour la veuve du sieur d'Auzouville, Conseiller au même Parlement, dont la Charge avoit été perduë faute de payer le droit annuel ; il fut dit que le prix de l'Office estimé 85000. livres, seroit remplacé sur les conquêts faits par son mary, avant qu'elle y pût prendre part. *Basnage, sur l'article* 408. *de la Coût. de Normandie.*

135 Les femmes ont seulement le tiers en usufruit aux Offices acquis pendant leurs mariages, encore qu'ils soient hereditaires. Arrêté du Parlement de Roüen, les Chambres assemblées, le 6. Avril 1666. art. 72. *Basnage, tome* 1. *à la fin.*

136 Une mere tutrice de ses enfans, qui poursuit la récompense d'un Office que son mary possedoit, ne peut se faire donner une part en l'Office, ou en la récompense accordée au lieu du doüaire qu'elle auroit pris sur l'Office, s'il n'avoit pas été perdu ; la mere tutrice étant obligée de conserver les interêts de ses enfans comme les siens, ce seroit une prévarication de sa part, si profitant de leur foiblesse, elle se faisoit donner plus qu'il ne luy auroit appartenu. Il n'en est pas de même pour les Offices de la Maison du Roy, comme il a été jugé par Arrêts du Parl. de Roüen du mois d'Août 1678. & 27. Mars 1681. après le décés de Jacques le Blanc, Garde du Corps, M. le Comte de Charôt donna à la veuve 6600. liv. moitié pour elle & l'autre pour ses enfans. Le sieur Buquet Medecin, qui avoit épousé une de ses filles, prétendit que nonobstant la donation elle ne pouvoit avoir qu'un tiers en doüaire, parce que cette donation appartenoit aux enfans de celuy qui avoit acheté l'Office de ses deniers. On répondoit que ce qui se pratique pour les meres tutrices qui ont obtenu récompense des Offices dont leur mary étoit pourvû, n'avoit pas lieu pour les Charges de la Maison du Roy, qui ne sont point d'un commerce libre, lesquelles dépendent absolument du Roy ; ainsi les 6600. liv. étant donnez à cette condition, la Loy ne pouvoit être violée. *Basnage, sur l'article* 267. *de la Coûtume de Normandie.*

OFFICES HEREDITAIRES.

137 L'on faisoit autrefois distinction entre les Offices hereditaires & domaniaux, & ceux qui ne l'étoient point, tels que les Offices de Judicature ; les Offices Domaniaux & Hereditaires, sont les Tabellionages, les Greffes de toutes sortes de Jurisdictions, & autres pareils Offices, dont la fonction & l'exercice ne sont point attachez à la personne ; comme ils ont en en quelque façon un être réel, une assiette ferme, & une subsistance perpetuelle en un lieu, ils se partageoient suivant la Coûtume du lieu où l'exercice s'en faisoit, & par ce moyen les femmes y avoient moitié, si l'exercice de ces Greffes, & autres pareils Offices, se faisoit en bourgage. Ainsi jugé au Parl. de Roüen le 13. Août 1647. *Basnage, sur la Coût. de Normandie, art.* 329.

OFFICES, HYPOTHEQUE.

138 Celuy qui a prêté ses deniers pour achetter un Office, est préferé à tous Créanciers sur le prix d'iceluy, même contre la femme pour sa dot, quoyqu'il fût posterieur en date. Arrêt du Parlement de Toulouse du 21. Juillet 1593. *Papon, liv.* 11. *tit.* 3. *n.* 17.

139 Par Arrêt parti de la Grande & premiere Chambre des Enquêtes, & départi en la seconde Chambre le 21. Juillet 1593. le Créancier qui a prêté l'argent pour l'achat d'un Office ou d'un fond, est préferé à tous autres Créanciers, même à la femme pour sa dot sur le prix provenant de la vente de la chose achetée de l'argent du Créancier. De même, le 24. Octobre 1592. en la Grand-Chambre, une femme d'un Receveur des Amendes de la Cour fut alloüée après le Roy, sauf à ce fonds acheté de l'argent de sa dot. *Carondas, livre* 9. *Réponse* 7.

140 Offices n'ont point de suite par hypotheque sur les tiers détenteurs, quand il n'y a point de saisie qui precede la résignation admise. Arrêt du Parlement de Paris du 11. Mars 1600. *Voyez les Plaidoyers de Corbin, chapitre* 94.

141 L'Office venal & hereditaire n'avoit suite par hypotheque. Prononcé le 11. Mars 1606. *Chenu,* 2. *Cent. question* 27. La Jurisprudence a varié par Edit du mois de Février 1683. registré le 23. Mars suivant, par lequel l'Office venal est immeuble, & a suite par hypotheque. *Voyez cy-dessus le nombre* 106.

142 Les Offices étant reputez immeubles, sont sujets aux hypotheques. Arrêt du Parlement de Roüen du 12. May 1622. *Basnage, sur l'article* 319. *de la Coûtume de Normandie.*

143 Créancier ayant prêté à la mere une somme employée à l'achat d'un Office pour son fils, ne peut agir contre le fils qui a renoncé à la succession de sa mere ; ni la contraindre d'abandonner l'Office. Jugé au Parlement de Paris le 9. Février 1638. *Bardet, tome* 2. *liv.* 7. *chapitre* 11. Alors les Offices n'étoient point susceptibles d'hypotheque.

144. L'Office de Notaire peut être pourſuivi par hypotheque ſur l'acquereur. Arrêt du 23. Juillet 1669. De la Gueſſ. tome 3. liv. 10. ch. 25.

145. Créanciers qui avoient prêté leurs deniers pour l'achat de l'Office du Greffier Baugé, preferez aux Créanciers qui avoient conſigné leurs deniers en ſes mains, attendu que Baugé n'étoit pas Receveur des Conſignations. Arrêt du 7. Août 1671. Ibid. liv. 5. ch. 15.

146. La ſaiſie réelle d'un Office avec oppoſition au Sceau, l'Officier l'ayant vendu ſans que le ſaiſiſſant ſe ſoit oppoſé au Sceau, aux Proviſions d'un tiers acquereur, eſt ſuffiſante pour conſerver ſon droit d'hypotheque. Arrêt à la Cour des Aydes du 22. Août 1673. Journ. du Palais. Voyez cy-après le nombre 170.

147. Femme ſéparée de biens & qui s'oblige pour ſon mary vers le Créancier qui prête ſes deniers pour payer le vendeur de l'Office ſans ſubrogation, la Sentence arbitrale portoit que les parties recevroient concurremment; la Sentence infirmée, & ſur le prix de l'Office les Minimes de Nigeon ſeroient payez par preference & privilege, tant du principal que des arrerages. Arrêt du 3. Juillet 1676. De la Gueſſ. tome 3. liv. 10. chapitre 1.

148. Créanciers ſur le prix de l'Office d'un Procureur, quand il a été condamné pour reſtitution de dommages, interêts & dépens, pour raiſon du fait de ſa Charge; idem, d'un Huiſſier, pour les deniers qu'il a touchez procedans des ventes par luy faites en public, le 12. Mars 1680. De la Gueſſiere, tome 4. liv. 8. chap. 10. où il rapporte des Arrêts du 7. Septembre 1654. entr'autres l'Arrêt de Baugé & de Boiſvinet Greffiers, où il n'y eut point de privilege, du 7. Août 1671. rapporté dans le Journal du Palais, V. cy-deſſus le nomb. 145. & l'Arrêt de Poliac du 16. Avril 1658.

149. Le prix de l'Office de Préſident en l'Election de Clermont Ferrand, païs de Droit écrit, doit être diſtribué par ordre d'hypotheque entre les Créanciers. Jugé au Parlement de Paris le 19. Juillet 1681. Journal du Palais. Autre Arrêt du 22. Juin 1683. rapporté dans le même Journal.

150. Reglement general pour l'hypotheque que le Roy prétend avoir ſur les Offices non comptables, & ſur les rentes appartenantes à ſes Officiers comptables, & les oppoſitions qui peuvent y être formées pour ce qu'ils ſe trouveront redevables. LOUIS, &c. Salut. Par nôtre Edit du mois d'Août 1669. Nous avons déclaré que nous conſervions nôtre hypoteque ſur les Offices non comptables, Fermiers & autres ayans le maniement de nos deniers, encore qu'il n'y eût aucune oppoſition faite en nôtre nom au ſceau des Proviſions: & par nôtre Declaration du 4. Novembre 1680. Nous avons ordonné que pour purger nôtre privilege & hypotheque ſur les rentes conſtituées par Nous ſur nos Fermes & revenus appartenans aux Comptables, les Acquereurs ſeroient tenus d'en faire ſignifier les Contracts d'acquiſition à nos Procureurs Generaux en nos Chambres des Comptes, dans le reſſort deſquelles leſdites rentes ſont ſituées, & de retirer leur conſentement avant l'expedition des Lettres de ratification, lequel noſdits Procureurs Generaux ne pourroient donner qu'au cas que les Comptables alors, ou leurs Auteurs ne nous fuſſent point redevables, & euſſent rendu, apuré, & fait paſſer leurs comptes à la correction, à peine d'en répondre en leur propre & privé nom: Depuis leſquelles diſpoſitions la plûpart de nos ſujets font difficulté d'acquerir leſdits Offices ou rentes appartenantes auſdits Comptables, tant à cauſe des longueurs & des frais des decrets qu'ils croyent être obligez d'en faire faire en nos Cours des Aydes pour purger nôtre hypotheque, que du refus que font nos Procureurs Generaux de donner leur conſentement pour le défaut de correction des comptes, ce qui prive les Comptables & autres du ſecours qu'ils peuvent tirer de la vente deſdits Offices & rentes dans la neceſſité de leurs affaires: toutes leſquelles difficultez, nous avons jugé à propos de lever pour rétablir le commerce & vente deſdits Offices & rentes, ſoûtenir le credit deſdits Comptables, Fermiers & autres ayant le maniement de nos deniers, leur donner moyen de s'aider du prix deſdites rentes & Offices, & donner aux Acquereurs toute la ſeureté qu'ils peuvent deſirer. A ces cauſes, &c.

ART. I. Qu'à l'avenir ceux qui acquerront d'un Comptable, Fermier ou autres ayans le maniement de nos deniers, des Offices non comptables, ou rentes ſur nous, ſeront tenus de ſignifier le Contract d'acquiſition à nos Procureurs Generaux de nos Chambres des Comptes & Cour des Aydes dans le reſſort deſquelles leſdits Offices s'exercent, & rentes ſont payées, pour dans la quinzaine après leſdites ſignifications, former par noſdits Procureurs Generaux leurs oppoſitions ſans frais és mains du Garde des Rolles ou du Conſervateur des hypotheques, ou donner leur conſentement à l'expedition des Lettres de Proviſion deſdits Offices ou des Lettres de ratification deſdites rentes, ſinon après ledit temps de quinzaine paſſé ſur le Certificat du Garde des Rôles ou du Conſervateur des hypotheques, portant qu'il n'y a aucunes oppoſitions, leſdites Lettres de Proviſion ou de ratification ſeront ſcellées purement & ſimplement ſous le contreſcel deſquelles ſeront attachés leſdits Contracts, Signification & Certificat.

II. Les oppoſitions ſeront libellées & ne pourront être faites que pour la reddition de compte, dont le Vendeur & les précedens proprietaires deſdits Offices & rentes auront été tenus pour les charges ſubſiſtantes ſur les comptes rendus par le Vendeur ou les précedens Proprietaires deſdites Offices & rentes, ou pour les condamnations intervenuës contre eux à nôtre profit en noſdites Chambres des Comptes & Cour des Aydes, ou par Arrêt rendu en nôtre Conſeil, & Rôlles arrêtez en iceluy, & ſeront les conteſtations ſur leſdites oppoſitions reglées & jugées ſommairement ſur ſimples Requêtes reſpectives en nos Chambres des Comptes ou en nôtre Cour des Aydes ou en nôtre Conſeil, s'il y échoit.

III. S'il n'y a alors aucuns comptes à rendre par le Vendeur ou par les précedens proprietaires deſdits Offices & rentes, aucunes dettes, ni charges ſur les comptes rendus, ni aucune condamnation à nôtre profit, nos Procureurs Generaux donneront leur conſentement, encore que les comptes n'ayent été corrigez, lequel demeurera attaché ſous le contreſcel deſdites Proviſions ou Lettres de ratification, ſans qu'ils demeurent reſponſables envers nous deſdits conſentemens, dont nous chargeons leur honneur & conſcience.

IV. Declarons que les Offices non comptables ou rentes venduës en la maniere cy-deſſus, ne pourront être tenuës ni hypothequées à plus grandes charges & ſommes que celles portées par leſdites oppoſitions libellées, & qu'après le conſentement de nos Procureurs Generaux, ou après que leſdites Lettres auront été ſcellées ſans aucune oppoſition de leur part, leſdits Offices & rentes ne ſeront plus ſujets à nos Privileges & hypotheques, & ceux qui les auront acquis ne pourront être troublez ni inquietez de nôtre part pour quelque cauſe & prétexte que ce ſoit dans la poſſeſſion & jouïſſance deſdits Offices & rentes.

V. Voulons au ſurplus que nos Edits du mois d'Août 1669. & Declaration du 4. Novembre 1680. en ce qui ne ſe trouvera contraire à ces preſentes, ſoient executés ſelon leur forme & teneur. Si donnons, &c. Donné à Verſailles le 5. Juillet 1689. regiſtré en la Chambre des Comptes le 11. du même mois. Journal des Audiences, tome 5. liv. 5. chap. 21.

OFFICES INCOMPATIBLES.

151. Incompatibilité des Offices Royaux. Voyez le mot, Incompatibilité; nomb. 31. & ſuiv.

152. L'Office de Préſident en l'Election & d'Avocat du

QQqqq iij

Roy au Siége Royal & Election font incompatibles. Arrêt de la Cour des Aydes rapporté par *Filleau*, part. 2. tit. 6. chap. 36.

153 Officier tenant deux Offices ne peut être privé de l'un sans être oüi, ou il peut opter l'autre. *Voyez Philippi és Arrêts de la Cour des Aydes de Montpellier*, article 121.

154 Par Arrêt du Parlement de Bretagne du 21. Mars 1559. ordonné que les Juges de Rogaires & longs-Jours de l'Evêque de Nantes qui tiennent Offices Royaux, viendront en personne en la Cour opter, lequel des deux Offices ils veulent retenir ; cependant défenses d'exercer aucuns d'iceux états. *Du Fail, liv. 3. chap. 18.*

155 Par Arrêt du Parlement de Bretagne du 21. Octobre 1561. la Cour condamne M. Guy Coëtlan à opter dans &c. lequel des deux états ou de Conseiller Présidial à Quimpercorentin, ou de Procureur Fiscal en la Cour seculiere de S. Paul de Leon, il veut choisir, le temps passé, il est suspendu, luy reserve toutefois la Cour son recours vers l'Evêque de Leon qui est Demandeur en Requête, auquel il prétend avoir donné finance pour l'état de Procureur, défenses au contraire. *Du Fail, liv. 2. chap. 144.*

156 M. Pierre d'Argentré Official de Rennes, est pourvû d'un état de Conseiller Clerc au Siége Présidial de Rennes. Par Arrêt du Parlement de Bretagne du 17. Septembre 1576. il est ordonné que d'Argentré viendra en la Cour opter lequel des deux Offices d'Official de Rennes, ou Conseiller Clerc, il voudra exercer. *Ibid. chapitre 546.*

157 Sentence du Châtelet de Paris du 18. Juillet 1618. faisant droit sur les Conclusions des Gens du Roy, pour raison de ce que le Procureur Fiscal de Verrieres & Anthony, exerce tant la Charge de Fisc, que la recepte desdits Seigneurs ; ordonné que dans huitaine les Religieux de S. Germain des-Prez Seigneurs, seront tenus de faire opter l'une desdites Charges qu'il prétend faire exercer, & de ce en apporter acte aux Gens du Roi, & à faute de ce, luy avons fait défenses de prendre qualité de Procureur Fiscal. *V. les Chartres des Notaires, chap. 18.* où est l'Arrêt confirmatif du 1. Septembre 1619.

158 Un Officier au Siége superieur le peut être au Siége inferieur. Arrêt du 7. Septembre 1624. *Henrys, tome 1. liv. 2. chap. 1. quest. 1.* Le même *Henrys, tome 1. au même liv. 2. chap. 4. quest. 24.* rapporte un Arrêt du Conseil Privé du 15. Novembre 1639. qui a jugé que le Président de Bar-sur-Seine, qui étoit Prévôt, opteroit dans six mois. *Voyez Chenu des Offices de France, tit. 9.* où il est parlé de l'incompatibilité des Offices.

159 Arrêt du 4. Février 1625. par lequel la Cour faisant droit sur les Conclusions de M. le Procureur General, fit défenses à un Conseiller au Présidial de Meaux & Assesseur en la Prévôté d'exercer aucun Office de Judicature subalterne tant & si longuement qu'il seroit Officier & Juge Royal. *Bardet, tome 1. livre 2. ch. 31.*

160 Arrêt du Parlement de Mets du 18. Janvier 1638. qui ordonne que le Lieutenant à la Justice souveraine de Mouzon, sera tenu de se demettre dans six mois de l'Office d'Avocat du Roy dans la même Justice. *Voyez le 29. Plaidoyé de M. de Conberon.*

OFFICES LEGUEZ.

161 Les Offices ne sont propres qu'entre les heritiers, & non pas contre le Titulaire.

Un homme peut disposer de son Office par donation, par Testament comme d'un meuble, sans que le legs soit reductible au quint dans la Coûtume de Paris, suivant l'art 292.

La Declaration du Roy de l'année 1683. ne parle que du prix des Offices, sans apporter aucun changement ni à leur nature, ni à leur qualité. Ces questions ont été jugées le 4. May 1691. en la quatriéme Chambre des Enquêtes du Parlement de Paris. *Journal des Audiences, tome 5. liv. 8. chap. 11. Voyez cy-après le nombre 190. & suiv.*

OFFICE, LIEUTENANT.

162 Le Lieutenant Criminel peut assister aux Audiences civiles, & y avoir séance immediatement après le Lieutenant Civil, sans qu'il puisse assister ni présider au Jugement des Procés. Arrêt du 24. Novembre 1656. *Henrys, tome 2. livre 2. quest. 25.*

Voyez le mot Lieutenant, & cy-après le nomb. 437.

OFFICIERS, MARECHAUSSE'E.

163 Si les Offices de Maréchaussée sont hereditaires ? *Voyez le mot Heredité.*

Touchant la nature & qualité de ces Offices. *Voyez le mot Maréchaussée.*

OFFICES, MEUBLES OU IMMEUBLES.

164 Office venal est immeuble. *Voyez M. le Prêtre, 2. Cent. chap. 402. & M. Loüet, lettre O. somm. 5.*

165 Les Offices venaux de Judicature se partagent suivant le domicile du Titulaire, quant aux Offices & droits domaniaux & hereditaires de nouvelle création, comme Garde des petits Sceaux, Controlleurs des Titres, Marqueurs des cuirs, &c. ils se partagent suivant le domicile des défunts titulaires. Arrêt du 22. Février 1629. *Du Frêne, liv. 2. chap. 34.*

166 Pour le partage des Offices de Greffiers, soit des Jurisdictions ordinaires ou extraordinaires, ils se partagent suivant la Coûtume des lieux où s'en fait l'exercice, avec cette distinction que les nouveaux droits y attribuez se doivent partager suivant la Coûtume du domicile du Proprietaire. *Brodeau, sur M. Loüet, lettre R. somm. 31. nomb. 14. Tronçon, Coûtume de Paris, art. 304. verbo, Rapporter, fine* où il rapporte l'Arrêt de du Frêne, de 1629.

167 Les Offices sont reputez immeubles & la vente d'un Office dont le mary seroit saisi avant son mariage est sujete à remploy, tant pour les droits de la femme que pour le tiers coûtumier des enfans. Arrêts du Parlement de Roüen des 18. Decembre 1656. 3. Mars 1657. & 12. Juin 1660. Le contraire se jugeoit auparavant. *Voyez Basnage sur l'art. 329. de la Coûtume de Normandie.*

168 L'article 338. de la Coûtume de Normandie porte, *& au cas que l'aîné choisisse ledit Fief noble par préciput, il laisse le reste de la succession à ses puînez.* Jugé au Parlement de Roüen le 7. Août 1660. que les Offices comme immeubles appartiennent aux puînez ; & que les aînez qui prennent précipur sont exclus d'y avoir part. *Voyez Basnage sur cet article,* où il observe que le 14. Mars 1678. le sieur Dalo fut déchargé de rapporter le prix d'un Office de Secretaire du Roy comme étant un meuble ; mais cet Arrêt n'a pas été suivi, la Jurisprudence qui repute les Offices immeubles, tant à l'égard des femmes qu'autres coheritiers étant établie par un grand nombre d'Arrêts, il en cite un du 22. Mars 1680.

169 Arrêt du Parlement de Provence du 3. Avril 1674. qui a jugé que les Officiers des Censals ou Courretiers Jurez dans la ville de Marseille sont en commerce & font fonds aux heritages. *Boniface, tome 3. liv. 3. tit. 1. chap. 6.*

Les dernieres Declarations rapportées cy-dessus *au nombres 106. & 108.* ne permettent plus de douter que les Offices sont veritables immeubles.

OPPOSITION AU SCEAU.

Voyez cy-dessus le nomb. 146.

170 Les Saisissans sur le prix d'un Office entre les mains de celuy qui a traité, ne laissent de venir à contribution avec les opposans au Sceau. Arrêt du 22. Janvier 1647. *Du Frêne, liv. 4. chap. 46.* La Jurisprudence a varié.

171 Arrêt du Parlement de Provence du 28. Janvier 1672. qui a jugé que l'Office saisi *in vim judicati* ne peut être resigné, & que les Provisions expediées ne nuisent pas au saisissant qui ne s'est point opposé au sceau. *Boniface, tome 3. liv. 3. tit. 1. chap. 8.*

172 Autre Arrêt du même P. de Provence du 30. Juin 1677. qui a jugé que le Créancier qui s'est opposé au

Sceau, n'est pas préferable aux Créanciers anterieurs, l'Officier n'ayant point resigné l'Office, & étant mort revêtu d'iceluy; l'affaire avoit d'abord été partagée. *Ibidem, chapitre 4.*

173 Edit du mois de Février 1683. pour établir la préference des Créanciers opposans au Sceau sur le prix des Offices. *Voyez les Edits & Arrêts recueillis par l'ordre de M. le Chancelier en 1687. & cy-dessus le nomb.* 106.

174 Arrêt du Parlement de Grenoble du 4. Septembre 1687. qui a jugé qu'un pere ayant resigné son Office de Conseiller au Parlement à son fils purement & sans condition, & le fils en ayant été pourvû par le Roy, sans opposition au Sceau de la part des Créanciers du pere, le Sceau a purgé toutes les hypotheques, & le prix de l'Office declaré appartenir aux Créanciers du fils. *Boniface, tome 3. liv. 3. tit. 1. chap. 7.*

175 Une opposition au sceau d'un Office, faite sans être libellée & sans dire en quelle qualité on la prétendroit faire, est limitée dans les termes ausquels elle est conçûë. Arrêt du Parlement de Paris le 24. Février 1688. confirmatif de la Sentence du Châtelet. La Sentence ordonnoit en consequence de l'opposition au sceau formée par Catherine Eussroy, veuve de Claude de la Noüe Huissier au Grand Conseil, que les deniers procedans du prix de cet Office portez au tresor Royal luy seroient baillez en deduction des sommes à elle dûës pour restitution de ses deniers dotaux, conventions matrimoniales, & indemnitez, avec dépens. *Journal des Audiences tome 5. liv. 4. chap. 2.*

Voyez cy-dessus le nomb. 108. & cy-après le mot, *Opposition. §. Oppositions au Sceau.*

PARTAGE DES OFFICES.

176 Offices de Garde du petit Scel & des Controlleurs des cuirs & autres domaniaux, se partagent suivant la Coûtume du domicile du Proprietaire. Arrêt du 22. Février 1629. *Du Frêne, liv. 2. chap. 34.* Du partage d'entre l'ancien Proprietaire & du nouveau, *Voyez Henrys, tome 1. liv. 2. chap. 4. quest. 25. & Auzanet, sur la Coûtume de Paris, art. 95.*

177 Offices de Greffier ancien, alternatif & triennal, & de Maître Clerc, se partagent suivant la Coûtume du lieu où s'en fait l'exercice, mais les droits qui y ont été attribuez de nouveau se partagent suivant la Coûtume du domicile du Proprietaire; ainsi jugé le 9. Août 1634. *Bardet, tome 2. liv. 3. chap. 36.*

Voyez *cy-après le mot Partage, nomb.* 135. *& 136. & le mot Succession.*

OFFICES, PARTIES CASUELLES.

178 Un Office dont le mary étoit pourvû, est tombé aux Parties Casuelles faute de payement du droit annuel; question de sçavoir si la veuve de l'Officier ayant payé la taxe après sa mort peut conserver l'Office, cet Office est censé appartenir à la veuve ou être un effet de la succession de son mary, deduction ou remboursement à elle fait de la taxe payée? *Voyez Du Plessis 28. Consultation.*

179 Un Office tombé aux Parties Casuelles étant taxé au profit du Roy, la veuve de l'Officier, ses heritiers ou ayans cause, sont preferables à un étranger, qui l'auroit levé long-temps après. Arrêt du 22. Decembre 1654. *Du Frêne, liv. 8. chap. 4.*

180 Les Offices levez aux Parties Casuelles, tant par les enfans qui ont renoncé à la succession du défunt Titulaire leur pere, que par leur mere veuve qui a renoncé à la communauté, sont affranchis des dettes du défunt, & les Créanciers du défunt non recevables d'offrir le remboursement de la taxe aux Parties Casuelles. Arrêts du Conseil d'Etat des 23. Decembre 1679. & 20. Juillet 1680. *Journal du Palais.*

OFFICE, PERE.

181 Enfans preferez és Charges & états de leurs peres. *V. Philippi, és Arrêts de la Cour des Aydes de Montpellier, art. 141. & 147.*

182 Le fils qui a été pourvû de l'Office acquis par le pere, peut ê re responsable du prix, quoyque le pere qui l'avoit acheté avec le fils, en ait fait seul la promesse. Arrêt du 11. Juillet 1650. *Henrys, tome 1. liv. 4. chap. 6. quest. 112.*

OFFICES DE PRESIDENS.

183 Offices de Président aux Elûs jugez venaux: Arrêt du Parlement de Paris du 9. Janvier 1606. qui déboute le saisi de son appel du decret, quoyqu'il alleguât précipitation, & défaut d'insinuation de la saisie à M. le Chancelier. *Plaidoyers de Corbin, chap. 7.*

184 Le vendeur d'un Office de Président de nouvelle création dans un Présidial, ne peut en diminuer les fonctions & prerogatives pour les attribuer à l'Office d'ancien Président au même Siége, dont il est revêtu. Arrêt du Conseil du Roy du 11. Août 1692. il s'agissoit d'un Office de Président au Mans, il fut ordonné qu'il seroit passé outre au Sceau & expedition des Provisions des Offices de Présidens, avec la qualité de Président seulement, sans qu'en icelles l'une & l'autre des Parties puissent prendre la qualité de Premier Président, ni prétendre aucuns droits de préseance ou prerogatives que suivant l'ordre de leur reception. *Journal du Palais, in fol. tome 2. page 811.*

Voyez cy après le mot Président.

OFFICE, PROCURATION.

185 Arrêt portant que le Debiteur passera Procuration *ad resignandum* de son Office, sinon l'Arrêt vaudra Procuration, cela équipole à une opposition au Sceau pour la seureté du Créancier, le 2. Avril 1650. *Du Frêne, liv. 6. chap. 4.*

OFFICE DE PROCUREUR.

185 bis Des Procureurs postulans és Elections & Greniers à sel, avec l'Edit de Création en titre d'Office. *Voyez Chenu, Offices de France, tit. 28.*

186 Arrêt du Parlement de Toulouse du 17. Juillet 1603. qui juge que les états de Procureur de la Cour ne peuvent être saisis ni mis en distribution par les Créanciers; parce qu'encore que les ventes ou compositions privées en faveur de mariage en soient tolerées, neanmoins la Cour admet les résignations gratuitement, sauf si c'étoit un Créancier qui eût prêté pour acheter ledit Office, ou que le vendeur ne fût payé du prix convenu: auquel cas il peut requerir qu'à l'effet du payement le debiteur soit contraint de résigner à autre, & jusques à ce que l'exercice luy en soit interdit. *La Rochestavin, liv. 2. tit. 1. art. 11.*

187 Reception du Procureur surnumeraire rejettée, & que les anciens pourvûs peuvent résigner. Arrêt du Parlement de Bretagne du mois de Septembre 1632. *Frain, page 775.*

188 La Charge d'un Procureur de la Cour trouvée dans les effets d'un Marchand après son décés, a été déclarée immeuble, par Arrêt du Parlement de Roüen du 13. Août 1681. *V. Basnage, sur l'art. 329. de la Coût. de Normandie,* où il est observé que depuis peu les deniers provenus de la vente d'un Office de Vendeur de Poisson, avoient été déclarez immeubles.

Voyez cy-après le mot, Procureurs.

189 Le Procureur du Roy est obligé de présenter en personne ses Lettres de Provision au Prévôt, & se faire installer avant qu'il puisse exercer sa Charge, avec Reglement plus particulier pour la fonction de leur Charge. Arrêt du Grand Conseil du 30. Septembre 1654. *Henrys, tome 2. liv. 2. quest. 39.*

OFFICES, PROPRES.

Voyez *cy-dessus le nombre 61.*

190 Office de Maître des Comptes donné en directe, ne devient propre au donataire pour l'empêcher d'en disposer par Testament. Arrêt du Parlement de Paris du 26. Mars 1658. *Bardet, tome 2. liv. 7. ch.* 68.

191 Un Office donné par le pere à son fils, n'est reputé propre paternel en la succession de l'Officier, & adjugé à la sœur germaine, à l'exclusion de ses freres uterins. Arrêt du 15. Decembre 1653. *Du Frêne, livre 7. chapitre 28.*

192 Office acquis par un pere pendant sa premiere Communauté, & conservé aprés le décés de sa femme, & pendant un second mariage, luy est toûjours demeuré propre, il appartient aux enfans du premier lit la moitié du prix tiré de la Communauté, & non la moitié du prix au temps du décés. Arrêt de relevée du 27. Février 1655. Du Frêne, liv. 8. chap. 11.

192 bis. Les Offices sont propres dans les successions. Voyez le mot, Propres, nomb. 90. & suiv.

RAPPORT DES OFFICES.

Voyez cy-dessus le nomb. 64. & suiv.

193 Arrêt du Parlement de Bretagne du 19. Octobre 1554. qui ordonne le rapport d'un Office d'Auditeur en la Chambre des Comptes, déduit l'argent & frais de reception ; il fut ordonné que nouvelle estimation seroit faite de la Charge. Du Fail, liv. 1. ch. 64.

194 Un homme avoit donné à son fils en avancement d'hoirie, un état de Grenetier. Ce fils prédecede relictis liberis ; les enfans renoncent à la succession, & succedent à l'ayeul, avec d'autres. On veut leur faire rapporter l'Office de Grenetier ; ils disent qu'ils succedent à l'ayeul suo jure sui, non par representation de leur pere, à la succession duquel ils ont renoncé. Par Arrêt prononcé en Robes rouges le 14. Août 1564. jugé qu'ils rapporteront. V. la Bibliot. du Droit François, par Bouchel, verbo, Rapport.

195 Jugé au Parlement de Bretagne le 9. Septembre 1567. que l'Office d'Huissier, c'est-à-dire, l'argent qu'il a coûté, & les interets de l'argent de la composition d'icelay, seroient rapportez en partage. Du Fail, liv. 1. chapitre 260.

196 Huissier condamné par Arrêt du Parlement de Bretagne du 19. Avril 1569. de rapporter au partage la moitié de 950. écus, prix de son Office ; il est vrai qu'il l'offroit. Du Fail, liv. 2. chap. 373.

197 Office de Conseiller en la Cour, ou autre de Judicature, résigné par le pere à son fils, n'étoit sujet à rapport. Arrêt du Parlement de Paris du 7. Septembre 1582. pour le sieur Favier fils. Il faut observer qu'alors les Charges n'étoient point venales. Papon, liv. 21. titre 7. nombre 9.

198 Office de Judicature acquis pendant la Communauté, n'est sujet à rapport pour moitié du prix, en faveur de l'heritier ou créancier de la femme. Jugé pour M. Goureau Maître des Requêtes, le 15. Février 1605. Papon, liv. 21. tit. 7. n. 9. & les Plaidoyers de M. Servin.

199 Par Arrêt du Parlement de Roüen du 20. Decembre 1599. rapporté par Berault, sur l'art. 434. de la Coûtume de Normandie, il a été jugé que le prix d'un Office seroit rapporté sur l'estimation qui en seroit faite, eû égard à la valeur du temps du décés du pere, & non du temps que ledit pere l'avoit acheté ; ce qui se juge autrement au Parlement de Paris, suivant le sentiment de Loyseau, liv. 3. des Offices, chap. dernier.

200 Arrêt du Parlement de Provence du 4. Mars 1604. qui déclara les Offices sujets au rapport. Boniface, tome 3. liv. 3. tit. 1. chap. 9. Il observe qu'aux termes d'une Declaration du Roy du 15. May 1583. registrée au Parlement de Provence le 2. Juillet suivant, la maxime ancienne étoit que les pourvûs des Offices de Judicature par résignation, vacation ou autrement, n'étoient point sujets à rapporter, précompter, ou rabbattre, le tout ou partie de la valeur & estimation d'iceux, en partageant avec leurs collateraux. Mais depuis l'établissement du droit annuel, les Offices ont été jugez immeubles, & sujets au rapport. V. Brodeau, sur la Coûtume de Paris, art. 95.

201 Du rapport des Offices entre enfans, & si l'Office ayant été donné pour un prix, celuy qui en est revêtu doit rapporter le corps d'iceluy, ou l'estimation ? Par Arrêt du 3. Mars 1656. la cause fut appointée au Conseil. M. l'Avocat General Bignon avoit conclu en faveur des enfans, soûtenant que la somme de 16000. liv. & non le corps de l'Office devoit être rapporté. Soëfve, tome 2. Cent. 1. chap. 15.

202 Les Offices sont sujets à rapport, & l'estimation s'en doit faire selon leur valeur au temps de la donation ; comme il fut jugé au Parlement de Roüen le 25. Février 1669. Basnage, sur la Coûtume de Normandie, article 434.

203 D'une Charge achetée & donnée par un pere à son fils, le rapport en doit être fait à sa succession, suivant le prix de l'acquisition & de la donation, qui en contenoit l'estimation, & non de la valeur au temps du décés du pere. Arrêt du Parlement de Paris du 31. Août 1696. Journal des Audiences, tome 5. liv. 12. chapitre 24.

Voyez cy-aprés le mot, Rapport, nombre 130. & suivans.

OFFICES, REGREZ.

204 Officier qui a résigné son Office, peut y rentrer, & comment ? Voyez Henrys, tome 2. liv. 2. quest. 35.

205 On a jugé au Parlement de Roüen en faveur de M. le Marchand, Lieutenant en la Vicomté de Roüen, la maintenuë en sa Charge au préjudice de Racine, avec lequel il avoit traité ; l'Arrêt fondé sur ce qu'il ne falloit point chasser un Officier lors qu'il vouloit continuer l'exercice de sa Charge. Basnage, sur la Coût. de Normandie, art. 514.

206 Un homme qui a résigné son Office, ne peut se repentir aprés la résignation admise. Arrêt du 9. Février 1581. Papon, liv. 3. tit. 11. n. 2.

207 Pour donner une pleine execution à la résignation d'un Office, il faut qu'il y ait reception & prestation de serment, autrement il y a lieu au répentir ; & lorsque le Résignant est demeuré en possession, il est recevable à révoquer. De la Mare avoit résigné son Office de Maître des Eaux & Forêts du Bailliage de Gisors, avec Charles Blot, qui obtint ensuite ses Provisions : Depuis, la Mare révoqua cette résignation, & en fit une autre au profit de son frere. Par Arrêt du Parlement de Roüen du 3. Juin 1617. la révocation fut jugée valable. Basnage, sur la Coût. de Normandie, art. 514.

208 On ne peut résilir de la composition d'un Office d'Elû ; mais le Résignant est déchargé de la clause de garantie du fait du Prince. Jugé au Parlement de Paris le 30. May 1622. Bardet, tome 1. liv. 1. ch. 98.

209 On ne peut résilir d'un traité fait pour Office qui n'est de Judicature. Arrêt du 30. Janvier 1623. Bardet, tome 1. livre 1. chapitre 110. il en rapporte plusieurs autres.

210 Arrêts du Parlement de Provence, des 1. Mars 1642. & 23 Février 1644. qui ont déclaré les Offices de Greffier des Insinuations être sujets à regrez. Boniface, to. 3. liv. 3. tit. 1. ch. 10.

211 Zacharie Pouchin traita de son Office de Maréchal du Guet en la Ville de Caën, avec Jean du Pont ; quelque temps aprés Pouchin donna action à du Pont, pour voir juger la resolution de leur Concordat ; prenant pour prétexte, qu'il ne l'avoit fait que in extremis, ce, sur la promesse de du Pont, de luy en remise s'il rétournoit en convalescence, & que d'ailleurs les choses étoient entieres; tous ces faits étoient méconnus par du Pont, qui soûtenoit que l'on ne devoit pas considerer cet Office de Maréchal du Guet comme un veritable Office, parce qu'il se bailloit à ferme comme un heritage. Par Sentence du Juge de Caën, vû que les choses étoient entieres, le Contract fut déclaré resolu ; ce qui fut confirmé par Arrêt du 23. Mars 1662. Basnage, sur la Coût. de Normandie, art. 514.

Voyez cy-aprés le nombre 275. & suiv. le mot, Regrez, nombre 71.

RESIGNATION D'OFFICE.

212 Des résignations & survivances promises ou prohibées. Voyez la Conference des Ordonnances, livre 12. tit. 86. & la Bibliot. Canon. tome 2. p. 500.

213 Pour la résignation des Offices Royaux, il est requis que le Résignant vive quarante jours, soit qu'il soit malade lors de la résignation ou non. Voyez M. Loüet, lettre B. somm. 15. circa finem.

Pour

OFF   OFF   865

214. Pour la validité des resignations d'Offices, le Titulaire devoit survivre quarante jours: *Voyez* un petit Traité sur cette matiere dans la *Biblioth. de Bouchel*, lettre Q. verbo, *Quarante jours.*

215. Un Office resigné par une personne constituée en extrémité de maladie, doit être rendu au Resignant s'il revient en convalescence.

216. Il s'agissoit d'un Office de Secretaire du Roy, que le pere avoit vendu au fils de sa femme, & que le fils, contre toute honnêteté, & raison civile & naturelle, vouloit retenir. *Voyez Carondas*, livre 2. *de ses Réponses*, chap. 26.

217. La Regle de Chancellerie Romaine, *de publicandis resignationibus*, dans les six mois de la resignation admise, a été pratiquée par provision & recréance, par Arrêt du Parlement de Bourdeaux du dernier Mars 1520. en l'Office du Procureur du Roy en la Sénéchaussée de Xaintonge, quoyqu'il y eût par le Resignataire possession prise, mais il avoit laissé jouïr le Resignant jusqu'à la mort, après laquelle le Roy y auroit pourvû: Arrêt définitif du 20. Février 1521. qui déboute le Resignataire. *Voyez Papon*, livre 3. titre 1. nombre 10.

218. La mort ne fait vaquer l'Office, s'il n'y a reception & prestation de serment, autrement le Resignant demeure toûjours en possession. Jugé le 27. May 1573. pour un nommé Duplessis, qui avoit resigné à un autre depuis la mort de son premier Resignataire non reçû, voulans les élûs faire supprimer en vain ledit état par mort. *Papon*, liv. 3. tit. 6. n. 2. & dans ce même Recueïl d'Arrêts, p. 1363.

219. Celuy qui a resigné son Office d'Avocat du Roy à survivance à son gendre, & s'étant fait Prêtre, luy en a laissé l'exercice, peut rentrer en son Office après la mort de son gendre, à condition qu'il le resigneroit dans quatre mois. Arrêt du 7. Juillet 1579. *Carondas*, livre 7. Réponse 149.

220. La clause des quarante jours *modo supervivat* le Resignant, est requis és Offices venaux, & non és états de Judicature; de fait la Cour ne s'y arrête, elle prefere toûjours le Resignataire au Pourvû par mort, quoyque mis en possession. Arrêt du Parlement de Paris du premier Decembre 1579. *Papon*, livre 6. titre 2. nombre. 18.

221. Par Arrêt du 22. Mars 1588. jugé que les Prévôt des Marchands & Echevins de la Ville de Paris, sont tenus d'admettre les resignations des Offices qu'ils ont en leur disposition, s'ils vaquoient par mort, & que c'est Office d'être Contrôlleur du Bois & Charbon, & non simple Commission. *Le Vest*, Arr. 187.

222. La qualité & prérogative d'ancien Officier de deux Maîtres des Eaux & Forêts, n'est transmissible à son successeur Resignataire. Arrêt du 8. Mars 1595. Cour des Aydes. *Carondas*, liv. 13. Réponse 12. Il ajoûte, j'estime qu'il y auroit de semblables Arrêts en la Cour de Parlement; mais pour n'en avoir vû ni eu avis, je n'en veux assurer.

223. Jugé au Parlement de Paris le 7. Février 1608. & 30. Janvier 1623. que celuy qui a promis de resigner son Office, n'est tenu satisfaire; il peut se liberer en offrant les dommages & interêts. *Additions à la Bibliot. de Bouchel*, verbo, *Offices*. M. Bouguier, lettre R. n. 13. rapporte l'espece de l'Arrêt de 1608. & fonde sa décision sur la Loy *si quis ab alio in finē ff. de re judicat. in obligationibus faciendi post moram succedit obligatio ad id quod interest, nec quis precisè ad factum cogitur.*

224. Arrêt du mois de Mars 1615. qui a jugé que la resignation d'un Office de Conseiller de la Cour n'avoit pû être revoquée. Le Resignant offroit les dommages & interêts; mais il étoit prouvé que le Resignataire avoit manqué trois ou quatre occasions. *Le Bret*, li. 2. Décision 2.

225. Après le crime & assassinat commis, & avant la Sentence Prévôtale de mort donnée contre l'accusé &

Tome II.

mort dans les cinq ans; la resignation de son Office, est valable, parce que ce n'est pas une vraye & parfaite condamnation, mais feinte & imparfaite. Jugé le 18. Septembre 1618. *M. le Prêtre*, 1. Centurie, chap. 84. *in margine.*

Jugé le 10. May 1625. au Parlement de Grenoble, 226. qu'après la resignation admise, & les Provisions expediées de l'Office de Capitaine Châtelain des prisons de Grenoble, & Concierge des prisons du Palais, le Resignant ne pouvoit revoquer sa resignation. 10. Que le Privilege des Officiers cesse quand l'Office requiert résidence, & un exercice personnel que le Resignant est dans l'impuissance de remplir. *Voyez le second Plaidoyé de Basset*, tome 1.

Arrêt du Parlement de Provence du 28. Juin 1641. 227. qui oblige celuy qui a été pourvû & reçû en l'Office d'autruy, sous promesse de resigner aux enfans du Maître de l'Office, de faire la resignation l'enfant étant devenu habile. *Boniface*, tome 3. liv. 3. tit. 1. chap. 12.

De deux Resignataires d'un Office, le premier est 228. préferable au dernier, qui s'étoit chargé de rembourser le premier de ce qu'il avoit payé par avance, & en ce point le dernier étoit de mauvaise foy. Arrêt du Conseil Privé du Roy du 3. Septembre 1655. *Recueïl de la Ville*, nomb. 7175.

Le 5. Avril 1664. jugé au Parlement de Paris qu'un 229. Procureur du Roy en la Maréchaussée & au Bailliage de Loudun, accusé d'avoir malversé dans sa Charge, n'avoit pû s'en démettre au profit de son fils, ni son fils y être reçû, jusqu'à ce que le procés fait à la Requête de la partie offensée, fût jugé & terminé. *Soëfve*, tome 2. Cent. 3. ch. 16.

Declaration du Roy du 23. Mars 1669. qui ordonne 230. qu'après la quinzaine expirée, à compter du jour que les démissions des Offices de Judicature, ou les nominations de la personne choisie auront été déposées entre les mains du Tresorier des Revenus Casuels de Sa Majesté, le Tresorier ou les particuliers nommez feront dénoncer au Garde des Rôlles les ordres que sa Majesté luy aura donnez; lesquels ordres ainsi dénoncez, le Garde des Rôlles sera tenu de faire afficher à la porte de la Chancellerie de France, publier iceux de l'Ordonnance du Chancelier & Garde des Sceaux, le Sceau tenant; quoy faisant les Créanciers des Pourvûs, & tous autres prétendans droit à l'Office mentionné aux affichés, seront tenus de former leurs oppositions entre les mains des Gardes des Rôlles, quinzaine après la publication, autrement les Offices demeureront déchargez de toutes hypotheques & prétentions, autres que celles desdites oppositions. *V. Boniface*, tome 2. liv. 4. tit. 1. chap. 14.

Voyez cy-après le mot; *Resignation*, nombre 301. & suivans.

OFFICE, RETRAIT.

Arrêt du Parlement de Paris du 9. Février 1640. 231. qui a jugé que le retrait lignager n'a point lieu en vente d'Office. *Boniface*, tome 1. liv. 8. tit. 1. chap. 3. Il cite deux Arrêts semblables des 13. Septembre 1624. & 8. Mars 1635.

Par Arrêt au Parlement de Toulouse jugé que l'Of- 232. fice de Notaire & Greffier des Inventaires ne pouvoit être retiré par retrait lignager, ni la vente cassée, sous prétexte de lezion & de minorité. *Albert*, verbo, *Decret*, art. 2.

Les Offices étant des immeubles fictifs & à certains 233. égards, ne sont point retraïables; cela n'a point été revoqué en doute pour les Offices de Judicature: il est vrai que l'on accorda à feu M. Buquet, Conseiller en la Cour, le droit de prélation pour l'Office de Conseiller, dont M. son pere avoit disposé; la même chose fut aussi jugée pour M. de Brinon, & l'Office de Sergent appartenant au nommé de Laigle, ayant été licité & vendu à Latignant, le fils de Laigle demanda d'être préferé, & s'aidoit des Arrêts de Messieurs Buquet & de Brinon. L'atignant soûtenoit que quand

R Rrrr

cette action seroit admissible pour les ventes volontaires, on ne la pourroit approuver pour les ventes judiciaires où chacun peut enchérir. Il fut repliqué que ce n'étoit qu'un droit de prélation, fondé sur l'équité naturelle, & sur l'interêt public, qui desire que les enfans soient maintenus dans les Charges de leurs peres, plûtôt que des étrangers : ce qui fut jugé le 9. Janvier 1646. mais ces Arrêts du Parlement de Roüen n'ayant été donnez qu'en faveur des enfans, ne peuvent être tirez à consequence. Par la Jurisprudence des Arrêts, les Offices domaniaux & hereditaires, comme les Tabellionages & les Greffes, sont rétraïables. Par Arrêt du même Parlement du 21. Janvier 1651. entre la Dame d'Arbouville, veuve du sieur d'Houdetot, & M. Marin Gruchet, & Loüis Larpenteur, il fut jugé que le Tabellionage, le Greffe & la Sergenterie de la Principauté d'Yvetot, vendus par le sieur du Bellay, étoient retraïables. *Basnage, sur la Coût. de Normandie, art.* 452. où il en rapporte un du 20. Août 1615. qui a jugé que le Greffe du Vice-Bailly de Roüen n'étoit point sujet à retrait ; mais il observe qu'alors la Jurisprudence pour les Offices n'étoit pas encore certaine.

OFFICES
DE LA MAISON DU ROY.

234   Officiers du Prince, & de sa Maison. *Palatini. Cæsariani. Administri Principis.*
De privilegiis eorum qui in sacro Palatio militant. C. 12. 29... *C. Th.* 6. 35.
De Cæsarianis. C. Th. 10. 7. Officiers du Prince. *Gothofr. ad N.* 1. c. 4. § 2.
De Castrensianis, & Ministerianis. C. 12. 16.... *C. Th.* 6. 32. Domestiques de la Maison du Prince.
De decanis. C. 12. 27... *C. Th.* 6. 33. *Decani, de quibus hic, erant è Ministerianis.*
De Castrensi omnium Palatinorum peculio. C. 12. 30.
De præpositis sacri cubiculi, & de omnibus cubiculariis, & privilegiis eorum. C. 12. 5 ... *C. Th.* 6. 8. Du Premier Gentilhomme, & des Officiers de la Chambre. *V.* le Titre 68. du Livre XI. au Code, *de prædiis Tamiacis.*
De Silentiariis, & Decurionibus eorum. C. 12. 16.... *C. Th.* 6. 23. *Silentiarii, sunt qui in Palatio Principis excubias agunt. Stabant ad fores cubiculi, & silentium indicebant. Decuriones præerant Silentiariis.*
De Officio Magistri Officiorum. C. 1. 31... *C. Th.* 6. 9. M. Cujas compare cet Officier, à celuy que nous appellons en France, Prévôt de l'Hôtel. *Mornac* pense que nous avons trois sortes d'Officiers, que l'on peut comparer à celuy qui étoit nommé *Magister Officiorum*; Sçavoir le Grand-Maître de France, qui a la Surintendance sur les Officiers de la Maison du Roy, le Grand-Maître de l'Artillerie ; & les quatre Capitaines des Gardes.
De Officio Comitis sacrarum largitionum. C. 1. 32.... *C.* 12. 6. *C. Th.* 6. 9. *Apud nos*, Le Tréforier de l'Epargne.
De Palatinis sacrarum largitionum, & rerum privatarum. C. 12. 24... *C. Th.* 6. 30.
De Officio Comitis rerum privatarum. C. 1. 33... *C.* 12. 6... *C. Th.* 6. 9. Le Grand-Maître, & le Maître de la Chambre aux deniers. *Mornac.*
De Officio Comitis sacri patrimonii. C. 1. 34. Le Tréforier de la Maison, suivant *Mornac*, qui rapporte les Charges des trois Officiers nommez dans ces quatre derniers Titres, aux fonctions de la Chambre des Comptes à Paris.
De agentibus in rebus. C. 12. 20.
De Murilegulis, & Gynæciariis, & procuratoribus Gynæcii; & de Monetariis. C. 11. 7.... *C. Th.* 10. 20. *Murileguli,* Pêcheurs de Pourpre. *Gynæciarii, & Procuratores Gynæcii,* sont les Officiers & les Valets de la Garderobe du Prince.
De Domesticis & Protectoribus. C. 12. 17... *C. Th.* 6. 24. Des Gardes du Corps.
De Præpositis Laborum. C. 12. 18... *C. Th.* 6. 25.

Officier commis à la garde de la Banniere qui marchoit devant l'Empereur. *Laborum,* pour *Laborarum. Laborum* ou *Labarum*, signifioit cette Banniere, comme autrefois l'Oriflame en France.
De stratoribus. C. 12. 25 ... *C. Th.* 6. 31. Des Ecuyers & Officiers de l'Ecurie.
De Mensoribus. C. 12. 28... *C. Th.* 6. 34. Des Fourriers & Maréchaux des Logis.
De privilegiis Scholarum. C. 12. 29. *Scholæ, in hoc tit. sunt corpora Scholarium seu militantium in sacro Palatio : non verò Scholasticorum.*
De Comitibus & Tribunis Scholarum. C. 12. 11. *Scholæ, in hoc tit. & aliis titulis Codicis ; sunt corpora sive ordines eorum qui munere & Officio aliquo, quod ad principis ministerium pertineret, fungebantur. In hoc titulo agitur de Comitibus & Tribunis sive præpositis Agentium in rebus. V.* Agent.

Officiers de Guerre.   235
De Magistratibus Militaribus. Lex 11. *tabb.*
De Officio Militarium judicum. C. 1. 45... *C. Th.* 1. 8.
De Officio Tribuni & Comitis rei Militaris. C. 1. 46:... *C. Th.* 6. 14.
De Comitibus rei Militaris. C. 12. 12... *C. Th.* 6. 14.
Ne Comitibus rei Militaris, vel Tribunis lavacra præstentur. C. 1. 47... *C. Th.* 7. 11. Défenses à ces Officiers d'exiger l'usage des bains particuliers.
De Officio Magistri Militum. C. 1. 29.... *C.* 12. 3. & 4... *C. Th.* 6. 6. & 7. *Magister Militum,* étoit à peu prés comme le Connêtable en France. *V.* Connêtable.
De Mensoribus. C. 12. 28... *C. Th.* 6. 34. Des Maréchaux des Logis. *Mensores & Metatores.*
De filiis Officialium Militarium, qui in bello moriuntur. C. 12. 48. *C. Th.* 7. 22.
De Cohortalibus, Principibus, Cornicullariis, & Primipilaribus. C. Th. 8. 4. *Cohortales ; propriè erant Rectorum Provinciarum Officiales. Principes & Corniculariis, alii Officiales, Primipilares, erant qui Militares alimonias curabant,* les Vivres.

Offices de la Maison du Roy ou de la Reine, sujets à   236
rapport. Arrêt du 1. Mars 1629. *Du Frêne,* livre 2. chapitre 35.
Les Offices de la Maison du Roy & de la Reine; se   237
perdent par la mort ; & s'il en est fait don à la veuve & aux enfans, ce don n'est point dans les effets de la succession du défunt ; c'est un bien particulier à la veuve & aux enfans. Arrêt du 17. Février 1651. *Ibidem, liv.* 6. *chap.* 18.
Les Offices des Princes n'entrent point en partage,   238
ils appartiennent au Titulaire, sans que la veuve y puisse rien prétendre, quand même les deniers auroient été pris dans la Communauté. Arrêt du Parlement de Paris du 20. May 1651. *Du Frêne, liv.* 6. *chap.* 24. Second Arrêt, qui est du Privé Conseil, du 17. Avril 1654. qui juge la même chose.
Declaration portant que tous les Officiers, Domes-   239
tiques & Commensaux du Roy, presens & à venir, joüiront pleinement & paisiblement de leurs Charges ; ensemble des gages & droits y attribuez, sans qu'ils puissent être inquietez pour quelque cause & occasion que ce soit, ou puisse être, par leurs coheritiers, ou autres prétendans droit sur le Titre, ou sur la valeur de leurs Charges, comme étant en la seule disposition du Roy, & ne pouvant lesdites Charges être réputées de la nature des biens, qui doivent entrer en partage dans les successions des familles, dont le Roy les a dispensez. A Paris en Juillet 1653. *V. l'Edit du mois de Janvier* 1678.
Les Offices ou Charges chez le Roy, la Reine & les   240
Princes, qui n'ont point d'exercice actuel, étant couchez sur l'Etat, doivent y être & regiftrez à la Cour des Aydes, portent privilege pour l'exemption des Tailles. Arrêt du 6. Janvier 1661. Cour des Aydes à Paris. *De la Guessière,* tome 2. *liv.* 4. *chap.* 3.
Edit du Roy en Janvier 1678. portant que les Char-   241
ges de la Maison Royale, ne sont sujettes à hypothe-

que, & n'entrent en partage dans les familles, verifié le 26. Avril 1678. *De la Guessiere, tome 4. livre 8. chapitre 7.*

242. L'Officier de la Maison du Roy d'une Charge avant son mariage, la vend pendant son mariage. Jugé à Paris le 24. Septembre 1679. que le prix de la vente qui avoit été faite pendant la communauté, étoit sujet à remploy, quoyque par le Contract de mariage l'Office n'eût point été stipulé propre. *Journal du Palais.*

243. Jugé au Parlement de Roüen le 21. Juillet 1684. que le prix d'une Charge de la Maison du Roy acheté par un pere pour un de ses fils, devoit être imputé sur la part du tiers revenant au même fils qui avoit renoncé à la succession de son pere, & qui lors du son décès étoit encore revêtu de cette même Charge, laquelle il pouvoit vendre en ce temps-là, quoyque sujete à être perduë par la mort de celuy qui la possedoit comme sont toutes les Charges de la Maison du Roy. *Basnage, sur la Coûtume de Normandie, art. 434.* Le motif de l'Arrêt fut que lors du décès du pere il possedoit la Charge, & qu'il avoit pû la vendre; si elle avoit été perduë du vivant du pere, le fils n'auroit pas été obligé de la rapporter & de la deduire sur son tiers coûtumier.

OFFICE SAISI RE'ELLEMENT.

244. De la Saisie réelle & vente des Offices de Judicature. *Voyez le Traité des Criées de M. Bruneau, chapitre 15.*

245. Les Ventes des Charges de Tresoriers, Commissaires & Controlleurs des Guerres & autres Officiers de Gendarmerie & Maréchaussée par autorité de Justice, se doivent faire au Siege de la Connétablie, suivant l'Ordonnance & Declaration de Charles IX. du 28. Août 1563. rapporté par l'Auteur du Livre intitulé, *Ordonnances, Declarations & Arrêts pour la Jurisdiction de Messieurs les Maréchaux de France.*

246. Les Offices de Controlleurs de Cuirs & Gardes des petits Sceaux, sont reglez par la Coût. du domicile de celuy auquel ils appartiennent. Arrêt du 22. Fév. 1629. donné en l'Audience de la Grand'-Chambre, plaidans Brodeau & le Feron, entre les heritiers de Damoiselle Jeanne Palluau, veuve du sieur le Comte Tresorier de France. *Auzanet, sur la Coût. de Paris, art. 95.*

247. Office de Judicature ne pouvoit être saisi réellement, mais le Titulaire pouvoit être poursuivi & condamné de resigner à la poursuite de ses Créanciers. Arrêt du 30. Avril 1629. en l'Audience de la Grand-Chambre. *Nota*, Que la poursuite étoit faite par le Créancier qui avoit fourni l'argent pour acquerir l'Office. *Voyez Auzanet, ibid.*

Voyez cy-dessus le nomb. 88. & suiv.

OFFICES SUPPRIMEZ.

248. Des Offices supprimez dans le ressort du Parlement de Toulouse. *Voyez Escorbiac, tit. 14.*

249. Si ce n'est par remboursement, la Cour ne reçoit point ordinairement suppression d'états de vivans, quoyqu'ils soient de nouvelle erection, ou qu'ils ne soient que par Commissions, mais permet d'équité que le Pourvû joüisse sa vie durant, ce qui a été ordonné pour le Lieutenant particulier d'Etampes, contre le General, le 22. Février 1564. *Papon, page 1363.*

250. E's Siéges inferieurs & subalternes, le survivant en vertu de Lettres de réünion occupe l'Office du prémourant. Par Arrêt du 5. May 1567. il fut dit que le Prévôt d'Oulchy-le-Châtel entreroit au lieu du Lieutenant Particulier decedé, & qu'il se presenteroit à la Cour pour être examiné suivant l'Edit de 1563. plus formel & interpretatif de l'article 50. de celuy d'Orleans; neanmoins par Arrêt donné peu aprés par le Prévôt de la Rochelle, cela fut limité aux Prévôtez & Lieutenances nouvellement érigées, c'est-à-dire, depuis le Roy Loüis XII. ce qui a aussi été jugé pour Chauny & Epernon en Mars 1575. & pour Nogent sur Seine en Juillet 1578. *Papon, page 1364.*

Tome II.

En cette suppression sont aussi compris les Assesseurs 251. Lieutenans Particuliers & Criminels, comme il a été pratiqué pour ceux de Chartres & Troyes & il en est de même des Lieutenans des Maîtres particuliers des Eaux & Forêts, comme il a été jugé pour celuy de Sens le 8. Janvier 1567. *Papon, ibidem.*

252. L'Etat de Prévôt Royal étant ancien, il doit succeder à celuy de Lieutenant, & être preferé au Lieutenant Criminel, comme étant ce dernier de nouvelle erection;& arrivant telle translation s'il y a Lieutenant Particulier du Prévôt même érigé en Office, il sera reçû sa vie durant à exercer état de Conseiller Assesseur. Arrêt du 12. Juillet 1563. pour le Prévôt d'Auxerre. *Papon, Ibidem.*

253. Les Etats du païs de Bretagne accordent à M. Jean du Bois pour le remboursement de son état de Controlleur des ports & havres la somme de 4000. liv. Le Roy en ce faisant octroye à Du Bois Lettres de suppression de son état, lesquelles presentées à la Cour, les Chambres assemblées, il fut ordonné qu'elles seroient enregistrées, sans toutefois que les gens des Etats soient tenus rembourser Du Bois de la somme; depuis & l'an 1577 il y a eû une ample jussion du Roy, d'être payé, nonobstant l'Arrêt. *Voyez Du Fail, liv. 2. chap. 470.*

254. Les 46. Notaires de Nantes obtiennent Lettres de suppression de 4. Charges nouvellement érigées. Un particulier leve une de ces Charges; opposition à sa reception. Par Arrêt du Parlement de Bretagne du 24. Septembre 1576. il fut dit que les Lettres contenans la suppression seroient enregistrées, ordonné que l'état obtenu par ce particulier demeurera extrait & supprimé, étant remboursé par les Notaires des finances qu'il sera appatoir avoir déboursées & qui ont tourné au profit du Roy, ensemble des loyaux-coûts, frais & mises. Tels deniers ainsi entrez aux coffres du Roy ne se restituent point. *Horum vestigia adversum, spectantia nulla retrorsum. Du Fail, liv. 2. chap. 543.*

255. Au Parl. de Bretagne le 3. Octobre 1577. Jean Du Bois fut débouté, les Chambres assemblées, de Lettres par lesquelles étoit mandé nonobstant l'Arrêt proceder à la verification des Lettres Patentes par luy obtenuës, pour avoir 4000. livres à raison de la suppression de son état de Controlleur aux ports & havres de ce pays. *Du Fail, liv. 2. chap. 575.*

256. Un Mandataire pour obtenir des Provisions d'un Office, n'est garant envers le Pourvû, de la suppression, & doit être payé de la somme convenuë. Arrêt du Parlement de Paris du 10. Decembre 1625. *Bardet, tome 1. liv. 2. chap. 58.*

257. De l'Office de Président créé au Bailliage, & si celuy de Président au Présidial de Montbrison étant supprimé, il peut tenir lieu d'iceluy? L'affirmative jugée par Arrêt du Conseil d'Etat de 26. Nov. 1653. l'Edit de suppression portoit que *les Officiers de nouveau creez, demeureroient Officiers au Bailliage pour y faire les mêmes fonctions que les autres*; d'où il suivoit que le Président du Présidial avoit pû demeurer Président Bailliager & en faire les fonctions. Autre Arrêt du Conseil d'Etat du 16. Janvier 1657. qui a jugé que le Président de ce Présidial supprimé, tenant lieu du Président créé aux Bailliages pouvoit présider au Criminel, ainsi qu'au Civil. *Voyez Henrys, tome 2. liv. 1. quest. 7. & 8.*

258. Le Vendeur d'un Office est tenu de la suppression. arrivée par le fait du Prince, quand il y a pacte d'éviction en cas de suppression. *Bonifice tome 2. liv. 4. tome 1. chap. 8.*

259. Si un nouveau Présidial étant supprimé, cette suppression porte consequence pour la suppression des Officiers dont il a causé la création? *Voyez Henrys, tome 2. liv. 2. quest. 1.* où il y a un Arrêt du Conseil Privé du 7. Mars 1654.

260. La suppression & réünion d'états de vivans doit être entenduë non seulement des Magistrats particuliers des Présidiaux, mais aussi du Siége même de la Présidialité, lequel n'étant complet ni remply de Juges en nombre

RRrr ij

bre suffisant, ne peuvent ceux qui restent en substituer d'autres ni prendre ou choisir Avocats anciens pour juger présidialement & en dernier ressort, mais demeurent és termes des Juges ordinaires. Arrêt du 5. Février 1562. Autre Arrêt contre ceux de Château-Thierry du 10. Avril 1664. *Papon, page* 1363.

261. Arrêt du Parlement de Paris du 13. May 1662. qui appointa les Parties au Conseil pour sçavoir si un Office d'Elû en l'Election de Troyes vendu en Justice venant à être supprimé avant que l'adjudicataire qui a consigné le prix d'iceluy, en ait été pourvû, la vente & adjudication doit sortir son effet au préjudice de l'adjudicataire; le premier Juge avoit ordonné que les deniers seroient rendus. *Soëfve, tome* 2. *Cent.* 2 *chap.* 65.

OFFICE, TAXE.

262. Le défaut de payement de taxe ne prive pas l'Officier de l'Office, mais seulement de ses gages, droits, émolumens & revenus par saisie d'iceux, suivant l'Arrêt du Conseil d'Etat du 13. Juin 1672. pour la taxe des Officiers & Secretaires des Chancelleries. *Voyez Boniface, tome* 3. *liv.* 3. *tit.* 1. *chap.* 1. *à la fin*.

OFFICES VENAUX.

263. De la venalité des Offices. *Voyez M. le Bret*, au Traité de la Souveraineté, *liv.* 2. *chap.* 8.

264. *Consultatio facta Archiduci Leopoldo, de Vœnalitate Officiorum deque non augendo eorum numero.* Voyez Sthokmans, *décis*. 50.

265. Touchant la venalité des Charges. *Voyez Renussin*, au Traité des Propres, *chap.* 5 *§ct* 4. où il dit remarque des choses fort curieuses, elle commença à s'introduire entre les particuliers sous le Regne de Charles VIII. Le Roy Loüis XII. pour acquiter les grandes dettes de Charles VIII son pere, commença le premier à tirer de l'argent des Offices; mais ce n'étoit que des Offices de finance; François I. établit le Bureau des Parties Casuelles en 1522. Charles IX. en 1567 ordonna que les Greffes & autres Offices domaniaux seroient vendus à faculté de rachat au lieu qu'auparavant ils étoient affermés. Henry III. changea quelque chose, mais il reprit l'intention de ses ancêtres, & soûtint par ses Edits la venalité des Charges en 1605. Henry IV. établit la Paulette; en 1632. Loüis XIII fit l'Edit de création des Greffes alternatifs & triennaux dans toutes les Justices du Royaume; Loüis XIV. en 1665. & 1669. a fixé le prix des Offices.

266. Office venal. *Voyez les Reliefs Forenses de M. Sebastien Roüillart, chap.* 26. où il dit, Paradoxe confirmé par Arrêt contre l'opinion commune par laquelle on tenoit pour maxime certaine, que sur les deniers provenus de la vente d'un Office venal, on venoit perpetuellement à contribution, & que le Créancier qui avoit prêté, ou autrement baillé son argent pour l'achat d'iceluy, n'avoit aucun privilege de protopraxie, si le Contract ne portoit différemment, les deniers avoir été baillées à l'effet de l'achat d'icelle.

OFFICE VENDU.

267. *Voyez cy-dessus le nombre* 104. *& suiv. & le nombre* 263. *& suiv.*

268. Celuy qui a prêté de l'argent pour acheter une Charge, est preferé sur le prix de la vente? *Voyez le mot Hypotheque, nomb.* 205. *& suiv.*

269. Si l'Acheteur d'un Office est restituable sur le fondement de lezion d'outre moitié du juste prix? *Voyez le mot Lezion, nomb.* 62. *& suiv.*

270. Un Officier de la ville de Sens avoit acheté son état de Grenetier 500. écus; depuis il en finança 180. il meurt pendant les troubles, sa veuve que le Roy gratifie de cet Office le vend 500. écus; depuis un autre luy en offre 1100 écus, elle prend lettres fondées sur la lezion d'outre moitié. L'on disoit que les Offices dépendoient de la volonté du Roy, & que la lezion ne pouvoit être opposée. Arrêt du Parlement de Paris du mois de Juin 1594. qui entérine les Lettres, si mieux n'aime l'acheteur donner ce que le détenu avoit financé au delà des 500. écus. *Bibliotheque de Bouchel*, verbo, *Offices*.

271. Office vendu par un Tuteur avec avis de parens, deux fois autant que le pere défunt l'avoit acheté, encore qu'il n'y eût decret du Juge. Jugé valable le 24. Février 1626. *Du Frêne, liv.* 1. *chap.* 91.

272. En vente d'Office ni la minorité, ni la lezion ne sont considerables. Arrêt du Parlement de Toulouse du 11. Juillet 1628 *M. d'Olive, liv.* 1. *chap.* 30. L'Auteur de la nouvelle addition qui est à la fin de ce chapitre 30. dit que le Velleian non plus que la minorité n'est pas considéré en matiere d'achat d'Offices, principalement de la part d'une mere; ainsi jugé en la Chambre de l'Edit de Castres au mois de Novembre 1644.

273. Dommages & interêts sont dûs faute d'entretenir le Traité fait pour un Office. Jugé au Parlement de Paris le 1. Juillet 1639. *Hardet, tome* 2 *liv.* 8. *chap.* 28. il s'agissoit de la Charge de Procureur General de Monsieur Frere unique du Roy L'Arrêt condamna à 3000. livres de dommages & interêts.

274. Arrêt du Parlement de Provence du dernier Juin 1642 qui a jugé que le vendeur d'Office chargé d'une taxe faite par Edit du Roy sans l'avoir declarée à l'Acheteur n'est point tenu de la payer. La seule garantie dûe est que l'Office subsiste, qu'il appartient au Resignant, & qu'il n'est point hypothequé pour ses propres dettes. *Boniface, tome* 2. *liv.* 4. *tit.* 1. *chap.* 12.

275. Arrêts du même Parl. de Provence du mois d'Avril 1649. & 22. May 1656. qui ont jugé que le Vendeur d'un Office peut en revoquer la vente avant la resignation admise. *Boniface, ibid. chap.* 9.

276. Le pere & le fils ayant conjointement acquis un Office, moyennant une somme que le Contract porte avoir été actuellement payée, le fils aprés avoir été pourvû dudit Office sans aucune opposition, peut être poursuivi par le Vendeur, en vertu d'une prétendue contrelettre à luy passée par le pere le même jour du Contract, portant que la somme entiere n'a pas été payée. L'Arrêt du 11 Juillet 1650. fondé sur ce que le fils étoit détempteur de la chose. *Soëfve, tome* 1. *Cent.* 3. *chap.* 44.

277. Si le traité d'un Office fait sous seing privé, avec promesse d'en passer Contract dans le même jour, est obligatoire. Arrêt du 1. May 1653 qui a jugé qu'à faute par celuy qui avoit passé le traité de vouloir l'executer, l'Office seroit vendu à sa folle-enchere. *Soëfve, tome* 1. *Cent.* 4. *chap.* 33.

278. Le Vendeur d'un Office est censé vendre les vacations à luy dûës en l'exercice de l'Office. Arrêt du Parlement de Provence du 22. Decembre 1654. il y avoit cette circonstance que pendant l'instance le Resignataire avoit pris cession de l'heritiere du Resignant. *Boniface, ibid. chap.* 10.

279. Un Officier de Cour souveraine peut rentrer dans son Office par luy vendu en remboursant les frais des Lettres de Provisions obtenuës par l'Acquereur, & ce jusques à ce que le Resignataire soit reçû. Arrêt du 22. Janvier 1659. *De la Guess, tome* 2. *liv.* 1. *chap.* 4.

280. Contract de vente fait par une veuve tant en son nom qu'en qualité de Tutrice d'une Charge de Procureur du Roy appartenante à son fils mineur, pour laquelle même elle avoit obtenu des Provisions du Roy, déclaré nul & resolu, par Arrêt du 24 Janvier 1665. *Soëfve, tome* 1. *Cent.* 3. *chap.* 41. La veuve dit 1. Que si la Cour avoit toûjours favorablement reçû les Officiers à rentrer dans leurs Charges, son intention n'alloit, qu'à conserver à son fils une Charge qui étoit dans sa famille il y avoit plus de 60. ans. 2 Que le Contract de vente n'étoit pas parfait, puisque les Provisions & la Procuration *ad resignandum* de son fils n'avoient pas été mises entre les mains de l'Acquereur. 3. Que la vente n'avoit pû être faite sans un avis de parens; aussi que l'Acquereur ne souffroit aucun préjudice, puisqu'elle avoit reclamé dans l'instant de la passation du Contract, & qu'elle offroit de rendre tout ce

qu'elle avoit reçû. Il y avoit une autre contestation de la part de l'ayeul qui avoit été autrefois Titulaire de la Charge, & de la part de deux de ses gendres qui opposoient que le Contract de vente ne pouvoir avoir son execution, ayant été stipulé par un traité qu'au cas que le pere du mineur vînt à se défaire de la Charge au profit d'autres personnes que de ses enfans, ledit ayeul & ses autres gendres la pourroient retenir par préference à toute autre personne pour le même prix qu'une personne étrange en donneroit. M. l'Avocat General Bignon ne laissa pas de conclure contre la veuve & les intervenans, ses Conclusions ne furent suivies ; la Cour ordonna que les intervenans feroient diligence dans trois mois d'obtenir du Roy des Provisions de la Charge dont étoit question, au nom de l'un d'eux seulement, sinon & à faute de ce faire ledit temps passé que le Contract seroit executé selon sa forme & teneur au profit de celuy qui avoit traité avec la veuve.

281 Si le Resignataire ne pouvoit être reçû à l'Office dont il auroit traité, pourvû que l'empêchement ne precedât point du chef du Titulaire de l'Office, il ne pourroit se dispenser de payer le prix du Concordat. Arrêt du Parlement de Roüen du 19. Decembre 1669. *Basnage, sur la Coûtume de Normandie, art.* 514.

282 Si la peine de 1000. liv. apposée dans le concordat de la vente d'un Office, à faute par le Resignant de faire expedier les Provisions dans un certain temps, pouvoit être demandée, vû l'inexecution de la condition, & le Resignataire ayant été contraint d'aller en personne lever les Provisions à ses frais? Par Arrêt du Parlement de Roüen du 16. Decembre 1670. en emendant la Sentence, la peine de 1000. liv. fut reduite à 800. livres. *Basnage, ibid.*

OFFICE, USUFRUIT.

283 Par Arrêt du 27. Mars 1571. entre Noble Pierre Goulard sieur Proprietaire, & Dame de la Mote, usufruitiere de la Place de l'Isle, il fut dit que la création des Officiers de cette Place appartenoit à la Dame de la Mote usufruitiere, *quia Jurisdictio est in usufructu. Oldrad. Consil.* 114. *Bart. in L. fin. ff. soluto matrimonio. Bibliotheque de Bouchel, verbo,* Usufruit.

284 Le Proprietaire d'une Seigneurie directe a droit de faire les investitures, bien que les émolumens soient dûs à l'usufruitier ; à celuy-ci appartient aussi la création des Officiers de Justice. Arrêt du Parlement de Toulouse au mois de May 1571. il y a un ancien Arrêt contraire en 1473. qui attribuë ce droit de création des Officiers au Proprietaire & à l'usufruitier conjointement ; cet Arrêt paroît très juridique à *Mainard, liv.* 8. *chap.* 92.

OFFICIERS.

285 IL faut appliquer à ce Titre tout ce qui a été dit au titre précedent des Offices. L'on n'en fait un article separé que pour donner un peu plus d'ordre à la matiere en distinguant ce qui regarde les choses d'avec ce qui concerne les personnes.

286 *De Officio Quæstoris. D.* 1. 13... *C.* 1. 30. Voyez Chancelier.

De Quæstoribus, & magistris Officiorum, & Comitibus sacrarum largitionum, & rei privatæ. C. 12. 6. Ce Titre parle des acclamations que le peuple devoit faire à ces Officiers.

De Quæstoribus, id est, Præfectis insularum. N. 41. & 50.

De Quæstore. N. 80. Cette Novelle traite des fonctions de l'Officier qui doit prendre garde aux Mendians valides, aux faineans, vagabons, gens sans aveu, & semblables. Ainsi le mot de *Quæstor*, en ce sens peut répondre à nos Lieutenans Generaux de Police, pour les Villes ; & aux Prévôts des Maréchaux, pour la campagne.

Ut divinæ jussiones subscriptionem habeant gloriosissimi quæstoris. N. 114. En ce sens, *Quæstor*, répond à nôtre Chancelier, aussi bien que dans la Novelle 35. article suivant.

De adjutoribus Quæstoris. N. 35. Officiers de la Chancellerie ; Secretaires du Roy.

De Magistris Scriniorum. C. 12. 9... *C. Th.* 6. 11. *Scrinium proprié,* coffret, cassette. Ici ce mot signifie Porte-feüille, ou Registre. *Erant quatuor scrinia palatina : nempe scrinia memoriæ, epistolarum, libellorum, & dispositionum. V. Notit. imper. & Jac. Gotofr. ad Cod. Th.* Ainsi, *Magistri Scriniorum*, étoient comme sont en France les quatre Secretaires d'Etat, & les Secretaires du Cabinet.

De proximis sacrorum Scriniorum, cæterisque qui in sacris Scriniis militant. C. 12. 19. *C. Th.* 6. 26. Des Officiers de la Chancellerie, & du Conseil.

De referendariis Palatii. N. 10. 114. & 124. Ces Officiers rapportoient au Prince les Requêtes des particuliers, & notifioient aux Juges les Ordonnances du Prince. *Cassiod.* 6. *var.* 7. Comme les Maîtres des Requêtes.

287 Ordonnance generale contre les Officiers des Cours souveraines. *Joly, des Offices de France, tome* 1. *livre* 1. *tit.* 65. *page* 620.

288 Charles fils aîné du Roy Jean remit en leurs états & dignité de Chancelier, le Premier President de la Cour & autres Officiers qu'il avoit privés de leur état par force & impression. Arrêt du 28. May 1359. *Le Vest, Arrêt* 1.

289 Communément, *communis error non facit jus,* qu'il ne peut couvrir le défaut de titre & de caractere, mais bien le défaut qui se donne au titre. *Avis d'Henrys, tome* 1. *liv.* 2. *chap.* 4. *quest.* 18.

290 L'Acte fait avec le précedent Officier concernant les droits de son Office ne peut nuire & préjudicier au successeur. Arrêt du 15. Avril 1570. *Carondas, livre* 2. *Réponse* 98.

291 Les Officiers d'une Châtellenie Royale peuvent par un concordat éteindre ou réünir l'Office de Conseiller Examinateur. Arrêt du Conseil Privé du Roy du 12. Decembre 1614. *Henrys, tome* 2. *Additions au livre* 2. *des Offices, chap.* 43. Voyez *M. Expilly, Plaidoyé* 28.

292 Officier tué faisant l'exercice de sa Charge, l'Office doit être conservé à sa veuve & enfans, ou le prix, quand il y a preuve que le haut Justicier en a tiré recompense. Arrêt du 21. Juin 1625. *Du Fresne, liv.* 1. *ch.* 59.

293 Un ancien Officier ayant resigné son Office, & s'en étant de nouveau fait pourvoir après la mort de son Resignataire, quoyque pourvû & installé dans la même année, ne perd son ancienneté.

Les Maîtres anciens des Charges, desquelles les alternatifs ont été extraits & démembrez, font la fonction des alternatifs, à l'exclusion des triennaux.

Le Contract ou Concordat fait entre Officiers se doit executer & observer, même avec préjudice & restriction des droits attribuez à leurs Charges, par leur création & provision. Ces trois questions ont été jugées au Parlement de Paris le 27. Février 1644. *V. Henrys, tome* 1. *liv.* 2. *chap.* 4. *quest.* 21.

294 Declaration portant défenses à tous Officiers du Roy de prendre soin & direction des affaires des Princes & Grands du Royaume. A Paris le 21. Octobre 1652. registrée le 22. du même mois.

295 Les Officiers obligez pour peinture faite en leur Auditoire, ne sont point obligez personnellement, mais en qualité d'Officiers seulement. Arrêt du 6. Avril 1661. *Notables Arrêts des Audiences, Arrêt* 62. De la Guesle, *tome* 2. *liv.* 4. *chap.* 11. rapporte le même Arrêt.

296 Un ancien Clerc du Châtelet de Paris (c'étoit le sieur Petitpied) peut présider en l'absence de Messieurs les Lieutenans, & Doyen iser, lorsqu'il se trouve le plus ancien des Conseillers, sans qu'il puisse prétendre aucune part dans les épices des Procès qui se jugeront dans la Chambre Criminelle. Jugé au Conseil Privé du Roy, le 17. Mars 1682. *Journal du Palais.*

RRrr iij

Age des Officiers.

297　Age pour les Officiers de Judicature. *V. cy-devant*, verbo, *Age*, *nombre 29.*

298　Le 9. Novembre 1492. la Cour reçut un Conseiller, auquel elle ordonna de s'en abstenir, jusques à ce qu'il eût atteint l'âge competent. *Bibliotheque de Bouchel*, verbo, *Age.*

299　Par l'Ordonnance de Moulins, art. 9. il faut avoir 25. ans, & avoir frequenté le Barreau & les Plaidoyries pour être Conseiller. *Ordonnance de Blois*, art. 105. Voyez *M. Expilly*, Plaidoyer 28. Par l'Edit du mois d'Août 1669. il faut 27. ans; aux Présidens 40. ans; aux Maîtres des Requêtes 37. ans; aux Avocats & Procureurs Generaux 30. ans.

300　Edit qui fixe l'âge des Officiers des Compagnies Souveraines & des Présidiaux. A Versailles en Novembre 1683. registré le 3. Decembre suivant.

Officier Ancien.

301　L'ancien Officier est preferable au triennal pour l'année de l'alternatif. Arrêt du 27. Février 1644. *Henrys*, tome 1. liv. 2. ch. 4. quest. 21.

Officiers des Bailliages.

302　Si les Conseillers des Bailliages peuvent non seulement assister aux Jugemens des procés criminels & participer aux Offices; mais encore entrer en distribution desdits procés criminels avec le Lieutenant Criminel, & Assesseur Criminel. Voyez *Henrys*, tome 1. livre 2. chap. 2. quest. 3. où vous trouverez un Arrêt de Reglement du dernier Août 1630.

Officiers, Chancellerie.

302 bis. On ne peut mieux faire que de renvoyer à l'Histoire Chronologique de la Grande Chancellerie de France, par *M. Abraham Tesseyeau, Secretaire du Roy, imprimée en deux volumes in folio en 1710.*

Officiers, Commerce.

303　Commerce défendu aux Officiers & Gentilshommes. Voyez le 4. tome des *Loix Civiles*, liv. 1. tit. 7. sect. 4. & la Rocheflavin, *des Parlemens de France*, liv. 8. chapitre 26.

Officiers des Communautez.

304　Officiers d'une Communauté d'habitans. Voyez le mot, *Communautez*, n. 62. & suiv.

Destitution des Officiers.

305　Voyez au 1. volume du present Recueil, le mot, *Destitution.* Filleau, tome 2. part. 3. tit. 8. page 368. & le *Traité des Criées*, par *M. Bruneau*, page 475.

Ce qui a porté les Cours à favoriser les destitutions des Seigneurs, est qu'anciennement ils étoient responsables des Jugemens de leurs Juges.

306　Tous Officiers Royaux irrevocables, nonobstant la clause ordinairement contenuë en leurs Provisions, *tant qu'il nous plaira*; il en est autrement des Officiers des Seigneuries, à moins qu'ils ne soient pourvûs à titre onereux. Mainard, tome 1. liv. 2. chap. 23.

307　*In Officii, munerisve, ob bene merita, donatione, hæc verba, quoad vixeris, & in nostro famulitio eris, ut intelligantur?* Vide Luc. lib. 8. tit. 5. cap. 4.

308　*Gratia Officii obtenta cum claus. quandiu nobis placuerit, an concedentis morte ante internationem & adeptam possessionem expiret?* Voyez Franc. Marc. tome 1. quest. 512.

309　De clauf. quandiu placuerit.
De clauf. donec aliud fuerit ordinatum. Voyez Franc. Marc. tom. 2. quest. 363.

310　L'acquereur par decret peut destituer un Officier, encore qu'il ait servi plus de vingt ans, parce qu'il ne prend pas droit de celuy sur lequel l'heritage est vendu, mais il le prend *à Prætore*. Jugé le 17. Mars. 1406. M. le Prêvre, 2. Cent. chap. 52. Secus, des autres Officiers pourvûs pour recompense de services, ou à titre onereux.

311　Le successeur au Benefice n'est tenu d'entretenir les Officiers pourvûs pour récompense de services faits à la personne du Titulaire; secùs, s'ils ont été pour la conservation des droits du Benefice. Jugé contre M. l'Evêque d'Angers, au profit des Officiers de l'Officialité. Papon, liv. 4. tit. 12. n. 7.

312　Officier pourvû par un mineur de 20. ans, nommé à l'Evêché, & ce pour recompense de services, le mineur étant venu en âge & sacré, ne peut le destituer. Brodeau sur M. Louët, lettre O. sommaire 2 nombre 3. Mornac, L. 25. ff. de adoptionibus.

313　Officier d'Eglise destitué par l'Evêque, après avoir exercé 30. ans. Bellordeau, liv. 4. Contr. 73.

314　Les Officiers d'Eglise élûs par les Paroissiens, ne doivent être destituez sans cause. *Ibid.*

315　L'on tient en Normandie indistinctement que l'Officier ne peut être destitué par le Beneficier qui luy a donné la Collation, & que son successeur par resignation ou permutation, est pareillement obligé d'entretenir ses faits; le Commentateur de *M. Louët*, lettre O. somm. 2. ajoûte, que l'on a étendu cette décision contre des Chapitres, & autres Communautez, qui ne meurent point. Basnage, tit. de Jurisdiction, art. 13.

316　Le sieur Barbe, pourvû par M. le Duc de Verneüil de la Charge de Sénéchal de Fécamp, l'exerça pendant plusieurs années. M. le Duc de Verneüil luy permit d'en tirer quelque composition, sur cette consideration, que son ayeul, son pere, son oncle l'avoient exercée. Il en traita avec le sieur Villain de Beaucamp, auquel M. de Verneüil donna son agrément, & des clauses qui contenoient pour recompense de services. Il paroissoit neanmoins par les Lettres qu'il en avoit payé 3000. liv. aux gens de M. le Duc de Verneüil. Celuy-cy s'étant depuis marié, le Roy donna l'Abbaye de Fécamp au Roy de Pologne, après la mort duquel cette même Abbaye fut donnée au fils du Duc de Neubourg, qui pourvut Fauconnet. Le sieur le Villain s'opposa à sa réception, & appella en garantie le sieur Barbe, pour faire dire qu'en cas de destitution il seroit déchargé de la rente qu'il luy faisoit. Le sieur Villain representoit que M. le Duc de Verneüil étoit encore vivant, & jouïssant pour sa pension de la meilleure partie du revenu de cette Abbaye, on le devoit considerer comme en étant encore le veritable Abbé; & que l'Ordonnance de Roussillon n'avoit jamais été gardée en Normandie, & les Seigneurs Ecclesiastiques non plus que les Laïcs, ne pouvoient révoquer leurs Officiers *ad nutum*, quoyqu'ils n'eussent point été pourvûs à titre onereux, n'étant pas raisonnable de leur donner une liberté, dont le Souverain même n'avoit pas jugé à propos de se prévaloir. M. le Duc de Neubourg & Fauçonnet s'aidoient de l'Arrêt donné au Parlement de Paris, contre l'Official de Domfront, & prétendoient encore que depuis peu M. l'Archevêque de Roüen avoit fait juger la même chose contre son Official. Par Arrêt du Privé Conseil, la cause fut appointée au Conseil, & depuis les Parties s'accommoderent; Villain fut maintenu, moyennant une somme qu'il donna au sieur de Janville. Basnage, tit. de Jurisdiction, art. 13.

317　Les Officiers pourvûs d'Offices par eux achetez ou pour recompense de mariage, ou pour récompense de services, ne peuvent être destituez. Arrêt du Parlement de Paris du 12. Juillet ou Juin 1513. Papon, livre 4. tit. 12. nomb. 6. où il rappelle la disposition de l'Ordonnance de Charles IX. à Roussillon, qui permet aux Seigneurs hauts-Justiciers de destituer leurs Officiers, s'ils ne sont pourvûs à titre onereux; jugé que cette Ordonnance avoit lieu és Offices des Seigneurs Ecclesiastiques.

318　Acheteur du Domaine du Roy ne peut destituer les Officiers Royaux. Arrêt du Parlement de Paris du 19. Octobre 1540. Papon, ibid. n. 4.

319　Une Provision d'Office contenoit cette clause, *pour en joüir tant qu'il vivra & sera en nôtre service.* Celuy qui a donné l'Office, vend la Terre, & destituë l'Officier, il demande des dommages & interêts au vendeur, qui oppose qu'il n'est plus à son service. Arrêt du 24. Mars 1550. en faveur de l'Officier destitué. Papon, liv. 4. tit. 12. n. 5. & 15.

320 Officier destitué *ex causâ infamante*, peut appeller & se purger, il faudroit luy faire son procés. Arrêt des Grands Jours de Moulins du 20. Septembre 1550. Papon, liv. 4. tit. 12. n. 9. & depuis jugé au profit du Sénéchal de Chavigny, destitué *ex causâ infamante*, contre l'Evêque de Poitiers, le 7. Décembre 1573.

321 M. Charles Du Moulin, sur la Regle de Chancellerie, *de Infirmis resignantibus*, num. 390. estime que *Duces, Barones, Episcopi, Abbates, & similes locorum Domini, possunt ad nutum revocare Officiales suos, si simpliciter revocantes; secùs si ex causâ infamante, quia tunc potest appellari, cum hujusmodi privatio fieri non possit, nisi ex causâ verâ & probatâ*. Il cita un Arrêt solemnel donné au Parlement de Paris le 13. Janvier 1558. contre le Duc de Nevers.

322 Le Chapitre d'une Eglise Cathédrale ne pourroit pas, *sede vacante*, dépoffeder les Officiers pourvûs par l'Evêque moderne décédé. Arrêts du Parlement de Paris des 26. Avril 1571. & 9. Juin 1572. le premier pour M. Pierre Militis, Official de l'Evêché de Saint Flour, & autres Officiers de la Jurisdiction Ecclesiastique, Appellans comme d'abus, contre M. Pierre Decoloré; & le second en faveur de M. Hugues du Perat, Official de la Jurisdiction Ecclesiastique de Bourges, destitué. V. la Bibliot. Canon. tome 1. p. 113. col. 1. & au 1. tom. du présent Recüeil, le mot, *Destitution*, nombre 88. & suivans.

323 Un Tuteur ayant pourvû un Officier, le pupile devenu majeur, doit le conserver, & ne peut le destituer. Arrêt du 27. Février 1574. pour M. le Cardinal de Bourbon. Papon, liv. 4. tit. 12. n. 4.

324 Quoy qu'un Seigneur autre que le Roy, puisse destituer son Officier comme il luy plaît, si cela arrive pour cause infamante, l'Officier peut contredire, & demander à être reçû à se purger. Mainard, tome 1. livre 2. chapitre 24.

325 Celuy qui est institué Officier par un Seigneur à titre onereux, ne peut être destitué par l'achéteur. Arrêt du Parlement de Dijon sans date, rapporté par *Bouvot*, tome 1. part. 2. verbo, *Officiers*.

326 Si un Officier institué par un Seigneur en faveur de mariage, par achat ou récompense de services, peut être destitué? V. Bouvot, to. 1. part. 3. verbo, *Officiers*, question 1.

327 Un Office en Justice inferieure donné à titre onereux, ne peut être révoqué par le vendeur. Arrêt du Parlement de Dijon du 16. Juillet 1565. *Ibid. to. 1. verbo, Offices, quest. 2*.

328 Celuy qui est institué Officier par un Prince du Sang, ne peut être destitué. Arrêt du Parlement de Dijon du 18. Mars 1597. *Ibid. verbo, Officiers, quest. 4*.

329 Un Beneficier peut destituer les Officiers instituez par ses predecesseurs, encore que l'institution soit pour récompense de service. Arrêt du Parlement de Dijon du 15. Novembre 1606. parce que les Ecclesiastiques ne sont qu'usufruitiers. *Ibidem, verbo, Offices, question 34*.

330 Un admodiateur ne peut instituer ni destituer les Officiers, quoyqu'il soit dit par son bail à ferme qu'il le pourra faire. Arrêt du Parlement de Dijon du 14. Mars 1573. *Ibid. quest. 45*.

331 Le successeur singulier n'est point obligé d'entretenir les Officiers de la Justice, quoyque le pere de l'Officier eût auparavant exercé 20. ans. Arrêt du 18. Janvier 1602. pour M. de Nevers, contre un Bailly, qui avoit été pourvû par M. le Prince de Condé. Papon, liv. 4. tit. 12. n. 5.

332 Le Chapitre ne peut pas destituer l'Official, & autres Officiers, le Siége Archiepiscopal vacant. Arrêt du Parlement de Bretagne du 12. Décembre 1606. *Tournet, lettre C. n. 50*.

333 Quand un Officier est pourvû pour récompense de services, il n'est pas tenu de prouver les services; mais il suffit qu'il en soit fait mention dans ses Lettres de provision, & il ne peut être destitué que par mort ou forfaiture, & ce aprés la condamnation. Arrêt du 10. Mars 1607. M. le Prêtre, 3. Cent. chap. 32. Voyez M. Loüet, lettre O. somm. 2.

334 Successeur au Benefice peut destituer les Officiers, même pourvûs pour services rendus à la personne de son predecesseur. Ainsi jugé le 17. May 1623. *Bardet, tome 1. liv. 1. chap. 19.* on juge autrement quand les services ont été rendus à l'Abbaye ou Evêché.

335 Officier d'un Evêché non pourvû pour récompense de services faits à l'Evêché est destituable par le nouvel Evêque, quelque long-temps qu'il ait servi. Jugé le 11. Mars 1627. *Du Frêne, liv. 1. chap. 129*.

336 Un Officier du Chapitre d'Auxerre reçû par la démission de son pere qui étoit pourvû pour cause onereuse, est destituable *ad nutum*. Arrêt du 23. Avril 1630. *Ibid. liv. 2. chap. 75*.

337 Officier pourvû pour récompense de services faits à un Evêché, reçû à verifier les services, & les confections des papiers terriers. Arrêt du 6. Mars 1631. *Ibidem, chapitre 93*.

338 *Prætores, Decuriones, actuarii, constituti à Toparchis fiduciariis an redempto à Principe Dominio, ex vi pacti de retrovendendo amoveri possint ab Officiis suis? Jugé que non, le 16. Décembre 1643. pro Prætore & Decurionibus Pagi de Richen, in ditione Luxemburgensi*. Voyez *Stockmans, decis. 91*.

339 Arrêt du Parlement de Bordeaux du 18. Juin 1648. au rapport de M. Bomand le jeune, par lequel Gaspard Despernes, Chevalier de Malthe, & Prieur du Prieuré des Arenes en Xaintonges, ayant destitué les Officiers pourvûs par le précedent Prieur, à faute par eux d'avoir pû verifier qu'ils avoient été pourvûs à titre onereux, pour services rendus au Prieuré, leur destitution fut confirmée. *La Peirere, lettre O. n. 30*.

340 Les Offices conferez pour services rendus, ne peuvent être révoquez. Arrêt du Parlement de Paris du 24. Janvier 1651. qui a maintenu un premier pourvû par M. le Grand Prieur, de la Charge de Grand Voyer du Temple par M. le Grand Prieur, pour récompense de services à luy rendus & à ses predecesseurs, sans qu'il ait été obligé de les prouver, quoy qu'il y eût une clause ordinaire, *tant qu'il nous plaira*; le second à qui il l'avoit donné fut débouté. *Journal du Palais*.

341 Un Bailly condamné à se défaire de sa Charge, présente sa Requête au Parlement de Roüen, à ce qu'il luy fût permis de la resigner: sur l'opposition du sieur Abbé de Saint Pierre, le Bailly dit que le précedent Abbé l'a pourvû de son Office, pour récompense de services; & que pour s'y maintenir il avoit donné à l'Abbé 500. écus; l'Abbé demeure d'accord que par l'Ordonnance de Roussillon, on ne peut révoquer les Officiers pourvûs pour récompense de services; mais qu'il ne s'agit pas d'une destitution mais d'une resignation qu'il vouloit faire de son Office, ce qui n'étoit point en son pouvoir, il luy offrit neanmoins une somme de 1000. liv. par Arrêt de la Chambre de l'Edit du 27. Novembre 1652. sur la declaration de l'Abbé, il luy fut permis de pourvoir à cet Office, en payant au Bailly une somme de 1000. liv. *Basnage, tit. de Jurisdiction, art. 13*.

342 Un Evêque nouvellement pourvû, peut destituer un ancien Officier, si ce n'est que l'Officier ait rendu service à l'Evêché, c'est la distinction que l'on y observe. Jugé le 19. Janvier 1655. *Des Maisons, lettre E. n. 15*. Voyez *Henrys, tome 1. liv. 2. chap. 4. quest. 12. & M. Loüet, lettre O. somm. 2*.

343 Arrêt du Parlement de Provence du 26. May 1667. qui a jugé que le successeur en l'Office paye les charges de son predecesseur, & que le même corps d'Officiers subsiste par subrogation. *Boniface, tome 3. liv. 3. tit. 1. chap. 15*.

344 Autre Arrêt du même Parlement d'Aix du 4. Février 1679. qui fait défenses aux Officiers des Seigneurs de commettre d'autres Officiers dans le lieu. *Ibidem, liv. 1. tit. 4. chap. 3*.

345 Le nouveau Seigneur d'une Terre peut destituer les Officiers qu'il y trouve, & en mettre d'autres. Arrêt du Parlement de Paris du 5. Juillet 1689. qui maintient le Pourvû par M. le Duc de la Feüillade, sauf le recours de l'Intimé contre M. le Duc de Roannez. *V. le Journal des Aud. tome 5. liv. 5. chap. 22.*

346 Un nouveau Seigneur peut destituer son Juge. Arrêt du Parlement de Paris le 2. Août 1689.

Le fait étoit que le nommé Pontus avoit été fait Châtelain de Chamoiset par le sieur Marquis d'Entrague & la Dame d'Entrague sa mere, qui avoit la joüissance de ladite Terre en payement de quelques créances. Le Pontus avoit rendu de bons services au sieur & Dame d'Entrague, en la conservation des droits de ladite Terre, laquelle ayant été ensuite venduë par les parens de l'enfant mineur dudit d'Entrague, le nouveau Seigneur avoit confirmé par ses Lettres audit Pontus la joüissance & l'exercice de cette même Charge; cependant prétendant dans la suite en avoir reçû quelque petit chagrin, il avoit pourvû de la Charge un nommé Hullion, qui avoit voulu s'en mettre en possession; surquoy Pontus opposoit qu'un nouveau Seigneur ne pouvoit destituer un Juge pourvû à titre onereux, ayant de plus été chargé par ses Provisions de faire la démission de Procureur Fiscal; que ledit nouveau Seigneur n'avoit aucun qu'un injuste sujet de se plaindre de luy, que son institution avoit été faite pour une Charge de la Terre, & étant possesseur à titre particulier, il étoit tenu des faits de son vendeur. Les autres Parties rétorquoient sur luy les raisons qu'il alleguoit, & disoient que la Jurisdiction étoit censée *in fructu*; qu'ainsi le nouveau Seigneur en pouvoit disposer, n'étant point des faits de son vendeur, ayant un titre particulier; que ses Provisions étoient gratuites, & qu'il n'avoit point donné de finance; que ce qu'il avoit fait à l'égard de la Charge du Procureur Fiscal, n'étoit point considérable, puisque l'ayant eu *gratis*, il l'avoit donné de même. *Journal des Audiences, tome 5. liv. 5. chap. 30.*

347 Un Officier de Justice subalterne pourvû à titre onereux, & pour récompense de services, avec clause expresse de ne pouvoir être destitué que pour concussion & malversation, & en ce cas de luy rembourser la finance payée, ne peut être destitué par son Seigneur, s'il n'a point de juste sujet de plainte, de concussion & malversation contre ce Juge. Arrêt du 4. Août 1691. contre le sieur Comte de Brienne. *Voyez le Journal des Aud. tome 5. liv. 7. chap. 39.*

OFFICIERS, DETTES.

348 Si les Officiers qui s'obligent pour la Compagnie, le sont personnellement? *Voyez le mot, Obligation, nombres 111. & 112.*

OFFICIERS, DISPENSE.

349 Declaration du 9. Février 1683. qui permet aux Aspirans aux Offices de Judicature de prendre des dispenses d'âge, de service & de parenté, moyennant finance. *V. les Edits & Arrêts recüeillis par l'ordre de M. le Chancelier en 1687.*

Voyez cy-dessus le nombre 115.

OFFICIERS DE LA JUSTICE ECCLESIASTIQUE.

350 Il faut aujourd'huy tenir pour constant que les Offices de la Justice Ecclesiastique ne vaquent *ipso jure*, par la mort de l'Evêque, & sans révocation expresse, contre l'opinion de *Joannes Faber, in §. item adhuc institutionibus de mandato*: ce que la Cour de Toulouse a jugé pour la destitution des Officiers de l'Officialité du Parlement de Toulouse en 1607. *Filleau, part. 3. tit. 8. chap. 1.*

351 Si un Officier de la Jurisdiction Ecclesiastique, doit être entretenu par le successeur au Benefice? *Voyez Tournet, lettre O. Arr. 49.*

352 Si les Ecclesiastiques peuvent exercer Offices, & comment ils sont reçûs en iceux. *Voyez Cambolas, liv. 5. chapitre 30.*

353 On voit dans *Balsamon, au Canon 1. tit. 9. chap. 1.* que Constantin après avoir donné au Pape Sylvestre la Dignité Royale, accorda aux Ecclesiastiques *honorarias Patriciorum, sive Consulum Dignitates*; & par la forme de leur reception dans les Parlemens, on voit que c'est un honneur qu'on leur accorde dans les Offices qu'ils ont aux Cours Souveraines, d'autant qu'ils sont reçûs sans aucune inquisition; comme il fut pratiqué dans la réception de M. l'Evêque de Rieux, le 14. Novembre 1615. pourvû d'un Office de Conseiller, par la résignation de M. l'Evêque de Rodez. Il fut arrêté qu'il seroit reçû sans aucune inquisition, bien qu'il fût porté par ses Provisions, qu'il seroit enquis de ses vie & mœurs, & fut ordonné qu'avant prêter le serment, il liroit nuë tête les articles de foy assis devant M. le Doyen; ce qui avoit été auparavant observé en la réception de M. de Lestang, Evêque de Carcassonne.

OFFICIERS, ELECTION.

De l'élection des Officiers. *Voyez le mot, Election; nombre 172. & suiv.* 354

OFFICIERS, ELUS.

Officiers des Elections. *Voyez ibidem, le nomb. 221. & suivans.* 354 bis.

OFFICIERS, ENCHERES.

Des Officiers qui encherissent. *Voyez le mot, Enchere, nombre 40.* 355

EXAMEN D'OFFICIERS.

Voyez cy-dessus le mot, Examen, nombre 19. & suivans, où il est parlé de l'examen des Officiers de Judicature. 355 bis.

Quelque opinion qu'on ait de la suffisance d'un Pourvû d'Office, il ne peut être dispensé de l'examen accoûtumé, comme il fut pratiqué à l'endroit de M. Corras. *Mainard, liv. 1. ch. 75.* 356

La presentation des Lettres dépendans du Bailliage d'Amiens, se fera par-devant le Lieutenant General; & l'examen des Prévôts Royaux & autres Officiers, se fera en presence de toute l'Assemblée, où présidera le Président Présidial, s'il s'y trouve. Jugé le 12. Janvier 1626. *Du Frêne, liv. 1. chap. 79.* 356 bis.

OFFICIERS EXCOMMUNIEZ.

Arrêt du Parlement de Toulouse du 22. Decembre 1457. par lequel l'Archevêque de Toulouse est condamné de rétracter & révoquer les excommunications par luy prononcées contre les Juges de la Sénéchaussée de Toulouse, pour n'avoir pas voulu rendre un prisonnier Clerc tonsuré. *Papon, liv. 1. tit. 4. n. 9.* 357

L'Official de Toulouse ayant fait jetter plusieurs excommunications contre le Juge-Mage, & autres Officiers de la Sénéchaussée, fut condamné par Arrêt à les révoquer, & les absoudre. *Mainard, livre 8. chapitre 23.* 358

Par privilege de France, nul Officier Royal ne peut être excommunié. Arrêt du Parlement de Toulouse du 9. Septembre 1599. par lequel l'excommunication jettée par l'Evêque de Castres contre la Cour, pour l'avoir condamné à contribuer aux réparations de l'Eglise de Castres, fut declarée abusive; l'Evêque condamné en 2000. écus d'amende envers le Roy, applicable à la réparation du Palais. *Papon, livre 1. tit. 4. nombre 19.* 359

Voyez cy-dessus le mot, Excommunication, nomb. 64. & suivans.

OFFICIERS DE FRANCE.

Le Feron, Histoire des Grands Officiers de France, augmentée par Godefroy, vol. in fol. Paris 1658. 360

Histoire des Grands Officiers de France, par le Pere Anselme, 2. vol. in quarto, Paris 1674. 361

GAGES DES OFFICIERS.

Des gages des Officiers. *Voyez le mot, Gages, nombre 36. & suiv.* 362

Les Lettres du Lieutenant de Fougeres, par lesquelles le Roy luy permet tenir Offices tant Royaux que non Royaux, & des Jurisdictions inferieures qui ne relevent du Domaine du Roy à Fougeres, jusques à ce qu'il luy ait été pourvû de gages & pension suffisante pour son 363

OFF OFF 873

son entretenement, à raison de son état, sont entherinées au Parlement de Bretagne le 5. Octobre 1576. Du Fail, liv. 2. chap. 540.

364 Les Châtelains & autres premiers Juges, ne peuvent passer outre au préjudice des défenses des Juges superieurs. Arrêt du 7. Septembre 1629. Henrys, tome 1. li. 2. ch. 4. quest. 30. Ils peuvent pour leurs gages s'adresser aux Consuls, & les faire contraindre en leurs biens propres. Henrys, tome 1. liv. 2. ch. 3. quest. 9.

365 Les Officiers doivent être payez des deux quartiers de leurs gages sans retranchement, nonobstant les non-valeurs prétenduës. Arrêt de la Cour des Aydes du 23. Février 1652. Henrys, tome 2. liv. 2. quest. 11.

OFFICIERS DE GUERRE.

366 Voyez cy-dessus le mot, Offices, nombre 235.

OFFICIERS, JURISDICTION, PROCE'S.

367 Si les Officiers sont en contention pour leurs Charges, ils se doivent pourvoir, non user d'autorité les uns contre les autres ; le Lieutenant Criminel d'Angers étoit en contention contre le Prévôt ; par Arrêt du 31. Mars 1607. en la Tournelle, il luy fut fait défenses de décreter contre les Officiers de la Prévôté, même contre le Greffier ou ses Commis, ni iceux emprisonner pour le fait de l'adjudication qui luy étoit controversée par le Prévôt, à peine de répondre des dommages & interêts en son nom ; à luy enjoint de se pourvoir en la Cour, jusques à ce qu'ils ayent été reglez. Et par autre Arrêt du dernier Août 1608. sur ce que le Commissaire Pepin avoit été emprisonné par les Officiers de l'Abbaye Sainte Geneviève, la Cour leur fit défenses, & à tous autres subalternes de proceder désormais par telles voyes contre les Commissaires du Châtelet faisant leurs Charges, sur peine de suspension, permis à eux de se pourvoir pardevant qui la connoissance en appartient. Additions à la Bibliot. de Bouchel, verbo, Officiers.

368 Deux Officiers d'un même Siege ayans procès ensemble, l'un d'eux le peut faire renvoyer en un autre Siege. Arrêt du 12. Decembre 1648. Henrys, tome. 2. liv. 2. quest. 3.

Voyez le mot, Juges.

OFFICIER, MINEUR.

369 Voyez cy-dessus, verbo, Mineur, nomb. 89. & suiv. où il est parlé des obligations contractées par des mineurs pourvûs de Charges.

370 Un Magistrat ou Officier manquant à sa Charge, n'est restitué par benefice de sa minorité ; comme il fut préjugé au Parlement de Bourdeaux en 1571. au fait d'un Greffier, qui à faute de remettre une procedure complette, avoit encouru quelque peine pecuniaire, dont il vouloit être déchargé par le benefice de sa minorité, disant n'avoir si exactement verifié le procés. Mainard, liv. 3. chap. 40.

371 Un Châtelain ou autre Officier Royal, ne peut être restitué en entier sous prétexte de minorité. M. Expilly, Plaidoyé 28.

372 Les Officiers mineurs peuvent être restituez des Contracts par eux passez en minorité. Arrêts du 8. May 1631. & du 13. May 1637. M. d'Olive, liv. 4. chap. 15. Voyez M. Loüet, & son Commentateur, let. G. som. 9. & Carondas, liv. 8. Rép. 49. où il y a Arrêt du 23. Decembre 1574. qui a jugé le contraire contre un Notaire.

373 Fils de famille ne peut disposer de son Office de Judicature, au préjudice des conventions faites avec son pere. Jugé au Parlement de Paris le 14. Mars 1636. au profit du sieur de Saint Genés, qui avoit acheté une Charge de Conseiller au Châtelet pour son fils. L'en ayant fait pourvoir, afin de veiller à la conservation de l'Office, il prit & retira Procuration de son fils pour le résigner & en traiter ; & en vertu de cette Procuration, il forma opposition à la resignation & démission que son fils en pourroit faire. M. l'Avocat General Bignon dit, que la cause étoit tres-importante, & qu'avec raison, le Macedonien avoit été introduit pour obvier aux débauches des fils de famille ; le pere avoit bien prévû ce malheur, & y a prudemment pourvû. Son vœu d'avancer son fils, commun en ce point, avec tous les autres peres, a été accompagné d'une précaution extraordinaire, neanmoins tres-sage ; il n'y a rien à y blâmer, mais plûtôt elle est loüable, puis-qu'elle est avantageuse & au pere & au fils, l'un & l'autre pouvant par ce moyen conserver ce qui luy appartient. Bardet, tome 2. liv. 5. ch. 13.

374 Peine stipulée faute d'executer un traité pour Office, est dûë, & la restitution du fils mineur ne profite au pere majeur, obligé solidairement avec luy. Arrêt du 15. May 1636. Bardet, tome 2. liv. 5. ch. 18.

375 Si le fils qui a traité d'un Office pour un prix excessif sans l'aveu de son pere, peut être restitué ? Arrêt du Parlement de Roüen du 18. Juin 1636. qui juge la negative contre un majeur, lequel avoit acheté une Charge de Conseiller au Présidial 14000. liv. On n'eut aucun égard à l'intervention du pere, ni aux offres du fils, de payer un dédommagement. Basnage, sur l'article 514. de la Coût. de Normandie.

376 Arrêt du Parlement d'Aix du 13. May 1652. qui a jugé que le mineur n'est point restituable contre l'achat d'un Office d'Huissier, aprés avoir eu les Provisions. Boniface, tome 1. liv. 4. tit. 8. chap. 1. Il rapporte un Arrêt contraire du 10. May 1649. mais le mineur étoit interdit par le Testament de son pere, & n'avoit pas été assisté d'un Avocat qu'il luy avoit donné pour conseil.

Voyez cy-aprés le nombre 459.

OFFICIERS DE LA PAIRIE.

377 Des Pairs de France & de la Pairie ; les Officiers de la Pairie doivent comparoître aux assises des Sieges Royaux. Arrêt au mois de May 1604. Peleus, question 82.

OFFICIERS, PARENS.

378 Voyez cy-dessus le mot, Juges, nombre 287. & suiv. Arrêts donnez à Tours les 8. Août & 27. Octobre 1589. qui ont jugé que le gendre & le beau-pere ne pouvoient être Conseillers en un même Siege. Secus, de deux beaux-freres. Biblioth. de Bouchel, verbo, Offices.

379 L'article 32. de l'Ordonnan. d'Orleans, portant qu'en un même Siege le pere & le fils, les deux freres, l'oncle & le neveu, ne pourront être reçus, doit s'entendre aussi-bien de l'alliance comme de la consanguinité. Cette question fut appointée au Conseil, par Arrêt du Parlement de Paris du 10. Decembre 1652. Soefve, tome 1. Cent. 4. chap. 1.

380 Declaration du Roy du mois de Mars 1669. qui regle l'âge des Officiers des Cours Souveraines & Sieges ressortissans, & qui aprés ces dispositions, ordonne que les parens au premier, second & troisiéme degré, qui sont beau-pere, gendre & beau frere, n'exerceront conjointement aucun Office ; que les Officiers reçûs ne pourront contracter alliance au premier degré de beau-pere ou gendre, autrement l'Office du premier reçû sera declaré vacant ; que les voix des Conseillers parens jusqu'au second degré ne seront comptées que pour une ; que les Veterans ne pourront joüir des Privileges s'ils n'obtiennent Lettres du Roy dans six mois ; que le prix des Charges demeurera fixe, & que les Lettres de Noblesse, & autres droits accordez aux Officiers depuis 1644. sont révoquez. Voyez Boniface, tome 2. liv. 4. tit. 1. ch. 15.

381 Edit du Roy en Janvier 1681. registré le 12. Février suivant, qui porte que les voix des Officiers des Cours & Sieges, tant Titulaires, Honoraires que Veterans, qui seront parens aux degrez de pere & fils, de frere, d'oncle & neveu, de beau-pere, gendre & beau-frere, ne seront comptées que pour une, lors qu'elles seront uniformes, De la Guessiere, tome 4. liv. 4. chap. 4. & liv. 5. ch. 4.

Voyez cy-aprés le mot, Opinion, §. Opinions, Juges Parens.

Tome II. SSsss

OFFICIER PRIS A PARTIE.

382 Un Officier du Roy peut être pris à partie, quand il y a concussion, dol ou fraude de sa part. Arrêt du 17. Septembre 1526. *M. Loüet, lettre O. somm. 3.*

383 Un Officier pris à partie, pour raison de quoy decret de prise de corps ; il se démet en faveur de son fils qui se presente ; opposition, le fils renvoyé jusques à ce que dans six mois le pere eût fait juger le procés, le 8. Avril 1664. *De la Guessiere, tome 2. livre 6. chapitre 27.*

Voyez cy-après lettre P. le Titre de la Prise à partie.

SI LES OFFICIERS PEUVENT PLAIDER.

384 Au Parlement tenu à Vannes en 1541. il fut défendu aux Juges de pactionner ni consulter aux Barres & Jurisdictions où ils sont Juges, & que les Greffiers, tant Civils que Criminels, leurs Clercs & Commis ne seront Procureurs ni Solliciteurs directement ni indirectement aux procés pendans és Cours où ils seront Greffiers, ni aux Cours superieures où les procés seront dévolus par appel, sur peine de faux. *Du Fail, liv. 3. chap. 413.*

385 Permis à un Officier de plaider pour les Parties en autres Jurisdictions que celle où ils sont Officiers, sans pouvoir être Juges des Parties pour lesquelles ils auront plaidé. Arrêt du 27. May 1639. *De la Guess. tome 2. liv. 2. chap. 23.*

PRESEANCE DES OFFICIERS.

386 La reception & l'installation, non l'âge, fait l'ancien Officier pour la préséance. *Mainard, tome 1. livre 1. chapitre 72.*

387 Celuy qui a exercé un Office, & qui le vend & en reprend après un autre dans la même Compagnie, ne doit joüir du rang de sa premiere reception. *Voyez M. d'Olive, liv. 1. chap. 36.* où il parle des Chanoinies. *Maxime,* rang perdu ne se recouvre jamais *Brodeau, sur M. Loüet, lettre B. somm. 13. nomb. 24.*

388 L'Officier reçû à la survivance qui n'a exercé, ne peut preceder ceux depuis reçus qui exercent. *Filleau, part. 3. tit. 11. chap. 74.* rapporte l'Arrêt du 9. Juillet 1551. mêmes Arrêts au Parl. de Toulouse en 1560. & 1598.

389 L'Officier reçû le premier au lieu de l'alternatif, doit preceder celuy reçû depuis luy, si ce n'est qu'il soit au lieu de l'ancien & premier Officier.

La qualité d'ancien Officier n'est transmissible par le Resignant au Resignataire. Arrêt du 8. Mars 1595. *Filleau, part. 3. tit. 11. chap. 73.*

390 Reglement de préséance entre le Prévôt & le Lieutenant en la Prévôté d'Angers & les Présidiaux dudit lieu, du 8. Juin 1626. *Du Frêne, liv. 1. chap. 11.* Arrêt semblable entre les Officiers d'Espernay, du 24. Juillet 1627. *Ibidem, chap. 111.*

391 Le Procureur du Roy d'une Prévôté & Châtellenie Royale doit preceder les Juges & Controlleurs Greneties établis en la même Ville. Arrêt du 14. Janvier 1628. *Henrys, tome 1. liv. 2. chap. 4. quest. 11.*

392 Le Prévôt Royal d'une Justice subalterne, Avocat au Bailliage & Siége Présidial, conservé en sa possession d'y preceder tous les Avocats dans le Barreau, quoyque plus anciens que luy. Arrêt du 16. Janvier 1635. *Du Frêne, liv. 3. chap. 14.*

393 Par Arrêt du Conseil sans date, les Officiers de la Justice ordinaire du Duché & Pairie de Rethel Mazarini, precederont en toutes Assemblées generales & particulieres ceux de l'Election du lieu, suivant l'Arrêt du 7. Janvier 1656. *Journal du Palais, fine.* Questions & Arrêts sans date.

394 Le Substitut du Substitut du Procureur General du Siége de Saumur condamné de prendre sa place au Barreau, quand il y fera sa fonction d'Avocat, suivant le rang que luy donne sa matricule. Arrêt du 23. Janvier 1657. *M. le Frevre és Arrêts celebres du Parlement ; De la Guess. tome 2. liv. 1. chap. 4.* rapporte le même Arrêt.

395 Reglement General pour la préséance, entre les Officiers du Roy aux Bailliages & Siéges Presidiaux, & les Juges Consuls d'Aurillac, du 5. Janvier 1664. *De la Guess. tome 2. liv. 6. chap. 1.*

396 Reglement entre deux freres Officiers, l'aîné étoit le Lieutenant Criminel, le cadet étoit le Prévôt Royal, le cadet eut la préséance, à la reserve des assemblées de famille, du 5. Août 1664. *De la Guessiere, ibidem, chapitre 43.*

Voyez cy-après les mots Préséance & Rang.

OFFICIER PREVARICATEUR.

397 *De excessibus Officialium & subditorum.* Du Moulin, tome 2. page 534.

398 Des Offices de Judicature, & des peines ordonnées contre les Officiers qui malversent. *Le Bret*, en son Traité *de la Souveraineté du Roy, liv. 2. chap. 2. & 3.*

399 *Officiali in Officio delinquente interim dum pendet lis, dibet ab Officio suspendi & sibi administratio interdici.* Voyez *Franc. Marc. tome 1. quest. 652.*

400 Condamnation intervenuë contre le Sergent qui a malversé peut être executée sur tous ses biens, mais non personnellement contre le Titulaire de la Sergenterie. La valeur de la Sergenterie demeure seule affectée, & non les autres biens du Titulaire. Arrêt du Parlement de Roüen du 1. Septembre 1565. rapporté par *Forget* & *dans la Bibl. de Bouchel,* verbo, *Etablissement,* & encore est-il necessaire de discuter le Commis.

401 Par Arrêt du Parlement de Toulouse du 2. Decembre 1573. celuy qui avoit présidé au Sénéchal d'Armagnac au jugement du procés sans nombre suffisant d'assistans, condamné en cinq livres d'amende, & défensé à luy & à vous Magistrats du ressort à peine de 500. livres de ne juger les procés sans nombre competent qui est de sept, suivant les Ordonnances Royaux. En matiere d'équivalent, il n'en faut que cinq, suivant l'Arrêt donné en la Cour des Aydes de Montpellier le 14. Novembre 1668. en la cause des Hôtes & des Fermiers de l'équivalent. Reglement de la Rochestavin, chapitre 1. Arrêt 4.

OFFICIERS, PREVENTION.

402 La prévention attribuée aux Officiers du Sénéchaussées de Roüane & de saint Etienne, transferée à Montbrison, doit y avoir lieu. Arrêt par appointé du 16. Mars 1657. *Henrys, tome 2. liv. 2. quest. 18.*

RECEPTION DES OFFICIERS.

403 S'il est question d'actes deleguez par le Roy nommément au Sénéchal ou son Lieutenant, nul autre n'en peut connoître. Le nommé de la Barriere pourvû de l'Office de Lieutenant General du Sénéchal de Lancs, il est mandé au Sénéchal ou Lieutenant Particulier de recevoir son serment ; le Sénéchal auquel il s'adresse ne peut aller au Siége ; le Lieutenant particulier ayant seulement commission du Sénéchal, le reçoit en presence des Gens du Roy & au Siége. Arrêt du 13. Decembre 1521. qui declare la reception & la prestation de serment nulle, défend à la Barriere l'exercice de son Office jusqu'à ce qu'il se soit fait duëment recevoir, car il devoit appeller de l'excusation du Sénéchal à la Cour du Parlement de Bourdeaux, où s'y pourvoir par Requête. *Papon, liv. 4. tit. 12. nomb. 12.* Au ressort du Parlement de Paris les Lieutenans Generaux doivent se faire recevoir à la Cour.

404 Pour la reception des Officiers il faut qu'il passe de deux voix. Jugé au Parlement de Toulouse au sujet de Juge Mage de Castelnaudary, & en l'examen d'un Conseiller du même Siége, le 2. Decembre 1598. *Camboles, liv. 2. chap. 47.*

405 L'Article 55. de l'Ordonnance d'Orleans n'est pas observé, qui vouloit que les Officiers des Seigneurs hauts Justiciers fussent reçus par les Baillifs & Sénéchauy où ils ressortissoient, après information de vie & mœurs & examen : il suffit qu'ils prêtent le serment entre les mains du Seigneur, & soient reçus & installez par luy ou par le premier de ses Officiers, &c. Arrêt du 10. Juillet 1618. *Brodeau, sur M. Loüet, lettre O. somm. 4. nomb. 2.*

OFF   OFF   875

406   Ceux qui sont pourvûs d'Offices, soit au Parlement, soit aux Siéges subalternes, ne doivent être reçûs, qu'auparavant il n'ait été informé de leur vie & de leurs mœurs. Arrêt sans date du Parlement de Grenoble, ce qui ne se pratique neanmoins que depuis environ 80. ans. *Voyez Chorier en sa Jurisprudence de Guy Pape*, page 70.

407   Pour la reception des Prévôts ou Châtelains Royaux, l'information de vie & mœurs se fait par le Lieutenant General seul, l'examen par tout le Siége, où le Président peut présider, & la prestation de serment à l'Audience du Présidial ou du Bailliage à l'option du reçû. Jugé le 11. Janvier 1626. les Parties étoient les Officiers du Siége d'Amiens. *Bardet*, tome 1. livre 2. chap. 63.

408   Deux étant pourvûs chacun d'un Office de Président au Parlement de Grenoble, étoient en concurrence pour leur reception ; l'un avoit dés long-temps fait tous les Préliminaires necessaires ; mais il n'avoit pas servi autant que l'Ordonnance le desire : il avoit obtenu contre ce manquement des Lettres de dispense, dont il demandoit l'enterinement ; l'autre n'avoit besoin d'aucune dispense ; mais il n'avoit pas presenté ses Lettres que long-temps aprés du premier ; par Arrêt du 27. Janvier 1632. les Chambres assemblées, il fut jugé que celuy-cy seroit reçû le premier, & que l'autre le seroit immediatement aprés luy. *Voyez Chorier, en sa Jurisprudence de Guy Pape*, page 72.

409   Les Baillifs & Sénéchaux entrant au Parlement de Grenoble dans la Chambre du Conseil pour y prêter le serment qu'ils doivent au Roy à leur reception dans leurs Charges, quittent l'épée qui leur est renduë en sortant, de sorte que l'ayant à leur côté, ils sont mis en possession par le Commissaire que la Cour depute pour les y installer. *Voyez ibid.* page 70.

410   Par Arrêt du Parlement de Rennes du 26. May 1631. la Cour faisant droit sur les Conclusions du Procureur General du Roy, a ordonné que ceux qui seront pourvûs par Mandemens d'Offices és Jurisdictions subalternes seront reçûs par les Juges Présidiaux, Royaux & autres desquels les Jurisdictions sont mouvantes ; défenses de les admettre qu'ils n'ayent l'âge de 25. ans portés par les Ordonnances, & qu'ils ne soient gradués, ou juré l'assise, & pratiqué le temps de 4. ans. Les Officiers des Regales, Duchez Pairies & autres Jurisdictions ressortissans immediatement en la Cour, se presenteront en icelle ; pour être examinez pardevant un Conseiller, & reçûs en icelle comme il appartiendra. Ordonné que le present Arrêt sera lû & publié aux Audiences des Siéges Présidiaux & Royaux de ce ressort, à ce qu'aucun n'en pretende cause d'ignorance. *Du Fail*, liv. 2. chap. 540.

411   Le 13. Janvier 1605. la Cour du Parlement de Toulouse deliberant sur l'enquête d'un de Messieurs pourvû d'un Office de Conseiller, il fut jugé que pour l'inquisition de la vie & mœurs, il n'étoit pas necessaire qu'il passât de deux tiers, mais à la pluralité des voix comme aux autres affaires, & ce suivant ce qui avoit été deliberé en pareille rencontre en l'année 1601. en l'affaire de M. Merigot pourvû d'un Office de Conseiller Clerc, où il avoit été jugé que l'Ordonnance n'avoit lieu que pour le seul examen. Une des raisons de cette deliberation fut que bien qu'il faille être plus exact au jugement des mœurs qu'à l'examen qui se fait pour la doctrine, neanmoins il est important d'observer que l'examen qui se fait pour la capacité sert pour toûjours ; mais celui des mœurs n'oblige pas tellement la Compagnie qu'elle ne puisse aprés bannir celui qui par sa mauvaise vie se rend indigne d'être un des membres d'icelle. Trois choses sont requises à un Officier, la probité, la doctrine, & l'experience ; c'est pourquoy l'inquisition avant sa reception se fait sur trois points ; sçavoir sur les mœurs, l'âge & la suffisance ; les bonnes mœurs se verifient par l'information, l'âge par le Régistre du baptistaire, & la suffisance par l'examen ; & de toutes la

Tome II.

probité est la qualité la plus necessaire à l'Office. *Cambolas*, liv. 3. chap. 47.

412   En matiere de reception d'Officiers, on ne peut prononcer nonobstant l'appel. Arrêt du Parlement d'Aix du 12. Octobre 1643. *Boniface*, tome 1. livre 1. tit. 10. nombre 8.

413   Le Resignataire d'un Office de Président, de Conseiller, de Procureur General, &c. n'y est reçû qu'en rapportant Procuration des heritiers du Resignant, s'il est mort, par laquelle ils consentent à sa reception. Arrêté du Parlement de Grenoble, du 17. Juin 1654. rapporté par *Chorier en sa Jurisprudence de Guy Pape*, page 72.

414   Les Officiers des Bailliages, Vigneries, Châtellenies & autres Jurisdictions Royales, se doivent faire recevoir en leurs Charges devant les Sénéchaux ; & s'ils ont été reçûs au Parlement, ils sont tenus de faire enregistrer, tant leurs Provisions que les Arrêts de reception devant lesdits Sénéchaux. Arrêt du Parlement de Toulouse du 29. May 1655. entre les Officiers du Sénéchal & Siége Présidial de Nîmes, & ceux du Bailliage de Villeneuve de Berc & de Maruejols. *Graverol sur le Traité du Reglement de la Rocheflavin*, chap. 1. Arr. 8.

415   Arrêt de la Cour des Aydes de Paris du 29. May 1657. qui maintient le Pourvû de l'Office de Lieutenant Civil en l'Election de Saint Etienne au préjudice de celuy qui avoit obtenu des Provisions de la même Charge d'ancienne création, posterieurement à la reception & instalation de l'autre. *Voyez Henrys*, tome 2. liv. 2. quest. 36.

416   Arrêt du Parlement d'Aix du 12. Juin 1671. qui a jugé que les Provisions des Officiers subrogez, doivent être enregistrées au Greffe de la Jurisdiction. *Boniface*, tome 4. liv. 1. tit. 2. chap. 4.

417   Edit du mois de Mars 1693. regîtré en la Cour du Parlement de Paris le 24. Avril ensuivant, par lequel en amplifiant l'art. 55. de l'Ordonnance d'Orleans, qui porte que tous les Officiers de Justice ou Jurisdictions subalternes, ou des hauts Justiciers seront examinez avant que d'être reçûs, aprés une information de vie & mœurs sans prendre aucune chose ; & les hauts Justiciers tenus de salarier leurs Juges de gages honnêtes, &c. Le Roy veut que tous Notaires & Tabellions, Procureurs Fiscaux, Greffiers, Procureurs postulans, Huissiers & Sergens soient reçûs & prêtent le serment pardevant les Juges des Seigneurs dans les Justices és quelles ils doivent exercer leur fonction ; à condition de se faire immatriculer aux Greffes des Justices Royales où relevent les appellations desdites Justices, le tout à peine de faux, 500. livres d'amende. *M. Bruneau en son Traité des Criées*, page 71.

RANG DES OFFICIERS.

418   *Voyez* cy-dessus le nomb. 386. & suiv. & cy-aprés verbo, *Rang*.

REGLEMENT ENTRE LES OFFICIERS

419   L'on se propose de suivre icy pour plus grande facilité l'ordre alphabetique, & ce que l'on ne trouvera pas sous cet article & les suivans, sera inseré au 3. *volume de ce Recueil* au mot *Reglement*.

AVOCATS DU ROY.

420   Reglement d'entre l'*Avocat* & le *Procureur du Roy* d'un même Siége, du 7. Septembre 1606. c'étoit au Bailliage de Forêts. *Henrys*, tome 1. liv. 2. chapitre 2. quest. 8. L'auteur des Observations remarque que quand il n'y a qu'un Avocat du Roy & un Procureur du Roy, c'est l'ordre de la reception qui regle la préseance, en sorte que si le Procureur du Roy est plus ancien, il a la premiere place à l'Audience.

421   Entre les *Avocats* & *Procureurs* du Roy d'*Issoudun*, Arrêt du 17. May 1667. *De la Guess*. to. 3. liv. 1. ch. 30.

422   Reglement entre les *Avocats* & *Procureurs Fiscaux* des Sénéchaussées & *Duchez* & *Pairies* pour l'exercice de leurs Charges, du 26. Février 1661. *De la Guessiere*, tome 2. liv. 4. chap. 8.

SSffff ij

Officiers d'Amiens.

423 Reglement entre le Président & le Lieutenant General d'*Amiens*, touchant la reception des Officiers de leur Siége, ou ressortissans en iceluy, du 12. Janvier 1626. *Du Fresne*, liv. 1. chap. 79. touchant les Officiers d'Angers, &c. Arrêts du 8. Juin 1626. & du 24. Juillet 1627. touchant les Officiers d'Epernay. *Voyez Ibidem*, chap. 110.

Officiers d'Angers.

424 Reglement entre les Officiers de la Sénéchaussée d'*Anjou* & Siége Présidial d'*Angers*, & les Officiers de la Prévôté de la même ville. Il est du 9. Août 1684. *De la Guess.* tome 4. liv. 7. chap. 21. & ensuite un Arrêt précedent du 10. Decembre 1611.

Officiers d'Angoulesme.

425 Arrêt du Parlement de Paris du 10. Juin 1689. portant Reglement general entre les Officiers de la Sénéchaussée & Siége Présidial d'*Angoulesme* pour les fonctions de leurs Charges. Il est dans *Henrys*, tome 2. liv. 2. quest. 24.

Officiers d'Autun.

426 Arrêt du Conseil d'Etat Privé du Roy du 16. Mars 1705. portant Reglement entre les Officiers du Bailliage & Siége Présidial d'*Autun*, pour les droits, séances & fonctions de leurs Charges. *Voyez l'Auteur des Observations, sur Henrys*, tome 2. liv. 2. quest. 25.

Officiers d'Auvergne.

427 Reglement entre les Lieutenans Criminels & leurs Asseseurs dans les Siéges, Bailliages, Sénéchaussées, Siéges Royaux, & Justices subalternes, du Présidial d'*Auvergne* à Riom pour l'exercice & fonctions de leurs Charges, du 22. May 1681. *De la Guess.* tome 4. liv. 4. chap. 14.

Officiers des Bailliages.

428 Reglement entre les Officiers des *Bailliages* & *Prévôtez* de ce Royaume, pour l'execution & fonction de leurs Charges, du 5. Juin 1661. *De la Guess.* tome 2. liv. 4. chap. 23.

Officiers de Beaumont.

429 Reglement entre Officiers des Seigneurs n'appartient à la Cour, mais doit être renvoyé pardevers les Seigneurs pour être jugé en leur Conseil, ainsi qu'il fut dit sur la remontrance faite par M. le Procureur General, par Arrêt du 19. Juin 1574. en la cause du Sénéchal du Duché de *Beaumont*, & le Lieutenant General audit Duché, lesquels furent renvoyez pardevers les Gens du Conseil du Roy de Navarre pour les regler. Autre Arrêt semblable du 23. Juin 1597. Sur la Requête de M. Charles de Lorraine pour le Reglement d'entre ses Officiers de son Duché de Mayenne. *Bibliotheque de Bouchel*, verbo, *Reglement*.

Officiers de Bourbonnois.

430 Arrêt de Reglement du Parlement de Paris du 8. Juin 1619. entre les Officiers de la Sénéchaussée de *Bourbonnois* & Siége Présidial établi à Moulins. *Filleau*, part. 1. tit. 4. chap. 127.

Officiers de Chatillon.

431 Reglement entre les Officiers de *Châtillon* sur Indre, pour les fonctions des Présidens, Lieutenant General & Particulier, Commissaire Enquêteur & Examinateur, du 23. Mars 1668. *De la Guess.* tome 3. livre 2. chapitre 8.

Officiers des Chatellenies.

432 Il a été jugé que l'honneur & la préseance avec la Police demeureroient aux *Châtelains*, l'instruction & le jugement des procés appartiendroient au *Lieutenant*. Arrêt du 2. Août 1603. Arrêt du Conseil sans avoir égard à l'Arrêt du Parlement, les *Châtelains* maintenus en l'exercice & fonction de la Justice, tant pour l'instruction que jugement des procés par preference au Lieutenant, sinon en cas d'absence, maladie ou recusation, & sauf audit Lieutenant son droit d'assistance & sa part és épices: l'Arrêt du 2. Septembre 1605. *Henrys*, tome 1. livre 2. chapitre 4. question 29.

Officiers de Compiegne.

433 Reglement entre les Baillifs, Sénéchaux, Prévôts & Procureurs du Roy de *Compiegne*, pour les fonctions de leurs Charges, du 14. Avril 1681. *De la Guessiere*, tome 4. liv. 4. chap. 10.

Officiers des Eaux et Forests.

434 Reglement general entre les Officiers des Bailliages & Sénéchaussées, & les Officiers des *Eaux & Forêts* & de quelles choses ceux-cy doivent connoître privativement ou par prévention? *Voyez Henrys*, tome 2. liv. 2. quest. 11. où vous trouverez l'Arrêt de Reglement rendu au Conseil Privé du Roy le 11. Mars 1641.
Voyez cy-dessus Lettre E. le titre des *Eaux & Forêts*.

Officiers de Forest.

Voyez cy-dessus le numb. 420.
435 Par Arrêt rendu au Parl. de Paris le dernier Août 1630. en forme de Reglement, entre les Officiers au Bailliage de *Forêts*, la Cour a ordonné & ordonne que l'instruction de tous procés criminels intentez ou renvoyez au Bailliage de *Forêts*, ensemble l'execution des Commissions & Arrêts de la Cour, en matiere criminelle, comme les jugemens des Informations, decrets sur icelles, provisions d'alimens & medicamens defauts, congez, & contumaces, appartiendront au Lieutenant Criminel, si ce n'est qu'il soit malade, absent ou recusé, lequel, lorsqu'il sera recusé, ne pourra proceder que les recusations n'ayent été jugées en la Chambre du Conseil, esquels cas, & en chacun d'iceux les Lieutenans Particuliers & Conseillers feront leur ordre, feront ladite instruction, & à cet effet le Lieutenant Criminel laissera toutes les procedures du procés au Greffe du Bailliage étant en la ville & hors d'icelle, & ne sera réputé absent, sinon qu'il soit hors de la Ville de Montbrison & fauxbourgs l'espace de 24. heures: que l'instruction des Criminels, jugemens d'iceux & élargissemens se feront en la Chambre Criminelle & non ailleurs, en laquelle assisteront, tant pour l'expedition des causes qui se pourront terminer en l'Audience, dont il ne sera pris aucun émolument, que pour les jugemens des procés criminels, avec le dit Lieutenant Criminel, les Lieutenans Particuliers & Conseillers: avant de définir à quel jour l'Audience Criminelle se tiendra, ordonné que les Officiers du Siége de Montbrison donneront avis du jour le plus commode à la tenir, & cependant se tiendra le jour de Jeudy; le jugement desquels procés sera signé dans 24. heures par ceux qui auront assisté, & les épices taxées à la pluralité, dont la moitié appartiendra au Rapporteur, l'autre moitié partagée entre ceux qui auront assisté. Seront les procés criminels, tant de l'ordinaire que par ressort ou autrement, distribuez de quinzaine en quinzaine, desquels le Lieutenant Criminel en aura un précipit, & le reste distribué entre les Lieutenant Particulier & Conseillers; & s'il n'y a nombre suffisant de procés à la distribution, elle commencera par celuy auquel elle aura fini, à la prochaine distribution. Ne pourra le Lieutenant Criminel recevoir Lettres de pardon ou remission, sans que les impetrans soient en état, ni icelles enteriner que les parties civiles ne soient ouïes & jugées en la Chambre du Conseil, avec les Lieutenant Particulier & Conseillers. Cet Arrêt du dernier Août 1630. n'a pas été pleinement executé pour le Criminel; il est vray que l'inexecution de l'Arrêt peut avoir procedé de la création d'un Présidial en cette ville, car deslors le Lieutenant Criminel soûtint qu'il n'étoit plus au terme dudit Arrêt, & qu'y ayant plus grand nombre de Conseillers, il falloit suivre le Reglement des Présidiaux & non des Bailliages, & quant aux procés Criminels qui se peuvent juger par jugement dernier; comme il faut que les Juges soient en bon nombre l'assistance de plusieurs n'étoit pas aussi contredite; outre que pour rendre les Reglemens illusoires, on fait passer pour vuidé de registre ce qui devroit être un appointement à remettre. *V. Henrys*, to. 1. li. 2. c. 2. q. 3.

OFF OFF 877

436 OFFICIERS D'ISSOUDUN.
Voyez cy-deſſus le nomb. 411.

OFFICIERS DE LAON.

437 Reglement pour le Chapitre de *Laon* touchant la nomination ou revocation des Officiers du Chapitre, & pour les formalitez qui y doivent être obſervées, le 2. Janvier 1685. *De la Gueſſ. tome* 4. *liv.* 8. *chap.* 1.

LIEUTENANS.

438 Arrêts du Conſeil d'Etat des 14. Février 1606. & 29. Mars 1608. pour les *Lieutenans* Particuliers, Aſſeſſeurs Criminels, premiers Conſeillers & Commiſſaires Examinateurs. *Filleau, part.* 2. *tit.* 2. *chap.* 13.
Voyez cy-deſſus le nomb. 162.

OFFICIERS DU LIMOUSIN.

439 Reglement entre le Prévôt du bas *Limouſin*, & les Officiers du Préſidial de *Brives* du 26. Février 1677. au grand Conſeil. *De la Gueſſ. tome* 3. *liv.* 11. *chap.* 8.

OFFICIERS DE LYON.

440 Les Officiers des *Chapitre* & *Chanoines*, Comtes de Saint Jean de *Lyon*, maintenus en la poſſeſſion d'appoſer les ſcellez, faire des inventaires chez les Officiers Royaux & autres perſonnes décedées dans leur Juſtice : de leur préſéance contre les Officiers de la Senéchauſſée, Prévôt des Marchands & Echevins de la même Ville, leur qualité de Comtes de Lyon, & des cas dont les Officiers peuvent connoître. Arrêt du 6. Mars 1681. *De la Gueſſ. tome* 4. *liv.* 4. *chap.* 9. Voyez *Henrys, tom.* 2. *liv.* 2. *queſt.* 20.

OFFICIERS DE MORTAING.

441 Reglement entre les Préſident, Lieutenant & Elûs de *Mortaing*, du 11. Septembre 1671. *De la Gueſſ. tome* 3. *liv.* 5. *chap.* 6.

OFFICIERS DE NEVERS.

442 Les Officiers du Duché-Pairie de *Nevers* ont droit de faire ſcellez, tutelles, & inventaire des Nobles, & des Seigneurs Juſticiers à l'excluſion de leurs Juges, & non pas des Juſticiables des Seigneurs. Arrêt du 26. Août 1665. *Ibid. tome* 2. *liv.* 7. *chap.* 30.

OFFICIERS DE NOYON.

443 Reglement ; les Officiers Royaux ne peuvent informer ni decreter contre les Officiers du Comté de *Noyon*. Arrêt du 2. Juin 1663. *Des Maiſons, lettre* O. *nomb.* 8.

OFFICIERS DES PRESIDIAUX.

444 Reglement general entre les Officiers des Siéges Préſidiaux & les Lieutenans Criminels des mêmes Siéges ſur la fonction de leurs Charges, du 23. Août 1663. *De la Gueſſ. tome* 2. *liv.* 5. *chap.* 39.
Voyez cy-aprés verbo, Préſidiaux.

OFFICIERS DE SOISSONS.

445 Reglement des droits & fonctions des Juges Préſidiaux, Baillifs & Sénéchaux, & des Greffiers, donné entre les Officiers du Préſidial de *Soiſſons* d'une part, & les Greffiers en chef dudit Préſidial, du 12. Avril 1661. *De la Gueſſ. tome* 2. *liv.* 4. *chap.* 22.

OFFICIERS DE TOURS.

446 Arrêt du 19. Decembre 1595. contenant Reglement entre les Officiers du Bailliage & Siége Préſidial de *Tours*, pour l'exercice de leurs Offices. *Filleau,* 1. *part. tit.* 4. *chap.* 16.

OFFICIERS DE TROYES.

447 Reglement rendu en explication de l'article 1. de la Coûtume de *Troyes* concernant la Juriſdiction des Officiers du Roy en ſes Juſtices des Portes & fauxbourgs de la Ville, &c. du 8. Juin 1676. *De la Gueſſ. tome* 3. *liv.* 10. *chap.* 9.

OFFICIERS DE VALOIS.

448 Arrêt de Reglement du Parlement de Paris en 1617. entre le Bailly de *Valois* & le Prévôt de *Crepy.* Voyez *Ibid. chap.* 29.

OFFICIERS DE VILLE.

449 Reglement pour les Lieutenans Generaux, premiers Juges & Officiers du Parquet, ſur les droits & fonctions de leurs Charges, & l'ordre qui doit être gardé aux affaires & aſſemblées des Hôtels de *Ville*, du 21.

Avril 1679. ce reglement contient 20. articles. *De la Gueſſ. tome* 4. *liv.* 2. *chap.* 4.

450 *Voyez cy-aprés*, le mot, *Reglemens, nomb.* 8. & *ſuiv.* où ſont rapportez dans l'ordre alphabetique les reglemens intervenus entre les Officiers des principales Juriſdictions du Royaume.

OFFICIER, REPARATION.

451 La reparation faite & ajugée à un Officier & à ſa femme maltraitée par un Gentilhomme, à cauſe qu'elle avoit conteſté le pas à ſa femme dans la ruë, condamné dans un mois de comparoir en perſonne en la Chambre du Conſeil du Préſidial d'*Aurillac*, & à tête nuë, & à genoux en preſence des Intimez & de 12. perſonnes, dire & declarer, &c. leur en demander pardon, 1500. liv. de reparation, 200. livres au pain des priſonniers, & en tous les dépens ; défenſes de plus uſer de telles voyes, à peine de la vie, Chambre des Vacations. Arrêt du 8. Octobre 1677. *De la Gueſſ. tome* 3. *liv.* 11. *chap.*
Voyez cy-aprés lettre R. *verbo, Reparation civile.*

OFFICIERS, RESIDENCE.

452 Les Officiers Royaux obligez à la réſidence. *Voyez* le mot *Réſidence, nomb.* 61. & *le nomb.* 81. & *ſuiv.*

453 Officiers non réſidans ou ignorans ſont deſtituables à l'égard de ceux qui ne réſident pas, on commence par faire des injonctions. Arrêts des 23. Janvier 1563. & 30. Decembre 1585. *Papon, liv.* 4. *tit.* 12. *nomb.* 5.

454 Quand un Juge neglige de réſider perſonnellement, comme il eſt obligé par les Ordonnances de Philippes le Bel, François I. & celle d'Orleans, le Juge ſuperieur ne doit de plein droit le dépoſſeder de ſon Office, mais il doit luy limiter un temps, & à faute d'y reſider dans certain temps, ordonner qu'il y ſera autrement pourvû. Arrêt du 23. Janvier 1563. *Papon, page* 1366.

455 Un Commis ne peut pour la non réſidence former complainte ni ſe faire pourvoir au lieu de l'abſent ni l'empêcher de rentrer en ſon Office. Arrêt du 15. May 1564. pour un Officier qui fut maintenu avec amende & dépens. *Voyez l'art.* 136. & *les ſuiv.* trois de *l'Edit de Blois*, & *Papon, page* 1366.

456 Les Officiers des Juſtices ſubalternes ſont tenus de reſider ſur les lieux. Arrêt du Parlement de Dijon de l'an 1567. *Bouvot, tome* 1. *part.* 3. *verbo, Officiers queſt.* 3.

457 Le 27. Septembre 1570. en l'Audience furent publiées les Lettres Patentes, par leſquelles étoit commandé à tous Sénéchaux faire reſidence en leur Sénéchauſſée, & déclaré que le Roy vouloit que tous ceux qui ſeroient pourvûs dudit Office, fuſſent Nobles & de robe courte, enjoignant à tous autres de s'en défaire dedans deux mois. *Reglement de la Rocheflavin, chap.* 1. *Arrêt* 2.

458 Officiers de la Chapelle tenus de reſider. *Voyez* le mot, *Réſidence, nomb.* 77. & *ſuiv.*

OFFICIER, RESTITUTION.

459 Officier mineur qui s'oblige, s'il peut demander d'être reſtitué ? *Voyez cy-deſſus le nomb.* 369. & *ſuiv.* le mot, *Mineur, nomb.* 89. & *ſuiv.* & *cy-aprés le mot Reſtitution, nomb.* 125. & *ſuiv.*

OFFICIERS DU ROY.

460 Des Officiers de la Maiſon du Roy. *Voyez cy-deſſus le nomb.* 234. & *ſuiv.*

461 Des Privileges octroyez aux Officiers domeſtiques & commenſaux de la Maiſon du Roy, de la Reine & Enfans de France. *Ordonnance de Fontanon, tome* 2. *liv.* 3. *tit.* 23. *page* 1144.

462 Declaration pour les privileges & exemptions des Officiers domeſtiques & commenſaux tant de la Maiſon du Roy que de la Reine doüairiere, des Rois défunts, &c. Au camp devant Chartres en Février 1591. regiſtrée le 14. Decembre de la même année, vol. unique, &c. année 1592. *Ordonnance de Fontanon, tome* 2. *page* 1152. *Fourniual. page* 62.

463 Declaration portant que les Officiers domeſtiques &

SSſſſ iij

commensaux de Madame Sœur du Roy, joüiront des mêmes privileges que les siens. Au Camp devant Chartres en Avril 1591. registré le 14. Decembre de la même année. *Volume unique*. 1592. *fol*. 3.

464 Declaration concernant les Privileges des Officiers Domestiques, & Commensaux de la Maison du Roy. Au Camp de Gisors le 16. Juin 1592. Fontanon, *tom*. 2. *page* 1152. Fournival, *p*. 622.

465 Des exemptions des Officiers de la Maison du Roy. *Voyez* le mot, *Exemption*, *n*. 90. *& suiv*.

466 Les Privileges des Officiers, Domestiques & Commensaux de la Maison Royale. *Paris* 1645. *in octavo*.

467 Edits pour les Officiers de la Maison du Roy. *in octavo*, *Paris* 1660.

468 Declaration portant Reglement pour les Privileges & Exemptions des Officiers, Domestiques & Commensaux des Maisons Royales, & qui sont ceux qui sont en droit d'en jouir. A Fontainebleau le 30. May 1664. registrée en la Cour des Aydes le 20. Juin de la même année.

469 Offices de la Chapelle du Roy, ne peuvent pas être permutez avec Benefices. *Voyez la Biblioth. Canoniq*. *tome* 2. *page* 210.

Officiers Royaux.

470 Des Officiers Royaux. *Voyez le Recüeil du Domaine*, *tit*. 1. *fol*. 47.

471 Des Offices Royaux & autres. *Voyez Papon*, *liv*. 4. *titre* 12. où il cite plusieurs Arrêts sur la résignation des Offices avant qu'ils fussent hereditaires.

472 La connoissance des mœurs des Officiers du Roy appartient à la Cour seule. *V. Du Frêne*, *livre* 1. *ch*. 109

473 Si le Roy baille à quelqu'un à sa vie, un Duché, Comté ou Marquisat de son Patrimoine, les Juges ne laisseront d'être Royaux comme auparavant. Arrêt du Parlement de Paris du 3. Février 1525. pour les Officiers de Berry. Cela se pratique és Terres baillées en appanage, où les Officiers font les cris, & s'intitulent du nom du Roy & du Seigneur. Arrêt du 20. Juillet 1568. contre le Roy de Navarre, au profit du Lieutenant du Bailly de Châteauneuf en Timerais. *Voyez Chopin*, *liv*. 3. *de Doman*. & Bacquet, *Traité des droits de Justice*, *chap*. 17. *n*. 5.

474 Par Ordonnance de Philippes le Bel, les Juges subalternes ne peuvent aucunement connoître contre les Officiers Royaux, de fait qui concerne leurs Offices, ni les punir de delits par eux commis en l'exercice d'iceux ; mais se doivent plaindre au prochain Bailly Royal, qui en fera la Justice, comme il est porté par le 18. art. de la nouvelle Coûtume de Paris, & qu'il a été jugé par Arrêt du Parlement de Paris du 8. Mars 1563. conformément à l'Edit de Crémieux, verifié à la Cour le 23. Avril 1537.

475 Les Officiers du Roy aprés sa mort & avant que d'être confirmez, font comme auparavant. Arrêt du Parlement de Paris du 22. Février 1564. pour le Lieutenant Particulier d'Etampes. Le Prince successeur est estimé approuver les Officiers, jusqu'à ce qu'autrement il en ait ordonné. *Papon*, *liv*. 4. *tit*. 2. *n*. 4.

476 Reglement de la fonction des Officiers Royaux, & de l'Avocat & Procureur du Roy, du 7. Septembre 1660. *De la Guess. tome* 2. *liv*. 3. *ch*. 37.

Salaire des Officiers.

477 Arrêt du Parlement de Bretagne du 22. Octobre 1562. qui regle les salaires des Officiers de Justice ; il est rapporté par *Du Fail*, *liv*. 2. *ch*. 172.

478 Reglement des taxes que les Officiers subalternes doivent prendre pour les appositions de scellez, inventaires & clôtures, par lequel ils ont été condamnez de rendre ce qu'ils avoient trop pris, du 23. Juin 1671. *De la Guess. tome* 3. *liv*. 5. *chap*. 11. *Voyez le tome*. 4. *li*. 7. *chapitre* 32.

479 Reglement pour les taxes des Juges & pour les salaires des Officiers des Duchez-Pairies, & Justices subalternes, Notaires & Tabellions, du 23. Juillet 1676. *De la Guess. tome* 3. *liv*. 10. *ch*. 11.

Voyez les mots, *Epices*, *Gages & Vacations*.

Officiers des Seigneurs.

479 Des Officiers des Seigneurs. *Voyez cy-dessus lett*. H. le mot, *Hauts-Justiciers*, *nombre* 32. *& suiv*. & Despeisses, *tome* 3. au Titre des Droits Seigneuriaux, *titre* 5. *art*. 3. *sect*. 2, *p*. 153. *& suiv*.

480 *De Officialibus dominorum*. *Voyez* le Traité fait *per Martin*, *Landens*.

481 Suivant la Jurisprudence presente, le Seigneur n'est pas responsable de la mauvaise administration de son Officier, à moins qu'on ne justifie qu'il y a eu de la collusion entre le Seigneur & son Juge. *Ricard*, sur l'art. 152. de la Coût. de Senlis.

482 Quand il y a contestation entre Coseigneurs pour la Provision d'Office, l'Officier élû à la pluralité des voix, doit demeurer suivant un Arrêt du Grand Conseil du 9. Janvier 1553. *Papon*, *p*. 1366.

483 S'il y a plusieurs Seigneurs, & qu'il faille nommer des Officiers, qui doit l'emporter, ou ceux qui ont la plus grande partie de la Seigneurie, où le plus grand nombre de voix ? *Voyez Bouvot*, *tome* 2. verbo, *Juge*, question 26.

484 Par Arrêt du Parlement de Dijon du 7. Février 1567. il fut enjoint au Seigneur du Buisson d'établir Officiers qui seroient residens sous la Souveraineté de la Cour, à peine de nullité de tout ce qui seroit fait, dépens, dommages & interêts. *Bouvot*, *tome* 2. verbo, *Offices*, question 3.

485 Les Seigneurs sont tenus du fait de leurs Officiers & malversations, tant en dépens, dommages qu'interêts, sauf leur recours contre lesdits Officiers. Arrêt du 28. May 1526. *M. Loüet*, lettre O. somm. 4. Bacquet, *des Droits de Justice*, *chap*. 18. *nomb*. 1. *Voyez* l'Ordonnance de Roussillon, art. 27.

486 Si les Officiers des Seigneurs haut-Justiciers peuvent connoître de l'execution des Contracts passez sous sceel Royal entre les sujets desdits hauts-Justiciers ? La cause appointée au Parlement de Paris le 5. Janvier 1626. *Du Frêne*, *liv*. 1. *chap*. 77.

487 *Voyez le septiéme Plaidoyé de M. Patru*, pour M. le Comte de Noailles, Sénéchal de Rhodez, opposant, contre M. le Vicomte d'Arpajon, demandeur en verification des Lettres Patentes obtenuës le 22. Novembre 1644. portant érection d'un nouveau Comté. Cette cause devoit se plaider au mois de Mars 1645. en la Chambre des Comptes ; mais M. le Vicomte d'Arpajon l'abandonna : & en effet, il n'y auroit pas eu de justice d'autoriser cette érection, puisqu'elle auroit donné atteinte aux droits du Sénéchal, titre qui n'avoit pas été gratuitement donné à M. le Comte de Noailles.

488 Officiers des Seigneurs pourvûs gratuitement, sont destituables, & ne doivent prêter le serment pardevant les Baillis & Sénéchaux, ou leurs Lieutenans. Jugé le 6. Août 1630. *Bardet*, *tome* 1. *liv*. 3. *chap*. 123.

489 Les Seigneurs haut-Justiciers ayant un Bailly d'ancienneté dans leur Justice, n'y peuvent établir un Lieutenant ou autres Officiers nouveaux. Arrêt du 19. Juin 1652. *Du Frêne*, *liv*. 7. *chap*. 7.

490 Arrêt du Parlement de Provence du 16. May 1654. qui défend aux Seigneurs de mettre pour Officiers que ceux qui sçavent écrire, afin qu'ils dressent eux-mêmes les procedures de Justice. *Boniface*, *to*. 1. *li*. 1. *tit*. 27. *nombre* 2.

491 Ceux qui exercent la Judicature dans les Jurisdictions subalternes en qualité de Baillifs, Sénéchaux, Lieutenans, &c. à eux enjoint de mettre au Greffe des Jurisdictions Royales dont ils ressortissent la date de leur Licence, & ce dans trois mois. Arrêt du Parlement de Paris du 28. Avril 1661. *De la Guess. tome* 2. *liv*. 4. *chap*. 24.

492 Officiers des Seigneurs ont rang dans leur détroit au dessus de tous leurs Justiciables, ou ceux qui s'y rencontrent, excepté de la haute Noblesse, & de leurs Superieurs. *Loyseau*, *des Offices*, *liv*. 5. *ch*. 1. *nomb*. 37.

OFF

Arrêt du Parlement de Bordeaux du 15. Janvier 1663. Président M. le Premier, plaidant Chiquet pour Dufau, Procureur d'Office de Caupene ; Bretous, pour le nommé Fraisse, l'un des plus qualifiez de la Jurisdiction : jugé que ledit Dufau precederoit l'autre dans l'Eglise, & autres lieux de la Jurisdiction. *La Peirere, lettre O. nombre 18.*

493   Le tuteur & le mary ont droit de bailler & vendre les Provisions des Offices de la Seigneurie ; autre chose est au curateur du mineur, & en la femme séparée de biens ; ou qui a des biens paraphernaux. *Loiseau, des Offices, liv. 5. chap. 2. nomb. 33. & seq. vid. Abr. Mainard, liv. 8. chap. 92.*

Arrêt d'Audience rendu au Parlement de Bordeaux le 5. Mars 1637. Président M. le Premier, plaidans Delpech & la Roche le jeune ; jugé que le mary pouvoit pourvoir aux Offices dépendans des Terres de sa femme, & que la nomination ne pouvoit être revoquée par le fils aprés la mort du pere.

Autre Arrêt du 5. Mars 1641. plaidans Lauvergnac, Labarriere & Durand : jugé qu'une mere usufruitiere pouvoit pourvoir aux Offices de Judicature, & que celuy qui avoit été pourvû, ne pouvoit être destitué par la fille qui étoit encore mineure. *La Peirere, let. O. nombre 20.*

494   Il n'est point permis aux Seigneurs de bailler des Provisions en survivance.

Arrêt du 21. Juin 1654. au rapport de M. de Thibaut. Le Marquis de Chambret avoit pourvû en survivance un nommé Ninand, en l'Office de Lieutenant de Juge de Chambret, duquel le Juge reçut le serment. Ledit sieur de Chambret étant mort, la veuve & son fils baillerent Provisions au nommé Fromigier de ladite Lieutenance, qui vaquoit par le decés du Lieutenant : jugé en infirmant la Sentence du Sénéchal, que les Provisions en survivance étoient nulles, & Fromigier maintenu : & neanmoins ladite veuve & fils, heritiers dudit sieur de Chambret, condamnez de rendre la somme de 300. liv. que ledit feu sieur de Chambret avoit reçûës pour ladite survivance. Il fut rapporté par Fromigier un pareil Arrêt rendu en la Grand-Chambre, au rapport de M. de Lescure. *La Peirere, ibidem, nombre 39.*

495   Le Juge Officier du Seigneur doit être Gradué.

Arrêt du même Parl. de Bordeaux du 18. Février 1667. Président M. le Premier, plaidans Licterie & Poictevin, entre le Syndic des Avocats de Saint Jean d'Angely, & Maître Michel Binaud pourvû de la Judicature de Thonnay-Boutonne, à la réception duquel ledit Syndic avoit formé opposition pour n'être pas Gradué : jugé en confirmant l'appointement du Sénéchal de Saint Jean, que ledit Binaud seroit apparoir de ses Lettres de Licence, conformément aux Conclusions de M. l'Avocat General Dalon. *La Peirere, let. O. nombre 40.*

496   Arrêt du Parlement de Provence du 18. Decembre 1664. qui a jugé que les Officiers des Seigneurs ne peuvent être élûs aux Charges des Communautez. *Boniface, tome 1. liv. 1. tit. 25. n. 3.*

497   Officiers de la Justice de Nôtre Dame de Joüare, dechargez de prêter le serment devant les Officiers Royaux du Bailliage & Presidial de Meaux, & de Procureur Fiscal d'assister aux assises, & déchargé des amendes contre luy prononcées, lesquelles seront renduës. Arrêt du Parlement de Paris du 17. Juillet 1668. *De la Guesse, tome 3. liv. 2. ch. 21.*

498   Reglement portant défenses à tous Seigneurs ayans Justice, soit qu'ils soient Catholiques, ou de la Religion Prétenduë Reformée, d'établir dans leurs Terres aucuns Officiers de la Religion Prétenduë Reformée, du 11. Janvier 1680. *De la Guesse, tome 4. liv. 3. ch. 1. & chap. 20.* où il est parlé de leur destitution.

499   Les Officiers des Justices des Seigneurs, condamnez en leur qualité, ne sont obligez de payer en leur propre & privé nom. Jugé au Parlement de Tournay le premier Juillet 1694. contre les gens de Loy Modernes du Village d'Auchy, Demandeurs, en faveur des Echevins du même lieu, défendeurs d'Office, Défendeurs. *Pinault, tome 1. Arr. 30.*

De la préséance des Officiers des Seigneurs. *Voyez* 500 le mot, *Préséance, nomb. 115. & suiv.*

Voyez cy aprés au 3. volume du present Recueil, le mot, *Seigneur. §. Officiers du Seigneur.*

OFFICIER TUÉ.

Offices doivent être conservez aux veuves & heri- 501 tiers de ceux qui sont decedez en faisant leurs Charges. Le nommé Lorrain, Bailly du Chapitre de Tours, fut assassiné dans l'Auditoire, par une Partie qu'il venoit de condamner à 4. liv. d'amende. Le Chapitre pourvut Gourry ; appel par les enfans, qui demandent la somme de 2400. liv. touchée pour le prix de l'Office. Ils alleguent l'exemple du Commissaire Joyeux, tué en faisant une capture. L'Office fut conservé à sa veuve & à ses enfans. Le Chapitre dit que la veuve a obtenu réparation pour l'homicide commis. Arrêt du 21. Juin 1625. qui sur l'appel de la réception de Gourry, met hors de Cour, & ajuge aux enfans la somme de 2400. livres. *Additions à la Biblioth. de Bouchel, verbo, Offices.*

OFFICIERS, SIEGE VACANT.

Si le Chapitre, le Siege vacant, peut destituer les Of- 502 ficiers ? *Voyez cy-dessus le nombre 322. & le mot, Destitution, nombre 88. & suiv.*

Les Chapitres, sede vacante, ne peuvent destituer les 503 Officiers de la Jurisdiction Ecclesiastique, pourvûs par les Evêques decedez. Arrêt du 26. Avril 1571. *Chenu, titre 33. chapitre 200. Tournet, lettre C. nombre 48.*

Le Chapitre ne peut pourvoir irrévocablement aux 504 Offices qui vaquent, *sede vacante* ; mais il peut y commettre pour exercer jusqu'à ce qu'il ait été pourvû à l'Evêché. Jugé par Arrêt du Parlement de Roüen du 31. Mars 1634. entre le Promoteur en l'Officialité de Coutance, pourvû par l'Evêque, & confirmé par le Chapitre *sede vacante* ; le Siege avoit été vacant pendant sept années ; les Officiers avoient joüi de leurs Charges, sur la Commission du Chapitre, laquelle étoit finie par la prise de possession & Consecration de l'Evêque pourvû par mort, il n'étoit point obligé de maintenir ce qui avoit été fait par son predecesseur. *Basnage, tit. de Jurisdiction, art. 13.*

Jugé au Parlement de Metz le 25. Septembre 1638. 505 que pendant la vacance de l'Evêché de Toul, le Roy peut en consequence de la Regale, pourvoir aux Offices dépendans de l'Evêché. *Voyez le 31. Plaidoyé de M. de Corberon.*

Le Chapitre, le Siege vacant, peut instituer des Of- 506 ficiers. Arrêt du Parlement de Paris, qui a jugé que le Chapitre, *sede vacante*, ne peut destituer les Officiers, à moins qu'il ne fût en possession immemoriale. Arrêt du Parlement de Paris du 13. Mars 1651. ce qui avoit été jugé par plusieurs autres. *Loüet, lettre O. som. 2.*

OFFICIERS, SURVIVANCE.

Officiers reçûs en survivance. *Voyez cy-aprés le mot,* 507 *Survivance.*

OFFICIERS DE VILLE.

Voyez le mot, Echevins, & le mot, Office, nombres 508 *39. & 449.*

OFFICIAL.

Des Officiaux. *Voyez cy-dessus le mot, Juge, nomb.* 1 *406. & 459. & hoc verbo, Official, la Biblioth. de Jovet, Tournet, lettre O. n. 12. & suiv.*

L'on voit des matieres dont connoissent les Pontifes 2 Romains dans *Fornier, liv. 6. rerum quotidian. ch. 2.*

Des devoirs & fonctions des Officiaux, de leur au- 3 torité & Jurisdiction. *Voyez Bordenave, en son Traité de l'état des Cours Ecclesiastiques.*

Voyez M. Claude Horry, en son institution à la pra- 4 tique Beneficiale, p. 14. De quoy connoît l'Officialité.

* Voyez aussi *les Memoires du Clergé*, tome 2. partie 1. page 1. jusqu'à 48.

Maniere de proceder dans les Officialitez, *Ibid. to. 2. part. 1. p. 2. jusqu'à 10.*

Reglement fait sur ce sujet par l'Assemblée Generale du Clergé, tenuë en 1605. & 1606. *Ibidem*, & la *Biblioth. Canon. tome 2. page 140. & le Recueil des Ordonnances*, par Fontanon, *tome 4. p. 1042.*

5 Voyez le *Recueil de De Combes, Greffier en l'Officialité de Paris*, imprimé en 1705.

6 L'Official est un Prêtre choisi par l'Evêque pour rendre la Justice dans son Diocese à ceux qui le reclament dans les matieres qui regardent le pouvoir, & la Jurisdiction des Ecclesiastiques, ce qui leur a été accordé par le Roy.

7 L'Official est créé par l'Evêque. *Imbert, liv. 2. des instit. chap. 3. nomb. 16. & ibid. Guenois. Loiseau, liv. 5. des Offices, chap. 6. n. 40.*

Ou par le Chapitre, quand le Siege est vacant. *Rebuffe, en sa Pratique Beneficiale, part. 1. ch. de devol. nombres 61. & 63.*

8 L'Official est Officier de l'Evêché plûtôt que de l'Evêque. *Févret, Traité de l'Abus, liv. 4. ch. 3. art. 2.*

9 L'Official étant perpetuel, est plûtôt Officier de l'Evêché que de l'Evêque, il peut connoître des causes des parens de l'Evêque, & de celles de l'Evêque même. *Zerola, part. 1. prax. Episcop. verbo, Vicarius. Zechius, de rep. Ecclesiast. cap. 23. Can. quia Pontificali, de offic. & potestate Judic. deleg. in 6. Févret, traité de l'Abus, liv. 4. ch. 3. art. 16.*

10 Pour être Official il faut être Clerc, & avoir pour le moins l'Ordre de Tonsure. *Loiseau, liv. 5. des Offices, chap. 6. nomb. 35. & 36.* Il doit être constitué aux Ordres sacrez *Chenu, en son Recueil de Reglement, tit. 41. chapitre 1. Ordonnance de Blois, art. 45. Concile de Trente, sess. 24. ch. 10. de reformat. Févret, Traité de l'Abus, liv. 4. ch. 3. art. 4.*

11 L'institution des Officiaux doit être authentique ; ils ne peuvent par simple missive, ou autre écriture privée de l'Evêque, exercer la Justice Ecclesiastique ; & les procedures par eux faites en ladite qualité, seroient déclarées nulles, & eux condamnez aux dépens, dommages & intérêts des parties. *Nisi habeat scripturam sua potestatis authenticam, & eam petentibus exhibeat, damnis & impensis onerabitur.* Rebuffe, *de Vicar. Episcop. num. 2. in prax.* Févret, *traité de l'Abus, livre 4. chap. 13. art. 10.*

12 En France la Justice Ecclesiastique contentieuse, à été concedée par les Rois. *Chenu, en son second Recueil, tit. 41. chap. 1.*

13 L'Official ne doit s'entremettre aux Actes de Jurisdiction volontaire, attribuée au Vicaire de l'Evêque. *Forget, des choses Ecclesiastiques, chap. 42. Bordenave, chap. 17. sur la fin. Févret, Traité, de l'Abus, liv. 4. chap. 3. art. 17.*

14 Les Prélats ne peuvent donner un Official pour une cause particuliere, sans abus. *Févret, traité de l'Abus, liv. 4. ch. 13. art. 10.*

15 *An Officialis possit esse perpetuus ?* V. Joan. Gallus, *quest. 173.*

16 Les gens d'Eglise sont biens convenus pardevant les Juges Laïcs en matieres d'injures dites, ou faites en Cour Laïque, ou à un Sergent Laïc, exerçant son Office, pourvû que le demandeur ne tende qu'à reparation pecuniaire. Ils peuvent encore être bien convenus, quand il s'agit de reconnoître leurs seings, ou une écriture ; ou quand il s'agit de la réparation des maisons & domaines de leurs Benefices, des aumônes, de toutes les autres charges réelles desdits Benefices. *Imbert, liv. 1. des Instit. ch. 24. n. 1.*

17 L'Hospitalier Ecclesiastique peut être convenu pardevant le Juge seculier, pour rendre compte de son administration. *Imbert, liv. 1. des Instit. chapitre 24. nombre 1.*

18 Les Ecclesiastiques peuvent être convenus pardevant le Juge Lay, pour porter témoignage en cause civile. *Imbert, liv. 1. des Instit. ch. 24. n. 2.*

19 L'Official ne doit connoître du droit de procuration dû à l'Evêque. *Tournet, lettre O. Arr. 43.*

20 Du Moulin, sur la Regle *de publicandis, n. 217.* dit que l'Official de Besançon est en possession de connoître, non seulement des matieres Beneficiales, quant au possessoire ; mais aussi des actions personnelles qui naissent entre les Laïcs pour raison des obligations.

21 Si l'Official commet de son authorité un Notaire Royal pour informer contre un Prêtre, & s'il employe un Sergent Royal pour l'ajourner devant luy, il y a abus. Arrêt du Parlement de Grenoble, rapporté par Chorier, dans sa *Jurisprudence de Guy Pape, p. 15.*

22 Par Arrêt du Parlement de Normandie, l'Official d'Avranches a été condamné en vingt-cinq écus d'amende envers le Roy : sa Sentence contenant privation du Benefice d'un Prêtre, pour prétendu crime de simonie, & des procedures precedentes déclarées nulles & abusives, parce qu'il avoit commencé *ab interrogatione* sans information, & sur la simple confession du Curé, sans autres preuves, prononcé son Jugement definitif. *Bibliot. Canon. tom. 1. p. 68. col. 2.*

23 On ne peut pas créer deux Officiaux dans un Diocese. *Févret, Traité de l'Abus, liv. 4. chap. 3. nomb. 7. page 359.* rapporte un Arrêt celebre du Parlement de Paris, contre l'Evêque & Duc de Langres.

24 Arrêt du dernier Janvier 1529. qui condamne l'Official de Toulouse en 100. livres d'amende envers le Roy, pour avoir pris connoissance de chose réelle & profane. *La Rocheflavin, liv. 6. tit. 56. Arr. 12.*

25 Le debiteur qui poursuit par censures Ecclesiastiques, doit prendre garde en cas d'opposition de faire assigner pardevant l'Official, parce qu'il y auroit abus & entreprise *super judicato*. Arrêt du 6. Juillet 1543. Il en est de même à l'égard des oppositions par un Laïc à la publication de Monition, il faut se pourvoir pardevant un Juge Lay, non d'Eglise. Arrêts des 22. Février & 7. Juin 1582. *Papon, liv. 18. tit. 7. n. 8.*

26 Arrêt du Parlement de Roüen du 4. May 1554. qui défend à l'Evêque d'Evreux, & à tous autres Evêques, Officiaux, & Juges Ecclesiastiques, de condamner les Parties aux dépens des Promoteurs aux causes d'Office. *Bibliot. Canon. tome 1. p. 762. col. 1.*

27 La réformation en cas de récusation ou suspension des Superieurs, appartient à l'Official. Arrêt pour l'Abbé de Saint Martin d'Espernay, du 1. Decembre 1578. *Papon, liv. 1. tit. 7. n. 4.*

28 L'Official de Bourges avoit admis la preuve par témoins d'une promesse excedante 100. livres contre l'article 58. de l'Ordonnance de Moulins. Par Arrêt du Parlement de Paris du 9. Février 1599. il a été dit qu'il avoit été mal, & abusivement procedé, jugé & ordonné. Voyez *Févret, Traité de l'Abus, liv. 1. chapitre 9. pag. 91.*

29 L'Official devant qui est pendante l'Instance de la portion congruë, peut juger Provision pendant le procés. Arrêt du 4. Decembre 1604. *Pelus, quest. 109.* où il remarque que cette question est controversée, & qu'il y a Arrêt contraire au *chap. 68. du 2. livre de ses Actions forenses.*

30 Comme l'Official l'est du Diocese & non de l'Evêque, il s'ensuit qu'il peut être Juge de l'Evêque, & de ses parens mêmes ; cependant la Coûtume des Parlemens dans telles occasions, est de renvoyer ces differends devant d'autres Officiaux, comme sont ceux du Metropolitain. *Bibliot. Canon. tome 2. p. 143.*

31 Les Ecclesiastiques doivent proceder devant l'Official ; mais leurs Apparireurs & les Geoliers de l'Evêque doivent proceder devant le Juge seculier, autrement il y a abus. Mornac, *L. 15. Cod. de Episcopis & Clericis.*

32 Arrêt du Parlement de Bourgogne du 7. Juillet 1614. par lequel il a été fait défenses aux Sergens Royaux de mettre à execution les Mandemens provenans des Officiaux,

ficiaux, il y auroit abus. *Voyez Bouvot, tome 2. verbo, Abus, quest. 7.*

33 L'Official ne peut commettre un Juge Royal, Notaire ou autre pour oüir des témoins, ni ordonner qu'un Monitoire soit signifié à certaines personnes. Arrêt du Parlement de Dijon du 4. Février 1615. *Bouvot, tom. 1. part. 1. verbo, Official.*

34 Un Sergent ne peut proceder par saisie en vertu d'un Mandement de l'Official. Arrêt du Parlement de Dijon du 18. Decembre 1617. *Bouvot, tome 2. verbo, Official.*

35 Les Officiaux ne peuvent recevoir aucune plainte de Religieux, de la force prétenduë de leur Profession. Arrêt du 27. Février 1624. *Tronçon, Coûtume de Paris, article 337.*

36 Official ne peut connoître du payement des rétributions prétenduës par des Prêtres, pour Service divin. Arrêt du 31. May 1633. *Bardet, tome 2. livre 2. chapitre 35.*

37 La procedure de l'Official de Grenoble fut declarée abusive, pour n'avoir suivi l'Ordonnance, & avoir ajourné sans préalable Mandement. Arrêt du 10. Avril 1638. *Basset, tome 2. liv. 2. tit. 1. chap. 2.* Avant les Ordonnances de Loüis XIV. on doutoit que les anciennes dussent être observées dans les Officialitez ; cela n'est plus incertain.

38 L'on ne peut pas demander que les chefs d'une Sentence de l'Official, qui ne sont pas abusifs, sortent à effet ; le Juge Ecclesiastique n'ayant que ce qu'on appelle *audientia*, non une Jurisdiction naturelle ; s'il se mêle de juger, il faut qu'il juge bien en tout ; autrement sa Sentence est cassée ; *causa judicati est individua, L. 139. ff. de verb. oblig.* Arrêt du Parlement de Toulouse du 10. Juillet 1645. & autres, rapportez par *Albert, verbo, Official, art. 9.* où il ajoûte, il est vray que si la Cour voit que l'abus est leger, & que la cause est juste & importante, elle prononce sans avoir égard, &c. & elle ordonne ce que l'Official a justement ordonné.

39 Les Parlemens ne peuvent prendre connoissance de la Mission des Prédicateurs, de l'examen de leur Doctrine, de l'approbation des Confesseurs, ni de toutes les autres matieres purement spirituelles ; sauf aux Parties de se pourvoir par appel simple pardevant les Juges Ecclesiastiques, qui doivent connoître de ces differends. Arrêt du Conseil d'Etat du 24. Decembre 1658. rapporté avec plusieurs autres, par le *Gentil, dans son Recueil, tome 1. tit. 2. chap. 8. art. 30.* & par Arrêt du Conseil Privé des 28. Août 1637, & 6. Novembre 1657. rapportez *ibid. ch. 9. art. 13.*

40 Il est permis à un Evêque de commettre un Juge particulier *ad certam litem*, quand il a des raisons justes & considerables, pour n'en pas laisser le Jugement à l'Official, où il est parlé du cas privilegié & du delit commun. Arrêt du 17. Juin 1673. *De la Guess, tome 3. liv. 7. chap. 10.*

41 Declaration du Roy du 22. May 1680. pour interpreter celle du 26. Janvier précedent, touchant les Officiaux, & pour dire que les Licentiez en Theologie le pourront être, quoyqu'ils ne le soient pas en Droit Canon. *Voyez les Edits & Arrêts recueillis par l'ordre de M. le Chancelier en 1681.*

42 Dans la *Bibliotheque du Droit François*, par *Rouchel*, verbo, *Territoire*, est inseré un Traité du sieur de *Bourdenave*, Si un Grand Vicaire & l'Official peuvent exercer leurs Charges en quelque Acte ou Expedition hors leur Territoire? La décision est qu'ils le peuvent dans les Actes de Jurisdiction volontaire ; *Secus*, dans les Actes de Jurisdiction contentieuse.

43 Des procedures faites par un Vicaire ou Official qui n'en a point la qualité ; mais qui dans l'opinion publique passe pour tel. *Voyez la Biblioth. Canon. tome 1. page 31. col. 2.*

44 La bonne foy jointe à l'erreur commune, détermina le Parlement de Toulouse à ne point emporter sur l'ap-

pellation comme d'abus d'une Sentence renduë dans l'Officialité de Castres, & à laquelle présidoit un Laïc ; c'étoit l'usage de Castres ; l'usage ne parut pas bon ; cependant on laissa subsister la Sentence. La Justice du fond la rendoit d'ailleurs extrémement favorable, & l'appel qu'on en relevoit étoit une chicane visible & criante. *Voyez M. de Catellan, li. 1. ch. 49.* où il dit, Je rapporte cet Arrêt & toutes ses circonstances, afin qu'on ne s'y trompe pas, & que prenant le change, on ne croye point qu'il ait approuvé que des *Laïcs* président à l'Officialité. Il fut donné en la Grand'-Chambre entre un Chanoine de Castres & un Huissier de la même Ville, le 2. May 1681.

OFFICIAL, AMENDE.

45 Le Juge d'Eglise ne peut condamner en l'amende, ni imposer aucune peine pecuniaire. *Bacquet, des droits de Justice, chap. 7. Carondas, liv. 13. Rép. 9. Chopin, liv. 2. de sacrá politiá.*

46 Les Juges des Eglises ne pourront condamner à l'amende, si elle n'est appliquée à pieux usages, particulierement specifiez. *Loyseau, liv. des Seig. ch. 15. n. 55. La Rochflavin, liv. 13. des Parlemens, ch. 45. art. 39.* verifié *sur l'Ordonn. de 1549. Imbert, liv. 2. chapitre 3. chap. 21. lettre Q. Févret, de l'Abus, liv. 5. ch. 5. art. 28. liv. 7. chap. 3. art. 11. liv. 8. ch. 4. art. 5. Chenu, en son second Recueil, tit. 1. chap. 1. page 1149. lig. 27. Bacquet, des droits de Justice, ch. 7. art. 25. Chenu, en son premier Recueil, de Regl. tit. 1. ch. 1. & 2. Rebuffe, sur les Concord. chap. de public. concub. num. 48. 49. & 50.*

OFFICIAL, APPOINTEMENS.

47 L'Official ou ses heritiers ne peuvent demander ses appointemens ; cette cause fut jugée au Parlement de Toulouse en 1649. avant Pâques, M. l'Evêque d'Alby fut relaxé contre les heritiers de son Official, qui poursuivoient l'instance qu'il avoit luy-même intentée avant que de mourir. *Albert, verbo, Official, art. 3.*

OFFICIAL, APPEL.

48 On ne peut appeller au Parlement par appel simple de la Sentence d'un Official. *Memoires du Clergé, to. 2. part. 1. page 10.* On ne peut aussi appeller comme d'abus, ni par appel simple d'une troisiéme Sentence conforme renduë par l'Official, *ibid.* Comment l'Official Metropolitain, doit prononcer sur les appellations, *tome 1. part. 1. p. 29.*

49 Les appellations des Sentences de l'Official, se relevent pardevant l'Official Metropolitain. *Chenu, en ses quest. notables, Cent. 2. quest. 10.*

50 L'Evêque de Fréjus ayant destitué un Chanoine de son Eglise Cathedrale de la Charge de l'Official, qu'il avoit exercée quarante ans, & appellé en suite comme d'abus de la clause apposée en son institution par son prédecesseur Evêque, *vitá durante* : par Arrêt du Parlement d'Aix du 4. Février 1644. la Cour, sans s'arrêter à l'appel comme d'abus, mit sur le tout les Parties hors de cour & de procés. *Recueil de Borjon, to. 2. page 107.*

51 Le Juge Ecclesiastique Superieur, son Primat, ou Metropolitain, prononçant sur l'appel émis des Officiaux des Suffragans, ne peut dire *Avons mis & mettons l'appellation au néant* ; *Quia solius Senatûs ista sunt.* Du Luc, en son *Recueil d'Arrêts*.

52 Il s'est trouvé des personnes qui ont appellé au Tribunal de Dieu. Pierre IV. Roy d'Arragon ayant persecuté son Clergé, & envahi les biens temporels & Ecclesiastiques, les Syndics dudit Clergé le citerent par écrit à comparoir dans deux mois devant le Tribunal de Dieu, pour luy rendre compte de ce qu'il avoit usurpé sur son Eglise. Ce que remarque *Valæus, in Chron. Hispaniæ* est admirable à sçavoir, *Petrum Arragonensem, qui juxta sexagesimum diem citatus fuerat, ipso Vadimonii die, obiisse.* Févret, *livre 9. chapitre 3. article 16.*

53 Le dernier degré d'appel est au Pape. *Févret, liv. 9. chap. 3. art. 15.*

TTtt

54 Loüis XIII. par son Edit du mois d'Octobre 1625. a déchargé les Evêques, leurs Grands Vicaires & Officiaux, & autres Juges Ecclesiastiques, de comparoir aux assignations qui leur seront données sur les appellations comme d'abus interjettées de leurs Jugemens, avec défenses de les intimer en leur nom, exceptés les Promoteurs au défaut de partie Civile, lesquels ne seront toutefois condamnez en l'amende, ni aux dépens, qu'en cas de calomnie manifeste. Sur ce principe, M. l'Archevêque de Bourges fut déchargé de l'assignation qui lay avoit été donnée au Parlement de Paris, & d'un executoire de dépens donné contre luy faute d'avoir comparu. Ainsi jugé par Arrêt du Privé Conseil du 9. May 1636. conformément à l'Edit de 1625. *Biblioth. Canon. tome 1. page 83.*

55 *Factum* du procés pendant à la Cour, où Messire Geraud Gatcelon, Prêtre Curé de Talemay, est appellant comme d'abus d'appointement donné en marge de Requête, & de Sentence renduë par M. Milliere, Conseiller du Roy à la Cour, Juge delegué pour l'Official Primatial.

Contre Gand Simon, Greffier & Notaire audit lieu de Talemay, Intimé.

C'est déroger au Concordat d'appeller deux fois des Jugemens interlocutoires dans les affaires qui se traitent en la Jurisdiction Ecclesiastique. *Voyez le Recueil des Factums & Memoires imprimez à Lyon chez Antoine Boudet en 1710. tome 2. p. 73.*

OFFICIAL, ARBITRE.

56 Si un Official, au lieu de Juge, s'étoit rendu arbitre, & avoit prononcé son Jugement arbitral, on n'en pourroit demander l'execution, & poursuivre l'entherinement pardevant le Juge Laïc ; parce que c'est le Roy qui a autorisé les arbitrages; il a été ainsi jugé par Arrêt du 11. Juillet 1656. rapporté par *Févret, Traité de l'abus, tome 1. liv. 4. chap. 4. nombre 12.*

OFFICIAL, BANNISSEMENT.

57 Le Juge d'Eglise ne peut condamner aux galeres. *Imbert, liv. 3. chap. 21. lettre Q. Chenu, en son premier Recueil, tit. 1. chap. 1. page 1149. liv. 15. chap. 4. Carondas, en ses Pandectes, liv. 1. chap. 13.* ni au bannissement. *Guenois sur Imbert, ibidem. Carondas, en ses Pandectes, liv. 1. chap. 13. Rebuffe, en sa prat. Benef. part. 1. chapitre. formâ Vicar. nombre. 152. 156. 173. & 174.* Il peut bien enjoindre à un Prêtre de se retirer de son Diocese ; mais non pas le bannir. Il a été ainsi jugé le 15. Juillet 1631. à l'Audience du Parlement, par l'Arrêt rapporté au *Journal des Aud. liv. 2. ch. 98.* cité & rapporté par le *Gentil, en son Recueil, tome 2. art. 18.*

58 L'Evêque ne peut enjoindre à qui que ce soit de sortir du Diocese. Arrêt du Parlement de Dijon du 13. Mars 1635. dans la cause de Thomas Beaufils ; neanmoins on voit un Arrêt du 15. Juillet 1631. rendu au Parlement de Paris, confirmatif de la Sentence de l'Official de Lyon, laquelle avoit condamné un Prêtre à se retirer hors du Diocese : sur quoy trois observations, l'une que cet Official ne s'étoit point servi du mot de *bannir*, qui auroit formé un abus ; l'autre, que le mot de *sortir*, contenu dans la Sentence de l'Official de Die, approche du *bannissement* ; la troisiéme observation est que la Sentence ne condamne pas tant le Prêtre de sortir du Diocese de Lyon, qu'à se retirer dans celuy de sa naissance, étant originaire de Nancy en Lorraine, & Prêtre de Cologne. *V. la Bibliot. Canon. tome 1. p. 191.*

59 Official ne peut bannir, n'ayant aucun Territoire. Arrêt du P. de Roüen du 19. Septembre 1647. *Berault, à la fin du 2. tome de la Cout. de Norm. p. 67.*

OFFICIAL, CHANOINE.

60 Si l'Official Chanoine doit avoir la presence pendant qu'il tient son Siege ? *Voyez Albert, verbo, Official, art. 5.*

61 Officiaux Grands Vicaires qui sont Chanoines, sont exempts de la pointe. *Févret* en rapporte un Arrêt du Conseil du 26. Janvier 1644. *Traité de l'Abus, tome 1. div. 3. chap. 1. p. 246.*

OFFICIAL, CITATION.

62 Les Juges Ecclesiastiques faisant citer des personnes Laïques pardevant eux, exprimeront en leurs Lettres les causes pour lesquelles ils font faire les citations. *Loüis XII. 1512. art. 45. François I. 1535. chap. 12. art. 26. & 1536. chap. 1. art. 48. & 49.* Ordonnance d'Abbeville, *art. 140. Févret, Traité de l'Abus, liv. 7. chapitre 1. article 6.*

Afin de sçavoir si la cause est de Jurisdiction Ecclesiastique, à peine d'ajournement personnel contre celuy qui aura fait la citation, avec défenses de se pourvoir pardevant ledit Juge Ecclesiastique. *Ibidem.*

63 Aux citations generales qui se font de tous ceux qui ont interêt dans la cause dont il s'agit, les Ecclesiastiques sont obligez de comparoir. *Rebuffé, sur le Concordat, ch. 5. nomb. 36.* autrement ils se préjudicient. *Cod. Fab. liv. 3. tit. 1. def. 38.*

Voyez le mot, *Citation.*

OFFICIAL, COMPLAINTE.

64 Officiaux ne connoissent des complaintes. Ainsi jugé le 22. Decembre 1631. *Bardet, tome 1. livre 4. chapitre 47.*

OFFICIAL, DECRET.

65 Le Juge d'Eglise ne peut decreter prise de corps contre un absent. *Chopin, liv. 2. de sacrâ politiâ. Bacquet, des droits de Justice, chap. 7. Carondas, livre 13. Réponse 9.*

66 L'Official ne peut connoître du sequestre, ni donner des défenses d'executer un decret contre un Prêtre de mauvaise vie ; ainsi jugé par Arrêt du Parlement de Paris du 24. May 1668. rapporté par *l'Auteur des Définit. Canon. verbo, Abus.*

OFFICIAL, DENI DE JUSTICE.

67 Raisons de l'appel interjetté par le Theologal de Séez, tant du deni de Justice que du Jugement rendu par Monsieur l'Archevêque de Roüen, conjointement avec les Evêques de sa Province, sur le Mandement de l'Evêque de Séez.

Pour servir à l'instruction du procés entre ledit Evêque, accusé d'heresie & d'excommunication encouruë *ipso facto*, pour avoir transferé la Jurisdiction Ecclesiastique au Juge seculier d'une part, & le Theologal d'autre.

Le Theologal de Séez rend raison de son appel de deni de Justice par l'Archevêque de Roüen, & se plaint de la conduite que son Evêque a gardée envers luy. *Voyez le Recueil des Factums & Memoires imprimez à Lyon chez Antoine Boudet en 1710. tome 2. p. 607.*

OFFICIAL, DEPENS.

68 Pour sçavoir si les Juges d'Eglise peuvent condamner aux dépens seulement, ou si aux dépens, dommages & interêts. *Voyez Imbert, liv. 3. chap. 9. art. 4.* & ibid. *Automne.*

69 Il a été jugé par Arrêt du Parlement de Paris du 7. Septembre 1644. que les Officiaux peuvent condamner aux dépens, dans les causes où les Promoteurs sont seuls Parties. *Le Gentil, en son Recueil, tome 2. article 12.*

OFFICIAL, DEPORT.

70 Par Arrêt du Parlement de Roüen du 3. Avril 1664. sur une question de préference de deport, il fut ordonné que le Bailly en connoîtroit & non l'Official, dont la procedure fut cassée ; & il fut dit aussi que le Curé ne pouvoit demander la préference, & qu'il étoit seulement préferable pour desservir. *Basnage, tit. de Jurisdiction, art. 3.*

DESTITUTION DES OFFICIAUX.

71 Si l'Official peut être destitué & déposé par son Evêque ? *Voyez* le mot, *Destitution, nomb. 20. & suiv.*

72 L'Official peut être destitué à volonté par l'Evêque. *Loyseau, liv. 5. des Offices, ch. 6. n. 51. M. Loüet, lettre O. somm. 2.*

73 Official ne peut être destitué sans cause. Arrêt du Parlement de Paris, donné contre le Prieur de Saint Martin des Champs. Autre Arrêt du Parlement de

Bourdeaux contre l'Evêque de Tulle. *Papon, livre 4. titre 12. nombre 8.*

74 Arrêt du Parlement de Paris du mois d'Avril 1610. qui juge que M. Antoine Claguel, Official de Boulogne, n'avoit pas dû être destitué par l'Evêque, n'y ayant aucune cause de destitution. *Bibliot. Can. tom. 2. page 137. colonne 2.*

75 Le Chapitre ne peut *sede vacante*, destituer l'Official, institué par le défunt Evêque. *Tournet, lettre C. nombre 55.*

76 Il a été jugé par plusieurs Arrêts, qu'un Official ne peut être destitué sans cause, entre autres, contre le Prieur de Saint Martin des Champs, contre les Evêques de Toulouse & de Tulles, rapportez par *Joan. Galli, quest. 173. & Boër, décis. 149.* Il a été jugé que l'Official ne peut être destitué par le successeur Evêque sans cause. Arrêts contre les Evêques de S. Flour, de Noyon & d'Angers. *Biblioth. Canonique, tome 2. page 138. col. 2.*

77 Official ne peut être destitué sous le seul prétexte qu'il n'est Prêtre. Arrêt du Parlement de Toulouse du dernier Février 1587. *Mainard, liv. 2. ch. 24.*

78 Les Evêques peuvent destituer l'Official créé par leur prédécesseur, & en faire un nouveau. Jugé le 14. Decembre 1613. *Cambolas, liv. 4. ch. 11.*

79 Arrêt du 1. Juillet 1632. qui appointe pour sçavoir si un Official est destituable *ad nutum*, & cependant ordonné que le dernier pourvû exerceroit. *Bardet, tom. 2. liv. 1. chap. 35.* M. Bignon Avocat General dit, que cette destitution devoit dépendre de la prudence de l'Evêque, & conclut en faveur de M. l'Evêque de Limoges, contre l'Official de Gueret.

80 Il y a une Declaration du Roy du 28. Septembre 1637. en faveur des Archevêques & Evêques, qui confirme le pouvoir qu'ils ont d'instituer & destituer leurs Officiaux. Publié au Sceau le 13. Octobre suivant, rapporté par le *Gentil, en son Recüeil, tome 2. article 27.*

Il fut encore ainsi jugé par Arrêt contradictoire du Conseil Privé du 23. Avril 1641. portant que M. l'Evêque d'Alby a pû destituer son Official, & en établir un autre. *Ibid. art. 28.*

Mais l'Official ne peut être destitué par le Chapitre, le Siege Episcopal vacant. *Loyseau, liv. 5. des Offices, chap. 6. n. 50.* Voyez M. *Loüet, let. O. som. 2. ibidem, Brodeau, lettre B. Chenu, en son second Recüeil, tit. 43. chap. 1. 2. Carondas, en ses Pandectes, liv. 1. ch. 10. Chenu, en son 1. Recüeil, tit. 33. chap. 1.*

81 L'Official une fois établi ne peut pas être destitué *ad libitum* de l'Evêque sans cause legitime, ni par celuy qui l'a institué, ni même par son successeur à l'Evêché. *Guy Pape dans ses Arrêtez, liv. 4. tit. 12. arr. 5. Pastor, de Benef. liv. 1. tit. 11.* Février en cite aussi un Arrêt du Parlement de Provence du 4. Février 1644. qui a jugé qu'une Provision donnée à un Official avec la clause *vitâ durante*, n'étoit point abusive, quoyque la vie de l'Official eût duré plus long-temps que celle de l'Evêque qui l'avoit ainsi institué. *Février, liv. 4. chap. 3. page 343. nomb. 19. Joan. Gall. quest. 173.*

82 Arrêt du 4. Février 1644. qui a jugé qu'un Official institué pour recompenses de services de l'Evêque de Frejus avoit pû être destitué par le successeur en l'Evêché. *Boniface, tome 1. liv. 2. tit. 2. chap. 11.* Février, en son Traité de l'Abus, *liv. 4. chap. 3. nomb. 19.* rapporte cet Arrêt d'une maniere contraire, en quoy il est repris par Boniface.

83 M. l'Evêque du Mans ayant destitué l'Official de Domfront, qui avoit été établi par le précedent Evêque, cet ancien Official fit assigner le nouveau pourvû; incidemment il appella comme d'abus d'une Ordonnance du Chapitre lequel, *sede vacante*, avoit donné pouvoir au Vice-regent de faire les fonctions d'Official. Par Arrêt du Parlement de Roüen du 22. Mars 1649. la Cour sans avoir égard au Mandement maintient le Vice-Regent en la Charge d'Official. *Basnage, Titre de Jurisdiction, art. 13.*

Tome II.

84 Cette question, si les Officiaux après la mort de l'Evêque, peuvent être destituez par le Chapitre, fut partagée au Parlement de Toulouse le 2. May 1675. V. *Albert, verbo, Official, Arrêt 2.*

OFFICIAL, DISMES.

86 Les Juges Ecclesiastiques connoissent des dîmes qui ne sont pas inféodées, au peritoire, entre personnes Ecclesiastiques. Philippe II. 1274. Philippe IV. 1320. *Loüet, lettre D. somm. 29.* Pasquier en ses recherches, *liv. 3. chap. 35. Imbert, liv. 1. chap. 35. & ibid. Guenois, lettre E. Ducrot, Stile du Parlement de Paris, page 183.*

87 Il suffit d'avancer que les dîmes sont inféodées pour lier les mains à l'Official, & l'empêcher d'en prendre connoissance, quoy qu'il n'en apparoisse autrement. Et la preuve de la dîme inféodée se fait par inféodation faite avant le Concile de Latran, tenu en l'an 1179. sous le Pape Alexandre III. ou par les dénombremens & aveux anciens, qui ont été faits aux Seigneurs, ausquels elles appartiennent. Mais ils ne doivent pas être moins anciens que cent ans. *Guenois, sur Imbert, liv. 1. des Instit. chap. 25. lettre D. & F.* Quoique l'aveu & le dénombrement ne soit pas un titre suffisant, neanmoins il induit présomption de titre quand il est ancien, & en bonne forme. *Bacquet, des Droits de Justice, chap. 29. art. 31.* autrement la preuve s'en fait par la possession immémoriale, avec la commune renommée de les tenir avant le Concile de Latran. *Carondas en ses Pandectes, liv. 1. chap. 13. page 126.* De plus, pour bien verifier comme les dîmes sont inféodées, les anciens titres de ventes, échanges, & censes faites entre personnes Laïques y servent de beaucoup. *Guenois, ibid.*

OFFICIAL, DOMMAGES ET INTERESTS.

88 Quoyqu'un Official puisse connoître de l'absolution du crime, neanmoins il ne peut ajuger des dommages & interêts, ce qui est purement civil & non spirituel, & le jugement de l'Official de Cahors qui en prononçoit, fut declaré abusif au Parlement de Toulouse au mois de Mars 1582. Arrêts semblables du Parlement de Paris des 12. Août 1536. 7. Juillet 1580. 27. Juillet 1584. 6. Janvier 1581. & 27. May 1595. Voyez *Robert, lib. 3. rerum judicat. cap. 5. & la Bibliot. Canon. tome 1. page 517. colon. 2.*

89 Quoyque l'Officilial d'un Evêque puisse connoître de l'absolution du crime non privilegié d'un Prêtre, neanmoins il ne peut connoître des dommages & interêts. Arrêt du mois de Mars 1582. *La Rochestavin, liv. 6. tit. 36. Arrêt 23.*

90 Juge d'Eglise ne peut prononcer sur les dommages & interêts. Arrêts des 17. Juillet 1584. & 27. May 1595. *Robert, liv. 3. rerum judicat. cap. 5.*

91 Arrêt du Parlement de Bourgogne du 26. Novembre 1611. qui a jugé que l'Official & Juge d'Eglise ne peut connoître des interêts resultans des procés pendans pardevant luy, & qu'on en peut appeller comme d'abus. Voyez *Bouvot, tome 2. verbo, Abus, quest. 1.*

92 Un Prêtre du Diocese d'Arles fut condamné à 10. livres & aux dépens, pour avoir diffamé un mariage. Il appella comme d'abus, & alleguoit pour moyens que l'Official avoit procedé en deux differens lieux & que le Promoteur avoit baillé ses Conclusions, en un troisiéme: Il ajoûtoit que l'Official ne pouvoit condamner ni en l'amende, ni aux dommages & interêts. Mais sur ce qu'on luy repliqua que l'Official d'Arles avoit procedé dans le ressort de la Cour en la place du Vicaire Forain decedé depuis peu, & que puisqu'il avoit connoissance de la cause, il l'avoit des dommages & interêts. *Arg. cap. qualiter de judiciis*, n'ayant pas parlé d'amende; la Cour ayant fait lire deux fois cette Sentence, pour sçavoir si elle parloit d'amende, il fut declaré n'y avoir point d'abus. Arrêt du Parlement de Toulouse du 20. Mars 1648. Voyez *Albert, verbo, Official, article 11.*

93 Neraut Chanoine de l'Eglise de Bourges avoit seduit

Catherine de Bife fous promeffe de mariage ; l'affaire portée pardevant l'Official, il fut condamné à une penitence publique , à prendre l'enfant & à doter la fille d'une fomme de 1500. liv. N'eraut prétendit qu'il y avoit abus, parce que , difoit-il , un Official ne peut condamner à des dommages & interêts. M. l'Avocat General de Lamoignon dit qu'il y avoit une diftinction à faire, fçavoir ou les parties étoient jufticiables de l'Official pour l'ordinaire , ou elles ne l'étoient qu'à caufe du crime : au dernier cas, lorfque par exemple un particulier avoit fait une promeffe de mariage , & qu'il ne l'executoit pas, s'il étoit affigné pour raifon de ce pardevant l'Official, celuy-cy ne pouvoit le condamner en des dommages & interêts ni en l'amende pour l'inexecution , fi ce n'étoit par forme d'aumône , pour être appliqué en œuvres pieufes; mais au premier cas, lorfque c'étoit un Clerc , lequel étoit naturellement fon jufticiable , il pouvoit le condamner en des amendes & en des dommages & interêts. Arrêt du Parlement de Paris au mois de Février 1690. *Journal des Audiences*, tome 5. liv. 6. chap. 3.

OFFICIAL, EXCOMMUNICATION.

94 Il n'eft pas permis au Juge d'Eglife d'ufer de cenfures ni excommunications contre les Officiers & Miniftres de Juftice , touchant ce qui regarde l'exercice de leurs Charges & Offices. *La Rocheflavin* , liv. 13. des *Parlemens*, chap. 44. art. 17. chap. 45. art. 40. Bacquet , *des Droits de Juftice*, chap. 7. art 29.

95 L'Official de l'Archevêque d'Auch , abufant de l'interdit , fut puni par le Lieutenant du Sénéchal de Toulouse , le 11. Octobre 1316. *Tournet* , lettre O. *Arr*. 25.

OFFICIAL, EXEMPTS.

96 Il y a quelques Chapitres en France qui font exempts de la Jurifdiction de l'Ordinaire , les appellations defquels fe relevent en Cour de Rome, & fe jugent par des Juges deleguez par le Pape fur les lieux ; comme Nôtre-Dame de Paris, Saint Hilaire de Poitiers , S. Martin de Tours, S. Aignan d'Orleans , & autres. *Ducrot* , *Stile du Parlement de Paris* , page 187.

97 Il y a des Chapitres qui ont leur Juge Ecclefiaftique, qui ne reconnoît point l'Official de l'Evêque ou Archevêque , & fe difent & qualifient immédiatement tenus du Saint Siége. *Bacquet* , *des Droits de Juftice*, chap. 18. art. 6. *Voyez* le mot , *Exemption*.

OFFICIAL, FABRIQUES.

98 Les comptes des Fabriques ne font point de la competence des Officiaux. *Voyez* le mot , *Compte*, nom. 12. & fuivans.

OFFICIAL, FAUX.

99 Si un Official peut inftruire une infcription en faux ? *Voyez* le mot *Faux* , nomb. 103.

OFFICIAL, FERMIER.

100 Il ne peut être Fermier du Scel Epifcopal fans abus. *Ordonnance de Blois* , art. 45.

OFFICIAL FORAIN.

101 Les Prélats font contraints de donner des Officiaux forains , *in partibus* , dans le reffort du Parlement. *Févret*, Traité *de l'Abus* , liv. 4. chap. 3. art. 7.

Et les Prélats étrangers font auffi contraints d'en établir , *intrà fines Regni*. Ibidem , art. 9.

102 Sur l'établiffement d'un Official forain. Arrêt du Parlement de Grenoble du 30. Juillet 1638. qui declare abufives les procedures faites en Dauphiné par l'Official de Lyon , & qui ordonna que l'Archevêque de Lyon commettroit un Official forain. *Voyez* , *Baffet* , tome 1. liv. 1. chap. 7.

103 Les Officiers de la Daterie & de la Chancellerie de Rome ne veulent point reconnoître les Officiaux forains & ne leur font point l'addreffe des Refcrits ; mais toûjours à l'Official principal du Diocéfe. *Definit. du Droit Canon*, page 886.

104 Les Officiaux forains établis dans certains endroits des Diocéfes, n'ont qu'une Jurifdiction déleguée dont les appellations reffortiffent au Tribunal de l'Evêque & de l'Official principal ; mais ces difpofitions ne font point obfervées en France , où les Officiaux forains font confiderez comme Ordinaires , & leurs appellations vont au Metropolitain , de même que les appellations de l'Official principal, comme il a été jugé plufieurs fois, & particulierement pour l'Official de Chenerailles , contre l'Official de Limoges. *Ibidem*.

105 Jugé au Parlement d'Aix le 19. Juin 1673. que l'Evêque Diocéfain, Etranger du Royaume , doit mettre un Official forain , *in partibus*. Boniface , tome 3. liv. 6. tit. 4. chap. 2.

106 Nombre des Officialitez Foraines établies dans le Royaume.

Dans l'Evêché de Chartres fuffragant de l'Archevêché de Paris Duché & Pairie , fe trouvent établies cinq Officialitez foraines ; fçavoir à *Dreux* , *Dourdan* , *Mante*, *Vendôme*, & *Blois* , que l'on a érigé en Chefs, ainfi de Foraine, elle devient Ordinaire. Il y a une Officialité à faint Denis en France.

L'Archevêché de *Roüen* , a établi une Officialité foraine à *Pontoife* , qui releve du Parlement de Paris.

Dans l'Evêché de *Bayeux* , fuffragant de l'Archevêché de Roüen, l'on a établi une Officialité foraine à *Caën*.

Dans l'Evêché de *Coûtance* , il y en a deux établies ; fçavoir à *Saint Lo* & à *Valogne*.

Dans le Diocéfe de *Seez* Evêché fuffragant de l'Archevêché de Roüen, l'on a établi une Officialité foraine à *Mortagne*.

Dans le Diocéfe de *Clermont* , il y a une Officialité foraine à *Mauriac*.

L'Archevêque de Tours a établi une Officialité foraine à *Vannes*, ville Epifcopale qui eft Ordinaire à *Vannes* , & foraine à l'égard de *Tours*.

Dans l'Evêché du *Mans* fuffragant de *Tours* l'on a établi une Officialité foraine à *Dompfront*.

L'Archevêque de *Bourdeaux* a établi dans la ville de *Poitiers*, ville Epifcopale une Officialité foraine , qui eft Ordinaire à *Poitiers* , & foraine à l'égard de *Bourdeaux*.

L'Archevêque d'*Auch* a établi une Officialité foraine à *Montanerez* dans le pays de Pau.

L'Archevêque de *Lyon* Primat des Gaules a établi une Officialité foraine à *Pontdevaux*.

Dans l'Evêché de *Langres* fuffragant de Lyon , il y a deux Officialitez foraines ; fçavoir à *Dijon* , & à *Chany*.

Dans l'Evêché d'*Authun* , auffi fuffragant de l'Archevêché de Lyon, il y a Officialité foraine à *Moulins*, à *Baune* & à *Valon*.

Dans l'Archevêché de *Saint Flour* , il y a Officialité foraine à *Arpajon* , *Marcolez* & *Maurs*.

Dans l'Evêché de *Mets* en Lorraine, il y a une Officialité foraine à *Vic*.

Dans l'Evêché de *Limoges* , il y a trois Officialitez foraines ; fçavoir à *Brive* , *Chenerailles* , & *Gueret*.

OFFICIAL, FOUET.

107 L'Official ne peut condamner au foüet *Guenois fur Imbert*, tome 3. chap. 21. lettre Q. Carondas , en fes Pandectes , liv. 1. chap. 13. page 123.

OFFICIAL, FRANÇOIS.

108 L'Official doit être François. *Févret*, Traité *de l'Abus* , liv. 4. chap. 3. art. 15.

OFFICIAL, GALERES.

109 L'Official ne peut condamner aux Galeres. Jugé par Arrêt du Parlement de Paris de l'an 1554. fuivant l'opinion de Duarenus , *de Sacris Ecclef. minift. lib*. 1. cap. 3. où il fait mention d'un Arrêt qui fut donné de fon temps. *Voyez* le mot *Galeres* , nomb. 10.

OFFICIAL, GARDE DE CORPS.

110 Le Juge d'Eglife peut faire proceder à la recherche des corps morts des Beneficiers, dans les Eglifes & Cimetieres exempts & non exempts , & dans les maifons & autres lieux feculiers. Declaration du Roy du 9. Février 1657. verifiée au Grand Confeil le 30. Mars 1661.

rapporté au long par *Le Gentil, en son recueil, tome 2. part. 2. tit 17. art. 2.*

OFFICIAL, GRADUÉ.

111 Declaration du Roy du 26. Janvier 1680. portant qu'aucun Ecclesiastique ne pourra à l'avenir être admis à faire la fonction d'Official qu'il ne soit Licentié en Droit canon, à peine de nullité des Sentences & jugemens qui seroient rendus & executez au Parlement le 12. Avril 1680. *Journal des Audiences, tome 4. livre 3. chapitre 11.*

OFFICIAL, HERESIE.

112 La connoissance du crime d'heresie appartient de droit, selon les Conciles, les Canons & les saints Decrets, aux Prelats, lesquels, ou leurs Officiaux, doivent juger les Heretiques, & proceder contre eux selon les Constitutions Apostoliques; le crime étant purement Ecclesiastique. S. Loüis 1228. François I, 1540. art. 3. & 1543. Henry II. 1551. art. 4. François II. 1560. Charles IX. 1561. att. 5. *Févret, Traité de l'Abus, liv. 7. chap. 2. art. 1.*

Quoyque l'accusé soit Clerc ou Laïc; mais après condamnation, si l'accusé est Laïc, il sera remis entre les mains du bras seculier : s'il est Ecclesiastique, il sera jugé selon les saints Decrets & Canons. *Févret, Ibidem, art. 1.*

113 La punition des Receleurs d'Heretiques, doit être égale à celle des Heretiques. François I. 1334. 1540. art. 8. Henry II. 1551. art. 30. & 31. Charles IX. 1561. article 8.

Le Juge d'Eglise ne peut condamner aucun Clerc, ni Laïc pour crime d'heresie en amende pecuniaire. *Verification sur l'Ordonnance de 1499.*

114 Voyez dans Guenois sur Imbert, page 699. comme les Heretiques sont punis.

115 Les Parlemens, Baillifs & Sénéchaux, ont connoissance du crime d'heresie, concurremment & par prévention, demeurant au Juge d'Eglise la Jurisdiction & connoissance des personnes, qui sans scandale public, commotion populaire, sedition ou autre crime emportant offense publique, seroient devoyez de la foy ; & au cas où les deux crimes se trouvent conjointement, ils seront tenus de s'avertir respectivement à fin de juger chacun envers soy le cas à eux appartenant, ensemblement ou séparément, ainsi qu'ils verront être à faire pour le mieux. François I. 1540. art. 1. 2. 1542. art. 1. & 1543. Henry II. 1549. & 1551. art. 2. 3. 4. & 1557. art. 2. *La Rochesflavin, liv. 13. des Parlemens, chap. 46.* Guenois, *sur Imbert, page 698. Guy Pape, quest. 63. & Ibid. Mathæus.*

116 L'Edit de Châteaubriant du 27. Juin 1551. fut pour la recherche, & pour punition de ceux qui s'étoient separez de l'Eglise Romaine, & s'étoient retirez à Genève, & autres lieux du Royaume. Il est dans le *Recueil de le Gentil, tome 6. part. 9. page 20.*

117 Les Heretiques ne sont capables de tenir aucuns Offices. *Henry IV. 1585.*

118 Trois Ecclesiastiques, & une Religieuse, étant accusez pardevant le Juge de Roye d'être de la secte des *Illuminez*, furent rendus à l'Evêque d'Amiens, ou son Official, pour leur faire leur procés, par Arrêt du 30. Mars 1631. rapporté par le *Gentil, en son Recueil, tome 2. article 11.*

119 Les procedures faites au Parlement de Bretagne à la Requête de M. le Procureur General, contre le Grand Vicaire & l'Official de Treguier, sur un fait de doctrine, & du prétendu schisme, furent évoquées & renvoyées pardevant le Metropolitain, ou son Official. Par Arrêt du Conseil Privé du 8. Février 1636. rapporté par le *Gentil, en son Recueil, tome 1. tit. 2. chapitre 9. article 11.*

OFFICIAUX MAL INTIMEZ.

120 Voyez verbo, *Abus*, nombre 81. & cy-après le nombre 175.

OFFICIAL, LAÏC.

121 On ne peut pas commettre un Laïc pour juger les affaires, dont les seuls Officiaux sont competens. Jugé au Parlement de Toulouse le 20. Mars 1608. *Ferrerius, sur la question 69. de Guy Pape*, suivant le Chapitre *Decernimus 2. extrà de judiciis.* Aussi par l'article 45. de l'Ordonnance de Blois, nul ne peut être Grand Vicaire ou Official d'un Evêque, qu'il ne soit Prêtre ; mais l'Evêque se reservant le jugement d'un crime commis par le Clerc, il peut valablement commettre l'instruction du procés à un Laïc. Arrêt du Parlement de Toulouse du 11. Août 1605. *Voyez cy-dessus le nombre 33.*

122 Les Juges Ecclesiastiques connoissent des Sacremens & des matieres purement spirituelles contre les Laïcs. Et respectivement les Juges Laïcs ont connoissance sur les Clercs qui exercent des Charges, ou négociations temporelles. *François I. Ordonnance d'Abbeville, article 245. Imbert, liv. 3. des Instit. ch. 8. art. 5. Carondas, en ses Pandectes, liv. 1. chap. 13.*

123 L'Official ne peut connoître contre un Procureur Laïc, postulant pardevant luy, si ce n'est pour raison de ce qui dépend du procés, de l'instruction ou décision d'iceluy ; ni contre le Concierge ou Geollier de ses prisons, homme Laïc, qui auroit laissé evader les prisonniers. *Imbert, liv. 1. des Instit. chap. 25. nomb. 2.* M. Favre tient le contraire, *en son Code, liv. 3. tit. 12. deff. 16. n. 3.* & dit que l'Evêque ou son Official, peut punir ses Officiers Laïcs, quand ils ont delinqué en leurs Offices.

124 Quoyque dans le cas où le Juge d'Eglise n'est pas competent, le Laïc ait plaidé volontairement pardevant luy ; il peut neanmoins se porter pour appellant comme d'abus de la Sentence renduë contre luy, ensuite relever son appel, & sans avoir égard à ladite Sentence, les parties seront renvoyées pardevant le Juge Royal competent. *Imbert, liv. 1. des Inst. ch. 26. liv. 3. ch. 7.*

Il est vray que ledit Laïc sera condamné aux dépens de la procedure volontaire faite pardevant ledit Juge d'Eglise. *Ibidem.*

OFFICIAL, LEGS PIEUX.

125 Legs pieux ne sont de la connoissance des Officiaux. Ainsi jugé au Parlement de Paris le 24. Novembre 1622. *Bardet, tome 1. liv. 1. ch. 104.*

OFFICIAL, LICENTIÉ.

126 Declaration en interpretation de celle du 26. Janvier 1680. portant que les Ecclesiastiques pourront être admis à faire les fonctions d'Officiaux, pourvû qu'ils soient Licentiez ou Docteurs en Theologie, ou de la Faculté de Paris, ou dans les autres Facultez de Theologie, ou de Droit Canon du Royaume. A Fontainebleau le 22. May 1680. registrée le 29. du même mois.

OFFICIAL, MARGUILLIERS.

127 L'élection des Marguilliers n'appartient point aux Officiaux, ni la reception du serment. Ainsi jugé aux Parlemens de Paris & de Toulouse. *V. Filleau, part. 1. tit. 1. chapitre 12. & Mainard, liv. 2. de ses Questions, chapitre 1.*

OFFICIAL, MARIAGE.

128 Le Juge d'Eglise connoît des nullitez, dissolutions, ou séparations des mariages, soit pour être faits aux degrez prohibez de consanguinité, affinité ou autrement. *La Rochesflavin, liv. 13. des Parlemens, ch. 47. Févret, Traité de l'Abus, liv. 5. ch. 1. art. 1.*

129 L'Official ne peut connoître du mariage des Impuberes, si l'un d'eux est décedé avant la puberté. *Févret, liv 5. chap. 1. art. 6.*

130 Le Juge d'Eglise saisi de la cause des Impuberes, n'est competent pour les questions de fait. *Févret, liv. 5. chap. 1. art. 11.*

131 Le Juge d'Eglise ne peut ordonner la visitation d'une promise. *Ibid. art. 12.*

132 L'action de rapt fait cesser l'instance de mariage poursuivie en Cour d'Eglise. *Ibid. art. 15.*

133 Question de mariage appartient au Juge d'Eglise *in petitorio*, quoyque le mariage soit dissolu par mort.

Arrêt du 4. May 1577. *Bibliot. de Bouchel*, verbo, *Mariage.*

134 & L'Official ne doit point prononcer sur la dissolution du mariage, valablement contracté. *Tournet, lettre O. Arr. 12.*

135

136 L'Official ne doit décerner citation, *super fœdere matrimonii consummati. Ibid. Arr.* 33.

137 L'Official ne doit connoître du mariage contracté, *per verba de præsenti*, nonobstant toute promesse, *per verba de futuro. Ibid. Arr.* 35.

138 L'Official ne doit ordonner en cas de mariage, assemblée de parens. *Ibidem.*

139 L'Official ne peut condamner aux dépens à prendre sur les deniers dotaux. *Ibid. Arr.* 38.

140 Quelle Jurisdiction a l'Official pour le fait du mariage? *V. Forget, li. 1. ch.* 10. *Tournet, let. O. Ar.* 39.

141 L'Official ne doit recevoir un fiancé à informer de la vie scandaleuse de sa fiancée. *Bellordeau, liv. 1. Contr. 2. Tournet, let. O. Arr.* 40.

142 L'Official ne peut condamner en une amende celuy qui pour s'excuser de sa promesse de mariage, dit qu'il étoit yvre lors qu'il la fit. *Bellordeau, tome 1. livre 1. Contr.* 3.

143 L'Official ne doit ordonner la preuve des promesses de mariage, ni en recevoir la preuve. *Ibidem.*

144 Les Officiaux ne peuvent ordonner que les parens discordans sur un mariage, s'assembleront pardevant eux, ni pendant l'accusation de rapt poursuivie pardevant le Juge Royal, connoître de la cause *super fœdere matrimonii.* Arrêt és Grands Jours de Troyes du 25. Octobre 1583. *Chenu, 1. Cent, q.* 12. & Filleau, 4. part. q. 12.

145 L'Official ne peut recevoir le fait des promesses de mariage par paroles de present, ni recevoir le demandeur en preuve. Arrêts du Parlement de Dijon du 6. Juillet 1584. *Bouvot, tome 1. partie 3. verbo, Official.*

Le même Arrêt fait défenses aux Officiaux de prendre connoissance des mariages d'enfans de famille, ou autres personnes en puissance d'autruy, s'il ne leur appert du consentement des pere, mere, tuteurs & curateurs, & passer outre d'instances, sinon après l'instruction du Jugement du rapt, sur peine de nullité des procedures, & de tous dépens, dommages & interêts.

146 S'il y a des Lettres Royaux incidemment obtenuës contre les promesses de mariage, au sujet desquelles il y avoit instance pendante pardevant l'Official; il cesse d'être competent; s'il continuë d'en connoître, il commet abus. Arrêt du Parlement de Paris du 9. Janvier 1603. rapporté par Chopin, *de sacr. Polit. lib. 2. ca. 3. num.* 9. Peleus, *Actions forenses, liv. 4. ch.* 27.

147 Official ne peut recevoir la citation, *super contractu initi matrimonii, & consummati*, ni prononcer *super susceptione partus.* Arrêt du Parlement de Paris du 22. Janvier 1604. *Bibliotheque Canonique, tome 1. p.* 762. colonne 1.

148 Quand on se pourvoit pardevant l'Official en dissolution de mariage, fondé sur inceste, rapt, ou autre crime, & que l'Official declare le mariage bon & valable, il n'est plus loisible de se pourvoir pardevant le Juge Laïc, & obtenir Monitoire, pour avoir revelation du crime. Ainsi jugé par Arrêt du Parlement de Paris, rendu à l'Audience de la Tournelle le 2. Janvier 1616. rapporté par le *Gentil, en son Recueil, tome 2. article 26.*

149 L'Official peut permettre d'informer de la mauvaise vie d'une fille, le fait étant mis en avant par forme de défenses en une cause de mariage, & qu'il n'y avoit point d'entreprise sur la Justice seculiere, l'information n'étant faite qu'incidemment, n'étant pas permis de traduire *de foro ad forum.* Arrêt du 2. Juillet 1633. *Du Frêne, liv. 2. chap.* 140.

150 Par Arrêt du Parlement de Paris du 5. Decembre 1635. défenses furent faites à l'Official d'ordonner des amenées sans scandale, pour l'accomplissement des promesses de mariage, & ordonné que l'Arrêt seroit affiché à la porte de l'Officialité. Il ne luy est pas non plus permis de condamner une personne à épouser avant que de sortir de prison. *Févret, Traité de l'Abus, to. 2. liv. 5. chap. 1. p.* 5.

151 Les Juges d'Eglise ne peuvent connoître des mariages prétendus, s'il n'y a contract ou fiançailles, & moins decreter sur la plainte des filles déflorées. Arrêt du Parlement de Paris du 5. Decembre 1637. *Henrys, tome 1. liv. 2. ch. 4. quest.* 13.

152 Sentence de l'Official sert de fondement à la condamnation des dommages & interêts, & non pas pour autoriser un prétendu mariage. Arrêt du 24. Janvier 1662. *Notables Arrêts des Aud. Arr.* 68.

153 Le Lieutenant General de la Rochelle, ayant fait une procedure concernant la validité d'un mariage; par Arrêt du Parlement de Paris du 9. Juillet 1671. la procedure est infirmée; & défenses luy sont faites de connoître des causes de cette qualité, & enjoint de les renvoyer au Juge d'Eglise, si ce n'est au cas d'appel comme d'abus, rapporté par le *Gentil, en son Recueil, tome 2. page* 287.

OFFICIAL, METROPOLITAIN.

154 L'Official de l'Evêque connoît en premiere instance, & ensuite l'Official du Metropolitain, ou Archevêque, connoît des appellations dudit Official; après il y a encore l'Official de la Primatie, pardevant lequel se relevent les appellations dudit Official Metropolitain. *Chenu, en ses questions notables, Cent. 2. question* 10. Après quoy il n'est plus permis d'appeller, & les appellations ne sont plus reçuës, non pas même les appellations comme d'abus. *Chenu, ibid.*

Mais il faut que les trois Sentences soient conformes. *Ibid. & quest.* 11. Févret, *Traité de l'Abus, liv. 9. chap. 3. art.* 4.

Par Arrêt du Parlement de Paris du 16. Janvier 1601. il est porté qu'on ne peut appeller, non pas même comme d'abus, d'une troisième Sentence conforme, qui ait été renduë par le Juge Ecclesiastique, rapporté par le *Gentil, en son Recueil, tome 2. art.* 3.

155 Le Metropolitain ne peut établir son Official, *in Diœcesi sui suffraganei*, parce que le droit le défend. *Févret, Traité de l'Abus, liv. 4. ch. 3. art. 14. & liv. 9. chap. 3. art.* 9.

Et il y auroit de la confusion & du desordre, *quia Archiepiscopus non concurrit cum Episcopo suffraganeo, in suâ Diœcesi, nec in ejus subditos illâ potestate præditus est.* Capit. Pastoralis, *de Offic. ordin.* Févret, *Traité de l'Abus, liv. 4. chapitre 3. art. 12. & liv. 4. chapitre 3. article* 5.

156 L'Official du Metropolitain ne peut être Juge, ni proceder contre les Evêques suffragans en fait de correction & discipline Ecclesiastique, cela étant attribué à la connoissance de l'Archevêque, comme Superieur immédiat, Févret, *Traité de l'Abus, livre 4. chapitre 3. article* 12.

157 Le Juge d'Eglise ne peut évoquer à luy les causes pendantes en premiere instance, devant les Evêques Suffragans, & le Metropolitain luy-même ne le pourroit pas faire, n'étant que Juge en cas d'appel, des sujets des suffragans. Cap. *Romana, de appell. in 6.* Févret, *Traité de l'Abus, liv. 4. ch. 3. art. 14.* Idem, *li. 9. chap. 3. article* 9.

158 L'Official Metropolitain ne doit élargir les prisonniers detenus dans les Prisons des Officialitez des Dioceses, sans avoir vû les informations. *Memoires du Clergé, tome 2. part. 1. p.* 30.

OFFICIAL, MONITOIRES.

158 bis. On demande si le Juge d'Eglise peut être contraint de bailler des Lettres de Monitoires, pour avoir revelation d'un delit qui merite peine corporelle? Sur quoy l'on peut voir le Code Fab. *liv. 2. tit. 12. def.* 38. *V. Bacquet, des droits de Justice, chapitre. 7. articles 30. & 31.*

159 Les Officiaux peuvent user de Monitoires & Censures Ecclesiastiques, selon les saints Decrets & les Conciles. Charles IX. 1560. *art. 18. &* 1571. *art.* 18.

OFF   OFF   887

A condition que les Ecclesiastiques ne pourront être excommuniez pour dettes, sauf à leurs créanciers de proceder par execution sur leurs biens meubles & immeubles, ainsi que de raison, verifié sur ladite Ordonnance de 1571. *Février, Traité de l'Abus, liv. 7. ch. 3. article 17. Le Gentil, en son Recueil, tome 2. page 78. article 4.*

Ladite modification fut levée ensuite des Lettres de Jussion de l'an 1572. & cependant le Parlement de Paris en use suivant sa modification.

Mais le Parlement de Toulouse n'en use pas de même. *Chenu, en ses questions notables, Cent. 2. quest. 12.*

160   Les Monitions sont aussi décernées quand il est question de dol, fraude, laceration, ou soustraction de titres ou de biens. *Bacquet, des droits de Justice, ch. 7. art. 30. & 31.*

Quand il s'agit d'usure. *Ibidem.*

161   En general il n'est pas permis aux Juges d'Eglise de décerner Monitions, ni d'user de censures Ecclesiastiques, sinon pour crime & pour scandale public. *Estats de Blois, art. 4. Imbert, liv. 1. des Instit. ch. 62. n. 2. & 3. & ci-dessus Guenois & Automne. Févret, Traité de l'Abus, liv. 7. ch. 2. art. 26.*

162   Enjoint aux Officiaux d'accorder les Monitoires que le Juge aura permis d'obtenir, à peine de saisie de leur temporel. *Louis XIV. 1670. tit. 7. art. 2.*

Ne pourront prendre ni recevoir pour chacun Monitoire plus de trente sols, leur Greffier dix, y compris les droits du Sceau. *Ibid. art. 7.*

163   Official condamné en son nom pour avoir octroyé un Monitoire, portant les noms & qualitez des Parties. *Voyez cy-dessus, le mot, Nom, n. 23.*

OFFICIAL AYANT OFFICE.

164   Par Arrêt du Parlement de Toulouse du 1. Février 1644. défenses à Redon, Chanoine & Official, de s'ingerer d'exercer l'Office de Président en l'Election, à peine de faux & de 500. livres d'amende, permis au Chapitre de le pointer en cas d'absence. *Albert, verbo, Official, Arrêt 5.*

OFFICIAL, PEINE.

165   L'Official ne peut convertir la peine corporelle en peine pecuniaire. *Rebuffe, en sa prat. benef. part. 1. ch. forma Vicari. n. 153. & 154.*

166   L'Official peut condamner à la peine du Pilory, *Piluricii,* ou du carquan, laquelle est fort ancienne. *Févret, Traité de l'Abus, liv. 8. ch. 4. art. 9.*

Baptista Egnatius dit qu'à Venise ceux qui ont deux femmes épousées en même temps, *Mitellati in scalario suggestu, publico ludibrio exponuntur, sæpe etiam collo, in columbari pendente, ignominiosè ostentantur.* Coquille, *Coûtume de Nivernois, tit. des Justices, art. 15.* dit, entr'autres, qu'on use de cette peine aussi bien en Cour Ecclesiastique que seculiere : que les Officiaux condamnent ceux qui se trouvent avoir épousé deux femmes en même temps à souffrir cette derision. *Févret, Traité de l'Abus, liv. 8. chap. 4. art. 8.*

167   Toutes les autres peines ausquelles les Juges d'Eglise peuvent condamner, sont dans le Traité de l'Abus, *de M. Févret, liv. 8. ch. 4. art. 9. 10. & 11.*

OFFICIAL, PETITOIRE, POSSESSOIRE.

168   Si le Juge d'Eglise prend connoissance du Petitoire ou Possessoire, *etiam,* pour droits spirituels jugez & parfournis, il y a abus. *François I. 1539. art. 49. Févret, Traité de l'Abus, liv. 4. ch. 8. art. 17.*

169   La Sentence ou l'Arrêt rendu au Possessoire, ne fait aucun préjudice au Petitoire depuis intenté pardevant le Juge d'Eglise, quoy qu'on y ait traité de la proprieté. *Ferrerius, sur la question 71. de Guy Pape.*

Voyez cy-après le nombre 171. *bis.*

PLUSIEURS OFFICIAUX.

170   L'Evêque de Langres, outre l'Official ordinaire, en avoit établi un pendant les troubles, en un lieu distant de la ville de douze lieües. L'Official de Langres interjette appel comme d'abus. Arrêt du 24. Avril 1610. qui declare y avoir abus ; défend à l'Evêque de plus

faire tels Officiaux, & condamne aux dépens celuy qu'il avoit établi. *Bibliot. de Bouchel, verbo, Official.*
Voyez *Tournet, let. O. Arr. 26.*

OFFICIAL, ORDONNANCES.

170 *bis.*   Les Juges Ecclesiastiques doivent observer les Ordonnances. *Imbert, en son Enchiridion, p. 100. Chenu, en son second Recueil, tit. 41. ch. 1. & en ses Questions notables, quest. 8. & cy-après le nomb. 197.*

171   Et les delais en la Cour Ecclesiastique, se doivent regler selon icelles. *Févret, Traité de l'Abus, liv. 7. chapitre 1. art. 14.*

OFFICIAL, POSSESSOIRE.

171 *bis.*   Le possessoire est tellement de la competence du Juge seculier, privativement au Juge d'Eglise, que si un Official avoit en choses spirituelles usé du mot de maintenuë dans ses Jugemens, il y auroit abus. *Févret, Traité de l'Abus, tome 1. chap. 11.*

172   Les Officiaux ne peuvent connoître du sequestre ni du possessoire des Benefices. *Arrêt du 6. Février 1662. Des Maisons, let. O. n. 6.*

Voyez cy-dessus le nombre 168.

OFFICIAL, PRESTRE.

172 *bis.*   Les Officiaux doivent être Prêtres. *Tournet, lettre O. Arrêt 27.*

Official ne peut être destitué sous prétexte qu'il n'est pas Prêtre. Arrêt du Parlement de Toulouse, en faveur de l'Official de Carcassonne, pourvû seulement des quatre Mineurs. *Mainard, liv. 2. chap. 24.*

173   Arrêt du Parlement de Paris du 9. Janvier 1603. qui enjoint à l'Official d'Angers d'apporter & représenter les Lettres de ses Ordres de Prêtrise. Cet Arrêt fut donné en une cause d'appel comme d'abus, interjetté de quelques Jugemens qu'il avoit rendus contre lesquels, outre l'abus de contravention aux Ordonnances & Arrêts, on alleguoit nullité *ex defectu potestatis,* en ce qu'il n'étoit pas Prêtre. *Bibliotheque Canonique, tome 2. page 139. colonne 1. Peleus, Actions for. liv. 4. chapitre 27.*

174   L'on prétendoit faire casser la procedure d'un Official, parce qu'il n'étoit pas Prêtre. Arrêt du Parl. de Toulouse du 15. May 1608. qui sans avoir égard à l'appel comme d'abus, & pour aucunes choses & considerations à ce mouvant, la Cour declare n'entendre empêcher que la procedure faite par Daiguier, ne sorte son plein & entier effet, sauf à l'appellant de se pourvoir par les voyes de Droit, ainsi qu'il appartiendra par raison, & disant droit sur les Conclusions du Procureur General du Roy, fait inhibitions & défenses aux Archevêques & Evêques du ressort, de pourvoir aucun aux Charges d'Official qu'il ne soit actuellement Prêtre, conformément aux Ordonnances & Arrêts d'icelles, à peine de nullité & sans dépens. *Voyez le 12. Plaidoyé de Puymisson.*

OFFICIAL PRIS A PARTIE.

175   Par Arrêt du Conseil d'Etat du 21. Avril 1660. les Officiaux ne peuvent être intimez, à peine de 1000. liv. d'amende : & le Roy, conformément aux Arrêts des 16. Juillet & 24. Decembre, cassant l'Arrêt du Parlement de Bourdeaux, a déchargé l'Official de Sarlat des condamnations contre luy renduës par ledit Arrêt, & de toutes assignations, contraintes & saisies sur luy faites pour raison de l'appel comme d'abus interjetté par quelques Religieuses de Sainte Claire de Sarlat. *Le Gentil, en son Recueil, tome 2. page 72. art. 11.*

OFFICIAL, PRISON.

176   Il peut condamner à prison perpetuelle. *Chenu, en son second Recueil, tit. 41. ch. 1. page 1149. liv. 15. Févret, Traité de l'Abus, liv. 8. ch. 4. art. 9.*

177   Prêtre élargi par l'Official, sans que son procès luy fût fait avec le Juge Royal. Arrêt prononcé le 20. Janvier 1604. *Tournet, lettre P. Arr. 191.*

OFFICIAL, PROMOTEUR.

178   Les Promoteurs sont établis pour faire informer d'office contre les Ecclesiastiques delinquans, & maintenir les Droits, Libertez, & Immunitez de l'Eglise.

Pour procurer que la discipline soit maintenuë, que les crimes soient punis, & les désobéïssans rangez à leur devoir.

Mais ils ne peuvent absoudre ni excommunier, parce qu'ils feroient l'Office de Juge & d'Accusateur. *Févret, Traité de l'Abus, liv. 4. ch. 3. art. 15. & 32.*

179 Le Promoteur ne peut être condamné en l'amende & aux dépens, sinon au cas de calomnie manifeste. Toutefois l'accusé peut être condamné envers luy aux frais de Justice, & visitation des procés. *Févret, Traité de l'Abus, liv. 4. ch. 3. art. 34.*

C'est pourquoy le Parlement de Paris, par Arrêt du 7. Septembre 1644. sur l'appel comme d'abus émis par un Prêtre du Diocese d'Angers, de ce que l'on l'avoit condamné aux dépens du Promoteur, le declara non recevable en son appel, le condamna en l'amende & aux dépens. *Ibid. art. 34.*

180 Les Exploits qui seront faits à la Requête des Promoteurs des Officialitez du Royaume, sont déchargez du droit de contrôlle, par Arrêt du Conseil d'Etat du 30. Octobre 1670. rapporté par le *Gentil, en son Recueil, tome 2. art. 33.*

181 Quand le Promoteur est seul Partie, les Evêques doivent fournir les frais des procés criminels faits d'Office, sauf de les recouvrer contre les condamnez, s'il y a de quoy. *Févret, Traité de l'Abus, liv. 4. ch. 3. article 33.* & les Officiaux peuvent condamner aux dépens en ce cas-là. Ainsi jugé par Arrêt du Parlement de Paris du 7. Septembre 1643. & en cas d'appel, l'Ecclesiastique accusé, devant être conduit au Juge superieur, *sub fidâ custodiâ*, avec les procedures; ce doit être aux frais de l'Evêque, & à ses diligences, puisqu'il a commencé le procés par son Promoteur. *L. eos, §. super his de appellat. Ibid. art. 34.*

182 Le Promoteur ne peut être présent à l'instruction des procés criminels, autrement la procedure est cassée, comme abusive. *Carondas, Rép. liv. 1. ch. 14. Févret, Traité de l'Abus, liv. 4. ch. 3. art. 33.*

183 Un Laïc ne peut être Promoteur. *Févret, ibidem, article 29.*

184 Une même personne ne peut être Promoteur & Penitencier, ces deux Charges étant incompatibles. *Ibid. article 30.*

Il a ainsi été jugé par Arrêt du Parlement de Paris du 15. Mars 1611. rapporté par le *Gentil, en son Recueil, tome 2. part. 2. tit. 15. art. 3.*

185 Les Promoteurs peuvent assister aux Audiences des Siéges Royaux, pour la conservation de la Jurisdiction Ecclesiastique, & requerir le renvoy des causes de leurs Jurisdictions. *Févret, Traité de l'Abus, liv. 4. ch. 3. art. 27.*

186 Il est enjoint aux Promoteurs à Paris tous les Mercredis & les Samedis de chaque semaine, & autres jours plaidoyables, d'aller aux Auditoires des Evêques, Officiaux, Archidiacres & Chapitre de Paris, pour oüir les matieres qui s'y traitent. Ordonnance de Charles VIII. 1485.

Ce qui fut confirmé par François I. l'an 1535. par le Reglement fait pour le Pays de Provence, *art. 27.*

Ils doivent visiter une fois la semaine les papiers & registres des Procureurs & Greffiers des Cours Ecclesiastiques, qu'ils seront tenus d'exhiber sans rien cacher, à peine de punition. *François I. 1535. article 27. Févret, Traité de l'Abus, liv. 4. ch. 3. art. 26.*

187 Le Promoteur qui est pourvû d'une Cure, est dispensé de la residence, pendant qu'il exerce sa Charge, par l'Arrêt du Grand Conseil du 5. Août 1613. *Ibid. article 34.*

188 Le Promoteur General d'un Ordre peut être nommé par le General de sa seule autorité, en attendant l'Assemblée generale du Chapitre, qui pourra confirmer ou pourvoir, comme il le jugera à propos. *Févret, ibidem, article 31.*

OFFICIAL, PROCEDURE CRIMINELLE.

189 Les Officiaux connoissent des crimes Ecclesiastiques, Mixtes & Privilegiez, exprimez amplement dans le *Traité de l'Abus de M. Févret, liv. 7. chap. 2.*

M. Favre est d'opinion que le procés criminel ne 190 peut être fait aux Evêques & Archevêques, que par des Juges Ecclesiastiques, même au cas du crime de Leze-Majesté. *Cod. Faber livre. 3. titre 11. deff. 31.*

L'Official ou Vicaire General, ne peuvent connoître 191 des crimes, que la connoissance ne leur en ait été specialement remise & deleguée. *Rebuffe, en sa pratique benef. part. 1. chap. forma Vicar. nomb. 152. 166. 167. & 173.*

L'Official qui a delinqué en sa Charge, ne peut être 192 puni que par l'Evêque, & non par le Metropolitain, excepté en deux cas; si le Metropolitain est fondé en coûtume & prescription; & si l'Official a delinqué *circa Jurisdictionem Archiepiscopi, eam perturbando.* Le Cardinal Ægidius Bellamera, au Commentaire qu'il a fait sur le Chapitre *Romana de foro competenti in* 6. *Févret, Traité de l'Abus, liv. 4. ch. 3. art. 15.*

Quand l'instruction des procés criminels se fait par 193 les Juges Ecclesiastiques & par les Juges seculiers conjointement, dans les lieux où il y a Parlement, les Evêques sont obligez de donner des Vicariats à deux des Conseillers de la Cour, tels que bon leur semblera. *La Rocheflavin, liv. 13. des Parlemens, ch. 44. art. 28.*

Cela n'est pas observé en cas de prévention d'un Evêque, d'un Archevêque, ou d'un autre Prélat, pour ce qui regarde l'état & le repos public: car alors le procés est fait, instruit & jugé par les Officiers du Roy seul. *Ibid. chap. 34. art. 32. & suiv.*

Les Juges Ecclesiastiques & Seculiers ne doivent juger 194 ensemble par une même Sentence; mais le Juge Royal doit rendre sa Sentence, & prononcer séparement. *Guenois, sur l'art. 4. du chap. 9. des Instit. d'Imbeit, lettre D. à la fin. Robert, liv. 1. des choses jugées, chap. 6. page 73. lig. 26. & page 77. en l'addit.*

Le Parlement de Provence ne pouvant juger un Prê- 195 tre, accusé de crimes atroces, auparavant que le Juge d'Eglise y eût prononcé, envoya par Messieurs les Gens du Roy le procés à juger à M. l'Archevêque d'Aix; lequel ayant delaissé l'accusé au bras seculier, & le Parlement l'ayant ensuite condamné à mort, deux Conseillers de ladite Cour, assistez de Messieurs les Gens du Roy, porterent derechef le procés par l'ordre de leur Compagnie, audit sieur Archevêque, pour juger, s'il échéoit, dégradation; ainsi qu'il conste par le procés verbal du 18. Mars 1633. rapporté par le *Gentil, en son Recueil, tome 2. p. 63.*

Un Official ayant condamné un Prêtre sur sa seule 195 confession, & ayant commencé le procés par l'interrogatoire de l'accusé, sans information préalable, son procedé fut déclaré abusif au Parlement de Roüen. *Bibliot. Canon. tome 2. p. 144.*

Accusé devant le Juge Royal, dont les informations 196 ne sont point decrétées faute de preuve, s'étant depuis fait Prêtre, doit être rendu à l'Official, sur la poursuite de la même plainte & nouvelles charges. Arrêt du 17. Juin 1628. on ne pouvoit pas dire qu'il se fût engagé dans les Ordres en fraude, attendu le long intervale. *Bardet, tome 1. liv. 3. ch. 3.*

Les Officiaux doivent observer dans les procés cri- 197 minels & civils, l'usage des Cours du Royaume, & les formes établies par les Ordonnances, autrement il y a abus. Arrêt du Parlement de Grenoble du 30. Juillet 1638. Jugé le 21. Juillet 1656. qu'il y avoit abus, en ce qu'un Official avoit fait assigner pardevant luy un Laïc, sous prétexte qu'exerçant un Office Ecclesiastique, il avoit malversé. Arrêt semblable du 2. Août 1656. pour avoir ordonné la sequestration des fruits d'un Benefice, ou s'ils jugent sans être Graduez. *Voyez la Jurisprudence de Guy Pape par Chorier, p. 15.*

Défenses à l'Official Metropolitain d'élargir les pri- 198 sonniers detenus dans les prisons des Officialitez, sinon après avoir vû les informations. Ainsi jugé par Arrêt du du Parlement de Paris du 10. May 1670. contre l'Official Metropolitain de Tours. *Le Gentil, en son Recueil, tome 2. art. 11.*

199 Si la procedure criminelle faite contre un Prêtre par l'Official en presence du Promoteur d'Office, est nulle, & si les Officiaux doivent appliquer les amendes au bas de leurs Sentences? Arrêt du Parlement de Provence du 23. Juin 1670. qui declara l'appellant de la procedure criminelle non recevable; fit neanmoins défenses aux Promoteurs d'assister aux réponses, interrogatoires & confrontations, & fit injonction aux Officiers d'appliquer les amendes. *Boniface, tome 5. liv. 3. tit. 1. chapitre 10.*

200 Par une Declaration du Roy du mois de Février 1678. il est dit que l'article 22. de l'Edit de Moulins, concernant les procès criminels qui se font aux Ecclesiastiques, sera executé selon sa forme & teneur dans tout le Royaume; se faisant que l'instruction des procès pour les cas privilegiez, sera faite conjointement, tant par les Juges d'Eglise, que par les Juges dans le ressort desquels sont situées les Officialitez; seront tenus les Juges pour cet effet d'aller au Siege de la Jurisdiction Ecclesiastique situé sans ressort sans aucune difficulté, & faire rediger les dépositions des témoins, interrogatoires, recollemens par leurs Greffiers, en des cahiers separez de ceux des Greffiers des Officiaux, pour être le procès instruit jugé par les Juges Royaux, sur les procedures redigées par leurs Greffiers, sans que sous quelque pretexte que ce soit ils puissent juger les Ecclesiastiques sur les procedures faites par les Officiaux, pour raison du delit commun. Les informations faites par l'Official avant que les Officiers du Roy ayent été appellez, subsisteront, à la charge qu'ils recoleront les témoins: en cas que les Ecclesiastiques accusez soient renvoyez devant les Juges Royaux par les Promoteurs, soient renvoyez pour le delit commun, les informations subsisteront, & sur icelles le procès jugé par l'Official.

Si le procès s'instruit dans un Parlement, l'Evêque superieur de l'Ecclesiastique accusé, sera tenu donner Vicariat à l'un des Conseillers Clercs, pour, conjointement avec un Conseiller Laïc, être le procès fait & parfait: enfin Sa Majesté ordonne que lors que dans l'instruction des procès les Officiaux connoîtront que les crimes sont de la nature de ceux pour lesquels il échet de renvoyer au Juge Royal pour le cas privilegié, ils seront tenus d'en avertir incessamment les Substituts des Procureurs Generaux du ressort où le crime aura été commis, à peine contre les Officiaux de tous dépens, dommages & interêts, même d'être la procedure refaite à leurs dépens.

201 Il y a une nouvelle Declaration du mois d'Août 1684. qui défend aux Officiaux d'appeller autres que les Lieutenans Generaux des Bailliages, lors qu'il y aura du cas privilegié dans les procès qu'ils font aux Ecclesiastiques.

OFFICIAL, PRONONCIATION.

202 L'Official aprés avoir prononcé sur la peine contre l'Ecclesiastique, ne peut ajoûter dans la Sentence, *Salvâ Domini misericordiâ*; parce qu'outre que la peine des crimes est certaine, & établie par les Loix & dispositions Canoniques, cette reserve pourroit donner occasion aux Juges Ecclesiastiques d'exiger quelques sommes pecuniaires pour la relaxation de la peine. *Aufrerius de potest. sæcul. in Ecclesiast. tit. 2.* fait mention d'un Arrêt du 3. Mars 1456. par lequel défenses avoient été faites aux Officiaux de se reserver le pouvoir d'augmenter ou diminuer la peine ordonnée par leurs Jugemens: cependant le Parlement de Paris, par son Arrêt de verification du 30. Decembre 1540. de l'Edit des heretiques de la même année, fit défenses aux Evêques & à leurs Officiaux, d'ajoûter à la condamnation la clause, *Salvâ Domini misericordiâ. Jovet, verbo, Official, nombre 54. & Févret, liv. 8. ch. 4. art. 2.*

203 Le procès instruit, & en état d'y donner Jugement, l'Official peut donner lieu à l'abus en la forme de prononcer: car s'il use de ces termes, *de nos benignes graces*, il commet abus. Ainsi jugé par Arrêt du Parlement de Paris du 21. Mars 1602. & fut dit mal & incompetemment prononcé, & que les mots susdits seroient effacez du Registre. *Jovet, verbo, Official, nomb. 33. & Févret, liv. 8. chap. 4. art. 2.*

204 L'Official ne peut prononcer en cette sorte, *la Cour dit*, mais seulement, *la Cour Ecclesiastique*, où *nôtre Cour Ecclesiastique dit*; regulierement le mot de *Curia* s'entend *de foro sæculari*. *Bibliotheque Canonique, tome 2. pag. 145.*

205 Le Juge d'Eglise ne peut aussi tenir le Promoteur ou autre, pour bien relevé d'un appel émis sur le champ pardevant luy; parce que le Prince seul, ou les Cours Souveraines peuvent tenir un appellant pour dûement relevé, & faire droit sur son appel. *Ibidem.*

206 Les Officiaux des Archevêques ou des Primats, ne peuvent pas dire, *avons mis & mettons l'appellation au neant*; cette prononciation ne convient pas même aux Juges Royaux, qui doivent seulement prononcer par bien ou mal jugé. *Bibliot. Canon. tome 2. p. 145.*

207 Les Juges Ecclesiastiques ne peuvent dire, *dit a été, & pour cause*; il leur est pareillement défendu de dire, *de grace speciale*, dans leurs Jugemens. Jugé au Parlement de Paris le 22. Janvier 1525. pour les Chanoines d'Angers.

Ils ne peuvent dire *& pour cause*, ou bien, *sans tirer à consequence*, ni *& autres cas resultans du procès*; les Juges inferieurs Laïcs ne le peuvent pas aussi, c'est une prerogative des Cours Souveraines. *Bibliot. Canon. tome 2. page 145.*

208 Il est enjoint aux Officiaux Metropolitains de prononcer sur les appellations, aux termes de l'Ordonnance, *an bene vel malè*, sans faire défense ni évoquer. Ainsi jugé par Arrêt du Parlement de Paris du 8. May 1660. rapporté par *le Gentil, en son Recueil, tome 2. article 21.*

209 Le Juge d'Eglise ne peut user du mot de *maintenir & garder*, en prononçant, sans abus. *Févret, Traité de l'Abus, liv. 4. ch. 8. art. 16.*

210 Les Officiaux doivent suivre les formes ordinaires de prononcer. *Févret, de l'Abus, livre 7. chapitre 3. article 3.*

Il ne peuvent prononcer en cette sorte, *la Cour dit*; mais ils peuvent user de ces termes, *la Cour, ou nôtre Cour Ecclesiastique*; parce que le mot de *Curia*, s'entend *de foro sæculari*. *Févret, ibid. art. 4.*

L'Official ne peut dire, *en tenant l'appel pour dûement relevé*. *Ibidem.*

Ni en prononçant dire, *ce pour cause*, ni *de grace speciale*. *Ibidem.*

Ni que son Jugement *sera executé, nonobstant oppositions, ni appellations*. *Ibidem.*

Ni qu'il sera par luy passé outre, au préjudice des défenses du Juge Laïc. *Févret, ibidem, art. 5. 6. & 7.*

Ni prononcer, *à peine de tous dépens, dommages & interêts*. *Ibid. art. 10.*

Ni dire *sans note d'infamie*. *Ibid. art. 4.*

211 Les Officiaux peuvent faire inhibitions, & défenses dans les matieres de leur connoissance, sans qu'il y ait abus. Jugé au Parlement de Grenoble le 4. Septembre 1674. pour les habitans d'Auberive contre leur Curé, appellant comme d'abus de l'Official de Vienne. *Voyez la Jurisprudence de Guy Pape, par Chorier, p. 15.*

212 Le Juge d'Eglise ne peut prononcer que son Jugement sera *executé, nonobstant oppositions ou appellations*, ni convertir un appel en opposition. De même il ne peut ordonner qu'il sera par luy passé outre, au préjudice des défenses du Juge Laïc, saisi de la matiere. *Biblioth. Canon. tome 2. page 145.*

OFFICIAL DU PUY.

213 L'Evêque du Puy, dont le Diocese est dans le ressort & dans le Parlement de Toulouse, a obtenu des Lettres Patentes, qui ont été entherinées au Parlement de Paris, le 15. Decembre 1658. par lesquelles il est

ordonné que l'Official du Puy connoîtra de tous procés Civils & Criminels des Ecclesiastiques des Paroisses dudit Diocese, qui sont situées dans le ressort du Parlement de Paris, & de toutes les procedures sur Rescrits de Cour de Rome ; à la charge que s'il y a des appellations comme d'abus, elles seront relevées au Parlement de Paris. *Le Gentil, en son Recueil, tome 2. article 20.*

OFFICIAL, QUESTION.

214 Mais il peut condamner à la question ; & ne peut sans abus ordonner une forme nouvelle de question. *Chenu, en son second Recueil, tit. 41. ch. 1. pag. 1149. ligne 6. Carondas, en ses Pandectes, liv. 1. chap. 13, page 139. Févret, Traité de l'Abus, liv. 8. chapitre 4. article 1.*

OFFICIAL, RELIGIEUX.

215 Des Moines Officiaux. *Voyez cy-devant le mot, Religieux, nomb. 192. & suiv.* & la question 463. de *Guy Pape*.

216 Les Moines ni les Religieux ne peuvent être pourvûs des Charges Ecclesiastiques, principalement du Grand Vicariat, ni de l'Officialité. *Voyez Févret, traité de l'Abus, liv. 4. ch. 3. art. 6.* & la Bibliot. Can. *tome 2. pag. 440. col. 1.*

217 Le Roy Henry III. ayant donné une Commission à un Religieux Benedictin, Abbé de Ramins, & à des Seigneurs du Pays, pour se transporter par tout son Royaume, & y rendre la Justice Civile & Criminelle, à tous ses Peuples, les Ecclesiastiques eux-mêmes jugerent que c'étoit une chose contraire aux saints Decrets, & Sanctions Canoniques, de voir un Religieux exercer la Justice seculiere & temporelle, quoyque par Commission du Roy. *Févret, Traité de l'Abus, liv. 4. ch. 5. n. 18. p. 360.*

218 Les Moines sont présumez morts, & ne peuvent être Juges Officiaux. Arrêt du Parlement de Grenoble de l'an 1613. qui declare abusives les Bulles accordées à un Moine de l'Ordre de Saint Benoît, dispensé par le Pape, & pourvû de la Charge d'Official de Vienne. *Voyez la Jurisprudence de Guy Pape, par Chorier, page. 14.*

219 *Monachis interdictum est munus Archidiaconi, & Officialis Episcopi*; ils ne peuvent être Avocats, ni les Prêtres seculiers, si ce n'est dans les causes des pauvres, & de leurs propres, *postulare enim eo casu possunt*; les Chanoines de Paris sont Avocats de la Cour. Arrêt du 18. Février 1616. Mornac, *L. 17. Cod. de Episcopis & Clericis.*

220 Un Religieux de l'Ordre de Saint Benoît peut exercer une Charge d'Official, & il n'y a point d'abus pour raison de ce; & il fut ordonné que le sieur Halleur étoit dûement atteint & convaincu d'avoir par recidive, & au mépris de deux précedentes Monitions Canoniques, hanté avec scandale une femme mariée, &c. declaré irregulier, privé du Benefice Cure de Fontaine-le-Bourg, & declaré vacant & impetrable, & condamné en 75. liv. d'amende envers le Roy. Arrêt du Parlement de Roüen du 12. Mars 1683. *Journal du Palais.*

221 Jugé que l'Official de l'Exemption de Fécamp, Religieux Profez Réformé de l'Ordre de Saint Benoît, avoit pû aprés deux Monitoires declaret vacant & impetrable, un Benefice-Cure ; sur l'appel comme d'abus qui avoit été interjetté de sa Sentence ; Arrêt du Parlement de Roüen ; mais parce qu'il étoit porté dans l'Arrêt, *ce faisant la Sentence de l'Official confirmée,* l'appellant s'étant pourvû au Conseil du Roy, l'Arrêt du Parlement fut cassé, & on luy ajugea 200. liv. de pension annuelle sur la Cure. Depuis ce temps feu M. de Medavi Archevêque de Roüen, & M. Colbert son Coadjuteur, & aujourd'huy Archevêque, ont attaqué l'Exemption de Fécamp, dont l'Instance est pendante & indécise au Conseil *Voyez le 7. Plaidoyé de M. le Noble, Substitut de M. le Procureur General au Parlement de Roüen.*

OFFICIAL, REPARATIONS.

222 Official en droit de veiller aux réparations des Benefices de son ressort. *Voyez le mot, Réparations, nombre 48.*

OFFICIAL, RESCRIT.

223 Jugé au Parlement de Toulouse le 19. Juillet 1666. que l'Official avoit pû fulminer un Rescrit, pour informer de la violence d'un pere qui avoit forcé son fils à prendre le Soudiaconat, sans appeller le pere. La violence étoit bien prouvée. *V. Albert, lettre O. verbo, Official, art. 12.*

OFFICIAL, RESIDENCE.

224 Les Juges d'Eglise peuvent punir la non residence, & le manquement du service personnel que le Beneficier doit, par déposition, & autres peines Ecclesiastiques. *Plaidoyez de Bourdeaux, page 24. lig. 9. p. 30. lig. 28. page 33. lig. 27.*

OFFICIAL, RESSORT DIFFERENT.

225 Evêques tenus mettre Officiaux en divers Parlemens. *Tournet, lettre I. Arr. 166. Peleus, Actions forenses, chap. 37.*

226 Arrêt du 13. Août 1517. contre l'Evêque de Tulle, qui avoit cité des personnes hors le ressort du Parlement; celuy qui est ainsi cité, n'est pas tenu de comparoître. Arrêt du 7. May 1534. *Rebuffe, sur le Concordat, tit. de frivol. appellat.*

227 Si un Clerc constitué prisonnier, & condamné par le Juge Laïc pour le cas privilegié, est ensuite renvoyé à l'Official de l'Evêque, comme, par exemple, à l'Official de Poitiers, pour connoître du delit commun, dont la connoissance luy appartient; si par l'évenement ce même Clerc est condamné par l'Official pour le delit commun, & qu'il en appelle pardevant l'Archevêque de Bourges; comme il n'est pas de son ressort, on demande si ce même Official est tenu de renvoyer l'accusé ? On répond que non ; *Et quia non est intra ressortum Officialis non debet illum remittere, sed debet Archiepiscopus Bitturicensis constituere Vicarios, qui in Civitate Pictaviensi cognoscant* ; & ce à cause des appellations comme d'abus; ce que le Parlement a ainsi jugé le 15. Decembre 1524. *Voyez Rebuffe, dans le Traité qu'il a fait, de formâ Vicar. Archiep. & les Définit. Canon. page 67.*

228 Il y a quelques Evêchez & Archevêchez dont le Territoire est situé en deux differens Parlemens; par exemple, le Territoire de l'Archevêque de Bourges s'étend dans les Parlemens de Paris & de Toulouse; & ainsi s'il n'avoit qu'un seul Official qui connoîtroit des causes, & qui seroit tenu de resider en la Ville Archiepiscopale, cela donneroit lieu à des procés continuels, pour sçavoir auquel de ces deux Parlemens les appellations comme d'abus devroient ressortir ; c'est pourquoy on luy a enjoint d'avoir deux Officiaux, l'un qui reside à Bourges, & qui ne prend connoissance que des affaires entre personnes & Beneficiers du Territoire du Parlement de Paris ; & si l'on interjette appel comme d'abus de ses Sentences, elles ressortissent au Parlement de Paris. Et l'autre, qui doit établir sa residence dans une des Villes qui sont du ressort du Parlement de Toulouse (je crois que c'est Rhodez) & qui ne connoît que des affaires audit ressort. Il y auroit même des Evêques ou Archevêques qui pourroient avoir jusqu'à trois Officiaux, si leurs Dioceses étoient situez dans l'étenduë de trois Parlemens, comme il peut arriver. *Définit. Canon. p. 68.*

229 Si l'Evêque d'Autun du Parlement de Bourgogne, ayant mis son Vicaire & Official forains à Moulins, du ressort du Parlement de Paris, peut deleguer un autre Juge particulier, & l'envoyer d'Autun pour faire le procés à un accusé de son Diocese, demeurant au ressort de Paris ? Par Arrêt du 11. Février 1602. fut appellant comme d'abus de telle delegation, mis hors de Cour, & renvoyé pardevant l'Official Forain à Moulins. *Papon, liv. 1. tit. 5. nomb. 531. & Peleus, Actions Forenses. liv. 1. ch. 37.*

OFF OFF 891

230 Les parties ne se peuvent soûmettre à la Jurisdiction d'un autre Official que celuy de leur Diocese. Bellordeau, dans ses Controverses, tome 1. liv. 1. Controv. 4. rapporte un Arrest du Parlement de Bretagne du 28. Novembre 1608. qui a jugé avoir été mal, nullement, & abusivement procedé, & ordonné par l'Official de l'Evêque de Rennes, qui en vertu d'une commission au Scel de son Officialité, par des Ecclesiastiques du Diocese de Vannes, avoit condamné le défendeur au payement de la pension constituée au demandeur, sur un Benefice situé dans le Diocese de Vannes.

231 Il fut jugé au Parlement de Toulouse le 27. Juillet 1643. que M. l'Archevêque de Vienne bailleroit un Metropolitain Forain dans le ressort de la Cour, suivant l'Ordonnance de Moulins art. 76. Blois, art. 61. Melun, art. 21. & le 15. Juin 1648. il fut jugé que M. l'Archevêque de Bourges bailleroit un Vicaire Forain dans quinzaine, autrement qu'on pourroit se retirer devant le Metropolitain de Toulouse. *Voyez l'Ordonnance, chap. 3. nomb. 10.* qui parle amplement sur cette matiere; l'Edit de François I. en 1542. y est formel. *Albert, verbo, Official, art. 4.*

232 Les Archevêques & Evêques ne seront tenus d'établir des Vicaires Generaux, mais seulement des Officiaux pour exercer la Jurisdiction contentieuse dans les lieux de leurs Dioceses ou Provinces, qui sont dans le ressort d'un Parlement, autre que celuy dans lequel est établi le Siege ordinaire de leur Officialité. article. 31. de l'Edit concernant la Jurisdiction Ecclesiastique, du mois d'Avril 1695.

OFFICIAL, SAISIE.

233 L'Official n'a droit de saisir, sans implorer le bras seculier, suivant la Nov. 123. chap. 21. Charles IX. ordonné aux Juges Royaux de tenir la main à faire saisir. Il y en a qui distinguent si l'Evêque est Seigneur Justicier, & alleguent pour leurs opinions un Arrest en faveur de M. l'Archevêque de Narbonne; neanmoins le 14. Avril 1639. il fut jugé au Parlement de Toulouse qu'une saisie d'autorité du sieur Evêque de Valence, quoyque Seigneur Justicier faite sans imploration du bras seculier, étoit cassable. *Voyez Joan. Galli, quest. 137. & 157. Albert, verbo, Official, art. 13.*

OFFICIAL, SEPULTURE.

234 Le Juge d'Eglise ne peut connoître de sépulture contre un Laïc. *Imbert, liv. 1. des Instit. chap. 15. nomb. 2. & Guenois, lett. I.* Neanmoins M. le President Favre, en son Cod. liv. 3 tit. 12. diff. 35. dit que le droit de Mortuaire est de la connoissance tant de l'un que de l'autre Juge, par prévention.

OFFICIAL, SEQUESTRE.

235 Les Officiaux ne peuvent connoître du sequestre, parce qu'il fait une partie du possessoire du Benefice. Arrest du 6. Février 1662. rapporté dans le Recueil d'Arrests de 1667. plus au long sous le mot, *Official,* Définit. Canon. *page 526.*

OFFICIAL, SERGENS.

236 L'Official n'a point de Sergens en titre d'office; mais tous les Clercs de ce requis sont tenus d'exercer les Mandemens de leur Official, quand il s'agit de donner les assignations. *Loyseau, liv. 5. des Offices, chapitre 6. nombre 37.*

Les Officiaux n'ayant aucunes autres executions à faire, que quelques emprisonnemens des Clercs, pour lesquels ils peuvent emprunter les Sergens des Cours Laïques, avec la permission du Juge Laïc, qu'ils luy doivent toûjours demander, à moins qu'ils ne trouvent ceux qu'ils veulent prendre, dans l'enceinte de leur Auditoire; parce que hors d'iceluy le Juge d'Eglise n'a pas droit d'appréhender, ni contraindre même les Clercs, & n'a point de Territoire. *Loiseau, liv. 5. des Offices, chapitre 6. nomb. 87. liv. des Seigneuries, ch. 15. n. 52. chap. 3. art. 16. 17. & 18.*

Mais s'ils veulent faire quelque saisie, ou vente de meubles ou d'immeubles, il faut que ce soit par Ordonnance expresse du Juge Laïc; ce que l'on appelle *Tome II.*

implorer le bras seculier. *Loyseau, liv. 5. des Offices, ch. 6. nombre 37. liv. des Seigneuries, chap. 15. nomb. 52. La Rochessavin, liv. 2. des Parlemens, chap. 19. art. 33. liv. 13. chap. 44. art. 24. 25. 42. 44. Bodin, livre 2. de la Rép. ch. 5. Mercure François, tome 2. page 492. & 494.*

237 Par Arrest du Parlement de Dijon du 7. Juillet 1614. il est défendu aux Sergens Royaux de mettre à execution aucunes Sentences des Officiaux, ni faire aucune signification sans l'autorité du Juge Royal, à peine de suspension & d'amende arbitraire. *Bouvot, tome 2. verbo, Sergent, quest. 33.*

OFFICIAL, SERVICE DIVIN.

238 Si l'Official connoît du trouble qui se commet par Laïcs, lors du Service divin? *Voyez cy-dessus, Office, nombre 36. & 37.*

OFFICIAL, SIMONIE.

239 Outre le crime d'heresie; le Juge d'Eglise peut encore connoître de deux crimes contre un Laïc; sçavoir de l'excés fait à un Clerc, ou Prêtre, ou de la simonie, pour les punir par les Censures Ecclesiastiques. *Imbert, liv. 3. des Instit. chap. 7. art. 7. Bacquet, des droits de Justice, chap. 7. art. 18.*

OFFICIAL, TESTAMENT.

240 La procedure faite pardevant un Official Ecclesiastique, pour la reconnoissance & verification d'un Testament jusqu'à l'avoir redigé en forme d'instrument public, n'est authentique que pour servir de Testament en Cour Laïque; & pareil doute fut par le Parlement de Paris le 14. Février 1552. appointé au Conseil. *Biblioth. de Bouchel, verbo, Testament.*

OFFICIAL, VOEUX.

241 La connoissance de la validité des Voeux, appartient à l'Ordinaire, comme aussi l'execution des Dispenses. *Voyez cy-devant, verbo, Abus, & cy-après le mot, Voeux.*

242 L'Official ne peut prendre connoissance de l'execution des Testamens, Inventaires, Partages, &c. sans abus. *Févret, Traité de l'Abus, livre 4. chap. 6. art. 7.*

OFFICIERS.

CE qui concerne les Officiers a été marqué cy-dessus au titre des Offices, & commence au *nombre 285.*

OFFRANDE.

Voyez cy-devant, *Oblations.*
Domum. Oblatio.
De oblationibus, & aliis juribus Ecclesiasticis. C. I. Alex. Conv. 10.
Voyez le mot, *Curez, nomb. 116. & suiv.* & le Titre, *des Oblations.*

OFFRES.

1 Voyez hoc verbo, la *Bibliotheque du Droit François par Bouchel.*

2 Voyez la nouvelle édition des Oeuvres de M. *Charles Du Moulin, tome 2. p. 119. & son Conseil 57.*

Extraneus consignans pro debitore creditorem constituit in mora. Ibid. p. 134. tome 2.

3 *Sex effectus oblationis.* Du Moulin, tom. 2. page 974. où il est parlé des offres insuffisantes, differées, faites la nuit, &c.

4 Une offre faite en jugement, doit être prise ou refusée entiere. *Voyez du Luc, liv. 9. tit. 4. ch. 3.*

5 Des offres accompagnées ou destituées d'une consignation actuelle. *Voyez le mot Consignation, nombre 49. & suiv.*

6 Le Juge ne peut en jugeant des offres, en prendre une partie & laisser l'autre. Arrests du Parlement de Paris des 7. Mars 1529. & 2. Octobre 1582. *Papon, liv. 8. tit. 15. n. 1.*

7 Par Arrest du Parlement de Bretagne du 30. Avril 1575. les Lettres obtenues par Isabeau le Droger, tutrice de ses enfans, pour être reçûës contre certai-

nes offres & déclarations faites par son Conseil en la Cour de Ploarmel, furent enterinées, & en consequence luy furent ajugez les heritages, fiefs, & possessions nobles demeurez de la succession de feu Damoiselle Jeanne de Lattain ; ordonné que les autres heritages qui ne sont de cette qualité seront partagez également. *Du Fail, liv. 1. ch. 399.*

8 Un homme avoit consenti de payer cinquante muids de sel, quoyqu'il n'en deût que 45. suivant ses offres signées en jugement, il est condamné en cause d'appel il obtient Lettres pour être restitué contre ses offres. Arrêt du Parlement de Bretagne du 9. Octobre 1576. qui les enterine. *V. Du Fail.*

9 Offres ne sont point divisibles ; il faut les accepter en tout & non en partie. Arrêt du Parlement de Toulouse au mois de May 1577. *V. Maynard, liv. 8. ch. 78. & La Rochestavin, liv. 6. tit. 70.*

10 Arrêts du Parlement de Toulouse du 22. Novembre 1578. & 5. Février 1579. qui jugent que les offres non verbales, mais réelles à deniers comptans & découverts, ou avec dépôt & consignation és mains de personne solvable, du principal, interêts & dépens jugez, faites par l'executé même sur le point de l'execution du decret devant le Commissaire executeur, sont recevables. *La Rochestavin, liv. 2. titre 1. Arrêt 20.*

11 Les offres ne se peuvent diviser. Arrêt du 2. Octobre 1582. *Carondas, livre 7. Rép. 102.*

12 Offres de payer en monnoyes étrangeres sont nulles. Jugé le 17. Janvier 1623. *Bardet, tom. 1. liv. 1. chap. 107.*

OFFRES DE DROITS SEIGNEURIAUX.

13 Offres faites par le vassal de payer les lods & ventes. *Voyez* le mot *Lods & Ventes, n. 283. & suiv.*

14 Le nouveau vassal, qui outre la foy & hommage offre les profits féodaux au Seigneur, comme lods & ventes ou quint, n'est tenu de les consigner ou mettre entre les mains du Commissaire, quand le Seigneur est absent ou qu'il refuse de les recevoir. *Chopin, Coûtume de Paris, liv. 1. tit. 2. nombre 42.*

15 Les offres en termes generaux de payer les Droits seigneuriaux, empêchent la perte des fruits dans la Coûtume de Senlis. Arrêt du 10. May 1661. *Notables Arrêts des Audiences, Arrêt 79. De la Guessiere, tome 2. liv. 4. chapitre 61. rapporte le même Arrêt.*

OFFRES EN RETRAIT.

16 Les offres en retrait dans la Coûtume de Paris, se doivent faire avant la Sentence prononcée ; si à l'instant, ou après la prononciation, décheu du retrait ; il n'est pas besoin dans un avenir de mettre les offres. *Voyez Peleus, q. 8.*

17 En retrait conventionnel il suffit d'offrir sans consigner. Arrêt en Juillet 1545. *Carondas, liv. 10. Réponse 36.*

18 Le retrayant n'est recevable offrant de constituer la rente fonciere rachetée par l'acquereur, lequel *indemnis abire debet.* Arrêt du 23. Décembre 1560. *M. le Prêtre, 2. Cent. ch. 23.*

19 L'offre de connoître à retrait lignager, se doit faire en Jugement, les offres de bourse, deniers, &c. ne sont pas necessaires en l'appointement de retention de causes aux Requêtes du Palais. Arrêt du 12. May 1570. *Le Vest, Arrêt 104.*

20 Il faut faire les offres suivant la Coûtume où les heritages sont assis, quand l'instance est intentée, hors la Coûtume des parties. Arrêt du 28. May 1574. *M. Loüet lettre R, som. 51. & 52.*

21 Le retrayant débouté faute d'offres en l'appointement de conclusion, encore que ce fût la faute du Procureur, lequel sommé a été mis hors de Cour & de procés. Arrêt à Noël 1589. *Montholon Arrêt 61.* La Cour enjoignit aux Procureurs de se rendre dorénavant plus soigneux de faire lesdites offres, à peine des dépens, dommages & interêts des parties.

22 Les offres doivent être faites dans l'exploit de demande & en chacune journée de la cause, mais il suffit qu'elles soient faites dans le corps de l'exploit, & l'acte de la cause sans les reperer dans l'acte de signification. Arrêt du 16. May. 1600. *Auzanet, sur l'art. 140. de la Coûtume de Paris.*

23 Me. Pierre Berault Tresorier de France à Chalons, avoit acquis par decret une portion de maison en laquelle il avoit les autres parts. Il est appellé en retrait par devant le Juge *de Vitry.* Les offres sont faites. Berault en vertu de son Privilege évoque aux Requêtes du Palais, où le demandeur offre bourse, deniers, frais, loyaux coûts & à parfaire suivant la Coûtume. Berault prétend que le retrayant doit être débouté, parce que la Coûtume veut qu'en tous actes de la cause, l'on offre actuellement les deniers, sous peine de décheance, si mieux n'aime le retrayant consigner. Or dans la bourse offerte il n'y avoit que trois testons. Le demandeur répondoit que la Coûtume se restraignoit dans le Bailliage ; qu'il avoit été évoqué par chicane aux Requêtes du Palais, qu'il y avoit eu difficulté d'apporter l'argent à Paris, qu'il étoit fils du vendeur, qu'un bien de 16000. liv. avoit été donné pour 4000.l. Par Sentence le retrayant fut débouté. Sur l'appel M. Servin observa la rigueur de la Coûtume, mais que la Cour pouvoit y apporter quelque temperament. Arrêt du 18. Avril 1606. qui en emendant pour les particularitez de la Cause, reçoit l'appellant au retrait en remboursant la somme principale, frais, loyaux coûts & meliorations sans dépens. *Bibliotheque de Bouchel, verbo Retrait.*

24 L'article 140. de la Coûtume de Paris, oblige le retrayant *d'offrir bourse & deniers.* Plusieurs tiennent que ce sont termes solemnels qui doivent être employez specifiquement dans l'exploit de demande & dans les actes de la Cause, jusqu'à contestation en cause inclusivement, à peine de décheance du retrait ; néanmoins par Arrêt du 9. Avril 1612. en une cause de retrait lignager, en laquelle on avoit usé du mot *d'argent* sans parler de deniers, le retrait ne laissa pas d'être ajugé. *Voyez Auzanet, sur cet art. 140.*

25 Il est general au Palais qu'en matiere d'offres il ne faut rien obmettre de ce que requiert la Coûtume ; ce n'est pas que si le retrayant au lieu d'offrir bourse, deniers, loyaux coûts, & à parfaire, avoit offert bourse, argent en piece de seize sols, & à parfaire, les offres, seront aussi bonnes que si le mot de deniers y étoit, parce que l'un est le genre, & l'autre est l'especce, & qu'en Droit, *generi per speciem derogatur.* Arrêt du 9. Avril 1612. *Brodeau sur M. Loüet, lettre R. somm. 29. nomb. 21.*

26 Les offres du remboursement du prix faites deux mois aprés le jugement, qui ordonne le retrait sont valables ; & le prix sujet à remboursement peut être compensé avec les dépens ausquels l'acquereur a été condamné. Arrêt du 13. Juillet 1622. Mais il sera observé que l'acquereur avoit cedé son droit à une personne insolvable, contre laquelle le Seigneur avoit été contraint d'agir. *Voyez Auzanet, sur l'art. 20. de la Coût. de Paris.*

27 Si les offres sont necessaires dans l'acte d'appel de la Sentence, qui prononce sur une demande en retrait, ou s'il suffit de les faire dans l'exploit de signification ? Jugé par Arrêt du 28. Mars 1624. qu'étant faites dans la signification de l'acte d'appel, on a satisfait à l'obligation de la Coûtume. *Voyez Auzanet, sur l'art. 140. de la Coûtume de Paris.*

28 Les offres sont necessaires en l'Acte de prononciation de la Sentence à peine de nullité. Arrêt du 16. Juillet 1640. *Auzanet, ibid.*

29 Jugé le 11. Mars 1653. que les offres faites par le Défendeur en retrait de délaisser au Demandeur l'heritage qu'il desire retirer par droit de lignage, ne peuvent être revoquées, bien qu'elles n'ayent été acceptées par le Demandeur que long-temps aprés la revocation qui en a été faite par le Défendeur. *Soefve, tome 1. Cent. 4. chap. 24.*

30 Explication de l'art. 237. de la Coûtume de *Montdidier*, au Titre des *Retraits*, & qu'il suffit que les offres soient faites, non par l'Exploit de demande, mais à la premiere comparution des Parties pardevant le Juge. Arrêt du 6. May 1653. *Ibidem*, *chap.* 33.

31 Quand le Retrayant a offert les deniers à l'Acheteur, celui-cy doit porter la diminution arrivée sur l'argent. Arrêt du Parlement de Normandie du 4. Decembre 1653. *Basnage*, *sur l'art.* 486. *de cette Coûtume*.

32 Si dans une sommation faite au Défendeur en retrait il n'y a point d'offres, la Coûtume le desirant, comme *Nivernois*, *art.* 4. le Demandeur déchû du retrait, &c. Arrêt du 16. Mars 1660. *De la Guess. tome* 2. *liv.* 3. *chap.* 13.

Voyez cy-aprés le mot, *Retrait*, *nomb.* 722. *& suiv.*

DROIT D'OFFRIR.

1 LE Rabatement du decret & le droit d'offrir est la même chose. *Voyez* le mot, *Decret*, *nombre* 127. *& suiv.* & l'Auteur *des Observations sur Henrys*, *tome* 1. *liv.* 4. *chap.* 6. *quest.* 30.

2 Du droit d'offrir que les Créanciers ont contre les premiers qui possedent le bien de leur Débiteur commun & insolvable, & lequel des deux est préferable, ou celuy qui de son chef étoit le dernier, & qui a rapporté cession des droits d'un plus ancien, ou celuy qui étoit premier de son chef propre? *Voyez Du Perrier, liv.* 4. *quest.* 4.

3 *Juri offerendi an præscribatur*? Voyez *Andr. Gaill, lib.* 2. *Observat.* 17.

4 *De jure offerendi; inter creditores tantum competit, datur etiam adversus eum qui dominium à debitore nactus est.* Voyez *Francisci Stephani, Decis.* 53.

5 *Prior creditor num offerre possit posteriori?* Arrêt du Parlement d'Aix du 10. Octobre 1572. aprés partage qui juge la negative. *Voyez ibid. Decis.* 27

6 Le Créancier du mary peut offrir ses deniers à la femme quand le fond sur lequel elle s'est colloquée, ne peut être commodément partagé. Jugé au Parlement de Grenoble, le 1. May 1613. & au mois de Février 1620. *Basset, tome* 2. *liv.* 5. *tit.* 6. *chap.* 4.

7 Le droit d'offrir ne peut être exercé que par le Créancier hypotecaire, mais cela se doit entendre, quand le Créancier tient des biens de son débiteur pour le payement de sa dette, autrement non : car en ce cas il est contraint de recevoir le payement de sa dette à luy offert par le Créancier posterieur, sans qu'il puisse opposer de discussion non faite. Arrêt du Parlement de Grenoble du 28. May 1616. *Basset, tome* 2. *liv.* 5. *tit.* 6. *chap.* 1.

8 Le tiers possesseur qui a offert de vuider, peut depuis offrir de payer. Arrêt du 12. Juin 1630. *Basset, ibid. tit.* 5. *chap.* 1.

9 Tiers possesseur non recevable d'offrir au Créancier le même prix pour lequel il l'avoit vendu. Arrêt du 17. Novembre 1636. *Ibid. tit.* 6. *chap.* 5.

10 Le droit d'offrir ne compete qu'au Créancier hypothecaire, non à celuy qui a laissé prescrire son hypotheque, ou qui n'en a point. Arrêt du 30. Juillet 1659. *Basset, tome* 2. *liv.* 5. *tit.* 6. *chap.* 6.

11 Le posterieur Créancier venant à exercer le droit d'offrir contre le premier, doit rembourser à celuy-ci les lods qu'il a payez, à cause du gage par luy acquis du commun débiteur. Arrêt du P. de Grenoble du 14. Mars 1667. *Salvaing, de l'usage des Fiefs, chap.* 84. où il ajoute, si le Créancier a acquis ou fait vendre le gage sur son debiteur pour diverses sommes, dont les unes sont anterieures à celles pour lesquelles un autre Créancier veut exercer le droit d'offrir, les autres sont posterieures, en ce cas il faut par une ventilation de prix regler les lods, qui doivent être remboursez sur le pied des sommes anterieures & restituables seulement, parce qu'à l'égard des posterieures, le demandeur en vuidange du gage a l'action hypothecaire.

12 Arrêt du Parlement d'Aix du 9. Juin 1645. qui a jugé que le droit d'offrir est prescrit par dix ans. *Boniface, tome* 1. *liv.* 8. *tit.* 2. *chap.* 5.

13 Jugé en l'année 1656. que le possesseur vuidant à un Créancier perdant par droit d'offrir, n'a point les interêts du prix ; mais les fruits doivent être compensez avec les interêts, quoyqu'ils soient beaucoup moindres. *Boniface, tome* 2. *liv.* 4. *tit.* 10. *chap.* 1.

14 Le possesseur vuidant au Créancier par droit d'offrir ne peut demander que le remboursement des réparations utiles & necessaires, & non des superfluës. Arrêt du Parlement de Provence du 28. Février 1670, rapporté dans *Boniface, tome* 4. *liv.* 9. *tit.* 2. *chap.* 1.

15 Le droit d'Offrir est reçû aprés les dix ans. Arrêt du dernier Juin 1671. *Ibidem, chap.* 19.

16 Si le Créancier perdant, peut par droit d'offrir retenir les biens de differentes collocations pris par un Créancier anterieur, & laisser les autres à l'exemple du retrayant féodal. Arrêt du 30. Juin 1679. qui condamna le Créancier à les retenir toutes. *Boniface, tome* 4. *liv.* 8. *tit.* 15.

17 Des maris ayant negligé un droit d'offrir pour le payement des sommes dûes à leurs femmes, les femmes aprés leur mort y doivent être reçuës. Arrêt du mois de Mars 1683. *Boniface, tome* 4. *liv.* 6. *titre* 12. *chapitre* 1.

18 Jugé au Parlement de Toulouse le 25. Juin 1664. que quoyque *jus offerendi, effet post sententiam decreto judicis additum*, & qu'il n'ait lieu tandis que les Créanciers possedent la chose, *jure pignoris*, & non aprés que la proprieté leur en a été ajugée d'autorité de Justice, neanmoins par l'usage de ce Parlement, ainsi qu'il fut alors convenu, le droit d'offrir compete aux Créanciers même aprés la Sentence ou Arrêt de decret, suivant l'avis de *Duranty*, contre l'Arrêt qu'il rapporte dans sa question 51. ce qui est restraint aux Créanciers qui n'ont pas été appellez, lors du decret & mise de possession, ni alloüez par la Sentence ou Arrêt d'allocation. La raison de cette decision est, que les Créanciers non appellez, ont une hypotheque sur les biens decretez pour laquelle ils pourroient faire saisir sur l'adjudicataire autrement appellé decretisté, les biens decretez pendant dix ans, sans qu'on leur puisse opposer que la saisie generale doit leur être connuë, & que *vox præconis omnibus innotescit*. Voyez *M. de Castellan, liv.* 6. *chap.* 1.

OPERATEUR.

ARrêt du 10. May 1678. qui fit défenses à un Operateur de vendre son medicament sous le nom d'orviétan au préjudice d'un autre qui avoit donné ce nom à son remede. *Boniface, tome* 3. *liv.* 4. *tit.* 14. *chap.* 1.

Voyez les mots, *Apoticaires, Chirurgiens, Empiriques, Medecins*.

OPINIONS.

1 DEs choses douteuses. *Voyez Papon, livre* 17. *tit.* 2. & le Traité de *Nicolai Valla de rebus dubiis.*

OPINIONS DES JUGES.

2 *Voyez* le mot, *Juge, nombre* 281. *& suiv.*

3 Des opinions, & comment il faut opiner en un Senat, Conseils ou déliberations? Voyez *La Rocheflavin, des Parlemens de France, liv.* 9.

4 *In sententiarum æquilibritate dirimendâ, nihil disceptandum, nisi de quo inter priores judices non convenerit.* Vide *Luc. lib.* 11. *tit.* 4. *cap.* 27.

5 *Glossa allegans plures opiniones videtur stare ultimæ.* Vide *Joan. Const.* sur l'Ordonnance de François I. article 125.

6 Opinions doivent être tenuës secretes à peine de suspension & interdiction des Officiers qui les declareront. *Voyez la Rocheflavin, des Parlemens de France, liv.* 8. *chapitre* 25.

7 Conseillers non presens aux rapports n'assisteront és opinions. *Voyez Expilly, Arrêts de consequence de la*

Cour des Aydes de Montpellier, art. 70.

8 Quand un procés est mis sur le Bureau & commencé, si quelqu'un des Juges s'absente, il ne peut être continué sans luy ; mais la Cour prend délibération, que si ce Juge absent ne revient dans certain delay, il sera passé outre, dont se fait un Registre. *Voyez* Mainard, *tome* 1. *liv.* 1. *chap.* 71.

9 De trois opinions, la moindre doit revenir à l'une des plus grandes. *Voyez Du Luc, livre* 11. *titre* 4. *chapitre* 10.

10 Plusieurs Parlemens jugent au nombre de sept, Grenoble, Aix, Dijon. M. de la *Rocheflavin, liv.* 12. *ch.* 40. écrit de la permission donnée à celuy de Toulouse. M. Noël du *Fail* en parle aussi au sujet de l'art. 68. de *l'Ordonnance de Moulins, au liv.* 1. *chap.* 266. *& livre* 3. *chap.* 324. *de se Arrêts.* M. Bruneau, en son Traité *des Criées, page* 429.

11 Par Ordonnance de 1465. le Roy veut que les Présidens & Conseillers des Parlemens de *Paris* & *Toulouse*, soient reçus au Parlement l'un de l'autre pour y opiner comme s'ils étoient du Corps, ce que Messieurs du Parlement de Paris ne voulurent consentir, prétendant avoir ce droit sur les autres Cours, non les autres sur eux. Aussi Messieurs de Toulouse en 1466. ordonnerent que Messieurs de Paris ne seroient reçus parmi eux, jusqu'à ce qu'ils eussent obéi à l'Ordonnance, ce qui fut depuis consenti respectivement ; mais derechef ceux de Paris remuerent la question & limiterent la séance de ceux de Toulouse, seulement à l'Audience, après tous ceux de Paris ; ceux de Toulouse s'en étant plaints au Roy Henry III. il en fit diverses injonctions à ceux de Paris, & en refus d'y obéir, dit aux Députez de Toulouse qu'ils en ussent de même, ce qu'ils font aussi. *Mainard, liv.* 2. *ch.* 1p. 14.

12 Le 16. Decembre 1088. il fut déliberé que quand aucun des Messieurs aura opiné, s'il sort avant la conclusion du procés, son opinion ne sera point comptée, soit que son absence soit volontaire ou nécessaire. *Bibliotheque de Bouchel*, verbo, *Opinion*, où il date peu après ce même Arrêt de 1508.

13 De dix Conseillers, trois sont d'avis que le procés doit être appointé, les sept veulent juger ; sur leur opinion l'Arrêt prononcé doit tenir. Arrêt du 12. Juillet 1490. *Papon, liv.* 4. *tit.* 6. *nombre* 26. Mainard, *de la Partition des procés, liv.* 4. *de ses quest. chap.* 80.

14 Le 3. Février 1500. déliberé par les deux Chambres des Enquêtes, que les nouvelles productions depuis que le procés est départy, seront reçûes comme si avant le partage, ils les eussent voulu produire. *Et hoc in processu agitur inter Robertum de Longueval militem, & Carolum de Courtay, etiam militem.* Bibliotheque de *Bouchel*, verbo, *Production.*

15 Le 4. Janvier 1508. Les deux Chambres des Enquêtes assemblées, il fut déliberé que dorénavant aux procés partis, quoyque l'on voye tous les procés, neanmoins toutes les choses décidées au procés où il n'y aura partage à la Chambre où se départira ledit procés ne sera sur icelles choses opiné ni touché ; mais demeureront ainsi décidées. *Ibidem*, verbo, *Opinions.*

16 L'article 32. de l'Ordonnance de Loüis XII. en 1512. porte que de trois opinions la moindre doit revenir à l'une des grandes. En execution de cette Ordonnance il fut déclaré par Arrêt du Parlement de Paris du 20. Février 1527. que de dix-neuf de Messieurs, sept ayant tenu une opinion, huit autres diverses, & quatre autres, les quatre seroient tenus de se retirer, & conformer à telle des plus grandes opinions que chacun d'eux aviseroit. *Papon, liv.* 4. *tit.* 6. *nombre* 30.

17 Par l'Ordonnance de Loüis XII. de l'an 1512. art. 32. 'exactement gardé à Toulouse ; il est dit que si en jugeant un procés il se trouve trois opinions differentes, ceux de la moindre sont tenus de se reduire à l'une des plus grandes, ce qui se pratique au Parl. de Toulouse en commençant la reduction par les plus jeunes en reception.

Ça été l'usage de tout temps que le procés demeure party, si l'une des opinions ne surmonte l'autre de deux voix pour le moins, ce qui a été confirmé & approuvé par l'Ordonnance de Loüis XII. de l'an 1499. art. 76. & quoyque le Roy François à l'induction du Chancelier Poyet, & pour éviter partage eût fait une autre Ordonnance, art. 126. de l'Ordonnance sur l'abreviation des procés de l'an 1539. portant que s'il passoit d'une voix seulement, elle rompoit le partage ; neanmoins sur les remontrances du Parlement de Paris, le Roy Henry II. fit une Ordonnance révocatoire de celle de François I. son pere, qui se trouve entre celles de 1540. & confirmative de l'usage ancien qui requiert que pour éviter partage l'une des avis surpasse l'autre de deux voix pour le moins.

Quant au partage en matiere criminelle, il y a registre fait à Toulouse du 13. Mars 1566. la Grand Chambre & la Tournelle assemblées sur le rapport de Messieurs le Premier Président Dafis & de Sabattier Conseiller, des remontrances par eux faites à Messieurs du Conseil Privé sur les partages de la Tournelle & réponse à eux faite, qu'aux autres Parlemens il n'étoit fait partage en procés criminels, mais qu'on arrêtoit le jugement suivant les opinions tendantes *in mitiorem*, & arrêté que dorénavant en jugement de procés criminels en diffinitive ou à la torture, & question, où les opinions se trouvent égales, il n'y aura partage, mais les jugemens seront arrêtez & prononcez selon l'opinion plus douce, & où il y auroit une opinion & voix davantage pour la condamnation plus severe & rigoureuse, le procés demeurera parti, & le département fait à la Grand Chambre, & à l'égard des partages sur le jugement des instructions des procés criminels sera observé ce qui de tout temps a été pratiqué en ladite Cour jusqu'à ce que par le Roy autrement en ait été ordonné, mais sur la pratique de ce qui a été dit au précedent Chapitre, que s'il y avoit une voix de plus en l'opinion plus severe il ne passoit *in mitiorem*, mais il y avoit partage qui devoit être départi en la Grand Chambre, sur ce qu'en la Grand'Chambre les voix s'y trouvoient égales sur le jugement d'un partage venu de la Tournelle pour sçavoir où il passoit, & l'affaire envoyée aux Chambres assemblées, il fut dit n'y avoir partage, mais le procés être départi, & qu'il passoit *in mitiorem*, & arrêté que le jugement serviroit de reglement en pareilles occurrences, où il s'agira de condamnation à peines corporelles ; la déliberation inserée au long & en date du 13. Mars 1566. *Voyez* Mainard, *liv.* 4. *chap.* 80. & 81.

18 Le 20 Février 1537. par les trois Chambres des Enquêtes fut arrêté que quand on juge un procés en l'une des Chambres des Enquêtes, s'il y aura plusieurs opinions, la moindre doit revenir en l'une des grandes, posé que cette moindre fût cathégorique, c'est à sçavoir de bien ou mal jugé, suivant l'Ordonnance de Louis XII. 1522. Bibl. *de Bouchel*, verbo, *Opinions*.

19 Le 11. May 1540. par Arrêt il a été dit que certaine amende donnée contre Monsieur Massabrac Juge d'Appeaux, Metropolitain de Toulouse seroit retorquée contre les opinans, & ce d'autant qu'il avoit été contraint prononcer son Ordonnance *juxta illorum opinionem* ; & le même jour sur un appel du Lieutenant de l'Inquisiteur, parce qu'il fut dit qu'il y avoit abus, & qu'il l'amenderoit, a été aussi dit d'autant qu'il étoit Religieux que l'amende seroit retorquée & payée par les opinans. *La Rocheflavin, liv.* 6. *tit.* 4. *Arr.* 2.

20 En matiere criminelle il n'y a partage, *ut sermone pragmaticorum tritum est, id est, paribus numero sententiis ea superat quæ minor est & que pro reo facit*, *Voyez la Bibliotheque de Bouchel*, verbo, *Partage de Procés* ; où il est observé que la Cour de Parlement à Paris en verifiant l'Edit du Roy Henry II. en 1549. a ordonné qu'au jugement il seroit passé de deux opinions, autrement que le procés seroit parti s'il ne passoit que d'une opinion. Une voix n'empêche partage en matiere criminelle.

21 Quand le Roy est assis en son lit de Justice, le Chancelier s'addresse d'abord à luy pour sçavoir ce qu'il luy plaît. Le Roy commande de prendre les voix, non pour suivre le plus grand nombre, mais pour avoir le rapport des avis; c'est pourquoi le Chancelier en prononçant l'Arrêt ne dit pas *le Conseil ou la Cour dit*, mais *le Roy vous dit*. Bibliot. de *Bouchel*, verbo, *Opinion*.

22 En l'Assemblée des Chambres, ceux qui restent ne peuvent se reduire si les autres sont sortis. Le 17. Decembre 1597. une affaire entre l'Evêque d'Agen & Jean de Sonys ayant été partie & portée aux Chambres assemblées au rapport de M. de Filere, Contretenant M. de Bertier, il passa de trois à l'avis de M. le Contretenant; & parce que l'heure avoit frappé, plusieurs de Messieurs étant sortis; deux ou trois de ceux qui étoient restés dans l'Assemblée voulurent se reduire. M. le Premier Président voyant qu'il y en avoit plusieurs dehors renvoya l'Assemblée au lendemain, & dit que ce seroit *pro non lato*, le lendemain les Chambres assemblées pour le même fait, il fut arrêté que puisque l'affaire avoit été une fois concluë en l'assemblée des Chambres, & que Messieurs étoient sortis, ceux qui étoient restés, ne pouvoient se reduire pour éviter les inconveniens ausquels on tomberoit autrement: car peut-être que par la reduction de ceux-là le procès demeureroit party, les autres qui étoient sortis ne pouvant changer d'avis; autre chose est des partages qui se font aux Chambres particulieres. *Cambolas*, livre 2. *chapitre* 33.

23 Deux voix empêchent le partage en matiere civile; en matiere criminelle point de partage *itur in mitius*. Voyez *Mornac*, *l.* 17. §. *principaliter ff. de receptis qui arbitrum*, *&c.* aux affaires qui concernent les droits & interêts du Roy, point de partage suivant la Declaration de Loüis XIII. du mois de Mars 1640. M. *Louet & son Commentateur sur la lettre P. somm.* 45. M. le *Prêtre, premiere Centurie, chap.* 74.

OPINION, JUGES PARENS.

24 Voyez cy-dessus le mot, *Office*, nombr. 378. *& suiv.* & M. *Dolive*, liv. 1. chap. 39.

25 Jugé au Parlement de Roüen entre les Officiers d'Evreux le 23. Decembre 1660. qu'en cas que le pere & le fils fussent d'un même avis, leurs voix ne passeroient que pour une, & en cas que le pere & le fils, & un oncle du fils qui étoit beau-frere de son pere, fussent d'un même avis, leurs trois voix ne passeroient que pour deux, & à l'égard des deux cousins germains, que leurs voix seroient comptées. *Basnage sur la Coût. de Normandie*, art. 558.

26 Si le pere & le fils sont partie de l'assistance, lorsque leurs avis sont conformes, ils ne font qu'une voix, comme il fut jugé en la Grande Chambre du Parlement de Roüen le 23. Decembre 1660. entre les Officiers d'Evreux; étant remontré qu'en un même Siége, le pere le fils & l'oncle qui étoient beau-freres du pere, premier Officiers, on ordonna qu'en cas que ces trois Officiers fussent de même avis, leurs trois voix ne seroient comptées que pour deux, mais que les suffrages des cousins germains seroient comptez. *Basnage*, Titre de *Jurisdiction*, art. 12.

27 Arrêt du Conseil du 30. Juin 1679. qui ordonne que les voix des parens au degré prohibé dans la même Chambre ne seront comptées que pour une. Voyez les *Edits & Arrêts recueillis par l'Ordre de M. le Chancelier en 1682.*

28 Declaration du 27. Decembre 1679. pour dire qu'il n'y a pas d'incompatibilité de parenté entre les Auditeurs & Correcteurs des Comptes. *Ibidem*.

29 Edit du mois de Janvier 1681. portant que les voix des Officiers des Cours & Siéges, tant titulaires, honoraires, que veterans, qui seront parens au degré y mentionné ne seront comptées que pour une, quand elles seront uniformes. *Voyez Ibid.*

30 Arrêt du 31. May 1684. qui ordonne que dans les procès de Commissaires au Parlement de Guyenne les voix uniformes des incompatibles ne seront comptées que pour une, & qu'un partage fait sur ce fondement sera départagé à l'ordinaire. *Voyez ibid.*

31 Les voix des peres & fils, deux freres, beau-pere & gendre, oncle & neveu étant de même avis seront reduites à une. Arrêt du Conseil d'Etat du Roy du 30. Août 1687. en forme de Reglement pour la Province de Normandie. *Voyez Basnage, sur l'art.* 369. *de cette Coûtume.*

PARTAGE D'OPINIONS.

32 Du partage en opinions. *Voyez le Recueil des Ordonnances par* Fontanon, tome 1. liv. 3. tit. 17. page 573. Joly, *des Offices de France*, tome 1. liv. 1. tit. 43. page 308. La Rocheflavin, *des Parlemens de France*, liv. 9. chap. 34. Despeisses, tome 2. page 550. & *le Recueil de* Jovet, tom. 2. page 76.

33 Si en départageant un procès, l'une des deux opinions passe d'une voix, comme déja il étoit arrivé, l'on assemble les deux voix, *& sic alea dirimitur.* V. *Du Luc*, liv. 11. tit. 4. chap. 28.

34 Dans le partage des opinions, le Président ou le plus ancien des Conseillers en son absence l'emporte, *habet facultatem concludendi in alteram partem*, ainsi pratiqué au Parlement de Grenoble. *Voyez Franc. Marc*, tome 1. quest. 5.

35 *Senatores quando in opinando non conveniunt data vocum paritate, praeses aut ex Senatoribus antiquior, in alteram partem concludere potest.* Voyez *ibidem*, tome 2. quest. 465.

36 Les Juges étoient partagés en opinions en la Cour des Aydes de Montpellier où il n'y avoit qu'une Chambre: alors on renvoyoit au Roy, sans que les Juges absens pussent à leur retour départager le procès. Il y en a plusieurs Arrêts rapportez dans *Philippi*, article 93.

37 Quand un procès consiste en plusieurs points incidens & que la difficulté de le vuider est seulement en un point ou deux & non és autres, il est parti pour la difficulté & non pour le reste. Arrêt du 4. Janvier 1508. autre Arrêt du 1555. Papon, liv. 4. tit. 6. nomb. 31.

38 Quand un procès est parti en opinions, on ne reçoit point de production nouvelle, sauf aux Parties, après le procès départi, à se pourvoir par Requête en la Chambre où le procès avoit été parti. Arrêt du 19. Avril 1532. Autre Arrêt du 14. Août 1608. M. *Louet, lettre* P. *somm.* 7. M. le Prêtre, 4. *Cent. chap.* 40.

39 Le 12. Janvier 1537. il fut avisé par les 3. Chambres des Enquêtes qu'un procès parti entre M. Jean Dambours & Consors, Appellans & Intimez, & Demoiselle Ambroise Alegrin & Consors aussi Appellans & Intimez dés l'an 1526. seroit vû & jugé en la Chambre en laquelle il avoit été parti & donné à M. Tudert parce que le partage ne s'est point trouvé & qu'en la Chambre il n'y avoit que trois Conseillers qui avoient été au jugement du partage. *Bibliotheque de Bouchel*, verbo, *Procès parti*.

40 Les Présidiaux de Tours se trouvant partis en un procès, avoient pris les Avocats au Siége pour le départir; celuy qui perdit sa cause appella à la Cour; il disoit, quoyque par l'Ordonnance de Moulins il fût permis aux Présidiaux en cas de recusation d'un des Conseillers de prendre un Avocat, que la Cour ne l'avoit jamais trouvé bon, & qu'elle avoit apporté une modification à l'Ordonnance & qu'en 1566. il fut dit en pareille occasion mal & nullement jugé; c'est au seul Prince à déleguer; M. Faye Avocat du Roy a dit qu'il a été ainsi jugé en la Chambre de l'Edit, & qu'il faut renvoyer au plus prochain Siége. Arrêt du 13. Juillet 1587. par lequel il fut dit mal jugé; en émendant la Cour a fait défenses aux Présidiaux de prendre des Avocats quand les procès seront partis; enjoint de les envoyer au plus prochain Siége; & neanmoins parce que le procès est apporté à la Cour, les Parties appointées au Conseil. *Nota* qu'en ce procès il n'étoit question que d'onze écus. Quand un procès est parti, si

d'une des Parties a une voix plus que l'autre & qu'au département le même ait reçû une voix de plus, quand il fera départy la feconde fois, fi le même a encore une voix de plus, il gagnera fa caufe, mais il faudra que l'autre partie en ait trois pour gagner. *Bouchel*, *Ibid. chapitre* 14.

41 C'eft un ufage au Parlement de Touloufe, quand il y a eu partage de prendre *par remontrance*, un tiers avis; mais fi cet avis a été truché à la Chambre d'où vient originairement le partage, la remontrance ne peut plus être acceptée. *M. de Catellan en fes Arrêts*, *livre* 1. *chapitre* 14.

42 En matiere criminelle il n'y a point de partage. Arrêt du Parlement de Paris du 27. Janvier 1624. qui ordonne qu'en femblables caufes on pafferoit *in mitiorem*, s'il n'y avoit deux voix de plus en l'autre opinion. *Additions à la Bibliotheque de Bouchel*, verbo, *Partage de procés*.

43 Sur le jugement d'un procés partagé, la moitié des Juges ayant été d'avis d'ajuger à l'une des Parties un heritage entier, l'autre moitié de n'en ajuger qu'une partie ; vingt ans aprés cet Arrêt, l'une des Parties donna fa Requête à la Cour en execution d'iceluy par rapport au dernier avis, qui ne luy ajugeoit qu'une portion des biens, fans préjudice du furplus aprés le jugement du partage, fe fondant fur ce que les deux opinions n'étoient point contraires, & qu'en ce cas fans inconvenient on pouvoit executer l'un des avis fans préjudice de l'autre, vû même que la plus grande opinion contenoit la moindre. On répondoit que par les Edits, dés qu'il y a partage la Cour a les bras liez, & n'eft plus competente de connoître du procés fur lequel le partage eft intervenu, outre que les Arrêts de partage ne font pas proprement des Arrêts, mais deux avis, & ne font point expediez en forme d'Arrêts ; ce n'étoit point par confequent l'execution d'un Arrêt qu'on demandoit mais d'un avis auquel on ne pouvoit acquiefcer fans fe départir de l'autre : fur quoy la Cour appointa au Confeil par Arrêt du 11. Août 1624. contre l'avis de tout le Bareau qui étoit d'avis de debouter le demandeur de fa Requête. *Voyez Boné*, *en fon Recueil des Arrêts de la Chambre de l'Edit de Caftres*, *Arrêt* 55.

44 Arrêt donné en la Cour des Comptes, Aydes & Finances de Provence le 17. Decembre 1642. qui deboute d'une Requête civile obtenuë contre un Arrêt parti en opinions. *Boniface*, tome 1. tit. 22. nomb. 4.

45 Il n'y a point de partage en fait de cire, c'eft-à-dire, que lorfque Meffieurs de la Cour des Aydes font partagez en inftance de nobleffe, il faut que le Noble prétendu juftifie plus amplement. *Voyez cy-deffus le mot*, *Nobleffe*, *nomb.* 78.

46 Le Parlement de Roüen s'étant trouvé partagé dans une affaire importante, où il s'agiffoit d'une queftion de Coûtume, & de la maniere dont le doüaire devoit être reglé en certains cas, il fut arrêté que fa Majefté feroit tres-humblement fuppliée de declarer fi les voix des pere & fils, deux freres, beau-pere & gendre, oncle & neveu, étant du même avis en affaires generales & publiques, feroient reduites à une. Par Arrêt du Confeil d'Etat du 30. Août 1687. au rapport de M. Feydeau du Pleffis, il fut ordonné que telles voix feroient reduites à une. Cet Arrêt eft rapporté par l'*Auteur de l'efprit de la Coûtume de Normandie*, *page* 115. *& fuivantes*.

Voyez *cy-aprés le mot*, *Partage*, *nomb.* 8.

OPINION,
EN PROCEZ CRIMINEL.

47 Voyez *cy-deffus le nombre* 17. *&* 23.

En matiere criminelle il n'y a point de partage, une voix n'empêche partage. *Voyez le Gloffaire du Droit François*, verbo, *Partage*.

48 Par Arrêt du Parlement de Touloufe du 9. Juin 1572. donné les Grand'-Chambre & Tournelle affemblées, il fut dit que l'opinion de la torture fans refervation d'indices, étoit plus douce que celle d'une condamnation diffinitive, aux galeres pour dix ans, arrêté qu'il paffoit à l'avis de la torture, nonobftant le partage fur ce fait à la Tournelle de quatre Juges qui avoient opiné à la torture contre cinq opinans aux galeres pour dix ans. *Voyez Mainard*, liv. 4. chap. 82.

49 En matiere criminelle, quand les voix font égales, on paffe *in mitiorem*. Brodeau *fur M. Louet*, *lettre P. fomm.* 45. Arrêt fervant de Reglement rendu à la Tournelle par M. de Bellievre Préfident le Samedy 27. Janvier 1624.

50 Dans un procés jugé en la Chambre de la Tournelle le 27. Mars 1634. on demanda s'il paffoit *in mitiorem* fur un partage où les uns étoient d'avis qu'un prifonnier feroit mis hors des prifons fans abfoudre ni condamner ; les autres qu'il feroit publié des cenfures Ecclefiaftiques, il paffa à dire en la Grand Chambre qu'il n'y avoit point de partage, & que *mitior erat Sententia*, de tirer un homme hors des prifons, que de publier des cenfures, *Voyez Bafnage*, *fur l'art.* 143. *de la Coûtume de Normandie*.

51 Sur la demande des heritiers du Curé de Cropus afin d'être reçûs à faire preuve de l'execution d'un Arrêt par effigie, il y eut huit voix pour recevoir la preuve ; fept au contraire ; fur la queftion de fçavoir s'il y avoit partage, la Grand-Chambre ayant été confultée, il fut refolu qu'il n'y avoit partage & qu'il devoit paffer *in mitiorem*, fuivant l'avis de ceux qui tenoient l'action prefcrite. Arrêt du Parlement de Roüen du 30. Mars 1662. *Bafnage*, *ibid. art.* 143.

52 La queftion de fçavoir fi la peine de privation prononcée contre la veuve en cas de recelé, peut s'étendre contre les heritiers, fe préfenta au Parl. de Roüen. Avant que de proceder au jugement du partage, l'on fit *in confulatur* en la Grand-Chambre pour fçavoir fi fur ce fait il pouvoit y avoir partage, & fi la queftion ne tomboit pas fur l'article du livre rouge, que *mitior fententia fequenda erat*, étant un ufage dans tous les Parlemens de France qu'il n'y a point de partage en la Tournelle, & que par la difpofition du droit *in poenalibus caufis benignior fententia fequenda eft*. On répondoit que la caufe étoit plus civile que criminelle ; qu'il ne s'agiffoit point de fçavoir, *an major five minor fit poena*, mais feulement de priver ou de ne priver pas un coheritier de fa part aux chofes recelées, que *mitior fententia ne fe pouvoit entendre que quand in poenalibus humanitatis ratione*, l'on inclinoit à de moindres peines, qu'en ce fait l'on pouvoit dire même chofe, puifque l'avis le moins rigoureux n'étoit point fondé fur la commiferation, mais fur des raifons purement civiles ; il paffa à dire qu'il y avoit partage, quoique quelques-uns foûtinffent que par l'ancien ufage de la Tournelle l'on n'admettoit point de partage aux procés qui avoient été inftruits criminellement. *Bafnage*, *ibid. article* 394.

OPINION, RELIGION.

53 Opinions nouvelles, en matiere de Religion, défenduës. *Voyez le mot Nouveautez*.

54 Silvefter *in fummâ*.
Nicolaus Biefius, *de opinionum varietate*.
Voyez *cy-aprés le mot Religion*.

OPPOSITION.

1 QUi peut confentir, peut s'oppofer. *L.* 3. *D. de reg. jur.*
Des Lettres en oppofition. *Voyez Defpeiffes*, tome 2. *page* 597.

OPPOSITION, BENEFICE.

2 L'execution de recréance peut être empêchée par un tiers oppofant, qui n'a point été partie au procés. Arrêt du Parlement de Paris du 28. Février 1537. *Papon*, livre 8. tit. 11. nomb. 14.

3 Si un Chapitre ou autre Juge d'Eglife peut prononcer qu'il fera paffé outre à donner l'habit & recevoir un impetrant d'une Chanoinie, nonobftant & fans préjudice de l'oppofition y formée. Arrêt du Parlement de Grenoble

OPP   OPP   897

Grenoble au mois d'Août 1656. qui declara y avoir abus de l'Ordonnance capitulaire, en ce qu'elle portoit qu'il seroit passé outre ; autre chose seroit s'il s'agissoit de la correction des mœurs. *Voyez Basset*, tome 1. liv. 2. chap. 6.

4. Memoire pour Messire Henry Osvvald de la Tour d'Auvergne, Docteur de Sorbonne, Coadjuteur de l'Abbaye de Cluny, Intimé.

Contre Dom Pierre de Boussan, de l'Ordre de Cluny, Mansionnaire du Prieuré de Saint Pierre le Moutier, appellant comme d'abus, & Dom Jacques de la Motte, soit disant avoir des pouvoirs particuliers de quelques Communautez de l'Ordre de Cluny, intervenant.

Si l'Acte de postulation faite en l'Abbaye de Cluny de Monsieur l'Abbé d'Auvergne pour Coadjuteur avec future succession, est valable nonobstant l'opposition de quelques Religieux de Cluny. *Voyez le recueil des Factums imprimez à Lyon chez Antoine Boudet en* 1710. tome 2. p. 116.

OPPOSITION, DECRET.

5. Des oppositions à des criées ou au decret. *Voyez* le mot *Criées*, nombre 100. & suiv. & le mot *Decret*, nomb. 111. & suiv. le mot *Encherre*, & le 5. chap. du Traité *des Criées*, par M. Antoine Bruneau, édition de 1704.

Chopin dans son Traité *de sacr. polit. lib.* 3. tit. 8. n. 7. l'appelle *Auctionaria intercessio*.

5 bis. De l'article 354. de la Coûtume de Paris, resultent quatre sortes d'oppositions ; la premiere afin d'annuller, la seconde afin de distraire ; la troisiéme afin de charge ; & la quatriéme afin de conserver.

Les oppositions afin d'annuller, de distraire & de charges, se doivent former avant l'adjudication & non aprés. L'opposition afin de conserver droit pour être mis en ordre sur le prix, est receuë jusques à ce que le decret soit levé & scellé ; cette opposition afin de conserver regarde les hypotheques, les dettes personnelles duës par obligation, cedules, Sentences desquelles on considere la date, le privilege & l'hypotheque. *Voyez l'Ordonnance de* 1539. art. 81. avec ses notes.

6. Les réponses aux causes d'oppositions des opposans ne viennent és frais des criées. Jugé le 12. Août 1504. M. le Maître des Criées, chap. 41. circà medium.

7. Par Arrêt du Parlement de Dijon du 3. Février 1557. il a été jugé qu'aprés la Sentence en decret on pouvoit être reçû opposant, en affirmant que le decret n'étoit venu à sa connoissance jusqu'alors. *Bouvot*, tome 1. part. 3. verbo, *Opposant*.

8. Par Arrêt du Parlement de Bretagne du 7. Avril 1556. sur la Requête du Procureur General, défenses à tous Juges du ressort de proceder separément sur les oppositions, mais elles seront faites droit conjointement sur le tout. *Du Fail*, liv. 1. chap. 21.

9. Suivant l'Arrêt du Parlement de Bourgogne du 19. Juillet 1563. aprés la Sentence decretale, l'on peut être reçû opposant, pour être colloqué sur le prix restant. *Bouvot*, tome 2. verbo, *Criées*, quest. 37.

10. L'Intimé prend Lettres pour être reçû à poursuivre une opposition formée en son nom dés l'an 1559. contre l'apropriance que les appellans faisoient de certains heritages. Ils répondent que l'opposition est extrajudiciaire, ne portant aucune assignation, & que *sine citatione non interrumpitur præscriptio*. De plus que cette opposition n'a été suivie dans l'an & jour de sa signification. Arrêt du Parlement de Bretagne du 3. Septembre 1566. qui deboute de l'opposition. *Du Fail*, livre 1. chapitre 218.

11. Les oppositions doivent être vuidées avant que de proceder à l'adjudication. Arrêt du 11. Janvier 1569. *Papon*, liv. 18. tit. 6. nomb. 8.

12. Tous Créanciers sont reçûs à s'opposer jusques à la Sentence de distribution. Arrêt du Parlement de Paris du 14. Février 1569. confirmatif d'une Sentence du Châtelet. *Ibid. nomb.* 5.

13. Le debiteur sur lequel on poursuit l'adjudication par decret de ses heritages saisis, ne peut alleguer l'interêt des opposans afin de distraire. Jugé à l'Audience le 15. Septembre 1569. *Carondas*, liv. 6. Rép. 9.

14. Aprés la délivrance des biens, avant toutefois la numeration des deniers, l'on peut être reçû opposant. Arrêt du Parlement de Bourgogne du 30. Janvier 1601. *Bouvot*, tome 2. verbo, *Criées*, quest. 51.

15. Par Arrêt prononcé en Robes rouges au Parlement de Paris à Pâques 1602. jugé que le Créancier qui, s'il s'étoit opposé aux Criées de l'heritage de son debiteur, eût été mis en ordre avant les Créanciers posterieurs, sera tenu d'imputer sur son dû la somme qu'il auroit pû toucher ; en sorte que si un autre heritage est saisi, cette imputation se fera au profit des Créanciers posterieurs. *Bibliot. de Bouchel*, verbo, *Opposition*.

16. Jugé par Arrêt du Parlement de Bourgogne du 3. Decembre 1602. que deux personnes opposans par même Contract, pour censes & redevances, & pour plusieurs années d'arrerages, & que le prix ne soit bastant, doivent être payez au sol la livre, & par concurrence. *Bouvot*, tome 2. verbo, *Criées*, quest. 6.

17. Les deux défauts obtenus contre un possesseur, sont suffisans pour le faire débouter de toute opposition, & declarer non recevable à retenir les biens aprés la délivrance faite d'iceux. Arrêt du Parlement de Bourgogne du 9. Juin 1603.

Celuy qui est possesseur à titre particulier d'une cave, *quæ possidebatur non jure servitutis sed jure proprietatis*, la maison se vendant par decret, n'est tenu de s'opposer. *Bouvot*, tome 2. verbo, *Criées*, quest. 8.

18. Suivant l'article 278. de la Coûtume de Bretagne, soit que l'opposition aux bannies soit libellée ou generale, quand il y a appointement dans l'an, & que l'opposant n'a fourni ses moyens dans ce temps, on ne peut luy opposer fin de non recevoir. Jugé par Arrêt d'Audience du 22. Février 1606. & l'opposition dure trois ans, aprés en avoir fourni les moyens. *Du Fail*, liv. 1. chapitre 105.

19. Lorsque le Tuteur d'un mineur ne s'oppose pas pour une rente fonciere duë sur heritage saisi par decret, le mineur n'est pas recevable à appeller de la Sentence & délivrance faite ; mais il peut recourir contre son Tuteur pour les dommages & interêts. Arrêt du Parlement de Dijon du dernier Août 1610. *Bouvot*, tome 1. part. 3. verbo, *Mineur*, quest. 1.

20. Arrêt du mois de Juillet 1612. rendu au Parlement de Bretagne, qui juge que l'appointement intervenu sur une opposition à un decret, contenant Acte de l'opposition & ordonnance de fournir & communiquer moyens, porte l'instance jusqu'à trois ans, quoy qu'il n'y ait eu aucunes contestations sur les moyens particuliers de l'opposition. *Frain*, page 125.

21. En Bretagne dans les adjudications qui se font sur saisie réelle, l'opposition est indispensable : elle n'est pas necessaire és adjudications qui se font dans les successions sous benefice d'inventaire, & l'on est toujours reçû à repeter ce que les Créanciers posterieurs ont touché. *V. Hevin sur Frain*, p. 419.

22. *Henrys*, tome 1. liv. 4. chap. 6. quest. 31. établit que celuy qui est Créancier du mary & de la femme, doit former son opposition au decret des biens du mary, du chef de la femme, sur tout lors que la femme n'est point opposante, & le rapporte un Arrêt du 7. Septembre 1637. qui l'a ainsi jugé. Cette Jurisprudence est changée ; la Cour a fait un Reglement le 31. Août 1690. qui porte que ceux à qui le mari & la femme sont obligez, seront colloquez du chef de la femme ; quoyque dans leur opposition ils n'ayent point déclaré qu'ils s'opposent comme Créanciers de la femme, & qu'elle ou ses heritiers ne soient point opposans.

23. Dans la Coûtume de Bretagne, en vente judiciaire des biens des successions, acceptées sous benefice d'inventaire, quoy qu'un Créancier ne se soit point opposé au benefice d'inventaire, ni à la distribution, il est

Tome II.   * X X x x x

reçû à repeter ce que les Créanciers posterieurs ont touché. Cette pratique est fondée sur l'art. 577. de la Coûtume. Arrêt du 24. Septembre 1641. confirmatif. *Voyez Hevin sur Frain*, p. 430.

24 Si la sommation faite par le Créancier d'une rente fonciere à l'acquereur de l'heritage sujet à la rente, de declarer s'il est vray qu'il eût acquis cet heritage, s'il le fait decreter, & en quel lieu, afin de s'opposer pour raison de ladite rente, vaut opposition ; Et si pouvant valoir opposition, elle peut avoir effet, n'ayant été faite que le jour de l'adjudication de l'heritage, sans declarer si c'est avant ou aprés midy. Arrêt du 27. May 1653. qui sur la demande, met hors de Cour, sauf à ceux qui avoient fait la sommation, à se pourvoir sur le prix. *Soëfve*, tome 1. *Cent*. 4. *ch*. 43.

25 Les Créanciers sont reçûs à s'opposer sur le prix de la Terre ajugée par decret, même aprés l'ouverture de l'état ; auquel cas ils doivent payer les dépens du rétardement, pour n'avoir mis leurs oppositions dans le temps prescrit par la Coûtume ; & ne peuvent empêcher l'effet des Sentences & Jugemens donnez au profit des autres oppositions mis en ordre avant leur opposition. Arrêt du Parlement de Roüen, les Chambres assemblées, du 6. Avril 1666. art. 141. *V. Basnage*, tome 1. à la fin.

26 Par l'article 559. de la Coûtume de Normandie, les opposans sont tenus dans la quinzaine aprés l'adjudication de mettre leurs oppositions au Greffe, afin d'être communiquées aux autres opposans; cela ne se pratique point à la rigueur, & l'on peut avant la clôture de l'état, mettre son opposition ; mais si l'on a donné des executoires aux Créanciers opposans, quoyqu'ils soient posterieurs, & que les deniers soient encore és mains du Receveur des Consignations, on n'est plus reçû à demander la retractation de cette collocation, ni à saisir les deniers : cela fut jugé au Parlement de Roüen le 13. Avril 1667. *Basnage sur l'article 559. de la Coûtume de Normandie*.

27 Ceux qui ont interêt doivent former opposition pendant les criées entre les mains du Sergent ou du Greffier. Arrêt de verification de la Cour sur les criées, raporté par *Neron*, en son *Recüeil des Ordonnances*.

28 Un enfant ou un Procureur sans procuration, ou une femme mariée opposante sans l'autorité de son mary, ou de Justice, ou celuy qui se dit Procureur, ne doivent être reçûs opposans sans exhiber leur Procuration. *Coquille*, qu. st. 220.

29 Ce jour, la Cour, toutes les Chambres assemblées, a arrêté & ordonné sous le bon plaisir du Roy, que les Créanciers qui s'opposeroient sur les biens de leur debiteur, saisis réellement, pour être payez des sommes qui leur sont dûes, ne seront point tenus d'expliquer en détail, par l'acte d'opposition, les titres de leur créance, & que ceux à qui le mary & la femme se trouveront obligez, pourront être colloquez, comme exerçant les droits de la femme leur débitrice; encore que dans leur opposition ils n'ayent point declaré qu'ils s'opposent, comme Créanciers de la femme, & que la femme ni ses heritiers, & ceux qui la representent, ne soient point opposans; & qu'en attendant que le Roy en ait autrement ordonné, la Compagnie suivra cette Jurisprudence ; ordonne que le present Arrêt sera envoyé aux Bailliages & Sénéchaussées du ressort, pour y être lû & publié, enregistré, gardé & observé : enjoint aux Substituts du Procureur General du Roy d'y tenir la main, & d'en certifier la Cour dans un mois. Fait à Paris en Parlement le 31. Août 1690. 2. tome *du Journal du Palais*, in folio, page 781. & le *Journal des Audiences*, tome 5. liv. 6. chap. 22.

Le 9. Avril 1691. la même déliberation a été faite en la Cour des Aydes. *Voyez ibid*. p. 793.

30 Le Parlement de Paris, toutes les Chambres assemblées, a arrêté & ordonné. 1o. Que l'on ne prendra à l'avenir aucun appointement sur les oppositions en sous-ordre, portant jonction à l'ordre, & que lesdites oppositions en sous-ordre seront jugées aprés que l'on aura prononcé sur l'ordre, & par un Arrêt ou Sentence séparez. 2o. Que les oppositions en sous-ordre, seront jugées au rapport de celuy qui aura fait le rapport de l'ordre. 3o. Que les frais necessaires pour la poursuite, instruction & jugement des oppositions en sous-ordre, seront pris sur la somme qui aura été ajugée au Créancier, sur lequel lesdites oppositions ont été faites ou avancez par les opposans, si bon leur semble, sans qu'en aucun cas ils puissent être pris sur le revenu, ni sur le reste du prix des immeubles, qu'il s'agit de distribuer entre les Créanciers. 4o. Que les Créanciers d'un opposant qui ne forment entr'eux aucunes contestations, pourront intervenir dans l'ordre, lors qu'ils le trouveront à propos, pour y faire valoir la créance de leur debiteur commun. 5o. Que les oppositions en sous-ordre, qui sont jointes presentement aux ordres, & dont le Jugement a été commencé, seront jugées en la maniere observée jusques à present, & que celles dont le Jugement n'a pas été commencé, demeureront disjointes de l'ordre, pour être instruites & jugées séparément & en la maniere cy-dessus. Ordonné que le present Arrêt sera lû & publié dans la Communauté des Avocats & Procureurs de ladite Cour. Fait en Parlement le 22. Août 1691. *Journal du Palais*, in fol. tome 2. pag. 794.

31 Ce jour M. le Premier Président a dit que la Cour avoit par son Arrêté fait, les Chambres assemblées, le 27. Avril 1686. pourvû, entre autres choses, au Jugement des oppositions en sous-ordre, & ordonné qu'à l'avenir les oppositions ne seroient point instruites avec le Procureur du Poursuivant, & le plus ancien des Procureurs opposans, pour empêcher que les frais de l'ordre fussent grossis, & tombassent sur le dernier Créancier, utilement colloqué, qui n'a aucun interêt dans les oppositions en sous-ordre, qui ne regardent que la partie sur laquelle elles sont faites ; que cet Arrêté étoit demeuré sans execution, & qu'il croyoit, pour le bien de la Justice, que ce Reglement devoit être renouvellé pour être executé. Les Gens du Roy, oüis en leurs Conclusions, & la matiere mise en déliberation, a été arrêté que l'Arrêté du 27. Avril 1686. sera executé selon sa forme & teneur; ce faisant la Cour a fait tres-expresses inhibitions & défenses aux Créanciers opposans en sous-ordre, de faire à l'avenir, pour raison de leurs oppositions, aucunes procedures, avec & contre les Procureurs du Poursuivant, & le plus ancien des Procureurs des opposans, à peine de nullité, & sans qu'elles puissent entrer dans la taxe des frais extraordinaires de criées, & de l'instance d'ordre, sauf aux Créanciers opposans en sous-ordre à faire les procedures necessaires pour la conservation de leur dû, avec leur debiteur opposant à l'ordre, & son Procureur seulement. Ordonné que les vacations qu'il conviendra employer pour le jugement des oppositions en sous-ordre, ensemble les épices à proportion, & leur part du coût de l'Arrêt, seront consignées par les opposans en sous-ordre, si bon leur semble, sans qu'elles puissent être prises sur le prix des ventes & adjudications, sauf à eux à les repeter sur les Créanciers sur lesquels ils se seront opposez en sous-ordre, ainsi qu'ils s'aviseront bon être ; défenses au contraire : & faute par les Créanciers opposans en sous-ordre, de faire la consignation des vacations, leurs oppositions en sous-ordre seront disjointes de l'instance d'ordre, & passé outre au Jugement d'icelles : ordonné que le present Arrêt sera lû & publié à la Communauté des Avocats & Procureurs, à ce que nul n'en ignore. Fait à Paris en la Cour des Aydes le 25. Septembre 1691. *Voyez le Journal du Palais*, in fol. tome 2. page 794.

32 On tient au Palais que l'opposition formée à un décret pour une rente, fait cesser les cinq années de l'Ordonnance concernant les arrerages.

33 Plusieurs opposans ayant hypotheque d'un même jour, sont payez par contribution au sol la livre.

34 Le decret ne purge point les droits réels, comme le

doüaire, le tiers des enfans, & le titre d'un Prêtre par le défaut d'opposition. *Basnage, sur la Coût. de Normandie, art. 578.*

Opposition afin d'annuller.

35 L'opposition afin d'annuller se fait en la forme, quand le saisi par ses moyens de nullité, dit que les criées n'ont été dûement faites & continuées par les quatre quatorzaines, où autrement, selon le Stile & Usance du Pays, ou bien qu'il n'y a point eu de commandement préalable de payer, fait à personne ou à domicile, ou qu'il n'y a eu saisie actuelle ni établissement de Commissaire, selon l'Ordonnance de 1539. articles 74. & 95. & les criées, art. 4.

Elle se fait en la matiere quand les saisies & criées sont faites *pro non debito*, & que le saisi rapporte quitance, &c.

36 Tous opposans afin de distraire ou annuller, ou pour charges foncieres qui retardent l'adjudication par decret, s'ils sont déboutez de leurs oppositions, seront condamnez en 40. l. d'amende envers le Roy, & en pareille envers le Poursuivant criées, & seront tenus des arrerages de rentes qui auront couru par le moyen de leurs oppositions, &c. pour raison desquels ils tiendront prison, sinon que le Juge trouve bon au contraire. *Ordonnance des Criées. 15.*

37 L'opposition afin d'annuller, doit être toûjours la premiere vuidée: car si les criées sont declarées nulles, le saisissant est condamné aux dépens, dommages & interêts, & tout le reste va au néant, & l'opposant ne peut être subrogé à la poursuite, mais il faut recommencer une nouvelle saisie & de nouvelles criées. *M. le Maître, des Criées, chap. 27.*

38 L'opposition afin d'annuller se fait contre les criées, & se propose par le saisi ou par le Curé, qui se plaint que les criées n'ont pas été faites en sa Paroisse, ou il prétend que les heritages sont situez, & ce avant la certification desdites criées. *M. le Maître, chap. 45. des Criées.*

Opposition, Appel.

39 Appel, converti en opposition. *Voyez* le mot, *Appel*, nombre 147. *& suiv.*

Opposition, Cave.

40 Il n'est pas besoin de s'opposer au decret d'une maison pour une cave que l'on a acquise par titre particulier, pourvû qu'on n'ait point été dépossedé. Jugé le 9. Août 1619. *M. Bouguier, lettre S. nomb. 3. Voyez Brodeau sur M. Loüet, lettre S. somm. 1. & cy-dessus, le nombre 17.*

Opposition, Cens, Corvées.

41 Il ne faut point s'opposer pour le cens ni pour le droit de corvées porté par les anciens aveus. Jugé le 30. Août 1608. *M. Bouguier, lettre O. nombre 8. M. le Prêtre, 1. Cent. chap. 13. & chapitre 62. où il est dit de même pour les dîmes, tant Ecclesiastiques qu'infeodées.*

Opposition, Cessionnaire.

42 Le Cessionnaire qui ne s'est pas opposé à la vente par decret des heritages appartenans au debiteur de la rente qui luy a été cedée, perd sa rente pour la somme pour laquelle il eût pû venir en ordre s'il se fût opposé, sans qu'il puisse avoir recours contre son cedant pour ladite somme, bien que les heritages vendus fussent seulement generalement obligez à ladite rente. Jugé le 25. Janvier 1602. *M. le Prêtre, ès Arrêts de la Cinquiéme.*

43 Celuy qui ne s'est opposé au decret, peut agir contre son cedant en vertu de la clause, *fournir & faire valoir*, pour être payé des arrerages de la rente, & icelle continuer, discussion préalablement faite des biens du debiteur de la rente, déduction faite premierement sur lesdits arrerages, puis sur le fort principal, des sommes de deniers pour lesquelles ledit demandeur pouvoit venir en ordre, s'il se fût opposé au decret. Jugé le 26. Janvier, & prononcé le 1. Février 1602. *M. Loüet, lettre F. somm. 25.*

Opposition afin de charge.

44 On peut recevoir une opposition afin de charge aprés le congé d'ajuger, même aprés les encheres publiées, à la veille d'interposer le decret, suivant l'Ordonnance des Criées, pratiquées en Bretagne, d'où les Criées avoient été évoquées. Il est vray que par le Reglement de la Cour de 1598. les oppositions afin de charge se doivent faire avant le congé d'ajuger; ce Reglement se pratique dans l'enclos du Palais; le Châtelet suit l'Ordonnance des Criées, & l'art. 354. de la Coûtume de Paris. Jugé le 29. Mars 1662. *Notables Arrêts des Audiences, Arr. 75. De la Guessiere, tome 2. livre 4. chap. 56. rapporte le même Arrêt.*

Opposition afin de conserver.

45 Oppositions afin de conserver, doivent venir avant la discussion, & celles afin d'annuller avant la certification. Arrêt du Parlement de Paris de l'an 1492. & 19. Juillet 1529. *Papon, liv. 18. tit. 6. n. 40.*

46 Dans les oppositions afin de conserver, il faut declarer du chef de qui l'on s'oppose. Jugé le 7. Septembre 1637. *Henrys, tome 1. liv. 4. chap 6 quest. 31.*

Opposition, Consignation.

47 *Brodeau sur M. Loüet, lettre. C. somm. 51.* remarque que la perte des deniers consignez, doit tomber sur les Créanciers opposans, qui seroient venus en ordre, & non pas sur les Créanciers qui n'y seroient point venus. Il rapporte un Arrêt du 7. Septembre 1581.

48 Les Créanciers opposans & mis en ordre sur les biens de leurs debiteurs, portent en leurs noms la perte du sol pour liv. qu'ils doivent payer par l'Edit au Receveur des Consignations. Jugé le 8. Février 1647. *Du Frêne, liv. 5. chap. 1.*

Opposition au Decret volontaire.

49 Le decret volontaire purge le droit de proprieté contre celuy qui ne s'est point opposé. Arrêt de l'année 1674. au rapport de M. Boucher. *De la Guessiere, tome 3. liv. 10 chap. 20.*

Opposition, Delegation.

50 Un heritage est vendu à la charge du decret, & de payer les Créanciers du vendeur deleguez dans le Contract; l'acquereur paye & ne s'oppose point au decret; un Créancier posterieur s'oppose, son opposition convertie en saisie; ce Créancier prétend devoir être colloqué au préjudice de l'acquereur & des Créanciers anterieurs payez par l'acquereur, en consequence de sa délegation. Sentence conforme à la prétention du Créancier; appel; la Sentence infirmée. Jugé le 24. Mars 1676. *Journal du Palais.*

51 Les Créanciers du vendeur deleguez sur le prix de la chose par le Contract de vente, ne sont point obligez de former opposition au decret volontaire, & leur délegation vaut opposition à ce decret, que l'acquereur stipule de faire faire sur luy. Arrêt du Parlement de Paris du 1. Août 1686. contre M. d'Hauteville Conseiller au Grand Conseil. *Journal des Audiences, tome 5. liv. 2. chap. 5.*

52 La délegation vaut opposition à un decret volontaire stipulée par le Contract de vente, qui porte la délegation.

Une fille étant heritiere de ses pere & mere, le plus ancien Créancier de leurs successeurs, s'opposant sur cette fille au decret de leurs biens, n'est pas obligé pour la validité de son opposition, de declarer qu'il s'oppose, comme exerçant les droits des défunts, mont la fille sur laquelle il s'oppose est heritiere; mais il est censé former son opposition en toutes les qualitez qu'il a, & pour conserver tous les droits qu'il peut avoir sur les choses qui se decretent; en sorte que le Créancier posterieur à luy qui s'est opposé, avec declaration, que c'est comme exerçant les droits des défunts, ne peut l'exclure. Arrêt du 9. Août 1690. au *Journal des Aud. tome 5. liv. 6. chap. 21.*

Opposant, Dettes personnelles.

53 Si l'opposant pour dettes personnelles est débouté de son opposition, il ne doit à present être condamné à

l'amende, d'autant que son opposition ne retarde aucunement l'adjudication par decret ; *secus*, aux oppositions qu'il faut discuter avant que d'ajuger le decret. M. le Maître, *des Criées*, *ch*. 44.

OPPOSITION AFIN DE DISTRAIRE.

54 L'opposant afin de distraire empêche le bail judiciaire, & ne peut être dépossedé par le Commissaire. *Ibid. chapitre* 21.

55 Si les opposans afin de distraire, soit en fonds ou charges foncieres ne montrent leurs droits par titres, ou témoins, dans le temps qui leur sera prescrit, on doit passer outre à l'adjudication purement & simplement, sauf à les mettre en ordre à la distribution, & les faire payer de l'estimation de ce à quoy seront estimez les droits de proprieté ou charge réelle par eux prétendus en les verifiant ; c'est l'article 14. de l'Ordonnance de 1551. Depuis la Cour, par Arrêt du 23. Novembre, a limité aux opposans quarante jours pour faire leurs preuves par témoins, lesquels étant passez, il doit être passé outre au decret, & que dans une huitaine, ils justifieroient de leurs droits pour être payé selon leur ordre, laquelle passée, s'ils n'y satisfont, doivent être déboutez & condamnez en l'amende. *Papon*, *livre* 18. *tit*. 6. *nombre* 29.

56 A l'égard des oppositions afin de distraire, si les droits prétendus ont été délaissez par six ans, sans avoir intenté action pour iceux, il y a prescription de distraire actuellement & réellement, à commencer du temps que la prescription aura pû courir contre les opposans, ou ceux dont ils ont cause ; neanmoins ils seront payez des droits qu'ils verifieront, sur le prix de l'enchere, selon leur ordre. C'est la disposition de l'article 801. de l'Ordonnance de 1539. abrogée par celle de 1549. & par autre de 1551. qui veulent que les oppositions afin de distraire, soient préalablement vuidées. Cependant en 1552. il y a eu Arrêt au Grand Conseil, en conformité de l'Ordonnance de 1539. par lequel la Baronnie de Brunard a été ajugée sans distraction au Seigneur du lieu. *Ibidem*.

57 Si les opposans afin de distraire le tout, ou portion des choses criées, ou bien prétendans droit réel & foncier sur icelles, ne font apparoir des droits par eux prétendus par lettres ou instrumens authentiques, mais se veulent fonder en preuve de témoins, ils seront tenus au jour qui leur sera assigné pour bailler leurs causes d'oppositions, articuler faits recevables, sur lesquels ils entendent faire preuve, dedans le delai qui leur sera préfix pour informer & faire leur enquête, & à faute de ce faire dans ledit delai, sera passé outre à l'adjudication par decret des choses criées, nonobstant lesdites oppositions ; à la charge toutefois que lesdits opposans verifians par aprés les droits par eux prétendus, le proprietaire & opposans appellez, seront mis en leur ordre à la distribution des deniers de l'enchere, pour l'estimation de ce que seront estimez les droits de proprieté ou charge réelle par eux respectivement prétendus. C'est la disposition de l'article 14. des Criées.

58 On tient au Palais que l'opposant afin de distraire, doit fournir ses causes d'opposition dans la huitaine de la poursuite contre luy faite.

59 Les oppositions afin de distraire, sont sujettes à peremption. *Brodeau sur M. Loüet*, *let. S. somm*. 14.

60 L'opposition afin de distraire faite aprés le congé d'ajuger pour l'Eglise même, jugée non recevable. *Brodeau sur M. Loüet*, *let. D. som*. 32. où il rapporte des Arrêts qui l'ont reçuë, le dernier a été rendu en l'Audience le 18. Août 1637. par lequel il fut jugé que des Religieuses n'étoient pas recevables aprés l'adjudication par decret, quoyque non levé & expedié, ni scellé, à former opposition pour une rente fonciere.

61 L'opposition afin de distraire, se forme contre les heritages saisis, ou portion d'iceux, que l'on soûtient n'appartenir à celuy sur lequel on a saisi, mais qu'ils appartiennent à l'opposant qui en joüit, & qui est en possession : Aux Requêtes du Palais & à la Cour, l'opposition afin de distraire se devant former devant le congé d'ajuger & non aprés, sauf à se pourvoir comme les autres opposans sur le prix de l'adjudication. *Voyez* l'Arrêt de Reglement du 23. Novembre 1598. que vous trouverez dans l'Ordonnance de *Neron*. Le Châtelet, suivant l'art. 354. de la Coûtume de Paris, reçoit l'opposition afin de distraire jusques à l'adjudication. Jugé le 29. Mars 1662. *Notables Arrêts des Audiences*, *Arrêt* 75. Voyez *Henrys*, *tome* 1. *livre* 4. *chapitre* 5. *question* 16.

Voyez le mot, *Criées*, *nomb*. 14. *& suiv*.

OPPOSITION, ELECTION DE DOMICILE.

62 Le Sergent ne doit recevoir opposant une personne, ni pareillement le Greffier enregistrer l'opposition sans élection de domicile, au lieu où les heritages sont assis, ou bien où le procés est pendant. *Conference des Ordonnances*, *liv*. 10.

63 Oppositions aux criées és mains des Sergens, doivent élire domicile. *Coquille*, *tome* 2. *quest*. 120.

OPPOSITION, DOT.

64 Arrêt du Parlement de Grenoble du 6. Janvier 1633. par lequel les enfans furent declarez recevables de s'opposer *vivente patre* aux executions faites par un de ses Créanciers, sur les biens hypothequez pour la restitution de la dot de leur mere défunte, au cas qu'il n'y eût d'autres biens pour l'asseuration de la dot. *Basset*, *tome* 2. *liv*. 4. *tit*. 9. *ch*. 3.

65 Par Arrêt du 13. Août ou Avril 1657. jugé qu'aprés l'état tenu, & les memoriaux délivrez, l'on n'étoit plus recevable à s'opposer, même pour une dette de rente de dot, quoyque les Créanciers n'eussent encore touché leur argent. *Berault*, *à la fin du* 2. *tome de la Coût. de Normandie*, *page* 104. *sur l'art*. 559.

66 Lorsque la rente dotale a été rachetée, ce n'est plus qu'une simple rente, pour laquelle on doit s'opposer au decret, autrement on ne peut plus inquieter l'adjudicataire ; & cette rente, lors qu'elle a été rachetée, n'est plus fonciere, & on ne peut en demander que cinq années. Arrêt du Parlement de Roüen du 23. Février 1663. *Basnage*, *sur la Coût. de Normandie*, *article* 578. Il trouve cet Arrêt singulier, & n'estime pas que la difference établie soit bonne.

OPPOSITION, DOUAIRE.

67 Un mary est condamné en grosse amende envers le fisc ; le Receveur des Amendes pour avoir payement, fait saisir la principale Terre ; la veuve s'oppose. Jugé le 22. Decembre 1601. que la Terre seroit venduë à la charge du doüaire, &c. *M. Loüet*, *lettre F. som*. 24. Montholon, *Arr*. 97. Voyez *Chenu*, 1. *Cent. quest*. 97. & M. le Maître, *chap*. 45. *des Criées*, *circa finem*.

OPPOSITION, DROITS SEIGNEURIAUX.

68 Si l'opposition est necessaire pour Droits Seigneuriaux. *Voyez* le mot, *Arrerages*, *nomb*. 40. *& suiv*. & cy-aprés le *nomb*. 106.

OPPOSITION, BIENS DE LA FEMME.

69 Quoyque suivant l'article 562. de la Coûtume de Normandie, l'adjudication se fasse au préjudice de tous absens & non contredisans ; neanmoins les heritages d'une femme ayant été compris dans la saisie & adjudication des biens de son mary, & cette femme aprés la mort de son mary, ayant demandé d'être envoyée en possession de son bien, elle y fut maintenuë, nonobstant le contredit de l'adjudicataire, qui luy objectoit qu'elle n'avoit point opposé, & qu'il avoit joüi par plusieurs années. Arrêt du Parlement de Roüen du 14. May 1629. Le decret ne purge ni les droits réels ni les hypothecaires, que quand l'heritage saisi appartenoit, on avoit appartenu à celuy pour les droits duquel le decret a été entrepris. *Basnage, sur la Coût. de Normandie*, *art*. 572.

70 Arrêt du 3. Avril 1680. rendu sur l'avis de Maîtres Juif, le Brun, & de Riparfond, anciens Avocats en la Cour, par lequel il a été jugé que le sieur Mocquette, Secretaire du Roy, ayant formé opposition sur deux de

trois maisons ; sur lesquelles une rente de la Demoiselle sa femme étoit hypothequée, & ne l'ayant pas formée sur la troisiéme, devoit tenir compte de ce que sa femme auroit pû recouvrer sur le prix de l'adjudication, s'il avoit formé cette opposition. *M. le Brun, Traité de la Communauté*, p. 581.

OPPOSITION, IMPENSES, REPARATIONS.

71 Le proprietaire d'aucun heritage qui est crié, & subhasté sur luy pour rentes & hypotheques constituées, non par luy, mais par ceux dont il a acquis ledit heritage, se peut opposer pour les impenses & réparations qu'il y a faites. Arrêt du 27. Mars 1498. avant Pâques. *Carondas, liv. 3. Rép. 77.*

OPPOSITION, INTERESTS.

72 Quoyque les sommes dûes aux Créanciers opposans ne portent pas interêt de leur nature, & qu'ils n'en ayent point formé de demande ; neanmoins les interêts courent du jour qu'ils ont formé leurs oppositions, (que l'on appelle intervention dans les Pays du Droit écrit) au decret des biens de leur debiteur. Toute opposition équipolée à une demande, & même elle a plus d'effet ; car une simple demande sans poursuite pendant trois ans, tombe en peremption, au lieu que l'opposition à un decret n'est point sujette à peremption, lors qu'il y a établissement de Commissaire, & des baux faits en consequence, suivant l'Arrêt de Reglement du 28. Mars 1692. *Henrys, tome 1. livre 4. chapitre 6. question 46.*

OPPOSITION AUX JUGEMENS.

73 Voyez cy-dessus le nombre 39.
Tertius se opponens executioni sententiæ reintegrandæ auditur, etiam si de proprietate opponat. Voyez *Franc. Marc. tom. 1. quest. 77.*

74 Si l'opposition à l'execution des Arrêts obtenus faute de comparoir ou de défendre, vient dans la huitaine, les Parties procederont comme elles auroient pû faire avant l'Arrêt, sauf à faire regler à la Communauté le remboursement des frais s'il y échet ; les oppositions de cette qualité ne peuvent faire la matiere d'une Plaidoyrie ni d'une Instance, & s'il s'en fait, les frais en doivent être portez par le Procureur qui l'aura faite, sans répetition, même contre sa Partie ; s'il se trouve difficulté sur la fin de non recevoir, les Parties se retireront au Parquet des Gens du Roy pour y être reglées, sans autres procedures que la simple sommation, en conformité de l'avis de la Communauté ; Arrêt de Reglement du 25. Novembre 1689. au *Journal des Aud. du Parlement de Paris, tome 5. liv. 5. ch. 41.*

OPPOSITION, LABOUREUR.

75 Un Laboureur se doit opposer au bail pour ses labours. *Dictionnaire de la Ville*, verbo, *Decret.*

OPPOSITION, MARIAGE.

76 Opposition au mariage. Voyez le mot, *Mariage*, nomb. 290. 496. & suiv.

77 Opposition à la publication des bans. Voyez le mot, *Ban*, nomb. 28.

78 Des oppositions formées à la celebration d'un mariage. Voyez le *Recüeil de De Combes, Greffier de l'Officialité de Paris, chap. 2.*

78 bis. Les tiers opposans sont les pere, mere, frere, sœur, tuteur, curateur, ou autres parens, leurs oppositions sont assez souvent portées devant le Juge Ecclesiastique : il faut cependant convenir que plusieurs Parlemens n'approuvent point cette maxime, que lors qu'il y a appel comme d'abus de la citation, ils la declarent abusive, prétendant qu'il ne s'agit pas *de fœdere matrimonii inter contrahentes* ; ces Parlemens ont pour principe, que pour être Juge de l'opposition, il faut être Juge des moyens, comme sont assez souvent le rapt, l'inégalité de biens, & de conditions des Parties, & des autres empêchemens qui regardent l'état des personnes : Le Parlement de Paris, & quelques autres, sont dans cette maxime.

Cépendant c'est un ancien usage des principales Officialitez du Royaume, de les recevoir comme les autres déboutez d'opposition, qui sont formées entre les Parties qui ont écrit ou contracté des promesses de mariages, & qui refusent de les executer.

Le Parlement de Roüen a donné un Arrêt favorable au vieil Usage, le 30. Juillet 1699. *Voyez ibidem*, page 126.

OPPOSITION, MINEUR.

79 Mineure ne peut faire rétracter un Arrêt d'adjudication par decret, auquel elle ne s'est point opposée, quoiqu'elle n'eût point de Tuteur, ou qu'il fût insolvable. Arrêt du 26. Février 1626. *Bardet, tome 1. li. 2. chapitre 73.*

OPPOSITION, ORIGINAL DU CONTRACT.

80 Au Parlement de Paris on ne fait point droit sur une opposition sans justifier de l'original des Contracts, ou de la premiere expedition de l'obligation sur laquelle est fondée l'opposition, encore bien que lesdits Contracts & Obligations eussent été collationnez au Greffe de la Cour, pour obvier aux abus, &c. *Tronçon, Coûtume de Paris, art. 361.*

OPPOSITION, PROCURATION, PROCUREUR.

81 Entre Richard de Pontoise, & Françoise Gabart ; le frere de l'intimé s'étoit opposé à l'appropriement que l'appellant faisoit d'un heritage ; il est plusieurs fois ordonné qu'il baillera & fournira ses causes d'opposition. Il fournit, & ensuite il baille autres moyens au nom de l'intimée sa sœur, de laquelle il dit avoir Procuration. L'appellant dit qu'il n'est recevable ; par la Coûtume, après la certification, il n'y a que les opposans formez ; le Juge de Nantes dit qu'elle est recevable. Par Arrêt du Parlement de Bretagne du 29. Mars 1565. la Cour dit que c'est mal jugé, sauf à l'intimée à se pourvoir par révendication. *Du Fail, liv. 1. chap. 182.*

82 Un Procureur, Tuteur d'un mineur, s'oppose à la certification des bannies ; il est débouté faute de fournir sa Procuration durant l'Audience ; il s'en va, le Juge *non amplius sedebat* ; cependant il prend Acte du Greffier de la presentation de sa Procuration : le Juge le declare non recevable dans son opposition. Arrêt infirmatif rendu au Parlement de Bretagne le 1. Septembre 1569. *Du Fail, liv. 1. chap. 290.*

83 Par Arrêt du Parlement de Bretagne du 10. Septembre 1640. jugé qu'il n'étoit pas necessaire de montrer la Procuration, en vertu de laquelle une opposition avoit été faite, quand l'opposition étoit ratifiée par le constituant. *Ibid. chap. 110.*

84 Un Procureur chargé de pieces par une Partie pour former opposition afin de conserver à des criées, ne l'ayant fait, en demeure responsable en son privé nom. Jugé le 26. Avril 1644. Audience de relevée. *Du Frêne, liv. 4. chap. 14.*

OPPOSITION, RENTES FONCIERES.

85 Par Arrêts du Parlement de Roüen du 3. Avril 1505. il a été jugé que l'on n'est tenu de s'opposer au decret de l'heritage pour la rente fonciere retenuë par âge à tenir. *Biblioth. de Bouchel*, verbo, *Opposition.*

86 Créanciers de rentes foncieres ne peuvent plus s'opposer qu'à l'instance d'ordre, s'ils ont laissé ajuger les biens hypothequez sans le faire ; il en est de même du tiers acheteur, qui a laissé vendre son fond sur son vendeur sans s'opposer. Arrêt des 27. Janvier 1530. 17. Mars 1578. *Papon, liv. 18. tit. 6. n. 8.*

87 Sur la question de sçavoir si une rente fonciere n'étant ni Seigneuriale ni Emphiteotique, est perduë par un decret, le Seigneur foncier ne s'étant opposé. *Bouvot, tome 2.* verbo, *Rente à prix d'argent, quest. 29.* rapporte un Arrêt du Parlement de Dijon du 7. Janvier 1608. par lequel il fut dit que la Cour en delibererait au Conseil.

88 Le decret ne purge point les charges ou rentes foncieres dûes à l'Eglise, encore que pour icelles on ne se fût point opposé au decret, & que l'adjudicataire n'en étoit tenu, mais qu'il seroit payé & remboursé de la valeur desdites charges ou rentes sur le prix du decret,

par préference à tous autres créanciers. Jugé le 28. Mars 1637. *Du Frêne, liv. 3. chap. 38. & 39.* où il tâche d'apporter quelque conciliation de ces deux Arrêts. *Tronçon, sur l'art. 354. de la Coût. de Paris*, rapporte l'Arrêt de Saint Laurent de Vatan, du 3. May 1605. *in verbo, distraire*, par lequel il est ordonné que l'opposition afin de charge d'une rente foncière des opposans, seroit reçuë depuis l'Arrêt.

89 Rentes foncieres ou autres charges appartenans à la Fabrique d'Etampes, on a été reçu à s'opposer afin de faire ajuger les lieux, à la charge des rentes foncieres, aprés le congé d'ajuger. Jugé le 23. May 1642. *Du Frêne, liv. 4. chap. 1.*

90 Jugé le 24. Juillet 1650. qu'une Communauté d'habitans, pour charges foncieres par eux prétenduës sur des heritages saisis réellement, & dont on poursuit la vente par decret, doivent s'opposer avant le congé d'ajuger. *Soëfve, tom. 1. Cent. 3. chap. 46.* où il observe que les Ecclesiastiques ont plus de privilege, ainsi que l'a remarqué *Peleus*, dans sa *quest. 84.* & Brodeau *sur M. Louet, lettre D. nomb. 32.* cependant le Reglement du 23. Novembre 1598. oblige indistinctement leurs opposans de se declarer avant le congé d'ajuger.

OPPOSITION, RETRAIT.

91 Opposition aux bannies d'un heritage, & à l'effet d'empêcher l'appropriation de l'acquereur, doit être poursuivie dans l'an, sinon il n'y aura à conclure au retrait lignager. Arrêt du Parlement de Bretagne du 5. Octobre 1573. *Du Fail, liv. 1. chap. 359.*

92 Jean Grolier vend sa Terre; l'acheteur se le veut approprier; Grolier s'oppose; il obtient temps pour dire ses causes d'oppositions; ce temps passé, Grolier est appellé pour s'en voir déclaré déchû; Grolier prend Lettres en Chancellerie pour être reçu à alleguer l'erreur commise par le Greffier, qui avoit obmis de rapporter opposant comme garde naturel de ses enfans, & à conclusion de prémesse; il dit que l'erreur étoit évidente; car le vendeur est sans interêt, que l'acheteur s'approprie, & que le Greffier ou son Procureur avoit mal entendu sa qualité; l'acheteur répond que son opposition est pure & simple, & qu'il a fait débouter par défaut & contumaces, d'autant qu'ils ont excedé l'âge de 20. ans. Grolier réplique qu'il a Lettres pour être reçu contre les défauts & contumaces, & que *atas viginti annorum vincula potestatis patria non solvit*. Grolier perd sa cause, & est débouté de son opposition; dont il appelle; par Arrêt du Parlement de Bretagne du 26. Octobre 1573. l'appellation mise au néant, sans dépens, tant de l'instance principale, que cause d'appel, en émendant le jugement l'opposition reçuë, & la premesse ajugée, rembourset dans un mois, le sort principal & loyaux coûts. *Du Fail, liv. 1. chap. 350.*

OPPOSITIONS, SAISI.

93 Si le saisi ne s'est point opposé avant la certification des criées, le Sergent ne le doit pas ajourner, afin de bailler causes d'oppositions & moyens de nullité; mais il faut simplement l'ajourner pour voir ajuger & interposer le decret; *secus*, s'il s'est opposé avant la certification des criées, il le faut ajourner pour bailler ses causes d'oppositions, ses moyens de nullité, & pour voir ajuger & interposer le decret. *M. le Maître, des Criées, chapitre 25.*

OPPOSITION AU SCEAU.

94 Opposans à l'expedition pour deniers demeureront nulles, si les oppositions ne sont renouvellées aprés l'an expiré de la signification: si l'opposition est pour le titre, six mois seulement. Arrêt du Conseil d'Etat du dernier May 1631. *Conference des Ordonnances, li. 10.* Le 19. May 1632. second Arrêt, par lequel les oppositions au Sceau seront faites és mains du Garde Rôlle, autrement nulles.

95 Pierre Meûnier pere résigne à Pierre son fils, l'Office d'Huissier du Conseil: Pierre fils dans la suite le résigne à Jean; les créanciers de Pierre fils opposans au Sceau avant les Provisions de Jean son frere, payez par préference aux autres créanciers, & par concurrence entr'eux sur le prix de l'Office, & si surplus y a, distribué aux autres créanciers. Arrêt à Paris du 15. Juillet 1672. *Journal du Palais.*

96 Charge ajugée, prix consigné, il n'est plus necessaire de continuer ses oppositions au Sceau. Arrêt par lequel la Dame de la Cour des Bois a été colloquée sur le prix d'un Office de Secretaire du Roy, concurremment avec le sieur le Gendre, qui avoit continué aprés la consignation ses oppositions au Sceau, & ce par contribution au sol la livre. Jugé à la Cour des Aydes le 16. Février 1682. *Journal du Palais.*

97 Par Arrêt rendu au Parlement de Toulouse en 1698. jugé que celuy qui fait ses oppositions au Sceau, est préferable au precaire qu'avoit sur l'Office celuy qui avoit résigné au predecesseur de l'Officier dernier Titulaire, & à qui l'Office avoit été ajugé par decret, & qui l'avoit vendu sans s'y faire recevoir; & que cet opposant est aussi preferable à celuy qui avoit payé une taxe jettée sur cet Office de Procureur. L'Arrêt fut rendu aprés partage. Dans ce procés étoit remis un autre Arrêt de 1693. qui avoit préferé l'opposant à celuy qui avoit payé le droit annuel. Ces décisions sont fondées sur l'Edit du Roy, du mois de Février 1683. qui donne à l'opposant au Sceau le privilege sur tous les autres Créanciers non opposans. *M. de Catellan, liv. 6. chap. 37.*

98 Declaration du Roy du 28. Juin 1703. concernant les formalitez qui doivent être observées dans la poursuite & le Jugement des oppositions au Sceau des Offices. *Voyez* le mot, *Office, nomb. 108.* & le Traité des Criées *de M. Bruneau, 2. part. p. 318.*

OPPOSITION, SERVITUDE.

99 Il ne faut point s'opposer pour servitude visible, comme d'égoût. Jugé le 16. Février 1588. *M. le Prêtre, és Arrêts de la Cinquiéme; Secus*, pour les non-visibles & latentes, afin d'ajuger à la charge: pour servitude réelle il faut s'opposer. *M. le Maître, des Criées, chap. 29.* Mornac, sur la Loy 43. *ff. de contrahendâ emptione*. rapporte l'Arrêt du 16. Février 1588. *Voyez* aussi *M. le Prêtre, en sa premiere Centurie, chapitre 62.*

100 Celuy qui a droit de passage ou puisage, doit s'opposer au decret. *Bouvot, tome 1. part. 1. verbo, Servitude, quest. 2.*

101 Un Adjudicataire par decret d'une maison, ayant vuës sur la maison du voisin, tenu de les retirer, encore que le Proprietaire de la maison voisine ne se fût opposé au decret pour conserver la liberté de ladite maison, parce que nul ne peut prétendre servitude sans titre. Jugé le 20. Juillet 1611. *M. le Prêtre, és Arrêts de la Cinquiéme.*

OPPOSITION PAR LE SUBSTITUE'.

102 Le substitué se doit opposer à ce que l'heritage soit ajugé à la charge, &c. *M. le Maître, chap. 43.* Tronçon, *Coûtume de Paris, art. 355. verbo, s'opposer*, fait une distinction.

103 Substitué peut seulement s'opposer afin de conserver & non afin de distraire, car il n'a point encore de droit acquis, ainsi pratiqué. *Papon, livre 18. titre 6. nombre 39.*

104 Le Grand, *sur la Coûtume de Troyes*, cite un Arrêt du mois de Mars 1644. qui a confirmé un decret auquel le Substitué ne s'étoit pas opposé; mais il y avoit cette circonstance, que la substitution n'avoit pas été publiée.

105 Le Substitué est recevable à s'opposer afin de conserver. Par Arrêt du Parlement de Paris du 23. Decembre 1690. il fut dit que l'adjudication du Marquisat de Varennes seroit faite à la charge de la substitution. *Voyez l'Auteur des Observations, sur Henrys, tome 1. liv. 4. chap. 6 quest. 19.*

OPPOSITION TENUE FEODALE.

106 Il ne faut point s'opposer aux criées pour un droit de tenuë feodale ni de champart, s'il est seigneurial;

OPT

non plus que pour le cens ; si fait bien pour les arrerages s'il en est dû ; *secùs*, si le cens n'est qu'un simple droit foncier de bail d'heritage. *M. Loüet, lettre C. somm. 19. M. le Maître, des Criées, chap. 42. Conference des Ordonnances des Criées, art. 13. Voyez M. le Prêtre, 1. Cent. chap. 62.* où il demande si l'opposition est necessaire pour les droits seigneuriaux. Voyez cy-dessus le nomb. 68.

TIERS OPPOSANS.

167 Amende dûë par les tiers opposans. *Voyez l'Ordonnance de 1667. tit. 17. art. 10.*

OPPOSITION, TUTEUR.

168 Le Tuteur d'un mineur se doit opposer pour luy, autrement il perd ses hypotheques. Jugé le 23. Octobre 1582. *M. Loüet, lettre D. somm. 32. Voyez Montholon, Arrêt 85.*

OPTION.

1 *DE optione, vel electione legatâ, D. 33. 5... Inst. 2. 20. §. 21. &. 23... L. 3. C. Communia de legatis.* Voyez le mot, *Choix*.

2 Si la femme qui a le choix n'a point opté ni ses enfans pareillement qui sont decedez mineurs, & ont laissé des heritiers mobiliers & des propres, on regarde ce qui auroit été le plus commode, le plus ample & le plus profitable. *Bacquet, des droits de Justice, chapitre 15. nombre 77.*

3 Par Arrêt du Parlement de Paris du 26. Janvier 1580. jugé que l'option baillée à une Dame en ses pactes de mariage, de choisir en cas de veuvage pour son habitation telle maison du mary qu'elle voudroit, ne comprenoit le principal manoir & Hôtel du mary. *Carondas, Rép. liv. 7. chap. 141. Voyez Mainard, livre 8. chapitre 87.*

4 Paction entre deux freres sans le consentement de leur mere, de l'option à elle donnée par le testament de leur pere, est valable. Arrêt du Parlement de Toulouse du 4. Février 1585. *Carondas, liv. 13. Rép. 57.*

5 Une mere qui avoit le choix de nommer l'un de ses enfans pour succeder aux biens, à l'égard desquels son mary l'avoit instituée son heritiere, ayant consommé son option en faveur de son fils aîné, le peut révoquer, si cet aîné se marie sans son consentement. Arrêt du Parlement de Paris du 10. Juillet 1640. au Rôle de Lyon. *Journal des Audiences, tome 1. livre 3. chap. 65.*

6 L'option faite par l'aîné de prendre un préciput est irrévocable. Arrêt du Parlement de Roüen du 21. Juillet 1665. quoique l'aîné alleguât que la choisie n'eût point été faite en presence du puîné, & que luy ayant aussitôt declaré que par erreur on avoit mis le premier lot au lieu du second, il étoit encore en sa liberté de la réparer. *Voyez Basnage, sur l'art. 337. de la Coût. de Normandie.*

7 Dans la Coûtume de Normandie l'enfant d'un premier lit transmet son droit de choix ou d'option du tiers coûtumier à sa sœur du second lit, quoiqu'au ventre de sa mere lors du decés de l'enfant du premier lit, & cette transmission a eu lieu au préjudice d'un créancier anterieur aux secondes nopces, mais posterieur aux premieres. Jugé au Parlement de Roüen le 16. Mars 1673. *Journal du Palais.*

8 Si l'option de deux choses éligibles, ayant été faite est variable ? Arrêt du Parlement d'Aix du 26. May 1673. qui regla les parties à écrire. *Boniface, tome 5. liv. 2. tit. 20. chap. 6.*

OPTION AU DEBITEUR.

9 *Electio est debitoris*, par l'article 417. de la Coûtume de *Bretagne*. Arrêt du 9. Septembre 1610. encore que les acquets soient d'autre qualité que les propres alienez. *Du Fail, liv. 1. chap. 334.*

OPTION, DOUAIRE.

10 Si le choix du douaire coûtumier ou préfix est transmissible aux heritiers ? *Voyez le mot Douaire, nomb. 169. & suiv.*

11 Droit d'option du douaire préfix ou coûtumier est

OPT 903

transmissible aux heritiers de la femme. Arrêt de la veille de Noël 1551. Autre Arrêt du 2. May 1583. qui appointe au Conseil la question de sçavoir si une mere ayant opté peut préjudicier à ses enfans. *Papon, livre 15. tit. 4. nomb. 12.*

12 Par Arrêt du Parlement de Roüen du 16. Janvier 1648. jugé que le tiers acquis suivant l'article 399. de la Coûtume de *Normandie*, à un enfant d'un premier mariage, est cessible & transmissible à son frere de pere sorty d'un second mariage, ce qui est appellé tiers d'option. *Berault à la fin du 2. tome de la Coûtume de Normandie, page 57.*

OPTION EN PARTAGE.

13 Un homme decede, laisse trois heritieres ; sçavoir une fille de sa sœur aînée d'un premier mariage, & deux sœurs germaines : prisage se fait en trois loties des biens de la succession du défunt. Arrêt du Parlement de Bretagne du 12. Juin 1635. qui ordonne que les tantes choisiront les premieres suivant l'ordre de leur naissance, & la niéce la derniere.

Il y a un cas auquel la fille ne peut choisir par préference ; sçavoir quand la fille du fils aîné concourt avec ses oncles ; en ce cas l'excellence du sexe masculin ne souffre pas que l'oncle ou oncles soient preferez en la choisie par leur niéce. Ainsi jugé. *Voyez Frain, page 699.*

14 Lorsque l'heritier au second degré concourt avec l'heritier en premier degré, & qu'ils sont de sexe different, comme entre l'oncle & la niéce, quand même elle seroit fille du fils aîné, l'oncle a la preference contre la niéce à laquelle neanmoins le preciput qui est un avantage réel & transmissible sut conservé par Arrêt du Parl. de Bretagne du 51. Avril 1617. *Hevin, sur Frain, page 704.*

15 Arrêt du Parlement de Bretagne du 16. Février 1654. qui juge que bien que le neveu fils d'une fille aînée ne pût être preferé à sa tante pour la choisie, il étoit preferable à la fille de sa tante, quoique plus âgée que luy, parce que n'y ayant point alors concours *remotioris gradûs cum proximiore*, ainsi qu'avec sa tante ; mais seulement *sexûs virilis cum muliebri & majoris natu cum minore*, il est juste que le sexe l'emporte, conformément à la Coûtume qui prefere le sexe à l'âge. *Hevin, sur Frain, page 705.*

16 Si les deux concurrens à la choisie des lots en diversité de degré sont de sexe feminin, comme la tante & la niéce, la tante est preferée, sans distinction, si la niéce est fille de la fille aînée, parce que la choisie ne se fait par representation, & le droit de choisie s'éteint avec la personne. Arrêt du 2. Avril 1637.

17 Quand on dit que la representation n'a pas de lieu en choisie, cela s'entend lorsque l'on est appellé à la succession par representation & en la place des personnes décedées avant la succession ouverte, & avant que le droit de choisie leur cût été acquis : car si c'est après, le droit se transmet, & en ce cas la fille du fils aîné décedé après la succession échûë, choisira avant ses oncles & la fille de sa tante avant ses tantes. Arrêt du 27. Octobre 1650. pour les filles du fils aîné, contre leurs oncles. *Ibidem, page 705.*

OPTION DES PREBENDES.

18 *Voyez* le mot *Chanoine, nomb. 91. & suiv.*

19 *Moneta de optione Canonicâ & decimis, in octavo, Marburgi. 1628.*

20 Du droit d'option de la meilleure Prébende. *Voyez Lotherius de re Beneficiariâ, liv. 2. quest. 38. Franc. Marc. tome 1. quest. 1230. M. de Selve, 3. part. tract. quest. 36. & M. Du Perray, en son Traité de la capacité des Ecclesiastiques, liv. 4. chap. 8.*

21 *In optionem non cadunt resignata causâ permutationis neo in curiâ Romanâ. Flam. l. 1. c. 4. n. 55. de resig. Optio mandatum moratur. gl. prag. §. item quod omnia in verb. vacaverint de collat. Resignatione à Rege admissâ in Beneficiis suæ collationis in quibus domus & prædia sunt comprehensa, nec etiam in optione cadere, dicendum est,*

nec tolli optanti jus quæsitum per subsequentem Regis declarationem.

Ita judicatum in magno Consilio 4. Junii anno 1610. pro Nicolao Brechilet, contrà Richardum Arviset, sancti Sacelli Divionensis Canonicum. In optionis jure præfertur qui prior residentia tempora complevit, non antiquior Canonicus : judicatum in mag. Consilio 2. Octobris. 1619. inter Petrum de Saigne, & Petrum Moisset, Burdegalensis Ecclesiæ Canonicos. Voyez l'Addition de M. Joly, sur M. de Selve, 3. part. tract. quest. 36.

22 *Habens majorem Præbendam, secundum aliquos non potest optare minorem : quia in Beneficialibus quis benè potest ascendere de minori ad majorem, sed non è contrà licet, gl. videatur tenere contrarium.* Voyez Franc. Marc. tome 1. quest. 1254.

23 *Optandi tempus quod à tempore scientiæ currere incipiat.*

Optandi consuetudo etiam longo tempore non interrumpitur. Ibid. quest. 1256.

24 *Optans an pœnitere possit & ad præbendam dimissam redire ? In hoc standum est consuetudini.* Voyez ibidem, quest. 1257.

25 *Excommunicatus optare potest.* Voyez ibid.

26 *Præbenda si per permutationem vacat, optioni locum non facit,* Ibidem.

27 *Optioni locus non est in Canoniis, quarum collationem Papa sibi reservavit.* Ibidem.

28 *Papa quando Præbendam specialiter confert absque derogatione, optioni locum facit.* Ibid. quest. 1259.

29 *Optandi modus.* Ibid. quest. 1263.

30 *Optandi consuetudo an sublata videatur, si Papa provideri mandaverit de majori Canonicatu cum vacaverit, cum clausul. derogatoriis non obstantib. &c.* Ibidem, quest. 1267.

31 *Optandi consuetudo quo tempore introducatur ?*

Interdum fit optatio per sortem, nec fit mutatio Canonicatûs per optationem : & isto casu potest introduci consuetudo optandi decem annis. Secùs si Præbendæ essent omninò distinctæ : quia requirit spatium quadraginta annorum : & isto casu optando consequitur novum Beneficium : secùs ubi distribuuntur Præbendæ per capitulum : quia non mutatur nisi temporalitas, & dicti Canonici pro casu possent ad invicem permutare sine auctoritate Superioris. Ibidem, quest. 1268.

32 *Optatio an in Beneficiis Ecclesiasticis reservatis locum habeat ?* Voyez Ibid. quest. 1269.

33 Si un Legat admet la résignation d'une Prebende de quelque Eglise, où la Coûtume est que les Chanoines peuvent choisir les Prébendes qui viennent à vaquer, s'ils les trouvent meilleures que les leurs, la Prébende résignée entre les mains du Legat sera sujete au choix, quoique si elle avoit été résignée entre les mains du Pape lequel leur confere, elle n'y auroit pas été sujete d'autant qu'elle eût vaqué *in Curiâ* ; & que les Prébendes de cette nature, quand elles vaquent *in Curiâ*, ne sont point sujetes à ce choix. Du Moulin, sur la regle de *Publicandis*, nomb. 14.

34 Jugé au Parlement de Paris que le Pape ne pouvoit déroger à l'option ; il s'agissoit de ce droit dans l'Eglise de Poitiers ; il y a eû des Arrêts contraires dans d'autres Parlemens, c'est peut-être parce qu'ils sont au Païs d'obédience. Voyez M. Duperray, liv. 4. chap. 8. nomb. 6. & suiv.

34 bis. Jugé au Parlement de Toulouse le 30. Juillet 1630. que les Benefices qui, avenant vacations, sont sujets à l'option, suivant les Statuts & Coûtumes de plusieurs Eglises, sont censez vaquer non seulement par le décés du Titulaire, mais aussi par la résignation qu'il en a faite pure & simple, quoique l'Ordinaire y pourvoye à l'instant & qu'il remplisse le Benefice, avant que l'ancien qui est en tour se soit presenté pour user de son droit. V. M. d'Olive, liv. 7. chap. 21.

35 La coûtume d'opter les meilleures Prébendes ayant lieu dans une Eglise depuis un temps immemorial, le Pape n'y peut déroger ; quand le Benefice vaque par mort, résignation pure & simple ou en faveur. Jugé le 12. Juillet 1640. pour le droit d'option acquis au Chapitre de l'Eglise Cathedrale de Nôtre-Dame de Grenoble. Voyez le 6. Plaidoyé de Basset, tome 1. fol. 60. où il rapporte plusieurs Arrêts semblables, à la fin desquels il observe que si le Titulaire mouroit *in curiâ*, le Pape pourroit *intra mensem*, pourvoir à l'exclusion des Ordinaires, & en ce seul cas il y auroit apparence que l'option ne devroit avoir lieu ; toutesfois cela n'a pas été jugé *in specie*.

36 Arrêt du Parlement d'Aix du 15. Novembre 1646. qui a donné la recréance de la Prébende, au Chanoine résignataire, contre les autres Chanoines qui demandoient de l'opter suivant le Statut du Chapitre de l'Eglise de Vence qui n'établissoit l'option qu'en cas de vacance. Boniface, tome 1. liv. 2. tit. 17. chap. 1.

37 Le 7. Septembre 1661. il a été jugé au même Parlement d'Aix que l'option des Prébendes n'avoit lieu qu'en cas de mort ou de résignation ès mains du Collateur ordinaire, non du Pape ni du Vice-legat, quoique par le Statut l'option doit être *sive per cessum, sive per decessum*, à laquelle le Pape pourroit déroger, ayant dérogé à l'option par clause generale. Boniface, ibid. chapitre 2.

38 Un Chanoine absent pour les études, peut opter une maison canoniale vacante, soit par mort ou par démission au préjudice d'un Prêtre. Jugé le 4. May 1665. *Des Maisons*, let. O. nomb. 7. De la Guesliere, tome 2. liv. 7. chap. 16. rapporte le même Arrêt. Voyez Henrys, tome 1. liv. 1. chap. 3. quest. 10.

39 Les Benefices qui n'ont point de revenu attaché au titre du Benefice, mais à la masse, dont l'on fait plusieurs parts, que l'on assigne après à chacun des Beneficiers, comme sont les Prébendes dans la plûpart des Chapitres, sont optables par les autres Beneficiers, lorsque le Benefice vaque par mort, résignation, ou permutation, ou par quelqu'autre maniere que ce soit. Arrêt du Parlement de Paris le 19. Juillet 1689. *Journal des Audiences*, tome 5. liv. 5. chap. 27.

40 Un Chanoine pourvû d'une Cure ne perd pas son droit de nommer pendant l'année qu'il a pour opter. Arrêt du Parlement de Paris du 20. Juillet 1693. Ibid. liv. 9. chap. 19.

41 Si un Canonicat étoit conferé en regale par le Roy, la Prébende qu'avoit le dernier Chanoine par la mort duquel il est vacant, seroit-elle donnée par le Roy sans option ? Cette question est traitée par *Probus*, qui refuse que le Statut ne fait aucun préjudice au Roy, & qu'il n'y a point d'option. La question s'en est presentée au Parlement de Paris pour un Canonicat de Riez en 1680. Le Théologal & d'anciens Chanoines s'étoient opposez à cet Arrêt, mais ils acquiescerent le 5. Février 1693. M. de Lamoignon Avocat General dit, que le Roy avoit pû conferer la Prébende avec les mêmes revenus dont joüissoit le précedent Titulaire, par la mort duquel il l'avoit donnée en regale ; que s'il y avoit eû des Lettres Patentes, verifiées en la Cour qui eussent confirmé ces Statuts qui avoient établi l'option ; cela changeroit l'espéce ; il y a lieu de croire que l'usage en seroit suivi, & que ni un Regaliste ni un Pourvû *in Curiâ* n'y pourroient rien prétendre & seroient obligez de suivre l'option. Cette question ne s'est pas presentée une seule fois ; il y en a eu une pareille église en l'année 1695. pour le sieur Baudoüin pourvû de la Penitencerie de Tournay, on vouloit qu'il se contentât d'une autre Prébende ; il fut obligé de poursuivre la cause, il obtint un défaut ; le Chapitre se fondoit sur l'usage de ses Statuts, & le sieur Baudoüin en fit juger l'avantage à la Grand-Chambre où tous les défauts des Regales se jugent à l'Audience. Voyez M. Duperray, liv. 4. chap. 8. nomb. 12.

OPTION AU SEIGNEUR.

42 De la prévention & option prétenduë par le Roy & autres ayans les droits Royaux en leurs Terres, contre leurs vassaux, V. Pithou, Coût. de Troyes, tit. 1. art. 2.

43 Le Seigneur qui a saisi féodalement & qui en vertu de la réunion fait l'option du fermage ou des levées, ne peut la changer. Arrêt du Parlement de Roüen du 1. Mars 1663. rapporté par *Basnage*, sur l'art. 118. de la Coûtume de Normandie.

OR.

1 *DE auro, argento mundo, ornamentis, &c.* D. 34. 2.
De auro coronario. Voyez Don-gratuit. Present.
De auro lustrali. Voyez Tribut. Taille.

OR, ARGENT.

2 *Aurum liberè perquirere in fluminum littoribus Delphinatûs licitum.* Voyez Franc. Marc, tome 1. q. 110.
3 *Secundùm relationem Dominorum Camerae Delphinalis, licitum est perquirere aurum de palliolam in ripariâ, absque eo quod aliquid tradatur Principi: dum tamen non portetur extra patriam; & quod in monetâ propinquiori portetur & cudatur.* Voyez Franc. Marc, tome 2. quest. 583.
4 Défenses de porter de l'argent à Rome. Voyez le mot Annate, nomb. 3.
5 Sur la prohibition du transport de l'or & de l'argent hors le Royaume. Voyez la 33. action de M. le Bret, où il rapporte les anciennes Ordonnances de Loüis XII. & Rois successeurs, & un Arrêt du mois de Juillet 1595. en faveur d'un particulier sur le fondement qu'il avoit un Passeport, & qu'il alloit acheter des chevaux en Pays étrangers.
Défenses de porter des étoffes d'or & d'argent. V. M. d'Olive, Actions forenses, 1. part. Act. 2. 5. 7. & 10.

ORANGE.

Traité de la Principauté d'Orange avec les Genealogies. Voyez Dupuy, Traité des droits du Roy, page 251.

ORATOIRE.

Voyez cy-devant, verbo, Chapelle.
PRESTRES DE L'ORATOIRE.

1 Recueil des procedures faites au Parlement de Roüen entre les Curez de la même ville, & les Prêtres de l'Oratoire, demandeurs & poursuivans l'enregistrement des Lettres Patentes qui leur permettoient d'ériger une Congregation de Prêtres vivans en societé. Il y eut beaucoup de difficulté. M. du Viquet Avocat General s'opposa à leur établissement; neanmoins ils gagnerent leur cause le dernier jour du Parlement de l'année 1616. Voyez la Biblioth. Canon. tome 2. page 147.
2 Arrêt du Parlement d'Aix du 11. May 1675. qui a declaré la Congregation des Prêtres de l'Oratoire incapable d'institution d'heritier, & legs universel par un Prêtre de ladite Congregation, & neanmoins luy a ajugé la somme de 8000. liv. Boniface, tome 3. liv. 7. titre 4. chap. 2.

ORDINAIRES.

1 DU pouvoir & jurisdiction des Ordinaires. Voyez cy-dessus le mot Juges, nomb. 460. & suivans, & l'Auteur des Définit. Canoniques, lettre O. verbo, Ordinaires.
2 De ceux qui se prétendent exempts de la Jurisdiction des Ordinaires. Voyez le mot Exemption, nomb. 143. & suiv.
3 Des Collations faites par l'Ordinaire. Voyez le mot Collation, nomb. 115. & suiv. & le mot Provisions, nomb. 128. & suiv.
4 La regle de *Infirmis* a été introduite & reçuë en faveur des Collateurs ordinaires, & pour conserver leurs droits, les résignations se font entre leurs mains de deux manieres; purement & simplement & pour cause de permutation : dans l'un & l'autre cas, les Ordinaires sont libres, & ont la faculté de conferer ou de refuser ; mais après l'admission de la résignation, le Résignant venant à mourir dans les 20. jours, la raison de

Tome II.

la regle cesse en la personne de l'Ordinaire qui a conferé par résignation, & qui ne peut plus user de son droit pour conferer par mort; les résignations ne laisseront pas de subsister à l'égard des Patrons, mêmes des Expectans, pourvû qu'on ait observé les formalitez prescrites par les derniers Edits, & que les résignations n'ayent point été frauduleusement admises au préjudice des Graduez & Expectans ; car autrement les Benefices seroient vacans par mort. Définit. Canon. p. 551.
Nota il faut voir sur cela Du Moulin, sur la regle *de Infirmis*; & cy-après verbo, *Regle*, n. 25. & suiv.
Puisque le temps porté par le Concile de Latran ne court point contre les Ordinaires pendant les mois affectez aux Patrons, mais seulement du jour qu'ils sont expirez ; c'est-à dire, à l'égard des Patrons Laïcs après les 4. mois expirez, & à l'égard des Patrons Ecclesiastiques après les 6. mois expirez, il est certain que leur droit ordinaire libre ne commence à courir que de ce jour, c'est-à-dire, après les 4. ou les 6. mois expirez. V. Du Moulin, sur la regle *de infirmis*, nom. 64.

6 La prévention de l'Ordinaire profite & conserve le droit aux Graduez simples & nommez, & même aux Mandataires & non pas aux Pourvûs par le Pape, ainsi que Du Moulin, sur la regle *de infirmis*, nomb. 74. dit qu'il a été jugé par plusieurs Arrêts.
7 On demande si l'Ordinaire, après avoir conferé *causâ permutationis*, peut conferer une seconde fois le même Benefice *per obitum, in vim* de la regle *de infirmis*? Du Moulin, sur la regle *de infirmis*, nomb. 31. & 289. tient l'affirmative, & dit qu'il n'y a en cela aucune variation.
8 Jugé au Parlement de Paris le 29. Août 1537. que la regle *de verisimili notitiâ* avoit lieu à l'égard de l'Ordinaire. La même chose jugée dans la même année au Parlement de Toulouse. Voyez Rebuffe, Proem. Concord.
9 Arrêt de la veille de l'Assomption 1550. qui a jugé que la regle *de Infirmis* n'a point lieu à l'égard de l'Ordinaire. Voyez Rebuffe, 3. part. praxis Benef. Glos. 13. sur la regle *de Infirmis*, nomb. 10
10 *Collatio ordinarii etiam invalida, & quae annullanda veniebat, impedit praeventionem Papae.* Arrêt du 13. Decembre 1603. M. Loüet, lettre P. somm. 43.
11 En Provision l'Ordinaire préferé. Tournet, let. P. Arr. 210.
12 Par Arrêt du Parlement de Paris du 21. Avril 1626. jugé que l'Ordinaire ne peut déclarer nulle la Provision *in formâ dignum*, ne pouvant iceluy prendre connoissance de la validité de la Provision sur laquelle on demande le *Visa*; sur le refus de l'Ordinaire de donner le *Visa*, il faut recourir au Metropolitain, sur le refus du Metropolitain au Primat, sur le refus du Primat, la Cour commet, ce qui fut ainsi jugé par Arrêt du Parl. de Dijon du 11. Mars 1658. cela avoit été jugé auparavant le 24. Avril 1657. Les Arrêts sont rapportez par Févret, en son Traité de l'*Abus*, liv. 3. chap. 4.

ORDONNANCE.

1 DE mandatis principum. C. 1. 15... N. 17... C. Th. 1. 3. Idem. 1. & 2.
Ut divinae jussiones subscriptionem habeant gloriosissimi Quaestoris. N. 114. Que les Ordonnances soient signées par le Questeur, ou Chancelier.
De decretis ab ordine faciendis. D. 50. 9... C. 10. 46. Ordonnances des Décurions & des Juges.
Ut factae novae constitutiones, post insinuationes earum, post duos menses valeant. N. 66. Enregistrement & execution des Ordonnances.
Ne amplius Senatusconsulta fiant L. N. 78.
De constitutionibus Ecclesiasticis, & de constitutionibus Principum. Voyez Constitution.
Voyez Edits & Declarations. Loix.
2 Voyez le Commentaire de Jean Constantin, Avocat au Parlement de Bourdeaux, sur les Ordonnances de François Premier, imprimées à Paris en 1545.

Yyyyy

3   Bourdin, sur l'Ordonnance de 1539. in 8. Paris 1615. & les Annotations de *M. Charles du Moulin*, qui sont dans le 2. tome de la nouvelle edition de ses œuvres. p. 765.
4   Ordonnances des Rois par ordre alphabetique, par *Berland*, in 8. Paris, 1567.
5   Bugnon, sur les Ordonnances de Blois, in 8. Lyon, 1583.
6   Voyez dans les *Opuscules de Loisel*, p. 345. l'avis de M. P. Pithou Avocat, sur l'Ordonnance de Blois en 1576.
7   Duret, sur l'Ordonnance de Blois, in 8. Lyon 1602.
8   Ordonnances des Rois de France, recueillies par *Fontanon*, 3. vol. Paris 1611.
9   Rebuffus, in constitutiones Regias, volume in fol. Lugd. 1613.
10 Code Henry III. avec les notes de la *Roche-maulet*; vol. in folio. Paris 1622.
11 Conference des Ordonnances, par *Guenois*, 2. vol.
12 Ordonnances des Eaux & Forêts, par *Rousseau*.
13 Ordonnances des Rois de France, recueillies par *Neron*, 1. vol in fol. Paris 1656.
14 Capitularia Regum Francorum collecta à Baluzio, 2. vol. in fol. Gr. Pap. Paris 1677.
15 Abregé des Ordonnances Royaux par ordre alphabetique, par *M. Jean Nau* Conseiller au Parlement.
16 Conference des Ordonnances, par *Bornier*, 2. vol. in 4. Paris 1681.
17 Table chronologique des Ordonnances, vol. in 4. par *Blanchard*.
18 De l'autorité & observation des Ordonnances, & peines contre les infracteurs. *Ordonnances de Fontanon*, tome 1. liv. 1. tit. 1. page 1.
19 Ordonnance de Moulins, sur l'art. 54. & 58. Voyez *M. Expilly*, Arrêt 107. & 108. Voyez *Carondas*, liv. 2. Rép. 91. li. 3. Rép. 52. & 53. li. 4. Rép. 76. fol. 110. verso, & Rép. 5. fol. 88. touchant l'insinuation, livre 7. Rép. 210. & Rép. 187. liv. 11. Rép. 60. touchant les promesses de mariage & liv. 13. Rép. 13.
20 Statuta Regia & alia terrarum recipiunt interpretationem & trahuntur ad similia, nisi sint contra leges. V. Com. Joan. Const. sur l'Ordonnance de François Premier, art. 23.
21 Quando reperiuntur duæ ordinationes quarum prior descripta est in manuali, & registrata in libro ordinationum, priori stan lum; curiam se incontinenti corrigere voluisse non est præsumendum. Voyez Franc. Marc. tome 1. q. 701.
22 Statuta Laicorum an ligent Clericos? Voyez *Andr. Gail*, liv. 2. observat. 32.
23 Les Ordonnances concernent les Présidens, Conseillers & autres Officiers du Parlement. Voyez *M. le Prêtre* 2. Cent. chap. 17
24 Si l'Ordonnance doit être suivie contre la disposition de la Coûtume? Voyez le mot, *Coûtume*, nombres 57. & 58.
25 Arrêts du Conseil contraires aux Ordonnances, les Parlemens n'y déferent. Voyez le mot *Arrêt*, nomb. 5.
26 Si l'Ordonnance ne prononçant point de peine contre un crime, le Juge peut de son autorité condamner à mort? Il y a pour & contre. *Journal du Palais*, sine quest. & *Arr. sans date*.
27 De l'observation des Ordonnances. Voyez l'*Ordonnance de 1667*. tit. 1.
28 De l'Ordonnance des quatre mois par rapport à la contrainte par corps. Voyez le mot *Contrainte*, nomb. 54. & suivans.

ORDRE.

Sous ce Titre il faut comprendre les Ordres de *Chevaliers*, les Ordres *Religieux*, les Ordres *Sacrez*, les ordres qui se font entre *Creanciers*.

ORDRE DE CHEVALIERS.

1 Voyez cy-dessus le mot, *Chevaliers*, la *Bibliothéque du Droit François par Bouchel*, hoc verbo, *Chevaliers*, où il est parlé de l'origine des Ordres de Saint Michel, du Saint Esprit, de la Toison d'or.

ORDRE DU S. ESPRIT.

2 Edit du Roy portant création & institution de l'Ordre militaire du S. Esprit. A Paris en Decembre 1578. *Ordonnances de Fontanon*, tome 3. pag. 14.
3 Si l'Ordre Hospitalier du S. Esprit de Montpellier est un Ordre purement regulier ou militaire. Voyez le *Recueil des Arrêts Notables*, in 4. imprimés chez *Guignard*, à Paris en 1710. où est l'Arrêt du Conseil d'Etat du Roy du 4. Janvier 1708. qui ordonne que l'hospitalité sera rétablie dans la grande Maîtrise reguliere de l'Ordre du Saint Esprit de Montpellier, &c.
3 Bulle du Pape Urbain VIII. de l'année 1625. pour la confirmation de la Generalité & indépendance de la Commanderie du Saint Esprit de Montpellier, Chef dudit Ordre qui a été réüni à l'Ordre de Nôtre-Dame de Mont-Carmel & de Saint Lazare de Jerusalem. *Boniface*, tome 3. liv. 7. tit. 9. chap. 3.
Voyez le grand Dictionnaire universel par *M. Morery*, verbo *Esprit*.

ORDRE DE S. LAZARE.

4 Factum pour les Religieux, Prieur, & Convent de la Chartreuse d'Orleans, Défendeurs.
Contre Monsieur le Grand Vicaire, & les sieurs Chevaliers & Commandeurs de l'Ordre de Saint Lazare & Mont-Carmel, Demandeurs.
Les Chevaliers de Saint Lazare en vertu de l'Edit du Roy qui les remet en possession de leurs biens, demandent aux Chartreux d'Orleans la Maladerie de Saint Memin qui leur avoit été donnée par Loüis XIII. Voyez le *Recueil des Factums & Memoires* imprimez à Lyon chez Antoine Boudet, en 1710. tome 2. p. 725.
4 bis Arrêt du Grand Conseil du 1. Mars 1698. qui maintient les Chevaliers de l'Ordre de Saint Lazare de Jerusalem, & de Mont-Carmel, dans les privileges qui leur ont été accordez par nos Saints Peres les Papes, & particulierement Pie V. par sa Bulle qui commence, *Sicut bonus agricola*, donnée à Rome le 7. des Calendes de Février 1567. & Paul V. par sa Bulle qui commence *Romanus Pontifex*, donnée à Rome le 14. des Calendes de Mars 1607. de posseder & de joüir des pensions sur toutes sortes de Benefices, nonobstant le port d'armes, & quoique lesdites pensions leur ayent été accordées, ou qu'ils se les soient reservées comme Clercs, avant que d'avoir fait Profession dans l'Ordre, & qu'ils se soient ensuite mariez après leur reception & Profession dans ledit Ordre.
Maintient Frere Gilles Michel de Marescot, Lieutenant Colonel du Regiment Royal Etranger, & Chevalier de l'Ordre de Saint Lazare de Jerusalem, dans la joüissance de la pension de 700. liv. par luy reservée sur le Prieuré de Sainte Onezine de Donchery, Ordre de Saint Benoît, Diocése de Reims.
Condamne Loüis Alvarez de Courson, Prieur Commandataire dudit Prieuré de Sainte Onezine de Donchery, en l'amende & aux dépens, tant envers ledit sieur de Marescot, qu'envers le Grand Maître, Commandeurs & Chevaliers de l'Ordre de Saint Lazare de Jerusalem, & de Nôtre-Dame de Mont-Carmel, intervenans.
Déboute les Agens Generaux du Clergé de France de leur intervention. Voyez le *Recueil des Arrêts Notables* imprimez en 1710. chez *Michel Guignard*, chapitre 7.
5 Le Prieuré de Saint Lazare de Montfort est un Benefice Ecclesiastique à la nomination des Comtes de Montfort, & non une Commanderie de l'Ordre de S. Lazare. Arrêt du Grand Conseil du 11. Avril 1699. Voyez le *nouveau Recueil des Arrêts* in 4. imprimez chez *Guignard* en 1710. chap. 16.

ORDRE DE MALTHE.

5 Voyez dans la *Bibliotheque du Droit François* par *Bouchel*, verbo, *Reunion*, un discours intitulé. *Malthe bis-suppliante aux pieds du Roy, contre l'Auteur de l'abregé des Memoires presentés à sa Majesté pour la réunion de la grand Maîtrise de l'Ordre de S. Jean de Jerusalem à la*

Couronne, il contient des choses curieuses au sujet de cet Ordre illustre.

6 Chevaliers de Malthe ne se peuvent marier, mais ils succedoient pour l'usufruit seulement à toutes successions directes & collaterales. Jugé par plusieurs Arrêts. Ils ne peuvent tester, quoique le Pape les eût dispensez. Arrêt du Parlement de Paris du 12. Mars 1581. *Papon*, liv. 21. tit. 1. nomb. 1.

7 Declaration portant confirmation des privileges de l'Ordre de Saint Jean de Jerusalem. A Roüen en Decembre 1596. registrée le 21. Février 1597. 2. vol. des *Ordon. d'Henry IV.* fol. 338.

8 Les Grands Prieurs de l'Ordre de Saint Jean de Jerusalem seront tenus dans l'an & jour de la Profession faite par nos Sujets dans l'Ordre, de faire registrer l'Acte de Profession, & à cette fin, enjoignons au Secretaire de chacun Grand Prieuré d'avoir un Registre relié, dont les feüillets seront pareillement paraphez par premier & dernier par les Grands Prieurs, pour y être écrit la copie des Actes de Professions, & le jour auquel elles auront été faites, l'Acte d'enregistrement signé par le Prieur pour être délivré à ceux qui le requerront, le tout à peine de saisie du temporel. *Art.* 17. du tit. 10. de l'Ordon. de 1667.

9 L'Ordre de Malthe est reputé Laïc ou du moins mixte, ensorte que résignation ni permutation des Benefices qui en dépendent, ne peut être faite sans son consentement. Les Chevaliers de Malthe peuvent seuls donner des Provisions des Benefices dépendans d'eux. Une demande en regrez par un Frere de l'Ordre n'est recevable aprés la déposession actuelle de sa Cure, ayant résigné à la charge d'une pension ; il doit se pourvoir pardevant le Grand Maître de l'Ordre, pour en faire la demande & non pardevant d'autres Juges. Toutes ces questions jugées au Grand Conseil le 2. Decembre 1669. *Voyez le Journal du Palais*, & celuy *des Audiences*, tome 3. liv. 3. chap. 20. & liv. 7. chap. 18. où est un Arrêt du même Grand Conseil du dernier Septembre 1673. qui a jugé qu'on ne pouvoit permuter une Cure dépendante de l'Ordre de Malthe sans le consentement du Commandeur dont elle dépend.

Voyez cy-dessus verbo, *Malthe*.

ORDRE DE S. MICHEL.

10 Edit pour l'Institution de l'Ordre de Saint Michel, à Amboise le 1. Août 1469. *Ordonnances de Fontanon*, tome 3. page 32.

ORDRES SACREZ.

11 Voyez les *Memoires du Clergé*, tome 1. partie 1. page 432. & 817. jusqu'à 854. & tome 2. part. 2. page 394. & le petit *Recueil de Borjon*, tome 3. p. 118. & tome 4. page 260.

12 *Castel*, en les matieres Beneficiales, tome 1. pa. 359. & suiv. fait un ample Traité des Ordres requis pour posseder Benefices.

13 Des crimes, accusation, infamie, qui rendent un homme incapable des Ordres sacrez. V. *ibidem, p.* 426.

14 Des Ordres, & par qui ils se doivent conferer ? Voyez *Coquille*, tome 1. page 250. où il parle de la Tonsure, & autres Ordres.

15 Des Ordres sacrez, en quel temps, & par qui ils doivent être conferez ? Voyez l'Auteur des *Définitions Canon*. page 552. & le Traité fait par M. du Perray, de l'état & de la capacité des Ecclesiastiques pour les Ordres & Benefices.

16 *De qualitatibus Ordinandorum.* Voyez Fran. Pinson. ad vocabulum *Idoneo*.

17 *De filiis Presbyterorum, & aliis non Ordinandis, vel Beneficiandis.* Voyez Pinson, au Titre *de qualitatibus Ordinandorum*.

18 *De corpore vitiatis, non Ordinandis, vel Beneficiis honorandis.* V. Pinson au Titre *de qualitatibus ordinandorum* §. 7.

19 *De Clericis ad sacros Ordines malè promotis*, item, de Tome II.

Clericis extra tempora à jure statuta. Voyez Rebuffe, 2. part. *praxis benef*.

20 *Ordinis defectus, qualiter constituatur improviso, ut in de essumetur, vel evitetur objectus ?* Voyez Lotherius, *de re beneficiariâ*, liv. 2. quest. 47.

21 Des Ordres conferez avant l'âge. Voyez Franc. Marc. tom. 1. quest. 1346. & 1353.

22 *Quibus pœnis subjaceant Episcopi Ordinantes Clericos, seu Laicos alterius sine licentiâ proprii Episcopi, & an Ordinati characterem receperint.* Voyez Franc. Marc. tom. 1. quest. 1005.

23 *Veritas potius quàm communis opinio, sive error attenditur in iis quæ sunt Ordinis & Sacramenti.* Voyez Franc. Marc. tom. 1. quest. 1006.

24 *Tempus promovendi intrà annum ab adeptâ pacificâ possessione non currit si in judicium vocetur.* Voyez ibid. quest. 1162.

25 De la faute & nécessité *de promovendo.* V. Papon, liv. 3. tit. 15.

26 Le Chapitre *Commissa de elect.* in 6. contient plusieurs décisions contre ceux qui ne se font pas promouvoir à l'Ordre de Prêtrise dans l'année de leur prise de possession, ou dans l'année, à compter du jour qu'ils auroient pû prendre.

27 *Dolrade*, en expliquant le Chap. *licet Canon. de elect.* in 6. dit que la necessité imposée à une personne pourvûe d'un Benefice, ayant charge d'ame, de se faire promouvoir dans l'année aux Ordres sacrez & de Prêtrise, n'a pas lieu à l'égard du Resignataire de ce Pourvû ; c'est-à-dire, que ce Resignataire n'est pas obligé de se faire promouvoir dans l'an, à compter du jour de la prise de possession paisible de son Resignant ; mais seulement dans l'année, à compter du jour de sa paisible possession de luy Résignataire. V. *Du Moulin*, sur la Regle *de publicandis*, n. 36 Au nomb. 43. il ne dit pas précisément que cette opinion soit veritable, neanmoins il semble l'approuver.

28 Beneficiers tenus de prendre les Ordres. Voyez le mot, *Benefices*, nombre 129. & suiv.

29 Benefice Sacerdotal. Voyez cy-devant le mot, *Benefice*, nomb. 218. & suiv.

30 Chanoines qui sont ou qui doivent être Prêtres, pour joüir de certains Privileges. Voyez le mot, *Chanoines*, nomb. 103. & suiv. & le nomb. 133.

31 Des Dispenses pour la promotion aux Ordres sacrez. Voyez le mot, *Dispense*, n. 43. & suiv.

32 Défaut de promotion aux Ordres, qui donne lieu au droit de déport. Voyez le mot, *Déport*, nombre 36. & suivans.

33 Si lorsque par la fondation la Chapellenie est affectée aux Prêtres, il est necessaire de l'être lors de la collation ? Voyez d'Olive, liv. 1. ch. 7.

34 Lorsque par la fondation la qualité Sacerdotale est requise, l'Ordre de Prêtrise est absolument necessaire. Voyez le mot, *Fondation*, n. 118. & suiv.

35 Age pour la Prêtrise. Voyez le mot, *Age*, n. 12.

36 Les Evêques sont obligez, trois mois aprés leur Provision, de se faire promouvoir aux saints Ordres, & consacrer. Henry III. 1579. art. 8.

Autrement à faute de se faire, sans autre declaration, seront contraints de rendre les fruits qu'ils auront pris & perçus, pour être employez à œuvres pies. Ibid.

Si dans trois autres mois ensuivans, ils ne se sont mis en devoir de ce faire, ils seront entierement privables du droit desdites Eglises, sans autre declaration, suivant les saints Decrets. Henry III. 1579. art. 8. Rebuffe, *en sa prat. Benef. part.* 2. chap. *de non promot. intrà annum.* 15. & 16.

A moins qu'ils n'ayent obtenu prorogation du Pape. Ibid. part. 3. ch. dernier, n. 58.

37 L'Ordre de Soûdiacre à 21. an ; de Diacre à 23. ans ; & de Prêtre à 25. nonobstant l'Ordonnance d'Orleans, à laquelle est derogé. *Ordonnance de Blois*, article 29. Voyez M. le Prêtre, 2. *Cent. chap.* 78. & 3. Centurie, chapitre 10.

YYyyy ij

38 Il avoit été jugé le 21. Novembre 1522. que celuy qui ne s'étoit pas fait promouvoir, ne devoit être restituer les fruits. *Voyez* Rebuffe, 2. part. *praxis Benef. cap. de non promotis intrà annum*, n. 15.

39 *De non promotis intrà annum quando privati censeantur, & quando possint excusari*? *Voyez* Rebuffe, *part.* 2. *praxis Benef.* Au *nomb.* 8. il rapporte un Arrêt de 1534. qui a jugé qu'une Eglise Paroissiale ne devoit être donnée qu'à un homme actuellement Prêtre, quand même elle luy seroit donnée en Commende par le Pape.

40 Dans l'an de la paisible possession, l'on doit se faire promouvoir à l'Ordre de Prêtrise ; après le Benefice vaque, & peut être conferé à un autre. Ce qui a lieu és Prieurez Conventuels, & aussi és Commendataires & Dispensez par le Pape, de porter Benefices seculiers. Arrêt du Parlement de Paris de 1534. Papon, livre 3. *titre* 15.

41 La necessité de promotion dedans l'an, s'entend de deux ans : car après que le Pourvû a pris possession, il demeure un an dans le doute d'être inquieté ; ainsi il est juste qu'il ait une seconde année pour la promotion. Arrêt du Parlement de Paris du mois de Fevrier 1541. en la Chambre du Domaine, pour M. Pierre de la Berniere, contre un nommé Châtin. *Biblioth. Canon. tome* 1. *page* 58. *col.* 2.

42 Le même Arrêt est rapporté par *Rebuffe*, 2. partie, *praxis Benef. C. de non promotis intrà annum*, n. 45. il le date de l'année 1547. La raison qu'il rend de la décision de cet Arrêt est que *si Beneficium evinceretur & essit Presbyter sine Beneficio mendicare cogeretur in opprobrium Cleri*.

43 Benefice sacerdotal de fondation, requiert l'Ordre de Prêtrise lors de la Provision ; *Secùs*, aux Benefices à *lege*, on est tenu de se faire promouvoir à l'Ordre de Prêtrise dans l'an de la Provision & paisible possession. Jugé le 23. Juillet 1605. *Voyez* M. Louet, *& son Commentateur, lettre B. somm.* 4. Tournet, *lett.* N. n. 61. & Bardet, *tome* 2. *liv.* 7. *ch.* 29

44 Les Abbez & Prieurs Conventuels, soit Reguliers ou Commendataires, doivent être Prêtres, lors qu'ils en ont l'âge. *Memoires du Clergé, tome* 1. *part.* 2. *p.* 5. *nombre* 5. *& suiv.*

45 Arrêt du Grand Conseil du 27. Mars 1623. par lequel ayant égard aux Conclusions du Procureur General, il est ordonné que tous Abbez & Prieurs Conventuels qui ont été pourvûs deux ans ou plus, auparavant l'Arrêt, ayant atteint l'âge requis par les Conciles, seront tenus se faire promouvoir à l'Ordre de Prêtrise, dans le temps de neuf mois. Et pour le regard des Abbez & Prieurs Conventuels, pourvûs depuis deux ans, seront tenus se faire promouvoir audit Ordre de Prêtrise dans le temps de l'Ordonnance de Blois ; autrement & à faute de ce faire dans ledit temps, & iceluy passé, les tenir pour condamnés dés-lors, a déclaré leurs Abbayes & Prieurez vacans & impetrables, avec restitution des fruits, qui seront employez en œuvres pies, suivant le 9. article de ladite Ordonnance, laquelle sera executée selon sa forme & teneur ; à cette fin l'Arrêt lû & publié au Conseil, l'Audience tenant, & signifié à la Requête du Procureur General aux Syndics & Agens Generaux du Clergé. Par ce même Arrêt le sieur Gallodé fut maintenu en la possession de l'Abbaye de Nôtre-Dame des Ardennes, à la charge que dans neuf mois pour toute préfixion, il seroit tenu se faire promouvoir à l'Ordre de Prêtrise. *Bibliot. Can. tome* 2. *page* 243.

46 Benefice simple ne tombe en dévolut, sous prétexte que le Titulaire legitimement tonsuré, a pris les quatre Mineurs, & le Soûdiaconat d'un autre Evêque que le sien ; parce que le Benefice ne requiert pas un Ordre sacré, mais simple tonsure ; c'étoit le sentiment de M. Talon, Avocat General. *Voyez dans* Bardet, *tome* 1. *liv.* 3. *chap.* 72. L'Arrêt du 17. Decembre 1629. qui appointe.

47 Bardet, *tome* 2. *liv.* 5. *chap.* 27. rapporte un Arrêt du 4. Août 1636. qui a jugé que quoyque le Chapitre d'une Eglise Cathedrale soit exempt de la Jurisdiction de l'Evêque, il ne peut empêcher la collation des Ordres dans l'Eglise.

48 Sur la question de sçavoir si par une Ordonnance Capitulaire un Chapitre peut obliger un simple Chanoine à prendre l'Ordre de Prêtrise ? Par Arrêt du Parlement de Mets du 22. Octobre 1640. les Parties ont été appointées au Conseil ; & cependant defenses d'executer les Ordonnances du Chapitre. *Voyez* le 62. *Plaidoyé de M. de* Corberon, *Avocat General.*

49 Arrêt du Parlement d'Aix du 22. May 1642. par lequel la Cour a jugé qu'il y a abus en la contravention aux Statuts d'un Chapitre, qui vouloient que nul ne pût être Beneficier, si dans l'an il n'étoit capable d'être Prêtre ; ainsi la Provision accordée à un Clerc de 19. ans, fut déclarée abusive. Boniface, *tome* 1. *livre* 1. *tit.* 2. *nombre* 11.

50 La Collation des Ordres est un droit purement Episcopal. Le privilege de conferer la Tonsure & les Ordres Mineurs, n'a plus de lieu en France pour les Abbez. Par la Declaration de l'Assemblée Generale du Clergé de l'année 1645. art. 15. il est expressément défendu à toutes personnes, quelques Privileges qu'elles puissent alleguer, de conferer les Ordres Mineurs, non pas même la Tonsure ; ainsi on ne souffre plus que les Abbez qui en ont le Privilege, donnent la Tonsure, ni les Ordres à leur Religieux, comme l'on peut voir par l'Arrêt du Parlement, rendu contre l'Abbé de Sainte Genevieve, le 4. Juillet 1668. par lequel la Cour luy fait défenses de donner les Ordres à ses Religieux, & luy enjoint de les envoyer pour être admis à l'Ordination, s'ils sont trouvez capables.

51 Quand il y a un Decret pour se faire promouvoir dans l'an, il faut l'executer de bonne foi ; mais on obtient un Bref *de non promovendo*, & des prorogations ausquelles on donne pour cause qu'on a des procés, ou autres motifs qu'on explique. L'on a pris des dévoluts, & interjetté appel de l'execution de ces Rescripts ; & on disoit que le Decret de se faire Prêtre devenoit inutile par ce moyen, & qu'il y avoit abus dans l'inexecution ; mais le point décisif fut qu'il y avoit grande difference entre un Abbé & un Prieur Regulier, & un Seculier, qui possedoit un Benefice en Commende ; que les premiers avoient Jurisdiction & charge d'ames, & les autres non. Il y avoit eu deux Arrêts, l'un pour l'Abbé de Bellebat, le 26. Février 1654. l'autre pour M. de Molé, Maître des Requêtes à la quatriéme des Enquêtes, le 2. Septembre 1677. le troisiéme à la Grand'-Chambre, pour le sieur du Four, le 12. Août 1683. Ces deux derniers Arrêts furent rendus sur les Conclusions de M. le President Talon, lors Avocat General, qui dit qu'il n'y avoit aucun abus. *Voyez* M. Duperray, *liv.* 7. *ch.* 7. *n.* 40.

52 Quoyque les Chanoinies soient sans doute des Benefices à simple Tonsure, il est des cas neanmoins où le Chanoine peut être obligé de se faire promouvoir aux Ordres sacrés ; ainsi jugé au Parlement de Toulouse, sur la Requête du Chapitre de Saint Felix, à l'égard du sieur du Jarric, qui depuis 16. ans, sans se faire promouvoir, jouïssoit dans le Chapitre d'une Chanoinie, qu'il tenoit de son frere, lequel après en avoir joüi long-temps, s'en étoit dépuoillé en sa faveur, pour s'engager dans le mariage ; il fut ordonné le 17. Février 1657. après partage, que le sieur du Jarric, se feroit promouvoir dans six mois, autrement que le Benefice seroit déclaré vacant & impetrable. Cet Arrêt est rapporté par *M. de Catellan, liv.* 1. *ch.* 32.

53 Les Reglemens du Clergé, & notamment celuy de 1645. défendent expressément à toutes personnes, quelques Privileges qu'elles puissent alleguer, de conferer les Ordres Mineurs, non pas même la Tonsure ; car la Collation des Ordres est un droit purement Episcopal. *Voyez cy-dessus le nombre* 50.

54 Si un Diacre condamné aux galeres pour six ans, qui a servi son temps, peut prendre l'Ordre de Prêtrise ? Il fut jugé que non au Parlement de Toulouse, le 5. Decembre 1667. ordonné qu'il se pourvoiroit au Roy pour les actions civiles, & au Pape pour les fonctions Ecclesiastiques : de sorte qu'en ce cas il faut se faire réhabiliter specialement pour cela ; par le Roy pour le civil ; & par sa Sainteté pour l'Ordre : quoyque la peine cesse, l'infamie demeure. Albert, verbo, Notaires, article 2.

55 Défenses à l'Abbé de Sainte Geneviéve de faire promouvoir les Religieux aux Ordres, par autre que par l'Archevêque de Paris. Jugé le 4. Juillet 1668. De la Guessiere, tome 3. livre 2. chapitre 18. & au Journal du Palais.

55 bis. Un Diacre peut être restitué contre cet Ordre sacré, alleguant & prouvant la force & violence de son pere pour recevoir ledit Ordre. Jugé le 12. Decembre 1656. Des Maisons, lettre D. nombre 1. où les raisons sont rapportées.

56 Du decret de pacificis possessoribus, & du Benefice sacerdotal par la fondation. Il a été jugé au Parlement de Toulouse le 6. Juillet 1678. qu'il n'y avoit pas lieu à ce decret dans le cas du Titulaire, qui sans être Prêtre, a été pourvû d'un Benefice sacerdotal par la fondation. Brodeau sur M. Loüet, lettre B. rapporte un Arrêt contraire du Parlement de Paris, sur lequel on ne crût pas devoir se regler : car dans l'espece le Pourvû ne devoit point être Prêtre, lors du Titre, mais seulement dans l'année ; au lieu que dans l'espece de l'Arrêt de Toulouse, il falloit être Prêtre lors du Titre, & la possession avoit été vicieuse dés le commencement. Au reste, l'Arrêt de Toulouse ordonne simplement que le Devolutaire remettra un extrait de la fondation en bonne forme ; mais par-là il prejuge la question. Voyez les Arrêts de M. de Catellan, livre 1. chapitre 17.

57 On peut obliger un Chanoine d'une Eglise Cathedrale à se faire Prêtre quand il a l'âge requis pour cet effet, sinon il est au pouvoir du Chapitre de le priver des ses distributions. Jugé à Roüen le 26. Juin 1681. Journal du Palais, in quarto, 9. part. fol. 405. & le 2, tome in fol. page 211.

58 Si le Pape peut réiterer la dispense plusieurs fois de non promovendo, à un Prieur Commendataire ? Jugé pour l'affirmative au Parlement de Paris le 12. Août 1683. Journal des Aud. tome 4. liv. 6. ch. 15.

59 Au mois de Septembre 1708. par Arrêt rendu au Grand Conseil entre les Religieux de l'Abbaye de saint Cibard Ordre de saint Benoît, il a été jugé que les simples Profez, quoique non constituez dans les Ordres sacrez ont droit d'assister aux Assemblées capitulaires. M. Pierre Jacques Brillon avoit écrit pour les Profez, & montra que la Clementine ut ii, titre 2. de ætate & qualitate præficiendorum, n'a aucune application aux Religieux & qu'elle se determine uniquement aux Chanoines ; ainsi doit-on entendre le Concile de Trente. La raison de la Clementine & du Concile de Vienne qui l'adopte, est qu'un Chanoine non in Sacris n'a point d'engagement stable dans l'Eglise ; il est consideré comme un simple Laïc, qu'il ne faut point admettre à capituler avec des Chanoines, Prêtres ou Diacres. Or il n'en est pas de même d'un Religieux Profez ; il a un engagement irrévocable, son vœu le separe des seculiers & l'attache à la Religion. Dans l'interpretation des Cardinaux sur le Concile de Trente, au mot Regularis, il est dit, sed non loquitur de Monasteriis Regularium.

59 bis. Si un mariage contracté par un Soûdiacre sans dispense, fait vaquer son Benefice de droit & de fait ? Arrêt rendu au Conseil de Colmar en Alsace le 30. Mars 1707. qui juge que la vacance du Benefice ne devoit se compter du jour du premier mariage contracté sans dispense, mais seulement du dernier contracté, en vertu des dispenses du Pape. Voyez le Recueil des Arrêts Notables imprimez en 1710. chez J. Guignard, chap. 81.

60 De la dispense donnée aux Prêtres pour contracter mariage. Voyez le mot, Mariage, n. 507. & suiv.

61 Un Prêtre mineur a les mêmes avantages pour se faire restituer, qu'un autre mineur. Voyez le mot, Mineur, nombre 121. & suivans, & Mainard, liv. 3. chapitre 37.

62 Ceux qui sont constituez és Ordres sacrez, ne sont sujets à la contrainte par corps. Il en seroit autrement, si dans les quatre mois de la condamnation aux dépens, l'on prenoit les Ordres, afin d'éluder la condamnation. Voyez Theveneau, sur les matieres Beneficiales, tit. 15. où il explique la disposition de l'Ordonnance d'Henry III. & Etats de Blois, art. 57.

ORDRES RELIGIEUX.

63 Voyez cy-devant Mandians, & cy-aprés, Religieux.

63 bis. Declaration portant confirmation des Privileges & Statuts de l'Ordre de Saint Antoine de Viennois. A Paris en Juillet 1618. registrée le 5. Decembre suivant. 3. vol. des Ordon. de Louis XIII. fol. 130.

64 Arrêt de Reglement du 18. Mars 1525. sur la réformation des Religieuses de l'Ordre de Fontevrault. V. Filleau, part. 1. tit. 1. ch. 6.

65 La forme de proceder à la réformation de quelque Prieuré ou Abbaye est telle, qu'il faut députer deux des Superieurs de l'Ordre, appellé avec eux le prochain Juge Royal des lieux : & pour fournir aux frais, l'Abbé doit consigner & avancer 3. ou 400. livres, selon l'exigence. Jugé pour la réformation de l'Abbaye de Bourgdieu, le 20. Avril 1564. Papon, liv. 1. tit. 7. n. 4.

66 Un Ordre n'est point tenu de nourrir un Religieux de la Manse commune, pourvû d'un Benefice dépendant de son Ordre in vim gradûs. Arrêt du 25. Juin 1647. Du Frêne, liv. 5. ch. 21.

ORDRE ENTRE CREANCIERS.

67 Promittens pro alio solvere, an habeat Beneficium Ordinis ? Voyez Andr. Gaill, lib. 2. observat. 28.

68 Les frais de la poursuite des criées & adjudication par decret, ensemble les frais faits pour faire vuider les oppositions afin de distraire, sont mis en ordre aprés les droits & devoirs Seigneuriaux. Ordonnances des Criées, art. 12. M. le Maître, des Criées, chap. 28. M. Loüet, lettre C. somm. 44. Henrys, tome 1. livre 4. chap. 6. quest. 24.

69 Le privilege d'un Seigneur pour être colloqué dans un ordre (c'étoit l'ordre de la Terre d'Inteville) ne vient que du jour de la condamnation, & non du jour de la saisie. Voyez de la Guess. to. 3. liv. 11. ch. 29. sans dater l'Arrêt.

70 Le Créancier pour les dépens du procés faits pour avoir payement de sa rente, venoit en même ordre que pour son principal, si par le Contract de constitution on avoit ajoûté cette clause, à peine de tous dépens, dommages & interêts. Jugé le 6. Juin 1598. M. le Prêtre, 1 : Cent. chap. 63. Voyez M. Loüet, lettre D. sommaire 42.

71 Si en faisant l'ordre des Créanciers sur la distribution du prix, l'interêt doit être ajugé jusques au jour de la Sentence, ou jusques au jour de l'adjudication seulement ? Voyez Henrys, tome 1. liv. 4. ch. 6. qu. 45. & M. Loüet, let. D. somm. 42. où il dit que le Créancier a été mis en ordre ; tant pour le principal, interêts, que dépens, du jour du Contract de constitution, par Arrêt du 6. Juin 1598.

72 Les cedules & obligations sont mobiliaires, & les rentes sont immeubles ; mais celuy qui s'étoit rendu caution d'une rente, ayant été colloqué dans un ordre pour le remboursement de ce qu'il avoit été contraint de payer, tant pour le principal, que pour les arrerages de la rente, on a demandé si les deniers de sa collocation devoient être distribuez par contribution, ou bien

Yyyyy iij

par hypotheque? Jugé qu'ils seroient distribuez par ordre d'hypotheque, à cause que le fonds procedoit originairement d'une constitution de rente; par Arrêt donné sur instance en la Grand'-Chambre, entre Charles de la Brune, poursuivant l'ordre du prix des adjudications des Terres des Manteaux & les Chênes; Guy Joubert & la Coudray, & les autres Créanciers opposans, le 18. Février 1617. *Auzanet, sur l'art. 89. de la Coûtume de Paris.*

73. Les fraits du decret sont mis en ordre aprés les rentes Seigneuriales & foncieres; mais avant les autres rentes, qui ne sont point de cette qualité. Arrêts du Parlement de Normandie des 19. Avril 1646. & 13. Janvier 1655 rapportez par *Basnage, sur l'art. 572. & 575. de cette Coûtume.*

74. Un Créancier colloqué en ordre utilement sur le prix des heritages decretez sur son debiteur, & qui est prêt à toucher, n'y ayant aucun empêchement legitime, ne peut se pourvoir sur les autres biens de son debiteur, & s'il le fait, le debiteur doit avoir main levée. Arrêt du 8. Février 1647. *Ricard, Coûtume de Paris, article 160.*

75. Reglement pour le fait des appellations incidentes, Requêtes civiles, inscription de faux, liquidation des arrerages, & interêts en fait d'ordre, par les mêmes Sentences & Arrêts, suivant les Ordonnances & Mercuriales. Jugé le 8. Avril 1665. *De la Guess, tome 2. liv. 7. chap. 14.*

76. Les Executoires doivent être délivrez, & les sommes y contenuës payées aux Créanciers qui se trouveront en ordre, jusqu'à la concurrence de la somme de laquelle est tenu état, sans attendre la clôture. Et neanmoins en cas de contestation pour distractions & défalcations demandées, ceux qui ont obtenu leurs executoires, n'en peuvent demander le payement qu'aprés avoir baillé caution de les rapporter, si faire se doit. Arrêté du Parlement de Rouen, les Chambres assemblées, du 6. Avril 1666. articles 142. & 143. *Voyez Basnage, tome 1. à la fin.*

77. Un Reglement pris sur un ordre avant l'adjudication, est valable. Jugé à Paris le 19. May 1672. *Journal du Palais.*

78. Les Créanciers qui ont prêté leur argent pour bâtir sur un fond, en consequence d'un devis & quittance d'employ, viennent en ordre concurremment avec les Créanciers qui ont prêté à celuy qui avoit acheté la part de ses coheritiers. Jugé le 15. Février 1676. *De la Guess, tome 3. liv. 10. chap. 1.*

79. Un Créancier étant mis en ordre, à la charge de donner caution aux Créanciers anterieurs, est absolument obligé de la donner, lorsque des Créanciers particuliers sont colloquez en sous-ordre sur luy, & à faute de ce faire dans le mois, condamné le Créancier colloqué, de payer au colloqué en sous-ordre, la somme dûë, & interêts d'icelle, en affirmant que lesdits interêts luy sont dûs legitimement. Arrêt du 22. Decembre 1677. en la quatriéme des Enquêtes. *Journal du Palais.*

80. De la collocation des interêts, avec les principaux. *Voyez* le mot, *Interêts, n. 246. & suiv.*

81. Arrêt en la Cour des Aydes à Paris, aprés en avoir consulté le Parlement, le 26. Septembre 1701. qui a colloqué le poursuivant criées pour son principal, & les arrerages, quoyque non opposant; c'étoit dans l'ordre des biens du sieur Garrot, Conseiller au Châtelet, Commis & Receveur en titre d'Office du Grenier à Sel de Paris, qui avoit fait faillite, s'étant absenté furtivement de nuit. *M. Bruneau, en son Traité des Criées, page 85.*

ORFE'VRES.

1. Voyez les Ordonnances recueillies par Fontanon, *tome 1. liv. 5. tit. 31. & Du Luc, liv. 6. tit. 2.*
Défenses aux Orfévres d'alterer, souder, ou charger aucunes especes d'or ou d'argent, à peine d'être punis comme faux Monnoyeurs. *Charles IX. ès Etats d'Orleans, art. 149. & Theveneau sur cet art. titre 10. Des crimes & peines à eux imposées, art. 3.*

2. *In vigiliâ omn. SS, anno 1303.* Les Orfévres ayant voulu tenir des banques en leurs boutiques pour changer la monnoye; le Prévôt leur en fit défenses, dont est appel. Arrêt confirmatif, pris du Livre *olim*, feüillet 61. B. *Corbin, suite du Patronage, chap. 122.*

3. Apprentifs Orfévres ne peuvent être reçus plus âgez de 16. ans, ni moins âgez de 10. seront obligez pardevant Notaires, & enregistrez au Bureau de la Communauté; doivent faire huit ans d'apprentissage, ne peuvent être reçus par Lettres ni autrement, que par l'apprentissage de huit ans. Un Orfévre pouvoit autrefois avoir un Apprentif étranger, avec deux de ses parens, ou deux étrangers; maintenant nul ne peut avoir plus d'un Apprentif. Les Maîtres sont obligez de les faire travailler en boutique ouverte. Les Brevets d'apprentissage faits en qualité de Serviteurs, sont annullez. Les Maîtres ne doivent donner gages à leurs Apprentifs; ils doivent servir les Maîtres trois années en qualité de Compagnons aprés leurs apprentissages. *Voyez le Recueil des Statuts & Ordonnances, concernant les Orfévres, à la Table, verbo, Apprentifs.*

4. Il y a un Recueil des Statuts, Ordonnances, Reglemens & Privileges accordez en faveur des Marchands Orfévres-Joüailliers de la Ville & Fauxbourgs de Paris, dont ils ont joüi depuis l'an 1345. avec les Arrêts rendus entr'eux, & autres Communautez; imprimé chez Lambert Rouland, ruë Saint Jacques aux Armes de la Reine en 1688.

5. Le General dès Monnoyes peut proceder à la visite des ouvrages des Orfévres. Arrêt du Parlement de Dijon de l'an 1610. *Bouvot, tome 1. part. 2. verbo, Orfévres.*

6. Arrêt du Parlement d'Aix du 5. May 1687. qui a déclaré que les pieces d'or & d'argent attachez aux ouvrages de pierreries, seroient sujettes au droit de marque, sans que la marque endommage lesdites pieces. *Bonsface, tome 3. liv. 4. tit. 10. ch. 1. Voyez au même endroit plusieurs Reglemens pour les Orfévres.*

7. Si un Orfévre achetant d'un autre Orfévre dans la même Ville, de la vaisselle qui avoit été volée, peut être poursuivi comme complice de l'autre Orfévre vendeur, & si le cas est Presidial. Arrêt du Grand Conseil du 12. Août 1693. qui prononce l'absolution. *Journal du Palais, in folio, tome 2. pag. 844.*

8. Un Contrôlleur de la marque d'or & d'argent peut faire sa visite dans les lieux voisins de son établissement, quoyque hors l'Election.

C'est une nullité dans un procés verbal, quand il n'est point signé par le prétendu trouvé en fraude, & qu'il n'a point été interpellé de le faire.

La confession du prétendu trouvé en fraude des principaux faits dans ses défenses, n'est pas seule suffisante pour le faire condamner en la peine.

Il n'est pas défendu à un Vendeur de Draps dans un Bourg, où il n'y a point Maîtrise d'Orfévres, & en un jour de Foire, de vendre des bagues d'or ou d'argent. Arrêt de la Cour des Aydes de Paris, du 13. Juin 1698. *Journal des Aud. tom. 5. liv. 14. ch. 5.*

9. Apprentifs Orfévres. *Voyez* le mot, *Apprentifs, nombre 1.*

ORIGINAL.

1. *Quando Papa vel princeps attestatur vidisse originale, quod statur tali assertioni.* Voyez *Franc. Marc. tom. 1. quæst. 1149.*

2. *Pro Archiepiscopo Rhemensi in Parlamento incipiente in Festo Beati Martini, anno Domini 1384. fuit pronuntiatum, contrà Scabinos Rhemenses quod dictus Archiepiscopus haberet Transsumptum per Curiam de fundatione ipsorum per Archiepiscopum Rhemensem quondam factâ quamvis semel habuisset originale quod amisserat & valeat illud Transsumptum tanquam originale, sic fuit dic-*

*rum alias pro habitantibus de Crecy, contrà Abbatem de Saint Jean de Laon. Joan. Galli, quest. 31.

3 Celuy qui veut s'aider de quelque piece, en doit produire l'original, parce qu'une copie, même collationnée à l'original, sans appeller la Partie, ne fait foy: mais si elle est extraite du Registre du Notaire, sans appeller partie, & que le Notaire l'ait signée & délivrée, on y ajoute foy : toutefois cet extrait n'emporteroit execution. V. Carondas, li. 4. Réponse 4.

ORLEANS.

Declaration portant confirmation des Privileges des habitans de la Ville d'Orleans. A Paris le 9. Septembre 1610. 1. vol. des Ordonnances de Louis XIII. folio 12.

Histoire & Antiquitez de la Ville & Duché d'Orleans, par le Maire, Orleans 1645.

Antiquitez de l'Eglise de Saint Aignan d'Orleans, par Hubert, Orleans 1661.

ORNEMENS.

1 Ornemens pour le Service divin, & par qui doivent être fournis ? Voyez le mot, Décimateurs, nombre 1. & cy-après le mot, Réparations, nombre 98. 102. 103. & 106. & le Journal des Audiences, tome 1. liv. 5. chap. 54.

2 Les Abbez, Prieurs, Curez primitifs, qui perçoivent les gros fruits des Eglises Paroissiales, sont tenus de fournir les Livres & ornemens necessaires pour le Service divin. Brodeau, sur M. Loüet, lettre R. somm. 50. Jugé les 16. Février 1621. 21. May 1627. 19. Janvier 1630. 4. May 1641. & 21. Avril 1646.

3 Des ornemens leguez à une Eglise par un Evêque, ne peuvent être vendus. Jugé au Parlement de Provence le 13. Février 1659. Boniface, tome 3. liv. 5. tit. 16. chapitre 3.

4 Chapelle & ornemens dûs par les Archevêques. Voyez le mot, Archevêques, n. 17.

5 Ornemens de la Chapelle sont dûs à l'aîné. Voyez le mot, Aînesse, n. 116.

ORVIETAN.

Un Operateur qui debite un remede specifique, appellé l'Orvietan, qu'il prétend devoir à l'invention de ses ancêtres, peut faire défendre aux autres Operateurs de le vendre sous le même nom d'orvietan, sauf à eux de donner leur antidote, tel autre nom que bon leur semblera. Jugé à Aix le 20. May 1678. Journal du Palais.

OSTAGES.

Les ostages sont sujets au droit d'Aubaine. Voyez le mot, Aubaine, nomb. 42. M. le Prêtre, 3. Cent. chap. 33.

Testament fait par un homme donné en ostage. Voyez le mot, Donation, nomb. 304.

OUBLIE.

Voyez cy-dessus Obliage.

OUTILS.

De (feudo) instructo, vel instrumento legato, D. 33. 7. Des meubles & outils d'agriculture. Instructum latinis est quam instrumentum ; nam significat quidquid instruit fundum.

OUVRAGE.

Ce qu'on entend par ce mot, Opus, Ouvrage. L. 5. §. 1. D. de verb. significat.

De novi operis nuntiatione. D. 39. 1... Extr. 5. 32... N. 63. Opposition à un Ouvrage nouveau : défenses de le continuer.

De remissionibus. D. 43. 25. Main-levée des defenses de continuer. Remissio, est abolitio nuntiationis operis novi, à prætore facta.

Quod vi, aut clam. D. 43. 24. Ouvrage fait par force, ou en cachette, sur le fonds d'autruy.

Ne quid in loco sacro fiat. D. 43. 6.

De operis libertorum. D. 38. 1... C. 6. 3... Paul. 2. ult. V. Corvée, Affranchi.

De operibus publicis. D. 50. 10...C. 8. 12... C. Th. 15. 1. Ouvrier. Artifex. Opifex.

De excusationibus artificum. C. 10. 64... C. Th. 13. 4. Exemptions & Privileges des excellens Ouvriers, & de leurs Apprentifs ; avec l'énumeration des Ouvriers exempts.

De formula artificum. N. 122... Ed. Justin. 6. Salaires des Ouvriers.

De servis fugitivis & libertis, &c. C. 6. 1. Contre les Ouvriers & Artisans qui sortent des Villes, ou de l'Empire, pour s'aller établir ailleurs.

De monopolis, & conventu negotiatorum illicito, vel artificio Ergolaborum, nec non balneatorum prohibitis; & pactionibus illicitis. C. 4. 49. Contre l'intelligence des Ouvriers. Ergolaborum nomen, significat redemptores qui opus conducunt faciendum. Ouvriers, Entrepreneurs.

1 Lettres Patentes & Arrêts concernant les ouvrages publics de la Ville. Voyez le Recueil des Ordonnances imprimé chez Frédéric Leonard, en 1676.

Quatre Arrêts du Parlement d'Aix, qui ont ordonné la vente des biens des particuliers pour les ouvrages publics & Monasteres. Boniface, tome 4. liv. 8. tit. 2. chapitre 11.

2 Si les Consuls ayant fait faire un ouvrage public, au vû & sçû des particuliers, les particuliers sont bien fondez en l'opposition par eux formée, sous prétexte que l'ouvrage n'a pas réüssi, & qu'il a été entrepris sans deliberation? Arrêt du 3. Juin 1642. qui a débouté les particuliers opposans. Boniface, tome 4. liv. 10. tit. 1. chap. 10.

3 Si ayant été démoli des maisons pour aggrandir une place, les proprietaires ou les Consuls qui avoient fait faire la démolition, doivent faire appuyer la maison délaissée sans appuy, qui menaçoit ruine. Arrêt du 7. Avril 1679. pour l'affirmative. Ibid. ch. 10.

4 Si la Communauté de la ville d'Aix, ayant déliberé de faire un Cours, depuis la Porte Saint Jean, jusques à la Chapelle Sainte Anne, pour la décoration de la Ville, & la nécessité publique, & à ces fins de donner 800. liv. suivant le dessein de Geometrie, & le dessein du Geometre, n'ayant pas donné la largeur necessaire à un Cours, la Communauté a dû être condamnée à luy donner une largeur plus grande pour la décoration & commodité publique, & le faire parachever entierement. Arrêt du 14. Mars. 1686. qui a condamné la Communauté au parachevement. Ibid. tit. 3. ch. 7.

5 Jugé le 15. May 1664. que le payement de la besogne faite, à l'ouvrier, ne le décharge pas de n'avoir pas satisfait au Contract; mais qu'il faut rapport de la besogne reçûë faite selon le Contract. Boniface, tome 1. liv. 8. tit. 13. ch. 1.

6 Arrêt du 29. May 1664. qui a jugé que le loüage d'œuvres à perpetuité est illicite. Boniface, Ibidem, chapitre 3.

7 Le 20. Février 1668. il a été jugé au même Parlement de Provence, que le loüage d'œuvres doit être payé à l'ouvrier, quand il ne tient pas à luy de les faire. Boniface, ibid.

FIN DU SECOND TOME.